복음주의 인물사

편집위원

티모시 라슨

편집고문위원

D. W. 베빙턴, 마크 A. 놀

번역위원

이재근, 송훈

기독교문서선교회

기독교문서선교회(Christian Literature Center: 약칭 CLC)는 1941년 영국 콜체스터에서 켄 아담스에 의해 시작되었으며 국제 본부는 미국 필라델피아에 있습니다.
국제 CLC는 59개 나라에서 180개의 본부를 두고, 약 650여 명의 선교사들이 이동도서차량 40대를 이용하여 문서 보급에 힘쓰고 있으며 이메일 주문을 통해 130여 국으로 책을 공급하고 있습니다.
한국 CLC는 청교도적 복음주의 신학과 신앙서적을 출판하는 문서선교 기관으로서, 한 영혼이라도 구원되길 소망하면서 주님이 오시는 그날까지 최선을 다할 것입니다.

BIOGRAPHICAL
DICTIONARY OF
EVANGELICALS

Edited by
Timothy Larsen

Consulting Edited by
D. W. Bebbington, Mark A. Noll,

Translated by
Jaegeun Lee, Hoon Song

Copyright © Inter-Varsity Press 2003
All rights reserved.

This translation of *The Biographical Dictionary of Evangelicals*
first published in 2003
is published by arrangement with Inter-Varsity Press,
Nottingham,
United Kingdom.

License arranged through rMaeng2, Seoul, Republic of Korea.

This Korean translation edition ⓒ 2018 by Christian Literature Center
Seoul, Republic of Korea

Biographical Dictionary of Evangelicals

추천사 1

브라이언 스탠리(Brian Stanley) **박사**
영국 에든버러대학교 세계기독교연구소 소장

한국교회는 북미에서 19세기와 20세기에 걸쳐 나타나고 발전한 복음주의 전통에 큰 빚을 지고 있다고 할 수 있다. 한국의 목회자, 신학교 교수뿐만 아니라 평신도도 자신들이 이해하고 있는 기독교의 원류가 어디에서 기인했는지에 대한 궁금증이 높을 것이다.

그렇기에 『복음주의 인물사』(*Biographical Dictionary of Evangelicals*)의 한국어판의 출간이야말로 이 기대를 충족시킬 수 있는 환영할 만한 사건이다.

비록 이 책이 주로 서양 복음주의 지도자들에 대한 내용을 담고 있을지라도, 기독교 복음주의 역사에 대한 한국인의 이해의 폭을 넓혀줄 만한 매우 값진 자료임은 부인할 수 없을 것이다.

Biographical Dictionary of Evangelicals

추천사 2

박 응 규 박사
아세아연합신학대학교 역사신학 교수

우리의 역사는 끊임없는 사람과의 만남을 통해서 이루어지고 있으며, 하나님께서도 수많은 인물들을 통해서 귀한 섭리를 성취해 가고 계신다. 그래서 어느 역사 연구든지, 그 역사에 참여한 주요 인물들에 대한 탐구 없이는 불가능하다는 것은 너무도 자명하다. 그런 면에서『복음주의 인물사』(Biographical Dictionary of Evangelicals)는 교회 역사 속에서 빼놓을 수 없는 중요성을 지니고 있는 복음주의를 이해하는 데에 매우 필수적인 역할을 감당할 것이다.

향후 기독교의 미래는 복음주의에 있다고 해도 과언이 아닌데, 복음주의 연구에 금자탑을 이룬 티모시 라슨(Timothy Larsen) 박사가 편집을 맡았고 D. W. 베빙턴(D. W. Bebbington) 박사와 마크 A. 놀(Mark A. Noll) 박사가 편집고문으로 수고하였다.

또한, 학문적인 명성이 뛰어난 학자들이 기고한 복음주의를 이끌었던 인물들에 대한 사상과 삶에 대한 주옥같은 글들은 종교개혁 이후의 기독교를 이해하는 데에 길잡이 역할을 충분히 해 낼 수 있으리라 기대한다.

주요한 복음주의 인물들에 대한 연구를 디딤돌로 해서, 독자들은 더욱 심층적이고 생동감 넘치는 탐색의 행진을 지속해 나갈 수 있을 것이다. 그동안 복음주의의 역사와 신학을 꾸준하게 연구할 뿐만 아니라, 귀한 양서들을 번역하여 한국 교계에 소개해 온 이재근 박사와 동료 송훈 전도사에 의해 이 책이 출판되게 됨을 기쁘게 생각하며 독자들에게 일독을 주저 없이 추천한다.

Biographical Dictionary of Evangelicals

추천사 3

안 교 성 박사
장로회신학대학교 역사신학 교수

『복음주의 인물사』(Biographical Dictionary of Evangelicals)의 출간은 한국교회 내 복음주의자들은 물론이고, 한국교회 모든 교인들에게 기쁜 소식이 아닐 수 없다. 그 이유는 한국교회는 소위 복음주의자로 자신의 정체성을 이해하는 교인들이 많을 뿐만 아니라, 서구 교회의 몰락으로 인하여 전 세계 복음주의 세계에서 한국교회의 위상이 더욱 높아지고 있기 때문이다. 그럼에도 불구하고, 한국 사회와 교회에서 막상 복음주의에 대한 이해와 연구는 일천하다고 할 수 있다.

그런데 이런 문제점은 사실 전 세계적 추세라고도 할 수 있다. 그동안 복음주의는 주로 신앙운동으로 이해되었기 때문에 복음주의 관련 연구는 주로 신학보다는 신앙에 집중해 온 면이 있었고, 이런 연구들의 학문성에 대해서 복음주의 안팎에서 크게 인정받지 못했을 뿐만 아니라 심지어 그런 사실에 대해 크게 괘념하지도 않았다. 그런데 20세기 말부터, 주로 영미권에서 최상급 학자들이 복음주의 연구에 매진하였고, 그 결과 오늘날 복음주의 연구는 매우 중요하면서도 학문성 높은 연구 분야로 정착하기 시작했다.

그런 점에서 본 『복음주의 인물사』의 편집인과 편집고문들의 면면은 암시하는 바가 크다. 편집인인 티모시 라슨(Timothy Larsen) 박사는 새롭게 등장하는 주목할 만한 학자이고, 편집고문 2인은 복음주의에 대한 상식이 조금이라도 있는 사람들에게는 굳이 설명이 필요 없는 저명한 학자들이다. 먼저 D. W. 베빙턴(D. W. Bebbington) 박사는 영국 복음주의 연구를 통하여 복음주의 연구의 불을 댕긴 사람들 중 하나이며, 특히 그가 제시한 복음주의의 네 가지 정의는 그것에 동의하던 안하던 간에 누구나 짚고 넘어가야 할 고전적 정의가 되었다. 한편 마크 A. 놀(Mark A. Noll) 박사는 미국 복음주의에 대한 다양한 연구를 통하여, 미국교회사는 물론이고 미국사에 있어서도 복음주의 연구의 중요성을 웅변적으로 확립한 학자이다.

무릇 학문의 발전은 초보 단계에서는 유용한 도구가 필요한 법이다. 가령, 좋은 사전, 지도, 연표, 개론서 등은 필수적이다. 그런 점에서 본 『복음주의 인물사』는 일견 단순한 것 같으면서도 다양성이 넘쳐 쉽게 이해하기 어려운 복음주의 세계에 대한 좋은 길라잡이가 될 것이다. 특히, 오늘날 복음주의의 주요 부분을 차지하면서도, 주로 영미권에서 발전해 온 복음주의의 역사에 대하여 낯설기 쉬운 한국 독자들에게는 복음주의의 미로 속에서 귀한 방향타가 될 것이다.

본 추천자는 한국교회에 이런 유용한 도구가 진작 소개되지 못했던 것에 대하여 아쉬워했는데, 이번에 복음주의 전문가요 탁월한 번역가로 정평이 난 이재근 박사와 송훈 전도사의 노고를 통하여, 귀한 안내서가 한국 교인들의 손에 쥐어지게 되어, 그런 갈증을 해소할 수 있는 기회가 온 것을 매우 고맙게 여긴다.

본 『복음주의 인물사』는 복음주의자들을 고루 소개하는 데, 저명한 인물은 물론이고 한국 독자들에게는 다소 익숙하지 않은 인물들까지 광범위하게 소개함으로써, 인물사로서의 유용성이 높을 뿐만 아니라, 그런 인물들에 대한 항목을 읽다 보면, 복음주의의 연결 고리가 자연스럽게 드러나는 부수적인 효과까지 거두고 있다. 그리고 본 『복음주의 인물사』에 수록된 인물들은 그 범위가 넓음에 따라, 복음주의에 대한 확대된 이해가 가능하고, 또한 이를 통하여 복음주의를 다소 좁은 범위로 이해했던 독자들의 시야가 넓어질 수 있을 것이다.

이런 맥락에서 한 가지 지적할 것은, '복음주의'라는 개념의 정의가 여전히 진화 중이고, '복음주의자'의 범주가 유동적이며, 때로는 '복음주의'와 '복음주의자'라는 용어가 자기를 정당화하는 논쟁적인 용어로 사용되는 경우도 있어 왔다는 점이다.

이제 귀한 지침서가 한국 독자들에게 제공되었으니, 이를 이용하고 유익을 얻는 것은 독자의 몫이리라. 모든 독자들에게 기쁜 마음으로 권하는 바이다.

추천사 4

배 덕 만 박사
기독연구원 느헤미야 교회사 교수

복음주의는 한국교회의 신앙적, 학문적 주류를 형성하고 있다. 교파적 다양성에 따른 신앙적·신학적 강조점의 차이에도 불구하고, 대부분의 한국교회들은 복음주의적 신앙과 신학을 추구해 왔다. 따라서 복음주의가 한국교회를 규정하는 보편적 개념으로 자리 잡은 것은 매우 자연스러운 결과다.

그러나 한국교회의 복음주의 현상을 보다 면밀히 검토하면 상황은 생각보다 복잡하다. 복음주의란 용어가 유행하고 널리 통용되지만, 정작 이에 대한 학문적 관심과 연구가 충분하지 못하여, '복음주의'란 용어 자체에 대한 정의와 이해가 개인별, 교파별로 상이하고, 그 결과 복음주의자들 내에 불필요한 오해와 갈등이 존재해 왔기 때문이다.

따라서 복음주의에 대한 연구는 한국교회 안에서 꾸준히 그리고 보다 심도 있게 진행되어야 한다. 복음주의 역사와 신학, 관련 주제와 인물에 대한 다양한 관점과 방법의 연구가 한국에 지속적으로 소개되고, 동시에 한국 학자들에 의한 독자적 연구도 더 많이 축적되어야 한다.

이런 맥락에서 『복음주의 인물사』(*Biographical Dictionary of Evangelicals*)가 한국교회에 소개되는 것은 시기적으로 매우 적절하며 학문적으로 크게 유용한 일이다. 이 책은 2003년에 출판되어, 세계 복음주의학계에 신선한 자극과 선물이 되었다. 조금 늦은 감이 있지만, 이제라도 한국에서 번역, 출판되는 것은 매우 고무적이고 반가운 일이다.

『복음주의 인물사』는 복음주의 연구의 '메카'(mecca)라고 할 수 있는 휘튼대학(Wheaton College)의 티모시 라슨(Timothy Larsen) 박사가 편집했으며, 현대 복음주의 연구의 대가들인 영국의 D. W. 베빙턴(D. W. Bebbington) 박사와 미국의 마크 A. 놀(Mark A. Noll) 박사가 편집고문을 맡았다. 이런 요소들이 이 책의 구성과 내용 면에서 결정적인 영향을 끼쳤다.

티모시 라슨은 복음주의 연구에서 논쟁의 핵심인 '복음주의의 정의'에 대해, D. W. 베빙턴과 마크 A. 놀의 견해를 함께 수용했다. 즉 회심주의, 행동주의, 성경주의, 십자가 중심주의를 복음주의의 표준으로 설정하고, '복음주의 공동체는 동질 정체성이 쉽사리 드러나는 네트워크이며, 따라서 이 네트워크의 일원으로 보일 수 있는 사람들은 모두 복음주의 연구의 적당한 대상'이라고 천명했다.

동시에, 복음주의의 기원을 1730년대로 설정하는 D. W. 베빙턴의 입장을 수용한 후, 1935년 출생자를 대상의 한계로 설정하고, 복음주의에 결정적 영향을 끼쳤다고 판단한 소수의 인물들(존 위클리프, 마틴 루터, 존 번연 등)을 추가했다. 또한, 지리적, 문화적, 언어적 측면에서, 영어 사용권으로 그 범위를 한정하고, 400여 명의 복음주의자들을 선정하여 이 책에 수록했다.

하지만 이런 특징은 이 책의 자명한 한계이기도 하다. 무엇보다, 복음주의 정의에 대한 다양한 입장들 중 D. W. 베빙턴과 마크 A. 놀의 입장을 기준으로 설정했기 때문에 다른 주요 인물들이 누락, 배제될 수밖에 없었다. 칼 바르트(Karl Barth)가 배제된 것이 대표적인 예다.

또한, 영어권 학자들이 주로 집필하고 영어권 복음주의자들을 일차적 대상으로 삼았기 때문에 필연적으로 비영어권의 복음주의자들이 누락될 수밖에 없었다. 물론 일부 아프리카와 인도 출신 인물들이 포함되었지만, 최근에 세계 신학계의 집중 조명을 받고 있는 '글로벌 기독교'(Global Christianity)가 철저히 간과된 것은 큰 아쉬움으로 남는다.

그럼에도, 이 한 권의 책으로, 한국의 독자들이 복음주의 주요 인물들에 대한 핵심적 정보를 쉽게 습득할 수 있게 된 것은 매우 기쁘고 다행스러운 일이다. 이 정도의 분량으로 이런 수준의 정보를 쉽게 획득할 수 있는 기회는 그리 흔치 않기 때문이다. 무엇보다, 이 분야의 신성(新星)이신 이재근 박사와 공역자로 함께한 송훈 전도사의 수고로 이 책이 번역되었기에 더욱 고맙고 기쁘다. 두 분의 수고 덕택에, 한국의 독자들이 또 하나의 귀한 선물을 안전하게 받게 되었다.

『복음주의 인물사』가 한국 복음주의의 학문적, 신앙적 발전에 크게 기여하리라 의심치 않으며, 귀한 책의 출판을 결정하신 기독교문서선교회(CLC)와 번역을 위해 수고하신 두 역자 모두에게 진심으로 감사드린다.

Biographical Dictionary of Evangelicals

추천사 5

안 상 혁 박사
합동신학대학원대학교 역사신학 교수

　한 시대를 이해하기 위해서 그 시대를 살아간 인물들의 삶과 저작을 살펴보는 것은 필수적이다. 예를 들어, 17세기 청교도 연구의 입문서로서 필자는 조엘 R. 비키(Joel R. Beeke)와 렌덜 J. 피터슨(Randall J. Pederson)의 『청교도를 만나다』(Meet the Puritans, 2007)를 학생들에게 소개하고 수업 교재로 활용하고 있다. 정확히 같은 이유로, 필자는 18-20세기 복음주의 시대를 안내하는 입문서로서 티모시 라슨(Timothy Larsen) 박사, D. W. 베빙턴(D. W. Bebbington) 박사, 마크 A. 놀(Mark A. Noll) 박사가 편집한 『복음주의 인물사』(Biographical Dictionary of Evangelicals)를 가장 먼저 만나 보아야 할 저서들 가운데 하나로 독자들에게 적극 추천한다. 이 책은 다음의 세 가지 장점을 가지고 있다.

　첫째, 무엇보다 『복음주의 인물사』는 각 인물의 생애와 사역 그리고 주요 저서들을 심도 있게 연구한 전문가들의 글이라는 장점을 가지고 있다.
　비교적 짧은 개론적인 설명임에도 200여 명 이상의 연구자들은 각자가 수행한 깊이 있는 연구와 통찰력 있는 평가를 가지고 400여 명의 역사적 인물들을 독자들에게 쉽게 이해할 수 있는 내용과 문체로 소개하고 있다.
　둘째, 『복음주의 인물사』는 매우 방대한 시기를 다루고 있다.
　특히, 18-20세기 복음주의 시대와 관련된 인물사임에도 불구하고, 근대 복음주의 시대에 큰 영향을 미친 종교개혁가들과 17세기 정통주의 시대, 그리고 심지어는 14세기의 주요 인물들까지 포함시켰다. 예를 들어, 후스, 위클리프, 루터, 츠빙글리, 부처, 틴데일, 칼빈, 베자, 불링거, 퍼킨스, 백스터, 오웬 등의 이름이 눈에 띈다. 이는 성경적인 복음의 메시지를 새로운 시대에 새로운 양식으로 적응시킨 근대 복음주의가 다른 한편에서는 종교개혁과 후기 종교개혁을 계승하고 있었음을 잘 보여 주는 것이다.

셋째, 『복음주의 인물사』는 각 인물의 삶과 신학에 대한 참고문헌을 제시하는 장점이 있다.

비록 이것은 아주 많은 수의 연구서들을 제시하는 것은 아니지만 각 전문가들이 엄선한 핵심 연구서들이다. 후속 연구를 원하는 독자들에게 매우 유익한 안내가 되리라 생각한다.

추천자는 특히 세 그룹의 독자들에게 이 책을 추천한다.

첫째, 복음주의와 복음주의 역사에 관심이 있는 사람들과 특히 근세 교회사를 연구하는 신학도와 연구자들에게 이 책을 소장하고 활용할 것을 권한다.

둘째, 신학에 관심 있는 독자들, 특히 조직신학을 전공하거나 조직신학의 한 분야에 관심을 가진 연구자들에게 이 책을 추천한다. 교회와 신학에 대한 보다 균형 잡힌 이해와 평가는 각 신학자의 삶과 그들이 직면했던 역사적, 신학적인 정황에 대한 이해를 필수적으로 요구하기 때문이다. 비록 짧은 글들이기는 하지만, 이 책은 각 신학자의 삶과 신학적 정황에 대한 개론적인 안내를 통해 독자들에게 요긴한 도움을 제공하고 있다.

셋째, 성경 말씀에 관심이 있는 모든 신자들에게도 이 책을 추천한다.

주지하다시피 교회의 역사는 하나님의 계시된 말씀에 대한 이해가 어떻게 성숙되어 왔는가를 증언해 왔다. 이런 측면에서 볼 때, 교회의 역사적 인물들이 하나님의 말씀을 어떻게 이해했고, 그것을 자기 시대의 교회와 사회에 어떻게 적용했는지를 살펴보는 것은 우리로 하여금 현재 우리의 손에 있는 성경 말씀을 좀 더 깊이 있게 이해할 수 있는 통찰력을 열어 준다.

이 책에서 등장하는 400여 명의 역사적 인물들은 오늘날 하나님의 말씀과 하나님의 교회에 대한 우리의 이해가 얼마나 오래된 기원을 가지고 있는지를 보여 주며, 특히 근대 복음주의 시대의 자양분을 공급받아 형성되어 온 것임을 알기 쉽게 보여 주는 역사적 증인들이다.

아무쪼록 우리말로 훌륭하게 번역된 이 책의 친절한 안내를 받는 한국의 모든 독자들이 일찍이 각자의 시대에서 하나님에 의해 귀하게 쓰임 받았던 믿음의 거장들과의 의미 있는 대화를 통해 헤아릴 수 없이 큰 유익을 얻게 되기를 기원한다.

Biographical Dictionary of Evangelicals

추천사 6

김 요 섭 박사
총신대학교 신학대학원 교회사 교수

　신학을 연구하고 가르치는 과정에서 가장 아쉬운 점들 가운데 하나는 중요한 신학적 주제들과 관련 논의들을 설명할 수 있는 기본적인 개념 전달이 결코 쉽지 않다는 점이다. 성경해석에 관련한 문제이든, 교리적 쟁점에 관련한 문제이든, 아니면 실천적 질문에 관련한 문제이든, 이 아쉬움은 모두 해당된다. 즉 탐구하는 학생이나 설명하는 교사나 모두 논의하는 신학적 문제에 대한 기본 개념을 어떻게 이해하고 있는지 서로 확인하는 데 많은 노력과 수고를 기울여야 한다는 것이다. 만일 이 수고를 번거롭게 생각해 이 확인 과정을 생략하면, 신학적 토론과 논의는 불필요한 논쟁으로 비화되어 버리거나 내용 없는 졸속 합의로 종결될 수 있다.

　이와 같은 아쉬움과 위험을 극복하는 가장 유리한 방법은 기본적인 이해를 서로 간 사전에 충분히 공유하는 것이다. 그리고 이런 공유를 위해서 자료들의 도움은 필수불가결하다. 특히, 광범위한 교회 역사와 관련한 내용들을 접하는 과정에서 이 책과 같은 유용한 도구들의 사용은 피할 수 없다. 뿐만 아니라 교회사 관련 자료의 사용은 신학적 쟁점들의 역사적인 맥락들을 이해하기 위해서는 가장 유용하고 필수적인 연구의 방법이다.

　이번에 미국 휘튼대학(Wheaton College)의 티모시 라슨(Timothy Larsen) 박사가 편집한 『복음주의 인물사』(Biographical Dictionary of Evangelicals)가 이재근 박사와 송훈 전도사에 의해 번역되었다. 티모시 라슨이 이 책의 서문에서 밝히고 있듯이 이 책은 D. W. 베빙턴(D. W. Bebbington) 박사와 마크 A. 놀(Mark A. Noll) 박사가 정리한 '복음주의'라는 개념을 적용해 주요 복음주의자들의 생애와 사상을 다룬다. 시대 범위로는 루터와 츠빙글리 등 16세기 종교개혁가로부터 스토트와 와그너까지 이어지는 20세기 말의 주요 기독교 지도자들을 포함한다. 지역 범위로는 주로 영어권 교회와 영어권 교회에 직접적으로 영향을 준 인물들에 제한된다.

비록 이제 복음주의의 지역적 범위가 서구를 넘어서 전 세계적으로 확장되었기 때문에 이 책이 국한시킨 '복음주의'가 더 긴 시대와 더 넓은 지역을 포괄하지 못했음을 아쉽게 생각할 수도 있다. 그러나 500년에 걸쳐 400명에 이르는 인물들을 다루는 것은 결코 범위가 좁은 작업은 아니다.

결코 적지 않은 1,200페이지가 넘는 책인 이 책은 상세하고 광범위한 소개뿐만 아니라 간략하면서도 핵심적인 소개 역시 중요한 목적으로 삼았다. 그러므로 교파적으로나 교리적으로 편협하지 않게 설정된 '복음주의'라는 틀 안에서 그 주요 역사적 인물들을 요약적이지만 결코 소홀하지 않게 인물사로서의 역할을 훌륭하게 수행했다고 평가할 수 있다. 각 인물들을 다루는 각 분야의 전문가들이 제공하는 참고문헌들은 이 책에서 다 다루지 못한 상세한 내용들을 찾아갈 수 있는 다양한 길을 충분히 제공한다.

이 책을 번역한 이재근 박사와 송훈 전도사는 평소 한국교회의 현실과 과제를 그 역사적 배경과 전개 가운데 이해하고 설명하려고 노력해 온 학자이다. 결코 짧지 않은 시간과 많은 수고로 이루어진 이 책은 번역자의 사명과 소망의 귀결이기도 하다. 그 누구보다도 정확하고 전문적인 번역을 제공하는 두 역자의 『복음주의 인물사』를 통해 교수들과 학생들은 신학 연구에 있어 가져야 할 기본적 이해를 더 선명하고 빠르게 공유하는 유익을 얻게 될 것이다.

그러나 이 책은 지나치게 학문적이거나 논쟁적이지 않고 오히려 친절하면서도 용이하게 번역되었다. 따라서 교회사와 신학 전반에 관심을 가진 일반 독자들에게도 교회 역사의 중요한 인물들에 대한 고급 정보를 효과적으로 전달함으로써 한국교회의 변화와 발전에 실제적인 기여를 할 것이다. 전문적인 신학 연구를 위한 교재로서뿐만 아니라 교회 역사와 신학에 대한 관심을 가진 일반 독자들 모두에게 이 책을 적극 추천한다.

Biographical Dictionary of Evangelicals

편집자 소개

티모시 라슨(Timothy Larsen) 박사

미국 일리노이(Illinois) 소재 휘튼대학(Wheaton College)에서 기독교사상을 가르친다. 영국 왕립 역사학회(Royal Historical Society) 회원으로, 스코틀랜드 스털링대학교(University of Stirling)에서 박사학위를 취득했다. 잉글랜드 코번트리(Coventry) 소재 커버넌트대학(Covenant College) 교회사 조교수와 학장을 역임했고, 캐나다 토론토(Toronto) 틴데일신학교(Tyndale Seminary) 교회사 교수로도 활약했다.

『종교 평등의 친구들: 중기 빅토리아 시대 잉글랜드의 비국교도 정치』(*Friends of Religious Equality: Nonconformist Politics in Mid-Victorian England*, 1999)와 『크리스터벌 팽커스트: 근본주의와 페미니즘의 통합』(*Christabel Pankhurst: Fundamentalism and Feminism in Coalition*, 2002)을 썼다. 학술논문 모음집 두 권을 공동 편집하고, 여러 책에 글을 기고했으며, 여러 학술지(*Church History, Scottish Journal of Theology, Fides et Historia, Journal of Victorian Culture, Bulletin of John Rylands University Library of Manchester, Studies in Church History, Journal of Ecclesiastical History* 등)에 논문을 실었다.

D. W. 베빙턴(D. W. Bebbington) 박사

스코틀랜드 스털링대학교(University of Stirling) 역사학 교수다. 케임브리지대학교(University of Cambridge)에서 박사학위를 취득했고, 스털링으로 이동하기 전에는 케임브리지대학교 피츠윌리엄대학(Fitzwilliam college) 연구원이었다. 미국 버밍햄(Birmingham) 소재 앨라배마대학교(University of Alabama), 캐나다 밴쿠버(Vancouver) 리젠트대학(Regent College), 미국 인디애나(Indiana) 노트르담대학교(University of Notre Dame), 남아프리카 프리토리아대학교(University of Pretoria)에서도 가르쳤다.

『역사관의 유형들』(Patterns in History, 1979), 『비국교도 양심』(The Nonconformist Conscience, 1982), 『영국의 복음주의』(Evangelicalism in Modern Britain, 1989), 『윌리엄 이워트 글래드스턴: 근대 영국의 신앙과 정치』(William Ewart Gladstone: Faith and Politics in Modern Britain, 1993), 『19세기 잉글랜드의 성결』(Holiness in Nineteenth-Century England, 2000) 등을 썼다. 『스코틀랜드침례교도』(The Baptists in Scotland, 1988), 『세계 속의 복음: 세계 침례교 연구』(The Gospel in the World: International Baptist Studies, 2002)를 편집했고, 마크 A. 놀, 조지 롤릭(George Rawlyk)과 함께 『복음주의: 1700-1990 북미, 영국 제도 및 세계 대중 개신교 비교 연구』(Evangelicalism: Comparative Studies of Popular Protestantism in North America, the British Isles and Beyond, 1700-1990, 1994), 로저 스위프트(Roger Swift)와 함께 『글래드스턴 100주년 논문집』(Gladstone Centenary Essays, 2000)을 공동 편집했다.

마크 A. 놀(Mark A. Noll) 박사

미국 인디애나(Indiana) 노트르담대학교(University of Notre Dame) 역사학 교수다. 휘튼대학(Wheaton College) 역사학과 기독교사상 교수로 약 사반세기 동안 가르쳤으며, 웨스트민스터신학교(Westminster Theological Seminary), 리젠트대학(Regent College), 하버드대학교(Harvard University) 신학부에서 방문교수로 가르치기도 했다.

『미국의 하나님: 조나단 에드워즈부터 에이브러햄 링컨까지』(America's God, from Jonathan Edwards to Abraham Lincoln, 2002), 『신세계의 옛 종교: 북미 기독교역사』(The Old Religion in a New World, The History of North American Christianity, 2002), 『터닝포인트: 기독교에 획기적인 변화를 가져온 12가지 전환점』(Turning Points: Decisive Moments in the History of Christianity, 2nd edn, 2000), 『미국 복음주의 기독교: 서론』(American Evangelical Christianity: An Introduction, Blackwell, 2001) 등이 있다. D. W. 베빙턴(D. W. Bebbington), 조지 롤릭(George Rawlyk)과 더불어 『복음주의: 북미, 영국 제도 및 세계 대중 개신교 비교 연구』(Evangelicalism: Comparative Studies of Popular Protestantism in North America, the British Isles and Beyond, 1700-1990, 1994), 데이비드 리빙스턴(David Livingstone) 및 대릴 하트(Darrly Hart)와 공동으로 『역사적 관점에서 본 복음주의자와 과학』(Evangelicals and Science in Historical Perspective, 1999)을 편집했다. 그가 쓴 다른 책, 논문, 서평은 주로 북미 및 복음주의 역사를 다룬다.

Biographical Dictionary of Evangelicals

역자 소개

이 재 근 박사
웨스트민스터신학대학원대학교 겸임교수

아세아연합신학대학교 신학과(B.Th.)를 졸업하고, 합동신학대학원대학교에서 목회학석사(M.Div.)를 취득했다. 이후 아세아연합신학대학교에서 신학석사(Th.M.), 미국 보스턴대학교(Boston University)에서 신학석사(S.T.M.)를 거쳐, 스코틀랜드 에든버러대학교(University of Edinburgh)에서 세계기독교연구소 소장(Centre for the Study of World Christianity) 브라이언 스탠리(Brian Stanley) 박사로부터 사사하여 철학박사학위를 취득했다. 현재 웨스트민스터신학대학원대학교 겸임교수와 광교산울교회 협동목사로 섬기고 있다.

『세계복음주의 지형도』(복 있는 사람, 2015), 『종교개혁과 정치』(SFC, 2016)를 썼고, 『칼빈 시대 영국의 종교개혁가들』(고신대학교 개혁주의학술원, 2015), 『종교개혁과 교육』(고신대학교 개혁주의학술원, 2017), 『종교개혁과 평신도의 재발견』(IVP, 2017)을 공저했다.

번역서로 존 울프(John Wolffe)의 『복음주의 확장』(CLC, 2010), 이디스 L. 블럼호퍼(Edith L. Blumhofer)와 랜달 밀머(Randall Balmer)의 『근현대 세계 기독교 부흥: 논쟁과 해석』(CLC, 2011), 마크 A. 놀(Mark A. Noll)과 캐롤린 나이스트롬(Carolyn Nystrom)의 『종교개혁은 끝났는가?: 현대 로마 가톨릭 신앙에 대한 복음주의의 평가』(CLC, 2012), 브라이언 스탠리의 『복음주의 세계확산』(CLC, 2014) 등이 있다.

송 훈 전도사
에든버러대학교 박사과정

연세대학교(B.A.)에서 신학 공부 후, 도미하여 미국 보스턴대학교(Boston University)에서 목회학석사(M.Div.)와 교회사 전공으로 신학석사(S.T.M.)를 취득했다.

이후 스코틀랜드 에든버러대학교(University of Edinburgh) 박사과정에서 브라이언 스탠리(Brian Stanley) 박사의 지도하에 한국 기독교 역사와 남북통일에 대한 논문을 쓰고 있다.

기고자

To the best of the editors' knowledge, this information was correct at the time of publication.

Amos, Scott (PhD University of St Andrews) was formerly Instructor in History, Lynchburg College, VA, USA.

Aponte, Edwin D. (PhD Temple University) is Assistant Professor of Christianity and Culture, Perkins School of Theology, Southern Methodist University, TX, USA.

Armstrong, John H. (DMin Luther Rice Seminary) is President of Reformation and Revival Ministries, Carol Stream, IL, USA.

Atherstone, Andrew C. (DPhil University of Oxford) is Curate of Christ Church, Abingdon.

Bademan, R. Bryan (MA Wheaton College) is a PhD student, University of Notre Dame, IN, USA.

Barker, William S. (PhD Vanderbilt University) is Professor of Church History Emeritus, Westminster Theological Seminary, PA, USA.

Barnes, Peter (ThD Australian College of Theology) is a Presbyterian minister and Lecturer in Church History, Presbyterian Theological Centre, NSW, Australia.

Belcher, Richard P. (ThD Concordia Theological Seminary) is Director, Pastoral Ministries Department, Columbia International University, SC, USA.

Berends, Kurt (DPhil University of Oxford), is Co-ordinator of the Christian Scholars Program and Assistant Professor of History, University of Notre Dame, IN, USA.

Berk, Stephen (PhD University of Iowa) is Professor of History, California State University, CA, USA.

Binfield, Clyde (PhD University of Cambridge) is Professor Associate in History, University of Sheffield.

Birtwistle, Graham M. (PhD Free University of Amsterdam) is Lecturer in Modern Art History, Free University of Amsterdam, Netherlands.

Blumhofer, Edith L. (PhD Harvard University) is Professor of History and Director of the Institute for the Study of American Evangelicals, Wheaton College, IL, USA.

Bolt, John (PhD University of St Michael's College, Toronto) is Professor of Systematic Theology, Calvin Theological Seminary, MI, USA.

Bonk, Jonathan J. (PhD University of Aberdeen) is the Executive Director of the Overseas Ministries Study Center, New Haven, CT, USA, and editor of the *International Bulletin of Missionary Research*.

Boobbyer, Philip C. (PhD University of London) is Senior Lecturer in Modern European History, University of Kent.

Brackney, William H. (PhD Temple University) is Professor, Department of Religion and Director of Program in Baptist Studies, Baylor University, TX, USA.

Bratt, James D. (PhD Yale University) is Professor of History and Director of the Calvin Center for Christian Scholarship, Calvin College, MI, USA.

Brereton, Virginia Lieson (PhD Columbia University) is a lecturer in English, Tufts University, MA, USA.

Briggs, John H. Y. (MA University of Cambridge) is a Professor Emeritus, University of Birmingham, and Senior Research Fellow and Director of the Baptist History and Heritage Centre, University of Oxford, and was formerly Pro-Vice Chancellor, University of Birmingham.

Bundy, David (Licentiate Université Catholique de Louvain) is Associate Provost for Library Services and Associate Professor of History, Fuller Theological Seminary, CA, USA.

Bush, Harold K., Jr (PhD Indiana University) is Associate Professor of English, Saint Louis University, MO, USA.

Cadle, Penelope J. (BA Trinity College, Indiana) is a PhD student, University of Wales.

Caldwell, Robert W., III (MDiv Trinity Evangelical Divinity School) is a PhD student, Trinity Evangelical Divinity School, IL, USA.

Cantor, Geoffrey (PhD University of London) is Professor of the History of Science, University of Leeds.

Carter, Craig A. (PhD University of St Michael's College, Toronto) is Vice-President, Academic Dean and Associate Professor of Religious Studies, Tyndale College, ON, Canada.

Chatfield, Graeme R. (PhD University of Bristol) is Lecturer in Church History, Morling College, NSW, Australia.

Christie, Nancy (PhD University of Sydney) is an independent scholar, Hamilton, ON, Canada.

Clements, Keith (PhD University of Bristol) is General Secretary, Conference of European Churches, Geneva, Switzerland.

Coffey, John (PhD University of Cambridge) is Reader in History, University of Leicester.

Coolman, Boyd Taylor (PhD University of Notre Dame) is a member of the Adjunct Faculty, Duke Divinity School, NC, USA.

Coolman, Holly Taylor (MDiv Princeton Theological Seminary) is a PhD student, Duke University, NC, USA.

Cooper, Tisha L. (MA Wheaton College) is Assistant Chaplain and a Religious Studies teacher, Kingham Hill School, Oxfordshire.

Cornick, David (PhD King's College, London) is General Secretary of the United Reformed Church and a Fellow of Robinson College, Cambridge.

Currie, David A. (PhD St Andrews University) is an instructor in Church History, Gordon-Conwell Theological Seminary, MA, USA.

Davies, D. Eryl (PhD University of Wales) is Principal, the Evangelical Theological College of Wales, Bridgend.

D'Elia, John A. (ThM Fuller Theological Seminary) is Director of Development, Fuller Theological Seminary, CA, USA, and a PhD student, University of Stirling.

De Gruchy, Stephen M. (DTh University of the Western Cape), is Director of Theology and Development Programme School of Theology, University of Natal, South Africa.

De Jong, James A. (ThD Free University of Amsterdam) is President Emeritus and Professor of Church History, Calvin Theological Seminary, MI, USA.

Dickey, Brian (PhD ANU Canberra) is Associate Professor of History, Flinders University, SA, Australia.

Dickson, Neil (PhD University of Stirling), is Assistant Principal Teacher of English, Kilmarnock Academy.

Dieter, Melvin E. (PhD Temple University) is Professor Emeritus of Church History and Historical Theology, Asbury Theological Seminary, KY, USA.

DiPuccio, William (PhD Marquette University) is Director, Institute for Classic Christian Studies, OH, USA.

Dorries, David W. (PhD University of Aberdeen) is Associate Professor of Church History and Theological Librarian, Oral Roberts University, OK, USA.

Dorsett, Lyle W. (PhD University of Missouri, Columbia) is Professor of Evangelism and Spiritual Formation, Wheaton College, IL, USA.

Dotterweich, Martin H. (PhD University of Edinburgh) is Assistant Professor of History, Crichton College, TN, USA.

Dowling, Maurice J. (PhD University of Belfast) is a teacher of Church History and Historical Theology, Irish Baptist College, Belfast.

Duriez, Colin (BA University of Ulster) is a freelance writer, editor and lecturer, and a former commissioning editor, Inter-Varsity Press, Leicester.

Eddison, John (MA University of Cambridge) was formerly on the staff of Scripture Union.

Ely, Richard (PhD University of Tasmania) is Honorary Research Associate in the School of History and Classics, University of Tasmania, Australia, and Senior Fellow in the History Department, University of Melbourne, Victoria, Australia.

Enns, James C. (MA University of Calgary) is an instructor in history and philosophy, Prairie Bible College, AB, Canada.

Eskridge, Larry (MA University of Maryland) is Associate Director, Institute for the Study of American Evangelicals, Wheaton College, IL, USA, and a PhD student, University of Stirling.

Faris, Tommy L. (MDiv Northern Baptist Theological Seminary) is a PhD student in Religion, Columbia University, NY, USA.

Ferguson, Sinclair B. (PhD University of Aberdeen) is Minister of St George's Tron Parish Church, Glasgow.

Finlayson, Sandy (MLS University of Toronto, MTS Tyndale Seminary, Toronto) is Director of Library Services and Associate Professor of Theological Bibliography, Westminster Theological Seminary, PA, USA.

Forsaith, Peter, is on the staff of the Wesley Centre, Oxford, and a PhD student, Oxford Brookes University.

Frame, John M. (MPhil, Yale University) is Professor of Systematic Theology and Philosophy, Reformed Theological Seminary, Orlando, FL, USA.

Francis, Keith A. (PhD University of London) is Associate Professor of History, Pacific Union College, CA, USA.

Friesen, Paul H. (PhD University of St Michael's College) is University Chaplain and a lecturer, King's College, NS, Canada, and a lecturer, Atlantic School of Theology, NS, Canada.

Gasque, Ward (PhD University of Manchester) is President, Center for Innovation in Theological Education, Seattle, WA, USA.

George, Timothy (ThD Harvard University) is Dean, Beeson Divinity School, Samford University, AL, USA and an executive editor of *Christianity Today*.

Gloege, Timothy E. W. (MA Wheaton College) is a graduate student in history, University of Notre Dame, IN, USA.

Goertz, Donald A. (MCS, MDiv Regent College, MA University of St Michael's College) is a teacher of Church History and Christian Spirituality, Tyndale Seminary, ON, Canada and a PhD student, University of St Michael's College, ON, Canada.

Goff, Philip (PhD University of North Carolina) is Director, Center for the Study of Religion and American Culture, Indiana University – Purdue University Indianapolis, IN, USA.

Goodhew, David (DPhil University of Oxford) is Vicar, St Oswald's, Fulford, York.

Goodwin, Daniel C. (PhD Queen's University) is Assistant Professor of History, Atlantic Baptist University, NB, Canada.

Gordon, Grant (DMin Princeton University) is an Intentional Interim Pastor near Toronto, ON, Canada.

Gouldbourne, Ruth M. B. (PhD University of London) is Tutor in History, Bristol Baptist College.

Graham, Stephen R. (PhD The University of Chicago) is Dean of Faculty and Academic Life, North Park Theological Seminary, IL, USA.

Grass, Timothy G. (PhD University of London) is an associate lecturer at Spurgeon's College, London.

Greenman, Jeffrey P. (PhD University of Virginia) is Academic Dean and Professor of Christian Ethics, Tyndale Seminary, ON, Canada.

Grenz, Stanley J. (DrTheol University of Munich) is Distinguished Professor of Theology, Baylor University and Truett Theological Seminary, TX, USA.

Gundlach, Bradley J. (PhD University of Rochester) is Assistant Professor of History, Trinity International University, IL, USA.

Hambrick-Stowe, Charles E. (PhD Boston University) is Director of the Doctor of Ministry Program, Pittsburgh Theological Seminary, PA, USA.

Hamm, Thomas D. (PhD University of Indiana) is Archivist and Professor of History, Earlham College, IN, USA.

Hankins, Barry (PhD Kansas State University) is Associate Professor of History and Church-State Studies, Baylor University, TX, USA.

Hargreaves, John A. (PhD University of Huddersfield) is a Methodist Local Preacher, Halifax Circuit.

Harrell, Jr, David E. (PhD Vanderbilt University) is Breeden Eminent Scholar in Humanities, Auburn University, AL, USA.

Harris, Maureen (PhD University of Durham) is a retired lecturer in English living near Bishop Auckland.

Haykin, Michael A. G. (ThD University of Toronto) is Professor of Historical Theology and Reformed Spirituality, Toronto Baptist Seminary, ON, Canada, and Adjunct Professor of Church History, Southern Baptist Theological Seminary, KY, USA.

Heath, Gordon L. (MDiv Acadia Divinity College) is a PhD student, University of Toronto, Canada, and Assistant Professor of History, Tyndale College, ON, Canada.

Hedges, Daniel J. (DMin McCormick Theological Seminary), is Professor of Practical Theology at the School of Theology and Missions, Oral Roberts University, OK, USA.

Heitzenrater, Richard P. (PhD Duke University) is William Kellon Quick Professor of Church History and Wesley Studies, Duke University, NC, USA.

Hensley, Jeffrey (PhD Yale University) is Assistant Professor, Virginia Theological Seminary, VA, USA.

Hilliard, David L. (PhD Australian National University) is Reader in History, Flinders University, SA, Australia.

Hindmarsh, D. B. (DPhil University of Oxford) is James M. Houston Associate Professor of Spiritual Theology, Regent College, BC, Canada.

Holmes, Finlay (MLitt University of Dublin) was formerly Professor of Church History, Union Theological College, Belfast.

Hopkins, Mark T. E. (DPhil University of Oxford) is a lecturer, Theological College of Northern Nigeria, Nigeria.

Husbands, Mark (MRel Wycliffe College, University of Toronto) is Assistant Professor of Theology, Wheaton College, IL, USA, and a PhD student, University of St Michael's College, ON, Canada.

Hutchinson, Mark (PhD University of NSW) is Dean of Graduate Studies and head of the History of Society Program, Southern Cross College, NSW, Australia.

Jauhiainen, Peter D. (PhD University of Iowa) is an Assistant Professor of Religion and Humanities, Kirkwood Community College, IA, USA.

Jeffrey, David L. (PhD Princeton University) is a Fellow of the Royal Society of Canada and Distinguished Professor of Literature and Humanities, Baylor University, TX, USA.

Johnson, Stuart B. (MA Macquarie University) is an Adjunct-Lecturer, Macquarie Christian Studies Institute, Macquarie University, NSW, Australia, and a PhD student, University of New South Wales, NSW, Australia.

Johnson, Wayne J. (PhD University of Keele) is Senior Lecturer, York St John College.

Jones, Helen M. (MA Universities of Cambridge and London) is a PhD student at King's College, London.

Jones, Margaret P. (MPhil University of Cambridge) is a Methodist minister and Senior Methodist tutor, North Thames Ministerial Training Course.

Kemeny, P. C. (PhD Princeton Seminary) is an Assistant Professor of Religion and Humanities, Grove City College, PA, USA.

Kidd, Thomas S. (PhD University of Notre Dame) is Assistant Professor of History, Baylor University, TX, USA.

Lam, Wing-hung (PhD Princeton University) is Research Professor in Church History and Chinese Studies, Tyndale College and Seminary, ON, Canada.

Lambert, Frank (PhD Northwestern University) is Professor of History at Purdue University, IN, USA.

Lane, Anthony N. S. (BD University of Oxford) is Professor of Historical Theology and Director of Research, London Bible College.

Larsen, David K. (PhD University of Chicago) is Head of Access Services, University of Chicago Library, IL, USA.

Larsen, Timothy (PhD University of Stirling) is Associate Professor of Theology, Wheaton College, IL, USA.

Leonard, Bill J. (PhD Boston University) is Dean and Professor of Church History, Wake Forest University Divinity School, NC, USA.

Letham, Robert W. A. (PhD University of Aberdeen) is Senior Minister at Emmanuel Orthodox Presbyterian Church, Wilmington, DE, USA.

Lewis, Donald M. (DPhil University of Oxford) is Professor of Church History and Dean of Faculty, Regent College, BC, Canada.

Lim, Paul C.-H. (PhD University of Cambridge) is Assistant Professor of Historical and Systematic Theology, Gordon-Conwell Theological Seminary, MA, USA.

Lineham, Peter (DPhil University of Sussex) is Associate Professor of History, School of Social and Cultural Studies, Massey University's Auckland campus and Chair of the Academic Advisory Committee, Bible College of New Zealand and Tyndale Graduate School of Theology, New Zealand.

Long, Kathryn Teresa (PhD Duke University) is Associate Professor of History, Wheaton College, IL, USA.

Maas, David E. (PhD University of Wisconsin) is Professor of History, Wheaton College, IL, USA.

McCasland, David (MA Wheaton College) is a full-time writer living in Colorado Springs, CO, USA.

McGee, Gary B. (PhD Saint Louis University) is Professor of Church History and Pentecostal Studies, Assemblies of God Theological Seminary, MO, USA.

McGonigle, Herbert (PhD University of Keele) is Principal and Senior Lecturer in Historical Theology and Wesley Studies, Nazarene Theological College, Manchester.

McKinley, Edward H. (PhD University of Wisconsin) is Professor of History, Asbury College, KY, USA.

MacLeod, A. Donald (AM Harvard University, MDiv Westminster Theological Seminary) is Minister of St Andrew's Presbyterian Church, Trenton, ON, and Lecturer in Church History, Tyndale Seminary, ON, Canada.

Macquiban, Timothy S. A. (PhD University of Birmingham) is Principal of Sarum College, Salisbury.

Manley, Ken R. (DPhil University of Oxford) was formerly Principal of Whitley College, The University of Melbourne, Victoria, Australia.

Maple, Grant S. (PhD University of New England) is Director of the Anglican Education Commission, Diocese of Sydney, NSW, Australia.

Mason, Alistair F. (PhD University of Leeds), was formerly Senior Lecturer in Christian Studies, Department of Theology and Religious Studies, University of Leeds.

Mathers, Helen (PhD University of Sheffield) is Centenary History Research Fellow, University of Sheffield.

Matthew, David (BA University of Bristol) is a Christian writer, itinerant teacher and member of the eldership team, Five Towns Christian Fellowship, Castleford.

Maxwell, Ian D. (PhD University of Edinburgh) is minister of Kirk o'Field Parish Church, Edinburgh.

Meyer, Dietrich (DrTheol University of Hamburg) was formerly Archivdirektor of the Evangelical Church of the Rhineland, Germany.

Miedema, Gary R. (PhD Queen's University, Canada) is Assistant Professor of History, Tyndale College, ON, Canada.

Mitchell, Christopher W. (PhD University of St Andrews) is Director of the Marion E. Wade Center, Wheaton College, IL, USA.

Mobley, Kendal P. (STM Boston University School of Theology) is a Baptist clergyman in Tiverton, RI, USA.

Morgan, D. Densil (DPhil University of Oxford) is Reader in Theology and Religious Studies, University of Wales.

Muirhead, Andrew T. N. (MLitt University of Stirling) is a librarian working for Stirling Council.

Munden, Alan F. (PhD University of Durham) is Rector of Weddington and Caldecote, Nuneaton.

Murray, Derek B. (PhD University of St Andrews) is Lecturer in Baptist History, Scottish Baptist College, Paisley, and was formerly Chaplain of St Columba's Hospice, Edinburgh.

Nation, Mark T. (PhD Fuller Theological Seminary) is Associate Professor of Theology, Eastern Mennonite Seminary, VA, USA, and was formerly the Programme Director of the London Mennonite Centre.

Noll, Mark A. (PhD Vanderbilt University) is McManis Professor of Christian Thought, Wheaton College, IL, USA.

Nordlof, John (PhD Delaware University) is Assistant Professor of English, Regis College, MA, USA.

Olbricht, Tom (PhD University of Iowa) is Distinguished Professor Emeritus of Religion, Pepperdine University, CA, USA.

Oldstone-Moore, Christopher (PhD University of Chicago) is Instructor of History, Wright State University, OH, USA.

Owen, David Rhys (MTh Rhodes University) is an ordained Methodist minister and Chaplain and Head of Religious Studies, Taunton School.

Packer, J. I. (DPhil University of Oxford) is Board of Governors Professor of Theology, Regent College, BC, Canada.

Paproth, Darrell (PhD Deakin University) is lecturer in church history and church and culture in Australia, Bible College of Victoria, Victoria, Australia.

Pearse, Meic (DPhil University of Oxford) is Lecturer in Church History and BA Course Leader, London Bible College, and Adjunct Professor of Church History, Evangelical Theological Seminary, Croatia.

Peterson, Kurt (PhD University of Notre Dame) is Assistant Professor of History, North Park University, IL, USA.

Pierard, R. V. (PhD University of Iowa) is Professor of History, Emeritus, Indiana State University, IN, USA, and Scholar in Residence and Adjunct Professor, Gordon College, MA, USA.

Piggin, Stuart (PhD University of London) is Master of Robert Menzies College, Macquarie University, NSW, Australia.

Pointer, Richard W. (PhD Johns Hopkins University) is Professor of History, Westmont College, CA, USA.

Pooley, Roger F. (PhD University of Cambridge) is Lecturer, School of English and Philosophy, University of Keele.

Pratt, Andrew (MA University of Durham) is a PhD student, Liverpool Hope University College.

Randall, Ian (PhD University of Wales) is Lecturer in Church History and Spirituality, Spurgeon's College, London.

Raser, Harold E. (PhD The Pennsylvania State University) is Professor of the History of Christianity, Nazarene Theological Seminary, MO, USA.

Reid, Darrel (PhD Queen's University, Ontario) is President, Focus on the Family Canada, Langley, BC, Canada.

Rennie, Ian S. (PhD University of Toronto) is a retired minister of the Presbyterian Church in Canada and was formerly Professor of Church History, Regent College, BC, Canada, and Vice-President, Academic Dean and Professor of Church History, Tyndale Seminary, ON, Canada.

Roberts, Michael B. (MA University of Oxford), is Vicar of Cockerham, Glasson and Winmarleigh, Lancaster, and Honorary Research Associate, University of Lancaster.

Robertson, David A. (MA University of Edinburgh) is the minister of St Peter's Free Church of Scotland, Dundee, and a PhD student, University of Edinburgh.

Robins, Roger G. (PhD Duke University) is Archivist of the David J. du Plessis Center for Christian Spirituality, Fuller Theological Seminary, CA, USA.

Roney, John B. (PhD University of Toronto) is Professor of History, Sacred Heart University, Fairfield, CT, USA.

Rosin, Robert L. (PhD Stanford University) is Professor and Chairman of the Department of Historical Theology, Concordia Theological Seminary, MO, USA.

Rowdon, Harold H. (PhD University of London) was formerly Senior Lecturer in Church History, London Bible College.

Roxborogh, John (PhD University of Aberdeen) is Co-ordinator of Lay and Recognized Ministry Training, Presbyterian School of Ministry, Knox College, New Zealand.

Roxburgh, Kenneth B. E. (PhD University of Edinburgh), is Chair, Department of Religion, Samford University, AL, USA.

Ryken, Philip Graham (DPhil University of Oxford) is senior minister of Tenth Presbyterian Church, Philadelphia, PA, USA.

Schmalzbauer, John A. (PhD Princeton University) is Assistant Professor of Sociology and E. B. Williams Fellow, College of the Holy Cross, MA, USA.

Scorgie, Glen G. (PhD St Andrews University) is Professor of Theology, Bethel Seminary, CA, USA.

Scotland, Nigel (PhD University of Aberdeen) is Field Chair, School of Theology and Religious Studies, University of Gloucestershire.

Shaw, Ian J. (PhD University of Manchester) is Lecturer in Church History, International Christian College, Glasgow.

Shelley, Bruce L. (PhD University of Iowa) is Senior Professor of Church History, Denver Seminary, CO, USA.

Shepherd, Victor A. (ThD University of Toronto) is Professor of Historical Theology and Chair of Wesley Studies, Tyndale Seminary, ON, Canada.

Shuff, Roger N. (BD University of Wales), is a Baptist minister and a PhD student, Spurgeon's College, London.

Sider-Rose, Michael J. (PhD University of Pittsburgh) teaches on the Chicago Semester, Trinity Christian College, IL, USA.

Sivasundaram, Sujit (PhD University of Cambridge) is Research Fellow in History, Gonville and Caius College, Cambridge.

Smith, Karen E. (DPhil University of Oxford) is tutor in Church History, South Wales Baptist College and Department of Religious and Theological Studies, University of Wales.

Smith, Mark (DPhil University of Oxford) is Lecturer in Modern Church History, King's College, London.

Solberg, Winton U. (PhD University of Pittsburgh) is Professor Emeritus of History, University of Illinois, IL, USA.

Spencer, Stephen R. (PhD Michigan State University) is Blanchard Professor of Theology, Wheaton College, IL, USA.

Stackhouse, John G., Jr (PhD University of Chicago), is Sangwoo Youtong Chee Professor of Theology and Culture at Regent College, BC, Canada.

Stanley, Brian (PhD University of Cambridge) is Director of the Henry Martyn Centre, Cambridge, and a Fellow of St Edmund's College, University of Cambridge.

Starr, J. Barton (PhD Florida State University) is Associate Vice-President and Academic Dean (Humanities and Social Sciences) and Chair Professor of History, Lingnan University, Hong Kong.

Steinacher, C. Mark (ThD Wycliffe College, University of Toronto) is a member of the adjunct faculties of McMaster Divinity College, ON, Canada, and Tyndale Seminary, ON, Canada.

Sutton, William R. (PhD University of Illinois) is Teaching Associate at University Laboratory High School, University of Illinois, IL, USA.

Sweeney, Douglas A. (PhD Vanderbilt University) is Associate Professor of Church History and the History of Christian Thought, Trinity Evangelical Divinity School, IL, USA.

Thimell, Daniel P. (PhD University of Aberdeen) is Associate Professor of Theological and Historical Studies and Chair of the Department of Theology and Missions, Oral Roberts University, OK, USA.

Thomas, Arthur D., Jr (PhD Union Theological Seminary) is Professor of Christian Spirituality, The Ecumenical Institute of Theology, St Mary's Seminary, MD, and University and Adjunct in Spirituality, Wesley Theological Seminary, DC, USA.

Thomas, Joseph L. (MTh Fuller Theological Seminary) is a PhD student, Trinity Evangelical Divinity School, IL, USA.

Thompson, David M. (PhD, BD University of Cambridge) is Senior Lecturer in Church History, University of Cambridge.

Thompson, T. Jack (PhD University of Edinburgh) is Senior Lecturer in the History of World Christianity, New College, University of Edinburgh.

Torbett, David (PhD Union Theological Seminary) is visiting professor at Mount Union College, OH, USA.

Treloar, Geoffrey R. (PhD University of Sydney) is Dean, and Director of the School of Christian Studies, Robert Menzies College, Macquarie University, NSW, Australia.

Trollinger, William Vance, Jr (PhD University of Wisconsin) is Associate Professor of History, University of Dayton, OH, USA.

Trueman, Carl R. (PhD University of Aberdeen) is Associate Professor of Church History and Historical Theology, Westminster Theological Seminary, PA, USA.

Tudur, Geraint (DPhil University of Oxford) is Lecturer in Church History, Department of Theology and Religious Studies, University of Wales, and Director of the Centre for the Advanced Study of Religion in Wales.

Tyson, John R. (PhD Drew University) is Professor of Theology at Houghton College, NY, USA.

Unruh, Heidi (MA Eastern Baptist Theological Seminary) is affiliated with Eastern University, PA, USA, as Associate Director of the Congregations, Communities and Leadership Development Project.

Van Die, Margaret (PhD University of Western Ontario) is an Associate Professor of History at Queen's University and Queen's Theological College, ON, Canada.

Vedder, Chris (MA University of Manchester) teaches in the UK and Eastern Europe.

Vickery, Jon (MDiv Tyndale Seminary), is a ThD student, Wycliffe College, University of Toronto, ON, Canada.

Wainwright, Geoffrey (DrTheol University of Geneva, DD University of Cambridge) holds the Cushman Chair of Christian Theology at Duke University, NC, USA.

Wallace, Peter J. (MDiv Westminster Theological Seminary) is a PhD student, University of Notre Dame, IN, USA.

Ward, W. R. (DPhil University of Oxford, DrTheol h.c. University of Basel) is Emeritus Professor of Modern History, University of Durham.

Wellings, Martin (DPhil University of Oxford) is a minister in the Oxford Circuit of the Methodist Church and British Section Secretary of the World Methodist Historical Society.

Wenger, Robert E. (PhD University of Nebraska-Lincoln) is Dean of School of Arts and Sciences and Professor of History, Philadelphia Biblical University, PA, USA.

Westerkamp, Marilyn J. (PhD University of Pennsylvania) is Professor of History, University of California, Santa Cruz, CA, USA.

Wigger, John H. (PhD University of Notre Dame) is Associate Professor of History, University of Missouri, MO, USA.

Wilson, David B. (PhD Johns Hopkins University) is Professor of History, Mechanical Engineering and Philosophy, Iowa State University, IA, USA.

Wilson, Linda (PhD Cheltenham and Gloucester College) is a distance learning tutor, the Open Theological College.

Wright, David F. (DD University of Edinburgh) is Professor of Patristic and Reformed Christianity, University of Edinburgh.

Yarnell, Malcolm (DPhil University of Oxford) is Academic Dean and Associate Professor of Historical Theology, Midwestern Baptist Theological Seminary, MO, USA.

Yates, Timothy E. (ThD University of Uppsala) is Canon Emeritus of Derby Cathedral.

인물 순서

ㄱ

고든 도널드 피(Gordon Donald Fee, 1934-) ◆ 49
그랜빌 오럴 로버츠(Granville Oral Roberts, 1918-) ◆ 52
길버트 커비(Gilbert Kirby, 1914-2006) ◆ 56
길버트 테넌트(Gilbert Tennent, 1703-1764) ◆ 58

ㄴ

나다나엘 버워쉬(Nathanael Burwash, 1839-1918) ◆ 61
나다니엘 윌리엄 테일러(Nathaniel William Taylor, 1786-1858) ◆ 64
니콜라스 리들리(Nicholas Ridley, 1503-1555) ◆ 67
니콜라우스 루드비히 폰 진젠도르프(Nikolaus Ludwig von Zinzendorf, 1700-1760) ◆ 69

ㄷ

다이슨 헤이그(Dyson Hague, 1857-1935) ◆ 73
대니얼 마샬(Daniel Marshall, 1706-1784) ◆ 75
대니얼 알렉산더 페인(Daniel Alexander Payne, 1811-1893) ◆ 77

대니얼 윌슨(Daniel Wilson, 1778-1858) ◆ 79
더글러스 존슨(Douglas Johnson, 1904-1991) ◆ 82
데니스 베네트(Dennis Bennett, 1917-1991) ◆ 83
데모스 샤카리안(Demos Shakarian, 1913-1993) ◆ 85
데이비드 레이 윌커슨(David Ray Wilkerson, 1931-2011) ◆ 88
데이비드 리빙스턴(David Livingstone, 1813-1873) ◆ 91
데이비드 마틴 로이드존스(David Martyn Lloyd-Jones, 1899-1981) ◆ 97
데이비드 브레이너드(David Brainerd, 1718-1747) ◆ 103
데이비드 스튜어트 브리스코/질 폴라인 라이더 브리스코(D[avid] Stuart Briscoe, 1930-)/Jill Pauline Ryder Briscoe, 1935-) ◆ 105
데이비드 요하네스 뒤플레시(David Johannes Du Plessis, 1905-1987) ◆ 109
데이비드 조지(David George, c. 1743-1810) ◆ 111
데이비드 크리스토퍼 나이트 왓슨(David Christopher Knight Watson, 1933-1984) ◆ 114
도널드 그레이 반하우스(Donald Grey Barnhouse, 1895-1960) ◆ 116
도널드 블뢰쉬(Donald Bloesch, 1928-2010) ◆ 119
도널드 잉글리시(Donald English, 1930-1998) ◆ 121
도널드 지(Donald Gee, 1891-1966) ◆ 124
드와이트 라이먼 무디(Dwight Lyman Moody, 1837-1899) ◆ 127

ㄹ

라이먼 비처(Lyman Beecher, 1775-1863) ◆ 133
라이오넬 베일 플레처(Lionel Bale Fletcher, 1877-1954) ◆ 136
레슬리 얼 맥스웰(Leslie Earl Maxwell, 1895-1984) ◆ 138
레온 램 모리스(Leon Lamb Morris, 1914-2006) ◆ 140
레이턴 포드(Leighton Ford, 1931-) ◆ 143
레이 해리슨 휴즈(Ray Harrison Hughes, 1924-2011) ◆ 145
로렌 커닝햄(Loren Cunningham, 1935-) ◆ 147
로렌조 다우(Lorenzo Dow, 1777-1834) ◆ 149
로버트 J. H. 맥고언(Robert J. H. McGowan, 1870-1953) ◆ 152
로버트 머레이 맥체인(Robert Murray McCheyne, 1813-1843) ◆ 154
로버트 레이크스(Robert Raikes, 1736-1811) ◆ 157
로버트 루이스 댑니(Robert Lewis Dabney, 1820-1898) ◆ 160
로버트 모리슨(Robert Morrison, 1782-1834) ◆ 163

로버트 모파트(Robert Moffat, 1795-1883) ◆ 165
로버트 번즈(Robert Burns, 1789-1869) ◆ 168
로버트 브라운(Robert Browne, c. 1550-1633) ◆ 169
로버트 알렉산더 파이프(Robert Alexander Fyfe, 1816-1878) ◆ 171
로버트 윌리엄 데일(Robert William Dale, 1829-1895) ◆ 173
로버트 홀 주니어(Robert Hall, Jr, 1764-1831) ◆ 177
로버트 홀데인(Robert Haldane, 1764-1842) ◆ 180
로저 윌리엄스(Roger Williams, 1603[?]-1683) ◆ 183
롤랜드 V. 빙엄(Rowland V. Bingham, 1872-1942) ◆ 185
롤랜드 힐(Rowland Hill, 1744-1833) ◆ 188
루벤 아처 토레이(Reuben Archer Torrey, 1856-1928) ◆ 189
루이스 벌코프(Louis Berkhof, 1873-1957) ◆ 192
루이스 스페리 체이퍼(Lewis Sperry Chafer, 1871-1952) ◆ 194
리스 하월스(Rees Howells, 1879-1950) ◆ 198
리처드 백스터(Richard Baxter, 1615-1691) ◆ 199
리처드 앨런(Richard Allen, 1760-1831) ◆ 202
리처드 왓슨(Richard Watson, 1781-1833) ◆ 205
리처드 존슨(Richard Johnson, 1755[?]-1827) ◆ 208

ㅁ

E. 마가렛 클락슨(E. Margaret Clarkson, 1915-2008) ◆ 211
마틴 루터(Martin Luther, 1483-1546) ◆ 214
마틴 부처(Martin Bucer, Butzer, 1491-1551) ◆ 219
마이클 클로드 하퍼(Michael Claude Harper, 1931-2010) ◆ 222
마이클 패러데이(Michael Faraday, 1791-1867) ◆ 224
마크 오덤 햇필드(Mark Odom Hatfield, 1922-2011) ◆ 225
매리앤 파닝엄(Marianne Farningham, 1834-1909) ◆ 228
맥스 알렉산더 커닝햄 워렌(Max Alexander Cunningham Warren, 1904-1977) ◆ 231
메노 시몬스(Menno Simons, 1496-1561) ◆ 234
메리 마사 셔우드(Mary Martha Sherwood, 1775-1851) ◆ 237

ㅂ

바턴 W. 스톤(Barton W. Stone, 1772-1844) ◆ 241
발타자르 후브마이어(Balthasar Hubmaier, 1480-1528) ◆ 243
밥 존스 경(Bob Jones Sr, 1883-1968) ◆ 245
뱁티스트 라이슬리 노엘(Baptist Wriothesley Noel, 1798-1873) ◆ 248
버나드 램(Bernard Ramm, 1916-1992) ◆ 250
버논 C. 그라운즈(Vernon C. Grounds, 1914-2010) ◆ 253
버논 페이스풀 스토(Vernon Faithfull Storr, 1869-1940) ◆ 255
벤저민 브레킨리지 워필드(Benjamin Breckinridge Warfield, 1851-1921) ◆ 258
벤저민 윌스 뉴턴(Benjamin Wills Newton, 1807-1899) ◆ 264
브라더 앤드루(Brother Andrew, 1928-) ◆ 266

ㅅ

사이러스 잉거슨 스코필드(Cyrus Ingerson Scofield, 1843-1921) ◆ 269
샤프츠베리 백작 7세([Seventh] Earl of Shaftesbury, 1801-1885) ◆ 272
새뮤얼 데이비스(Samuel Davies, 1723-1761) ◆ 277
새뮤얼 러더퍼드(Samuel Rutherford, c. 1600-1661) ◆ 280
새뮤얼 로건 브렝글(Samuel Logan Brengle, 1860-1937) ◆ 283
새뮤얼 마스덴(Samuel Marsden, 1765-1838) ◆ 285
새뮤얼 S. 슈머커(Samuel S. Schmuker, 1799-1873) ◆ 287
새뮤얼 아자이 크라우더(Samuel Adjai Crowther, c. 1807-1891) ◆ 291
새뮤얼 채드윅(Samuel Chadwick, 1860-1932) ◆ 293
새뮤얼 홉킨스(Samuel Hopkins, 1721-1803) ◆ 296
셀리나 헤이스팅스 헌팅던 백작부인(Selina Hastings, Countess of Huntingdon, 1707-1791) ◆ 299
솔로몬 스토다드(Solomon Stodard, 1643-1729) ◆ 304
슈벌 스턴스(Shubal Stearns, 1706-1771) ◆ 307
스미스 위글스워스(Smith Wigglesworth, 1859-1947) ◆ 309
스티븐 제프리스/조지 제프리스(Stephen Jeffreys, 1876-1943/George Jeffreys, 1889-1962) ◆ 311
스펜서 퍼시벌(Spencer Perceval, 1762-1812) ◆ 314

ㅇ

아노 클레멘스 개벌라인(Arno Clemens Gaebelein, 1861-1945) ◆ 317
아더 새뮤얼 피크(Arthur Samuel Peake, 1865-1929) ◆ 320
아더 워킹턴 핑크(Arthur Walkington Pink, 1886-1952) ◆ 323
아더 월리스(Arthur Wallis, 1922-1988) ◆ 325
아더 태편 피어선(Arthur Tappan Pierson, 1837-1911) ◆ 328
아도니람 저드슨 주니어(Adoniram Judson, Jr, 1788-1850) ◆ 330
아돌푸스 에거턴 라이어슨(Adolphus Egerton Ryerson, 1803-1882) ◆ 334
아브라함 카이퍼(Abraham Kuyper, 1837-1920) ◆ 337
아사 메이헌(Asa Mahan, 1799-1899) ◆ 343
아이라 데이비드 생키(Ira David Sankey, 1840-1908) ◆ 345
아이작 배커스(Isaac Backus, 1724-1806) ◆ 348
아이작 와츠(Isaac Watts, 1674-1748) ◆ 352
아치볼드 알렉산더(Archibald Alexander, 1772-1851) ◆ 358
아치볼드 알렉산더 하지(Archibald Alexander Hodge, 1823-1886) ◆ 360
알렉산더 더프(Alexander Duff, 1806-1878) ◆ 362
알렉산더 매클라렌(Alexander McLaren/Maclaren, 1826-1910) ◆ 364
알렉산더 보디(Alexander Boddy, 1854-1930) ◆ 367
알렉산더 캠벨(Alexander Campbell, 1788-1866) ◆ 369
알렉산더 킬럼(Alexander Kilham, 1762-1798) ◆ 372
야코부스 알미니우스(Jacobus Arminius, c. 1559-1609) ◆ 374
얀 후스(Jan Hus, c. 1372-1415) ◆ 378
애덤 클락(Adam Clarke, c. 1760-1832) ◆ 380
앤드루 머레이(Andrew Murray, 1828-1918) ◆ 383
앤드루 멜빌(Andrew Melville, 1545-1622) ◆ 387
앤드루 풀러(Andrew Fuller, 1754-1815) ◆ 389
앤 마버리 허친슨(Anne Marbury Hutchinson, 1591-1643) ◆ 394
앤 브래드스트리트(Anne Bradstreet, c. 1612-1672) ◆ 398
앤소니 (토니) 캠폴로(Anthony, [Tony] Campolo, 1935-) ◆ 399
앨버트 벤저민 심슨(Albert Benjamin Simpson, 1843-1919) ◆ 402
앨버트 카먼(Albert Carman, 1833-1917) ◆ 405
어거스터스 홉킨스 스트롱(Augustus Hopkins Strong, 1836-1921) ◆ 406
어거스트 헤르만 프랑케(August Hermann Francke, 1663-1727) ◆ 410

에드가 영 멀린스(Edgar Young Mullins, 1860-1928) ◆ 413
에드워드 맥켄드리 바운즈(Edward McKendree Bounds, 1835-1913) ◆ 416
에드워드 먼스그레이브 블레이크록(Edward Munsgrave Blaiklock, 1903-1983) ◆ 419
에드워드 비커스테스(Edward Bickersteth, 1786-1850) ◆ 421
에드워드 어빙(Edward Irving, 1792-1834) ◆ 424
에드워드 윌리엄스(Edward Williams, 1750-1813) ◆ 427
에드워드 존 카넬(Edward John Carnell, 1919-1967) ◆ 430
에릭 존 휴이트슨 내시(Eric John Hewitson Nash, 1898-1982) ◆ 432
에버니저 어스킨(Ebenezer Erskine, 1680-1754) ◆ 434
에번 로버츠(Evan Roberts, 1878-1951) ◆ 437
에이든 윌슨 토저(Aiden Wilson Tozer[1987-1963) ◆ 439
에이미 셈플 맥퍼슨(Aimee Semple Mcpherson, 1890-1944) ◆ 442
에이미 카마이클(Amy Carmichael, 1867-1951) ◆ 447
에이서 그레이(Asa Gray, 1810-1888) ◆ 450
엘리자베스 프라이(Elizabeth Fry, 1780-1845) ◆ 452
엘리자베스 하워드 엘리어트(Elisabeth Howard Elliot, 1926-2015) ◆ 454
오스왈드 제프리 스미스(Oswald Jeffrey Smith, 1889-1986) ◆ 458
오스왈드 챔버스(Oswald Chambers, 1874-1917) ◆ 460
옥타비우스 햇필드(Octavius Hadfield, 1814-1904) ◆ 463
올리버 레인스퍼드 바클레이(Oliver Rainsford Barclay, 1919-2013) ◆ 466
올리버 크롬웰(Oliver Cromwell, 1599-1658) ◆ 468
요하네스 K. W. 뢰헤(Johannes K. W. Löhe, 1808-1872) ◆ 471
요하네스 판 데르 켐프(Johannes Van Der Kemp, 1747-1811) ◆ 473
요한 하인리히 불링거(Johann Heinrich Bullinger, 1504-1575) ◆ 475
울리히 츠빙글리(Ulrich Zwingli, 1484-1531) ◆ 477
월터 아더 마이어(Walter Arthur Maier, 1893-1950) ◆ 480
윌리엄 그레이엄 스크루지(William Graham Scroggie, 1877-1958) ◆ 483
윌리엄 롤 브라이트(William Rohl Bright, 1921-2003) ◆ 486
윌리엄 버트 포프(William Burt Pope, 1822-1903) ◆ 489
윌리엄 벨 라일리(William Bell Riley, 1861-1947) ◆ 492
윌리엄 부스/캐서린 부스(William Booth, 1829-1912/Catherine Booth, 1829-1890) ◆ 495
윌리엄 브람웰(William Bramwell, 1759-1818) ◆ 499
윌리엄 브래드퍼드(William Bradford, 1590-1657) ◆ 502
윌리엄 쇼(William Shaw, 1798-1872) ◆ 504

윌리엄 아더(William Arthur, 1819-1901) ◆ 506
윌리엄 아버하트(William Aberhart, 1878-1943) ◆ 508
윌리엄 애슐리 선데이 주니어(William Ashley Sunday, Jr, 1862-1935) ◆ 511
윌리엄 에드위 바인(William Edwy Vine, 1873-1949) ◆ 516
윌리엄 에드윈 로버트 생스터(William Edwin Robert Sangster, 1900-1960) ◆ 517
윌리엄 에임즈(William Ames, 1576-1633) ◆ 520
윌리엄 A. 오렌지(William A. Orange, 1889-1966) ◆ 523
윌리엄 오브라이언(William O'bryan, 1778-1868) ◆ 525
윌리엄 윌리엄스(William Williams, 1717-1791) ◆ 527
윌리엄 윌버포스(William Wilberforce, 1759-1833) ◆ 529
윌리엄 G. T. 셰드(William G. T. Shedd, 1820-1894) ◆ 536
윌리엄 제닝스 브라이언(William Jennings Bryan, 1860-1925) ◆ 538
윌리엄 조셉 시모어(William Joseph Seymour, 1870-1922) ◆ 543
윌리엄 조지 테일러(William George Taylor, 1845-1934) ◆ 548
윌리엄 캐리(William Carey, 1761-1834) ◆ 550
윌리엄 쿠퍼(William Cowper, 1731-1800) ◆ 555
윌리엄 틴데일(William Tyndale, 1494-1536) ◆ 558
윌리엄 퍼킨스(William Perkins, 1558-1602) ◆ 563
윌리엄 페니파더(William Pennefather, 1816-1873) ◆ 565
윌리엄 프랭클린 빌리 그레이엄(William Franklin Billy Graham, 1918-) ◆ 568
윌리엄 헨리 그리피스 토마스(William Henry Griffith Thomas, 1861-1924) ◆ 573

ㅈ

장 앙리 메를 도비뉴(Jean Henri Merle D'Aubigné, 1794-1872) ◆ 577
재커리 매콜리(Zachary Macaulay, 1768-1838) ◆ 579
잭 윌리엄스 헤이퍼드 주니어(Jack Williams Hayford, Jr, 1934-) ◆ 583
저비즈 번팅(Jabez Bunting, 1779-1858) ◆ 585
제리 F. 폴웰(Jerry F. Falwell, 1933-2007) ◆ 588
제임스 노먼 달림플 앤더슨 경(Sir James Norman Dalrymple Anderson, 1908-1994) ◆ 591
제임스 데니(James Denny, 1856-1917) ◆ 593
제임스 마틴 그레이(James Martin Gray, 1851-1935) ◆ 596
제임스 매킨토시 휴스턴(James Macintosh Houston, 1922-) ◆ 597
제임스 맥그리디(James McGready, c. 1760-1817) ◆ 599

제임스 맥코쉬(James McCosh, 1811-1894) ◆ 601

제임스 모리슨(James Morison, 1816-1893) ◆ 604

제임스 스튜어트 스튜어트(James Stuart Stewart, 1896-1990) ◆ 607

제임스 스티븐(James Stephen, 1758-1832) ◆ 610

제임스 알프레드 케이브 더피시(James Alfred Cave Duffecy, 1912-1983) ◆ 613

제임스 얼('지미') 카터 주니어(James Earl['Jimmy'] Carter, Jr, 1924-) ◆ 614

제임스 에드워드 레슬리 뉴비긴(James Edward Lesslie Newbigin, 1909-1998) ◆ 617

제임스 엘윈 라이트(James Elwn Wright, 1890-1973) ◆ 623

제임스 오르(James Orr, 1844-1913) ◆ 625

제임스 인넬 패커(James Innell Packer, 1926-) ◆ 628

제임스 코이(James Caughey, 1810-1891) ◆ 634

제임스 허드슨 테일러(James Hudson Taylor, 1832-1905) ◆ 635

제임스 헨리 손웰(James Henley Thornwell, 1812-1862) ◆ 642

조나단 고포스/로잘린드 고포스(벨-스미스)(Jonathan Goforth, 1859-1936)/Rosalind[Bell-Smith], 1864-1942) ◆ 645

조나단 블랜처드(Jonathan Blanchard, 1811-1892) ◆ 646

조나단 에드워즈(Jonathan Edwards, 1703-1758) ◆ 648

조사이아 스트롱(Josiah Strong, 1847-1916) ◆ 654

조세핀 엘리자베스 버틀러(Josephine Elizabeth Butler, 1828-1906) ◆ 657

조셉 벨라미(Joseph Bellamy, 1719-1790) ◆ 660

조셉 얼라인(Joseph Alleine, 1634-1668) ◆ 662

조셉 존 거니(Joseph John Gurney, 1788-1847) ◆ 663

조셉 W. 켐프(Joseph W. Kemp, 1872-1933) ◆ 665

조셉 파커(Joseph Parker, 1830-1902) ◆ 667

조셉 홀스워스 올덤(Joseph Houldsworth Oldham, 1874-1969) ◆ 671

조지 게이브리얼 스톡스(George Gabriel Stokes, 1819-1903) ◆ 674

조지 레너드 캐리(George Leonard Carey, 1935-) ◆ 676

조지 롤릭(George Rawlyk, 1935-1995) ◆ 679

조지 먼로 그랜트(George Munro Grant, 1835-1902) ◆ 681

조지 뮬러(George Müller, 1805-1898) ◆ 684

조지 비벌리 쉐이(George Beverly 'Bev' Shea, 1909-2013) ◆ 687

조지 스위팅(George Sweeting, 1924-) ◆ 688

조지 아더 경(Sir George Arthur, 1784-1854) ◆ 690

조지 엘던 래드(George Eldon Ladd, 1911-1982) ◆ 693

조지 윌리엄스 경(Sir. George Williams, 1821-1905) ◆ 696
조지 캠벨 모건(George Campbell Morgan, 1863-1945) ◆ 700
조지 파이프 앵거스(George Fife Angas, 1789-1879) ◆ 703
조지 헨리 몰링(George Henry Morling, 1891-1974) ◆ 704
조지 휫필드(George Whitefield, 1714-1770) ◆ 708
존 고치 리들리(John Gotch Ridley, 1896-1976) ◆ 714
존 그레샴 메이천(John Gresham Machen, 1881-1937) ◆ 718
존 길(John Gill, 1697-1771) ◆ 724
존 낙스(John Knox, 1514-1572) ◆ 727
존 넬슨 다비(John Nelson Darby, 1800-1882) ◆ 733
존 뉴턴(John Newton, 1725-1807) ◆ 739
존 던모어 랭(John Dunmore Lang, 1799-1878) ◆ 744
존 R. 라이스(John R. Rice, 1895-1980) ◆ 747
존 랄리 모트(John Raleigh Mott, 1865-1955) ◆ 750
존 로드먼 윌리엄스(John Rodman Williams, 1918-2008) ◆ 752
존 로버트 웜슬리 스토트(John Robert Walmsley Stott, 1921-2011) ◆ 754
존 로빈슨(John Robinson, 1576[?]-1625) ◆ 760
존 리펀(John Rippon, 1751-1836) ◆ 762
존 릴랜드(John Ryland, 1753-1825) ◆ 764
존 맥니콜(John McNicol, 1869-1956) ◆ 766
존 머레이(John Murray, 1898-1975) ◆ 769
존 밀턴(John Milton, 1608-1674) ◆ 772
존 버드 섬너(John Bird Sumner, 1780-1862) ◆ 775
존 번연(John Bunyan, 1628-1688) ◆ 778
존 브라운 그리블(John Brown Gribble, 1847-1893) ◆ 785
존 스미스(John Smyth, 1570[?]-1612) ◆ 789
존 알렉산더 매케이(John Alexander Mackay, 1889-1983) ◆ 790
존 어스킨(John Erskine, 1720/1-1803) ◆ 793
존 에인절 제임스(John Angell James, 1785-1859) ◆ 796
존 엘리어트(John Eliot, 1604-1690) ◆ 800
존 오스왈드 샌더스(John Oswald Sanders, 1902-1992) ◆ 803
존 오웬(John Owen, 1616-1683) ◆ 805
존 웨슬리(John Wesley, 1703-1791) ◆ 810
존 위클리프(John Wyclif, c. 1330-1384) ◆ 816

존 윈드롭(John Winthrop, 1588-1649) ◆ 819

존 윌리엄스(John Williams, 1796-1839) ◆ 822

존 윌리엄 도슨 경(Sir John William Dawson, 1820-1899) ◆ 825

존 윌리엄 플레처(John William Fletcher, 1729-1785) ◆ 828

존 윌리엄슨 네빈(John Williamson Nevin, 1803-1886) ◆ 830

존 웜버(John Wimber, 1934-1997) ◆ 833

존 찰스 라일(John Charles Ryle, 1816-1900) ◆ 836

존 칼빈(John Calvin, 1509-1564) ◆ 839

존 코튼(John Cotton, 1584-1652) ◆ 845

존 클리퍼드(John Clifford, 1836-1923) ◆ 847

존 테일러 스미스(John Taylor Smith, 1860-1938) ◆ 851

존 파이-스미스(John Pye-Smith, 1774-1851) ◆ 854

존 퍼킨스(John Perkins, 1930-) ◆ 856

존 페어팩스(John Fairfax, 1805-1877) ◆ 859

존 폭스(John Foxe, 1516-1587) ◆ 862

존 플립스 월부어드(John Flipse Walvoord, 1910–2002) ◆ 865

존 필립(John Philip, 1775-1851) ◆ 868

존 하워드(John Howard, 1726-1790) ◆ 871

존 하워드 요더(John Howard Yoder, 1927-1997) ◆ 873

존 하워드 퓨(John Howard Pew, 1882-1971) ◆ 876

존 후퍼(John Hooper, 1499-1555) ◆ 877

지미 리 스왜거트(Jimmy Lee Swaggart, 1935-) ◆ 879

ㅊ

찰스 그랜디선 피니(Charles Grandison Finney, 1792-1875) ◆ 883

찰스 마이클 아다 캐시디(Charles Michael Ardagh Cassidy, 1936-) ◆ 888

찰스 시미언(Charles Simeon, 1759-1836) ◆ 890

찰스 앨버트 틴들리(Charles Albert Tindley, 185[?]-1933) ◆ 896

찰스 에드워드 풀러(Charles Edward Fuller, 1887-1968) ◆ 898

찰스 웨슬리(Charles Wesley, 1707-1788) ◆ 902

찰스 웬델 콜슨(Charles Wendell Colson, 1931-2012) ◆ 905

찰스 윌프리드 스테이시 우즈(Charles Wilfrid Stacy Woods, 1909-1983) ◆ 908

찰스 칼드웰 라이리(Charles Caldwell Ryrie, 1925-2016) ◆ 913

찰스 토마스 스터드(Charles Thomas Studd, 1860-1931) ◆ 916

찰스 페리(Charles Perry, 1807-1891) ◆ 917

찰스 폭스 파햄(Charles Fox Parham, 1873-1929) ◆ 920

찰스 피터 와그너(Charles Peter Wagner, 1930-2016) ◆ 923

찰스 하지(Charles Hodge, 1797-1878) ◆ 927

찰스 해돈 스펄전(Charles Haddon Spurgeon, 1834-1892) ◆ 932

찰스 해리슨 메이슨(Charles Harrison Mason, 1866-1961) ◆ 938

ㅋ

칼 매킨타이어(Carl McIntire, 1906-2002) ◆ 943

칼 F. W. 월터(Carl F. W. Walther, 1811-1887) ◆ 946

칼 퍼디낸드 하워드 헨리(Carl Ferdinand Howard Henry, 1913-2003) ◆ 949

캐서린 마샬/피터 마샬(Catherine Marshall, 1914-1983/Peter Marshall, 1902-1949) ◆ 954

캐스린 조해너 쿨먼(Kathryn Johanna Kuhlman, 1907-1976) ◆ 957

커티스 리 로스(Curtis Lee Laws, 1868-1946) ◆ 960

케네스 S. 칸처(Kenneth S. Kantzer, 1917-2002) ◆ 962

케네스 해긴(Kenneth Hagin, 1917-2003) ◆ 964

코넬리우스 반틸(Cornelius Van Til, 1895–1987) ◆ 966

코리 텐 붐(Corrie Ten Boom, 1892-1983) ◆ 968

코튼 매더(Cotton Mather, 1663-1728) ◆ 970

크리스마스 에번스(Christmas Evans, 1766-1838) ◆ 973

크리스터벌 해리어트 팬커스트(Christabel Harriette Pankhurst, 1880-1958) ◆ 975

크리스토퍼 뉴먼 홀(Christopher Newman Hall, 1816-1902) ◆ 978

클리퍼드 해리스 내시(Clifford Harris Nash, 1866-1958) ◆ 982

ㅌ

테오도르 베자(Theodore Beza, 1519-1605) ◆ 987

토마스 길레스피(Thomas Gillespie, 1708-1774) ◆ 990

토마스 던다스 하퍼드-배터스비(Thomas Dundas Harford-Battersby, 1823-1883) ◆ 991

토마스 로선 벅스(Thomas Rawson Birks, 1810-1883) ◆ 993

토마스 매컬로크(Thomas McCulloch, 1776-1843) ◆ 995

토마스 버나도(Thomas Barnardo, 1845-1905) ◆ 998

토마스 보스턴(Thomas Boston, 1676-1732) ◆ 1001

토마스 스코트(Thomas Scott, 1747-1821) ◆ 1004

토마스 앤드루 도시(Thomas Andrew Dorsey, 1899-1993) ◆ 1007

토마스 차머스(Thomas Chalmers, 1780-1847) ◆ 1010

토마스 찰스(Thomas Charles, 1755-1814) ◆ 1015

토마스 채터턴 해먼드(Thomas Chatterton Hammond, 1877-1961) ◆ 1017

토마스 카트라이트(Thomas Cartwright, 1535-1603) ◆ 1020

토마스 코크(Thomas Coke, 1747-1814) ◆ 1021

토마스 쿠퍼(Thomas Cooper, 1805-1892) ◆ 1023

토마스 쿡(Thomas Cook, 1808-1892) ◆ 1026

토마스 크랜머(Thomas Cranmer, 1489-1556) ◆ 1028

토마스 클라크 오덴(Thomas Clark Oden, 1931-2016) ◆ 1031

토마스 토드헌터 실즈(Thomas Todhunter Shields, 1873-1955) ◆ 1035

토마스 F. 토랜스(Thomas F. Torrance, 1913-2007) ◆ 1039

토마스 포웰 벅스턴 경(Sir Thomas Fowell Buxton, 1786-1845) ◆ 1041

토마스 플레쳐 짐머만(Thomas Fletcher Zimmerman, 1912-1991) ◆ 1044

튀성 니(To-sheng Nee, 1903-1972) ◆ 1046

티모시 드와이트(Timothy Dwight, 1752-1817) ◆ 1049

팀 F. 라헤이/비벌리 진 라헤이(Tim F. LaHaye, 1926-2016/Beverly Jean LaHaye, 1929-) ◆ 1051

ㅍ

판디타 라마바이(Pandita Ramabai, 1858-1922) ◆ 1055

패트 로버트슨(Pat Robertson, 1930-) ◆ 1059

페터 뵐러(Peter Böhler, 1712-1775) ◆ 1062

폴 레이더(Paul Rader, 1879-1938) ◆ 1064

폴 스트롬버그 리스(Paul Stromberg Rees, 1900-1991) ◆ 1066

프랜시스 리들리 하버갈(Frances Ridley Havergal, 1836-1879) ◆ 1068

프랜시스 애즈베리(Francis Asbury, 1745-1816) ◆ 1071

프랜시스 어거스트 쉐퍼(Francis August Schaffer, 1912-1984) ◆ 1076

프랜시스 E. 윌라드(Frances E. Willard, 1839-1898) ◆ 1081

프랜시스(파니) 제인 크로스비(Frances[Fanny] Jane Crosby, 1820-1915) ◆ 1086

프랭크 부크먼(Frank Buchman, 1878-1961) ◆ 1090

프랭크 윌리엄 보엄(Frank William Boreham, 1871-1959) ◆ 1092

프레더릭 도널드 코건(Frederick Donald Coggan, 1909-2000) ◆ 1095

프레더릭 바커(Frederic Barker, 1808-1882) ◆ 1098

프레더릭 브로서튼 마이어(Frederick Brotherton Meyer, 1847-1929) ◆ 1101

프레더릭 파이비 브루스(Frederick Fyvie Bruce, 1910-1990) ◆ 1104

프리본 개럿슨(Freeborn Garrettson, 1752-1827) ◆ 1108

플레밍 휴이트 레블(Fleming Hewitt Revell, 1849-1931) ◆ 1111

플로렌스 셀리나 해리어트 영(Florence Selina Harriett Young, 1856-1940) ◆ 1113

피비 워럴 팔머(Phoebe Worrall Palmer, 1807-1874) ◆ 1116

피터 카트라이트(Peter Cartwright, 1785-1872) ◆ 1121

피터 테일러 포사이스(Peter Taylor Forsyth, 1848-1921) ◆ 1122

필립 도드리지(Philip Doddridge, 1702-1751) ◆ 1127

필립 멜란히톤(Philip Melanchthon, 1497-1560) ◆ 1130

필립 샤프(Philip Schaff, 1819-1893) ◆ 1132

필립 야콥 슈페너(Philipp Jakob Spener, 1635-1705) ◆ 1135

필립 윌리엄 오터바인(Philip William Otterbein, 1726-1813) ◆ 1138

ㅎ

하워드 웨스트 킬빙턴 모울(Howard West Kilvington Mowll, 1890-1958) ◆ 1141

하워드 윈덤 기니스(Howard Wyndham Guinness, 1903-1979) ◆ 1144

할 린제이(Hal Lindsey, 1929-) ◆ 1148

해너 모어(Hannah More, 1745-1833) ◆ 1150

해너 위톨 스미스/로버트 피어솔 스미스(Hannah Whitall Smith, 1832-1911/Robert Pearsall Smith, 1827-1898) ◆ 1155

해럴드 린셀(Harold Lindsell, 1913-1998) ◆ 1158

해럴드 존 오켄가(Harold John Ockenga, 1905-1985) ◆ 1161

해리 S. D. 로빈슨(Harry S. D. Robinson, 1927-2011) ◆ 1164

해리어트 비처 스토우(Harriet Beecher Stowe, 1811-1896) ◆ 1166

핸들리 카 글린 모울(Handley Carr Glyn Moule, 1841-1920) ◆ 1169

헤르만 도예베르트(Herman Dooyeweerd, 1894-1977) ◆ 1172

헤르만 바빙크(Herman Bavinck, 1854-1921) ◆ 1175

헤리트 코르넬리우스 벌카우어(Gerrit Cornelius Berkouwer, 1903-1996) ◆ 1178

헨드릭 뢸로프 로크마커(Henderik Roelof Rookmaaker, 1922-1977) ◆ 1180

헨리 그래턴 기니스(Henry Grattan Guinness, 1835-1910) ◆ 1183

헨리 드럼먼드(Henry Drummond, 1851-1897) ◆ 1185

헨리 라이더(Henry Ryder, 1777-1836) ◆ 1187

헨리 마틴(Henry Martyn, 1781-1812) ◆ 1190

헨리 매디슨 모리스(Henry Madison Morris, 1918-2006) ◆ 1193

헨리 발리(Henry Varley, 1835-1912) ◆ 1195

헨리 배로우(Henry Barrow, c. 1550-1593) ◆ 1197

헨리 벤(Henry Venn, 1796-1873) ◆ 1198

헨리 손턴(Henry Thornton, 1760-1815) ◆ 1201

헨리 아인스워스(Henry Ainsworth, c. 1570-1622) ◆ 1203

헨리('해리') 앨런 아이언사이드(Henry['Harry'] Allen Ironside, 1876-1951) ◆ 1205

헨리 얼라인(Henry Alline, 1748-1784) ◆ 1207

헨리 오턴 와일리(Henry Orton Wiley, 1877-1961) ◆ 1210

헨리 웨이스(Henry Wace, 1836-1924) ◆ 1211

헨리 윌리엄스(Henry Williams, 1792-1867) ◆ 1214

헨리 쿡(Henry Cooke, 1788-1868) ◆ 1217

헨리 프레더릭 로스 캐서우드 경(Sir Henry Frederick Ross Catherwood, 1925-2014) ◆ 1219

헨리 피커링(Henry Pickering, 1858-1941) ◆ 1221

헨리 피터 힐더브랜드(Henry Peter Hildebrand, 1911-2000) ◆ 1223

헨리에타 코넬리아 미어스(Henrietta Cornelia Mears, 1890-1963) ◆ 1224

헬렌 로즈비어(Helen Roseveare, 1925-2016) ◆ 1227

호레이셔스 보나(Horatius Bonar, 1808-1889) ◆ 1228

호웰 해리스(Howell[l] Harris, 1714-1773) ◆ 1231

휴 라티머(Hugh Latimer, 1485-1555) ◆ 1233

휴 본(Hugh Bourne, 1772-1852) ◆ 1235

휴 프라이스 휴즈(Hugh Price Hughes, 1847-1902) ◆ 1237

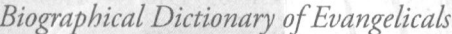

서문

티모시 라슨(Timothy Larsen) **박사**
미국 휘튼대학교 기독교사상학 교수

이런 종류의 책에서 언제나 가장 어려운 점은 현대 복음주의의 복잡한 실재를 어떻게 정의하느냐 하는 것이다. 합당한 정의를 내리기 위해 필자는 복음주의 연구를 주도하는 두 학자의 견해를 빌리고자 한다. 필자는 두 학자와 함께 이 대작을 편찬하는 특권을 누리게 되었는데, 농담 삼아 이들을 필자의 '수호성인'(patron saints, 물론 이 표현은 순수하게 복음주의적인 호칭은 아니기 때문에 필자는 언제나 그들 뒤에 숨을 수밖에 없다)이라 부른다. 이 까다로운(thorny) 정의 문제를 해결하기 위해서 필자는 이 두 학자가 그들의 전작에서 각각 채택한 접근법에서 상호 보완이 될 만한 내용들을 가져와 혼합하기로 했다.

D. W. 베빙턴(D. W. Bebbington) 박사는 이 분야 연구의 신기원을 이룬 저서 『영국의 복음주의』(Evangelicalism in *Modern Britain*)에서 오늘날 표준적인 정의로 받아들여지게 된 놀랍도록 유용한 정의를 제시했다. 베빙턴의 4중 정의에 따르면, 복음주의는 네 가지 핵심 특징, 즉 회심주의, 행동주의, 성경주의, 십자가중심주의(conversionism, activism, biblicism, and crucicentrism)로 규정되는데, 이 연구서가 채택한 정의가 바로 이것이다.

그럼에도 불구하고, 마크 A. 놀(Mark A. Noll) 박사가 자신의 획기적 저술 『믿음과 비평 사이에서』(*Between Faith and Criticism*)에서 취한 접근법도 이 책을 편집하는 지침이 되었다. 마크 A. 놀은 철두철미한 서술적 접근법을 사용하여, 복음주의 공동체는 동질 정체성이 쉽게 드러나는 네트워크이며, 따라서 이 네트워크의 일원으로 보일 수 있는 사람들은 모두 복음주의 연구의 적당한 대상이라고 주장한다. 마크 A. 놀의 관점 역시 이 책에 영향을 주었다.

이런 영향을 받았다는 것은, 이 책이 폭넓은 복음주의운동, 즉 교파 경계를 초월하는 복음주의운동에 상당한 영향을 끼친 인물들을 중심으로 다루고 있기 때문에 특정 교파, 인종, 신학, 또는 지역

하부 문화 내에만 그 영향이 제한된 인물들은 관심에서 밀려 났다는 것을 뜻한다.

시기적으로, 1935년 출생자가 이 책이 다루는 시기의 '마지막 인물'(terminus ad quem)로 선택되었다(연대를 잘못 알고 있어서 1936년에 태어난 인물 하나가 포함되기는 했다!). 죽은 사람들만 책에 실린 것은 아닌데, 이는 1940년대부터 복음주의운동을 형성한 주도적인 복음주의자 중 많은 이들이 장수하는 복을 받았기 때문이다.

한편, 이 책을 현시대 복음주의 세계의 '명사록'(who's who)으로 만들려고 하지는 않았다. 1935년 또는 그 이전에 태어난 이들은 기준 은퇴 연령 65세를 넘어섰고, 따라서 이제 그들이 성취한 것과 평판을 평가하는 과정에서 어떤 관점이나 견해를 형성할 수 있는 시점이 되었다.

D. W. 베빙턴은 1730년대를 복음주의운동이 시작된 시점으로 인식하며, 우리는 이 책에서 그의 판단을 수용한다. 그럼에도 불구하고, 복음주의 조상들의 '선역사'(prehistory)를 포함시키는 것이 유용하리라는 생각이 들었다. 이 조상들의 사역으로 복음주의자들의 대열이 정비되었고, 이들이 보인 모범이 바로 이 복음주의자들이 본받고자 한 것이었다.

이런 이유로 이 책에 등재된 인물 중 가장 이른 시기의 인물이 존 위클리프(John Wyclif)이다. 따라서 이 책의 시간적 범위를 규정하는 대략적인 법칙은 언제나 '존 위클리프에서 존 윔버(John Wimber)까지'이다(하나를 더 추가하면 '존 위클리프에서 존 웨슬리(John Wesley)를 거쳐 존 윔버까지'이다). 종교개혁가와 청교도는 비록 엄밀한 학술적인 의미에서는 '복음주의자'가 아니었다고 할 수 있지만, 이들은 복음주의 공동체에 끼친 지대한 영향 때문에 이 책에 포함된 인물들의 가장 분명한 모범이다.

지리적 범위는 영국, 미국, 캐나다, 오스트레일리아, 뉴질랜드, 남아프리카(공화국) 같은 전통적인 의미에서의 영어권 세계다. 비영어권 출신 인물 일부도 실었는데, 이 경우는 이들의 사역이나 명성이 영어권 복음주의자에게 지대한 영향을 끼친 경우에 해당한다. 직업으로는 복음주의자에게 폭넓게 알려지기 쉬운 종류의 일에 종사한 사람에게 초점이 맞춰졌다. 이들 대부분은 목사, 신학자, 전도자, 설교자, 저술가, 또는 선교사이다. 그러나 복음주의 공동체 내부의 갖가지 구성원의 명성이 보증하듯이, 다른 다양한 직업도 복음주의 공동체 전체의 확장에 기여했다.

전반적으로, 필자의 목표는 복음주의 역사에 관심 있는 학자, 목회자, 목회후보자, 학생 등의 흥미를 유발할 만한 인물을 포함시키는 것이었다. 필자는 사람들이 반드시 알아야 하는 것이 무엇인지 필자 스스로 결정을 내리고 그것에 따라 이 책을 만들어 가고 싶은 유혹에 저항하며 싸웠다.

따라서 필자는 교파적 정체성이나 성(gender)에 의거하여 목록에 '균형을 맞추려고' 하지 않았다. 대신, 필자는 폭넓은 복음주의 세계가 이 인물 대신 저 인물에 더 관심이 있다면, 거기에 그럴 만한 이런저런 이유가 있다고 보고, 역사가와 편집자로서의 필자의 판단이 아니라 그들의 판단을 따르는 것이 더 신뢰할 만하다고 생각했다.

각 인물 항목 마지막에 나오는 참고문헌 목록은 독자가 해당 인물을 개인적으로 더 깊이 연구할 수 있도록, 가장 도움이 되는 2차 자료 일부(자서전적인 글이 있을 경우에는 1차 자료도 포함)를 실은 것이다. 각 기고자는 이 기준에 맞추어 문헌을 실었으며, 그들이 참고한 자료 전부를 다 싣지는 않았다.

필자는 IVP의 참고문헌 편집자 스티브 카터(Steve Carter)와 함께 일하게 되어 기뻤다. 그의 지식, 능력, 효율성, 공정한 양식, 자연스런 공감 덕에 편집자는 이 기획 작업을 예상했던 것보다 더 편안하게 진행할 수 있었다. 데이비드 굿휴(David Goodhew), 마크 허친슨(Mark Hutchinson), 피터 라인햄(Peter Lineham), 이언 레니(Ian Rennie), 브라이언 스탠리(Brian Stanley)에게 특별한 감사를 표한다. 이들은 이 분야의 전문가들이면서도 보수도 받지 않고 책에 들어갈 인물 목록이 만들어지던 시기에 필자의 무지로 인해 구멍 난 부분을 메워 주는 일을 기꺼이 감당했다.

그럼에도 불구하고, 목록을 선정하는 일이 아주 어려웠기 때문에 포함되었으면 좋겠다며 정리해서 알려 준 인물 모두가 포함되지는 않았다. 그러므로 최종 결과를 놓고 그들을 비난해서는 안 된다. 탁월하고 정확한 편집으로 수고한 수잔 레비스(Susan Rebis)에게도 감사드린다.

물론 이런 기획 작업의 범위를 결정하는 가장 큰 숨겨진 요인은 책 한 권에 얼마나 많이 실을 수 있는가 하는 점인데, 이 점이 다른 모든 요청을 무시하고라도 우선 고려해야 할 더 없이 중요한 요인이다.

조지 마스덴(George Marsden)은 그의 풀러신학교(Fuller Theological Seminary) 연구의 고전인 『근본주의 개혁』(*Reforming Fundamentalism*)에서 학교 교수진 간에 벌어진 성경 교리에 대한 과열된 논쟁에 대해 다룬다. 다니엘 풀러(Daniel Fuller)는 그가 항목화해서 제시할 수 있는 성경본문 내의 다양한 난제 때문에 성경의 무오성을 지지할 수 없다고 주장했다. 반면, E. J. 카넬(E. J. Carnell)은 다음의 말로 성경의 축자 영감에 대한 그의 열정적인 방어의 포문을 열었다.

"내가 갖고 있는 난제 목록이 교수님이 갖고 있는 목록보다 더 깁니다. 풀러 교수님!"

비록 이 책에 들어갈 인명 목록으로 필자가 선정한 최종 안에 오류가 없다고 주장하려는 것은 아니지만, 필자가 포함되어야 한다고 생각했지만 결국은 포함되지 못한 인물 목록이 필자의 목록에 의문을 제기하는 이들이 갖고 있는 목록보다 더 길다고 진심으로 말할 수 있다.

이 책을 활용하는 사람들은 역사 공부를 하거나 복음주의 모임에 참여하던 중에 이름을 들었던 적이 있는 대표적인 인물 대부분을 이 책에서 만날 수 있을 것이고, 아마도 그 와중에 전혀 몰랐던 다른 인물도 마주치게 될 것이다. 그렇게 되면, 필자는 필자의 과업을 성공적으로 완수했다고 생각하며 만족하고자 한다.

Biographical Dictionary of Evangelicals

역자 서문

이 재 근 박사
웨스트민스터신학대학원대학교 겸임교수

송 훈 전도사
에든버러대학교 박사과정

인물사를 번역하는 것은 미친 짓이다. 더구나 원서가 800페이지나 되는 책이다. 이런 자료에 사용되는 글자 크기는 거의 언제나 실눈을 뜨고 목을 빼고 들여다보아야 할 만큼 극도로 작다. 더구나 한 쪽에 단을 두 개로 나누어 놓았다. 그것 때문에 실제 원서 800페이지짜리 책을 단행본 편집 형태로 바꾸어 놓으면, 사실상 이 책은 거뜬히 원서로 1,600페이지가 넘을 것이다. 물론 한글로 번역을 하고 편집을 하면 그 양은 또 다시 늘어난다.

이런 엄두조차 내기 힘든 양을 고려해 볼 때도 이런 책의 번역은 미친 짓이지만, 분야의 특징상, 번역 작업의 질, 그러니까 번역자가 번역 중에 경험하는 일관된 흐름이나 재미를 생각할 때에도 이런 책의 번역은 확실히 미친 짓이다. 단행본이면 주제가 통일될 것이고, 책 전체의 논리 전개와 한 저자만의 독특한 문체의 묘미가 번역자의 지루함을 줄이는 중요한 요인이 된다. 그러나 이런 종류의 책은 그런 재미가 없다.

이 『복음주의 인물사』(Biographical Dictionary of Evangelicals)의 경우만 해도, 짧은 전기 형태로 실린 항목이 400개가 넘고, 이 항목을 작성한 기고자 수도 200명이 넘는다. 200명이 넘는 저자의 문체, 문장 및 단락 구성 방식, 신학적 성향, 강조점, 문법, 분량이 모두 다르다. 항목에 실린 400명 넘는 인물이 살았던 시대, 교파, 지역, 사역 분야, 삶의 환경도 지극히 다르다. 그러니 이런 책을 번역하는 작업은 정말로 지난한 자신과의 싸움일 수밖에 없다. 사실 이런 이유로 이 번역 작업은 절대로 혼자 할 수 있는 일이 아니었다. 결국 두 번역자가 힘을 나누는 공동의 작업이 될 수밖에 없었다.

그럼에도 불구하고, 이 책을 번역해야만 한다는 번역자들의 사명감만큼은 남달랐다고 자부할 수 있다. 한 나라의 학문 역량을 평가하는 기준 중 하나는 언어사전, 백과사전, 주석, 원전 모음집 등을 자국 학자들의 손으로 얼마나 다양하고 충실하게 펴낼 수 있느냐 하는 것에 달려 있다. 한국 신학계는 세계에서 (아마도) 가장 신학생이 많고, 신학자와 학교도 많다. 하지만 아직은 '주도적'(leading)이라 할 수 없는 이유는 우리 스스로 이런 종류의 수준 높은 참고문헌을 만들어 낼 역량이 아직 부족하기 때문이다. 가끔 우리 학자들이 주석 시리즈를 내거나 사전을 편찬하기도 한다. 그러나 그 내용의 깊이나 창의성이 아직 많이 부족하기 때문에 아직은 오랜 전통을 가진 서양 학계의 도움을 받아야 한다.

두 역자 중 한 사람이 자신이 저술한 『세계복음주의 지형도』(복 있는 사람, 2015)에서 누누이 강조했듯이, 한국교회와 교인은 교파를 막론하고 대부분 '복음주의,' 혹은 '복음주의자'라고 정의할 수 있다. 영미권 개신교 선교사를 통해 전파된 후, 독특한 문화 배경 속에서 한국인 스스로 수용하여 토착화한 복음주의가 우리 교회 대부분의 체질이자 유산이다. 그러므로 복음주의의 지난 역사를 알고 공부하는 것은 일종의 '뿌리 찾기' 작업에 해당한다. 이 점에서 역자들은 가치 있는 수많은 원서들 중에서도, 복음주의에 기여한 주요 인물들을 다루는 이 책이 한국의 교계와 기독교의 학계에 특히 필요하다고 판단했다.

2003년에 영국과 미국의 IVP에서 동시 출간된 이 책은 종교개혁 이후 약 500년 기간 동안 성장한 개신교 내 중요하고 주도적인 신앙 유형인 복음주의의 탄생과 확산, 전파, 특징 형성, 지역화 및 세계화에 기여한 인물들을 선정하여 각각의 삶과 신앙, 업적의 궤적을 길지 않은 전기 형태로 제공한다. 19세기 선교의 시대 이후 복음주의 신앙이 전 세계로 확장되는 과정에서 탄생한 서양 바깥 세계의 복음주의 교회와 그 교회를 이끈 지도자들이 고려의 대상이 아니라는 사실이 이 책의 거의 유일하며, 아마도 가장 치명적인 약점이라고 할 수 있을 것이다.

그럼에도 불구하고, 주로 서양, 그중에서도 영미권 복음주의 역사에서 엄선된 400여 명에 이르는 방대한 인물군을 다루고 있기 때문에 우리가 근현대교회 역사에서 접할 수 있는 대부분의 복음주의적 신앙인을 이 책에서 만날 수 있다. 물론 각자의 독서량에 따라 차이가 있겠지만, 독자들은 우리에게 지극히 생소한 이름들도 접하게 될 것이다. 그럼에도 이들은 각 시대와 지역에서 기독교 역사의 방향을 결정지은 뚜렷한 존재감을 지녔기에, 이들 각각의 생생한 이야기를 읽으며 의외의 보물을 발견하는 희열도 얻을 수 있을 것이다.

마지막으로, 역자의 특권으로, 이 책을 가장 유용하게 활용할 수 있는 팁 하나를 제공하고자 한다. 편집자들의 이름을 보는 순간 이미 알아차린 눈치 빠른 독자들도 분명히 있겠지만, 책임 편집자 티모시 라슨(Timothy Larsen) 박사와 함께 이 책의 편찬에는 두 편집고문의 기여가 컸다. 이 두 사람, 즉 편집자 라슨이 자신의 두 '수호성인'이라고 부르는 마크 A. 놀(Mark A. Noll) 박사와 D. W. 베빙턴(D. W. Bebbington) 박사는 각각 미국과 영국을 대표하는 복음주의 역사 연구의 제1인자들이다.

이들은 지난 2002년부터 함께 같은 IVP 출판사를 통해 영미 복음주의 역사 300년을 다루는 '복음주의 역사 시리즈' 다섯 권을 책임 편집했다. 2017년에 마지막으로 제4권이 영어로 발간됨으로써 최종 마무리된 이 시리즈는 이제 영어로는 모두 출간이 되었다. 한글로는 기독교문서선교회(CLC)를 통해 전 권이 모두 번역되어 있다(1. 마크 A. 놀, 『복음주의 발흥』/ 2. 존 울프, 『복음주의 확산』/ 3. D.

W. 베빙턴, 『복음주의 전성기』/ 4. 조프리 R. 트라이로어, 『복음주의 분열』/5. 브라이언 스탠리, 『복음주의 세계확산』). 즉 '복음주의 역사 시리즈' 다섯 권과 『복음주의 인물사』는 항상 곁에 두고 함께 읽고 공부해야 할 세트(set)이다. 언어 공부를 할 때 옆에 반드시 언어사전이 있어야하고, 설교 준비를 할 때 훌륭한 주석이나 성경사전이 필요한 것처럼, '복음주의 역사 시리즈'를 읽을 때 그 옆에는 반드시 『복음주의 인물사』가 있어야만 한다. 이 시리즈 다섯 권에 나오는 인물 대부분에 대한 통합적이고 압축된 전기가 이 책에 실려 있기 때문이다.

이 책이 나오는 데 너무나 많은 시간이 걸렸다. 이 책의 번역 기획은 이미 2009년에 시작되었으나, 이후 수많은 우여곡절 끝에 이제서야 전 과정이 마무리되었다. 함께 번역에 임한 두 역자인 이재근 박사와 송훈 전도사는 보스턴대학교(Boston University) 유학 시절에 서로 처음 만나 우정을 다졌다. 이후, 비록 시기는 서로 다르지만, 박사과정도 같은 에든버러대학교(University of Edinburgh)에서 밟았고, 심지어 두 사람 다 '복음주의 역사 시리즈' 제5권 『복음주의 세계확산』의 저자 브라이언 스탠리(Brian Stanley) 교수에게 논문 지도를 받았다. 의미 있는 작업에 같은 유산을 공유한 이들이 동역하는 것은 큰 특권이다.

최고의 진심을 담은 추천사를 써 주신 브라이언 스탠리, 안교성, 박웅규, 배덕만, 김요섭, 안상혁 박사님들 그리고 오랜 시간을 큰 질책 없이 묵묵히 믿고, 기다려 주고, 연락할 때마다 필요한 것이 없는지 늘 물으며 격려하고 힘을 북돋아 주신 기독교문서선교회(CLC) 박영호 목사님과 전 직원에게 진심어린 감사를 전한다.

Biographical Dictionary of Evangelicals

고든 도널드 피(Gordon Donald Fee, 1934-)

신약학자이자 오순절교회 목사. 그는 1934년 5월 23일에 오리건(Oregon) 남서부 끝에 위치한 대학 도시 애슐랜드(Ashland)에서 태어났다. 그해에 그의 아버지 도널드 피(Donald Fee) 목사는 목사 안수를 받은 작은 오순절 교단인 열린성경표준교회(Open Bible Standard Church)를 떠나 미국 오순절 교단을 주도하는 대형 교단인 하나님의성회(Assemblies of God)에 가입했다. 이 결정으로 피(Fee) 가문은 올림픽 반도(Olympic penninsula)에 위치한 북적이는 항구 도시 워싱턴(Washington)의 포트엔젤레스(Port Angeles)로 이사했고, 거기서 아버지는 지역 하나님의성회 목사로, 어머니는 공립학교 교사로 활동했다.

고든 피는 시애틀퍼시픽대학교(Seattle Pacific University)에서 학사(1956)와 석사(1958)를 각각 취득했다. 고든 피가 그 당시 오순절 신자에게는 상대적으로 드물었던 대학 교육을 받을 수 있었던 것은 교장인 어머니와 학문을 사랑한 목사 아버지를 두었기 때문이다. (Washington kirkland의 Northwest College 교수진에 합류하기 위해 1953년에 목회직을 내려놓은) 아버지처럼, 젊은 고든 피도 목회와 학문을 통합했다. 고든 피는 1958년에 석사를 취득했다. 그리고 그 후 그림 같이 아름다운 퓨젯 만(Puget Sound)의 베숀 섬(Vashon Island)에 있는 워싱턴 디모인(Des Moines) 소재 하나님의성회에 부임한 후 이듬해에 안수를 받는다. 다음의 네 해 동안 고든 피는 지역교회 목회를 하면서 시간 강사로 나갔고, 해외선교도 염두에 두고 있었다. 해외선교가 구체화되지 않자, 그는 다른 종류의 선교활동을 선택했다. 로스앤젤레스로 이주한 고든 피는 서던캘리포니아대학교(USC)에 등록한 후 1966년에 신약 본문비평 분야의 박사학위를 받았다. 이후 그를 규정하게 된 '선교,' 즉 성경학의 세계로 파송된 복음주의 선교사, 복음주의 세계에 파송된 학자로서의 선교사사역이 시작되었다.

학위를 마친 후 고든 피는 로스앤젤레스 남동부 캘리포니아(California) 코스타메사(Costa Mesa)에 위치한 하나님의성회 연관 기관인 서던캘리포니아대학(Southern California College, 현재 Regent University) 교수진에 합류했다. 3년 후 1969년에 그는 코스타메사를 떠나 미국에서 가장 중요한 복음주의 연구 기관 중 하나인 일리노이(Illinois)의 휘튼대학(Wheaton college)으로 이동했다. 1974년에는 보스턴(Boston) 근교 사우스해밀턴(South Hamilton) 소재 고든콘웰신학교(Gordon-Conwell Theological Seminary)로 옮김으로써 대학원 연구와 전문 신학 과정 교수직에 새롭게 도전했다. 또한, 이 이동으로 고든 피는 (Gordon-Conwell을 포함하여) 하버드대학교(Havard University) 신학부, 웨스턴예수회신학교(Weston Jesuit School of Theology), 성공회신학교(Episcopal Divinity School), 앤도버-뉴턴신학교(Andover-Newton[회중교회]), 보스턴대학(Boston college[로마 가톨릭]), 보스턴대학교(Boston University[감리교회])가 소속된 보스턴 지역신학교연맹체(Boston Theological Institute, 현재 홀리크로스그리스정교회 신학교도 회원교-역주)의 역동적 지성의 환경 한복판으로 들어오는 특권을 얻었다. 이후 12년간 고든 피는 이들 여러 신학 기관에서 활동하던 세계적인 명성의 신약 학자들의 핵심 요원 중 하나로 자기 자리를 든든히 지켰다. 마침내 1986년, 고든 피는 젊은 시절을 보낸 태평양 북서부로 돌아가 캐나다 브리티시컬럼비아(British Columbia) 밴쿠버(Vancouver) 소재 리젠트대학(Regent College)의 저명한 교수진에 합류했다. (아마도 J. I. Packer로 인해 가장 잘 알려져 있을) 이 학교에서 고든 피는 신약학교수, 학감으로 일한 후, 2002년에 은퇴하고 신약학 명예교수가 되었다.

고든 피는 탁월하고 긴 학자로서의 경력을 통틀어 성경학 전반, 특히 복음주의 학계에 크게 기여했다. 초기 연구 대상이 보드머 파피루스 II(Papyrus Bodmer II)와 시내산 사본(Codex Sinaiticus)이었고, 연구 주제가 오리겐(Origen)과 크리소스톰(Chrysostom)이었음에도 불구하고, 그는 처음에 본문비평과 교부학으로 명성을 얻었다. 헬라 교부들의 신약(New Testament in the Greek Fathers) 시리즈 편집자로서, 고든 피는 이 학문 분야에서 계속 영향력 있는 역할을 이어 나가다

가, 오직 내부 증거에만 의존하는 '완전절충주의'(thoroughgoing eclecticism)나 오직 외부 증거에만 의존하는 '문서'(documentary) 혹은 '다수 본문 모델'(majority text model)에 반대되는 '합리적 절충주의'(reasoned eclecticism, 한 구절 한 구절 살피면서, 내외부의 가능한 모든 증거를 제시하고 참고함으로써 본문비평상의 난제를 해결하려는 모델)의 주동적 지지자 중 한 사람으로 떠올랐다.

그러나 학자로서의 경력 대부분의 시기에, 대부분의 복음주의 청중들에게 (때로 논쟁을 불러오기도 했지만) 고든 피는 우선적으로 날카롭고 창의적인 주해가이자 주석가로 알려졌다. 특히, 그의 고린도전서 주석은 새로운 해석의 틀을 제시하고 이후의 고린도서 연구에 큰 영향을 끼친 역작이었다. 그러나 복음주의 진영에 고든 피가 남겨 준 불후의 유산은 아마도 주해를 떠받친 해석학이라고 할 수 있을 것이다. 성경학 연구에서든, 성경의 본질이나 전통의 역할 같은 극도로 감정이 격해질 수 있는 주제들을 놓고 벌인 논쟁의 와중에서든, 고든 피는 깊이 있지만 동시에 늘 변증의 자세를 취할 필요는 없는 신앙의 의미를 역사비평에 대한 이해 및 신중한 활용과 통합시키려고 일관되게 노력했다.

더구나 그의 주석은 배경 혹은 역사비평적 요구와 영적이거나 신학적인 관심사를 잘 조화시킴으로써, 이후 존더반(Zondervan) 출판사의 『NIV 적용주석 시리즈』(NIV Application Commentary Series)를 포함한 많은 주석들이 그의 접근법을 널리 차용하게 했다. 이미 언급한 것처럼, 고든 피는 성경학의 세계로 파송된 복음주의 선교사, 복음주의 세계에 파송된 학자 선교사 역할을 감당해 왔다. 성경문헌학회(SBL, Society for Biblical Literature) 같은 전문 조직에서 주도적 역할을 감당하면서, 그는 전반적으로는 학계에 복음주의

학문을 대표하는 대사 역할을 했고, 그가 익살스럽게 말한 바 있듯이, 국제 성경학 연구의 주요 현장에서 '제정신'(sane)의 복음주의 목소리를 내는 대사 역할을 떠맡은 것이다. 고든 피에 따르면, 학문 세계로 부름받은 그의 소명은 동료 하나님의성회 목사 한 사람의 무자비한 평가를 읽으면서 분명해졌다. 그의 동료는 「크리스채너티 투데이」(Christianity Today)에 편지를 보내, 편집자(당시 편집자는 복음주의 신학자 Carl F. H. Henry였다)의 '지성을 강조하는'(egghead) 기독교를 비난한 후, 자신은 차라리 '얼음장 같은 학자'가 되느니 불덩어리 같은 멍청이'가 되겠다고 빈정거렸다. 이 글을 읽고 심각한 문제를 인식한 젊은 고든 피는 언급되지 않는 두 가지 선택 중 첫 번째 것을 실현하기로 결심했다. 즉 '불덩어리 같은 학자'가 되기로 결심한 것이다. (두 번째 선택 사항 '얼음장 같은 멍청이'는 물론 다른 사람의 몫으로 남겨두었다). 학문의 다리들을 건설하고 서로 싸우고 있는 양극단 사이에서 제3의 길을 찾아내기 위해 고군분투한 고든 피의 이어진 노력은 자신의 오순절 성장 배경에서 물려받은 통찰과 헌신을 전체적으로는 학계, 구체적으로는 성경학계와 연결시키기 위해 심사숙고한 그의 개인사에서 자연스럽게 흘러나온 것이었다.

실제로, (가장 최근 논문 '주해의 목적? 주해와 영성에 대한 숙고'To What End Exegesis? Reflections on Exegesis and Spirituality'에서 증명되듯이) 고든 피는 학계에서 종사한 일평생을 학문과 영성의 관계 문제에 진력했다. 또한, 언제나 학자의 소임과 동시에 성직자의 소임을 다했다. 기독교 학문의 실천적 적용에 대한 헌신, 학문이 교회의 종으로서 자리매김해야 한다는 인식 덕에 그는 학회, 수양회, 지역교회에서 공개 강연을 해달라는 요청에 쉴 새 없이 시달렸고, 필리핀 파이스트고등신학교(Far East Advanced School of Theology), 나이로비 이스트아프리카신학교(East Africa School of Theology)와 같은 세계 신학교들의 고문이나 초빙 강사로도 자주 등장해야 했다. 고든 피는 학계에서 보낸 일평생 하나님의성회 목사직을 유지했다. 자신의 교단에서 전반적으로 엄청난 존경을 받는 인물이었음에도 불구하고, 그의 저작은 소속 교단 내부에서 뿐만 아니라 오순절 진영 전반에서 논쟁을 유발시키기도 했다. 성경비평에 대한 개방성과 마찬가지로 에큐메니컬운동(ecumenical activities)에 열린 자세 때문에 일부의 냉담한 반응에 직면하기도 했다. 방언이 성령세례의 유일하고 필수적인 증거라는 고전적 오순절 입장의 의미를 귀납적으로 해석한 것도 논쟁의 대상이었다. 고든 피는 얼 엘리스(Earle Ellis), 게리 호손(Gerry Hawthorne)과 함께 성경연구소(Institute for Biblical Research)를 공동 창립했고, 오순절학회(Society for Pentecostal Studies)의 창립회원이기도 했다.

그가 출간한 책은 15권이 넘고 논문은 100편이 넘었으며, 추가로 수많은 책을 편집하고 공동집필했다. 대표작으로 『주해의 목적? 본문, 주해, 신학 논문』(To What End Exegesis? Essays Textual, Exegetical and Theological, 2001), 『성령이 들려주시는 하나님의 말씀』(Listening the Spirit in the Text, 2000), 『성령, 하나님의 능력 주시는 임재: 바울 서신의 성령론』(God's Empowering Presence: the Holy Spirit in the Letters of Paul, 1994), 『신약성경 해석 방법론』(New Testament Exegesis, 1993, CLC 刊), 『복음과 성령: 신약 해석학의 논제들』(Gospel and Spirit: Issues in New Testament Hermeneutics, 1991), 『바울의 빌립보서』(Paul's Letter to the Philippians, 1995), 『고린도전서』(The First Epistle to the Corinthians, 1987) 등이 있다.

참고문헌 | S. Soderlund and N. T. Wright (eds.), *Romans and the People of God: Essays in Honor of G Gordon D. Fee* (Grand Rapids: Eerdmans, 1999).

R. G. ROBIN

그랜빌 오럴 로버츠(Granville Oral Roberts, 1918-)

치유사역자이자 텔레비전 설교자이며 20세기 중반 개신교의 지형을 바꾼 오순절/은사주의 부흥운동의 핵심 인물. 그는 1947년에 개인적으로 치유사역을 시작한 이후 10년도 안 되어 전 세계적인 명성을 얻게 된다. 1950년대와 60년대에 걸쳐 전파를 이용한 목회를 시작했고, 이를 통해 영향력을 확대해 나갈 수 있었다. 그는 1965년 설립된 오럴로버츠대학교(Oral Roberts University)와 여러 텔레비전 프로그램을 이용해서 성령의 은사와 신유에 대한 오순절주의의 해석을 하였고 로마 가톨릭교회와 개신교회의 주류 신학으로 파급되게 했다.

그랜빌 로버츠는 오클라호마(Oklahoma)의 폰토톡 카운티(Pontotoc County)에 있는 농장 오두막에서 엘리스 멜빈 로버츠(Ellis Melvin Roberts)와 클로디어스 어윈(Claudius Irwin) 부부의 아들로 태어났다. 오클라호마 농장에서 생계를 꾸려나가던 엘리스 로버츠는 1916년부터 오순절성결교회(Pentecostal Holiness Church) 소속으로 오클라호마에 흩어져 있던 소규모 회중들을 대상으로 설교하기 시작했다. 방언을 성령세례의 증거로 보고 이를 강조하던 오순절운동(Pentecostal movement)은 이제 막 태생한 지 10년도 되지 않았으며, 엘리스 로버츠가 설교를 시작할 당시 오순절성결교회는 약 5천 명이 넘는 교인이 출석하는 교회였다. 엘리스 로버츠는 남부에 있는 작은 교회들을 사역하면서 남은 생애를 보냈다. 그의 아들 그랜빌 로버츠는 1936년 천막집회에서 오순절 성령세례를 체험했으며, 오순절성결교회에서 안수를 받게 된다. 이듬해 그는 아버지와 함께 순회전도자로 활동했다. 1935년 6월에 오클로호마 에이다(Ada)에서 있었던 천막집회에서 결핵과 구음장애가 치유되는 놀라운 영적 경험을 겪고 난 후, 그는 처음으로 영적 위기에 처한다. 그랜빌 로버츠는 후에 이 치유 경험을 수없이 반복해서 이야기했으며, 이를 통해 1950년대와 60년대 치유부흥회가 큰 반향을 얻는 계기가 된다. 자신의 아버지처럼 하나님의 음성을 직관적이고 주체적인 방법으로 들으려했던 그랜빌 로버츠는 치유를 통한 하나님의 부르심을 그의 세대를 치유하라는 소명이라고 믿었다. 1938년 그랜빌 로버츠는 밝고 세심한 성격의 학교 교사였던 에벌린 러트먼 판스톡(Evelyn Lutman Fahnstock)과 결혼했다.

그녀의 현숙함은 가정에 평온을 가져다 주었고, 평생 남편에게 바른 조언을 아낌없이 했다. 그들은 행복하고 흠 없는 결혼 생활을 이어 나갔고, 오럴로버츠재단(Oral Roberts Foundation)에 어떠한 윤리적 문제도 일으키지 않았다. 그들은 슬하에 네 명의 자녀를 두었고, 막내아들인 리처드 리(Richard Lee)는 1968년에 오럴로버츠재단에 합류했다. 1993년 그는 아버지의 뒤를 이어 오럴로버츠대학교의 총장으로 취임했다.

1947년 그랜빌 로버츠는 오클라호마 에니드(Enid)에 있는 오순절성결교회의 담임목사로 부임했다. 이 교회는 크기가 작았던 소속교단 내에서 나름 규모가 있는 교회였다. 그가 사역을 시작하기 일 년 전, 윌리엄 브랜햄(William Branham)이라는 수수께끼 같은 복음전도자가 전국에 걸쳐 놀라운 치유사역을 전개하고 있었다. 그의 집회에는 기존 교단에 소속된 수천 명의 오순절주의자(Pentecostals)가 밀려들어 왔다. 이들은 기적에 굶주린 자들이었다. 부흥회에 대한 소식들이 미국의 오순절 계열의 교회들을 휩쓸기 시작했고, 곧 태평양 연안 지역으로 확산될 조짐이 보이기 시작했다. 뭔가 예상치 못했던 일들이 벌어지고 있음을 직감한 그랜빌 로버츠는 안정적인 지역 목회자의 자리를 박차고 나와 털사(Tulsa)로 이주하여 독자적인 순회목회를 시작한다.

1950년대 전반기에 그의 목회는 상당한 반향을 일으켰다. 그는 미국 전역과 50개국 이상에서 치유캠페인을 진행했다. 그의 천막 안으로 사람들이 몰려들기 시작하면서, 천막의 규모가 12,500명 이상을 수용할 수 있을 만큼 커졌다. 그랜빌 로버츠의 집회는 전형적인 오순절집회로서, 성경에 바탕을 둔 긴 설교와 그에 뒤이어 강대상 앞으로 나오라는 초청이 핵심을 이루었다. 그러나 특이한 것은 성령의 은사를 공개적으로 과시하지는 않았다는 것이다. 모든 집회는 아픈 자들을 위한 그의 특별 기도로 마무리되었다. 이런 치유집회에서 그는 자신의 '오른손'에 '하나님의 임재가 현현'한다고 느꼈고, 주변인들은 이를 통해 그가 '사탄, 죄, 질병을 다스릴 권세'를 부여받았다고 주장했다.

1950년대 내내 수천 명의 사람들이 그의 기도와 치유의 안수를 받기 위해 강대상으로 몰려들었다. 1960년대에는 그 기세가 약간 주춤하긴 했어도, 주로 강당에서 이뤄지는 그의 집회에 수천 명이 참석하여 설교를 듣고 아픈 사람을 치유하는 사역을 목도했다. 그랜빌 로버츠가 더 이상 집회를 인도하지 않게 된 1968년까지 약 100만 명이 그의 치유기도와 안수를 받았고, 수백만 명이 적어도 한 번은 그의 치유부흥회에 참석하여 설교를 듣고 결심하여 강대상으로 나왔으며, 그의 사역을 재정적으로 뒷받침해 주었다.

미국의 치유부흥회를 이끌었던 다른 부흥사들과 달리, 그랜빌 로버츠는 매우 뛰어난 지도자이자 행정가였다. 사역이 크게 부흥하자, 그는 유능한 직원들로 이뤄진 팀을 만들어 이들에게 쏟아져 들어오는 후원 편지와 기도 요청들을 감당하는 일을 맡겼다. 5년이 채 지나지 않아 500개가 넘는 기지국으로 이뤄진 라디오 네트워크를 확보하기도 했다. 그랜빌 로버츠는 1947년부터 월간지 「치유의 샘물」(*Healing Waters*, 1956년에 「풍족한 삶」[*Abundant Life*]이라는 이름을 갖기까지 수차례 잡지명이 바뀌었다)을 발행하여 후원자들에게 사역 보고를 하면서 재정 지원을 요청했다. 사역 전성기에 주소록에는 100만 개가 넘는 이름이 빼곡히 적혀 있었다.

그랜빌 로버츠는 빌리 그레이엄(Billy Graham)과 마찬가지로 1950년대 텔레비전의 놀라운 효용성을 직감했다. 초기에 스튜디오에서 그가 제작했던 프로그램은 그다지 큰 호응을 얻지 못했지만, 이후 카메라 기술이 발달하면서 빛이 잘 들어오지 않는 천막 안에서 집회의 실황을 녹화할 수 있는 길이 열리게 되었고, 이 집회들은 1955년부터 매주 텔레비전을 통해 방영되어 더 많은 사람이 시청할 수 있었다. 많은 미국인이 이 프로그램으로 인해 큰 충격을 받았다. 그들은 그랜빌 로버츠의 치유집회에 깔려 있던 오순절 예배 문화에 전율을 느끼게 된다. 처음으로 수백만 명에 달하는 사람들이 치유부흥사들의 놀라운 이야기를 접하게 되고, 희망과 건강에 관한 그들의 낙관적인 설교를 듣게 되었다. 그랜빌 로버츠는 이런 메시지를 애매모호한 슬로건으로 내세워 텔레비전 시청률을 성공적으로 끌어올리게 된다. 사실 처음에 프로그램을 방영하도록 방송사를 설득하는 것은 매우 힘든 작업이었다. 그의 치유사역을 언론사들은 '사기 치유'가 아니냐며 조롱하기도 했다. 그랜빌 로버츠의 성공은 역으로 종교 프로그램을 텔레비전에서 방영하는 시간을 돈으로 사는 것을 연방법으로 금지하고자 하는 시도를 유발하기도 했다.

그러나 이런 법제화 시도는 실패했고, 1950년대 후반에 이르러 그는 전국망 텔레비전 네트워크를 구성하여 세계에서 가장 영향력 있는 종교 지도자로 자리매김하게 되었다. 그랜빌 로버츠와 다른 복음주의 부흥사들에게 텔레비전을 활용한 사역은 비용 때문에 위험 부담이 컸다. 그러나 그랜빌 로버츠의 경우에는 초기부터 사역에 필요한 재정을 전폭적으로 지원해 주는 사람들이 있었기에 그다지 큰 어려움은 없었다.

1950년대에 그랜빌 로버츠의 사역 및 기타 여러 소규모 치유사역들은 주로 오순절주의자의 지원을 받았다. 1950년 초에 오순절 교단들은 자기 사역을 과대포장하며 큰 비용을 요구하는 독립 치유사역자들에 대한 지원을 중단하기 시작한다. 그럼에도 그랜빌 로버츠는 제2차 세계대전 이후에 등장한 여러 치유사역자들 중 가장 신뢰할 만했고 신학적으로도 정통이었기에, 거의 모든 오순절 교단의 지도자들과의 동역자 관계를 1960년대까지 이어 갈 수 있었다. 같은 시기, 그는 기존 오순절 교단의 장벽을 넘어 오순절의 메시지를 전달하는 일에 앞장서기도 했다. 1951년에는 세계순복음실업인연맹(Full Gospel Business Men's Fellowship International)의 창립에 기여했고, 그의 부흥회와 텔레비전 프로그램은 1960년대에 급속도로 확산된 은사주의운동(charismatic movement)의 초석을 다지게 된다.

1965년 털사에 오럴로버츠대학교가 설립되면서, 그랜빌 로버츠는 이 대학의 총장으로 부임했다. 이 대학은 미국에서 가장 유명한 오순절 계열 사립 대학으로서, 털사에 조성된 미래주의 디자인의 캠퍼스는 오럴로버츠재단의 대표작이기도 하다. 20세기 후반이 되면서, 오럴로버츠대학교 재학생 수는 5,000명 이상으로 성장하여, 남서부 지역에게 가장 급성장하고 전망 좋은 사립 교육 기관으로 자리매김했다.

그랜빌 로버츠는 1960년대 초반에 이르러 신유와 성령의 열매에 관한 오순절교회의 메시지가 점점 더 주류 개신교회와 가톨릭교회 교인에게 수용되고 있음을 간파했다. 이런 기류 변화를 인지한 그는 1968년에 동역자들을 경악시킬 정도의 위험천만한 결정을 내렸다.

첫째, 부흥집회와 텔레비전 프로그램을 전격적으로 중단했다. 이어서 감리교 목사와 털사 소재 보스턴애비뉴감리교회(Boston Avenue Methodist Church) 교인이 되기 위해 오순절성결교회(Pentecostal Holiness Church)의 목사직을 포기했다. 이런 일련의 과정 속에서도 그는 자신의 신념에는 변화가 없으며, 오히려 감리교회 안에서 은사주의 메시지에 열린 태도가 있다고 자신은 믿는다고 주장했다.

둘째, 그는 1969년에 시청률이 가장 높은 시간대 텔레비전 프로그램을 통해 한 시간이 넘는 특집 프로그램을 연이어 방영했다. 딕 로스(Dick Ross)라는 할리우드 제작자가 제대로 만든 이 프로그램에는 오럴로버츠대학교 출신의 월드액션(World Action) 가수들이 출연했고, 대중이 좋아하는 인물들이 출현하여 시청률을 높여나갔다. 이 프로그램은 엄청난 이익과 더불어 높은 시청률을 기록하여 6,400만 명이 시청하는 프로그램이 되었다. 그랜빌 로버츠는 이를 통해 잘 만들어진 종교 프로그램이 다른 세속 프로그램과 경쟁할 수 있다는 가능성을 확인했다. 이어 그는 근대적 오락 요소가 가미된 미디어 교회를 시작했다. 1979년에는 한 시간 분량 특집 프로그램이 큰 영향력을 행사하고 있었음에도, 그 프로그램을 돌연 중단했다. 1980년 갤럽 조사에 따르면 전 미국인의 84%가 그랜빌 로버츠라는 이름을 알고 있다고 응답하기도 했다. 1970년대 중반에 그는 자기 이미지를 좋게 만드는 데 더 주력함으로써 천막에서 치유사역을 하던 부흥사의 이미지를 어느 정도 벗어 내는 데 성공했다. 그러나 1975년 그가 오럴로버츠대학교에 약학대학원을 포함한 일곱 개의 새로운 대학원을 설립하겠다고 선언하면서 새로운 논쟁이 시작되었다.

의과대학을 통해서 '기도와 의료'를 결합하고자 했던 계획을 계속 확장하면서, 1977년에는 30층 규모의 777개 병상을 갖춘 병원, 60층 높이의 의료 및 진단 센터, 20층 규모의 의료 연구 센터 등이 들어설 '믿음의 도시'(City of Faith)라는 복합 단지를 만든다는 계획을 발표하기에 이른다. 이 도시를 건설하기 위해서 필요한 천문학적인 비용(약 2억 5천만 달러)에다 의과대학 운영 비용으로, 오럴로버츠재단은 심각한 재정 위기를 겪게 된다. 또한, 그랜빌 로버츠의 예상과 달리, 믿음의 도시는 대다수 환자에게 환영받지 못했고, 털사에 있는 다른 의료 기관들의 반발에도 직면했다. 결국 복합 단지는 1990년에 문을 닫았다. 이 복합 단지가 지어지는 기간 동안 그랜빌 로버츠는 과거 텔레비전 부흥사들이 사용했던 강박적인 모금 활동에 의존하면서 다시 한 번 강한 비난에 직면했다. 엎친 데 덮친 격으로 그의 과도한 모금 활동은 짐 베이커(Jim Bakker)와 지미 스왜거트(Jimmy Swaggart)가 연루된 부흥사들의 재산 및 성추문과 맞물리면서 언론의 집중 공격 대상이 된다. 그의 일생에 재산 문제와 성추문 같은 결점들이 없었다 하더라도, 대중에게는 믿음의 도시 건설을 위해 도움을 요청했던 그랜빌 로버츠의 모습이 다른 무책임한 독립 조직들과 하등 다를 바 없는 것으로 여겨졌던 것이다.

비록 신학자는 아니었지만, 그는 기적, 치유, 성령의 열매 같은 기본 교리들에 대해 깊이 고민했다. 아마 다른 누구보다도 그랜빌 로버츠야말로 '기복 신앙'을 오순절 신학에 접목한 일에 책임이 있을 것이다. 그는 이를 통해 하나님께서 성공과 물질의 축복을 인정하신다고 주장했다. 이런 주장의 근거는 요한삼서 2절이었다. 이 메시지는 그의 사역 전반에서 득보다는 실이 많은 것이었지만, 미국과 세계에서 신분 상승을 꿈꾸던 사람들을 매료시키기엔 충분했다.

그의 공로 중 마지막을 꼽으라면, 그가 이 운동의 신학을 대중화시켰다는 것이다. 그는 텔레비전과 수백만 권이 팔린 베스트셀러를 통해 다음과 같은 메시지를 계속해서 대중들에게 주입했다.

"뭔가 좋은 일이 당신에게 벌어질 겁니다."
"하나님은 좋으신 하나님입니다."
"기적을 기다리세요."
"당신 안에 있는 그 분은 이 세상의 누구보다 훨씬 위대한 분이십니다."

그랜빌 로버츠는 주관주의의 대표적 인물로서, 신앙을 가지게 된 이후부터 자신이 느끼는 모든 것은 바로 하나님의 음성과 다를 바 없다고 믿었다. 일단 하나님께서 자신을 인도하신다는 확신을 가지게 되면, 그는 이것들이 위험천만하고 어려운 것이라 할지라도 어김없이 순종했다.

오랜 사역 기간 동안 내린 굵직한 결정들을 통해, 그는 치유부흥운동, 종교 텔레비전 프로그램, 오순절 신학, 기독교 교육, 전 세계로 확장된 은사주의운동에 큰 족적을 남겼다.

참고문헌 | D. E. Harrell, Jr, *All Things Are Possible: The Healing and Charismatic Revivals in Modern America* (Bloomington: Indiana University Press, 1975); D. E. Harrell, Jr, *Oral Roberts: An American Life* (Bloomington: Indiana University Press, 1985); E. Roberts, *His Darling Wife, Evelyn* (New York: Dell Publishing Co., 1976); O. Roberts, *Expect a Miracle: My Life and Ministry* (Nashville: Thomas Nelson, 1995); W. A. Robinson, *Oral: The Warm, Intimate, Unauthorized Portrait of a Man of God* (Los Angeles: Acton House, 1976).

D. E. HARRELL, JR

길버트 커비(Gilbert Kirby, 1914-2006)

목사이자, 초교파 지도자이며, 대학 학장(college principal). 그는 1914년 9월 7일에 런던 포레스트힐(Forest Hill)에서 태어나, 런던의 엘섬대학(Eltham College)과 케임브리지의 체쉬넛대학(Cheshunt College)에서 교육을 받고 1937년에 석사학위를 취득했다. 13세에 회심하고 이어서 브롬리십자군(Bromley Crusaders) 사역을 통해 복음주의 신앙의 기반을 확고히 다졌다. 안수받은 회중교회 목사로, 에섹스 할스테드(Halstead, Essex)의 할스테드회중교회(Halstead Congregational Church, 1938-1947)와 미들섹스(Middlesex)의 애쉬퍼드회중교회(Ashford Congregational Church, 1945-1956)를 섬겼다.

복음주의연맹(Evangelical Alliance) 총무로 임명된 후에는 당시 헌팅던 백작부인 교단(Countess of Huntingdon Connexion) 소속이던 서섹스(Sussex)의 터너스힐자유교회(Turner's Hill Free Church, 1956-1970) 명예목사가 되었고, 다음으로는 미들섹스 해로우(Harrow)의 록세스그린자유교회(Roxeth Green Free Church, 1971-1983) 명예목사가 되었다. 1980년에 런던바이블칼리지(London Bible College) 학장직에서 은퇴한 후에는 부쉬침례교회(Bushey Baptist Church, 1983-1985) 의장(moderator), 1985년부터는 미들섹스의 노스우드힐스복음주의교회(Northwood Hills Evangelical Church) 장로로 섬겼다.

복음주의연맹 총무(1956-1966)로 일하던 시기에 길버트 커비는 이 단체의 활동과 영향력을 확장하고 새로운 기획들을 시도하는 데 결정적인 역할을 했다. 가장 의미 깊었던 일은 복음주의연맹의 회원권을 확대한 것으로, 그때까지 이 단체 회원권은 개인과 지역교회, 교단에 제한되어 있었다. 두 오순절 교파인 '엘림교회'(Elim)와 하나님의성회(Assemblies of God)도 새로운 회원 교단 중에 있었다. 1958년에 복음주의연맹 해외위원회가 초교파선교연합회(Fellowship of Interdenominational Missionary Societies)와의 합병으로 복음주의선교연맹(Evangelical Missionary Alliance)을 형성하고 길버트 커비를 총무로 임명했다. 복음주의선교연맹에 점점 더 많은 수의 선교단체와 성경학교가 가입하면서 이들의 고립도 차차 끝이 났다. 복음주의연맹은 초교파 잡지 「크루세이드」(Crusade)를 1959년에 창간하면서 1950년대 빌리그레이엄십자군(Billy Graham Crusades) 전도 대회에 투자하여 이 대회의 성공에 기여했다. 난민을 돕기 위한 복음주의연맹기금(Evangelical Alliance Fund)과 복음주의연맹구제기금(Evangelical Alliance Relief Fund, 1968)이 탄생한 후 곧 티어펀드(TEAR Fund)로 이름이 알려졌고, 이는 곧 영국에서 가장 큰 구제 기금 중 하나가 되었다. 길버트 커비의 광범위한 인맥은 대서양을 넘어섰고, 빌리 그레이엄은 유럽 문제에 대해 길버트 커비에게 자주 자문을 구했다. 그는 유럽전도회의(European Congress on Evangelism), '암스테르담 1971'(Amsterdam 1971)의 의장을 맡아 '1970년대를 위한 전략'에 대해 강연했다.

한동안 그는 세계복음주의협의회(World Evangelical Fellowship) 국제 총무로도 섬겼다. 그러나 길버트 커비가 시작한 또 하나의 일은 복음주의자전국회의(National Assembly of Evangelicals, 1965)로, 다양한 교파에서 1,000명의 대표가 모였다. 1966년에 열린 대회는 신학적으로 혼합적인 교파에 속해 있는 복음주의자들은 자신들의 위치를 재고하여 교단에서 떠나라는 D. M. 로이드-존스(D. M. Lloyd-Jones)의 낭랑한 호소로 유명해졌는데, 이는 복음주의 연맹에게는 위기였다. 그때쯤 길버트 커비는 런던바이블칼리지 학장으로 이동한 상태였다.

길버트 커비와 런던바이블칼리지의 관계는 이 학교 창립 초기로 거슬러 올라간다. 1945년에 그는 영어와 설교학을 시간제로 가르치는 자문 교수진에 합류했다. (때로 Redcliffe, Ridgelands and All Nations colleges에서도 강의했다). 1958년에는 런던바이블칼리지의 운영이사회에 합류했고, 1966년에는 어니스트 케번(Ernest Kevan)을 이어 학장이 되었다. 지역교회 목회에서는 드러나지 않았던 길버트 커비의 탁월한 목회 재능이 대학의 성장에 큰 도움이 되었다.

초기에 엄격한 형식을 추구하던 모습에서 탈피해서 20세기 마지막 시기에 적합한 비격식의 분위기로 학교를 전환시킨 인물이 바로 길버트 커비였다. 런던 시내 중심가의 원래 건물에서 런던 교외의 좀 더 넓은 공간으로 학교를 이전시키는 과정도 감독했다. 이 과정을 통해 전국학위수여위원회(Council for National Academic Awards)의 학교 및 학위 과정 승인을 받아낼 수 있었고, 결국 런던대학교(London University)의 외부학과의 감독에서 벗어나 독립할 수 있게 되었다.

(1948년에 Congregational Evangelical Revival Fellowship 발기를 돕는 등) 네트워크를 늘 중요시했던 길버트 커비는 성경대학학장연합(Association of Bible College Principals)에도 가입하여, 영국의 성경학교 교장들과 함께 모여 정기적으로 이런 저런 주제로 토론했고, 다른 대학 행정책임자들과도 유사한 네트워크를 형성했다. 'ALSO'(London 지역의 네 개의 복음주의 대학, 즉 All Nations, London Bible, Spurgeon's, Oak Hill의 머리글자를 모아 만든 두문자어)의 설계자로서, 교수 요원들이 매년 함께 모여 연합 모임을 가지게도 했다.

길버트 커비의 저술들을 보면 그에게 신학을 이해하고 풀어서 일반 대중에게 전하는 은사가 있었음을 알게 된다. 번뜩이고 평화적인 기질도 두드러진다. 저술로는 런던바이블칼리지 전임자에 대한 전기『어니스트 케번: 목사와 학장』(Ernest Kevan: Pastor and Principal, London: Victory Press, 1968), 헌팅던 백작부인 전기『선택받은 여성』(The Elect Lady, 개인 출판, 1972), 영국 개신교 교회 연구서『왜 이 모든 교단들이 존재하는가?』(Why All These Denominations?, Eastbourne: Kingsway, 1988), 기독교윤리 연구서『어떻게 관심을 가질까?』(The Way We Care, London: Scripture Union, 1973), 당대의 논쟁적 이슈들에 대한 평가서이자 그의 손에서 열기가 많이 빠진『다루기엔 너무 뜨거운』(Too Hot to Handle, London: Lakeland, 1978), 재림에 대한 논문 모음집으로 그가 편집한『기억하라, 내가 곧 오리라』(Remember, I am Coming Soon,

London: Victory Press, 1964) 등이 있었다.

길버트 커비는 확고한 복음주의적 확신, 미래를 내다보는 시야, 깊은 목회적 통찰, 모든 종류의 사람과 쉽게 관계를 맺는 능력, 넓은 공감 능력, 톡 쏘는 유머 감각, 아주 뜨거운 가슴의 사람으로 많은 이들의 주목을 끌었다.

참고문헌 | S. Brady, 'Gilbert Kirby, an Evangelical Statesman: a Tribute and Profile,' in S. Brady and H. Rowdon(eds.), *For Such a Time as This* (London: Scripture Union, 1996), pp. 1-20.

H. H. ROEDON

길버트 테넌트(Gilbert Tennent, 1703-1764)

신파(New Side) 장로교 목사이자 부흥사. 그는 윌리엄 테넌트(William Tennent)의 장남으로 아일랜드(Ireland) 아마(Armagh)에서 출생했다. 가족이 1718년에 펜실베이니아로 이민을 했고, 길버트 테넌트는 예일대학(Yale College)에서 석사학위를 1725년에 받았다. 1726년에 필라델피아 장로교 노회에서 안수를 받은 길버트 테넌트는 뉴저지의 뉴브런즈윅(New Brunswick, New Jersey)에서 목사로 청빙을 받았고 거기에서 열정적인 네덜란드 개혁파 목사인 데오도르 프렐링하이젠(Theodore Frelinghuysen)을 만났다. 이 목사의 회심과 경건주의 신학을 통해 길버트 테넌트는 얼스터(북아일랜드) 스코틀랜드식 경건(Ulster Scots Piety)에도 관심을 갖게 되었다. 1734년에 이르러 부흥운동이 시작되었는데, 조지 휫필드(George Whitefield)가 길버트 테넌트를 방문한 1739년에 이르러 이 부흥의 불길은 더욱 강렬해지기 시작했다. 조지 휫필드는 길버트 테넌트에게 1740-1741년에 있을 뉴잉글랜드 설교 여행에 동참해 달라고 요청했고, 이는 성공적으로 마무리되었다.

1735년에는 길버트 테넌트는 래리턴밸리(Raritan Valley)에 있었던 부흥운동에 적극적으로 동참했고, 그곳에서 아버지와 함께 로그대학(Log College)에서 학업을 마친 후 목회자 훈련 과정에 있는 몇몇 젊은 목회자들을 교육시켰다. 1734년 길버트 테넌트는 필라델피아대회(synod of Philadelphia)에서 목회자 후보생 및 모든 현직 목사에게 하나님의 은총에 대한 증거가 있는지를 검증해야 한다고 강조했다. 이에 대해 대회는 모든 장로교 목사들에게 모든 후보생들이 성화(sanctifying) 은총을 경험한 적이 있는지 여부를 점검하라고 요청했다. 이는 대회 지도자들이 회심보다는 성화에 초점을 두고 있었음을 보여 준다.

1737년 길버트 테넌트와 그의 지지자들이 여러 장로교회를 순회하기 시작하면서, 그들이 가는 곳마다 무질서와 갈등이 따라다니는 듯 했다. 1738년에 대회는 평화를 위해 모든 부흥사는 자신의 소속 노회(presbytery)가 있어야 한다고 결정을 내렸고, 노회 경계를 재조정하면서 부흥사들 대다수를 신생 뉴브런즈윅노회(New Brunswick presbytery)에 소속시켰다. 1739년의 간섭법(Intrusion Act)은 노회가 보기에 한 목사가 분열을 야기하고 있다고 판단되면, 그의 설교를 노회 경계 안에서 금지시킬 수 있다는 내용을 담고 있었다.

펜실베이니아 노팅엄(Nottingham, Pennsylvania)에서 길버트 테넌트는 이와 관련하여 그의 가장 유명한 설교, '회심하지 않은 사역의 위험성'('The Danger of an Unconverted Ministry,' 1740)을 통해 자신의 의견을 개진하였다. 여기에서 그는 필라델피아대회(synod of Philadelphia)에 소속된 대부분의 목사가 회심하지 않은 바리새인 같은 교사일 뿐이라고 주장했다. 그는 설교를 듣는 사람들에게 기도와 물질로 부흥사들을 후원해 달라고 요청하면서, 율법에 대한 두려움이 죄를 인정하고 진정한 회개를 가져올 수 있다고 설교했다. 이 설교가 출판된 지 1년도 지나지 않아서 수십 개 교회가 회심하지 못한 목사들의 사역을 피해 갈라져 나왔다.

1740년 대회에서 길버트 테넌트는 부흥사의 일에 반대하는 사람은 하나님의 일에 반대하는 것이며, 따라서 하나님의 영을 거역하는 것이라 주장했고, 이런 사람들이 그리스도의 무리들을 돌보지 않는 위선자라고 지적했다. 그러나 그는 그 목회자들의 이름을 일일이 거론하지는 않았다. 1741년 대회에서도 갈등과 분열이 일어나면서, 1745년에 부흥사들이 중심이 되어 뉴욕대회(synod of New York)를 조직했다.

1743년 길버트 테넌트는 조지 휫필드의 추종자들이 필라델피아에 개척한 소속 교파가 없는 교회의 목사 초청을 받아들였다. 교회가 일단 도시에 정착하자, 길버트 테넌트는 이전에 사용하던 그의 즉흥적인 설교 스타일, 소박한 의상을 포기하기 시작했는데, 실망한 한 추종자는 그가 "오래된 장로교 및 죽은 형식의 상태로 돌아가고 있다"라며 신랄하게 비난하기도 했다.

이런 변화는 주로 길버트 테넌트가 니콜라스 폰 진젠도르프(Nicholas von Zinzendorf)와 모라비안교도들(the Moravians)을 만나면서 일어났다. 이들은 길버트 테넌트와 대각성운동이 더 멀리 나가지 않는다고 비난했다. 모라비안의 감정주의와 극단적 경건주의는 길버트 테넌트가 다른 장로교 목사들에게 했던 지적이 너무 심했다는 것을 깨닫게 해 주었다.

길버트 테넌트는 자신이 모라비안교도를 반대한 내용이 실제로 자기를 향해 반부흥주의자가 했던 반대와 내용이 같다는 사실을 인식했다. 더욱이, 길버트 테넌트의 '뉴빌딩'(New Building) 목회에 대해 조지 휫필드가 반대하면서, 두 사람 사이의 긴장은 높아만 갔다. 길버트 테넌트는 여전히 조지 휫필드를 지지했지만, 그의 성공회 동료들(Anglican colleague)을 정통 칼빈주의자로 부르기는 어렵다고 생각했다.

길버트 테넌트는 『교회의 평화』(*Irenicum Ecclesi-asticum*, 1749)에서, '그리스도 이후의 첫 3세기 동안 살았던 기독교인이 은혜로운 경험을 만들어 냈거나 성만찬 조건을 내세워 교인을 평가'하지는 않았다고 인정했다. 그래서 다른 사람의 영적 상태에 대해서 평가를 하기보다는, 길버트 테넌트는 이제 구파(Old Side)와의 연합을 주장했는데, 그들은 삶과 교리에서 정통성을 지니고 있었기 때문이다.

스코틀랜드 경건(Scottish piety)으로의 이런 귀환은 몇몇 동료 부흥사들에게 반감을 일으키는 동시에, 구파 사역자들의 의심도 즉각 걷어내지 못했음에도 불구하고, 역설적으로 이런 행동은 9년 후의 재통합화합의 기초가 되었다. 그래서 1758년에 길버트 테넌트는 재통합된 뉴욕과 필라델피아대회(synod of New York and Philadelphia)의 대회장으로 선출되었다.

참고문헌 | M. J. Coalter, *Jr, Gilbert Tennent, Son of Thunder* (New York and London: Greenwood Press, 1986); *M. Westerkamp, The Triumph of the Laity: Scots-Irish Piety and the Great Awakening*, 1625-1760 (New York: Oxford, 1988).

P. J. WALLACE

Biographical Dictionary of Evangelicals

나다나엘 버워쉬(Nathanael Burwash, 1839-1918)

캐나다감리교(Methodist) 목사이자 교육자. 그는 캐나다 온타리오(Ontario) 중부의 한 농장에서 자랐다. 어린 시절에 나다나엘 버워쉬는 부모덕에 복음주의 신앙의 강한 영향을 받았는데, 부모는 모두 젊은 시절에 회심하여 감리교도가 되었다. 1852년, 목회자가 되기를 소망한 나다나엘 버워쉬는 코버그(Cobourg) 근교에 위치한 감리교빅토리아대학(Methodist Victoria College)에 예비 학생으로 등록했다. 다음해, 그는 대규모 대학 부흥회에 참여하여 캐나다의 웨슬리파감리교회(Wesleyan Methodist Church) 신자가 되었다. 1859년에 학사학위를 받으며 졸업한 그는 계속해서 대학의 상식 철학 사상(common-sense thought) 과목과 총장 새뮤얼 넬리스(Samuel Nelles)가 모범을 보인 경건과 학문의 조화 노력에 큰 영향을 받았다.

교육 목회자 수요 증가 덕에 1860년에 목회자 후보생이 된 나다나엘 버워쉬는 중부 캐나다에서 가장 오래된 감리교 도시교회들(Belleville, 1861-1863; Toronto East, 1863-1864; 안수받은 후에는 Hamilton, 1865-1866)에서 사역했다.

1866년에 나다나엘 버워쉬는 빅토리아대학으로 돌아오라는 요청을 받고, 막 자리가 난 자연과학 분과 대표로 미국 예일대학(Yale College)의 셰필드 과학부(Sheffield Scientific School)에서 다음 몇 달을 보냈다. 여기서 베이컨(Bacon)의 귀납법에 대한 주의 깊은 연구 덕에 그는 찰스 다윈(Charles Darwin)의 진화론 같은 논쟁적인 문제들을 놓고 한 가지 입장만 고집하지 않을 수 있었다.

목회하는 동안 신앙적 의심의 문제를 놓고 짧지만 강렬하게 투쟁한 그는, 특히 과학과 성경신학의 새로운 사상이 제기한 믿음에 대한 도전에 직면해 있는 신학생들을 돕는 일에 관심을 갖게 되었고, 이 목적에 따라 인문학부 학생을 위해 신학 관련 과목을 몇 개 개설했다. 1870년에 빅토리아대학의 신학부 개설을 기대하며 기다리던 그는 미국 일리노이 에번스턴(Evanston, Illinois)의 감리교개럿성경학교(Methodist Garrett Biblical Institute, 현재 Garrett Evangelical Theological Seminary-역주)에 등록해서 공부한 뒤 1871년에 신학사, 1876년에 신학박사학위를 받았다. 1873년에 빅토리아대학에 신학부가 설립되자 조직신학과 성경신학 교수로 임명되었고, 학과의 첫 학과장이 되어 1900년까지 그 직책을 유지했다.

멘토였던 새뮤얼 넬리스가 1887년에 갑자기 사망하자, 그는 빅토리아대학과 벨레빌(Belleville)의 앨버트대학(Albert College)의 통합으로 1884년에 형성된 빅토리아대학교(Victoria University)의 학장이자 총장으로도 임명되었다.

교단의 지도적 신학자로서, 나다나엘 버워쉬는 많은 설교와 저술을 통해 중요한 영향력을 행사할 수 있었다. 목사들이 읽어야 할 독서 목록에 포함된 대표 저술로는 웨슬리의 표준 설교 연구서인 『웨슬리의 교리 표준』(Wesley's Doctrinal Standards, 1881), 『바울의 로마서 길잡이』(Handbook of the Epistle of Paul to the Romans, 1887), 두 권으로 된 『귀납법에 근거한 기독교 신학 편람』(Manual of Christian Theology on the Inductive Method, 1900)이 있다.

1890년과, 다시 1906년에 교단의 더 보수적인 감독 앨버트 카먼(Albert Carman)이 빅토리아 대학교에서 교수되던 '고등비평'(higher criticism)에 대해 불평을 제기했을 때, 최종적으로 승리한 쪽은 나다나엘 버워쉬의 온건파였다. 1900년 총회에서 그는 감리교 목사가 성경을 문자적으로만 해석해야 한다고 제한하고 주장하려는 시도는 웨슬리의 입장에 위배되는 것이라는 자기 입장을 설득력 있게 주장하는 데 성공했다. 이에 더하여, 교리 문제에 대한 치리 재판은 총회가 하는 것이 아니라, 교리 문제에 대한 지식이 풍성하고 좋은 평판을 가진 목사들로 구성된 소규모 위원회에서 처리해야 한다는 결정을 이끌어 냈다.

고등비평을 서서히, 또한 선택적으로 수용한 나다나엘 버워쉬의 학문 경력은 그가 실천신학 강의실에서 학문적 경건이 표현되는 방식을 통해 중용의 길을 찾았다고 할 수 있다. 수정된 형태의 귀납법을 통해 학생들은 '성령의 증거'(the witness of the Spirit)와 '그리스도인의 완전'(Christian perfection) 같은 감리교 교리들이 제시하는 경험적 증거를 분석하고 적용하는 방법을 배웠다. 과학과 성경신학에서 새로이 발전된 내용을 대하는 태도에서는 진보적이었지만, 감리교의 복음주의적 메시지를 무너뜨리는 교리적 변화에 대해서는 단호하게 보수적인 입장을 취했다. 유아도 타락하여 죄의 영향 아래 있고, 교회 회원이 되려는 젊은이는 먼저 회심해야 한다는 조건을 내건 그의 강경한 입장은 아이들은 죄가 없다는 신학적 주장으로 마음이 기운 많은 동료들과의 갈등을 낳았다. 비록 교단이 전통적인 강조점들을 공식적으로 유지하도록 살아 있는 동안 노력할 수는 있었지만, 그가 사망할 무렵이 되면 젊은 목회자들 일부는 이런 교리들을 구시대의 것으로 간주했다.

옛 입장과 새 입장을 조화시키려는 나다나엘 버워쉬의 소망은 애매모호한 이중의 결과를 낳았다. 예를 들어, 감리교 사회복음 주창자이자 정치가였던 제임스 셰이버 우즈워스(James Shaver Woodsworth)는 그의 스승의 진보 정신을 새로운 사회적 기독교의 원리를 주창하는 데 활용할 수 있었지만, 동시에 전통적 웨슬리파 영성을 거부하는 수단으로도 사용했다. 비슷한 모호함을 캐나다 교회연합운동(church union movement)에 대한 나다나엘 버워쉬의 지지 입장에서도 찾을 수 있다.

1904년에 그 나라에서 가장 큰 세 복음주의 교단, 즉 장로교회(Presbyterians), 회중교회(Congregationalists), 감리교회(Methodists)의 통합을 위한 공식 협상이 시작되었을 때, 그는 교리를 담당하는 하부 위원회의 대표로 임명되었다. 이런 책임을 짐으로써, 또 교단 신문 「더 크리스천 가디언」(The Christian Guardian)에 연합 문제를 설명하라고 임명받은 대변인으로서, 그는 제안

된 문서인 '연합의 토대'(Basis of Union)에 포함된 교리 선언문에 복음주의 신앙의 핵심이 되는 내용이 반영될 수 있도록 노력한 결정적 공로자였다. 비록 그의 교단이 1912년에 이 토대 문서를 받아들이기로 투표로 결정했지만, 장로교 내부의 상당한 반대와 전쟁 발발 위험 때문에 실제 연합은 1925년까지 미뤄졌다. 나다나엘 버워쉬와 많은 그 세대 인물들이 복음주의의 임박한 승리를 가정하게 만들었던 후천년주의적 낙관주의는 그해에 쇠퇴했고, 새로 탄생한 캐나다연합교회(United Church of Canada)는 새로운 신학 사상 수용으로 방향을 선회했다.

이보다 더 오래된 사건은 빅토리아대학교의 새로 임명된 총장과 학장이던 나다나엘 버워쉬가 이 대학교를 세속 대학교인 토론토대학교(University of Toronto)와 연결된 연합체의 일부로 만들기로 결정한 것이다. 주 정부와 온타리오 주요 대학교들 간의 협상은 이미 1881년에 시작되었지만, 감리교 교단 내부의 반대 때문에 1887년으로 계획된 연합령(Federation Act) 발표가 미뤄지고 있었던 것이다.

이 법령의 핵심 협상자 중 하나였던 나다나엘 버워쉬는 일부 감리교 내부 비판자들과는 달리, 과학 교육을 대학교에 위임하고, 인문학과 신학을 교단 대학교들에 맡기는 제시된 노동 분담으로 복음주의적 도덕과 종교적 영향력이 보존될 수 있으리라 확신했다. 1889년에 빅토리아대학교를 토론토로 이전하는 조건으로 받은 230,000달러 덕에 비판이 사그라졌고, 1890년에 드디어 연합령이 발표되었다. 1892년에 이전이 이루어진 후, 나다나엘 버워쉬는 1903년에 여학생 기숙사 애니슬리홀(Annesley Hall), 1913년에 남학생 기숙사 버워쉬홀(Burwash Hall)이 세워진 후 생긴 학생들의 도덕 문제를 감독하는 일 뿐만 아니라 연합령의 조건들을 보장받기 위해서도 열심히 싸웠다. 나다나엘 버워쉬는 일평생 아내 마가렛 프록터(Margaret Proctor)의 든든한 내조를 받았다. 조용하지만 강인한 정신의 소유자였던 마가렛과 1868년에 결혼하여 열두 아이를 낳았는데, 그중 넷만 성인이 될 때까지 살아남았다. 1889년 어느 한 주(week)에는 아들 셋과 딸 하나를 한꺼번에 디프테리아(diphtheria)로 잃었다. 이런 비극에도 불구하고, 다른 사람을 대접하는 일에 최선을 다했고, 원주민과 선교지에서 온 외국 학생들은 언제나 특별 환영을 받았다. 1913년에 은퇴한 버워쉬 부부는 해외선교지에 있던 빅토리아대학교 졸업생들의 요청으로 일본으로 장기 여행을 떠나, 동경제국대학교(Tokyo Imperial University)와 일본 주재 캐나다감리교 선교사들이 세운 고베 근교에 있는 관서학원(Kwansei Gakuin, 미국 남감리회에서 1889년에 처음 설립했으나 1911년부터 캐나다감리교회가 공동으로 경영-역주)에서 강연하기도 했다. 나다나엘 버워쉬가 1918년에 짧은 투병 후 사망하자 어떤 이는 "캐나다감리교에서 나다나엘 버워쉬보다 교회 목사들의 사고에 더 지대한 영향을 끼친 지도자는 없었다"라는 말로 그를 칭송했다.

참고문헌 | M. Van Die, *An Evangelical Mind: Nathanael Burwash and the Methodist Tradition in Canada, 1839-1918* (Montreal and Kingston: McGill-Queen's University Press, 1989); R. J. Taylor, 'The Darwinian revolution: the responses of four Canadian scholars' (PhD thesis, McMaster University, Hamilton, Ontario, 1976).

M. VAN DIE

나다니엘 윌리엄 테일러(Nathaniel William Taylor, 1786-1858)

회중교회 사역자이자 신학자. 그는 부농이자 약제 상인인 아버지 나다니엘 테일러(Nathaniel Taylor)와 뉴밀퍼드(New Milford) 지역의 주요 인사였던 어머니 노스럽 테일러(Northrup Taylor) 사이에서 1786년 6월 23일 코네티컷 뉴밀퍼드(New Milford, Connecticut)에서 태어났다. 그는 나다니엘 테일러(Revd. Nathanael Taylor) 목사의 손자이기도 했는데, 할아버지는 뉴밀퍼드 지역에 정착한 테일러 가문의 시조이기도 했다. 여기서 그는 반세기 동안 지역 회중교회 목회자로 사역했고, 1774년부터 1800년까지 예일대학 이사진(Yale Corporation)의 일원으로 활동했다.

코네티컷의 베들레헴회중교회(Congregational pulpit of Bethlehem) 강단을 맡았던 조셉 벨라미(Joseph Bellamy)의 후계자인 에드워즈주의 목사(Edwardsian minister) 에이절 배커스(Azal Backus)가 운영한 예비학교에서 교육받은 후, 1800년 가을에 예일대학(Yale College)에 입학했다. 그는 입학 후 조나단 에드워즈(Jonathan Edwards)의 손자이자 뉴잉글랜드회중교회의 지도자인 티모시 드와이트(Timothy Dwight) 예일대학 총장의 영향을 받는다.

시력 손상과 그가 '류마티즘'이라 불리는 질병으로 인해 나다니엘 W. 테일러는 뉴밀퍼드에 있는 집으로 돌아가 긴 시간의 회복기를 가져야 했다. 그러나 1807년 졸업을 위해 예일대학으로 돌아갔고, 3학년 말(1806)에 티모시 드와이트의 사역에 영향을 받아 회심을 경험한다.

나다니엘 W. 테일러와 함께한 한 학생은 그 때의 일을 다음과 같이 증언한다.

"그의 절친한 학우가 있었는데 그는 성령의 감화로 인해 점점 더 나다니엘 W. 테일러의 영혼에 관심을 갖게 되었다. 그 둘은 자신들의 상태에 대해 서로 대화를 나누었다. 그리고 어느 날 함께 걸어가는데, 이 두 학생은 모든 사람과 대화하기를 원했던 티모시 드와이트 총장을 방문해야 하는지를 놓고 의견을 나누었다. 이런 의문에 빠져 있는 동안, 그들은 어느덧 드와이트 총장 집 문에 도달했다. 거기서 머뭇거리기 시작했다. 직후 테일러는 '나는 들어가야겠어'라고 말했고 친구는 '오늘은 아니야'라고 대답했다. 테일러는 친구의 만류를 뿌리치고 들어갔고 그 저명한 기독교인 인도자와 긴 대화를 나눈 후 회심하여 기독교인으로 거듭났다. 그리고 그 서약은 평생 변하지 않았다."

졸업 이후, 나다니엘 W. 테일러는 뉴헤이븐 지역에 머물면서, 이제 시력을 거의 상실한 것이나 마찬가지였던 멘토 티모시 드와이트의 조수로 일하며 다수의 편지와 설교의 초안을 작성했다. 그는 티모시 드와이트 집에 1808년에서 1809년까지 머물렀고, 1810년에는 티모시 드와이트와 함께 신학 서적을 읽었다. 그 당시, 나다니엘 W. 테일러와 티모시 드와이트는 서로의 속마음을 털어놓을 정도로 친밀하게 지냈으며, 목회에 대한 나다니엘 W. 테일러의 사상과 접근 방식은 연로한 총장을 통해 형성되었다고 해도 과언이 아니다. 나다니엘 W. 테일러의 친구인 레너드 베이컨(Leonard Bacon)은 나중에 이렇게 말했다.

"말하자면, 나다니엘 W. 테일러는 티모시 드와이트 총장의 애제자였지만, 그들이 맺은 친근감을 표현하기에는 이 단어가 적절치 않다."

나다니엘 W. 테일러는 그의 어린 시절 사랑이자 둘째 사촌인 레베카 마리 하인(Rebecca Marie Hine)과 1810년 10월 15일에 결혼했다. 레베카는 메이저 비브 하인(Major Beebe Hine)과 로이스 노스롭 하인(Lois Northrop Hine)의 외동딸이었다. 그녀의 가족이 뉴밀퍼드 지역에서 여관을 운영하고 있었기 때문에 이곳에서 결혼식을 올렸다. 뉴밀퍼드 지역에서 며칠 머무는 동안 나다니엘 W. 테일러는 고향 교회에서 설교를 할 수 있었고, 그 후 이 신혼 부부는 그들만의 보금자리를 마련하기 위해 뉴헤이븐(New Haven)으로 돌아간 후, 최종적으로 1812년에 그들이 여생을 보내게 될 집으로 이사를 했다. 그 집은 참나무로 지어진 식민지풍의 목조 주택이었는데, 뉴헤이븐스 템플(New Haven's Temple)과 월스트리트(Wall Streets) 남서쪽 모퉁이, 즉 타운 그린의 바로 북쪽에 위치해 있었다.

나다니엘 W. 테일러는 1810년 8월 21일에 회중교회 뉴헤이븐 서부연합회(New Haven West Association)에서 설교자 자격을 취득했다. 여러 교회에서 설교한 후, 1811년 7월 16일 뉴잉글랜드 지역에서 가장 명성 있는 교회 중 하나인 뉴헤이븐스센트럴교회(New Haven's Center Church)의 청빙을 받았다. 이 청빙은 만장일치에 가까웠지만, 젊은 나다니엘 W. 테일러는 이 청빙 수락을 꺼렸다. 그러나 티모시 드와이트의 권유와 교회의 재차 청빙으로, 나다니엘 W. 테일러는 이를 수락할 수밖에 없었다.

1812년 4월 8일에 나다니엘 W. 테일러의 목사 안수와 취임식이 거행되었다. 성공적인 목회를 이어 나갔던 나다니엘 W. 테일러는 1815년, 1816년, 1820-1821년에 교회에서 일어난 부흥을 목격했다. 이로써 10년 만에 400명이 새 교인으로 등록하기도 했다.

1822년 나다니엘 W. 테일러는 예일대학에서 신설한 신학부의 초대 티모시 드와이트 설교학 석좌교수로 초빙되었다. 뉴헤이븐센트럴교회에서 사임한 후, 1820년대 말에는 미국 내 신학 논쟁의 중심에 선 신학자가 되었다. 동료 촌시 A. 굿리치(Chauncey A. Goodrich) 및 엘리저 피치(Eleazar T. Fitch)와 함께, 이후 '뉴헤이븐 신학'(New Haven theology)으로 알려진 신학, 즉 조나단 에드워즈의 복음주의적 칼빈주의를 수정한 신학을 제시했다. 1828년 코네티컷 회중교회 목회자 연례 모임(Connecticut's Congregational clergy)에서 발표한 그의『목회자에 대한 충고』(Concio ad Clerum)는 악명 높은 '테일러파'(Taylorite) 논쟁의 출발점이었다.

나다니엘 W. 테일러의 뉴헤이븐 신학은 다음 다섯 가지 주요 특징을 지닌다.

첫째, 그는 원죄 교리(doctrine of original sin)를 재정립했는데, 여기에서 그는 모든 인류가 아담의 죄 때문에 죄인이라는 개념을 제외시켰다. 나다니엘 W. 테일러는, 모든 인류가 죄 본성(sinful natures)을 갖고 태어나거나, 혹은 '우리 존재의 모든 그럴 만한 상황에서' 죄로 이끌려질 가능성이 있다는 사실은 인정했다. 그러나 하나님께서 적극적으로 죄가 있다고 정죄하실 만한 본성으로 우리가 태어난다는 것을 부인했다. 이는 회개하지 않은 죄인이 자신들의 도덕적 문제(moral problems)로 하나님을 원망하지 않게 하려는 의도에서 나온 부인이었다.

둘째, 나다니엘 W. 테일러는 의지의 자유(freedom of the will)에 관한 전통적 에드워즈식 이해를 재정의했다. 에드워즈가 중생하지 않은 죄인의 회개할 수 있는 '자연적 능력'과 회개할 수 없는 '도덕적 무능'을 구별한 반면, 나다니엘 W. 테일러는 무능이란 단어를 모두 없애 버렸다. 죄가 중생에 앞선다는 것은 '확실하지만,' 죄가 중생에 '필수적인' 것은 아니라고 주장했다. 다시 한 번, 이 주장은 회개하지 않은 자가 칼빈주의자들의 숙명론(necessitarianism)을 멋대로 이용하는 것을 막기 위한 방편이었다.

셋째, 나다니엘 W. 테일러는 하나님의 도덕적 통치(God's moral government)라는 주제를 자기 신학의 뼈대로 삼았는데, 이는 더 이른 시기의 에드워즈주의자들(Edwardsians)이 발전시킨 이론이었다. 실제적으로 말해서, 이는 테일러주의자(Taylorites)가 하나님의 효력 있는 은혜를 설명할 때 '물리적인' 측면보다 '도덕적인' 측면을 끊임없이 부각하는 근거이기도 했다. 하나님의 은혜는 언제나 하나님께서 주시고자 하시는 것에 영향을 미친다는 전제하에, 물리적이거나 강제적으로가 아니라, 도덕적으로 의지를 굴복시킴으로서 주어진다고 주장했다.

넷째, 테일러주의자들은 죄가 구원에 관한 하나님의 계획의 필요 요소라는 것을 부정하고, 타락 후 선택론적 신정론(theodicy)을 열렬히 주장했다. 나다니엘 W. 테일러에 따르면, 하나님은 영원 전부터 인간에게 죄를 저항하는 자유를 허용해야 도덕적 통치를 위한 최적의 시스템을 창조할 수 있다는 사실을 알고 계셨다. 그러나 하나님이 이 죄를 적극적으로 의도하신 것은 아니다. 오히려 이것이 발생하는 것만을 허용하셨는데, 이를 도덕적 우주의 더 나은 선을 위해 필요한 악으로 보셨기 때문이다.

다섯째, 나다니엘 W. 테일러는 에드워즈주의의 전임자들이 주장하던 '거듭나지 못한 자의 행위'는 죄라는 교리를 거부했다. 나다니엘 W. 테일러가 그들과 동의한 것은, 인간이 은혜의 수단으로 사용한 것까지도 포함해서, 중생 이전의 모든 행위는 죄로 가득하다는 점이다. 그러나 그는 중생이 일어나는 동안 성령의 능력으로 사람이 마음으로 성경을 신뢰하는 순간이 있고, 따라서 그 마음은 죄 없이 복음의 진실성에 동의하게 된다고 주장했다.

이런 가르침은 1830년대에 코네티컷 회중교회자들(Connecticut Congregationalists)의 분열을 가져왔고, 뉴잉글랜드 에드워즈주의 전통의 궁극적인 해체를 가져오게 되었다. 나다니엘 W. 테일러의 주요 라이벌인 베넷 타일러(Bennet Tyler)와 아사헬 네틀턴(Asahel Nettleton)은 1833년에 코네티컷 회중교회 목회자연합(Pastoral Union)이라는 대안 조직을 결성했다. 이듬해 목회자연합은 나다니엘 W. 테일러의 학생들뿐만 아니라 다른 예일대학 학생들이 앞으로 수년간 와서 공부할 라이벌 신학교를 설립했다. 코네티컷신학 연구원(Theological Institute of Connecticut, 현재 Hartford Theological Seminary)으로 명명된 이 학교는 코네티컷의 소도시 이스트윈저(East Windsor)에 세워졌는데, 문자 그대로 (또한, 상징적으로) 에드워즈의 출생지 바로 아래에 있는 거리에 세워졌다.

소위 '테일러주의-타일러주의'(Taylorite-Tylerite)논쟁이 1840년대와 1850대에는 진정되었지만, 이 논쟁이 지역교회에 남긴 잔재로 뉴잉글랜드 칼빈주의가 크게 위축되었다. 나다니엘 W. 테일러가 뉴헤이븐에서 사망하는 1858년 3월 22일에는 뉴잉글랜드 에드워즈주의 종교 문화도 함께 죽어 가고 있었다.

나다니엘 W. 테일러의 가장 중요한 출판물은 1820년대와 1830년대에 발행된 뉴헤이븐의 「쿼털리 크리스천 스펙테이터」(*Quarterly Christian Spectator*)이다. 또한, 『실천적 설교』 (*Practical Sermons*, 1858), 『계시신학 관련 선택된 주제들의 논문 및 기타 강연 모음집』(*Essays,*

Lectures, Etc., upon Selected Topics in Revealed Theology, 1859), (두 권으로 된) 『하나님의 도덕적 통치에 관한 강의』(Lectures on the Moral Government of God, 2 vols., 1859) 등이 네 권짜리 전집으로 그의 사후에 출판되었다.

참고문헌 | S. E. Mead, Nathaniel William Taylor, 1786-1858: A Connecticut Liberal (Chicago: University of Chicago Press, 1942); D. A. Sweeny, Nathaniel Taylor, New Haven Theology and the Legacy of Jonathan Edwards (New York: Oxford University Press, 2002).

D. A. SWEENEY

니콜라스 리들리(Nicholas Ridley, c. 1503-1555)

런던의 주교(Bishop of London)이자, 순교자. 그는 토마스 크랜머(Thomas Cranmer)의 친한 동료로, 잉글랜드에서 종교개혁이 진행되던 에드워드 6세(Edward VI) 치하(1547-1553)에서 캔터베리 대주교(Archbishop of Canterbury)가 되었다. 또한, 종교개혁가 휴 라티머(Hugh Latimer)와 함께 메리 튜더(Mary Tudor, 1553-1558) 치하에서 화형에 처해지면서 잉글랜드인 사이에 종교개혁가들의 확신을 확실히 각인시켰다.

그는 1502년에서 1504년 사이에 노섬벌랜드(Northumberland)의 사우스틴데일(South Tynedale)에서 출생한 것으로 추정된다. 니콜라스 리들리는 다소 낙후되고 폭력이 잦은 잉글랜드-스코틀랜드 국경 지대의 유력 가문 인사인 크리스토퍼 리들리(Christopher Ridley)의 아들로 태어났다. 삼촌 로버트 리들리(Robert Ridley) 박사의 재정 후원을 받아 1518년 케임브리지(Cambridge)의 펨브로크홀(Pembroke Hall)에 입학하여 1521년에 학사학위를, 1525년에 석사학위를 취득한다. 석사학위 취득 후에는 펨브로크홀에 연구원으로 활동하기 시작한다. 파리(Paris)와 루뱅(Louvain)에서 공부한 후 1530년 말에 케임브리지대학교(University of Cambridge)로 돌아와 가장 유능한 논쟁가로 이름을 날리기 시작했다.

1534년에 니콜라스 리들리는 개신교 종교개혁의 물결에 동참했다. 1537년 케임브리지에서 신학학사학위를 취득하면서 토마스 크랜머의 부사제 중 하나로 임명되었고, 켄트(Kent) 지역 허니(Herne)의 교구사제로 부임한다. 1540년 7월에 신학박사학위를 받았고, 10월에는 펨브로크홀의 학장으로 취임했다. 이즈음 헨리 8세의 왕실사제가 되었고, 1541년 4월 캔터베리대성당 명예참사회원으로 취임했다.

니콜라스 리들리는 아마도 1545년 즈음부터 미사의 화체설이 거짓이라고 확신한 것 같다. 그는 9세기 수도승 코비의 라트람누스(Ratramnus of Corbie)의 저작들을 읽은 후 성만찬에서 그리스도가 육체가 아닌 (비록 실재하기는 하지만) 영으로 임재한다고 믿었으며, 1546년경 이 사상으로 토마스 크랜머를 설득했다.

1546년 에드워드 6세가 왕에 오르면서 니콜라스 리들리는 본격적으로 잉글랜드의 종교개혁을 이끌어 가기 시작한다. 9월 로체스터 주교로 취임한 리들리는 토마스 크랜머를 지원하여 형상을 교회에서 치우고, 제1공동기도서(First Book of Common Prayer)에 따라 예배개혁에 착수했다. 1549년 말에는 로체스터성당의 제단을 나무 탁자로 교체했다. 1550년 4월에 런던주교로 임명되면서, 세인트폴대성당의 제단뿐만 아니라 런던 교구 다른 성당의 제단도 제거하기 시작했다.

이런 강력한 개혁 분위기에도 불구하고, 리들리는 존 후퍼(John Hooper)의 글로스터 주교 서품식에서 성직자복을 입는 문제를 놓고 존 후퍼와 대립하기도 했다. 1550년 10월부터 결국 후퍼가 성직자복을 입고 서임된 1551년 3월까지 계속된 논쟁 와중에, 니콜라스 리들리는 복장은 별로 중요하지 않은 것이므로, 이것에 대한 규정을 정하는 것은 교회와 국가의 권위 안에 있다고 주장했다. 후퍼가 신앙 양심 때문에 얼마간 감옥에 갇히게 되면서, 니콜라스 리들리의 주장이 힘을 얻게 되었다.

1552년 초 니콜라스 리들리는 에드워드 6세 앞에서 자선의 중요성에 대해 설교를 했다. 이 자리에서 왕은 가난한 사람들을 위해 어떤 정책을 펼쳐야 할지 니콜라스 리들리에게 조언을 구했다. 니콜라스 리들리는 우선 가난한 아이를 위한 학교와 병원뿐만 아니라 방랑자와 매춘부를 위한 교정기관을 설립할 것을 건의했다. 그러나 이 정책들이 본격적으로 시행된 것은 에드워드 6세가 숨을 거두기 직전이었다.

1553년 7월 6일에 에드워드 6세가 숨을 거두자, 니콜라스 리들리는 왕위 계승자로 가톨릭 신자인 메리 튜더가 아닌 레이디 제인 그레이를 공개적으로 지지하기 시작했다. 이 때문에 결국 그는 런던 감옥에 갇히게 되었다. 1554년 1월에 와이어트의 반란이 진압되면서 수많은 죄수들이 이 감옥에 갇히게 되면서, 니콜라스 리들리, 토마스 크랜머, 휴 라티머, 존 브래드퍼드 등은 한 구역에 수감되었다. 그들은 이곳에서 고소의 빌미가 된 성만찬 교리를 놓고 함께 성경을 연구하면서 재판에 대비했다. 토마스 크랜머, 휴 라티머, 니콜라스 리들리는 옥스퍼드에 있는 보카도 감옥으로 이송되어 재판과 처형을 기다렸다.

니콜라스 리들리는 감옥에 있는 와중에도 개신교인이 신앙을 굳건히 지키라고 격려하는 글을 계속해서 써내려갔다. 그는 몇몇 사람들을 통해 그 글들과 자금을 브래드퍼드로 옮길 수 있었는데, 이는 그가 킹스벤치 감옥(King's Bench Prison)으로 이송된 후 1555년 2월부터 본격적으로 종교개혁가들에 대한 사형이 집행되는 와중에도 지속되었다.

후퍼가 순교당하기 전, 그는 후퍼에게 용서와 화해를 구하는 편지를 썼다. 같은 해 가을, 니콜라스 리들리와 휴 라티머에 대한 재판이 옥스퍼드에서 진행되었다. 그리고 이들은 1555년 10월 16일에 함께 처형당했다. 토마스 크랜머는 감옥 창문을 통해 이들이 화형당하는 장면을 직접 목격했다. 니콜라스 리들리와 함께 화형대에 묶인 휴 라티머는 이렇게 말했다.

"리들리, 평안한 안식이 우리를 기다리네. 우리 당당하게 이를 받아들이세. 하나님의 은총으로 우리 오늘 잉글랜드에 내가 믿는 바, 영원히 꺼지지 않을 이 위대한 촛불을 밝히세."

참고문헌 | D. M. Loades, *The Oxford Martyrs* (New York: Stein & Day, 1970); D. MacCulloch, *Thomas Cranmer: A Life* (New Haven: Yale University Press, 1996); J. G. Ridley, *Nicholas Ridley: A Biography* (London: Longmans, Green & Co., 1957).

W. S. BARKER

니콜라우스 루드비히 폰 진젠도르프(Nikolaus Ludwig von Zinzendorf, 1700-1760)

독일 경건주의 및 모리비안 지도자. 그는 필립 야콥 슈페너(Philipp Jakob Spener)와 어거스트 헤르만 프랑케(August Hermann Francke)의 뒤를 이어 3세대 경건주의 갱신을 대표한 종교 지도자로, (경건주의운동에서 파생한 최초의 자유교회인) 모라비안교회, 즉 헤른후트 브뤼더게마이네(Herrnhut Brüdergemeine)의 창립자이다.

신학자가 아니라 법률가로 훈련받았지만, 그의 영성은 헤른후트 브뤼더게마이네의 경건에 심오한 영향을 끼쳤다. 그의 가르침은 인간의 죄와 동시에 회심 경험에 대한 엄격한 이해를 강조한다는 점에서 할레(Halle)의 다른 경건주의 운동과는 많이 달랐다.

어른이 된 진젠도르프는 기독교인의 삶에서 '살아 있는 믿음'과 십자가에 달린 구세주에게 지속적으로 '참여'하는 것이 매우 중요하다고 믿었다. 그는 이 경험을 은사로, 십자가 위에서의 그리스도의 죽음의 '공로'로 이해했다. 이는 모라비안교회에 전형적이었던 구원의 즐거움과 기쁨으로 표현되었고, 경계를 정하고 자급자족한 정착촌의 편안한 바로క 스타일(Baroque style)과 구조에도 잘 반영되어 있다.

진젠도르프는 그리스도의 주되심과 임재를 그분이 인성을 버리셨기에 더 이상 십자가의 상처를 몸에 지니고 있지 않다는 식으로 이해하지 않았다. 대신 그는 그리스도가 우리를 향한 그의 무한한 사랑의 징표로서, 그분의 인성과 십자가 위에서의 상처를 가지고 있다고 생각했다.

부활한 그리스도와 깊고 친밀한 교제를 매일 느끼는 것을 강조하는 모라비안형제단(Moravian Brethren)의 영성은 1741년 9월 런던에서 열린 대회 합의서에 잘 나타나 있다. 이 합의서에서 예수 그리스도는 교회의 수석장로로 묘사되어 있다. 이 합의서는 그리스도는 말씀을 통해, 매일의 '표어'(성경과 찬송에서 인용한 구절들)로, 또한 기도 안에 임하심으로 그분의 교회를 인도한다는 모라비안형제단의 믿음을 잘 묘사하고 있다.

드레스덴(Dresden)에서 태어난 진젠도르프의 아버지는 작센(Saxon)의 고위 관료로 일하다 1700년에 사망한 게오르게 루드비히 폰 진젠도르프(George Ludwig von Zinzendorf)이다. 그러나 아버지가 일찍 세상을 떠나면서 어머니와 같았던, 그리고 학식 높았던 할머니가 부양자의 자격으로 그를 키우게 되었다. 할머니는 헨리에테 카타리나 폰 게르스도르프(Henriette Katharina von Gersdorf)로 치타우(Zittau) 근처의 그로스헤너스도르프(Großhennersdorf)에 있는 자기 집으로 진젠도르프를 데리고 왔다.

진젠도르프는 1710년 할레에 위치한 어거스트 헤르만 프랑케의 페다고기움(August Hermann Francke'sPadagogium) 학교에 입학한 후 프랑케의 선교사역에 큰 감명을 받았다. 1716년에서 1719년까지 비텐베르크(Wittenberg)에서 법학을 공부하는 와중에도 신학자들과 활발히 교류했다.

네덜란드와 파리를 경유하는 남성유람단(Grand Tour)을 조직 운영하게 되면서, 추기경 루이 앙투안 드 노아이유(Louis Antoine de Noailles)와 개인적인 친분을 쌓아 나가기 시작한다. 이 유람을 마치고 독일로 돌아온 진젠도르프는 드레스덴 법정에서 관원으로 일할 기회를 얻는다.

이어서 그는 1722년 9월 7일에 에르드무테 도로테아 폰 로이스-에베르스도르프(Erdmuthe Dorothea von Reuß-Ebersdorf)와 결혼하여 후에 그가 종교 모임을 결성했던 치타우 근처 베르텔스도르프에 새 거처를 마련했다.

1722년 독일어를 사용하는 보헤미안형제단이 종교적 신념을 지키기 위해 본거지 풀네크(Fulneck)를 떠나자, 진젠도르프는 자기 땅에서 그들이 정착할 수 있도록 허락해 주고 정착민 조직을 만들게 된다. 그 조직을 헤른후트(Herrnhut)라 불렀다.

1727년 이 조직 안에 큰 갈등이 분출되었는데, 이는 베르텔스도르프(Berthelsdorf)의 목사 요한 안드레아스 로테(Johann Andreas Rothe)조차 감당하기 버거운 사안이였다. 이에 진젠도르프는 이 정착지 생활 전반에 관련된 규정집을 발간했다. 진젠도르프의 명석한 조직 운영 능력과 리더십으로 이 조직의 영성은 나날이 성장했다. 진젠도르프는 약 4-8명 단위의 소모임 밴드(band)를 조직하는 동시에, 애찬(love feast), 부활절 호칭 기도, 기도 시간(Stundengebet), 찬양(Singstunde) 등 새로운 형식의 열린 예배를 시도하기도 했다.

1727년 8월 13일 최후의 만찬을 기념하기 위한 모임에서 베르텔스도르프 신자들은 예수님의 임재를 포함해 가장 강력한 중생 경험을 했다. 초대교회의 선교방식을 따라, 헤른후트 모라비안형제단은 여러 기독교 교단들과 협력하기 위해 대표자들을 파견하기도 했다. 하나된 기독교 공동체를 만들기 위해 형제단은 방문, 서신교환, 기도 모임을 통해 선교활동을 지속해 나갔다. 1732년 그린란드(Greenland)와 카리브해(Caribbean)의 세인트토마스(St Thomas)에 첫 선교사들이 파송되었다.

헤른후트형제회(Herrnhut community)는 점차 체계화되어 가고 있었지만, 정작 진젠도르프 본인은 1729년부터 할레 모임과는 거리를 두기 시작했으며 당시에 유행하기 시작했던 계몽주의를 끊임없이 거부했다.

그는 성경을 원어로 읽었다. 자유 사상가인 요한 콘라트 디펠(Johann Konrad Dippel, 그는 이성적인 판단으로, 하나님의 사랑과 성경에 나타난 하나님의 분노는 양립할 수 없다고 생각했다)과의 논쟁 이후, 진젠도르프는 그리스도의 죽음은 하나님과의 화해를 위한 대속이라는 해석에 집중했다. '그리스도의 죽음은 우리를 위한 속죄'라는 그의 새로운 생각은 그의 간증에서도 잘 나타난다.

"1734년 이래로 하나님과의 화해를 위한 그리스도의 희생은 우리의 삶과 행동에서 나타나는 모든 죄악에 대항하는 우리의 생명의 근원이 되었다."

'슬픔의 사람'인 그리스도는 진젠도르프의 신학, 윤리학, 그리고 죄 이해의 근거가 되었다. 프로이센(Prussian) 황제 빌헬름 프리드리히 1세(Friedrich Wilhelm I)의 호감을 받게 된 진젠도르프는 1738년 베를린에서 부흥을 강조하는 설교를 전했다. 이 '베를린 설교' 전문은 이후 여러 종류의 개정판과 다양한 언어로 출판되었다.

여러 형제자매들이 선교지에서 홀로 고군분투하게 남겨두지 않으려고, 진젠도르프는 1738년 말 선교지 세인트토마스를 방문한다. 또한, 그는 펜실베이니아(Pennsylvania)에서의 모라비안 형제들의 정착을 지원하기 위해 1741년 런던을 출발하여 북아메리카로 떠난다. 교회 일치를 증진시키기 위해 다양한 종파를 에큐메니컬

협의체로 조직하고자 많은 노력을 기울였음에도, 그는 기존 교파들의 가치 또한 인정하지 않을 수 없었다.

진젠도르프는 폴란드의 보헤미안형제단(Bohemian Brethren)과 협의하여 선교지에서 모라비안 형제들이 세례를 베풀고 성찬을 집례할 수 있도록 했다. 총회장 다니엘 에른스트 야블론스키(Daniel Ernst Jablonsky)는 1735년 데이비드 니취만(David Nitschmann)을 감독으로 임명하고, 이어서 1737년에는 진젠도르프를 감독으로 임명했다. 사실 1736년에 진젠도르프가 작센에서 추방되면서 그는 이미 독일 루터교회와의 결별을 준비하고 있었는데, 그의 감독 취임은 이 독일교회와의 관계가 종결되었음을 뜻했다.

프랑크푸르트 동북쪽에 위치한 헤른하크(Herrnhaag) 지역의 베테라비아(Wetteravia)와 마리엔보른(Marienborn)이란 곳에 새로운 모라비안 센터가 구축되었는데, 이곳은 에른스트 카스미르 1세 폰 이센부르크-뷔딩엔 백작(Count Ernst Casmir I von Ysenburg-Budingen)의 영지로 종교의 자유가 어느 정도 보장된 곳이었다. 헤른하크는 순수한 종교적 열정의 기독교 공동체를 지향한 곳이었다.

이 공동체의 감성이 풍부한 시적 언어는 헤른후트 찬송가에 실리며 사람들에게 큰 감동을 주었다. 이들은 모임 중에 그리스도께서 임재하신다고 주장했고, 자신들의 성장을 성령의 역사라고 주장하면서 기존 체계를 부정하기 시작했다. 그로 인해 이들은 강력한 저항에 직면했다.

1749년 진젠도르프는 1743년에서 1749년에 이르는 시기를 사탄의 농간(눅 22:31을 인용)에 놀아난 시기라고 묘사하며 헤른하크 공동체를 강하게 비판했다. 이센부르크-뷔딩엔이 1749년 사망하자, 정부는 진젠도르프의 공동체에 해산을 명령했다. 그 결과 이 공동체의 구성원들은 뿔뿔이 흩어져 독일 노이비트(Neuwied) 지역과 북아메리카에 있는 다른 형제회로 유입되기에 이른다.

1749년에서 1755년까지 진젠도르프는 주로 런던에 머물며 린제이(Lindsey) 하우스를 새로운 거점으로 육성하기 시작했다. 1749년 6월 24일에 영국 의회에서 모라비안형제단을 고대개신교감독교회(Ancient Protestant Episcopal Church)라는 이름으로 승인하는 법령을 제정하면서, 진젠도르프는 브뤼더게마이네에서 있던 본부를 런던으로 옮겨 이 본부의 해외선교사업을 직접 챙기기 위한 작업을 진행하기 시작한다.

진젠도르프는 형제회에 새로 가입한 출판업자 제임스 휴튼(James Hutton)의 도움으로 최초의 형제회 찬송가를 편찬할 수 있었고, 1751년에는 존 갬볼드(John Gambald)가 그의 어록과 글을 모아 런던에서 『신앙의 교훈, 신학적 사고들과 해설들』(*Maxims, Theological Ideas and Sentences*)이라는 책을 출판했다. 이와는 달리, 모라비안형제단을 반대하는 내용을 담은 수많은 소책자들이 발행되기도 했다.

존 세닉(John Cennick)과 다른 여러 지도자들의 노력으로, 잉글랜드 중부 지역, 아일랜드, 웨일스 지역에 모라비안형제회의 숫자가 급증했다. 1755년 진젠도르프는 작센 지역으로 돌아와 그 곳에 있는 공동체들을 직접 돌보기 시작했다.

1760년이 되면 아메리카 원주민을 위한 선교본부뿐만 아니라, 그린란드, 수리남, 서인도제도, 자메이카, 안티구아(Antigua)와 베르비스(Berbice) 지역에도 선교본부가 구성되기에 이른다. 1760년 이르면, 독일, 네덜란드, 스위스 지역에 형성된 모라비안 공동체의 교인 수는 5,747명, 영연방 내 신자는 3,422명으로 늘어난다.

진젠도르프의 모라비안형제회는 존 웨슬리(John Wesley)에게 영성 수련의 틀을 제공해 주었으며, 그들의 정신과 여러 특징들은 감리교에 큰 영향을 미쳤다. 진젠도르프 개인의 가장 큰 유산은 신학적 글이나 설교가 아니라, 세계적으로 교파를 초월한 교회를 만들어 가는 과정에서 그가 보여 준 조직 운영 방식과 영적 돌봄에 있다. 루터교 전통에서 파생된 이 교회는 자신들의 정체성을 에큐메니컬 신조로서의 아우그스부르크 신앙고백(Augsburg Confession)에 근거해 규정했다. 경건주의에 바탕을 두고 개신교회의 유산과 모라비안교회의 전통을 접목했던 진젠도르프의 공동체교회들은 오늘날 에큐메니컬 교회라 불리는 유형의 초창기 모델이라 할 수 있다.

참고문헌 | E. Beyreuther, *Zinzendorf-Biographie*, 3 vols.(Marburg: 1957-1961); E. Geiger, *Nikolaus Ludwig von Zinzendorf: Seine Lebensgeshichte* (Holzgerlingen: 1999); C. Podmore, *The Moravian Church in England*, 1728-1760 (Oxford: 1998); J. R. Weinlick, *Count Zinzendorf: The Story of his Life and Leadership in the Renewed Moravian Church* (Nashville: 1956); *Zinzendorf und die Herrnhuter Brüder: Quellen zur Geschichte der Bruder-Unität* von 1722-1760, hg. v. HansChristoph Hahn and Hellmut Reichel, Hamburg 1977; *Graf ohne Grezen: Leben und Werk von Nikolaus Ludwig Graf von Zinzendorf.* Ausstellungskatalog, Herrnhut 2000.

D. MEYER
tr. M. HUSBANDS

다이슨 헤이그(Dyson Hague, 1857-1935)

캐나다성공회 성직자. 그는 어린 시절에 좋은 환경이 주는 유익을 많이 누렸다. (Yorkshire 출신의) 아버지는 수년간 머천츠뱅크오브토론토(Merchant's Bank of Toronto) 총책임자였으며, 성경을 진지하게 연구했다. 헤이그는 어퍼캐나다대학(Upper Canada College)과 토론토대학교(University of Toronto[B.A., 1880; M.A., 1881])에서 교육을 받았고, 복음주의적 확신과 선교정신을 통합한 학교로 근래에 설립된 토론토의 위클리프대학(Wycliffe College)에서 신학을 공부했다. 아내 메이 볼드윈(May Baldwin)은 캐나다에서 가장 저명한 가문 중 하나에서 나고 자란 여인으로, 아일랜드의 복음주의 성공회(Irish evangelical Anglican)적 유산을 지녔고, 크로닌(the Cronyns) 가문과 블레이크(Blakes) 가문과 가까운 혈연 관계였다.

헤이그는 토론토의 세인트제임스대성당(St James's Cathedral)의 부사제였다가, 토론토와 몬트리올 사이에서 가장 교인 수가 많은 교회로 유명한 브록빌(Brockville)의 세인트피터스교회(St Peter's, Brockville)의 첫 교구사제가 되었다. 캐나다에서 가장 오래된 개신교회인 핼리팩스(Halifax)의 세인트폴스교회(St Paul's)에서도 11년간 교구사제로 일했고, 그 후에는 40살에 위클리프대학(Wycliffe college)의 예전학, 변증학, 목회신학 교수로 임명되었다. 놀랍게도, 신뢰감을 주는 인물인 헤이그는 다시 토론토를 떠나 런던으로 가서 11년간 크로닌주교기념교회(Bishop Cronyn Memorial Church)에서 주임사제로 일하다가 세인트폴대성당(St Paul's Cathedral)의 참사회원이 되었다.

1912년에 다시 토론토로 돌아온 그는 도시의 성장하던 서부에 위치한 처치오브에피파니(Church of the Epiphany, 신현교회)의 첫 주임사제가 되어, 효율적이고 유명한 목회를 펼쳤다. 또한, 위클리프대학에서 예전학을 가르쳤는데, 단순히 시간 강사가 아니라 위클리프대학의 원래 목표와 이상을 지키는 수호자 역할도 감당했다. 헤이그는 1933년에 교회와 학교 사역에서 함께 은퇴했다.

헤이그는 공동기도서(Book of Common Prayer)에 대한 특별한 애착과 더불어, 궁극적으로 열성적인 복음주의 성공회 신자였다. 그의 많은 저작이 이 기도서를 다루었다. 1890년에 초판이 나온 첫 책은 『기도서의 개신교』(*The Protestantism of the Prayer Book*)로, 6판까지 나왔고, 각 판의 서문을 쓴 인물 중에는 잉글랜드 리버풀의 주교인 J. C. 라일(Bishop J. C. Ryle)과 케임브리지 리들리홀(Ridley Hall)의 H. C. G. 몰 주교(H. C. G. Moule)도 있었다. 아마도 이 책이 헤이그의 저술 중 최고이자, 이 주제를 놓고 쓴 다른 모든 저작들의 규범이 된 저작이었던 것 같다. 목적은 '기도서의 본질적 개신교를 해설하는 것'이었고, '기도서는 참된 지성을 가진 개신교인을 세우기 위해 작성한 것'이었다.

『잉글랜드 기도서 이야기』(*The Story of the English Prayer Book*, 1926, 1930)에서 헤이그는 다음과 같이 말했다.

> "기도서는 시대의 산물이다. 그 시대는 종교개혁 시대였다. 이 책을 만든 사람들은 성공회 개혁자들이었다. 이들은 성경에서 영감을 받았고, 성령의 인도를 받았다."

확신과 재능이 있던 헤이그는 예전(liturgy)을 '미적이고 극적으로' 읽는 것으로 유명했고, '힘 있고 명료한' 설교로 유명했다. 그는 캐나다 잉글랜드국교회(Church of England) 총회의 사역, 특히 기도서와 관련된 일에서 중요한 역할을 했는데, 1902년 기도서 개정안에 반대해서 성공을 거두었고, 절친한 친구인 변호사 새뮤얼 블레이크(Samuel Blake)와 더불어 1911년 개정 기도서가 받아들여질 수 있도록 준비하는 데 핵심적인 기여를 했다.

또한, 헤이그는 1820년대 후반과 1830년대에 잉글랜드국교회에서 등장했던 소위 성공회 원시근본주의(Anglican protofundamentalism)를 대표한 인물이었다. 많은 개신교인의 낙관주의와는 대조적으로, 이 사조는 신학과 사회에서 성행하는 자유주의, 로마 가톨릭교회, 잉글랜드국교회 내부의 소책자파 성공회-가톨릭파(tractarian Anglo-Catholic, 성공회 내 고교회파, 즉 가톨릭 예식 전통으로 돌아가자고 하던 옥스퍼드운동이 소책자 배포를 통해 기반을 확장한 것에서 기원한 이름-역주)에 대한 두려움을 기반으로 태어났다.

종교개혁신학을 유지하고, 당대 성경비평의 많은 요소에 저항하고, 난세를 잘 납득시키는 전천년주의 종말론을 공표하고, 교회와 국가, 사회가 밀접한 관계를 유지하는 기독교 세계(Christendom) 체제를 지지하는 것이 이 사조의 특징이었다. 상당수 잉글랜드국교회 복음주의자가 이 견해를 받아들였기 때문에 자연히 캐나다에도 이 견해가 퍼졌다.

자신과 동료들의 입장이 1920년대에 기반을 잃고 어려움을 겪게 되자, 헤이그는 자신의 모델이자 멘토인 휴런 교구의 모리스 볼드윈 주교(Bishop Maurice Baldwin)에 대한 연구에 박차를 가하다가 1927년에 전기를 출간했다.

『잉글랜드 기도서 이야기』에서, 그는 "우리 시대에 필요한 것은 새로운 종교개혁이 아니다. 우리가 잉글랜드국교회의 성격을 바꾸려고 해서는 안 된다"라고 주장했다. 비록 복음주의 성공회 신자들이 모든 주요 교파들이 배교했다고 주장하고 분리를 요구하며 분파적 근본주의에 합류하지는 않았지만, 헤이그는 자신이 이런 과정을 밟아야 할 날이 오지는 않을까 두려워했다. 같은 책에서 다음과 같은 견해를 밝히기도 했다.

> "다시 힘을 얻는 아리우스주의나 유니테리언주의라는 새 술을 쇄신된 중세주의라는 이상한 술과 섞게 되면 분명 성공회교회의 연합이라는 병이 터져서 깨지고 만다."

이런 견해를 가진 헤이그가 창세기 첫 몇 장에 대한 신학과 속죄 신학을 다룬 '고등비평' 관련 첫 논문을 『근본들』(The Fundamentals)에 기고함으로써 이 책의 탄생에 중요한 기여를 한 것은 이상할 것이 전혀 없었다.

『본질들』(Essentials)로 대표되는, 두려움에 덜 사로잡힌 신세대 복음주의자들이 근래 등장할 때까지, 헤이그는 캐나다성공회 보수 복음주의를 이끈 저명하고 견고한 마지막 지도자 중 하나였다.

참고문헌 | *Who's Who in Canada*, 1931; *The MacMillan Dictionary of Canadian Biography*.

I. S. RENNIE

대니얼 마샬(Daniel Marshall, 1706-1784)

침례교 부흥사. 그는 뉴잉글랜드 대부흥의 영향을 남부 식민지 지역으로 전파하는 데 크게 공헌했다. 뉴잉글랜드청교도주의의 영향을 많이 받았던 코네티컷(Connecticut) 윈저(Windsor)에서 출생한 마샬은 스무 살에 회심을 경험했고, 곧 회중교회 집사로 선임되었다. 그러나 뉴잉글랜드 대부흥의 회오리 속에서 그는 유아세례가 과연 성경적인 것인가에 대해 의문을 품기 시작했다.

한 역사가는 "마샬은 윈저의 전통교회에서 세례 교리를 가르치는 것이 스스로에게 혐오감을 줄 정도였다"라고 기술하고 있다. 1745년 조지 휫필드(George Whitefield)의 설교를 듣고 마샬은 자기 농장을 떠나 순회설교자로서의 길을 나선다.

1748년에 첫 번째 부인인 해너 드레이크(Hannah Drake)가 사망했고, 이후 부흥사였던 슈벌 스턴스(Shubal Stearns)의 남매 마사 스턴스(Martha Stearns)와 재혼했다. 1751년 슈벌과 마샬은 자신들을 분리파(부흥파 회중교회 신자)로 선언했고, 직후 마샬은 가족들과 함께 남쪽으로 떠난다. 그는 펜실베이니아(Pennsylvania)에 잠깐 머물면서 모호크(Mohawk) 인디언을 대상으로 복음을 전했고 이후엔, 버지니아(Virginia) 서부로 거처를 옮긴다. 윈체스터(Winchester) 근처에 자리를 잡은 마샬은 필라델피아 침례교연맹에 소속된 한 침례교회(Mill Creek Church[밀크릭교회,])를 찾았다. 거기서 스스로에게 침례를 주고, 설교자 자격을 획득했다.

그 와중에 마샬을 따라 남쪽으로 길을 잡은 스턴스는 버지니아 버클리 카운티(Berkeley County)의 오페컨(Opeckon)에 잠시 머물게 되었다. 이 두 사람은 다른 사람들과 함께 윈체스터에서 30마일 가량 떨어진 햄프서 카운티(Hampshire County)를 가로지르던 카카폰(Cacapon) 강기슭에 임시 거처를 마련했다. 마샬은 스턴스와 함께 노스캐롤라이나(North Carolina) 산록 지대까지 200마일을 함께 이동한 후, 샌디크릭(Sandy Creek)에서 목회를 시작했다.

마샬은 설교자로서의 재능이 탁월하지는 않았지만, 참으로 지칠 줄 모르는 설교자였다. 노스캐롤라이나에서 부흥집회를 인도했는데, 첫 집회는 샌디크릭에서 30마일 정도 떨어진 애봇크릭(Abbott Creek)에서 이뤄졌다. 몇 달 후 에봇크릭에 개척된 교회에서 모교회인 샌디크릭 교회에 이 교회를 정식으로 허가해 줄 것과 마샬을 그 교회 담임목사로 임명해 줄 것을 청원했다. 마샬은 이 요청이 받아들여지기를 바랐지만, 안수에 몇 가지 난제가 있었다. 노회

(presbytery)와 안수위원회를 구성하기 위해서는 장로 몇 명이 세워져야 했었고, 당시 이 지역에 목회자는 스턴스 한 명에 불과했기 때문이었다. 그들은 이 지역의 다른 침례교인의 협조를 얻어 아직 체계를 갖추지 못한 샌디크릭의 부흥사역의 틀을 제대로 갖추기 위해 노력했다. 스턴스는 남부 식민지 어딘가에 살고 있던 헨리 레드베터(Henry Ledbetter, 마샬의 매형)를 찾아내 마샬의 안수 과정에 도움을 받기로 했다.

애봇크릭이 교회로서 자리를 잡게 되면서 마샬은 더욱 힘을 내어 복음전도사역에 집중해 나갔다. 첫 전도지로 그는 버지니아 남부 피트실비아 카운티(Pittsylvania County)를 방문하여 몇 명에게 세례를 베풀었는데, 이 중에는 볼티모어(Baltimore)에서 방문한 젊은 청년 듀턴 레인(Dutton Lane)이 있었다. 마샬의 사역은 부흥의 불씨를 당겼고, 후에도 이곳을 방문하여 복음을 전했다. 다음에 그가 이 지역에 돌아왔을 때 42명에게 침례를 베풀었다.

1760년 8월에는 부흥사역 초기에 침례를 받고 기독교인이 된 듀턴 레인 목사를 중심으로 교회를 세울 수 있었다. 이 교회가 바로 버지니아 최초의 분리주의 침례교회였으며, 다른 교회들을 태동시킨 모교회와도 같은 곳이었다. 마샬과 스턴스가 이 교회를 방문하여 집회를 인도하고, 레인이 뛰어난 목회 능력을 발휘하게 되면서 이 교회는 부흥을 거듭했다. 그리고 레인 또한 자신의 열정과 성실성, 능력을 다 바쳐 마샬과 스턴스와 같이 순회 부흥집회를 함께 인도해나갔다.

마샬은 후에 사우스캐롤라이나(South Carolina)로 이주해서, 그곳에서 일곱 개의 교회가 개척되는 데 도움을 주었는데, 이 교회들은 1771년 콩가리협회(Congaree Association)를 조직했다. 마샬은 조지아(Georgia)가 앞으로 복음 전도의 옥토가 될 것으로 확신하여 같은 해 어거스타(Augusta)에서 15마일 떨어진 사우스캐롤라이나의 호스크릭(Horse Creek)을 떠나 조지아 식민지 키오키크릭(Kiokee Creek)으로 이주하여 복음을 전하기 시작했다. 조지아에서의 마샬의 사역은 매우 성공적이었다. 그러나 부총독 불(Bull)은 이런 현상을 그다지 반기지 않았다. 그는 어거스타(Augusta)의 성공회 사제에게 뉴윈저 지역에서 복음을 전해 줄 것을 요청했다. 그럼으로써 사람들과 그들을 가르치는 교사들도 이해하지 못하는 요설로 사람들을 현혹시키고 모든 질서를 어지럽히는 침례교도 부랑자들의 준동을 막을 수 있기를 원했다.

결국 마샬은 체포되었고, 유죄 선고를 받아 이 식민지에서 더 이상 설교할 수 없게 되었다. 그러나 그는 여기에 굴복하지 않았다. 그보다도 그의 아내가 "복음의 말씀을 전하지 못하게 하는 자들에게 화 있을지라"는 성경의 구절을 인용하면서 더욱 격렬히 반대하며 그를 지원해 주었다. 이 문제는 여기서 끝이 나는 듯 했다. 그러나 놀랍게도 그를 체포했던 경찰, 그의 재판을 맡았던 판사, 증인으로 나섰던 카트리지(Cartledge) 모두가 침례교로 개종하는 일이 벌어졌다.

마샬은 독립전쟁 기간 동안에도 복음전도사역을 지속했으며, 1784년 조지아 어거스타에서 그 열정의 삶을 마감했다.

참고문헌 | W. L. Lumpkin, *Baptist Foundations in the South* (Nashville: Broadman Press, 1961); R. B. Semple, *History of the Baptists in Virginia* (Lafayette: Church Research and Archives, 1976).

B. L. SHELLEY

대니얼 알렉산더 페인(Daniel Alexander Payne, 1811-1893)

흑인교회 목사, 교육자, 역사가이자 아프리카인감리교회(African Methodist Episcopal Church) 감독. 그는 오하이오(Ohio)에 있는 흑인 교육 기관 중 가장 오래된 윌버포스대학교(Wilberforce University) 첫 흑인 총장이 되었다. 페인은 노예제도 폐지 운동가이자 흑인교회의 지도자로서, 미국 남북전쟁 시기에 활발하게 활약했으며, 흑인 계몽교육에 삶을 바쳤다.

페인은 1811년 2월 24일에 사우스캐롤라이나(South Carolina) 찰스턴(Charleston)에서 태어났다. 그의 부모는 노예가 아닌 자유인 신분이었다. 그들은 다양한 혈통이 섞인 가족이었다. 페인은 10살에 부모를 여읜 후, 대고모의 신앙 교육을 받고, 감리교 주일학교에 출석했다. 찰스턴에서 초등 교육으로 그리스어와 라틴어, 불어를 배운 후에는 교사와 가정 교사로 일했다. 1828년에 페인은 학교를 설립했는데, 이 학교는 주간에는 일반 어린이를 교육시키고, 야간에는 노예 어린이를 교육시켰다. 1829년에 데이비드 워커(David Walker)의 책 『호소』(*Appeal*)가 간행되고, 1831년에 내트 터너(Nat Turner)의 노예 봉기가 활발히 일어나자, 남부의 백인들은 흑인 계몽교육의 부작용을 빌미로 1834년 이 학교를 폐교시켰다. 페인은 1835년에 남부를 떠나 북부로 이주하여 신학 공부를 했는데, 이때 흑인을 위한 계몽교육이야말로 흑인 인권 신장에 도움을 줄 수 있는 가장 중요한 수단이라고 확신했다.

1835년부터 1837년까지 페인은 펜실베이니아(Pennsylvania)의 게티스버그(Gettysburg)에 있는 루터교신학교(Lutheran Theological Seminary)에서 공부를 하고 학위를 받았다. 1839년에 그는 노예폐지운동에 앞장섰던 뉴욕 포즈보로(Fordsboro)의 루터교대회(Lutheran Synod)에서 안수를 받는다. 그는 루터교회에서 설교목사로 활동할 수 있는 자격을 받긴 했지만, 뉴욕 북부 트로이(Troy)에 있는 흑인 장로교회에서 1837년부터 1838년까지 목회를 시작했다. 이후 루터교인들과 유대 관계를 유지하면서 필라델피아(Philadelphia)에 흑인 아동을 위한 학교를 설립했다. 그는 1841년에 아프리카인감리교회(AME)에 합류하고, 1842년에 필라델피아연차총회(Philadelphia Annual Conference)의 임원으로 활동하기 시작했는데, 이는 그가 지역 사회에 흑인 아동들을 위한 학교를 세웠기 때문에 가능한 일이었다. 그 후 뉴욕과 워싱턴, 메릴랜드, 볼티모어 등지에서 아프리카인감리교회 목회자로 활동했다.

페인은 교육이야말로 미국 사회에서 흑인의 인권과 사회적 지위를 높여줄 수 있는 확실한 수단이라고 생각했기 때문에 아프리카인감리교회 내에서 교육의 중요성을 더욱 강조했다. 그는 흑인 고유의 문화와 전통에서 비롯된 음악적 양식과 소리 지르며 화답하는 행위는 공적 예배 시간에는 적합하지 않을 뿐만 아니라, 지나치게 열광적이라고 생각했다. 이런 그의 주장에 따라 아프리카인감리교회는 정규 신학 교육에서 강조하는 합리적 목회와 예배 방식을 채택했고, 여기서 페인은 교단의 기준을 마련하는 데 중요한 역할을 했다. 그는 역사의 중요성도 강조했다. 그래서 교단에서는 그를 1848년에 공식적으로 역사 기록 위원으로 임명한다. 이렇게 활발한 활동의 결과로 1852년 5월, 그는 41세의 나이로 아프리카인감리교회 감독으로 선출된다.

그가 감독으로 있던 1862년 4월 11일에 미

국 의회는 워싱턴 내의 노예제도 폐지 법안을 가결시켰다. 사실 페인은 이를 위해 당시 대통령 에이브러험 링컨(Abraham Lincoln)을 만나 법안에 서명하도록 촉구했다. 법안이 시행되고 나서 그는 '해방된 자들을 환영하며: 혹은 D. C.에 거주하는 유색 인종의 권리에 대해!'(Welcome to the Ransomed: or Duties of the Colored Inhabitants of the District of Columbia)라는 글에서 흑인 해방을 축하했다. 그는 아프리카인감리교회들은 풀려난 노예들을 받아들여야 하고, 동시에 그들이 기독교인으로 살면서 새로운 자유를 발견할 수 있도록 도와주어야 한다고 주장했다.

페인은 성직자가 글을 읽고 쓰지 못하는 문제를 염려하고, 동시에 설교와 글을 통해서 흑인 교육의 중요성을 강조해 오다가, 1847년에는 마침내 오하이오 콜럼버스(Columbus) 근교에 유니온신학교(Union Seminary)를 설립했다. 오하이오연차총회(Ohio Annual Conference)가 신학교 설립 과정에서 중요한 역할을 담당했다. 페인은 교회 지하에 학교 터를 잡고 초등 교과 과정 교육뿐만 아니라 직업 교육을 위한 장소로 제공했다. 그러나 교회의 열악한 지원과 혼동된 교육 체계 때문에 페인이 세운 이 학교는 다른 학교들과의 경쟁에서 밀려났다.

1856년 당시 북쪽에 있던 주로 백인으로 구성된 감리교회는 오하이오 제니아(Xenia) 근처에 학교를 세워 '유색 인종' 선교사와 교사를 교육시키고 있었다. (당시 미국감리교회는 노예제도에 대한 서로 다른 이해 때문에 남과 북 두 교단으로 갈라져 있었다). 오하이오 안에 있는 백인 감리교단과 흑인 감리교단이 서로 협력해서 오하이오대회들을 조직한 결과 한 기관이 세워졌는데, 전체 24명의 이사진 중에서 페인을 포함해 네 명의 흑인 이사가 조직에 참여했다. 이 학교는 영국의 정치가이자 노예폐지론자였던 윌리엄 윌버포스 경(Sir William Wilberforce)의 이름을 따라 윌버포스대학교(Wilberforce University)로 불렸다.

1862년 감리교신시내티총회(Cincinnati Conference of the Methodist Episcopal Church)는 윌버포스대학교의 재정적인 어려움과 학생 수 감소로 학교 폐교를 결정했다. 그러자 1863년에 페인은 아프리카인감리교회의 감독으로서 이 학교를 인수했다. 이로써 윌버포스대학교는 미국 역사상 최초로 흑인이 소유하고 경영하는 대학이 되었다. 윌버포스대학교는 아프리카인감리교회가 힘겹게 유지하던 유니온신학교를 매각한 돈으로 운영되었다. 1863년부터 1876년까지 페인은 이 학교의 총장으로 재직했고, 미국 최초의 흑인 대학 총장이 되었다.

1866년에 접어들어 윌버포스대학교는 공업 교육, 고전 교육, 신학과를 통합한 학교로 성장했다. 이런 통합 교육은 다른 흑인 교육 기관뿐만 아니라 다른 교단의 학교 운영에도 큰 영향을 미쳤다. 이후 신학과는 더욱 발전해서, 1894년에는 페인의 이름을 딴 페인신학교(Payne Theological Seminary)가 설립되었다.

1865년 이후 페인은 아프리카인감리교회의 급속한 성장에 매우 크게 기여했다. 이 시기에 남북전쟁 이후 교인 대다수가 북부 지역 거주자였던 아프리카인감리교회는 남부 거주 흑인을 위한 공격적인 전도캠페인을 시작했다. 1865년에 페인은 남부 사우스캐롤라이나 찰스턴으로 돌아와서, 북부에서 살던 자유 흑인이 만든 교회의 지도자들과 교인들의 도움으로 아프리카인감리교회 내 새로운 연차총회(Annual Conference)를 발족했다.

1881년 그는 런던에서 개최된 에큐메니컬감리교총회(Ecumenical Methodist Conference, 세계감리교대회의 전신)에서 미국 아프리카인감리교회 대표로 참석했다. 또한, 1883년에 시카고에서 첫 번째로 열린 세계종교의회(World's Parliament of Religions)에도 대표로 참여했다. 1888년에 그는 『70년 회고록』(Recollections of Seventy Years)을 출간하고, 1891년에는 『아프리카인감리교회의 역사』(History of the African Methodist Episcopal Church)를 출간했는데, 이 두 책은 미국감리교회 역사에서 매우 중요한 사료다.

그는 일생 동안 교육자로서 사명을 가장 중요시했다. 그래서 읽기 과정과 학교를 설립함으로써 아프리카인감리교회에서 교육사역이 더 많이 이루어지게 했다. 그는 아프리카인감리교회에서 가장 강력한 조직 장악력을 가졌고, 가장 영향력 있는 감독 중 하나였다. 교회사가로 성실하게 연구했고, 도덕적으로도 깨끗했으며, 교회를 위해 희생하고 헌신했던 사람이었다. 페인의 부인은 엘리자 클락 페인(Eliza Clark Payne)이었는데, 슬하에 자녀가 넷이었고, 이 중 셋은 입양한 자녀였다. 페인은 1893년 11월 2일 오하이오 윌버포스에서 삶을 마감했다.

참고문헌 | C. Killian (ed.), *Daniel Alexander Payne: Sermons and Addresses*, 1853-1891 (New York: Arno Press, 1972); C. E. Waler, *A Rock in a Weary Land: The African Methodist Epicopal Church During the Civil War and Reconstruction* (Baton Rough: Louisiana State University Press, 1982).

E. D. APONTE

대니얼 윌슨(Daniel Wilson, 1778-1858)

성공회(Anglican)의 복음주의 성직자이자 5대 인도 캘커타(Calcutta) 주교. 그는 1778년 7월 2일, 런던의 부유한 가정에서 태어났다. 아버지 스티븐(Stephen)은 비단을 가공하는 일에 종사하여 부를 얻었다. 그도 아버지의 뒤를 이어 가업을 계승할 것이라 여겨졌지만, 1797년 10월에 잉글랜드국교회(Church of England) 성직자로서 부르심을 받았다고 느꼈다.

윌슨은 옥스퍼드의 세인트에드먼드홀(St Edmund Hall)에서 교육을 받고 1802년에 학사학위를 받았고, 1804년에는 석사학위를 받았다. 그는 친척이었던 앤(Ann)과 1803년 1월 23일에 결혼했다. 당시 8개월간의 교제 기간은 윌슨의 라틴어 일기장에 기록되어 있는데 마지막 구절은 이렇게 쓰여 있었다.

"우리의 결혼식은 매우 엄숙했다. 그리고 그곳에는 최고로 행복한 징조들이 나타나 있었다."

성직자 안수를 받은 후 윌슨은 서리(Surrey)에 있는 초범(Chobham)과 비슬리(Bisley) 지역의 부사제로 짧은 기간 동안 봉직했다. 이후, 세인트에드먼드홀로 돌아가서 교수와 부학장으로 섬겼고, 동시에 옥스퍼드셔(Oxfordshire)의 워턴(Worton) 교구에서 사역했다. 1808년까지 블룸스베리에 있는 세인트존스채플(St John's Chapel)에서 부사제로 일했다. 이 지역에서 윌슨은 매우 영향력 있는 메시지를 교인들에게 전했는데, 윌버포스 가족도 그의 설교에 감동을 받았다고 했다. 1812년 세인트존스채플의 교구사제가 되자, 윌슨은 옥스퍼드 사역을 그만두고 전심을 다해 자기 교구에서 목회했다. 1824년 윌슨은 가족의 후원자들이 살았던 세인트메리 이슬링턴(St Mary's Islington) 교구로 파견되었다.

1827년에 윌슨은 '주일 성수의 신적인 권위와 영원한 의무'(The Divine Authority and Perpetual Obligation of the Lord's Day)라는 시리즈 설교를 했다. 1831년에는 이를 책으로 출판했는데, 여기에는 윌슨이 가지고 있던 복음주의적 신앙과 성경을 세밀하게 분석한 뒤, 믿음에 따라 헌신하려는 그의 신앙 태도가 담겨 있었다. 이 설교들은 후에 주일성수협회(the Lord's Day Observance Society)을 결성하는 계기가 되었는데, 이 모임은 지금도 존재한다.

1832년, 윌슨은 인도 캘커타 주교로 추천을 받았다. 다른 여러 목회자들이 이 자리에 와달라는 요청을 받았지만 이들은 모두 이 요청을 거절했다. 유일하게 이를 수락한 윌슨은 4월 29일에 선교사 파송식을 하고, 6월 19일에 인도로 떠났다. 11월 5일 캘커타에 도착했을 때 윌슨은 인도 교구가 제대로 정리되어 있지 않다는 것을 알게 되었다. 윌슨의 전임 사제들은 모두 짧은 임기를 마치고 사망했으며, 교회 지도자들도 마찬가지였기 때문에 인도 교구의 행정력은 매우 미약했다. 윌슨은 처음 일을 시작할 때부터 시간 활용을 잘했기 때문에 매우 짧은 시간 안에 새로운 사역에 적응할 수 있었다. 윌슨은 교회 행정 시스템을 완전히 개편했고 주교직에 있는 사제에게 권위를 새롭게 부여했다.

종신 주교로 섬기는 동안 윌슨은 모든 교구를 일곱 번씩 방문했으며, 캘커타에 새로운 성당이 세워질 때면 언제든지 찾아가 이를 도왔고, 건물을 설계하는 것에서부터 건축하는 것까지 자신이 받은 월급에서 모든 것을 충당하기도 했다. 윌슨이 주교로서 일한 것은 특히 선교에 많은 영향을 미쳤다.

그는 사람이 태어날 때부터 신분 계급을 정해둔 힌두교 카스트 제도와 관련된 인도교회의 관습을 새롭게 바꾸었다. 윌슨이 인도에 도착했을 때, 가톨릭과 개신교를 막론하고 대부분의 선교사는 카스트 제도를 용인했다. 그러나 윌슨은 카스트 제도를 보존하는 것은 기독교에 수치일 뿐만 아니라, 많은 인도 사람을 다시 힌두교 신앙으로 돌아가게 만드는 처사라고 믿었다. 1833년 7월 5일, 윌슨은 성공회 선교사들(Anglican missionaries)에게 이렇게 편지를 써서 보냈다.

"카스트의 신분 차별은 반드시, 즉시, 확실하게, 없어져야 하는 제도다. 기독교 신앙을 고백하는 모든 사람은 카스트 제도를 포기했다는 증거를 반드시 보여 주어야 한다. 옛 자아는 그리스도 안에서 새 자아로 옷 입어야 한다. 복음은 카스트에서 차별하는 이유를 정당화하지 않는다. 이는 이교도 풍습에 의해 강요된 것인데, 그 안에서 몇몇 종교적인 계율과 의무는 존중받고 지켜져야 하지만, 가장 낮은 신분의 사람들이 영원히 천대받아야 한다는 것은 비난받아야 한다. 카스트 제도는 일반적인 발전이나 사회적 관계에 대해 도저히 움직일 수 없는 장애물이 될 것이며, 기독교의 사랑을 다른 사람들에게 실천하는 데 방해를 준다."

윌슨의 편지는 특히 인도 남부에 있는 선교사들의 저항을 불러 일으켰다. 그러나 그는 교회가 카스트 제도를 승인하고 용인한 것을 무효화하는 조치를 강행했다.

1834년 1월 17일에 윌슨은 또 다시 편지를 보냈는데, 여기에서 그는 다섯 가지 중요한 핵심 계획을 구상했다.

"개종한 사람들은 신분에 관계없이 같은 자리에 앉는다. 신분에 상관없이 모두 성만찬에 참여할 수 있다. 이 나라의 사제 혹은 교리문답교사는 그가 어떤 카스트 계급에 속해 있던지 간에 모두 교회로 나와 예배드리고 상담받을 수 있으며…대부들과 대모들은 차별 없이 모든 신분에서 선발될 수 있다. 교회 마당의 그 어떤 구역도 카스트 계급의 높은 사람들을 위한 무덤과 매장지로 따로 분리되어 제공될 수 없다."

'윌슨 라인'(Wilson line)으로 알려진 이 정책은 초창기에 많은 교회에서 신도의 수의 감소를 불러일으켰다. 그러나 1860년대에 이르러서 교회의 흐름이 완전히 뒤바뀌었다. 당시 많은 가난한 사람들이 힌두교에서 기독교로 개종했기 때문에 오히려 교회는 급속하게 성장했다. 초기에 교회에 해를 줄 것 같던 정책은 많은 사람을 끌어 모으게 되었고, 이제 교회는 모든 사람을 위한 복음을 선포하게 되었다. 교회는 사람의 사회적, 경제적 신분에 상관없이 모두에게 열려 있으며, 복음은 심지어 가장 소외되었던 사람에게도 열려 있다는 것을 선포했다.

인도선교활동을 할 때, 윌슨은 반대 의견을 두려워하지 않았다. 그는 옥스퍼드운동(Oxford Movement)을 두고 벌어진 잉글랜드국교회 내부 논쟁에 가담했다. 그는 자신의 설교와 글에서 잉글랜드국교회는 로마 가톨릭교회에서 붙잡고 있는 믿음에 찬성했기 때문에 개신교의 신앙을 버렸다는 주장을 끊임없이 제기했다. 윌슨이 카스트 제도와 옥스퍼드운동에 대해서 강한 의견을 냈기 때문에 한 전기 작가는 윌슨이 '영적 이기주의'에 빠져 있으며 '종교에 대해 기술적인 관점'만을 가지고 있는 전형적인 복음주의자'라고 평가했다. 그러나 윌슨에 동조했던 이들은 그가 '예수 그리스도의 복음의 핵심'을 방어하고 보호하기 위한 삶을 보여 주었다고 기록했다.

윌슨은 재임 기간 동안 여러 책을 출판했다. 『기독교 교리와 실천을 위한 여러 주제에 대한 설교』(Sermons on various subjects of Christian doctrine and Practice, 1830), 『기독교의 증거』(The Evidences of Christianity, 1830), 『주일 성수의 신성한 권위와 영원한 의무』(The Divine Authority and Perpetual Obligation of the Lord's Day, 1831), 『초창기 인도를 방문하면서 한 설교』(Sermons in India during a Primary Visitation, 1838), 『믿음의 규범으로서의 성경의 충족성』(Sufficiency of Scripture as a Rule of Faith, 1841), 『바울의 골로새서를 해설한 강의』(Expository Lectures on St Paul's Epistle to the Colossians, 1845), 『캘커타 감독이 인도에 남긴 마지막 다섯 편의 설교』(The Bishop of Calcutta's farewell to India: five sermons, 1846) 등이 전해지고 있다.

참고문헌 | J. Bateman, *Life of the Right Rev. Daniel Wilson, D.D., late Lord Bishop of Calcutta and Metropolitan of India* (London: J. Murray, 1859); H. Canttingus, *Bishops and Societies: A Study of Anglican Colonial Missionary Expansion* 1698-1850 (London: SPCK, 1952); C. R. A. Hoole, 'A Nineteenth Century Church Growth Debate: India,' *Evangelical Review of Theology*, 19 (October, 1995), pp. 381-386.

S. FINLAYSON

더글러스 존슨(Douglas Johnson, 1904-1991)

의사이자 선교사역자. 그는 1904년 12월 31일에 잉글랜드 서섹스(Sussex) 어크필드(Uckfield)에서 태어났다. 의사로 훈련받은 후에 영국과 아일랜드의 대학생 복음화를 위해 설립된 보수 복음주의 단체인 기독학생회(Inter-Varsity Fellowship, 후에는 대학기독인회[Universities and Colleges Christian Fellowship])를 위해 일했다. 1928년부터 1964년까지 기독학생회 총무로 일하면서('DJ'로 널리 알려졌다), 존슨은 이 단체가 영국 대학 사회와 영국 및 해외 기독교에 주요한 영향을 끼치는 가장 중요한 기독교 조직이 되게 하는 데 기여했다. 도로시(Dorothy)와 결혼해서 두 아들과 외동딸을 두었다. 존슨은 1991년 12월 10일에 사망했다.

어크필드문법학교(Uckfield Grammar School)에서 공부한 존슨은 형제단(Brethren) 소속의 한 독립복음홀(independent gospel hall)의 영향을 받았다. 형제단은 보수적 성경신학과 모든 신자의 제사장직을 강조했는데, 이는 신앙에 대한 그의 접근에 강한 흔적을 남겼다.

존슨은 기독학생회가 교리는 보수적이지만, 학생들의 행동과 전략에는 폭넓은 자유가 허용될 수 있게 했다. 후에 그는 장로교, 성공회, 감리교 등의 다양한 교회에 출석했다. 존슨은 언제나 자신이 믿는 기독교는 교파를 초월하는 것이라 생각했지만, 스스로는 장로교 전통을 가장 편안해 했다. 아더 렌들 쇼트(Arthur Rendle Short) 같은 형제단 내 핵심 인물과의 교제도 깊이 유지했다. 교리와 성경에 대한 보수적인 견해를 강조한 것이 그의 삶과 사역의 기반이었다.

존슨은 런던의 유니버시티대학교(University College)에서 영어를 전공했고, 런던의 킹스대학(King's College)에서는 의학을 공부했다. 동시에 킹스대학에서 신학 과목도 이수하려 했는데, 찰스 고어(Charles Gore) 같은 상대적으로 덜 보수적인 인물들의 강의에 참석하면서 자기 신학을 더 다듬을 수 있었다.

런던기독교수연합(London InterFaculty Christian Union) 활동과 더 폭넓은 학생운동에 더욱 적극적이었다. 존슨은 기독대학생대회(Inter-Varsity Conference)의 총무를 1924년부터 맡았다가 1928년에 기독학생회가 창단되면서 총무가 되었다.

그의 전략적 비전은 기독학생회와 이보다 훨씬 크고 더 자유주의적이었던 학생기독운동(Student Christian Movement)과의 경쟁 관계를 통해 명확해졌다. 그는 생명력 있는 복음주의 정통이 학생 세계와 그 너머의 세계에 기반을 구축할 수 있다고 믿고, 복음주의 신앙을 타협하지 않겠다는 굳은 결심을 보였다. 로마 가톨릭에 대해서는 언제나 신중한 태도를 보였다.

1931년에 의사 자격을 획득한 후에는 브리스톨(Bristol)과 런던 빈민가에서 얼마간 실습을 했다. 그러다 1933년에 기독학생회 전임사역을 시작했다. 조직은 작았지만, 존슨은 이 조직에 기술, 타인의 재능을 발견하고 키워내는 능력, 강력한 힘, 엄청난 지적이고 전략적인 비전을 제공했다. 그는 지성이 탁월한 인물들을 기독학생회 활동으로 끌어들이고, 학생과 젊은 졸업생들에게 책임을 받아들이라고 설득하는 데 노력을 쏟았다.

T. C. 해먼드(T. C. Hammond)가 원고 편집 후 편집자로 이름을 올린 보수 복음주의 신앙의 고전 진술서인 『간추린 조직신학』(*In Understanding be Men*, CLC 刊)을 썼다. 국제 네트워크를 만드는 데도 열심을 내서, 1946년에 독립 설교자 D. M. 로이드-존스(D. M.

Lloyd-Jones)와 협력하여 국제복음주의학생회(International Fellowship of Evangelical Students)를 세우는 쾌거도 이뤘다.

정말 박식했던 존슨은 복음주의자가 전도에 효과가 있다면 지적인 논쟁에도 참여할 필요가 있다고 강조했다. 이를 위해 틴데일하우스(Tyndale House, 케임브리지 소재 보수 복음주의 성경학 연구소), 런던바이블칼리지(London Bible College, 오늘날의 London School of Theology-역주), IVP(기독학생회출판부)를 세워 그가 총무로 일하는 동안 이들 사역을 크게 확장시켰다. 또한, 기독의료협회(Christian Medical Fellowship)와 국제기독의사회의(International Congress of Christian Physicians)의 총무로 이 운동에 깊이 관여함으로써 급속한 성장을 이루어 냈다. 존슨의 영향력으로 복음주의가 전반적으로 반지성주의의 늪을 벗어날 수 있었다.

존슨은 대중 앞에 설 때 극단적으로 수줍음을 탔는데, 언제나 다른 사람을 앞에 내세우기 좋아했고 사진에 찍히는 것을 거의 병적으로 싫어했다. 그러나 인간적 견지에서 말하자면, 기독학생회의 성장에 가장 큰 기여를 한 인물이 바로 존슨이었다. 이와 같이 그는 20세기에 학생 복음주의 르네상스가 일어나는 데 중추적 역할을 했고, 영국과 그 너머 세계의 기독교에까지 심오하고 지속적인 영향을 끼쳤다. 기독학생회/대학기독인회 진영 바깥에서는 잘 알려져 있지 않았음에도, 존슨은 20세기 영국에서 가장 중요한 기독교인 중 하나였다.

참고문헌 | D. Johnson, *Contending for the Faith* (Leicester: IVP, 1979); G. Fielder, *Lord of the Years* (Leicester: IVP, 1988).

D. J. GOODHEW

데니스 베네트(Dennis Bennett, 1917-1991)

미국개신교 은사주의운동의 선구자. 그는 1960년에 자신이 방언으로 말하는 영적 체험을 하게 되었다고 소속된 성공회교회에 통보하면서 전국적인 주목을 받았다. 다른 교구로 이동한 베네트는 자신이 성령의 은사와 이적과 기사로 인식된 체험을 더 이상 숨기기를 원치 않는, 늘어나는 숫자의 수많은 개신교인의 주요 대변인이 되어 있다는 사실을 깨달았다. 모든 개신교 교파에 소속되어 있던 이런 은사 체험자들이 급속하게 확장되던 은사주의운동(charismatic movement)의 핵이 되었다.

베네트는 1917년 10월 28일에 잉글랜드에서 태어나 1927년에 미국으로 이주했다. 산호세주립대학교(San Jose State University)에서 학부과정을 졸업한 후 시카고대학교(University of Chicago)에서 신학을 공부하고 석사학위를 받았다. 1949년에 회중교회 목사로 안수받은 그는 1949-50년에 캘리포니아 샌디에이고(San Diego)에서 목사로 섬겼다. 1951년에 성공회에 합류한 후 캘리포니아 랭커스터(Lancaster)로 옮겼다. 1952년 2월에 부제(deacon)로 안수받은 후 10월에 성공회 사제가 되었다. 1953년에는 캘리포니아 밴나이즈(Van Nuys) 소재 세인트마크스교회(St Mark's Church)의 교구사제(rector)로 임명받았다.

세인트마크스교회에 있는 동안 베네트와 아내 앨버타(Elberta)는 알려지지 않은 방언을 하는 것이 성령세례를 받은 증거라고 주장하는 인물들의 영향 아래 들어갔다. 같은 체험을 하게 된 베네트 부부는 신앙 생활에서 새로운 활력을 찾았다. 그들이 교회에서 다른 이들과 이 체험들을 나누자, 상당한 수 교인도 자신들이 성령으로 세례받았다고 주장했다. 뉴스가 퍼져 나가면서, 이런 '열광주의'(enthusiasms)에 당혹감을 느끼고 교회 내에서 이런 체험을 표현하는 것을 억제하고자 했던 반대 집단이 형성되었다.

1960년 4월 3일 주일 이른 아침 예배에서 베네트는 자신이 방언을 한다는 것과 이 체험을 다른 이들도 추구할 수 있도록 권했다는 것을 교회에 공적으로 알려야 한다는 느낌을 강하게 받았다. 반대가 너무 노골적이었기에, 그는 당일 11시 예배에서 교구사제직에서 사임하기로 결정했다. 성공회 교인들이 이상한 방언을 한다는 것은 뉴스가 되기에 충분했다. 베네트는 거의 하룻밤 사이에 전국구 유명 인사가 되어, 「뉴스위크」(Newsweek), 「타임」(Time) 및 여러 주요 언론이 그의 이야기를 다루었다. 그러나 목회자로서의 미래는 순식간에 위기에 빠졌다.

베네트를 지도하던 주교는 이 사건을 동정적으로 보았다. 그는 베네트가 자기 선언을 취하하지 않고도 성공회 내부에서 베네트의 목회자 신분이 보호받을 수 있게 하려고 했다. 그래서 그는 베네트에게 워싱턴 시애틀 근교에 있던 근근이 버티고 있던 작은 교구를 새로 맡겼다. 세인트루크성공회교회(St Luke's Episcopal Church)는 파산에 임박해 절망적인 상태에 처해 있는 교회였다. 이 교회는 '악명 높은' 데니스 베네트가 성령세례의 메시지를 전해 줄 것을 알고 그를 교구사제로 환영하며 맞이했다. 세인트루크성공회교회에서 베네트가 인도한 첫 예배는 1960년 7월 15일에 열렸다.

데니스 베네트와 세인트루크성공회교회는 이상적인 짝이라는 사실이 곧 입증되었다. 회중은 그를 받아들이고 지원했으며, 그의 영적 갱신 이상에 저항하지 않았다. 교인 다수가 독특한 은사 체험을 포용하고, 교대로 세인트루크성공회교회를 찾은 많은 체험 추구자들을 섬겼다.

베네트는 기대치 않게 미국 기독교 세계의 중추를 건드리고 있었다. 수천 명의 개신교인이 용기를 내어 공개적으로 자기가 성령세례를 받았다고 선언했다. 베네트는 전국적인 대변자로 떠올랐고, 세인트루크성공회교회는 새로운 운동의 관심과 활동의 중심지로 부상했다. 갱신운동으로도 알려진 은사주의운동은 성공회뿐만 아니라 모든 개신교 교파에서 추종자를 확보했다.

이제 은사주의 갱신의 중심지로서의 새로운 역할을 부여받은 세인트루크성공회교회의 재정 상태도 극적인 반전을 맞았다. 베네트가 온 지 12년이 채 안 되어, 이 교회는 북서부 지역에서 가장 부유하고 역동적인 성공회교회 중 하나가 되었다.

베네트는 곧 수많은 강연 요청을 받았다. 성공회 내외부 집단이 그의 이야기를 듣고 싶어 했다. 이미 1961년에 그는 여러 곳으로 여행하며 메시지를 전해야 한다는 부르심을 느꼈다. 새로운 성장과 희망의 시대에 접어든 세인트루크성공회교회는 자기 교회 목사의 사역을 그들의 외부 선교사역 일부로 공유하고 싶었다. 그러나 떠오르던 개신교 갱신운동을 확산시키는 일을 돕던 열정적인 목회사역 와중에 베네트 집안에 비극적인 사건이 일어났다. 베네트의 충실한 동반자 앨버타가 1963년에 암으로 쓰러진 것이다. 앨버타는 남편과 세 아이를 이 땅에 남겨두고 먼저 세상을 떠났다.

베네트는 미국과 해외로 장기 여행을 다니며 사역에 몰두했다. 1966년, 그는 세인트루크스교회에 합류한 리타 리드(Rita Reed)와 재혼했다. 리타의 사역 경험은 베네트의 강사 역할과 잘 맞았다. 부부의 의사소통 스타일은 서로에게 보완이 되었고, 강사와 저술가로서 함께 사역하는 기회가 더 늘어났다. 1968년, 그들은 기독교갱신협회(Christian Renewal Association)를 조직했다. 1981년 베네트가 세인트루크성공회교회의 교구사제직에서 은퇴한 후, 은사주의운동이 계속 성장해 나감에 따라, 이후 10년 동안 전적으로 대회와 세미나를 열고 책과 기사를 쓰는 일에 몰두했다.

베네트가 쓴 가장 영향력 있는 저술은 아마도 『오전 9시』(Nine O'clock in the Morning)일 것이다. 리타는 엄청난 인기를 끈 『성령과 당신』(The Holy Spirit and You, 1971)을 남편과 함께 썼다. 리타는 자기 자신의 책을 쓰기도 했다. 그들의 동반 사역은 1991년 11월 1일, 베네트의 사망과 함께 종결되었다. 리타는 기독교갱신협회 회장으로 사역을 계속했다. 그녀는 이 조직의 사명을 "감정적이고 영적이고 육체적인 온전함을 필요로 하는 이들에게 가져다주는 것"이라 정의했다. 그녀의 최근 두 저술, 『당신은 감정의 자유를 누릴 수 있습니다』(You can Be Emotionally Free)와 『천국 방문과 귀환』(To Heaven and Back)은 모두 베스트셀러로 인기를 누렸다.

참고문헌 | D. Bennett, Nine *O'Clock in the Morning* (Plainfield: Logos International, 1970); D. and R. Bennett, *The Holy Spirit and You* (Plainfield: Logos International, 1971); D. and R. Bennett, *Trinity of Man* (Plainfield: Logos International, 1979).

D. W. DORRIES

데모스 샤카리안(Demos Shakarian, 1913-1993)

국제순복음실업인협회(FGBMFI, Full Gospel Businessmen's Fellowship International) 설립자이자 대표. 그는 주로 실업 기독인의 친교와 봉사를 위해 모임을 여는 한 기독교 조직(a para-church organization)의 건축가였다. 국제순복음실업인협회는 1940년대와 50년대에 미국에서 일어난 신유부흥운동(healing revival movement)으로부터 시작되었지만, 1960년대와 70년대의 은사주의운동(charismatic movement)과의 연대 속에 급속도로 성장했다. 교회 밖 공간에 있는 실업인을 주요 대상으로 삼고 별다른 변증 없이 '오순절'(pentecostal) 경험을 지지했던 국제순복음실업인협회는 1953년 초라하게 시작했지만 25년이 지난 뒤 세계 66개국 1,723개 지부를 후원하는 단일 국제 조직으로 성장했다.

샤카리안은 1905년에 캘리포니아에 정착한 아르메니아 이주민의 아들이었다. 그의 가족은 강한 기독교 전통을 가진 집안이었다. 아르메니아의 카라칼라(Kara Kala) 지역에 거주하던 그의 집안은 장로교 집안이었지만, 러시아정교회 일파인 몰로칸(Molokans)에 의해 깊은 영향을 받았다. 카라칼라 지역민들이 고향을 떠나지 않는다면 모두 죽음을 맞이할 것이라 예언했던 한 러시아 소년의 환상을 믿고 일가족이 모두 미국으로 이민을 떠났다. 샤카리안의 할아버지 가족은 로스앤젤레스에 정착했다. 9년 뒤 제1차 세계대전 도중 터키인이 카라칼라에 거주하는 모든 사람을 학살하는 사건이 일어났다.

샤카리안이 출생한 지 얼마 지나지 않은 1913년 7월 21일, 그의 부친은 낙농 사업을 시작하기 위해 캘리포니아 다우니(Downey)로 이사했다. 샤카리안은 부친의 사업에 참여하여 동업자가 된다. 또한, 그는 교회 청소년 사역에도 시간을 쏟았다. 샤카리안은 1932년 로즈와 결혼하는 동시에 성공한 낙농업자로서 자리매김했다. 그 당시 그와 그의 부친은 캘리포니아에서 가장 큰 낙농 산업체를 소유했다.

그러나 사업적 성공이 샤카리안을 완전히 만족시키지는 못했다. 그는 설교자로서 부름받지는 않았지만, 인맥 및 사업 능력을 이용하여 복음을 전파하기 시작했다. 그는 잘 알려진 강사들을 모아 집회를 조직했으며 다양한 교단의 목회자에게 목회지를 제공했다. 샤카리안은 이런 집회를 위해 자신의 시간과 비용을 투자했고, 결국 긍정적인 결과를 이끌어 냈다.

그러나 샤카리안의 목회 경험은 그 당시 기독교의 추세와는 맞지 않았다. 많은 미국인은 기독교가 남성성(masculinity)과 양립할 수 있는 것으로 생각하지 않았다. 샤카리안은 대부분의 성공한 남성 사업가가 기독교 예배에 거의 참석하지 않는 현실을 안타까워했기에, 새로운 형태의 방법을 모색했다. 그는 남성을 호텔이나 레스토랑 같은, 이들이 친숙함을 느낄 수 있는 공간으로 불러 모은 후, 평신도에게 예수님의 능력에 의해 그들의 삶이 어떻게 변화했는지를 간증하도록 했다.

그는 자신의 모임을 '국제순복음실업인협회'라 칭했다. '순복음'이라 함은 강사가 치유, 방언, 구제 등 성경에 있는 그 어떤 것도 자유롭게 말할 수 있기 때문이었다. '실업인'이라 함은 협회를 전임사역자가 아니라 평신도가 운영했기 때문이고, '협회'라 함은 이 조직이 교회 바깥에서 평등하게 모이는 모임을 대변하기 때문이었다. '국제'라고 함은 협회 활동의 범위가 국제적이었기 때문이었다.

치유 전도자 오럴 로버츠(Oral Roberts)가 집회를 위해 1951년에 로스앤젤레스에 방문했을 때 샤카리안은 그와 자기 생각을 나누었다. 로버츠는 샤카리안의 첫 번째 모임을 대중에게 홍보했고, 자신이 그 모임의 강사가 되는 것에 동의했다. 10월 13일 토요일 아침, 단 21명의 남성이 클리프턴스 카페테리아(Clifton's Cafeteria)에서 열린 모임에 참석했다. 그러나 그곳에 모인 사람들은 이런 작은 모임을 통해 1000개가 넘는 지부가 생겨날 것이라는 로버츠의 예언적 설교에 많은 용기를 얻었다.

이런 장밋빛 시작과는 달리 14개월 동안은 실패의 연속이었다. 로스앤젤레스 지부는 정기적으로 모였지만 참석 인원은 여전히 소수에 불과했다. 샤카리안은 자신의 비전을 국내와 해외 다른 많은 도시들에 알리기 시작했다. 그는 수천 달러의 자비를 사용했으나 단 1개의 새로운 지부를 시작할 수도 없었다. 구성원 중 한 명은 샤카리안에게 자신은 전체 협회에 5센트(cents)도 낼 수 없다고 말하기도 했다.

샤카리안은 비전을 포기할 생각이었다. 그는 1952년 12월 26일 토요일 모임이 마지막이 될 것이라고 지부에 알렸다. 모임 전날 밤, 그는 잠을 잘 수가 없었다. 기도하던 중 그는 환상을 보게 되었는데, 그가 지구상의 모든 국가들 위로 들려올라가는 환상이었다. 그는 수백만의 남성들이 서로 어깨를 맞대고 있는 것을 보았지만 이들은 사슬에 묶인 상태였다. 그들의 얼굴은 생기가 없고 비참했다. 그는 그들이 죽은 상태임을 깨닫고 눈물을 흘렸다. 그때 환상이 변했다. 그 남성들의 얼굴에 생기가 돌고 그들을 묶고 있던 사슬이 사라진 것이다. 그들의 얼굴에는 기쁜 빛이 역력했다. 샤카리안은 이 선명한 환상을 국제순복음실업인협회가 해체되어서는 안 된다는 의미로 해석했다. 다음날 아침 열린 모임은 희망의 돌파구가 되었다. 협회가 아무런 가치가 없다고 이야기했던 남자는 큰 금액을 기부했다. 또 다른 사람은 그 회의에 참석하기 위해 밤새 400마일을 차로 달려왔다. 인쇄업을 하던 그는 협회를 위해 자신의 인쇄기와 전문 지식을 내놓았다. 그는 협회의 정기 간행물 「보이스」(Voice)의 편집장이 되었다. 이후 그 잡지의 정기 발행 부수는 50만 부를 넘었다.

1953년에 9개의 새로운 국제순복음실업인협회 지부가 설립되었고, 로스앤젤레스에서 회원 600명이 참석한 첫 번째 총회가 열렸다. 치유전도자 오럴 로버츠(Oral Roberts)와 윌리엄 브래넘(William Branham)의 영향이 협회의 이른 성장을 도왔다. 1950년대의 치유부흥운동(healing revival movement)은 국제순복음실업인협회가 기획하고 일궈낸 것이었다. 전도자 토미 힉스(Tommy Hicks)의 인기는 협회가 국제적으로 성장하는 데 도움을 주었다. 미국 외의 첫 번째 지부는 1955년 남아프리카 요하네스버그(Johannesburg)에 세워졌다. 1956년에 많은 새로운 지부가 각 나라에서 설립되었다. 그로부터 '운명의 10년'으로 알려진 10년 뒤 국제순복음실업인협회는 300개가 넘는 지부와 100,000명의 회원을 보유한 단체가 되었다.

1960년대 협회는 더욱 빠른 성장을 보였다. 국제순복음실업인협회는 그 당시 빠르게 퍼져 나갔던 은사주의운동과 자신들을 더욱 밀접하게 연관시켰다. 샤카리안은 다양한 개신교 교파들과 함께 일했다. 그는 국제순복음실업인협회의 초교파적 성격을 계속 이어 나갔다. 그는 회원들이 자기 교회에 머무르며 자신들의 은사를 국제순복음실업인협회가 아닌 소속된 지역교회를 위해 사용하라고 요청했다. 은사주의운동이 가톨릭과의 연결 고리를 키워 나감에 따라 많은 가톨릭 신자들도 국제순복음실업인협회에 참여하게 되었다.

1978년에 맞이한 25번째 해는 협회의 정점이었다. 그해 134개 대회가 열렸다. '복된 소식'(Good News)이라는 텔레비전 프로그램은 300개가 넘는 방송국으로 방영되었고, 1,700여개의 지부가 66개국에서 모임을 가졌다. 1980년에 국제순복음실업인협회는 캘리포니아 코스타 메사(Costa Mesa)에서 새로운 본부의 창설을 기념했다. 1980년대를 지나면서 회원은 꾸준히 증가하여 700,000명에 이르렀다. 국제순복음실업인협회는 기독교 역사상 가장 성공적이며 지대한 영향을 끼친 평신도 조직이 되었다.

샤카리안은 1984년에 뇌졸중으로 쓰러졌다. 그가 병환으로 정상적인 생활을 하지 못하는 동안 국제순복음실업인협회 지도부가 개편되었다. 건강이 회복된 후 1989년 다시 대표로 복귀했지만, 그동안의 혼란으로 인해 회원이 절반 이상 감소되었다. 1993년 7월 23일에 죽음을 맞이하기 전 샤카리안은 아들 리처드(Richard)를 협회의 두 번째 회장으로 취임시켰다. 리처드는 수년간 열심히 그 일에 매진했다. 효과적인 지도 체계가 자리 잡으면서 국제순복음실업인협회는 다음 세대의 기독실업인을 새로이 끌어 모으며 새로운 성장을 이룩했다.

오늘날의 국제순복음실업인협회는 샤카리안의 지도아래 경험했던 성공을 달성하기 위해 힘쓰고 있다. 국제순복음실업인협회는 은사주의운동이 가장 영향력 있게 성장했던 시기에 편승하며 많은 혜택을 누렸다. 이와 동시에 국제순복음실업인협회 역시 그 운동이 더욱 빠르고 널리 성장할 수 있도록 도와주었다.

참고문헌 | D. Shakarian, *The Happiest People on Earth* (Old Tappan: Fleming H. Revell, 1975); V. Fotherby, *The Awakening Giant* (London: Marshall Pickering, 2000); V. Synan, *Under His Banner* (Costa Mesa: Gift Publications, 1992).

D. W. DORRIES

데이비드 레이 윌커슨(David Ray Wilkerson, 1931-2011)

오순절 복음주의자이자 '십대들의 도전'(Teen Challenge) 및 타임스퀘어교회(Times Square Church)의 설립자. 그는 1931년 5월 19일에 인디애나(Indiana) 해먼드(Hammond)에서 태어났다. 데이비드 윌커슨의 부모는 케네스 윌커슨과 앤 윌커슨으로, 둘 다 하나님의성회총회(General Council of the Assemblies of God) 소속 목회자였다. 어린 데이비드 윌커슨은 미주리(Missouri) 스프링필드(Springfield)의 성경학교를 졸업했다(1950-1951, 현재 그 학교는 대학으로 승격되었다). 그웬 카로소(Gwen Carosso)와 1953년에 결혼하고, 네 명의 아이를 낳았다. 이후 설교자 자격을 획득한 후 1955년에 목사 안수를 받았다.

데이비드 윌커슨은 펜실베이니아의 스코트데일(Scottsdale)과 필립스버그(Philipsburg)에 있는 작은 하나님의성회(Assemblies of God)교회를 담임했다. 이후 1958년도에는 전국적인 관심을 받게 된다. 그는 1958년도 2월에「라이프」(*Life*)에 실린 뉴욕시(New York City)에서 살인 죄명을 쓴 일곱 명의 소년범 이야기를 읽게 된다. 삽화로 그려져 있는 젊은이들이 누구인지 조사한 뒤 울면서, 그는 그들이 예수 그리스도의 복음을 들은 적이 있는지 궁금해 했다. 수요일 저녁 예배에「라이프」의 기사를 교인들과 함께 읽은 뒤, 데이비드 윌커슨은 성령께서 감옥에 있는 소년들을 방문하라고 하셨다고 느꼈지만 그렇게 할 자금이 없었다. 이에 교인들이 75달러를 모아서 경비를 댔다. 뉴욕시에 도착한 데이비드 윌커슨은 감옥에 방문하려면 판사의 승인을 받아야 한다는 것을 알게 되었다. 그 판사는 생명의 위협에 처했기 때문에 전화가 연결되지 않았다. 그래서 안전하게 승인을 받기 위한 유일한 방법은 재판에 참석하고, 판사의 접견실에서 판사에게 이야기할 수 있는 기회를 요청하는 것이었다.

데이비드 윌커슨이 자기가 누구인지 이야기를 하기 위해 복도에 들어서자, 판사는 그를 오해하여 공포 속에서 벤치 뒤에 숨었다. 그러자 경찰관이 데이비드 윌커슨을 건물에서 쫓아냈다. 신문 기자는 데이비드 윌커슨이 두 명의 경찰관에게 잡혀 있는 사진을 찍었다. 다음 날 1958년 3월 1일에「뉴욕 데일리 뉴스」(New York Daily News) 신문 1면에 그의 사진이 실렸다. 데이비드 윌커슨은 젊은 소년범들을 만날 수 없었지만, '경찰이 좋아하지 않는 사람'으로 불리면서 사람들에게 널리 알려졌다.

데이비드 윌커슨의 목회 활동은 이제 극적으로 바뀌었다. 그는 도시 안에 있는 젊은이들에게 새로운 삶을 주고, 복음을 전하기 위해 자신의 삶을 헌신하기로 했다. 재정적인 도움은 없었지만, 목사직을 그만두고 가족들과 함께 뉴욕시로 이사하여 길거리 전도자가 되었다. 1958년 7월에 그는 세인트니콜라스아레나(St Nicolas Arena)에서 예배를 드리기 시작했고, 후에 스태튼 아일랜드(Staten Island, 뉴욕에 있는 섬)에 사무실을 차렸다. 그의 헌신적인 활동에 큰 감동을 받은 하나님의성회(Assemblies of God) 목회자들이 1958년 맨해튼(Manhattan)에 있는 하나님의성회 소속 글래드티딩스태버너클(Glad Tidings Tabernacle)에서 모임을 가지고, 미래를 위한 계획을 세우기 시작했다. 모임에 참석한 20명이 1주일마다 5달러를 약정하여 지원하기 시작했다.

아홉 명의 목사들은 중앙위원회를 조직해서 '십대들의 도전'(Teen Challenge)이라는 이름으로 처음에 알려졌던 십대전도(Teen Age Evangelism)를 위한 이사진을 구성했다. 1년 후 이 신생 조직은 브루클린(Brooklyn)에 첫 마약 중독자 치료 센터를 열었다. 이 단체는 약에 중독되어 병약하고 쇠약한 삶을 살고 있는 사춘기 청소년을 위한 복음전도와 재활 프로그램에 목적을 두었다. 10년 정도 흐른 후 데이비드 윌커슨과 그의 동료 사역자들은 다른 기독교인 청년들을 뉴욕시에 있는 범죄자에게 복음을 전하도록 합류시켰고, 회심자가 생기면 믿음이 자란 정도에 따라 지역교회에 연결시켜 주는 일을 했다.

전국 교회를 돌면서 설교를 하고 '십대들의 도전'(Teen challenge)에 대한 사역을 알릴 때마다, 데이비드 윌커슨은 이전에 중독에 빠진 사람들과 매춘을 하던 사람들을 함께 여행에 데리고 다녔다. 그들은 각자의 회심사건을 간증하고 말씀을 전했다. 이들의 놀라운 간증을 통해 시골과 도시에 있던 하나님의성회 교인들이 도시 내 청소년이 처한 범죄 환경과 곤경에 대해 알게 되었다.

'십대들의 도전'(Teen challenge) 사역이 점차 다른 도시로 확장되자, 이전에 중독자였던 이들을 보살피는 추가 프로그램이 필요하게 되었다. 데이비드 윌커슨은 경영자라기보다 복음전도자로서 훈련받았기 때문에 이 사업을 보다 더 발전시키기 위해 형 돈 윌커슨(Don Wilkerson)과 같은 이들에게 의지하기 시작했다. 돈 윌커슨은 브루클린에서 센터를 운영했고 프랭크 레놀즈(Frank Reynolds)는 펜실베이니아 레러스버그(Rehrersburg)에 십대들의 도전 훈련센터를 설립했다. '십대들의 도전'(Teen challenge)은 1963년에도 하나님의성회 선교부의 관리를 받긴 했지만, 다양한 기독교 단체로부터 재정적 지원과 지지를 받았다. 펜실베이니아 피츠버그에 있는 캐스린쿨만재단(Kathryn Kuhlman Foundation)에서부터 오하이오 신시내티 로마 가톨릭교구에 이르기까지 광범위한 기독교 단체가 이들을 지원했다. 결국 '십대들의 도전'(Teen challenge)은 미국 전역에 150개까지 센터가 늘어났고, 250개의 해외 단체도 생겨났다. 성경의 기초에 근거한 이 단체의 사역은 프로그램에 등록한 사람들이 영구적으로 회복되는 비율에서도 매우 놀라운 결과를 보였다.

1971년 사역이 점차적으로 확장되자 데이비드 윌커슨은 뉴욕시를 떠나 텍사스의 린데일(Lindale)로 옮겨, 세계의도전(World Challenge)이라는 협회를 창립했다. 이 협회는 복음전도 캠페인, 출판, 영상선교, 약물 재활 센터, 프로그램 지원 등의 사업을 펼쳤다. 1987년에 다시 뉴욕시로 돌아온 그는 맨해튼 내 브로드웨이와 51번가에 있는 역사적인 건물인 마크 헬링거 극장(Mark Hellinger Theater)에 초교파 타임스퀘어 교회(Times Square Church)를 설립했다. 같은 해에 그는 하나님의성회의 목사직을 포기했다.

데이비드 윌커슨은 교단의 교리를 매우 충직하게 따르는 사람이었지만, 타임스퀘어교회의 사역을 위해서 이 교회에서 안수를 독자적으로 주는 자유를 누리고 싶다고 교회 지도자들에게 이야기했다. 그의 제안은 규제가 심한 하나님의성회 지역교회에서는 불가능한 일이었다. 현재 100개가 넘는 국적을 가진 7000명 넘는 교인이 출석하는 타임스퀘어교회는 가난하고, 배고프고, 비참하고, 중독된 사람들을 위한 복음전도와 구제 사업에 집중하고 있다. 이 교회는 '타임스퀘어교회 강단시리즈'(Times Square Church Pulpit Series)라는 이름으로 데이비드 윌커슨의 설교 녹음 테이프를 발매하고 있다.

'십대들의 도전'(Teen Challenge) 초기에 마우마우 갱(Mau Mau gang)의 최고 두목이었던 니키 크루즈(Nicky Cruz)가 데이비드 윌커슨의 길거리 전도를 받아 기독교인이 되었다. 이 사건을 통해 데이비드 윌커슨은 존과 엘리자베스 셔릴(John and Elizabeth Sherrill)의 도움을 받아 『십자가와 칼』(the Cross and the Switchblade, 1963)이라는 제목의 매우 유명한 책을 집필하게 되었다. 이 책은 동시에 1967년 가톨릭 은사갱신운동(Catholic charismatic renewal) 시작의 불씨가 되었다. 1969년에 책은 같은 제목의 영화로도 제작되었는데, 데이비드 윌커슨 역은 팻 분(Pat Boone)이, 크루즈 역은 에릭 에스트라다(Erik Estrada)가 연기했다.

데이비드 윌커슨은 『적극적인 마약 중독 치료』(A Positive Cure for Drug Addction, 1963), 레너드 레번힐(Leonard Ravenhill)과 함께 쓴 『지옥으로부터 온 12명의 천사』(Twelve Angles from Hell, 1965), 필리스 머피(Phyllis Murphy)와 함께 쓴 『적은 사람들』(1966), 『나는 하나님께 화가 난 게 아니야』(I'm Not Mad at God, 1967), 『헤이, 프리치, 당신은 이겨 낼거야』(Hey, Preach-You're Coming Through, 1968), 클레어 콕스(Claire Cox)와 함께 쓴 『법정에 선 부모들: 왜 아이들은 잘못된 길, 혹은 바른 길로 가는가?』(Parents on Trial: Why Kids Go Wrong- or Right, 1968), 『보라 빛의 짓뭉개짐』(Purple Violet Squish, 1969), 『반항아들의 성경』(Rebel's Bible, 1970), 『데이비드 윌커슨이 외치다』(David Wilkerson Speaks Out, 1973), 『십자가와 칼을 넘어서』(Beyond the Cross and the Switchblade, 1974), 『환상』(The Vision, 1974), 『미국에 대한 심판』(Judgment on America, 1975), 『성숙한 기독교인을 위한 지침서』(Christian Maturity Manual, 1977), 『실족하는 성도들』(Slipping Saints, 1978), 『심판을 향한 질주』(Racing Toward Judgment, 1982), 『당신의 입에 나팔을 세우라: 호세아 8:1』(Set the Trumpet to Thy Mouth: Hosea 8:1, 1985), 『미국의 마지막 소명』(America's Last Call, 1998) 등의 많은 책을 저술했다.

데이비드 윌커슨의 사역은 오순절파의 특색인 기복이 심한 개인주의를 보여 준다. 이 특징이 많은 하나님의성회 프로그램의 존재를 가능하게 했다. 처음에 일부 오순절 교인은 데이비드 윌커슨의 사역의 사회적 측면 때문에 의심의 눈초리를 보냈지만, '십대들의 도전'은 복음 전파와 인도주의적 도움을 결합한 가장 초기이자 가장 성공한 오순절운동(Pentecostal movement)을 대표했다. 데이비드 윌커슨은 하나님의성회를 넘어서 더 광범위한 영역에서 강력한 예언자적 (때로는 사변적인) 목소리를 냈고, 전인적인 선교활동을 실천했으며, 도시선교에 대한 실용적인 접근법을 제시했다.

참고문헌 | E. L. Blumhofer, *The Assemblies of God: A Chapter in the Story of American Pentecostalism*, 2 vols. (Springfield: Gospel Publishing House, 1989); D. Wilkerson, *The Cross Is Still Mightier Than the Switchblade* (Shippensburg: Treasure House, 1996).

G. B. MCGEE

데이비드 리빙스턴(David Livingstone, 1813-1873)

선교사이자 탐험가. 그는 스코틀랜드 라낙셔(Lanarkshire)의 블랜타이어(Blantyre) 마을에서 태어났다. 리빙스턴의 가문은 원래 하일랜드(Highland) 출신인데, 이 배경이 리빙스턴의 성경과 사고에 끼친 영향은 아프리카 사람들에 대한 그의 언어, 문화적 공감을 언급할 때 별로 강조되지 않는 부분이다.

리빙스턴은 열 살 때 지역 면사 방적 공장에서 일을 시작했지만, 동시에 더 좋은 교육을 받고 싶은 마음에 지역 야간학교도 다녔다. 젊은 그의 마음에 선교에 대한 관심이 자라면서 그는 글라스고우의 앤더슨대학(Anderson College, 현재 Strathclyde University의 전신-역주)에 등록한 후, 공장에서 계속 일하면서 동시에 의학 공부를 시작했다. 가족은 원래는 장로교도였지만 지역의 독립(회중)교회와 연결되어 있었기 때문에 리빙스턴은 런던선교회(LMS, London Missionary Society) 선교사역에 지원했다. 1838년에 그는 선교훈련을 받으러 런던으로 갔다. 원래는 중국에서 일하고 싶어 했으나, 영국과 중국 간 아편전쟁과 런던선교회 선교사 로버트 모파트(Robert Moffat)의 연설 등 여러 요인들이 합해지면서 관심의 방향이 아프리카로 바뀌었다. 1840년에 아프리카로 가는 배를 탄 그는 1841년 초에 남아프리카 케이프타운에 도착했다.

리빙스턴은 남아프리카 쿠루만(Kuruman)에서 모파트와 잠시 일한 후 1843년에 마보트사(Mabotsa), 초누아네(Chonuane), 콜로벵(Kolobeng)에 일련의 선교지부를 세우기 위해 북쪽으로 이동했다. 1845년에는 모파트의 딸 메리(Mary)와 결혼했다. 리빙스턴은 유럽인이 통제하고 있던 지역 너머에도 선교사역을 확장하기를 간절히 바랐기 때문에 1840년대 후반에 아내와 새로 탄생한 가족(자녀들-역주)과 함께 응가미호수(Lake Ngami, 현대 보츠와나 북부에 위치-역주)를 포함한 북부 지역으로 몇 차례 여행을 떠났다. 1850년대 초에 리빙스턴은 더 많은 여행 계획을 세우면서 가족을 스코틀랜드로 돌려보내기로 결정했다. 이 이주는 논쟁이 되었는데, 이는 가족 중 아무도 스코틀랜드에 익숙하지 않았기 때문이다. 이때부터 리빙스턴은 아프리카 대륙에 상업과 문명, 기독교가 들어갈 길을 열어 주는 수단으로서의 중앙아프리카 탐험을 자기 소명으로 인식하기 시작했다. 1852년, 그는 아마도 그의 생애에서 가장 위대한 탐험으로 기록될 만한 여행을 시작했다.

자신의 가족을 영국으로 떠나보낸 케이프타운에서 시작해서, 그가 오래도록 지속된 상호존중의 관계를 유지했던 마콜롤로(Makololo) 부족의 나라를 향해 북쪽으로 올라갔다. 그 다음에는 방향을 서쪽으로 돌려서, 결국 (Angola에 있는) 루안다(Luanda) 해변에 이르렀다. 마콜롤로 친구들의 땅으로 돌아가겠다고 약속했던 것을 지키기 위해 해군 함정을 타고 영국으로 돌아갈 수 있는 길을 포기한 그는 다시 동쪽으로 갔다. 이 여행길에서 그는 마침내 아프리카를 서부에서 동부로 횡단하는 데 성공하는데, 여행 후반부에는 잠베지강(Zambezi river)을 따라 이동하는 길을 시도했다.

영국으로 돌아간 리빙스턴은 국민적 영웅으로 환영받고 세 권의 저술 중 처음인 『남아프리카 선교여행과 연구』(*Missionary Travels and Researches in South Africa*)를 출간했다. 그가 선교사역을 어떻게 인식했는가에 대한 해설과 함께, 과학적으로, 또 언어학적으로 관찰한 것을 여기에 함께 실었다. 선교과제에 대한 내용은 1857년 12월에 케임브리지대학교(Cambridge University)의 세닛룸(Senate Room)에서 행한 케임브리지 연설로 더 유명해졌다. 그 연설의 마지막 문장은 다음과 같다.

"나는 아프리카로 돌아가 상업과 기독교가 전파될 길을 열고자 합니다. 여러분은 제가 시작한 이 일을 수행하고자 하십니까? 여러분께 그 일을 맡깁니다."

이 연설에는 리빙스턴의 활동에 동기를 부여한 기본적인 선교사적 전제들이 담겨 있었다.

첫째, 노예무역은 아프리카에 '눈에 보이는 쓰라린 염증'을 유발했다.

둘째, 노예무역은 '합법적인 무역'이 도입되면 뿌리뽑힐 수 있다.

셋째, 이런 무역은 일정 수의 영국인 '식민지 개척자'가 들어가면 더 활성화될 수 있다.

그러나 반드시 언급해야 하는 것은, 이들이 식민지 정복자가 아니라 새로운 과학과 기술을 가르치는 선생이어야 한다는 것이다. 중앙아프리카로 갈 더 많은 선교사들이 필요하다는 리빙스턴의 케임브리지 연설의 파장으로 옥스퍼드(Oxford), 케임브리지, 더블린(Dublin), 더럼(Durham) 등의 대학교들 성공회 신자들의 후원을 받아 찰스 매켄지(Charles Mackenzie) 주교가 인도하는 중앙아프리카대학선교단(Universities' Mission to Central Africa)이 설립되었다. 첫 번째 선교사들이 리빙스턴과 합류하기 위해 중앙아프리카에 도착한 것은 1860년이었다.

그는 1858년 3월에 아프리카로 돌아갔는데, 이번에는 정부가 후원하는 탐사대 대장으로 잠베지강 더 깊숙이 들어갔다. 이때 그는 이동하고 돌아다니는 것을 선교소명으로 인식하던 자기 관점에 전적으로 공감하지 않는 런던선교회와의 관계를 끊었다. 따라서 엄밀히 말하면, 비록 자신의 소명을 하나님이 주신 것으로 확고히 이해하고 자신의 역할이 다른 사람들을 위한 길을 닦는 것이라 여겼음에도 불구하고, 그는 이제 더 이상 지난 15년 동안의 아프리카 경력을 규정하는 선교사가 아니었다. 그는 자신을 '선교사-탐험가'(missionary-explorer)로 묘사했다.

아프리카 횡단 탐험을 리빙스턴 경력의 정점으로 이해할 수도 있지만, 반대로 여러 면에서 이 잠베지 탐사는 처음 시작하는 밑바닥으로 간주될 수도 있다. 이전 여행에 함께한 아프리카 동료들 외에도, 처음으로 그는 대규모 유럽인 추종자들을 거느리고 여행했다. 이들 중에는 동생 찰스(Charles), 미술가 토마스 베인즈(Thomas Baines), 후에 잔지바르(Zanzibar, 오늘날 탄자니아에 속한 섬-역주)의 영국 영사가 되는 식물학자 존 커크(John Kirk)도 있었다. 그가 다양한 유럽인 집단을 통솔할 좋은 감독이 아니라는 것이 드러나자, 집단 일부는 탐험 중에 해산되거나 이탈했다. 더구나, 이전 탐사에서 잠베지강의 주요 굴곡을 가로질러 지름길로 갔기 때문에 당시에는 카보라바싸 급류(Cabora Bassa rapids)를 만나지 않았다. 이 때문에 그는 강이 항해하는 데 안전하다고 과신했다. 리빙스턴이 '하나님의 고속수로'(God's Highway)로 묘사한 강을 거슬러 올라가기 위해 증기선을 동원한 것은 원정에 남겨진 큰 오점이었다. 마 로버트(Ma Robert, 마콜롤로 사람들이 그의 아내 Mary Livingstone을 부를 때 사용한 이름)는 급류를 통과해서 더 갈 수 없었다. 그러나 당시 후퇴가 가져다준 간접적인 유익 하나는 리빙스턴이 배를 샤이어강(Shire river)으로 돌림으로써 결국

1859년 9월에 말라위호수(Lake Malawi)에 이르게 된 것이었다. 알려진 신화와는 달리, 리빙스턴이 말라위호수(그는 Nyassa라 불렀다)를 '발견'한 것은 아니었다.

이 호수는 이미 18세기 이래 유럽인이 만든 많은 아프리카 지도에 위치가 제대로 나타나 있었고, '말라위'(Malawi)의 변형 이름인 '마라비'(Maravi)로 소개되어 있었다. 그러나 리빙스턴이 성취한 일의 의미는 그가 여행 경로를 지도에 표시하고 기록한 후, 그 상세한 내용을 『잠베지강과 그 지류 탐험기』(Narrative of an Expedition to the Zambesi and its Tributaries, 1866)로 남겼고, 이로써 이 지역에서 이후 선교활동이 더 확장될 수 있는 가능성을 열었다는 것이다.

그런데 매켄지가 지휘하는 대학선교회(Universities' Mission)는 자신들을 오늘날 말라위의 샤이어 고지대에 위치한 마고메로(Magomero)로 안내해 줄 리빙스턴을 만나기 위해 이미 이 지역에 도착해 있었다. 이 선교단은 마고메로에 그들의 첫 선교지부를 개설했다. 단기적으로 보면, 선교는 성공하지 못했다. 기후뿐만 아니라 매켄지의 적극적인 노예무역 반대 입장이 일찍 감치 문제가 되었다. 몇 년이 지나지 않아 매켄지와 동료 선교사 버럽(Burrup)이 죽었고, 그의 후계자 토저(Tozer)도 선교회를 잔지바르로 철수시켰다.

1861년에는 영국에서 외롭게 지내다 침체에 빠진 메리 리빙스턴이 남편과 합류하러 다시 아프리카로 갔다. 이때 메리는 후에 남아프리카 이스턴케이프(Eastern Cape)의 유명한 러브데일 학교(Lovedale Institute)의 학장이 되는 젊은 성직자 제임스 스튜어트(James Stewart), 매켄지 주교의 누이, 버럽의 아내와 함께 샤이어강을 따라 올라갔다. 도착 후 몇 달 후, 그녀는 고열에 시달리다 모잠비크의 슈팡가(Shupanga)에서 죽었다. 리빙스턴은 아내의 죽음으로 극심한 슬픔에 빠졌지만, 강인한 목표 의식으로 다시 탐험에 힘을 쏟았다. 그러나 이즈음 1863년에 영국 정부의 귀국 명령으로 중요한 탐험의 성과는 차후로 남겨졌다. 리빙스턴은 1864년 7월에 영국으로 복귀했다. 그러나 이때는 처음 그가 아프리카 횡단 탐험을 끝낸 후 받았던 수준의 찬사와 환영을 받지는 못했다. 그럼에도 불구하고, 그에게는 여전히 중요한 종교계와 과학계 후원자들이 있었다. 리빙스턴은 아프리카를 기독교적으로 발전시키는 미래를 여는 열쇠는 주요 수로를 탐험하고, 길을 '열어' 내지로 들어가는 것이라고 여전히 확신했다. 또한, 과학적 호기심 때문에 그는 나일강의 수원이 정확히 어딘가 하는 지속된 논쟁에도 매혹을 느꼈다.

일단의 부유한 친구들의 도움과 왕립지리학회(Royal Geographical Society)의 후원으로, 리빙스턴은 1866년에 다시 아프리카로 돌아가 나일강의 수원을 찾기 시작했다. 이후 7년 동안, 수천 마일을 (대부분 걸어서) 정처 없이 떠돌아다니며 많은 강이 배치된 형태와 호수를 찾아다녔지만 결국 나일강의 수원을 찾는 데는 실패했다. 이 탐험 기간에 유럽인과의 접촉이 전혀 없는 경우가 많았기 때문에 그가 실종됐거나 죽었다는 소문이 끊임없이 떠돌았다. 이 때문에 최소한 세 차례 리빙스턴을 '찾으러' 가는 수색대가 조직되기도 했다.

이들 중 가장 유명한 수색 탐험대는 단연 「뉴욕 해럴드」(New York Herold)의 웨일스계 미국인 기자 헨리 모튼 스탠리(Henry Morton Stanley)의 수색대였다. 그는 1871년 10월 말, 혹은 11월 초(정확한 날짜가 언제인가에 대한 논란이 있다)에 탕가니카(Tanganyika) 호수변에 위치한 우지지(Ujiji)에서 리빙스턴을 만나, 그에게 "리빙스턴 선생님, 맞지요?"(Dr Livingstone, I presume?)라고 인사했는데, 이 표현은 후에 아주 유명해졌다. 비록 「뉴욕 해럴드」(New York Herald) 탐사대의 기저에 깔린 동기가 자주 사람들이 그렇게 믿는 것만큼 이타적인 것은 아니었음에도, 리빙스턴과 스탠리는 함께 있던 네 달 동안 친밀하고 순수한 관계를 쌓았다.

실제로 리빙스턴과 스탠리 모두 그들의 관계를 부자 관계에 비기는 것으로 이해하려고 했다. 스탠리는 고아였고, 리빙스턴과 그의 자녀들, 특히 아들 로버트(Robert)와의 관계가 평온하지 않았기 때문에 두 사람의 상호 애정은 지극했다. 로버트는 생기발랄했지만, 부모에게는 곤욕스런 자녀였다. 그러나 아들은 그의 유명한 아버지와 가까워지기를 깊이 열망한 것 같다. 16살의 청소년 시절이던 1863년에 로버트는 아버지와 합류하기 위해 아프리카로 갔다. 그러나 그는 (남아프리카 동부의-역주) 나탈(Natal)까지만 갈 수 있었을 뿐, 경비가 없어 여행을 더 할 수가 없었다. 그 후 이 젊은이는 배를 타고 미국으로 가서 연방군(북군-역주)에 지원해 남북전쟁에 참전해서 부상을 입고 1864년 12월, 18살의 나이에 감옥 내 병원에서 죽었다. 맏아들의 죽음에 슬픔과 죄책감이 섞인 복잡한 감정을 느꼈을 리빙스턴이 (비록 일시적일지라도) 스탠리를 잃은 아들 대신으로 생각했을 가능성이 있다.

스탠리는 리빙스턴을 설득하여 함께 고향으로 돌아가고자 했으나, 이 노인은 탐험을 계속하기로 결심했다. 그러나 이 시기에 그는 계속 나빠지는 건강으로 고생하고 있었고, 적대적인 환경에서 수년을 여행하고 살면서 대부분의 사람은 감당할 수 없을 정도로 자신을 몰아붙였다. 계속 쇠약해진 그는 1873년 초에는 마쉴라(machila,

해먹을 막대에 연결해 사람이나 물건을 실어 나르는 운송 수단-역주)에 실려 이동되어야 했다.

결국 가장 가까운 수행원들이 데려다 놓은 오늘날의 잠비아 북부 치탐보(Chitambo) 마을에서 리빙스턴은 그해 5월, 60세의 나이로 운명했다. 그의 유해가 어떻게 중앙아프리카에서 잉글랜드로 운구되었는지는 잘 알려져 있지만, 동시에 자주 실제로 무시되는 경향이 있다. 그를 가까이서 수행하던 수시(Susi), 추마(Chuma), 제이콥 웨인라이트(Jacob Wainwright)는 그가 죽은 곳에 시체를 놔두고 떠나지 않기로 했다. 빅토리아 시대의 통속적이고 낭만적인 글들은 리빙스턴의 심장이 아프리카에 묻혔다고 기록했고, 이 주장은 이후에 나온 거의 모든 글에서 반복해서 인용되었다.

그러나 실제는 훨씬 평범했다. 그의 시체를 해변으로 운반하기 위해 리빙스턴의 수행원들은 방부처리부터 먼저 해야 했다. 그래서 이들은 그의 내장을 들어내고 양철 상자에 담은 다음, 시체를 몇 주 동안 태양에 말렸다. 그 다음에 해변을 향해 서서히 같은 여행길을 떠났다. 실제로 해변으로 시체를 나른 이들은 80명 이상의 건장한 사람들이었는데, 그중에는 웅타오에카(Ntaoeka)와 하밀라(Halima)를 포함한 여자들도 얼마 있었다. 이들이 한 수고가 충분히 인정받지는 못했지만, 이 사건은 리빙스턴을 따른 사람들이 그를 얼마나 존경했는지를 보여 준다. 리빙스턴은 죽은 몸으로 국민 영웅이 되어 귀향한 후 1874년 4월 18일에 웨스트민스터사원에 묻혔다. (한편 그가 살아 있는 몸으로 국민 영웅으로 귀환한 때는 1856년이었다).

죽어 장사된 지 125년 이상이 지났음에도, 리빙스턴은 여전히 자주 19세기 (또한, 아마도 모든 세기) 영국 선교사의 전형으로 평가받는다.

이런 인식은 대체로 리빙스턴의 타고난 기질과 재능 때문이지만, 동시에 그가 누리는 명성이 부분적으로는 현대 세계에 들어맞는 '특정 해석'에 근거한 것일 수 있기 때문이다. 즉 한 영웅적 선교사 신화를 창조해 내고, 그의 성품의 많은 결함과 약점을 삭제한 것이다. 따라서 현대 학문 발전의 틀에서 그가 성취한 것을 평가하고 그를 제대로 자리매김하는 작업이 필요하다.

우선, 리빙스턴 신화가 현대 식민운동과 아프리카 쟁탈전이 막 본격화되던 시기(1870년대와 1880년대)에 형성되었음을 인식하는 것이 중요하다. 이 신화는 그가 죽자마자 몇 년 사이에 쏟아져 나온 수많은 책과 기사들을 통해 유포되었는데, 이 중 대표적인 것으로 호러스 월러(Horace Waller)가 편집한 『데이비드 리빙스턴의 마지막 일기들』(*The Last Journals of David Livingstone*)이 있다. 상업과 기독교, 합법 무역, 유럽인 정착에 대한 리빙스턴의 생각의 많은 내용이 후에 광범위한 식민지 경영을 정당화하는 논리로 사용되었다. 그러나 리빙스턴이 이런 것들에 대해 말할 때에는 언제나 마음에 품은 아주 특별한 계획이 있었다. 또한, 이것들은 실제로는 남아프리카와 (이후) 짐바브웨에서 진행된 종류의 유럽인 정착 과정과는 너무도 다른 것이었다.

리빙스턴이 생각한 유럽인 정착은 가난하지만 숙련되고 경건한 노동자 계층 사람들을 영국에서 데려와, 이들을 말라위의 샤이어하이랜즈(Shire Highlands) 같은 아프리카 지역에 소규모 단위로 정착하게 한 후, 지역 농부들에게 목화 같은 작물의 재배와 생산을 고무하고 지도하게 하는 것이었다. 오늘날에는 이런 생각이 매우 온정주의적인 것으로 느껴질 수 있고, 아프리카 목화무역을 확장시켜 노예무역을 뿌리뽑고자 했던 그의 소망이 꽤 순진한 발상으로 보일 수 있다. 그러나 그의 기본 동기는 아프리카 사람들의 복리였다는 것을 있는 그대로 받아들여야 하며, 이를 식민주의의 기초 형태와 혼동하지 말아야 한다.

남아프리카의 아프리카너 보어 농부(Afrikaners [Boer], 남아프리카에 정착한 네덜란드계 백인을 지칭하는 용어-역주)를 대하는 그의 태도는 리빙스턴의 동기가 무엇인지 잘 드러낸다. 그가 1840년대에 여행을 시작한 이유 중 하나는 백인 정착자들이 아프리카 사람들을 통제하던 지역으로부터 멀리 벗어나려는 것이었다. 거의 알려져 있지 않은 한 편지에서, 그는 동부 케이프의 코사 부족(Xhosa)이 겪고 있는 역경과 오스트리아, 헝가리 제국의 마쟈르인(헝가리인-역주)이 겪고 있는 고난을 비교하면서, 아프리카 사람이 유럽인의 침략에 맞서 자기 권리를 지키기 위해 무장할 권리가 있다는 것을 인정했다.

아프리카인을 대하는 태도를 볼 때, 리빙스턴은 그 시대 대부분의 선교사에 비하면 인종 차별적 태도가 훨씬 덜했고, 그 다음 세대 선교사를 고려할 때도 이 점은 확실했다.

그는 아프리카 언어에 관심이 아주 많았다. 그의 노트에는 언어 표기들이 가득했고, 아프리카 언어를 배우려 하지 않는 유럽인에 비판적이었다. 비록 그의 기독교 신앙은 아주 복음주의적이었지만, 그 시대의 많은 선교사가 그랬던 것과는 달리 아프리카인의 종교성을 전적으로 거부하지는 않았다. 그는 첫 저술 초반에 한 지역의 기우사(rainmaker, 비가 오기를 비는 주술사-역주)와의 만남을 기록했다. 그 시대의 많은 선교사 저술과는 달리, 그의 관심은 아프리카인의 '미신'을 폄하하는 것이라기보다는 다른 종교 체계의 내용을 정확히 기록하는 것이었다.

리빙스턴을 이해하는 데 핵심이 되는 것은

그가 자신의 선교사명과 선교과업 전반의 본질을 어떻게 이해했느냐 하는 것이다. 최소한 부분적으로라도, 리빙스턴은 다른 이들을 위해 길을 닦는 것이 자신의 책임이라고 여겼으며, 결코 이를 단순히 지리적인 과제라고 생각하지 않았다. 그는 '지리적 위업의 끝은 바로 선교사업의 시작'이라고 말했다. 전적으로 지리적 탐험인 것처럼 보이는 일로 아프리카로 돌아갈 것이냐 말 것이냐로 논쟁이 벌어진 1865년에, 그는 친구 로더릭 머치슨 경(Sir Roderick Murchison)에게 편지를 써서 자신은 선교사 역할을 어느 정도 할 수 있어야 탐험이 가치가 있다고 생각한다고 말했다. 선교사역 전반에 대한 리빙스턴의 견해는 폭이 넓었고, 경력이 쌓이면서 그 폭은 더 넓어졌다. '선교사업'(missionary enterprise)에 대해 말하면서, 그는 이렇게 말했다.

> "나는 두 번째 단어(enterprise-역주)가 결정적으로 중요하다고 보며, 이 단어가 의미하는 바에는 우리 인종을 향상시키는 모든 노력, 하나님께서 그분의 섭리 속에서 역사하시고 인간을 다루셔서 영광스러운 완성을 이루기 위해 사용하시는 모든 수단의 장려가 포함되어 있다."

비록 이 용어가 다른 세기에도 자주 사용된 것은 아니지만, 리빙스턴이 묘사하고 실천한 것은 일종의 '하나님의 선교'(Missio Dei)였다.

리빙스턴에 대한 빅토리아 시대 전기들(또한, 실제 많은 현대 연구들)은 리빙스턴 성격의 복잡한 특징을 무시하고 써 내려간, 거의 전적으로 성인전기(hagiography) 성향을 띤다. 잠베지 탐험 기간에 그가 몇 유럽인 동료들을 대했던 사례에서 가장 분명히 나타나듯, 그는 거칠고, 고집 세고, 터무니없는 모습을 보일 때도 있었다.

리빙스턴에게 정직하지 못하다고 비난받고 정당하게 항변할 기회도 얻지 못하고 해임된 (화가인) 토마스 베인즈(Thomas Baines)의 사례가 가장 대표적이다. 마 로버트(Ma Robert)를 카보라 바싸(Cabora Bassa) 급류로 끌고 올라가려고 했던 고집스런 시도에서도 드러난 것처럼, 성공하고자 하는 의지에 사로잡힌 리빙스턴은 자기가 잘못한 것을 잘 인정하지 않았다. 오늘날의 기준으로는 (비록 그의 시대를 살았던 사람들이 다 그런 것은 아니지만) 자기가 목표한 것에 가족의 유익을 종속시킨 것은 비판의 대상이 될 수 있을 것이며, 특히 맏아들 로버트와의 관계는 비극일 뿐만 아니라 리빙스턴 자신을 괴롭힌 문제이기도 했다. 반면, 아내 메리의 죽음이 그에게 미친 여파는 훨씬 컸고, 딸 아그네스(Agnes)와도 친밀하고 사랑이 넘치는 관계를 누렸다.

비록 나일강의 수원을 찾으려는 시도는 성공하지 못했고, 잘못된 지리적 전제에 근거한 것이었지만, 탐험가로서의 리빙스턴은 빅토리아 시대에 살았던 탐험가 중 최고의 자리를 차지해야 마땅하다. 탐험 초기에 확보한 정보는 아프리카의 많은 지역에 대한 유럽인의 지식이 엄청나게 늘어나는 데 기여했는데, 이는 실제로 그가 거의 하루도 빠지지 않고 기록과 그림, 지도를 꼼꼼하게 준비했기 때문에 가능했다.

마지막으로, 그렇다면 과연 리빙스턴을 선교사로 볼 수 있을까?

근래 나온 몇 편의 전기는 그가 평생 선교사 활동을 하면서 회심에 이르게 한 사람이 세켈레투 추장(Chief Sekeletu) 한 사람뿐이라고 비판했다. 그러나 이런 식으로 생각하는 것은 리빙스턴의 소명의 본질을 오해한 것이다. 그의 일기를 건성으로만 읽어 보아도, 그가 아프리카에서 평생 지킨 깊은 개인적인 기독교 신앙을 분명히 느낄 수 있다. 그러나 이미 지적한 것처럼, 그가 생각한 자기 소명은 다른 사람들이 밟을 길을 만들어 주는 것이었다. 이 점에서 그가 남긴 유산은 견고하다. 불행한 시작으로 결국 잔지바르로 철수할 수밖에 없었던 중앙아프리카대학선교단(UMCA)은 결국 1880년대에 말라위로 돌아갔다. 리빙스턴 사망 직후, 스코틀랜드자유교회와 스코틀랜드장로교회가 모두 리빙스턴을 기념하는 선교회를 조직했다. 전자는 리빙스토니아선교회(Livingstonia mission)를 조직해서 결국 말라위 북부에 정착했고, 후자는 블랜타이어선교회(Blantyre mission)를 말라위 남쪽에 세웠다. 후에 콩고발롤로선교회(Congo Balolo mission)가 되는 단체를 포함해, 몇몇 다른 선교회도 리빙스턴 사역의 결과로 탄생했다. 더구나, 셀 수 없이 많은 선교사와 선교후원자가 데이비드 리빙스턴과 그의 유산의 영향을 깊이 받았다.

그러나 '훌륭한 선교사'라는 후대의 개념 속에서 형성된 이미지로 한 사람의 리빙스턴을 창조해 낸 신화가 있고, 그를 둘러싼 바로 그 신화 때문에 리빙스턴의 급진적 정치관이 폄하되고, 식민화에 대한 그의 사상이 오해되어 왔다는 인식도 있다. 약점을 비롯한 모든 것이 다 포함된 '진짜 리빙스턴'이 재발견될 때, 그와 그의 유산이 21세기 선교에도 계속 적용될 수 있는가 하는 질문도 답을 얻게 될 것이다.

참고문헌 | W. G. Blaikie, *The Personal Life of David Livingstone* (London: John Murray, 1880); T. Jeal, *Livingstone* (London: Heinemann, 1973); A. C. Ross, *Livingstone: Mission and Empire* (London: Hambledon & London, 2002).

T. J. THOMPSON

데이비드 마틴 로이드-존스(David Martyn Lloyd-Jones, 1899-1981)

설교자이자 신학자. 그는 1899년 12월 20일에 웨일스 카디프(Cardiff)에서 태어났다. 웨일스어를 사용하는(Welsh-speaking) 부모에게서 태어난 3형제 중 둘째였다. 1906년에 카디건셔(Cardiganshire) 흘랑게이토(Llangeitho)로 이사한 후 부모는 18세기 부흥 시기에 다니엘 롤랜드(Daniel Rowland)가 세운 지역 칼빈주의감리교회에 출석했다. 1910년에서 1916년 사이의 기간은 D. M. 로이드-존스에게는 도전으로 가득한 시기였다. 1911년에 트레가론카운티중등학교(Tregaron County Intermediate School)에 장학금을 받고 들어갔다. 1914년에는 가족이 런던으로 이사해 유제품 판매업에 종사하면서 차링크로스로드(Charing Cross Road)에 있는 칼빈주의감리교회에 출석했다.

1916년에 메릴레본문법학교(Marylebone Grammar School)에 입학한 D. M. 로이드-존스의 학우 중 다른 81명이 런던의 세인트바돌로뮤병원(St Bartholomew's Hospital)에서 의학을 공부했는데, 그중 하나가 미래에 아내가 된 베단 필립스(Bethan Phillips)였다. 총명한 학생이었던 D. M. 로이드-존스는 25세에 의대 학부 및 대학원 학위를 모두 취득했다(M. B.[우등], B. S., M. R. C. S., L. R. C. P.[1921, 런던], M. D.[1923, 런던], M. R. C. P.[1925]). 왕의 주치의였던 토마스 호더 경(Sir Thomas Horder)이 D. M. 로이드-존스를 1921년에 자기 보조가정의로, 1923년에는 선임 보조의사로 임명했다. 1924년에 진행한 박사 후 과정 연구는 아급성 세균성 심장 내막염(sub-acute bacterial endocarditis)에 대한 것이었다. 1926년 12월까지 바츠병원(Bart's

Hospital)에서 일했고, 1927년 1월에 결혼했다. 부부에게는 엘리자베스(Elizabeth)와 앤(Ann)이라는 두 딸이 있었다. 비록 활동적인 교인이었음에도 불구하고, D. M. 로이드-존스는 20대 초반까지는 이름뿐인 명목상 기독교인이었다. 하나님 앞에서 죄와 죄책을 인식하면서 회심한 후, 기독교 사역자로의 강력한 소명 의식을 느꼈다. 심지어 회심 이전에도 D. M. 로이드-존스는 자기 미래가 목회일 수도 있다고 믿기 시작했다. 그리고 소명 의식이 저항할 수 없는 지경에 이르렀다. 이렇게 된 요인에는 그리스도 안에 있는 하나님의 사랑에 대한 확신, 자신이 복음을 전하는 일을 책임져야 하는 '빚진 자'(롬 1:14)라는 믿음, 환자들의 영적 필요에 대한 인식 등이 있었다.

부와 명성에도 불구하고, 많은 환자들이 영적으로 죽어 가고 있는데, D. M. 로이드-존스는 이들의 가장 큰 필요는 바로 복음이라 확신했다. D. M. 로이드-존스는 자신이 의학을 공부하며 받은 진단적 접근이 설교를 위한 가치 있는 준비가 되었다고 생각하며 공식 신학 훈련을 받을 필요가 없다고 생각했다. 또한, 목사는 주로 하나님이 부르시고 은사를 주시는 설교자요 목자인데, 반면 학문적인 신학 교육은 자격증을 강조하며, 또 대학은 자유주의 신학이 지배하고 있기 때문에 하나님이 은사를 주시는 설교자에게는 해로울 수 있다고 믿었다.

D. M. 로이드-존스의 첫 목회지는 사우스웨일스(South Wales) 포트탈보트(Port Talbot) 아버라본(Aberavon) 소재 칼빈주의감리교, 혹은 웨일스장로교의 전진운동(Forward Movement) 감독하에 있던 한 선교교회였는데, 여기서 그는 1927년 2월부터 1938년 여름까지 강력한 설교사역을 펼쳤다. 심각한 건물 빚에 시달린 (교인수가 93명이었던) 교회는 이전에는 한 때 사회복음을 강조하기도 했다. 그러나 '닥터'(the Doctor, 의사였던 D. M. 로이드-존스에게 존경의 의미로 붙여진 별명-역주)의 성경적이고 그리스도 중심적인 전도 설교로 교회는 변화되었다. 많은 지역 주민이 회심하면서 놀라운 교회 성장이 일어났다. 웨일스의 다른 지역에서도 수천 명이 그의 설교를 들으러 몰려들었다.

1938년부터 1943년까지 D. M. 로이드-존스는 런던 웨스트민스터채플에서 처음에는 캠벨 모건(Campbell Morgan)의 보조목사로, 이후에는 동사목사로 섬긴 후, 1943년에 단독목사로 모건의 후임자가 되었다. 그의 영향력 있는 런던 목회는 1968년에 큰 수술을 하면서 공식 은퇴할 때까지 이어졌다. 1980년까지 순회설교 사역을 하고, 로마서 및 에베소서 설교 같은 자료 일부의 출판을 준비했다. 그러다 1981년 3월 1일, 세인트데이비드의 날(St David's Day)에 런던에서 사망했다. 죽기 이틀 전에 그는 "치료해 달라고 기도하지 말라. 내가 천국 영광을 누리도록 하라"고 가족에게 부탁하는 편지를 썼다.

젊은 시절의 D. M. 로이드-존스에게 미친 '웨일스 칼빈주의감리교'의 영향은 하나님의 영광과 예정론에 대한 그의 인식에서 분명히 확인된다. 헤아릴 수 없이 많은 각 지역의 부흥, 위대한 설교자, 신학자를 배출한 칼빈주의감리교 역시는 신학, 교회사, 부흥에 그가 일평생 관심을 갖게 한 자극제였다. 후에 D. M. 로이드-존스는 '칼빈주의감리교도'(Calvinistic Methodist)라는 용어가 기독교의 본질을 정당하게 표현하고 있다고 주장했다. '감리교도'라는 용어가 경험적 측면의 중요성을 강조하는데 반해, '칼빈주의'는 신앙의 필수불가결한 성경적, 교리적 내용을 전달하기 때문이라는 것이다. D. M. 로이드-존스에 따르면, 초기 신약 시대 기독교인들이야말로

'가장 전형적인 칼빈주의감리교도'였다.

1925년에서 1929년 사이에 D. M. 로이드-존스는 청교도들, 조지 휫필드(George Whitefield), 조나단 에드워즈(Jonathan Edwards), 제임스 데니(James Denney), P. T. 포사이스(P. T. Forsyth)를 '발견했다.' 제2차 세계대전 기간(1939-1945)에는 찰스 하지(Charles Hodge), J. C. 라일(J. C. Ryle), B. B. 워필드(B. B. Warfield)의 저술을 연구했는데, 이 연구들로 교리 교육의 필요성을 더 확신하게 되었다. 매년 성경 전체를 통독하는 습관에 더하여, D. M. 로이드존스는 독서를 광범위하게 했다. 에밀 브루너(Emil Brunner)와 칼 바르트(Karl Barth)를 포함한 다양한 신학 입장을 가진 학자들의 주요 신학 저술을 많이 읽었다. 1928년부터는 연례 '뱀턴과 기퍼드 강좌'(Bampton and Gifford Lectures) 강연문도 읽었다. 그는 케네스 E. 커크(Kenneth E. Kirk)의 『하나님의 비전』(*The Vision of God*)을 자신에게 '엄청난 영향'을 끼친 책으로 지목했다.

"이 책은 나를 생각하게 만들었다."

D. M. 로이드-존스에게 독서의 목적은 생각을 자극하는 것이었다. 로마서 같은 새로운 강해 설교나 성경공부 시리즈를 시작하기 전에, 그는 구할 수 있는 모든 잘 알려진 주석, 설교, 연설을 읽었다. D. M. 로이드-존스는 보수 복음주의자였고, 견고한 칼빈주의자였으며, 실력 있는 신학자이자, 박식한 설교자였다. '닥터'를 그의 개혁파 체험 신학을 제외한 채 이해하는 것은 불가능하다. 그는 창조와 섭리, 구원 역사에서의 하나님의 주권을 '모든 개신교 및 개혁신학의 근본 교리'로 보았다. 1930년대 말에 D. M. 로이드-존스의 신학 지식이 더 많아지고 그가 탁월한 설교 은사를 보이자 학교 교수직에 적합한 후보자라는 이야기가 나왔다. 1933년에 노스웨일스(north Wales) 발라(Bala)에 있는 교단 신학대학에서 설교와 목회사역을 강의했지만, 1930년대 말에 그 학교의 공석이 된 교수 자리에 임용되지 못하자 D. M. 로이드-존스 자신뿐만 아니라 많은 이들이 실망했다. 1943년에 런던바이블칼리지(LBC)가 설립되기 전에도 '닥터'에게 학장이 되어 달라는 요청이 있었지만, 그는 거절했다. 그러나 수년간 많은 대학에서 강연하고 설교했고, 여러 사람과 함께 케임브리지에 있는 성경연구소인 틴데일하우스(Tyndale House)를 설립하는 데도 기여했다. 신학 개혁을 위한 그의 비전은 교회 전반으로 확산되었고, 이 비전 성취를 위해 출판사들이 구간과 신간을 기독교 대중 전반에 보급할 수 있게 도왔다.

기독학생회(IVF, 오늘날 영국의 UCCF)에 오래 관여한 그의 이력은 1935년에 시작되었는데, 다양한 양상을 띠었다. 기독인연합(Christian Unions), 대학 선교단체, 영국 및 국제 대회에서 강연과 설교도 많이 했다. 1939년부터 1942년까지, 또 1952년에는 기독학생회 회장이었다. 기독학생회의 교리 기반을 강화하고, 보수적 성경 교리를 지켜내며, 기독학생회 총무 더글라스 존슨(Douglas Johnson)에게 조언하고, 복음주의 신학 부흥을 돕고, 그 시대의 지배적인 자유주의 신학에 도전한 것이 그가 학생 세계에 끼친 가장 주요한 공헌 중 하나였다.

또한, D. M. 로이드-존스는 기독학생회 안에서 유행하던 반지성주의, 전문 직업을 갖는 것보다 선교사나 목사가 되는 것이 더 '영적인 것'이라는 생각을 교정하기 위해 애썼다. 기독의사회(CMF)와 국제복음주의학생회(IFES)에도 참여하였는데, 1947년부터 1957년까지는 의장(chairman), 이어서 1967년까지는 회장(president)이었다. 그는 국제복음주의학생회(International Fellowship of Evangelical Students, IFES)에 강한 신학적 기반을 제공하고 각국 지도자를 격려했다.

D. M. 로이드-존스는 1945년 1월에 개소하고 활동을 이어 나간 런던 복음주의 도서관, 1957년의 배너오브트루스출판사(Banner of Truth Trust) 창립, 1940년대 후반부터 시작된 웨일스 복음주의운동 발전에 관심이 깊었다. 초대 '청교도대회'(Puritan Conference, 1969년부터는 '웨스트민스터대회')는 1950년 12월에 D. M. 로이드-존스의 교회에서 열렸는데, 여기서 그는 매년 강연을 맡았다. 또한, 1977년 런던신학교(London Theological Seminary) 설립에도 참여했다. D. M. 로이드-존스의 다른 주요 공헌은 조언과 격려, 설교 방문을 통해 목회자들을 목회한 것이었다. 그는 매달 모이는 웨스트민스터목회자회(Westminster Ministers' Fraternal, 1941년에 시작된 공부 모임) 회장을 1943년부터 맡았는데, 1967년까지 모든 교파에 소속된 복음주의자에 열려 있었다. 1960년대에는 매달 한 번 월요일에 모이는 모임에 목회자들이 400명까지 온 적이 있었다.

그러나 D. M. 로이드-존스의 가장 탁월한 재능은 설교자와 전도자로서의 은사였다. '기독교 세계에서 가장 위대한 설교자'로 묘사된 그는 강해 설교를 '교회의 주된 과제'로, 교회와 세상이 가장 필요로 하는 것으로 보았다. 설교에 대한 그의 성숙한 생각이 정리된 책이『목사와 설교』(Preaching and Preachers, Hodder & Stoughton, 1971, CLC 刊)였다.

D. M. 로이드-존스에게 설교는 하나님의 메시지를 전달하는 것을 뜻했기에, 반드시 성경적이고, 강해적이고, 그리스도 중심적이어야 했다. 참된 설교는 사람에게 심대한 영향을 끼치고, 설교자의 전 인격을 동반했다. 그에게는 자유와 성령의 다스림이 설교의 본질이다. 진지함, 생동감, 열정, 관심, 따뜻함, 긴급함, 파토스(pathos) 역시 설교에 필수적이다. 이 파토스는 사람에 대한 사랑과 그리스도 안에 있는 하나님의 사랑에 대한 인식에서 나온다. 설교의 또 다른 생생한 특징은 능력인데, 비록 기도하며 하나님과 그의 능력을 구하는 것이 설교자의 책임임에도 불구하고, 이는 본질상 하나님의 선물이다.

D. M. 로이드-존스의 힘이 넘치는 웨스트민스터 목회는 주일 오전에 예배하러 온 신자에게 전하는 설교와 주일 저녁에 오는 불신자에게 전하는 설교를 포괄했다. 또한, 주중에는 정기적으로 외부로 나가 순회설교를 하기도 했다. 1952년에 D. M. 로이드-존스는 기존의 금요 모임과 토론회를 그만두고, 성경의 교리를 주제로 주간 시리즈 강연(1996, 1997, 1998년에 '위대한 교리 시리즈'라는 제목으로 Hodder & Stoughton이 출간)을 시작했다. 1955년부터 1968년까지는 그의 대표 강해라 할 수 있는『로마서 강해』(CLC 刊)를 14:17까지 진행했다(Banner of Truth가 12권으로 출간했는데, 한 권 더 추가될 예정이다).

'닥터'의 더 유명한 주일 오전 강해로는『산상설교 강해』(Sermon on the Mount, 1950년 10월에 시작되었고, 두 권 중 첫 권은 IVP가 1957년에 출간)가 있었다. 요한복음 17장에 대한 열세 번에 걸친 강해 설교(『영원한 구원』[Saved in Eternity, Crossway, 1988])는 1952년에 행해졌다. 시편 73편 강해(『믿음의 시련』[Faith on Trial, IVP, 1965])는 11차례 설교로, 1953년 8월에 시작되었으며,『영적 침체와 자유』(Spiritual depression, CLC 刊)에 관한 21편짜리 설교(1954

년 1월에 시작 후, 1965년에 Pickering & Inglis 출판사에서 출간)도 있었다. 가장 긴 주일 오전 설교 시리즈는 1954년 10월부터 1962년 7월까지 행한 260편의 설교로,『에베소서 강해』(Banner of Truth에서 8권으로 출간, CLC 刊)였다. D. M. 로이드-존스의 주일 저녁 전도 설교는 때로 강해 설교의 형태를 취하기도 했는데, 사도행전(1965년에 시작되었고,『진정한 기독교(*Authentic Christianity*): 사도행전 1-3』이 제1권,『사도행전 4』가 제2권으로 Banner of Truth에서 1999년 출간)과『이사야 1장 강해』(1963년 설교, CLC 刊),『하나님의 방법』(*God's Way, Not Ours*, Banner of Truth, 1998)이 대표적이었고, 때로 특별 본문을 설교(예를 들어,『구약 복음주의 설교들』[*Old Testament Evangelical Sermons*], Banner of Truth, 1995)를 하기도 했다.

D. M. 로이드-존스는 자신을 무엇보다도 전도자로 보았지만, 제단 앞으로 나오라는 초청이나 호소를 하지 않았고, 전도자 빌리 그레이엄(Billy Graham)이 1954년 런던에서 집회할 때 협력 요청도 거절했다. 그가 그레이엄의 방식을 거부한 이유는 크게 네 가지였다.

첫째, 오직 하나님만이 죄인을 중생케 하신다.

둘째, 호소에 응하는 것이 회심으로 잘못 오해될 수 있다.

셋째, 이런 반응이 하나님 앞에 있는 개인의 영적 상태에 혼돈을 가져다준다.

넷째, 그레이엄이 '자유주의'와 '성례주의'교회 지도자와 협력함으로써 복음을 타협했다.

1966년 10월에 런던에서 열린 전국복음주의협회(NAE) 2차 총회에서 D. M. 로이드-존스는 복음주의적 연합을 요청하는 발언('Evangelical Unity: An Appeal,' pp. 246-257; 'The Basis of Christian Unity,' pp. 118-163 in『시대의 표적』[*Knowing the Times*], Banner of Truth, 1989, CLC 刊을 보라)을 했다. 그의 의도는 복음주의 교파 하나를 세우려는 것보다는 복음의 통일성에 헌신하는 '복음주의 교회들의 교제 혹은 협회'를 위한 것이었다. 가장 큰 부담은 계시된 복음의 유일성을 지켜내는 것이었다. 그는 이 염려가 교회론과 가장 밀접하게 관련되어 있다고 생각했다. D. M. 로이드-존스의 근심은 다음 다섯 가지 상황에서 기인했다.

첫째, 1948년 세계교회협의회(WCC) 형성으로, 교단들이 종교개혁, 복음의 독특성에 대한 성경의 가르침을 추가로 타협하게 만드는 전 세계적인 전적으로 새로운 상황.

둘째, 복음주의연맹(Evangelical Alliance)의 세계교회협의회(WCC)와 관련된 호의적 중립 입장.

셋째, 1954년에서 1966년 사이에 일어난 복음주의자들의 에큐메니즘에 대한 주요 태도 변화.

넷째, 제2차 바티칸공의회(1962-1965)의 개신교 및 비기독교 종교를 대하는 태도의 우호적 변화.

다섯째, 1967년 킬대회(Keele Congress)에서 나타난 성공회 복음주의자의 에큐메니즘에 대한 긍정적 태도.

D. M. 로이드-존스는 요한복음 17장과 에베소서 4:1-16에 근거해서, 기독교인의 연합은 죄인을 중생케 하시고, 이들을 그리스도와 신비적으로 연합케 하시는 성령의 활동의 결과라고 가르쳤다. 따라서 기독교적 연합의 본질은 영적인 것이지, 기관적인 것이 아니었다. 또한, 이는 성경의 가르침에 대한 신뢰에 달려 있었다.

D. M. 로이드-존스가 보기에는, 기독교인이 복음 안에서의 복음주의적 연합에 대해 광범위하게 발언할 적절한 상황이 형성되어 있었다. 어떻게 복음주의자가 복음을 수정하고 거부하는 이들이 치리 받지 않는 교단에 계속 남아

있을 수가 있는가?

복음을 통한 연합이라는 그의 이 광범위한 발언을 심지어 성공회 복음주의자마저도 지지하지 않자, D. M. 로이드-존스는 1967년에 영국복음주의협의회(British Evangelical Council, BEC)로 방향을 선회했다. 1952년에 설립된 영국복음주의협의회는 에큐메니컬운동 바깥에서 복음에 근거한 연합에 헌신되어 있었다.

1967년에서 1972년 사이에 D. M. 로이드-존스는 매년 열리는 영국복음주의협의회대회에서 총 여덟 차례 연설했다. 이 연설들은 『진리 안에서의 연합』(Unity in Truth, Evangelical Press, 1991)이라는 제목으로 출간되었다. 가장 유명한 연설은 '오늘을 위한 루터와 그의 메시지'(1967), '교회란 무엇인가?'(1968), '잘못된 분열과 참된 연합'(1970)이다. D. M. 로이드-존스는 삼위일체 신학의 틀 안에서 성령의 '일반' 역사와 '특별' 역사를 구별했다. 그는 중생이야 말로 "비교 대상이 없을 정도로 모든 교리 중 가장 중요하다"라고 주장했다.

또한, 중생을 '영혼을 지배하는 본성 안에 새로운 영적 생명과 급진적 변화의 원리를 이식하는' 성령의 '특별' 역사의 일부로 이해했다. 성령의 이 초자연적 역사는 그리스도와의 연합, 회심, 확신, 성화와 불가분의 관계가 있다. 그는 성령께서 설교자나 개인 기독교인, 혹은 교회에 여러 차례, 방언이나 다른 은사를 주시지 않으면서도 능력으로 임할 수 있다고 가르쳤다. D. M. 로이드존스의 성령세례관은 세 차례 정리된 바 있다.

첫째, 1955년에 다섯 차례 전한 에베소서 1:13 강해 설교.

둘째, 1960-1961년에 열다섯 차례 나누어 전한 로마서 8:15-16 강해.

셋째, 1964-1965년의 요한복음 1:26, 33 본문의 스물네 차례의 설교.

성령세례는 중생과 회심과는 구별되는 것이다. 개인적으로, 집단적으로 이를 인식할 수 있다. 성령세례의 목적은 증언(전도)과 설교를 위한 능력이다. 이는 방언으로 증명되는 것이 아니다. 이런 세례는 '하나님의 임재와 영광에 대한 비상한 감각,' '경외감,' '하나님에 대한 기쁨과 사랑'뿐만 아니라 그리스도 안에 있는 우리를 향한 '하나님의 사랑에 대한 깊은 확신'을 가져다준다. 그는 (엡 5:18을 제외하고) 신약에서 성령으로 '충만'해진다고 말하는 것은 성령으로 '세례'받는다는 것과 같은 의미라고 믿었다.

D. M. 로이드-존스는 성령세례가 인간의 중개 노력과는 상관없이 임한다고 생각했다. 이는 주권적이고, 무조건적인 하나님의 역사였다. 부흥과 성령세례는 똑같은 하나님의 역사의 양상들인데, 전자는 대규모이며 집단적인데 반해, 후자는 개인적인 것이다.

따라서 부흥은 성령께서 신자에 비상한 생명력을 부으시는 역사이자, 유별난 수준으로 영향력과 능력을 드러내시는 역사다. D. M. 로이드-존스는 과거에 교회를 강하게 만들었던 것이 바로 이러한 부흥이었다고 본 것이다.

참고문헌 D. M. Lloyd-Jones, 'Knowing the Times,' addresses delivered on various occasions 1942-1977 (Edinburgh: Banner of Truth, 1989); I. H. Murray, *D. Martyn Lloyd-Jones: The First Forty Years 1899-1939* (Edinburgh: Banner of Truth, 1982); I. H. Murray, *D. Martyn Lloyd-Jones: The Fight of Faith 1939-1981* (Edinburgh: Banner of Truth, 1990).

D. E. DAVIES

데이비드 브레이너드(David Brainerd, 1718-1747)

미국 원주민을 위해 사역한 장로교 선교사. 그는 제1차 대각성운동의 한복판에서 짧지만 강렬한 삶을 살았다. 그는 코네티컷(Connecticut) 강가에 형성된 농촌 마을인 해덤(Haddam)에서 태어나고 자랐다. 그는 1739년 7월에 회심을 체험했다. 두 달 후, 예일대학(Yale College)에서 학업을 시작한 그는 회중교회 목사와 학자가 되는 것을 목표로 정했다. 그는 똑똑하고 열정적이었으나 약간의 무모한 성향이 있었다. 그러나 예일 생활은 브레이너드가 교수 중 한 명에 대해 은혜가 얼마나 없는지 의자보다도 더 은혜가 없다고 비난하면서 갑작스레 중단되고 말았다. 1742년 초에 쫓겨난 브레이너드는 이후 오랫동안 자신의 판단이 과하게 거칠고 부당할 수 있음을 숙고하며 살았다.

여전히 목사가 되는 일에 관심을 갖고 있던 브레이너드는 1742년의 여름을 회중교회 목사인 조셉 벨라미(Joseph Bellamy)와 함께 공부하는 데 보낸 후 설교자 자격을 얻었다. 그가 8월에 코네티컷과 뉴욕 경계 근교의 휴사토닉강(Housatonic River)을 따라 원주민에게 복음을 전하는 일에 참여했을 때, 그는 이 일이 자신의 미래 사역의 사전 경험이 되리라는 것을 당시에는 알지 못했다. 이후 그해 가을, 장로교 목사 에버니저 펜버턴(Ebenezer Pemberton)이 그를 뉴욕시로 초대해서 기독교지식보급회(SPCK) 소속 스코틀랜드 선교사를 만나보라고 했다. 이 면접에서 브레이너드를 미국 원주민에게 선교사로 파송하겠다는 제안이 있었다. 브레이너드는 이 부르심을 받아들였지만 개인적으로는 흥분보다는 근심을 드러냈는데, 크게는 자신의 우울한 기질, 자기 확신 결핍, 성취되지 않은 학문적 꿈에 대한 지속적인 좌절 때문이었다. 더구나 그는 원주민에게 가는 것은 그저 식민지 사회 경계선을 지리적으로 넘어가는 것만이 아니라, 식민지교회의 종교적 경계선을 넘어가는 것을 의미한다는 것을 깨달았다.

롱아일랜드 거주 백인 기독교인을 위해 6주에 걸쳐 설교하는 동안 이웃한 원주민들의 가난을 직접 목격한 후, 브레이너드는 뉴욕 카우나우미크(Kaunaumeek)에 사는 작은 모히칸(Mahican) 마을의 선교사로 파송되어 북쪽으로 이동했다. 거기서 열두 달(1743년 봄에서 1744년 봄까지)을 매사추세츠 스톡브리지(Stockbridge)에서 원주민에게 파송된 선교사 존 서전트(John Sergeant)의 감독 아래 활동했다. 서전트는 브레이너드에게 잉글랜드 선교사들이 전통적으로 미국 원주민에게 복음을 전하는 데 사용한 많은 표준 전략들을 가르쳐 주었다. 그러나 브레이너드는 후에 이들 중 많은 것이 소용없는 것들이라는 것을 알게 되었다. 이것들 중에는 그가 선교사역 대부분을 투자하며 일한 뉴저지(New Jersey)와 펜실베이니아에 사는 알곤킨 부족(Algonquian)과 이로쿼이 부족(Iroquoian) 인디언들은 이해할 수 없는 알곤킨 방언 하나를 배우려는 그의 끈질긴 노력도 포함되어 있었다.

역으로, 모히칸 부족과의 접촉으로 그는 지속적으로 적용 가능한 몇 가지 교훈을 얻었는데, 그중 하나가 미국 대륙 내부로 들어갈수록 기독교에 대한 원주민의 저항이 더 강해진다는 모히칸 인디언들의 주장이 옳았다는 것이다. 1744년 5월에 동부 펜실베이니아에 거주하던 그는 이 주장이 전적으로 옳다는 것을 또 한 번 깨달았다. 다음 달에 뉴욕노회(Presbytery of New York)에서 안수받은 브레이너드는 여전히 델라웨어강(Delaware River)과 르하이강(Lehigh

River) 근처에 살고 있던 소수의 델라웨어 인디언을 위한 사역을 시작했다. 이들은 자주 브레이너드의 설교를 들을 마음이 있었지만, '그들 조상의 관습과 전통, 전설로 내려오는 개념'에 강하게 집착했다. 거기서 일 년간 머문 브레이너드는 눈에 띄는 열매를 거의 맺지 못했다.

서스퀘한나강(Susquehanna River)을 따라 세워진 원주민 마을들을 방문하기 위해 펜실베이니아 내부로 더 깊이 들어간 두 차례의 선교여행을 통해 그는 기독교 메시지에 더 적대적인 인디언들을 만났다. 브레이너드는 가차 없이 이런 타협 없는 반응을 미국 원주민의 사악함의 탓으로 돌렸지만, 한편 하나님의 목적과 자신의 무가치함에 대해서도 고뇌했다. 성공적인 선교사가 된다는 것이 무엇을 의미하는지에 대한 새로운 깨달음은 어둔 밤 영혼의 깊은 고뇌에서 나왔다. 즉 사심 없는 선교의무 수행이 자신의 성공이든, 어떤 선교사의 성공이든, 심지어는 회심자 숫자가 두드러지게 늘어나지 않는 상황에서도 그 성공을 판단하는 올바른 기준이 되어야 한다는 것이다.

브레이너드의 모범과 발언은 후에 여러 세대의 19세기 선교사들에게 감화를 주어 선교열매에 대한 비슷한 정의를 내리는 데 영향을 끼쳤다.

1745년 6월, 브레이너드는 뉴저지 크로스윅성(Crossweeksung)에 거주하는 다른 델라웨어 인디언 부족을 방문했다. 거기서 그는 훨씬 복음을 잘 받아들이는 청중을 발견했는데, 6주 안에 영적 각성의 전조가 원주민 청중에게서 나타나는 것을 발견했다. 그는 온 힘을 다해 새로운 신자들을 목양하고 교리를 가르쳤다. 그는 이 새로운 회중이 거주할 더 영구적인 장소가 필요하다고 느끼고 인디언 기독교인 마을을 세울 땅을 확보하는 일에 착수했다.

다음해 5월, 그는 이들이 뉴저지 크랜베리(Cranberry)로 이주하는 것을 돕고, 거기서 다음 여섯 달 동안 머물며 공동체의 영적, 세속적 일상을 감독했다. 그 후 악화된 결핵과 싸우던 그는 때가 되면 다시 이 신도들에게 돌아오기를 바라며 1746년 11월에 요양차 크랜베리를 떠나 뉴잉글랜드로 향했다. 그러나 다음해 3월의 짧은 방문을 제외하면, 브레이너드는 자기 신도들을 다시는 보지 못했다.

뉴저지 델라웨어 부족을 위해 일하기 전과 일하던 동안, 브레이너드는 인디언 통역자 모지스 타마미(Moses Tamamy)에게 크게 의존했다. 델라웨어 인디언 언어를 거의, 혹은 전혀 몰랐고, 이미지, 상징, 의식보다는 말씀을 더 강조하는 유형의 기독교 신앙을 신봉하던 브레이너드는 자신의 선교적 효율성이 통역자에게 거의 전적으로 달려 있다는 것을 잘 알고 있었다. 브레이너드가 처음으로 세례를 준 회심자이자 잉글랜드식 생활 방식에 이미 친숙한 원주민 타마미는 브레이너드가 탄생시킨 일종의 기독교화되고 잉글랜드화된 인디언을 정확히 대표했다. 다른 델라웨어 인디언 회심자들은 잉글랜드식 정착 농부가 되는 일에 열심을 내지 않았지만, 브레이너드는 1746년에 출간된 일기에서 이들 중 많은 이들을 여전히 은혜로 구원받아 믿음으로 사는 죄인의 모델로 제시했다.

3년 후 조나단 에드워즈(Jonathan Edwards)가 이 젊은 선교사의 개인 일기를 출판하기 위해 편집했을 때 브레이너드의 이야기를 활용하고자 했던 의도처럼, 브레이너드 자신도 그들의 각성을 온건한 복음주의 가치를 변호하는 변증으로 활용했다. 이 영적 자서전은 에드워즈의 가장 인기 있는 작품이 되었다. 에드워즈는 18세기 독자들에게 브레이너드를 가혹한 시련 속에서도 이를 기꺼이 견뎌 내고자 했던 헌신된 기독교인 종(Christian servant)으로 제시했던. 현대 독자들은 브레이너드를 다른 이들, 특히 이방 인디언과 단절시킨 자기 몰두(self-absorption), 강렬한 영적 내향성에 더 주목할 가능성이 높다.

브레이너드가 어떤 종류의 것이든 인디언의 영향을 받지 않기 위해 노력한 것이 얼마나 계획적이거나 의도적이었는지는 알기 어렵다. 그러나 흥미롭게도, 일기를 통해 우리는 그가 알게 모르게 원주민의 영향을 느꼈고, 그것 때문에 변했다는 암시를 읽을 수 있다. 예를 들어, 죄, 죄책, 신의 진노, 영원한 형벌 같은 개념이 델라웨어 인디언의 언어와 행동에는 지극히 낯선 것임을 알게 되자, 브레이너드는 두려움이 빠져 있는 '주 예수 그리스도의 동정과 돌보심'에 집중하는 '더 온화한 복음'을 전하기 위해 노력했다.

1745년 여름에 이들이 이런 식의 복음을 받아들이자, 브레이너드는 이들이 더 듣고 싶어 하는 주제로 전도의 방향을 신속히 전환했다.

브레이너드는 생애 거의 마지막 해를 꼼짝하지 못하고 뉴저지 엘리자베스타운(Elizabethtown)과 매사추세츠 노샘프턴(Northampton)에서 보내야 했다. 조나단 에드워즈의 딸인 약혼녀 제루사 에드워즈(Jerusha Edwards)의 간호를 받았음에도 불구하고, 그는 육체적 고통과 감정적 낙망으로 싸움에서 패배하고 있었다. 충분히 말할 수 있는 힘이 있다고 느낄 때는 식민지교회에 가장 중요하다고 생각되는 것에 대해서 때때로 이야기하기도 했다.

그의 우선순위 목록 맨 꼭대기에는 신속한 인디언 선교가 있었다. 원래 소망은 학자가 되는 것이었지만, 일단 선교사가 된 후에는 인디언 복음화와 하나님 나라가 그들에게 임하는 것을 보는 것이 그의 핵심 관심사였다. 그의 미국 원주민 선교유산은 문화 중재자이자 조력자로 핵심 역할을 감당한 조셉 피피(Joseph Peepy), 새뮤얼 무어(Samuel Moore), 토비아스(Tobias) 및 다른 델라웨어 사람들의 사역을 통해 후세 선교사들에게 계승되었다.

참고문헌 | J. Conforti, 'David Brainerd and the Nineteenth-Century Missionary Movement,' *Journal of the Early Republic* 5 (1985), pp. 309-329; J. Edwards, *The Life of David Brainerd*, in N. Pettit (ed.), *The Works of Jonathan Edwards*, vol. 7 (New Haven: Yale University Press, 1985); R. W. Pointers, 'Poor Indians' and the 'Poor in Spirit': The Indian Impact on David Brainerd,' *The New England Quarterly* 67 (1994), pp. 403-26; also appears in A. T. Vaughn (ed.), *New England Encounters* (Boston: Northeastern University Press, 1999).

R. W. POINTER

데이비드 스튜어트 브리스코/질 폴라인 라이더 브리스코(D[avid] Stuart Briscoe, 1930-/Jill Pauline Ryder Briscoe, 1935-)

목사, 저술가, 집회 강사(그의 아내 질 폴라인 라이더 브리스코는 저술가이자 집회 강사). 그들은 영국과 미국 복음주의의 오랜 상호 소통 전통을 지속시키며 1960년대 이후 복음주의 진영에서 활약한 중요한 인물들이다. 데이비드 브리스코는 1930년에 영국 컴브리아 밀럼(Millom)에서 식료품 가게를 운영하던 스탠리 브리스코(Stanley Briscoe)와 메리 워들 브리스코(Mary Wardle

Briscoe)의 아들로 태어났다. 가족은 열린형제단(Brethren) 회원이었는데, 자기 가정의 율법주의적 경건을 존중했음에도 불구하고, 자라면서 데이비드 브리스코는 점점 경직된 율법주의를 견뎌 낼 수 없다고 느꼈다. 중등학교를 졸업한 후 그는 낮에는 은행에서 일하고, 밤에는 금융업에서 경력을 쌓을 요량으로 야간학교를 다녔다.

17살에는 지역 젊은이들과 함께 전도하고 사역하는 일을 시작했다. 1948년에 영국 해병대에 입대한 그는 돌격대(commando)로 복무했지만, 해병대 럭비팀의 일원으로 2년 복무 생활의 균형을 맞추었다. 제대 후 은행으로 돌아간 그는 결국 맨체스터(Manchester)에서 금융감독관이 되었다. 이언 토마스(Ian Thomas) 소령이 이전에 나치에 동조했던 청년들(ex-Nazi youth)을 위해 사역하러 한다는 이야기를 들은 데이비드 브리스코는 칸포스(Carnforth) 근교의 카펀레이홀(Capernwray Hall)에 세워진 토마스의 토치베어러스(Thomas' Torchbearers, 토마스의 성화봉송자) 청년센터 창립에 관여했다. 여기 참여하는 동안 데이비드 브리스코는 리버풀(Liverpool)의 한 학교에서 교사로 있던 질 라이더(Jill Ryder)를 만났다.

질 라이더는 1935년에 리버풀에서 윌리엄 라이더(William Ryder)와 페기 폰트 라이더(Peggy Pont Ryder)의 딸로 태어났다. 자동차 판매상이던 아버지의 수입 덕에 평온한 중산층의 안정을 누리며 성장한 질의 가족은 명목상 장로교 신자였다. 중등학교 졸업 후 그녀는 케임브리지대학교(Cambridge University)에 있는 호머턴대학(Homerton College)에 다녔다.

학교에 다니던 중에 병이 나서 병원에 입원한 질은 같은 병실에 있던 환자와의 대화를 통해 회심한 후, 케임브리지대학교기독학생회에서 활동했다. 교사 자격증을 획득한 후, 그녀는 리버풀로 돌아가서 이 도시의 가장 가난한 구역 중 하나에 있던 초등학교에서 가르쳤다. 학생과 그 가족의 가난에 관심이 많았던 질은 다른 사람들과 함께 청년센터와 커피하우스를 세우는 일에 합류했다. 곧 십대 150명과 함께 모이는 정기 모임을 담당하게 되었고, 이 시기에 일어난 이야기는 후에 『내 정원에 뱀이 있어요』(There's a Snake in My Garden, 1975)로 출간되었다. 그녀가 데이비드 브리스코를 만난 것은 카펀레이(Capernwray)에서 열린 수련회 기간이었다. 이들은 1958년에 결혼해서 이후 두 아들과 딸 하나를 낳았다.

얼마 동안 부부는 원래 직업을 계속 가진 상태로 카펀레이에서 젊은이들과 함께 일했다. 1959년에 이언 토마스는 데이비드 브리스코를 토치베어러스(Torchbearers)의 회계 담당 직원과 비정규 성경교사로 초빙했다. 그러나 곧 그가 대부분 시간을 보내게 되는 영역은 오히려 후자였다. 예민한 유머감각을 지닌 재능 있는 설교자 데이비드 브리스코의 가르침은 케직 성결신학(Keswick holiness theology)의 영향을 보여 주었지만, 기독교인의 생활에 어떤 처방을 내릴 때에는 은혜를 강조하고 율법주의를 배격했다. 그가 강사 초빙을 받게 되자, 토마스는 그에게 미국에서 세 달간의 설교 여행을 잘 감당하라고 격려했다.

이내 데이비드 브리스코는 돈 버는 직업을 포기하고 토치베어러스의 전임 대사가 되어 외부 활동을 시작했다. 이때 아내 질 브리스코는 아이들을 키우고 유치원을 운영하면서 카펀레이에서 젊은이들과 함께 일했다. 1970년, 북미로 가는 여행 중에 데이비드 브리스코는 카펀레이에서 일하기 위해 막 목회직에서 사임한 밀워키(Milwaukee)의 목사 밥 홉슨(Bob Hobson)의 교회에서 말씀을 전해 달라는 요청을 받았다. 위스콘신(Wisconsin) 브룩필드(Brookfield) 소재 엘름브룩침례교회(Elmbrook Baptist Church)는 성도 700명이 모이는 12년 된 독립침례교회였다. 데이비드 브리스코에게 깊은 인상을 받은 회중은 그에게 홉슨의 후임 자리를 제안했다. 영국에 있던 아내와 동료들은 놀랐지만, 그는 제안을 받아들여 토치베어러스의 사역을 사임하고 가족과 함께 미국으로 떠났다.

새로운 청중과 함께한 데이비드 브리스코의 첫 달은 힘겨웠으며, 새 목회지에서 그가 일 년도 버티기 힘들 것이라는 전도자 앨런 레드패스(Alan Redpath)의 예언이 실현될 운명에 처한 것으로 보였다. 가장 논란이 된 것은 침례교회인 그 교회가 밀워키 지역의 주도적인 독일계-폴란드계-체코계 루터교 및 가톨릭 주민에게 결코 다가갈 수 없을 것이라는 그의 주장이었다. 교회가 잠재적 신자들의 이전(침례교회가 아닌 다른-역주) 교회에서 받은 세례를 인정하기로 결의하면서, 원래 있던 신자 일부가 떨어져 나갔다.

데이비드 브리스코가 자기 목회의 틀을 구성하기 시작한 엘름브룩침례교회는 설교에 중심을 두는 것뿐만 아니라 경쾌한 음악을 사용하는 비형식적 예배와 교리 견해의 폭넓은 차이에 대한 관용이 특징이었다. 교인들은 교회에서 실시하는 늘어나는 여러 활동에 적극적으로 참여해야 했는데, 가정 성경공부가 신자들의 삶에서 주요한 일부가 되었다. 4년 동안 교회는 이전에 극장으로 사용된 공간에서 추가 예배를 드렸다.

1970년대 중반이 되어 교인 수가 급격히 늘어나자 교회를 새 건물로 옮겼고 주일 오전 예배 출석 인원이 2,000명을 넘게 되었다. 서점이 개장되고, 설교자 테이프에 녹음되었으며, '진리전파'(Telling the Truth)라는 이름의 라디오 방송이 주요 방송국 하나와 여러 지역 방송을 통해 전국 방방곡곡에 송출되었으며, '사실은'(In Reality)이라는 이름의 텔레비전 프로그램도 밀워키에서 방영되었다. 그의 명성도 설교와 교회 생활과 기독교인의 제자도를 다루는 저술을 통해 널리 퍼졌다. 『젊은이들이 늘어날 때 교회는 어디에 있었는가?』(Where Was the Church When the Youth Exploded?, 1972), 『하나님께 가까이』(Getting Into God, 1975), 『삶이 순탄하지 않을 때 일어나는 것』(What Works When Life Doesn't, 1976)이 대표적인 저술들이었다. 1979년에는 빌리 그레이엄(Billy Graham)의 밀워키 전도대회의 부책임자로 일했다.

사모로서의 첫 적응 과정의 어려움이 지나가자, 질 브리스코는 아이들을 가르치는 사역을 재개하기로 결심했다. 1971년에 질 브리스코는 엘름브룩침례교회에 중등학교 연령대 아이들을 대상으로 하는 '하나님의 분대'(God Squad)라는 모임을 만들었다. 그러나 목사 사모라는 새로운 역할 때문에 여성의 역할에 대한 강연을 해 달라는 초청과 지역 성경공부 모임을 인도해 달라는 초청이 늘어났다. 타고난 언변, 번뜩이는 지각, 성경의 가르침을 결혼과 모성이라는 실제적인 삶의 고투에 적응하는 능력이 알려지면서, 엘름브룩교회는 질에게 다른 영역의 일을 맡겼다.

1970년대 초반에 질은 엘름브룩침례교회에서 주부들을 위한 목요일 오전 성경반을 개설했는데, 곧 수백 명이 몰려들었다. 일하는 여성을 위해서는 월요일 저녁 성경공부 모임을 만들었다. 추가로, 그녀는 훌륭한 집회와 수련회 강사 명성을 곧 확보하게 되었는데, 엘름브룩침례교회에서 테이프를 만들어 배포하고 가끔씩 '진리전파' 방송에 나가 강연을 하면서 훨씬 더 유명해졌다. 1980년대 초가 되면서 질 브리스코는 교회의 청소년 사역을 완전히 내려놓고 여성 대상 사역에만 집중했다.

1980년대와 1990년대에 엘름브룩침례교회는 계속 성장해서 매주 만여 명이 출석할 정도로 커졌다. 교회가 성장하자, 데이비드 브리스코는 밀워키 여러 지역에 거주하는 교인들에게 델라필드(Delafield)의 웨스트브룩교회(Westbrook Church) 같은 협력교회들을 세우라고 권면했다. 세기가 바뀔 무렵 엘름브룩에서 파생된 총 여덟 개의 새 교회가 세워졌다. 이 시기 내내 데이비드 브리스코와 질 브리스코 두 사람 다 여행과 강연에 많은 시간을 투자했다.

북미에서 이들은 하나의 팀으로 더 알려지고 있었고, 전미복음주의협회(NAE), 포커스온더패밀리(Focus on the Family), 프라미스키퍼스(Promise Keepers) 같은 단체 모임에서 자주 강연했다. 질 브리스코는 잡지 「크리스채너티 투데이」(Christianity Today)와 구호 단체 월드 릴리프(World Relief) 이사로도 활동했다. 영국에서는 데이비드 브리스코가 (거의 매년) 케직사경회를 방문하면서 상당한 대중적 영향력을 발휘했다. 둘 다 저술 활동도 지속했다.

데이비드 브리스코는 성경을 대중적으로 강해하는 일에도 집중했는데, 대표적인 저술이 『성령의 열매: 기독교인의 인격 함양』(The Fruits of the Spirit: Cultivating Christian Character, 1993)이었다. 질 브리스코는 『갱신을 향하여』(Renewal on the Run, 1992)와 『여성의 덫 탈출』(De-Baiting the Woman Trap, 1994) 같은 여성 대상의 책이었고, 사모든 사역자든, 여성으로서 사역에 참여하는 이들을 위한 잡지 「저스트 비트윈 어스」(Just Between Us)를 창간하고, 성경 인물을 다루는 어린이용 쌍방향 도서 시리즈도 출간했다. 두 사람 모두 여성 안수를 지지하지는 않았지만, 남자뿐만 아니라 여자도 예언자적, 제사장적, 왕적 기능을 수행할 수 있다고 주장하는 성경적 평등을 위한 기독교인 모임을 후원했다.

데이비드 브리스코는 엘름브룩침례교회의 담임목사로 30년간 일한 후 2000년에 은퇴했고, 부부는 함께 원로 사역자가 되었다. 방송, 테이프, 강연과 저술을 통해 이들은 계속 복음주의 진영에서 지지자들을 확보했다. 비형식적인 분위기와 폭넓은 복음주의 에큐메니즘으로 대표되는 엘름브룩침례교회의 성공은 특히 복음주의자가 소수인 미국 여러 지역교회들에게 가장 이른 시기의 가장 영향력 있는 '대형교회'(megachurch) 현상의 여러 모델 중 하나를 제시했다. 여기에 더하여, 서로 사랑하는 남편과 아내가 하나의 팀을 이루어 조화롭게 사역하는 사례를 보여줌으로써, 여성에게 지도자와 가르치는 역할을 맡기는 일에 대한 미국 온건 복음주의자의 저항을 사그라지게 하는 데 기여했다. 그러나 이들이 끼친 영향력의 주 수혜자는 기독교인으로서의 삶을 살아가기 위해 필요한 실제적인 성경강해와 지도를 그들에게 기대했던 수만 명의 복음주의자였다.

참고문헌 | J. Briscoe, *There's a Snake in My Garden* (Grand Rapids: Zondervan, 1975); J. Briscoe, *Thank You For Being a Friend: My Personal Journey* (Chicago: Moody Press, 1999); S. Briscoe, *What Works When Life Doesn't* (Wheaton: Victor Books, 1976); S. Briscoe, 'In This Together,' Interview, *Leadership* XXII.2 (spring 2001), pp. 62-68.

L. ESKRIDGE

데이비드 요하네스 뒤플레시(David Johannes Du Plessis, 1905-1987)

'미스터 오순절'(Mr Pentecost)로 알려진 국제 오순절운동의 대변인이자 에큐메니컬운동 지도자. 그는 1905년 2월 7일에 남아프리카 케이프타운 근교 작은 마을 투엔티포리버스(Twenty-four Rivers)에서 프랑스 위그노 혈통의 아프리카너(Afrikaaner, 주로 아프리칸스어를 사용하는 남아공 백인-역주) 부모에게서 태어났다.

그의 가족은 미국 일리노이 자이언시티(Zion City)의 존 알렉산더 다위(John Alexander Dowie)의 기독교가톨릭사도교회(Christian Catholic Apostolic Church)와 캘리포니아 로스앤젤레스의 아주사스트리트부흥(Azusa Street Revival)과 연결되어 있다가, 1908년에 남아프리카에 도착한 미국인 선교사 존 G. 레이크(John G. Lake)와 토마스 헤즈말할크(Thomas Hezmalhalch)의 사역을 통해 오순절운동에 참여하게 되었다. 1916년에 그의 가족은 바수톨랜드(Basutoland, 지금의 Lesotho)로 이사했고, 평신도 설교자였던 아버지가 목수로 일하면서 선교사들이 선교지부를 세우는 일을 곁에서 도왔다. 1년 후에는 오렌지프리스테이트(Orange Free State, 오늘날의 남아프리카공화국의 일부)의 레이디브랜드(Ladybrand)로 이사했다.

뒤플레시는 1916년에 회심 여부를 점검받고, 거슬러 올라가면 기원이 부분적으로 선교사 레이크(Lake)에 닿아 있는 부모의 소속 교단인 사도신앙선교회(Apostolic Faith Mission, AFM)에서 1년 후에 침례를 받았다. 13살이던 1918년에는 방언과 더불어 회심 이후 단계인 '성령세례'를 경험했다. 그는 사도신앙선교회에서 십대 거리설교자로 사역을 시작한 후, 레이디브랜드(Ladybrand)로 돌아가기 전까지 잠시 동안 요하네스버그(Johannesburg)에서 있는 교단 인쇄소에서 일했다. 그 후 중고등학교를 졸업하고, 교사가 되기 위해 2년간 블룸폰테인(Bloemfontein) 소재 그레이대학교(Grey University)에 등록했다. 그러나 재정 부족으로 학교를 그만두고 철로 공사에 뛰어들어야 했다. 몇 년간의 목회 후 뒤플레시는 1930년에 25세의 나이로 안수를 받았다. 그전 1927년에는 안나 코르넬리아 야콥스(Anna Cornelia Jacobs)와 결혼해, 이후 일곱 자녀를 갖게 된다.

그 나라에서 가장 크고 가장 영향력 있는 오순절 교단인 사도신앙선교회 지도자로 급속히 부상한 뒤플레시는 잡지 「트루스터」(Trooster, 위로자)를 편집했고, 몇 지역회에서 일한 후, 1936년에서 1947년까지 교단에서 두 번째로 높은 직책인 총무(general secretary)로 섬겼다.

영국 오순절 전도인 스미스 위글스워스(Smith Wigglesworth)가 요하네스버그(Johannesburg)에서 열린 사도신앙선교회 연례 대회의 주강사로 와서, 뒤플레시가 앞으로의 부흥사역에서 핵심 역할을 하고 그의 사역이 전 지구적으로 펼쳐지리라고 예언한 것이 1936년이었다. 1947년 5월에 취리히(Zurich)에서 오순절세계대회(Pentecostal World Conference, PWC)가 설립되고, 뒤플레시가 조직 총무로 임명되면서 이전의 사도신앙선교회의 직책을 내려놓게 되었다. 그러나 대회가 총무에게 예산과 사무실 비용을 지급하지 못하자, 1948년 뒤플레시는 가족과 함께 미국으로 이주한 후 수년간 여러 오순절 진영을 순회했다.

그는 테네시(Tennessee) 클리블랜드(Cleveland)의 리대학(Lee College, 지금은 University)의 선교학 강사(1949-1951)와 코네티컷(Connecticut)의 스탬퍼드복음태버너클(Stamford Gospel Tabernacle) 목사(1951-1952)로, 극동방송(Far East Broadcasting Company, 1952-1954) 직원으로, 텍사스 댈러스의 치유의소리협회(Voice of Healing association) 조직 총무(1956-1959)로 일했다. 1955년에는 사도신앙선교회에서 하나님의성회(Assemblies of God)로 소속을 바꾸었다. 오순절세계대회와 함께 사역한 마지막 기회는 1958년 토론회대회였다. 1968년에 뒤플레인과 그의 아내는 미국 시민권을 획득했다.

스탬퍼드(Stamford)에 살면서 여전히 오순절세계대회의 총무로 일하고 있던 1951년에 뒤플레시는 뉴욕시 소재 전미교회협의회(NCC) 본부를 예고도 없이 방문했다. 냉담한 반응을 예상했던 뒤플레시는 오히려 따뜻한 환영을 받았다. 여기서 전미교회협의회 지도자들을 만난 그는 곧이어 세계교회협의회(WCC) 지도자들도 만나게 된다. 그리고 이전에 주류교회와 지도자들을 비판했던 뒤플레시의 태도는 이제 바뀌었다. 그는 프린스턴신학교(Princeton Theological Seminary) 총장이자 국제선교협의회(International Missionary Council, IMC) 의장인 존 A. 맥케이(John A. Mackay) 및 빌렘 비서트 후프트(Willem Visser't Hooft)와 레슬리 뉴비긴(Lesslie Newbigin)의 친구가 되었다. 이들에게서 그가 발견한 것은 신실한 믿음과 기독교인의 일치를 위해 일하는 헌신이었다. 근본주의자들, 전미복음주의협회(National Association of Evangelicals) 지도자들, 오순절 교단 중직들의 비판이 점점 거세졌음에도 불구하고, 뒤플레시는 에큐메니컬 진영과의 관계를 더 확장하기 시작했다. 이 활동으로 그는 오순절세계대회 지도자 자리를 잃어야 했다. 점점 더 넓어진 관계망을 통해 그는 오순절 영성의 생생한 증인 역할을 해 나갔다. 세계교회협의회(WCC)의 첫 여섯 차례 총회 참석, 미국과 유럽의 영향력 있는 신학자들 대상의 오순절운동 소개 강연, 독일 윌링엔(Willingen)에서 열린 1952년 국제선교협의회(IMC) 총회 연설이 이어졌다.

후에 그는 제2차 바티칸공의회(1963-1965) 세 번째 회기에 오순절교회를 대표하는 비공식 참관인이 되었고, 세 교황(요한 23세, 바오로 6세, 요한 바오로 2세)과도 친구가 되었다. 여러 다른 전통의 교회 지도자들에게 뒤플레시는 그들이 만난 첫 오순절교인이었다. 그는 그들에게 전 세계에서 역동적으로 성장하는 운동을 관찰할 수 있는 창문을 제공했다. 1976년에 미네소타 칼리지빌(Collegeville) 소재 세인트존스대학교(St John's University)가 수여한 팍스크리스티(Pax Christi)상, 1983년에 요한 바오로 2세가 수여한 베네메렌티(Benemerenti)상 등 수많은 상을 받는 명예를 누리기도 했다.

뒤플레시는 갱신운동으로서의 오순절운동의 상징적 존재였다. 은사주의운동이 주류 개신교와 로마 가톨릭교회에서 1960년대에 시작된 후 1970년대에 교회와 교단의 장벽을 넘어 전 교회를 휩쓸자, 그는 이 운동의 참여자들에게 자기 교회를 떠나지 말고 성령의 소생케 하시는 역사의 증인으로 그 안에 머물러 있으라고 권했다.

그러나 에큐메니컬 조직에서 활동한 것이 원인이 되어 그는 1962년에 하나님의성회 지도자들로부터 목회권을 박탈당했다. 그러나 목회권은 1980년에 다시 회복되었다. 이 중간 시기에 뒤플레시는 가족이 살고 있던 캘리포니아 오클랜드 소재 제일하나님의성회교회(First Assembly of God Church)에 다녔다. 교단 중직들과의 불화와는 달리, 캘리포니아 산타크루즈(Santa Cruz)의 하나님의성회베다니대학(Bethany College of the Assemblies of God)은 오순절운동과 은사주의 운동에 기여한 바를 높이 평가하여 그에게 명예 신학박사학위를 수여했다. 명목상 로마 가톨릭 국가로 알려진 나라들에 오순절교회를 통해 오순절운동이 성장하고 은사주의운동이 등장한 덕에, 1972년에 세계 로마 가톨릭과 고전적 오순절 교회의 대화(Roman Catholic and Classical Pentecostal Dialogue)의 자리가 마련되었다.

뒤플레시가 더 이상 세계오순절대회의 지정 대변인이 아니었음에도 불구하고, '교황청 기독교 일치 촉진 평의회'(Pontifical Council for Christian Unity)와 오순절의 국제자치위원회의 후원 아래 연례 대화 모임이 조직될 때, 가톨릭교회의 킬리언 맥도넬(Kilian McDonnell) 사제와 함께 뒤플레시가 이 일을 진행할 수 있었던 것은 그의 국제적인 명성 때문이었다. 오순절 대표단에는 고전적 오순절 교단들의 공식 대표들과 비공식 참여자들이 함께 있었다. 지속된 신학 및 선교학 대회와 보고서들은 뒤플레시가 에큐메니컬 연합에서 이룬 업적이 얼마나 찬란한지를 보여 주는 증거이다. 뒤플레시는 후원자들에게 소식지를 보내 자기 활동을 보고했고, 설교를 오디오 테이프로 만들어 배포함으로써 영향력을 전 세계로 확장했다. 그는 자서전적 묵상집 『성령께서 가라 하셨다』(*The Spirit Bade Me Go*, 1961, 1970)와 『미스터 오순절이라 불린 사람』(*A Man Called Mr. Pentecost*, 1977), 실제적인 영적 교훈을 담은 『단순하고 심오한』(*Simple and Profound*, 1986)을 출간했다.

데이비드 뒤플레시는 1987년 2월 2일에 사망했다. 그와 관련된 자료는 캘리포니아 패서디나의 풀러신학교 '데이비드 J. 뒤플레시 기독교 영성 센터'(David J. du Plessis Center for Christian Spirituality)에 보관되어 있다.

참고문헌 | A. Bittlinger, *Papst und Pfingstler: der römisch katholisch-pfingstliche Dialog und seine ökumenische Relevanz* (Frankfurt am Main: Peter Lang, 1978); M. Robinson, 'To the Ends of the Earth: The Pilgrimage of an Ecumenical Pentecostal, David J. du Plessis (1905-1987)' (PhD dissertation, University of Birmingham, 1987); B. L. Rutherford, 'From Prosecutor to Defender: An Intellectual History of David du Plessis, drawn from the stories of His Testimony' (PhD dissertation, Fuller Theological Seminary, 2000); J. L. Sandidge, *Roman Catholic/Pentecostal Dialogue (1977-1982): A Study in Developing Ecumenism* (Frankfurt am Main: Peter Lang, 1987).

G. B. MCGEE

데이비드 조지(David George, c. 1743-1810])

흑인 침례교 목사이자 교회 개척자. 그는 버지니아 서섹스(Sussex)에서 노예로 태어났는데, 그가 '흑인들에게 아주 나쁜 사람'이라고 묘사한 지역 보안관 소유의 노예였다. 조지는 '거칠고 잔혹한' 대우를 받았지만, 가장 고통스런 경험은 어머니와 친형제가 채찍에 맞는 끔찍한 장면을 보는 것이었다. 열아홉 살 무렵에 조지는 탈출해서 남쪽으로 달아났지만 처음에는 조지 갤핀(George Galphin)을 위해 일했던 조지아(Georgia)의 '크릭 인디언'에게, 다음으로는 '나우치(나체즈) 인디언'에게 붙잡혔다. 갤핀은 사우스캐롤라이나 실버블러프(Silver Bluff)에 규모가 큰 무역 기지를 갖고 있었다. 조지는 3년간 사슴 가죽 화물을 수백 마일 떨어진 기지로 운송하는 변경 개척자(frontiersman)로 갤핀을 섬겼다. 후에 갤핀은 실버블러프(Silver Bluff)로 이동해서 거기서 '그를 기다리게' 해 달라는 조지의 소망을 들어주었다. 4년 후 조지는 결혼했다.

갤핀이 소유한 노예들에게는 교회에서 예배를 드리는 것이 허락되지 않았지만, 첫 아이가 태어난 직후 조지는 교회에 나갈 수 있게 되었다. 침례교 순회전도자들의 사역을 통해 조지와 그의 아내 필리스(Phillis), 다른 여섯 명의 노예가 회심하고 침례를 받았다. 이들이 교회를 조직함으로써(대략 1773) 미국 최초의 흑인 침례교회가 탄생했다. 순회전도자들의 격려를 받은 조지는 예배에서 기도와 '권고'(exhort)를 시작하고, 장로가 되었다. 이후에 백인 아이들에게 읽기를 가르쳐 달라고 부탁했고 곧 글을 읽을 수 있게 되자 기뻐했다.

"이제 내 성경을 읽을 수 있게 되었다. 내 마음 속에 있는 것을 다시 성경에서 볼 수 있다."

순회설교자들의 방문이 없는 시기에 조지는 30명으로 구성된 회중에게 설교했는데, 미국혁명이 일어나 순회설교자들의 이동이 어려워지자, 식민지 시대 미국 최초의 흑인 침례교 목사가 되었다. 영국이 조지아의 서배너(Savannah)를 차지하고 내륙 더 깊숙이까지 진출하자, 갤핀은 노예들을 버리고 달아났다. 조지와 그의 양 떼는 실버블러프를 떠나 영국인에게 합류했다. 혁명이 끝나자, 조지와 필리스와 아이들은 수천 명의 영국 충성파들(British loyalists)과 함께 미국에서 추방되었다.

캐나다 노바스코샤(Nova Scotia)에 도착한 3,550명의 흑인 충성파 중에서 1,500명이 핼리팩스(Halifax) 남쪽의 쉘번(Shelburne) 지역에 정착했다. 조지는 도착하자마자 야외 집회를 열었는데, "마치 저녁을 먹으러 오는 것처럼 사람들이 한 달간 매일 저녁마다 설교를 들으러 몰려들었다"라고 기록했다. 그는 회심자들에게 침례를 베풀고, 그들을 회중으로 조직한 다음, 교회 건물을 세웠는데, 이것이 캐나다 최초의 흑인 침례교회였다. 그러나 백인들의 반대가 심해지면서 조지는 직업을 잃은 군인에게 공격당하기도 하였고, 근교 흑인 정착지 버치타운(Birchtown)으로 떠나라는 강요까지 받았다.

1784년에 쉘번(Shelburne)으로 돌아온 조지는 예배당과 사역을 되찾았다. 명성이 높아지면서 그는 먼 도시에서도 정기적으로 초청받았다. 설교하고 침례하기 위해 200마일이나 떨어진 뉴브런즈윅(New Brunswick)의 세인트존(St John)에도 갔다. 다시 반대가 거세지자, 조지는 정부로부터 '흑인에게 지식을 가르쳐 기독교 신앙을 실천하게 만들라'는 허가서를 받았다. 그가 설립한 교회는 일곱 개에 달했고, 흑인 설교자, 백인 설교자를 막론하고 다른 어떤 설교자보다 그를 따르는 추종자가 더 많았다.

그러나 흑인 충성파들은 열악한 생활 환경에 점점 불만이 쌓였다. 이들 중 3분의 1만 약속받았던 땅을 받았지만, 그마저도 백인이 받은 것보다 작은 경우가 많았다. 또한, 흑인은 약속된 정부 지원도 백인보다 적게 받았다. 이에 흑인 정착자들은 영국군 하사관으로 복무한 토마스 피터스(Thomas Peters)를 잉글랜드로 보내 이 사건을 정부에 호소하게 했다. 잉글랜드의 시에라리온회사(The Sierra Leone Company)가 이 청원에 관심을 보였다. 이 회사는 노예제도 폐지에 헌신한 박애 자선 단체였고, 근래에 서아프리카 시에라리온에 노예가 없는 식민지를 건설하려다 실패한 경험이 있었다. 이 사업은 헨리 손턴(Henry Thornton), 토마스 클락슨(Thomas Clarkson), 그랜빌 샤프(Granville Sharp), 윌리엄 윌버포스(William Wilberforce) 같은 많은 저명한 복음주의자들이 이끌고 있었다. 이들은 피터스의 호소를 자신들의 이상 실현을 다시 한 번 시도해 볼 좋은 기회로 여겼다. 청원서가 정부에 제출되었고, 정부는 자유 흑인들을 시에라리온으로 실어갈 비용을 지불하는 데 동의했다. 회사는 노바스코샤로 가서 아프리카행 승선과 항해를 관장하는 책임자로 토마스 클락슨의 형제 존 클락슨(John Clarkson) 대위를 임명했다.

1791년 10월에 핼리팩스에 도착한 존 클락슨은 시에라리온 이주를 홍보하는 광고를 내고 배를 빌리고 이주자를 모집하기 위해 흑인 정착지역을 순회했다. 결과는 예상했던 것 이상이어서, 두 주 만에 수백 명의 흑인이 핼리팩스 항구로 모였다. 12월 중순이 되자 천 명이 도착했다. 새로운 식민지에서 핵심 역할을 하게 될 조지도 이민을 선택했고, 그의 교인 대부분도 조지를 따랐다. 같은 선택을 한 흑인 목사 세 명(하나는 웨슬리파감리교인이었고, 나머지 둘은 헌팅던 백작부인 교단[Countess of Huntingdon's Connexion] 소속이었다)과 이들이 목회하던 교회의 교인들 일부도 동행했다. 당시 조지를 '군건한 친구'로 생각하고 있던 클락슨은 조지를 핼리팩스에 도착하는 이들에 대한 제반 사항을 책임질 세 명의 충성파 중 하나로 임명했다.

마침내 1792년 1월 15일에 배 열다섯 척에 나눠 탄 흑인 1,196명이 시에라리온으로 떠났다. 이 여행은 자유인인 흑인이 대서양을 횡단한 여정 중 최대 규모로 역사에 남았는데, 뉴브런즈윅과 노바스코샤 전체 흑인 충성파 인구의 약 3분의 1을 차지했다. 프리타운(Freetown)에 내린 조지는 즉각 예배 인도를 시작했다. 전도 설교로 회심, 침례에 이어 최초의 아프리카 침례교회인 단조로운 예배용 건물이 지어졌다. 첫 해 말에 조지는 잉글랜드 방문 기회를 얻었다. 6개월 동안 머물면서 그는 기독교 지도자들을 만나고, '좋은 사람'으로 평가한 존 뉴턴(John Newton)과 잠시 함께 지내고, 여러 침례교회에서 설교하고 강연했다.

존 리펀(John Rippon)은 그가 발행한 「뱁티스트 애뉴얼 리지스터」(*Baptist Annual Register*)에 조지와의 흥미진진한 인터뷰 내용을 실었다. 이 가슴을 울리는 이야기는 식민지 시대 미국 노예제도의 참혹한 현실을 체험자가 직접 전달한 비길 데 없는 증언이었다. 아프리카로 돌아간 조지는 시에라리온 침례교인과 잉글랜드 침례교인을 잇는 주요 고리가 되었고, 그의 편지들은 「뱁티스트 애뉴얼 리지스터」에 실렸다. 이 편지에 잉글랜드침례교선교회(BMS)가 자극을 받아 그들의 첫 번째 아프리카 선교지로 시에라리온을 선택했다. 첫 선교사들인 제임스 로드웨이(James Rodway)와 제이콥 그릭(Jacob Grigg)이 1795년에 도착했지만, 2년이 채 못 되어 모험은 실패로 돌아갔다. 로드웨이는 자주 아팠고, (후에 잉글랜드의 '클라팜당'[Clapham Sect]과 연관을 맺게 되는) 식민지 총독 재커리 매콜리(Zachary Macaulay)는 그릭이 정치 문제에 개입하자 그에게 아프리카를 떠나라고 명령했다.

불행하게도, 정착 초기 단계의 특징은 끝없는 갈등의 연속이었다. 혹독한 날씨 덕에 정착자와 공무원이 사망하자 자산을 정착자에게 분배하는 일이 지연되었고, 정부 정책도 논쟁거리가 되었다. 자주 정부 편에 선 조지는 자신의 영향력을 식민지에서 일어난 간헐적인 소요를 잠재우는 데 활용했다. 그러나 이런 억압 때문에 더 급진적인 정착자들이 침례교회를 떠났고, 조지가 1810년에 사망하자, 한때 식민지에서 가장 큰 교단이었던 침례교는 가장 작은 교단으로 전락했다. 아프리카 이주가 기대했던 것만큼 성공적이지는 않았음에도 불구하고, 오늘날 노바스코샤 사람들은 목회 지도력과 수많은 장애를 이겨 낸 그 능력 때문에 조지를 기리고 있다.

참고문헌 | G. Gordon, *From Slavery to Freedom: The Life of David George, Pioneer Black Baptist Pastor* (Hantsport, Nova Scotia: Lancelot Press, 1992); G. A. Rawlyk, 'David George (1743-1810): Black Nova Scotian New Light Baptist,' in *The Canada Fire: Radical Evangelicalism in British North America, 1775-1812* (Montreal: McGill-Queens University Press, 1994), pp. 33-43; J. Walker, *The Black Loyalists: The Search for a Promised Land in Nova Scotia and Sierra Leone, 1783-1870* (New York: Africana and Dalhousie University Press, 1976).

G. GORDON

데이비드 크리스토퍼 나이트 왓슨(David Christopher Knight Watson, 1933-1984)

성공회(Anglican) 사제이자 복음주의자. 그는 1933년 3월 7일 요크셔 캐터릭(Catterick, Yorkshire)에서 갓프리 왓슨(Godfrey Watson)과 페기 왓슨(Peggy Watson) 사이에서 태어났다. 아버지는 크리스천사이언스(Christian Science)에 심취해 있었으나, 아버지의 죽음 이후 이 가족은 잉글랜드국교도가 된다. 데이비드 왓슨은 베드퍼드학교(Bedford School)와 버크셔(Berkshire)에 있는 웰링턴대학(Wellington College)에서 공부했다. 데이비드 왓슨은 학교에서 좋은 성적을 받긴 했으나, 기독교에 대해서는 전혀 관심이 없었다. 또한, 군복무 이후, 스스로를 인본주의자이자 무신론자로 묘사했다.

그러나 데이비드 왓슨은 케임브리지의 세인트존스대학(St John's College)에 있는 동안 그리스도에게 짧은 서원을 했으며, 그 후 대학생기독인연합(Inter-Collegiate Christian Union)에서 활동하기 시작했다. 1957년에는 학사학위를, 1961년에는 석사학위를 취득했다. 학생으로서 그는 도어셋(Dorset) 소재 아이워니 민스터(Iwerne Minster)에서 E. J. H. 내시(E. J. H. Nash)가 이끈 '배시캠프'('배시'는 '내시'의 애칭-역주)에 참석하기 시작했다. 기숙형 사립학교(public school, 영국, 특히 잉글랜드에서 public school은 공립학교가 아니라 기숙형 사립학교이다-역주) 소년들에게 전한 그들의 간단하면서 직접적인 복음 전달 방식은 데이비드 왓슨이 의사소통자로서의 능력을 발전시키는 데 많은 도움을 주었다. 이 능력과 그의 구성력이 함께 어우러져, 데이비드 왓슨은 후에 영향력 있는 교회 지도자가 되었다.

케임브리지 리들리홀(Ridley Hall)에서 훈련받은 데이비드 왓슨은 부제(deacon)로 1959년에 안수를 받고, 1960년에 사제(priest)로 안수받는다. 그의 첫 두 번의 사역 상황은 대조적이었다. 첫 번째 사역지는 길링엄(Gillingham)의 세인트마크스교회(St Mark's Church)였는데, 거기서 일하는 동안 은사주의적 갱신 경험을 하기 시작했다. 두 번째는 1962년도부터였는데, 사역지는 '둥근 교회'로 알려진 케임브리지의 성묘교회(Holy Sepulchre: the Round Church)였고, 여기서 그의 재능이 널리 퍼지기 시작했다. 1964년에 그는 엘리자베스 앤 매큐언 스미스(Elizabeth Anne MacEwan Smith)와 결혼하고 슬하에 두 자녀를 두었다.

1965년 데이비드 왓슨은 요크 피어숌그린의 세인트컷버츠(St Cuthbert's, Pearsholm Green, York)에서 교구 담당 부사제가 된다. 그의 목표는 분명했다. 복음을 선포하고 성령의 사역에 대한 은사주의적인 이해를 발전시키는 것이었다. 데이비드 왓슨의 열심, 강해 설교와 기도로 그 교회는 살아 있고 생동감 있는 공동체로 변화되었다. 결국 건물이 인원을 수용할 수 없는 상황이 되자, 1973년에 요크민스터(York Minster) 건너편 세인트마이클-르-벨프리(St Michael-le-Belfrey)로 이주했다.

전체 교인 중 2/3는 도시와 카운티에 있는 다른 교회에서 왔고, 1/3은 새신자였다. 교회는 데이비드 왓슨과 그의 가족을 포함해서, 다수의 가족 공동체 사역을 실험적으로 시도했다. 교회 안에 공동 리더십이라는 형식이 개발되었고, 이 리더십에는 사제, 드라마 및 춤 실력자, 재능 있는 연주자 등이 포함되어 데이비드 왓슨의 특별한 은사를 뒷받침해 주었다. 1978년과 1983년 사이에 데이비드 왓슨은 5개 대륙 58개 선교지를 관장했다. 대학, 사립학교, 감옥 등에서 선교사역이 이뤄졌고, 몇몇 선교지에서는 도시 전체를 대상으로 한 '찬송 축제'(Festivals of Praise)가 벌어지기도 했다. 데이비드 왓슨은 『나는 전도를 믿는다』(I Believe in Evangelism, 1977)와 『나는 교회를 믿는다』(I Believe in the Church, 1978) 등의 책을 저술했다. 데이비드 왓슨이 목회하던 교회에 대한 보고서는 다음과 같이 결론을 맺는다.

"세인트마이클-르-벨프리는 일반적인 성공회 교회가 아니었다. 이 교회는 특별한 은사를 가진 한 사람, 그리고 자신들의 믿음과 비전을 가지고 모이는 가족들, 그리고 도시와 관할 교구에 속해 있던 교회들이 겪었던 특별한 시기뿐만 아니라 70년대 잉글랜드 사회의 발전 등을 한꺼번에 보여 주었던 대표적 교회였다."

이 교회가 거둔 성공 대부분은 데이비드 왓슨에게서 기인했다. 그는 자비롭고, 매력적이고, 열려 있었으며, 상류 중산층 출신으로 사립학교 교육을 받았던 배경이 설교에서 자연스럽게 드러났다. 동시에 데이비드 왓슨은 자신의 약점과 연약한 부분을 숨김없이 드러냈다. 1960년대 중반부터 천식으로 고생했으며, 우울증으로 심신이 쇠약해졌다. 데이비드 왓슨이 특히 강조했던 것은 복음전도, 갱신, 화해였다. 그는 이런 요소들을 특히 아일랜드, 남아프리카에서, 그리고 은사주의자와 비은사주의자 간의 관계에서 강조했다. 데이비드 왓슨은 논쟁가는 아니었다. 로마 가톨릭과 동역하는 일을 준비하기도 했는데, 데이비드 왓슨이 교회 역사에서 그리스도의 몸을 둘로 나눈 가장 큰 비극 중 하나로 종교개혁을 언급했을 때 복음주의자들은 우려를 표명하기도 했다.

데이비드 왓슨은 사역의 범위를 확장하기 위해 1982년 런던으로 이주했다. 이후 그는 자서전 『당신은 저의 하나님이십니다』(*You are My God*, 1983)를 출판하고 같은 해 암 선고를 받았다. 1983년 4월, 그는 '치유 사례'(A Case for Healing)라는 제목으로 감동적인 BBC 라디오 인터뷰를 했다. 같은 해 데이비드 왓슨은 자신의 사후에 출판된 『악을 두려워하지 말라』(*Fear No Evil*, 1984)를 저술했다.

데이비드 왓슨은 1984년 2월 18일에 런던에서 생을 마감했다. 추모 예배가 많이 열렸는데, 가장 큰 규모는 요크민스터와 런던 세인트폴대성당(St Paul Cathedral)에서 열렸다. 그때에 대해서 글을 쓴 당시 캔터베리 대주교 로버트 런시(Robert Runcie)는 다음과 같이 표현했다.

"지난 20년간 성공회교회의 역사를 가만히 살펴 본 사람이라면, 누구라도 데이비드 왓슨의 영향력이 어땠는지를 알 수 있을 것이다. 그를 통해 많은 사람이 신앙으로 나아왔고, 그의 사역을 통해 많은 사람이 신앙을 새롭게 가다듬었다. 그의 삶과 사역이 하나님의 복을 받은 것이 분명해 보인다."

참고문헌 | E. England (ed.), *David Watson: a Portrait by his Friends* (Crowborough: Highland, 1985); T. Saunders and H. Sansom, *David Watson: a Biography* (Sevenoaks: Hodder & Stoughton, 1992).

A. F. MUNDEN

도널드 그레이 반하우스(Donald Grey Barnhouse, 1895-1960)

근본주의 목사이자 미국장로교 복음주의 지도자. 그는 1895년 3월 28일에 캘리포니아 왓슨빌(Watsonville)에서 태어났으며 원래는 감리교회에 다녔다. 아버지 시어도어 반하우스(Theodore Barnhouse)는 목수이자 독립 계약자였다. 어머니 제니 카마이클 반하우스(Jennie Carmichael Barnhouse)는 의지가 강한 인물로, 도널드 반하우스의 신앙에 큰 영향을 끼쳤다. 15살 때, 도널드 반하우스는 기독교면려회(Christian Endeavor) 집회에 참석해서 영생의 '확신'을 받아들였다. 이후 그는 목사 소명을 받았다고 느꼈다. 1912년에 로스앤젤레스성경학교(BIOLA)에 들어가 D. L. 무디(D. L. Moody)와 초기 동료이자 유명한 전도자였던 R. A. 토레이(R. A. Torrey)의 영향 아래 들어갔다. 예수님의 재림에 대한 토레이의 세대주의적 접근이 도널드 반하우스의 종말론 형성의 토대가 되었다.

그 후 그는 시카고대학교(University of Chicago)에 들어갔다가, 그 학교의 자유주의 분위기를 수용할 수 없어서 1915년에 프린스턴신학교(Princeton Theological Seminary)로 전학했다. 2년 후에 프린스턴신학교에서 학위를 얻지 못한 채 떠났지만, 자신과 다른 견해를 주장하는 교수들에게 도전하기를 결코 주저하지 않는 논쟁가로 명성을 떨쳤다. 프린스턴신학교를 떠나며 도널드 반하우스는 육군통신대(Army Signal Corps)에 입대해 중위까지 올랐다. 전쟁이 끝나자 1919년부터 1921년까지 벨기에복음선교회(Belgian Gospel Mission)에서 일하며 벨기에성경학교(Ecole Biblique de Belgique) 설립을 도왔다. 그 후 프랑스에서 2년간 알프스 지역의 두 개혁교회에서 목사로 일했다.

1922년 그는 선교사 룻 티파니(Ruth Tiffany)와 결혼해서 네 자녀를 낳았다. (Ruth Tiffany는 1944년에 암으로 사망했다). 1925년에 아내와 함께 미국으로 돌아간 도널드 반하우스는 펜실베이니아대학교(University of Pennsylvania)에서 공부하고 그레이스장로교회(Grace Presbyterian Church) 목사로 섬겼다. 1927년에는 필라델피아 제십장로교회(Tenth Presbyterian Church) 목사가 되어 죽을 때까지 봉직했다. 이후에도 계속 교육을 받았는데, 1927년에 이스턴침례신학교(Eastern Baptist Theological Seminary)에서 신학석사학위를 받았다. 1933년에는 댈러스신학교(Dallas Theological Seminary)에서 명예신학박사학위를 받았다. 1952년에는 프랑스 엑상프로방스신학교(Aix-en-Provence Seminary)에서 신학박사학위를 받았다. 이 학교는 프랑스 개혁교회 작은 일파가 설립한 신학교였다.

목사로서 도널드 반하우스는 성경본문을 조밀하게 분석하고 묵상한 결과로 나온 강해 설교로 곧 유명해졌다. 예를 들어, 그는 3년 이상 오직 로마서만을 설교하는 데 보냈다. 그는 주제 설교를 주로 비판했는데, 이는 그가 특정 구절은 '성경 전체'와 연결되는 것이 더 낫다고 생각했기 때문이었다. 그는 일반적인 주일 저녁 예배를 초저녁 기도회로 바꾸었는데, 처음에는 지역 방송에서 궁극적으로는 전국 방송이 되었고, 이로 인해 주일 밤 설교를 다른 곳에서도 할 수 있었다. 1949년에 그의 라디오 방송 프로그램은 NBC를 통해 100개 이상의 방송국으로 송출되는 '바이블 스터디 아워'(Bible Study Hour)가 되었다. 방송이 송출되는 방송국 숫자는 1960년 그가 사망할 즈음에는 455개로 늘었다. 라디오 방송이 성공함에 따라 전국의 성경 집회 및 여러 모임에서도 유명 인사가 되었다.

1931년, 도널드 반하우스는 복음주의 잡지 「레벌레이션」(Revelation)을 발간하여, 자신과 다른 복음주의 설교자들의 설교와 연구, 주석과 경건한 글을 실었다. 1950년에는 새로운 편집진을 대거 발굴하여 또 하나의 잡지 「이터니티」(Eternity)의 편집자가 되었다. 그는 강의 교사로 널리 알려져서, 강의하러 방방곡곡 돌아다녔다. 이런 활동 때문에 제십장로교회를 비울 때가 많았다. 논란이 없지는 않았지만, 그가 강단을 지속적으로 비운 일을 대체로 교인들은 이해해 주었다. 이 문제 때문에 교회를 떠난 교인도 있었다. 그럼에도 불구하고, 도널드 반하우스의 이 사역이 더 늘어났기 때문에 그의 일정과 활동, 교회 일을 도울 직원을 50명 이상 둔 적도 있었다. 1955년, 그는 자신이 30년이 넘는 기간에 걸쳐 평균적으로 매주 여섯 번 밤 예배 설교를 했는데, 이를 합하면 총 12,000번이 넘는다고 기록했다.

신학적으로, 도널드 반하우스는 개혁파 전통 내부의 세대주의적 근본주의자였다. 그는 하나님의 주권과 선택을 강조했고, 제십장로교회 강단에서 '초대'나 강단 앞으로 나오라는 요청 등을 허락하지 않았다. 그는 교회가 사회를 '기독교화'하기 위해 부름받은 것이 아니라 사회를 '복음화'하라고 부름받았다고 믿었기 때문에, 사회복음을 반대했다. 사회적 행동을 취해야 한다는 데는 동의했으나, 이것은 오직 개인의 믿음의 결과로 나타나야 하는 것이라 믿었다. 비록 저주받은 자의 영원한 형벌을 인정하기는 했지만, 이것이 반드시 실제 지옥의 불에서 벌을 받는 것이어야 한다고는 생각하지 않았다.

근본주의자였던 그는 세 가지 근본 교리를 주장했다. 즉 삼위의 제2위로서의 그리스도의 성육신, 인류의 구원에 필수적인 요소로서의 그리스도의 죽음과 부활, 하나님의 무오한(inerrant) 말씀으로서의 성경의 무류한(infallible) 영감이었다. '종말'과 관련하여, 도널드 반하우스는 특히 예레미야, 다니엘, 에스겔, 요한계시록에 나오는 본문들에 기반을 두고, 그리스도의 재림에 대한 자신만의 세세한 관점을 발전시켰다. 그의 종말 예측에는 다음과 같은 내용이 들어 있었다.

첫째, 유대인이 성지를 되찾고 이집트에서 흑해(Black Sea)에 이르는 지역을 통제할 것이다.

둘째, 유럽 국가들이 한 명의 지도자를 우두머리로 하는 연합을 만들게 되는데, 그 우두머리가 적그리스도로 인정되는 인물일 것이다. 참된 교회가 세상을 떠나 휴거되고, 조직된 종교가 적그리스도와 연합하여 세상을 통제하기 위해 이 땅에 남겨질 때 대환란이 일어날 것이다.

셋째, 남아 있는 나라들의 지도자격인 러시아가 팔레스타인의 아마겟돈 지역에서 유럽 연합국가에 대항한 공격을 주도하게 되는데, 이 전쟁으로 예수 그리스도의 재림이 촉발될 것이다. 그리스도께서 지상의 모든 군대를 쳐부수고 악마를 영원토록 결박하실 것이다.

그러나 많은 전통적인 세대주의자들과는 달리, 도널드 반하우스는 그 시대의 교회가 거짓 교회라거나 참된 신자들은 이런 교회에서 분리되어 나와야 한다고 주장하지는 않았다. 따라서 그는 C. I. 스코필드(C. I. Scofield), J. 그레샴 메이첸(J. Gresham Machen), 칼 매킨타이어(Carl McIntire) 같은 근본주의적 분리파들과는 연대하지 않으려 했다. 자유주의와 굽히지 않는 보수주의에 대한 도널드 반하우스의 노골적인 비판으로 인해 필라델피아 지역의 장로교 내부에서 논쟁이 벌어졌다. 1929년, 필라델피아노회(Philadelphia presbytery)에 속한 목사 17명이 도널드 반하우스를 교회에 분열과 불신을 조장한다는 이유로 고소했다. 결국, 펜실베이니아대회(synod of Pennsylvania)가 임명한 재판위원회가 조직되어, 거짓 증언과 안수 서약 위반으로 유죄가 선고되었다. 노회는 '당신이 저지른 악행에서 떠나라'고 명령하며 그에게 단지 '권고'만 했다. 이 논쟁으로 좌파에 속한 많은 장로교 동료들과의 관계가 소원해졌고, 동시에 북장로교(PCUSA)를 떠나기를 거부함으로써 많은 근본주의자들에게서도 고립되었다.

도널드 반하우스의 사회관은 그가 가진 보수 신학의 결과였다. 그는 결혼한 여자는 집에 머물러야 하고, 남편에게 순종해야 하며, 아이들을 신앙으로 양육해야 한다고 믿었다. 도널드 반하우스 부부는 아이들을 집에서 교육시키며 다른 아이들과의 접촉을 차단했다. 심지어 교회 아이들과도 만나지 못하게 했는데, 교회의 다른 집 아이들이 자신이 가진 교육 철학과 동일한 것으로 아이들을 양육하고 있는지 확신하지 못했기 때문이다. 그는 어떤 상황에서도 이혼과 재혼은 허락할 수 없다고 했지만, 그의 네 자녀 중 셋은 이혼했다. 자식들이 겪은 경험을 고려하면서, 그는 이혼이 '용서받을 수 없는 죄는 아니라고' 주장하며 그의 이혼관을 완화시켰다. 전 사역 기간에 걸쳐 그는 인종주의, 공산주의, 로마 가톨릭교회를 반대하기도 했다.

그러나 목회를 마무리하는 시점에 이르면서 도널드 반하우스는 자신이 오래도록 반목했던 이들과의 관계를 점차 회복했다. 1953년에 발표한 신년 결심은 비록 여전히 보수신학을 신봉함에도 불구하고, 이전에 그가 지녔던 보수주의 입장이 변했다는 것을 보여 준다. 그는 자신이 이전에 그토록 열정적으로 수호한 바른 교리에 대한 집착이 사람들을 고약하게 대하고 그들에게 깊은 상처를 입혔다고 인정했다. 또한, 기독교인 간 협력 활동을 더 촉구하고, 심지어 근본주의자의 비판의 표적이던 세계교회협의회(WCC)에 대해서도 좋은 활동을 많이 한다는 이유로 칭찬하기 시작했다. 그의 에큐메니컬 노력은 제칠일안식일예수재림교회와 오순절파에까지 확장되었다. 이 둘은 종종 자유주의자와 보수주의자 양편에게 외면 받는 종파들이었다.

그러나 그는 오래도록 믿어 온 교리적 입장을 타협하지는 않았고, 1950년대에는 자주 일신론자(유니테리안), 만인구원론자, 크리스천사이언스, 여호와의증인 등 그의 생각에 참된 그리스도의 교회의 일원이 될 수 없다고 생각되는 종파들을 비판했다. 또한, 그는 윤리학자 라인홀드 니버(Reinhold Niebuhr), 퀘이커교도인 엘턴 트루블러드(Elton Trueblood), 선교사이자 신학자인 앨버트 슈바이처(Albert Schweitzer) 같은 동시대인이 주창한 기독교도 의문시했다.

도널드 반하우스는 지치지 않는 설교자, 두려움 없는 논쟁가였고, 비록 자신의 보수적 확신을 포기하지는 않았음에도, 자신이 속한 근본주의 집단 내부의 우정을 잃을지도 모르는 위험 속에서도 자신의 견해를 분명히 재고하는 의지와 결단이 있는 사람이었다.

참고문헌 | C. A. Russell, 'Donald Grey Barnhouse: Fundamentalist Who Changed,' *Journal of Presbyterian History* 59 (1981); *Dictionary of Christianity in America* (Downers Grove: InterVarsity, 1990); D. G. Barnhouse, 'Can a Sane Man Believe in Hell?,' *Eternity* 11 (June 1960); A. G. Guelzo, 'Barnhouse,' in J. M. Boice (ed.), *Making God's Word Plain* (Philadelphia: Tenth Presbyterian Church, 1979).

B. J. LEONARD

도널드 블뢰쉬(Donald Bloesch, 1928-2010)

미국 신학자로, 엄청나게 많은 책을 쓴 창의적인 복음주의 조직신학자. 그는 1928년 5월 3일에 인디애나 브레멘(Bremen)에서 태어났으며 미국에 사는 독일어권 이민자들에게 파송된 스위스 선교사의 후손이었다. 또한, 북미복음주의대회(Evangelical Synod of North America, 이 교파는 1934년에 미국[독일] 개혁교회[Reformed Church in the United States〈German〉]와 합하여 복음주의 및 개혁파교회(Evangelical and Reformed Church)가 되었다가, 이어서 회중교회[Congregational Christian churches]와 연합하여 연합그리스도의교회[United Church of Christ, UCC]가 되었다) 소속 목사의 아들이었다. 개혁파와 루터교 경건주의 전통의 유산은 평생 블뢰쉬에게 영향을 끼쳤다.

블뢰쉬는 고등학교에 다니던 어린 시절에 복음을 개인적이고 살아 있는 신앙으로 받아들였다. 이 초기 단계에서 그를 형성한 가장 중요한 경험 중 하나는 2년 동안 상당한 수준으로 요리문답과 성경을 공부함으로써 복음주의 및 개혁파교회(ERC)에서 신앙을 고백하고 입교한 것이었다. 고등학교 졸업 후 그는 리처드 니버와 라인홀드 니버를 동문으로 둔 것을 자랑스러워하던 엘름허스트대학(Elmhurst College)에 등록했다. 1950년, 당시 엘름허스트대학을 졸업하면 에덴신학교(Eden Seminary)로 진학하는, 당연시되던 과정을 택하는 대신, 블뢰쉬는 시카고신학교(Chicago Theological Seminary)에 전액장학금을 받고 입학하기로 결정했다.

이 결정의 결과, 그는 알프레드 노스 화이트헤드(Alfred North Whitehead)의 과정철학(process philosophy)을 닮은 자유주의 신학의 한 유형을 접하게 되었다. 키에르케고르, 브룬너, 바르트, 불트만, 틸리히를 읽으며 블뢰쉬의 신학적 관심은 학문 세계 내의 신학 방법론과 담론에서 주도권을 쥐고 있던 현대주의(이성주의) 접근법 너머의 신학 세계로 확장되었다. 미국 복음주의 신학은 이 시기의 그에게 별로 영향을 끼치지 못했다. 그는 미국 복음주의 신학 역시 현대 자유주의 신학과 마찬가지로 해로운 이성주의의 담론 원리를 너무 깊이 공유하고 있다고 믿었다.

1953년에 시카고신학교를 졸업한 후 블뢰쉬는 연합그리스도의교회(UCC) 목사로 안수 받고, 곧이어 시카고대학교(University of Chicago)에서 신학박사 공부를 시작했다. 찰스 핫숀(Charles Hartshorne), 다니엘 젠킨스(Daniel Jenkins), 빌헬름 포크(Wilhelm Pauck), 다니엘 데이 윌리엄스(Daniel Day Williams) 같은 석학들에게 배운 블뢰쉬는 자의식 강하고 성숙한 자유주의 신학의 한 유형을 접하게 되었다. 1956년, 그는 '라인홀드 니버의 변증학 과업의 재평가'에 관한 논문을 성공적으로 방어했다.

이 시기 블뢰쉬는 외할머니의 영향을 받아 영적으로 성장하고 있었다. 할머니의 경건과 자기 손자의 영적 성장에 대한 관심은 지대했다. 시카고대학교의 기독학생회(IVF)에 참여하면서, 블뢰쉬는 순전하고 감동적인 기독교적 교제를 경험할 수 있었다.

추가로, 옥스퍼드대학교(Oxford University)에서 박사 후 과정(1956-1957)을 하는 동안 영국의 성공회-가톨릭파 수도주의의 신앙을 접하면서 큰 감동을 받았다. 예배와 기도를 공유하는 수도사의 삶에서 발견한 순전한 경건의 표현은 그가 주류교회의 영적 갱신을 소망하게 만들었을 뿐만 아니라, 기독교 영성에 대한 그의 지속적인 관심의 근원이기도 했다.

이런 관심은 그의 초기작 『기독교 갱신의 중심』(Centers of Christian Renewal, 1964), 『경건의 위기』(The Crisis of Piety, 1968), 『동서방 기독교 영성』(Christian Spirituality East and West, 1968)에서 드러나며, 후속 작품들 『신구 영성』(Spirituality Old and New), 『성인 교리』(The Doctrine of the Saints), 『십자가의 빛에서 바라본 사랑의 기독교적 의미』(The Christian Meaning of Love in Light of the Cross), 『성결의 역설』(The Paradox of Holiness)에서도 나타났다.

그러나 기독교 영성보다는 조직신학이 블뢰쉬가 교수하고 연구한 주 분야였다. 두 권으로 된 『복음주의 신학의 본질』(Essentials of Evangelical Theology, 1978, 1979)에서, 블뢰쉬는 복음주의자에게 지엽적인 논쟁을 넘어서 고전적 기독교 교리 안에 잠재되어 있는 보화를 재발견하자고 촉구했다. 블뢰쉬 자신의 재발굴(resourcement, 전통의 재발견)의 주요 원천은 터툴리안, 어거스틴, 안셀무스, 루터, 칼빈, P. T. 포사이스(P. T. Forsyth), 바르트, T. F. 토랜스(T. F. Torrance) 등이었다.

1990년 무렵부터 블뢰쉬는 『기독교의 토대들』(Christian Foundations)이라는 제목으로 조직신학 대작을 쓰는 일에 집중했다. 고작 8년 만에 그는 제안 된 일곱 권 중 다섯 권을 출판하는 능력을 보였다. 이 기획물로 그는 당대의 저명한 북미복음주의 신학자 중 하나로 명성을 확보했는데, 이 작품들은 안셀무스의 신학 격언인 '이해를 추구하는 신앙'을 확장시켜 활용한 것이었다.

그는 하나님과 인간 사이의 무한정한 질적 구별을 인정했지만, 그리스도 안에서 이루어진 하나님과 인간의 화해를 더욱 중요하게 강조했다. 그는 계시의 신학을 설명할 때, 하나님을 전능하시고 멀리 계시며 변하지 않으시는 신성으로 이해하기보다는, '우리와 우리의 구원을 위하여' 은혜롭게 세상으로 들어오신 성육신하신 주, 참되신 한 분 하나님으로 이해하려고 했다.

블뢰쉬가 (그의 '조건부 신앙주의'와 개신교 스콜라주의에 대한 반대와 더불어) 이성의 인식론적 기반에 대하여 좀 더 세밀하고 미묘한 설명을 했더라면, 더 나아가 하나님의 말씀과 성경과의 존재론적 관계를 더 철저하게 다루었다면 좋았을 것이다. 그러나 그는 성부의 제한 없는 사랑이 성자 안에서, 또 성자를 통해 성령의 지속적인 역사를 통해 효과적으로 제시되는 '개혁과적이고 복음주의적인 보편성'을 명료하게 주장했다. 그는 복음에 진력한 신학자였다.

참고문헌 | D. J. Adams (ed.), *From East and West: Essays in Honor of Donald G. Bloesch* (Lanham: University of America Press, 1997); E. M. Coyler (ed.), *Evangelical Theology in Transition: Theologians in Dialogue with Donald Bloesch* (Downers Grove: InterVarsity Press, 1999).

M. HUSBANS

도널드 잉글리시(Donald English, 1930-1998)

영국감리교 목사. 그는 목회 경력 대부분을 감리교 내 복음주의운동 지도자로 활약했다. 잉글리시는 유명한 성경 해설가였고 설교자와 전도자로 감리교 내외부에서 초빙을 많이 받았다. 1978년과 1990년에는 영국감리교 총회장이었다. 감리교 내 보수 복음주의자 모임의 창립 의장이었지만, 아마도 감리교 내에서는 1982년부터 1995년에 은퇴할 때까지 감리교국내선교부(Methodist Home Mission Division) 총무로 섬긴 인물로 가장 잘 알려져 있을 것이다.

또한, 세계감리교의회 이사(World Methodist Council[WMC] Executive)로도 수년간 일했고, 1991년부터 1996년까지는 이 단체의 의장이었다. 여왕과 회합하고, 국회의원들을 대상으로 성경공부를 인도하고, 대법원 판사들과 변호사들을 대상으로 연설하는 등 영국 정치 무대에서도 중요한 역할을 했고, 라디오 방송에도 정기적으로 출연했다. 조국에 봉사한 공로를 인정받아 1996년에 '대영 제국 훈작사'(Commander of the Order of the British Empire) 작위를 받았다.

잉글리시는 1930년에 카운티 더럼의 콘셋(Consett)의 감리교 가문에서 태어났다. 리드게이트유아학교(Leadgate Infant School), 델브즈레인유아및초등학교(Delves Lane Infant and Junior School, 1935-1940)를 나오고, 1941년에 콘셋문법학교(Consett Grammar School)에 들어갔다. 프랭크 워드 목사(Revd Frank Ward)의 사역 기간(1942-1947)에 그는 복음의 도전에 응답했다. 지역 설교자였던 '큰' 빌('Big' Bill, 석탄 판매원)과 매트 위검(Matt Wigham)의 간증을 들은 잉글리시는 그들의 경험, 특히 전쟁 시기의 경험에 큰 감명을 받았다. 벤저민 드류

어리(Benjamin Drewery) 목사가 지도하는 소년단(Boys' Brigade)에 가입한 잉글리시는 예수님을 따르기로 결단했다. 18살이 된 잉글리시는 레스터(Leicester)의 유니버시티대학(University College)에 들어가 역사를 전공했다. 기독인연합(Christian Union, CU) 회원이던 그의 신앙은 성장하여 보수 복음주의 신학 입장을 수용하기까지 자랐다. 그는 특히 기독학생회(IVF, 또는 UCCF)가 발간한 책의 영향을 크게 받았다.

잉글리시의 공식 감리교 설교는 학교에서 집으로 돌아온 1949년에 드류어리의 지도하에 시작되었다. 대학으로 돌아간 그는 레스터남부 순회단(Leicester South Circuit)과 시장 구역에서 열린 야외 예배를 통해 설교 경험을 쌓았다.

잉글리시는 기독인연합이 기독학생회의 순회 총무 로널드 램 목사(Revd Ronald Lamb)를 선교회를 이끌 지도자로 초빙했을 당시 선교부 회장이었다. 램은 안수받은 감리교 목사로, 학생들에게 감리교 내부 복음주의운동 단체인 감리교부흥협회(Methodist Revival Fellowship, MRF)를 소개했고, 잉글리시도 이 단체에 가입했다. 1952년에 잉글리시는 기독학생회 집행부의 미들랜즈(Midlands) 지역 대표가 되었다. 이런 운동들은 모두 잉글리시가 일평생 헌신적으로 섬긴 선교단체들이었다. 그는 졸업 후 계속 교사 훈련을 받았다. 대학 재학 중에는 선덜랜드 FC와 레스터시티 FC(둘 다 잉글랜드 프리미어리그 축구팀-역주)에서 훈련받기도 했는데, 이 두 팀은 그에게 모두 프로 축구 선수 계약을 제안했다. 잉글랜드 아마추어 국가대표팀에 도전해 보라는 초청도 받았으나, 주일에 경기를 해야 한다는 것 때문에 거절했다.

병역(National Service, 영국의 징병제로 1962년에 폐지-역주)을 마친 잉글리시는 기독학생회의 순회 총무가 되어 미들랜즈와 잉글랜드 북부에서 사역했다. 그는 대학을 방문하고 선교회를 인도하며 성공적인 사역을 이어 나갔다. 그가 감리교 안수 목회자 소명을 느끼고 후보자가 되는 과정을 밟기 시작한 것이 이때였다. 후보자가 된 후 그는 케임브리지의 웨슬리하우스(Wesley House, 케임브리지대학교 캠퍼스 내에 위치한 감리교신학대학으로 1921년 설립-역주)로 갔다.

여기서 그는 존 스토트(John Stott)와 I. 하워드 마샬(I. Howard Marshall)을 만났다. 2년 후 잉글리시는 케임브리지 트라이포스(Cambridge Tripos, 케임브리지대학교 졸업 우등상-역주)를 받고 졸업했다. 케임브리지를 떠나면서 잉글리시는 헤딩리(Headingly) 소재 웨슬리대학(Wesley College)의 조교수로 임명되었다(1960-1962). 1962년부터 1965년까지는 동부 나이지리아 우무아히아(Umuahia) 소재 유니언신학대학(Union Theological College) 교수로 일했다.

여기서 그는 학생들을 데리고 여러 순회단을 순회하며 선교에 참여하게 했다. 나이지리아에서 돌아온 후에는 1972년까지 컬러코츠(Cullercoats)의 브로드웨이교회(Broadway Church)에서 순회단 목사로 일하다가, 맨체스터(Manchester)의 할리빅토리아대학(Harrley Victoria College) 교수로 임명되었다. 다음해에는 브리스톨(Bristol) 소재 웨슬리대학(Wesley College)으로 이동하여 실천신학과 감리교를 가르쳤다. 1982년에는 감리교 국내선교부 총무가 되었다. 잉글리시는 일평생 교사로 사역하는 동안 전 세계에서 강연 요청을 지속적으로 받았다. 영국과 해외 여러 대학에서 학문적 업적을 인정받아 여러 명예학위를 받기도 했다. 그러나 그는 언제나 자신의 지식이 그저 학문적이기만 한 것이 아니라, 그의 삶을 평가한 누군가가 말했듯, "예수님에 대한 개인적이고 친밀한 열정"과 연관되어 있다고 주장했다. 잉잉글리시는 수많은 영역에 끼친 공헌으로 기억된다. 그는 그리스도의 대변인으로서 큰 영향력을 끼친 국제적 인물이었다. 그러나 그가 가장 가치 있게 평가한 소명의 주 영역은 다음과 같았다.

첫째, 그는 자신이 전도자, 설교자, 성경강해자로 평가받기를 좋아했다. 출발점은 복음의 가르침을 처음 듣거나 그 메시지를 처음 읽은 이들에게 한 구절이 끼친 영향력을 찾아내는 것이었다. 그는 다음으로 그들의 마음과 지성 안으로 들어가려고 노력했다. 또한, 잉글리시는 메시지를 그 메시지를 들은 사람의 상황에 적용해야 한다고 생각했다. 그는 자기 메시지를 그가 설교한 것을 들은 사람의 상황에 맞게 적용하기 위해 크게 고뇌했다. 자신이 한 설교에 대한 반응이 늘 그 자리에서 나타나기를 바랐다. 그 결과, 그가 총회장으로 일하는 동안, 감리교인은 다시 한 번 '제단 초청'(the altar call, 복음설교 후 그리스도를 영접하거나 헌신하기로 결단하는 이들은 앞으로 나오라고 설교자가 요청하는 의식-역주)에 익숙해지게 된다.

둘째, 잉글리시는 저술가로 인정받고 싶어 했다. 레슬리 그리피스(Leslie Griffiths, 감리교 전직 총회장)는 「더 가디언」(The Guardian)에 실린 잉글리시의 추도사에서 저술은 잉글리시가 강했던 분야가 아니었다고 주장했다. 그를 가장 뜨겁게 지지했던 다른 이들도 그를 가장 위대한 창의적인 신학자 반열에 올려놓지는 않았다. 그러나 이런 평가들은 그의 작품의 핵심을 파악하지 못한데서 온 오해다. 잉글리시가 글을 쓴 것은 전해야 할 복음이 있었기 때문이었다. 복음은 시간을 초월하는 것이라고 믿은 그는 뭔가 새로운 것을 만들어 내려 하지 않았다.

그는 이 복음을 사람들이 쉽게 접할 수 있도록 소책자와 안내 책자로 만드는 데 시간을 많이 쏟았다. 심지어 이런 소책자들에도 성숙한 지혜와 건전한 신학 사상이 오롯이 담겨 있었다. 동료 한 사람은 다음과 같이 썼다.

> "근래에는 슬프게도 도널드 잉글리시 수준으로 이 전통을 중재하는 대중적인 인물이 거의 없다."

그리스도께서 소통의 기술을 아주 단순하게 보여 주셨던 것처럼, 주 예수님을 열심히 따른 잉글리시도 자기 메시지가 쉽고 단순하게 전달되기를 갈망했다. 그는 학식을 매우 존중했지만, 이를 복음주의적 열정에 실어 날랐다. 그는 학문적인 작품을 쓸 능력이 있었지만, 언제나 이 학문을 평범한 사람도 즐길 수 있게 하는 데 최선을 다했다.

잉글리시의 많은 저술 중 다음의 것들이 특히 많은 주목을 받았다. 『마가의 메시지』(*The Message of Mark*, 1992)는 학자인 동시에 성경강해자로서의 역량을 보여 준 좋은 사례이다. 출판사가 홍보한 것처럼, '일상의 문제들에 메시지를 적용함으로써' 순수 학문을 '전문가가 아닌 사람도 쉽게 읽을 수 있는 방식으로 기술'하는 능력을 보여 준 것도 바로 이 책이다.

『21세기로 진입하며』(*Into the 21st Century*, 1995)에서 잉글리시는 기독교인이 빠른 속도로 변하는 우리 사회에 대한 대답을 제시해야 한다고 촉구하고, 당면한 이슈들을 정면으로 응시하면서, 그리스도야말로 시간을 초월하여 모든 상황에 적절한 해답임을 보여 주어야 한다고 말했다. 그는 성경과 세상과의 진솔한 대화, 다른 신앙을 가진 사람과 신앙이 없는 사람과의 대화를 요청했고, 이런 도전을 진지하게 다룬다면, "우리는 우리 앞에 있는 예수 그리스도의 발자국을 잘 찾을 수 있을 것"이라 주장했다.

『복음주의 설교신학』(An Evangelical Theology of Preaching, 1996)은 저술가로서 잉글리시가 이룬 업적 중 최고봉으로 평가받았고, '설교의 본질과 상황에 대한 평생의 심사숙고를 통해 얻은 열매를 모두 가져와 차려 놓은 작품'이라는 찬사를 받았다.

참고문헌 | R. W. Abbott (ed.), *Donald English: An Evangelical Celebration* (Ilkeston: Moorley's, 1999).

D. R. OWEN

도널드 지(Donald Gee, 1891-1966)

영국 오순절운동 지도자. 그는 런던에서 태어나고 죽었지만 성인이 된 후 일평생을 세계 오순절운동의 대변자와 조직자로서 세계를 순회하며 보냈다. 그는 영국 하나님의성회(Assemblies of God) 교단을 이끄는 빛이었으며, 30권 이상의 책과 셀 수 없이 많은 논문과 기사를 써낸 이 진영 최고의 실력자이자, 다작가 중 한 사람이었다. 지의 저작에는 인문학적 지식, 균형, 깊은 지성이 조화되어 있지만, 동시에 (방언을 성령세례의 1차 증거라 보고 일관되게 열정적으로 변호하는 등) 오순절운동의 독특성에도 헌신되어 있었으며, 게다가 건강한 자기비판도 마다하지 않은 인물이었다. 마지막 특징과 관련하여 예를 들자면, 그는 선정적이고 시각을 자극하는 요소를 강조하거나 '비정상적인 것을 규칙적인 틀로 만드는' 성향을 비난했다.

> "기독교인의 삶은 하나님과 함께 걷는 것이지…발작을 통해 높은 곳으로 올라가는 체계 같은 것이 아니다."

비슷하게, 지는 오순절 설교자들에게 '성령의 영감'을 핑계거리 삼아 형편없는 싸구려 설교를 전하지 말고 진짜 무게를 지닌 원고 설교를 하라고 촉구했고, 마찬가지로, 기독교 사역 전반에 걸쳐, 더 구체적으로는 선교사역에 대한 '거짓 이상과 인식'을 주입시키는 '영웅적 선교사 전기들'('미끈거리는 감언으로 가득한 최악의 사례') 때문에 자주 뻔한 이미지를 만들어 내는 기독교 사역의 비현실적인 태도를 비판적으로 지적했다.

지는 생애 후반에 세계오순절협회(World Pentecostal Fellowship)을 설립하려는 시도뿐만 아니라, 비오순절교인 및 심지어 비복음주의 교회와도 어울리려고 한 탓에 논쟁의 중심에 서기도 했다. 후자의 사례에서, 그는 자신과 마찬가지로 세계교회협의회(WCC) 참여를 지지한 데이비드 뒤플레시(David du Plessis)와 협력했지만, 결국 동료 오순절주의자들의 반대로 길이 막혔다. 다시 한 번 뒤플레시와 마찬가지로, 지는 역사적 교단들 내부에서 일어난 초기 은사주의운동을 환영하고 격려했다. 공식 학교 교육을 받지 않고 독학한 지는 개신교 은사주의 지도자에게 반지성주의의 유혹에 맞서야 한다고 조언했다.

> "여러분 중 많은 분들이 훌륭한 학문 배경을 가진 신학자입니다. 이제 여러분이 성령의 은사를 맛보셨다면, 열심히 연구한 학문을 버리는 광신도가 되지는 마십시오…우리 중 어떤 이들(즉 오순절주의자들)은 처음에 어리석게도 무식한 것이 대단한 자랑이라도 되는 듯 행동했습니다."

아홉 살 되던 해에 간판업자로 일하던 아버지를 여읜 지는 1905년에 일어난 웨일스부흥의 여파가 런던에 미쳤던 상황에서 런던의 한 회중교회 예배에 참석했다가 회심을 경험했다.

1913년에 오순절 체험을 하기 전까지 얼마 동안은 침례교인이었다. 18개월 후에 제1차 세계대전이 일어나자 양심적 병역 거부자였던 지는 대체 복무로 농장에서 일해야 했다.

거기서 그는 작은 시골 회중을 이끄는 오순절 지도자로 경력을 시작했다. 1920년에서 1930년까지는 에든버러(Edinburgh) 근교의 한 교회에서 목회했으나, 한편으로는 오순절운동 잡지들에 기고한 여러 글 때문에 또 한편으로는 1924년에 편집한 『구속의 물결 찬송가』(Redemption Tidings Hymn Book) 때문에 이미 더 멀리까지 이름이 알려지고 있었다. 1928년부터 그 이후로 계속 지는 오스트레일리아, 뉴질랜드, 미국을 시작으로 전 세계를 다니며 가르치고 강의하는 일정을 개시했다.

유럽으로 돌아와서는 미국 자금으로 1930년에 구스타프 헤르베르트 슈미트(Gustav Herbert Schmidt)가 설립해서 동유럽 여러 지역 출신의 기독교 사역자들을 훈련시키다가 나치의 압력으로 문을 닫아야 했던 단치히성경학교(Danzig Bible Institute)에서 1930년대에 매년 가르쳤다. 또한, 지는 스톡홀름에 있는 성경학교에서도 가르쳤다. 실제로, 그는 자신이 방문한 여러 나라에 세워진 교회의 상태에 대해 제2차 세계대전 전과 후에 계속 보고를 주고받았기에, 발트해 주변 지역 오순절운동에 대해 잘 알고 있었다.

1934년부터 1944년까지 영국 하나님의성회 교단 부총회장, 1945년부터 1948년까지는 총회장을 지냈다. 1939년에 스톡홀름에서 열린 유럽오순절대회 조직자 중 한 사람이었고, 뒤플레시와 함께 1947년에 취리히에서 개최된 제1회 세계오순절대회 조직위원으로 참여했다. 그 해에 그는 「펜테코스트」(Pentecost)의 창간 편집자로 임명되어 1966년 사망 시까지 출판 행정을 맡았다. 1950년에는 1921년 이후 오순절선교사연합성경학교(Pentecostal Missionary Union Bible School)라는 이름으로 운영되었다가 교단에 전체 운영권이 막 넘어온 서리(Surrey)의 켄리(Kenley) 소재 하나님의성회대학(Assemblies of God College) 초대 총장으로 임명되었다.

경력 초기에 지의 책임은 오순절운동을 굳건히 세우고, 기독교인을 '세속주의, 형식주의, 미지근함, 냉담함'에서 끄집어내는 것이었다. 한 마디로, 이들을 역사적 교단들에서 끄집어내어 오순절 공동체로 이동하게 만드는 것이었다. 많은 초기 오순절 신자들은 원래의 교회에 남아 있다가 교회 분열을 겪거나, 제명을 당하거나, 혹은 은사 체험을 포기하고 기존 교회의 틀에 서서히 맞추어 버리다 영적 후퇴를 경험하는 고통스런 상황에 처해 있었다. 지는 이런 상황에서 큰 악에 비하여 작은 악이 무엇인지를 확신했다. 1930년에 쓴 글에서 다음과 같이 주장했다.

> "분열이 생명의 징조이고, 연합이 타락과 죽음의 상징인 경우가 있다…더 오래된 신자들의 몸에서 '하나됨'을 더 이룬 것이 엄청난 성공을 거둔 것처럼 우쭐댈 수 있는 경우가 있지만, 실제로는 쇠락의 표지인 경우가 많다. 함께 '얼어 붙어'(freeze) 버릴 수 있다는 것이다."

지가 이 입장을 생애 후반에도 여전히 유지한 것은 아니었다. 여러 지역으로 여행하면서 그는 오순절 신자 내부의 엄청난 다양성을 인식하게 되었고, 이어서 이 인식은 다른 기독교인과의 협력 가능성에도 더 열린 입장을 갖게 하는 계기가 되었다. 실제로, 제2차 세계대전 종전 후 20년 동안 오순절 교단 내부와 다른 교회들과의 더 깊은 협력을 이루어 내기 위해 자신의 편집자, 교육자, 오순절교회 장로의 신분을 활용했다. 그러나 (1947년 취리히와 1949년 파리에서 열린) 1, 2차 세계오순절대회(World Pentecostal Conferences)에서 세계오순절협회(World Pentecostal Fellowship)를 설립하려던 시도는 모두 결국 좌절되었다. 이 사건에 대해 1952년, 뒤플레시는 오순절 신자들이 그들의 선교전략들을 조화로운 방식으로 세우려 하지 않았기 때문에 자산이 '외국 땅에서 아무 열매도 없이 사용되고 있다'며 애통해 했다.

1954년에는 런던 해링게이(Harringay)에서 열린 빌리 그레이엄전도대회에 협력했다는 이유로 동료 오순절 신자들의 비난을 받았다. (이런 문제를 그만 경험한 것은 아니었다. 복음주의 지형에서 정반대편에 서 있는 잡지 「배너 오브 트루스」(Banner of Truth)도 똑같이 Billy Graham과 협력해서는 안 된다고 주장했다). 에큐메니컬운동에 참여한 것도 비슷한 이야기를 만들어 냈다. 지는 에큐메니즘에 대한 초기 비판을 철회했고, 1960년에 스코틀랜드에서 열린 세계교회협의회의 '신앙과 직제위원회'(Faith and Order Commission)에 참여했다는 이유로 도리어 비판받는 입장이 되었다. 다음해에 뉴델리에서 열리는 세계교회협의회 총회 초대를 거부하라는 결정적인 압력도 받았다.

이런 난제에도 불구하고, 오순절 신자들을 고립에서 벗어나게 하려는 과정에서 지가 준 영향은 지대했다. 그의 두드러진 변화는 아마도 1960년대 이래 흔해진 새로운 유형의 확신 있고 덜 방어적인 오순절운동의 원형이 되었던 것 같다. 국제 오순절운동을 다룬 『바람과 불꽃』(Wind and Flame)뿐만 아니라 영국 하나님의성회의 두 역사들(two histories)을 저술한 저자인

지는 지금에 비해 당시에는 유별났던 유형, 즉 조용하고 명료하며 위협적이지 않은 오순절교회의 정체성을 발전시켰다. 그가 독특한 오순절운동에 대해서는 타협하지 않으면서도, 덜 논쟁적이고, 외부에는 더 열려 있는 입장을 선택할 수 있게 한 것이 바로 이 확신이었다.

친구 월터 홀렌웨거(Walter Hollenweger, 세계오순절운동 분야의 가장 탁월한 역사가 중 한 사람)는 지의 사상에 '평균적인 근본주의 오순절 신학'이 들어 있지만, 그 신학을 적용하기 위해 일평생 추구한 균형 잡히고, 사려 깊고, 차원이 다른 방식 때문에 그는 깊은 존경을 받을 수 있었다고 설명했다.

참고문헌 | J. Carter, *Donald Gee: Pentecostal Statesman* (Nottingham: Assemblies of God Publishing House, 1975); W. H. Hollenweger, *The Pentecostals* (London: SCM, 1972), pp. 208-213; B. R. Ross, 'Donald Gee: Sectarian in Search of a Church,' *Evangelical Quarterly* 50 (1978), pp. 94-103.

M. PEARS

드와이트 라이먼 무디(Dwight Lyman Moody, 1837-1899)

부흥사이자 기독교 교육가. 그는 평생 동안 복음전도, 선교, 그리고 교회 개척 전반에 큰 영향을 끼친 인물이다. 100여 년 전에 그가 했던 사역 대부분은 오늘날의 기독교 목회의 목표와 방식에 지속적인 영향을 미치고 있다.

D. L. 무디는 매사추세츠(Massachusetts) 북서부의 조그마한 농촌 지역인 노스필드(Northfield)에서 1837년 2월 5일 출생했다. 부모 에드윈 무디(Edwin Moody)와 베스티 홀턴(Betsy Holton)은 언덕에 위치한 돌밭을 일구어 농사를 지으면서 어려운 생계를 이어 가고 있었다. 이 농사일에서 얻는 수익이 너무 적었기 때문에 에드윈 무디는 석공일을 하며 살림에 보탰다. 1841년에 D. L. 무디가 네 살이 되었을 무렵, 에드윈 무디가 갑작스럽게 사망했다. 베스티 홀턴은 다른 일곱 명의 아이뿐만 아니라 뱃속에 쌍둥이까지 돌봐야 되는 상황에 처했다. 척박한 땅에서 농사를 지으면서 아홉 아이를 돌봐야 했던 그녀의 삶은 비참하기 그지없었다. 베스티 홀턴은 최선을 다해 온 가족이 함께 살게 하기 위해 노력했지만, 아직 어린 D. L. 무디와 그의 형들은 근처의 다른 농장에 가서 일 년에 몇 달 동안 일을 하거나 다른 사람들의 일을 도와주면서 생활비를 보태야 했다.

D. L. 무디는 17년 동안 살면서 정규 교육을 총 4년 밖에 받지 못했다. 그리고 마을에 있는 작은 공부방에서 공부를 할 수 밖에 없었다. 읽고 쓰는 능력은 또래 아이들보다 많이 뒤떨어졌고, 사회 경험이 부족해서 구사할 수 있는 단어도 한정되어 있었다. 이 꿈 많은 십대 청년은 이런 비참하고 힘든 농사일에서 탈출하기로 맘을 먹었다. 그는 당시 빠르게 성장하고 있던 보스턴에 있는 삼촌의 구둣방에서 일을 돕기 시작했다.

보스턴에서의 생활은 삶에 큰 변화를 가져다 주었다. D. L. 무디의 삼촌인 S. S. 홀턴(S. S. Holton)은 조카에게 매주 마운트버논회중교회(Mt Vernon Congregational Church)에 출석하도록 권유했고, 거기서 D. L. 무디는 삼위일체 기독교 신앙을 고백했다. 그가 살았던 노스필드에도 여러 교회가 있었지만, D. L. 무디의 가족은 유니테리언(삼위일체론을 부정하고 그리스도의 신성을 부정하며 신격의 단일성을 주장하는 기독교의 한 분파-역주) 교회에 출석했다. 아버지가 죽자 이 교회들 중 유니테리언교회 목사만이 이 미망인과 가족에게 도움을 주었기 때문이다.

D. L. 무디와 가족은 유니테리언교회에서 세례를 받았지만, D. L. 무디가 매주일 출석해서 예배를 드린 교회는 마운트버논회중교회가 처음이었다. 되돌아보면 이 당시 D. L. 무디는 자신이 예배를 드리던 신에 대해서 전혀 알지 못했고, 심지어 목사의 설교도 전혀 이해하지 못했다. 이러한 D. L. 무디의 마음에 감동을 준 인물은 주일학교 교사였던 에드워드 킴벌(Edward Kimball)이었다. 1855년 4월 21일 일요일 오후, 킴벌은 성령의 감동으로 D. L. 무디가 일하고 있던 구둣방으로 이끌림을 받았다. 뒷방에서 홀로 신발을 포장하던 젊은 청년을 발견한 킴벌은 그가 왜 구원을 받아야 하는지에 대해 이야기를 나누었다. 킴벌은 이 젊은 구두방 조수에게 죄의 고백과 회개, 그리스도의 은총을 구하는 간단한 형식의 기도를 가르쳐 주었다.

이후 11개월이 지나면서 D. L. 무디는 교회에서 여러 번의 면접을 했다. 담임목사와 집사들은 D. L. 무디가 이제 그리스도의 가르침을 이해할 수 있게 되었으며 교회의 정회원이 될 자격을 충분히 갖추었다고 확신하게 되었다. 1856년 3월, D. L. 무디는 교회의 정식 교인이 되었고, 성경공부와 기도회에 참석하면서 여러 교리를 배우는 기쁨을 누릴 수 있게 되었다. 킴벌은 시간이 한참 지나간 후, 그 교회의 누구도 D. L. 무디가 15년여 후에 영어권 국가에서 이렇게 유명한 영적 지도자가 될 것이라고는 상상도 하지 못했다고 회상했다.

D. L. 무디는 목회자가 되기 위해 1856년에 보스턴을 떠나 오대호(the Great Lakes) 주변 및 미국 중북부 지역에서 가파른 성장을 거듭하고 있던 도시인 일리노이 시카고로 입성하여 당시 잘나가던 부츠와 신발 사업에 뛰어들었다. 그는 자신의 수입 중 일부를 떼어, 높은 수익을 내던 부동산에 투자하기도 했다.

D. L. 무디는 이후 2년 동안 안정적인 수입을 얻으며 많은 친구를 사귀었다. 그 친구 대부분은 신실한 기독교인이었다. D. L. 무디가 세 든 집의 주인 아주머니인 H. 필립스(H. Phillips)는 기도와 매일의 경건에 대해 많은 것을 가르쳐 주었다. 성숙한 기독교인 동료였던 J. B. 스틸슨(J. B. Stillson)은 D. L. 무디의 영적 아버지의 역할을 감당하며, 그에게 개인 전도 방법을 가르쳐 주었다. 또한, 스틸슨은 그에게 조지 뮬러(George Müller)의 자서전『신뢰하는 삶』(A Life of Trust)과 형제회 교단을 소개해 주었다.

D. L. 무디는 시카고의 빈민가에서 거의 버려진 채 제대로 돌봄을 받지 못하는 아이들을 보고 마음이 매우 아팠다. 도시의 슬럼화로 이런 아이들이 점점 늘어났다. 그는 1858년부터 시간을 쪼개어 매주 이 아이들을 방문하여 보살펴 주고 예수님을 전했다. 그가 출석하고 있던 교회 두 곳(침례교회와 감리교회)은 D. L. 무디가 매주 일요일마다 이런 거리의 부랑아를 교회로 데리고 오는 것을 내심 꺼렸다. 그래서 그는 한 건물을 빌려 주일 아침마다 이 아이들을 위한 주일학교 모임을 갖기 시작했다. D. L. 무디의 기독교인 친구들이 주일학교에 자원해서 이 가난에 찌든 아이들을 가르치고 친구가 되어 주었다. 이 중에는 1849년에 잉글랜드에서 미국으로 이민 온 매력적인 젊은 여성인 엠마 레블(Emma Revell)도 있었다. 엠마는 D. L. 무디보다 6년 반 정도 연하였지만, 서로를 동역자로 섬기며 이 외롭고 버려진 아이들을 섬기는 일에 큰 기쁨을 얻었다.

D. L. 무디의 사역에 동참한 또 다른 친구 중에는 존 V. 파웰(John V. Farwell)이 있었다. 1825년 뉴욕에서 태어난 이 뛰어난 사업가는 D. L. 무디보다 12살이 많았고, 1850년대 시카고에서 직물 사업을 시작하여 큰 성공을 거두고 있었다. 엠마 레블은 침례교인이었고, 파웰은 감리교도였다. D. L. 무디는 이들의 교회에 주일 혹은 주중 예배 시간에 함께 참석해서 예배드리는 것을 매우 좋아했다. 그는 다른 이들에게 복음을 전하는 일을 위해서라면 어느 교단 소속이든지 간에 다른 이들과 함께 사역하는 일에 매우 적극적이었다. 시카고로 이주한 지 4년여가 지난 1860년에 D. L. 무디는 세상 사업을 중단하고 전적으로 복음전도에 헌신해야 한다는 소명을 느꼈다.

이 당시 그는 다른 노동자들이 15년 동안 일해서 벌 돈보다 더 많은 돈을 일 년에 벌 수 있었음에도 불구하고, 미련을 가지지 않고 신발 사업과 부동산 투자에서 손을 뗐다. 그는 자신이 눈뜨고 있는 모든 시간을 전도에 헌신했으며, 밤에는 YMCA 빌딩에 있는 의자 두 개를 붙여서 그 위에서 잠을 잤다. 처음에는 주일학교와 예배뿐만 아니라 아이들이 거주하던 공동

주택 지구 등을 방문하여 사역했다. 또한, 그는 YMCA에서 자원봉사를 하며 매일 기도와 경건 모임을 인도하기도 했다.

1862년, D. L. 무디는 엠마 레벌과 결혼한 후 미국기독교위원회(US Christian Commission)의 지원을 받아 남북전쟁 중에 북군 병사들을 대상으로 한 선교사업에 헌신했다. D. L. 무디는 북군 병사들에게 설교했고, 전투에 나가기 전엔 이들을 위한 기도도 빼놓지 않았다. 이 시기 D. L. 무디에게 가장 강렬한 영향을 주었던 경험은 전쟁의 상흔이 깊었던 남부 지역에 흩어져 있던 야전병원에서 전쟁 중에 부상당해 신음하고 죽어 가던 병사들을 만나고 이들을 위로한 것이다. 야전병원 사역을 통해 D. L. 무디는 개인을 일일이 만나 그들에게 헌신하는 것이 얼마나 중요한지를 깨닫게 된다. 사실 이 경험은 그의 실천 목회에 큰 영향을 주었다.

D. L. 무디는 정식 신학 교육을 받지 못했다. 대신 그는 주변에 있던 정식 신학 교육을 받은 목회자들과 부흥사들에게 신학에 관한 질문들을 쏟아 내곤 했다. 그는 다양한 분야의 사람을 만나 이들의 이야기를 경청했고, 필요한 부분은 직접 노트에 적어 두기도 했다. 이렇게 다른 목회자의 경험과 지식을 습득한 것에 더해, D. L. 무디는 찰스 해돈 스펄전(Charles Haddon Spurgeon) 등 영혼을 살피고 이들을 구원하는 일에 헌신했던 사람의 글들을 읽어 나갔다.

또한, D. L. 무디는 성령에게 자신을 가르쳐 달라고 간절히 기도하기도 했다. 그 결과, 그는 가난한 아이들과 그들의 부족한 가정을 돌보는 훌륭한 목회(후에 미국 전역에 목회의 표준이 되었다)를 할 수 있었다. 기도, 꾸준한 노력, 인내로 사역한 D. L. 무디는 그가 훈련시킨 다른 동역자들의 도움을 받아 빈민가에 방치되어 있던 수백, 수천의 사람들을 그리스도께로 인도했다.

1864년 즈음에 D. L. 무디는 시카고, YMCA, 북군에서 꽤 유명 인사가 되어 있었다. 사람들은 그가 교육을 받지 못했다는 사실을 별로 상관하지 않았다. 그처럼 성경에 바탕을 둔 건전한 신앙을 가지고 교단을 넘나들며 그토록 훌륭히 복음전도사역을 할 수 있었던 사람이 매우 드물었기 때문이었다. 존 파월 등 친구들은 다른 사업가들을 전도하여 이들이 D. L. 무디의 복음전도사역과 훈련사역에 협력할 수 있게 했다.

1865년 남북전쟁이 끝나갈 무렵, D. L. 무디는 복음주의 독립교회 하나를 개척했다. 이 교회는 가난한 사람들, 중산층, 그리고 돈이 많은 사람들 모두가 함께 모일 수 있는 곳이었다. 이 교회는 급속도로 부흥했다.

또한, D. L. 무디는 YMCA의 시카고 본부를 비기독교인에게 가장 효과적으로 다가서고 이들을 훈련할 수 있는 미국 YMCA 본부 중 최고로 만들었다. 더욱이 그는 사람들이 알아듣기 쉬운 언어로 복음을 전하는 방법을 알았기 때문에 설교를 듣는 많은 사람이 그의 설교에 큰 감명을 받았다. 1865년 말에 D. L. 무디는 YMCA의 총재가 되었고, 일리노이스트리트교회(Illinois Street Church)의 지도자로, 그리고 아이들을 위한 선교학교의 책임자로서 활발한 활동을 이어 나가고 있었다.

이후 몇 년간에 걸쳐 일어난 몇 사건들은 D. L. 무디가 더욱 위대한 사역을 하게 되는 데 밑거름이 되었다. 첫 번째 사건은 D. L. 무디가 1867년 영국을 여행하면서 일어난 일인데, 영국에서 그는 찰스 해돈 스펄전과 조지 뮬러를 직접 만났다. 이 두 사람은 가난한 이를 섬기고 청년에게 복음을 전하면서 이들을 전임 목회자로 훈련시키고 있던 D. L. 무디를 크게 격려했다. 1871년에 W. R. 호커스트(W. R. Hawkhurst)와 새라 쿡(Sarah Cooke)이란 두 여성은 D. L. 무디를 만나 성령의 은사를 위해 기도해 달라고 요청했다. D. L. 무디는 자신이 성령충만하지 않다고 생각했기 때문에 이들의 요청을 받고 처음에는 매우 당황스러워했다. 그럼에도 불구하고, 그는 이 두 여성을 위해 기도를 해 주었는데, 그러는 와중에 자신이 그동안 육신의 정욕과 야망을 위해 목회를 하고 있었음을 깨닫게 된다.

이후 몇 달 동안 그는 매우 괴로워하며 성령이 자신에게 내려와 자신의 모든 죄를 씻고 능력으로 덧입혀 달라고 뜨겁게 기도했다. D. L. 무디가 시카고 대화재로 전소된 YMCA 건물을 재건축하기 위한 자금 모금을 위해 뉴욕시로 올 때까지 별다른 일이 일어나지 않았다. 그러나 그가 월스트리트를 걷고 있을 때 갑작스러운 하나님의 임재를 경험했다. 조용한 곳을 찾아가 (그의 고백에 따르면) 오랜 시간 기도하면서 하나님의 사랑에 대한 확신이 생겼고, 자신에게 큰 능력이 임하는 것을 느꼈다. 사실 이때 그는 죽을 것 같은 두려움에 그 손을 떠나게 해 달라고 하나님께 간절히 외쳤다. 이런 강렬한 경험 후, D. L. 무디의 사역은 더 많은 열매를 맺었다. 그는 자신의 가족을 매사추세츠 노스필드로 데리고 가서 휴식과 재충전의 시간을 가졌다. 이때 다시 영국으로 가야겠다는 인도하심을 느꼈다. 1873년에 영국으로 가서, 후에 그의 동역자이자 음악 담당자로 함께 일하게 되는 아이라 생키(Ira Sankey)를 만났다.

이후 두 사람은 2년 이상(1873년 6월에서 1875년 7월까지) 잉글랜드, 스코틀랜드, 아일랜드와 웨일스 등을 순회했다. D. L. 무디는 수백만 명에게 복음을 선포했고, 생키는 복음을 노래했다. 강렬한 영적 각성이 온 영국을 휩쓸었다. 영국인의 관점에서 볼 때, 교육도 받지 못한 야만적이고 무례한 미국인이 이런 결과를 만들어 낸 것이다.

1875년 미국으로 돌아왔을 때, D. L. 무디는 이미 세계적으로 유명한 인물이었고, 잠시 쉴 틈도 없이 미국 전역에서 쏟아져 들어오는 강연 및 설교 요청에 시달려야 했다. 그는 자신에게 쏟아지는 찬사에는 아랑곳하지 않고 친구 및 여러 조언자들의 충고를 들었을 뿐만 아니라, 직접 기도하면서 자신의 다음 진로를 어떻게 잡을지 고민하기 시작했다. 이후 24년 동안 D. L. 무디는 미국 전역을 돌며 부흥집회를 인도하고 설교했다.

또한, 다시 영국을 방문하여 수 주간 계속해서 설교와 강연을 이어 갔다. 캐나다와 멕시코 등지에서도 수주에서 수개월 동안 부흥회를 인도하기도 했다. 적어도 1억 명이 그의 설교를 접했으며 수백만이 생애 최초로 그리스도를 구주로 고백했다. 방황하던 수많은 영혼이 신앙의 길로 돌아왔으며, 수백만 명이 넘는 사람이 그의 설교를 듣고 더욱 힘을 내어 사역과 봉사에 헌신했다. D. L. 무디와 생키는 함께 복음성가집을 출판했으며, 이 책은 이후 2세대 동안 기독교 음악 형식을 주도했다.

순회목회를 하면서 가족을 돌보는 것은 결코 쉬운 일이 아니었다. 그러나 무디 부부는 가족을 잘 돌보았다. 세 자녀(엠마, 1864년 출생/윌리엄, 1869년 출생/폴, 1879년 출생)는 엇나가지 않고 부모의 훈육에 잘 따랐다. 이 세 자녀는 모두 결혼을 했고 기독교 신앙인으로 살았다. D. L. 무디가 1년 넘게 어딘가로 목회를 하러 떠나게 되면 가족 모두가 그와 함께 이동했고, 아이들은 지역 학교에 등교하거나 개인 교습을 받기도 했다. D. L. 무디가 짧은 선교여행을 떠나게 되면, 엠마가 남아서 아이들을 돌보았다. 그럴 때 D. L. 무디는 거의 매일 가족에게 편지를 쓰며 이들의 안부를 묻고 아이들을 격려했다. 아이들은 잘 훈련받고 교육받았다. 하나님의 일을 위해 아버지가 헌신하는 동안 가족도 이를 위해 함께 희생하면서 얻은 좋은 결과이기도 했다. 이런 다양한 방법을 통해 D. L. 무디의 가족은 남부럽지 않은 건전한 가정을 꾸려나갈 수 있었다.

자기 자녀에 대한 D. L. 무디의 관심은 모든 아이들과 청소년들을 섬기겠다는 그의 소명과 연관되어 있다. D. L. 무디 스스로는 학교의 문턱을 넘어본 경험이 그다지 많지 않았지만, 경제적으로 어려운 사람들이 자기보다 나은 교육을 받기를 원했다. 이런 희망을 품었던 D. L. 무디는 기독교인 사업가, 교육가, 목회자를 하나로 모아 보다 나은 교육을 이들에게 제공할 수 있는 길을 모색하기 시작했다.

D. L. 무디는 선교여행 기간에, 또 남북전쟁 기간에 사귀었던 많은 친구의 도움을 받아 젊은 여성을 위한 교육 기관인 노스필드신학교(Northfield Seminary)를 1879년에 창립했다. 이 학교는 일종의 대학 이전 예비 교육 기관으로, 뉴잉글랜드 지역에 살고 있는 학생 중 가난 때문에 대학에 들어갈 수 있는 수준의 교육을 받지 못한 젊은 여성을 위해 세워진 학교였다. 2년 후 1881년에 D. L. 무디는 노스필드를 지나 코네티컷강 건너편에 남자 아이들을 위한 마운트허몬학교(Mount Hermon School)를 설립했다. 이 두 학교는 모두 기독교인 교수진을 갖춘 대학 예비 교육 기관이었고, 믿음과 배움을 유기적으로 결합하려는 목표로 시작된 학교들이다.

이 두 학교가 개교한 이후 D. L. 무디는 시카고에 제3의 학교를 설립하기 위한 계획에 착수했다. 이 학교는 후에 시카고성경학교(Chicago Bible Institute, D. L. 무디 사후에는 Moody Bible Institute로 개명했다)로 불렸는데, 국내 사역과 해외선교의 소명을 가지고 있지만 대학에 들어갈 충분한 교육을 받지 못한 남녀 청년을 위한 목회자 양성 기관이었다.

영어성경, 기본 교리 및 신학, 실천 목회신학, 목양 등에 초점을 맞춘 이 학교의 교육 과정은 큰 결실을 거두게 된다. 많은 사람이 D. L. 무디에게 네 번째 학교를 설립하라고 요청하자, D. L. 무디는 노스필드성경학교(Northfield Bible Training Institute)를 매사추세츠에 설립했다. 이 학교는 여성만을 위한 교육 기관으로, D. L. 무디가 죽고 나서도 수년간 여성들을 성공적으로 교육시켰다.

D. L. 무디의 비전은 젊은이를 무장시켜 이들이 영혼들을 보살피고 구원으로 인도하는 일을 감당케 하는 것이었다. 그런 이유로, 그는 네 학교가 설립된 것으로 비전이 종결되었다고 생각하지 않았다. 그는 매형 플레밍 H. 레블(Fleming H. Revell)을 설득해서 각종 기독교 문서를 출간하는 출판사를 설립하게 했다. 레블은 엄청난 성공을 거두어 일약 기독교 출판 분야의 개척자가 된다.

그러나 레블은 값싼 소설처럼 기독교 서적도 많은 사람에게 읽히게 하기 위해 페이퍼백으로 값싸게 출판해야 한다는 D. L. 무디의 생각에 동의하지 않았다. 결국 D. L. 무디는 따로 문서선교회(Colportage Association)를 설립해서, 기독교 서적을 광범위하게 배포할 수 있게 했는데, 이 조직이 지금의 무디출판사(Moody Press)의 기원이다.

설교, 출판, 교육 사업과 더불어, D. L. 무디는 남녀 대학생을 위한 기독교 집회의 선구자로도 자리매김했다. D. L. 무디는 매년 영국과 미국 전역에서 강사를 초청하여 성황리에 개최되는 노스필드 부흥집회를 후원했다.

이 집회는 젊은이에게 성경을 가르치고, 이들이 국내외 선교현장에서 헌신할 수 있도록 권면하자는 목적으로 열린 집회였다. D. L. 무디는 사람들의 기억 속에 설교자로서의 인상을 강렬하게 남겼지만, 스스로는 교육 사업이야말로 자신의 가장 중요한 사역이라 믿었다. 그는 죽기 몇 해 전 자기 아들에게 다음과 같이 말하기도 했다.

"나는 앞으로도 계속 흐를 몇 개의 물길을 만들어 놓았다. 그 물길이 닿는 곳에서 추수를 한다는 게, 그리고 하나님의 사역에 동참한다는 게 얼마나 기쁜 일이냐!"

이 학교들을 생각하면서 D. L. 무디는 "내가 그동안 노력했던 것들 중 최고였다"라고 말하기도 했다. D. L. 무디는 1899년 12월 22일에 마지막 숨을 쉬고 영면했다.

비기독교인에게 복음을 전하고, 이들을 신앙인으로 양육하고, 또한 새로운 세대의 젊은이를 훈련시켜 국내와 해외선교에 헌신하게 하고, 또 많은 이를 권면하여 복음전도의 사명에 동참하게 하는 일에 D. L. 무디 보다 더 뛰어났던 19세기 인물이 있었을까?

참고문헌 | L. W. Dorsett, *A Passion for Souls: The Life of D. L. Moody* (Chicago: Moody Press, 1997); J. F. Findlay, Jr, *Dwight L. Moody: American Evangelist, 1837-1899* (Chicago: University of Chicago, 1969); W. R. Moody, *The Life of Dwight L. Moody* (New York: Fleming H. Revell, 1900).

L. W. DORSETT

라이먼 비처(Lyman Beecher, 1775-1863)

미국 회중교회 및 장로교회 목사이자 레인신학교(Lane Theological Seminary) 총장. 그는 그 시대에 가장 유명한 설교자 중 하나였다. 라이먼 비처의 일평생 주 관심사는 두 가지였다.

첫째, 그는 '부흥정신'(revival spirit)에 헌신되어 있었다(Cross, *Autobiography*, p. 45). 라이먼 비처는 죄인을 설득하여 그리스도께 헌신하도록 했으며, 설교자로서의 성공 여부를 얼마나 많은 영혼을 회심에 이르게 했는지로 평가했다. 그는 기독교의 부흥이 나라의 도덕 각성으로 나타나야 한다고 믿었다. 그가 보기에 사회악이라고 생각되는 것들을 뿌리뽑기 위해서 자원 단체(오늘날의 선교단체 및 다양한 기독교계 NGO-역주)들을 통해 함께 연대하자고 주장했다.

라이먼 비처는 1775년 10월 12일에 코네티컷(Connecticut) 뉴헤이븐(New Haven)에서 대장장이 데이비드 비처(David Beecher)와 그의 세 번째 아내 에스더 라이먼 비처(Esther Lyman Beecher)의 아들로 태어났다. 어머니는 그가 태어난 후 며칠 만에 죽었다. 라이먼 비처는 삼촌과 숙모인 롯(Lot)과 캐서린 벤턴(Catharine Benton)이 코네티컷 길퍼드(Guilford)의 농장에서 키웠다. 18세에 예일대학(Yale College)에 들어갔는데, 당시 총장 티모시 드와이트(Timothy Dwight)가 학생들 사이에서 신앙의 부흥을 독려하고 있었다. 1796년, 라이먼 비처는 드와이트의 권고를 통해 회심했다. 1797년에 졸업 후, 그는 드와이트의 지도하에 1년간 신학을 공부하면서 목회 경력을 준비했다. 1799년에 뉴욕 롱아일랜드의 이스트햄턴장로교회(East Hampton Presbyterian Church)의 목사로 부름받기 전에 코네티컷의 회중교회 강단 몇 군데에서 잠시 설교를 하기도 했다. 그해 1799년, 그는 첫 번째 아내 록사나 푸트(Roxana Foote)와 결혼했다.

이스트햄턴장로교회에서 사역하던 시기에 출판된 설교 두 편이 그에게 초기 악평을 안겨준 근원이었다. 1806년에 나온 『결투 치료책』(Remedy for Dueling)은 애런 버(Aaron Burr)가 결투에서 알렉산더 해밀턴(Alexander Hamilton)을 치명적으로 부상 입힌 후에 행한 설교였는데, 그의 초기 사회 개혁운동의 시발점이었다. 『바람직한 하나님의 정부』(*The Government of God Desirable*, 1807)는 라이먼 비처의 부흥중심 설교의 한 사례였다. 1810년, 이스트햄턴에서 교인들과 연봉 문제로 논쟁한 라이먼 비처는 코네티컷 리치필드(Litchfield) 소재 회중교회의 청빙을 받아들였다. 이 교회 강단에서 그는 많은 대의들을 변호했다. 국내선교회(Domestic Missionary Society)와 미국성서공회(American Bible Society) 및 여러 자원 단체들의 형성을 도왔다. 폭음 문제에 대해서도 강력하게 외쳤는데, 처음에는 '독주'(ardent spirits)에 대해서만 절제를 강조하다가, 후에는 모든 종류의 음주를 반대했다. 그의『폭음에 대한 여섯 편의 설교』(Six Sermons on Intemperance, 1825)는 몇 판을 찍어 냈고, 여러 언어로 번역되기까지 했다. 라이먼 비처가 후에 자신이 변호한 것을 유감으로 생각한 것은 코네티컷 주정부가 회중교회를 계속 지원하는 것에 지지를 표명한 일이었다. 라이먼 비처는 후에 비국교화를 요청했고, 이 요청은 결국 1817년에 성취되었는데, 그는 이와 관련하여 이렇게 말했다.

> "코네티컷에서 일어난 가장 좋은 일이다. 이로 인해 교회가 주정부에 의존하기 않게 되었다. 이제 교회는 그들이 가진 자원과 하나님께 전적으로 의존할 수 있게 되었다"(Cross, Autobiography, pp. 252-253).

19세기 초반, 유니테리언주의가 보스턴 회중교인에게 널리 퍼졌다. 라이먼 비처는『성경 법전』(The Bible a Code of Laws, 1817)과『성도에게 전달된 신앙』(The Faith Once Delivered to the Saints, 1823)에서 유니테리언주의를 반대했다. 또한, 리치필드에서 종신 근무하던 시기인 1816년에 록사나 비처가 폐결핵으로 사망했다. 라이먼 비처는 다음해에 해리어트 포터(Harriet Porter)와 결혼했다. 1826년, 라이먼 비처는 리치필드를 떠나 보스턴의 하노버스트리트교회(Hanover Street Church) 목사가 되었다. 37개 교회로 구성된 정통과 회중교회 결사 조직이 유니테리언주의에 반대하기 위해 막 형성되어 있었다. 라이먼 비처의 지도하에 교회는 급속히 성장하여 신자가 수백 명 늘어나면서 새로운 교회들을 탄생시켰다. 1830년 화재로 교회 건물이 유실되자 교인들은 새 예배당을 보든스트리트(Bowdoin Street)에 지었다. 보스턴에서 라이먼 비처는 공개 논쟁에 계속 참여했는데, 유니테리언주의에 대한 반대뿐만 아니라 당대의 세속개혁운동도 그의 공격 대상이었다. 그는 불만을 잠재우고 그가 무신론적 사회주의라 인식한 사조들의 범람을 막기 위해 기독교인이 불의를 교정하고 가난한 자에게 자선을 베풀어야 한다고 주장했다.

그는 후에 이 설교들을 다시 쓴 후『정치적 무신론 강연』(Lectures on Political Atheism, 1852)이라는 제목으로 출판했다. 때로는 그의 열정이 다른 이들을 관용하지 못하는 모습으로 나타나기도 했다. 1831년 1월, 라이먼 비처는 일련의 강연을 했는데, 거기서 당시 아일랜드에서 보스턴으로 엄청나게 이민하여 정착하던 로마 가톨릭 신자들을 '공화주의적 자유에 대한 위험 요소'로 묘사했다. 이는 '그들이 외국 권력,' 즉 교황에 '충성'하는 이들이었기 때문이었다(Harding, A Certain Magnificence, p. 297).

라이먼 비처는 미국 서부 개신교선교에 대한 뜨거운 관심을 키워 나갔다. 1832년, 그는 레인신학교 총장과 제2장로교회(the Second Presbyterian Church) 목사가 되기 위해 오하이오 신시내티로 이주했다.『서부에 대한 간청』(A Plea for the West, 1835)에서 라이먼 비처는 동부 주민들에게 레인신학교 같은 개신교 기관을 후원해 달라고 요청했는데, 이 기관들은 서부를 복음화하고 미국 변경에서 로마 가톨릭선교가 성공하지 못하게 저지하는 역할을 하는 기관들이었다. 레인신학교 총장으로서, 라이먼 비처는 미국 노예제도 문제로 심각한 갈등에 휩싸였다. 시어도어 드와이트 웰드(Theodore Dwight Weld)를 비롯한 레인신학교 학생 다수는 노예해방론자였다. 그들은 점진적 노예해방보다 즉각적 노예해방을 옹호했고, 해방된 노예들을 아프리카 식민지로 이주시키려 하던 미국식민지협회(American Colonization Society)의 사업에 반대했다.

신시내티의 백인 시민의 분노를 살까 염려한 레인신학교 이사들은 학생들이 노예제도에 대한 토론을 못하게 금지했고, 신시내티의 아프리카계 미국인을 대상으로 자선 활동을 하는 것도 제한했다. 라이먼 비처는 노예제도를 악으로 인식했지만, 즉각적인 해방이나 식민화 반대 같은 웰드의 인식을 공유하지는 않았다. 그는 웰드와 그의 동료들이 지역 아프리카계 미국인과 자유롭고 공개적으로 어울리는 것을 이해하지 못했다. 라이먼 비처는 이사들이 발표한 학칙들에 반대했지만, 웰드에게 이사들과 타협하여 그들의 근심을 덜어주라고 설득했다. 이 '레인 반란자들'은 타협을 거부하고, 1834년에 집단으로 오벌린대학(Oberlin College)으로 전학했다.

라이먼 비처의 신시내티 시절은 또한 신학적 갈등기이기도 했다. 부흥사로서, 라이먼 비처는 그의 친구인 예일대학 교수 나다니엘 W. 테일러(Nathaniel W. Taylor)처럼, 설교를 듣는 청중을 자유 행위자로 인식하고, '하나님의 자애로운 통치'에 자발적으로 헌신하라고 권고했다. 많은 보수 장로교인은 라이먼 비처의 자유의지 강조가 예정과 원죄라는 정통 개혁파 교리와 양립할 수 없다고 판단했다. 라이먼 비처의 반대자들은 그를 장로교 법정에 세웠다. 1835년 신시내티대회에서 라이먼 비처는 이단 혐의를 벗었다. 그는 『신학관』(*Views on Theology*, 1836)에서 자신이 정통파라고 변증했다. 라이먼 비처를 둘러싼 논쟁은 미국장로교를 1837년에서 1869년 사이에 신학파(New School)와 구학파(Old School)로 갈라지게 한 여러 이유 중 하나였다. 라이먼 비처가 이단 재판을 받던 해에 해리어트 포터 비처가 죽었다. 다음해에 라이먼 비처는 보스턴의 리디아 잭슨 부인(Mrs Lydia Jackson)과 결혼했다. 그는 1843년에 제2장로교회 목사를 사임했다. 1846년에는 잉글랜드에 방문해서 복음주의 개신교회 세계대회와 세계금주대회에서 설교했다. 레인신학교 총장직은 1850년에 사임했다. 라이먼 비처는 1851년에 보스턴으로 이주한 후 쓴 글의 일부를 모아 세 권으로 된 『전집』(*Works*, 1852-1853)을 발간했다. 1856년, 라이먼 비처는 뉴욕 브루클린으로 이사 가서 당시 유명한 설교자로 이름을 떨치던 아들 헨리 워드 비처(Henry Ward Beecher) 가까이에 살았다. 라이먼 비처는 여기서 1863년 1월 10일에 소천했다.

사후에 출판된 자서전에는 (그가 아들 Charles에게 받아 쓰게 한) 개인 회고와 편지, 일부 저술에서 발췌한 내용, 자녀들이 쓴 글이 담겨 있다. 그러나 그가 죽은 지 오래지 않아 라이먼 비처에 대한 기억은 그의 똑똑한 자녀들, 즉 헨리 워드 비처 및 『톰 아저씨의 오두막집』(*Uncle Tom's Cabin*)의 작가 해리어트 비처 스토우(Harriet Beecher Stowe)의 유명세에 거의 가려졌다.

참고문헌 | B. M. Cross (ed.), *The Autobiography of Lyman Beecher*, 2 vols. (Cambridge, Massachusetts: Harvard University Press, 1961); V. Harding, *A Certain Magnificence: Lyman Beecher and the Transformation of American Protestantism, 1775-1863* (Brooklyn, New York: Carlson, 1991).

D. TORBETT

라이오넬 베일 플레처(Lionel Bale Fletcher, 1877-1954)

전도자이자 목사. 그는 1877년 5월 22일에 오스트레일리아 뉴사우스웨일스(New South Wales) 매이틀랜드(Maitland)의 경건한 가정에서 태어났다. 아버지는 지역 학교 교장이자 평신도 감리교 설교자였고, 아들 일곱이 모두 설교자가 되기를 바랐다. 어머니는 프랑스계 위그노교도(Huguenots)의 후손이었고, 증조부 한 분은 존 웨슬리(John Wesley)가 임명한 감리교 설교자였다. 의지가 강하고 반항적이었던 소년 플레처는 열 살에 가출하기도 했다.

부모는 그를 시드니의 뉴잉턴대학(Newington College, 사립 중고등학교-역주)으로 보냈지만, 열여섯 살이 되자 플레처는 해외로 떠나는 범선 매쿼리(Macquarie)호의 실습생이 되어 바다로 나갔다. 경건한 기독교인 선장은 똑똑하고 쾌활하지만 성격이 급했던 플레처에게 긍정적인 영향을 끼쳤고, 바닷사람으로 경력을 쌓는 것이 좋은 선택이 아니라고 조언했다.

이후 플레처는 서부에 소재한 형 헨리의 농장에서 일했는데, 여기서 형과 감리교 목사의 영향을 받아 1896년에 회심했다. 시드니로 돌아온 후에 기독교면려회(Christian Endeavour)에 가입한 후, 복음주의집회인 피터섬대회(Petersham Conference)에 참석했다가 두 번째이자 그의 진로를 목회자가 되는 것으로 결정하게 한 중요한 신앙 경험을 했다. 플레처는 1900년 1월 24일에 모드 베이션(Maud Bashan)과 결혼했다. 모드는 실력 있는 음악가이자 연사였고, 54년간 평생을 함께한 참된 동반자였다. 그는 언제나 그녀를 탁월하고, 재능 넘치고, 헌신된 아내라며 칭찬했다. 감리교는 4년간의 견습 기간을 요구했지만, 그동안 재정 지원을 하지는 않았다. 따라서 플레처는 퀸즐랜드(Queensland)의 차터스타워스(Charters Towers)로 가서 광부와 기자로 일했다. 그는 기독교 언론에도 두각을 나타냈고, 설교도 하고, 주일학교와 성경공부를 인도했다. 이때는 의사소통, 특히 남자들과의 의사소통 능력을 발달시키는 데 큰 진전을 본 의미 있는 시기였다.

1905년에 플레처는 시드니로 돌아가서 소속 교단을 회중교회로 옮겼다. 이 교회가 그에게 시간제 공부를 하면서 목회 및 아내와 아이를 부양할 수 있는 기회를 제공했기 때문이었다. 그는 캠벨타운교회(Campbelltown church)의 목회자로 임명되었다가, 이어 시드니 전역의 여러 지역에서 설교했다. 여기서 그는 후기 사역을 대표할 여러 특징, 즉 열정적인 목회, 전도 설교, 젊은이에게 복음을 전하려는 열망을 보여주었다. 1908년 5월 24일에 피트스트리트회중교회(Pitt Street Congregational Church)에서 안수받았을 때 그의 나이는 31세였다.

열정과 재능으로 곧 주목받게 된 플레처는 유명한 사회 개혁가 G. 콜스 목사(Revd. G. Coles) 후임으로 포트아들레이드교회(Port Adelaide church)로 청빙받았다. 포트아들레이드에서도 생동감 있는 설교와 거침없는 목회로 인정받은 플레처가 1915년 사임할 당시, 이 교회는 오스트레일리아에서 가장 교인이 많은 회중교회로 성장해 있었다. 또한, 그는 교구의 범위를 넘어서는 사역도 추진했는데, 1909년에는 채프먼-알렉산더선교회(Chapman-Alexander Mission)에 참여하며 전도운동을 이끌었다. 초빙이 잇따르자, 그는 1915년에 오스트레일리아 남부에서 활동하는 초교파 선교회를 이끌기 위해 교회를 사임했다.

명성이 계속 높아가자 당시 대영 제국 내에서 회중교회로서 가장 큰 건물을 보유한 카디프(Cardiff)의 우드스트리트교회(Wood Street Church)가 그를 목사로 청빙했다. 이 교회는 3,000석의 좌석을 갖췄지만 교인은 265명뿐이었고, 교인 대부분은 노동자 계층으로 3,000파운드의 빚을 갚지 못해 교회 문을 닫을 형편에 처해 있었다. 전시의 긴축에도 불구하고, 플레처는 빠른 속도로 교회 재산을 회복시켰고, 영국 전역에서 열정을 바쳐 전도사역을 진행하고, YMCA와 기독교면려회의 지도자로도 활동했다. 1923년에는 영국면려회 회장으로 미국 드모인(Des Moines)에서 열린 국제기독교면려회대회(International Christian Endeavour Convention)에서 설교를 하기도 했다.

1924년에 그는 뉴질랜드 오클랜드의 베리스퍼드회중교회(Beresford Congregational Church) 목사가 되었다. 여기서도 카디프의 경험을 살려 죽어 가는 교회에 다시 생기를 불어넣었고, 그 결과 1932년에는 교인이 800명으로 늘어났다. 뉴질랜드에서는 처음으로 라디오를 통해 복음을 전하는 사역을 벌이기도 했고, 런던과 미국에서 열린 집회 등 뉴질랜드와 해외에서도 순회전도를 이어 나갔다. 그는 뉴질랜드회중교회연합(New Zealand Congregational Union) 의장과 기독교면려회 부회장으로 선출되기도 했다.

1932년에 플레처는 '제국 전도자'(Empire Evangelist)가 되어 달라는 세계복음화재단(World Evangelization Trust)의 초청을 수락했다. 이렇게 런던으로 이주하게 된 그는 영국, 남아프리카, 오스트레일리아에서 성공적인 전도운동을 이어 나갔다.

1941년에 시드니로 돌아간 플레처는 여전히 복음주의적 회중교회 창공에 떠 있는 별이었고, 남은 생애 내내 오스트레일리아와 뉴질랜드에서 계속 설교했다. 1951년에는 로스앤젤레스성경학교(BIOLA, 바이올라대학교와 탈봇신학교의 전신-역주)가 그에게 명예신학박사학위를 수여했다. 그는 1954년 2월 19일에 시드니에서 사망했다.

플레처의 세 목회, 포트아들레이드(1909-1915), 카디프 웨스트스트리트(1916-1922), 오클랜드 베리스퍼드스트리트(1924-1932)는 모두 큰 성공을 거두었다. 목회와 전도 노력에 더해, 그는 금주 및 여러 사회 이슈들에 대해서도 직설적으로 발언했고, 기독교면려회와 YMCA의 적극적인 지지자였으며, 전도, 설교, 기도에 대한 인기 있는 책을 썼고, 남성 집회에서는 남성의 책임을 강조했다. 매일 기도, 성경연구, 구령, 특히 남성의 영혼을 구하려는 열정, 열려 있고 편안한 인품, '성령충만'한 삶에 대한 헌신이 그의 삶의 특징이자 힘의 근원이었다.

날씬하고 활동적인 인물이었지만, 플레처에게는 상당한 무게감과 유연성이 있었다. 조용하지만 꿰뚫는 듯한 음성을 가진 달변가였고, 배우적인 감각도 있었다. J. 에드윈 오르(J. Edwin Orr)는 플레처를 '두 세계대전 중간 시기의 탁월한 전도자'라 칭했다. 그의 복음주의는 다소 대중적인 면도 있었지만, 아주 굳건했다. 플레처의 전기를 쓴 인물은 그를 통해 250,000명이 회심했다고 주장했지만, 그가 남겨 놓은 기관이나 일화집 같은 것은 없다.

참고문헌 | C. W. Malcolm, *Twelve Hours in the Day* (London: Marshall, Morgan & Scott, 1956).

D. PAPROTH

레슬리 얼 맥스웰(Leslie Earl[L. E.] Maxwell, 1895-1984)

프레리성경학교(PBI, Prairie Bible Institute) 교장이며, 교사이자, 캐나다 앨버타(Alberta)의 스리힐스(Three Hills)에 있는 프레리성경학교 창립자. 맥스웰의 지도력 아래 이 초교파 성경학교는 북미 지역에서 비슷한 유형의 성경학교 중 최대 규모로 성장하고, 선교사 훈련에 집중하면서 복음주의 진영의 주목을 받았다. 프레리성경학교의 교사이자 책임자로 일한 것 외에도, 맥스웰은 두 종류의 월간지를 편집했고, 학교의 주일 라디오 프로그램에서 매주 설교했다. 뿐만 아니라 부흥사로, 집회 강연자로서 미국과 캐나다 전역을 다니며 활약했다.

맥스웰은 자신의 이런 활동을 통해서 기독교 청년을 선교사역에 동참시키길 원했다. 그는 자신이 섬기고 있는 성경학교가 특정 교단에 속하기를 원치 않았지만, A. B. 심슨(A. B. Simpson)과 그의 기독교선교연맹운동(Christian and Missionary Alliance Movement)이 주장한 성결신학(holiness theology)에서 파생된 근본주의에 가까운 입장을 가지고 있었다. 61년 생애 동안 주로 활동한 지역은 캐나다였지만, 죽을 때까지 미국 시민권을 버리지 않았다.

맥스웰은 캔자스 살라나(Salina) 외곽의 조그만 농촌 마을에서 태어나 어린 시절을 보냈다. 기독교와는 상관없는 가정 환경 속에서 자라났으며, 그의 말을 빌리자면, 소년 및 십대 시절을 '공놀이하며 놀고, 수영하며 놀며' 보냈다. 중고등학교를 졸업하자마자 그는 미주리 캔자스시티(Kansas City)로 이동해서 은행에서 일하기 시작했다. 그는 하나님을 두려워하는 고모의 영향을 받아 장로교회에 출석하기 시작해서 기독교 신앙을 받아들였다. 맥스웰은 제1차 세계대전 종전을 1년 앞두고 징집되어 프랑스 지역에서 복무한 후 1919년 5월에 캔자스시티로 돌아왔다. 같은 해 가을에 윌리엄 스티븐스(William Stevens)가 설립한 지역의 조그만 성경학교에 입학했다. 윌리엄 스티븐스는 뉴욕 나약(Nyack)에 위치한 A. B. 심슨의 선교사훈련학교(Missionary Training School)에서 오랜 기간 교사로 일한 사람이었다.

성경학교에서 3년간 스티븐스의 지도를 받으며 수학한 맥스웰은 성결신학을 접하면서 신앙을 더 깨달아갔다. 여기서 그는 자신이 후에 캐나다에 설립한 성경학교의 교리적 근간이 된 세 가지 신앙에 대해 배우게 된다.

첫째, 모든 기독교인은 영적 깨어짐('완전한 내려놓음')이라는 개인적 위기를 겪어야 한다. 이는 회심 이후, 자신의 모든 의지를 하나님의 의 권위에 완전히 복종시키는 그런 경험이다.

둘째, 신앙은 성경공부를 귀납적으로 하는 방식에 대한 확신으로, 이를 통해 한 개인이 다른 사람에게 성경 진리를 전할 수 있게 된다.

셋째, 맥스웰은 모든 참된 기독교 선교사역은 이런 체계적인 성경 훈련을 반드시 거쳐야 한다고 확신했다.

맥스웰이 성경학교를 졸업하기 1년 전인 1921년에 스티븐스는 퍼거스 커크(Fergus Kirk)가 보낸 한 통의 편지를 받았다. 캐나다 앨버타에 거주하던 젊은 농부였던 커크는 스티븐스에게 혹시 지역의 젊은 기독교인 청년들에게 성경을 가르쳐 줄 수 있는 인재가 있으면 북쪽으로 보내 달라고 요청했다. 스티븐스는 맥스웰에게 자신에게 이런 요청이 들어 왔음을 알려 주었지만 정작 맥스웰은 이 자리에 별로 관심이 없었다. 맥스웰은 사람들 앞에서 말하는 것에 막연한 두려움을 가지고 있었고, 더욱이 시골 생활과 추운 날씨를 매우 싫어했다. 그러나 맥스웰은 졸업 직전 커크의 요청이 하나님이 주신 소명이라는 확신이 생겼다. 맥스웰은 1922년 9월에 앨버타 스리힐스(Three Hills)로 길을 떠나 커크와 다른 농민들의 환대를 받았다.

그해 가을 맥스웰은 그 마을의 무너져가는 한 가옥을 개보수하여 여덟 명의 청년과 세 명의 성인에게 성경을 가르치기 시작했다. 학기가 끝나갈 무렵, 맥스웰은 선교사역에 대한 주제로 여러 번의 모임을 가지게 되었는데, 놀랍게도 이 모임에 참석한 청년들은 복음주의적 선교사역을 지원하기 위해 2,000달러를 모금했다. 맥스웰은 이듬해 봄부터 여름까지 순회목회자로 지역 침례교선교본부를 위해 일했고, 남중부 앨버타 지역을 말을 타고 다니며 순회했다. 맥스웰의 이런 성경 수업과 활발한 목회를 결합한 사역은 후에 여러 학생과 사역자의 원칙이 되었다. 또한, 이런 순회목회를 통해 그는 여러 지역 학생을 이듬해 성경 수업에 모을 수 있었다.

이 학교의 시작은 이렇게 미약했지만, 강단과 교실에서 보여 준 맥스웰의 지치지 않는 열정과 카리스마 넘치는 성격으로 이 학교는 놀라운 성장을 거듭했다. 그는 교수로서 많은 학생의 존경을 받았고, 학교 채플과 다른 지역교회 설교자로 섬기면서 많은 청중의 관심을 한 몸에 받게 되었다. 특히, '십자가와 함께 못 박힌 삶'에 대한 강력한 선포와 선교소명에 대한 갈급함은 많은 이들의 가슴을 울리기에 충분했다. 이후 프레리성경학교 25년 역사 동안 등록 학생 수는 1,000명이 넘었고, 이들 중 800명은 2년 혹은 4년간의 성경학교 프로그램을 수강했다. 또한, 다른 학생 300여 명은 교양 과목(1-12학점)을 수강했다. 프레리성경학교는 여전히 초교파

기관이었지만, 근본주의적 복음주의에 근거한 신조를 채택했다. 결과적으로 이 학교는 캐나다와 미국 북서부 지역에서 비슷한 신앙 유형을 가진 많은 사람의 주목을 받았다.

이 학교가 처음 출범할 당시 맥스웰은 「프레리 오버커머」(Prairie Overcomer)라는 월간지를 창간 편집했다. 1960년대 초에 총 6만여 명이 이 잡지를 구독했다. 맥스웰은 1930년대 초반 매주일 저녁마다 앨버타에 위치한 여러 라디오 방송국을 통해 방송으로 복음을 전하기도 했다.

학교를 맡은 첫 해부터 그랬듯이, 맥스웰은 봄마다 선교집회를 개최했는데, 곧 이 집회는 매년 가장 중요한 행사로 자리매김했다. 8일 동안 열린 이 집회에는 많은 선교와 복음주의 지도자가 참석하여 자리를 빛냈다. 1940년대 라디오 설교자 찰스 E. 풀러(Charles E. Fuller)와 「더 선데이 스쿨 타임스」(The Sunday School Times) 편집장 필립 하워드(Philip Howard) 등이 주 강연자로 참석했다. 이런 강사들의 참석으로 학교의 명성이 높아졌지만, 여러 선교기관도 이 집회를 통해서 학생 중에서 선교에 참여할 인재를 선발할 수 있는 기회를 확보했다. 이들 중 가장 많은 선교사 인력을 선발한 선교단체는 중국내지선교회(CIM)와 수단내지선교회(SIM) 같은 초교파 선교기관이었다. 선교를 중심으로 훈련을 강조한 이 성경학교는 곧 북미 지역에서 가장 유망한 선교훈련기관으로 명성을 얻었다.

맥스웰은 교사로, 월간지 편집인으로, 라디오 설교자로, 그리고 순회설교자로서 바쁘게 지냈던 1940년대 중반부터 1950년대 중반까지 책을 세 권 저술했다. 이 세 권의 책은 『못 박힌 채로 태어남』(Born Crucified), 『그리스도에게로 모인 자들』(Crowded to Christ), 『그리스도에게

완전히 복종함』(Abandoned to Christ)이었고, 프레리성경학교 수업 과정의 핵심이었던 성결신학을 요약한 3부작이었다. 다른 보수 복음주의자의 고정 관념과는 달리, 맥스웰은 여성의 설교권과 교수권을 인정했는데, 이런 그의 생각은 사후에 출간된『목회 현장에서의 여성』(Women in Ministry)에 잘 정리되어 있다.

맥스웰은 1975년부터 학교 지도력을 다른 사람들에게 나눠 주기 시작했다. 1977년에 맏아들 폴(Paul)에게 교장직을 넘겨준 후, 1981년에 86세의 나이로 성경학교에서 마지막 강의를 진행했다. 맥스웰은 59년간 학생들을 지도했고, 파킨슨병으로 투병하다가 1984년 2월 4일에 88세의 나이로 숨을 거두었다. 맥스웰과 1925년에 결혼한 아내 펄(Pearl)과 딸 다섯, 그리고 폴이 그의 임종을 지켜보았다. 숨을 거둘 당시, 2,000명에 달하는 프레리성경학교 동문이 80여개 국가에서 선교사로 활동했고, 다른 1,600여 명은 북미 지역에서 국내선교사와 목회자로 활약하고 있었다.

참고문헌 | J. G. Stackhouse, Jr, *Canadian Evangelicalism in the Twentieth Century: An Introduction to Its Character* (Toronto: Toronto University Press, 1993).

J. C. ENNS

레온 램 모리스(Leon Lamb Morris, 1914-2006)

성경신학자이자 주석가이며 교육가. 그는 1914년 3월 15일에 뉴사우스웨일스의 리스고(Lithgow)에서 태어났다. 부모는 조지 콜먼 모리스(George Coleman Morris)와 두 번째 아내 아이비 모리스(Ivy Morris, 원래 성은 Lamb)로, 레온 모리스는 네 자녀 중 첫째였다. 리스고공립학교(Lithgow Public Schools)와 중고등학교를 졸업했고, 대공황으로 인한 경제적 어려움이 있었지만 한 교사가 지원해 준 장학금으로 시드니대학교(University of Sydney)에 입학할 수 있었다. 과학으로 학위를 취득한(1931-1933) 후, 이어서 시드니교육대학(Sydney Teachers' College)에 입학했다. 졸업 후에는 뉴사우스웨일스 주정부 교육부에 취직해서 일했다.

레온 모리스는 어렸을 때부터 부모를 따라 교회에 출석했고, 학부 1학년 재학 중에 라이크하트(Leichhardt) 소재 올소울즈교회(All Souls Church) 사제이자 시드니대학교 복음주의연합 책임자였던 R. B. 로빈슨(R. B. Robinson)의 영향으로 기독교 신앙을 받아들이고 고백했다. 얼마 지나지 않아 목회에 대한 '부르심'을 느꼈지만, 레온 모리스는 교육부와 계약한 5년간의 의무 교사직을 수행해야 했다. 교사 일을 하면서도 여유 시간에 그리스어를 독학했고, 오스트레일리아신학대학(Australian College of Theology)의 입학 자격 시험을 보기 위해 준비를 해 나갔다. 그가 제2부에서 전국 1위의 점수를 받자, 시드니성공회교구(Anglican diocese of Sydney)는 레온 모리스가 신학대학에서 정규 교육을 받지 않았음에도 그를 위해 기금을 마련해 곧바로 안수를 받을 수 있도록 배려해 주었다. 레온 모리스는 1938년에서 1940년까지 캠시(Campsie)의 세인트존스교회(St John's Church)의 교구사제 세실 쇼트(Cecil Short) 사제의 부사제로 목회를 배우기 시작했다.

레온 모리스는 1940년에 오스트레일리아 남부 미니파선교회(Minnipa Mission) 담당 목회자로 파송되면서, 그가 그동안 꿈꿔 왔던 미개척지교회조력회(Bush Church Aid Society)와 일할 수 있는 기회를 얻었다. 레온 모리스는 1995년 출판된 『미개척지 교구사제』(*Bush Parson*)라는 책에서, 이 오지 지역에서의 5년간의 순회목회와 더불어 제2차 세계대전 이후 더욱 악화된 환경 속에서 힘들게 살아가고 있던 오지 지역민에 대한 이야기를 전하고 있다. 이 순회목회 기간 동안 레온 모리스는 런던대학교(University of London)에서 신학학사(1943), 같은 대학에서 신학석사(1946)를 받으며 기독교를 더 깊이 연구했다. 여기에는 그와 1941년에 결혼한 아내 밀드레드(Mildred, 원래 성은 Dann)의 열성적인 후원과 격려가 있었다. 학계 경력은 1945년에 멜버른(Melbourne) 소재 리들리대학(Ridley College) 부총장으로 초빙되어 1959년까지 이 직함을 유지하면서 시작되었다. 1950년에서 1951년까지는 안식년 기간 중에 케임브리지대학교에서 R. 뉴턴 플루(R. Newton Flew)의 지도 아래 박사학위논문을 완성했다. 이때가 레온 모리슨이 유명한 학자의 지도 아래에서 신학 교육을 받은 유일한 시기였다.

1952년에 오스트레일리아로 돌아온 레온 모리스는 박사학위논문을 책으로 출판함으로써, 엄청난 다작가 경력으로 이어지는 저술가의 세계에 입문했다. 그는 속죄에 대한 단어를 정밀하게 분석하여 『사도적 십자가 설교』(*Apostolic Preaching of the Cross*, 1955)를 출판하여 성경신학자로서의 주요 작업을 위한 방법론과 내용의 틀을 잡았다. 레온 모리스는 이 책을 통해 발견한 것을 토대로 이 주제를 발전시키고 대중화하는 여러 후속 작품을 발표했는데, 그중 가장 눈에 띄는 것은 『신약의 십자가』(*The Cross in the New Testament*, 1985, CLC 刊)와 『속죄』(*The Atonement*, 1983)이다. 레온 모리스는 모든 적합한 성경 자료를 바탕으로 고전적 대속 교리를 발전시켜 나가기 위해, 그리스도의 죽음의 구원론적 의미들을 광범위하게 해석하는 기반으로서 신중한 언어학적 연구를 수행했다. 그는 기독교에서 가장 중요한 것은 십자가와 그 효력이라고 생각했기에, 여기에 대한 관심에서 나온 확신을 그의 『신약신학』(*New Testament Theology*, 1986, CLC 刊)에 담았다.

성경에 대한 확신, 초기 저작에 들어 있는 주해의 탁월한 수준은 곧 복음주의 진영 인사들의 이목을 끌었다. 이로써 레온 모리스는 틴데일 주석 시리즈(Tyndale commentaries series) 저자로 참여해 달라는 초청을 받게 된다. 그는 『데살로니가전후서 주석』(1956, CLC 刊)과 『고린도전서 주석』(1959, CLC 刊), 『사사기와 룻기 주석』(1968) 및 『요한계시록 주석』(1969, CLC 刊), 『누가복음 주석』(1974, CLC 刊)을 완성했다. 그는 데살로니가 서신(1959)과 제4복음서(요한복음)에 대한 연구를 진행하여 이를 신국제 주석 시리즈(New International Commentary Series)로 발간했다. 레온 모리스는 사도행전을 제외한 신약의 모든 책에 대한 학문적, 혹은 대중적 연구서를 발행했다.

그의 주석의 특징은 성경의 단어와 그 단어의 언어적 의미를 성경 시대의 역사적 배경과 더불어 심도 있게 분석했다는 것이다. 주석은 그의 특별한 접근법을 보여 주는 이상적인 도구였다. 세부사항에 대한 학문적 논쟁, 그리고 이후에 등장하는 더 혁신적인 해석 방법론은 이들이 본문에 나오는 단어의 의미에 더 분명한 빛을 비추는 한에서만 그의 관심의 대상이 되었을 뿐이었다.

레온 모리스는 이 두 주석 시리즈를 그의 출판사역의 중심에 두고, 단행본, 주제별 서적, 경건 서적, 연구논문 등 광범위한 교회 출판물을 꾸준히 써내며 출판 목록을 보충했다. 이렇게 많은 글을 발표하면서도 그는 학교에서 가르치고 행정을 돌보는 격무를 게을리하지 않았다. 레온 모리스는 리들리대학에서 교리와 성경을 가르치는 엄격한 교수였다. 1960년에서 1961년까지 미국에서 연구년을 보낸 레온 모리스는 케임브리지의 틴데일하우스(Tyndale House)를 책임져달라는 요청을 받아 이를 수락했다. 여기서 그는 복음주의 학문의 증진을 위해 도서관을 만들고 정비하는 작업을 진행했다.

1964년에는 다시 리들리대학 학장으로 초빙받았다. 유능하고 실용적인 행정가로서, 레온 모리스는 이 학교의 변화와 발전을 주도해 나갔다. 새로운 건물들을 건축하는 사업을 야심차게 시작했고, 교직원을 충원하여 새로운 수업과 대학원 과정을 신설했고, 멜버른대학교(University of Melbourne) 안에 리들리대학 기숙사를 만들어 학생들이 거주하게 하는 일 등을 실행해 나갔다. 1977년 대학은 이런 레온 모리스의 학장으로서의 공헌을 인정하여 그를 대학 이사회 위원에 임명했다.

복음주의자의 참여 활동이 중요하다고 믿은 레온 모리스는 학교뿐만 아니라 다양한 교회 일에도 참여하려고 노력했다. 오스트레일리아 전역뿐만 아니라 미국, 아시아, 남미에까지 다니며 설교와 강연을 했다. 레온 모리스는 논쟁가는 아니었지만, 당대 사회 종교적 이슈에 종종 자신만의 목소리를 내기도 했다. 그는 『종교 폐지』(The Abolition of Religion, 1964)에서 J. A. T. 로빈슨(J. A. T. Robinson)의 『신에게 솔직히』(Honest To God)에서 소개되어 사람들의 주목을 받은 '종교성 없는 기독교'(religionless Christianity) 개념에 반대하는 논지를 펼쳤다. 레온 모리스는 오스트레일리아에서 성공회 교리위원회에 참여해서, 여성 안수를 찬성하는 목소리를 냈다. 또한, 오스트레일리아신학대학(Australian College of Theology) 의회와 연구위원회에서도 수년간 일했다. 레온 모리스는 빅토리아 지역의 복음주의연맹(Evangelical Alliance) 의장으로 활동하면서, 오스트레일리아의 티어(TEAR, 영국의 기독교 구호 조직-역주) 펀드를 조직하는 데 큰 역할을 감당했다.

레온 모리스는 이뿐만 아니라 기독학생회(IVF), 성서유니온(SU), 교회선교회(CMS), 성서공회(Bible Society) 같은 복음주의 기독교 단체도 아낌없이 후원했다. 그는 이런 단체들에서 강연하면서, 현대 세계에서 기독교인이 살아가며 복음을 실천하는 데 성경이 유일하게 권위 있는 지침서라고 강조했다. 레온 모리스는 이런 주장을 조직적으로 정리해서 『나는 계시를 믿는다』(I Believe in Revelation, 1976)로 출판했다. 1964년부터는 멜버른 세인트폴대성당(St Paul's Cathedral) 참사회원으로 활동하면서, 복음주의적인 표준과 가치를 지키는 일에 앞장섰다. 일례로 그는 이 성당에서 제의(vestment) 착용을 거부하기도 했다. 레온 모리스는 평소 많은 이들에게 복음을 전해야 한다는 신념을 가지고 있었기 때문에 1968년에 빅토리아에서 개최된 빌리그레이엄전도대회(Billy Graham crusade)에 위원장으로 참여하기도 했다.

깊고 곧은 신앙을 가진 가식 없는 인물 레온 모리스는 언제나 자신의 자리에서 최선을 다해 하나님을 섬겼다. 1979년에 은퇴하면서도 이를 끝이라고 여기지 않고 연구에 더 매진할 좋은 기회로 여겼다. 그는 50권이 넘는 책을 저술함으로서 오스트레일리아에서 가장 저술 활동을 많이 한 기독교인 저자로 자리매김했다. 레온 모리스의 저서들은 제2차 세계대전 이후 전 세계적으로 복음주의 성경학자들이 부상하는 데 큰 공헌을 했다. 레온 모리스는 오스트레일리아에서 그 교두보를 마련한 인물이었다.

참고문헌 | Taped interview, 8 August 1986, CSAC Archives: *Lucas* 25 & 26 (1999), pp. 185-216; D. J. Williams, 'Leon Morris,' in W. A. Elwell and J. D. Weaver (eds.), *Biblical Interpreters of the Twentieth Century* (Grand Rapid: Baker, 1999).

G. R. TRELOAR

레이턴 포드(Leighton Ford, 1931-)

전도자이자 영적 지도자. 그는 1931년 10월 22일에 태어난 후 캐나다 온타리오(Ontario)의 찰스 리처드 포드(Charles Richard Ford)와 에타 올리브 셍클랜드 포드(Etta Olive Shankland Ford) 부부에게 입양되었다. 찰스 리처드 포드는 보석 가게를 운영했는데, 거기서 열심히 일해서 아내가 살고 싶어 했던 풍족한 삶을 살 수 있게 해 주었다. 고상하고 신앙이 좋은 여성 올리브 셍클랜드 포드는 해외선교에 상당한 재정을 후원했고, 자기 집을 거쳐 간 많은 수양 아이들을 돌보고 가르치는 일을 맡아 관리했다.

어린 시절에 레이턴 포드는 신앙으로 엄격하게 양육되었다. 매일 아침 특별히 기도용으로 제작된 긴 의자에 무릎을 꿇고 앉았고, 올리브는 거기서 아들에게 기도를 가르쳤다. 아직 아장거리며 돌아다니는 아기 때부터 레이턴 포드는 규칙적으로 성경을 암송했다. 회심은 15살에 경험했는데, 캐나다케직사경회(Canadian Keswick)의 어린이집회에 참석했을 때였다. 그는 그 후에 이 시기에, 선생님이 의심했음에도 불구하고, 자신은 그리스도께 자신을 드리기로 결단할 준비가 되어 있었다고 반복해서 주장했다.

에타 올리브 셍클랜드 포드는 임상 편집증(clinical paranoia)에 시달렸는데, 이 때문에 가족이 겪은 고통이 컸지만, 레이턴 포드는 계속 학교에 다니며 학업과 운동에 두각을 드러냈다. 블루워터성경대회(Blue Water Bible Conference)에서 드린 예배가 레이턴 포드의 개인 경건 생활의 출발점이 되었다.

이 집회 이후 그의 삶은 새로운 영적 활력으로 충만했던 것 같다. 캐나다십대선교회(Canadian Youth Fellowship)는 레이턴 포드가 14살 되던 해에 그를 회장으로 선출했고, 지역 십대를 위한 집회에 참석한 그는 거기서 빌리 그레이엄을 만났다. 그레이엄의 제안에 따라 레이턴 포드는 휘튼대학(Wheaton College)을 다닌 후 1952년에 철학학사를 받으며 졸업했다. 1955년에는 컬럼비아신학교(Columbia Theological Seminary)에서 목회학석사를 취득하며 우등(*magna cum laude*)으로 졸업했다.

1953년 12월 19일에 빌리 그레이엄의 동생 진 코피 그레이엄(Jean Coffey Graham)과 결혼하고, 이후 세 자녀, 데보라 진(Deborah Jean), 레이턴 프레더릭 샌디스 포드 주니어(Leighton Frederick Sandys Ford, Jr[샌디]), 케빈 그레이엄(Kevin Graham)을 낳았다. 레이턴 포드는 1955년에 장로교 목사로 안수받았다. 또한, 그는 그해에 빌리그레이엄전도협회(Billy Graham Evangelistic Association)에서 협력 전도자(Associate Evangelist) 직책을 맡으며 이 단체의 사역에 뛰어들었다. 원래 의도는 1년 동안만 이 단체와 일하는 것이었지만, 결국 그는 31년간 단체에 머물렀고, 임기 마지막 시기에는 부회장과 전도집회의 두 번째 정규 설교자로 활동했다. 숙련된 관리 능력과 탁월한 설교적 재능으로, 그는 자기가 맡은 직책을 충실히 감당했다.

그레이엄은 1962년에 레이턴 포드가 자기 전도단을 데리고 일할 수 있게 해 주었는데, 이 해는 레이턴 포드가 휴턴대학(Houghton College)에서 명예신학박사를 수여받은 해였다. 1973년에는 고든대학(Gordon College)에서 그에게 명예법학박사학위를 수여했다.

1980년이 되자 레이턴 포드는 빌리그레이엄전도협회 바깥에서 경력을 쌓는 일에 대해 고민하기 시작했다. 다음해, 울프-파킨슨-화이트(Wolfe-Parkinson-White) 증후군을 앓고 있던 아들 샌디가 심장 수술 도중 사망했다. 당대의 많은 저명한 복음주의 인사들의 고령화와 아들까지 잃은 경험을 한 레이턴 포드는 진로를 획기적으로 바꾸어 젊은 기독교 지도자 양성 사역에 힘을 쏟아붓기 시작했다. 1986년에 설립된 레이턴포드선교회(Leighton Ford Ministries)를 통해 그는 젊은 지도자들에게 그가 가진 전문성을 전수해 줄 수 있었다. 애로지도력프로그램(Arrow Leadership Program)은 그리스도를 닮은 성품과 효과적이고 그리스도 중심적인 철학을 자라나는 세대의 목회자에게 함양하기 위해 만들어졌다. 프로그램이 확장되면서, 레이턴 포드는 학습자에게, 특히 삶의 경험을 상호 공유하는 이들에게 멘토 관계를 통해 중요한 영향을 끼치게 되었다고 말했다.

1992년에 안식년을 가진 레이턴 포드는 또 다른 방향으로 인생 항로를 수정했다. 이 시기에 그가 새로 발견한 신앙 활동 및 그림 그리기는 그가 더 열정적이고 효율적으로 기도할 수 있게 해 주었다. 1993년에는 하나님의 인도하심을 분별하기 위해 성경구절을 반복적으로 기도하며 읽는 거룩한 독서(렉티오 디비나[lectio divina])를 실천하고 가르치기 시작했다. 1988년에는 애로우지도력프로그램을 이 프로그램 졸업자인 카슨 퓨(Carson Pue)에게 위임하고 자신은 영적 지도를 맡기로 했다. 그리고 그는 기도하고, 영적 우정을 개발하고, 영적 맨토링에 대한 책을 읽고, 자신의 영적 조언자 데이비드 발티에라 사제(Father David Valtiera)를 찾아가며 시간을 보냈다. 레이턴 포드는 자신의 아들의 전기이자 수상작인 『샌디: 하나님을 위한 마음』(Sandy: A Heart for God)과 최근 작품인 『이야기의 힘』(The Power of Story)을 포함한 열 권의 책을 저술했다.

레이턴 포드는 사회 활동에 적극적이었는데, 인종주의, 가난, 세계의 기아와 싸우는 일에 참여했다. 1990년에는 전 세계 사람들의 육체적, 영적 가난을 극복하는 데 수고한 노력의 결과로 '투헝거스상'(Two Hungers Award)을 받았다. 그는 전 대륙 40개 나라 수백만 명의 사람에게 복음을 전했다. 미국종교유산(Religious Heritage of America)이 수여하는 '올해의 성직자상'을 1985년에 받았고, 전국장로교센터(The National Presbyterian Center)는 그를 올해의 장로교 설교자로 선정했다. 1976년부터 1992년까지 로잔세계복음화위원회(Lausanne Committee for World Evangelization) 의장으로 일한 후, 명예종신의장으로 추대되었다. 또한, 그는 미국의 월드비전(World Vision), 고든콘웰신학교

(Gordon Conwell Theological Seminary), 듀크대학교암센터(Duke University Cancer Center) 이사로도 봉사했다. 레이턴 포드는 현재 아내와 함께 노스캐롤라이나(North Carolina) 샬럿(Charlotte)에 살고 있다.

참고문헌 | N. B. Rohrer, *Leighton Ford: A Life Surprised* (Wheaton: Tyndale House Publishing, 1981); L. F. Winner, 'From Mass Evangelist to Soul Friend,' *Christianity Today* (Oct. 2000), pp. 56-60.

T. L. COOPER

레이 해리슨 휴즈(Ray Harrison Hughes, 1924-2011)

교단 대표이자 국제적인 오순절운동 지도자. 그는 1924년 3월 7일에 조지아 칼훈(Calhoun)에서 조셉 해리슨 휴즈(Joseph Harrison Hughes)와 엠마 루 휴즈(Emma Lou Hughes)에게서 태어났다. 아버지는 미국에서 가장 큰 백인 성결파 오순절 교단으로, 본부가 테네시(Tennessee) 클리블랜드(Cleveland)에 있는 하나님의교회(Church of God) 교단의 목사이자 전직 주(state) 책임자였다. 레이 휴즈는 1941년에 목회자 자격을 취득한 후 하나님의교회(CG)의 전국 전도자가 되었다. 1946년에 로스앤젤레스 헐리우드볼(Hollywood Bowl)에서 열린 대형 청년집회의 강사로 활약함으로써 오순절운동의 전국구 저명 인사가 되었다. 1950년에 안수받은 레이 휴즈의 임지는 일리노이 페어필드(Fairfield, 1945-1946), 테네시 노스채터누가(North Chattanooga, 1948-1952)였다. 1942년에 매리언 유벌라 티드웰(Marian Euverla Tidwell)과 결혼하여 네 자녀를 두었다.

큰 존경을 받은 설교자 레이 휴즈는 빠른 속도로 교단 지도자로 부상하여, 20세기 후반에는 교단에서 가장 유명한 인물이 되었다. 비록 심정은 언제나 전도자였지만, 청년 및 기독교 교육 총책임자(1952-1956), 메릴랜드-델라웨어 및 워싱턴 지역 책임자(1956-1960), 리대학(Lee College) 총장(1960-1966, 1982-1984), 조지아 책임자(1974-1976), 하나님의교회신학교(Church of God School of Theology, 지금은 Seminary) 총장(1984-1986), 전도 및 국내선교부 의장(1990-1992) 등 교단 지도부의 여러 직책을 차례대로 맡았다.

또한, 교단의 제3부총회장(third assistant general overseer, 1966-1968, 1992-1994), 제2부총회장(1968-1970), 제1부총회장(1970-1972, 1976-1978, 1986-1990, 1994-1996)이었다. 총회장 재직 시(1972-1974, 1978-1982, 1996)에는 교단이 새로운 전도 노력을 시작해야 한다고 도전했다. 또한, 1956년 이래 교단의 여러 주요 위원회에서도 활약했다. '포워드인페이스'(Forward in Faith) 라디오 방송에서 설교자로 나선 기간(1960-1963)에는 방송망이 미국 내 37개 주, 5개 다른 국가에 소재한 52개 방송국에서 120개 방송국으로 빠른 속도로 늘어났다.

전국구 교회 지도자가 되자, 레이 휴즈는 고등 교육을 받는 일에 열심을 냈다. 1961년에 테네시웨슬리파대학교(Tennessee Wesleyan University)에서 학사학위를 받았고, 테네시대학교(University of Tennessee)에서 1963년에 석사, 1966년에 교육학박사를 받았다. 논문 제목은 '교회 관련 초급 대학에서 상급 대학으로의 변천: 리대학을 중심으로'(The Transition of

Church Related Junior Colleges to Senior Colleges with Implications for Lee College)였다. 리 대학 첫 총장직을 맡았던 시기에 학교는 등록 학생수와 학문적 수준에서 급성장을 이루었고, 캠퍼스 부지도 확장되었다.

다작가로서 레이 휴즈는 많은 책을 썼다. 『주일학교 성장 계획』(Planning for Sunday School Progress, 1955), 『뜨거운 신앙』(Religion on Fire, 1956), 『미래 사건들의 순서』(The Order of Future Events, 1962), 『오순절이란 무엇인가?』(What Is Pentecost?, 1963), 『하나님의교회의 특징』(Church of God Distinctives, 1968; 21989), 『주일학교 성장의 역동성』(Dynamics of Sunday School Growth, 1980), 『오순절파 설교』(Pentecostal Preaching, 1981), 『성령 이해』(Understanding the Holy Spirit, 1982), 『성령은 누구신가?』(Who Is the Holy Ghost?, 1992), 『주님, 우리에게 당신의 영광을 보이소서』(Lord, Show Us Thy Glory, 1997), 『휴거와 계시』(The Rapture & Revelation, 2000), 『필연을 사랑하는 십자가』(The Cross Loves Necessity, 2000) 등이 대표작이다. 또한, 『주 책임자 매뉴얼』(State Overseer's Manual, 1972)과 『성령의 위격과 사역에 대한 설교 개요』(Sermon Outlines on the Person and Work of the Holy Spirit, 1981)도 편집했다. 가장 유명한 녹음 테이프 설교 모음집은 '기름부음이 차이를 만든다'(The Anointing Makes the Difference)였다.

레이 휴즈는 전후 시기에 하나님의교회 교단을 미국 복음주의의 주변부에서 중심부로 위치시키는 데 결정적인 공헌을 했다. 이 발전은 그가 전미복음주의협회(National Association of Evangelicals, NAE) 특별위원회에서 활약(1978-1989)하고, 회장(1986-1988)까지 지내고, 후에 행정위원회 영구회원으로 임명된 것에서 증명된다. 다른 고전적 오순절 지도자들과 마찬가지로, 그는 교리와 기독교 일치의 본질, 거룩한 삶의 내용에 대한 견해 차이 때문에 하나님의 교회 교단을 은사주의운동과는 다른 것으로 구별하였다.

보수 복음주의자들과 친밀한 관계를 유지하는 데 중점을 두고 종말론적 특징을 유지했기 때문에 레이 휴즈와 다른 하나님의교회 지도자들은 (WCC 등의) 교회 협의체들과는 거리를 유지할 수밖에 없었다. 오순절 교단으로서의 하나님의교회를 대표한 레이 휴즈는 북미오순절협회(Pentecostal Fellowship of North America) 회장(1976-1978)으로 일했고, 오순절세계총회(Pentecostal World Conference) 국제 고문단에서 활약하며 단장(1989-1998)을 맡기도 했다. 레이 휴즈 관련 문헌은 테네시 클리블랜드의 '할 버나드 딕슨 오순절파 연구소'(Hal Bernard Dixon, Jr, Pentecostal Research Center)에 소장되어 있다.

참고문헌 | C. W. Conn, *Like a Mighty Army: A History of the Church of God, 1886-1976* (Cleveland: Pathway Press, 1977); M. Crews, *The Church of God: A Social History* (Knoxville: University of Tennessee Press, 1990); R. H. Hughes, 'The New Pentecostalism: Perspective of a Classical Pentecostal Administrator,' in R. P. Spittler (ed.), *Perspectives on the New Pentecostalism* (Grand Rapids: Baker Book House, 1976).

G. B. MCGEE

로렌 커닝햄(Loren Cunningham, 1935-)

전도자, 선교사. 그는 전 세계 100여 개 국가에서 전도와 구제 활동을 펼치는 수천 명의 젊은이를 지원하는 유명한 초교파 은사주의 선교단체인 예수전도단(Youth With a Mission, YWAM) 창설자로, 책과 설교, 단체의 세계적 영향력을 통해 알려진 20세기 후반 복음주의 지도자다.

로렌 커닝햄은 1935년 캘리포니아 태프트(Taft)에서 안수받은 하나님의성회(Assemblies of God) 목사들인 아버지 토마스 커닝햄(Thomas Cunningham)과 어머니 쥬얼 니콜슨(Jewel Nicholson)의 아들로 태어났다. 로렌 커닝햄과 그의 형제자매는 수많은 곳을 여행하며 자랐다. 부모는 순회설교자였고, 주로 남서부 미국의 여러 작은 교회에서 목회 활동을 했다. 생생한 영적 환상, 꿈같은 어린 시절 경험과 생애 후반의 유사 경험들은 자서전에 잘 정리되어 있다. 신적 인도와 초자연적 경험은 그의 삶과 사역의 중요한 주제가 되었다.

로렌 커닝햄은 아칸소(Arkansas) 스프링데일(Springdale)에서 가족이 모였을 때 어머니가 한 설교를 들은 직후 열세 살에 목회 소명을 느꼈다. 그는 자신이 제단에 무릎을 꿇었을 때 '전 세계로 가서 복음을 전하라'는 굵은 글자가 자기 눈앞에 어떻게 나타났는지를 회상했다. 이 비전을 어머니와 나누었을 때, 어머니는 아들의 목회 소명을 확인해 주고, 그에게 "평안의 복음이 준비하는 것"(엡 6:15)을 상징하는 새 신발 한 켤레를 사 주었다. 곧이어 그는 부모님의 교회에서 첫 설교를 했는데, 이후 로렌 커닝햄은 이 경험을 자기 사역의 시작점으로 간주했다. 후에 그는 하나님의성회에서 안수받은 후 1964년 자신이 세운 선교단체 사역을 시작하기 위해 사임하기 전까지 이 교단에서 일했다.

로렌 커닝햄은 1956년에 바하마 제도(Bahamas Islands)의 수도 낫소(Nassau)에서 인생의 방향을 바꾸어 놓은 가장 생생한 체험 하나를 했다. 당시 그는 젊은 기독교인 무리와 함께 선교여행 중이었다. 어느 날 밤, 한 선교사의 집에서 머물고 있을 때 침대에 누워 천장을 보다가 세계지도가 펼쳐지는 환상을 보았는데, 파도가 모든 대륙의 해안에 휘몰아치고 있었다. 파도는 복음을 들고 지구상 모든 지역에 상륙한 젊은이 무리로 가득했다. 로렌 커닝햄은 이 환상이 젊은이들을 모으고 훈련하고 동원하여 전 세계로 나가 복음을 전하고 혁신적인 선교활동을 하게 하라는 부르심이라고 믿었다.

1963년에 로렌 커닝햄은 평생 동역자가 된 달린 스크래치(Darlene Scratch)와 결혼했다. 자녀는 둘이었다. 로렌 커닝햄은 미주리 스프링필드의 센트럴성경신학교(Central Bible Institute and Seminary, 이후 Central Bible School)에 다닌 후 성경신학학사와 기독교 교육학사를 1957년에 받았다. 또한, 1958년에 서던캘리포니아대학교(USC)에서 종교학과 철학으로 학사를 받고, 1979년에는 교육 감독과 행정 분야 석사학위를 받았다.

로렌 커닝햄은 많은 수의 젊은이를 효율적인 단기사역에 참여할 수 있게 하는 창의적 전략을 개발하는 능력으로 유명해졌는데, 이 전략을 이후 많은 조직들이 차용했다. 그의 전략은 대학생 연령대의 학생들과 다양한 자원자들의 참여를 극대화했고, 급료를 받지 않고 자급자족하는 많은 전임사역자를 고용했다. 로렌 커닝햄은 예수전도단 사역의 신학적 근본은 하나님을 사랑하고 이웃을 사랑하라는 그리스도의 기본 명령을 실제로 실행하는 것이라 생각했다. 이 명령들을 사역자들이 이해하고 실천으로 옮김으로써 조직의 사명이 규정되는 것이다. 영감 넘치는 지도 방식 덕에 로렌 커닝햄은 젊은이들에게 그들이 바랐던 타문화권 선교의 기회를 제공할 수 있었다. 이 운동의 초기 단계에서 로렌 커닝햄은 조직이 하나님의성회 교단의 권위 아래서 유지되기를 바랐다. 그러나 그가 가진 비전을 교단 내에서 온전히 실현할 수 없다는 것을 깨닫고 나서야 독립의 가능성을 주저하며 고려하기 시작했다. 하나님의성회 총감독(General Superintendent)인 토마스 짐머맨(Thomas Zimmerman)과 만난 후인 1964년에는 교단을 떠났다. 곧이어 로렌 커닝햄은 독립된 초교파 선교조직을 형성하고, 이 모임을 선교하는 청년(Youth With a Mission, 한국명 '예수전도단'-역주)이라 불렀다. 이 단체는 곧 130개 국에서 15,000명 이상의 직원이 활동하는 세계에서 가장 큰 복음주의 조직 중 하나로 급속히 성장했다. 삼백만 명 이상의 학생, 자원자, 직원이 예수전도단과 함께 일했다. 예수전도단은 현재 135개가 넘는 나라에 본부가 있고, 열정적인 자원자가 30,000명이 넘으며, 단기사역에 참여하는 인원은 200,000명이 넘는다. 사역자를 훈련시키기 위해 로렌 커닝햄은 하와이 코나에 열방대학교(University of Nations)라는 교육 기관과 수백 종의 위성교육 과정을 만들었다. 훈련센터가 네덜란드, 오스트레일리아, 스위스, 독일 및 여러 나라에 세워졌고, 100개 이상의 나라에서 연장 프로그램이 진행되고 있다.

로렌 커닝햄은 대양을 가로지르는 여러 배를 활용하는 창의적인 구제 사역도 펼쳤다. 선단을 이끄는 기함은 운행되던 당시 세상에서 가장 큰 떠다니는 병원으로 불렸던 아나스타시스(Anastasis)였다. 주요 구제 사역을 위해 '더 굿 사마리탄'(The Good Samaritan, 선한 사마리아인) 및 다른 배도 구비했다. 이런 배들은 의료, 음식 및 다른 필요한 도움을 주로 개발도상국에 제공하는 '자비선'(mercy ships)으로 파견된 것이었다.

1972년에 예수전도단 선교사들은 뮌헨 하계 올림픽에서 일어난 비극 이후 국제적인 주목을 받았다. 일부 이스라엘 선수가 인질이 된 후 살해당했는데, 국제 언론들은 수백 명의 예수전도단 사역자들이 가서 어려운 국제 사회 분위기 속에서도 조용하게 활동하며 지원한 것을 보도했다. 이 사건들로 로렌 커닝햄과 예수전도단에 대한 인상이 좋아져서 세계로 진출할 수 있는 문이 열렸고, 예수전도단은 20세기 후반기에 가장 중요한 복음주의 조직 중 하나가 되었다.

로렌 커닝햄의 개인 신앙 여정은 널리 읽힌 경건한 자서전 『하나님 정말 당신이십니까?』(Is That Really You God?)에 잘 나타나 있다. 또한, 그는 『네 신을 벗으라』(Making Jesus Lord), 『벼랑 끝에 서는 용기』(To Live on the Edge: The Adventure of Faith and Finances), 『선교사, 사역자, 지도자로 종사하는 여성들에 대한 성경적인 연구』(Why Not Women?)도 썼다.

참고문헌 | L. Cunningham, *Is that Really You God?* (Seattle: YWAM Publishing, 1984).

D. HEDGES

로렌조 다우(Lorenzo Dow, 1777-1834)

미국부흥사. 그는 1777년 10월 16일에 코네티컷 코벤트리(Coventry)에서 태어났다. 아버지 험프리 다우(Humphrey Dow)와 어머니 태비사 파커(Tabitha Parker)는 잉글랜드 혈통이었고, 로렌조 다우는 여섯 자녀 중 다섯째였다. 열네 살에 감리교 순회설교자 호프 헐(Hope Hull)의 사역을 통해 회심했는데, 헐은 강력한 설교와 예언 은사로 유명한 카리스마 넘치는 인물이었다. 다우의 회심은 전형적인 복음주의 회심이었다. 자신의 의롭지 못한 상태를 놓고 절망적인 긴 밤을 보낸 후에, 그는 예수님이 그가 당해 마땅한 정죄에서 건져 주시기 위해 개입하는 꿈을 꾸었다. 하나님의 자비에 대한 생각에 압도당한 다우는 이 경험을 가족, 동료 신자, 회심하지 못한 이웃과 나누기 시작했다.

이후 몇 해 동안 그는 지역에서 설교를 시작했고, 1798년에 감리교총회(Methodist annual conference)는 그가 시험을 치를 수 있게 한 후, 프랜시스 애즈베리(Francis Asbury)가 직접 설교권을 수여했다. 그러나 설교자 경력 가장 초기부터 다우는 감리교 임원들의 지도보다는 내면의 영적 지침을 따르는 것이 더 낫다고 생각했다. 이에 1799년부터 1818년 사이에 잉글랜드와 아일랜드로 세 차례 허가받지 않은 여행을 떠나고, 북미 서부 황야를 널리 순회했다.

감리교의 불굴의 순회전도자 전통을 자신의 것으로 체화한 로렌조 다우는 가진 물질이 거의 없는 악조건 속에서도 복음을 전하기 위해 1805년에만 10,000마일을 순회했다. 이런 영웅적 노력과 강력한 설교를 통해 로렌조 다우는 그 시대에 가장 성공한 부흥사 중 하나가 되었다.

'미치광이' 로렌조 다우는 당대 사람들과 역사가들이 극단적으로 기이한 사람으로 다양하게 묘사할 정도로 종잡기 힘든 인물이었다. 많은 관찰자들은 눈에 띄는 나약함(홀쭉한 몸매, 유행에 뒤떨어진 긴 머리카락, 약한 체력)에 대해 언급했고, 그의 일기에는 병 혹은 육체적 소진으로 인해 곧 죽을지도 모른다는 내용이 넘쳐난다. 그러나 동시에 청중은 그 기이함과 설교 능력을 그의 '남성다운 독립심' 탓으로 돌렸으며, 수없이 많은 아이들도 그에게 경의를 표했다.

하나님의 은혜를 갈망하는 죄인들의 심리적 고통을 보며 눈물을 자주 쏟았던 로렌조 다우는, 자신을 위협하는 무리에 두려움 없이 도전할 수 있는 사람이었고, 이런 방식으로 원시감리교회(Primitive Methodist)의 남성성과 여성성 모두를 구현했다. 깊은 금욕을 추구하는 기질에 대해서도 많은 기록이 남아 있지만, 이 기질은 기존 권위에 대한 복종이나 사회적으로 강요된 겸손이 아니라, 놀라운 자기 절제 안에 자리를 잡고 있었다. 또한, 미국에서 가장 영향력 있는 순회전도자 중 하나로 인정받았음에도 불구하고, 그는 언제나 감리교 고위 직책에 있는 이들에게는 무시당하며 소외되었다.

권력 구조와의 취약한 공식 연결 고리에도 불구하고, 로렌조 다우는 감리교 교리를 버리지 않았다. 인간의 죄성과 하나님의 공의가 그리스도의 죽음과 부활이 제공한 속죄를 요구한다는 그의 기본 메시지는 순전한 정통이었고, 하나님의 경륜에 따라 각 개인이 영원한 결과에 대한 책임을 지고 그 속죄를 선택하거나 거부해야 한다는 알미니안주의자였다. 그는 감정이 충만했지만 주의 깊은 논리를 갖춘 모든 설교에서 당대에 부상하던 사회, 정치, 교회, 지성계의 특권 문화 체제를 신랄하게 비난했다.

그는 꿈과 환상에 관심을 두었고, 때로 영적 은사를 과시하기도 했다. 거친 영성과 제어되지 않은 초자연주의는 계몽주의적 회의주의자와 칼빈주의 변증가의 절제된 체면치레와 철저하게 이성에 근거한 신학에 도전했다. 앨라배마(Alabama) 세인트스티븐스(St Stephens)에서 그가 퍼부은 저주, 즉 오늘날 문서로 남아 있는 저주(이 도시가 결국 멸망당해서 박쥐와 올빼미만 앉아 있는 곳이 되고 말리라는 예언)는 확신에 찬 주장으로 청중에게 엄청난 영향을 끼쳤는데, 로렌조 다우는 초자연적 요소를 활용해서 자신의 전도 메시지를 강화하려 했다.

대중주의자의 원형인, 로렌조 다우는 귀족 호칭 및 작위의 모든 면을 경멸하고 조롱했으며, 안락한 삶을 사는 이들이 즐기는 물질적이고 사회적인 유익은 참된 기독교와는 모순되는 것이라 규정했다. 부유함이 영적 유혹이라는 점을 인정한 로렌조 다우는 종교적으로 접촉한 어떤 이들에게서도 재정적 유익을 얻기를 단호히 거부했고, 평범한 대중의 눈을 통해 사역의 합법성을 인정받는 데 도움이 되는 개인 금욕과 자기 부인을 주장했다. 그는 청중에게 "할 수 있는 한 모든 이를 구원하고, 할 수 있는 한 모든 것을 주라. 그럼으로써 이 세상의 것들이 저주가 아니라 축복임을 입증하라"고 촉구함으로써, 청지기의 도를 정의하는 웨슬리(Wesley)의 유명한 경구를 자기 식으로 바꾸어 표현했다.

또한, 로렌조 다우는 캠프집회의 거룩한 무질서를 포용하고, 훈련받은 성직자가 영적으로 사망했다고 가정하고 경멸하는 과정에서도 특권에 대한 이런 종류의 반대 논증을 활용했다. 전통적인 의미의 부흥사가 아니었던 그는 '배운 것은 없으나 아주 똑똑한' 인물로 평가받았다. 로렌조 다우에게는 부흥사의 합법성은 생기 있는 개인 영성과 삶을 변화시키는 능력을 동반하여, 청중을 그 경험으로 이끌 수 있는 능력에 달려 있는 것이었다.

로렌조 다우의 경력에서 설교자로서의 경이로운 인기와 성공에 더하여, 감리교 지배층과의 논쟁이 눈에 띈다. 배정된 순회단에 머물러 있기를 거부한 경력 초기부터 그는 교회 당국이 통제할 수 없는 인물이라는 사실이 드러났다. 예를 들어, 1805년 그가 자신의 개척지 부흥운동 방식을 잉글랜드로 가져오겠다고 약속했을 때, 미국감리교 지도자 니콜라스 스네든(Nicholas Snethen)은 로렌조 다우를 영적 '사기꾼'(imposter)이라 칭하며, 영국 관원들에게 부흥사 로렌조 다우에게 설교권을 허락하지 말라고 요청했다. 그러나 이런 반대에 직면해서도 로렌조 다우는 열광적인 청중 앞에서 설교하며, 이 과정에서 잉글랜드에서 원시감리교회운동(Primitive Methodist movement)을 창립한 휴 본(Hugh Bourne)에게 영감을 주었다.

스네든의 반대에도 불구하고 로렌조 다우는 미국감리교 조직의 민주화를 요구한 자신 및 다른 개혁자들과 공감대를 형성했다. 윌리엄 스틸웰(William Stilwell)이 지도하던 뉴욕 감리교인들이 1820년대에 존스트리트교회(John Street Church)가 계속해서 세속화되는 것을 놓고 벌어진 논쟁에서 유행에 따른 혁신과 정치적 간섭을 거부하고 분리된 감리교 일파를 형성했을 때, 로렌조 다우는 일반 선교사, 집사, 장로 신분으로 이 분리안에 서명했다.

로렌조 다우의 지지를 받은 스틸웰파는 감리교운동 내에서 인종 및 성평등을 지지했다. 막 생성되고 있던 아프리카감리교감독주의시온교파(African Methodist Episcopal Zion denomination, 미국 흑인 감리 교단-역주) 지도자에게 안수를 주려는 스틸웰의 연이은 의지 표명은 흑인 감리교도와 우정을 유지하고 있던 로렌조 다우의 뜻과도 잘 맞았다.

독립 초기의 많은 미국인처럼, 로렌조 다우도 종교와 정치의 융합을 편하게 받아들였다. 그는 미국 건국을 하나님의 섭리적 간섭으로 이해했고, 알렉산더 캠벨(Alexander Campbell)이나 조셉 스미스(Joseph Smith) 같은 이후의 회복주의자들이 이해한 것과 비슷하게, 건국을 천년왕국적 기대의 성취로 해석했다. 당대 사건들에 대한 예언적 해석에 마음이 뺏긴 로렌조 다우는 로마 가톨릭을 미국 및 세계에서 자유를 위협하는 모든 악의 기원이라고 비난했다.

공화주의 이념을 확고히 받아들인 그는 단호한 제퍼슨주의자(Jeffersonian)였고, 급진적 평등주의자 토마스 페인(Thomas Paine)의 말을 설교에서 자주 인용했다. 또한, 사회적인 이유뿐만 아니라 신학적인 이유로 정치적 권위가 부유한 자나 좋은 집안에서 태어난 이들에게만 속해 있다는 개념에 반대하고, 평범한 서민의 결정 능력을 신뢰했다. 일평생 '특별함,' '자부심'이라는 의식을 가진 이들은, 로렌조 다우의 표현에 의하면, 결국 "하나님도 모르고 그분의 예배도 모르는" 것을 입증할 뿐이라며 이들을 공개적으로 비난했다.

1804년 9월 3일에 로렌조 다우는 페기 홀콤(Peggy Holcomb)과 결혼했다. 부부는 아이를 하나 낳았는데, 유아기에 사망했다. 아주 매력적인 여성이었던 페기 홀콤은 로렌조 다우의 부흥회에서 동역한 자기 이야기를 로렌조 다우의 자서전인 『사해동포주의자의 역사』(*History of Cosmopolite*)에 부록으로 남겼다. 로렌조 다우의 자서전은 그가 쓴 책 스무 권 중 하나였는데, 그가 사역하는 동안 판들(editions)이 70개가 넘게 나왔다. 로렌조 다우는 1805년에 그 논쟁적인 잉글랜드 순회를 마친 후에 북미로 돌아가서 다음 10년간 미국과 캐나다 전역을 순회했다.

1818년에는 잉글랜드로 세 번째 순회여행을 떠나 원시감리교회 교인들을 격려했고, 미국으로 돌아와서 방해받지 않고 순회사역을 이어 갔다. 가톨릭의 과도한 정치적 영향력을 국회에 경고하기 위해 워싱턴으로 여행을 떠났다가 병에 걸린 그는 1834년 2월 2일(7일이라고 하는 기록도 있다)에 조지타운(Georgetown)에서 사망했다. 사망한 후에도 특권층에 저항한 로렌조 다우의 반문화적 기질은 19세기 미국감리교 발전사에서 여전히 생동감 있는 하나의 전통으로 살아남았다.

참고문헌 | L. Dow, *History of Cosmopolite; or the Four Volumes of Lorenzo Dow's Journal Concentrated in One, Containing His Experience and Travels, from Childhood to Near His Fiftieth Year. Also His Polemical Writings* (Wheeling, Virginia: Joshua Martin, 1849); N. Hatch, *The Democratization of American Christianity* (New Haven: Yale University Press, 1989); C. Stellers, *Lorenzo Dow: The Bearer of the Word* (New York: Milton, Batch, 1928).

W. R. SUTTON

로버트 J. H. 맥고언(Robert J. H. McGowan, 1870-1953)

오스트레일리아 장로교 목사. 그는 1930년대에 새뮤얼 앵거스(Samuel Angus, Theological Hall 신약 주해 및 역사신학 교수)를 이단으로 정죄하려 시도했다가 실패한 인물로 가장 많이 알려져 있다. 1870년 8월 25일에 오스트레일리아 빅토리아(Victoria)의 발라라트(Ballarat)에서 아일랜드장로교 배경의 가정에서 태어난 맥고언은 처음에 은행원으로 일했다가, 1894년부터 1896년까지 오먼드대학(Ormond College)에 다녔다. 놀랍게도 1897년 4월에 멜버른북부노회(presbytery of Melbourne North)에 보낸 한 편지에서 자신이 유아세례와 교리 일부에 대해 어느 정도 거리낌이 있다고 밝힌 일로 인해 그가 목회자 후보생으로 받아들여지는 일이 잠시 연기되었다. 그러나 이 문제는 신속히 해결되었고, 맥고언은 1897년 7월 1일에 비치워스노회(presbytery of Beechworth)에서 인허를 받았다.

버칩(Birchip, 1899-1905), 부퍼트(Beaufort, 1905-1907)에서 일한 후 뉴사우스웨일스의 애쉬필드(Ashfield)의 성장하는 교회로 청빙받고, 10월 11일에 위임 후 1951년 은퇴할 때까지 목회했다. 맥고언은 겉으로 보아도 범상치 않은 인물이었다. 1898년에 결혼한 첫 아내 제시(Jessie)는 1926년 3월 8일에 갑작스레 사망했다. 맥고언에게 아홉 달 안식년이 주어졌는데, 이때 그는 인도, 팔레스타인, 소아시아, 영국, 미국을 방문했다. 그 기간에 고고학에 열정을 쏟았기에, 돌아올 때 수집품과 환등기 슬라이드를 많이 가지고 왔다. '도저히 가망이 보이지 않을 정도로 가사를 돌아보지 않은' 인물로 알려진 맥고언은 이때 파니 프랭클린(Fanny Franklin)이라는 과부와 재혼했다. 1905년에 「메신저」(Messenger)는 맥고언이 '강인한 얼굴과 복음주의자의 심장'을 가졌다고 썼다. 후에 앨런 두건은 맥고언을 '단조롭고 딱딱한 설교자'로 기억했다. 사람들이 애쉬필드로 오는 그를 환영했을 때, 맥고언은 자기 목회의 기반이 되는 네 원리가 그리스도의 속죄의 죽으심, 성경의 신뢰성, 성령충만, 연합 기도라고 말했다.

세속화를 경계한 맥고언은 짧은 소매옷, 극장, 춤에 반대했고, 주일 성수와 금주를 지지했다. 반면, 교회는 1925년에 축구팀을 구성하고 젊은이들은 토요일 오후에 테니스를 쳤다. 가난한 이들을 심방할 때 맥고언은 자주 대화하고 기도한 후 시계 밑에 파운드 지폐를 놓고 갔다. 주일학교 소풍에도 그는 비단으로 만든 노란 상의, 성직자 셔츠 칼라, 영국식 헬멧 등 고고학 발굴을 할 때 입었던 복장을 하고 나타났다.

열정적인 복음주의자였던 맥고언은 10년간(1909-1914, 1921-1926) 해외선교위원회(Foreign Missions Committee) 의장으로 활약했다. 1912년에는 남인도를 방문해서 숄링후르(Sholinghur) 소재 선교지부의 법적 권한을 스코틀랜드장로교회에서 뉴사우스웨일스교회(NSW Church)로 이양시켰다. 이밖에도 그는 유대인선교협의회(Jewish Mission Committee) 의장(1918-1948)이었고, 크로이던 소재 장로교여자대학(Presbyterian Ladies College) 위원회에서도 40년 동안 봉사했다. '크로이던 선교 및 성경대학'(Croydon Missionary and Bible College)에서 정기적으로 강의도 했다.

1920년부터 1924년까지 오스트레일리아 장로교인은 감리교인과 회중교인과의 연합이라는 안건에 대해 투표하라는 권면을 받았다. 맥고언은 제안 된 연합의 기반(Basis of Union) 문서에 누락된 내용 때문에 놀라, 1920년에 『교리적 산사태』(*A Doctrinal Landslide*)를 썼다. 이 책에서 그는 "오늘날의 거대 이슈는 하나님의 신성"이라고 주장했다. 겉으로 보기에만 정통적인 신조를 채택하는 것에 두려움을 느낀 것이다. 뉴사우스웨일스교회는 연합을 원했지만, 이는 결국 1977년에야 이루어진다. 1933년에 맥고언은 제안된 연합안의 교리 기반에 동일본질(*homoousion*, 성부와 성자의 본질이 동일하다는 신학-역주)이라는 표현이 빠져 있었기 때문에 이 안이 거부된 것이라는 믿기 힘든 주장을 했다.

1931년에 맥고언은 주회장(state moderator)이 되었다. "오늘날 교리와 도덕의 느슨함은 상당 부분 이 세대가 하나님의 말씀에 대해 취하는 태도 때문"이라 주장하며와 사회의 위기를 진단했다. 또한, 약한 자들에 대한 연민, 부흥을 위한 기도를 촉구했다. 다음해에 뉴사우스웨일스총회(NSW Assembly)에 세인트앤드루스대학교 교수 중 하나를 이단이라는 이유로 제명하라는 청원서가 제출되었다. 총회는 자신들이 복음주의 신앙에 충성스럽다는 사실을 재확인해 주었다. 맥고언은 이 학교에서 무엇이 가르쳐지고 있는지를 알게 된 1932년 말에 자신은 아이처럼 울었다고 말했다.

1933년 1월, 맥고언은 앵거스(Angus)에 반대하는 편지를 언론에 보내며 공개적으로 염려의 목소리를 높였다. 3월에 열린 시드니노회(Sydney presbytery)에서 그는 뉴사우스웨일스총회가 앵거스의 견해를 조사해야 했다고 요구했다. 학생 세 명이 기록한 수업 노트와 앵거스가 쓴 저술을 근거로, 그리스도의 신성, 속죄, 그리스도의 부활, 성령, 복음서의 역사성, 앵거스의 '두 개의 기독교'(예수의 종교와 역사적 기독교) 가르침이라는 여섯 가지 문제를 제기했다.

앵거스는 속죄, 예수님의 하나님 아들되심, 부활이 객관적이고, 초자연적이며, 역사적인 사실이라고 인정하며 기민하게 대응했다. 자신을 지지하는 이가 별로 없다는 사실을 알게 되고 법원이 행동을 취할 수도 있다는 위협을 받게 된 맥고언은 1933년 5월에 열린 뉴사우스웨일스총회에서 정신을 잃었다. 막 자기 제안서를 소개하려던 차에 총회 현장을 떠나지 않을 수 없게 된 것이다. 총회는 일어나서 앵거스에게 갈채를 보냈고, 관용을 주장하는 R. G. 매킨타이어(R. G. Macintyre)의 제안서를 245 대 19로 승인했다. 맥고언을 비롯한 7명이 이에 불복하고 오스트레일리아장로교총회(GAA)에 항소했다. 그러나 총회는 사건을 시드니노회로 돌려보냈다.

이제 앵거스는 맥고언이 '절정기의 장로교 간첩 색출 체제'를 대표하는 인물이라며 더 공격적으로 맥고언에게 모욕을 주었다. 실제로 그는 맥고언이 천국에 가면 거기서 누가를 대상으로 이단 사냥을 할 인물이라고 말하기도 했다. 그러나 이후 앵거스는 심지어 '심중 유보(mental reservation, 딴 생각을 하면서도 아닌 것처럼 견해를 표명하는 것-역주)도 없이' 노골적으로 성경을 문자 그대로가 아니라 오직 정신으로만 받아들였다! 노회는 사법 재판으로 앵거스 건을 다루기로 결의했다. 1934년에 출판된 『진리와 전통』(*Truth and Tradition*)에서, 앵거스는 칼빈주의의 하나님을 '신성을 가진 술탄'이라 모욕하고, 삼위일체, 그리스도의 신성, 대속, 육체 부활을 논박했다. 동시에 그는 '예언자로 부름받은 나를 축출하는 것은 교회의 손에 달려 있는 것이 아니라'고 주장했다.

맥고언은 복음주의 신앙을 재확인했다.

"기독교인의 삶이 시작되는 곳은 십자가다."

그는 더 설명했다.

"그리스도의 죽음이 하나님의 공의를 달래며, 하나님의 거룩한 본성을 만족시킨다."

그는 십자가 위에서 하나님의 공의와 자비가 화해한다고 주장했다.

"속죄를 요구하신 그 분이 바로 속죄를 제공하신 분이다."

1934년 5월에 맥고언은 뉴사우스웨일스총회에 앵거스의 그리스도관이 4세기 아리우스의 견해보다 더 끔찍하다고 고발하고, 앵거스의 신학을 받아들이면 교회가 붕괴될 것이라고 주장했다. 그러나 총회는 2:1 비율로 교회가 생각이 다른 사람을 포용할 수 있을 만큼 '충분히 넓다'는 안을 결의했다. 맥고언은 법제위원회(judicial commission)에 항의했으나, 위원회는 앵거스의 일부 표현이 지혜롭지 못하다고 훈계하는 차원에서만 마무리지었다. 맥고언이 캠페인 포기를 거부했기 때문에 안건은 다시 1936년 오스트레일리아총회에 상정되었으나, 총회는 앵거스를 비판하기도 하고 동시에 지지하기도 하는 모순적인 결의안을 만장일치로 통과시켰다.

시드니노회에서 총대 임명을 거부당한 맥고언은 총회에 참석하지 못했다. 앵거스의 제자 중 하나인 E. H. 바인스(E. H. Vines)는 맥고언이 앵거스의 책을 읽지도 않았고, 그의 가르침을 이해하지도 못했다고 주장했다. 그러나 실제로 맥고언의 지성은 뛰어났고 신학 공부도 꽤 많이 했다. 에밀 브룬너(Emil Brunner), 클로드 몬트피오리(Claude Montefiore), 심지어 급진적인 P. W. 슈미델(P. W. Schmiedel)을 인용하는 경우도 많았다. 이후 수십 년간 맥고언이 제기한 이슈들은 점점 더 흐릿해졌다. 앨런 두건(Alan Dougan) 학장은 맥고언과 앵거스가 천국에서 함께 산책하고 있을 것이라 상상하기도 했다. 맥고언은 1953년 1월 14일에 사망했다. 제자 J. T. H. 커(J. T. H. Kerr)는 스승을 '그리스도의 용감한 군사'로 애도했다.

참고문헌 | S. Emilisen, *A Whiff of Heresy* (Kensington: NSW University Press, 1991).

P. BARNS

로버트 머레이 맥체인(Robert Murray McCheyne, 1813-1843)

스코틀랜드장로교회 목사. 그는 1839-1843년에 일어난 일련의 스코틀랜드부흥의 주요 참여자로, 애덤 맥체인(Adam McCheyne, 1781-1854)과 록하트 맥체인(Lockhart McCheyne, 1772-1854)의 막내아들이었다. 그는 1813년 5월 21일에 에든버러 더블린스트리트(Dublin Street) 14번지에서 태어났다. 에든버러에서 고등학교를 다니며 일찌감치 예술, 특히 음악과 시에서 소질을 보였다. 스포츠, 특히 체조도 잘 했는데, 성인 사역을 할 때까지도 취미로 유지했다. 이것은 그가 일찍 사망하게 된 이유 중 하나일 수 있는 사고와도 관련이 있다.

가족의 신앙은 그 당시 에든버러의 전형적인 중산층 신앙을 반영했다. 즉 복음주의적 '열광주의'의 증거는 별로 나타나지 않는 존경받을 만한 도덕적 신앙이었다. 맥체인이 1827년에 에든버러대학교(Edinburgh University)에 입학했을 당시, 형 데이비드 맥체인(David McCheyne)은 가장 열정적인 복음주의자였다. 그러나 1831년 7월 8일에 데이비드 맥체인이 사망한 일은 동생에게 심대한 영향을 끼치게 되는데, 로버트 맥체인은 그 날을 자신이 회심한 결정적인 날로 기억했다.

1831년 9월 28일에 로버트 맥체인은 에든버러노회(presbytery of Edinburgh)에 가입한 후 에든버러대학교 신학과 입학을 허가받았다. 그가 자신의 멘토인 신학과 교수 토마스 차머스(Thomas Chalmers)를 만난 곳이 바로 여기였다. 차머스는 로버트 맥체인의 사상과 삶, 목회의 모델이 되었다. 차머스의 영향을 받은 그는 선교협회에 가입해서 에든버러의 가난한 지역에 사는 빈민 심방에 동참했다. 스코틀랜드장로교회 최초의 해외선교사 알렉산더 더프(Alexander Duff)를 수차례 만난 후에는 해외선교에 대한 관심도 커졌다.

폴커크(Falkirk) 근교 라버트(Larbert)에서 보조목회자로 잠시 섬긴 후, 로버트 맥체인은 1836년 11월에 던디(Dundee) 소재 세인트피터스교회(St Peter's Church)의 청빙을 받아들였다. 세인트피터스교회는 차머스가 시작한 스코틀랜드장로교회 확장 프로그램의 일환으로 지어졌는데, 당시 급속하게 성장하던 던디의 산업 지구에 위치했다. 처음에는 로버트 맥체인이 이 자리에 이상적인 인물이 아닌 것으로 보였다. 그는 산업 노동자 계층을 경험해 본 적이 거의 없는 부유한 중산층 출신인데다 건강도 좋지 않았기에, 여러 면에서 오히려 시골 교구가 더 적합한 인물이었다. 그러나 차머스에게 받은 훈련, 에든버러와 라버트에서 얻은 경험 덕에 새로운 사역지를 위해 잘 준비할 수 있었다.

로버트 맥체인의 세인트피터스 목회는 혁신적이고 급진적이었다. 전통에 별로 구애받지 않은 그는 자기 주변에 지도자 팀을 만들어 새로운 사역을 시작했다. 그 지역의 1순위 당면 과제를 전도라고 보았기에 이에 맞추어 사역했다. 그는 교회의 예배는 가능한 매력적이어야 한다고 믿었기에, 찬송 선율이 아름답고 뜨거울 수 있도록 모든 노력을 기울였다. 찬송 교실도 열었고, 가끔씩 자기가 찬송을 인도하기도 했다.

그의 설교는 단순했다. 의도적으로 평이하게 말하려고 했고, 그림 언어를 많이 사용했다. 설교는 20분에서 1시간 30분에 이르기까지 길이가 다양했다. 권위 있게, 성실하게, 유쾌하게 설교했다. 로버트 맥체인은 구약, 특히 솔로몬의 아가서를 본문으로 설교하기를 좋아했지만, 지금 남아 있는 그의 설교 대부분은 신약을 본문으로 한 설교이다. 또한, 로버트 맥체인은 목회 및 전도 심방 프로그램을 꾸준하게 시행했다. 그는 날짜, 설명, 성경구절이 기록된 모든 심방에 대한 정보를 적은 노트를 남겼다. 장로와 집사가 모두 열심히 참여할 수 있도록 했을 뿐만 아니라, 소책자를 나눠 주는 신자들도 가르쳤고, 심방을 돕는 일에 특별히 헌신하는 여성 집사회도 조직했다.

로버트 맥체인의 지도 아래 세인트피터스교회는 활발한 프로그램을 시행하는 뜨거운 교회가 되었다. 정기 주일 예배 이외에도 목요일 저녁마다 성경공부가 있었다. 이 모임은 덜 형식적이었기 때문에 공간이 자주 가득 찼다. (세인트피터스교회에는 1,100명이 앉을 수 있었다). 더 작은 규모의 수업들도 한 주 내내 로버트 맥체인과 장로들의 지도로 진행되었다. 교회 도서관이 개소되어 독서와 학습 공간으로 활용되었.

로버트 맥체인의 성공은 자주 그의 경건 생활 탓으로 여겨졌다. 기도, 묵상, 자기 훈련이 일평생 그의 사역의 핵심 요소였다. 일상적으로 그는 아침 6:30에 일어나 (유대인을 위한 1시간 기도를 포함해) 2시간을 개인 기도와 묵상으로 보냈다. 8:30부터 10시까지는 아침을 먹고 가족 기도회를 가졌다. 주일에는 6시간 동안 기도하고 경건 서적을 읽었다. 개인 및 가정예배를 아주 중요시했기에, 교인들이 1년에 구약 한 번과 신약 및 시편을 두 번씩 읽을 수 있는 성경 읽기 달력을 만들었다. 이 달력은 지금도 널리 사용되고 있다.

유대인 선교에 대한 로버트 맥체인의 관심은 지대했다. 결국 1838년 총회가 유대인의 상태를 조사하고 무엇을 해야 하는지 연구하는 위원회를 구성하기로 결의한 후, 로버트 맥체인은 위원 중 하나로 임명되었다. 위원회는 팔레스타인과 유럽 전역의 유대인 상황을 조사할 대표단을 이스라엘로 보내기로 결정했다. 알렉산더 블랙 박사(Dr Alexander Black, Divinity in Aberdeen 신학과 교수), 알렉산더 키스 박사(Dr Alexander Keith, St Cyrus Church 목사), 앤드루 보나(Andrew Bonar)가 로버트 맥체인과 함께 방문단에 포함되었다. 1839년 3월 27일에 이들은 런던으로 가는 배를 탔다. 6개월의 여행 기간 동안 이들이 집으로 보낸 편지들이 영국과 해외 출판사를 통해 출간되었다. 보나와 로버트 맥체인이 쓴 여행기는 베스트셀러였다.

로버트 맥체인이 이스라엘에 있을 때, 윌리엄 차머스 번즈(William Chalmers Burns)가 목회를 담당하던 세인트피터스교회에 부흥이 일어났다. 이 때문에 로버트 맥체인은 1836년 11월에 교회로 돌아갔는데, 교회는 밤새 사람들로 가득차 있었고, 전국 신문의 주목의 대상이 되어 있었다. 누가 회심했는지 공표하는 것에 극도로 조심스러워했음에도 불구하고, 로버트 맥체인은 700명이 넘는 사람이 이 시기에 세인트피터스교회에서 구원에 이르는 영향을 받은 것으로 추정했다. 같은 시기에 스코틀랜드에서 신앙부흥의 중심지가 된 곳이 여럿 있었지만, 세인트피터스교회는 특히 한 도시교회 확장 프로그램으로 탄생한 것이었기에 특히 중요시되었다. 남은 생애 4년 동안 로버트 맥체인은 스코틀랜드 다른 지역으로 초대받아 신앙부흥과 갱신을 장려했다. 출판되지 않은 그의 문집에는 부흥이 일어나고 있다고 그가 판단한 지역에 대한 기록과 평가가 들어 있다.

로버트 맥체인이 다작가는 아니었다. 그가 얼마나 경건한 인물인가 하는 점은 50편 이상의 시와 찬송에서 드러나는데, 이들 중 '여호와 치케누'(Jehovah Tsidkenu)와 '나는 빚진 자라'(I am a Debtor)가 가장 유명하다. 그가 유일하게 출판한 책은 보나와 함께 쓴 『유대인 선교이야기』(The Narrative of a Mission of Inquiry to the Jews)였다.

1843년에 로버트 맥체인은 대분열(Disruption)과 스코틀랜드자유교회(Free Church of Scotland) 탄생을 야기하게 되는 총회위원회의 위원이었지만, 자기 교구 내 호크힐(Hawkhill) 지역을 방문했다가 발진티푸스(typhus)에 걸리고 말았다. 2주 동안 앓던 그는 전교인이 그의 회복을 위해서 매일 밤 기도했음에도 불구하고, 3월 25일에 죽고 말았다. 6천 명이 넘는 조문객이 장례식을 찾았다. 로버트 맥체인의 사망 직후 가까운 친구이자 동료였던 보나는 『로버트 머레이 로버트 맥체인에 대한 회고와 유산』(The Memoir and Remains of Robert Murray McCheyne)을 썼다. 경건 및 신앙 고전으로 널리 인정받는 이 책은 10만 부 이상 팔렸고, 지금도 발간되고 있기에, 서구 및 영어권 세계의 수많은 복음주의자가 로버트 맥체인의 이름을 기억했다.

로버트 맥체인은 합당한 장소에 있었던 합당한 인물이었다. 그의 영성, 훈련, 시와 음악 재능, 젊음과 에든버러와 라버트의 가난한 지역에서의 경험으로 그는 세인트피터스교회를 위한 이상적인 목회자가 될 수 있었다. 여기서 그는 멘토 토마스 차머스의 원리와 방법론을 실험할 수 있었다. 그가 던디에 끼친 전반적인 영향에 대한 평가는 아직 충분히 이루어지지 않았지만, 로버트 맥체인과 세인트피터스교회의 결합이 워낙 탁월하고 강력한 결과를 만들어 냈기에, 이 결합의 효과가 교구 경계선 훨씬 너머에까지 미쳤다는 사실은 확실하다.

참고문헌 | A. Bonar, *Memoir and Remains of Robert Murray McCheyne* (Edinburgh: 1844); A. Smellie, *Biography of R. M. McCheyne* (Fearn: 1995); L. J. Van Valen, *Gedreven Door Zijn Liefde* (Houten: 1993); R. M. McCheyne, *From the Preacher's Heart* (Fearn: Christian Focus, 1993); Website: http://web.ukonline.co.uk/d.haslam/m-cheyne.htm.

D. A. ROBERTSON

로버트 레이크스(Robert Raikes, 1736-1811)

주일학교 운동의 선구자. 그는 1736년 9월에 출생하여 같은 달 24일에 글로스터(Gloucester)의 세인트메리드크립트교회(St Mary de Crypt Church)에서 세례를 받았다. 동일하게 로버트라고 불렸던 그의 아버지는 「글로스터 저널」(*Gloucester Journal*)을 1722년에 창간했다. 조부 리처드 레이크스는 헐(Hull) 근처 헤슬(Hessle)의 교구사제였고, 어머니 메리(Mary)의 아버지 리처드 드류(Richard Drew)도 마찬가지로 글로스터셔 네일스워스(Nailsworth)의 교구사제였다.

로버트 레이크스는 일평생 잉글랜드국교회(Church of England) 교인으로 살면서 세인트메리드크립트에서 가난한 사람을 돌보았으며 교구위원으로 활동했다. 그는 복음전도의 열정을 가졌다기보다는 가난한 사람을 돌보는 선한 일에 헌신했던 종교인이었다.

어린 시절 로버트 레이크스는 조지 휫필드(George Whitefield)가 나온 바로 그 세인트메리드크립트(St Mary de Crypt) 학교에서 교육을 받았다. 14세부터는 대학(대성당)학교(College [Cathedral] School)에 다녔다. 1755년부터 아버지가 숨진 1757년까지는 아버지의 출판사업을 도왔다. 1757년 7월 12일에 아버지가 운영하던 「글로스터 저널」을 이어받았고, 1802년 은퇴할 때까지 잡지의 소유주이자 편집자로 일했다.

로버트 레이크스의 세 형제 윌리엄(William), 토마스(Thomas), 찰스(Charles)는 모두 런던에서 사업에 종사했다. 토마스는 잉글랜드은행(Bank of England)의 책임자가 되었고, 윌리엄 피트(William Pitt)와 윌리엄 윌버포스(William Wilberforce)와 친구로 지냈다. 로버트 레이크스는 대지주 토마스 트릭(Thomas Trigge)의 외동딸 앤(Anne)과 1767년 12월에 런던 피카딜리(Piccadilly)의 세인트제임스교회(St James's Church)에서 결혼식을 올렸다. 이들은 열 명의 자녀를 낳았는데, 그중 여덟이 성인이 될 때까지 생존했다. 가장 어린 두 아들 로버트 네이피어(Robert Napier)와 윌리엄 헨리 레이크스(William Henley Raikes)는 각각 성직자와 군인이 되었다. 딸들은 대부분 군인의 아내가 되었다.

로버트 레이크스는 남은 평생을 글로스터에서 보내면서 사업가로서 큰 성공을 거두었다. 그러나 그는 벌어들인 대부분의 수익을 지역의 자선 사업에 기부했다. 그는 새번인도주의협회(Savern Humane Society) 부회장과 글로스터 프로비던트검소협회(Gloucester Provident Society) 협력이사로 일하며 글로스터 지역의 자선 활동을 이끌며 남다른 이웃사랑을 실천했다.

로버트 레이크스는 아버지의 뜻을 이어받아 선한 사업에 힘썼고, 법과 질서가 유지되는 사회를 희망했다. 그는 당시 가혹했던 형벌을 완화시키기 위해 노력하면서도, 뉘우침이 없는 잔인한 범죄에 대해서는 강하게 비판했다. 글로스터에 있는 감옥을 방문한 후에 감옥의 끔찍한 모습에 대한 글을 저널에 게재하기도 했다. 그가 쓴 글이 교도소 환경 개선론자 존 하워드(John Howard)의 주목을 받으면서, 하워드는 자신의 저서 『감옥의 상태』(State of the Prisons, 1776)에서 재소자 인권을 위한 로버트 레이크스의 활약상을 아주 긍정적으로 묘사했다.

로버트 레이크스는 인권 향상을 위해 최선을 다해 일했다. 그는 교도소 재소자들을 방문했을 뿐만 아니라, 이들에게 교육을 제공하기도 했다. 사형 선고를 받은 사람, 혹은 국외로 추방을 당한 사람과 편지를 주고받기도 했고, 빚을 갚을 수 없는 가난한 사람을 구제하기 위해 기금을 모으기도 했다. 또한, 노예무역 반대운동 지지자이기도 했다. 재소자 대상 교육은 교육을 통해 사회 윤리를 고양하고 실천하는 기독교를 전파하고자 했던 그의 꿈을 잘 보여 주었다. 그는 『모든 사람의 본분』(The Whole Duty of Man)이라는 책을 읽으며 이런 생각을 가지게 되었는데, 이 책의 개정판을 1780년에 직접 출간하기도 했다. 그는 교회야말로 사회 안정성을 유지할 수 있는 중요한 기관이라고 믿었다.

로버트 레이크스는 '주일학교의 창립자'라는 별명으로 가장 유명하다. 그러나 많은 사람이 생각하듯, 그가 주일학교의 진정한 창립자인지에 대해서는 논란의 여지가 있다. 특히, 이 논란의 시작은 그의 전기 작가가 1780년에서 1810년 사이에 있었던 주일학교 운동의 놀라운 성장이 로버트 레이크스의 업적이라고 묘사하면서부터였다. 그는 주일학교 운동의 성장에 시작부터 기여한 것은 아니었다. 오히려 이 운동이 성장하는 과정에서 출판과 인쇄를 통해 기여했다. 라큐어(Laqueur)의 평가에 의하면, 로버트 레이크스는 주일학교 운동 역사에서 하나의 상징과 같은 존재였다(Laqueur, *Religion and Respectability*, p. 21). 지역 사회의 복지를 위해 헌신했던 전형적인 중산층 자선가였던 로버트 레이크스는 대중 교육이야말로 근심의 시대에 법과 질서에 대한 위협을 줄이는 수단인 동시에, 아이들에게 성경과 교리를 가르침으로서 다음 세대의 윤리적, 영적 성숙을 이루는 전도의 기회라 믿었다.

17세기 리틀기딩(Little Gidding)의 (성공회) 페러자매회와 브리스톨(Bristol)에서 활동했던 (비국교도) 조셉 얼라인(Joseph Alleine)의 사례에서 볼 수 있듯이, 기독교인이 초등 교육 및 기타 대중 교육에 공헌한 더 이른 시기의 사례이 있었다. 기독교지식보급회(SPCK)에서 설립한 자선 학교들이 18세기 초에 특히 중요했고, 감리교와 1730년대 복음주의 부흥의 영향을 받은 이들도 주일학교가 제공한 기회를 붙들었다. 존 웨슬리(John Wesley)가 칭찬한 감리교 순회전도자 존 발턴(John Valton), 매클스필드 그리스도교회(Macclesfield Christ Church) 교구 사제 데이비드 심슨(David Simpson), 하이위컴

(High Wycombe)의 해너 볼(Hannah Ball)도 이런 종류의 학교를 시작한 사역자들이었다.

그러므로 로버트 레이크스가 1780년에 매주 일요일에 글로스터(Gloucester)에서 가난한 아이들을 가르치기 위해 4명의 여성을 고용한 것이 주일학교를 설립한 첫 시작은 아니다. 대성당학교(Cathedral School)의 교장이자 버크서(Berkshire) 교구의 부사제로 일하면서 1777년에 애쉬베리(Ashbury)에 주일학교를 시작한 토마스 스톡(Thomas Stock)이 이 사업에서 했던 역할도 논란거리다. 로버트 레이크스가 같은 도시에 있던 소피아 쿡(Sophia Cooke)과 윌리엄 킹(William King, Dursley의 칼빈주의감리교회)을 통해 이 사역에 대해 들어 알고 있었다는 주장이 있기 때문이다. 스톡은 분명히 글로스터 학교들을 재정적으로 지원했을 뿐만 아니라, 학교 교사들을 감독하는 등 교육 사업에 큰 공헌을 했지만, 이 부분은 이후 나온 문헌에서 제대로 조명받지 못했다. 주일학교의 우연한 탄생이라는 본질은 주일에 젊은이에게 적합한 일을 추진할 필요성에 부응하고자 했던 지역 사회 반응의 한 유형이었다고 보아야 한다.

이런 지역 운동이 전국 규모로 확장된 가장 큰 이유는 당시의 사회 환경과 출판을 통해 로버트 레이크스가 개인적으로 맺은 인맥의 힘이 컸다. 특히, 그가 1783년에 로크데일(Rochdale)의 타운리(Townley) 대령에게 주일학교 교육에 대해 설명하는 편지를 쓴 것이 주효했다. 이 편지는 연이어 잉글랜드 북부 공업 도시들의 지역 신문뿐만 아니라, 전국지「젠틀맨스 매거진」(*Gentleman's Magazine*)과「알미니안 매거진」(*Arminian Magazine*)에도 실렸다.

결과적으로, 로버트 레이크스의 열정적인 주일학교 칭송은 성공회 당국에 수용되었는데, 특히 체스터의 베일비 포티어스(Beilby Porteous) 주교와 글로스터의 헨리 라이더(Henry Ryder) 주교의 지지 이후 널리 알려졌다. 주일학교 교육을 통해 변화된 어린이의 영향력을 통해 가난의 문제를 해결할 수 있다는, 즉 이런 주일학교 교육의 효용성이 공론화되는 운동에 가장 크게 기여한 인물은 단연 로버트 레이크스였다. 1785년에 설립된 주일학교협회(Sunday School Society)는 1787년에 로버트 레이크스를 '주일학교 확산의 공로자인 동시에 원 창시자'로 칭하며 명예회원으로 추대했다. 왕과 왕비의 초대를 받아 윈저궁(Windsor)에 간 것은 이 사역을 왕실이 인정했다는 의미였다. 또한, 로버트 레이크스는『자선의 경제』(*Oeconomy of Charity*, 1787)의 저자 새라 트림머(Sarah Trimmer)의 생각을 공론화하여 가난한 사람을 위한 또 하나의 교육 기관인 산업학교(Schools of Industry)를 창설하기도 했다. 나아가 그는 대영주간학교(the British and National Day Schools)를 통해 대중 교육 사업을 확장했는데, 이는 야간학교와 주일학교 교육을 보완하는 사역이었다. 로버트 레이크스는 1811년 4월 5일에 74세의 나이로 숨을 거두고, 글로스터의 세인트메리드크립트교회 내 가족묘에 안장되었다.

참고문헌 | F. Booth, *Robert Raikes of Gloucester* (Redhill: NCEC, 1980); J. H. Harris (ed.), *Robert Raikes: The Man and His Work* (London: Simpkin Marshall, 1899); T. W. Lacqueur, *Religion and Respectability: Sunday Schools and Working Class Culture 1780-1850* (New Haven: Yale University Press, 1975).

T. S. A. MACQUIBAN

로버트 루이스 댑니(Robert Lewis Dabney, 1820-1898)

미국 남부 구학파(Old School) 장로교 목사이자 신학자. 그는 버지니아 루이자 카운티(Louisa County)의 잉글랜드계 장로교 가정에서 태어났다. 아버지 찰스(Charles)는 치리장로였고, 1833년 사망 직전에 주 의원으로 선출되었다. 대부분의 버지니아 상류층 가문처럼 이들도 노예를 소유했다. 댑니는 햄든-시드니대학(Hampden-Sydney College, 1836-1837)과 버지니아대학교(University of Virginia, 1839-1842)에서 공부하고, 버지니아 유니언신학교(Union Theological Seminary, 1844-1846)에서 신학 교육을 받았다.

이 시기에 그가 쓴 편지를 보면 버지니아에 대한 선호와 더불어, 유니언신학교에 다니던 스코틀랜드-아일랜드계 농부의 아들인 동료학생을 깔보는 시선을 찾아볼 수 있다. 그는 아마도 이들이 오지의 작은 시골 회중을 목회하기에 어울린다고 생각했던 것 같다. 그러나 영향력 있는 도시 회중에게는 이들이 맞지 않다고 생각했다. 보조설교자로 짧게 사역한 후, 그는 렉싱턴노회(Lexington Presbytery)에서 1847년 7월 16일에 안수를 받고 버지니아 스톤턴(Staunton) 근교의 팅클링스프링교회(Tinkling Spring Church)의 목사가 되어 1853년까지 목회했다. 1848년에는 근처 장로교 목사의 딸 마가렛 라비니어 모리슨(Margaret Lavinia Morrison)과 결혼했다. 아들 여섯을 낳았는데, 그중 셋은 어린 시절에 죽었다.

1853년에 댑니는 당시 '버지니아 및 노스캐롤라이나대회'(synods of Virginia and North Carolina)가 운영하던 유니언신학교의 교회사와 교회 정치 교수로 임명되었다가, 1859년에 조직신학 교수로 자리를 옮겼다. 1858년부터 1874년까지는 또한 햄든-시드니대학교회의 벤저민 M. 스미스(Benjamin M. Smith)와 공동 목회도 병행했다. 이어서 1859년에 뉴욕시 피프스애비뉴장로교회(Fifth Avenue Presbyterian Church) 목사, 1860년에 프린스턴신학교(Princeton Seminary) 교회사 학과장 등 여러 청빙을 받았지만, 댑니는 유니언신학교와 남부 신학 교육의 대의, 특히 그가 사랑하는 버지니아에 헌신하기 위해 그곳을 떠나지 않았다.

1861년 연방 탈퇴 이전에 몇 차례의 조정 노력이 있었음에도 불구하고(댑니는 연방 탈퇴에 가장 적극적이던 사우스캐롤라이나를 북부만큼이나 다루기 힘든 곳으로 보았다), 댑니는 남부 대의의 정당성을 확신했다. 버지니아가 결국 분리를 결의했을 때, 댑니는 1861년에 군목으로 남북전쟁에 참전했고, 1862년에는 '스톤월'(석벽) 잭슨 장군 휘하의 소령이 되어 그의 장교단 단장으로 복무했다. 1863년에 잭슨이 전사하자, 댑니는 『토마스 잭슨 중장의 생애와 전투』(Life and Campaigns of Lieutenant-General Thomas Jackson, 1866) 및 『버지니아 변호, 그리고 버지니아를 통한 남부 변호』(A Defense of Virginia; and Through Her, of the South, 1867)를 집필했다. 1864-1865년 버지니아를 통과해서 퇴각하는 군대를 위한 임시 선교사로 일한 후, 유니언신학교로 복귀했다.

북부의 지원으로 신학교 복원이 이루어지는 동안, 버지니아에 대한 '북부의 지배력'이 더 강해지는 것에 불만을 품게 된 댑니는 '더 나은 선택'은 버지니아를 떠나는 것이라 확신하고 브라질이나 오스트레일리아로 떠나는 남부인들의 탈출 행렬에 동참할 생각을 품었다. 그는 남부장로교회가 북부교회에 흡수되든지, 아니면 교회에서 흑인들과 섞여 버리지 않을까 두려워했다. 그러나 1870년대에 버지니아인이 주의 통제권을 회복하기 시작하자, 그도 남기로 결정했다.

1870년대는 댑니에게 다작의 시기였다. 이 시기 그는 『거룩한 웅변』(Sacred Rhetoric, 1870), 『조직 및 논증신학 강의 개요와 노트』(Syllabus and Notes of the Course of Systematic and Polemic Theology, 1871), 『19세기 관능철학』(The Sensualist Philosophy of the Nineteenth Century, 1875)을 출간하고, 「서던 프레스비테리안 리뷰」(Southern Presbyterian Review)와 「더 센트럴 프레스비테리언」(The Central Presbyterian) 등의 정기 간행물에도 여러 글을 실었다.

비록 댑니가 구학파 장로교의 견고한 지지자이기는 했어도, 그는 사실 구학파라기보다는 남부인이었다. (1837년에 분열된) 신학파와 구학파 모두 1857년과 1861년에 각각 지역 경계를 따라 다시 남북으로 나눠졌다. 전쟁 중이던 1863년, 규모가 작았던 남부 신학파(남부연합대회[United Synod of the South])를 훨씬 큰 남부 구학파(PCCSA, 이후 PCUS)가 받아들이게 되는데, 이는 주로 두 교파가 통합하면 신학파 목회자 후보생이 구학파 신학교들에 다니게 되고, 이로써 신학파 신학의 확산을 막고 하나된 남부 장로교회를 만들 수 있다는 댑니의 주장 때문이었다.

1869년에 북부의 장로교도들이 다시 하나가 되고, 1870년에는 남부의 장로교회에게 합병하자고 제안하기 시작했다. 그해 남장로교의 총회장이던 댑니는 어떤 종류의 연합에도 단호히 반대했지만, 1870년대가 지나가면서 버지니아 장로교인들은 북부와 밀접한 관계를 맺으며 서서히 댑니의 남부 고립주의에서 벗어나려고 시도했다.

건강이 점점 악화되고 있던 1883년에 댑니는 텍사스 오스틴(Austin)에 새로 설립된 텍사스대학교(University of Texas)의 도덕 및 정신철학 교수직을 맡아 달라는 요청을 받아들였다. 오스틴에서 그는 오스틴신학교(Austin Theological Seminary)의 신설을 도운 후 1884년부터 1895년까지 가르쳤다. 1890년에는 시력을 잃었지만, 두 학교에서 가르치는 일은 계속했다. 이 시기에 댑니는 『그리스도 우리의 대속자』(Christ Our Penal Substitute, 1897), 『실천철학』(The Practical Philosophy, 1897), 대작인 『논의들』(Discussions, 총4권, 1890-1897) 등을 수많은 소논문과 더불어 출간했다.

댑니의 신학은 크게는 웨스트민스터 신앙고백(Westminster Confession of Faith)과 제네바(Geneva) 신학자 프랜시스 튜레틴(프랑수아 투레티니[Francis Turretin], 1623-1687)의 신학이었고, 찰스 하지(Charles Hodge)의 신학과는 비교할 만한 부분이 많았다. 원죄와 죄의 전가 교리에서 그는 프린스턴 신학자 하지와 달랐는데, 댑니는 하지가 기독교인이 그리스도와 맺은 언약적 연합을 너무 좁게 이해하고 있다고 주장했다. 또한, 많은 남부 장로교인들과 마찬가지로, 댑니는 세례받은 아이들을 '중생하지 못한' 것으로 간주하고, 그리스도에 대한 믿음을 개인이 공적으로 선언하기 전까지는 이들은 가시적 교회의 회원도, 교회의 치리 대상도 아니라고 보았다.

댑니는 신앙은 주로 이성과 관련된 문제라고 확신했다. 따라서 그는 감정을 너무 자극적으로 건드리는 부흥설교에 반대했고, 설교자들에게 복음진리를 이성적으로 제시하는 데 초점을 맞추라고 권면했다. 스코틀랜드 상식 실재론(common-sense realism)의 옹호자였던 댑니는 하나님의 존재라는 진리는 직관적 진리가 아니라 외부 세계의 존재, 원인과 결과, 영혼의 존재 같은 진리들로부터 추론되어야 하는 것이라고 주장했다.

자연과학을 별로 신뢰하지 않았던 댑니는 1873년부터 과학과 신학의 관계 문제를 놓고 컬럼비아신학교(Columbia Theological Seminary)의 제임스 우드로(James Woodrow, 윌슨 우드로 대통령의 삼촌)와 논쟁을 벌였다. 댑니는 대부분의 지질학 견해에 열려 있었지만, 하나님께서 우주를 나이의 외양대로 창조(creation with the appearance of age, 천지창조를 통해 탄생한 사물이 성숙 이전의 원초적 형태가 아니라, 나이와 시간, 역사를 담은 성숙한 외양으로 창조되었다는 이론-역주)하셨을 수 있음을 유신론적 과학자들이 인정하기를 바랐다.

사회, 정치 문제에 대해서 자주 글을 쓴 댑니는 지성과 인품을 갖춘 귀족이 통치하는 공화국을 민주주의보다 신뢰했고, 덕이 돈에 물들지 않을까 두려워했다. 그는 산업자본주의와 자본이 노동을 지배하도록 허용하는 것의 위험성을 설득력 있게 비판했다. 1890년대에는 단일 통화 기준을 변호하고, 농부의 이익이 '돈이 지배하는 정치'(money oligarchy)에 무시당하고 있다고 주장했다. 1894년에 쓴 논문인 '미국 남부의 이전 노동 체계의 경제적 효율성'은 노예제도의 경제적 유익을 변증한 글이었다.

공립 교육이 자기 자녀를 교육할 부모의 권리와 의무를 침해한다고 확신한 댑니는 보편적 보통 학교 설립에 반대하며, 백인 부모와 흑인 부모가 각각 자기 학교를 세우고 운영하며, 백인의 돈은 백인 아이에게 가고 흑인의 돈은 흑인 아이를 위해 사용되는 인종 분리 기반의 학습 기금을 허용하는 수정된 형태의 남북전쟁 이전 교육안을 요구했다. 댑니는 1850년대에는 부모의 권리라는 동일 기반 위에서 교단의 교구 학교를 세우려 한 구학파 장로교인들의 시도를 반대한 바 있었다.

댑니는 버지니아가 투표권에 재산과 지성의 높은 기준을 요구함으로써, 흑인 대부분과 백인 다수를 투표에 참여할 수 없게 하는 방안을 검토해야 한다고 주장했다. 보편 교육과 보편 참정권은 그가 믿기에 남북전쟁에서 북군이 보여준 바 있는 일종의 '눈먼 무지와 야만적인 열정'만을 만들어 낼 뿐이라고 보았다. 새로운 남부(New South)가 부상하면서, 댑니는 점점 더 전쟁 전 시대의 참호 속에만 묻혀 사는 존재로 전락해 갔다.

참고문헌 | T. C. Johnson, *The Life and Letters of Robert Lewis Dabney* (Richmond: The Presbyterian Committee of Publication, 1903); D. H. Overy, 'Robert Lewis Dabney: Apostle of the Old South' (PhD thesis, University of Wisconsin-Madison, 1967).

P. J. WALLACE

로버트 모리슨(Robert Morrison, 1782-1834)

중국으로 파송된 선교사, 번역가이자 중국학자. 그는 1782년 1월 5일 잉글랜드 모페스(Morpeth)에서 태어났다. 그러나 가족은 모리슨이 세 살이 되었을 무렵 뉴캐슬(Newcastle)로 이주했다. 비록 아버지 제임스가 뉴캐슬의 하이브리지장로교회(High Bridge Presbyterian Church)의 장로였고, 스스로도 유소년 시절 이 교회를 출석하며 평생 장로교인으로서의 신앙을 가지고 있었지만, 정작 중국선교사로 파송될 때에는 초교파 선교기관인 런던선교회(LMS) 소속 선교사가 되었고, 이후에도 지속적으로 개신교 에큐메니컬 정신을 유지했다.

모리슨은 20세가 되던 해 하나님께서 자신을 선교의 현장으로 부르신다는 소명을 느끼고 1803년에 런던에 있는 혹스턴아카데미(Hoxton Academy)에 입학했다. 이듬해, 고스포트(Gosport)에 있는 선교사아카데미(missionary academy)에 입학하여 2년 반 동안 선교사 관련 교육을 받았다. 그는 런던 소재 세인트바톨로뮤병원(St Bartholomew's Hospital)에서 잠시 약학을 공부했고, 그리니치(Greenwich)에서 천문학을 배우기도 했다. 모리슨은 선교사가 되어 아프리카에 파송되기를 원했지만, 런던선교회가 모리슨을 선교사로 임명하여 파송한 곳은 아프리카가 아닌 중국이었다.

선교사로서 모리슨이 처음으로 착수할 일은 장차 그 땅으로 파송될 선교사들이 사용할 수 있는 중국어로 번역된 성경을 만드는 것이었다. 그는 런던에서 자신과 함께 중국으로 떠날 용삼탁(Yong Sam-tak)을 만나, 잉글랜드를 떠나기 전에 대영박물관에 있는 중국어 성경 조각을 연구하기 시작했다. 이는 이제 앞으로 그가 일평생 붙잡고 연구하게 될 복잡한 중국어와의 첫 대면이었다.

모리슨은 1807년 1월 5일에 중국으로 출항하는 배에 몸을 실었다. 이 당시 동인도회사(East India Company)는 선교사가 광동 지역에 입항하는 것을 금지하고 있었기 때문에 그는 미국을 경유할 수밖에 없었다. 3개월 정도의 항해 후 4월 18일, 미국에 도착했다. 모리슨은 이후 3주간을 미국에 머물며 뉴욕, 필라델피아, 보스턴 등지에 있던 여러 복음주의자와 만났다. 모리슨은 이곳에서 한 상인을 만나게 되는데, 상인은 이 젊은 선교사에게 저 거대한 중국 제국의 이교도에게 감명을 주기를 원하느냐고 물었다. 그러자 모리슨은 "아니요, 선생님, 저는 하나님이 그리하시기를 기대합니다"라고 답했다.

모리슨은 5월 12일에 출항하여 4개월 정도를 바다에서 보낸 후 1807년 9월 6일 광동항에 도착했다. 그 후 모리슨은 27년간 번역과 저술 활동을 하면서 보냈다(1824년에서 1826년까지는 잉글랜드에서 보냈다). 이 작업을 하는 동안에 그는 자신의 역할은 뒤에 오는 사람들의 길을 예비하는 것이라 믿었다. 그는 일반적인 전도선교사 유형의 전도사는 아니었다. 실제로 그가 사역하면서 직접 전도하여 기독교인이 된 중국인의 수는 열두 명도 되지 않았다.

모리슨은 잠시 가족과 함께 마카오를 방문한 아일랜드 연대 소속 영국군 외과 의사의 딸인 메리 모턴(Mary Morton)과 1809년에 결혼을 했다. 이들은 행복한 결혼 생활을 이어 나갔다. 모턴의 건강이 좋지 않았고 이 두 사람은 일로 떨어져 있는 시간이 많아 결혼 생활이 항상 순탄하지는 않았지만, 두 자녀를 두었다. 딸 메리 레베카(Mary Rebecca)는 후에 선교사가 되었고, 아들 존 로버트(John Robert)는 젊은 나이에 영국과 중국 관계에서 아주 중요한 역할을 한 역사적인 인물이 된다. 아내 모턴이 1821년에 숨을 거둔 후, 두 자녀는 잉글랜드로 돌아와 1826년까지 머물렀다. 1825년 11월에 모리슨은 엘리자베스 암스트롱(Elizabeth Armstrong)과 재혼했다. 이듬해 모리슨은 새 부인과 메리 레베카, 존 로버트, 새 아내와의 사이에 태어난 아들을 데리고 중국으로 돌아갔다. 이 부부는 이후 5년 동안 네 명의 자녀를 더 낳았다.

1809년부터 모리슨은 동인도회사 중국 지부의 번역가이자 통역사로 일하기 시작했는데, 이 자격으로 중국에서 합법적으로 머물 수 있었다. 또한, 이 일로 런던선교회에서 선교회의 지원 없이 독자적으로 일할 수 있는 경제적 조건을 갖추었다. 모리슨은 중국으로 파견된 두 차례의 영국 특사단(1816년 애머스트[Amherst]를 대표로 한 특사단과 1834년의 네이피어[Napier]를 대표로 한 특사단)의 공식적인 통역가이자 번역자로 활동하기도 했다.

광둥과 마카오에서의 25년 활동에서 가장 중요한 업적은 번역과 출판이었다. 1810년에 그가 중국어로 번역한 성경의 첫 책인 사도행전이 출판되었다. 모리슨과 동역자 윌리엄 밀른(William Milne)은 성경번역 작업을 계속 진행하여 1819년에 이를 완료한 후, 1823년에 출판했다. 모리슨은 성경 이외에도 40여 권에 달하는 작품을 중국어와 영어로 출판했고, 여러 잡지에 많은 글을 기고했다.

성경 이외의 작품 중 가장 잘 알려진 저서는 여섯 권으로 된 『중국어 사전』(*A Dictionary of the Chinese Language*)일 것이다. 이 사전은 1815년에서 1822년 사이에 마카오에서 출판되었다. 모리슨과 밀른은 잡지도 두 종 창간했다. 하나는 영어로 된 「더 인도차이니즈 글리너」(*The IndoChines Gleaner*), 다른 하나는 중국어 잡지 「차이니즈 먼슬리 매거진」(*Chinese Monthly Magazine*)이었다. 후에 모리슨과 아들 존 로버트는 단명한 잡지 「디 이밴절리스트 앤 미셀러니 시니카」(*The Evangelist and Miscellanea Sinica*)도 발간했다.

모리슨과 밀른은 1818년에 말라카(Malacca)에 앵글로차이니즈대학(Anglo Chinese College, 영화서원)을 설립했다. 이들은 지역 소년들을 교육시키고, 장차 중국에서 일할 선교사의 중국어 교육을 목적으로 이 대학을 만들었다. 그는 이 모든 사역을 위해서 더 많은 동역자가 필요함을 뼈저리게 느꼈기 때문에 중국에 도착한 순간부터 함께 일할 인재들을 찾아 나서기 시작했다. 천만다행으로 런던선교회는 1813년에 밀른을 파송했고, 이후에도 여러 일꾼이 말라카와 싱가포르 및 여러 지역에 속속 들어 왔다.

그러나 모리슨을 직접 도울 선교사가 도착한 것은 1830년이 되어서였다. 그해에 데이비드 에이빌(David Abeel)이 미국선원친목회(American Seamen's Friend)의 후원을 받아 파송되었고, 미국해외선교회(American Board of Commissioners for Foreign Missions, 미국 최초의 해외선교기관으로 회중교회 소속-역주)의 지명을 받은 엘라이자 콜먼 브리지먼(Elijah Coleman Bridgman)이 광둥과 마카오에서 모리슨에 합류했다. 4년 뒤 모리슨이 숨을 거두었을 때, 중국 해안 지대에서 활동하는 선교사 수는 많지 않았지만 꾸준히 증가하고 있었다. 모리슨은 성경을 번역하면서 선교사로서 뿐만 아니라 중국학 전문가로서도 세계적인 명성을 얻었다. 복음주의 진영에서 자주 주목 받은 이 선교사는 글라스고우대학교(University of Glasgow)에서 명예박사 학위를 수여받았고, 공로를 인정받아 조지 4세(George IV)를 직접 알현하는 명예도 얻었다.

모리슨은 1834년 8월 1일 광둥에서 숨을 거둔 후, 마카오에 있는 개신교인 묘지에 있던 아내 모턴과 사산된 첫 아들 제임스(James)의 묘 옆에 나란히 묻혔다. 모리슨은 효과적인 중국 선교를 위해 디딤돌을 놓겠다는 신념으로 평생을 매진한 인물이었다. 그가 편찬한 중국어 성경과 사전, 문법서와 다른 여러 저서는 후에 오게 된 선교사들이 중국어와 중국 문화를 배우는 데 큰 도움을 주었다. 보다 많은 일꾼을 파송해 달라는 그의 요청으로, 영국과 미국의 선교사들이 중국 문턱을 넘을 수 있었다. 비록 모리슨은 중국학 전문가로 더 많이 알려졌지만, 스스로를 마음 깊은 곳에서부터 선교사로 인식했다. '중국 개신교 선교의 아버지' 모리슨의 공헌에 대한 언급이 없는 중국 개신교 선교역사 서술은 절대 완전할 수 없다.

참고문헌 | M. Broomhall, *Robert Morrison: A Master-Builder* (London: The Livingstone Press, 1924); E. A. Morrison, *Memoirs of the Life and Labours of Robert Morrison*, D.D., 2 vols. (London: Longmans, 1839).

J. B. STARR

로버트 모파트(Robert Moffat, 1795-1883)

선교사이자 성경번역가. 그는 1795년 12월 스코틀랜드 이스트로디언(East Lothian)의 오미스턴(Ormiston)에서 출생했다. 그의 아버지는 하위 공무원이었으며, 가족은 자주 이사를 다녀야만 했다. 그러다 결국 파이프셔(Fifeshire) 인버키싱(Inverkeithing)에 정착했다. 모파트는 1809년 정원 사업에 견습생으로 일을 시작하게 되었고, 이 기간 동안 약간의 라틴어, 모루(anvil) 사용법, 그리고 바이올린을 배우게 된다. 이것이 모파트가 받은 교육의 전부였고, 그는 18세가 되던 해 체셔(Cheshire)의 하이리(High Leigh)에 부정원사로 취직하게 되면서 스코틀랜드를 떠나게 된다.

1815년 감리교부흥운동을 접하면서 감리교으로 개종한 후, 선교사의 소명을 갖기 시작했다. 런던선교회(London Missionary Society) 지도자 중 한 명인 윌리엄 로비(William Roby)를 만나게 되는데, 로비는 맨체스터 근처 던킨필드(Dunkinfield)에 살던 스미스 씨(Mr Smith)의 정원에서 모파트가 일을 할 수 있도록 도와주었다. 모파트는 던킨필드로 이사하면서 본격적으로 신학 훈련을 받을 수 있게 되었고, 자신을 고용한 스미스의 딸인 메리(Mary)와 사랑에 빠졌다. 모파트는 두 번째 지원에서 런던선교회의 가입 허락을 받아, 1816년 9월 13일에 안수를 받고, 다른 선교사 8명과 함께 남아프리카로 떠났다.

모파트는 아프리카에서 처음 4년간 언어를 배우고, 주변 마을에 복음을 전하는 일에 집중했다. 이후 메리는 아버지의 허락을 받아 영국을 떠나 케이프타운으로 왔다. 재회한 두 사람은 1819년 12월에 결혼했다. 신혼 부부는 보다 북쪽으로 이동했다. 모파트는 25살의 나이에 칼라하리(Kalahari) 사막 가장자리 쿠루만(Kuruman) 마을의 바츠와나(Batswana) 부족을 섬기는 전임 선교사로서의 사역에 임했다. 모파트는 잉글랜드에서 보낸 1839년에서 1843년을 제외하고, 나머지 50년의 삶을 이곳에서 헌신했다.

모파트는 카리스마 넘치는 인물이었고, 인간관계에서도 다양한 부류의 사람들과 상호 존중을 유지하는 묘한 능력을 지니고 있었다. 그는 친한 친구들 외에도 여러 아프리카 추장들(예를 들어, 나마의 아프리카너[Afrikaner of the Nama], 그리쿠아의 워터보에[Waterboer of the Griqua], 바틀하핑의 모티비[Mothibi of the Batlhaping], 방와케체의 마카바[Makaba of the Bangwaketse], 바크웨나의 세켈레[Sechele of the Bakwena], 마테벨레의 모셀레카체[Moselekatse of the Matebele]) 및 케이프 식민지의 조지 그레이 경(Sir George Grey)과도 좋은 관계를 유지하고 있었다. 10명의 자식이 있었지만 이 중 다섯이 사망했고, 셋은 유아기에 건강 문제로 시달렸다.

모파트의 자녀 중 존 스미스 모파트(John Smith Moffet)는 후에 선교사가 되었고, 나머지 세 딸은 결혼하여 세 명의 사위(데이비드 리빙스턴[David Livingstone], 장 프레도[Jean Fredoux], 로저 프라이스[Roger Price])를 맞이했다. 모파트의 가정은 의심할 바 없이 전통적인 스코틀랜드식 가부장제 가정이었지만, 모파트의 배려 덕에 아내 메리도 강한 여성 개척자의 면모를 가지고 자신만의 선교사역을 수행할 수 있었다. 이 부부 사이에 왕래했던 여러 편지를 보면, 이 둘의 사랑과 애정이 얼마나 깊었는지 엿볼 수 있다.

모파트는 칼라하리 사막 외곽에서 50여 년을 보냈다. 그는 덩치가 크고 턱수염이 매우 더부룩했으며, 아주 강하고 모진 사람이었다. 사냥꾼이자, 말 타는 기수였고, 탐험가였으며, 전략가이자 개척자였다. 아프리카의 밀림을 직접 헤치면서 다니기도 했다. 그는 대장장이여서, 어디를 가든지 대장간을 구축해서 소가 끄는 수레를 직접 수리하고 필요할 때에는 대장간에서 수일을 보내기도 했다. 그는 농부이기도 했다. 그는 처음으로 아프리카 내륙 지역에 관개 농업 시스템을 구축해서, 쿠루만 지역의 유명한 '아이'(Eye)에 댐을 만들고, 5킬로미터에 달하는 수로를 만들어 자신의 정원에 물을 대기도 했다. 그는 옥수수 방앗간을 만들어 자신의 고랑으로 흐르는 물의 힘을 이용하기도 했다.

그는 가뭄, 기근, 자신이 만들어 가고 있던 사역들의 불확실한 결과에 대해 알고 있었다. 그러나 그는 사랑하는 하나님에 대한 강한 신뢰를 가지고 있었다. 하나님은 자신을 불러 이곳에 보내 복음을 전할 용기를 주시는 분이었다. 이런 믿음과 신뢰 속에 모파트는 남아프리카에 기독교 신앙이 전파하는 데 중요한 세 가지 공헌을 했다.

첫째, 쿠루만강(Kuruman river) 계곡에 선교 거점과 교회 공동체를 개발한 공적이다. 쿠루만 지역에 처음으로 선교를 시작한 모파트는 노상 강도들, 반기지 않는 주민들의 공격, 여러 나쁜 소문들로 많은 어려움을 겪었다. 그러나 1829년 처음으로 주민 몇 사람이 기독교 복음을 받아들여 세례를 받았고, 교실이 만들어지고 첫 번째로 누가복음이 번역되었으며, 새로운 예배당 건축도 시작했다. 1830년대가 시작되면서 선교 기지의 여러 제반 기반이 만들어졌고, 1838년에는 조금 떨어진 지역에 큰 예배당이 들어섰다.

쿠루만 선교지부는 아프리카 내륙 지역으로 진출할 수 있는 주요한 복음주의 선교거점이자, 특히 보츠와나(Botswana)와 짐바브웨(Zimbabwe)로 진출할 수 있는 통로가 되었다. 이 지부는 수년 동안 런던선교회의 전진 기지로서, 선교회의 복음전도 사업과 교육 사업이 급속히 성장하는 기반이 되었다. 이 기지는 후에 데이비드 리빙스턴의 집이 되었고, 남아프리카에서 점차 세력을 확대하고 있던 백인 정착민으로부터 현지인을 보호하는 방어벽의 역할도 감당했다. 이 선교지부는 지금도 아프리카교회와 공동체로 계속 활용된다.

둘째, 세츠와나어 성경(Setswana Bible)을 번역하고 출판한 일이다. 그가 이룩한 업적 가운데 가장 두드러진 일일 것이다. 겨우 1년 여의 정규 교육을 받은 그가 세츠와나에 성경번역을 위한 시설을 만들고, 그들의 언어를 문자로 적을 수 있게 연구하고, 철자법을 개발하여 성경번역을 가능하게 만든 것이다. 모파트와 조력자들은 우선 성경에서 일부를 추려내 출판한 후, 이어 학교 교재와 『세츠와나 문법서』를 출판했다. 애초에 그는 성경 전체를 쿠루만어로 번역할 의도는 없었다. 그러나 잉글랜드에서 오랜 기간 머물며 신약(그리고 후엔 시편)을 출판하게 되자, 쿠루만어로 성경 전체를 번역하고 출판하는 일이 결코 어려운 일이 아님을 확신하게 되었다. 모파트는 1857년에 구약을 출판하고, 이어 1867년에 신약을 개정 출판했다. 이 성경은 아프리카 대륙에서 인쇄된 첫 번째 성경이었다. 런던의 성서공회 건물 도서관 창문에는 이런 모파트의 업적을 기념하는 스테인드글라스가 새겨져 있다. 이 창문 장식에는 그와 함께 틴데일(Tyndale), 제롬(Jerome), 루터(Luther), 캐리(Carey)의 모습이 나란히 새겨져 있다.

셋째, 쿠루만과 마타벨레랜드(Matabeleland[짐바브웨]) 사이의 국경을 연 것이다. 모파트는 마타벨레의 추장 모셀레카체(Moselekatse)를 다섯 차례나 방문했다. 첫 두 차례 방문은 1829년과 1835년에 지금의 프리토리아(Pretoria) 근처에 있는 마을에서 이루어졌고, 나머지 세 차례는 지금의 짐바브웨 불라와요(Bulawayo) 근처에 있는 거처에서 19년 뒤인 1854년, 1857년, 1859년에 이뤄진 것이었다. 모파트는 추장을 방문하여 선교와 공동체 유지를 보장받았다. 예를 들어, 과학 탐사 허가와 바츠나 부족에게 '현지인 교사(native teachers)'라고 불린 이들이 부족 안에서 활동할 수 있도록 하는 후속 지원을 받았고, 마타벨레 부족이 사로잡고 있던 많은 포로를 석방하게 했으며, 보다 북쪽에 위치한 잠베지(Zambezi) 지역에서 활동하던 데이비드 리빙스턴에게 필요한 물자를 안전하게 전달할 수 있게 한 것 등이다. 그러나 런던선교회 입장에서, 모셀레카체와의 관계를 통해 모파트가 이룬 가장 큰 공헌은 불라와요 근처 인야티(Inyati)에 거주하던 마타벨레 부족 지역에 영구 선교지부가 세워져, 오늘날까지도 유지되고 있다는 사실이었다.

모파트 부부는 1870년 은퇴하여 잉글랜드로 돌아갔다. 자신의 사랑하는 배우자 메리가 죽는 크나큰 시련을 겪으면서도, 모파트는 막내딸 제인(Jane)의 도움으로 그리스도와 그의 몸된 교회를 최선을 다해 섬겼다. 그는 1871년판 세츠와나 성경의 개정 작업, 세츠와나어 찬송가 및 『천로역정』(Pilgrim's Progress, 1875)의 번역과 출판을 감독했다. 1872년에 에든버러대학교(Edinburgh University)에서 명예신학박사학위를 수여받았고, 1874년에 사위 데이비드 리빙스턴의 장례식에도 참석했다. 1872년과 1876년 두 차례나 빅토리아 여왕(Queen Victoria)의 초청을 받아 여왕을 알현했으며, 1877년에는 런던명예시민훈장을 받았다. 모파트는 87번째 생일을 며칠 앞둔 1883년 8월 10일에 숨을 거두었다.

참고문헌 | R. Moffat, *Missionary Labours and Scenes in Southern Africa* (London: John Snow, Paternoster-Row, 1842); J. S. Moffat, *The Lives of Robert and Mary Moffat* (London: T. Fisher Unwin, 1886); C. Northcott, *Robert Moffat: Pioneer in Africa* (London: Lutterworth Press, 1961).

S. DE GRUCHY

로버트 번즈(Robert Burns, 1789-1869)

스코틀랜드와 캐나다장로교 목사. 그는 자유교회(Free Church)의 적극적 옹호자로, 아버지의 복음주의 신앙에 영향을 받아 목회자가 된 네 형제 중 하나이다. 그들은 모두 그 세대 스코틀랜드장로교회(Church of Scotland) 내부에서 부상하던 복음주의파 일원이었다. 번즈는 22살에 벌써 스코틀랜드 페이즐리(Paisley)의 세인트조지스교회(St George's Church)의 목회자가 되어 32년간 그 교회에서 봉사했다. 그 후 1843년에 대분열(Disruption of 1843, 이 분열로 스코틀랜드자유교회가 탄생했다-역주)이 일어난 후에는 1845년까지 세인트조지스자유교회(Free St George's Church)의 목사로 일했다. 탁월한 인물이었던 번즈는 훨씬 더 탁월한 인물 토마스 차머스(Thomas Chalmers)의 영향 아래 자라났다. 그는 교구 전도 활동에 적극적이었고, 오직 전국적인 교회의 사역을 통해서만 효과적인 해결이 가능하다고 믿은 도시의 가난에 깊은 관심을 갖고 있었다. 학문적 관심 때문에 다양한 철학 및 문학회의 열성 회원으로 참여했고, 글라스고우대학교(Glasgow University)에서 박사학위를 받았으며, 로마 가톨릭을 강하게 반대하기도 했다.

다양한 교구 활동 중에 그가 취한 복음주의적 행동주의로 인해 그는 글라스고우식민지협회(Glasgow Colonial Society)의 창립자이자 장기 총무로 봉사했다. 이 협회는 여러 영국령 북미 식민지에 스코틀랜드장로교회 목회자를 파견하는 일을 돕기 위해 세워진 자원 단체였다. 이 단체가 한 일은 자금 모금, 신학생들과 비전 공유, 안수받은 목사의 북미 이민 준비, 때로 상당기간의 재정 지원 계획 마련 등이었다. 이 일과 그의 인맥 덕에 첫 태동과 동시에 스코틀랜드자유교회는 번즈를 북미 사절단의 일원으로 보내 공감대를 형성하고 적절한 동조자들을 확보하게 했다. 이 방문의 결과, 번즈는 56세의 나이에 캐나다로 이민을 떠난 후 죽을 때까지 거기에 살면서 스코틀랜드자유교회와 관련을 맺었고, 역동적인 캐나다장로교회에서 가장 힘 있는 지도자 중 한 명으로 활약했다. 1843년, 번즈는 어퍼캐나다(Upper Canada, 오늘날의 Ontario 지역)에서 상당한 시간을 보내면서 회중과 목사들이 자유교회의 회원이 될 수 있도록 최선을 다했는데, 이렇게 자유교회로 소속을 바꾼 목사들은 성직자 예비 기금(Clergy Reserves)에서 받는 연례 생활비를 청구할 수 없었다.

다음해에 다시 영국령 북미로 온 번즈는 나이아가라에서 핼리팩스(Halifax)까지 전 지역을 방문하여 자유교회에 대한 지원을 호소했다. 이것이 성공한 후, 번즈는 1845년에 토론토 낙스교회(Knox Church)의 목사 청빙을 받아들였는데, 이 교회는 1820년에 이 도시 최초의 장로교회로 설립되었고, 어떤 영국 교파와도 공식 관계가 없는 다양한 유형의 장로교인으로 구성되어 있었다. 스코틀랜드장로교회와 연결된 세인트앤드루스교회(St Andrew's Church)가 설립되었을 때 교인 다수가 낙스교회를 떠나 이 교회로 합류했지만, 캐나다교회에 대분열이 일어나자 세인트앤드루스교회에 속해 있던 자유교회 지지자들은 교인 수는 줄었지만 재산은 넉넉했던 원 교회로 다시 돌아왔다.

번즈는 이 교회에서 1856년까지 목회하면서 패이즐리(Paisley)에서의 그 행동주의를 그대로 보여 주었다. 그는 새로운 자유교회 회중들을 세우기 위해 토론토를 떠나 많은 선교여행을 했고, 그 결과 몇몇 장로교회들은 지금도 그의 이름을 딴 교회 이름을 갖고 있다. 또한, 그는 반노예제도운동에도 활발하게 참여했는데, 지하 탈출로

(Underground Railroad)를 따라 캐나다로 도망하는 데 성공한 이들을 위해 온타리오 남서부 지역에 세운 벅스턴선교회(Buxton mission)를 강력 지원했다. 추가로, 번즈는 존 블랙(John Black)을 설득하여 오늘날의 위니펙(Winnipeg) 북쪽 킬도넌(Kildonan)에 정착한 스코틀랜드 셀커크(Selkirk) 출신 이민자들을 위한 목사로 가게 했는데, 이들 이민자들이 정착한 후 39년 동안 이 지역에는 장로교 목사가 없었다. 그가 보여 준 목회적, 사회적 관심은 자연스럽게 그를 절대금주운동(teetotalism) 지지자로 만들었다.

번즈가 이룬 이런 업적들에도 불구하고, 그의 삶의 다른 측면도 살필 필요가 있다. 그는 인격적인 관계를 어렵게 만드는 고압적인 성품의 소유자였기에, 1856년에는 너무 많은 교인과 관계가 소원해지면서 결국 교회를 사임해야만 했다. 낙스대학(Knox College)의 목회자 후보생에게 교회사와 변증학을 가르쳐 달라는 요청을 친절하게 수락하고 1864년까지 이 일을 지속했지만, 이미 전성기를 한참 지난 때였다. 이런 실패에도 불구하고, 그는 빅토리아 시대 중기 캐나다에서 복음주의 장로교를 강력한 세력으로 키운 주역이었다.

참고문헌 | R. F. Burns, *Life and Times of the Rev. R. Burns, D.D.* (Toronto: James Campbell & Sons, 1871); B. J. Fraser, *Church, College, and Clergy: A History of Theological Education at Knox College, Toronto, 1844-1994* (Montreal and Kingston: McGill & Queen's University Press, 1995); R. W. Vaudry, *The Free Church in Victorian Canada, 1844-61* (Waterloo: Wilfrid Laurier University Press, 1989).

I. S. RENNIE

로버트 브라운(Robert Browne, 1550-1633)

잉글랜드 분리파(English Separatist). 그는 링컨셔(Lincolnshire) 스탬퍼드(Stamford) 근교 톨레소프(Tolethorpe)에서 태어났다. 케임브리지(Cambridge)의 코르푸스크리스티대학(Corpus Christi College)에 다니던 중에, 거기서 교회 정치를 장로교 형태로 조직하자는 캠페인을 벌이고 있던 토마스 카트라이트(Thomas Cartwright)와 다른 청교도들을 만났다.

1572년 케임브리지를 떠나 강사로 활동을 하다가 교회에 관련된 논쟁에 휘말려 결국 해임되었다. 고향으로 돌아간 그는 후에 다시 케임브리지로 돌아가 유명한 청교도 지도자 리처드 그린햄(Richard Greenham)과 드라이 드레이턴(Dry Drayton) 마을에서 동숙했다. 그린햄과 지내면서, 그는 주교의 권위에 의문을 제기하고, 주교가 목회자를 임명할 권한이 있는지 토론하기 시작했다. 그는 각 지역교회가 자신들의 지도자를 선택할 권리와 의무가 있다고 주장했다.

브라운은 교회의 권위는 그리스도 안에서 신자가 된 기독교인 전체 공동체에 있다고 주장하며 회중교회 정치를 옹호했다. 주교에게 설교자를 인허할 권한이 없다고 주장한 브라운은 친형제가 그를 위해 설교 인허장 두 부를 확보하자, '하나는 잃어버리고 다른 하나는 태워버렸다.' 경력 초기에 청교도였던 브라운은 마태복음 18:15-17에 나오는 교회는 신자들의 모임이 아니라 회중이 선택한 목사와 장로들을 의미하는 것으로 정의했다. 1581년이 되면서 브라운은 주교의 권위뿐만 아니라 그 교회까지 함께 거부하는 분리파가 된다. 순수한 교회의 회원이라면 헌신되지 않은 이들에게서 분리해 나와야 한다고 믿은 브라운은 1581년에 노리치(Norwich)

에 독립교회를 세웠다. 이 분리파 회중은 다음 언약을 기초로 조직되었다.

> "회원들은 한 언약과 함께하는 교제 안에서 자신들을 주님께로 합하여, 그의 율법과 다스림 아래 합의된 것을 지키고 추구하기로 동의했고, 따라서 이전에 언급된 무질서와 사악함 같은 것들을 궁극적으로 피했다"(A. Peel and L. H. Carlson [eds.], *The Writings of ··· Robert Browne*, p. 422).

동시대를 살았던 한 사람은 그에게 '교회의 문제아 브라운'(Troublechurch Browne)이라는 별명을 붙였는데, 그럴 만한 이유가 있었다. 그는 분리주의 견해를 너무 기탄없이 선전하고 다닌 덕에 신앙 문제로 투옥되었다가, 잉글랜드 재무장관이자 엘리자베스 1세의 주무장관이었던 친척 벌리경 로버트 세실(Robert Cecil, Lord Burleigh)이 개입한 후에야 풀려날 수 있었다. 많은 다른 이들처럼, 브라운도 자기 회중을 데리고 대륙으로 건너가 네덜란드 미델부르크(Middelburg)에 정착했다. 여기서 그는 『지체 없는 개혁에 대한 논고』(*A treatise of reformation without tarying for anie*, 1582)와 『모든 참된 기독교인의 삶과 습관을 보여 주는 책』(*A book which sheweth the life and manners of all true Christians*, 1582)을 비롯한 여러 책을 출판했다.

제목에서 알 수 있듯이, 첫 번째 책은 지체 없는 개혁을 열정적으로 촉구하는 것이 그 내용이었고, 후자는 기독교 공동체는 하나님의 법에 순종하기 위해 언약으로 하나된 회중이라는 사상에 기반을 둔 브라운의 교회론을 해설한 것이었다. 청교도 선조들과 마찬가지로, 브라운도 성경에 근거하여 호소하려고 노력했다. 그러나 그는 교회의 개혁은 하나님과 그의 백성 사이의 언약 갱신에 근거해야 한다고 믿었다. 그가 주장한 것은 언약의 '상호주의'(mutualist) 또는 조건적 견해였는데, "우리가 그분의 다스리심을 저버리지 않고 그분의 율법을 지키면 그분은 그의 백성을 인도하시고 복 주신다"라는 합의를 하나님께서 그분의 자비 속에서 그의 백성과 맺으셨기에, 사람들은 그의 율법에 순종하며 살아야 한다는 것이다(*Writings*, p. 257). 언약을 이런 식으로 조건적으로 이해하는 관점은 당대 청교도 견해와는 달랐는데, 브라운의 이런 언약관의 기원은 확실치 않다. 성경을 읽으며 직접 이 사상을 발견했을 수도 있고, 언약에 대한 글을 쓴 윌리엄 틴데일(William Tyndale)이나 존 후퍼(John Hooper)의 영향을 받았을 수도 있다. 그러나 이 관점을 회중교회 정치의 구도로 이해한 사람은 브라운이 처음인 것 같다.

브라운은 교회를 그리스도의 길을 따라 걷기 위해 함께 연결된 신자들의 자발적인 모임이라고 주장했다. 그리스도의 최종 권위 아래서 교회의 회원은 스스로를 다스릴 권한이 있다. 참된 교회는 그리스도의 나라의 가시적인 구현이며, 각 지역에 있는 신자의 몸은 자신들을 헌신되지 않은 자들에게서 분리하고 그들의 기독교 고백에 일치하지 않는 요소는 무엇이든지 회중에게서 제거해야만 했다. 비록 회중교회 방식을 확고히 믿고 교회 내에 치리가 있어야 한다고 주장했음에도, 브라운은 회중의 뜻에 무릎 꿇을 마음은 없었다. 그는 신경질적이고 논쟁을 좋아하는 사람이었기에, 미델부르크(Middelburg)에서 교인들과 마찰을 빚은 후인 1584년 1월에 스코틀랜드로 떠났다. 거기서 얼마간 투옥되었다가 후에 다시 잉글랜드로 돌아갔다. 1585년에 그는 캔터베리 대주교의 권위를 받아들이고 엘리자베스 여왕이 국교로 정한 교회를 참된 교회로 인정함으로써 잉글랜드국교회(Church of England)에 공식 복종했다. 이후 1586년에 서더크(Southwark) 소재 세인트올라브즈학교(St Olaves's School in Southwark)의 교장이 되었다. 잉글랜드국교회에 충성하겠다는 약속에도 불구하고, 서더크에서 브라운은 계속 분리파 회중을 목회한 것 같다. 1588년에 그는 분리주의 사상을 퍼뜨리고 교구교회에서 성례를 갖지 않았다는 이유로 고발당했다. 1591년에 성공회 안수(episcopal ordination)를 받고 노샘프턴셔(Northamptonshire)의 소프쿰어처지(Thorpe-cum-Achurch)의 주임사제가 되었다.

1617년에는 공동기도서에 나온 대로 의식을 집전하지 않았다는 이유로 다시 고발당했다. 1631년에는 결국 면직된 후 출교 당했다. 고통스러웠던 그는 마을 경관을 공격했다는 이유로 체포된 후 1633년 10월에 노샘프턴 감옥(Northampton Gaol)에서 죽었다. 분리파들이 브라운을 자신들의 대의를 떠난 배신자로 경멸했음에도 불구하고, 그는 분리파 전통의 선구적 신학자로 인정받았기 때문에 초기에 그를 따른 이들은 종종 브라운파(Brownists)라 불렸다. 그가 오래도록 남긴 공헌은 하나님과 참된 신자 간 상호 언약이라는 사상을 토대로 하나의 일관성 있는 교회론을 구축하려고 한 것이었다.

참고문헌 | B. R. White, *The English Separatist Tradition and the Marian Martyrs to the Pilgrim Fathers* (Oxford Theological Monographs, 1971); C. Burrage, *The True Story of Robert Browne* (Oxford: 1906); A. Peel and L. H. Carlson (eds.), *The Writings of Robert Harrison and Robert Browne* (London: 1953).

K. E. SMITH

로버트 알렉산더 파이프(Robert Alexander Fyfe, 1816-1878)

침례교 목사이자 교육자, 교단 지도자. 그는 1816년 10월 20일에 로어캐나다(Lower Canada)의 라프래리(Laprairie)에서 태어났다. 파이프는 굳건한 칼빈주의 가정에서 양육받다가 10대 후반에 회심한 후 1835년에 몬트리올 침례교 지도자 존 길모어(John Gilmore)에게 침례를 받았다. 뉴욕 해밀턴(Hamilton)의 침례교아카데미(Baptist academy)에서 예비학교 교육을 받은 후 몬트리올에 신설된 캐나다침례교대학(Canada Baptist College)에 입학했다. 학창 시절에 오타와 계곡 지역에서 일어난 일련의 부흥이 그의 신앙관에 깊은 영향을 끼쳤고, 홀데인파(Haldanes, 스코틀랜드의 로버트 홀데인, 제임스 홀데인 형제를 추종한 일파역주)도 그에게 무시할 수 없는 영향을 준다.

1839년에 오스구드(Osgoode)에서 일어난 이런 유형의 부흥을 통해 목회 소명을 확인한 파이프는 이어서 매사추세츠의 뉴턴신학교(Newton Theological Institute, 1965년에 회중교회의 Andover Seminary와 연합하여 Andover-Newton Theological School이 되었다-역주)에 등록했다. 그러나 신앙에 대한 의심과 불신으로 괴로워하던 그에게 심각한 영적 위기가 찾아왔다. 그러나 이 위기는 소명을 재확인하는 계기가 되었고, 결국 그는 그해 여름에 오타와 계곡으로 다시 돌아가 순회전도자가 되었다. 비록 이후 파이프의 여생 대부분은 기관 지도자로서의 경력으로 채워지지만, 그는 언제나 자신이 가장 사랑하는 것은 전도 설교를 하며 교회에 힘을 불어 넣는 것이라고 주장했다.

1842년에 졸업과 함께 파이프는 캐나다로 돌아가 캐나다 서부 퍼스(Perth)에 교회를 개척했다. 1년간 교회를 섬긴 후 떠났다가 1848-1849년에 다시 복귀했다. 또한, 파이프는 토론토에 침례교의 기반을 확고하게 세운 인물이기도 했다. 처음에 마치스트리트교회(March Street Church, 1844-1848), 후에 본드스트리트교회(Bond Street Church, 1855-1860)로 이름을 바꾸었을 때를 포함해, 결국 최종 명칭이 자비스스트리트침례교회(Jarvis Street Baptist Church)가 된 교회에서 두 차례 목회했다.

캐나다의 다양한 침례교 집단을 통합하는 데 깊이 헌신한 파이프는 지속된 신학 논쟁에 지친 나머지 거의 반쯤은 의도적인 유배를 떠나 6년간 미국에 머물렀다. 개인적으로는 닫힌 성찬론(closed communion)을 선호했음에도 불구하고, 그는 성찬 논쟁에 말려들고 싶지 않았다. 그의 우선순위는 바로 선교였다. 1848년부터 1853년까지 로드아일랜드(Rhode Island) 워렌(Warren)의 한 교회에서 목회한 후, 1854년부터 1855년까지는 위스콘신(Wisconsin) 밀워키(Milwaukee)에서 목회했다. 위스콘신에 있을 때 파이프는 지역 침례교협회를 도와 노예제도 논쟁 해결을 돕고, 위스콘신침례교교육협회 이사와 미국침례교선교연합 위원장으로 봉사했다. 또한, 1854년에는 웨일랜드대학교(Wayland University)의 초대 총장으로 임명된 후, 교육자 프랜시스 웨일랜드(Francis Wayland)와의 생산적인 우정 관계를 일평생 형성했다. 파이프는 신학 투쟁이 사그라진 것 같이 보인 1855년이 되어서야 캐나다로 돌아갔다.

주로 교육자로 기억되는 파이프는 1843-1844년에 몬트리올의 캐나다침례교대학 임시 학장으로 교수 경력을 시작했다. 후에 우드스톡 소재 캐나다문학학교(Canada Literary Institute)의 지도자였던 그는 1860년 개교 시부터 사망시까지 교장으로 재직했다. 이 학교는 침례교 공동체의 실제 필요를 채워 주었기 때문에 훨씬 현실적인 교육 프로젝트였다. 대학으로 전환하려 하지 않은 이 학교는 처음부터 신학과가 딸린 남녀공학 대학 예비학교로 정체성을 유지했다.

여기서 파이프는 교수와 모금 활동으로 크게 기여했다. 모금은 지치고 피곤한 일이었지만, 학교가 교회를 일깨우고 비전을 확장시키는 기회로 활용될 수 있다는 사실에 기뻐했다. 또한, 파이프는 1863년부터 사망할 때까지 토론토대학교(University of Toronto)의 이사를 지냈고, 이 직위를 통해 자기가 재직하는 학교 같은 기관들을 더 공정히 대해야 한다고 주장하는 등 대학 개혁을 지속적으로 주창했다. 교육 분야 사역뿐만 아니라 정치운동에도 관여하면서, 파이프는 침례교를 좁은 고립주의에서 빠져나오게 하는 데 결정적인 역할을 했다. 먼저는 결혼식을 집행할 수 있는 자신의 권리를 변호했고, 후에는 비종파 대학이나 공립학교 같은 정치적 대의를 주창했으며, 잉글랜드국교회의 특권, 특히 토론토의 킹스대학(King's College) 같은 학교를 통제하는 이 교회의 특권을 공격했다. 파이프의 노력으로 침례교인도 서서히 공공 무대에 모습을 드러냈다.

선교의식에도 투철했던 파이프는 서부 캐나다로 선교단을 데리고 갔고, 1870년에 캐나다 정규침례교해외선교회가 형성되는 데 기여했다. 그는 이 비전을 널리 퍼뜨리기 위해 교단 신문이 필요하다고 생각했다. 그래서 1859년에 「더 크리스천 메신저」(The Christian Messenger, 후에 The Canadian Baptist로 개명)를 운영하는 모임을 만들었다. 1862년까지 잠시 이 신문 편집자로 일하기도 했고, 정기적으로 글을 기고했다.

침례교의 대의를 세상에 널리 퍼뜨린 공로로 그

는 1858년에 뉴욕 해밀턴 소재의 모교 매디슨대학(Madison College)에서 명예신학박사학위를 수여받았다. 파이프는 1878년 8월 29일에 캐나다 온타리오의 우드스톡(Woodstock)에서 사망했다.

참고문헌 | T. T. Gibson, *Robert Alexander Fyfe* (Burlington: Welch Publishing Co. Inc., 1988); J. A. Wells, *Life and Labours of Robert Alexander Fyfe, D.D.* (Toronto: W. J. Gage & Company, 1885).

D. A. GOERTZ

로버트 윌리엄 데일(Robert William Dale, 1829-1895)

회중교회 신학자. 그는 1829년 12월 1일에 런던에서 태어났다. 모자 장식품을 판매하던 부모는 무어필드태버너클(Moorfield Tabernacle)에 다녔는데, 데일의 어린 시절 이 교회 목사는 존 캠벨(John Campbell)이었다. 그는 그 당시 칼빈주의 신학을 빠른 속도로 과거의 유산으로 밀어내고 있던 교단 내 물결에 가장 강력히 저항하던 인물이었다. 데일은 14살에 회심했다. 1년 조금 지난 1845년에 설교와 여러 글을 기독교 잡지에 기고하기 시작했고, 그 후에는 『재능』(*The Talents*)이라는 제목의 아주 조숙한 책을 1846년에 출판했다.

1847년에는 버밍엄(Birmingham)의 스프링힐대학(Spring Hill College)에서 목회 훈련을 받기 시작했는데, 일평생 그의 집이 될 버밍엄에 정착한 이때 그는 열일곱 살이었다. 버밍엄의 대표 회중교회 카스레인교회(Carrs Lane Church) 목사였던 존 에인절 제임스(John Angell James)는 데일의 자질을 인정하고, 그가 1853년에 공부를 마치자 자기 조수로 삼았다. 1년 후, 데일은 협동목사로 안수받았다. 제임스가 1859년에 사망하자 제임스의 자리를 물려받았고, 1895년 3월 15일에 사망할 때에도 쇠락에 저항하며 여전히 도시 내 다른 교회들을 막 따라잡기 시작한 이 큰 지도적 교회를 이끌고 있었다.

데일은 그 세대 회중교회연합(Congregational Union)의 비공식적 집단 지도력을 구성하는 일단의 목회자 중 가장 저명한 인물이었다. 40세 생일이 되기 전 1869년에 회장으로 선임된 것이 이 두드러진 능력의 표지였고, 생애 말기에 국제회중교회협의회(International Council of Congregational Churches, 1891) 초대 회장으로 뽑힘으로써 이 지위를 더욱 공고히 했다. 그는 정치 세계에서도 유명한 인물이었는데, 조셉 챔벌레인(Joseph Chamberlain)과 연결된 버밍엄에서 뿐만 아니라, 그 시대 교육 문제를 놓고 벌인 논쟁에서 특히 두드러진 존재감을 보이며 전국 자유당 진영에서도 저명 인사로 통했다.

이렇게 해서 얻게 된 인지도와 존경은 그의 신학에 관심을 가진 청중을 불러 모으는 데 도움이 되었다. 또 하나의 공헌 요소는 당시 그 주위에 질 높은 신학 작품들이 많이 없었다는 것이다. 단순히 신학 체계의 이상을 잘 유지했다는 측면에서 보면, 그는 19세기 후반 비국교도 중에 단연 특출한 인물이었다. (심지어 찰스 해돈 스펄전도 '천사들은 아마도 조직신학자들일 수 있을 것이다. 사람은 그저 하나님의 말씀을 잘 따르기만 하면 된다. 사람의 교훈은 어찌됐든 바람에 날려버리라'[*The Sword and the Trowel* 4 〈1868〉, p. 102]고 했다). 그러나 이상을 가진다는 것과 이상을 성취한다는 것은 전혀 별개의 문제다. 1880년에 데일은 자신이 14살에 지금보다 신학을 더 많이 알았다고 고백한 바 있다(*The Evangelical Revival and Other Sermons* [London, 1880, p. 263]).

신학을 공부하는 동안 그의 초기 칼빈주의는 (그가 다닌 교회의) 조지 도슨(George Dawson)의 초월주의 비평과 토마스 칼라일(Thomas Carlyle)식 낭만주의의 뜨거운 열기를 이겨 내지 못했다. 데일은 칼라일에 대해 다음과 같이 쓴 바 있다.

> "한동안 그는 우리를 가르친 모든 교수들보다 더한 존재였다. 교회의 모든 신학자와 모든 교부들보다 훨씬 더 위대한 존재였다"('Thomas Carlyle,' *Congregationalist* 10 [1881], p. 210).

그러나 용기 있는 노력에도 불구하고, 이것을 그 정도 수준으로 종합적인 무언가로 대체하는 것은 결국에는 그의 한계를 넘어서는 것임이 입증되었다. 데일은 비록 급진적 재작업이 필요함에도 불구하고, 언제나 자신의 복음주의 유산이 순전한 기독교를 표현한 것이라 생각했다. (그는 습관적으로 영구적인 '본질'[substance]과 일시적인 '외형'[form]을 구별했다). 개신교 스콜라주의의 붕괴가 종교개혁과 함께 시작된 전체 신학적 주기를 종말로 이끌고 있다고 믿은 그는 이 작업의 규모를 거시적으로 바라보았다. 이 작업이 모든 위대한 복음주의 교리들을 유지하리라 믿기는 했지만, 그럼에도 전적으로 새로운 체계가 필요했다. 그는 이 과정이 오래 걸릴 것이며, 세대 당 한 두 교리 비율로 작업이 진행될 수 있으리라 예측했다.

따라서 데일의 신학은 그의 복음주의 유산에 새로운 낭만주의(new Romantic)의 색채를 더함으로써 인간의 도덕적 자유에 대해 그가 붙인 표현 그대로, '의의 영원한 법'을 해석할 때의 양심의 신적 능력에 대하여, 또한 (개신교의 '궁극적 원리'라고 그가 결론 내린) 하나님의 직접적인 통찰에 대하여 논하면서 이 과정에 공헌하려는 시도였다. 새롭게 배열된 이런 사고의 중심에는 넓게는 칸트적이라 할 수 있는 윤리 체계가 데일이 콜러리지(Coleridge)에게서 빌려 온 언어로 표현되어 있었다. 그리고 데일이 체계를 세우면서 겪었던 난제는 이 윤리 궤도와 그의 복음주의 영성 사이의 이원론(dualism)을 해결하기 위한 그의 고투와 깊은 관계가 있었다.

데일이 품고 있던 중요한 질문은 두 권위, 즉 하나님과 '영원한 율법'과의 관계였고, 그들 각각의 중재자인 그리스도와 양심 간의 관계 문제였다. 더 이른 시기에 그는 율법이 하나님의 본성의 표현이라는 칼빈주의 이해와 하나님의 의지의 표현이라는 그로티우스(Grotius)의 견해를 거부했다. 대신, (John Stuart Mill에게서 받은 약간의 도움과 함께) 양심에 따라 그는 율법은 독립적이고, 필연적이고, 영원하며, 하나님이 의로우신 이유는 그분이 오직 그 율법에 순종하심으로써 율법에 진실하셨기 때문이라고 결론내렸다('The Expiatory Theory of the Atonement,' *British Quarterly Review* 46 [1867], pp. 484-487).

후에 그는 율법이 하나님보다 위에 있다는 주장을 철회했고, 점차 율법보다 하나님을 더 강조했다. 이 변화를 자극한 계기는 약점을 매워주던 복음주의 영성이 빠졌을 때의 윤리적 자유주의의 결과에 대해 그가 점차 반대하게 된 것이었다. 의는 사람들 사이의 관계라는 헨리 웨이스(Henry Wace)의 사상이 그의 이런 강조점 변화를 도왔다. 그러나 후기 신학에서 데일은 두 권위의 분리와 통합 사이에서 다시 주저하는 모습을 보였다.

때때로 그는 하나님과 율법이 구별되지만 동일한 권위라고 주장했다. 율법은 양심의 영역에서 작용하고, 하나님은 의지의 영역에서 작용하신다는 것(예를 들어, *The Atonement*, 1878, pp. 363-373)이다. 그러나 어떤 때는 이런 주장에 모순되는 언급을 하기도 했다. 즉 하나님은 '살아 있는 의의 율법'(*The Epistle to the Ephesians*, p. 66)이며, 그리스도는 '성육신하신 의의 영원한 율법'(*Laws of Christ for Common Life*, 1884, p. 283)이다.

그러면 성육신한 그리스도는 누구인가?

데일은 내적 권위를 외적 권위보다 선호하는 낭만주의의 정신을 공유했다. 복음서에 나오는 그리스도에 대한 묘사는 오직 영적 경험이 기록된 내용을 확증하는 한도 안에서만 입증되고 진정한 것이 될 수 있다는 것이다. 따라서 그는 영적 신앙의 경험적 기반을 탐구하는 자유주의 정신을 공유했고, 이것이 이 두 영역이 상호 자율권을 주장하는 과정에서 성경비평으로부터의 모든 공격에 저항하는 증거가 될 수 있다고 믿었다(실제로는 이런 작업에 전적으로 참여한 것은 아니었다).

그가 그리스도를 '객관적 양심'(objective conscience, in *Laws of Christ*, p. 281)이라고 칭하였음에도 불구하고, 그가 전적으로 신뢰하는 그리스도는 주관적 양심을 더 많이 닮았다.

또한, 경험의 권위에 호소한 데일은 이런 종류의 변증학이 가진 전형적인 약점을 무시하지 않았다. 외적 권위에 의존하는 모든 것을 피하려 하는 무능함과 모든 종교 경험이 진리를 증명한다는 순진한 믿음이 바로 그것이었다.

바쁘고 다양한 사역으로 인해 데일은 속죄론에 대한 오직 한 권의 주요 신학 작품 밖에 남길 수 없었다. 1860년대에 기고한 중요한 예비 소눈문들에 이어, 1875년에 회중교회연합강연(Congregational Union Lecture)에서 발표한 내용이 『속죄』(*The Atonement*)로 출판되었다. 속죄의 최종 결과물이 진짜 의(genuine righteousness)이어야지, 전통적인 대속 이론의 '허구적 전가'(fictitious imputation)여서는 안 된다는 그의 결론은 다른 누구보다도 존 맥러드 캠벨(John McLeod Campbell)의 사상을 공유하는 것이었다. 그는 순수하게 주관적인 견해들은 거부했고, 동시에 그의 양심이 인정하는 전통의 신학의 측면인 응보적 정의 원리(principle of retributive justice)는 어느 정도 유지하고 싶어 했다.

데일이 속죄론에 대한 자기 저술에서 요약한 네 요점은 다음과 같다.

첫째 요점은 율법의 의에 대한 인정이었다. 여기서 그리스도의 행동은 두 측면을 가졌다.

첫째, (캠벨의 이론과 마찬가지로) 그가 죄에 따른 형벌(penalty)의 의를 인정했다는 것이다.

둘째, (캠벨을 넘어서서) 예수님은 실제로 그 형벌과 하나님의 버림과 죽음에 자신을 내맡기셨다는 것이다. 데일은 형벌에 자신을 내어 준 것을 처벌(punishment)과 동일시하지는 않는다.

데일에 따르면, 처벌은 오직 실제 지은 죄와 죄책이 있을 경우에만 가해질 수 있다. 그리스도의 행동은 우리와도 연관이 있는데, 이는 그리스도와 인류의 원래의 이상적 관계 때문이다. 그리스도는 인류의 뿌리이고, 우리가 그를 신뢰하고 그에게 헌신할 때 그의 생명이 우리 안에 있게 된다. 성육신을 가능하게 만든 기초가 되는 사실이 바로 이것이다.

데일의 이 생각은 주로 F. D. 모리스(F. D. Maurice)에게서 빌려 온 것이다. 그리스도의 태도와 행동을 율법의 의에 대한 우리의 존경의 표시로 받아들여 달라고 하나님께 요청할 때 그리스도의 행위가 우리와 연결되는 것이다.

둘째 요점에서 데일이 강조하는 것은 하나님과 인간 사이의 화해의 실재, 또는 데일의 말로 하자면, 죄로 망가지기 이전 원래의 이상적인 관계의 보존 또는 회복에 대한 것이다. 우리의 문제는 죄가 우리의 시야를 너무 바꾸어 놓아서, 그리스도와 성부와의 관계가 우리 자신의 소외라는 상황과 도대체 무슨 관계가 있는지 도무지 알 수가 없다는 것이다.

그러나 그리스도는 하나님과 우리의 관계에 죄가 개입함으로써 왜곡된 것을 바로 잡으심으로 이 문제를 해결하신다. 즉 우리가 하나님께 다가갈 수 있고 그분과 우리의 관계를 보존하거나 회복할 수 있다는 것을 우리로 하여금 보게 하시는 것이다. 따라서 이 요점은 데일이 스스로 적절하지 않다고 판단한 주관적 속죄 이론의 한 유형이다.

셋째 요점은 인간의 의에 대한 것인데, 데일은 의롭게 된 신분이 아니라 진짜 의가 속죄의 결과여야 한다고 확신했다. 그리스도의 죽음은 믿음을 통해 그리스도와의 연합을 회복한 이들 안에서 실제로 죄를 파괴한다. 이것은 첫째 요점에서 논의된 그리스도와의 신비적 연합 때문에 이루어진 것이다.

넷째 요점은 하나님의 의를 증명하려는 것이다. 데일은 보응의 원리를 인정하고 싶어 했지만 보응의 적용은 부인하려 했다.

그러면 어떻게 하나님이 정당하게 행하실 수 있는가?

데일의 대답은 보응의 도덕적 의미가 심판자에게 주는 값에 달려 있다는 것이었다. 성자가 죄의 형벌을 겪는 것에 대해 성부와 성자가 치른 값이 죄로 인해 당한 고통의 값보다 크기 때문에 보응의 원리가 보응의 시행으로 성취된 것보다 더 큰 인정을 받았다는 것이다.

전형적인 겸손으로, 데일은 이 요점들이 완전한 이론 수준은 못된다고 인정했다. 강연에서 더 강하게 진술된 부분은 내용의 대부분을 차지한 신약 본문에 대한 주의 깊고 상세한 연구였다. 여기서 비롯된 초대교회의 속죄 희생 교리에 대한 축적된 논의가 신약에서 순수하게 주관적 이론을 찾아내려는 어떤 시도도 어렵게 만드는 거대한 장벽이다.

R. C. 모블리(R. C. Moberly)는 『속죄』를 19세기 마지막 25년에 이 주제를 다룬 책 중 잉글랜드국교회(Church of England) 신자들에게 가장 친숙했던 책이었다고 평가했다. 데일 사망 직후 제17판이 나왔고, 당시 책의 판매율은 계속해서 늘고 있었다.

그러나 20세기 여명 이후 이 책이 그토록 급속히 관심 밖으로 멀어진 것에는 모블리 자신에게도 어느 정도 책임이 있는데, 이는 부분적으로는 모블리의 책이 인기를 끌었기 때문이었다. 모블리는 『속죄』를 "데일이 살았던 세대의 믿음과 선행에 실제적이고 군건하게 기여한 책"이라 칭했지만, 동시에 캠벨의 더 이른 시기의 덜 알려진 책이 철학적, 신학적으로 데일의 것보다 먼저 나왔다고 주장함으로써 데일 저서의 제한된 예상 수명을 공표한 바 있다. 그런데 모블리의 가장 유명한 비평이 완전히 틀렸다는 것은 불행이었다. 모블리는 예수님이 죄의 형벌을 받은 것은 예수님이 처벌을 받은 것을 의미한다는 것이 데일의 믿음이라고 생각했다.

속죄에 관한 이 작품에서 데일이 혁신을 위해 노력하는 것처럼 보이는 것과는 대조적으로, 그는 교회론에서는 회중교회 주류 전통에 군건히 서 있었다. 그러나 이 영역에서의 그의 저술은 그 어느 주제보다 두드러진 그의 고회중교회주의(high Congregationalism)에 대한 예외적인 힘과 명료함 때문에 주목할 만한데, 그가 살았던 시대에는 이런 주장이 흔치 않았다. 이는 그 시대 회중교회에 이런 주제에 무관심한 복음주의적 실용주의와 회심한 자와 회심하지 않은 자를 분명하게 구별하는 전제를 거부하는 자유주의가 뒤섞여 있었기 때문이었다.

『속죄』를 제외하면, 데일의 출판물 대부분은 정기 간행물에 실은 기고문과 설교 및 강연 모음이었다. 그중 그의 신학을 이해하는 데 가장 도움이 될 만한 것은 『살아 계신 그리스도와 사복음서』(*The Living Christ and the Four Gospels*, London: Hodder & Stoughton, 1890)와 『특별 강연에서 전달된 그리스도와의 교제 및 여러 논의들』(*Fellowship with Christ and Other Discourses Delivered on Special Occasions*, London: 1891)이다.

데일의 신학은 옛 개신교 자료들과 새롭고 자유주의적인 영감으로 쓰인 작품들에서 끄집어낸 요소들을 혼합한 것이 특징이었다. 두 세계가 모두 그에게 감흥을 주었고, 이 둘을 상호 보완하는 길을 찾으려던 그의 시도는 그 세대 잉글랜드 비국교도들이 가진 가장 진지한 관심이었다.

그러나 그의 시도는 그다지 성공적이지 못했다. 그의 '신복음주의'(new evangelicalism)는 다음 세대에 '자유주의적 복음주의'(liberal evangelicalism)라는 더 유명한 사조만큼이나 불안하고 일시적이었다. 두 세계 중 한 세계에 더 굳건한 기반을 갖고 있던 데일은 두 다리를 벌리고 서서 두 땅을 다 밟으려고 했고, 스펄전은 감히 범접할 수 없는 표현으로 결이 불가능한 긴장에 대해 언급한 바 있다.

"그는 이단으로 성공하기에는 너무 점잖은 사람이다."

참고문헌 | A. W. W. Dale, *The Life of R. W. Dale of Birmingham* (London: 1898); M. T. E. Hopkins, *Evangelical and Liberal Theologies in Victorian England: Nonconformity's Romantic Generation* (Carlisle: Paternoster, 2007); M. D. Johnson, *The Dissolution of Dissent, 1850-1918* (New York: Garland, 1987).

M. T. E. HOPKINS

로버트 홀 주니어(Robert, Hall, Jr, 1764-1831)

침례교 성직자. 그는 18세기 후반에 온건한 칼빈주의를 옹호하고 삼위일체 관련 교리 논의에 공헌한 저명한 성직자 아니스비의 로버트 홀(Robert Hall of Arnesby)의 아들이었다. 아버지 홀은 널리 회람된 『시온의 여행자들을 위한 도움』(*Help to Zion's Travellers*, 1781)의 저자였다. 홀 주니어는 1764년 5월 2일에 레스터셔(Leicestershire) 아니스비에서 열 네 자녀 중 막내로 태어났다. 그는 어릴 때부터 비범한 학습 능력을 보인 목사관의 허약한 아이였다. 세살 때 아버지의 교회 뜰에 있는 묘석을 이용해서 읽기를 배웠다고 한다.

여러 다양한 학교에서도 교육을 받았는데, 그 중에는 그에게 그리스어와 히브리어를 가르쳐 준 유명한 침례교 신학자 노샘프턴(Northampton)의 존 릴랜드(John Ryland)의 학교도 있었다. 처음에 릴랜드의 위압적인 행동에 겁을 먹었던 홀 주니어는 후에 자신이 자유를 사랑하게 된 것이 릴랜드 덕분이라고 했다. 1778년부터 1784년까지는 브리스톨 침례교아카데미(Bristol Baptist Academy)에 다니며 웨스트컨트리(West

Country, 사우스샘프턴과 브리스톨 북단 세번강(Severn River) 하구를 잇는 선 서쪽의 잉글랜드 지방-역주) 지방 침례교 내에서 복음주의운동을 이끌던 휴 에번스(Hugh Evans)와 케일럽 에번스(Caleb Evans)의 영향을 크게 받았다.

탁월한 학생 홀 주니어는 존워드박사기금(Dr. John Ward's Trust)에서 나오는 장학금을 받아 애버딘대학교(University of Aberdeen)에서 공부할 수 있는 기회를 얻어, 킹스대학(King's College, 애버딘대학교 신학부-역주)에서 석사학위를 받았다. 애버딘 학생 시절에 제임스 매킨토시 경(Sir James MacIntosh)을 만났는데, 그는 후에 19세기 최고 학자의 반열에 오르는 인물이었다. 둘은 자주 철학적 중요성을 가진 주제들을 토론하고 고전을 함께 읽으며, 결국 평생 유지될 우정을 쌓았다.

그 시대에 가장 교육을 잘 받은 침례교인 중 하나였던 홀 주니어는 1785년에 고전학 교수가 되어 브리스톨아카데미(Bristol Academy)로 돌아갔다. 5년 후 1790년에는 아니스비에서 복음 사역자로 안수받았는데, 안수식 설교는 아버지가 전했다. 1791년에는 로버트 로빈슨(Robert Robinson)을 이어 케임브리지의 침례교 목사가 되어 1806년까지 수고했다.

케임브리지에 있을 때 건강이 나빠져서 더 나은 날씨를 갈망했다. 남은 평생 그는 우울증 발작에 시달려야 했다. 1807년에는 레스터(Leicester)에서 하비레인침례교회(Harvey Lane Baptist Church)에서 목회를 시작했는데, 이 시기의 목회가 그의 목회 경력의 정점이었다.

레스터에 있는 동안 그는 유명한 소책자 『성찬의 조건』(Terms of Communion, 1815)을 썼고, 자기 교회에서 열린 성찬(open communion, 자기 교회 정식 회원이 아닌 신자에게도 성찬을 베푸는 정책-역주) 정책을 시행했다. 이런 변화가 교회의 많은 신자를 힘들게 한다는 것을 알게 된 홀 주니어는 교회의 지지를 받아 하비레인교회에서 베푼 것과 같은 혼재 성찬(mixed communion, open communion과 같은 의미의 다른 표현-역주)을 시행하는 제2의 회중을 구성했다. 홀 주니어가 목회하는 동안 두 차례 예배당 개축이 있었고, 마침내 1811년에 1,000명이 함께 예배드릴 수 있는 공간이 확보되었다. 존 릴랜드가 사망한 후, 홀 주니어는 브리스톨 브로드미드침례교회(Broadmead Baptist Church)로 옮긴 후, 사망할 때까지 목회했다.

신학적으로, 홀 주니어는 신학이 변화하는 시기에 진보적 칼빈주의 입장을 유지했다. 젊은 시절에는 미국의 조나단 에드워즈(Jonathan Edwards)의 입장을 많이 따랐고, 자신을 복음주의적 칼빈주의자로 규정했다. 일반침례교신교단(New Connexion of General Baptists)의 댄 테일러(Dan Taylor)와 유사하고, 케터링(Kettering)의 앤드루 풀러(Andrew Fuller)보다는 약간 더 개방적이었던 홀 주니어는 19세기 초에 침례교도를 보다 완화된 결정론적인 신학(deterministic theology)으로 이끌었다.

시간이 가면서 홀 주니어는 속죄를 점점 더 알미니안주의적으로 이해했고, 이것이 그의 목회에도 영향을 끼쳤다. 여러 언어로 원본을 읽으면서, 그는 성경 자료와 다른 자료들, 특히 플라톤과 단테의 자료를 비교했다. 자기 교단에 소속된 사람들보다 소속이 다른 기독교인과의 강하고 평생 가는 관계를 옹호한 홀 주니어는 주류 특수침례교회를 차츰 멀리했다. 홀 주니어의 사역을 인정한 사람들에게 그는 1891년에 최종적으로 실현된 일반침례교와 특수침례교 통합의 선구자였다. 그러나 그의 사상을 비판한 사람들에게 홀 주니어는 영국 하이퍼칼빈주의(hyper Calvinism)와 엄격침례교운동(Strict Baptist movement)의 성장에 장애가 된 악명 높은 인물이었다.

홀 주니어는 특수침례교의 중요한 변증자이자 대변자였다. 그가 쓴 수많은 소책자 중에는 프랑스혁명의 배경이 깔린 『불신앙』(1800), 나폴레옹이 권력을 잡게 된 배경에 저항하는 『전쟁』(1801), 『교육』(1810), 『교회 정치』(1815) 등의 책들이 있었다. 온건한 평화주의자였던 그는 국제 분쟁에 반대했는데, 이는 이런 분쟁이 불의와 불행을 만들어 내고 더 팽배하게 만들기 때문이었다. 1824년에는 노예제도에 반대하는 중요한 소책자도 썼는데, 이 주제를 교단의 다른 사람들은 이전에 다룬 적이 없었다.

다양한 유형의 교육을 열렬하게 지지한 홀 주니어는 노동자 계급을 위한 주일학교 교육의 유익을 칭송했고, 1810년에 스테프니(Stepney)에 큰 뜻을 품은 침례교 목회자를 양성하는 '학문적인' 침례교 기관을 세우는 일에 호감을 표했다. 미국식 자유주의 사상을 지지했기 때문에 미국 침례교인은 그를 좋아했다. 그가 쓴 작품들 중 일부는 미국에서 출판되었다. 문헌과 학문 분야에서의 전체 업적을 기리며 애버딘대학교 매리설대학(Marischal College)은 1817년에 그에게 명예신학박사학위를 수여했다.

1814년에서 1820년까지 홀 주니어는 노리치(Norwich)침례교회 목사 조셉 킹혼(Joseph Kinghorn)과 닫힌 성찬 및 열린 성찬 주제를 놓고 문서로 논쟁을 벌였다. 열린 성찬을 시행한다는 것은 대서양 양편 침례교에 중대한 신학적 움직임이 있다는 것을 의미했다. 홀 주니어는 최고의 자유주의 사상가로 간주되며 부상하던 교단의 미래에 들어맞는 인물이 되었다. 존 번연(John Bunyan)과 로버트 로빈슨의 작품의 틀을 따른 그의 소책자 고전인 『성찬의 조건』(Terms of Communion)에서 홀 주니어는 에이브러햄 부스(Abraham Booth)의 고전 작품 『침례교인을 위한 변증』(An Apology for the Baptists, 1778)을 해설하며 사람들의 인정을 받았고, 침례는 받지 않은 사람이 주의 만찬에 참여할 수 있는가의 문제를 다루었다.

홀 주니어는 어떤 사람이나 공의회도 구원의 조건과는 다른 성찬의 조건을 만들어 낼 권리가 없다고 주장했다. 이에 더하여, 그는 초대교회에서 닫힌 성찬의 사례를 발견하지 못했고, 이 전통이 신약성경이 그토록 높이 칭송한 그리스도의 몸의 연합을 파괴했다고 믿었다. 킹혼(Kinghorn)은 소책자 『침례, 주님의 만찬에서의 성찬의 조건』(Baptism a Term of Communion at the Lord's Supper, 1816)으로 응답했다. 킹혼과 엄격침례교에 반박하면서, 홀 주니어는 닫힌 성찬을 "너무도 많은 영국교회가 여전히 품고 유지하는 전염병 같은 악"으로 묘사했다. 열린 성찬 반대자들의 열정이 자신을 따르는 이들의 열정에 비해 비교할 수 없을 만큼 크고, 그의 입장을 반대하는 이들이 그를 반대하고 불신임하려 한다는 것도 알아차렸다.

상호 논쟁 기간에도 홀 주니어는 킹혼과 개인적으로 친밀한 관계를 유지했고, 킹혼이 자신의 언론 자유 변호를 지지한다는 것에 기뻐했다. 홀 주니어는 위대한 연설가로 자주 인용되는 달변가였다. 그의 즉흥 강단 설교 방식이 너무 매력적이어서, 청중은 그의 말을 한 마디도 놓치지 않으려고 몸을 앞으로 기울일 정도였다고 알려져 있다. 그는 유명한 존 길(John Gill)의 저작들을 "진흙더미 바다"라고 했고, 예정론을 조롱하며 길의 추종자들을 비웃었다.

존 웨슬리(John Wesley)에 대해서는 "소란 정지," 존 오웬(John Owen)에 대해서는 "참을 수 없을 만치 무겁고 장황하다"고 했다. 1784년에 웨스트민스터사원에서 열린 G. F. 헨델기념식(G. F. Handel's Commemoration)에서 조지 3세(George III)가 메시아 연주에 경의를 표하기 위해 자리에서 일어났을 때 홀 주니어는 그것을 직접 목격한 인물 중 하나였다. 그는 이를 "종교의 근본 진리들에 대한 국가적 동의라는 위대한 행동 같아 보였다"라고 평가했다.

어린 시절부터 홀 주니어는 사후에 신장 결석으로 밝혀진 고통스런 병의 재발로 고통받았다. 십대 시절에는 통증이 찾아올 때마다 형들이 그를 데리고 의사를 만나러 가야 했다. 어른이 되어서는 고통 때문에 깊은 잠을 잘 수가 없었고, 장기간 거동을 못하기도 했다. 1826년에 이 고통을 완화시킬 방법을 찾다가 결국 아편에 의존하게 되었다. 홀 주니어는 1831년 2월 21일에 브리스톨에서 사망했다. 일평생 자신을 모델로 초상화를 그리는 것을 싫어했지만, 그의 동상은 목회했던 레스터교회(Leicester church) 근처에 서 있다.

참고문헌 | R. Brown, *The English Baptists of the Eighteenth Century* (Didcot: Baptist Historical Society, 1986); O. Gregory (ed.), *The Works of Robert Hall, A.M.* (New York: Lippincot, 1848); A. C. Underwood, *A History of the English Baptists* (London: Carey Kingsgate Press, 1947).

W. H. BRACKNEY

로버트 홀데인(Robert Haldane, 1764-1842)

스코틀랜드독립파 설교자. 그는 1764년 2월 28일에 런던의 카벤디쉬스퀘어(Cavendish Square)에서 스코틀랜드에 땅을 소유한 부유한 제임스 홀데인(James Haldane) 선장의 아들로 태어났다. 로버트 홀데인이 10살이 되었을 때 부모는 이미 사망했기에, 그는 남동생 제임스 홀데인과 함께 할머니의 손에서 자랐다. 두 소년은 던디문법학교(Grammar School of Dundee)와 에든버러고등학교(High School of Edinburgh)에 다녔다. 에든버러대학교(Edinburgh University)에서 아주 짧은 시간을 보낸 후, 1780년 초에 로버트는 삼촌 던컨 홀데인(Duncan Haldane) 선장(후에 자작이 된다)의 생도로 영국 해군 전함 모나크(HMS Monarch, 영국 역사에서 다섯 척의 모나크호가 있었는데, 로버트 홀데인이 승선한 배는 1765년에 건조된 세 번째 모나크호이다-역주)에 승선했다.

다음해에는 저비스(Jervis) 선장, 그 후에는 세인트빈센트(St Vincent) 백작이 지휘한 전함 더 푸드로이언트(The Foudroyant, 1798년에 건조된 같은 이름의 두 번째 함정-역주)로 전출되었다. 이런 전함 승선 기간에 프랑스를 상대로 하는 전투에도 수차례 참여했다.

로버트 홀데인은 포츠머스(Portsmouth)에 머물며 고스포트(Gosport)의 데이비드 보그(David Bogue)의 영향 아래 들어갔다. 보그는 동료 스코틀랜드인이었고, 독립교회의 목사였으며, 신학교의 교수이기도 했다. 1783년에 해군을 떠난 로버트 홀데인은 잠시 동안 보그의 지도를 받은 후 에든버러대학교로 돌아가서 두 학기를 더 다닌 후 1785년 봄에 '대 여행'(the grand tour)을 다녀왔다. 1786년에는 스코츠타운

(Scotstown)의 조지 오스왈드(George Oswald)의 딸 캐슬린 코크레인(Kathlene Cochrane)과 결혼한 후, 조상들의 고향 에어트리(Airthrey)에 정착해서 10년 동안 전원 생활을 즐겼다.

프랑스혁명이 발발하면서 로버트 홀데인은 정치에 관심을 더 많이 갖게 되었고, 혁명 정치에도 관심을 나타냈다. 이 때문에 사람들은 그를 공화파(republican) 동조자로 평가했다. 그러나 혁명의 결과와 영향에 당황하게 된 그는 결국 종교 문제에 점점 더 빠져들었다가 1795년에 회심했다. 그러나 1800년이 되어서야 다양한 소문에 대한 해명 차원에서『정치적 견해들과 근래에 스코틀랜드에 신앙을 증진시키기 위해 채택한 안건들에 대한 로버트 홀데인의 대중연설』(Addresses to the Public by Robert Haldane concerning his Political Opinions and Plans lately adopted to promote Religion in Scotland)이라는 제목의 소책자를 발간했다. 1796년에 그는 인도에 선교회를 설립하는 계획을 세웠다. 스스로가 선교사가 되려고 했기 때문에 필요한 모든 재정도 스스로 준비하려고 한 것이었다. 사역을 영구적으로 지원하기 위해 부동산을 팔아 25,000파운드를 확보하는 방안도 마련했다. 친구 보그가 함께 인도에 가기로 동의했고, 요리문답 지도자, 교사, 인쇄업자를 포함한 선교팀이 준비되었다. 그러나 동인도회사(East India Company)가 자기 구역 어디에도 선교회가 세워지는 것을 거부하자 결국 계획이 현실화되지 못했다.

1796년부터 1804년까지 로버트 홀데인은 런던선교회(London Missionary Society)를 관리했다. 1798년 경, 로버트 홀데인은 아프리카에서 아이들 24명을 데려와서 교육시킨 후 다시 아프리카로 돌려보내 자기 동포를 가르치게 하는 방안을 마련하고, 이동, 지원, 교육에 들 것으로 예상되는 7,000파운드 일체를 부담하기로 약속했다. 그러나 아이들이 영국으로 왔지만, 로버트 홀데인이 에든버러에서 숙박을 준비해 준 것을 제외하고는 여러 이유로 이들은 그의 관리를 받지 못했다.

로버트 홀데인과 동생 제임스 홀데인은 영국과 해외에서 전도하는 일에 관심을 갖고 참여하다가 1797년에 순회전도자가 되었다. 스코틀랜드장로교회 신자였던 이들은 보그 같은 독립교회 목회자나 찰스 시미언(Charles Simeon) 같은 잉글랜드국교회(Church of England) 지도자들과 에큐메니컬 협력 관계를 형성했는데, 이는 이들이 전도의 성공은 복음 메시지를 전하는 과정에서 기독교인 간 상호 협력에 달려 있다고 믿었기 때문이었다. 로버트 홀데인은 국내에 복음전파협회(Society for the Propagation of the Gospel, SPG)를 설립하는 일에 자신의 부를 활용했다. 1798년, 로버트 홀데인은 스털링(Stirling) 근교 에어트리(Airthrey) 부동산 중 많은 땅을 팔아서, 국내선교사업과 다양한 교단 출신의 복음주의자들이 가난한 이들을 위해 복음을 전하는 설교 센터들(preaching centres)을 개설하는 데 필요한 재정으로 사용했다. 홀데인조직(Haldane connexion)은 급속한 속도로 성장했다. 1805년까지 25개 회중교회가 있었고, 1808년에는 회중교회 수가 85개로 늘어났다. 예배에 참석한 이들은 자기 모교회로 돌아가서 성찬을 받으라는 권고를 들었다. 처음으로 개방된 건물은 리틀킹스트리트(Little King Street)의 에든버러 '서커스'(Edinburgh 'Circus')였다.

건물에 2,000명 이상이 모이자, 1801년에 이들은 리스워크(Leith Walk) 진입구에 있는 더 큰 건물로 이전했다. 이 건물은 '스코틀랜드에서 가장 공간이 넓은 교회 건물'로, 3,000명 이상이 앉을 수 있었는데, 주일 저녁 예배 평균 참석 인원은 대략 3,600명이었다. 얼마 동안 매

설교 때마다 사람들이 회심했는데, 어떤 때는 매 주일에 10명에서 15명 정도 되는 사람들이 회심했다고 고백했다.

설교자들을 확보하기 위해 로버트 홀데인은 글라스고우(Glasgow), 에든버러, 던디(Dundee), 엘긴(Elgin)에 요리문답 교사-설교자를 훈련시키는 학교들을 설립했는데, 여기에 필요한 모든 비용을 자기 재원으로 충당했다. 1798년에서 1810년까지 12년 동안 그가 스코틀랜드의 신앙 성장을 위한 이 사역에 투자한 자금은 70,000파운드가 넘은 것으로 알려져 있다.

1803년에 로버트 홀데인은 글라스파(Glasite, John Glas가 1730년경에 스코틀랜드에서 창시한 교파로 초대교회 원리 실천을 강조, 후에 산데만주의 (Sandemanism)로 확장되어 영미권 여러 나라로 진출했다-역주)의 주장 일부를 받아들였다. 동생과 함께 그는 자기 회중에서 초대교회의 상황을 그대로 재현하는 것에 점점 더 매력을 느꼈다. 교회는 '매 주일에 빵을 떼고,' 서로를 격려하고, 치리를 시행하기 시작했으며, 거룩한 입맞춤을 시행하지는 않았지만, 복수의 장로를 임명했다. 일부 글라스파교회에서와 마찬가지로, 이 때문에 여러 교회에서 분열이 일어났다. 실제로, 에든버러의 태버너클(Tabernacle)은 에든버러에 소재한 최소한 여덟 개의 다른 회중교회의 기원이었는데, 이 회중교회 대부분은 태버너클에서 발생한 내부 논쟁 때문에 분열이 일어나 생긴 모임들이었다.

로버트 홀데인과 제임스 홀데인은 모두 1808년에 침례교로 소속을 바꾸었다. 이때 상당한 숫자의 교인들이 교회를 떠나 독립교회를 세웠지만, 로버트 홀데인 형제는 아무에게도 세례를 베풀지 않았다. 이 때문에 사람들이 성찬에도 참여할 수 없고 회원이 될 수도 없었다. 로버트 홀데인이 세례의 의미와 목적에 대한 자신의 견해를 사람들에게 이해시키려고 노력하지 않았다는 것이 아니라, 그가 누구에게도 세례를 받으라고 강요하지 않았다는 것이다. 하나님 나라 확장을 위해 다른 교파 출신의 기독교인과 함께 협력하여 일함으로써, 로버트 홀데인은 신앙 생활의 중심을 차지하는 더 근본적인 주제들에 집중하기로 했다. 1816년에 로버트 홀데인은 제네바로 건너가서 두드러진 대륙 복음화사역을 시작했다. 수많은 대학생들이 매일 그에게 와서 지도를 받았고, 로버트 홀데인은 이들에게 심오한 영향을 끼쳤다. 1817년에 몽토방(Montauban)으로 이동한 그는 총 16,000부에 이르는 판형이 다른 두 프랑스어 성경을 인쇄하는 사업을 주선한 후, 자신의 소책자 『증거들』(Evidences)의 프랑스어 번역판, 프랑스어 로마서 주석 및 여러 소책자와 함께 배포했다.

1819년에 로버트 홀데인은 이전에 구매해 둔 스코틀랜드 라나셔(Lanarkshire) 오칭그레이(Auchingray)의 영지로 돌아갔다. 1824년 말에는 영국성서공회가 성경에 외경을 덧붙여 배포한 일과 관련된 논쟁에 참여했다. 이 정책이 결국에는 철회되었음에도 불구하고, 로버트 홀데인은 잉글랜드에서는 삼위일체성서공회(Trinitarian Bible Society), 스코틀랜드에서는 에든버러성서공회(Edinburgh Bible Society)를 대안 성서공회로 설립하는 일에 중추적 역할을 했다. 1842년 12월 12일에 에든버러에서 사망한 로버트 홀데인은 글라스고우대성당(Glasgow Cathedral)에 묻혔다.

참고문헌 | A. Haldane, *The Lives of Robert and James Haldane* (London: Hamilton, Adams & Co., 1852).

K. B. E. ROXBURGH

로저 윌리엄스(Roger Williams, 1603[?]-1683)

로드아일랜드 집단(Rhode Island colony)의 창립자이자 목회자. 그는 '양심의 자유,' 혹은 국가의 간섭 없이 개인이 기독교 신앙을 믿고 실천할 수 있는 권리를 주창한 인물 중 하나다. 윌리엄스는 개인 경건이 신앙의 핵심이라고 믿었기 때문에 양심의 자유를 강하게 믿었다. 그는 하나님의 뜻이라 인식되면 반드시 행해야만 한다고 믿었기에, 이를 반대하는 정부의 권력은 어떤 것이든 인정할 수 없다고 주장했다.

윌리엄스는 1603년 무렵 런던에 거주하던 중산층 가정에서 태어났다. 에드워드 코크 경(Sir Edward Coke)의 후원을 받아 1624년에 케임브리지의 펨브로크대학(Pembroke College)에 입학했다. 1627년에 졸업한 후, 1629년에 에섹스(Essex) 지방 윌리엄 마샴 경(Sir William Masham)을 위해 봉사하는 잉글랜드국교회(Church of England) 성직자로 부름받았다. 이 당시 윌리엄스가 논란이 된 청교도운동과 연관이 있는지는 밝혀지지는 않았지만, 그는 1629년에 존 윈드롭(John Winthrop)과 친분이 있었다. 윈드롭과 그의 추종자들이 매사추세츠(Massachusetts)로 떠난 지 8개월 뒤인 1631년 초반에 윌리엄스와 그의 아내도 그들을 따라 신세계로 떠나는 여정을 시작했다.

윌리엄스는 곧 세일럼(Salem) 지방의 목회직을 수락했지만, 이는 그곳에 임명하겠다는 보스턴 지도자들의 제안을 거절함으로써 그들을 불쾌하게 한 후였다. 보스턴 지도자들의 요구 때문에 세일럼 지방은 윌리엄스에게 한 제안을 거두어들여야 했다. 윌리엄스 가족은 뉴잉글랜드 남동부 플리머스(Plymouth) 지방으로 이주했다. 윌리엄스는 여기서 더 많은 분리파와 친분을 쌓기를 바랐다. 청교도와는 달리, 이들은 잉글랜드국교회와 연결된 고리를 완전히 끊어 버린 분리파 비국교도였기 때문이다.

윌리엄스는 플리머스에 있는 동안 그의 첫 저술 『아메리카 언어의 열쇠』(*Key to the Language of America*, 1643)을 썼는데, 이 책은 인류학적인 연구이기도 했지만, 동시에 잉글랜드인 정착민들에게 강제적으로 불법 개종을 강요당한 아메리카 원주민의 권리를 옹호한 책이기도 했다. 플리머스가 마음에 들지 않자 1633년 말에 윌리엄스는 다시 세일럼으로 돌아갔다. 매사추세츠 법정은 이런 윌리엄스의 행동에 의심의 눈초리를 보냈는데, 특히 그가 1636년에 세일럼교회의 가르치는 장로로 임명되자 의혹이 더 심해졌다.

1635년 말, 매사추세츠 정부는 원주민 인디언을 다루는 일에 대한 윌리엄스의 논쟁적 견해와 그의 매사추세츠 정부에 대한 점점 더 늘어나는 공개적 비판을 보다 못해, 결국 그와 가족을 매사추세츠에서 추방했다. 1636년 1월에 매사추세츠를 떠나기 전에도 윌리엄스는 원주민의 권리와 교회의 본질을 놓고 존 코튼(John Cotton)과 유명한 논쟁을 벌였다.

윌리엄스 가족과 얼마간의 추종자는 뉴잉글랜드 남동부 지역에 있는 나라간세츠베이(Narragansett Bay)에서 포카노켓(Pokanoket) 인디언과 한겨울을 보냈다. 1636년 봄이 되자 이들은 시콩크강(Seekonk River) 서쪽 기슭에 영구 거주지를 세우고, 하나님이 이끄셨다는 믿음으로 '프로비던스'(Providence: 신의 섭리)라 불렀다. 윌리엄스는 새로운 정착지의 정치 지도자가 되었고, 1636년부터 1638년까지 지속된 매사추세츠베이(Massachusetts Bay) 식민지와 페쿼트(Pequot) 인디언과의 전쟁에도 불구하고, 나라간세츠(Narragansetts) 원주민과 좋은 관계를 유지했다. 윌리엄스는 동시대의 사람들에 비해 원주민 문화를 훨씬 더 존중했다. 그는 평화적 공존이야 말로 정착하고 땅을 사용하기 위해 싸우는 것보다 훨씬 더 좋은 정책이라고 믿었다.

윌리엄스가 원주민과 좋은 관계를 맺을 뿐만 아니라 그들에게 경의를 표하고, 로드아일랜드가 급진주의자 및 뉴잉글랜드 방식에 반대했던 사람들을 받아들인다는 소문이 늘어나면서, 매사추세츠 정부는 늘 그가 못마땅했다. 프로비던스는 재빨리 윌리엄스가 믿었던 양심의 자유를 법제화했다. 1639년에 윌리엄스는 침례교인이 되었고, 미국 첫 침례교회를 설립하는 데 큰 공헌을 했다. 그러나 기질상 더 이상 침례교회에도 흥미를 느낄 수 없었던 그는 조직된 종교 자체를 떠나고 만다. 어떤 교단이나 운동과도 유대 관계를 계속해서 지속할 수 없었다는 사실 때문에 후세 사람들에게는 달랐지만, 동시대 사람들에게 끼친 그의 영향력은 제한적이었다.

1643년에 윌리엄스는 고향 런던으로 돌아갔다. 로드아일랜드를 승인받고, 자신의 책 『아메리카 언어의 열쇠』와 『참혹한 핍박의 원리』(The Bloudy Tenent of Persecution, 1644)를 출판하기 위해서였다. 두 번째 책은 비국교도를 매사추세츠가 얼마나 가혹하게 억압했는지 매섭게 비판한 책이었다. 잉글랜드 내전이 한창일 때, 윌리엄스는 영국 의회에서 일했던 친구의 도움으로 로드아일랜드에 대한 정부의 승인을 받고, 책을 출판할 수 있었다.

윌리엄스는 1644년에 뉴잉글랜드로 돌아갔다. 그는 로드아일랜드에 승인이 떨어짐으로써 식민지 내 점점 늘고 있던 잉글랜드 정착민의 불안정한 이전 신분 문제를 해결해 주리라 확신했고, 이후 3년 동안 로드아일랜드를 매우 성공적으로 이끌었다. 그러나 1651년에 정치적 적수였던 윌리엄 커딩턴(William Coddington)이 또 다른 의회 명령으로 새로운 영구 총독으로 잉글랜드에서 신식민지 로드아일랜드로 부임했다.

고민 끝에, 윌리엄스는 1651년에 다시 한 번 로드아일랜드 식민지 정부의 안정을 위해 런던으로 떠났는데, 결국 1644년에 받은 특허권을 확정했다. 이번에는 아주 큰 성공을 거두지는 못했지만, 커딩턴이 받은 의회 명령을 취소시켰고, 존 코튼(John Cotton)과 다른 사람들에 대항해 『참혹한, 그러나 더 참혹한 특징』(The Bloudy Tenent Yet More Bloudy, 1652) 출간으로 소책자 전쟁을 재개했다. 이번 여행으로 윌리엄스는 종교적 급진주의자 올리버 크롬웰(Oliver Cromwell) 및 존 밀턴(John Milton)과 우정을 나눈 후, 1654년에 로드아일랜드로 돌아갔다.

윌리엄스는 복귀하자마자 로드아일랜드에서 재신임을 받아 지도자로 선출되었지만, 정치적 혼란 때문에 끝까지 임기를 마칠 수 없었다. 1655년, 윌리엄스는 프로비던스 시민들에게 편지를 썼는데, 그를 비판하던 사람들은 이때 윌리엄스가 민주주의 입장에서 후퇴하기 시작했다고 보았다. 사실 그 편지는 정부 권력자들에게는 공공의 이익을 보호하고, 시민들에게는 민주주의와 자유를 위해 함께 노력하자는 온건한 요청이었다. 그러나 왕정복고로 왕좌에 오른 찰스 2세(Charles II)가 로드아일랜드와 프로비던스 플랜테이션에 사는 거주민에게 양심의 자유를 구체적으로 보장한다는 왕명에 의한 헌장을 승인한 1663년까지도 윌리엄스가 감당한 난제는 줄지 않았다.

시간이 지나도 논쟁이 수그러들지 않자, 윌리엄스는 로드아일랜드의 정치 지도자 위치에서 내려왔지만, 신학 논쟁에서 만큼은 자기 입장을 철회하지 않았다. 동시에 그는 자유로운 환경이 보장된 로드아일랜드로 퀘이커교도가 많이 이주해 오자, 그들과도 관계를 긴밀하게 유지했다. 1672년에는 퀘이커교도가 정치 지도자로 선출되기도 했다. 같은 해에 윌리엄스는 뉴포트(Newport)와 프로비던스에서 공개적으로 퀘이커 지도자들과 신학 논쟁을 벌였는데, 그는 다소 역설적이게도 퀘이커 신학의 기본 바탕인 '내면의 빛'(Inner Light), 즉 하나님의 진리가 개인에게 계시되었다는 신학의 오류를 입증하려고 노력했다. 윌리엄스는 이후 퀘이커교도와 논쟁한 것을 『조지 폭스가 굴에서 걸어 나오다』(*George Fox Digg'd Out of His Burrowes*, 1676)라는 제목의 책으로 출판했다.

1675년 필립왕전쟁(King Philip's War, 잉글랜드 식민지 정착민과 뉴잉글랜드 남동부 토착 인디언 사이의 전쟁)이 발발하자, 윌리엄스는 다툼을 자제하자고 호소했지만 아무런 결실이 없었다. 1676년에는 한 인디언 무리가 프로비던스를 공격했고, 윌리엄스의 집에 불을 질렀다. 이 전쟁 이후, 윌리엄스는 전쟁에 참가한 인디언들을 색출해서 이들을 노예로 팔았다. 윌리엄스는 이후 로드아일랜드의 정치 논쟁을 해결하려고 노력했고, 자신의 신학적 입장에 대해 저술했으며, 1683년 초에 프로비던스에서 삶을 마감했다.

침례교 지도자 아이작 배커스(Isaac Backus) 같은 초기 역사가는 윌리엄스가 종교 자유와 뜨거운 경건의 옹호자라며 존경을 표했지만, 20세기의 역사가 일부는 윌리엄스가 미국 역사 초기에 표현과 실천의 자유를 주창한 사람이긴 했지만, 그가 올바른 기독교 신앙을 뜨겁게 옹호한 것인지에 대해서는 평가 절하했다.

참고문헌 | E. S. Gaustad, *Liberty of Conscience: Roger Williams in America* (Grand Rapids: Eerdmans, 1991); J. D. Knowles, *Memoir of Roger Williams: the Founder of the State of Rhode Island* (Boston: Lincoln, Edmands, 1834); R. Williams, *The Complete Writings of Roger Williams*, 7 vols. (New York: Russell & Rusell, 1963).

T. S. KIDD

롤랜드 V. 빙엄(Rowland V. Bingham, 1872-1942)

캐나다의 선교대변인이자 복음주의 기업가. 그는 잉글랜드 남동부의 아름다운 시골 한복판에 자리잡은 서섹스 카운티(county of Sussex)의 이스트그린스테드(East Grinstead)에서 태어났다. 아버지가 작은 건설 회사를 운영하기 위해 켄트(Kent)의 헤드콘(Headcorn)으로 이주하면서, 그곳에서 유년 생활을 보내게 된다. 젊은 나이에 죽음을 맞이하게 된 아버지는 병상에서 아이들에게 구원을 찾으라고 유언을 남겼는데, 이것이 소년의 영혼에 엄중한 메시지를 남겼다.

그는 13살에 교생으로 일했고, 짧은 기간 내에 한 젊은 구세군(Salvation Army) 사관생도 집단의 기쁨에 찬 간증을 들으며 회심했다. 초기 구세군에서 훈련받은 빙엄은 기독교 사역에서 전도 활동의 우선성을 한 번도 포기한 적이 없었다. 16살에는 토론토 구세군 직원으로 발령받아 캐나다로 떠났는데, 이후 토론토가 그가 남은 평생 살아갈 새로운 고향이 되었다. 몇 년 후 그는 구세군이 너무 속박한다고 느끼게 되면서, 그 결과 막 새로 생긴 기독교선교연맹(Christian and Missionary Alliance)에 가입했다.

빙엄은 기독교선교연맹에서 이 새 교파의 첫 교회를 토론토에 세우는 일에 관여하고 있던 잉글랜드 사람 존 샐먼(John Salmon)의 조수로 일하게 되었다. 샐먼은 감리교에서 회중교회로 이동했다가 다시 침례교로 바꾸고, 마지막으로 연맹으로 소속을 바꾼 떠돌이 목회 경력이 있는 인물이었다. 그러나 이런 편력은 인격 불안 때문이라기보다는 하나님께 제일 좋은 것이 무엇인지 아는 데 늘 굶주려 있는 그의 지치지 않는 열정 때문임이 곧 증명되었다. 하나님께서 성경에서 약속하신 것을 믿고, 그 약속에 근거하여 행동하려고 하며, 따라서 필수적으로 사탄적이고 악마적인 세력과의 영적 전투에 참여하는 기독교 영성의 본질적 요소를 빙엄에게 가르친 이가 바로 샐먼이었다. 이 가르침을 통해서 어떤 필수불가결한 요소가 빙엄의 삶과 사역에 더해졌다. 비록 연맹의 선교비전을 크게 칭찬했음에도 불구하고, 그는 선교활동에 자기 스스로 뛰어드는 것이 더 낫다고 믿으며 자기 선교의 몫을 다른 이들과 나누려 하지 않았다.

1890년대 토론토는 때로 '세계선교의 수도'라 불리기도 했는데, 이는 여기에 사는 기독교 인구에게 선교적 관심과 열정이 가득했기 때문이다. 이 배경에서 빙엄은 준비된 두 명의 의욕이 충만한 동역자를 구할 수 있었고, 재정 후원도 곧 이루어지리라 순진하게 믿었다. 1893년, 아직 20살 밖에 안 된 빙엄은 동료들과 함께 나이지리아로 떠나면서, 무슬림 중심이고, 정령신앙이 강세를 보이며, 말라리아가 발생하기 쉬운 기후 조건을 가진 그 나라 북부 지역을 뚫고 지나가기로 결심했다. 1894년 말에 두 동료가 죽자 그 역시 말라리아에 걸린 채 귀향했다.

그러나 그의 모델 윌리엄 캐리(William Carey)처럼, 그 역시 포기하지 않기로 결심했다. 빙엄은 클리블랜드(Cleveland)의 한 병원에서 의학 훈련을 받고, 뉴욕의 얼라이언스성경학교(Alliance Bible School)에서 공부하고, 목회사역에 종사하면서 자신과 선교헌신을 공유한 온타리오 가문(Ontario family) 출신 헬렌 블레어(Helen Blair)와 결혼했다. 이 시기에 그는 감독위원회를 갖춘 선교회를 조직하고 자금을 모금하며 지원자를 모집하려고 시도했다.

1900년, 빙엄은 두 명의 신참 선교사와 함께 나이지리아로 돌아갔다. 그러나 도착 직후 다시 말라리아에 걸려, 다음 배편으로 두 동료와 함께 고향으로 후송되었다. 그러나 이런 고난이 빙엄을 굴복시키지는 못했고, 오히려 그가 놀랍도록 성숙한 젊은 지도자로 거듭나는 데 기여했다.

캐나다로 돌아왔지만 여전히 20대였던 빙엄은 강력한 지도자로서의 재능을 과시하시 시작했다. 수단내지선교회(Sudan Interior Mission, SIM)라는, 그가 설립한 선교회의 이름에서 드러나듯이, 그는 비전의 사람이었다.

이 이름은 북동부 아프리카에 있는 한 나라를 가리키는 것이 아니라, 때로 사헬(Sahel)이라는 이름으로 불리는 사하라 이남 지역 전체를 지칭하는 명칭이었다. 북부 나이지리아는 이 지역에서 가장 접근이 용이한 지역이자 내부로 들어가는 관문이었다. 다른 대부분의 비전의 사람들과 마찬가지로, 빙엄도 특히 개척 시대에 매우 능력 있는 사람들 얼마를 끌어당기는 자석 같은 매력이 있었다.

이들 가운데 A. W. 반필드(A. W. Banfield)라는 인물이 있었는데, 그는 유명한 언어학자였다. 앤드루 스터릿(Andrew Stirrett)은 유망한 약제 사업을 포기하고 재정을 선교회에 쏟아부으며 의사가 된 인물이었다. 가이 플레이페어(Guy Playfair)는 전도 유망하고 젊은 매니토바(Manitoba) 출신의 운동선수였고, 제지가 안

되는 인물 토미 티콤(Tommy Titcombe)은 공식 자격 요건을 거의 갖추지 못한 상태로 가장 위험한 지역에 들어가 엄청난 성공을 거둔 인물이었다. 또한, 의사 토마스 램비(Dr. Thomas Lambie)는 1927년에 빙엄과 함께 남부 에티오피아에 함께 들어간 인물이었다.

빙엄 또한 탁월한 행정 능력을 보이며, 서구 여러 나라에 강력한 선교기점들을 마련하고, 동시에 지속적인 세계여행을 통해 선교지에 필수적인 기준을 정비했다. 경계 없는 신앙과 거의 무제한적인 에너지의 소유자 빙엄은 학습 능력도 탁월했다. 전도에 수년간 집중한 후에 그는 교육의 필요성에 대해 설득당한 후 여러 고무적인 교육 기관을 설립하기에 이른다.

캐리의 좌우명인 "하나님을 위해 위대한 일을 시도하고 하나님께로부터 위대한 일을 기대하라"를 늘 마음에 새기고 있던 빙엄은 수단내지선교회가 가장 큰 초교파 '믿음' 선교단체로 성장하는 것을 목격했다. 그의 사망 후, 이 단체는 실제로 비슷한 세계선교단체 중 가장 크게 성장하면서, 가장 위대한 기독교 선교회 중 하나가 되었다. 대부분의 다른 선교단체들처럼 수단내지선교회도 토착화되는 데 어려움을 겪기는 했지만, 토착화를 점점 더 이해하고 현지인을 통해 일하는 방식을 발전시켜 나가면서, 실력 있는 아프리카 교단과 교회를 탄생시켰다.

이들 중에는 나이지리아가 중심지인 서아프리카복음주의교회(Evangelical Church of West Africa)와 교인이 수백만 명에 달하는 역동적인 에티오피아교회도 있다. 20세기 후반에 선교회는 국제수단내지선교회(SIM-International)로 이름을 바꾸었는데, 라틴아메리카의 한 선교회와 전세계적인 협력 관계를 유지하는 구조 때문이었다.

빙엄의 다른 모험에는 1904년에 토론토에서 월간지 「이벤절리컬 크리스천」(*The Evangelical Christian*)을 창간한 일이 있다. 이 잡지에는 다양한 선교기사, 경건자료, 기독교 뉴스가 실렸다. 그리고 60년 동안 캐나다의 주요 초교파 기독교 잡지였다. 빙엄은 토론토의 금융 중심지 베이스트리트(Bay Street)에 큰 부동산을 가진 복음주의 출판사와 서점을 세웠고, 바위와 호수, 전나무가 즐비한 아름다운 무스코카(Muskoka) 교외에 관련 건물을 세우고, 여름마다 캐나다 케직사경회(Canadian Keswick)를 열었다.

제2차 세계대전 초기에 빙엄은 그가 알고 있던 영국 모델을 따라 육공군기독교협회(Soldiers' and Airmen's Christian Association)를 세웠다. 캐나다의 주요 군사 시설과 가능한 가까운 곳에 세워진 그의 친숙한 도시선교회들은 건전한 환경, 격려 공간, 전도 장소가 되었다. 1928년, 케임브리지의 기독학생회(Inter-Varsity Fellowship)에서 강의하고 기독학생회가 영국 전역의 대학교들에서 이룬 것에 감동받은 빙엄은 학생들에게 캐나다로 건너와서 비슷한 선교회를 조직해 달라고 요청하기도 했다. 고향으로 돌아온 빙엄은 「이벤절리컬 크리스천」에 영국의 대학교들에서 일어난 일에 대한 기사를 발표하면서, 캐나다의 기독학생들에게도 같은 일을 일으키라고 촉구했다. 결국 하워드 기니스(Howard Guinness)가 영국 학생운동의 대표로 그해 가을에 건너와 캐나다에 기독학생회를 세웠다.

참고문헌 | J. H. Hunter, *A Flame of Fire: The Life and Work of R. V. Bingham* (Toronto: Sudan Interior Mission, 1961); B. A. McKenzie, 'Fundamentalism, Christian Unity, and Premillennialism in the Thought of Rowland Victor Bingham (1872-1942): A Study of Anti-

Modernism in Canada' (PhD thesis, University of Toronto, 1985); L. Reynolds, *Footprints: The Beginnings of the Christian and Missionary Alliance in Canada* (Toronto: Christian and Missionary Alliance, 1982).

I. S. RENNIE

롤랜드 힐(Rowland Hill, 1744-1833)

(롤리[Roly]라는 이름으로 유명한) 설교자. 그는 1744년 8월 23일에 슈롭셔(Shropshire)의 웸(Wem) 근교 호크스턴파크(Hawkstone Park)에서 롤랜드 힐 경(Sir Rowland Hill)과 메리 힐 여사(Mary Hill)의 여섯 번째 아들로 태어났다. 롤랜드 힐은 슈루즈베리학교(Shrewsbury School)와 이튼대학(Eton College)을 다녔고, 형 리처드 힐(Richard Hill)을 통해 회심했다. 이튼대학과 케임브리지 세인트존스대학(St John's College)에 있을 때 전도, 교제, 선행을 위한 신앙 동아리를 조직했다. 1769년에 학사, 1772년에 석사 학위를 받았다. 부모에 대한 걱정이 많았던 롤랜드 힐은 대학을 떠난 후 순회설교자로 4년을 보냈다. 형들과 누나들을 제외하고는 그에게 가장 큰 영향을 끼친 인물은 조지 휫필드(George Whitefield)와 존 베리지(John Berridge)였다. 이들은 그가 강력한 칼빈주의적 확신을 갖게 해주었고, 그의 설교사역에도 힘을 북돋아 주었다.

롤랜드 힐은 감리교인이 되기에는 너무 칼빈주의적이었고, 잉글랜드국교회(Church of England) 소속이 되기에는 너무 순회설교를 많이 했고, 헌팅턴 백작부인(Countess of Huntingdon)을 지지하기에는 너무 열정이 뜨거웠다. 여섯 명의 주교가 그에게 안수 주기를 거부했음에도 불구하고, 1773년 6월에 롤랜드 힐은 바스와 웰스 주교(Bishop of Bath and Wells)에게 부제(deacon) 안수를 받았다. 일 년에 40파운드의 연봉을 받고 톤턴(Taunton) 근교 킹스턴(Kingston)의 부사제(curate)가 되었다.

그러나 순회사역을 멈추지 않았기 때문에 그를 사제(priest)로 안수해 줄 주교가 나타나지 않았다. 따라서 18세기 부흥운동 역사에서 롤랜드 힐은 비정상적인 존재로 취급받았다. 반은 성공회(부제로 안수받았으나 사제는 아니었는데, 채플에서는 계속 성공회 공동기도서를 사용했다)였고, 반은 비국교도(계속 순회전도를 시행했다)였다. 이런 이중소속 덕에 그는 교파 간 장벽을 낮추어 '서로 악수를 더 편하게 할 수 있도록' 복음주의자들의 연합을 촉진하는 데 깊이 헌신할 수 있었다.

1773년 5월 메리 터드웨이(Mary Tudway)와 결혼한 롤랜드 힐은 글로스터셔(Gloucestershire) 워턴언더에지(Wotton-under-Edge)에 정착했다. 그곳에 예배당과 딸린 교실, 숙소, 빈민구호소(1883년에 재건축), 가난한 사람들을 고용할 수 있는 모직물 공장을 세웠다. 700명을 수용할 수 있는 예배당은 1851년에 지어진 후 1973년에 문을 닫았다. 롤랜드 힐과 메리 힐에게는 자녀가 없었지만, 아이들을 사랑했기 때문에 이들을 위해 찬송과 기도문, 그리고 책을 썼다.

그의 런던 사역 본부는 블랙프라이어스(Blackfriars)의 서리채플(Surrey Chapel)이었고, 첼트넘(Cheltenham)과 레밍턴스파(Leamington Spa)에도 예배당을 세웠다. 여름에는 주로 첼트넘에서, 나머지는 주로 서리채플에 머물렀다. 그가 자리를 비운 기간에는 성공회 사제와 비국교도 목사들이 이 예배당들을 맡았다. 1년 내내 순회설교자로 돌아다닌 그는 자신을 '서리채플의 주임사제(rector), 워턴언더에지의 교구사제(vicar), 잉글랜드와 웨일스 전역의 이 모든 자리들 및 여러 다른 공간의 부사제(curate)'로 묘사했다.

서리채플은 유사한 목적으로 세워진 모든 런던 예배당 중에 제일 컸고, 3,000명을 수용할 수 있었다. 롤랜드 힐의 선교 및 자선 활동 중심지였던 이 예배당 회중에는 부자와 빈자가 섞여 있었다. 어린이 3,000명이 출석하는 주일학교가 있었고, 다양한 사회 복지 프로그램도 개설되었다. 가난한 기혼 여성을 위한 도커스회(Dorcas Society, 행 9:36-41의 빈민에게 옷을 지어 준 여인 도르가를 모범으로 세워진 선교회-역주), 가난한 여성을 위한 빈민구호소, 가난한 소녀들을 위한 산업학교도 있었다. 글로스터셔에서는 의사 에드워드 제너(Dr Edward Jenner)와 협력하여 예방 접종 프로그램을 시행했는데, 런던, 글로스터서, 펨브루크셔(Pembrokeshire)에서 수천 명이 예방 주사를 맞았다. 빈민 대상 전도를 장려한 롤랜드 힐은 템즈강(Thames River) 위에 떠 있는 예배당을 장려한 인물 중 하나였다.

런던선교회(London Missionary Society), 종교소책자회(Religious Tract Society), 영국성서공회의 후원자이기도 했다. 롤랜드 힐은 그 세대의 최고의 설교자 중 하나였고, 조지 휫필드와 마찬가지로, 수많은 사람들을 끌어 모았다. 예를 들어, 스코틀랜드 설교 여행을 통해 그는 대략 15,000-20,000명에게 설교했다. 그의 설교는 해학, 감정, 생생한 예화가 조화되어 매력을 끌었다. 또한, 수많은 글을 쓰고 출판했는데, 그중 가장 인기 있었던 것은 소설 『마을 대화들』(*Village Dialogues*)이었고, 찬송도 많이 썼는데, 그중 일부를 윌리엄 쿠퍼(William Cowper)가 개작했다.

롤랜드 힐은 전설적인 인물이었고, 유머 감각이 풍부한 괴짜 귀족이었다. 일평생 적극적인 삶을 살았고, 팔십 대가 되어서도 여전히 한 주에 예닐곱 번씩 설교했다. 힐은 1833년 4월 11일에 런던에서 사망한 후 서리채플 강단 아래에 묻혔다.

참고문헌 | W. Jones, *Memoirs of the Rev. Rowland Hill MA* (London: Bennett, 1837); E. Sidney, *The Life of the Rev. Rowland Hill MA* (London: Wertheim, 1861).

A. F. MUNDEN

루벤 아처 토레이(Reuben Archer Torrey, 1856-1928)

근본주의 교육자이자 복음전도자. 그는 뉴저지 호보켄(Hoboken)에서 태어났다. 그의 아버지는 부유한 제조업자였다. 토레이는 처음에는 브루클린(Brooklyn)에서, 그 다음은 뉴욕 제네바(Geneva)의 넓은 토지가 딸린 대저택에서 부유한 어린 시절을 보냈다. 예일대학교(Yale University)에서 1875년에 문학사를, 예일대학교 신학부에서 1878년에 신학학사학위를 취득했다.

신학교 졸업 후, 토레이는 오하이오 게러츠빌(Garrettsville)에서 사역했다. 토레이는 클라라 벨 스미스(Clara Belle Smith)와 결혼해서 슬하에 네 자녀를 두었다. 1882년에 그는 사역을 그만두고 다음해 동안 라이프치히(Leipzig)와 에어랑엔(Erlangen) 소재 독일 학교들에서 신학을 공부하며 보냈다. 귀국한 토레이는 미네아폴리스(Minneapolis) 소재 오픈도어회중교회(Open Door Congregational Church)의 청빙을 수락했다. 1886년에는 도시선교사역의 책임자가 되는 동시에, 미네아폴리스(Minneapolis) 도심에 피플스교회(People's Church)를 설립했다. 미네아폴리스를 선택하기 이전에 고향 브루클린의 한 안정된 교회의 담임목사 청빙을 고사하기도 했다. 상류층 배경, 명문 학교 출신, 학생 시절에 개인적으로 고투한 종교적 회의주의에도 불구하고, 그는 서민에게 보수신학을 전하기로 결심했다. 신학교에 다니는 동안 D. L. 무디(D. L. Moody)를 만난 것이 그를 보수신학으로 이끌었다.

1889년 무디는 미네아폴리스에서 토레이가 성공적인 사역을 진행한다는 소식을 듣고 그를 시카고로 불러 성경학교의 새 교장으로 임명했다. 토레이는 당연히 이 제안을 수용했다. 5년 후, 그는 또한 무디의 시카고애버뉴교회(Chicago Avenue Church) 사역을 맡게 된다. 여기서 한 사역이 그의 능력을 다시 한 번 확인하게 되는 자리가 되기도 했다. 토레이는 성경학교의 재정과 커리큘럼을 관리했다. 무디의 비전을 끌고 나가면서, 토레이는 학생에게 기독교 사역을 감당하기 위한 실제적인 교육 기회를 제공하고 싶었다. 커리큘럼의 핵심에 있던 성경 교리 과목에서 토레이는 보수신학을 가르쳤지만, 계속해서 배운 지식을 활용하라고 학생들에게 요구했다. 토레이의 후계자 제임스 M. 그레이(James M. Gray)는 후에 다음과 같이 평했다.

> "사람의 영혼이 구원을 얻도록 얼굴과 얼굴로, 마음과 마음으로 대면하도록 자극하고 구비한 남녀를 훈련시켜 배출하는 학교라는 명성을 얻게 한 주역은 D. L. 무디라기보다는 토레이였다."

교육자로서 토레이의 영향은 그가 속해 있는 학교 밖에까지 퍼져 나가, 다른 성경학교들이 이 시카고 학교를 모방하기에 이르렀다. 감독으로서의 성공을 고려할 때, 1899년 무디의 죽음 이후에 토레이가 무디성경학교(Moody Bible Institute) 교장이 된 것은 별로 놀랄 일도 아니다. 토레이는 자기 멘토처럼 복음전도에 열정을 다했다. 1901년에 그는 4년간의 세계여행을 떠나(후에 본인의 찬양성가집 판매를 돈벌이 수단으로 삼는 바람에 토레이와 다투게 되는 가수 Charles M. Alexander의 도움을 받았다), 오스트레일리아, 뉴질랜드, 일본, 중국, 인도, 영국 지역에서 1,500만 명 이상의 사람들에게 말씀을 전했다. 영국에서는 복음전도단(the crusade)이 런던에서 5개월에 걸쳐 집회를 열었다. 이후 미국으로 돌아온 토레이는 6년 동안 클리블랜드, 샌프란시스코, 애틀랜타, 필라델피아, 토론토, 오타와 및 여러 중대형 도시에서 부흥회를 개최했다.

부흥사로서 토레이의 스타일은 동시대 복음전도자 빌리 선데이(Billy Sunday)의 스타일과 크게 다르지 않았다. 그러나 선데이가 비형식적이라면 토레이는 형식적이었다. 역사가 윌리엄 맥룰린(William McLoughlin)은 토레이에 대해, 거리에서 '높은 모자를 쓰고, 언제나 모자를 쓰고 있는 듯이 이야기했던 사람'으로 묘사했다. 강단에서 흰 나비 넥타이를 매고 칼라에 풀을 먹인 옷을 입은 토레이는 의도적으로 감정주의를 회피하고, 마치 변호사가 배심원단 앞에서 차분하게 증거를 제시하는 것처럼 설교했다. 또한, 의도적으로 초교파적으로 활동했다. 그는 빈번히, 또 자랑스레 청중에게 자신은 '성공-장로-회중-침례교인'(Episcopres-bygationalaptist)이라고 말했을 정도이다.

토레이는 바쁜 부흥집회 일정으로 시카고애버뉴교회(Chicago Avenue Church)와 무디성경학교 일을 제대로 감당할 수 없었다. 따라서 그는 1906년에 목회직을 사임했다. 학교는 계속 성장했지만 학교 내 행정 갈등으로 인해 2년 후 무디성경학교 교장직에서도 사임했다. 그 다음 몇 년 동안 전도집회에 집중했고, 심지어 1911년에는 다시 영국을 찾았다. 토레이는 계속 다양한 종교 서적을 집필했는데, 40권이 넘었다.

그러나 1912년에 토레이는 막 설립된 로스앤젤레스성경학교(Bible Institute of Los Angeles, 머리글자를 따서 바이올라(BIOLA)라고 하며, 이후 대학교로 승격-역주) 교장직을 맡았다. 바이올라에서 토레이는 무디성경학교에서처럼 교리를 가르치는 동시에 행정직도 수행했다. 시카고 경험을 반복하는 듯, 1915년에는 학교와 연결되어 있던 초교파 오픈도어교회(Church of the Open Door) 목사직도 받아들였다. 토레이는 설교와 글에서 반복해서 음주와 춤, 카드놀이의 악함을 강조했다. 더불어 그는 개인 회심과 경건, 성령의 역사, 그리고 열정적 세대주의 전천년주의자로서 예수의 재림의 중요성도 함께 설파했다. 그러나 20세기가 흘러가면서, 토레이는 미국에 급격하게 퍼지고 있던 신학적 현대주의와 진화론을 목도하고 이를 깊이 우려했다. 토레이가 보기에, (1906년 부흥회 메시지에서 "과학적으로 관찰되고 기록된 종의 변이에 대한 증거는 단 하나도 없다"라고 말했듯이) 이런 생각은 비기독교적이고 비과학적일 뿐만 아니라, 이런 어리석은 생각을 받아들이면 국가의 미래가 위협받을 수밖에 없었다.

1918년에 출판된 『전쟁이 가르치는 것』(What the War Teaches)에서, 토레이는 세계대전이 일어난 원인이 독일이 전쟁을 통해 '잔인성과 살인, 강간과 고통, 죽음과 전 우주적인 해체, 즉 지옥'을 받아들였기 때문이라고 주장했다. 그리고 미국이 독일의 예를 따르기를 거부하면, 진화론과 현대주의가 미국 학교와 신학교, 교회에서 뿌리뽑힐 것이라고 말했다. 물론 보수 복음주의자 다수가 토레이의 염려를 공유했다. 근본주의자운동(fundamentalist movement)이 이런 근심 속에서 탄생했는데, 토레이는 그 시작을 같이 했다. 토레이는 1910년부터 1915년까지 발행된 열두 권짜리 보수주의 교리 선언서인 『근본적인 것들』(The Fundamentals)의 마지막 두 권을 편집했다. 더욱이, 1918년에는 자신의 여름 별장이 있는 펜실베이니아 몬트로스(Montrose)에서 열린 개신교 보수주의 지도자 모임을 주관하기도 했다. 거기서 세계기독교 근본주의협회(World's Christian Fundamentals Association)가 탄생했다.

1923년에 이르러, 토레이는 '교회 내의 전쟁'('The Battle Within the Churches')에서 성경 문자주의(biblical literalism)를 구분점으로 삼아 미국 개신교를 급진적으로 재편하자는 주장을 펼쳤다.

> "오래된 교파적 차이점들은 이제 그 의미를 잃었다. 하나님의 무오한 말씀을 받아들이느냐 아니냐를 기준으로 [새] 연대가 이루어져야 한다."

토레이가 근본주의운동의 창시자 중 한명이었고, 또한 1920년대에 자신의 인생의 정점을 지나고 있었음에도, 반(反)진화주의와 반(反)현대주의운동의 선봉장 역할을 윌리엄 벨 라일리(William Bell Riley)와 다른 사람들에게 넘겨주었다. 1924년 바이올라가 재정 악화와 인문학으로 학과 과정의 중심을 전환하면서, 그는 학교에서의 모든 지위와 오픈도어교회 사역을 내려놓았다. 그는 생애 마지막 시기를 복음전도 캠페인에 헌신했고, 1908년 설립한 펜실베이니아의 몬트로스성경대회(Montrose Bible Conference)에 주력했다. 그러다 1928년에 노스캐롤라이나 애쉬빌(Asheville)의 자택에서 생을 마감했다.

토레이는 당대의 가장 중요한 복음주의자 중 하나였다. 저자이자 교육자, 복음전도자이자 사역자로서의 토레이는 19세기 부흥운동과 천년왕국론, 20세기 근본주의를 지나는 전환기를 살았던 가장 중요한 인물로 평가된다.

참고문헌 | G. M. Marsden, *Fundamentalism and American Culture: The Shaping of Twentieth-Century Evangelicalism*, 1870-1925 (New York: Oxford University Press, 1980); R. Martin, *R. A. Torrey: Apostle of Certainty* (Murfreesboro: Sword of the Lord Publishers, 1976); W. G. McLoughlin, *Jr. Modern Revivalism: Charles Grandison Finney to Billy Graham* (New York: Ronald Press, 1959).

W. V. TROLLINGER, JR

루이스 벌코프(Louis Berkhof, 1873-1957)

개혁파 신학자. 그는 1873년에 네덜란드 엠멘(Emmen)에서 기독교개혁교회(Christelijke Gereformeerde, 국가가 후원하던 네덜란드개혁교회에서 분열된 교단으로, 미국의 기독교개혁교회[CRC]와 관계가 있다) 신자였던 부모에게서 태어났다. 1882년에 그는 부모를 따라 미국 미시간 그랜드래피즈(Grand Rapids)로 이주한 후, 거기서 남은 평생 거의 대부분을 살았다. 1893년 어느 시점에 알파인애비뉴기독교개혁교회(Alpine Avenue Christian Reformed Church)에서 그리스도에 대한 신앙을 공적으로 고백했다.

1893년에 그는 (후에 칼빈대학교와 칼빈신학교가 되는) 기독교개혁교회신학교(Theological School of the Christian Reformed Church)에서 신학 공부를 시작했다. 1900년에 졸업한 후에 이 교단에서 안수받고 미시간 앨런데일(Allendale)에 있는 교회의 목사가 되었다. 2년 후 그는 프린스턴신학교(Princeton Theological Seminary)에 들어가 1904년에 신학사를 취득한 후, 오크데일파크교회(Oakdale Park Church)의 목사가 되기 위해 그랜드래피즈로 돌아갔다. 오크데일파크에 있는 동안에도 주로 우편 교육 방식으로 시카고대학교(University of Chicago)를 통해 철학 분야의 몇 과목을 수강했다.

1906년, 벌코프는 이후 38년 동안 이어진 칼빈신학교 교수사역을 시작했다. 처음에는 주해 신학 교수로 임용되었기에 1906년부터 1914년까지 모든 성경 과목을 다 가르쳤다. 학과가 신약과 구약으로 나뉜 1914년에는 신약을 가르치는 일에만 집중할 수 있었다. 경력 초기에 벌코프는 주목받은 두 논쟁에서 중요한 역할을 감당했다. 1917년, 기독교개혁교회 목사 H. 불테마(H. Bultema)가 『마라나타: 미성취 예언 연구』(*Maranatha: A Study Concerning Unfulfilled Prophecy*)에서 성경예언에 대한 문자적 해석을 주창하며 세대주의적 전천년주의를 옹호했다. 벌코프는 불테마 및 다른 이들이 보여 준 성경을 존중하는 태도에 대해서는 존경의 마음을 표현했지만, 이런 해석은 예언을 바르게 이해한 것도, 성경 자체의 증거를 정당하게 다룬 것도 아니라고 계속해서 주장했다. 교단의 대회(synod)는 벌코프의 관점을 지지하기로 결정했다.

그 후 1919년에 벌코프는 새로운 논쟁으로 이어진 사건들이 시작되는 시점에 관여했다. 세 명의 동료와 함께 그는 동료 교수 R. 얀센(R. Janssen)의 가르침에 의문을 제기하는 편지를 썼다. 이들은 얀센이 현대 비평학과 타협함으로써 성경의 권위와 무오성 원리와 반목하는 입장에 섰다며 그를 정죄했다. 이 고소에 뒤이어 교단 대회는 얀센을 교수직에서 면직했다. 얀센주의 논쟁은 벌코프가 가장 크게 염려한 주제가 무엇이었는지를 알려 준다. 벌코프의 후반기 경력의 특징은 그가 현대의 지배적인 사조가 되고 있다고 판단한 자율적 인간 이성과 현대주의 경향 의존에 대해 반대하는 꾸준한 노력이었다.

1926년부터 벌코프는 교의(조직)신학 교수로 칼빈에서의 교수 경력을 이어 나갔다. 또한, 1931년부터 1944년에 은퇴할 때까지 칼빈신학교 초대 학장으로 일했다. 1957년 5월 18일 사망 시에도 그는 여전히 기독교개혁교회가 출판할 교회 교리들에 대한 글을 규칙적으로 쓰고 있었다.

1924년에 칼빈신학교의 교수 언어가 네덜란드에서 영어로 바뀌었다. 벌코프는 두 언어 모두에 유창했다. 이 변화와, 그가 용이하게 만든 이 변화의 과정은 아마도 벌코프 생애에서 일어난 변화를 상징하는 것일 수 있다. 벌코프는 미국 문화, 종교 배경하에서 네덜란드 개혁파 신앙 유산에 아주 충실했던 이들 가운데, 이 유산이 보유한 풍성함을 외부에 탁월하게 알릴 수 있는 대변자였다. 개혁파 전통을 새로운 세대에 전수한 것이야말로 분명히 그의 가장 큰 공헌이었다.

그는 창의적이거나 혁신적인 작업으로 유명해지지 않았다. 그의 목표는 오히려 A. 카이퍼(A. Kuyper), G. 보스(G. Vos), C. 하지(C. Hodge), 그리고 특히 그가 충실히 따랐던 H. 바빙크(H. Bavinck) 전통의 고전적 칼빈주의 신학 체계를 보존하고 전수하는 것이었다. 그의 사역에는 하나님의 주권, 인간 편의 순종적 반응의 필요성, 신앙의 무오한 인도자로서의 성경 같은 본질적 개혁파 교리들의 흔적이 담겨 있다.

이것을 드러내기 위해 그는 주의 깊은 분석과 명료한 설명을 위한 비범한 재능을 활용했다. 그는 기독교개혁교회 내에서 단일 신학자로서는 가장 영향력 있는 인물이며, 실제로 거의 40년에 육박하는 기간 동안 이 교단의 모든 목회자를 양성한 인물이다. 경력 초기에 벌코프는 문화 이슈에 대한 글을 썼는데, 교회가 영적 문제에만 책임이 있는 것이 아니라 사회 개혁에서도 올바른 역할을 해야 한다고 상기시켰다. 그러나 후에 그는 사회적 관심이 신학에 대한 관심을 대체하고 있다면서 우려를 표했다. 학자일 뿐만 아니라 신앙인이기도 했던 벌코프는 '단순한 경건, 높은 신학, 개혁신앙에 대한 흔들리지 않는 헌신을 융합한 인물'이었다.

벌코프는 엄청난 다작가였다. 실제로, 그가 저술한 글의 제목만 정리해도 50페이지가 넘는다. 『조직신학』(Systematic Theology)이 가장 중요한 작품이다. 『개혁파 교의학』(Reformed Dogmatics)이라는 제목의 고전 강의들의 모음집으로 1932년에 처음 출판된 이 책은 1938년에 새로운 제목으로 개정, 확장 출판되었다. 북미의 많은 신학교와 성경학교에서 두루 활용되었고, 벌코프가 개혁파 신학자로 세계적인 명성을 얻게 해 주었다. 이 『조직신학』에 더하여, 1932년에 『조직신학 서론』(Introductory Volume to Systematic Theology)이 나왔다. 교부 시대부터 현대에 이르기까지 기독교 교리의 발전을 추적한 『기독교 교리의 역사』(The History of Christian Doctrine)는 1937년에 나왔다. 다른 중요 작품으로는 『신약 서론』(New Testament Introduction, 1915), 『믿음의 확신』(The Assurance of Faith, 1928), 『개혁파 교의학 서론』(Introductory Volume to Reformed Dogmatics, 1933), 『그리스도를 통한 대속』(The Vicarious Atonement through Christ, 1937), 『신학의 최신 흐름』(Recent Trends in Theology, 1944), 『신적 은혜의 풍성함』(Riches of Divine Grace, 1948), 『성경해석의 원리』(Principles of Biblical Interpretation, 1950), 『하나님 나라』(The Kingdom of God, 1951), 『자유주의의 특징』(Aspects of Liberalism, 1951), 『그리스도의 재림』(The Second Coming of Christ, 1953) 등이 있다.

참고문헌 | D. F. Wells (ed.), *Reformed Theology in America* (Grand Rapids: Baker Book House, 1997).

H. TAYLOR COOLMAN

루이스 스페리 체이퍼(Lewis Sperry Chafer, 1871-1952)

세대주의자이자 신학교 설립자. 그는 1871년 2월 27일에 오하이오 록크릭(Rock Creek)에서 태어났다. 세 아이 중 막내였고, 토마스 프랭클린 체이퍼(Thomas Franklin Chafer, 오번 신학교[Auburn Seminary] 출신으로 신학파[New School] 장로교회와 회중교회의 목사였다)의 둘째 아들이었다. 루이스 체이퍼는 어린 시절에 아버지의 첫 목회지였던 록크릭에서 여섯 살에 회심을 경험했고, 아버지가 결핵으로 수년간 고통당하다가 5년 후에 사망한 사건을 목격하고, 14살에 목사가 되기로 결심했다. 이 결심의 배후에는 역시 결핵을 갖고 있던 스코트(Scott)라는 이름의 전도자의 격려가 있었다. 아버지 토마스가 죽자 가족은 나이가 많은 두 자녀가 노던 경영연구원(Northern Collegiate Business Institute, New Lyme Institute로 알려져 있었다)에서 추가 교육을 받게 하려고 오하이오 뉴라임(New Lyme)으로 이사했다. 예비 교육을 마친 루이스 체이퍼도 이 학교에 입학했다.

1888년, 가족이 오벌린(Oberlin)으로 이사하면서, 큰 아이 둘은 그 지역 대학에 다녔다. 1년 후에 대학 예비 과정에 들어갈 수 있게 된 루이스는 오벌린음악학교(Oberlin's Conservatory)에서 세 학기를 이수했다. 그러나 회중교회 전도자 A. T. 리드(A. T. Reed)가 독창자와 성가대 대장으로 루이스를 사역에 더 많이 동참시키면서, 공부를 계속 이어 가지 못했다. 루이스 체이퍼는 졸업도 못했고, 오벌린에서 신학 과정에 등록하지 못한 것이 분명하다.

1889년에 시작한 리드(Reed)와의 동역은 루이스 체이퍼가 1896년에 오벌린에서 만난 엘라 로레인 케이스(Ella Loraine Case)와 결혼할 때까지 이어졌다. 이 부부는 자신들의 전도단을 조직하고, 이후 10년간 루이스 체이퍼는 설교로, 케이스는 찬송으로 사역을 이어 갔다. 처음에는 오하이오, 펜실베이니아, 뉴욕, 뉴저지에서 사역하다가, 후에는 남동부 지역으로도 사역을 확장했다. 『참된 전도』(*True Evangelism*, 1901년에 쓰고 1911년에 출간)에는 이 주제에 대한 루이스 체이퍼의 확신이 요약되어 있다. 그는 감정적이고 상업적인 방법론을 널리 강조하는 분위기를 비판하고, 대신 제한적이고 성령에 의존하는 접근법을 요청했다.

루이스 체이퍼는 뉴욕 버팔로(Buffalo)에 있는 제일회중교회(First Congregational Church)에서 보조교역자로 1년을 보낸 뒤, 1900년 4월에 회중교회에서 안수받았다. 1901년에는 매사추세츠 노스필드(Northfield)로 이동해서 D. L. 무디(D. L. Moody)의 여름집회에 참석했다. 특히, 겨울을 중심으로 부흥사역을 지속했지만, 동시에 노스필드에서 음악사역도 병행했다. 그는 1904년에 플로리다 크레센트시티(Crescent City)에 사우스필드대회(Southfield Conference)를 여는 일을 도왔고, 1909년에는 대회장까지 맡았다. 1906년부터 1910년까지 루이스 체이퍼는 마운트허먼소년학교(Mount Hermon School for Boys)에서 성경과 음악을 가르쳤고, 1907년에는 『음악 기본 개요 연구』(*Elementary Outline Studies in the Science of Music*)를 출판했다.

노스필드대회(Northfield Conferences)에는 나이아가라성경대회(Niagara Bible Conferences)에서 발전된 일종의 성경강해와 '승리하는 삶'을 특징으로 하는 가르침이 있었다. 거기서 루이스 체이퍼는 F. B. 마이어(F. B. Meyer), G. 캠벨 모건(G. Campbell Morgan), W. H. 그리피스 토마스(W. H. Griffith Thomas), 루벤 아처 토레이(Reuben Archer Torrey), 제임스 오르(James Orr), 제임스 M. 그레이(James M. Gray), A. C. 개벌라인(A. C. Gaebelein), 해리 A. 아이언사이드(Harry A. Ironside), A. T. 피어선(A. T. Pierson), 찰스 트럼벌(Charles Trumbull)을 만났다. 루이스 체이퍼의 신학과 목회에 가장 큰 영향을 끼친 인물은 C. I. 스코필드(C. I. *Scofield)였다. 스코필드는 1895년부터 여행하지 않을 때는 노스필드에 살면서 연구하며 관주성경(Reference Bible)을 썼다. 스코필드는 노스필드성경훈련학교(Northfield Bible Training School)를 운영하며 무디가 출석한 삼위일체회중교회(Trinitarian Congregational Church) 목사로 일했다. 1901년에는 부흥회 일정을 거의 잡지 않은 루이스 체이퍼도 이 학교에 다녔다. 후에 그는 다음과 같이 말했다.

> "그때까지, 나는 진짜 성경교사를 만나보지 못했다…내가 처음 스코필드 박사의 강의를 들은 것은 성경학교의 아침 성경 과목이었다. 그는 로마서 6장을 가르치고 있었다. 정말 나는 이전 내 생애 전체에서 발견한 하나님 말씀의 진리보다 그 한 시간에 하나님의 말씀의 생생한 진리를 더 많이 발견한 것 같다고 주저 없이 말할 수 있다. 이것은 내게는 하나의 위기였다. 내 삶이 완전히 사로잡혀 버린 것이다"
> ('내가 스코필드 박사에게서 배운 것,' *Sunday School Times*, 4 March 1922, p. 120).

이들 사이의 스승-제자 관계, 심지어 아버지-아들 관계는 스코필드의 잦은 이동에도 불구하고 시간이 지날수록 점점 더 깊어졌다.

스코필드의 설득으로 루이스 체이퍼는 성경교사가 되었다. 그는 스코필드의 도움으로 작성되고 그의 서문이 들어간 『사탄』(*Satan*)을 1909년에 출간했다. 그해에 스코필드 관주성경도 등장했다. 루이스 체이퍼는 스코필드의 순회교수 사역에 점점 더 많이 따라다녔다. 주요 성경 및 예언집회, 책과 소논문, 단기 성경학교에서의 가르침을 통해 루이스 체이퍼는 유명 인사로 떠올랐다. 스코필드는 1911년에 뉴욕시에 스코필드성경학교(Scofield School of the Bible, 후에 New York School of the Bible)를 세우고 루이스 체이퍼를 공개 강좌 학과의 책임자로 임명했다. 이 자리는 (1892년에 작성된) 스코필드의 성경 과목을 서신으로 받아 공부하는 과정을 개설하고 집회 활동을 관장하는 일을 했다.

이 역할을 맡으면서 루이스 체이퍼는 광범위한 지역을 다녔고, 집회에서 가르치고 '성경연구원'(Bible institutes)이라는 이름의 세미나를 열었다. 그는 스코필드가 1914년에 필라델피아성경학교(Philadelphia School of the Bible)를 세우는 일을 돕고, 교수로 섬기며 교과 과목을 크게 향상시켰다. 1915년에 그와 그의 아내는 두 학교에 가까운 뉴저지 이스트오렌지(East Orange)로 이사했다. 루이스 체이퍼는 스코필드가 죽기까지(1921) 성경교사사역을 지속하면서 이 시기에 자기 신학을 형성하고 책, 즉 『역사와 예언 속의 나라』(*The Kingdom in History and Prophecy*, 1915, 스코필드가 서문 작성), 『구원』(*Salvation*, 1917), 『영이신 그』(*He That is Spiritual*, 1918), 『은혜』(*Grace*, 1922, 스코필드에 헌정) 등을 출판했다. 1922년에 루이스 체이퍼는 스코필드가 전에 맡았던 댈러스 소재 독립 교회인 제일회중교회(1923년에 스코필드기념교회[Scofield Memorial Church]로 개명) 목사가 되었다.

또한, 그는 1890년에 스코필드가 세운 중부미국선교회(Central American Mission) 대표 총무가 되었다. 1906년에 북장로교(PCUSA, 뉴욕대회[synod of New York], 트로이노회[Troy presbytery])로 교단을 옮겼다가, 다시 1912년에는 남부에서 사역하는 일이 늘어남에 따라, 교단을 남장로교(PCUS) 오렌지노회(Orange presbytery)로 옮겼다. 1923년에는 댈러스노회(Dallas presbytery)로 이명했다.

1912년 강연 여행 중에 루이스 체이퍼는 신학 교육 때문에 목회자와 학생들을 면접하고 수많은 신학교를 방문했다. 그는 성경대회운동(Bible conference movement)의 철학적이고 경건하고 적용도 잘된 성경 교육을 구현하고, 성경교사로 목회자를 훈련시킬 신학교를 구상하고 있었다. 성경대회(Bible conferences)처럼 다양한 배경의 목회자를 훈련시키는 초교파 학교여야 했다. 다른 여러 도시들을 고려한 후, 루이스 체이퍼, 댈러스의 제일장로교회(First Presbyterian) 목사인 윌리엄 M. 앤더슨(William M. Anderson), 성공회 신학자 그리피스 토마스가 댈러스에 대학을 세웠다.

그리피스 토마스의 제안에 따라 복음주의신학대학(Evangelical Theological College, 영국과 영연방 국가의 신학 교육은 주로 국립 종합대학 내 신학부나 사립 신학대학[대학]에서 이뤄지는 반면, 미국은 대학원 과정의 신학교[Seminary]에서 이루어진다-역주)이라는 영국식 교명으로 불렸다. 그러나 1936년에 댈러스신학교(Dallas Theological Seminary)로 개명했다.

루이스 체이퍼는 1924년부터 1952년까지 이 신학교에서 총장과 조직신학 교수로 봉사했다. 1925년에는 선교책임자, 1926년에는 교회 목사를 사임했다. 교회와 성경대회에서 가르치며 널리 여행했고, 「더 선데이 스쿨 타임스」(The Sunday School Times)와 「아우어 호프」(Our Hope)에 자주 글을 기고했다. 「더 선데이 스쿨 타임스」에 1925년 4월부터 12월까지 실은 내용에 새로운 내용을 덧붙여 『주요 성경 주제』(Major Bible Themes, 1926)를 편찬하기도 했다.

루이스 체이퍼는 학교가 조지 뮬러(George Müller), 허드슨 테일러(Hudson *Taylor), 중국내지선교회(CIM, 이후 OMF-역주)의 '믿음 원리'에 따라 운영되어야 한다고 주장하며, 직접적인 자금 모금을 반대했다. 뮬러의 정책을 엄격하게 해석함에 따라 (뮬러의 원리에 모순되는) 만성 적자와 누적 빚에 시달렸다. 비용과 연봉이 지불되지 못했고, 채권자와 직원의 소송으로 점증하는 압박에 시달렸다.

신학교는 1933년에 신학 정기 간행물 「비블리오테카 사크라」(Bibliotheca Sacra)를 학교 발간 잡지로 확보했다. 1940년에 형 롤린 체이퍼(Rollin Chafer)가 사망하자, 루이스 체이퍼는 형을 이어 이 잡지의 편집자가 되었다. 전천년적 세대주의신학 최초의 교의학 저술인 그의 『조직신학』(Systematic Theology, 1947-1948)의 많은 부분은 원래 이 잡지에 연재되었던 것이다.

비록 근본주의의 교리적 확신들을 공유하고 스코필드의 인도에 따라 회중교회를 떠났음에도 불구하고, 루이스 체이퍼는 전투적인 인물은 아니었다. 그는 세계기독교근본주의협회(World's Christian Fundamentals Association) 첫 모임에서 연설을 하기도 했지만, 후에는 이 모임 및 J.

프랭크 노리스(J. Frank Norris), 윌리엄 벨 라일리(William Bell Riley) 같은 괴팍한 선정적인 지도자들과는 거리를 두었다. 그는 신학적 자유주의에는 단호하게 반대했지만, 자유주의에 반박하기보다는 성경을 해설하는 데 시간을 더 많이 투자했다.

1930년대 중반부터 장로교 진영, 특히 남부 장로교 진영에서 '스코필드주의'를 둘러싼 논쟁이 격화되었다. 비판자들은 특정 내용에서 스코필드주의가 웨스트민스터 신앙고백(Westminster Confession of Faith)의 내용과 모순된다고 주장했다. 그의 저작 『세대주의』(*Dispensationalism*, 1936; 처음에는 「비블리오테카 사크라」에 나왔다가 이후 따로 출간되었다) 및 다른 저술에서, 루이스 체이퍼는 비판자들이 그의 견해를 오해하고 있고, 그들이 성경을 신앙고백 표준문서 아래에 종속시킨다고 비난했다. 자기 가르침이 성경적이라 주장한 루이스 체이퍼는 만약 웨스트민스터 신앙고백이 세대주의 견해들을 배제한다면, 신앙고백서가 개정되어야 한다고 주장했다.

루이스 체이퍼는 남장로교에 남았지만, 그에게 배운 많은 학생은 교단에 받아들여지지 않았다. 남장로교 자문조사위원회의 세대주의에 대한 보고서(1944)는 루이스 체이퍼의 견해에 집중했고, 비록 위원회의 견해가 노회들에 구속력을 가지는 것이 아님에도 불구하고, 루이스 체이퍼의 입장이 신앙고백적으로 받아들여질 수 없는 것이라 결론지었다.

보고서 때문에 루이스 체이퍼가 벌이는 사역의 독립적이고 초교파적 지향성이 더 강화되었다. 많은 침례교인도 유아세례론을 제외한 루이스 체이퍼의 세대주의와 신앙 생활 가르침을 수용했다.

루이스 체이퍼의 인격, 행동, 학생과의 관계는 학생들에게 깊은 영향을 끼쳤다. 그들은 루이스 체이퍼에게 각별한 존경심과 충성심을 보였는데, 이는 특히 그의 경건과 자애로움 때문이었다. 개인에게 미친 영향력이 그의 뚜렷하고 설득력 있는 가르침 방식을 더 두드러지게 만든 것이다.

1935년에 루이스 체이퍼는 심장 발작을 겪었는데, 이는 부분적으로는 재정 압박과 월급을 받지 못한 직원의 소송 위험 때문이었던 것 같다. 병이 1945년과 1948년에 재발한 후, 루이스 체이퍼는 결국 1952년에 시애틀 체류 중에 심장 마비로 사망했다. 루이스 체이퍼의 신학적 유산은 그가 남긴 『조직신학』으로, 이 책은 스코필드의 세대주의를 신학적으로 정교하게 다듬은 공식 저술이다. 신학 교육의 '완전히 새로운 시작'을 위한 그의 비전이 결국 성경대회운동(Bible Conference movement)을 조직화된 학교로 만들었다'(Hannah, p. 145).

참고문헌 | J. D. Hannah, 'The Social and Intellectual History of the Origins of the Evangelical Theological College' (Ph.D. thesis, University of Texas at Dallas, 1988); R. T. Mangum, 'The Falling Out between Dispensationalism and Covenant Theology: A Historical and Theological Investigation of Controversies between Dispensationalism and Covenant Theologians from 1936 to 1944' (Ph.D. thesis, Dallas Theological Seminary, 2001).

S. R. SPENCER

리스 하웰스(Rees Howells, 1879-1950)

웨일스성경대학(Bible College of Wales) 창립자. 그는 1879년 10월 10일에 카마든셔(Carmarthenshire) 브리너먼(Brynaman)에서 토마스 하웰스(Thomas Howells)와 마가렛 하웰스(Margaret Howells)의 열 한 자녀 중 하나로 태어났다. 학교 교육을 제대로 받지 못했던 그는 12살에 지역 양철판 공장에서 일을 시작했다. 1890년대 후반에 미국 펜실베이니아로 이주한 가족은 피츠버그, 마틴스페리(Martin's Ferry), 후에는 코넬스빌(Connellsville)에서 각각 자리를 구해 일하던 중, 회심한 유대인 모리스 루벤(Maurice Reuben)이 인도한 천막집회에서 회심했다.

1904년에 석탄 광산에서 일하기 위해 고향으로 돌아간 리스 하웰스는 웨일스부흥운동(Welsh Revival)에 진력을 다해 참여했고, 1906년 랜드린도드집회(Llandrindod Convention)에 참석했다가 케직 형태의 성결 가르침을 배운 후 이 가르침의 든든한 지지자가 되었다. 여전히 광부로 일하면서도 리스 하웰스는 차후 4년을 지역 선교활동에 바쳤고, 일부 유별난 금욕주의적 행동이 가미된 중보 기도운동을 탁월하게 발전시켰다. 같은 브리너먼(Brynaman) 출신의 엘리자베스 해너 존스(Elizabeth Hannah Jones)와 1910년 12월 21일에 결혼한 리스 하웰스는, 이어서 카마든(Carmarthen) 소재 장로교대학(Presbyterian College)에서 훈련을 받으며 회중교회 안수를 준비했다.

이때 남아프리카일반선교회(South African General Mission)와 함께 선교활동에 참여할 부부를 모집하는 공고가 났다. 이 자리에 응시해야겠다고 생각한 부부는 응시 후 합격하고, 아내는 글라스고우신앙선교회(Glasgow Faith Mission)에서, 남편은 런던의 리빙스턴대학(Livingston College)과 시티로드병원(City Road Hospital)에서 의료 훈련을 받으며 준비 기간을 거친 후 1915년 7월에 포르투갈령 동아프리카 국경 근처 가잘랜드(Gazaland)의 루시투(Rusitu)로 가는 배에 올랐다.

이때쯤 리스 하웰스는 회중교회 목사가 되겠다는 뜻을 최소한 잠시라도 포기했다. 도착 직후 10년 전의 웨일스부흥을 상기시키는 부흥운동의 열정이 선교회가 벨기에령 콩고(자이레), 앙골라, 모잠비크에 세운 25개 선교지부로 퍼져 나가 약 2년 이상 지속되었다. 설교와 목회, 치료사역을 부흥운동의 흐름을 따라 병행한 부부의 아프리카 여정은 1920년 12월에 영국으로 귀국하면서 종결되었다.

근본주의-현대주의 논쟁이 극에 달한 1922년에 미국을 방문한 리스 하웰스는 자유주의 신학에 영향을 받은 교파 신학교들에 반대하여 세워지고 있던 여러 성경학교에 큰 감명을 받았다. 그는 이들 중 특히 시카고의 무디성경학교(Moody Bible Institute)를 닮은 성경학교를 웨일스에 세우려는 뜨거운 꿈을 안고 영국으로 돌아갔다. 조지 뮬러(George Müller)의 모범을 따라 그는 재정 후원을 요청하지 않고 오직 믿음에만 의존하기로 했다. 상당한 기부가 이어지면서, 글라모건셔(Glamorganshire) 스케티(Sketty)에 스완지만(Swansea Bay)을 내려다보는 글린더웬(Glynderwen) 부지를 6,150파운드에 구매한 리스 하웰스는 1924년 성령강림절 월요일에 38명의 학생과 5명의 교수 요원과 함께 웨일스성경학교(Bible College of Wales)를 개교했다.

그러나 과정이 순조롭지는 않았다. 이미 이전부터 리스 하웰스의 학교와 론다밸리(Rhondda Valley)의 포스(Porth)에 열정적인 복음주자 R. B. 존스(R. B. Jones)가 동시에 세운 사우스웨일스성경훈련학교(South Wales Bible Training Institute)와의 경쟁이 시작되었다. 교육이 시작된 직후 학교 내 징계 제도가 극단적인 비판을 받았고, 책임자 리스 하웰스도 학생 위에 전제 군주처럼 군림한다는 비난을 받았다.

이에 맞서 리스 하웰스는 이들이 세속적이고 헌신의 자세가 부족하다고 비난했다. 1925년 10월에는 33명의 학생과 교수 3명이 학교를 그만두었고, 이 중 많은 이들이 포스의 경쟁 학교로 갔다. 5년 후에는 상황이 어느 정도 정리되었다. 당시 학교에 기숙하는 학생 수는 30명이었는데, 대부분은 해외선교를 준비하고 있었고, 4명의 교수 요원이 있었으며, 선교사 자녀 학교를 세울 근교 더웬포(Derwen Fawr)에 아름다운 부지를 확보한 상태였다. 대학은 공동체를 통해서 성경과 기독교 신학의 기반을 제공했을 뿐만 아니라 책임자 리스 하웰스의 중보 사역에도 헌신했다. 수많은 주제로 기도회가 열렸다. 가정과 국내 관련 기도로 시작했다가, 1930년대를 지나며 국제 영역으로 확장되었다. 1928년 기도서 관련 의회 논쟁, 에드워드 8세(Edward VIII)의 퇴위, 무솔리니(Mussolini)의 에티오피아 침공, 뮌헨 위기(Munich crisis) 및 여러 주제들이 뜨거운 간구와 깊은 관심의 주제가 되었다.

리스 하웰스의 뜨거운 신앙은 가장 괜찮을 때에도 지나치게 주관적이었는데, 이로 인해 전쟁을 피할 것이라는 하나님의 약속이 있다고 자기는 믿는다고 주장하기도 했고, 일단 적대감이 고조되어 전쟁이 시작되자, 1940년 성령강림절에 독일을 이기고 승리할 것이라는 추가 '약속'이 있었다고 주장하기도 했다. 예언이 틀렸다는 사실로 리스 하웰스에 대한 학생과 직원의 신뢰가 무너지지는 않았다. 이들 대부분은 거의 무비판적으로 그를 존경하고 따랐다. 1950년 2월 12일에 리스 하웰스가 사망함에 따라 학교의 경영권은 아들 새뮤얼 리스 하웰스(Samuel Rees Howells)에게로 넘어갔다.

참고문헌 | N. Grubb, *Rees Howells, Intercessor* (Cambridge: Lutterworth Press, 1952); N. Gibbard, *Taught to Serve: the History of Barry and Bryntirion Colleges* (Bridgend: Evangelical Press of Wales, 1996).

D. D. MORGAN

리처드 백스터(Richard Baxter, 1615-1691)

청교도 목사, 전도자, 신학자, 지도자. 그는 탁월한 14년간의 키더민스터(Kidderminster) 목회로 잉글랜드 전역에 알려졌다(1641-1660, 이 기간에는 의회군 군목으로 일하며 잠시 떠나 있던 5년[1642-1647]도 포함된다). 또한, 40년 밖에 안 되는 시기에 135권이라는 엄청난 저술 능력을 보인 것도 그가 '글쟁이'(scribbling Dick)라는 별명으로 불리며 유명해지는 데 한몫했다. 보고 읽은 모든 것을 꼼꼼하게 기억해 내는 이 기민한 관찰자의 사후에 발간된 『비망록』(*Reliquiae Baxterianae*, 1696)에는 17세기 역사의 많은 부분을 알 수 있는 중요한 자료가 담겨 있다.

백스터는 본질상 특정 집단에 소속되지 않는 보수주의자였다. 그에게는 젊은 시절에 흡수한 청교도 이상주의가 언제나 준거점이었다. 그는 크롬웰(Cromwell)이 권력 때문에 망가졌고, 공화정과 호민관 정치가 오류였다고 생각한 신정주의적 군주제 지지자였다. 따라서 그는 왕정복고를 옳은 흐름이라 믿고 환영했다.

억압적인 클라렌든법령(Clarendon Code)의 시발점이던 1662년 통일령(Act of Uniformity)이 부과한 국교회 목회 조건을 거부한 첫 번째 성직자였던 그는, 그와 마찬가지로 추방을 받아들인 1,700명 이상을 대신하여 지치지도 않은 채 글로 투쟁했다. 그러나 그는 국교회(national church) 목회를 다시 할 수 있는 상황이 미래에 오게 되기를 바랐고, 혹시 그것이 불가능하다면, 그들이 합법적으로 설교하고 목회하는 것을 허용하는 일종의 관용이 베풀어지기를 소망했다. (관용령은 혁명에 뒤이어 1689년에야 선포되었다). 정치와 종교 모든 영역에 걸쳐 전복과 쓰라린 투쟁이 이어지던 시기에 백스터는 1662년 이후 자신을 순전한 기독교인, 순전한 보편주의자, 순전한 비국교도, 교회의 평화를 추구하는 조정자로 규정하며, 신학, 교회, 사회 정치, 개인 영역에서 연합을 추구했다. 또한, 그는 범유럽 개신교도 재연합을 주창한 존 듀리(John Dury)를 지지하며, 사람들의 눈에도 그렇게 에큐메니컬운동 개척자로 비쳐졌다.

종종 장로교도로 불리기도 했던 백스터는 실제로는 결코 장로교도가 아니었고, 오히려 잉글랜드의 교구 제도를 인정했고, 어떤 형태의 분리주의도 거부하고 회중교도와 침례교도의 언약적 교회 회집을 지지할 수도 없었음에도 다양한 유형의 회중들의 존재를 인정한 유아세례론자였다. 그가 이상적으로 본 교회 정치 체계는 어셔(Ussher) 대주교의 입안에 근거하여, 고위 성직자의 독재권을 제한하고 교회 회의에 의존하게 만든 감독제(주교제)였다. 이 안에서는 개별 목회자가 각 회중의 감독(주교)으로 인식되고, 감독들이 평등한 중에도 우선권을 가진 자로서 성직자 모임의 의장이 되는 것이다. 즉흥 기도를 높이 평가한 백스터가 고정된 예전을 반대한 것은 아니다. 통일령에서 제시된 조항이 모든 성직자에게 어떤 요소에서든 추가로 개혁이 필요하다는 생각을 포기해야 한다고 강요하지만 않는다면 회복된 잉글랜드국교회(Church of England)에서 봉사할 수도 있다고 생각했다.

전 시대를 통틀어 잉글랜드에서 가장 많은 신학 저술을 써낸 다작가 백스터는 이 세상에 네 권의 고전을 남겨 주었다. 『성도의 영원한 안식』(The Saint's Everlasting Rest, 1650)은 천국 소망이 어떻게 이 땅에서의 삶을 형성해야 하는가를 탐구한, 전율을 일으키는 연구서다. 『참된 목자』(The Reformed Pastor, 1656)는 목사에게 모든 집에서 가르치고 복음을 전하고 교리를 문답하라는, 기독교인의 풍성한 생명력을 늘 유지하고 모범이 되라는 간청이다. 그것은 브로드교회(Broad Church) 주교 H. 헨슬리 헨슨(H. Hensley Henson)에 따르면, '이 나라 말로 된 최고의 성직자 의무 교본'이었다(1925). 백스터의 표현에 따르면, 『회심』(A Call to the Unconverted, 1657)은 '각성하라는 설득'으로 전도 문서의 효시가 되었다.

『기독교 교본』(A Christian Directory, 1673)은 기독교인의 삶과 행동에 대한 청교도 지성의 가장 온전한 개요서로, 이후 계속 출간되었다. 이 외에도 풍성한 정보를 담은 교리서 『보편 신학』(Catholick Theology, 1675)은 당대의 개혁파, 루터교, 알미니안파, 로마 가톨릭 체계들을 비교하고 서로가 이해할 수 있게 한 대작이며, 라틴어로 쓴 『신학 방법론』(Methodus Theologiae, 1681)은 국제 개신교 학문 세계를 이분법이 아니라 삼분법을 적용한 라무스주의 방식(Ramist type)으로 분석하고 요약한 책인데, 빛을 보지는 못했다. 또한, 『기독교 신앙의 이유들』(Reasons of the Christian Religion, 1667)과 『기독교 신앙의 더 많은 이유들』(*More Reasons for the Christian Religion*, 1672)은 탁월한 변증 문서들인데, 더 나은 운명을 맞이할 수도 있었지만 아쉽게도 그러지 못했다. 『교황 제국주의에 반대하는 논증』, 『지식에 대한 간청』, 『비국교도를 위한 변증』 등도 현재는 오직 역사적 흥미만을 가지고 있을 뿐인 그 시대의 책자들이다. 실천적이고 경건한 저술가 백스터는 그가 사는 오늘을 재생하여 우리에게 보여 준다.

소지주의 아들이자 17세기 당대의 신사였던 백스터는 십대에 윌리엄 퍼킨스(William Perkins), 리처드 십스(Richard Sibbes) 및 다른 청교도 권위자들의 책을 읽고 신앙을 가졌다. 학교에서 탁월한 성적을 받은 후 그는 학자가 되기 위해 대학으로 보내진 것이 아니라 궁정 신하가 되기 위해 런던으로 보내졌지만, 이 일을 싫어했다. 슈롭셔(Shropshire)의 집으로 돌아온 그는 평생을 따라 다닌 질병으로 고통을 받았고, 죽기 전에 할 수 있는 가장 좋은 일을 하기 위해 안수 과정을 밟고, 1638년에 우스터(Worcester)의 주교에 의해 부제로 안수받았다. 학교의 설교 교장으로 1년을 보내고 목회 보조로 1년을 보낸 후 성인 인구가 2,000명쯤 되는 직조 중심의 마을 키더민스터로 부름받아 목회하면서 마을을 바꾸어 놓았다.

인구의 절반 이상이 주일에 두 번이나 교회를 가득 채웠고, 수백 명의 회심자가 생겼으며, 대부분의 가정에서 가족 경건회가 만들어졌고, 젊은이를 양육했으며, 평신도를 증인과 기도의 용사로 훈련시키고, 조수 한 명의 도움을 받아 모든 가정을 방문하여 매년 두 시간씩 웨스트민스터 소요리문답을 교재로 교리를 가르쳤다. 그는 목회자인 자신이 자기 양떼를 가르칠 뿐만 아니라 치리할 완전한 자유와 권한도 가져야 한다고 주장하며, 그가 필요하고 생각될 때에는 혼날 각오가 되어 있던 600명가량 되는 성도에게만 성찬을 허락하겠다고 했다. 여기서 그가 태어나기 이전 시대의 첫 청교도들이 만든 교구 치리의 이상을 실행하고 있었던 것이다.

크롬웰 시대 종교 기후와 실천이라는 분위기 속에서 1653년부터 이웃 목회자들과의 주간 교제에서 시작된 목회자 단체 우스터서협회(Worcestershire Association)는 키더민스터 모델에 따라 치리하기로 서약하고, 1656년 이후에는 가족 교리문답을 시행하기로 서약했다. 유사한 협회들이 이곳저곳에서 일어나, 1660년이 되면 백스터는 잉글랜드에서 가장 유명한 목회자가 된다.

그해에 혼란스런 헤리퍼드(Hereford)의 주교직 제안을 거절하고, 1661년 사보이총회(Savoy Conference)에서 청교도 지도자로서 1604년 기도서 개정에 대한 청교도의 반대를 진지하게 받아들여지게 하는 데 실패하고, 같은 해에 우스터 지역의 모든 미래 목회 활동을 금지당한 백스터는 목회자로서의 자기 시대가 이제 종언을 고했다는 사실을 깨달았다.

그래서 1662년에 결혼한 후, (그의 1681년 회고록이 그의 막 사망한 아내에 대해 이야기하고 있는 것처럼 행복한 결혼 생활을 했다) 그때부터는 런던 근교에 살면서 때로 벌금을 물거나 감옥에 갇힐 위험도 감수하며 분노에 찬 글을 쏟아 내고 정기적으로 설교하며 시간을 보냈다. 타협하지 않는 비국교도(Nonconformist)였던 그는 두 차례 투옥되었는데, 한 번은 1주일간, 또 한 번은 거의 2년간 감옥에 있었다. 자신을 50년 이상 죽음의 문턱에 서 있던 사람으로 평가(정의롭게 살았다고 알려져 있다)한 그는 76세에 사망했는데, 엄청나게 긴 인파가 그의 장례를 지켜보았다.

백스터는 칭의 문제만 제외하면, 도르트신조와 웨스트민스터 표준문서에 표현된 청교도 칼빈주의의 주류 주창자였다. 칭의를 하나님 나라의 복으로 이해하고 하나님 나라를 17세기 유럽 군주제와 유사한 것으로 생각한 백스터는 그리스도의 죽음을 덕으로 죄를 보편적으로 배상하는 행위라고 설명했다. 하나님이 지금 회개하고 그리스도를 구주와 주님으로 받아들이고, 그분께 순종하려고 하는 옛 율법 위반자들을 사면하시는 새로운 율법을 만드셨다는 것이다. 하나님께서 그들을 의롭게 하시는 행위는 처음 용서를 넘어 그분의 새 율법에 복종하는 그들의 덕을 통해 그들을 지속적이고 최종적으로 받아들이는 행위로까지 확장된다.

백스터는 스스로 성경적이라고 믿은 이 구조를 반율법주의(antinomianism)에 반대하기 위해 발전시켰다. 그러나 그의 동료들은 이 틀을 신율법주의(neonomianism), 즉 새로운 유형의 행위 구원론(justification by works)이라 부르며, 이 구조가 그리스도와 신자의 연대 및 그들에게 전가된 그리스도의 의의 참된 의미를 모호하게 한다고 비판했다.

참고문헌 | N. H. Keeble (ed.), *The Autobiography of Richard Baxter* (London: J. M. Dent, 1974); N. H. Keeble and G. F. Nuttall, *Calendar of the Correspondence of Richard Baxter*, 2 vols. (Oxford: Clarendon Press, 1991); G. F. Nuttall, *Richard Baxter* (London: Nelson, 1965).

J. I. PACKER

리처드 앨런(Richard Allen, 1760-1831)

미국 아프리카계 흑인 목사로, 미국 최초의 흑인 교단인 아프리카인감리교회(African Methodist Episcopal Church)의 설립자이자 초대 감독. 그러나 그의 권위는 아프리카인감리교회 교단 경계 훨씬 너머까지 미쳤다. 앨런은 미국개신교 발전 전반과 미국 아프리카계 기독교 형성, 남북전쟁 이전 노예해방운동에 영향을 끼친 인물이었다.

1760년에 펜실베이니아 필라델피아에서 노예로 태어난 앨런과 그의 가족은 변호사 벤저민 츄(Benjamin Chew)의 소유였으나, 후에 필라델피아 남부 델라웨어(Delaware)의 도버(Dover) 근교에 살던 농부 스토클리 스터지스(Stokley Sturgis)에게 팔렸다. 앨런은 1777년 델라웨어에 있는 동안 감리교 영향 아래 회심하여 기독교인이 되었다. 회심 직후 앨런은 지인들을 전도했지만, 이후에는 스스로 복음을 의심하는 시기도 있었다. 이 시기의 불확실성은 믿음에 대한 분명한 확신을 가져다 준 사건, 즉 그가 영혼의 만족이라 묘사한 경험으로 인해 사라졌다. 친자매 하나와 친형제 하나도 기독교인이 되었고, 앨런 자신은 감리교 평신도 설교자가 되었다. 앨런의 주인 스터지스는 기독교인은 아니었지만, 앨런이 감리교회에 가입해서 수년 동안 속회의 회원이 되는 것은 허락했다.

노예들이 감리교 모임에 참석하는 것을 허용한다는 이유로 백인 이웃들이 스터지스를 욕하고 그것 때문에 그들의 모임이 어려움을 겪게 되자, 앨런과 형제는 더 열심히 일해서 기독교 신앙 때문에 생산성이 떨어지지는 않는다는 것을 보여 주자고 다짐했다. 기독교의 영향이 긍정적이라고 확신하게 된 스터지스는 앨런의 요청을 받아들여 자기 집에서 감리교 집회를 열어도 좋다고 허락했다. 스터지스가 회심하고, 노예제도가 잘못된 것이라는 주장에 설득된 후에 앨런이 그의 형제의 자유를 사도 좋다고 허락했다. 다른 사람에게 고용되어 일하는 것을 허락받은 앨런은 그가 자유를 위해 지불한 돈을 5년 만에 벌 수 있었다. 자유를 얻은 앨런은 먹고 살기 위해서, 또 평신도 사역을 유지하기 위해서 나무꾼, 벽돌공, 마차 운전사로 일했다. 이런 식으로 그의 이후 삶에서 지속되는 자립을 실천했다. 앨런은 델라웨어, 메릴랜드, 펜실베이니아, 뉴저지, 뉴욕에서 흑인과 백인을 대상으로 계속 말씀을 전했다. 한 순회설교단에서 일하는 동안 그는 프랜시스 애즈베리(Francis Asbury), 리처드 왓코트(Richard Whatcoat) 같은 저명한 초기 미국감리교 지도자들의 주목을 받았다.

미국감리교회(Methodist Episcopal Church)가 1784년 크리스마스총회(Christmas conference)에서 공식적으로 설립된 후, 앨런은 1785년 초 왓코트와 함께 볼티모어순회단(Baltimore circuit)을 따라 다녔다. 그해 애즈베리는 남부 사역 순회 여행에 함께 가자고 앨런에게 요청했다. 앨런은 부분적으로는 그 지역교회들에서 강요될 흑백 분리 문제 때문에 애즈베리의 요청을 거절해야 한다고 생각했다. 1786년, 앨런은 필라델피아의 세인트조지스감리교회(St George's Methodist Episcopal Church)에서 목회를 보조해 달라는 초청을 받았다. 도시 전역의 아프리카계 미국인은 그의 야외 설교를 듣고 기도회에 참석했다.

앨런의 사역 시기에 세인트조지스감리교회의 흑인 교인이 많이 늘었다. 앨런과 흑인들은 좀 더 효율적인 사역을 위해서 흑인만의 교회를 따로 세우자고 했으나, 이 제안은 교회 지도자들의 비난을 받고 반려되었다. 부분적으로는 이 거절에 답하여, 앨런, 압살롬 존스(Absalom Jones)와 수많은 흑인 교인이 세인트조지스감리교회를 탈퇴하고 1787년에 자유아프리카인 협회(Free African Society)를 세웠다. 이 협회는 처음에는 과부와 고아를 돕는 장례 협회(burial society)로 활동을 시작했지만, 후에 자선 및 상호 부조 조직으로 발전했다.

미국교회사의 한 획을 그은 결정적인 사건은 세인트조지스감리교회에서 아프리카계 미국인 교인들이 겪은 차별 때문에 일어났다. 교회에 흑인 성도의 숫자가 늘어나면서, 흑인과 백인이 서로 다른 좌석에 구별되어 앉는 정책을 입안한 일부 백인 교인들이 흑인 교인들이 늘어나자 염려하기 시작했다. 1787년(1792년이라고 주장하는 학자도 있다)에 앨런, 존스, 윌리엄 화이트(William White)는 백인 전용으로 지정된 교회 공간에서 끌려나갔다. 이런 저항 속에서 세인트조지스감리교회를 떠난 이들 아프리카계 미국인들은 필라델피아아프리카인교회(African Church of Philadelphia)를 세웠다. 감리교인에게 당한 핍박과 차별 때문에 이들은 개신교감독교회(Protestant Episcopal Church)의 일원이 되었다.

세인트조지스감리교회에서 겪은 치욕스런 경험에도 불구하고, 감리교가 아프리카계 미국인에게 가장 잘 맞는 유형의 기독교라 믿은 앨런은 감리교 원칙에 여전히 충실했다. 이런 감리교회에 대한 헌신 때문에 아프리카교회(African church)의 설교자가 되어 달라는 요청도 거절했다. 앨런은 오래된 대장간을 산 후 그것을 흑인들을 위한 첫 감리교 모임 장소로 사용하려고 사둔 필라델피아의 작은 땅으로 옮겼다.

1794년 4월 9일, 감리교 감독 애즈베리가 참석한 가운데 베델흑인감리교회(Bethel Church for Negro Methodists)가 봉헌되었다. 앨런의 지도하에 이후 수년간 베델흑인감리교회의 사역자와 교인 수가 늘어났다. 다른 아프리카계 감리교회가 설립되면서, 이 교회는 어머니 베델로 알려지게 된다. 앨런은 필라델피아 흑인 공동체의 복리를 향상시키는 일을 지속하다가 1799년에 애즈베리를 통해 목사로 안수받았다.

베델흑인감리교회가 세워지자 앨런은 그 교회를 자기들의 통제하에 두려는 백인 감리교인들과 세인트조지스감리교회 지도자들의 새로운 시도에 맞서야 했다. 앨런과 베델교회는 건물과 재산과 관련하여 그들이 감리교 대회의 지도를 받아야 한다는 제안에 서명하라는 요구를 거부했다. 속임수와 좋지 않은 조언 등을 통해서 어쨌든 교회가 넘어가기는 했지만, 베델흑인감리교회는 교회 명칭을 계속 사수했다. 세인트조지스감리교회 지도자들은 이 문제를 재판정으로 끌고 가면서까지 흑인 회중에 대한 법적 권한을 얻기를 원했지만, 결국 판결은 대법원에서 갈렸다. 최종적으로 1816년 1월 1일에 세인트조지스감리교회가 패배함으로써, 뚜렷한 정체성을 가진 분리된 베델아프리카인감리교(Bethel AME)가 역사에 등장했다.

그해에 이미 차별을 경험한 여러 흑인 공동체의 대표들이 아프리카인감리교회를 설립하기 위해 모여 공식적으로 독립된 자치 교단을 형성했다. 1816년 4월 11일에 앨런이 그 교단의 초대 감독으로 임명받아 세워졌지만, 베델흑인감리교회의 목사직도 계속 수행했다. 새로운 교단은 이후 수년 동안 크게 성장했다.

앨런이 감독직을 수행하는 동안 아프리카인감리교회는 아이티와 캐나다, 아프리카에 선교사를 보내고 노예제도 폐지운동에도 활발히 참석했지만, 미국식민지협회(American Colonization Society)의 활동에는 반대했다. 예를 들어, 베델흑인감리교회는 1817년에 아프리카계 미국인의 대형 집회를 열어 노예문제와 미국 내 아프리카계 후손의 존재 때문에 야기된 문제들의 해결책으로 흑인을 국외 추방하자는 안에 반대하는 시위를 벌였다. 어머니 베델 또한 지하 철로를 통해 자유를 찾아 도망하는 노예들의 중간 기착지가 되었다. 1830년에는 '미국 자유 유색인 생활 조건 향상 협회'(American Society of Free Persons of Color for Improving Their Condition in the United States)가 노예제도 폐지와 차별 철폐를 위해 애쓰는 흑인 목사들의 지도하에 베델흑인감리교회에 모였다.

일평생 사역을 통해 앨런은 여전히 미국에 노예제도가 존재하는 상황하에서 아프리카 사람들의 성결과 성장이라는 더 큰 목표의 일부로서 독립된 아프리카계 미국인 교회라는 원리에 충실했다는 것을 보여 주었다. 가족도 그가 가진 비전을 공유했다. 1800년에 앨런은 아프리카인감리교회의 저명한 지도자 새라 베이스(Sarah Bass)와 재혼했다. 이들은 리처드 주니어, 제임스, 존, 피터, 새라, 앤이라는 이름의 여섯 자녀를 낳았다. 앨런은 1831년 3월 26일에 필라델피아에서 사망했다.

참고문헌 | R. Allen, *The Life Experience and Gospel Labors of the Rt. Rev. Richard Allen* (Philadelphia: Martin & Boston, 1833); C. V. R. George, *Segregated Sabbaths: Richard Allen and the Emergence of Independent Black Churches, 1760-1840* (New York: Oxford University Press, 1973); H. D. Gregg, *History of the African Methodist Episcopal Church* (Nashville: AME Sunday School Union, 1980).

E. D. APONTE

리처드 왓슨(Richard Watson, 1781-1833)

웨슬리파감리교 사역자이자 신학자. 그는 1781년 2월 22일에 링컨셔(Lincolnshire) 소재 바턴-어폰-험버(Barton-upon-Humber)에서 토마스 왓슨(Thomas Watson)과 앤 왓슨(Ann Watson)의 18명의 자녀 중 17번째로 태어났다. 마구 판매원이었던 토마스 왓슨은 비국교도에 동조하면서 바턴(Barton)에 비국교도 예배당을 짓는 일에 너무 열심이었던 나머지 고객을 모두 잃었다. 그로 인해 토마스 왓슨의 가족은 1789년에 런던으로 이주했다. 런던 출신이었던 앤 왓슨은 '탁월한 지성을 가진 여인'이었다.

리처드 왓슨의 교육은 6세부터 시작되었다. 이때 그는 바턴에 있는 세인트피터스교회(St Peter's Church)의 부사제였던 매튜 바네트(Matthew Barnett)의 학교에 보내졌다. 리처드 왓슨은 바네트에게서 라틴어를 접했다. 어린 시절 리처드 왓슨은 이미 열정적인 독서광이었다. 2년간 링컨(Lincoln)의 한 사립학교에서 공부한 후 14세까지 링컨문법학교(Lincoln Grammar School)를 다녔고, 이후 견습 목수와 수리공이 된다. 이 시기에 부모님은 웨슬리파감리교도였으나, 리처드 왓슨은 한동안 기독교에 반감을 가지고 있었다. 더불어 그가 공부했던 내용 대부분 잊어버렸다.

칼빈주의에 심취한 사람과의 논쟁에서 쓸 자료들을 수집하는 데 열정적이었던 리처드 왓슨은 결국 웨슬리파교회에 출석했다가, 이 교회에 다니게 되면서 회심을 경험했다. 리처드 왓슨은 15세에 처음으로 설교를 시작했고, 건강이 좋지 않았던 뉴어크(Newark) 소재 웨슬리파 목사의 일을 대신할 사역자로 사람들의 주목을 받기 시작했다. 1796년에 리처드 왓슨은 감리교총회에서 설교자 시험을 본 후, 에쉬비-데-라-주크(Ashby-de-la-Zouch), 캐슬 도닝턴(Castle Donington), 레스터(Leicester), 더비(Derby)에서 순회사역을 했는데, 이 사역은 그가 전임사역자가 된 1800년까지 지속되었다.

성경 언어와 신학을 알게 되는 과정에서 레스터 감독 조나단 에드먼드슨(Jonathan Edmondson)에게서 받은 지도는 리처드 왓슨이 독서 방향을 잡아가는 데 매우 중요한 역할을 했다. 그러나 힝클리(Hinckley)에 있는 동안(1800-1801) 교리 논쟁에 심취하고, 자기 의견보다 다른 사람의 의견에 관심을 두는 태도로 정통을 잘못 이해하게 되었다.

정식으로 문제가 되지는 않았지만, 리처드 왓슨은 허위 소문과 의심에 상처를 받아 사역에서 손을 떼고 이후 교단에서 떠났다. 그는 얼마 후 새로 출범한 '감리교 신교단'(Methodist New Connexion)에 합류했다. 1801년에 결혼한 아내 메리 헨쇼(Mary Henshaw)는 이 교단 지역 설교자의 딸이 었다. 리처드 왓슨 슬하에는 딸 하나와 아들 하나가 있었다.

리처드 왓슨은 곧 '감리교 신교단' 설교자가 되어 맨체스터와 리버풀 지역을 섬겼다. 그는 여러 차례 총회서기로 활동했고, 지회들에 보내는 목회 서신을 작성하라는 요청을 받기도 했다. 더불어 나폴레옹 통치하의 프랑스와 싸우는 전쟁의 연장을 옹호하는 소책자를 출간했고, 「리버풀 쿠리어」(The Liverpool Courier)의 정규 주필이 되기도 했다.

그러나 신교단의 치리에 실망한 리처드 왓슨은 1811년에 목회직을 내려놓은 후, 1812년에 조셉 엔트위슬(Joseph Entwisle)과 저비즈 번팅(Jabez Bunting)의 지지하에 웨슬리파 사역을 재개했다.

이후 20년간의 리처드 왓슨은 웨슬리파감리교단의 핵심에서 활동했다. 헐(Hull)과 웨이크필드(Wakefield) 지역 순회담당으로 배정된 후, 1816년에 런던으로 이주해서 신설된 웨슬리파감리교선교회(Wesleyan Methodist Missionary Society, WMMS) 서기 중 하나가 된다. 이어서 1821년에는 순회책무가 없는 상주 서기가 된다. 2년간 맨체스터(1827-1829)에 머문 것을 제외하고, 나머지 기간 내내 사역을 런던에 집중했다. 이 사역에는 웨슬리파감리교선교회의 급성장하는 업무를 관리하고, 선교사들과 서신을 교환하고, 선교회의 연례보고서를 작성하고, 서인도 제도 플랜테이션 지역에 소요와 불안정이 있다고 생각하는 언론과 정치계의 비평으로부터 이 지역 웨슬리파 선교를 변호하는 역할도 감당했다. 특히, 마지막 역할에 더 관여하게 되면서, 리처드 왓슨은 점점 노예제도에 반대하는 입장으로 선회했다.

리처드 왓슨은 번팅이 이끄는 반노예협회를 따랐으며, 1831년 4월에 있었던 협회의 엑시터 홀(Exeter Hall)모임에서 연설했으며, 1830년과 1832년의 웨슬리파총회(Wesleyan Conference)에서 노예문제 해결책을 입안했다. 리처드 왓슨은 다양한 총회 내 위원회를 섬겼는데, 일반채플기금(General Chapel Fund, 1817)의 첫 서기직을 감당했고, 1826년에는 총회장으로 선출되었다. 감리교 정치와 치리의 굳건한 지지자였던 리처드 왓슨은 1827년 리즈 지역 조직 논쟁으로 촉발된 프로테스탄트 감리교도(Protestant Methodists)의 소요에 맞서 '애정 어린 충언'(An Affectionate Address, 1828)에서 이들의 회중교회 교회론을 비판했다.

논객으로서의 리처드 왓슨의 재능은 애덤 클라크(Adam Clarke)의 『주석』(Commentary)에서 주장된 바, 그리스도의 영원한 아들됨을 거부하는 내용에 대한 응답에 잘 드러나 있다. 리처드 왓슨은 자신의 저서 『영원한 아들됨과 계시 문제의 이성적 접근에 대한 논의』(Remarks on the Eternal Sonship and the Use of Reason in Matters of Revelation, 1818)에서, 정통 기독론을 옹호했을 뿐만 아니라 신학 방법론을 논의함으로써, 클라크의 합리주의적 성경해석 원리는 신뢰하기 힘든 해석자들의 손에 아리우스주의나 소시니안주의 신학을 들려준 위험천만한 일이라 주장했다.

2년 후 리처드 왓슨은 교단으로부터 시인 사우디(Southey)의 『웨슬리의 생애』(Life of Wesley, 1820)에 대해 논평해 달라는 요청을 받았다. 이에 리처드 왓슨은 『사우디의 웨슬리의 생애에 대한 관찰: 이 책에서 잘못 이해된 감리교 창립자의 인품과 사역, 그리고 그의 주장들을 변호하며』(Observations on Southey's Life of Wesley: Being a Defence of the Character, Labours, and Opinions of the Founder of Methodism against the Misrepresentations of that Publication)를 썼다. 이 글에서 리처드 왓슨은 조지 4세(George IV)가 이 계관 시인에게 공감을 표했다는 소문도 언급했다. 20세기 초에 리처드 왓슨의 생애를 쓴 전기 작가는 리처드 왓슨이 사우디 작품의 실재하는 장점과 통찰을 인식하지 못한 것에 대한 핀잔을 부드러운 방식으로 표출하기도 했다.

리처드 왓슨은 『성경 및 신학사전』(A Biblical and Theological Dictionary, 1831), 웨슬리에 대한 전기(1831), 기독교의 증거에 대한 교리문을 다룬 저술(1824), 『젊은이들과의 대화』(Conversations with the Young, 1830) 등의 건설적인 저작들을 남겼다.

또한, 그는 웨슬리의 1780년 찬송가의 증보판을 만드는 일을 1831년에 맡기도 했다. 그러나 리처드 왓슨의 가장 중요한 저작은 『신학강요: 혹은 기독교의 증거, 교리, 윤리, 그리고 여러 원칙들에 대한 입장』(*Theological Institutes: Or, A View of the Evidences, Doctrines, Mora-ls, and Institutions of Christianity*)이었는데, 그는 이 책을 1821년부터 썼고, 1823년부터 1829년 사이에 6개 부로 나뉜 판형이 등장했다.

『강요』(*Institutes*)는 웨슬리파 신학을 처음으로 효과적으로 체계화한 작품으로, 리처드 왓슨은 영원한 아들됨에 대한 논쟁이 일어난 시기에 품었던 불안감 때문에 이 작품을 쓰기 시작한 것 같다. 또한, 웨슬리와 플레처(Fletcher)의 저작들이 제시한 교리적 기준들은 당대의 문제들을 다루기엔 불충분했다는 것도 한 이유였다. 웨슬리의 '고유한 방식의 실천신학'에서 성경 권위의 강조점을 유지한 채 '좀 더 연역적, 조직적, 명제적 접근 방식'으로 초점을 바꾼 것이 리처드 왓슨의 집필 방식이었다.

처음으로 리처드 왓슨의 생애를 쓴 토마스 잭슨(Thomas Jackson)은 '신학자로서 그의 지성의 두드러지는 독특성은 성경의 권위에 대한 절대적 복종'이라고 썼다. 『강요』의 첫 부분 중 상당량이 성경의 권위에 대한 설명에 할애되어 있다. 리처드 왓슨은 생애를 마감할 때까지 신약성경 전체를 해설하는 데 힘을 쏟았지만, 결국 1833년 1월 8일에 런던에서 생을 마감했다.

수년간 자신을 괴롭힌 질병으로 몸은 상할 대로 상했지만, 리처드 왓슨은 188cm의 장신에, 네모나고 두드러진 이마를 가진 여전히 매력적인 인물이었다. 벤저민 그레고리(Benjamin Gregory)는 "내가 봤던 이마 중 가장 넓다"라고 했다. 설교자로서 리처드 왓슨은 참으로 대중적이기 위해서는 지성적이어야 한다며 청중에게 너무 많은 요구를 하기는 했지만, 그럼에도 명료하고 분명한 설교자였다.

감리교 출판업자이자 하원의원이었던 조셉 버터워스(Joseph Butterworth)와 함께 시티로드(City Road)에서 리처드 왓슨의 설교를 들은 한 정치가는 그가 2시간 동안 즉흥 설교를 할 수 있을 정도로 뛰어난 지적 능력을 가진 설교자라고 평가하기도 했다.

교회론에서는 비국교회보다도 잉글랜드국교회(Church of England)에 더 공감했던 리처드 왓슨은 잉글랜드국교회의 예전을 동경했기에, 이를 감리교 예배에도 도입하자고 권면하기도 했다. 19세기 웨슬리파감리교회 조직에 끼친 그의 영향은 매우 지대했다. 특히, 신학에서는 타의 추종을 불허할 정도였다.

참고문헌 | E. J. Brailsford, *Richard Watson, Theologian and Missionary Advocate* (London: C. H. Kelly, 1906); T. Jackson, *Memoirs of the Life and Writings of the Revd Richard Watson* (London: John Mason, 1834); W. Willan, *Sermons and Outlines by the Revd Richard Watson* (London: Hamilton, Adams & Co., 1865).

M. WELLINGS

리처드 존슨(Richard Johnson, 1755[?]-1827)

오스트레일리아 뉴사우스웨일스(New South Wales)의 첫 식민지 성직자(chaplain)이자, 요크셔 성공회(Anglican) 복음주의자 동우회의 일원. 그는 윌리엄 윌버포스(William Wilberforce)도 다닌 바 있는 헐문법학교(Hull Grammar School)에서 교육받았고, 조셉 밀너(Joseph Milner)와 아이작 밀너(Isaac Milner)를 통해 복음주의 신앙의 영향을 받았을 가능성이 있다. 케임브리지의 모들린대학(Magdalene College) 장학생으로 공부한 후 1784년에 학사학위를 받았다. 1783년에 부제, 1784년에 사제가 되었고, 유명한 런던 복음주의자 헨리 포스터(Henry Foster)의 부사제로 일했다.

오스트레일리아 보타니만(Botany Bay) 신정착지 성직자 자리가 존슨에게 주어진 것에는 수상 윌리엄 피트(William Pitt)가 윌리엄 윌버포스에게 보낸 1786년 9월 23일자 편지에서 제안 된 대로, 이들 사이의 우정에서 비롯된 것 같다.

> "보타니만 식민지는 성직자를 보내줄 자네에게 큰 빚을 지게 될 것이야…진심으로 말하지만, 자네가 말한 그런 성직자를 찾을 수 있다면 정말로 기쁘겠네. 그렇지만 빨리 찾아 주게나."

같은 날 저녁에 존슨은 이 자리를 제안받았다. 존 뉴턴(John Newton)은 그에게 '남반구 총대주교'(Patriarch of the Southern Hemisphere)라는 별칭을 붙여주었다. 즉 보타니만 파송 성직자는 당대 복음주의운동에서 가장 유명한 인물들 사이의 우정의 결과였다.

그러나 신식민지에 대한 그들의 기대와 낙관은 지구 반대편으로 가는 식민지 정착자들 앞에서는 힘든 시험거리로 남았다. 존슨이 사실상의 무신론자로 간주한 죄수들에게 전하는 설교는 쉬울 수가 없었고, 늘 우울해 있고 자주 몸도 좋지 않았던 존슨은 이 일을 의무감으로 해야만 했다.

욕을 해대는 죄수들에게 두 번째 주일에 배 위에서 행한 설교에서 분위기가 조금 나아지자 희망이 잠시 보이는 듯 했다. 그러나 이는 그저 일시적인 것이었고, 존슨은 죄수들과 병사들이 여전히 죄 가운데 있고, 이들 안에 악행과 타락이 넘쳐난다는 자신의 판단을 그대로 유지한 채 포트 잭슨(Port Jackson)에 도착했다.

1788년 2월 3일 10시, 뜨거운 한여름 낮에 '거목' 아래서 첫 예배를 인도한 인물은 기운찬 성직자가 아니라 그저 의무감에서 자기 본분을 하는 성직자였다. 존슨이 선택한 본문은 '내게 주신 모든 은혜를 내가 여호와께 무엇으로 보답할까'(시 116:12)였다.

뉴턴은 뉴사우스웨일스가 '주님의 거대한 집의 미약하고 조악한 구석'이라며 존슨을 위로했지만, 죄수들에 더 익숙해졌음에도 불구하고 이 첫 오스트레일리아 성직자의 상황 해석은 달라지지 않았다.

뉴사우스웨일스에서의 12년차를 시작하기에 앞서 그는 자신이 맡은 사람들을 자신이 본 가장 사악한 사람들이라고 묘사했고, 그해 말이 되기 전에는 이들을 '원래 있던 모든 도덕 의식을 잃어버리고 모든 종류의 사악함에 내던져진' 존재로 규정했다.

그는 주로 '팽팽한 긴장감 위에서' 설교를 통해 이들을 변화시키려 했다. 복음주의 신앙을 알지 못한 첫 총독 아더 필립(Arthur Phillip)은 '도덕 주제로 시작하지' 말라고 충고했는데, 이 충고는 이 예민한 성직자에게 상처가 되었다. 뉴턴은 존슨에게 '비록 자네와 나는 이런 요구는 나무 도끼로 큰 나무를 베어내라는 말과 같다는 것을 잘 알지만,' 그럼에도 총독의 충고를 무시하지 말라고 조언했다.

교회 출석을 강제하려던 존슨의 시도는 필립의 통치 기간에 성공하지 못했고, 이어서 필립의 후계자 프랜시스 그로스(Francis Grose)는 오히려 출석하지 말라고 강요하는 훨씬 쉬운 과제를 맡았다. 그로스가 존슨에게 굴욕을 준 과정과 정도는 거의 희극 수준이었다.

그는 존슨에게 주일에 단 한번만 예배를 드리라고 명령했고, 그것도 아침 6시에 시작해서 45분 이상 넘어가면 안 되고, 예배 시작을 종을 쳐서 알리게 했는데, 이 종이 너무 작아 백 야드(약 90m-역주) 밖에 있는 사람에게는 들리지도 않았다.

이런 예배 초청을 목적으로 영국에서 배송된 큰 종은 걸리지도, 울리지도 못했다. 정착이 시작된 지 5년이 지나도록 교회 건물이 세워지지 않았고, 이후에는 존슨이 자기 돈으로 그로스의 반대와 방해를 무릅쓰고 지어야 했다. 그로스는 존슨을 '아주 문제가 많고 늘 불만이 가득한 사람'으로 묘사했다. 1794년에 존슨은 윌버포스에게 다음과 같은 편지를 썼다.

"논쟁과 차이를 나보다 두려워하고 싫어하는 사람은 없네. 그렇지만 이전 어떤 때보다 근래에 이런 문제에 많이 관여하고 시달렸다네. 내가 스스로 이런 논쟁들을 부과했든지…아니면 이들이 내게 왔든지, 이런 의무를 행하는 중에 심판관이 내가 아니고 다른 사람들인 것은 틀림없다네."

정착 초기의 실패, 죄수들의 악행, 필립과 그로스의 반감과 반대에도 불구하고, 존슨은 13년간 식민지의 성직자 직분을 유지했다. 그는 유난히 험한 상황을 많이 겪었다. 첫 5년 동안은 거의 이틀에 한 번꼴로 장례식을 집례해야 했고, 시드니와 거리가 먼 곳에 정착한 이들을 관리하기 위해 밤이고 낮이고 날씨에 관계없이 쉬지 않고 먼 거리를 돌아다녀야 했으며, 예배는 모든 종류의 거처, 심지어 야외에서도 드려졌다. 그는 2차 선단(Second Fleet, 오스트레일리아 정착민을 실은 6척으로 구성된 2차 선단으로 1790년에 도착-역주)에 속한 배 서프라이즈(Surprise)호 선창에 있던 병에 걸린 죄수들을 심방하는 불쾌하고 심지어 지혜롭지 못한 행동도 마다하지 않았다.

모든 이들(죄수든 자유인이든, 잉글랜드국교회[Church of England] 신자든 아니든)을 자신의 목양을 받을 동등한 자격을 갖춘 사람들로 본 존슨은 모든 사람을 '남자와 여자로, 지성과 논리를 소유한 지적 피조물로' 동등하게 바라보고 다가서기로 결심했다. '특히 불행한 수감자들과 죄수들'에게 헌정된, '애정을 담은'『뉴사우스웨일스와 노스아일랜드에 세워진 식민지 주민들에게 드리는 글』(An Address to the Inhabitants of the Colonies Established in New South Wales and North Island, 1794)에서, 존슨은 다음과 같이 썼다.

"복음은…죄인에게 값없고 은혜로운 용서를 제공하며, 오염된 자를 씻기고, 아픈 자를 치유하며, 불행한 자에게 행복을 주고, 어둠 속에 앉은 자에게 빛을 주며, 약한 자에게 힘을 주며, 배고픈 자에게 음식을 주며, 심지어 죽은 자에게는 생명을 줍니다"(pp. 11f.).

오늘날에도 여전히 살아남아 있는 존슨에 대한 유일한 동시대 비판이 그로스가 남긴 것이라는 점이 흥미롭다. 죄수들이 존슨을 비난했다면, 이들의 비판이 지금까지 남아 있어야 한다. 존슨의 가정은 나눔으로 유명했고, 아내 메리 버튼(Mary Burton)은 죄수들과 잘 소통했다. 존슨이 죄수들과의 접촉을 피하려고 자기 길을 이탈한 것 같지는 않다. 이들이 아플 때마다 심방하고 글을 읽어 주려고 노력했고, 설교할 때보다 이 막사 저 막사 찾아다니며 죄수들을 심방할 때 기쁨이 더 컸노라고 인정하기도 했다.

그가 오스트레일리아의 첫 성직자로서의 과업에 어울리지 않는 사람이었다고 주장할 만한 근거는 거의 없다. 그러나 어려움은 수단이 빈약해서였다기보다는, 해야 할 과업이 너무 많고 컸기 때문이라는 표현이 훨씬 더 적절한 것 같다. 그는 대부분의 사람이 겪은 것보다 더 많은 조롱을 듣고 견뎌야 했다. 그가 부끄러워해야 할 것도 거의 없었다. 그는 관대했고, 성실했으며, 책임을 다했다. 복음주의 신앙으로 변화되지 못한 죄수들이 있을지라도, 이들이 존슨 때문에 복음주의 신앙을 외면한 것은 아니었다. 그는 이들을 변화시킬 필요가 없었다. 이들은 이미 변화되어 있었다.

존슨의 생존한 두 자녀는 모두 오스트레일리아에서 태어났다. 딸은 애보리지니 원주민식(aboriginal) 이름인 밀바(Milbah)라 불렀는데, 이는 토착 원주민에 대한 그의 감정을 대변하는 것이었고, 아들의 이름 헨리 마틴(Henry Martin[sic])은 그가 복음주의선교에 완전히 공감하고 있었음을 보여 주는 것이었다. 1801년에 잉글랜드로 돌아간 존슨은 1810년에 런던 세인트앤솔린스(St Antholin's) 교구에 소속되었다가, 1827년에 이 교구에서 사망했다.

참고문헌 | Johnson Papers, Lambeth Palace Library; J. Bonwick, *Australia's First Preacher: The Rev. Richard Johnson, First Chaplain of New South Wales* (London: Sampson Low, Son & Marston, 1898); N. Macintosh, *Richard Johnson, Chaplain to the Colony of New South Wales: His life and Times, 1755-1827* (Sydney: Library of Australian History, 1978).

S. PIGGIN

E. 마가렛 클락슨(E. Margaret Clarkson, 1915-2008)

캐나다 찬송가 저자이자 저술가. 그녀는 도널드 P. 허스태드(Donald P. Hustad)가 20세기 북미 배경을 살펴볼 때, "만든 찬송의 양과 질 모두에서 탁월했던, 고전적 의미의 찬송가 작가"로 묘사한 인물이다. 희망을 찾아 잠시 동안 가족이 서부로 진출한 덕에 서스캐처원(Saskatchewan)에서 태어나기는 했지만, 클락슨이 구현한 것은 남부 온타리오의 전통적이고 지배적인 문화였다. 개신교권 얼스터(Ulster, 북아일랜드-역주) 출신 아버지와 스코틀랜드 혈통의 어머니의 딸인 클락슨은 가족이 다시 돌아온 토론토에서 행복하게 살았다.

가장 어린 시절부터 클락슨은 시와 음악, 산문에 탐닉했고, 이런 자연스러운 성향은 가족이 세인트존스장로교회(St John's Presbyterian Church)에 꾸준히 출석하면서 기독교적인 방향으로 발전해 갔다. 이곳에 있는 노래, 오르간, 성가대, 캐나다장로교회 찬송가를 좋아한 그녀는 어린 시절에 설교가 지루할 때는 이 찬송가를 자주 읽고 많은 내용을 암기했다. 세인트존스장로교회에서 형성된 기독교인으로서의 생활의 토대는 그녀가 쓴 모든 찬송과 글에 뚜렷이 드러나는데, 강해 설교, 모조리 암기했던 웨스트민스터 신앙고백(Westminster Confession of Faith), 유대인 선교에 특별한 관심을 가진 존 맥퍼슨 스코트(John McPherson Scott)의 선교비전(맥퍼슨을 기념하여 스코트도시선교회inner-city Scott Mission가 만들어졌다)이 모두 그녀의 토대였다. 클락슨이 18, 19세기에 나온 많은 영국 복음주의 찬송가에 열중한 곳도 바로 여기였다.

클락슨은 저서 『은혜는 겨울에 가장 잘 자란다』(Grace Grows Best in Winter)에서 출처와 감사의 글로 채운 한 쪽에 자신이 찬송과 기독교 산문의 모델로 삼은 이들의 목록을 알려 준다. 사고력이 깊은 많은 복음주의자들이 그러듯, 교리의 차이에도 불구하고 영성의 일부 공통 요소를 인정하며 몇몇 중세 인물들의 이름을 나열했다. 무거운 신학 서적을 남긴 16세기 종교개혁가들을 언급하지는 않지만, 그들 작품의 본질이 이후 세대의 개신교인에게 더 단순화된 형태로 전이되었다고 생각했다.

밀턴(Milton), 러더퍼드(Rutherford), 번연(Bunyan) 같은 17세기 거인들을 얼마간 언급하지만, 18세기 복음주의 대각성운동(Evangelical Awakening) 출신의 더 많은 이름들, 예를 들어, 게하르트 테르스테겐(Gerhard Tersteegen, 1697-1769, 독일 개혁파 저술가이자 찬송가 작가-역주), 아이작 와트(Issac Watts), 찰스 웨슬리(Charles *Wesley), 존 뉴턴(John Newton), 어거스터스 토플레디(Augustus Toplady) 같은 이름이 나온다. 19세기 인물은 더 많다. 제임스 몽고메리(James Montgomery), H. F. 라이트(H. F. Lyte), 호레이셔스 보나(Horatius Bonar), W. W. 하우(W. W. How), 앤 커즌(Ann Cousin), 애나 워링(Anna Waring), 프랜시스 리들리 하버갈(Frances Ridley Havergal), 미국인 파니 크로스비(Fanny Crosby)로, 그녀의 음악은 클락슨이 준비하고 있던 복음성가의 분위기와 비슷했다.

찬송은 이념보다 넓기에, 클락슨은 H. W. 마이어스(H. W. Myers), 프레더릭 윌리엄 페이버(Frederick William Faber), 크리스티나 로제티(Christina Rossetti) 같은 가톨릭 전통에 속한 작가들의 음악도 인정했다. 이런 영향들이 그녀가 자기 작품을 준비하고 쓸 수 있게 자극했다. 10살에 클락슨은 토론토의 「이벤절리컬 크리스천」(Evangelical Christian)에 시를 제출했고, 출판이 되자 온 가족은 깜짝 놀랐다. 학창 시절 내내 클락슨은 기독교 시를 계속해서 써 나갔고, 최소한 일부는 출판까지 되었다. 다른 작품들은 이후에 찬송가로 개작되었다.

클락슨이 12살이 되었을 때, 세인트존스장로교회에서 문화 전쟁이 벌어졌다. 1920년대에 많은 수의 젊은 아일랜드 출신 이민자들이 고향 땅의 분할이 몰고 온 대변혁을 피해 토론토 동쪽 끝에 도착했다. 많은 이들이 세인트존스장로교회로 왔는데, 당대 얼스터부흥(Ulster revival)의 영향을 받은 이들은 열정적인 신앙을 이 교회로 가져왔다. 이들의 열정, 전천년주의, 최신 복음성가 애호 등은 일부 기존 신자들에게는 극단적으로 보였고, 그 결과 교회가 분열되었다. 클락슨 가족은 새로운 목사 니스베트(Nisbet)를 따라 갈보리교회(Calvary Church)라는 이름의 새 교회에 합류했다. 클락슨이 더 대중주의 지향성이 강한 예배를 특별히 좋아한 것은 아니지만, 그녀는 그녀 세대의 많은 이들이 묽게 희석해 버리거나 그냥 버리던 전통적인 복음주의 신학과 영성을 생동감 있게 만들어 주는 활력 있는 운동에 매력을 느꼈다. 또한, 이 운동은 앞으로 다가올 어려운 시절을 견딜 수 있게 준비시키는 기능도 수행했다.

1935년, 아주 내향적인 성향의 이 여성은 완전히 고립된 상황에 몰리게 되는데, 이는 대공황의 늪에서 그녀가 찾을 수 있는 유일한 교사 자리가 온타리오 북서쪽 끝 레이니강(Rainy River) 계곡에 위치한 헬멧 쓴 벌목공의 마을, 바릭(Barwick)에 있었기 때문이었다. 2년 후 그녀는 토론토에서 북쪽으로 400마일 떨어진, 더 크기는 하지만, 실상은 더 고립된 커클랜드호수(Kirkland Lake)의 광산 마을로 이동했다. 성경적 설교, 활기찬 예배, 신앙적 교제가 결핍되어 있던 이곳에서 클락슨은 자기 신앙 생활을 스스로 책임져야 했고, 그러면서 차츰 신앙 갱신을 경험했다. 이 시기에 쓴 많은 작품은 딱 들어맞는 아름다운 단어로 하나님의 위대하심과 주권과 은혜를 증언하는 내용이었다. 그녀의 작품에는 두 주제, 즉 믿음과 확신, 그리고 초림의 영광이 특히 두드러졌다.

클락슨은 1942년에 토론토로 돌아갔다. 관절염과 편두통 때문에 종종 활동에 제한이 있었지만, 토론토에서는 필요했던 격려를 어느 정도 받을 수 있었다. 스테이시 우즈(Stacey Woods)와 캐나다기독학생회(IVCF, 한국에서는 IVF-역주)는 낙스장로교회(Knox Presbyterian Church)의 월리엄 피치와 교인들, 기독교선교연맹(CMA)교단 소속 애버뉴로드교회(Avenue Road Church)의 A. W. 토저(A. W. Tozer)와 마찬가지로, 그녀를 이해하고 지지하는 원천이었다. 그녀의 찬송 중 처음으로 널리 알려진 작품이 나온 것도 바로 이 배경에서였다. 토론토에서 열린 첫 캐나다기독학생회선교대회(어바나대회[Urbana Conference]의 전신)에서 부를 찬송을 지어 달라는 요청을 받은 그녀는 '우리가 당신께로 갑니다, 오 그리스도'(We Come, O Christ, to Thee)를 썼다. 이 곡은 그녀의 첫 번째 선교찬송이었는데, 이러한 선교찬송이 결국 그녀가 쓴 모든 곡의 4분의 1을 차지했다. 이후 10여 년 동안, 교사 경력의 분주함 속에서도, 1년에 약 1곡씩은 만들어 냈다.

장르는 어린이 찬송(예를 들어, '나는 하나님의 위대한 시계에 내 삶을 맞춰요'[I Set My Life by God's Great Clock]), 성찬 찬송(예를 들어, '구주여, 내가 당신의 얼굴을 구하나이다'[Savior, I Seek Your Face]), 재림 기대(예를 들어, '기뻐하라, 기뻐하라, 우리 왕이 오시리라'[Rejoice, Rejoice, for Our King Shall Come]), 자주 써 낸 선교찬송(예를 들어, '이제 내가 너를 보내노라'[So Send I You])였다.

1960년대 전반에 클락슨은 경력의 전성기에 도달하게 되는데, '아버지, 창조주, 왕께 찬송하라'(Sing Praise to the Father, Creator and King)를 포함해, 1963년에는 5편, 1964년에는 9편을 발표했다. 그러나 점점 더 나빠지는 건강과 다른 압박에 시달린 1960년대 후반에는 베를린에서 열린 1966년 세계전도대회(World Congress on Evangelism)에서 불린 '인류는 하나'(One is the Race of Mankind)를 제외하고는 열매가 거의 없었다. 그러나 1972년의 이른 은퇴가 오히려 새로운 창작 의욕에 불을 붙였다. 1974년 로잔세계복음화대회(Lausanne Congress on World Evangelization)를 위해 '주님을 찬양하라, 할렐루야를 노래하라'(Praise the Lord, Sing Hallelujah), 1973년 어바나대회를 위해 '우주의 주, 세상의 소망'(Lord of the Universe, Hope of the World), 1976년 어바나대회를 위해 '우리 하나님은 전능하시다'(Our God is Mighty), 1979년 어바나대회를 위해 '구세주의 이름을 선포하라'(Proclaim the Savior's Name), 1983년 밴쿠버세계교회협의회(WCC) 총회를 위해 '주 예수, 전 세계의 생명'(Lord Jesus, Life of All the World)을 각각 작곡했다. '우리 주와 구세주의 섭정들'(Regents of Our Lord and Savior)은 1979년에 밴쿠버의 리젠트대학(Regent College)을 위해 쓴 곡이었다. 1981년에 「크리스채너티 투데이」 찬송 공모전에 낸 '만세의 하나님'(God of the Ages)은 1994년에 토론토의 '틴데일대학신학교'(Tyndale College and Seminary)의 백주년 기념 찬송으로 채택되었다. 이후에도 클락슨은 1984년에서 1990년 사이에 '살아 계신 주님은 우리의 것'(Ours Is a Living Lord)을 포함해, 18곡을 더 썼다.

이런 찬송들에 더해, 클락슨은 책을 열일곱 권 썼고, 이 중 일부는 8개 언어로 번역되었다. 두 책은 부모와 자녀를 위한 책이었다. 『수지의 아기들』(Suzie's Babies, Eerdmans, 1960)은 생식을 설명하기 위해 교실의 햄스터를 등장시켰고, 여러 쇄를 찍었다. 『성장』(Growing Up, Eerdmans, 1962)은 나이가 조금 더 든 아이들을 위한 책이었는데, 성숙의 문제를 다루고 있다. 고통의 문제를 다루는 두 책은 심리학이나 사회과학을 참고하지 않았지만 일찌감치 4쇄를 찍은 『은혜는 겨울에 가장 잘 자란다』(Zondervan, 1972; 재판은 Eerdmans, 1984)와 『운명 지어진 영광: 고통의 의미』(*Destined for Glory: The*

Meaning of Suffering, Eerdmans, 1983)이었다.

1987년에 클락슨은 많은 감동적인 자서전적 내용과 더불어, 그 시점까지 출판된 자신의 모든 찬송 본문을 담은 『노래하는 영혼』(*A Singing Heart*, Hope Publishing)을 펴냈다. 탁월한 기독교 작가로서의 약 60년 경력의 마지막에 이른 클락슨은 이후에도 몇 곡의 찬송을 더 출판했다.

I. S. RENNIE

마틴 루터(Martin Luther, 1483-1546)

독일 종교개혁가. 그는 종교개혁으로 알려진 거대한 교회 및 영적 갱신운동의 수원이다. 루터는 1483년 11월 10일에 튀링겐 아이슬레벤(Eisleben) 마을에서 태어났다. 아버지는 구리 광산 노동자 한스 루더(Hans Luder)였고, 어머니 마가렛 지글러(Margaret Ziegler)는 남편의 존경을 받았다. 루터의 이름이 마틴이 된 것은 그가 투르(Tours)의 '세인트 마틴 축일'인 11월 11일에 세례를 받았기 때문이었다. 루터가 후에 자신이 어린 소년 시절에 받은 가혹한 훈육에 대해 불평한 일이 있음에도 불구하고, 그의 부모는 아들이 조숙한 아이인 것을 알아채고 마그데부르크(Magdeburg)와 아이제나흐(Eisenach)의 라틴어 학교에 보내 조기 교육을 받게 했다. 1501년에 루터는 에어푸르트대학교(University of Erfurt)에 등록하고, 여기서 학사(1502)와 석사학위(1505)를 각각 받았다. 이어서 아버지의 소망에 부응하고자 법학 공부를 시작했다.

그러나 1505년에 천둥을 동반한 무서운 폭풍을 경험하면서 루터의 인생은 극적으로 변했다. 당시 그는 공포 속에서 "세인트 안나여, 저를 도와주소서. 수사가 되겠나이다"라고 부르짖었다. 친구들과 부모의 분노에도 불구하고, 루터는 자신의 서원을 지키겠다고 주장했다. 그는 에어푸르트(Erfurt)에 있던 엄격한 신앙, 종단 엄수파 어거스틴수도원(Observant Augustinian friars) 소속 수사가 되었다. 모든 면에서 루터는 양심적인 수도사였고, 종단 규칙을 세심하게 지켰다. 그러나 많은 기도, 철야, 금식은 오히려 자신의 구원을 더 불신하게 만들 뿐이었다. 모든 단계마다 그는 은혜로우신 하나님을 찾는 과정에서 절망해야 했다.

루터는 하나님의 주권적 능력과 거룩에 대한 인식에 압도되었다. 1507년에 사제로 인수받은 후, 루터는 첫 번째 미사를 집전하는 동안 제단에서 거의 실신할 뻔했다. 유한한 피조물이 자기 손으로 그리스도의 바로 그 몸을 잡을 수 있다는 생각은 그를 공포에 빠뜨렸다. 그러나 루터는 자신의 타락과 하나님의 기준에 미치지 못한다는 사실을 더 괴로워했다.

고해를 통해 지은 모든 죄 하나하나를 다 기억하고 속죄받는 것이 가능할까?

어느 날 루터의 고해를 들은 요한 폰 슈타우피츠(Johann von Staupitz)는 루터에게 양심의 가책을 잊어버리고 그저 하나님을 사랑하라고 권고했다. 루터는 "하나님을 사랑하라고요? 나는 하나님을 미워합니다"라고 응수했다. 루터는 영혼의 어둔 밤에 시달리고 고통받았다. 지하의 어둠 속에서 떨고 있을 때, 단순한 나뭇잎의 바삭거리는 소리도 그에게는 지옥의 공포를 안겨 주었다. 후에 루터는 이런 공포 발작을 안페흐퉁엔(Anfechtungen, 영적 고뇌 및 역경, 위기-역주), 시련의 시간, 악마의 극렬한 공격으로 묘사했다. 루터가 위안을 찾은 것은 오직 그가 오랫동안 끈기 있게 성경을 연구한 후에 '복음을 발견'했기 때문이었다. 1545년 『라틴어 저술 모음집』 서문에서 루터는 이 과정을 다음과 같이 회상했다.

"나는 신학 모두를 한 번에 배운 것은 아니었고, 시험과 유혹이 찾아올 때마다 말씀을 더 깊이 연구해야 했다…삶, 아니 오히려 죽음과 저주받은 인생이 신학자를 만드는 것이지 이해와 독서와 사색이 신학자를 만드는 것이 아니다."

루터는 성경, 특히 시편과 바울의 로마서와 씨름했다. 그는 로마서 1:17에 나오는 "하나님의 의"라는 구절 앞에서 거꾸러졌다. 이 구절은 오랫동안 그에게 위안이 되지 못했는데, 이는 그가 하나님의 의를 하나님이 죄인을 정죄하게 만드는 바로 그 엄정한 정의로 이해했기 때문이었다. 십자가에 달린 그리스도의 속죄사역에 집중하면서 루터는 바울이 언급한 하나님의 의가 그리스도를 통해서만 보장되는 의라고 믿게 되었다. 그리스도에 의해 보증된 의를 기반으로, 하나님께서 무가치한 죄인을 그분의 눈에 받을 만한 존재로 선언하셨다는 것이었다. 이런 통찰에 근거하여, 루터는 오직 믿음으로만 얻는 칭의(이신칭의, 페르 솔람 피뎀[per solam fidem]) 교리를 발전시켰다.

루터는 이 중요한 해석학적 돌파구를 수도원 탑에서 성경을 연구하는 동안 찾아냈다고 주장했다. 하나님의 은혜로운 성품에 대한 통찰은 거듭나는 것과 같았다고 말했다. 학자들은 루터의 유명한 '탑 체험'(투르메를레브니스[*Turmerlebnis*])이 정확히 언제였는지를 놓고 논쟁하는데, 제시된 년도는 1512년에서 1519년 사이의 어느 날이다. 이 발전 과정은 크게 두 가지로 구분될 수 있을 것이다. 먼저는 하나님의 은혜로운 자비와 그리스도 안에 있는 구원에 대한 돌파구와 확신이 있었고, 다음으로 오직 믿음으로만 그리스도의 특별한 의가 전가되는 것을 기반으로 하나님과의 새로운 관계가 형성된다는 성숙한 칭의 교리였다. 이 가르침은 루터 사상의 중심 원리이자 종교개혁신학의 초석이 되었다.

이미 1509년에 루터는 중세에 표준 신학 교과서로 쓰인 페트루스 롬바르두스(Petrus Lombardus, 영어로는 Peter Lombard-역주)의 『명제집』(*Books of Sentences*) 강의를 시작했다. 슈타우피츠(Staupitz)의 간청에 따라 그는 1512년에 박사학위 자격 요건을 완료한 후 슈타우피츠의 후계자로 비텐베르크대학교(University of Wittenberg)의 성경학 교수(Lectura in Biblia)로 임명되었다. 루터는 독일신비주의(German mystical tradition) 전통과 인문주의 사상의 흐름뿐만 아니라 당대의 지배적인 유명론(nominalism)에도 영향을 받았다. 그러나 중세 가톨릭교회의 신학과 실천에 의문을 제기하게 만든 것은 그의 규칙적인 성경연구였다. 1512년 가을에 루터는 시편 강의(1513-1515)를 시작했고, 이어서 로마서(1515-1516), 갈라디아서(1516-1517), 히브리서(1517), 다시 시편(1518-1519)을 강의했다. 후에 "이런 강의를 통해 교황제가 내게서 빠져나갔다"라고 루터는 언급했다.

루터와 로마교회와의 갈등은 성경연구와 그의 비텐베르크 목회 모두의 결과였다. 5년이라는 짧은 기간에 루터는 유럽 역사 무대의 주역이 되었다. 아무도 주목하지 않던 수도사가 서양 교회를 영구적으로 분열시킨 국제운동의 한 복판에 선 유명한 신학자가 되었다.

1517년 10월 31일에 루터는 비텐베르크성 교회 문에 면죄부 판매에 저항하고 이 주제에 대한 공개 토론을 요청하는 95개조 반박문을 게시했다. 그가 목회하던 교회 신자들이 도미니크회 소속의 요한 테첼(Johann Tetzel)에게서 면죄부를 구매한 것에 분노한 루터는 죄용서, 혹은 연옥에서의 해방을 돈을 주고 사고 팔 수 있다는 주장을 공격했다. 면죄부 판매는 참회의 성례를 파괴하는 것이며, 값싼 은혜의 신학을 강화한다는 것이 루터의 주장이었다. 에라스무스(Erasmus)의 1516년판 그리스어 신약성경을 사용하여 루터는 '참회하라'(포에니텐티암 아기테[poenitentiam agite])는 말씀을 '네 생각과 마음을 변화시켜 회심하라'(메타노이에테[metanoiete])라는 원래의 성경적 의미로 해석했다. 따라서 그의 95개조 첫 조항에서, 루터는 다음과 같이 선포했다.

"우리 주님이자 왕이신 예수 그리스도께서 '회개하라'고 하실 때, 이것은 전체 삶이 회개하는 삶이 되어야 한다는 것을 뜻한다."

다른 조항들에서는 공로(merits)라는 보물, 성자들의 기도, 교황제의 권력에 의문을 제기했다. 95개조가 널리 전파되면서, 학문적 토론을 제안한 루터는 유명 인사로 부상했다.

교황은 토마소 데 비오 추기경(Tommaso de Vio, Cardinal Cajetan이라는 영어식 이름으로 더 유명-역주)을 독일로 보내 루터를 설득해서 그의 가르침을 철회하게 했지만, 성공하지 못했다. 1518년 4월에 루터는 추가로 하이델베르크논쟁(Heidelberg Disputation)에서 자신의 견해를 더 정교히 다듬었고, 이 논쟁에서 후에 스트라스부르(Strasbourg)의 개혁자가 되는 마틴 부처(Martin Bucer)마저 이겼다. 여기서 루터는 중세 신학의 특정 근본 가정들에 도전했는데, 자신의 좀 더 기독론 중심적인 '십자가의 신학'에 대항하는 의미로 이들을 '영광의 신학'이라 불렀다.

1519년 7월에는 라이프치히논쟁(Leipzig Debate)에서 요한 에크(John Eck)와 맞붙었다. 이 유명한 논쟁에서 루터는 종교개혁의 원리, 오직 성경(솔라 스크립투라[sola scriptura])을 주창했다. 그는 (그가 보기에는 부당하게) 1415년 콘스탄츠 공의회(Council of Constance)에서 이단으로 정죄 받은 얀 후스(John Hus)의 특정 진술들을 자신의 것으로 받아들였다. 논쟁 과정에서 루터는 교회 공의회의 무오성과 교황의 수위성 모두를 부인했다. 그의 주장에 따르면, 오직 성경만이 기독교인의 신앙과 교회 정치의 규범적 법칙으로 신뢰할 수 있는 것이었다.

처음에 교황은 루터의 도전에 재빠르게 반응하지 않았는데, 이 문제가 단지 수도사들 사이에서 일어난 또 하나의 작은 논쟁일 뿐이라고 생각했기 때문이었다. 그러나 1520년이 되자 루터의 캠페인은 중대한 위협이 되었다. 루터는 세 논문(1520)에서 자기 사상을 열정적이고 명료하게 펼쳤다. 『독일 귀족들께 드리는 호소문』(*An Appeal to the Nobility of the German Nation*)에서 루터는 교황 지지자들이 참된 교회 개혁을 방해하기 위해 세웠다고 그가 믿은 '세 장벽'을 허물기 위해 독일에서 당시 떠오르고 있던 민족주의 정서를 이용했다. 그것은 다음과 같다.

첫째, 교회 공직자들이 정부 관원들의 권위 밖에 있다는 주장이다.

둘째, 교회 전통이 성경보다 우위에 있다는 주장이다.

셋째, (그렇다고 해서 덜 중요한 것은 아닌 주장인) 교황의 칙령이 교회 공의회 앞에 있고 이를 지배한다는 주장이다.

『교회의 바벨론 포로에 대하여』(*On the Babylonian Captivity of the Church*)는 1520년 10월에 출간되었다. 이 논문은 중세 성례 제도에 대한 전면 공격이었다. 루터는 성경이 일곱이 아니라 오직 두 개의 성사만을 인정한다고 믿었다. 또한, 미사를 혐오스러운 것으로 비난했다. 결국 성사를 하나님의 거룩한 약속들의 가시적 표지로 재정의했다. 그해 출간된 세 번째 대작 『기독교인의 자유에 대하여』(On the Freedom of the Christian)에서 루터는 기독교인의 자유, 모든 신자의 제사장 기능, 성경의 충족성과 이신칭의 교리를 강조하며 교황 교회 체계에 추가 도발을 감행했다. 또한, 이 논문은 루터의 윤리학의 기반이 되는 내용도 포함하고 있었다. 즉 선행은 믿음의 열매로서, 믿음에서 흘러나오는 것이어야 한다는 것이다. 하나님의 은혜는 급진적일 정도로 자유로운 선물이고, 우리 자신의 여하한 공로로도 결코 얻을 수 없다.

교황은 칙서 '주여 일어나소서'(엑스수르게 도미네(Exsurge Domine))를 발행하여 루터를 파문했지만, 루터는 1520년 교회법 자료와 함께 이 칙서를 공개적으로 불태워버렸다. 이후 보름스회의(Diet of Worms)에 출석하라는 소환장을 받고 출석한 자리에서 저술들을 모두 회수하라는 요구를 받았다. 그러나 루터는 자기 양심이 하나님의 말씀에 매여 있기 때문에 그럴 수 없다고 주장했다. 이성과 양심이 설득되지 않으면 절대 철회하지 않을 것이라 말했다. 여기서 "내가 여기 서 있습니다. 이 외에는 아무것도 할 수 없습니다"라고 외친 그의 말은 종교개혁의 구호가 되었다.

1520년대는 루터교 종교개혁이 안정화에 접어든 시기로, 유명한 1530년 아우그스부르크 신앙고백(Augsburg Confession)이 그 정점에 있었다. 보름스회의에서의 도전에 이어, 루터는 비밀리에 아이제나흐(Eisenach) 근교의 바르트부르크 성(Wartburg Castle)으로 옮겨져 지역 군주 선제후 프리드리히 3세(Frederick III)의 보호 아래 몇 달간 숨어 지냈다. 그러나 여기서 신약을 독일어로 번역하며 시간을 지혜롭게 활용했다. 이렇게 번역된 『독일어 신약성경』(Das Newe Testament Deutsche)은 1522년에 출판되었다. 구약 번역 작업은 훨씬 오래 걸려, 전체 번역은 1534년에야 나왔다. 루터의 성경번역은 킹제임스성경이 영어 발전에 끼친 영향만큼이나 지대한 영향을 독일어 발전에 끼쳤다.

1525년은 루터의 인생과 경력이 뒤바뀐 획기적인 해였다. 가장 중요한 신학 저술 중 하나인 『의지의 속박에 대하여』(On the Bondage of the Will)가 예정론을 다룬 책 『의지의 자유에 대하여』(On the Freedom of the Will, 1524)에 에라스무스가 가한 이전 공격에 대한 반박서로 출간되었다. 에라스무스에게 인간은 비록 타락했음에도 불구하고 여전히 은혜에 반응할 수 있는 자유로운 존재였고, 따라서 자신의 구원에도 협력할 수 있었다. 그러나 루터는 인간의 의지가 죄와 사탄의 노예로 사로잡혀 있다고 보았다.

그는 우리가 스스로 자유롭다고 생각하지만, 사실은 죄에 빠짐으로써 속박을 더 강화하고 있을 뿐이라고 주장했다. 은혜는 우리를 이렇게 노예로 만들어 놓고 있는 환상에서 벗어나 '하나님의 자녀의 영광스러운 자유'로 이끌며, 하나님은 우리가 그분을 자유롭게 사랑하기를 원하시지만, 우리는 오직 사탄과 자아에 포로된 상태에서 해방될 때에라야 하나님을 사랑할 수 있다는 것이었다. 이 치열한 논쟁 후 루터도, 에라스무스도 다시는 서로에게 말도 글도 건네지 않았다. 이전에 교회의 부패를 비판한 루터에게 찬사를 보냈던 많은 인문주의자들은 루터의 급진적인 어거스틴주의 신학을 받아들일 수 없었기 때문에 서로 다른 길을 걸었다.

또한, 1525년에는 이전에 루터를 따랐던 많은 이들이 토마스 뮌처(Thomas Müntzer)를 비롯한 다른 급진파들이 주도한 폭력혁명(피비린내 나는 농민혁명)을 선호하며 루터의 조심스런 접근법을 포기했다. 이 시기 루터의 삶을 행복하게 만든 한 사건은 파계 수녀 카타리나 폰 보라(Katharina von Bora)와의 결혼이었다. 아내는 곤경에 처한 루터의 삶에 안정감과 질서, 큰 기쁨을 가져다주었다. 루터와 '카티'(Katie)는 비텐베르크(Wittenberg)에서 그들의 집이 된 개조된 수도원에서 북적거리는 가족과 수많은 기숙학생들을 거느림으로써 개신교 목사관 전통을 만들었다.

루터는 계속해서 설교, 편지, 찬송, 논쟁 논문, 주석을 통해 종교개혁을 발전시켰다. 그의 창세기와 요한복음설교는 개신교 설교의 좋은 모델로 널리 회람되었다. 스스로는 1535년 갈라디아서 주석을 ('나의 카티 폰 보라'라 부르며) 자신의 최고 작품이라 생각했다. 그것은 '교회를 세우기도 하고 부수기도 하는 조항'인 이신칭의 교리를 강력하게 변증한 책이었다. 1539년에 그는 『공의회와 교회에 대하여』(Of the Councils and Churches)를 출간했는데, 개신교의 보편성과 개신교의 초대교회 삼위일체 및 기독론 교의의 헌신을 강조했다. 루터의 많은 현장 발언을 그의 학생들이 받아 적어 기록했고, 이것들이 여러 권의 『탁상담화』(Tischreden)로 출간되었다. 그가 지은 여러 찬송 중 '내 주는 강한 성이요'(Ein Feste Burg)가 개신교 찬송으로 가장 잘 알려져 있다.

나이가 들어가면서 루터의 건강도 쇠락하기 시작했다. 그는 신장 결석, 통풍, 변비, 폐뇨, 우울증 등의 수많은 질환의 공격을 받았다. 인생을 거의 마무리할 즈음에는 적들에 대한 공격도 더 극단적으로 변했다. 교황을 적그리스도와 동일시하며 신랄하게 비난했다. 츠빙글리(Zwingli) 및 그의 추종자들과 절대 화해하지 않았고, 츠빙글리의 기념설(memorialist) 성찬 교리를 기독교 신앙에 대한 배교로 간주했다. 근래의 역사 맥락에서 가장 안타까운 것은 루터가 유대인을 신랄하게 공격한 것인데, 이들이 복음을 받아들이지 않자 루터는 이들을 독일에서 추방하자고 요청하기도 했다. 루터의 유대인 혐오가 히틀러의 인종주의 정책과는 거의 공통점이 없음에도 불구하고, 나치가 자신들의 반유대주의의 선구자로 루터의 이름을 들먹인 것은 놀라울 것이 없다.

루터의 유산은 그의 삶의 성인군자 같은 모습에서 기인한 것이 아니다. 그도 실수를 많이 저질렀다. 악행이 선행보다 더 두드러진 경우도 있었다. 약점과 죄, 맹점에도 불구하고, 루터는 인간의 상태와 예수 그리스도를 통한 인간 구원의 위대한 가능성이라는 역설적 특징에 대한 자신의 믿음을 놀랍도록 명료하게 설명할 수 있었다. 루터의 진짜 유산은 하나님의 은혜로운 성품에 대한 믿음이었다. 칼 바르트(Karl Barth)는 다음과 같이 물었다.

"무엇보다도 기독교 교회의 교사인 루터의 말을 듣는 것 말고 우리가 다른 어떤 방법으로 그를 기릴 수 있겠는가?"

참고문헌 | R. H. Bainton, *Here I Stand: A Life of Martin Luther* (Nashville: 1990); M. Brecht, *Martin Luther*, trans. J. L. Shaaf, 3 vols. (Philadelphia: 1985-1992); G. Ebeling, *Luther: An Introduction to His Thought*, trans. R. A. Wilson (Philadelphia: 1970); T. George, *Theology of the Reformers* (Leicester: 1990); H. A. Oberman, *Luther: Man Between God and the Devil*, trans. E. Walliser-Schwarzbart (New Haven: 1986); D. Steinmetz, *Luther in Context* (Bloomington: 1986).

T. GEORGE

마틴 부처(Martin Bucer[Butzer], 1491-1551)

개신교 종교개혁가. 그는 도시 국가 스트라스부르(Strasbourg) 개혁의 지도자(1523-1548)였고, 생애 말기에는 케임브리지대학교 교수(1549-1551)로 있으면서 잉글랜드에 영향을 끼쳤다. 부처는 16세기 개신교 주요 범주의 어느 하나로 쉽게 분류되기 힘든 인물이지만, 루터교보다는 개혁파에 가까웠다고 할 수 있다. 부처는 알자스(Alsace)의 셀레스타(Selestat)에서 통 만드는 일을 하던 아버지에게서 태어나, 지역 도미니크회(Dominican) 수도원에 들어가기 전까지 인문주의자들의 영향 아래 있던 좋은 문법 학교를 다니며 유익을 얻었다(1506/7). 여기서 그는 도미니크회 주요 신학자 토마스 아퀴나스(Thomas Aquinas)의 작품을 꼼꼼히 읽을 수 있었을 뿐만 아니라, 당대에 가장 유명한 성경 인문주의자였던 에라스무스(Erasmus)를 통해 라틴어/그리스어 신약을 비롯한 여러 자료를 접했다.

도미니크회의 지시로 하이델베르크의 수도원(1516/17)으로 옮겨 가게 된 부처는 1518년에 하이델베르크에서 열린 어거스틴회 총수사회에 참석했다가 루터의 주장에 압도당했다. 이것이 바로 그가 경험한 복음주의적 회심이었다. 그는 루터가 성경에 바치는 헌신에 대해 알리는 글을 열의를 다해 썼고, 동의하는 모든 내용에서 루터가 에라스무스보다 더 명쾌하다고 인정했다. 그는 곧 루터의 『갈라디아서 주석』이 '순전한 신학 교의들로 가득한 보화'라고 인식했다.

1521년 초, 마침내 도미니크회를 떠난 부처는 그해 4월에는 직업으로서의 수도원 생활을 청산했다. 1522년 중반에 전직 수녀 엘리자베스 실베레이젠(Elizabeth Silbereisen)과 결혼한 사건은 결국 파문으로 이어졌다. 한동안 알자스(Alsace) 주변 및 여러 지역을 떠돌던 불안정한 생활 후에, 1523년 5월에 루터교 복음이 수년간 기반을 확보하고 있던 스트라스부르에 안식처를 제공받았다.

몇 달 안에 그는 요한복음 라틴어 강의와 이후 대성당에서의 설교를 통해 사람들의 인정을 받았다. 1524년에 드디어 세인트아우렐리아 교구의 목사로 임명되며 빠른 속도로 이 도시 종교개혁의 **실질적**(de facto) 지도자로 부상했다. 1528년에 미사가 폐지되었고, 도시로 들어온 다양한 종교개혁 급진파의 도전에 대응하여 1533-1534년 교회 대회들(synods)은 간략한 교리 조항과 새 교회 질서를 승인했다.

부처와 동료 목사들은 시의회(city councils)와 간헐적으로 갈등을 겪기도 했는데, 개혁의 최종 이행권을 가진 것은 시의회였다. 제네바의 칼빈과는 달리, 부처는 시정부로부터 독립된 교회 치리 체계를 만들어 내지 못했다. 다른 정교 협력형 종교개혁가들처럼, 부처도 교회와 시민 사회가 상호 교차하며 공존하는 중세 기독교 세계(Christendom)의 정치, 사회적 구조를 계승했고, 이 구조에 대해 아마도 진지한 문제 제기를 한 적이 없었을 것이다. 전체 주민은 새로운 종교 질서에 순응해야 했고, 유아세례가 의무였다. (부처는 성경이 유아세례를 승인하지 않을지도 모른다는 초기 의심을 떨쳐 냈다).

목회 치리를 자유롭게 시행하지 못하면서 도시 공동체 전 영역의 영적 갱신이 진척되지 않는 것에 낙담한 부처는 1540년대에 자발적으로 서로를 돌보고, 헌신의 핵심 요소로서의 신앙고백(입교, confirmation)을 공언한 이들을 작은 제자도 모임들로 조직하는 실험을 단행했다. 부처는 입교라는 새로운 복음주의 의식을 주도한 기안자 중 하나였다.

스트라스부르 개신교 종교개혁의 명운은 중부 유럽에서 일어난 정치적 대격변에서 자유롭지 못했다. 1547년에 개신교 슈말칼덴연맹(Schmalkaldic League)이 황제 찰스 5세(Charles V, 또는 스페인의 카를로스 1세-역주)에게 패배하면서, 스트라스부르에도 아우크스부르크협정(Augsburg Interim, 1548)이 이행되었다. 몇 가지 유배 조건 중 대주교 토마스 크랜머(Thomas Cranmer)의 잉글랜드 초청을 받아들이는 안을 선택한 부처는 이 협정으로 인한 타협을 참고 견딜 수 없었다.

케임브리지에서 신학 분야 흠정(regius, 왕실 또는 황실이 제정하거나 임명한 직위-역주) 교수가 된 부처와 옥스퍼드로 오게 된 피에트로 마르티레 베르미글리(Peter Martyr Vermigli, 원래의 이탈리아 이름은 Pietro Martire Vermigli-역주) 등 피난민의 존재는 대륙 개신교 인물들이 잉글랜드 종교개혁의 대의에 깊게 남긴 유산을 대표하는 것이었다.

잉글랜드에 머문 수년이 그에게 가장 행복한 시간은 아니었지만, 그는 『공동기도서』(Book of Common Prayer)의 1552년 개정에 영향을 주고, 에드워드 6세(Edward VI)를 위해 복음주의적인 총체적 정치 개혁을 위한 16세기 개신교의 가장 종합적인 헌장으로 유명한 『그리스도의 나라』(The Kingdom of Christ, 1550)를 쓰고, 1550-1551년의 에베소서 강해 과목을 통해 신학 강의의 새로운 전통을 열었다.

부처의 이름으로 살아남은 교회 전통이나 신학적 후손은 없었다. 그의 작품들은 현대 판형으로는 뒤늦게 등장했지만, 영어 번역판은 거의 없다. 뛰어났지만 최고의 자리를 차지하지는 못한 그는 주로 다른 사람에게 끼친 영향, 특히 1538-1541년에 스트라스부르에서 망명 생활을 하던 칼빈에게 끼친 영향으로 알려져 있다. 칼빈주의에 보다 폭넓게 기반을 둔 개신교 개혁파들의 많은 요소가 칼빈 및 다른 이들이 성장하는 동안 부처를 통해 받은 영향을 보여 준다.

목사, 집사, 장로, 박사(doctor, 교사 혹은 강사를 의미)의 네 사도직(1538년의 스트라스부르 아카데미는 1559년 제네바아카데미에 영향을 주고, 이어서 에든버러대학교 같은 종교개혁 이후 대학들의 모델이 되었다), 목회자의 교회 치리(칼빈과는 달리, 그러나 베르미글리[Vermigli]와 낙스[Knox]와 마찬가지로, 부처는 치리를 말씀과 성례와 더불어 참된 교회의 세 번째 표지라고 보았다), 개혁된 교회의 질서 유지의 중요성, 기독교적 사회 및 다른 많은 것들에 대한 비전 등이었다. 부처는 많은 독일 도시들을 위한 개혁파 '교회 질서'(Kirchenordnungen)의 기안자이기도 했다.

부처의 복음주의 신학과 실천은, 차이가 없는 것은 아니지만, 지역적이고 고백주의적인 유형의 주류 개신교와 많은 유산을 공유했다. 엄격한 성경주의, 죄와 은혜와 예정에 대한 어거스틴의 사상을 풍부하게 인용하는 것, 초대교회 교부들의 전통을 아주 순수한 것으로 취급하는 점, 성경 전권을 설교하고 강의하려는 열정, 목회 치리(아마도 종교개혁가들이 쓴 모든 글을 통틀어 가장 목회적인 논문일 『영혼의 참된 돌봄』[The True Care of Souls, 1538]의 핵심 주제)를 통해 거룩한 삶 속에서 복음의 열매를 추구하는 점, 예수 그리스도를 유일한 중재자이자 구원자, 모든 생명을 가진 존재의 주로 붙드는 것 등이 그것이다.

부처의 독특한 점은 유연한 연합을 추구한 그의 넉넉한 역량과 관련이 있었다. 특히, 1520년대 후반 이래로 개신교도 사이에 벌어진 '성찬 전투'에서 이 역할이 두드러졌다. 루터와 츠빙글리가 1529년 마르부르크회의(Marburg Colloquy)에서 합의를 이루는 데 실패한 후, 주저 없는(어떤 이들은 '절개 없는'이라고 했다) 유연함을 보인 부처는 성찬에 대한 비텐베르크협약(Wittenberg Concord, 1536)을 멜란히톤(Melanchthon)과의 사이에서 이끌어 냈다. (이 협약은 스위스 개혁파보다는 루터교를 더 만족시켰다). 부처 자신의 성숙한 성찬관은 간략하게는 설명하기 어렵다. '성례적 연합'을 통해, 빵과 포도주가 입으로 섭취되는 것 같이, 그리스도의 몸과 피가 믿음으로 받아들여지는 것이며, 무엇보다도 성찬의 의미는 그리스도 전체 안에 있는 생명을 주시는 교제라는 데 있다.

이와 유사하게 부처는 독일에서 1539-1541년에 열린 개혁 성향의 가톨릭 신자들과의 대화에도 주도적인 역할을 했다. 비록 '사랑을 통해 역사하는 믿음'(갈 5:6)이 단순한 신뢰로서의 믿음과는 다른 것이라는 어거스틴의 강조점이 부각되기는 했지만, 1541년 레겐스부르크(Regensburg)에서는 심지어 이신칭의에 대한 합의도 이루어졌다.

부처는 이중칭의(twofold justification)도 가르쳤다. 비록 선행이라는 것이 결국은 신자 안에서 역사하는 하나님의 일임에도 불구하고, 선행으로 하나님께서 주시는 보상을 받게 되기 때문이었다. 이 가르침은 그가 윤리에 관심이 컸다는 것을 보여 주는 것이며, 그의 가장 이른 시기의 저작이라 할 수 있는 『아무도 자기를 위해서가 아니라 다른 사람을 위해 살아야 한다』(*That No One Should Live for Himself but for Others*, 1523)의 주요 강조점이었는데, 참된 믿음의 열매는 사랑 안에서 이웃을 섬기는 것이었다.

개신교 복음주의의 또 하나의 독립된 기원으로서의 부처의 지위는 그의 저작들이 입수 가능해지면서 점점 더 부각되고 있다. 칼빈은 부처의 『로마서』(*Romans*, 1536)를 종교개혁 주석 중 가장 탁월한 작품 중 하나이면서, 동시에 가장 학문적인 주석으로 보며 그 탁월함에 갈채를 보냈다.

시편 주석에서 보듯, 부처는 전문적인 히브리어 학자(Hebraist)이기도 했다. 부처는 복음주의 전통의 넘치도록 풍성한 성경적, 신학적, 목회적 뿌리로서의 16세기를 구현한 인물이었다.

참고문헌 | H. Eells, *Martin Bucer* (New Haven: Yale University Press, 1931); D. F. Wright (ed. and tr.), *Common Places of Martin Bucer* (Appleford: Sutton Courtenay Press, 1972); W. P. Stephens, *The Holy Spirit in the Theology of Martin Bucer* (Cambridge: Cambridge University Press, 1970); A. N. Burnett, *The Yoke of Christ: Martin Bucer and Christian Discipline* (Kirksville: Sixteenth Century Journal Publishers, 1994); D. F. Wright (ed.), *Martin Bucer: Reforming Church and Community* (Cambridge: Cambridge University Press, 1994).

D. F. WRIGHT

마이클 클로드 하퍼(Michael Claude Harper, 1931-2010)

잉글랜드 은사주의 성공회, 후에 정교회 사제였던 인물. 그는 케임브리지대학교에서 법학을 공부했다. 1950년에 케임브리지대학교 킹스대학(King's College) 채플에서 성찬식에 참여하던 중에 회심했으며, 리들리홀(Ridley Hall)에서 목회자 훈련을 받았다. 1955년에 부제, 1956년에 사제가 된 후 클라펌커먼(Clapham Common) 소재 세인트바나바스교회(St Barnabas)의 부사제가 되었다. 이 시기에 1952년 노리치(Norwich)에서 열린 기독학생회(IVF) 학생선교모임에서 처음 만났던 진(Jeanne)과 결혼했다. 1958년부터 1964년까지는 존 스토트(John Stott)의 지도 아래 랭엄플레이스(Langham Place)의 올소울즈교회(All Souls, Langham Place) 직원으로 근무했는데, 그는 스토트를 진심으로 존경했다.

하퍼는 1962년 5월에 강연을 준비하던 중 '성령세례'를 받았다. 1964년에는 올소울즈교회에서 사임하고 파운튼트러스트(Fountain Trust)를 세워 교회에 은사주의 갱신을 확산시키고자 했다. 이 조직의 초대 전임 총무로서, 하퍼는 아내와 함께 첫 해에 영국 제도(British Isles) 전역 40개 이상의 도시와 마을을 돌아다니며 비공식 집회를 조직했다. 1966년에는 은사주의 기독교 확산에 지속적으로 공헌한 잡지「리뉴얼」(Renewal) 창간호를 편집했다. 1964년부터 1970년까지 하퍼 부부는 영국 제도에서 100,000마일 이상을 돌아다녔다. 1971년에는 대성당 중심의 길드퍼드(Guildford)집회를 조직했다. 이 조직은 전 세계에서 최초로 로마 가톨릭 신자, 오순절 신자 및 다른 개신교 신자가 한 강단을 함께 사용한 모임이었다. 참석한 지도자 한 사람의 말에 따르면, "은사주의운동이 이제 지도상에 확고히 공간을 확보했다."

1975년에 하퍼는 1971년 이래로 책임자로 섬겼던 파운튼트러스트(Fountain Trust)를 사임했는데, 국제적인 가르침 사역에 집중하고 저술에 필요한 시간을 확보하기 위함이었다. 1977년에 나온『내 백성을 성장시키라』(Let My People Grow)가 이때 출간된 저술로, 이후 많은 은사주의교회에 지대한 영향을 끼쳤다. 1978년에는 램버스주교회의(Lambeth Conference of Bishops) 직전에 캔터베리(Canterbury)에서 성공회 은사주의집회를 개최했다. 대회는 케이프타운(Cape Town) 대주교 빌 버넷(Bill Burnett)이 집전한 시리즈 3 성찬(Series Three eucharist, 성공회 성찬예식의 한 유형-역주)으로 마무리되었는데, 이 대회는 춤추는 주교들, '영광스런 찬송,' '거룩한 혼돈,' '콜린 어크하트(Colin Urquhart)의 강력한 설교,' 치유사역으로 주목받았다.

캔터베리대회(Canterbury conference)는 1978년 7월의 해외사역나눔(SOMA, Sharing of Ministries Abroad) 창설로 이어졌다. 이 조직의 목적 중 하나는 '하나님께서 주시는 은사와 영적 보화를 전 세계의 그리스도의 몸에 나누어주는 것'이었다. 해외사역나눔은 전 세계 여러 곳에서 일련의 주요 대회를 개최하기 시작했다. 처음 것은 1979년 2월에 열렸다.

1986년에 그는 ACTS 1986의 조직위원장이었는데, 약 40개 이상의 나라 출신 7,300명 대표자들이 버밍엄 국립전시장에 모인 주요 은사주의 대회였다. 마이클 그린(Michael Green), 존 윔버(John Wimber) 및 가톨릭 은사주의 갱신 국제 책임자 톰 포레스트(Tom Forrest) 등 20명 이상의 강사가 동원되었다. 추가 대회는 1991년 여름에 성공회갱신선교회(Anglican Renewal Ministries)와 해외사역나눔이 연합으로 후원했다.

하퍼의 아내 진은 남편의 평생 사역에 큰 도움을 주었는데, 특히 파운튼트러스트 초기에 역할이 컸다. 왕립음악학교(Royal Academy of Music)에서 훈련받은 실력 있는 음악가였던 진은 갱신 예배의 질을 높이는 데 기여했다. 1970년대 초에는 베티 펄킹엄(Betty Pulkingham)과 함께 노래집『생명수의 소리』(Sounds of Living Waters)를 발간했다. 1976년에 진은 리디아기도회(Lydia Prayer Fellowship) 잉글랜드 및 웨일스 지도자였다. 또한, 돌봄전문가세미나(Caring Professions Seminars)로 알려지게 되는 모임을 설립해서 남을 돌보는 직업을 가진 이들에게 필요한 영적 자료들을 마음껏 쓸 수 있게 했다.

비록 복음주의 전통에 굳게 뿌리내리기는 했지만, 마이클과 진은 가톨릭 신앙과 오랫동안 깊은 연관을 맺었다. 따라서 1992년 11월 11일에 성공회 총회에서 투표자 3분의 2가 여성 사제 안수에 투표하자, 하퍼는 "내가 잉글랜드 국교회에 머물 시간이 얼마 남지 않았다는 것을 깨달았다"라고 썼다. 1995년 3월 하퍼 부부는 정교회(Orthodox Church)에 합류하며, "이제 집에 왔다"라고 썼다. 같은 해 말에 프랑스 파리 그리스정교회에서 가브리엘 살리비(Gabriel Saliby) 주교에게 안수받은 후, 새로 설립된 영국 안티오크정교회 교구(British Antiochian Orthodox Deanery)의 첫 교구 주임사제가 되었다. 또한, 세계복음화 국제은사주의회의(International Charismatic Consultation on World Evangelisation) 회장직도 계속해서 수행했다.

하퍼는 재능 있는 저술가였고, 「리뉴얼」 편집에 더하여, 깊이 있는 경건 서적들을 지속적으로 출간했다. 가장 중요한 저술들로『그리스도의 몸을 위한 힘』(Power for the Body of Christ, 1964),『성령 안에서 걸으라』(Walk in the Spirit, 1968),『영적 전투』(Spiritual Warfare, 1970),『아무도 예측할 수 없다』(None Can Guess, 1971),『내 백성을 성장시키라』(Let My People Grow, 1977),『연애』(The Love Affair, 1982),『참 빛』(The True Light, 1997) 등이 있다.

마이클 하퍼는 갱신의 지적인 면을 강조하며 깊은 영성을 지닌 관대한 인물이었다. 은사주의 갱신이 복음주의 세계의 권위자 대부분에게 모욕을 당하던 때에 이 운동을 이끈 용기 있는 인물이었다. 모든 사람에게 최선이 무엇인지를 보고 잠재적 지도자들에게 힘을 불어 넣어 실제 능력을 드러낼 수 있게 한 탁월한 지도자임을 증명해 보였다. 그가 잉글랜드국교회(Church of England)와 영국에 은사주의적 복음주의가 확산되고 퍼져 나가는 데 결정적인 영향을 끼친 인물임에는 의심의 여지가 없다. 세계무대에서도 은사주의 기독교가 세계적 현상으로 자리를 잡는 과정에서 자신의 관리 능력으로 힘을 보탠 영향력 있는 대변인이었다.

참고문헌 | The Charismatic Movement in the Church of England (CIO Publishing, 1981); K. Hylson Smith, Evangelicals in the Church of England 1734-1984 (T. & T. Clark, 1988); Renewal, 77 (October/November 1978), 95 (October/November 1981), 185 (October 1991).

N. A. D. SCOTLAND

마이클 패러데이(Michael Faraday, 1791-1867)

저명한 과학자. 그는 1791년 9월 22일에 뉴잉턴버츠(Newington Butts)에서 마가렛 패러데이(Margaret Faraday)와 대장장이 남편 제임스 패러데이(James Faraday) 사이에서 태어났다. 돈 문제 때문에 부모는 요크셔(Yorkshire) 클라팜(Clapham) 근교의 작은 마을을 떠나 이사해야 했는데, 이 동네에서 아버지는 원래 산데만파(Sandemanian, 스코틀랜드에서 존 글라스[John Glas]가 창시하고 그의 손자 로버트 산데만[Robert Sandeman]이 잉글랜드와 미국에 퍼뜨린 개신교 소종파-역주) 교회에 다니고 있었다. 어렸을 때 마이클 패러데이는 바비칸(Barbican)의 폴스올리(Paul's Alley)에 소재한 산데만파 집회소에 정기적으로 출석했고, 여기서 장로이자 부유한 은세공업자인 에드워드 버나드(Edward Barnard)의 딸 새라 버나드(Sarah Barnard)를 알게 되었다. 그들은 1821년 6월 12일에 결혼했다.

5주 후에 교회에서 구원을 주시는 하나님의 은혜를 믿는 믿음과 예수 그리스도를 본받는 삶을 살기로 고백하고 선언하면서 마이클 패러데이는 교회의 회원으로 받아들여졌다. 그의 도덕적 신실함이 교인들에게 깊은 인상을 주었기 때문에 그는 1832년 7월 1일에 집사로, 1840년 10월 15일에 장로로 선출되었다. 다음 3년 반 동안 그는 런던 모임에서 뿐만 아니라 영국 전역과 세계 산데만파 활동에서 주도적인 역할을 했다. 그러나 1844년 3월 31일에 장로의 역할과 권위를 놓고 교회에서 일어난 분열 때문에 교회에서 쫓겨나고 말았다. 이때의 축출로 건강과 정신력이 약해졌다. 그러나 진실하게 회개한 덕에, 1844년 5월 5일에 다시 교회로 받아들여진 후, 1860년 10월에 다시 장로로 임명되었다.

백여 명의 런던 산데만파와 공유한 그의 지극히 사적인 신앙 생활과는 대조적으로, 마이클 패러데이는 그 세대 지도급 물리학자로 큰 유명세를 누렸다. 연사로 설 때마다 왕실 인사를 포함하여, 대규모의 열광적 청중들을 끌어모았다. 한 번도 이런 공적 지위를 자기 종파의 특정 신앙을 퍼뜨리는 데 활용한 적이 없었음에도, 강연에서 자주 종교적 이미지를 사용해서 자기 논증을 설명하곤 했다. 더구나 청중 가운데 한 사람이 언급했듯이, 마이클 패러데이는 "'가장 심오한 종교 의식을 표현했고…돌에서 설교를, 모든 것에서 선한 것을' 읽어 낼 수 있었던, 행복한 피조물 중 하나"였다. 마이클 패러데이는 강연자로서만 아니라 혁신적인 연구로도 명성을 떨쳤다. 제본업계에서 수련공으로 일한 그는 영국 왕립과학연구소(Royal Institution)에서 험프리 데이비(Humphry Davy)의 조수였고, 화학 기구를 만들고 사용하는 훈련을 받았다. 그가 한 초기 연구 다수는 화학과 관련된 것이었지만, 한스 크리스티안 외르스테드(Hans Christian Oersted, 덴마크 과학자-역주)가 선을 타고 흐르는 전기가 근처에 있던 나침반 바늘(magnetic needle)에 영향을 끼친다는 사실을 발견한 후 마이클 패러데이는 새로운 가능성에 눈을 떴다.

그가 같은 종류의 연구를 진행하다 1821년에 전자기 회전(전기 모터의 기본 원리)을 발견한 사실을 발표한 것은 이 흥미진진한 현상에 대한 뉴스가 전해진 직후였다. 1831년에는 전자기 유도를 발견했다. 1830년대 초에는 전기 화학의 법칙을 발견했고, 이후 연구에 깊이 매진한 분야 중에는 광자기 효과, 반자성 현상, 상자성(paramagnetism)에 대한 것도 있었다. 그는 정교한 이론가였지만, 수학은 거의 활용하지 않았는데, 이는 하나님의 창조가 수학 공식에 맞추어 표현될 수 있다는 견해를 거부했기 때문이었다.

그가 수행한 과학 연구 다수는 자연은 하나님이 운명 지어 놓은 체계로, '힘'(우리가 '에너지'라 부르는 것과 상응)의 총량은 보존되어 있다는 가정 위에 기반을 둔 것이었다. 따라서 화학 작용으로 (전지에서) 전기가 생산될 때, 그는 이를 화학 에너지가 전기 작용으로 변한 것이라 생각했다. 1846년 강연에서 언급했듯이, 물질의 특징이 "창조주가 그 물질에 선물로 부여하신 힘에 의존한다"라는 것이었다. 1840년대 초에 그는 힘의 장(force fields, 눈에 보이지 않는 힘이 작용하는 장애 구역-역주)이라는 개념을 수용하고, 멀리서 작용하는 흡인력이나 반발력을 가진 소립자들이 존재한다고 가정한 뉴턴주의 물질 이론을 거부했다. 그의 힘의 장(force fields) 이론은 하나님이 (뉴턴주의 이론에는 필수적인) 빈 공간을 허용하셨을 것이라는 주장을 거부한 것이기 때문에 신학적 의미도 담겨 있었다.

가족용 성경의 여백에 남겨진 수많은 기록은 마이클 패러데이가 성경공부에 정말 열심이었다는 것을 보여 주는 증거다. 다른 산데만파 신자처럼, 그가 한 권고들은 다른 말을 최소화하고 거의 전적으로 성경을 인용한 것이었다. 러블리스 백작부인(Countess of Lovelace) 에이다(Ada)가 그의 신앙에 대해 물었을 때, 마이클 패러데이는 자기 신앙을 다음과 같이 표현한 바 있다.

> "나는 만약 알려졌다면, 산데만파라는 이름으로 알려진, 아주 작고 멸시받은 종파에 속해 있습니다. 우리의 소망은 그리스도를 믿는 그 믿음 위에 세워졌지요."

1867년 8월 23일에 사망할 당시, 마이클 패러데이는 빼어난 '기독교 철학자'로 널리 인정받았다.

참고문헌 | G. Cantor, *Michael Faraday: Sandemanian and Scientist* (London: Macmillan; New York: St Martin's Press, 1991); D. Gooding and F. A. J. L. James (eds.), *Faraday Rediscovered: Essays on the Life and Work of Michael Faraday, 1791-1867* (London: Macmillan, 1985; New York: American Institute of Physics, 1989).

G. CANTOR

마크 오덤 햇필드(Mark Odom Hatfield, 1922-2011)

정치가이자 저술가. 그는 미국 상원의원, 주지사, 오리건 장관, 상원의원, 하원의원으로 약 50년 동안 고향 오리건를 위해 봉사하였다. 국제합동통신(UPI[United Press International], 1907년 설립된 UP가 1958년에 INS와 합병하여 탄생한 미국 통신사-역주)의 웨슬리 피퍼트(Wesley Pippert)가 '전국 4천만 복음주의자에게 가장 유명한 정치인'으로 묘사한 햇필드 상원의원은 같은 종교를 믿는 신자 및 동료 공화당원과는 다른 특징을 보인 진보적 복음주의를 구현한 인물이었다. 철도 대장장이와 학교 교사의 아들이었던 햇필드는 어린 시절에 보수적인 침례교회에 다녔다. 윌러미트대학교(Willamette University)를 졸업(1943)한 후에는 제2차 세계대전에서 해군 중위로 복무하면서, '이워지마와 오키나와를 포함한' 전체 전투 중에 가장 '치열했던 작전 중 일부'를 목격했다. '원폭 투하 이후' 히로시마 방문과 더불어, 이런 경험은 햇필드가 전쟁과 평화관을 재고하고 평화주의에 '매우 가까워'지게 하는 데 기여했다.

1948년에 스탠퍼드대학교(Stanford University)에서 석사학위를 취득한 후에는 윌러미트대학교(Willamette University)에서 정치학 교수와 학생처장으로 일했다. 학생처장으로 지내는 동안 1954년에 회심과 유사한 "예수 그리스도와 만나는 체험"을 했다. 윌러미트에 있던 기간에 햇필드는 주 하원(1950), 주 상원(1954), 주 내무장관(1956)직에 차례로 선출되며 주 정치 경력을 쌓았다.

오리건 주지사(1959-1967)로서 햇필드는 이 자리를 전국 정치 무대의 기반으로 삼았다. 1964년 공화당 전당 대회 주장사였던 그는 베트남에서의 갈등과 공화당 내 '극단주의' 모두를 비판했다. (그는 후에 1964년 대회에 참석한 대의원의 3분의 1이나 되는 숫자가 초강경 보수파 존 버치협회[John Birch Society] 소속이었다고 평가했다). 전국 주지사회 1966년 모임에서는 린든 존슨(Lyndon Johnson) 대통령의 베트남 정책을 지지하는 결의안을 반대한 유일한 주지사였다.

이런 독불장군 같은 견해에도 불구하고, 1960년대가 되면 햇필드는 미국 정치계 주요 인사로 부상한다. 1966년에 미국 상원의원으로 선출된 그를 빌리 그레이엄(Billy Graham)이 공화당 대통령 후보 리처드 닉슨(Richard Nixon)의 잠재적 부통령 후보로 추천했고, 1972년에는 민주당의 조지 맥고번(George McGovern)의 부통령 후보로 천거되었다. 닉슨의 동남아시아 정책에 대한 가장 강력한 비판자 중 하나였던 그는 1970년에 (전쟁 자금을 삭감하는 조치인) 햇필드-맥고번 수정안을 공동 발의하고 캄보디아 폭격을 비난했다.

베트남 전쟁에 반대한 햇필드는 미국 복음주의자 다수와 관계를 단절했는데, 많은 이들이 그의 애국심을 의심했기 때문이었다. 이런 비판에도 불구하고 햇필드는 같은 복음주의자에게 그들의 전쟁 지지를 재고하라고 촉구했다. 1970년에 풀러신학교(Fuller Seminary)에서는 우리가 현대 미국의 우월한 군사력을 믿는 것은 '우리는 하나님을 믿습니다'라는 표어에 정면으로 위반되는 것이라 지적하며, 미국 국기로 성경을 감싸는 우리 땅의 신학적으로 '침묵하는 다수'를 비판했다.

상원의원으로서의 긴 경력 기간에 햇필드는 단 한 번도 군대 승인 법안을 지지하지 않았다. 「워싱턴 포스트」(Washington Post) 칼럼니스트 메리 맥그로리가 공화당의 '가장 악명 높은 비둘기파'라 칭한 햇필드는 베트남전쟁, MX 미사일, B-1 폭격기, 핵실험, 페르시아만전쟁(걸프전쟁)에 반대하는 투쟁을 이끌었다. 1982년에는 핵 동결을 요구하는 케네디-햇필드 결의안을 공동 발의했고, 1992년에 지하핵실험반대 조약(Underground Test Ban Treaty) 통과를 확고히 하는 데도 기여했다.

햇필드의 매파 입장을 떠받친 기둥은 정치학자 로버트 부스 파울러(Robert Booth Fowler)가 '사랑의 정치'라 칭한 인격주의(personalist) 정치 비전이었다. '사회복음'과 '개인 회심'을 '인위적으로 양극단화'하는 것에 반대한 햇필드는 "평화 사명이 전도 과업과 분리될 수 있는 것이 아니다"라고 주장했다. '사랑의 정치'는 근본적으로 햇필드의 가난 및 불평등 주제에 대한 생각을 바꾸어 놓았다. 많은 주류 복음주의자가 국가를 불신했음에도 불구하고, 햇필드는 정부의 힘으로 가난한 자를 도울 수 있다고 믿고, 교육, 주택, 기아 대책을 위한 목소리를 냈다.

동시에 햇필드는 거대 기업들과 연방 정부의 힘이 점점 더 커지는 것을 애통해하며 미국의 중앙 집권화에 비판적인 시각을 갖고 정부 프로그램에 대한 이전의 지지를 완화했다. 작은 사업체들, 지역 공동체 개발 프로그램, 이웃 정부의 더 큰 역할을 옹호한 그는 (웨슬리 피퍼트[Wesley Pippert]의 책 『정상에 있는 신앙』[Faith at the Top]에 실린) 1972년 연설을 '정치 및 경제 권력'의 중앙 집권화를 탈피하기 위한 요청으로 활용했다.

비록 그의 주장이 공화당 다수와의 거리를 더 넓히는 결과를 낳기도 했지만, 햇필드는 "우리 당의 창립자들은 작은 기업, 교육을 지지하고, 군사예산 삭감을 옹호했다"라고 주장하며, 자신을 1950년대 '급진적 공화주의'의 대변자로 인식했다. 또한, 비록 평화와 정의 문제에서는 자유주의적이었지만, 햇필드는 낙태를 강력 반대했다. 대부분의 복음주의자와는 달리, 그는 태어나지 않은 생명에 대한 옹호와 전쟁 및 가난, 사형반대를 연결 지었고, 1980년대 후반에는 일관된 생명윤리 조직인 저스트라이프(JustLife)로부터 높은 신뢰 점수를 받았다. 1994년에 햇필드는 「크리스채너티 투데이」(Christianity Today)에 '이들은 하나의 사회로서의 우리가 생명의 신성함을 어떻게 인식하는가 하는 문제의 핵심을 파고드는 주제들'이라 주장하며, 생명공학 분야에서의 도덕적, 윤리적 숙고를 촉구하는 글을 기고했다.

기독학생회(IVF) 윌러미트대학교 지부 캠퍼스 고문으로 있던 시절부터 햇필드는 복음주의 하부 문화와 밀접한 관계를 유지했다. 복음주의 정치에 대한 저술에서 로버트 부스 파울러는 햇필드를 의회 의원 헨리 앤더슨(Henry Anderson)과 존 B. 앤더슨(John B. Anderson), 사회학 학자 데이비드 모버그(David Moberg), 철학자 리처드 마우(Richard Mouw), 신학자 로널드 사이더(Ronald Sider) 등의 인물이 포함된 1970년대 '개혁 중심적 복음주의자'(reform-oriented evangelicals) 무리와 연결지었다. 워싱턴에 있을 때 햇필드는 (고 리처드 C. 할버슨[Richard C. Halverson]이 목사였던) 포스장로교회(Fourth Presbyterian Church)와 조지타운침례교회에 다녔다. 또한, 기독대학협의회(Council for Christian Colleges and Universities), 사회 참여 복음주의자들(Evangelicals for Social Action), 월드비전(World Vision)과 브레드포더월드(Bread for the World)의 든든한 후원자였다.

윌러미트대학교, 조지폭스대학교(George Fox University), 웨스턴보수침례신학교(Western Conservative Baptist Seminary), 다그함마르셸드대학(Dag Hammarskjold College)의 이사로도 섬겼다. 정치 경력의 전 과정에서 햇필드는 신앙과 공공 생활에 대한 묵상을 담은 『그렇게 단순하지 않다』(Not Quite So Simple, 1968), 『갈등과 양심』(Conflict and Conscience, 1971), 『바위와 단단한 장소 사이에서』(Between a Rock and a Hard Place, 1976), 『그리스도 고백과 정치 행위』(Confessing Christ and Doing Politics, 1982), 『비위에 거슬려: 급진적 공화주의』(Against the Grain: Reflections of A Radical Republican, 2000) 등의 책을 출간했다.

한때 동료들에게 '세인트 마가'(St Mark)로 불린 적도 있는 햇필드의 명성은 1980년대와 1990년대에 있었던 일련의 윤리 조사 때문에 다소 빛이 바랬다. 1992년에 상원윤리위원회는 햇필드가 선물과 여행 비용으로 사용한 43,000달러를 보고하지 않았다는 이유로, 의회의 공식 불신임까지 가지는 않았음에도 불구하고 그를 비난했다. 서면 진술서에서 그는 이런 '실수들'에 대한 개인 책임을 통감했다. 이런 잘못들이 인정되고 심판받았음에도 불구하고, 그는 동료들의 큰 존경을 받았다.

공직 생활의 '값비싼 대가'를 치른 햇필드는 1997년에 온건파 공화당 윌리엄 코헨(William Cohen)과 낸시 캐서봄(Nancy Kassebaum)과 함께 상원에서 은퇴했다. 빌 클린턴 대통령은 햇필드의 은퇴 행사에서 "그가 자기 적들을 사랑하려고 했기 때문에 그에게는 적이 없었다"라고 말했다. 상원에서 은퇴한 뒤 햇필드는 (후버[Hoover]의 모교인) 복음주의학교인 조지폭스대학교에서 허버트 후버 공로교수(Herbert Hoover Distinguished Professor)로 일했다. 그의 아내는 앤트워네트 커즈마니치 햇필드(Antoinette Kuzmanich Hatfield)였다. 이들에게는 네 자녀, 엘리자베스, 마크 오덤 주니어, 테리저, 찰스 빈센트가 있었다.

참고문헌 | R. Eells and B. Nyberg, *Lonely Walk: The Life of Senator Mark Hatfield* (Portland: Multomah Press, 1979); M. Hatfield and D. Solomon, *Against the Grain: Reflections of A Radical Republican* (Ashland: White Cloud Press, 2000); R. B. Fowler, *A New Engagement: Evangelical Political Thought, 1966-1976* (Grand Rapids: Eerdmans, 1982); W. Pippert, *Faith at the Top* (Elgin: Cook, 1973); M. Hatfield, *Conflict and Conscience* (Waco: Word, 1971).

J. SCHMALZBAUER

매리앤 파닝엄(Marianne Farningham, 1834-1909)

저술가이자 찬송가 작가. 그녀는 그 시대 많은 복음주의 가정에 널리 알려진 유명 인사였다. 유명 설교자 찰스 해돈 스펄전(Charles Haddon Spurgeon)을 처음 만났을 때, "아, 이 분이 바로 그 유명한 매리앤 파닝엄이시군요"라는 말을 듣기도 했다. 기독교 신문에 기고한 글과 책 판매를 통해 매리앤의 영향력은 수천 가정에 널리 퍼졌다.

다섯 아이 중 맏이였던 매리앤은 1834년 12월 17일에 태어나 매리-앤 헌(Mary-Ann Hearn)이라는 이름을 받았다. 후에 그녀는 자기가 태어난 켄트(Kent)의 마을 파닝엄을 필명으로 정했다. 부모 조셉 헌(Joseph Hearn)과 레베카 헌(Rebecca Hearn)은 근교 에인스퍼드(Eynsford) 마을에 있던 엄격침례교회(Strict Baptist church)에 다녔다. 파닝엄은 비교적 어린 나이인 14살에 이 교회 교인이 되었고, 후에 자기가 어렸을 때 이 교회에서 얼마나 행복했는지를 기억하는 글을 남겼다.

그녀의 가족도 함께 모여 규칙적으로 기도회를 가졌는데, "가끔 아침이나 저녁을 빼먹을 때도 기도 모임을 가졌다"라고 회상했다. 어머니가 일찍 돌아가셨기 때문에 파닝엄은 마을의 우체국장으로 일했던 아버지를 돕는 일에 시간을 써야 했다. 일을 해야 했던 데다 수년간 지역에 비국교도 학교가 없었기 때문에 교육을 제대로 받지 못했고, 이것이 파닝엄에게는 언제나 한으로 남아 있었다. 그러나 그녀는 닥치는 대로 배우고 읽는 일에 열심을 내서, 그녀의 표현에 따르면 밤새 지방(tallow, 소나 양의 지방 조직-역주)을 태웠는데, 이는 기름을 사서 태울만한 여유가 가족에게 없었기 때문이었다.

1852년에 파닝엄은 브리스톨(Bristol)에서 짧은 교육을 받았고 이 도시를 사랑하게 되었다. 그러나 1년 후, 죽어 가는 누이를 간호하러 다시 파닝엄으로 돌아가야 했다. 얼마간 파닝엄은 시를 썼고, 누이의 침대 옆에서도 시를 쓰며 시간을 보냈는데, 출판업에 종사하던 목사 조나단 위트모어(Jonathan Whittemore)의 격려도 받았다. 위트모어가 복음주의 주간지 「더 크리스천 월드」(The Christian World)를 창간하자, 파닝엄은 기고자가 되었다. 1857년 4월 9일에 나온 창간호를 시작으로, 이후 15년 이상 그녀의 작품이 이 신문에 규칙적으로 실렸다. 1859년에 한 학교의 유아부 부장이 되기 위해 노샘프턴(Northampton)으로 이동하면서, 처음에는 작가 일과 학교 일을 병행해야 했다. 노샘프턴에서 파닝엄은 대학스트리트침례교회(College Street Baptist church)에 다니며, 아주 좋아했던 직책이던 소녀반 교사를 맡아 수년간 봉사했다.

1867년에 파닝엄은 현직을 내려놓고 「더 크리스천 월드」의 전임 직원으로 오라는 초청을 받고 흥분을 가라앉힐 수 없었다. 이때부터 그녀는 확실히 작가로서의 삶을 살게 되었다. 이 신문은 1880년 130,000부가 발행되는 전성기를 누렸고, 파닝엄의 이름도 많은 가정에 알려지기 시작했다. 신문을 찍어 낸 제임스클락출판사(James Clarke & Co.)는 파닝엄이 기고한 여러 글들을 정기적으로 출판했다.

아이들 대상의 자연이나 신앙 생활에 대한 간단하고 짧은 산문이나 시, 이야기가 파닝엄 작품의 다수를 차지했는데, 이들이 모두 아주 인기 있었다는 기록이 있다. 또한, 그녀는 1860년 1월에 첫 발간된 다른 복음주의 신문 「더 선데이스쿨 타임스 앤 홈 에듀케이터」(The Sunday-School Times and Home Educator)에도 글을 기고했다. 1885년부터 20년간 이 신문의 편집도 맡았는데, 스스로 말했듯, 정말 쉬운 일이 아니었다.

때로 파닝엄의 작품이 책 형태로 출판되기도 했는데, 그중 처음 것은 『복 있는 인생의 시와 노래』(Lays and Lyrics of the Blessed Life, 1860)라는 제목의 시 모음집이었다. 이어서 나온 다른 시집 중 가장 마지막 것은 『기쁨과 믿음의 노래』(Songs of Joy and Faith, 1909)로 사후에 출간되었다. 그녀의 시는 감성주의 성향을 띤 아주 간소한 시였다. 찬송도 썼는데, 지금도 여러 찬송가에서 그녀가 작사한 곡들을 찾을 수 있다.

시리즈 소설도 있었는데, 대표작이 『파리의 창문』(A Window in Paris, 1898)으로, 보불전쟁(Franco-Prussian War)을 배경으로 전쟁의 비극을 보여 주려는 의도에서 쓴 이야기였다. 그러나 그녀는 자신이 소설가는 아니라고 인식했다. 파닝엄의 저술 일부는 젊은이에게 믿음의 삶을 따르라고 권고하려는 목적에서 집필되었는데, 『소녀 시절』(Girlhood, 1869)과 『소년 시절』(Boyhood, 1870), 『가정 이야기』(Homely Talks about Homely Things, 1886)가 대표적이었다. 젊은이들이 자라서 평생 예수님의 제자가 되기를 바란 그녀의 지속적인 소망이 효용성과 의무라는 빅토리아 시대의 용어로 표현된 것이다.

제임스클락출판사와 함께 작업한 다양한 작품들에 더해, 동시에 파닝엄은 에바 호프(Eva Hope)라는 필명으로 여러 전기를 쓰고 시집을 편집한 후 이들을 웨이터스콧출판사(Waiter Scott & Co.)에서 출간했다. 그녀가 첫 번째 쓴 전기(1875)는 그레이스 달링(Grace Darling)에 대한 것이었는데, 비평가 한 사람은 이 책을 "믿을 수 없을 만치 형편없다"라고 평하기도 했다. 이 이름으로 여러 시집도 편집하고 링컨 대통령, 빅토리아 여왕, 고든 장군 등의 전기도 써서 출판했다. 2개의 필명으로 총 45권 이상을 저술했다. 제일 좋은 작품 중 하나는 자서전 『일하는 여성의 인생』(Working Woman's Life, 1907)으로, 자신의 어린 시절과 일터에서 일어난 많은 재미있는 이야기와 통찰을 담고 있다. 여기서 파닝엄은 자신의 독신 생활에 약점을 보완하는 많이 보상이 있었다고 설명하고, 하나님이 주신 일에 대한 만족감, 많은 친구들, 여행이 가능한 삶의 즐거움을 강조했다.

파닝엄의 많은 저술에는 가정에 대한 빅토리아 시대의 낭만주의, 가정과 모성이 여성에게 자연스러운 것이라는 믿음에 대한 저항이 담겨 있다. 그러나 동시에 파닝엄은 자신과 같은 독신 여성들이 재정적으로 독립해야 한다는 굳은 믿음도 보여 주었다. 또한, 여성이 남성과 지적으로 동등하고, 학위를 받아야 하며, 심지어 기혼 여성도 가사에 여유가 있다면 의사나 설교자가 될 수 있다고 주장했다. 또한, 그녀는 여성을 위한 새로운 발전의 기반을 만든 이들을 존경했다.

에바 호프의 이름으로 출판된 『문학의 여왕』(Queens of Literature, 1886)에서 그녀는 프랜시스 코브(Frances Cobbe), 해리어트 마티뉴(Harriet Martineau), 메리 소머빌(Mary Somerville) 같은 여러 여성들의 생애를 묘사했다. 파닝엄에 따르면, 소머빌은 여성의 뇌가 남성의 뇌만큼 강하지 않다는 생각을 단번에 무너뜨렸다. 따라서 파닝엄의 여성관은 전통적인 태도와 새로운 사상을 복합적으로 혼합한 것이었다.

이런 모든 믿음이 신앙에서 나온 것이기에 그녀에게는 이런 태도가 모순될 것이 없었다. 광범위한 독자군을 고려할 때, 파닝엄의 이런 견해는 당대의 많은 복음주의자에게 영향을 주었을 것이다. 많은 동시대인과 공통적으로, 파닝엄의 삶은 케직 영성(Keswick spirituality)의 영향을 받았다. 케직의 전신으로 1875년 5월에 열린 브라이턴집회(Brighton Convention)에서, 스스로 표현한 바, 더 높은 기독교인의 삶, 하나님 사랑, 그리스도의 지속적 임재, 그리스도께 복종 등의 새로운 체험을 했다. 이 영향이 그녀의 후기 저작에 드러난다. 또한, 점차 만인구원론에 동정적인 입장으로 이동하는 등 19세기의 전반적인 낙관주의도 공유했다. 파닝엄은 1877년부터 수년 동안 겨울 강연회를 개최했고 이 강연회에는 늘 청중들이 몰려들었다. 자신이 처음에는 "수줍어하고 뒤로 뺐다"라고 설명하고 있지만, 곧 대중을 상대로 이야기하는 것을 즐거워하게 되었다. '오늘날의 여성들'을 주제로 한 첫 시리즈는 특히 인기가 있었다. 강연에서 나온 수입으로 노샘프턴에 집을 산 파닝엄은 아버지와 함께 살았고, 후에는 조카 한두 명과도 함께 살았다. 또한, 6년간 노샘프턴학교위원회의 유일한 여성위원이었는데, 이 역할을 맡으면서 여성이 공직에서 겪는 어려움을 뼈저리게 실감하기도 했다.

생애 말년에 파닝엄이 구입한 노스웨일스 바머스(Barmouth)의 휴가용 집은 노년에 큰 기쁨이 되었다. 그녀는 거기서 1909년 3월 16일에 사망했다. 그녀가 다니던 노샘프턴 소재 교회의 기념판에는 "작가, 교사, 친구로, 많은 이들의 삶을 더 풍요롭게 하기 위해 아주 많은 일을 했다"라는 문구가 새겨졌다.

참고문헌 | S. Burgoyne Black, *A Farningham Childhood* (Sevenoaks: Darenth Valley Publications, 1988); M. Farningham, *A Working Woman's Life* (London: James Clarke & Co., 1907); L. Wilson, 'Marianne Farningham: Work, Leisure and the Use of Time,' in R.

Swanson (ed.), *Studies in Church History*, vol. 37 (Woodbridge, Suffolk: Boydell, 2002); L. Wilson, "'Afraid to be Singular': Marianne Farningham and the Role of Women, 1857-1909,' in S. Morgan (ed.), *Women, Religion and Feminism in Britain, 1750-1900* (Basingstoke: Palgrave MacMillan, 2002).

L. WILSON

맥스 알렉산더 커닝햄 워렌(Max Alexander Cunningham Warren, 1904-1977)

영국 복음주의 선교정책가이자 저자. 그는 아일랜드 던 라오그헤어(Dun Laoghaire, Ireland)에서 1904년 8월 13일에 태어났다. 그의 부모는 북인도에서 선교사로 활동했다. 아버지는 아일랜드국교회(성공회-역주)에서 안수를 받았다. 인도에서 어린 시절을 보낸 후 워렌은 잉글랜드 말보로(Marlborough)에서 교육을 받고 케임브리지(Cambridge) 지저스대학(Jesus College, 1923-1926)에서 역사학과 장학금을 받으며 공부했다. 그는 역사와 신학 과정에서 최고 성적을 받았으며, 교회사 전공의 라이트푸트(Lightfoot) 장학생이기도 했다.

역사 공부에 대해서 계속적인 관심을 가지고 19세기 영국 제국과 식민주의 연구에 국한하지 않고 다양한 주제에 관심을 가지며 연구했다. 아내 메리(결혼 전 성은 콜렛트[Collett])는 케임브리지에서 역사학석사를 받았다(거턴대학 [Girton College], 1922-1925).

리들리홀(Ridley Hall)에서 안수 훈련(ordination training)을 받은 후, 워렌은 1924년에 형성된 '하우사밴드'(Hausa Band)의 구성원으로 북나이지리아에 평신도 선교사로 가기로 결심했고, 이어서 1927년 12월에 나이지리아에 도착했다. 그곳에서 무슬림 지역 자리아(Zaria)와 카노(Kano)를 근거지로 교회선교회(Church Missionary Society) 장기 의료선교사로 섬기고 있었던 의사 W. R. 밀러(Dr. W. R. Miller)와 함께 활동했다. 아쉽게도 자리아에서의 활동 기간이 1년이 채 안 되는 시점에서 워렌의 건강이 악화되고 말았다. 당시 그는 밀러를 존경하긴 했지만 그의 선교전략에 대해서는 동의하지 않았다.

결핵에서 회복되는 긴 시간 동안, 워렌은 한 기독교 상담가를 통해 심오한 영적 경험을 하게 되었는데, 이는 자서전 『빈틈없는 켄버스』(*Crowded Canvas*, 1974), 65-68페이지에 기록되어 있다. 이 경험으로 워렌은 당시 약하고 절망적인 시간을 보내고 있던 중에 찾아온 하나님의 인격적인 사랑을 발견했다. 3년간의 휴식 이후 메리(Mary)와 결혼하고, 같은 달 1932년 5월에 윈체스터대성당(Winchester Cathedral)에서 안수를 받았다. 부부에게는 이후 두 자녀가 있었는데, 로즈마리(Rosemary, 1934년 출생)와 펫(Pat, 1936년 출생)이었다. 펫은 나중에 교회선교회(CMS) 선교사 로저 후커(Roger Hooker)와 결혼해서 함께 인도에서 선교사로 활동했다.

워렌은 성장하는 복음주의 교회인 보스콤(Boscombe)의 세인트존스교회(St John's church)에서 부사제로 사역을 시작했다. 그는 젊은 나이에도 불구하고 교구의 사역을 기획하고 실행하는 업무를 맡았다(1932-1936). 복음전도에 대한 열정은 본머스(Bournemouth)에서 벌인 대규모 복음주의 선교활동을 통해서도 나타났다. 옥스퍼드와 케임브리지에서 백여 명의 학생이 참여했는데, 워렌의 어린 시절 친구이자 옥스퍼드목회자단(Oxford Pastorate) 교목이었던 브라이언 그린(Bryan Green)이 모임을 이끌었다.

그린은 이를 "아주 현명하게 기획된 것"이라고 평했다. 이 학생 선교는 워렌의 다음 임지인 케임브리지 홀리트리니티교회(Holy Trinity church, 1936-1942)에서 교구사제로서 활동하기 이전의 예비 단계였다. 이 교회는 찰스 시미언(Charles Simeon)이 사역했던 교회였다.

워렌은 케임브리지목회자단 총무로 활동했는데, 이 일은 옥스퍼드에서 했던 것과 유사하게, 대학에 소속된 이들을 위한 기독교 사역을 추진하는 일이었다. 제2차 세계대전이 야기한 도전을 워렌은 구약성경의 예언자들, 특히 하박국에 주목함으로써 직면했는데, 이들은 재앙적 사건들에 직면했을 때 하나님을 신뢰한 역사 해석자들이었기 때문이다.

1942년 워렌은 복음주의신학문헌연구회(Evangelical Fellowship of Theological Literature)라는 모임을 시작했다. 이 모임은 복음주의자들의 학문성을 갱신하고, 1922년 분열(예를 들어, 교회선교회와 더 보수적인 성경성직자선교회[Bible Churchman's Missionary Society, BCMS] 간 분열) 이후 '복음주의'라는 하나의 이름 아래 보수주의자와 자유주의자를 하나로 모으려는 목적으로 탄생했다.

같은 해 워렌은 교회선교회 총재가 되었다(1942-1963). 그는 이 자리를 상당히 만족해하면서, 엄청난 영향력을 발휘했다. 이 조직과 여기에서 발휘한 지도력 외에도, 그는 교회선교회의 소식지를 편집하고 발행하는 등 많은 부분에 관여했다. 기독교 선교와 세계질서, 경제, 정치, 종교 등의 주제에 대한 통찰들을 담아 발행되었던 이 월간지를 약 14,000명이 구독했다. 선교지 상황과 선교사역에 대한 워렌의 통찰력 있는 분석으로 이 소식지는 선교사와 성직자 뿐만 아니라 정치가와 외교관이 구독할 정도로 인기를 끌었다.

워렌이 교회선교회 총무로 일하던 시기는 식민지 시대 이후 조정기와 겹쳤고, 독립운동이 1947년 인도뿐만 아니라 교회선교회가 활동하고 있던 서부, 중부, 동부 아프리카 국가들에게도 확산되었다. 동시에 가나, 나이지리아, 우간다, 케냐, 탄자니아 민족교회도 성장하고 있었다. 이 새로운 현실에 적응하기 위해서는 능력이 있어야 했는데, 선교정책가로서 워렌이 보여 준 능력과 지도력은 탁월했다. 소직지의 주 관심사는 되살아나는 세계종교와 기독교의 관계에 대한 것이었다. 워렌 스스로는 케네스 크랙(Kenneth Cragg)의 책 『미나레트의 부름』(*The Call of the Minaret*, 1956)에 큰 감명을 받았다. 이 책에서 크랙은 이슬람에 대한 뛰어난 지식과 애정으로 기독교와 이슬람의 대화를 시도하면서도, 기독교만이 가진 고유한 특징들을 훼손하지 않았다.

독자에게 이 책을 읽으라고 요청한 동시에, 워렌은 타종교 전통을 개인적으로 경험한 적이 있는 저자들의 글을 모은 『기독교인의 현존』(*Christian Presence*)이라는 시리즈 출판물 발간을 시작했다.

편집자 서문에서 그는 이 책의 목표를 다음과 같이 설명했다.

"우리가 접근하고 있는 곳은 거룩한 곳이므로, 내 신을 벗고…다른 사람, 다른 문화, 다른 종교에 접근하는 것이다. 우리가 사람들의 꿈을 짓밟고 있다는 사실을 발견할 수도 있다… 우리는 그들이 앉은 곳에 앉아서 그들 역사의 고통과 슬픔, 기쁨을 함께 느낄 수 있어야 하고…우리는 말 그대로 그들과 '함께 있어야' 한다"(J. V. Taylor, *The Primal Vision* [1961], pp. 10-11).

크랙은 이 시리즈에 『모스크에서의 샌들』(Sandals at the Mosque, 1959)을 추가했는데, 이 시리즈에는 J. V. 테일러(J. V. Taylor, 아프리카 종교)와 조지 애플턴(George Appleton, 불교)의 연구도 들어 있었다.

뿐만 아니라 워렌은 같은 시기에 온타리오(Ontario) 휘트비(Whitby, 1947)에서 열린 국제선교협의회(International Missionary Council, IMC) 회의에도 참석했다. 그는 윌링엔(Willingen, 1952), 일리노이 에번스턴(Evanston, 1954), 가나(Ghana, 1957/8)에서 열린 이 협의회 총회의 의장 역할을 맡기도 했다. 그는 국제선교협의회(IMC)와 세계교회협의회(WCC) 합병을 강하게 반대했다. 국제선교협의회는 다양한 선교기관들에 대한 신뢰성을 지켜왔기에, 이 다양한 단체들이 더 큰 한 기관에 흡수될 경우 이 신뢰성이 상실된다는 이유였다. 그의 청원에도 불구하고 1961년 세계교회협의회 뉴델리총회에서 결국 국제선교협의회는 세계교회협의회에 합병되었다.

1963년에 워렌은 교회선교회에서 은퇴한 후, 웨스트민스터사원의 참사회원과 부주임사제로 임명되었다(Westminster Abbey, 1963-1973). 케임브리지 신학부에서도 두 시리즈의 강의를 맡아 달라는 부탁을 받았다. 첫 강좌 시리즈는 『현대사에서 본 영국 선교운동』(The Missionary Movement from Britain in Modern History, 1965)이라는 이름으로 출판되었고, 두 번째 강좌 시리즈는 『사회사와 기독교 선교』(Social History and Christian Mission, 1967)로 출판되었다. 교회선교회에서 일할 때, 그리고 이후의 여유 시간에 그는 1842년에서 1872년까지 교회선교회 총무로 활동했던 위대한 스승 헨리 벤(Henry Venn)이 남긴 엄청난 분량의 문서와 서신을 연구하고 분류했다. 이 연구는 『복음을 적용하라』(Apply the Gospel, 1971)라는 제목의 책으로 열매 맺은 벤의 저술 및 선교학 입문서가 되었다.

웨스트민스터사원에서 은퇴한 이후에도 워렌은 계속해서 신학 및 선교주제를 연구해서 발표했다. 종교다원주의와 존 힉(John Hick)의 종교신학에 대한 광범위한 비평을 담은 워렌의 논문은 「모던 처치맨」(Modern Churchman, Vol. 18 [1974], 55– 66)에 '그리스도의 고유성'(The Uniqueness of Christ)으로 발표되었는데, 워렌의 전기를 쓴 F. W. 딜리스톤(F. W. Dillistone)은 이를 워렌이 쓴 최고의 논문으로 평했다. 워렌은 이 외에도 『기독교 선교』(The Christian Mission, 1951), 교회와 사회에 대해 연구한 『카이사르 그 사랑받은 적』(Caesar the Beloved Enemy, 1955), 『부흥연구』(Revival–An Enquiry, 1954), 『나는 지상명령을 믿는다』(I Believe in the Great Commission, 1976) 등을 주요 저작으로 남겼다. 1977년 8월 22일에 생을 마감한 워렌의 부고 기사는 8월 25일자 「더 타임스」(The Times)에 실렸다.

만약 워렌의 생애를 해석하는 단 하나의 열쇠가 있다면, 그것은 선교에서의 자유와 유연성에 대한 강조다. 이를 통해 그는 선교회를 위한 자발성의 원칙을 옹호했는데, 이는 동시에 국제선교협의회가 세계교회협의회에 합병되는 것을 반대한 근거이기도 했다. 워렌은 현대 성공회 확장 역사를 다룬 『아이오나와 로마』(Iona and Rome, 1946)라는 책에 대한 소책자 서평에서 이 주제를 다루었다. 여기서 그는 상하 구조와 교구화를 강조하는 켈트 기독교의 선교접근법을 옹호했다. 워렌은 정적이고, 관료적이고, '외양에 치중하는 태도'를 진취성과 영적 활력의 적으로 보고 일평생 반대했다.

참고문헌 | F. W. Dillistone, *Into All the World: A Biography of Max Warren* (London: Hodder & Stoughton, 1980); M. Warren, *Crowded Canvas: Some Experiences of a Life-time* (London: Hodder & Stoughton, 1974); T. E. Yates, 'Evangelicalism Without Hyphens: Max Warren, the Tradition and Theology of Mission,' *Anvil*, 2.3 (1985), pp. 231-245; G. Kings, *Christianity Connected: Hindus, Muslims and the World in the Letters of Max Warren and Roger Hooker* (Zoetermeer: Boekencentrum, 2002).

T. E. YATES

메노 시몬스(Menno Simons, 1496-1561)

재세례파 지도자이자 신학자. 그는 북부 네덜란드에 속한 프리슬란트(Friesland)의 비트마숨(Witmasum)에서 태어났다. 어린 시절을 수도원에서 지내며 성직자와 수사가 되기 위한 훈련을 받았다. 1524년에 서품을 받고 고향에 이웃한 마을 핑윰(Pingjum)에 세 사제 중 하나로 파송되었다. 거기서 1531년까지 지내다가, 비트마숨의 교구사제가 된다. 1536년까지 이 자리에서 일하다가 사임을 결단하고 오베 필립스(Obbe Philips)가 이끈 급진재세례파(radical Anabaptists) 집단에 신자로서 세례를 받고 합류했다.

시몬스가 종교개혁으로 방향을 전환한 첫 번째 이유는 성만찬의 본질에 대한 의문이었고, 그 다음은 세례에 대한 새로운 확신 때문이었다. 이후의 기록에 따르면, 그는 적어도 1525년부터 이유는 확실하지 않지만 화체설에 의문을 품고 있었다. 전통적 교리에 대해 불만을 가지게 되면서 성경을 처음으로 직접 연구하기 시작했고, 이를 통해 성경의 권위와 그가 그동안 존중해야 한다고 배웠던 초대 교부 및 교회 전통의 권위가 충돌하고 있음을 깨달았다.

그는 이런 갈등 와중에 그에게 한 줄기 빛을 준 것은 루터의 저작들이었다고 기록했다. 루터는 하나님의 명령과 인간적인 명령을 구별했기 때문이다. 시몬스는 이후 몇 년 동안 자신이 담당하던 교구사역을 그만두지 않은 상태로, 전통적 사상보다는 외견상 개혁파와 유사한 메시지를 가르치기 시작했다.

1531년에 슈나이더(Snijder)라는 이름의 재단사가 재세례를 받았다는 이유로 처형되었다. 그 결과, 시몬스는 처음으로 유아세례의 정당성에 대해 의문을 품었는데, 슈나이더가 신실하고 헌신적인 인물이었기에 의문은 더 커졌다. 성만찬에 대한 의문으로 인해 그는 성경을 다시 연구하기 시작했다. 유아세례에 대한 성경적 근거를 찾을 수 없자, 시몬스는 자신이 연구한 내용이 정당한지 묻기 위해 먼저 선배들, 다음은 사제들, 마지막으로 종교개혁 지도자들을 찾아갔다. 시몬스의 동료들은 전통에 근거를 두고 시몬스의 의견을 반박했지만, 성만찬에 관해 시몬스를 설득할 수 없었다. 사제들은 유아들도 원죄가 있기 때문에 교회에서 집례하는 세례 의식을 통해 그 죄를 씻어야 한다고 주장했다. 시몬스가 보기에 이런 주장들은 죄와 죄책의 해결책으로서의 십자가에 대한 믿음을 훼손시키는 것이었다. 종교개혁가들의 주장 또한 시몬스를 만족시키지 못했다. 그들의 주장은 시몬스가 헌신한 성경의 권위에 바탕을 둔 것이라기보다는 이성에 근거한 것이라 생각되었기 때문이다.

이런 탐구의 결과, 시몬스는 신자들의 세례에 대한 신학을 채택하고, 후에 그가 규정하게 되는 아는 것과 다시 태어나는 것 간의 구별을 강조하기 시작했다. 그러나 그는 이런 깨달음을 얻은 후에도 5년 동안 옛 교회에 그대로 남아 있었다. 그는 후에 당시 상황을 회상하면서, 그것은 자신이 전통교회 안에서 '안전하고 편안한' 삶에 머물러 있기 좋아했기 때문이라고 말했다. 그가 기존 교회를 떠나는 데 지체한 또 하나의 이유는 자신의 생각과 딱 맞는 모임을 찾지 못했기 때문이기도 했다.

비록 루터의 성만찬 신학에 도움을 많이 받기는 했지만, 시몬스는 세례에 관해서는 독자적인 견해를 발전시켰다. 그 당시 세례에 관해서 그와 같은 생각을 가진 이들은 분열되어 있었고, 이런 저런 생각이 혼재되어 있기도 했다. 시몬스가 멜키오르 호프만(Melchior Hoffman)의 가르침을 따라 형성된 호프만파 공동체(Hoffmanite community)와 연결되어 있었는지 아닌지에 대해서는 학자들 사이에 이견이 많다. 시몬스는 이들의 신자들의 세례 교리에 분명히 동의했지만, 다른 주제들에 대해서는 견해가 달랐다. 호프만은 그리스도는 마리아에게서 육신을 얻은 것이 아니라 하늘로부터 이를 받은 것이라고 주장했는데, 비록 훗날 자신만의 기독론을 정립하기는 하지만, 시몬스는 이런 기독론에 영향을 받은 것 같다.

또한, 호프만은 이제 곧 새로운 세상이 올 것이며, 신에 의해 구원받은 사람은 이 땅을 정화함으로서 새로운 시대를 준비할 권리와 의무를 지닌다고 보았다. 그러나 이런 호프만의 생각은 시몬스에게 큰 영향을 미치지 못했다. 그러나 이런 생각이 급진 종교의 여러 다른 요소들과 결합되어 1536년에 재세례파 왕국을 뮌스터(Münster)에 세우려는 시도로 이어졌다. 그러나 이어진 패배, 이로 인해 생겨난 재세례파 운동에 대한 공포가 결국 시몬스가 이전 입장과 최종적으로 결별하게 된 계기였다. 시몬스의 형제 중 한 명이 뮌스터 모델을 따라 결성된 공동체에 소속되어 결국 죽임을 당했다. 이런 비극을 겪은 시몬스는 자신이 담당하고 있던 교구교인이 뮌스터로 합류하는 것을 막기 위해 노력했고, 이로 인해 결국 로마 가톨릭교회의 안정된 자리를 떠나 스스로를 재세례파로 규정하기 시작했다.

시몬스는 이런 급진운동에 투신하고자 했던 사람들과 논쟁을 벌였다. 그리고는 자신이 남으라고 애써 설득했던 공동체에 스스로 헌신하지 않고 있는 것처럼, 그 사람들이 피해 갔으면 하고 바랐던 공동체에도 자신이 헌신하지 않고 있음을 깨달았다. 또한, 그는 친형제의 죽음이 끼친 영향에 대해 말하면서, 자기 친형제와 그와 함께한 이들은 시몬스 자신이 믿기에 오류였던 것을 위해 목숨을 바치려고 했다고 언급했다. 반면, 자신은 진리라고 믿는 것에 모든 것을 감수할 의지가 없었다는 사실도 인정했다.

자신이 믿는 진리에 대해 공개적으로 설교를 하기 시작한 지 몇 달 지나지 않아, 시몬스는 사역하던 교구의 교회에서 축출당했다. 이때 그는 신자로서 세례받고, 공개적으로 자신을 재세례파 공동체의 일원으로 밝혔다. 그는 비뮌스터(non-Münsterite) 재세례파 필립스가 이끌고 있던 레이와르덴(Leeuwarden)의 공동체에 합류했다. 이 공동체는 해체 위기에 처해 있었다. 뮌스터 재앙 이후에 이 뮌스터운동에 참가하지 않았던 재세례파, 특히 필립스의 정적주의 신학(quietist theology)에 헌신한 이들은 니고데모주의 유형, 즉 공공 활동에 참여하면서도 신앙 생활은 사적으로 조용히 유지하는 유형의 신앙을 발전시켰다.

이듬해 시몬스는 네덜란드 전역을 여행하면서 침체에 빠진 재세례파 공동체를 방문했다. 시몬스는 자신이 방문했던 사람들의 권유로 1536-1537년 겨울에 필립스에게서 장로로 안수를 받았다. 그는 흐로닝겐(Gronigen)과 서부 프리슬란트 지역을 돌며 설교와 세례를 베푸는 순회목회를 시작했다. 결혼을 한 것도 이맘때였다. 이제 그는 지역 재세례파와 적대적 당국 모두에게서 재세례파의 주요 지도자로 주목받기 시작했고, 그가 순회하는 중에 그에게 숙식을 제공했던 사람들은 처형당했다.

1541년 시몬스는 암스테르담으로 이주해서 그 도시와 주변에서 2년간 목회를 이어 나갔다. 1543년에는 독일(Germany) 동부 프리슬란트로 이주했고, 이듬해 쾰른(Cologne)으로 옮겼다. 시몬스가 도착했을 당시 쾰른은 상대적으로 관용적인 분위기의 도시여서 어느 정도 자유를 누릴 수 있었다. 그러나 1546년에 벌어진 슈말칼덴전쟁(Smalcaldic war)으로 이 도시가 가톨릭교회 권역으로 다시 편입되면서, 시몬스는 도시를 떠날 수밖에 없었다. 시몬스는 덴마크 통치하의 홀스타인(Holstein)으로 이주하여 다시 한번 어느 정도의 종교적 자유를 누릴 수 있었다. 그는 이 도시에서 여생을 보내다 1561년에 자연사했다.

시몬스는 장수한 덕에 재세례파 공동체 발전에 중대한 역할을 했다. 더욱이 당시 재세례파 지도자로 알려진 이들이 활동을 공개한 이후 평균 18개월 밖에 생존하지 못했다는 사실을 고려할 때, 그는 오래 살아남아 공동체의 지속성과 안정성을 제공할 수 있었다.

시몬스는 공동체의 주장이 담긴 주로 짧고 직설적인 글을 여러 편 저술해서 신학 훈련을 받지 않은 사람도 읽을 수 있게 했다. 뮌스터 공동체에 협력하지 말라고 강권하던 시기에 여러 글을 쓰기 시작했는데, 이후에 등장한 많은 작품은 초기 작품과 유사한 논증 구조를 갖고 있었다. 주요 저작으로는 『기독교 교리의 근간』(Foundation of Christian Doctrine, 1539), 『기독교 세례』(Christian Baptism, 1539), 『참된 기독교 신앙』(True Christian Faith, 1541) 등이 있다. 시몬스는 1543년에 『간단명료한 고백』(A Brief and Clear Confession)을 저술했고, 1552년에 마지막 작품 『겔리우스 파베르에게 보내는 답장』(Reply to Gellius Faber)을 출판했다. 이 마지막 책에서 목회, 세례, 성례, 성육신, 교회의 본질, 그리고 훈련의 도구로서의 절제에 대한 주제를 다루었다. 저작 대부분은 이와 비슷한 주제를 다루고 있는데, 이 주제들은 크게 두 종류로 나눌 수 있었다. 하나는 기독교인의 거듭남과 제자도의 의미에 관한 것이고, 다른 하나는 새로운 공동체로서의 교회에 관한 내용이었다.

이 세상에 대한 시몬스의 기본 이해는 분명히 이원론적(dualistic)이었기에, 이로 인해 약간은 비정통적인 성육신 신학을 발전시켰다. 신자의 삶은 거듭남에 중심이 있고, 이 거듭남은 성령을 통해 주어지는 것이기에, 따라서 신자는 육신의 삶을 포기하고, 죄에서 자유로운 그리스도를 닮아 가는 삶에 헌신하게 된다고 주장했다.

시몬스는 죄에 때문지 않고 죄악된 세상과는 분리된 순수한 공동체로서의 교회를 믿었다. 따라서 치리는 교회에서 필수적으로 시행되어야 하는데, 이는 '금지'(ban)라는 방법으로 이루어진다. 죄를 범한 자는 성만찬과 모든 종류의 교제 및 사회 관계 속에서 제외되어야 했다. 시몬스를 따랐던 재세례파 사람들은 이 세상을 정화하고자 했던 초기 공동체의 열정을 기독교 공동체를 정화하고자 하는 열정으로 바꾼 것 같다.

시몬스는 박해는 진정한 교회라면 겪어야 할

당연한 과정이며 십자가의 고난이 삶의 일부라고 보았다. 교회는 세상의 법과는 다른 법을 따르기 때문에 이 세상 권세와 교회는 항상 갈등 관계에 있을 수밖에 없다. 그러므로 교회는 세속 사회와 완전히 분리되어야 하며, 교회의 신자는 어떤 종류의 정부 조직에도 참여해서는 안 된다.

이 분리주의에는 평화주의에 대한 헌신도 포함되어 있었다. 그러나 역설적으로, 사실상 많은 재세례파 및 메노나이트 공동체는 이들에 동정적인 당국의 관용 때문에 살아남았다. 이들은 더 넓은 사회에서 분리된 공동체 생활을 발전시켰는데, 이들은 '이 땅에서의 정적'(Stille im Lande)을 추구하는 사람들, 즉 정적주의자(quietists) 혹은 분리파(separatists)라는 이름으로 불렸다.

신자들의 세례신학을 발전시키기 위해 최선을 다한 시몬스는 유아세례를 비판했는데, 그러다 세례의 형식은 중요치 않다는 주장에까지 이르렀다. 시몬스는 침례만을 하나님의 행위로 보는 주장을 중단하고, 세례의 형식보다는 인간의 증언과 순종이 중요하다고 강조했다.

비록 구약을 읽을 때 비유적으로 이해해야 한다고 주장하기는 했지만, 시몬스는 신약을 특별하게 읽는 방식에 기반을 둔 엄격한 율법주의도 강조했다. 신자의 세례는 그리스도를 닮는, 그리고 신약에서 밝히고 있는 명확한 윤리적 삶으로 이어진다고 보았다. 1554년에 교회 치리 문제로 분열이 일어났다.

치리로 '금지'당한 사람은 가족과 배우자에게서도 외면당해야 하는가?

스위스와 독일 남부 재세례파는 이 질문에 그렇지 않다고 대답하면서, 격렬한 논쟁이 벌어졌다. 시몬스는 교회에서 '금지'의 치리를 내릴 때는 결정 이전에 최소한 마지막 경고를 하는 정책을 지지했지만, 다른 문제에서는 경한 입장을 유지했다.

1557년 회의에서는 가정 생활 유지를 허용하는 보다 관용적 입장이 합의되어, 이 운동의 원로 지도자 중 하나인 시몬스에게 이 입장을 받아들여 달라고 요청했다. 그러나 시몬스는 두 당파 사이를 중재하는 입장을 유지하기 위해 최선을 다하기는 했지만, 이 요청을 받아들일 수는 없었다.

시몬스는 명료한 저술들과 인격적 매력을 통해 뿔뿔이 흩어진 공동체를 재건하는 일을 돕고, 자신의 사상을 퍼뜨리는 데 크게 공헌했다. 시몬스의 이름을 딴 메노나이트 신자들은 지금까지도 건재하다.

참고문헌 | H.-J. Goertz, *The Anabaptists* (London: Routledge, 1996); G. H. Williams, *Radical Reformation* (Missouri: Sixteenth Century Essays and Studies, 1992).

R. GOULDBOURNE

메리 마사 셔우드(Mary Martha Sherwood, 1775-1851)

유명한 작가. 그녀는 350편이 넘는 소책자, 논문, 수필, 여행기, 소설 등을 성인과 아동을 위해 저술했다. 메리 셔우드의 가장 유명한 작품이자, 자기 자녀 이야기를 작품으로 만든 『페어차일드 패밀리』(*The Fairchild Family*, 1818)는 20세기 초반까지만 해도 고전으로 읽혔으나, 이후 지나치게 '빅토리아 시대'의 도덕률에 매여 있다는 비난을 받았다. 메리 셔우드는 1775년에 우스터셔(Worcestershire) 스탠퍼드(Stanford) 지역의 교구사제였던 조지 버트(George Butt) 박사와 그의 아내 마사(Martha, 결혼 전 성은 셔우드[Sherwood]) 사이에서 태어났다. 상류 지주 계층에서 성장하며 문학을 접할 기회가 많았다.

늘 상상력이 풍부했던 그녀는 6세의 나이로 소설을 쓰기 시작했다. 레딩(Reading) 소재 애비스쿨(Abbey School, 레딩 소재 사립 기숙 여학교-역주)에 다니면서 당시 일반 소녀들이 받았던 교육을 받았을 뿐만 아니라, 발피(Valpy) 박사 같은 프랑스 망명가들의 영향도 받았다.

그녀의 첫 번째 소설 『전통과 마가리타』(The Traditions and Margarita)는 1794년에 썼고, 1801년에는 도덕적, 교훈적 목적으로 쓴 첫 책 『수잔 그레이』(Susan Grey)를 출판했다. 1803년에는 사촌이자 53보병 연대 대위였던 헨리 셔우드(Henry Sherwood)와 결혼했다. 1805년에 이들이 소속 부대를 따라 인도로 가게 되자, 한 살된 딸 메리는 더 나은 환경에서 자라게 하기 위해 이모 루시의 손에 맡겨져 키더민스터(Kidderminster) 지역에서 성장했다.

셔우드 부부는 인도양을 지나가는 항해 중 리누아(Linois) 제독이 이끄는 프랑스 유격 함대의 공격을 당하기도 했지만 마드라스(Madras)에 무사히 도착했다. 새로운 환경은 곧 메리의 전통적 기독교 신앙에 변화를 주었다. 그녀는 동인도회사(East India Company) 회장이 '이교도 관행'을 장려한다는 사실에 몸서리를 쳤고, 특히 여성 학대를 볼 때마다 고통스러워했다.

이후 캘커타(Calcutta)로 이주했다가 다시 디나푸르(Dinapore)로 옮기게 되었는데, 그곳에서 아들 헨리(Henry)가 크리스마스 날에 태어났다. 그녀는 임신 기간에도 (몇 번 이주한 것을 제외하면) 『루시 클레어』(Lucy Clare, 1805)라는 또 다른 교훈적 소설을 쓰고, 방대한 분량의 일기를 기록하는 습관을 유지하며, 로(Law)의 책 『중대한 부름』(Serious Call)을 읽으며 조용히 보냈다.

사실 메리 셔우드는 평소 조용한 성격은 아니었다. 헨리를 출산한 뒤 얼마 지나지 않아 자기 집에서 고아들을 보살폈으며, 학교를 세워 50여 명의 유럽, 인도 학생을 가르쳤다. 1806년에 바하람푸르(Berhampore)로 이주한 1년 뒤 1807년에 딸 루시 마사(Lucy Martha)가 태어났다. 그녀는 여기서 파슨(Parson) 목사를 만났는데, 그는 (복음주의자 찰스 시미언[Charles Simeon] 이후) 그녀가 만난 첫 번째 '시미언파'(Simeonite)였다. 메리 셔우드는 원죄에 대한 복음주의적 가르침을 기쁜 마음으로 받아드렸다. 왜냐하면, 자신이 도덕적인 실수를 저지를 때마다 끊임없이 가졌던 죄책감으로부터 해방된다는 느낌을 가졌기 때문이다.

교리적 명료함은 그녀에게 매우 중요했다. 메리 셔우드는 후에 자신의 복음주의 멘토들이 후천년설 신학을 주장하자 그들을 날카롭게 비판했다. 그러나 인도에 거주했던 시기에는 그녀 역시도 그리스도의 천년왕국 통치가 이 땅에 이루어지기 전에 인간의 노력으로 전 세계 모든 사람이 회심해야 한다고 믿었다.

이런 확신 때문에 메리 셔우드는 춤이나 대중오락을 포기했고, 대신 교육과 글쓰기에 새로운 추진력을 얻었다. 1807년에 아들 헨리가 죽은 사건은 그녀의 영적 동요를 일으킨 또 다른 요인이기도 했다. 같은 해 그녀는 바하람푸르, 디나푸르, 칸푸르(Cawnpore) 등을 여행하면서 헨리 마틴(Henry Martyn)을 만났다. 메리 셔우드의 영적 가이드가 된 마틴은 그녀의 작품 활동에 영감과 자극을 주었다. 1808년 루시 마사의 죽음, 1809년 루시 엘리자베스(Lucy Elizabeth)의 출생, 1811년 에밀리(Emily)의 출생이 있었고, 계속되는 여행 중에도 그녀는 마틴의 선교활동을 지원하기 위해 학생들을 가르치고 글을 썼다.

캘커타 방문은 메리 셔우드가 침례교 선교사들의 활동을 관찰할 수 있는 계기였다. 메리 셔우드는 존 번연의 『천로역정』(Pilgrim's Progress)을 번역하기 위해 힌두스타니어(Hindustani, 인도 북부에서 사용되는 힌디어 방언-역주)를 배웠다. 번연의 생각을 인도인의 사고방식으로 표현하는 것이 불가능하다는 생각이 들자, 그녀는 인도인을 위한 교리문답서와 함께 그 지역의 고유한 문화 양식을 적용한 『인도인의 순례』(The Indian Pilgrim, 1810)를 직접 썼다. 1811년에 마틴은 인도를 떠나 페르시아로 간 후 그곳에서 1812년에 사망했다.

메리 셔우드는 파슨 목사와의 동역을 이어갔다. 1812년 메러트(Meerut) 지역에서 『아동 지침서』(The Child's Manual)라는 제목의 책을 쓰기 시작했는데, 이후 『페어차일드 패밀리』(The Fairchild Family)라는 제목으로 출간되었다. 아들 헨리 마틴(Henry Martyn)과 딸 소피아(Sophia)는 각각 1813년, 1815년도에 출생했다. 그해 그녀가 쓴 아동 소설 『리틀 헨리와 유모』(Little Henry and His Bearer)가 잉글랜드에서 출판되었고 이는 즉시 성공을 거두었다. 잉글랜드로 가는 도중 캘커타에 도착했을 때 그녀는 유명세를 체감할 수 있었다.

1816년 잉글랜드에 돌아오자마자 메리 셔우드는 모친과 살기 위해 우스터(Worcester)로 떠났다가 1817년에 어머니가 사망하자 자연스레 집안의 가장이 되었다. 1821년부터 1829년까지 메리 셔우드와 여동생은 어린 소녀들을 대상으로 각종 기본적인 사항들 외에도 불어, 천문학, 지리학, 역사 등을 가르쳤고, 필요할 때에는 학술 용어를 사용하여 가르치기도 했다. 또한, 집안일을 감독하거나 자선 활동, 글쓰기도 활발히 지속해 나갔다. 『페어차일드 패밀리』의 1부가 1817년에 출판되었다. 이후 섬뜩한 이야기라는 비난을 받기도 했던 이 책은 그녀가 인도에서 자주 접할 수 있었던 상황을 바탕으로 사람들에게 도덕적 교훈을 주기 위해 쓴 책이었다.

그중 가장 유명한 장면은 범죄자가 처형되는 것을 아이들이 목격하게 하는 것이었다. 1822년부터 그녀는 우스터 지역에 교도소를 짓기 위한 자선 단체를 설립하려는 계획에 주도적으로 참여했다. 그러나 심각한 의견 충돌 때문에 1827년에 결국 위원회에서 제명되었다. 다시 글쓰기에 집중할 수 있게 된 메리 셔우드는 8년간 80개 작품을 출간했다.

이 중에는 그녀가 쓴 가장 유명한 동화책 『헨리 밀너』(Henry Milner)와 성인을 위한 연재소설 『장원의 여인』(The Lady of the Manor, 1825), 『록소벨』(Roxobel, 1831), 『수녀, 빅토리아』(The Nun, Victoria, 1833), 『시미즈의 수사』(The Monk of Cimies, 1839) 등이 있다. 이 중 『장원의 여인』은 젊은 여성의 입교 안내서로 기획되었고, 나머지 책들은 강한 반가톨릭 분위기를 담고 있다. 『페어차일드 패밀리』의 2부와 3부도 이 시기에 집필되었다.

메리 셔우드는 제인 테일러(Jane Taylor)를 대신해서 「더 유스 매거진」(The Youth's Magazine) 집필을 맡았고, 10년 동안 히브리어 유형 분류 사전을 만드는 작업에도 힘썼다. 헨리 셔우드 대위는 군에서 제대한 뒤 히브리어를 배웠는데, 이는 아내의 연구를 돕기 위함이었다. 딸 소피아와 에밀리도 글쓰기 작업에 부분적으로 함께 참여했다. 메리 셔우드는 1830년에서 1844년 사이에 프랑스와 북부 이탈리아의 여러 곳을 돌아다니며 여행기를 쓰기도 했다.

그녀의 교리관도 꾸준히 발전했다. 전천년설을 받아들였을 뿐만 아니라, 그리스도의 통치가 시작되기 전에 직접적인 신적 개입으로 전 세계가 하나님께로 돌아온다는 구원의 보편성(universality of salvation)에 대한 믿음도 확신했다. 제네바(Geneva)의 말란(Malan) 목사와의 대화, 딸 에밀리의 죽음(1833)으로 그녀는 구원이 전적으로 무조건적이며, 오로지 그리스도의 사역에만 달려 있다고 믿게 되었다. 이런 믿음으로 그녀는 다른 많은 동료 복음주의자들과 갈등을 겪다가, 결국 1835년에는 그녀가 수감자를 가르쳤던 우스터 교도소에서도 쫓겨났다.

메리 셔우드는 잉글랜드 및 여러 지역에서 꾸준히 글을 쓰고 책을 출간했다. 그녀의 작품은 미국에서 인기를 얻었다. 『리틀 헨리와 유모』(*Little Henry and His Bearer*)는 불어, 독일어, 힌두스타니어, 중국어, 신할리어(Sinhalese) 등으로 번역되었고 잉글랜드에서는 1840년에 30쇄 발행을 넘겼다.

수많은 아동 서적을 남긴 그녀가 사망한 1851년 즈음에 메리 셔우드라는 이름은 누구나 아는 이름이 되었다. 아동을 위해 글을 쓴 첫 번째 작가도 아니었고, 또한 이야기를 사용하여 도덕적 교훈을 가르치려 했던 첫 번째 인물도 아니었지만, 그녀만의 세밀한 관찰과 묘사, 성실함과 근면함을 통해 뛰어난 작가가 될 수 있었다. 당대의 많은 다른 여성들처럼, 그녀도 직업 활동을 하는 동시에 가정을 돌보아야 했다.

인도에서 아이를 낳으면서 살아남은 것은 운이 아주 좋은 것이었다. 이 대륙에서의 새로운 경험은 그녀의 글쓰기에 많은 영향을 끼쳤다. 또한, 복음주의 경건과의 만남은 이미 메리 셔우드가 보유하고 있던 힘찬 에너지와 자신감을 더욱 키울 수 있도록 도와주었다. 20세기에 들어서면서 그녀가 쓴 아동 서적에 대해 비판적인 정서가 형성되었다. 그러나 최근에는 재능 있는 작가이자 뜨거운 복음주의자였던 메리 셔우드에 공감하는 평가가 더 많아졌다.

참고문헌 | I. Gilchrist (ed.), *The Life of Mrs. Sherwood, by Mrs. Sophia Kelly* (London: Robert Sutton, 1854); F. J. H. Darton (ed.), *The Life and Times Mrs. Sherwood (1775-1852) from the Diaries of Captain and Mrs. Sherwood* (London: Wells Gardner, Darton & Co., 1910); N. Royde-Smith, *The State of Mind of Mrs. Sherwood* (London: Macmillan, 1946); M. N. Cutt, *Mrs. Sherwood and Her Books for Children: A Study* (London: Juvenile Library, 1974).

M. JONES

바턴 W. 스톤(Barton W. Stone, 1772-1844)

그리스도의제자들(Disciples of Christ), 또는 크리스천교회(Christian Church)의 창립자이자 부흥사. 그는 1772년 12월 24일에 메릴랜드 포트토바코(Port Tobacco) 인근의 성공회 신자들이었던 부모에게서 태어났다. 아버지가 죽자, 어머니는 버지니아의 피트실베이니아 카운티(Pittsylvania County)로 이사했다. 1790년, 고전 교육을 받기 위해 스톤은 노스캐롤라이나의 길퍼드(Guilford)로 가서 당시 새빛파(New Light) 장로교인 데이비드 콜드웰(David Caldwell)이 운영하던 학교에서 공부하기 시작했다. 원래 스톤은 법 관련 일을 하고 싶었으나, 당시 유명했던 새빛파 부흥사 제임스 맥그리디(James McGready)의 부흥의 물결에 영향을 받아 목회자가 되기로 결심했다.

맥그리디는 그리스도를 통해 하나님께 선택받은 자가 아니고서는 하나님을 알 수도 없고, 하나님을 누릴 수 없으며, 결국에는 궁극적인 심판을 당하게 될 것이라 주장했다. 스톤은 맥그리디의 설교에 크게 감명받았지만, 그 이듬해가 될 때까지(1793) 회심하지는 않았다. 1793년에 스톤은 윌리엄 하지(William Hodge)의 설교를 들었는데, 그는 하나님은 죄인도 사랑하신다고 주장했다. 스톤은 숲속에서 한동안 틀어박혀 지내다가, 하나님의 사랑을 깨닫고 회심하는 경험을 했다.

20세가 된 스톤은 장로교 목사 안수를 받기로 결심했다. 이를 위해서 그는 신학을 공부하고 시험을 치러야만 했다. 스톤은 신학 논문들과 웨스트민스터 신앙고백(Westminster Confession of Faith)을 두루 공부하고, 삼위일체 교리, 속죄와 하나님의 선택과 예정에 대해 공부했지만, 전통적인 장로교 입장을 이해하기 쉽지 않았다. 조지아에서 라틴어와 그리스어를 가르친 후에 그는 다시 노스캐롤라이나로 돌아왔다.

스톤은 테네시 지역을 여행하며 여러 곳에서 설교했다. 1798년 그는 켄터키 부번 카운티(Bourbon County)의 케인리지(Cane Ridge)와 콘코드(Concord)의 목사로 부임했다. 안수받기 전에, 스톤은 '하나님의 말씀에 부합하는 한에서만' 웨스트민스터 신앙고백을 받아들이겠다고 선언했다. 1801년 봄, 그는 볼링그린(Bowling Green) 서부의 켄터키 로건 카운티(Logan County)로 갔고, 그곳에서 맥그리디의 부흥의 불길을 처음으로 목격했다. 스톤은 이 사건을 '이상한 무언가가 지나가는 사건'(passing strange)

으로 생각했지만, 회심한 사람이 다른 사람에게 자신이 경험한 회심에 대하여 전하는 그 대담한 방법에 놀랐다. 1801년 7월에 스톤은 엘리자베스 캠벨(Elizabeth Campbell)과 결혼했는데, 그녀는 자녀 다섯을 낳고, 1810년에 사망했다.

1801년 8월, 스톤은 케인리지에 돌아와서 그가 로건 카운티에서 목격한 일을 일으켜 보기로 결심했다. 그의 복귀는 위대한 '케인리지 캠프집회'(Cain Ridge camp)라는, 미국 종교 역사를 결정하는 한 장면이 되었다. 거의 20,000명이 집회에 참석했는데, 대부분 장로교인과 감리교인이었지만, 많은 침례교인도 참석했다. 이런 대각성의 결과, 스톤과 그의 장로교 협력사역자들인 리처드 맥니머(Richard McNemar), 로버트 마샬(Robert Marshall), 존 톰슨(John Thompson), 존 던라비(John Dunlavy), 데이비드 퍼비언스(David Purviance)는 그 지역 3개 노회들(presbyteries)과 갈등을 겪게 되었다.

1803년, 이 6명의 목사는 독립스프링필드노회(the independent Springfield Presbytery)를 설립했는데, 이는 이 노회가 오하이오 스프링필드 지역과 연관이 있었기 때문이다. 1804년 6월, 다른 노회들과 끊임없는 갈등을 겪은 이후 천년왕국이 곧 임박했다고 확신한 이들은 노회를 폐지하고, "최후의 유언과 약속 안에서 그리스도의 몸과 하나로 합해진다"라고 주장하기에 이르렀다. 이 문서는 맥니머가 초안을 작성했고, 나머지 5명의 목사가 논의하고 서명했다. 이들은 제임스 오켈리(James O'Kelly)와 라이스 해거드(Rice Haggard)가 버지니아에서 제안한 대로, '크리스천'(Christian)을 자신들의 조직의 이름에 넣기로 했다.

이들에 대한 비난의 내용 대부분은 속죄와 기독론과 관련이 있었다. 스톤은 니케아공의회와 웨스트민스터 신앙고백과 일치하지 않는 선언문을 출판했다. 그는 그리스도는 하나님으로부터 출생한 아들이기 때문에 하나님과 동등할 수 없다는 입장을 고수했다. 7년 후, 맥니머와 던라비가 쉐이커교도(Shakers)가 되어 떠났고, 마샬과 톰슨은 장로교 목사로 복귀했다. 스톤은 점차 성장하고 있는 크리스천교회들의 총 지도자가 되었다. 첫 번째 부인 캠벨이 죽자, 그는 아내의 사촌 셀리아 윌슨 보든(Celia Wilson Boden)과 내슈빌(Nashville) 북쪽에 위치한 그녀의 집에서 1812년에 결혼했다. 이 둘 사이에는 여섯 자녀가 있었다. 켄터키에서 일 년을 보낸 후, 스톤 가정은 내슈빌 인근 논장으로 이주한 후, 1815년에 렉싱턴(Lexington)으로 다시 이주했다.

1824년에 스톤은 켄터키의 한 침례교회에 설교하기 위해 방문한 알렉산더 캠벨(Alexander Campbell)을 처음 만났다. 당시 스톤은 자신이 설립한 사립학교에서 가르치고 있었고, 1826년에는 「크리스천 메신저」(The Christian Messenger)라는 잡지의 편집자로 일하기 시작했다. 그는 이 잡지와 캠벨의 『크리스천 뱁티스트』(Christian Baptist)를 통해 캠벨과 의견을 교환했는데, 캠벨은 스톤의 속죄 교리와 삼위일체, 그리고 기독론 교리가 너무 추론에 근거하고 있다고 비판했다. 스톤은 1829년 초에 캠벨에게 두 교회가 이제 하나가 되는 것이 좋지 않겠냐고 제안했다. 당시 침례교에서 이탈한 캠벨파 개혁자들은 대략 5,000명에 이르렀고, 애팔래치아산맥(Appalachians Mountains) 서부의 스톤 공동체는 12,000명이 넘었다.

스톤은 계속해서 캠벨에게 연합하자고 권했지만, 캠벨은 이를 반기지 않았다. 캠벨은 세례의 필요성과 '크리스천'이라는 이름의 필요성에 대해서 스톤과 의견이 다르다는 점을 강조했는데, 그는 사실 '그리스도의 제자들'이라는 옛 이름을 더 선호했다. 스톤은 캠벨과 개혁자인 존 T. 존슨(John T. Johnson)과도 친분을 유지했으며, 1831년에 존슨이 자신의 「크리스챤 메신저」 편집에 참여하게 되었다고 알렸다. 1832년 1월에 조지타운(Georgetown)에서의 논의를 거친 후, 켄터키 지역에서 스톤과 캠벨 공동체 간 연합이 공식화되었고, 다른 지역을 순회하면서 합병을 설득할 사람들이 모집되었다. 스톤에게 속한 몇 교회와 지도자들은 이 합병을 지지하지 않았는데, 이 중에는 데이비드 퍼비언스(David Purviance)도 있었다. 죄인을 위한 기도와 성령에 대한 기대가 교회에서 사라질 수도 있다는 우려가 반대 이유였다.

스톤은 이전부터 노예제도는 악한 죄라는 견해를 갖고 있었다. 그의 아내에게는 상속받은 노예가 있었는데, 그가 1834년에 일리노이 잭슨빌(Jacksonville)로 이주한 이유 중에는 켄터키에서는 노예는 재산에 포함되어 있어서 법적으로 노예를 해방할 수 있는 법이 없었기 때문이었다. 따라서 그는 켄터키를 떠난 후에 비로소 노예 소유권을 없앨 수 있었다. 스톤은 모든 노예를 아프리카 라이베리아(Liberia)로 보내고 싶어 했는데, 그곳에 식민지를 설립하여 전 아프리카를 복음화할 수 있을 것이라 믿었기 때문이다. 그는 미국식민지협회(American Colonization Society)에서 일했는데, 이 협회는 흑인이 아프리카로 돌아갈 수 있도록 지원하는 사적 기금을 모금하기 위해 세워졌다. 그는 의회가 이 사업을 위해 연방 기금을 제공하는 것은 시간 문제라고 생각했다.

스톤은 교회의 연합과 노예제도 폐지가 곧 새로운 천년왕국이 임박했음을 나타내는 표지라고 믿었다. 1842년부터 그는 기독교인이 정부 활동에 참여하지 말라고 권고했는데, 이는 정당 체계와 정부 당국이 노예제도를 폐지하는 데 실패했기 때문이었다. 그는 예수님의 통치와 법이 세상을 통치하기에 충분하다고 믿었기에, 1844년 7월에는 무저항을 주장했다. 스톤은 1844년 11월 9일, 미주리로 여행하는 도중 딸의 집이 있는 한니발(Hannibal)에서 숨을 거두었다.

참고문헌 | B. W. Stone and J. Rogers, *The Biography of Rev. Barton Warren Stone* (Cincinnati: J. A. & U. P. James, 1847); R. Thompson (ed.), *Voices from Cane Ridge* (St Louis: Bethany Press, 1954); C. C. Ware, *Barton Warren Stone, Pathfinder of Christian Union* (St Louis: Bethany Press, 1932); D. N. Williams, *Barton Stone: A Spiritual Biography* (St Louis: Chalice Press, 2000). 스톤이 출판한 문헌은 http://www.mun.ca/rels/restmov/texts/bstone/stone.html에서 볼 수 있다.

T. H. OLBRICHT

발타자르 후브마이어(Balthasar Hubmaier, 1480-1528)

재세례파 설교자이자 신학자. 그는 아우그스부르크(Augsburg) 근교의 프리드베르크(Friedberg)에서 태어났다. 프라이부르크대학교(University of Freiburg)에서 요한 에크(Johann Eck)의 지도를 받았는데, 에크는 이후 종교개혁 시기에 로마 가톨릭 편에서 논쟁을 벌인 지도적 인물 중 하나였다. 안수받은 그는 1512년에 잉골슈타트(Ingolstadt)로 가서 박사과정을 밟고 그해 말에 학위를 받았다. 1516년까지 대학교에서 부교장(prorector)으로 일하다가 성당 설교자가 되기 위해 레겐스부르크(Regensburg)로 이동했다. 이 도시에서 일어난 반유대주의에 휩쓸린 그에게도 유대인 추방에 책임이 어느 정도 있었다. 이후 후브마이어는 회당이 세워졌던 자리 위에 세워진 순례 중심지인 아름다운 마리아 교회(Church of the Beautiful Mary)의 주임설교자가 되었다.

1521년에는 라인강(Rhine River) 유역의 작은 마을 발츠후트(Waldshut)의 두 교구 중 하나를 책임지는 사제가 되었다. 그가 인문주의 및 종교개혁운동과 접촉하게 되는 곳이 바로 여기였다. 그는 점점 더 새로운 사고방식에 매력을 느꼈다. 1522년에 레겐스부르크로 돌아오라는 청빙을 받고 이전에 맡았던 자리에 다시 돌아오게 되었지만, 오래 머물러 있지는 않았다. 분열된 당파들의 관계는 양호했으나, 그가 이제 개혁자들에 속해 있다는 것이 명확해졌다.

이전에 했던 일을 이제는 왜 다시 할 수 없느냐는 질문에 그는 "그리스도께서 내 안에서 싹을 틔우기 시작하셨기 때문"이라고 답했다. 그의 직책은 당시 루터가 맡은 직책과 비슷한 것이었다. 그는 설교를 강조했고 성례의 본질에 대한 글을 썼다. 1523년에는 취리히(Zurich)에서 '10월 논쟁'(October Disputation)에 참가했다. 그는 성례의 의미와 위치에 대해서는 츠빙글리(Zwingli)에 동의했으나, 개혁의 속도에는 동의할 수 없었다.

발츠후트로 돌아간 후브마이어는 작은 논쟁에 관여하여 18편의 관련 논문을 썼다. 이들이 개혁 프로그램의 개요가 되었다. 1524년에 농민혁명 또는 전쟁으로 알려진 일련의 봉기가 시작되었고, 공동체로서의 발츠후트는 농민의 편을 들었다. 후브마이어의 글들을 보면, 요구 사항에서는 농민의 편을 들었지만, 실제 투쟁 과정에서 그가 한 일이 많았던 것 같지는 않다.

1525년에 재세례파 설교자 로이블린(Reublin)이 취리히에서 발츠후트로 와서 사람들에게 세례를 받으라고 했다. 부활절 주일에 후브마이어와 다른 60명이 세례를 받았다. 이어 며칠간 또 다시 300명이 세례를 받았다. 이로써 발츠후트에서 지역의 재세례파 회중이 형성되기 시작했다. 그러나 1525년 가을에 농민들이 전투에서 패배하자 발츠후트는 정치적 압박에 시달렸다. 그해 말 후브마이어는 취리히로 달아났고, 발츠후트는 다시 가톨릭으로 회귀했다. 더구나 츠빙글리마저 세례와 교회의 본질에 대한 견해 차이 때문에 후브마이어를 멀리했다. 보호를 받지 못한 후브마이어는 체포되어 고문받은 후 자신의 세례신학을 철회했다. 1526년에 풀려난 후 도시를 떠나 처음에는 니콜스부르크(Nicolsburg)로, 최종적으로는 종교의 자유가 좀 더 있는 모라비아(Moravia)로 갔다.

모라비아에서 후브마이어는 재세례파 견해에 다시 헌신하고, 발츠후트에서와 마찬가지로 시민 당국의 허가 아래 회중을 형성했다. 이때 지역 군주가 세례를 받고 지역 회중을 보호해 주었다. 그러나 1527년에 합스부르크(Habsburg) 왕가 당국이 후브마이어를 체포했다. 그는 반역 혐의로 기소되어 재판을 받기 위해 비엔나로 압송되었다. 1528년 3월 10일에 반역자와 이단자로 화형당했다.

후브마이어의 신학 여정은 그가 출판한 글에 분명하게 명시되어 있다. 그는 글을 통해 자신의 입장을 변호하고 다른 사람을 교육했다. 가장 중요한 작품들은 복음 성사의 본질, (세례와 성찬 예배 순서), 자유의지에 대한 의문, 기독교인의 국가 이해 등을 다룬다. 기념주의(memorialist) 성례신학을 가르쳤고, 세례를 단지 교회에 가입하는 조건이 아니라 회개와 훈계, 치리의 삶으로 진입하는 길이라고도 보았다.

성찬에는 '사랑의 서약'이 포함되는데, 회중이 상호 헌신한다는 의미의 표현이었다. 자유의지에 대해서 후브마이어는 죄의 본질을 강조했지만, 동시에 그리스도 안에서 인간은 선한 것을 소망할 수도 있고 행할 수도 있다고 주장하며 기독교인의 윤리적 책임도 강조했다. 국가에 대한 그의 견해는 평화주의와 이탈을 가르친 다른 흐름의 재세례파 신학과는 달랐는데, 신자가 공동체를 다스리는 정부에 참여해야 한다고 주장했다. 그는 폭력 사용을 못하게 하는 것도 반대했다. 이런 점에서 볼 때, 후브마이어는 재세례파 신학자 중에서 유별나게 독특한 목소리를 낸 인물이었다.

참고문헌 | T. Bergsten, *Balthasar Hubmaier, Anabaptist Theologian and Martyr*, trans. I. J. Barnes and W. R. Estep (Valley Forge: Judson Press, 1978); H. W. Pipkin and J. H. Yoder, *Balthasar Hubmeier: Theologian of Anabaptism* (Scottdale: Herald Press, 1989).

R. GOULDBOURNE

밥 존스 경(Bob Jones Sr, 1883-1968)

근본주의 전도자이자 밥존스대학교(Bob Jones University) 설립자. 그는 1883년 10월 30일에 앨라배마 동남부 데일 카운티(Dale County)에서 태어났다. 로버트 레널즈 존스(Robert Reynolds Jones, Bob은 Robert의 애칭-역주)는 20세기에 가장 영향력 있었던 주도적 근본주의자 중 하나가 되었다. 그는 11살에 부흥회에서 회심한 후 14살에 설교를 시작했다. 미국 남감리교회(Methodist Episcopal Church, South) 회원으로서, 그는 당시 이름이 사우스이스턴대학교(Southeastern University)였던 앨라배마 그린스보로(Greensboro) 소재 교단학교에 3년간 다녔지만, 졸업은 하지 못했다. 이 대학은 지금은 버밍햄-서던대학(Birmingham–Southern College)으로 이름이 바뀌었다.

1908년에 존스는 앨라배마 유니언타운(Uniontown)의 유명 가문 출신의 메리 스톨렌워크(Mary Stollenwerck)와 결혼했다. 부부의 외아들 밥 존스 주니어(Bob Jones, Jr)는 1911년에 태어났다. 존스는 1900년부터 1927년까지 전임 전도자였고, 이어서 1927년부터 1947년까지는 밥존스대학교의 창립총장을 지낸 후 총장직을 아들에게 물려주었다. 은퇴 후에도 계속 전도자와 근본주의 지도자로 1968년 사망할 때까지 활약했다.

존스의 전임 전도사 경력은 빌리 선데이(Billy Sunday)와 샘 존스(Sam Jones)의 경력과 동시에 시작되었다. 에이미 셈플 맥퍼슨(Aimee Semple McPherson)도 이 시기 후반에 적극적으로 활동했다. 이 모두는 19세기 후반에 D. L. 무디(D. L. Moody)가 정립한 부흥회 방식의 영향을 받았다. 이들 20세기 초반 전도자 중에 결실을 제일 많이 거둔 이는 선데이였고, 그는 존스에게 뚜렷한 영향을 주었다. 이 둘은 수차례 함께 강단에 올랐고, 존스는 선데이의 미망인을 밥존스대학교의 이사로 임명했는데, 결국 캠퍼스 건물 한 채에 그녀의 이름을 붙였다.

근본주의자-현대주의자 논쟁은 존스의 성장에 지대한 영향을 끼쳤다. 그는 위노나레이크성경대회(Winona Lake Bible Conference)에서 적극적으로 활동했는데, 이 집회와 연관이 있는 전도자들이 신학적 현대주의자의 후원 아래 열리는 모임들에 참석해서는 안 된다고 요구하는 1920년 결의서를 공동 작성했다. 존스는 성경무오를 주장하지 않고 기독교 신앙의 초자연적 요소를 강조하지 않는다는 이유로 현대주의자를 비난하며 이들을 반대하는 설교를 일상적으로 했다.

현대주의에 반대하는 설교를 이어 가던 존스는 이 사상이 고등 교육에 끼치는 영향을 점점 더 염려하게 되었다. 따라서 1926년에 스스로 대학을 세울 생각을 하기 시작했다. 이듬해에 플로리다의 돌출부에 위치한 대학포인드(College Point, 이전 이름은 Longpoint)에 밥존스대학(Bob Jones College)을 열었다. 세상과 교단 대학들에 대안을 제공하려는 존스의 소망으로 운영된 밥존스대학은 존스 자신의 표현에 의하면 '진화론자들은 응시할 필요가 없는' 학교가 되어야 했다.

또한, 그는 대학의 신조에 절대 변화가 있어서는 안 된다는 조건을 걸었는데, 오늘날에도 이 신조는 바뀌지 않았다. 재정적인 이유 때문에 대학은 1933년에 테네시 클리블랜드로 이전했다가, 이어 다시 1947년에 사우스캐롤라이나 그린빌로 이사했다. 마지막 이전과 동시에 밥 존스 주니어가 총장직을 맡았고, 학교 이름이 밥존스대학에서 밥존스대학교(Bob Jones University)로 바뀌었다. 수십 년간 이 학교의 표어는 '세상에서 가장 유별난 대학'이었다.

대학 창립은 부분적으로는 분리주의에 자극받아 이루어진 것이었는데, 그것이 결국 존스 부자에게 가장 중요한 근본주의의 특징이 된다. 이들의 분리주의는 1927년부터 1950년대 초까지 차츰 발전했다. 많은 북침례교인과 북장로교인이 자기 교단을 떠나 분리주의적 근본주의 기관들을 설립한 반면, 존스 부자는 1939년까지 남감리교에 남았다. 그해에 이들은 테네시 클리블랜드 브로드스트리트감리교회(Broad Street Methodist Church)를 떠났는데, 이유는 이 교회 목사가 현대주의자의 설교를 허용했기 때문이었다. 존스는 근본주의자 싸우는 밥 슐러(Fighting Bob Schuler)가 목회하던 로스앤젤레스의 트리니티감리교회(Trinity Methodist Church)로 소속을 옮겼다. 1940년에 목회자 증명서를 반납한 존스는 이어서 자신이 1930년대에 설립한 복음교제협회(Gospel Fellowship Association)를 통해 설교 허가(강도권)를 받았다. 그러나 존스는 열혈 근본주의자 칼 매킨타이어(Carl McIntire)가 수장으로 있던 극도로 전투적이고 분리주의적인 미국기독교회협의회(American Council of Christian Churches, ACCC) 대신 더 온건한 근본주의 단체인 전미복음주의협회(National Association of Evangelicals, NAE)에 가입하기로 했다.

존스는 전미복음주의협회 설립으로 이어진 1942년 세인트루이스 모임에 근본주의자들을 초대한 1941년 편지의 서명자 중 하나였다. 존스의 주요 전기 작가는 존스가 전투적인 현대주의 반대 입장에도 불구하고 전미복음주의협회를 선택한 것은 그가 주로 전도자였기 때문이라는 사실을 지적했다. 대부분의 기록에 따르면, 미국기독교회협의회의 주목표와 동기는 현대주의적인 연방교회협의회(Federal Council of Churches)를 약화시키기 위해 맞서 싸우는 것이었지만, 반면, 전미복음주의협회의 프로그램은 전도에 적극적인, 따라서 훨씬 유익한 것이었다는 점이 달랐다.

전미복음주의협회에 참여하여 활동함으로써 부상하던 신복음주의(neo-evangelicalism) 주류에 위치하기는 했지만, 존스는 이 입장을 주장하지도 지지하지도 않았다. 1940년대 후반부터 존스 부자는 점점 더 자주 복음주의 주류와 부딪혔고, 결국 더 전투적이고 분리주의적인 길을 걷기로 결정했다. 이들이 주류 복음주의로부터 이탈하는 데 기여한 요인은 최소 다섯 가지였다.

첫째, 1949년에 전미복음주의협회는 밥존스대학교에서 연례 모임을 열자는 요청을 거부했다. 명시된 이유는 전미복음주의협회가 복음주의 학교 중 하나에만 편파적인 호의를 보인다는 인상을 피해야 한다는 것이었지만, 존스 부자는 이 퇴짜가 개인적인 질투에서 비롯된 것이라 믿었다.

둘째, 존스 부자는 지적(intellectual)인 참여를 강조하는 신복음주의가 전도를 덜 강조함으로써 엘리트주의로 흘러가지 않을까 염려했다. (실제로 그는 한 때 박사학위를 취득한 교수를 고용할 때마다 밥존스대학교가 [Ph.D. 대신] 부흥을 취득해야 한다고 말하곤 했다). 신복음주의자들은 이런 태도를 미심쩍은 시각으로 지켜보았다.

셋째, 밥존스대학교 및 이 대학과 관련된 모든 것은 아버지보다 '더 공격적이고 더 적대적인' 존스 주니어의 영향하에 들어가고 있었다. 이 부자의 전기를 쓴 최신 작가는 아들 존스 주니어가 '아버지보다 참을성이 없고 자신이 동의하지 않는 이들과의 관계를 더 쉽게 끊으려고 하는' 인물이었다고 썼다.

넷째, 존스 부자가 전미복음주의협회 및 유사한 모든 주류 복음주의 조직과 점점 더 심한 갈등을 경험한 같은 시기에 대학 내부에서도 갈등이 있었고, 총장 비서가 존스 주니어에 대한 갈등을 조장한 혐의로 고소당했다. 이 사건은 존스 주니어의 전투성과 기관이 불안정하다는 인식을 더 강화하고 악화시킨 것 같다.

다섯째, 존스 부자를 근본주의 중에서도 더 분리주의적인 일파로 몰리게 한 마지막 요인

은 빌리 그레이엄(Billy Graham)과의 관계 경험이었다. 그레이엄은 1936년에 잠시 밥존스대학교를 다녔는데, 당시 학교 분위기가 숨이 막힐 지경이라고 생각했다. 그레이엄이 플로리다의 한 성경학교로 이동하고 이후 결국 휘튼대학(Wheaton College)에 정착하기 전에 존스는 이 젊은이에게, 만약 그가 학교를 떠난다면 "앞으로는 네 목소리를 들을 일이 없을 거야"라고 말했다. 그레이엄이 노스웨스턴성경대학(Northwestern Bible College) 총장직에 있을 때 잠시 화해가 이루어졌지만, 존스 부자는 1950년대에 다시 그레이엄을 비난했다.

1957년에 그레이엄이 뉴욕전도대회(New York crusade)에서 현대주의 교회들의 도움을 받아들이자, 존스 부자는 공식적으로 그레이엄을 비난하고, 신앙의 가장 위험한 적은 더 이상 현대주의가 아니라 성경을 믿는다고 하는 기독교인 중 일부가 현대주의와 타협하는 것이라고 주장했다. 1950년대 후반에 그레이엄이 따오르는 신복음주의의 핵심 인물이 된 상황을 고려할 때, 존스 부자가 그와의 관계를 단절한 사건은, 그들 스스로의 표현대로, '초강경 근본주의자들'(ultra-fundamentalists)의 등장을 상징했다. 그들은 이제 공개적으로 신복음주의를 비난하기 시작했다.

아버지 존스는 죽을 때까지 근본주의 전도자, 분리주의 변호자, 자신이 세운 학교의 대사로 활동을 이어 갔다. 생애 마지막 10년 동안은 교회 소속 없이 지냈다. 그는 밥존스대학교 캠퍼스 내 저수지 중앙에 있는 작은 섬에 묻혔다. 매년 존스의 사망일에 대학은 창립자 기념식을 열어, 20세기 근본주의적 분리주의의 핵심 주창자들이라 불릴 수 있는 집단의 족장(가부장, patriarch of the family)이 된 인물에게 경의를 표했다.

참고문헌 | M. T. Dalhouse, *An Island in the Lake of Fire: Bob Jones University, Fundamentalism, and the Separatist Movement* (Athens: The University of Georgia Press, 1996); D. L. Turner and S. Skaggs, *Standing Without Apology: The History of Bob Jones* (Greenville, South Carolina: Bob Jones University Press, 1997); M. Wright, *Fortress of Faith: The Story of Bob Jones University* (Grand Rapids: Eerdmans, 1960).

B. HANKINS

뱁티스트 라이슬리 노엘(Baptist Wriothesley Noel, 1798-1873)

침례교 목사. 그는 성공회 성직자였다가 후에 침례교 목사로 안수를 받았다. 1848년 12월 3일에 그는 때때로 '런던 복음주의파 본부'로 묘사되었던 런던 웨스트엔드(West-end) 베드퍼드로우(Bedford Row) 소재 세인트존스교회(St John's Church)에서 사임을 발표했다. 뱁티스트 노엘은 성공회에서 나오기 전에, 리처드 세실(Richard Cecil)과 다니엘 윌슨(Daniel Wilson) 같은 유명한 목회자들을 따라 복음주의적 목회를 분명히 지지한다고 직접 밝히면서 잉글랜드국교회(Church of England) 정규 교구 외부에 살던 크고 부유한 회중을 대상으로 목회했다. 그때까지 런던의 성공회 복음주의자들의 지도자였던 뱁티스트 노엘은 1849년 8월 9일에 존스트리트침례채플(John Street Baptist Chapel)에서 침례를 받고 9월에는 그 교회 목사가 되었다.

또한, 그는 분명히 스스로 잉글랜드침례교도라는 정체성을 갖고 있었는데, 이는 소위 '서부분열'(Western Schism, 1815년 이후 잉글랜드국교회에서 일어난 내부 분열로, 잉글랜드 서부 지방 복음주의자들의 성공회 이탈 사건-역주)이라 불리는 사건의 일부로 잉글랜드국교회에서 탈퇴한 그의 선임자 J. H. 에번스(J. H. Evans)조차도 시도하지 않은 독특한 행동 방식이었다.

뱁티스트 노엘은 휘그당(Whiggish)의 저명한 복음주의 가문인 제러드 노엘 경(Sir Gerard Noel)과 바럼 부인(Lady Barham)인 다이애나(Diana)의 16번째 아이이자, 11번째 아들로 1798년 7월 16일에 태어났다. 뱁티스트 노엘은 웨스트민스터스쿨(Westminster School)과 케임브리지의 트리니티대학(Trinity College)에서 교육을 받았다. 가족의 바람과는 달리 안수를 받고, 약 22년 동안 세인트존스교회(St John's Church)를 섬겼다. 뱁티스트 노엘이 처음 사역을 시작했을 때, 이 지역에는 1790년대의 비종파적인(undenominationa) 분위기가 지속되고 있었는데, 그 결과 복음주의연맹(Evangelical Alliance) 내에서 개신교 연합을 추구하는 새로운 운동이 일어나고 있었다. 뱁티스트 노엘은 여기서 중요한 역할을 했다.

복음주의연맹 첫 모임에 참여한 평신도들은 세인트존스교회 성직자들과 함께 성만찬에 참여하도록 초청을 받았다. 그보다 더 일찍 1824년에 뱁티스트 노엘은 런던선교회(London Missionary Society)를 공식 후원한다고 처음으로 발표했는데, 이는 분열되어 있던 국교회와 비국교도(dissent) 사이에 다리를 놓으려는 시도였다. 1828년에 뱁티스트 노엘은 영국종교개혁협회(British Reformation Society)에서 '근본적 교리 안에서의 개신교 일치'(Protestant Unity in Fundamental Doctrines)라는 제목으로 강연을 했고, 1836년에는 『특별히 국교도를 향한, 교회의 일치와 현재의 시국과 관련된 호소를 담은 소책자』(*The Unity of the Church, Another Tract for the Times, Addressed Especially to Members of the Establishment*)를 출간했다.

성공회 복음주의자들이 천년왕국(millenarian) 해석 문제로 분열되었던 1830년대에 뱁티스트 노엘은 이들의 일치를 위해 열심히 노력했다. 그러나 뱁티스트 노엘은 1831년에는 유니테리언교도들(Unitarians)이 성서공회(Bible Society)위원회에 들어오는 것을 반대했다. 해외 선교를 열정적으로 옹호하던 뱁티스트 노엘은 다른 누구보다 런던시선교회(London City Mission) 내에서 성공회 성직자와 비국교도들의 협력을 가능하게 한 일에 공로를 세운 인물이었다. 빈민학교운동(Ragged Schools Movement) 사역의 열정적 지지자였던 뱁티스트 노엘은 1836년에는 아일랜드 내 학교들이 교육의 필수적인 조건들을 갖추었는지 조사했으며, 1840년에는 추밀원교육위원회(Privy Council Committee on Education)를 대신하여 잉글랜드 초등 교육에 대한 조사도 했다. 그러나 교육 기준 개선 사업에 정부가 주도권을 가져야한다는 뱁티스트 노엘의 주장은 비국교도를 실망시켰다.

차티스트운동(Chartist agitation)이 한창이던 1841년에 뱁티스트 노엘은 『가난한 이들을 위한 간청』(*Plea for the Poor*)을 통해 곡물 조례의 시행을 비판했는데, 이는 성공회 성직자가 이 논쟁에 기여한 유일한 사례였다. 그러나 『가난한 이들을 위한 간청』은 뱁티스트 노엘이 마치 여왕 전속 사제인 듯 보이게 만들었기 때문에 결과적으로 더 많은 논쟁을 야기했다.

뱁티스트 노엘은 메이누스(Maynooth) 소재 가톨릭대학(Catholic College)에 지급하는 지원금 증액에 비판적이었다. 이는 그가 개신교인이었기 때문이기도 했지만, 이미 개신교 목회자에게 재정을 지원하고 있는 정부가 가톨릭에도 보조금을 주게 된다면, 결과적으로 정부는 무신앙(irreligion)의 도구가 되어 버린다고 믿었기 때문이었다. 뱁티스트 노엘이 아일랜드에서 국교제 폐지를 지지한 것은 모든 국교제의 적법성에 대한 의문으로 연결되었다. 비록 뱁티스트 노엘은 강요에 의해서 해방협회(Liberation Society, 성공회의 잉글랜드국교회 지위를 박탈하자는 캠페인을 벌인 조직-역주)에 가입해서 연설을 하게 되었지만, 자발적으로 원했던 것은 아니었다. 그러나 뱁티스트 노엘은 이 단체의 목적이 정당하다고 판단했기에, 협회가 자기 출판물을 사용하는 것을 용인했다.

『교회의 첫 5세기, 혹은 초기 교부들, 안전하지 않은 지침들』(*The First Five Centuries of the Church; or, the Early Fathers, no Safe Guides*, 1839)은 뱁티스트 노엘이 비록 세례를 통한 중생에 대해 매우 다른 결론을 내리게 되기는 하지만, 당시 성장하고 있던 옥스퍼드운동(Tractarian)의 가르침을 알고 있었음을 보여 준다. 뱁티스트 노엘은 이 운동을 분명하게 반대했기에, 주교의 견책을 받았다. 사실 뱁티스트 노엘이 기도서의 문구들을 복음주의적으로 해석하려고 했던 것에 반해, 옥스퍼드운동가들은 이를 가톨릭식으로 해석하려고 했다.

『교회와 국가의 연합에 대한 논문』(*Essay on the Union of Church and State*)에서 스스로 변호했듯, 뱁티스트 노엘의 성공회 이탈은 독자적 행동이었다는 사실이 입증되었다. 왜냐하면, 뱁티스트 노엘의 사례를 따른 성공회 사제는 한 사람 뿐이었기 때문이다. 뱁티스트 노엘은 이전 교회를 떠나 자기에게 합류한 신자 약 100명에게 존스트리트교회에서 침례를 베풀었다. 뱁티스트 노엘은 '살아 있는 개인 신앙의 언변이 뛰어나고 열정적인 옹호자'였다. 그의 설교는 '구슬프고 부드러우며,' 머리보다는 가슴에 호소하는 설교로 묘사되었다. 그의 최대 관심사는 죄인이 회개하는 것이었다. 비록 얼마 후 성직자들의 방해로 삭감되기는 했지만, 뜨거운 전도 열정으로 샤프츠베리 경(Lord Shaftesbury)과 협력하여 액서터홀(Exeter Hall)에서 열리는 집회를 후원하기도 했다.

1855년과 1867년에 침례교연합(Baptist Union) 의장으로 섬겼던 그는 1860년대에는 에어 총독(Governor Eyre) 문제로 자메이카 당국을 비판했고, 미국 남북전쟁에서는 북군을 지지하며 런던노예해방협회위원회(London Emancipation Society)에도 참여했다. 고향에서는 금주운동을 시작했으며, 성매매 여성의 재활을 돕는 심야모임운동(Midnight Meeting Movement)에도 참여했다.

1864-1865년에 찰스 해돈 스펄전(Charles Haddon Spurgeon)이 성공회 복음주의자들이 자기 양심을 훼손시키면서 기도서의 세례를 통한 중생(baptismal regeneration) 부분을 암송하고 있다고 비난하자, 이는 형제답지 않은 행동이며, 또한 스펄전 자신이 강조한 범복음주의적인 '보편 기독교'(Catholic Christianity)와도 맞지 않다며 스펄전을 비판했다. 저술들과 찬송가들을 통해 뱁티스트 노엘은 복음주의적 성례주의(sacramentalism)를 견지한 침례교 입장을 지원했다.

"그리스도에 대한 고백이 구원에 필수적이듯, 이를 아는 이들에게 마찬가지로 세례(침례)도 '그분을 고백하는' 규정된 방법이다"(『기독교 세례에 대한 논문』[*Essay on Christian Baptism*, 1849, p. 99]).

참고문헌 | D. W. Bebbington, 'The Life of Baptist Noel,' *Baptist Quarterly* 24 (1972), pp. 389-411; G. Carter, 'Evangelical Seceders from the Church of England. c. 1800-1850' (DPhil thesis, Oxford, 1990); K. R. M. Short, 'Baptist Wriothesley Noel,' *Baptist Quarterly* 20 (1963), pp. 51-61.

J. H. Y. BRIGGS

버나드 램(Bernard Ramm, 1916-1992)

침례교 신학자이자 1940년대에 미국 근본주의에서 파생되어 '신복음주의'(new evangelicalism 혹은 neo-evangelicalism)로 알려진 연대의 대표적인 신학적 대변인. 그는 비록 일평생 침례교인으로 살았지만, 자신의 교단 신학을 넘어서 막 태동한 복음주의운동에 참여함으로써 자신의 기독교적 정체성과 기독교 신앙에 대한 이해를 형성했다는 의미에서 신복음주의 정신을 구현했다. 더욱이 그는 신복음주의 전형적인 목표가 주류 신학교에서 벌어지고 있는 신학 논쟁이나 더 넓은 문화에서 벌어지고 있는 변화가 제기한 도전들을 피하기보다는, 이에 참여하는 것이라고 주장했다. 이렇게 함으로써 램은 다른 복음주의 학자들의 모델이자 영감(inspiration)으로 자리매김했다.

램은 1916년에 몬태나(Montana)의 탄광 도시 뷰트(Butte)에서 태어났다. 어린 시절에 과학에 관심이 많아 과학자가 되려고 마음먹었다. 워싱턴대학교(University of Washington)에 입학하려던 어느 여름날, 그의 일생을 변화시킨 즉각적이고 급진적인 회심을 경험했다. 그가 대학교에서 수강한 과목들은 과학보다 의사소통과 철학에 관한 것이 많았다. 그는 1938년 대학교를 졸업했다.

1938년에서 1941년까지는 필라델피아에 있는 이스턴침례신학교(Eastern Baptist Theological Seminary)에서 신학학사학위를 취득했다. 이 학교는 북침례교(현재 미국침례교회) 내에서 보수신학을 지키기 위해 설립된 학교였다. 그는 이스턴침례신학교에서 공부하면서 마지막 학년에는 펜실베이니아대학교(University of Pennsylvania)의 대학원 과정의 수업에 참여했고, 뉴욕시에서 목회를 하기도 했다. 비록 짧은 시기였지만, 시애틀(1942-1943), 캘리포니아 글랜데일(1943-1944)에서도 목회를 했다. 이후 로스앤젤레스침례신학교(Los Angeles Baptist Theological Seminary)의 성경 언어학 교수로 임용되면서 복음주의에 공헌하는 길고 성공적인 학자 경력을 시작했다. 이듬해에는 로스앤젤레스성경학교(Bible Institute of Los Angeles, 현재 바이올라대학교)의 철학 및 변증학 학과장으로 임용되어 1951년까지 교수 생활을 이어 갔다.

램은 그곳의 교수로 활동하면서도 서던캘리포니아대학교(University of Southern California)에서 1947년에는 석사학위를, 1950년에는 박사학위를 취득했다. 과학철학(philosophy of science)에 집중한 덕에, 예전에 관심을 많이 가지고 있던 과학을 철학 이론과 융합할 수 있었다. 그 결과물은 박사학위로 빛을 발하게 되는데, 논문 제목이『물리학의 형이상학적 참고를 정당화하는 몇몇 최근 연구 분석』(*An Investigation of Some Recent Efforts to Justify Metaphysical Reference to Physics*)이었다. 이후 램은 베델신학대학(Bethel College and Seminary, 1951-1954), 베일러대학교(Baylor University, 1954-1959)에서 학생들을 가르쳤으며. 마지막에는 미국서부침례신학교(American Baptist Seminary of the West, 이전에 California Baptist Theological Seminary)에서 교편을 잡게 된다. 그는 1959년에서 1974년까지 이 학교의 정교수로 활동했는데, 1974년에서 1977년까지는 모교 이스턴침례신학교에서 얼마간 일했고, 1978년에는 캘리포니아로 다시 돌아와 1986년까지 미국서부침례신학교에서 가르쳤다.

램의 신학적 탐구는 전형적인 신복음주의적 관심사에 자극받은 것이었다. 즉 근본주의의 반계몽주의를 타파하고 계몽주의의 지대한 영향 하에 있는 당시 사회에서 기독교의 전통 교리들을 재확인하는 것이 초점이었다. 램은 이 중 세 가지 분야에 관심을 집중했는데, 변증법, 성경과 과학의 대화, 성경의 권위였다.

램의 첫 번째 책『기독교 변증학의 여러 문제들』(*Problems in Christian Apologetics*, Portland: Western Baptist Theological Seminary, 1949)은 그 제목이 말해 주듯이 기독교 변증학을 다룬 책이었다. 1953년에는『변증학 체계의 제 형태들』(*Types of Apologetic Systems*, Wheaton: Van Kampen, 1953)과『기독교의 증거』(*Protestant Christian Evidence*, Chicago: Moody, 1953) 두 권을 출판했다. 이런 초기 저작들을 통해 램은 소위 '증거주의'(evidentialism) 접근 방식을 이용하여 여러 자료들(램의 용어를 빌리자면 '사실들')로부터 기독교 신앙의 진실성에 대한 증거를 확보하여, 여러 사람이 적어도 이론상으로라도 이를 관찰하고 증명할 수 있게 하려고 했다.

그러나 1958년에 이르러 램은 변증학에 대한 접근 방식에 변화를 주면서, 네 번째 책『차이를 만드시는 하나님』(*The God Who Makes a Difference*, Waco: Word, 1972)을 출판했다. 일군의 개별 사실들로는 신앙을 증명할 수 없다고 확신한 그는, 기독교를 하나의 자명한 원리이자 가설이라고 주장했다. 이제 그는 확신(certitude)과 확증(certainty)을 구별하기 시작했다. 그는 한 신앙인이 개인 구원에 대한 영적 확신을 갖는다고 할지라도, 기독교 신앙을 역사적으로 증명하기 위한 확증의 단계까지 나아가진 못하고 어느 정도의 가능성만을 확신할 수 있다고 주장했다. 램의 평가에 의하면, 근본주의자의 오류는 성경에 나타나는 역사를 이성적으로 확증하려는 욕망에 기인한 것이다.

램은 초기에 기존의 변증학에 대한 연구를 꾸준히 진행했고 이를 바탕으로 최초로 복음주의적 관점에서 과학과 성경의 대화를 시도했다. 다소 도전적인 제목으로 출판된『과학과 성경의 대화』(The Christian View of Science and Scripture, Grand Rapids: Eerdmans, 1954)에서 램은 복음주의자에게 과학의 발견을 기독교와 반대되는 것으로 설정한 근본주의적 접근법에서 빠져나오라고 요청하고, 과거의 전통으로 돌아가 하나님을 창조와 구원 모두의 저자라 보고, 과학과 성경 간에 합의점이 있다는 것이 작용 가능한 가정이라 주장했다.

램은 자신의 생각을 구체화하면서 단지 과학과 성경을 화해시키는 일 뿐만 아니라, 성경의 내용 중 많은 부분이 당시 문화의 영향을 많이 받은 것이라고 주장하고, 나아가 성경의 저자들은 근대적 관점에서 보듯 과학 선생들이 아니었다고 강조했다. 1950년 램은 자신의 생각을 가지고 성경을 해석하여『성경해석학』(Protestant Biblical Interpretation, Boston: Wilde, 1950)이라는 책을 출판했다. 이 책에서 램은 지적 성경주의를 바탕으로, 계시는 본질상 인간이 이해할 수 있는 '신인동형론적 특징'을 가지고 있기 때문에 반드시 인지할 수 있다는 원리를 주장했다. 램은 이 방법론을 가지고 평신도가 이해할 수 있는 출애굽기의 비전문 주석서인『하나님의 구원』(His Way Out, Glendale: Regal, 1974)을 출판했다. 1950년대와 1960년대에는 자신이 세 번째로 관심 있게 연구하던 성경, 계시, 신학의 권위라는 주제 관련 서적인『종교 권위의 형태』(The Pattern of Religious Authority, Grand Rapids: Eerdmans, 1958),『성령의 증거』(The Witness of the Spirit, Grand Rapids: Eerdmans, 1959),『특별계시와 하나님의 말씀』(Special Revelation and the Word of God, Grand Rapids: Eerdmans, 1961) 등 세 권의 책을 출판했다. 성경과 과학과의 대화를 시도한 것과 마찬가지로, 이런 관심에는 기독교 신앙의 진실성을 제시하고자 하는 변증학적 목적이 있었다. 그는 (그리스도에게서 완성된) 하나님의 계시에 절대적 권위가 있다고 보았다. 또한, 그는 종교개혁가들의 가르침과 마찬가지로, 영감으로 기록된 성경과 계몽된 독자, 내재적인 혹은 외면적인, 또한 객관적인 혹은 주관적인 성경의 권위의 여러 측면들을 한데 엮어 보고자 노력했다.

현대 세계에서 신뢰할 만한 신학을 정립하고자 한 램의 관심은 칼 바르트(Karl Barth)의 방법론을 현대 복음주의의 패러다임으로 수용하게 만들었다. 논쟁이 된 책『근본주의 이후』(After Fundamentalism, San Francisco: Harper & Row, 1983)에서 램은 바르트에 대한 다른 복음주의자들의 해석과는 달리, 바르트야말로 자신이 하고자 했던 바로 그 작업, 즉 계몽주의의 관심사를 그 안에 종속되지 않으면서도 진지하게 취급하는 방식으로 개혁신학을 재진술하는 작업을 했다고 주장했다.

바르트를 결정적으로 재발견함으로써 램은 신학의 토대적 주제(변증학, 성경과 과학, 신학의 권위)를 벗어나 자유롭게 구성신학(constructive theology)으로 방향 전환을 하게 된 것으로 보인다.

그 결과 신학의 가장 중요한 두 교리를 다루는 두 책 『이성에 대한 공격』(*Offense to Reason*, San Francisco: Harper & Row, 1985)과 『복음주의 기독론』(*An Evangelical Christology*, Nashville: Thomas Nelson, 1985)이 탄생했다. 그러나 이런 저작을 펴냈다고 해서 그가 그동안 관심을 갖고 연구해 왔던 변증학 및 과학과의 대화 노력을 포기했다고 말할 수는 없다. 반대로 그는 구성신학이야말로 그 본질상 변증적이고, 결과적으로 현대의 과학적 패러다임들과의 대화를 포괄하고 있다고 보았다.

여러 핵심 이슈들에서 그가 반응하며 제시한 여러 특정 주장들보다 더 중요한 버나드 램의 유산은 그가 복음주의 신학자들을 근본주의가 창조한 지적 게토(ghetto)에서 빠져나오라고 요청함으로써 기독교 신앙을 현대 사회가 신뢰할 수 있는 체계로 제시하려고 했다는 것이다. 현대 사상(특히 당대의 과학적 진보와 비복음주의 신학들)을 향하여 얼굴을 돌림으로써, 램은 복음주의 사상가들이 자신들이 처한 상황과 적극적으로 대화할 수 있는 토대를 만들었다. 즉 진리를 증거할 뿐만 아니라, 다른 전통 및 관점에서도 배울 수 있는 토대를 구축한 것이다.

참고문헌 | S. J. Grenz (ed.), *Perspectives on Theology in the Contemporary World: Essays in Honor of Bernard Ramm* (Macon: Mercer University Press, 1990); S. J. Grenz and R. E. Olson, *Twentieth Century Theology: God and the World in a Transitional Age* (Downers Grove: IVP, 1992); B. Ramm, *The Evangelical Heritage* (Grand Rapids: Baker Book House, 2000).

S. J. GRENZ

버논 C. 그라운즈(Vernon C. Grounds, 1914-2010)

신학자이자 상담가로, 20세기 미국 복음주의 사상 형성에 기여한 인물. 1914년 7월 19일에 뉴저지에서 존 그라운즈(John Grounds)와 버사 그라운즈(Bertha Grounds)에게서 태어난 그는 세 자녀 중 막내로 자랐다. 아버지가 열차 기술자였음에도 불구하고, 어린 버논 그라운즈는 기계를 다루는 일에는 거의 관심이 없었고, 여러 방면에 두각이 나타난 학생이었다.

럿거스대학교(Rutgers University)에서 버논 그라운즈는 폭넓게 공부하고 시를 사랑하고 글리(glee, 삼성[三聲] 또는 그 이상의 무반주 가곡-역주) 동아리에서 노래를 불렀다. 1937년에 럿거스에서 파이 베타 카파 우등상(Phi Beta Kappa honours)을 받으며 학사학위를 취득했다.

대학 시절을 보내며 어린 시절부터 가졌던 기독교(루터교) 신앙에 위기가 찾아왔다. 1학년 때 기독교의 진리 주장에 대해 심각하게 의문을 제기했다. 다음 여름(1933)에 뉴저지 클리프턴(Clifton)에 있을 때 버논 그라운즈는 어느 주일에 고등학교 친구들로 구성된 사중창단의 가스펠을 들었다. 예배가 끝난 후 중창단원들이 기독교에 대해 토론하자며 그를 집으로 초대했다. 버논 그라운즈는 이들이 자신이 가지고 있던 의문들에 대한 답을 줄 수도 있다고 생각하고 그 초청에 응했다. 그러나 그날 저녁에 대화 속에서 이들이 뭔가 순수한 것을 경험했다는 사실이 그에게는 더 중대한 충격이었다.

중창단원들이 큰 소리로 돌아가며 한사람씩 기도할 때, 버논 그라운즈도 반신반의하면서도 하나님이 살아 계시다면 예수 그리스도가 그의 구원자인 것을 보여 달라고 간구하며 기도했다. 이것이 바로 그의 개인 신앙의 시작이었다.

새로운 신앙을 갖게 된 초기에 두 권의 책이 특히 그의 신앙 성장에 큰 도움이 되었다. 토마스 만(Thomas Mann)의 『마법의 산』(The Magic Mountain)은 끊임없이 떠오르는 문제를 상기시켰다. 만은 어떤 해결책도 제시하지 않았지만, 복음이 없이는 모든 문화, 철학, 경험이, 버논 그라운즈의 표현에 의하면, '자기 파괴적인 막다른 곤경'(a self-destructive impasse)에 처했다는 것을 분명하게 드러내 주었다.

제임스 오르(James Orr)의 『하나님과 세상에 대한 기독교적 관점』(The Christian View of God and the World)은 젊은 버논 그라운즈에게 신앙과 이성을 조화시키는 방법에 대해 구체적인 도움을 주었다.

> "이 책은 복음을 믿는다는 것은 반드시 지식과 논리 없이 믿음만으로 유지되어야 한다는 끊임없이 출몰하는 의혹에서 나를 해방시켰다."

버논 그라운즈는 곧 복음 사중창단의 일원이 되었는데, 노래만 하는 것이 아니라 설교도 하는 역할이었다. 후에 앤 바턴(Ann Barton)이라는 이름의 피아노 연주자가 중창단에 합류했는데, 이후 1939년에 버논 그라운즈와 바턴은 부부가 되었다. 목회자로서의 버논 그라운즈의 첫 번째 장기사역은 뉴저지 패터슨(Paterson)의 가스펠태버너클(Gospel Tabernacle)에서 이루어졌다. 약 10년간(1934-1945) 이 교회에서 사역하는 동안 교인 수가 25명에서 300명으로 늘어났다. 또한, 이 기간에 그는 미국성경신학교(American Seminary of the Bible)와 킹스 대학(King's College)에서 가르쳤고, 델라웨어 윌밍턴(Wilmington) 소재 페이스신학교(Faith Theological Seminary)에서 신학학사학위를 취득했다. 당시 함께 공부한 학우로 프랜시스 쉐퍼(Francis Schaeffer), 케네스 칸처(Kenneth Kantzer), 아더 글래서(Arthur Glasser), 조셉 베일리(Joseph Bayly), 잭 머레이(Jack Murray)가 있었는데, 후에 모두 미국의 복음주의 지도자로 인정받는 인물이 된다.

버논 그라운즈의 전임교수직은 1945년에 뉴욕 존슨시티(Johnson City)의 침례성경신학교(Baptist Bible Seminary) 학장 및 신학, 변증학 교수가 되면서부터였다. 거기서 학생들에 대한 관심으로 상담을 하게 되었고, 이것이 남은 평생 집중하게 되는 주요 사역이었다.

1951년에 버논 그라운즈는 막 설립된 보수침례신학교(Conservative Baptist Theological Seminary)의 학장직을 맡기 위해 덴버(Denver)로 이주했다. 5년 후에는 빌리그레이엄전도집회(Billy Graham crusades)와 미국 근본주의의 개혁으로 촉발된 논쟁이 휩쓸던 무렵에 덴버신학교(Denver Seminary) 총장으로 부임했다. 버논 그라운즈의 대중 강연 사역은 신학교 교수로서는 보기 드물게 탁월했다. 미국 복음주의권에서 활동하는 수천 명이라는 어마어마한 숫자의 친구가 있었고, 그의 영향력이 그토록 지대했던 이유가 바로 이것이었다.

버논 그라운즈는 신학교 일 외의 일도 많이 맡았다. 대학 채플, 학위 수여식과 졸업식, 침례교 교단 모임, 학회 연설, 전국의 교회와 학교에서의 주말집회 등의 일이 이어졌다. 공항으로 오가는 시간, 비행기를 타고 있는 시간을 학생을 상담하거나 논문을 쓰는 시간으로 활용하곤 했다. 수년간 이런 엄청난 일정을 소화한 후, 버논 그라운즈는 마침내 박사과정을 시작한 지 12년만인 1960년에 드루대학교(Drew University)에서 박사논문을 완성했다. 논문의 제목은 '지그문트 프로이트 심리학에서 사랑의 개념'(The Concept of Love in the Psychology of Sigmund Freud)이었다. 후에는 쇠렌 키에르케고르(Søren Kierkegaard)의 『사랑의 역사』(Works of Love)를 반복해서 읽음으로써 '성경이 말하는 믿음에서 사랑의 다차원성'을 확신할 수 있게 되었다고 증언했다. 그가 덴버신학교 학장과 총장으로 재직하는 동안 등록 학생수가 30명에서 거의 400명으로 늘었다.

학교를 덴버의 다른 지역으로 이전했고, 캠퍼스를 새로 지었으며, 학교의 지명도도 전국적으로 올라갔다. 버논 그라운즈는 1979년에 총장직에서 은퇴하면서 명예총장(Chancellor)으로 추대되었다. 은퇴 후 2만 권의 장서를 보유한 개인 서재에서 활동을 이어 간 버논 그라운즈는 80대가 될 때까지 가르치고 여행하고 강연하고 글 쓰는 일을 멈추지 않았다.

참고문헌 | K. W. M. Wozniak and S. J. Grenz (eds.), *Christian Freedom: Essays in Honor of Vernon C. Grounds* (Lanham: University Press of America, 1986); B. L. Shelley, *Transformed by Love: The Vernon Grounds Story* (Grand Rapids: Discovery House, 2002).

B. L. SHELLEY

버논 페이스풀 스토(Vernon Faithfull Storr, 1869-1940)

잉글랜드국교회(Church of England) 사제이자 작가. 그는 20세기 초 잉글랜드국교회 내 자유주의적 복음주의(liberal evangelicalism)의 대변자로 가장 잘 알려져 있다. 그는 1869년 12월 4일에 인도 마드라스(Madras) 인근 무덴필리(Muddenpilly)에서 태어났다. 아버지 에드워드(Edward)는 잉글랜드 국적이었지만, 당시 마드라스 공무원으로 일했다. 스토는 사촌 캐서린 세실리아(Katherine Cecilia)와 1902년 2월 4일에 결혼했고, 4명의 자녀를 낳았다. 첫째 메리(Mary)는 1903년 7월에, 노엘(Noel)은 1905년 12월, 레이첼(Rachel)은 1910년 11월에, 막내 토니(Tony)는 1920년 5월에 태어났다.

스토는 1888년에 옥스퍼드 퀸스대학(Queen's College)에서 장학금을 받았다. (그는 2학기가 되어서야 장학금 전액을 받을 수 있었는데, 이는 당시 Queen's College가 영국 본토 태생 학생에게만 장학금을 주었기 때문이었다. 이후 스토는 학교 당국에 이 규정을 바꿔 달라고 요청했고, 이후 장학금 전액을 받았다). 1892년에는 인문학부 수석으로 학사학위를 취득했다. 1894년에는 옥스퍼드 유니버시티대학(University College)이 수여하는 연구 장학금을 받고, 1895년에 문학석사 학위를 받았다. 석사학위 후 철학을 강의했고, 논리학도 가르쳤다. 스토의 학생 중에는 철학자이자 신학자 B. H. 스트리터(B. H. Streeter)도 있었다.

1893년과 1894년에 퀸스대학은 스토에게 오브리무어신학생(Aubrey Moore Theological Student)상을 수여했고, 이 상으로 즉시 성직자로서의 경력을 시작할 수 있었다. 그러나 실제로 스토는 1900년까지 이 직책을 받아들이지 않았는데, 한편으로 사제가 되어야 할지 확신하지 못했기 때문이고, 다른 한편으로 성공회 내 가톨릭파를 따를지, 복음주의파를 따를지 아직 확정하지 못했기 때문이었다. 1900년에 부제로 서품받은 스토는 윈체스터 교구 해슬미어(Haslemere)의 부사제 조수(Assistant Curate)가 된 후, 1921년까지 이 교구와 연을 이어 갔다. 1901년에 퀸스대학은 햄프셔의 브람쇼트(Bramshott)의 목회지를 제공했는데, 스토는 여기서 사제로 안수받고, 교구사제가 되었다.

스토의 사제로서의 경력과 학자로서의 경력 사이의 밀접한 관계는 일평생 지속되었다. 1906년에 그는 유니버시티대학이 제공한 유급 직책인 헤드본-워시(Headbourne-Worthy)의 교구사제가 되었다. 여기는 더 작은 교구여서 글을 쓸 기회를 더 많이 얻을 수 있었기에, 1905년에 받은 연구 장학금에 포함된 의무를 다할 수 있었다. 윈체스터 주교의 심사 성직자(examining chaplain, 1902-1903)로, 캔터베리 대주교의 심사 성직자(1903-1936)로 일한 결과, 스토는 라일(Ryle) 주교의 초청으로 윈체스터의 주재 대성당 참사회원(residentiary canon, 1907-1916)이 되었다.

종교철학에 대한 저작과 설교(Storr는 1908년과 1909년에는 옥스퍼드, 1909년과 1922년에는 케임브리지의 선출 설교자였다)로 인해, 1920년 당시 수상이었던 로이드 조지(Lloyd George)는 스토를 웨스트민스터의 참사회원으로 추대했고, 1922년에 데이비슨 대주교와 랭(Lang) 대주교는 그를 기독교교리 대주교위원회 위원으로 임명했으며(Storr는 1937년까지 이 직책을 유지했다), 1923년에는 링컨스인(Lincoln's Inn, 법학원) 법조인들이 그를 워버턴(Warburton) 교수로 추대했다. 스토는 이 직책 역시 1937년까지 계속 맡게 된다.

스토는 헌신적인 복음주의자이기는 했지만, 자기 신학의 윤리적 적용 면에서는 관용적인 사람이었다. 윌리엄 템플(William Temple) 대주교는 그를 "다른 사람의 의견도 존중할 줄 아는" 사람이라고 평가했다. 그럼에도 불구하고, 그는 자기 견해에 단호했다. 1916년에 햄프셔(Hampshire) 소재 벤틀리(Bentley) 교구의 교구사제가 되었고, 윈체스터(Winchester)의 명예참사회원이 되었는데, 이는 그가 당시 에드워드 탤버(Edward Talbor) 주교의 '가톨릭주의'를 싫어했기 때문이다. 스토의 전기 작가인 조지 해리스(George Harris)는 그의 주요 학문적 저서 『19세기 잉글랜드 신학의 발전』(The Development of English Theology in Nineteenth Century)을 '옥스퍼드운동을 전반적으로 가혹하게 비판한' 책으로 설명했다.

1922년에 옥스퍼드대학교(Oxford University)에서 한 강연은 제목이 '교회의 위기'였는데, 이 강연에서 스토는 복음주의와 성공회-가톨릭파(Anglo-Catholic)를 '잉글랜드국교회의 정신을 놓고 경쟁하는 두 개의 근본적으로 상반된 사고 체계'라고 설명했다. 1923년, 스토는 성공회복음주의단체운동(Anglican Evangelical Group Movement, AEGM)을 시작했는데, 이로 인해 그는 복음주의의 가장 중요한 변증가 중 하나로서의 명성을 공고히 했다. 이 단체의 회원권은 사제에게만 제한되어 있는데, 이 단체는 목표가 '영적 종교,' '자유에 대한 믿음,' '전통보다는 복음에 기초함'에 있다고 주장했다.

미래의 자신의 전기를 쓰게 되는 해리스와 함께, 스토는 성공회복음주의단체운동에서 간행한 53편 소논문의 공동 편집자가 되었고, 1930

년에는 이 단체의 명예총무, 1930년과 1935년, 1940년에는 이 단체의 회장을 역임했다. 또한, 스토는 성공회복음주의단체운동을 위해 6편의 소논문을 썼는데, 그중 첫 번째 소논문은 하나님에 대한 것이었고, 다른 하나는 예수 그리스도와 구약의 관계에 대한 것이었다. (이 두 소책자는 모두 1923년에 출판되었다). 스토의 소논문은 전통적인 복음주의적 입장(예를 들어, 하나님에 대한 믿음)을 오늘날의 사상과 지식의 빛으로 옹호할 수 있다는 입장을 강조했다.

당대 사상에 대한 스토의 관심은 복음주의에 대한 그의 자유주의적 접근의 중요한 통로였다. 성공회복음주의단체운동은 기독교가 어떤 비판이나 새로운 발견을 두려워할 필요가 없다고 주장하는데, 이것이 곧 스토의 인생 철학이었다. 스토는 퀸스대학에서 은퇴 후에도 생물학 강의에 참여하였고 자신의 기독교와 현대 사상을 합리화하려고 힘썼다. 케임브리지대학교(Cambridge University)에서 학생들에게 했던 철학 강연 중에 한 번은 "의심의 여지없이 진화론은 형태 학자나 발생 학자, 고생물 학자에 의해 이미 알려진 결과들을 모두 포함하여, 과학이 제시할 수 있는 틀을 구성할 수 있는 최고의 가설로 인정받아야만 한다"라고 말했다.

그의 성향으로 미루어 보면, 스토가 거의 20년간 진화론과 과학을 다루는 책에 대한 서평을 「가디언」(*Guardian*)지의 기고한 서평가로 있었다는 것, 그리고 1920년대 복음주의와 현대 사상 사이의 관계를 탐구했던 복음주의자들의 연례집회인 크로머대회(Cromer Convention)에 참여했다는 사실은 그리 놀랄 만한 일이 아니다.

비록 스토는 스스로 의도하지는 않았지만, 변증가와 철학자로서의 업적에 묻혀 그가 저술한 역사관련 저서와 학술논문이 주목받지 못하기도 했다. 그 원인 중의 하나는 스토의 건강상의 문제였다. 학문 프로젝트에 집중하려고 할 때면 건강의 문제가 생기곤 했다. 다른 원인은 교회에서 맡은 책임 때문이었다. 1921년 이후, 그는 웨스트민스터사원의 참사회원이자 회계 담당이었고(1926-1931), 웨스트민스터학교(Westminster School)의 운영위원이었다(1931-1936). 스토는 옥스퍼드의 레기우스신학교수(Regius Professor of Divinity)와 캔터베리대성당 주임사제(3회), 피터보로(Peterborough)의 주교직과 우스터(Worcester)의 주교직을 거절했는데, 이런 직책이 자기 관심사와 연결된 여러 프로젝트를 수행할 기회를 앗아갈 것이라 믿었기 때문이었다.

스토는 활발한 저술 활동을 했고, 특히 복음주의의 중요 사항을 설명하는 여러 소책자를 집중해서 발표했다. 40권 이상의 소책자와 책을 썼고, 1930년대에는 「더 타임스」(The Times)에 종교에 관한 글을 게재했다. 그의 주요 학문 저작은 『19세기 잉글랜드 신학의 발전, 1800-1860』(*The Development of English Theology in the Nineteenth Century, 1800-1860*, 1913)인데, 이는 18세기 후반의 '사상과 경향'이 어떻게 19세기의 유산인 '신학적 재구성의 복잡한 문제'에 흔적을 남겼는지를 설명하고자 하는 시도였다. 이를 위해 그는 1860년부터 1900년까지의 역사를 제2권에서 다루려고 했지만 이를 완성하지는 못했다. 스토의 다른 중요한 출판물은 다음과 같다. 『발전과 신의 목적』(*Development and Divine Purpose*, 1906), 『성경의 영감』(*The Inspiration of the Bible*, 1908), 『기독교인이 된다는 것의 의미』(*What it Means to be a Christian*, 1918), 『기독교와 불멸』(*Christianity and Immortality*, 1918), 『해외선교를 향한 나의 의무』(*My Duties towards Foreign Missions*, 1919), 『유신론에 대한 도덕적 논증』(*The Moral Argument for Theism*, 1921), 『보장』(*Reservation*, 1923), 『성경에 나타난 선교의 천재』(*The Missionary Genius of the Bible*, 1924), 『나의 신앙』(*My Faith*, 1927), 『아브라함부터 그리스도까지: 구약의 유신론의 발전 과정에 대한 연구, 워버턴 강연, 1923-1927, 1928』(*From Abraham to Christ: Studies in the Development of the Theism of the Old Testament, Warburton Lectures*, 1923-1927, 1928), 『현대 지성에서의 성경』(*The Bible in the Modern Mind*, 1928), 『옥스퍼드운동: 자유주의적 복음주의자의 관점』(*The Oxford Movement: A Liberal Evangelical View*, 1933), 『영적 자유: 자유주의적 복음주의 연구』(*Spiritual Liberty: A Study of Liberal Evangelicalism*, 1934), 『자유와 전통: 자유주의적 복음주의 연구』(*Freedom and Tradition: A Study of Liberal Evangelicalism*, 1940)이다.

스토는 1940년 10월 25일에 켄트(Kent)의 턴브리지웰스(Tunbridge Wells)에서 사망했다. 「더 타임스」의 부고에는 이런 구절이 실렸다.

"스토와 관련해 가장 특별한 것은 종교철학을 연구해서 풍성하게 적용한 일이다."

참고문헌 | G. H. Harris, *Vernon Faithfull Storr: A Memoir* (London: SPCK, 1943).

K. A. FRANCIS

벤저민 브레킨리지 워필드(Benjamin Breckinridge Warfield, 1851-1921)

미국장로교 신학자. 그는 프린스턴신학교(Princeton Theological Seminary)에서 교훈 및 논증신학 교수로 1887년부터 임종 시까지 재직했다. 뛰어난 학자이자, 저자, 서평가이자 편집자였던 그는 칼빈주의 관점으로 당대 지성의 흐름에 접근해서 이를 평가하고 변론한 찰스 하지(Charles Hodge)와 A. A. 하지(A. A. Hodge)의 전통을 계승했다. 워필드는 두 세대에 걸쳐 미국장로교 지도자를 배출했는데, 여기에는 미국 북장로교 내 근본주의자와 중도파의 중요 인물들을 다수 포함했다. 이 시대의 복음주의자와 근본주의자는 성경 무오, 변증학, 진화론, 신학 방법론과 기적에 대한 워필드의 글에 경외를 표하면서도 일부는 여기에 반대하기도 했다.

워필드는 1851년 11월 5일에 켄터키 렉싱턴(Lexington) 외곽에서 태어났다. 아버지 윌리엄(William)은 농부이자 짧은 뿔 소 교배 권위자이기도 했다. 어머니는 사람들에게 칭송받은 장로교 신학자이자 편집자, 정치가였던 로버트 제퍼슨 브레킨리지(Robert Jefferson Breckinridge)의 딸 메리 케이벨 브레킨리지(Mary Cabell Breckinridge)였다. 워필드의 청소년기에 미국 남북전쟁이 발발했는데, 이때 그의 어머니 가문은 합중국(북군) 지지파와 분리(남군) 지지파로 나뉘었다. 워필드의 부모의 집은 북군 본부로 사용되었다.

워필드의 여동생은 장티푸스로 사망했고, 1866년에는 삼촌의 장례와 장로교가 남부와 북부 교단으로 갈라지는 사건이 연이어 일어났다. 워필드도 장티푸스에 걸렸는데, 가족들의 이야기에 따르면, 이때 과거에 대한 기억을 다

잃어버렸지만, 반면 이후에 읽은 것 거의 모두를 사진처럼 기억해 내는 능력을 갖게 된다.

워필드는 1868년에 프린스턴대학(Princeton College)에 2학년으로 입학했다. 그해에 스코틀랜드 철학자 제임스 맥코시(James McCosh)가 총장으로 임명받아 학교에 도착했다. 워필드는 철학과 과학이 조화된다는 맥코시의 믿음을 뜨겁게 지지했기에, 1871년에 졸업생 대표로 졸업한 후에 과학 관련 직업을 얻으려고 계획했다. 그러나 대학 친구들과 유럽 여행을 하는 동안 기존 생각을 바꾸어 목회를 준비하기로 결심했다. 렉싱턴으로 돌아온 그는 「파머스 홈 저널」(Farmer's Home Journal)의 편집장으로 일하다가, 1873년에 프린스턴신학교에 입학했다. 여기에서 그는 존경받는 찰스 하지(Charles Hodge) 아래서 공부했다. 견고한 정통주의와 부드러운 성품을 조합한 하지를 통해 워필드(학교에서 별명이 '싸움꾼'[pugilist]이었다)는 그의 할아버지의 것보다는 좀 더 온화하고 학자적인 논증 접근법을 배웠다.

그러나 찰스 하지의 아들인 신약학자 캐스퍼 위스타 하지(Casper Wistar Hodge, Warfield는 그를 '이 땅에 있는 나의 신'이라 불렀다)는 워필드가 미래에 하고 싶은 경력에 대한 상상력을 자극했다. 워필드는 1876년에 졸업한 후 렉싱턴에 거주하던 애니 피어스 킨키드(Annie Pearce Kinkead)와 결혼했다. 이후 신약신학과 성경비평을 공부하기 위해 독일 라이프치히(Leipzig)로 갔다. 워필드는 루트하르트(Luthardt), 하르낙(Harnack), 델리치(Delitzsch)의 강의들을 11월부터 다음해 2월까지 수강했다. 목의 통증이 심해지자 이탈리아로 가서 잠시 요양을 했다가 여름에 다시 독일 집으로 돌아갔다. 이 짧은 기간 동안 워필드는 독일 대학교들의 신학을 홀로 스스로 섭렵했는데, 이후 이 신학의 문헌과 연구 방법론을 완전히 습득했다는 사실이 놀라울 따름이다.

볼티모어(Baltimore)와 데이턴(Dayton)에서 설교자로서 짧은 기간을 섬긴 후, 워필드는 1878년에 피츠버그(Pittsburgh) 근교에 있는 웨스턴신학교(Western Theological Seminary)에서 신약을 가르쳐 달라는 초청을 받았다. 성경의 권위를 보수적으로 이해하면서도 독일 방법론에 통달한 그의 관점은 『영감』(Inspiration, 1881)과 『신약성경본문비평 개론』(An Introduction to the Textual Criticism of the New Testament, 1886)에서 구체화되었는데, 이 때문에 여러 곳에서 그에게 교수직을 제안했다. 프린스턴신학교 역시도 그를 원하여 하지 부자의 자리를 맡아, 성경신학에서 조직신학으로 전공 경력을 바꾸어 교수해 달라고 초청했다. 프린스턴에서 그는 두 신학 계간지, 「프레스비테리언 앤 리폼드 리뷰」(Presbyterian and Reformed Review, 1890-1902)와 「프린스턴 티올로지컬 리뷰」(Princeton Theological Review, 1903-1929)를 스스로 창간한 후, 이들을 편집하고 거기에 글을 쓰면서 에너지를 특정 논제에 쏟아부었다. 또한, 그는 윌리엄 맥피터스(William M. McPheeters)와 공동으로 「더 바이블 스튜던트」(The Bible Student, 1900-1903)를 편집하기도 했다.

1890년대에 워필드는 장로교 내에서 영향력이 크고 전도 유망한 젊은 교수단을 조합했다. 장로교는 성경 무오에 대한 강한 지지 선언문을 채택했고, 웨스트민스터 표준문서의 칼빈주의를 약화시키려는 시도에 저항했고, 성경의 저자들에 대해 고등비평 견해를 주장하던 찰스 브릭스(Charles Briggs)를 축출했다. 워필드는 이런 움직임들을 적극 지지했다. 그러나 불행하게도, 같은 시기에 그의 아내는 영구적으로 거동을 못하는 환자가 되었다.

워필드는 해방노예를 위한 선교위원회 위원으로도 섬겼고, 사라토가(Saratoga)에서 열린 총회, 아일랜드 벨파스트(Belfast)에서 열린 범장로교대회(Pan-Presbyterian Conference)에 참석한 적이 있지만, 이 모든 교단 활동을 아내를 간호하기 위해 포기했다. 그러나 워필드의 활동이 프린스턴신학교 안으로만 제한되면서, 오히려 인상적인 정기 간행물을 펴내고 높은 수준의 학문적 업적을 성취하면서 주요 유산을 후대에 남길 수 있었다. 다양한 소논문이나 서평, 10권짜리 『전집』(Works, 1927-1932)과 더불어, 그는 다양한 신문에 시를 실었고, 몇 권으로 된 설교집도 출판했다. 그는 1921년 2월 16일에 수업을 마친 후 생을 마감했다.

워필드의 주요 연구 주제는 칼빈주의 교리를 지지하고, 기독교의 초자연적인 성격을 해명하고, 성경의 권위를 방어하는 현대 학문 연구를 온 맘으로 받아들이는 것이었다. 그는 성경의 무오성, 증거주의 변증학, 은사중지론(cessationism), 유신 진화론(theistic evolution)의 주요 옹호자였는데, 동시에 국내외적으로 칼빈주의에 적대적인 신학의 발전에도 온 힘을 다해 저항했다. 워필드는 그 시대의 지성의 흐름과 도전들에 대응하는 글들을 저술했기에, 그가 다룬 저작들은 이질적인 주제들의 모음일 수밖에 없었다.

그러나 저술 전반에는 논리적 일관성이 있었다. 이후 저자들은 그의 작품을 통일시키는 핵심 원리들을 간과한 채, 워필드의 어떤 입장에는 공감하면서, 동시에 어떤 입장은 비판하는 경향을 보였다. 핵심 원리들은 다음과 같다.

첫째, 워필드는 언어와 현대 연구 방법론으로 성경적이고 칼빈주의적인 교리와 세계관을 밝히려고 노력했다.

둘째, 그는 하나님께서 하나님의 피조물(자연법, 인간 대리자)과 동시에 일하신다는 개념을 활용하는데, 이 개념에 근거해서, 하나님은 발생하는 모든 것을 지시하시고 감독하신다고 주장한다.

셋째, 동시성을 인식(recognition of concursus)하려면 오랜 시간을 두고 살피고 주목해야 한다. 워필드가 믿기에, 현대 사상은 이런 존중해야 할 칼빈주의 개념들의 중요성을 무시했다. 따라서 이 개념들은 워필드가 보수주의와 현대성을 다양하게 조합하는 방식, 또한 현대성(modernity)을 현대주의(modernism)에 반대되는 개념으로 사용하는 방식에 구석구석 스며들어 있다.

워필드는 체계를 세우는 것을 좋아하는 자기 시대의 성향을 수용했기에, 적절한 신학의 구조로서의 '신학백과사전'의 틀을 만드는 데 노력을 많이 기울였다. 신학은 (종교적 경험이 아닌) 하나님의 과학이기에, 사실에는 적절한 토대가 필요하다. 따라서 변증학은 전체 과업의 시작이지 끝이 아니다. 한 사람은 개인이 만난 하나님 안에서, 그 다음에는 성경 안에 글자로 자신을 계시하신 하나님의 자기 계시를 통해 신앙의 합리성을 구축하고, 이어서 거기서부터 굳건한 신학 체계를 세운다. 이 '증거주의'(evidentialism)는 페일리(Paley, 자연신학)와 버틀러(Butler, 기독교 증거들)의 영국 경험주의 전통을 따른 것으로, 미국 대학 교육에 널리 퍼져 있었고, 또한 맥코시와 하지의 프린스턴에서 정형화된 체계였다.

프린스턴 신학자들이 스코틀랜드 상식 실재론(common-sense realism)을 네덜란드 신학자 카이퍼(Abraham Kuyper)와 헤르만 바빙크(Herman Bavinck)의 '전제주의'(Presuppositionalism)와 대비되는 방식으로 활용했다는 주장이 자주 언급되어 왔다. 워필드는 카이퍼의 저작을 번역 출판하려고 많은 노력을 기울였으며, 마침내 이 두 사람을 프린스턴으로 불러 특별 강의를 하게 했다(1899, 1909). 그러나 워필드는 기독교인은 중생함으로써 모든 다른 생각을 가진 사람과 분리된다는 그들의 생각에 반대했는데, 이런 주장은 워필드의 신학 체계에 근간이 된 자연신학의 공통 토대를 아예 제거해 버리기 때문이었다. 워필드는 1903년에 기독교는 '이성이 주도권을 갖게 하는 사명을 가진 변증적 종교'라는 유명한 말을 남기기도 했다.

워필드의 증거주의는 현대 여러 국가의 기독교에 전문 과학자 집단 안에서 자기 자리를 차지할 수 있을 정도의 실력을 갖춘 신학자 같은 교육받은 목회자들이 필요하다는 확신과 손을 맞잡았다. 실천 중심의 행동주의가 득세하던 1910년대에 커리큘럼 문제로 학생들의 저항이 일어나고 교수진이 분열된 프린스턴에서 워필드는 지적 엄밀성을 주장했다. 한 세기 내내 그를 계승한 이들이 그랬듯, 이런 그의 노력을 비판자들은 합리주의라 불렀다.

그러나 워필드는 증거를 수집한 후 구조화된 과학적 신학을 만들어 냈는데, 이는 기독교의 초월성을 변호하기 위함이었다. 그는 곧 '자유주의' 혹은 '현대주의'라고 불리게 될 재구성된 교리 이면에 존재하는 원리를 분석했다. 예를 들어, 알브레히트 리츨(Albrecht Ritschl)의 신학에 의하면, 죄는 무지이므로, 이 죄는 기독교 공동체에서 그리스도를 닮은 양심과 윤리적인 삶을 추구하면 치료 가능하다. 그러나 워필드에 따르면, 이런 관점은 현대의 옷을 입은 이신론(deism)이다.

이런 주장은 하나님은 오직, 그리고 언제나 자연적 원인을 통해서만 일하시므로, 하나님은 멀리 계시고 침묵하시는 분이라 생각하게 만든다.

이와 반대로, 기독교는 죄로 가득한 인간의 마음을 중생시키실 때 그리스도의 직접적인 권능의 역사를 강조한다. 1895년에 그는 다음과 같이 물었다.

> "새로운 종교 사상이 자기 앞에 내놓는 문제라는 것이 단지 옛날 18세기 문제를 새로운 형태로 내놓는 것에 불과하다는 사실을 교회는 도대체 언제나 깨닫게 될까?"

> "기독교는 자연종교인가? 기독교는 자연종교의 면류관과 반석이 아닐까? 그렇다면 기독교는 그저 자연종교일 뿐이란 말인가?"

> "그렇지 않다면, 기독교는 초자연적 종교일까? 기원과 요인과 힘과 이슈에서 초자연적인가?"

말하자면, 모든 기독교인의 마음은 기적의 결과이며, 칼빈주의는 이 점에서 모든 신앙고백들 중 가장 초자연적이라는 주장이다.

워필드의 초자연적 기독교 변호의 핵심에는 특별계시, 즉 성경의 권위 이슈가 있었다. A. C. 맥기퍼드(A. C. McGiffert)의 1895년 취임사에 대해 워필드는 다음과 같이 선언했다.

> "교회는 자연법으로 성장한 것이 아니라, 세워졌다. 그리스도의 몸된 교회를 세우라는 명을 받고 그리스도에 의해 파송된 권위 있는 교사들은 항상 거룩한 성경을 갖고 그 길을 나섰다. 이들은 그 법으로 세워진 교회에 그 말씀을 주었다."

이 오류 없는 기반은 몇몇 부분에서 자연계시와 차이가 있다.

첫째, 성경은 자연종교(natural religion)에서는 상상할 수 없는 역사적 특수성 속에 있는 하나님의 특정 구원 사역을 선포한다. 성경을 떠나면, 우리는 하나님을 단지 창조자와 심판자로밖에 볼 수 없게 되고, 그리하여 우리의 죄성 때문에 절망할 수 없는 존재로 전락한다.

둘째, 성경은 각 개인에게 외적 권위가 된다. 즉 단지 내적으로만이 아니라, 일종의 객관성을 인식한 한 개인을 믿음으로 부르신다. 워필드에게 믿음을 규정하는 요소는 외부 권위에 달려 있다. 물론 이는 합리주의도, 자연종교의 신비주의도 아니다. 마지막으로, 성경은 오류가 없다. 거짓말하지 않으시는 하나님은 그분의 말씀을 완전하고, 각 단어에 축자된 영감을 통해서 전해 주시므로, 성경은 과학과 역사에 대한 내용을 포함하여, 하나님이 의도하시고 인정하시는 모든 부분에서 오류가 없다. 워필드는 이 성경 무오성 교리를 A. A. 하지와 공동으로 저작하여 1881년에 「프레스비테리안 리뷰」(Presbyterian Review)에 제출한 '영감'(Inspiration)이라는 제목의 유명한 글에서 구체화했다.

성경은 하나님의 말씀을 담고 있을 뿐만 아니라, 그 자체가 하나님의 말씀이며, 원본에는 오류가 있을 수 없다는 주장이었다. 이들은 자신들의 논지가 받아쓰기(dictation) 이론과 혼돈되지 않도록 조심스럽게 소개했고, 성경의 생산 과정과 연관된 다양한 동시 작동의 기제들을 탐구했다. 또 다른 곳에서 워필드는 무오성 교리에 대한 다양한 비평에 대응하는 글을 싣기도 했다. 사라진 원본에 의지한다고 자신을 비난하는 사람들에게, 워필드는 사본비평은 그동안 원본의 많은 부분을 복원할 수 있게 해 주었다고 응답했다.

또 워필드의 이론에 따르면 과학이나 역사적 사실에서 단 하나의 오류라도 발견되면 성경을 믿는 믿음에 커다란 충격을 줄 수 있다고 비난한 이들에게, 그는 경험에서 나오는 증거 능력과 교회에 대한 애정으로 성경의 진실성을 선호하는 '감정적 가정'(sentimental presumption)이 존재한다고 반박했다. 더구나, 성경의 무오성을 증명할 필요는 없다. 입증 책임은 오히려 문제를 제기한 사람에게 있는데, 그는 해석이 아니라 성경의 텍스트 자체, 그리고 사본이 아닌 원본에 오류가 있다는 사실을 반드시 증명해야 한다. 결국 워필드에게 가장 중요한 것은 성경이 하나님의 말씀임을 스스로 성경의 모든 곳에서 주장하고 있다는 사실이었다. 과학에 대한 자신감과 함께 초자연성(supernaturalism)과 동시성(concursus)에 대한 믿음은 흥미로운 결과를 만들어 냈다. 워필드는 진화론은 옹호하지만, 성결운동과 더 고상한 삶 운동의 '완전주의'(perfectionism)에는 반대했다. 동시에 사도 세대 이후로는 더 이상의 기적은 일어나지 않는다는 믿음도 견지했다.

워필드는 대학 시절부터 줄곧 다윈이 주장한 바, 종(species)이 변이를 동반한 유전 과정을 통해 기원했다는 주장을 의심했다. 그러나 찰스 하지와 더불어 그는 진화가 우연히 일어났다는 다윈주의 원리도 거부했다. 자연선택설은 가축을 교배하는 목축업의 한 분야로서는 꽤 가능성 있어 보이는 이야기였다. 심지어 그는 6일 창조에 대한 칼빈의 해석 속에서 '순수 진화론'에 부합하는 섭리 교리를 찾아냈다. 다른 모든 자연법과 마찬가지로, 자연선택은 이차 원인들과 동시에 작용하는 신적 활동의 한 사례다.

워필드는 직접적인 초자연적 행위는 오직 우주의 원재료가 무로부터 창조되는(ex nihilo) 과정, (아마도 짐승에서 진화된 몸 안에 이 영혼이 이식되었을 수 있겠지만) 첫 인간 영혼이 창조되는 과정, 성경의 기적, 그리고 사람의 마음의 중생에서만 필수적이라고 생각했다. 그러나 워필드는 진화를 모든 확증된 사실의 지위로 격상시키거나, 진화를 모든 실재에 대한 완벽한 설명으로 취급하는 것에는 반대했다. 그는 과학자가 진화를 물질주의적 일원론(materialistic monism)의 도구로 왜곡하여 인식하는 경향을 한탄하기도 했다. 워필드에게 진화는 창조를 대체하는 개념이 아니다. 오히려, 진화는 생명이 창조된 이후에 하나님께서 섭리하시는 방식이다. 특히, 하나님이 주로 과정을 통해 일하신다는 일반적인 원리를 보여 주는 가장 좋은 예다.

초자연적 과정이라는 사상은 개신교의 핵심이다. 그러므로 창조와 섭리/진화의 차이는 칭의와 성화의 차이와도 같다. 우리는 우리 바깥에서 하나님의 일방적인 결정으로 인해 의롭다 칭함을 받으며, 이로써 우리 안에 새 마음이 창조된다. 이후 우리의 새롭게 중생된 마음에서 샘솟는 노력과 동시에 성령의 지속적인 역사를 통해 우리는 성화된다.

이런 초자연적 과정의 원리는 자유주의자 알브레히트 리츨, 부흥사 찰스 피니(Charles Finney), 승리하는 삶의 사도 해너 위툴 스미스(Hannah Whitall Smith) 같은 다양한 부류의 완전주의자(perfectionist)에 대항하는 워필드의 긴 논중이다. 워필드에 의하면, 완전주의자는 완전한 구원은 칭의와 동시에 일어나기에 죄성이 지속되는 것은 모두 현재 구원받지 못한 증거라는 신념을 공유했다. 워필드에 의하면, 리츨의 완전주의는 그가 초자연주의적 섭리를 제대로 이해하지 못해서 나온 결과다. '승리하는 삶의 완전주의'(Victorious Life perfectionism)는 하나님께 가까워진다는 믿음 때문에 다른 완전주의와 다를 바가 없다. 워필드는 다음과 같이 썼다.

> "인간은 세상도 그들 자신도 '하나님의 세속적인 방법'으로 구원받아야한다는 사실을 원치 않는다."

> "그들은 눈 깜빡할 사이에 영화된 성인(saints)이 되기를 원한다…그들은 매일 대재앙을 찾아 헤매는데, 그 안에서 자신들만이 하나님의 구원을 인식할 수 있다고 한다."

워필드에게 하나님은 우리와 함께 일하시며 우리를 성화시키는 분이다. 칼빈주의의 행동주의는 초자연적인 동시적 과정이라는 견고한 교리에서 기원한다.

1918년에 워필드는 『가짜 기적』(Counterfeit Miracles)이라는 책에서, 기적의 목적은 계시가 진짜임을 증명하는 것이라는 점에서, 사도 시대 이후의 기적 가능성을 부인했다. 이런 그의 주장은 외할아버지의 가톨릭반대주의을 일부 반영한 것이고, 워필드가 당시의 과학적 세계관을 어느 정도 공유하고 있음을 반영하는 것이기도 하다. 그러나 이는 동시에 초자연주의의 주요 변호자들이 초자연적 현상들을 어떻게 창조, 성경의 기적, 중생과는 완전히 다른 방식으로 '하나님의 세속적인 방법' 안에 배치하는 지를 보여 준다.

워필드는 웨스트민스터 칼빈주의(Westminster Calvinism)를 '개혁파 신조 형성의 가장 농익은 열매,' 교리의 그 '완전한 씨'인 성경에 내재되어 있는 가능성의 완숙한 발전이라며 강력히 옹호했다. 이 성장 유비를 통해 워필드는 고정된 진리 체계를 인정하면서도, 동시에 이 진리가 역사 속에서 발전하고 있음을 인정했다.

진보는 과거를 기반으로 건설되고, 건설은 목표를 향해 나아가므로, 오직 이런 모델로만 참된 신학적 진보가 가능하다고 주장한 것이다.

이 원리를 염두에 그는 터툴리안, 어거스틴, 칼빈에 대한 방대한 연구를 시작했다. 그는 이들 안에서 나무 둥치를 찾으려 했는데, 그 둥치 꼭대기에 있는 왕관은 웨스트민스터 칼빈주의라는 것이 그의 견해였다. 웨스트민스터 칼빈주의는 순전한 종교, 순전한 복음주의, 순전한 유신론이었다. 워필드가 신앙고백서 개정을 쉼 없이 반대한 것도 아주 중요하다. 그는 1893년에는 이겼지만, 1904년에는 졌다. 그러나 그가 쓴 글 중 남아 있는 마지막 편지 중 하나에는 이런 글이 있다.

"나는 뜨거운 낙관주의자다. 이는 내가 칼빈주의자이기 때문이다."

참고문헌 | J. E. Meeter and R. Nicole, *A Bibliography of Benjamin Breckinridge Warfield*, 1851-1921 (Nutley: Presbyterian & Reformed Publishing Co., 1974); D. F. Wells (ed.), *The Princeton Theology* (Grand Rapids: Baker, 1989).

B. J. GUNDLACH

벤저민 윌스 뉴턴(Benjamin Wills Newton, 1807-1899)

설교자이자 저자. 그는 1807년 12월 12일에 플리머스(Plymouth)의 데번포트(Devonport)에서 역시 이름이 벤저민이던 포목상 아버지가 사망한 지 10일 뒤에 태어났다. 12살 때까지는 외할아버지 로저 트레프리(Roger Treffry)와 함께 콘월(Cornwall)의 로스트위데일(Lostwitheil)에서 살았다. 조숙한 아이였던 뉴턴은 로스트위데일과 플리머스에서 문법학교에 다녔다. 1815년부터 1824년까지 그는 데본(Devon)의 딥트퍼드(Diptford)의 교구사제 토마스 버스(Thomas Byrth)에게 배웠다. 1824년에 옥스퍼드대학교에 입학했고, 18살이던 1826년에는 엑시터대학(Exeter College) 연구원으로 임명되었다. 1828년에는 고전학에서 최우등학위를 받고 이듬해에 졸업했다.

가족은 퀘이커교도(Quakers)였지만, 뉴턴은 잉글랜드국교회(Church of England) 사제가 되고 싶었다. 옥스퍼드에 있는 동안, 뉴턴의 친구이자 잉글랜드국교회 사제였던 헨리 벌틸(Henry Bulteel)이 뉴턴을 설득해서 플리머스 근처 찰스(Charles)의 칼빈주의 교구사제(Calvinist vicar) 로버트 호커(Robert Hawker)의 설교를 듣게 했다. 그 결과 1827년에 뉴턴은 구원의 확신을 경험했다. 그의 대학 시절 교수이자 당시 복음주의자였던 프랜시스 뉴먼(Francis Newman)은 예언에 대한 공부를 시작하도록 뉴턴에게 자극을 주었다.

1830년에 뉴먼은 뉴턴을 존 넬슨 다비(John Nelson Darby)에게 소개했다. 더 급진적인 복음주의자가 된 뉴턴은 프랜시스 뉴먼의 형제인 (이후 추기경이 된) J. H. 뉴먼(J. H. Newman)

이 교회선교회(Church Missionary Society) 총무직을 내려놓게 하는 데 기여했다. 또한, 벌틸(Bulteel)이 1831년에 대학 설교를 통해 잉글랜드국교회의 상태를 비판한 일에도 연루되어 있었다. 뉴턴이 잉글랜드국교회를 떠난 표면적 이유는 1832년에 플리머스의 밀가루 상인의 딸 해너 애보트(Hannah Abbott)와의 결혼 때문이지만, 사실상 뉴턴은 그 즈음 이미 탈퇴 직전의 상황에 있었다.

플리머스로 돌아온 뉴턴은 여러 지역을 돌아다니며 오두막 모임에서 설교했고, 또한 다비를 초청해 그 지역교회들에서 설교하게 했다. 1831년에 뉴턴의 부유한 친구 조지 위그램(George Wigram)이 뉴턴이 강의를 할 수 있도록 랄리스트리트(Raleigh Street)의 프로비던스 채플(Providence Chapel)을 빌렸는데, 곧 성만찬도 그곳에서 집전되었다. 이 모임은 처음에는 비공식적 모임이었지만, 결국 주일 아침마다 공식적으로 모이게 되었다.

처음에 뉴턴은 다양한 교파 교회들을 다녔기에, 그의 이 새로운 모임은 초교파적인 성향을 갖는 것처럼 보였다. 그러나 이후 얼마 안 되어, 이 모임은 하나의 독립된 회중으로 성장하여, 1840년에는 에브링턴스트리트(Ebrington Street)로 옮기게 되었다. 뉴턴은 장로로 선출되었으며, 얼마 동안 성찬식에서 열린 예배(open worship)를 주관하면서, 열매가 별로 없던 다른 사역들을 내려놓았다. 뉴턴은 동역자들과 함께 남서부 지역을 폭넓게 다니면서 설교했으며, 이를 통해 그 지역 내에 '플리머스'형제단('Plymouth' Brethren)의 여러 회중을 조직할 수 있었다.

뉴턴은 1830년대 후반에 이르러서는 다른 교단들과의 교류를 제한하고 오직 전천년주의자만을 초청하여 플리머스에서 설교하도록 했다. 또한, 뉴턴은 다비가 주장한 이스라엘과 교회 사이의 뚜렷한 구분과 '은밀한 휴거'라는 개념에 비판적 태도를 갖고 있었다. 뉴턴은 이런 주장들로부터 플리머스 모임과 소속 공동체들을 지키려고 노력했다. 그가 이런 주장들을 비판하면서 쓴 1840년대 편지들은 약 5년 뒤에 출판되기 전까지 필사본 형태로 유포되었다. 그 외에 뉴턴이 이 시기에 저술한 『종말에 대한 생각들』(Thoughts on the Apocalypse, 1843)은 뉴턴의 환란 후(post-tribulationist) 전천년설(premillennialism) 사상을 잘 보여 주는 저술이다.

1845년에 다비가 플리머스로 돌아왔을 때, 둘 사이에 갈등이 일어났다. 다비는 뉴턴이 분리된 분파를 세우는 것이 가장 큰 불만이었다. 나중에 다비는 뉴턴이 편지들을 출판할 때에도 사기 행각으로 그를 고소했다. 다비는 그해 말에 새로운 모임을 만들었으며, 나중에는 랄리스트리트 예배당에서 모임을 가졌다. 1847년에 뉴턴의 전 동료 중 하나인 J. K. 해리스(J. K. Harris)가 뉴턴의 강의안 원본을 이에 대한 비평을 담아 출판했는데, 이 책에는 그리스도의 수난의 일부는 속죄의 차원에서 일어난 것이 아니며, 수난은 아담과의 연대 책임(federal headship) 아래서 일어났다고 보는 뉴턴의 관점이 드러나 있다.

1년이 가기 전에 뉴턴이 이런 주장들을 즉시 부인했음에도, 다비는 뉴턴을 이단으로 정죄했다. 더 이상의 혼란을 피하기 위해 뉴턴은 플리머스의 직위에서 사임한 후 형제단운동을 떠났다. 그가 플리머스에서 발전시킨 장로 직분에 대한 견해는 대부분의 열린형제단(Open Brethren)이 받아들였으며, 또한 다비와의 논쟁은 형제단운동 전체에 영향을 끼쳤지만, 뉴턴이 떠나고 심지어 이단 의혹을 받게 되자, 그는 이후의 형제단운동에 추가 영향을 줄 수 없었다.

뉴턴의 아내는 1846년에 사망했으며, 뉴턴은 1849년에 인도 마드라스(Madras) 공무원의 딸인 마리아 호킨스(Maria Hawkins)와 재혼했다. 1855년에는 그들의 유일한 자녀 마리아(Maria)가 5살의 나이로 사망했다. 어디에도 소속되지 않았던 말년의 뉴턴은 저술 활동을 이어 나갔으며, 종종 종말론 주제를 다루기도 했다. 또한, 뉴턴은 여러 해 동안 그를 위해 마련된 런던 베이스워터(Bayswater) 지역 퀸스로드(Queen's Road)의 예배당에서 많은 설교를 했다. 은퇴 후에는 런던 근교의 오핑턴(Orpington), 와이트 섬(Isle of Wight)의 뉴포트(Newport), 이후에는 켄트(Kent)의 턴브리지웰즈(Tunbridge Wells)에 살았다.

충실한 추종자들이 그를 따랐으며, 그중 한 명은 뉴턴의 회고록(recollections)과 서신들을 보관했다. 지금은 그의 저술 다수를 '주권적 은혜 강림 증언회'(The Sovereign Grace Advent Testimony)가 출간해서 보관한다. 말년의 다비는 "뉴턴은 내가 아는 사람 중 가장 거룩한 사람이다"라고 했다고 전해진다. 뉴턴은 1899년 6월 26일에 턴브리지웰즈(Tunbridge Wells)에서 사망했다.

참고문헌 | H. H. Rowdon, *The Origins of the Brethren* 1825-50 (London: Pickering & Inglis, 1968); T. C. F. Stunt, *From Awakening to Secession: Radical Evangelicals in Switzerland and Britain* 1815-35 (Edinburgh: T.&T. Clark, 2000).

N. DICKSON

브라더 앤드루(Brother Andrew, 1928-)

전 세계 고난받는 교회의 개척자요 선교사. 국제오픈도어선교회(Open Doors International)의 창시자로, 그는 1928년 5월 11일에 네덜란드 북서부 개신교 가정에서 태어나고 자랐다. 윈스턴 처칠(Winston Churchill)이 '평화의 원동력'이라는 연설에서 철의 장막이 유럽을 가로질러 드리워있다고 주장했을 때, 앤드루는 인도네시아의 네덜란드 식민지에서 공산주의자 봉기를 막는 군대에 자원했다. 그는 상이군인으로 집에 머물러 있던 1949년부터 성경을 읽기 시작해 1950년에 회심했다. 1953년에는 스코틀랜드 글라스고우의 WEC(International Worldwide Evangelization for Christ)대학에서 선교훈련을 받았다. 1958년에 코리 판 담(Corry Van Dam)과 결혼해서 다섯 명의 아이를 낳았다.

냉전이 심화되자 앤드루는 논쟁거리가 된 중/동유럽 사역을 시작했다. 그는 공산주의 문제에 대해 지속적인 영적 해결책을 찾으려 했는데, 이를 아마도 상대적으로 효과가 없는 군사적, 정치적 행동에 대한 대안으로 생각한 것 같다. 1955년, 앤드루는 철의 장막 뒤편으로 생애 첫 번째 여행을 떠났는데, 바로 폴란드에서 열린 공산주의 청년 축제였다. 다른 철의 장막 국가들을 순회하면서, 그는 조심스레 기독교 문서들을 배포하며 사역의 전반적인 전략을 세워 나가기 시작했다. 이런 전략의 기본 틀에는 지역 목사 및 현지 지도자와의 협력에 대한 헌신이 포함되어 있었다.

특히, 중요한 것은 현지인의 우선적 필요에 부응하는 도움을 제공하는 것이었다. 1955년 말, 앤드루는 국제 초교파 선교단체 '오픈도어스'(Open Doors)를 설립하고, 국제 엠네스티

(1961) 같은 세속 기관들이 세워지기도 전에 활동을 시작했다. 1960년에 보안상 이유로 익명성을 유지하기 위해 '브라더 앤드루'라는 이름을 사용하기 시작했다. 열강이 베를린의 글리에니케 다리(Glienecke Bridge) 위에서 스파이를 맞교환하기 시작한 그해에도, 앤드루는 계속해서 비밀리에 성경을 바르샤바 조약국들(Warsaw Pact countries) 안으로 들여보내는 밀수 활동을 이어 나갔다.

앤드루에 대한 전기 『하나님의 밀수꾼』(*God's Smuggler*)은 1965년에 출간된 후 30개 이상의 언어로 천만 권 이상이 팔렸다. 『하나님의 밀수꾼』 출간 후 앤드루는 더 이상 동유럽과 소련 비자를 얻을 수 없게 되었기 때문에 이때부터는 핍박받는 교회가 있는 나라들을 광범위하게 돌아다녔다. 그러나 그에 대한 반대가 공산권 국가에만 있었던 것은 아니었다. 앤드루의 사역은 복음주의자들에게도 보편적인 찬사를 받지 못했다. 일부는 세관 규정을 교묘히 빠져나가는 그의 방식에 반대했다.

기독교 공동체 내부의 점증하는 비판에 직면한 앤드루는 1974년에 자기 행위를 정당화하는 신학적 변증서 『밀수의 윤리』(*The Ethics of Smuggling*)를 발간했다. 이 책에서 주장하는 내용의 핵심은 사도행전 5:19에 나오는 대로, 사도들은 하나님의 명령에 반대되는 합법 정부의 명령을 거부하기로 결정했다는 것이다. 이 주장은 많은 기독교인의 염려에 반응한 것이었지만, 앤드루 사역의 합법성에 대한 의혹이 끊이지 않았다는 증거가 있다.

앤드루는 자신의 1985년 출판물 『생명이 그렇게 소중한가?』(*Is Life So Dear?*)를 『밀수의 윤리』에 나오는 '주장의 확대판'이라고 설명했다. 기독교인으로서의 생애 전반에 걸쳐 그는 변화를 주창하며 접근이 제한된 지역에서 행해지는 현대 선교운동의 범위를 재규정하는 데 기여했다.

이 시기 동안 오픈도어스는 아프리카, 아시아, 중국, 남미, 중동에서 상당한 열매를 얻었다. 1980년대 초부터 앤드루의 관심은 성경 공급이 제한된 지역에 이를 대규모로 반입하는 것으로 바뀌었다. 그것은 중국으로 백만 부(Project Pearl, 1981), 남미 젊은이들을 위한 기독교 문서 오백만 부(Project Crossfire, 1985), 러시아로 신약 백만 부(1988), 구소련 전역으로 어린이 성경 백만 부(Project Samuel, 1991-1992), 새생명문서(New Life Literature)와 바이블리그(Bible League)와의 협력하에 중국 간체로 된 스터디바이블 첫 이만 부 배포(1992), 표준 알바니아어 성경 오만 부(1993), 중국어 어린이 성경 이야기책 출간(1994), 남미 아가페 스터디바이블(1996), 중국으로 성경 백만 부와 다른 기독교 자료 백만 부(1999) 등이었다.

앤드루가 사역을 시작한 이래 두드러진 변화가 일어나고 있었다. 알바니아어 성경은 알바니아 대통령에게 공식적으로 증정되었다. 한때 알바니아는 성경을 밀수하다 잡힌 이는 누구를 막론하고 가장 가혹하게 핍박하던 나라였다.

오픈도어스는 1998년에 공식 구제 사역을 시작했는데, 첫 번째 사업은 남수단 오지에 있는 기독교인에게 음식과 생필품을 실어 나르는 사역이었다. 새로운 형태의 사역도 등장했는데, 주요 기도운동을 일으킨 것이었다. 예를 들어, 1984년부터 (철의 장막이 걷히는 것으로 끝난) 1990년까지 진행된 소련을 위한 7년 기도운동이 대표적이었다.

무슬림 세계의 교회를 위한 10년 기도운동(1990-2000)도 있었다. 앤드루는 이슬람 부흥의 여파로 무슬림 세계가 성장하는 반면, 그 지역에 존재하는 기독교는 쇠퇴하는 현상을 꽤 오랫동안 주목해 왔다. 앤드루의 기도 요청은 많은 무슬림, 특히 중동의 무슬림이 단 한번도 예수님의 생애와 죽음과 부활에 대해 들어볼 기회를 갖지 못했기 때문에 정말로 예수님을 거부한 것은 아니라는 확신을 반영하는 것이었다.

여러 다양한 나라에서 무슬림 지도자들과 개별적으로 만나면서 앤드루는 새로운 사역 기회를 만들어 냈다. 이런 지도자 중 하나는 그를 한 이슬람교 대학에 초빙해서 진짜 기독교가 무엇인지에 대해 강연해 달라고 한 적도 있었다. 앤드루는 그리스도를 위한 대사로 무슬림 집단을 정기적으로 방문하는 극소수 서구 지도자 중 하나였다.

그러나 무슬림 세계에 있는 기독교인, 특히 그 나라의 기독교 지도자들이 직면하는 지속적인 위험은 큰 염려였다. 오픈도어스는 무슬림 세계 전역에서 기독교인으로 투옥된 이들을 위한 캠페인을 벌이고, 자주 비밀리에 그들에게 성경을 전달했다.

앤드루의 전 세계에 걸친 광범위한 사역은 근래 들어 대중적인 인정을 받기 시작했다. 1994년에 그는 네덜란드의 베아트릭스 여왕(Queen Beatrix)에게서 기사 작위를 수여받았다. 세계복음주의협회(World Evangelical Fellowship)는 1997년에 그에게 종교자유상(Religious Liberty Award)을 시상하면서, 성경과 기독교 문서를 배포한 수고 뿐만 아니라 박해받는 교회를 위한 변호를 자처한 노력도 공히 인정했다. 그가 현재 추진하는 사역은 이슬람 원리주의자들의 핍박에 시달리는 기독교인에게 관심을 기울려 달라고 여러 무슬림 정부에게 청원하는 일이다.

앤드루 형제와 오픈도어스의 사역을 요약하면 다음과 같다.

첫째, 성경과 물질, 훈련과 다른 도움을 제공함으로써 제한 또는 핍박에 시달리고 있는 그리스도인 지체에게 힘을 북돋고, 세계 전도에 참여하라고 도전하는 것이다.

둘째, 위협을 받거나 불안정한 지역에 있는 기독교인을 격려하여 핍박과 고난을 준비할 수 있게 하고, 이로써 그들이 기독교 신앙과 전도 활동을 지속할 수 있게 돕는 것이다.

셋째, 자유 세계에 있는 교회를 더 교육하고 동기 부여하고 동원하여 고난당하는 교회와 하나가 되게 하고 그들을 돕게 하는 것이다.

오픈도어스에는 현재 20개국 이상에서 300명 이상의 전임사역자와 수만 명의 자원봉사자들이 소속되어 활동하고 있다. 그들이 발행하는 오픈도어스 잡지를 받아 보는 이들의 수는 20만 명이 넘는다. 앤드루 형제는 영감이 넘치는 책을 열권 집필했다.

참고문헌 | Brother Andrew with J. and E. Sherrill, *God's Smuggler* (New York: New American Library, 1965; London: Hodder & Stoughton, 1968); Brother Andrew with V. Becker, *For the Love of My Brothers* (Minneapolis: Bethany House Publishing, 1998).

C. M. STEINACHER/C. VEDDER

사이러스 잉거슨 스코필드(Cyrus Ingerson Scofield, 1843-1921)

미국의 세대주의 저술가. 그는 1843년 미시간 클린턴(Clinton) 근교 레너위 카운티(Lenawee County)에서 태어났다. 모친은 그를 낳은 뒤 합병증으로 세상을 떠났다.

독실한 성공회 집안(Episcopalian family)인 그의 가족은 스코필드가 어린 소년이었을 때 테네시 레바논(Lebanon) 근교 윌슨 카운티(Wilson County)로 이주했다. 이후 스코필드는 노예제도가 지속되던 남부에서 17살까지 살았다. 스코필드는 대학에 진학하고자 했으나 남북전쟁으로 인해 진로를 변경했다. 군에 입대하여 전쟁 기간 내내 복무했으며, 앤티텀운하전투(battle of Antietam)에서의 활약으로 명예십자훈장을 받았다.

계획했던 공식 교육은 한 번도 받지 못했다. 전쟁이 끝난 후 스코필드는 미주리 세인트루이스(St Louis)로 이주했고, 그곳에서 법률사무소 직원으로 근무하며 법을 공부했다. 캔자스 애치슨(Atchison)으로 다시 한 번 이주한 뒤 1869년도에 캔자스 사법고시를 통과하여 이후 캔자스 입법부 대표 및 미국연방 검사로도 임명되었다.

캔자스로 이주하기 전 결혼했던 스코필드는 그 후 이혼을 하게 되고, 결국 전처와 어린 두 딸을 남기고 세인트루이스로 다시 돌아갔다. 당시 상황에 대해서는 많이 알려지지 않았지만, 당시 알코올 중독으로 어려움을 겪었다고 전해진다. 세인트루이스로 돌아간 뒤, 복음주의적 회심을 경험하고 D. L. 무디(D. L. Moody)를 도와 부흥운동에 참여했다. 이어서 하이드파크 회중교회(Hyde Park Congregational Church)에서 강도권(설교권)을 얻었고, 그곳에서 1880년부터 1882년까지 사역했다.

1882년에 스코필드는 텍사스 댈러스(Dallas)로 넘어가 한 회중교회 소속 선교교회(mission church)의 목회자가 되었다. 여기서 목사로 안수받은 스코필드가 떠날 즈음인 1895년도에는 교인 수가 500명이 넘는 성장을 이루었다. 댈러스에서 거주하는 동안 그는 제임스 H. 브룩스(James H. Brooks)라는 장로교 목사에게 깊은 영향을 받았는데, 그는 이미 세대주의자(dispensationalist) 존 넬슨 다비(John Nelson Darby)나 다른 플리머스형제단(Plymouth Brethren) 출신 저자들의 글을 읽은 사람이었다. 스코필드가 성경 통신 강좌를 열자 7000명 넘는 사람이 등록했다.

스코필드는 이때부터 성경 해설가로서의 경력을 쌓기 시작했다. 이때부터 그의 시대에, 또한 아마도 20세기를 통틀어 그를 가장 중요한 복음주의적 근본주의자(fundamentalist)로 만든 계기가 마련되었다.

스코필드는 『진리의 말씀을 올바르게 나누어 읽기』(Rightly Dividing the Word of Truth, 1888)를 통해 세대주의적 전천년설(dispensational premillennialism)의 주요 주창자로 자리매김했다. 이 당시 그는 선교에도 많은 비중을 두고 활동했다. 남부 및 남서부 지역 교단 선교회 책임자로 섬겼으며, 1890년도에는 중앙아메리카선교회(Central American Mission)를 창설했다. 무디의 요청으로 스코필드는 1895년에 댈러스를 떠나 매사추세츠 노스필드 소재 회중교회에서 목회를 시작했다. 그곳에서 노스필드성경대회(Northfield Bible Conference) 사역에 깊이 관여했고, 결국 노스필드성경훈련학교(Northfield Bible Training School) 교장이 되었다.

1903년 댈러스로 잠시 돌아온 후, 스코필드는 목회를 그만두고 전적으로 책을 집필하는 일에 몰두했다. 이렇게 해서 나온 것이 바로 1909년에 옥스퍼드대학교출판사(Oxford University Press)를 통해 출간된 유명한 『스코필드 관주성경』(The Scofield Reference Bible)이다. 스코필드는 1908년에 남장로교회(PCUS)로 소속을 옮겼다. 이후 뉴욕시로 이주하여 통신 강좌와 야간학교를 운영했다.

1914년에는 루이스 스페리 체이퍼(Lewis Sperry Chafer)와 함께 필라델피아성경학교(Philadelphia School of the Bible)를 설립했고, 생애 마지막 7년은 관주성경을 개정하고 수정하는 작업, 초기 근본주의운동에서 시작된 여러 사업들에 참여하면서 여생을 보냈다.

스코필드는 성경이 '스스로 해석하는'(self-interpreting) 책이라고 믿는 동시에, 독자가 세대별 상황(a dispensational context)으로 성경을 이해할 수 있도록 많은 노력을 기울였다. 기본 번역본(킹제임스성경)을 시작으로, 스코필드와 일곱 명의 자문 편집자는 그들이 참된 의미라고 믿는 것들을 드러내기 위해 몇몇 구절을 수정했다. 또한, 그들은 속죄나 칭의 같은 중요 신학 용어들을 정의하고, 이들을 세대별로 구분하여 본문별 개요 안에 삽입했다. 스코필드는 자기만의 방식으로 가종 제목과 소제목으로 본문을 구분지었다. 이 관주성경에는 각주도 포함되어 있었는데, 이 각주들은 성취된 예언, 성취되지 않은 예언 등 주요 주제들을 논하고 있다. 9인위원회는 1967년도에 『스코필드 관주성경』을 개정했는데, 단어는 개정했지만, 세대를 나누는 체계는 유지했다. 이 개정판에서는 1917년에 스코필드가 삽입했던 어서 주교(Bishop Usher)의 시대 구분은 제외되었다.

『스코필드 관주성경』은 20세기 초기 근본주의를 특징 짓는 성경에 대한 베이컨주의(the Baconian) 접근 방식을 보여 주는 가장 좋은 사례다. 스코필드와 동료들은 초기 근대의 과학적 방법론을 사용하면 성경을 객관적으로 이해할 수 있다고 믿었다. 스코필드는 자신이 공식 교육을 받지 못했다는 점이 오히려 이점이 될 수 있다고 생각했다. 인간의 학문에 의해 정신이 어지럽혀지거나 흐려지지 않아서 성경본문을 있는 그대로 이해할 수 있다고 믿었기 때문이다. 스코필드와 초기 근본주의자들은 성경을 신학적 사실의 저장고라고 생각했다. 성경을 제대로 이해하기 위해서는 그 신학적 사실을 순서 정연하게 분류하고 보여 주기만 하면 된다고 믿었던 것이다.

이런 신념이 가장 잘 드러나는 것이 바로 스코필드가 사용한 연쇄 주석 성경연구법(chain referencing method of biblical study)이다. 연결 주석 방법이란 하나의 특정한 주제에서 시작해서 그 주제에 대해 언급하는 모든 성경구절을 상호 참조하여 제공하는 것이다. 스코필드와 관주성경 독자들은 이 방법을 따를 때 어떤 성경의 주제든지 성령께서 드러내시는 모든 것을 배울 수 있다고 믿었다. 추가 설명은 필요하지 않았다. 이런 방법은 과학에서 자연에 대한 사실들을 연구할 때 관찰과 분류를 강조하는 베이컨주의 접근 방식과 유사하다.

근본주의자들은 세대주의를 제외한 모든 이론을 비난했다. 세대주의적 접근만이 말씀을 올바르게 구분하는 해석의 열쇠라 믿었기 때문이다. 스코필드는 초기 근본주의가 세대주의적 전천년설을 채택하는 데 주요한 역할을 했다. 19세기 주로 다비를 통해 미국에 소개된 이 체계는 1920년대에 들어서면서 근본주의자 사이에서 유행했다. 1960년 어간에 많은 근본주의자들이 자신들을 신복음주의자(neo-evangelicals)로 규정한 이후, 자기를 '근본주의자'라 이름 붙인 이들 대부분은 실제로 세대주의자였다.

세대주의자는 역사를 구별된 시기 또는 세대로 구분하는데, 이는 주로 일곱 시기로 나누고, 하나님께서 각 시기마다 각기 다른 방식으로 인류와 관계하신다고 가르친다. 각 시기마다 각각의 특정 원리가 강조된다. 전형적으로, 이 세대들은 무죄, 양심, 인간의 통치, 약속, 율법, 은혜, 그리고 왕국으로 나뉜다. 각 시기마다 하나님의 구원 역사는 다른 의미를 갖고 있으며, 성경구절을 올바르게 이해하기 위해서는 각 구절이 어느 세대에 적용되는 내용인지를 반드시 알아야 한다.

예를 들어, 율법 세대에는, 스코필드의 용어를 빌린다면, '구원의 조건으로써 율법에 대한 순종'이 강조점이다. 그러나 은혜 세대에는 율법에 복종함으로써 받는 구원이라는 조건이 '그리스도를 영접하거나 혹은 거부하는 것'으로 바뀐다.

스코필드의 세대주의는 또한 환란 전 휴거주의였다. 다른 근본주의자 대다수와 마찬가지로, 그 역시 왕국 세대에 앞서 올 종말의 대환난이 시작되기 전에 신자들이 하늘로 들려 올라간다고 가르쳤다.

『스코필드 관주성경』의 중요성은 아무리 강조해도 지나치지 않다. 2백만 권 이상 팔렸으며, 수많은 근본주의 교회에서 새신자에게 선물하는 성경이기도 하다. 주석, 제목, 소제목이 성경본문에 원래 들어 있던 것처럼 보일 수도 있다.

참고문헌 | C. G. Trumbull, *The Life Story of C. I. Scofield* (New York: Oxford University Press, 1920); C. I. Scofield (ed.), *The Scofield Reference Bible* (New York: Oxford University Press, 1909, expanded 1917); C. I. Scofield, *Rightly Dividing the Word of Truth* (Westwood: Revell, 1896); G. M. Marsden, *Fundamentalism and American Culture* (New York: Oxford University Press, 1980).

B. HANKINS

샤프츠베리 백작 7세([Seventh] Earl of Shaftesbury, 1801-1885)

빅토리아 여왕 시대의 독지가이자 사회 개혁가. 그는 앤소니 애슐리 쿠퍼(Anthony Ashley Cooper)라는 이름으로 1801년 4월 28일 런던에서 출생했다. 10세 때부터 15세까지는 애슐리 경(Lord Ashley)으로 불렸다. 1851년 부친이 사망한 뒤 그는 샤프츠베리 백작이라는 칭호와 함께, 상원(House of Lords)이 될 권리와 가족의 재산을 상속받았다.

부친은 상원에서 매우 영향력 있는 인물이었으나 부모로서는 미흡한 점이 많았다. 아들은 후에 부친을 '이기적이고 무정하며 괴롭히기만 하는 사람'으로 묘사했다. 그러나 부모 중 모친이 더욱 심했던 경우인 듯하다. 모친에 대한 가장 호의적인 단어가 '악마'일 정도였다. 말보로 공작(Duke of Marlborough)의 딸이었던 그녀는 자식들은 돌보지 않고 주변 사람들의 인기에만 신경 쓰는 사교계 명사였다.

샤프츠베리의 어린 시절에 가장 중요한 영향을 끼친 인물은 마리아 밀리스(Maria Milles)였다. 밀리스는 중년의 복음주의자 하녀였고, 샤프츠베리의 모친이 어린 소녀였을 때부터 두었던 개인 가정부였다. 마리아는 어린 소년의 영혼을 보살피고 양육했으며 그를 6살 때부터 신앙의 길로 이끌었다. 4년 뒤 마리아의 죽음은 소년의 삶을 거의 무너뜨렸다. 어느 전기 작가는 그가 아마도 '전적 붕괴'의 상태를 경험했을 것이라고 했다.

그러나 소년은 마리아가 그에게 가르친 신앙의 힘으로 버텨 나갈 용기를 발견했다. 마리아가 가르쳐 주었던 매일 기도하고 성경 읽는 습관을 평생토록 지켜 나갔다.

7세 때부터, 샤프츠베리는 아직 개혁되기 전 시기의 학교를 다녔다. 그가 그곳에서 경험했던 지구상의 지옥은 상상 이상이었다. 그는 그곳을 '불쾌하고, 사악하며, 추악한 곳, 그리고 굶주림과 학대만이 있는 곳'으로 회상했다. 가정 역시도 지옥인 학교보다 그저 정도만 덜한 연옥과도 같았다는 점은 아마도 (학교에서 느낀) 그 처절함을 더욱 심화시켰을 것이다. 샤프츠베리는 어린 동생들을 보호하려 애썼다. 가족의 약한 구성원을 지켜야 한다는 당시의 관심은 어른이 되어 더 넓은 범위의 사회로 확장되었다.

샤프츠베리의 동정적 인도주의가 어린 시절 겪었던 무관심과 억압의 경험으로부터 나온 것이기는 하지만, 그의 사회 참여는 또한 기독교 신앙이 그에게 가르치고 복음주의가 강화한 강한 개인적 책임감에서 자라난 것이기도 했다. 12살 때 영국 엘리트 자녀들이 다니는 유명한 학교인 해로우(Harrow)로 보내지면서, 이전보다 나은 환경에서 교육을 받을 수 있게 되었다. 이어서 해로우에서 옥스퍼드대학교(Oxford University)로 진학한 후 열심히 공부하여 수석으로 고전학 분야에서 (당시 귀족에게는 필수 사항이 아니었던) 학위를 취득했다.

옥스퍼드대학교 졸업 후 몇 년간 샤프츠베리는 별다른 일을 하지 못했다. 가족들로부터 환영받지 못했기에 시골집을 전전했고, 아버지가 주는 용돈이 적어 부유한 친구들에게 기대어 지낼 수밖에 없었다. 이 당시 그에게 일어났던 일 중 유일하게 중요한 사건은 비엔나 출신 젊은 여성과의 짧았던 연애일 것이다. 그러나 그 여인은 결국 메테르니히 왕자(Prince Metternich)와 결혼했다. 25세의 나이로 토리당 의원(Tory MP)에 당선됨으로서 드디어 샤프츠베리는 두드러진 정치 경력을 시작한다. 이후 23년간 하원의원으로, 34년은 상원의원으로 총 59년간 정치계에 몸담았다.

샤프츠베리는 1826년에 우드스탁(Woodstock)에서 처음으로 의원에 선출되었으며, 1830년과 1831년에는 도체스터(Dorchester)에서 당선되었다. 1831년 10월에는 도싯(Dorset)에서 열린 보궐 선거에 당선되었으며, 1845년도에 사임하기까지 그곳에서 토리당 의원으로 의정 활동을 했다. 1847년에 바스(Bath) 지역 하원의원으로 다시 복귀하여 활동한 뒤, 1851년에 상원 의원이 되었다. 그러나 공직을 맡았던 기간은 매우 짧았다. 그는 1828년부터 1830년까지 인도 통제위원회(India Board of Control)에서, 1834년부터 1835년까지는 해군성(Admiralty)에서 봉직했으나 그 이후로는 공직을 맡지 못했다.

샤프츠베리는 1830년에 레이디 에밀리(미니) 쿠퍼(Lady Emily〈Minny〉 Cowper)와 혼인하며 매우 행복한 결혼 생활을 시작했다. 처음에 사람들은 샤프츠베리 같은 경건한 사람이 결혼을 한 것을 두고 예상 밖의 세속적 만남이라고 생각했다. 미니의 모친은 레이디 쿠퍼(Lady Cowper)였는데, 쿠퍼 경(Lord Cowper)과 혼인했지만 파머스턴 경(Lord Palmerston)의 정부로도 잘 알려진 인물이었다. 미니는 레이디 쿠퍼가 남편이 죽고 난 뒤 1839년에 재혼한 파머스턴 경과의 사이에서 태어난 자녀임이 거의 확실했다.

또한, 샤프츠베리 가족은 토리당 소속이었던 것에 반해, 쿠퍼 일가는 휘그당(Whigs)을 이끌고 있었다. 휘그당 총리인 멜버른 경(Lord Melbourne)은 에밀리의 삼촌이었고, 파머스턴도 결국 휘그당 외무부장관과 총리가 될 인물이었다. 샤프츠베리의 부친은 결혼을 심히 반대했는데, 결국 이 때문에 9년간 부자 관계를 끊었다. 쿠퍼의 가족은 놀라울 정도로 너그럽게 두 사람의 결혼을 지지했다. 부부는 서로를 극진히 사랑했고, 슬하에 10명의 자녀를 두었다. 이 중 4명은 부모보다 먼저 세상을 떠났다. 아내는 그의 가장 중요한 지원자이자 조언자였다. 1833년에 남편에게 공장 개혁 법안을 제정하도록 조언한 것도 아내였다.

복음주의 가정에서 태어나지는 않았지만, 샤프츠베리는 토마스 스코트(Thomas Scott)의 성경 주석을 읽고 1826년부터 복음주의 신앙에 끌리기 시작했다. 복음주의에 대한 헌신은 1830년대 초에 더욱 확고해졌다. 그는 친구와 가족에게 자신의 신앙에 대해 더욱 분명하게 이야기했고, 몇몇 복음주의적 정치 대의(특히 주일 성수)를 위해 뜻을 같이하기도 했다.

샤프츠베리의 중요성을 평가하기는 쉽지 않는데, 이는 그의 관심 분야가 상당히 방대한 범위를 아우르기 때문이다. 그를 가장 널리 알려지게 한 사건은 1833년부터 1847년까지 일련의 공장법(Factory Acts) 제정에 관여한 일이다. 그 공장법은 13세 미만 아동의 고용을 금지하고, 여성과 젊은 노동자의 노동 시간을 주중 10시간 30분, 토요일 7시간 30분으로 제한하는 내용이었다. 법안의 제정을 위해 그는 노동자 계층의 사람들과 긴밀한 협력 관계를 유지했고, 긍정적 여론을 이끌어 내기 위해 언론을 매우 효과적으로 이용했다.

반대자들은 정부의 경제 개입을 원칙상 반대했고, 샤프츠베리가 그들에게 사회적 책임감을 강조한 강연에 심하게 분개했다. 1840년대 초에 샤프츠베리는 왕립위원회(Royal Commission)로부터 광산 상태를 조사할 수 있는 직임에 임명되었다. 1842년에 공개된 보고서가 전 국민에게 충격을 주었기에, 그는 광산에서 10세 미만의 아동과 여성 고용을 금지하는 내용의 광산과 탄광법(Mines and Collieries Act)을 추진할 수 있었다.

이외에도 샤프츠베리가 주도적인 역할을 했던 사회 법안들이 있었다. 그중 많은 것들이 아동 착취와 관련된 것이었다. 일련의 굴뚝 청소법(Chimney Sweeps Acts)은 잉글랜드 가정에서 어린 소년을 고용해 손으로 작은 굴뚝 청소를 시켰던 것을 금지함으로서 그동안 이로 인해 죽거나 신체적 손상을 입었던 많은 수의 어린 아이를 보호할 수 있게 되었다. 1851년에 제정된 공동 주택법(Common Lodging-Houses Act, 찰스 디킨스[Charles Dickens]는 이 법안을 두고 '잉글랜드에서 제정된 가장 훌륭한 법안'으로 불렀다)은 빈민층의 주택 등록 및 검사를 가능하게 했다. 그가 추진했던 또 다른 개혁 법안인 정신질환자관리법은 제프리 베스트(Geoffrey Best)가 가장 중요한 법이라 주장했음에도 불구하고 빅토리아 시대 영국에서는 별로 인기가 없었다. 샤프츠베리는 40년간 '정신질환자관리위원회' 의장을 역임했고, 의회가 이 문제에 대해 왕립 위원회를 소집해서 조사를 요청할 때 언제나 그가 주도적 역할을 하는 전문가 증인이 되었다.

샤프츠베리는 의회 밖에서도 활발히 사회악에 대처할 수 있는 자원적 자선 계획들을 추진했다. 복음주의 단체인 런던도시선교회(London City Mission)에 고용된 한 평신도 복음전도자를 통해 런던 빈민가의 최악의 상황들을 접하고 난 뒤, 샤프츠베리는 도시 빈곤의 처참함을 직접 알게 되었다. 탄광 안으로 깊이 들어가야 하는 일이든, 소매치기나 절도범을 만나야 하는 일이든, 그는 늘 직접 조사하기를 고집했는데, 그들의 어려움을 직접 이해하고 싶었기 때문이었다. 그는 궁핍하고 집 없는 아동을 위한 '빈민학교'(ragged school)를 열렬히 지지했다.

빈민학교는 기초 읽기 능력 및 직업 기술을 가르쳐 주는 곳이었다. 또한, 그는 사람들이 머나먼 영국 식민지로 떠나 새로운 삶을 시작할 수 있도록 돕는 이민 계획을 추진했다. 노점상, 거리에서 꽃 파는 소녀, 모자 상인, 그 외의 다른 사회적 약자를 돕기 위해 세워진 수많은 단체들을 지지했다. 주택 문제를 개선하여 공중 위생까지 향상시키는 일에도 관심을 두어, 1844년에 시작된 '노동자 계층 생활 환경 개선 협회'(Society for Improving the Condition of the Labouring Classes)의 주요 지도자가 되기도 했다.

또한, 보건위원회(1848-1854) 위원으로, 대표적 공리주의자였던 에드윈 채드윅(Edwin Chadwick) 등과 함께 일하며 위생 시설 개혁 입법을 주도적으로 추진하기도 했다. 그의 넓은 활동 범위는 동시대인을 놀라게 했다. 샤프츠베리 자서전 집필을 마친 뒤 추기경 헨리 매닝(Cardinal Henry Manning)은 "그가 한 많은 일을 보면 마치 내가 삶을 허비하며 살았던 것처럼 느껴질 정도다"라고 적기도 했다.

샤프츠베리는 국내 문제뿐만 아니라 국제 사안들에도 목소리를 높였다. 정치적, 종교적 자유를 주장했으며, 해외에 있는 소수 종교 집단들이 공정한 대우를 보장받을 수 있도록 영국 정부가 제 역할을 다할 것을 촉구했다. 영국 식민지들에 사는 원주민에 대한 공정한 대우 문제에 관심을 쏟았고, 이를 위해 원주민보호협회(Aboriginal Protection Society)와 협력했다. 1843년에는 중국과의 제1차 아편전쟁을 도발한 것을 두고 영국 정부를 맹렬히 비난했다.

샤프츠베리는 다양한 사회적 관심뿐만 아니라 종교 활동에도 적극 참여했다. 1830년대 중반에 그는 성공회가 추진했던 많은 국내 및 해외 선교협회들의 활동에 관여했다. 1835년에 교회목회지원협회(Church Pastoral Aid Society)가 창설되는 데 주요한 역할을 했고, 여생을 협회 회장으로 섬겼다. 특히, 유대인 개종 노력에 관심을 쏟았고, 유대인협회(유대인에게 기독교를 전하기 위한 런던협회)를 적극 지지했으며, 1848년에는 직접 회장을 맡기도 했다. 또한, 유대인이 팔레스타인 땅을 다시 회복하여, 19세기 이교도 시온주의자를 이끌어야 한다는 강한 믿음을 가졌다.

샤프츠베리는 국내에서 초교파 런던도시선교회와 영국성서공회를 지원했다. 1850년대 후반기에는 노동자 계층이 극장이나 공공 강당에서 '구도자 친화적' 예배에 참석할 수 있도록 하는 운동을 추진했다. 그는 성경에 큰 애착을 가졌기에, 신학자의 화려한 언어가 오히려 성경의 권위를 해친다는 생각으로 이들을 원색적으로 쉼 없이 비판했다.

샤프츠베리는 국교회주의의 변함없는 지지자였다. 그는 항상 잉글랜드국교회(Church of England)의 특권을 옹호하는 데 힘을 썼고, 잉글랜드국교회가 개신교 특징을 유지할 수 있도록 노력했다. 그는 잉글랜드국교회의 이 개신교적 특징이 국가 정체성의 핵심이라고 생각했다. 그는 "안식일을 기억하여 거룩하게 지키라"는 계명을 하나님에 대한 영국의 의무 중 하나로 이해했다.

1840년대 후반에 주일 우편 업무 금지 등의 주일성수운동에도 참여했지만, 몇몇 지역은 이 운동에 거의 관심을 보이지 않았다. 그러나 샤프츠베리가 무조건적으로 사람들의 즐거움을 깨뜨리려 했던 것은 아니다. 노동을 수반하지 않는다면 주일에도 오락과 휴식을 즐기는 것은 문제 삼지 않았다.

로마 가톨릭에 반대했음에도 불구하고, 샤프츠베리가 가장 우려한 것은 옥스퍼드운동(Tractarianism, Anglo-Catholicism, 혹은 Puseyism, 성공회 내 가톨릭 예전을 강조하는 고교회파운동이며, 소책자로 주로 대의를 선전했기 때문에 소책자운동으로도 불린다-역주)의 성장이었다. 그는 옥스퍼드운동이 잉글랜드국교회에 가톨릭의 가르침을 도입하려는 시도라고 느꼈기 때문에 이 운동을 몹시 싫어했다. 얄궂게도 옥스퍼드운동의 핵심 인물이었던 E. B. 퓨지(E. B. Pusey)는 샤프츠베리의 사촌이었다. 팔머스턴(Palmerston)이 수상으로서 재임했던 10년 동안(1855년부터 1865년까지) 샤프츠베리는 주교 임명에 관해 조언하면서, 6명의 유명한 복음주의자를 주교의 자리에 앉히는 성과를 만들어 냈다.

1835년부터 샤프츠베리는 널리 알려진 저술가이자 복음주의성공회 사제인 에드워드 비커스테스(Edward Bickersteth)와 가까운 친구가 되었다. 교회선교회(Church Missionary Society) 총무를 역임하기도 했던 비커스테스는 샤프츠베리가 국내와 해외전도에 관심을 갖게 되는 데 영향을 끼쳤다. 비커스테스는 이제 막 전천년설(premillennialism) 신봉자로 돌아섰고 유대인 선교를 열렬히 지지했다. 또한, 그는 영국 제국주의의 여러 측면을 공개적으로 비판하기도 했다. 샤프츠베리도 그와 같이 전천년설을 지지했고, 그리스도 재림의 시기를 정하려는 시도 없이 재림을 고대하기도 했다.

그는 전천년설이 사회적 행동주의를 격려한다고 믿었다. 1850년 비커스테스가 죽은 뒤에는 알렉산더 홀데인(Alexander Haldane)이 샤프츠베리에게 큰 영향을 끼쳤다. 그는 부유하고 영향력 있는 변호사였으며, 「더 레코드」(The Record)라는 신문 발간을 주도한 인물이었다.

이 신문은 주장이 아주 강하고, 거칠고, 맹렬한 복음주의를 지향했다. 샤프츠베리가 옥스퍼드 운동에 참여하는 사람들 뿐만 아니라, 심지어 이 운동에 효과적으로 대응하지 못하는 동료 복음주의자들까지 맹렬히 비판하면서 이후 고립된 위치로 물러서게 된 것은 아마도 이런 홀데인의 영향이었을 것이다.

샤프츠베리는 과학 발전에도 늘 관심이 있었다. 그는 심지어 20대 후반에 천문학자가 되기 위해 정치계를 떠날 생각도 했다. 그는 과학이 결국 성경을 확증해 줄 것이라고 믿었기 때문에 과학 실험을 항상 장려했다. 그러나 동물 실험은 강력하게 반대했고, 노후로 접어들면서 생체 실험을 반대하는 운동도 지지했다. 또한, 절제운동의 장점을 인정했지만, 일체 술을 마시지 않는 절대 금주주의자는 아니었다. 그의 모습을 담은 19세기의 사진들을 보면 그의 인상이 꽤나 침울하고 심각하지만, 동시대를 살았던 많은 사람은 그를 매력적이며 재밌고 유쾌한 성격을 가진 인물로 기억한다.

영국 계관 시인이자 낭만파를 이끈 로버트 사우디(Robert Southey) 또한 샤프츠베리의 사고에 많은 영향을 끼친 인물이다. 사우디는 사회악을 다루기 위해서는 정부가 경제에 개입해야 한다고 주장했다. 이는 그 당시 휘그당과 토리당이 공히 주장한 자유방임주의(laissez-faire)와 반대되는 견해였다. 샤프츠베리의 사회 참여는 다음 요소들이 어우러진 결과였다.

첫째, 사우디가 장려했던 토리당의 온정주의.

둘째, 그리스도의 재림이 임박했기 때문에 재림하신 그리스도께 자신의 행동을 설명해야 한다는 믿음으로 급진화된 복음주의 사회적 양심.

셋째, 귀족이자 기독교인으로서 그가 느꼈던 청지기로서의 책임감.

이런 모든 요소들은 그가 노동자 계층을 기존 사회 질서와 조화시키고자 한 소망과 연관이 있다. 그러나 무엇보다도, 샤프츠베리는 창조주가 육체와 영혼 모두를 창조했고, 이 두 가지 모두를 진지하게 받아들여 하나님을 섬기는 일에 사용해야 한다고 믿었다. 1867년 영국의 선거법 개정으로 영국의 참정권 범위가 확대되면서, 샤프츠베리는 노동자 계층도 이제 자신들의 정치적 이익을 도모할 수 있음을 알게 되었다.

또한, 그는 특히 교육 분야에서 국가의 개입이 지나치다고 염려했다. 1870년도에는 보편 공교육이 이루어져 그가 그동안 많은 애정을 품었던 빈민학교가 필요 없어졌다. 사회적 문제에 대한 관심을 여전히 놓지 않았지만, 그는 이제 더욱 낙담하고, 비관적이며, 비판적으로 변했다. 샤프츠베리에게 행복한 가정 생활은 무척 중요했기에, 그는 아내와 자녀들에게 매우 헌신적이었다.

1848년에 16살 된 아들 프랜시스(Francis)가 죽은 사건은 그를 깊은 절망에 빠트렸다. 프랜시스는 그의 부모의 깊은 신앙을 물려받았고 부모는 프랜시스를 깊이 사랑했다. 1872년의 아내의 죽음 역시 샤프츠베리에게 똑같이 견디기 어려운 일이었다. 샤프츠베리의 인생에서 가장 실망스러운 점은 바로 그의 장자이자 상속자인 앤소니(Anthony)였을 것이다. 그에게는 부친의 지성, 신앙, 성품 등이 부족했고, 1885년에 백작 작위를 계승했으나 바로 그 다음해에 자살했다.

샤프츠베리는 오랫동안 두통과 소화 장애로 고통받았는데, 아마도 타인에 대한 과민함, 환희와 절망 사이에서의 감정 기복 등에 기인했을 것이다. 이런 내면적 약점에도 불구하고, 샤프츠베리는 빅토리아 여왕 시대 영국의 가장 유명한 복음주의자이자 위대한 사회 개혁가가 되었다.

참고문헌 | G. Battiscombe, *Shaftesbury: A Biography of the Seventh Earl* (London: Constable, 1974); G. F. A. Best, *Shaftesbury* (London: Batsford, 1964); G. B. A. M. Finlayson, *The Seventh Earl of Shaftesbury, 1801-1885* (London: Eyre Methuen, 1981); J. L. Hammond and B. Hammond, *Lord Shaftesbury* (London: Constable, 1923); E. Hodder, *The Life and Work of the Seventh Earl of Shaftesbury, K. G.*, 3 vols. (London: Cassel & Co., 1887); J. Pollock, *Shaftesbury: The Poor Man's Earl* (London: Hodder & Stoughton, 1985).

D. M. LEWIS

새뮤얼 데이비스(Samuel Davies, 1723-1761)

장로교 부흥사, 교회 개척자, 교육가. 그는 1723년 11월 3일에 델라웨어 뉴캐슬 카운티(New Castle County)에서 태어났다. 아버지와 마찬가지로 웨일스 혈통(Welsh descent)이던 어머니 마사(Martha)는 아들 데이비스의 어린 시절 교육을 책임졌다. 침례교회에서 장로교회로 교회를 옮긴 뒤, 마사는 지역 장로교 목사의 조언에 따라 새뮤얼을 펜실베이니아 팍스매너(Fagg's Manor)에 소재한 새뮤얼 블레어(Samuel Blair) 목사의 고전학교에 등록시켰다. 조지 휫필드(George Whitefield)의 후원자이자 유명한 교사였던 블레어를 통해 데이비스는 그 시대의 성장하는 복음주의 파도에 올라타게 되었다.

블레어 밑에서 공부를 끝낸 직후 데이비스는 1746년 7월 30일에 신파(New Side, 부흥주의자) 뉴캐슬노회(Presbytery of New Castle)로부터 목회 인허를 받았다. 다음해 2월에는 같은 노회에서 버지니아로 파송하는 전도자로 안수 받았는데, 당시 버지니아 식민지는 성공회 국교제(Anglican establishment)에 따라 성공회 이외의 목회가 승인되지 않은 상태였다. 데이비스는 1747년 봄에 한 달간 하노버 카운티(Hanover County) 전역을 여행했지만, 이 여행은 그가 버지니아총법원(Virginia General Court)이 내주는 설교 허가권을 받은 후에 이루어졌다.

병이 드는 바람에 사역을 멈추어야 했지만, 그는 다음해에 다시 먼저 설교 허가를 받은 후 버지니아로 돌아가서 그 지역에 영구 목회지를 세웠다. 1748년 10월 4일, 데이비스는 후에 자신의 책 일부를 출판하게 되는 버지니아 인쇄업자 존 홀트(John Holt)의 누이 제인 홀트(Jane Holt)와 결혼했다. (Davies는 전에 Sarah Kirkpatrick과 결혼했으나, 얼마 후 출산 중에 그녀가 사망했다). 부부가 낳은 아이 중 다섯이 어른이 될 때까지 살아남았다.

데이비스의 약 10년간의 버지니아 사역은 경이 그 자체였다. 1759년에 버지니아를 떠나기 전에 이미 7개의 장로교회가 세워졌고, 노회가 설립되었으며, 버지니아와 노스캐롤라이나에 7곳의 설교소(preaching stations)가 세워졌다. 데이비스는 특히 비성공회 신자들의 법적 권리 획득에 수완을 보였다. 그의 성공은 부분적으로는 주지사, 법조인, 성공회 성직자들과 협상하는 기술을 통해 이루어진 것이었다.

특히 잉글랜드 의회의 1689년 관용령(Act of Toleration)으로 잉글랜드비국교도들(English Dissenters)에게 주어진 권리가 모국에서와 마찬가지로 식민지에서도 유효하다는 주장을 펼쳤다. 그러나 비국교의 합법화를 위한 데이비스의 노력 중 가장 가치가 컸던 것은 그가 7년전쟁

(또는 프랑스-인디언 전쟁) 기간에 영국의 이익을 대변하는 데 헌신했다는 것이다. 1754년에 식민지에서 벌어진 전쟁 기간에 데이비스는 로마 가톨릭의 고집불통(프랑스를 의미-역주)과 미국 원주민(미국 인디언을 의미-역주)의 야만성의 사악한 혼합체로 묘사된 적에 대항하여 땅과 자유를 지키기 위해 싸우라고 버지니아 사람들을 선동한 기억될 만한 설교를 몇 차례 했다.

이 설교에서 데이비스는 청중에게 하나님 앞에서 죄를 회개하라고 요구했지만, 그 회개는 영국군의 수고 위에 하나님의 복을 임하게 하기 위한 전제 조건이라는 실용주의적 용어로 설명되었다. 여기서 데이비스는 자유, 애국심, 기독교 신앙을 하나로 묶어 냈고, 한 세대 후 그의 미국인 후손들은 영국의 지배에 대항하기 위해 이 주제들을 그대로 차용했다.

데이비스의 설교는 애국심보다는 실제적인 복음 메시지로 더 유명했다. 신파 장로교인으로서, 데이비스의 정규 설교는 부흥주의적 칼빈주의의 주요 주제들을 강조했다. 즉 하나님 앞에 선 죄인의 절망적인 상태, 죄의 속박에서 절박한 인간을 구원하시는 하나님의 은혜와 자비, 하나님을 섬기며 사는 삶의 높은 특권 등이었다. 예를 들어, 1757년 2월에 행한 '유일한 토대'이신 그리스도에 대한 설교는 청중의 정곡을 찌르는 다음 질문에 대답하도록 요구하는 것이었다.

"여러분이 이 영적 성전을 짓는데 필요한 알맞은 돌이 되었습니까? 하나님께서 여러분을… 말씀으로 모양을 만드신 다음에, 모나고 불규칙하고 들어맞지 않는 부분을 깎아 내서 건물에 딱 맞는 모양으로 만드셨습니까?…여러분은 이 거룩한 설계자가 매일 이 일을 여러분 안에서 행하고 계시면서, 여러분을 그리스도를 닮은 사람으로 더 다듬고 있는 것을 알고 있습니까?"(*Sermons On Important Subjects* [New York: Robert Carter & Brothers, 1849], vol. 2, p. 39).

버지니아 사람들의 복리를 위한 분명한 헌신과 강단 설교자로서의 기술이 합해지면서, 데이비스는 큰 사랑을 받는 인물이 되었다. 설교자로서의 능력은 또한 엄격하게 영적인 영역 너머의 세계에도 큰 영향을 끼쳤다. 후에 영국에 대항한 혁명에서 비지니아를 이끌게 되는 젊은 패트릭 헨리(Patrick Henry)는 자주 데이비스의 설교를 들었고, 후에 자신이 감동적인 연설 능력의 모델로 삼은 사람이 바로 이 장로교 목사였다고 주장하기도 했다. 데이비스의 많은 설교는 그가 살아 있는 내내 인쇄되었는데, 80편을 모아 낸 선집은 재판이 여러 차례 나왔다.

시인과 찬송가 작가로서의 데이비스의 활동은 복음주의적 영향력의 범위를 넘어섰다. 그는 일평생 수많은 시와 더불어 열여덟 편의 찬송을 출판했다. 복음주의 부흥의 결과 출판된 수많은 찬송가집에 실린 최초의 미국 찬송이 바로 데이비스의 작품들이었다. 이 중 최소한 하나는 오늘날에도 사용되고 있다.

"위대한 기적의 하나님! 당신의 방법은
비길 데 없고, 위엄 있고, 거룩하나이다;
그러나 당신의 은혜의 공정한 영광
크신 위엄과 비할 데 없는 빛;
누가 용서하시는 하나님 같으리요?
누가 그 부유하고 값없는 은혜를 주리요?"

데이비스가 버지니아에 끼친 영향력은 교육을 위한 노력을 통해서도 커졌다. 그는 자신이

블레어에게서 받았던 교육 같은 복음주의 고전 교육으로 여러 젊은이들을 가르쳤다. 1753년에 장로교 뉴저지대학(College of New Jersey, Log College의 후신이자 Princeton College의 전신-역주)은 데이비스에게 석사를 수여했다. 1753년 11월부터 1755년 2월까지 그는 또 한 명의 신과 장로교 거물 길버트 테넌트(Gilbert Tennent)와 함께 이 대학을 위한 기금을 모금하러 영국에 머물렀다.

이 여행 기간에 두 미국인은 10년 전에 식민지 대각성운동의 첫 열기가 타오를 때 정착 목회자들에 대해 테넌트가 쏟아 낸 자극적인 발언들(이 목회자들이 회심하지 않았다는 비난 등-역주)을 변호해야 하는 상황에 처했다. 변호를 성공적으로 마무리한 후, 이들은 대학을 프린스턴으로 옮기고 첫 주요 건물을 지을 충분한 자금도 확보했다. 또한, 데이비스는 존 웨슬리(John Wesley), 찰스 웨슬리(Charles Wesley), 조지 휫필드 및 다른 많은 유명한 인물과 개인적으로 만나는 기쁨을 누리기도 했다.

데이비스의 복음주의적 칼빈주의의 특징은 미국으로 돌아간 후 그가 알미니안주의자인 웨슬리 형제와 우정 어린 편지를 주고받은 사실을 통해 잘 드러난다.

그 세대의 인물 중에서 데이비스는 아프리카계 미국인과 미국 원주민 교육에 특별한 관심을 쏟은 눈에 띄는 인물이었다. 적어도 한 두 명의 노예를 소유하고 있었음에도, 그는 식민지 사회의 이 소외된 사람들을 복음화하고 교육하고 돕는 데 헌신했다.

1754년에 출판된 설교에서 당시 대부분의 다른 사람 대부분의 생각과는 달리, 아프리카계 흑인이 완전한 인간이라는 것을 변증하려고 힘써 노력했다. 버지니아에 머물던 때에 그는 100명이 넘는 노예에게 세례를 주었다. 회심한 아프리카계 미국인과 미국 인디언이 그와 다른 작가들이 만든 복음주의 부흥찬송을 함께 부르는 것을 보는 것이 데이비스에게는 특별한 기쁨이었다. 데이비스가 웨슬리 형제에게 보내 달라고 요청한 찬송가는 대부분 노예들을 위한 것이었다.

1758년 8월, 데이비스는 프린스턴 소재 뉴저지대학의 총장이 되어 달라는 초빙을 받았다. 교인들의 반대에도 불구하고 그는 이 직책을 받아들였다. 그는 프린스턴에서 19개월 밖에 살지 못했지만, 그동안 버지니아의 교회사역에서 보여 준 교육자로서의 지도력을 프린스턴에서도 똑같이 발휘했다.

대학에서 데이비스는 전달 기술과 영어 작문을 새로 강조했고, 목회자 후보생을 훈련시켰으며, 두 번의 졸업식 송가(odes, '평화'와 '과학'이 주제였다)를 썼고, 가정에 거듭남(New Birth)이 긴급하게 필요하다고 강조했다. 그리고 후에 독립전쟁 시기 미국에서 유명한 인물이 된 몇몇 학생들(데이비스가 Edinburgh에서 의학을 공부하게 한 무교파 필라델피아 의사이자 독립선언서 서명자 Benjamin Rush 포함)을 개인적으로 격려했다.

성인이 된 후 한 번도 소모성 질환(결핵-역주)에서 벗어난 적이 없었던 데다, 열정적으로 대학사역에 투신하면서 이미 망가진 몸이 더 약해졌다. 그는 프린스턴에서 1761년 2월 4일에 죽었다. 전임자였던 애런 버(Aaron Burr)는 자기가 사망한 그해 첫 주일에 예레미야 28:16을 본문으로 선택해서 설교했는데, 데이비스도 1761년에 같은 본문으로 기념 설교를 하고 나서 한 달 뒤에 사망했다. 성경본문 내용은 "네가 금년에 죽으리라"였다.

참고문헌 | L. F. Benson, 'The Hymns of President Davies,' *Journal of the Presbyterian Historical Society* 2 (1903), pp. 343-373; G. W. Pilcher (ed.), *The Reverend Samuel Davies Abroad* (Urbana: University of Illinois Press, 1967); G. W. Pilcher, *Samuel Davies: Apostle of Dissent in Colonial Virginia* (Knoxville: University of Tennessee Press, 1971).

M. A. NOLL

새뮤얼 러더퍼드(Samuel Rutherford, c. 1600-1661)

스코틀랜드개혁파 신학자. 그는 1600년경 스코틀랜드 남동부 크레일링(Crailing) 근교 니스벳(Nisbet)에서 태어났다. 젊은 시절 크레일링에서 목회하던 데이비드 칼더우드(David Calderwood)의 영향을 받았다. 장로교 논증가였던 칼더우드 목사는 왕실의 교회 정책에 반대한다는 이유로 1617년에 면직당했다. 러더퍼드는 1617년에 에든버러대학교(University of Edinburgh)에 입학하여 1621년에 졸업했다. 1623년에 에든버러대학교 인문학부의 연구 지도교수로 추대되어, 급진적 장로교주의 사업가인 존 메인(John Mein)과 윌리엄 릭(William Rigg)과 교제한 것으로 추정된다. 이 둘은 '퍼스 5조항'(Five Articles of Perth)에 거부하는 불법적 반국교도 비밀결사 단체를 결성하여 투쟁했다. 그러나 러더퍼드의 이름이 처음 등장한 에든버러시의 1626년 2월 3일자 기록에 의하면 러더퍼드는 "유페임 해밀턴(Euphame Hamilton)과 교제하면서 대학 내에서 추문을 일으켰다"라고 적혀 있다. 1626년 해밀턴과 러더퍼드 사이에 아이가 태어나자 이 즈음 둘은 정식으로 결혼했다. 러더퍼드는 이 일로 연구 지도교수 직분을 상실하게 되는 징벌을 받으면서, 교구목회로 관심을 돌렸다.

1627년에 러더퍼드는 갤로웨이(Galloway)의 앤워스(Anwoth)에서 목회를 시작했는데, 점점 지칠 줄 모르는 목회자이자 행동가로 명성을 얻기 시작했다. 동료 목회자 존 리빙스턴(John Livingston)은 다음과 같이 적고 있다.

"그는 매일 아침 세 시에 일어났다. 그는 가난하고 무지한 이들에게 선한 도구가 되었고, 그들에게 신앙과 실천에 대해 많은 가르침을 주었다."

그는 스코틀랜드 남서부 지역의 상류 신사(gentry) 계층 인사들과 관계를 구축했고, 왕실의 교회 정책에 저항하는 장로교운동을 지휘했다.

그는 정치적 견해를 공공연히 내비쳤으며, 지방 선거에 관여했고, 교리문답집을 저술했으며, 교회의 부패를 회개하는 금식기도회를 주도했다. 또한, 알미니안주의를 비판하는 라틴어 교리문답집을 썼고, 자신의 비국교도 결사 모임을 정당화하는 글을 저술하고 이를 배포했다. 교회 지도자들은 이런 행동을 예의주시하다가 결국 1636년에 그를 해임하여 애버딘(Aberdeen)에 있는 성공회 시설에 가택 연금했다. 이 조치에 분노한 러더퍼드는 많은 서신을 써서 스코틀랜드 전역의 여성 신도, 귀족, 지주, 중산층과 목회자에게 발송했다. 필사된 그의 편지들은 신실한 장로교도들에게 회람되었다.

1638년 2월에 국가언약(National Covenant)이 서명된 후 앤워스(Anwoth)로 돌아온 러더퍼드는 언약도(Covenanter) 성직자의 핵심 인물로 부상했다. 1639년에는 세인트앤드루스(St

Andrews)의 뉴대학(New College) 신학과 교수로 임용되어 성공회 유산을 제거하는 일에 앞장섰다. 1640년 8월에 발발한 제2차 주교전쟁(Bishop's War)의 전날 밤에 그는 스코틀랜드 군대의 사기를 고양하는 연속 설교를 했다.

러더퍼드는 런던 웨스트민스터총회(Westminster Assembly)에 참석한 스코틀랜드 대표단의 일원으로 1643년 11월에서 1647년 11월 사이에 런던에 머물렀다. 이 기간 동안 대회에 참석하면서 교회 정치 관련 토론에 적극 참여했고, 『법과 왕』(Lex, Rex: or the Law and the Prince, 1644)을 비롯한 주요 저서 몇 권을 출판했다. 이 책은 풍성을 지식을 담고 있고, 동시에 찰스 1세에 대한 무장 저항을 변호하는 내용도 담겨 있다.

런던에서 러더퍼드가 주로 했던 일은 장로교에 대한 대의 변호였다. 그는 '시온의 버려진 땅을 다른 왕국에서 다시 세우는 것'에 큰 소망을 품기 시작했다. 그러나 곧 잉글랜드청교도주의가 처한 상황을 보고 환상에서 깨어났고, '재세례파, 반율법주의자, 가족주의자(Familists), 분리파 다수'에 대해 불평하기도 했다. 웨스트민스터총회에서 에라스투스주의자들(Erastians)과 독립파는 신적 권리를 주장하는 스코틀랜드식 장로교주의에 반대하는 활발한 캠페인을 이끌었다. 러더퍼드는 『사도 바울의 장로회를 위한 평화로운 청원』(A Peaceable Plea for Paul's Presbytery, 1642)에서 이미 뉴잉글랜드회중교회주의에 대한 비판적 논조를 개진한 바 있다. 그러나 이와 더불어 『장로회의 마땅한 권리』(The Due Right of Presbyteries, 1644)와 『교회 정치와 출교에 대한 신적 권리』(The Divine Right of Church Government and Excommunication, 1646) 같은 책을 쓰며 독립파와 에라스투스주의(Erastianism)에 대한 비판을 이어 나갔다. 러더퍼드가 비국교도를 억눌러야 한다고 요청하자, 밀턴(Milton)은 '장기 의회 아래 새로운 양심 억압자들'이라는 제목의 소네트(sonnet, 10개의 음절로 구성되는 시행 14개가 일정한 운율로 이어지는 14행시-역주)에서 러더퍼드를 이 억압자 중 하나로 묘사하기도 했다. 러더퍼드는 『위장된 양심의 자유에 반대하는 자유로운 논박』(A Free Disputation against Pretended Liberty of Conscience, 1649)에서 급진 청교도 관용론자들(radical Puritan tolerationists)을 비판하면서, 전통적인 개신교의 신앙 강요 교리(Protestant doctrine of religious coercion)를 재확인했다. 오언 채드윅(Owen Chadwick)은 이 책을 일컬어 '17세기 저서 중 종교적 박해를 가장 뛰어나게 옹호한 책'이라 묘사했다.

1647년 11월에 스코틀랜드로 돌아오려고 준비하던 무렵 러더퍼드는 잉글랜드의 상황에 대해 매우 비판적인 시각을 가졌다. 비록 주교제가 폐지되고, 의회가 덜 엄밀하기는 하지만 어쨌든 장로교식 교회 정치를 채택하기는 했음에도, 독립파의 영향력이 우려할 수준으로 커지고 있음을 목격했기 때문이었다. 스코틀랜드로 귀환하고 한 달이 지나서, 온건언약도(the moderate Covenanters)는 찰스 1세와의 협약에 서명을 했다.

러더퍼드는 이 협정에 극렬히 반대하는 캠페인을 벌였다. 1648년 8월의 프레스턴전투에서 이 협정지지자들(Engagers)이 패배하면서, 급진 장로교도는 전투적인 '교회당'(kirk party)을 구성하기에 이른다. 러더퍼드는 이제 스코틀랜드에서 가장 영향력 있는 인사가 되었다. 에든버러대학교와 동시에 네덜란드의 신생 하르더르위크대학교(University of Harderwyck) 교수로 임명되었지만, 세인트앤드루스에 남아 계속해서 스코틀랜드 종교개혁의 대의를 지원하기로 결정했다.

1649년 1월에 찰스 1세가 처형된 후 언약도(the Covenanters)는 찰스 2세를 영국과 아일랜드의 왕으로 선포했다. 1650년 7월에 찰스 2세는 스코틀랜드를 방문했는데, 여기서 그는 왕의 의무에 대한 러더퍼드의 장황한 연설을 들어야 했다. 언약도가 크롬웰 군대와의 전투를 준비할 때, 러더퍼드는 이 대의를 위하는 자들의 승리가 임박했다고 확신했다. 그러나 1650년 9월에 던바(Dunbar) 전투에서 패배하면서, 그 후유증으로 언약도는 다시 두 개의 그룹으로 나뉘었다.

온건결의파(Resolutioners)는 예전에 찰스 1세와의 협약지지자들(Engagers)과의 새 연대를 모색해야 한다고 주장했지만, 러더퍼드는 교회와 국가의 추가 정화를 주장한 강경저항파(Remonstrants/Protesters)를 지지했다. 1650년대 내내 저항파-결의파 논쟁이 격화되면서 스코틀랜드교회가 분열을 겪게 되었고, 러더퍼드도 오랜 친구들과 결별하지 않을 수 없었다. 그는 계속해서 설교뿐만 아니라 저술 활동을 이어 나가『신의 섭리에 대한 학문적 논쟁』(*Disputatio Scholastica de Divina Providentia*, 1649)과『열려 있는 생명의 언약』(*The Covenant of Life Opened*, 1655)을 출판했다.

찰스 2세(Charles II)의 복위 이후인 1660년 9월에『법과 왕』몇 부가 공개적으로 불태워졌고, 이어서 러더퍼드는 학교와 교회에서 파면된 후 자택에 연금되었다. 그는 대역죄 혐의로 의회에 출석하라는 명령을 받았는데, 친구들은 그가 처형당하지 않을까 염려했다. 그러나 러더퍼드는 1661년 초에 심각한 질병에 걸려 3월 8일에 마지막 유언을 남긴 후, 그달 말에 사망했다.

러더퍼드는 사망 이후에도『서한집』(*Letters*)으로 유명세를 유지했다. 서한집은 1664년에 네덜란드에서 처음 출판된 이후 복음주의 개신교 경건의 고전으로 빠르게 자리매김했다. 서한집은 고난과 하나님의 심판에 대한 강인한 묵상을 아가서의 언어로 그리스도의 기막힌 아름다움을 찬미하며 신비한 황홀감과 결합시켰다. 이 서신들은 리처드 백스터(Richard Baxter)와 찰스 해돈 스펄전(Charles Haddon Spurgeon)의 극찬을 받았고, 80여 차례나 다양한 영어판으로 인쇄를 거듭했으며, 네덜란드어로도 18차례나 인쇄되었다.

이 책이 그토록 대중의 관심을 끈 것을 보면, 다정하고 열정적인 청교도 영성이 어떻게 새로운 복음주의로 유입되었는지를 알 수 있다. 러더퍼드가 '언약의 성자'로 유명해지면서, 경건한 복음주의자들이 심지어 앤워스로 순례를 가는 일도 벌어졌다. 그의 설교 모음집도 출판되었는데,『믿음의 시험과 승리』(*The Trial and Triumph of Faith*, 1645),『성만찬 설교들』(*Communion Sermons*, 1877),『특이한 설교들』(*Quaint Sermons*, 1885)이 대표적이다. 그러나 그의 논쟁 작품들은 먼지에 쌓여 그대로 방치되어 있었다. 이 중 예외는 역시『법과 왕』이었다. 이 책은 19세기 중반에 재출간되었는데, 당시 휘그당(Whig)이 주장했던 자유의 가치를 잘 대변한 책으로 칭송받았다.

1980년대 초에 프랜시스 쉐퍼(Francis Schaeffer)는 자신의 책『기독교 선언』(*Christian Manifesto*, 1981)에서 러더퍼드의『법과 왕』을 인용하면서, 낙태에 대한 '시민 불복종 운동'을 합리화하기 위해 러더퍼드를 활용했고, 동시에 그를 미합중국 건국 선조들에게 큰 영향을 미친 인물이라고 (정확한 사실에 어긋나게) 주장했다.『법과 왕』은 미국 '기독교 우파'(Christian Right) 지지자들에 의해 다시 출판되었고, 1982년에 쉐퍼의 동료 존 화이트헤드(John Whitehead)는 심지어 세속 국가에 맞서 종교의 자유를 지킨다는 목적으로 법무 조직인 러더퍼드 인스티튜트(Rutherford Institute)를 설립하기까지 했다. 1983년에는 일련의 스코틀랜드 복음주의자가 출판과 학술 대회를 통해 개혁신학을 알리려는 목적으로 러더퍼드하우스(Rutherford House)를 설립했다. 경건주의자, 정치 이론가, 신학자였던 러더퍼드는 이처럼 현대 복음주의에 지속적인 영향을 끼치고 있다.

참고문헌 | A. Bonar (ed.), *Letters of Samuel Rutherford* (Edinburgh: Banner of Truth, 1984); J. Coffey, *Politics, Religion and the British Revolutions: The Mind of Samuel Rutherford* (Cambridge: Cambridge University Press, 1997).

J. COFFEY

새뮤얼 로건 브렝글(Samuel Logan Brengle, 1860-1937)

구세군(Salvation Army) 연사이자 저술가. 그는 인디애나 프레드릭스버그(Fredricksburg)에서 1860년 6월 1일에 태어났다. 아버지 사망 후 재혼한 브렝글의 어머니와 새 가족은 수차례 이사한 끝에 1872년에 일리노이 올니(Olney) 근교에 정착했다. 그곳에서 새뮤얼은 12살에 감리교부흥회에서 회심했다. 고등학교를 다니고, 수년간 개인 교습을 받은 후에 인디애나의 웨슬리파대학교(Wesleyan University, 후에 드포대학교(DePauw University)로 교명 변경)을 1877년부터 1883년까지 다녔다.

똑똑한 데다 포부가 컸던 브렝글은 가족이 가진 몇 권 안 되는 책, 그에게 관심을 가진 학구적 인물들, 공식 교육 등을 통해 배움의 기회를 적극적으로 활용했다. 평생 열정적인 독서가로 살았고, 책을 사랑하는 사람이었지만, 동시에 브렝글은 활기차고 관대하고 재미를 즐기는 인물로, 매력적인 인성을 지닌 적극적이고 재능 있는 인물이었다.

어린 시절 경험한 회심 이래로 신실한 기독교인이 된 브렝글은 대학에 다니는 동안 지역교회 활동에 적극적이었다. 그는 자신의 신앙 성장을 진지하게 숙고했다. 1882년, 브렝글이 설교자 소명을 느낀다고 말하자 그에게 기대하고 있던 친구들이 실망했다. 졸업 후 그는 순회단 소속 감리교 설교자로 1년을 보냈다. 강단에서 좋은 경력을 쌓고 세상을 좀 더 알고 싶던 그는 1884년부터 1885년까지 보스턴신학교(Boston Theological Seminary)에 다녔다. 이 시기에 그는 '성결' 체험을 연구하고 이를 위해 기도하던 작은 학생 모임 옥타곤클럽(Octagon Club)에 참여했는데, 이들은 성결을 자아의 씻음과 성령에 대한 완전한 복종으로 이해했다. 오랜 영혼 탐구와 기도 끝에 브렝글은 1885년 1월 9일에 이를 체험했다.

브렝글은 곧 보스턴의 구세군 선구자들에게 빠져들었다. 그는 이들의 전도와 성결에 대한 헌신에 즉각 감동받고, 두려움 없고 비정통적인 복음전도 방식에 크게 이끌렸다. 몇 년 후 회상한 것처럼, 그들의 설교는 '그 안에 뜨거움과 통렬함'이 있었다. 그는 1887년 5월에 부유한 평신도 구세군 신자 엘리자베스 스위프트(Elizabeth Swift, 1849-1915)와 결혼한 후 한 달 후에 구세군 사관 훈련을 받기 위해 런던으로 떠났다.

구세군 창시자 윌리엄 부스(William Booth)는 브렝글이 받은 교육과 수년간의 독립 생활이 그를 구세군 규율에 맞지 않는 사람으로 만들었을 것이라 짐작하며 처음에는 냉담하게 대했다. 그러나 곧 브렝글의 겸손함과 연설 능력에 감화되었다. 많은 현장 학습을 포함한 다양한 훈련 프로그램을 6개월 간 이수한 후에 브렝글은 구세군 정위(captain)가 되어 미국으로 돌아갔다.

영문 사관(corps officer, 지역교회 목사)으로 세 차례 단기사역을 했음에도 불구하고, 브렝글은 구세군 경력에 앞서 자기의 특별 소명은 전도자와 성결 설교자가 되는 것이라 믿었다. 주어지는 어떤 일이든 받아들이겠다는 긍정적인 의지에도 불구하고, 그는 자신이 행정 능력이 없다는 것을 쉽게 인정했다. 브렝글의 구세군 상관들은 그의 은사가 강연과 저술이라는 사실을 곧 깨달았다. 이후 몇 차례 짧은 행정직을 거친 후에, 브렝글은 1897년 8월에 전국영성담당관(National Spiritual Special, 전국 전도자)으로 임명되었다. 그러나 몇 차례 중요치 않은 임시직을 담당하는 시기에도 브렝글은 구세군 사관 전도자로 남았고, 남은 평생을 교리 교육자로 살았다. 행정직은 맡지 않았지만, 그는 구세군 고위직에 오른 후 1931년에 은퇴했고, 1936년 5월에 사망했다.

늘어난 강연 일정과 활발한 상담 역할 이외에도, 브렝글은 주로 「더 워 크라이」(The War Cry)를 비롯한 구세군 정기 간행물에 많은 글을 기고했다. 8권의 책을 썼는데, 그중 6권은 이전에 실었던 기사 모음집이었다. 그의 책은 지금도 출판되어 널리 읽힌다. 1947년에 구세군은 사관들을 위한 '연례 신앙 세미나'(an annual spiritual seminar)를 설립했는데, 브렝글을 기리기 위해 이름을 '브렝글인스티튜트'(Brengle Institute)라 정했다. 부드러운 인품과 투명한 순전함 이외에도 브렝글이 가진 장점은 그의 실천적 접근에 있었다. 교육을 많이 받았음에도 불구하고, 그는 신학의 미묘함이 복음의 핵심을 잃어버리게 한다고 믿었다. 구원과 성화는 그리스도의 속죄로 주어지고, 고백과 회개, 신뢰로 구성되는 단순한 믿음으로 이루어진다. 마찬가지로, 그는 헌신된 기독교인의 삶을 설명할 때에도 실천성을 강조했고, 개인적으로, 또 집단적으로 좌절한 구세군 신자를 상담하면서 많은 열매를 거두었다. 브렝글이 중요하게 여긴 가치는 겸손, 인내, 사랑이었고, 자신의 생각을 항상 큰 그림, 즉 영원한 복음과 구세군의 구령사역에 고정시켰다.

참고문헌 | C. W. Hall, *Samuel Logan Brengle: Portrait of a Prophet* (Chicago: The Salvation Army Supply and Purchasing Dept., 1933); S. L. Brengle, *The Way of Holiness* (1902); R. D. Rightmire, 'Samuel Rogan Brengle and the Development of Salvation Army Pneumatology,' *Wesleyan Theological Journal* 27:1 and 2 (spring-fall 1992), pp. 104-131; E. H. McKinley, *Marching to Glory: The History of the Salvation Army in the USA, 1880-1992* (Grand Rapids: Eerdmans, 1995).

E. H. MCKINLEY

새뮤얼 마스덴(Samuel Marsden, 1765-1838)

오스트레일리아 뉴사우스웨일스(New South Wales)에 파견된 사제이자 뉴질랜드와 남태평양 지역선교정책가. 그는 요크셔(Yorkshire) 배글리(Bagly)에서 출생했다. 마스덴의 아버지는 아들들의 이름을 웨슬리 형제의 이름을 따서 존과 찰스로 지었다. 마스덴은 요크문법학교(York Grammar School)에서 조셉 밀너(Joseph Milner) 밑에서 수학했으며, 1790년 12월에는 케임브리지대학교 모들린대학(Magdalene College)의 특별장학생으로 선발되었다. 특히, 그는 1777년에 설립되어 윌버포스(Wilberforce), 존과 헨리 손턴 형제(John and Henry Thornton)가 지원했던 엘란드협회(Elland Society)의 후원을 받았다.

엘란드협회는 가난하지만 능력 있고 재능 있는 교인 중 잉글랜드국교회(Church of England)의 지원하에 비국교도(Dissenters) 대상의 목회를 하려고 하는 이들을 선발하여 지원하기 위해 설립된 단체다. 마스덴은 케임브리지에서 조셉 밀너의 형제이자 퀸스대학(Queen's College) 학장인 아이작과 홀리트리니티교회(Holy Trinity Church)의 교구사제인 찰스 시미언(Charles Simeon)의 지도를 받으며 수학했다. 후에 인도에 사제로 파송된 토마스 토머슨(Thomas Thomason)은 다음과 같이 회고했다.

> "당신이 알다시피, 마스덴은 그가 은퇴한 후에도 계속해서 그를 만날 정도로 시미언과 매우 절친한 친구였어요."

마스덴은 1793년 4월에 성경 주석가이자 교회선교회(CMS)의 첫 총무인 토마스 스코트(Thomas Scott)의 조카 엘리자베스 프리스턴(Elizabeth Fristan)과 결혼했다. 마스덴 가족은 오스트레일리아 뉴사우스웨일스 지역의 죄수 식민지에서 기독교 가정의 모델을 보여 주었다. 이 지역 식민지의 선임사제인 리처드 존슨(Richard Johnson)과 마스덴 부부가 훌륭한 농부가 될 수 있었던 이유 중 하나는 이 두 사람의 아내들이 지역 정착민 자녀들에게 먹을 것을 제공하고 그들의 건강을 살피는 데 매우 열심이었고, 이들이 풍성한 생산물을 보고 기뻐하는 것처럼, 그들이 건강한 것을 기뻐했기 때문이었다.

마스덴에게 가정은 가장 큰 안식처였다. 그는 자신의 가정에 대해 이렇게 회고했다.

> "독신이었다면 이곳의 상황을 감당하기가 불가능했을 것이다. 유혹과 시험이 넘쳐나는 시기에 나의 아내와 가족은 자주 평안과 안정을 주는 안식처가 되어 주었다."

마스덴은 1794년 3월에 식민지에 도착하자마자 2대 총독 프랜시스 그로스(Francis Grose)와 갈등을 겪었다. 그로스 총독이 죄인 정착민에게 주일 성수를 요구하려고 했던 마스덴과 충돌했던 것이다. 또한, 시드니 서부 파라마타(Parramatta) 지역에서도 고급 장교 존 맥아더 대위가 술 취한 자유 정착민에 대한 마스덴의 고발을 거부하면서 일평생에 걸친 갈등이 지속되었다. 윌버포스는 마스덴을 맥쿼리(Macquarie) 총독에게 추천하면서, "그는 능력 있는 자이며, 건강한 이해력을 갖추고, 일반적인 선한 원칙을 잘 지키는 사람"이라고 평했다.

그러나 마스덴에 대한 반감을 더 키운 총독은 이 평가를 받아들이지 않았는데, 실제로 마스텐은 이후의 모든 후임 총독들과 싸웠다. 그가 생각하기에 복음전파의 성패가 달린 성직의 존엄성을 유지하고, (비록 아예 독립하겠다는 것은 아니지만) 쇠락하는 죄수 사회에서 교회의 특수한 역할을 보장받고자 하는 열망으로 동기 부여되어 있었기 때문에 마스덴이 이 모든 싸움을 피하지 않은 것 같다. 그러나 역사가들은 마스덴을 정말 힘들게 한 사람은 군인이었던 정적들이 아니라, 그를 행정관에 임명한 친구 헌터(Hunter) 총독이라고 주장했다.

마스덴은 1795년부터 잉글랜드로 돌아온 1807년까지 행정관으로 일했으며, 맥쿼리는 1812년부터 1818년까지 그를 법관으로 지명했다. 이후 맥쿼리는 그를 해고했고, 이어서 브리스번(Brisbane)이 1822년 1년 남짓의 기간 동안 그를 법관으로 지명했다. 잉글랜드에서 성직자를 법관에 임명하는 것이 일반화되어 있었다는 사실, 뉴사우스웨일스 지역에서 이 일에 합당한 신실한 인물을 찾는 것이 어려웠다는 사실도, 법관으로 임명된 성직자들에 대한 죄수들의 반감을 누그러뜨릴 수 없었다. 또한, 마스덴이 자기 역할을 감당하면서 너무 엄격했기 때문에 이는 오스트레일리아에서 반(反)성직주의를 확산시키는 요인이 되었다.

마스덴은 불경한 말을 하고, 주일을 지키지 않고, 비윤리적인 행동을 하는 것에 대해 가차 없는 벌을 내렸다. 죄를 억제하려는 열정으로 동원할 수 있는 모든 도구를 다 사용했는데, 그의 엄벌 의지와 지나친 형벌은 당대의 기준으로 볼 때도 지나친 감이 없지 않았다. 마스덴은 형기를 마치고 자유인이 된 죄수를 사회에 완전히 받아들이려 했던 맥쿼리의 정책에 반기를 들었는데, 당시 영국에서 신분 상승을 경험한 장인 계층에서 찾아볼 수 있는 강렬한 복음주의적 책임감을 과시한 것이라 할 수 있었다.

한편, 마스덴의 아내 엘리자베스가 가지고 있던 극단적 토리당(Tory) 복음주의와 더불어 자신의 멘토 윌버포스의 온정주의적 복음주의를 구현한 맥쿼리는 성공회의 사면에 대한 강조와 더불어 예수님의 속죄 피로 의롭게 된다는 신앙은 모든 사람이 구원받을 수 있기에, 이들에게 두 번째 기회가 주어져야 함을 의미한다고 생각했다. 그러나 맥쿼리의 유산이 마스덴의 것보다 더 '복음주의적'이라고 결론내리기 전에, 죄수 식민지 상태를 벗어나 자유롭고 번영하며 발전하는 식민지로 오스트레일리아를 바꾸고 싶었던 의지를 지지한다면, 오히려 마스덴의 복음주의적 입장이 오스트레일리아가 죄수 식민지에서 자유로운 국가로 발전하는 가장 이른 시기에 공헌도가 컸다고 할 수 있다.

죄수와 군인을 대상으로 한 목회에 실망을 느낀 마스덴은 조용히 농사를 지으면서 모직 산업 발전을 위해 노력했으며 남태평양 남양 제도(South Seas) 대한 선교에도 헌신했다. 1798년에는 타히티(Tahiti)에서 피신한 11명의 런던선교회(LMS) 소속 선교사에게 안식처를 제공했다. 1804년부터는 런던선교회의 남양 제도 선교부에서 일하기 시작했다. 1810년 2월 17일에 두 번째 런던선교회 선교사 그룹이 뉴사우스웨일스 지역을 거쳐 타히티에 파송되었지만 곧 추방되었다. 마스덴은 이들을 설득하여 타히티 선교에 계속 매진하도록 격려했는데, 몇 해 지나지 않아 포마레 국왕(King Pomare)이 기독교를 받아들여 곧 모든 주민이 기독교로 개종했다.

많은 복음주의자 사이에서 마스덴은 '마오리 부족을 위한 사도'라는 칭호를 얻었다. 마스덴은 이미 1803년에 파라마타에서 마오리 부족과 처음 만났다. 1807년에 잉글랜드를 방문한 그는 교회선교회 위원회에서 마오리 부족에 대한 문명화선교를 요청했다. 이후 30년 동안 교회선교회(CMS) 회의록에는 다른 어떤 이의 이름보다 마스덴의 이름이 더 많이 등장했다. 그는 현지인과의 무역이야말로 선교의 성공으로 이어진다는 입장을 견지했다. 1814년에 교회선교회는 윌리엄 홀(William Hall)과 존 킹(John King)이라는 장인을 선교부에 추천하여 마스덴이 주장한 방식의 선교를 시작했다.

마스덴은 1820년 12월 20일에 뉴질랜드 본섬에 위치한 매우 아름다운 마타우리 베이(Matauri Bay)에 처음 발을 디뎠다. 그의 방문을 환영하기 위해 성탄절이기도 했던 다음 주일에 성대한 환영식이 열렸다. 마스덴은 누가복음 2:10의 본문을 가지고 설교를 했다.

> 천사가 이르되 무서워하지 말라. 보라 내가 온 백성에게 미칠 큰 기쁨의 좋은 소식을 너희에게 전하노라(눅 2:10).

그의 오랜 마오리 부족 친구 루아타라가 그의 설교를 통역하거나, 혹은 최소한 취지라도 설명해 주었다. 마스덴은 이후 일곱 차례에 걸쳐 뉴질랜드를 방문하여 선교활동을 했다. 그가 마지막으로 뉴질랜드를 방문했을 때 나이는 칠순이 넘어, 다리를 절었고, 시력도 거의 잃은 상태였다.

마스덴이 늘 효과를 거둔 행동가는 아니었다. 그러나 자신의 명성과 부를 포함하여, 눈에 보이는 것은 무엇이든지 개선하고자 하는 뜨거운 열정을 가진 사람이었다. 그는 교회사역과 시설 개선을 위해 부단히 노력했다. 시드니 서부의 가장 큰 도시인 파라마타 주변 지역의 행정 감독과 정의 구현을 위해 최선을 다했다. 뉴질랜드와 남양 제도에서 선교사역을 하면서 탐욕스러운 백인 상인들로부터 원주민을 법적으로 보호하기 위해 노력했다. 원주민 애보리지니(Aborigines)의 요구 사항을 경청했으며, 뉴사우스웨일스의 농업과 축산업의 놀라운 발전을 이룩했다. 완전히 틀린 표현은 아닌 '태형을 가하는 목사'라는 묘비명이 따개비처럼 들러붙어 있어서, 오스트레일리아 대중 역사에서 그가 이룬 업적이 가려졌다. 그러나 복음주의자들은 항상 그에게 조언을 구했고, 그들은 늘 그의 충고를 존경심을 갖고 받아들였다.

참고문헌 | J. R. Elder (ed.), *The Letters and Journals of Samuel Marsden*, 1765-1838 (Dunedin: Otago University Council, 1932); A. T. Yarwood, *Samuel Marsden, the Great Survivor* (Melbourne: Melbourne University Press, 1977).

S. PIGGIN

새뮤얼 S. 슈머커(Samuel S. Schmucker, 1799-1873)

미국루터교 신학자. 그는 동시대인에게 루터교에 대한 관심을 다시 불러일으키고자 노력했고, 동시에 루터교를 미국식 표현 방식으로 재진술하려고 노력했다. 신학을 가르치는 교육자이자 저자로서의 그의 업적은 19세기 루터교의 역사에서 독특한 방향으로 설정했는데, 이는 루터교 미주리대회(Missouri Synod)의 C. F. W. 월더(C. F. W. Walther)와 총회(General Council)의 찰스 포터필드 크라우스(Charles Poterfield Krauth)가 취한 것과는 다른 방향이었다.

슈머커는 1799년 2월 28일에 메릴랜드 해거스타운(Hagerstown)에서 태어났다. 조부 니콜라우스(Nikolaus)는 독일 헤세-다름슈타트(Hesse-Darmstadt)의 미헬슈타트(Michelstadt)에서 버지니아로 이주한 이민자였다. 부친 요한 게오르크(Johann Georg)는 파울 헨켄(Paul Henken)과 함께 신학을 공부했고, '루터교 펜실베이니아 목사단' 소속 목사가 되었다. 슈머커는 펜실베이니아 요크(York)에 위치한 아카데미, 펜실베이니아대학교(University of Pennsylvania), 최종적으로 프린스턴신학교(Princeton Theological Seminary)에서 수학했다. 1821년에 안수를 받고 첫 사역지로 버지니아 뉴마켓(New Market)의 한 루터교 교구에 부임했다. 그는 같은 해에 세워진 루터교총회(General Synod)의 조직과 신학을 정립하는 데 적극적이었다.

총회가 1826년에 신학교와 대학을 펜실베이니아 게티스버그(Gettysburg)에 설립하면서, 슈머커에게 학교를 맡아 달라고 요청했다. 그는 첫 4년 동안 이 학교의 유일한 직원이었으며, 이후 거의 40년 동안 게티스버그신학교(Gettysburg seminary)에 머무렀다. 그가 가르친 학생 수는 400여 명이었다.

슈머커는 교회의 교사로서 꾸준히 글을 써야 한다는 의무감을 느꼈기에, 특히 대중적인 수준에서의 복음주의 신학을 해설하고 설명하는 책과 간행물들을 출간했다. 잘 알려진 저서로는 『대중 신학의 요소』(Elements of Popular Theology, 1834), 『정신철학의 새로운 체계의 심리학 혹은 요소』(Psychology or Elements of a New System of Mental Philosophy, 1842), 『성경적 원리에 근거한 루터교 지침서』(The Lutheran Manual on Scriptural Principles, 1855), 『미국루터교의 루터교적 상징 혹은 변호』(The Lutheran Symbols or Vindication of American Lutheranism, 1856) 등이 있다. 또한, 「루터란 옵저버」(The Lutheran Observer)와 「이벤절리컬 리뷰」(The Evangelical Review) 등의 학술지에도 많은 논문을 기고했다. 그는 루터교회가 구세계의 전통적인 정체성에 머무르기보다는, 새로운 미국 사회의 광범위한 다양성에 어울리는 정체성을 갖추기를 원했다. 이런 그의 관심은 『그리스도 교회의 일치』(The Unity of Christ's Church, 1870)라는 책에 잘 나타나 있다.

그러나 슈머커는 이중의 난제에 직면했다. 하나는 미국개신교가 계몽주의의 커다란 영향을 받았다는 점이고, 다른 하나는 유럽의 기독교와의 연결 고리가 약해지면서, 미국혁명 이후 미국개신교의 정체성이 불분명해져갔다는 것이다. 슈머커는 자신의 이해한 바대로 루터교 정체성을 강화하는 데 힘을 쏟았으며, 동시에 보다 역동적인 복음주의 교회 활동을 위한 광범위한 지원을 요청했다.

루터교 정체성에 대한 슈머커의 관심은 그의 『미국루터교회 정치 및 치리 규범』(Formula for the Government and Discipline of the Lutheran Church in America)으로 처음 표명되었다. 이 책은 버지니아와 메릴랜드교회들을 위한 일종의 헌법으로 사용되었는데, 총회도 이를 채택했다. 독일과 잉글랜드에서 시작된 합리주의와 이신론 등이 가져온 영향은 다른 전통에 비하여 루터교에는 상대적으로 깊이 침투하지 못했지만, 영향력이 감지되고는 있었다.

그러나 흥미롭게도, 루터교회에서 이탈하는 흐름을 막으려는 슈머커의 노력은 오히려 그가 다른 신앙고백을 가진 교회들과 연대하려고 노력하는 과정에서 그 자신의 루터교 정체성 붕괴를 가져왔다.

19세기 미국루터교 정체성을 복잡하게 만든 문제는 언어였다. 독일어가 여전히 많은 지역에서 사용되고 있었다. 19세기의 수많은 이민자들은 독일을 떠나는 것만이 그들의 정체성을 유지하는 방법이라고 생각했기에, 새로운 땅에 와서도 신학 교육이나 출판, 교회 공예배에서 계속해서 모국어를 사용함으로써 정체성을 유지했다. 그러나 슈머커가 속한 모임에서는 영문 책자와 영어를 구사하는 성직자들이 모두 부족했음에도 불구하고, 영어를 주요 언어로 사용하기 위한 움직임이 있었다.

영문 책자가 필요했기에 슈머커는 영어로 쓴 저작들을 내놓았고, 게티스버그신학교는 (영어를 사용할 수 있는) 목회자를 배출했다. 그러나 슈머커는 더 많은 변화를 원했다. 계몽주의의 도전에 직면해 있고, 미국의 루터교회와 유럽 간의 연대감과 정체성 인식이 거리와 시간 문제로 약화되고 있는 시점에서, 그는 미국루터교를 위한 새로운 정체성을 확립하고, 그들의 시대에 필수적인 신앙을 중심으로 이들을 단결시킬 필요성을 절감했다. 그 정체성을 규정하고 결집 지점을 정하려는 시도는 루터교인이라는 것이 도대체 무엇인가에 대한 치열한 논쟁을 양산했다. 심지어 이름 자체에도 의문이 제기되었다.

유럽 국가와는 달리, 미국에는 영토에 따른 신앙고백이나 국교회가 존재하지 않았다. 교파주의는 수많은 갈래의 교회를 양산했고, 점점 더 복잡해지면서 지리적으로도 중복되었다. 슈머커는 이런 도전에 직면해서 대담한 행동이 필요하다고 생각했다. 다른 교단 내의 복음주의자와 논쟁하기보다는 실제 적과 대면해야 한다고 믿었던 것이다. 슈머커가 생각한 실제 적이란 루터교 내부의 '잘못된 믿음을 근본적으로 신봉하는 자'(fundamental errorists)와 교회 밖의 불신자였다. 미국루터교회는 시야를 넓혀 다른 교단에 속한 개신교인까지도 더욱 포용할 수 있는 정신이 중요했다.

이를 위해 슈머커는 전통의 굴레에서 벗어나 타성적으로 유지해 왔던 역사적 위치를 넘어서자고 촉구했다. '교부의 권위, 그들이 니케아 공의회든 그 이전이든, 로마 가톨릭이든 혹은 개신교이든지' 등에 상관없이 모든 것을 자유롭게 재검토할 수 있어야만 했다. 그는 1838년에 '사도적 원칙에 관한 보편적 연합 계획으로 미국교회에 보내는 형제애적 호소'(Fraternal Appeal to the American Churches with a Plan for Catholic Union on Apostolic Principles)라는 글을 통해 처음으로 자기 견해를 공개적으로 발표했다.

루터교 정체성은 주로 아우그스부르크 신앙고백(Augsburg Confession)과 루터의 소교리문답서(Luther's Small Catechism)로 규정되었다. 아우그스부르크 신앙고백은 1530년에 아우그스부르크에서 황제 칼 5세(Charles V) 앞에서 낭독되었는데, 이 당시 루터의 개혁운동을 지지하던 사람들이 비난을 받자, 자신들이 진정한 가톨릭교회에 속한 이들임을 증명하기 위해 이 신앙고백을 사용했다.

교리문답서는 가정에서 부모가 자녀에게 루터교 신학의 핵심을 전수하는 수단이었다. 그러나 16세기 독일교회의 필요는 이제 19세기의 새로운 도전에 길을 내어 주었다. 슈머커는 더욱 광범위한 미국 복음주의 연대를 만들기 위해 노력했다. 그 연대로 인해 단일 교단이 더 잘 생존할 수 있고, 시대 상황에 보다 효과적으로 대응할 수 있을 것이라 기대한 것이다.

이를 위해 그는 '확고한 강령'(Definite Platform)을 작성하고 1855년에 이를 익명으로 발표했다. '미국판' 아우그스부르크 신앙고백이라 할 수 있었던 이 강령은 총회의 입장을 대변한다고 주장했다. 그러나 많은 사람의 공감에도 불구하고, 이 문서가 공식적으로 채택된 적은 한 번도 없었다. 아우그스부르크 신앙고백의 21가지 주요 조항 중에 12가지가 삭제되거나 많이 개정되었다. 종교개혁 시기의 문제를 지적한 원 신앙고백서의 추가 조항(22-28항)은 완전히 삭제되었다. 슈머커는 복음주의 신학을 당대에 맞게 재구성하고 싶었다. 그 새로운 신학이란 아주 오래 전에는 발전했으나 이제는 걸림돌이 되어 버린 루터교 정체성, 그리고 수정되지 않는 한 이제는 더 이상 쓸모없게 된 신앙고백을 넘어서는 것이었다.

슈머커는 무신론자와 합리주의자에 의해 급속히 퍼지고 있는 강력한 이교주의를 기독교에 대한 외부 위협으로 인식하고, 비-루터교 복음주의자들이 이에 반대할 수 있도록 독려하고자 했다. 그러나 그는 자신이 속한 루터교회 내부의 반대에 부딪혔다. 보다 일반적인 개신교가 된다는 명분하에 '오래된 루터교'의 고백적 정체성이 훼손되는 것을 반대하는 사람들이 슈머커를 공격했다.

슈머커는 그를 반대하는 사람들로부터 자신을 변호해야만 했다. 그는 이런 반대자들을 '편협한 상징주의자, 형식주의자, 정통주의자'라고 불렀는데, 이들이 결국 미국 복음주의 기독교를 멸종의 길로 이끌 것이라고 믿었다. 슈머커가 필립 멜란히톤(Philip Melanchthon)에게 보인 관심 때문에(Schmucker는 아들 이름을 Beal Melanchthon이라 지었다), 반대자들은 결국 멜란히톤까지도 의심했다.

멜란히톤은 아우그스부르크 신앙고백의 초판을 작성했지만 그 이후 일부 내용을 바꿔 수정판을 펴냄으로써, 겉으로는 두드러지지 않지만 몇 가지 칼빈주의 견해를 고백서에 첨가했다. 어떤 이들은 슈머커 역시 정통 신학을 약화시키고 있다고 생각했다.

일부 루터교인이 슈머커를 지지하면서, 더 개방적이고 관용적인 루터주의가 출현했다. 이들은 루터교의 신앙고백 문서들을 당대의 신앙 선언이라기보다는 과거에서 온 메아리 정도로 이해하려고 했다. 또 어떤 루터교인들은 비록 스스로도 늘 변화하는 문화 속에 참여해야만 하는 도전을 외면하지는 않겠지만, 그렇다고 해서 후손에게 전수하고 보존해야 하는 정체성을 희생시키는 것에 대해서는 경고했다. '확고한 강령'이 촉발시킨 논의, 즉 '신앙고백적'이라는 것이 무엇인지, '루터교적'인 것이 무엇인지에 대한 질문은 (1873년 7월 26일 Gettysburg에서) 슈머커의 죽음을 지나 오늘날까지도 지속적으로 제기되고 있다.

참고문헌 | A. R. Wentz, *Pioneer in Christian Unity: Samuel Simon Schmucker* (Philadelphia: Fortress Press, 1967); P. P. Kuenning, *The Rise and Fall of American Lutheran Pietism: The Rejection of an Activist Heritage* (Macon: Mercer University Press, 1988); N. O. Forness (ed.), *The Papers of the Schmucker Bicentennial* (Gettysburg: Gettysburg College, 2000).

R. ROSIN

새뮤얼 아자이 크라우더(Samuel Adjai Crowther, c. 1807-1891)

교회선교회(Church Missionary Society, CMS) 선교사이자 첫 아프리카인 성공회(Anglican) 주교(니제르 주교). 그는 현재의 나이지리아 오쇼군(Oshogun)에서 요루바(Yoruba) 중에서도 에그바(Egba) 부족의 자손으로 태어났다. 그의 아프리카 이름은 오늘날에는 종종 'Ajayi'로 표기된다. 많은 젊은 서아프리카 사람들처럼, 그 역시 노예상인에게 잡힌 후 아메리카 대륙으로 가는 배를 타야 했다. 영국 해군 함대는 당시 노예무역을 제지하고 화물을 해안에 다시 하역하기 위해 감시 활동을 하고 있었다. 크라우더는 1822년 포르투갈 배인 에스페란자 펠릭스(Esperanza Felix)에 사로잡혀 있었다. 그는 영국 해군에게 구출되어 다른 포로들과 함께 '자유의 땅' 시에라리온(Sierra Leone)에 내렸다.

여기서 기독교인이 된 후, 교회선교회를 후원하던 당대의 유명한 복음주의 성직자 새뮤얼 크라우더(Samuel Crowther)의 이름으로 세례를 받았다. 배움에 강한 열망이 있던 그는 1827년에 선교활동에 참여할 능력 있는 시에라리온인을 훈련시키기 위해 세운 교회선교회 기관 푸라베이대학(Fourah Bay College)에 등록한 첫 학생이 되었다. 1876년에 대학이 잉글랜드의 더럼대학교(University of Durham)와 협약을 맺음으로써 학위를 수여할 수 있게 되었다. 크라우더는 푸라베이대학 교수가 되었고, 같은 노예선에 포로로 잡혀 있던 수잔 톰슨(Susan Thompson)과 결혼했다.

1829년에는 시에라리온의 리전트(Regent, 시에라리온 서쪽 산악 시골 지역 소도시-역주)에서 교사가 되었고, 거기서 동시에 후에 시에라리온 식민지 주교(1855-1857)가 되는 교회선교회 선교사 J. W. 웍스(J. W. Weeks)의 조수가 되었다. 1841년, 크라우더는 노예무역의 해독제로서의 '상업과 기독교'를 서아프리카에 도입하려던 T. F. 벅스턴(T. F. Buxton)의 계획을 실행할 목적으로 조직된 니제르 탐험대의 일원이 되었다. 벅스턴의 이 계획은 『아프리카 노예무역과 치료책』(*The African Slave Trade and its Remedy*, 1840)에 자세히 정리되어 있다. (J. F. 쉔[J. F. Schön]과 함께 쓴) 크라우더의 『1841년 니제르 탐험 일지』(*Journal of an Expedition up the Niger in 1841*)는 1843년에 출간되었다.

크라우더는 자기 민족 요루바 사람들(Yoruba people)을 위해 사역하는 선교사가 되었다. 이슬링턴(Islington)의 교회선교회 훈련학교에서 교육받은 후 1843년에 잉글랜드에서 안수받고, 1846년부터 아베오쿠타(Abeokuta)에서 영향력 있는 교회선교회 선교사 헨리 타운젠드(Henry Townsend)와 함께 일했다. 여기서 그는 1821년에 마지막 본 이후 만나지 못한 어머니와 재회했고, 어머니는 1848년에 아들의 손으로 세례를 받았다. 크라우더는 번역을 자신의 핵심 선교사역으로 생각했다. 1843년에 『요루바어 문법과 단어장』을 만들었고, 교회선교회 총무 댄디슨 코츠(Dandeson Coates)의 격려에 힘입어 누가복음, 사도행전, 로마서를 번역했다. 코츠에 이어 교회선교회 총무가 된 헨리 벤(Henry Venn)은 크라우더와 친밀한 관계를 형성했고, 철자법(orthography) 분야에서 그 시대 잉글랜드 학계를 주도한 리(Lee) 교수, 그리고 위대한 독일 언어학자 렙시우스(Lepsius) 교수와 논의하며 크라우더의 사역을 지원했다.

요루바 신약성경에 이어 공동기도서도 1849-1850년에 크라우더의 손으로 번역되었다. 그는 여행하면서 요루바 격언들을 수집하고 익보어(Igbo)와 누페어(Nupe)와 관련된 독본(primers)도 썼다. 1854년과 1857년에 추가로 탐험대에 참여했음에도 불구하고, 이 탐험들을 자기 민족과 이웃 민족들을 위한 진짜 번역사역의 방해물로 보고 달가워하지 않았다.

오경 번역에 필요해서 모은 많은 자료와 요루바 및 다른 종족 격언 자료는 1862년에 화재로 모두 소실되었다. 그러나 벤에게 보낸 편지에서 볼 수 있듯, 자신이 당한 이 재앙을 크라우더는 존경할 만한 해결책으로 극복하려 했다.

"조금이라도 자료가 모이면, 바로 자리에 앉아 다시 일을 시작하고 싶습니다."

1841년부터 1872년까지 교회선교회 총무직을 맡은 헨리 벤은 '자립, 자치, 자전'하는 토착현지(indigenous) 교회를 세우고자 했다. 이 '삼자'(three-selves) 전략의 근본은 현지인 토착 주교가 '최고 지도자가 되어 현지 토착 목회를 이끌어 가는 것이었다. 벤은 크라우더가 주교가 되기를 수년 동안 바랐지만, 크라우더는 이 제안을 거절했다. 그러나 나이가 들어가던 벤이 이 직책을 크라우더에게 물려주고 싶은 강렬한 소망으로 긴급하게 간청하자 결국 크라우더는 주저하며 이를 받아들였다. 그는 '여왕의 통치권 바깥에 있는 서아프리카 국가들의 주교'(실제로는 유럽인이 감독하지 않는 니제르선교회[Niger mission]의 주교)가 되었고, 1864년 6월 29일에 캔터베리(Canterbury)에서 첫 번째 흑인 성공회 주교로 서임식을 가졌다.

크라우더의 주교직은 나이지리아와 다른 나라 역사가를 포함한 많은 학자들의 관심을 크게 끌며 논쟁을 유발했다. 다뤄진 주제는 교회선교회의 인종주의, 불편부당, 유럽 선교사들, 왕립니제르회사(Royal Niger Company)의 조지 골디 경(Sir George Goldie) 같은 경제계 인물과 1880년대의 전성기 제국주의, 세계 여러 지역에서 나타난 현지 지도자들에 대한 반복적으로 재현된 불신임 등이었다. 크라우더는 자기 민족인 요루바 사람들을 대상으로 사역한 것이 아니었고, 그 자신과 마찬가지로, 그들이 일하는 곳에서는 외국인이었던 다른 시에라리온 사람을 활용했다.

그의 교구에는 오니챠(Onitsha)의 J. C. 테일러(J. C. Taylor)가 이룬 적잖은 순수 선교활동의 업적도 포함되어 있었지만, 주교는 무슬림과의 친교 영역에서는 개척자였다. 크라우더가 데리고 있던 직원 일부는 그가 정한 기독교인의 삶과 행동의 높은 기준을 만족시키지 못했고, W. F. 존(W. F. John) 같은 직원 하나는 노예 소녀를 죽음에 이르게 한 잔학 행위로 기소되기도 했다.

유럽인 비평가들은 후에 이 사건 및 다른 사건들을 주교의 규율이 느슨하기 때문이라며 비난했다. 그 시대의 백인 선교사 일부는 다른 사람을 아주 열심히 정죄하곤 했는데, 아마도 케직사경회(Keswick Convention)와 연관된 과도한 영성(hyper-spirituality)의 결과였던 것 같다. 이는 특히 나이와 경험에 비해 영향력이 지나치게 컸던 교회선교회 소속 젊은 평신도 선교사 G. W. 브룩(G. W. Brooke)의 삶에서 두드러졌다. 벤의 죽음 이후에도 오래도록 크라우더를 후원한 후, 교회선교회는 마침내 비평가들에게 굴복하여 교구행정을 유럽인의 손에 맡겼다. 주교는 겸손한 위엄을 갖춘 채 재판을 받았고, 1884년에 교회선교회에 사직서를 제출하며 유럽인이 '더 나은 관리자'라고 썼다.

크라우더의 이 슬픈 경험 때문에 1876년부

터 교구에서 봉사한 재능 있는 아들이자 교구 성당 부제였던 댄디슨(Dandeson)은 1892년에 교단을 떠나 교회선교회와 유럽인 선교사들에게서 독립한 델타목회교회(Delta Pastorate Church)를 세웠다. 크라우더의 주교좌는 유럽인 주교가 계승했고, 아프리카 지도력의 상징일 뿐만 아니라 동시에 아프리카 지도력의 예정된 실패의 상징이 됨으로써, 이후 "반세기 이상 아프리카인들은 교회의 지도자가 되기에는 충분히 '성숙'하지 못하다는 가정이 당연시되었다"(B. Sundkler, *The Christian Ministry in Africa*, pp. 46f.).

그러나 약점이 무엇이든, 크라우더가 이룬 의심의 여지없는 업적으로 균형을 잡을 수 있었다. 크라우더 주교는 '19세기 아프리카 교회사에서 가장 위대하고 가장 매력적인 인물 중 하나'로 여전히 남아 있기 때문이다(B. Sundkler and C. Steed, *A History of the Church in Africa*, p. 225).

참고문헌 | J. F. A. Ajayi, *Christian Missions in Nigeria 1841-1891: The Making of a New Elite* (London: Longmans, 1965); J. Page, *The Black Bishop* (London: Hodder & Stoughton, 1908); T. E. Yates, *Venn and Victorian Bishops Abroad* (London: SPCK, 1974); B. Sundkler and C. Steed, *A History of the Church in Africa* (Cambridge: Cambridge University Press, 2000); B. Sundkler, *The Christian Ministry in Africa* (London: SCM Press, 1960).

T. E. YATES

새뮤얼 채드윅(Samuel Chadwick, 1860-1932)

웨슬리파감리교 목사이자 대학 학장. 그는 랭커셔(Lancashire) 번리(Burnley)의 감리교 집안에서 태어났다. 15살에 목회 소명을 느꼈는데, 당시 그는 목화 공장에서 일하고 있었다. 1년 후에는 평신도 설교를 시작했다. 21살이 되자 채드윅은 전임 평신도 설교자가 되어, 감리교 베이컵순회단(Bacup circuit)에서 2년간 매우 성공적인 사역을 펼쳤다. 베이컵순회단의 감독이던 조사이어 미(Josiah Mee)는 채드윅에게 큰 힘이 되어 주었고, 미는 젊은 학생에게 설교의 전도적 본질과 '완전성화'(entire sanctification)라는 감리교 메시지의 중요성을 가르쳤다.

또한, 온전한 구원으로도 묘사되는 '완전성화'에 대한 전통적인 감리교 가르침의 힘은 1883년에 채드윅이 정기 간행물 「더 킹스 하이웨이」(*The King's Highway*)를 통해 성결의 메시지를 성공적으로 전파한 감리교 목사 J. D. 브래쉬(J. D. Brash)의 설교를 들었을 때 그의 마음을 완전히 사로잡았다. 이후 이어진 개인적인 성화 경험은 그가 '황폐한 설교'(barren preaching)라고 경멸적으로 부른 자기 설교를 극적으로 바꾸어 놓았다. 감리교 목사로 훈련받기 위해 디즈베리대학(Didsbury College)에 들어간 것이 이 시기였다. 이 학교는 그에게 든든한 신학 교육을 제공했다.

1학년 때 그는 감리교 설교자 토마스 쿡(Thomas Cook)이 설교하는 것을 듣고, 그의 초청에 수백 명이 반응하는 것을 보았다. 쿡은 채드윅의 미래사역의 모델이 되었다. 1886년에 채드윅은 훈련을 마치고 에든버러(Edinburgh)에서 사역을 시작한 후 글라스고우(Glasgow)로 이동했다. 1890년부터 1893년까지는 리즈감리교선교회

(Leeds Methodist Mission)의 책임자로 중요한 전도사역을 감당했다. 리즈에서 보낸 시간은 부흥이 이웃 지역을 휩쓸고 지나간 시기로 묘사되었다.

채드윅은 이 시기에 결혼했다. 웨슬리채플(Wesley Chapel)에서 열린 예식에는 다양한 사람이 모여들었다. 그 후 채드윅은 런던에서 1년을 보내지만, 옥스퍼드플레이스채플(Oxford Place Chapel)을 맡아 달라는 요청에 따라 다시 리즈로 돌아갔다. 이 교회는 큰 건물을 갖고 있었지만, 교인이 많이 빠져 나가면서 매주일 빈 좌석이 천석에 달했다. 1894년부터 1907년까지 채드윅이 벌인 외부 지향적 사역의 결과로 주일마다 예배당이 가득차는 상황이 이어졌다. 1907년에는 속회(class meetings)에 등록한 숫자가 2,000명에 달했다.

새롭게 건축된 건물들과 더불어 많은 전도 조직이 만들어지고, 도시의 모든 지역으로 전도단이 진출했다. 채드윅은 웨슬리파감리교의 유명 인사가 되었다. 1906년 웨슬리파감리교 총회(Wesleyan Methodist Conference)에서 웨슬리파 국내선교부를 통해 더비셔의 클리프대학(Cliff College) 구매를 추진한 H. J. 포프(H. J. Pope)가 채드윅을 클리프대학의 성경 및 신학과 교수로 임명하자고 제안했다. 이 임용 결정은 많은 사람을 놀라게 했는데, 이는 채드윅은 교수보다는 전도자로 더 어울리는 사람이었기 때문이었다.

그러나 그는 날카로운 지성을 가진 영민한 학자였다. 클리프대학은 채드윅이 잘 할 수 있는 평신도 전도자 훈련 프로그램도 갖고 있었다. 이 훈련은 웨슬리파감리교 전도자 토마스 챔니스(Thomas Champness)가 1880년대에 시작한 것이었다. 이후 토마스 쿡(Thomas Cook)이 이 사역의 지도자가 되었고, 1906년부터는 훈련이 클리프대학에서 이루어졌다. 결국 1907년에 채드윅은 클리프대학 교원이 되었다. 토마스 챔니스는 「조이풀 뉴스」(Joyful News)라는 주간 소식지를 발행해서 30,000부를 회람시켰는데, 1903년부터는 채드윅이 이 소식지 편집을 맡았다.

1912년에 쿡의 이른 죽음 때문에 채드윅은 클리프대학 학장이 되었다. 다음 2년 동안 그는 웨슬리파감리교 성결운동을 주도하고, 감리교 바깥의 성결운동 집단에서도 유명한 인물이 되었다. 그가 지지한 비전은 '열정적인 기도, 살아 있는 간증, 뜨거운 열심, 강력한 영성'을 통해 감리교가 '성경적 성결을 전 세계로 전하고, 세상을 복음화하며, 나라를 개혁'하는 것이었다. 18살에서 25살까지가 대부분이던 클리프대학 학생들이 이 비전을 활력 있게 만들었다. 학문에 헌신해야 한다는 기대를 받기는 했지만, 그들이 받은 훈련은 학문적이라기보다는 실천적이었다. 클리프대학을 떠나는 이 학생들 중 약 3분의 1은 대개 감리교 평신도 순회단으로 갔고, 3분의 1은 전도사역에, 나머지 3분의 1은 다른 종류의 목회에 투신했다. 매년 약 70명이 훈련 받았다. 채드윅은 학생들에게 깊은 영향을 끼쳤다. 학교에서 철저한 훈련을 강조했고, 그의 이상에 따라 학교를 만들어 나갔다.

클리프대학의 가르침은 복음주의적이었다. 채드윅은 성경을 성령을 통한 하나님의 계시의 기록으로 분명하게 받아들였음에도 불구하고, 그는 성경 자체가 아니라, 성령이 영감을 규정하는 것이라고 주장했다. 그가 보기에 성령에 대한 이해 없이 성경의 본질을 기계적으로 인식하는 것은 성경광신주의(bibliolatry)를 낳을 위험이 있었다. 채드윅은 스코틀랜드에서 초기 사역에 임하는 동안 성경비평의 영향을 받았고,

성경비평이 성경의 영감에 대한 더 양식 있는 개념을 갖게 도와준다고 믿으며 클리프대학에서도 이 주제로 강연한 바 있다.

1913년부터 1932년에 사망할 때까지 채드윅은 사우스포트대회(Southport Convention)의 회장직도 맡았다. 이 대회는 감리교의 전통적 신앙을 더 활력 있게 만들기 위한 목적으로 1885년에 조직되었다. 쿡이 첫 대회 주최자였고, 이후 대회를 성결 메시지를 전파하는 창구로 활용하며 총무와 회장 역할을 맡았다. 사우스포트대회가 어느 감리교 교단에도 공식 소속되어 있지 않았음에도 불구하고, 그 대회는 성결 부흥의 분위기를 계속 생생하게 유지하는 일에 헌신한 대중 감리교운동 내에서 중요한 몫을 클리프대학과 함께 공유했다. 연례 휫선대회(Whitsun meetings)도 클리프대학에서 열려, 15,000명이 학교로 모여들었다. 이 집회는 감리교가 맡은 해에 참석률이 제일 높았다. 채드윅은 다른 대형 행사에도 초청받았고, 미국에서 열린 여러 캠프집회에서도 강사로 활약했다.

비록 클리프대학의 표어가 된 채드윅의 좌우명이 그리스도 중심적('모두를 위한 그리스도, 그리스도를 위한 모두'[Christ for All, All for Christ])이긴 했지만, 그는 자신의 네 책 중 두 책 『오순절로 가는 길』(*The Way to Pentecost*), 『그리스도인의 완전으로의 부르심』(*The Call to Christian Perfection*)에서처럼 성령의 역사와 '그리스도인의 완전'을 많이 강조했다. 채드윅이 보기에, 그 시대 기독교의 약점은 수천 명의 기독교인이 오순절의 능력을 개인적으로 경험하지 못했다는 것이었다. 이 확신 때문에 채드윅은 오순절운동에서 찾아볼 수 있는 것과 유사한 입장을 견지했다. 그는 다음과 같이 말하기도 했다.

"치료자이신 주님이 성령의 치유하는 은사를 사람들에게 여전히 허락하신다…이 치유는 의학 지식과는 상관이 없다."

또한, "기적의 시대는 과거에만 있는 것이 아니다"라고도 했다.

성령의 능력을 통한 임박한 부흥에 대한 채드윅의 기대는 웨슬리파감리교 총회장으로 지내던 시기에 더 고양된 것 같다. 1918년 총회장 연설에서 '세계의 위기와 시대'라는 주제로 연설하면서, 채드윅은 전도를 위해 헌신된 감리교 갱신을 주장했다. 클리프대학 학생들이 곧 '부흥'이라는 용어에 함축된 그 사역에 참여하기 시작했다. 채드윅은 1922년에 맡은 '복음주의 자유교회 전국위원회'(National Council of Evangelical Free Churches) 회장 자격으로 그가 의도한 부흥 주제를 추진했다. 1925년 휫선대회에서 채드윅은 잉글랜드 복음화를 위한 감리교 수사들(Methodist Friars)을 모집하겠다는 결심을 발표했고, 1926년부터 이들 '클리프순례자들'(Cliff Trekkers)은 이 과업을 이루기 위해 매년 밴드(bands)별로 활동에 나섰다.

채드윅은 성찬의 중심성과 일부 '고교회적' 관습에 헌신적이라는 점에서 그 시대의 성결 지도자 중 독특한 인물이었다. 스코틀랜드에서 젊은 목회자였던 시절에 그는 성금요일에 3시간 동안 철야하는 관습을 비롯한 수난의 성절(Passiontide, 수난 주일에 시작되는 2주간의 절기-역주) 예배들을 도입했고, 리즈에서도 같은 행사를 가졌다. 그는 그리스도의 '실재적 임재'가 빵과 포도주를 통해 일어날 수 있다고 믿었고, 감리교 내에서 성례전 전통에 호감을 크게 가진 이들을 변호했다. 자신의 신앙고백을 요약하면서, 채드윅은 다음과 같이 말했다.

"감리교 신학은 보편적(Catholic)이며, 감리교 신앙은 복음주의적이며, 감리교 실천은 탁월하다."

참고문헌 | N. G. Dunning, *Samuel Chadwick* (London: Hodder & Stoughton, 1953).

I. M. RANDALL

새뮤얼 홉킨스(Samuel Hopkins, 1721-1803)

회중교회 목사이자 개혁파 신학자, 노예제도 폐지론자. 그는 1721년 9월 17일에 코네티컷 워터베리(Waterbury)에서 판사 티모시(Timothy)와 그의 아내 메리(Mary)에게서 태어났다. 아홉 자녀 중 첫째였던 홉킨스는 1737년에 예일대학(Yale College)으로 가서 공부하며 목회를 준비했다.

3학년 재학 중에 신앙고백을 하고 워터베리의 모교회 회원이 되었지만, 곧 그는 자신이 구원받았다는 사실을 의심하기 시작했다. 4학년이던 1740년 가을에 조지 휫필드(George Whitefield)와 다른 전도자들이 회심의 필요를 설교하고, 회심하지 않은 자의 목회의 위험성을 경고하며 (예일대학이 위치한-역주) 뉴헤이븐(New Haven) 전역에서 폭풍을 일으켰을 때, 예일대학도 부흥의 물결에 완전히 잠기게 되었다. 홉킨스는 조지 휫필드와 길버트 테넌트(Gilbert Tennent) 같은 순회전도자들의 복음주의 메시지를 온 마음으로 받아들였고, 깊은 영적 고뇌 끝에 1741년 봄에 회심을 체험했다. 그해 9월에 졸업하면서 부흥을 옹호하는 조나단 에드워즈(Jonathan Edwards)의 유명한 졸업식 설교를 들은 홉킨스는 추가 목회 준비를 위해 매사추세츠 노샘프턴(Northampton)의 에드워즈에게 가기로 결심했다.

1741년 12월에 홉킨스는 에드워즈의 '선지자학교'(school of the prophets)에 도착했고, 이후 1년 반 동안 주기적으로 이 위대한 새빛파(New Light) 신학자와 함께 공부하며 배웠다. 그는 1743년 12월 28일에 서부 매사추세츠 버크셔산맥 한복판에 있는 후서토닉(Housatonic, 후에 Great Barrington으로 개명) 소재 셰필드제이회중교회(Second Congregational Church of Sheffield)에서 안수받았다. 그는 이 교구를 26년 동안 섬겼다. 1748년 1월 13일에 홉킨스는 조애너 잉거솔(Joanna Ingersoll)과 결혼한 후 5남 3녀를 두었다.

그러나 그의 엄격한 교회 정책(중도언약Halfway Covenant과 열린 성찬[open communion] 시행을 반대했다)과 독특한 신학 이론에 대한 논쟁, 처음부터 그의 목회를 반대한 네덜란드계 정착자들과의 지속된 갈등으로 1769년 겨울에 면직되었다. 1770년 4월 11일에 홉킨스는 로드아일랜드 뉴포트(Newport)의 제일회중교회(First Congregational Church) 목사가 되었다. 아내 조애너는 1793년 8월 31일에 사망했다. 1794년 9월 14일에 엘리자베스 웨스트(Elizabeth West)와 재혼한 홉킨스에게 1799년 1월, 중풍이 찾아왔지만, 1803년 12월 20일에 사망할 때까지 목회 활동을 쉬지 않았다.

아마도 홉킨스는 에드워즈의 가장 위대한 제자이자 18세기 후반 뉴잉글랜드에서 가장 중요한 신학자일 것이다. 조셉 벨라미(Joseph Bellamy), 조나단 에드워즈 주니어(Jonathan Edwards, Jr), 나다나엘 에먼스(Nathaniel Emmons)와 함께, 그는 에드워즈의 종교 사상을 오늘날 신신학파(New Divinity)로 알려진 미국 역사상 가장 중요하고 가장 오래도록 존속된 신학 전통 중 하나로 발전시켰다. 홉킨스와 동료들이 전통적인 개혁신학의 표준에서 이탈했다고 주장하는 교리적 반대자들이 이 운동을 조롱조로 '신신학파'(New Divinity), '홉킨스주의'(Hopkinsianism 또는 Hopkintonianism)라 불렀다. 그러나 신신학파 신학자들 스스로는 '일관된 칼빈주의자'(Consistent Calvinists) 또는 '에드워즈주의자'(Edwardseans)라는 이름을 더 좋아했다.

홉킨스는 뉴잉글랜드에서 알미니안주의, 율법무용론, 계몽주의의 자연주의 철학에 반대하여 전통적 칼빈주의를 단호하게 변증한 엄격한 사상가이자 열정적인 논쟁가였다. 그러나 그는 단지 웨스트민스터 신앙고백(Westminster Confession of Faith)의 전통적인 공식을 그대로 답습하는 것으로는 만족하지 않았다. 그가 새로운 교리를 가르쳤다는 고발은 그가 대담하고, 지나치게 논리적이고, 때로 도발적으로 개혁신학의 틀을 다시 짠 데서 비롯되었다.

하나님의 작정, 원죄, 불가항력적 은혜, 인간의 타락, 영원한 저주 같은 거친 칼빈주의 교리들을 부드럽게 만들려고 했던 계몽주의와 알미니안주의 사조에 저항하기 위해, 홉킨스는 이들 교리들의 특징들을 논리의 극단까지 밀어붙였다. 개혁파 교의들이 지적으로는 변증이 불가능하고 도덕적으로는 불쾌하다는 주장을 계몽주의 담론의 요소들을 활용하여 물리치려 한 것이다. 이 접근의 결과가 칼빈주의를 타협하지 않고도 18세기 문화 변혁에 적절히 대응한 칼빈주의의 창조적 변용이었다.

첫 번째 주요한 책인『죄, 하나님의 개입, 우주의 혜택』(Sin, through Divine Interposition, an Advantage to the Universe, 1759)에서, 홉킨스는 하나님이 의도적으로 가능한 최고의 우주를 만들어 내시기 위해서 죄를 허용하시고 감독하셨다고 주장함으로써 죄와 하나님의 주권이라는 개혁파 사상을 신적 자선(divine benevolence)이라는 계몽주의 견해와 화해시키려 했다. 실제로 세상에 죄가 존재하지 않았다면 훨씬 좋았을 곳이었다. 그러나 죄는 그리스도의 십자가와 죄인의 구원에서 드러난 하나님의 사랑과 은혜를 가장 완벽하게 보여 주기 위한 예시였다. 또한, 죄인을 영원히 벌하심으로써 드러난 하나님의 능력과 진노를 보여 주기 위한 수단이었다. 하나님의 주권은 그분의 자선의 제한을 받는데, 이 자선 때문에 하나님은 언제나 세상에 존재하는 모든 것들의 체계에 가장 좋은 것을 주려고 하신다는 것이 홉킨스의 생각이었다.

하나님의 주권과 인간의 타락이라는 칼빈주의 교리들을 거칠게 변증한 홉킨스는 자연스럽게 은혜 교리와 거듭나지 않는 사람이 회심을 준비하게 만드는 영적 실천 행위라는 주제와 관련된 논쟁에 개입했다. 1761년에 거듭나지 않는 죄인들이 진지하게 분투하는 노력이 구원에 보상이 된다고 주장하는 듯한 조나단 메이휴(Jonathan Mayhew)의 설교 두 편이 출판되었다. 홉킨스는 이 알미니안주의적 공격에『복음의 약속에 대한 총론』(All Inquiry Concerning the Promises of the Gospel, 1765)을 발간함으로 대응했다.

그는 단지 거듭나지 못한 사람이 하는 노력의 영적 가치만을 부인한 것이 아니라, 성경공부, 기도, 안식일 준수 등의 은혜의 수단을 사용해 본 '각성한'(awakened) 사람이라고 해도 그가 회개하지 않은 죄인이라면 하나님의 눈에는 그가 이 모든 수단들에 무관심한 '각성하지 않은' 가장 사악한 죄인보다도 더 악하다고까지 주장했다. 복음의 가르침이 계속해서 베풀어지는 데도 이들이 계속 회개하지 않는다면 이는 그저 죄를 더 늘이는 것이며, 그들의 마음에 심각한 완고함이 남아 있다는 것을 증언한다는 것이다.

홉킨스의 이 극단적 입장은 많은 뉴잉글랜드교회 신앙 생활의 중심을 차지하고 있던 은혜 준비주의 이론(preparationist scheme of grace)의 밑동을 잘라내는 것으로 보였고, 결국 그가 '신신학파' 신학을 가르친다고 정죄했던 '옛 칼빈주의자'와의 장기 논쟁에 말려들게 되었다.

종교적 회심의 본질에 대한 논쟁은 홉킨스가 기독교인의 거룩, 특히 자기애(self-love)와 관련된 성결 이론을 충분히 발전시키는 자극제가 되었다. 그를 낙담케 한 것은 뉴잉글랜드교회 생활과 신앙 및 윤리 논의에 자기본위적 이기심이 점점 더 널리 수용되고 있었다는 사실이었다. 그는 도덕적으로 엄격한 거룩의 개념은 우주적이거나 혹은 사심이 없는 자선이라고 주장했다.

『참된 거룩의 본질에 대한 총론』(An Inquiry into the Nature of True Holiness, 1773)에서 홉킨스는 참된 덕은 하나님과 모든 지적 존재들에 대한 거듭난 '거룩한 사랑,' 또는 '이 세상에서 가장 고귀한 선'의 추구를 요구하는 하나님의 법에 대한 순종과 동의라고 주장했다.

자기 유익(self-interest)이 '전체로서의 존재'의 선과 합치하지 않을 때에는 언제든지 자기 유익을 포기해야 한다는 것이었다. 홉킨스는 심지어 성결은 사람이 지옥으로 감으로써 하나님의 영광이 더 드러날 수 있다면, 이를 위해 차라리 저주를 받겠다는 의지마저도 수반되어야 하는 것이라고 주장했다.

그는 자기애에 반대하는 주장을 지나치게 강하게 설파했는데, 이는 구원을 추구하는 동기 또는 순수한 덕의 출발점으로서의 자기 유익을 옛 칼빈주의자들과 알미니안주의자들이 용인하면, 이로써 하나님의 주권적 은혜 교리가 붕괴되고 이기적인 종교적, 도덕적 행위가 장려될 것이라 걱정했기 때문이었다.

급진적으로 자기를 부인하는 사랑을 요청한 홉킨스는 복음주의자의 윤리와 선교에 관련된 활동의 강력한 신학적 촉진제를 19세기 복음주의자에게 제공했다. 이런 홉킨스의 가르침의 사회적 의미는 노예제도에 반대한 그의 삶에서 분명한 증거로 나타났다. 노예의 매매 항구인 뉴포트(Newport)에 살며 사역한 그는 뉴잉글랜드에서 가장 강력하고 직설적인 노예제도 폐지운동의 투사가 되었다. 『아프리카인 노예제도에 대한 대화』(A Dialogue Concerning the Slavery of the Africans, 1776)에서, 홉킨스는 노예제도를 아프리카의 가장 큰 죄악이라 지칭하며, 식민지 미국이 자유를 추구한다고 말하는 것이 엄청난 위선이라 비난하고, 노예제도가 박멸되어야 독립전쟁 전체의 윤리적 순결이 보장된다고 주장했다. 독립전쟁 후 그는 아프리카에 자유 노예들의 선교식민지를 세우는 일을 추진했는데, 이로써 복음을 전하고, 노예제도라는 죄악에서 탈출해서 더 큰 선을 행할 수 있다는 논리였다.

아마도 홉킨스의 가장 위대한 업적은 1,100페이지로 된 『교리 체계』(System of Doctrines, 1793)일 것이다. 이 책은 미국인이 쓴 최초의 종합적인 토착 조직신학 저술이었다. 그의 『교리 체계』는 이신론의 공격(deistic attack)에 대항하여 성경의 권위를 변호했고, 신신학파의 원리를 체계적으로 정리했으며, 이후 에드워즈파 목사들의 훈련과 양성을 위한 신학적 기반을 제공했다.

참고문헌 | E. A. Park, 'Memoir of the Life and Character of Samuel Hopkins, D.D.' in *The Works of Samuel Hopkins, D.D.*, vol. I (Boston: Doctrinal Tract and Book Society, 1852); S. West, *Sketches of the Life of the*

Late, Rev. Samuel Hopkins, D.D. (Hartford: Hudson & Goodwin, 1805); J. Conforti, *Samuel Hopkins and the New Divinity Movement: Calvinism, the Congregational Ministry, and Reform in New England Between the Great Awakenings* (Grand Rapids: Christian University, 1981).

P. D. JAUHIAINEN

셀리나 헤이스팅스 헌팅던 백작부인(Selina Hastings, Countess of Huntingdon, 1707-1791)

자신의 이름을 딴 칼빈주의감리교운동(Calvinistic Methodist movement)의 지도자. 그녀는 노샘프턴셔 애스트웰하우스(Astwell House)에서 페러스 공작(Earl Ferrers)의 둘째 딸로 태어나 레이디 셀리나 셜리(Lady Selina Shirley)로 불렸다. 평안하지 않았다는 것 외에는 어린 시절에 대해 알려진 것이 별로 없다. 가족은 상대적으로 가난하게 아일랜드에서 잠시 살았고, 1712년에는 부모가 별거했다.

그녀는 아버지와 함께 남기로 했는데, 어른이 되어 쓴 편지에 나타난 철자법과 문법을 고려할 때, 교육을 많이 받지는 못한 것 같다. 1728년에 제9대 헌팅던 백작 티오필러스(Theophilus, ninth Earl of Huntingdon)와 결혼했는데, 아마도 사랑의 결실이었을 것이다. 그녀는 일곱 자녀를 낳았는데, 그중 셋(프랜시스, 엘리자베스, 셀리나)이 어린 시절에 살아남았다. 그러나 오직 엘리자베스만 어머니보다 오래 살았다.

재능이 많고 카리스마가 넘쳤던 헌팅던 백작부인은 학생과 설교자를 격려하고, 드넓은 영지 위에 여러 예배당을 짓고, 개인의 재력과 확신, 매력을 잘 활용함으로써 생기 넘치고 영향력 있는 복음주의운동의 중심 인물이자 책임자가 되었다. 헌팅던 백작부인의 카리스마가 종교 지도자로서의 성공에 부 혹은 지위만큼이나 큰 역할을 했지만, 그럼에도 불구하고, 상대적으로 일찍 미망인이 된 그녀에게 부와 지위는 분명히 큰 도움이 되었다. 남편은 아내의 복음주의 관점들에 전반적으로 공감하는 편이었지만, 그녀가 그토록 많은 일을 할 수 있었던 독특한 요인은 부유한 미망인이 됨으로써 누리게 된 자유였다.

헌팅던 백작부인은 미망인이 되기 전에 이미 복음주의에 헌신했다. 남편의 배다른 누이 엘리자베스 헤이스팅스 부인(Lady Elizabeth Hastings)과 친했던 덕에 모라비아교(Moravianism)를 접할 수 있었고, 엘리자베스 부인이 사망한 1739년에 회심을 체험했다. 1740년대 초에는 많은 귀족 여성이 그랬듯, 지역 자선학교에 재정을 후원하는 등 종교 기관이 관여된 다양한 활동에 참여했다. 자기 저택의 하인들이 회심할 수 있도록 도왔고, 요양차 바스(Bath)를 방문했을 때의 사례처럼 상류 사회에도 복음을 전했다.

1742년에 조지 휫필드(George Whitefield)와 존 웨슬리(John Wesley), 찰스 웨슬리(Charles Wesley)를 만난 후, 헌팅던 백작부인은 설교자를 자기 집에 초대하기 시작했다. 이때부터 그녀는 복음주의 신앙, 특히 엘리트 사회 내 복음주의 신앙의 확산에 관심을 쏟았다. 1743년에 두 아들이 죽고, 이어 1746년에 남편이 사망하자 영적 위기가 찾아왔고, 결국 이는 웨슬리주의를 거부하고 칼빈주의에 더 헌신하는 결과로 이어졌다.

1748년이 되면서 웨슬리 형제와의 관계가 냉랭해지게 된 반면, 조지 휫필드와 호웰 해리스(Howell Harris)가 견지한 교리들에 헌신했다. 이후 그녀의 종교 활동은 더 강력하고 극단적으로 변했다. 구원받지 못한다면 교육도 소용없다며 자선학교를 폐쇄했다. 이때부터 편지, 개인 권고, 설교자 지도를 통해 전하고자 했던 중심 메시지는 기독교인은 하나님과 그분의 자비에 전적으로 의존해야만 한다는 것이었다.

1750년대에 헌팅던 백작부인은 감리교 성직자와 성직자 후보생이 받는 훈련에 필요한 재정을 후원하고, 그들의 '열광주의'에 의혹을 보낸 국교회 주교들(establishment bishops)에 맞서는 소송을 지원하고, 생활 수단을 찾을 수 있도록 돕는 등 대규모 후원과 보호를 시작했다. 1761년에는 이후 30년 동안 그녀가 세우게 될 수많은 예배당 중 제1호가 될 브라이턴 예배당을 지었다. 비국교파 예배당 허가를 받을 필요 없이 교회 주교의 지배권에서 면제된 예배당을 영지를 소유한 여자 귀족이 개인 거주지에 딸린 부속 건물로 소유할 수 있게 한 법의 빈 구멍을 찾아낸 것이었다.

자신이 속한 사회 계층의 사람들에게 복음주의 신앙을 전하는 일에 이미 투신한 헌팅던 백작부인은 이런 예배당들을 주로 근교에 물이 흐르는 인기 있는 지역에 세움으로써, 엘리트 사회에 거룩한 말씀을 전파하는 동시에 설교자를 후원하고 보호할 수 있는 수단을 확산시킨 것이었다. 이 예배당 건축 프로그램이 그녀가 "20년 후에 잉글랜드국교회(Church of England)에서 공식적으로 탈퇴하게 되는 여정의 가장 가시적이고 결정적인 첫 걸음이었다"라는 최신 전기 작가의 말에 많은 이들이 동의할 것이다(Schlenther, p. 69).

그러나 실제는 좀 더 복잡하고 모호했다. 한편으로, 헌팅던 백작부인이 밝힌 목표는 잉글랜드국교회 내부 갱신이었다. 그녀는 분리된 교회를 세울 생각이 없었다. 다른 한편, 국교회(established church)에 소속된 이들이 예배드릴 대안 공간을 제공한 것은 이미 오래 전에 시작된 일이었다. 1740년대에 헌팅던 백작부인은 자기 집에 머물던, 자신이 후원하던 많은 성직자들에 대해 권위를 행사하고 있었고, 많은 성직자와 평신도를 자기 집으로 초대해서 설교와 가르침, 성례를 집행하게 했다. 부인이 거기에 창조한 예배 공간은 전반적으로 자신의 통제 아래 있었다.

1760년대는 비록 예배당 건축 프로그램이 시작된 시기였지만 헌팅던 백작부인에게는 험난한 시기였다. 칼빈주의감리교와 웨슬리파 사이에는 깊은 교리적 골이 있었고, 헌팅던 백작부인이 전에 좋아하고 따랐던 해리스가 모라비안교도와의 연대를 더 공고히 한 반면, 자신은 이들과 관계가 소원해지자 결국 해리스와의 관계도 단절했다. 또한, 그녀는 자신의 예배당들을 책임질 인력 부족에 시달렸다. 세 명의 개인 목사, 즉 조지 휫필드와 윌리엄 로메인(William Romaine), 마틴 메이던(Martin Madan)이 있었고, 약 20명의 복음주의 성직자가 그녀의 보호 아래 있었지만, 이들을 늘 활용할 수 있는 것은 아니었다.

헌팅던 백작부인은 이미 1768년에 자신의 후원 아래 안수 과정을 밟던 복음주의 학생 여섯 명이 옥스퍼드대학교 세인트에드먼드홀(St Edmund Hall)에서 퇴학당하자 자체 목회대학을 세우려는 생각을 하고 있었다. 해리스의 도움을 받아 헌팅던 백작부인은 사우스웨일스 브레컨(Brecon) 근교, 트레베카(Trevecca) 소재 해리스 소유의 땅에 대학을 설립했다. 학교는 그녀의 61번째 생일이던 1768년 8월 29일에 잉글랜드국교회 감리교도 존 플레처(John Fletcher)를 임시목사와 책임자로 세우며 개교했다.

트레베카의 학교는 헌팅던 백작부인이 소망했던 것만큼 성공을 거두지는 못했다. 많은 학생의 매력을 끌지 못했고, 부인과 해리스의 골이 깊어지면서 더 약해졌다. 1771년에 헌팅던 백작부인이 존 웨슬리와 완전히 갈라선 후, 플레처마저 사임하면서 문제가 더욱 심각해졌다. 신학, 라틴어, 그리스어 기반을 학교에서 잘 잡아 준 부분은 학생들의 기대를 충족시켰지만, 외부 전도와 설교 요청이 빈번해서 안정적으로 공부하는 것이 힘들었다. 이 땅이 거룩한 설교가 즉각적으로 필요하기 때문에 존재한다고 인식한 헌팅던 백작부인은 한 세대의 학생들이 충분히 훈련을 받을 때까지 기다릴 수가 없었다. 이런 조급함이 결국 이 교단이 장기적으로 성공을 거두지 못한 결정적인 원인이었을 수 있다.

또 다른 원인은 교단이 헌팅던 백작부인 한 사람에게 지나치게 의존한 것이다. 헌팅던 백작부인이 다른 복음주의 지도자들과 점점 더 소원해졌다. 특히 1770년과 1773년에 각각 조지 휫필드와 해리스가 사망한 후에 고립되었고, 또한 점점 더 극단적으로 변한 그녀의 칼빈주의 때문에 문제가 심화되었다. 헌팅던 백작부인은 감정적이고 변덕스런 여성이었다. 헌신자를 끌어들일 수 있는 뜨겁고 열정적인 기질이 반대로 같은 힘을 발휘하여 헌신자들을 떠나가게 만들 수도 있었다. 그리고 나이가 들수록 성격과 확신이 더 극단적으로 변했다. 예를 들어, 웨슬리의 성화 교리에 대한 초기의 혐오가 1770년대에는 더욱 극단적인 증오로 변했다. 그때부터 다른 사람을 전반적으로 신뢰하지 못한 그녀는 수년간 트레베카를 거의 완전히 홀로 통제했다.

1770년대 후반에는 런던 스파필즈(Spa Fields)에 영구 거주지를 확보하겠다는 헌팅던 백작부인의 결정이 트레베카와 서부의 예배당들에 심각한 문제를 야기했다. 어느 지역에서든 교단이 번성할 수 있었던 유일한 동력은 헌팅던 백작부인이 그 지역에 거주하느냐의 여부였다. 1780년대 중반이 되면서 트레베카에 다니는 학생이 10명으로 줄어들었고, 다듬어지지도, 훈련되지도, 재정 후원도 없는 교육만이 제공될 뿐이었다.

헌팅던 백작부인이 잉글랜드국교회와 최종 결별하고 분열을 단행한 곳이 스파필즈의 예배당이었다. 이전에 차를 마시는 사교장이었던 이곳을 독립 칼빈주의감리교도 모임에서 대여했고, 1777년에 비국교도 예배 공간으로 허가받았다. 예배당은 번성했지만, 교구 책임자 월터 셀런(Walter Sellon)이 이곳에서 설교한 두 명의 잉글랜드국교회 성직자를 대상으로 제기한 소송에서 승소하며 상황이 더욱 악화되었다.

이런 배경이 있는 건물을 매입할 때는 더 신중해야 하는 법이지만, 그러나 그녀가 설교 장소를 구입하는 일에 조급했던 것이 오히려 성공의 원인이 되었다. 예배당을 확보한 헌팅던 백작부인은 이 건물의 비국교도 공간 허가를 취소하게끔 만들고, 그녀의 다른 예배당에서 활약했던 개인 목사들을 공식적으로 이 교회의 설교자들로 임명했다. 사실상, 헌팅던 백작부인에게 법적으로 허용된 개인 예배당은 두 채 뿐이었다. 이 사실이 이전에는 간과되었고, 셀런에 대항할 명분은 없었다. 셀런은 3년간 스파필즈 설교자들을 추방하자는 강력한 캠페인을 벌였다. 1782년 1월 7일에 잉글랜드국교회 내의 신앙 수호자로서의 명성과 고결함이 크게 의심받고 위협받자, 헌팅던 백작부인은 마침내 스파필즈를 비국교도 예배 장소로 등록하지 않을 수 없었다. 이로써 헌팅던 백작부인 교단은 잉글랜드국교회에서 분리되었고, 1783년 3월에 그녀의 개인 목사 두 사람이 스파필즈에서 트레베카 학생 여섯 명을 안수함으로써 분리가 공식화되었다.

헌팅던 백작부인의 설교자 모두가 분리를 지지하고 따른 것은 아니었다. 또한, 교단이 하나의 독립된 교회로서 살아남을 가능성이 컸음에도 불구하고, 나이 든 지도자 한 사람에게 더 의존하게 되는 것은 분명 문제였다. 1780년대 후반에는 비록 교단 소유의 예배당이 116개였음에도 불구하고, 헌팅던 백작부인 사후에는 교단이 어떻게 운영될 수 있을지를 놓고 많은 논의와 혼동이 있었다. 헌법, 공식 절차, 위계 질서가 모두 부족했고, 헌팅던 백작부인의 독재적 성향 때문에 눈에 띄는 후계자가 부상하기가 어려웠다. 1789년에 성공할 가능성이 있어 보였던 위원회의 안이 작성되었으나, 헌팅던 백작부인이 자신의 교단이 이런 과두정치적 방식으로 운영되기를 원치 않았기 때문에 결국 승인되지 못했다.

1790년에 헌팅던 백작부인은 그녀 사후에 네 명의 개인적 친구, 즉 레이디 앤 어스킨(Lady Anne Erskine), 존 로이드(John Lloyd), 토마스 호스(Thomas Haweis), 재니타 호스(Janetta Haweis)가 교단을 맡는 것으로 합의를 보았다. 호스는 스파필즈 예배당 목사 중 하나였는데, 흥미롭게도 1782년 이후 잉글랜드국교회 성직자로 남았다. 이 일은 헌팅던 백작부인 교단의 핵심부에 늘 도사리고 있던 혼란과 모호함을 반영하는 것이었고, 종교적 변화와 열정, 비공식 예배 모임, 즉흥 설교의 시대에 잉글랜드국교회의 일부일 수도 있고, 동시에 거기서 분리된 집단일 수도 있는 한 종교운동의 범위와 한계를 증언했다.

이 교단의 또 하나의 본질이 될 만한 특징은, 법적으로 또한 심리적으로, 이 교단의 어디까지가 헌팅던 백작부인의 개인 재산인가 하는 문제와 관련이 있다. 모든 예배당은 헌팅던 백작부인 소유였고, 급료를 받고 일하는 모든 사람에게 그 돈을 지불하는 사람도 헌팅던 백작부인이었다. 사후 그녀의 재산은 단체로서의 교단에 증여된 것이 아니라 네 명의 선택된 지도자에게 개별적으로 증여되었는데, 이는 교단의 성장에 분명한 장애가 되었고 경우에 따라 부패의 원인이 될 수도 있었다. 교단은 살아남았지만(지금은 25개 교회가 있다), 한번도 1780년대 규모를 유지하지 못했고, 여성 창립자를 잃은 후 명성도 영향력도 모두 상실했다. 네 계승자 중 수장이었던 호스는 1820년에 사망했다. 그때 위원회 안을 시행하려는 시도가 있었지만, 부분적인 성공에도 불구하고, 시행이 너무 늦어져서 교단의 번영에는 기여하지 못했다. 너무도 오랫동안 한 지도자에게 모든 것을 의존한 것이다.

헌팅던 백작부인은 1791년에 사망했다. 그녀가 나이가 거의 비슷했던 존 웨슬리 사후 3개월 안에 사망한 것을 주목할 만하다. 말하자면, 1791년에 한 시대가 종결된 것이다. 감리교 역사의 첫 장은 두 핵심 지도자의 사망과 함께 종결되었다. 두 사람 다 잉글랜드국교회를 사랑했고, 이 교회에서 분리되고 싶어 하지 않았으며, 자신들이 돌보는 예배당과 모임과 사람들을 위해 일평생 여행하고 개별 감독했으며, 상당한 개인 카리스마와 지도력, 인기를 지니고 누렸다. 장기적인 운동의 중요성이라는 측면에서 웨슬리가 헌팅던 백작부인보다 훨씬 더 탁월했다는 점은 의심의 여지가 없다. 그가 남성, 안수받은 목사, 다작가, 심오한 저술가였던 것이 큰 차이를 만들어 냈다. 헌팅던 백작부인이 아무 저술도 출판하지 않았다는 것이 아마도 놀랍게 받아들여질 수 있을 것이다. 엄청나게 많은 편지를 쓴 것은 확실하다. 그러나 편지를 제외하고는, 역사가가 접근할 수 있는 헌팅던 백작부인의 유산은 주로 그녀의 명성과 당대에 그녀에 대해 언급한 내용과 전기류에 국한된다. 사후 한 세대 안에 '셜리 및 헤이스팅스 가문의 일원'(member of the House of Shirley and Hastings)이라고 밝힌 익명의 저자가 출간한 긴 전기는 헌팅던 백작부인의 많은 편지를 인용하고는 있지만 전반적으로 결점이 많은 데다, 이 전기의 실제 저자 아더 시모어(Arthur Seymour)는 사실상 이들 가문과 별 관계가 없는 인물이었다.

비록 역사가에게는 짜증스러울 수 있지만, 헌팅던 백작부인을 둘러싸고 있는 모호함은 어느 정도 그녀의 삶과 행동을 비추는 거울이다. 18세기 영국 종교 세계에서 여성에게 주어졌던 역할이라는 관점에서 보면 특히 더 그렇다. 헌팅던 백작부인은 안수를 받을 수가 없었다. 18세기에 여성 권고자나 심지어 설교자가 얼마간 있었다고는 해도, 이들의 수는 극히 적었고 자주 논쟁의 대상이 되었다. 헌팅던 백작부인은 평생 여성이 하는 설교를 극히 싫어했고, 그녀 스스로도 트레베카의 학생들을 대상으로 한 연설이 공공 연설이라는 장르에 가장 가까웠던 연설이었다.

'남성적인' 공공 역할을 회피했음에도 불구하고, 혹은 심지어 회피했기 때문에 헌팅던 백작부인의 중요성은 더 두드러진다. 감당했던 역할들(여주인, 후견인, 개인 영적 권고자)은 대부분의 신분이 높은 여인들이 감당할 만한 것들이었지만, 지위와 부를 강철 같은 의지와 카리스마 넘치는 성격과 조화시킨 그녀는 이 역할들을 비교할 수 없는 규모와 영향력으로 감당했다. 따라서 그녀가 확보한 종교적 권위는 여성으로서는 전례가 없는 수준이었다. 자신의 거대한 저택에서 예배와 설교를 드리고 시행하면서, 그녀는 국교회에 대응하는 대안 예배 공간을 창조했다.

한두 명이 아니라 다수의 설교자와 성직자 집단의 후원자가 되면서, 그녀는 말하자면 그들의 주교(bishop, 감독)가 되었다. 헌팅던 백작부인이 자기 집에 성직자들을 불러 모은 1749년에 조지 휫필드는 그녀를 '한 선한 대주교'로 비유하기도 했다(The Life and Times, vol. I, p. 163). 이후 상황은 이 비유를 더 쉽게 이해할 수 있게 해 주었다. 헌팅던 백작부인은 자기 예배당에서 성직자 임명 과정을 감독했고, 자신의 제자들의 행동과 활동에 깊은 관심을 가졌으며, 심지어 그들의 훈련 과정과 설교 내용까지도 지도했다.

헌팅던 백작부인은 자신의 모든 편지에, 제자들의 말과 행동에, 자신의 집에 사라지지 않는 존재의 흔적을 남긴 그림자 같은 인물이었다. 교단의 개인 통제, 공식 직위와 위계 질서 체계의 지속된 부재가 궁극적으로 교단의 장기 성공을 막았음에도 불구하고, 그녀의 영향력은 지대했고, 특정 영역에서는 지금도 지속되고 있다. 교단의 특성이 부분적으로 그녀 개인의 변덕스런 성격과 점점 더 극단적이 된 견해를 반영하기도 했지만, 이는 여성이 지도한 교단으로서 어쩔 수 없는 문제였다.

여성이 교회에서 직분을 맡을 수 없었던 시대에 자기 자리를 만든다는 것이 쉽지 않았을 것이다. 교단의 위치와 활동을 모호하게 유지하고 자기 통제 안에 있게 하는 것이 그녀의 관심사였다. 분리된 교회를 공식적으로 창설하면 필연적으로 남성 중심의 교회 계급 직제를 만들어야 하고, 이런 발전은 1800년 이후 주류 감리교에서 그랬던 것처럼, 훨씬 비공식적이었던 초기 단계에 여성이 책임지고 수행했던 지도력과 설교권 박탈로 이어질 것이 자명했다. 종교 교단의 재정 책임자이자 (문자 그대로) 소유자로서, 헌팅던 백작부인은 비록 여성이었음에도 불구하고 전례 없는 지도권과 통제권을 행사했다.

그러나 헌팅던 백작부인이 권력 욕망의 지배를 받은 인물이었다고 주장하는 것은 온당치 못하다. 그녀의 주요 동기(아마도 이런 지칠 줄 모르는 활동의 유일한 자극제)는 종교적인 것이었다. 헌팅던 백작부인은 복음의 대의를 전파하고 이 목적을 많은 설교자와 성직자가 유지하기 위해 할 수 있는 모든 것을 다하기로 결심했다. 웨슬리와 그 시대의 많은 다른 복음주의 지도자처럼, 헌팅던 백작부인도 영국의 회심, 더 나아가 세계의 회심을 갈구했다.

1770년대에 그녀는 결국 성공하지 못했던 동인도(오늘날의 인도-역주)선교에 재정을 후원했고, 조지 휫필드가 그녀에게 물려주었던 미국 조지아에 위치한 고아원을 지원했다. 무엇보다도 헌팅던 백작부인은 기독교인의 세계복음화 의무와 자신의 주위와 밑에 있는 이들에게 영향력을 끼치고 재정을 후원하며 감독하는 귀족의 의무를 진지하게 취급한 헌신된 복음주의자였다. 그녀가 성취한 업적은 종교적 확신으로 동기 부여된 고위층 여성이 18세기 잉글랜드에서 하나님과 자기 사람들을 위해서 할 수 있었던 공헌의 정점을 보여 주는 표지였다.

참고문헌 | B. S. Schlenther, *Queen of the Methodists: the Countess of Huntingdon and the Eighteenth Century Crisis of Faith and Society* (Durham: 1997); [A. C. H. Seymour], *The Life and Times of Selina, Countess of Huntingdon*, by a Member of the House of Shirley and Hastings, 2 vols. (London: 1839-1840); E. Welch, *Spiritual Pilgrim: A Re-assessment of the Life of the Countess of Huntingdon* (Cardiff: 1995).

H. M. JONES

솔로몬 스토다드(Solomon Stoddard, 1643-1729)

회중교회 신학자이자 목회자. 그는 1643년 9월 말에 태어났으며, 태어난 지 4일 정도 지난 1643년 10월 1일에 매사추세츠 보스턴에서 세례를 받았다. 아버지 앤소니 스토다드(Anthony Stoddard)는 보스턴의 유명한 상인이었고, 어머니 메리 다우닝(Mary Downing)은 매사추세츠베이(Massachusetts Bay) 첫 번째 총독이었던 존 윈드롭(John Winthrop, 1588-1649)의 조카였다. 하버드대학(당시는 Harvard College-역주)에서 교육을 받은 솔로몬 스토다드는 1662년에 졸업한 후, 1666년에 모교 교수로 채용되었다. 바베이도스(Barbados)에서 기관 목사로 잠시 일한 후(1667-1669), 1670년 5월, 매사추세츠 노샘프턴(Northampton)의 회중교회 목사가 되어 달라는 청빙을 받았다. 같은 달, 그는 그 교회의 전임자 엘리저 매더(Eleazar Mathar)의 미망인 에스더 매더(Esther Mathar, 1640-1736)와 결혼했다. 솔로몬 스토다드와 에스더는 12명의 자녀를 길렀는데(이 중 3명은 Eleazar Mathar의 자녀들이었다), 이 중 에스더 스토다드(Esther Stoddard, 1672-1770)는 18세기 미국의 가장 유명한 신학자 조나단 에드워즈(Jonathan Edwards, 1703-1758)의 어머니이다.

솔로몬 스토다드가 실제로 노샘프턴회중교회(Northampton congregation) 회원이 된 것은 1672년 4월에 이르러서였다. 그해 9월 솔로몬 스토다드는 목사로 안수받았다. 그가 회중교회의 설교자로 청빙받은 것과 교회의 교인이 되어 안수받은 것까지의 2년의 시간차는 아마도 1672년까지는 그가 복음에 대한 그 어떤 실제적인 체험적 인식이 없었기 때문일 것이다. 이 말은 그가 아직 회심하지 않았다는 것, 또는 그저 그가 확신이 없었음을 의미할 것이다. 1672년 어느 날, 교회의 성찬식에서 그는 그리스도의 온전하고 영광스러운 모습을 보았고, 하나님의 구원 사역에서 나타나듯 인간을 향한 그리스도의 위대한 사랑을 알게 되었다.

그 자신의 경험으로부터 추론한 끝에, 솔로몬 스토다드는 결과적으로 성찬식이야말로 죄인이 영적인 빛과 이해를 얻을 수 있는 최고의 수단이라는 견해를 받아들이게 된다. 솔로몬 스토다드가 노샘프턴 회중교회의 목회자가 되기로 결심했던 그 어간에, 이 교회는 중도언약(Half-Way Covenant)을 받아들였다. 이런 조치는 특히 1662년 보스턴에서 열린 대회(synod)에서 반포되었는데, 신앙을 가진 부모의 중생되지 않은 자녀들이 낳은 아기들도 유아세례를 받게 허락함으로써, 이들이 기독교 세계관을 받아들이고, 도덕적 삶을 살도록 돕고자 한 조치였다. 성찬 참여와 투표권 행사는 여전히 회심을 고백함으로써 교회의 완전한 성원이 된 사람만의 특권으로 남아 있었다.

1677년 경, 솔로몬 스토다드는 중도언약의 유효성에 대해 의심을 품기 시작했다. 사실 중도언약은 완전히 회심하기까지 아직 먼 거리를 더 가야하는 '중도'(half-way)에 있는 신자들을 위해 고안 된 것이었다. 솔로몬 스토다드가 결혼함으로써 손위 처남이 된 인크리스 매더(Increase Mathar, 1639-1723)는 보스턴의 저명한 신학자였다. 그는 1677년 5월 23일에 한 설교에서 뉴잉글랜드 사람 중 일부는(아마 그는 솔로몬 스토다드를 가장 염두에 두고 있는 것 같다) 모든 사람을 성찬식으로 데리고 오려 하는데, "이들은 역사적 신앙(Historical Faith)을 가지고 있으며, 삶에 어떤 걸림돌이 될 만한 흠이 없지만, 아직까지 영혼의 거듭남의 역사를 경험하지 않은 사람들"이라고 언급했다(『배교의 위험에 대한 소고』(*A Discourse Concerning the Danger of Apostasy*, [Boston, 1679], 84). 그러나 실제로 솔로몬 스토다드는 중도언약은 회심으로 나아가고 있는 '중도' 기독교인들이 성장하는 데에 오히려 방해가 된다고 막 확신하던 참이었다.

2년 후, 1679년 개혁대회(Reforming Synod)에서 솔로몬 스토다드와 인크리스 매더는 이 문제를 가지고 논쟁을 벌였다. 솔로몬 스토다드가 아직 확실히 이런 결론에 이른 근거가 없었음에도 불구하고, 매더는 솔로몬 스토다드의 '가장 이상한 개념,' 즉 스토타드가 성찬을 '회심하는 법'(converting ordinance)이라고 본다며 후에 주장하게 된다. 솔로몬 스토다드의 교회 내에서도 그의 깊은 확신에 반대하는 논쟁이 있었다. 1690년에 갈라디아서 3:1에 대한 설교에서 솔로몬 스토다드는 "성찬식은…은혜를 강화시키기 위해서 뿐만 아니라 은혜를 얻기 위해서 제정되었다"라는 분명한 믿음을 가지게 되었다고 말했다.

현재는 스토다드주의(Stoddardeanism)라고 부르는 솔로몬 스토다드의 혁신을 처음 공격한 인물은 인근 웨스트필드(Westfield)의 목사 에드워드 테일러(Edward Taylor, 1645-1729)였다. 20세기에 이르러, 에드워드 테일러는 그 당시 가장 뛰어난 미국인 시인이라는 평가를 받은 인물이었다. 그러나 인크리스 매더야말로 아마도 스토다드주의의 가장 강력한 비판가일 것이다. 인크리스 매더와 솔로몬 스토다드는 18세기 첫 10년 동안 내내 출판물을 이용해 서로 논쟁을 이어 갔다. 인크리스 매더의 비판에 대한 솔로몬 스토다드의 변증서로는 『제도화된 교회의 교리』(*The Doctrine of Instituted Churches*, London, 1700)와 『아직 회심하지 않은 상태라는 미명 아래, 하나님에 대한 예배를 무시하는 것을 용서할 수 없음』(*The Inexcusableness of Neglecting the Worship of God, under a Pretence of Being in an Unconverted Churches*, Boston, 1708), 그리고 『학식 있는 자들에게 호소함』(*An Appeal to the Learned*, 1709) 등이 대표적이며, 서부 매사추세츠의 많은 교회와 목사가 솔로몬 스토다드의 견해를 받아들였다. 솔로몬 스토다드는 이 저서들을 통해 장로교주의도 변호했는데, 이 때문에 교회 정치의 회중주의 모델을 강력하게 신봉하는 매더 같은 사람들과 더욱 소원해졌다.

솔로몬 스토다드의 목회의 핵심에는 복음전도가 있었다. 그에게 '회심은 이 세상에서 인간이 경험할 수 있는 가장 위대한 변화'를 의미했다. 그의 교회는 다섯 차례 특별한 부흥의 시기를 경험했는데(1679, 1683, 1690, 1712, 1718) 뉴잉글랜드의 어떤 교회보다도 많은 사람이 그의 설교를 통해 회심을 경험했다. 죄인은 스스로 회심을 위한 준비를 해야만 하고 그렇게 할 수 있음을 강조한 그의 회심신학이 잘 나타나 있는 가장 좋은 책은 세 권은 다음과 같다. 『심판 날에 나타남의 안전함』(*The Safety of Appearing at the Day of Judgment*, Boston, 1687), 『지옥 공포의 효용성』(*The Efficacy of the Fear of Hell*, Boston, 1713), 『회심에 관한 논문』(*A Treatise Concerning Conversion*, Boston, 1719)이다.

또한, 솔로몬 스토다드는 어떤 종류의 설교는 복음전도를 방해한다고 믿었는데, 특별히 원고에만 의존하는 설교가 그렇다고 보았다. 다른 말로 하면, 원고 없이 설교를 해야 목사의 시야나 몸짓이 주의를 끌고 감흥을 자극하는 가장 좋은 수단이 된다. 나아가 솔로몬 스토다드의 입장에서 좋은 설교는 교리적이면서 동시에 죽어 가는 죄인들을 깨우치도록 계획된 것이다.

우리는 재치나 화려한 언변을 뽐내라고 강단에 보내진 사람들이 아니라 사람들의 양심에 불을 지르러 보냄받은 자들이다. 우리는 사람들에게 쓸데없이 재미를 주는 것이 아니라, 양심을 창으로 찌르고 상처를 주기 위해 부름받은 사람들이다.

여기서 솔로몬 스토다드는 대각성 시대를 특징짓는 설교를 예견했다. 회중 안에서 목회자가 차지하는 권위에 대한 강조(일부는 그의 장로교 입장이며, 『우애의 힘 연구』[*An Examination of the Power of the Fraternity*, 1718]에 잘 나타난다), 매사추세츠와 코네티컷 안에서 코네티컷강을 따라 위치한 교회들에 미친 신학적 영향력, 그리고 열정적인 설교 스타일로 인해 스토다드는 '교황'이라는 별명을 얻었다. 1720년대 '교황' 스토다드는 자신이 쇠약해지고 있음을 깨닫기 시작했다. 1725년에는 자신을 도울 젊은 목사를 13파운드를 주고 고용했고, 1727년에는 손자 조나단 에드워즈가 전임 부목사로 부임했다. 에드워즈는 할아버지는 "놀랍게도 마지막까지 열정적인 사람이었다"라고 기록했지만, 솔로몬 스토다드는 말년에 거의 시력을 잃어버리고 말았다.

솔로몬 스토다드의 특별한 신학관의 영향력이 얼마나 대단했는지를 보여 주는 예는 그가 죽은 지 20년 후, 노샘프턴교회(Northampton church)의 후임 담임목사가 된 조나단 에드워즈가 한 번 더 신자들이 성찬을 받으러 나오는 것을 제한하려고 시도하자, 강한 반대와 저항에 부딪혔다는 사실에서 잘 나타난다.

이런 핵심 주제에 대한 그의 입장 때문에 스토다드주의의 문제점을 자주 지적한 사람 중 하나인 에드워즈는 결국 1750년 노샘프턴의 목회직에서 파면당했다.

참고문헌 | T. M. and V. L. Davis (eds.), *Edward Taylor vs. Solomon Stoddard: The Nature of the Lord's Supper* (Boston: Twayne Publishers, 1981); K. J. Hardman, *The Spiritual Awakeners: American Revivalists from Solomon Stoddard to D. L. Moody* (Chicago: Moody Press, 1983); P. Miller, 'Solomon Stoddard, 1643-1729,' *Havard Theoogical Review* 23 (1941), pp. 277-320; T. A. Schfer, 'Solomon Stoddard and the Theological of the Revival,' in S. C. Henry (ed.), *A Miscellany of American Christianity* (Durham: Duke University Press, 1963), pp. 328-361.

M. A. G. HAYKIN

슈벌 스턴스(Shubal Stearns, 1706-1771)

분리주의 침례교 부흥사. 그는 뉴잉글랜드에서 일어난 대각성(Great Awakening)의 열정과 불씨를 미국혁명(American Revolution) 이전 세대에 남부 오지에까지 옮긴 사람이다. 슈벌 스턴스는 1706년 7월 28일에 매사추세츠 보스턴에서 태어났다. 어린 시절 코네티컷의 톨랜드(Tolland)로 이주했고, 그곳에서 회중교회에 다녔다. 조지 휫필드(George Whitefield)의 제2차 뉴잉글랜드 여행 기간 중인 1745년에 회심을 경험했다. 조지 휫필드의 부흥은 뉴잉글랜드의 제도권 교회에 큰 자극을 주었다. 수많은 사람이 회심을 하게 된 교회들은 이제는 '새빛파'(New Light) 교회로 불렸다. '생명력 넘치는 신앙고백' 없이는 누구도 이 교회들의 정회원이 될 수 없었다. 이런 정책 때문에 이 새빛파 교회들은 기존 교회에서 분열했고, 이런 이유로 1744년경 이들 교회에는 '분리파'(separates)라는 딱지가 붙었다.

이런 회심을 경험한 이후 슈벌 스턴스는 1751년까지 새빛파와 함께 일했는데, 그해 그는 침례교인들과 사귀게 되면서, (유아세례가 아니라-역주) 믿음을 가진 신자만이 세례를 받아야 한다고 확신하게 되었다. 성경을 철저하게 연구한 후 그는 침례교인이 되었고, 많은 동료 신도들이 회중교회를 떠나도록 설득하여 톨랜드에서 침례교회를 설립할 수 있게 되었다. 5월에 이 교회는 슈벌 스턴스를 목사로 안수했고, 그는 여기서 3년 동안 사역했다.

이후 성령의 즉각적인 인도하심에 대한 강력한 믿음을 가진 슈벌 스턴스는 서부 개척지에서 복음을 전할 특별한 장소를 찾아나서야 한다고 인식했다. 슈벌 스턴스의 친척인 다섯 부부는 자신들의 목사 슈벌 스턴스와 그의 부인을 도와 이주를 결행했다. 이 다섯 부부의 명단은 다음과 같다. 피터 스턴스(Peter Stearns), 에버니저 스턴스(Ebenezer Stearns), 슈벌 스턴스 주니어, 에노스 스틴선(Enos Stinson), 조나단 폴크(Jonathan Polk)와 그들의 아내들이다. 이 작은 이주 공동체는 모든 재산을 수레에 싣고, 뉴잉글랜드를 떠나 서부 버지니아를 향해 남쪽으로 이동했다.

이들이 톨랜드(Tolland)를 떠난 것은 아마도 1754년 7월이었던 것 같은데, 뉴욕을 거쳐 필라델피아로 갔다. 계속하여 볼티모어(Baltimore)로 이동한 후에는 포토맥 계곡(Potomac Valley)을 통해 서쪽으로 방향을 틀었다. 버클리 카운티(Berkeley County)의 오페콘 크릭(Opeckon Creek)에 처음으로 잠시 머물게 된 슈벌 스턴스는 존 개러드(John Garrard)가 목회하는 침례교회를 발견했고, 개러드는 슈벌 스턴스 일행을 친절하게 맞아 주었다. 슈벌 스턴스는 거기서 자신의 매부 다니엘 마샬(Daniel Marshall)을 만났는데, 그는 모호크(Mohawk) 인디안 전도 여행에서 막 돌아온 참이었다. 슈벌 스턴스 일행은 개러드와 마샬과 합류하여, 윈체스터(Winchester)에서 약 30마일 떨어진 햄프셔 카운티(Hampshire County)의 카카폰크릭(Cacapon Creek)에 잠시 정착하기로 결정했다. 그 지역에서 어느 정도 성공을 거두었음에도, 슈벌 스턴스는 머무르면 안 된다는 느낌으로 다시 움직여야겠다고 결심했다. 동료 일부는 이미 노스캐롤라이나로 이동했다. 그 지역 산록 지대 사람들이 얼마나 영적으로 굶주려 있는지를 알려 주는 편지를 받고서, 그는 다시 남쪽으로 이동하기로 결심했다. 1755년 슈벌 스턴스 일행은 북서부 버지니아를 떠나 블루리지산맥(Blue Ridge Mauntains)을 가로질러 셰년도어(Shenandoah) 계곡 아래로 여행했고, 그 길을 따라 200마일 정도를 내려와 안식처 노스캐롤라이나 길퍼드 카운티(Guilford County, 현재의 Randolph County)에 도착했다.

슈벌 스턴스가 머물기로 결정한 지역은 샌디크릭(Sandy Creek)이라는 지역으로, 전략적 지역이자 개척로의 교차로였다. 수천 명의 개척민과 가족이 매년 이 지역을 거쳐 갔다. 3년 내에, 이 뉴잉글랜드 사람들이 세운 샌디크릭교회는 두 자매 교회를 개척했고, 몇 년 후에 초창기 16명이었던 신도의 수가 606명으로 늘어났다.

이런 성장의 핵심에는 슈벌 스턴스의 순회목회가 있었다. 비록 목회를 정식으로 준비하지는 못했지만, 그는 비전과 추진력, 특별한 설교 기술을 가진 사람이었다. 침례교 역사학자 모건 에드워즈(Morgan Edwards)에 의하면, 그의 목소리는 마치 음악적이고, 힘이 넘쳤으며, 그 목소리를 이용해 영혼을 울리는 부드러운 인상을 만들거나 동물 같은 마음에도 격동을 일으켰다. 설교를 듣는 청중은 자주 눈물을 왈칵 쏟으며, 떨거나 소리쳤다.

또한, 슈벌 스턴스는 특별한 조직 능력을 가진 사람이었다. 그는 협력이 교회 성장에 안정성과 일체성을 줄 것이라고 생각했던 것 같다. 따라서 그는 노스캐롤라이나의 첫 침례교연합회인 샌디크릭협회(Sandy Creek Association)의 설립을 주도했고, 버지니아와 사우스캐롤라이나, 조지아 인근 식민지에 부흥사들을 파송했다. 교회는 늘어났지만, 협회의 회의마다 여행하는 어려움 때문에 슈벌 스턴스는 1770년 협회를 노스캐롤라이나, 사우스캐롤라이나, 버지니아 세 지부로 분할하는 데 동의했다.

슈벌 스턴스는 1771년에 사망하였고, 남부지역에서의 16년간의 선교사역을 마무리했다. 이듬해에 그가 관여한 협회들에 속한 총 42개 교회가 샌디크릭교회에서 기원했고, 125명에 달하는 목회자가 그 교회에서 배출되었다.

참고문헌 | W. L. Lumpkin, *Baptist Foundations in the South* (Nashville: Broadman Press, 1961); R. B. Semple, *History of the Baptists in Virginia* (Lafayette: Church Research and Archives, 1976).

B. SHELLEY

스미스 위글스워스(Smith Wigglesworth, 1859-1947)

영국의 오순절 신유 전도자. 그는 요크셔(Yorkshire)에 있는 브래드퍼드(Bradford)의 배관공이었다. 그는 성인이 될 때까지 글을 읽는 법을 배우지 못했고, 40대 후반까지 한 번도 고향 바깥으로 나가 본 적이 없었다.

위글스워스는 사후에 오순절 신자와 은사주의자에게 거의 전설적인 인물이 되었다. 2000년 후반에 인터넷으로 위글스워스에 대한 조사를 했는데, 그와 그의 설교를 다루는 웹사이트가 거의 1,000개나 운영되고 있었다. 그 명성은 신유 전도자로서의 그의 사역 또한 단순한 성경적 지식 외에는 교육을 많이 받지 않은 그의 배경에서 비롯된 것이다. 성령의 능력으로 한 개인의 태생적이고 사회적인 한계를 극복한 오순절-은사주의운동(Pentecostal-charismatic)의 가장 이상적인 모델을 그가 구현했기 때문이다.

위글스워스는 어릴 때 교육을 받을 수 없었다. 여섯 살 때부터 가족을 부양해야 했기 때문이다. 밭에서 야채를 뽑고, 씻는 노동은 아침부터 저녁까지 계속되었다. 일곱 살 때부터는 면화를 생산하는 방앗간에서 아버지와 형들과 함께 하루에 12시간 동안 일을 했다. 8살 때, 위글스워스는 할머니를 따라 감리교회에 갔다가 회심을 경험했다. 당시 부모 모두 기독교인이 아니었다. 이후 어머니가 회심을 했다. 그는 16살의 나이로 구세군에 가입했다. 이듬해 그의 전도 활동은 세대주의 종말론을 믿었던 플리머스 형제단(Plymouth Brethren)을 능가할 정도로 강력했다. 이런 배경 때문에 위글스워스는 20세기 첫 10년에 등장한 오순절운동의 강력한 영입 후보가 되었다.

1882년에 위글스워스는 메리 제인 피더스톤(Mary Jane Featherstone)과 결혼했다. 그녀는 주로 '폴리'(Polly)라고 불렸다. 폴리 역시 구세군의 사관이자 복음전도사였다. 그녀는 어느 면에서는 위글스워스보다 훨씬 더 능력 있는 설교자였다. 위글스워스는 결혼 초반에 방앗간에서 형제단(Brethren) 친구에게 배운 기술을 바탕으로 배관 사업에 힘을 쏟아 많은 돈을 벌었다.

사업은 번창했지만 복음에 대한 열정은 식어 갔다. 곧 그의 아내가 복음전도 활동을 하는 것과 집회에서 늦게 들어오는 것조차도 그는 불만으로 여기게 되었다. 이 시기에 위글스워스는 기독교 신앙을 전부 버렸다. 그러나 아내의 간절하고도 영적인 간구와 신실하고 영적인 삶을 통해 결국 다시 돌아올 수 있었다.

1880년대 후반, 위글스워스 부부는 그들이 운영하던 '보울랜드스트리트 미션홀'에서 치유 집회를 열기 시작했다. 몇 사람이 강력한 치유를 체험하자 소문이 크게 났다. 그중 지역 침례교 목사의 아내가 있었는데, 그녀는 죽기 직전 침상 위에서 이들 부부의 기도를 받고 즉시 나아서 나중에는 그녀의 남편보다도 훨씬 오래 살았다. 위글스워스 자신도 기도로 치유를 받았는데, 한 번은 만성적인 질환이었고, 또 다른 경우는 급성 맹장염이었다. 1907년에, 선덜랜드(Sunderland)에서 방언이 터졌다는 소식을 듣게 되자, 위글스워스는 이를 확인하기 위해 북쪽으로 여행했다. 노르웨이에서 감리교 목회를 하고 있던 잉글랜드 목사 토마스 볼 배럿(Thomas Ball Barratt)은 미국을 방문하던 중에 방언을 받게 되었다. 당시 선덜랜드 소재 올세인트교회(All Saints Church)의 목사였던 알렉산더 보디(Alexander Boddy)는 강력한 성령체험의 경험을 나누어 달라고 그의 방문을 요청했다.

1907년 9월에 이 집회가 성사된 것을 계기로, 오순절운동이 영국에 전파되기 시작했다. 배럿 목사를 만난 위글스워스가 방언을 함으로써 오순절 신자들이 주장하는 '성령의 참된 세례'를 체험하게 되었다. 사실, 그가 전에 가지고 있던 세례의 개념은 주로 성화 과정과 관련된 것이었는데, 이는 그가 속했던 성결운동의 영향이었다. 그러나 위글스워스는 "나는 예전에 기름부음을 받았을지도 모른다"라고 말하며, 이전에 자신이 믿고 이해하던 개념을 버렸다.

주일날에 브래드퍼드로 돌아온 위글스워스는 미션홀(Mission Hall)에서 설교했다. 이전에는 말재주나 실력이 형편없었기 때문에 아주 드물게 설교했고, 대신 아내 폴리가 용감하게 말씀을 전했다. 그러나 폴리는 선덜랜드에 다녀온 남편의 성령체험에 대해 의심하면서, 성령의 변화를 경험했다면 강대상에서 그 증거를 보이라고 했다. 위글스워스의 설교자 시작되고 얼마 안 지나 폴리는 "오! 저 사람은 스미스, 내 남편이 아니야! 저이는 내가 아는 스미스가 아니라고!"하고 소리를 질렀다.

모두가 놀란 상황에서 위글스워스의 설교를 듣기 위해 모여 있던 회중은 오순절 경험을 받아들였다. 이듬해, 위글스워스는 전국에서 오순절 성령운동을 전파했고, 설교자로서 강대상에서도 이를 주도했다.

몇 년 뒤, 위글스워스는 개인적으로 매우 충격적인 사건을 경험했다. 1913년, 아내 폴리가 미션홀에서 설교를 마치고 나오는 길에 갑자기 쓰러져 세상을 떠난 것이다. 2년 후에는 아들 조지도 세상을 떠났다. 그러나 그의 신앙은 흔들리지 않았다. 어떤 사람이 위글스워스에게 "왜 다른 사람들은 치유하면서, 딸 앨리스는 태어날 때부터 여전히 듣지 못하는 상태인가?"라고 물어보자, 그는 앨리스에게 믿음이 없어서 그렇다고 대답했다. 이때, 몇몇 사람들은 그의 말이 농담인지, 진담인지 헷갈려 했다.

제1차 세계대전이 일어난 이후, 복음전도자로서 위글스워스의 명성과 사역은 국제적으로 퍼져 나갔다. 그는 전쟁이 발발하자 북미 대륙을 수개월 동안 방문했고, 전쟁이 끝나고 평화가 오자 노르웨이, 스웨덴, 덴마크, 프랑스, 스위스를 차례로 방문했다. 또한, 인도, 스리랑카, 오스트레일리아, 뉴질랜드로도 선교여행을 떠났다. 그는 모든 지역에서 복음전도와 치유사역을 이끌어 나갔다. 후에 그는 자신이 죽은 사람을 세 명이나 살려 내고, 앞을 못 보는 시각 장애인의 눈을 뜨게도 했다고 주장했다.

위글스워스의 퉁명스러운 매너와 단순한 성경 해석 방법을 받아들이지 못한 이들도 많았다. 그는 집회에서 치유받기 위해 앞으로 나온 사람들을 때로는 거칠게 대했다. 치유기도가 끝난 후에는 절뚝거리는 사람들에게 위 아래로 뛰어 보라고 요구하기도 했고, 심지어 환자의 신체의 아픈 부위를 때리면서 기도하기까지 했다. 과장을 다소 보태, 자기가 성경 외에는 아무것도 읽은 것이 없다고 주장하기도 했다.

이후 그의 설교가 몇 권의 책으로 출판되기도 했지만, 그는 자신이 직접 쓴 것이 아니라 설교를 들은 사람들이 필기를 해서 만든 저작이라고 주장했다. 이런 기이한 주장에도 불구하고 대중들은 그의 설교를 좋아했다. 위글스워스는 딸 앨리스와 사위 제임스 솔터(James Salter)를 데리고 선교여행을 함께 가기도 했다. 딸 부부는 아프리카 선교사로 함께 파송받았다. 이때 사위는 아프리카 선교지에서 홀로 사역했고, 위글스워스는 사위의 허락 아래 딸 앨리스와 함께 지냈다.

인생 말년에 위글스워스의 삶에서 가장 유명한 사건 중 하나가 일어났다. 이 사건은 21세기에도 그가 남겨 놓은 중요하고도 지속적인 유산이 있음을 보여 준 것이다.

그는 1936년 남아프리카에 선교여행을 갔을 때, 데이비드 뒤플레시(David Du Plessis, 1905-1987)라는 젊은이를 만났다. 당시 그는 남아프리카 공화국에서 '사도신앙선교회'(Apostolic Faith Mission) 총무였다. 위글스워스는 그에 대해 매우 극적인 예언을 했는데, 이 예언은 역사적 교단들 안에 은사주의운동이 부상함으로써 성취되었다. 당시 뒤플레시는 매우 당황하며 위글스워스를 의심했다. 그러나 세계대전이 끝나고 잉글랜드에서 둘은 다시 만났다.

위글스워스는 그에게 예언의 내용을 재확인시켜 주면서 자신은 나이가 많아 예언이 성취된 것을 볼 수 없지만, 뒤플레시가 중대한 역할을 하게 되리라고 전했다. 위글스워스는 1947년 3월 12일에 한 친구의 장례식에 참석하던 중 세상을 떠났다. 그의 마지막을 지킨 이는 충실한 사위 솔터였다.

참고문헌 | S. H. Frodsham, *Smith Wigglesworth, Apostle of Faith* (Nottingham: Assemblies of God Publishing House, 1949); J. Hywel-Davies, *Baptised by Fire: the Story of Smith Wigglesworth* (Sevenoaks: Hodder & Stoughton, 1987).

M. PEARSE

스티븐 제프리스/조지 제프리스(Stephen Jeffreys, 1876-1943/George Jeffreys, 1889-1962)

잉글랜드 오순절운동의 초기 지도자들. 조지는 엘림사중복음연맹/엘림오순절교회(Elim Foursquare Gospel Alliance/Elim Pentecostal Church) 창설자이자 지도자였고, 스티븐은 저명한 전도자로, 웨일스 광부 토마스 제프리스(Thomas Jeffreys)와 그의 아내 케지아(Kezia) 사이에서 여덟 아들 중 각각 여섯째와 셋째로 태어났다. 1904년 웨일스부흥(Welsh Revival) 기간에 두 형제가 모두 글라스난트 존스(Glasnant Jones)가 목회하던 실로채플(Shiloh chapel)에서 그리스도에 대한 헌신을 다짐했다. 열두 살에 스티븐은 아버지와 함께 캐로탄광(Caerau Colliery)에 가서 일했다. 조지는 매스텍(Maesteg)의 코오퍼러티브(Co-operative, 영국의 협동조합 체인-역주) 가게에서 점원으로 일하는 것으로 피고용인 생활을 시작했다. 오순절운동의 첫 번째 물결이 웨일스에 이르렀을 때, 두 형제는 모두 이 운동을 의심의 눈초리로 바라보았다. 그러나 스티븐 제프리스의 아들 에드워드가 1910년 휴일에 방언을 하자, 이들은 이 현상을 다르게 이해하고 성령세례를 받게 해 달라고 간절히 기도했다. 6월 3일에 조지는 "성령이 내 위에 부어져 내린 후, 성경이 증언하는 대로, 나를 통해 다른 언어들이 쏟아져 나왔다"라고 간증했고, 얼마 후 스티븐도 같은 경험을 했다.

얼마 후 두 형제는 세속 직장을 떠나 전임 기독교 사역에 참여했다. 조지는 1912년 9월에 오순절선교연합(The Pentecostal Missionary Union, 1910년 창립)에 가입을 신청한 후, 프레스턴(Preston)의 토마스 마이어스코(Thomas Myerscough)의 지도 아래 훈련 과정을 밟았다. 1913년 1월에는 자신이 스완지(Swansea)에서 수행하고 있던 선교사역을 돕는 일에 형 스티븐이 소명을 느낀다는 것을 알고 여기에 응답했다. 1913년 5월에 조지는 선덜랜드(Sunderland)의 알렉산더 보디(Alexander Boddy)를 위해 일련의 집회를 인도했고, 이어서 아일랜드로 건너갔다. 1915년에 아일랜드 모나간(Monaghan)에 그는 엘림전도단(Elim Evangelistic Band)으로 알려지게 되는 단체를 창설했다. 첫 번째 엘림교회는 1916년에 벨파스트(Belfast)에 세워졌다. 얼마 후 조지는 유산을 물려받은 후 조언에 따라 조직에 대한 법적 인가 절차를 밟았고, 결국 엘림오순절연맹(Elim Pentecostal Alliance)이 탄생했다. 첫 번째 잉글랜드 엘림교회는 1921년에 창립되었다.

스티븐은 1912년에 스완지 근교 쿰투치(Cwmtwrch)에서 설교를 시작해서 큰 성공을 거두었다. 동생과 함께 몇 차례 선교여행도 다녀왔고, 1913년에 흘란엘리(Llanelli) 근교의 아일랜드플레이스선교회(Island Place Mission) 목사직을 받아들였다. 설교 여행으로 자주 자리를 비웠음에도 불구하고, 그는 다울라이스(Dowlais)의 목사가 된 1920년까지 여기에 머물렀다. 이때 스티븐은 동생 조지의 전도단에 합류했다.

1924년에 두 형제와 작은 전도단은 캐나다와 미국으로 여행을 떠나 5개월간 사역했다. 1926년 초에 스티븐은 전임 전도자가 되었고, 다음 2년간 1924년에 설립된 하나님의성회(Assemblies of God) 교단을 위해 사역하며 전국으로 전도 여행을 다녔다. 북부의 비숍오클랜드(Bishop Auckland)와 선덜랜드부터 남부의 도버(Dover)에 이르기까지 여러 다양한 장소에서 스티븐은 기존 교회들에는 힘을 북돋고 새로운 교회를 세웠다. 종종 놀라운 치유가 동반된 것으로 알려진 그의 설교로 하나님의성회가 크게 성장했다. 잘못이 없던 그를 부당하게 공격한 것으로 보이는 일이 벌어진 후 1828년에 그는 잉글랜드를 떠나 미국으로 가서 미주리 스프링필드와 캘리포니아 로스앤젤레스에서 집회를 열었다. 이어서 뉴질랜드, 오스트레일리아, 남아프리카로도 갔다. 고향으로 돌아온 그의 건강이 약화되기 시작했다. 아내는 1941년에 사망했고, 그는 1943년 11월에 사망하기까지 상대적으로 평온한 말년을 보냈다. 같은 시기에 조지도 1925년부터 1934년까지 장기 전도 여행을 수행했다. 집회 때마다 거대한 군중이 몰려들었고, 놀라운 치유에 대한 보고가 있었다. 그가 인도한 부흥회 중에서 가장 성공적이었던 집회는 버밍엄의 빙글리 전시회 홀(Bingley Exhibition Hall)에서 열린 집회로, 1930년 6월 27일자 「디 엘림 이벤젤 앤 포스퀘어 리바이벌리스트」(The Elim Evangel and Foursquare Revivalist)는 회심자 10,000명, 기적의 치유를 경험한 사례가 1,000명이상, 침례 후보자 수도 1,000명이 넘었다고 보고했다.

새로운 교회들이 빠르게 성장하자 조직이 더 정비될 필요가 생겼다. 1925년에 클라팜(Clapham) 클라렌스로드(Clarence Road)에 소재한, 이전에 레뎀토르회수도원(Redemptorist Convent, 1732년에 빈민 구제와 전도를 목적으로 성 리구오리[St Alphonsus Liguori]가 창설한 가톨릭 수도회-역주)이 있던 부지 4.5에이커를 구입했다. 이곳은 이제 이 운동의 본부이자 성경학교, 그리고 조지 제프리스가 1962년에 사망할 때까지 그의 집이 있는 공간이 되었다. 1926년에 영국엘림사중복음연맹(Elim Foursquare Gospel Alliance of the British Isles)이 영국 내 모든 오순절 신자들을 위한 우산이 되기를 기대하며 창립되었다. 결국 엘림교회 신자들만 가입하자, 이후에 이름이 엘림오순절교회(Elim Pentecostal Churches)로 바뀌었다. 1934년까지 조지는 어떤 공식 구조나 조직도 없이 활동하는 엘림운동의 유일무이한 지도자였다. 그러나 이후 상임위원회가 있어야 한다는 결정이 내려진 후, E. J. 필립스(E. J. Phillips, 1893-1973) 목사가 총무를 맡았다. 이 시점부터 위원회가 원래는 지역 이사회가 맡았던 건물 관리와 교리 및 교회 정치 문제까지 점차로 모두 책임지게 되었다. 언제나 명확한 것은 아니었던 조지의 교회 정치관은 본질상 평신도 대표성에 무게를 둔 회중교회 교회론이었고, 결국 이 문제로 자신이 창설한 교단에서 이탈했다. 『내가 엘림운동에서 떠난 이유』(Why I Resigned from the Elim Movement)라는 제목의 소책자에서 조지는 평신도 대표성이 '먼 전망'이 된 것과 지역교회들이 자신들이 돈을 낸 자산에 통제권을 갖고 있지 못한 현실을 사임의 이유 두 가지로 제시했다.

다른 글에서 조지는 "지역교회는 치명적인 위험에 처해 있고, 엘림운동은 결정적으로 바벨론화된 중앙교회 정치라는 법제화된 체제의 노예가 되었다"라고 주장했다. 10명이 채 못 되는 목사와 약 20개 교회가 엘림연맹을 떠나 조지를 뒤따랐다. 1940년 11월 28-29일에 노팅엄에서 열린 모임에서 성경유형교회협회(The Bible Pattern Church Fellowship)가 창립되었다. 1944년에 조지는 자신이 여전히 이사로 있던 엘림 신탁회사(Elim Trust Corporation)의 56개 자산에 날인했다. 그가 남은 평생 헌신한 곳이 바로 성경유형교회협회였다. 중요한 것은 조지가 주장한 많은 변화들을 후에 엘림총회가 받아들였다는 사실이다. 조지가 연루된 논쟁은 교회 정치 문제만이 아니었다. 1920년대 초에 그는 영국 이스라엘주의(British Israelitism)를 받아들였다. 이는 영국인과 대영 제국의 힘과 영향력은 이들을 이스라엘의 잃어버린 열 지파와 동일한 존재로 간주할 때에라야 설명 가능하다는 믿음이었다. 1933년 목회자 대회에서 있었던 논쟁 이후 영국 이스라엘주의를 주장하는 설교자 중앙 통제 체제하의 엘림교단 소속 교회들에서는 금지되었다. 1930년대의 투쟁에도 불구하고, 조지는 계속해서 광범위하게 여행했다. 1934년부터 1936년까지 스위스에서 열린 집회에서 14,000명이 회심했다. 스웨덴에서도 운동을 이어 갔고, 1939년 6월에 스톡홀름에서 열린 유럽오순절대회(European Pentecostal Conference)에서는 주강사가 되는 명예도 차지했다.

거의 초야에 묻혀 노년을 보낸 그는 1962년 1월 26일에 클라팜의 집에서 사망했다. 조지와 스티븐 두 형제 모두 두 대규모 영국 오순절 교단, 즉 하나님의성회와 엘림오순절교회의 설립에 크게 기여했다. 둘 다 탁월한 부흥사였고, 아마도 가장 위대한 영국 전도자들의 반열에 들 만한 인물들이며, 20세기 오순절운동의 대변자였다.

참고문헌 | G. Adams, *Stephen Jeffreys* (The Covenant Publishing Co., 1928); E. C. W. Boulton, *George Jeffreys: a Ministry of the Miraculous* (Elim Publishing House, 1928); D. W. Cartwright, *The Great Evangelists* (Marshall Pickering, 1986); W. J. Hollenweger, *The Pentecostals* (SCM Press, 1972); E. Jeffreys and S. Jeffreys, *The Beloved Evangelist* (Elim Publishing, 1946); G. Jeffreys, *Fight for the Faith and Freedom* (Crystal Publications Ltd, 1944); W. K. Kay, *Inside Story* (Assemblies of God Bible College, 1990); W. K. Kay, *Pentecostals in Britain* (Carlisle: Paternoster, 2000).

N. A. D. SCOTLAND

스펜서 퍼시벌(Spencer Perceval, 1762-1812)

영국의 수상. 그는 1762년 11월 1일 런던에서 에그먼트(Egmont)의 2대 백작 존 퍼시벌(John Perceval)의 일곱째 아들로 태어났다. 그는 해로스쿨(Harrow School)을 졸업했고, 케임브리지 트리니티대학(Trinity College)에서 학부 및 석사과정을 이수했다. 개인적인 수입원이 거의 없었던 스펜서 퍼시벌은 법률 대리인으로 활동하며 생계를 꾸렸다. 뛰어난 연설 능력과 토론 실력뿐만 아니라 훌륭한 대인 관계로 인해 그는 점차 영향력 있는 인사로 성장했다. 1786년에는 법정 변호인이 되었고, 1787년에는 가문의 후광에 힘입어 노샘프턴의 기록 관리관이 되어 나름 안정적인 생계를 이어 갈 수 있었다.

1790년에 토마스 윌슨 경(Sir Thomas Wilson)의 딸 제인과 결혼했다. 사실 윌슨 경은 스펜서 퍼시벌을 탐탁지 않게 여겨, 결혼하기 3년 전에는 제인과 결혼하게 해 달라는 그의 청을 거절하기도 했다. 당시 윌슨 경은 퍼시벌의 처지가 그다지 마음에 들지 않아 그의 청을 거절한 것이었는데, 후에 제인이 나이가 차고 연하의 연인이 사랑의 도주를 하게 되자 어쩔 수 없이 둘의 결혼을 인정할 수밖에 없었다. 그러나 이 두 사람은 행복한 결혼 생활을 하게 되어 슬하에 아들 여섯과 딸 여섯의 열두 자녀를 두었다.

결혼 이후 스펜서 퍼시벌 가족의 생계는 더욱 힘들어졌다. 그러나 스펜서 퍼시벌은 몇몇 소송에서 변호를 하고, 1792년부터는 왕족의 법률 소송 여러 건을 맡게 되면서 경력을 인정받아 큰 성공을 거두었다. 1796년에는 왕실 고문 변호사에 임명되었고, 동시에 윌리엄 피트(William Pitt) 수상에게 아일랜드 담당 수석 비서로 임명받았다. 그러나 스펜서 퍼시벌은 공직에서 받는 봉급만 가지고 가족을 부양하기 힘들다는 것을 알고 곧 그 일을 그만두었다. 결국 1796년 9월에 노샘프턴 지역 하원의원으로 국회에 입성하여 여당 소속 의원으로 뛰어난 활약을 했다.

1801년에 피트가 수상에서 사임하면서 스펜서 퍼시벌은 법무 차관으로 입각했고, 에딩턴(Addington) 수상의 임기 중에는 법무장관에 임명되었다. 스펜서 퍼시벌은 법무장관으로 일하면서 뛰어난 토론 능력을 보여 주어 피트가 수상으로 돌아올 때도 그 자리를 지킬 수 있었다.

스펜서 퍼시벌은 피트가 1806년 사망한 후에 1년간 야당 의원으로 계속 활발히 활동했으며, 성공회 부사제의 수를 늘이자는 법안을 발의하기도 했다. 1807년 3월부터 1809년 9월까지는 포틀랜드 공작(Duke of Portland) 내각의 선임장관이 되어 랭카스터 공작령(Duchy of Lancaster)의 대법관이자 재무장관으로 봉직하면서 프랑스와 전쟁 중인 영국의 재정 상황을 안정화하는 등 성공적인 공직 활동을 수행했다.

1809년에 포틀랜드 공작의 뒤를 이어 스펜서 퍼시벌이 수상으로 지명되었다. 3년간 수상으로 일하면서 훌륭한 토론 능력을 바탕으로 불안정한 정국을 안정적으로 운영했다. 스펜서 퍼시벌의 수상직은 생각보다 오래 가지는 못했다. 그는 1812년 5월 11일에 하원 로비에서 격분한 존 벨링엄(John Bellingham)의 총에 맞아 사망했다.

정치적인 면에서 스펜서 퍼시벌은 프랑스혁명의 가치를 부정하는 보수주의자인 동시에 로마 가톨릭이 의회에 영향력을 행사하는 데에도 강한 거부감을 드러냈다. 그러나 그는 여러 분야에서 많은 개혁을 신중하게 진행했으며, 특히 노예무역 폐지에 적극 동참했다. 종교적인 면에서 스펜서 퍼시벌은 온건복음주의자라는 표현이 가장 잘 어울린다.

그는 국교회(established church) 지지자인 동시에, 공교육에서도 국교회의 가치를 반영하고자 노력했다. 그는 성경의 예언서를 열심히 공부하여 『다니엘 11장의 예언을 프랑스 권력자들에게 적용하여 재해석한 연구서』(Observations Intended to Point Out the Applications of a Prophecy in the Eleventh Chapter of the Book of Daniel to the French Power)를 1800년에 익명으로 출판하기도 했다.

또한, 그는 윌리엄 윌버포스(William Wilberforce)와 헨리 손턴(Henry Thornton)이 소속된 복음주의자 모임 '클라팜당'(Clapham Sect) 멤버들과 활발히 교류했다. 스펜서 퍼시벌은 친한 정치적 동료 더들리(Dudley)와 리처드(Richard)의 형제인 복음주의자 헨리 라이더(Henry Ryder)를 높게 평가해 그를 웰스(Wells)의 주임사제로 임명했다.

만일 일찍 사망하지 않았더라면 헨리 라이더는 주교의 자리까지 차지할 수 있었을 것이다. 스펜서 퍼시벌에게 교회에 관한 조언을 해 준 사람은 복음주의자가 아닌 윌리엄 맨설(William Mansel)이었다. 그는 스펜서 퍼시벌의 대학 시절 선생이었고, 후에는 스펜서 퍼시벌의 지원으로 브리스톨의 주교가 된 인물이었다.

맨설이 스펜서 퍼시벌에게 교회 정책에 관한 조언을 해 준 멘토였다면, 스펜서 퍼시벌은 반대로 맨설의 영적 조언자였다는 사실로 그의 신앙의 특징을 파악할 수 있을 것이다.

참고문헌 | D. Gray, *Spencer Perceval: The Evangelical Prime Minister* (Manchester: Manchester University Press, 1963); S. Walpole, *The Life of the Right Honourable Spencer Perceval* (London: Hurst & Blackett, 1874).

M. SMITH

Biographical Dictionary of Evangelicals

아노 클레멘스 개벌라인(Arno Clemens Gaebelein, 1861-1945)

전천년주의 예언 저술가. 그는 1861년 8월 27일에 독일 투린기아(Thuringia)에서 태어났다. 스스로 회심의 '결정적 체험'이라 부른 사건을 열두 살에 겪었고, 십대 초부터 복음을 알지 못하는 이들에게 복음을 전하는 선교사가 되고 싶은 열망을 자주 품었다. 열여덟 살에 징병을 피하고 젊은 시절의 방랑벽을 충족시키고 싶어 미국으로 이민을 떠났다. 개벌라인은 미국에 도착한 지 몇 달이 채 지나지 않은 1879년 10월 31일에 매사추세츠 로렌스(Lawrence)에서 신약을 읽으며 깊은 감동을 받고 그리스도를 위하여 삶을 새로이 바치는 사역자로 헌신했다.

개벌라인은 곧 뜨거운 독일 기독교인 한 사람을 만났는데, 그가 소개해 준 독일인 북감리교회를 다니면서 1880년에 회원이 되었다. 1년 안에 개벌라인은 목회를 준비하는 공부만 한 것이 아니라 코네티컷 브리지퍼드(Bridgeport)의 감리교선교회 보조목회자로 봉사하기 시작했다. 이 선교회 회원을 두 배로 늘인 후 그는 메릴랜드 볼티모어의 다른 교회로 부임(1882-1884)했는데, 여기서도 풍성한 열매를 얻었다.

그는 집사로 안수받은 후인 1884년에 뉴욕 할렘 소재 교회로 임지를 옮겼다. 거기서 그는 존경받는 감리교 목사의 딸 엠마 그림(Emma Grimm)을 만나 결혼했다.

1886년에는 북감리교 장로로 안수받았고, 1년 후에는 뉴저지 호보큰(Hoboken)의 큰 독일인 감리교회 목사로 임명받았다. 이 임지는 개벌라인의 목회 여정의 큰 전환점이 되었다. 그의 새 교회에 다니던 회심한 유대인의 격려 속에 개벌라인은 유대인 이민자 복음화 사역에 집중했다. 목회를 준비하며 공부할 때 셈족 언어들을 아주 잘했던 그는 곧 히브리어로 설교할 수 있게 되었다. 이디시어(Yiddish, 히브리어, 슬라브계 언어, 독일어가 혼합되어 형성된 언어로, 주로 중동부 유럽 출신 유대인이 썼다-역주)를 배우는 데도 거의 문제가 없었다고 했다.

"나는 내 좋은 고전 독일어를 문자 그대로 완전 학살하고 '이디시어'를 습득했다."

개벌라인은 뉴욕의 히브리기독교선교회(Hebrew Christian Mission)에서 정기적으로 설교했고, 곧 "주님은 내가 정규 사역을 그만두고 하나님의 고대 백성을 위해 일하는 데 헌신하기를 원하신다'라고 확신하게 되었다. 그의 설교를 들으러 모인 정통파 유대인들의 메시야적 기대감 때문에 개벌라인은 자신의 예언과 종말관을 재고해야만 했다. 성경을 진지하게 연구한 끝에, 개벌라인은 이스라엘에 대한 성경구절들을 유대인이 아니라 교회를 지칭하는 것이라고 해석함으로써 자신이 예언 구절들을 '영적인 것으로 환원'(spiritualizing)해 버리는 죄를 저질렀다고 확신하게 되었다. 결국 개벌라인은 당시 복음주의자에게 전형적인 종말론 유형인 후천년설(postmillennialism)을 거부하고, 이스라엘 국가의 궁극적인 회복을 열정적으로 믿는 확신 있는 전천년주의자(premillennialist)가 되었다.

1891년, 개벌라인은 북감리교 동부총회 감독에게 자신의 뉴욕 유대인 대상 전임사역을 허가해 달라고 요청했다. 승인이 이루어져, 그는 아내와 두 어린 아들과 함께 뉴욕 이스트사이드(East Side)로 이사해서 매주 토요일에 에일리언스트리트메모리얼북감리교회(Alien Street Memorial Methodist Episcopal Church)에서 드려지던 유대인 대상 예배에서 설교하기 시작했다. 이들 예배에는 종종 천 명이 넘는 사람들이 참석했는데, 이들은 대부분 개벌라인의 메시지에 논쟁적으로 반응했고 수용률도 높지 않았다.

더구나 이디시어나 히브리어로 된 자료가 많이 필요했기에, 그는 이들 언어로 열두 권 이상의 소책자를 썼고, 1893년부터는 무료 이디시어 정기 간행물 「티크웨스 이즈라엘-더 호프 오브 이즈라엘 먼슬리」(Tiqweth Israel-The Hope of Israel Monthly)를 발간했는데, 이 잡지는 큰 인기를 끌어 1년 만에 5,000부에서 15,000부로 발간 부수가 늘었다. 러시아와 동유럽 출신의 많은 유대인 이민자들이 겪은 절망적인 상태가 개벌라인에게는 이들에게 기독교의 실천적인 면을 보여줄 수 있는 절호의 기회를 제공하는 것으로 보였기 때문에 그는 교회에 진료소를 열어 가난한 가족들에게 음식을 나눠 주었다.

1893년에 개벌라인의 사역은 감리교회의 뉴욕시교회확장선교회(New York City Church Extension and Missionary Society)가 더 이상 적합한 재정 지원을 해 줄 수 없을 정도의 규모로 성장했고, 따라서 개벌라인은 '이스라엘의 소망 운동'(The Hope of Israel Movement)으로 활동명을 바꿔서 교단 범위 너머서도 지원을 받을 수 있는 창구를 확보하고자 했다. 1897년에는 감리교도시선교회(Methodist City Mission)에서 오는 추가 지원을 거절함으로써 공식적으로 초교파 사역으로 전환했다.

1894년 7월 개벌라인은 성경예언을 집중적으로 다루는 기독교인 대상 영어 잡지 「아우어 호프」(Our Hope)를 발행하기 시작했다. 「아우어 호프」는 곧 부상하던 근본주의운동 진영에서 영향력 있는 잡지가 되었다. 잡지는 시온주의를 활발하게 지원함으로써, '이스라엘이 모든 역사뿐만 아니라 모든 예언의 열쇠'라고 주장함으로써, 또한 유대인에 대한 교회의 승리주의적 태도를 정기적으로 비난함으로써 근본주의자들의 유대인에 대한 태도가 형성되는 데 크게 기여했다.

또한, 잡지는 유대인 개종자들이 모세의 율법을 지켜야 한다고 초기에 주장함으로써 메시아닉쥬운동(Messianic Jews movement, 유대 혈통의 기독교인 운동-역주)의 등장을 예견했다. 그러나 개벌라인은 1899년에 다른 전천년주의자들에게 영향을 받으면서 이 마지막 견해를 포기했다. 「아우어 호프」는 개벌라인 사후에도 12년간 계속 발간되다가, 1958년 1월에 「이터니티」(Eternity)에 통합되었다.

「아우어 호프」를 출간함으로써 개벌라인은 생각이 같은 성경예언 관련 근본주의 교사들의 궤도에 합류하게 되었고, 곧 근본주의 예언집회의 정규 인기 강사가 되었다. 20세기가 되면서 개벌라인은 스스로 '새로운 사명'(new commission)이라 칭한 근본주의자들과의 초교파 전국사역에 참여하기 위해 뉴욕의 유대인에 대한 선교를 거의 전적으로 포기했다. 「아우어 호프」도 유대인 선교보다 성경강해와 예언에 더 많은 지면을 할애함으로써 이런 변화를 반영했다. 감리교 지도자들이 교단 내 성경비평과 현대주의 옹호자들을 비난하기를 거부하자 1899년 개벌라인은 교단과 일체의 관계를 청산했다. 많은 근본주의 동료들이 소속이 없는 목사의 말과 설교를 들으러 올 사람은 없다고 경고했으나, 오히려 이 결정은 사실상 그의 기반을 더 확장시켰고, 남은 평생 감리교인만이 아니라 장로교인, 회중교인, 침례교인, 개혁교인, 루터교인, 형제회, 메노나이트, 나사렛교인 등 미국과 캐나다 전역의 교인들을 대상으로 말씀을 전했다.

유명한 세대주의자 C. I. 스코필드(C. I. Scofield)는 개벌라인에게 "예언에 관해서라면 제가 당신 발 앞에 앉아 듣겠습니다"라고 말하고, 전천년적 세대주의자들의 권위서인 1909년판 『스코필드 관주성경』에 들어갈 예언 부분을 해석해 달라고 부탁했다. 1914년에 개벌라인은 근본주의자들이라는 명칭의 기원이 되는 논문모음집 「근본들」(The Fundamentals)에 중요한 예언 관련 논문을 실었다.

그는 「아우어 호프」의 부편집자로 활약하던 아들 프랭크가 1922년에 세운 기독교 예비학교 스토니브룩남학교(Stony Brook School for Boys)의 발전을 위해 열심을 다했다. 1924년에는 후에 댈러스신학교(Dallas Theological Seminary)가 되는 댈러스에 복음주의신학대학(Evangelical Theological College)을 세우려던 루이스 S. 체이퍼(Lewis S. Chafer)를 도왔다. 1925년에는 캐나다장로교회, 감리교회, 회중교회가 캐나다연합교회(United Church of Canada)로 통합하는 것을 막으려 노력했으나 실패했다. 또한, 그는 공산주의와 나치즘을 반대하는 전선에서도 활약했다.

개벌라인은 많은 책의 저자이기도 했는데, 대부분은 이전에 「아우어 호프」에 실린 내용에 기반을 두고 성경의 각 책을 해설한 것들이었다. 스스로는 가장 중요한 자신의 저술이 아홉 권으로 된 『관주성경』(Annotated Bible, 1912-1922)이라고 생각했는데, 성경 전체를 세대주의 원리에 근거하여 해석한 3,000페이지가 넘는 성경이었다. 개벌라인은 85살이던 1945년 크리스마스에 심장 발작으로 사망했다.

참고문헌 | A. C. Gaebelein, *Half a Century: The Autobiography of a Servant* (New York: Publication office of Our Hope, 1930); D. A. Rausch, *Arno C. Gaebelein, 1861-1945: Irenic Fundamentalist and Scholar*, Studies in American Religion, vol. 10 (Lewiston: Edwin Mellen Press, 1983).

D. K. LARSEN

아더 새뮤얼 피크(Arthur Samuel Peake, 1865-1929)

원시감리교회(Primitive Methodist) 성경학자. 그는 1865년 11월 24일 스태포드셔 리크(Leek) 지역에 살고 있던 새뮤얼 피크(Samuel Peake)와 로자벨라 피크(Rosabella Peake) 부부의 2남 1녀 중 둘째 아들로 태어났다. 아더 피크의 아버지는 원시감리교회 목회자이자 재능 있는 전도자였다. 아더 피크는 후에 자신의 가족이 '꽤 폭 좁은 복음주의' 분위기에서 자랐다고 회상했다.

원시감리교회의 목회자들에게는 순회목회가 요구됐기 때문에 학교를 자주 옮겨 다녔음에도 불구하고, 아더 피크는 1883년 코벤트리(Coventry) 소재 헨리8세문법학교(Henry VIII's Grammar School)를 우수한 성적으로 졸업하여 장학금을 받고, 옥스퍼드 세인트존스대학(St John's College)에 입학해 고전을 공부했다. 그러나 고전 시험에서 실망스럽게도 3등급을 받으면서 장학금을 더 이상 받지 못하게 되자 신학과로 전과했는데, 여기서는 탁월한 성적을 냈다.

1887년에는 최우등 성적으로 학위를 받았고, 1888년에는 데니어앤존슨(Denyer and Johnson) 장학금을, 1890년에는 엘러턴논문상(Ellerton Essay Prize)에 이어, 머턴대학(Merton College) 연구 장학금도 획득했다. 이로써 그는 옥스퍼드에서 신학 장학금을 받은 최초의 비국교도 평신도가 되었다. 1890년에서 1892년까지 아더 피크는 머턴장학금을 지원받으면서 A. M. 페어베언(A. M. Fairbairn)이 이끄는 신설 맨스필드대학(Mansfield College)에서 교편을 잡았다. 1892년 6월에 콜리세인트존교회(church of Cowley St John)에서 해리어트 메리 실먼(Harriet Mary Sillman)과 결혼해서 세 아들을 얻었다.

1891년 5월에 아더 피크는 원시감리교도이면서 경영자이자 자선가였던 W. P. 하틀리(W. P. Hartley)를 소개받았다. 하틀리는 맨체스터(Manchester)에 소재한 원시감리교회신학대학(Primitive Methodists' theological college)에 재학 중인 학생들을 위한 학업 과정을 더 발전시키고자 했고 이를 아더 피크와 의논했다. 여기서 그는 최소 5년 동안 재정 지원과 추가 교수 요원 확보를 약속했다. 1년여 간의 논의 끝에 아더 피크는 교수로 임용되었고, 수업 과정 개편을 위한 전권을 위임받았다. 교직원 한 명으로 1년 과정의 코스를 제공했던 학교가 1908년에 이르러서는 5명의 교수를 보유하게 되었고 1년 과정의 코스는 3년 과정으로 더욱 강화되었다.

하틀리는 새로운 인원을 보강하고 건물을 세우기 위한 재정 지원을 아끼지 않았다. 그의 공로를 기념해서 이 대학은 1906년에 이름을 '하틀리대학'(Hartley College)으로 개명했다. 그러나 이 대학의 커리큘럼과 목회 훈련은 이 대학에서 1892년에서 사망 시까지 봉직한 아더 피크의 손에 의해 제 모습을 갖추었다. 비록 그는 안수를 받지는 않았지만, 원시감리교회의 유일한 대학에서 가장 존경받는, 그리고 가장 오래 봉직한 교수였다. 뿐만 아니라 그는 교단의 장래와 신학을 짊어진 가장 영향력 있는 인사 중 하나였다.

아더 피크는 하틀리대학뿐만 아니라 랭카셔 독립대학(Lancashire Independent College)과 연합감리교의 빅토리아파크대학(Victoria Park College)에서도 학생들을 가르쳤다. 또한, 맨체스터대학교에 신학과가 만들어지는 데 큰 역할을 감당했고, 자신이 1대 학과장으로 재임하기도 했다. 1904년부터 사망할 때까지는 학교평의회에서 신학과 대표로 활동했다. 그는 릴랜즈 성경해석학 주임교수(the first holder of the Rylands Chair of Biblical Exegesis, 1904-1929)가 된 최초의 인물이며, 1925년에는 부총장(pro-vice Chancellor)이 되었다. 그의 뛰어난 학문적 성과를 기념하여 1907년에는 애버딘대학교(University of Aberdeen)가, 1920년에는 옥스퍼드대학교(Oxford University)가 명예신학박사학위를 각각 수여했다. W. F. 하워드(W. F. Howard)는 아더 피크를 가리켜 그 시대의 가장 뛰어난 성경학자라고 칭송했다. 옥스퍼드에 있을 당시 아더 피크는 당시의 영국 주류 학자들이 주장했던 고등비평을 점진적으로 수용했고, 학부 시절에 연구했던 것을 바탕으로 T. K. 체인(T. K. Cheyne), S. R. 드라이버(S. R. Driver), 윌리엄 샌디(William Sandy), 에드윈 해치(Edwin Hatch), A. M. 페어베언 등의 사상을 받아들이기 시작했다. 그는 신구약 연구에 관련된 20여 권에 이르는 양서, 수많은 단행본, 저널 수록용 학술논문, 서평을 저술했다. 특히, 『욥기 주석』(1905), 『예레미야 주석』(1910), 『예레미야 애가 주석』(1912), 『히브리서 주석』(1902), 『골로새서 주석』(1903) 등의 주석을 저술했고, 『구약의 고난 문제』(The Problem of Suffering in the Old Testament, 1904), 『신약의 비평적 개론』(A Critical Introduction to the New Testament, 1909) 같은 뛰어난 연구서를 편찬했다. 아더 피크는 『성경: 그 기원과 변치 않는 중요한 가치』(The Bible: Its Origin, Its Significance and Its Abiding Worth, 1913)에서 성경해석의 방법론을 제시했고, 보수주의자와 근본주의자의 공격에 대항하기 위해 『성경의 본질』(The Nature of Scripture, 1922)이라는 책도 출판했다.

구약학회의 창립멤버였고 1924년에는 회장직을 맡았으며, 1925년에는 학회 출간물 「민족과 성경」(The People and the Book)을 편집 출판했다. 가장 중요한 유산은 1919년에 그의 이름으로 출판된 단권 『주석』(Commentary)이라는 책이었다. 그는 이 책의 저작 동기를 독자들이 성경비평과 그 해석, 그리고 그 역사와 신학을 보다 쉽게 받아들일 수 있는 길을 열어 주는 것이라고 설명했다. 그는 이 책의 8분의 1의 분량을 직접 썼고, 출판을 위해 61명의 다른 저자들의 글을 10번이 넘도록 검토하고 또 검토했다.

이런 유명한 책들 이외에도 아더 피크는 자신의 학문적 성과를 대중화하는 데도 열심을 다했다. 「프리미티브 메소디스트 리더」(Primitive Methodist Leader)라는 잡지에 1주일에 한 번씩 칼럼을 게재했으며, 1892년부터 계간지인 「프리미티브 메소디스트 쿼털리 리뷰」(Primitive Methodist Quarterly Review [1910년부터는 Holborn Review로 명칭이 바뀜])의 문헌 편집인으로, 1919년에는 총 편집인으로 참여했다. 영국과 유럽의 여러 성경학자들과 교류하면서 당시 성경학의 조류에 대한 개인 의견을 가감 없이 제시하기도 했다. 이런 과도한 일을 잘 감당할 능력이 그에게 있고, 그의 비서 또한 그가 말하는 것을 곧바로 받아쓸 수 있는 능력이 출중했다 하더라도, 학교에서 가르치는 일과 학술 성과를 대중화하는 등의 과중한 짐 때문에 그가 애초 계획했던 이사야와 바울에 대한 연구는 미완의 과제로 남을 수밖에 없었다.

근대 성경비평을 솔직하게 지지하고 이 학문에 열의를 보였기 때문에 종종 그는 논쟁의 중심에 서야 했다. 그레이엄 스크루지(Graham

Scroggie)는 아더 피크의 성경 주석을 '불신앙의 정수'라고 묘사했다. 뿐만 아니라 아더 피크는 다른 극단적 보수주의자들의 공공의 적이 되었다. 그러나 그는 원시감리교회 내에서 점차적으로 신뢰를 쌓아가며 그 영향력을 확대해 가고 있었다. 물론 교단의 입장에서는 국제적으로 명성을 얻고 있는 학자가 교단 내에서 활동하는 것만으로도 교단의 이미지를 긍정적으로 만드는데 도움이 되었다. 아더 피크의 명성은 학자로서의 꼼꼼함, 명쾌한 설명, 겸손한 자세와 경건한 생활이 있었기에 가능한 것이었다.

그는 고등비평을 수용하고 이를 적극적으로 지지했는데, 자기 유익을 위해서가 아니라 이 방식을 통해 성경을 보다 명확하게 대중에게 설명할 수 있다는 확신이 있었기 때문이었다. 개 교회 목회자로서 그의 설교는 항상 그리스도 중심적이었고, 간결했으며, 직관적이었다. 친구 중 한 명은 이런 아더 피크의 설득력 있는 설교, 특히 바울에 대한 설교는 그가 직접 '내면 깊숙이 경험한 복음의 구원의 은총'으로 인해 더욱 힘이 있었다고 회상했다. 다른 친구는 그가 '불가능할 것 같았던 현대주의와 복음주의의 조화를 이룬 대표적 인물'이라고 평했다. 그에 대한 가장 유명한 평은 웨슬리파 조지 잭슨(George Jackson)의 것인데, 그는 아더 피크가 잉글랜드 기독교(English Christianity)를 근본주의자 논쟁에서 구해 냈다고 주장했는데, 이는 회중교인 C. H. 다드(C. H. Dodd)도 강조한 평이기도 하다.

아더 피크는 학자로서 뿐만 아니라 복음주의 자유교회연맹(National Council of the Evangelical Free Churches)의 열렬한 지지자였고 1928년에는 이 단체의 의장을 맡기도 했다. 그는 1920년 램버스청원(Lambeth Appeal)이 기폭제가 되어 1922년부터 1925년까지 진행되었던 재연합 논의에 원시감리교회 대표로 참가했다. 특히, 제1차 세계대전 이후에 급속히 진행되었던 웨슬리파교회, 연합감리교회, 원시감리교회의 재통합 논의에 주도적인 역할을 했다. 그는 재통합되어 새롭게 출범하게 될 연합 교단의 기초적인 체계와 정강을 가다듬는 일에도 최선을 다했다.

그는 십여 년간 계속되는 웨슬리파 교회의 가혹한 비판에 직면해서 교단의 기존 틀을 그대로 유지하고자 했던 원시감리교회교도들이 새롭게 출범하는 연합교단의 교리와 정강을 지지해 줄 것을 당부했고, 1922년에 촉발된 웨슬리파 교회의 '다른 파'(Other Side)가 제기한 교리 문제에도 적극적으로 대응했다. 웨슬리파 교인 중 일부는 원시감리교회가 목회자를 단지 '교회의 유급 직원'으로 여긴다고 비난했다. 여기에 대해 아더 피크는 원시감리교회가 결코 목회직을 폄훼하지 않는다고 분명히 밝히며, "우리는 교회의 교리를 진심으로 존중하듯, 그 목회직도 결코 폄하하지 않고 이를 존중할 따름이다"라고 주장했다. 1928년 여름 제3차 감리교대회에서 다수에 의해 재통합안이 통과되었지만, 아더 피크는 1932년 감리교대회에서 '감리교 통합 시행안'(Methodist Union Enabling Act)이 추인되는 과정을 보지 못하고 1929년 8월 19일 병세를 호전시키지 못한 채 맨체스터왕립병원(Manchester Royal Infirmary)에서 숨을 거두었다.

참고문헌 | L. S. Peake, *Arthur Samuel Peake: A Memoir* (London: Hodder & Stoughton, 1930); J. T. Wilkinson, *Arthur Samuel Peake: A Biography* (London: Epworth Press, 1971).

M. WELLINGS

아더 워킹턴 핑크(Arthur Walkington Pink, 1886-1952)

영국 침례교 목사이자 작가. 그는 1910년부터 영국으로 돌아오는 1934년까지 미국 및 오스트레일리아에서 목회자 및 순회설교자로 활동했다. 말년에는 스코틀랜드 최북단 섬인 아우터 헤브리디즈(Outer Hebrides) 지역에 거주하면서 주로 목회에 관련된 글을 저술했지만, 대부분은 사후에 출판되었다. 핑크는 1886년 4월 1일 잉글랜드 노팅엄(Nottingham)에서 출생했다. 부모는 비국교도였고, 아들 또한 비국교도로 양육하려고 했다. 어린 아더는 공부에 열정을 보였지만, 신자는 아니었다.

22세의 핑크는 사업에 성공했지만, 그때까지도 기독교인이 아니었다. 그는 신지학협회(Theosophy Society)의 차세대 지도자로 성장했다. 그는 고향에서 두 차례에 걸쳐 연설을 할 기회가 있었는데, 첫 번째 연설이 끝나고 집에 왔을 때 아버지는 아들에게 잠언 14:12을 알려 주었다. "어떤 길은 사람이 보기에 바르나 필경은 사망의 길이니라"는 이 잠언 구절을 들은 핑크는 방으로 들어가 있다가 회심했다. 이후 그는 신지학협회에 복음을 전하러 갔다.

회심 경험 이후 핑크는 성경을 스스로 연구하기 시작했다. 그는 신학을 가르치는 대학들이 잘못된 것들을 가르친다고 믿었기에 정규 신학 교육을 받는 것을 원치 않았다. 그러나 1910년에 시카고의 무디성경학교(Moody Bible Institute)에 입학하기 위해 미국으로 건너갔지만, 거기서도 적응에 실패하여 첫 여름 학기가 끝나기도 전에 자퇴를 결심했다. 그는 개인주의 정신이 강하고 공부에 습관이 들어 있는 사람이었기에, 혼자서도 충분히 신학 공부를 할 수 있다고 믿었다. 이어지는 몇 년 동안 핑크는 청교도 신학자들과 몇몇 강해자들의 책을 집중해서 탐독했다. 이 저자들의 글을 기반으로 이후에 핑크는 자신의 작품을 썼다.

핑크는 교회의 청빙을 받고 시카고를 떠나 콜로라도 실버턴(Silverton)으로 이주했다. 그 후엔 캘리포니아의 가든그로브(Garden Grove)로, 다음엔 켄터키(Kentucky)로 이주하여 벅스빌(Burkesville)과 올버니(Albany)에 각각 소재한 두 교회(아마도 침례교회)를 맡았다. 켄터키로 이주한 핑크는 1916년 11월 16일에 31살의 나이로 23살의 베라 E. 러셀(Vera E. Russell)과 결혼했다.

1917년 7월 핑크의 가족은 켄터키를 떠나 사우스캐롤라이나의 스파턴버그(Spartanburg)로 이주했는데, 여기서 핑크는 노스사이드침례교회(Northside Baptist Church) 담임을 맡았다. (그의 침례 기록은 남아 있지 않지만 침례교 목사로 임직하기 위해서는 침례를 받아야 하기 때문이, 이 시기 이전에 분명 침례를 받았을 것으로 추정된다). 여기서 그는 가장 영향력 있는 책 『하나님의 주권』(*The Sovereignty of God*)을 저술했다. 칼빈주의 신학을 강하게 반영하고 있는 이 책은 그가 담임하고 있는 교회뿐만 아니라 동료 및 독자 사이에서 많은 논쟁을 일으켰다. 이 책의 초판은 기대만큼 큰 성공을 거두지는 못했다. 이듬해 핑크는 스파턴버그를 떠나고 싶었지만 좀처럼 기회가 닿지 않았다. 이제 핑크는 하나님께서 그에게 문서사역에 온전히 헌신하기를 원하신다고 믿었다. 핑크는 그 지역을 떠나야 한다는 중압감, 그러나 목적지가 정해지지 않은 현실 때문에 큰 절망감과 혼란에 빠졌다. 그러다 다시는 목회를 하지 않겠다고 결심하며 교회를 1920년에 사임했다. 그의 출판사 근처인 펜실베이니아 스웽글(Swengel)로 이주한 그는 곧 캘리포니아로 가서 여러 도시들을 다니며 일했다. 오클랜드(Oakland)의 캠프집회에서 수많은 사람들을 회심시킨 브라더 톰슨(Brother Thomson)은 1920년 가을에 자신이 전도한 사람들의 훈련을 핑크에게 맡겼다. 이어서 핑크의 사역에서 가장 성공적이었던 시기 중 하나가 뒤따랐다. 그는 1921년 4월까지 많은 사람을 대상으로 한 강연을 이어 갔다. 그러나 저술에 대한 부담은 지속적으로 그를 괴롭혔다. 1921년 후반기에 이르러 핑크는 모든 재산을 털어 「스터디스 인 더 스크립처스」(Studies in the Scriptures)라는 제목의 잡지를 발간했다. 핑크는 가족과 여러 도시를 다니면서도 성경 해설을 위한 이 월간지의 편집을 게을리하지 않았기에, 이 잡지를 받아 보는 주소가 1,000여 곳에 달할 정도였다.

1925년 3월 3일에 핑크의 가족은 오스트레일리아로 이주했다. 거기서 얼마간 성공적으로 목회했지만, 인간의 자유의지를 부인한다는 이유로 침례교연맹(Baptist Union)의 특별 조사를 받았다. 칼빈주의 성향의 특수침례교회(Particular Baptist Church)에서 얼마간 성공적으로 목회했지만, 이번에는 인간의 자유의지를 믿는다는 이유로 징계를 받았다. 이 두 번째 징계의 원인은 복음이 값없이 주어지고, 인간은 그 복음을 믿을 책임이 있다고 그가 믿었기 때문이었다. 이에 핑크는 새로운 독립교회를 설립했다가, 결국 1928년 3월 25일에 사임하고 같은 해 7월 20일에 영국으로 다시 돌아갔다. 오스트레일리아에서의 목회가 마지막 목회였다. 여전히 그는 완고한 칼빈주의자였지만, 전천년설의 세대주의적 성경해석을 거부하면서 무천년주의 종말론을 포함한 언약신학을 견지했다.

핑크는 잉글랜드로 갔지만 설교를 할 수 있는 기회를 좀처럼 잡지 못했다. 1929년 5월 22일에 미국으로 돌아간 그는 오랜 친구들이 자신을 반겨주리라 기대했다. 그러나 켄터키와 캘리포니아에서 거절당하고, 교회가 점점 세상과 타협한다고 인식한 그는 점차 스스로를 격리하기 시작했다. 새로운 희망을 가지고 1934년 9월 5일에 다시 미국을 떠나 잉글랜드로 갔지만, 다시 한 번 잉글랜드와 스코틀랜드 어느 곳에서도 목회지를 찾지 못했다. 1940년 9월 24일에 마지막 희망을 품고 핑크는 잉글랜드 남부 해안의 브라이턴-호브(Brighton Hove) 지역에서 스코틀랜드의 아우터 헤브리디즈(Outer Hebrides)의 스토노웨이(Stornoway)로 이주했다. 그가 살던 집은 런던을 폭격하기 위해 비행 중이던 독일 비행기의 공격을 받았다.

새로 이사한 집에서 핑크는 자유롭게 지내면서 월간지를 계속해서 발간해 나갔는데, 이 작업은 여행 중에도, 심지어 전쟁의 와중에서도 멈춘 적이 없었다. 그는 이 잡지에서 거짓 교회의 잘못된 모습이라 생각되는 것을 신랄하게 비판하면서 그런 교회에서는 떠나야 된다고 역설했다. 핑크의 가족은 교회에는 출석하지 않았는데, 주일사역은 독자들에게 서신을 쓰는 것으로 대신했다. 이후 12년간 핑크는 주변과의 왕래 없이 생활했다. 그는 산책 이외에는 집을 나서지 않았고, 사람들이 그를 찾아오거나 먼 거리에서 그의 방문을 요청할 경우 이를 대부분 거절했다.

핑크는 1952년 7월 15일에 67세를 일기로 사망했다. 그는 스토노웨이 외곽에 위치한 공동묘지에 표지석 없이 묻혔다. 월간지를 출판하는 작업은 아내 베라 핑크가 맡아, 남편이 남겨 놓은 글과 출판 재료를 사용해서 1953년 12월까지 이 작업을 이어 갔다. 베라 핑크는 1962년 7

월 17일에 69세의 나이로 사망했다.

독특한 기질에도 불구하고, 핑크가 하나님의 뜻을 알고 준행하는 일에 최선을 다했다는 것은 부정할 수 없는 사실이다. 말년에 그는 자신의 사명이 입술이 아닌 펜으로 하나님의 말씀을 전하는 것에 있다고 믿었으며, 자기 목회는 대규모 대중이 아니라 소수를 위한 것이라고 생각했다. 생전에는 그다지 알려지지 않은 뛰어난 작품들은 이후에 재발견되어 수십만 권의 책으로 인쇄되어 널리 읽혀졌다. 핑크의 저작들은 과거의 청교도와 20세기 후반부를 살았던 기독교인을 긴밀하게 이어주는 다리였다. 그는 역사적 칼빈주의를 20세기 후반에 다시 부흥시키는 일에 기여한 몇 사람 중 하나였다.

참고문헌 | R. P. Belcher, *Arthur W. Pink-Born to Write* (Columbia: Richbarry Press, 1980); I. Murray, *The Life of Arthur W. Pink* (Edinburgh: Banner of Truth Trust, 1981).

R. P. BELCHER

아더 월리스(Arthur Wallis, 1922-1988)

영국 작가이자 '회복운동'(restorationism)의 원로 지도자. 그는 캡틴 레지날드(Captain Reginald)와 마리 월리스 부인(Mrs Mary Wallis) 사이에서 태어났다. 그는 어린 시절 회심했으며, 사우스포트(Southport)의 윈터다인예비학교(Winterdyne Preparatory School), 바스(Bath)의 몽크톤콤스학교(Monkton Combs School) 등 잉글랜드 소재 기독교학교에서 교육을 받았다. 성직 활동을 짧게 한 후, 그는 경제적인 부분을 하나님께 맡기며 전임 기독교 사역자가 되었다. 아더 월리스는 제도권 교육을 더 이상 받지 않기로 하고, 신약성경 헬라어 통신 과정과 함께 개인 성경공부 과정에 몰두했다. 1942년에는 리치먼드(Richmond)의 듀크스트리트침례교회(Duke Street Baptist Church)에서 앨런 레드패스(Alan Redpath)를 통해 침례를 받았다. 같은 해, 그는 입대한 후 샌드허스트(Sandhurst)에서 훈련을 받고 이탈리아와 북아프리카에 있는 영국 기갑 연대(Royal Tank Regiment)에 배속되었다가 부상을 당했다. 전쟁이 끝난 병역 문제에 대한 생각이 바뀌어 양심적 병역 거부자가 되었다. 1949년에 에일린 헤밍웨이(Eileen Hemingway)와 결혼을 하고, 슬하에 조나단(Jonathan)이라는 아들 하나를 두었다.

아더 월리스의 십대 시절에 유명하고 재능 있는 설교자였던 아버지는 리스 새뮤얼(Leith Samuel)에게 자기 아들들이 자기가 전한 메시지를 이해하고 있는지 알아봐 달라고 부탁했다. 이를 계기로 새뮤얼은 아더의 맨토가 되었고, 일평생 우정을 이어 가는 관계로 발전했다.

활동 초기 아더 월리스의 교회 소속은 열린형제단(Open Brethren)이었다. 참전 군인이자 전통에 얽매이지 않은 형제단 교사 G. H. 랭(G. H. Lang)의 인도로 아더 월리스는 '성령세례'로 알려진 오순절 경험과 성령의 은사가 오늘날에도 존재할 가능성에 대해서도 믿게 되었다. 이 믿음과 개인 연구, R. A. 토레이(R. A. Torrey)와 앤드루 머레이(Andrew Murray) 책을 통해 1951년 3월에 그는 스스로 강력한 성령체험이라 표현한 경험을 했다. 그 후 아더 월리스와 형제단과의 관계는 약화되었다. 그러나 그는 성령세례의 첫째 증거가 방언이라는 오순절의 가르침을 거부했고, 1962년까지도 방언을 하지 못했다.

아더 월리스는 15살 때 웨일스 로퍼

(Loughor) 지역을 방문하면서 부흥에 관심을 갖기 시작했다. 이 로퍼 지역은 1904년부터 웨일스부흥(Welsh Revival)이 시작된 곳이기도 했다. 이 부흥을 통해 회심을 경험한 한 노인과의 대화 중에 그는 부흥을 직접 목격하고 싶은 열망이 생겼다. 헤브리디즈(Hebrides)에서 일어났던 루이스 각성(Lewis Awakening, 1949-1951)에 대한 소식을 들은 후, 그곳을 방문하여 그 각성운동의 중심에 있던 던컨 캠벨(Duncan Campbell)과 시간을 보내기도 했다. 1952년 아더 월리스는 랭의 또 다른 추종자이자 엑시터 지역의 형제단 지도자인 데이비드 릴리(David Lillie)를 만났다. 신약 시대의 이상을 구현한 교회 재건에 대한 릴리의 열정은 아더 월리스의 부흥에 대한 열정에 불을 지폈고, 이 신약 교회의 재건과 부흥은 아더 월리스의 앞으로의 사역과 비전에서 떼어낼 수 없는 중요한 과제로 자리매김했다. 1958년부터 이 두 사람은 다양한 집회를 개최하여 다른 지도자들과 이런 비전을 공유하기 시작했다.

그러나 갑자기 루이스 각성의 불길이 힘을 잃어가자, 아더 월리스는 신약성경의 건강한 기반 위에 형성된 교회들만이 부흥의 힘이 사그라지는 것을 막을 수 있다는 확신을 가지기 시작했다. 그가 믿기에, 부흥하는 교회는 '자치, 자립, 자양, 자전'해야 한다. 교회는 헌신하는 신자로만 구성되어 있어야 하며, 교단 구조에 기반하기보다는 유기적인 관계에 기반을 두어야 한다. 또한, 교회는 성령의 은사와 능력을 경험해야 하고, 오늘날의 사도와 예언자를 포함한 '에베소서의 네 사역'(엡 4:11의 사도, 예언자, 전도자, 목사 및 교사를 의미-역주)에 열려 있어야 한다. 당시 아더 월리스는 데본(Devon) 소재 탤러턴(Talaton) 고향 마을의 한 독립교회를 담임하면서 동시에 순회 설교자로 사역하고 있었고, 전도단을 운영하고,

선교지원 단체인 서플라이라인(Supplyline)도 지휘했다. 부흥과 관련하여 고전이 된 그의 첫 번째 책이 바로 『당신의 능력의 날에-성경에 나타난 부흥의 원리들』(*In the Day of Thy Power-The Scriptural Principles of Revival*, 1956)이었다. 리스 새뮤얼(Leith Samuel)과 랭이 감수했고 던컨 캠벨(Duncan Campbell)이 서문을 썼다.

1963-1964년 사이 20개월 동안 아더 월리스는 뉴질랜드에서 벌어진 심각한 논쟁에 휘말리게 되었는데, 이 논쟁은 뉴질랜드에서 규모가 큰 형제단운동의 분열을 초래한 '성령의 역사들'에 대한 논쟁이었다. 기독교인의 일치에 대한 열정이 큰 아더 월리스는 분열이 고통스러운 것임을 깨달았다. 그는 캠벨 맥컬파인(Campbell McAlpine)의 지원을 받고 있었는데, 아더 월리스는 그와 자신이 비슷하다고 느꼈다. 후에 영국으로 돌아온 아더 월리스와 맥컬파인, 남아프리카인 데니스 클락(Denis Clark)은 가까운 친구가 되어, 부흥, 영적으로 충만한 삶, 교회의 회복에 대해서 다양한 집회에서 연설을 했다.

1965년부터 아더 월리스는 파운틴재단(Fountain Trust)이 주최하는 사경회에서 강연하고 이사회에 참여했다. 이런 헌신을 통해 아더 월리스는 중재자로서의 재능을 발견했다. 교파주의(denominationalism)는 하나님의 의지에 반하는 것이라 확신했지만, 파운틴재단은 주로 역사적인 교단을 갱신시키려고 결단한 지도자들을 대표하는 조직이었다.

아더 월리스는 기도의 사람이었다. 결정은 느렸지만, 그는 기도했고 때로는 하나님의 음성을 들은 것을 확신할 때까지 금식하기도 했다. 아더 월리스는 『하나님의 택하신 금식-금식에 대한 영적, 실천적 가이드』(*God's Chosen Fast-A Spiritual and Practical Guide to Fasting*, 1968),

『성령 안에서 하는 기도-기도사역 안에서의 성령의 역사』(*Pray in the Spirit-The Work of the Holy Spirit in the Ministry of Prayer*, 1970) 같은 책을 통해 기도의 중요성을 강조했고, 건강한 영성을 위해 『전장 속으로』(*Into Battle*, 1973)라는 책을 출판했다. 성경적 예언에 대한 보다 깊은 이해를 위해 아더 월리스는 1972년에 다른 여섯 명의 순회설교자와 함께 자주 모여 이 주제에 대해 깊은 논의를 이어 나갔다. 이런 모임을 가지는 와중에 그는 하나님께서 자신들을 '다윗과 요나단' 같은 관계를 약속하기 위해 부르셨다고 확신하게 되었다. 보다 많은 사람들이 모임에 참석하기 시작하면서 최고 연장자였던 사회자였던 아더 월리스가 회장으로 추대되었다.

그러나 '율법'과는 구별되는 '은총'이 어떻게 주일 성수, 음주, 개인 헌신 같은 주제들을 규정하는가를 놓고 입장차가 있었다. 이런 부분에서 보수적인 태도를 견지한 아더 월리스는 갈등의 골을 메우기 위해 열심을 다했다. 아더 월리스의 첫 번째 책의 요약 및 개정본이 1979년에 『하늘에서 내리는 비-성경과 역사에 비춰본 부흥』(*Rain From Heaven-Revival in Scripture and History*)이라는 제목으로 출판되었다. 여기서 그는 '은사주의운동'을 하나님의 역사로서 인정했지만, 이것 자체가 부흥이라는 점은 부정했다. 사실 아더 월리스는 이 운동이 약화되고 있다고 믿었다. 아더 월리스는 그 쇠퇴가 주로 이 운동의 지도자들이 타협했기 때문이라고 주장했다. 그는 이런 염려를 『급진적 기독교인』(*The Radical Christian*, 1981)이라는 책에서 표현했는데, 자기 시대의 복음주의는 '비현실성, 위선, 타협으로 훼손'되었다고 설명했다. 이런 도전적인 어조에도 불구하고, 이 책 때문에 해외에서 설교 요청이 쇄도했다.

1979년에 아더 월리스는 잉글랜드 북부의 브래드퍼드(Bradford)로 이주해서 브린 존스(Bryn Jones)의 '추수 때'(Harvestime) 팀과 함께하며, 그가 많은 글을 기고했던 「레스토레이션」(*Restoration*)이라는 이름의 잡지 편집장으로 수고했다. 3년 후 그는 다시 남쪽으로 이주해 모퉁이돌(Consestone) 팀의 지도자이자 사우샘프턴(Southampton)의 더커뮤니티교회(The Community Church) 지도자 토니 모턴(Tony Morton)을 도왔다. '사도들의 모임'을 고정 조직으로 생각하는 등 성경에 대한 잘못된 지식을 가졌음에도 불구하고, 아더 월리스는 이런 팀 네트워크를 개척했다.

사우샘프턴의 교회에서 이미 실험했던 아더 월리스의 제자 교육용 자료들은 『하나님의 방법대로 사는 삶』(*Living God's Way*, 1984)이라는 이름으로 출판되었다. 이어서 1987년에는 추가 시리즈로 『성숙을 향하여』(*On To Maturity*)가 나왔다. 1984년과 1985년에 중국 지하교회를 방문하기 위해 중국을 여행하면서 겪은 이야기들을 묶어 『중국의 기적-서방 교회에게 보내는 메시지』(*China Miracle–A Voice to the Church in the West*, 1985)라는 책으로 출판했다. 이 사건 직후 아더 월리스는 건강상의 문제가 불거져 1988년 9월 셰필드(Sheffield)에서 있었던 기도 수련회 중에 갑자기 사망했다. 아더 월리스의 영향은 그가 남긴 글 이상이었다. 다음 세대의 '새로운 교회'(new church) 지도자 중 다수는 그를 지혜로운 확신자, 혹은 아버지 같은 사람으로 인식했다. 동시에 더 전통적인 집단에 속한 이들은 그를 회복운동의 은혜롭고 설득력 있는 변호자로 인식했다.

참고문헌 | J. R. Wallis, *Arthur Wallis: Radical Christian* (Eastbourne: Kingsway, 1991).

D. MATTHEW

아더 태펀 피어선(Arthur Tappan Pierson, 1837-1911)

목사, 웅변가이자 작가. 그는 19세기 말 세계선교활동의 증진에 중요한 역할을 함으로써, 현대 에큐메니컬운동의 기초를 세우는 데 크게 공헌했다. 또한, 잉글랜드케직사경회(English Keswick Convention)와 연합하여 미국에 성결운동을 전파했다. 피어선은 17세기에 요크서에서 미국으로 이민을 떠나 정착한 청교도의 후손으로, 1837년 3월 6일에 뉴욕에서 태어났다. 아버지는 직업이 회계사로, 뉴욕서틴스트리트장로교회(Thirteenth Street Presbyterian Church) 장로였다. 피어선은 뉴욕에서 기초 교육을 받은 후 뉴욕 테리타운온더허드슨(Tarrytown-on-the-Hudson) 소재 기숙학교를 1년간 다녔다. 13세가 되던 해에 지역 감리교회 일련의 부흥집회에 참석한 뒤 회심을 경험했다. 1852년에 피어선은 아버지가 다니던 뉴욕의 장로교회에 등록 교인이 되고, 이듬해에 뉴욕 클린턴(Clinton)에 있는 해밀턴대학(Hamilton College)에 입학했다. 그는 이곳에서 기독교 목회를 최종 목표로 삼고 준비했는데, 특별한 소명을 받았다기보다는 사역하는 일에 재능이 있었던 것으로 보인다.

대학 주변에서 찰스 피니(Charles Finney)가 이끌던 부흥집회가 열렸는데, 피어선은 이 집회에 참석하면서 회심자 사이에서 중요한 인물이 되었고, 마을 교회의 성경교사로 봉사했다. 1857년 뉴욕시에서도 부흥이 일어나자 피어선은 뉴욕으로 돌아와 보수적인 장로교 계통의 유니언신학교(Union Theological Seminary)에 입학했다. 부흥집회에 참석하면서 교회의 급속한 성장을 경험하면서 피어선은 복음전도에 대한 미래의 이상과 확신을 형성했다.

1860년 9월 뉴욕의 빙햄턴(Binghampton) 소재 제일회중교회(First Congregational Church)로 피어선은 청빙받았다. 이 교회는 그가 미국에서 시무한 다섯 교회 중 하나였다. 그는 특히 해외선교사역을 매우 강하게 선포했다. 그는 1870년대에 디트로이트의 포트스트리트장로교회(Fort Street Presbyterian Church)에 있을 때부터 교회와 예배 생활이 형식주의와 배타주의로 가는 것을 안타까워했다. 형식주의와 배타주의로 인해 많은 사람들이 복음으로 오는데 방해가 된다고 믿었기 때문이었다. 1878년에 그는 설교자이자 자선가인 브리스톨(Bristol)의 조지 뮬러(George Müller)를 만났다. 뮬러에게 받은 영향 때문에 20여 년 동안 피어선의 삶은 큰 변화를 겪게 된다.

예언서를 해석하는 형제단의 세대주의적 방법에 영향을 받은 피어선은 "내게 가려져 있던 성경의 3분의 2정도가 이제 열렸다"라고 말하면서 그리스도의 임박한 재림에 대한 기대를 표방하는 전천년설을 지지했고, 후천년설, 즉 그리스도가 오시기 전천년 동안 의와 평화의 나라가 있다는 신학적 입장을 포기했다. 그는 장로교 신학이 따르고 있던 유아세례에 대한 관점에서도 벗어나 있었다. 교단이 없는 독립교회를 추구했고, 세례 방식도 믿는 자가 침수례를 받는 방식을 추구했다. 피어선의 관점은 당시 많은 사람들이 따랐던 것이었기 때문에 미국 전역에서 피어선은 작가와 집회 연사로 더 알려졌고, 이후에는 런던 소재 메트로폴리탄태버너클(Metropolitan Tabernacle)에서 찰스 해돈 스펄전(Charles Haddon Spurgeon)의 뒤를 잇는 장로교 설교자로 깜짝 청빙되었다.

당시 스펄전의 교회는 세계에서 가장 앞서가는 침례교회였다. 피어선은 스펄전이 투병하던 시기와 사후인 1891년 10월부터 1892년 9

월까지, 그리고 1893년에 다시 메트로폴리탄 테버너클의 강단을 지켰다. 그러나 그는 1896년에야 침례를 받았는데, 서리(Surrey) 소재 웨스트크로이든침례교회(West Croydon Baptist Church)에서 J. A. 스펄전(J. A. Spurgeon)에게서 신자로서 침례를 받은 특별 개인 예식으로 진행되었다. 이 사건으로 인해 피어선은 엄청난 공적 비난을 받았고, 장로교 목사직에서 제명처분되었다. 나중에 장로교회와의 관계가 회복되기는 했지만, 결국 이 사건 이후 여생을 교단 조직 바깥에서 활동하게 된다. 닫힌 성찬(closed table)과 닫힌 회원(closed membership)으로 인해 침례교에 합류하지 않기로 한 그는 1897년부터 브리스톨에서 형제단과 함께 상당한 시간을 보냈다. 그동안 피어선은 조지 뮬러, 그리고 그의 사위이자 계승자로 1905년에 사망한 제임스 라이트(James Wright)의 전기를 썼다.

피어선이 가장 널리 알려지게 된 계기는 세계복음화 대변자와 케직사경회와 연결된 성결 전통의 촉진자로서였다. 그는 25년 동안 선교 관련 정기 간행물 「미셔너리 리뷰」(Missionary Review)를 편집했고, 1885년에 『세계 복음화 계획』이라는 책을 출간했는데, 여기서 빠른 복음 전파로 주님이 다시 오실 그 날을 앞당기기 위해 국제 협의회를 설립해야 한다고 주장했다. 피어선이 1885년에 노스필드대회(Northfield Conference)에서 비슷한 맥락으로 연설했을 때, 전도자 D. L. 무디(D. L. Moody)는 이 세계선교운동을 이미 열정적으로 지지한 바 있었다.

1886년에 출판한 『선교의 위기』(The Crisis of Missions)에서는 "성경이 제시한 복음을 세계로 전파해야 한다는 생각이 우리의 삶을 이끌도록 해야 한다"라고 선언했다. '이 세대에 세계복음화'를 요청한 것은 같은 해에 허먼산(Mt Hermon)에서 열린 학생대회에서 맡은 연설에서였다. 비록 그가 이 구호를 제일 먼저 제창한 것은 아니지만, 이 구호는 19세기 말 선교활동을 특징지은 열정과 긴급성을 상징했다.

'이 세대에 세계복음화'(The Evangelization of the World in this Generation)는 1888년에 처음으로 미국의 학생자원운동(Student Volunteer Movement, SVM)에서 공식 채택된 표어가 되었고, 1896년에는 영국 리버풀대회(Liverpool Conference)에서 학생자원자선교연합(Student Volunteer Missionary Union)의 표어로 다시 채택되었다. 실제로 학생자원운동의 기원은 1886년에 있었던 허먼산대회였는데, 이 운동은 세계선교를 위해서 개인 각자가 흩어져서 헌신하기보다는 보다 집단적인 대중 학생 세계선교운동으로 만드는 계기가 되었다. 피어선은 「미셔너리 리뷰」(Missionary Review)에서 초교파적 시각으로 광범위한 지역에서 활동하는 선교사 단체들의 사역을 보고하면서 새로운 기반을 마련했다. 이후 학생자원운동은 많은 교회를 하나로 모으는 일에 큰 영향을 끼쳤다. 20세기 에큐메니컬운동의 초기 개척자들 중 다수는 피어선의 설교를 듣고 감동을 받아 학생선교운동에 참여한 젊은이들이었다.

그는 1895년 노스필드대회에서 앤드루 머레이(Andrew Murray)와 H. W. 웹-페플로(H. W. Webb-Peploe)에게 큰 영향을 받았다. 이 둘은 잉글랜드의 케직사경회와 연관된 인물이었는데, 신앙 생활은 노력이 아니라 믿음으로 높은 수준에 이르는 것이라는 가르침이 성결 교훈의 핵심이었다. 피어선은 "나는 그날 믿음의 안식으로 들어갔다"라고 기록을 남겼다.

1897년 케직사경회에서는 안내하지 못한 것, 교만했던 것, 자기 의지에 따라 산 것과 같은 죄를 대중에게 공개 고백하면서, 이제 '그의 삶을 부요하게 했던 새로운 승리와 그의 사역의 특징이 된 새로운 능력'을 간증했다. 이후 피어선은 케직 설교자로 정기적으로 연단에 섰다. 1905년에 잉글랜드국교회(Church of England) 사제 하나는 특별히 주목할 만한 피어선의 설교에 대한 감상을 쓰면서 다음과 같은 기록을 남겼다.

> "…성령이 떨어졌다. 자신의 실패와 죄를 고백한 기독교인들의 훌쩍임과 울음 때문에 그 설교자는 설교를 끝내지 못하고 있었다"

찰스 인우드(Charles Inwood), F. B. 마이어(F. B. Meyer) 같은 케직의 대표 지도자들과 함께 피어선은 케직의 가르침을 노스필드, 보스턴 및 미국의 여러 다른 지방에 선포하는 도구가 됨으로써, 이 지역에서 케직 유형의 집회들이 발족되는 계기를 마련했다.

훗날 피어선은 자신을 '장로교도-침례교도-형제단 이탈 혼합자'로 다소 부정적으로 묘사했지만, 세계복음화라는 목표에 특별한 초점을 둔 범복음주의 관점은 19세기 말 복음주의자에게 큰 영향을 끼쳤다. 대서양 양편 복음주의 세계에서 피어선은 세계무대에서 활약하는 정치인과 비슷한 역할을 감당했던 것이다.

참고문헌 | J. Kennedy Maclean, *Dr. Pierson and His Message* (London: Marshall, n.d.); D. Lotz, 'The Watchword for World Evangelization: The Evangelization of the World in this Generation,' *Baptist Quarterly* 34.8 (October 1992), pp. 398-408; D. L. Pierson, *Arthur T. Pierson: A Biography By His Son* (London: James Nisbet, 1912).

R. N. SHUFF

아도니람 저드슨 주니어(Adoniram Judson, Jr, 1788-1850)

미국에서 선교회가 임명하고 파송한 최초의 침례교 해외선교사. 그는 1788년 8월 9일에 매사추세츠 몰든(Malden)에서 코네티컷 우드베리(Woodbury)의 회중교회 신학자 아도니람 저드슨(Adoniram Judson) 목사와 로드아일랜드 티버턴(Tiverton) 출신의 애비게일 브라운 저드슨(Abigail Brown Judson)의 장남으로 태어났다. 그는 세 살 때 읽는 법을 배우면서 일찍부터 언어 재능을 과시했다. 야망에 찬 젊은이였던 그는 브라운대학교(Brown University)의 졸업생 대표(1807)였는데, 여기서 이신론적 관점을(deistic views)을 받아들이며 가족을 경악케 했다. 졸업 이후에 잠시 플리머스(Plymouth)에 개인 학원을 열었고, 『영어 문법의 요소』(*The Elements of English Grammar*, 1808)와 『젊은 여인의 산수』(*The Young Lady's Arithmetic*, 1808)를 출판했다.

1808년에 개인적으로 종교적 위기를 겪은 저드슨 주니어는 개인 회심을 고백하지도 않았고 목회자 후보생도 아니었지만 앤도버 소재 신학교에 들어갔다. 그러다 1808년 12월 2일에 하나님께 헌신했고, 1809년 5월 28일에는 신앙을 고백하고 아버지가 목회하던 플리머스의 제삼회중교회(Third Congregational Church in Plymouth)에 등록했다. 1810년 9월 24일에는 앤도버신학교를 졸업했다.

1810년 6월 28일에 저드슨 주니어는 동료 신학생 새뮤얼 노트 주니어(Samuel Nott, Jr), 새뮤얼 밀스 주니어(Samuel J. Mills, Jr), 새뮤얼 뉴얼(Samuel Newell)과 함께 (회중교회) 총회(General Association) 매사추세츠 지부에 해외선교사 지원 요청서를 제출했다. 이에 대한 응답으로 총회는 미국해외선교회(American Board of Commissioners for Foreign Missions, ABCFM)를 창설했다. 1811년 9월 19일에 저드슨 주니어, 노트, 뉴얼, 고든 홀(Gordon Hall)이 프로비던스(Providence)의 자문위원회가 가장 호의적인 지역의 문을 연다는 전망에서, 오스만 제국이나 수라트(Surat, 인도 서부 구자라트 주의 도시-역주), 혹은 프린스오브웨일스 섬(Prince of Wales Island, 오스트레일리아, 알래스카, 캐나다, 말레이지아에 각각 같은 이름의 섬이 있는데, 여기서는 말레이지아의 페낭섬을 지칭하는 듯하다-역주), 혹은 다른 아시아 지역에서 [ABCFM]의 지도 아래 사역을 할 선교사로 임명되었다.

루터 라이스(Luther Rice)도 1812년 1월 27일에 임명되었지만, 그는 여행에 필요한 돈을 스스로 모아야 했다. 이 선교사들은 저드슨 주니어가 앤 해슬타인(Ann Hasseltine)과 결혼한 다음 날인 1812년 2월 6일에 안수받았다. 앤은 세 아이를 임신했으나, 하나는 사산했고, 나머지는 모두 영아기에 사망했다. 저드슨 주니어 부부는 2월 19일에 새뮤얼, 해리엇 뉴얼 부부와 함께 세일럼(Saelm)에서 출발해서 6월 17일에 인도 캘커타(Calcutta)에 도착했다.

항해 중에 저드슨 주니어는 유아세례 문제를 놓고 깊은 고민에 빠졌다. 8월 31일에 부부는 성경적 근거로 유아세례를 거부하고 침례교 입장을 수용했다. 9월 1일에 미국해외선교회로 사직서를 써 보낸 그는 아내와 함께 9월 6일에 세람포어(Serampore)의 침례교선교회(Baptist missionBaptist mission)에서 잉글랜드침례교 선교사 윌리엄 워드(William Ward)에게 침례를 받았다. 고든 홀과 새뮤얼, 록산나 노트(Roxana Nott)와 함께 필라델피아에서 배를 타고 온 루터 라이스(Luther Rice)도 비슷한 감정 변화를 겪고, 11월 1일에 침례를 받았다.

저드슨 주니어 부부는 1813년 7월 13일에 버마(미얀마) 랑군(양곤)에 도착했다. 건강상의 이유로 라이스는 버마에 도착하기 전에 다시 미국으로 돌아갔다. 저드슨 주니어는 즉각 침례교에 해외선교지원을 요청했고, 1814년 5월 18일에 '3년협의회'(Triennial Convention)라는 이름으로도 알려진 '해외선교를 위한 미국침례교단 일반선교협의회'가 필라델피아에서 창립되었다. 저드슨 주니어는 첫 미국침례교 선교사, 라이스는 이 협의회의 첫 대표가 되었다.

버마에서 저드슨 주니어는 버마어와 버마 문화를 공부했다. 1815년에는 (불교 문서 언어인) 팔리(Pali)를 공부하고, 비록 1842년에 가서야 출간되지만, 1816년에 『버마어 문법 연구』(*Grammatical Notices of the Burmese Language*)를 완성했다. 1819년 4월에 드디어 버마어로 설교할 수 있게 되었기에, 자야트(zayat, 버마 전통 모임 장소)를 세워 소책자를 배포하고, 질문자들을 만나고, 공공 예배를 열고, 버마어 읽기와 쓰기를 가르치는 장소로 활용했다. 1819년 6월 27일에 저드슨 주니어는 첫 버마인 회심자 모웅 나우(Moung Nau)에게 침례를 주었다. 1823년에는 버마어 신약성경을 완간(1829, 1837 개정)하고, 구약성경 축약본도 발간했다.

1823년 12월, 저드슨 주니어 부부는 선교회를 열기 위해 제국의 수도 아바(Ava)로 이전했지만, 제1차 영국-버마전쟁 때문에 1824년 6월 8일에 처음에는 아바에서, 다음으로는 오웅펜라(Oung-pen-la)에서 간첩으로 몰려 투옥되었다. 1825년 11월에는 영국군과의 평화 협상시 통역으로 버마인을 위해 일하라는 강요를 받았다. 20개월 이상의 투옥과 간헐적인 고문 이후

1826년 2월 21일에 석방되었다. 그는 영국의 양다보 조약(Treaty of Yandabo) 협상을 도왔고, 1826년 7월 2일에는 테나세림 해안(Tennasserim Coast) 애머스트(Amherst)의 새로운 영국인 정착지로 이주했다. 이 와중에 그의 첫 번째 버마어사전이 캘커타에서 출판(1826)되었다.

아도니람이 감옥에서 살아남은 것은 앤 때문이었다. 자기가 병들어 고통당하고 있었음에도 불구하고, 앤은 그가 필요한 것을 넣어 주고, 아플 때 간호하고, 버마 관리들에게 남편의 고통을 경감시켜 달라고 애원했다. 그 와중에 출산하고 병약한 신생아 마리아를 돌보아야 했다. 앤 저드슨은 1826년 10월 24일에 애머스트에서 사망했는데, 당시 남편은 아바에서 영국 대사관에 가 있었다. 아도니람은 1827년 1월 24일에 애머스트로 돌아갔고, 마리아는 4월 24일에 죽었다.

토마스 아 켐피스(Thomas à Kempis), 프랑수아 페넬롱(François Fénelon), 마담 귀용(Madame Guyon)의 영향을 받은 저드슨 주니어의 금욕주의는 주변의 많은 이들의 염려를 자아냈는데, 여러 고난을 당한 후에는 더 극단적으로 변했다. 그는 사역에 필요한 경우를 제외하고는 모든 사회적 접촉을 끊었다.

1830년과 1831년에 저드슨 주니어는 랑군(Rangoon)과 프로메(Prome)에서 복음을 전하려다 실패했다. 마울마인(Maulmain)으로 돌아간 그는 정글에 사는 카렌(Karen) 부족을 대상으로 수차례 설교 여행을 떠났다. 1834년에 첫 번째 버마어 구약성경번역이 완료되었고(1835년 개정판), 1840년에 4절판으로 만들기 위해 신약 전체를 개정했다.

1834년 4월 10일에 저드슨 주니어는 카렌 부족을 대상으로 사역하는 고참 선교사이자 선교사 조지 데이나 브로드먼(George Dana Boardman)의 미망인 새라 브로드먼(Sarah Boardman)과 재혼했다. 1845년에는 잦은 설사로 몸이 약해지고 저드슨 주니어에게 여덟 자녀(이 중 다섯이 어른이 될 때까지 살아남았다)를 낳아 준 새라 저드슨이 중병에 걸렸다. 새라의 목숨을 구하러 이들은 함께 미국으로 떠났다. 그러나 새라는 1845년 9월 1일에 세인트헬레나(St Helena, 남대서양의 영국령 섬-역주) 항구에 정박한 배 위에서 사망했다.

저드슨 주니어는 1845년에 보스턴에 도착했다. 미국 전역에서 영웅으로 환영받았으나, 스스로는 무가치하고 거처도 없는 존재라 생각했다. 목소리는 병 때문에 힘이 없었고, 영어로는 더 이상 설교를 잘할 수도 없었다.

1845년 12월에 그는 '파니 포리스터'(Fanny Forester)라는 이름으로 활동하고 있던 대중 소설 작가 에밀리 추벅(Emily Chubbuck)을 만났다. 처음에 그는 새라 저드슨의 전기 저술 계약을 하기 위해 만났으나, 얼마 지나지 않아 청혼하고 1846년 6월 2일에 결혼했다. 5주 후에 신혼 부부는 버마로 출발한 후, 1846년 11월 30일에 마울마인에 도착했다. 에밀리는 두 아이를 낳았으나, 하나는 사산이었다. 저드슨 주니어는 사랑이 많고, 친절하고, 인정 많은 남편이자 아버지, 의붓아버지였고, 언제나 가족의 영적이고 물질적인 필요에 관심을 기울였다. 아내들과 아이들이 아플 때 이들을 간호했고, 이들의 죽음을 아주 슬퍼했다. 살아남은 아이들은 미국으로 보내져 친구와 가족들을 통해 양육받고 교육받았다.

저드슨 주니어는 두 권으로 계획된 사전의 첫 권『영어-버마어 사전』(A Dictionary English and Burmese, 1849)을 출판했다. 중병에 걸리자 의사는 유일한 희망이 바다 여행이라고 조언했다. 저드슨 주니어는 항해 중 1850년 4월 12일에 죽었고, 다음 날에 안다만 제도(Andaman Islands) 근처 인도양에 수장되었다. 그가 사망함으로써 편찬하던 사전의 버마어-영어 사전 부분이 미완성으로 남았다. 다른 선교사 E. A. 스티븐슨(E. A. Stevens)이 작업을 마무리했고, 『버마어-영어 사전』(*A Dictionary Burmese and English*, 1852)으로 출판되었다. 저드슨 주니어의 『문법 연구』 개정판은 1852년에 『버마어 문법』(*A Grammar of the Burmese Language*)으로 사전 크기의 4절판으로 출판되었다. 사전은 수차례 개정을 거쳤고, 오늘날에도 표준 참고서적으로 활용되고 있다.

저드슨 주니어의 신학적 공헌에는 '기독교 세례'에 대한 유명한 설교(1812)도 포함되는데, 윌리엄 캐리(William Carey)는 이 주제에 대해 자신이 읽어 본 내용 중 최고라고 말했다. 저드슨 주니어의 첫 소책자 『기독교 신앙관 3단계: 역사적, 교훈적, 규범적 접근』(*A View of the Christian Religion, in Three Parts, Historic, Didactic, and Preceptive*, 1816)은 버마어로 출간된 최초의 기독교 해설서인데, 여기서 저드슨 주니어는 자신이 승리주의적 후천년주의자임을 밝혔다. 영어로 쓴 『삼중 굴레』(*The Threefold Cord*, 1829)는 제자도에 관한 책인데, 혹자는 여기서 로마 가톨릭의 정적주의나 욕망 절제와 자기 부인을 강조하는 불교의 영향을 볼 수 있다고 주장한다. 버마어로 쓴 『황금 균형』(*The Golden Balance*, 1829)에서는 기독교와 불교 체계를 비교했다. 또한, 저드슨 주니어는 '오소서 거룩한 비둘기 성령님'(Come, Holy Spirit, Dove Divine, 1829) 등의 시와 찬송을 쓰기도 했다.

저드슨 주니어의 선교론은 미국침례교 선교회들이 전략을 짜고 운영하는 데 큰 영향을 끼쳤다. 그는 언제나 자신을 주로 설교자로 인식했고, 문명을 통한 기독교화보다 토착화를 통한 전도를 강조했다. 필요할지라도 학교와 병원은 전도와 교회 개혁, 토착 지도자 훈련 다음에 오는 부차적인 사역이라 믿었다. 그는 번역과 자야트사역(*zayat* ministry)에 헌신했는데, 이 방법들이 복음을 토착화하는 직접적이고 효과적인 수단이라고 믿었기 때문이었다.

저드슨 주니어에 따르면, 선교사 소명은 평생 지속되는 것이며, 온 맘으로 하는 헌신과 자기 부인을 요구했다. 그는 선교사는 선교본부의 지원에 전적으로 의존해야 하며, 심지어 취미로라도 과학이나 문학적 연구에 관여하는 선교사를 인정해서는 안 된다고 믿었다. 규모가 큰 선교지부를 반대했고, 선교사는 여러 지역에 작은 규모로 흩어져, 자기 목회 영역을 늘여 가는 토착 목회자를 활용하는 것이 훨씬 효과적이라고 주장했다.

저드슨 주니어의 교회 개척 전략은 토착 목회자와 조력자를 실천적으로 훈련시키고 감독하는 것이었다. 그는 서구 신학 교육 모델을 토착 현지 사역자의 필요에 어울리지 않는 것으로 보았다. 그는 『일곱 안내서』(*Septenary* 또는 *Seven Manuals*, 1829)를 편찬해서 현지 목회자가 자기 교회를 목회할 때 활용할 수 있게 했다. 안내서에는 앤 저드슨이 쓴 요리문답, 그의 기독교 신앙관, 공예배, 침례, 결혼식, 장례식 집례 지침, 교사를 위한 회심자 지도 지침이 들어있었다. 저드슨 주니어가 버마에 도착했을 때, 버마인이나 카렌 부족 중에는 기독교인이 한 사람도 없었다. 그가 사망할 당시 36개 교회에서 약 8천 명의 기독교 신자가 예배를 드렸다.

저드슨 주니어는 기독교가 본질적으로 다른 종교보다 우월하며, 강요하지 않는 분위기에서 바르게 제시하기만 하면 버마인이 기독교를 수용하리라 믿었다. 결국 성공하지는 못했지만, 그는 버마에서 신앙의 자유를 일관되게 옹호한 인물이었다.

참고문헌 | C. Anderson, *To the Golden Shore: The Life of Adoniram Judson* (Boston and Toronto: Little, Brown & Company, 1956; repr. Valley Forge: Judson Press, 1987); B. R. Pearn, *Judson of Burma* (London: Edinburgh House Press, 1962); F. Wayland, *A Memoir of the Life and Labors of the Rev. Adoniram Judson*, D.D., 2 vols (Boston: Phillips, Sampson & Co.; London: Nisbet & Co., 1853).

K. P. MOBLEY

아돌푸스 에거턴 라이어슨(Adolphus Egerton Ryerson, 1803-1882)

캐나다 출신의 감리교 목사이자 교육자. 그는 1803년 3월 24일 어퍼 캐나다(Upper Canada)에 위치한 샬롯빌 타운쉽(Charlotteville Township)에서 왕당파(United Empire Loyalists) 소속의 조셉 라이어슨 대령(Colonel Joseph Ryerson)과 메헤터블 라이어슨(Mehetable Ryerson) 부부 사이에서 여섯 형제 중 다섯째로 출생했다. 이 여섯 명의 형제 중 한 명만 제외한 모두가 후에 감리교 목회자로 성장했다. 형제 존과 윌리엄이 신생 교단에서 리더로서 역할을 훌륭히 감당해 나가고 있었지만 아돌푸스 라이어슨은 이들과는 비교가 안 될 정도로 감리교를 위해 큰 공헌을 했다. 또 다른 형제인 조지는 어빙파가톨릭 사도교회(Irvingite Catholic Apostolic Church, 에드워드 어빙이 1831년에 창시한 영국계 은사주의 성향의 교단-역주)로 개종하면서 세간의 이목을 끈 동시에 큰 비난을 받기도 했다.

그러나 캐나다 복음주의 역사에 끼친 아돌푸스 라이어슨의 공헌은 시대에 뒤떨어진 것이라기보다는 더 전통적이었다고 할 수 있다. 아돌푸스 라이어슨은 어퍼 캐나다 개척지가 보다 안정되고 근대화된 온타리오(Ontario)로 변화되는 시대에 살았다. 아돌푸스 라이어슨은 이런 시대에 방관자가 되기보다는 보다 적극적으로 사회 변화에 참여하기를 원했고, 특히 그가 사랑했던 감리교가 사회 변혁에 앞장서는 데 큰 공헌을 했다. 아돌푸스 라이어슨이 사망할 당시 감리교단은 전체 개신교인의 3분의 1을 차지할 정도로 온타리오에 최대 교단으로 성장했다.

1812년 전쟁 후 부흥의 불꽃이 타오르던 시기에 아돌푸스 라이어슨은 12살의 나이로 회심을 경험했다. 그러나 그는 자기 회심이 성공회 신자이자 '토리'(Tory) 성공회 당원이었던 아버지를 분노케 할 것을 염려하여 이 사실을 18살이 될 때까지 숨겼다. 감리교회의 정식 교인이 되기 위해 그는 집을 떠날 수밖에 없었다. (후에 아버지와 결국 화해했다). 이후 그는 학교 교사로 일하고 있던 형 조지를 2년간 도왔다. 22세 되던 해, 순회설교자인 형 윌리엄이 병으로 눕게 되자 아돌푸스 라이어슨은 그를 대신해 말을 타고 다니며 복음을 전했다. 그러다 1826년 요크(York) 서쪽(현재는 Toronto)에 거주하고 있던 미시사우가(Missisauga) 인디언에게 복음을 전하는 선교사로 파송되었다.

토착 인디언이 미개하다는 선입견이 당시 팽배했지만, 그는 이들을 존중하고 그들의 언어도 나름대로 습득하여 소통하는 데 큰 어려움이 없었다. 인디언과 함께 지내면서 아돌푸스 라이어슨은 원주민 감리교 설교자 피터 존스(Peter Jones)를 평생 친구로 만났다. 그는 이후 순회설교자로 다시 활동하면서 주변에 위치한 토착민 교회들을 방문했다. 이후 몇 년간 말을 타고 다니며 매일 말씀을 전했다. 그러나 그의 삶에 드라마 같은 변화가 찾아왔다. 그는 어퍼 캐나다에서 가장 뛰어난 논쟁가로 자리매김한다.

1791년에 제정된 식민지 헌법은 전 식민지 땅의 7분의 1을 종교 부지로 할애하여 개신교 성직자를 지원하게 했다. 그러나 그 열매는 오로지 성공회만이 누릴 수 있었다. 성공회만이 독점적으로 혼례를 집례했고, 1798년이 되어서야 다른 교단들도 일부 참여할 수 있었다. (1830년엔 거의 모든 교단의 목회자도 혼례를 집례할 수 있게 되었다). 다른 교단들은 1828년이 되어서야 예배당과 묘지를 소유해야 받을 수 있는 종교 재단 지위를 인가받기 시작했다.

캐나다의 첫 개신교 주교 제이콥 마운틴(Jacob Mountain)의 장례식에서 성공회 부주교 존 스트렌천(John Strachan)은 '양키 감리교도'(Yankee Methodists)와 다른 비국교도를 비난하는 설교를 했는데, 이것이 1826년 인쇄되어 대중에게 배포되기 시작했다. 이에 대항해 아돌푸스 라이어슨은 급진 개혁 잡지 「콜로니얼 애드버킷」(Colonial Advocate)에 긴 글을 기고했다. 이후 아돌푸스 라이어슨은 한편으로는 보수적인 토리당 성공회 및 로마 가톨릭교회와 글을 통한 논쟁을 이어 갔고, 다른 한편으로는 1833년에 영국에 있는 동안 급진적 무신론자들과 접촉한 후에는 과거에 함께했던 개혁파 친구들과 논쟁했다. 비록 상황에 따라 정치 연대를 달리했지만, 그의 가장 숭고한 목표는 실제로 종교적 자유를 확보하는 것이었다.

아돌푸스 라이어슨은 1829년 감리교회의 「크리스천 가디언」(Christian Guardian)지 편찬을 책임지는 창립 편집장으로 임명된 후, 인쇄소를 물색하기 위해 뉴욕을 방문했다. 캐나다 식민지에서 잉글랜드국교회(Church of England)의 국교화를 저지하려는 아돌푸스 라이어슨의 노력이 감리교도가 아닌 독자들까지 매료시키면서, 이 잡지의 구독 부수는 빠르게 증가했다. 중간에 휴식기가 있긴 했지만 아돌푸스 라이어슨은 1840년까지 이 잡지의 편집장으로 활동했다.

1829년에 감리교총회는 그를 '서적 총괄책임자'(book steward)로 지명했고, 그는 이 직임을 근간으로 해서 후에 라이어슨출판사(Ryerson Press)의 기초를 마련했다. 그는 때로 이런 논쟁적 기질을 다른 감리교인에게 드러내기도 했다. 아돌푸스 라이어슨은 1833년에 영국감리교 선교회(British Methodist missions)와 기존 어퍼 캐나다감리교가 통합되는 과정에서 중요한 역할을 감당했던 동시에 많은 질책을 받기도 했다. 통합에 대한 지나친 열정으로 인해 상당수 소수파가 기존 감리교회를 이탈하면서, 19세기 감리교의 가장 중요한 분열에 결정적 역할을 한 꼴이 되었다. 아돌푸스 라이어슨은 그가 설계한 감리교 연합이 다시 1840년에 분열하는 데에도, 1847년에 영국감리교회와 캐나다 중부감리교회가 화해하는 데에도 결정적인 역할을 감당했다.

아돌푸스 라이어슨은 1842년에 감리교회의 빅토리아대학(Victoria College) 총장으로 취임하면서 본격적인 교육 사업을 시작했다. 이 일을 감당하기에 충분한 공식 교육을 받지는 못했지만, 고전 문헌과 언어에 대한 약간의 지식이 있었다. 빅토리아대학은 캐나다의 다른 모든 교단보다 앞서 가장 먼저 영국에서 교육받은 목회자가 아니라 캐나다 현지에서 교육받은 목회자를 양성하여 지도자의 토착화에 기여했다. 또한, 이 대학은 캐나다에서 감리교회가 급속한 성장을 이루는 데 크게 기여했다. 비록 아돌푸스 라이어슨이 빅토리아대학에서 일한 기간은 얼마 되지 않았지만, 후에 교회 지도자로 성장한 학생들에게 큰 영감을 주었다. 이 학교는 감리교회의 자발적 헌신으로 모금된 자금으로 운영되었다. 감리교회는 종교적 활동을 위해 불하된 부지를 팔아 목회자에게 보수를 지급하지는 않았지만, 이런 돈이 많이 드는 교육 사업에는 적극적인 지원을 아끼지 않았다.

아돌푸스 라이어슨은 1844년에 식민지교육부장관에 취임하여 큰 유명세를 떨치게 된다. 그는 미국과 유럽을 다니면서 교육 체계에 대한 연구를 이어 나갔다. 특히, 프러시아(Prussian)의 교육 체계와 아일랜드의 교과서에 큰 감명을 받아 이 둘을 온타리오에서 채택하게 했다. 그의 또 다른 업적으로는 1847년부터 교사 훈련의 표준화(첫 '사범학교'[Normal School] 건물이 1852년에 개교), 교수법 서적 출간(1848년부터 1875년까지 「저널 오브 에듀케이션 포 어퍼 캐나다」 [*Journal of Education for Upper Canada*]의 편집자로 활동) 등이 있었다. 아돌푸스 라이어슨 같은 지도자들은 역사 공부를 도덕적 규범을 세우는 수단으로 활용하면서 예술품과 공예품을 수집하여 대중에게 전시하기도 했다. 왕립온타리오박물관(Royal Ontario Museum)과 온타리오예술대학(Ontario College of Art)은 아돌푸스 라이어슨이 설립한 첫 사범학교에서 발전한 기관들이다.

평생 교회와 국가를 위해 일했던 그의 공로는 두 개의 명예박사학위로 증명된다. 하나는 1842년 미국 코네티컷의 웨슬리파대학교(Wesleyan University)에서 받았던 신학박사학위, 다른 하나는 빅토리아대학에서 1861년에 받은 법학박사학위였다. 아돌푸스 라이어슨에게 교육의 목표는 단지 공손한 품위를 심어 주는 것이 아니었다. 다원주의와 성경 고등비평이 위세를 떨치며 기존의 성경 교리들의 진실성을 위협하던 시기에 발전된 그의 교육 철학이 보편적 기독교(즉 개신교)임을 모든 학생에게 제시하는 것이었다. 학생은 교단의 구별 없이 성경의 기본 내용을 우선적으로 학습해야 했다. 이런 아돌푸스 라이어슨의 교육 이념의 배경에는 후천년주의 종말론이 있었다. 즉 중생한 개인이 다양한 종교 및 세속 기관에서 활동하면서 혁명 없이 그리스도의 천년왕국을 이 땅에 임하게 할 수 있다는 믿음이었다. 그리스도가 재림하여 이런 윤리적 진보를 절정으로 이끌 것이며, 종국에는 완벽한 사회가 구현될 것이다.

국가가 재정을 대는 보편 교육은 이 과정에서 절대적인 역할을 감당할 것이다. 구원은 교육만으로는 완성되지 않지만, 아돌푸스 라이어슨은 포괄적이고 유용한 기독교 지식으로 학생의 지성을 형성함으로써 회심이 촉진되는 교육 환경을 조성하고자 했다. 아돌푸스 라이어슨의 행보는 1850년대의 정치적 긴급성을 반영했다. 이때 로마 가톨릭학교가 정부의 지원을 받기 시작했기 때문이다. (이 사안은 20세기 후반까지 정치적 쟁점이 되었다).

아돌푸스 라이어슨의 전투는 1854년에 '목회자 예비 자금법'이 통과된 것으로 끝나지 않았다. 같은 해, 아돌푸스 라이어슨은 감리교총회가 목회자에게 속회(class meeting)에 의무적으로 참석하라는 결정을 내리자 잠시 감리교회를 떠나기도 했다. 그러나 그는 세속 정치 활동을 계속해서 이어 나갔다. 그는 캐나다 초대 총리 존 A. 맥도널드 등과 친분 관계가 있었다. 특히, 자신의 교육 개혁을 변호했지만, 그가 (일평생 자유를 위해 투쟁한 경력과는 모순되어 보이는) '프러시아전제주의'를 온타리오의 학교들에 도입했다는 비난을 가혹하게 받기도 했다.

그는 평판을 유지하기 위해 점점 더 노력했다. 특히, 공금을 횡령했다는 고소 이후에 더 방어적인 태도를 취했다(후에 혐의 없음으로 판결). 1874년에 캐나다 웨슬리파와 뉴커넥션감리교회(New Connexion Methodists)의 통합 과정에서 발휘된 지도력에도 불구하고, 1884년 캐나다감리교회의 완전한 재통합이 이루어지는 과정 초기에 보인 지나친 공격성이 그의 죽음의 원인 중 하나일 수 있다는 주장이 있다.

아돌푸스 라이어슨의 건강은 1862년부터 급격히 나빠지기 시작했다. 그럼에도 그는 온타리오의 교육 체계를 발전시키고자 부단히 노력했으며, 결국 그의 경력의 최고봉인 1871년 학교법 제정을 이끌어 냈다. 그가 남긴 교육 체계는 이 지역 최초의 현대적 공공 서비스라는 역사적 의의가 있다.

아돌푸스 라이어슨은 1876년 은퇴했다. 정부는 그의 업적을 인정하여 그가 속한 부서를 재조직해서 장관이 책임지는 내각 기관으로 승격시켰다. 은퇴에 즈음하여 그는 몇 권의 책을 저술했는데, 그중 한 권은 왕당파를 다루는 내용이었다. 아돌푸스 라이어슨은 1882년 2월 19일에 숨을 거두고 토론토에 묻혔다. 그의 이름은 지금도 곳곳에 살아 있다. 첫 사범학교 자리는 현재 라이어슨종합기술대학교(Ryerson Polytechnical University)가 차지하고 있고, 아돌푸스 라이어슨의 이름을 기리는 수많은 공립학교가 온타리오 전역에 세워져 있다.

참고문헌 | J .G. Hodgins (ed.), *'The Story of My Life' by the Late Rev. Egerton Ryerson, D. D., LLD. (Being Reminiscences of Sixty Years' Public Service in Canada)* (Toronto: William Briggs, 1883); C. B. Sissions, *Egerton Ryerson, His Life and Letters*, 2 vols. (Toronto: Clarke, Irwin, 1937, 1947).

C. M. STEINACHER

아브라함 카이퍼(Abraham Kuyper, 1837-1920)

네덜란드 신학자이자 정치가. 그는 현대성(modernity)의 사회적이고 지적인 도전에 대하여 기독교적 종합 대응 체계를 창조해 낸, 개혁파와 복음주의 개신교 역사에서 중요한 인물이다. 개혁신학의 고전적 특징과 네덜란드식 경건의 실천 습관을 공공 생활(public life)에 대한 칼빈주의의 역사적 관심을 회복시키기 위해 결합했고, 동시에 현대 사회 공공 생활의 종교적 다원성도 잘 인식했다. 카이퍼는 개혁신학의 고전적 특징과 공공 생활에 대한 칼빈주의의 역사적 관심을 회복시키려는 네덜란드식 신앙 습관을 지킨 동시에, 현대 사회에 존재하는 그 공공 생활의 종교적 다원성도 인정했다. 따라서 그가 추구한 원칙에 근거한 혁신들은 네덜란드 개혁파 신자를 국가의 공식 수혜를 바라지 않고 다른 이들의 권리를 침해하지 않고도 그들만의 온전한 유산을 누리며 살아가도록 요청하는 것이 핵심이었다. 카이퍼는 (네덜란드 남부) 마슬루이스(Maassluis)에서 1837년 10월 29일에 얀 프레더릭(Jan Frederik)과 헨리에트 후버르(Henriette Huber)의 아들로 태어났다. 아버지는 가족의 생업인 가게 운영을 포기하고, 복음주의적인 잉글랜드 소책자협회의 번역자로 일하며 이 단체의 도움을 받아 네덜란드국교회(Nederlandse Hervormde Kerk, NHK, 직역하면 '네덜란드개혁교회'이지만 이후 카이퍼가 창시한 교파와 번역된 한글 이름이 같으므로, 여기서는 '네덜란드국교회'로 표기-역주) 목사가 되었다.

카이퍼는 교파를 초월한 복음주의에 양면적 태도를 보였기에, 아버지의 경력에서 확인한 자기만족을 후에 단호히 거부하게 되지만, 아버지의 이 경력 때문에 가족이 레이던(Leiden)으로 이사할 수 있었고, 그 덕에 거기서 김나지움(gymnasium, 인문계 고등학교-역주, 1855), 철학학사(1858), 신학박사(1861)를 마칠 수 있었다. 대학원 과정에서 카이퍼는 연구 활동으로 국가에서 주는 상을 받았지만, 너무 무리한 덕에 병을 얻을 만큼 몸이 상했다. 과로와 상 모두 앞으로 일어날 일의 징조였다.

레이던에서 카이퍼는 칼빈주의를 일종의 과학 체계로 만들고자 개혁파 신앙고백들을 현대주의 프리즘을 통해 투사하려 했던 신학자 J. H. 스콜턴(J. H. Scholten)에게 깊은 인상을 남긴 학생이었다. 카이퍼의 이후 작품들은 그가 이미 이 시기에 독일 낭만주의 문헌과 철학을 탐독하고 있었다는 사실을 증명했다. 이 독서는 카이퍼가 신앙 문제로 분투하던 시기의 유산이었다. 이후 출판된 『은밀히』(*Confidentie*, 영어로는 *Confidentially*, 1873)에 따르면, 그는 대학 고학년 때 옥스퍼드운동(Oxford Movement)에 헌신한 소설가 샬럿 영(Charlotte Yonge)이 쓴 『레드클리프의 유산』(*The Heir of Redclyffe*, 1853)을 읽고 윤리적 관념론(ethical idealism)을 버리고 가슴으로 느끼는 신앙으로 옮겨 갔다. 카이퍼가 최종적으로 칼빈주의 정통으로 이동한 것은 (헬더란트의 베투워 지방(Betuwe region of Gelderland] 소재) 베이스트(Beesd)에서 첫 목회를 맡은 후에 일어났는데, 여기서 그의 더 '까다로운' 교구민 일부에 대한 확고한 유죄 판결은 그가 알았던 현대주의자와 온건파가 취하던 동향과는 확실히 차이가 있었다. 카이퍼는 자신이 칼빈의 엄격한 원칙 안에서 '바위 위에 세워지고, 사상과 웃음의 바위에서 잘라내 만들어 낸, 어떤 폭풍이 몰려와도 흔들리지 않는 바위 안의 안식처'를 발견했다고 말했다.

베이스트에서 카이퍼는 지역교회의 일에 평신도 통제권이 더 커져야 하고, 시민정치에 민주주의가 더 확장되어야 한다고 주장하며 정치와 종교를 연결 짓기 시작했다. 그에게 참정권 확대는 정당할 뿐만 아니라 교회에 유익이 되는 것이기도 했는데, 이는 서민층이 대개 종교적으로는 더 정통이었기 때문이었다. 탁월한 지도력 덕에 카이퍼는 고속 승진해서 위트레흐트(Utrecht, 1867-1870)로 이동했지만, 네덜란드의 종교적 다양성을 위해 고안된 다원적 학교 제도를 옹호함으로써 그 지역의 지배적인 보수주의와 단절했다. 전통적인 보수주의자가 유지하고 싶어 했던 획일주의 체계는 자신들이 지켜내고 있다고 믿는 기독교에 물을 주기는 했지만, 동시에 양심의 권리를 침해했다고 카이퍼는 주장했다. 교육에 대한 입장 때문에 위트레흐트에 더 머물러 있을 수 없었지만, 오히려 암스테르담의 노동자 및 하위 중산층(lower-middle class, upper-middle class와는 달리 빈곤층 바로 위에 위치한 비교적 가난한 중산층-역주) 칼빈주의자의 주목을 받았기에, 1870년에 이곳으로 이동하여 목사직 위임을 받았다.

나라의 수도였던 암스테르담(Amsterdam)에서 카이퍼는 전국구 지도자가 되었다. 그는 전국에 정통파 대의 진작을 위해 암스테르담 교회의회를 활용했다. 종교 주간지 「데 헤라우트」(*De Heraut*, 영어로는 *The Herald*)를 1871년에 떠맡고, 다음해에는 일간지 「스탠다드」(Standard)를 인계받으면서, 카이퍼는 학자와 운동가로서의 자신의 재능을 혼합할 수 있는 이상적인 공간을 확보했다. 이들 신문을 통해 그는 전국구 운동을 일으키고, 현대 시민권 이슈를 논하는 칼빈주의 '대중들을 위한 야간학교'를 운영했다.

정치에 점점 더 관여하게 된 카이퍼는 1874년에 네덜란드 전국회의의 제2원(하원) 의원으로 선출되었다. 국회의원이 되면서 그는 매주 신학과 경건에 대한 칼럼을 「데 헤라우트」에 기고했음에도 불구하고, 적극적인 목회 활동은 접지 않을 수 없었다. 그러나 카이퍼가 물려받은 정치적 대의는 조직, 전략, 통일된 비전이 부족했다. 그는 자기를 혹사함으로써 이 결핍을 메우려 했다. 카이퍼는 안식을 취하러 간 영국에서 1873-1875년 무디-생키부흥회(Moody-Sankey revival)를 통해 태동한 성결운동(holiness movement)에 참여했다.

1875년 6월에 브라이턴(Brighton)에서 열린 집회에서 에큐메니컬 연합에 대한 약속과 '능력주심'에 감동받은 카이퍼는 네덜란드로 돌아가서 '더 높은 삶'(higher life, 성결운동에서 더 높은 차원의 성화를 이룬 성도의 삶을 지칭할 때 쓰는 표현-역주)을 전파하기 시작했다. 그러나 일이 더 많아지는데다, 아마도 이 운동과 그의 정치적 과제와의 불일치로 인한 문제 때문에 결국 1876년 2월에 건강이 완전히 망가졌다. 카이퍼는 다음 15개월을 해외에 머물며 건강을 회복하는 데 집중했다. 귀국 후 카이퍼는 의원직을 사임하고 더 전통적인 개혁신학에 대한 재헌신을 다짐했다. 브라이턴에서의 경험은 케직운동(Keswick movement)으로 이어졌고, 이제 그는 신칼빈주의(Neo-Calvinism)를 조직하는 일에 헌신했다.

카이퍼는 공립 교육을 세속화하고 종교 기반 학교들을 팔리지도 않을 높은 가격에 내놓는 법안을 1878년에 통과시킨 하원에 맞서 이 법안에 반대하는 청원운동을 시작했다. 이 조치가 국왕의 승인까지 받아냈음에도 불구하고, 청원 캠페인에 모인 서명자 300,000명 중 상당수가 카이퍼를 지지할 수 있는 유권자였다. 동시에 그는 완성된 정치 프로그램 『우리의 강령』(*Ons Program*, 1879)을 출판하고, 이 강령을 사람들이 접할 수 있도록 중앙위원회를 조직했다.

이후 2년 만에 네덜란드 최초의 대중정치조직 반혁명당(Antirevolutionary Party, ARP)이 조직되었다. 동시에 비슷한 방식으로 독립된 기독교학교 조직과 개혁파 대학을 후원할 청원 서명자들을 모집하며 교육 영역에서도 활동력을 키웠다. 그리고 자유대학교(Free University)가 1880년에 문을 열자 이제 카이퍼는 그가 추진하는 운동에 분명한 정체성과 강력한 동원력을 부여한 완성된 정치, 교육, 의사소통 네트워크를 갖추게 되었다.

1880년대에 카이퍼는 교회 개혁을 시작으로 이 운동의 힘을 필요한 곳에 사용하는 일에 주력했다. 국교라는 특권 탓에 생긴 나쁜 습관이 네덜란드국교회(NHK)를 국가에 대해서는 자치, 국민의 통합에 대해서는 진정성, 자유주의의 타락에 대해서는 신앙고백의 온전성을 잃어버리게 만들었다. 카이퍼는 귀족주의 상하 계급 구조에서 해방된 '자유교회'(free church)가 이단이 국교회 안에서 찾아낸 안식처를 제거할 것이며, 오래도록 억압된 지역교회의 에너지를 발산할 수 있게 할 것이라 믿었다. 그러나 그의 방식은 교회 당국자들의 심각한 반발을 불러일으켰고, 획일적 공립학교 체계를 지지한 것과 마찬가지로 국교회 제도에도 여전히 충성스러웠던 보수파와의 관계를 소원하게 만들었다.

카이퍼가 1886년에 공식 치리를 받자 네덜란드개혁교회 내에서 약 10% 정도의 신자가 돌레안치(Doleantie, '슬픔을 느끼다'라는 의미의 라틴어 dolere에서 나온 표현으로, 네덜란드국교회 내부의 1886년 분열을 일컫는 표현-역주)에서 이 교회의 불신앙에 '애통'하고 '분개'하며 교회를 탈퇴해서 카이퍼를 따라 나왔다. 6년 후 이들 분리파는 이미 1834년에 네덜란드국교회를 나온 후손 대부분과 연합하여 새로운 교단, 네덜란드개혁교회(Gereformeerde Kerken in Nederland, 영어로는 Reformed Churches in the Netherlands)를 결성하고, 정치와 예전, 신앙고백에서 도르트신조(Canon of Dort)의 유산을 따르기로 서약했다.

이런 전통주의에도 불구하고, 카이퍼의 프로그램은 몇 가지 새로운 교회론적 특징을 지녔다. 국교회(volkskerk)와 이 교회의 끔찍한 획일성에 반대한 카이퍼는 '교회의 다원균일성'(pluriformity)을 규범으로 내세웠다. 그러나 신앙고백, 예배, 행정의 형식적 교회 '제도'가 국가의 간섭으로부터 자유를 누림에도 불구하고, '유기체'로서의 교회는 모든 것에 참여해야만 했다. 말씀으로 직업과 일상을 사는 신자의 몸(즉 교회-역주)은 국가에 누룩과 등대 같은 역할을 감당해야 하는 것이었다.

이런 국가에 대한 의무를 감당하기 위한 핵심 영역이 정치였기에, 카이퍼는 과감한 움직임으로 이 분야에서 지속적인 성공을 거두었다. 로마 가톨릭 신자가 자유주의 개신교인보다 자신을 지지하는 이들의 견해와 더 비슷하다는 사실을 인식한 카이퍼는 정당의 방향을 90도 틀어서 엄격한 칼빈주의자와 그들의 오랜 적(가톨릭 신자를 의미-역주)과의 '괴물 동맹'을 만들어 냈다.

지휘관 대부분을 제공한 개혁파와 병사 대부분을 제공한 가톨릭으로 구성된 이 연대는 1888-1891년 마카이(Mackay) 내각 시절에 처음으로 다수파가 되었고, 카이퍼 자신이 1901년부터 1905년까지 수상직을 역임한 시기에 두 번째로 다수당이 되었다. 그러나 이 두 시기 사이에 카이퍼는 민주주의 문제를 둘러싸고 벌어진 당내 싸움으로 곤욕을 치렀다. 그가 1891년에 소집한 기독교사회회의(Christian Social Congress)는 산업화 과정에서의 빈자 착취를 비난한 카이퍼 자신의 급진주의를 상징한 사건이었다. 이 시기의 경제 침체는 카이퍼의 발언에 신랄함을 더했지만, 그는 원칙에 근거해서 말한 것이지 그것이 유리해서 그런 것이 아니었다. 그는 다음과 같이 선언했다.

"예언자들, 사도들, 그리스도마저도 권력을 가진 자와 사치스럽게 사는 자들을 다양한 형태로 비난했고, 고통받고 압제받은 자를 편들었다"(『사회 문제와 기독교 신앙』[The Social Question and the Christian Faith, 1891]).

비록 경제적 필요를 해결하기 위해 국가의 통제를 늘리는 것에 반대하기는 했지만, 카이퍼는 참정권을 획득하는 데 필요한 재산 자격의 기준을 완화함으로써 가난한 이들에게 직접적으로 힘을 실어 주고 싶어 했다. 반혁명당 내의 더 보수적인 인사들이 이 안에 제동을 걸었지만, 카이퍼는 이들의 분당, 즉 기독교역사연합(Christian Historical Union) 창당을 유도하며 상대의 의표를 찔렀다.

그러나 카이퍼의 대의가 증진되고, 참정권이 1917년에 모든 성인 남성(1919년에는 모든 성인 여성)에게까지 부여된 후에, 그의 원래 통찰이 옳았다는 것이 입증되었다. 네덜란드 '민주주의'에는 1990년대까지 등장한 모든 내각에서 종교계 연립이 의석을 차지한 전통이 있다.

카이퍼당에 '반혁명'이라는 딱지가 붙은 이유를 설명할 필요가 있겠다. 카이퍼는 정부 당국에 저항하거나, 공공 생활을 세속화하거나, 정부 참여를 촉진하는 등 혁명이 당연히 나쁜 것이라 생각지 않았다. 칼빈주의는 이 모든 목표를 추구하는 과정에서 혁명을 지지하며, 그 영광이 지속되기를 바랐다.

오히려, 그는 프랑스혁명의 배후에 깔린 원리들에 반대했다고 할 수 있다. 즉 하나님의 법을 인간의 뜻으로 대체하고, 이념 체계들이 역사적 발전의 유형들을 대신하며, 상호 의무보다 개인의 이기적 유익을 추구하는 것이었다.

동일한 원리들이 그가 살았던 시대 네덜란드 정당들을 규정하고 있다고 카이퍼는 덧붙였다. 사회주의자, 급진주의자, 자유주의자, 보수주의자는 각각의 사회 계층에 기반을 둔 인간의 자율성이라는 주제에 대한 다양한 변종을 전반적으로 옹호하고 있었다.

따라서 그를 지지한 사람들이 주로 그랬던 것처럼, 보수주의자가 된다는 것은 하나님의 정의의 질서가 아니라 특권층의 질서를 옹호하는 것이었고, 그 당시 '자유주의자'가 그랬던 것처럼 자유 시장 개인주의를 택한다는 것은 이제는 확고한 체제가 되어 버린 프랑스혁명에 기대어 살아가는 것이지만, 이전에 혁명의 바리케이트 위에 살았던 때보다 나아진 것이 없었다. 카이퍼는 이런 당 중 하나, 혹은 다른 하나와 일시적이고 전략적인 연대를 모색하고 지지하기도 했지만, 자기 당이 세속 스펙트럼과는 구별되어, 성경과 역사를 통해 도출된 하나님의 주권의 원리에서 기원한 자체 의식을 발전시키기를 원했다.

이 원리에는 두 종류의 법률이 필요했다.

첫째, 문화 통합을 지향하는 모든 현대 민족 국가의 기대를 고려할 때, 카이퍼는 문화를 형성하는 기관들, 특히 학교와 대학이 종교적 확신이 보장되는 적합한 공간을 제공해야 한다고 생각했다. 카이퍼는 종교에 대한 국가의 공정한 중립성을 위반하지 않으면서도 분리된 각각의 교육 체계에 적절하게 공공 자금을 지원함으로써 이것이 가능하리라 믿었다. 이 과정에서 문화적 다양성이 획일성을 이겨 내고 증진되었다면 이는 훨씬 바람직한 현상이었다. 교회의 시각으로 볼 때, 이 정책은 신앙에 강력한 공적 존재감을 미래에 더할 것이고, 따라서 우선순위의 최고 지점을 차지할 자격을 얻을 수 있을 것이었다.

둘째, 카이퍼는 (프랑스혁명만 아니라 산업자본주의혁명을 포함한) 모든 것을 파괴하는 '혁명'의 힘에 대하여, 공동체와 사회적 연대를 강화함으로써 저항하는 일반 복지가 필수라 생각했다. 더 강력한 정부는 이것을 감당할 수 없는데, 카이퍼가 보기에, 국가는 죄에 대한 '피상적인' 대응이기 때문에 악을 제어하는 일을 잘 할 수는 있지만, 사회의 활기는 억제될 수밖에 없기 때문이다. 반면, '사회'는 유기적이기에, 개인주의의 주도권과 부의 집중만 줄일 수 있다면 자연스럽게 번영한다고 믿었다.

따라서 카이퍼는 노동계와 자본계 간 갈등에서 양편이 스스로 조정할 수 없는 차이를 정부가 강제적으로 중재하는 동시에, 노동계를 자본계만큼 완전하게 조직화함으로써 해결하려 했다. 선거에서는 개인 참정권보다는 가정별 참정권을 주장했는데, 네덜란드의회 내 각회 의원이 지역, 직업, 이익 집단 같은 조직을 대표하도록 했다. 그가 이상화한 국가는 한 공동체 또는 '영역'과 다른 공동체 혹은 영역 간에 존재하는 갈등과 불만을 조정하는 일을 소명으로 둔 감독 같은 존재였다.

카이퍼의 정치 사상은 그가 '영역주권'(Sphere Sovereignty, 1880)이라 지칭한 사회학 이론, 실제로는 존재론적 이론에서 자라났다. 이 용어는 창조 시에 하나님이 존재와 행위의 특정 영역을 지정하셨다는 것을 가리키며, 각각의 존재와 행위가 위임된 주권을 보유하며, 다른 것이 자기 영역에 침투하는 것을 막아 낸다는 의미였다. 이 영역들은 각각의 영역이 각자에게 주어진 본유의 발전 원리를 잘 따르기만 하면 조화롭게 번영할 것이었다.

이 이론은 개혁신학에서 창조의 영광을 회복시키려는 카이퍼의 분명한 관심을 반영했다. 영적인 것에만 관심을 갖는 개혁파 경건주의 성향에 반대한 카이퍼는 신학 사상에서 창조가 차지하는 수위성, 죄가 등장한 이후에도 여전히 중요한 창조의 가치, 이 세상에서 살아가는 기독교인의 목표이자 다음 세상을 위한 약속으로서의 창조의 갱신을 거듭 주장했다. 이에 더하여, 카이퍼는 인간 문화의 발전 전체를 높이 평가했고, 이 모든 다양한 발전 속에서 하나님의 불후의 형상과 목적이 증언되고 있다고 생각했다.

세상에 죄가 들어옴으로써 영역들 안에서, 또 영역들 간에 왜곡이 발생했지만, 그렇다고 이 영역들에 원래 주어진 약속이 무효가 되거나, 신자가 그것을 이 땅에 드러내야 할 소명이 사라진 것은 아니었다. 카이퍼의 가장 유명한 어록이 보여 주는 대로, 기독교인은 언제나 "모든 것을 주재하시는 그리스도가 '내 것'이라고 외치지 않는 영토는 우리 인간 존재의 전 영토 안에서 단 1제곱 인치(a square)도 없다"라는 사실을 기억해야 했다.

그러나 하나님의 구속사역은 이 조망 전체에 뚜렷한 분리선을 그었다. 자유주의 신학이 주장하는 인본주의적 진보 약속을 거부한 카이퍼는 하나님의 선택의 양편(택자와 불택자-역주)에 있는 이들은 서로 '정반대' 편에서 살며, 불가피하게 창조의 능력을 다른 방식으로 볼 수밖에 없기에 결과도 달랐다고 주장했다.

'일반 은총'에서의 하나님의 주권은 창조를 지탱하며, 선택받지 못한 이들에게도 덕과 재능, 지혜를 허락하심으로써 이 날카로운 분리에 변화를 주었다. 카이퍼에게 이 부분은 예술과 문화 발전 영역에서 특히 두드러져보였기에, 기독교인이 몇 가지 공통의 목표를 놓고 다른 이들과 협력하는 일에 유용한 수단이 되었다. 그러나 각 공동체, 혹은 신앙고백적 '영역'이 스스로의 확신에 따라 살며, 스스로의 연구 기관을 세우고, 스스로의 세계관을 정교히 다듬는 일, 특히 학문에 정진하는 것이 가장 좋은 길이었다. 현대의 종교적 다원성은 대학, 언론, 당, 또는 인간의 어떤 종류의 수고든 넉넉하여 부족함이 없게 해 줄 것이었다.

카이퍼의 학문은 언제나 그의 행동주의의 자양분이었고, 그의 행동주의도 그의 학문의 양식이었다. 이렇게 상호 영감을 주고받는 과정은 1890년대에 특히 두드러졌는데, 이때 그는 권력의 정점에 서 있었다. 1890년대는 1891년에 기독교사회회의(Christian Social Congress)에서 민주주의를 옹호하는 그의 연설로 시작되었고, 1901년에 수상직에 오르는 것으로 끝났다.

그 사이에 카이퍼는 유럽의 문화 상태에 대한 명연설을 두 차례(1892년 '경계선 제거,' 1899년 '진화')했고, 세 권짜리 『신학백과사전』(Encyclopedia of Sacred Theology, 1894)을 출간했으며, 1898년에 성공적이었던 미국 순회의 일환으로 프린스턴에서 대작으로 꼽히는 『칼빈주의 강연』(Lectures on Calvinism)의 기반이 된 강연을 했다.

이와는 대조적으로 인생 마지막 20년은 응답 받은 기도가 시련으로 이어진 시기였다. 카이퍼의 수상 임기는 철도 파업이라는 암초를 만났고, 교육 프로그램을 밀어붙였음에도 불구하고, 사회 법제화를 위해 계획했던 두 번째 조항은 실현되지 못했다. 반혁명당 내 떠오르던 새로운 세대가 지도력을 쟁취하면서, 카이퍼는 물러나 글을 쓰는 일에 만족해야 했다. 그는 죽을 때까지 논설위원 자리를 내놓지 않았다.

칼빈(Calvin)이 그랬던 것처럼, 아직 해야 할 일이 많이 남았다고 아쉬워하던 그에게 죽음은 1920년 11월 8일에 찾아왔다. 그러나 카이퍼가 이룬 일, 즉 223편의 글, 신문, 당, 대학, 개혁교회는 현대 세계에서 기독교가 국가 기관과 민간 기관 사이에서 길을 찾으려고 모색한 하나의 운동을 창출했다. 일단의 중요한 복음주의 사상가들은 이 의제가 포스트모던 사회에서도 여전히 타당성이 있다고 확신한다.

참고문헌 | J. Bolt, *A Free Church, a Holy Nation: Abraham Kuyper's American Public Theology* (Grand Rapids: Eerdmans, 2001); J. D. Bratt, *Abraham Kuyper: A Centennial Reader* (Grand Rapids & Carlisle: Eerdmans, 1998); P. S. Heslam, *Creating a Christian Worldview: Abraham Kuyper's Lectures on Calvinism* (Grand Rapids & Carlisle: Eerdmans, 1998).

J. D. BRATT

아사 메이헌(Asa Mahan, 1799-1899)

성결신학자이자 교육가. 그는 뉴욕 서부 '불타오른 지역'(burned over district, 제2차 대각성운동으로 부흥이 불붙은 지역을 의미하는 용어-역주)에서 장로교인 새뮤얼 메이헌(Samuel Mahan)과 애나 메이헌(Anna Mahan)의 아들로 태어났다. 1824년에 해밀턴대학(Hamilton College)을, 1827년에는 앤도버신학교(Andover Theological Seminary)를 졸업했다. 신학교 졸업 후에는 사우스캐롤라이나 성서공회의 서적 판매원으로 일하기도 했다. 그가 처음으로 사역을 한 곳은 로체스터포스(Rochester) 제사장로교회(Fourth Presbyterian Church)였다. 그는 여기서 1828년 5월에 메리 딕스(Mary Dix)와 결혼했다. 이어서 뉴욕 피츠퍼드(Pittsford)에서 사역하면서 찰스 피니(Charles Finney)의 부흥집회를 조직하기도 했다. 1831년에는 신시내티(Cincinnati) 제육장로교회(Sixth Presbyterian Church)의 청빙을 받았다.

레인신학교(Lane Theological Seminary) 이사진으로 선출된 그는 '구학파'(Old-School) 장로교인의 지지를 등에 입은 다른 이사진에 대항하여 노예폐지를 외친 학생들을 지지했다. 노예폐지를 지지한 학생들은 아사 메이헌을 오벌린대학(Oberlin College)의 첫 총장으로 추대했고(1835), 찰스 피니는 학생들의 요구로 첫 조직신학 교수로 취임했다. 오벌린대학은 이후 다른 대학의 모범이 된다. 이 학교는 저소득층 출신 학생, 여학생, 아프리카계 미국인을 받아들였고, 성결 부흥운동과 노예폐지운동의 성지로 떠오른다. 아사 메이헌은 신자들이 이룰 수 있는 성화의 단계에는 무엇이 있는지 묻는 학생들의 질문에 『그리스도인의 완전에 대한 성경 교리』

(Scripture Doctrine of Christian Perfection, 1839)라는 책으로 답했다. 이 책은 곧 웨슬리파 내에서 '그리스도인의 완전'에 대한 표준 설명서로 자리매김했다. 이 책의 두 번째 개정판은 1875년 『그리스도인의 완전』(Christian Perfection)이라는 제목으로 출판되었다.

이후 아사 메이헌의 강의는 여러 권의 책으로 출판되는데, 『윤리 철학의 구조』(A System of Moral Philosophy, 1848), 『의지 교리』(Doctrine of the Will), 『로마서 9장 강연』(Lectures on the Ninth of Romans, 1851) 등을 발표했다. 『지식 철학의 구조』(System of Intellectual Philosophy, 1845)는 스코틀랜드 상식 철학을 소개한 책이며, 『윤리 철학』은 같은 지적 유산의 여러 범주를 바탕으로 동시대의 사회상을 해석해 보고자 한 시도였다. 이 두 권의 책은 여러 개정판을 거치며 사람들에게 읽혔다. 마지막으로 『의지 교리』는 조나단 에드워즈(Jonathan Edwards)의 자유의지론을 반박하기 위해 쓰였다.

1850년에 아사 메이헌은 경제적인 어려움과 사회 행동가로서의 성격, 그리고 행정가로서의 능력으로 인해 오벌린대학을 떠나 새로 설립된 클리블랜드대학교(University of Cleveland)에 입성했다. 아사 메이헌은 오벌린대학에서 일하는 동안 급여를 전혀 받지 못했다. 그러나 오벌린대학의 새로운 총장 피니는 클리블랜드대학교를 없애기 위해 노력했고(이 대학은 결국 1852년에 파산을 맞는다), 아사 메이헌에게 약속했던 급여를 지급하기를 거부했다. 학교 파산 후 한동안 실직자로 살았던 아사 메이헌은 몇 권의 책을 출판했다. 이 중 신령주의(spiritualism)에 대한 반박으로 쓰인 책 『근대의 신비들에 대한 해설 및 폭로』(Modern Mysteries Explained and Exposed, 1855)는 후에 같은 주제를 다룬 『신령주의 현상에 대한 과학적 해설 및 폭로』(The Phenomena of Spiritualism Scientifically Explained and Exposed, 1875)로 다시 출판되었다.

아사 메이헌은 미시간 잭슨(Jackson)으로 이주하여 회중교회 목회자로 사역했고(1855-1858), 힐스데일대학(Hillsdale College)에서 1858년에 명예박사학위를 수여받았다. 1858년에는 미시간 에이드리언(Adrian) 소재 플리머스 회중교회(Plymouth Congregational Church) 목회자로 청빙받았다. 그의 간곡한 요청으로 웨슬리파감리교미시간유니온대학(Wesleyan Methodist Michigan Union College)이 에이드리언으로 이전하면서 학교 이름을 에이드리언대학(Adrian College)으로 개명했다. 아사 메이헌은 이 학교의 총장으로 취임했다.

이 와중에 아사 메이헌의 아들은 남북전쟁에서 전사하고, 아내는 병에 걸려 사망했다. 그는 미망인 메리 E. 체이스(Mary E. Chase)와 1866년에 재혼했다. 아사 메이헌은 미시간에 거주하면서 『과학 혹은 논리학』(Science or Logic, 1857), 『자연신학의 과학』(The Science of Natural Theology, 1867), 그리고 그가 쓴 책 중 가장 영향력이 있었던 『성령세례와 권능의 부여』(The Baptism of the Holy Ghost and the Enduement of Power, 1870) 등을 저술했다.

아사 메이헌 가족은 유산을 청구하고, 런던 소재 부흥운동기관인 마일드메이센터(Mildmay Centre)에서 일하기 위해 1872년에 런던으로 이주했다. 1874년에는 옥스퍼드대회(Oxford Conference), 1875년에는 브라이턴대회(Brighton Conference)에 참석했다. 잉글랜드에서 그는 1875년에서 1876년까지 「배너 오브 홀리니스」(Banner of Holiness)라는 잡지를 편집했다.

「디바인 라이프 앤 미셔너리 위트니스」(*Divine Life and Missionary Witness*)라는 이름의 잡지를 창간하기도 했는데, 이 잡지는 후에 「디바인 라이프 앤 인터내셔널 익스포지터 오브 스크립튜럴 홀리니스」(*Divine Life and International Expositor of Scriptural Holiness*)로 발전했다. 이 잡지는 유럽 전역으로 퍼져 나갔으며, 이 잡지에 실린 몇몇 소논문은 유럽의 다른 언어로 번역되기도 했다.

또한, 아사 메이헌은 『성령의 약속』(*The Promise of the Spirit*, 1874), 『기독교인의 삶과 경험에서 자연적인과 초자연적인 것』(*The Natural and the Supernatural in the Christian Life and Experience*), 『신앙의 나머지 것에 대한 삶의 고찰』(*Life Thoughts on the Rest of Faith*, 1877) 같은 성결운동에 관련 글을 출간했다. 이들 및 다른 저작들의 전부 혹은 일부는 유럽의 다른 언어로 번역되었다. 이 저작들은 유럽 전역의 성결 사상과 오순절운동에 큰 영향을 주었다. 아사 메이헌은 벳션치유센터(Bethshan Healing Centre)에서 봉사했고, 유럽 전역에 신유에 대한 관심을 일으키는 데에도 기여했다. 아사 메이헌은 1889년에 잉글랜드 이스트본(Eastbourne)에서 사망했다. 그는 자신의 이야기를 담아 『자서전: 지성, 도덕, 영성』(*Autobiography: Intellectual, Moral and Spiritual*, 1882)을 출판했다.

참고문헌 | D. W. Dayton, 'Asa Mahan and the Development of American Holiness Theology,' *Wesleyan Theological Journal*, 9(1974), pp. 60-69; M. E. Dieter, *The Holiness Revival of the Nineteenth Century* (Metuchen: Scarecrow Press, 1980; 1996); E. H. Madden and J. Hamilton, *Freedom and Grace* (Metuchen: Scarecrow Press, 1982).

D. BUNDY

아이라 데이비드 생키(Ira David Sankey, 1840-1908)

가수이자 찬송가 작가. 그는 1840년 8월 28일에 펜실베이니아(Pennsylvania) 서부 로렌스 카운티(Lawrence County)의 작은 도시 에딘버그(Edinburg)에서 출생했다. 성가(Sacred music)야말로 생키 가문을 대표하는 키워드였다. 신실한 감리교도 데이비드 생키와 메리 생키는 춥고 긴 겨울날 저녁에 주로 자녀들과 함께 모닥불을 피워 놓고 찬송가를 부르곤 했다. 이렇게 해서 아이라 생키는 음악의 기본을 자연스럽게 배울 수 있었다. 1857년 생키 가족은 펜실베이니아 뉴캐슬(Newcastle)로 이사했다.

아이라 생키는 여기서 고등학교에 입학했고, 아버지가 회장으로 있던 은행에 취직하여 일을 배우기 시작했다. 여기서도 감리교회에 출석하여, 주일학교 교감과 성가대 지휘자로 봉사했다. 이 교회는 예배 시간에 원래 악기를 사용하지 않았지만, 아이라 생키의 제안을 받아들여 오르간을 설치해 예배 찬양과 성가대 찬양에 활용하기 시작했다. 이곳에서 아이라 생키는 독주자로서의 재능도 계발했다.

미국 남북전쟁 시기에 아이라 생키는 자신의 음악적 재능을 연마했다. 그는 링컨이 자발적 입대를 권고하자 그 마을에서 처음으로 이에 응한 사람이었다. 남북전쟁에 참전하는 와중에도 그는 음악적 관심을 더욱 키워 나갔다. 남성 중창단을 조직하여 군목을 보좌했다. 전쟁이 끝나기 전에 복무 기간이 만료되자 집으로 돌아와 다시 아버지를 도와 세금을 거두는 일을 담당했다. 1863년 9월 9일에 패니 V. 에드워즈(Fanny V. Edwards)와 결혼했다. 이 부부는 아이라 알렌(Ira Allen)과 존(John)이라는 두 아들을 얻었다.

아이라 생키는 이후 몇 년간 주일학교 연합회에서 찬송 가수로 활동했을 뿐만 아니라, 펜실베이니아 서부와 오하이오(Ohio) 동부 지역을 순회하며 정치적 활동을 함으로써 점점 명성을 쌓아 나가기 시작했다. 또한, YMCA 활동에 적극적으로 참여하면서 1870년 인디애나폴리스(Indianapolis)에서 열린 국제 YMCA총회에 미국 대표단의 일원으로 참석했다. 이곳에서 그는 D. L. 무디(D. L. Moody)와의 역사적인 만남을 가졌다. 아이라 생키는 무디의 글을 읽고 언젠가는 그를 만나리라 기대하고 있었다. 그는 아침 6시에 한 침례교회에 무디가 인도하는 예배에 참석하여 무디를 직접 보기로 결심했다.

예배 시간에 늦게 도착한 아이라 생키는 한 친구의 옆에 앉았는데, 그 친구는 아이라 생키에게 예배 시간에 찬양을 더욱 빛나게 하면 어떻겠냐는 제안을 했다. 이에 아이라 생키는 윌리엄 쿠퍼(William Cowper)가 작곡한 '샘물과 같은 보혈은'(There is a Fountain Filled With Blood)을 불렀다. 아이라 생키의 찬양에 매료된 무디는 예배 후 그에게 다가가 시카고(Chicago)로 이주하여 자신의 사역을 도와 달라고 요청했다. 아이라 생키는 당황스러워 말을 잇지 못했다. 다음날 무디는 아이라 생키를 불러내 길목에서 대뜸 사람들 앞에서 노래를 불러 달라고 요청했다. 그가 노래하자 수많은 사람들이 주변에 몰려들었다. 이 일이 있고 6개월이 지난 후 그는 시카고로 가서 일주일 동안 무디와 함께 사역하기로 동의했다. 이어서 국세청의 안정적인 자리를 박차고 나와 1871년 초 시카고로 이주했다.

1873년 6월에 아이라 생키와 무디의 가족들이 잉글랜드를 방문했다. 아이라 생키는 어린 두 아들을 집에 두고 길을 나섰다. 아이라 생키는 책을 딱 두 권만 챙겼다. 성경과 그가 개인적으로 수년에 걸쳐 수집한 악보집이었다. 무디와 아이라 생키는 요크(York)에서부터 전도집회를 시작했다. 비록 시작은 미약하게 보였지만 이 집회는 앞으로 벌어질 놀라운 일들의 서막에 불과했다. 그 후 2년 동안 이 두 사람은 그야말로 센세이션을 불러일으켰다. 아이라 생키는 직접 휴대용 리드(reed) 오르간을 가지고 다녔는데, 아이라 생키의 바리톤 음색은 무디의 메시지를 극적으로 돋보이게 만들어 주었다.

사람들은 아이라 생키의 음악이 더욱 대중화되기를 원했다. 아이라 생키는 가장 유명한 독창곡 23곡을 모아 『시카고의 무디 집회에서 아이라 생키가 부른 성가와 독창곡 모음집』(Sacred Songs and Solos Sung by Ira D. Sankey at the meetings of Mr. Moody of Chicago)이라는 소박한 성가집을 출판했다. 이 성가집은 시장에 나온 지 하루도 안 되어 모두 팔렸다. 이에 더 많은 성가들을 모아 1200여 곡이 수록된 『복음찬송가 1-6권』(Gospel Hymns 1-6)을 출판했다. 이 복음찬송가집 무려 수백만 권이나 팔리면서, 무디와 아이라 생키는 이 책의 저작료를 다양한 곳에 기부했다. 아이라 생키는 무디의 메시지를 더욱 더 강하게 전달할 수 있는 음악 가사를 발견하는 뛰어난 재능이 있었다.

이 중 아마도 제일 뛰어난 것은 그가 신문에서 발견한 한 편의 시, '아흔 아홉'(The Ninety and Nine)일 것이다. 한 집회에서 무디는 신약에 적혀 있는 잃어버린 한 마리의 양에 대한 설교를 하고 있었는데, 아이라 생키는 즉석에서 음정을 만들어 이 가사에 맞춰 찬양을 불렀다. 이 노래는 곧 무디와 아이라 생키가 동역한 전도집회의 상징이 되었다.

1875년 말에 아이라 생키와 무디는 미국으로 돌아갔다. 그러나 그들보다 미국 땅에 먼저 도착한 것은 이들이 확보한 명성이었다. 이들은 첫 도시 전도집회를 브룩클린(Brooklyn)에서 개최했는데, 사람이 너무 많아 가장 큰 집회 장소를 확보했음에도 항상 자리가 부족했다. 그들은 미국 전역을 다니며 도시 지역을 중심으로 전도집회를 개최했다.

아이라 생키는 계속 찬송가집 제작을 이어 나갔다. 아이라 생키의 찬양은 더 많은 사람들의 사랑을 받았고, 그럴수록 찬양집은 불티나게 팔려 나갔다. 무디와 아이라 생키는 1881년부터 1884년까지 다시 한 번 잉글랜드를 방문하여 영국 대학들을 중심으로 전도집회를 개최했다. 무디는 자신이 어린 시절을 보낸 매사추세츠 노스필드(Northfield)에서 열리는 연례 여름전도집회를 1880년에 기획했다. 아이라 생키 가족은 아름다운 코네티컷강(Connecticut River) 계곡에 여름 별장을 마련했다. 그의 음악에 매료된 기독교 사역자들, 대학생들, 그리고 여성 그룹들은 음악 지도자로서 그를 지극히 존경했다.

아이라 생키는 대중 기독교 음악 재형성에 크게 공헌했다. 복음성가의 사용을 권장했고, 개인의 종교 체험 및 간증과 결신 등을 강조했다. 그는 복음성가를 작곡하여, 이 복음성가가 예배의 효과를 극대화할 수 있는 모델을 제시했다. 가장 판매율이 높았던 찬송가집은 신세대 찬송가 작가들의 가사와 곡조를 유명하게 만들어 주었는데, 이들 중 다수가 복음성가 스타일이었다. 밝은 분위기로 따라 부를 수 있는 곡들을 '회중성'(congregationality)이라 불리는 특징을 갖고 있었다. 민속 음악과 대중음악에서 빌려 온 곡조가 새로운 찬송에 더 많은 이들을 접근할 수 있게 해 주었다. 아이라 생키의 음악이 엄청난 추가 악보와 상세 악보 출판으로 이어지자, 복음 찬송이 급속히 교회 안으로 유입되었다.

교회의 음악 담당자 다수는 이런 흐름에 반기를 들었다. 이들은 이런 새로운 형식의 찬송을 대중의 인기에 영합한 경건치 못한 것으로 비난했고, 이런 찬송들을 사교 모임, 젊은이 모임, 부흥집회에서만 제한적으로 사용하도록 했다.

천막집회, 거리 한 구석, 기독교면려회집회, YMCA집회 및 도시선교집회 등에서 쉽게 외울 수 있고, 또한 쉽게 따라 부를 수 있는 간단한 가사의 찬송이 점점 표준이 되어 갔다. 아이라 생키의 '더 나은' 성가 일부가 천천히 각 교단 찬송가집에 수록되기 시작했다. 이렇게 아이라 생키의 찬송이 인기를 얻기 시작하면서, 덩달아 대중 찬송 편찬 및 인쇄 산업이 급성장했다.

아이라 생키도 자연스럽게 직접 이 찬송가 출판 사업에 참여했다. 그는 1890년대에 '비글로우 앤 메인'(Biglow and Main) 사업에 잠시 동참했다. 이 출판사의 전신은 주일학교 찬송가집과 복음성가 출판 부분에서 두각을 나타내던 브래드베리음악회사(Bradbury Music Company)였다. 아들 아이라 A. 생키(Ira A. Sankey)는 이 회사의 경영진에 소속되어 복음주의 메시지를 노래에 담아 사람들에게 전달하는 아버지의 소명을 이루는 데 일조했다.

또한, 이 출판사는 막 등장한 여러 복음성가 가수들이 서로 협력하는 장으로 활용되었다. 아이라 생키는 19세기 후반 미국 전역을 휩쓸던 복음성가의 인기를 주도했던 인사들과 친하게 지냈다. 또한, 그는 언어의 경계를 뛰어넘어 당시 미국에서 다양한 인종적 배경을 가지고 성장하고 있던 공동체들에게 큰 영향을 주었다.

예를 들어, 그는 1890년대 월터 라우센부쉬(Walter Rauschenbusch)와 함께 자신의 『찬송가집』(Gospel Hymns)의 독일어판을 준비하기도 했다. 또한, 선교사 아이라 생키가 소개한 찬송가를 들고 선교지로 나갔다. 이 노래들은 번역 과정을 거친 후 세계 곳곳에서 시작되고 있던 선교운동의 성장에 큰 공헌을 했다. 아이라 생키 가족은 1898년에 유럽을 거쳐 성지와 이집트 등지를 찬송을 부르며 순례했다. 미국으로 돌아온 후에 아이라 생키는 미국-스페인전쟁(SpanishAmerican War)을 위해 쿠바로 파병되는 부대들을 지원하는 사역을 감당했다. 아이라 생키는 1890년대에 수많은 강연에 초청되었고, 미국과, 캐나다, 영국에 있는 교회들에서 음악교육 프로그램 '복음성가와 이야기'(Gospel Song and Story)를 진행했다.

1899년에 무디가 죽은 후, 아이라 생키는 뉴욕 브루클린에 있는 자신의 저택에서 대부분의 시간을 보냈다. 아이라 생키는 몇 년에 걸쳐 시력을 상실해 갔고, 결국엔 앞이 보이지 않는 상태에 이르렀다. 그러나 그는 자신의 작업실 안에 있는 오르간 앞에 앉아 끊임없이 복음성가를 작곡했다. 1908년 8월 13일에 브루클린에서 숨을 거둔 아이라 생키는 브루클린 출신의 여러 유명 인사들이 묻혀 있는 그린론묘지(Greenlawn Cemetery)에서 영면했다.

아이라 생키는 무디와의 협력을 통해서 대중 개신교 음악에 계산이 불가능할 정도의 영향을 끼쳤다. 교회 내에서 악기의 사용에 부정적이었던 당시 교회 환경에서 다양한 악기가 사용될 수 있는 여지를 만들었고, 대중이 함께 부르고 참여할 수 있는 음악을 유행시켰다. 아이라 생키는 당시 복음주의운동의 중요 인사로 자리매김했다. 아이라 생키의 찬송가 판매에서 나온 저작권료로 많은 학교, 교회, 미국과 영국의 YMCA 건물이 건축되었다. 아이라 생키의 성공에 힘입어 무디 이후 수많은 복음전도자가 복음성가 가수의 사역에 의존하는 일이 일반화되었다.

참고문헌 | J. Findlay, *Dwight L. Moody, American Evangelist*, 1837-1899 (Chicago: University of Chicago Press 1969); W. G. McLoughlin, *Modern Revivalism* (New York: Ronald Press, 1959); W. E. Moody, *The Life of D. L. Moody* (New York: Fleming H. Revell, 1900); I. D. Sankey, *My Life and the Story of the Gospel Hymns* (New York: Harper & Brothers, 1906).

E. L. BLUMHOFER

아이작 배커스(Isaac Backus, 1724-1806)

미국침례교 목사. 정교 분리 원리의 가장 두드러진 변호자 중 하나인 아이작 배커스는 1724년 1월 9일 코네티컷 노리치(Norwich)에서 새뮤얼 배커스(Samuel Backus)와 엘리자베스 트레이시(Elizabeth Tracy)의 아들로 태어났다. 부모가 농부였기 때문에 아이작 배커스는 초보 교육만을 받고 어린 나이에 가족 농장에서 노동자로 일했다. 1740년에 아버지가 사망하자 어머니와의 관계가 더욱 돈독해졌고, 어머니를 통해 신앙적 확신을 많이 배우게 되었다. 노리치는 부흥사 제임스 데이븐포트(James Davenport)가 와서 많은 사람을 신앙에 더 깊이 헌신하도록 인도한 1741년에 극적인 변화를 맞이했다.

과부가 된 배커스 여사와 아들 아이작 배커스는 곧 새빛파(부흥을 지지하는 회중교회의 일파-역주)의 일원이 되었다. 1745년에 빈힐(Bean Hill)에서 새로운 분리파 교회를 형성하는 공동체에 합류했다. 다음해에 아이작은 목회 소명을 느끼고, 이어지는 2년간 코네티컷, 로드아일랜드, 매사추세츠로 이어지는 설교 여행에 동참했다. 마침내 매사추세츠 미들버러(Middleborough)에 방문한 그는 티티컷(Titicut)에 새로 만들어진 교구에서 형성되고 있던 한 교회의 목회자가 되어 달라는 청빙을 받았다.

교육과 경험 부족에도 불구하고, 그는 1748년 2월에 (Titicut 소재) 브리지워터(Bridgewater)와 미들버러(Middleborough)가 만나는 경계에 있는 '그리스도의 교회' 목회자로 선택된 후, 4월에 안수받았다. 이 공동체는 새빛파(또는 분리파) 회중교회였고, 거듭남과 점진적 계시를 강조하고, 교인들의 자발적인 헌신으로 지탱되는 공동체였다. 지역 당국은 이 교회, 또는 아이작 배커스의 사역 승인을 거부했다. 세관원이 그 지역의 승인된 회중교회의 지지하에 이 교회에서 세금을 거두려 하자, 아이작 배커스는 종교세 납부를 면제해 달라는 탄원서를 제출하는 일을 주도했다. 그와 그의 어머니는 이 일로 인해 위협 받고 투옥될 뻔했다.

1749년부터 1756년까지 아이작 배커스는 몇 가지 문제에 시달리며 고심했다.

첫째, 종교세 면제를 변호하기 위해 분리파를 결집시키는 일이었다.

둘째, 분리파 내에서 자기 정체성을 확보하는 것이었다.

셋째, 침례교도가 되는 일이었다.

잉글랜드침례교 신학자 존 길(John Gill)에게 큰 영향을 받은 그는 유아세례를 거부하는 침례교 입장을 지지하며, 자신도 1751년에 침례를 받았다. 1753년에서 1755년 사이에 반(反)유아세례 분리파로서 아이작 배커스는 성찬을 집행했다. 이 때문에 유아세례를 선호하는 교인들을 수용하는 문제를 놓고 일부 회중과 쓰라린 논쟁을 자주 벌였다. 분리파여서 종교세를 면제받을 수 없었던 데다, 성찬 문제를 놓고 미들버러교회(Middleborough church)의 나머지 교인과 갈라진 아이작 배커스와 그의 충성스런 반유아세례 침례교도들은 닫힌 성찬(유아세례가 아니라 직접 신앙고백을 하고 침례를 받은 이들만 참여시키는-역주)을 시행하고 이에 근거한 신앙조항을 채택했다.

이들은 자신들의 교회를 '미들버러, 브리지워터, 레이넘(Raynham)의 침례파 그리스도의 교회'라 이름 붙였다. 아이작 배커스는 남은 평생 동안 '미들버러제일침례교회'(Middleborough First Baptist Church)로 알려진 이 교회에서 목회했다.

독립혁명기 미국의 침례교 목사로서, 아이작 배커스는 중요한 대의 및 지도자들과 의기투합했다. 처음에는 그가 활동하던 지역에서, 다음으로는 전국적인 지명도를 가진 교단의 유명 인사가 되었다. 그가 티티컷에서 침례교도로서의 사역을 시작하던 무렵에 뉴잉글랜드 전역에는 대략 18개의 침례교 교회가 있었다.

반세기가 지난 후 아이작 배커스가 사역을 마무리할 무렵에는 이 지역에 300개 이상의 침례교회가 설립되었다. 회중교회 새빛파에서 침례교도로의 전환과 다양한 침례교 분파들을 하나의 연합된 운동으로 바꾸는 길을 닦는 데 가장 주도적인 역할을 한 인물이 바로 아이작 배커스였다. 1767년에 그는 뉴잉글랜드 지역의 주도적 침례교 연합체인 워렌침례교협회(Warren

Baptist Association)를 설립했다. 여러 교회를 광범위하게 순회하고, 1790년까지 여러 권의 책을 출판했다.

침례교인들이 1764년에 로드아일랜드대학(College of Rhode Island, 후에 아이비리그의 하나인 브라운대학교가 된다-역주)을 세웠을 때 이사로 임명된 아이작 배커스는 이후에도 계속 이 학교의 가장 든든한 후원자로 남았다. 1789년, 워렌협회(Warren Association)가 그를 남부 지역 순회전도자로 파송한 후, 그는 버지니아와 노스캐롤라이나에서 5개월 동안 머물며 1,250마일 이상 여행하며 117차례 설교했다. 1777년에 그가 출판한 『뉴잉글랜드교회사』(Church History of New England) 제1권은 가장 이른 시기에 등장한 미국침례교 역사서 중 하나였다. 침례교 역사의 원조가 된 이 서적의 2권과 3권은 1784년과 1796년에 각각 완성되었다. 이 여행과 역사적 출판물 덕에 그는 침례교 지도자 중 가장 많이 거명되는 인물이 되었다.

종교의 자유, 특히 정교분리 옹호는 아이작 배커스가 정치 이념과 미국 복음주의 사상에 기여한 가장 큰 공헌이었다. 그는 종교의 자유는 종교 원칙들을 제한 없이 실천할 수 있어야 비로소 시작된다고 생각했다. 존 로크(John Locke)와 아담 스미스(Adam Smith)의 영향을 받은 아이작 배커스는 개인 정신의 완전한 신념에 따라 모든 종교적인 일을 행한다는 결코 양도할 수 없는 권리를 국가가 어떤 형태로든 침해하는 것에 반대했다.

그는 로크의 자연권 사상을 따라 양심의 자유(freedom)가 생명과 자유(liberty), 재산권과 함께 보장되어야 한다고 주장했다. 이에 더하여, 정부는 자발적인 종교적 표현이나 믿음을 침해하거나, 무력으로 그들의 판정을 강요할 권리가 없다고 믿었다. 복음주의자로서 아이작 배커스는 경건과 신앙, 도덕이 시민 질서를 지탱하는 필수적인 요소라 주장하고, 참 신자가 다수가 되는 날이 올 것이라 온전히 믿었다. 그는 미국혁명은 정치적인 만큼이나 영적인 사건이며, 미국이 영적 독립을 선언하고 복음을 향하여 전진하는 나라가 되게 해 준 사건이라 믿었다.

1774년, 워렌침례교협회는 논쟁을 통해 필라델피아에서 열린 '제1회 대륙회의'(First Continental Congress)에서 양심의 자유 실천 주제를 논의할 대표로 아이작 배커스를 보내기로 했다. 아이작 배커스와 제임스 매닝(James Manning)은 존 애덤스(John Adams)와 새뮤얼 애덤스(Samuel Adams)가 포함된 매사추세츠 대표단에 청원서를 제출했으나, 이들은 모두 침례교 안건을 다루기를 거부했다.

그러나 이에 기죽지 않고 아이작 배커스는 침례교도가 애국자들의 대의를 반대하는 사람들이고, 종교 관련 세금이 폐지되어야 한다는 비판에 대응하기 위해 다시 매사추세츠로 갔다. 1779년, 그는 널리 회람된 소책자들과 국가 헌법 작성 매사추세츠총회(Massachusetts General Assembly)에 보내는 설명서에서 그의 입장을 다시 한 번 강력하게 변증했다.

침례교 공동체의 존경받는 지도자로서, 아이작 배커스는 셰이커운동(Shaker: 공동체 신앙으로 유명한 잉글랜드 기원 신앙운동의 하나-역주), 만인구원론(Universalism), 자유의지침례교(Freewill Baptists), 샌더만파(Sandemanians, 스코틀랜드에서 존 글라스[John Glas]가 창시하고 그의 손자 로버트 샌더맨[Robert Sandeman]이 잉글랜드와 미국에 퍼트린 개신교 소종파-역주), 하이퍼칼빈주의(hyper-Calvinism) 등을 포함한 다양한 주제의 소책자를 38권이나 썼다. 그는 셰이커교도에게 특히 반감이 심했고, 그들에 반대하는 책자를 1750년대에 발표했다.

1770년대에는 도덕적 평판이 나쁘고, 이상한 권세와 표적, 거짓 이적으로 신앙을 퍼뜨린다는 이유로 이들을 비난하기도 했다. 칼빈주의에 대한 해석 문제는 수십 년 동안 아이작 배커스 사상의 중심에 위치해 있었다. 한편으로, 온건한 칼빈주의자인 아이작 배커스는 인간의 성취 능력을 강조하고 하나님의 주권을 약화시키는 유니테리언 만인구원론자와 자유의지침례교도에 동의하지 않았다.

반면, 그가 보기에 일종의 숙명론으로 보이는 극단적인 예정 교리를 주장하는 하이퍼칼빈주의, '일관된 칼빈주의'와 신파(New Divinity) 역시 신랄하게 비판했다. 아이작 배커스는 자신이 크게 존경한 조나단 에드워즈(Jonathan Edwards)를 새로 등장한 학자들이 충실히 따르지 않는다고 생각했다.

미국침례교를 연구하는 역사가들은 아이작 배커스를 높이 평가했다. 뉴잉글랜드 여러 종교 전통의 등장을 해설하는 그의 세 권짜리 책은 뉴잉글랜드청교도 초기 역사 이야기에서 빠진 침례교의 존재를 보충해 주는 귀중한 자료다. 또한, 그는 존 로빈슨(John Robinson)이 잉글랜드에서 교회를 세운 이야기(1602-1608)의 서술을 시작했다.

그는 거의 잊혀진 인물 로저 윌리엄스(Roger Williams)를 1630년대 이야기에서 소개하고, 그에게 종교의 자유의 투사이자 침례교 선구자라는 주역을 맡긴다. 이렇게 아이작 배커스는 침례교 역사 서술사에서 100년이나 지속되는 윌리엄스 관련 신화를 만들어 냈다.

1640년대 이후 시대에 대한 아이작 배커스의 서술은 종교의 자유의 수호자이자 대각성운동(Great Awakening)의 참된 계승자로서의 침례교도를 강조했다. 그는 유용한 통계를 제시하고 그 지역 종파들 간의 상호 관계를 자세히 서술함으로써 뉴잉글랜드를 연구하는 역사가로서의 재능을 입증했다. 남부 침례교도들과 다른 일파들에 대한 그의 서술은 신뢰하기가 좀 더 어려운데, 이는 그가 필라델피아 침례교 순회전도자이자 역사가인 모건 에드워즈(Morgan Edwards)의 미출간 자료를 비평 없이 활용한 결과라는 주장이 있다.

아이작 배커스는 미들버러에 있는 자신의 집에서 1806년 11월 20일 수차례의 발작 끝에 사망했다. 1749년에 르호봇(Rehoboth)의 수재너 메이슨(Susanna Mason)과 결혼한 그는 아홉 자녀를 두었다. 평생 거친 노동에 익숙했던 인물로, 강건하고 활력이 넘치는 사람이었다. 1797년 그는 존 리펀(John Rippon)의 요구에 따라 정기 간행물 「뱁티스트 애뉴얼 리지스터」 (*Baptist Annual Register*)에 사용할 초상화를 위해 포즈를 취했다. 이후에 나온 모든 인물 묘사는 이 초상화에서 기원한 것이다.

아이작 배커스는 18세기 미국에서 침례교 원리로 이동한 순례자 같은 인물들의 상징적 존재였다. 일기와 편지가 살아남은 덕에 동시대 인물들 중에 가장 자료를 많이 남긴 인물이 될 수 있었다. 종교사가들은 아이작 배커스를 최고의 순회전도자 중 하나로 프랜시스 애즈베리(Francis Asbury) 그리고 조지 휫필드(George Whitefield)와 비교하기를 좋아했다.

1747년부터 1806년까지 그는 900차례가 넘는 순회여행을 하며 67,000마일을 다녔고, 그 와중에 9,800회 이상 설교했는데, 이는 60년이 넘는 기간 내내 매주 평균 네 번 설교한 것이 된다.

참고문헌 | W. G. McLoughlin (ed.), *Diary of Isaac Backus*, 3 vols. (Providence: Brown University Press, 1979); *Isaac Backus and the American Pietistic Tradition* (Boston: Little, Brown, 1967); T. B. Maston, *Isaac Backus: Pioneer of Religious Liberty* (Rochester: American Baptist Historical Society, 1962).

W. H. BRACKNEY

아이작 와츠(Isaac Watts, 1674-1748)

찬송가 작사가. 그는 1674년 7월 17일 사우샘프턴(Southampton)에서 태어났고, 런던 스토크뉴잉턴(Stoke Newington)에서 생을 마감했다. 그의 아버지는 적극적인 비국교도(Dissenter)로 두 차례 투옥되기도 했다. 이로 인해 와츠는 어린 시절부터 가난한 생활을 이어 나갔고, 비국교도와의 만남을 꺼렸다. 그는 사우샘프턴문법학교(Southampton Grammar School)에서 고전 문헌 교육을 받았고, 아버지를 통해서 라틴어와 헬라어를 소개받았다. 와츠의 아버지는 지역에서 기숙학교를 운영하기도 했다.

이 고전 문학 교육은 그의 작품 활동에 매우 중요한 역할을 했다. 그가 쓴 작품을 살펴보면 고전 문헌의 내용이나 문체의 영향이 분명하다. 와츠는 대학 교육을 받을 기회가 있었지만 대학에 들어가려면 잉글랜드국교회(Church of England) 소속이어야만 한다는 규정 때문에 이를 포기하고 비국교도로 남기로 결정했다. 와츠는 대신 스토크뉴잉턴아카데미(Stoke Newington Academy, 1690-1694)에서 4년을 보냈고, 거기에서 고전 문헌과 논리, 히브리어와 신학을 공부했다. 2년을 집에서 보낸 후 1696년부터는 존 하톱 경(Sir John Hartopp)의 입주 가정 교사로 5년간 일했다. 이 기간 동안 그는 히브리어와 신학 연구에 몰두했다.

1698년부터 1701년까지는 병중에 있었음에도 종종 강단에서 설교하기도 했다. 1701년에는 병세를 호전시키기 위해 배스(Bath)와 톤브리지웰스(Tonbridge Wells)를 여행했고, 런던으로 돌아온 후 1702년에 마크레인(Mark Lane) 소재 독립교회 공동체 목회자가 되었다. 이 공동체가 성장하게 되면서 1703년에는 목회자를 한 명 더 지정하는 성장하는 교회가 되었다. 끊임없는 연구에다, 설교에 대한 책임감으로 건강이 더욱 악화되면서 그는 계속된 고열과 두통에 시달리게 되었다. 이런 문제로 사역을 계속할 수 없었던 와츠는 1712년부터 토마스 경(Sir Thomas)과 애브니 부인(Lady Abney)의 집에서 머물렀다. 와츠는 여기서 여생을 보냈다.

와츠 시대의 지성사(intellectual history)를 살펴보면 그의 작품 세계를 보다 면밀하게 분석할 수 있다. 1645년에 왕립협회(Royal Society)가 출범했는데, 이 단체의 설립자 존 윌킨스(John Wilkins)는 와츠에게 개인적인 영향을 준 인물이다. 이는 와츠가 1715년에 쓴 『기도 지침서』(*A Guide to Prayer*(G. Burder 편집, 『아이작 와츠 저작집』, 6권(*The Works of the Reverend and Learned Isaac Watts*, D.D. in Six Volumes, 〈London, 1810〉])에 나와 있다. 아이작 뉴턴(Isaac Newton)이 1703년부터 1727년까지 협회의 총재를 지냈다. 이 기간 동안 와츠가 작품들을 썼는데, 각주를 보면 뉴턴이 그에게 영향을 주었음을 알 수 있다.

1690년에 존 로크(John Locke)는 진보와 민주라는 두 주제에 대한 생각을 담은 『통치론』(*Of Government*)이라는 제목의 책을 썼다. 기성 신앙이 비판받기 시작했고, 와츠가 '인간 본성의 영광'(the glory of human nature)이라고 표현한 바, 그는 이성의 중요성이 대두된 이런 회의와 분석의 시대를 살았다. 성경을 비평하고 기독교 교리의 특정 부분을 반대하는 이성주의운동의 일부분이었던 이신론(deism)도 팽배했다. 이신론에 대한 와츠의 글은 그 배경을 이해할 때 중요성이 더욱 부각된다. 그는 신실한 이신론자를 '언젠가는 기독교인이 될 사람들'이라고 보았다. 그러나 와츠는 이성은 예수 그리스도의 삶과 사역에서 드러난 하나님의 계시에 종속된다는 점을 강조했다.

와츠는 주로 찬송가 작가로 기억되지만, 그가 쓴 문헌은 아주 다양한 장르를 포괄한다. 『노래의 계절』(Horae Lyricae, 1706, 1709), 『찬송가와 성가들』(Hymns & Spiritual Songs, 1707), 『어린이를 위한 거룩한 노래들』(Divine Songs for Children, 1715), 『다윗의 시편』(Psalms of David, 1719), 『논리』(Logic, 1725; 옥스퍼드에서 교재로 사용), 『하늘과 땅의 지혜』(Knowledge of Heavens & Earth, 1726), 『철학 논고들』(Philosophical Essays, 1733), 『어린이 찬송가』(Relinquiae Juveniles, 1734) 등을 출간하였다. 와츠의 『기독교 삼위일체 교리』(Christian Doctrine of the Trinity, 1722)에 있는 해설과 논문들은 그 세기에 의문시되던 기독교 교리가 무엇인지 우리에게 알려 준다. 와츠는 삼위일체 신앙고백에 서명할 수 없는 독립파 사역자들을 기독교에서 축출해서는 안 된다고 주장했다.

삼위일체 교리에 대해 쓴 여러 논문들, 특히 논문 '그리스도의 영광'(The Glory of Christ)에서 와츠는 유니테리언주의(Unitarianism)라고 의심받을 수 있는 논지를 전개했다. 후에 그를 비판했던 후대의 비평가들이 이를 근거로 그의 작품 일부를 파괴하면서 이 의혹은 더 심해졌다. 와츠는 열린 탐구 정신을 가졌고, 진리를 추구했으며, 단순히 관습에만 얽매이는 것에 반대했다. 삼위일체에 대한 그의 작품에는 이성적 설명을 하기 위해 깊이 몰두한 흔적이 담겨 있다.

"나는 아들과 성령의 완전한 충분성이라는 이 놀라운 교리를 더 평이하게 만들고 싶었다" (『저작집』 4권, p. 160).

일평생 상당한 신학적, 철학적 명민함을 지닌 학자로 널리 인정받은 와츠는 1728년에 에든버러대학교(Edinburgh University)에서 명예학위를 수여받았다.

1706년에 와츠는 『노래의 계절』(Horae Lyricae[『저작집』 4권], pp. 423-499)의 초판을 두 권 분량으로 출판했다. 1709년에는 이것이 세 권 분량으로 늘어났고, 더 긴 서문이 추가되었지만, 시편의 몇 부분은 삭제되었다. 여기에 사용된 문체는 시적이고 명상적이다. 더불어 형이상학적 장치가 있기도 했다. 이로 인해 와츠는 던(Donne) 및 허버트(Herbert)와 같은 계보에 들 수 있었다. 새뮤얼 존슨(Samuel Johnson)은 와츠를 경외하게 되었고, 『시인들의 삶』(Live of the Poets)에 그에 관한 글이 실리기도 했다. 『노래의 계절』은 소네트(Sonnet), 라틴 시, 핀다로스풍(Pindaric odes)의 노래, 빈 절(blank verse), 실험적인 절의 형태, 리듬과 음보 등을 갖추고 있고, 이는 『신의 심판』(Divine Judgements[『저작집』 4권, p. 451])에도 나타난 잉글랜드 사포풍(English Sapphics)의 기술적인 실험작이었다. 매우 시각적이고 명료한 시이자 11음절의 음보를 가진 짧은 네 줄로, 중세 시대의 우울한 그림들과 유사한 지옥관을 보여 준다.

"소망 없는 육신들이여! 소리 지르며 두려움에 떨어라!
사탄들이 입 벌려 그들을 밀어 넣으려고 할 때 끔찍하고 우울한 곳으로 곤두박질치며
그 중심으로 떨어지리라!"

와츠의 초기 시 중 몇 개는 밀턴(Milton)의 영향을 보여 준다. 그러나 『노래의 계절』의 중요성은 부분적으로 존 던(John Donne)의 시와의 유사성에 있다. 와츠의 『죽음보다 강렬한 서로의 사랑』(Mutual love stronger than Death/『저작집』 4권, p. 451)에 거룩한 사랑에 관한 시가 등장하는데, 이는 감각적이며 물리적인 이미지들을 사용했다. '그의 팔로 나를 안으사,' '하나님의 달콤한 힘으로' 등이다. 이들은 던의 시만큼이나 강렬하고 충격적이다.

『노래의 계절』은 『성스러운 헌신과 경건』(Sacred to Devotion and Piety), 『덕과 명예와 우정에 대해』(To Virtue, Honour and Friendship)와 『죽음의 기억에 대해』(To the Memory of the Dead)라는 제목의 세 권으로 구성되어 있다. 첫번째 책에는 '내 영혼이 경외하는 그 이름, 하나님'(God is a name my soul adores) 같은 찬양이 들어 있지만, 와츠는 하나님처럼 정의하기 힘든 것들에 대해서는 신성(Godhead) 같은 우회적인 표현을 사용했다. 『행복한 연약함』(Happy Frailty/『저작집』, 4권, p. 445)은 블레이크(Blake)와 연관되어 있는 형상들을 사용했다. 와츠는 "지구의 구름은 어떻게 설계되었지? 하늘의 별들을 감싸기 위해서인가?"라고 표현했다. 구름과 별의 이미지는 아주 선명하고, "설계되다"(designed)라는 단어는 창조주의 목적 있는 일을 표현했다. 『진정한 왕국』(True Monarchy/『저작집』 4권, p. 465)에서 와츠는 자기 수양의 중요성을 밝혔고, 이것은 '인간은 이성의 왕좌로 나아가는 반항의 존재'(the Man/That chains his rebel will to Reason's throne)로 표현되어 있다.

오름과 내림의 억양의 중요성에 대해 이야기할 때, 와츠는 밀턴, 드라이든(Dryden), 포프(Pope)의 시를 참조했는데, 그 영향이 『찬송가와 성가들』(『저작집』 4권, pp. 257-368)에 분명하게 나타나 있다. 찬송가는 대부분이 4음보이고 일반적인 곡조를 사용했다. 와츠는 제한적인 묘사와 함께 부드러운 음을 만들어 내는 것을 목적으로 했다. 그는 자신의 시 기술을 사용하여 간단한 구성을 만들어 냈고, 자신의 의도를 드러내기 위해 명료하고 항상 정확한 단어를 선택했다. 이는 평이하고 명백한 이해를 돕기 위함이었다.

성가의 주제들은 성경과 연관된 것이었지만, 개인 생각과 감정들이 찬송에 투영되어 있었다. 이는 '천국의 비둘기와 같은 성령이여 오소서!'(Come, Holy Spirit, heavenly dove/『저작집』 4권, p. 307)에 잘 드러나 있다. 탄원의 효과는 반대되는 표현을 통해 극대화된다. 찬송가는 성령의 활발한 (생명을 주는) 힘과 함께 시작하고 마감되었다. 두개의 중간 절은 '허무한'(in vain)이나 '사그라지는 환호'(languishing hosannas), '죽어 가는 경건함'(dying devotion)과 '피상적인 사랑'(faint and cold love) 등의 표현과, 이에 대비하여 성령이 불러올 '신성한 사랑의 불꽃'(the flame of sacred love)이 표현된다.

인간의 실패에 대한 묘사('in vain we tune; in vain we strive')는 성령의 '소생시키는 힘'을 강조했다. 와츠 찬양의 일반적인 주제는 하나님의 창조를 찬양해야 하는 인간의 의무에 대한 것이다. 그러나 와츠는 하나님의 주변에 있는 신비 그리고 창조의 놀라운 것을 이해하지 못

하는 인간 등을 묘사하기도 했다. 4절에는 '나는 영원한 찬양을 드린다'(『저작집』 4권, p. 356)가 등장한다.

와츠는 삼위일체의 신비를 찬양했다. 이는 동시에 인간 이성의 실패를 언급하는 것이기도 하다. 와츠는 자신의 후기 작품 '인간 이성의 강함과 연약함'(Strength and Weakness of Human Reason[『저작집』 2권], p. 319)에서 자기 독자들에게 이성은 신적 계시의 통제하에 두는 것이라고 이해시킨다. '나는 영원한 찬양을 드린다'의 마지막 줄에 보면, 이렇게 기록되어 있다.

"이성이 무너지고 그 모든 힘을 잃은 그곳, 믿음이 지배하고, 사랑이 넘쳐나네."

이 찬송가와 '주 여호와가 통치하시네'(The Lord Jehovah reigns[『저작집』 4권], p. 345)는 여섯 줄로 된 가사로 구성되어 있다. 와츠는 이 구조를 사용하는데, 이는 그에게 각 절의 마지막 두 줄에서는 이전에 나온 네 줄의 내용을 요약했다. '주 여호와가 통치하시네'의 마지막 절은 네 줄의 수사적인 질문으로 구성되어 있고, 이에 대해 와츠는 다음과 같이 답했다.

"나는 그의 이름을 사랑하고, 그 말씀을 사모합니다/내 모든 힘을 모아 주를 찬양합니다."

창조와 회복에 대해 하나님을 찬양하려는 소망은 그 찬송 가사 속에 잘 나타나 있는데, 이는 에릭 라우틀리(Erik Routley)가 묘사한 대로, "종교개혁 이후 속죄에 대해 기록한 가장 위대한 찬양"(『오늘과 내일의 찬양』[Hymns Today & Tomorrow, 1966], p. 68)이라고 칭할 수 있다. 찬송가 '알 수 없는 그의 본성'(Nature with open volume stands[『저작집』 4권], p. 350)에 나오는 시적 상상력은 묵상적 표현 속에 구현되어 있다.

"여기에 완전하신 그의 이름이 나타나는도다! 기묘라 모사라! 인간의 지식으로 알 수 없는 어떤 언어로 그의 이름을 묘사할 수 있으랴? 권능, 지혜, 또는 사랑!"

이 세 번째 절에서 와츠는 첫 번째 절에 등장한 '알 수 없는'에 대한 이미지를 발전시킨다. 하나님께 붙은 호칭들은 그의 본성을 표현하는 단어들을 통합적으로 보여 준다. 이는 18세기 사람들이 가장 중요시 여겼던 인간의 기지와 이성이 이해할 수 없는 것이다. 3절과 4절의 2-3줄이 계속 이어진다. 다른 절에서 3-4줄은 1-2줄에서 표현된 생각을 강조했다. 구조에 대해 중요한 부분은 3절과 4절의 가장 앞에 위치한 '여기'(here)라는 단어가 십자가를 의미한다는 것이다. 그리스도의 십자가의 구속은 그러므로 그 '권'(volume)의 절정이다. 와츠의 시에서 신비적 요소는 '날아오를 수 있는 신앙의 날개를 주소서'(Give me the wings of faith to rise[『저작집』 4권], p. 337)에 명백하게 나타난다. 마지막 절에서 '증인들의 구름'은 1절에 나오는 '가면'이란 이미지의 완성이다. 이 땅의 이성을 넘어서는 믿음의 날개는 영원 불멸을 잠시 맛보게 하는 동시에 죽음을 넘어서는 존재와의 연합을 가능케 한다.

'나는 주님을 소유한 것이 부끄럽지 않습니다'(I'm not ashamed to own my Lord[『저작집』 4권], p. 282)는 디모데후서 1:12을 근거로 하여 와츠의 믿음과 구원의 확신, 그의 복음적인 열망의 한 예를 보여 준다.

십자가의 영광을 표현하는 부분인 2절부터 4

절에 등장하는 '내가 아는,' '그의 약속 위에 서 있다,' 그리고 '내 영혼이 머무를 곳'이란 단어에서 와츠는 본격적으로 그리스도를 변증하기 시작했다. 이 찬송가는 그 자체로 와츠와 하나님 사이의 언약을 넌지시 나타낸다. 『찬송가와 성가들』에 수록된 찬송가와 성가들 중 아마도 가장 잘 알려진 찬송은 성찬곡인 '주 달려 죽은 십자가'(When I survey the wondrous cross[『저작집』 4권, p. 349]일 것이다. 그리스도의 죽음으로 드러난 위대한 하나님의 사랑과 비교해 볼 때, 인간이 드릴 수 있는 이 세상의 모든 것들이 보잘 것 없는 것에 불과하다는 것을 고백하는 찬양이다. 와츠는 이 이해할 수 없는 놀라운 희생을 강조하기 위해 대조법을 사용했다.

"영광스런 왕자께서 달리신
저 십자가를 내가 바라볼 때
내가 얻은 이 세상의 놀라운 부유함이
헛됨을 알고 나의 교만함을 부끄러워하네."

십자가 처형의 고통에 대한 와츠의 묘사인 '마치 옷을 걸친 것처럼/그의 붉은 피가 그의 몸과 십자가를 모두 적시네'는 중세의 성상과 유사하게, 상상력이 글로 표현된 것이다. 마지막 절은 놀랍고 생생한 사건의 묘사로부터 개인적인 다짐으로 이동했다.

"오 그 놀라운 사랑!
이제 내 영혼과 나의 삶 그리고 나의 전부를 제물로 삼겠네."

이 찬송에서 와츠는 통제되고 객관적인 작사가의 모습을 보여 주지만, 마지막에는 개인적인 복음주의자의 모습으로 마무리한다. 십자가가 중심에 서 있는 이 찬송가는 후에 복음주의자가 가장 즐겨 부르는 찬양이 된다.

『어린이가 부를 수 있도록 쉬운 언어로 쓰인 성가들』(Divine Songs attempted in easy language for the use of Children, 1715; 『저작집』 4권, p. 389)은 대중적으로 널리 알려졌다. 1865년에 루이스 캐롤(Lewis Carroll)이 『이상한 나라의 앨리스』(Alice in Wonderland)에서 '이 작은 벌이 한 일을 보라'(How doth the little busy bee[『저작집』 4권], p. 399)를 패러디했고, 1868년에는 루이자 메이 올컷(Louisa May Alcott)이 『작은 아씨들』(Little Women)에서 '작은 둥지들 안에 있던 새들이 한 마음으로'(Birds in their little nests agree)라는 표현을 사용했다.

이 노래들의 몇몇 내용은 인도보다는 두려움의 의미를 전달한다. 그러나 그들은 윌리엄 블레이크(William Blake)의 『정결함의 노래들』(Songs of Innocence, D. Barratt, R. Pooley와 L. Ryken이 편집 출판한 『안목 있는 독자』[The Discerning Reader, Leicester: IVP, 1995], pp. 195-217 참조)에 영향을 주었다.

『성가곡집』(Divine Songs)에 수록된 '하나님의 전능하심을 찬양합니다'(I sing the almighty power of God)란 성가는 최근 찬송가인 『찬송가와 시편 찬양집』(Hymns & Psalms, 1983)과 『함께 기쁨으로 드리는 찬양곡』(Rejoice and Sing, 1991)에 수록되어 있다.

왕립협회는 시편 찬양의 개정에 관심이 있었고, 와츠는 이 개정 작업으로 탄생한 『신약의 언어로 재구성한 다윗의 시편 찬양들』(The Psalms of David imitated in the language of the New Testament, 1719; 『저작집』 4권, pp. 241-368)의 탄생에 상당한 공헌을 했다. 와츠는 서문에서 자신들이 시편의 몇몇 부분을 삭제하고, 표현을 가다

들었으며, 메시아의 완성과 관련된 인용들을 추가하여 "시편을 기독교 예식에서 보다 잘 응용할 수 있도록" 했다고 설명했다. 시편을 표현하기 위한 적합한 곡조가 빈약했고, 시편의 모든 행(line)을 활용하는 것이 제한되는 바람에, 와츠의 시편은 곡조(metre)에 맞춰 축약된 것처럼 보였다. 그러나 서문에서 그는 세 가지 가장 유용한 곡조를 사용했다고 했다. 따라서 와츠는 자신이 사용한 언어에 대해 다음과 같이 보충 설명했다.

> "이전에 테이트 씨(Mr. Tate)나 패트릭 박사(Dr. Patrick)가 했던 것보다 나는 시편의 모든 행(line)을 리듬과 더 긴밀히 연결해 놓았다. 이는 리듬이 사용된 곳이라면 어디든 가장 음악적으로 바뀌면서 듣기에 부담이 없어진다. 나는 복음의 언어적인 측면에서 부적합한 시어들을 항상 피해서 사용한다."

간단하게 말해, 축약되고 통제된 언어로 잘 구성된 시편은 그리스도 안에서 완성된 하나님의 구속의 은총과 인간의 눈으로는 놀라움 그 자체인 하나님의 창조의 주제를 조화롭게 묶어 준다.

일반적인 곡조로 짜인 시편 8편은 이런 조화를 보여 주는 좋은 예이다. 1절에 등장하는 '놀라운,' '경이로운,' '영광스러운' 같은 단어들은 하나님의 위대함을 강조하고 있으며, 2절의 '달,' '별들,' '움직이는 세상들'은 하나님의 창조의 능력을 강하게 표현하고 있다. 또한, '저 아래…살고 있는'과 같은 표현들은 하찮은 인간 군상들의 모습을 나타내고 있으며, 8절에서 '왕관을 쓴,' '죽음에 경배하는'과 같은 표현들은 반어법으로 죽음에 대한 그리스도의 승리를 나타내고 있다. 시편은 원어에 기반을 두었다. 그러나 대부분은 부활하신 그리스도에 대한 복음 메시지가 있는 추가적인 행이나 절이 포함되어 있다.

그러나 '오랫동안 나의 도움이 되신 하나님이여!'(O God our help in ages past!『저작집』4권], p. 191)는 예외이다. 추도예배나 장례식에 자주 사용되는 이 곡의 원래 제목은 '죽을 수밖에 없는 인간과 영원의 하나님'(Man frail, and God eternal)이다. 다윗의 시편에서 나온 이 찬송시는 매우 잘 알려져서 매년 여러 기독교 전통에 속해 있는 수백만 명의 사람들이 부르는 찬양곡이다. 이 찬송에서 와츠는 '쉼터'(shelter), '본향'(home), '안전'(secure), '충분한'(sufficient), '인도하심'(guide) 같은 단어를 사용하여 하나님의 보호로 인한 안전함을 표현했다. 또한, '우리의 도움'(Our help), '우리의 희망'(our hope), '우리의 본향'(our home), '예전'(past)과 '다가올 시대'(years to come) 등의 단어들은 불확실한 세계를 이겨 내는 기독교인의 확신을 표현한다.

흘러가는 세계(거의 허무주의적인 언어들로 표현된다)는 하나님의 영원한 보호하심과 대비되어, '시간은 덧없이 흘러만 가네'(Time…bears all its sons away) 등으로 표현된다. 시편 90편의 첫 5절을 기반으로 한 이 찬송은 원문에 가깝고 메시아적 희망을 직접적으로 표현하지는 않는다. 오히려 인간들의 무상과 대비되는 하나님의 전능하심과 영속성에 대한 화려한 진술들이 등장한다.

와츠는 최초의 위대한 찬송 작사가이다. 그는 운율의 패턴을 철저히 지키고, 절의 형태를 조정했다. 그러나 시적 상상력과 기술이 잘 어우러진 종교적 열정과 단순하고 복음적인 성경의 인용으로, J. R. 왓슨(J. R. Watson)의 말대로, 와츠는 '뛰어나고 인상 깊은 한 예술의 유형'을 탄생시켰다(『찬송 및 시편 안내서』[*Companion to Hymn & Psalms*, 1988], p. 21 참조).

참고문헌 | L. F. Benson, *The English Hymn* (London: Hodder & Stoughton, 1915); H. Escott, *Isaac Watts, Hymnographer* (London: Independent Press, 1962); J. R. Watson, *The English Hymn* (Oxford: Oxford University Press, 1997).

M. HARRIS

아치볼드 알렉산더(Archibald Alexander, 1772-1851)

구학파(Old School) 장로교 목사이자 프린스턴 신학자(Princeton theologian). 그는 버지니아 록브리지 카운티(Rockbridge County)의 스코틀랜드-아일랜드 혈통 가정에서 태어났다. 아버지 윌리엄 알렉산더(William Alexander)는 장로교 치리장로(ruling elder)였다. 아치볼드 알렉산더(Archibald Alexander)는 1789년 부흥회에서 선생님이자 목사였던 윌리엄 그레이엄(William Graham)의 설교를 듣고 회심했다. 리버티홀아카데미(Liberty Hall Academy, 후에 Washington and Lee University로 교명 변경)에서 그레이엄 밑에서 신학을 공부한 후, 19살의 나이에 렉싱턴노회(Presbytery of Lexington)에서 강도권(설교권)을 인허받는다.

그레이엄 덕에 아치볼드 알렉산더는 프랑수아 투레티니(François Turretini[영어로는 Francis Turretin], 1623-1687), 스코틀랜드 상식 실재론(Scottish common-sense realism), 성장하고 있던 심리학 분야에 빠져들고 집착하게 되었다. 제퍼슨주의(Jeffersonian)의 영향 아래 있던 버지니아에서 자라며 대각성운동(Great Awakening)의 후손이 된 아치볼드 알렉산더는 이신론(deism)에 반대하는 이성적 변증의 필요성을 주장한 동시에, 구원받는 믿음을 체험하는 것에 평생 관심을 보임으로써, 이성적 신앙과 가슴으로 느껴지는 경건을 혼합하고자 했다.

1794년 6월 7일, 하노버노회(Hanover Presbytery)는 그를 안수하고 버지니아 고원 지역에 있는 두 작은 교회의 목사로 임명했다. 1797년부터 1806년까지는 그 지역의 여러 교회에서 목회자로 일하면서 동시에 햄든-시드니대학(Hampden-Sydney College)의 총장으로 봉사했다. 1801년에는 필라델피아에서 열린 총회에 장로교를 대표하는 총대로 참석하여, 거기서 (회중교회) 코네티컷총연합회와의 유명한 연합안(Plan of Union)을 통과시켰다. 후에는 연합안을 폐기하는 일에도 참여했다.

햄든-시드니에서 총장직을 수행하는 동안 아치볼드 알렉산더는 젊은이 몇 명을 훈련시켜 신학교를 만들게 했다. 또한, 「더 버지니아 릴리저스 매거진」(*The Virginia Religious Magazine*, 1804-1807)을 창간하여 체험 신앙을 북돋고, 해외 및 국내선교를 격려하는 일에 힘을 보탰다. 1806년에는 학생들의 비행이 증가하자 대학 총장직을 사임하고, 필라델피아 제삼장로교회(Third Presbyterian Church)의 요청을 받아들여 1806년부터 1812년까지 목사로 봉직했다.

아치볼드 알렉산더는 필라델피아에서 에쉬벨 그린(Ashbel Green)과의 우정을 돈독히 했고, 1807년 총회에서 총회장으로 당선됨으로써 전국적인 명성을 얻었다. 1808년 총회 설교에서는 지역 신학교들을 설립하여 전국의 교회를 섬길 목회자들을 훈련시키자고 제안했다. 필라델피아에 있는 동안 아치볼드 알렉산더는 필라델피아 제일흑인장로교회(First African Presbyterian Church, 1809)와 필라델피아성서공회(Philadelphia Bible Society, 1808)를 세우는 일에도 힘을 보탰다. 후에 프린스턴에 있는 동안에는 미국식민지협회(American Colonization Society, 1816)가 설립되는 일을 도왔고, 1846년에 이 운동의 역사를 책으로 출간했다.

1812년, 총회는 아치볼드 알렉산더를 프린스턴에 세워진 신학교의 논증신학 교수로 임명했는데, 그는 이 자리에서 39년을 봉사하면서 정통 개혁신학과 부흥중심의 경건을 상식실재론 철학을 통해 학생들에게 가르쳤다. 그의 학생이자 동료였으며, 또한 후임자가 된 찰스 하지(Charles Hodge)보다는 주해에 덜 집중한 아치볼드 알렉산더의 신학과 경건에 대한 접근법은 『기독교 신앙의 증거에 대한 간략한 개요』(A Brief Outline of the Evidences of the Christian Religion, 1825, 이후 1836년에 『성경의 순전함, 영감, 정경적 권위의 증거들』(Evidences of the Authenticity, Inspiration, and Canonical Authority of the Holy Scriptures)로 개정 및 확장판 출간), 『신앙 체험에 대한 생각』(Thoughts on Religious Experience, 1841), 『로그대학의 설립자와 주요 동문에 대한 전기적 개요』(Biographical Sketches of the Founder and Principal Alumni of the Log College, 1845), 『도덕과학 개요』(Outlines of Moral Science, 1852) 등의 책, 「비블리컬 레퍼토리 앤 프린스턴 리뷰」(Biblical Repertory and Princeton Review, 1825-1871) 같은 신학교 학술지를 통해 알려졌다.

아치볼드 알렉산더는 다음과 같이 주장했다.

"하나님께서 우리의 지성을 그렇게 구성하셨기 때문에 확실한 진리가 우리 지성 앞에 제시되는 즉시 우리는 그것들을 믿을 수밖에 없게 된다."

외부 세계의 존재, 원인과 결과, 영혼과 하나님, 즉 모든 이성적인 인간들이 보편적으로 받아들이지 않을 수 없는 분명한 직관적 진리나 근본 원리들이 있다고 확신한 아치볼드 알렉산더는 이런 진리들을 활용하여 기독교 신앙의 논증을 뒷받침하려고 했다.

따라서 비록 누구도 성령의 직접적인 역사 없이는 회심할 수 없다는 것을 인정했음에도 불구하고, 그는 하나님의 존재를 변증적으로 입증하는 것이 기독교 신학의 필수 출발점이라고 주장했다. 아치볼드 알렉산더는 적절한 신앙 체험은 성경의 가르침 전체를 붙든 신학에서 흘러오는 것이라 믿었다. 또한, 잘못된 신학은 다양한 잘못된 체험을 만들어 내는데, 이는 찰스 피니(Charles Finney)의 부흥운동에서 증명된다고 했다.

뉴헤이븐 신학(New Haven theology), 회중교회 정치, 자원 선교기관에 대한 논쟁이 치열하던 1830년대에 아치볼드 알렉산더는 중도 입장을 유지하려고 노력했다. 그는 구학파에 동의했지만, 교회의 연합을 유지하고 싶어 했다. 마침내 1837년이 되자, 더 이상 연합이 가능하지 않다고 확신한 그는 그 자신이 한때 제정하는 데 힘을 보탰던 연합 안(Plan of Union)의 파기를 승인했다.

아치볼드 알렉산더는 1802년에 눈이 보이지 않는 버지니아 장로교 목사 제임스 워델(Dr James Waddell) 박사의 딸 자네타 워델(Janetta Waddell)과 결혼했다. 여섯 아들과 외동딸을 두었으며, 두 아들, 제임스 워델 알렉산더(James Waddell Alexander)와 조셉 에디슨 알렉산더(Joseph Addison Alexander)는 프린스턴신학교(Princeton Seminary)에서 가르쳤다.

참고문헌 | J. W. Alexander, *The Life of Archibald Alexander* (New York: Scribner's, 1854); A. W. Hoffecker, *Piety and the Princeton Theologians* (Grand Rapids: Baker, 1981); L. A. Loetscher, *Facing the Enlightenment and Pietism: Archibald Alexander and the Formation of Princeton Theological Seminary* (Westport: Greenwood, 1983).

P. J. WALLACE

아치볼드 알렉산더 하지(Archibald Alexander Hodge, 1823-1886)

구학파(Old School) 장로교 신학자. 그는 뉴저지 프린스턴에서 찰스 하지(Charles Hodge)와 그의 아내 새라(Sarah) 사이에서 찰스 하지가 프린스턴신학교 교수로 임명된 다음해에 태어났다. '회심 체험'을 한 적은 없었지만, 1842년에 프린스턴의 제일장로교회(First Presbyterian Church)에서 신앙을 고백했다. 1841년에 뉴저지대학(College of New Jersey, 후에 Princeton University로 개명-역주)을 졸업한 후 대학에서 2년간 강사로 일했고, 이후 1846년에 프린스턴신학교(Princeton Seminary)를 졸업했다.

아치볼드 하지는 1847년에 뉴브런즈윅노회(Presbytery of New Brunswick)에서 알라하바드(Allahabad, 인도 북부의 도시-역주) 파송 선교사로 안수받았고, 막 결혼한 버지니아 윈체스터(Winchester) 출신의 아내 엘리자베스 홀리데이(Elizabeth Holliday)와 함께 그해 여름에 인도로 떠났다. 인도에서 3년을 보낸 그는 변치 않는 해외선교에 대한 열정을 갖게 되었고, 영국 귀족정치를 이해하게 되면서 미국 민주주의에 비판적인 태도를 취했다.

3년을 머물며 두 아이를 낳은 후, 아치볼드 하지와 가족은 건강이 악화되어 미국으로 돌아갔다. 다음 14년 동안 그는 구학파 장로교 세 군데, 즉 메릴랜드 로어웨스트노팅엄(Lower West Nottingham, 1850-1855), 버지니아 프레더릭스버그(Fredericksburg, 1855-1861), 펜실베이니아 윌크스베어(Wilkesbarre, 1861-1864)에서 목회했다. 두 번째 교회에서 세 번째 교회로 옮긴 것은 남북전쟁 때문이었다. 프레더릭스버그 교인들에게 주일 저녁에 전한 강의를 묶은 것이 『신학개요』(*Outlines of Theology*, 1871)였는데, 아버지의 조직신학을 더 쉬운 말로 요약한 것이었다.

1864년부터 1877년까지 펜실베이니아 엘러게니신학교(Allegheny Seminary)에서 신학과 교수로 섬기면서, 동시에 1866년부터 1877년까지 엘러게니의 노스교회(North Church) 목사로 정기적으로 설교사역도 이어 갔다. 이 시기에 그는 『속죄』(*The Atonement*, 1867)와 『신앙고백 해설』(*Exposition of the Confession of Faith*, 1869)을 썼고, 「더 프린스턴 리뷰」(*The Princeton Review*) 같은 신학 잡지에도 글을 기고했다.

1877년에 아치볼드 하지는 프린스턴신학교로 와서 교훈신학 및 논증신학 주임교수로 있는 아버지를 도와 달라는 요청을 받았다. 프린스턴으로 간 아치볼드 하지는 아버지가 사망한 1878년부터 자신이 사망한 1886년까지 직책을 맡았다. 아버지의 신학에 전반적으로 동의했음에도 불구하고, 직접 전가(Immediate Imputation)와 간접 전가(Mediate Imputation)라는 주제를 놓고 아버지가 로버트 L. 댑니(Robert L.

Dabney)와 벌인 논쟁에서는 전반적인 차이가 별로 없다고 주장하며 댑니를 지지했다. 아버지에 대한 전기 『찰스 하지의 생애』(*Life of Charles Hodge*, 1880)는 복음주의적 경건과 정통 신학이라는 두 가지 강조점을 드러내고 있지만, 동시에 19세기 초반의 부흥주의적 강조점이 기독교인의 성장과 성숙이라는 강조점으로 더 이동한 상황을 보여 주기도 했다. 1880년부터 1883년까지 아치볼드 하지는 찰스 브리그스(Charles Briggs)와 함께, 막 통합된 신학파(New School)와 구학파를 더 단단하게 결속시키는 사명에 헌신된 간행물 「더 프린스턴 리뷰」의 공동 편집자로 봉사했다. 아치볼드 하지는 B. B. 워필드(B. B. Warfield)와 함께 1881년에 「더 프린스턴 리뷰」에 유명한 논문 '영감'(Inspiration)을 썼는데, 이 논문은 고전적 프린스턴 영감론, 즉 성경의 원본은 오류가 전혀 없다는 입장을 분명하게 표명했다. 아치볼드 하지와 워필드는 성경에 다양한 해석상의 분명한 차이들과 난제들이 존재함에도 불구하고, 심각한 모순은 없다고 주장했다. 이 교리는 1892년 장로교총회(General Assembly of the Presbyterian Church)에서 포틀랜드 평결(Portland Deliverance)로 교단의 공식 승인을 받았고, 1910년에도 다섯 가지 요점 평결(Five Point Deliverance)로 다시 승인되었다. 이 교리는 근본주의-현대주의 논쟁 기간에 뜨거운 논쟁의 대상이 되었다.

아버지와 달리 교회 정치에는 개입하지 않았음에도 불구하고, 아치볼드 하지는 1877년 세계개혁교회연맹(World Alliance of Reformed Churches) 1차 회의 연설에서 정통 개혁신학이 법, 교육, 정치, 공공 생활의 안정된 기반을 위해 필수적이라고 주장했다. 실제로, 하나님의 주권, 인간의 전적 타락, 삶의 모든 영역에 대한 그리스도의 주되심 같은 칼빈주의적 확신들만이 사회를 무정부주의와 세속주의의 무신론에서 구할 수 있다고 주장한 것이다.

아치볼드 하지에게는 교회와 국가의 분리라는 원칙이 반드시 신앙을 공공 영역에서 떼놓는 것을 의미하지 않았다. 오히려, 열정적인 후천년주의자(postmillennialist)였던 아치볼드 하지는 신앙이 모든 사회 제도의 통합된 일부여야 한다고 믿었다. 『대중 신학 강연』(*Popular Lectures on Theological Themes*, 1887)에서 아치볼드 하지는 오직 철저한 개혁신학만이 공공 제도들의 올바른 기반을 제공할 수 있다고 주장했다.

1874년에 아치볼드 하지는 미국이 하나님의 권위 아래 있다는 것을 인정하는 문구를 헌법에 삽입하자는 헌법 개정안을 통과시키려는 전미개혁협회(National Reform Association)의 활동에 참여했지만, 성공하지 못했다. 공교육을 기본적으로 지지하면서도, 지역 및 주정부에서 제공하는 교육이 종교 교육을 더 많이 존속시키기를 희망했기 때문에 전국적으로 통일된 교육 체계에는 반대했다. 나라가 전반적으로 세속화되고 있던 상황을 고려할 때, 교육이 '중립적'일 수 있다는 주장을 지지할 수가 없었던 것이다. 그는 교육에는 성경적인 교육과 자연주의적 교육이 있을 뿐이며, 기독교적이든지 아니면 반기독교적일 수밖에 없다고 믿었다.

참고문헌 | C. A. Salmond, *Princetoniana: Charles & A. A. Hodge* (New York: Scribner & Welford, 1888); G. S. Smith, *The Seeds of Secularization: Calvinism, Culture, and Pluralism in America, 1870-1915* (Grand Rapids: Christian University Press, 1985).

P. J. WALLACE

알렉산더 더프(Alexander Duff, 1806-1878)

인도에서 활동한 스코틀랜드 선교사. 1806년 4월 25일에 퍼스셔 물린(Moulin) 교구의 오크나힐(Auchnahyle) 농장에서 태어났다. 더프는 게일어(Gaelic, 스코틀랜드 일부 지역에서 사용하는 켈트어 계열 언어-역주)를 현지어로 사용하는 환경에서 자랐다. 그의 가족, 특히 아버지는 1798년에 물린에서 일어난 복음주의 부흥의 영향을 크게 받았다.

퍼스문법학교(Perth Grammar School)를 다닌 후, 더프는 세인트앤드루스대학교(St Andrews University)에 입학했다. 1821년에서 1825년까지 (세인트앤드루스대학교에 소속된-역주) 유나이티드대학(United College)에서 인문학을 공부했다. 논리학, 수사학, 도덕철학이 더프의 지성이 형성되는 데 주된 역할을 했다. 그는 토마스 차머스(Thomas Chalmers) 교수가 학장직을 수행하던 시기에 세인트앤드루스대학교 선교회 위원이었다. 이 선교회는 학생들이 선교에 대해 논의하는 중요한 토론회를 주최하곤 했다.

1825년 후반에 더프는 세인트메리대학(St Mary's College, 세인트앤드루스대학교 신학부-역주)에서 신학 공부를 시작했다. 커리큘럼은 18세기 후반의 정통 칼빈주의 신학을 둘러싸고 구축되어 있었다. 이 신학은 스코틀랜드 계몽주의의 영향을 많이 받았고, 수업에서 진행된 강의는 기독교 신앙에서 차지하는 이성의 역할을 크게 강조했다. 1829년 7월 30일에 더프는 앤 스코트 드라이스데일(Anne Scott Drysdale)과 결혼했는데, 아내는 인도선교의 전 기간을 그와 함께한 동반자였다. 부부에게는 다섯 자녀가 있었는데, 그중 둘은 영아기에 사망했다.

신학 공부를 마무리 짓던 1829년에 더프는 스코틀랜드장로교회(Church of Scotland) 해외복음전파위원회가 인도 캘커타(Calcutta)에 세운 총회 교육 기관의 초대 교장으로 임명되었다. 위원회 의장 존 잉글리스(John Inglis) 목사는 이 기획을 예비 단계부터 계획하고 재정을 확보하는 일에 기여했다. 1814년 이래 총회는 동인도회사(East India Company)의 장로교 사목인 그들의 대리인 제임스 브라이스(James Bryce)를 통해 벵갈(Bengal) 지역의 사회, 도시 발전에 대한 정기 보고서를 받고 있었다.

1823년에 브라이스는 스코틀랜드장로교회가 캘커타에 여러 교육 기관을 세우는 것이 좋겠다고 제안했다. 1830년 5월에 캘커타에 도착한 더프는 첫 몇 달은 서구화의 영향으로 도시에서 일어나고 있던 빠른 사회 변화를 관찰하며 시간을 보냈다. 1830년 7월, 힌두교 개혁운동 '브라모 사마즈'(Brahmo Samaj)의 지도자 람 모훈 로이(Ram Mohun Roy)의 도움으로, 더프는 서구식 교육을 점점 더 고대하던 지역 브라만 계급 엘리트에 요구에 따라 소년학교를 열었다.

그러나 더프는 다양한 영역의 선교방법론을 활용할 준비가 되어 있었다. 캘커타의 벵갈 공무원을 위한 훈련학교였던 힌두대학(Hindu College) 학생들은 1829년 이래 학교 당국과의 긴 논쟁에 휘말려 있었다. 더프는 학생 지도자들을 만난 후, 1831년 12월에 기독교 신앙의 증거에 대한 일련의 변증학 강의를 들으러 오라고 이들을 초청했다. 더프의 이 대중 강연 결과, 학생 지도자 중 넷이 기독교로 개종했다. 더프는 이런 사건들에서 처음에는 벵갈, 그 다음으로는 인도 전역으로 다가오는 기독교 혁명의 소유주를 보았다. 이후 그는 과학과 성경공부를 병행하는 인도 교육 체계가 미래 기독교 변증의 확고한 기반을 제공했다고 확신했다. 더프가 선교방법론으로서의 선교교육이라는 이론의 창시자는 아니었음에도 불구하고, 그는 인도 시민 사회의 발전을 촉진하는 데 선교교육의 역할이 결정적이라는 주장의 가장 강력한 대변인이 되었다.

1834년 7월에 요양차 고향으로 돌아온 더프는 스코틀랜드 전역에 총회사역을 홍보하고 사역을 지속하는 데 필요한 재정을 모금하는 순회 일정을 시작했다. 그는 영어를 인도 고등 교육에 사용되는 언어로 제도화한 1835년 3월의 윌리엄벤팅크경법령(Sir William Bentinck's Act)을 전적으로 지지했다. 일련의 총회 설교, 강연, 소책자, 책을 통해 그는 효과적인 기독교의 선교도구로서 서구 교육을 옹호했다.

애버딘의 매리셜대학(Marischal College, 오늘날의 애버딘대학교는 1860년에 매리셜대학과 킹스대학의 합병으로 탄생했다-역주)은 1835년에 더프에게 명예신학박사학위를 수여했다. 후에 출판(1839)된 연속 강연 '선교: 교회의 주목적'(Missions: the Chief End of the Church)에서, 그는 교회의 선교적 본질이라는 사상의 발전에 고도로 창의적인 기여를 했다. 아마도 교회가 선교를 위해 존재한다는 개념을 주장한 최초의 선교이론가가 더프일 것이다. 그가 1839년에 에든버러(Edinburgh)에서 행한 인도선교 관련 대중 강연은 후에 『인도와 인도선교』(India and Indian Missions)라는 제목으로 출판되었다.

1840년에 캘커타로 돌아간 후, 더프는 공립 교육에서 종교적 중립성을 유지해야 한다는 총독 오클랜드 경(Lord Auckland)의 안에 결사반대했다. 1843년, 다른 스코틀랜드장로교회 선교사들과 함께 더프는 국교회(established church)를 떠나 자유교회(Free Church)에 합류했다. 1844년에는 캘커타에 새로운 자유교회 교육 기관을 세웠다. 교회의 본질과 선교에 대한 이해를 바탕으로, 그는 갓 태어난 자유교회 지도자들에게 새로 세워진 자유교회대학(Free Church College, 자유교회 목회자 양성을 위한 신학대학-역주)에 선교와 교육을 담당하는 교수직을 신설해야 한다고 주장했다.

1849년에 더프는 빠른 속도로 늘어나고 있던 선교헌신자를 관리하는 책임을 맡으러 스코틀랜드로 귀환해 달라는 자유교회의 초청을 받아들였다. 1850년 자유교회총회에서 더프는 자유교회 소속 모든 노회에 선교회를 조직하는 일을 지원했다. 다음해에는 자유교회 총회장으로 선출되었다. 동인도회사헌장(East India Company Charter)의 법적 개정을 주제로 열린 1853년 의회 토론에서 더프는 상원선출위원회에 인도에서 교육이 얼마나 중요한지를 증명하는 증거를 제시했다. 인도 근대 교육 체계의 기반을 놓은 1854년 교육 특전(Educational Despatch)이 통과되는 데 끼친 그의 영향력은 막대했다. 같은 해에 그는 자유교회 선교위원회의 명으로 미국과 캐나다로 가서 해외선교 확산을 위한 활동을 펼쳤다. 미국 방문 기간에 뉴욕대학교(University of New York)가 그에게 명예법학박사학위를 수여했다.

더프는 1856년에 캘커타로 돌아갔다. 인도 폭동(Indian Mutiny, 1857-59년에 벵갈에서 일어난 세포이 반란-역주)이 일어난 후 몇 년 동안 그는 추가 건축 사업을 감독하고 새로운 여학교를 세웠다. 또한, 그는 벵갈어로 시행하는 교육을 지원하는 일에 더 많은 시간을 들였다. 캘커타대학교(University of Calcutta) 설립을 위해 수고하다가, 설립 후 1863년에는 초대 부총장으로 임명되었다. 그러나 건강이 급격히 나빠져서 요양을 위해 1863년 12월을 마지막으로 인도를 떠났다. 스코틀랜드로 돌아온 더프는 다시

한 번 자유교회 해외선교위원회 의장이 되었다. 앤 더프는 1865년 2월 22일에 사망했다.

인도 중부의 곤드 사람들(the Gonds)을 위한 새로운 선교회를 세우는 실천적 문제에 관심을 기울이는 와중에도, 그는 1865년 내내 자유교회 내 전도신학 교수 임명, 선교학교 설립, 선교와 관련된 정기 간행물 발간을 위해 계속 노력했다. 1867년, 자유교회총회는 마침내 전도신학 교수 자리를 승인했고, 더프가 초대 교수가 되었다.

해외선교위원회 의장으로서, 더프는 1870년에 레바논에 한 개, 동남아프리카에 세 개의 새로운 선교회를 세우는 일을 감독했다. 드루즈인(the Druse), 마론인(the Maronite), 그리스인 공동체에 세워진 교육 시설을 조사하러 시리아에도 방문했다. 더프는 언제나 초교파적 선교협력을 지지했고, 연합장로교회(United Presbyterian Church)와의 합병 논의가 진행 중이던 1873년에 자유교회 총회장으로 한 번 더 선출되었다. 그는 1878년 2월 12일에 에든버러에서 운명했다.

참고문헌 | M. A. Laird, *Missionaries and Education in Bengal, 1793-1837* (Oxford: Oxford University Press, 1972); O. Myklebust, *The Study of Missions in Theological Education*, 2 vols. (Oslo: Egede Institute, 1955); G. Smith, *Alexander Duff, DD, LLD*, 2 vols. (London: Hodder & Stoughton, 1879).

I. D. MAXWELL

알렉산더 매클라렌(Alexander McLaren/Maclaren, 1826-1910)

침례교 설교자이자 주석가. 그는 1826년 2월 11일에 글라스고우(Glasgow)에서 태어났다. 그의 아버지는 글라스고우에서 랄프 워들로(Ralph Wardlaw)의 교회에서 분리해서 스코틀랜드침례교(Scotch Baptist church)를 세운 이들을 이끈 지도자였다. 아버지는 이 교회의 목회 장로로 있다가 사업에 대한 관심으로 오스트레일리아로 건너가, 거기서 침례교 사역을 개척했다. 가족은 가장을 따라가지 않고 글라스고우에 남았는데, 아들 매클라렌은 글라스고우고등학교(Glasgow High School)에서 정규 교육을 받는 동시에 글라스고우대학교(Glasgow University)에서 라틴어와 그리스어를 공부하던 중 1840년에 침례를 받았다.

아버지가 오스트레일리아에서 돌아오는 일정에 맞춰 런던으로 이사한 후, 매클라렌은 1842년에 스테프니대학(Stepney College)에 들어가 벤저민 데이비스(Benjamin Davies)의 경이롭고 고생스러웠던 히브리어 연구의 결실을 맛보았다. 이후에 빛을 발하게 되는 그의 강해 은사는 여기에 의존한 바 컸다. 매클라렌은 데이비스에게서 그의 신학의 특징이 되는 어거스틴 신학의 강조점, 즉 하나님의 위엄과 죄의 참혹함을 배웠다.

1845년에는 상을 받으며 런던대학교(London University)를 졸업했는데, 이 시기 그에게 영향을 준 인물은 회중교도인 토마스 비니(Thomas Binney)와 동료 침례교도인 찰스 스토블(Charles Stovel)이었다. 이들은 그에게 각각 설교에 대한 애착과 자유에 대한 관심을 불어넣었다. 그러므로 그가 해방협회(Liberation Society)가 설립되는 자리에 참석했고, 국교폐지운동의 단호한 지성 에드워드 마이얼 의원(Edward Miall, MP)의 영향을 상당히 많이 받은 것은 놀랄 일이 아니다. 어린 시절부터 그는 교회의 허례허식과 귀족주의, 과시주의를 싫어했고, 교회 생활의 외형에 대한 퀘이커교도식 혐오감을 공유했다. 이는 아마도 평신도와 안수받은 목회자가 서로 평등했던 스코틀랜드침례교 배경을 반영된 것일 수 있다.

1846년 매클라렌은 사우샘프턴(Southampton) 소재 포틀랜드채플(Portland Chapel) 목사가 되었다. 남은 평생을 목회에 헌신한 그는 목사는 사제가 아니고 철학자도 아니며, 말씀을 전달하는 심부름꾼이자 복음을 선포하는 자라고 주장하며 엄청난 존경을 받았다. 포틀랜드채플은 원래 존 펄스퍼드(John Pulsford)가 목사로 있던 연합교회(Union Church, 여러 신앙을 가진 이들이 모여 예배하던 연합교회-역주)였다. 그러나 원래 제정된 규정과는 달리, 내부 갈등이 생기는 바람에 1844년에 침례교인들이 약 1,350파운드를 주고 건물을 구입한 후 침례교회로 재조직되었다.

이 사우샘프턴교회는 매클라렌이 대학 공부를 마칠 때까지 1년을 기다려 주었다. (설교를 12분 안에 끝내는) 젊은 목사의 신선한 접근 방식이 그의 정통성을 의심하는 계기가 되었기에, 스펄전은 한 때 그를 '위험 인물'로 보기도 했다. 처음부터 매클라렌은 심방을 할 기회를 얻지는 못했지만 주일학교 사역에 열심을 냈다. 약 20년간 그는 한 주간의 국제학습(International Lesson)에 대한 해설문을 필라델피아에서 발행하는 「더 선데이 스쿨 타임스」(The Sunday School Times)에 보냈다. 그는 곧 사우샘프턴학술회관(Southampton Athenaeum)에서 유명 인사로 부상했다. 복음의 윤리적 의미가 그에게 너무나 생생했기에, 일부에게만 특권을 부여하고 다른 이들에게는 가난을 안겨 주는 사회를 관용할 수 없었다. 따라서 그는 다음과 같이 기록했다.

> "우리는 오늘날 '사회복음'에 대해 엄청나게 많은 이야기를 듣는다. 나는 그 개념이 좋고 그 사상이 받아들이는 내용에 호감이 있다. 다만 복음은 먼저는 개인적인 것이고 그 다음이 사회적이라는 사실을 기억하자."

후에 그는 자신이 사우샘프턴 사역에서 너무 지성에 치우쳤다고 판단하고 북쪽 맨체스터(Manchester)로 이동하는 길에 "나는 지적 설교라는 쓰레기를 영원히 버렸다"라고 고백했다. 1856년 3월에 친척인 에든버러(Edinburgh)의 매리언 매클라렌(Marion Maclaren)과 결혼했는데, 매리언은 남편의 모든 사역, 특히 금주운동과 선교사역의 든든한 지원자가 된다.

1858년에 매클라렌은 그의 일생의 사역이 될 맨체스터 유니언채플(Union Chapel)의 청빙을 받아들였다. 이 작은 건물에 몰려든 신자가 많았기 때문에 1869년에 22,000파운드를 들여 새 예배당이 지어졌다. 등록 회원 수 700명에, 모이는 회중은 이 숫자의 세 배에 달했다. 로버트슨 니콜(Robertson Nicholl)이 "통치하기 위해 태어난 하일랜드 족장"의 외모를 지녔다고 묘사했음에도 불구하고, 매클라렌은 작은 집단의 친밀감보다는 대규모 회중의 익명성을 찾는 수줍음 많은 인물이었다. 인간 심리학을 존중하고 이해했지만, 친밀한 관계를 맺는 것이 늘 어려웠기에, 그는 아주 순전한 겸손을 가진 인물이 될 수 있었다. 유니언채플 사역에 더하여 1872년에 러숌 소재 피플스학교(People's Institute in

Rusholme) 설립, 고턴(Gorton)에 두 교회 개척, 시내에 세 선교지부 설립사역에도 힘을 쏟았다.

유니언채플 예배는 주의 깊고 세심하게 준비되었다. 매클라렌의 설교는 언제나 강해 중심적이고 신학적이었으며, 절대로 감정을 자극하는 설교는 아니었다. 영어와 독일어로 독서를 폭넓게 한 결실이 그가 강해하고자 선택한 본문에 적용되었는데, 히브리어 및 그리스어 원문을 책임감 있게 연구한 후, 거기서 (주로 셋으로 나뉜) 주요 대지를 만들어 냈다.

이런 전문적인 학습 위에 하나님의 말씀을 나누기 위한 기도 준비의 능력이 있었다. 그가 말씀을 적절히 해설하고 그려냈기에, 말씀이 즉각적으로 청중의 삶에 뿌리내렸다.

매클라렌은 한 전기 작가가 "영혼들을 위한 본능"이라 표현했고, 또 다른 이는 "인류라는 살아 있는 책에 대한 그의 결실 많은 연구"라 칭한 것, 즉 청중을 향한 독특한 공감대를 계발했다. '복음주의적 신비주의'에 대한 그의 유명한 후기 설교에서 스스로 자신의 후기 설교의 강조점이 다음과 같다고 했다.

> "많은 형제들이 시대에 대해 말할 때, 가난한 형제는 영원에 대해 말하게 하자."

예수님의 처녀 탄생부터 승천에 이르기까지, 복음서 기록에 나오는 모든 초자연적 요소를 열정적으로 변호한 그는 한때 다음과 같이 말했다.

> "이 요소 중 어느 하나라도 지워보라. 그러면 당신은 나머지 부분을 설명하는 데 큰 어려움을 겪지 않을 것이지만, 사실상 이들을 설명할 가치가 사라질 것이다."

동시에 '교리의 거미줄 뒤에 십자가가 숨겨질 수 있으므로, 너무 정통이려고 하지 않아야' 한다라는 것도 똑같이 잘 인식하고 있었다. 영원한 형벌에 관해 그는 신약이 우주적 징벌과 우주적 회복을 모두 인정한다는 사실을 발견했지만, 이 주제에 대해서는 설교하지 않기로 했다. 비록 계시가 그리스도 안에서 완성된다는 점을 부인하지는 않았지만, 이는 점진적인 것이며, 이를 받아들이는 이들의 도덕적이고 영적인 능력에 의해 측정되는 것이라고 바르게 설명했다. 그의 설교에서 본문, 특히 구약 본문은 주해의 기초로서보다는, 하나의 지시 메시지로 쉽게 사용되었다. 예를 들어, '그 일을 빨리 하는지 보라'(대하 24:5)에 대한 설교에서 다음과 같이 말했다.

> "우리는 요아스와 그의 게으른 레위인들에 대해 아무것도 말할 필요가 없으며, 대신 이 말을…그것이 무엇이든지, 하나님께서 우리에게 위임하신…명령이자 뜨거운 권고로 받아들여야 합니다."

칼라일(Carlyle)부터 브라우닝(Browning)까지 자기 시대의 문학 및 예술 문화를 잘 알고 있었기에 매클라렌은 당대의 지성을 이해하고 이들에게 설교할 수 있었다. 따라서 그는 동료 침례교인들에게 그들의 우선 과업, 즉 '십자가에 달린 그리스도를 뜨겁고 논쟁 없이 전하는 일'을 손상시키지 않고도, '그 시대의 목소리들'에 주의를 기울이라고 조언할 수 있었다.

오언스대학(Owen's College)의 학장은 매클라렌의 설교는 '맨체스터시에서 문헌 영향력이 가장 큰, 적어도 주요한 문헌 영향력 중 하나'라고 기록하고 있다. 1881년부터 유니언채플은 매클라렌에게 부목사를 동역자로 세워 주었으며, 그중 가장 마지막 인물이 E. J. 로버츠(E. J. Roberts)로, 그의 동사목사가 되었다. 매리언 매클라렌은 1884년 크리스마스 이브에 사망했다.

자유교회운동의 형성을 주도한 영향력 있는 인물이었던 매클라렌은 침례교연합(Baptist Union) 회장을 두 차례(1875, 1901) 역임했고, 1905년에는 침례교세계연맹(Baptist World Alliance)의 초대 대회에서 사회를 보았다. 그리고 에든버러, 맨체스터, 글라스고우대학교에서 명예박사학위를 받았다. 그는 1910년 5월 5일에 에든버러에서 사망했다.

참고문헌 | *Baptist Handbook*, 1911; J. C. Carlile, *Dr Alexander MacLaren, the Man and the Message* (1901); D. Williamson, *The Life of Alexander McLaren* (1910); E. T. McLaren, *Dr McLaren of Manchester* (1911); I. Sellers, 'Other Times, Other Ministries: John Fawcett and Alexander McLaren,' *Baptist Quarterly* (Oct. 1987), pp. 181-199.

J. Y. H. BRIGGS

알렉산더 보디(Alexander Boddy, 1854-1930)

영국 오순절운동의 개척자. 그는 맨체스터 치덤(Cheetham)의 세인트토마스교회(St Thomas Church)와 후에는 더럼 카운티(Durham County)의 엘릭홀(Elwick Hall)에서 교구사제로 섬긴 제임스 보디(James Boddy)의 아들로, 1854년 11월 15일에 태어났다. 그는 맨체스터문법학교(Manchester Grammar School)에서 교육받은 후 이어서 법을 공부했다. 기록장관(또는 항소법원 판사, Master of the Rolls) 조지 지셀 경(Sir George Jessel)이 그를 1876년 12월에 대법원 사무 변호사로 발탁했다. 그해 케직사경회(Keswick Convention)에 참여한 그는 영적 위기의 순간을 경험하고 법률가의 길을 거부하기로 했다.

법조계에서 성공적인 경력을 쌓고 있었지만 목회의 소명을 느낀 것이다. 가족과 친구들의 도움을 받아 보디는 더럼대학교(Durham University)로 가서 신학학위를 받고 졸업했다. 1880년에 부제로, 1881년에는 사제로 안수받았다. 그는 엘릭홀(1880), 캐슬에덴(Castle Eden, 1880-1881), 게이츠헤드의 로펠(Low Fell, Gateshead, 1881-1884), 오클랜드 주교의 세인트헬렌스(St Helen's, Bishop Auckland, 1884)에서 연속으로 부사제로 일했다. 같은 해에 선덜랜드(Sunderland) 몽크웨어머스(Monkwearmouth)의 올세인츠(All Saints)로 옮긴 그는 처음에는 부사제(1884-1886)였다가 이어서 교구사제(1886-1922)가 되었다.

몽크웨어머스는 알렉산더 보디가 현대 영국 오순절운동에 중대한 영향을 끼친 무대가 되었다. 알렉산더 보디는 케직성결교훈(Keswick holiness teaching)에 크게 영향을 받은 확신 있는 복음주의자였다. 초기에 그는 여행에 시간을 많이 투자하여 러시아, 북아프리카, 라플란드(Lapland, 스칸디나비아 반도 북부역주), 북미 등을 방문했다. 노르웨이에 성령의 부으심이 있었다는 보고를 들은 알렉산더 보디는 1907년 3월에 이를 확인하려고 노르웨이를 직접 방문하기도 했다.

이 방문 결과 알렉산더 보디는 오슬로(Oslo)에서 시역하던 잉글랜드감리교 목사 토마스 볼 배러트(Thomas Ball Barratt, 1862-1940)를 선덜랜드로 오라고 설득했다. 배러트는 1907년 8월 31일에 선덜랜드에 와서 12월 2일까지 머물렀다. 그의 방문 시간 동안 알렉산더 보디와 아내,

두 딸 메리와 제인이 모두 그들 스스로 성령세례로 규정한 심오한 영적 체험을 했다. 그러나 알렉산더 보디가 직접 오순절 체험을 하기 위해서는 12월 2일까지 기다려야 했다.

이때부터 몽크웨어머스의 올세인츠교회(All Saints Church)가 현대 영국 오순절운동의 첫 번째 중심지로 부상했다. 알렉산더 보디는 그가 조직한 횟선타이드대회(Whitsuntide convention)에 온 많은 기독교 지도자들과 교회 사역자들을 위한 구심점과 지도자가 되었다. 이들 가운데 브래드퍼드(Bradford)의 배관공 스미스 위글스워스(Smith Wigglesworth, 1859-1947)가 있었다. 알렉산더 보디의 아내가 그에게 손을 얹자 '성령세례'가 임했다. 암스테르담의 G. 폴만(G. Polman) 목사와 영국 출신의 스탠리 프로드섬(Stanley Frodsham), 조지 제프리(George Jeffreys)와 스티븐 제프리스(Stephen Jeffreys)도 있었다. 1907년 9월부터 1908년 4월까지 약 500명의 추종자들이 '성령세례'를 받았다. 이들의 넉넉한 기부 덕에 교회 강당의 빚을 다 갚았고, 현관 입구에 세워진 기념석에는 "주님의 불이 떨어져 빚을 불태워 버렸다"는 구절이 새겨졌다.

제1차 세계대전이 발발하기까지 알렉산더 보디는 일련의 중요한 오순절 연례 집회를 계속 열었는데, 이 집회에는 교파를 불문하고 모든 관심 있는 기독교인들이 참석했다. 역사적 교파 일부는 오순절 체험을 한 적이 있는 선교계 성직자들을 외면하기도 했다. 이들을 지원하기 위해 오순절선교사연맹(Pentecostal Missionary Alliance)이 1909년에 조직되어 알렉산더 보디가 초대 모임의 의장을 맡았다. 또한, 그는 함부르크, 오슬로, 미국 등을 여행하고, 1908년부터 1926년까지 발간된 『컨피던스』(Confidence)라는 이름의 잡지와 소책자 『잉글랜드를 위한 오순절』(Pentecost for England), 『로커 소책자』(Roker Tracts) 시리즈를 발간하여 오순절 메시지를 전했다. 알렉산더 보디는 강력한 지도력과 분명한 가르침으로 자기 교인들에게 크게 인정받은 헌신적이고 사랑받는 교구사제이기도 했다. 더럼 광부들의 1892년 파업 기간에 그가 보여 준 헌신적인 목회와 자기 교구에 있는 철강 노동자들을 구제하기 위해 500파운드를 모금한 수고는 오래도록 기억되었다. 그의 아내도 목회에 아주 큰 힘이 되었는데, 결혼 생활은 길고 행복했다. 아내의 건강이 악화되면서, 알렉산더 보디는 1922년에 몽크웨어머스를 떠나 피팅턴(Pittington)의 시골 교구로 들어갔다. 알렉산더 보디는 실력 있고 명쾌한 선생이었으며, 영국 오순절운동의 인정받는 지도자였다. 그러나 오순절을 연구하는 역사가들은 그를 다소 저평가했다.

참고문헌 | 익명의 저자, 'Rev Alexander Boddy, F.R.G.S.,' *YMCA Flashes* vol. 2.8 (April 1895); E. Blumhofer, 'Alexander Boddy and the Rise of Pentecostalism in Britain,' *Pneuma* 8 (Spring, 1986), pp. 31-40; D. Gee, *Wind and Flame* (London: Assemblies of God Publishing House, 1967); W. Hollenweger, *The Pentecostals* (London: SCM Press, 1972); P. Lavin, *Alexander Boddy: Pastor and Prophet* (Wearside Historic Church Group, 1986).

N. A. D. SCOTLAND

알렉산더 캠벨(Alexander Campbell, 1788-1866)

종교혁신가. 그는 오늘날 주요 세 교단, 즉 '그리스도의 제자'(Disciples of Christ), '그리스도의 교회'(Churches of Christ), '크리스천교회/그리스도의 교회'(Christian Churches/Churches of Christ)에서 주장하는 바, 원래의 기독교를 회복(또는 환원[restore])하기 위해 태동한 미국 토착 기독교운동의 핵심 지도자였다. 알렉산더 캠벨은 유명한 저술가이자 편집자, 논쟁가, 대학 교육자로, 1840년에 베다니대학(Bethany College)을 세우고 죽을 때까지 총장직을 맡았다. 그는 성경의 권위를 선포하고, 독립 장로가 통치하는 교회, 무신조주의(non-credalism), 신자의 침례, 성찬의 매주 시행, 지역 회중의 목회자 임명권을 진척시켰다.

알렉산더 캠벨은 1788년 9월 12일에 아일랜드의 안트림 카운티에서 태어났고, 1866년 3월 4일에 미국 웨스트버지니아의 베다니에서 운명했다. 그는 1763년 2월 1일에 아일랜드 다운 카운티에서 태어나서 1854년 1월 4일에 웨스트버지니아 베다니에서 죽은 토마스 캠벨(Thomas Campbell)의 아들이었다. 어머니 제인 코네이글(Jane Corneigle)은 위그노(Huguenot) 후손이었다. 아버지가 성공회(Anglican) 신자였던 토마스 캠벨은 분리파장로교회(Seceder Presbyterian Church)의 반시민파(Anti-Burgher, 시민이 선출하여 공직에 오른 사람이 지역의 신앙을 공식 승인해야 한다는 1746년의 Burgher Oath에 반대한 일파-역주)에 합류하고, 스코틀랜드의 글라스고우대학교(University of Glasgow)에서 공부한 후 위트번(Whitburn)에서 목회자 훈련을 받았다. 그는 학교 선생으로 일한 후 1798년부터 1807년까지 북아일랜드 아호리분리파 교회(Ahorey Seceder church)에서 봉사했다. 지지자들과 함께 초교파적인 얼스터복음주의협회(Evangelical Society of Ulster)를 설립했다. 1807년에는 악화된 건강 때문에 미국을 방문했다가 거기 머물기로 결정했다.

알렉산더 캠벨은 아버지와 삼촌들에게서 초기 교육을 받았다. 1808년부터 1809년까지 글라스고우대학교에 다녔다. 인식론과 정부에 대한 존 로크(John Locke)의 저작들, 스코틀랜드 상식 실재론자들(ScottishCommon-Sense Realists)의 작품들이 그의 후기 사상에 큰 영향을 끼쳤다. 글라스고우에서 할데인스코틀랜드독립파(Haldanean Scottish Independents)와 접촉한 후, 캠벨은 반시민 분리파와의 관계를 단절하기로 결심했다.

펜실베이니아(Pennsylvania)의 반시민파대회(Anti-Burgher Synod)에서의 갈등 이후, 토마스 캠벨과 몇몇 장로교 평신도들이 기독교의 연합과 절제, 순전한 복음설교를 증진시킨다는 명목으로 워싱턴크리스천협회(Christian Association of Washington)를 창설했다. 1809년에는 장로 토마스 캠벨이 이 단체를 위해 주요 선언문 『선언과 연설』(*The Declaration and Address*)을 작성했다. 1809년에 남은 가족들이 미국에 도착했을 때 알렉산더 캠벨은 자신과 아버지가 다른 장로교인들에게 환영받지 못하는 인물들(*persona non grata*)이 되어 있음을 깨달았다. 알렉산더 캠벨은 1810년에 집에서 모인 모임에서 첫 설교를 한 후, 다음해에는 100차례 이상의 설교를 했다. 1811년에 마가렛 브라운(Margaret Brown)과 결혼한 후에 장인이 웨스트버지니아 베다니에 있는 농장을 선물해, 거기서 남은 평생을 살았다. 마가렛과의 사이에 여덟 아이를 두었다. 1827년에 마가렛이 사망하자, 셀리나 베이크웰(Selina Bakewell)과 결혼하여 여섯 아이를 낳았지만, 전체 열 네 자녀 중 알렉산더 캠벨보다 오래 산 아이는 넷뿐이었다. 1818년에는 소년들을 위한 버팔로신학교(Buffalo Seminary)를 세우고 학생들을 가르쳤다. 그는 이미 젊은 시절에 설교 사례를 받지 않는다는 원칙을 세웠다.

워싱턴협회(Washington Association)는 1811년에 펜실베이니아 브러쉬런(Brush Run)에 교회를 세웠고, 캠벨은 1812년 1월 1일에 목사 안수를 받았다. 1812년에 침수에 의한 세례(침례)를 받기로 결정한 아버지와 아들은 1813년에 레드스톤침례교협회(Redstone Baptist Association)로 들어갔지만, 이들은 협회에서 1826-1827년에 쫓겨났다. 1823년 이후 알렉산더 캠벨이 맡고 있던 웰스버그교회(Wellsburg church)는 오하이오의 마호닝침례교협회(Mahoning Baptist Association of Ohio)의 회원 교회였다. 그러나 마호닝침례교협회는 1830년에 해체되었다. 그해 이 캠벨 가문의 개혁자들은 침례교와의 관계를 완전히 단절했다.

1815년이 되면서 알렉산더 캠벨이 이 운동의 핵심 지도자로 부상한다. 1816년에 그가 레드스톤침례교협회(Redstone Baptist Association)에서 한 유명한 첫 설교는 '율법에 대한 설교'라는 이름으로 알려졌다. 이 설교에서 그는 성경에 나오는 나중 언약들은 이전 것들을 무효로 만들었다고 주장했다. 예를 들어, 새로운 기독교 언약이 모세 언약을 대체했다는 것이다. 이 관점은 장로교와 침례교가 모두 붙들고 있던 전형적인 칼빈주의 입장, 즉 행위언약과는 반대되는 은혜언약이 아브라함과 함께 시작되었다는 주장과는 달랐다.

알렉산더 캠벨은 실력 있는 논쟁가로, 침례교 내부에서 또 다른 명성을 얻었다. 그 시대에는 신앙 논쟁이 흔했다. 가장 초기의 논쟁에서 알렉산더 캠벨은 침수에 의한 세례와 복음에 반응할 수 있는 인간의 자유를 변호했다. 그의 첫 번째 공개 논쟁은 1820년에 오하이오 마운트 플레즌트(Mount Pleasant)에서 세례를 주제로 장로교도 존 워커(John Walker)와 벌인 논쟁이었다. 이 논쟁 내용이 출판된 후, 알렉산더 캠벨은 논쟁이 그의 대의를 진척시킬 수 있는 중요한 수단이라고 점점 더 확신하게 되었다.

그는 또 한 명의 장로교도 윌리엄 매칼라(William McCalla)와 1823년 켄터키 워싱턴에서 논쟁을 벌였다. 주요 논쟁에 참여하면서 그는 자기 교파만을 대표한 것이 아니라 개신교 일반을 대표하기도 했는데, 처음에는 1829년 신시내티에서 로버트 오웬(Robert Owen)과 기독교의 진리에 대해, 다음으로는 1836년 신시내티에서 오하이오의 대주교 퍼셀(Archbishop Percell)과 로마교회의 무오류성을 주제로 논쟁을 벌였다.

가장 오랜 시간 진행된 논쟁은 1843년에 켄터키 렉싱턴(Lexington)에서 N. L. 라이스(N. L. Rice)와 스톤-캠벨운동(Stone-Campbell movement)의 특징을 놓고 벌인 논쟁이었다. 이런 논쟁들을 통해 알렉산더 캠벨 자신이 이해하는 신앙이 드러났는데, 이는 그가 신앙을 '하나님의 증언을 지적으로 믿는 것'으로 인식했기 때문이다. 따라서 그는 성경, 초대 기독교, 당대 학자들로부터 상세하고 강력한 증거를 확보했다.

또한, 알렉산더 캠벨은 정기 간행물을 통해서도 널리 알려졌다. 1823년에 그가 창간한 「더 크리스천 뱁티스트」(*The Christian Baptist*)에서 알렉산더 캠벨은 특히 고대교회에 집중하고, 어떻게 그 교회가 자기 시대의 교회와 다른 모습을 보였는지를 강조했다. 1830년에 알렉산더 캠벨은 「더 밀레니얼 하빙어」(*The Millennial Harbinger*) 발간을 시작하고, 1866년에 사망할 때까지 편집자로 일했다. 그는 후천년주의자(postmillennialist)로서, 세속 영역에서와 종교 영역에서의 진보의 표지가 다가오는 천년왕국을 이끌고 있다고 확신했다. 또한, 『살아 있는 예언들』(*Living Oracles*)이라는 이름으로 불리기도 했던 신약성경번역 『사도들과 예수 그리스도 전도자들의 거룩한 저술들』(*The Sacred Writings of the Apostles and Evangelists of Jesus Christ*, 1826)과 『크리스천 체계』(*The Christian System*, 1839)를 편집하고 출판했다. 알렉산더 캠벨은 미국 정착지 대부분을 포괄하는 순회설교 여행을 다녔고, 1847년에는 영국으로 여행하기도 했다.

알렉산더 캠벨은 1840년에 베다니대학(Bethany College)을 설립하고 죽기까지 총장직을 맡았다. 커리큘럼은 과학과 실제 농업 과목들을 유명한 스코틀랜드 대학들의 사례를 따라 배치했는데, 이들 대학이 미국 고등 교육의 미래 발전상의 모델이었다. 또한, 그는 학점을 따기 위한 성경 과목들을 개설한 개척자이기도 했다.

1832년에 캠벨 개혁자들(the Campbell reformers)은 오하이오밸리(Ohio Valley) 전역의 크리스천교회들(Christian churches, 교파 이름이 Christian이었다-역주)과의 연합을 추진했는데, 이 교단에서 가장 존경받은 지도자가 바턴 W. 스톤(Barton W. Stone)이었다. 알렉산더 캠벨은 스톤의 회심 경험 강조와 그의 삼위일체, 기독론, 속죄에 대한 비전통적인 견해에 의문을 품었다.

그러나 스톤은 이 견해를 수정하지 않았고, 켄터키의 알렉산더 캠벨 개혁자들의 도움으로 더 먼 서부 지역에 있던 교회들 대부분의 합병도 이루어졌다. 그러나 오하이오, 켄터키 및 더 동쪽 지역에 있던 스톤의 많은 교회들은 합병을 거부하고 크리스천교단(Christian Connexion)을 세웠다.

알렉산더 캠벨은 1850년 「밀레니얼 하빙어」 '서문'에 자기 교단의 기반을 다음과 같이 정리해서 실었다.

첫째, '성경, 전체 성경, 오직 성경.'
둘째, '예수 그리스도만이 중심 모퉁이돌.'
셋째, '이 반석 위에 나의 교회를 세우리라.'
넷째, '메시아와 그의 사도들'의 목소리(즉 신약성경).
다섯째, '조직화된 노력'(즉 함께 협력하여 일하는 교회들).

1866년에 알렉산더 캠벨이 사망했을 당시, 이 운동에 동참한 신자는 20만 명이 넘었다. 오늘날 전 세계에 있는 이들의 후손을 모두 합하면 대략 5백만 명 정도가 된다.

참고문헌 | R. Richardson, *Memoirs of Alexander Campbell*, 2 vols. (Philadelphia: J. P. Lippincott, 1868, 1870); J. M. Seale (ed.), *Lectures in Honor of the Alexander Campbell Bicentennial, 1788-1988* (Nashville: Disciples of Christ Historical Society, 1988); R. F. West, *Alexander Campbell and Natural Religion* (New Haven: Yale University Press, 1948).

T. H. OLBRIGHT

알렉산더 킬럼(Alexander Kilham, 1762-1798)

감리교신교단(Methodist New Connexion) 창시자. 그는 1762년 7월 10일에 링컨셔(Lincolnshire) 엡워스(Epworth) 마을에서 태어났다. 모두 경건한 '교회감리교도'(Church Methodists)였던 감리교 방직공 사이먼 킬럼(Simon Kilham)과 그의 아내 엘리자베스(Elizabeth)의 아들인 알렉산더 킬럼은 1762년 8월 6일에 세례받고, 가족이 경영하는 아마포(linen) 제조 사업에 투입될 준비를 하기 위해 집에서 교육을 받았다. 18살에 회심하기 전까지 아들을 '공직'에 진출시키려던 아버지의 계획에 반항했던 그는 엡워스(Epworth)에서 일어난 신앙부흥기에 아버지와 화해했다. 이어서 1782년 러딩턴(Luddington)에서 첫 설교를 하며 마을 전도에 참여한 후, 채널 제도(Channel Isles)로 개척선교여행을 떠난 감리교 설교자 로버트 카 브래큰베리(Robert Carr Brackenbury)의 조수가 되었다.

관용령(Toleration Act)의 조건하에서 1784년에 설교자 인허를 받아 명부에 등록해야 한 순간부터 그는 자신을 분명히 비국교도(Dissenter)로 규정했고, 1785년에 주로 북부로 여행하는 웨슬리의 순회전도자에 포함되었다. 1788년 3월에 웨슬리의 허락하에 피커링(Pickering)의 새라 그레지(Sarah Grey)와 결혼했고, 1788년 12월에 첫 딸, 1790년에는 아들이 태어났지만 1년도 채 안 되어 위장염으로 사망했다. 국교회(established church)에 점점 반감을 느끼게 된 알렉산더 킬럼은 성직자가 유아에게 세례를 주는 의식을 재차 거부했다.

웨슬리가 살아 있을 때 알렉산더 킬럼은 "복음 안에서 우리 아버지처럼 그를 사랑하여…그의 뜻을 마음으로 따르는 것"이 자기 의무라고 믿었다. 그러나 웨슬리가 죽자마자 알렉산더 킬럼은 개혁을 주동하고 싶은 충동을 느꼈다. 그는 감리교인이 성례를 집행하기 위해 잉글랜드 국교회(Church of England)에 의존해야만 한다는 사실에 정당성을 찾을 수 없었다. 알렉산더 킬럼은 1791년에 헐(Hull)에서 성찬을 집례한 감리교 고참 설교자 조셉 콘리(Joseph Cownley)를 옹호하는 첫 소책자를 썼지만, '웨슬리는 오류가 없다'라는 것을 부인함으로써 토마스 코크(Thomas Coke)에 의해 1792년 런던총회(London Conference)에서 제명당했다.

그러나 알렉산더 킬럼은 이 결정을 비난하며 달아났고, 후에는 스코틀랜드 애버딘(Aberdeen)으로 파견되었는데, 웨슬리는 이 지역 목사들이 장로교 방식에 따라 성례를 집행하는 것을 마지못해 인정한 적이 있었다. 이 지역에서의 알렉산더 킬럼의 경험은 오히려 잉글랜드감리교의 변화를 주동해야 한다는 결단만 더 굳히게 만들었다.

더구나 이 시기에 주교제와 국교회에 대한 적대감뿐만 아니라 '공화주의 원칙,' 의회 개혁 지지, 피트(Pitt) 정부에 대한 반감 또한 더 강해졌다는 것도 그가 쓴 서신들을 보면 알 수 있다. 1794년에는 대반역 죄로 기소되었던 하디 및 혼 투크(Hardy and Horne Tooke)의 무죄 사면을 보증한 변호사에게 찬사를 보내기도 했다.

알렉산더 킬럼은 1795년 총회에서 자신의 안을 관철시키기 위해 노력을 기울였으나, 조정안(Plan of Pacification)에 만족하지 못했는데, 이는 그가 이 안이 본질적인 교회 정치 문제를 제대로 다루지 못했다고 믿었기 때문이었다. 그는 1795년 가을에 교단 정치의 모든 영역에서 평신도에게 힘을 더 부여하자고 주장하고, 웨슬리파 계급직제가 '핍박자 네로의 행동, 거대한 창녀 바빌론의 모든 피비린내 나는 악행'을 모방하고 있다고 주장하며 로버트 브라운(Robert Browne)의 급진적 언사인 '백성의 소리가 곧 하나님의 소리다'를 인용했다. 또한, 그는 순회설교자들이 재정을 횡령했다는 기소도 반박했는데, 이것이 1795-1796년 가을과 겨울에 보수파의 반동을 촉발했다.

이때 교단 지도부 내 다양한 일원은 '감리교급진주의(Methodist Jacobinism)'에 치명적 일타를 날리기 위해 일치협력하고, 알렉산더 킬럼의 견해를 조사하기 위해 뉴캐슬(Newcastle)에서 지역 모임을 소집했다. 불굴의 알렉산더 킬럼은 '절대 군주제나 교황 직제를 제외하고는 하늘 아래 어떤 정치'도 감리교 정치만큼 전제적이고 압제적인 것이 없다고 주장했고, 비록 '부적절한 표현'을 사용한 것에 대해 기꺼이 사과했음에도 불구하고, 궁극적으로는 1796년 런던총회에서 열린 3일간의 재판에서 자신의 논쟁적이고 입증되지 않는 주장을 철회하기를 거부했다. 그렇게 하면 잉글랜드인의 신성한 권리를 포기하는 것이라 주장한 것이다. 결국 알렉산더 킬럼은 1796년 7월 28일에 만장일치로 교단에서 추방당했다.

제명 후 알렉산더 킬럼은 「더 매소디스트 모니터」(The Methodist Monitor)와 북부 지역을 돌며 전한 설교를 통해 지지를 구했고, 1797년 8월 9일에 세 명의 다른 설교자들의 지원으로 리즈(Leeds)에 소재한 에버니저침례교채플(Ebenezer Baptist Chapel)에서 '신순회단'(New Itinerancy)을 창설했다. 비록 이 분열로 웨슬리파 교인의 약 5%가 이탈했지만, 많은 이들이 두려워할 만큼 그 영향이 치명적이지는 않았다. 감리교 신교단으로 알려진 이 새로운 집단은 부유한 반(反)성직자 평신도 일파와 랭카셔(Lancashire), 웨스트라이딩(West Riding), 노팅엄셔(Nottinghamshire), 스태퍼드셔(Staffordshire)의 산업 지대에 거주하는 정치화된 장인들을 따르는 사람들에게 주로 수용되었다. 교인 성장은 두드러졌다기보다는 안정적이었고, 1799년에 노팅엄(Nottingham)에서 열린 3차 총회에 보고된 교인수는 5,700명으로 늘었다. 1851년에는 16,962명으로 거의 세 배로 증가했다.

알렉산더 킬럼은 1797년에 셰필드(Sheffield)에 머물다 퀘이커교도였던 해너 스펀(Hannah Spun)과 결혼했는데, 첫 아내가 죽은 지 14개월 만이었다. 1798년에 노팅엄으로 이주해서 살다가 1798년 12월 20일에 36세의 나이로 사망했는데, 웨일스(Wales)로의 힘든 여행으로 인한 혈관 파열이 원인이었다. 노팅엄 호클리채플(Hockley Chapel) 벽에 매장된 그를 기리는 기념석에는 그가 사람들의 권리에 반하는 사제들의 폭정에 얼마나 열정을 다해 저항했는지 소개하는 내용이 새겨졌다.

알렉산더 킬럼은 보수적인 비판가들에게는 감리교의 톰 페인(Tom Paine, 정치적 자유주의와 종교적 이신론으로 유명했던 같은 시대의 영국계 미국 사상가-역주)이었고, 좀 더 자유주의적인 숭배자나 휘그당(Whiggish) 역사가들에게 19세기 자유주의 비국교도의 선구자이자 개혁을 추진하다 죽은 순교자로 추앙되었다. 그러나 수정주의 역사가들은 알렉산더 킬럼의 정치 사상이 옛 시대의 자유주의(libertarian) 혹은 비국교도 전통이라고 주장했다.

예를 들어, 데이비드 햄튼(David Hempton)은 다음과 같이 주장했다.

"알렉산더 킬럼을 이해하는 가장 좋은 방법은 미래를 앞지른 사람이라는 관점이 아니라 과거에 의해 주조된 사람이라고 보는 것이다… 즉 자유롭게 태어난 잉글랜드인의 옛 전통 안에 확고하게 서 있었던 인물이라는 것이다."

그러나 그 방식은 톰 페인보다는 카트라이트 소령(Major Cartwright, 당대 정치 개혁의 선구자 John Cartwright를 지칭-역주)에 더 가까웠다. 그러나 M. R. 와츠(M. R. Watts)도 알렉산더 킬럼의 급진적이고 분파적인 본능이 과거에 깊이 뿌리박힌 것이라 확신하며, 그를 '영감된 상식, 따라서 평범한 기독교 신자의 정치적 권리를 믿는 믿음'이라는 틀 안에서 묘사한다.

"그는 기질과 교리에서, 엘리자베스 시대 분리파 로버트 브라운(Robert Browne)의 화신이라 할 만하다."

알렉산더 킬럼의 외모와 성격에 대한 (비록 아첨하는 투는 아니지만) 동정적인 시선을 담고 있는, 자주 인용되는 당대의 진술에 따르면, 그는 '거의 변변찮다고 할 만한 외모와 표정,' '서툴게 절름거리는 듯한 걸음걸이,' '우물거리는' 강단 설교 등 볼품없는 외양의 인물이었다. 그러나 이 모든 타고난 결점을 보상하고도 남았던 표정에서 보이는 엄숙함, 행동에서 보이는 진지함, 내용에서 나타나는 풍요로움, 성령의 기름부음 받은 말을 통해 자석처럼 사람들을 끌어당겼다.

실제로, 그를 가장 가혹하게 몰아붙인 비판자들도 그의 복음주의적 경건과 '지치지도 않고 수고하는 그의 목회사역'은 인정했다. 한 주에 최소 일곱 번 설교했고, 닥치는 대로 책을 읽었으며, 성실하고 꾸준하게 편지를 썼다.

그러나 당대 사람들과 역사가들 모두 그가 웨슬리 사후 프랑스혁명과 연결된 전쟁이라는 혼돈의 시대에 하나의 성공적인 개혁운동을 이끌기에는 여러 면에서 너무 경솔하고, 독단적이었으며, 행동이 성급했다고 결론 내렸다.

참고문헌 | D. Hempton, *Methodism and Politics in British Society 1750-1850* (London: Hutchinson, 1984); A. Kilham, *The Life of Mr Alexander Kilham* (Nottingham: C. Sutton, 1799); J. Blackwell, *Life of the Rev. Alexander Kilham* (London: R. Groombridge, 1838); M. R. Watts, *The Dissenters*, vol. ii, *The Expansion of Evangelical Nonconformity 1791-1859* (Oxford: Clarendon Press, 1995).

J. A. HARGREAVE

야코부스 알미니우스(Jacobus Arminius, c. 1559-1609)

네덜란드 항의파(Remonstrants) 종교개혁가. 그는 위트레흐트(Utrecht) 근교 우데바터(Oudewater)에서 야콥 하르멘손(Jacob Harmenszoon)이라는 이름으로 태어났다. 중산층이던 가정은 부엌 용품을 만드는 아버지가 알미니우스의 유아기에 사망하고, 어머니와 모든 형제자매들이 청소년기인 1575년에 우데바터에서 스페인인이 자행한 대학살 당시 모두 살해당하면서 완전히 파괴되었다. 그래서 가족의 친구들이 그를 대신 키웠다. 당시 전통적으로 훈련받은 대부분의 인문주의 학자처럼, 그도 결국 이름을 라틴식으로 바꿨다. 로마에 저항한 것으로 유명한 1세기 게르만족 지도자 알미니우스가 그가 채택한 이름이었다.

1574년에 알미니우스는 14-15세기 북부 네덜란드 종교개혁 전야의 분위기로 회귀하는 전통의 중심지였던 레이던(Leiden)에서 공부를 시작했다. 성경연구에 근거한 경건, 중세식 성사들을 심각한 미신으로 간주하는 성사주의, 교회 내부의 부패를 밝혀내는 인문주의 등이 그런 분위기였다. 이 운동을 원시(proto) 루터교, 또는 츠빙글리운동이라고 지칭하는 것은 시대착오적이다. 이런 명칭들에는 레이던 전통과는 관련이 없는 교리적 특성이 내포되어 있기 때문이다. 그는 이어서 제네바, 바젤, 다시 제네바에서 공부하고, 도시, 교회, 대학에서 몇 년간 지도자로 활동한 후, 1603년에 레이던에서 박사학위를 받으며 연구 경력의 전성기를 맞았다.

레이던에는 개혁파 피난민들이 가지고 온 정밀한 칼빈주의뿐만 아니라 더 오래된 시기의 개혁 정신과 내용도 공존하고 있었다. 이어서 나타난 갈등은 (비록 이 주제가 수면에서 사라진 것은 아니라고는 해도) 예정에 관련된 것이라기보다는 칼빈주의 당회(consistory, 개혁파교회의 교회 정치 기관)와 (저지대 국가들의 고유한 특징 그대로, 교리적으로 덜 엄정한 인문주의적 지성이 바탕이 된 경건을 대표하는) 도시 간 관계에 대한 것이었다. 예를 들어, 엄격한 칼빈주의 정신으로 무장한 당회가 일요일이 아닌 다른 날에 기독교 축제(크리스마스 등)를 지키는 것에 반대한 것 등이었다.

암스테르담 상인들의 재정 지원을 받아 알미니우스는 1582년 정월 초하루부터 제네바의 베자(Beza) 밑에서 공부를 시작했다. 칼빈의 후계자 베자는 당시 62세로, 모든 개혁파 진영의 존경을 받았다. 칼빈이 강조해서 가르친 것들을 재정리하면서, 베자는 칼빈신학의 주요 특징을 거의 그대로 이어 갔지만, 그 신학의 정신에는 큰 변화를 주었다. 예를 들어, 칼빈은 하나님의 위엄과 장대함에 대해 가르쳤지만, 하나님의 '주권'(sovereignty)을 주장하지는 않았다. 후에 항의파(Remonstrants) 입장에서 적나라한 권력에 대한 독단적인 주장과 전혀 다를 바 없는 것으로 간주되었던 이 주권 사상을 베자는 자기 신학의 한복판에 배치시켰다. 제네바에서 공부를 마친 알미니우스는 다음에는 바젤에서 공부하고, 다시 제네바로 돌아와서 공부했다. 1587년에 이탈리아로 여행했다는 이유로 그는 로마 가톨릭 실세들과 타협하고, 예수회와 접촉하면서 칼빈주의 신앙을 잃어버렸다는 정죄에 시달리기도 했다.

암스테르담으로 돌아온 그는 안수받은 후 그 도시교회 생활의 중심지인, '옛교회'(Old Church)의 목사가 되었다. 1590년에는 리즈베트 레아엘(Lijsbet Reael)과 결혼했다. 귀족이던 그녀와 결혼함으로써, 알미니우스는 이후 그 도시에서 가장 영향력 있는 상인이자 지도자의 영향 아래 있게 되는 길을 보장받았다. 그 앞에 등장한 모든 관원형(magisterial, 루터, 칼빈, 츠빙글리 등 국가 관원들의 후원과 지지하에 종교개혁을 일으킨 개혁자들을 지칭하는 표현-역주) 개혁자들과 마찬가지로, 알미니우스 또한 암스테르담 강단에서 15년, 레이던 강단에서 6년을 포함, 거의 일평생을 목사로 보낸다(신학적 언쟁보다 목회직을 수행하는 것이 목회자의 성결에 더 도움이 된다는 그의 확신을 주목할 필요가 있다).

1603년부터 사망하게 되는 1609년까지, 알미니우스는 레이던대학교(Leiden University)의 신학과 교수로 지내면서, 일부 소수 신학자들이 반대하기는 했지만 대학 총장에 임명되기도 했다. 레이던에서 그는 더 이른 시기의 논쟁과 관련된 핵심 주제들을 함께 묶어서, 1608년에 가장 원숙한 사상을 담은 저술 『소감 선언』(Declaration of Sentiments)을 출판했다. 그의 이름에 따라 다니는 개념들이 공통적으로 칼빈주의자의 모든 것을 거부하는 것으로 인식되고 있음에도 불구하고, 칼빈의 『주석』(Commentaries)에 대한 알미니우스의 찬사는 주목할 만하다. 알미니우스에 따르면, 칼빈의 『주석』은 성경 다음의 위치를 차지한다.

> "나는 칼빈의 주석들을 읽으라고 추천한다… 성경해석에서 칼빈을 따를 사람은 없으며, 그의 주석은 우리가 교부들의 저작들을 통해 얻는 어떤 것보다 더 가치가 있다고 생각한다… 정말로 그렇기 때문에 나는 그에게 분명한 예언의 영이 있음을 인정한다. 그 예언의 영이라는 측면에서, 그는 다른 누구보다, 대부분의 사람들보다, 사실은 세상의 누구보다도 탁월하다."

이후 결코 빠져나갈 수 없게 된 신학 논쟁의 시발점은 그가 한 로마서 설교였다. 처음으로 그의 설교에 반응을 보인 반대자들은 원죄를 거부한 인문주의자들이었다. 조금의 타협도 없이, 알미니우스는 그들에게 다음과 같이 응답했다.

> "나는 우리의 구원은 예수님에게만 달려 있고, 우리가 오직 성령의 은혜를 통해서만 죄용서와 삶의 변화를 위한 믿음을 얻는다는 것을 믿는다."

이어 그를 비판한 이들은 로마서 7장이 기독교인이 되기 이전의 사람을 묘사하고 있다는 알미니우스의 주장에 동의하지 않는 칼빈주의자였다. 그 즉시 알미니우스는 펠라기우스주의, 소시누스주의(유니테리안주의)로 정죄받고, 벨직 신앙고백(Belgic Confession) 및 하이델베르크 요리문답(Heidelberg Catechism)에 부응하지 않는 주장을 한다고 비난받았다.

교회 법정의 칼빈주의 성직자들을 신뢰하지 않았던 알미니우스는 그가 평가를 제대로 내릴 수 있는 사람들이라고 인정한 관원들 앞에서만 교리 위반 명목으로 그에게 내려진 고소에 저항하여 자신을 변호했다. 관원들은 그를 무죄 선언했다.

또 다른 긴 논쟁의 주된 영역이 된 것은 로마서 9장을 상세히 주해하면서 펼친 알미니우스의 다음과 같은 주장이었다.

> "예정 교리가 대답하고 있다고 그의 반대자들이 주장하는 질문, 즉 '모든 사람이 다 하나님 앞에서(Coram Deo) 죽었는데, 왜 어떤 사람은 믿고 어떤 사람은 믿지 않느냐?'는 질문에 대해, 로마서의 각 장은 묻지도 않고 답하지도 않는다. 로마서 9장은 개인에 대해서가 아니라, 한 부류의 사람들, 즉 의로운 자가 믿음으로 의로워진다는 것을 인정하는 사람들과 하나님의 인정을 받고자 하는 사람들에 대해서 논하고 있다. 사람이 창조되기도 전에 그 사람의 예정에 대해 왈가왈부하는 것, 따라서 사람이 죄를 짓기도 전에 그 사람의 유기에 대해 왈가왈부하는 것은 하나님을 무시무시한 괴물로 만드는 것이다. 하나님의 숨겨진 의지와 드러난 의지를 자명한 것으로 간주하는 것은 (하나님의 의지가 그를 통해 드러난 것으로 누구나 인정하는) 예수 그리스도 안에 '신성의 모든 충만이 육체로 거하신다'(골 2:9)는 신약성경의 선언을 부인하는 것이다. 하나님의 명령과 하나님의 약속은 시공간의 범위가 같다(하나님이 모두에게 회개하고 믿으라고 명령하시지만, 빨리 회개하고 믿게 할 자비를 가지고 일부에게만 찾아가시는 것이 아니다. 하나님은 누가 믿고 누가 믿지 않을지를 예정하시는 것이 아니라, 오히려 그리스도를 믿는 모든 이들을 그리스도 안에서 구원하시기로 예정하신다)."

그에 의하면 베자와 그의 추종자들의 입장은 하나님을 죄의 저자로 여기지도록 할 뿐이며 (벨라르민 추기경도 고칼빈주의자[High Calvinist]의 입장은 하나님을 유일한 죄인으로 만든다며 알미니우스의 입장에 동의한다), 따라서 인간의 능력을 부인하고 하나님의 심판이 부적절하다는 주장으로 연결될 수밖에 없다.

암스테르담에서 목회하는 동안에 쓴 알미니우스의 주저 『퍼킨스의 소책자 연구』(Examination of Perkins' Pamphlet)는 종종 그가 가장 크게 기여한 단일 신학 작품으로 평가받는다. 잉글랜드의 고칼빈주의 대변자 윌리엄 퍼킨스(William Perkins, 1558-1602)는 강력한 타락 전 예정론자(supralapsarian)로서, 창조와 타락은 (단지) 선택 혹은 유기의 작정이 이행되는 수단일 뿐이라고 주장했다.

『퍼킨스의 소책자 연구』에 나오는 알미니우스의 주장은 그의 여러 저술에서 공통으로 찾을 수 있지만, 다른 어떤 곳에서보다 이 책에서 더 자세하고 더 뚜렷한 어조를 드러낸다. 알미니우스는 단호하게 주장했다. 그에 의하면 은혜는 죄인된 인간과 만나는 하나님의 사랑이다. 은혜는 '작정'이나 '의지'나 '주권'과 동의어가 아니다. 은혜는 죄와는 관계없는 피조물 인간에게 '작용하는' 것이 아니라, 타락하여 부패한 인간에게 전달하시는 하나님의 사랑이다.

퍼킨스는 그리스도는 오직 선택된 자들만을 위하여 죽으셨다고 주장하며 속죄의 범위와 믿음의 범위를 일치시켰다. 알미니우스는 그리스도는 모두를 위하여 죽으셨지만(그래서 모두를 위한 구원을 확보하셨지만), 오직 일부만 구원받는다는 것, 즉 십자가는 모두에게 충분한 것이지만, 오직 신자만이 그 효력을 누린다고 주장했다.

자유의지에 대한 자신의 이해와의 일관성을 유지하면서, 알미니우스는 기독교인의 삶을 은혜의 '상태'(그러므로 정적인 것)로 보는 견해를 비판하고, 오히려 기독교인의 삶을 역동적인 것으로 이해했다. 은혜의 동시 작용(graced concurrence)은 상승적 나선 작용 속에서 더 큰 은혜를 인정하고 활용하여 신자를 은혜 안에 더 잠기게 함으로써 선한 일에서도 진보를 이룰 수 있게 한다는 것이다. 퍼킨스가 이 입장을 펠라기우스주의로 비난한 반면, 알미니우스는 펠라기우스주의는 은혜에 대한 의지의 반응이 전적으로든 부분적으로든 본성과 관련되어 있지만, 은혜에 대한 의지의 반응이 은혜에 의해 강제되지는 않으면서도 은혜에 의해 형성된다는 것이 펠라기우스의 이해라고 주장했다.

그의 이 입장에 부수적으로 따르는 결과는 신자도 믿음의 '파산' 상태에 이를 수 있다는 것이었다. 그러나 역설적으로, 신자가 그렇게 되는 것을 두려워할 필요는 없는데, 이는 은혜의 선물(그러므로 믿음의 선물)에는 신자를 주제넘게 하고 건방지게 만드는 것을 제어하고, 결국 그들을 영적으로 깨어 있게 만드는 또 다른 선물, 즉 자녀가 아비에게 느끼는 두려움의 선물도 포함되어 있기 때문이다. 이런 식으로 하나님의 능력이 이들을 '지켜낸다'는 것이다.

알미니우스를 존중하는 이들도 그의 예정론 때문에 그를 한 가지 주제에만 몰두한 사상가로 생각하는 경우가 많지만, 실제로 알미니우스는 결코 그런 인물이 아니었다. 1세대와 2세대 관원형 개혁자들과는 달리, 알미니우스는 가톨릭 예정론자든(바네스[Banez]와 바이우스[Baius]), 가톨릭 비예정론자든(수아레스[Suarez]와 몰리나[Molina]), 개신교 예정론자든(유니우스[Junius]와 호마루스[Gomarus]), 개신교 비예정론자든(그의 계승자 에피스코피우스[Episcopius]와 림보르흐(Limborch)), 모든 유형의 스콜라주의 '가족'과 많은 공통점을 공유한 스콜라주의 학자였다.

비록 옛 북부 네덜란드의 비예정론적 성경 인문주의를 알미니우스에게서 발견할 수 있음에도 불구하고, 이 전통이 그를 특징짓는 전형은 아니었다. 오히려 그는 중세 후기와 르네상스 시대 아리스토텔레스주의(Aristotelianism)에 빚을 졌다고 할 수 있다.

다른 모든 스콜라주의자와 마찬가지로, 알미니우스는 초기 개혁자들에게는 낯선 형이상학적 관심에 남달랐고, 역시 초기 개혁자들과는 달리 토마스 아퀴나스(Thomas Aquinas)의 영향을 받았다. 실제로, 아퀴나스는 알미니우스가 작품에서 가장 많이 인용하는 사상가이자, 그가 영향을 받았다고 밝힌 유일한 학자였다. 그가 예수회(Jesuit)는 분명히 아니지만, 알미니우스는 아퀴나스를 어거스틴 성향의 도미니크회(Dominican)의 해석보다는 예수회의 해석을 선호했다. 알미니우스는 비밀 가톨릭 신자는 아니었지만, 분명히 아퀴나스 형이상학과 아리스토텔레스 논리학에 빚진 전통에 서 있었다. 대부분의 개신교인은 이런 요소들이 17세기 신학을 특징짓는 요소라는 사실을 알지 못했다.

개혁파 학파들이 타락 전 예정이냐 타락 후 예정이냐 하는 주제에서 서로 간에 두드러진 차이를 보이지만, 알미니우스는 하나님의 의지와 예지 이해에서 이 둘 모두와 달랐다. 여기서 그는 루이스 드 몰리나(Luis de Molina)의 『중간 지식』(scientia media)에 큰 빚을 졌다. 하나님은 미래 사건을 결정하지 않으시고도 그 사건이 일어날 것을 아신다는 것이다.

몰리나는 하나님의 예지, 은혜의 효력, 그저 명백하다기보다는 오히려 순전하다고 할 수 있는 의지의 자유를 포괄하는 사상의 광물 하나를 알미니우스에게 제공했다. 말하자면, 그가 채택한 『중간 지식』이라는 예수회식 아퀴나스 전통은 신적 결정은 부인했지만, 신적 지식의 무한성과 인간 자유의 영역은 보존된다. 알미니우스의 일생은 끝없는 갈등으로 점철된 삶이었다. 외적 평안을 거부한 그는 중세의 둔스 스코투스(Duns Scotus)를 공부하면서 흡수한 바, 신학의 실천적이고 비사색적인 이해를 결코 포기한 적이 없었다. 그는 유일한 자기 소망을 다음과 같이 밝혔다.

"그리스도를 위하여 영혼을 구하려고…성경에서 하나님의 진리를 탐구하는 것이다."

참고문헌 | C. Bangs, *Arminius: A Study in the Dutch Reformation* (Grand Rapids: Zondervan, 1985); R. A. Muller, *God, Creation and Providence in the Thought of Jacob Arminius* (Grand Rapids: Baker, 1991).

V. SHEPHERD

얀 후스(Jan Hus, c. 1372-1415)

15세기 초 프라하(Prague) 교회개혁운동 지도자. 그는 1372년경에 보헤미아(Bohemia)에서 태어난 것으로 추측된다. 1390년에 프라하대학교(University of Prague)에서 공부하고 1393년에 학사, 3년 후에 석사를 취득했다. 인문학과에서 가르치면서 동시에 신학을 공부한 후 1404년에 신학사를 획득했다. 같은 시기에 프라하의 예로님 프라츠스키(Jeroným Pražský, 1379-1416, 영어로는 Jerome of Prague-역주)가 가톨릭교회의 부패를 공격한 존 위클리프(John

Wyclif의 책을 잉글랜드에서 가져와 후스에게 소개했다.

이 책에 나온 비판들은 프라하의 개혁자들의 생각과 맞아떨어졌는데, 이 집단은 1391년에 세워진 단순한 건물이자 체코어로 사람들이 설교를 들을 수 있는 핵심 예배당 베들레헴채플(Bethlehem Chapel)에서 후스의 설교를 중심으로 개혁을 시작했다. 후스는 이런 설교(그는 하나님께는 체코어도 라틴어만큼이나 소중한 언어라고 주장했다)에 헌신되어 있었고, 이 예배당의 주임사제이자 설교자가 된 1402년부터 매주말 3,000명의 회중을 대상으로 뜨겁게 설교했다.

프라하대학교 내에는 독일계와 체코계 지도자 간에 갈등이 있었다. 독일계의 영향 때문에 (화체설을 공격하는 내용이 들어 있던) 위클리프의 저술들은 1403년에 정죄되었다. 이는 체코인들의 분노를 야기했고, 이어서 독일계 다수 유권자들이 제거되는 결과로 이어졌다. 이런 역사적 진행 상황이 후스가 더 큰 영향력을 발휘할 수 있는 기회가 되었다.

그러나 1410년에 프라하 대주교는 후스를 파문했다. 2년 후 후스는 마틴 루터가 한 세기 후에 제기하게 되는 문제, 즉 교황 요한 22세가 돈이 많이 드는 교황청 사업에 필요한 자금을 마련하기 위해 면죄부 판매를 부추기는 행위에 강하게 저항하는 설교를 하기 시작했다.

후스를 지지한 세 젊은이(마틴[Martin], 얀[John], 스타쉑[Stašek])가 프라하의 세 중심 교회인 스바티비투스대성당(Katedrála svatého Víta, 영어로는 St Vitus Cathedral-역주), 틴교회(Týn Church)와 스바티야쿠바교회(kostel Sv. Jakuba Vetsiho, 영어로는 St James Church-역주)에서 면죄부 판매에 저항한 혐의로 프라하시의회의 재판을 받으면서 타오르는 신학의 불에 기름이 부어졌다. 사면 약속이 있었음에도 불구하고 셋은 참수되었고, 이 때문에 소요가 일어났다. 이들의 시체가 베들레헴채플로 옮겨질 때 수많은 사람들이 행진하며 이 젊은이들을 성자로 칭송했다. 후스는 이들과 함께 순교자의 미사를 집행했다.

압박이 심해지면서 프라하가 교황의 금지명령하에 들어간 동시에, 프라하에 머물러 있던 후스도 로마로부터 파문되었다(정식 권위로 승인된 교회 의식들이 행해진 것은 아니었다). 베들레헴채플에 대한 공격도 있었다. 바츨라프 왕(King Václav, 영어로는 Wenceslaus, Wenceslas, 또는 Wenzel-역주)은 후스에게 유배를 명했고, 따라서 한동안 후스는 유배를 떠나 있어야 했다. 유배 기간에 그는 유명한 『교회』(The Church)를 썼는데, 거기서 참된 교회는 그리스도가 머리인 교회이지 교황이 머리인 교회가 아니라고 주장했다. 또한, 오류를 저지른 교황에 대항하는 반란은 정당하다는 견해도 피력했다.

1414년에 독일 콘스탄츠(Konstanz, 영어로는 Constance-역주)에 교회 회의가 소집되어 교회 개혁 문제를 논의했다. 지그문트 황제(Emperor Sigismund)에게서 완전히 안전한 통행증을 발급해 주겠다는 약속을 받은 후스도 참석 요청을 받았다. 그러나 콘스탄츠에 도착한 몇 주 후 병사들이 후스를 체포해서 감옥에 집어넣었다. 이단에게는 약속을 지키지 않아도 된다는 것이 명분이었다. 감방이 하수구 바로 옆에 있었기 때문에 후스는 중병에 걸렸다. 이어서 짐승 우리로 이송된 그는 약 두 달간 끔찍한 환경에 내버려져 있었다.

후스에 대한 재판이 1415년 6월 5일에 시작되어 한 달간 이어졌다. 그가 화체설을 부인했다는 주장을 포함하여 많은 혐의는 사실이 아니었다. 1415년 7월 6일에 후스는 콘스탄츠대성당으로 끌려갔다. 이탈리아 로디(Lodi)의 주교는 이단을 죽이는 것은 하나님을 가장 기쁘시게 하는 일에 속한다고 설교했다. 후스는 화형대로 끌려가 견해를 철회할 것인지 질문 받았다. 그는 "내가 전한 복음을 믿으며 기쁘게 죽겠습니다"라고 말했다. 후스를 돕기 위해 콘스탄츠로 온 프라하의 제롬(Jerome of Prague)도 보헤미아로 돌아가던 중 체포되어 후스가 불탔던 같은 장소에서 후에 화형당했다.

점점 더 많은 보헤미아 사람이 후스의 가르침을 따랐다. 평신도도 빵뿐만 아니라 포도주를 받을 수 있게 해야 한다고 교회를 설득하던 온건 개혁자들은 성찬용 잔을 자신들의 상징으로 삼았다. '둘 모두의 아래에서'(수브 우트라쿠에[sub utraque])라는 라틴어 표현을 따라 이들에게는 '우트라퀴스트'(Utraquists)라는 별칭이 붙었다. 이후의 후스파(Hussite) 집단은 전투적이었는데, 이들의 근거지가 남부 보헤미아 타보르산(Mount Tabor) 근교였기 때문에 '타보르파'(Taborites)라는 이름이 붙었다.

1420년대에 양측 합쳐 10만 명이 넘는 가톨릭과 후스파 군대가 전투를 벌였다. 16세기가 되자 더 이른 시기의 '첫 번째 종교개혁'을 대표한 후스파가 '두 번째 종교개혁'을 대표하는 루터 및 다른 지도자들과 접촉했다.

참고문헌 | M. Spinka, *John Hus* (London: Greenwood Press, 1979).

I. M. RANDALL

애덤 클락(Adam Clarke, c. 1760-1832)

웨슬리파감리교 목사이자 성경 주석가. 그는 1760년경에 카운티 런던데리(County Londonderry)의 모이벡(Moybeg)에서 아일랜드국교회(Church of Ireland, 아일랜드 지역의 성공회로, 1870년까지는 아일랜드의 국교회였다-역주) 사제였던 존 클락(John Clarke)의 아들로 태어났다. 글라스고우대학교(Glasgow University)와 더블린의 트리니티대학(Trinity College)을 졸업한 존 클락은 학교 교장이었다. 그의 아내 멀의 매클린(Maclean of Mull)은 장로교도였다가 후에 웨슬리파감리교로 이동했다.

가족의 가난과 잦은 이사가 아마도 애덤 클락이 학교에서 특출하지 못했던 이유였던 것 같지만, 시작이 아주 늦었음에도 불구하고, 후에 두드러진 지적 능력을 계발하기 시작했다. 1778년에 콜레인(Coleraine)의 감리교협회(Methodist society)에 가입했고, 직물상 밑에서 짧게 일한 후인 1782년 6월부터 설교를 시작했다. 그를 감독한 이가 애덤 클락을 존 웨슬리(John Wesley)에게 데려갔고, 웨슬리는 그에게 킹스우드학교(Kingswood School)에 일자리를 찾아 주었다. 애덤 클락은 1782년 8월에 잉글랜드로 여행을 떠났지만, 킹스우드에서 불행한 한 달만을 지냈을 뿐인데, 이는 웨슬리가 그를 브리스톨로 소환하여 면접하고 추가 훈련도 없이 브래드퍼드-온-아본순회단(Bradford-on-Avon circuit)에 배치시켰기 때문이었다. 그러다 1783년 총회에서 교단에 정회원으로 가입이 허용되었다.

브래드퍼드순회단에 있던 기간에 트로브리지(Trowbridge)의 메리 쿡(Mary Cook)을 만났고, 이들은 1788년 4월 17일에 결혼했다. 태어난 열두 자녀 중 여섯은 영아기나 유아기에 죽었다. 아들 조셉 버터워스 벌머 클락(Joseph Butterworth Bulmer Clarke)은 1825년에 잉글랜드국교회(Church of England)에서 안수받은 후, 웰스대성당(Wells Cathedral)의 수록성직자(prebendary, 명예참사회원)로 사망했다.

웨슬리파 순회단의 요구 사항에 따라 그는 노리치(Norwich, 1783), 동부 콘월(east Cornwall, 1784), 플리머스(Plymouth, 1785), 채널아일랜즈(Channel Islands, 1786-1789)에서 순회 사역에 참여했다. 이후 더블린(Dublin, 1790-1791)에서 1년을 보낸 후, 애덤 클락이 맡은 지역들은 감리교의 중심지인 브리스톨(Bristol), 맨체스터(Manchester), 리버풀(Liverpool), 런던이었다. 런던에서 1795년에서 1798년까지, 또 1805년부터 1815년까지 일한 후 리버풀 근교의 밀브룩(Millbrook)으로 이동해서 7년간 일했다. 생애 마지막 10년은 피너(Pinner)의 헤이던 홀(Haydon Hall)에서 보냈다. 노년에는 그가 쓴 책과 아내가 남긴 유산 덕에 상당한 양의 부를 축적해서, 서섹스 공작(Duke of Sussex)을 지인으로 둘 정도로 확고한 사회적 지위도 얻었다.

순회단에서 일하는 목회자로서, 애덤 클락은 양심적인 목사이자 효율적인 설교자였다. 런던에서 처음 직책을 맡아 일하는 동안 그는 자기 목회 책임을 다하기 위해 3년간 7,000마일을 걸었던 것으로 추정된다. 광범위한 독서에 근거하여 원고 없이 설교했고, 정기적으로 그의 설교를 들은 사람들은 그가 한 번 했던 설교를 반복한 적이 없었다고 회상했다. 그의 연설 능력의 효과는 '압도적'이었다. 설교는 하나님의 사랑과 복음의 도전에 집중하는 강해 설교였다.

애덤 클락은 스스로 개인 회원으로 속회(class meeting)에 등록하는 형식과 속회 모임이라는 감리교 훈련 방식을 귀중하게 여겼다. 그는 늘 자기가 쓴 편지의 마지막 문구로 "속회를 소중히 여기세요"라는 표현을 덧붙였다. 젊은 설교자에게 주는 조언 중에는 다음과 같은 것이 있었다.

"개인 기도를 많이 할 것. 차 마시는 심방을 피할 것. 일찍 일어날 것…완전한 구원을 설교할 것. 외로워진 사람에게 지금 죄로부터 완전히 해방되기를 기대하라고 권고할 것."

비록 논쟁적인 인물이기는 했지만, 애덤 클락은 웨슬리파 교단의 유명 인사였다. 세 차례나 총회장(1806, 1814, 1822)으로 선출되기도 했다. 설교자연금수령자협회(Preachers' Annuitant Society)가 굳건한 법적 기반 위에 세워질 수 있게 했고, 노령으로 퇴직한 설교자와 목사 사모들을 위한 숙소 제공을 지지했다. 교단이 신학교를 세우기 이미 수십 년 전에 웨슬리파 설교자들이 신학 훈련을 받을 수 있도록 하는 방안을 검토했다. 웨슬리 사망 이후 수년간 잉글랜드국교회와의 관계를 놓고 웨슬리파가 벌인 논쟁에서, 애덤 클락은 유사 감독제를 지지하며 실패로 돌아간 1794년의 '리치필드안'(Lichfield Plan)에 관여했고, 조셉 벤슨(Joseph Benson)과 '브리스톨교회 감리교도'(Bristol Church Methodists)에 반대했다. 따라서 약 20년 후 비국교도 설교자들의 활동을 제한하려던 시드머스 경(Lord Sidmouth)의 발의안에 대한 그의 초기 긍정적 반응은 애덤 클락이 '엄청난 신학적 학식을 정치적 순진함과 뒤섞은' 인물이라는 한 최근 역사가의 판단에 제동을 거는 것이다.

저비즈 번팅(Jabez Bunting)과 그는 때로 긴장 관계에 있었다. 애덤 클락은 1827년의 리즈

(Leeds)에서 벌어진 오르간 논쟁(organ controversy)에서 번팅과 개인적으로 반대되는 입장에 서 있었고, 영국 총회의 통제 바깥에 있는 아일랜드에 학교들을 세우려는 그의 계획은 1831년에 공식적으로 비판받았다. 애덤 클락이 실제로 표현한 소망은 1831년 총회에서 과도한 반대를 받은 것 같다. 그는 1832년 8월 27일에 런던에서 콜레라로 사망했다.

애덤 클락의 깊은 학식은 순회사역 와중에 자라난 것이었다. 웨슬리의 격려 속에 그는 첫 순회단에서 히브리어 공부를 시작했다. 플리머스(Plymouth)에서는 막 출판된 케니콧(Kennicott)의 히브리어 성경 한 부를 빌렸고, 플리머스와 채널아일랜즈에 있는 동안 시리아어를 포함해 언어학 공부 영역을 확장하고, 후에는 아랍어, 페르시아어를 공부하고, 심지어 에티오피아어와 콥트어까지 읽을 수 있는 실력을 쌓았다.

생애 말기에 그가 알았던 언어나 방언은 스무 가지 정도 되는 것으로 추산되며, 이 재능이 성서공회(Bible Society)에 큰 도움이 되었기에, 공회는 1807년 웨슬리파총회에 애덤 클락이 런던에 더 오래 머물러 자신들의 일을 돕게 해 달라는 청원서를 넣기도 했다. 애덤 클락의 학문의 깊이와 폭은 골동품협회(Antiquarian Society), 왕립아일랜드학회(Royal Irish Academy)와 지질학협회(Geological Society) 등 많은 학회 회원들에게도 인정을 받았고, 애버딘대학교(University of Aberdeen)의 학위 수여(M.A., 1807; L.L.D., 1808)로도 이어졌다.

1808년, 애덤 클락은 공공기록위원회(Public Records Commission)에 의해 18세기 초반에 출간된 20권짜리 국가문서 모음집인 토마스 라이머(Thomas Rymer)의 『계약들』(Foedera)의 수정 담당자로 임명받았다. 10년 동안 이 문서들을 수집하고 편찬하고 편집한 끝에 1818년에 이 일을 그만둘 때까지 두 권이 나왔다. 문헌과 언어 재능에 더하여, 그는 또한 화학, 광물학, 천문학, 연금술에도 관심이 있었고, 신발을 만들고, 시계를 분해하고, 수리하고, 조립하며, 건초더미를 쌓는 등의 실천적인 기술에도 능한 사람이었다. 애덤 클락이 출판한 글은 여섯 권짜리 『문헌 사전』(1802-1804), 『웨슬리 가족 회상』(Memoirs of the Wesley Family, 1823)을 포함해 아주 많았다.

그러나 가장 중요한 작품은 여덟 권으로 된 『주석』(Commentary)으로, 1798년 5월에 시작해서 1825년 3월에 마무리했다. 애덤 클락은 이 『주석』을 웨슬리파 도서관(Wesleyan Book Room)에서 출판하고 총회의 승인을 받기를 바랐지만, 이 일이 불가능해지자 처남이자 법학 출판인이며, 감리교의회 의원이던 조셉 버터워스(Joseph Butterworth)를 통해 분할 출판을 추진했다. 그러나 이마저도 1810년에 첫 권이 나올 때까지 시간이 미뤄졌다. 성경 언어에 대한 지식에 더하여, 애덤 클락은 주석가로서도 상당한 비평적 통찰력을 보여 주었다. 내적 증거의 중요성에 대한 인식, 예를 들어, 시편 저자에 대한 논의에서 드러나는 이런 인식은 이후 비평학의 등장에 앞선 것이었고, 당대 사람들의 접근 방식과는 확연한 차이가 있었다.

그러나 그의 방법론은 에덴동산의 그 유혹자가 뱀이 아니라 비비나 오랑우탄이었다는 그의 주장만큼 주목을 받지는 못했다. 반면, 누가복음 1:35에 대한 해석이 출판됨으로써 알려진 바, 그리스도의 영원한 아들되심을 부인하는 오래된 개인적인 주장은 교단에서 많은 비판을 받았고, 리처드 왓슨(Richard Watson)의 권위 있는 강력 대응으로 도발했다.

참고문헌 | M. L. Edwards, *Adam Clarke* (London: Epworth Press, 1942); J. W. Etheridge, *The Life of the Revd Adam Clarke, LL.D., F.A.S., M.R.I.A., etc.* (London: John Mason, 21858); N. W. Taggart, *The Irish in World Methodism 1760-1900* (London: Epworth Press, 1986).

M. WELLINGS

앤드루 머레이(Andrew Murray, 1828-1917)

네덜란드개혁교회 목사(Dutch Reformed minister). 그는 1828년 5월 9일에 남아프리카의 흐라프레이네트(Graaff Reinet)에서 이스턴 케이프(Eastern Cape)의 작은 마을 목사였던 머레이 목사의 둘째 아들로 태어났다. 10살 때 앤드루 머레이는 형제 존과 함께 스코틀랜드의 애버딘(Aberdeen)으로 7년간 보내졌다. 거기서 그들은 매리셜대학(Marischal College)에서 석사학위를 받았고, 1843년에 스코틀랜드장로교회 '대분열'(disruption)을 이끈 토마스 차머스(Thomas Chalmers), 로버트 M. 맥체인(Robert M. McCheyne), W. C. 번즈(W. C. Burns) 같은 부흥사의 영향을 받았다. 1845년, 두 형제는 네덜란드어와 신학을 공부하기 위해 네덜란드의 위트레흐트(Utrecht)로 갔다. 앤드루 머레이는 1898년에 애버딘으로부터, 1907년에는 케이프타운대학으로부터 명예박사학위를 받았다. 1845년에 앤드루 머레이는 아버지에게 자신의 회심을 묘사하는 편지를 썼다.

"나는 나 자신을 온전히 그리스도께 드리는 (surrender oneself) 방향으로 인도되었습니다."

네덜란드에서 앤드루 머레이는 주변에서 영적이고 도덕적인 침체로 보이는 것들을 대하면서 확고하게 보수적이고 적대적인 관점을 취하게 되었다. 칼빈주의와 성경에 대한 보수적인 관점에 기반을 두고 있었지만, 그는 자신의 전통 바깥의 사상도 일부 수용했다.

만년에 그는 시토회(Cistercian) 수도사 클레르보의 세인트 버나드(St Bernard of Clairvaux)의 이름을 따서, 자신의 집을 '클레르보'(Clairvaux)라고 이름 붙였다. 또한, 18세기 잉글랜드인 윌리엄 로(William Law)에게 큰 영향을 받았다. 앤드루 머레이는 임종하기 전 진젠도르프(Zinzendorf)에 대한 미완성 전기를 남겼다.

앤드루 머레이는 로를 다음과 같이 평가하며 로의 작품에서 6권을 발췌해서 출판하기도 했다.

"기독교인의 삶에 대하여 내가 접한 가장 영향력 있고 영감을 주는 저자 중 하나이다."

앤드루 머레이에게 영향을 준 것은 이 저자들의 신비주의(mysticism)였는데, 이는 신자의 삶에서 내적 실재를 추구하는 믿음의 필요성에 대한 앤드루 머레이의 고민과 맞닿아 있었다.

앤드루 머레이는 1848년 자신의 20번째 생일에 네덜란드개혁교회(Dutch Reformed Church)에서 안수받은 후, 아버지와 함께 남아프리카로 돌아갔다. 너무 젊어서 자신의 교구를 가질 수는 없었지만, 그는 블룸폰테인(Bloemfontein)에 기반을 두고, 오렌지강(Orange River)을 따라 세워져 있는 고립된 공동체들에서 목회 활동을 해도 된다는 허락을 받았다. 앤드루 머레이는 1860년까지 오늘날의 오렌지 자유주(modern Orange Free State)를 포함하는 넓은 지역에서 목회 활동을 했으며, 지금의 트란스발(Transvaal)에서 그 지역 공동체들을 위해 할 수 있는 일들이 무엇인지를 깊이 고민했다. 1856년에 그는 엠마 러더퍼드(Emma Rutherford)와 결혼했는데, 11명의 아이를 두었다. 앤드루 머레이는 질병과 기후의 위협, 불안한 정세, 간헐적인 사자와 뱀의 공격에도 불구하고, 부지런히 남아프리카 지역을 돌아다녔다. 빛이 바래지 않는 끝없는 열정으로 이 모든 여정을 소화해 냈다. 1860년 앤드루 머레이 가족은 웨스턴케이프(Western Cape)의 우스터(Worcester)로 이주했다. 거기서 앤드루 머레이는 자신이 그토록 기대했던 부흥을 경험했다. 여러 인종의 젊은이가 모인 기도 모임에서 부흥의 불길이 일어났는데, 앤드루 머레이는 이 불길 속에서 "침착하십시오…나는 하나님께서 보내신 여러분의 목사입니다. 침착하십시오"라고 소리치며 이들을 진정시키기 위해 노력했다. 그러나 아무도 자기 말에 주목하지 않자, 결국 앤드루 머레이는 잘못된 것은 바로 자기 자신이라고 결론 내렸다.

1864년에 앤드루 머레이 가족은 케이프타운 교구로 이주했다. 1871년에는 웰링턴(Wellington)으로 파송되어 1906년에 은퇴할 때까지 그곳에서 사역했으며, 1918년 1월 18일에 사망했다. 웰링턴은 앤드루 머레이가 광범위한 지역에서 사역을 할 수 있는 기반이 되었다. 1879년부터 1891년 사이에 그는 남아프리카에서 7차례의 부흥집회를 성공적으로 인도했다. 또한, 웰링턴은 앤드루 머레이의 교육사역 대부분이 이루어진 곳이었다. 여성을 위한 위그노신학교(Huguenot Seminary)는 앤드루 머레이가 미국 마운트홀리요크신학교(Mount Holyoke Seminary)를 본떠 설립했고, 이곳의 교사들 또한 마운트홀리요크신학교에서 초청했다. 이후에는 소년들을 위한 기숙학교를 세우기도 했다.

또한, 앤드루 머레이는 여러 조직들의 설립을 장려하는 역할을 했다. 남아프리카일반선교회, 남아프리카 YMCA, 잉글랜드의 케직사경회(Keswick Convention)에 상응하는 남아프리카의 학생기독인운동(Student Christian Movement)과 기도연합(Prayer Union) 등은 모두 앤드루 머레이가 설립했거나, 혹은 그의 사역에 큰 빚을 지고 있다. 앤드루 머레이는 오늘날의 짐바브웨(Zimbabwe)와 말라위(Malawi) 지역에서 선교사역이 진행될 수 있도록 초석을 놓았고 이를 적극 후원했다. 당대 남아프리카는 기독교적 관점에서 보았을 때, 서유럽보다는 미국에 더 의미 있는 지역이었다. 이렇게 의미를 갖게 된 것을 개인의 공으로 돌린다면, 앤드루 머레이야말로 여기에 가장 역할이 큰 인물이었다.

신학적으로 앤드루 머레이는 확고히 보수적이었지만, 절대 메마르지는 않았다. 보수주의자와 자유주의자 사이의 갈등 속에서, 앤드루 머레이는 능숙한 변증가로 활약했다. 1862년 대회(synod)의 대회장이었던 앤드루 머레이는 하이델베르크 신앙고백서(Heidelberg Confession)가 인간의 죄성을 강조하는 부분을 의문시한 J. J. 코체(J. J. Kotze) 목사와 논쟁했다. 앤드루 머레이와 대회는 이 논쟁으로 촉발된 법적 싸움에서 패배했지만, 전체적으로 교회에서의 싸움에서는 승리를 거두었다. 그는 이후 1876년, 1883년, 1886년, 1890년, 1894년에 네덜란드 개혁교회 대회장을 다섯 차례나 맡았다.

그러나 앤드루 머레이의 마음의 중심은 신학적, 교리적 차원보다는 경건한 신앙이었다. 그의 수많은 저술은 주로 성격상 경건 서적이었으며, 그의 주요 공헌은 성결운동(holiness movement) 내에서 맡은 역할이었다. 오랜 시간 남아프리카에서 감당한 고단한 사역을 내려놓은 앤드루 머레이는 자신이 그동안 보여 주었던 외적 열정과 헌신과는 달리, 내적으로는 진정한 평안을 누리지 못하고 있었다는 사실을 깨달았다. 1860년에 우스터에서 일어난 부흥 운동, 1870년에 옥스퍼드(Oxford)와 브라이턴(Brighton)에서 일어난 사건들, 케이프타운에서 공부하던 어느 날 저녁에 벌어진 영적인 체험은 앤드루 머레이를 새롭고 깊은 기독교 체험으로 빠져들게 했으며, 그가 '예수님과의 인격적, 지속적인 교감의 가능성'을 확신하게 했다. 믿음으로 칭의가 일어나는 것과 마찬가지로, 성결도 믿음으로 이뤄지는 것이다.

> "우리는 고결하고, 거룩하고, 위대한 심성을 갖기 위해 천국에 들어갈 때까지 기다릴 필요가 없다. 우리는 지금 여기서도 이를 얻을 수 있다…하나님의 영 안에 거함으로써, 그리스도를 우리의 성화뿐만 아니라 우리의 칭의로 받아들임으로써, 이 모든 것이 여기서 우리에게 주어질 수 있다."

앤드루 머레이는 기독교인의 삶에 구분된 두 단계가 있다고 믿었다. 믿음은 성령의 내재 없이는 불충분하다. 이 두 번째 단계를 '성령세례'(a baptism of the Spirit)라 부르든 아니든, 이와 같은 무언가가 믿는 자의 삶에는 반드시 요구된다. 성령의 부재가 교회의 약화의 근본 원인이다. 앤드루 머레이의 개인 생애는 조화를 추구하고 대립을 피하려는 갈망이 특징이었다.

> "그는 화를 잘 내는 사람들을 상처 입히지 않고 대하는 품위 있는 방법을 알고 있었다."

앤드루 머레이는 유럽과 미국에서 일어난 발전을 잘 알고 있었으며, 특히 조지 뮬러(George Müller), 허드슨 테일러(Hudson Taylor), 브로드만(Broadman)과 컬리스(Cullis)의 작품에 대해 해박한 지식을 가지고 있었다. 병으로 설교를 할 수 없었던 1880년대 초 2년의 기간이 지난 후, 앤드루 머레이는 성령의 역할에 대해 이전보다 더욱 확신하게 되었다. 신자의 역할은 그저 믿음을 갖고 성령의 역할을 기다리는 것이라고 생각했다.

이런 가르침과 함께, 앤드루 머레이는 섭리를 강하게 강조했다. 기도가 아주 중요했다. 하나님은 이 기도에 응답하시고 성령을 보내실 수 있다. 앤드루 머레이는 네덜란드개혁교회의 예수 그리스도 승천일(Ascension Day)과 성령강림절(Pentecost) 사이의 10일 기간을 성령의 강한 임재를 위해 기도하는 시간으로 갖는 관행을 주도적으로 만들었다. 이런 섭리관은 결국 치유의 강조로 이어졌다. 앤드루 머레이가 런던의 치유 시설(healing institution)인 벳산(Bethshan)의 사역을 경험한 것이 이를 더 강화시켰다고 할 수 있다. 앤드루 머레이는 다음과 같이 선언했다.

> "아픈 기독교인이여, 성경을 펴고 묵상하십시오. 질병은 죄를 회개하라는 경고이며, 누구든지 이를 인정하고 죄를 뉘우치는 사람은 예수님 안에서 용서와 치유를 얻는다고 한 말씀들을 보십시오."

앤드루 머레이의 생각은 예리한 측면을 결여한 듯 보이지만, 질병의 원인이 죄라고 믿는 사람들과 치유를 의학적 치료보다 기도와 믿음의 문제로 보는 사람들에게 큰 힘이 되었다.

성결의 가르침을 통한 앤드루 머레이의 영향력은 매우 광범위하게 퍼졌다. 유럽에 다섯 차례, 미국에 두 차례 행한 방문에서, 앤드루 머레이는 중요한 케직과 노스필드사경회(Northfield Convention)에 큰 영향을 주었다. 앤드루 머레이가 유일하게 중요한 역할을 맡았던 1895년의 케직사경회는 '앤드루 머레이의 탁월한 사경회'로 묘사되었다. 앤드루 머레이의 책 『예수님을 깊이 경험하라』(*Abide In Christ*)는 1882년에 출판된 이후 그 판매 부수가 엄청났다. 그의 가르침은 아프리카독립교회들(African Independent Churches), 기독학생회(Inter-Varsity Fellowship), 워치만 니(Watchman Nee) 같은 다양한 집단에 소속된 사람들에게 영향을 주었다. 또한, 그는 남아프리카 오순절운동 탄생의 핵심 인물인 피터르 르루(Pieter Le Roux)의 멘토이기도 했다.

당대의 사회 상황들을 무시하고, 기독교인이 20세기의 인종적 불관용을 받아들이거나 반대하지 않도록 자극하는 좁은 경건주의를 장려했다는 이유로 앤드루 머레이 또한 많은 비난을 받았다. 앤드루 머레이의 관점이 정치적 침묵을 옹호하는 데 이용될 수도 있지만, 그가 사회와 동떨어진 삶을 산 것은 아니다. 목회 초기에 앤드루 머레이는 포트게이터르(Potgeiter), 프레토리우스(Pretorius)와 같은 보어인(Boer) 지도자의 친구였으며, 1852년에 영국과 보어인 사이에 체결된 샌드리버 조약(Sand River Convention)에서 통역(및 비공식 중재자)을 맡았다. 1854년부터 1855년까지는 자유주(Free State)에 대한 영국 정부의 권한 존속을 위해 영국으로 직접 가기도 했다. 앵글로-보어전쟁(Anglo-Boer War)이 일어나기 바로 직전인 1899년에 앤드루 머레이는 갈등을 무마시키기 위해 영국인의 여론에 직접적으로 호소했다. 그때까지 앤드루 머레이는 아프리카너(Afrikaner, 주로 네덜란드 출신으로 남아프리카에 정착한 백인-역주) 민족주의에 대해 매우 긍정적인 입장을 취했다.

"반쯤 잠든 네덜란드계 인구에게 매우 발전된 민족주의적 삶은 기독교인의 삶에 활용될 수 있는 건강한 자산일 것이다."

앤드루 머레이는 전쟁 도중에 남아프리카 태생 백인의 복지에 깊은 관심을 보였으며, 또한 성공회 교인과도 기꺼이 함께 기도하며 중도적인 행보를 취했다. 1913년에는 전쟁 기간에 사망한 보어 여성들과 아이들을 위한 기념비가 세워지는 데 큰 공헌을 했지만, 동시에 극단적 민족주의자인 D. F. 말란(D. F. Malan)에게는 반대했다.

앤드루 머레이가 살았던 시대에 '인종 문제'는 주로 영국인과 아프리카너 사이의 갈등으로 표출되었다. 그러나 이 시기에 앤드루 머레이가 흑인과 관련된 인종 문제를 외면한 것은 아니다. 그의 아버지는 강한 노예제도 폐지론자였고, 앤드루 머레이도 흑인 학대에 문제의식을 갖고 있었다. 앤드루 머레이는 선교활동의 열렬한 지지자였으며, 선교사역의 진전을 위태롭게 만든 유색 인종에 대한 편견에 적대적이었다. 동시에 앤드루 머레이는 흑인과 백인을 구분하여 드리는 예배를 허용한 네덜란드개혁교회의 1857년 결의안을 필수적인 방편으로 인식하고 수용했다. 그러나 이런 형태의 예배가 표준이 될 수는 없다고 인식했다.

앤드루 머레이가 갓 탄생한 아프리카너 국가와 관계가 가까웠다는 것은 그가 사회 및 정치 이슈들에 깊이 관여했음을 의미한다. 그가 살았던 시기 내내 흑인 인구에 대한 부당한 조치가 팽배해 있었음에도 불구하고, 앤드루 머레이는 자신과 거의 관계가 없는 사회 집단의 문제에는 별로 활동적인 모습을 보이지 않았다. 그럼에도 복음전도와 개인적 영성, 평화적인 태도에 대한 앤드루 머레이의 강조는 조직적인 인종 차별에 저항할 수 있는 근거를 제시했다.

앤드루 머레이는 남아프리카가 배출한 가장 주목할 만한 기독교인 중 하나이다. 넘치는 에너지를 가진 사람이었으며, 새로 탄생한 나라의 특징이 형성되는 데 큰 영향력을 행사했다. 그의 사역, 복음전도, 복지의 증진은 남아프리카 전역과 아프리카의 다른 지역에도 영향을 주었다. 19세기 초기 및 중기에 걸쳐 도처에서 고립된 채 성장한 기독교 공동체들은 신앙의 실천이 명목상일 뿐인 경우가 많았다. 네덜란드개혁교회가 아프리카너와 그 외 많은 이들에게 영향력을 확대해 나가는 데 앤드루 머레이는 매우 중요한 인물이었다.

앤드루 머레이는 사회 및 정치적 주제에 무관심한 것과는 거리가 먼 사람이었으며, 특히 이 문제들이 현지 공동체에 영향을 미칠 때에는 더 많은 관심을 가졌다. 앤드루 머레이는 당시의 갈등에 기본적으로 평화적인 태도를 취했다. 흑인에 대한 그의 주된 관심은 복음전도였으며, 이들의 복지에 대한 관심은 크지 않았다. 점증하는 정치 문제에 대한 관심 부족과 개인적인 측면을 지나치게 강조하는 영성은 인종 차별 정책(apartheid)에 직면한 20세기 남아프리카 기독교인에게 불운한 유산을 남겼다.

그러나 앤드루 머레이가 인종 차별을 막기 위해 더 많은 일을 했어야 했기는 하지만, 그렇다고 그의 유산을 잘못 사용한 후손들의 행위 때문에 그가 비난받아서는 안 된다. 더 넓은 관점에서, 앤드루 머레이는 성결운동의 중요한 인물이었다. 여러 사경회에서 그가 한 설교 및 저술을 통해, 그는 성결운동의 통찰을 널리 퍼뜨렸고, 자신이 속한 네덜란드개혁교회 바깥의 많은 기독교 진영의 성장을 도왔다.

참고문헌 | W. M. Douglas, *Andrew Murray and his Message: One of God's Choice Saints* (London: Oliphants, 1926); J. Du Plessis, *The Life of Andrew Murray of South Africa* (London: Marshall, 1919).

D. J. GOODHEW

앤드루 멜빌(Andrew Melville, 1545-1622)

스코틀랜드 교육자이자 장로교인. 그는 앵거스(Angus) 볼도비(Baldovie)에서 태어났지만 어린 시절 부모를 잃고 형 리처드(Richard)의 보호 아래 성장했다. 리처드는 유럽 대륙 대학들에서 수학하며 앤드루 멜빌을 몬로즈(Montrose)에 있는 중등학교에 취학시켜 그리스어를 공부할 수 있도록 해 주었다. 앤드루 멜빌은 1559년에 이제 막 종교개혁의 여러 기치들을 적용하고 있던 세인트앤드루스에 새로 설립된 세인트메리대학(St Mary's College)에 입학하여 매우 뛰어난 성적으로 1563년에 석사학위를 취득했다.

이듬해 파리에 있는 로열트리링구어대학(Royal Trilingual College)에 입학하여 셈 언어를 공부했으며, 1562년 칼빈주의로 전향한 논리학자인 페트루스 라무스(Peter Ramus)의 지도를 받게 된다. 파리에서 2년간의 학업을 마친 후, 앤드루 멜빌은 법학을 공부하기 위해 1566년에 푸아티에(Poitiers)로 이주했고, 그 도시가 1568년 콜리니(Coligny)의 군대에 포위되기 전에 도시를 떠났다. 앤드루 멜빌은 프랑스에서 종교적 갈등이 점점 심화되자 제네바로 가기로 결정하고, 베자의 추천으로 시립대학의 인문학부 강사로 일하며 고대 시리아어를 배웠다.

그러나 앤드루 멜빌은 특정 소명 의식을 가

진 채로 1574년 7월에 스코틀랜드 에든버러(Edinburgh)로 돌아갔고, 글라스고우대학교(University of Glasgow) 총장으로 취임하면서 여러 혁신적인 변화들을 이끌어 냈다. 그는 과거의 커리큘럼과 학제를 개편하면서 전문 교사들이 지도하는 교양 과목과 고대 언어학이 주된 학습 과정으로 이루어졌던 라무스학파(Ramist)의 수업 제도를 채용했다. 앤드루 멜빌 자신도 신학과 고대 근동 언어를 가르쳤다. 학생 수가 급격히 증가하자, 앤드루 멜빌은 1577년에 매 주일 설교를 조건으로 고반(Govan) 교구의 자금 지원도 받을 수 있게 되었다. 1580년에 글라스고우를 떠나 세인트앤드루스의 세인트메리대학의 조직신학 교수이자 학장으로 취임했다. 당시 이 대학은 신학대학으로 재편되었고, 앤드루 멜빌은 이곳에서도 많은 변화와 발전들을 이끌어 내기 위해 최선을 다했다.

앤드루 멜빌은 스코틀랜드로 돌아가자마자 스코틀랜드교회 총회에 참석하기 시작했다. 당시 총회는 1572년 조인된 리스협약(Concordat of Leith)에 명시된 총회와 주교의 미묘한 관계에 대해 뜨거운 논쟁을 벌이던 중이었다. 앤드루 멜빌은 1575년 주교와 장로는 신약성경에서 종종 중복된 의미로 사용되었던 것이며, 감독, 즉 주교가 영향을 미쳤던 주교제의 경우 초대교회에서 교회 제도가 타락한 결과일 뿐이라고 주장했다. 비록 목회자 일부는 임시적인 역할을 감당할 뿐이라는 것을 인정했지만, 앤드루 멜빌은 원칙적으로 모든 목회자는 주교와 다름없다고 주장했다. 1580년 총회는 모든 주교는 주교라는 명칭의 사용을 포기하고 일반 목회직에 전념할 것을 결의했다.

앤드루 멜빌은 새로운 교회 헌법을 위한 위원회에 참여하여 1578년 『제2치리서』(The Second Book of Discipline)를 편찬했다. 그리고 1578년부터 1594년 사이 총회장을 네 차례나 역임했다. 앤드루 멜빌이 신학적 기반을 제공한 장로교 분파가 스코틀랜드교회 내에서 성장하면서, 1584년에는 그 위세가 정점에 달하여 스코틀랜드교회의 대주교 임명에 두 차례나 반기를 들었다. 애런의 백작(Earl of Arran)이었던 제임스 스튜어트(James Stewart) 섭정이 암흑법(Black Acts)을 통해 기존의 주교제를 다시 세우려고 하자, 앤드루 멜빌은 선동죄의 벌을 피해 남쪽 잉글랜드로 피신했다. 그는 백작이 실각한 1585년에 스코틀랜드로 돌아갈 수 있었지만, 제임스 6세가 다시 주교제를 옹호하면서 이번에는 북부 지역으로 피신하여 1586년 가을이 돼서야 세인트메리로 돌아올 수 있었다.

그는 1590년 세인트메리대학교(St Mary's university)의 총장으로 취임했다. 비록 영어로 설교하는 것이 금지되었지만, 앤드루 멜빌은 1591년부터는 세인트앤드루스교회 회의뿐만 아니라 매주 개최된 성경공부 모임에도 참석할 수 있었다.

1580년대 후반에 장로교 분파가 크게 성장하게 되면서, 1592년에는 황금법(Golden Act)이 통과되어, 비록 국왕의 영향하에 있지만 교회의 치리를 주교회가 아닌 총회가 담당하게 되었다. 앤드루 멜빌은 교회와 국가의 관계에 대해 '두 왕국'(two kingdoms) 이론을 주장했으며, 제임스 6세의 에라스투스주의(Erastian)에 기반을 둔 국정 기조에 불만을 표시했고, 가톨릭 귀족들에 대한 편애에 대해서도 비판을 이어 나갔다. 특히, 1596년에 포클랜드(Falkland)에서 벌어진 앤드루 멜빌과 국왕의 충돌이 크게 회자되었는데, 앤드루 멜빌은 왕은 교회의 머리가 아니며 단지 교회의 지도적 교인일 뿐이라고 주장했다. 또한, 앤드루 멜빌은 왕의 소매를 잡아끌며 "당신은 하나님의 어리석은 종입니다!"라고 외치기도 했다.

제임스 왕은 앤드루 멜빌의 이런 라틴어 문구가 가소롭게 여겨졌지만 이참에 그의 힘을 약화시키기로 결심하여, 1597년에는 모든 노회와 총회, 사제직에서 앤드루 멜빌을 축출했다. 그럼에도 앤드루 멜빌은 교회의 잘못에 대해 끊임없이 문제를 제기했으며, 결국 1602년에 세인트메리에 연금되었다. 1606년에 제임스 국왕 치하에 주교제에 반대하는 선언에 공식적으로 서명한 앤드루 멜빌은 런던으로 소환되어 1607년부터 1611년까지 타워(Tower) 감옥에 투옥되었다. 감옥에서 풀려난 앤드루 멜빌은 낭트칙령(Edict of Nantes)으로 안전지대가 된 프랑스로 피난하여 세당(Sedan)에서 성경신학 교수로 활동했다. 그리고 앤드루 멜빌은 1622년 사망할 때까지 그곳에서 머물렀다.

목회자의 평등권과 총회의 자유를 쟁취했던 앤드루 멜빌은 많은 면에서 스코틀랜드장로교회주의의 아버지라 평가될만하다. 앤드루 멜빌은 스코틀랜드(그리고 후에는 영국) 정부가 교회의 치리에 적극적으로 간섭하려고 했던 시기에 이 두 왕국(교회와 국가-역주)과 두 왕(왕과 성직자-역주)의 경계선을 확고하게 구별하고 지키기 위해 노력했다. 그는 이런 투쟁으로 정부와의 관계가 껄끄러워졌고, 왕에 대한 직설적인 도전과 타협하지 않은 완고함은 존 낙스(John Knox)와 비견할 만했다. 그러나 앤드루 멜빌의 적들은 개신교도 국왕과 넓게는 칼빈주의적 주교제 지지자들이었다. 따라서 그의 투쟁에는 존 낙스의 경력에 존재하는 (가톨릭 왕과 신자들과 싸우는-역주) 묵시론적 측면은 없었다. 앤드루 멜빌의 유산은 교회 직제에서 장로교주의를 확립했다는 것과 16세기 후반 글라스고우와 세인트메리에서의 교육 발전에 크게 공헌한 점에서 더욱 빛을 발한다.

참고문헌 | T. M'Crie, *The Life of Andrew Melville*, 2 vols. (Edinburgh: William Blackwood, 21824); R. Pitcairn (ed.), *The Autobiography and Diary of Mr James Melville* (Edinburgh: Wodrow Society, 1842).

M. H. DOTTERWEICH

앤드루 풀러(Andrew Fuller, 1754-1815)

특수침례교 신학자이자 목회자. 그는 1754년 2월 6일에 케임브리지셔(Cambridgeshire)의 위큰(Wicken)에서 태어났다. 그의 부모인 로버트 풀러(Robert Fuller)와 필리파 건턴(Philippa Gunton)은 농장을 빌려 일했다. 확신을 가진 특수침례교도들(Particular Baptists)인 부모는 모두 비국교도(Nonconformist) 가정에서 태어났다. 예를 들어, 외할머니 필리파 스티븐슨(Philippa Stevenson)은 케임브리지셔 소엄(Soham)의 특수침례교회(Particular Baptist Church) 창립회원이었는데, 이 교회는 후에 풀러의 첫 목회지가 된다.

풀러가 일곱 살이 된 해에 부모는 위큰에서 약 2.5마일 떨어진 소엄 마을로 이사했다. 소엄에 정착한 후, 이들은 마을의 특수침례교회에 합류했다. 이 작은 교회의 목사는 존 이브(John Eve)였는데, 1752년에 교회 목사가 되기 전에는 체(sieve)를 만드는 사람이었다. 풀러에 따르면, 이브는 '회심하지 않은 사람들에게는 거의, 혹은 아예 말도 하지 않는' 고칼빈주의자(High Calvinist)였다. 구원 과정에서의 하나님의 주권은 잉글랜드의 고칼빈주의 진영이 너무도 강하게 강조하는 주제였기에, 효율적인 전도를 심각할 정도로 방해했다.

그럼에도 불구하고, 1760년대 후반에 풀러는

죄에 대한 강한 자각을 경험하며, 결국 1769년에 회심에 이르렀다. 1770년 4월에는 침례를 받고 소엄교회(Soham church)의 회원이 되었다. 이후 수년 동안 풀러가 분명한 목회 재능을 갖추고 있다는 것이 교인들에게 분명해졌다. 이브는 1771년에 다른 목회지로 떠났다. 독학으로 신학을 공부하고 여러 해 교회에서 설교자로 봉사한 풀러는 1775년 5월 3일에 이 교회의 목사가 되었다.

교회의 회원은 57명이었고, 예배 장소는 빌린 헛간이었다. 목사가 된 다음해에 그는 같은 교회 회원이던 새라 가디너(Sarah Gardiner, 1792년 사망)를 첫 아내로 맞았다. 부부에게는 열한 자녀가 있었는데, 그중 여덟은 영아기나 유아기에 사망했다. 풀러의 소엄 목회는 그가 노샘프턴셔(Northamptonshire) 케터링(Kettering)의 침례교회 목사가 된 1782년까지 이어졌다. 소엄 목회는 그의 신학관이 결정적으로 형성된 시기였다. 그가 성경 주석가들 다음으로 주요 신학 멘토로 삼은 뉴잉글랜드 신학자 조나단 에드워즈(Jonathan Edwards)의 작품을 평생의 작업으로 연구하기 시작한 것이 바로 이 7년간의 소엄 시기였다. 후에 그의 가장 가까운 목회 동지이자 친구가 된 로버트 홀 경(Robert Hall, Sr), 존 릴랜드(John Ryland), 존 섯클리프(John Sutcliff)를 알게 된 것도 바로 이 시기였다. 마지막으로, 풀러가 결정적으로 고칼빈주의를 거부하고 이후 1785년에 초판이 출간되는 『모든 이들이 받을 만한 복음』(The Gospel Worthy of All Acceptation)에서 밝히게 되는 자신의 신학적 입장을 정립한 시기도 바로 이때였다.

존 이브의 설교가 본질적으로 풀러가 모범으로 삼았던 유일한 설교였기에, 처음에 풀러는 이브처럼 설교했고, 회심하지 않은 이들을 그리스도께 나오라고 설득하지 않았다. 그러나 시간이 가면서, 그는 고칼빈주의 논증과 전도에 대한 관점에 불만을 느꼈다. 자신의 설교가 '많은 점에서 반(反)성경적이고 결점이 많다'라고 느끼기 시작했다.

레스터셔(Leicestershire) 아니스비(Arnesby)의 특수침례교회 목사 로버트 홀은 풀러가 하나님의 주권과 인간의 책임 사이의 관계에 대한 조나단 에드워즈의 고전『의지의 자유에 대한 현대의 지배적 개념들에 대한 주의 깊고 엄격한 연구』(A Careful and Strict Enquiry into the Modern Prevailing Notions of the Freedom of Will, 1754)를 읽었다고 주장했다. 홀은 이 작품이 죄를 지은 인간이 하나님께 순종할 능력이 있는가 하는 주제에 대한 풀러의 사상을 분명히 하는 데 어느 정도 도움이 되었을 것이라 확신했다.

또한, 풀러는 이전 세기 침례교 저자 존 번연(John Bunyan)의 작품들과 18세기 특수침례교 설교자 중 최고라 할 수 있는 존 길(John Gill)의『교리 신학 체계』(A Body of Doctrinal Divinity)에 몰입했다. 길의 조직신학 작품에서 도움이 되는 내용을 많이 찾았지만, 번연과 길의 차이가 분명한 부분에서는 고뇌가 깊어졌다. 둘 다 열정적인 칼빈주의자였지만, 번연이 '차별 없이 죄인들에게 값없이 베푸시는 구원'을 강조한 반면, 길은 이를 반대했다. 처음에 풀러는 번연이 '위대하고 훌륭한 사람'임에도 불구하고, 그가 길만큼 복음을 명료하게 밝히지 못했다고 잘못 결론 내렸다.

그러나 다른 16, 17세기 저자들, 특히 청교도 신학자 존 오웬(John Owen)의 저작을 연구하면서, 풀러는 이들 역시 죄인이 그리스도께 와서 구원받으라는 무료 초대를 다루었다는 사실을 주목했다. 말하자면, 풀러는 설교와 관련하여 번연과 길 사이에 결정적인 차이가 있었을 뿐만 아니라, 16, 17세기 칼빈주의와 18세기

초 칼빈주의 사이에 더 광범위한 차이가 있다는 것을 알게 된 것이다. 이것이 바로 『모든 이들이 받을 만한 복음』이 저술된 맥락이었다.

이 작품의 예비 원고는 1778년에 작성되었다. 대략 최종본이라 할 만한 원고가 완성된 시기는 1781년이었다. 작품의 제2판까지가 생전에 출판되었다. 1785년에 노샘프턴에서 출간된 초판에는 『그리스도를 믿는 믿음의 본질과 이렇게 복음을 받은 이들의 의무에 대해 하나님께서 알려 주시는 것은 무엇이든지 전적으로 신뢰하고 온 맘으로 인정해야 할 인간의 책임들』(The Obligations of Men Fully to Credit, and Cordially to Approve, Whatever God Makes Known, Wherein is Considered the Nature of Faith in Christ, and the Duty of Those where the Gospel Comes in that Matter)이라는 부제가 달려 있었다.

1801년에 나온 2판은 더 단순하게 『예수 그리스도를 믿을 죄인의 의무』(The Duty of Sinners to Believe in Jesus Christ)라는 제목으로 출판되었는데, 제목 자체가 이 책의 전체 주제를 잘 드러내 주었다. 초판과 2판은 상당히 많이 달랐는데, 이 사실은 풀러도 편하게 인정했고, 주로 특별 구원 문제와 관련된 차이였다. 그러나 작품의 큰 주제는 여전히 그대로였다.

"그리스도를 믿는 믿음은 복음을 듣거나 들을 기회를 가진 모든 사람의 의무이다."

이 획기적인 책은 역사적 칼빈주의의 핵심 강조점들에 충실하려고 했지만, 동시에 설교자가 양자택일에 머무르지 않고 청중에게 회개와 믿음이라는 보편적인 의무를 충분히 납득시킬 수 있는 여지를 주려고 했다.

이 책은 이후의 풀러 사역의 방향을 결정지은 중요한 요인이었다. 예를 들어, 그가 이 책에서 펼친 신학 덕에 1792년에 침례교선교회(Baptist Missionary Society)가 설립될 때 온 맘으로 이 일에 참여할 수 있었고, 이어서 이 선교회에서 가장 유명한 인물인 윌리엄 캐리(William Carey)를 1793년에 인도로 파송할 수 있었다. 또한, 풀러는 1815년 사망 시까지 이 선교회 총무로 섬겼다. 풀러가 선교회를 대표해서 전국으로 다니며 기금을 모금하면서, 선교회 활동은 그가 엄청난 시간을 투자한 주된 사역이 되었다. 그는 1년에 평균 3개월을 집을 떠나 있었다. 게다가 1798년에서 1813년 사이에는 웨일스와 아일랜드 여행(1804)을 떠났을 뿐만 아니라, 선교회 대표로 스코틀랜드를 다섯 차례나 장기 방문했다. 또한, 선교회를 대표해서 엄청난 양의 서신 왕래도 책임졌다.

인도에서 영국의 이익과 재산을 책임지던 동인도회사(East India Company)의 헌장이 의회에서 새로 작성되어야 하는 상황이 발생한 1813년은 선교회의 인도선교에 중대한 위기가 닥친 시기였다. 인도에서 침례교 선교사들이 활동하는 것에 반대한 이들은 이 헌장을 이용해 이 선교사들이 벵갈에서 일할 수 있는 법적 허용을 제한하려 했다. 풀러는 침례교선교회와 다른 선교회의 법적 지위를 확보하게 해 준 구절 하나를 헌장에 삽입하게 하는 데 성공했다. 풀러가 침례교선교회에 헌신한 근본 이유는 그의 선교 신학 때문만이 아니라 캐리와의 깊은 우정 때문이기도 했다. 후에 풀러는 캐리를 인도로 보내는 것을 자신이 금광 깊은 곳으로 내려가는 것과 비교하기도 했다. 풀러와 그의 가까운 친구 섯클리프(Sutcliff)와 릴랜드(Ryland)는 캐리가 살아 있는 한 묶은 끈을 놓지 않기로 맹세했다.

그러나 『모든 이들이 받을 만한 복음』은 풀러를 그가 원치 않았던 논쟁으로 몰아넣기도 했다. 책이 출간된 지 얼마 되지 않아 풀러는 런던의 두 고칼빈주의자, 즉 침례교 목사 윌리엄 버턴(William Button)과 존 마틴(John Martin)의 문서 공격을 받았다. 버턴에게 보낼 응답문을 준비하는 동안, 풀러는 반대편 진영의 대표자, 즉 일반(알미니안주의) 침례교도인 단 테일러(Dan Taylor, 1738-1816)의 공격도 동시에 받았다.

후에 풀러는 자신의 신학 입장을 '엄격한(strict) 칼빈주의'로 묘사했는데, 어떤 이들은 여기에 '풀러주의'라는 별칭을 붙였다. 그는 이 입장을 '칼빈보다 더 칼빈주의적'이고 '반율법주의와 경계를 접하고 있는' 고칼빈주의와 구별하려 했다. 그리고 본질적으로 청교도 리처드 백스터(Richard Baxter, 1615-1691)의 신학관인데다 풀러가 '반(半)알미니안주의'(half Arminian)라 평가했던 온건 칼빈주의와의 차별성도 부각시키려 했다. 풀러는 자신의 엄격한 칼빈주의를 '칼빈의 체계'라고 인식했다.

이 논쟁에서 풀러가 맡은 결정적인 역할 때문에 그가 다른 활기찬 신학 논쟁에 참여한 사실이 잊혀져서는 안 된다. 1793년에 그는 조셉 프리슬리(Joseph Priestly)의 소시누스주의(Socinianism)에 대한 긴 반박문인 『칼빈주의와 소니누스주의 도덕 성향 체계 조사와 비교』(*The Calvinistic and Socinian Systems Examined and Compared, as to their Moral Tendency*)를 발표했다. 프리슬리의 열정적인 홍보 노력 덕에, 삼위일체와 그리스도의 신성을 부인하는 소시누스주의가 18세기 마지막 25년 시기에 잉글랜드 비국교도 사이에서 유행한 주도적인 형태의 이단 사설이 되었다. 소시누스주의에 대한 풀러의 공격은 18세기 복음주의 사상의 기독론 중심적 특징을 잘 보여 주었다. 풀러는 초대교회가 그리스도의 위격의 위엄과 영광을 '그들이 사랑하는 주제'로 만들었다고 설득력 있게 주장했다.

1800년에 풀러는 『복음의 자체 증언』(*The Gospel Its Own Witness*)을 출간했는데, 이 책은 이신론(deism), 특히 이 사상을 대중화한 토마스 페인(Thomas Paine)의 사상에 대한 18세기 침례교 대응의 결정판이었다. 이 작품은 풀러의 저술 중 가장 인기 있는 작품 중 하나였고, 1802년까지 3판이 나왔으며, 30년 동안 여러 쇄를 계속 찍었다. 풀러를 신학자로 존경했고, 한때 그를 '한 폭의 그림 같은 대장장이'로 생생하게 묘사한 바 있는 윌리엄 윌버포스(William Wilberforce)는 이 책을 풀러의 모든 저술 중 가장 중요한 작품으로 평가했다. 책은 두 부분으로 이루어져 있었다. 먼저 풀러는 기독교의 도덕적 유용성을 이신론의 것과 비교하고 대조했다. 그런 다음에 일관된 성경의 전체 맥락에서 기독교의 신적 기원을 증명하는 일에 책의 후반부를 할당했다.

그러나 풀러가 개입한 또 다른 활기찬 논쟁은 로버트 산데만(Robert Sandeman)을 따르는 산데만주의자들과의 논쟁이었다. 산데만은 신앙을 주로 지성 중심으로 이해함으로써 다른 18세기 복음주의자들과는 다른 길을 걸었다. 이들은 구원 얻는 믿음이 '벌거벗은 진리에 대한 벌거벗은 믿음'(bare belief of the bare truth)이라는 핵심 신학 진술로 유명했다. 하나님의 구원이 궁극적으로 값없이 주어지는 것(freeness)이라는 특징을 더 강조하려는 순전한 열망을 품었던 산데만은 구원 얻는 믿음 문제에서 인간의 의지, 열망의 어떤 가능성과 흔적도 남겨두지 않으려 했다.

『산데만주의 비판』(*Strictures on Sandem-*

anianism, 1810)에서 풀러는 두 가지 사항을 주로 지적했다.

첫째, 만약 믿음이 오직 지성과만 관계가 있다면, 순전한 기독교와 명목상의 기독교를 구별할 수 있는 방법이 없다. 명목상의 기독교인은 지성으로는 기독교의 진리들에 동의하지만, 이 진리들이 마음을 사로잡지 못하고 그의 감정을 조정하지 못한다.

둘째, 그리스도에 대한 지식은 그분의 처녀 탄생이나 십자가 처형에 대한 상세한 내용 같은 그분에 대한 특정 사실을 아는 것 이상을 요구하는 전혀 다른 유형의 지식이다. 이 지식은 그분과의 교제에 대한 열망, 그분의 임재 안에 거하는 기쁨을 누리는 것이다.

그러나 풀러는 단순히 변증가나 선교회 총무가 아니었다. 케터링(Kettering)에서의 목회도 그의 중요한 경력이었다. 1782년부터 1815년까지 33년 동안의 케터링 목회 기간에 교인 수가 거의 두 배(88명에서 174명)로 늘었고, 그의 설교를 들으러 오는 사람들의 숫자는 자주 1,000명이 넘어서 여러 차례 교회 건물 증축이 필요하기도 했다. (현재 옥스퍼드대학교 리젠트파크대학[Regent's Park College] 앵거스도서관[Angus Library]에 보관되어 있는) 그의 방대한 서신 자료는 풀러가 무엇보다도 목회자였음을 보여 준다. 또한, 비록 늘 성공적이지는 않았음에도 불구하고, 그는 책임져야 했던 많은 다른 일들이 목회 관련 일의 경계를 침범하지 않도록 지속적으로 노력했다.

두 문서가 풀러의 목회 정신을 잘 드러내 준다. 사망 후에 그의 소지품 중에서 『모임에 참석하는 가족들, 8월』(*Families who attend at the Meeting, August*, 1788)이라는 제목의 작은 책이 발견되었다. 풀러는 이 책 안에 "이 책에 대한 서평으로 기도와 설교에 도움을 받을 수 있겠다"라는 메모를 남겼다. 또한, 편지 꾸러미에서 발견된 1812년 2월 8일자 편지가 있었는데, 방황하는 교인 한 사람에게 쓴 편지였다. 여기서 풀러의 목회자적 마음이 고스란히 드러난다.

"부모가 아이 하나를 잃어버렸을 때에는 아이를 찾는 것 말고는 상처를 치유할 수 있는 방법이 없습니다. 그에게 자녀가 많다고 해서 치료되는 것이 아닙니다…성도님에 대한 제 마음도 이와 같습니다. 성도님께서 오직 하나님과 교회로 돌아오실 때에만 상처가 치료될 수 있습니다."

변증 저술에 더하여, 풀러는 두 종류의 강해 설교 시리즈도 출간했는데, 하나는 『갈라디아서 강해』(1806)였고, 다른 하나는 『계시록 강해』(1815)였다. 꽤 많은 설교와 전도용 소책자, 다양한 신학 주제를 다루어 여러 정기 간행물에 실린 수많은 논문과 기사도 있었다. 1794년에 결혼한 두 번째 아내 앤 콜스(Ann Coles)가 남편에게 그가 전혀 휴식을 취하지 않는다고 말하자, 풀러는 "오, 아니오. 하던 일을 바꿔서 다른 일을 하는 게 내 휴식이오"라고 대답했다.

풀러의 다른 저술 작품 하나도 여기서 언급할 만한 가치가 있다. 『새뮤얼 피어스 목사 회고』(*Memoirs of the Rev. Samuel Pearce*, 1800)에서 풀러는 가장 가까운 친구인 버밍엄(Birmingham)의 새뮤얼 피어스(Samuel Pearce)의 삶을 회상했다. 어떤 면에서 조나단 에드워즈가 데이비드 브레이너드(David Brainerd)의 삶에 대해 쓴 것을 모델로 한 것 같은 이 책에서, 풀러는 자신이 복음주의 영성의 모델로 간주한 인물의 삶을 독자들에게 들려준다. 풀러의 책이라는 매개체를 통해 동시대 사람들에게 '천사 같은

(seraphic) 피어스'로 유명했던 피어스의 그리스도를 위한 유별난 열정, 선교열정은 그 시대를 산 사람들에게 큰 영향을 끼쳤다.

풀러는 육체적, 정신적 힘을 비축해 놓는 놀라운 능력을 갖추었기에, 그 많은 일을 모두 다 감당해 낼 수 있었다. 그러나 그의 육체에 이 노동의 대가가 전혀 없었던 것은 아니다. 1793년에 그에게 '마비성 중풍'이라 불리는 증세가 나타난 후 남은 평생을 거의 심각한 두통에 시달리며 살았다. 마지막 15년 동안은 아프지 않은 때가 거의 없었다. 1814년, 질병에 시달린 후부터 건강이 심하게 나빠졌다. 다음해 봄에는 거의 죽은 것이나 다름없는 상태가 되었다. 결국 1815년 4월 2일에 케터링에서 마지막 설교를 한 후, 5월 7일에 사망했다. 그의 나이 62세였다. 장례식에는 대략 2,000명이 참가했다. 풀러의 요청에 따라 오랜 친구 릴랜드가 장례식 설교를 전했다. 로마서 8:10을 본문으로 풀러의 마지막 날들에 대해 간략히 언급하고, 자신에게 보낸 마지막 편지에서 풀러가 말한 것을 참석자들에게 알려 주었다.

> "나는 은혜 교리를 남용하는 이들에 반대하는 설교를 많이 하고 글도 많이 썼다네. 그러나 이 교리는 내 구원의 전부이자 내 소망의 전부라네. 내 주님, 내 구주의 속죄를 통해 주권적이고 효과적인 은혜로 얻은 구원 외에는 내겐 다른 소망이 없다네."

풀러가 이룬 신학적 성취의 중요성과 의미는 생후에는 물론 생전에도 인정받았다. 뉴저지대학(Colleges of New Jersey, 1795, 이후 프린스턴대학-역주)과 예일대학(Yale College, 1805)이 각각 명예박사를 수여하기로 결정했지만, 풀러가 거절했다. 찰스 해돈 스펄전(Charles Haddon Spurgeon)은 풀러를 금세기의 '가장 위대한 신학자'로 묘사하기를 주저하지 않았고, A. H. 뉴먼(A. H. Newman)은 미국침례교에 끼친 그의 영향력은 '가늠할 수 없을 정도'라고 평가했다. 의심의 여지없이, 그는 18세기 말 대서양 양편 침례교 세계에서 가장 위대한 신학자였다.

참고문헌 | E. F. Clipsham, 'Andrew Fuller and Fullerism: A Study in Evangelical Calvinism,' *The Baptist Quarterly*, 20 (1963-1964), pp. 99-114, 146-154, 214-225, 268-276; P. Morden, 'Andrew Fuller: A study in evangelical Calvinism' (MPhil. thesis, Spurgeon's College, London, 2001); J. Ryland, Jr, *The Work of Faith, the Labour of Love, and the Patience of Hope, illustrated in the Life and Death of the Rev. Andrew Fuller* (London: Button & Son, 1818).

M. A. G. HAYKIN

앤 마버리 허친슨(Anne Marbury Hutchinson, 1591-1643)

미국 종교 지도자. 그녀는 런던과 링컨셔(Lincolnshire) 출신으로 1634년에 매사추세츠베이(Massachusetts Bay)에 도착했다. 많은 식민지 청교도처럼, 앤 허친슨도 전 가족과 함께 점증하던 핍박을 피하고 다른 나라에 모범이 될 새롭고 거룩한 나라를 세우는 일을 돕기 위해 뉴잉글랜드로 갔다. 도착 즉시 허치슨과 부유하고 존경받는 상인이던 남편 윌리엄은 보스턴교회(Boston church)에 합류하여 보스턴 정착민 지도자가 되었다.

교육을 중시했던 비국교도 성직자 프랜시스 마버리(Francis Marbury)의 딸인 허친슨은 세심한 교육을 받았고, 그녀의 성경 지식과 신학 사상도 큰 존경을 받았다.

보스턴에서 허친슨은 가정에서 잉글랜드청교도 전통인 개인 신앙 모임을 계속 이어 갔다. 처음에는 보스턴의 여성들을 위해 시작되었지만, 허친슨의 두드러진 카리스마 때문에 많은 사람이 몰려들었고, 곧 남자들도 모임에 참석했다. 후에 참석 인원이 68명까지 늘어난 인기의 전성기에는 모임을 두 개로 나누어, 하나는 여성으로만, 다른 하나는 혼성으로 구성된 모임을 운영했다. 도착 후 약 3년이 지난 때에 청교도 지도자들은 허친슨이 합의된 질서를 어지럽힌다고 판단하고, 1637년 11월에 그녀를 식민지에서 추방했다. 다음해 3월에는 보스턴교회가 그녀를 출교했다.

자신을 따르는 많은 추종자와 함께 로드아일랜드로 간 그녀는 남편이 죽은 후에는 롱아일랜드로 갔다가, 1643년 인디언-네덜란드전쟁(Indian Dutch war, Kieft's War 또는 Wappinger War라고도 불리는 네덜란드계 정착민과 원주민 간 전쟁-역주) 기간 중에 여섯 자녀와 함께 살해당했다.

허친슨과 그녀를 따르는 사람들이 일으킨 불화는 사회적, 정치적, 신학적인 것이었다. 비록 그녀를 반대하는 사람들(그리고 미래 역사가들)이 그녀가 유발한 위협을 과장했을 수도 있지만, 이제 겨우 16년 된 식민지의 미성숙하고, 따라서 불안정한 상태가 허친슨과 그 추종자들이 교회와 시민 지도자들에게 끼친 피해를 더 악화시키는 기능을 했을 가능성이 있다.

허친슨의 지지자들이 많은 성직자들에 대한 불신을 확산시켰고, 허친슨 스스로도 뉴잉글랜드 목사 대부분을 비판했기 때문에 식민지 의회(General Court)는 허친슨을 선동죄로 기소했다. 관원, 의회 의원, 식민지 총독 헨리 베인(Henry Vane)을 포함한 많은 고위층 인사들이 그녀를 지지해서 식민지 건립 주역들에 반대하는 당파가 형성되었다. 또한, 허치슨 지지자들이 상인층의 이익과 야망을 주로 대표한 보스턴 사람들이었기 때문에 이들의 태도가 매사추세츠베이 식민지의 나머지 사람들의 입장에 대응하는 전선을 형성하게 된 것이다. 더구나 많은 보스턴 사람들이 한 여성에게 권위와 권력을 점점 더 많이 부여하자 목회자와 관원들 모두가 곤혹스러워했다.

이들은 허친슨이 여성뿐만 아니라 남성까지 가르친다고 비난했고, 개인 모임에서의 성공적인 지도력 같은 허친슨의 활동의 몇 가지 요소들을 남성과 여성의 경계를 허무는 행위로 간주했다. 허친슨은 남성 상관들에게 순종하지 않았다. 그녀의 역할은 아내의 역할이라기보다는 남편의 역할 같았다. 출산실에서 특히 큰 도움을 주는 것으로 유명했고, 한때 여성을 구원으로 이끄는 훌륭한 인사로 신뢰받았던 그녀가 후에 약점이 잡힌 시기에는 여성들을 유혹해서 자신의 모범을 따르게 한다고 고소당했다.

이런 고소는 여성은 심오하고 복잡한 신학 연구를 할 만한 지적 능력이 없고, 인격을 성숙시키는 영적 능력도 없는 존재라는 인식하에 이루어진 것이었다. 청교도 저술가들은 때로 남성의 통제를 받지 않는 여성은 사탄의 유혹을 받을 위험에 처해 있고, 따라서 이들은 다른 사람도 쉽게 유혹할 수 있다고 주장했다. 이런 확신은 특히 허친슨에 대한 교회 재판이 이루어지던 시기에 더 확고해졌는데, 일부는 그녀의 신학 연구가 이단을 낳았고, 결국은 성적 비행을 낳을 것이라고 주장하기도 했다.

신학적으로는 두 가지 주제가 지도부를 당혹하게 만들었다.

첫째, 인간의 노력과 구원과의 관계였다. 청교도가 수용한 칼빈주의 예정 교리는 구원을 전적으로 하나님의 손에 달린 것으로 이해했다. 오직 구원자이신 그리스도를 믿는 믿음만이 본래 타락한 인간 영혼을 의롭게 하며, 믿음은 하나님의 은혜라는 값없고 무조건적인 선물을 통하지 않고는 얻을 수 없는 것이었다. 일단 은혜가 주어지면, 신자의 행위의 성화를 통해 은혜와 구원이 확실히 수용되었는지 아닌지를 확정하고 알 수 있었다. 즉 신자가 은혜를 누리고 있는가의 여부는 성도의 매일의 행동에서 드러난다는 것이었다.

허친슨의 가르침은 값없는 은혜를 통해 믿음으로 의롭게 된다는 주제와 성화된 행위의 중요성에 대한 성직자들의 가르침에 대한 도전이었다. 자신의 멘토 존 코튼(John Cotton)을 따라, 허친슨은 인간 행위의 부질없음, 신자의 수동성과 하나님께 대한 절대 의존을 강조했다. 대부분의 뉴잉글랜드 성직자들은 이런 강조점이 위험하다고 판단했다.

그들이 보기에, 이런 태도는 필연적으로 이단, 불신앙, 무정부주의로 이어질 수밖에 없는 것이었다. 하나님의 행위의 자유롭고 무조건적인 본질을 인정한 청교도 목사들은 또한, 자신들의 구원 여부에 대한 어떤 분명한 표지를 발견하기 원하는 신자들의 필사적인 염려를 이해했다.

참된 설교자들은 성화에 놓인 소망을 강조했다. 또한, 많은 이들은 잠재적 성도는 하나님의 은혜를 준비할 수 있다는 개념도 가르쳤다. 비록 어떤 인간도 하나님의 구원 사역에 영향을 미칠 수 있는 노력을 할 수는 없다는 사실을 인정하기는 했지만, 목사들은 신자들이 성경을 공부하고, 교회 예배에 참석하고, 행동을 점검하고, 기도함으로써 자신을 준비하라고 권고했다. 이런 노력은 신자들을 무력감에서 벗어나게 할 수 있는 것이었지만, 존 코튼(John Cotton)과 마찬가지로 허친슨은 이런 준비주의(preparationism)에서 '행위를 통한 구원'의 요소를 발견했다.

코튼, 허친슨, 성직자들 간의 두 차례 회담은 양측의 염려를 완화시키는 데 실패했다. 목사들의 입장을 크게 걱정하던 코튼은 거기에 비판적이기는 했지만 신중하고 기민했고, 반면 허친슨은 목사들이 율법주의적인 행위언약을 전한다고 비난했다. 뉴잉글랜드 목사들은 코튼의 염려는 관심을 갖고 들어주었지만, 허친슨 일파에 대해서는 반율법주의 혹은 무정부주의로 규정하고 정죄했다.

둘째, 하나님의 계시를 받았다는 허친슨의 확신에 대한 것이었다. 많은 청교도들은 기적을 통한 소통의 시대는 이미 오래 전 옛날에 끝났다고 주장하며 허친슨이 밝힌 이런 경험을 환상이나 신성 모독이라고 주장하는 경향이 있었지만, 요점은 논쟁의 여지가 있었다. 허친슨 일파의 강점은 상당수의 보스턴 사람들이 그녀의 영적 은사에 대해 확신했다는 것이다.

재판 기간 중에 허친슨은 자신이 직접 계시를 받았다고 말했다. 그녀가 예언을 했다는 증언과 더불어 이 주장은 계시의 본질 자체에 대한 장기 논쟁을 촉발했다. 여전히 허친슨을 강력하게 지지한 코튼은 기적에 대한 모든 기대는 환상일 수 있지만, 우리가 특별한 섭리에 대한 믿음을 가지는 것은 정당할 수 있다고 주장했다. 추가 토론으로 이 문제가 해결되지 않았고, 평신도들이 코튼의 정통성에 대한 의문을 제기하는 바람에, 식민지 총독 존 윈드롭(John

Winthrop)은 논쟁의 종결을 선언하고 의회의 판결을 요청했다.

그 결과, 의회는 허친슨을 선동 혐의로 추방하기로 결의했다. 겨울 몇 달 동안에는 보스턴에 남아 있어도 좋다는 허락을 받기는 했지만, 그녀에 적대적인 목사의 집에서 지내야 했던 허친슨을 목사들이 자주 방문했다. 이들이 방문한 목적은 그녀의 회개였지만, 엄청나게 다양한 주제들을 놓고 나눈 긴 대화는 허친슨의 교회에서 열린 재판에서 그녀에게 불리한 증언이 늘어나는 결과만 낳았다. 11월 재판뿐만 아니라 이전 어떤 토론에서도 한 번도 제기되지 않았던, 주로 몸의 부활과 관련된 몇 가지 난해하고 사적인 믿음에 근거하여 이 재판에서 그녀가 이단이라는 판결이 내려졌다.

허친슨을 고소했던 행정관 토마스 더들리(Thomas Dudley)뿐만 아니라 허친슨 자신도 이런 재판 과정에 주목하여 의문을 제기했다. 준비주의, 값없는 은혜와 계시 등 이전 논의 주제들이 이 재판에 등장하지 않았다는 사실은 이번 재판의 한 가지 목적이 이 논쟁적인 주제들에 대한 토론을 피하고 다른 주제들을 논의함으로써, 코튼에게 허친슨의 이단성과 본질적인 죄성을 확신시킨 후, 그를 다른 성직자들과 연대하게 하는 것이었음을 보여 준다. 이 전략은 성공적이었고, 결국 코튼은 허친슨을 정죄하고, 출교, 추방하는 데 동참했다.

이후의 서술들, 특히 존 윈드롭이 쓴 역사는, 허친슨의 계시 관련 주장이 유발한 우려를 강조했다. 시민 재판 시에 허친슨은 명료한 성경적 논증을 펼치는 데 성공했고, 더 이상 공공 활동을 하지 말라는 요구도 수락했지만, 신령한 것을 경험했다고 주장한 이 카리스마 넘치는 여인은 그녀의 예언자적 언사로, 이미 위치를 굳건히 확보한 세속 및 교회 지도자들의 권위를 훼손했다. 자신의 권위가 하나님께로부터 왔다고 주장했고, 또한 그 권위를 공동체 다수로부터 인정받은 이 여인은 심지어 침묵하고 있을 때조차도 확립된 기존 질서를 흔드는 지속적인 위협이었다. 비록 표면상의 추방 원인은 선동이었지만, 허친슨을 고소한 사람들을 그렇게 하도록 충동한 주요인은 그녀의 예언적 계시 주장과 자신들의 행정권과 지배력에 대한 도전이었다.

참고문헌 | E. Battis, *Saints and Sectaries: Anne Hutchinson and the Antinomian Controversy in the Massachusetts Bay Colony* (Chapel Hill: University of North Carolina Press, 1962); F. J. Bremer (ed.), *Anne Hutchinson, Troubler of a Puritan Zion* (Huntington: 1981); P. J. Gura, *A Glimpse of Sion's Glory: Puritan Radicalism in New England, 1620-1660* (Middletown: Wesleyan University Press, 1984); S. R. Williams, *Divine Rebel: The Life of Anne Marbury Hutchinson* (New York: Holt, Rinehart & Winston, 1981).

M. WESTERKAMP

앤 브래드스트리트(Anne Bradstreet, c. 1612-1672)

시인으로, 미국 역사상 처음으로 시를 출판한 영국계 미국인. 그녀는 잉글랜드 노샘프턴셔(Northamptonshire)에서 청교도 부모 토마스 더들리(Thomas Dudley)와 앤 더들리(Anne Dudley) 사이에서 태어났다. 가족은 1619년에 세프링엄(Sepringham)으로 이사했는데, 거기서 토마스 더들리가 링컨셔 백작(Earl of Lincolnshire)의 집사로 일하게 되었기 때문이었다.

1621년에 앤 브래드스트리트는 미래에 남편이 되는 사이먼 브래드스트리트(Simon Bradstreet)를 만나게 되는데, 사이먼은 케임브리지 졸업생으로 토마스 더들리의 백작 영지 관리를 도우러 세프링엄으로 온 것이었다.

둘은 1628년에 결혼한 후, 1630년에 브래드스트리트 부부와 더들리 부부가 모두 매사추세츠베이(Massachusetts Bay) 식민지로 이민을 떠났다. 처음에는 식민지 내 찰스타운(Charlestown)에 정착했다가, 매사추세츠 내 여러 곳으로 수차례 이사했다. 1631년에 이들은 오늘날의 케임브리지(Cambridge) 지역으로, 1635년에는 입스위치(Ipswich)로 이사했다. 1638년에서 1644년 사이에는 앤도버(Andover)로 이사했는데, 브래드스트리트는 1672년에 사망할 때까지 여기에 정착했다. 이 시기 1633년에서 1652년까지 부부는 여덟 자녀를 낳았다. 브래드스트리트 부부와 더들리 부부는 이 청교도 식민지 생활에서 두드러진 공헌을 했다. 사이먼 브래드스트리트와 토마스 더들리 모두 식민지 총독으로 봉사한 것이다. 시인 앤 브래드스트리트의 명성은 두 권의 시집 출판으로 알려진 것인데, 두 권 모두 앤이 출판을 위해 준비하거나 승인받은 것은 아니었다.

첫 번째 시집 『열 번째 뮤즈』(The Tenth Muse, 1650, 열 번째 뮤즈는 9명의 뮤즈신이 돌보지 않는 인간 활동을 비호하는 여신을 의미하는 것으로, 주로 문학적 재능이 뛰어난 여성 인재에게 적용되는 표현임-역주)는 가족의 친구 하나가 출판을 위해 잉글랜드로 가져갔다. 두 번째 시집 『몇 편의 시』(Several Poems, 1678)는 사후에 출간되었다.

앤의 시가 다룬 주제는 개인 관심사에서 공공 주제까지 다양했는데, 딸, 어머니, 아내, 시인, 교사로서의 자신의 역할을 다루었다. 『열 번째 뮤즈』에 실린 여러 시는 스펜서(Spenser)나 시드니(Sidney) 같은 잉글랜드 시인들의 문체에 대한 앤의 연구와 지식의 광범위함을 보여준 반면, 더 비평적인 관심을 받은 것은 『몇 편의 시』였는데, 개인적이고 표현력이 풍성한 문체가 이 시집에서 더욱 두드러졌다.

앤 브래드스트리트의 시는 완고하며 절제하는 청교도 분위기의 작품을 예상한 독자들을 놀라게 하곤 했다. 많은 비평가들은 믿음과 의심 사이의 내적 갈등이 그녀의 작품의 특징이라는 식으로 앤의 작품을 평가하고 추천했다. 따라서 앤의 작품에 대한 논쟁은 그녀의 시가 정확히 청교도 감수성을 반영하고 있는 것인지, 아니면 이 전통에 대한 반항심을 드러내고 있는 것인지에 집중되었다. 설득력 있는 논증 하나는 그녀의 시가 기독교인의 삶을 순례로 보는 청교도 전통에 굳건히 뿌리박혀 있다는 주장이다.

앤 브래드스트리트 자신이 밝힌 시의 목적은, 자기 아이들을 위해 그녀가 걷고 있는 순례의 삶의 '에벤에셀'(Ebenezer), 즉 기념석을 세우는 것이었다. 제프리 A. 해먼드(Jeffrey A. Hammond)는 다음과 같이 지적했다.

"순례의 삶이 어렵다는 것을 그녀의 독자들이 알 필요가 있었기 때문에 그녀는 순례자가 가는 길을 묘사했을 뿐만 아니라, 의심의 여지없이 갈등하고 있지만 결국 그 갈등이 있다는 사실을 정직하게 고백함으로써 구원에 이른 한 화자를 통해 그 길을 극적으로 보여 준 것이기도 했다."

앤의 시 출판을 청교도 식민지 사람들이 그저 관용한 것이 아니라 권장했다는 사실은 그녀의 작품이 청교도 문화를 재평가하는 기초가 될 수도 있음을 의미했다.

참고문헌 | J. A. Hammond, *Sinful Self, Saintly Self: The Puritan Experience of Poetry* (Athens: University of Georgia Press, 1993); R. R. Rosenmeier, *Anne Bradstreet Revisited* (Boston: Twayne, 1991); E. Wade White, *Anne Bradstreet, 'The Tenth Muse'* (New York: Oxford University Press, 1971).

J. NORDLOF

앤소니 (토니) 캠폴로(Anthony [Tony] Campolo, 1935-)

침례교 저술가, 연설가이자 펜실베이니아 세인트데이비스(St Davids)의 이스턴대학교(Eastern University) 사회학과 명예교수. 그는 1935년 2월 25일에 필라델피아의 경건한 이탈리아계 미국인 가정에서 태어나 12살에 세례를 받았다. 이웃집에서 열린 성경공부 모임이 어린 시절에 그가 자신을 전임 교회사역자로 드리기로 결단하게 된 결정적 요인이었다.

일평생 침례교도였던 캠폴로는 1957년에 안수받은 후 7년 동안 목사로 일했고, 미국침례교단(American Baptist Convention)의 부총회장으로 한 임기를 보내기도 했다. 캠폴로는 1961년에 신학석사학위를 이스턴침례신학교(2005년부터 Palmer Theological Seminary로 교명 변경-역주)에서 받았다. 4년 후 이스턴대학(당시는 College, 지금은 University)의 사회학 교수가 되면서 인생의 방향이 바뀌었다. 중간에 펜실베이니아대학교(University of Pennsylvania)에서 10년간 비상근 사회학 교수로, 이스턴신학교(Eastern Seminary)에서 3년간 비상근 교수로 보내기도 했는데, 이스턴대학에서의 전체 교수 경력은 강연, 저술, 목회 지도력 분야에서 그가 정력적으로 활동할 수 있게 해 준 도약대였다.

어린 시절부터 캠폴로의 학문적 근면함을 가능하게 해 준 요인 하나는 그의 부모가 이웃이 주로 유대인으로 구성된 마을로 이주했기 때문인데, 이 지역에서는 열심히 공부하는 것이 하나의 규범이었다. (고등학교 시절 탁월한 과학 성적 덕에 그는 프린스턴에서 앨버트 아인슈타인과 함께 두 주간 공부하는 영예를 얻기도 했다). 목사로서도 캠폴로는 학구적인 생활을 유지했다. 1968년에 템플대학교(Temple University)에서 사회학 부전공으로 종교학 박사를 받았고, 이후 명예박사학위를 일곱 차례나 받았다.

사회학에 대한 캠폴로의 관심은 점차 틀을 갖춰 가고 있던 그의 기독교 선교에 대한 이중 소명 이해, 즉 각 개인을 예수 그리스도와의 관계를 통해 하나님 나라에 들어오도록 초대하는 것, 또한 그리스도의 이름으로 일함으로써 이 세상을 하나님의 나라로 바꾸는 것과 연결되어 있다. 선교사역을 통해 사회학에 대한 관심이 더 자라난 것이다. 세상을 바꾸기 위해서는 세상을 이해해야 한다는 것이 그의 지론이었다.

캠폴로는 자신의 신학을 형성하는 데 큰 영향을 미친 세 가지 기원이 있다고 말한다.

첫 번째 인물은 잭 워첸(Jack Wertzen, Jack Wyrtzen의 오타인 듯하다-역주)으로, 그는 이 근본주의 설교자의 복음전도 열정을 존경했다.

두 번째 인물은 지츠오 모리카와(Jitsuo Morikawa)로, 전도를 하나님의 변화시키는 사역에 동참하라고 초대하는 것으로 정의한 (일본계-역주) 미국침례교 신학자였다. 캠폴로는 전도의 일차 목적은 단지 사람들을 천국에 갈 수 있게 준비시키는 것이 아니라, 사람들을 이 세상에서 정의와 사랑의 도구로 그리스도께 드려지게 하는 것이기도 하다고 주장한 모리카와의 견해에 동의했다.

세 번째 영향력의 기원은 캠폴로가 장기간 교인으로 출석한 아프리카계 미국인 교회인 필라델피아 마운트카멜침례교회(Mt Carmel Baptist Church)였는데, 그는 이 교회에서 현재 부목사로 일하고 있다. 그가 경험한 흑인교회는 복음주의 신앙과 사회 참여가 공존 가능한 요소라는 것을 보여 주는 교회였다. 캠폴로는 자신의 사역 접근법을 워첸의 전도 열정, 모리카와의 정의 강조, 마틴 루터 킹 주니어(Martin Luther King, Jr)의 기독교 사회 비전이 혼합된 것으로 묘사한다.

캠폴로의 세계관은 민권과 사회 저항의 시대를 거치면서 성숙해 갔다. 1970년대에 펜실베이니아대학교(University of Pennsylvania)에서 교수 생활을 한 캠폴로는 반전운동을 받아들여, 개혁을 위해 학생들을 동원해서 의회 사무실로 행진하기도 했다. 캠페인은 실패로 돌아갔지만, 투표에서는 그 지역 민주당 지지율의 최고 기록이 세워졌다.

1969년에 캠폴로는 '교육 증진을 위한 복음주의협회'(Evangelical Association for the Promotion of Education, EAPE)를 세웠는데, '예수 그리스도의 이름으로 전도와 사회 정의를 통합함으로써 하나님 나라 건설'을 돕는 것이 설립 목적이었다. '교육 증진을 위한 복음주의협회'는 캠폴로가 세운 다른 조직들, 즉 어반프라미스(UrbanPromise), 비욘드보더스(Beyond Borders) 및 여러 채택된 프로그램들을 포괄적으로 거느린 종합 관리체였다. '교육 증진을 위한 복음주의협회'를 후원한 이들은 학교, 대학, 문맹 퇴치 센터, 개인 교습 프로그램, 고아원, 에이즈 호스피스, 도시 청년 사역 등을 저개발 국가와 미국 도시에 세우고 운영했다. 캠폴로의 아들 바트(Bart)는 미션이어(Mission Year)와 함께 이 일을 계속했는데, 이 단체는 도시 청년사역 전문 기관이었다.

캠폴로의 강의와 저술사역은 복음주의 교회들이 정의 이슈를 이해할 수 있도록 돕고, 주류 교회들이 전도에 다시 힘을 쏟을 수 있도록 도우며, 하나님 나라의 대의에 더 깊이 순종하도록 격려하며, 기독교 사역 프로그램에 기독교인, 특히 젊은이들을 참여시키는 것에 초점을 맞추었다. 그는 다양한 집회에 연사로 초대받아 바쁜 일정을 보내야 했다. 유명한 스테일리강연(Staley lectures, 1974), 전미복음주의협회(NAE, 1987), 쉐도우대회(Shadow Convention, 2000년 공화당 대회의 대안으로 열린 좌파 대회)에서도 연설했다. 영국 텔레비전 쇼에 두 주간, 라디오 프로그램에 한 주 출연한 방송 경험도 있었다. 「타임」(Time)이 미국에서 가장 탁월한 설교자, 연사 중 하나로 선정한 캠폴로의 명성과 인기는 부분적으로는 유머, 스토리텔링(stotytelling), 당대 이슈를 직설적인 인식을 살려서 섞어 내는 능력 때문일 것이다.

캠폴로가 쓴 약 30권의 책 중 대표적인 것들은 다음과 같다. 유명한 설교를 기반으로 쓴 책 『금요일이다, 그런데 주일이 오고 있다』(It's Friday, But Sunday's Coming,' 1984), 논쟁적인 사회 및 도덕 이슈들을 다룬 『기독교인이 만지기 두려워하는 스무 가지 뜨거운 감자』(Twenty Hot Potatoes Christians Are Afraid To Touch, 1988), 캠폴로의 하나님 나라 중심적 신학을 해설한 『하나님 나라는 파티다』(The Kingdom Of God Is a Party, 1990), 『신앙의 눈으로 본 사회학』(Sociology Through The Eyes of Faith, 1992), 진보적인 정치적 중립을 촉구한 『예수님은 공화당원일까? 민주당원일까?』(Is Jesus a Republican or a Democrat?, 1995), 신앙에 근거한 사회 문제 접근을 촉구한 『혁명과 갱신: 교회가 우리 도시를 구하고 있는가』(Revolution and Renewal: How Churches Are Saving Our Cities, 2000) 등이다. 여기에 더하여, 그는 500편이 넘는 짧은 기사와 소논문을 썼다.

1958년에 결혼한 캠폴로의 아내 페기(Peggy)는 남편 저술의 동역자였는데, 딸 리사(Lisa)가 편집한 한 권을 제외하고는 캠폴로가 쓴 모든 책을 편집했다.

캠폴로는 종종 신학 및 정치 사상 때문에 기독교 진영 내에서 논쟁의 대상이 되기도 했다. 그는 여자 목사를 지지했고, 동성애자 인권도 옹호하며, 환경 보호를 지원했다. 다른 논쟁 원인은 그가 정치적 보수주의와 기독교 정통을 분리시킨 것 때문이었다. 캠폴로는 기독교 우파가 가난한 사람들을 무시하고 공화당의 원리를 무비판적으로 받아들인다고 생각하며 비난했다. 반대로, 그는 자유주의적인 원리들에 공감한다는 것 때문에 비판받았다. '복음주의'라는 용어를 적절하게 정의하는 것과 관련된 근본적인 갈등도 있었다. 자신을 '신복음주의자'(neo-evangelical)라 부르는 캠폴로는 기본적인 정통의 틀 내에서는 신학과 사회, 정치 견해의 넓은 폭을 포용하는 정의를 내리지만, 많은 복음주의자들이 캠폴로와 같은 부류로 취급되고 싶어 하지 않는다는 것도 인정했다.

두 사건이 특히 뜨거운 논쟁을 촉발했다.

첫 번째 위기는, 1985년, 일리노이의 복음주의자유교회목사회(Evangelical Free Pastors)가 대규모 집회에 캠폴로가 연사로 초대받아 강연하는 것에 제동을 걸었던 것이다. 그들은 캠폴로의 책 『합리적 신앙』(A Reasonable Faith, 1983)이 위험한 만인구원론을 지지하고 있다고 주장했다. 그들이 증거로 제시한 구절들은 '그들이 기독교인이든 아니든 상관없이 그리스도께서 모든 인류 안에서 사신다'와 '예수는 유일한 구원자이지만, 그분에 의해 구원받고 있는 모든 사람이 그분이 구원하시고 계신 분이라는 사실을 아는 것은 아니다'였다. 기독교법조회(Christian Legal Society)가 캠폴로의 신학을 조사하기 위해 저명한 일단의 복음주의권 지도자들을 위원으로 선정함으로써 사건을 중재해도 좋다는 허락을 받았다.

「크리스챼너티 투데이」(Christianity Today)는 이 소위 '이단 재판'의 결과를 보도했는데, 일부 문제점이 발견되었음에도 불구하고, 캠폴로는 '전적으로 정통'이라는 판결이었다. 그럼에도 불구하고, 많은 근본주의자는 계속해서 그를 부드럽게 말하면 이단이고, 나쁘게 말하면 참람한 가르침을 베푸는 신학적 자유주의자이자 급진적인 정치적 사회주의자로 인식했다.

두 번째 위기는 1998년에 모니카 르윈스키(Monica Lewinsky) 성추문 사건에서 빌 클린턴(Bill Clinton) 대통령이 캠폴로에게 자신의 영적 자문단의 한 사람이 되어 달라고 요청했을 때 찾아왔다. 클린턴과 캠폴로의 관계는 이 대통령을 기독교적 관점에서 몹시 역겨운 인물로 인식하고 있던 보수 복음주의자의 가혹한 비판의 대상이었다.

사역과 초대에 따르는 재정 지원의 대가와는 상관없이, 캠폴로는 불륜을 저지른 그리스도 안의 형제를 위해 자신의 목회적 책임을 다하는 것이라고 생각하고 이 일을 계속했다. 「더 뉴욕 타임스」(The New York Times) 1면에 캠폴로를 '기독교인이 동성애를 수용해야 한다는 주장을 변호하는 자유주의 침례교도'라고 표현한 기사가 실리면서 적대감이 불타올랐다. (Campolo의 아내는 동성애 기독교인을 공개적으로 변호했다. 그러나 Campolo는 동성애와 동성 결혼은 성경적이지 않다고 주장한다).

이런 논쟁들에도 불구하고(또한, 어떤 면에서는 이런 논쟁들 때문에), 캠폴로는 책과 비디오, 강연, 설교, 수업을 통해 심대한 영향력을 계속 끼치고 있다. 2001년 4월에 뇌졸중으로 바쁜 일정에 차질이 생긴 일이 있었다. 그러나 그는 하나님 나라를 위해 열정을 바치라는 소명에 따라 교회를 도전하는 일을 쉬지 않고 있다.

참고문헌 | W. Gallagher, *Spiritual Genius: The Mastery of Life's Meaning* (New York: Random House, 2002); K. Kantzer, 'A Man of Zeal and Contradiction,' *Christianity Today* 29:13 (1985), pp. 36-38.

H. R. UNRUH

앨버트 벤저민 심슨(Albert Benjamin Simpson, 1843-1919)

기독교선교연맹(Christian and Missionary Alliance) 창시자. 그는 1843년 12월 15일에 캐나다 프린스에드워드아일랜드(Prince Edward Island)의 베이뷰(Bayview)에서 경건한 장로교 부모에게서 태어났다. 부모는 이 섬에서 배를 건조하고 공급하는 일에 종사했다. 앨버트는 부모에게서 신앙과 선교의 유산을 물려받았다. 부모를 통해 심슨은 뉴헤브리디즈(New Hebrides) 섬에 파송된 개척 선교사 존 게디(John Geddie)의 목회를 알게 되고, 깊이 감명을 받았다.

심슨이 14살이 되던 해에 대영 제국 전역에 경제 공황이 일어나자 심슨 가족은 프린스에드워드아일랜드를 떠나 온타리오(Ontario)의 채텀(Chatham) 지역 농장 개척지로 갈 수밖에 없게 되었다. 어린 심슨이 자라고 회심을 경험한 곳이 바로 이 지역이었다. 심슨은 예민하고, 몸이 약하며, 감수성이 매우 풍부한 어린 시절을 보냈지만, 스스로 회상한대로, 그가 받은 종교적인 양육으로 엄하고 멀리 계신 하나님의 요구를 깊이 인식하게 되었다. 15세의 나이에 그는 몇 달간의 정신적, 영적 격정으로 인한 개인적인 위기를 경험하면서, 거듭남으로 알려진 전형적인 복음주의적 경험을 했다. 그는 스스로 목회를 위해 공부해야 할 소명을 받았다고 느끼고, 1861년에 토론토의 낙스대학(Knox College)에 진학하여 캐나다장로교 목회자가 되기 위한 공부를 시작했다.

지적으로, 영적으로 낙스대학은 지내기가 매우 즐거운 곳이었기에, 심슨은 이곳에 널리 퍼져 있던 믿음의 정신과 행동주의를 깊이 들이마셨다. 그는 뛰어난 학생일 뿐만 아니라, 많은 사람들이 원하는 재능 있는 연설가로서 성장했다. 캐나다장로교에서 그의 명성이 나날이 높아지면서, 1865년에 22세의 나이로 심슨은 해밀턴(Hamilton) 소재 낙스장로교회(Knox's Presbyterian Church)의 목사로 청빙받았다. 낙스장로교회는 당시 캐나다장로교를 이끄는 가장 주도적인 교회 중 하나였다.

이후 7년간 심슨은 해밀턴에서 성공적인 목회를 수행했다. 그러나 심슨은 도시 목회자로서 이룬 분명한 성공에도 불구하고, 자신이 수행하는 전통적인 방식의 목회에 만족하지 못했다. 이런 불만족은 당시 떠오르던 도시 복음전도자 D. L. 무디(D. L. Moody)와 YMCA 운동, 복음주의연맹(Evangelical Alliance)의 세계적인 복음주의 에큐메니즘을 만나면서 더 심화되었다.

1874년에 보다 다양한 곳에서 목회를 하라는 하나님의 소명을 깨달은 심슨은 해밀턴을 떠나 미국 켄터키 루이빌(Louisville)의 체스트넛 스트리트장로교회(Chestnut Street Presbyterian Church)에서 목회를 시작했다.

5년 후엔 19세기 후반 복음주의의 다양한 새로운 경향을 접함으로써 심슨의 목회 사상이 극적으로 변했다. 자신의 영적 생활에 대한 불만족이 점점 커지면서, 심슨은 성결운동(holiness movement)을 가르치는 일에 매진했다. 윌리엄 보드먼(William Boardman)의 『더 높은 기독교인의 삶』(The Higher Christian Life)을 읽은 후, 성화의 강력한 경험을 한 심슨은 이 경험이야말로 자신의 평생 목회를 성공하게 만든 요인이라고 확신했다. 바로 직후 1875년에 루이빌을 강타한 D. W. 휘틀(D. W. Whittle)과 P. P. 블리스(P. P. Bliss)의 일련의 부흥회에서 심슨은 매우 중요한 역할을 담당했다.

심슨은 이 부흥회에서 증언과 삶의 변화를 일으키는 성령의 무한한 능력을 목격했다고 믿었다. 도시에 대한 전도를 넘어, 심슨은 점차 해외선교에 관심을 갖게 되었다. 스스로는 선교사가 되지 않았지만, 그 당시 가장 성공적인 선교행정가 중에 한 사람이 되었다. 심슨은 복음전도와 선교에 대한 점점 커져 가는 자신의 열정이 주님의 임박한 재림과 그를 만날 준비가 되지 않은 사람들의 영원한 멸망을 강조하는 세대주의적 예언 교리를 받아들였기 때문이라고 보았다.

1879년 후반, 심슨은 뉴욕으로 이주한 후, 그곳의 명망 있는 서틴스스트리트장로교회(Thirteenth Street Presbyterian Church)에서의 매우 짧고 불만족스러운 목회를 경험했다. 어느 날 수많은 군중이 붐비는 도심에서 그는 새로운 목회를 시작하도록 부르시는 저항할 수 없는 소명을 느끼게 되는데, 이 부름이란 '아직 교회에 다니지 않는 다수'(unchurched masses)에게 전통과는 다른 새로운 방식으로 접근해야 한다는 부르심이었다. 이후 그는 장로교 목회직을 사임하고, 몇 년간 독립 목회자로서, 기존과는 다른 방식으로 목회를 시작했다. 바로 이 시기의 영적 열정으로 인해, 심슨은 이제 어떠한 강력한 구조를 가지지 않고서도, 치유를 체험하게 되고, 하나님의 치유의 역사를 적극적으로 선포하는 사람이 되었다.

1881년부터 1887년 사이에 심슨의 모임은 빠르게 성장했다. 강단 목회에서, 그는 성경에 대한 깊은 지식과 하나님에 대한 열정적인 사랑으로 충만하여 청중의 마음을 사로잡는 설교자로 유명해졌다. 심슨과 회중들은 뉴욕의 '아무도 관심을 갖지 않는 이들'(untouchables)에 대한 사회 복지를 제공했으며, 고아를 돌보고, 평신도를 목회자와 선교사로 교육했으며, 세간의 이목을 끄는 복음전도와 치유 캠페인을 펼치는 한편, 매우 중요한 선교잡지인 「더 가스펠 인 올 랜즈」(*The Gospel in All Lands*)라는 잡지를 출판하여, 해외선교를 지원했다.

심슨은 선교에 큰 관심을 가지고 있었다. 1887년에는 두 개의 단체를 설립했는데, 이 단체들은 기독교선교연맹(Christian and Missionary Alliance)으로 통합되었다. 기독교선교연맹은 에큐메니컬 복음주의 단체로서, 더 깊은 기독교인의 삶을 증진하며, 그리스도를 위해 세계로 뻗어 나가는 단체를 지향했다. 연맹은 캐나다 지역으로 빠르게 성장해 나갔고, 그곳에서는 1889년 존 새먼(John Salmon)의 주도 아래 매우 중요한 보조 조직이 설립되기도 했는데, 이 보조 조직에 소속된 사람 중에는 토론토의 개혁적 시장 윌리엄 하울랜드(William Howland), 선구자적 여성 의사 제니 트라우트(Jenny Trout), 비스킷 업자 윌리엄 크리스티(William Christie) 등 유명 인사가 많이 포함되어 있었다. 1897년까지 심슨의 조직은 300명 이상의 해외선교인력을 지원하는 주도적인 선교조직 중 하나로 성장했다.

19세기 말, 20세기 초에 이르러, 심슨은 북미복음주의 '약진운동'(Forward Movements)의 선두 주자였으며, 이 운동을 형성하고 초점을 맞추는 데에 핵심적인 역할을 했다. 연맹의 모토인 '예수 그리스도, 구원자, 성화자, 치유자, 다시 오실 왕'(Jesus Christ, Saviour, Sanctifier, Healer and Coming King, 4중복음으로 알려짐)은 전통적인 형태의 경건에 만족하지 못하는 새로운 세대의 복음주의자들이 그리스도를 위하여 전 세계에 이르기를 원하는 끊임없는 외침이 되었다. '오직 예수'(Jesus Only)와 '주님 자신'(Himself) 같은 심슨의 찬양들은 이들의 복음주의적 열정을 음악으로 표현한 것이다.

그러나 심슨에 반대했던 사람들은 그를 비판하기 시작했다. 심슨은 당시 복음주의권 내 반대자 대부분이 거부한 신유를 너무 강조한다고 비판받았다. 사실 심슨의 첫 번째 콩고선교는 실패로 끝났고, 다른 선교단체로부터 엄청난 비난을 받았다. 20세기 처음 20년간, 심슨은 오순절에게서도 비판을 받았는데, 이들은 방언이 성령의 충만함의 필수적인 증거라고 주장했지만 심슨은 이를 받아들일 수 없었다. 결과적으로, 연맹의 많은 유력 인사들이 심슨으로부터 떨어져 나갔고, 이들은 새롭게 등장하던 오순절운동의 초반 핵심 지도자가 되었다.

심슨은 북미 복음주의 영성에 심오한 영향을 미친 사람이다. 그는 열정적인 영적 몽상가였으며, 인생의 마지막 시기에는 자신이 성령의 역사라고 믿는 일에 열성적으로 매달린 사람이었다. 그는 깊고 심오한 영적 열정의 사람이었다. 많은 사람이 그의 가르침을 그리스도 안에서의 투쟁과 실패 그리고 궁극적인 승리라고 말했다. 오랜 다양한 목회 여정을 통틀어 그를 사로잡았던 주제는 하나, 즉 '오직 예수'였다. 1919년 10월 29일 그가 죽었을 당시 기독교선교연맹은 전 세계에 선교사를 파송하고 지원하는 단체로 성장해 있었다.

참고문헌 | L. Reynolds, *Footprints: The Beginning of the Christian and Missionary Alliance in Canada* (Toronto: The Christian and Missionary Alliance in Canada, 1992); A. W. W. Tozer, *A. B. Simpson: A Study in Spiritual Altitude* (Harrisburg: Christian Publications, 1943); A. E. Thompson, *A. B. Simpson: His Life and Work* (Harrisburg: Christian Publications, 1920).

D. REID

앨버트 카먼(Albert Carman, 1833-1917)

캐나다감리교 목사이자 교육자. 그는 어퍼 캐나다(Upper Canada) 마틸다타운쉽(Matilda Township)에 정착한 독립 반대 충성파들의 증손자였으며, 그의 아버지 조상들은 이 시골 지역에서 감리교로 처음 개종한 사람들이었다. 지역 초등학교와 문법학교를 다닌 후, 그는 코버그(Cobourg) 소재 빅토리아대학(Victoria College)에 다녔다. 이 굳건한 감리교학교에서 그는 1854년에 회심한 후 부모가 다니던 감리교회(Methodist Episcopal Church)에 합류했다.

1855년에 졸업한 카먼은 모교 문법학교의 학장이 되었고, 2년 후에는 감리교회의 목회자 후보생으로서 막 문을 연 남녀공학 감리교 예비학교인 벨레빌신학교(Belleville Seminary) 교사로 임명되었다. 1864년에 안수받은 후, 1866년에 이 학교가 학위를 수여할 수 있는 권한을 부여받은 앨버트대학(Albert College)이 되자 학장으로 임명되었는데, 이로써 카먼은 감리교순회단에서 일한 누구도 경험해 보지 못한 특별한 자리를 차지한 인물이 되었다. 비록 후에 그가 목회자 정착 제도의 열정적인 옹호자로 변신하게 되기는 하지만, 그는 교육가와 신중한 행정가로서의 흔적을 먼저 남기게 된다. 1868년에는 수료증(diploma) 과정을 이수하는 데 관심 있는 여성들을 위하여 알렉산드라대학(Alexandra College) 설립을 추진했고, 1870년에는 학교 안에 신학부를 설치했다.

고등 교육 분야에서의 이런 발전에도 불구하고, 중부 캐나다 시골을 기반으로 하는 이 교단의 미래가 불안정할 것은 분명했다. 도시 및 계속 확장 중이던 캐나다 북서부로 교회를 확장하려던 값비싼 시도는 실망과 늘어난 빚만을 남겼다. 1868년에 시작된 다른 감리교 교단들과의 연합 논의에서 카먼은 감독제의 강력한 옹호자로 남았고, 평신도 대표제를 반대했다. 이런 주제들에 대한 그의 관점 때문에 이 교단은 결국 1874년에 형성된 더 큰 규모의 캐나다감리교회(Methodist Church of Canada)에 합류하지 못했다.

1874년에 감독(bishop)으로 선출되고 안수받은 카먼은 1858년 이래 감독직을 보유하고 있던 제임스 리처드슨(James Richardson)이 사망하자 교단의 단독 수장이 되었다. 1878년에 총회가 평신도 대표직을 승인하고, 교단 내 많은 이들이 연합을 선호한다는 것이 분명해지자, 그는 교단의 특징적인 감독제를 유지하기 위해 고군분투했다. 캐나다감리교회가 1882년에 강력한 총감독권 원칙을 받아들이겠다고 선언하자 연합 과정이 가속화되었다. 1883년에 두 총감독직(general superintendents)을 명시한 연합의 기반(Basis of Union)이 1874년 연합에 합류하지 않고 독자 노선을 취했던 성경기독교인(Bible Christians)과 원시감리교회(Primitive Methodist)를 포함한 다양한 감리교 집단의 대표들에 의해 채택되었다. 이로써 캐나다에서 가장 큰 개신교 교단이 된 새로운 감리교회가 1884년에 공식 발족되었고, 이때 카먼은 총감독이 되었다.

처음에는 총감독직을 함께 공유했다가, 그보다 나이가 많은 두 동료가 사망하면서 빠른 승계가 이루어지자, 카먼은 1889년부터 총회가 총감독직을 함께 보유할 새뮤얼 드와이트 초운(Samuel Dwight Chown)을 새로 선출한 1910년까지 단독으로 교단을 통치했다. 그는 1914년에 은퇴하며 이전 연봉을 그대로 받는 명예총감독이 되었다. 카먼이 총감독으로 지낸 30년 기간은 캐나다감리교 발전의 결정적인 시기였지만, 또한 여러 논쟁과 갈등도 산재해 있었다.

그의 행정 기술은 도덕개혁운동을 주도한 교단의 능력을 강화하고 중앙 집권화하는 데 기여했고, 인종과 종교로 분열되어 있던 나라(프랑스계 가톨릭과 영국계 개신교인의 대립을 의미-역주)에서 개신교와 영국계가 주도권을 잡는 데도 공헌했다. 다른 복음주의자들과 함께 그는 '로마의 침투'를 막고, 매니토바와 북서부에서 분리학교(가톨릭과 개신교 학생을 함께 교육하지 않는 학교-역주)를 확산시키는 선봉에 섰다.

카먼의 경력에서 결정적인 순간 중 하나는 1898년과 1909년에 빅토리아대학교(Victoria University)에서 새로운 성경비평이 가르쳐지는 것에 반대한 것이었다. 카먼의 '성경의 신적 영감 교리' 수호, 진보적인 조지 잭슨(George Jackson)을 영국에서 데려와 빅토리아대학교의 영어성경 선출직 교수로 임명한 부유한 평신도들에 대한 신랄한 비난은 세속 언론과 교단 언론 모두에서 대서특필되었다. 이후 그는 성경을 문자적으로 해석해야 한다고 주장하려는 시도는 어떤 것이든 감리교 교리 표준에 위배되는 것이라는 1910년 총회 결정에 순복해야 했다.

부유해진 것이 감리교 정치와 경건을 무너뜨리고 있다는 근심은 카먼의 설교에 자주 등장했다. 그에게 도덕 개혁은 떠오르고 있던 사회복음이 아니라 안식일 준수와 금주라는 옛 복음주의 대의로 규정되어야 하는 것이었다.

보수적이고 교리적이었던 그는 부흥운동이 그 교단의 두드러진 표지였던 더 순진했던 시대를 그리워한 이들의 대변인이었다. 카먼이 1917년 11월 3일에 토론토에서 사망했을 때, 추도자는 생애 마지막 10년 동안 자신이 감당할 수 없는 방향으로 이동하고 있던 교단을 지도하면서도 타협하지 않은 순전한 인물로 그를 기억했다.

참고문헌 | G. A. Boyle, 'Higher Criticism and the Struggle for Academic Freedom in Canadian Methodism' (ThD thesis, Victoria University, 1965).

M. VAN DIE

어거스터스 홉킨스 스트롱(Augustus Hopkins Strong, 1836-1921)

미국침례교 신학자이며, 신학교 학장이자 교회 지도자. 그는 1836년 8월 3일, 뉴욕 로체스터(Rochester)에서 알바 스트롱(Alvah Strong)과 캐서린 홉킨스 스트롱(Catherine Hopkins Strong) 사이에서 태어났다. 이들은 1630년 청교도 대이동에 뿌리를 둔 혈통의 후손이었다. 스트롱 부부는 로체스터의 지도적인 시민이었다. 알바 스트롱은 「로체스터 데모크라트」(Rochester Democrat)를 발간했고, 어거스터스 스트롱의 형 헨리 스트롱은 이스트먼코닥회사(Eastman Kodak) 사장이 되었다.

로체스터기숙학교(Rochester Collegiate Institute) 예비 교육을 마친 후, 어거스터스 스트롱은 예일대학(Yale College)에 다녔는데(1857년 문학사 취득), 거기서 찰스 피니(Charles Finney)의 사역을 통해 회심을 경험했다. 고향으로 돌아오는 길에, 어거스터스 스트롱은 로체스터신학교(Rochester Theological Seminary)에 등록한 후, 1859년에 그 학교를 졸업했다. 당시의 어거스터스 스트롱이 속한 계층의 젊은 청년들이 그랬듯, 어거스터스 스트롱은 일 년 동안의 여행 겸 유학을 떠났는데, 주로 베를린대학교(University of Berlin)에서 공부했다.

어거스터스 스트롱은 남북전쟁이 일어나기

직전에 미국으로 돌아왔다. 1년 후 아버지의 신문사 사무실에서 어거스터스 스트롱은 매사추세츠 하버힐(Haverhill)의 제일침례교회(First Baptist Church)의 청빙을 받아들였다. 어거스터스 스트롱은 남북전쟁 기간 내내(1861-1865) 이 교회에서 목회했다. 하버힐에서의 목회는 오하이오(Ohio) 클리블랜드(Cleveland)의 제일침례교회(First Baptist Church)로 나아가기 위한 발판이었는데, 이 교회는 미국에서 가장 유명한 교회 중 하나였다. 어거스터스 스트롱은 이후 7년 동안 이곳에서 설교를 했다. 클리블랜드 강단에서 그는 침례교회의 정점으로 올라섰다. 그는 당시 선망의 대상이 되는 목회지에서 부와 명성을 가지고 있던 회중들을 감독했는데, 그의 교인 중에는 존 D. 록펠러(John D. Rockefeller)도 있었다. 어거스터스 스트롱과 록펠러는 평생의 친구로 남았고, 록펠러의 딸 베시(Bessie)가 어거스터스 스트롱의 장남 찰스(Charles)와 결혼함으로써, 이 둘은 한 가족이 되었다.

이제 어거스터스 스트롱은 엄청난 부와 연계하여 인품과 학식을 가진 사람으로 여겨졌고, 잘 쓰인 설교로 많은 존경을 받았기에, 당연히 최고 침례교 교육 기관의 이사들의 입에 그의 이름이 오르내렸다. 그는 브라운대학교(Brown University) 총장직은 거절했지만, 로체스터신학교(Rochester Theological Seminary) 총장과 조직신학 학과장 자리를 맡았다. 아직 36세의 나이에 불과했던 어거스터스 스트롱은 클리블랜드를 떠나 고향의 모교로 돌아왔고, 그곳에서 그는 이후 40년(1872-1912)을 보냈다.

로체스터신학교에서 어거스터스 스트롱은 침례교계의 핵심 인물이 되었다. 당시 가장 위대한 침례교 신학자 중 한 사람으로 인정받았던 어거스터스 스트롱은 학교 행정가이자, 기금 모금자요, 교회 지도자를 역임했고, 침례교 엘리트들의 친구이며, 아버지와 같은 역할을 했을 뿐만 아니라, 북침례교인과 그들의 교육 문화에도 많은 영향을 미쳤다. 윌리엄 벨 라일리(William Bell Riley), 윌리엄 레이니 하퍼(William Rainey Harper) 같이 신학이 다른 사람들뿐만 아니라, 월터 라우쉔부쉬(Walter Rauschenbusch), 록펠러처럼 이념이 다른 사람도 동료로 환영했다. 비록 그의 생애 말에 미국 전역의 개신교를 휩쓴 악감정에도 불구하고, 그는 자유주의자와 보수주의자 모두가 인용하고 존경했던 권위 있는 인물 중 한 사람으로 남았다.

어거스터스 스트롱의 『조직신학』(Systematic Theology)은 1886년에 처음으로 출판되었는데, 이 책은 진정한 의미에서 그의 대표작이었다. 1909년까지 이 책은 8판이 출판되었고, 세 권으로 확장되었다. 끊임없이 개정과 수정을 거친 『조직신학』은 그의 진보하는 사상의 기록이었으며, 더 확장한다면, 그가 살았던 시대에 진보한 사상의 기록이었다. 결국, 어거스터스 스트롱은 이렇게 압축적인 개인 저작이 그의 '기념비'로 세워졌다는 데에 만족했다. 원래 이 책의 초판은 침례교 정통주의의 정수를 요약한 것이었고, 이는 뉴햄프셔 신앙고백(New Hampshire Confession)과 세이브룩 서약(Saybrook Platform) 같은 역사적으로 중요한 공식 문서들로 규정된 침례교 내부의 개혁파(Reformed) 전통에 확고하게 뿌리내리고 있다. 이 책의 마지막 판은 어거스터스 스트롱 자신에게 뿐만 아니라, 그랜트 워커(Grant Wacker)에 따르면, 침례교 조직신학 전체 전통이자, 동시에 이 전통이 '역사 의식의 딜레마'와 만나는 기념비였다.

1890년대 후반, 어거스터스 스트롱은 역사와 인간의 의식이 종교적 진리에 대한 이해에 중요한 역할을 했다고 믿기에 이르렀고(아마도 윌리엄 제임스[William James]의 제자이자 조지 산타야나[George Santayana]의 절친한 친구였던 아들 찰스의 영향 때문이었을 것이다), 성경을 문학적, 역사적 분석의 대상으로 삼는 '고등비평'을 높이 평가하기 시작했다. 그의 『조직신학』 제7판(1902)은 이런 발전의 결과를 보여 주었다.

새롭게 추가된 내용 중에는 신의 내재성 강조와 존재론적 모델로서 유신론적 진화론(theistic evolution) 수용이 포함되어 있다. 그러나 그의 보수적인 친구들을 가장 당황스럽게 한 것은 성경계시에 대한 어거스터스 스트롱의 이해였다. 1886년에는 성경을 '신앙과 행동에서 결코 오류가 없고 충분한 규칙'으로 간주했던 그가 1902년에는 성경을 '진보하는 신의 계시의 기록이며, 모든 순수한 구도자들이 그리스도와 구원에 이르게 하기에 충분한 것'으로 설명했다.

결국 성경 무오성 교리가 성경의 유효성 교리가 되었다. 어거스터스 스트롱은 개혁파 정통주의의 특징을 포기하지는 않았다. 대신 그는 이런 교리들의 지적 토대를 고치려고 했다. 『창조와 윤리적 일원론에서의 그리스도』(*Christ in Creation and Ethical Monism*)의 존재론적 체계인 '윤리적 일원론'은 그의 개정된 프로젝트의 핵심이었다. 이는 하나님이 존재의 유일한 근원(여기에서 '일원론'이란 '윤리적 일원론'이다)이며, 모든 실존은 비록 유한하고, 부분적이며, 차등이 있지만 궁극적으로는 유일한 근원인 하나님의 현현이라는 자명한 진리로부터 시작했다.

'윤리적 일원론'에서 '윤리적'이라는 말은 어거스터스 스트롱의 역설적 주장, 즉 하나의 궁극적 근원 안에, 도덕적 또는 '심리학적 이원론'(psychological dualism)이 존재하며, 이런 측면에서 영혼은 인격적으로 한편으로 물질과 구분되며, 다른 한편으로는 하나님과 구별된다는 주장을 의미한다. 결국, 어거스터스 스트롱의 체계는 철저하게 그리스도 중심적이다. 성부는 순수한 가능성을 통해 존재를 드러내며, 성자는 그 존재의 현실화 또는 '탈중강'(depotentiation)이다. 그러나 역사는 "시간 속에 계시는 그리스도의 삶의 박피였다"(Wacker, p. 108).

19세기 말에 이르면 어거스터스 스트롱은 미국개신교 내에서 그 누구도 만족시키지 못하는 존재가 된다. 어거스터스 스트롱에게서 보수주의자는 막 태어난 범신론(pantheism)과 이제 막 기어 다니기 시작하는 현대주의(modernization)를 발견했고, 자유주의자는 구시대 체계를 장식하는 형식적 현대화를 보았다.

그러나 보수주의와 자유주의 양쪽의 모든 비판은 공히 어거스터스 스트롱이 근본적으로 역사주의적 토대를 바탕으로 정통주의 체계를 지지하려 한다는 것에 있었는데, 이들은 역사주의는 궁극적으로 정통주의를 지탱하는 뼈대가 될 수 없다고 보았다. 이후, 어거스터스 스트롱의 해석자들도 이에 동의했다. 그러나 그가 처한 전문적이고 정치적 맥락에서, 또한 더 최근의 지적 혁명의 측면에서 보면, 어거스터스 스트롱이 '고대의 신앙과 현대의 인식론을 함께 유지하려고 했던 노력'(Wacker, p.1)은 더 긍정적인 평가를 받아야 한다.

어거스터스 스트롱의 신학은 일급 외교자요 행정가로서의 그의 역할과 별개의 것이 아니었다. 로체스터에서의 사역 이외에도, 그는 북아메리카침례교총회(General Convention of Baptists of North America), 미국침례교해외선교협회(American Baptist Foreign Mission Society), 미국침례교교육협회(American Baptist Education Society)를 주재했으며, 목회 교육을위한 뉴욕침례교연합(New York Baptist Union for Ministerial Education), 그리고 바사대학(Vassar College)의 운영위원을 역임했다.

그의 귀하게 자란 경험, 침례교 행정가로서의 요구들, 자신의 리더로서의 역할에 대한 인식을 통해 그는 계속하여 소명에 따라 자신의 지지자들을 중재하고 화해시키며, 그들과 함께 일했다(동료 신학교 학장인 E. Y. Mullins 같은). 어거스터스 스트롱은 새로운 신학과 정통 합리주의, 내재성과 초월성, 심지어 서로 반대되는 종말론(그리스도의 재림은 '영적으로는 천년왕국 이전에 있을 것이며, 육체적으로는 천년왕국 이후에 있을' 것이라는 종말론)까지 하나로 통합하려고 한 것은 놀라울 일이 아니다. 각각의 양극단은 여러 방면에서 존경받는 일단의 친구들, 또는 존경받는 동료들 같은 중요한 지지자들의 의견을 대표했다.

그의 생애 마지막 10년 동안, 어거스터스 스트롱은 매우 우파적으로 기울었던 것 같은데, 일반적으로 평가하는 것보다는 덜 우파적이었다. 침례교 공동체와 그 전통의 수호자로서, 어거스터스 스트롱은 그의 『선교회들 연구』(*A Tour of the Missions*, 1918)에서 기록한 대로, 자유주의 학자들의 '실천적 유니테리안주의'(practical Unitarianism)에 대해, 그리고 침례교의 목회와 특별히 침례교의 선교에 대한 이들의 영향력에 대해 경계했다. 그럼에도 불구하고, 그는 이런 자유주의 신학을 정통주의를 포기하는 것이라고 강하게 비판하면서도, 무오성과 고등비평, 그리고 유신 진화론을 포함하여, 자신의 신학적 개정을 철회하지는 않았다.

그는 역사주의가 필연적으로 자연주의(윤리적 일원론의 틀 안에서 보면 논리적 모순임)로 연결된다는 의견에 동의하지 않았다. 사후에 출판된 그의 마지막 유언은 근본주의자와 자유주의자 모두에게 숙제를 주었다. 그가 『나는 무엇을 믿어야 하는가?』(*What Shall I Believe?*, 1922)에서 주장하듯이, 근본주의자와 자유주의자 모두 성육신의 중요성을 온전히 인정하지 않았다. 근본주의자는 그 역사적 의미를 간과했고, 자유주의자는 그 교리적 의미를 간과했다.

마지막으로, 미국 기독교인의 마음과 지성, 조직을 놓고 벌인 근본주의자와 현대주의자 사이의 극렬한 경쟁 와중에, 각 진영이 각자의 신학과 인식론이 상호 배타적이라는 전제로부터 모든 논쟁을 시작했다는 점에 주목해야 한다. 이런 전제를 가지고 보면, 상대를 인정하는 것은 곧 재앙을 불러일으키는 것이었다.

그러나 100년이 지난 후, 논리 구축이라는 개념 자체가 역사화되는 오늘날의 포스트모던 시기에, 그 평가는 상이할 수밖에 없다. 어거스터스 스트롱의 종합은 하나의 특별한 역사-문화적 선택으로서, 타당한 신학의 근간으로 이해할 수 있으며, 이는 또한 침례교 공동체 전통의 기반에 합하는 것이다.

어거스터스 스트롱은 신학자요, 성직자로 기억될 뿐만 아니라, 사회복음의 후원자요, 여성의 참정권과 안수, 박사과정 교육을 받을 권리를 포함해, 사회 정의의 지지자였다. 그는 학문적 자유의 강력한 수호자였는데, 그는 로체스터 시절 학문적 자유를 독려했고, 라우센부쉬(Rauschenbusch)와 앨버트 헨리 뉴먼(Albert Henry Newman) 같은 학자들을 임명함으로써 이런 학문적 자유를 실천했다.

유럽 모델의 침례교대학원 중심의 연구대학 개념 또한 그가 고안해 낸 것인데, 사실 그는 이 학교가 뉴욕에 설립되기를 바랐지만, 어거스터스 스트롱과 친했던 다른 경쟁자들이 결국에는 록펠러를 설득해서, 시카고에 이 학교(시카고대학교-역주)를 설립했다. 어거스터스 스트롱은 해리어트 새비지(Harriet Savage, 1861-1914)와 결혼했고, 그녀가 죽은 후에 마가릿 존스(Marguerite Jones)와 결혼했다. 어거스터스 스트롱에게는 여섯 자녀가 있었는데, 이들은 찰스, 메리, 존, 코라(Cora), 케이트(Kate), 로라(Laura)였다. 그는 1921년 11월 29일에 자신이 태어난 고향에서 생을 마감했다.

위에 언급한 저서들 이외에 그가 출판한 저서에는 『신학 강의』(Lectures on Theology, 1876), 『철학과 종교』(Philosophy and Religion, 1888, 1912), 『위대한 시인들과 그들의 신학』(The Great Poets and Their Theology, 1897), 『그리스도와의 연합: 조직신학의 한 장』(Union with Christ: A Chapter of Systematic Theology, 1913) 등이 있다.

참고문헌 | G. Wacker, *Augustus H. Strong and the Dilemma of Historical Consciousness* (Macon: Mercer University Press, 1985); T. George and D. Dockery, *Baptist Theologians* (Nashville: Broadman Press, 1990); D. Crerar (ed.), *Autobiography of Augustus Hopkins Strong* (Valley Forge: Judson Press, 1981).

R. G. ROBINS

어거스트 헤르만 프랑케(August Hermann Francke, 1663-1727)

독일 경건주의 2세대 지도자. 그는 현재는 프랑케재단(*Franckesche Stiftungen*)으로 알려진 고아원과 여러 기관을 할레/잘레(Halle/Saale)에 세웠다. 프랑케는 1663년 3월 22일에 뤼벡(Lübeck)의 변호사 요하네스 프랑케(Johannes Francke)와 그 도시의 의회 의장(Syndikus, 후에는 시장(Bürgermeister))의 딸이던 안나(Anna)와의 사이에서 태어났다. 1666년부터 1670년에 사망할 때까지 요하네스 프랑케는 작센-고타의 경건한 공작 에른스트(Duke Ernst the Pious of Saxe-Gotha)의 고문이었다. 그 결과 어거스트 프랑케는 어릴 때부터 루터교 종교개혁 정통과 30년전쟁 이후 재건 문제에 익숙한 분위기에서 자라났다.

가족이 이미 결정해 놓은 신학의 길에 들어서기 위해 어거스트 프랑케는 고타(Gotha) 김나지움(gymnasium, 대학 진학을 위한 독일 중등학교-역주)에서 공부한 후, 아주 짧게 에어푸르트대학교(University of Erfurt)에서 공부하고, 1679년에 키엘(Kiel)로 갔다. 거기서 그는 슈페너(Spener)와 가까웠던 요한 아른트(Johann Arndt, 1555-1621, 경건주의의 선구자로 간주되는 루터교 정통 신학자-역주) 유형의 정통파 신학자이자 교회사가인 크리스티안 코르트홀트(Christian Kortholt)에게서 신학을 배웠다.

어거스트 프랑케는 샤벨재단(Schabbel foundation)의 후원을 받으며 공부했는데, 신학자 양성을 목적으로 기부된 자금으로 운영되던 이 재단은 어거스트 프랑케의 어머니의 선조들이 시작했고 당시 그의 삼촌이 책임자로 있었다. 이때 그가 받은 후원 때문에 그는 삶의 엄격함만 요구받은 것이 아니라, 루터교 신조에 대한 엄격한 믿음에도 매여 있었다. 그러나 그가 철학과 역사 공부를 시도하자, 이것이 삼촌에게는 조건 위반으로 보였고, 그 결과 1682년에 장학금 수혜 대상자에서 제외되었다.

후원이 끊긴 이 사건은 그의 경력이 변하는 결정적인 계기가 된다. 이후 두 달간 그는 함부르크의 유명한 동양학자 에스드라스 에드자르두스(Esdras Edzardus)에게서 무료로 히브리어를 배웠다. 에드자르두스는 어거스트 프랑케의 금욕주의를 싫어해서 그와 다툰 후 고타의 어머니 집에 돌려보냈다. 그러나 어거스트 프랑케는 후에 할레 신학자들(Halle theologians)의 철학 훈련을 위해 에드자르두스의 방법론을 도입했다.

후원이 끊긴 덕에 일어난 두 번째 결과는 1648년에 재정을 마련해야 했던 어거스트 프랑케가 라이프치히(Leipzig)로 가서 히브리어 개인 과외를 하면서, 슈페너의 사위인 신학과 교수 아담 레헨베르크(Adam Rechenberg)의 집에서 살게 된 것이었다. 다음해에 그는 석사학위를 받으면서 성경 철학과 주해 강의를 할 수 있는 자격을 확보했다. 그와 파울 안톤(Paul Anton)은 또 다른 신학과 교수 카르프조프(Carpzov)의 격려로 젊은 교사들을 위한 철학 및 성경대학(Collegium Philobiblicum)을 열고, 교의신학과 논증신학에만 제한된 대학의 신학 커리큘럼의 맹점 중 하나를 보완하려고 했다. 이 학교는 인기가 있었지만, 1687년에 학장이 된 어거스트 프랑케에게는 개인적인 위기를 불러왔다.

신학을 가르치는 것이 전문성이라는 목표와 다른 사람을 위해 봉사하는 목표 사이에 갈등을 유발하는 것 같았다. 전문성을 강화하기 위해 어거스트 프랑케의 삼촌은 어거스트 프랑케가 루네베르크의 감독 잔트하겐(Sandhagen)에게서 성경주해 훈련을 받는다는 조건으로 샤벨 장학금을 다시 지급해 주었다. 여기서 어거스트 프랑케는 생생한 회심 체험을 했다. 이 체험은 성경의 권위에 대한 기독교인의 주장이 탈무드에 대한 유대인의 주장이나, 꾸란에 대한 터키인의 주장보다 더 합리적인지 아닌지에 대한 고민에서 시작되었다.

복음주의자들에게는 규범이 되다시피 한 이런 종류의 의심과 관련하여 믿음이 인간을 변화시키는 하나님의 역사라는 교리와 더불어, 루터의 로마서 서론(Preface to the Romans)을 읽으면서 해결의 실마리를 찾았다. 확신은 추가 증거를 필요로 하지 않았던 즉각적인 체험에서 왔다. 그러나 어거스트 프랑케가 고민하는 지적 불확실성 문제는 죄용서에 대한 루터의 고민과는 다른 문제였다. 따라서 다른 사람을 섬기는 일을 할 것이냐 학자의 명성을 쌓을 것이냐 하는 문제가 회심으로 해결되면서, 계몽주의에 대한 특별한 관심도 사라졌다. 또한, 회심 체험을 통해 그는 참회 투쟁(Busskampf)이 중심에 있는 정교한 회심론을 발전시킬 수 있었다. 이는 진젠도르프(Zinzendorf)가 (어거스트 프랑케의 원리에 따라) 회심하지 않은 사람에 대한 자기 이론을 열정적으로 주장하는 근거였다. 또한, 슈페너에게는 낯설었던 호전성이 어거스트 프랑케에게 나타나는 계기이기도 했다. 라이프치히로 돌아간 어거스트 프랑케가 대중적이고 반-성직자주의적 색깔을 띤 모임들을 열자 정통 성직자와 교수진들이 분노했고, 이로써 이 지도자들과 이들이 '경건주의자'라는 호칭을 달아 준 북독일의 많은 지역에 거주하는 이들 사이에 폭력적 적대감이 증폭되었다.

어거스트 프랑케는 라이프치히와 에어푸르

트에서 쫓겨났지만, 특히 정통파 라이프치히대학교(University of Leipzig)를 중심에 둔 작센과의 직접적인 경쟁 관계 속에서, 이제 슈페너를 통해 브란덴부르크(Brandenburg)에서 할레대학교(University of Halle)를 중심으로 핍박받는 경건주의자들에게 안식처가 제공되고 있었다. 그러나 어거스트 프랑케가 처음 임명받은 곳은 성벽 바깥의 지저분하고 술 취한 사람들로 넘쳐나던 글라우차(Glaucha) 교구였고, 1698년이 되어서야 그는 대학교의 신학과 학과장이 될 수 있었다.

글라우차에서 어거스트 프랑케는 기독교 역사를 가장 정연하게 가르칠 수 있는 인물 중 하나임을 스스로 입증했지만, 그의 유명한 고아원과 연결된 많은 기관들이 실제로는 그의 교구정책이 실패한 데서 유래했다. 무지가 만연한 것을 알게 된 그는 가난한 아이들에게 도시학교에서 공부하라고 돈을 주었지만, 돈을 받은 아이들은 학교에 나타나지 않았다. 스스로 빈민학교를 시작한 어거스트 프랑케가 교과서를 주자, 아이들은 교과서를 팔아 버렸다. 그가 결정한 해결책은 모든 사회 질서에 적용이 가능한 기숙학교였다. 그가 사망할 때 즈음에는 약 180명의 교사가 2,200명의 아이를 가르치고 있었으며, 그의 고아원은 유럽에서 가장 큰 건물 중 하나였다.

이 엄청난 사업은 다음의 방식으로 재정을 확충할 수 있었다.

첫째, 현금을 운용할 수 있었던 고위층의 재정 지원.

둘째, 유럽 자선 단체들(잉글랜드의 기독교지식보급회[SPCK]가 August Francke의 대의를 받아들인 것이 바로 이런 방법을 통해서였다)에게 세심한 계산을 한 후 지원 요청을 행한 것.

셋째, 빠른 속도로 독일에서 가장 중요한 출판사 중 하나가 된 자체 출판사에서 나온 수익.

넷째, 무엇보다도 개신교 유럽 전역의 주와 도시에 공중 보건용 장비를 판매한 병원.

전체 체계는 진리, 순종, 노동에 대한 사랑이라는 핵심 도덕을 통해 '참된 경건'과 '기독교적 지혜'를 촉진하기 위해 고안되었다.

어거스트 프랑케가 1713년에 교구에서 사임했을 때에도 교구는 사람들의 존경을 받는 장소이기는 했지만, 여전히 거룩한 곳은 아니었다. 『대론』(Great Essay)에서 어거스트 프랑케는 자신의 방법론에 따라 건설된 유토피아를 기획했다. 그러나 이 역시 현실과는 동떨어져 있었기에, 그는 프로이센 국가를 위한 고귀한 시민, 관원, 군인과 성직자를 배출해 내는 훈련학교를 세웠다. 더구나 어거스트 프랑케 사망 이후에도 할레는 심지어 실레지아(Silesia), 헝가리, 보헤미아의 합스부르크(Habsburgs) 왕가에 의해 압제받는 개신교 소수파를 구하는 프로이센의 해외 정책을 수행하는 가치 있는 기관의 역할을 잘 감당하고 있었다.

그러나 심지어 프리드리히 대왕이 프로이센 왕좌를 계승하기 전에도 할레의 경건주의가 실제로 프로이센의 국교였던 적은 없었다. 프로이센은 어거스트 프랑케가 트란크바르(Tranquebar) 해안에서 일하는 덴마크선교회(Danish mission)를 눈에 띄게 지원한 것이나 펜실베이니아(Pennsylvania)의 독일 이민자들을 위해 일하는 그의 후계자들을 지원한 것 등의 일에는 전혀 관심이 없었고, 러시아 개신교에 대한 관심 같은 어거스트 프랑케가 선호한 대의 등에는 아예 적대적이기까지 했다.

어거스트 프랑케가 할레에서 신학 공부의 개혁을 주도한 이야기도 같은 맥락으로 진행되었다. 그는 성경의 원문 주해를 중심에 두었기에, 루터의 번역과 다른 번역이 나와도 가책을 느끼지 않았다. 그러나 구약성경을 기독론적으로 해석하려고 했기 때문에 문자적 의미 너머에 성경의 신비한 의미가 숨어 있다고 가정할 수밖에 없었고, 실제로 성경의 전체적인 의미는 오직 중생한 사람만이 이해할 수 있다고 주장했다. 이런 면 때문에 실제적 경건이 학문적 신학보다 선호되면서 결국 공부를 덜 강조하는 방향으로 흘러갔다.

어거스트 프랑케가 강한 내면 세계 금욕주의를 강조한 대가는 이것뿐만이 아니었다. 이미 1694년에 그는 짐을 함께 짊어질 친구가 필요했기에, 자신보다 나이가 일곱 살 적은 안나 막달레나 폰 부름(Anna Magdalena von Wurm, 1670-1734)을 아내로 선택했다. 겉으로 드러난 모든 증거를 보건대, 이들은 행복하고 성공적인 결혼 생활을 영위한 것 같다. 그러나 중년기에 안나가 신령주의(spiritualism)에 빠져들자 둘은 서로 떨어져 지내야 했다. 이 일파에 따르면, 어거스트 프랑케가 운영하는 모든 기관은 영혼의 내적 생명을 배신한 외형적 기독교의 모범이었기 때문이었다. 그가 1727년 6월 6일에 사망하자 수천 명이 그의 죽음을 애도했다. 아내는 그보다 오래 살았다.

참고문헌 | G. Kramer, *August Hermann Francke: Ein Lebensbild*, 2 vols. (Halle/Saale: Francke-Buchhandlung, 1880-1882); E. Beyreuther, *August Hermann Francke. Zeuge des lebendigen Gottes* (Marburg: Francke-Buchhandlung, 1956); K. Deppermann in M. Greschat (ed.), *Gestalten der Kirchengeschichte* (Stuttgart: Kohlhammer, 1982), vol. 7, pp. 241-260; M. Brecht (ed.), *Geschichte des Pietismus* (Göttingen: Vandenhoek & Ruprecht, 1993-), vol. 1, pp. 440-539; K. Deppermann, *Der hallesche Pietismus und der preussische Staat unter Friedrich III (I)* (Göttingen: Vandenhoek & Ruprecht, 1961); C. Hinrichs, *Preussentum und Pietismus* (Göttingen: Vandenhoek & Ruprecht, 1971).

W. R. WARD

에드가 영 멀린스(Edgar Young Mullins, 1860-1928)

남침례교 지도자이자 신학자. 그는 스스로 근본주의자라고 평하면서 현대주의자가 그 권위를 의심하던 성경 무오설과 권위를 옹호했다. 멀린스는 중도적인 신학을 견지하면서, 종교 경험을 복음주의의 결정적인 특징으로 받아들였다. 근본주의자와 자유주의자가 20세기 초반 격렬한 논쟁을 벌인 시기에, 멀린스는 이 사이에서 아슬아슬한 줄타기를 이어 갔다. 멀린스는 자신의 책 『현대 세계에서의 믿음』(*Faith in the Modern World*, 1930)에서, 단순하게 자신을 '복음주의 기독교인'이라고 소개했다.

남북전쟁 전후 재건기에 미시시피(Mississippi)에서 태어난 멀린스는 여덟 살이 되었을 때 침례교 농부-설교자인 아버지를 따라 텍사스 코르시카나(Corsicana)로 이주했다. 멀린스는 텍사스농업기술대학(Agricultural and Mechanical College of Texas)이 세워진 해에 이 대학에 입학했고, 댈러스에서 열린 부흥집회에서 1880년에 회심을 경험했다. 목회자로의 소명을 받은 멀린스는 1881년 남침례교신학교(Southern Baptist Theological Seminary)에 입학하여 자기 인생의 유일한 학위를 취득했다. 이어서 멀린스는 볼티모어(Baltimore)에 있는 존스홉킨스대학교(Johns Hopkins University)와 보스턴(Boston)의 뉴턴신학교(Newton Theological Institution)에서 비정규 과정으로 학업을 이어 나갔다. 아주 재능 있는 강사였던 멀린스는 1895년 칼슨-뉴먼대학(Carson-Newman College)에서 명예박사학위를 받는다.

멀린스는 이슬라 메이 홀리(Isla May Hawley)와 1886년에 결혼해서, 에드가 휠러(Edgar Wheeler)와 로이 그랜베리(Roy Granberry)라는 두 아들을 얻게 되었지만, 이 둘은 어린 시절에 유명을 달리했다. 켄터키 헤로즈버그(Harrodsburg)에서 남침례교 목사로 안수를 받은 멀린스는 1885년 제일침례교회(First Baptist Church)에서 목회를 시작했다. 1888년에서 1895년까지는 볼티모어 리스트리트교회(Lee Street Church)에서, 1896년에서 1899년까지는 보스턴의 뉴턴센터침례교회(Newton Centre Baptist Church) 같은 부흥하는 침례교회에서 목회했다. 멀린스는 남침례교총회 해외선교부(Foreign Mission Board)에서 교단 관련 일을 처음으로 맡게 되었지만(1895-1896), 상급자와의 갈등으로 인해 그 자리에서 물러났다.

'고교회' 혹은 '침례교 계승주의' 랜드마크주의자(Landmarkist, 침례교의 기원을 사도 시대에서 보며, 비침례교적인 행위들을 거부했던 침례교의 일파-역주)와 침례교의 기원을 17세기로 보는 입장을 대표했던 윌리엄 헤스 휘시트(William Heth Whitsitt) 사이의 격렬한 논쟁으로 어수선한 분위기를 정리할 수 있는 인물을 찾고 있었던 남침례교신학교 이사진은 멀린스를 1899년에 새로운 총장으로 선출했다. 그러나 랜드마크주의자들에 반박하는 글들을 저술했던 멀린스의 공헌은 제대로 조명을 받지 못했다.

원래는 교회사를 가르쳐 달라는 요청을 받았던 멀린스는 자신과는 맞지 않은 분야에 힘들어 하기도 했고, 반대파의 인물이 사임하자 기쁜 마음으로 신학교의 조직신학 담당으로 자리를 옮겼다. 멀린스는 역사적 지식은 부족했지만, 침례교 교리들을 다시 정리하는 일에 역사적 배경과 흐름을 적절히 인용했다. 멀린스는 근본주의-현대주의 논쟁이 극에 달했던 1921년에서 1924년까지 남침례교총회의 총회장으로 활동했으며, 1923년에서 1928년까지는 침례교세계연맹(Baptist World Alliance)이 설립되는 과정에서 이 기구 회장으로 일했다.

이 남침례교신학교 총장은 신학적으로 변증학, 자유와 권위, 조직신학에 관심이 많았다. 멀린스가 처음 출판한 변증학 저서인 『왜 기독교는 진리인가?』(*Why is Christianity True?*, 1905)는 기독교 세계관을 변증하는 네 종류의 사실을 다루고 있지만, 특히 세 번째 사실인 '기독교적 경험'을 특히 강조한다. 멀린스는 종교심리학자 윌리엄 제임스(William James)와 개인주의 철학자 보덴 파커 본(Borden Parker Bowne)을 인용하여, 프리드리히 슐라이어마허(Frederich Schleiermacher)를 본받아 스스로를 교양 있다 생각하며 기독교를 경멸했던 사람들에게 기독교를 설득할 수 있는 길을 모색했다. 그러나 그는 슐라이어마허의 범신론을 수용하지는 않았다. 20여 년 후에 변증학이 다시 멀린스의 특별한 관심사가 되었다. 멀린스는 과학적 진화론과 역사비평에 대항하기 위해 『십자가 도상의 기독교』(*Christianity at the Cross*, 1924)를 저술했다. 멀린스의 중도적인 결론은 과학과 철학, 종교를 각각의 독립적인 분야로 분리하여 서로 간의 학문적 경계를 존중해 주는 것이다.

멀린스의 가장 유명한 저서 『종교의 이치들』(The Axioms of Religion, 1908)은 침례교 역사를 재해석하면서 자유와 권위의 문제를 다룬다. 랜드마크주의자들의 고교회주의를 '침례교 내 로마 가톨릭당파'라며 맹비난을 퍼부었던 멀린스는, 이들이 사용한 '침례교만의 독특성'이라는 표현을 현대 개인주의(Individualism)의 용어로 재해석했다. 숫자상으로 네 개에서 일곱 개에 달했던 종교의 이치들은 인간에 대한 신의 전능함, 신에게 다가설 수 있는 인간의 동등한 권리, 교회 안에서의 평등한 권리, 책임 있고 자유로운 윤리, 자유 국가의 자유 교회, 중도적 입장의 사회복음 등을 담아내고 있다.

이 모든 이치들은 신조어인 '영혼의 능력'(soul competency)으로 표현되고 있는데, 멀린스는 인간이 본성상 선중생(pre-regeneration)을 할 수 있는 능력이 있어 다른 인간의 도움 없이도 하나님과 소통할 수 있다고 주장했다.

멀린스는 『종교의 자유와 권위』(Freedom and Authority in Religion, 1913)에서, 그가 보기에 '뛰어난' 어거스테 사바티에(Auguste Sabatier)가 주장한 모든 권위 부정의 입장을 공유하기 시작했다. 멀린스는 사바티에의 주장들을 일부 받아들여 로마 가톨릭 교리주의의 독재성이라는 주장에 대항하는 인간 안에 내재된 영혼의 자유란 개념에 반대했다. 멀린스는 이 천부적인 '주관적' 권위에 신약성경의 '객관적' 권위를 덧붙였다. 종교적 권위가 세워지는 곳은 신약에 나오는 그리스도의 주관적 경험이다. 자유와 권위는 하나님께 나아갈 수 있는 인간의 기본권을 존중하시는 그리스도 안에서 완벽하게 연결된다. 이런 인간 중심적인 결론 속에서 멀린스는 종교적 관계 속에서, 멀린스는 인간을 이 종교 관계의 주체로, 하나님을 이 관계의 객체로 만든다.

멀린스는 남침례교를 대표하는 인물들의 조직신학을 세세히 정리하여 『교리를 통해 표현된 기독교 신앙』(The Christian Religion in Its Doctrinal Expression, 1917)이라는 걸작을 탄생시킨다. 그리고 이 책이 출판되기 이전에 이미 침례교 조직신학의 요약본인 『침례교가 믿는 것들』(Baptist Beliefs, 1912)을 출판했다. 비록 이 책들에 담긴 신학이 보수적인 색채를 띠고 있다고는 해도, 슐라이어마허가 제시한 자유주의 의제 안에 담긴 종교 의식을 멀린스는 경험에 대한 방법론적 의존과 함께 사용했다. 멀린스는 교리의 기반을 성경의 권위를 훼손하지 않는 한에서 우선 개인의 경험 안에 두려고 했다.

이렇게 주관성을 강조했기 때문에 멀린스는 남침례교신학교 초대 총장 제임스 페티그루 보이스(James Petigru Boyce)에게서 배운 칼빈주의에서 일부 '추상적 이론들'을 제거하도록 만들었다. 따라서 하나님의 내재성에 대한 강한 인식과 결합된 고양된 인간론(exalted anthropology)이 멀린스의 작품 전반에 스며들어 있다. 그는 또한 성경을 신학의 권위 있는 문헌 자료로 보았지만, 이 성경은 예수 그리스도 안에 있는 하나님의 인격적 계시, 즉 단순히 최종 권위의 기록으로만 받아들였다. 『기독교』(Christian Religion)에서, 멀린스는 삼위일체 주제를 짧게 다루면서 신성 안에서의 내재적이고 경륜적인 삼위일체 관계를 모두 인정했지만, 『침례교가 믿는 것들』에서는 양태론적인 해석을 하고 있다.

다양한 속죄 이론을 비교한 후, 멀린스는 하나님을 중심으로 해석한 이론과 인간을 중심으로 해석한 이론 사이를 조화시키는 전체론적인(holistic) 입장을 정했다. 속죄 범위가 제한되어 있다는 이론을 거부한 멀린스는 구원에서의 인간의 행위와 하나님의 행위 간 균형을 잡고자 했다. 그리스도 안에서의 중생에 대해서는 '자아실현,' '자기결정,' 그리고 니체의 '믿으려는 의지'를 함께 결부해서 해석했다. 멀린스는 인간의 중재권을 불신한데다, 원자론적 개인주의를 수용하고 있었기에, 주요 저작들에서 교회론을 비중 있게 다루지 않았고, 작은 책에서도 아주 약간만을 서술하고 있을 뿐이다.

남침례교 최고의 신학교 총장으로 활동하면서 멀린스가 창조한 수많은 신학 및 행정 유산은 지금도 남침례교 안에서 살아 숨 쉬고 있다. 그는 남침례교의 온건파를 이끌며 근본주의와 자유주의 사이에서 파고를 헤쳐 나가는 데 최선을 다했다. 그러나 1920년대에 근본주의가 주류가 되자, 1925년 총회에서 멀린스는 평소와는 다르게 아주 긴 신앙고백문인 『침례교 신앙과 메시지』(The Baptist Faith and Message)를 제출했다.

역설적이게도, 교단 재정을 충당하기 위한 기금 마련에 참여하게 되면서, 멀린스는 침례교회 내에 자신이 그동안 우려했던 아주 강력한 기관주의(institutionalism)를 강화시키는 결과를 만들어 내고 말았다. 멀린스의 『교리를 통해 표현된 기독교 신앙』(Christian Religion in Its Doctrinal Expression)은 1950년대까지 남침례교단 신학교들에서 교재로 사용되었고, 『종교의 이치들』(Axioms of Religion)은 두 번이나 개정판을 발간했다. 현재 남침례교 내부의 온건파와 자유주의자는 그의 신학적 업적을 높게 평가하는 반면, 보수주의자는 기관을 남긴 그의 유산에 더 만족한다.

참고문헌 | W. Carrell, 'Edgar Young Mullins and the Competency of the Soul in Religion' (PhD dissertation, Baylor University, 1993); W. E. Ellis, *A Man of Books and a Man of the People* (Mercer University Press, 1985); I. M. Mullins, *Edgar Young Mullins: An Intimate Biography* (Nashville: Baptist Sunday School Board, 1929).

M. B. YARNELL, III

에드워드 맥켄드리 바운즈(Edward McKendree Bounds, 1835-1913)

목사이자 전도자, 저술가. 그는 1835년 8월 15일에 미주리(Missouri) 쉘비 카운티(Shelby County)에서 태어났다. 부모는 켄터키(Kentucky) 출신의 토마스 제퍼슨 바운즈(Thomas Jefferson Bounds)와 헤스터 A. 바운즈(Hester A. Bounds)였는데, 1820년대에 경제적 번영을 찾아 미주리로 이주했다. 토마스 바운즈는 쉘비 카운티가 조직되는 데 기여했고, 쉘비 카운티 공무원으로 공직에 진출했다가 1849년에 사망했다. 몇 년 후, 에드워드 바운즈는 법률 공부를 시작했고, 1854년 6월 9일에는 변호사 시험을 통과하고 미주리의 변호사 자격을 획득했다. 18살부터 먼로 카운티, 쉘비 카운티에서 활동을 시작했는데, 명민한 지성과 의사소통 기술로 사람들에게 깊은 인상을 주었다. 에드워드 바운즈의 법조계 경력은 길지 않았다. 그는 일평생 남감리교(MECS)에서 세례받고 입교한 기독교인으로 살았다.

구원을 얻기 위해 그리스도를 믿었고, 도덕적으로 살기 위해 노력했다. 그러나 1859년, 그는 영적 갱신을 민감하게 경험했다. 하나님의 은혜와 사랑에 대한 새로운 이해로 변화된 그는 그때부터 '자신이 살아가는 시대를 뛰어넘지 못하는 사람은 아무도 하나님을 위해 많은 일을 할 수 없다'라는 확신을 품고 살았다. 에드워드 바운즈는 그리스도에 대한 헌신을 새롭게 하고 전임사역자로 헌신하기로 했다. 법조계 경력을 포기하면서 친구와 동료들을 놀라게 했다. 1859년 후반에 한니발스테이션사분기대회(Hannibal Station Quarterly Conference)에서 설교자로 인허받았다. 감리교의 사역자(deacon)로 세워진 후 미주리 브런즈윅(Brunswick)으로 보냄받아 목회를 시작했다.

남부 분리주의 위기와 임박한 남북전쟁의 와중에 대통령 에이브러험 링컨(Abraham Lincoln)은 미국연방(Union)에서 분리파들의 이탈을 막기 위해 미주리에 군대를 배치했다. 에드워드 바운즈는 노예제도를 지지하는 남감리교에 속해 있었기 때문에 1861년에 연방군에 의해 투옥되었다. 연방이 교회 재산을 몰수하는 것에 반대했다는 이유로 그는 반역자로 낙인찍혔다. 한 번도 남부연합에 충성하겠다는 서약을 한 적은 없었지만, 그는 투옥되어 있던 1년 반 동안 자연스럽게 마음에 적의를 품고 있는 반란자 무리를 위해 사역해야 했다.

마침내 에드워드 바운즈는 새뮤얼 R. 커티스(Samuel R. Curtis) 소장의 명령으로 풀려나고 전쟁이 끝날 때까지 미주리를 떠나 있으라는 명령을 받았다. 아칸소(Arkansas)에 그를 남겨 둔 포로 교환의 결과, 그는 미국에 충성을 맹세할 기회를 박탈당했다. 따라서 미시시피 포트깁슨(Port Gibson)으로 이동하여, 제3미주리 자원 보병 연대의 군목이 되었다. 그는 용기와 동정심 때문에 동료 미주리 병사들의 존경을 받았다. 1864년 11월 30일에 테네시에서 벌어진 프랭클린전투(Battle of Franklin) 기간에 그는 다시 한번 투옥되었다.

이번에는 자유를 얻는 대가로 (북부)연방에 충성 맹세를 한 후, 결국 다시 프랭클린으로 돌아가 전투에서 생명을 잃은 남부연합병사들을 매장하는 일을 도왔다. 그는 잠시 동안 프랭클린의 감리교회 임시목사로 일하다가, 대회에서 장로로 안수받은 후 전쟁에서 입은 상처로 고통받던 남부 사람들을 치유하는 일에 헌신했다. 결국 그는 교회의 공식목사가 되어 2년 후 앨라배마(Alabama) 셀마(Selma)에 있는 교회로 임지를 옮길 때까지 거기서 일했다.

셀마에서 에드워드 바운즈는 엠마 엘리자베스 바네트(Emma Elizabeth Barnett)를 만났다. 에드워드 바운즈가 미주리 세인트루이스의 세인트폴감리교회(St Paul's Methodist Episcopal Church)로 다시 임지를 옮기자 연애는 장거리 사업이 되었다. 그러나 1876년 9월, 이들은 드디어 결혼하여 미주리에 정착했다. 1877년 11월에는 첫 아이 셀레스티(Celeste)를 낳았다.

1879년, 에드워드 바운즈는 세인트루이스의 첫 번째 남감리교회의 목사를 맡았다. 그의 새로운 회중은 부유했고, 특권층이었으며, 잘 지어진 집에서 사는 사람들이었다. 단순함을 추구한 그는 일부 교인과 충돌한 후, 1881년에 다시 덜 부유했던 세인트폴감리교회로 돌아갔다. 이때 에드워드 바운즈 부부에게 새로운 딸 코닐리(Corneille)가 생겼다.

감리교대회는 다시 에드워드 바운즈를 소환하여 1883년 세인트루이스대회의 공식 신문 「더 세인트루이스 애드버킷」(The St Louis Advocate)의 협력 편집자로 임명했다.

에드워드 바운즈의 첫 아들인 에드워드(Edward) 탄생의 기쁨은 아내 엠마의 때 이른 죽음으로 산산조각 났다. 1884년 2월 20일에 사망한 엠마의 사망 원인은 아마도 암이었던 것 같다. 아내는 앨라배마의 부모님 댁에서 죽었는데, 이 때문에 에드워드 바운즈는 무너진 마음으로 양육해야 할 세 어린아이를 떠맡아야 했다. 1887년 10월, 그는 죽어 가고 있던 엠마와 한 약속에 따라 조지아 워싱턴의 해티 엘리자베스 바네트(Hattie Elizabeth Barnett)와 결혼했다.

해티는 엠마와 가장 가까운 친척이었는데, 해티가 에드워드 바운즈보다 22살이나 어렸음에도 불구하고 그녀의 가족은 둘이 서로에게 잘 어울리는 짝이라고 생각했다.

에드워드 바운즈는 세인트루이스에서 새 아내를 취했고, 거기서 1888년에 아들 새뮤얼 바네트(Samuel Barnett)가 태어났다. 그 후 에드워드 바운즈는 교단 전체의 공식 신문인 내슈빌의 「크리스천 애드버킷」(Christian Advocate)의 협력 편집자직을 받아들였다. 불행히도, 저술과 1890년의 찰스 리스(Charles Rees)의 탄생으로 인한 기쁨은 여섯 살이 된 에드워드의 갑작스런 죽음으로 어둠을 드리웠다. 찰스 또한 1891년에 예상치 못하게 사망했지만, 해티는 1892년과 1893년에 연이어 오스본 스톤(Osborne Stone)과 엘리자베스를 낳았다.

「크리스천 애드버킷」에서 에드워드 바운즈는 남북전쟁 이후 시기에 남감리교에 침투한 자유주의적 '신신학'(New Theology)과 싸우는데 사설을 활용했다. 그는 번영이 가져다 준 무기력을 비판하고, 목회자들에게 순전함과 건전한 가르침을 요청했다. 그는 자신의 부르심이 거기에 있다고 느꼈던 전도자(evangelist) 직분을 교단이 폐지하자, 교단을 탈퇴했다. 남감리교를 떠난 후 그는 가족과 함께 조지아로 이주하여 해티의 부모와 함께 살면서 저술, 설교, 기도 생활

을 시작했다. 매일 새벽 4시에 찬송하고 기도하기 위해 일어났는데, 가족도 자주 이 새벽 기도에 동참했다. 7시에 아침을 먹고 하루의 남은 시간을 저술, 중보 기도, 성경연구로 보냈다.

자기 일에 너무 집중하다가 심지어 부르러 왔을 때에도 저녁시간을 거르기 일쑤였다. 이전에 비해 워싱턴에서 설교 초청을 받는 횟수가 많이 줄었다. 그는 조지아 경계 밖에서 자란 이들을 의심의 눈초리로 바라본 남부 주민들에게 외부인으로 간주되었다. 그러나 여름에 캠프집회에서 설교해 달라는 요청은 많이 받았다. 모든 초청을 놓고 기도하다가 기도 중에 확신을 느끼는 경우에만 초청을 받아들였다. 모든 결정에 하나님의 인도를 구한 것이다. 두 아이 메리 윌리스(Mary Willis)와 에미(Emmie)가 1895년과 1897년에 각각 태어났다. 1902년에 에드워드 바운즈는 『설교자와 기도』(Preacher and Prayer, 후에는 Power Through Prayer로 제목 변경)를 잉글랜드의 마샬브라더스출판사(Marshall Brothers)를 통해 출간했다.

에드워드 바운즈는 애틀랜타 소재 호머 하지(Homer Hodge)의 교회에서 설교 요청을 받은 후 그와 친해졌다. 그는 열정적인 학생을 얻게 된 것에 감사하며 하지에게 성경적 기도와 열매 맺는 제자도의 방법을 가르쳤다. 에드워드 바운즈가 살아 있는 동안 출판한 마지막 책 『부활』(The Resurrection)은 1907년에 내슈빌의 남감리교출판부를 통해 나왔다. 에드워드 바운즈는 1913년 8월 24일에 조지아 워싱턴의 자택에서 죽었다. 그전 며칠 동안은 침상에 누워만 있었다. 그가 남긴 유산은 책이었다. 생전에 세 권을 출간했고, 사후에 하지가 여덟 권을 출간했다. 하지는 또한 오래 기도하기 위해 아침 일찍 일어나기로 헌신한 신자의 모임인 '새벽 기도 밴

드'(Great While Before Day Band)를 조직했다.

1920년대 중반까지 에드워드 바운즈의 책 열 한권이 출판되었는데, 그중 기도를 다루는 여덟 권은 오늘날에도 여전히 출간되고 있다. 가장 널리 알려진 책은 『기도의 능력』(*Power Through Prayer*)인데, 지금은 『설교자와 기도』(*Preacher and Prayer*)라는 제목으로 나온다. 그의 경건 서적들은 성경, 가정, 천국, 돈과 물질주의, 성령, 몸의 부활, 부흥과 사탄 같은 주제를 탐구했다. 기도에 대한 작품들이 그가 쓴 저술의 대부분을 차지한다.

지금도 출판되는 다른 저술들로는 『기도의 목적』(*Purpose in Prayer*, 1920), 『기도의 가능성』(*The Possibility of Prayer*, 1923), 『기도의 실재』(*The Reality of Prayer*, 1924), 『기도의 필요성』(*The Necessity of Prayer*, 1929), 『기도의 무기』(*The Weapon of Prayer*, 1931)가 있다. 원래 19세기 후반 감리교 신문들에 기고된 에드워드 바운즈의 경건 저술 일부는 라일 도셋의 책 『E. M. 바운즈: 기도의 사람』(*E. M. Bounds: Man of Prayer*, 1991)에 실려 있다.

참고문헌 | L. W. Dorsett, *E. M. Bounds: Man of Prayer* (Grand Rapids: Zondervan, 1991).

T. L. COOPER

에드워드 먼스그레이브 블레이크록(Edward Munsgrave Blaiklock, 1903-1983)

고전학자. 그는 1903년 7월 6일에 장인의 아들로 잉글랜드 버밍엄(Birmingham)에서 태어났다. 블레이크록은 1909년에 가족과 함께 뉴질랜드 오클랜드(Auckland)로 이민을 떠났다. 가족은 작은 도시 교외의 그림 같이 아름다운 풍경으로 둘러싸인 티티랑기(Titirangi)에 작은 농장을 구매했다. 학창 시절 블레이크록은 자기 발전을 중요하게 생각한 가족이 언제든 접근할 수 있게 비치해 둔 덕에, 책을 사랑하게 되었을 뿐만 아니라 자연에도 지극히 관심이 많은 소년이 되었다.

열세 살에 블레이크록은 주니어 국가장학금을 받아 공부를 많이 시키는 오클랜드문법학교(Auckland Grammar School)에 입학할 수 있게 되었다. 1920년, 가족은 전후 경제 불황으로 인한 재정 위기를 겪고 결국 농장을 팔아야 했다. 대학을 갈 수 없게 된 블레이크록은 교생(pupil teacher)으로 교편을 잡는 길을 택했다.

블레이크록은 1921년 5월에 스코틀랜드와 미국의 여러 교회에서 목회한 경력이 있는 오클랜드침례태버너클(Auckland Baptist Tabernacle)의 유명한 J. W. 켐프(J. W. Kemp)의 설교를 듣고 회심했다. 그는 교사로 훈련받으면서 동시에 대학에서 파트타임으로 공부했다. 1928년 11월 13일에 캐트린 미첼(Kathleen Mitchell)과 결혼해서 두 아들 데이비드와 존을 낳았다. 블레이크록은 초등학교 교사로 일하기 시작했으나 마운트앨버트문법학교(Mount Albert Grammar School)에서 라틴어와 프랑스어를 가르치는 직책을 받아들이기 전에 1년 동안 유럽을 방문했다. 그동안 그는 A. C. 패터슨(A. C.

Paterson)과 유명한 로널드 사임(Ronald Syme) 아래서 라틴어와 프랑스어를 공부하고 두 개의 석사학위를 취득했다. 고전 역사와 고고학에 대한 깊은 관심도 이 시기에 자라났다.

블레이크록은 1927년에 해외장학금을 거절하고 오클랜드유니버시티대학(Auckland University College)의 조교수 임명을 받아들였다. 1933년에는 고전학 교수로 임명되지 못한 것 때문에 슬퍼했으나, 1939년에는 찰스 쿠퍼(Charles Cooper) 교수의 결함에 대해 불평한 후 그리스어 과목을 맡게 되었다.

마침내 에우리피데스에 대한 논문으로 문학박사학위를 받게 되면서, 1947년이 되어서야 뒤늦게 정교수로 임명되었다. 그는 오클랜드의 유명 인사가 되었는데, 이는 그가 현대 생활에 대한 저항의 상징으로서, 특히 인문학부 내부의 싸움에 연루되었기 때문이었다. 행정가가 아니었던 그는 본질적으로 교사나 학자였고, 학문에 접근하는 방식이 구식이었다.

1960년대에 그는 성경 역사와 문학이라는 학과 내 하부 분과를 만들었다. 1968년에 은퇴한 그는 한 주간 신문 칼럼에서 뉴질랜드의 자연 환경을 낭만화한 고전학자로서, '문법학자'(Grammacticus)라는 이름으로 가장 유명했다.

블레이크록의 신앙은 동료들의 야유와 냉소를 통해 성숙해 졌다. 그는 『오전과 오후 사이에서』(Between the Morning and the Afternoon)에 다음과 같이 썼다.

"캠프의 복잡하지 않은 신앙에 뜨거운 매력을 느낀 젊은이는 월요일에 점점 덜 기독교적으로 변해 가는 세상과 종교를 다 써버리고 남은 것도 없고 시대에 적합한 힘도 없는 것으로 당연시하는 학문 사회로 돌아가기가 어렵다"(p. 19).

여유 시간에 그는 캠프가 세운 성경훈련학교에서 신약 그리스어를 가르쳤고, 따라서 비록 문헌연구는 아니었지만 신약연구에 매력을 느꼈다. 그는 유아기 단계의 기독학생회(Inter-Varsity Fellowship)와 연관된 작은 복음주의연합(Evangelical Union)에 참여했다. 생애 후반기 블레이크록의 역할은 지속적으로 세계화되고 있던 복음주의 학문 공동체의 일부로서의 복음주의의 학문적 상징으로서의 역할이었다. 그의 저작들이 영국과 미국의 존경받는 복음주의 출판사들을 통해 출간되었고, 그는 기독학생회 출판부의 틴데일 신약주석 시리즈의 사도행전에 관한 주석의 저자이자 틴데일협회(Tyndale Fellowship) 회원이었다. 그러나 그는 근본적으로 고전학자였고, 점점 성경학계를 지배해 가고 있던 주제들에 대해 거의 관심이 없거나 알지 못했기 때문에 그의 성경 관련 학문적 저술에는 이런 내용이 거의 등장하지 않았다.

그는 이런 것들을 이해하지 못했다. 그는 문장가요 설교자였으며, 비록 주업이 아닌 이런 일 때문에 괴로워하기도 했지만, 그의 재능과 위치를 드러냄으로써 생애 후기에 설교자와 (성서유니온의 성경읽기 시리즈 같은) 시리즈 성경연구물의 저자로 가장 잘 알려졌다.

그러나 케직사경회에서의 그의 감동적이고 도전적인 문장을 따라 올 인물이 없었으며, 주류교회에서 설교해도 충분히 존경받을 만큼 행실이 바른 한 사람의 복음주의 침례교도였다. 뉴질랜드 보수 기독교 대중에게서 도에 지나칠 정도로 칭송을 받은 그는 성서유니온과 기독학생회, 성경훈련학교의 회장, 학장으로 섬겼다. 그러나 너무 자기주장이 강하고 남의 말에 귀를 기울이지 않는 기질 때문에 업무를 잘 감당하지는 못했다.

뉴질랜드에서의 그의 상징적 역할은 1968년 기어링논쟁(Geering dispute) 시기에 최정점에 도달했다. 당시 그는 한 출판사로부터 구약학자이자 장로교대학(Presbyterian college) 학장이던 로이드 기어링(Lloyd Geering)의 자유주의 신학 입장에 대한 대응을 책으로 써 달라는 요청을 받았다. 자신의 책 『평신도의 응답』(*Layman's Answer*)에서 블레이크록은 자유주의 독일 개신교 사상의 한 유형일 뿐이라고 생각되는 기어링의 특정 견해에 대해서는 거의 관심을 기울이지 않았다. 그가 열정과 우선순위를 보여 준 주제는 육체적 부활과 이 부활의 역사성이었다.

생애 막바지에 블레이크록은 복음주의여행협회(Evangelical Travel Association)를 위해 그리스의 주요 여행을 이끌면서, 조금의 동정심도 보여 주지 않고 은사주의운동을 비판하며, 대중적인 보수복음주의 세계에서조차 점점 더 고립되어 갔다. 아내의 사망으로 깊은 슬픔에 빠진 그는 C. S. 루이스(C. S. Lewis)의 『헤아려본 슬픔』(*A Grief Observed*)을 떠오르게 하는 감동적인 헌사를 아내에게 바쳤는데, 이는 자신이 살았던 사회와 어울리지 못했던, 또한 고귀하지만 연약했던 한 남자의 고통과 개인적인 아픔을 잘 드러냈다. 그는 1983년 10월 26일에 오클랜드에서 사망했다.

참고문헌 | E. M. Blaiklock, *Between the Morning and the Afternoon: The Story of a Pupil Teacher* (Palmerston North: Dunmore Press, 1980); E. M. Blaiklock, *Between the Foothills and the Ridge, A Tale of Two Climbers* (Palmerston North: Dunmore Press, 1981); E. M. Blaiklock, *Between the Valley and the Sea: A West Auckland Boyhood* (Palmerston North: Dunmore Press, 1979); E. M. Blaiklock, *Ten Pounds an Acre* (Wellington: Reed, 1965); T. Shaw, *E. M. Blaiklock: A Christian Scholar* (London: Hodder & Stoughton, 1986).

P. J. LINEHAM

에드워드 비커스테스(Edward Bickersteth, 1786-1850)

성공회(Anglican) 사제이자 선교변증가. 그는 1786년 3월 19일에 웨스트모어랜드(Westmoreland)의 커크비론즈데일(Kirkby Lonsdale)에서 헨리 비커스테스와 엘리자베스 비커스테스의 넷째 아들로 태어났다. 지역 문법학교에서 교육받은 후, 1801년부터 런던에 있던 형제들과 함께 생활하기 시작했다. 처음에는 우체국 직원으로 고용되었다가, 다음은 법무사 사무소의 계약직 직원이 되었다. 열심히 일했기 때문에 고용자는 그의 근면함을 칭찬했다.

1804년부터 에드워드 비커스테스는 종교에 대해 진지하게 고민하고, 신앙 여정을 시작하며, 선행에 적극성을 보였다. 그는 1807년에 회심했다. 1811년 4월에는 노리치(Norwich)의 서리스트리트(Surrey Street)로 이사해서 토마스 비그놀드(Thomas Bignold)의 사무 변호사로 동업을 시작했다. 다음해에는 비그놀드의 여동생 새라(Sarah)와 결혼했다. 그들의 결혼 생활의 특징은 소박하고 경건한 가정이었다. 여섯 아이를 낳았고 (그중 둘은 사산아였다), 때로 두 조카가 함께 지냈다. 외아들이었던 에드워드 헨리(Edward Henry)는 유명한 찬송가 작가이자, 1885년부터 1900년까지 엑시터(Exeter)의 주교였다. 맏딸 엘리자베스 새라는 사제 T. R. 버크스(T. R. Birks)

와 결혼했는데, 그는 에드워드 비커스테스의 부사제였고, 에드워드 비커스테스가 사망한 이후에는 그의 전기를 썼다. 비커스테스 가문의 다음 세대 인물들은 교회 지도자와 선교사가 되었다.

사무 변호사로 일하는 것 외에 에드워드 비커스테스는 신학을 공부하고 노리치에서 기독교 활동에 참여하는 데 많은 시간을 투자했다. 이는 쉬운 일이 아니었는데, 그는 다음과 같이 회상했다.

"여기선 모든 이들이 세상적인 것에만 매달린다. 반면, 신앙은 반대에 직면하든지 아니면 가장 냉담하고 무심한 반응을 만날 뿐이다."

그러나 1813년 9월, 에드워드 비커스테스는 '노포크 및 노리치 교회선교협회'(Norfolk and Norwich Church Missionary Association)를 설립하는 일을 도왔다.

거기서 자신은 평신도 총무, 처남과 동역자는 회계가 되었다. 에드워드 비커스테스는 교회선교회(Church Missionary Society) 총무였던 사제 조사이어 프랫(Josiah Pratt)과 자신의 미래에 대해 논의했다. 프랫은 에드워드 비커스테스에게 선교회에서 일하면서 안수 과정을 밟으라고 조언했다. 안수 과정에 필요한 학위나 자격이 없었음에도 불구하고, 노리치 주교는 에드워드 비커스테스를 안수 과정에 받아들인 후 1815년 12월 10일에 부사제로 안수했다. 12월 21일에는 글로스터(Gloucester) 주교에게 사제로 안수받았다.

1816년 1월에 그는 서아프리카로 가서 시에라리온(Sierra Leone)의 작은 교회선교회 선교지부를 감독한 후, 발견한 것들을 선교회의 16차 연례보고서 부록으로 실었다. 시에라리온에 있는 동안 그는 여섯 아프리카 소년에게 세례를 베풀고, 그중 한 명을 잉글랜드로 데려갔다. 1816년 8월, 에드워드 비커스테스와 가족은 런던 솔즈베리스퀘어(Salisbury Square) 14번지에 있던 교회선교회 본부로 이주했다. 1816년에서 1830년 사이에 그는 이 선교회의 성직자 총무였고, 지역 협회들을 조직하고 방문하는 일을 책임졌다. 따라서 그는 많은 시간을 런던 바깥에서 보냈고, 영국 전역의 900개가 넘는 교회에서 선교회를 대표하여 선교 관련 주제를 놓고 강연했다. 이 시기 교회선교회의 성장과 발전은 주로 에드워드 비커스테스의 활동 덕분이었다. 그는 또한 선교회 소속 선교사를 훈련시키는 일에도 책임이 있었는데, 이 훈련은 처음에는 솔즈베리스퀘어에서 이루어지다가 후에 1820년부터는 이슬링턴(Islington) 반즈베리파크(Barnsbury Park)의 더 큰 집에서 이루어졌다. 그는 또한 스피틀필즈의 휠러채플의 오후 설교를 맡았고, 12개월 동안은 이 채플의 목회자로 일하기도 했다. 그가 목회하던 시기에 교인이 늘고 사람들이 회심하는 일도 있었다.

1830년에 에드워드 비커스테스는 윌리엄 딜트리(William Dealtry)에 이어 허트퍼드(Hertford)에서 5마일 떨어진 인구 800명의 작은 시골 교구인 와턴(Watton)의 교구사제가 되었다. 이후 20년 동안 그는 교회선교회와 다른 많은 복음주의 선교회들의 대표 연사로 계속 활동했다. 실력 있고 유능한 설교자였기에, 종종 런던 엑시터홀(Exeter Hall)에서 열린 연례 '메이'(May) 집회 강사로 초대받기도 했다. 1832년에는 교회선교회 연례 설교를 맡았고, 1848년에는 50주년 설교 다섯 편 중 한 편을 맡기도 했다. 4일간의 50주년 기념 대회 중 한 날에 대해 그는 "정말로 지상에 임한 천국이었다"라고 말했다.

그는 영국해외성서공회(British and Foreign Bible Society)와 삼위일체성서공회(Trinitarian

Bible Society) 모두를 지원했다. (성서공회에 유니테리언주의자들이 참여하는 것을 반대했다). 다른 교파들에 대해서는 관대한 입장을 가졌고, 개신교 내부 분열을 비판했다. 그는 차이는 외적인 것이지 신앙 자체의 문제가 아니라고 믿었다. "나는 어떤 당파심도 싫어한다"라고 말하며, 잉글랜드국교회(Church of England)는 잉글랜드에 있는 그리스도의 교회 전체가 아니라는 견해를 분명히 밝혔다.

그는 또한 복음주의의 연합과 로마 가톨릭에 대한 반대를 촉진한 복음주의연맹(Evangelical Alliance)의 설립과 지도부에 관여했다. 에드워드 비커스테스는 잉글랜드에서 일어난 옥스퍼드운동(Oxford Movement)의 가르침에 단호하게 반대하고, 아일랜드의 소수파 성공회(Anglican Church)를 지원했다. 또한, 메이누스 대학(Maynooth College)에서 로마 가톨릭 사제를 양성하는 데 정부의 지원금을 제공하는 데 반대했고, 아일랜드교회선교회(Society for Irish Church Missions) 창설에 관여했다. 에드워드 비커스테스는 평생 독서가로서도 유명했다. 그는 거의 11,000권 가량을 보유한 개인 도서관을 갖고 있었다. 저술 활동도 활발해서, 사망 후 그의 작품을 연가로 묶은 전집이 16권으로 나왔다. 그의 많은 저술은 대중적이고 경건했으며, 수천 부의 소책자를 출간하기도 했다. 1832년부터 에드워드 비커스테스는 『기독교 가정 도서관』(Christian Family Library)을 편집하고, 『기독교 찬송집』(Christian Psalmody, 1833, 1841[확장판])을 편찬했다. 직접 쓴 8곡이 포함된 이 찬송집은 잉글랜드국교회 찬송에 가장 강력하고 지속적인 영향을 끼친 것으로 평가받았다.

이 책은 또한 시인인 그의 아들의 작품이 널리 활용된 『공동기도서 동반 찬송집』(Hymnal Companion to the Book of Common Prayer, 1870, 개정판 1876)의 기초가 되었다. 에드워즈 에드워드 비커스테스의 다른 출판물들은 논쟁적인 저술이거나, 성경예언의 해석과 성취에 대한 것들이었다. 친구 샤프츠베리 경(Lord Shaftesbury)과 마찬가지로, 그 또한 전천년설을 확신하게 되면서 "그리스도의 재림이 임박했다는 확신이 더 커지고 있다"라고 말한 바 있다.

이 믿음으로 그는 유대인 복음화 활동 지원과 예루살렘의 성공회 교구 설립 지원을 더 강화했다. 그는 또한 '유대인에게 기독교를 전하기 위한 런던협회'(London Society for Promoting Christianity Amongst the Jews)의 초기 후원자로, 자주 이 협회의 연례 모임에서 연설하고 1834년 연례 모임에서 설교했다. 1836년, 그는 『종교개혁가들의 증언』(The Testimony of the Reformers)을 편집했고, 4년 후에는 잉글랜드 종교개혁가들의 작품을 재출간한 파커협회(Parker Society) 결성에 참여하기도 했다.

1841년, 에드워드 비커스테스는 약한 뇌졸중으로 고생하다가, 5년 후에 마차에서 떨어져 크게 다치는 사고를 당했다. 그러나 회복 후 저술 활동과 대표자 활동이 줄어들기는커녕 오히려 더 늘어났다. 그는 1850년에 또 한 번의 뇌졸중으로 쓰러졌다가 1850년 2월 28일에 와턴의 자택에서 사망했다.

참고문헌 | T. R. Birks, *Memoir of the Rev. Edward Bickersteth*, 2 vols. (London: Seeleys, 1852); M. Hennell, *Sons of the Prophets* (London: SPCK, 1979), pp. 29-49; F. K. Aglionby, *The Life of Edward Henry Bickersteth* (London: Longmans, 1907).

A. F. MUNDEN

에드워드 어빙(Edward Irving, 1792-1834)

스코틀랜드 목사이자 가톨릭사도교회(Catholic Apostolic Church)의 선구자. 그는 1792년 8월 4일에 스코틀랜드 덤프리스(Dumfries) 근교 애넌(Annan)에서 태어났다. 에든버러대학교(Edinburgh University)에서 공부한 후 1809년에 석사학위를 받았다. 신학생 시절 생활비를 벌기 위해 하딩턴(Haddington)과 커콜디(Kirkcaldy)에서 학교 교사로 일했다. 1815년에 커콜디노회에서 강도권을 인허받은 그의 설교를 사람들이 별로 좋아하지 않았기 때문에 목회 자리를 얻는 데 어려움을 겪다가 1819년에 글라스고우 세인트존스교회(St John's Church)에서 토마스 차머스(Thomas Chalmers)의 조수가 되었다. 가난한 지역에서 사역한 그는 많은 교구민의 사랑을 받았다.

1821년에 어빙은 런던 해턴가든(Hatton Garden)의 칼레도니언채플(Caledonian Chapel)의 청빙을 받았다. 설교 중에 당대의 사회악을 직설적으로 정죄한 것과 그의 기도의 특징이 된 꾸밈없는 관심과 염려가 곧 주목을 끌었다. 교회가 사회의 전 계층 출신 청중으로 가득차자, 더 큰 교회가 리전트스퀘어(Regent Square)에서 스코틀랜드민족교회(National Scotch Church)라는 이름으로 문을 열었다. 설교직에 대한 어빙의 높은 견해는 그의 유명한 『안수 변화』(Ordination Change, 1827)에 나온다.

전도와 선교사역에 관심이 있었음에도 불구하고, 당시 많은 선교단체들이 열었던 연례 기금 마련 모임이 이상주의자였던 어빙에게는 못마땅했다. 1824년에 런던선교회(London Missionary Society)에서 전한 설교 중 일부를 책으로 펴낸 『사도학교를 따르는 선교사들에게』(For Missionaries after the Apostolical School, 1825)에서 어빙은 하나님께만 도움을 구하는 선교사들(마 10장)이 필요하다고 했는데, 이 설교는 기존 체제에 대한 공격으로 간주되었다.

어빙은 새뮤얼 테일러 콜러리지(Samuel Taylor Coleridge, 1772-1834)와의 우정으로 그가 여러 면에서 받은 영향을 쉽사리 인정했다. 종말론에서 나타나듯이, 교회와 사회의 미래를 비관적으로 보았다. 그의 종말론 구조는 제임스 하틀리 프레어(James Hatley Frere)에게 영향을 받은 것인데, 어빙은 프레어에게 『하나님이 정하신 바빌론과 불신앙의 운명』(Babylon and Infidelity Foredoomed of God, 1826)을 헌정했다. 예언을 '년-일' 방식으로 해석한 그는 재림이 1868년에 있을 것이라 계산했다. 그러나 콜러리지는 어빙의 종말 예측을 그의 인격과 실력에 끔찍한 영향을 끼칠 망상이라 생각했고, 차머스는 예언에 대한 관심으로 어빙이 궤도 이탈할 것을 염려했다.

『벤 에즈라의 작품에 대한 서론』(The Preliminary Discourse to the Work of Ben Ezra, 1827)은 어빙의 종말론 주저였다. 이 책에서 그는 이방인교회에 대한 심판, 또 하나의 '언약궤'(ark of testimony) 등장, 유대인 공동체 내부에서의 부흥, 이들의 이스라엘로의 회복, 그리스도의 인격적 재림과 천년왕국을 예언했다.

또한, 어빙은 1826년부터 1830년까지 길드퍼드(Guildford) 근교 올베리파크(Albury Park) 소재 헨리 드럼먼드(Henry Drummond)의 집에서 매년 가진 예언 학생(주로 급진적 복음주의자) 모임의 저명 강사이기도 했다. 어빙의 견해에 동의한 이들은 기독교의 세대(dispensation)가 유대인의 세대가 끝나는 것과 동시에, 가시적 하나님의 백성의 몰락과 함께 끝난다고 결론 내렸다. 예언과 다른 주제들에 대한 이들의 견해는 「더 모닝 와치」(The Morning Watch, 1829-1833)의 각 장에 뚜렷하게 제시되어 있다.

어빙의 기독론도 큰 논란이 되었는데, 『여섯 설교에 담긴 성육신 교리』(The Doctrine of the Incarnation Opened in Six Sermons, 1828)와 『우리 주님의 인성에 대한 정교회와 가톨릭교회 교리』(The Orthodox and Catholic Doctrine of Our Lord's Human Nature, 1830)에서 자신의 견해를 주창했다. 그리스도의 완전한 인성을 주장하기 위해, 어빙은 그리스도가 타락한 인성을 공유하고 있지만 성령의 역사로 죄를 짓지 않고 보존되었다고 설명했다. 따라서 그는 신자가 견뎌야 할 모든 것을 그리스도께서 견뎌 내셨다는 것을 보여줌으로써 신자들의 힘을 북돋아 그들이 성령의 힘으로 죄를 이겨 낼 수 있게 하고 싶어 했다.

또한, 이 시기에 어빙과 존 맥러드 캠벨(John McLeod Campbell), 토마스 어스킨(Thomas Erskine)은 그리스도가 택함받은 자만을 위해서가 아니라 모든 이를 위해 죽었다고 설교하기 시작했다. 1830년에 스코틀랜드장로교회(Church of Scotland) 총회는 캠벨 및 동조자들의 견해를 조사한 후, 1831년에 이들을 정죄하고, 어빙에게는 스코틀랜드에 출두하라고 위협했다. 런던노회(Presbytery of London)가 그를 판단하려는 움직임을 보이자, 어빙은 이들의 사법권을 거부하고, 자기편 임원들과 함께 자신의 기독론이 정통이라고 승인했다.

은사가 오늘날에도 회복될 수 있다는 믿음을 어빙에게 심어 준 인물은 그의 조수 A. J. 스코트(A. J. Scott)였다. 1830년에 스코틀랜드에서 방언과 예언, 치유 현상이 보고되자, 어빙은 이 뉴스를 반겼다. (검증된) 은사를 믿는 것은 그의 기독론의 자연스런 결과였다. 그리스도께서 성령의 기름부음을 받아 인간으로서 기적을 행하셨기에, 신자도 같은 일을 할 수 있기 때문이다.

1831년 10월에 처음으로 어빙의 교회에서도 주일 예배에 은사가 나타났다. 이들을 공개해도 된다고 허락한 어빙은 이런 행위가 이사회 규정을 위반하는 것이라는 이사들의 주장을 받아들이지 않았기 때문에 이들과 갈등 관계에 들어갔고, 이사들은 런던노회에 상소했다. 노회는 1832년 4월 26일부터 이 문제를 심사했고, 은사 현상을 비성경적이며, 스코틀랜드장로교회가 따라야 하는 기준에도 위배되는 것이라며 거부했다. 또한, 노회는 어빙의 목사직을 박탈해야 한다고 선언했다. 교회 신자 800명이 어빙을 따라 리전트스퀘어교회(Regent Square Church)를 나와서 더 이상 스코틀랜드장로교회 소속이 아닌 새로운 교회를 형성했다.

교회론의 변화도 서서히 감지되었다. 어빙은 가시적 교회의 몰락을 예측했을 때에도 국교회(established national church) 개념은 지지했다. 그러나 이제 그는 신자들이 자신의 신학을 거부한 배교자 스코틀랜드장로교회에서 분리해서 떠나야 한다고 촉구하면서 '남은 자'(remnant) 교회론을 주창했다. 1833년 3월에 어빙은 (1822년에 그를 안수했던) 애난노회(Presbytery of Annan)로부터 기독론 이단 혐의로 재판받은 후 목사직을 면직당했다. 곧 이어 이 새로운 운동의 사도들은 어빙을 런던 뉴먼스트리트(Newman Street)에 세워진 그의 교회의 '천사'(지역교회의 감독/주교)라 불렀다.

1831년부터 1832년까지 6개월간 변호사 로버트 백스터(Robert Baxter)는 예언자로서, 어빙과 그의 교회에 지대한 영향력을 행사했지만, 후에 그는 스스로 표적의 현시를 거부했다. 그러나 어빙은 백스터의 은사가 참된 것이라 여전히 확신했고, 사도와 예언자가 일어나 교회를 이끌게 되는 사건 등 새로운 운동을 통해 그의 예언이 성취되기를 양떼들과 함께 계속 기대하고 추구했다.

그러나 각 개인과의 관계가 언제나 원만했던 것은 아니었다. 예언자들의 권위에 순종했음에도 불구하고, 부분적으로는 목사에 비중을 둔 입장과 양떼들에 대한 염려 때문에, 또 부분적으로는 일부 예언자들이 불안한 정서를 지녔기 때문에 이들의 선언들을 받아들이기가 힘든 경우가 많았다. 그러나 어빙은 하나님께서 교회에 이런 기적들을 회복시켜 주셨다고 믿었다.

자주 과로한 덕에 그는 중병에 걸렸다. 그럼에도 불구하고, 1834년 가을 내내 설교 여행을 멈추지 않아야 한다고 고집을 부렸고, 글라스고우로 갔다가 12월 9일에 사망했다. 글라스고우 대성당에 묻힌 그를 사람들은 세례 요한을 묘사하는 스테인드글라스로 기렸는데, 이는 회개를 전한 설교자로서의 그의 소명 의식과 가톨릭사도교회의 선구자(forerunner, The Forerunner는 세례 요한을 지칭하는 고유한 표현이다-역주)로서의 역할을 고려할 때, 적절한 선택인 것 같다.

어빙의 신학적 위치를 규정하는 것은 쉬운 일이 아니다. 이상주의를 고려할 때, 그는 1820년대의 급진 복음주의자에 속하는 인물이라고 규정할 수 있지만(1560년 스코틀랜드 신앙고백서에 근거하여), 교회와 성례를 중요시하는 입장을 비롯하여, 당대의 많은 복음주의 신앙에 대한 열렬한 비난은, 심지어 그의 기독론이 주목받기 이전부터, 복음주의와 그의 관계가 문제가 있음을 분명하게 보여 주었다. 그의 사상에서 교회론이 차지하는 중심성은 부분적으로 낭만주의의 영향 때문이었지만, 같은 비중으로 중요한 것은 교회론과 국가/민족적 정체성이 종교개혁 이후 스코틀랜드 사상에서 상호 연결된 방식이다.

또 문제가 되는 영역은 막 등장한 가톨릭사도교회(이 공식 명칭은 1849년부터 사용되었다)가 신학적 빚을 어떻게, 또 얼마나 어빙에게 지고 있느냐 하는 부분이다. 이 교회를 통해 하나님께서 교회에 사도, 예언자, 복음전도자, 목사의 사역(엡 4:11)을 회복시키셔서, 재림을 준비하기 위해 기독교 세계를 정화시키고, 재연합시키고, 완성시킨다는 것이 이들의 주장이었다. 이 교회의 교회론에 포함된 '고교회'(High-Church, 교회의 직분과 질서, 권위에 큰 무게를 두고 강조하는 교회 체계-역주)와 회복주의 요소의 결합은 어빙에게서 빌려 온 것이 틀림없다. 그러나 이 운동은 '어빙파'(Irvingite)라는 명칭을 꾸준히 거부했는데, 이는 한편으로 어빙의 사역에 은사주의의 과잉이 있었다는 이들의 믿음과, 다른 한편으로 '주님의 역사'로 보아야 할 것을 한 인간의 공헌으로 보고 칭송하는 오류를 피하려고 했기 때문이다.

참고문헌 | A. L. Drummond, *Edward Irving and His Circle* (London: James Clarke); M. O. W. Oliphant, *The Life of Edward Irving* (London: Hurst & Blackett, 1862); C. G. Strachan, *The Pentecostal Theology of Edward Irving* (London: Darton, Longman & Todd, 1973); H. C. Whitley, *Blinded Eagle* (London: SCM, 1955).

T. G. GRASS

에드워드 윌리엄스(Edward Williams, 1750-1813)

회중교회 신학자이자 교육가. 그는 1750년 11월 14일에 북웨일스 지방의 글랜클로이드(Glan-Clwyd)에서 태어났다. 아버지는 토마스 윌리엄스, 어머니는 애니 윌리엄스였다. 그의 가족은 원래 성공회(Anglican) 교인으로, 상당한 규모의 토지를 소유한 지주였다. 에드워드 윌리엄스는 당시 다른 이웃보다 훨씬 좋은 교육을 받았다.

에드워드 윌리엄스는 세인트아샙(St Asaph) 지방 근처에 있는 문법학교에서 라틴어 교육을 받았는데, 부모는 그가 국교회(established church) 내에서 직업을 가지기를 원했다. 그러나 에드워드 윌리엄스는 부모의 생각이 자신의 적성을 고려하지 않은 것이라 여기고 변호사가 되기로 결심했다. 이후 그는 플린트서(Flintshire) 지방의 카에로이스(Caerwys)에 있는 예비학교로 전학하여, 교구사제인 존 로이드(John Lloyd)에게 배웠다. 에드워드 윌리엄스는 이곳에서 카에로이스 출신의 토마스 존스(Thomas Jones)와 친구가 되었는데, 그는 나중에 '웨일스 칼빈주의감리교도'(Welsh Calvinistic Methodists)의 지도자이자 매우 훌륭한 신학자로 성장하게 되는 인물이었다.

에드워드 윌리엄스는 매우 재능 있고 유능했지만, 동시에 매우 민감하고 영적으로 불안정한 사춘기를 보냈다. 자신이 법률가가 되는 것에 소명이 없다는 것을 알게 되자, 그는 집으로 돌아와서 아버지의 농장에서 일손을 도왔다. 이때 토마스 아 켐피스(Thomas à Kempis)의 책과 실천적 성화에 관한 책을 읽었지만, 그리스도께서 십자가 위에서 성취한 희생으로 구원을 얻는다는 개념을 확신할 수가 없었다.

의심을 거듭한 그는 지역 감리교인들을 찾아갔고, 이때 클로이드(Clwyd) 지방에 있는 감리교인의 아버지라 불리는 로버트 로이드(Robert Llwyd)의 도움을 받았다. 로버트 로이드는 플래쉬풀(Plasashpool)에서 일하는 소작농이었다. 에드워드 윌리엄스는 로이드를 따라 타이 모들린(Tŷ Modlen)에 있는 교회에서 예배를 드리면서, 감리교 성직자 다니엘 롤랜드(Daniel Rowland)의 설교를 들었다. 다니엘 롤랜드는 웨일스 지방 칼빈주의감리교 최고 지도자였고, 감리교인으로서 신앙을 삶으로 실천한 인물이었다. 하지만 에드워드 윌리엄스의 회심 체험은 예배 중에 일어나지 않았고, 이름 없는 평신도 설교자가 예배를 인도하던 더러운 헛간에서 일어났다.

에드워드 윌리엄스의 아버지는 그가 감리교 쪽으로 기우는 것을 그다지 반기지 않았다. 그래서 아들에게 부모를 위해 잉글랜드국교회(Church of England) 성직자가 되려고 했던 초반의 꿈을 다시 이루라고 설득했다. 옥스퍼드에 들어가면 경제적 지원도 하겠다고 약속했다. 에드워드 윌리엄스는 대학 입학을 준비하기 위해 메리오넷서(Merionethshire)에 있는 드레웬(Drewen)의 사제 데이비드 엘리스(David Ellis)의 지도를 받았다. 그는 옥스퍼드로 가서 목회자 훈련을 받기를 원했지만, 술에 취한 방탕한 학생들이 세인트아샙성당(St Asaph Cathedral)의 성직자 후보생이었다는 사실을 알게 된 뒤 큰 번민을 해야 했다. 제도권 교회에 대한 의심을 더 많이 가지게 되면서, 자신이 안수를 받아야 하는 교회가 잉글랜드국교회가 아니라는 사실을 확신하게 되었다.

당시 웨일스 지방의 칼빈주의감리교인은 소속상 국교회 교인이었다. 이들은 자신들이 속한 교회가 영적인 만족을 줄 수 없다는 것을 알았지만, 함부로 본 교회에서 이탈하여서 비국교도(Dissent)로 낙인찍히는 것에 대해서는 매우 조심스러웠다. 그러나 에드워드 윌리엄스는 덴바이(Denbigh) 론스완교회(Lôn Swan church)의 성직자 다니엘 로이드(Daniel Lloyd)와 접촉한 후, 그곳으로 교적을 옮겼다. 감리교인에게 영적인 빛을 지고 있었지만, 에드워드 윌리엄스는 그들의 과장된 감정주의는 마음에 들지 않았다. 반면, 적당하게 세련되고 지적인 열정이 있었던 정통 비국교도의 신앙이 그를 점점 더 매료시켰다.

로이드는 에드워드 윌리엄스보다 다섯 살 많았고, 에버게이브니아카데미(Abergavenny academy)에서 함께 공부한 동문이었으며, 매우 생각이 깊고 신념이 투철한 칼빈주의자였다. 곧 로이드는 에드워드 윌리엄스의 정신적 멘토가 되었다. 에드워드 윌리엄스는 독립교회 교인들에게 설교를 시작했고, 1771년에 에버게이브니아카데미에 등록했다. 부모가 아들의 비국교도 신앙을 다소 이해하게 되면서, 아들이 원래 참여하려 했던 초기 감리교 신앙보다는 훨씬 더 만족스러워했다. 이후, 부모는 자녀의 선택을 받아들였고 적극적으로 지원하기 시작했다.

에드워드 윌리엄스는 4년 동안 에버게이브니에서 지냈다. 그곳에서 신학, 라틴어로 된 고전과 교부 문학, 헬라어, 히브리어, 프랑스어, 철학, 논리학, 기하학, 천문학, 대수학, 수사학, 설교문 작성법과 교회사를 배웠다. 이런 훈련 과정으로 윌리엄스는 매우 들떠 있었고, 학문적 열의도 매우 높았다.

학교장 벤저민 데이비스(Benjamin Davies)는 에드워드 윌리엄스가 자신의 지도 아래 있던 다른 학생보다 훨씬 능력이 있고, 때로는 지나치게 양심적인 학생으로, 매우 진지한 경건을 유지하며, 특출난 재능을 지닌 학생으로 여겼다.

에버게이브니의 신학 풍토는 개신교 신학자이며 제네바의 칼빈 계승자인 프랑수아 투레티니(François Turretini, 영어로는 Francis Turretin-역주)의 영향을 많이 받았다. 에드워드 윌리엄스는 특히 케임브리지의 플라톤주의자였던 랄프 커드워스(Ralph Cudworth)가 따랐던 자연신학에 큰 감명을 받았다. 에드워드 윌리엄스의 자서전에 따르면, 그의 신학적인 입장은 '온건한 칼빈주의'였지만, 두드러진 명료함을 지녔다는 평가를 받은 그의 설교는 비국교도 감리교인들이 가진 역동적 복음주의와 옛 비국교도의 교훈주의를 결합한 것이었다.

에드워드 윌리엄스는 1775년 6월, 히어포드셔(Herefordshire) 지방에 있는 로스-온-와이(Ross-on-Wye)에서 목사로 안수를 받았다. 2년 뒤에는 슈롭셔(Shropshire) 지방의 오쉐스트리(Oswestry)에 있는 독립교회로 옮겼고, 학교도 운영했다. 1781년에 복음주의자이면서 자선가였던 글레노치(Glenorchy) 지방 비스카운테스(Viscountess) 출신 윌렐마 캠벨(Wilelma Campbell) 여사의 요청에 따라 비국교도 사역을 위한 성직자 양성 코스를 운영했다. 얼마 지나지 않아 그는 에버게이브니교회로부터 벤저민 데이비스의 뒤를 이어 아카데미 교장으로서 일해 달라는 초대를 받았다. 비록 에드워드 윌리엄스는 이 초대를 받아들일 수 없다고 느꼈지만, 회중교회 재정이사회는 그에게 든든한 지원을 약속했다. 1782년 중반에 완전히 이곳으로 이주한 에드워드 윌리엄스는 글레노치 부인 즉 윌렐마 캠벨 여사와 함께 학교를 위해 일했다.

오쉐스트리에서 가르치고 글을 쓰는 것 뿐만 아니라, 주일학교를 세워 이웃에 있는 사람들 뿐만 아니라 북웨일스 지방에 있는 사람들에게도 열심을 복음을 전했다. 여기서 에드워드 윌리엄스는 마티아스 마우리스(Matthias Maurice)와 존 오웬(John Owen)이 쓴 작품을 편집했는데, 유아세례에 대한 중요한 변증신학을 기술한 내용으로 에든버러대학교(University of Edinburgh)는 그에게 명예신학박사학위를 수여하기도 했다. 업무량이 너무 많아지자 에드워드 윌리엄스는 교장직을 사임하고, 1791년 10월에 버밍엄(Birmingham) 소재 카스레인교회(Carrs Lane church)로 옮겨 보다 덜 힘든 사역에 종사했다. 버밍엄에 있는 동안 해외선교에 대해 새로운 관심을 갖게 되면서, 런던선교회(London Missionary Society)의 초대 디렉터 중에 한 명이 된다.

비록 에드워드 윌리엄스는 독립교회에서 매우 존경받는 지도자가 되었지만, 그가 가진 학문적인 재능과 능력을 비국교도 성직자 양성에만 사용하기에는 아깝다고 느낀 사람들이 있었다. 이들은 에드워드 윌리엄스에게 1795년에 다시 요크셔(Yorkshire) 로더럼(Rotherham)에 있는 아카데미의 교장으로 와 달라고 요청했다. 동시에 그는 마스보로독립교회(Masborogh Independent church)의 목사직도 함께 맡아야 했다. 에드워드 윌리엄스는 로더럼에서 몸을 아끼지 않고 일을 했다. 신학교 강의와 자신이 봉직하고 있는 교회, 외부 설교, 지역 사회에서 복음 전도와 교회 성장, 교단의 지도자로서 책임을 맡는 것, 선교사역 등 많은 일을 맡았다. 그는 14권으로 된 교리와 실천신학, 아이작 와츠(Isaac Watts), 필립 도드리지(Philip Doddridge), 조나단 에드워즈(Jonathan Edwards)의 작품 편집, 600장의 찬송가, 「이벤절리컬 매거진」(The Evangelical Magazine)에 실을 글을 편집하는 등 왕성한 저작 활동을 했다. 다양한 활동을 하던 윌리엄스는 1813년 3월 9일 63세의 나이로 세상을 떠났다.

윌리엄스는 회중교회에서 매우 중요한 인물이었는데, 특히 신학자로서 커다란 공헌을 남겼다. 『거룩한 정부와 신의 은총이 지배하는 공명정대함에 대한 글』(An Essay on the Equity of Divine Government and the Sovereignty of Divine Grace, 1809)과 『현대 칼빈주의를 위한 변론』(A Defence of Modern Calvinism, 1812)은 잉글랜드와 웨일스 지방 비국교도의 신학 발전에 새로운 획을 그었다. 자유로운 인간이 복음의 요청에 응답하는 데에는 신의 섭리가 개입된다고 강조한 칼빈주의 신학에 만족할 수 없었던 에드워드 윌리엄스는 그리스도의 속죄가 제한적이라는 것과 하나님이 회개하지 않은 사람들을 영원히 버렸다는 교리를 거부했다. 그는 그리스도 안에서 우리가 하나님의 은총으로 선택받았다는 것은 남자나 여자나 복음을 믿고 구원받기 위해 은총을 사용하는 것과 일치한다고 믿었다. 하나님의 의지는 모두를 구원하시는 데 있으므로, 모든 사람이 하나님께 돌아오게 하는 것이 의무이며, 순종과 믿음으로 하나님의 요청에 응답하는 은총을 누구에게나 선사하셨다는 것이다. 에드워드 윌리엄스는 한 손에는 고칼빈주의(high Calvinism) 신학을 붙잡고, 다른 한 손에는 알미니안주의(Arminianism)를 붙잡았는데, 이런 윌리엄스의 온건한, 혹은 '현대' 칼빈주의는 19세기의 많은 시기에 비국교도 정통 신학으로 수용되었다.

참고문헌 | J. Gilbert, *Memoir of the Life and Writings of the late Rev. Edward Williams DD* (London: F. Wesley, 1825); W. T. Owen, *Edward Williams DD: His Life, Thought and Influence* (Cardiff: University of Wales Press, 1963).

D. D. MORGAN

에드워드 존 카넬(Edward John Carnell, 1919-1967)

미국 신학자이자 변증가. 그는 제2차 세계대전 이후 미국에서 일어난 '신복음주의'(neo-evangelical)운동에서 가장 총명한 지성의 빛을 밝힌 인물 중 하나이다. 위스콘신 안티고(Antigo)에서 태어나 미시간 알비언(Albion)에서 자란 카넬은 분파성이 아주 강한 교파인 정규침례교회 총연합(General Association of Regular Baptist Churches)에 속한 목사의 아들이었다. 그러나 카넬은 20세기 중반에 근본주의 하위 문화에서 세계적인 포괄성을 특징으로 하는 복음주의로 이동한 많은 지성인을 대표하는 인물이다.

카넬은 1941년에 일리노이의 복음주의학교인 휘튼대학(Wheaton College)에서 철학을 전공하고 졸업했다. 휘튼에 있는 동안 그는 장로교인 교수 고든 클락(Gordon Clark)의 합리주의 변증학의 영향을 받았다. 카넬은 진실성의 척도로서 기독교 신앙의 지적 일관성을 강조한 이 접근법을, 졸업 후 진학한 웨스트민스터신학교(Westminster Theological Seminary)로 가지고 갔다. 거기서 그는 코넬리우스 반틸(Cornelius Van Til)의 '전제주의'(presuppositionalism)의 영향을 가장 많이 받게 되는데, 이는 오직 기독교 세계관만이 모든 사상의 건전한 기반을 제공한다고 주장하는 변증신학의 급진적 유형이었다. 모든 다른 형태의 사상은, 최소한 이론적으로라도, 실재를 온전히 설명하는 데 일관성이 없고 충분하지 않다는 것이다. 카넬은 외적 증거에 대한 고전적인 호소와 내적 일관성에 대한 이런 호소들을 혼합하여 독특한 종합적 변증학 이론을 만들어 냈는데, 그의 변증학은 많은 복음주의자에게 매력적으로 받아들여졌다.

카넬은 일류 종합대학에서 박사학위를 취득하려 했던 전쟁 시기와 전후 시기 동안 많은 근본주의자의 대열에 합류했다. 일부는 자유주의 사자의 굴에서 이 사자에 담대히 맞서려는 각오로 그렇게 했지만, 카넬 같은 이들은 순수하게 비복음주의 사상을 경험해 보고 싶어서 그렇게 했다. 카넬은 1948년에 하버드신학대학원(Harvard Divinity School)에서 라인홀드 니버(Reinhold Niebuhr) 연구로 신학 분야 박사학위를 취득한 후, 1949년에는 보스턴대학교(Boston University)에서 쇠렌 키에르케고르(Søren Kierkegaard) 연구로 철학박사학위를 받았다.

하버드에 다니는 동안 보스턴에서 침례교 목사로 잠시 섬기면서, 1945년부터 1948년까지 보스턴 소재 고든대학(Gordon College)과 신학교에서 철학과 종교학을 가르쳤다. 1948년에 카넬은 1947년에 캘리포니아 패서디나(Pasadena)에 설립된 풀러신학교(Fuller Theological Seminary)로 영구적으로 옮겼다. 라디오 설교자 찰스 E. 풀러(Charles E. Fuller)의 이름이 붙은 이 신학교 지도자들은 풀러신학교를 미국 복음주의 신학의 르네상스를 주도하는 학교로 만들기 원했다. 카넬은 그들이 이 꿈을 실현하기를 기대하며 역할을 맡긴 젊은 재원 중 하나였다.

1948년은 카넬의 삶에서 또 다른 이유로 의미가 컸던 해였다. 여전히 하버드 박사후보생이던 때에 그는 첫 책 『기독교 변증학 서론』(*An Introduction to Christian Apologetics*)을 출판했다. 이 책으로 그는 5,000달러의 상금을 미시간 그랜드래피즈(Grand Rapids) 소재 윌리엄어드먼스 출판사(William Eerdmans publishing company)로부터 받게 되는데, 이 출판사는 그 어느 출판사들보다 더 '신복음주의자들'이 그들의 야망에 찬 지적 의제를 펼칠 자료와 도약대가 되어 주었다.

합리주의 변증 전략과 증거주의 변증 전략의 통합이라는 카넬의 특징을 펼쳐 보인 『기독교 변증학 서론』은 기독교가 다른 모든 세계관보다 일관성이 더 뛰어나고 적절한 경험적 증거에도 가장 잘 들어맞는다는 것을 보여 주려는 목적으로 저술되었다. 이 책은 칼 헨리(Carl Henry)의 『미국 근본주의의 불편한 양심』(The Uneasy Conscience of American Fundamentalism, 1947)과 버나드 램(Bernard Ramm)의 『과학과 성경의 대화』(The Christian View of Science and Scripture, 1954)와 함께, 미국 신복음주의에서 가장 중요하고 영향력 있는 책으로 평가받았다.

이 책의 씩씩한, 심지어는 확신에 찬 과장된 어조(논쟁적인 카넬 전기 집필자 Rudolph Nelson이 주장했듯, 아마도 학계에서의 낮은 지위를 보상받으려는 복음주의적, 과잉 신경과민적 고함 소리)는 이후에 나온 책들에서는 좀 더 신중한 억양을 띠며 부드러워졌다. 카넬은 기독교 신앙의 우월성을 주장하는 책들을 계속 썼지만, 기독교가 후회가 가장 적은 행복을 가장 잘 제시한다는 맥락(『기독교 철학』[A Philosophy of the Christian Religion, 1952])이거나, 혹은 기독교가 도덕적 현상, 인간의 심리적이고 관계적인 필요를 가장 잘 채운다는 맥락(『사랑의 나라와 인간의 자랑』[The Kingdom of Love and the Pride of Life, 1960])에서 그런 주장을 펼쳤다. 어조는 더 겸손하고 미묘해지면서, 덜 교조적이고 단정적으로 변했다. 이런 주제들과 입장은 미국 복음주의 학자의 글치고는 아주 독특한 것이었기에, 아마도 그 때문에 이 책들은 첫 책만큼의 인기를 끌지 못한 것 같다.

카넬은 라인홀드 니버(『라인홀드 니버의 신학』[The Theology of Reinhold Niebuhr, 1951])와 쇠렌 키에르키고르(『쇠렌 키에르키고르의 짐』[The Burden of Soren Kierkegaard, 1965])의 뛰어난 해석자이기도 했다. 박사논문들에 근거한 이 두 책은 두 주제를 비판적이고 날카롭게 파고들었다. 그러나 카넬은 니버와 키에르키고르가 각각 복음주의자들에게 가르쳐 줄 뭔가를 가진 인물들임을 출판물로 주장한 그 세대의 소수 복음주의자들 중 하나였다. 즉 다시 한번, 카넬은 다른 관점을 가진 이들과 진실되게 소통하고, 그들에게서 유익을 얻을 의지를 갖고 근본주의의 경계를 넘으려 했다.

카넬은 근본주의 경계선을 넘으려 해서가 아니라 아예 이들을 노골적으로 비난한 것 때문에 더 큰 주목을 받게 된 책을 한 권 썼다. 1950년대 후반에 웨스트민스터출판사(Westminster Press)는 현대 미국개신교 신학을 주도하는 세 가지 입장을 정리한 3부작을 기획하고, 자유주의자 해럴드 J. 드울프(Harold J. DeWolf)와 신정통주의(neo-orthodox)자 윌리엄 호던(William Hordern)에게 책을 써 달라고 요청했다.

카넬이 복음주의의 선봉 중 하나로 눈에 띄었고, 카넬은 『정통 신학 논증』(The Case for Orthodox Theology, 1959)에서 복음주의 관점을 소개해 달라는 초청을 받아들였다. 근본주의 지인들을 경악케 한 카넬의 책은 근본주의를 '광신이 되어 버린 정통'으로 지칭하며, 복음주의와 근본주의를 결정적으로 구별했다. 많은 독자가 보기에, 이 책에서 카넬은 이 시리즈에 포함된 자유주의와 신정통주의 논증서들에 맞서는 견고하고 명료한 대안 신학을 제시하려고 하기보다는, 근본주의를 비난하는 데 더 관심이 많은 것으로 보였다. 카넬이 자신의 입장을 명확하게 선언했기 때문에 그는 자신보다 신학적으로 우파에 속한 이들로부터 부정적인 비난이 담긴 편지를 넘치도록 받아야 했다.

자신보다 좌파에 있는 이들은 카넬을 자신들이 좋아하는 근본주의자 겸 복음주의자로 꼽았다. (실제로 그는 칼 바르트[Karl Barth]가 1962년에 시카고대학교[University of Chicago]를 방문한 역사적 현장에서 공적으로 그를 인터뷰한 유일한 복음주의자였다). 그러나 카넬이 점점 더 사람들을 당혹케 하자, 주류 신학계는 그의 신학적 주장들에 진지하게 반응하려 하지 않았다.

카넬은 풀러신학교에서 전반적으로 재미있고 예측하기 어려운 선생으로 존경을 받았다. 그러나 그의 짧은 신학교 총장직(1954-1959)은 불행했다고 할 수 있는데, 창의적이고 논쟁적인 학자로서 그가 가진 요소가 이 젊고 취약한 학교의 행정가가 되기에게 분명히 문젯거리가 되었기 때문이었다. 카넬은 뚜렷한 개인적 장애, 즉 끈질기게 그를 괴롭힌 우울증, 불안, 불면증 때문에 무너지고 있는 상태로 교수직에 복귀했다. 실제로, 카넬은 그의 프로이트 연구서 『사랑의 나라』(The Kingdom of Love)를 자신의 정신과 의사에게 헌정했다.

학생들은 그의 괴팍함에 점점 더 당황했지만, 그럼에도 불구하고, 많은 이들은 여전히 그를 풀러에서 가장 존경받은 교수 중 하나로 치켜 세웠다.

카넬은 수수께끼 같은 이른 종말을 맞았다. (로마 가톨릭 오클랜드 교구가 후원하는) 한 에큐메니컬 청중에게 전할 강연을 준비하면서 그는 정신과 의사가 처방해 준 수면제를 먹었는데, 이후 호텔방에 쓰러져 다시 일어나지 못했다. 검시관은 그가 수면제를 '약간 과다복용'(moderate overdose)했다고 말했다. 어떤 이들은 이 사건을 한편으로는 근본주의자들의 분노로부터, 다른 한편으로는 그를 실망시킨 신학계의 무관심이라는 협공으로부터 의도적으로 도망치려 한 사건(즉 자살-역주)으로 해석했다. 그러나 다른 이들은 이를 그저 전후 미국 복음주의의 지적 부활을 이끈 개척자 중의 한 사람에게 일어난 하나의 비극적 사건(즉 우연한 사고-역주)으로 이해했을 뿐이다.

참고문헌 | G. M. Marsden, *Reforming Fundamentalism* (Grand Rapids: Eerdmans, 1987); R. Nelson, *The Making and Unmaking of an Evangelical Mind: The Case of Edward Carnell* (Cambridge: Cambridge University Press, 1987); J. A. Sims, *Edward John Carnell: Defender of the Faith* (Washington: University Press of America, 1979).

J. G. STACKHOUSE, JR

에릭 존 휴이트슨 내시(Eric John Hewitson Nash, 1898-1982)

성공회(Anglican) 사제. 그는 '배시'(Bash)라는 애칭으로 잘 알려져 있으며 1898년 4월 22일에 메이든헤드(Maidenhead)에서 찰스 휴잇슨 목사(Revd Charles Hewitson)와 프랜시스 내시(Frances Nash) 사이의 세 아들 중 둘째로 태어났다.

에릭 내시는 메이든헤드대학(Maidenhead College)에서 교육받은 뒤, 런던보험회사(London insurance company)에 취직했다. 1917년 2월, 그는 기차여행 중에 회심했고, 그로부터 5년 뒤 케임브리지의 트리니티대학(Trinity College)에 입학했다.

1925년에 학사학위를 취득했고, 1929년에는 석사학위를 받았다. 에릭 내시는 케임브리지의 리들리홀(Ridely Hall)에서 성직자 교육을 받은 뒤, 1927년에 부제(deacon)로 서임을 받았으며, 1년 뒤에는 사제(priest)가 되었다. 그는 런던의 웨스트일링(West Ealing)의 세인트존스교회(St John's Church)와 윔블던의 임마누엘채플(Emmanuel Chapel)의 두 교구를 섬겼다. 에릭 내시는 1929년에서 1931년 사이에 새롭게 문을 연 슈롭셔(Shropshire) 웰링턴(Wellington)의 리킨대학(Wrekin College) 교목으로 섬기기도 했다.

1929년에 성서유니온(Scripture Union)에 지원했지만 합격하지 못했던 반면, 1932년에는 어린이특별봉사선교회(Children's Special Service Mission) 순회 총무이자 선교사에 합격해서 이 조직에서 33년 동안의 사역을 시작했다. 그의 업무는 주요 사립학교들의 남학생을 위한 사역이었다. 에릭 내시의 비전은 교회와 나라의 미래 지도자가 될 '중요 학교 출신의 중요한 학생들'을 복음화하는 것이었다.

1930년 4월에 에릭 내시는 서섹스(Sussex) 시퍼드(Seaford)의 아샴프스테드(Ashampstead)에서 그의 첫 '대학 및 사립학교 캠프'(Varsities and Public Schools Camp)를 개최했다. '캠프'는 처음에는 천막에서 열렸지만, 곧 방학 중에 기숙학교에서 열리게 되었다. 이 캠프는 엘리트주의를 표방했고, 참가자만의 은어를 사용하기 시작했으며, 탁월한 조직을 갖추었다. 리더들은 '사령관'(commandant)의 지휘하에 있는 '장교들'(officers)이었다. 이 모델이 잘 운영되면서, 국내 및 해외의 다른 기독교 단체들이 모방하기도 했다. 이어서 1940년에 이워니민스터(Iwerne Minster)의 도싯(Dorset) 마을의 클레이스모어학교(Claysmore School)에 정착될 때까지, 부활절 및 여름 캠프도 여러 지역에서 빈번히 열렸다.

제2차 세계대전 후 이 캠프의 참가 영역과 활동이 확장되었으며, 남학생을 위한 다른 캠프가 예비학교와 독립주간학교에서도 열리기 시작했다. 같은 후원 방식하에, 별도의 사역이 잉글랜드 북부에서 성장했다. 1956년부터 이워니민스터 직원들의 아내들이 여학생을 위한 별도의 캠프를 조직했으며, 이후에는 남학생과 여학생이 함께 모이는 캠프도 열렸다. 7천 명이 넘는 학생이 에릭 내시의 지도하에 있는 이워니민스터캠프(Iwerne Minster camps)에 모였다고 추정되며, 다른 여러 캠프에도 학생 수백 명이 참여했다. 이후에 복음주의 지도자, 특히 성공회 사제나 사립학교 직원이 된 여러 세대의 남성들이 대부분 '배시캠프'(Bash Camps)라 불린 캠프에 참석했는데, 이 중에는 마이클 그린(Michael Green), 딕 루카스(Dick Lucas), 존 폴록(John Pollock), 존 웨남(John Wenham)이 있었다. 존 스토트(John Stott)는 에릭 내시가 자신의 삶에 가장 큰 영향을 주고 '하나님의 말씀을 향한 식욕(appetite)을 돋우어 준' 7명 중의 하나라고 여겼다.

캠프의 목적은 단순했다. 복음을 단순하고 침착한 방식으로 드러내고, 그 결과 청중이 자신의 삶을 그리스도께 헌신하게 하는 것이었다. 에릭 내시는 학문적 질문들과 비평적인 이슈들에는 관심을 보이지 않았다. 그는 성경 자체가 말하게 하도록 했다. 목회자들은 캠프가 진행되는 동안 학생들을 만나 상담하고 이들을 돌보았다. 이런 캠프는 사립학교와 대학 이외에도 여러 기관 사이에서 성행했고, 참여자들은 지속적으로 연락하며 네트워크를 쌓아 나갔다. 이 운동은 내부자들에게는 높이 평가를 받았지만, 이 운동에 직접적으로 참여하지 않은 사람들에게는 심한 비판을 받았다.

에릭 내시는 자신의 캠프에 온전히 집중했다. 그는 온화하며, 부드럽게 말하며, 겸손한 사람이었다. 또한, 그는 별나고, 신중하며, 잘난

체 하지 않는, 약간은 심기증 환자(hypochondriac) 같은 미혼남이었다. 그는 운동선수 같은 사람도, 모험심이 강한 사람도 아니었으며, 학문적인 가식을 나타내지도 않았으며, 음악이나 예술에도 거의 관심이 없었다. 그러나 이런 한계에도 불구하고, 에릭 내시는 예리하고, 식견이 높은 사람이었으며, 사람의 특징을 판단하는 데 빠른 사람이었다.

그는 다른 사람의 말을 잘 들어주는 사람이었으며, 유머에 매우 능한 사람이었다. 여성에게는 부끄러움을 느끼고 어색해 하는 사람이었지만, 그가 젊은이나 어린이 모임에서 설교할 때에는, 그들이 대학 준비 과정에 있는 학생이든 대학생이든지 간에 상관없이, 자신 있게 설교할 수 있었다. 에릭 내시는 여전히 그의 기도, 양육, 편지로 친구들에게 기억되고 있다.

에릭 내시는 성서유니온에서 1965년에 공식 은퇴했지만, 1970년대 후반까지 이워니민스터와 관계를 유지했다. 그는 1982년 4월 4일에 버크셔(Berkshire)의 메이든헤드(Maidenhead)에서 미혼으로 사망했다. 그에게는 가족이 없었지만, 많은 사람이 6월 15일에 런던의 랭엄플레이스(Langham Place) 소재 올소울스교회(All Souls' Church)에서 열린 장례식에 참여했다.

참고문헌 | T. Dudley-Smith, *John Stott: The Making of a Leader* (Leicester: IVP, 1999); J. Eddison(ed.), *'Bash' A Study in Spiritual Power* (Basingstoke: Mashalls, 1982); T. Saunders and H. Sansom, *David Watson* (Sevenoaks: Hodder & Stoughton, 1992), pp. 29-36; J. Wenham, *Facing Hell* (Carlisle: Paternoster, 1998), pp. 40-44.

J. EDDISON and A. F. MUNDEN

에버니저 어스킨(Ebenezer Erskine, 1680-1754)

원분리교회(Original Secession Church) 설립자. 그는 유명한 언약도(covenanter) 헨리 어스킨의 아들이자 함께 분리를 단행한 동료 랄프 어스킨(1685-1752)의 형으로 1680년 6월 22일에 태어났다. 에버니저 어스킨은 잉글랜드내전 이후 스코틀랜드장로교회(Church of Scotland)에서 1703년에 안수받고 파이프(Fife)의 포트모크(Portmoak)에서 목회를 시작했다. 여기서 그는 교단 내에서 (좀 더 자유로운 '온건파'[moderate]와 구별되는 의미로서의) 복음주의 일파에 속한 목사로 이름을 떨치기 시작했다.

에트릭(Ettrick)의 토마스 보스턴(Thomas Boston)은 청교도 에드워드 피셔(Edward Fisher)가 쓴 17세기 저술 『현대 신학의 정수』(*The Marrow of Modern Divinity*)를 발견하여 뜻이 맞는 친구들에게 이를 추천했다. 그 결과 1718년에 스코틀랜드에서 이 책의 재판이 나와 교단에 불만을 가진 이들의 선언문으로 받아들여졌다. 1720년 총회는 신학적 견해가 다른 이들 사이의 대화 형식으로 집필된 이 책의 재출간을 반율법주의(antinomian) 이단을 조장하는 책이라며 정죄했다. 1722년 총회에서 에버니저 어스킨(Ebenezer Erskine)이 이끈 일파가 이 책을 변호했으나 기각되고, 연루된 열두 명의 목사가 교단의 징계를 받았다. '정수파'(Marrow Men)로 알려진 이들은 교단 내 복음주의적 반대파의 핵심 지도자들이었다.

에버니저 어스킨의 포트모크(Portmoak)에서의 목회는 자신의 건강 악화, 자녀들 및 첫 아내의 사망 등으로 바람 잘 날이 없었다. 그 결과, 1729년에 변화를 원한 그는 스털링(Stirling)에서 제3목사가 되었는데, 함께 동역한 제1목사는 그보다 나이가 많은 복음주의자 알렉산더 해밀턴(Alexander Hamilton)이었고, 그보다 나이가 어린 제2목사는 온건파인 찰스 무어(Charles Moore)였다. 이 청빙을 받아들인 주된 이유는 그가 알렉산더 해밀턴을 존경했기 때문이라고 전해진다. 1690년 혁명조치(Revolution Settlement)를 통해 목사의 독자 청빙 원칙을 약속받은 스코틀랜드장로교회는 근래에 연합한 영국 의회가 권력남용(ultra vires)을 일삼은 행위인, 1709년 의회령에 의한 성직수임권(patronage)이 재도입되는 것을 극렬 반대했다.

에버니저 어스킨은 수년간 열린 모든 총회에서 공식적으로 이 법령에 항의한 대다수 목회자 중 하나였다. 얼마 동안, 특히 왕이 시행한 성직수여(Crown patronage)는 지역민들의 의견을 존중하는 모습을 보이는 듯 했으나, 1725년 이후 성직수임권은 아일레이 경(Lord Islay)의 영향에서 정치에 더 많이 휘둘렸다. 1732년에 총회는 라이딩령(Riding Acts) 시행으로 확정된 성직수임권을 암묵적인 사실로 받아들였고, 이로써 유급 성직수임권 소유자(patrons)가 지역 회중의 소망에 반하는 인기 없는 선택을 한다 해도 그렇게 선택된 성직자가 '라이딩위원회'(riding committees)에 의해 지역교회에 부임할 수 있게 되었다. 에버니저 어스킨은 총회에서 반대 의견을 개진하고 자신이 대회장이던 '퍼스 및 스털링대회'(Synod of Perth and Stirling)에서도 저항을 이어 갔다.

그때 에버니저 어스킨이 전한 개회 설교 본문이 시편 118:24이었는데, 여기서 각 지역 교회 회중이 자신들의 목사를 직접 청빙할 수 있는 권한을 강하게 다시 강조한 덕에, 대회의 공식 질책을 받고 다음해 총회에 재판을 받기 위해 출두하라는 명령을 받았다. 이것이 뜻을 같이 하는 네 목사들이 개어니브리지(Gairney Bridge)에 모여 이후에 분리교회(Secession Church)가 되는 연합노회(Associate Presbytery)를 설립하는 계기가 되었다.

1734년에 총회가 법령을 철회하고, 스털링 노회가 에버니저 어스킨을 노회장으로 청빙한 것도 소용이 없었다. 에버니저 어스킨이 스털링 교구의 교회에서 출교된 것이 1740년이었음에도 불구하고, 분리교회는 1736년에 이미 분리된 교단으로 존재하고 있었다. 이후 새로 모인 그의 청중들이 함께 예배드릴 새 교회가 지어졌다.

국교회(established church)에서 이탈한 때부터 스털링 교구의 교회에서 출교될 때까지 에버니저 어스킨은 성직수임권 소유자이기도 했던 시의회(town council)의 후원을 받았다. 이 모든 사건은 그 시대의 정치 지형과 엮여 있었다. 아일레이 경(Lord Islay)이 주도한 월폴(Walpole) 정부는 기반이 취약했고, 스털링에서 나오는 표는 이 정부 다수파에게 중요했다. 스털링이 선택한 국회의원 그레인지(Grange)의 제임스 어스킨(James Erskine)은 전직 판사이자 자코바이트(Jacobite, 1688년에 망명한 스코틀랜드 스튜어트 왕가 출신의 잉글랜드 왕 제임스 2세를 지지한 가톨릭 신자 집단, 제임스의 히브리어 표기가 야콥[Jacob]인 데서 유래한 이름-역주)로서 유배된 마르 백작(Earl of Mar)의 형제로, 실제로는 스털링 자치구(Stirling group of Burghs)의 국회의원이 아니라 이웃한 클락마난셔(Clackmannanshire)의 국회의원으로 선출된 인물이었다.

에버니저 어스킨의 먼 친척인 그레인지의 어스킨은 도덕적으로는 전혀 복음주의적이지 않다는 평판을 가졌지만, 성향으로는 복음주의자로 알려진 에든버러 법조계 소수자 중 하나였다. 스털링에서 에버니저 어스킨을 후원한 또 다른 사람들은 제임스 어스킨을 정치적으로 지지한 사람들이었기 때문에 1734년의 스털링 정치 폭동에 대한 비난은 실제로 에버니저 어스킨에게 돌아갔다.

에버니저 어스킨이 시의회 의원 일부가 이득을 취했다며 의회를 비난하자, 에버니저 어스킨을 역공하려 한 의회는 그들이 생각하기에 별 관련도 없어 보이는 일에 개입한 그를 정치 문제에서 떼놓기 위해 제임스 어스킨의 영향력을 이용하는 것이 좋겠다고 생각했다. 제임스 어스킨은 의회가 사적인 이득을 취하려고 한다는 인상을 주지 않도록 책임을 져야 한다고 주장하며 적절한 중재안을 내놓기는 했지만, 이 사건의 중요한 의미는 이제 에버니저 어스킨이 이 도시에서 변방으로 밀려나기 시작했다는 것을 보여 준 것이다.

1745년에 자코바이트 무리들이 스털링으로 접근하자, 에버니저 어스킨은 저항을 주도하며 도시를 지킬 한 무리의 자원자들을 모집했다. 자코바이트가 스털링을 장악하자, 사람들이 에버니저 어스킨에게 안전을 위해 피신하라고 설득했지만, 마침내 자코바이트가 패배하자, 정부는 그에게 감사를 표했다. 이러한 반응의 의미는 이 사건이 종교적 반대자들이 정치적 충성파와 손을 잡은 첫 사건으로 받아들여졌다는 것이고, 이 반대자들이 존재한다는 사실만으로 국가가 자동적으로 위험에 빠지는 것은 아니라는 사실이 이해되었다는 것이다.

슬프게도, 자코바이트 봉기가 끝나면서 찾아온 또 다른 결과는 이제 막 생성된 분리교회가 정부가 부과한 자치시민서약(Burgess Oath)에 대한 입장에 따라 시민파(Burgher)와 반시민파(Anti-burgher)로 다시 분열된 것이다. 이 분열은 원분리(original secession)가 진행되었던 때보다 훨씬 분열의 강도와 상처가 심했기에, 스털링의 반시민파 한 사람은 '에버니저 어스킨의 설교를 들음으로써 주님을 멸시했다'라는 이유로 비난을 받기도 했다. 에버니저 어스킨이 1754년 6월 2일에 사망하자, 형제 랄프(Ralph)의 아들인 조카 제임스 어스킨(James Erskine)이 삼촌의 자리를 계승했다. 에버니저 어스킨의 시신은 교회 묘지에 매장되었다.

시민파, 반시민파 분리교회들은 후에 새빛파(New Licht)와 옛빛파(Auld Licht)로 다시 나눠졌고, 이후 일어난 재연합과 재흡수 과정의 결과로, 스코틀랜드장로교회에 조상이 분리파에 속했던 많은 신자들이 구성원으로 포함되어 있음에도 불구하고, 오직 소수의 사람들만이 스코틀랜드연합자유교회(United Free Church of Scotland)라는 분리된 집단으로 남았다.

에버니저 어스킨과 랄프 어스킨의 영향력은 또한 미국에도 전해져, 남부지역에 정착한 작고 보수적인 연합개혁장로교회(Associate Reformed Presbyterian Church)가 바로 이들의 직계 후손이다. 네덜란드교회는 지금도 에버니저 어스킨의 설교를 연구한다. 그의 많은 설교는 지금 인터넷으로 열람할 수 있다.

참고문헌 | D. Fraser, *The Life and Diary of the Reverend Ebenezer Erskine, A.M., of Stirling, Father of the Secession Church* (Edinburgh: William Oliphant, 1831); A. L. Drummond and J. Bulloch, *The Scottish Church 1688-1843* (Edinburgh: Saint Andrew Press, 1973). Website: http://www.puritansermons.com/erskine/erskindx.htm.

A. T. N. MUIRHEAD

에번 로버츠(Evan Roberts, 1878-1951)

웨일스 부흥사. 그는 1878년 6월 8일에 글래모건(Glamorgan) 로퍼(Loughor)의 아일랜드 하우스(Island House)에서 헨리 로버츠(Henry Roberts)와 해너 로버츠(Hannah Roberts)의 아들로 출생했다. 부모는 모리아칼빈주의감리교회(Moriah Calvinistic Methodist church)의 신실한 신도였고, 에번 로버츠는 전형적인 웨일스식 빅토리아 시대 비국교도 신앙으로 양육되었다. 시와 음악, 아이스테드바드(eisteddfod, 음악, 시, 드라마 경연 대회)의 문화와 신실한 신앙이 접목된 신앙 교육을 받았다.

에번 로버츠는 어린 시절 탄광에서 일하다가 동부 난트그루(Nantgarw)로, 후엔 사이넌 계곡(Cynon Valley)에 있는 마운틴애쉬(Mountain Ash)로 이주했다. 1902년에는 웨일스 서부의 폰타듈레이(Pontarddulais)로 이주하여 대장장이 견습공으로 일을 시작했다. 그는 새로운 일을 시작하게 됨과 동시에 칼빈주의감리교회에서 설교와 목회를 시작했다. 에번 로버츠는 노회의 추천으로 1904년 초 카마든서(Carmarthenshire)의 뉴캐슬(Newcastle) 에믈린(Emlyn)에 있는 교단예비학교에 입학했다. 그러나 이곳에서 학업을 이어 갈 것인지, 아니면 자신의 소명으로 받아들이고 있던 영혼 구원의 일을 현장에서 할 것이지 고민에 빠지게 되었다.

에번 로버츠는 어렸을 때부터 믿음이 남달랐기에, 13세에 교회 정회원으로 가입하자마자 주일학교와 여러 교회 일에 열심을 다해 봉사했다. 해가 갈수록 더욱더 헌신했고, 뉴캐슬 에믈린에 있는 동안에도 기도 생활에 열심을 다했다. 그는 종종 성령의 임재를 경험했고, 1904년에 이십여 개가 넘는 환상을 보았다고 주장했다. 이는 그의 영성을 더욱 풍부하게 해 주었지만 동시에 그를 혼란에 빠트렸다. 카디건서(Cardiganshire) 블리나너(Blaenannerch)에 있던 9월 29일의 환상 경험에서 정점에 이르렀다. 그는 하나님이 자신을 위대하게 쓰셔서 웨일스 복음화를 이루시기 위해 성령을 보내신 것이라고 믿었다.

당시 이미 다른 지역에서도 영성이 고양되고 큰 부흥의 불길이 일어나고 있었다. 지역 칼빈주의감리교부흥운동이 처음엔 뉴쿼이(New Quay)에서, 이어서 블래나허(Blaenannerch)에서 불붙듯이 일어났다. 그해 일어난 부흥운동의 와중에 에번 로버츠는 성령이 자신을 인도하여 보다 전문적인 신학 교육을 받게 하시고, 이어서 복음전도사역을 감당하게 할 것이라는 신념을 가지게 되었다. 한 달 후, 뉴캐슬 에믈린의 감리교회에서 에번 필립스(Evan Phillips)의 설교를 듣던 중에, 그는 자신의 소명을 다시 한번 확신하였다. 다음 날 10월 31일, 모교회가 있던 로퍼의 모리아(Moriah)로 돌아와 교회 청년들과 함께 부흥회를 시작했다.

에번 로버츠는 성령이 나타나려면 네 가지 조건이 충족되어야 한다고 주장했다. 모든 죄로부터의 분리, 도덕적으로 의심스러운 모든 것의 포기, 성령의 명령에 대한 즉각적인 응답과 복종, 그리스도에 대한 공개적인 간증이 그것이었다. 에번 로버츠는 이것들을 사역의 핵심으로 삼았다. 일주일 동안 이어진 집회 마지막 날에 집회 참가자들은 전례 없는 성령의 임재를 강하게 느꼈다. 「웨스턴 메일」(Western Mail)의 보도에 따르면, 다음과 같았다.

"에번 로버츠의 설교는 모리아교회에 모인 모든 이의 심장을 울렸다. 예배당에는 더 이상들어갈 공간이 없을 정도로 수많은 사람들이 운집했다. 이 예배당에 들어가길 원하는 사람들이 그 주변 도로에 줄을 설 정도로 놀라운 광경이 펼쳐졌다"(1904년 11월 10일자).

이런 언론의 유례없는 보도로 아무도 모르던 학생 설교자가 순식간에 '웨일스' 부흥운동을 이끄는 지도자로 인정받게 되었다.

웨일스 전역에서 에번 로버츠를 부흥사로 초청하기 시작했다. 그해 11월 13일에서 12월 24일까지 그는 탄광 도시인 동부 글래모건(Glamorgan) 지역으로 첫 선교여행을 떠나게 되었다. 젊음과 열정, 호감가는 성격과 신실함으로 부흥회에는 항상 사람들로 넘쳐났다. 반면, 형제 댄(Dan)과 동료 학생 시드니 에번스(Sidney Evans), 독주자(soloist)인 샘 젠킨스(Sam Jenkins), 더 놀랍게도 (또한 논란이 된) 여성 밴드의 활동은 곧바로 신학적인 문제를 야기시켰다. 1904년 12월 28일에서 1905년 2월 3일까지 이어진 두 번째 선교여행 기간에 그는 니스(Neath)의 스완지(Swansea)와 머서 밸리(Merthyr Valley)를 방문했지만, 이 당시 그의 메시지와 방법론에 대한 반대가 더욱 심해졌다.

가장 신랄한 비판을 한 사람으로 둘루즈(Dowlais)의 회중교회 목사인 피터 프라이스(Peter Price)가 있었다. 그는 하나님의 영감이 직접 임한다고 강조하는 에번 로버츠는 그리스도의 인격과 사역에 대한 객관적인 설교의 필요성을 부인하기에, 에번 로버츠의 활동 훨씬 이전에 일어났던 '진짜 부흥'을 방해하는 '가짜 부흥'을 만들어 냈다고 주장했다. 그러나 이런 악의적이고 개인적인 독설로 인해 에번 로버츠는 오히려 더욱 유명세와 지지를 얻게 되었고, 이런 비판은 점차 사람들의 외면을 받았다.

그러나 프라이스 목사의 독설을 지지하지 않지만, 그가 에번 로버츠에 대해 지적한 내용에는 동의하는 이들이 있었다. 2월 8일에서 21일까지 진행된 3차 선교여행 기간에 에번 로버츠는 린피(Llynfi)의 오구르(Owgr) 지역과 글래모건 중부의 아판 밸리(Afan Valley)를 방문했다. 그는 이 여행 와중에 일주일 동안 니스에 머물면서 외부와의 연락을 완전히 차단한 채 지냈다. 이 '침묵의 주간'에 대해 엄청나게 많은 이들이 관심을 가지면서, 에번 로버츠의 매력에 신비감이 더해졌다. 특히, 그는 최근에 이어진 집회에서 발작과 영적 고통을 당해야 했기에, 공개 발언을 할 때 더 주관적인 경향을 띠게 되었다.

약간의 시간이 흐른 후, 에번 로버츠는 리버풀(Liverpool)에 소재한 웨일스인교회들(Welsh churches)이 주최한 전도집회에 참석하기 위해 3월 28에일 리버풀로 떠났다. 그가 사역하는 동안에 두드려졌던 혜안이 이곳에서 빛을 발했다. 2주일 동안 이어진 집회에서 그는 하나님이 주신 능력으로 특정 개인의 죄를 알게 되었다며, 그들은 하나님 앞에 공개적으로 죄를 고백해야 한다고 정기적으로 역설했다. 이런 주장이 얼마간의 실망을 유발하기도 했지만, 이렇게 이어진 집회에서 상당히 많은 사람이 자기 죄를 회심하거나 혹은 새로운 헌신을 고백했다.

깊은 영혼의 고뇌가 육체적으로 표출되면서, 그를 초대한 사람들은 그의 정신 상태에 대해 걱정했다. 따라서 이들은 한 달간 스노우도니아(Snowdonia)의 중심에 위치한 큐릭채플(Chaple Curig)에서 휴식을 취하고 다음을 기약하자고 건의했다. 다섯 번째 선교여행의 일정은 6월 6일에서 7월 3일까지 북웨일스의 앵글시(Anglesey), 캐르나폰(Caernarfon), 그리고 발라(Bala)로 이어졌다. 이 시기 에번 로버츠의 건강이 상당한 좋아졌기에, 그의 호소력 있는 메시지는 많은 사람을 감명시키기에 충분했다. 당시 그는 30회에 걸쳐 집회를 인도했는데, 당시 2만 명이 넘는 사람이 참여했다.

1905년 여름이 되자, 에번 로버츠는 감정주의를 강하게 드러내지 않았을 뿐만 아니라, 심지어 부흥의 네 가지 조건에 대해서도 언급을 자제했다. 실제로 그가 신학적으로 강조한 내용은 이제 성령의 주관적인 역사에서 그리스도의 속죄사역으로 옮겨 가고 있었다. 그해 두 번의 여행이 더 있었다. 한 번은 11월 15일에서 12월 2일까지 글래모건 밸리에서 있었던 전도집회고, 다른 하나는 북웨일스 지역에서 크리스마스 전에 있었던 집회였다. 이 집회의 특징은 예전에 에번 로버츠가 보여 준 강렬한 감정주의를 벗어나, 전형적인 부흥회의 형식과 내용이 나타나기 시작했다는 것이다. 에번 로버츠의 다음 여행은 1906년 1월 4일에서 18일까지 케나폰셔(Caernarfonshire)에서 있었다. 사실 이 여행이 그의 마지막 여행이었다. 이제 부흥도 막바지에 달하고 있었다.

간헐적으로 종교집회에 모습을 드러내는 것을 제외하고는, 1909년에 에번 로버츠는 대중집회 현장에서 떠나 레스터 출신의 부유한 평신도 여성 제시 펜 루이스(Jessie Penn-Lewis)의 후원 아래 중보사역을 맡았다. 이 기간에 이들은 함께 『성도의 전쟁』(War on the Saints, 1912)이라는 책을 출판했다. 이 책은 부흥에 대한 고발로, 그 시대 여러 현상들에 에번 로버츠가 얼마나 환멸을 느꼈는지를 보여 준다. 에번 로버츠는 15년 동안 레스터(Leicester)에서 생활한 후, 웨일스의 카디프(Cardiff) 교외에서 여생을 보내다가 1951년 1월 29일 숨을 거두었다. 이때 그의 나이 72세였다.

참고문헌 | B. P. Jones, *An Instrument of Revival: The Complete Life of Evan Roberts 1878-1951* (New Jersey: Bridge Publications, 1995); D. M. Phillips, *Evan Roberts, the Great Welsh Revivalist and his Work* (London: Marshall Bros., 1906).

D. D. MORGAN

에이든 윌슨 토저(Aiden Wilson Tozer, 1897-1963)

기독교선교연맹(Christian Missionary Alliance) 사역자이자 작가. 그는 펜실베이니아 서부 시골, 지금은 뉴버그(Newburg)라 불리는 지역에서 1897년 4월 21일에 태어났다. 여섯 자녀 중 셋째였던 그는 15살 때까지 태어난 지역에서 가족의 농장 일을 돕고, 교실 한 개짜리 지역 초등학교를 다녔다. 가족은 교회를 거의 나가지 않았다. 이 시기에 받은 영적인 가르침이라고는 친할머니로부터 들은 이야기와 그가 스스로 읽은 책이 전부였다. 그러다 그가 10살 때, 화재로 집이 전소되면서, 이때부터 아버지의 신경 쇠약이 시작되었다.

이때로부터 5년간 어린 토저는 농장의 모든 일을 책임져야 했다. 1912년에 오하이오 애크런(Akron)으로 이사한 후, 거기서 15세의 토저는 새롭고 확장된 주변 환경에서 유익을 얻기 위해 가까운 고등학교에 진학했다. 그러나 단 하루 만에 스스로 공부하는 것이 학교에 다니는 것보다 낫겠다는 판단하에 학교를 박차고 나와 고무 자르는 일로 생계를 유지하면서 몇 년간 독학을 했다.

이 시기에 만나게 된 기독교인 이웃들은 토저에게 그의 영혼 상태에 대한 진지한 충고를 해 주었다. 1년 후 1915년, 올드스트리트에서 거리 설교자의 메시지를 들은 토저는 중요한 영적인 결정을 내렸다. 이 결정에 따라, 그는 즉시 집으로 돌아와서 다락방에 들어가 그리스도 안에서 하나님의 구원의 은혜를 부르짖었다. 회심 이후 그는 그레이스감리교회(Grace Methodist Episcopal Church)에 출석하기 시작했고, 거기서 에이더 세실리아 파우츠(Ada Cecelia Pfautz)를 만났다. 1918년 4월 26일에 두 사람은 결혼했고, 일곱 명의 자녀를 가졌다. 결혼 1년 전쯤에, 토저는 장래의 장모의 집에서 스스로가 '성령충만'이라고 부른 기독교인의 삶의 결정적 순간을 경험했다.

> "별로 중요하지 않은 것을 모두 내어 던져버리고 모든 중요한 것으로 방향을 바꾸었다. 이 중요한 것은 바로 살아 계신 하나님의 성령에 사로잡히는 것…어떠한 사소한 것도 나를 통한. 그리고 내 사역을 통한 하나님의 역사의 시간과 함께 돌고 있는 것이다"(『하나님을 힘써 알자』 [In Pursuit of God], p. 44).

초기부터 설교는 토저에게 매우 중요한 사역의 일부분이었다. 그는 애크런의 여러 거리에서 처음으로 설교를 전했다. 그러나 토저의 교회는 정규 교육을 받지 않았다는 이유로 그의 노력을 인정해 주지 않았다. 그러나 곧 주변 교회와 선교단체에 소속된 거리 설교자들이 토저를 인정해 주었다. 그 곳의 목사들은 그의 설교에 용기를 더해 주었을 뿐만 아니라, 때로 토저가 도서관을 이용할 수 있도록 배려해 주었고, 심지어 종종 설교단에 세워 복음을 선포할 수 있도록 해 주었다.

토저의 설교자 기독교선교연맹 지역 감독의 관심을 끌면서, 1919년에 감독은 토저를 웨스트버지니아에 있는 한 연맹 소속 교회에 추천하기도 했다. 토저는 이 자리를 받아들인 후 이듬해에 기독교선교연맹에서 안수를 받았다. 웨스트버지니아(West Virginia)에 위치한 두 교회를 섬긴 이후에는 오하이오 톨레도(Toledo)에서 사역했는데, 여기서 그는 1924년까지 머문 후, 그해 12월에는 인디애나폴리스(Indianapolis)에 위치한 영향력 있는 연맹에 소속된 교회의 청빙을 받았다.

인디애나폴리스로의 이주는 토저의 사역에서 전환점이라고 할 수 있다. 이 당시까지 그가 목회한 교회는 소규모였고, 그의 설교는 주로 전도 설교였다. 그러나 인디애나폴리스에 있는 교인들은 몇몇 중요한 측면에서 차이를 보였다. 교인의 규모가 이전 교회보다 훨씬 컸고, 교육 수준도 이전 교회들보다 높았다. 교인들이 바란 설교도 전도 설교보다는 목회 설교였다. 설교의 강조점의 변화는 독서와 공부법의 변화를 가져왔고 새롭고 집중적인 연구가 필요해졌다. 새로운 젊은 목사가 매주 공공 도서관에서 큰 책들을 산더미처럼 가지고 왔다 갔다 하는 것은 더 이상 특이한 광경이 아니었다.

인디애나폴리스에서 4년간의 성공적인 사역을 마친 후, 토저는 시카고의 사우스사이드복음태버너클(Southside Gospel Tabernacle, 후에 사우스사이드연맹교회로 개명)의 목사 청빙을 승낙했다. 조건은 심방은 하지 않고, 매일 설교 준비에 필요한 공부와 기도, 묵상의 시간을 갖는 것이었다. 인디애나폴리스에 있던 4년 동안 토저는 하나님께서 자신을 특별히 설교와 가르침을 위해 부르셨다는 확신을 갖고 있었다. 이런 특별한 토저의 요구 조건이 받아들여졌기에, 그는 이후 31년간 시카고에 남아서 사역할 수 있었다.

1946년에서 1950년까지, 기독교선교사연맹(Chrisitan and Missionary Alliance)의 부대표직을 역임했고, 1950년에는 「얼라이언스 매거진」(Alliance Magazine)의 편집장이 되었는데, 2년 정도를 제외하고 사망 시까지 이 자리를 지켰다. 그는 또한 '목사의 연구로부터 나오는 이야기'(Talks from a Pastor's Study)라는 아침 라디오 프로그램을 진행했는데, 이는 무디성경학교(Moody Bible Institute)의 라디오 방송국(WMBI)를 통해 방송되었다. 1959년에는 토론토로 이주하여 애버뉴로드연맹교회(Avenue Road Alliance Church)의 설교 목사직을 수행했다. 그는 사망한 1963년까지 여기에 머물렀다.

오늘까지 토저를 유명하게 만든 것은 저술이었다. 그는 총 9권을 출간했는데, (7권은 시카고에 있을 때, 나머지 책들은 토론토에 있을 때 출판) 거의 30권에 가까운 편집본들이 그의 사후에 다양한 서적과 설교 녹음 등에서 발췌되어 출판되었다. 가장 유명한 것은 영적 담화를 다룬 『하나님을 힘써 알자』(The Pursuit of God, 1948)와 하나님의 속성에 대한 연구서 『거룩한 분에 대한 지식』(The knowledge of the Holy, 1961)이다.

그러나 저술이 성공적이었고 영향력도 있었지만, 토저는 여전히 설교자이자 가르치는 사람이기를 원했다. 저서 대부분은 설교 편집본이었고, 밤과 낮, 기도, 독서와 묵상 등은 설교를 준비하는 과정이었다. 그의 설교의 핵심 주제는 사람, 성령의 역사, 마음의 청결, 그리스도의 임재, 예배의 중요성 등이었다. 그는 하나님의 말씀을 강해하는 설교는 교회를 위한 명령이지만, 그러나 강해 설교만으로는 설교의 내용이 영적 성숙을 보장할 수 없다고 믿었다.

『하나님을 힘써 알자』의 서문에서 토저는 이렇게 말했다.

"우리의 영을 살찌우는 것은 하나님의 말씀만이 아니라 하나님 자신이다. 청중이 개인의 경험으로 하나님을 찾지 않으면, 또 찾을 때까지, 이들은 진리를 듣는 데 더 진보할 수 없다."

토저가 끊임없이 경고한 것은 복음주의 내부에서 교리의 근본적인 내용과 옳음을 너무 강조하느라 성령의 역사를 무시한다고 인식한 부분이었다.

이런 예언적이고, 어떤 면에서는 신비주의적 주장 때문에 그는 많은 복음주의 주류 흐름에서는 벗어나 있었다. 예를 들어, 그는 전미복음주의협회(National Association of Evangelicals)에 별로 공감하지 않았기에, 일평생 기독교선교연맹이 이 연합 모임에 합류하지 못하도록 하는데 힘썼다.

기독교로서의 토저의 삶의 특징은 집중 훈련과 깊은 묵상이었다. 그에게 신비주의자 페넬론(Fenelon), 클레르보의 버나드(Bernard of Clairvaux), 노리치의 줄리안(Julian of Norwich) 등의 흔적이 강하게 새겨져 있다. 토저의 마지막 책은 시 모음집이었는데, 이 책의 제목은 『기독교 신비 시집』(The Christian Book of Mystical Verse, 1963)이었다. 생애 막바지에 토저는 다음과 같이 말했다.

"나는 하나님은 따뜻하고 인자하시며, 모든 면에서 함께하기에 편한 분임을 깨달았다"(『20세기 선지자』[Twentieth Century Prophet], p. 15).

토저는 1963년 5월 12일 주일에 66년의 생을 마감했다. 묘비에는 '하나님의 사람'이라고 새겨졌다.

참고문헌 | D. J. Fant, *A. W. Tozer: A Twentieth Century Prophet* (Harrisburg: Christian Publications, 1964); J. L. Snyder, *In the Pursuit of God: The Life of A. W. Tozer* (Camp Hill: Christian Publications, 1991).

C. W. MITCHELL

에이미 셈플 맥퍼슨(Aimee Semple Mcpherson, 1890-1944)

복음전도자, 국제사중복음교회(International Church of the Foursquare Gospel)의 설립자. 그녀는 캐나다 온타리오 잉거솔(Ingersoll) 근처의 조그만 마을인 서포드(Salford)에서 1890년 10월 9일에 출생했다. 부모인 제임스 케네디(James Kennedy)와 미니 케네디(Minnie Kennedy)는 농장을 꾸리며 평안한 가정을 꾸려나가고 있었다. 아버지 제임스 케네디는 자신의 첫 번째 부인이 출석하던 감리교회에 다녔으며, 미니 케네디는 반대로 온타리오(Ontario) 구세군교회(Salvation Army)에 출석하며 활발하게 활동했다. 에이미 맥퍼슨은 부모의 신앙에 관심이 많았는데, 이는 앞으로의 사역에 밑거름이 되었다.

에이미 맥퍼슨은 어린 시절에 웅변과 연주에 탁월한 재능을 보였다. 그녀는 고입시험을 통과하여 잉거솔고등학교에 입학했다. 지역 신문사에서 개최한 인기 경연 대회에서 1등을 차지함으로 그녀 인생에 처음으로 잉거솔 지역을 떠나 토론토를 방문할 기회를 얻었다. 또래 아이들과는 달리 기도회에 참석하여 '무릎을 꿇고 기도하는 훈련'(knee drills), 극적인 자기표현이 특징인 구세군 모임에 헌신적으로 참여한 것 외에는, 그녀는 다른 여느 또래들과 마찬가지로 전형적인 온타리오 남부의 개신교인 십대 청소년이었다.

1907년 겨울의 어느 날, 에이미 맥퍼슨은 자신의 학교 근처에서 선교집회가 열린다는 사실을 알고 아버지를 졸라 함께 그 집회에 참석했다. 집회 인도자는 아일랜드 이민자였던 로버트 셈플(Robert Semple)이었는데, 그는 당시 성장하고 있던 오순절운동을 이 도시에도 소개하려고 했다. 이날 그의 설교의 핵심은 히브리서 13:8의 고백이었다.

"예수 그리스도는 어제나 오늘이나 영원토록 동일하시니라"(히 13:8).

그는 이 말씀이 신약 시대의 기독교가 성령의 다양한 은사들을 모두에게 부어 주신다는 것으로 해석했다. 그는 청중에게 성령세례를 달라고 간절히 기도해야 한다고 가르쳤다. 성령세례의 증거는 방언이라고도 주장했다. 셈플의 메시지들은 그가 최근에 새롭게 받아들인 신앙고백이었다. 1906년 겨울부터 많은 사람들이 오순절운동을 받아들이기 시작했는데, 셈플은 하나님의 섭리로 사도적 기독교가 회복되었다는 기쁜 소식을 전파하는 데 여념이 없었다. 에이미 맥퍼슨에게 이런 메시지는 매우 흥미롭게 다가왔으며, 부흥사의 외침 또한 혼을 빼놓을 정도로 매력적이었다.

부모의 반대에도 불구하고 에이미 맥퍼슨은 학교 과제를 멀리하고 성령세례를 받기 위해 열심히 기도했다. 얼마 되지 않아 학교에 등교하지 않고 기도 모임에 참석하는 횟수가 점점 많아졌다. 부모는 그녀가 오순절집회에 참석하지 못하도록 했지만, 그 열정을 꺾을 수는 없었다. 결국 그녀는 방언을 하기 시작했고, 계속해서 오순절집회에 참석하면서 이 신앙을 더욱 키워 나갔다. 1908년 8월 12일에 에이미 맥퍼슨은 아버지의 농장 잔디밭에서 구세군 예식으로 셈플과 결혼식을 올렸다.

셈플 부부는 온타리오 스트렛퍼드(Stratford)에 신혼집을 마련하여 살았다. 셈플은 오전에는 철도원으로, 밤에는 조그만 오순절선교회에서 설교를 하며 생계를 이어 나갔다. 그렇게 몇 달을 지낸 후 런던으로 이주하여 새 오순절선교회를 시작했고, 이후에는 시카고로 이주하여 1909년 한 해 동안 유명한 오순절 부흥사 윌리엄 더럼(William Durham)을 도와 사역했다. 더럼이 사역하던 곳은 주로 스칸디나비아와 독일 이민자들이 생활했던 시카고의 노스애버뉴(North Avenue) 지역이었다.

오순절주의자들에게 '권능의 집'이라고 불렸던 이 선교회는 매우 저명한 오순절 소식지인 「더 펜테코스탈 테스티모니」(*The Pentecostal Testimony*)를 발행했는데, 미국의 철도 요충지로서의 지리적 이점 때문에 전국 각지의 오순절주의자들이 이곳에 모여 회의와 모임을 개최하기도 했다. 1년간의 바쁜 사역을 마친 셈플 부부는 캐나다로 돌아가 부모님께 마지막 인사를 한 후 중국선교에 헌신하기로 다짐했다. 부부는 토론토에 위치한 헵던오순절선교회(Hebden Pentecostal Mission)에서 가슴 뭉클한 파송 예배를 드린 후 배를 타고 아일랜드로 떠났다.

부부는 아일랜드에서 셈플의 가족들과 몇 주간 함께 지낸 후, 다른 오순절주의자들과 함께 잉글랜드를 여행한 직후 홍콩으로 출발할 채비를 했다. 1910년 6월 1일에 홍콩에 도착해 중국 본토에서의 선교를 간절히 소망하고 있던 다른 오순절 선교사들과 합류했다. 부부는 머물 집을 구하고 언어 교사를 채용했다. 그러나 이질과 말라리아에 감염된 부부는 마틸다병원에서 생사의 경계를 넘나들게 되었으며, 결국 남편 로버트는 1910년 8월 19일 숨을 거두었고 에이미 맥퍼슨만 살아 남았다.

에이미 맥퍼슨은 점차 건강을 회복한 후 9월에 딸 로베르타(Roberta)를 순산했다. 에이미 맥퍼슨은 이제 막 태어난 로베르타를 안고 고향으로 돌아가는 길을 나섰다. 모든 꿈이 산산조각 나버린 에이미 맥퍼슨은 기차를 타고 미국 대륙을 횡단하여 뉴욕에서 어머니와 재회했다. 에이미 맥퍼슨의 어머니 미니는 당시 유니온스퀘어(Union Square)에 자리한 구세군 본부에서 임시로 일을 거들고 있었다. 이제 에이미 맥퍼슨도 어머니를 따라 구세군의 유니폼을 입었다.

1912년 2월 5일, 에이미 맥퍼슨은 어머니 미니의 반대 때문에 로버트와 사랑의 도피를 했던 시카고에서 젊은 사업가 해럴드 맥퍼슨(Harold McPherson)을 만나 결혼했다. 이 둘은 해럴드의 고향 마을인 로드아일랜드 프로비던스(Providence)에 거처를 마련했다. 1913년 3월 23일에 에이미 맥퍼슨은 롤프(Rolf)라는 아들을 얻었다. 해럴드는 가족을 끔찍이도 아꼈으며, 특히 로버트 셈플의 딸 로베르타를 정성을 다해 돌보아 주었다.

그러나 에이미 맥퍼슨은 조급함에 사로잡혔다. 자신과 로버트에게 주어진 하나님의 소명으로부터 너무 멀리 왔다는 두려움에 사로잡혔다. 이 때문에 에이미 맥퍼슨은 1915년 6월에 자신의 아이들을 데리고 해럴드를 떠나 어린 시절을 보낸 온타리오로 돌아갔다. 그녀가 오순절 캠프집회에 참석할 때면 부모가 손주들을 돌보아 주었다. 힘든 시간을 보낸 에이미 맥퍼슨은 점차 안정을 찾았고, 소명을 발견해 나갔다. 캠프집회가 끝난 후, 그녀는 온타리오 마운틴포레스트(Mt Forest)에서 진행되었던 전도집회에서 처음으로 말씀을 선포하기도 했다. 해럴드도 온타리오로 이주하여 가족과 함께 지내게 되면서, 에이미 맥퍼슨이 선교를 할 수 있도록 도와주기로 결정했다. 에이미 맥퍼슨의 가족은 수년 동안 성경구절과 여러 문구들이 적힌 '복음 자동차'(gospel car)를 타고 동부 해안을 오르내리며 선교활동을 했다. 이들은 텐트를 구입했고, 해럴드는 앞으로의 이동 계획을 주관하며 집회를 준비했다.

복음전도집회에 참여하는 사람들이 점차 증가했고, 에이미 맥퍼슨은 동부 해안 일대에 파란을 일으켰다. 그러나 해럴드는 아내의 일에 그다지 공감하지 않았다. 그는 1918년 아내를 떠나 자신의 사업장이 있던 프로비던스로 돌아갔다. 이들은 1922년에 조용히 이혼에 합의했다. 미니가 해럴드를 대신하여 에이미 맥퍼슨의 사역에 동참했고, 에이미 맥퍼슨을 위해 아이들을 돌보아 주었다. 미니는 사업 수완을 발휘하여 에이미 맥퍼슨의 선교사역이 확장되는 데 큰 도움을 주었다. 1918년에는 월간지 「더 브라이덜 콜」(The Bridal Call)을 발간하기도 했다.

에이미 맥퍼슨은 1918년 후반에 선교회 본부를 로스앤젤레스로 옮겼다. 그녀는 차를 타고 새로 생긴 도로를 따라 전국을 순회하며 전도책자들을 나누어 주었다. 이후 4년 동안 미국 전역을 다니면서 부흥사로서의 명성을 쌓아 나가기 시작했다. 덴버, 세인트루이스, 로체스터(뉴욕), 오클랜드, 볼티모어, 위니펙에서 열린 부흥집회에는 집회 장소가 터져 나갈 정도로 사람들로 찾아왔다. 샌디에고집회에서는 수많은 청중이 발보아 공원으로 몰려들었고, 새너제이집회에서는 거대한 천막 안에서 설교를 했다.

'여자 빌리 선데이'란 별명을 얻은 에이미 맥퍼슨은 사람들을 휘어잡는 뛰어난 언변으로 직설적인 복음주의 메시지를 전했다. 사람들의 요청에 응해서 치유를 위한 기도 시간을 따로 가졌다. 모든 교단 소속 목회자가 그녀가 강단에 서는 것을 환영했으며, 그녀의 성공에 아낌없는 찬사를 주었다. 그녀는 이런 대중집회에서 방언 같은 특수한 오순절 성령체험에 대해서는 말을 아꼈다. 특별한 성령세례를 원하는 사람들은 따로 기도 모임을 가졌다. 오순절주의자들은 에이미 맥퍼슨이 부흥집회에서 예언과 방언 같은 외적인 은사를 구하는 자들을 배제하고 있다고 비난했다. 에이미 맥퍼슨은 스스로를 오순절주의자로 규정하고 있었지만, 이 운동과 어느 정도 거리를 두고 있었는데, 자기 설교에서 사도행전 2:4("그들이 다 성령의 충만함을 받고 성령이 말하게 하심을 따라 다른 언어들로 말하기를 시작하니라")보다는 히브리서 13:8("예수 그리스도는 어제나 오늘이나 영원히 동일하시니라")을 출발점으로 삼고 더 강조했기 때문이다.

에이미 맥퍼슨은 1923년 1월 1일에 글렌데일 불러바드와 선셋 불러바드가 만나는 교차로에 5,300석을 갖춘 돔 형식의 엔젤러스템플(Angelus Temple)을 봉헌했다. 에코공원 건너편에 위치한 이 거대한 예배당에는 24시간 직원이 상주했던 기도탑이 있었다. 예배가 시작되기 몇 시간 전부터 사람들이 줄을 서서 입장을 기다렸고, 예배당에 들어가지 못한 사람들을 위해 에코공원에 예배를 중계하기도 했다. 에이미 맥퍼슨은 1924년에 로스앤젤레스 지역에서 세 번째로 설립된 라디오 방송국(KFSG[Kall Four Square Gospel])을 인수하여 방송선교를 시작했다. 1925년에는 앤젤러스템플을 증축하여 '사중복음전도의 등대'라는 의미의 라이프(LIFE, Lighthouse of Foursquare Evangelism)로 명명하여 봉헌했다.

그녀는 성전이 완공된지 한 달 후 성경학교를 설립했다. 이 학교는 후에 큰 성장을 이루게 되며 사역의 중심으로 자리매김했다. 에이미 맥퍼슨의 남은 생애에 이 학교는 대중에게 큰 관심을 얻게 되었고, 이 학교를 통해 수천 명의 남녀 선교사, 목회자, 부흥사가 배출되어 그녀의 에코파크전도협회(Echo Park Evangelistic Association) 사역을 돕게 된다. 이 학교 학생들은 수많은 사람을 템플로 인도하는 등 대중 복음전도 집회에 큰 공헌을 하게 된다. 그녀의 뛰어난 설교는 일요일 저녁마다 자석처럼 수많은 사람을 템플로 끌어들였다.

쇼에 환장한 도시에서 가장 화려한 쇼라는 비판을 받은 에이미 맥퍼슨의 집회는 우선 강단부터가 헐리우드 영화 제작 전문가들의 도움을 받아 제작된 무대와 같았고, 화려한 의상을 입은 배우와 심지어 살아 있는 동물까지 등장했다. 에이미 맥퍼슨은 설교 사례비를 받지 않았고, 로스앤젤레스시는 군중을 집회 장소로 이동시키기 위해 버스 배차까지 추가로 편성했다. 에이미 맥퍼슨의 극적 재능과 언변을 통해 수많은 대중이 그녀를 이 쇼의 주인공으로 생각하기까지 했다. 그녀는 직접 복음성가와 오페라를 작곡했고, 이를 템플에서 연주하기도 했다.

에이미 맥퍼슨은 1923년에 템플에서 전해지는 메시지를 '사중복음'(Foursquare Gospel)이라고 공식 명명했다. 에이미 맥퍼슨의 시기에 이 '사중'이라는 말은 완전한 사람 내지는 완전한 것을 통칭하는 단어였다. 킹제임스성경은 이 '사중'이라는 용어를 천국의 도시를 의미하는 단어로 사용했다. 에이미 맥퍼슨의 '사중복음'은 네 개의 구별된, 그러나 서로 연결된 주제를 담고 있었다. 즉 '유일한 구원자인 예수님, 위대한 치유자인 예수님, 성령으로 세례를 베푸시는 예수님, 앞으로 올 신랑인 우리 주 우리 왕 예수님'이 그것이다.

에이미 맥퍼슨은 1922년에는 오스트레일리아로 건너가 오순절운동을 태동시키는 데 최선을 다했다. 1926년, 에이미 맥퍼슨은 딸 로베르타와 함께 아일랜드에 있던 셈플의 가족을 만났다. 이어서 이스라엘을 방문했다. 템플의 모든 사역은 과거 시카고의 무디교회(Moody Church) 목사이자 유명한 부흥사인 폴 레이더(Paul Rader)에게 맡겼다.

1926년 5월 18일, 그녀가 갑작스레 실종된 사건은 온 나라를 떠들썩하게 만들었다. 라디오 방송과 오랜 기간 동안의 순회설교를 통해 그녀는 전국적인 유명 인사가 되어 있었고, 언론이 그녀의 일거수 일투족을 확대 재생산하면서 사람들의 호기심을 더욱 자극하고 있었다. 에이미 맥퍼슨은 산타모니카 해변을 거니는 와중에 실종되었다. 몇 주 동안 그녀의 시체를 찾기 위한 정밀 수색이 진행되었고, 미니는 6월 20일에 엔젤러스템플에서 추모 예배를 드리면서 이 모든 사태를 정리하고자 했다.

그러나 6월 23일에 새로운 소식이 전해졌다. 에이미 맥퍼슨은 자신이 애리조나 더글러스(Douglas)에 있는 한 병원에서 어머니에게 전화를 걸어 자신이 납치되었다가 가까스로 탈출했다는 소식을 전했다. 에이미가 6월 26일 로스앤젤레스로 화려하게 돌아오기도 전에 몇몇 사람들은 그녀의 주장에 의문을 표하기도 했다.

1926년 남은 해에 언론은 배심원단의 조사를 놓고 여러 소설 같은 이야기를 써 내려가기 시작했다. 지방 검사가 납치에 관련된 범죄 사실을 증명하지 못하면서 이 사건은 취하되었다. 이에 대해 에이미 맥퍼슨 지지자들은 로스앤젤레스시 정부가 납치범을 검거하는 노력을 기울이기 보단 에이미 맥퍼슨을 흠집내기 위해 수백만 달러에 달하는 집회 자금을 조사했다고 불평했다. 그러나 이들은 배심원 매수와 로맨틱한 밀회에 대해서는 침묵했다. 1927년 초, 에이미 맥퍼슨은 자신의 정당성을 홍보하기 위한 전국 순회집회를 진행했다. 뉴욕과 시카고와 같은 대도시뿐만 아니라 중소 도시들을 다니며 집회를 인도하며 자신의 세를 과시했다. 그러나 1926년 이후에는 언론조차 그녀에게 등을 돌리기 시작했다.

1920년대 후반 에이미 맥퍼슨의 조직에 큰 변화가 일어났다. 어머니 미니가 앤젤러스템플의 공식 활동에서 물러나면서, 조직 내에서도 딸의 일에 더 이상 관여하지 않게 되었다. 아들인 롤프가 대신하여 에이미의 일을 도와주었지만, 그녀는 외로웠고 또한 자주 아프기까지 했다. 1931년 9월 13일에 롤프는 로나 디 스미스(Lorna Dee Smith)와 결혼했고, 에이미 맥퍼슨은 몇 달 후 자신보다 11살 연하인 가수 데이비드 휴턴(David Hutton)과 결혼했다. 그들의 결혼식은 그녀가 사랑했던 드라마를 그대로 재현한 듯 보였다. 이들은 이른 아침 집회에 참석하기 위해 라스베이거스로 날아갔고, 다시 앤젤러스템플집회에 참석하기 위해 로스앤젤레스로 되돌아왔다. 에이미 맥퍼슨은 이 집회에서 참석한 모든 사람들에게 자신의 세 번째 남편을 소개했다. 그러나 둘의 결혼 생활은 3년을 채우지도 못하고 끝이 났다. 사실 이 두 사람은 3년간의 결혼 생활 대부분을 떨어져서 지낼 수밖에 없었다. 이런 그녀의 모습에 대중은 더 이상 호감을 보이지 않았다. 지역 목회자들은 그녀의 간섭을 더 이상 참지 못하고 조직에서 이탈했고, 소속 교회의 숫자 또한 줄어들기 시작했다.

1936년에 에이미 맥퍼슨은 템플의 운영을 두고 딸과 갈등을 일으키다가 서로에게 등을 돌리는 지경에까지 이르렀다. 어머니뿐만 아니라 딸과도 등을 돌린 에이미 맥퍼슨은 판단력조차 흐려지게 되면서, 여러 잘못된 조언으로 인해 영화 산업과 묘지 조성 사업에 투자한 많은 돈을 탕진했다.

1930년대 경제 대공황으로 신음하게 되면서, 떠들썩했던 1920년대의 영광과는 다른 분위기가 나라를 뒤덮고 있었다. 에이미 맥퍼슨은 좋지 않은 건강에도 불구하고 많은 지역을 여행했다. 에이미 맥퍼슨은 1930년대에 전 세계를 다니며 복음전도집회를 가지는 와중에 파리에서 수술을 하기도 했고, 인도에서는 간디를 만나기도 했으며, 찰리 채플린을 스페인에 있는 그의 별장에서 만나기도 했다. 브로드웨이에서 잠시 지내면서 여러 공연들을 즐기기도 했다. 에이미의 조언자들과 재정 담당자들은 1930년대 후반 미국의 경제 대공황을 이겨 내기 위해서는 외부 행사와 사업을 가차 없이 제한하고, 종교 기관으로서의 조직을 더 가다듬어야 한다고 주장했다.

에이미 맥퍼슨이 1930년대의 여러 기관사역 중에서 가장 자랑스러워했던 것은 도시의 수천 명의 빈민들에게 옷과 음식을 제공했던 앤젤러스템플보급소(Angelus Temple Commissary)의 구제 프로그램이었다. 그녀는 사람들의 마음을 움직이는 데 탁월한 능력을 가지고 있었다. 도움이 필요한 사람들을 구제하는 일에 동참하라고 사람들을 설득했고, 그녀가 주창한 프로그램은 공립 및 사립 구제 프로그램의 모델이 되었다.

제2차 세계대전의 와중에 에이미 맥퍼슨은 전시 채권을 구입하라고 사람들을 설득했다. 몇 년간 전도집회를 중단했던 에이미 맥퍼슨은 1944년 9월에 오클랜드집회를 시작으로 전도집회 프로그램을 재개했다. 전도집회의 성공을 확신했던 에이미 맥퍼슨은 9월 26일 낮에는 퍼레이드 행진을 하면서 전도집회를 인도했고, 저녁에는 자신의 인생 이야기를 담은 인기 있는 공연을 보여 주었다. 다음 날 아침 아들 롤프는 호텔방에서 의식 불명 상태에 있는 에이미 맥퍼슨을 발견했다. 여러 종류의 약을 오용해서 의식불명에 빠진 것이 확실해 보였다. 다시 찾은 에이미 맥퍼슨의 열정을 칭송하는 데 앞장섰던 캘리포니아의 신문들은 9월 27일 저녁에 부고를 알렸다. 에이미 맥퍼슨의 교우들은 그녀의 삶이 헛되지 않음을 보여 주었다. 이들은 에이미 맥퍼슨의 시신을 2주 동안 안치했고, 54번째 생일인 1944년 10월 9일에 장례식을 치르기로 결정했다. 사실 이 날은 그녀를 추종했던 사람들이 그렇게 고대했던 특별한 날이기도 했다. 그녀는 집회를 인도하면서 자신의 인생 역경을 사람들에게 드라마틱하게 보여 주는 데 탁월한 능력이 있었다.

앤젤러스템플에 놓인 관을 앞에 두고 5만 명에 달하는 조문객이 눈물을 머금고 있었다. 세 시간 정도 진행된 장례식에는 그녀의 전도집회에서 연주되었던 희망찬 복음성가들이 울려 퍼졌다. 글렌데일(Glendale)의 거대한 포레스트로운(Forest Lawn) 공원 묘지에서 거행되었던 비공개 장례식에는 사전에 선발된 2천 명의 조문객이 참석하여 그녀의 죽음을 안타까워했다.

그녀는 파란만장한 삶에도 불구하고 자신이 이끌던 조직이 성장할 수 있는 토대를 마련했다. 전 세계에서 사역을 이어 나가고 있던 국제사중복음교회(International Church of the Foursquare Gospel)는 에이미 맥퍼슨의 비전을 더욱 확장해 나갔다. 전 세계의 사중복음교회 건물 내부에는 에이미 맥퍼슨이 사역의 기치로 내세웠던 "예수 그리스도는 어제나 오늘이나 영원토록 동일하시니라"(히 13:8)는 성경구절이 새겨져 있다.

참고문헌 | E. L. Blumhofer, *Aimee Semple McPherson: Everybody's Sister* (Grand Rapids: Eerdmans, 1993); D. M. Epstein, *Sister Aimee* (New York: Harcourt, Brace, Javanovich, 1993); A. S. McPherson, *This is That* (Los Angeles: Echo Park Evangelistic Association, 1919).

E. L. BLUMHOFER

에이미 카마이클(Amy Carmichael, 1867-1951)

선교사이자 저술가. 그녀는 1867년 12월 16일에 북아일랜드 밀아일(Millisle)에서 태어났다. 일곱 아이 중 맏이였던 카마이클의 아버지 데이비드는 스코틀랜드언약도(Covenanters) 가문 출신이었고, 어머니 캐서린은 그들을 핍박한 이들과 친한 가문 출신이었는데, 카마이클은 자신의 이런 뒤섞인 배경을 중요하게 생각했다.

어린 시절에 카마이클은 여러 형태의 장난을 주동하며 몸으로 하는 모험을 즐긴 활력이 가득한 아이였다. 카마이클 가정에는 엄격한 규율, 재미, 생명력 넘치는 신앙, 정기적인 가족 기도가 있었다. 먼저 집에서 교육받은 후, 12살에 요크셔의 말보로하우스(Marlborough House)에 있는 기숙학교로 보내졌는데, 그녀는 이 학교를 끔찍이 싫어했다.

그러나 여기서의 교육 과정이 끝나가던 15살에 카마이클은 해로게이트(Harrogate)에서 열린 어린이특별봉사선교회(Children's Special Service Mission)집회에서 회심했다. 곧이어 아버지의 재정난 때문에 집으로 돌아왔지만, 아버지는 이 문제 때문에 병을 얻어 54세가 되던 1885년에 이른 죽음을 맞았다.

이 시기에 가족은 벨파스트(Belfast)로 이사했는데, 거기서 카마이클은 다양한 종교 활동과 선교에 참여했지만 삶에 영적으로 결여된 것이 있다고 느꼈다. 1886년 9월, 글라스고우(Glasgow)의 친구들을 방문했다가 케직사경회(Keswick Convention)와 관련된 한 집회에서 중요한 영적인 경험을 하게 되는데, 이로 인해 이후 그녀는 이 운동과 여러 관계를 맺게 된다. 특히, 카마이클 가족과 케직운동 창립자 중 하나인 로버트 윌슨(Robert Wilson) 사이에 형성된 우정은 특별했다.

벨파스트에 있을 때 그녀가 시작한 사역, 즉 여공들(shawlies, 아일랜드에서 주로 어깨에 숄을 걸치고 일하던 여공들을 비하하며 지칭하던 표현-역주)을 위한 사역은 계속 성장하고 발전했다. 1889년 1월에는 선교를 위한 새로운 건물이 세워졌다. 이 사역을 통해 카마이클은 재정 지원을 요청하거나 모금하기보다 기도에 의존하는 원리를 발전시켰는데, 이 원칙은 후에 인도에서도 적용되었다. 같은 해 후반에 카마이클과 그녀의 어머니는 그 지역 여공들을 위해 일해 달라는 초청을 받아들여 맨체스터로 이주했다.

병으로 사역을 지속하는 것이 어려워지자, 카마이클은 로버트 윌슨의 죽은 딸을 대신하여 그를 돕기 위해 윌슨의 집으로 이사했다. 윌슨이 죽는 날까지 그 집에서 살려고 계획했지만, 1892년 초에 카마이클은 '가라'고 말씀하시는 분명한 선교의 부르심을 감지했다.

어머니와 로버트 윌슨을 떠나는 것은 큰 고통이었지만, 결국 그녀는 1893년에 중국을 거쳐 일본으로 가는 배를 탔다. 카마이클은 일본에서는 1년만 머물렀다. 그 기간에 몇 마을에서 선교하며 긍정적인 결과도 어느 정도 얻었다.

그러나 병으로 고생하면서 다시 고향으로 돌아가는 배를 탔다가 실론(스리랑카-역주)에 잠시 머물렀다. 방갈로르(Bangalore, 인도 남부 Karnataka주의 주도-역주)의 기후가 그녀의 건강에 더 좋으리라는 충고를 들은 카마이클은 1895년 11월 9일에 인도에 도착했다. 이후 언어 습득이라는 지루한 시간과 동료 선교사들과의 갈등도 시작되었다. 결국 그녀는 타밀어(Tamil) 습득의 도움을 받기 위해 티네벨리(Tinnevelly) 지역의 선교사 워커(Walker) 가족에게로 갔다. 이때 맺은 우정은 탄탄했고, 이후 수년 동안 그녀에게 유용한 도움이 되었다.

일본에서처럼, 카마이클은 처음에는 마을 사역에 참여했는데, 이때 그녀의 재정 후원이 이전처럼 케직위원회에서 지속되었음에도 불구하고, 교회선교회(CMS) 내 제나나(Zenana, 인도 등 동양에서 여성이 고립되어 거주하던 특별 공간-역주)선교회의 후원 아래 이 일을 했다. 개종한 여인들이 조금 있었고, 특히 아이들이 카마이클이 시작한 모임에 관심을 보였다. 그러나 힌두 사원에서 탈출한 소녀 펄(Pearl)과 연관된 예상치 못한 사건으로 그녀의 선교방향이 바뀌었다.

카마이클은 자신이 이 일을 하는 선교사라고 공식적으로 지칭한 적이 없음에도 불구하고, 신전 매춘에서 소녀들을 구하는 일에 헌신해야 한다고 확신하게 되었다. 그래서 1901년에 아이들을 위한 작은 가정이 세워졌고, 이 집을 중심으로 미래에 도나버선교회(Dohnavur Fellowship)가 공식 발족했다. 바뀐 사역의 자연스러운 결과로, 몇 년 안에 그녀의 활동은 교회선교회 사역의 일부가 되었지만, 케직과 계속해서 늘어나고 있던 후원자들의 후원은 멈추지 않았다.

초기 단계에서는 어린 아기들이 죽는 등 실수가 있었다. 그러나 시간이 가면서, 점점 더 많은 소녀들이 그들의 새집에 들어와 사랑과 안정을 찾았다. 많은 이들이 성인으로 자라 이 공동체의 중심이 될 때까지 머물렀다. 1909년부터는 힌두교 예배에 동반되는 연극에 참여하던 위기에 처한 소년들을 위한 비슷한 사역이 계발되었다. 이 사역의 의료 분야 사업도 머레이 웹-페플로이(Murray Webb-Peploe)의 주도로 진행되었다. 1928년에는 주변 지역의 사람들을 위한 병원 부지를 살 돈이 처음 지불되었고, 병원은 얼마 후에 지어졌다. 카마이클이 사망할 무렵에는 900명이 넘는 사람들이 그녀의 '가족'이었다. 이런 성장하는 공동체에는 음식, 교육, 아이들의 놀이 기회 등 필요한 것이 많았다. 이 모든 필요에 그들은 하나님을 신뢰하려고 했고, 전 세계에 있는 사람들이 재정과 기도로 이 모험을 후원했다. '엄마'(Amma)라는 호칭으로 불린 카마이클은 모든 면에서 이 자라나는 가족을 이끄는 추진력이자 영감의 원천이었다.

도나버선교회의 바쁜 일상 중에서도 카마이클은 그들의 사역 경험과 사역 중에 만나는 어려움과 기쁨을 정리한 여러 책을 쓸 시간을 냈다. 이 책들로 선교회의 사역이 새롭게 대중에 알려졌고, 새로운 후원자들이 나타났다. 공동체의 초기 생활을 묘사한 『황금 끈』(*Gold Cord*, 1932)에 이어 공동체에서 재정이 어떻게 사용되었는지를 설명한 『창문들』(*Windows*, 1937) 같은 다른 작품들이 나왔다. 신자의 일상 신앙생활을 돕기 위한 책들 중에는 병에 대한 그녀의 생각을 담은 『가시에서 나온 장미』(*Rose from Briar*, 1933)와 『그의 생각이 말하다, 그의 아버지가 말하다』(*His Thoughts Said, His Father Said*, 1941) 등이 있었다. 카마이클은 다 합쳐서 35권 이상의 책을 썼는데, 이 중 많은 책이 여전히 출판되고 있다.

카마이클의 영성이 어떤지는 이런 책들을 통해 알 수 있다. 처음에는 장로교 방식으로 양육받아 형성된 영성이 케직운동을 통해 새로운 통찰을 얻었다. 케직의 강조, 특히 복종과 희생이 그녀의 작품의 주제가 되었다. 그녀는 또한 토마스 아 켐피스(Thomas à Kempis)와 프란치스코 하비에르(Francis Xavier)부터 새뮤얼 러더퍼드(Samuel Rutherford), 엘리스 홉킨스(Ellice Hopkins), 조세핀 버틀러(Josephine Butler)까지, 다양한 전통에 속한 그녀 이전 시기 저술가들의 영성을 감동적으로 혼합함으로써 영감을 구현했고, 이런 부요함을 자기 작품에 녹여냈다. 그리스도와 기도의 중심성, 도나버공동체(Dohnavur community)의 하나됨의 필요성, 자신과 다른 이들에게 세운 높은 사역 기준에 대한 카마이클의 믿음이 그녀의 영성의 특징이 되었다. 어떤 사람들은 카마이클을 독재적이고 독단적이라고 했고, 신참이 그녀의 사역 기준에 맞지 않아 떠나게 되었을 때처럼 그 방식이 어려움을 야기하고 모든 관련자들에게 고통을 가져다 준 경우도 있었다. 그러나 많은 이들은 선교회에서 영구적인 안정감을 찾았다.

1931년 10월에 '엄마'는 공동체의 몇 회원이 이주할 계획으로 준비하고 있던 몇 마일 떨어진 마을의 한 집을 방문했다가 떨어져 다리가 부러지고 척추에 손상을 입었다. 이때부터 죽을 때까지 점점 더 오랜 시간을 침대에 머물며 환자로 요양해야 했다. 그러나 이 '평안의 방'에서 카마이클은 할 수 있는 한 계속 읽고 쓰고 도나버 사역을 감독했다. 그녀는 종종 공동체의 아이들과 직원들을 격려하는 편지를 썼다. 카마이클은 50년 이상 인도에서 사역하다 1951년 1월 18일에 사망했다.

참고문헌 | E. Elliot, *Amy Carmichael: Her Life and Legacy* (New Jersey: Fleming H. Revell, 1987; Eastbourne: Kingsway, 1988); F. Houghton, *Amy Carmichael of Dohnavur: The Story of a Lover and Her Beloved* (London: SPCK, 1953).

L. WILSON

에이서 그레이(Asa Gray, 1810-1888)

하버드대학교(Harvard University) 식물학 교수이자 미국의 다윈(Darwin) 옹호자. 그는 1810년 11월 18일에 유티카(Utica) 근교 소쿼이트(Sauquoit)에서 모지스 그레이(Moses Gray)와 록산나 그레이(Roxanna Gray) 사이에서 태어났다. 1825년에 페어필드아카데미(Fairfield Academy)에 들어간 후 페어필드의과학교(Fairfield Medical School)로 전학했다. 1831년에 의학박사학위를 받고 졸업했지만, 의료 활동을 하지는 않았다. 1828년 이후 그는 식물학의 매력에 끌려 다음 11년을 식물학계에서 경력을 쌓았다. 1832년부터 유티카(Utica)에서 과학을 가르쳤고, 1835년부터는 뉴욕 라이시엄(Lyceum, 고대 아테네의 학당 리케이온에서 따온 이름-역주)박물관 관장으로 일했다.

이 시기에 에이서 그레이는 뉴욕과 이외 지역에서 꽃을 연구했다. 1836년에는 월크스원정대(Wilkes expedition, 1838년에서 1841년까지 남태평양 전역과 북미 서부 해안 지역을 탐사한 미국 정부 공인 원정대로 찰스 월크스가 이끌었다-역주)의 식물학자로 임명되었으나, 원정대가 출발하기 직전에 사임했다. 이 시기에 식물학자 토레이(Torrey)와 함께『북미의 꽃』(*Flora of North America*, 1838-1843)을 출간했다. 1838년에 에이서 그레이는 미시간대학교(University of Michigan) 식물학 교수로 임명되었으나, 실제 교수로 활동하지는 않았다. 1838년부터 필요한 책을 찾고 유럽의 여러 식물 표본실에 있는 기준 표본을 연구하기 위해 1년을 유럽에서 보냈다.

1842년에 하버드대학교의 자연사 교수로 임명된 후에는 여생을 하버드에서 보냈다. 에이서 그레이는 그 시대 최고의 식물학자였다. 매사추세츠 케임브리지에 그가 구축한 식물 표본실은 미국에서 가장 훌륭한 표본실이 되었다. 그는 여행을 많이 했고, 유럽도 다섯 차례(1850, 1855, 1868, 1880, 1887) 방문했으며, 그 와중에 다윈도 몇 차례 만났다. 에이서 그레이는 1848년에 자신의 일을 돕고 자서전과 편지들을 편집한 제인 래스롭 러빙(Jane Lathrop Loving)과 결혼했다. 1835년부터 사망할 때까지, 에이서 그레이가 쓴 식물학 관련 저술은 방대했다. 가장 중요한 작품『미국 북부 식물학 도감』(*Manual of the Botany of Northern United States*, 1848)은 여러 판이 나왔다.

에이서 그레이는 1859년 이후 미국에 다윈 사상을 보급한 중요한 인물이기도 했다. 그를 통해 많은 개신교인이 다윈 사상을 받아들였기에, '다윈의 불독'(Bulldog)이라 불린 헉슬리(Huxley)에 빗대어 '다윈의 리트리버'(Retriever)로 불리기도 했다. 1851년에 잉글랜드에서 다윈을 처음 만난 에이서 그레이는 그와 서신을 자주 왕래했다. 1857년에 다윈은 에이서 그레이에게 자기 이론의 요약본을 보냈고, 1859년에는『종의 기원』(*The Origin of Species*) 한 부를 보내기도 했다.

1860년에 에이서 그레이는 이 책의 미국판 출판을 추진하고, 다윈의 이론을 유신론적으로 해석하며, 「아메리칸 저널 오브 사이언스」(*American Journal of Science*)와「애틀랜틱 먼슬리」(*Atlantic Monthly*)에 호의적 서평을 실었다.

다윈과 에이서 그레이는 서신으로 『종의 기원』의 '신학'을 논했다(M. B. Roberts, *Science and Christian Belief*, 9 [1997], pp. 113-127을 보라). 『사육 동식물의 변이』(*The Variation in Animals and Plants under Domestication*, 1868) 끝부분에서 다윈은 자신이 에이서 그레이의 신학을 받아들일 수 없음을 분명히 하면서, 이렇게 썼다.

> "우리가 그토록 바라고 있음에도 불구하고, 우리는 '변이가 유익이 되는 특정 계통을 따라 갔다'는 에이서 그레이의 믿음을 따를 수가 없다"(vol. II, p. 428).

소년 시절 신앙 훈련을 통해 에이서 그레이는 '재미없는 장로교회를 꽤 막연하게 받아들이는' 수준으로 신앙을 유지했다. 1831년 브리지워터(Bridgewater)에서 제퍼슨주의 이신론(deism)을 접했고, 1835년에는 정통 신앙을 유지했지만 예정은 강조하지 않았던 (뉴욕시 맨해튼-역주) 블리커스트리트교회(Bleecker Street Church)에 합류했다. 뉴욕에 있을 때 에이서 그레이는 한 흑인 주일학교에서 가르쳤고, 후에는 열정적인 반노예제도 사상을 다윈과 공유했다. 1842년에는 아내가 여전히 유니테리언주의자로 남았음에도 불구하고, 자신은 (매사추세츠-역주) 케임브리지의 알브로회중교회(Albro's Congregational Church)로 적을 옮겼다. 에이서 그레이는 자신을 다음과 같이 묘사했다.

> "학적으로는…다윈주의자, 철학적으로는 확신 있는 유신론자, 종교적으로는 기독교 신앙의 해설로서의 '니케아 불리는 공통 신조'를 수용하는 사람"(*Darwiniana*, p. 5).

유니테리언주의 하버드대학교에서 오래도록 경력을 쌓았음에도 불구하고, 그는 니케아 정통 신앙을 유지했다. 에이서 그레이의 신앙은 평화적이었고, 다윈이 에이서 그레이 자신보다 더 무신론자인 것은 아니라고 주장했다. 또한, "성경이 과학을 가르치고 있다고 믿지 않는다"라고 말하며, 진화는 유신론 배경에서든 무신론 배경에서든 일어날 수 있다고 믿었다. 1874년에 「네이션」(*Nation*)에 찰스 하지(Charles Hodge)의 『다윈주의는 무엇인가?』(*What is Darwinism?*)에 대한 서평을 실을 때도 에이서 그레이는 하지의 대답에 부드럽게, 그러나 분명하게 도전하면서 "(다윈주의는) 무신론이다"라며 평화적으로 대응했다.

1874년에 에이서 그레이는 조지 프레더릭 라이트(George Frederick Wright)를 알게 되었는데, 라이트는 에이서 그레이의 1860년 논문들과 여러 중요한 후기 저술들을 담은 『다윈이 아냐』(*Darwiniana*)를 출판하라고 에이서 그레이를 설득했다. 에이서 그레이의 1881년 예일 신학대학원(Yale Divinity School) 강의는 『자연과학과 종교』(*Natural Science and Religion*)라는 제목으로 출간되었는데, 진화와 개신교의 관계를 적절히 조정한 덕에 논쟁을 유발하지 않았다. 이 조정은 1920년대에 스코프 재판(Scopes trial)이 이루어지기까지 거의 손상되지 않고 보존되었다. 놀(Noll)과 리빙스턴(Livingstone)은 에이서 그레이를 '꽤 보수적이고, 비교적 전통적인 기독교인'이라고 제대로 평가한다.

참고문헌 | A. H. Dupree, *Asa Gray* (Cambridge: Belnap, 1988); J. R. Moore, *The Post-Darwinian Controversies* (Cambridge: Cambridge University Press, 1979).

M. B. ROBERTS

엘리자베스 프라이(Elizabeth Fry, 1780-1845)

감옥 개혁에 힘쓴 퀘이커교도. 그녀는 1780년 5월 21일에 잉글랜드 노리치 근교 얼럼홀(Earlham Hall)에서 부유한 퀘이커교도 은행가 존 거니(John Gurney)와 아내 캐서린 벨(Catherine Bell)의 딸로 태어났다. 그녀는 영향력 있는 퀘이커 목회자이자 작가인 로버트 바클레이(Robert Barclay)의 후손이었고, 거니의 가정은 영국 제도와 북미의 순회 퀘이커 목회자와 장로들이 쉬어 가는 안식처였다.

그녀의 남동생 중 하나인 조셉 존 거니(Joseph John Gurney, 1788-1847)는 19세기 잉글랜드에서 가장 영향력 있는 퀘이커 목회자 중 하나였고, 감옥사역 동역자였다. 여동생 해너 거니(Hannah Gurney, 1783-1872)는 복음주의자이자 사회 개혁에 앞장선 국회의원 토마스 포웰 벅스턴 경(Sir Thomas Fowell Buxton)과 결혼했다. 비록 거니 가문이 친우회(Friends, 퀘이커교단의 공식 명칭-역주)의 연례 런던집회에서 가장 오래되고 영향력 있는 많은 가문들과 관계를 맺었음에도 불구하고, 거니 가문의 아이들은 퀘이커 기준으로 볼 때 '세속적으로' 양육되었다. 이들은 일상적인 퀘이커교도의 '평범한 옷'을 입지 않거나 영어로 'thee'나 'thy' 같은 '평범한 표현'을 사용하지 않았다. 이들은 신사 계급 이웃들이 주최한 춤과 파티에 종종 참석했다.

그러나 1798년에 엘리자베스 프라이는 미국인 퀘이커 목회자 윌리엄 세이버리(William Savery)의 영향을 받기 시작했다. 세이버리의 지도 아래 그녀는 회심 체험을 하고 난 후, '세상'이 주는 사회적 지위와 가치 대부분을 버리고 퀘이커교도의 세부 준칙을 지키는 데 헌신하기로 결단했다. 1800년 8월 19일에는 부유한 브리스톨 퀘이커 상인 가문 출신의 조셉 프라이(Joseph Fry)와 결혼했다. 결혼식 후 이들은 런던에 정착했다. 회심 투쟁을 겪은 직후 결혼을 하게 된 엘리자베스 프라이는 결혼이 자신이 지속적으로 경험하고 있던 강력한 신앙 소명을 방해하지 않을까 두려워했다. 몇 년 후, 부부는 에섹스(Essex)의 플래쉬트(Plashet)에 소재한 엘리자베스 프라이의 사유지로 이주했다.

부부는 1801년에서 1822년 사이에 태어난 열 한 자녀를 두었다. 하나를 제외하고는 모두 어른이 될 때까지 살았다. 스스로의 증언에 의하면, 엘리자베스 프라이는 모든 힘을 사역에 집중하기 원했기 때문에 가정을 돌보는 일에는 별로 열의를 보이지 않았다. 자녀들과 종종 갈등이 생기기도 했는데, 아이들이 엄마가 부과하려 한 엄격한 퀘이커식 생활 방식에 반항했기 때문이었다. 그 결과 오직 한 자녀만이 친우회에 남았다.

1809년에 엘리자베스 프라이는 퀘이커 예배에서 설교를 시작했고, 1811년부터 목회자로 일한 것으로 기록에 나온다. 목회자가 된 후 그녀는 잉글랜드 전역으로 순회를 다녔고 유럽 대륙으로도 몇 차례 건너갔다. 남동생처럼, 엘리자베스 프라이도 설교를 통해 그리스도의 속죄 희생, 분명한 회심 체험의 필요성, 성경의 권위를 강조하면서, 퀘이커교를 좀 더 복음주의적인 방향으로 이끌어 가려고 노력했다. 결혼하기 전 노리치(Norwich)에서 여전히 십대일 때, 그녀는 가난한 사람들, 특히 그 곳의 교정 시설에 수감된 사람들을 도우려는 노력에 감동받았다.

이후 빈민 자녀들의 교육을 위한 학교를 세웠고, 병자와 빈민을 심방하는 사역에도 자주 참여했다. 엘리자베스 프라이를 가장 유명하게 만든 사역은 1813년에 그녀가 동료 런던친우회(London Friend) 윌리엄 포스터(William Forster)를 설득해서 런던에서 가장 크고 가장 악명 높은 뉴게이트(Newgate)에 수감된 여성 수감자들을 방문하면서 시작되었다. 3천 명이 넘는 여자 죄수들이 (그중 다수는 자녀들과 함께) 대형 감방 몇 군데에 갇혀 있었고, 재판을 기다리는 결백한 사람들이 중죄를 저지르고 기소된 이들과 함께 뒤섞여 지냈다. 침대 없이 돌바닥에서 잠을 자야 했는데도, 원하면 진(gin)을 어느 정도 마시는 것은 허용되었다. 일할 수 있는 기회가 제공되지 않았기 때문에 많은 이들이 도박, 술, 싸움으로 시간을 보냈다. 엘리자베스 프라이는 미혼 여성을 데리고 들어갈 수 없다는 말을 듣고 특히 충격에 휩싸였다. 그녀는 다음과 같이 후에 의회조사단에 보고했다.

> "구걸, 욕, 도박, 싸움, 노래, 춤, 남자 옷을 입고 있는 여자들의 상태가 너무 끔찍해서 차마 묘사할 수 없는 지경이었기에, 우리는 어린 사람들을 데려가기에는 적합하지 않다고 생각할 수밖에 없었다"

동료 중 한 사람은 기억을 더듬어 증언했다.

> "반쯤 벌거벗은 여자들이 욕을 해대고, 낼 수 있는 제일 큰 목소리로 고함을 지르며 싸우고, 고함을 지르며 구걸했다. 마치 야생 동물의 우리로 걸어 들어가는 느낌이었다."

1813년부터 1816년까지 엘리자베스 프라이는 잉글랜드 전역 여성 죄수들의 상태에 대한 정보를 수집한 후, 제부인 새뮤얼 호어(Samuel Hoare)와 함께 콜드바스필즈교도소(Coldbath Fields House of Correction)를 방문했다. 1816년에 뉴게이트로 돌아온 후, 이후 몇 년간 여자

감옥 개혁에 매진했다. 개혁의 시작은 죄수들에게 깨끗한 옷가지를 제공하는 것이었다. 이들을 관리하는 일을 맡아 달라는 교도관의 임명장도 받았다. 엘리자베스 프라이는 학교를 열고, 문맹 죄수들과 아이들을 가르치는 일을 도왔다. 이 목적을 위해 협회가 조직되어, 여성 죄수들에게 성경 지식을 가르치고, 최대한 질서, 절주, 노동의 습관을 기르게 해서, 감옥에 있는 동안 순하고 평화롭게 살 뿐만 아니라 출소 후에도 착실하게 살 수 있도록 하는 프로그램이 도입되었다.

그러나 엘리자베스 프라이가 끼친 가장 큰 영향력은 그녀의 존재와 인격, 위로와 소망이라는 단순한 성경 메시지를 전한 데 있다. 미국 대사는 다음과 같이 말했다.

> "이틀 전 런던에서, 그리고 잉글랜드에서도 정말로 신기한 광경을 보았다. 뉴게이트에서 엘리자베스 프라이를 봤고, 또 거기서 가장 사악한 종류의 인간들에게 참된 기독교의 기적 같은 효력이 나타나는 것을 목격했다. 불쌍한 죄수들이 엘리자베스 프라이 여사가 기독교 신앙을 이야기하자 유순해지고 잠잠해졌다."

엘리자베스 프라이의 뉴게이트 사역이 점점 더 유명해지면서, 그녀의 영향력도 전 유럽으로 뻗어 나갔다. 러시아 황후와도 편지를 주고받았고, 프랑스와 프러시아 왕실도 알현했다. 오스트레일리아 뉴사우스웨일스 형법 항목을 개정하는 일에도 관여했다. 노숙자에게 쉼터와 수프를 먹을 수 있는 부엌을 제공하는 단체 등의 여러 자선 단체 활동에도 참여했다. 그러나 1828년에 남편의 사업이 파산하면서, 비록 명성은 줄어들지 않았지만 재원이 약해졌다. 엘리자베스 프라이는 1845년 10월 12일에 사망했다.

동시대 사람들과 이후 시대를 산 대부분의 퀘이커교도와 복음주의자에게 엘리자베스 프라이는 뜨거운 경건과 더불어 사회악에 대항해 맞대결을 펼친 성인 같은 존재로 기억되었다. 물론 그녀의 사역에 분명한 한계가 있었던 것은 분명하다. 가난한 사람들 중에서 '가치 있는' 사람과 '무가치한' 사람을 구별하고, '질서와 절주와 노동'을 주입하려 한 열정은 오늘날 가혹한 비판을 받을 여지가 있다. 그러나 수백 명의 죄수들은 엘리자베스 프라이의 사역을 통해 분명히 그들의 삶이 바뀌는 경험을 했다.

참고문헌 | K. Fry and E. Creswell, *Memoir of the Life of Elizabeth Pry, with Extracts from Her Journal and Letters*, 2 vols. (London: Charles Gilpin, 1847); J. Rose, *Elizabeth Pry* (London: Macmillan, 1980); A. Van Drenth and F. De Haan, *The Rise of Caring Power: Elizabeth Pry and Josephine Butler in Britain and the Netherlands* (Amsterdam: Amsterdam University Press, 1999).

T. D. HAMM

엘리자베스 하워드 엘리어트(Elisabeth Howard Elliot, 1926-2015)

선교사이자 저술가. 그녀는 선교사로서 순교자가 된 남편 짐 엘리어트(Jim Elliot, 1927-1956)를 1945년 가을에 일리노이 휘튼의 휘튼대학(Wheaton College) 그리스어과에서 만났다. 엘리자베스 엘리어트는 1926년 12월 21일에 벨기에 브뤼셀(Brussels)에서 벨기에복음선교회(Belgian Gospel Mission) 소속의 미국인 필립 E. 하워드 주니어(Philip E. Howard, Jr)와 캐서린 길링엄 하워드(Katherine Gillingham Howard)의 딸로 태어났다. 여섯 자녀 중 둘째였던 엘리자베스 엘리어트가 다섯 살이 되었을 때, 아버지는 가족을 데리고 미국으로 돌아가 그녀의 증조부 헨리 클레이 트럼벌(Henry Clay Trumbull)이 창간한 독립 종교 신문「더 선데이 스쿨 타임스」(The Sunday School Times) 부편집자가 되었다.

하워드 가문의 신앙은 케직의 성결 가르침을 포함한 북부 근본주의 가치의 영향을 크게 받았는데, 엘리자베스 엘리어트의 종조부 찰스 G. 트럼벌(Charles G. Trumbull)은 20세기 미국에서 이 운동을 대표하는 인물이었다. 엘리자베스 엘리어트의 집에 선교사들이 방문하는 일이 잦았는데, 가족의 방명록에는 42개 이상의 나라에서 일하는 선교사들의 이름이 적혀 있었다. 고등학교 학창 시절에 엘리자베스 엘리어트는 에이미 카마이클(Amy Carmichael)의 글을 소개받았다. 카마이클의 책과 시, 하워드 가문, 짐 엘리어트와의 관계가 엘리자베스 엘리어트의 삶을 형성한 중요한 요소였다.

짐 엘리어트는 1927년 10월 8일에 오리건 포틀랜드(Portland)에서 네 자녀 중 셋째로 태어났다. 아버지 프레드 엘리어트(Fred Elliot)는 순회전도자였고, 성경교사 해리 A. 아이언사이드(Harry A. Ironside)의 제자로서 플리머스형제단(Plymouth Brethren) 모임에서 봉사하던 '인허 받은'(commended) 교사였다. 짐 엘리어트의 어머니 클라라(Clara)는 척추 지압사였다. 짐 엘리어트 가문도 신앙이 뜨거운 집안이었다. 프레드는 자녀들에게 성경을 읽어 주고 매일 기도했으며, 신앙 모임이 가족의 삶의 중심부에 있었고, 짐 엘리어트 가문 역시 선교사들을 대접하는 데 익숙했다. 짐 엘리어트는 신앙을 일찍 깨우쳤는데, 예닐곱 살에 이미 정원 그네에서 동네 아이들에게 '설교'를 할 정도였다. 고등학생 때는 여러 학교 미식축구 경기에서 두각을 드러내기도 한 열정적인 기독교인으로 유명했다. 휘튼대학에서 1945년부터 1949년까지 최고의 학생이자, 재능 있는 레슬링 선수, 캠퍼스해외선교회(Foreign Mission Fellowship) 지도자였다. 1948년 1월에 웨일스 전도자 스티븐 올퍼드(Stephen Olford)가 휘튼대학에 와서 한 주 동안 특별 신앙집회를 열었다. 올퍼드의 설교를 들은 엘리자베스 엘리어트와 짐 엘리어트는 신앙 일기를 쓰기 시작했다. 짐 엘리어트는 8년 후 죽기 직전까지 일기를 계속 썼는데, 공책 네 권에 손으로 800일이 넘는 분량의 일일 기록을 남겼다.

후에 『짐 엘리어트의 일기』(The Journals of Jim Eliot, 1978)라는 제목으로 출간된 일기에는 하나님께 열정적으로 헌신했고 영적 세계에 몰입해 있는 유별날 정도로 올곧은 젊은 남성의 근심과 관심이 오롯이 드러나 있다. 일기는 또한 그에게 끼친 플리머스형제단의 영향력이 어느 정도였는지도 보여 준다. 급진적 세속 분리주의는 그를 양심에 따른 병역 거부자가 되게 했고, 의식으로 가득한 교회 결혼식을 의심하게 만들었으며, 인생의 작은 즐거움을 누리는 것에 대해서도 복잡하고 아주 모호한 태도를 취하게 만들었는데, 이 모두의 뿌리는 플리머스형제단이었다.

하나님께 대한 전적인 헌신의 표징으로서의 죽음에 대해 그가 일기 초기에 남긴 많은 묵상을 보면, 선교사 영웅주의라는 강력한 복음주의 전통 뿐만 아니라, 플리머스형제단 영성의 핵심인 성찬중심주의와 그리스도의 죽음에 대한 기억이 곳곳에 흔적으로 남아 있다. 일기에는 짐 엘리어트가 그의 가족과 몇몇 신앙의 좋은 동지의 범위를 넘어서는 어떤 기독교 공동체도 필요치 않다고 생각하며 하나님 앞에서의 독립성을 강조하는 비국교도라는 점이 분명히 드러난다. 사실적인 농담을 사랑하는 자신의 유쾌한 기질마저 폄하하는 내용도 들어 있다. 엘리자베스 엘리어트의 졸업을 몇 주 앞둔 1948년 5월에 짐 엘리어트와 엘리자베스 엘리어트는 서로 사랑하고 있다고 공표했다. 그러나 짐 엘리어트는 독신 개척선교사로 헌신한 인물이었다. 둘은 유별나고, 주로 드러나지 않은 사랑을 5년 동안 이어 가다가, 짐 엘리어트가 마침내 하나님 앞에서 결혼해도 된다는 해방감을 느끼게 되자 그의 스물여섯 번째 생일이던 1953년 10월 8일에 에콰도르(Ecuador)의 퀴토(Quito)에서 민사혼인(civil ceremony, 종교 의식 없이 주로 시청 등의 관공서에서 선언과 서약, 법적 효력을 갖는 서류 작성 등으로 마무리하는 간소한 결혼식-역주)으로 결혼했다.

대학 졸업 후 엘리자베스 엘리어트는 오클라호마 노먼의 하계언어학교(Summer Institute of Linguistics, 위클리프성경번역선교회[WBT]의 번역 선교를 위한 언어학 훈련 과정-역주)와 캐나다 앨버타 스리힐스(Three Hills) 소재 프레리성경학교(Prairie Bible Institute)에 등록해서 선교 준비를 계속했다. 짐 엘리어트는 1949년 6월에 졸업한 후 포틀랜드(Portland)에 1년 동안 머물며 하나님의 미래 인도를 구했다. 그러다 1950년에 하계언어학교에 등록한 후 거기서 에콰도르의 퀴추아 인디언(Quichua Indians)을 대상으로 선교하라는 부르심을 느꼈다.

1952년에 짐 엘리어트와 동료 선교사 피터 플레밍(Peter Fleming)은 에콰도르로 들어갔다. 6개월간의 언어 공부 후에 그들은 저지대 퀴추아 사람들을 위해 일하려고 동부 밀림 지대로 여행을 떠났다. 엘리자베스 엘리어트는 안데스 산맥 서쪽 비탈 기슭에 사는 콜로라도 인디언 사역을 할당받아 가는 길에 1952년 4월에 퀴토에 도착했다. 셋 모두 플리머스형제단의 후원과 만국기독교선교회(Christian Missions in Many Lands)의 감독 아래 개별적으로 파송된 독립선교사였다. 엘리자베스 엘리어트와 짐 엘리어트가 결혼한 후에는 엘리자베스 엘리어트의 사역 대상도 퀴추아 인디언으로 바뀌었다. 그들의 딸 발레리(Valerie)는 1955년 2월에 태어났다.

1955년 9월 중순, 항공선교회(Mission Aviation Fellowship)가 비행사 네이트 세인트(Nate Saint)와 짐 엘리어트의 휘튼 동기 에드 매컬리(Ed McCully)를 파견했다. 짐 엘리어트는 이들을 에콰도르 사역을 위해 모집해서, 매컬리와 그의 아내가 살던 선교지부에서 비행기로 15분 정도 걸리는 밀림에 사는 후아오라니(와오라니, 와오다니, 또는 '아우카'[Huaorani, Waorani, Waodani, 'Auca']) 인디언의 작은 마을에 배치했다. 짐 엘리어트, 매컬리, 플레밍, 세인트는 모두 후아오라니 족에게 복음을 전하고 싶어 했는데, 이 부족은 모든 외부인에 맞서 자기 땅을 끈질기게 지키려고 애쓴 미전도 종족이었다.

짐 엘리어트, 매컬리, 세인트는 선물을 작은 비행기로 떨어뜨리거나 고도를 낮추는 방법으로 후아오라니족과의 접촉을 늘여 가는 3개월 간의 비밀스런, 소위 '아우카 작전'(Operation Auca)을 시작했다. 그러나 이 계획은 세 선교사와 플레밍, 그리고 다섯 번째 선교사 로저 유데리언(Roger Youderian)이 인디언들과의 직접 대면을 시도한 1956년 1월 초에 종결되었다. 첫 번째 평화로운 접촉 후, 다섯은 모두 1월 8일 주일 오후에 쿠라라이강(Curaray River) 야영지에서 창에 찔려 죽었다.

실종된 다섯 사람을 수색한 이야기, 그들이 죽은 이야기는 미국과 세계 언론의 표지를 장식했다. 1956년 1월 30일에 「라이프」(*Life*)에 사진과 함께 실린 기사는 여러 언론에 동시에 실렸고, 영국의 「픽처 포스트」(Picture Post), 이탈리아의 「에포카」(Epoca), 「패리스 마치」(Paris Match)를 비롯한 전 세계 여러 언론이 관련 기사를 썼다. 이어서, 엘리자베스 엘리어트가 쓴 두 권의 베스트셀러 『영광의 문』(*Through Gates of Splendor*, 1957)과 『전능자의 그늘』(*Shadow of the Almighty: The Life and Testament of Jim Elliot*, 1958)은 '아우카 순교자들' 이야기를 20세기 후반 북미 복음주의 선교의 서사(narrative)의 결정판이자 전 세계 복음주의자들에게 영감을 준 사건으로 만드는 데 크게 기여했다.

비록 엘리자베스 엘리어트는 예수 그리스도의 '증인'이라는 가장 기본적인 의미에서 이 단어를 사용한 것을 제외하고는 '순교자'라는 표현을 자기 남편과 그의 동료들에게 붙이려고 하지 않았지만, 이 책들은 이들, 특히 짐 엘리어트를 복음주의 신앙의 귀감으로 만드는 데 공헌했다. 이들의 삶은 1960년대와 1970년대에 다음 세대 젊은 복음주의자에게 도전을 주어 이들이 희생적인 삶을 살며 선교사로 헌신하게 했다. 엘리자베스 엘리어트가 짐 엘리어트의 일기에서 발췌한 '그는 잃을 수 없는 것을 얻기 위해 지킬 수 없는 것을 주는 바보가 아니다'(He is no fool who gives what he cannot keep to gain what he cannot lose)와 다른 금언들은 살해당한 다섯 사람의 기독교적 헌신과 이상주의를 대표하는 구절로 받아들여졌다. 이 글을 쓰는 시점(2001)에도 『영광의 문』은 여전히 출판되고 있다.

짐 엘리어트의 사망 이후에도 엘리자베스 엘리어트는 에콰도르에 남았다. 1958년 10월 8일에 그녀와 네이트 세인트의 누이 레이첼 세인트(Rachel Saint)가 레이첼의 언어 선생 다유마(Dayuma)와 엘리자베스 엘리어트와 친구가 된 두 명의 다른 후아오라니 여성의 도움을 받아 후아오라니 부족과의 친밀한 접촉에 성공했다. 엘리자베스 엘리어트는 도합 약 2년간 후아오라니 사람들과 함께 살았다.

세 번째 책 『야만인 내 가족』(The Savage My Kinsman, 1961)은 남편 사망 이후의 자신의 삶을 후아오라니 부족과 함께 산 1년의 경험에 특별한 강조를 두고 글과 사진으로 정리한 책이었다. 이 책에 사진을 사용한 것은 혁신적이었고, 선교사역에 대한 생각도 도발적이었다. 엘리자베스 엘리어트는 1961년 12월에 영구적으로 후아오라니 사람들을 떠났는데, 일부 이유는 레이첼과의 의견 차이 때문이었다. 엘리자베스 엘리어트와 발레리는 1963년에 미국으로 돌아갔다.

다음 40년간 엘리자베스 엘리어트는, 비록 때로 논쟁을 불러일으키기도 했지만, 강연자, 전설적 선교사, 다작가로서 미국 복음주의의 영향력 있는 인물로 우뚝 섰다. 25권 이상의 책을 냈고, 매사추세츠 소재 고든-콘웰신학교(Gordon-Conwell Seminary)의 겸임교수, 고든대학(Gordon College)의 거주 저술가(writer-in-residence)로 일하며 일일 라디오 프로그램을 진행했다. 1969년 1월 1일에 엘리자베스 엘리어트는 철학 및 종교학 교수 애디슨 H. 라이치(Addison H. Leitch)와 결혼했다. 1973년 9월 18일에 라이치가 암으로 죽은 후, 1977년 12월 21일에는 라스 그렌(Lars Gren)과 결혼했고, 라스는 곧이어 그녀의 에이전트가 되었다.

그녀의 책이 다룬 주제는 선교, 복음주의 영성, 기독교 여성됨과 남성됨의 의미, 결혼과 성적 순결이었다. 작품에서 엘리자베스 엘리어트는 대가와 결과가 어떻든 하나님께 순종해야 한다는 주제를 강조했다. 그녀가 쓴 선교에 대한 가장 논쟁적인 책은 소설 『조각된 형상 없이』(No Graven Image, 1966)로, 여기서 엘리자베스 엘리어트는 자신이 구하려 한 인디언 중 하나의 죽음에 자신도 알지 못하는 사이에 연관된 것을 알게 된 후 순종을 배우게 된 한 등장인물을 통해 복음주의선교와 관련된 문제들을 제기했다.

1970년대에 엘리자베스 엘리어트는 『여자가 되게 해 주세요: 여성됨에 대해 발레리에게 주는 조언』(Let Me Be a Woman: Notes on Womanhood for Valerie, 1976)으로 논쟁을 한차례 더 유발했다. 1970년대 여성운동 기간에 나온 이 책은 가부장적 상하 관계에 근거한 결혼을 지지했다. 엘리자베스 엘리어트의 다른 유명한 책으로는 『느리고 확실한 빛: 하나님의 인도하심』(A Slow and Certain Light: Some Thoughts on the Guidance of God, 1973), 『이상한 재: 밀림선교사로 보낸 첫 해』(These Strange Ashes: The First Year as a Jungle Missionary, 1976), 『열정과 순결』(Passion and Purity: Learning to Bring Your Love Life Under Christ's Control, 1984), 『에이미 카마이클』(A Chance to Die: The Life and Legacy of Amy Carmichael, 1987) 등이 있다.

참고문헌 | 'Interview of Elisabeth Howard Gren by Robert Shuster,' Collection 278, Tape #T2, Billy Graham Center Archives, Wheaton College, Wheaton, Illinois, USA; E. Elliot, *Shadow of the Almighty: The Life and Testament of Jim Elliot* (New York: Harper & Brothers, 1958; London: Hodder & Stoughton, 1958); D. Howard, 'Heaven Soon: Jim Elliot,' in J. Woodbridge (ed.), *More Than Conquerors* (Chicago: Moody Press, 1992).

T. LONG

오스왈드 제프리 스미스(Oswald Jeffrey Smith, 1889-1986)

캐나다 목사. 그는 온타리오 오데사(Odessa)에서 1889년 11월 8일에 열 명의 자녀 중 첫째로 태어났으며, 어린 시절 자주 병이 드는 약한 아이였다. 15세 때 여동생이 죽었을 때, 신앙생활의 위기를 맞았고, 1906년 토론토에서 열린 토레이-알렉산더집회(Torrey-Alexander meetings)에서 회심을 경험함으로써 그때의 종교적 위기를 해결할 수 있었다.

1908년과 1909년 사이에 스미스는 서적 행상인으로 일했는데, 처음에는 온타리오에서, 그후에 브리티시 컬럼비아(British Columbia) 해변의 원주민 마을과 벌목장 등지에서 서적을 판매했다. 1909년에 토론토에 돌아가서 공부를 해야 한다는 소명을 깨달았지만, 토론토가 아니라 위니펙(Winnipeg)의 마니토바대학(Manitoba College)에 입학했다. 그곳에 있는 동안 조나단 고포스(Jonathan Goforth)를 만났고, 찰스 피니(Charles Finney, 스미스의 목회 형성에 가장 큰 영향을 미친 인물)를 발견했지만, 그는 그 시기를 전반적으로 시간 낭비였다고 생각했다.

1910년 토론토성경훈련학교(Toronto Bible Training School)에서 스미스는 선교의 열정을 키워 나갔다. 그곳에서 그는 자신의 첫 전도집회를 시작했고, 작은 교회의 목사로 일하면서 포켓성경연맹(Pocket Bible League) 사역에도 동참했다. 1912년 졸업 후 시카고의 맥코믹신학교(McCormick Seminary)에 입학하여 전도집회, 목회, 자기 공부를 함께 이어 나갔다. 스미스는 장로교회에서 안수를 받았다. 스미스는 또한 켄터키 산악 지대의 사람들과 함께 매우 뜻깊은 여름을 보냈다.

스미스는 항상 토론토로 돌아가야 한다는 강한 부르심을 느끼고 있었다. 1915년, 그는 캐나다에서 두 번째로 큰 장로교회인 데일장로교회(Dale Presbyterian) 부목사로 청빙되었다. 그곳에서의 생활은 매우 큰 변화와 도전이었다. 스미스는 1916년에 그 교회의 담임목사가 되었지만, 1918년에 강제 사임을 당했다. 다른 목회지를 찾을 수 없게 되자, 그는 캐나다 산티먼스 기독협회(Shantyman's Christian Association)와 함께 밴쿠버로 갔다가, 그 후 자신의 실수를 깨닫고 토론토로 돌아갔다. 또 다시 목회지를 찾을 수 없게 되자, 1920년에 오로지 믿음만을 가지고 750석의 강당을 빌려서 가스펠태버너클(Gospel Tabernacle)을 창립했다. 몇 달 안에 그는 기독교선교연맹(Christian and Missionary Alliance)의 파크데일태버너클(Parkdale Tabernacle)을 흡수했다. 24명의 회중으로 시작했지만, 1,500석 텐트를 구입하고 전도집회를 시작했다. 그러자 극적인 성장이 이어졌다. 1922년에 스미스는 연맹 소속의 교회를 세웠다.

여기서 사역하면서 여러 목회 철학과 방법론을 새로이 개발했다. 다양한 형식의 예배와 유명한 설교자들의 연속 설교, 음악가들이 사람들을 교회로 끌어들였고, 그러면서 다양한 복음전도 프로젝트가 시도되었다. 태버너클출판사(Tabernacle Publishers)가 스미스의 많은 소책자를 출판했고, 다수의 청중을 위한 잡지가 발간되었다. 스미스는 1924년 러시아선교회(Russia Missionary Society)의 윌리엄 펠터(William Felter)와 함께 첫 번째 선교여행을 다녀온 이후, 큰 변화를 겪고 선교회들을 위해 기금을 마련하기 시작했다.

태버너클 목회기 동안의 스미스의 목회가 논란을 불러일으켰다. 그는 기독교선교연맹이 자신의 초교파적 선교비전에 대해 동의하지 않는다고 생각한 반면, 연맹은 스미스가 너무 권위를 내세운다고 믿었다. 1926년 스미스는 중부, 동부 캐나다 감독직을 내려놓고, 1927년 연맹의 로스앤젤레스연맹복음태버너클(Alliance's Gospel Tabernacle of Los Angeles)의 목사가 되었다. 토론토를 떠난 것이 실수였음을 깨달았지만, 적어도 로스앤젤레스에 1년은 머물러 있어야 한다는 의무감을 가졌다.

그해, 탬파(Tampa)에서 설교하다가, 그는 '성령세례' 같은 경험을 하게 되는데, 이로 인해 그의 목회가 변하고, 이후 케직성결 전통을 강력하게 주장했다. 스미스가 연맹과 함께한 시기에 캐나다에 연맹교회들이 많이 생겨났다. 그는 성결운동에만 집중하던 이 운동을 전천년적 세대주의와 분리주의적 공감대를 강하게 강조하는 전도 조직으로 바꾸었다.

토론토에 돌아와서 스미스는 오랜 친구 폴 레이더(Paul Rader, 연맹의 전[前] 회장)의 세계기독교특사들(Worldwide Christian Couriers)에 합류했다. 이 두 사람은 1928년에 코스모폴리탄태버너클(Cosmopolitan Tabernacle, 후에 피플스교회[People's Church]로 개명)을 설립했다. 연맹 소속의 교회에서의 경력 덕에 다른 연맹교회에 속해 있던 많은 이들이 이 교회로 흡수되었다. 스미스와 레이더는 전도, 깊은 영적 삶, 해외선교와 재림을 강조했다. 이 교회에는 '회원자격'이나 교파적 유대가 없었다. 조직은 최소화했고, 스미스가 모든 자치운영위원을 임명했다.

1930년에 스미스는 당시 비어 있던 세인트제임스스퀘어장로교회(St James Square Presbyterian Church)를 임대했다. 혼자서는 절대 사람들을 불러 모을 수 없다고 믿은 스미스는 특히 음악과 초청 설교를 이용했다. 그는 또한 라디오의 힘을 발견했다. 곧 예배가 라디오로 중계되었을 뿐만 아니라, 저녁 예배 후에 이어진 '집으로 돌아오는 시간'(Back Home Hour)이라는 버라이어티 쇼의 진행을 맡기도 했다. 이후, 스미스는 텔레비전과 영화, 오디오 카세트 등을 이용했다. 그의 유명세는 엄청났다. 1934년에 교회가 전에 중앙감리교회 건물이었던 보다 큰 건물로 이전한 이후에도, 스미스는 자주 라디오 청취자들에게 예배에 꼭 참여하려고 하지 말라고 당부했는데, 이는 비기독교인들을 위한 공간을 마련하기 위함이었다.

스미스는 선교의 열정에 강하게 사로잡혀 있었으며, 선교를 위해 필요한 기금 모금은 그가 평생을 바쳐온 중요한 사역이었다. 이 목적으로 그는 '피플스교회'에 계속해서 선교사와 부흥사를 초청했고, 자신이 20여 차례 70여 개 나라를 돌아다니며 행했던 선교와 부흥여행에 대한 사진과 다채로운 이야기들로 이들을 지원해 주었다. 스미스는 또한 표어의 달인이었다. 그는 다음과 같이 말하며 사람들을 독려했다.

"왜 모든 사람이 복음을 한 번도 들어 보기 전에 누군가는 복음을 두 번이나 들어야 하는가? 내가 가거나 나를 대신할 누군가를 보내야 한다."

그는 '신앙은 헌금을 약속합니다'라는 표어로 더 많은 돈을 모금하기도 했다. 1959년 스미스의 아들 폴(Paul)이 피플스교회를 물려받음으로써, 스미스의 꿈이 실현되었다. 폴은 1962년에 교회를 토론토 북부 지역으로 이전했다.

스미스는 35권의 책을 썼는데, 이 책들은 모두 128개의 언어로 번역되었고, 그가 죽을 때까지 600만 권이 판매되었다. 스미스는 또한 시인이기도 했는데, 현재까지 1,200개의 시가 남아 있고, 200개 이상은 노래로 만들어졌다.

복음주의에 끼친 스미스의 영향은 상당하다. 많은 복음주의 지도자가 그의 친구였다. 이런 영향을 인정받아 스미스는 애즈베리대학(Asbury College)에서 목회학박사, 밥존스대학교(Bob Jones University)에서 문학박사, 호턴대학(Houghton College)에서 법학박사, 캘리포니아신학교(California School of Theology)에서 인문학박사학위를 받았다. 그는 1986년 1월 25일에 토론토에서 죽었다. 빌리 그레이엄(Billy Graham) 목사가 그의 장례식에서 설교했다.

참고문헌 | D. Hall. *Not Made For Defeat* (Grand Rapids: Zondervan, 1969); L. Neely, *Fire in His Bones* (Wheaton: Tyndale House, 1982).

D. A. GOERTS

오스왈드 챔버스(Oswald Chambers, 1874-1917)

교사이자 목사, 저술가였던 오스왈드 챔버스와 편집자였던 아내 거트루드(Gertrude, '비디'[Biddy], 1883-1966)는 함께 상당한 양의 성경 관련 작품들을 출판했는데, 이들의 책 중 가장 유명한 경건 고전은 『주님은 나의 최고봉』(*My Utmost for His Highest*,)이다. 오스왈드 챔버스는 아홉 자녀 중 여덟째로 침례교 목사 클라렌스 챔버스(Clarence Chambers)와 그의 아내 한나(Hannah)에게서 태어났다. 1874년 7월 24일에 스코틀랜드 애버딘(Aberdeen)에서 태어난 그는 퍼스(Perth)에서 자라는 동안 그 곳의 샤프스 학교(Sharp's Institution)에 다니며 어릴 때부터 예술가로서의 재능을 뽐냈다.

가족이 런던으로 이사한 후, 15살의 오스왈드 챔버스는 찰스 해돈 스펄전(Charles Haddon Spurgeon)의 설교를 들은 후 집으로 걸어가는 길에 아버지에게 자신이 이제 그리스도께 헌신했다고 알렸다. 이후 라이레인침례교회(Rye Lane Baptist Church)에 합류하고, 성경 공부와 전도 모임에 적극적으로 참여하기 시작했다. 이 시기에 쓰인 오스왈드 챔버스의 시들은 미술과 음악을 지극히 사랑하는 예민하고 신앙 깊은 젊은이의 모습을 잘 드러내 보여 준다.

런던의 국립예술훈련학교(National Art Training School, 지금의 왕립예술학교[Royal College of Art])에서 2년간 공부한 후, 오스왈드 챔버스는 "인간 영혼의 미의 나라, 음악과 미술과 시를 구원하기 위해 투신하라"는 하나님의 부르심을 느꼈다. 21살에 그는 2년 과정의 미술 공부를 위해 에든버러대학교(University of Edinburgh)에 들어갔다. 고전 고고학, 도덕철학, 논리학, 윤리학, 심리학이 포함된 커리큘럼이 그의 영민한 지성을 자극했다. 지역교회들에서 알렉산더 화이트(Alexander Whyte)와 조지 매티슨(George Matheson)의 설교를 들었다. 그러나 공부를 채 마치기도 전에, 목회를 위한 공부를 하라는 더 강한 부르심에 응답했다.

1897년 2월, 오스왈드 챔버스는 에든버러를 떠나 글라스고우 근교에 소재한 더눈훈련대학(Dunoon Training College)에 들어가 오스왈드 챔버스의 멘토이자 좋은 친구가 된 학장 던컨 맥그리거(Duncan MacGregor)에게 신학을 배웠다. 1899년에 침례교 목사로 안수받았지만, 후에 장로교 목사 안수를 받았다. 더눈에서 오스왈드 챔버스는 4년 동안 영적 위기를 겪었다. 영혼의 어두운 밤은 1901년 11월에 끝났는데, 그는 이 경험을 이렇게 묘사했다.

"주님의 손에서 완전히 헌신하고 거룩해진 나는 성령세례를 받았고, 말할 수 없는 기쁨과 평안이 그 결과로 따라왔으며, 이후 더욱 깊어졌다."

오스왈드 챔버스는 결코 이 영적 경험을 뭔가를 이뤘다는 자기만족으로 회고하지 않았고, 오히려 이를 언제나 새로운 시작이라고 말했다.

더눈에 있을 때, 오스왈드 챔버스는 저명한 런던 변호사 리더 해리스(Reader Harris)가 설립한 오순절기도연맹(Pentecostal League of Prayer)과의 협력을 시작했다. 연맹은 자신들의 결핍을 인식하고 기도에 동참하는 사람들의 기독교 초교파 연합운동체로 세 가지 목적으로 결성되었다.

첫째, 모든 신자들의 성령충만.
둘째, 교회의 부흥.
셋째, 성경적 성결의 확산.

더눈대학(Dunoon College)에서 9년을 보낸 후인 1906년에, 오스왈드 챔버스는 찰스 카우먼(Charles Cowman)과 레티 카우먼(Lettie Cowman)이 세운 일본의 동경성경학교(Tokyo Bible School)에서 가르치기 위해 영국을 떠났다. 전도자 주지 나카다(Juji Nakada)와 동행한 그는 먼저 미국으로 가서 신시내티의 '하나님의 성경학교'(God's Bible School)에서 6개월간 가르쳤다. 일본에 도착한 후에 한 달간 머문 후, 1907년 11월에 다시 잉글랜드로 돌아가 기도연맹(League of Prayer)의 전임 순회책임자가 되었다.

이후 2년 반 동안 오스왈드 챔버스는 영국 전역을 여행하면서 연맹 모임과 교회 예배에서 강연하는 엄청난 일정을 소화했는데, 어떤 때는 한 주에 열 차례나 강연이 잡히기도 했다. 강단에서 그가 사용한 언어 선택 능력과 현란한 전달 기술은 그의 매력적인 인품과 상황에 적절한 편안한 유머와 조화를 잘 이루었다.

1910년 5월, 오스왈드 챔버스는 거트루드 홉스(Gertrude Hobbs)와 결혼하고, 아내에게 '비디'(Biddy)라는 애칭을 붙여주었다. 이들은 신혼여행을 미국으로 갔다. 오스왈드 챔버스는 이전 세 차례의 여름에 경험한 적이 있던 캠프집회들에서 말씀을 전했다. 영국으로 돌아와서는 기도연맹의 후원 아래 런던에 성경훈련학교(Bible Training College)를 세우는 일을 도왔다. 오스왈드 챔버스의 더눈대학, 신시내티의 '하나님의 성경학교' 경험은 그가 그리스도를 섬기기를 원하는 남녀에게 자신을 완전히 쏟아부을 수 있는 기숙형 대학에 대한 비전을 갖게 했다. 그는 한때 다음과 같이 말한 적이 있다.

"사람들이 성경을 의미하는 '한 책의 사람'으로 어느 한 사람을 지칭하게 될 때, 그는 대개 그 한 책에 그 책만이 받아야 할 마땅한 영광을 돌리는 엄청난 독서가인 경우가 많다. 성경만 읽는 사람은 대체로 성경이나 인간의 삶을 모른다."

다음 4년 동안 오스왈드 챔버스와 비디는 25명의 기숙 학생과 한두 과목을 들으러 오는 점점 더 늘어나는 수의 주간학생들(day students)로 구성된 대가족을 위해 온 몸을 다 바쳤다. 오스왈드 챔버스 부부는 또한 300명가량 되는 통신(서신) 과정 학생들이 제출한 과제물을 채점했다. 법정 속기사로 훈련받았던 비디는 오스왈드 챔버스의 수업에 참석해서 그의 강의를 정확히 그대로 속기로 받아 적었다. 여기서 그의 책 『성경적 심리학』(Biblical Psychology)이 1912년에 '하나님의 성경학교'에서 출판되었다. 『산상수훈 연구』(Studies in the Sermon on the Mount)는 1915년에 나왔다. 1913년 5월 24일에 오스왈드 챔버스와 비디의 독녀 캐슬린(Kathleen)이 태어나, 대학 가족에게 새로운 즐거움을 가져다주었다.

1914년 8월에 제1차 세계대전이 발발한 지 1년 후에 오스왈드 챔버스가 자원 입대하여 이집트에서 YMCA와 함께 사역하는 군목으로 떠나자 학교는 문을 닫을 수밖에 없게 되었다. 1915년 10월에 카이로 외곽의 제이툰 캠프(Zeitoun Camp)에서 복무할 때, 비디와 캐슬린 및 성경훈련학교 출신의 민간 지원단으로 자원한 몇 학생이 그에게 합류했다.

오스왈드 챔버스의 상관들은 '기도의 유익이 무엇인가?'라는 제목의 오스왈드 챔버스의 첫 강연을 들으러 군인 400명이 모이자 놀랐다. 오스왈드 챔버스를 통해 군인들은 성경과 예수 그리스도를 통한 구원에 단단한 기반을 둔 삶을 사는 법을 배웠다. 오스왈드 챔버스와 비디는 그들의 손님 대접 사역을 통해 군인들로 구성된 공동체를 만들어 낸 것이다. 그러나 오스왈드 챔버스는 음식을 복음을 위한 미끼로 사용하는 것에 반대했다. 매일 무료로 차를 제공한 후, 그는 군인들을 해산시키고, 옆에 세워진 천막에서 이어진 집회에서 성경을 가르쳤다.

1917년 10월 말에 그는 파열된 맹장 때문에 응급 수술을 받았다. 두 주 후인 11월 15일에는 폐에 남아 있던 응고된 피 때문에 결국 43세의 나이에 사망했다. 그는 군장(軍葬)의 예(禮)로 올드카이로(Old Cairo)의 영국군 묘지에 묻혔다.

몇몇 성경학교 학생들과 함께 비디와 캐슬린은 전쟁이 끝날 때까지 제이툰 부대에 남았다. 오스왈드 챔버스가 죽은 한 달 후, 비디는 그의 설교 중 하나를 인쇄해서 이집트 주둔 군대들에 선물로 보냈다. 더 많이 보내 달라는 요청을 받자, YMCA는 이집트와 프랑스 주둔 군인들에게 각각 다른 설교를 매달 만 부씩 보내기 시작했다. 이때 받은 반응에 놀란 비디는 남편의 설교를 세계에 전하는 것을 부르심으로 받아들였다.

1919년에 잉글랜드로 돌아온 비디는 오스왈드 챔버스의 강의와 설교를 받아 쓴 자기 공책들을 편집해서 출판하는 일을 시작했다. 이 판매를 통해 들어오는 모든 돈은 다음 출판에 사용했다. 이 시기에 비디는 캐슬린과 함께 옥스퍼드대학교 학생들을 하숙생으로 받아 자급자족하며, 시간이 날 때마다 '책 만드는 일'을 했다.

1927년에 비디는 『주님은 나의 최고봉』(CLC 刊)이라는 제목의 매일 묵상집을 출간했다. 이 책은 오래도록 베스트셀러로 남았고, 지속적으로 출판되었으며, 12개 이상의 언어로 번역되었다. 내용은 주로 1911년에서 1915년까지 성경훈련학교에서, 1915년에서 1917년까지 제이툰에서 오스왈드 챔버스가 강의한 것에서 발췌했다. 많은 독자들이 목사이자 전직 미국 상원 원목이던 리처드 C. 핼버슨(Richard C. Halverson) 박사의 말을 떠올릴 수 있을 것이다.

"성경을 제외하면 어떤 책도 그리스도와 함께 걷는 나의 인생길에 이보다 더 깊고 성숙한 수준으로 영향을 끼치지 못했다. 누구도 내 설교와 가르침에 그토록 많은 영향을 끼치지 못했다. 이 책의 강점은 구속의 객관적인 실재야말로 유일하게 안전한 기반이라는 것을 그가 고집스럽게 주장하는 데 있다. 오래도록 오스왈드 챔버스는 나를 늘 예수님에게로 돌아가게 만듦으로써 내가 정로를 이탈하지 않게 해 주었다."

1966년에 죽기 전까지 비디 오스왈드 챔버스는 50권의 책을 냈지만, 한 번도 자기 이름을 언급한 적이 없다. 그가 말하고, 그의 아내가 그의 말을 써서 전 세계에 주어진 유산은 오스왈드 챔버스가 자주 말한 다음 잠언을 신뢰할 수 있게 해 주었다.

"우리 마음이 하나님이 원하시는 것을 볼 때, 우리 몸은 오직 그 대의를 위해서만 기꺼이 사용하고 사용될 준비가 되어 있어야 한다."

참고문헌 | G. H. Chambers, *Oswald Chambers: His Life and Work* (London: Simpkin Marshall, 31959); D. W. Lambert, *Oswald Chambers: An Unbribed Soul* (London: Marshall, Morgan & Scott, 21996 and Minneapolis: Bethany House Publishers, 21997); D. C. McCasland, *Oswald Chambers: Abandoned to God* (Grand Rapids: Discovery House Publishers, 1993).

D. C. MCCASLAND

옥타비우스 햇필드(Octavius Hadfield, 1814-1904)

뉴질랜드로 파송된 성공회(Anglican) 선교사. 그는 1814년 11월 6일에 와이트섬(Isle of Wight) 본처치(Bonchurch)의 존경받는 가문에서 태어났다. 열 남매의 막내였던 햇필드는 어린 시절과 십대에 폐결핵으로 고생했고, 차터하우스(Charterhouse, 1611년에 런던에 세워진 사립기숙학교-역주)에서 단기간 받은 교육과 옥스퍼드대학교의 펨브루크대학(Pembroke College)에서 보낸 2년을 제외하고는 유럽에서 개인 교습을 받았다. 후에 그는 다음과 같이 썼다.

"나는 처음으로 살든지 죽든지 그리스도를 신뢰하는 법, 내 삶을 그의 손에 의탁하는 법을 배웠다."

햇필드의 배경은 뉴질랜드의 고교회파 주교(High Church bishop) G. A. 셀윈(G. A. Selwyn)의 배경과 공통 요소가 많았다. 1837년 9월 11일에 교회선교회(CMS)에 지원한 햇필드는 어디로 파송될지 알지 못했다. 그는 단지 선교사 소명을 느낀 것이다.

"나는 제자들에게 '전 세계에 가서 만민에게 복음을 전파하라' 하신 예수님의 마지막 명령에 큰 감동을 받았다. 내게는 이것이 마지막 교훈에 속한 것이 아니라면 그렇다면 가장 중요한 것에 속하는 것처럼 느껴진다."

상류 사회 출신의 선택으로서는 놀라운 경력이었다. 원래 의도는 의료사역을 하는 것이었으나, 그는 1838년 2월 23일에 (런던 주교가 완전한 학위가 없는 사람에게 안수하기를 거절했기 때문에) 안수받기 위해 오스트레일리아로 파송되었다. 1838년 9월 23일에 시드니에서 부제(deacon)로 안수받은 그는 1838년에 뉴질랜드로 파송되었고, 1839년 1월 6일에 아일랜즈베이(Bay of Islands) 소재 파이히아(Paihia)에서 사제로 안수받았다. 이로써 교파를 막론하고 뉴질랜드에서 안수받은 최초의 인물이 되었다.

햇필드의 첫 임무는 선교사 자녀들을 위한 웨이메이트노스학교(Waimate North School)에서 일하는 것이었다. 이후 1839년에 그는 북섬의 남부 끝자락에 있는 와이카나에(Waikanae)와 오타키(Otaki)에서 직접 전도사역을 할 수 있는 기회를 얻었다. 25살의 크고 창백하고 병약한 햇필드가 1839년 11월에 와이카나에로 파견되었을 때, 그는 거기서 이미 기독교에 열정적이던 청중들을 만났으나, 중대한 위기도 직면해야 했다. 추장 테 라우파라하(Te Rauparaha)가 몇 년 전 이 지역을 침략했고, 햇필드가 도착하기 바로 한 달 전에도 이 지역 원주민을 패배시켰던 것이다.

그 와중에 거의 같은 시기에 잉글랜드 정착민들이 근교 웰링턴(Wellington)에 도착했다.

"내 인생에서 이보다 더 행복하거나 이보다 더 만족하고 평온했던 적이 없었다. 주께서 나를 부르셔서 하라고 하는 것이 무엇이든 감당하고 인내할 준비가 되었다."

위와 같이 말한 햇필드는 이 모든 도전을 받아들일 준비가 되어 있었다. 와이카나에에 본거지를 둔 그는 거기에 큰 교회를 세웠다. 마오리 부족은 그를 좋아해서 '하라웨라'(Harawera)라는 이름을 붙여 주었다. 햇필드는 곧 마오리어를 잘 할 수 있게 되었고, 1852년에는 『마오리 아이들을 위한 철자책』(A Spelling Book for the Use of Maori Children)을 썼다.

독신이었던 그는 북부 지역 선교사들을 회심자와 격리시켰던 울타리 둘린 유럽인 가옥에 사는 대신, 지역 마오리 마을에서 살기로 했다. 그는 자신을 위한 땅을 사지 않았기 때문에 마오리 부족의 애정을 확보할 수 있었다.

타푸(tapu, taboo의 뉴질랜드식 표현, taboo, tabu, tapu는 원래 '사회적 금기사항'을 지칭하는 남태평양 폴리네시아인들의 용어였다-역주)법에 의도적으로 저항함으로써, 기독교가 돌파구를 찾을 수 있는 길을 마련한 것이었다.

불행하게도, 4년 후 병이 재발한 햇필드는 1844년부터 1849년까지 웰링턴에 살아야 했다. 활동 범위가 그보다 좁은 사람들이 햇필드가 복귀하기까지 임시로 그를 대신했다. 햇필드는 38살이던 1852년 5월 19일이 되어서야 결혼했다. 아내는 교회선교회 선임선교사 헨리 윌리엄스(Henry Williams)의 딸 캐서린 (케이트) 윌리엄스(Catherine [Kate] Williams)였다. 캐서린은 1902년에 사망했다. 자녀는 10명이었다.

해안으로 돌아간 후 햇필드는 조금 더 북쪽으로 올라간 오타키에 본부를 차렸다. 이 지역은 마오리 인구가 훨씬 많은 중심지였고, 1849년에 테 라우파라하가 사망하면서 그가 더 환영받을 수 있었다. 거대한 나무로 만든 교회인 랑기아테아(Rangiatea)가 지어져 전통 세력을 누르고 승리한 기독교의 상징이 되었다.

햇필드의 장기선교전략은 토착교회를 성장시키는 것이었다. 다른 교회선교회 선교사들처럼, 그 역시 마오리인들에게 아주 늦게 세례를 주었지만, 세례를 받은 사람들에게는 최고의 신뢰를 보이며 리와이 테 아후(Riwai Te Ahu)와 로타 와이토아(Rota Waitoa)를 차례로 교리문답 교사로 임명했다. 그는 마오리 사람들의 사제 안수를 촉구하고, 부제로 임명하라고 셀윈을 설득했다. 수년간 와이카나에 구역은 마오리 성직자를 인정하는 면에서 탁월했다.

인종 관계와 관련해서 보면, 햇필드는 보수적 인종 차별 철폐론자였다. 그는 정부가 추장의 권위를 줄인 것에 만족했고, 마오리인들에게 잉글랜드법을 더 확장 적용하기를 원했다. 그는 마오리인들에게 선거권자로 등록하라고 설득했고, 다른 유럽인들에게 멸시를 받는 인물인 경우에도 그 추장의 권위를 일관되게 존중했다. 이 와중에 뉴질랜드 내 마오리인과 유럽인 간의 초기 협력 관계가 전반적으로 붕괴되고 있었다.

햇필드는 1843년에 남쪽 섬의 와이라우(Wair-au)에서 일어난 싸움을 슬퍼하면서, 유럽인의 마오리 영토 불법 침입의 부당성을 총독에게 역설했다. 1859년에 전쟁이 일어나면서 염려는 극에 달했다. 위레무 킹기 테 랑기타케(Wiremu Kingi Te Rangitake)가 이끈 카피티 해안(Kapiti Coast) 부족들은 1850년대 후반에 자신들의 타라나키 땅으로 돌아갔는데, 이들이 그 땅에 무단으로 거주하던 다른 마오리인들에게서 되찾으려던 땅을 총독이 한 발 앞서 구매해버리자 크게 분노했다.

그 결과 일어난 와이타라 사건(Waitara incident)이 타라나키전쟁(Taranaki war) 발발의 원인이었다. 마오리 사람들의 행동을 변호한 햇필드는 끔찍한 비난에 직면할 수밖에 없었다. 이에 그는 일련의 소책자로 대응했는데, 이 중 첫 번째 책의 제목이 『잉글랜드의 작은 전쟁 하나』(One of England's Little Wars)였다. 햇필드를 뉴질랜드에서 가장 인기 없는 인물로 만든 것이 바로 이 대작이었다. 그러나 그는 카피티 해안을 북쪽 섬 여러 지역에서 발발한 전쟁과 갈등을 빗겨간 평화 지대로 계속 지켜냈다.

햇필드는 남은 평생 공공 사회 문제에 지속적으로 개입했다. 그러나 그를 '정치적 성직자'(political parson)로 부르는 것은 잘못이다. 여러 면에서 그는 기독교적 정의감에 이끌려 진리는 결과와 상관없이 널리 퍼져야 한다는 믿음에 근거하여 행동으로 옮긴 정치적으로는 순진한 인물이었다. 교육에 대한 관심은 이 가치관을 반영한 것이었다. 교회가 공공 봉사의 전통과 공공 사회 문제에 대한 관심을 잃어서는 안 된다고 믿으며 세속 체제에 반대했다.

1858년에 교구(diocese)가 창설되었을 때, 햇필드는 비록 1844년부터는 시골 주임사제(dean)로, 1849년부터는 카피티의 교구 성당 부제(archdeacon)로 섬기고 있었음에도 불구하고, 주교직을 받아들이라는 제안을 거절했다. 1870년 10월 9일에야 웰링턴 제2주교로 임명되었다. 뉴질랜드 선임주교였던 그는 1890년부터 1893년 10월에 은퇴할 때까지 짧게 대주교(primate)를 맡기도 했다. 그가 교회에 우선순위를 두게 되면서, 이것이 런던의 교회선교회위원회를 곤욕스럽게 했다. 일부는 그가 복음주의적 확신을 포기한 것은 아닌가 의심했다. 채프먼 판사(Judge Chapman)는 "햇필드가 이전에는 복음주의자였지만, 주교가 그를 (고교회 전통을 따르는-역주) 부제로 만들었다"라고 말했다.

이 의혹은 근거가 없는 것이다. 햇필드가 교회에 대해 별 혼란을 느끼지 않는 새로운 세대를 대표하는 인물인 것은 확실하다. 결과적으로는 굳건한 고교회(High Church)주의자였던 셀윈 주교가 그와 일하는 데는 별 문제가 없었다. 그러나 햇필드는 소책자파운동(tractarian, 고교회 예전회복운동인 옥스퍼드운동이 주로 소책자를 보급하며 확산된 데서 나온 이름-역주)으로 인한 혁신과는 아무런 관련이 없었고, 확신에 찬 개신교인의 입장을 변함없이 고수했다. 그는 성직자이자 온건파인 찰스 시미언(Charles Simeon)을 존경했다.

성공회의 특별한 역할론을 굳건하게 믿고 지지했으며, 개신교 비국교도와 너무 섞일 필요가 없다고 생각했다. 따라서 그는 어린 시절에 감리교 집회에 참석했음에도 불구하고, 감리교 세례의 가치에 반신반의하는 태도를 보였다. 그러나 성공회에 대한 그의 관점에는 뉴질랜드에 있는 교회의 활기차고 특유의 특징을 지닌 복음주의 전통의 발전을 저해하는 요소도 있었다. 햇필드는 신앙을 학문적으로 변증한 인물이기도 했다. 일련의 설교와 출판된 소책자들을 통해 그는 회의주의, 자유주의 성경비평, 진화론, 자유 사상 등 그 시대의 지적 도전에 저항하여 신앙을 단호하게 변호했다. 많은 점에서 그는 현대 세속 사회와는 다소 어울리지 않고 소외되었지만, 대신 그의 교회와 그의 주님(Lord)을 위해서 헌신한 인물이었다.

참고문헌 | C. Lethbridge, *The Wounded Lion* (Christchurch: Caxton Press, 1993); B. Macmorran, *Octavius Hadfield* (Wellington: private publication, 1969).

P. J. LINEHAM

올리버 레인스퍼드 바클레이(Oliver Rainsford Barclay, 1919-2013)

선교활동가. 그는 1919년 2월 22일에 일본 고베(Kobe)에서 태어났다. 바클레이는 경력을 기독학생회(IVF[Inter-Varsity Fellowship], 영국에서는 1974년에 대학기독교인회[UCCF〈Universities and Colleges Christian Fellowship〉]로 이름을 바꾸었다)와 함께했는데, 1964년부터 1980년까지 총무로 활동했다. 복음주의 진영 바깥에서는 거의 알려지지 않았음에도 불구하고, 20세기 영국 기독교 역사에서 중요한 자리를 차지한 인물이었다.

바클레이의 부모는 일본 선교사였지만, 그는 영국인으로 노포크(Norfolk)의 그레셤스쿨(Gresham's School)과 케임브리지대학교의 트리니티대학(Trinity College)에서 공부했다. 그가 트리니티대학으로 간 것은 1938년이었으며, 동물학으로 박사학위를 받고 1945년에 학교를 떠났다.

성공회(Anglican) 신자로 자란 바클레이의 할아버지는 퀘이커교도(Quaker)로, 할아버지의 신념에 영향을 받아 바클레이와 그의 아버지 모두 평화주의자가 되었다. 비록 나이가 들어 인생 후기에 들어서면서 평화주의에 대한 확신이 줄어들기는 했지만, 제2차 세계대전 당시에는 양심에 따라 병역을 거부했다.

바클레이는 노포크에서 학교를 다니는 동안 신앙을 갖게 되었지만, 그에게 결정적인 영향을 준 것은 이후 그가 핵심적 인물이 되는 케임브리지기독학생연합(CICCU[Cambridge Inter-Collegiate Christian Union])이었다. 케임브리지기독학생연합(그리고 이 단체의 국제 조직인 기독학생회[IVF])는 당시 규모가 훨씬 더 크고 신학적으로 더 넓은 성향을 보이던 학생기독운동(SCM[Student Christian Movement])에 반대하여, 자신들이 정통 신학을 수호하고 있다고 주장했다.

바클레이의 신학은 주로 케임브리지기독학생연합의 T. C. 해먼드(T. C. Hammond)의 저술, D. M. 로이드-존스(D. M. Lloyd-Jones)의 설교와 연설을 통해 형성되었다. 해먼드와 로이드-존스의 보수 칼빈주의 신학은 1930년대 후반부터 기독학생회의 신학적 등뼈였다. 바클레이는 평생 보수 복음주의 신앙을 유지했지만, 1976년부터 성공회를 떠나 자유로운 복음주의 교회에 출석하며 예배를 드렸다. 그는 두 번 결혼했다. 첫 아내 도로시(Dorothy)와의 사이에 딸 하나와 아들 셋을 두었고, 그녀가 암으로 죽은 후에 데이지(Daisy)와 재혼했다.

1945년, 바클레이는 기독학생회의 학사(대학졸업자-역주) 총무로 2년 임기를 시작했다. 이후 그는 이 조직 내의 다양한 책임을 역임하다가 1964년에 대표가 되었다. 1980년에 은퇴했지만, 조직의 여러 사역과 저술 활동에서 여전히 활발한 모습을 지속했다. 바클레이는 영국의 여러 대학 내에 하나의 세력으로서의 기독학생회를 설립하는 데 장기적으로 중추적 역할을 한 더글러스 존슨(Douglas Johnson)의 후계자였다.

그는 존슨의 길을 비슷하게 따랐다. 엄격한 보수신학과 탁월한 전술, 전략적 비전을 깊은 목회적 관심과 결합시킨 것이다. 바클레이는 전후 시기, 특히 대학의 여러 기독교 단체들이 빠르게 몰락하던 1960-70년대에 기독학생회가 부상하는 데 크게 기여했다. 신앙의 지적 기반을 아주 강조한 그는 은사주의운동을 경계했다.

그러나 바클레이는 문화적 변화에 민감했고, 그의 지도 아래 기독학생회는 그들을 둘러싸고 있는 문화에 대한 반응으로 예배 형식에 변화를 주고 일부 복음주의적 금기를 완화했다. 바클레이가 총무로 있는 동안 기독학생회/대학기독교인회는 1960년대에 새로 세워진 대학들에 지부를 세우고, 여러 다른 고등 교육 기관에도 진출했다. 기독학생회/대학기독교인회는 영국 내 기독교에 대한 영향력을 계속 키워 나갔는데, 이는 이 운동이 자체적으로 성장한 데다, 많은 영국인이 대학에 진학했다는 것, 또한 많은 교회가 이 운동 출신을 그들 교회의 지도자로 받아들였기 때문이었다. 기독학생회/대학기독교인회는 또한 국제복음주의학생회(IFES)를 통해 전 세계의 대학에 보수복음주의를 강력한 세력으로 세워 나가는 주역이었다.

자신의 저작을 통해 바클레이는 어떻게 기독교에 대한 보수적 관점이 지적으로 신뢰할 만한 것이 될 수 있는지 보여 주는 일에 관심을 두었다. 대표 저술로는 『신앙을 위한 이성』(Reasons for Faith, 1974)과 『기독교 지성 향상』(Developing a Christian Mind, 1984)이 있다. 더글러스 존슨의 격려하에 바클레이는 기독교 대학생들이 졸업 후 그들의 직업에 뚜렷한 기독교적 접근을 할 수 있도록 돕는 여러 집단 네트워크를 개발하는 데 힘썼다. 그는 또한 1970년대에 복음의 사회적 의미를 더 크게 강조하기 시작한 복음주의 지도자 중 하나였다. 자신의 견해가 기독학생회의 견해로 비춰지지 않기를 바랐던 그는 이 주제들을 다루는 책을 A. N. 트리튼(A. N. Triton)이라는 가명으로 출판하기도 했다(『누구의 세상인가』[Whose World, 1970]).

더 근래에는 기독교가 주변 문화에 잡아먹히지 않도록 교리를 더 분명히 붙잡아야 한다고 주장하는 역사적 복음주의 및 현대 복음주의에 관한 책을 쓰기도 했다. 바클레이의 책 중 가장 널리 읽힌 책은 『길라잡이: 몇 가지 복음주의 원리』(Guidance: Some Biblical Principles, 1956)였다. 그는 또한 연사로도 많이 불려 다녔다.

바클레이가 케임브리지기독학생연합 회장이던 같은 시기에, 후에 성공회 주교가 된 존 A. T. 로빈슨(John A. T. Robinson)이 더 자유주의적인 학생기독운동(Student Christian Movement) 케임브리지 지역의 회장이었다. 이들의 이어지는 신학적 행적들은 대학 내부의 기독교와 좀 더 넓게는 영국 내 기독교가 이동한 흐름에 대해 많은 것을 이야기해 준다. 로빈슨의 논쟁적 저서 『신에게 솔직히』(Honest to God)는 1960년대에 자유주의로 연결된 변화를 대변했다.

그러나 학생기독운동은 1960-70년대에 약화되고 시들었다. 복음주의 진영 외부에는 거의 알려지지 않았던 평신도 바클레이는 이 시기 기독학생회/대학기독교인회의 활력을 북돋는 데 기여했다. 보수신학, 문화적 융통성, 지성을 융합한 바클레이의 방향성은 20세기 후반기 학생 기독교와 잉글랜드 복음주의 모두에 깊은 흔적으로 남았다.

참고문헌 | G. Fielder, *Lord of the Years: Sixty Years of Student Witness. The Story of the Inter-Varsity Fellowship, Universities and Colleges Christian Fellowship, 1928-88* (Leicester: IVP, 1988); O. R. Barclay, *Evangelicalism in Britain, 1935-95* (Leicester: IVP, 1997).

D. J. GOODHEW

올리버 크롬웰(Oliver Cromwell, 1599-1658)

청교도 정치가. 그는 헌팅던(Huntingdon)에서 지방 지주(country gentleman)의 아들로 태어났다. 헌팅던문법학교(Huntingdon Grammar School)에서 교육을 받고 1616년에 케임브리지의 시드니서섹스대학(Sidney Sussex College)에 들어갔다. 그러나 1617년에 아버지가 운명하자, 그는 가문의 부동산을 관리하기 위해 고향으로 돌아가야 했다. 1620년에는 도시 상인의 딸 엘리자베스 부어치어(Elizabeth Bourchier)와 결혼했다. 다음 10년간 그는 헌팅던과 세인트이브즈(St Ives)에서 농장을 경영했고, 치안 판사(Justice of the Peace)로 일하였으며, 1628년 의회에서는 헌팅던을 대표하는 의원으로 봉사했다.

그는 1620년대 말 또는 1630년대 초에 영적, 감정적 위기를 겪은 후 강력한 회심을 체험했다. 1638년에 그는 편지 수신자에게 다음과 같이 썼다.

"내 영혼은 첫 아들의 회중과 함께 있습니다. 내 몸은 소망 중에 안식을 취합니다…당신은 내 삶의 방식이 어땠는지 아십니다. 오, 나는 어둠 속에서 살면서 어둠을 사랑하고 빛을 미워했습니다. 나는 괴수, 죄인 중의 괴수였습니다. 이것은 진실입니다. 나는 경건을 미워했습니다. 그러나 하나님이 내게 자비를 베푸셨습니다. 오, 그분의 자비의 풍성함이여!"

크롬웰의 회심은 그를 열렬한 개신교도, 즉 '청교도'(Puritan)로 만들었고, 일평생 그를 떠나지 않은 개인적 확신을 불어넣었다.

1640년에 크롬웰은 케임브리지 의원으로 선출되었다. 장기 의회(Long Parliament)에서 그는 의회 지도자 존 핌(John Pym)이 취한 강경 노선을 지지했다. 그는 교회의 '뿌리와 가지' 개혁(철저한 개혁-역주)을 선호했고, 주교 제도를 반대했으며, 왕에게 무장 저항을 꿈꾼 첫 번째 인물 중 하나였다. 1642년에는 케임브리지를 의회 편으로 지켜내는 데 기여했고, 에지힐전투(battle of Edgehill)에서 싸웠다. 혁명으로 그의 명성은 드높아졌다. 그는 탁월한 기병대 장교가 되어 나중에 '철기병대'(Ironsides)라는 별명으로 불린 자기 군대를 창설했다. 그가 종교 당파 회원들에게 자기 군대에 합류하라고 권한 것은 논쟁이 되었는데, 장로파들과의 논쟁에서는 정체성상 독립파(the Independents)와 일치한다는 것을 보여 주었다. 그러나 그는 의회파(the Parliamentarian)의 대의에 전적으로 헌신한 '경건하고 정직한 사람들'을 원했고, 외적 형식에는 거의 관심이 없었다. 1645년에 의회에 보낸 편지에서 그는 자기 군대가 에큐메니컬 연합을 이루고 있다고 즐거워했고, 강제적으로 모두를 획일화시키려는 보수파 청교도의 요구를 비판했다.

"장로파, 독립파 모두 여기에서는 동일한 신앙과 기도의 정신을 갖고 있습니다…여기에서 그들은 서로 차이를 느끼지 못하며 모두 일치합니다. 만일 다른 곳에서는 그렇지 못하다면 참으로 안타까운 일입니다. 모든 신자들은 실제 연합되어 있고, 이는 내적이고 영적인 것이기 때문에 가장 영광스러운 것입니다…형식으로 하나되는 것, 여기서 통일성(uniformity)이라고 부르는 것에 대해, 모든 기독교인은 평화를 위해 가능한 양심이 허락하는 대로 연구하고 행동해야 할 것입니다. 그런 정신을 가진 형제들로부터, 우리는 강제가 아니라 빛과 이성을 봅니다."

1645년에 크롬웰은 자신이 중장(Lieutenant-General)이 되어 지휘한 신형군(New Model Army)을 창설하는 데 핵심 역할을 했다. 1645년 6월의 네이스비(Naseby)에서의 의회군의 결정적인 승리에서는 기병대를 지휘했고, 1646년 6월에 왕당파(the Royalist)가 항복한 현장에도 그가 있었다. 비록 사위 아이어턴(Ireton)의 조언을 따르는 경향이 있었고, 수평파운동(Leveller movement)의 급진적 주장을 경계했지만, 1647년에 크롬웰은 헌법 확정을 위한 노력에 동참했다.

왕이 스코틀랜드 맹약자들(Scots Engagers, 스코틀랜드언약도[Covenanters] 내의 일파-역주)과 연합하여 1648년 제2차 내전을 일으키자, 크롬웰은 9월에 프레스턴전투(battle of Preston)에서 왕당파 군대를 패퇴시켰다. 전쟁을 통해 크롬웰은 찰스 1세(Charles I)가 신뢰할 수 없는 인물임을 확신하게 되었다. 12월에 있었던 의회의 군대 숙청 이후에 찰스 1세는 재판을 받고 1649년 1월에 처형되었다. 군주 처형 이후 왕정이 폐지되었고, 잉글랜드는 공식적으로 공화정(commonwealth)이 되었다.

새로운 공화국에는 적이 많았는데, 특히 아일랜드와 스코틀랜드가 문제였다. 1649년에 크롬웰은 군대를 끌고 아일랜드로 가서 아일랜드인에게 공포를 안겨다 준 악명 높은 원정을 펼쳤다. 드로그헤다(Drogheda)와 웩스퍼드(Wexford) 포위 후 그의 군대는 수백 명을 학살했는데, 그중에는 민간인도 많았다. 크롬웰에게 이 사건은 1641년의 개신교도 대학살 당시 '엄청나게 많은 무고한 피로 자신들의 손을 더럽힌 이 야만적인 죄인들에게 임한 하나님의 의로운 심판'이었다. 1650년에는 방향을 스코틀랜드언약도(Scots Covenanters, 스코틀랜드장로교회에 대한 지지를 언약한 이들-역주)에게로 돌려, 그들을 던바(Dunbar, 1650년 9월)와 우스터(Worcester, 1651년 9월)에서 패배시켰다.

크롬웰은 이제 가장 강력한 인물이 되었지만, 군대의 대장(Lord General)으로서 여전히 잔여 의회(Rump Parliament)의 종복이기도 했다. 그러나 1653년 4월, 그는 하원이 개혁의 희망 충족과 새로운 헌정 질서 정착에 실패했다는 이유로 하원으로 군대를 데리고 가서 잔여 의회를 강제 해산시켰다.

스스로 권력을 잡는 대신, 그는 1653년 7월에 '베어본스 의회'(Barebones Parliament)라는 별명의 지명 의회(Nominated Assembly) 설립을 지원했는데, 이런 이름이 붙은 이유는 이 의회에 프레이즈갓 베어본스(Praise-God Barebones) 같은 급진 청교도 다수가 포진되어 있었기 때문이었다.

열정적인 의회 개회 연설에서 크롬웰은 이 의회가 황금 시대를 여는 데 도움이 될 수 있을지 아닐지를 궁금해 했지만, 의원들 간 깊은 분열로 의회는 결국 해산되고 말았다. 1653년 12월에 크롬웰 스스로가 통치장전(Instrument of Government, 크롬웰의 부관 존 램버트[John Lambert]가 작성한 잉글랜드 헌정 사상 유일의 성문 헌법-역주)이라는 이름의 새 헌법 아래서 호국경(Lord Protector) 자리에 올랐다. 그는 죽을 때까지 국가의 수장이었으며, 1657년에 왕위를 제안받았으나, 군대의 반대와 하나님이 섭리적으로 왕이라는 직위를 무너뜨리셨다는 개인적 확신에 따라 이를 거부했다. 호국경으로서, 크롬웰은 어떤 전임 잉글랜드 통치자보다 더 광범위하게 영국 제도 전체를 통치했고, 그의 통치 아래 잉글랜드는 다시 한번 네덜란드와 스페인에게 승리를 거두며 주요 군사적 열강이 되었다.

그러나 잉글랜드만 놓고 보자면, 크롬웰의 통치는 그리 성공적이지 않았다. 심지어 청교도 내부에서도 적이 많았다. 장로파(the Presbyterians)들은 국왕 살해 책임자들이나 그의 관용적 독립교회주의(Independency)와 결코 타협하지 않았고, 제5왕국파(the Fifth Monarchists, 다니엘서에 나오는 세계를 지배한 네 나라에 이은 다섯 번째 나라의 도래가 임박했다고 주장한 종말론적 집단-역주), 수평파(the Levellers), 공화주의자(the Commonswealthmen) 같은 급진 집단들은 크롬웰을 권력에 굶주린 독재자로 보았다.

국민 대다수는 청교도식으로 거룩한 개혁을 추진하는 것에 분노했고, 왕과 5월 축제의 기둥(maypoles)과 성공회 기도서(Prayer Book Anglicanism)로 대표되는 옛 '행복한 잉글랜드'(Merrie England)를 그리워했다. 1655년부터 1656년까지 소장들(the Major-Generals)의 통치를 통해 거룩함을 스며들게 하겠다는 크롬웰의 노력은 비참한 실패로 돌아갔다. 그가 1658년에 죽자, 아들 리처드(Richard)가 호국경 직책을 이어받았으나, 리처드는 아버지가 갖고 있던 인간적인 카리스마와 권위가 부족했다. 올리버 크롬웰 사망 20달 만에 왕정복고가 이루어졌다.

일평생 살아가는 동안 종종 위선자로 비난받기도 했지만, 대부분의 역사가들은 경건하고 진지한 신앙적 헌신이 그의 경력을 이해하는 열쇠라는 데 동의했다. 그가 펼친 정치는 철저하게 섭리주의자(providentialist)의 특징을 띠었다. 그는 군사적 승리를 하나님께서 자기편이라는 증거로 받아들였고, 정치적 위기에는 개인 기도와 성경 묵상을 통해 하나님의 인도를 구하며 종일 시간을 보냈다. 그의 세계관은 존 오웬(John Owen)과 토마스 굿윈(Thomas Goodwin) 같은 칼빈주의독립파(Calvinist Independents)의 것과 가장 가까웠지만, 특정 파당의 딱지를 붙이는 것을 싫어했고, 어디서 발견하든 그가 찾은 개신교 신앙에 동정적이었다.

일평생 그의 가장 뜨거운 열정 중 하나는 경건한 이들을 보호하는 것이었다. 군사령관으로서도, 호국경으로서도, 심지어 핍박이 이단자나 신성 모독자를 대상으로 하는 경우에도, 그는 이 핍박으로 경건한 신자들이 사라질까 두려워하며 신앙적 관용을 옹호했다. 그는 신랄한 반교황주의(anti-popery)를 동시대인들과 공유했지만, 1650년대에는 잉글랜드 가톨릭 신자들에 대한 부드러운 태도도 두드러졌다. 죽어 가던 침상에서 아들에게 "리처드, 하나님의 사람들을 아끼고 그들에게 부드럽게 대하거라"라는 말을 세 번이나 반복한 것으로 전해진다.

복음주의자, 특히 빅토리아 시대 비국교도들은 자주 크롬웰을 위대한 청교도 정치가이자 시민 및 종교의 자유 수호자로 칭송했다. 크롬웰이 현대 영미복음주의의 창조자 중 하나라는 주장이 있기 때문에 이는 별로 놀랍지 않다. 영어권 개신교가 유독 다원주의적인 특징을 갖게 된 데는 그 어떤 개별 인물보다 크롬웰의 책임이 컸다. 그의 보호 아래 침례교회와 회중교회가 조직하고 뿌리내릴 공간을 확보할 수 있었다. 크롬웰은 또한 이후 복음주의 정체성의 중요한 핵심이 된 일종의 복음주의적 에큐메니즘의 선구자였다. 크롬웰이 보기에, 한 사람의 교파는 이래도 좋고 저래도 좋은 것이었다. 중요한 것은 그가 '문제의 뿌리'(the root of the matter)를 소유했는가 하는 점이었다. 그 뿌리는 '그리스도의 피를 통한 죄 용서와 그리스도의 피를 통한 값없는 칭의'를 믿느냐 아니냐 하는 것이었다.

참고문헌 | W. C. Abbott (ed.), *The Writings and Speeches of Oliver Cromwell*, 4 vols. (Oxford: Oxford University Press, 1937-47); J. Morrill (ed.), *Oliver Cromwell and the English Revolution* (London: Longman, 1990).

J. R. D. COFFEY

요하네스 K. W. 뢰헤(Johannes K. W. Lohe, 1808-1872)

독일 루터교 신학자이자 루터교 정통, 교회 질서, 목회자의 직을 높이 평가하는 견해의 강력한 옹호자. 복음전파에 관심에 많았던 그는 독일과 미국에서 선교와 사회 봉사 활동을 감당할 남녀를 훈련시켰다. 뢰헤는 1808년 2월 21일에 독일 뉘른베르크(Nürnberg) 외곽의 퓌르스에서 태어났다. 뉘른베르크에서 김나지움(gymnasium, 독일 인문계 중고등학교-역주)을 다닌 후 에를랑겐대학교(Erlangen University)에서 신학을 공부했다. 개혁교회(Reformed church)에서 자랐지만, 루터교(Lutheran)로 소속을 바꾼 그의 평생 경력은 루터교를 변증한 것으로 대표될 수 있다.

탁월한 설교자 뢰헤는 신분이 높은 사람의 죄를 비난하고, 그 결과 시 당국의 반감을 사면서까지 열정적인 설교로 뉘른베르크성 아에기디우스교회(영어로는 Saint Giles, 7세기에 프랑스에 거주한 그리스인 은자로, 신체장애자, 홈리스, 한센병 환자의 수호성인-역주)로 사람들을 끌어 모았다. 1837년에는 그 도시를 떠나 노이엔데텔사우(Neuendettelsau)에서 목회했다. 작은 마을에 지나지 않았던 노이엔데텔사우는 뢰헤의 사회 및 전도 프로그램 덕에 국제적인 관심을 끌게 된다.

그 세기 중반에 뢰헤는 바바리아지방교회(Bavarian territorial church, 당시 독립국이었던 바바리아의 루터교회-역주)가 교리 고백과 생활 양식의 순결한 이상에 관심을 갖지 않는 것에 좌절한 나머지 이 교회로부터의 이탈을 고려했다. 그러나 이런 결점에도 불구하고 결국 그는 이 교회의 역사와 전통을 존경했기 때문에 남기로 결정했다. 뢰헤는 개혁파와 루터교가 상호 교리 차이를 무시하고 공식 연합도 없이 같은 제단에서 예배하는 것을 보고 분노했다.

그러나 1852년에 바바리아 왕이 그의 친구 고틀리프 크리스토프 아돌프 폰 할레스(Gottlieb Christoph Adolf von Harless)를 교회 회의 의장으로 임명하여 그 지방의 교회들을 감독하게 했다. 할레스는 합리주의와 교리에 대한 무관심을 모두 반대했고, 루터교와 개혁파 간 차이가 유지되어야 한다고 강조했다. 그는 담긴 내용과 정신이 결정적으로 루터교적이고 전통적인 새 찬송을 도입했다. 이에 안심한 뢰헤는 바바리아교회에 남았다.

뢰헤는 『교회에 대한 세 책』(*Drei Bücher von der Kirche*(*Three Books on the Church*), 1845)에서 전통적인 루터교를 노골적으로 지지했다. 정통 루터교는 완전하기에, 현대인의 마음에 더 잘 받아들여질 만한 형태로 전통적인 신앙과 실천을 수정하거나 대체할 필요가 없다고 주장했다. 그는 목회자의 역할은 참된 교리를 지키고 전수하고, 바른 삶을 살도록 권하는 것이라 믿었다. 목회사역의 위치와 권위에 대한 관점, 성례를 지극히 소중히 여기는 사상, 고해와 사면에 대한 강조는 여러 루터교 진영에 낯선 것이었기에 그가 로마 가톨릭에 넘어간 것은 아닌가 하는 의혹을 불러일으키기도 했다. 이 의혹은 그가 교회는 가시적 연합과 순결을 추구해야 한다고 주장하면서 더 심화되었다. 그러나 종교개혁의 이신칭의 교리를 확고부동하게 지지했기에, 루터교 전통에 굳건하게 붙어 있었다고 말할 수 있다.

그러나 뢰헤는 정통을 옹호하는 일만 한 것이 아니다. 그는 복음전파와 자선 사업을 촉진시키기 위해서도 열심히 일했다. 1840년에 뢰헤는 미국 중서부 지방의 북부로 이민 간 독일인들을 위해 사역할 사역자들을 준비시키기 시작했다. 미시간(Michigan)에 거주하는 프랑크 사람들(Franconians, 독일 마인강 유역에 사는 프랑크 계열의 사람들-역주)을 대상으로 사역하던 루터교 목사 프리드리히 비네켄(Friedrich Wyneken)은 독일에서 도움을 구했다. 뢰헤는 소위 젠들링에(Sendlinge), 즉 '밀사' 혹은 '파견자'를 보내 그의 요청에 응했다. 이들은 뢰헤가 에어랑엔(Erlangen)에서 받은 수준의 신학 교육을 받지는 않았고, 다양한 수준으로 사역을 준비했지만, 미국 내에서 루터교가 더 든든한 기반을 잡을 때까지 비상 상황에서 섬길 수준으로 루터교 신학의 기본을 충분히 연마한 이들이었다.

이러한 젠들링에(Sendlinge)는 자신들의 새 고향에서 성숙과 연구로 스스로를 연마했다. 뢰헤는 당연히 이들이 자기 사람들이었기 때문에 자기가 만든 이 프로그램을 지원했고, 세세하게 이들의 사역을 관찰했다. 이들은 앞으로 더 형식을 갖춘 훈련을 다른 이들이 받을 수 있도록 길을 닦은 사람들이었지만, 미국에서 루터교회를 세우고, 독일계 미국인들이 광대한 영역에 정착하기 전에 루터교 교리를 중심으로 모일 수 있게 기회를 만드는 결정적으로 중요한 역할을 했다.

C. F. W. 발터(C. F. W. Walther)가 미주리에 정착한 작센 지방 사람들을 이끈 것처럼, 노이엔데텔사우 출신의 프랑크인들은 보수적인 루터교의 목소리를 대변한 미주리총회 형성에 중요한 기여를 했다. 이 교파는 복음주의 신앙을 선호한 점점 많은 독일계 인구와 다른 많은 이들에게 환영받았다. 뢰헤는 오스트레일리아에도 일꾼을 파송함으로써 루터교 영향력을 더 멀리까지 수출했다. 그가 세운 목회자 훈련 기관은 오늘날에도 존재하며, 선교교육을 여전히 활발히 펼치고 있다. 1849년에 뢰헤는 관심을 국내선교로 돌린다. 4년 후에는 여성 봉사 일꾼을 양성하기 시작하는데, 이들은 병원과 자선 기관, 정신병원, 직업학교 등에서 봉사하며 큰 인기를 끌었다. 이 여성 봉사자들은 오늘날에도 노이엔데텔사우에서 훈련받고 있다.

목회적 감각으로 유명했지만, 뢰헤의 루터교 정통과 예전에 대한 뜨거운 관심은 일부를 소외시켰다. 목회자의 직과 권위를 너무 높이는 관점은 결국 미주리총회에서 발터 및 다른 반대자들과의 갈등을 낳았는데, 뢰헤는 이들이 민주주의 문화의 압력 때문에 목회자의 권위를 무너뜨리고 있다고 믿었다. 신앙고백적 정체성이 약한 바바리아교회에서 그는 복음주의 신학 확산에 크게 기여했다. 또한, 뢰헤가 결코 완전히 이해하지 못했던 미국 문화와 스스로 거리를 두는 결과를 낳았음에도 불구하고, 미국에서 루터교 정체성이 형성되는 데에도 결정적인 기여를 했다. 그는 1872년 1월 2일에 노이엔데탈사우에서 사망했다.

참고문헌 | E. H. Heintzen, *Love Leaves Home: Wilhelm Loehe and the Missouri Synod* (St Louis: Concordia Publishing House, 1973); J. L. Schaaf, *Wilhelm Löhe's Relation to the American Church: A Study in the History of Lutheran Mission* (ThD dissertation, University of Heidelberg, 1961); H. Kressel, *Wilhelm Löhe als Katechet und als Seelsorger* (Neuendettelsau: Freimund-Verlag, 1955); J. Gotz, *Wilhelm Löhe: Im Dienst der Kirche. Quellen und Urkunden zum Verstandnis Neuendettelsauer Art und Geschichte* (Neuendettelsau: Verlag der Buchhandlung der Diakonissenanstalt, 1933).

R. ROSIN

요하네스 판 데르 켐프(Johannes Van Der Kemp, 1747-1811)

선교사이자 물리학자. 그는 1747년 5월 7일 네덜란드 로테르담(Rotterdam)에서 태어났다. 그는 회중교회의 런던선교회(London Missionary Society, LMS)의 남아프리카 선교사로 가장 유명하지만, 재능이 많은 인물이었다. 남아프리카에서 켐프의 사역으로 인해 백인과의 갈등이 유발되었고. 사후에도 이는 논쟁으로 남았다. 이런 측면에서 그는 초기 자유주의자, 잘못된 감성주의자, 또는 제국주의의 도구 등으로 다양하게 평가되고 있다.

켐프는 도르트레히트(Dordrecht)에서 교육받았으며, 레이던대학교(Leiden University)로 진학했다. 여기서 의학과 철학, 신학을 공부했지만 학위를 취득하지는 못했다. 그는 근위용 기병연대(Dragoon Guards)에 들어가 대위 계급까지 고속 진급했다. 이 기간 동안 켐프는 공식적으로 네덜란드개혁교회(Dutch Reformed Church) 소속이었으나, 이것이 그에게 별 의미는 없었다. 그의 삶은 끊임없는 사건의 연속이었다. 특히, 켐프는 1773년에 혼외 관계로 딸 하나를 얻게 된다.

켐프는 '자랑스러운 겸손'(proud humility)의 표본으로 정평이 나 있었는데, 이는 그의 삶 전반에 명백하게 나타난다. 1780년에 그는 사회적 통념을 깨고 자신보다 낮은 신분이었던 크리스티나 헬레나 프랑크(Christina Helena Frank)와 결혼했다. 이 결혼으로 인해 그의 동료 장교들이 그와는 더 이상 함께할 수 없다고 주장하며 그를 사임하게 했다. 이후 그는 스코틀랜드 에든버러(Edinburgh)로 이주한 후 의학 수업을 마치고 1782년에 의사 자격을 취득했다. 이때까지 그는 이신론(deism)에 심취해 있었다. 그렇다고 그가 기독교를 공개적으로 저버린 것은 아니었다.

같은 해, 켐프는 의사로 일하기 위해 네덜란드로 돌아왔다. 그러나 1791년에 보트 사고로 아내와 딸을 잃게 되면서 인생의 전환점을 맞게 된다. 깊은 슬픔에 잠겨 있던 켐프는 그리스도의 신성과 개혁신앙을 받아들였다. 이후 혁명을 맞은 프랑스와의 전쟁 중에는 네덜란드 편에서 군의관으로 일을 했다. 그러다 1795년에 런던선교회가 설립되었다는 이야기를 듣고 선교사역에 대한 강한 부르심을 느꼈다.

1797년에 켐프는 런던의 스코틀랜드장로교회에서 안수를 받았다. 그러나 그의 사역에서 장로교적인 색채가 드러나지는 않았다. 그는 선교회를 설립한 후 케이프로 파송받아, 1799년

3월 31일에 꿈꾸던 선교지에 도착했다. 런던선교회의 첫 남아프리카 선교사 중 하나로, '그리스도의 나라의 확장을 위한 남아프리카 선교회'(The South African Society for Promoting the Spread of Christ's Kingdom)를 설립했다. 이 단체는 먼저 케이프, 이어서 식민지 동쪽 개척지로 진출했다. 이곳은 다툼이 끊이지 않던 매우 혼란스러운 지역이었다. 그가 처음으로 함께한 동료들은 이 긴장을 감당할 수 없었다. 1801년에는 A. A. 판더르링엔(A. A. Vanderlingen)과 제임스 리드(James Read)가 합류했다.

1801년에 켐프는 코이산 부족(Khoisan)을 위한 정착지를 처음에는 흐라프레이네트(Graaf Reinet), 이어서 1802년에는 보타스플레이스(Botha's Place)에 마련했다. 이 곳은 정착자들의 폭력으로 터전을 잃은 이들을 위한 피난처였다. 광범위하게 퍼져 있는 폭력적인 상황 때문에 그는 1803년에 정착지를 베델스도르프(Bethelsdorp)로 이전해야 했다. 이 지역은 가난한 지역이기는 했지만, 정부의 군사적 보호를 받을 수 있는 지역이었다. 여기에서 그는 정착지 개발자의 압제를 피해 도망 나온 노동자들에게 쉼터를 제공하고, 농노가 될 수밖에 없는 상황에 저항했던 거주자들의 피난처를 마련해 주었다. 그의 이동 선교지부는 남아프리카 지역 런던선교회의 첫 조직이었다.

1805년에 바타비아(Batavian) 정부는 켐프가 코이산 부족에게 쓰는 법을 가르치는 것을 금하고, 그를 케이프타운(Cape Town)으로 돌아오라고 명령했다. 그러나 1806년에 새로운 영국 정부는 켐프가 베델스도르프로 돌아가도 좋다고 허락했다. 이때 그는 사라(Sara)라는 이름의 흑인 여자와 결혼하여 슬하에 네 명의 자녀를 두게 되면서, 백인 사회에 큰 파장을 일으켰다. 그 이후 켐프는 식민주의자들뿐만 아니라 정부와도 계속 충돌했다. 그는 런던에서 새로운 여론을 일으켜 코이산 부족에 대한 최악의 압제를 피하려고 노력했지만, 결국 이들의 자유를 제한하는 새로운 법이 1809년에 제정되었다.

켐프의 죽음 이후, 정부는 그가 제기한 고발을 조사할 '블랙 서킷'(Black Circuit, 1812)을 조직했지만, 이들은 결국 정착자들의 편을 들었다. 1811년에 케이프타운으로 돌아간 후 그는 마다가스카르(Madagascar)에 대한 선교를 시작하고 싶었다. 이 소망이 실현되지는 못했지만, 이 시기에 그는 남아프리카의 런던선교회 책임자로 선임된다. 그러나 켐프는 깊은 우울증으로 고통받다가, 1811년 12월 15일에 케이프에서 마지막 숨을 거두었다.

켐프는 여러 면에서 유럽 계몽주의의 영향을 깊게 받았다. 그의 회심은 개혁주의 신앙 수용과 연관이 있지만, 이는 또한 이성에 대한 반감, 감정적 치중, 평등주의 특징을 선호하게 만들었다. 켐프의 평등주의적 면모는 케이프에서 노예 제도를 반대하고 흑인 문화를 받아들이려는 것으로 나타났다. 특히, 켐프는 뛰어난 언어학자였는데, 그는 기독교 문학을 코사(Xhosa)와 코이(Khoi)어로 번역했다.

그의 책 『선교회의 교류』(Transactions of the Missionary Society, 1803) 안에 실린 '카프라 언어의 표본'(Specimen of ye Kaffra Language)은 반투(Bantu)어에 대한 초기 연구 중 하나다. 켐프가 베델스도르프에 만들었던 조직 체계는 일과 기도는 베네딕트 수도회와 유사한 모습을 보여 준다. 성만찬은 정착민들의 삶의 중심이었다. 켐프는 코이산 부족의 삶의 방식을 공유했는데, 이는 많은 선교사들이 생각조차 할 수 없는 수준이었고, 흑인 설교자나 전도자들에게 힘이 되었다. 그의 신앙은 지역 정서에 맞닿아 있었다. 그래서 그가 재림을 강조한 것이 1851년의 카트강 반란(Kat River Rebellion)과 1857년 코사 소 학살(Xhosa cattle killing) 사건에 영향을 주었을 수도 있다. 켐프에게 명목상 기독교인은 비기독교인보다 더 악한 존재였다. 재림의 임박함에 대한 믿음에 젖어 있었기 때문에 문명 사회에 대한 혐오감이 표현에 묻어 나왔다. 이런 믿음이 켐프의 원초적인 해방신학을 형성해 나갔다. 코이산 사람들을 대하는 문제로 바타비아 총독 얀센스(Janssens)와 반목했던 켐프는 다음과 같이 주장하기도 했다.

> "만약 정부가 죄 없는 사람들을 대상으로 잘못된 행동을 한다면, 이 압제 당하는 이들을 울부짖음으로부터 건져내고, 나아가 이런 정부의 정책들을 좌절시켜야 한다."

켐프의 남아프리카 사역은 유럽 식민주의의 확장과도 연결되어 있었다. 흑인과 함께한 그의 사역은 식민주의에 대한 임시적 대안으로 인식되었고, 베델스도르프도 분명히 코이산 부족이 새로운 경제 방식에 적응할 수 있도록 도와주었다. 그러나 식민지 개척자들의 폭력은 켐프가 도착하기 전부터 있었다. 그는 이런 상황에 행동으로 맞섰지만, 결국 부분적인 성공만을 거둘 수밖에 없었다. 켐프는 현지인의 문화를 겸손하게 받아들였고, 이를 통해 자신을 따르는 많은 이들을 복음화하기 원했다. 그는 흑인 문화와 식민지 문화 사이의 교류의 물꼬를 트면서, 식민지 사람들이 이전의 삶의 방식을 버리고 새로운 삶의 방식으로 살 수 있게 도왔다.

켐프는 첫 세대 선교사들을 대표했다. 신학은 강했고, 신분은 사회적으로 애매모호했고, 공감에서는 평등주의적이었으며, 그를 파송한 사회와는 반쯤 격리되어 있었다. 첫 세대 선교사들은 혼란스런 시대에 사역했고, 19세기 중후반의 선교사들보다 복음전도의 열정과 사회활동을 더 쉽게 결합했다. 켐프는 흑인 권리의 옹호자였지만, 동시에 식민주의의 몇몇 측면도 대변했다.

참고문헌 | E. Elbourne, 'Concerning Missionaries: the Case of Van der Kemp,' *Journal of Southern African Studies*, 17, 1 (1991); I. H. Enklaar, *Life and Work of Dr. J. Th. Van der Kemp*, 1747-1811: *Missionary Pioneer and Protagonist of Racial Equality in South Africa* (Cape Town and Rotterdam: A. A. Balema, 1988).

D. J. GOODHEW

요한 하인리히 불링거(Johann Heinrich Bullinger, 1504-1575)

취리히(Zurich)의 종교개혁가로, 개혁파 전통(Reformed tradition)이 형성되는 데 영향을 끼친 인물 중 하나. 그는 1504년 7월 18일에 취리히에서 서쪽으로 20km 떨어진 캔톤(Canton) 아르가우(Argau)의 소도시 브렘가르텐(Bremgarten)에서 태어났다. 아버지는 교구사제였기 때문에 그의 결혼은 종교개혁이 1529년에 도입되기 전까지는 법적 승인을 받지 못했다. 다섯 번째 아들이었던 불링거는 1509년에 지역 학교를 다니다가 1516년에 집을 떠나 에머리히(Emmerich)에 있는 학교에 들어갔다. 거기서 르네상스 인문주의 원리에 따른 교육을 받았다. 1519년에 쾰른대학교(University of Cologne)에 진학한 그는 다음해에 학사학위를 받았다. 쾰른을 지배한 사상은 오컴(Ockham)과 비엘(Biel)의 '새 길'(new way)이 아니라 토마스 아퀴나스(Thomas Aquinas)와 둔스 스코투스(Duns Scotus)의 '옛 길'(old way)이었다. 그러나 불링거는 아직 대학에 큰 영향을 끼치지는 못하고 있던 인문주의 접근법에 대한 관심을 드러냈다. 쾰른에서 루터에 대한 논쟁이 일어나 그의 책들이 불태워지자, 불링거는 신학, 특히 초대 교부 연구로부터 그 연구 방향을 바꾸었다. 이로써 그는 중세 스콜라주의자들을 떠나 루터에게로 돌아섰다. 1522년에 석사학위를 받으며 종교개혁 노선을 따르기로 확고히 결정했다.

불링거는 브렘가르텐으로 돌아가서 교부들과 루터, 멜란히톤(Melanchthon)에 대한 연구를 계속했다. 1523년에는 카펠(Kappel) 소재 시토회 수도원학교(the school of the Cistercian monastery)의 교장이 되어 인문주의와 종교개혁 사상을 소개했다. 이 과정에서 미사가 개신교 예배로 대치되고 많은 수도사들이 개혁파 목사가 되었다.

1523년에 불링거는 츠빙글리(Zwingli)와 레오 유드(Leo Jud)를 취리히에서 만났다. 그는 (성찬에서의-역주) 실재적 임재를 거부하는 등 많은 부분을 츠빙글리와 공유하고 있음을 알게 되었다. 1525년에는 재세례파와의 논쟁에 참여하게 되었는데, 이 과정에서 자신의 언약신학(covenant theology)을 발전시켰다. 또한, 1528년에 츠빙글리와 함께 베른(Bern)에서 열린 논쟁에 참여하여 부처(Bucer) 같은 다른 개혁자들을 만나기도 했다.

1528년에 일어난 또 다른 일은 그가 카펠 근교 한 마을의 시간제 목사가 된 것이었다. 다음 해에 불링거는 브렘가르텐의 개혁자가 되었다. 그의 아버지는 그해 이전에 늦게나마 개혁을 받아들였고, 교구개혁을 시작하는 일을 도왔다. 아들이 일을 추진하자 그해 여름에 열매가 맺혔다. 개혁을 시작했기 때문에 츠빙글리와 함께 마르부르크회의(Marburg Colloquy)로 가는 기회를 거절할 수밖에 없었다. 그해에 그는 전직 수녀인 안나 아들리쉬윌러(Anna Adlischwyler)와 결혼하여 열한 명의 자녀를 낳았다.

1531년, 츠빙글리는 카펠에서 있었던 전투에서 패하면서 전사했다. 이어진 평화 조약의 조건 중 하나는 불링거를 브렘가르텐에서 추방하는 것이었다. 불링거는 그해 11월에 취리히로 갔다가, 취리히뿐만 아니라 바젤(Basel)과 베른에서도 교회 일을 해 달라는 요청을 받았다. 취리히를 선택한 그는 12월에 츠빙글리가 맡았던 그 도시의 대표목사직을 위임한 후 1575년 사망 시까지 일했다.

츠빙글리의 죽음으로 목사와 관원의 상대적 권위 문제에 대한 논쟁이 일어났다. 불링거는 목사가 하나님의 말씀을 충분히 전할 자유를 보장한 시의회의 결정에 동의했지만, 목사가 관원의 일에 간섭해서는 안 된다는 조항에도 동의했다. 도덕 문제에 대한 치리는 관원의 책임이라고 보았기 때문에 출교권을 교회 치리회로 가져오려는 레오 유드의 시도에 저항했다. 교회 재정과 성직자 임명과 치리에 책임이 있는 교회 대회(Synod)의 주요 기능도 최종적으로는 시의회의 통제하에서 이루어졌다.

불링거는 재세례파 및 루터교와 계속 논쟁했다. 그는 또한 개혁신학과 교회의 발전에 중요한 기여를 했다. 1536년판 제1스위스 신앙고백을 공저했고, 30년 후에는 더 긴 분량의 제2스위스 신앙고백을 썼는데, 이 고백서는 개혁파 신앙고백 중 가장 영향력이 있던 문서 중 하나로 스위스를 넘어서까지 널리 수용되었다. 그는 개혁파 기독교인 간의 연합을 증진하는 데 관심이 많았다. 그는 칼빈과 가까웠는데, 그렇다고 그의 모든 주장에 동의한 것은 아니었다.

불링거는 교회 치리에 대한 제네바식 접근에 공감하지 않았다. 어거스틴의 무조건적 선택 교리에 대한 칼빈의 헌신을 공유했지만, 이를 넘어서 정죄를 정한 적극적인 예정까지 논하는 것은 불편해 했다. 더 중요한 것은, 그가 칼빈과 성찬 교리에 대한 공통의 합의에 이르러 1549년 취리히합의(Consensus Tigurinus)를 발표했다는 것이다. 이는 두 사람 사이에 이루어진 수년간의 타협의 열매였으며, 양자가 상호 양보한 내용을 반영하고 있었다. 불링거는 개혁신학 내부에서 영향력이 컸던 하나님과 그의 백성 간 조건적 언약(conditional covenant) 사상을 발전시키는 데 기여했다.

불링거는 잉글랜드 종교개혁에도 큰 영향을 끼쳤다. 메리 여왕 통치기(1553-1558)에 취리히는 수많은 지도자급 개신교 유배자를 초청했다. 이들은 고국으로 돌아가서 엘리자베스 여왕 시대 교회에서 중요한 직책을 맡은 후에도 계속 불링거와 연락했는데, 이것이 바로 '취리히서신들'(Zurich Letters)이었다. 또한, 기독교 교리에 대한 설교 50편을 모아 놓은 『열편들』(Decades, 열편씩 다섯 권으로 나눠져 있기 때문에 Decades라는 이름이 붙었다-역주)은 엘리자베스 시대 잉글랜드에서 표준 신학 교과서로 사용되었다.

불링거는 수많은 출판물을 남긴 다작가였다. 그는 신약 주석, 교리 논문, 특히 재세례파와 루터교에 대항한 논쟁서를 많이 썼다. 서신집에는 주고받은 12,000편이 넘는 편지가 들어 있다.

참고문헌 | J. W. Baker, *Heinrich Bullinger and the Covenant: The Other Reformed Tradition* (Athens, Ohio: Ohio University Press, 1980).

A. N. S. LANE

울리히 츠빙글리(Ulrich Zwingli, 1484-1531)

스위스 종교개혁가이자 개혁파 개신교의 창시자. 그는 루터보다 약 52일 정도 늦은 1484년 1월 1일에 취리히(Zurich)에서 40여 마일 떨어진 빌트하우스(Wildhaus)에서 출생했다. 1498년에 비엔나대학교(University of Vienna)에 입학했지만 알려지지 않은 이유로 대학을 떠났다. 1502년 바젤대학교(University of Basel)에 입학하여 개혁 성향의 토마스 비텐바흐(Thomas Wyttenbach)에게 배우고, 1504년에 학사학위를, 1506년에는 석사학위를 취득했다. 같은 해 글라루스(Glarus) 지역의 교구사제로 임명되었고, 9월에는 서품을 받을 수 있는 최소 연령인 23세보다 몇 달 먼저 정식 사제 서품을 받았다.

스위스 군인들은 용병 시장에서 가장 인기 있어, 그들을 통해 많은 부가 스위스로 유입되었다. 츠빙글리는 군종사제로 봉사한 적이 한 번 있었지만, 1515년에 6,000명 이상의 스위스 병사들이 숨진 마리그나노(Marignano)전투의 참혹함을 목격하고 나서 용병 제도의 비윤리성을 주장하기에 이른다. 그러나 이런 생각에 바탕을 둔 그의 설교는 그가 사역하던 글라루스 주민들에게는 그다지 호응을 얻지 못했다. 결국 그는 1516년에 현재는 유명한 마리아영성운동(Marian devotion)의 중심이 된 아인지델른

(Einsiedeln)으로 이주했다. 츠빙글리는 글라루스와 아인지델른에서 지내는 동안 여러 학문들을 접할 수 있었고, 이를 바탕으로 개혁신앙의 근간을 형성할 수 있었다.

이 시기에 특히 그는 성경의 유일하고 완전한 권위를 인정하게 된다. 츠빙글리는 1518년에 취리히의 그로스뮌스터(Grossmunster, 대교구) 교구사제로 임명되었다. 거기서 사역하는 중 35세가 되던 날부터 마태복음을 시작으로 성경 전권을 체계적으로 설교했다. 이런 설교는 사실 초대교회에서는 일반적인 것이었지만, 츠빙글리 당시에는 매우 혁신적인 시도였다.

츠빙글리가 취리히로 이주할 때 이곳에 흑사병이 돌아, 도시 인구의 3분의 1이 사망하는 사태가 벌어졌다. 이런 와중에서도 그는 이곳에 남아 병자들을 돌보다 스스로도 흑사병에 걸리고 말았다. 그를 거의 죽음 직전까지 몰아갔던 흑사병을 극복한 후, 1522년에 안나 라인하르트(Anna Reinhart)와 비밀 결혼을 올렸다. 그러나 콘스탄츠(Konstanz)의 주교에게 결혼 승인을 받는 데는 실패했다. 두 해가 지난 다음에야 그는 자신의 결혼을 공표했고, 이후 네 명의 자녀를 두었다.

츠빙글리는 루터와는 별개로 거의 동시대의 프로테스탄트 신앙에 대해 확신하게 되었다. 루터와 츠빙글리는 매우 다른 배경에서 종교개혁을 진행해 나갔다. 루터는 가브리엘 비엘(Gabriel Biel)의 제자들에게 '새 길'(modern[new] way)을 배운 반면, 츠빙글리는 토마스 아퀴나스의 '옛 길'(old way) 전통에서 훈련받았다.

또한, 츠빙글리는 루터보다도 에라스무스(Erasmus)의 인문주의의 영향을 더 깊게 받았다. 서로 다른 교육 배경으로 인해, 루터와 츠빙글리는 서로 다른 신학을 정립해 나간다. 츠빙글리는 특히 모든 기독교 교리가 이성에 반하여서는 안 된다고 주장한 반면, 루터는 신학에서 이성은 그다지 중요치 않다고 보았다. 두 사람의 차이는 성찬에서의 그리스도 임재에 관한 논쟁에서 두드러지게 나타난다.

츠빙글리는 취리히에서 종교개혁 사상을 사람들에게 점차 소개하면서도, 처음에는 로마 가톨릭의 권위를 인정했다. 1523년 말에 그는 심지어 교황이 보낸 따뜻한 편지를 받을 정도였다. 1522년 츠빙글리는 종교개혁 사상을 담은 자신의 첫 책을 출간했으며, 그의 사상들이 이 책들을 통해 스위스 전역으로 퍼졌다. 1523년 취리히에서는 공개 토론이 두 차례 있었다. 그 결과 시 의회는 복음주의적 대의를 지지하게 되었다. 첫 번째 토론회에서 츠빙글리는 67개에 달하는 자신의 논제를 제시했고, 이 논제들을 해설하는 『주석』(Commentary)을 썼다. 이듬해 교회 내에 있던 모든 성상들과 성화들, 오르간들이 교회 밖으로 제거되었다. 1525년에는 미사가 폐지되고, 단순한 성찬 모임으로 대체되면서 취리히 종교개혁이 완성되기에 이른다.

츠빙글리는 그해 『참 종교와 거짓 종교에 대한 주석』(Commentary on True and False Religion)을 저술하여 이를 프랑스 왕 프랑수아 1세(Francis I)에게 헌정했다. 여기서 그는 자신이 이해하는 성경의 진리를 로마 가톨릭교회의 잘못된 관행들과 대비시켜 설명하고 있다. 스위스의 다른 주들(cantons)도 종교개혁에 동참하게 되면서, 츠빙글리가 꿈꿔온 바, 하나로 연합된 복음주의 스위스가 점차 현실이 되어 가고 있었다. 이를 위해 츠빙글리가 종교개혁에 동참한 주들의 연맹을 구성하자, 이에 두려움을 느낀 로마 가톨릭교회를 지지한 주들 또한 이에 대항한 연합 전선을 형성했다. 결국 1529년에 이 두 세력 간에 전쟁이 발발했다. 잠시 동안의 휴전 기간이 지난 1531년에 제2차 전투가 발발했다. 츠빙글리는 10월 11일에 카펠(Kappel)에서 벌어진 이 전투 와중에 전사했다.

츠빙글리의 첫 저술 중 하나는 1522년에 출판된 『하나님 말씀의 명확성과 확실성』(*The Clarity and Certainty of God's Word*)으로, 그는 이 책에서 성경의 최종 권위를 인정했다.

하나님의 말씀이 잘못 이해되는 경우도 있을 수 있겠지만, 그럼에도 그 말씀은 확실하고 명료하다. 하나님은 당신의 자녀들에게 당신의 말씀을 명확하게 전달하시며, 인간의 가르침이 없어도 그 말씀을 이해할 수 있다. 성령이 우리를 감동케 하여 하나님의 말씀을 그 빛으로 볼 수 있게 해 주기 때문이다. 하나님의 말씀이 교황이나 공의회 같이 오류 있는 인간 해석에게 좌지우지 되어서는 안 된다. 그 말씀은 인간의 학식이나 교회의 권위가 아니라, 겸손히 그 귀를 하나님께 기울일 때 그의 말씀을 제대로 들을 수 있다.

그러나 츠빙글리는 현실적으로 하나님의 말씀을 들으려고 하는 것만으로는 모든 이견을 종식시키지 못한다는 사실을 깨달았다. 그는 성찬의 본질에 대해 종교개혁의 다른 두 그룹과 생각을 달리하고 있었다. 첫 번째 그룹은 콘라드 그레벨(Conrad Grebel)과 펠릭스 만츠(Felix Mantz)가 이끄는 취리히의 급진적 종교개혁파였다. 이들은 개혁파국가교회에 만족하지 않고, 성인세례로 입교한 헌신된 기독교인의 자발적 교회를 세워야 한다고 주장했다. 처음에는 급진파와 츠빙글리는 많은 부분에서 뜻을 같이 했지만, 1525년부터는 갈등의 골이 점점 깊어가기만 했다. 첫 번째 공개 논쟁에서 시 의회는 급진적 종교개혁 그룹을 인정치 않기로 결정했다. 이후 급진주의자들은 유아세례를 부정하여 이미 유아세례를 받았던 자신들의 진영에 속한 이들에게 다시 세례를 베풀기 시작했다. 그러자 시의회는 이들을 추방했지만, 만츠는 취리히로 다시 들어와 사로잡힌 후 1527년에 수장된다.

츠빙글리는 1525년에 『세례, 재세례, 그리고 유아세례』(*Baptism, Rebaptism, and the Baptism of Infants*)라는 책을 저술하여 유아세례를 옹호하고, 세례가 하나님과의 언약의 상징인 동시에 이 언약의 참여자는 개인뿐만 아니라 그 가족 전체라고 역설했다. 그는 유아세례를 인정했지만, (루터와는 달리) 세례 자체가 (심지어 영아를 포함하여) 세례를 받는 자들에게 거듭남과 죄의 용서를 보장해 준다는 가톨릭의 교리는 거부했다. 대신 그는 세례가 신앙의 중요한 외적 증거라고 보았다.

그와 생각을 달리한 또 다른 종교개혁 그룹은 루터였다. 이들은 성찬에서의 예수 그리스도의 임재에 관해 논쟁했는데, 루터는 로마 가톨릭교회의 화체설을 부정하면서도, 떡과 포도주 '안에, 아래에, 더불어' 그리스도의 몸과 피가 실재로서 임한다고 주장했다. 그러나 츠빙글리는 네덜란드인인 코르넬리우스 호엔(Cornelius Hoen)의 영향을 받아 이 교리를 1524년에 공식적으로 부인했다. 츠빙글리는 공재설을 거부하고, 대신 떡과 포도주는 단지 그리스도의 몸과 피를 상징할 뿐이라는 주장을 펼쳤다. 성만찬은 십자가 위에서 죽은 그리스도의 공로를 기념하는 감사 의식인 것이다. 또한, 성찬은 친교의 만찬으로, 이 안에 그리스도의 몸이 회중으로 모인 모임 안에 임하신다.

이런 츠빙글리의 성찬론은 1526년에 나온 『그리스도의 최후의 만찬에 대한 명확한 해설』(*Clear Exposition of Christ's Last Supper*)에 잘 설명되어 있다. 1529년 10월에 츠빙글리와 루터는 다른 여러 지도자들과 함께 마르부르크(Marburg)에 모여 자신들의 논점에 대해 토론하고 합의점을 찾고자 했지만, 좋은 결과를 이끌어 내지는 못했다. 츠빙글리는 본인의 입장을 끝까지 굽히지 않고 『신앙 해설』(*Exposition of the Faith*)이라는 짧은 글에서 이를 다시 한번 강조했다. 츠빙글리는 이 책을 통해 프랑수아 1세가 개혁신앙을 계속해서 고수해 나가기를 바란다는 (헛된) 희망을 피력했다.

츠빙글리는 젊은 나이에 전장에서 숨을 거두었다. 그의 사상이 더 성숙하거나, 개혁신학에 대한 조직신학적 해설을 완성하기엔 너무 짧은 생애였다. 그의 역사적인 사명은 칼빈에게 남겨지면서, 개혁파 개신교는 츠빙글리주의가 아닌 칼빈주의라는 이름으로 알려졌다. 그러나 그 건설의 임무가 다른 이들에게 맡겨지고, 또는 츠빙글리가 많은 사람에게 잊힌 존재임에도 불구하고, 스위스 개신교와 개혁신학의 토대를 세운 인물은 다름 아닌 츠빙글리였다.

<u>참고문헌</u> | U. Gabler, *Huldrych Zwingli: His Life and Work* (Edinburgh: T. & T. Clark, 1987); G. R. Potter, *Zwingli* (Cambridge: Cambridge University Press, 1976).

A. N. S. LANE

월터 아더 마이어(Walter Arthur Maier, 1893-1950)

루터교 라디오 전도자. 그는 미국 매사추세츠(Massachusetts) 보스턴(Boston)에서 출생했다. 그의 아버지는 1880년대 초반 독일에서 미국으로 이민을 간 오르간 및 피아노 제작자였다. 총명한 학생이었던 마이어는 뉴욕 웨스트체스터 카운티(Westchester County)에 위치한 루터교(Lutheran Church) 미주리총회(Missouri Synod) 소속의 컨코디아대학(Concordia Collegiate Institute)에서 6년간 공부했다. 1912년 고등학교와 전문학사학위를 마친 후, 보스턴대학교(Boston University)에 입학하여 1년 만에 학업과 학위라는 두 마리 토끼를 잡는 데 성공했다. 1913년 가을, 목회후보자 훈련을 받기 위해 세인트루이스 소재 컨코디아신학교(Concordia Theological Seminary)에 입학했는데, 특히 히브리어에 관심이 많았다. 1916년 졸업과 함께 하버드신학대학원(Harvard Divinity School) 장학생으로 선발되어 구약학을 전공했다. 대학원에서 공부하던 시기였던 1917년 5월에 목사 안수를 받아, 보스턴에 위치한 시온루터교회(Zion Lutheran Church) 부목사로 목회를 시작했다.

미국이 제1차 세계대전에 참전하게 되자, 마이어는 군목이 되어 보스턴 항구에 억류된 독일 선원들을 대상으로 사역했고, 이후 몇 개월간 조지아(Georgia)의 캠프고든(Camp Gordon)에서 군인을 대상으로 목회 활동을 했다. 매사추세츠로 돌아와 캠프데븐스(Camp Devens)의 군목으로 일하면서, 근처 포로수용소에 수용되어 있던 독일군을 보살피는 일도 했다. 그해 말에 마이어는 하버드에서 학업을 재개했고, 전공을 셈어(Semitic Language)로 바꾸었다. 1920년에 석사학위를 취득한 후 박사과정에 진학했다. 1929년 셈어 연구로 박사학위를 취득했다.

석사학위를 취득한 이후, 대학에서 학생을 가르쳐 달라는 요청을 수차례 받았지만, 마이어는 이를 모두 거부하고 루터교 미주리총회에 새로 만들어진 청년 프로그램인 월서리그(Walther League)를 관장하는 일을 맡았다. 밀워키(Milwaukee)로 이주한 마이어는 월서리그의 새로운 월간지인 「월서리그 메신저」(*Walther League Messenger*)를 편집하는 일을 맡아 전국을 여행하며 이 프로그램을 홍보하는 일에 앞장섰다. 마이어는 대학생과 청소년 같은 집단을 대상으로 이 새로운 프로그램을 홍보했고, 이 청년 리그의 모교단(parent denomination)에 지나치게 뚜렷했던 독일 민족 정체성을 희석시키는 일에도 열심을 다했다. 2년 동안 월서리그를 책임진 후, 마이어는 1922년 가을 학기부터 컨코디아신학교에서 구약을 가르치기 시작했다.

그가 책임지고 있었던 기간 동안, 월서리그는 900여 명의 목사와 5만 명의 회원을 거느린, 또한 다수의 정규 직원이 소속된 기관으로 성장했다. 뿐만 아니라, 시카고의 가장 부유한 지역으로 본부를 이전했다. 여러 가지 새로운 일을 맡고 1945년까지 「월서리그 메신저」 잡지의 편집인으로 활동하면서, 그는 월서리그의 일에 더욱 열중했다. 창간기에 구독자 수가 얼마 되지 않았던 이 잡지의 구독자는 1945년경 10배 이상이 증가한 8만 명에 달했다. 마이어는 1924년에 자신이 월서리그의 책임자였던 당시 비서로 일했던 헐다 아이코프(Hulda Eickhoff)와 결혼했다. 이 부부는 두 아들을 얻게 된다.

마이어는 1920년대에 동시에 여러 가지 활동을 했다. 시간을 쪼개서 학생을 가르치고, 월간지를 편집하고, 박사과정 공부를 하고, 또 새로운 라디오 방송인 '분더킨트'(Wunderkind)에도 매진했다. 그는 라디오야말로 사람들에게 복음을 전하고, 이들에게 신앙을 가르칠 최고의 도구라고 믿었기에, 루터교회 미주리총회가 일련의 「월서리그 메신저」 편집자 글을 통해 이 교단 소유의 라디오 방송국의 기초를 닦았다.

그는 먼저 컨코디아의 학장인 존 H. C. 프리츠(John H. C. Fritz)를 만나 자신의 의도를 설명했다. 마이어에게 설득된 프리츠는 그에게 전권을 주어 이 계획을 추진케 했다. 월서리그를 통해 7,000불의 성금이 모아졌고, 이에 버금가는 금액이 평신도와 신학교에서 모금되었다. 곧 마이어는 500와트의 송출기를 구입하여 컨코디아신학교 다락에 임시로 설치했다.

1924년 12월 14일에 'KFUO'(계속 전진하고, 올라가고, 나아가라, Keep Forward, Upward, Onward)라는 이름의 '복음방송'(The Gospel Voice)을 송출하기 시작했다. 이 라디오 방송국은 중서부 지역 청취자들의 사랑을 받았다. 이 방송국 프로그램은 종교 주제뿐만 아니라, 클래식 음악, 문화 관련 토론을 함께 편성하여 진행했다. 마이어 특유의 직설적이고, 저돌적인 스타일의 설교는 곧 방송국의 트레이드 마크가 되었다. 그는 일요일 저녁 예배와 목요일 저녁의 '뉴스를 보는 창'(Views on the News)이란 프로그램을 진행했다. 이 방송국은 크게 발전하여, 1927년 5월에 독립된 건물을 가지게 되었고, 루터교평신도연맹(Lutheran Laymen's League)의 도움으로 최신 장비를 구비할 수 있었다.

1930년 마이어는 대서양 연안에서 태평양 연안까지 미국 전역에 전파를 송출할 수 있는 루터교 라디오 방송국을 설립할 계획을 세우고 이를 본격적으로 추진하기 시작했다. 그는 NBC 방송국이 자유주의적인 개신교 연방교회협의회(Federal Council of Churches, 보수적인 루터교 미주리총회가 소속되지 않은 교회 연합 기구)에 가끔씩 얼마 동안 공적 방송 시간을 허락해 주는 것 이외에는 다른 중계 요청을 잘 받아들이지 않는다는 사실을 깨달았다. 이에 반해 CBS는 비용을 받고 방송 시간을 제공하는 보다 유연한 정책을 가지고 있었다.

그는 새로운 전국 루터교 라디오 방송망에 대한 생각을 5월 루터교회평신도연맹 전체 회의에서 발표하면서, 연맹이 이 계획을 위해 10만 불의 기금을 마련해 줄 것을 요청했다. 1930년 10월 2일 목요일 저녁, '루터란 아워'(Lutheran Hour)라는 이름의 라디오 프로그램이 만들어져서 CBS의 36개 방송 기지를 통해 전국으로 송출되기 시작했다. 일주일간 방송 송출에 드는 비용이 4,600불에 달했다. 비록 '루터란 아워'가 청취자로부터 매주 2,000불의 기부금을 받았지만, 대공황 시대에 더 이상의 비용을 루터교평신도연맹으로부터 받는 것은 거의 불가능해 보였다. 다른 방송보다 청취자의 호응과 충성도가 높았던 '루터란 아워'는 결국 1931년 6월 중순부터 방송 송출이 중단되었다.

마이어는 이후 몇 년 동안 각종 라디오 프로그램 출연과 강연, 컨코디아의 일로 매우 바쁜 하루하루를 보냈다. 그럼에도 그의 가장 큰 관심사는 '루터란 아워'의 재건이었다. 쉐보레자동차회사(Chevrolet) 회장이자 신실한 루터교 신자였던 윌리엄 T. 누센(William T. Knudsen)의 후원으로, '루터란 아워'는 1935년에 KFUO의 방송 기지, 디트로이트 및 신시내티에 위치한 대규모 기지들을 통해 다시 방송되기 시작했다. 청취자들의 기부금 액수가 누센의 후원금 액수를 추월하자, 루터교평신도연맹은 이듬해 상호방송공사(Mutual Broadcasting System, 미국의 상업 라디오 방송사-역주)를 이용한 방송 송출 비용을 감당하기로 결정했다.

이때부터 1930년대와 1940년대에 '루터란 아워'는 청취자 수와 라디오 기지의 수로 볼 때, 독립 근본주의자 찰스 E. 풀러(Charles E. Fuller)의 '올드-패션드 리바이벌 아워'(Old-Fashioned Revival Hour) 방송 다음으로 큰 인기를 얻는 프로그램으로 성장했다. 1940년대에 라디오 방송 녹화 기술이 개발되면서, 이 방송 프로그램은 미국 내 170개 방송 기지를 통해 미국 전역으로 방송되었고, 심지어 스페인어로도 번역되어 남아메리카와 필리핀 등지에도 전파되었다.

이 시기에 마이어와 '루터란 아워'는 보수적 종교 방송인들을 위해 전투하는 이들의 지도자로 자리매김했다. 1930년대 연방교회협의회는 종교 프로그램 송출을 돈으로 사고파는 것을 금지하기 위해 전미방송국협회(National Association of Broadcasters)와 상호방송공사(MBS)를 설득하기 시작했다. 이에 대해 '루터란 아워'는 그 반대운동의 전면에 나섰다. 유진 R. '루디' 버터맨(Eugene R. 'Rudy' Bertermann)이 마이어 방송 본부의 제작자로 일하면서, '루터란 아워'는 1942년 전미종교방송협회(National Religious Broadcasters)가 조직되는 데 큰 역할을 했다. 이 기관은 보수주의자뿐만 아니라 복음주의적 개신교 신도들의 관심사를 대변하는 기관으로 자리매김했다.

'루터란 아워'는 제2차 세계대전 이후에도 성장을 거듭했다. 이 기관이 조직되면서 마이어의 어깨는 더욱 더 무거워졌다. 결국 그는 컨코디아의 모든 일을 내려놓을 수밖에 없었다. '루터란 아워'는 1949년에 미국방송시스템(American Broadcasting System)의 200여 개 방송 기지를 포함 총 600여 개의 기지를 통해 미국 전역으로 전파되었다. 전 세계적으로는 36개 언어로 번역되어 400여 개의 방송 기지를 통해 송출되었다. 이와 더불어 마이어는 1948년 새해에 세인트루이스방송국에 시험 삼아 출연한 이후 텔레비전 방송을 위한 프로젝트를 진행하고자 했다. 이렇게 그의 사역에 정점에 이르렀을 무렵, 건강하게 보였던 마이어는 1949년 성탄절 이후 수차례 심장 마비를 겪다가, 결국 1950년 1월 초에 세인트루이스에서 숨을 거두었다.

마이어는 종교 방송사의 태동기에 그 기초를 다진 중심 인물이었다. 그는 당시 다른 많은 근본주의 방송인들과는 달리, 위엄과 신학적인 지식을 갖춘 시대가 필요로 한 인물이었다. 사실 그는 다른 교파들에 대한 신랄한 공격, 논쟁을 불러일으키는 부흥운동의 특징들, 복음주의의 종말론적 집착을 벗어 버리고, 은혜와 성경 권위라는 범개신교권을 아우르는 진리를 강조했다. 그래서 '루터란 아워'는 어떤 근본주의나 자유주의 방송도 따라할 수 없는 청취자들의 광범위한 호응을 이끌어 냈다.

사실 마이어의 청취자들과 후원자들 대부분은 루터교가 아닌 다른 교단 교인이라는 사실이 놀랄 일도 아니다. 마이어는 소속 교단에서도 큰 역할을 감당했다. 교단의 편협하고 민족주의적인 태도를 지양하게 하는 데 공헌했다.

논쟁을 불러일으키지 않는 설교, 교리적 해석에 집착하지 않는 유연한 태도, 사명감에 넘치는 다른 복음주의 방송인들과의 협력에 적극적이었던 것을 통해, 마이어는 루터교 미주리총회가 다른 보수 개신교인과 더 폭넓게 연대하여 활동하는 데 크게 기여했고, 결국 이 교단이 차후에 미국 문화에서 점점 더 중요한 역할을 감당하게 했다.

참고문헌 | P. L. Meier, *A Man Spoke, A World Listened: The Story of Walter A. Maier and the Lutheran Hour* (New Your: McGraw-Hill, 1963); W. A. Meier, *The Best of Walter A. Maier* (St Louis: Concordia, 1981); M. L. Rudnick, *Fundamentalism and the Missouri Synod: A Historical Study of Their Interaction and Historical Influence* (St Louis: Concordia, 1966).

L. ESKRIDGE

윌리엄 그레이엄 스크루지(William Graham Scroggie, 1877-1958)

침례교 성경교사. 독실한 복음주의 가정에서 자란 스크루지의 모친은 뉴버러(Newburgh) 출신이었다. 부친은 1866년에 전도사역을 시작하기 위해 그곳으로 이주했으며 이후 스코틀랜드와 잉글랜드에서 여러 번 거처를 옮겨 다녔다.

가족이 아난(Annan)에 거주할 당시인 1875년에 이들은 엄청난 시련을 겪었다. 5세도 채 되지 않은 세 자녀가 모두 성홍열(scarlet fever)로 사망한 것이다. 이 이야기는 스크루지의 모친이 쓴 책 『하나님의 사랑 안에 있는 삶의 이야기』(*The Story of a Life in the Love of God*)를 통해 전해진다. 이 사건으로부터 2년 뒤에 태어난 스크루지는 이 책의 서문을 썼다. 부모의 신앙은 그에게 깊은 인상을 남겼음이 분명하다.

어린 나이에도 스크루지는 설교자가 되어야 한다는 강력한 믿음이 있었기에, 20살이 되던 해에 런던에 있는 패스터대학(Pastor's College, 이후에는 스펄전대학[Spurgeon's College]으로 개명)에서 목회자 훈련을 시작했다. 교육 과정에서 빠진 몇몇 분야, 특히 영성 분야가 있다는 것 때문에 비판적이기도 했음에도, 대학에서 지낸 2년 동안 '창의적이고 감동적인' 시간을 보냈다고 그는 회상했다. 1900년도에 스크루지는 플로렌스 허드슨(Florence Hudson)과 결혼했으며, 그들에게는 마커스(Marcus)라는 이름의 아들이 한 명 있었다. 침례교 목사로서 그의 첫 사역은 에섹스(Essex)의 레이턴스턴(Leytonstone)에서였다.

그러나 2년 뒤 예정보다 일찍 사역이 끝이 났다. 스크루지는 이 시기를 내적 갈등의 시기로 묘사하면서, 당시에 영적 고갈을 경험하고 거의 영적으로 죽음에 이르는 경험을 했다고 말했다. 이후에 한 말에 따르면, 이때의 위기는 그를 새로운 경험으로 이끌어 주었다. 성경과 그리스도가 그에게 생생하게 살아 있는 것으로 다가온 것이다.

스크루지는 첫 번째 목회지를 포기하고 모든 것을 새롭게 다시 시작해야 한다고 느꼈다. 그러나 할리팩스(Halifax)에서의 두 번째 사역 역시 오래가지 못했다. 이번 경우는 교회 내에 있는 '의심스러운 형태의 오락거리들'에 대한 그의 강한 확신 때문에 사임하게 된 것이다. 스크로지는 그 후 2년 동안을 목회를 하지 않고 보냈다.

이렇듯 꽤 불확실하게 목회 활동을 시작했지만, 그 후 선덜랜드(Sunderland)와 에든버러(Edinburgh)에서는 중요한 사역을 했다. 1907년에 그는 선덜랜드에 위치한 교회로, 100명의 평신도 설교자가 있을 정도로 적극적인 베데스다자유교회(Bethesda Free Church)의 초빙을 수락했다. 1916년에는 스코틀랜드에서 가장 큰 침례교회인 에든버러의 샬롯채플(Charlotte Chapel)로 사역지를 옮겼다. 스크루지가 샬롯채플에서 사역하는 동안 매주 1,000여 명이 주일 예배에 참석했고, 수백 명이 그가 인도하는 주중 성경학교에 참여했다.

스크루지는 건강상의 이유로 1933년에 샬롯채플에서 사임한 후, 뉴질랜드에 있는 오클랜드태버내클(Auckland Tabernacle)에서 6개월을 보냈다. 그 후 약 5년 동안 미국, 캐나다, 오스트레일리아, 남아프리카 등을 돌아다니며 선교사역에 힘썼다. 1938년부터 1944년까지는 런던에 위치한 스펄전메트로폴리탄태버내클(Spurgeon's Metropolitan Tabernacle) 목사로 사역했다. 1943년도에 런던바이블칼리지(London Bible College)가 설립되자, 스크루지는 교장으로 추천되었다. 교장직을 수락했으나 과중한 행정 업무로 인해 다시 자리를 내놓았다. 첫 번째 아내 플로렌스가 죽자, 그는 조안 후커(Joan Hooker)라는 여성과 1941년에 재혼했다. 그녀의 모친은 윔블던(Wimbledon)에 위치한 선교사 양성학교인 릿지랜즈대학(Ridgelands College)의 첫 번째 교장이었다. 스크루지는 1958년에 별세했다. 스크루지는 다양한 분야에서 중요한 영향을 끼쳤다.

첫째, 20세기 전반기의 복음주의 영성이다. 1950년에 사람들은 그를 '논쟁의 여지가 없이 가장 중요한 살아 있는 케직(Keswick)의 교사'라고 불렀다. 그 당시 잉글랜드의 레이크디스트릭트(Lake District)에서 열린 케직사경회(Keswick Convention)에서 스크루지는 영국의 가장 보수적인 복음주의자를 대상으로 가르쳤는데, 그 가르침은 다른 어느 강단에서도 맛볼 수 없는 수준의 것이었다. 스크루지는 그리스도를 자신의 삶의 구주로써 맞이하는 의식적 결단이야말로 영성 생활의 핵심이라고 믿었다.

스크루지는 비록 케직이 '성령으로 가득 찬' 삶에 대해 이야기 할지라도, 사실 이런 생각은 그리스도가 주인이라는 인식에서 출발한다고 주장했다. 스크루지는 바로 이 점이 케직 메시지의 특징이라고 생각했다. 인기 있는 복음주의 작가 진 리스(Jean Rees)는 1951년도에 스크루지가 케직사경회에서 '그냥 내버려 두고 하나님이 하시게 하라'(Let-go-and let God)는 사상을 반대하고, 진리를 실제 경험을 통해 참으로 맛볼 수 있게 싸우고 노력함으로써 승리를 쟁취할 수 있다고 주장했다는 사실을 주목했다.

둘째, 스크루지가 영향을 끼친 다음 분야는 설교이다. 그의 꿈은 그 대상이 작은 지역 교회이든 큰 연회이든지에 상관없이, 그들에게 올바른 성경주해와 영적 적용점을 제공하는 목회자가 되는 것이었다. 케직 성경공부 시간에 그가 강사로서 인기가 많았다는 사실은 그가 이런 역할을 능숙하게 할 수 있는 설교자였음을 증명하는 것이다. 스크루지는 1914년부터 시작하여 12차례가 넘는 사경회 연속 강연을 했는데, 그 모든 강연들을 통해 최고 수준의 강해 설교의 모범을 보여 주겠다고 결심했다.

설교에 대한 이런 관심은 스크루지가 지역 목회자로서의 역할을 최우선적으로 생각하도록 이끌었다. 샬롯채플의 청빙을 수락하기 전 그가 요구했던 중요한 조건은 '사교적 목회심방'이라는 의무로부터 자유로워야 한다는 것이었다. 그의 목회사역 방향은 병들고, 사별을 당하고, 혹은 다른 특별한 관심이 필요한 사람들에게 있었다. 그는 자신의 소명을 전도자나 목회자보다는 성경교사로 인식했다. 성경교육에 대한 헌신의 표지로, 그는 4년 과정의 통신 강좌를 통해 수천 명의 학생들을 지도했다.

셋째, 스크루지가 강조한 또 다른 중요한 주제는 부흥 체험이었다. 한창 부흥하던 영국 오순절운동의 중심지였던 선덜랜드에서 목회하던 1912년에 스크루지는 교회 잡지에 성령세례와 방언에 관한 세 개의 글을 게재했다. 이들은 이후 소책자로 출판되기도 했다. 스크루지는 성령세례와 관련된 오류가 특히 성령의 축복을 방언의 은사와 연결 지으려는 욕망에서 기인한다고 생각했다. 신중한 스코틀랜드인들은 많은 오순절파 모임이 '상식을 포기'하는 경향이 있다고 믿었다. 1922년 케직이 부흥의 열기로 뜨거웠을 때, 스크루지는 지성적이고 합리적인 신앙을 촉구했다. 스크루지는 조심스러운 태도를 견지했지만, 현시대에서 방언이 있을 수 있는 가능성을 전적으로 부인하지는 않았다.

스크루지는 거침없이 자신의 의견을 말하고, 때로는 꽤 율법주의적인 태도를 보이기도 했으나, 동시에 복음주의 내의 분열을 극복하기 위한 시도를 했다. 한 케직사경회에서 사도신경을 주제로 강연할 때, 그는 신학적 현대주의와 관련하여 벌어진 1920년대의 갈등(근본주의자들이 복음주의자들에게 기존 교단을 떠날 것을 촉구)을 고려할 때, 작은 집단들이 자신들만의 신앙조항을 따로 만들어 더 큰 교단에서 분열되어 나가기보다는, 널리 인정된 신앙의 기반으로서 사도신경을 사용하는 것이 적절하다고 주장했다.

스크루지는 1927년에 에든버러대학교(Edinburgh University)에서 명예박사학위를 수여받았다. 에든버러대학교 신학대학원 학장 W. P. 패터슨(W. P. Paterson)은 스크루지를 '이 지역에 특별한 영향을 끼친 설교자이자 선교운동가'이며 '케직부흥운동의 중요한 대표자로서 복음주의 원칙들을 명확히 하고 신자들이 더욱 깊이 있는 삶을 살 수 있도록 많은 공헌을 한 인물'이라고 말했다. 또한, 그가 특히 '하나님의 계시와 위대한 문학의 성격을 동시에 가진 성경을 연구하고 가르치는 일'에 헌신했다고 언급했다.

30권이 넘는 스크루지의 저서는 복음주의자 사이에서 널리 읽혔다. 비록 그에 대한 전기가 아직 나오지는 않았음에도, 그가 지대한 영향을 끼친 인물임은 틀림없다. 그를 통해 영국과 그 밖의 지역의 많은 복음주의자가 일상 생활에서 그리스도를 주되심에 복종하는 것을 영성으로 인식하게 되었다.

참고문헌 | I. M. Randall, 'Graham Scroggie and Evangelical Spirituality,' *The Scottish Bullentin of Evangelical Theology* 18.1 (2000); J. J. Scroggie, edited by W. G. Scroggie, *The Story of a Life in the Love of God* (London: Pickering & Inglis, 1939).

I. M. RANDALL

윌리엄 롤 브라이트(William Rohl Bright, 1921-2003)

대학생선교회(Campus Crusade for Christ, CCC) 설립자. 그는 1921년 10월 19일에 오클라호마 코위타(Coweta) 근교의 5천 에이커 크기의 목장 소유주인 아버지 포레스트 데일 브라이트(Forest Dale Rohl Bright)와 어머니 메리 리 롤 브라이트(Mary Lee Rohl Bright) 사이에서 태어났다. 어머니는 일곱 자녀를 교회에 데려갔지만, 권위적인 아버지는 신앙이 없었다. 12살에 감리교회에서 세례를 받았음에도 불구하고, 윌리엄 브라이트(빌 브라이트[Bill Bright])는 종교는 주로 여자와 아이들과 연관된 것이라 생각하며 신앙에는 거의 관심이 없었다. 교실이 하나 뿐인 건물로 된 초등학교를 다닌 후, 윌리엄 브라이트는 코위타고등학교로 진학했다. 졸업할 때 그는 '다방면 최고 학생'상을 받았다. 1939년 가을에는 오클라호마 탈리쿼(Tahle-quah) 소재 노스이스턴주립대학(Northeastern State College)에 들어가, 과대표와 대학 최고 학생으로 선정되기도 했다. 1943년에 학사학위를 취득한 후에는 여러 차례 군대에 들어가려고 했으나 귀 부상 때문에 거부당했다. 오클라호마주립대학교(Oklahoma State University)에서 연장 교육을 받는 학생들을 잠시 가르친 후에 1944년에 돈을 벌기 위해 캘리포니아로 갔다.

경건한 노인 부부가 소유한 아파트를 빌린 후, 그는 '브라이트의 미식가의 기쁨'(Bright's Epicurean Delights, 후에 Bright's California Confections, Brights' Brandied Foods로 이름 변경)이라는 간판을 걸고 미식가용 과일, 견과, 브랜디를 파는 가게를 열어 성공했다. 아파트 주인은 윌리엄 브라이트에게 계속해서 루이스 에번스 경(Louis Evans Sr)이 목사이고 헨리에타 미어즈(Henrietta Mears)가 교육 책임자로 있던 유명한 복음주의 교회였던 헐리우드제일장로교회(Hollywood First PresbyterianChurch)에 나오라고 설득했다.

한 헐리우드 스타의 집에서 열린 교회 후원 파티에 참석했을 때, 그는 거기서 만난 성공한 매력적인 인물들에 감동을 받고, 또한 이 기독교인들이 자신만큼이나 야망과 목표지향적인 인물들이라는 것에 놀랐다.

"기독교가 여자와 아이에게나 어울린다는 내 생각이 하루 저녁에 크게 흔들렸다."

윌리엄 브라이트는 헐리우드제일장로교회에 정기적으로 출석하기 시작했고, 거기서 미어즈의 영향을 크게 받았다. 미어즈가 사도 바울의 회심에 대해 청년들에게 설명하는 것을 들은 후, 윌리엄 브라이트도 1945년 봄에 기독교로 회심했다. 1945년, 윌리엄 브라이트는 당시 텍사스주립여자대학(Texas State College for Women) 2학년에 재학 중이던 보네트 재커리(Vonette Zachary)에게 편지를 보내기 시작했다. 보네트는 윌리엄 브라이트보다 다섯 살이나 어렸지만, 어린 시절에 코위타에서 함께 학교를 다녔다. 사업차 댈러스(Dallas)를 방문하게 된 윌리엄 브라이트는 재커리와 만날 일정을 잡고 첫 만남에서 그녀에게 청혼했다. 그 주에 약혼한 이들은 재커리가 대학을 마칠 때까지 3년을 더 기다린 후 결혼했다.

신학 훈련의 필요를 느낀 윌리엄 브라이트는 1946년부터 프린스턴신학교(Princeton Theological Seminary)에 다니기 시작했다. 그러나 과자 사업을 더 잘 경영하기 위해 캘리포니아 패서디나(Pasadena)에 신설된 풀러신학교(Fuller Seminary)로 1년 후 전학했다. 1947년 6월, 미어즈 및 다른 두 명의 동역자와 함께 윌리엄 브라이트는 '그리스도를 위해 세상을 얻을' 필요에 대해 대학생들에게 '간략하게 설명'하기 위해 고안된 일련의 '브리핑집회'를 시작했다.

1951년, 윌리엄 브라이트는 하나님이 그를 학생사역으로 부르신다고 확신했다. 그는 신학교를 떠나 사업을 정리하고, LA 소재 캘리포니아대학교(University of California)에 대학생선교회(Campus Crusade for Christ, CCC)를 세웠다. 1년 안에 윌리엄 브라이트는 세 군데 캠퍼스에서 일할 여섯 명의 동역자를 확보했다. 처음부터 대학생선교회는 단지 불신자에게 복음을 전하는 것보다는 다른 사람에게 복음을 전할 기독교인을 훈련시키는 것에 더 초점을 맞추었다. 판매 전문가 한 사람이 판매 현장의 단순성과 반복성에 대해 강의한 것을 듣고 난 1956년 여름에 윌리엄 브라이트는 '당신의 삶을 위한 하나님의 계획'이라는 이름으로 1952년 이래 작업해 온 간략한 복음 제시법을 개정했다.

윌리엄 브라이트는 모든 대학생선교회 간사가 이 제시법을 외워서 전도 기술로 활용해야 한다고 주장했다. 1958년까지 윌리엄 브라이트는 이 방법을 정교하게 다듬어서 '사영리'(Four Spiritual Laws)로 구성했다. 그건은 다음과 같다.

첫째, 하나님은 당신을 사랑하시며 당신을 위해 놀라운 계획을 가지고 계십니다.

둘째, 사람은 죄에 빠져 하나님으로부터 떠나 있습니다.

셋째, 예수 그리스도만이 사람의 죄를 해결할 수 있는 하나님의 유일한 길입니다.

넷째, 우리 각 사람은 예수 그리스도를 나의 구주 나의 하나님으로 영접해야 합니다. 그러면 우리 각 사람에 대한 하나님의 사랑과 계획을 알게 되며, 또 그것을 체험하게 됩니다.

1959년, 윌리엄 브라이트는 이 전도법을 평신도전도학교(Lay Institute for Evangelism, LIFE)를 통해 각 교회에 소개하기 시작했다. 영향력이 컸던 이 기독교 메시지 요약 방식이 처음 출판된 후, 1965년 즈음에는 대학 캠퍼스에서 약 10여 년간 활발하게 활용되고, 많은 사역 단체들이 이 전도법을 채택해서 차용했다. 너무 단순하고 형식적이라는 비판이 종종 제기되기도 했지만, 윌리엄 브라이트는 사람들이 신학 전문 용어를 배우기 이전에 처음으로 신앙에 헌신하게 되는 효과적인 수단이라며 이 방법을 변호했다.

1960년이 되면 대학생선교회는 15개 주 40개 캠퍼스에서 사역하는 109명의 간사를 거느린 조직으로 성장하며, 심지어 한국과 파키스탄에도 지부가 세워졌다. 1961년, 윌리엄 브라이트는 대학생선교회 본부로 사용하기 위해 샌버나디노산맥(San Bernardino Mauntains)에 세

위진, 한때 인기를 끈 애로우헤드스프링스리 조트(Arrowhead Springs resort)를 구매하기 위해 200만 달러를 모금했다. 복음전파를 활성화할 방법을 늘 고심하던 그는 1963년에 삽화가 앙드레 콜(Andre Kole)을 직원으로 영입했다. 1966년, 윌리엄 브라이트는 음악사역에 더하여, 고등학생사역, 군인사역, '행동하는 운동선수'(Athletes in Action)라는 이름의 '운동선수와 그들의 팬관련 사역'도 개척했다. 대학생선교회는 1967년에 버클리 소재 캘리포니아대학교(UC Berkely)에서 잘 홍보된 한 주짜리 '맹공'(blitz) 프로그램을 지원했는데, 이때 600명의 '전도자'(Crusaders)가 캠퍼스에 소속된 27,000명의 학생 모두에게 복음을 전하려고 시도했다.

대학생선교회의 성장에도 불구하고, 일부 간사는 윌리엄 브라이트가 독재적이고, 신학적으로 경직되어 있으며, 학생들의 새로운 반문화(counterculture)에 효과적으로 대응할 수 없다고 판단했다. 결국 핵심 임원 얼마가 1960년대 말에 선교단을 떠났다. 윌리엄 브라이트는 또한 선교단 간사는 은사주의운동에 참여할 수 없고, 방언을 해서도 안 된다는 금지령을 내린 것으로도 비판받았다.

1972년에 윌리엄 브라이트는 텍사스 댈러스에서 전도훈련집회 엑스플로 '72(Explo '72)를 조직했는데, 85,000명이 참가했다. 2년 뒤 한국 서울에서 열린 엑스플로 '74에는 330,000명을 모았다. 미국을 복음으로 가득 채우고 싶었던 윌리엄 브라이트는 1975-77년에 '미국이여, 생명이 여기에'(Here's Life, America) 캠페인을 246개 도시에서 열고, 끝맺음의 말로 "나는 찾았다!"(I found it)를 외쳤다. 이후 이 캠페인은 세계로 퍼져 나갔다. 1979년에는 대학생선교회가 누가복음에 근거하여 심혈을 기울여 만든 예수님에 대한 영화가 나왔다. 20세기가 끝날 무렵 이 영화는 656개 언어로 번역되어 40억 명 이상의 사람들이 관람했다. 1980년에 윌리엄 브라이트는 100만 명이 수도에 모여 기도한 집회 '워싱턴을 예수님에게로'(Washington for Jesus)를 개최했다. 5년 후, 그는 엑스플로 '85를 지원하며, 위성 기술을 통해 68개 나라에 모인 사람들에게 한꺼번에 전도훈련 기회를 제공했다. 1987년 1월에는 새생명 2000(New Life 2000) 계획을 발표했는데, 전 세계의 모든 사람들에게 복음을 제시하고 세기의 끝날까지 10억 명을 회심하게 하는 것이 그 목표였다.

1970년대부터 점점 더 보수적인 정치 이슈들을 지지하기 시작한 윌리엄 브라이트는 기독교 신우파(New Christian Right)와 연대했다. 1991년에는 대학생선교회 본부가 플로리다(Florida)의 올랜도(Orlando)로 옮겨 갔다. 윌리엄 브라이트는 도덕적 퇴락을 막기 위해 1994년부터 일련의 기도 및 금식집회를 시작했다. 이 대의를 증진시키기 위해 그는 가톨릭교회, 정교회, (주로 자유주의 성향의-역주) 개신교 주류 교단과도 연대했다. 1996년에는 종교 진보 분야의 템플턴상(Templeton Prize)을 받았다. 20세기가 끝날 무렵, 대학생선교회는 181개 국에서 20,500명 이상의 전임 간사가 사역하는 단체로 성장했다.

2001년, 윌리엄 브라이트는 자신이 폐섬유증(pulm-onary fibrosis)으로 죽어 가고 있기 때문에 대학생선교회 지도권을 오랫동안 함께 동역한 스티브 더글러스(Steve Douglass)에게 물려준다고 선언했다. 산소 호흡기를 단 상태에서 그는 수많은 사람들과 작별 인사를 나누었고, 심지어 그 와중에 신앙 주제의 일련의 서스펜스 소설을 공동 집필하기도 했다.

참고문헌 | M. Richardson, *Amazing Faith: The Authorized Biography of Bill Bright* (Colorado Springs: Waterbrook Press, 2000); R. Quebedeaux, *I Found It! The Story of Bill Bright and Campus Crusade* (San Francisco: Harper & Row, 1979).

D. K. LARSEN

윌리엄 버트 포프(William Burt Pope, 1822-1903)

감리교 목사이자 신학자. 그는 1822년 2월 19일에 캐나다 노바스코샤(Nova Scotia)의 호턴(Horton)에서 존 포프(John Pope)와 캐더린 포프(Catherine Pope)의 가정에서 아들 여섯 중 셋째로 태어났다. 존 포프가 낳은 여섯 아들들은 모두 성직자가 되었는데, 그중 토마스(Thomas)는 오라토리오회 수도사(Oratorian)가 되었다. 아버지 존 포프는 잉글랜드의 웨슬리파감리교 선교회 소속 선교사로, 1820년에 노바스코샤로 파송을 받았다. 3년 후에는 세인트빈센트(St Vincent)로 전출되었지만, 건강이 나빠졌기 때문에 1827년에 가족을 데리고 잉글랜드로 돌아가 플리머스(Plymouth) 근처에 정착했다.

윌리엄 포프는 잉글랜드의 작은 마을인 후(Hooe)와 샐타쉬(Saltash)에서 학교 교육을 받았다. 1837년에 그는 캐나다 프린스에드워드아일랜드(Prince Edward Island)의 베데크(Bedeque)로 이주하여, 삼촌이 경영하는 선박 회사에 취직했다. 항해를 하면서 독일어와 천문학에 대한 지식을 향상시키려 했다. 1년 후 윌리엄 포프는 플리머스로 돌아갔는데, 형 토마스와 조지(George)가 웨슬리파 목회자가 되기 위해 준비하고 있는 것을 보았다. 윌리엄 포프는 이미 신학 서적을 많이 읽었는데, 특히 윌리엄 페일리(William Paley)와 리처드 왓슨(Richard Watson)의 책을 섭렵했다. 여기에 라틴어와 희랍어, 불어, 독일어를 공부했다.

한때는 의사가 되려고 했지만, 1840년에 콘월(Cornwall) 웨슬리파감리교 대회의 결의로 목회자 후보생으로 받아들여졌다. 또한, 교단 심사위원회의 승인을 받아 혹스턴(Hoxton)의 신학교에 등록하여 존 해너 박사(Dr John Hannah)의 지도를 받았다. 윌리엄 포프는 해너의 신학 강의에 참석했고, 또 매우 좋아했지만 대부분 혼자 공부하면서, 습득한 언어 목록에 히브리어와 아랍어를 추가했다. 이른 시기에 그에 대한 전기를 쓴 작가는 윌리엄 포프가 혹스턴 시절에 쓴 일기를 인용하면서 다음과 같이 썼다.

"자신의 신앙 상태를 너무 진지하게 살피는 기질은 이미 이 시기로 거슬러 올라갈 수 있는데, 말년으로 가면서 이 우울한 기질이 더욱 심해져 갔다."

윌리엄 포프는 1842년에 순회사역을 지속하기 위해 혹스턴을 떠났다. 1845년에는 플리머스와 가까운 모드베리(Modbury) 출신인 앤 엘리자 레드브리지(Ann Eliza Lethbridge)와 결혼했다. 이 부부는 아홉 명의 자녀를 두었으나, 둘은 일찍 세상을 떠났고, 네 딸과 세 아들이 남았다. 윌리엄 포프는 매우 돋보이거나 성공을 거둔 목사는 아니었다. 그는 태생적으로 부끄러움이 많고 내향적이었다. 나중에 그가 세상을 떠날 때 동료 감리교 목회자들은 추도사에서 '조용한 사람, 하나님과 함께 걸었던 자'라고 회고했다. 그는 매우 꼼꼼한 인물이었지만, 무엇인가 골똘히 집중했을 때는 길거리에서 아는 사람을 마주쳐도 그냥 지나쳐 버리기도 했다.

F. L .와이즈먼(F. L. Wiseman)은 다음과 같은 윌리엄 포프의 확신을 회상했다.

"만일 내게 딱 한 가지 사명이 있다면, 그것은 배우지 못한 사람들에게 복음을 가르치는 것이다."

그러나 1840년대 후반 윌리엄 포프가 켄트(Kent) 지방에 있을 때, 윌리엄 포프와 친했던 감리교 목사는 그가 1877년에 연회의 회장으로 선출되자 매우 흥분하며, 당시 그보다 설교를 잘하는 순회구역 내 지역 목사가 없었다고 말했다. 윌리엄 포프는 킹스브리지(Kingsbridge), 리스커드(Liskeard), 저지(Jersey), 샌드위치(Sandwich), 도버(Dover), 할리팩스(Halifax) 지방으로 파송을 받아 순회를 했고, 더 큰 순회구였던 런던(London, 시티 로드[City Road]), 헐(Hull), 맨체스터(Manchester, 옥스퍼드 로드[Oxford Road]), 리즈(Leeds, 브런스윅[Brunswick]), 사우스 포트(Southport) 등에서도 활동했다. 그는 맨체스터에 있는 동안 지역 연회의 서기로서 웨슬리파신학교(Wesleyan Theological Institution)의 디즈베리(Didsbury) 지부를 총괄하는 책임을 맡았다. 1843년에 혹스턴에서부터 디즈베리로 이사한 존 해너 박사는 곧 은퇴하리라 공표하고, 윌리엄 포프를 후임자로 지명했다. 윌리엄 포프는 1866년부터는 신학교에서 강의를 맡아 해너를 보조하다가 1년 후 전임으로 신학교 교수가 되었다.

윌리엄 포프에게 디즈베리는 '거의 이상적인 자리'였는데, 연구 활동과 저작 활동을 할 수 있는 기회가 많았기 때문이었다. 그는 웨슬리가 생전에 해 온 영성 훈련 방법대로, 매일 아침 4시에 일어나서 하루 일과를 시작했다. 그는 수학과 천문학과 같은 자연과학 분야에서부터 언어와 문학에까지 모든 분야를 망라하는 지식을 가지고 있었으며, 끊임없이 지적인 탐구를 했다. 디즈베리의 과학 교수 한 사람은 윌리엄 포프가 거의 모든 것을 알았다고 회고했다.

윌리엄 포프는 대학에 천문대를 세우고 망원경을 기증했다. 어떤 사람은 그가 감리교 연회 기간에도 연구실에 들어가 독일어로 된 수학 논문을 읽고 있을 정도로 공부를 좋아하던 사람이었다고 증언했다. 그 당시는 독일 신학이 잉글랜드에서 널리 읽혀지던 때가 아니기 때문에 윌리엄 포프는 수많은 저작을 영어로 번역하기도 했다. 그가 번역한 책 중 특히 유명한 책은 스티어(Stier)의 『우리 주님, 예수님의 말씀』(Words of the Lord Jesus)과 에브라르트(Ebrard)와 하우프트(Haupt)가 쓴 『요한일서 주석』이었다.

또한, 그는 1853년에 계간 정기 간행물「런던 쿼털리 리뷰」(London Quarterly Review)을 공동 창간했고, 1858년부터는 정기적으로 글을 기고했으며, 1860년부터 1883까지 편집자로서 일했고, 1883년부터 1886년까지는 J. H. 리그(J. H. Rigg)와 함께 공동 편집자 역할을 했다.「런던 쿼털리 리뷰」에 실린 논문 중에는『논문과 평론』(Essays and Reviews)에 대한 날카로운 비평('잉글랜드국교회의 신신학 진영의 최근 신학에 대한 정교한 견본')과 독일의 성경학과 신학 작품에 대한 연구도 들어 있었는데, 그는 헹스텐베르크(Hengstenberg)와 델리취(Delitzsch) 같은 보수적인 학자들을 칭찬했고, 급진 신학자들은 '파괴적인 비평가' 혹은 '합리주의자'라고 공격하기도 했다.

윌리엄 포프는 해너 박사가 자신에게 항상 지적인 자극을 주었던 것에 대해 늘 고마워하며 마음의 빚을 졌다고 말했다. 1872년 해너 박사가 죽은 이후, 윌리엄 포프는 그의 신학적인 업적을 기리며 해너 박사의 강의를 묶어 『기독교 신학 연구 개관』(Introductory Lectures on the Study of Christian Theology)을 출판하기도 했다. 윌리엄 포프 자신의 신학 강의는 1875년에 출판한 대작 『기독교 신학개론』(Compendium of Christian Theology)의 기반이 되었다. 1879년과 1880년 사이에 그는 이 책을 세 권의 증보판으로 만들었다.

윌리엄 포프의 사후 첫 번째 전기 작가의 평가에 따르면, 이 개론서는 '감리교 알미니안주의 최고의 공식을 일관되고 비율이 잘 조정된 신학 체계'로 제시했다. 이후에는 이 책은 19세기 보수신학의 전형이자 기념물적인 서적이라고 평가받기도 했다. 그는 책에 아주 자세하게 성경 주석을 달았고, 교회 역사에 대해 아주 조심스럽고도 포괄적인 연구를 유지했다. 이 책의 주제는 신앙의 기초, 신론, 그리스도가 신과 인간 사이를 중재하셨다는 그리스도 화해론, 구원의 원리, '완전성화'에 대한 웨슬리의 매우 독특한 강조점 등을 포괄하고 있었다. 『그리스도의 위격』(The Person of Christ)은 따로 출간한 주제로, 이 책은 1871년에 했던 펀리강연(Fernley Lecture)의 원고를 확장한 것이었다.

윌리엄 포프 신학의 일반적인 보수성은 깊은 경건과 신비 성향으로 더 생기를 얻었다. 그는 당시 조지 오스본 박사(Dr George Osborn)의 반대를 무릅쓰고 위원회를 설득하여 웨슬리의 요리문답을 1881년에 새롭게 수정하는 대승리를 거두었다. 첫 번째 문답 '하나님은 무엇인가?(What is God?) 그는 무한하고 영원하신 영이시다'를, '하나님은 누구신가?(Who is God?) 우리의 아버지!'라는 문답으로 바꾸었는데, 이 문답은 후에 J. S. 리겟(J. S. Lidgett)이 추가로 발전시켰다. 때로는 윌리엄 포프가 사용하는 신비한 언어가 대중에게 모호하게 들릴 때도 있었다. 어느 날 그는 디즈베리에서 빌립보서를 다루는 주간 설교 과목을 공개 강의로 진행했는데, 학생들은 매우 만족스러워했지만, 나머지 청중에게는 '재앙이나 마찬가지였다.' 윌리엄 포프는 자신이 쓴 책 일부를 보면서 다음과 같이 말하기도 했다.

"내가 도대체 뭐라고 썼는지 모르겠다. 그러나 이 말에 대해 심사숙고해보니, 당시 이것을 쓸 때는 무슨 의도로 썼는지 점점 알 것 같다."

더 광범위한 감리교 진영에서 활용된 윌리엄 포프의 구호는 '최소한의 변화와 최대한의 적응'이었다. 그는 1870년대에 평신도 대표들이 감리교 연회에 참석하는 것에 반대했지만, 대회의 의장이 되었을 때에는 평신도 대표 체제를 공식 승인했다. 총회장이었던 1877-1878년부터 1885년까지 맨체스터지방회 의장이기도 했다. 1877년에 에든버러대학교(University of Edinburgh)가 그에게 명예신학박사학위를, 1865년에는 미국의 웨슬리파대학교(Wesleyan University)가 명예신학박사학위를 수여했다.

윌리엄 포프는 내향적인 성격 탓에 극심한 고독감과 영적인 침체를 겪었다. 건강도 좋지 못했기에, 결국 1886년에 디즈베리에서 은퇴해야 했다. 은퇴 이후 그는 17년 동안 런던의 고립된 장소에 조용히 살다가, 1903년 7월 5일에 세상을 떠났다.

참고문헌 | W. B. Brash and C. J. Wright (eds.), *Didsbury College Centenary* 1842-1942 (London: Epworth Press, 1942); R. W. Moss, *The Rev. W. B. Pope, D.D. Theologian and Saint* (London: Robert Culley, 1909).

M. WELLINGS

윌리엄 벨 라일리(William Bell Riley, 1861-1947)

목사이며 근본주의 지도자. 그는 인디애나 그린 카운티(Green County)에서 태어났으며 켄터키(Kentucky)에서 가족이 운영하던 담배 농장에서 일을 도와주며 어린 시절을 보냈다. 청소년 시기에 목회자에 대한 소명을 받게 된다. 하노버 대학(Hanover College)에 입학하여 반에서 최고의 토론가로 유명했고, 1885년에 졸업했다. 루이빌(Louisville) 소재 남침례교신학교(Southern Baptist Theological Seminary)에 입학하여 1888년에 졸업했고, 인디애나 라파에트(Lafayette)에서 목회 활동을 시작했다. 그곳에서 릴리안 하워드(Lilian Howard)와 결혼해서 슬하에 여섯 자녀를 두었는데, 릴리안이 1931년에 숨을 거둘 때까지 둘은 함께했다(릴리안이 죽고 2년이 지난 후 노스웨스턴성경학교(Northwestern Bible School)의 여자부 학장 마리 아쿰(Marie Acomb)과 재혼했다).

라일리는 일리노이 블루밍턴(Bloomington)에서 잠깐 사역한 후, 1893년에 시카고 소재 갈보리침례교회(Calvary Baptist Church)의 목사직 청빙을 수락했다. 대도시 시카고에 압도된 이 젊고 야망 있는 목사는 1897년에 미네소타 미네아폴리스제일침례교회(First Baptist Church of Minneapolis)로 사역지를 옮겼다. 이 교회를 영혼 구원의 중심지로 만들고자 하는 희망으로 가득 찬 그는 좌석 대여료를 올리고, 주일 오전 예배 순서에 결신자 강단 초청을 넣고, 동시에 주일 저녁 예배와 평일 예배에 부흥회를 열었다. 라일리의 방식에 불만을 가진 몇몇 신도들이 그를 쫓아내기 위해 노력했지만, 그를 지지하는 다른 신도들의 노력으로 그에 대한 비판이 사그라지면서, 계속해서 교회에 남을 수 있었다. 제1침례교회는 라일리가 사역하는 동안 놀라운 성장을 이뤄서, 1897년에 585명이었던 신도의 수가 1942년에는 3,550명으로 성장했다.

라일리의 설교의 두 교리적 핵심은 성경 무오와 세대주의적 전천년설로, 후에 근본주의의 핵심 신학으로 발전했다. 성경이야말로 오류 없이 완전하다는 라일리의 믿음은 존 넬슨 다비(John Nelson Darby)가 발전시킨 복잡한 종말론과 연관되어 있다. 라일리는 1900년대 초반에 대표적인 세대주의의 주창자로서 여러 예언집회에서 강연하기도 했고, 1년에 4개월은 미국 전역을 다니며 부흥회를 인도하기도 했다. 이후 그는 보수 복음주의 계열에서 전국적 명성을 얻었다.

라일리는 두 권의 책으로 근본주의운동의 기초를 놓았다. 『고등비평의 최후』(The Finality of the Higher Criticism, 1909), 『현대주의의 위협』(The Menace of Modernism, 1917)이다. 라일리는 앞 책에서 현대주의가 어떻게 개신교와 그 신학교들에 유입되었는지를 조명했고, 뒷 책에서는 미국 학교들에 침투한 다윈주의가 어떻게 기독교를 훼손해 나갔는지를 자세히 서술했다. 『현대주의의 위협』은 제1차 세계대전의 여파로 대중이 서구 문명이 소멸할 수 있다는 불안감에 사로잡힌 시기에 출판되었다. 전쟁이 계속되자, 복음주의자들은 현대주의 신학이 '독일의 야만적 만행'에 기여한 바가 있다고 믿었고, 『고등비평의 종말』에서 처음 제기된 대로, 보수주의자는 반현대주의 연대에 동참해야 한다는 라일리의 주장에 점점 더 공감했다.

1919년 5월에 필라델피아에서 열린 예언대회는 라일리에 의해 세계기독교근본주의협회(World's Christian Fundamentals Association, WCFA)의 첫 모임으로 전환되었다. 라일리는 이 모임의 실질적인 창립자이자 의장이면서, 가장 영향력 있는 인사였다. 그는 이 모임을 근본주의의 대표 기구로 만들어 개신교 교단에서 현대주의를 뿌리뽑는 데 앞장서고자 했다. 그러나 필라델피아대회 이후 미국 전역에서 세계기독교근본주의협회가 이어서 열렸지만, 이 기구만으로는 라일리가 바라는 바를 온전히 이룰 수 없었다.

우선 다른 보수주의 지도자들이 라일리의 명령에 따르기를 거부했을 뿐만 아니라, 주류 교회 내부에서 환멸을 느낀 보수주의자들에게 도덕적 지원을 하는 것 말고는 이 기구가 딱히 할 수 있는 것이 없었다. 1921년 즈음 라일리는 세계기독교근본주의협회의 목표를 교단에서 현대주의를 척결하는 것에서 공립학교에서 진화론을 교육하지 못하게 하는 것으로 수정했다. 라일리와 동료 근본주의자들은 다윈주의가 기독교 정통에 반할 뿐만 아니라, '적자생존'을 강조하면 미국의 도덕 기반이 무너질 것이라고 생각했다. 라일리는 진화론의 위협에 대처하기 위해 진화론자들과 적어도 25차례 '토론'을 가졌다.

라일리는 대중적인 수사를 기반으로 하여 조롱과 유머를 적절히 섞어 가며 근본주의자들이 다수인 대중들 앞에서 토론 대상자들을 궁지로 몰아갔다. 라일리의 세계기독교근본주의협회는 학교에서 진화론을 가르칠 수 없도록 하자는 캠페인을 미국 전역에서 진행했는데, 테네시(Tennessee)와 같은 남부에서는 큰 성과를 내기도 했다. 특히, 그는 테네시에서 윌리엄 제닝스 브라이언(William Jennings Bryan)을 통해 '스콥스 원숭이 재판'(Scopes Monkey Trial, 1925)에서 승리하여 세계기독교근본주의협회가 지지하는 진화론 반대 법령을 지켜냈다. 또한, 라일리는 고향 미네소타에서 진화론을 가르치는 것을 불법으로 규정하는 캠페인을 전개했다. 그러나 그는 1927년 재판에서 굴욕적으로 처참하게 패배했고, 2년 후에는 세계기독교근본주의협회 지도자 자리에서도 사임했다. 라일리의 근본주의 운동은 세계기독교근본주의협회 차원을 넘어 확산되었다. 그는 북침례교단에서 현대주의의 영향력을 차단하는 데에도 앞장섰다. 또한, 1920년에는 근본주의협회(Fundamentalist Fellowship)를 조직하는 데 일조하여, 북침례교단이 교단 소속의 학교가 현대주의에 물들었는지 조사하게 했다. 이 조사로 침례교 학교들을 독려하는 보고서가 작성되자, 라일리는 교단의 공식 신조로 뉴햄프셔 신앙고백(New Hampshire Confession)을 채택하라고 요청했다. 그러나 그의 노력은 수포로 돌아갔다. 화가 난 라일리는 전투적인 보수주의자들을 모아 침례교성경동맹(Baptist Bible Union)을 만든 후, 1924, 1925, 1926년 침례교총회에서 반현대주의 안건들을 통과시키기 위해 노력했다.

그러나 많은 보수주의 성향의 참석자들이 전투적인 인사들에 반대하면서, 그의 노력은 실패했다. 라일리는 교단에 계속해서 남았지만, 많은 침례교 근본주의자들이 교단을 떠났다.

1920년 후반, 라일리의 근본주의 운동은 그 힘을 잃어가기 시작했다. 연이어 대공황이 발생하였고 뉴딜정책(New Deal)이 시작되었다. 이런 사회적, 개인적 대재앙에 대한 반응으로, (라일리는 루즈벨트 정부를 혐오했다) 이 상처 입은 근본주의 대부는 유대인을 희생양으로 삼았다. 1930년대 내내 라일리는 유대인들이 전 세계 지배 음모를 꾸미고 있다고 주장했다. 이들은 소련의 권력을 찬탈했고, '유대인 볼셰비키' 작전이 미국에서도 점차 그 영향력을 확대하면서, 다윈주의와 뉴딜정책을 통한 집단주의 체계를 미국인에게 주입하기 시작했다고 주장했다. 라일리는 아돌프 히틀러가 유대인의 이런 음모를 '영웅적으로' 분쇄했다는 이유로 그를 긍정적으로 평가하기도 했다. 그는 히틀러에 대한 이런 찬사를 제2차 세계대전 중에 그에 대한 연방 검찰의 조사가 시작될 때까지 멈추지 않았다.

그러나 1930년대와 1940년대에 라일리가 유대인에 대한 공격보다 더 많이 한 것은 교육 사업이었다. 그는 미네소타에서 가장 규모가 큰 침례교회를 담임하면서도, 미네아폴리스의 노스웨스턴성경학교를 운영했다. 1902년에 라일리가 일곱 명의 학생과 제일침례교회의 한 교실에서 설립한 이 학교는 1946년에 이르러 신학교와 인문대학을 보유한 교육 기관으로 성장했고, 700명의 정규학생들과 1,000명의 야간학생이 이 학교에 등록했다. 그가 시작한 다른 모든 사업과 마찬가지로, 노스웨스턴에서의 그의 영향력은 절대적이었다. 그의 목적은 이 기관을 통해 남성들(또한 여성 일부)이 근본주의 신학으로 무장되어 종교계에서 그 역할을 다할 수 있도록 만드는 것이었다. 이런 그의 꿈이 현실화되어 1940년에는 500명에 달하는 졸업생들이 선교사나 목회자로 전 세계에서 활동하고 있었다. 또한, 220명이 넘는 졸업생들이 라일리와 그의 학교가 만든 근본주의 제국이 위치한 중서부 북쪽 지역에서 활동하고 있었다.

이 학교는 다양한 교재들을 여러 교회에 공급했다. 이 중에는 주일학교 교재 및 라일리가 편집하여 전국에 걸쳐 배포되었던 「노스웨스턴 파일럿」(Northwestern Pilot) 같은 잡지들이 있었다. 또한, 그는 순회전도자들과 방학성경학교 교사들을 여러 교회에 소개해 주기도 했다. 노스웨스턴성경학교의 가장 큰 역할은 지역교회에 목회자를 보급하는 것이었다. 라일리는 각 교회에 특정 인물을 목회자로 추천하기도 했고, 정기적으로 그가 추천하여 담임이 된 교역자들을 방문하기도 했다. 그렇게 함으로써 이들이 근본주의 신학을 계속해서 지켜낼 수 있게 했다.

라일리가 가장 큰 영향력을 행사한 지역은 역시 미네소타였다. 1930년대 미네소타 지역에서 목회하던 목회자의 3분의 1 이상이 노스웨스턴성경학교 출신이었다. 1936년에 이 근본주의 목사들이 라일리의 지휘 아래 미네소타침례회(Minnesota Baptist Convention)를 장악했고, 라일리는 즉각 이 조직에서 가장 영향력 있는 인물로 자리매김했다. 1940년 중반 미네소타침례회 회장이 된 라일리는 그 당시 자기의 기준에서 볼 때 여전히 현대주의 영향 아래 있던 북침례회(Northern Baptist Convention)를 자신의 영향력 아래에 두기 위해, 회원 교회들이 이 북침례회에 더 이상의 재정을 지원하지 말라고 강요했다. 1947년 10월 그는 결국 북침례회를 떠났다. 이어서 두 달 후 숨을 거두었다. 그리고 얼마 되지 않아 미네소타침례회는 자신들의 영웅의 전철을 밟아 북침례교회에서 이탈했다.

라일리는 미국 근본주의의 첫 강력한 지도자였다. 전국구 운동이 좌초되자, 중서부 지역으로 눈을 돌려, 이 지역에서 당대에 한 개인의 능력에 기반을 둔 근본주의 조직의 원형을 만들어 냈다.

참고문헌 | M. A. Riley, *The Dynamic of a Dream: The Life Story of Dr. William B. Riley* (Grand Rapids: Eerdmans, 1938); C. A. Russell, 'William Bell Riley: Organizational Fundamentalist,' in C. A. Russell (ed.), *Voices of American Fundamentalism: Seven Biographical Studies* (Philadelphia: Westminster Press, 1976); W. V. Trollinger, Jr, *God's Empire: William Bell Riley and Midwestern Fundamentalism* (Madison: University of Wisconsin Press, 1990).

W. V. TROLLINGER, JR

윌리엄 부스/캐서린 부스(William Booth, 1829-1912/Catherine Booth, 1829-1890)

구세군(Salvation Army)의 공동 창설자로, 구세군 내부에서는 여전히 존경받고 있지만, 외부에도 좀 더 알려질 자격이 있는 인물들. 그들이 살았던 시대와 이후 역사 속에서 부스 부부의 명성을 실추시킨 이들의 사역 대부분은 지난 과거의 것이 되었다. 전 세계에서 가장 큰 개신교 자선 단체이자 여전히 세계의 많은 곳에서 소외된 이들을 전도하는 효율적인 기관인 구세군은 그들의 유산과 기념할 만한 업적으로 여전히 살아 남아 있다.

윌리엄 부스는 1829년 4월 10일에 새뮤얼 부스(Samuel Booth)와 두 번째 아내 메리 모스(Mary Moss)와의 사이에서 두 번째 아이이자 외아들로 잉글랜드 노팅엄(Nottingham) 근교 작은 마을 스네이턴(Sneinton)에서 태어났다. 몇 년 동안 작은 규모의 건설업자로 일하던 윌리엄 부스의 아버지는 아들을 지역 문법학교에 보낼 여유가 있었다. 그러나 1842년에 재정 파산을 경험했다. 13살이던 윌리엄 부스는 학교를 그만두고 전당포 업자의 제자로 사업을 배우게 된다. 양심적이고 성실한 피고용인이었음에도 불구하고, 부스는 배우고 있던 사업을 멸시했고, 유일한 위안을 지역 채플의 열정적인 기독교에서 찾았다. 1847년 2월 1일에 회심한 윌리엄 부스는 곧 노팅엄 슬럼가에서 야외 설교를 하며 전도하던 젊은 감리교 신자 무리에 합류했다. 1849년에 전당포 사업 공부를 끝낸 후, 그는 런던으로 이동해서 한동안 결혼한 누이의 집에 묵었다.

런던에서 새로운 종류의 일을 찾고 싶었지만 다시 전당포업자의 조수로 옛 사업으로 돌아갈 수밖에 없었다. 그러나 이 당시 그의 가장 큰 관심은 평신도 설교에 있었고, 여기서 자신이 공감과 표현의 은사가 있다는 사실을 곧 알아차렸다. 뜨거운 열정 때문에 그는 같은 채플에 다니던 부유한 신발 제조업자 에드워드 래비츠(Edward Rabbits)에게 추천되었다. 1852년 4월, 래비츠는 부스가 전적으로 전도에만 헌신할 수 있도록 세 달치 생활비를 모두 지원하기로 합의했다. 이를 축하하기 위해 래비츠가 만든 작은 저녁 모임에서 부스는 그의 미래의 아내가 될 캐서린 멈퍼드(Catherine Mumford)를 만났다.

캐서린 멈퍼드는 1829년 1월 17일에 더비셔(Derbyshire) 애쉬본(Ashbourne)에서 존 멈퍼드(John Mumford)와 새라 멈퍼드(Sarah Mumford)의 다섯 아이(이 중 캐서린과 형제 하나만 유아기에 살아남았다) 중 외동딸로 태어났다. 존 멈퍼드는 감리교 설교자이자 금주 운동가였다. 새라 멈퍼드는 헌신과 열정과 보호 본능이 탁월한 여인이었다. 섬세한 아이였던 캐서린 멈퍼드는 기도와 경건 서적과 지속적인 경건 분위기에서 자랐다. 아주 똑똑하고 예민하고 섬세한 동시에 직설적이고 용감하기도 했던 캐서린 멈퍼드는 젊은 시절에 확신이 강했지만 언제나 성령의 인도라고 생각한 것에는 열려 있었고, 이로써 폭 좁은 광신으로부터 거리를 유지할 수 있었다. 1855년 6월 17일에 윌리엄 부스와 결혼한 캐서린 멈퍼드는 남편과 함께 수행한 사역에 큰 영향을 주었다.

수년간 부스 부부는 영국 여러 지역의 네 교파를 전전하며 사역했다. 이들 중 마지막이 감리교뉴커넥션(Methodist New Connexion)교단이었다. 개인 생활 환경에는 부침이 많았던 윌리엄 부스이지만 신앙은 굳건했다. 웨슬리파 문헌을 읽으며 지도받은 얼마간의 신학 공부를 통해 그의 단순하고 직접적인 개인 구원 신학에 대한 헌신이 더 강해졌다. 그는 소속 교단에서 존경받는 인기 설교자였지만, 자기 강단을 떠나 전도 여행을 다니는 것을 제한하는 규칙이 점점 답답해졌다. 가족이 가난했던 적은 없었다. 결혼 생활 대부분 기간에 그는 안락한 중산층 생활을 영위했다. 세를 들어 살면서 이사한 횟수도 많았지만, 거의 늘 최소한 한 명의 하인이 있었다. 부스 부부의 여덟 아이 중 첫째는 1856년 3월에 태어났지만, 가족이 처음으로 자기 집을 소유한 것은 1865년 12월로, 일곱째 아이가 런던 해크니(Hackney)에서 태어난 이후였다.

윌리엄 부스가 전도 설교자로서의 재능을 갈고 닦던 이 시기에, 캐서린 부스도 가정에서의 책임을 다하면서도, 동시에 다양한 종류의 신학, 경건 서적을 탐독하는 데 시간을 투자했다. 그녀는 특히 미국인 피비 팔머(Phoebe Palmer)의 작품을 높이 평가했는데, 팔머에게서 캐서린 부스는 은혜의 즉각적인 역사로서의 '성결' 개념을 배웠다. 캐서린 부스는 평생 가축을 친절히 대하자는 운동의 지지자였는데, 이 캠페인이 얼마나 중요했는지는 캐서린 부수가 살았던 시대에 거의 모든 상업 및 여객 운송 수단이 말(horse)의 힘으로 운행되었다는 사실을 기억하면 알 수 있다.

그녀는 또한 여성 설교권의 초기 옹호자였다. 그녀가 게이츠헤드(Gateshead)에서 남편의 강단을 대신했다는 사실은 널리 알려져 있지만, 캐서린의 명성이 정말로 자자해진 것은 그녀가 '여성사역'에 대한 소책자를 출판한 1862년 이후였다.

1861년, 부스 부부는 감리교뉴커넥션교단을 떠나 교단 통제에서 자유로운 독립 순회전도자가 되었다. 이후 몇 년간 윌리엄 부스는 순회전도를 다니며 실력 있는 부흥사의 입지를 다졌다. 그는 강하고 다채로운 성품의 소유자였고, 설득력 있는 이미지를 사용하는 데 재능이 있었으며, 영혼을 구하기 위해 모든 열정을 쏟아부었는데, 그는 이 영혼들이 지옥의 불과 영원한 행복 중 하나를 당장 선택해야 하는 상황에 처해 있다고 보고 이 상황을 그림처럼 묘사하곤 했다.

윌리엄 부스는 자기보다 더 나은 정신과 마음을 가진 인물이 있으면 그에게 양보할 준비가 되어 있는, 탁월한 지도자로서는 드문 인물이기도 했다. 1865년에 캐서린 부스가 탁월한 저술가와 연사로서 기반을 굳건히 잡자, 가족은 온 힘을 다해 그녀를 지원했다. 다른 일단의 도시 선교사들이 동부 런던의 슬럼가 지역인 마일엔드웨이스트(Mile End Waste)의 버려진 퀘이커교도(Quaker)의 묘지에서 일련의 부흥회를 인도해 달라고 윌리엄 부스를 초청하자, 캐더린 부스는 런던 로더하이드(Rotherhithe)에서 여섯 주 동안 독자적인 집회를 인도했다.

이런 종류의 첫 집회가 열린 것은 1865년 7월 2일이었다. 부스 부부에게는 이때가 전환점이었다. 윌리엄 부스의 구령의 열정은 순수했고, 평생의 사명이었다. 전당포에서 일한 경험은 그에게 무력하고 가난한 사람, 아이, 노인, 실업자 등 구걸하거나 훔칠 수 있을 때라야 빅토리아 시대가 필요를 채워줄 수 있었던 이들에게 진지한 동점심을 품을 수 있게 해 주었다. 윌리엄 부스는 사회 개혁가는 아니었지만 자기 힘으로는 최소한의 생계 수단도 마련할 수 없는 이들의 곤경에 크게 마음이 동요했다. 그의 설교를 들으러 모인 동부 런던의 청중은 윌리엄 부스가 하나님께로부터 도시의 가난한 이들을 복음화하라는 특별한 부르심을 받았다는 확신을 가져다주었다. 이미 독자적인 런던집회를 성공적으로 개최한 경험이 있는 캐더린 부스는 이 결정을 기쁘게 받아들였고, 부스 부부는 자신들의 영구 선교조직을 런던에 설립했다.

몇 차례 이름을 변경한 이 새 조직은 한동안은 동부런던기독교선교회(East London Christian Mission)로 알려졌다가, 1869년에 기독교선교회(Christian Mission)가 되었다. 이 기간 동안 윌리엄 부스와 캐더린 부스는 함께 일하며 선교사역을 강화하고 집중시킨 결과, 이 협력사역이 아주 효율적이라는 사실이 입증되자 이 방식을 영구 채택하기로 했다. 선교설교는 잃어버린 자들에 대한 전도, 그리고 이미 구원받은 이들을 위한 즉각적인 두 번째 은혜를 의미하는 성결을 강조했다. 음주의 위험성을 크게 강조하는 캐더린 부스의 관점에 영향을 받은 윌리엄 부스는 모든 영구 회원들에게 완전 금주를 요구하는 새로운 운동이 필요하다는 데 동의했다.

그리스도가 가난한 이들을 위한 자선을 명령하셨다고 믿었고, 또한 그 가난하고 집 없는 이들은 가난 때문에 영원한 것에 집중할 수 없다는 것을 분명히 알 수 있었기 때문에 부스 부부는 수프키친(가난한 사람들을 위한 음식 나눔 사업-역주) 같은 소규모 복지 프로그램을 시작했다. 기독교 선교회는 런던 전역과 런던 바깥에 여러 지부를 열었다. 1878년이 되자 57개 지부가 세워지게 되었다. 선교회는 「더 크리스천 미션 매거진」(*The Christian Mission Magazine*)이라는 자체 잡지도 발간했다.

이 시기에는 기독교 선교회 조직도 함께 성장했다. 이들은 부스 부부와 그들의 가장 가까운 동료들, 즉 그들의 큰아들 브람웰(Bramwell)과 윌리엄 부스의 개인 비서로 일한 교육 수준이 높고 탁월하게 심지가 굳은 인물인 조지 스콧 레일턴(George Scott Railton) 등의 인물들에 헌신적이었다. 이들 지도자들은 시간이 갈수록 점점 더 자기 확신이 강해질 뿐이고 독재적으로 변해 가며, 오직 캐더린 부스와 자기와 특별한 관계가 있는 이들에게만 결정을 맡기는 윌리엄 부스의 강한 성품에는 당시 선교회에서 적용되고 있던 위원회 경영 체계가 맞지 않는다는 것을 깨닫게 되었다.

동시에 선교회 지도자들은 윌리엄 부스에게 중앙 집권적 통제권을 부여하는 것을 정당화할 수 있는 부가적이고 저항할 수 없는 신학적 주장이 존재한다고 믿었다. 기독교 선교회는 사탄과 그의 졸개 마귀들과의 치열한 영적 전투를 치르고 있으며, 따라서 윌리엄 부스가 그들에게는 전쟁터의 사령관이었다. 선교회 사역자들은 군사 이미지가 자연스러워 보이는 '성전'(holy war)의 관점으로 사고했던 것이다.

이 점을 고려할 때, 비록 당시에는 순간의 변덕으로 보이는 부분이 분명히 있지만, 선교회 조직이 새로운 이름을 선택한 것에는 배경 역사가 있었다. 선교회 잡지의 1878년 9월호를 준비하면서, 윌리엄 부스와 브람웰 부스, 레일턴은 함께 작업하고 있었다. 레일턴의 머리에 선교회를 묘사하는 표현으로 '자원군'(volunteer army)이 좋겠다는 생각이 번쩍 떠올랐다. 여기에 동의하지 않은 브람웰은 자신은 자원군이 아니라 '정규군'(regular)이라고 말했다. 순간의 침묵이 흐른 후 윌리엄 부스가 손을 뻗어 기독교 선교회는 '구세군'(구원 군대, Salvation Army)이라고 썼다.

이름이 바뀐 후 선교회가 군대 형태를 취한 속도와 철저함은 이 변화가 얼마나 조직의 정신에 잘 들어맞았는지를 보여 준다. 그러나 선교회의 미래에 대한 가장 긍정적인 예측도 이 변화의 극적인 결과를 제대로 예견하지 못했다. 이 변화가 윌리엄 부스의 명령하는 성향에 잘 들어맞았고(실제로 그랬을 뿐만 아니라 이름으로도 윌리엄 부스는 이제 '대장'[Generall]으로 불렸다), 선교사들도 전투적인 신학을 가졌다. 그리고 구세군의 이러한 새로운 성향은 윌리엄 부스가 복음으로 다가서려고 했던 사회적 요소들에 엄청난 영향을 끼쳤다.

깃발, 제복, 거리를 행진하는 악단의 활용, 복음성가, 기독교적 단어로 '개사된'(converted) 대중음악 등이 모두 그 시대 대중의 취향을 사로잡았다. 영국군과 대영 제국으로부터 자유롭게 차용한 새 제복과 계급을 달고 눈부시게 정렬한 구세군 사관들이 등장했다. 기도는 '일제 사격'(volleys)이었고, 헌금은 '탄약통'(cartridges), 회심한 부부에게 태어난 아이는 '증원'(reinforcements)으로 고지되었다. 공식 잡지는 1879년에는 「더 셀베이셔니스트」(The Salvationist), 1880년에는 「더 워 크라이」(The War Cry)로 이름이 바뀌었다. 구세군 탄생 5년 후 지부 숫자는 기독교 선교회로 존재한 마지막이자 최고의 해에 보유한 지부 숫자보다 다섯 배나 많아졌다.

구세군이 모든 관찰자들에게 위대하고 환영할 만한 하나님의 사역으로 받아들여진 것은 아니었다. 많은 이들이 분노했고, 어떤 이들은 참을 수 없어 했다. 기존 교단 대표들과 많은 지식인들은 구세군을 무책임한 꼴불견에, 좋은 질서를 어지럽히는 위협이라며 멸시했다.

좋은 취향 같은 것에는 거의 관심이 없던 양조업자와 술집 주인들은 구세군이 벌이던 금주 캠페인을 치명적인 위협으로 간주했다. 거친 남자들은 구세군집회를 비웃거나, 안 되면 공격하라는 부추김을 받기도 했다. 정치 당국은 공공질서를 파괴한다는 이유로 구세군을 비웃고, 구세군 교인을 보호하기를 거부하거나, 또는 실제로 이들을 괴롭히면서까지 방해하려다 결국은 실패하기도 했다. 동시에 이들은 술을 파는 사람들을 공동체 경제 활동의 한 축을 담당하는 중요한 인물로 추켜세우기도 했다.

물론 이런 반대는 역으로 구세군의 열정을 더 자극했고, 어떤 경우에도 반대가 확산되거나 연장되지는 않았다. 대중은 오히려 처음부터 구세군의 활동에 호의적이었기에, 가장 유명한 비평가조차도 패배하거나 침묵 속에서 수치를 당하기 일쑤였다. 잉글랜드국교회(Church of England)는 결국 구세군을 국교회의 공식 지부로 받아들이겠다고 했다. 처음부터 구세군에 동정적이었던 로마 가톨릭교회는 구세군이 대표한 개신교의 극단적 형태에만 유감을 표했을 뿐, 이 새 운동 안에 있는 도시빈민에 대한 관심과 기독교를 사람들의 눈과 귀에 다채롭게 다가서려는 의지를 인정했다.

구세군은 기독교 선교회의 실천적 자선을 지속하고 확장했지만, 초기 에너지의 대부분은 직접 전도에 투자되었다. 1880년대 말 구세군의 행진과 거리집회는 북미, 오스트레일리아, 서인도 제도, 아프리카, 인도 등 영어권 세계와 유럽 도시 생활의 친숙한 일상이었다. 1890년, 윌리엄 부스는 구세군의 구원 체계에서 사회 복지가 차지하는 역할에 대한 성숙한 사상을 책으로 출판했는데, 이는 구세군의 복지 프로그램에 대한 공공의 관심을 끌기 위한 의도적인 행사였다. 결국 이들 복지 프로그램은 구세군의 정체성을 대중의 생각에 고착시키는 데 기여했고, 그들이 의존한 재정 후원의 기반이 되었다.

『가장 어두운 잉글랜드와 그 출구에서』(In Darkest England and the Way Out)는 1890년 후반에 출간되었다. 윌리엄 부스에 공감하는 런던 편집자 W. T. 스테드(W. T. Stead)의 도움으로 쓰인 이 책은 윌리엄 부스가 '마차용 말 헌장'(Cab-Horse Charter)이라 부른 것에 대해 설명을 담고 있었다. 윌리엄 부스는 잉글랜드 사람들이 사람보다 견인용 말에 관심이 더 많은 것을 비난했다. 마차용 말 한 마리가 거리에 쓰러지면, 행인들은 무슨 문제가 있는지 물어보지도 않고 함께 말을 일으키고 다시 일을 할 수 있게 도왔다. 사람이 가지지 못하는 경우가 많은 세 가지, 즉 안식처, 음식, 일을 살아 있기만 하면 말은 보장받았다.

이 문제를 해결하기 위해 윌리엄 부스는 실업자와 집 없는 사람을 데려다가 폭음을 끊게 하고, 그들의 영혼을 목양하고 유용한 일과 자기존중을 가르치기 위해 주의 깊은 계획하에 고안된 기관들의 네트워크를 마련했다. 다른 종류의 실제적인 복지 사업, 예를 들어 한 번에 몇 펜스만 입금하는 것이 가능한 은행, 무료 법률 조언, 일종의 이민 조력 사업 등도 제안 되었다.

『가장 어두운 잉글랜드와 그 출구에서』를 준비하는 동안 캐더린 부스가 1890년 10월 20일에 클랙턴-온-씨(Clacton-on-Sea)에서 유방암으로 사망했다. 이 책은 캐더린 부스에게 헌정되었다. 아내의 죽음 이후에도 20년을 더 살기는 했지만, 윌리엄 부스의 개혁과 심지어 그의 일상의 효율적인 지도력의 시대도 끝이 났다. 윌리엄 부스 자신이, 또 그들 스스로가 윌리엄 부스의 동료가 아니라 부하로 간주한 이들에게 둘러싸였다. 심지어 구세군 사관이 되어, 화려한 계급장을 자랑하던 그의 자녀들(딸 하나는 '집정관'[Consul], 아들 하나는 '원수'[Marshall]였다)도 그를 단순히 아버지로 생각하지 않았다.

캐더린 부스의 지혜로운 조언과 격려를 잃은 윌리엄 부스는 고립되고 고독했다. 그는 '참모총장'(Chief of Staff)이라는 두 번째로 높은 계급에 오른 큰아들 브람웰 부스의 손에 구세군의 실무행정을 맡기고, 끊임없이 전 세계를 여행하며 구세군집회에서 강연하는 대표 연설가로 남은 생애를 보냈다. 윌리엄 부스는 1912년 10월 20일에 런던 외곽 하들리우드(Hadley Wood) 소재 가족의 집에서 사망했다.

참고문헌 | H. Begbie, *The Life of General William Booth, the Founder of the Salvation Army*, 2 vols. (London: Macmillan, 1920); St J. Ervine, *God's Soldier: General William Booth*, 2 vols. (London: Heinemann, 1934); New York: Macmillan, 1935); R. J. Green, *Catherine Booth: A Biography of the Cofounder of the Salvation Army* (Grand Rapids: Baker Book House, 1996); R. Hattersley, *Blood and Fire: William and Catherine Booth and Their Salvation Army* (London: Little, Brown, 1999; New York: Doubleday, 2000).

E. H. MCKINLEY

윌리엄 브람웰(William Bramwell, 1759-1818)

감리교부흥 설교자. 그는 1759년 2월에 랭커셔(Lancashire) 프레스턴(Preston) 근교 엘식 마을(village of Elswick)에서 농부 조지 브람웰(George Bramwell)의 열 한 자녀 중 열 번째로 태어났다. 부모는 모두 경건한 성공회(Anglican) 신자였기에, 브람웰은 엄격한 신앙으로 양육되었다. '아름답고 부드러운 목소리'를 갖고 태어난 브람웰은 어린 시절부터 교회 성가대에서 노래했지만, 마을학교에서 받은 공식 교육은 얼마 되지 않았다. 리버풀(Liverpool)에서 상업으로 생계를 유지하던 맏형과 함께 살면서 상업을 배울 준비를 하던 15살 때에 그는 그의 종교적 열정에 악영향을 크게 끼치는 그 곳의 방탕한 환경이 싫었다. 그래서 결국은 프레스턴에서 제혁공(currier)의 도제일을 선택했다. 프레스턴 교구교회 예배에 참석하면서 그는 성찬을 받으며 회심했지만, 이어서 감리교 설교에 깊은 감화를 받았다.

"바로 이들이 내가 함께 살고 죽기로 결심한 사람들이다!"

1781년 5월 24일에 프레스턴을 방문한 존 웨슬리(John Wesley)를 만난 후, 브람웰은 하나님 사랑의 더 분명한 현시를 경험하고, 주님의 방식으로 더 굳건히 세워졌다. 그는 속회(class meeting) 지도자와 권고자가 되어, 도시 여러 지역에 기도 모임을 만들었는데, 이 모임에서 수많은 이들이 각성하고 하나님께로 돌아왔으며, 곧 지역 설교자가 되어 주일에 때로 말을 타고 40마일 이상 이동했고, 파일드(Fylde) 시골 전역에서 한 주에 서너 차례 야외 설교를 하곤 했다. 그 후 그는 리버풀순회단(Liverpool circuit)을 확장하는 일을 도운 후, 프레스턴에서 사업을 시작하기 위해 돌아가서 거기서 '그의 설교를 통해 회심한 경건한 젊은 여성' 엘런 바이럼(Allen Byrom)과의 약혼에 이어 집과 가게를 구매했다.

그러나 브람웰은 자신이 목회사역으로 부름받았다는 강력한 확신을 느끼기 시작했고, 몇 달 후 사업을 그만두고 수년간 목격되지 않은 엄청난 부흥이 일어난 켄트순회단(Kent Circuit)에서 순회설교자로 섬기라는 토마스 코크(Thomas Coke)의 반복된 요청에 응답했다. 1787년 7월, 그는 프레스턴으로 돌아가서 엘런 바이럼과 결혼한 후, 1788년 9월에 아들을 낳았다. 이후 그는 근교의 블랙번(Blackburn, 1788-1789)과 콘(Colne, 1789-1791)에서 계속 사역했다. 1791년에는 웨스트라이딩(West Riding)으로 옮긴 후, 연속해서 듀스버리(Dewsbury, 1791-1793), 버스톨(Birstall, 1793-1795), 셰필드(Sheffield, 1795-1798)에서 사역하면서, 프레스턴에서 그의 영향으로 회심한 매클스필드(Macclesfield) 출신 배틀 직공 앤 커틀러(Ann Cutler)의 도움을 받아 요크서부흥(Yorkshire revival)을 촉발했다. 부흥은 웨슬리파감리교 역사에서 가장 급속한 교인 성장과 교단에서 가장 인기 있는 설교자이자, 18세기 후반, 19세기 초반에 가장 성공적인 구령자로서의 브람웰의 명성을 공고히 하게 만든 핵심 공헌 요소였다.

비록 미들랜즈(Midlands, 잉글랜드 중북부 지방의 고유 명칭-역주)와 잉글랜드 남부로도 여행한 적이 있었지만, 존 켄트(John Kent)가 지적했듯이, 브람웰은 사역 내내 '자기 인식이 아주 강한 일단의 잉글랜드 북부 부흥사들의 구심점'으로 남았다. 그를 통해 회심한 인물이자 첫 번째 전기를 쓴 리즈의 교사(Leeds schoolmaster) 제임스 식스턴(James Sigston)은 브람웰을 때로 대규모 부흥운동의 개척자로 간주되는 미국부흥사 찰스 피니(Charles Finney)와 비교했다. 그러나 켄트는 회심에서 기도의 역할과 복음설교에 대한 즉각적인 개인 반응의 필요를 강조하는 브람웰의 방식은 존 웨슬리의 것과 훨씬 더 가깝다고 주장했다. 그러나 브람웰이 자신과 웨슬리주의와의 연결 고리를 거의 파기할뻔한 적이 적어도 두 번은 있었다.

1797년 5월에 그는 셰필드에서 알렉산더 킬럼(Alexander Kilham)과 비밀 회동을 가졌지만, 올드 커넥션(Old Connexion, 옛 교단)에 남기로 한 브람웰의 최종 결정이 웨슬리파가 첫 번째 대규모 분열에서도 살아남을 수 있는 주요 요인이었다. 그 후, 1803년 여름에 (제임스 식스턴이 이끄는-역주) 리즈의 '커크게이트의 외치는 자들'(Kirkgate Screamers), 맨체스터밴드룸감리교도(Manchester Band Room Methodists), 매클스필드기독부흥사회(Macclesfield Christian Revivalists)를 포용하는 부흥사 연합체에 대한 지지를 호소한 후, 그는 '소박한 사람들 사이에 존재하는 불꽃을 너무 자주 부적절한 권위를 부당하게 사용하여 꺼버리는' 부유하고 힘 있는 웨슬리파에 대한 불평을 그치지 않으면서도, 결국 옛 교단을 떠나지 말고 남아 달라는 말에 설득당했다.

더구나 그는 여성 설교자 고용에 공감했고, 1803년과 1804년에 교단대회가 여성 설교자를 배제하는 것에 반대했지만 성공하지는 못했다. 그는 요크셔부흥에서 앤 커틀러와 가까이서 함께 일했고, 1799-1800년의 노팅엄부흥(Nottingham revival)에서는 메리 바리트(Mary Barrit)와 함께 일하면서 다음과 같이 주장했다.

> "이 젊은 여성이 영혼 구원하는 일로 받은 큰 복과 같은 수준의 복을 누리는 남성을 나는 단 한 사람도 알지 못한다."

그러나 전반적으로, 브람웰의 정치적 침묵주의는 프랑스전쟁 기간에 웨슬리파 교단 지도부가 취한 태도와 조화를 이루었다. 그는 다음과 같이 주장하며 감리교집회에서 정치 문제를 논하는 것을 비판했다.

> "우리가 모일 때마다 주의를 기울여야 하는 관심사는 오로지 현재의 구원과 영원한 구원이라는 큰 문제여야 한다."

브람웰의 삶을 특징지은 덕목은 겸손과 자기부인이었다. 비만이 되기 쉬운 체질을 지닌 까닭에 그는 엄격한 금식과 식단 체계를 세우고, 때로 순무와 약간의 빵을 제외하고는 아무것도 먹지 않았다. 그는 습관적으로 일찍 일어나 차가운 물로 목욕한 후에, 대개 열정적인 기도와 성경읽기로 상당한 시간을 보냈다. 실제로 거친 모래 위에 몇 시간이고 꿇어 앉아 기도하느라 엉덩이가 자주 상했다.

그는 웨슬리의 '완전성화'(entire sanctification) 교리를 장려했는데, 전도자로서의 성공은 그의 설교의 영향력에서 온 것일 뿐만 아니라 꾸준한 심방, 부흥을 이어 가려는 여러 전략이 주효했기 때문이기도 했다. 그의 영민한 영적 예지 능력은 심지어 자기 죽음을 예언한 것으로도 드러났는데, 그는 실제로 1818년 8월 13일에 리즈에 소재한 전기 집필자 제임스 식스턴의 학교 바깥에서 갑자기 사망했다.

'전국에서 온 수많은 사람들'이 브람웰이 묻힌 리즈 근교 웨스트게이트힐(Westgate Hill)의 교회 묘지를 찾았다. 브람웰이 지역 설교자가 되어 행한 첫 설교에서 사용한 "이스라엘아 네 하나님 만나기를 준비하라"(암 4:12-역주)는 본문이 묘비에 새겨졌다. 1818년 9월 6일에 반보우(Barnbow)의 유명한 지역 설교자 윌리엄 도슨(William Dawson)은 브람웰이 사망한 리즈의 근교에 모인 거의 만 명에 이르는 청중 앞에서 기념 설교를 전하면서, 브람웰이 죄인들에게 말씀을 전할 때, 또는 죄인들을 어둠에서 빛으로, 죄책에서 용서로, 속박에서 자유로, 사탄에서 하나님으로, 지상에서 천국으로 안전하게 통과할 수 있게 하는 그리스도 안에 있는 '구원의 문'을 제시할 때만큼 그토록 밝게 불타올랐던 적은 없었다며 그의 비범하게 뜨거운 불에 찬사를 보냈다.

다정하고 인기 있는 설교자였던 브람웰의 영향력은 광범위하고 지속적이었다. 젊은 망명자이자 그를 통해 회심한 한 프랑스인 후작은 나폴레옹전쟁 기간에 노르망디(Normandy)를 복음화하기 위해 돌아갔다. 19세기 초반 원시감리교회(Primitive Methodists) 일부에게는 새로운 부흥운동이 '브람웰의 선한 옛 방식'으로의 귀환으로 인식되었다. 이 새 교파의 창설자 휴 본(Hugh Bourne)은 자기 교단 선교사들에게 브람웰의 방법을 모방하라고 가르쳤을 뿐만 아니라, 브람웰이 쓴 『앤 커틀러의 삶과 죽음』(*Life and Death of Ann Cutler*)을 여성 설교의 효율성을 입증하는 자료로 출판하기까지 했다.

원시감리교회 차티스트(Chartist, 1838-1848년 영국에서 노동자 계층을 주체로 한 정치적 권리, 특히 보통 선거권의 획득을 목표로 싸운 참정권 운동가-역주)였던 토마스 쿠퍼(Thomas Cooper)는 식스턴의 브람웰 회상기를 읽고 '완전성화'를 받았다고 주장했고, 구세군 창시자 윌리엄 부스는 자기 맏아들의 이름을 이 전도자를 따라 브람웰이라고 지었다. 더구나, 1857-1858년에 있었던 제임스 코이(James Caughey)의 부흥운동으로 셰필드에서 브람웰에 대한 기억이 재현되었다. 1863년까지도 브람웰의 생애를 간략하게 묘사한 값싼 소책자가 원시감리교회에 광범위하게 회람되며 인기를 끌었다.

참고문헌 | J. Sigston, *Memoir of the Venerable William Bramwell* (London: James Nichols, 31821-1822); T. Harris, *A Memoir of the Rev. William Bramwell* (London: Charles H. Kelly).

J. A. HARGEAVES

윌리엄 브래드퍼드(William Bradford, 1590-1657)

아메리카 대륙으로 이주한 청교도 순례자 선조(Pilgrim Father)이자 플리머스 식민지(Plymouth Colony)의 2대 총독. 그는 1590년 3월에 잉글랜드 요크셔(Yorkshire) 오스터필드(Austerfield)에서 태어났다. 아버지가 1591년에 죽자 어머니는 1593년에 재혼했다. 그 결과, 브래드퍼드를 네 살부터 할아버지들과 삼촌들이 키웠다.

어린 시절부터 브래드퍼드는 신앙에 큰 관심을 보였다. 그는 노팅엄셔(Nottinghamshire) 밥워스(Babworth)의 비국교도 목사 리처드 클립턴(Richard Clifton 또는 Clyfton)의 영향 아래 근교 스크루비(Scrooby)의 윌리엄 브루스터(William Brewster)의 집에서 모이던 분리파 집회에 참석하기 시작했다. 이어서 16살에 정식 회원이 되었다. 이 회중이 박해를 피해 1607년에 암스테르담으로 이주하자, 브래드퍼드도 이들과 함께 떠났다. 브래드퍼드와 원래의 스크루비 회중은 1609년에 암스테르담을 떠나 레이던(Leiden)으로 가서 존 로빈슨(John Robinson) 목사의 지도를 받는 새로운 회중을 조직했다.

레이던에서 브래드퍼드는 위그노교도(Huguenot) 비단 직공의 도제로 들어간 후 직물 장사로 생계를 유지했다. 그는 1613년에 도로시 메이(Dorothy May)와 결혼했다. 레이던에 있는 동안 브래드퍼드는 아주 많은 신학 저술을 읽었다. 1620년, 그는 존 로빈슨의 권유로 메이플라워호(Mayflower)를 타고 신대륙으로 떠나는 회중의 일원이 되었다. 또한, 그는 메이플라워계약(Mayflower Compact)에도 서명했는데, 이 문서는 신식민지의 통치 원리를 다루었다. 이들은 1620년에 매사추세츠에 도착하여 플리머스 식민지를 개척했다.

1620-21년 겨울은 혹독해서 총독 존 카버(John Carver)와 브래드퍼드의 아내를 비롯한 식민지 개척자의 거의 절반이 죽었다. (그는 1623년에 앨리스 카펜터 사우스워스[Alice Carpenter Southworth]와 재혼했다). 1621년에 카버가 사망한 이후, 브래드퍼드가 총독으로 선출되어 1633, 1634, 1636, 1638, 1644년을 제외하고, 1656년까지 계속 총독으로 봉사했다. (1639년까지는 급료도 없었다). 마지막 총독직을 수행한 직후인 1657년 5월 9일에 그는 플리머스에서 죽었다.

총독 브래드퍼드는 원주민 국가 왐파노악(Wampanoag nation)과 동맹을 맺었는데, 그의 대(對)원주민 정책은 수십 년간의 상호 평화로 열매 맺었다. 또한, 그는 이웃한 (보스턴 지역의-역주) 매사추세츠베이 식민지(Massachusetts Bay Colony)와도 긴밀한 관계를 유지했지만, 플리머스 식민지를 흡수하려고 했던 그들의 노력에는 반대했다. 두 식민지 간에 많은 유사점이 있었고, 특히 신학과 교회 정치 문제에서는 일치했음에도 불구하고, 잉글랜드국교회(Church of England)와 어떤 관계를 맺어야 하는가 하는 점에서는 결코 합의에 이를 수가 없었다.

브래드퍼드의 지도하에, 매사추세츠베이 식민지와 달리, 플리머스 식민지는 엄격한 종교적 통일성을 강요하지 않았다. (로저 윌리엄스[Roger Williams]가 1636년에 추방당했음에도 불구하고) 전반적으로 침례교가 금지되지 않았으며, 퀘이커교도가 처형되지도 않았다. 심지어 식민지를 방문한 가톨릭 예수회 사제 드루일레(Father Druillette)도 1650년에 예의를 갖추어 맞아들였다. 그럼에도 불구하고, 브래드퍼드는 1645년에 종교관용법을 문서화하려는 시도를 막았고, 1650년에는 퀘이커에 반대하기 위한 법안 작성에도 참여했다.

브래드퍼드는 식민지 역사『플리머스 식민지에 대하여』(Of Plimouth Plantation, 사망 시 원고로 남겨졌으나 출판은 1856년에야 이루어졌다)를 썼는데, 이 책을 쓰는 데 20년 이상 걸렸다. 이 책은 신정주의적 관점으로 쓰였으며, 일어난 사건들에 대한 섭리적 해석이 들어 있는데, 북미의 초기 유럽인 정착을 기록한 가장 중요한 연대기 중 하나다. 브래드퍼드는 이 이야기를 1630년에 쓰기 시작했는데, 플리머스 도착에 대한 이야기를 담고 있는 1권은 1631-1632년에 완성되었다. 1646년까지의 이야기를 담고 있는 2권은 1646년과 1650년 사이에 작성되었다. 그는 주로 기억에 의존하여 글을 썼고, 서신과 일기를 보충 자료로 활용했다.

브래드퍼드는 농부와 상인으로 일하며 생계를 유지했고, 아마도 플리머스 식민지 주민 중에서 가장 능력 있고 교육 수준이 높은 사람이었을 것이다. 큰 서재도 갖고 있었는데, 개혁신학에 정통했고, 생애 말년에는 심지어 히브리어를 배우려고도 했다. 그는 (극단적이기보다는) 온건한 분리파였다. 브래드퍼드는 모든 개혁파 교회들과 우정을 유지하고자 했고, 1647년의 케임브리지대회에 플리머스 식민지 대표로 참가했다. 그러나 그는 일평생 평신도였고, 성직을 가진 적도 없었다. 종교적 관용에 대해서 어떤 원칙을 만들어 놓은 것은 아니지만, 균형 잡힌 접근법을 취했다.

그는 어떤 한 교회가 자신들만이 성경이 가르치는 모든 것을 다 안다고 주장하는 것은 오만이라 믿었다. 그러나 브래드퍼드의 가장 큰 공헌은 『플리머스 식민지에 대하여』였다. 이를 통해 우리는 '순례자들'(Pilgrims)이라는 호칭에 대해 알 수 있으며, 이 책은 또한 뉴잉글랜드 정착자에 대해, 또 기독교적 사회에 대한 분리파의 비전이 무엇이었는지에 대해 우리에게 가장 매력적으로 알려 주는 저술이기도 하다.

참고문헌 | W. Bradford, *A History of Plymouth Plantation, 1620-1647*, ed. W. C. Ford, 2 vols. (Cambridge: The Massachusetts Historical Society, 1912); B. Smith, *Bradford of Plymouth* (Philadelphia: Lippincott, 1951).

N. S. AMOS

윌리엄 쇼(William Shaw, 1798-1872)

목사이자 선교사. 그는 1798년 12월 8일 스코틀랜드 글라스고우(Glasgow)에서 태어났다. 쇼는 이스턴케이프(Eastern Cape)에 거주하던 백인 정착민을 대상으로 감리교 목회를 했고, 1820년부터 1856년까지 동일 지역에서 코사 부족 사람들에게 선교활동을 했다. 그 뒤 다시 잉글랜드로 돌아가 런던에서 1872년 12월 4일 죽음을 맞이하기까지 유명한 감리교 목회자로서의 삶을 살았다.

그의 목회, 전도, 외교 능력은 높이 칭송되었지만, (백인) 정착민의 옹호자로서 식민주의를 조장했다는 이유로 쇼는 최근 많은 비판을 받았다. 노스요크(North York) 지역 민병대 하사관의 아들로 태어난 쇼는 육군 막사에서 성장했고, 처음에는 아버지의 직업을 따라 군에 입대하려고 했다. 그러나 14세 때 감리교로 개종하면서 군복무를 하는 삶이 어려워졌고 결국 1815년 군대를 떠났다. 쇼는 1817년에 앤 마우(Ann Maw)와 결혼했고, 1854년 아내가 사망한 지 3년 뒤인 1857년에 오글 부인(Mrs Ogle)과 재혼했다. 학교 교사와 평신도 목회자로 사역하던 중, 그는 남아프리카 공화국으로 떠나 세프턴(Sephton) 가(家) 정착민들의 감리교 목회자와 선교사로서 봉사했다.

쇼 부부(윌리엄과 앤)는 1820년에 남아프리카 이스턴케이프(Eastern Cape)에 도착했다. 그는 이 지역에서 사역한 단 세 명의 성직자 중 한 명이었다. 그는 세일럼(Salem) 정착촌 건설을 도왔고, 놀라운 열정과 관심으로 목회자들 및 사회 네트워크를 재빨리 구축했다. 그 집단에 있던 다른 많은 사람들과 마찬가지로, 쇼는 영국에서는 가로막혔던 에너지를 낮은 사회적 지위와 결합했다. 이스턴케이프의 새로운 공동체는 빠르게 성장해 갔다. 쇼는 초교파적으로 접근했다. 그는 『공동기도서』(*Book of Common Prayer*)를 사용하고 애찬식(Love Feast)을 함으로써, 감리교인이 아닌 많은 사람들의 관심도 이끌어 냈다.

쇼는 백인 공동체의 경계를 넘어서길 꿈꿨다. 세일럼의 정착민들에게 그는 "이 지부가 카피르랜드(Kaffirland)로 가는 열쇠가 될 것입니다"라고 선언했다. 정부는 처음에 식민지 경계를 넘어 코사 부족을 위해 일하려 했던 쇼의 열망을 반대했지만, 1823년으로 접어들며 결국 그의 뜻에 동의했다. 그 후 쇼는 현재 트랜스케이(Transkei)로 알려진 곳을 지나 나탈(Natal) 지역에 이르기까지 다수의 선교지부를 설립했다. 1834년에는 경쟁 상대인 런던선교회(London Missionary Society)가 코사 부족의 거주 지역에 단 한 개의 선교지부를 개척한 반면, 그는 여섯 개의 선교지부를 개척해서 사역하고 있었다.

쇼는 그가 개종시키려 했던 많은 사람들이 영적인 필요뿐만 아니라 물질적인 필요도 잘 알고 있었다. 그는 그쿠누크웨베(Gqunukhwebe,

코사 부족의 하위 부족-역주) 사람들의 사랑을 받았는데, 이는 쇼가 이들과 백인 식민지 사이에서 평화로운 중재를 이끌어 내며, 이 원주민이 방목권을 확보하고 무역을 시작할 수 있도록 도와주었기 때문이기도 하다. 이 일은 몹시 힘들고 좌절을 안겨 주었다. 쇼가 남아프리카를 떠난 1856년도에 그는 코사 부족과 식민 국가, 정착민 사이의 갈등으로 버터워스(Butterworth) 정착지가 세 번이나 불타는 것을 지켜볼 수밖에 없었다.

잉글랜드를 방문했던 1833년부터 1837년의 기간을 제외하고, 1829년부터 쇼는 그레이엄즈타운(Grahamstown)의 중심 지역에 거주했다. 그곳에서 그는 수많은 성직자, 평신도 설교자, 선교사를 지도했다. 1860년 당시 정착민을 위해 22명의 성직자와 44개의 예배당이 생겼다. 1837년 쇼는 동남부 아프리카 지역 웨슬리파선교회(Wesleyan Missions)의 총감독으로 임명되었다. 총감독으로서 그는 수많은 지역을 돌아다니며 식민지 정부에게 많은 영향력을 행사할 수 있었고, 빈번한 국경 분쟁 지역 간의 중재를 위해 노력했다.

고된 업무와 1854년에 있었던 아내의 죽음으로 건강이 악화되자, 그는 1856년에 영국으로 다시 돌아갔다. 영국에서 그는 1865년에 감리교 연회 회장을 역임하고, 브리스톨(Bristol)과 요크(York) 지역의 의장으로 섬기며 감리교 활동을 유지했다. 1860년도엔 그의 책 『동남부 아프리카에서의 나의 선교이야기』(*The Story of My Mission in South Eastern Africa*)가 출간되었다. 쇼는 1869년에 은퇴하여 런던으로 돌아갔다.

남아프리카에서 쇼는 정착민뿐만 아니라 원주민에 대해서도 관심을 갖고 사역했다. 쇼는 1822년 그레이엄즈타운채플(Grahamstown Chapel) 창립예배에서 교회에 여러 인종이 함께 모여 회심 경험을 공동으로 간증하는 것이 얼마나 기쁜지 말했다. 그러나 그의 사역은 그리 평화적이지 않았다. 런던선교회 선교사 존 필립(John Philip)과 달리, 쇼는 정착민과 긴밀한 연계를 유지했고, 흑인이 백인 정착민에 의해 부당한 대우를 받고 있다고 믿었던 필립과 충돌하기도 했다. 잉글랜드로 돌아왔을 때, 쇼는 필립이 퍼뜨린 '근거 없는 중상모략'에 반대하여, 정착민들이 결백하다는 이들의 관점을 알리려 했다.

쇼는 영국 정부 당국의 혼란스러운 국경 정책을 갈등의 원인으로 비난했지만, 문제의 핵심은 '카프리족(Caffre tribes)의 도덕 수준과 습관'에 있다고 보았다. 그는 다른 모든 유목 민족들과 마찬가지로 이들에게도 약탈 성향이 존재한다며, 기독교 신앙과 정착 생활을 함으로써 이런 성향을 억제시킬 수 있다고 주장했다. 쇼와 필립은 코사 부족이 어떤 대우를 받아야 하는지에 대한 문제에서 서로 다른 의견을 보였지만, 둘 다 식민지 경계를 확장시키려고 영국 정부에 로비를 벌였다. 1838년과 1839년에 두 선교사는 서신을 통해 맹렬히 서로를 공격했고, 이후 쇼는 이를 출판하기도 했다. 1830년대에 영국은 추가적 합병을 피하려 했지만, 곧 시스케이(Ciskei)와 나탈(Natal) 지역까지 통치 구역을 확장했다.

쇼는 필립보다는 런던의 중앙 정부에 더 의구심이 많았다. 필립은 정착민의 약탈 행위를 규제하는 수단으로 중앙 정부를 인식한 반면, 쇼는 정착민 공동체에 더 긍정적이었다. 둘 모두 제국의 성공을 위해 노력했으나, 쇼는 흑인에 대한 공감이 덜했다. 그의 선교지부는 '주위를 둘러싸고 있는 이교도에 대한 비폭력 공격을 가능하게 하는 기독교 요새'로 여겨졌다. 쇼는 식민지 총독이 바뀔 때마다 그들과 친밀한 관계를 유지했다. 따라서 1840년에 바카 공동체(Bhaca community)가 보어인(Boer, 네덜란드계 백인 정착민-역주) 군대의 공격을 받았을 때, 이들은 쇼에게 항의했다. 그러자 그는 이들을 위해 네이피어(Napier) 총독이 통제하고 있던 영국군의 보호를 요청했다. 이 사건은 영국이 1842년에 나탈 지역을 점령하기로 한 결정에 공헌했다.

남아프리카공화국 역사가 조지 코리(George Cory)는 "1820년대의 정착민 가운데 가장 영광스러운 인물을 꼽는다면 윌리엄 쇼 목사보다 더 큰 존경을 받을 만한 인물이 없을 것이다"라고 주장했다. 코리가 쇼를 칭송한 이유 때문에 오히려 최근 많은 역사가들이 쇼에 대한 부정적 의견을 나타냈다. 그가 보여 준 선교에 대한 뜨거운 열정과 전략적 비전으로 인해 심지어 오늘날에도 그가 사역했던 지역은 감리교의 중심으로 남아 있다. 그러나 그가 정착민들(settler)의 이익을 대변했던 모습은 19세기 아프리카 선교가 빠진 난제 중 하나이다.

참고문헌 | W. Hammond-Tooke (ed.), *The Journal of William Shaw* (Cape Town: A. A. Balkema, 1972); T. Keegan, *Colonial South Africa and the Origins of the Racial Order* (London: Leicester University Press, 1996); B. Stanley, *The Bible and the Flag: Prostestant Missionaries and British Imperialism in the Nineteenth and Twentieth Centuries* (Leicester: Apollos, 1990).

D. J. GOODHEW

윌리엄 아더(William Arthur, 1819-1901)

웨슬리파감리교 목사이자 저술가. 그는 1819년 2월 3일에 아일랜드에서 제임스 아더(James Arthur)와 마가렛 아더(Margaret Arthur)의 아들로 태어났다. 그가 정확히 어디에서 태어났나 하는 주제로 얼마간의 논쟁이 있지만, 어린 시절을 안트림 카운티(Antrim County)의 켈스(Kells)에서 보낸 것은 분명하다. 윌리엄 아더가 열두 살이 되었을 때 가족이 메이요 카운티(Mayo County)의 웨스트포트(Westport)로 이사를 갔다.

가족의 빈궁한 상황을 고려할 때, 윌리엄 아더는 공식 교육을 많이 받지 못했던 것 같다. 열다섯 살에 웨슬리파감리교 교인이 되기 전후로 짧게 옥수수 관련 일을 했다. 1837년에 웨슬리파 목회자 후보생으로 받아들여졌고, 아일랜드 총회의 치리를 받았음에도 불구하고, 신학 공부를 위해 혹스턴(Hoxton)에 있는 신학교(Theological Institution)로 보내졌다. 신학 훈련 중 선교사로 자원했던 그는 1839년 4월에 인도로 떠났다. 미소레(Mysore) 지역의 구비에 주로 머물며 대략 2년 조금 못되게 인도에 있었지만, 건강 악화로 1841년에 고국으로 돌아가야 했다.

윌리엄 아더는 웨슬리파감리교선교회(Wesleyan Methodist Missionary Society, WMMS)의 후원 아래 선교부의 유능한 대변인으로 사역을 이어 나갔고, 그의 현장 경험과 탁월한 연설 능력이 망가진 건강에 대한 연민과 결합되어, 거의 10년 동안 '잉글랜드에서 가장 인기 있는 설교자로 명성을 누렸다. 1847년에 출간된 그의 첫 저서 『미조레 선교』(*Mission to the Mysore*)는 이전에 「웨슬리파 메소디스트 매거진」(*Wesleyan Methodist Magazine*)에 실은 기사들을 기반으로 쓴 책이었다.

1846년부터 1849년까지는 프랑스에 머물렀다. 돌아온 후, 그는 집회 개혁 분쟁 시기에 저비즈 번팅(Jabez Bunting)을 변호했고, 웨슬리파감리교선교회(WMMS)에 '지원을 끊는 것'으로 총회를 압박하려 했던 개혁자들의 정책을 비판했다. 잠시 동안은 런던의 두 순회단에서 일했으나, 1851년에 목소리가 망가지는 바람에 순회전도자 사역을 더이상 할 수 없게 되었다. 건강 회복 기간에 그가 쓴 책은 『성공한 상인』(The Successful Merchant, 1852)으로, 브리스톨(Bristol)의 웨슬리파 신자이자 자수성가한 사업가 새뮤얼 버짓(Samuel Budgett)의 전기였다. 『성공한 상인』은 상업에 종사하는 기독교인들에게 실제적인 조언을 주고자 했던 복음주의 진영의 당면한 고민을 반영하고 있었다. 버짓의 두 아들 제임스(James)와 아더(Arthur)는 「런던 쿼털리 리뷰」(The London Quarterly Review, 1853)의 공동 창립자였는데, 윌리엄 아더는 이 잡지에 정기적으로 글을 실었다.

1851년에 웨슬리파감리교선교회 총무직에 합류한 후, 1868년에는 북아일랜드 벨파스트(Belfast)에 세워진 감리교대학(Methodist College)의 초대 총장이 되어 아일랜드로 돌아갔다. 1871년부터 은퇴한 1888년까지는 웨슬리파감리교선교회의 명예총무였다. 1866년에는 웨슬리파 교단 총회장이 되었다. 정기적으로 찾아오는 병 때문에 설교와 가르치는 사역이 중단되기도 했고, 또 아주 많은 경우, 총회나 위원회 모임에서 그의 연설문을 T. B. 스티븐슨(T. B. Stephenson)이 대독하기도 했다.

그러나 지속된 목 문제, 나쁜 시력 때문에 교단 일에서 그가 맡은 중요한 역할이 축소된 적은 없었고, 아내와 영향력 있는 친구들의 관계망을 통해 유산으로 받아 중요한 재정 수단이 된 그의 클라팜(Clapham) 소재 런던 근거지를 잘 활용했다. 윌리엄 아더는 메트로폴리탄채플(Metropolitan Chapel) 건축 기금을 조성하는 일을 도왔다. 교파 중심의 교육 체계 유지를 반대한 그는 1870년대 초교파 교육 정책면에서 그의 친구 J. H. 릭(J. H. Rigg)과 입장이 많이 달랐고, 총회에 평신도 대표가 참석하는 것을 열렬히 지지했다(1876).

교황지상주의를 확고히 반대한 윌리엄 아더는 1870년대 초에 아일랜드에서 로마 가톨릭의 대학교에 정부 기금을 지원하겠다는 글래드스톤(Gladstone)의 정책에 저항하는 비국교도 세력을 규합했고, 널리 회람된 국내 정책 관련 소책자 『충성하는 자들은 버림받고 불충하는 자들이 그들 위에 설 것인가?』(Shall the Loyal be Deserted and the Disloyal Set Over Them?, 1886)를 집필했다. 윌리엄 아더는 수년간 복음주의연맹(Evangelical Alliance) 총무를 지냈고, 1881년 런던에서 열린 첫 감리교에큐메니컬총회(Methodist Oecumenical Conference)에 연사로 서기도 했다.

윌리엄 아더가 쓴 문헌으로는 10여 권의 책과 수많은 소책자, 강연, 기사, 논평이 있었다. 그는 영국 식민주의를 기독교 확산을 위한 섭리적 기회로 변호하는 내용으로 선교에 대한 글을 썼다. 로마 가톨릭을 다루며 당대 정치 문제를 논했고, 콩트(Comte)와 밀(Mill), 피즈제임스 스티븐(Fitzjames Stephen), 프레더릭 해리슨(Frederic Harrison), 허버트 스펜서(Herbert Spencer)의 견해에 도전하며 철학을 논했고, 『물리법과 도덕법의 차이에 관하여』(On the Difference Between the Physical and the Moral Law)라는 제목으로 1883년에 펀리 강연(Fernley Lecture)을 하기도 했다. 가장 오래 살아남은 작품은 『불의혀』(*The Tongue of Fire*, 1856)로, 성령이 교회 생활에 끼치는 영향에 대한 연구서였다. 조직적인 성령론이라기보다는 성경주해나 설교에 더 가까운 이 책은 대서양 양편의 성결운동에 영향을 주었다.

1850년 6월에 엘리자베스 엘리스 오글(Elizabeth Ellis Ogle)과 결혼한 윌리엄 아더에게는 네 딸이 있었다. 엘리자베스는 3년 동안 병에 시달리다 1888년에 사망했고, 윌리엄 아더는 은퇴한 후 프랑스 칸(Cannes)에서 살다가 1901년 3월 9일에 죽었다.

참고문헌 | T. B. Stephenson, *William Arthur: A Brief Biography* (London: C. H. Kelly, 1907); N. W. Taggart, *William Arthur: First Among Methodists* (London: Epworth Press, 1993).

M. WELLINGS

윌리엄 아버하트(William Aberhart, 1878-1943)

캐나다 설교자 및 정치가. 그는 1878년 12월 30일에 온타리오 휴런 카운티 키픈(Kippen) 근교 농장에서 여덟 자녀 중 넷째로 태어났다. 장로교 배경에서 성장한 아버하트는 자신을 늘 칼빈주의자라고 여겼지만, 그 지역을 정기적으로 찾아 온 부흥사들의 영향도 많이 받았다.

1899년 해밀턴사범대학(Hamilton Normal College)을 졸업한 후, 아버하트는 온타리오 브랜트퍼드(Brantford)에서 가르치는 일을 시작했다. 1905년에는 교장으로 임명되었다. 통신으로 몇 과목을 공부한 후, 1911년에 퀸스대학교(Queen's University)에서 학사학위를 받았다. 교사 경력 초기에는 과학과 성경비평을 연구하면서 신앙에 큰 위기를 겪게 된다. 그러나 사이러스 스코필드(Cyrus Scofield)의 가르침 덕에 아버하트는 이런 위기에서 벗어나게 되는데, 스코필드의 가르침이 이후 그의 성경해석의 토대가 되었다. 브랜트퍼드는 온타리오의 근본주의와 플리머스형제단운동(Plymouth Brethren movement)의 요새이기도 했다. 아버하트는 곧 극단적(ultra) 세대주의 전천년설의 극단적 미래주의 전망을 받아들임으로써 스코필드의 가르침을 수정했다.

1910년, 앨버타(Alberta) 캘거리(Calgary)로 이주한 아버하트는 한 학교의 교장이 되었다. 탁월한 행정가이자 교육자였던 그는 1915년에 크레슨트하이츠(Crescent Heights)에 세워진 새로운 모델의 고등학교 학장으로 임명받아, 주지사(provincial premier)가 되기 전까지 크게 활약했다.

캘거리에서도 아버하트는 성경교사와 설교자로 곧 유명해졌다. 가족이 고정적으로 다닐 교회를 찾는 일은 쉽지 않았다. 처음에는 그레이스장로교회(Grace Presbyterian Church)를 다니다가 1912년에 규모가 더 큰 웨슬리감리교회(Wesleyan Methodist Church)로 옮겼고, 결국 1915년에 목회자가 공석이던 웨스트본침례교회(Westbourne Baptist Church)에 정착해서 1929년까지 다녔다. 역설적인 것은 침례교인도 아니고 안수를 받은 적도 없던 그가 교회를 완벽히 이끌었다는 것이다. 목요일 저녁마다 그가 인도한 '예언성경집회'(Prophetic Bible Conference)는 급성장해서 도시 전체에 알려졌다.

아버하트는 자신을 예언 설교자가 아니라 전도자로 인식했다. 그가 믿기에, 예언은 전도의 하인이며, 따라서 언제나 그리스도의 십자가 죽음을 선포하는 상황하에서 선포되어야 했다. 십자가가 역사의 지렛대였다. 그러나 그의 회심 초청은 언제나 전도와 예언을 동반하는 것이었다. 회심을 적그리스도에 대한 공포에서 달아나는 길이라고 주장했다. 흥미롭게도, 아버하트가 전도에 사용한 기술은 후에 그의 정치적 후원자를 모집하는 과정에 그대로 활용되었다. 메시지는 변했지만, 헌신을 끄집어내는 수단은 변하지 않았다.

삶의 어떤 영역에서든 아버하트는 분명하고 절대적인 답변을 좋아했다. 그가 믿기에, 성경은 사람이 문을 열 때 사용하는 딱 맞는 열쇠 같은 분명한 해답을 주는 것이었다. 그의 성경해석 방식으로는 답을 알 수 없는 성경본문이 많았다. 그의 해석법, 특히 예언을 문자적으로 해석하는 방식은 본문의 문자 하나하나가 참되다는 전제하에 본문을 해독해야 했다. 아버하트는 자신이 무오하다고 믿은 킹제임스성경에 나온 본문을 사용했다. 하나님께서 스위스 알프스산맥에서 기적적으로 공인 본문(수용 본문, Textus Receptus)을 보존하셨기에, 킹제임스성경의 모든 음절과 점 하나까지도 영감되었다고 믿었다.

1920년대 초가 되면, 아버하트는 정통을 떠나 점점 더 주변부 분파주의자 성향을 띠게 된다. 강의와 1924년부터 발행하기 시작한 「더 프로페틱 보이스」(The Prophetic Voice)가 그의 견해를 대중화하는 수단이었다. 1920년, 그는 '오직 예수' 오순절운동의 영향하에 들어갔다. 그 결과, 비록 초기 증거 교리를 받아들이지는 않았지만, 그들의 세례 공식과 은사주의 성령 이해를 수용하고, 자기가 이끌던 교회에 '사도' 직을 도입했다. 그는 사도, 즉 자신이 안수함으로써 성령을 받을 수 있다고 믿었다. 사도가 됨으로써 그는 웨스트본교회 역사상 전례 없는 힘을 갖게 되었다. 그 과정에서 개혁과 성화 교리도 포기했다.

아버하트의 역사 해석의 중심에는 인종 명칭에 대한 그의 믿음이 있었다. 성경에는 민족들이 언급되는데, 이 민족들에 대해 공부하면서, 아버하트는 현세대(dispensation)에 그들이 어떤 상태에 있는지 알 수 있다고 믿었다. 그들이 살았던 곳이 어디였나 하는 사실과 상관없이, 언제나 그 인종의 일부로 남아 있다는 것이었다. 그러므로 다른 인종 간의 결혼은 악하며, 이렇게 태어난 아이들은 '바벨론의 딸들'이라고 주장했다. 이 주장 때문에 결국 그에게 반유대주의(anti-Semitism)라는 딱지가 붙었다. 그는 유대인의 팔레스타인 귀환은 현세대에 일어날 일이 아니라고 믿었기 때문에 시온주의가 헛된 운동일 뿐이라며 공격했다. 그러나 나치의 등장 이후에는 반유대주의에 강력하게 반대했다. 인종 명칭 체계는 그에게 영향을 끼친 또 하나의 운동인 영국이스라엘주의(British Israelism)에 대한 그의 기본 확신이었다.

세대주의 덕에 아버하트는 인간에 대한 아주 비관적인 견해를 갖게 되었다. 이는 또한 그가 세상의 근본적인 악의 근원을 판별해 내는 수단이기도 했다. 그는 요한계시록에 나오는 바벨론으로 상징되는 자본주의가 이 모든 악 중 최악이라고 믿었다. 아버하트의 사회 비판은 통렬했다.

아버하트가 비록 모든 성경의 예언이 현세대와 관련되어 있다고 믿은 것은 아니지만, 그가 원인과 결과를 믿는 것은 분명하다. 현재의 많은 사건들에는 선의미(presignificance)가 있다고 믿었다. 즉, 환란으로 이어진다는 것이다.

아버하트는 그가 속한 사회의 필요를 파악하고 채우는 일에 대단한 능력을 발휘했다. 1920년대에는 성직자가 부족했는데, 작은 시골의 교회는 그 상태가 더 심각했다. 이에 그는 1925년에 캘거리성경학교(Calgary Bible Institute)를 세우고 평신도를 자신의 근본주의 신앙에 따라 훈련시켰다. 통신 과정도 있었다. 후에 앨버타(Alberta)의 주지사가 되는 어니스트 매닝(Ernest Manning)도 이 성경학교의 첫 수업에 참석한 학생이었다.

같은 해 가을, 아버하트는 서부 캐나다에서 가장 영향력 있는 라디오 방송국(CFCN)을 통해 예언성경대회 예배 실황을 내보내기 시작했다. 곧이어 웨스트본침례교회의 오전 예배와 저녁 예배도 방송으로 나갔다. 아마도 종교 영역에서 그의 가장 성공적인 도전은 다섯 살에서 열여섯 살까지 연령대 아이들을 위해 1926년에 라디오주일학교를 연 것이 아닐까 한다. 학생들이 성취한 것들이 방송에서 인정받았다. 최종적으로 9,000명이 넘는 아이들이 등록했다. 워낙 유명해진 덕에, 1926년, 아버하트는 성장하는 사역에 걸맞은 큰 건물을 지어야 했다.

1925년, 온타리오 침례교도들과의 논쟁에서 T. T. 실즈(T. T. Shields)를 지지했다. 이후, 브랜든 소재 침례교대학이 현대주의를 가르친다는 비난을 받자, 아버하트는 웨스트본교회와 함께, 아마도 1926년에 서부캐나다침례교연합(Baptist Union of Western Canada)을 탈퇴했다. 이 분열로 그는 더이상 외부의 눈치를 볼 필요가 없어졌지만, 그의 교인들 사이에서 논쟁은 더 가열되었다. 그의 절대 권력에 반대하는 이들과의 갈등으로 1929년에 웨스트본교회는 분열되어, 교인 65퍼센트가 교회를 떠났다. 떠난 이들은 옛 건물로 돌아간 후 실즈(Shields)의 정규 침례교에 합류했다.

그 후 아버하트는 성경학교침례교회(Bible Institute Baptist Church)를 세우고, 사도로서 교회를 완전히 장악했다. 대공황으로 경제 몰락의 영향을 크게 받은 앨버타에 급격한 변화의 바람이 불어 왔다. 학생수가 1,000명이 넘는 고등학교의 교장으로 여전히 지내던 아버하트와 학교에도 경기 침체의 영향이 나타났다. 1932년에 그는 클리퍼드 더글러스(Clifford Douglas)가 개발한 경제 이론, 사회신용설(Social Credit)을 알게 되었다. 더글러스는 경제 위기의 원인으로 은행과 자본가들을 지목했다. 생산과 소비의 균형에 필요한 구매력을 사람들에게서 앗아갔다며 그들을 비난했다. 그 결과가 많은 이들이 경험하는 가난이었다는 것이다.

아버하트는 대공황의 여러 문제들의 결정적인 해결책으로 보이는 이 주장에 빠져들었다. 그는 자기 라디오 방송 프로그램에 경제 이론을 언급하기 시작했다. 『공산당 선언』(Communist Manifesto)에 들어 있는 생각, 특히 신용 대출과 생산의 국가 통제, 재산의 공동 소유권, 반대자들과 외국인에 대한 중세, 상속 재산의 폐지 같은 것들이었다. 이런 모든 생각들은 성경예언을 사회 비평과 혼합한 것이었다. 아버하트에 따르면, 만약 성경이 참되다면, 사회신용설에 대한 그의 조망도 참된 것이었다.

당시 활동하던 정당 중에서 그의 생각을 채택할 당을 찾지 못하자, 아버하트는 사회신용당(Social Credit Party)을 창설하기에 이른다. 이어진 선거 캠페인은 끔찍했다. 프레리성경학교(Prairie Bible Institute)의 주도하에, 성경학교들이 정치에 개입함으로써 복음을 배신했다며 아버하트를 비난했다. 그러자 그는 이들이 선한 사마리아인 비유에 나오는 제사장과 레위인 같다며 역공했다. 그의 공격으로 상대는 거의 괴멸되었다.

1935년 선거에서 아버하트는 그 주(province)의 모든 종교 세력을 대표하는 연대의 수장이 되며 권력을 쟁취했다. 아버하트는 모든 교파에서 당원을 확보했다. 근본주의 집단 출신은 11퍼센트에 불과했다. 그러나 성경학교침례교회는 목사가 심지어 다른 기독교 교파와 교제하는 것마저 금지하고 있었다.

아버하트는 주 내부에 광범위하게 퍼져 있는 반대 세력의 마음을 돌리는 데 성공했다. 주지사로서, 그는 헌법에 배치되는 가장 논쟁적인 생각들을 실행할 수 없었다. 일부 지지자는 만족하지 못했지만, 아버하트는 수많은 건설적인 조치를 취할 수 있었다. 그는 앨버타대학교(University of Alberta)를 포함해, 여러 교육 체계를 재건했다.

또한, 임금과 물가를 잡고, 노동 조건을 개선하며, 연금을 늘리고, 의료 보호 체계를 향상시키고, 이자율을 낮추고, 주 은행을 설립했다. 신학을 바꿨다는 이유로 그를 비난한 이들과 싸우면서, 아버하트는 사람들에게 필요한 것은 성경을 더 가르치는 것이 아니라 그것을 적용하는 것이라 주장했다.

주지사로서의 아버하트는 주정부를 엄격하게 통제했고, 당을 자기 견해를 실행하는 수단으로 보았다. 대중주의 정치가였던 그는 탁월한 조직가이자 역동적인 연사였으며, 뚜렷한 개성의 힘으로 사람들의 시선을 붙잡을 수 있었다. 아버하트는 1943년 5월 23일에 밴쿠버에서 사망했다.

참고문헌 | D. R. Elliott and I. Miller, *Bible Bill: A Biography of William Aberhart* (Edmonton: Reidmore Books, 1987); D. A. Goertz, 'The Development of a Bible Belt: The Socio-Religious Interaction in Alberta Between 1925 and 1938' (MCS thesis, Regent College, 1980).

D. A. GOERTZ

윌리엄 애슐리 선데이 주니어(William Ashley Sunday, Jr, 1862-1935)

복음전도자이자 프로야구 선수. 그는 미국 아이오와(Iowa) 스토리 카운티(Story County)에서 농부이자 미국 남북전쟁 당시 북군으로 참전한 윌리엄 선데이(William Sunday)와 메리 제인 선데이(Mary Jane Sunday) 부부 사이에서 출생했다. 윌리엄 선데이(이하 빌리 선데이)는 작은 임대 농장 내에 있는 두 칸짜리 오두막집에서 태어났다. 남북전쟁 당시 북부 연방군 일병이었던 아버지는 빌리 선데이가 태어난 지 몇 주 후에 독감으로 사망했다. 어머니는 땅을 열심히 일궈 농사를 지으며 아이들을 키우고자 했지만 지독한 가난을 극복할 수는 없었다. 그래서 1872년 빌리 선데이와 12살 된 형 에드워드 선데이는 아이오와 글렌우드에 있는 '남북전쟁 군인 고아원'(Civil War Soldiers' Orphan Home)으로 보내졌다. 1874년에 두 형제는 데이븐포트(Davenport)에 있는 아이오와 고아원으로 옮겨졌다. 이들은 거기서 1876년까지 살면서 약간의 교육을 받을 수 있었다. 그 후 형제는 고아원을 떠나 스토리 카운티에 있는 농장에서 일을 시작했다.

1877년 빌리 선데이는 아이오와 네바다(Nevada)로 이주했다. 여기에서 그는 한 남북전쟁 참전용사의 집에서 그의 부인과 함께 살며 잠시 고등학교를 다니기도 했으며, 청소부, 호텔 직원, 사육사 등의 일을 했다. 네바다에서 3년 동안 지역 야구팀에서 활동하며 놀라운 민첩성과 스피드 등으로 뛰어난 운동 기량을 보여 주었다. 그가 달리는 속도를 보고 아이오와 마샬타운(Marshalltown)에 있는 소방대에서 그를 의용소방대원으로 고용했다. 또한, 그에게 가구 공장의 일자리와 마샬타운야구단(Marshalltown baseball team)에서 뛸 수 있게 해 주었다.

빌리 선데이는 고등학교를 마치진 못했지만, 대신 마샬타운야구단이 명성을 얻는 데 큰 공헌을 했다. 1881년까지 도루와 야수 수비 능력으로 마샬타운나인(Marshalltown nine)은 아이오와 최고의 팀 중 하나가 되었다. 1882년에 빌리 선데이는 팀의 최우수 선수가 되었고, 팀을 주 챔피언십으로 이끌었다. 주자와 좌익수로서의 발군의 실력으로 빌리 선데이는 에이드리안 '캡' 앤선(Adrian 'Cap' Anson)의 눈에 띄었다. 앤선은 오늘날 시카고 컵스의 전신인 내셔널리그 시카고 화이트스타킹스(White Stockings)의 주장이자 감독이었다.

1883년 봄, 빌리 선데이는 기차를 타고 시카고로 이동하여 시카고팀의 주전 12명 안에 들어가는 선발 시험을 통과했다. 빌리 선데이는 5년 동안(1883-1887) 화이트스타킹스에서 선수로 활동했다. 1887년에 그의 타율은 0.291이었고 34개의 도루를 성공시켰다. 피츠버그 파이러츠(Pittsburgh Pirates)가 1888년에 빌리 선데이를 시카고로부터 샀다. 다음 두 시즌 반 동안(1888-1890) 그는 팀의 도루왕이 되었다. 1890년 시즌 중반에 전국적으로 인정받은 베이스러너가 되면서, 필라델피아로 이적했다. 그해 타율은 0.257이었고, 84개 도루를 성공시켰다.

1890년은 빌리 선데이 야구 경력 최고의 전성기였다. 27세의 나이에 월 400달러의 수입을 올렸는데, 당시 산업 근로자 평균 연봉이 380달러였다. 전국적인 명성을 얻었고, 최고의 체력을 갖추고 있었으며, 여러 메이저리그 야구팀이 그를 스카우트하려고 했다. 그럼에도 불구하고, 지난 4년간 벌어진 여러 불미스러운 일로 인해, 그는 결국 1890년에 현역에서 은퇴했다.

1886년 정규 시즌이 진행되던 중에 빌리 선데이는 처음으로 예수 그리스도에 대한 신앙을 고백했다. 거리 전도자를 만난 후, 그는 퍼시픽 가든선교회(Pacific Garden Mission)를 방문했다. 이 선교단체는 시카고 거리 선교단체로, 이 단체가 주관한 한 집회에서 빌리 선데이는 죄를 회개하고 예수 그리스도를 따르라는 말씀을 듣게 된다. 1886년 여름 어느 날 밤, 빌리 선데이는 강단으로 나오라는 초청에 응했다. 뒤이어 빌리 선데이는 성경공부를 시작하고, 기도 모임에 참여하면서, 세속적인 삶의 방식을 바꿔 나갔다. 빌리 선데이는 또한 시카고 YMCA에서 활발하게 활동했다. 시즌 휴식기에는 이 단체에서 전도자로서 활동하기도 했다.

빌리 선데이는 1886년에 기독교 신앙을 받아들인 회심자 단계를 넘어 평신도 설교자가 되었다. 더불어, 빌리 선데이는 시카고 부촌에 위치한 제퍼슨파크장로교회(Jefferson Park Presbyterian Church)에 정식 등록했다. 이곳에서 그는 부유한 시카고 사업가의 딸 헬렌 아멜리아 톰슨(Helen Amelia Thompson)을 만났다. 관계가 깊어진 이들은 1888년 9월 5일에 결혼했다. 둘 사이에서 헬렌(Helen, 1890), 조지 마퀴스(George Marquis, 1892), 윌리엄 애슐리 주니어(William Ashley, Jr, 1901), 폴 톰슨(Paul Thompson, 1907)이라는 네 아이가 태어났다.

빌리 선데이는 야구에 대한 사랑만큼 새로이 받아들인 기독교의 매력에 더욱 빠져들게 되었다. 1890년 겨울에 프로야구 선수 생활을 마감하고 이후의 삶을 말씀 선포에 헌신할 것을 아내와 함께 결심했다. 돈이 아닌 예수님에게 헌신한 것은 직업 변경 이상의 충격이었다. 빌리 선데이는 1891년에 일곱 달 급여로 3,500달러를 받는 야구 선수 계약을 제안받았다. 그러나 그는 이 제안을 거절하고 열한 달 반 급여로 1,000달러 미만을 제시한 시카고 YMCA의 성경교사 및 복음전도자를 선택했다.

이곳에서 빌리 선데이는 1893년까지 일했다. 그 후 그는 저명한 J. 윌버 채프먼(J. Wilbur Chapman) 밑에서 순회보조전도자로 활동하기 시작했다. 채프먼은 영국의 F. B. 마이어(F. B. Meyer)와 미국의 D. L. 무디(D. L. Moody) 밑에서 신앙 교육을 받았다. 이후 2년 반 동안 채프먼은 빌리 선데이의 멘토가 되었다. 나이가 더 많았고, 안정감을 지녔던 이 설교자는 농부이자 야구 선수였던 빌리 선데이에게 옷을 예의 바르게 입는 법이나 교회 지도자와 관계를 형성하는 법까지 가르쳐 주었을 뿐만 아니라, 빌리 선데이가 설교를 더 잘 할 수 있도록 아낌없는 조언을 해 주었다.

그러나 빌리 선데이 가족에게는 실망스럽게도, 채프먼은 필라델피아에 있는 한 교회의 목사 청빙을 받아들였다. 아무런 예고 없이 이루어진 결정에 이 젊은 복음전도자는 멘토, 봉급, 모든 사역의 기회를 잃게 되었다.

빌리와 헬렌 부부는 함께 무릎을 꿇고 하나님의 인도를 구했다. 6일 후 빌리 선데이에게 아이오와 가너(Garner)에서 복음을 전해 달라는 전갈이 왔다. 갈 곳 없던 설교자는 이 요청을 기쁨으로 받아들였다. 그 날 이후 숨을 거둘 때까지 거의 40년간, 그는 끊임없이 여러 곳의 초빙을 받았다.

이 새로운 독립 복음전도자는 자신의 첫 전도집회를 1896년 1월 7일에 아이오와 가너에서 시작했다. 빌리 선데이는 이후 250개 이상의 다양한 규모의 전도집회를 미국 전역에서 진행했다. 다른 대륙의 몇 나라에서도 그에게 전도집회를 열어 달라는 요청이 있었지만, 그는 기도 후에 사역을 미국 내로 제한하기로 결심했다. 대부분의 집회는 2-3주 동안 밤에 주로 열렸지만, 여성이나 사업가, 혹은 젊은이나 주일학교 교사를 위해 집회를 아침이나 오후에 열기도 했다. 1896년부터 사망하는 1935년까지, 이 열정적인 복음전도자는 여행과 설교의 빡빡한 일정을 소화해야만 했다.

빌리 선데이는 총 1억 명이 넘는 사람에게 설교를 전한 것으로 알려져 있다. 대략 100만여 명이 제단으로 나오라는 그의 초청에 응답했고, 그들은 빌리 선데이의 유명한 '톱밥 길'(sawdust trails) 과정을 거친 후 삶을 예수 그리스도에게 바치기로 결심했다. 이 '톱밥 길'은 빌리 선데이의 트레이드 마크가 되었는데, 이 이름은 그가 태평양 북서부에서 시작한 초기 전도집회에서부터 사용되었다. 이 당시 집회장소 및 서둘러 완성된 장막들이 톱밥으로 뒤덮여 있었기 때문이다. 재질이 공짜나 저렴한 제품으로 제작되었으며, 매 집회 이후에는 진흙, 녹은 눈, 먼지를 간단히 제거할 수 있었다.

1920년경에는 기독교인 여부와 관계없이 모든 사람이 이 유명한 야구 선수 출신의 복음전도자를 알아보기 시작했다. 당시 그는 세계 어느 누구보다 더 많은 지역에서 더 많은 사람들에게 복음을 선포하는 것으로 미국 사회에 유명해졌다. 샌프란시스코, 시카고, 클리블랜드, 보스턴, 뉴욕, 필라델피아에서 빌리 선데이가 몇 주 동안 지속되는 전도집회를 열 때마다, 이 소식이 각 지역 신문사의 일면을 몇 주간 장식하기도 했다. 이런 행사에 참여한 숫자와 제단으로의 초청 응답자의 숫자에 대한 통계는 보도할 가치가 있었다. 더불어 다수의 신문사가 그의 설교를 요약한 내용을 기사화했는데, 이는 그의 설교자 수백만 명에게 영향을 끼쳤기 때문이다.

빌리 선데이는 아주 많은 사람에게 소망을 가져다주었기 때문에 20세기 초반에는 미국인이라면 누구나 아는 이름이 되었다. 은혜를 갈망하는 모든 죄인을 위한 구원의 메시지는 죄에 빠져 사는 사람에게 희망이 되었다. 더욱이 그는 시골의 가난한 사람들과 가난을 피해 작은 도시에서 대도시로 이주해 온 수백만 명의 사람들에게 희망을 주기도 했다. 빌리 선데이의 전기는 무일푼에서 부자로 성공하는 그런 이야기였다.

그는 고아이자 시골의 비렁뱅이에서 유명한 미국 프로야구 선수가 되었을 뿐만 아니라, 재능 있는 설교자이자 연설가로 더 유명해졌다. 청중을 울리기도 또 웃기기도 했던 배우 같은 인물이었다. 그는 제1차 세계대전 시기에 이미 유명 인사가 되었고, 대통령들과 만찬을 했으며, 스포츠와 연예계 대표 인사들과 사교 관계를 맺었다.

미국에서 가장 존경받는 인물 중 하나로서의 자기 지위를 누렸고, 나라의 경제 권력자들과 친밀하게 지냈다. 넘치는 에너지와 열정으로 유명해진 빌리 선데이는 백만 달러가 넘는 수익을 올렸고, 공화당 미국 대통령, 금주당(Prohibition Party) 미국 부통령 후보 지명을 받기도 했다. 또한, 그는 여러 편의 칼럼을 작성하여 신문사들에 판매했으며, 설교를 책으로 엮어 출판하여 수천 부의 판매고를 올리기도 했다.

대학이나 신학교를 다닌 적이 없었음에도, 장로교회는 빌리 선데이에게 1903년에 목사 안수를 주었다. 독립 복음전도자로서 인정받기를 원했음에도 불구하고, 그는 평생을 장로교 소속 목회자로 활동했다. 제1차 세계대전까지 장로교는 빌리 선데이와의 관계를 계속적으로 유지하기를 원했다. 그러나 1917년에 이르러 몇몇 장로교 지도자는 빌리 선데이가 장로교에서 발행한 안수 서류를 가지고 다닌다는 사실에 당혹감을 느꼈다.

그 당시 빌리 선데이가 벌어들인 수입이 장로교회에 수치로 느껴졌기에, 교단은 교단 소속 설교자들의 수입을 제한하는 조치를 취했다. 빌리 선데이는 수입과 지출에 관해 누구에게도 해명할 책임이 없었다. 그는 급여를 받지 않는 대신, 집회에서 얻은 헌금으로 모든 것을 지출했다. 집세와 일꾼들을 위한 급여를 제공하고 난 후 저녁 헌금의 나머지는 지역 자선 단체로 보내졌다. 그는 집회 마지막 날의 '사랑의 헌금'만을 자신의 몫으로 가져왔지만, 이 헌금 액수는 대도시에서는 십만 달러를 넘기도 했다. 이 정책을 많은 이들이 비판했다.

사역 기간 동안 부유하다는 이유로 비판을 받기는 했지만, 추문으로 문제를 일으킨 적은 없었다. 그의 수입 중 다수는 자선 단체로 가기는 했지만, 많은 이들에게 돈을 많이 버는 사람이 가난한 나사렛 사람에 대해 가르친다는 것은 어불성설 같아 보이기도 했다. 그러나 빌리 선데이가 번 수입 대부분을 사람들에게 나누어 주었다는 사실을 공평하게 명시해야 할 필요가 있다. 다수의 비판은 거의 그가 보수적인 대의를 점점 더 지지한 데서 기인했다. 그는 공공연하게 공화당 후보를 정치 지도자로 지지했으며, 1910년경에는 열렬하게 술판매금지 법안을 지지했다. 물론 동시대를 살았던 사람들 다수는 금주법 제정과 관련된 수정헌법 18조에 대한 그의 열정을 높게 평가했다.

빌리 선데이의 명성은 1920년 이후, 나이에 반비례하여 사그라지기 시작했다. 영향력이 점차 줄어들었고, 하버트 후버(Harbert Hoover) 같은 몇몇 공화당 소속 정치인 인맥들도 1929

년 이후에 인기를 잃었다. 그럼에도 그를 따르는 사람은 언제나 많았다. 인파가 그의 설교를 듣기 위해 따라다녔다. 그가 사망했을 때, 대략 15,000명에서 20,000명이 시카고의 무디 교회(Moody Church)에 설치된 그의 열린 관 앞으로 지나갔다. 모든 세대와 모든 인종의 사람들이 그를 추종했다. 그는 사람들이 알아듣기 쉬운 언어를 사용했고, 격변기에 전통적 가치를 다시금 강조했다. 세속적인 가치가 강조되는 사회에서 그는 성경적이고 보수적 기독교를 생생하게 보존하기 원하는 사람들의 지도자가 되었다.

수많은 사람이 빌리 선데이의 설교로 인해 그리스도를 따르기로 결심했고, 또 수많은 사람이 그의 설교로 회심했고 격려를 얻었지만, 정작 그의 삶은 가족 문제로 망가졌다. 빌리 선데이의 자녀들은 부모의 큰 근심거리였다. 헬렌 혼자만 신실한 기독교인이었다.

헬렌은 마크 하인스(Mark Haines)와 결혼하여 슬하에 폴(Paul)이라는 아들 하나만을 두었다. 그녀는 42세에 사망했는데, 다발성 경화증과 유사 질병에서 오는 합병증 때문이었다. 반면, 빌리 선데이의 세 아들은 거의 방치되다시피 어린 시절을 보냈는데, 부모가 그들을 친척이나 가정부에게 맡기고 몇 주간 떠나 있기도 했다. 규칙과 통제 없이 지낸 탓에 세 아들은 음주 문제에 시달렸고, 문란한 생활을 했고, 일찍 사망했으며, 기독교 공동체와는 관계없는 삶을 살았다.

일생 동안 빌리 선데이는 아들들을 잘 기르지 못한 것으로 비판받았으며, 수입이 많다는 이유로 언론과 몇몇 교회 지도자에게 조롱을 받았다. 그러나 이런 공격은 매 예배 마지막에 빌리 선데이가 제단에서 결신 초청을 한 것을 놓고 몇몇 교회 지도자들이 비난한 수위에 비하면 약한 것이었다.

빌리 선데이는 사람은 누구나 회개하고 예수를 따를 결정을 할 수 있고, 또한 그렇게 해야 한다고 믿었기에, 초청을 했고, 그렇게 하라고 권했다. 그러나 많은 예정론자들은 다른 복음전도자나 목사들이 따라 바, 결신 초대를 강조하는 빌리 선데이의 전도 방식은 신학적으로 잘못되었다고 믿었다.

다수의 칼빈주의자는 빌리 선데이를 알미니안주의자라며 공격을 퍼부었다. 일부는 빌리 선데이를 이단이라고 지칭하기도 했다. 그러나 그의 복음 전파 방법론이 어떠했든 간에, 그가 2-3주간 설교한 도시마다 수없이 많은 사람의 삶이 변화되었고, 술집, 도박장, 사창가가 문을 닫았다는 사실은 인정해야 한다.

참고문헌 | R. A. Bruns, *Preacher: Billy Sunday and Big-Time American Evangelism* (New York: W. W. Norton, 1992); L. W. Dorsett, *Billy Sunday and the Redemption of Urban America* (Grand Rapids: Eerdmans, 1991); W. G. McLaughlin, Jr, *Billy Sunday Was His Real Name* (Chicago: University of Chicago Press, 1955).

L. W. DORSETT

윌리엄 에드위 바인(William Edwy Vine, 1873-1949)

형제단 평신도 신학자이자 선교행정가. 그는 아버지가 기숙학교를 운영했던 도르셋(Dorset)의 블렌드퍼드(Blandford)에서 태어났다. 1875년 마운트레드퍼드학교(Mount Redford School)로 잘 알려진 엑시터(Exeter) 지역으로 이주했다. 바인의 부모님은 열린형제단(Open Brethren) 소속이었다. 그는 어린아이 때 회심을 경험했고, 14세에 세례를 받은 후 엑시터의 포어스트리트(Fore Street)에 있는 가스펠홀(Gospel Hall)의 회원이 되었다.

그는 평생 동안 형제단운동에 남아 있기를 원했다. 17세에 바인은 아버지가 운영하던 학교의 교사가 되었으며, 아버리스트위스(Aberystwyth) 소재 웨일스대학(College of Wales)에서 파트타임으로 수업을 들으며 런던대학교(University of London) 학위를 준비했다. 1905년에 고전 전공으로 석사학위를 런던대학교에서 받았다.

1899년에 바인은 아버지의 학생이었던 피비 백슨데일(Pheobe Baxendale)과 결혼했다. 이들에게는 다섯 자녀가 있었는데, 그중 하나인 크리스틴(Christine)은 나중에 고든 파운튼(Gordon Fountain)의 아내가 되어 인도에서 의료선교를 했다. 다른 두 명, 에드윈(Edwin)과 위니프레드(Winifred)는 외과 의사와 간호사로 해외에서 활동했다. 자녀들이 어렸을 때 바인은 자주 아이들과 운동을 했다. 자녀들을 위해 테니스 코트(tennis court)를 설치했고, 바이올린 연주자를 대동하고 저녁 음악회를 열기도 했다.

아버지가 죽은 해인 1904년, 바인과 형제 시어도어(Theodore)는 학교의 공동 교장이 되었다. 이 시기 이후 형제단의 순회설교자 C. F. 호그(C. F. Hogg)와 함께 바인은 신약성경 서신서 과정을 개설했다. 그의 강의 노트는 후에 데살로니가서와 갈라디아서(1914과 1922)에 대한 주석서로 출판되었다. 바인은 또한 헬라어 문법 과정을 개설하고, 후에 『신약 희랍어 문법: 자습서』(New Testament Greek Grammar: A Course in Self Help, 1931)를 출판했다. 1909년에 그는 W. H. 베넷(W. H. Bennet)과 W. E. 스팍스(W. E. Sparks)의 요청으로 형제단의 선교잡지 「에코스 오브 서비스」(Echoes of Service) 편집 일을 도왔다. 이 잡지를 출판하는 사무실은 서머셋의 배스(Bath)에 위치해 있었다.

형제단에는 중앙 행정 기관들이 없었지만, 해외에 많은 선교사를 파송하고 있었다. 1909년에는 600명이었던 선교사의 수가 1949년에 1,120명으로 증가했다. 선교사와 소식을 주고받고, 목회 조언과 정보를 제공하며, 재정 지원을 위한 회계 기관 역할을 한 이들이 이 잡지의 편집자들이었다. 바인은 1910년부터 파트타임으로 편집장과 교사로 일했지만, 1911년에 전임 편집장이 되면서 배스(Bath)로 이주했다. 거기서 맨버스홀(Manvers Hall)에 출석하면서 결국 공동체를 이끄는 장로가 되었다. 공동 편집장들이 사망하면서, 바인은 「에코스 오브 서비스」의 선임 편집장이 되었다. 바인은 또한 1921년경 배스 지역에서 여성 선교사 후보생들을 위한 성경공부 강좌를 운영하기도 했고, 동시에 선교사들이 보낸 서신들을 하루에 60-70개씩 처리하기도 했다. 바인은 형제단 소속 신자들이 성경에 대해 물은 여러 질문에 답을 해 주기도 했다.

바인은 일생 19권 가량의 책과 몇 종류의 소책자를 출판했고, 호그와 네 권을 공동 집필했다. 그중 몇 권은 주석서였지만, 신학 관련 서적도 집필했다. 바인은 성경 무오와 성경 완전 영감을 주장했는데, 이런 자신의 주장을 『성경의 신적 영감』(The Divine Inspiration of the Bible, 1923)에 담았다. 호그와 함께 저작한 다른 두 권에는 종말론에 관한 내용을 다루었다. 이 내용은 몇 부분에서 형제단의 전통적인 세대주의(Dispensationalism)를 수정했지만, 전반적으로는 전천년설 관점을 담고 있다. 『교회와 교회들』(The Church and the Churches, c. 1929)에는 열린형제단의 교회론에 대해서 자세히 설명하고 있고, 『선교에 대한 하나님의 계획』(The Divine Plan of Mission, 1927)에서는 모임을 지역 공동체로 전환하는 것에 큰 강조점을 두었다.

그러나 바인의 가장 주요한 작품은 『신약성경 단어 해설 사전』(An Expository Dictionary of New Testament Words, 총 4권, 1939-1941)이다. 이 작품은 일반 독자를 대상으로 집필된 것인데, 신약성경에 등장하는 중요한 모든 헬라어 단어를 제시하고, 그것을 영어로 번역해 놓았다. 이 서적에서는 바인의 고전 헬라어, 헬레니즘의 현지어 문학과 70인역에 대한 지식이 가장 잘 드러나 있다. 그는 고전학 교수 F. F. 브루스(F. F. Bruce)가 쓴 원고에 주석을 다는 작업도 했다. 브루스는 후에 바인의 학문성을 '포괄적이고, 정확하며, 최신의 정보를 가지고 있으며, 지나치거나 번잡스럽지 않다'라고 평했다(1952년 단권판 서문).

외모로 볼 때, 바인은 전형적인 우아한 신사의 모습이었다. 어린 시절 맨버스홀에 참석했던 작가 앤 아노트(Anne Arnott)는 바인에 대해 '자신의 감정을 글로 녹여내는 사랑스럽지만 충동적인 사람'이라고 묘사했다(『형제단』[1969], p. 24). 1927년부터 그는 불치의 심장병으로 고생했고, 말하는 것도 어눌해졌다. 그럼에도 불구하고, 빡빡한 스케줄을 소화해 냈다.

바인은 1949년 11월 2일 생을 마감했다. 죽기 전 마지막으로 남긴 「에코스 오브 서비스」 사설에는 '내게 사는 것이 그리스도니'(빌 1:21)라고 적혀 있다.

참고문헌 | P. O. Ruoff, W. E. Vine: His Life and Ministry (London: Oliphants, 1951); F. R. Coad, A History of the Brethren Movement (Exeter: Paternoster, 1976).

N. DICKON

윌리엄 에드윈 로버트 생스터(William Edwin Robert Sangster, 1900-1960)

영국감리교 목회자로, 주로 설교와 저술 목회로 유명한 인물. 그의 신학의 핵심은 모든 사람이 구원을 받아야 한다는 것과 기독교인이라면 성결에 이르도록 최선의 노력을 해야 한다는 전형적인 웨슬리주의의 가르침이다. 또한, 존 웨슬리(John Wesley)가 표현한 바, '그리스도인의 완전' 내지는 성경적 성결이다. 생스터는 교회가 그 복음의 메시지를 제대로 전하기만 한다면 사회가 완전히 개혁될 것이라고 확신했다. 그렇기에 그는 전후 영국 사회를 병들게 했던 것은 부도덕과 세속주의라고 생각하면서, 이에 대해 강하게 비판했다. 그는 직설적이고 명확한 메시지로 많은 청중을 매료시켰으며, 그의 설교는 전국으로 인쇄 배포되었다.

생스터는 1900년 6월 5일에 런던의 시티로드(City Road) 근교에서 출생했다. 그는 천성적으로 학문을 사랑하며 책 읽기를 즐겼다. 9세의 나이에 장학금을 받고 혹스턴센트럴스쿨(Hoxton Central School)에 진학했다. 생스터는 1909

년 즈음에 한 친구를 통해 감리교 소속의 '래드노스트리트 선교회'(Radnor Street Mission) 집회에 참석하면서 처음으로 기독교 복음을 접했다. 이 집회에서 그는 존 웨슬리의 신학을 접하게 되었고, 특히 구원의 확신과 그리스도인의 '완전성화' 교리에 매료되었다. (또한, 이곳에서 장래 아내가 되는 마가렛 콘웨이[Margaret Conway]를 만났다). 1913년 10월에 이 공동체 기도 모임에서 그는 예수 그리스도를 따르기로 선언했다.

이 후 그의 가장 우선된 소명은 자신의 신앙을 다른 이들과 나누는 것이었다. 그는 이 감리교 공동체에서 16세의 나이에 처음으로 설교를 하고, 1년 이후엔 지역 설교자로 완전히 승인받았다. 그러나 가정 환경으로 인해 더 이상 학업을 이어 가지 못하고 15세에 자퇴한 후, 런던에 위치한 회계 사무소에서 사무실 보조로 생업을 이어 나갔다. 그는 17세가 되던 해에야 비로소 감리교 목사로 부름받았음을 확신했다.

샌스터는 1918년부터 영국군 웨스트서리연대(Queen's Royal West Surrey Regiment)에서 군생활을 시작했다. 그는 장교가 되고 싶었지만, 일부 장교가 '경건한 조'(holy Joe)가 군기를 흐리지 않을까 염려하며 그의 장교 임용을 반대했다. 그는 치열했던 서부 전선을 건너뛰고, 1919년에 독일로 파견되었다. 여기서 근무하던 한 감리교 군목이 샌스터에게 안수를 받으라고 권했다.

샌스터는 1920년에 버밍엄(Birmingham)의 핸즈워스대학(Handsworth College)에 입학했다가, 후에 리치먼드대학(Richmond College)으로 학교를 옮겼다. 1923년 4월에 리버풀(Liverpool)에 소재한 카운티로드감리교회(County Road Methodist Church) 목사 윌리엄 태퍼(William Tapper)를 대신해 임시목사로 부임했고, 같은 해 8월에는 서섹스(Sussex)의 리틀햄프턴(Littlehampton) 지역으로 파송되어 보그너순회단(Bognor Circuit) 견습목회자로 사역했다. 1926년 7월 27일에 요크(York)의 프라이어리스트리트(Priory Street)에 위치한 웨슬리채플(Wesley Chapel)에서 목사 안수를 받았고, 안수 후 얼마 되지 않아 결혼했다. 안수받은 목회자로서 처음으로 사역을 시작한 곳은 노스웨일스(North Wales)의 코니(Conwy) 지역이었다. 목회를 시작하고 1년이 지난 후에야 그는 런던대학교(London University)의 학사학위를 취득할 수 있었다. 샌스터는 1929년에 리버풀 에인트리(Aintree)에 있는 감리교회에 부임했다.

이즈음 그는 설교자로서 명성을 쌓아가기 시작했고, 교인 수는 700명에 달했다. 1930년에는 석사학위를 취득하기 위해 부단히 노력을 했지만 건강이 악화되는 바람에 그 목적을 이루지는 못했다. 이후 한동안 영적인 위기를 겪었다. 스스로를 자학했고, 자신의 야망을 죄로 여겼으며, 지금 자신에게 필요한 것은 기도와 성결의 노력을 통해 하나님께서부터 부어지는 특별 은혜라 생각했다. 그는 자신의 웨슬리 신학에 근거하여 자신의 삶의 모든 부분에서 하나님의 은혜가 필요하며, 나아가 반드시 '완전성화'에 이르러야 한다고 결심했다. 그러다 1931년에 아주 중요한 영적인 경험을 했다.

그의 첫 책 『왜 주님은 한 권의 책도 쓰시지 않았는가?』(Why Jesus Never Wrote a Book?)는 성결에 대한 그의 새로운 이해를 보여 준다. 샌스터는 1932년 (리버풀이 위치한-역주) 머지사이드(Merseyside)에서 스카보로(Scarborough)의 퀸스트리트홀(Queen Street Hall)로 이동했다. 1936년에는 리즈(Leeds)에 있는, 일명 감리교 '대성당'이라 불리던 브런즈윅교회(Brunswick Church)로 이동했다. 이듬해인 1937년에는 드디어 석사학위를 마무리하고, 리치먼드대학(Richmond College)의 윤리학 및 철학 외부 논문 심사관으로 일하기도 했다. 런던의 웨스트민스터센트럴홀(Westminster Central Hall)의 중앙 본부의 목사 딘스데일 영(Dinsdale Young) 박사가 1938년에 사망한 후 후임자로 생스터가 지명되자, 이듬해 런던으로 이주했다.

제2차 세계대전이 한창이던 시기에 생스터는 독일군의 공습으로 모든 것을 잃은 이들을 센트럴홀에 수용하여 그들을 돌보았다. 또한, 많은 청중과 함께 예배를 드리기도 했다. 1942년 런던대학교에서 박사학위를 취득했고, 박사논문은 후에 『완전함에 이르는 길』(Path to Perfection)이라는 제목으로 출판되었다. 전쟁의 막바지에 이를 무렵 영국의 사회 및 윤리 문제에 대해 발언하면서 전국구 유명 인사가 되었다. 또한, 그는 직설적이면서도 명쾌한 설교로 많은 사람들의 존경을 받았다. 생스터는 1950년 감리교총회에서 회장으로 선출되어 1년간 헌신했다. 그는 지역 목회자들의 수가 감소하는 것에 우려를 나타냈으며 이를 위해 목회자 후보생과 평신도를 위한 '설교자학교'를 기획하기도 했다. 총회의 목회자 모임에서 그는 동료 목회자들이 보다 더 '성경에 기반을 둔 성결' 관련 메시지를 교인들에게 전달할 것을 독려했다. 그는 이 성결이야말로 교인과 교회 밖 사람의 삶과 행동을 구별 짓는 중요한 요소라고 주장했다. 생스터는 항상 영적 갱신에 대해 강조했다. 그는 전도 집회에 열심히 참석했으며, 빌리 그레이엄(Billy Graham), 엘런 레드패스(Alan Redpath) 같은 인사들과 함께 전도대회를 인도하기도 했다. 그는 감리교가 기독교적 성결을 온 만방에 확산시키는 역사적 사명을 감당해야 한다는 인식을 점점 더 강하게 하기 시작했다. 그는 다음과 같이 선언했다.

"그리스도의 피로 산 하나님의 교회가 찬란한 진리를 볼 때까지 감리교의 사명은 끝나지 않을 것이다."

생스터는 전후 영국 사회에서 악의 축들로 여겨지는 것들에 대해 서슴없는 비난을 퍼부었다. 1953년에 그는 신문에 "종교의 부흥이 영국 사회에 어떤 기여를 할까?"라는 제목 아래 자신의 설교를 기고했다. 이 글에서 그는 그리스도야 말로 모든 사회 문제의 근본적인 해결책이 되시며, 기독교는 사회 윤리의 버팀목이라고 주장했다.

생스터는 1954년 국내선교부(Home Mission Department) 총무로 선임되었다. 그는 '전도학교'(Schools of Evangelism)라는 주간(day) 교육 프로그램을 만들어 일반인이 자기 신앙을 다른 사람과 공유할 수 있는 장을 마련했다. 또한, 그는 '기도가 이끄는 삶을 위한 캠페인'을 전개했다. 소규모 기도 모임이 조직되었으며, 1년이 채 되지 않아 이 모임에 2,000명이 넘는 인원이 동참했다. 1957년 말, 생스터의 건강이 급격히 악화되었으며, 1958년 총회 즈음에는 병세가 더욱 더 위중해졌다. 후에 그는 만성근위축증이라는 진단을 받고 병세를 이기지 못한 채 1960년 5월 24일(웨슬리의 날[Wesley Day])에 숨을 거두었다.

생스터는 영혼 구원에 대한 열정이 강했다. 그의 설교는 개인 구원으로 초청하는 것이 특징이었지만, 웨슬리파 유산 덕에 성결에도 집중했다. 그는 루터의 엄청난 (성경의) 믿음, 오직 믿음 강조 때문에 성결에 대한 열정이 보충되지 않는 불균형이 생겼다고 주장했다. 그는 가톨릭 영성의 유산을 높게 평가하면서, 감리교가 개신교와 가톨릭 모두에게 빚을 지고 있다고 이야기했다. 그렇다고 해서 그가 복음주의에 대한 두드러진 헌신을 타협한 것은 아니었다. 그는 성결에 대한 가톨릭의 주장 중 일부만이 성경적인 기독교의 본질과 조화를 이룬다고 주장했을 뿐이었다.

다른 어떤 평가보다도 생스터는 '성결 전파자'였다. 그는 기독교에서 가장 강조해야 할 것은 바로 '완전성화' 혹은 온전한 사랑이라고 보았다. 그는 '하나님은 그저 죄를 용서하는 것 이상을 하실 수 있는 분'이라 생각했다. 그는 자신의 책 『완전함에 이르는 길』에서 그는 다음과 같이 주장했다.

"성령체험을 갈구하는 사람은 누구나 그것을 경험할 것이다. 이 성령체험을 한 성도들은 그렇지 못한 일반 성도들보다 더 놀라운 영적 능력을 발휘할 것이다."

그는 모든 기독교인의 심령이 정결케 될 가능성이 있다는 확신을 가지고 있었다.

생스터는 사역 기간 동안 많은 책들을 출판했다. 그중 가장 오랜 기간 사람들의 사랑을 받은 책은 『완전함에 이르는 길』(1943), 『정결한 마음: 기독교인의 성화에 대한 연구』(The Pure in Heart: A Study in Christian Sanctity, 1954), 『웨스트민스터 설교집』(Westminster Sermons, 1960, 1961)이다. 그는 많은 경건 서적을 출판했고, 「크리스천 헤럴드」(Christian Herald), 「스펙테이터」(Spectator), 「더 선데이 스쿨 타임스」(The Sunday School Times) 같은 신문에 많은 글을 기고했다.

참고문헌 | P. Sangster, *Doctor Sangster* (London: Epworth, 1962); S. R. Valentine, *William Edwin Sangster* (Peterborough: Foundery Press, 1998).

D. R. OWEN

윌리엄 에임즈(William Ames, 1576-1633)

윌리엄 퍼킨스(William Perkins)를 이은 다음 세대 잉글랜드청교도 지도자. 그는 청교도 신학자로서, 잉글랜드뿐만 아니라 네덜란드와 북미에까지 중요한 신학적 영향을 끼쳤다.

에임즈는 1576년에 서포크(Suffolk)의 입스위치(Ipswich)에서 태어나, 여덟 살에 고아가 된 후 옥스퍼드에 살던 삼촌 로버트 스넬링(Robert Snelling)의 가정에 입양되었다. 케임브리지대학교 크라이스트대학(Christ's College)에 등록해서 다닐 때에는 스승이자 동시에 친한 친구이기도 했던 청교도 신학 지도자 윌리엄 퍼킨스의 영향을 받았다. 1607년에 학사학위를 받은 에임즈는 대학 강사직 초빙을 수용했다. 1609년에는 심지어 대학 학장직에 원서를 넣었지만, 성직자 복장과 다른 성공회(Anglican) 의식을 노골적으로 거부한 덕에 경쟁력을 잃어 탈락하고 말았다. 이후 그는 대학 강사직을 사직했다.

바로 이 시점에서 콜체스터(Colchester)의 한 교회에서 목사로 와 달라는 요청을 받았다. 불행하게도, 정부의 고조되던 반청교도 정책 때문에 이 청빙도 받아들일 수 없게 되었다. 잉글랜드청교도 윌리엄 브래드쇼(William Bradshaw)의 소책자 논문 『잉글랜드청교도주의』(English Puritanism)를 라틴어로 번역하면서 당국과 그의 청빙을 막은 런던의 주요 인사들의 주목을 받았다. 당국에 시달린 에임즈는 1610년에 잉글랜드를 떠나 네덜란드로 도피하기로 결심했다. 여기서 그가 만난 인물이 레이던(Leiden)에서 머물던 잉글랜드 분리파 존 로빈슨(John Robinson)으로, 에임즈는 그를 설득해서 교회 정치에 대한 덜 급진적인 안을 채택하게 하는 데 가까스로 성공했다.

몇 년간 에임즈는 네덜란드 주재 잉글랜드 상회(English Merchant Adventurers) 목사로 봉사하면서 생계를 유지했다. 1611년에는 존 버기스(John Burgess)에 이어 헤이그(Hague)에 거주하는 영국인을 위한 목사가 되었고, 버기스의 딸과 결혼도 하지만, 아내는 아이를 낳기도 전에 사망했다. 잉글랜드로부터의 외교적 압박 때문에 1618년에 사임한 후, 다음해에 사우스홀란드 대회(Synod of South Holland)가 그를 프라네커 대학교(University of Franeker)의 교수직에 추천했다. 결국 그는 1622년에 그 직을 차지했다.

교수진에 있는 동료 중에는 완고한 정통파도 있었지만 다소 느슨한 입장을 가진 신학자 요하네스 마코비우스(Johannes Maccovius, 1588-1644)와 시브란두스 루베르투스(Sibrandus Lubbertus, 1557-1625)도 있었다. 에임즈가 영향력 있는 신학서(『벨라르미노 비판』[Bellarmine Disarmed, 1628]; 『신학의 정수』[The Marrow of Theology, 1622]; 『양심의 힘과 그 다양한 경우들』[Conscience with the Power and Cases Thereof], 1632]들을 출간한 시기가 바로 프라네커대학교의 교수직을 수행하던 시절이었다. 이 책들은 모두 네덜란드 국경 너머에까지 영향력을 발휘했다.

에임즈의 네덜란드 시절은 이때부터 개혁파 정통주의와 항의파(Remonstrants) 간의 지속적인 논쟁 국면과 밀접한 관련이 있다. 이 논쟁은 처음에는 야코부스 알미니우스(Jacob Arminius)의 레이던대학교(Leiden University) 교수직 임명에 집중했다가, 에임즈가 의장에게 조언한 도르트회의(1618-1619)에서 절정에 달하면서 이후 지속적으로 신학자들을 분열시켰다. 논쟁의 주제는 하나님의 은혜의 본질, 자유의지, 언약들의 순서, 그리스도의 속죄와 관련된 수많은 의문들이었다. 에임즈도 얀 위텐보가이르트(Jan Uitenbogaert, 1557-1644), 시몬 에피스코피우스(Simon Episcopius, 1583-1643) 등 많은 항의파 신학자들과 수차례 충돌했다.

1620년대 후반에 이미 정착한 청교도들의 강력한 서신 요청에 힘입어, 에임즈는 신세계로 이주할 가능성을 심각하게 고려하기 시작했다. 1630년 12월, 에임즈는 존 윈드롭(John Winthrop)에게 자신이 정말로 합류하리라는 편지를 썼으나, 이 계획은 실현되지 못했다. 대신 1632년에 그는 로테르담(Rotterdam)에 있는 한 독립교회의 목사가 되어 달라는 청빙을 받아들였다. 거기서 에임즈는 1633년 10월에 몰아닥친 홍수로 인한 추위와 습기의 희생물이 되어, 결국 고열에 시달리다 며칠 만에 사망했다.

에임즈의 신학은 위대한 청교도 신학자들이 전형적으로 그랬듯이, 개혁파 정통 신학과 실천적, 경험적 경건의 조화가 특징이었다. 그의 유명한 작품 『신학의 정수』(Medulla Theologica, The Marrrow of Theology)는 부유한 레이던 상인들의 자녀를 위한 일련의 강의로 시작되었으나, 정연한 방법론을 동원하여 광범위한 신학 주제를 망라하여 다룬다. 잉글랜드청교도들은 대개 푸치우스(보에티우스[Voetius])나 투레티니(Turretin) 같은 대륙 신학자들의 특징인 일종의 포괄적인 조직적 교리총서를 만들어 내지는 않았지만, 『신학의 정수』에서 볼 수 있듯이, 이런 것이 없다고 해서 그것을 비조직적이거나 비교리적인 성향의 상징이라고 보는 것은 틀린 것이다.

이 작품은 여러모로 흥미롭다.

첫째, 에임즈는 교부 시대부터 시작해서 중세를 거쳐 당대에 이르기까지, 청교도와 개혁파 신학자의 전형적인 특징 그대로, 자신이 광범위한 서방 신학 전통에 친숙하다는 사실을 보여 준다. 실제로, 예를 들어, 신적 의지(divine willing)의 본질 같은 주제들을 다룰 때를 비롯해서, 주제들을 주의 깊게 서술하고 정확한 정의에 관심을 기울이면서, 그는 중세 시대에 발전된 용어들을 광범위하게 활용했다. 다른 청교도 및 개혁파 정통파와 마찬가지로, 에임즈도 성경 교훈을 일관된 방식으로 해설하는 데 유용한 논증과 용어들을 찾기 위해 교회 전통 전체를 헤집고 다녔다는 점에서 말씀의 참된 의미의 보편성을 인정하는 입장이었다. 에임즈가 자기 책 『신학의 정수』를 서방 전통의 연속선상에 있는 것으로 위치시킨 방식을 보여 주는 좋은 사례 하나는 그가 신학을 실천 과학(practical science)으로 정의한 것에서 드러난다. 여기서 그는 중세 스콜라 신학자 둔스 스코투스(Duns Scotus)의 입장을 반복하고 있으며, 신학이 실천 과학이냐 아니면 이론 과학이냐 하는 논쟁을 그가 잘 알고 있음을 보여 준다. 그의 대답은 신학을 실천과 이론 모두를 구현하는 혼합 과학으로 인식하는 개혁파 전통 다수와는 반대되는 것이었다.

당시 에임즈가 자기 작품을 주요 두 부분, 즉 믿음을 다루는 부분과 규칙 준수, 교리, 실천을 다루는 부분으로 나눈 것으로 알 수 있듯이, 이런 정의상 차이가 내용면에서는 그리 큰 차이를 만들어 내지는 않았다. 그럼에도 불구하고, 이 논의가 에임즈의 『신학의 정수』 같은 작품에 등장한다는 것은 그 자체로 대학이라는 배경하에 형성된 청교도 신학이 역사적 용어와 그 용어가 등장한 상황에 대한 관심을 많이 활용하기를 좋아했다는 분명한 증거다.

더구나 에임즈의 정의는 그가 형이상학적 이론을 좋아하지 않으며, 교리적 믿음과 실천적 경건이 밀접히 연결되는 것을 강조한다는 사실을 보여 준다. 여기서, 그는 네덜란드 '추가 종교개혁'(*Nadere Reformatie*, '제2의 종교개혁')의 전형이 된 일종의 실천신학의 모범을 제시하고 있는 것이다.

둘째, 그의 작품은 피터 라무스(Peter Ramus, 1515-1572)의 작품에서 받은 영향을 분명히 보여 준다. 종종 반아리스토텔레스(anti-Aristotelian) 사상가로 평가받는 라무스의 철학에 대한 접근법은 오히려 아리스토텔레스 논리의 특정 요소들을 변형한 것이다.

그는 분할법(bifurcation, 그가 강조한 것은 맞지만, 창안한 것은 아니다)으로 가장 유명하다. 이 분할법에서는 명료한 분석과 논의를 위해 주제들을 더 작은 하부 주제들로 다시 나눈다. 학문적으로 반대되는 특정 주장들이 있었음에도 불구하고, 에임즈와 다른 청교도들에 대한 라무스의 영향력은 주로 형식(formal)과 관련되어 있던 것으로 보인다. 분할법에 대한 에임즈의 집착은 그가 다루는 주제들을 상호 연결시키는 시각적 해설에는 도움이 되었지만, 그의 신학 내용에는 큰 영향을 끼치지 않았다.

셋째, 이 작품은 은혜언약(covenant of grace), 특히 그리스도 이전의 언약 세대(38장)와 그리스도 이후 세상의 종말(39장)까지의 은혜언약의 개념을 잘 해설하고 있다.

이 해석을 통해 에임즈는 『신학의 정수』를 인정받는 중요한 권위서로 받아들인 다음 세대의 잉글랜드청교도 신학뿐만 아니라 네덜란드 개혁파 사상에도 영향을 준 개혁신학의 형성에 공헌했다. 에임즈의 학생 중 하나인 요하네스 코케이우스(Johannes Cocceius, 1603-1669)는 언약신학을 형성한 가장 중요한 인물 중 하나였다.

『신학의 정수』와 다른 정밀한 논문들에서 증명되는 바, 교리와 실천의 불가분성에 대한 에임즈의 관심과 언약 주제의 발전은 그의 작품이 후대의 잉글랜드청교도 신학, 뉴잉글랜드 신학,

네덜란드 추가 종교개혁의 형성에 얼마나 결정적인 영향을 끼쳤는가를 드러내는 것이다. 퍼킨스와 마찬가지로, 그는 17세기 초기 개혁신학 발전 과정에서 결정적인 역할을 한 인물이었다.

참고문헌 | K. L. Sprunger, *The Learned Doctor William Ames* (Urbana: 1972); M. Nethenus, H. Visscher and K. Reuter, *William Ames*, trans. D. Horton (Cambridge, Massachusetts: 1965); E. Dekker, 'An Ecumenical Debate between Reformation and Counter Reformation? Bellarmine and Ames on liberum arbitrium,' in W. J. van Asselt and E. Dekker (eds.), *Reformation and Scholasticism: An Ecumenical Enterprise* (Grand Rapids: 2001).

C. R. TRUEMAN

윌리엄 A. 오렌지(William A. Orange, 1889-1966)

뉴질랜드의 성공회(Anglican) 목사이자 뉴질랜드교회에서 가장 영향력 있는 성공회 복음주의자. 그는 1889년 8월 9일에 노동자 계급에 속한 대가족에서 태어났다. 가족이 뉴질랜드 남쪽 섬(South Island)의 북쪽 지역에 있는 카이코우라(Kaikoura)에 살고 있을 때인 1899년과 1904년 사이에 회심했다. 1904년에 크라이스트처치(Christ church)로 돌아온 뒤, 그는 탈속적 제자도에 대한 엄격한 가르침의 영향을 강하게 받았으며, 부분적으로는 형제단(Brethren) 저서들에 많은 감명을 받았다. 그러나 오렌지는 목회자가 되는 훈련을 받기 위해 성공회로 돌아간 후, 1914년에 대학하우스(College House)에 등록했다.

오렌지가 어떻게 뉴질랜드성공회에서 근대 복음주의운동의 훌륭한 개척자가 되었는지는 다소 미스터리로 남아 있다. 이전에는 주로 복음주의 성향이 아주 강했던 오스트레일리아 시드니 교구와 강한 결속력을 지니고 있던 교회선교회(Church Missionary Society), 와이아푸(Waiapu) 교구, 이어서 넬슨(Nelson) 교구를 통해 온건한 복음주의 정신이 뉴질랜드에 퍼졌다. 그러나 이 교단의 전반적인 분위기는 고교회적(High Church)이었다. 뉴질랜드성공회는 스스로를 순전한 개신교로 보거나, 다른 교회들과 연합하는 것을 꺼렸으며, 성경을 읽는 사람의 비율도 낮았다.

오렌지는 1919년에 부제로 안수받았는데, 당시 이미 동료 및 성직자들과 세속성과 예전주의에 대한 논쟁을 벌이고 있었다. 오렌지는 시드넘(Sydenham)의 세인트세이비어교회(St Saviour)의 부사제로 섬겼으며, 이후에는 펜덜턴(Fendalton)의 세인트바나바스교회(St Barnabas)에서 섬겼다. 그러나 오렌지는 이 두 직임 사이의 비는 시기에 한 친구와 함께 해외로 여행을 다녀왔다. 1923년에 그는 성공회 사제가 되었으며, 1924년에는 노스캔터베리(North Canterbury)의 시골 교구인 와이카리(Waikari)의 교구 사제가 되었다. 여기서 그는 기금을 모으기 위해 춤과 시장을 여는 행사를 반대하면서 유명해졌다. 그의 복음주의는 성숙하고 의식 있는(conscious) 것이었다.

오렌지의 경력에서 중요한 사건은 1930년에 그가 크라이스트처치의 교외 해안가에 위치한 섬너(Sumner)의 저교회파(Low Church) 교구 사제로 임명된 것이다. 오렌지는 거기서 1946년까지 머물렀다. 섬너에서의 시간들은 주목할 만한 시간이었다. 오렌지가 도착한 이후 6개월도 채 안 되어서, 하워드 기니스(Dr. Howard Guinness) 박사가 새롭게 설립된 기독학생회(Inter-Varsity Fellowship) 선교사로 뉴질랜드에 방문했다. 그는 공립중등학교(state secondary schools) 출신의 소년 소녀들을 위해 캔터베리대학복음주의연합(Canterbury University College Evangelical Union)과 십자군운동(Crusader Movement)을 설립했다.

오렌지는 즉각 이 새로운 운동들을 지지했다. 동시에, 오렌지는 그의 선임자가 만든 주일 오후의 소년성경학교(Boys' Bible Class)를 계속 운영했다. 성경학교는 곧 총명한 젊은 복음주의자들로 더욱 유명해졌다. 많은 교외 지역과, 형제단(Brethren)을 포함한 여러 교파에 소속된 학생들이 전차나 자전거를 타고 오렌지의 명쾌한 성경강해를 배우려고 섬너로 먼 거리를 이동해 왔으며, 종종 교회의 저녁 예배를 드리기 위해 머물러있기도 했다. 오렌지의 영향력은 새롭게 세워진 캔터베리대학복음주의연합(Evangelical Union at Canterbury University College)에서 지속적으로 행한 금요일 저녁 성경해설 모임을 통해 더욱 강화되었다. 몇 년 뒤, 약 80명에 달한 이 그룹의 구성원들은 친밀한 관계를 형성하면서 '오렌지씨앗들'(Orange Pips)이라는 이름으로 알려졌다. 이들은 목회자로 안수받기 위해 공부하고, 선교, 신학 교육, 초교파사역 같은 봉사 활동에 참여하기 시작했다. 이 중 맥스웰 위긴스(Maxwell Wiggins)와 모리스 구달(Maurice Goodall)은 나중에 주교가 되었다. 이 그룹은 특히 성공회에 큰 영향을 끼쳤다.

오렌지의 영향력은 성경을 전하는 설교자로서의 그의 열정에 기반을 두고 있었다. 그에게 성경본문은 의미들로 가득 차 있었으며, 그는 성경을 열정적인 개신교적 방법으로 해석했다. 세대주의 종말론은 그의 가르침의 중요한 일부였고, 형제단으로부터 구약의 여러 부분에 대한 유형론적(typological) 해석을 받아들였다. 오렌지는 성경의 모든 글자가 문자적으로 중요하다고 믿었으며, 알레고리적 해석 방법으로 이런 믿음을 지탱했다. 오렌지는 추종자들을 뜨겁게 하고, 사람들이 최선을 다하도록 동기를 부여하는 데 뛰어났으며, 유능한 지도자가 된 사람들에게 복음주의적 열정과 깊은 헌신을 이끌어 내는 데 능숙했다.

오렌지는 몇 차례 해외 방문을 통해 영국과 오스트레일리아 복음주의자들에게도 얼마간 영향을 끼쳤다. 성공회에서 안수받은 '오렌지씨앗들'은 매우 유능했으며, 자기 확신도 강했다. 비록 몇몇은 주교 제도 및 교회 구조에 회의적이기도 했지만, (꽤 놀랍게도) 분별력을 잃은 광신자는 아니었다. 이들은 자신들이 맡은 직분을 탁월하게 감당했다. 흥미로운 것은 이들은 자신들의 멘토가 몇 가지 결정에서 보여 주었던 것 이상으로 지혜로웠다. 1946년에 형제단 출신의 유명한 사업가 L. B. 밀러(L. B. Miller)는 오렌지를 설득해서, 교구목회의 압박과 자질구레한 업무를 내려놓고 그의 목회 영역을 확장시키고 집중할 수 있는 새로운 복음주의 연구 센터를 관리하게 했다. 오렌지는 틴데일하우스(Tyndale House)의 책임자로 임명되었는데, 그 도시의 캐시미어힐스(Cashmere Hills) 위에 아름다운 건물을 기반으로 설립되어 있었다. 이 자리는 그에게 특별한 기회를 제공한 것으로 보였지만, 얼마 지나지 않아 그에게 끔찍한 선택이었음이 입증되었다.

사역과 목회에 대한 다양한 개념들과 성직자에 대한 다른 관점들은 조정이 힘들었다. 일 년도 안 되어 그의 곤경에 공감하고 있던 저교회 성향의 한 대성당 주임사제가 오렌지를 대행으로 임명했고, 이후 매우 성공회적인 그 도시 중심부를 주도하는 대성당 종신 음악 감독으로 임명했다. 오렌지는 1951년에 명예참사회원이 되었으며, 1954년에는 어린이 성가대원들이 훈련을 받는 대성당문법학교(Cathedral Grammar School) 사제(교목)가 되었다.

그의 성공회 목회자 정체성은 한 번도 변하지 않았다. 오히려 처음부터 그를 교회 안에 남아 있게 만든 것은 성공회 예전에 대한 사랑이었기에, 이제 그는 최상의 성공회 예전을 누릴 수 있게 되었다. 이에 대해 성당의 다른 직원 중 한 명이자 다채로운 특징을 가진 사제 마틴 설리반(Martin Sullivan)도 이 꼼꼼한 키 작은 사람에게 감사할 정도였다.

반면, 오렌지는 기존에도 방대했던 자신의 서고를 새로운 책으로 계속 채워나갔다. 새롭게 재편되고 있던 복음주의 세계 안에서 점점 옛 인물로 비치기도 했지만, 성서유니온(Scripture Union)과 기독학생회 등에는 중요한 영향을 여전히 끼치고 있었다. 인격적인 기독교 신앙과 예수 그리스도를 향한 열정적인 사랑과 헌신 위에서 세워진 그의 복음주의 강해 형식은 전쟁 이후, 세계로는 잘 전달되지 않았지만, 그의 영향력이 이것으로 제한되지는 않았다. 그는 1966년 6월 28일에 사망했다. 그가 남긴 방대한 규모의 개인 서재는 이후 40년 동안 뉴질랜드성공회 공동체의 중심지 역할을 하는 라티머하우스(Latimer House)의 기초가 되었다.

참고문헌 | P. J. Lineham, *No Ordinary Union: The Story of Scripture Union in New Zealand* (Wellington: Scripture Union in New Zealand, 1980).

P. J. LINEHAM

윌리엄 오브라이언(William O'bryan, 1778-1868)

성경 기독교인파(Bible Christians)의 시조. 그는 1778년에 콘월(Cornwall)의 럭셜리언(Luxulyan)에서 농부이자 광부였던 아버지와 그의 아내 토마진(Thomasine) 사이에서 태어났다. 부모는 '교회감리교도'(Church Methodists)였으며, 오브라이언과 아버지는 모두 교회 사찰(churchwarden)로 일했다. 그러나 그의 외가 쪽 조상들은 퀘이커교도였다. 따라서 오브라이언은 퀘이커교도의 '의복과 방식에서의 검소함'을 존중했다. 오브라이언의 성격 형성에 중요한 영향을 끼친 또 다른 요인은 그가 어린 시절에 알게 된 존 웨슬리(John Wesley)였다. 웨슬리는 그에게 '셀 수 없이 많은 사람들의 축복'이 될 것이라고 말해 주었다.

오브라이언은 11살 때 감리교 속회 모임에 참여했다. 공식 학교 교육은 15살에 끝났지만, 이후 독학을 하면서, 오브라이언은 그림, 조각, 로마 역사 및 토마스 아 켐피스(Thomas à Kempis), 존 번연(John Bunyan), 존 웨슬리, 리처드 백스터(Richard Baxter), 존 플레쳐(John Fletcher)의 종교 서적에 큰 흥미를 가졌다. 아담 클라크(Adam Clarke)와 다른 방문 설교자들의 영향을 받은 오브라이언은 1800년에 그 지역 웨슬리파 설교자가 되었다. 그러나 지속적으로 방황하는 사람들의 영혼을 찾아야 하는 의무감을 깊이 느낀 오브라이언은 "하나님이 그를 보내신 어디에서든지 설교하겠다"고 1801년에 선언했다. 이후 그는 콘월 북서쪽의 8개 다른 교구에 유망한 공동체를 세웠으며, 비공인 순회 복음전도자로서 더욱 광범위한 사역에 종사하게 되었다.

칼레스틱(Callestick)의 포목상의 딸 캐서린 카울린(Catherine Cowlin)과 1803년에 결혼한 후, 오브라이언 부부는 오브라이언 부친으로부터 물려받은 럭셜리언의 농장에서 살게 되었다. 1808년에 부부는 아들 에베니저(Ebenezer)를 잃었다. 1810년 6월에 오브라이언은 감리교 사역을 그만두었다. 표면상으로는 가족에 대한 책임감 때문이었지만, 더 개연성 있는 이유는 감리교 역사가 토마스 쇼(Thomas Shaw)의 주장처럼, 다른 사람과 같이 일하는 데 능하지 못했기 때문일 것이다.

공인받지 못한 복음전도, 점점 늘어나는 다른 감리교 순회전도자들에 대한 비판, 재정 지원의 감소, 자발적 기부를 통해 순회전도자들을 지원하는 등의 개혁을 추구하는 그의 급진적 제안들은 "감리교를 뿌리부터 찢고 있다"라는 비난을 불러일으켰다. 이후 오브라이언은 1810년과 1815년에 감리교에서 두 차례 추방되었다. 1810년의 경우에는 속회(class meeting)에 불참했기 때문이며, 1815년에는 그의 선교설교를 웨슬리파 속회 제도 내로 제한하는 것을 거부했기 때문이었다. 오브라이언은 반항적 태도를 견지하면서 제명도 받아들였다.

"나는 사람보다 하나님께 순종하고, 모든 결과를 받아들이기로 결정했다…어떤 사람도, 어떤 불과 장작더미도 나를 굴복시킬 수 없을 것이다."

1815년 10월 1일에 오브라이언은 콘월 북서쪽의 위크세인트메리(Week St Mary)를 기반으로 독자적인 순회를 시작했는데, 그 지역 감리교 공동체 전체가 그에게 합류했다. 얼마 뒤, 그는 데본(Devon)의 경계를 따라, 라운셀즈(Launcells)와 쉐베어(Shebbear)에 새로운 속회를 세웠다. 이들은 대중에게 오브라이언파(Bryanites)라는 이름으로 알려졌으며, 나중에는 공식적으로 성경 기독교인(Bible Christians)으로 불렸다. 이 오브라이언의 공동체는 1816년에 약 100명이 회원이 속해 있었다. 1819년에 오브라이언은 이 모임의 첫 총회를 론체스턴(Launceston) 근교에서 열었는데, 오브라이언이 모임의 의장을 맡았다.

오브라이언의 지지자 대부분은 20대 초반으로, 당시 땅을 소유하고 있는 소지주(yeomen)의 자녀들이었다. 이들은 감리교의 성직자 중심주의(clericalism)와 교파주의(Connexionalism)에 환멸을 느꼈다. 1820년에 오브라이언은 다른 43명의 순회전도자와 함께 연대를 통해 빠른 성장을 이룰 수 있는 기반을 갖추고 있었다. 순회전도자 중 최소 19명은 여성이었으며, 그중에는 얼마 뒤 16번째 생일을 맞이한 오브라이언의 딸 '숙녀 설교자'(the Maiden preacher) 메리도 있었다. 이후 그녀는 멀리 건지(Guernsey)까지 가서 선교활동을 도왔으며, 건지의 야외에서 프랑스어로 설교를 하기도 했다.

그러나 오브라이언의 독재적인 리더십이 사람들의 반대를 불러일으켰다. 그 결과 1829년에 이 운동에서 탈퇴한 후 그는 아내와 함께 북아메리카로 이민을 떠났다. 그의 일기에는 공동체에서 연금을 받으려 한 시도들이 언급되어 있는데, 이마저도 성공하지 못했다. 1851년에 콘월, 데본, 와이트섬(Isle of Wight)에 많이 집중되어 있던 성경기독교인의 수는 13,324명이었다. 1907년에는 32,000명이 넘는 회원이 연합감리교회(United Methodist Church)와 교단을 통합했는데, 이 중 약 7,000명은 콘월에 거주하고 있었다.

이후에도 오브라이언은 런던과 켄트(Kent), 웨스트컨트리(West Country) 등으로 광범위하게 돌아다녔다. 북아메리카와 캐나다로의 긴 여행길에 나서기도 했으며, 1831년과 1862년 사이에 대서양을 13번 왕복하기도 했다. 오브라이언은 어디에 가든 설교했지만, 영국 외의 지역에서 그의 설교는 큰 반향을 일으키지 못했다. 노년기에 접어든 오브라이언의 일기에는 실망하고, 불평하고, 지친 80대 노인의 아픔이 잘 드러나 있다. 오브라이언은 1868년에 뉴욕에서 사망했으며, 브라이언트(Bryant)라는 가문의 원래 성으로 바꾼 이름으로 브루클린의 그린우드 묘지(Greenwood cemetery)에 묻혔다.

참고문헌 | T. Shaw, *The Bible Christians*, 1815-1907 (London: Epworth Press, 1965).

J. A. HARGREAVES

윌리엄 윌리엄스(William Williams, 1717-1791)

찬송가 작사가, 시인, 작가이자 영국 웨일스의 칼빈주의적 감리교주의(Welsh Calvinistic Methodism)의 선구자. 그는 1717년 란페어아리브린(Llanfair-ar-y-bryn) 지방에 있는 케븐코이드(Cefn-coed)에서 태어났다. 이 지역은 카마던셔(Carmarthenshire)에서 3마일 정도 떨어진 곳이었다. 그는 존 윌리엄스(John Williams)와 도로시 윌리엄스(Dorothy Williams)의 네 번째 자녀였는데, 아버지 존 윌리엄스는 케븐나덴(Cefnarthen)에 있는 회중교회 장로였기에, 자연스럽게 아들을 비국교도로 교육시켰다. 당시 어린 윌리엄 윌리엄스는 커서 의사가 되기로 했다. 그가 당시 챈스필드(Chancefield)나 헤이온와이(Hay-on-Wye) 근처에 있는 흘륀흘뤼드(Llwyn-llwyd)에 위치한 비국교도 학교를 다녔는지는 확실하지 않다.

윌리엄 윌리엄스는 이후 탈가스교회(Talgarth) 밖에서 진행되었던 호웰 해리스(Howell Harris)의 설교를 듣고 회심을 체험했다. 비국교도에서 돌이킨 윌리엄 윌리엄스는 1740년 8월 3일에 세인트데이비드(St David)의 주교 니콜라스 클래겟(Nicholas Claggett)에게 부제(deacon)로 안수받고, 란노티드(Llanwrtyd)의 교회에서 부사제로 봉직했다.

1743년 6월에 주교는 그가 감리교도로 활동하면서 사제로서의 책무를 태만히 했다는 이유로 주교 법정으로 불러들였다. 여기에서, 그는 사제 안수를 거부당했다. 그러나 교회의 결정이 내려지기 이전인 4월에 이미 윌리엄 윌리엄스에게 '웨일스 칼빈주의감리교협회'(Welsh Calvinistic Methodist Association)가 부사제를 그만두고 다니엘 롤랜드(Daniel Rowland)를 돕는 보조사역자가 되라고 요청한 상태였다.

1744년 1월 26일에 교회 법정에서 유죄를 선고 받은 후, 그는 이 요청을 받아들여 남은 여생 대부분을 감리교 순회설교자로서 일했다. 그는 넓은 지역을 순회하는 사역을 했을 뿐만 아니라, 글을 쓰는 일에도 집중했다. 이제 그는 다니엘 롤랜드, 호웰 데이비스(Howell Davies)와 함께 웨일스의 칼빈주의감리교운동 지도자가 되었다.

1748년경에 메리 프랜시스(Mary Francis)와 결혼한 뒤, 윌리엄 윌리엄스는 어머니가 자랐던 농장 근처의 판티셀린(Pantycelyn)에 정착했다. 이후 윌리엄 윌리엄스의 이름과 농장의 이름은 동의어가 되었다. 그는 1791년 1월 11일에 세상을 떠났고, 란페어아리브린(Llanfair-ar-y-bryn)에 묻혔다.

윌리엄 윌리엄스는 유능한 설교자이자 인기 있는 위로자였지만, 감리교부흥운동에서 그가 가장 공헌한 점은 작사가로서 찬송시를 쓴 것이었다. 특히, 그의 찬송가는 감리교부흥운동 중에 계속해서 사용되었는데, 1744년에 출간된 『알렐루야』와 1787년 출간된 『새 찬송가』(Rhai Hymnau Newyddion) 사이에 여러 찬송가 모음집이 출판되었다. 윌리엄 윌리엄스는 『호산나! 다윗의 자손께!』(Hosanna to the Son of David, 1759), 『하늘 높은 곳에서 영광』(Gloria in Excelsis, 1772) 같은 찬송가 모음집을 영어로 출판했다. 그가 작사한 노래 중에 특히 유명한 '전능하신 여호와여, 나를 인도하소서'(Guide me, O thou great Jehovah)는 『하늘 높은 곳에서 영광』에 실려 있다.

그는 웨일스어로도 각각 1,000개의 연(stanzas, 4행 이상의 각운이 있는 연-역주)으로 구성된 서사시 두 편을 썼다. 『그리스도의 왕국을 보며』(Golwg ar Deynas Crist, 1756)는 창조 세계 안에서 그리스도의 주되심과 섭리와 은혜를 노래한 것이며, 『테오멤퍼스의 삶과 죽음』(Bywyd a Mawolaeth Theomemphus, 1764)은 버림받은 자가 구원에 이르는 영적 순례를 노래했다. 또한, 윌리엄 윌리엄스는 수많은 시를 썼는데, 특히 부흥의 영향을 받았거나 혹은 기여한 유명한 사람들에 대한 기억을 담은 조가(弔歌)가 거의 30여 편에 달했다.

윌리엄 윌리엄스가 많은 글을 쓴 것은 회심한 이들을 교육시키려는 의도였다. 『범신학 또는 세계종교 역사』(Pantheologia or History of the World's Religions, 1762과 1779)를 썼고, 다른 사람들의 글을 번역하기도 했다. 특히, 『마사 필로퍼의 편지』(Llythr Martha Philopur, 1762), 『필로 에반겔리우스의 답변』(Atteb Philo-Evangelius, 1763), 『이집트 강가의 악어』(Crocodil Afon yr Aifft, 1767), 『소돔과 이집트에서 온 세 사람의 이야기』(Hanes Tri Wir o Sodom a'r Aifft, 1768), 『북쪽 하늘의 오로라』(Aurora Borealis, 1774), 『결혼 생활 안내』(Ductor Nuptiarum neu Gyfarwyddwr Profiad, 1777), 『공동체 모임으로 가는 문』(Drws y Society Profiad)은 윌리엄 윌리엄스가 직접 쓴 책들 중에서 가치가 큰 책들이다.

윌리엄 윌리엄스는 90편에 이르는 책과 소책자, 소논문을 생전에 출판했는데, 오늘날 그는 웨일스 문학의 거장으로 여겨진다. 그의 책은 감리교인의 깊은 확신과 감정을 다루었기 때문에 이들에게 영적인 위로와 격려를 주었을 뿐만 아니라, 감리교부흥의 정신과 열정을 후대에까지 보전하는 데 기여했다. 이 때문에 윌리엄 윌리엄스의 글은 오늘날까지 여전히 읽히고, 노래로 불린다.

참고문헌 | E. Evans, *Pursed by God* (Bridgend: Evangelical Press of Wales, 1996); G. T. Hughes, *Williams Pantycelyn* (Cardiff: University of Wales Press, 1983); D. L. Morgan, *The Great Awakening in Wales* (London: Epworth Press, 1988); G. M. Roberts, *Y Per Ganiedydd*, 2 vols. (Aberystwyth: Gwasg Aberyswyth, 1949, 1958); M. Stephens (ed.), *The New Companion to the Literature of Wales* (Cardiff: University of Wales Press, 1998).

G. TUDUR

윌리엄 윌버포스(William Wilberforce, 1759-1833)

노예제도 폐지론자이자 자선가. 그는 1759년 8월 24일 헐(Hull)에서 태어났다. 그는 로버트 윌버포스(Robert Wilberforce)와 엘리자베스 윌버포스(Elizabeth Wilberforce) 부부의 외동아들이었다. (어머니 엘리자베스 윌버포스의 결혼 전 성은 버드[Bird]였다). 이 가족은 발트해 국가들과의 상당한 양의 무역으로 부를 쌓은 상인 가문이었다. 윌리엄 윌버포스는 처음에 헐문법학교(Hull Gramma School)에서 복음주의 성공회(Anglican) 사제 조셉 밀너(Joseph Milner)에게 교육받았다.

아버지가 아홉 살 때 세상을 떠나자, 어머니는 그를 런던 근처에 머물게 하기 위해 부유한 삼촌과 숙모의 가족에 맡겼다. 삼촌 부부가 끼친 영향, 또한 어머니에 대한 무서움 때문에 윌리엄 윌버포스는 12살의 나이에 회심 체험을 했다. 윌리엄 윌버포스가 집으로 보낸 편지와 헐(Hull)로 정기적으로 방문했을 때 아들의 행동을 본 어머니는 매우 놀라, 그를 삼촌 부부의 관리에서 벗어나게 하기 위해 헐 근교 포클링턴학교(Pocklington School)에 기숙하게 했다(1771-1776). 어머니의 집요한 감독 덕에 어린 시절 그의 회심 체험의 영향은 거의 사라진 듯 했다.

케임브리지대학교 세인트존스대학(St John's College)에 들어가기 1년 전인 1776년에 윌리엄 윌버포스의 할머니가 세상을 떠나면서, 윌리엄 윌버포스는 많은 유산을 물려받았다. 그는 1781년에 학사를 마치고, 1788년에 석사를 마쳤다. 학창 시절에 그에게 영향을 주었던 복음주의가 다소 뒤로 물러난 것 같았다. 동료 사이에서 유명했고, 인기 많은 학생이었다. 재치 있고, 매력적이고, 학구적이고, 동시에 말을 유창하고 조리 있게 잘 하고 싹싹한 학생이었지만, 엄청난 부를 소유했다고 으스대지 않았다. 대학에 다닐 때, 그는 '중력의 힘'(power of gravitation)까지도 이용할 수 있는 인물로, 천성적으로 지도자가 될 소질도 갖추고 있었다. 그는 친구와 동료를 자신의 궤도에 빨려 들게 했다. 공부는 그렇게 열심히 하지는 않았다.

1779-1780년 겨울에 윌리엄 윌버포스는 런던으로 이사해서, 윌리엄 피트(William Pitt, 영국의 정치가이자 수상-역주)와 친구가 되었다. 피트는 당시 법을 공부하고 있었다. 둘은 의회에 들어가기로 결정했다. 윌리엄 윌버포스는 거의 8,000파운드에서 9,000파운드에 달하는 큰 돈을 쓰면서 1780년 9월에 헐(Hull) 지방의 국회의원으로 선출되었는데, 성년이 된지 겨우 몇 주 지난 후였다. 젊은 청년 윌리엄 윌버포스가 런던 상류 사회에 돌풍을 일으킨 것에 대해 한 전기 작가는 다음과 같이 썼다.

"그가 가지고 있는 부드러운 성품, 세련되고 매력적인 성격, 넘치는 재치로 상인의 아들이라는 편견과 선입견을 극복할 수 있었다. 런던은 매력 있고 부유하고 문명화되어 세련된 사람들은 누구나 받아 주었다."

윌리엄 윌버포스의 친구들은 아무리 그를 증오하고 미워하는 원수라 할지라도, 그와 몇 시간만이라도 같이 있다 보면 그의 매력에 빠지게 되지 않을 수 없다고 말했다.

밀턴 경(Lord Milton)은 윌리엄 윌버포스가 '매우 엄격한 원칙을 지켰지만, 동시에 매우 유쾌한 성격을 지녀서 이를 잘 조화시킨 사람'이라고 평가했다. 그는 윌리엄 피트가 떠오르는 별로 정치 무대에 섰을 때, 가까운 동지가 되었다. 윌리엄 피트는 곧 이어 재무장관으로 선출되었고, 24살에 영국 수상이 되었다. 1780년 초반, 윌리엄 윌버포스와 피트는 단짝이 되어 함께 소수만 가입할 수 있는 런던의 신사 클럽의 회원으로 사교 활동을 하면서, 부유한 유명 명사들과 함께 지내면서 이야기하고, 술을 마시고, 게임을 했다.

1785년, 윌리엄 윌버포스는 헐이 아닌 요크서(Yorkshire)의 국회의원으로 재선되었다. 요크서 대표는 의회에서도 매우 특권이 있고 정치적으로도 영향력이 강한 위치였다. 유창한데다, 대화를 표방하는 태도 때문에 윌리엄 윌버포스는 의회에서도 앞서서 정책을 토론하는 위원이 되었고, 매우 유명해졌다. 내각 내 직책을 맡지는 못했지만, 피트와 맺은 우정은 견고했다. 윌리엄 윌버포스는 정치적으로 피트를 대체로 지지했지만, 독립 정신이 충만한 정치가로서 개별적으로도 부상했다.

1784년, 윌리엄 윌버포스는 유럽 여행을 결정하고, 아일랜드에 있는 친구를 초대해 함께 가려고 했다. 그러나 친구가 사정상 거절하자, 어린 시절 친구였던 조셉 밀너의 동생인 아이작 밀너(Issac Milner, 1750-1820)와 함께 여행을 떠났다. 아이작 밀너는 성공회(Anglican) 성직자인 동시에 케임브리지에서 공부한 탁월한 과학자이자 수학자였다. 윌리엄 윌버포스는 밀너가 복음주의 신앙에 확신을 가진 것을 몰랐기 때문에 자신이 지적인 면에서 존경할 만한 사람이 관례적이지 않은 신앙관을 가질 수도 있다는 사실에 놀랐다. 이 둘은 필립 도드리지(Philp Doddridge)가 쓴 『영혼에 대한 종교의 성장과 진보』(*The Rise and Progress of Religion in the Soul*)와 헬라어 신약성경를 함께 읽었다. 이들의 여행은 1784년 후반 잉글랜드에서 있었던 정치적 사건들 때문에 한 때 중단되었지만, 곧 다시 재개되었다.

처음 여행을 시작했을 때 윌리엄 윌버포스는 유니테리언(Unitarian)에 동정적인 전통적인 성공회 신자였다. 그러나 여행이 종반에 이르면서 윌리엄 윌버포스는 핵심 기독교 교리의 진실성을 확신하게 되었다. 두 번째 여행이 끝날 때 즈음, 윌리엄 윌버포스는 위대한 기독교인들의 회심에 자주 동반된 '죄에 대한 확신'이라는 고전적인 기독교 체험을 하기 시작했다. 그는 런던에서 복음주의자로 지도적인 위치에 있던 존 뉴턴(John Newton)에게 신앙에 대한 자문을 구했다.

1785년 10월에 드디어 윌리엄 윌버포스는 '엄청난 변화'(great change)를 경험했다. 그의 경험은 사실상 예전에 경험한 '회심을 다시 경험하는 것'(re-conversion)이었다. 많은 친구들은 예상치 못한 그의 변화를 반기지 않았다. 이 시기에 윌리엄 윌버포스는 성공회 성직자가 되어야 할지를 놓고 고민을 했다. 그러나 뉴턴과 피트는 윌리엄 윌버포스가 국가를 위한 공적인 봉사를 해야 한다고 확신시키며 그를 설득하는 데 성공했다.

긴 시간을 기도한 끝에 윌리엄 윌버포스는 다음의 결론에 이르렀다.

> "하나님은 내 앞에 두 가지 큰 목표를 세우셨다. 하나는 노예무역을 없애는 것이고, 또 하나는 인습을 개혁하는 것이다."

윌리엄 윌버포스가 노예제도 반대 법안을 만들었던 것은 복음주의 기독교의 영향 때문이었다. 1780년대 초에는 그는 이 문제에 대한 특별한 관심이 없었고, 그가 10대 시절에 노예제도를 반대하는 글을 썼다는 인기 있는 대중 신화는 증명이 어렵다. 과거 노예 상인이었던 존 뉴턴이 이 대의에 천착하라고 그를 설득한 것은 분명하지만, 그를 설득한 다른 핵심 인사는 복음주의자였던 찰스 미들턴 경(Sir Charles Middleton)이었다. (찰스 미들턴 경은 후에 바람 경[Lord Barham]이 되며, 트라팔가해전[Trafalgar] 시기에 해군 제독으로 활동한 인물이다).

미들턴 경은 윌리엄 윌버포스가 노예제도 문제를 1786년 후반에 영국 의회에 상정하도록 강권했다. 그리고 윌리엄 윌버포스를 제임스 램지(James Ramsey)에게 소개시켜 주었다. 램지는 서인도에서 오랫동안 활동하던 성공회 성직자였다. 1784년, 윌리엄 윌버포스는 「아프리카 노예무역을 중단하고 설탕을 생산하는 영국 식민지들에 있는 노예에게 자유를 줄 때의 영향에 대한 질의서」(Inquiry into the Effects of Putting a Stop to the African Slave Trade, and of Granting Liberty to the Slaves in the British Sugar Colonies)를 썼다. 여기서 그는 영국이 아프리카의 식민지에 저지른 '끔찍하고도 야만적인 행위' 때문에 이에 대한 보상을 해야 한다고 주장했다.

1787년 5월, 윌리엄 윌버포스는 친구들에게 노예무역 문제를 떠맡겠다고 이야기했다. 실제로, 그의 궁극적인 목표는 노예제도 자체를 폐지하는 것이었다. 그러나 그는 노예제도 폐지가 실질적으로 이뤄지기 전에 먼저 노예무역이 중지되어야 한다는 것을 알았다. 피트의 전폭적인 지원에도 불구하고, 노예제도 폐지는 윌리엄 윌버포스가 예상했던 것보다 훨씬 오래 걸리고 어려운 과정이었다. 존 웨슬리(John Wesley)는 『노예제도에 대한 생각』(Thoughts on Slavery, 1774)이라는 글에서 노예제도를 공격했다. 그는 윌리엄 윌버포스를 격려하는 글을 쓰면서, 앞으로 그가 더 어려움을 당하게 될 것이라고 예상했다.

부유한 서인도 노예 소유주들은 윌리엄 윌버포스에게 매우 기술적이고 교묘한 방해 공작을 시도했다. 아울러, 윌리엄 윌버포스의 건강이 발목을 잡았다. 1788년, 윌리엄 윌버포스의 주치의는 그의 생명이 위험에 처했다고 경고했다. 이후 그는 계속해서 대장에 생긴 궤양으로 고통을 받게 되는데, 병은 스트레스로 인한 것이었다. 오로지 하루에 한 번 먹는 아편(그 시대의 아스피린)만이 그가 계속 일할 수 있게 해 주었다.

윌리엄 윌버포스는 1789년 5월 11일에 노예 폐지 캠페인을 시작하면서 개회 연설을 했는데, 에드먼드 버크(Edmund Burke)에 따르면, 그의 연설문은 의회 역사상 가장 훌륭한 연설문 중 하나였다고 한다. 그러나 식민지 개척자들은 자신들이 모은 증거물을 제시하며 의회가 이 법안을 미뤄야 한다고 주장했다. 윌리엄 윌버포스가 올린 노예무역 폐지안은 1791년 4월 20일에 하원에서 패배했다(163 대 88). 이듬해 그는 '점진적인'(gradual)이라는 단어를 삽입하여 법안을 수정한 후 1796년 1월 1일을 기점으로 통과시켰다. 그러나 상원은 더 많은 증거를 제시하라고 요구하며 그의 법안을 폐기했다. 노예를 영국 상선에 실어 외국 항에 보내는 것을 금지시키는 법안도 1793년과 1794년에 폐기되었다.

1795년에 들어서 영국은 프랑스와 전쟁을 하면서 지독한 혼란에 빠졌다. 윌리엄 윌버포스는 피트와 다소 소원해졌는데, 영국 정부가 평화를 이루기 위해 더 많은 노력을 기울이지 않는다고 그가 느꼈기 때문이었다. 하원 표결에서 1796년부터 1799년까지 매년 연달아 패배했음에도 불구하고, 윌리엄 윌버포스는 노예폐지 법안을 끝까지 표결에 부쳤다. 그러다 1804년 5월에 하원은 놀랍게도 아주 큰 차이로 노예폐지 법안을 가결했다(124 대 49). 그러나 내각은 윌리엄 윌버포스에게 그 법안이 실행되기까지는 1년을 기다려야 한다고 말했다.

1806년 1월에 피트가 사망한 후 노예제도 폐지에 보다 우호적인 연립 정부가 들어섰다. 1806년 후반 총선거에 이어 수상 그린빌 경(Lord Grenville)이 상원에 법안을 상정했고, 1807년 2월에는 윌리엄 윌버포스가 하원에 법안을 상정했다. 이 법안은 상원과 하원 두 의회에서 순조롭게 통과되었고, 1807년 3월 25일에 왕실의 승인을 받았다. 노예해방은 1833년까지는 이루어지지 않았지만, 1820년대 초에 윌리엄 윌버포스는 이 운동의 지도자 자리를 더 젊은 지도자들에게 인계했는데, 이 무리의 대표자는 젊은 복음주의 의원인 토마스 포웰 벅스턴(Thomas Fowell Buxton, 1786-1845)이었다.

영국의 '인습'(manners), 혹은 도덕을 개혁하려 했던 윌리엄 윌버포스의 노력은 아마도 노예무역 폐지보다 더 어려운 일이었을 것이다. 1787년 초반 그는 자신을 도울 수 있는 협회를 발족시키기로 하고 그 계획에 유명하고 힘 있는 인사들을 참여시켰다. 처음에 그는 조지 3세(George III)를 설득하여 '악과 부도덕에 반대하는 왕의 선언'이라는 공식 문서를 발행하도록 했다. 이는 새로운 왕위 계승이 있을 때 의례히 하는 관례였다. 윌리엄 윌버포스의 협회는 사법권을 쥔 판사에게 지원을 약속하고, 범법자에 대해서는 합법적인 기소를 통해 판결을 강화하려고 했다. 원래 '판결협회'(Proclamation Society)로 알려졌던 이 협회는 1802년에 '악억제협회'(The Society for the Suppression of Vice)로 이름을 바꾸었다. 해너 모어(Hannah More, 영국의 작가이자 박애주의자-역주)가 이 노력에서 가장 긴밀하게 연대한 인물이었다.

1797년에 윌리엄 윌버포스는 『진짜 기독교와 대립되는, 이 나라의 상류 및 중류 계급에 속한 고백적 기독교인에게 우세한 종교 체계에 대한 실천적 관점』(*A Practical View of the Prevailing Religious System of Professed Christians in the Higher and Middle Classes in this Country, Contrasted with Real Christianity*)을 발간했다. 당시 그 누구도 윌리엄 윌버포스가 이 글의 저자라는 것을 예상하지 못했다. 그가 정치가로서 신앙에 관한 책을 쓴다고 했을 때, 발행인은 그의 시도가 무슨 관심이나 끌겠느냐라고 대응했다. 그러나 이 책은 베스트셀러가 되었고, 아마도 19세기 초반 영국에서 복음주의 기독교의 부흥을 가장 크게 증진시킨 책일 것이다. 이 책은 많은 사람들의 회심을 일으키는 큰 역할을 했는데, 그중에는 토마스 차머스(Thomas Chalmers)와 리 리치먼드(Leigh Richmond)도 있었다.

이 책의 중심 주제는 '진정한 신앙'이었다. 이 책에서 윌리엄 윌버포스가 복음주의를 설명하기 위해 사용한 특수 용어들은 시민 사회와 기독교의 결합이라는 주제에 최적화된 표현들이었는데, 이는 그의 언어가 가난한 사람과 부유한 사람 모두의 사회적 의무를 강화시키는 데 효과적이었기 때문이다. 윌리엄 윌버포스의 역사관에 따르면, 프랑스혁명과 연이은 사회의 붕괴는 세속적인 계몽주의 사상에 완전히 굴복했기 때문이었다. 모든 유럽인은 프랑스가 기독교 유산을 포기한 대가를 치르고 있었다.

이 책에서 그는 기독교 신앙이 사회에 유용하다고 강조했는데, 많은 잉글랜드인이 이를 프랑스혁명이 제기한 위협에 대한 설득력 있는 대응으로 여기게 된다. 사회 용어로 말하자면, 윌리엄 윌버포스가 발전시킨 가장 중요한 주제 중 하나는 빅토리아 시대 정신이 아주 강조하는 의무에 대한 개념이었다.

윌리엄 윌버포스가 가진 문필의 힘이 중요하기도 했지만, 그가 영국 역사에서 가장 영향력 있는 네트워크를 만들 수 있게 한 것은 사람과 함께하는 능력이었다. 윌리엄 윌버포스는 사람과 사람을 연결시키는 '네트워커'(nerworker)였다. 그는 본래부터 사람을 끄는 힘이 있었다. 누구로부터 도움과 재능, 재력이 필요할 때는 언제든지 요청만 하면 얻을 수 있었다.

19세기 전기 작가 중 한 사람은 윌리엄 윌버포스를 클라팜(Clapham)당 소속 자선가들로 구성된 내각이 호위하고 있는 수상에 비유했다. 내각 각료 중에는 특별한 이력을 가진 동료가 많았다. 노예무역상 제임스 스티븐(James Stephen)과 재커리 매콜리(Zachary Macaulay), 성서공회(Bible Society)의 테인머스 경(Lord Teignmouth), 국회의원이자 유명한 경제학자인 경제 관료 헨리 손턴(Henry Thornton), 영국령 인도의 찰스 그랜트(Charles Grant, 1746-1823), 공공 관계를 담당한 재커리 매콜리(Zachary Macaulay)와 해너 모어(Hannah More), 장관직에는 오른 적이 없는 성직자 토마스 배빙턴(Thomas Babington)은 필요할 때 일반적인 조언을 해 주었다. 윌리엄 윌버포스는 클라팜 교구사제 존 벤(John Venn), 당시 케임브리지대학교의 퀸스대학(Queen's College) 학장이던 아이작 밀너, 케임브리지대학교의 찰스 시미언(Charels Simeon)에게 신앙 지도를 받았다. 클라팜당 사람들은 '실천적인 기독교'에 헌신했다. 이 기독교는 개인 자선, 교육, 도덕 및 사회 개혁 영역에서 두각을 나타냈는데, 이 중 다수는 자원 단체들을 통해 이루어졌다.

37세가 된 1797년에 윌리엄 윌버포스는 바바라 앤 스푸너(Barbara Ann Spooner)와 결혼하여, '35년 동안 매우 순전한 행복'을 시작했다. 이 당시 윌리엄 윌버포스는 이미 대내적으로 유명하고 매우 바쁜 정치인이었지만 10년 동안 더 바빠졌다. 4명의 아들과 2명의 딸이 생겼기 때문이다. 그는 정치가로서 역할보다 아버지로서 역할이 더 중요하다고 생각했다. 이 때문에 1812년에 그는 요크셔를 대표하는 의원직을 사임했다. 6명의 자녀의 도덕과 종교 교육이 그에게 가장 중요한 관심사였기 때문이었다.

윌리엄 윌버포스와 부유한 사촌 헨리 손턴은 관대한 자선가의 훌륭한 모범을 보여 주었다. 자원 단체들이 자신들의 자선 활동의 대의를 대중적으로 알리는 데 윌리엄 윌버포스의 지도력이 중요했다. 한 역사학자는 윌리엄 윌버포스가 회원으로 있던 위원회의 수를 세어 보았는데 무려 69개에 달했다. 윌리엄 윌버포스의 마음에는 세 가지 관심사가 있었다.

첫째, 영국령 인도 식민지의 기독교화.

둘째, 아프리카의 복음화.

셋째, 잉글랜드국교회(Church of England) 내에서 복음주의의 성장.

노예무역 폐지 이후 윌리엄 윌버포스의 최대 관심사는 인도선교였다. 윌리엄 윌버포스는 기독교 선교사들이 인도 입국을 허가받기 원했지만, 인도 식민지를 지배하고 있던 동인도회사의 반대를 반드시 극복해야 했다. 1793년에 동인도회사가 20년 갱신 허가를 받아야 했을 때, 윌리엄 윌버포스는 동인도회사가 영국인 교사와 선교사들을 받아들여야 한다는 조항 하나를 삽입하는 데 성공했다.

1812년 초반 윌리엄 윌버포스는 의회가 이 회사의 1813년 계약 갱신을 할 때에도 '선교사 조항'을 삽입하도록 설득하기 위해 대규모 로비를 해서 성공했다. 그 중간에는 클라팜 회원들이 동인도회사로 복음주의 성직자들을 회사의 사목으로 파송함으로써 미래의 선교사들이 파송될 수 있는 길을 예비하기도 했다.

또 다른 관심사는, 영국이 노예무역에 연루되었기 때문에 아프리카에 진 빚이 있다는 윌리엄 윌버포스의 생각과 관련된 것이었다. 1787년에 그랜빌 샤프(Granville Sharp)에게 런던에 살고 있던 아프리카 사람들이 찾아와서 자신들이 서아프리카에 다시 정착할 수 있을지 물었다. 당시 아프리카 사람들은 윌리엄 윌버포스에게서 아프리카에 돌아가서 재정착할 수 있도록 도움을 요구했다. 재무부의 지원을 받아 한 자립 공동체가 시에라리온(Sierra Leone)에 설립되었다. 1791년에 영국 의회가 시에라리온회사를 회사형 식민지로 허가했다. 윌리엄 윌버포스와 사촌 헨리 손턴은 매우 비용이 많이 들고 이익도 별로 없는 투자를 감행했다. 클라팜 회원들은 시에라리온이 자유를 얻은 노예를 위한 '자유의 공간'이자, 서아프리카 기독교회의 교두보가 되리라 기대했지만, 이 꿈은 처음에 예상했던 것보다 훨씬 더 많은 시간이 지나서야 이루어졌다.

윌리엄 윌버포스의 다른 큰 관심사는 잉글랜드국교회 내 복음주의자 모임 구성이었다. 1790년과 1830년 사이에 잉글랜드국교회 내에 복음주의가 놀랍게 성장했는데, 이는 윌리엄 윌버포스와 그의 클라팜 친구들의 활동, 윌리엄 윌버포스가 가까이 지낸 케임브리지의 찰스 시미언의 영향력 때문이었다. 이들 클라팜 인사들(the Claphamites)은 개신교 비국교도와의 공식적인 연대를 피하고, 교회와 국가에 충성하고자 했다. 이들의 중요한 전략은 「크리스천 옵저버」(The Christian Observer)를 창간해서 1802년부터 매달마다 잡지를 간행하는 것이었다. 재커리 매콜리가 편집을 맡았다. 이 잡지를 매개로 클라팜 인사들은 정치 및 사회 문제를 복음주의 잉글랜드국교회 신자의 관점으로 제시했다.

그러나 1820년대 후반이 되자, 대다수 복음주의 성직자, 그리고 더 높은 비율의 평신도가 윌리엄 윌버포스의 지도력에 불만을 품기 시작했다. 당시 많은 사람들은 윌리엄 윌버포스가 로마 가톨릭교인에 대한 사회적 제약 다수를 제거하고, 이들이 의회에 진출할 수 있게 허락한 가톨릭 해방령(Catholic Emancipation, 1892)을 지지했다는 것에 불편한 감정을 가지고 있었다.

윌리엄 윌버포스의 신학과 영성은 청교도 작가들에게 깊은 영향을 받았다. 그가 가장 좋아한 작가들은 17세기 잉글랜드청교도운동가들 및 이들에게 영향을 받은 사람들이었다. 그는 존 뉴턴, 존 위더스푼(John Witherspoon), 토마스 스코트(Thomas Scott) 같은 동시대 칼빈주의자들에게 깊은 영향을 받았지만, 그 자신은 칼빈주의자로 알려지기를 원치 않았다. 그는 여러 작가 중에서도 『영혼 안에서 신앙의 부상과 진보』(Rise and Progress of Religion in the Soul)라는 제목의 책을 쓴 필립 도드리지(Philip Doddridge)의 영향을 가장 많이 받았는데, 윌리엄 윌버포스의 회심에 가장 큰 역할을 한 책이었다.

윌리엄 윌버포스는 자신이 독창적으로 쓴 용어인 '시작하는 사람들'(launchers)로 유명했다. 그는 종교에 대한 심각하고 진지한 토론을 보다 덜 진지하고 덜 심각한 동료들과 어떻게 할 수 있는지, 그 방법을 고안하려고 했다. 레지날드 쿠플랜드(Reginald Coupland)는 윌리엄 윌버포스가 종종 하곤 했던 이야기, 즉 한 번은 나이 많은 전직 상원의원 친구의 병상을 방문하여 종교 이야기를 어떻게 하면 부드럽게 꺼낼 수 있을지를 고민했던 이야기를 회상한다. 다른 방문객이 와서 이 환자에게 안부를 물어보는 바람에 중간에 방해를 받았다. 환자는 그 문병 온 사람에게 이렇게 말했다.

"윌리엄 윌버포스와 내가 여기 함께 앉아 있지만, 난 지옥으로 떨어지고 있다네."

그러나 쿠플랜드가 언급했듯이, 당시 그 광경을 목격한 어떤 사람은 이렇게 말했다.

"그 작은 사람, 윌리엄 윌버포스는 저녁 파티에 늦게 들어와, '진행자들'과 함께 위엄 있게 서 있을 때, 당시 참석한 모든 사람의 표정이 그를 보자마자 환해졌습니다."

1812년부터 윌리엄 윌버포스는 덜 힘들었던 브램버(Bramber) 선거구를 담당하는 의원이 되었고, 그가 설립에 도움을 준 많은 협회에도 계속 관여했다. 이후 13년 동안(1825년 사임) 의회에서 벌인 그의 정치 활동은 논쟁적이었기에, 많은 이들에게 알려진 그의 명성도 손상을 입었다. 이미 1799년에 그는 앞으로 증오의 대상이 될 조합법(Combination Act)의 기초가 되는 법안을 상정했는데, 노동자들이 노조를 만들기 위해 연합하는 것을 금하는 법안이었다. 당시 윌리엄 윌버포스는 기회주의적인 정치 선동가들로부터 가난한 사람들을 구해야 한다는 이유로 이 법안을 발의했다.

국가 안전을 이유로, 그는 옥수수법(the Corn Laws, 1815)을 지지하기도 했는데, 이 법안은 대중이 먹는 빵 가격을 인상하는 것이었기 때문에 가난한 사람에게는 인기가 없었다. 그는 교육 수준이 높은 잉글랜드인들과 함께 나폴레옹전쟁(1815-1817)이 끝난 직후 '인신보호법'(Habeas Corpus) 중지를 지지했는데, 이 조치가 영국 헌법을 보호하기 위해 필수적이라 믿었기 때문이었다. 그는 또한 캐롤라인 여왕(Queen Caroline, 1820)의 요구를 수용하는 과정에서도 매우 논란이 되는 역할을 담당하기도 했다.

윌리엄 윌버포스는 1825년에 의회에서 사임했지만, 건강은 계속해서 악화되었다. 1830년에는 윌리엄 윌버포스의 장남과 또 다른 윌리엄이 사업에 실패해 가산을 탕진하면서, 파산할 지경에 이르렀다. 당시 윌리엄 윌버포스의 친구들이 아들이 진 5만 파운드 가량의 빚을 갚아 주겠다고 했지만, 이 제안을 거절했다. 이 때문에 윌리엄 윌버포스는 런던에 있던 집을 팔고, 성직자 아들들 중 하나와 함께 살아야 했다.

1820년에는 장녀의 갑작스러운 죽음으로 큰 시련을 겪었다. 1832년에 둘째 딸도 먼저 세상을 떠났다. 1833년 바스(Bath)에서 한 차례 독감을 앓은 후 건강을 회복한 윌리엄 윌버포스는 런던으로 돌아왔지만, 1833년 9월에 세상을 떠났다. 죽음 바로 직전에 그는 노예제도 폐지 법안이 두 번째 읽히는 소리(즉 원칙상 노예제도 폐지 승인)를 들었다.

의회는 그의 장례식 날을 임시 휴일로 지정하고 윌리엄 윌버포스를 기렸다. 유족은 그를 웨스트민스터사원(Westminster Abbey)에 매장하게 해 달라는 의회의 요청을 받아들였다.

참고문헌 | R. Coupland, *Wilberforce* (London: Collins, 1923); R. Furneaux, *William Wilberforce* (London: H. Hamilton, 1974); J. Pollock, *Wilberforce* (London: Constable, 1977); M. A. Pura, *Vital Christianity: The Life and Spirituality of William Wilberforce* (Toronto: Clement Publishing, 2002); R. I. and S. Wilberforce, *The Life of William Wilberforce*, 5 vols. (London: J. Murray, 1838).

D. M. LEWIS

윌리엄 G. T. 셰드(William G. T. Shedd, 1820-1894)

장로교 신학자이자 교육자. 그는 매사추세츠 청교도(Massachusetts Puritans)의 6대 후손으로 태어났다. 부친 마샬(Marshall)은 액턴(Acton) 지역의 회중교회 목사였다. 셰드는 1839년에 버몬트대학교(University of Vermont)를 졸업했는데, 그곳에서 칸트(Kant)와 콜러리지(Coleridge)를 미국에서 주도적으로 변증했던 철학과 교수 제임스 마쉬(James Marsh)의 유럽 낭만주의 연구에 많은 영향을 받았다. 뉴욕에서 가르친 일 년 동안 셰드는 신앙고백을 한 후 장로교에 입교했다.

목회자로 부르심으로 확신한 셰드는 앤도버신학교(Andover Theological Seminary, 1840-1843)에서 에드워드 파크(Edwards A. Park), 레너드 우즈(Leonard Woods), 모지스 스튜어트(Moses Stuart), 에드워드 로빈슨(Edward Robinson)과 함께 수학했다. 여기에서 그는 신학파(New School) 신학보다는 더 역사적이고 덜 지역적인 우즈(Woods)의 구학파(Old School) 신학에 강하게 끌렸다. 에드워즈(Edwards)나 홉킨스(Hopkins)보다 어거스틴(Augustine)과 안셀무스(Anselm)에게 더욱 매료된 그는 일생 동안 정통 개혁신학과 낭만적 역사주의의 독특한 결합을 시도했다.

회중교회 목사로 안수받은 뒤, 버몬트(Vermont) 브랜던(Brandon)의 한 교회에서 목회를 하고(1843-1845), 버몬트대학교로 다시 돌아와 영문학 교수가 되었다(1845-1852). 1852년에 그는 오번신학교(Auburn Theological Seminary) 종교수사학과 학과장으로 초빙되면서 신학과 소속 장로교회에 출석했다. 오번에서 지내는 동안 그는 『설교와 목회신학』(Homiletics and Pastoral Theology, 1867)과 『담론과 소론』(Discourses and Essays, 1856) 등의 저서를 준비했다. 책을 통해 그는 언어와 수사학의 다양한 측면들을 연구했고, 원죄 같은 논쟁적 교리에 대한 논의를 시도했다. 셰드는 조나단 에드워즈(Jonathan Edwards)가 말한 바, 인간의 의지가 이미 결정되었다는 의견에 반대하여 원죄의 핵심은 '인간이 자신의 권위를 주장하며 결국 하나님을 모욕한 것'이라고 주장했다.

1854년 셰드는 원죄와 속죄의 교리에 대한 자신의 구학파적 확신이 그 당시 뉴잉글랜드 지방의 분위기와는 많이 어긋났음에도 불구하고, 앤도버신학교의 교회사 분과장의 자리를 맡아 회중교회로 돌아갔다. 그는 『역사철학 강의』(Lectures upon the Philosophy of History, 1856)라는 저서를 통해 정통 개혁신학의 기독교 교리에 대한 역사적 접근의 중요성을 역설했다. 어거스틴이 말한 두 도성에 대한 이미지를 차용하여, 셰드는 자연인이 하나님을 기쁘시게 할 수 없는 것과 마찬가지로, 세속 역사도 근본적으로 악한 것이라고 주장했다. 그러므로 그에게 교회사란 구원의 역사를 기록하고 새로운 인류로의 점진적 변화를 그려가는 것이었다. 역사 속에서 진행되는 죄와 은총에 관한 이런 이해를 통해, 셰드는 '인류의 역사가 자동적으로 진보하게 될 것이라는 우상 숭배'에 빠지지 않을 수 있었다. 그의 견해에 따르면, 죄는 자주 교회가 진리를 거역하게 하고 오류와 이단에 빠지게 했다.

셰드는 앤도버신학교 교수로 봉직하던 1862년에 뉴욕시에 있는 전통적 장로교회인 브릭교회(Brick Church)로부터 가디너 스프링(Gardiner Spring)을 도와 사역해 달라는 요청을 수락했다. 그는 브릭교회에서 일하는 동안 그동안의 교회사 강의를 편집하여 『기독교 교리사』(History of Christian Doctrine, 1863)를 출간했다. 그 책은 '기독교 모든 교리들이 점진적으로 형성되어 가는 과정을 기술한 첫 번째 영문학적 시도'였다. 셰드는 이 책에서 '니케아 삼위일체론, 어거스틴의 인간론, 안셀무스의 구원론'의 형성 과정에 초점을 맞추며 교부 및 중세 정통 신학에 자신의 신학적 뿌리를 내렸다.

뉴욕시에 위치한 유니언신학교(Union Theological Seminary)는 1863년에 신약학 교수로 셰드를 초빙했다. 1874년에는 헨리 보인턴 스미스(Henry Boynton Smith)의 대체자로 조직신학 분과로 옮겼다. 유니언신학교는 신학파에 속했지만, 셰드는 여전히 전통적 구학파에 남아 있으면서도 그 두 다른 교회의 연합을 위해 노력했다. 유니언신학교에 있는 기간 동안 그는 많은 저서를 남겼다. 그중에는 『로마서 주석』(Commentary on the Epistle to the Romans, 1879; 그는 로마서를 '영감을 받아 기록된 조직신학서'라고 평가했다), 『순수 칼빈주의, 혼합 칼빈주의』(Calvinism, Pure and Mixed, 1893), 『정통과 이단』(Orthodoxy and Heresy, 1893), 『교의신학』(Dogmatic Theology, 1889-1894), 목회적 관점으로 쓴 『자연인을 위한 설교집』(Sermons to the Natural Man, 1871), 『영적 인간을 위한 설교집』(Sermons to the Spiritual Man, 1884) 등이 있다.

스코틀랜드 상식 실재론을 차용했던 대부분의 구학파 신학자들과 달리, 셰드는 정통 개혁신학을 뒷받침하기 위해 낭만주의 철학을 이용했다. 그는 교리의 유기적 발달 과정의 중요성을 역설했다. 교회는 끊임없이 하나님에 대한 이해를 높여가야 한다고 믿었던 셰드는 각 교단마다 신학 체계가 부족한 점이 있지만, 그들 모두가 '실천적 신앙과 경건'을 강조한다는 점에서는 거의 차이가 없다고 주장했다.

다윈이 생물학 분야에 진화의 관점을 도입했던 것보다 10년이나 먼저 셰드는 교리사의 형성 과정을 묘사하기 위해 진화의 관점을 사용했지만, 진화론에 대해서는 강력히 반대했다. 그는 점진적 창조 가능성을 인정했지만, 유기체가 무생물로부터 진화할 수 있다거나 인간이 동물로부터 진화할 수 있다는 주장은 거부했다. 셰드는 귀납적 접근 방식을 선호했고, 많은 수의 동식물 연구자들이 불가지론자가 된 이유 중 하나가 과학적 연구 방향이 연역적 방식으로 옮겨가고 있기 때문이라고 생각했다.

셰드는 찰스 하지(Charles Hodge)나 로버트 댑니(Robert L. Dabney) 유형의 성직자는 아니었다. 그는 총회(1868)에 회원으로 참석한 적이 한 번 밖에 없었는데, 거기서 신학파의 정통성을 옹호했다. 그러나 그는 구학파와 신학파와의 재결합은 남부와 북부의 교회의 연합이 이루어지지 않고는 성사될 수 없다고 믿었다. 셰드는 이렇게 말했다.

> "브레킨리지(Breckinridge), 손웰(Thornwell), 댑니(Dabney)의 신학 연구가 알렉산더(Alexander), 리처즈(Richards), 스미스(Smith), 하지(Hodge)의 신학 연구와 함께 어우러져야만 한다."

그럼에도 셰드는 많은 글을 통해 19세기 후반 장로교 내 논쟁에 참여했다. 그는 웨스트민스터 신앙고백(Westminster Confession of Faith)을 수정하려는 시도에 대해 격렬히 반대했다. 그는 칼빈주의가 성경으로부터 나온 것으로 믿었기 때문에 알미니우스주의 방향으로 신앙고백을 수정하는 것은 칼빈주의가 가진 역사적 중요성을 훼손시키는 일이라고 주장했다. 셰드는 또한 유니언신학교의 동료 찰스 브릭스(Charles Briggs)가 옹호했던 고등비평을 확고부동하게 반대했다. 또한, 장로교 목회자가 고등비평에서 나온 관점을 가르칠 수 있도록 허용해야 한다는 주장에도 반대했다.

참고문헌 | J. DeWitt, 'William Greenough Thayer Shedd,' *Presbyterian and Reformed Review* 21.2 (1895), pp. 295-322; B. V. Munger, 'William Greenough Thayer Shedd: Reformed Traditionalist, 1820-1894' (PhD dissertation, Duke University, 1957); G. S. Smith, *The Seeds of Secularization: Calvinism, Culture, and Pluralism in America*, 1870-1915 (Grand Rapids: Christian University Press, 1985).

P. J. WALLACE

윌리엄 제닝스 브라이언(William Jennings Bryan, 1860-1925)

정치가이자 편집자로, 20세기 초 미국 근본주의 진영의 눈에 띄는 지도자. 그는 1860년 3월 19일에 일리노이 세일럼(Salem)에서 태어났다. 아버지 사일러스 브라이언(Silas Bryan)은 스코틀랜드계 아일랜드인 후손으로 순회판사였다. 어머니 머라이어 제닝스 브라이언(Mariah Jennings Bryan)은 저명한 일리노이 가문 출신이었다. 부모 모두 신실한 기독교인이었다. 사일러스 브라이언은 법정 개정을 기도로 시작하는 열심 있는 침례교도였다. 머라이어 제닝스 브라이언은 감리교도로, 아들을 주일 오전에는 감리교 주일학교로 오후에는 침례교 주일학교에 가게 했다. 윌리엄 브라이언의 친할아버지는 버지니아 블루리지산맥(Blue Ridge Mountains)에 있는 집 근처 침례교에 다니는 열렬한 교인이었다.

윌리엄 브라이언 집안은 매주마다 교회의 다양한 여러 예배에 참석했고, 가정에서도 가정예배를 드렸다. 윌리엄 브라이언은 14살에 회심하고 컴벌랜드장로교(Cumberland Presbyterian Church, 19세기 초 대각성의 영향으로 미국장로교[PCUSA]에서 분리되어 주로 켄터키, 테네시 등의 중남부 지역에서 번성한 장로교-역주) 교인이 되었다.

사일러스 브라이언은 민주당원으로, 정치에 대한 애정을 아들에게 물려주고 그가 법조 훈련을 받을 수 있도록 했다. 윌리엄 브라이언은 1881년에 일리노이대학(Illinois College)에서 고전 전공으로 학사학위를 받았다. 그 후 시카고의 유니언법과대학(Union College of Law)에서 공부한 후 1883년에 졸업했다. 첫 법조계 직장은 일리노이 잭슨빌(Jacksonville)에 있었는데, 거기서 그가 다룬 사건 대부분은 보험 판매 및 빚 회수와 관련된 것이었다. 1884년 10월 1일, 그는 저명한 지역 상인의 딸 메리 베어드(Mary Baird)와 결혼했다. 결혼 후 메리는 유니언법과대학에 등록한 유일한 여학생이었지만, 17명의 학생 중 3등으로 졸업했다. 부부는 이후 1887년에 네브라스카의 링컨(Lincoln)으로 이사했는데, 윌리엄 브라이언은 여기서 법률 활동을 지속하면서 대중 연설 기술을 연마했다.

1891년에 윌리엄 브라이언은 미국 하원의원으로 선출되어 두 회기를 봉사했다. 상원의원 선거에서 당선되지 못한 그는 1894년부터 1896년까지 「더 오마하 월드-헤럴드」(The Omaha World-Herald) 편집자를 지냈다. 신문 편집자로 일하면서 윌리엄 브라이언은 대중주의(populism)나 금본위제(the gold standard)의 독점성에 저항하며 미국 통화 제도에 '은 자유주조'(free silver) 정책을 반영시키려고 애쓴 농부들의 관심사 같은, 매일의 주요 이슈들을 계속 다루었다. 그는 또한 주 전역의 정치집회와 교회 모임에서 대중 연설가로 명성을 쌓았다. 1896년 민주당 전국대회에서 행해진 그의 유명한 '황금 십자가 연설'(cross of gold speech)은 윌리엄 브라이언의 연설 능력과 농민 대중주의가 합해진 것이었다. 가장 유명한 이 연설에서, 윌리엄 브라이언은 다음과 같이 외쳤다.

"우리 뒤에는 이 나라와 세계의 생산력 있는 대중이 있습니다. 상업 이익, 노동 이익, 어디에나 있는 임금 노동자의 지지를 받는 우리는 금본위제를 요구하는 그들에게 이렇게 대답할 것입니다. 당신네들은 노동의 눈썹 위에 가시 면류관을 씌울 수 없을 것이오. 그대들이 인류를 황금 십자가에 못 박지는 못할 것이오."

이 연설은 중서부의 시골 농장 문화를 동부 지역의 주도 체계에 대한 저항으로 규정한 고전적인 약자 변호 연설이었다.

연설 이후 윌리엄 브라이언은 민주당 대통령 후보로 선출되었다. 이때 그의 나이는 고작 36세였다. 이는 윌리엄 브라이언이 민주당 대통령 후보로 선출된 세 차례 경력 중 처음 것이었는데, 두 번은 윌리엄 매킨리(William McKinley, 1896, 1900), 한 번은 윌리엄 하워드 태프트(William Howard Taft, 1904)에게 패하면서 결국 대통령이 되지 못했다. 그러나 이런 연속된 패배에도 불구하고, 윌리엄 브라이언은 여전히 민주당 정치 세력의 버팀목이었다.

1913년에 우드로 윌슨(Woodrow Wilson) 대통령은 그를 국무장관으로 임명했지만, 윌슨이 유럽에서 벌어진 전쟁에 미국을 밀어 넣는 연대를 강화하고 있다는 판단하에 이에 대한 저항으로 1915년에 사임했다. 윌리엄 브라이언의 정치적 영향력은 곧 하락했고, 1916년 후보선출대회 파견 대의원이 되는 데도 실패했다. 1920년 대회에서 다시 한번 네브라스카 민주당 대표가 되었으나, 영향력은 별로 없었다. 1921년에 플로리다로 이주한 윌리엄 브라이언은 1924년에 민주당 전당대회 대의원이 되면서, 1926년에는 상원의원으로 선출될 수 있는 기회를 확보했다.

대회에서 그는 'KKK'(Ku Klux Klan) 단원들의 이름을 공개해서 그들에게 타격을 주자는 결의에 반대함으로써 당의 연합을 꾀했지만(한 표차이로 이 결의는 부결되었다), '메마른'(dry, 금주를 지지하는) 대통령 후보 선출 문제를 놓고는 당이 쪼개지는 것도 감수하려 했다. 윌리엄 매커두(William McAdoo)를 후보자로 지지했지만 이는 결국 실패로 돌아갔고, 청중 일부는 그가 연설할 때 야유를 보내기도 했다. 이제 그는 마지못해 존 데이비스(John Davis)를 지지했지만, 데이비스는 대통령 선거에서 칼빈 쿨리지(Calvin Coolidge)에게 졌다. 윌리엄 브라이언의 건강도 무너졌고, 정치 경력도 그렇게 끝났다.

윌리엄 브라이언은 '위대한 보통사람'(Great Commoner)으로 알려졌고, 정치적 이상주의와 종교적 보수주의로 인해 사안에 따라 다양한 진보 혹은 반동의 입장을 보였다. 미국 상원 직접 선거, 여성 참정권, 금주, 국민 수입세, 노동부 내각 설립, 전국 정치 캠페인의 집단 재정 후원, 육류 포장이나 철도 같은 독점 사업들에 대한 정부 규제 강화 등을 지지했다. 1920년에 금주를 명문화한 헌법 18조 수정 조항을 통과시키는 데도 주도적으로 기여했다. 미국 대통령직의 6년 단임제, 선거인단의 폐지에 따른 단 한 번의 전국적 대통령 선거 투표, 서명 없는 신문 사설의 전국적 폐지도 그가 지지한 정책이었다. 전국 최저임금제 신설, 직접 침략을 받을 때를 제외하고는 전쟁 참여 여부를 국민에게 묻자는 국민투표 실시도 요구했다.

월리엄 브라이언은 어떤 경우에도 전쟁을 반대했지만, 1898년에 미서(미국-스페인)전쟁에 참전할 네브라스카 군대를 조직한 일이 있는 '준-평화주의자'였던 것 같다. 그러나 종전 후에는 제국주의 확산에 반대하며 저항의 의미로 자기 자리에서 즉각 사임하는 모습을 보여 주었다. 그는 또한 국제연맹(League of Nations)을 노골적으로 지지했다. 인종 문제에서 월리엄 브라이언의 진보성은 그의 정치 기반이 남부라는 것 때문에 완화되기는 했지만, 민주당원으로서 최소한 아프리카계 미국인들을 설득하여 공화당을 포기하게 하는 방법을 찾기 위해 고심했다. 아프리카계 미국인들이 미국 사회에 동화되는 능력을 계발하기 위해서는 도덕과 교육을 통해 자신들을 더 향상시켜야 한다고 주장했다.

그는 또한 평생 음주를 반대했고, 금주서약을 했으며, 예수님의 가나 혼인 잔치 기적(요 2장)을 포함하여 성경에 언급된 포도주는 사실은 발효되지 않은 포도주였다고 주장했다. 월리엄 브라이언은 또한 주일을 엄격하게 지켰는데, 실천 방식은 다양할 수 있지만, 모든 국민은 쉼과 묵상을 제공해 주는 충분한 평안과 고요의 안식하는 날을 보장받아야 한다고 주장했다. 교회에서 주일 설교나 강연할 기회가 있었지만, 정치 연설은 거절했다.

유명한 '1920년대 논쟁'(Controversy of the Twenties)이 미국 종교계에서 뜨겁게 달아올랐을 때, 월리엄 브라이언은 철두철미한 장로교 근본주의자로 인정받고 있었다. 그는 성경이 하나님의 영감으로 된 것이며, 성경본문은 언급된 모든 내용에서 전혀 오류가 없다고 믿었다. 그는 그리스도께로 회심하는 것이 필수이고, 그리스도의 대속적 죽음과 몸의 부활을 믿는 이들이 구원을 받는다고 믿었다. 많은 장로교 지성인들처럼, 그도 그리스도의 재림에 대한 논쟁에는 끼어들지 않으려 했고, 전천년주의와 후천년주의 재림의 논쟁은 영감의 문제가 아니라 해석의 문제라고 믿었다.

그의 진보성은 신앙 생활의 여러 면에서 나타났는데, 교회의 대출 자금을 일시적인 경제적 어려움을 겪고 있는 이들을 돕는 데 쓸 수 있다고 주장했고, 평화주의를 일관되게 옹호했으며, 인간의 본성에 대해서도 상대적으로 낙관적인 견해를 가졌다. 인간의 상태에 대한 그의 입장은 진화론에 대한 반대와 밀접한 연관성이 있었다. 월리엄 브라이언은 다윈의 견해는 성경의 진실성에 도전한 것일 뿐만 아니라 인간의 진보와 성취 사상을 '적자생존' 사상으로 대체한 것이기도 한데, 이는 결국 끝없는 폭력을 의미하는 것이라고 생각했다. 그의 견해에 따르면, 이 사상은 구속의 가능성을 파괴하는데, 단지 개인에게만 해당하는 것이 아니라 인류 전체에게 해당되는 것이다. 정통에 대한 이런 도전은 예수 그리스도와 성경에서 계시된 진리를 훼손한 이들에 대한 하나님의 심판을 부를 것이다.

월리엄 브라이언이 보기에, 진화론과 신학적 자유주의의 여러 측면을 반대하는 근본주의자는 금본위제와 주류 산업에 반대하며 싸우는 이들과 마찬가지로, 일종의 위대한 십자군이었다. 근본주의자들이 보기에, 기독교에 대한 헌신과 뛰어난 연설 능력을 지닌 윌리엄 브라이언은 자유주의의 공격에 대응하는 데 활용할 만한 능력 있는 대변인이었다.

1902년부터 플로리다로 이주한 1921년까지 윌리엄 브라이언은 네브라스카 페어뷰(Fairview) 소재 웨스트민스터장로교회(Westminster Presbyterian Church)의 치리장로였다. 플로리다에서 그는 마이애미제일장로교회(First Presbyterian Church of Miami)에 출석하면서 주일마다 '브라이언성경강좌'(Bryan Bible Talks)를 열었는데, 이 강좌의 많은 내용이 자유주의를 직접 공격하는 것이었다. 강좌의 인기가 급상승하자 이천 명에서 육천 명에 이르는 인원을 수용하기 위해 실외로 공간을 옮겼다.

많은 강좌가 출판물로도 나왔다. 실제로, 윌리엄 브라이언은 30권 이상의 책을 썼는데, 이들 대부분은 정치 이슈와 사건을 다루었다. 종교 주제를 다루는 책도 몇 권 있었는데, 특히 근본주의/현대주의 논쟁과 관련된 것들이었다. 『평화의 왕자』(The Prince of Peace, 1909), 『성경과 그 대적들』(The Bible and Its Enemies, 1921), 『그분의 형상으로』(In His Image, 1922), 『정통기독교 대 현대주의』(Orthodox Christianity versus Modernism, 1923), 『그리스도와 그의 친구들』(Christ and His Companions, 1925) 등이 대표작이었다. 메리 베어드 브라이언과 함께 쓴 『회고록』(Memoirs)은 1925년에 출간되었다.

윌리엄 브라이언은 성경의 진리가 진화에 대한 자유주의 견해와 성경을 역사비평으로 해석하는 방법 때문에 도전받고 있다고 믿었다. 그는 고등비평가들을 '영적 전망이 없고, 영혼에 대한 열정이 없고, 하나님 나라의 도래에도 깊은 관심이 없는 사람들'이라고 딱지 붙였다. 1922년에 남침례교총회(Southern Baptist Convention)와 북침례교근본주의연맹총회(Fundamentalist Federation of the Northern Baptist Convention)에서 각각 강연한 적이 있었지만, 그의 근본주의 활동 대부분은 장로교 안에서 이루어졌다.

1923년에 윌리엄 브라이언은 남장로교(PCUS) 총회장 후보자로 선거전에 뛰어들었지만, 찰스 F. 위샤트(Charles F. Wishart)에게 패했다. 위샤트는 진화론을 커리큘럼에 포함하고 있던 오하이오 우스터대학(Wooster College) 총장이었다. 이것이 모든 영역을 통틀어 그가 뛰어든 마지막 선거전이었다. 그러나 이 기간에 그는 소위 '포스딕위원회'(Fosdick Committee) 회장으로 임명되었는데, 장로교도가 아니었음에도 불구하고 뉴욕시의 제일장로교회(First Presbyterian Church)에서 설교 목사로 일하던 침례교 설교자이자 신학자 해리 에머슨 포스딕(Harry Emerson Fosdick)의 신학적 입장을 조사하는 위원회였다. 위원회는 포스딕의 사임을 요구했고, 결국 포스딕은 사임했다.

윌리엄 브라이언은 주(state)가 지원하는 학교에서 진화론 교육을 금지하는 플로리다(1923)와 다른 남부 여러 주의 법 제정에도 관여했다. 다윈에 대한 공격, 특히 1921년에 발표되고 출간된 '다윈주의의 위험'(The Menace of Darwinism)이라는 제목의 연설로 그는 근본주의 지도자들 중에서도 특히 인기 있는 인물이 되었다. 그는 웨스트버지니아 의회에 다음과 같이 말했다.

"진화론자들은 구세주의 동정녀 탄생의 영광, 그분의 신성의 위엄, 부활의 승리를 빼앗는다. 기적과 초자연성을 버리고 그들 이론에 배치되는 모든 것을 성경에서 제거함으로써 성경에 대한 믿음을 약화시킨다. 그들은 이 책을 그저 종이 뭉텅이로 만들 뿐이다."

주 의회들과 교단들에 진화론을 옹호하는 교수들은 미국 시민으로서 그 견해를 지지할 자유가 있지만, 국가의 세금과 교회 돈을 받는 그들은 그런 자유를 가질 수 없다고 말했다. 그는 이렇게 주장했다.

"기독교인들이 기독교를 가르치는 기독교대학을 세워야 하는 것과 마찬가지로, 무신론자들도 그걸 가르치고 싶으면 자기들의 대학을 세워야 한다."

이로써 윌리엄 브라이언의 삶과 진화론 반대 운동 모두를 우스갯거리로 만들어 버릴 그와 진화론자들 간의 재판 전쟁의 배경이 마련되었다. 1925년 여름, 윌리엄 브라이언은 많은 점에서 미국 대중 역사에서 그가 차지하는 자리를 규정하게 될 테네시 데이턴(Dayton)에서 열린 소위 '스콥스 원숭이 재판'(Scopes Monkey Trial)에 관여하게 되었다. 존 스콥스(John Scopes)는 미국시민자유연합(American Civil Liberties Union)이 주내 공립학교에서 진화론 교육을 금지한 테네시 반진화론법에 도전한 인물로 이름을 올려 놓은 데이턴의 교사였다. 그가 고발당하자, 미국시민자유연합은 스콥스를 변호할 인물로 미국에서 손꼽히는 유명 변호사이자 불가지론자인 클라렌스 대로(Clarence Darrow)를 선임했다.

이에 대응하여, 법 지지자들은 윌리엄 브라이언을 기소자 대표로 초청했다. 지난 28년 동안 법정 사건을 맡지 않았던 윌리엄 브라이언은 그때 정치 경력의 밑바닥에 있었기 때문에 종교적인 성공이 아니라, 정치적인 성공 기회를 필사적으로 찾고 있었다. 그는 주저 없이 사건을 맡기로 했다. 텍사스 침례교도인 프랭크 노리스(Frank Norris), 전도자 빌리 선데이(Billy Sunday), 캐나다 보수주의자 T. T. 실즈(T. T. Shields) 같은 근본주의자들은 윌리엄 브라이언의 결정을 칭송하고 지원을 약속했지만, 현장에는 나타나지 않았다. 위대한 보통 사람 윌리엄 브라이언은 성경과 기독교 진리를 방어하기 위해 '사람들' 사이에 홀로 남겨졌다.

데이턴은 마치 축제(carnival)가 열린 것 같은 분위기였다. 침례교 전도자 T. T. 마틴(T. T. Martin)은 천막부흥회를 열었고, 행상인들은 기념품을 팔았으며, 군중은 통풍도 잘 안 되는 법정을 가득 채웠다. 세속 언론인 H. L. 멩켄(H. L. Mencken)은 스콥스 원숭이 재판을 일반적으로는 종교인들의 무지, 특별하게는 남부 근본주의자들의 무식을 보여 주는 사례로 묘사했다.

전 세계 신문에 매일 보낼 168,000글자를 감당할 22대의 전보 담당자가 필요했다. 판사석 위에는 '매일 성경을 읽으라'는 막이 걸려 있었는데, 이 막은 대로우의 요청으로 치워졌다. 재판에서 가장 결정적인 순간은 윌리엄 브라이언이 성경의 권위에 대한 '증인' 자격으로 법정 앞으로 나오기로 동의했을 때였다. 이 행동은 그가 수년 전에 했던 말과는 완전히 반대되는 것이었다.

"이 질문들에 대답하는 그 어려운 과업을 왜 기독교인이 맡아야 하고, 질문하는 그 쉬운 과업은 왜 무신론자들이 맡아야 하는지 그 이유를 모르겠다."

그럼에도 불구하고, 윌리엄 브라이언은 나섰지만, 수세에 몰려 창세기의 창조 이야기에서 언급된 '날들'이 여섯 번의 24시간을 지칭하는 것이 아니라, 대략 수백만 년을 의미하는 것임을 인정하지 않을 수 없었다. 물론 창세기 이야기의 문자주의적 해석이 모순된다는 것을 인정한 양보였다. 패배하고 굴욕당한 윌리엄 브라이언은 다시 힘을 회복하는 데 도움이 되기를 바라면서 연설문을 작성하며 그날 밤을 거의 지새웠다. 그러나 불행하게도, 판사는 심의를 끝내고 사건을 배심원단에게로 보냈다. 배심원단은 스콥스를 유죄로 선언하고 100달러 벌금형을 내렸는데, 그는 이 벌금을 내지 않았다. 무너지고 지친 윌리엄 브라이언은 5일 후 1925년 7월 26일에 데이턴에서 사망했다. 장례식은 워싱턴 D. C. 소재 뉴욕애버뉴장로교회(New York Avenue Presbyterian Church)에서 거행되었다.

윌리엄 브라이언의 삶은 수많은 평가가 가능한 주제다. 연극의 소재로도 쓰였고, 스콥스 원숭이 재판을 극화한 영화 『침묵의 소리』(*Inherit the Wind*)로도 만들어졌다(연극은 1955년에 한 차례, 영화로는 같은 제목으로 네 차례, 1960, 1965, 1988, 1999년에 만들어졌다-역주). L. 프랭크 봄(L. Frank Baum)이 그의 어린이용 동화 『오즈의 마법사』(*The Wizard of Oz*)에서 등장시킨 겁쟁이 사자가 매킨리(McKinley)와 공화당 막후 인물들에게 대중주의가 패배한 것에 슬퍼한 윌리엄 브라이언을 상징한다고 주장한 사람도 있다. 윌리엄 브라이언과 마찬가지로, 사자는 큰 소리로 우렁차게 으르렁거리지 못하는데다, 이뤄낸 성공이 별로 없었다.

참고문헌 | P. W. Glad (ed.), *William Jennings Bryan: A Profile* (New York: Hill & Wang, 1968); L. W. Koenig, *Bryan* (New York: Putnam's, 1971); C. A. Russell, *Voices of American Fundamentalism* (Philadelphia: Westminster, 1976).

B. J. LEONARD

윌리엄 조셉 시모어(William Joseph Seymour, 1870-1922)

아주사스트리트선교회(Azusa Street Mission)를 창립한 목회자. 그는 1870년 5월 2일에 루이지애나 센터빌(Centerville)에서 태어났다. 흑인 노예였던 부모 사이먼 시모어(Simon Seymour)와 필리스 시모어(Phyllis Seymour)는 윌리엄 시모어가 태어나기 4년 반 전에 노예해방을 통해 자유의 몸이 되었다. 비록 '자유인'의 신분이었지만 시모어 가족은 심각한 인종 차별에 맞서 살아남기 위해 투쟁해야만 했다. 윌리엄 시모어는 남북전쟁 이후 재건 시대에 시행된 남부의 인종 분리 환경 속에서 자랐다.

부모와 함께 설탕 재배 농장에서 일해야만 했기 때문에 정규 교육을 받을 수 없었고, 따라서 그에게는 기회가 거의 없었다. 그럼에도 불구하고, 윌리엄 시모어는 독학으로 독서와 글쓰기를 하며 지적 능력을 활발히 키워 나갔다. 그는 성경에 특히 많은 관심을 쏟았다. 열정적인 흑인 영성 전통 신앙과 함께 성경은 그가 매우 세심한 영성을 발달시킬 수 있도록 도와주었다. 어린 시절부터 그리스도의 임박한 재림에 대한 확고한 기대를 가진 그의 기독교 신앙은 꿈과 환상을 동반했다. 그러나 그는 특정 교회에 출석하지 않았다. 교회에 가게 된 것은 그가 원래 살고 있던 남부 지방을 떠난 후였다.

1895년에 윌리엄 시모어는 자신에게 익숙한 지역을 떠나 북부 인디애나폴리스로 이주하여 정착했다. 도시 중심부에 위치한 한 호텔의 종업원으로 일하면서, 그는 심슨채플감리교회(Simpson Chapel Methodist Episcopal Church)에 출석했다. 교회의 전 교인이 흑인이었지만, 그 교회가 속한 교단은 인종 간 교류를 꿈꾸던 곳으로 유명했다. 인종 간 교류와 화합은 윌리엄 시모어가 이후 주장한 교회론의 주요한 특징이 되었다.

5년 후 윌리엄 시모어는 동쪽 오하이오 신시내티로 이주했다. 그곳에서 그는 마틴 웰스 냅(Martin Wells Knapp)이라는 이름의, 당시 영향력 있던 '성결 교사'(holiness teacher)를 만났다. 이 당시 북감리교단(Methodist Episcopal Church)은 인종 포용주의라는 본래 자신들의 신념과 멀어져가는 행보를 보였으나, 감리교 전도자였던 냅은 공공연히 인종 통합을 독려했다. 윌리엄 시모어는 냅의 포용적 비전, 신유에 대한 믿음, 그리스도 재림에 대한 강조 등에 깊이 매료되었다.

윌리엄 시모어는 냅의 이런 이상적 믿음이 '저녁 빛 성도들'(The Evening Light Saints)이라는 모임에서 더욱 완벽히 구현되고 있음을 발견했다. 회복주의자들의 모임인 '저녁 빛 성도들'은 당대 교회가 참담한 수준으로 세상과 타협하여 사도 시대 교회의 영적 능력을 잃었다고 믿었다. 역사가 종말에 다가가고 있다고 생각한 그들은 임박한 그리스도의 재림을 위해 신도들의 준비가 필요하다고 역설했다. 그들은 종말의 순간에 성령께서 오셔서 성령을 구하는 자들의 마음을 완전히 깨끗케 하고 성화시켜 줄 것이라고 생각했다. '저녁 빛 성도들' 역시 흑인과 백인이 함께 속한 모임이었다. 따라서 윌리엄 시모어는 이들의 가르침을 쉽게 받아들였다.

'저녁 빛 성도들'과 함께하는 동안 윌리엄 시모어는 하나님께서 자신을 전임 목회사역으로 부르신다고 느꼈다. 그러나 그는 저항했다. 그 이후 즉시 천연두를 앓았다. 이 위험한 바이러스로 인해 윌리엄 시모어는 쇠약해졌으나 생명은 유지할 수 있었다. 흉터만 남은 피부와 영구적으로 왼쪽 눈의 시력을 상실하는 경험을 통해 윌리엄 시모어는 질병이 하늘의 뜻에 주저하며 따르지 않은 것에 대한 하나님의 징벌이라고 생각했다. 이에 따라 그는 '저녁 빛 성도들'에서 안수를 받고 순회전도자로서의 삶을 시작했다.

윌리엄 시모어는 1903년에 노예 생활로 인해 잃어버린 가족을 찾기 위해 텍사스로 떠났다. 휴스턴에서 가족을 찾은 뒤 그곳에 정착했다. 윌리엄 시모어는 그 이후 2년간 이곳저곳을 돌아다니며 다양한 성결교회들을 보살피는 등 '탁월한 설교자'로서 인정받았다. 1905년에 전도자 찰스 F. 파햄(Charles F. Parham)이 휴스턴에서 '사도신앙운동'(Apostolic Faith Movement)이라는 기치 아래 집회를 열었다. 자신들에게 사도적 능력이 있다고 주장하는 '성결 교사들'(holiness teachers)에게 환멸을 느낀 파햄은 순전한 성령세례의 손에 잡히는 증거를 찾는 것에 집착했다.

1901년에 윌리엄 시모어가 운영하던 캔자스 성경대학(Kansas Bible College)에서 사람들이 방언을 하기 시작했다. 4년 뒤 텍사스에서 그는 방언을 하는 것이 성령세례의 '성경의 증거'라고 직설적으로 설교했다. 그의 주장을 따랐던 사람들 중에는 루시 패로(Lucy Farrow)라는 한 흑인 성결교회 목사가 있었는데, 그녀는 파햄을 따라 그의 고향 캔자스로 간 인물이었다. 루시는 자신이 없는 동안 윌리엄 시모어에게 교회를 맡겼다.

윌리엄 시모어의 설교는 많은 사람에게 깊은 인상을 주었다. 로스앤젤레스에서 방문한 닐리 테리 여사(Mrs Neely Terry)는 캘리포니아로 다시 돌아가서 윌리엄 시모어를 매우 경건한 목사라고 말했다. 루시 패로는 2달 뒤 파햄과 함께 휴스턴으로 돌아가서 방언의 경험을 나누었다. 그들은 이 경험이야말로 사도의 능력이 교회로 다시 돌아온 증거라고 주장했다. 흥미를 느낀 윌리엄 시모어는 허락을 받아 휴스턴에서 열린 파햄의 성경수업에 등록했다.

그 당시의 법에 따라 흑인인 윌리엄 시모어는 백인이 있는 수업에 참석할 수 없었지만, 그를 위해 일부러 열어 놓은 교실 문 바로 옆 복도에 앉아 수업을 들을 수 있었다. 윌리엄 시모어는 성화가 성령세례와 동의어가 될 수 없으며, 오히려 그것의 전제 조건이라는 파햄의 주장을 수용했다. 알아들을 수 없는 방언(glossolalia), 혹은 좀 더 정확하게는, 배운 적 없는 언어를 할 줄 아는 능력(xenoglossy)은 성령세례의 증거이자 선교의 명령을 성취하기 위한 수단이었다. 아직 방언을 하지는 못했지만, 곧 윌리엄 시모어는 자신이 구원받았고, 성화되었으며, 성령으로 충만하게 되었다는 사실을 평생 전파하며 살아야겠다고 다짐했다.

이 당시 로스앤젤레스에 있는 한 흑인성결교회에 목회자가 필요했다. 교회에서 주도적 역할을 하던 닐리 테리(Neely Terry)와 줄리아 허친스(Julia Hutchins)는 윌리엄 시모어에게 그 직분을 감당해 달라고 요청했다. 윌리엄 시모어는 이 초대를 하나님의 부르심이라 믿고 단번에 수락했다. 1906년 1월, 그는 기차를 타고 서부로 이동했다.

로스앤젤레스는 윌리엄 시모어가 품고 있던 부흥의 씨앗을 담아내기 위한 준비된 토양임을 입증했다. 도시는 새로운 영적 갈망으로서 많은 교회를 휩쓴 갱신을 경험하고 있었다. 많은 지도자가 웨일스부흥 사건에 대한 이야기를 들은 뒤, 이와 비슷한 하나님의 역사가 로스앤젤레스에도 있기를 바라면서 길고 긴 금식과 기도를 했다. 순회전도자 프랭크 바틀먼(Frank Bartleman)과 신약교회(The New Testament Church)의 목사 조셉 스매일(Joseph Smale)은 생명력 없는 신조에 대한 불만과 함께 새로운 것에 대한 열망을 보여 준 전형적인 인물들이었다. 그러나 모든 사람이 이런 영적 흥분으로 이어진 윌리엄 시모어의 급진적 교리를 받아들일 준비가 된 것은 아니었다.

윌리엄 시모어는 파햄에게서 배운 가르침을 망설임 없이 자신의 새 교인들에게 소개했다. 이는 대담한 움직임이었다. 실제로 그는 청중에게 청중들이 경험한 성화는 성경이 말하는 '성령세례'와는 무관한 것이라 가르쳤다. 반응은 뚜렷이 갈렸다. 허친스는 윌리엄 시모어를 반대해서 그가 교회에 접근할 수도 없도록 조치를 취했던 반면, 몇몇 교인들은 에드워드 리 부부(Mr and Mrs Edward Lee)의 집으로 간 윌리엄 시모어를 따라갔다. 윌리엄 시모어는 이 집에서 금식과 기도를 하고 있던 중이었다. 곧 리처드 애즈베리와 루스 애즈베리(Richard and Ruth Asbery)가 윌리엄 시모어의 경건함에 이끌려 자신들의 집에 그를 초대해 정기 기도 모임을 이끌어 달라고 부탁했다.

노스보니브레이스트리트 214번지(214 North Bonnie Brae Street)에 위치한 이 집은 영적 부흥의 새로운 중심지가 되었다. 남과 여, 백인과 흑인으로 구성된 소수의 사람들이 모여 윌리엄 시모어가 주장한 축복을 받기 위해 그를 중심으로 작은 기도 모임을 열었다. 1906년 4월 9일에 에드워드 리는 윌리엄 시모어에게 그들이 간구한 축복을 자신도 받을 수 있게 기도해 달라고 요청한 후 즉시 방언을 했다. 이 사건 이후 며칠 동안 이와 유사한 사례가 많았다. 4월 12일에는 윌리엄 시모어 자신도 방언을 경험했다. 곧 그 집의 주변 마당까지 넘치도록 많은 사람이 몰려들었다. 신유, 황홀경, 방언 등의 사례가 보고되었다. 남녀 할 것 없이 모두가 하나님의 임재를 의식하면서 충격에 휩싸였다. 윌리엄 시모어는 이것이 바로 성경에 나온 예언의 성취라고 생각했다. 종말의 때가 임박했고 늦은 비가 내리기 시작했다.

곧 회중은 노스보니브레이스트리트 214번지를 떠나 아주사스트리트 312번지(312 Azusa Street)에 위치한 새로운 건물로 옮겼다. 공업 지대였던 그곳은 방문객이 쉽게 올 수 있는 지역은 아니었다. 그러나 곧 말 대여소 및 묘비 판매점 등에 인접한 그 허름한 2층 건물에 많은 사람이 모여들었다. 윌리엄 시모어는 그곳이 보잘것 없는 베들레헴을 떠올리게 하는 최적의 장소라고 생각했다. 게다가 이전에 '제대로 된' 다른 교회 건물을 보며 소외감을 느꼈던 이들에게 이 주변 환경은 오히려 매력적으로 느껴졌다.

선교회 강당은 문을 연지 한 달도 채 되지 않아 사람들로 가득 찼고, 매일 세 차례 집회가 자주 늦은 밤까지 열렸다. 신발 상자로 만든 보잘것 없는 강단이 공간의 한가운데에 놓였고, 제대로 다듬어지지도 않은 널빤지와 못 상자로 만든 좌석들이 원의 형태로 강단을 둘러쌌다. 모든 인종과 계층이 섞였다. 실제로 이 운동의 가장 눈에 띄는 특징은 인종을 초월했다는 점이었다. 바틀먼(Bartleman)은 '보혈로 모든 인종 경계'가 허물어졌다'라고 말한다. 백인과 흑인이 철저하게 분리되어 있던 당시 미국에서, 이런 모임들을 통해 이루어진 인종 화합은 매우 의미심장했다.

이 선교회는 전 세계의 많은 급진적 복음주의자들의 주목을 받았다. 중국처럼 먼 지역 사람들도 그 유명한 아주사스트리트를 방문하기 위해 로스앤젤레스로 왔다. 전 세계적 관심이 가능했던 이유는 1906년부터 1908년까지 전 세계에 있는 약 5만 명의 독자에게 발송된 선교회 신문 「디 아포스톨릭 페이스」(The Apostolic Faith) 덕택이었다. 이 잡지는 로스앤젤레스 현상을 전 세계적인 관심사로 만들었고, 많은 사람을 이 선교회로 불러 모았다. 게다가 수많은 선교사가 해외로 파송됐다. 아주사스트리트는 시작될 때부터 전 세계적인 영향을 끼쳤으며, 세계 곳곳에 있는 오순절교회의 영적 부모로 칭송 받았다.

이 운동은 반(反)분파주의를 주된 특징으로 유지하기 위해 노력했으나, 곧 분열이 일어났다. 1906년 10월에 윌리엄 시모어의 초청으로 로스앤젤레스에 방문한 파햄은 그가 목격한 것에 몹시 실망했다. 그가 광적이라 여기는 것에 대해서도 아마 불편했겠지만, 스스로를 인종주의자라고 공언한 파햄은 다양한 인종이 함께 모이는 집회를 견딜 수 없었다. 그가 아주사스트리트를 맹렬히 비난하자 이 운동은 분열되었다. 그의 의견에 공감한 이들 중 다수는 그를 따라 라이벌 선교회를 조직했다. 이후 몇 년간 파햄은 '아주사스트리트선교회'를 가장 공격적으로 비판한 인물 중 한 명이었다.

윌리엄 시모어의 결혼은 부흥운동의 통합을 깨뜨리는 또 다른 원인이었다. 그는 1908년 5월 13일에 초창기 시절부터 운동에 참여해 온 제니 에번스 무어(Jennie Evans Moore)와 결혼했다. 그녀와 함께 일했던 클라라 럼(Clara Lum)은 이 결혼에 분노했다. 선교회의 총무이자 선교회 신문의 수석 발행인이었던 럼은 윌리엄 시모어가 그리스도의 임박한 재림에 대해 무관심하다고 비판하며, 오리건 포틀랜드(Portland)로 떠나 거기서 다른 선교회를 조직했다. 럼이 선교회의 우편물 수신자 명부 중 일부를 가져가자, 윌리엄 시모어는 이 명단을 되찾기 위해 포틀랜드로 찾아갔다. 그러나 그의 노력이 실패하면서, 1909

년의 마지막은 곧 아주사가 누렸던 '영광스러운 날들'의 마지막이 되었다.

설교자로서의 윌리엄 시모어는 생각보다 덜 화려했다. 그의 설교는 매우 강력했지만, 세련된 웅변술의 재주는 없었다. 그의 강론은 흔히 부흥사하면 떠오르는 격정적인 스타일이기보다는, 오히려 차분하고 소박했다. 그는 주목받는 것을 피하기 위해 종종 나무로 만든 신발 상자에 머리를 숨길 정도로 겸손한 사람이었다. 윌리엄 시모어와 동시대를 살았던 윌리엄 더럼(William Durham)은 자신이 만난 사람 중 그를 가장 '겸손한 인물'이라고 평했고, 그의 연약함 속에 오히려 그의 능력이 있다고 말했다.

윌리엄 시모어의 신학에 대해서 이야기한다면, 그를 단순히 '오순절파'로 규정짓기는 어렵다. 실제로 그는 자신의 신학적 후예들과 확연한 차이를 보였다. 윌리엄 시모어는 방언을 성령충만을 나타내는 필수적인 최초 증거로 정의 내리기를 주저했다.

> "요즘 어떤 사람들은 외적 징표가 없으면 자신들이 성령을 받았음을 믿지 못한다. 그것이 바로 이교적인 것이다…수반되는 징표가 있다는 것이 문제될 수는 없지만, 그런 외적 징후 안에만 우리의 신앙을 가둘 수는 없다."

윌리엄 시모어는 성령을 받았다는 진정한 증거는 성령의 열매, 바로 사랑이라고 주장했다.

> "만일 당신이 화가 나거나, 남을 비방하거나 험담한다면, 나는 당신이 얼마나 많은 방언을 했는지에 상관없이 당신은 성령세례를 받지 못했다고 확신한다."

사랑과 형제 용납에 대한 윌리엄 시모어의 강조에도 불구하고, '아주사스트리트선교회'는 혹독하리만치 배타적이었다. 윌리엄 시모어는 성령충만을 받지 못한 사람을 그리스도의 비유에 등장하는 어리석은 처녀들과 동일시했고, 성령세례를 받지 못한 사람은 교회가 들려 올림을 받는 순간에서 제외될 것이라 경고했다. 선교회에서 발행한 책자의 삽화 디자인은 불순종하는 성결운동 신자들이 악마들이 그 아래서 즐거워 웃고 있는 지옥의 불로 떨어지는 장면을 묘사하기도 했다.

윌리엄 시모어의 말년은 그리 편하지 못했다. 1911년에 한 차례 분열을 다시 겪은 후, 많은 구성원이 아주사스트리트를 떠났고, 이에 따라 이 선교회만의 독특한 다인종적 특성도 잃게 되었다. 아주사는 약 20명 정도의 인원이 모이는 작은 흑인교회가 되었고, 한두 명의 백인이 가끔 출석하는 정도로 유지되었다. 설교자로서 여전히 많은 곳을 돌아다녔지만, 윌리엄 시모어는 사람들의 무관심 속에서 여생을 보냈다. 1915년에 그는 『신앙과 치리』(Doctrines and Disciplines)를 출간했고, 선교회의 차후 지도자는 '유색인'이어야만 한다는 규정을 추가하여 아주사규약(Azusa Constitution)을 다시 작성했다.

1918년도에 윌리엄 시모어는 이례적으로 자신의 건강이 좋지 않다고 인정했다. 그럼에도 그는 미국 전역을 돌아다니면서 설교사역을 지속했다. 1922년 9월 28일에 그는 서신을 받아 적게 하던 중에 갑작스러운 심장 마비로 사망했다. 윌리엄 시모어가 세상의 무관심 속에서 죽은 일화를 반영하는 듯, 그의 몸은 평범한 삼나무 관에 담겨 땅에 묻혔고, 그의 장례식도 검소하게 진행되었다. 지금도 볼 수 있는 그의 묘비에는 '우리의 복사, 윌리엄 시모어'라고 적혀 있다. 이는 지도자로서 보여 주었던 그의 겸손함을 반영한다.

참고문헌 | F. Bartleman, *Azusa Street* (Plainfield: Logos International, 1980); D. J. Nelson, 'For such a Time as This: The Story of Bishop William J. Seymour and the Azusa Street Revival' (PhD dissertation, University of Birmingham, England, 1981); G. Wacker, *Heaven Below: Early Pentecostals and American Culture* (Cambridge, MA: Harvard University Press, 2001).

J. VICKERY

윌리엄 조지 테일러(William George Taylor, 1845-1934)

오스트레일리아 감리교 복음전도자. 그는 신실한 감리교도인 존 테일러(John Taylor)와 메리 테일러(Mary Taylor) 사이에서 1845년 1월 18일 요크서(Yorkshire) 크나이턴(Knayton)에서 태어났다. 스토크슬리문법학교(Stokesly Grammar School)에서 교육받은 그는 1859년에 '철강 왕들'(iron kings)인 길크스(Gilkes), 윌슨 앤 피스(Wilson and Pease)의 견습 회계사가 되었다. 집회에 참석했다가 1857년 3월에 회심한 이후, 1861년에 설교를 시작했고, 1862년에는 자신의 사역을 통해 첫 번째 회심자가 생겼다. 그는 일생 동안 열정적인 전도에 대한 헌신을 흔들림 없이 유지했다.

윌리엄 테일러는 1868년에 리치먼드대학(Richmond College)에서 웨슬리파 사역자가 되기 위한 훈련을 받기 시작했고, 이 대학의 동료 학생인 휴 프라이스 휴즈(Hugh Price Hughes)에게 큰 영향을 받았다. 윌리엄 테일러는 1870년 오스트레일리아총회에서 자원봉사자로 섬겼고, 이듬해 1871년에는 시드니에 정착했다. 1874년에 안수받은 윌리엄 테일러는 브리즈번(Brisbane)의 앨버트스트리트(Albert Street)에서 동사목사로 시작했고, 이어서 워릭(Warwick)에서도 사역을 이어 나갔다. 이곳에서 앤 로비(Ann Robey)와 1874년에 결혼했다. 그 후에도 투움바(Toowoomba)와 매닝리버순회단(Manning River circuit)에서 사역했다.

1882년에 윌리엄 테일러는 시드니 시내에 있는 글리브순회단(Glebe circuit)으로 이동했다. 이 모든 지역에서 많은 회심자가 생기는 부흥을 목격했는데, 그는 이 모든 사건들을 일기장에 잘 기록해 두었다. 이 일기는 후에 윌리엄 테일러의 전기 『한 오스트레일리아 복음전도자의 일생 이야기』(*The Life-story of an Australian Evangelist*, London: Epworth Press, 1920)라는 책의 근간이 되었다. 음악적 재능, 주의 깊은 기획력, 설교에 열정적인 복음주의자였던 그는 머지않아 오스트레일리아에서 으뜸가는 복음전도자 중 하나로 자리매김했다.

윌리엄 테일러의 주요 활동 무대는 시드니의 올드요크스트리트(Old York Street)였다. 이곳은 웨슬리파감리교의 모교회로서 널리 알려진 곳으로, 그가 주저하다가 1884년에야 임명을 받아들인 곳이기도 했다. 이전에 컸던 교회는 당시 쇠퇴하고 있었는데, 이는 윌리엄 테일러의 표현을 빌리자면, 교외로 나가자는 매혹적인 요청 때문이었다. 일부는 부동산을 팔고 조용했지만, 윌리엄 테일러는 이 교회가 도심지에 강한 감리교 센터를 세울 수 있는 마지막 기회라고 생각했다.

윌리엄 테일러는 비정통적인 방식으로 곧 성공했다. 그는 교회 이름을 '센트럴감리교선교회'(Central Methodist Mission)로 짓고, '죽어 가는 세계를 위한 살아 있는 그리스도'를 구호로 삼았다. 시내 윌리엄스트리트(William Street) 및 바서스트(Bathurst)의 시골 마을에서 '추가사역' 및 특수 책임을 맡은 1년을 제외하고는, 은퇴하는 1913년까지 계속 센트럴감리교선교회에서 사역에 전념했다.

인근 항구에서 선원들의 관심을 끌기 위해 브라스 밴드를 활용해서 야외집회를 열고, 눈에 띄는 광고와 기도를 강조한 것 등은 선교회 회중의 첫 성장을 견인했다. 전통적인 속회(class meetings) 모임을 유지하면서도, 다수의 자원봉사자가 여러 프로그램들을 인도하도록 배려했다. 윌리엄 테일러는 그가 '나의 이상이자 나의 모범'으로 여겼던 친구 찰스 게럿(Charles Gerrett)과 휴 프라이스 휴즈(Hugh Price Hughes)가 잉글랜드에서 개척한 교회들처럼, 자신의 조직을 선교회와 유사한 교회로 발전시켰다.

선원선교회(1886), '대중의 자매들' 운동(1890년 조직), 복음전도자훈련학교 등의 다양한 '봉사 조직들'을 시작했고, 도시빈민가를 위한 실제적인 구제와 전도를 시작했다. 다른 조직으로는 '극빈 아이들을 위한 집,' '알코올 중독자들을 위한 의료지원센터,' '여성 쉼터,' '남성 근로자들을 위한 쉼터'와 '남성 이민지원센터' 등이 있었다. 음식과 옷을 극빈층에 제공하는 일반적인 사회 봉사에 대한 사역도 이 교회의 또 다른 특징이기도 했다.

윌리엄 테일러가 이 모든 사역의 중심으로 삼았던 것은 복음전도였지만, 그는 사회 봉사에도 책임감을 가지고 열심을 다했다. 매 토요일 저녁마다 선교회에서 일하는 모든 이들을 위한 헌신예배를 드렸다. 특별히 에버니저 비커리(Ebenezer Vickery)를 필두로 한 부유한 성도들은 윌리엄 테일러의 프로젝트에 물질적인 후원을 아끼지 않았다. 특히, 비커리는 1905년에 요크스트리트(York Street)에서 피트스트리트(Pitt Street)의 라이시엄극장(Lyceum Theatre)으로 예배처를 옮길 때 큰 도움을 주기도 했다. 윌리엄 테일러의 감독 아래 센트럴감리교선교회(Central Methodist Mission)는 오스트레일리아에서 제일 큰 교회 중 하나가 되었다. 그는 1896년에 웨슬리파 총회장으로 섬기기도 했다.

윌리엄 테일러는 1934년에 뉴사우스웨일스 린드필드(Lindfield)에서 죽음을 맞이할 때까지 모든 종류의 복음전도 활동을 활발히 지원했다. 그의 특별한 공로는 오래된 전통적 웨슬리파가 강조한 성결(그는 1885년에 성결증진협회 창립을 지원했다)과 그가 옹호했던 전도, 그리고 도시선교회에서 필요로 했던 더 새롭고, 사회봉사에 더 집중하는 사역을 연결하는 다리 역할을 훌륭히 감당한 것이다.

참고문헌 | D. Wright, *Mantle of Christ: A History of the Sydney Central Methodist Mission* (St Lucia: University of Queensland Press, 1984); D. Wright and E. Clancy, *The Methodists: A History of Methodism in NSW* (St Leonards: Allen & Unwin, 1993).

K. R. MANLEY

윌리엄 캐리(William Carey, 1761-1834)

침례교 선교사. 자주 '현대 선교의 아버지'라는 수식어가 붙지만, 사실은 잘못된 표현이다. 침례교선교회(Baptist Missionary Society)의 창립을 주도한 그는 영국과 유럽, 북미에 비슷한 복음주의 자원 단체들이 탄생하는 길을 열어 준 운동의 개척자였고, 기독교가 정말로 세계종교로 변화하는 데 결정적인 역할을 했다.

그러나 그의 선교비전은 더 이른 시기의 모라비아형제단(Moravian Brethren)의 활약에 빚진 바 컸다. 윌리엄 캐리는 새로운 운동이 시작되게 했을 뿐만 아니라, 대륙 경건주의와, 이어서 일어난 중부 유럽의 복음주의 부흥에 뿌리를 둔 개신교인들의 해외선교활동에 대한 관심을 영국에 소개한 장본인이기도 하다. 루터교 경건주의 선교사들은 이미 1706년 이래 남인도 트란크바르(Tranquebar)에서 선교활동을 벌여 왔다.

윌리엄 캐리는 1761년 8월 17일에 노샘프턴셔의 작은 마을 폴러스퍼리(Paulerspury)에서 에드먼드 캐리(Edmund Carey)와 엘리자베스 웰스(Elizabeth Wells)의 다섯 자녀 중 맏아들로 태어났다. 원래는 직공이던 아버지가 1767년에 교구교회 서기와 마을의 교사가 되자, 윌리엄 캐리에게 다양한 책을 읽을 수 있는 기회가 생겼다. 14살 무렵에 그는 신발 만드는 장인의 견습공으로 들어갔다. 동료 견습생 존 워(John Warr)의 영향으로 비국교도 기도 모임에 참석하기 시작했고, 1779년부터는 옆 마을 해클턴(Hackleton)의 회중교회 예배당에 나갔다. 1781년 6월 10일에 그는 그 마을의 도로시 플래킷(Dorothy Plackett)과 결혼했다. 유아세례 무용론에 설득당한 윌리엄 캐리는 1783년 10월 5일에 노샘프턴(Northampton)의 넨강(River Nene)에서 그보다 나이가 어린 존 릴랜드(John Ryland)에게 성인 침례를 받았다.

신발공으로 수련을 계속하면서, 윌리엄 캐리는 얼스버튼(Earls Barton)의 특수(칼빈주의) 침례교 회중에게 계속 설교하고, 남는 시간에는 라틴어, 그리스어, 히브리어를 공부했다. 1785년에 그는 물론(Moulron)에서 침례교 목회자 직분을 맡았는데, 거기서 신발을 만들고 학교에서 가르치면서 빈약한 교회 사례비를 보충했다. 물론에 있는 동안에 그는 이스트미들랜즈(East Midlands)에서 성장하던 복음주의 운동의 지도자들, 특히 노샘프턴의 릴랜드(Ryland)와 케터링(Kettering)의 앤드루 풀러(Andrew Fuller, 이 운동의 신학자), 올니(Olney)의 존 섯클리프(John Sutcliff)와 친밀한 관계를 형성했다. 1789년 5월에 윌리엄 캐리는 레스터(Leicester)의 하비레인침례교회(Harvey Lane Baptist Church)로 목회직을 옮긴 후, 거기서 1791년에 침례교 목사로 정식 안수를 받았다.

유럽 바깥 세계의 상황에 대한 윌리엄 캐리의 관심은 아마도 이미 1784년에 제임스 쿡 선장(Captain James Cook)의 남태평양 항해에 대한 기록을 읽으면서 자라났던 것 같다. 그는 복음을 유럽 기독교 세계의 경계를 넘어 전파해야 하는 기독교인의 의무를 상기시키고, 그리스도의 복음을 '이교도'(heathen)에게 전하려는 노력이 새로운 것이 아니라고 주장하는 소책자를 쓰기 시작했다. 이 소책자인 『이교도의 회심을 위한 수단을 활용할 기독교인의 의무에 대한 연구』(An Enquiry into the Obligations of Christians to Use Means for the Conversion of the Heathens)는 1792년 5월 12일에 출간된 온건파 칼빈주의 선교신학의 고전적 선언문으로, 교회의 선교 의무는 영구적으로 유효한 것이며, 하나님의 주권적 구속 목적에 기반을 둔 것이라 주장했다.

이 소책자의 출판 후 1792년 5월 30일에 이사야 54:2-3을 본문으로 노팅엄(Nottingham)에서 열린 노샘프턴셔침례교회연맹(Northamptonshire Association of Baptist Churches, 이스트미들랜즈 전 지역을 포함하는 연맹) 연례 모임에서 윌리엄 캐리의 유명한 설교가 이어졌다. 남편이신 하나님께 완전히 잊히고 유배당한 유대인의 환란을 통해 윌리엄 캐리는 자기 시대의 황량하고 무너진 교회의 모습을 보았다. 유대인에게 새로이 주어진 더 넓은 운명의 약속 안에는 전 세계에서 모여든 기독교인 가족에게 태어난 셀 수 없이 많은 새 자녀들의 약속이 놓여 있었다. 그러나 하나님의 약속은 동시에 하나님의 명령이기도 했다. 하나님은 예수님의 나라를 전 세계에 확장하심으로써 위대한 일을 하시고자 하셨다. 또 이런 이유로, 기독교들인은 복음을 해외에 전파함으로써 위대한 일을 시도할 수밖에 없다. 이로써 윌리엄 캐리의 칭송받는, 그러나 자주 오용되는 표어가 탄생했다.

"하나님으로부터 위대한 일을 기대하라. 하나님을 위해 위대한 일을 시도하라."

이 설교의 본문이 남아 있지 않음에도 불구하고, 윌리엄 캐리가 실제로 말한 것은 "위대한 일을 기대하라. 위대한 일을 시도하라" 뿐이었던 것 같다. '하나님으로부터'와 '하나님을 위해'는 후대에 삽입된 문구 같기는 하지만, 캐리가 의도한 바를 완전히 드러내는 문구인 것은 맞다.

윌리엄 캐리 설교의 핵심 주장은 하나님으로부터 위대한 일을 기대하는 것이 그분을 위해 위대한 일을 하는 것보다 신학적으로나 시간적으로 앞선다는 것이다. 따라서 성령의 역할이 윌리엄 캐리의 선교신학의 중심에 있었다. 『이교도의 회심을 위한 수단을 활용할 기독교인의 의무에 대한 연구』의 마지막 부분은 선교에 사용된 모든 인간의 수단은 하나님의 백성들의 '열정적이고 하나된 기도'(fervent and united prayer)가 없다면 다 소용이 없다는 사실에 대한 설명으로 시작된다.

"이교도 세계에 성전 하나가 세워진다면, 그것은 능으로도, 힘으로도 되지 아니하고, 관원의 권위로도, 웅변으로도 되지 아니하고, 나의 영으로 된 것이라고 만군의 주께서 말씀하셨다."

이 진술에서 윌리엄 캐리는 다음 세기 내내 선교에 파괴적인 결과를 가져다주는 확신의 두 가지 거짓 근원에 의존해서는 안 된다고 주장했다.

첫째, 제국의 힘(관원의 권위)이라는 비새는 우산.
둘째, 기독교에 대한 이성적 변증이 기독교의 우월성을 사람들에게 확신시킬 것이라는 계몽주의적 기대.

(비록 몇 부 팔리지 않았지만) 『이교도의 회심을 위한 수단을 활용할 기독교인의 의무에 대한 연구』와 노팅엄 설교는 '이교도에게 복음을 전하는 특수침례교협회'(Particular Baptist Society for Propagating the Gospel among the Heathen, 후에 '침례교선교회'(Baptist Missionary Society)로 알려졌다)가 1792년 10월 2일에 케터링에 설립되는 데 직접적으로 기여했다. 앤드루 풀러(Andrew Fuller)가 총무로 임명되었다. 윌리엄 캐리는 모임에 참석했지만 너무 가난해서 협회의 창설 기부자 명단에 이름을 올리기 위해 기부할 돈이 없었기에 이름이 빠졌다.

1792년 11월 13일에 열린 선교회 세 번째 모임에서 윌리엄 캐리는 과거 동인도회사에서 의

사로 있었던 존 토마스(John Thomas)가 벵갈(Bengal)로 귀환할 때, 그와 동행하면서 선교회의 파견선교사가 되도록 해 달라고 제안했다. 이어 첫 번째 침례교선교회가 1793년 11월에 캘커타에 도착했다. 잉글랜드에서 오는 재정이 없었기 때문에 윌리엄 캐리는 디나이푸르(Dinajpur) 근교 무드나바티(Mudnabati, 오늘날의 방글라데시 북부)의 조지 어드니(George Udny)가 소유한 인디고(indigo, 짙은 남색의 염료-역주) 회사의 관리자 자리를 받아들이지 않을 수 없었다. 잉글랜드에 있는 몇 사람에게 상업 활동에 관여한다는 이유로 비난받았지만, 이 행동은 모라비안선교사 선조들에게서 그가 배운 교훈, 즉 기독교 선교는 가능하다면 경제적으로 자립해야 한다는 원칙에 부합하는 것이었다.

윌리엄 캐리는 곧 벵갈어와 힌두어를 배웠고, 현지어로 설교하기 시작하고, 성경을 벵갈어로 번역하기 시작했다. 1800년에 그는 벵갈에 막 도착한 일단의 침례교선교회 선교사들의 거주를 허용하지 않기로 한 동인도회사의 결정 때문에 남쪽으로 이동해 캘커타 북쪽 세람포어(Serampore)의 덴마크인 거주 구역으로 갔다. 신참 선교사들 중에는 교육 담당자 조슈아 마쉬먼(Joshua Marshman)과 인쇄와 신문 편집 담당자 윌리엄 워드(William Ward)가 있었다. 윌리엄 캐리와 마쉬먼, 그리고 워드로 구성된 '세람포어 삼총사'는 영국에서 광범위한 존경을 끌어낼 만한 수준으로 세람포어 선교사업을 일으키고, 선교에 대한 이해를 대중에게 널리 퍼뜨렸다.

첫 번째 힌두인 회심자 크리쉬나 팔(Krishna Pal)이 세람포어에서 1800년 12월에 큰 축복 속에 침례를 받았지만, 전반적인 개종 속도는 느렸다. 카스트 제도는 윌리엄 캐리가 예상했던 것보다 훨씬 더 개종을 어렵게 만드는 강력한 장애물임이 입증되었다. 1804년부터 이후 내내 세람포어선교회는 벵갈을 통해 외부로 진출하고, 갠지즈 계곡(Ganges valley)을 따라 북인도로 뻗어 나가면서 보조 선교지부들을 세워 나갔다. 1821년 말까지 1,407명의 회심자가 세람포어에서 침례를 받았지만, 이들 중 반은 유럽인이거나 잉글랜드계 인도인들이었다. 이런 상황에서는 낙심하기 쉬웠다. 윌리엄 캐리는 1794년에 이렇게 고백했다.

"내가 처음 잉글랜드를 떠났을 때에는 이교도를 개종시키려는 소망이 아주 강했다. 그러나 정말 많은 장애를 경험하면서 그 소망은 궁극적으로 사라져 버렸다. '하나님께서 지탱해 주시지 않으면 아무것도 가슴에 품을 수 있는 것이 없다'라고 쓴 적이 있다."

윌리엄 캐리는 인내와 격려의 근원을 성경에 나오는 하나님의 약속에서 찾았기에, 이렇게 고백했다.

"그러나 이것이 우리의 위로다. 하나님은 당신이 약속하신 모든 것을 이루실 만큼 능력이 충만하시며, 그분의 약속은 이교도들의 개종에 대해서도 넘치도록 크고 소중하다는 것이다."

세람포어 선교사들이 예측한 것은 인도를 그리스도께 드릴 수 있는 이들은 결코 유럽인들이 아니라 인도인들이라는 것이었다. 1818년에 자기 민족을 복음화할 현지 기독교인 일꾼을 양성하기 위해 세람포어대학(Serampore College)을 설립한 일의 기저에 깔린 확신이 바로 이것이었다. 교육의 주요 수단은 영어가 아니라 벵갈어였고, 커리큘럼은 신학보다 폭이 넓었다. 서구 과학과 동양 언어 연구, 특히 산스크리트어 교육에 중점을 두었는데, 이는 '삼총사'가 이 언어를 힌두 문화를 이해하고 다른 인도 언어들을 배우는 데 열쇠가 된다고 옳게 판단했기 때문이었다.

그러나 학생회의 넓은 폭이 기독교인 학생들에게 풍성한 선교경험을 제공할 것이라는 근거하에, 대학이 힌두교인과 무슬림을 학생으로 받아들인 것은 논란이 되었다. 1827년에 대학은 덴마크 왕실의 특허를 받아 학위를 수여할 수 있게 되었다. 오늘날에도 세람포어대학은 모든 인도 개신교 계통 신학 연구 기관을 위한 학위를 수여한다.

아마도 윌리엄 캐리의 업적 중 가장 오랫동안 흔적을 남긴 두드러진 사역은 성경번역과 언어 연구일 것이다. 윌리엄 캐리와 그의 동료 인도인 학자들은 성경 전체를 여섯 개 인도어(벵갈어[Bengali], 오리야어[Oriya], 산스크리트어[Sanskrit], 힌두어[Hindi], 마라티어[Marathi], 아삼어[Assamese])로, 성경의 일부를 추가 29개 언어로 번역하는 일을 함께 감당했다. 비록 이들 번역의 일부는 완성도가 한참 모자라지만(벵갈어 신약성경 초판은 곳곳에 거의 이해 불가능한 문장들이 있었다), 이 번역본들은 이후 등장하는 모든 인도 언어 성경번역의 기초를 놓았다.

윌리엄 캐리는 또한 벵갈어(1801), 마라티어(1805), 산스크리트어(1806), 편잡어(Punjab, 1812), 텔링가어(Telinga, 1814), 보티아어(Bhotia, 1826) 문법책을 쓰고, 마라티어(1810), 벵갈어(1815), 보티아어(1826) 사전을 편찬했다. 그가 마쉬먼과 함께 힌두 서사시 『라마야나』(Ramayana)를 영어로 번역하기 시작한 후, 세 권으로 된 번역서가 1810년에 출간되었다. 힌두 문헌에 대한 이런 관심도 비판의 대상이 되었지만, 윌리엄 캐리와 마쉬먼에게는 힌두 문화를 진지하게 연구하는 것이 효과적인 선교적 소통을 위한 필수불가결한 작업이었다.

인도 언어들에 대한 윌리엄 캐리의 전문성 때문에 그는 곧 동인도회사에 반드시 필요한 사람이 되었는데, 이는 처음에는 불투명했던 선교회의 생존이 정치적으로 보장된다는 것을 의미했다. 1801년에 회사는 윌리엄 캐리를 회사가 운영하는 캘커타 소재 포트윌리엄대학(Fort William College)의 산스크리트어, 마라티어, 벵갈어 교수로 임명했다. 세람포어 선교사들은 자신들의 높아진 명성을 동인도회사를 압박하여 비인간적인 사티(sati, 장례식에서 죽은 남편을 화장할 때 살아 있는 과부도 강제로 함께 불태우는 의식) 풍습을 금지하는 데 활용하기도 했다. 1829년에 벵갈에서 윌리엄 벤팅크 경(Lord William Bentinck)이 내린 사티금지령의 최대 공로자는 아마도 윌리엄 캐리일 것이다.

1812년 화재로 7,000루피에 이르는 가치를 지닌, 그가 쓴 모든 원고와 모아 놓은 엄청난 양의 인쇄용 자형(fonts)과 종이들이 불타버렸을 당시, 윌리엄 캐리는 산스크리트어에서 파생된 모든 인도 언어를 다 수록한 종합 사전을 만들고 있었다. 인간적으로 이 화재는 가슴 아린 처참한 재앙이었다. 잃은 모든 것을 온 힘을 다 바쳐 복원하는 데 12개월은 족히 걸리리라 예상했다. 그러나 풀러에게 화재에 대해 보고하면서, 윌리엄 캐리는 이 불을 '섭리'라고 기술하면서, 잃은 것의 목록을 기록한 후, 화재의 여덟 가지 '자비로운 상황' 목록으로 얼른 넘어가 감사하고 싶은 제목을 알렸다. 실제로 화재는 선교사업을 공론화하는 데 크게 기여했고, 이로써 영국에서 새로운 후원이 이어졌다.

윌리엄 캐리의 벵갈어 집중 연구는 벵갈어 문헌이 집대성되는 데에도 지속적인 영향력을 끼쳤고, 벵갈 문화의 르네상스가 이어지는 데도 공헌했다. 그러므로 윌리엄 캐리는 현대 역사에서 선교사가 토착 문화를 파괴하는 사람이 아니라, 그 문화에 도움이 되는 사람이 되는 예를 보여 준 가장 초기 사례 중 하나였다. 이에 더해 그는 1823년에 런던린네협회(Linnaean Society of London) 회원으로 선출될 만큼 식물학 발전에도 큰 족적을 남겼다. 윌리엄 록스버러(William Roxburgh)의 『벵갈의 정원』(*Hortus Bengaliensis*, 1814, 동인도회사의 캘커타 정원에 있는 식물들을 정리한 도감)과 『인도의 꽃』(*Flora Indica*, 1832)을 출판용으로 편집하기도 했다. 이들은 모두 인도 식물학의 표준 저술이 되었다. 윌리엄 캐리는 또한 인도의 농업과 토지 개혁 문제에도 관심이 많았다. 따라서 윌리엄 캐리의 자기 선교소명 이해는 그를 이은 많은 복음주의 선교운동 계승자의 이해보다 그 폭이 훨씬 넓었다.

생애 후반기에 윌리엄 캐리는 침례교선교회와의 관계 악화로 어려움을 겪었는데, 1827년에 세람포어선교회를 침례교선교회에서 분리한 것이 그 절정이었다. 이 쓰라린 분열은 윌리엄 캐리에게 큰 슬픔을 안겨 주었고 1837년까지도 치료되지 않았다. 표면상의 논쟁은 재산 문제였으나, 실제로 걸린 문제는 선교정책을 통제하는 것이 런던의 사업가와 장관들 손에 달려 있는 것인지, 자금을 제공하는 기부자들의 손에 달려 있는 것인지, 아니면 인도 현지에 와 있는 사람들(즉 선교사-역주)에게 달려 있는 것인지에 대한 문제였으며, 이 주제는 이후에도 기독교 선교에서 지속적으로 중요한 논쟁이 되었다.

윌리엄 캐리의 첫 아내 도로시는 원래 인도로 갈 마음이 없었기에, 벵갈에 도착한 직후 심각한 정신 질환에 걸렸고, 혼란스럽고 폭력적인 상태가 지속되자 몸을 계속해서 구속해 놓아야 하는 지경에 이르렀다. 도로시는 1807년에 사망했다. 윌리엄 캐리는 두 번 더 결혼했다. 1808년 5월, 그는 덴마크 동인도회사의 간부로 있던 덴마크 백작의 딸 샬럿 에밀리아 루모어(Charlotte Emilia Rumohr)와 결혼했다. 샬럿은 1821년에 죽었다.

윌리엄 캐리의 세 번째 아내는 그레이스 휴즈(Grace Hughes)라는 이름의 과부로, 1823년에 결혼한 후 남편보다 한 해 더 살다가 1835년에 죽었다. 윌리엄 캐리와 도로시 캐리는 일곱 자녀를 두었는데, 그중 둘은 유아기에 죽었다. 아들 중 세 명, 펠릭스(Felix), 윌리엄(William), 저비즈(Jabez)도 선교사가 되었다.

윌리엄 캐리는 1834년 6월 9일에 세람포어에서 사망했다. 윌리엄 캐리의 무덤에는 그의 성격을 잘 드러내는 눈에 띄지 않는 다음 비문이 새겨져 있다.

"곤고하고 불쌍하고 무력한 한 마리 벌레, 당신의 친절한 팔에 안기나이다."

참고문헌 | M. Drewery, *William Carey: Shoemaker and Missionary* (London: Hodder & Stoughton, 1978); T. George, *Faithful Witness: The Life and Mission of William Carey* (Leicester: IVP, 1991); E. D. Potts, *British Baptist Missionaries in India: The Story of Serampore and its Missions, 1793-1837* (Cambridge: CUP, 1967); B. Stanley, *The History of the Baptist Missionary Society 1792-1992* (Edinburgh: T. & T. Clark, 1992).

B. STANLEY

윌리엄 쿠퍼(William Cowper, 1731-1800)

시인이자 찬송가 작가. 그는 1731년 11월 15일에 허트퍼드셔(Hertfordshire) 버캠스테드(Berkhamsted)의 사제관에서 태어났다. 아버지는 성공회 성직자 존 쿠퍼(John Cowper)였고, 어머니는 앤 쿠퍼(Anne Cowper)였다. 그는 네 번째 아들이었지만, 세 형제는 유아기에 모두 죽었다. 어머니는 그가 여섯 살 생일을 맞기 직전에 사망했다.

피트먼 박사(Dr Pitman)의 기숙학교에서 윌리엄 쿠퍼는 괴롭힘을 당했다. 열 살에 그는 런던의 웨스트민스터학교(Westminster School)로 옮긴 후 열일곱 살에 학교를 떠났다. 삼촌과 함께 살던 1750년에 채프먼(Mr Chapman)의 도제가 되어 법을 공부하기 시작했다. 여자 사촌들과 함께 교회를 다니면서 그중 하나인 티어도라 쿠퍼(Theodora Cowper)와 사랑에 빠졌는데, 그녀의 아버지가 둘의 결혼을 허락하지 않았음에도 불구하고, 그들의 관계는 일평생 지속되었다.

1754년에 법조인이 된 윌리엄 쿠퍼는 1757년에 런던의 미들템플(Middle Temple)에 변호사 사무실을 열었다. 하원 서기가 되기 위한 공인 시험에 응시할 것을 고민하던 윌리엄 쿠퍼는 신경 쇠약에 걸려 자살을 시도했다. "오 형제여, 나는 저주 받았소"라고 외치며 그는 끔찍한 압박감을 토로했다. 그는 자신을 하나님의 진노 아래 있는 지상 제일의 죄인이라 생각했다.

그러다 더 이상 관심을 갖지 않겠다며 성경을 치워 버렸다. 록병원(Lock Hospital)의 원목 마틴 메이든(Martin Madan)이 어느 날 우연히 그에게 '구세주의 피'를 바라보라고 말해 주었다. 세인트올번스(St Albans)의 코턴 박사(Dr Cotton)가 운영하는 보호 시설에서 윌리엄 쿠퍼는 회복의 길을 걷기 시작했다. 다시 성경을 읽으며 회심 단계에까지 이르렀으며, 영적 각성과 더불어 심리 치료도 함께 일어났다.

윌리엄 쿠퍼는 헌팅던(Huntingdon)에서 몰리 언윈(Morley Unwin) 목사와 그의 아내 메리 언윈(Mary Unwin)과 함께 머물며 기력을 회복했다. 언윈 부부는 칼빈주의에 헌신한 이들이었고, 복음주의 부흥을 지원했다. 몰리 언윈이 1767년에 사망하자, 윌리엄 쿠퍼는 언윈의 남은 가족을 데리고 버킹엄(Buckingham)의 올니(Olney)로 이사해서 오처드사이드(Orchard Side)에서 살았다. 당시 존 뉴턴(John Newton)이 올니의 부사제로 있었는데, 그는 윌리엄 쿠퍼에게 전도사역을 하라고 권했다. 그는 윌리엄 쿠퍼를 인생 경험을 통해 전도사역을 위해 교육받고 잘 준비된 분명한 회심자로 보았지만, 이 일을 하기에 윌리엄 쿠퍼가 너무 허약하다는 것이 곧 밝혀졌다.

회복 후 존 뉴턴과 함께 신앙시 모음집 『올니 찬송』(Olney Hymns, 1779)을 만들기 위해 수고하기도 했지만, 윌리엄 쿠퍼의 신앙 열정은 사그라졌다. 그는 이 책에 실린 전체 348편의 시 중에서 66편을 지었다. 찬송시 대부분을 1771년과 1772년에 썼는데, 이 시기는 그가 메리 언윈과 약혼한 시기였다. 1773년에 병이 재발하면서 약혼도 파기되었다. 1800년에 쓴 윌리엄 쿠퍼를 위한 추모사에서 그레이트히드(Greatheed)는 '이 슬픈 반전의 예감'에 대해 언급하고, "홀로 외로이 들판을 걸을 때, 그는 찬송을 지었다"라고 말했다.

버나드 브랠리(Bernard Braley)는 "하나님은 불가사의한 방식으로 움직이신다"(통일찬송가 80장 '주 하나님 크신 능력'-역주)는 표현이 어떤 면에서는 윌리엄 쿠퍼의 상태를 보여 주는 것이라고 본다. 그는 이 구절에서 신적 임재를 갈망한 윌리엄 쿠퍼의 폭풍우 치는 마음 상태를 생생하게 볼 수 있다고 생각했다. 윌리엄 로제티(William Rossetti)는 "그의 인간성의 햇빛에는 구름이 늘 함께 있었다"라고 썼다. 요즘 시대를 살았다면 그는 아마도 임상학적으로 우울증 진단을 받았을 것이다.

윌리엄 쿠퍼는 칼빈주의를 놓고 씨름하면서, 자신이 저주받을 자로 예정되어 있다는 확신에 도달했다. 존 뉴턴에게 보낸 편지에서, 그는 이렇게 썼다.

> "미래는 언제나 그렇듯 암울해 보입니다. 저는 바위와 절벽으로 가득한 어두운 곳에서 인도자도 없이 늘 헤매고 있는 것 같습니다. 그러나 뒤꿈치에 바짝 붙어 있는 원수는 나를 거꾸러뜨릴 준비가 되어 있습니다. 나는 이런 식으로 이십 년을 보냈습니다."

계속해서 윌리엄 쿠퍼는 죽음이 또 다른 이 10년 앞으로 바짝 다가올 것이고, '인류의 원수'는 그런 식의 관심을 그에게 보이고 있다고 생각했기 때문에 다음과 같이 말했다.

> "심지어 하나님의 구원하시는 전능하심도 나에게는 어떤 위로의 여지도 남기지 않는다는 생각뿐이고. 내게는 적의 파괴하는 전능함만 남아 있는 것 같다."

탁월한 언어 재능과 함께 이런 경험으로 그는 황폐함이라는 주제로 쓰인 가장 아름다운 찬송 중 일부를 쓸 수 있었다. 이 찬송들은 여전히 유명하지만, 그의 시들은 거의 가라앉아 누구의 눈에도 띄지 않는 작품들이 되어 버렸다. 경험에서 우러나온 그의 표현은 신랄했다.

이 작품들은 시편 기자처럼 특히 의심과 불확실성을 강조하지만, 다시 믿음으로 보강되기 때문에 결국 저주가 예상될 때에도 그는 고난을 선을 행하실 능력이 있는 하나님의 뜻의 일부로 본다. 그의 표현은 때로는 모순적으로 보이는데, 한 순간 "성도는 결코 당황해서는 안 된다"라고 말했다가도, "치료되지 않은 이들은 누구도 쫓아내지 마소서"라며 자포자기의 감정을 나타내 보이기도 했다.

윌리엄 쿠퍼의 하나님은 사람들이 '깊은 상처를 입은 영혼'이 되었을 때 찾아오실 수 있는 하나님이지만, 그분 앞에 있는 그의 개인적인 무가치함에 대한 의식은 언제나 너무도 또렷하다.

> "주는 통회하는 마음에
> 거룩한 행복을 주시네
> 이제 은혜로우신 하나님 알려 주소서
> 내 마음이 상한 마음인지 아닌지."

그의 모든 애통과 성찰에는 하나님께서 '은혜를 전 세계에 선포'하셔서 돌 같은 마음을 바꾸신다는, 그래서 하나님께 돌아올 때 "우리가 고요한 만족과 평안을 발견했다"라는 재확신이 있다. 심지어 우리가 '눈 먼 불신앙' 속에서 길을 잃어버렸을 때에도 '스스로 해석자이신 하나님/그분은 난제를 쉽게 만드시며' 비록 우리의 '사랑이 약하고 희미할 때에도' 우리는 하나님을 더 사랑할 수 있게 해 달라고 은혜를 구해야 한다. 이로써 결국 가사와 곡조 모두에서 궁극적인 목표를 향하여 나아가야 한다고 우리를 격려하는 찬송 구절의 표현 그대로 따라 부를 수 있게 된다.

"내 소망의 왕이신 예수께로
내 영혼은 서둘러 가려하네
천사들이여 나를 들어 올려
그의 보좌로 나를 보내 주오."

아마도 그토록 밀접하게 하나로 뒤섞인 하나님의 섭리와 하나님의 저주를 윌리엄 쿠퍼만큼 한꺼번에 체감하는 기이한 저자는 없을 것이다. 또한, 윌리엄 쿠퍼만큼 소망과 절망을 같은 수준으로 담아내는 기이한 저자는 없을 것이다. 윌리엄 쿠퍼만큼 하나님의 똑같이 거대한 은혜를 믿으면서도 그가 믿는 그 하나님은 자신을 받아 주실 수 없다고 생각하며 하나님께 부르짖는 기이한 저자는 없을 것이다. 그는 변화와 불확실성의 회오리바람, 믿음의 내적 투쟁에 대해 언급했다. 그에게는 '내가 축복을 알게 된 장소/내가 주를 처음 만난 시간'이 바로 이때와 이곳이다. 결국 이 침울한 시인은 승리한 것 같다. 이런 이유로 그는 여전히 우리의 절망에 대해 이야기했다.

윌리엄 쿠퍼는 마켓스퀘어(Market Square)의 번잡함을 떠나 존 뉴턴과 함께 사제관으로 이사해서 부활절부터 이듬해 봄까지 거기 머물렀다. 1774년 5월에는 다시 오처드사이드로 돌아갔다. 회복은 더뎠다. 토끼를 돌보고 우리를 만드는 것으로 기분을 전환하려고 노력했다. 1776년에는 친구들에게 편지 쓰기를 재개했다. 1780년에 뉴턴은 런던으로 떠나 먼저 독립교회 목사 윌리엄 불(William Bull)에게 윌리엄 쿠퍼를 소개했다. 불은 한 차례 이상 윌리엄 쿠퍼에게 쓴 작품을 찢어 버리지 말라고 설득했다. 고독을 사랑하는 사람이었음에도 불구하고, 윌리엄 쿠퍼는 혼자 살기가 어렵다는 것을 깨달았다.

그는 시를 다시 쓰기 시작했다. 언원 부인의 제안으로 '오류의 진보'(The Progress of Error)를 썼다. '진리'(Truth), '탁상 담화'(Table Talk), '해설'(Exposition)도 1780년 12월부터 1781년 3월 사이에 쓰인 시였다. 흐름은 계속 이어져 '대화'(Conversation)와 '은퇴'(Retirement)가 나왔다. 이 시기는 좀 더 긍정적인 시기였다. 1782년 초에 작품 모음집이 출판되었지만, 주목은 거의 받지 못했다.

1783년에 윌리엄 쿠퍼는 『존 길핀의 여행』(*The Journey of John Gilpin*)을 출판했는데, 이는 새로운 사제 토마스 스코트(Thomas Scott)가 빌려준 사제관 1층에 살았던 오스텐 여사(Lady Austen)가 윌리엄 쿠퍼에게 들려준 이야기에 근거한 인기 있는 시(ballad)였다. 오스텐 여사는 윌리엄 쿠퍼가 소파(sofa)에 대해 써야 한다고 주장했다. 이 소재는 그의 주요작 『과제』(*The Task*)로 발전해서 1785년에 출판되었다. 그는 이제 덜 알려지기는 했으나 탁월한 실력을 가진 저술가로 발돋움했다.

1784년에 윌리엄 쿠퍼는 가까운 마을 웨스턴(Weston)으로 이사 가서 호머(Homer)의 작품 번역을 시작했다. 번역서는 1791년에 나왔고, 저작권으로 1,000파운드를 받았다. 건강이 다시 나빠지기 시작한 후 1795년 즈음에는 친지들에게 재정 후원을 받아야 했다. 결국 그는 친척 한 사람의 근처에 살기 위해 메리 언원과 함께 노포크(Norfolk)의 이스트디어험(East Dereham)으로 이사했다. 1792년에 뇌졸중을 겪은 바 있던 메리는 1796년에 사망했다. 윌리엄 쿠퍼는 그녀가 쇠약해지는 것을 보았고, 결국 이때 온 침체에서 벗어나지 못했다. 그는 1800년 4월 25일에 운명했다.

어떤 이는 윌리엄 쿠퍼의 시에 '음악성'이 부

족하다고 말했지만, 복음주의 사상의 무게와 자기 정신 상태의 해결책으로 복음주의 사상을 적용한 것은 그를 심오한 신학자의 자리에 올려놓았다. 그는 그 신학을 68편의 찬송가 가사를 통해 드러냈다.

참고문헌 | J. King, C. Ryskamp, *The Letters and Prose Writings of William Cowper*, 5 vols. (Oxford: Clarendon Press, 1979-1986); B. Braley, *Hymnwriters*, vol. I (London: Stainer & Bell, 1987), pp. 28-53.

A. E. PRATT

윌리엄 틴데일(William Tyndale, 1494-1536)

성경번역자. 그는 1490년대 초 서번강(Severn River) 근처 더슬리(Dursley) 근교에서 태어났다. 틴데일 가문(Tyndales, 그들 스스로를 허친 가문Hutchins]이라고 부르기도 했다)은 글로스터셔(Gloucestershire) 서쪽의 명망 있는 가문이었다. 두 형제를 비롯하여 윌리엄은 그 가문에서 비교적 비중이 작은 가문 출신이었다. 그는 옥스퍼드대학교 모들린홀(Magdalen Hall)의 학생이 되었는데, 여기는 후에 허트퍼드대학(Hertford College)으로 통합되었다. 거기서 그는 학사학위(1512)와 석사학위(1515)를 취득했다.

이후 시기 중 대략 5년간 어디에 있었는지는 분명하지 않다. 그러나 역사적 증거들을 통해 볼 때, 그가 옥스퍼드에서 좀 더 공부한 후, 케임브리지대학교(Cambridge University)에서 시간을 보냈던 것으로 보인다. 케임브리지대학교에는 1520년대 초에 루터교 사상들이 전파되었는데, 이로 인해 틴데일이 이곳에서 공부하는 동안 개신교에 확신을 갖게 된 것으로 보인다. 후에 그는 대학에서 가르치는 신학 관련 수업에 대한 불만을 다음과 같이 표출했다.

"대학에서 이들은 성경을 들여다보기까지 8-9년간이나 이교도적인 가르침을 받고, 성경 이해의 문이 완전히 닫힌 거짓 원리로 무장한 이를 안수했다."

1521년에 틴데일은 대학에서 나와 바스 북부(North of Bath)에 위치한 작은 소드베리(Sodbury) 영주인 존 월시 경(Sir John Walsh) 가문에 합류했다. 여기에서 틴데일이 어떤 역할을 했는지는 불명확하지만, 이 가문의 가족 사제였거나 (당시에 안수를 받았을 것이다), 아이들의 가정 교사였거나, 혹은 존 경(Sir John)의 비서였을 수도 있다. 그 집에 머물면서 틴데일은 에라스무스(Erasmus)의 『그리스도인 군인 지침서』(*Enchiridion militis Christiani*)를 영어로 번역했다. 지역 성직자들은 이 영주에게 와서 함께 저녁을 먹기도 했다. 그들의 방문은 틴데일에게는 기회가 되기도 했는데, 하나는 성경에 대한 이들의 무지를 알고 충격을 받은 것이고, 또한 이들과의 뜨거운 논쟁에 휘말린 것이었다. 이런 성직자 중 하나는 이렇게 말했다.

"교황의 법이 없는 것보다 하나님의 법이 없는 편이 더 낫습니다."

이에 대해 틴데일은 이렇게 응수했다.

"하나님께서 내 여생에 많은 시간을 허락하신다면, 쟁기로 밭을 가는 소년이 당신들보다도 성경을 더 많이 알게 만들겠습니다."

이 부분에서 틴데일은 에라스무스가 그리스어 신약성경 서문에서 밝힌 그의 유명한 소망을 반복하고 있었다.

> "나는 농부가 쟁기질을 하면서 성경구절을 노래하고, 베 짜는 이가 물레를 돌리며 성경을 흥얼거리게 되기를 하나님께 간구합니다."

틴데일은 다음과 같이 말했다.

> "평신도들이 성경의 과정과 순서와 의미를 알 수 있도록, 오직 성경이 모국어로 쉽게 번역되어 그들의 눈앞에 펼쳐지지 않으면, 평신도를 어떤 진리 안에도 세울 수 없다는 것을 경험으로 깨달았다."

틴데일은 성경을 영어로 번역하라는 소명을 느꼈다. 그 당시 영어성경은 위클리프성경(Wyclif Bible) 밖에 없었는데, 존 위클리프(John Wyclif)의 추종자들인 롤라드파(Lollards)에 의해 비밀리에 배포되었다. 그러나 이 성경은 인쇄된 적이 없었다. 더구나 많은 부분에서 부정확했고, 히브리어나 그리스어 원전에서 번역된 것이 아니라 라틴어 성경에서 번역된 것이었다. 롤라드파를 위협으로 인식한 교회는 1408년에 이 비공인 영어 번역 성경을 금지했다.

그래서 틴데일은 리틀소드베리 저택(Little Sodbury Manor)을 떠나 번역 작업에 대한 승인을 얻기 위해 이곳저곳을 돌아다녔다.

1523년에 틴데일은 런던으로 가서, 런던 주교 컷버트 턴스톨(Cuthbert Tunstall)과 대화했다. 이는 매우 신중한 선택이었는데, 턴스톨은 학구적인 사람이었고 에라스무스의 친구였기 때문이었다. 그러나 턴스톨은 영어성경번역을 권장하기보다 루터교의 성장을 막는 데 더 관심이 있었다. 그래서 틴데일은 그로부터 어떤 격려도 얻을 수 없었다.

틴데일은 런던에 1년 동안 머물렀고 거기서 험프리 몬머스(Humphrey Monmouth)라는 의류 상인에게 경제적인 지원을 받았다. 서부에 있는 도시교회 중 하나였던 세인트던스턴스(St Dunstan's)교회에서 설교를 몇 차례에 걸쳐서 하게 되었다. 그해 말 틴데일은 런던뿐만 아니라, 잉글랜드 어디에서도 성경을 번역할 가능성이 없다는 것을 알게 되었다.

몬머스를 포함한 다른 상인들의 도움으로, 틴데일은 성경을 번역하기 위해 잉글랜드를 떠나기로 결심했다. 그래서 1524년 독일로 배를 타고 건너가, 다시는 고향으로 돌아오지 않았다. 그는 처음에는 비텐베르크(Wittenberg)로 가서 공부했는데, 동시대 사람이었던 토마스 모어(Thomas More)와 다른 사람들이 그가 거기에 있었다고 증언하기도 했다. 더불어 1524년 5월 27일에 입학식을 했는데, 등록자 명부에는 '잉글랜드 출신 귀렐무스 달티치'(Guillelmus Daltici Ex Anglia)라는 이름으로 등록되었다. 만약 마지막 'ci'가 'n'을 적어야 하는 자리에 기록관의 실수로 들어갔다면, 'Tindal'에서 앞 뒤 음절을 뒤집어 철자를 바꾼 이름으로 이해할 수도 있다.

독일에서 틴데일은 신약성경번역에 착수했는데 이 작업은 1525년에 마무리되었다. 이 번역된 성경은 쾰른에 있는 피터 쿠엔텔(Peter Quentell)이라는 인쇄업자의 지원으로 인쇄되기 시작했다. 그러나 인쇄소에 일하는 사람 중 한 명이 그의 와인 집착에 대해서 수다스럽게 떠들었고, 이렇게 해서 이 번역 작업 이야기가 종교개혁 반대파의 핵심인 코클레우스(Cochlaeus)라는 가명을 쓰고 있던 요한 도브네크

(Johann Dobneck)의 귀에까지 흘러 들어갔다.

도브네크는 그 인쇄소의 급습을 명했으나, 틴데일은 미리 경고를 받고 여태까지 인쇄된 부분을 가지고 도주했다. 이 당시에 인쇄한 것 중에서 한 부만이 불완전하게 남아 있는데, 마태복음 22장까지만 남아 있다. 코클레우스에 따르면, 인쇄소는 마가복음까지 인쇄했다고 한다. 인쇄된 내용을 보면 틴데일이 상당한 부분에서 루터를 의지하고 있음을 보여 준다. 목차에 나와 있는 서신들의 순서가 루터의 성경과 유사했고, 목판화가 사용되었다는 점뿐만 아니라, 개요나 주석 같은 경우 루터의 1522년 신약성경의 내용과 형식을 상당 부분 차용한 것으로 보인다.

틴데일은 전직 수사이자 자신의 조수인 윌리엄 로이(William Roye)와 함께 좀 더 호의적인 분위기의 보름스(Worms)로 거처를 옮겼다. 이곳에서 신약성경이 처음 마무리된 것은 1526년이었고, 피터 쉐퍼(Peter Schoeffer)가 인쇄했다. 이 판본의 경우, 서문이나 주석이 없는데, 이는 출판이 지체되거나 잉글랜드에서 받아들여지는 데 어떤 장애물도 두기를 원치 않던 그의 바람에서 결정되었다. 3천에서 6천 부 정도를 찍었다고 하는데, 지금까지 전해지는 것은 2부뿐이다.

이렇게 틴데일의 초기 판본이 소수의 부수만 남은 데에는 단순한 이유가 있었다. 이 판본 중 다수는 잉글랜드로 몰래 보내졌고, 이렇게 밀수된 것들을 잉글랜드 주교들은 무슨 수를 써서라도 파괴하려고 했다. 1526년에 턴스톨은 틴데일의 번역본 문제를 지적하는 설교를 했는데, 턴스톨은 2천 군데에 이르는 오류를 발견했다고 주장하면서, 틴데일의 번역 성경들을 세인트폴대성당(St Paul's)에서 태워버리는 의식을 진행하기도 했다. 이듬해에는 캔터베리 대주교가 그 번역 성경들을 모두 수집하여 태워버렸다.

이 일이 있고 얼마 후 좀 색다른 이야기가 펼쳐졌다. 턴스톨이 앤트워프(Antwerp)에 있을 때, 어거스틴 패킹턴(Augustine Packington)이라는 이름의 잉글랜드 상인이 신약성경을 전량 구입하겠다고 제안을 했다. 구입의 이유는 모두 태워버리기 위해서였다고 한다. 주교가 패킹턴에게 돈을 주었고, 패킹턴은 틴데일에게 돈을 건넸는데, 이 돈으로 틴데일은 다음 번역판을 준비할 수 있었다. 주교는 책을, 패킹턴은 감사를, 틴데일은 돈을 챙겼다.

결과적으로 신약성경 수입의 새로운 물결이 일어났고, 턴스톨은 틴데일을 감당할 수 없다는 사실을 곧 깨달았다.

1526년 신약성경 인쇄 이후, 틴데일은 당시 유럽에서 손꼽히는 인쇄의 중심지였던 앤트워프로 이주했다. 여기에는 틴데일에게 생활비를 정기적으로 지원하는 상인들의 모임이 있었다. 1528년부터 그의 모든 작품은 이곳에서 인쇄되었다. 1530년의 모세오경 번역본은 마일스 커버데일(Miles Coverdale)의 도움으로 출판되었다. 이듬해 요나서 번역본이 빛을 보게 된다.

틴데일은 이외에 다른 구약성경의 책들을 번역하지는 못했지만, 1537년에 출간된 『매튜스 성경』(Mathew's Bible) 안에 있는 역사서(여호수아부터 역대기하까지)가 틴데일의 작품이라는 강력한 증거가 있으며, 구약성경의 나머지 부분은 커버데일의 번역이었다. 이외에도 신약성경의 추가 판본들이 존재한다. 틴데일은 번역을 계속 개정했는데, 이는 틴데일 자신의 발전된 사상과 여기저기에서 오는 조언을 바탕으로 이루어졌다. 전부는 아니지만, 몇몇 판본의 경우, 주석을 포함하고 있기도 했다. 이 주석의 주 목적은 성경구절의 의미를 설명하기 위함이었지만, 몇몇 경우는 틴데일이 그 구절을 교황제도에 반대하는 데 적용하고 싶었던 유혹을 이기지 못했기 때문이기도 했다.

틴데일은 그리스어와 히브리어에서 직접 번역했으며, 때로 라틴어 불가타와 루터의 독일어 번역본을 참고하기도 했다. 문체는 평범한 사람들이 읽을 수 있는 쉬운 문체였는데, 성경을 널리 읽히게 하려는 원래 목적으로 유지했다고 볼 수 있다. 다음의 인용구는 1526년 판본(롬 12:1-2)에서 발췌한 것인데, 원본의 철자를 그대로 가져온 것이다.

> "I beseeche you therfore brethren by the mercifulness of God, that ye make youre bodyes a quicke sacrifise, holy and acceptable unto God which is youre resonable servynge off God. And fassion note youre selves lyke unto this worlde. But be ye chaunged [in youre shape] by the renuynge of youre wittes that ye may fele what thynge that good, that acceptable and perfaicte will of god is."

틴데일은 또한 성경의 각 책마다 서문을 작성했는데, 일부는 루터의 서문을 기반으로 했다. 이는 이 성경을 읽는 독자들에게 종교개혁의 신학을 소개하는 것을 중요시 생각했기 때문이다.

틴데일은 구약성경의 완역을 계획했지만, 실현되지는 못했다. 1535년에 그는 리틀소드베리(Little Sodbury)의 왈쉬 부인(Lady Walsh)의 친척인 토마스 포인츠(Thomas Poyntz) 및 그의 부인과 함께 살고 있었다. 이 영향력 있는 후견인들은 그를 어느 정도 보호해 줄 수 있었지만, 결국 이것이 충분치 않은 것으로 입증되었다. 그해 5월에 틴데일은 잉글랜드인 동료 헨리 필립스(Henry Phillips)에게 배신을 당했다. 그는 틴데일을 앤트워프 거리로 유인했고, 거기에 잠복해 있던 이들이 틴데일이 좁은 길을 지나갈 때 잡았다. 틴데일은 브뤼셀(Brussels) 근처에 있는 빌보데(Vilvorde)성 정부 감옥에 수감되었다.

틴데일은 1년 넘게 갇혀 있다가, 1536년 8월에 재판에 회부된 후 거기서 이단으로 정죄당했다. 그런 이후 성직 박탈과 함께 파문당했다. 처형은 2달 후로 미루어졌고, 10월 초(전통적으로는 6일)에 의견 철회를 거절하면서 브뤼셀에서 교살된 후 화형을 당했다. 그의 유언은 다음과 같았다고 전해진다.

"주여, 잉글랜드 왕의 눈을 열어 주소서!"

틴데일의 번역 성경은 잉글랜드에서 사용이 금지되었고, 발견될 때마다 태워졌다. 그러나 그의 영향력은 개신교도에게 여전히 힘겨운 시기였던 헨리 8세(Henry VIII) 재임기에도 상당했다. 1535년에 커버데일은 전체가 영어로 된 첫 성경을 출판했다. 외교적인 이유로 틴데일의 이름이 언급되지는 않았지만, 번역의 상당 부분이 그의 작품이었다. 당시 캔터베리 대주교(토마스 크랜머[Thomas Cranmer])와 대주교 대리법무관(토마스 크롬웰[Thomas Cromwell])은 개신교에 호의적이었다. 이 둘은 헨리 8세를 설득하여 커버데일의 번역이 출판되게 했다.

1539년에는 잉글랜드의 모든 교구교회에 모든 소속 교구 회원을 위한 영어성경 비치가 의무화되었다. 그 후 모든 번역본은 틴데일의 성경에 기초했다. 그러므로 틴데일 개인은 희생하지 못했지만, 그의 대의는 그의 번역의 내용이 그랬듯 승리했다. 틴데일은 '영어성경의 아버지'라고 불리기에 합당하다. 이것이 전혀 과장되지 않은 이유는 최근 번역 성경들을 제외하고는, 거의 대부분의 영어 신약성경이 번역을 개정한 수준이기 때문이다. 그가 사용한 표현 중 90% 정도가 킹제임스성경에 실려 있고, 75% 정도가 개정표준역(Revised Standard Version)에 그대로 활용되었다.

틴데일은 성경번역으로 유명하지만, 번역만이 그의 유일한 업적은 아니다. 그는 책도 몇 권 집필했는데, 그중 『요한일서 해석』(1531)과 『산상수훈』(1533)이 있다. 이외에도 여러 저작을 출판했다. 『악한 맘몬의 비유』(The Parable of Wicked Mammon, 1528)는 선행으로 인도하는 도덕적 갱신에 대한 어거스틴주의자들의 강조점을 함께 논했지만, 오직 믿음에 의한 칭의가 주요 주제였다. 이 책은 루터의 『악한 맘몬에 대한 설교』(Sermon von dem unrechten Mammon)에 크게 의존했는데, 틴데일이 루터의 글을 그대로 번역한 곳도 여러 군데가 있었다.

이 책에서 틴데일은 교황을 적그리스도라고 표현했다. 『기독교인의 순종』(The Obedience of a Christian Man, 1528)은 틴데일의 가장 영향력 있는 논문으로, 하나님께 충성해야 하는 상황을 제외하고는, 정부 당국에 복종하라고 주장했다. 전해 내려오는 이야기에 따르면, 헨리 8세는 이 책 중 교회가 왕권에 복종해야 한다는 부분만 읽고 이 책의 내용에 대해 흡족해 했다고 한다.

그러나 헨리 8세는 틴데일이 『고위 성직자들의 품행』(The Practice of Prelates, 1530)에서 이혼을 강하게 부정한 부분에 대해서는 만족하지 않았다. 이 책의 원래 부제는 『왕비가 형의 아내였다는 이유로 왕이 왕비에게서 은혜를 거두어야 하는가?』(Whether the Kynges grace maye be separated from hys queen, because she was his brothers wife)였다. 이 책에서 그는 교황과 왕의 관계에 대해 역사적으로 기술했고, 왕에게 호의적이지 않은 태도를 보였다. 이 책으로 인해 헨리 8세는 틴데일에게 등을 돌렸다. 1530년에 틴데일은 그의 불완전했던 첫 번째 신약성경 서문의 확장판을 출간했는데, 『성경으로 가는 길』(A Pathway into the Holy Scripture)이라는 제목이 붙여졌다.

틴데일이 사망한 이후 『성례에 대한 간단한 선언』(A Brief Declaration of the Sacraments)이라는 제목의 책이 발견되었다. 이 책은 대략 1548년에 출판된 것으로 보인다. 여기에서 틴데일은 성만찬에 임재하시는 그리스도에 대해 루터교 관점보다는 개혁파 관점을 옹호했다.

틴데일은 또한 토마스 모어(Thomas More)와의 문서 논쟁으로도 유명하다. 1529년 모어는 자신의 책 『이교도에 대한 대화』(Dialogue Concerning Heresies)에서 틴데일을 '잉글랜드 이단의 대장'이라고 공격했다. 2년 후 틴데일은 『토마스 모어 경의 대화에 대한 답변』(Answer to Sir Thomas More's Dialogue)으로 그의 공격에 답했다. 좀 더 긴 대답은 두 권 분량의 『논박』(Confutation, 1532-33)이라는 책에 실려 있다.

이 두 사람은 출발점이 달랐기에 합의점을 찾을 수 없었다. 모어의 경우, 진정한 교회는 역사적 가톨릭교회로, 로마와 함께 교류하며, 절대 오류가 없다. 그러므로 이 교회의 가르침에 반하는 사람은 누구나 이단일 수밖에 없다고 주장했다. 이런 사상 때문에 모어는 여러 '이단'을 화형에 처했고, 이런 믿음으로 스스로 화형대에서 불에 탈 준비도 되어 있었다.

반면, 틴데일의 경우, 진정한 믿음은 성경에서 찾는 것이며, 이 사실을 거부하면 어떤 교회든 상관없이 적그리스도 사상의 영향 아래 있는 것이라고 말했다.

틴데일에게 영향을 준 것은 무엇이었을까?

의심할 바 없이, 그는 르네상스 인문주의 영향을 받았다. 성경을 원어에서 번역하는 것에 대한 지대한 관심에서 이런 영향을 확인할 수 있고, 그가 최신 학문 도구들을 활용했다는 사실도 마찬가지다. 틴데일의 신약성경번역에 기본이 된 작품은 에라스무스의 헬라어 번역 성경과 새 라틴어 번역본(1516)이었다.

틴데일은 전반적으로 종교개혁가들의 영향을 받은 것이 명백하며, 특히 루터의 영향을 많이 받았다. 틴데일이 첫 번째 (불완전한) 신약성경번역판과 다른 몇몇 글에서 루터의 저작물을 적극 활용한 것에서 이런 영향력이 더 명확히 볼 수 있다. 그러나 틴데일은 루터의 단순한 제자가 아니라, 독립적인 사상가였다. 그는 루터와 비교해서 몇몇 중요한 차이를 보이는데, 언약관, 율법이 기독교인에게 영원한 의무를 부과한다는 입장, 루터의 성찬에서의 '실재'(real presence) 개념에 대한 반대 등에서 차이가 있었다. 가장 측정하기 어려운 부분은 위클리프와 롤라드파가 틴데일에게 얼마나 영향을 끼쳤냐 하는 점이다. 둘 모두 영어로 성경읽기를 매우 강조했고, 모두 이런 성경의 빛에서 로마교회에 대한 부정적인 결론을 내렸다.

참고문헌 | D. Daniell, *William Tyndale: A Biography* (New Haven & London: Yale University Press, 1994); J. F. Mozley, *William Tyndale* (London: SPCK; New York: Macmillan, 1937); C. H. Williams, *William Tyndale* (London: Nelson, 1969).

A. N. S. LANE

윌리엄 퍼킨스(William Perkins, 1558-1602)

청교도 신학자. 그는 1558년에 워릭셔(Warwickshire)에서 출생했다. 1581년에 케임브리지대학교의 크라이스트대학(Christ's College)에 입학하여 청년 시절 대부분을 이 학교에서 보냈다. 학생 시절 로렌스 체더턴(Laurence Chaderton) 밑에서 수학했다. 로렌스 체더턴은 당시 케임브리지를 특징지은 온건 청교도주의의 실질적인 지도자였다. 1584년에 석사학위를 취득할 즈음, (정확한 시기는 불분명하지만) 강한 종교적 회심을 경험했다. 이때 이전에 일어났다는 전설 같은 이야기가 멀지 않은 19세기 토마스 브룩스(Thomas Brooks)의 책에 담겨 있는데, 그는 윌리엄 퍼킨스가 회심 이전에는 동네 깡패들과 어울리며 놀았던 술주정뱅이라고 묘사했다. 그러나 퍼킨스는 회심 이후 그 지역 구치소에 수감되어 있는 죄수들에게 복음을 전파하기 시작했고, 얼마 지나지 않아 그레이트세인트앤드루스교회(Great St Andrew's Church)의 설교자로 청빙받아 1584년에서 1602년까지 강단을 지켰다.

그리고 1584년부터 크라이스트대학에서 연구원직도 맡았지만, 연구원은 결혼해서는 안 된다는 대학의 금지 원칙을 위반한 티모시 크레독(Timothy Cradocke)의 결혼식을 집례했다는 이유로 1595년에 연구원에서 물러나야만 했다.

퍼킨스는 1587년에 성만찬에서 떡과 포도주를 받을 때 무릎을 꿇는 행위를 거부했고, 1591년에는 장로교의 치리서를 상정한 1589년 대회에서 그가 맡은 역할로 인해 왕실 법정(Star Chamber)에 소환되기도 했다. 사실 이 자리는 변호를 위해서가 아니라, 기소를 위한 증인의 입장에서 참석한 것이었다. 사실 퍼킨스의 글 어디에도 장로교 교회론을 지지하는 입장을 표명했다는 내용은 없으며, 그의 전반적인 입장 및 이 주제 관련 이슈에 대한 태도는 좋게 말해도 폭넓은 실용주의를 넘지 않았다. 퍼킨스는 그레이트세인트앤드루스교회의 강단을 지키며, 그 시대의 가장 영향력 있는 설교 사역 중 하나를 펼치던 1602년에 숨을 거두었다.

퍼킨스의 신학은 후에 등장한 잉글랜드 및 네덜란드 개혁신학과 매우 유사한 특징을 가졌다.

첫째, 그의 신학의 보편성(catholicity)은 광범위한 원자료를 기반으로 한 것으로, 그는 교부 시대와 중세 시대, 동시대 저작들을 섭렵하여 인용한다. 신학 전통으로서의 청교도주의는 학문이라는 측면에서 조금도 분파주의적인 양상을 띠지 않았고, 오히려 이 사상이 탄생한 대학 배경을 반영하듯, 서방 교회 전통 전체를 광범위하게 활용했다.

둘째, 퍼킨스는 신학을 '영원토록 복되게 사는 것에 대한 학문'이라고 정의했는데, 여기서 그의 실천적이고 체험적인 관심사가 분명하게 드러난다. 이런 그의 실천적인 정의는 영향력 있는 제자 윌리엄 에임즈(William Ames)의 신학에 큰 영향을 주었고, 실천적인 경건이 신학적 숙고의 목적임을 강조하는 신학적 접근이었다. 이는 후대의 잉글랜드청교도 및 네덜란드 추가 종교개혁(제2의 종교개혁) 지도자들이 쓴 저작에 나타난 주된 특징이었다. 퍼킨스는 사후에 출판된 『양심의 문제에 대한 논문』(*Whole Treatise of Cases of Conscience*, 1606)에서 이 주제를 구체적으로 다루는데, 특정 윤리 문제 및 딜레마들을 연구하는 신학 이론인 결의론(casuistry)을 최초로 다룬 청교도 이론서 중 하나였다. 종교개혁이 개인 구원과 관련되어 평신도의 책임을 강조한 만큼, 목회자 문제 또한 심각히 다룰 필요가 있었다. 퍼킨스의 결의론은 종교개혁의 신학이 등장하며 제기한 새로운 질문들에 대한 하나의 영향력 있는 대답이었다.

신학 연구에서 개인적이고 정서적인 부분을 중시하는 퍼킨스의 신학은 그레이트세인트앤드루스교회의 목사로 사역하면서 얻은 개인적인 경험의 결과이자, 개혁신학이 기독교 신자의 일상에서의 갱신에 부합해야 하는 당위성에 기인한 것이었다. 또한, 그의 신학은 당시 잉글랜드국교회의 상황에 대한 그의 개인적인 생각을 반영한 것이기도 했다. 잉글랜드국교회는 16세기에 폭넓은 신학노선을 수차례 바꾸었고, 결국 엘리자베스 치세에는 광범위한 사회의 정치 및 종교적 필요에 대한 대답으로 엄격한 통일성과 획일성을 강요했다. 이런 종교, 정치적 상황에서 퍼킨스의 저작들은 그런 형식주의에 반대하여, 개인의 삶의 변화의 필요성을 강조하고, 생명력 있는 교회의 본질에 대한 개혁을 강조했다. 퍼킨스의 결의론과 성화 강조, 교회 정치 체제에 대한 다소 열려 있고 실용적인 태도는 이런 당시 사회 배경 속에서 해석되어야 한다.

셋째, 퍼킨스의 저작들에는 하나님의 영원한 목적, 성육신의 역사적 실재, 그리고 시간 속에서 일어난 인간의 구원 경험 간 관계를 둘러싼 심오한 문제들을 해결하려는 시도가 담겨 있다. 퍼킨스는 『황금 사슬』(*A Golden Chaine*, 1590)이란 책에서 하나님의 예정 안에 있는 기독교인의 삶을 도식화하려는 시도로 세간의 주목을 받기도 했다. 그는 고심에 고심을 거듭하여 간단하게 요약된 도식을 이 책에 수록했는데, 일면 테오도르 베자(Theodore Beza)의 『예정 도식』(*Tabula Praedestinationis*)을 기본으로 하여, 구원에 대한 자신의 생각을 그림 형식으로 표현했다.

이 도식에 대해 많은 이들이 다양한 평가를 내놓았는데, 그중에서도 세 가지는 짚고 넘어가는 것이 좋겠다.

첫째, 베자의 원 도식을 바탕으로 이를 더욱 발전시켜 신자의 삶의 모습을 다양한 요소로 세분화하여 표현했다.

둘째, 이 도식의 중심에는 그리스도가 자리 잡고 있는데, 이를 통해 신자들의 삶과 메시아의 삶을 연결짓는다. 이를 통해 베자의 것보다도 더 세밀한 도식을 완성하게 되었고, 이는 신학을 어떤 정적 관념으로서가 아니라, 계속해서 반추하고 발전시켜야 할 대상으로 보는 개혁주의 신학자들의 면모를 보여 준 것이라고 할 수 있다.

셋째, 가장 중요한 것으로, 베자의 도식과 이를 응용한 퍼킨스의 도식은 위로부터가 아니라 아래로부터 사슬을 연관시켜 읽어 나가야 한다는 것이다. 이는 곧 구원의 각 단계는 그 앞선 단계를 바탕으로 해야 이해할 수 있다는 것을 직관적으로 보여 주는 것이다. 그렇기에 작정에서 구원을 연역적으로 추론하는 것이 아니라, 오히려 그 반대임을 강조했는데, 칼 바르트가 자신의 『교회 교의학』(Church Dogmatics)에서 이 요점을 정확히 지적했지만, 퍼킨스 추종자 다수는 이를 놓쳤다.

그 요점이 중요한 이유는 퍼킨스가 베자의 신학을 그저 잉글랜드로 들여와서, 청교도주의를 교조적 체계로 바꿨다고 보는 학파의 입장과 완전히 배치되기 때문이다. 사실 청교도 신학은 언제나 너무도 절충적인 측면이 강하기 때문에 어느 한 사람이 변화를 이끌어 내기도 힘들 뿐더러, 역사적 정황에 맞게 문서들을 꼼꼼히 읽어 보면, 학계가 주장하는 이런 교조주의가 결코 존재하지 않는다는 사실을 알게 된다. 퍼킨스의 신학은 철저하게 반(anti)펠라기우스적이며, 네덜란드 신학자 야코부스 알미니우스의 신학에도 맹공을 퍼부었다. 그럼에도 그의 신학은 어떤 연역적이고 추론적인 의미에서도 교조적이지 않았다.

퍼킨스는 그가 살던 잉글랜드에서 당시 가장 영향력 있는 신학자였음은 의심의 여지가 없다. 그렇기에 잉글랜드에서든, 네덜란드에서든, 개혁 신학의 발전을 논하는 모든 논의, 그 지성 이야기의 중심부에는 반드시 퍼킨스가 있어야 한다.

참고문헌 | D. McKim, *Ramism in William Perkins' Theology* (New York: Peter Lang, 1987); R. A. Muller, *Christ and the Decree* (Grand Rapids: Baker Book House, 1986); P. R. Schaefer, 'The Spiritual Brotherhood on Habits of the Heart' (DPhil thesis, University of Oxford, 1994).

C. R. TRUEMAN

윌리엄 페니파더(William Pennefather, 1816-1873)

성공회(Anglican) 사제이며 복음주의적 에큐메니스트. 그는 1816년 2월 5일에 아일랜드 더블린(Dublin)에서 유명한 아일랜드인 변호사 리처드 페니파더(Richard Pennefather)의 아들로 태어났다. 어린 시절에는 더블린과 브리스톨(Bristol) 근처 트림(Trym)의 웨스트베리(Westbury)에서 교육을 받고, 1832년부터 1834년까지 웨스트모어랜드(Westmorland) 레벤스(Levens)에 있던 사제관에서 가정 교사 윌리엄 스티븐스(William Stevens)에게 교육을 받았다. 그는 잉글랜드 디스트릭트 호수(Lake District)의 풍경에 깊이 매료되었다. 윌리엄 페니파더는 1834년에 더블린에 있는 트리니티대학(Trinity College)에 입학했으나 건강이 나빠져서 학업을 중간에 그만두게 된다. 그러나 웨스트모어랜드와 아일랜드의 북쪽 해안에 있는 포트스튜어트(Portstewart)에서 요양하면서 건강을 점차 회복하게 되었다. 동시에 이곳의 어부들을 위해 성경을 가르치고, 아픈 사람을 돌보는 사역을 시작했다. 1837년에 윌리엄 페니파더는 학교로 돌아왔고, 3년 뒤 학사학위를 받았다.

그는 처음에 해외선교사로서 소명을 받았다고 느끼고 해외선교를 하려 했지만, 결국 아일랜드에서 목회를 시작했다. 윌리엄 페니파더는 카운티 카반(County Cavan)의 발리마추(Ballymachugh)에서 처음 부사제로 임명을 받고 무보수로 목회를 시작했다. 1841년에는 사제 서품을 받았다. 1844년에는 드로게다(Drogheda) 근처의 멜리펀트(Mellifont) 지역에서 사역을 시작했는데, 대기근이 발생한 1845년부터 1847년에는 굶주리고 가난한 가톨릭 교인들을 위해서 구제 사업을 활발하게 펼쳤다.

1847년에는 켄트(Kent) 앵글리(Angley) 출신의 해군 준장 제임스 킹(James King)의 첫째 딸 캐더린(Catherine)과 결혼했고, 그 이듬해에 잉글랜드의 에일스베리(Aylesbury) 근처 왈턴(Walton)에 있는 홀리트리니티(Holy Trinity)에서 사역했다. 당시 이 부부가 보여 준 삶은 매우 새로운 것이었다. 그들은 복음전도를 위해 모든 것을 헌신했고 얼마 되지 않는 월급으로 생계를 유지했다. 윌리엄 페니파더는 1852년까지 왈턴에 머물렀다가 이후 바넷(Barnet)에 있는 리빙오브크라이스트교회(living of Christ Church)에서 12년 동안 사역했다. 그가 마지막으로 사역한 곳은 아이슬링턴(Islington)의 마일드메이파크(Mildmay Park)에 있는 세인트쥬즈교회(St Jude's)였는데, 그곳에 부임한 지 9년이 되던 1873년 4월 30일에 숨을 거두었다.

윌리엄 페니파더는 건강이 좋지 않지만, 그가 보여 준 교회에 대한 열정과 헌신은 당시 잉글랜드와 아일랜드에 있던 기독교인과 사회에 큰 영향을 끼쳤다. 그는 매우 호소력 있게 기독교인이 복음을 따르기 위해서는 어떤 일을 감당해야 하는가를 전했고, 많은 교인이 이런 그의 설교를 듣기 위해 구름같이 몰려들었다. 그가 있었던 교회들에 워낙 많은 교인이 모이면서, 건물을 증축해야만 했다. 윌리엄 페니파더는 더 많은 교인이 성찬에 참여할 수 있도록 크고 작은 특별집회들을 조직했다. 세인트쥬즈교회 건물을 확장할 때는 더 많은 교인이 앉을 수 있는 좌석을 확장했고, 더 많은 사람이 함께 성찬식에 참여할 수 있도록 교회 건물 안에 편리한 통로를 만들었다.

또한, 그는 정기 기도 모임이야말로 교회를 역동적으로 만드는 것이라 믿었다. 왜냐하면, 이런 기도 모임을 통해 개인의 신앙 생활과 공적인 예배의 균형이 이루어진다고 생각했기 때문이다.

그러나 윌리엄 페니파더가 가진 목회에 대한 비전은 교회 안으로 사람들을 끌어들이는 것이라기보다 교회 밖으로 복음을 전파하는 것이었다. 그래서 그가 볼리머취(Ballymachugh)나 멜리펀트(Mellifont) 지역에서 목회할 때에는 교인을 각 지역으로 널리 퍼뜨려 오두막 같은 장소에 함께 모여 설교를 듣거나 기도 모임을 할 수 있도록 권장했다. 그는 이런 각 장소에서 교인을 개별적으로 만났고, 본 예배에서 나눌 수 없었던 신앙적인 교제를 하고 목회 활동을 발전시켰다. 당시 잉글랜드에서는 도시 교구들의 인구 밀도가 아주 높았기 때문에 윌리엄 페니파더는 이런 소규모 사역 활동이 목회에 도움을 줄 수 있다고 믿었다.

사실, 그의 목회 방식은 19세기 중반에 대규모 교구들이 공통으로 채택한 방법이었다. 그는 예배당을 구입하거나 건축하고, 전임 부사제를 채용했고, 평신도 사역자를 활용하여 다른 여러 지역에 있는 교인들을 위한 팀을 구성하여 이들이 본 교회에 방문하도록 도왔다.

그는 바넷과 마일드메이에서 목회하면서 교육을 중요하게 여겼기 때문에 주일학교나 어린 아이들을 위한 교회학교를 새롭게 설립하거나 확장했다. 또한, 성인 교육과 자기 계발을 위한 프로그램을 만들었다. 교회 안의 가난한 교인을 위해 겨울철 무료급식소와 노동자를 위한 쉼터를 설립하여 커피나 무알코올 음료를 대접하는 등의 사회 복지 사업을 했다. 그러나 무엇보다도, 윌리엄 페니파더는 기독교 공동체를 설립해서 가난한 사람이 함께 살 수 있는 공간을 만들고 싶었다. 그는 가난한 사람들이 단지 소비자가 되거나 다른 이들의 사역 대상이 되기를 바라지 않았다. 그의 전기에 나타나 있듯이, 윌리엄 페니파더는 교구 내에서 심방을 맡은 사람들이 결코 교회 밖 이웃을 위한 사역을 무시하거나 간과해서는 안 된다며 늘 신경을 썼다.

"교회 안에서 교구의 성장과 유지를 위해서 기계적으로 심방만 했다면 결국 가난한 이웃을 섬기고 사랑을 실천하는 중요한 교회 밖 사역은 무시될 수밖에 없다."

윌리엄 페니파더는 끈기 있게 개혁적인 목회를 전개해 나갔다. 한 예로, 그는 바넷 지역에 여성 집사들을 위한 공동체를 세워서 이들이 전체 교회 공동체를 위해 사역하도록 했다. 때로 사람들은 이것이 수녀원을 설립하는 것이나 다름없다고 의혹을 보내기도 했다. 그러나 그는 1860년에 최초로 여성 집사들을 위한 건물을 세우고, 1864년에 그 건물을 마일드메이 지역으로 이전하여, 이들이 상담과 심방을 담당하도록 했다. 이런 여성 집사들의 사역은 점진적으로 다른 지역까지 확장되었다.

윌리엄 페니파더의 목회는 그의 개인적인 신앙에 기반을 둔 것이었다. 그는 중도 복음주의자의 관점으로 목회를 했다. 그래서 어느 누구나 쉽게 접할 수 있는 비공식 모임을 만들어 개인의 신앙을 발달시키고, 그리스도와 인격적인 관계를 맺는 것을 도왔다. 그는 예언서 연구와 적용에 특별한 관심을 쏟았다. 그래서 자신이 직접 예언 연구회에 참석도 하고, 교구 내에 예언 연구회를 만들기도 했다. 한 전기 작가에 따르면, 윌리엄 페니파더는 '늘 지적이고 실천적으로 다시 오시는 왕을 기다리는 이들과의 만남을 즐거워했다.' 따라서 윌리엄 페니파더의 재림론은 복음주의적 에큐메니즘을 촉진했는데, 윌리엄 페니파더의 가장 유명한 대의가 바로 이것이었다. 그는 그리스도의 몸의 영적 일치가 가시적으로 구현되어야 한다는 생각에 몰두했다. 1856년에 그는 '개인 성화와 형제애'를 촉진하고, '주님의 역사에 대한 관심을 증진'시키기 위해 바넷에서 열릴 집회의 초청장을 보냈다. 두 번째 집회는 1858년에 열렸고, 이때부터 매년 열리는 집회가 되었다. 1864년에는 이 집회가 마일드메이로 이전해서 열렸고, 1867년에는 참석자를 수용할 2,500석 집회장을 새로 건축해야 할 만큼 인원이 늘었다. 집회의 성격이 계속해서 두드러지게 에큐메니컬적이었기에, 광범위한 영국의 복음주의자들에서부터 대서양을 건너 온 사람들까지 다양한 사람들이 모였다.

윌리엄 페니파더는 매개자 역할도 했는데, 예를 들어, 미국 복음전도자 D. L. 무디(D. L. Moody)를 영국에 소개하기도 했다. (윌리엄 페니파더의 급작스런 죽음 이후에는 아내 캐더린 페니파더가 이 모임을 헌신적으로 이끌었다). 이후 생겨난 케직사경회(Keswick Convention)로 인해 이 집회의 영향력이 다소 약해지기는 했지만, 윌리엄 페니파더가 조직한 집회는 20세기까지도 영국 복음주의에 큰 영향을 미쳤다. 그의 운동이 뜨거운 경건과 부흥을 특별하게 접목했기 때문이었다.

윌리엄 페니파더는 글을 쓰는 데 상대적으로 많은 시간을 투자하지 않았다. 그의 저작물 대부분은 설교나 연설이었다. 특별한 주목이 필요한 글은 『처음 태어난 교회: 기독교인의 일치에 대한 몇몇 생각』(*The Church of the First-Born: A Few Thoughts on Christian Unity*, 1865)으로, 여러 차례 인쇄되어, 집회에 초청받은 사람들에게 회람되어 읽혔다.

참고문헌 | R. Braithwaite, *The Life and Letters of Rev. William Pennefather B.A.* (London: J. F. Shaw, 1878).

M. SMITH

윌리엄 프랭클린 빌리 그레이엄(William Franklin Billy Graham, 1918-2018)

전도자. 그는 1918년 11월 7일에 노스캐롤라이나 샬럿(Charlotte) 근교에서 태어났다. 아버지 윌리엄 그레이엄(William Graham)과 어머니 모로 코피(Morrow Coffey)는 경영이 잘되어 성공한 400에이커 규모의 낙농장에서 아들을 키웠다. 농장은 빌리 그레이엄의 아버지와 삼촌 클라이드 그레이엄(Clyde Graham)이 그들의 아버지에게서 물려받은 것이었다.

빌리 그레이엄은 세 어린 오누이 캐서린(Catherine), 멜빈(Melvin), 진(Jean)과 함께 자랐다. 네 아이는 부모의 사랑, 엄격한 훈육, 도덕적 양육의 영향을 누리며 자랐다. 가족은 교회에 규칙적으로 나갔다.

처음에 이들은 근본주의 교단인 연합개혁장로교회(Associate Reformed Presbyterian Church) 소속이었으나, 후에 덜 엄격하고 덜 분리주의적이고 두드러지게 복음주의적인 샬럿의 주류 장로교회(남장로교회-역주)에 나갔다.

제2차 세계대전 이전 20년 동안의 사회 기준으로 볼 때, 그레이엄 가족은 상위 중산층(upper middle-class)에 속했다. 1930년대 대공황 시기에 낙농과 농장의 수입이 줄고 저축이 줄었다고는 해도, 아버지 윌리엄 그레이엄의 수입은 늘 많았다. 또한, 빌리 그레이엄과 동생들이 농장에서 오랜 시간 일했음에도 불구하고, 그들은 평균적인 노스캐롤라이나 사람들보다 잘 먹고 좋은 옷을 입었고, 큰 벽돌로 만든 집, 실내 비품들, 수도관, 좋은 차, 하인 같은 사치에다 농장과 낙농을 돕는 소규모 일꾼들도 고용했다.

그레이엄 가문의 풍요로움의 표지는 자녀 교육에서 찾을 수 있다. 이들은 종일반 공립학교에 다니라는 권고를 받았고, 공황기와 전쟁 기간 평균 미국 아이들보다 좋은 교육을 받았다. 남자는 자기 손으로 돈을 벌어야 한다고 믿은 빌리 그레이엄의 아버지가 모든 남자가 대학에 가야 한다고 확신하지는 않았다. 그럼에도 불구하고, 그레이엄의 어머니는 빌리에게 대학을 가라고 권했다.

실제로 어머니는 책과 교육을 사랑했다. 그녀는 십대 시절의 빌리 그레이엄에게 웨스트민스터 소요리문답을 외우게 했고, 전기와 선교역사에 대한 여러 책을 읽으라고 권하면서 아들이 독서를 좋아하게 만들려고 노력했다. 빌리 그레이엄은 스스로 마음에 둔 학교인 노스캐롤라이나대학교(University of North Carolina) 입학을 진지하게 고려했다. 그러나 어머니는 그가 이 주립대학에 갈 경우 기독교 신앙을 잃어버리지는 않을까 염려했다. 장로교회에서 유아세례를 받고 입교한 아들에게 어머니는 기독교 대학으로 진학하라고 권했다. 「무디 먼슬리」(*Moody Monthly*, 그레이엄의 어머니가 좋아한 간행물 중 하나였다)에 홍보된 여러 대학이 가진 장단점을 비교하던 중, 16살 생일 직전 빌리 그레이엄에게 중요한 사건이 하나 일어났다.

독립 전도자 모디카이 햄(Mordecai Ham)이 샬럿에 와서 일련의 설교를 전했다. 소위 '불과 유황불' 설교자('fire and brimstone' preacher: 죄와 심판, 지옥을 주요 주제로 삼은 설교자-역주)였던 햄은 사람들에게 자신의 죄성을 인정하고, 심판받아 영원한 지옥에 떨어지기 전에 그리스도 앞에 나와 자비를 간청하라고 도전했다. 어느 날 저녁집회에서 빌리 그레이엄은, 스스로 표현한 대로, 감정에 흥분되지 않은 깊은 숙고 끝에 죄를 고백하고, 자비를 구하므로, 자신의 삶을 하나님의 뜻에 맡기겠다고 '결단'했다.

이 결단 이후 빌리 그레이엄은 그리스도를 더 깊이 인식하게 되었지만, 목회에 대한 부르심을 확신하지는 못했다. 그럼에도 불구하고, 밥 존스(Bob Jones)라는 이름의 또 한 사람의 순회 설교자가 다음해에 샬럿을 방문했을 때, 그는 자신이 세운 비공인 성경학교 밥존스대학(Bob Jones College)이 학업에 소망을 품은 빌리 그레이엄 같은 기독교인이 다니기에 적합한 이상적 장소라며 빌리 그레이엄의 아버지를 설득했다.

1936년에 고등학교를 졸업한 빌리 그레이엄은 가족의 축복과 재정 지원을 받아 테네시 클리블랜드로 갔지만, 이곳 밥존스대학에서는 한 학기만 머물렀다. 1937년 1월 즈음에 이 학교의 좁은 근본주의와 엄격한 학칙이 빌리 그레이엄에게는 불편해졌다. 불편함을 감수하고 다닌 학기에 벌어진 일련의 상황 때문에, 그는 1936년 12월에 플로리다 탬파(Tampa)의 플로리다성경학교(Florida Bible Institute)를 방문한 일이 있었다. 1937년 1월에 이 학교에 등록한 그는 3년 반 만인 1940년 봄에 학교를 졸업했다.

빌리 그레이엄이 플로리다성경학교에서 보낸 기간은 그의 인생에서 가장 중요한 시기 중 하나였다. 이 학교는 당시 1년에 백 명이 채 안 되는 학생만 받았다. 분위기는 보수 복음주의였지만, 밥존스대학에는 없던 행복한 자유가 있었다. 전직 기독교선교연맹(Christian and Missionary Alliance, CMA) 소속 목사가 설립한 이 학교를 다니며, 빌리 그레이엄은 훨씬 다양하고 폭넓은 복음주의권에 속한 학생과 교직원, 객원 설교자들을 만났다. 기독교선교연맹, 감리교, 침례교 및 다른 교단 출신의 많은 학생들이 역사와 신학, 성경과 해석학을 한데 어울러 배웠다.

플로리다에서 학생으로 공부하는 동안, 빌리 그레이엄은 기독교선교연맹, 감리교, 침례교회뿐만 아니라 구조선교회(Rescue Missions)에서도 설교해 달라는 요청을 받았다. 이 시기에 그는 보편교회에 대한 더 폭넓은 시각을 배웠을 뿐만 아니라, 복음설교자로서의 전임사역에 헌신하라는 하나님의 분명한 부르심도 느꼈다. 1939년에 빌리 그레이엄은 남침례교단(Southern Baptist denomination)에서 신자로 침례와 안수를 받았다. 그의 설교 재능은 곧 학교 교수진 내 사려 깊은 인물들, 햇살과 휴식, 활력을 얻으러 탬파에 온 지도적 기독교 목회자들의 주목을 받기 시작했다.

1939년에 빌리 그레이엄이 설교하는 것을 들은 사람 중에 폴 피셔(Paul Fischer)라는 인물이 있었는데, 그는 일리노이 휘튼대학(Wheaton College)과 긴밀한 관계를 맺고 있었다. 피셔는 빌리 그레이엄에게 휘튼으로 가서 목회 경력을 준비하며 학위를 취득하라고 조언했다. 그는 심지어 빌리 그레이엄의 첫 해 등록금을 내주겠다고까지 약속했다. 빌리 그레이엄은 지원하고 합격했으며, 1943년에 인류학 학사학위를 받고 졸업했다.

빌리 그레이엄이 휘튼대학에서 보낸 시절(1940-1943)은 그에게 정말로 중요한 시기였다. 다양한 복음주의 전통에 속한 학생과 교직원을 만나며 그의 초교파적 에큐메니컬 시야가 훨씬 넓어졌다. 인문학 교육은 그의 세계관을 넓혀 주었고, 휘튼대학 총장 V. 레이먼드 에드먼(V. Raymond Edman) 박사의 격려 덕에 목회에 대한 헌신도 갱신하게 되면서, 휘튼의 다교파 독립교회인 유나이티드가스펠태버너클(United Gospel Tabernacle) 목사가 되었다.

대학에서 공부하고, 교회에서 설교하며, 빌리 그레이엄은 룻 벨(Ruth Bell)을 만났는데, 룻은 최근에 귀국한 중국 주재 (남장로교 의료-역주) 선교사 넬슨 벨 부부(Dr and Mrs L. Nelson Bell)의 딸이었다. 빌리 그레이엄과 룻은 휘튼에서 연애와 약혼을 하고, 함께 1943년 6월에 졸업한 후, 1943년 8월 13일에 노스캐롤라이나 몬트리트 소재 룻의 부모의 가정 공동체에서 결혼했다.

룻 벨 그레이엄은 중국선교현장에서 자랐다. 일평생 장로교인으로 성장한 룻은 빌리 그레이엄의 잦은 여행과 가족을 떠나 있는 상황에도 불구하고 헌신적으로 남편을 지원했다. 결혼 시작부터, 심지어 빌리 그레이엄이 일리노이 웨스턴스프링스(Western Springs)의 작은 침례교회에서 목회했을 때에도 그녀는 남편의 지속적인 타지역 설교 일정을 기꺼이 견뎌냈다. 룻 벨 그레이엄은 다섯 아이(버지니아[Virginia, 1945], 앤 모로[Anne Morrow, 1948], 룻 벨[Ruth Bell, 1950], 윌리엄 프랭클린 3세[William Franklin III, 1952], 넬슨 에드먼[Nelson Edman, 1958])를 낳았고, 노스캐롤라이나 몬트리트(Montreat) 근교 산맥에서 아이들을 키울 가정을 꾸리고, 자신의 강연과 저술 사역을 시작했다.

1943년에 신혼 여행을 다녀온 직후 빌리 그레이엄은 시카고 남서부 외곽의 일리노이 웨스턴스프링스 소재 제일침례교회(First Baptist Church)를 신실하게 섬기기 시작했지만, 이 젊은 목사의 마음이 목회사역에만 머물러 있는 것이 아님이 곧 분명해졌다. 그는 설교하기를 좋아했기에 집이나 병원 심방, 위원회 모임 등 어느 한 군데에 충분히 머물 수 없었다.

이 작은 교회는 자기 목사가 외부 설교 일정 때문에 교회를 자주 비우는 것이 점점 마음에 들지 않았다. 영향력 있는 집사 로버트 반 캄펜(Robert Van Kampen)이 빌리 그레이엄이 전도자로서 두드러진 재능이 있고 D. L. 무디(D. L. Moody)나 빌리 선데이(Billy Sunday)를 이을 운명의 사람이라고 지적하며 위원회를 대상으로 빌리 그레이엄을 변호했다.

반 캄펜의 말이 정확한 예언이었음이 입증되었다. 18개월 만에 빌리 그레이엄은 순회사역을 위해서는 자유로워야 한다는 것을 인식했다. 결국, 1945년에 제일침례교회를 사임했다. 그의 첫 번째 사역지에 교인 수와 예산이 늘었기에, 모든 이들과 좋은 관계를 유지하며 떠날 수 있었다. 사임 후에 빌리 그레이엄은 더 많은 시간을 여행과 설교, 시간제 시카고 라디오 복음방송 진행에 투자했다.

라디오와 설교를 통해 더 많은 사람들에게 광범위하게 노출되면서, 빌리 그레이엄은 소위 신복음주의('new' evangelicalism) 진영 내부에 자기 자리를 확보했다. 신복음주의는 보수 기독교 안에서 성장하던 운동으로, 근본주의자의 분리주의 입장을 비판했지만, 예수 그리스도의 복음을 국내외 선교를 통해 전하고자 하는 열정과 함께 성경 무오성에 대한 비타협적 견해를 유지했다.

시간이 지날수록 빌리 그레이엄은 좁은 교파주의와 종파주의와 결별의 수순을 강화했다. 그는 1945년 이후 하나님과 화평하게 되는 유일한 길은 예수 그리스도의 중재를 통해서만 가능하다는 것을 믿는 모든 종파 및 집단과 연대하여 복음을 전파한다는 명시된 목적을 갖고 번성한 초교파 조직들에 잘 어울렸다. 실제로, 30살이 되기 전에 이미 빌리 그레이엄은 보수 기독교인들 간의 더 확산된 에큐메니컬 연합의 분위기를 지지한 이들의 지도자가 되어 있었다.

빌리 그레이엄은 국내와 해외에 있는 젊은이들과 군인들에게 복음을 전하고자 하는 자신 및 여러 젊은 복음주의자 집단을 도와 달라는 전도자 토레이 존슨(Torrey Johnson)의 제안을 받았다. 빌리 그레이엄은 시카고에 본부를 둔 십대선교회(Youth For Christ, YFC) 창립 부회장(charter vice-president)이 되었는데, 순회전도를 이어 가면서 동시에 이 직책을 1950년까지 맡았다. 십대선교회와 함께 빌리 그레이엄은 유럽과 북미 전역에서 복음을 전하며, 영어권 세계에서 그 세대의 가장 재능 있는 전도자로 부상했다.

십대선교회와 함께 사역하는 동안 빌리 그레이엄은 또한 아이오와 소재 노스웨스턴대학(Northwestern College), 성경학교, 신학교의 총장으로도 재직했다. 1947년부터 1952년까지 이 직책을 수행하는 동안 그는 재정을 확보하고 젊은이들이 전임사역에 구비될 수 있도록 돕는 교육 프로그램을 찾는 것을 도왔다. 이 노스웨스턴 계열 학교들에서 사임하기 2년 전인 1950년에 그는 찬송 인도자 클리프 배로우(Cliff Barrows), 룻 그레이엄(Ruth Graham), 평생 친구 그래디 윌슨(Grady Wilson)을 포함한 일단의 책임자들과 함께 빌리그레이엄전도협회(Billy Graham Evangelistic Association, BGEA)를 결성했다. 빌리그레이엄전도협회의 탄생은 빌리 그레이엄의 부르심을 구체적으로 구현한 것이었다. 내규에 따르면, 그는 '모든, 어떤 수단이든지 다 동원하여 복음을 전해야' 했다.

두 달 간 매일 밤 열린 집회에 참석한 인원이 350,000명이 넘었던 1949년 로스앤젤레스 전도집회를 통해 빌리 그레이엄은 전국적으로 주목받는 인물이 되었다. 이어서 1950년 초에는 105,000명이 보스턴에서 그의 불덩어리 같은 설교를 들으러 모였다. 사우스캐롤라이나 컬럼비아(Columbia)에서는 거의 200,000명이 한 달도 채 안 되는 기간에 빌리 그레이엄의 설교를 들으러 집회에 왔고, 이후 3년간 미국의 각 도시에서 열린 집회에 경이적인 숫자의 사람들이 몰려들었다. 수백만 명의 사람들이 강당과 운동장을 가득 채우고 그의 설교를 들었고, 100,000명이 넘는 사람들이 그들의 삶을 향한 하나님의 부르심에 대해 '묻기' 위해 그의 초청을 받아들여 앞으로 나왔다.

1954년 초에 빌리 그레이엄은 런던으로 가서 세 달 만에 2,000,000명이 넘는 사람들에게 복음을 전했다. 런던에서 시작해서 북유럽과 서유럽으로 순회여행을 떠났다가, 그해 말에 다시 미국으로 돌아갔다. 1955년에는 전 유럽의 12개 도시를 방문해서 4,000,000명에게 복음을 전했고, 그중 100,000명의 구도자가 그의 초청에 응해 앞으로 나왔다.

1950년대 전도집회는 이후 거의 반세기 동안 전 세계에서 전달된 전도 설교 집회의 전주에 해당했다. 실제로, 20세기 말까지 빌리 그레이엄은 역사상 존재한 어떤 전도자보다도 많은 청중에게 현장에서 설교를 전했다. 거의 190개 나라와 영토에서 210,000,000명 앞에서 직접 복음을 전했고, 추가로 텔레비전, 라디오, 비디오, 영화, 책과 소책자를 통해서도 수를 셀 수 없이 많은 사람들에게 다가설 수 있었다.

설교사역은 주간 라디오 프로그램 '아워 오브 디시전'(Hour of Decision)으로 보충되었다. 또한, 빌리그레이엄전도협회(BGFA)는 150개 이상의 나라에서 175만 명이 매달 보는 공식 잡지 「디시전」(Decision)도 발행했다. 또한, 거의 140편의 영화를 제작한 월드와이드영화사(World Wide Pictures)도 관리했다. 빌리 그레이엄도 다수의 소책자를 써서 빌리그레이엄전도협회를 통해 출판했고, 다수의 베스트셀러가 포함된 열여덟 권의 책을 쓰기도 했다.

그는 자신이 성령의 전도자였기 때문에 엄청난 성공을 거둘 수 있었다고 말했다. 반세기 동안 수백만 명에게 설교하고, 해리 트루먼(Harry Truman)부터 아들 조지 부시(the second George Bush)에 이르기까지 모든 미국 대통령을 포함한 10여 개 이상의 나라의 정부 수반을 만나는 와중에도 놀라울 정도로 겸손한 태도를 유지했다. 그의 얼굴은 주요 잡지들의 표지를 장식했고, 일관되게 '전 세계에서 가장 존경받는 인물 열 명'에 들었다.

그를 가장 가까이에서 지켜 본 동료 모두는 그가 자신의 사역을 통해서 하나님이 영광을 받으시기를 진심으로 원한다는 것을 50년 이상 지켜보았다. 단순한 삶을 살고, 전도협회에서 많지 않은 봉급을 받고, 봉급보다 액수가 높은 모든 선물과 사례를 거절하고, 책의 인세를 모두 전도협회에 넘기는 등 성공에 따르는 전형적인 덫을 거절하기 위해 노력했다. 돈으로든, 성적(sexual)으로든, 평생 어떤 추문에도 휩싸인 적이 없었다. 마더 테레사(Mother Teresa)를 제외하고는, 부패로 비난받는 일 없이 그토록 세계적인 명성을 누린 기독교인이 20세기에는 없었다.

빌리 그레이엄을 비판한 사람도 있었다. 그는 로마 가톨릭과 함께 일하고, 심지어는 전도대회 기간 중 단상에 사제들과 함께 앉았다는 이유로 오래도록 개신교 근본주의자들의 가혹한 공격을 받았다. 1988년에 중국에 갔을 때는 그가 분명한 표현으로 공산당 지도자들을 비난하기를 거부하고, (그들이 보기에 정부의 꼭두각시에 지나지 않는 것 같은-역주) 중국의 삼자교회(Three Self Church)와 협력했다는 이유로 일부 진영이 그에게 십자 포화를 퍼부었다.

1980년대 중반에 소련과 루마니아 같은 다른 공산권 국가의 설교 초대를 받아들였을 때에도 우익의 비판이 불을 뿜었다. 가장 보수적인 칼빈주의 신학자들과 목회자들은 빌리 그레이엄이 존 웨슬리(John Wesley), 찰스 피니(Charles Finney), D. L. 무디, 빌리 선데이 같은 전도자들의 전통에 서서 사람들이 그리스도를 따르기로 '결단'할 수 있다고 믿고 있기 때문에 사람들을 그렇게 초청한다고 주장하며 그를 가혹하게 비난했다.

그러나 아마도 빌리 그레이엄 자신이 스스로의 가장 사려 깊은 비판자였을 것이다. 그가 지속적으로 유명 인사로 인기를 끈 이유 중 하나는 그의 투명함과 실수를 인정하려는 의지였다. 빌리 그레이엄은 여러 차례 자신이 공부를 더하고 설교를 덜했으면 좋았으리라고 말했다. 계속해서 순회여행을 다니며 설교하느라 교육을 더 받지 못한 것과 가족들을 돌아보지 못한 것을 슬퍼했다.

또한, 그는 자신이 심지어 정치 분야에서 자리를 얻는 유혹에 빠지는 지경에까지 이르면서 정치인들과의 교제를 즐겼다는 사실도 인정했다. 마찬가지로, 1950-60년대에 자신이 세상에 대한 하나님의 뜻과 미국의 외교 정책 목표를 같은 것으로 이해하며 혼돈한 것도 인정한다.

그러나 빌리 그레이엄은 아마도 현대 역사에서 가장 성공한 전도자라고 말할 수 있을 것이다. 현대 세계는 그의 사역 때문에 달라졌다.

참고문헌 | W. Martin, *A Prophet With Honor: The Billy Graham Story* (New York: Morrow, 1991); B. Graham, *Just As I Am: The Autobiography of Billy Graham* (San Francisco: Harper, 1997).

L. W. DORSETT

윌리엄 헨리 그리피스 토마스(William Henry Griffith Thomas, 1861-1924)

성공회(Anglican) 신학자이자, 작가, 국제집회 강연자. 그는 20세기 초의 위기 중에서도 영국, 캐나다, 미국의 복음주의운동에 큰 영향을 주었다. 토마스는 잉글랜드 슈롭셔(Shropshire) 오스웨스트리(Oswestry)에서 태어났다. 아버지는 토마스가 태어나기(1861년 1월 2일) 이전에 숨을 거두었고, 그의 실질적 보호자였던 할아버지가 소송에 휘말리게 되면서, 토마스는 14세에 학교를 자퇴하는 뼈아픈 경험을 했다.

이미 성공회 교구의 평신도였던 그는 1878년에 명백한 복음주의적 회심을 경험했는데, 이는 그의 평생 잊을 수 없는 경험이었다. 약 18개월 후에 성화(sanctification)를 경험했는데, 이는 그를 케직(Keswick)의 성결 가르침으로 이끌었다.

그의 영적인 열정은 그가 런던에 있는 친척의 사업장에 가서도 계속적으로 뜨거워졌다. 그는 명석한 학생이자, 밤에는 성경 그리스어를 공부하는 부지런한 학생이었다. 토마스는 지역 교구사제의 눈에 띄었는데, 사제는 토마스에게 자신의 교구에서 평신도 사역을 하게 하고 심지어 사례비를 지급하기도 했다. 그래서 그는 직장을 그만두고 교구사제를 돕다가 킹스대학(King's College) 3년 신학 과정에 들어가게 되었다. 학교에서 토마스가 뛰어난 성적을 얻자, 교장 헨리 웨이스(Henry Wace)가 그를 후원하기로 했다.

토마스는 1885년에 부사제로 안수를 받았으나, 1889년까지는 다른 사역지 배정을 거부했다. 1889년에는 선임 부사제로서, 옥스퍼드에 있는 복음주의적인 세인트올데이츠교회(St Aldate's Church)의 A. W. M. 크리스토퍼(A. M. W. Christopher)의 지도 아래 사역한 토마스의 학문적 능력은 더 넓은 교계에서 더 큰 빛을 발했다. 크라이스트처치(Christ Church)에서 신학 공부를 시작한 그는 34살에 신학사학위를 취득했다.

1896년에는 런던 포트만 스퀘어(Portman Square) 소재 개인 채플 사역 초청을 받아들였다. 이와 동시에 그는 심화 과정의 신학 공부를 시작했다. 몇 해는 행복했다. 토마스는 1898년에 결혼했고 이후 아버지가 되었다. 교회는 성장해서 세인트폴교회(St Paul Church, 1902)로 정식 인정을 받았다. 박사과정은 거의 마무리 단계에 접어들었고, 설교와 강의로 국내외의 이목을 끌게 되었다. 또한, 유명세를 이끈 첫 책으로, 신학과 기독교인의 삶을 복음주의적으로 해설한 『보편 신앙: 잉글랜드국교회 신자를 위한 지침서』(*The Catholic Faith: A Manual of Instruction for Members of the Church of England*)를 완성했다.

토마스의 학문적 업적은 그가 옥스퍼드에 있는 복음주의 잉글랜드국교회(Church of England) 위클리프홀(Wycliffe Hall) 학장으로 취임(1905)하면서부터 더욱 빛을 발했다. 『우리의 구속을 위한 성만찬』(*A Sacrament of our Redemption*)이라는 제목으로 즉시 출간된 성령에 관한 논문으로 옥스퍼드는 그에게 신학박사 학위를 수여했다. 위클리프홀에서 그는 많은 강의를 했고, 안수 과정에 있는 학생들에게 도움을 주었다. 토마스는 저술, 북미에서 행한 초교파 강연, 잉글랜드의 복음주의 성공회의 성장을 이끈 능력 등 일평생 다양한 경력을 쌓았다.

1910년에 학교 경영에 대한 부담을 느낀 토마스는 강의와 저술 활동을 좀 더 하고 싶다는 생각에 캐나다 토론토에 있는 또 다른 성공회 신학교(Anglican seminary)인 위클리프대학(Wycliffe College)의 초빙을 받아들여 그 학교의 신학과 교수로 취임했다. 9년 동안의 활동으로, 그는 북미에서 유명 인사가 되었다. 1913년 그는 프린스턴에서 스톤강연(Stone Lectures)을 했는데, 이 강연은 『하나님의 성령』(*The Holy Spirit of God*)이라는 제목으로 출판되었다. 그러나 토마스와 행정처 및 위클리프대학 이사회와의 갈등이 점차적으로 심화되면서, 복음주의 역사상 가장 놀랄만한 인사 참사 중 하나가 벌어졌다.

10개 항으로 되어 있는 특별 리포트를 준비한 위원회는 토마스가 대학의 이익이 아닌 자신의 입맛에 따라 대학을 좌지우지하려 한다고 고발했다. 1919년 초에 토마스는 답변서에서 상처받은 마음과 배신감에 대해 목소리를 높였다. 그는 자신이 연봉이나 사택은 형편이 없었지만 맡겨진 일은 기대 이상으로 해 냈다고 주장했다.

또한, 그가 도착하고 몇 년 동안이나 H. J. 코디(H. J. Cody)에게 할당되어 있던 신학 과목들을 가르치지도 못했다. 코디는 1907년 이래로 블루어스트리트(Bloor Street) 소재 세인트폴스교회 교구사제였고, 1909년 토론토 교구주교 선거에서 탈락했던 인물이었다. 토마스는 자신이 많이 노력했지만, 캐나다성공회 신자로 받아들여지기에 반대자들의 성에 차지 않았던 것이라고 생각했다. 그래서 그는 자신이 성공회 정치에 관여하기를 바라는 위클리프 진영에 속한 주요 기부자들의 초대에 응하기보다는, 교파와 나라를 상관하지 않고, 신학을 가르치거나 강의해 달라는 초대에 응했다고 주장했다.

토마스는 캐나다공공기도서(*Canadian Prayer Book*) 개정을 놓고 성공회 내 복음주의자와 가톨릭파(Anglo-Catholic)가 벌인 논쟁에 끼어들기를 원하지 않았다. 복음주의 진영과 고교회파와의 화해를 위한 마지막 몸부림이 있은 후, 토마스는 사임을 요구받았고, 결국 1919년 봄 학기를 마치지 못한 채 학교를 떠나게 되었다.

캐나다의 가장 큰 일간지들이 그의 사임을 다루었지만, 그의 명성은 그다지 해를 입지 않았다. H. J. 코디, 다이슨 헤이그(Dyson Hague) 등으로 즉석 출판위원회가 구성되어, 위클리프를 위해 가능한 공적 대응을 준비했다. 처음에는 신경이 곤두선 어조였지만, 마지막에는 예의를 차린 글로 전개되었다. 캐나다에서 토마스는 여전히 유명했기에, 그는 위클리프대학 교수로서 여러 곳을 여행하기도 했고, 전문가들은 그가 쓴 성공회 출판물들을 계속 칭송했다.

그러나 토마스는 일찍감치 미국 필라델피아로 이주해서 다양한 저술과 강연을 맡았는데, 여기에서 자신이 이전부터 지원했던 「더 선데이 스쿨 타임즈」(The Sunday School Times)를 편집하고, 미국의 성화운동에 기반을 둔 '승리하는 삶을 위한 집회'(Victorious Life conference)를 이끌었다. 그가 나중에 루이스 스페리 세이퍼(Lewis Sperry Chafer)를 비롯한 많은 사람들과 함께 댈러스신학교(Dallas Theological Seminary)가 된 복음주의 신학대학 설립을 후원하는 계획에 조력하게 된 것도 여기에서였다. 1920년에 중국과 일본을 방문하는 것을 시작으로, 핼리팩스(Halifax) 소재 킹스대학(King's College)을 방문하는 다양한 활동을 전개하던 1924년 봄, 그의 건강이 악화되기 시작했다.

그는 1924년 6월 2일 필라델피아에서 갑자기 사망했다. 사후에 『신학의 원리: 39개 신조 개론』(*The Principles of Theology: An Introduction to the Thirty-Nine Articles*, London: Church Book Room Press. 1930)이 큰 호응을 얻게 되면서, 이후 수십 년에 걸쳐 출판되기에 이른다.

의식적으로 종교개혁 전통을 고수한 온건파 성공회 복음주의자가 토마스를 가장 잘 묘사한 평가일 것이다. 그는 삶을 창의적인 연구보다는 전 세계의 교회를 위해 봉사하는 신학에 바치기로 선택한 인물로, 책임감이 강하고, 세계적으로 많은 독자를 보유한 학자였다. 그러나 그는 벤저민 워필드(Benjamin Warfield)만큼 보수적인 칼빈주의자도 아니었고, '승리하는 삶 운동'에 속한 열심당만큼 뜨거운 오순절주의자도 아니었다. 그리고 함께 동역하는 데 동의했던 찰스 스코필드(Charles Scofield)나 다른 이들만큼 열렬한 세대주의자도 아니었다. 논쟁을 좋아하기보다는, 놀랍게도 천성적으로 평화로운 인물이었던 그는 성공회 고교회파와 그리고 후에는 전투적 현대주의자라는 양극단을 공격하는 데 사용하기 위해 거친 언사를 아껴 두었다.

심지어 그는 그 후 정치도 피했고, 미국에서 근본주의-현대주의 논쟁이 일어났을 때에도, 함께 일했던 이들이 본질적인 것들이라 여겼던 역사비평, 성경 무오성, 혹은 과학 문제에 대해 '쉽볼렛'(삿 12:1-7에 나오는 사건을 빗대어, 어떤 특정한 집단이 다른 집단 또는 외부인을 구별해 내기 위해 사용하는 단어나 문구-역주; 그는 '청교도주의'를 비난했다)을 말하기를 거부했다.

제임스 오르(James Orr)나 P. T. 포사이스(P. T. Forsyth) 같은 온건한 보수주의자들을 계속 인용했는데, 토마스는 이들의 사상에 깊이 공감했지만, 그와 함께한 사람들과는 맞지 않는 사상가들이었다. 그에게는 성경에 나타난 그리스도가 절대적인 권위였다. 그러나 기독교는 무엇보다도 '영적'인 것이었다. 그는 또한 자신이 '합리주의'라 지칭한 빡빡한 지적 체계들과도 싸웠다. 이 체계들이 기독교 신자가 하나님의 진리를 영적으로 체험하도록 이끄시는 성령의 무한한 능력보다 인간 논리의 치명적 유한성을 우위에 두었기 때문이다.

참고문헌 | M. Guthrie Clarke, *William Henry Griffith Thomas*, 1861-1924: *Minister, Scholar, Teacher, Great Churchman* (London: Church Book Room Press, 1949); R. Lum, "W. H. Griffith Thomas and Emergent American Fundamentalism"(Ph. D. thesis, Dallas Theological Seminary, 1994); W. Katerburg, "W. H. Griffith Thomas: Anglicanism, Fundamentalism, and Modernity," in W. Katerburg, *Modernity and the Dilemma of North American Anglican Identities*, 1880-1950 (Montreal, London, Ithaca: McGill-Queen's University Press, 2001); Council Minutes, Archives, Wycliffe College, Toronto.

P. H. FRIESEN

Biographical Dictionary of Evangelicals

장 앙리 메를 도비뉴(Jean Henri Merle D'Aubigne, 1794-1872)

종교개혁을 연구한 역사가이자, 레베일(*Réveil*, 영어의 Revival에 해당하는 프랑스어로, 서부 스위스와 남부 프랑스에서 1814년부터 일어난 부흥운동을 지칭-역주)운동 지도자. 그는 제네바의 상류층 가문에서 출생하여 어린 시절에 제네바 최고의 학교들에서 수학하면서 장래에 신학을 공부하고자 했다. 스코틀랜드 부흥사인 로버트 홀데인(Robert Haldane)의 메시지를 접하면서, 1817년에 로마서와 여러 성경책을 연구한 후 결국 복음주의 신앙을 받아들였다.

계몽주의의 관심사들에 강한 영향을 받은 학교 수업 과정에 대한 반동으로, 그는 국제적인 복음주의 부흥인 레베일운동에 합류했다. 레베일운동을 함께했던 이들 중 일부가 제네바교회(Church of Geneva)를 떠나기도 했지만, 메를 도비뉴는 칼빈주의 전통에 헌신하면서, 원죄, 이신칭의, 그리스도의 신성 등의 핵심 정통 교리들과 16세기 개혁파 신조들에 대한 관심을 다시 불러일으키는 데 최선을 다했다.

23세가 되던 1817년 7월 3일에 그는 제네바교회에서 안수받았는데, 그의 복음주의 정신이 이 교회에서 완전히 용인된 것으로 보인다.

메를 도비뉴는 기독교에 대한 원대한 꿈을 갖고 있었기에, 교회 역사를 연구하고 사회 속에서 교회의 역할을 계속 연구하고 싶었다. 그는 새로 설립된 베를린대학교(University of Berlin)에 관심을 갖게 되었고, 그곳에 가서 이를 진행하기로 결정했다. 그는 조직신학자 프리드리히 슐라이어마허(Friedrich Schleiermacher)와 교회사가 어거스트 네안더(August Neander)의 강의를 즐겨 들었다.

메를 도비뉴는 이들의 자유주의 신학을 수용하지는 않지만, 이 두 사람의 사상은 평생 그의 신학에 큰 영향을 주었다. 그는 함부르크에 소재한 프랑스어를 사용하는 한 개혁파교회를 1818년부터 1823년까지 섬겼고, 1823년부터 1830년까지는 브뤼셀(Brussels)의 유명한 레글리즈뒤뮈제교회(L'eglise du Musee)를 섬기면서 다양한 교회를 경험했다. 이 교회에서 일하면서 그는 브뤼셀 지역의 상류층 가문뿐만 아니라 외국 대사 및 사업가를 대상으로 사역을 할 수 있었다. 이 사역 이후에는 네덜란드 왕 빌럼 1세(KingWillem I)의 궁정목사가 되었는데, 왕은 메를 도비뉴의 복음에 대한 영적 열정에 감동했다. 메를 도비뉴를 '영적 아버지'로 칭한 네덜란드의 궁정역사가 기욤 흐룬 판 프린스터러(Guillaume Groen van Prinsterer)를 만난 것이 바로 이 시기였다. 메를 도비뉴는 이 네덜란드인을 만나 수많은 편지와 글을 통해 계속해서 그에게 영적인 지도를 하게 되면서, 네덜란드의 레베일운동의 가장 중요한 지도자 중 하나로 부상했으며, 국교회에 속하지 않은 자유개혁교회들과 정통칼빈주의의 '반혁명당'(Anti-revolutionary Party)을 통해 영적, 정치적 갱신이라는 열매를 맺었다.

이 반혁명당의 운동은 후에 아브라함 카이퍼(Abraham Kuyper)에 의해 정점에 이르게 된다. 1830년에 프랑스에서 7월혁명이 일어나 그 여파가 브뤼셀까지 이르자, 벨기에는 네덜란드의 영향에서 벗어나게 되었다. 이에 메를 도비뉴는 고향 제네바로 돌아가서 새로 설립된 복음주의 신학교(Evangelical School of Theology)에서 학생들을 가르치기로 결정했다. 그는 또한 제네바교회(Church of Geneva) 내의 한 복음주의 회중(일명 오라투아(Oratoir), '설교를 하는 장소'라는 의미)을 섬기는 지도자 중 한 명이 되었다.

그러나 자유주의자들과 복음주의자들 사이에 갈등이 깊어지면서, 결국 제네바교회는 1848년에 분열을 겪게 된다. 자신이 이름 붙인 '복음주의적 보편성'(Evangelical catholicity)에 부단히 헌신했던 메를 도비뉴는 제네바의 복음주의협회(Evangelical Society) 의장이 되어, 프랑스, 벨기에, 네덜란드, 독일 지역의 지부들도 지도했다. 그는 영국에서도 유명한 강연자였으며, 1861년에 제네바에서 대규모로 개최된 복음주의연맹(Evangelical Alliance)의 주최자로서도 영향력을 발휘했다. 메를 도비뉴는 실천 분야에서 발휘한 지도력을 통해서 기독교 사회 복지 관련 운동도 지원했는데, 이 운동이 적십자(Red Cross)의 기초가 되었다.

논란이 있을 수 있지만, 메를 도비뉴는 19세기 영어권 독자들에게 가장 중요한 종교개혁 분야 역사학자였다. 역사에 관심을 가진 일반 독서 대중의 수가 극적으로 늘어나면서, 또한 개신교 신앙의 기원들에 대해 알기 원하는 욕구가 광범위해지면서, 16세기 종교개혁을 다룬 그의 책들이 엄청나게 열정적인 독자층을 확보했다. 2년 안에 이 역사책들의 제1, 2권이 영어로 번역되었고, 제3권은 프랑스어와 영어로 동시 출판되었다. 제4권은 영어로 쓰였다. 정보가 넘쳐나는 지금의 상황에서는 상상하기 힘들겠지만, 당시만 하더라도 종교개혁, 특히 존 칼빈(John Calvin)과 프랑스어를 사용한 종교개혁 인물들의 공헌에 대한 자료들이 매우 귀했다.

이 종교개혁 역사서들은 여러 권이 포함된 두 세트로 만들어졌는데, 첫 세트는 총 5권의 책으로 저술 및 편집(1835-1853) 되었고, 두 번째 세트는 8권으로 저술 출판(1863-1879)되었다. 메를 도비뉴는 이 외에도 거의 90편에 달하는 많은 저서와 논문을 발표했다. 이 중에서 주목할 만한 연구는 올리버 크롬웰(Oliver Cromwell)에 관한 것이었다. 그의 저작 중 대부분이 영어, 네덜란드어, 독일어와 이탈리아어로 번역되었다.

메를 도비뉴는 종교개혁가들의 이야기와 그 배경의 역사를 매우 극적이고 이해하기 쉬운 언어로 재구성했다. 그는 기독교의 역사를 '새로운 장'(new field)이라고 불렀다. 그의 관심사는 기독교 제도와 사건들을 상세히 서술하는 것뿐만 아니라, 인간의 마음과 겉으로 드러난 사건들 이면에 드러난 신의 섭리를 기술하는 것이었다. 그의 저술 형식은 당시의 낭만주의의 영향을 크게 받아 과거의 사건들을 생생하게 재구성하고자 노력했다. 그렇기에 독자들은 사건에 관계된 인물들과 그들의 감정을 생생하게 느낄 수 있었다. 낭만주의는 과거와 현재를 유기적으로 연결했다. 그래서 기나긴 역사적 사건들의 지나간 과거의 일이자 각 특징이 고유하다 해도, 이런 낭만주의적 서술을 통해서 하나의 연속성이 드러났다. 종교개혁 연구는 학문적 연구에만 머물지 않았다. 이 연구를 통해 과거의 신앙과 교리들의 본질들을 재발견하고, 이것들을 당대의 양식으로 번역하는 수단을 제공했다.

메를 도비뉴는 종교개혁의 전개 과정을 정확히 묘사하고 있을 뿐만 아니라, 이 역사를 통해 신이 계시하고 계심을 확신했다. 비록 성경의 신적 영감에 대한 그의 확고한 신념이 흔들리지는 않았지만, 그는 '역사 속의 하나님'(GOD IN HISTORY)이라는 명제를 강조했다. 메를 도비뉴는 자신의 연구를 통해 역사는 하나님의 영속적인 일하심의 장이며, 여기에는 영혼(아메*âme*), 인간의 행위, 감정, 생각에 대한 영적인 해석이 모두 포괄되는 것이다. 역사 지식은 현대의 독자로 하여금 이 세상에서 하나님이 어떻게 일하고 있는지를 이해하게 해 준다고 주장했다.

이런 명제들을 역사 연구에 응용한 메를 도비뉴는 양심을 통해서 모든 기독교인 안에서 역사하는 하나님에 대한 개인적 비전을 가지게 된다.

"기독교인의 양심은 신앙의 문제와 모든 인간 권력으로부터 자유롭다. 이 양심은 오직 하나님의 말씀에만 의존하며, 다른 권세에 빌붙지 않는다. 전통이나 교황이나 귀족이나 심지어 국가조차도 그 양심에 멍에를 지울 수 없다."

양심은 하나님이 준 선물이며 인간이 본래부터 갖고 있던 것이므로, 소통을 가능케 하며, 이어지는 수단으로 하나님의 계시를 역사를 통해 알 수 있다.

참고문헌 | J. B. Roney, *The Inside of History: Jean Henri Merle d'Aubigne and Romantic Historiography* (Westport: Greenwood Press, 1996).

J. B. RONEY

재커리 매콜리(Zachary Macaulay, 1768-1838)

노예제도의 폐지운동 지도자이자 시에라리온(Sierra Leone) 총독. 그는 1768년 5월 2일에 스코틀랜드 아가일셔(Argyllshire) 인버래리(Inverary)에서 태어났다. 재커리 맥콜리는 스코틀랜드장로교회(Church of Scotland) 목사의 아들이자 국회의원이던 복음주의자 콜린 매콜리(Colin Macaulay) 중장의 동생이었다. 그는 14살 되던 해에 한 글라스고우(Glasgow) 상인의 사무실에서 일을 배우기 시작했다. 16살에는 회계 장부 관리자로 자메이카(Jamaica)에 가서 일하며 재산 관리인으로 성장했다. 그러나 24살 되던 해에 재커리 매콜리는 서인도 제도의 노예제도 때문에 크게 마음이 상한 상태로 귀국했다. 귀국 1년 뒤인 1793년에는 누이의 남편 토마스 배빙턴(Thomas Babington)의 제안을 받아들여 서아프리카로 가서 토마스 클락슨(Thomas Clarkson)을 도와 시에라리온 통치에 참여했다.

시에라리온은 해방된 노예들이 아프리카 복음화의 기지 역할을 하는 새로운 모델의 기독교 공동체를 세우기를 희망하며 만들어진 신생 식민지였다. 시에라리온 실험은 불굴의 지도자 윌리엄 윌버포스(William Wilberforce)가 주도한, 후세대에 '클라팜당'(Clapham Sect)으로 알려지게 되는 일단의 부유하고 강력한 복음주의 성공회 신자들(Anglicans)의 발명품이었다. 이 비공식 모임에서 윌버포스는 마치 재능 있고 힘 있는 내각, 즉 재커리 매콜리와 국회의원 제임스 스티븐(James Stephen)이 보좌하는 수상이나 마찬가지였다. 이들은 노예무역에 종사하는 이들에게 소송을 거는 역할을 떠맡았는데, 재커리 매콜리는 해너 모어(Hannah More)와 함께 공적 관계 문제를 책임졌다.

시에라리온에서 재커리 매콜리는 곧 클락슨을 대신해서 총독직(1793-1799)에 올랐다. 이로써 다양한 범위의 활동, 예를 들어, 고문, 중재자, 판사, 서기, 교육자, 경리, 설교자의 역할을 감당해야 했다. 식민지 경영을 예산이 부족한 개인 회사가 박애적 목적으로 책임져야 했기 때문에 생활이 정말 힘들었다. 유럽 노예무역상들은 원주민을 잔혹하게 학대했다. 폭동을 일으키려 했던 해방노예들과는 함께 일하기 어려웠다. 더구나 프랑스인들이 1794년에 시에라리온을 쉽게 점령해 버렸고, 위협도 남겨 놓았다. 또한, 서아프리카의 말라리아는 많은 유럽인들에게 치명적이었다. 원주민들은 오랜 기간이 흐르면서 신체적으로 면역력을 갖게 되었다. 그러나 유럽에서 온 사람들은 상륙한지 몇 주 안에 죽는 일이 빈번했다.

이 모든 난제에도 불구하고, 재커리 매콜리는 상황을 이겨 내고 식민지에 어느 정도 번영을 가져다 주었다. 그러나 결국 몸이 완전히 망가졌다. 그는 귀국행 배로 서인도 제도로 가는 노예선을 타기로 결정했는데, 이로써 노예무역의 끔찍함을 직접 목격할 수 있었다. 영국으로 돌아온 그는 영국이 이 무역에 관여하는 모든 상황을 종결지을 수 있도록 모든 노력을 기울였다. 이를 위해 그가 가장 먼저 한 일은 약 25명 가량의 아프리카 아이들을 런던에 데리고 온 것이었는데, 여기서 재커리 매콜리는 이 아이들이 영국에서 교육받은 후 흑인선교사로 파송되어 서아프리카를 복음화하는 데 종사하기를 소망했다.

그러나 이들 대부분이 춥고 습한 기후에 적응하지 못했기 때문에 사망하고 말았다. 잉글랜드에서 재커리 매콜리는 시에라리온회사가 1808년에 영국 정부의 직접 관할 아래로 들어가기 전까지 이 회사 총무로 일했다. 이로써 시에라리온은 회사 소유의 식민지가 아니라 왕이 통치하는 식민지가 되었다.

재커리 매콜리는 아프리카와 합법적으로 무역할 수 있는 사업 통로를 찾으려고도 했는데, 이는 돈을 벌려는 것이 아니라 노예무역 대신 성장할 수 있는 경제 모델을 보여 주려는 것이 목적이었다. 그러나 부실한 사업 파트너 선정과 그의 무지 때문에 결국 파산으로 이어졌다. 친구 윌버포스가 1만 파운드를 빌려준 덕에 파산 후 몰락에서 겨우 벗어날 수 있었다.

재커리 매콜리가 힘을 쏟아부은 대의는 크게 세 가지, 즉 노예제도 반대, 박애와 자선, 잉글랜드국교회(Church of England) 내부 복음주의 세력 강화였다. 노예제도 폐지를 위한 연구 활동에 끼친 그의 영향력은 지대했다. 재커리 매콜리의 기억력은 비상했고, 연구 능력도 정밀했다. 열심히 연구하고 세세한 것에 집중한 덕에 그는 걸어 다니는 백과사전이 되었다. 친구들은 무엇이든 궁금한 것이 있으면 "재커리 매콜리한테 물어봐"라고 말하는 것이 자연스러웠다. 한 쪽 눈을 거의 실명했음에도 불구하고, 그는 거의 사진으로 찍어 내는 것 같은 기억력 덕분에 긴 보고서의 세세한 부분까지도 다 기억해 낼 수 있었고, 각 사실들을 더 큰 주제들과 연결시킬 수 있었다.

그러나 재커리 매콜리가 그저 연구자이기만 했던 것은 아니다. 그는 동시에 영국과 해외의 노예제도 폐지론자들과 광범위하게 편지를 교환했다. (프랑스어에 능숙했던 그를 윌버포스는 프랑스에 보내 노예제도 폐지운동에 관여하고 있는 프랑스인의 명단을 확보하게 했다). 비록 대중적인 연설가는 아니었지만, 펜을 효율적으로 사용해서 복잡한 사실 관계에 대한 해설을 포함하여, 사실에 기반을 둔 이야기를 사람들에게 알렸다. 또한, 조직을 구성하는 능력이 탁월했고, (그가 설립에 관여한) 노예제도반대협회(Anti-Slavery Society), 아프리카연구소(African Institute, 1807-1812) 같은 다양한 협회에도 이사로 참여했다. 노예제도를 반대하는 소책자도 많이 썼는데, 이 책자들은 영국 대중에게 이 일의 가치를 알리는 데 중요한 역할을 했고, 노예제도를 반대하는 운동가들이 의회에 수천 부의 청원서를 제출하는 일에 대중이 참여할 수 있게 했다. 노예제도를 반대하는 운동이 처음으로 큰 성공을 거둔 것은 1807년으로, 이때 영국은 통치 지역 내에서 노예무역을 금했다. 두 번째 승리는 훨씬 이후에 찾아왔는데, 1833년에 의회는 노예제도 자체를 아예 폐지해 버렸다.

재커리 매콜리는 다른 사람에게 엄격하고 농담도 하지 않는 극도로 수줍음이 많은 인물이었다. 노예제도 반대에 끼친 그의 큰 공헌은 무대 뒤에서 이루어졌다. 그는 국회의원이었던 적도 없었고, 윌버포스나 제임스 스티븐 같은 다른 유명 인사처럼 알려진 공인도 아니었다. 그럼에도 불구하고, 재커리 매콜리가 노예제도 폐지의 대의에 바친 기여의 중요성은 그의 적이 그를 어떻게 대했는지를 통해 확인할 수 있다. 재커리 매콜리는 서인도 제도 노예 소유주들의 대변지 역할을 하던 정기 간행물 「존 불」(*John Bull*)이 매주 퍼부은 쓰라린 비난의 대상이었다. 이런 공격에도 불구하고, 그는 결코 노예제도를 폐지하려는 움직임에서 물러서지 않았다.

재커리 매콜리의 박애와 자선에 대한 관심사는 광범위했고 종교적 헌신과 연결되어 있었다. (19세기 초반 잉글랜드에서는 '자선가'라는 단어가 자주 '복음주의자'라는 단어와 동의어로 인식되었다).

첫째, 종교적 헌신 중 가장 특별했던 것은 교육에 대한 관심이었는데, (빈민가 아이들에게 읽고 쓰기를 가르치려는 목적으로 세워진) 주일학교와 유아학교 확산에 깊이 관여했다. 런던대학교(University of London)의 설립 이사회에도 참여한 재커리 매콜리는 이 학교 경영에도 적극적으로 관여했다.

1815년에 그는 수학자와 농학자를 아이티(Hayti)에 보내 아이티 사람들을 교육시키려던 앙리 크리스토프(Henri Christophe) 왕의 정책을 돕는 계획에도 참여했다.

둘째, 또 다른 박애 사업으로는 감옥 개혁과 술집(public houses) 관련법 제정이 있었다. '공공 자선 단체 운영조사회' 위원으로 재커리 매콜리는 자신을 찾아 온 절망에 빠진 이들을 도와 달라는 요구에 반응할 준비가 늘 되어 있었다. 마침내 그는 왕립협회 회원(Fellow of the Royal Society, 영국에서 학문과 과학 발전에 크게 기여한 인물에게 주어지는 명예직-역주)으로 선출되는 영예를 얻었다.

셋째, 재커리 매콜리의 마지막 활동 영역은 잉글랜드국교회 내에서 막 태동한 복음주의 집단을 위한 노력과 수고였다. 그는 1802년부터 클라팜당이 발간한 영향력 있는 정기 간행물 「크리스천 옵저버」(*Christian Observer*)의 초대 편집자였다. 이 잡지의 목적은 복음주의 대의를 잉글랜드국교회 안에서부터 붙잡아 두고자 하는 소망하에, 잉글랜드의 중산층, 상류층 인사들에게 온건하고 문화적인 복음주의를 추천하려는 것이었다. 〔성공회 복음주의자들Anglican Evangelicals〕은 기존 성공회의 주도 세력의 눈에 믿을 수 없고 배신자에 가까운 열광주의자로 인식되었는데, 이는 이 집단이 비성공회 복음주의에도 공감하며, 따라서 잉글랜드국교회 내의 높은 직위에 있는 이들을 무시하는 이들로 여겨졌기 때문이었다〕. 14년(1802-1816) 동안 재커리 매콜리는 「크리스천 옵저버」의 무임 평신도 편집자로 일하며 이 잡지를 노예무역 폐지를 위해 활용했다. 재커리 매콜리 스스로 이 잡지에 글을 많이 썼을 뿐만 아니라, 잡지에 실린 모든 내용을 교열하고 편집했다.

재커리 매콜리는 19세기로 넘어가는 시점에 설립된 가장 중요한 세 복음주의 협회, 즉 영국해외성서공회(British and Foreign Bible Society), 교회선교회(Church Missionary Society), 신앙소책자협회(Religious Tract Society)의 주요 회원이었다. 헌신된 성공회 신자였던 그는 성공회 기도서(Prayer Book)와 이 기도서 사용을 늘리고 성공회 신학의 기반인 39개 조항(Thirty-Nine Articles)의 중요성을 강조하기 위해 설립된 설교협회(Homily Society)를 추천했다.

또한, 악억제협회(Society for the Suppression of Vice), 상인선원성서협회(Merchant Seaman's Bible Society) 및 여러 다른 단체 활동에도 관여했다. 안식일 준수를 촉진하고 주일신문 발간을 억제하기 위해서도 노력했다. 1813년에 재커리 매콜리는 개신교 선교사가 영국령 인도에 들어가는 것을 허용해 달라며 윌버포스가 주동한 의회 캠페인에서도 핵심 인사로 참여했다. 이 노력의 결과, 의회는 노예제도 반대 소요 당시를 떠올리게 하는 규모로 청원서 수천 부가 쇄도하는 상황에 맞닥뜨려야 했다.

재커리 매콜리는 1799년에 해너 모어에게 배운 학생이었던 셀리나 밀스(Selina Mills)와 혼인했는데, 이들은 시에라리온에서 재커리 매콜리가 돌아올 때까지 결혼을 미루고 있었다. 부부의 아들 토마스 배빙턴 매콜리(Thomas Babington Macaulay)는 국회의원이 되어, 1830년대에 영국의 인도 정책의 주요 입안자가 된다. 그의 손자가 매콜리 경(Lord Macaulay)으로, 유명한 영국 역사가다.

재커리 매콜리는 마음이 지극히 따뜻한 사람이었는데, 그의 비상하고 냉철한 지성 때문에 대중에게는 이 사실이 애매하게 느껴진다. 해너 모어는 재커리 매콜리가 '계몽된 정치인, 성경적 박애주의자, 정통이자 정확한 신학자, 경건하고 실천적인 기독교인'의 특징을 결합한 인물이라 주장했다. 재커리 매콜리는 1838년 5월 13일에 런던에서 사망했다.

참고문헌 | Viscountess Knutsford, *Life and Letters of Zachary Macaulay* (London: E. Arnold, 1900); *The Christian Observer* (1839), pp. 756-768에 실린 부고; Sir R. Coupland, *Life of William Wilberforce* (London: Collins, 21945), p. 203; J. Pollock, *Wilberforce* (London: Constable, 1977).

D. M. LEWIS

잭 윌리엄스 헤이퍼드 주니어(Jack Williams Hayford, Jr, 1934-)

목사, 저자, 교육자. 그는 캘리포니아 로스앤젤레스에서 태어났다. 캘리포니아 오클랜드 지역의 여러 복음주의 개신교회에서 성장한 헤이퍼드는 로스앤젤레스에 본부를 둔 작은 오순절 교단인 국제사중복음교회(International Church of the Foursquare Gospel[ICFG], 한국에서는 대한예수교복음교회로 대전에 본부가 있다-역주)에 가입했다. 그는 이 교단의 성경대학인 라이프(LIFE, Lighthouse of International Foursquare Evangelism의 약자, 따라서 한국복음신학대학원대학교[건신대학원대학교]도 공식 영문 표기가 Asia LIFE University임-역주)에 다녔다.

이 학교에서 네브라스카(Nebraska) 출신의 동료 학생이자 이 교단의 평생 교인이던 애나 스미스(Anna Smith)를 만나 결혼했다. 애나는 남편의 여러 사역에 함께한 실력 있는 동역자였고, 네 자녀를 낳았다. 1956년 졸업 후 부부는 인디애나(Indiana)로 이동하여 사중복음교회에서 사역하던 중에 청년사역에 대한 열정을 확인했다. 1960년에 로스앤젤레스로 돌아온 헤이퍼드는 교단의 전국청년사역(National Youth) 디렉터가 되었다. 1965년에는 라이프의 학생처장이자 교수 요원으로 임명되었다.

헤이퍼드가 성장하는 데 필요한 환경을 제공해 준 이 작은 오순절 교단의 설립자는 전도자 에이미 셈플 맥퍼슨(Aimee Semple McPherson, 1890-1944)이었다. 교단의 핵심 메시지는 사중복음의 네 기둥을 상징하는 것으로, 각각 그리스도는 구원자, 성령으로 세례를 주시는 자, 치료자, 곧 다시 오실 왕이었다. 미국 복음주의의 전체 배경에서 볼 때 이 교단의 영향력과 색깔은 미미하고 온건했다. 가장 독특한 특징은 열정적인 선교프로그램, 그리고 자주 언급되는 고전적 오순절 교단들에 비해 초교파 협력 활동에 더 열려 있는 태도를 보여 준 것이다.

모든 사중복음교회 예배당에는 히브리서 13:8인 "예수 그리스도는 어제나 오늘이나 영원토록 동일하시니라"가 적혀 있다. 이 유산이 헤이퍼드를 형성했고, 또한 그의 사역의 배경이 되었다. 1969년에 헤이퍼드는 벤나이즈제일사중복음교회(First Foursquare Church of Van Nuys)라는 교인 18명이 남아 있는 쇠퇴하는 교회의 목사로 청빙받았다. 원래는 임시목사직을 수락했지만, 곧 전임으로 교회에 열정을 쏟아부었다.

헤이퍼드는 교실에서 강단으로 자리를 옮겼고, 행정 분야의 재능을 지역 교회에서 발휘했다. 이름을 '처치온더웨이'(The Church on the Way, 길 위의 교회)로 바꾼 이 교회는 헤이퍼드의 지도 아래, 그가 2000년에 은퇴하기 직전, 활동 교인이 10,000명이 넘는 교회로 성장했다. 이 바쁜 와중에 라이프성경대학(LIFE Bible College)의 총장직(1976-1982)도 맡았다.

헤이퍼드의 영향력은 소속 교단의 범위를 훌쩍 넘어섰다. 여러 형태의 기독교가 '성령충만'에 대한 새로운 관심으로 떠들썩하던 시기에 그는 유명 인사로 떠올랐다. 정체성 형성기에 전통적인 오순절운동(Pentecostalism)에 헌신한 그는 은사주의운동(charismatic movement)으로 알려진 새로운 사조도 수용했다. 은사주의 예배에 관심을 가진 교인들에게는 실제 경험도 할 수 있게 해 주었다. 설교와 저술 기회는 헤이퍼드를 이 성장하는 운동의 유명 인사로 만든 날개였다. 그가 빠른 속도로 국제적인 명성을 획득하자, 처치온더웨이는 가수 팻 분(Pat Boone)을 비롯한 유명한 캘리포니아 사람들뿐만 아니라 엄청난 방문자들이 다녀가는 장소가 되었다.

설교와 저술을 통해 헤이퍼드는 40개 이상의 나라에 알려졌다. 이스라엘과 중동으로 연구 여행팀을 데리고 가는 프로그램도 인기가 있었다. 미국 전역 50개 주와 여러 나라에 송출되는 라디오 혹은 텔레비전 방송에도 출연했다. 작곡에도 재능이 있었다. 그가 지은 수백 편의 찬송 중 가장 유명한 것은 아마도 1981년에 만든 '위엄'(Majesty)일 것이다. 헤이퍼드는 예배와 성령의 은사에 대한 분명한 견해를 갖고 있었고, 부분적으로는 오랜 강단 경험 때문에 목회자들의 스승과 멘토로도 널리 존경받았다.

『영적 언어의 아름다움』(The Beauty of Spiritual Language, 그가 여기서 방언이 성령세례의 증거라고 주장하지 않았기 때문에 일부 오순절 신자들에게 논쟁이 되었다)은 아마도 이 특정 오순절운동 요소의 의미를 그것을 실천하는 사람이 설명한 책 중 가장 좋은 책이 아닐까 한다. 1987년에 헤이퍼드는 초교파 성경연구 센터인 킹스대학(The King's College)을 설립했다.

1997년에 세워진 잭헤이퍼드목회양육학교(The Jack W. Hayford School of Pastoral Nurture)는 한 주짜리의 집중 세미나로, 담임목사들을 위해 마련된 프로그램이었다. '단기 목회 양육 지역 학교'(Shorter Regional Schools of Pastoral Nurture)는 전국의 목회자들에게 용기를 주었다. 1999년에 세워진 킹스신학교(The King's Seminary)는 21세기의 '성령으로 세워진 교회'를 위한 지도자들을 준비시키기 위해 존재했다. 리빙웨이선교회(Living Way Ministry)는 전 세계의 목회자들이 들을 카세트테이프 강의를 만들어 배포했다.

오래도록 헤이퍼드는 사중복음교회, 국제 오순절 공동체, 은사주의 및 독립오순절운동 진영과 다양한 복음주의 집단에서 명성을 쌓았다. 그는 로잔세계복음화대회(Lausanne II Congress on World Evangelization), 전미종교방송협회(National Religious Broadcasters' Association), 오순절세계대회(Pentecostal World Conference), 전미복음주의협회(National Association of Evangelicals), 복음음악협회(Gospel Music Association), 빌리그레이엄전도협회(Billy Graham Evangelistic Assocation)의 전도학교(Schools of Evangelism), 국제순복음실업인회(Full Gospel Business Men's Fellowship International), 프라미스키퍼스(Promise Keepers, 남성 기독교인 집회-역주) 같은 조직에서 설교하고 연설했다.

「미니스트리 투데이」(Ministries Today)와 「크리스채너티 투데이」(Christianity Today)의 「리더십 저널」(Leadership Journal)의 선임 편집고문으로 일한 것으로도 알 수 있듯이, 광범위한 목회자들이 헤이퍼드의 청중이자 독자였다.

또한, 그는 토마스넬슨출판사(Thomas Nelson Publishers)가 발간한 인기 있는 『성령충만한 삶』 출판 목록의 총편집자이기도 했다. 지칠 줄 모르고 일하는 열정의 인물 헤이퍼드는 전통적인 오순절 교단들과 은사주의 기독교를 망라하는 여러 조직들의 대규모 네트워크를 만들었다. 이 국제적인 복음주의 하부 문화 내에서 그의 영향력은 막강하며, 여기에 관련된 사람들의 책임 있는 대변자로 널리 인정받는다.

참고문헌 | J. W. Hayford, *The Church on the Way: Learning to Live in the Promise of Biblical Congregational Life* (Old Tappan: Fleming Revell Co., 1983).

E. BLUMHOFER

저비즈 번팅(Jabez Bunting, 1779-1858)

웨슬리파감리교 목사. 그는 1779년 5월 13일에 맨체스터의 재봉사 윌리엄 번팅(William Bunting)과 그의 아내 메리 레드펀(Mary Redfern)의 독자로 태어났다. 어머니 메리는 웨슬리파 경건의 모범 같은 인물이었지만, 아버지는 아들을 두 곳의 유니테리언파(Unitarian) 학교에 보내고 그 도시의 유니테리언파 지도자인 의사 토마스 퍼시벌(Thomas Percival)의 제자가 되게 할 정도로 급진적이었다. 결국은 저비즈 번팅이 전문 의료계에서 일할 수 있는 길을 열어 주겠다고 한 퍼시벌의 제안을 거절하고 웨슬리파 목회자가 되는 길을 선택하기는 했지만, 그는 4년 동안 퍼시벌을 위해 즐겁게 봉사했고, 셋째 아들에게 스승의 이름을 붙이기도 했다.

1799년에 목회를 위한 시험의 일환으로 저비즈 번팅은 다른 부흥사들과 함께 설교하기 시작했다. 1801년 매클스필드(Macclesfield)로 임명받은 저비즈 번팅은 여전히 부흥을 갈망했다. 시야를 근본적으로 바꾸어, 이후 저비즈 번팅의 인상이 된 권위적 인물로 탈바꿈하게 하게 한 계기가 바로 매클스필드 발령이었다. 여기서 그는 크리스천부흥파(Christian Revivalists)라는 이름으로 분리를 준비하면서 같은 뜻을 품고 있는 리즈(Leeds)와 맨체스터(Manchester)의 신자들과 합하려고 하던 한 무리와 충돌했다.

이후 저비즈 번팅은 강압적인 교회 질서와 치리와 타협 없는 부흥운동을 추진하는 인물이 되었다. 그러나 그는 동시에 저명한 설교자이기도 했고(1812년에 교리 표준으로서의 이신칭의에 대한 설교를 해 달라는 요청을 받기도 했다), 탁월한 설교 능력 덕에 교단에서 제일 좋은 대도시 순회단에 자리를 얻기도 했다. 저비즈 번팅은 또한 행정가로서의 명성 역시 빠르게 획득했다.

1803년에 처음으로 런던으로 발령받은 그의 역할은 해외선교와 교단의 도서관(Book Room)을 질서 있게 경영하는 것이었다. 1806년에는 교단 총회의 부총무가 되었고, 1814년에는 총무가 되었다. 행정과 치리는 저비즈 번팅의 마음에 늘 밀접하게 연결되어 있어서, 그에게 치리는 '말씀 선포, 성례 집전, 그리고 그리스도가 동일하게 제정하신 제도'였다.

이 교리는 나폴레옹전쟁 직후의 사회적 여파 속에서 사람들에게 가장 호소력 있게 받아들여졌다. 아내와 자식들을 부양해야 하는 책임을 진 기혼 설교자들의 수가 급속하게 배가하고, 전후 경제 불황으로 각 교회의 빚이 갑작스레 늘어나면서 엄청난 재정 위기가 촉발되었고, 이는 사회 불안과 정부에 대한 대중의 불신으로 이어졌다.

러다이트운동(Luddism, 19세기 영국 산업 혁명기의 기계파괴운동-역주)의 노골적인 반대자이자, 1811년에 관용령(Toleration Act, 1689년에 제정된 법으로, 비국교도의 예배 자유를 보장했다-역주)의 시행 범위를 제한하려 했던 시드머스 경(Lord Sidmouth)의 시도에 저항하는 운동을 성공적으로 이끈 저비즈 번팅은 웨슬리파 목회자들이 이해하고 받아들일 수 있는 강령에 기반을 둔 전투를 치를 의지를 보인 지도자로서 그들에게서 안정된 지도권을 확보했다. 재정 지시 등 중앙에서 내려오는 지시와 목회자가 부과하는 순회단 치리는 구원에 이르는 길이었다.

저비즈 번팅이 이 프로그램을 떠받치는 이상을 확립한 것은 「리버풀 미니츠」(*Liverpool Minutes*) 대표(1820)를 역임하면서였다. 이 이상은 복음주의적이고, 복음전도적이며, 목회적이고, 효율적이며, 가부장적이며, 올곧은 목회의 개념을 세웠다. 저비즈 번팅의 친구들, 특히 리처드 왓슨(Richard Watson)과 존 비첨(John Beecham)은 목회직(Pastoral Office)이라는 고(high)웨슬리파 이론을 계발함으로써 이 개념에 교리적 기반을 제공했다. 이 관점에 근거해 웨슬리가 가졌던 교단에 대한 통치권을 교단의 대회가 구현했으며, 지역위원회들은 웨슬리의 일상 감독권을 계승했고, 감독(superintendents)들은 양떼를 관리하는 역할을 지역별로 계승했다.

더구나 이 감리교 교회론은 신약성경에 뿌리를 둔 것이었다.

"그리스도는 모든 목회자직을 채우시고, 그의 권위를 목회자들에게 이양하신다. 사역에 전적으로 자신을 바치는 목사는 양떼를 먹이고 다스려야 한다. 지역 설교자나 속회 지도자 같은 이들이 가치 있는 영적 역할을 감당하고 있음에도 불구하고, 그의 권위를 지역 설교자나 속회 지도자 같은 이들과 나눠서는 안 된다."

저비즈 번팅은 이 이론을 실천에 적용했다. 신학교 훈련(1834-1835)과 선교훈련원(둘 다 저비즈 번팅이 교장이었다)을 마친 후에는 머리에 손이 놓인 채 안수가 행해졌으며(1836), 성직자 예복을 입게 되었고, 결혼식은 가운을 입고 집전하였다. 이런 이론적, 실천적 면의 발전으로, 이를 수용하지 않으려 했던 이들의 입장이 더 급진적으로 변했다. 교단 재정의 확충에 절대적으로 기여한 수많은 북부 대도시 지역 순회단에서는 부유층 감리교도들이 교외로 이주함으로써 그들이 옛 도시 예배당에서 누리던 영향이 상실되었고, 목회자들은 새로이 정비된 권위 주장과 저비즈 번팅에게서 오는 지원이 없으면 거의 후원을 받을 수 없게 되었다.

처음으로 큰 갈등이 발생한 지역은 리즈였는데, 주일학교 분열에 대한 논쟁이 곪아 터져서 마침내 브룬즈웍채플(Brunswick chapel)에 오르간을 설치하자는 제안을 놓고 벌인 논쟁으로 이어졌다. 저비즈 번팅이 이사회를 제외한 모든 지역 권위 체계에 반대하며 반복적으로 개입한 것은 지혜롭지 못한 행위인데다 아마도 불법이었던 것 같다. 또한, 그는 범죄 평결을 내릴 수 없는 지도자회(Leader's Meeting) 앞에서, 재판도 없이 수많은 회원들을 추방하기까지 했다.

리즈개신교감리교도들(Leeds Protestant Methodists, 쫓겨난 사람들이 자기들을 부른 이름)에게 감리교 개혁의 핵심은 이제 중앙 집권에서 벗어나 순회단의 권리를 방어하는 것이었다. 그들은 1년에 한 번 목회자들을 선출할 권리를 가진 순회단 분기별 모임(circuit Quarterly Meeting)에 권위가 있다고 주장했다. 따라서 권력은 위에서 아래로 내려오는 것이 아니라 아래에서 위로 올라가는 것이었는데, 이 개념은 고웨슬리파(high Wesleyans)에게는 혐오스러운 것이었다.

새로운 제도화(institutionalization)에 대한 '저'감리교회('low' Methodists)의 적대감은 주일학교에 대한 그들의 애정, 완전 금주제 채택(또 하나의 반교파 대의), 전도를 통해 은혜를 부어주는 기관으로서의 감리교의 비전, 중앙 정부에 대항하는 영국의 각 주들(provinces)의 부상에 근거한 정치적 자유주의로 표현되었다.

저비즈 번팅이 의도한 목회자 직분의 권위가 감리교의 이러한 대안 모델을 포용할 수 있었을까? 위의 사건은 여러 중요한 측면에서 그렇지 못했음을 입증하였다. 1830년대에 수많은 작은 분열이 있었을 뿐만 아니라 신학교를 저비즈 번팅이 장악한 것에 반대한 워런 박사(Dr Warren)

가 주도한 더 큰 규모의 분열도 있었다. 1840년대의 사회 위기는 더 중대한 문제를 초래했다. 옛 교단이 주류에서 이탈하는 듯 보였던 반면, 원시감리교회(Primitive Methodists)는 여전히 급속하게 성장했다. 새로운 정책들이 요구된다는 것은 대개 동의했지만, 그 정책이 어떠해야 하는지에 대해서는 의견이 일치되지 않았다.

1849년에 세 명의 목사 에버리트(Everett), 던(Dunn), 그리피스(Griffith)가 '저비즈 번팅 박사의 통합 통치 시스템'에 반대하는 소책자를 만들었다는 의혹을 받고 쫓겨나자, 이들은 신자 50,000명, 약 20개의 주일학교를 데리고 나와, 수년간 정상적으로 교인을 모을 수 있는 옛 교단의 의욕과 능력을 불능 상태로 만들어, 결국 전체 회원 숫자를 3분의 1 수준으로 떨어지게 만들었다. 설교자들의 제왕 저비즈 번팅은 1852년에 교단장 자리를 15번째 맡게 되었지만, 이런 위기에서는 그도 더 이상은 싸움에 뛰어들지 못하고 빠르게 지쳐 갔다. 그는 1858년 6월 16일에 사망했다. 그가 주장한 권위를 시행하는 데서 생긴 갈등이 많은 동료들이 그랬던 것처럼 저비즈 번팅에게도 손해를 입혔다는 것은 의심의 여지가 없다. 그는 더 이상 글을 쓸 수 없었고, 설교 횟수도 줄었으며, 교단 총회에서처럼 강단에서도 자주 열정만을 의지했다.

그는 1804년에 결혼한 아내 새라 매클라디(Sarah Maclardie)에게서 세 딸과 네 아들을 얻었다. 아내는 활기찬 여인이었지만, 1835년에 죽었다. 1837년에 저비즈 번팅은 전남편이 목사였던 과부 마틴 여사(Mrs Martin)와 행복한 재혼을 했지만, 그녀가 가족의 생명과 영혼을 대체할 수는 없었다. 저비즈 번팅의 성품은 점점 더 그가 맡은 직책에 함몰되어 갔다.

더구나 그의 정책은 모조리 실패했다. 1830년대 초반, 저비즈 번팅은 잉글랜드국교회(Church of England)가 국교 지위를 잃지 않으리라는 것을 직관으로 강하게 감지하고, 국교회에 반대하는 운동을 중단했다. 이로 인해 옥스퍼드운동가들(Tractarians)의 비난을 받았다.

스코틀랜드에서는 복음주의 세력을 통해 감리교에 대한 지원을 확보하기를 기대하면서 토마스 차머스(Thomas Chalmers)를 지지했다. 그는 대분열(Disruption, 1843년에 스코틀랜드자유교회가 스코틀랜드장로교회를 떠나 총회를 결성한 사건-역주) 시기에 '성직자 이천 명이 동일한 방식으로 잉글랜드국교회를 떠날 것'을 감리교총회에서 예언했다. 그는 개신교 땅으로 기부된 메이누스(Maynooth)를 놓고 경쟁하다가 다시 공개적인 실패를 맛보기도 했다. 캐나다감리교를 미국감리교와는 달리 잉글랜드감리교의 영향 아래 연합시키려는 시도를 반복했지만, 결과가 좋지 않았다. 옛 감리교 경험주의(Methodist empiricism)를 대신해 목회직(Pastoral Office)을 정착시키려던 저비즈 번팅의 이론상의 시도는 실제로 감당할 수 있는 수준 이상의 것을 목회자에게 요구했기에 결국 실패로 돌아갔다.

참고문헌 | T. P. Bunting, *The Life of Dr Bunting* (London: Longmans, 1859); W. R. Ward, *The Early Correspondence of Jabez Bunting 1820-1829* (London: Royal Historical Society, Camden Series, 1972); *Early Victorian Methodism: The Correspondence of Jabez Bunting 1830-1858* (Oxford: OUP, 1976).

W. R. WARD

제리 F. 폴웰(Jerry F. Falwell, 1933-2007)

침례교 설교자이자 텔레비전 전도자. 그는 그의 가문이 남북전쟁 이전부터 정착해 있던 버지니아 린치버그(Lynchburg)에서 태어났다. 아버지 캐리 폴웰(Carey Falwell)은 무신론자인 부유한 사업가였고, 알코올 중독으로 간경변에 걸려 1948년에 죽었지만, 죽기 며칠 전에 죽어가던 침상에서 회심했다. 어머니 헬렌 비슬리 폴웰(Helen Beasley Falwell)은 주부이자 경건한 침례교인이었다. 제리 폴웰과 쌍둥이 형제 진(Gene)은 1933년 8월 11일에 태어났다.

제리 폴웰은 신앙에 거의 관심이 없었고, 똑똑하지만 거친 십대였고, 졸업생 대표로 고등학교를 졸업한 후에는 린치버그대학(Lynchburg College)에 진학했다. 라디오에서 찰스 E. 풀러(Charles E. Fuller)의 '올드패션드 리바이벌 아워'(Old-Fashioned Revival Hour) 방송을 들은 후인 1952년 1월에 그는 지역의 파크애비뉴침례교회(Park Avenue Baptist Church)에 찾아갔다가 거기서 회심했다.

또한, 이 교회에서 피아노 반주자 메이슬 페이트(Macel Pate)와 사랑에 빠져 6년 후에 결혼했다. 교회 목회자들의 신앙 교육을 받은 제리 폴웰은 열정적인 기독교인이 되었고, 두 달이 채 못 되어 목회의 길에 들어서기로 결심했다. 이들은 그에게 미주리 스프링필드(Springfield)의 침례교성경대학(Baptist Bible College)으로 가라고 권했는데, 이 학교는 이 교회가 소속된 분리주의적 근본주의 교단인 침례교성경연맹(Baptist Bible Fellowship)의 목회자 양성을 위한 미인가(unaccredited) 신생 학교였다.

그해 가을에 이 학교에 등록한 제리 폴웰은 2년 후에 고향에서 얼마간 일을 도울 일이 생기는 바람에 휴학했다가, 공부를 마치기 위해 1956년에 다시 학교로 돌아갔다.

마지막 해에 교단 소속의 대형 교회, 캔사스시티침례교회(Kansas City Baptist Temple)에서 시간제 청소년 사역자로 일했다. 신학학위를 받으며 졸업한 제리 폴웰은 공식 교육을 마무리하고, 린치버그로 돌아갔다. 교단의 지도자가 되고 싶었던 바람과는 달리, 그는 파크애비뉴교회에 불만을 가진 일단의 신자들이 새로 개척한 교회의 목사가 되는 데 합의했다. 1956년 6월 27일, 이전에 음료수 병을 만들던 회사 건물에서 이들 중 35명이 만나 토마스로드침례교회(Thomas Road Baptist Church)를 설립했다. 이때부터 이 교회가 그의 삶과 사역의 중심이 되었다.

이제 이 23세 목사는 평생 그의 경력을 특징지은 동기 부여 및 기업 운영 기술을 활용하여 작은 회중을 성장시킬 공격적인 프로그램을 실시했다. 제리 폴웰과 교인들은 가가호호 방문하고 다양한 방법을 사용하여 사람들에게 교회에 다니라고 설득했다. 1956년 9월에는 지역 방송국에서 라디오 방송을 시작했고, 3개월 후에는 텔레비전 방송도 시작했다.

얼마 지나지 않아 교회가 성장하면서, 이전에 사용하던 작은 건물을 구매하고 확장할 만큼의 자금을 확보할 수 있게 되었다. 후에 토마스로드침례교회는 알코올 중독자 시설, 청소년 캠프, 죄수의 재활을 돕는 특수 시설, 미혼모 시설도 마련했다. 1964년에 교회는 새로 지은 1,000석 건물로 이전했고, 1967년에는 린치버그기독학교(Lynchburg Christian Academy)를 설립했다.

제리 폴웰은 미국의 전형적인 남부 백인 설교자이자 인종 분리파였다. 그는 민권운동에 반대했고, 앨라배마 셀마(Selma)에서 역사적인 행진 사건이 벌어진 지 두 주 후인 1965년 3월에 행한 '목사와 행진'(Ministers and Marches)이라는 제목의 설교에서는 민권법(the civil rights legislation)의 의회 통과를 비판했다. 그는 행진과 시위에 참가한 목회자들과 교회 사역자들을 비난하며 다음과 같이 덧붙였다.

"제가 믿는 것과 같이 성경을 믿는다면, 예수 그리스도의 순수한 구원의 복음을 전하는 일을 멈춘다는 것이 제게는 불가능하다고 생각합니다. 그러기에 저는 공산주의에 대항해서 싸우든지 아니면 민권 개혁에 참여하든지 할 수 있는 모든 것을 다 할 것입니다."

그가 정치 활동가가 된 후에 자신을 반대하는 이들이 이 설교를 인용하기도 했다. 1964년에는 그의 교회가 민권운동가들의 표적이 되기도 했는데, 실제로 그의 기독학교는 분명히 '인종 분리 학교'였기 때문이었다. 그러나 인종 문제에 대한 제리 폴웰의 관점은 시간이 가면서 점점 변했다. 교회와 학교는 흑인을 받아들이기 시작했고, 후에는 1965년 설교에서 한 주장도 철회했다. 물론 그가 이전에 한 거의 모든 설교들과 달리, 이 설교 본문을 완전히 없애 버릴 수는 없었다.

어린이들을 버스로 실어 나르는 전략 덕분에 급속도로 성장하던 교회는 이제 미국에서 가장 큰 주일학교를 보유한 10대 교회 안에 들게 되었고, 1970년에는 규모가 더 큰 3,800석의 교회당을 건축했다. 1980년대에는 20,000명 교인 중 매주일 5번 열리는 예배에 참석하는 인원이 8,000명에 달했다. 텔레비전 방송 '디 올드타임 가스펠 아워'(The Old-Time Gospel Hour)가 송출되면서 전국에서 수백만 명이 집에서 방송을 지켜보았다.

1971년에 제리 폴웰은 후에 리버티대학교(Liberty University)로 성장한 린치버그침례교대학(Lynchburg Baptist College)을 세웠고, 대학 및 다른 사업체 부지로 활용하기 위해 도시 외곽에 큰 땅을 확보한 뒤 '리버티마운틴'(Liberty Mountain)이라 명명했다. 이제 그는 창출될 수 있는 모든 종류의 자금을 이 거대하게 성장해 가는 제국에 투자했다.

1973년에 증권거래위원회(Securities and Exchange Commission)는 채권 사기와 부정 혐의로 토마스로드침례교회에 소송을 제기했다. 연방 판사가 제리 폴웰과 교회의 범죄 혐의를 벗겨 주었지만, 제리 폴웰은 사업을 더 안정적인 기반 위에서 전개하기 위해 비용 효율, 공공 관계, 자금 모금을 모두 법인 조직 체계에서 운영해야 했다. 이후 비평가들이 그의 재정 운용과 그에게 흘러드는 거대한 수입을 면밀히 조사했는데, 자신의 증언에 의하면, 1986-1987년에만 1억 달러를 벌어들였다고 한다. 1970년대 중반에 낙태 및 나라가 전체적으로 좌경화되는 것을 염려하기 시작하면서, 제리 폴웰의 설교가 정치색을 띠기 시작했다.

미국독립혁명 200주년이던 1975-1976년에 그는 자기 학교 학생들을 전국 순회여행으로 파견해 복음주의 작곡가 돈 워첸(Don Wyrtzen)이 만든 화려한 '시민 종교' 뮤지컬인 '미국을 사랑해요'(I Love America)를 공연하게 했다.

제리 폴웰은 또한 동성애 반대운동을 지원하고, 다른 뮤지컬팀을 전국으로 보내 정치극 '미국, 넌 죽기엔 너무 젊어'(America, You're Too Young to Die)를 공연하게 하고 '미국 정화'(Clean Up America)운동을 시작했다. 보수 기독교인들의 투표 가능성을 계산한 몇몇 신우파 공화당(New Right Republican) 정치인들이 이 운동에 관심을 보이기 시작했다. 상층부 인사들의 회합이 이루어진 후, 1979년 7월에 제리 폴웰은 도덕적 다수운동(Moral Majority movement)의 조직을 선언했다.

이 운동이 제리 폴웰을 종교계 인사뿐만 아니라, 전국구 정치인으로 변모시켰다. 그는 전국으로 돌며 풀뿌리 지원자들을 동원하고 정치에 무관심하던 근본주의자들에게 자기 몫의 투표를 하라고 설득했다.

그는 이 운동은 단순히 종교 조직만이 아닌, 모든 종류의 신앙인들이 자유주의 정치와 국교 분리에 기인한 도덕적 쇠락에서 벗어나 미국적 가치를 되살리기 위해 참여하는 운동이라고 주장했다. 이 운동이 발간한 뉴스 잡지인 「모랄 머조리티 리포트」(*Moral Majority Report*)는 구독률이 높았고, 제리 폴웰이라는 이름을 누구나 알게 되었다.

1980년 대선에서 로널드 레이건의 당선에 끼친 이 집단의 역할 덕분에 제리 폴웰은 정기적으로 백악관과 공화당 대회에 초청받았다. 그는 온건한 근본주의자들과 보수 복음주의자들을 견고한 정치 세력으로 탈바꿈시키는 데 성공했고, 이들은 곧 공화당의 기둥이 되었다. 이들의 영향력은 2000년 선거에서도 백인 복음주의자의 80%가 조지 W. 부시(George W. Bush)에게 표를 던진 사실로도 입증되었다.

그러나 제리 폴웰은 기독교 우파의 몇몇 다른 주역들과 대중의 인기를 놓고 경합하고 있었고, 그와 그의 조직은 언론의 적대적이거나 심지어 광적인 주목을 받았다. '도덕적 다수'는 제리 폴웰과 관련되었든 그렇지 않든, 시야가 좁고 관용 정신이 부족한 모든 종류의 집단을 일반적으로 부르는 명칭이 되었다. 더구나 이 운동의 도덕적 의제는 극도로 간명했다.

반대: 낙태, 평등권 헌법 수정 조항(Equal Rights Amendment, 여성 차별을 금지한 미국 헌법 수정 27조-역주), 포르노, 동성애, 미국의 핵동결.

찬성: 학교 내 기도.

비판: 교육 실패와 니카라과 좌익정권 축출 실패.

이 운동이 시작되면서 늘어났던 대중의 관심과 후원이 줄어들기 시작하자, 제리 폴웰은 이 운동이 이미 종교적 우파가 활발하게 활동하게 하려던 당초 취지를 만족시켰다고 주장하며 1986년 1월에 '도덕적 다수'를 해체하고, 자유연맹(Liberty Federation)을 새로 설립했다. 일부 지명도 높은 인물들에게 전염병처럼 퍼져 나간 성 및 돈 추문으로 텔레비전 전도자들에 대한 대중의 신뢰가 전반적으로 무너졌다. 그 결과, 파웰은 정치 무대 출연을 자제했고, 빌 클린턴이 대통령이었던 시기에는 주로 자기 조직관리에만 집중했다. 심지어 남침례교총회(Southern Baptist Convention)에도 가입했는데, 당시 이 교단은 근본주의자들의 지배하에 있었다. 제리 폴웰은 2001년 9월 11일 테러 사건의 책임이 '미국을 세속화하려고 한' 이 교도, 낙태찬성론자, 페미니스트, 동성애자, 미국시민자유연합(American Civil Liberties Union) 등에게 있다고 비난하면서, 자신의 과거 영향력을 되찾으려 하자, 부시의 백악관은 그를 가혹하게 비판했고, 결국 그는 사과 성명을 발표해야 했다. 제리 폴웰은 이스라엘 국가에 대한 무조건적 지지를 반복해서 공언했다. 구원받지 못한 유대인들의 기도를 듣지 않으시는 하나님에 대한 발언과 앞으로 오게 될 적그리스도가 유대인일 것이라는 발언이 유대인들을 자극했고 이 때문에 이 발언을 수정해야 했지만, 이스라엘의 지도자들도 이런 그의 지지에 크게 보답했다. 근본주의자들을 복음주의자들과 관계 맺게 하려던 그의 시도는 일부 분리주의 집단의 분노를 불러왔고, 밥 존스 주니어(Bob Jones Jr.)는 제리 폴웰을 '미국에서 가장 위험한 인물'이라 부르기도 했다.

제리 폴웰의 베스트셀러 저서들인 『들으라 미국』(Listen, America, 1981), 『근본주의 현상』(The Fundamentalist Phenomenon, 1981), 『잠깨기 전 내가 죽는다면』(If I Should Die before I Wake, 1986), 『여행을 떠나기 위한 힘』(Strength for the Journey, 1987), 『새로운 미국 가정』(The New American Family, 1992) 등에서 강경 근본주의 표현이 부드러워진 것 같이 보이는 이유는 온건 보수주의자였던 대필 작가들의 영향이 반영되었기 때문이지만, 이 저술들은 그의 입장을 대변하는 것으로 홍보되었다. 그 시대 근본주의자들이 미국 공공 생활의 전면에 재등장하게 하는 데 든든한 기반을 제공한 최고 공로자는 아마도 제리 폴웰일 것이다.

참고문헌 | D. D'Souza, *Falwell Before the Millennium: A Critical Biography* (Lake Bluff: Regnery-Gateway, 1984); W. R. Goodman and J. J. H. Price, *Jerry Falwell: An Unauthorized Profile* (Lynchburg: Paris, 1981); S. F. Harding, *The Book of Jerry Falwell: Fundamentalist Language and Politics* (Princeton: Princeton University Press, 2000); M. Simon, *Jerry Falwell and the Jews* (Middle Village: Jonathan David, 1984); D. Snowball, *Continuity and Change in the Rhetoric of the Moral Majority* (Westport: Praeger, 1991).

R. PIERARD

제임스 노먼 달림플 앤더슨 경(Sir James Norman Dalrymple Anderson, 1908-1994)

법학자. 그는 1908년 9월 26일에 잉글랜드 서포크(Suffolk)의 알드버러(Aldeburgh)에서 태어났다. 이집트에서 선교사로 활동하고, 이후 영국정보대(British Intelligence Corps)에서 대령으로 승진한 후 학계로 진출했다. 1970년에서 1979년까지 잉글랜드국교회(Church of England)에 신설된 총회(General Synod)에서 평신도위원회(House of Laity) 의장으로 전성기를 보내며 교회 활동을 지속하는 동시에, 법학 분야에서도 빠른 속도로 지명도를 확보했다. 재능 있는 연사이자 저술가였던 그는 기독교 변증가로 크게 활약했다. 노먼 앤더슨(Norman Anderson, 그는 이 이름으로 알려졌다)은 케임브리지대학교의 세인트로렌스대학(St Lawrence's College), 렘스게이트대학(Ramsgate College), 트리니티대학(Trinity College)에서 법학을 공부하고 세 개의 학위(B.A., 1930; L.L.B., 1931; M.A., 1934)를 받았다. 기독교 가정에서 자라난 그의 신앙 여정은 회심이라는 특정 경험을 통한 변화라기보다는 점진적인 것이었다.

케임브리지대학교에서 노먼 앤더슨은 케임브리지 기독학생회(IVF)에 열심히 참여하다가 회장까지 지냈다. 노먼 앤더슨은 당시 기독학생회 회원과 영국 보수 복음주의자들에게 전반적으로 인기를 얻고 있던 케직사경회(Keswick Convention)가 주장하는 성화론을 수용하지 않으면서도, 기독교의 보수 복음주의 견해를 진리로 굳건하게 확신하게 되었다.

무슬림을 위해 일하고 싶었지만, 개척선교사가 될 은사가 부족하다고 생각한 노먼 앤더슨은 1932년에 이집트일반선교회(Egypt General

Mission)를 통해 카이로로 갔다. 거기서 아랍어를 배우며 기독교 변증가로서의 능력을 발휘하기 시작했다. 1933년에는 패트리시아 호프(Patricia Hope)와 결혼하여 세 자녀를 낳았다. 제2차 세계대전이 발발하자 영국군에 합류한 노먼 앤더슨은 그의 언어 능력 때문에 정보대에 배치되었고, 거기서 대령까지 진급했다. 전쟁이 끝난 후 잉글랜드로 돌아온 노먼 앤더슨은 얼마 전에 기독학생회(IVF)가 세운 성경신학 연구 도서관, 즉 틴데일하우스(Tyndale House)의 관리자가 되었다. 나라의 분위기가 암울한 중에 노먼 앤더슨은 이 신생 기관이 성장하는 것을 도우며, 개인적인 영적 갱신의 시기도 경험했다.

1947년, 그는 런던대학교(London University) 아시아아프리카학교(School of Oriental and African Studies)의 이슬람법(Islamic Law) 조교수로 임명받았다. 이 학교에 있는 동안 아프리카 내 이슬람법에 대한 결정판 연구서를 쓰고, 광범위한 지역을 여행하며, 1954년 정교수가 되었다. 1959년, 노먼 앤더슨은 런던의 고등법학연구소(Institute of Advanced Legal Studies) 소장으로 정부와 교회에 공히 영향을 끼치며 영국 및 국제법 연구에 결정적인 역할을 했다. 예를 들어, 노먼 앤더슨은 케냐의 무슬림을 위한 법조항을 만드는 데 기여했다.

1965년, 노먼 앤더슨은 그레이스인(Gray's Inn)법학원 변호사로 초빙받고, 런던대학교 법학부 학장이 되었다. 1974년에는 여왕의 고문 변호사(Quéen's Cóunsel)에 임명되어 기사 작위를 받았다. 그는 1976년에 고등법학연구소 본부의 런던 개소를 감독하는 것으로 학계 경력을 마무리했다. 1974년에 세인트앤드루스대학교(University of St Andrews)에서 명예신학박사 학위를 받았고, 1980년에는 휘튼대학(Wheaton College)에서도 명예문학박사학위를 받았다.

노먼 앤더슨은 교회 일에도 계속해서 적극 관여했다. 가족의 건강 문제만 없었다면, 아마 다시 선교사로 일했을 수도 있다. 그는 기독학생회(후에 Universities and Colleges Christian Fellowship[UCCF]로 명칭 변경), 이집트일반선교회(후에 Middle East General Mission, Middle East Christian Outreach로 명칭 변경) 등의 수많은 복음주의 단체 일에 적극적으로 참여했다.

1960년대 중반부터는 점차 잉글랜드국교회(Church of England) 정치에도 관여하게 되었다. 1965년부터 총회원이 된 그는 1970년에 새로 생긴 총대회의 평신도위원회 초대 의장이 되었고, 후에 성공회의 자문위원회(Anglican Consultative Council) 위원이 되었다. 1967년에 킬(Keele)에서 열린 전국복음주의성공회대회(National Evangelical Anglican Congress)에서도 성공회 복음주의자들에게 사회 활동과 교회 활동에 더 광범위하게 참여하라고 권유하는 등 크게 기여했다. 1975년, 그는 평신도위원회 의장에 재선된 후 1979년 은퇴했다. 교계와 법조계에서의 그의 경험은 교회와 국가 간 연결 고리를 더 느슨하게 하는 개혁, 즉 대관위원회(Crown Appointments Commission, 성공회 주교[Anglican bishops] 임명 기관)에 대한 중대 개혁을 놓고 당시 수상이던 헤럴드 윌슨(Harold Wilson)과 벌이던 협상에서 결정적인 역할을 했다.

노먼 앤더슨은 기독교 변증 분야에서 자주 강연하고 글을 썼다. 그는 부활과 성육신 같은 핵심 기독교 신앙을 변증하기 위해서도 글을 썼고, 기독교와 다른 종교와의 관계, 현대 윤리 문제 같은 당면한 논제들을 다루는 글도 썼다. 돈 큐피트(Don Cupitt) 같은 급진적 신학자들과 논쟁하는 것도 즐겼고, 하버드대학교(Harvard

University)에서 부활의 역사성을 변증하는 역할도 즐겼다. 노먼 앤더슨의 가족이 겪은 일련의 비극, 즉 세 자녀가 부모보다 먼저 죽는 비극을 경험한 상황을 고려할 때 그의 믿음은 특히 더 인상적이다. 노먼 앤더슨은 1994년 12월 2일에 사망했다. 노먼 앤더슨의 오랜 생애를 특징지은 역할들은 선교사, 군인, 학자, 교회 지도자이다. 학자와 성공회 평신도 지도자로 가장 저명했던 그는 스스로의 말과 행동으로, 자신이 추천하고 지지한 보수 복음주의 기독교에 일관되고 사려 깊은 충성을 바쳤다.

참고문헌 | J. N. D. Anderson, *An Adopted Son: The Story of My Life* (Leicester: IVP, 1985).

D. J. GOODHEW

제임스 데니(James Denny, 1856-1917)

스코틀랜드 신학자이자 신약학자. 그는 1856년 2월 5일에 페이즐리(Paisley)의 개혁장로교회(Reformed Presbyterian) 노동자 계층 부모에게서 태어나 그리녹(Greenock)에서 자랐다.

18살에 데니는 글라스고우대학교(Glasgow University)에서 뛰어난 학업 능력을 뽐내기 시작했는데, 1879년에 석사를 받으며 졸업할 당시 고전과 철학에서 '이중 최우수'(double first) 졸업이라는 드문 영예를 얻었다. 같은 해에 글라스고우에 있는 자유교회대학(Free Church College)에서 신약학자 A. B. 브루스(A. B. Bruce) 같은 교수들의 지도하에 탁월한 실력을 이어 갔다. 대부분의 개혁장로교회가 1876년에 스코틀랜드자유교회(Free Church of Scotland)로 통합

되었기 때문에 그가 자유교회대학으로 간 것은 아주 자연스런 선택이었다. 데니는 1883년에 신학사학위를 받았고, 다음 3년을 글라스고우의 세인트존스자유교회(Free St John's Church)에서 선교사로 일했다.

1886년에 안수받은 직후 그는 던디(Dundee)의 교외 지역인 브로티페리(Broughty Ferry)의 이스트자유교회(East Free Church of Broughty Ferry) 목사로 청빙받았다. 그해 후반에는 메리 카마이클 브라운(Mary Carmichael Brown)과 결혼했다. 결혼은 했으나 자녀가 없었던 것이 데니의 신학에 지속적인 영향을 주었다. 개인적인 확신과 사례를 통해, 특히 유명한 잉글랜드 침례교(English Baptist) 설교자 찰스 해돈 스펄전(Charles Haddon Spurgeon)의 작품을 남편에게 소개함으로써 아내 메리는 남편을 설득하여 브루스로 대표되는 일종의 '광교회주의'(broad churchism)에서 떠나 더 분명한 복음주의적 관점으로 이동하게 했다. 관심과 확신을 갖고 정기 교회 기도회를 인도하는 일 등 교구사역에 책임이 있었음에도 불구하고, 데니가 가진 최고의 은사는 강해와 설교였다. 브로티페리 회중에게 전한 두 차례의 시리즈 설교가 그의 첫 출판물 『데살로니가전후서』(*The Epistles to the Thessalonians*, 1892)와 『고린도후서』(*The Second Epistle to the Corinthians*, 1894)의 기초가 되었다.

이 책들은 모두 그의 친구 W. 로버트슨 니콜 경(Sir W. Robertson Nicoll)이 편집한 익스포지터스 바이블(Expositor's Bible) 시리즈에서 나왔다. 시카고신학교(Chicago Theological Seminary)는 데니의 광범위한 신학적 능력을 인정하여 그에게 명예박사학위를 수여하고, 후에 『신학연구』(*Studies in Theology*)라는 제목으로 출간된 1894년 강연에 그를 연사로 초대하기도 했다.

1897년, 데니는 글라스고우에 있는 자유교회대학(Free Church College)의 조직신학 및 목회학 교수직 제안을 받아들임으로써 전임 학자의 생활로 돌아갔다. 2년 후에는 브루스를 이어 신약 언어, 문헌, 신학 학과장이 되었고, 1915년에는 연합자유교회(United Free Church) 총회의 만장일치로 대학 학장으로 선출되었다. 교수진 중에 그만이 유일한 복음주의 학자였던 것은 아니다. 종신 교수로 일하던 중에 제임스 오르(James Orr)가 그를 계승하여 학과장이 되었고, 조지 애덤 스미스(George Adam Smith)가 구약을 가르쳤다.

명료하고 경구처럼 간결한 저술 방식으로 유명했던 데니는 학자로서의 경력 내내 수많은 글을 출판했는데, 특히 정기 간행물 「디 익스포지터」(The Expositor)와 「더 브리티쉬 위클리」(The British Weekly)에 글을 많이 기고했다. 주요 작품으로는 「디 익스포지터」의 헬라어 성경주석서인 『로마서』(Romans, 1900), 『그리스도의 죽음』(The Death of Christ, 1902), 『속죄와 현대 지성』(The Atonement and the Modern Mind, 1903), 『예수와 복음』(Jesus and the Gospel, 1908), 『교회와 하나님 나라』(The Church and the Kingdom, 1910), 『기독교 화해 교리』(The Christian Doctrine of Reconciliation, 1917)가 있다.

이런 엄청난 학문적 생산물과 수많은 학생들을 책임지는 교사로서의 명성에도 불구하고, 데니는 평생 목회자로서도 활동적이었다. 주일 오전과 오후 대부분에 그는 스코틀랜드 어딘가에 있는 교회 회중석에 앉아 있었다. 1900년에 자유교회와 연합장로교회의 통합으로 이어진 협상에 참가했고, 후에는 이렇게 하나가 된 연합자유교회의 '중앙 재정 조정위원장'으로 섬기며 교단 소속 목회자의 최저 임금을 올리는 일에도 기여했다.

데니는 또한 제1차 세계대전 기간에 스코틀랜드금주연맹(Scottish Temperance League)을 대신하여 저술과 강연을 통해 금주라는 복음주의 사회적 대의를 열정적으로 변호했다. 결코 관점의 폭이 좁지 않았던 그는 셰익스피어(Shakespeare), 디킨스(Dickens), 로버트 번즈(Robert Burns) 같은, 그가 좋아한 문학가들에 대해서도 때로 글을 쓰고 강연하면서 문학에서 기쁨을 찾기도 했다.

1917년 2월에 학생들을 대상을 수업하던 중에 쓰러진 데니는 그해 6월 11일, 61세의 나이에 호흡기 합병증으로 사망했다. 그가 남긴 폭넓은 영향력은 오늘날 글라스고우의 트리니티대학(Trinity College, 현재는 글라스고우대학교 신학부로 통합-역주)에 남겨진 기념패에 잘 요약되어 있다.

"학자. 교사. 행정가. 하나님의 사람으로서 공히 탁월했던 그에게 많은 이들이 자신들의 영혼을 빚졌다."

데니와 복음주의와의 관계는 양편 모두에게 다소 모호한 구석이 있었다. 데니는 복음주의의 일부 요소에 반대하는 발언을 한 적이 있고, 복음주의자들은 데니 사상의 일부 양상에 의문을 제기했다. 사람들이 삶을 변화시키는 예수 그리스도와의 관계에 진입하는 것을 보는 것이 데니의 일생과 신학의 한복판에 위치한 것은 분명했다.

"나는 우리가 복음을 전하는(복음화하는, evangelize) 일에 도움이 되지 않는 신학에는 조금의 관심도 없다"(Taylor, *God Loves Like That!*, p. 29).

따라서 그는 웨스트민스터 소요리문답을 성경공부의 기본 교재로 사용했는데, 이는 이 문답서가 '복음화하는데' 탁월했기 때문이었고, 같은 이유로 D. L. 무디(D. L. Moody)와 아이라 생키(Ira Sankey)를 크게 평가하기도 했다.

그러나 데니는 칼빈주의자, 혹은 심지어 '정통'이라는 이름으로 범주화되는 것을 거부했다. 이 입장을 취한 이유는 부분적으로는 그가 보수든 자유든 모든 종류의 신학적, 형이상학적 체계가 예수 그리스도를 모호하게 만들며, 가슴으로 느끼는 신앙에 장벽이 된다는 의혹을 품었기 때문이었다. 그럼에도 불구하고, 데니는 급진신학적 성경학자라고 판단된 인물들, 특히 알브레히트 리츨(Albrecht Ritschl)을 그의 비평의 주요 대상으로 삼았다.

데니가 전통적인 성경해석법을 지지한 이유는 그가 전통주의자라서가 아니라 이 해석법이 성경본문에 참되고 사람들을 그리스도를 믿는 신앙으로 이끌 수 있다고 믿었기 때문이다. 그는 언제나 이론가보다는 해석가의 자리를 더 편하게 여겼고, 신학을 귀납적으로 접근함에 따라 때로는 겉으로 보기에 전과 반대되는 모순적인 입장을 취하게 되는 일도 있었다. 성경의 권위를 실제로는 아주 강하게 인정했음에도 불구하고, 데니는 성경비평이 찾아낸 것들을 극히 일부일지라도 받아들이게 됨에 따라 성경의 축자영감과 무오성은 거부했지만, 성경에 대한 어떤 일관성 있는 대안 교리를 제시하지는 않았다.

유사한 형태의 갈등이 그의 신학의 중심축이자 학문적 저술, 지속적인 명성의 기반이던 속죄론에 대한 작품에서도 드러난다. 인간의 죄성, 하나님의 진노, 속죄와 그리스도 죽음의 법적이고 대속적 본질을 인정함에도 불구하고, 그는 다음과 같은 개말을 하며 이것들을 설명하기를 거부했다.

"마치 하나님과 사람 사이의 화해가…부기(book-keeping)에서 사용되는 범주보다 더 높은 수준의 범주를 사용하지 않고도 설명될 수 있다는 듯이, 공로와 과실의 전가, 즉 세상 죄가 그리스도의 계좌로 넘어가고, 그리스도의 공로가 세상의 계좌로 넘어간다"(*The Death of Christ* [London: Hodder & Stoughton, 1902], p. 194).

특히 마지막 작품『기독교 화해 교리』에서, 데니는 같은 스코틀랜드인 동료 J. 맥러드 캠벨(J. McLeod Campbell)의 관점을 반영하여, 그리스도의 죽음에 있는 속죄의 객관적 기반보다는 속죄의 주관적 영향을 더 강조하는 것 같다. 그럼에도 불구하고, 데니의 궁극적 결론은 전적으로 정통적이고 복음주의적이다.

"[십자가에 대한] 기독교인의 태도는 그것을 반복하는 것이 아니다. 그것에 의존하고, 그것을 믿고, 그것을 전적으로 신뢰하는 것이다. 우리는 궁극적으로 나무 위에 달려 자신의 몸에 우리의 죄를 담당하신 구세주를 믿을 때 십자가에서 일어나는 역사로 인해 구원받는다"(*The Christian Doctrine of Reconciliation* [London: Hodder & Stoughton, 1917], pp. 284-285).

참고문헌 | R. Taylor, *God Loves Like That! The Theology of James Denney* (Richmond, Virginia: John Knox Press, 1962); T. H. Walker, *Principal James Denney: A Memoir and a Tribute* (London: Marshall Brothers, 1918).

D. A. CURRIE

제임스 마틴 그레이(James Martin GRAY, 1851-1935)

개혁파 성공회(Reformed Episcopal Church) 주임사제이자 무디성경학교(Moody Bible Institute)의 제2대 총장. 그는 뉴욕시에서 태어나 개신교 성공회(Protestant Episcopal) 가정에서 자랐다. 22살에 회심을 경험한 그레이는 2년 후 새로 설립된 개혁파 성공회에 합류했다.

그가 받은 교육과 목회 훈련에 대한 정보는 모호하지만, 1876년 이전에 안수를 받은 것은 확실하다. 곧이어 뉴욕 그린포인트(Greenpoint)의 구속교회(Church of the Redemption, 1878), 뉴욕 뉴버그(Newburgh)의 머릿돌교회(Church of the Cornerstone, 1879), 최종적으로 보스턴의 제일개혁파성공회교회(First Reformed Episcopal Church, 1880)에서 주임사제로 14년 동안 일했다.

보스턴에 있을 때 그레이는 보스턴목회자연맹(Ministerial Alliance of Boston) 회장, 금주운동, 백인위원회(Committee of One Hundred, 주로 로마 가톨릭의 영향력 확대를 두려워하여 교회와 국가의 분리 원칙을 확산시키기 위해 결성된 지역 시민조직) 참여 등을 통해 시민 사회와 교회의 광범위한 관계망을 구축했다.

보스턴에서는 성경을 가르치는 사역을 시작하기도 했다. 1889년, 그레이는 '아도니람 저드슨 고든의 선교훈련학교'(Adoniram J. Gordon's Missionary Training School)에서 영어성경을 가르치는 15년 동안의 협력사역을 시작했다. 3년 후 그는 개혁파성공회신학교(Reformed Episcopal seminary)에서 영어성경을 가르치는 강사직을 수락했고, 시카고의 무디성경학교(Moody Bible Institute)에도 가끔 가서 가르쳤다. 1년 후에는 D. L. 무디(D. L. Moody)의 영향력 있는 노스필드대회(Northfield conference)에 연사로 섰고, 성경을 주제로 야간 공개 강연을 시작했다. 1894년에는 교회에서 사임하고 전임 성경교사로 활약하기 시작했다. 1897년부터 YMCA와 연결된 일련의 일반 성경과목을 가르쳤고, 전국의 성경 및 예언집회에 참석했다.

'종합 방법론'(synthetic method)이라 이름 붙은 그레이의 성경해석 체계의 본질은 복음주의권에 큰 영향을 끼쳤다. 주저 『영어성경 정복법』(How to Master the English Bible, 1908)에 집대성된 이 체계는 세대주의 신학과 밀접한 관계가 있었다. 성경의 책들은 미리 정해진 역사적 순서에 따라 창세기에서부터 시작해서 공부해야 하는데, 이렇게 함으로써 독자가 전체 흐름과 이야기, 즉 '전체를 관통하는 한 줄기, 모든 부차적인 것들을 중심으로 돌아가는 핵심 사상'을 한눈에 붙잡을 수 있기 때문이었다.

이 '역사'에는 또한 미래 사건들에 대한 분명하고 오류가 없는 예측으로서의 성경예언도 들어 있었다. 그 결과는 성경 안에서 인간 존재의 모든 영역을 지도처럼 상세히 그려낸, 비록 복잡하지만 완성된 해석학적 구조였다. 이런 그레이가 1909년에 『스코필드성경』(Scofield Bible) 편집자로 선택된 것은 전혀 놀랄 일이 아니었다.

1898년에 그레이는 무디성경학교의 하계 학장직을 맡게 되는데, 이는 그가 앞으로 맡게 될 이 학교의 전임 지도자 자리로 가는 첫 행보였다. 당시 총장 헨리 크로웰(Henry Crowell)의 끈질긴 부탁에 설득당한 그레이는 1904년에 이 기관과 영구적인 관계를 맺게 된다. 1년 후에는 학생처장이 되고, 1908년에는 (비록 총장이라는 직함은 1925년이 되어야 얻게 되지만) 매일의 일상적인 업무를 수행하는 교직원이 된다.

그레이는 이 대학이 20세기 주요 근본주의 기관 중 하나로 변화 성장하는 데 핵심 역할을 했다. 크로웰과 함께 그레이는 기독교 평신도 사역자를 훈련시킨다는 본질적으로 실용적인 목표를 버리지 않은 상태에서 학교의 학문적 수준을 높이려고 노력했다.

세대주의에 영향을 받은 그의 종합 방법론이 학교가 이전에 강조하던 덜 조직적이고 관계 중심적인 성경해석을 대치했다. 추가로, 그는 온건한 칼빈주의(프린스턴 신학을 근본적으로 더 단순하고 부드럽게 만든 형태)를 학교에 도입하여, 성결신학에 뿌리를 두었던 초기 경향에서 떠나 케직운동(Keswick movement)에서 구현된 '승리하는 삶'(victorious living)의 개념 쪽으로 더 많이 이동했다. 요약하면, 그의 체계화 작업은 이 기관을 교리적, 행정적으로 더 굳건한 토대 위에 세워 주었다. 그레이가 만든 체계는 1935년에 그가 사망한 직후까지 잘 유지되었을 뿐만 아니라, 전국의 수많은 다른 성경학교들이 모방한 모범이 되기도 했다.

그레이는 또한 근본주의-현대주의 논쟁에서도 큰 역할을 맡았다. 헨리 포스딕(Harry Fosdick) 및 여러 현대주의자를 수많은 날카로운 글로 공격한 그는 자주 「더 무디 바이블 인스티튜트 먼슬리」(The Moody Bible Institute Monthly, 1907-1935) 편집자로서의 자리를 이 활동의 기반으로 삼았다. 또한, 그레이는 「근본들」(The Fundamentals, 1910-1915)에도 글을 실었고, 연방교회협의회(Federal Council of Churches) 같은 연합 활동을 크게 의심했다.

동시에 교단의 내부 다툼과 분파주의 등장의 물결에서 학교를 멀리 떨어뜨려 놓기 위해 최선의 노력을 기울였다. 다양한 교파 출신의 학생들을 모집하기 위해 이들 교파들과 협력 관계를 형성하기 위해 노력했고, '근본주의자들'(the fundamentals)의 틀이 대부분의 보수 개신교인들에게 충분히 받아들여질 만한 내용이 되게 하려고 애썼다.

참고문헌 | J. D. Hannah, *James Martin Gray, 1851-1935, His Life and Work* (ThD thesis, Dallas Theological Seminary, 1974); W. M. Runyan, *Dr. Gray at Moody Bible Institute* (New York: Oxford University Press, 1935).

T. GLOEGE

제임스 매킨토시 휴스턴(James Macintosh Houston, 1922-)

캐나다 밴쿠버 리젠트대학(Regent College)의 창립총장. 그는 1922년 11월 21일에 스코틀랜드 에든버러(Edinburgh)에서 태어났다. 부모 제임스 휴스턴(James Houston)과 에셀 메이 휴스턴(Ethel May Houston)은 스페인에서 선교사로 활동하기도 했다. 아버지는 잉글랜드와 스코틀랜드의 형제단 내 글랜턴파(Glanton Brethren) 회중들을 대상으로 순회설교자로 일하며, 브리스톨(Bristol)의 조지 뮬러(George Müller) 방식을 따라 믿음으로 살았다.

8살 혹은 9살에 회심하여 12살에 세례를 받은 매킨토시 휴스턴은 에든버러대학교(Edinburgh University)에서 기독학생회(Inter-Varsity Fellowship)에 가입했고, 1944년에 석사학위(최우등)를 취득했다. 1947년과 1949년에 옥스퍼드대학교(Oxford University)에서 각각 지리학 전공으로 과학사(BSc, 1947)와 박사학위(1949)를 받았다.

학위 취득 후 매킨토시 휴스턴은 옥스퍼드대학교에서 지리학 조교수(1947-1971), 옥스퍼드대학교 허트퍼드대학(Hertford College) 연구원(1964-1971), 허트퍼드대학 재무 담당자(1967-1970)로 일했다. 표준 대학 교과서 『서지중해세계』(The Western Mediterranean World, 1964)를 출간했고, 역사 지리학 분야에서 열 권 넘는 책을 편집했다. 옥스퍼드대학교에 있을 때 매킨토시 휴스턴은 대학기독교수회(University Faculty Christian Fellowship) 초대 총무였고, 청년 성경강습연례대회(Young Men's Bible Teaching Annual Conference)와 해외대학원호스텔(Overseas Graduate Hostel)의 공동 창설자였으며, 노스웨이교회(Northway Church) 개척을 도왔다.

소속 교단은 원래 플리머스형제단의 '열린형제단'('Open Brethren' of the Plymouth Brethren, 1945-1989)이었으나, 서부캐나다침례교연합(Baptist Union of Western Canada, 1989-)으로 옮겼다. 1953년 3월 20일에 마가렛 이소벨('리타') 데이빗슨(Margaret Isobel['Rita'] Davidson)과 스코틀랜드 글라스고우(Glasgow)에서 결혼하여 네 자녀를 두었다. 결혼 전에 매킨토시 휴스턴은 옥스퍼드대학교 러시아 역사학 조교수로 있던 니콜라스 체르노프(Nicolas Zernov)와 같은 집(1946-1953)에서 살았다. (C. S. Lewis를 포함한) 광범위한 기독교 지성인 집단이 자기 집을 개방해서 함께 종교 관련 논문을 발표했다. 루이스는 매킨토시 휴스턴에게 진지한 평신도 신학자의 모델이 되었다. 1976년에 매킨토시 휴스턴과 제임스 히스키(James Hiskey)는 워싱턴 D.C.에 'C. S. 루이스연구소'(C. S. Lewis Institute)를 세워 신자들이 '그들의 신앙을 개인 생활과 공공 생활에서 표현하고 변증하고 살아내도록' 격려하고자 했다.

루이스에게 받은 영향 때문에 매킨토시 휴스턴은 옥스퍼드에서 전문학자 경력을 포기하고 1970년에 캐나다 밴쿠버의 리젠트대학 창립총장으로 와달라는 청빙을 받아들였다. 리젠트대학은 평신도의 신학 교육에 초점을 두고 주요 대학과 제휴하여 대학원 과정을 제공한 최초의 복음주의 대학이었다. 원래 매킨토시 휴스턴은 성직자들이 할 수 없는 방식으로 수백만 명의 사람들에게 다가갈 수 있는 루이스 같은 사상가들을 배출하는 기관을 꿈꾸었다. 그러나 후에 학교는 목회자 후보생도 받았다.

1978년에 리젠트대학은 북미 모든 복음주의 대학과 신학교를 통틀어 사상 최초로 오직 영성신학(spiritual theology)에만 집중하는 교수직을 신설하는 과감한 움직임을 보였고, 이 직책은 총장직을 내려 놓고 명예총장이 되어 영성을 가르치는 데만 집중할 수 있게 된 매킨토시 휴스턴에게 돌아갔다. 그는 2001년에 이사회의 결정으로 영성신학 학과장에서 물러났다. J. I. 패커(J. I. Packer)는 매킨토시 휴스턴이 개신교가 그간 거의 무시해 왔던 영성 유산을 일깨운 것이 그가 '교회에 선사한 최고의 공헌'이라고 말했다.

영적 지도(spiritual direction)가 복음주의 진영에서 추종자를 얻기 훨씬 이전에 개척자 매킨토시 휴스턴은 그가 가르친 과목과 개인 학생 지도를 통해 복음주의자에게 영성 훈련을 이해할 수 있게 해 주었다. 매킨토시 휴스턴이 리젠트대학에 재직하던 시기에 이 학교는 복음주의 사상과 영성 발달(spiritual formation)의 중심지로서 국제적인 명성을 확보했다. 매킨토시 휴스턴은 영성 수업에서 가톨릭, 정교회, 개신교 및 복음주의권 전역에 흩어져 있는 기독교 영성의 역사를 강조했다. 존 스토트(John Stott)는 휴스턴이 '우리[복음주의자]를 우리가 소속되지 않은 기독교 전통의 영성을 탐구하라고 의지적으로 초청하는 것의 위험'에 대해 언급한 바 있다. 과거 시대의 영성 작가들에 대한 무지를 치료하기 위해 매킨토시 휴스턴은 『신앙과 경건 고전들』(*Classics of Faith and Devotion*)이라는 제목으로 열 권짜리 시리즈를 편집했다. 매킨토시 휴스턴의 모든 작품 중 두 권이 특히 큰 영향을 끼쳤다. 『기도-하나님과의 우정』(*The Transforming Friendship*, 1989)은 여덟 개 언어로 번역되었고, 삼위일체 하나님과의 우정을 바탕으로 한 기도에 대한 책으로, 관계와 영적 우정을 위한 모범으로서의 사회적 삼위일체(social Trinity)를 변증했다.

기도를 하지 않는 것은 주로 훈련이나 기술의 결핍에서 오는 것이 아니라 깊은 관계의 부재에서 비롯된다는 것이 매킨토시 휴스턴의 주장이었다. 삼위일체의 재발견은 기도하는 삶을 살게 하는 매킨토시 휴스턴의 처방이었다. 어거스틴주의 체계(Augustinian framework)에 따라 쓰인 책 『마음의 소원』(*The Heart's Desire*, 1992)은 기독교인의 삶의 다양한 형편들과 관련된 여러 상징들을 탐구하여 독자들이 하나님과의 더 깊은 친밀감을 누리게 하려는 목적으로 저술되었다.

참고문헌 | A. D. Thomas, 'James M. Houston: Pioneering Spiritual Director to Evangelicals,' *European Journal of Theology*, 3 (1994), pp. 117-136; J. I. Packer and L. Wilkinson (eds.), *Alive to God: Studies in Spirituality Presented to James Houston* (Downers Grove: Inter Varsity Press, 1993); K. Pearson (ed.), *Alive to the Love of God* (Vancouver: Regent College Press, 1997).

A. D. THOMAS

제임스 맥그리디(James McGready, c. 1760-1817)

장로교 목사이자 부흥사. 그는 펜실베이니아 서부의 한 스코틀랜드-아일랜드계 가정에서 태어났다. 이 가족은 1778년 이전에 노스캐롤라이나로 이주했다. 경건한 장로교 가문에서 자라난 맥그리디는 17살에 구파(Old Side) 소속의 버팔로교회(Buffalo Church)에 등록했는데, 이 교회는 신파(New Side) 학교인 뉴저지대학(College of New Jersey, 후에 프린스턴대학으로 개명-역주)에서 공부한 데이비드 콜드웰(David Caldwell)이 목회하고 있었다.

맥그리디는 1780년대에 워싱턴 카운티(Washington County)의 두 장로교 목사, 존 맥밀런(John McMillan)과 조셉 스미스(Joseph Smith)와 함께 공부하기 위해 펜실베이니아로 갔다. 이들은 정통 칼빈주의 신학과 회심 체험의 필요성을 가르쳤다. 그는 이전부터 경건 생활을 유지하려고 했었지만, 바로 이 시기에 목회뿐 아니라 그가 목회에 접근하는 방식을 바꾸어 놓은 심오한 회심을 경험하였다. 1788년에 레드스톤노회(Redstone presbytery)에서 설교자 인허를 받은 그는 노스캐롤라이나로 갔고, 1790년에는 오렌지노회(Orange presbytery)를 통해 호리버(Haw River)와 함께 스토니크릭(Stony Creek)에서 목사로 안수받았다. 같은 해에 맥그리디는 낸시 톰슨(Nancy Thompson)과 결혼했다.

부흥을 촉진하기 위해 교육이 필요하다는 사실을 확신한 맥그리디는 근교에 있던 데이비드 콜드웰(David Caldwell)의 학교에서 가르치면서, 동시에 자기 집에도 고전학교를 열었다. 회심의 중요성과 사회의 안정에 대한 부흥주의자의 견해를 위협하는 이신론(deism)의 위협에 대항하는 설교를 정기적으로 하던 맥그리디는 정통 교회를 다니기는 하지만 복음을 진실로 믿지 않는 '기독교화된 이신론자'가 되는 위험에 대해서도 경고했다.

그는 자기 교회 안에 있는 많은 이들을 비판했지만, 이른 시기인 1791년에 캐롤라이나 산록지대에 부흥을 점화하여 바턴 W. 스톤(Barton W. Stone), 윌리엄 맥기(William McGee), 새뮤얼 매카두(Samuel McAdoo)를 포함한 수많은 저명한 회심자가 탄생되게 하였다. 이들 모두는 자기들의 멘토의 가르침을 그 멘토가 바랐던 이상으로 취했다. 1796년에 맥그리디의 교회 내부 갈등이 폭력 사태에 이를 만큼 심각해지자, 그는 켄터키 로건 카운티(Logan County)의 이전 교구민들의 청빙을 받아들였다.

맥그리디는 곧 부흥에 열린 태도를 견지하는 칼빈주의 신학과 경건을 가르치기 시작했는데, 1799년 여름에 부흥이 레드리버(Red River)에서 일어났다. 1800년 여름에는 사람들에게 교회 건물 근처에서 야영을 하라고 권했는데, 이것이 캠프집회의 시초였다. (방문자들이 지역 교회 신자들과 함께 머물렀던 이전 전통만 제외하면, 이 집회는 전반적으로 전통적인 스코틀랜드 성찬의 계절[communion season]집회의 틀을 따른 것이었다). 1800년 개스퍼강(Gasper River)에서 열린 성찬에서는 기절하고 울부짖는 등의 극적인 현상도 나타났다. 이해 가을에 맥그리디는 테네시와 켄터키 여러 교회에서도 부흥을 일으켰다. 1801년부터 1803년까지 부흥은 다시 사우스캐롤라이나, 노스캐롤라이나, 펜실베이니아 서부로 퍼져 나갔다.

맥그리디는 쓰러짐, 경련, 짖어댐, 춤 같은 '흔치 않은 육체적 변화와 동요'를 성령의 역사에 따른 초자연적 이적이라 변호했다. 이 현상에 동반된 도덕적 변화가 그의 견해를 확증하는 것이라 지적하기도 했다. 1804년 장로교총회는 부흥회를 전반적으로 승인했는데, 1805년 총회에서는 '비정기적이고 무질서한' 캠프집회에 대해서는 주의를 요청했다.

부흥회에 감리교와 침례교 목사들의 참여가 시작되자, 장로교 목사 다수는 알미니안주의 설교에 대해 염려하기 시작했다. 1803년에 리처드 맥네마(Richard McNemar)와 바턴 W. 스톤이 '제한속죄,' 그리고 신조들과 장로교 교회 질서를 거부한 후 트랜실베이니아노회(Transylvania presbytery)를 떠났다.

1804년에 이들은 크리스천교회(Christian Church)라는 교단을 세웠고, 맥네마는 얼마 후 다시 '셰이커파 교회'(Shakers)에 합류했다. 맥그리디의 컴벌랜드노회(Cumberland presbytery)는 1803년과 1805년 사이에 교육 배경을 고려하지 않고 30명 정도의 평신도 권고자에게 설교권을 허락하고, '오직 그들이 성경이 일치한다고 생각되는 한에서만' 웨스트민스터 신앙고백을 받아들이라고 권고함으로써 교단에 논란을 불러 일으켰다.

켄터키대회(Synod of Kentucky)가 1805년에 부흥사들을 반대하는 법안을 마련하자, 맥그리디는 자기 동료들과 정통 칼빈주의 사이에서 한 가지를 선택하지 않을 수 없었다. 처음에는 자기 친구들에게 칼빈주의 교리가 얼마나 중요한지 확신시키려 노력했으나, 1806년에 이들이 알미니안주의로 이동하고 있다는 사실을 깨달았다. 벼랑 끝에 몰린 맥그리디는 돌아섰지만, 자기 학생, 친구, 영적 자식들이 절벽으로 뛰어내리는 것을 지켜보아야 했다.

1810년에 맥기(McGee)와 매카두(McAdoo)

를 포함한 네 명의 부흥사가 자기들끼리 컴벌랜드장로교(Cumberland Presbyterian Church)라는 교단을 조직했는데, 이 교단은 장로교 정치를 따랐지만, 예정과 '제한속죄' 교리는 거부했다.

1807년에 맥그리디는 켄터키 헨더슨(Henderson)으로 이주하여, 성찬의 계절(communion seasons)에서 부흥회를 계속 열었고, 총회의 감독 아래 서부 전역에서 교회를 개척했다. 컴벌랜드장로교가 조악한 교리와 상관없이 성공하는 모습에 좌절했지만, 여전히 그는 건전한 신학과 뜨거운 경건을 계속 지켰다. 그의 설교 40편 이상이 『제임스 맥그리디 사후 전집』(*The Posthumous Works of James McGready*, 1831)으로 출간되었다.

참고문헌 | P. K. Conkin, *Cane Ridge: America's Pentecost* (Madison: University of Wisconsin Press, 1990); L. E. Schmidt, *Holy Fairs: Scottish Communions and American Revivals in the Early Modern Period* (Princeton: Princeton University Press, 1989); J. T. Scott, 'James McGready: Son of Thunder, Father of the Great Revival' (Ph. D. dissertation, The College of William and Mary, 1991).

P. J. WALLACE

제임스 맥코쉬(James McCosh, 1811-1894)

장로교 목사, 철학자, 대학 총장. 그는 1811년 4월 1일에 스코틀랜드 남서부 에어서(Ayrshire)에서 농사를 짓던 부모에게서 태어났다. 열세 살이라는 이른 나이에 글라스고우대학교(Glasgow University, 1824-1829)에서 학업을 시작한 후, 에든버러대학교(Edinburgh University, M.A., 1834)에서 목회 훈련을 받았다.

에든버러에서 맥코쉬는 두 명의 위대한 빅토리아 시대 인물인 토마스 차머스(Thomas Chalmers, 당시 신학과 교수이자 스코틀랜드 복음주의 부흥의 떠오르는 지도자)와 윌리엄 해밀턴 경(Sir William Hamilton, 스코틀랜드 상식 철학 전통의 마지막 주요 대변자)에게서 신앙적 헌신과 지적 방향성 측면에서 큰 영향을 받으며 성장했다.

이어서 맥코쉬는 던디(Dundee) 북동쪽에 맞닿아 있는 두 스코틀랜드장로교회(Church of Scotland) 교구, 즉 아브로스(Arbroath, 1834-1839)와 브레친(Brechin, 1839-1852)에서 봉사했다. 브레친에서의 목회 시기에 스코틀랜드 복음주의자들이 국가의 교회 통제, 성직자 임명, 심각해 보인 스코틀랜드장로교회의 영적 상태 문제를 이유로 이에 저항하며 들고 일어났다.

마침내 대분열이 일어난 1843년에, 맥코쉬는 자기 멘토인 차머스 편에 서서 그와 함께 에든버러의 세인트앤드루스교회(St Andrew's Church)를 나와 그 유명한 행진을 벌인 후 스코틀랜드자유교회(Free Church of Scotland) 교단을 설립하는 사건에 동참했다. 2년 후 맥코쉬는 또 다른 스코틀랜드 복음주의 지도자 토마스 거스리(Thomas Guthrie)의 조카 이사벨라 거스리(Isabella Guthrie)와 결혼했다.

교구목사로 지낸 시기에 맥코쉬는 저명한 영국 및 대륙 철학자들이 이룬 업적물을 곁에 두고 지냈는데, 한때 '불신 형이상학자들의 궤변'(the sophistries of infidel metaphysicians)이라 불렸던 이 사상들을 늘 신중하게 다루었다. 1843년에 존 스튜어트 밀(John Stuart Mill)의 『논리학 체계』(System of Logic)가 등장했다. 이 책은 경험적 세계관에서 초자연적인 요소를 제거한 작품이었다. 맥코쉬의 첫 저서 『신적 통치의 방법』(The Method of the Divine Government, 1850)은 밀의 회의론적 도전에 대한 변증적 대응이었다. 이 책에서 맥코쉬는 신의 임재와 지성의 초자연적 실재를 한치의 실수 없이 보여 주는 외면의 현상들과 내면의 심리적 증거들을 제시하려 했다.

이 출판물이 주목을 받으면서, 맥코쉬는 북아일랜드 벨파스트(Belfast) 소재 퀸스대학(Queen's College)의 논리학과 형이상학 교수(1852-1868)로 임용되었다. 아일랜드에 머무는 16년 동안 맥코쉬는 그의 가장 중요한 학술 저서 일부를 출간했다. 이 중에는 『창조의 전형들과 특별 목적들』(Typical Forms and Special Ends of Creation, 1856)이 있었는데, 과학자 조지 디키(George Dickie)와 함께 썼다. 이는 이후에 그가 다윈(Darwin)의 진화론 가설을 어느 정도 수용하게 되는 상황을 예견케 한다.

그는 또한 『지성의 제도들』(Institutions of the Mind, 1860)에서 스코틀랜드 실재론 계보(예를 들어, 상식 철학), 순전한 인식론적 확실성의 가능성, 동시에 윌리엄 해밀턴 경이 칸트(Kant)의 사상에 거의 치명적으로 양보했다고 생각한 내용에 대한 반대의 내용을 변증하려고 했다. (생애 거의 마지막에 이르러 맥코쉬는 이 작품의 수정 확대판을 『최초이자 근본적인 진리들』[First and Fundamental Truths, 1889]이라는 제목으로 출간했다.)

맥코쉬가 스코틀랜드 철학을 전개하는 특별한 특징이 있다면, 그것은 이 철학이 유신론과 정통 기독교 신앙을 지지하고 정당화한다는 것을 주 내용으로 분명하게 밝힌 방식에 있다고 할 수 있다. 이 접근법은 그의 『초자연과 자연과의 관계』(The Supernatural in Relation to the Natural, 1862) 및 여러 다른 작품에서 명료하게 증명되었다.

존 스튜어트 밀의 『윌리엄 해밀턴 경의 철학 연구』(An Examination of Sir William Hamilton's Philosophy, 1865)는 해밀턴 사상의 신뢰성을 떨어뜨리는 데 성공한 것으로 널리 평가받는다. 비록 맥코쉬가 모든 점에서 해밀턴에 동의한 것은 아니었지만, 그럼에도 그는 밀의 저작을 스코틀랜드 인식론의 근본적인 낙관주의에 도전한 것으로 파악하고, 즉각 『존 스튜어트 밀의 철학 연구』(An Examination of Mr. J. S. Mill's Philosophy, 1866)라는 제목의 책으로 논쟁에 재합류했다.

같은 해에 맥코쉬는 미국으로 복음주의 정통을 변증하는 순회강연 여행을 떠났는데, 이때 준 긍정적인 인상 때문에 신학자 찰스 하지(Charles Hodge)가 이사장직을 유지하고 있던 시기에 장로교 소속 뉴저지대학(College of New Jersey, 이후 프린스턴대학교)의 열한 번째 총장으로 임명될 수 있었다. 이때는 또한 기관의 자원들이 고갈되고 남부 출신 학생 모집이 어려워진 남북전쟁 직후의 위기 시기였다. 그러나 맥코쉬의 자유교회 정신과 가치는 특히 전후 미국의 정신과 기회에 부합했다.

총장으로 지낸 20년 임기(1868-1888, 이후 1888-1894는 은퇴총장) 동안 이 학교는 지역의 신생 소규모 대학(college)에서 전국구 종합대학교(university)로 성장했다. 교수진 수가 두 배로 늘었고, 똑똑하고 젊은 동문이 미래의 프린스턴 임용을 위해 유수의 유럽에 있는 대학교들에서 공부하며 준비했으며, 등록 학생 수는 세 배로 뛰었다. 건물들이 세워지고, 커리큘럼, 특히 경험과학(empirical sciences, 경험적 사실을 대상으로 하는 과학으로 수학이나 형이상학과 같은 학문에 대비되어 일컬어진 말로, 오늘날의 자연과학과 유사-역주) 분야의 과목들이 늘어났는데, 이는 스코틀랜드 상식 철학을 도입한 자연스런 결과였다.

그러나 맥코쉬의 프린스턴은 지식인 양성이 사회를 변화시킬 수 있는 가장 중요한 방법이며, 특히 철학이 문화의 모든 면에 필수적으로 영향을 끼치는 사회 발전의 근원이라는 그의 확신을 반영한 현장이었다. 동시에, 학생들에 대한 도덕 지도는 엄격했고, 성경연구 과목은 필수였으며, 학생 부흥회도 권장되었다. (당대 기준으로) 적당한 크기의 프린스턴은 지속적인 성장에도 불구하고 등록 학생 수는 수백 명대에 머물렀는데, 의심할 바 없이 이것이 지칠 줄 모르는 행정가였던 맥코쉬가 학문과 교수 생활에도 활동적일 수 있었던 이유였다.

총장으로 지내던 시기에 그는 『기독교와 실증주의』(*Christianity and Positivism*, 1871), 『스코틀랜드 철학』(*The Scottish Philosophy*, 1875)을 출간했다. 후자는 프랜시스 허치슨(Francis Hutcheson)이 이 철학 전통을 탄생시킨 이래로 윌리엄 해밀턴의 『심리학』(*Psychology*, 두 권, 1886-1887)과 『진화의 종교적 양상』(*The Religious Aspects of Evolution*, 1888)을 통해 새로운 변이가 일어나기까지 이 전통의 역사를 탐구한 대작이었다. 교사로서 맥코쉬는 학생회에도 개인적인 영향을 끼쳤는데, 이 중에는 이후에 미국 대통령이 되는 우드로 윌슨(Woodrow Wilson)도 있었다.

다윈주의 가설을 놓고 미국 기독교 내부에서 일어난 논쟁은 처음부터 뜨겁고 첨예한 대립을 낳았다. 맥코쉬는 진화 과정에 초자연적인 개입이 있었을 가능성을 상정하는 것에 반대했음에도 불구하고, 과학과 신앙 간 타협을 시도했다. 당대의 많은 복음주의자들의 견해와는 비교되는, 상대적으로 수용적인 그의 입장은 성경의 창조 기사의 진실과 이 기사의 문학적 기법 사이에 중요한 구별이 있다는 그의 판단에 근거한 것이었다.

그는 성경이 진화론에 상당한 내용을 양보한다고 해서 반드시 신뢰성을 상실하게 되는 것은 아니라고 믿었기에, 진화가 실제로 하나님의 실재를 부인하는 것은 아니라고 주장했다. 반대로, 진화 과정이 창조의 기적과 신비를 실제로 돋보이게 한다고 생각했다.

1870년에 맥코쉬는 개혁파의 교회 연합과 이 전통의 영적 활력을 증진시키고, 대륙의 불신앙에 저항하며, 국가가 교회를 지배해서 약화시키려는 노력에 반대하기 위해 국제 장로교 연대가 필요하다는 생각을 표명했다. 5년 후에 그는 세계개혁교회연맹(World Alliance of Reformed Churches, WARC) 첫 모임에서 회장으로 선출되었다. 또한, 맥코쉬는 세계개혁교회연맹의 1877년 에든버러대회(Edinburgh Conference)에서 채택된 핵심 원리 선언문을 준비하는 책임도 맡았다. 개혁신학의 주요 틀에 개인적으로 동의했음에도 불구하고, 그는 또한 더 큰 규모의 복음주의운동도 포용했고, 복음주의연맹을 적극적으로 후원했다.

맥코쉬는 1894년 11월 16일에 프린스턴에서 사망했다. 『지성의 제도들』(1860)과 『스코틀랜드 철학』(1875)이 그의 가장 심오한 작품이라 할 수 있다.

일평생 세 나라(스코틀랜드, 아일랜드, 미국)에 살면서, 그는 종교 문제에 주관성이나 회의주의를 조장하는 영향력이 있는 사조의 정체를 밝히고 반박하려고 노력했다. 이러한 노력 가운데는 스코틀랜드 계몽주의를 통해 형성된 철학을 포함해서, 당대 최고의 현대 사상을 활용해서 복음주의 신앙에 생명력 있는 불을 붙이려 시도가 있었다.

미국 지성인에게 스코틀랜드 실재론을 퍼뜨리는 데 실패했고, 혹은 프린스턴대학교에서 일치된 복음주의적 미래가 보장되게 하는 데 성공하지 못했음에도 불구하고, 맥코쉬가 그 시대 미국 종교 및 지성 사회에 중요한 영향력을 행사한 인물인 것은 사실이다.

참고문헌 | J. D. Hoeveler, Jr, 'Evangelical Ecumenism: James McCosh and the Intellectual Origins of the World Alliance of Reformed Churches,' *Journal of Presbyterian History*, 55.1 (Spring 1977), pp. 36-56; J. D. Hoeveler, Jr, *James McCosh and the Scottish Intellectual Tradition* (Princeton: Princeton University Press, 1981); W. Sloane (ed.), *The Life of James McCosh: A Record Chiefly Autobiographical* (Edinburgh: T. & T. Clark, 1896).

G. G. SCORGIE

제임스 모리슨(James Morison, 1816-1893)

스코틀랜드 설교자이자 신학자. 그는 1843년 복음주의연합(Evangelical Union)이 결성되는 데 지대한 영향을 미친 인물이었다. 그는 스코틀랜드 배스게이트(Bathgate)에서 로버트 모리슨(Robert Morison)과 제시 모리슨(Jessie Morison)의 아들로 태어났다. 그의 아버지는 연합분리교회(United Secession Church) 교단 내의 앤티버러(Anti-Burgher, 반시민파: 시민들에게 국가에 대한 맹세를 강요하여 결과적으로 교회에 대한 국가의 간섭을 인정하는 것을 반대하는 일파-역주)파 교회의 목사였다.

제임스 모리슨은 1830년부터 1834년까지 에든버러대학교(Edinburgh University)에서 공부하고 연합분리교회(United Secession Church)에 속한 신학교에서 1834년에서 1839년까지 훈련을 받았다. 거기서 제임스 모리슨은 교단의 복음주의적 칼빈주의의 영향을 받았는데, 웨스트민스터 신앙고백서(Westminster Confession of Faith)와 웨스트민스터 소요리문답(Westminster Shorter Catechism)이 절대적으로 중요했다. 칼빈주의 체계 안의 일부 중요 이슈들에 대한 더 넓은 견해를 수용한 존 브라운 박사(Dr. John Brown)는 제임스 모리슨이 학교에서 생활하는 동안 큰 영향을 끼친 인물이었다.

제임스 모리슨은 학생답지 않은 완숙한 신학적 재능을 보여 주었고 또한 논쟁에도 밀리지 않는 강단을 드러냈다. 1839년에 제임스 모리슨은 연합분리교회 에든버러노회(Edinburgh presbytery)에서 설교자 인허를 받았다. 그러나 그는 엘긴(Elgin) 주변의 시골로 파견되었는데, 아마도 당시 노회가 그의 신학 관점에 약간의 의문을 갖게 되었기 때문인 것 같다.

제임스 모리슨이 분리교회들에서 목회를 이어 나가던 시기에 킬시스(Kilysth)와 던디(Dundee)에서 부흥이 일어나기 시작했다. 제임스 모리슨은 이 상황을 관심 있게 지켜보았다. 1839년 제임스 모리슨은 찰스 피니(Charles Finney)가 쓴 『신앙부흥 강연』(Lectures on the Revival of Religion, 1835년 뉴욕에서 출판)을 읽고 큰 감명을 받았다. 그는 이 책을 읽고 이렇게 평가했다.

"인간의 모든 작품들을 한데 묶어 놓아도 이 책만큼 나에게 큰 유익을 주진 못할 것이다."

피니의 영향을 받은 제임스 모리슨은 전도에 큰 소명을 가지게 되었고, 설교 또한 실천적이고 전도에 중심을 두어야 된다고 생각했다. 또한, 그는 자신의 설교를 듣는 청중들에게 그리스도에 대한 믿음으로 지금 당장 무장되어야 한다고 강하게 역설했다.

복음전도에 큰 성공을 거둔 제임스 모리슨은 수많은 청중 앞에서 복음을 선포했다. 설교를 듣는 청중 각 개인이 잘 믿기 위해서는 수고를 해야 한다는 그의 메시지는 소속 교단의 전통과 상충되며 논쟁을 야기했다. 제임스 모리슨은 '보편속죄'의 믿음을 상세히 정리하여 『내가 구원을 받기 위해 무엇을 해야만 하는가?라는 질문에 대한 답』(The Question, 'What Must I do to be Saved?' Answered, 1840년 에든버러에서 출판)이라는 제목의 소책자를 출판했다. 제임스 모리슨은 속죄에 대한 통치 이론을 『구속의 본질』(The Nature of the Atonement, 1841년 에든버러에서 출판)에서 다루었고, 믿음에 대한 산데만파(Sandemanian) 견해를 『구원하는 믿음: 복음서에 나타난 단순한 믿음 연구』(Saving Faith or The Simple Belief of the Gospel Considered, 1842년 킬마녹[Kilmarnock]에서 출판)에서 다루었다.

제임스 모리슨은 전도자가 되는 것을 고려하다가, 1840년 10월에 에어셔(Ayrshire)의 킬마녹의 클럭스레인분리교회(Clerk's Lane Secession church)의 청빙을 받고 이를 수락했다. 제임스 모리슨 청빙이 교인들의 만장일치로 통과되지 않았기 때문에 그의 안수와 취임은 많은 논쟁을 불러일으켰다. 제임스 모리슨을 반대하는 사람들은 그가 칼빈주의 정통파가 아니라고 의심했다. 결국 제임스 모리슨은 노회에 출석하여 그에게 제기된 의문들에 대해 답변하라는 요구를 받았다.

이제 막 안수를 받은, 그리고 25세에 불과했던 제임스 모리슨은 자신의 입장이 정당하다고 확신했고, (순진하게도) 자신을 반대하던 선배들이 그동안 믿어 왔던 전통 교리 조항들에 비성경적 요소들이 들어 있음을 납득시킬 수 있다고 생각했다. 분리교회 구성원이면서도 중도적 칼빈주의를 지지하고 있던 몇몇 인사들은 개인적으로 제임스 모리슨을 격려하기도 했다. 제임스 모리슨은 자신을 추궁하던 사람들이 자기 입장에 동조해 주기를 희망했지만, 그와 같은 일은 벌어지지 않았다. 그가 안수받은 지 5개월이 지난 후, 노회는 제임스 모리슨이 자신의 비정통 입장을 철회하거나 완화할 생각이 없자, 그의 목사직을 정지시켰다.

제임스 모리슨은 분리교회대회(synod of the United Secession Church)에 재심을 청구하고, 추가로 하나님의 우주적 사랑과 일반 속죄에 대한 자신의 생각을 정리하여 『속죄의 범위』(The Extent of the Atonement, 킬마녹에서 1841년에 출판됨)를 발표하면서, "그리스도가 선택된 자들만을 위해 죽었다고 주장하는 칼빈주의는 정당하지 않다"라고 주장했다. 대회에 제출한 재심 청구는 받아들여지지 않았지만, 교단 내에서 이 문제에 대한 논쟁이 더욱 격렬하게 전개되었다.

제임스 모리슨은 연합분리교회 목사직에서는 면직되었지만, 클럭스레인교회는 이 결정에 반발하여 연합분리교회와의 관계를 단절한 교회로 존속했다. 자신의 교리적 입장이 목회에 큰 복이라고 확신한 제임스 모리슨은 단호하게 선언했다.

"나는 하나님의 영원한 진리라고 내가 믿는 어떤 것도 타협할 수 없다."

제임스 모리슨이 연합분리교회 목사직에서 축출되고 난 후에 교단은 큰 후유증에 시달려야만 했다. 그의 아버지와 다른 연합분리교회 목회자 두 사람 역시 제임스 모리슨의 입장을 지지했다는 이유로 목사직에서 면직되었다. 1843년 5월에 스코틀랜드장로교회(Church of Scotland)에서 스코틀랜드자유교회(Free Church)가 나온 대분열(Disruption) 이틀 전, 축출된 목회자들은 '복음주의연합'(Evangelical Union)을 조직해서, '영광스럽고 단순한 영혼 구원과 마음을 거룩하게 하는 그리스도의 복음'을 가르치는 일에 서로 협력하고, 의논하고, 대화하자는 결정을 내렸다.

제임스 모리슨은 이때쯤 기존의 웨스트민스터 정통에서 벗어나 알미니우스 교리 체계로의 이동을 완료한 상태였다. 새롭게 출범한 복음주의연합은 이런 제임스 모리슨의 입장을 받아들였고, 이후에 이 복음주의연합의 교리는 간단히 모리슨주의(Morisonianism)로 명명되었다. 이 복음주의연합은 회중교회(Congregational church) 조직 체계를 수용하여 적용했지만, 복수의 장로를 세우는 원칙을 유지했고, 반신조주의(anti-credal)를 취했다. 오직 성경만이 이들의 교리 기준이었다. 이 연합에 가입한 교회 수는 1897년에 90개에 달했다가, 후에는 회중교회연합(Congregational Union)과 통합했다. 제임스 모리슨은 1845년과 1868년에 이 연합회의 장으로 활약했다.

1843년 8월에 복음주의연합이 자체 신학교를 설립하게 되면서, 제임스 모리슨이 이 학교 교수로 부임했다. 1846년에 이 학교의 재학생 수는 33명에 달했다. 제임스 모리슨은 마태복음(1870, 런던), 마가복음(1873, 런던)뿐만 아니라 로마서의 몇몇 장들에 대한 학술 주석을 편찬하므로 신학적 재능을 과시했다. 1854년에서 1868년까지 복음주의연합의 기관지인 「이밴절리컬 리포지토리」(*Evangelical Repository*)의 편집을 맡았다. 제임스 모리슨은 이런 학자적인 업적으로 1862년에 미시간 에이드리언대학(Adrian College)에서 명예박사학위를 받았고, 1882년에는 글라스고우대학교(Glasgow University)부터도 명예박사학위를 받았다. A. M. 페어베언(A. M. Fairbairn)은 제임스 모리슨이 자신이 기독교인이라는 사실을 잊지 않은 학자, 자신이 학자라는 사실을 잊지 않은 기독교인의 이상을 구현했다고 믿었다.

제임스 모리슨에게 가장 중요했던 것은 역시 설교자와 목회자로서의 사역이었다. 비록 칼빈주의 정통을 떠나기는 했지만, 절대 금주 원칙에 헌신했음에도 불구하고, 정치적, 사회적 급진주의에는 동의하지 않았다. 그는 '어떤 정치적 입장에도 서지 않겠다'라고 결심하면서, '필요한 오직 한 가지'를 전하고자 하는 소망 아래 다른 모든 관심사를 종속시켰다.

제임스 모리슨은 자신이 연합분리교회와 싸운 것은 죄인 구원에 대한 관심에서 시작되었다고 주장했다. 강단에서의 그의 설교는 많은 이들의 마음을 움직였다. 클럭스레인교회에서의 3년간의 목회 활동을 통해 이 교회는 680명의 새 교인을 맞이했다. 제임스 모리슨은 또한 정기적으로 여러 곳을 다니며 전도 설교를 했고, 야외에서도 대규모 청중에게 복음을 전했다.

1851년에 제임스 모리슨은 복음주의연합의 글라스고우교회로 청빙받았는데, 1853년에 노스던다스스트리트(North Dundas Street)에 새로운 건물을 지을 만큼 큰 성장을 이루었다. 그의 설교는 강해 설교였다. 제임스 모리슨은 설교자는 성경 안에 있는 단어들 안에 있는 성령의 마음을 찾아내어 그것을 보여 주는 것이 과업이라고 생각했다. 제임스 모리슨은 설교에서 모두를 위한 속죄에 대해 수없이 언급했다. 1884년에 건강상의 이유로 목사직을 사임했지만, 은퇴 후에도 사망할 때까지 노스던다스스트리트교회(North Dundas Street Church)와 계속 관계를 이어 갔다. 제임스 모리슨은 1841년에 마가렛 딕(Magaret Dick)과 결혼했고, 슬하에 세 자녀를 두었다. 첫 부인이 사망한 후 1877년에 재혼했다.

제임스 모리슨이 숨을 거둘 무렵, 한때 이단으로 몰렸던 그의 신학 견해들을 스코틀랜드의 여러 교단들이 수용하고 있었다. 그럼에도 그는 당시 날로 번성하던 성경의 권위에 대한 여러 부정적인 입장에는 동의하지 않았다. 그에게는 웨스트민스터 신앙고백서의 칼빈주의에 대한 절대적인 헌신보다 하나님의 우주적 사랑을 강조하는 신학이 중요했다.

참고문헌 | W. Adamson, *The Life of James Morison, D. D.* (London: Hodder & Stoughton, 1898); O. Smeaton, *Principal James Morrison* (Edinburgh: Oliver & Boyd, 1901); F. Ferguson, *History of the Evangelical Union* (Glasgow: T. D. Morison, 1876).

I. J. SHAW

제임스 스튜어트 스튜어트(James Stuart Stewart, 1896-1990)

설교자이자 학자. 그는 1896년 7월 21일에 던디(Dundee)에서 태어났다. 아버지 윌리엄 스튜어트(William Stewart)는 사업가였으나 이후 던디 YMCA의 사무총장이 되었으며, 이 던디 YMCA에서 윌리엄은 수년 동안 젊은 남성을 대상으로 효과적인 성경교실을 운영하는 목회를 했다. 어머니 캐서린 제인 듀크(Katharine Jane Duke)는 던디의 존 듀크(John Duke) 목사의 딸이었다. J. S.라는 이름으로 불린 그녀는 성경에 근거한 경건을 추구하는 분위기에서 자라났기에, 제임스 스튜어트의 설교와 교육 경력도 바로 이런 분위기에서 자라났다.

던디고등학교(Dundee High School)에서 제임스 스튜어트는 문학과 축구 사랑을 배웠고, 세인트앤드루스대학교(University of St Andrews)에서는 1916년에 고전 분야에서 최우수 성적으로 학위를 받았다. 그는 서부 전선에서 근무했고, 이후 맨체스터에서 암호 해독자로 복무했다. 전쟁 후, 에든버러의 뉴대학(New College)에서 스코틀랜드연합자유교회(United Free Church of Scotland) 목회자 훈련을 받았고, 이후 1년간 독일 본대학교(Bonn University)에서 공부했다. 그의 첫 번째 학문 작업은 그의 에든버러 시절 교수인 H. R. 매킨토시(H. R. Mackintosh)와 함께 슐라이어마허(Schleiermacher)의 『기독교 신앙』(The Christian Faith, 1928)을 번역한 것이었다.

제임스 스튜어트는 1924년부터 1928년까지 오치터라더(Auchterarder)에서 목회했으며, 이후 애버딘(Aberdeen)의 비치그로브(Beechgrove)에서 1928년부터 1935년까지 목회했다. 1929년에 스코틀랜드연합자유교회와 스코틀랜드장로교회(Church of Scotland)가 다시 합치면서, 제임스 스튜어트는 이렇게 형성된 스코틀랜드장로교회의 목사가 되었다. 1935년 그는 에든버러의 노스모닝사이드교회(North Morningside Church)로 옮겼고, 1947년에 에든버러대학교와 뉴대학에서 W. 맨슨(W. Manson) 교수의 동료로서 신약 언어와 문학, 신학과 교수가 될 때까지 이 교회에서 목회했다. 그는 1966년에 교수직에서 은퇴했고, 남은 24년을 에든버러에서 보냈다.

그는 로사먼드 배론(Rosamund Barron)과 1931년에 결혼했고, 두 명의 아들을 낳았는데, 이 중 로빈(Robin)은 이후 스코틀랜드장로교회 목사가 되었고, 잭(Jack)은 캐나다에서 영어를 가르치는 강사가 되었다.

제임스 스튜어트는 수줍음에 많고 조용한 사람이었으며, 가벼운 말도 쉽게 건네지 않았다. 그는 뛰어난 설교뿐만 아니라 회중을 심방할 때의 신실함, 그들을 위해 기도한 근면함으로 기억된다. 그는 설교 중에 매우 드물게 자신의 개인 경험과 생각을 담아내기도 했다.

"나 자신에 대해서 (만약 여러분이 개인적인 말을 하는 것을 허락하신다면), 나는 지금까지 몇 년 동안 기도 안내서로 교인 명부(Communion Roll)를 이용하고 있는데, 매일 세 가정을 택해 기도합니다. 이 명부에 이름이 있는 1,560명의 영혼 중에 내가 개인적으로 이름을 두고 주기적으로 기도하지 않는 사람은 없습니다."

자기 학생들에 대한 관심과 친절함은 스코틀랜드장로교회 목회자가 되기 위해 공부하는 학생들뿐만 아니라, 주로 미국 출신으로 그의 지도 아래 연구하는 학생들 모두에게 잘 알려져 있었다. 어떤 학생이 개인적인 영적 안내를 요청했을 때, 제임스 스튜어트는 개인 대화를 나눌 때는 조용했지만, 함께 기도할 때면 우렁찬 목소리로 기도를 해서 함께 기도하는 사람의 기억 속에 각인될 정도였다.

문학에 대한 제임스 스튜어트의 사랑이 성경에 대한 해박한 지식을 보완했다. 그의 설교들은 여러 책으로 인쇄되었는데, 이 설교들은 그의 상상력과 잘 정돈된 통찰력을 보여 준다. 제임스 스튜어트가 소장하고 있던 T. S. 엘리엇(T. S. Elliot)의 『대성당 살인』(Murder in the Cathedral)의 사본에는 엄청나게 메모가 되어 있고 밑줄이 그어져 있었는데, 사랑하고 애용했던 많은 다른 책들도 마찬가지였다. 그의 설교는 기본적으로 성경적임에도 불구하고, 그는 모든 설교에 19세기 고전과 그 당시 작가들의 글에서 좋은 글을 많이 인용하기도 하고, 자기 경험에서 나온 통찰력을 활용하기도 했다. 기본적으로 제임스 스튜어트는 성경을 해설하고 적용하며, 청중을 도전하고 격려하려고 했다. 그는 약간만 수정한 같은 설교를 여러 번 하는 일에 거리낌이 없었고, 자기 설교를 책으로 편찬해서 더 많은 이들이 대중적으로 접할 수 있게 했다.

제임스 스튜어트의 책은 그의 유산에서 큰 부분을 차지했다. 설교와 마찬가지로, 이 책들은 하나님을 섬기고, 가능한 많은 독자들이 읽을 수 있게 하려고 출간되었다. 스코틀랜드장로교회 성경반을 위해, 그는 1932년에 『예수의 삶과 가르침』(The Life and Teaching of Jesus)이라는 소책자를 편찬했는데, 이 책은 최근까지도 인쇄되어 교재로 사용되고 있다. 제임스 스튜어트가 남긴 최고의 학문적 업적은 1934년 에든버러 대학교의 '커닝햄 강연'(Cunningham Lectures)으로, 강연 내용은 이후 『그리스도 안에 있는 한 사람: 바울 신앙의 핵심 요소들』(A Man in Christ: the Vital Elements of St Paul's Religion)이라는 제목으로 출판되었다. 이 책은 최신 영국 및 대륙 학문의 구도를 보여 주는데, 그가 목회로 바쁜 와중에 집필된 책이지만 여전히 유용한 책이다.

설교자로서의 정체성에 걸맞게, 그가 가장 사랑했던 책 두 권은 설교 방법과 작성에 관한 것이다. 『하나님의 전령』(Heralds of God)은 에든버러와 세인트앤드루스에서 한 워랙강연(Warrack Lectures)을 출간한 것이다. 초판은 1946년에 출판되었으며, 이 책은 이후 『자신에게 설교를 가르치라』(Teach Yourself Preaching)라는 제목으로 다시 출판되었다. 이 책에서 제임스 스튜어트는 설교자가 기억해야 할 언어와 설교자의 과제, 그리고 설교자의 방법론을 다룬다.

그 이후 집필된 저작인 『선포하는 신앙』(A Faith to Proclaim)이 1953년에 출판되었으며, 이는 1952년에 예일대학교(Yale University)에서 '라이먼 비처 강연'(Lyman Beecher Lectures) 당시 발표된 것으로, 교사의 메시지에 초점을 두고 있다. 그리스도의 중심성은 그의 모든 책에 잘 드러난다. 제임스 스튜어트의 모든 저작과 강연에서 절대 누락되지 않는 기독교 신앙과 삶의 핵심 주제는 바로 그리스도 안에서의 하나님의 사랑이었다. 그는 예일뿐 아니라 프린스턴부터 캘리포니아의 버클리까지 초청 학자로 두루 돌아다녔고, 1959년에는 오스트레일리아 멜버른(Melbourne)에서 3개월간 턴벌재단(Turnbull Trust) 설교자로 지냈다. 1947년에 뉴대학(New College)의 신약 언어, 문학 및 신학 교수가 된 뒤, 그는 여러 학술 저널에 많은 소논문을 기재한 것을 제외하고는, 학문 세계를 위해서는 책을 많이 쓰지 않았다. 그의 강의에는 사람이 가득 찼는데, 여기에는 그의 강연을 필수로 들어야 했던 학생들만 있었던 것은 아니다. 모든 강연은 당시의 관행대로 기도로 시작했고, 내용은 헌신으로 이어지는 삶을 강조한 것으로 기억된다. 그렇다고 설교는 아니었고, 당시의 석학들의 최고 수준의 연구가 소개되었다.

제임스 스튜어트는 수많은 논문을 지도했고, 종종 멀리 떨어진 영어권 지역에서 온 대학원 과정 학생들을 맡기도 했다. 제임스 스튜어트는 자기를 내세우지 않는 사람이었지만, 그는 자신이 받은 특정한 명예에 대해서는 자부심을 느꼈다. 그는 1952년에는 왕의 목사로, 바로 이어서는 새 여왕의 목사가 되었다. 1962년에 그는 스코틀랜드장로교회 총회장이 되었고, 스코틀랜드장로교회 대표로 광범위하게 여행을 다녔다.

제임스 스튜어트는 1966년에 교수직을 은퇴하고도 계속 에든버러에 거주하면서, 여러 교회에서 정기적으로 설교를 했다. 수년간 여름에는 에든버러 웨스트엔드 지역의 세인트조지 스웨스트 스코틀랜드장로교회에서 설교했는데, 자주 많은 회중이 몰려들었다. 그가 살아 있는 동안 설교집들이 출판되었으며, 가장 주목할 만한 책들은 『새로운 삶의 문』(The Gates of New Life, 1937), 『강력한 이름』(The Strong Name, 1940), 『성령의 바람』(The Wind of the Spirit, 1968)이다.

그가 죽은 후, J. 고든 그랜트(J. Gordon Grant)가 아직 출판되지 않는 설교들을 선별, 편집한 후 『하나님과 함께 걷다』(*Walking with God*, 1996)로 출간하였다. 아직도 많은 사람이 그의 설교를 읽고 있으며, 여러 형태로 설교되고 있다. 제임스 스튜어트는 계속 변화하는 교회의 환경 속에서 수년간 설교를 계속했다. 그는 아내보다 오래 살았고, 1990년 7월 1일에 94세가 되어 숨을 거두었다.

제임스 스튜어트는 정통이었지만, 반계몽주의자는 아니었다. 그는 자신이 사랑하는 성경에 빛을 비추어 준다는 점에서 신약학을 높이 평가했다. 예배와 찬송을 사랑했고, 고전 음악, 특히 엘가(Elgar)를 좋아했다. 그는 인기 없는 견해에 거리낌이 없었는데, 후에 메리 레비슨(Mary Levison)이 된 메리 러스크(Mary Lusk)가 목회자가 되고 싶어 한다는 소식을 듣고 이를 지지했다.

한때 빌리 그레이엄(Billy Graham)에 대해서도 의혹을 가진 바 있으나, 이후 그와 친구가 되었다. 빌리 그레이엄과 제임스 스튜어트는 1956년에 열린 첫 번째 스코틀랜드집회에서 만났고, 두 사람의 우정은 제임스 스튜어트가 죽을 때까지 계속되었다. 축구에 대한 열정도 빼놓으면 안 되는데, 특히 그는 자신이 사목으로 봉사한 하트 오브 미들로디언(Heart of Midlothian) 축구팀을 사랑했고, 이 팀의 경기를 관전하기 좋아했다.

참고문헌 | R. Barbour, *J. S. Stewart in a Nutshell* (Edinburgh: The Handsel Press, 2000).

D. B. MURRAY

제임스 스티븐(James Stephen, 1758-1832)

노예폐지론자. 그는 1758년 6월 30일에 잉글랜드 도싯(Dorset)의 풀(Poole)에서 태어났다. 스코틀랜드 출신 사무 변호사인 아버지의 둘째 아들로 태어난 제임스 스티븐은 여러 학교를 다녔으며, 여기에는 켄싱턴 그린(Kensington Green)에 있는 학교도 포함된다. 그는 독보적인 윈체스터스쿨(Winchester School)에서도 한 학기를 보냈지만, 재정적 이유로 그 학교를 그만둘 수밖에 없었다.

가족들의 도움으로, 제임스 스티븐은 스코틀랜드 애버딘(Aberdeen)의 매리셜대학(Marischal College)에서 공부했으며, 이후 1778년에 런던에 정착하여 신문 기자로 일했다. 1781년, 의사이자 서인도의 세인트크리스토퍼(St Christopher)의 농장주였던 삼촌이 죽자, 제임스 스티븐의 큰형 윌리엄 스티븐이 가업을 이어 경제적인 안정을 이루게 되었다. 그는 제임스 스티븐이 변호사가 될 수 있도록 교육 과정을 재정적으로 뒷받침했다.

켄싱턴 그린(Kensington Green)에서 공부하는 동안, 제임스 스티븐은 애나(Anna, 그녀의 애칭은 낸시[Nancy]였다) 스텐트(Stent)와 사랑에 빠졌는데, 그녀는 제임스 스티븐의 가까운 친구 토마스 스텐트(Thomas Stent)의 여동생이었다. 이 둘은 14살 때에 비밀스럽게 약혼을 했고, 제임스 스티븐이 런던에 돌아온 후에 정식으로 약혼했다.

그러나 토마스 스텐트가 외국에 있는 동안, 제임스 스티븐은 토마스 스텐트의 여동생 낸시가 아니라 토마스 스텐트의 애인과도 사랑에 빠졌는데, 이 여자는 애나 스텐트보다 더 활기찬 여자였다. 1781년 제임스 스티븐은 이 여자에게서 윌리엄(William)이라는 아들을 낳았다. 제임스 스티븐은 애나 스텐트와 이 여자를 모두 사랑했다. 그러나 결국 1783년에 애나 스텐트와 결혼했는데, 애나 스텐트는 경쟁자의 사생아를 거두어 주었다. (제임스 스티븐은 이 여자를 언급할 때 '마리아 리버스'[Maria Rivers]라는 가명을 사용했다).

1783년 제임스 스티븐이 법조 활동을 위해 세인트크리스토퍼(St Christopher)로 가자, 얼마 후 아내도 남편을 따라 가족과 함께 이주했다. 바베이도스(Barbados)에서 제임스 스티븐은 두 흑인이 조잡한 증거로 성폭행 죄로 기소되어 산 채로 화형되는 재판을 목격하고 큰 충격을 받았다. 이 사건이 그의 일생의 전환점이 되었다.

제임스 스티븐은 노예제도를 반대하게 되었고, 윌리엄 윌버포스(William Wilberforce)와 서신을 주고받기 시작했다. 윌버포스는 떠오르는 의회 지도자로, 노예제도 반대자들을 이끄는 정치인이었다. 1788년부터 1789년까지 제임스 스티븐은 잉글랜드로 여행하여 개인적으로 윌버포스와 만나기도 했다. 1789년부터 1794년까지 그는 비밀리에 노예무역에 반대하는 서인도의 최고 비밀 정보원이 되었다. 이 기간 동안 제임스 스티븐은 주로 세인트크리스토퍼에 상품으로 들어오는 화물을 되찾으려는 미국인 선주들을 위해 일했다.

제임스 스티븐은 1794년에 잉글랜드로 돌아가 추밀원(Privy Council)의 상품 항소 법원에서 활동했으며, 1811년에는 영국 대법원 주사(Master)가 되었다. 잉글랜드에 오자마자 제임스 스티븐은 윌버포스의 가장 친한 친구 중 한 사람이 되었다. 이 시기 이전에 제임스 스티븐은 기껏해야 이름뿐인 기독교인이었는데, 윌버포스와 친해지고 난 후 복음주의적 회심을 경험했다.

1796년, 제임스 스티븐은 클라팜(Clapham)으로 이주했는데, 그곳에서 그는 그 유명한 '클라팜당'(Clapham Sect) 핵심 지도자가 되었다. 클라팜당은 노예무역 폐지를 강하게 주장했던 열성적 복음주의자들의 모임이었다. 방법에서는 거칠고, 언어에서는 따뜻했던 제임스 스티븐은 아마도 회원 중 가장 덜 현학적이지만, 가장 다채롭고 열정적이며 매력적인 구성원 중 하나였다고 할 수 있다. 불굴의 논쟁가이자 소책자 집필자이며, 노예무역에 대한 직접적인 지식을 갖고 있던 제임스 스티븐은 1808년에 트럴리(Tralee)의 토리당 하원의원으로 선출되어 4년간 일했고, 이후 이스트그린스테드(East Grinstead)의 하원의원(1812-1815)이 되었다. 의회에서 제임스 스티븐은 노예제도 반대자이자, 1809년부터 영국 총리를 역임한 스펜서 퍼시벌(Spencer Perceval)의 가까운 친구가 되었다. (1812년에 퍼시벌은 하원 로비에서 암살자의 총탄에 맞고 제임스 스티븐의 품에서 죽었다).

그리 현학적이지는 않았지만, 뛰어난 법 정신과 유창한 문장력으로 인해 그는 불굴의 노예제도 폐지운동 지도자가 되었다. 『설탕 식민지의 위기』(The Crisis of the Sugar Colonies, 1802)로부터 『영국령 서인도 노예제도 개관』(The Slavery of the British West Indies Delineated, 1824-1830)에 이르기까지, 저작 전체를 통틀어 중심 주제는 하나님께서 개인과 국가의 행동을 심판하신다는 것이었다. 제임스 스티븐은 나폴레옹전쟁과 유럽을 휩쓸던 혁명과 내전들을 '유럽 국가들이 아프리카 인종을 비참하고 불경건하게 억압한 것에 대한' 하나님의 심판으로 해석했다.

제임스 스티븐의 또 다른 중요한 저작으로는 그가 (원래) 1805년에 익명으로 출판한 소책자

『위장 전쟁: 혹은 중립의 깃발이라는 사기』(*War in Disguise; Or the Frauds of the Neutral Flags*)가 있다. 이 글에서 제임스 스티븐은 그가 서인도에서 경험한 일을 근거로, 영국은 전쟁 기간에 중립국들이 평화 시기에는 금지되었던 무역을 수행하는 것을 막을 권리를 폐지한 적이 없다고 주장했다. (전쟁 전에 프랑스는 프랑스의 식민지 무역에 대하여 엄격한 독점을 시행하고 있었다). 『위장 전쟁』에서 그는 프랑스 선박들이 프랑스령 서인도에서 노예를 통해 생산된 상품을 운송하고, 결국 미국 항구로 보내는 행위를 묘사했다. 이들은 미국 항구에서 미국 국기를 휘날리며, 중립국 선박인 듯이 위장하면서 프랑스와 스페인을 오갔다. 제임스 스티븐은 아마도 1807년의 유명한 긴급칙령(Orders in Council) 초안을 작성한 것으로 보이는데, 이 긴급칙령이 이런 행위를 금지 조치하자 이에 미국 정부가 분노했다. 이런 식으로, 제임스 스티븐은 그 누구보다도 1812년 전쟁에 책임이 있는 인물이라고 할 수 있다. 1815년에 그는 리버풀 경(Lord Liverpool)이 서인도에서 노예 등기소를 세우려는 제임스 스티븐의 계획에 반대한 것에 대한 저항의 일환으로 의회를 사임했다.

제임스 스티븐은 노예 등기소를 만드는 것만이 노예무역이 재생산되는 것을 막을 유일한 방법이라고 믿었다. 아마 제임스 스티븐의 최고 저작은 미완성작 『자서전』(*Autobiography*)일 것이다. 이 책은 자신의 삶에 대한 섭리적 해석으로, 자녀들을 위해 기록되었다. 400페이지가 넘는 이 책은 그의 인생 첫 25년만을 담고 있다.

제임스 스티븐의 아내는 1796년에 죽었다. 1800년에 제임스 스티븐은 미망인이 된 윌버포스의 여동생 새라 클라크(Sarah Clarke)와 결혼했다. 제임스 스티븐은 6명의 자녀를 두었다. 장남 윌리엄은 버킹엄셔(Buckinghamshire)의 교구 사제가 되었고, 셋째 제임스(James)는 저명한 공무원이 되었다. 두 번째 아내가 1816년에 죽자, 1819년에 그는 큰 아들 윌리엄의 목회지 근처였던 그레이트미센든(Great Missenden)으로 이주했다. 은퇴 후, 제임스 스티븐은 오랜 친구 윌버포스와 함께 많은 시간을 보냈고, 윌버포스가 죽기 1년 전인 1832년 10월 10일에 서머싯(Somerset)의 배스(Bath)에서 숨을 거두었다.

제임스 스티븐이 노예제도 폐지론자들 중에 윌버포스 다음가는 2인자인지는 여전히 논란이 있다. 그는 또한 빅토리아 시대 잉글랜드 최고 명문 가문 중 하나의 수장이었다. 아들 제임스 스티븐 경(Sir James Stephen)은 오랜 기간 식민지 정무차관으로 일했다. 손자들 중에는 고등법원 판사를 지낸 제임스 피츠제임스 스티븐 경(Sir James Fitzjames Stephen)과 『전국인물사전』(*Dictionary of National Biography*)의 유명 편집자 레슬리 스티븐 경(Sir Leslie Stephen)이 있다. 작가 버지니아 울프(Virginia Woolf) 또한 제임스 스티븐의 증손녀였다.

참고문헌 | N. G. Annan, *Leslie Stephen: The Godless Victorian* (London: Weidenfeld & Nicolson, 1984); E. M. Howse, *Saints in Politics* (Toronto: University of Toronto, 1952); J. Pollock, *Shaftesbury: The Poor Man's Earl* (London: Hodder & Stoughton, 1985); G. Stephen, *Anti-Slavery Recollection* (London: Hatchards, 1854).

D. M. LEWIS

제임스 알프레드 케이브 더피시(James Alfred Cave Duffecy, 1912-1983)

전도자. 그는 오스트레일리아 뉴사우스웨일스(New South Wales)의 뉴타운(Newtown)에서 태어났으며, 아버지는 명목상 로마 가톨릭 신자였고, 어머니도 명목상의 성공회(Anglican) 신자였다. 후에 가족은 해변 교외 지역인 쿠기(Coogee)로 이사했다. 거기서 더피시는 야외전도단(Open Air Campaigners, OAC)이 진행한 야외 주일학교에 끌려서 참석했다가 12살이던 1924년에 회심했다. 인성이 형성되던 십대 시절에 그는 계속 성경공부, 간증집회, 야외집회에 나갔고, 이어서 쿠기 야외전도단팀의 지도자가 되었다. 이것이 그와 야외전도단과의 평생 관계의 출발점이었다.

학교를 마친 더피시는 직장에서도 기독교를 계속 전하며 「더 시드니 모닝 해럴드」(The Sydney Morning Herald)의 제판공으로 일했다. 그러나 십대였을 때 카툼바대회(Katoomba Convention)에 참석한 그는 완전한 헌신자로 부르심에 응답하여 전도자가 되기로 결심했다. 야외전도단과의 협력하에, 그는 어린이집회 인도법을 배우고, 자원봉사단(Voluntary Workers) 지도자가 되었으며, 야외집회, 특히 시드니의 중앙 경제 지구에서 주일 저녁에 열리며 많은 사람을 불러 모은 야외집회에서 설교했다.

1940년에 야외전도단은 그를 전임 전도자로 청빙했는데, 이때부터 사망 시까지 이 직책을 유지했다. 제2차 세계대전 기간에는 3년 반 동안 군부대에서 야외전도단의 복지담당관으로 일했다. 전후에는 오스트레일리아 책임자가 되기 전까지 임원 전도자였다. 그의 지도력과 열정으로 야외전도단은 해외사역을 시작할 수 있었는데, 처음에는 뉴질랜드에서 1954년에, 이어서 북미, 잉글랜드, 유럽으로 조직을 확장했다.

1956년에 토론토에 있는 피플스교회(People's Church) 오스왈드 스미스(Oswald Smith) 목사의 아들 폴 스미스(Paul Smith)가 더피시와 그의 팀을 초대하면서 캐나다에서 야외 전도를 활성화시켜 달라고 요청했다. 이 사역이 곧 미국으로도 확장되면서, 그는 북미 지역 책임자가 되었고, 미국은 이 운동이 국제적으로 뻗어 나가는 중심지가 되었다. 그 결과, 야외전도단 지부가 1962년에 독일, 1968년에 영국, 1969년에 이탈리아에 생겼다. 현재 야외전도단은 21개국(한국에는 야외전도단 활동이 없다-역주)에서 활동하는데, 상호 조직적 연대는 발달되지 않았고 느슨하다. 잉글랜드와 오스트레일리아뿐만 아니라, 동부 해안과 중부 주들(states)을 중심으로 미국 전역도 순회했는데, 순회 중에 전도를 강조하던 컬럼비아(Columbia), 무디(Moody), 프레리(Prairie) 등의 성경학교에서도 자주 강연하고 설교했다. 1964년에는 만국박람회(World Fair)가 열리고 있던 뉴욕에도 야외전도단 지부를 열고 책임자가 되었다. 1966년에는 첫 OAC 세계대회에서 국제책임자(international director)로 임명되었고, 1978년에는 국제대표(international president)가 되었다.

더피시는 1936년에 조이스 메이휴(Joyce Mayhew)와 결혼했다. 세 아들, 휴(1970년대에 미국에서 비행기 충돌 사고로 사망), 피터와 크리스토퍼, 두 딸, 린과 수잔이 있었다. 그가 미국으로 이주한 지 얼마 지나지 않은 1957년에 가족이 미국으로 모두 함께 이주했다. 더피시는 1983년 11월 17일에 토론토에서 사망했는데, 마지막까지 열심을 다해 일했다.

더피시는 시드니의 성공회 신자였지만, 편안하게 여러 초교파 조직에서 활동했다. 그의 주해서에서 볼 수 있듯이, 신학은 아주 보수적이었지만 전투적 근본주의자는 아니었기에, 신학, 교회론 논쟁은 피했다. 사람들, 심지어는 이방인에게도 순수한 관심을 보여 준 따뜻한 마음을 가진 사람이었다. 기억력이 아주 좋았고, 사람들의 이름을 늘 기억했다. 거들먹거리며 잘난 체하지 않으며 유머 감각이 탁월했다. 매력적이고 사랑이 많은 인품 때문에 모든 연령대와 다양한 사회, 교육 배경을 가진 사람들이 그를 좋아했다.

더피시는 여러 상황에서 일대일이든 청중 대상의 연설이든 상관없이, 사람들과 편하고 솔직한 대화를 이끌어 갈 수 있는 달변가였다. 늘 그림판과 물감을 가지고 다녔는데, 전달하는 메시지를 자주 그림으로 그리곤 했다. 그림판 방법은 야외전도단 전도법을 대표하는 특징이 되었다.

그러나 전도자와 지도자로서 그가 가장 크게 공헌한 것은 바로 그의 인격이었다. 그 인격은 사역, 첫사랑, 야외 설교를 통해 찬란하게 드러났다. 공장, 부두, 거리, 대교회, 어디에서 설교하든, 메시지는 언제나 현실적이고 단순했지만, 강력했고, 무엇보다도 전도 지향적이었다. 쉽게 예상하겠지만, 그가 쓴 네 권의 책,『잉글랜드의 또 하나의 셜록 홈즈』(*Another Sherlock Holmes in England*),『그림판 설교』(*Sketchboard Sermons*),『그림판 설교 2』(*Sketch board Sermons No 2*),『휴전 없는 전쟁』(*The Truceless Warfare Advances*, OAC 역사)도 모두 전도가 주제였다.

더피시는 야외전도단의 수많은 지도자 직책을 역임했지만, 훌륭한 행정가는 아니었다. 그럼에도 불구하고, 주로 열정과 사람들에게 보여 준 개인적 관심 때문에 그는 성공적인 지도자가 될 수 있었다.

참고문헌 | J. A. Duffecy, *Truceless Warfare Advances* (Citrus Springs, Florida: OAC, 1983).

D. PAPROTH

제임스 얼 ('지미') 카터 주니어(James Earl ['Jimmy'] Carter, Jr, 1924-)

미국 대통령이자 남침례교 평신도 지도자. 그는 조지아(Georgia) 플레인스(Plains)의 시골 마을에서 태어났다. 아버지 제임스 얼 카터는 농부이자 소규모 사업가였고, 어머니 릴리언 고디 카터는 간호사였다. 그는 대가족, 지역 교회, 전통 가치가 지배하는 환경에서 자랐고, 십대 시작부터 플레인스침례교회(Plains Baptist Church)가 삶의 중심이었다. 11살에 그리스도에 대한 신앙을 고백한 후 침례를 받고 교회의 신자가 되었으며, 오래지 않아 주일학교 교사가 되었다. 1942년에 고등학교를 졸업한 그는 애나폴리스의 미해군사관학교에 등록하여 4년 후에는 해군 장교로 임관했다.

졸업 후 어린 시절부터 좋아했던 로잘린 스미스(Rosalynn Smith)와 결혼했다. 그는 전함에서 일하다 후에는 잠수함을 탔으며, 1950년에는 새로운 핵잠수함 계획에 임명되기도 했다. 이 계획의 지도자 하이먼 릭오버(Hyman Rickover) 제독은 젊은이에게 힘든 일을 감당하는 추진력과 탁월함을 가르쳤는데, 이 능력은 지미 카터의 평생을 지배한 그의 인격의 특징이 되었다. 1953년에 아버지 카터가 죽자, 지미 카터는 해군에서 제대하고 플레인스의 집으로 돌아가 가업과 농장 물품 가게, 땅콩 창고를 경영했다.

지미 카터는 빠른 속도로 사업에 성공했고, 동시에 교회와 공동체의 생활에도 적극적으로

제임스 얼 (지미) 카터 주니어

참여했다. 그는 침례교회 교사이자 집사였으며, 학교, 도서관, 병원의 이사회에서 봉사했다. 또한, 인종 정의와 민권의 기탄없는 옹호자였는데, 당시에 이런 견해가 조지아에서는 인기가 없었다. 1962년에 지미 카터는 주 정치에 참여하기 시작했는데, 조지아 상원의원으로 두 회기를 봉사했지만 1966년에 주지사 선거에 출마해서는 패배했다. 정치 경력이 끝난 것 같아 보였지만, 그는 이를 그리스도께로 재헌신하는 기회로 삼고, 하나님께서 그를 시민의 공복으로 부르시고 계신다는 소명의 확신을 갖게 되었다.

1970년에 그는 주지사 선거에 다시 출마했고, 이번에는 승리했다. 주지사로 한 회기를 일한 후, 이어서 전국 정치 무대에 도전했는데, 당시 그는 거의 알려져 있지 않은 인물이었지만 1976년 민주당 대통령 후보자가 되기 위해 뛰어들었다. 그는 자신이 베트남 전쟁의 재앙과 리처드 닉슨(Richard Nixon)을 물러나게 만든 워터게이트 사건(Watergate scandals)이라는 국가적 혼돈의 와중에 강력한 도덕적 지도력을 나라에 제공할 수 있다고 믿었다. 몇 달 안에 그는 후보 지명 선거에서 당내 경쟁자를 눌렀고, 가을 선거에서도 현직 대통령 제럴드 포드(Gerald Ford)를 간발의 차로 누르고 대통령으로 당선되었다.

지미 카터는 선거전에 자서전 『왜 최선을 다하지 않는가?』(*Why Not the Best?*, 1975)에서 펼쳐보인 바, 그의 기독교 이해에서 도출한 가치들, 즉 사회 정의에 대한 헌신뿐만 아니라 일체성, 자기 훈련, 질서, 책임 있는 국가 재정 운용을 자신의 대통령직으로 가져오겠다고 약속했다. 그는 자신이 '거듭난' 사람임을 거리낌 없이 받아들이며 그리스도에 대한 믿음을 갖고 있음을 인정했고, 성경 지식이 대단하다는 것도 보여 주었다. 기도 생활에 독실했고, 일개 시민이자 대통령으로서 다른 사람에게도 자신의 신앙에 대해 간증했다.

그의 초기 멘토들은 유명한 남침례교 교사와 윤리학자들이었고, 이들이 쓴 주일학교 교재들을 통해 복음의 사회적 의미에 대한 예민한 감각과 인종에 관계없이 모든 시민에게 민권이 필요하다는 의식이 자라났다. 그는 또한 신학과 현대 사상 분야의 책들을 광범위하게 읽었고, 자신이 라인홀드 니버(Reinhold Niebuhr), 디트리히 본회퍼(Dietrich Bonhoeffer), 로버트 벨라(Robert Bellah), 마틴 루터 킹 주니어(Martin Luther King, Jr.) 같은 인물들에게서 영감을 얻었다는 것도 인정했다.

침례교 뿌리에서 비롯된 또 다른 중요한 특징은 교회와 국가의 분리 원칙에 대한 흔들리지 않는 헌신이었다. 그러므로 그리스도를 믿는 신앙이 정치 생활에 큰 역할을 했다고 고백한 그 인물이 자신의 개인 신앙에 근거해서 공공 정책을 만들지는 않겠다고 강조할 수 있었던 것이다. 그는 교회가 운영하는 학교들을 정부가 지원하는 것에 일관되게 반대했고, 헌법을 수정해서 낙태를 금지하게 하거나, 공립학교에서 기도하는 것을 정부가 후원하게 하자는 등의 주장에 반대했다. 닉슨이 그랬듯, 백악관에서 특별 예배를 드리지 않고 워싱턴의 제일침례교회(First Baptist Church)에 정기적으로 출석하면서, 경우에 따라 성인 주일학교에서 가르치기도 했다.

지미 카터의 대통령직은 언론과 대통령 전문 학자들에게서 뒤섞인 평가를 받았는데, 그들 대부분은 그의 신앙이 그의 행동의 동기에 얼마나 깊은 영향을 끼쳤는지를 제대로 이해하지 못했다. 처음에 그는 공공선(common good)을 위한 규율과 희생이 필요하다는 것을 강조하며 정치에 도덕적 색조를 도입했다. 그는 분명히 미국의 도덕성을 외국으로 수출하고 싶어 했지만, 그러나 불간섭주의라는 원칙하에서 이를 이루기를 바랐다. 인권을 미국의 해외 정책의 기본 특징으로 정했고, 1979년 이집트와 이스라엘 간 역사적 평화 조약을 중재했으며, 파나마 운하를 파나마 정부가 통제하도록 돌려주었고, 중국과의 관계를 개선했다.

그러나 악화된 석유 위기를 해결하려던 그의 노력은 실패로 돌아갔고, 인플레이션과 이자율 요동, 소련과의 외교 모험, 이란 극단주의자의 테헤란 미대사관 인질 억류로 미국의 힘이 약화되고 있다는 불편하고 막연한 느낌을 국민들에게 가져다주었다. 핵무기 억제와 에너지 절약을 위한 그의 호소에 예언자적 표현을 담으려던 노력은 국민들의 귀에 들어가지 않았다. 대통령직이 끝나가면서 지미 카터는 점점 더 고립되어 갔고 양 진영 비평가들의 포화에 시달렸다. 심지어 그와 가장 가까운 유형의 신앙을 가진 복음주의자들은 그가 자신들이 지지하는 사회 프로그램을 시행하지 않는다는 이유로 대통령을 가혹하게 비난했다.

많은 복음주의자들은 새로운 종교적 우파에 속한 정치 설교자들과 텔레비전 전도자들의 선동으로 공화당으로 넘어가 1980년 선거에서 로널드 레이건을 지지한 중추 세력이 되었다. 대부분의 다른 미국인들처럼, 복음주의자들도 무제한의 부와 힘을 가졌던 옛 미국에 대한 향수를 자극하는 레이건의 정치를 선호했다.

1981년에 대통령직에서 물러난 후 그는 미국 역사에서 가장 정열적인 활동을 펼친 전임 대통령이 되었다. 그의 수고 대부분은 교회를 중심으로 돌아갔고, 집중된 열정은 사회 정의를 위해 투자되었다. 그는 가난한 이들에게 집을 지어 주는 해비타트운동(Habitat for Humanity)

과 함께 일했고, 학자와 활동가들이 만나서 정치, 사회 문제를 놓고 토론할 수 있는 카터센터(Carter Center)를 애틀랜타에 세웠으며, 선거 감시단의 일원과 외교 대표로 전 세계에 화해의 임무를 띠고 쉼 없이 돌아다녔으며, 자서전들인 『믿음 지키기: 한 대통령의 회고』(*Keeping Faith: Memoirs of a President*, 1982), 『해 뜨기 한 시간 전: 나의 시골 소년 시절의 기억』(*An Hour before Daylight: Memories of My Rural Boyhood*, 2001)을 비롯하여, 통찰력 넘치는 책과 정치 관련 책 10여 권을 펴냈다.

남침례교를 근본주의자들이 장악한 것에 실망한 그는 2000년 10월에 공식적으로 이 교단과의 관계를 끊었다. 이것의 발단은 교회에서의 여성의 역할과 관련하여 지도부가 '침례교 신앙과 메시지'(Baptist Faith and Message, 1963) 내용을 변경시킨 것 때문이었는데, 이어서 그는 온건한 협력침례교협회(Cooperative Baptist Fellowship)로 소속을 바꾸었다.

참고문헌 | R. V. Pierard and R. D. Linder, *Civil Religion and the Presidency* (Grand Rapids: Zondervan, 1988); P. G. Bourne, *Jimmy Carter: A Comprehensive Biography from Plains to Post-presidency* (New York: Scribner, 1997); B. I. Kaufman, *The Presidency of James Earl Carter, Jr.* (Lawrence: University of Kansas Press, 1993); K. E. Morris, *Jimmy Carter: American Moralist* (Athens: University of Georgia Press, 1996); R. Troester, *Jimmy Carter As Peacemaker: A Post-presidential Biography* (Westport: Praeger, 1996).

R. V. PIERARD

제임스 에드워드 레슬리 뉴비긴(James Edward Lesslie Newbigin, 1909-1998)

전도자이며, 에큐메니컬운동가이자 작가. 그는 1909년 12월 8일에 뉴캐슬-온-타인(Newcastle-on-Tyne)에서 태어났다. 1년 뒤 1910년에는 그곳에서 100마일 정도 떨어진 에든버러(Edinburgh)에서 현대 에큐메니컬운동이 시작으로 관례적으로 평가되는 세계선교대회(World Missionary Conference)가 열렸다. 뉴비긴은 자신의 사상과 삶을 통해서 에큐메니즘(ecumenism)과 복음전도(evangelism) 사이를 틀어지게 하려는 어떤 시도에도 도전했다.

뉴비긴의 삶은 인도 칸치푸람(Kanchipuram)의 거리들에서 1아나(anna, 인도, 파키스탄의 옛 화폐 단위-역주)에 쪽복음을 파는 것에서부터, 유럽과 북미의 대학들의 유명한 교수직을 맡는 것까지 다양했다. 뉴비긴은 그리스도를 주와 구세주로 소개하는 일을 결코 멈추지 않았다. 남인도의 성공회, 감리교, 장로교와 회중교회의 연합을 중재하고 이를 공고히 하는 데에서부터, 해외에서 이룬 결과들을 (비록 성공하지는 못했지만) 국내에서도 이루려는 시도들까지, 뉴비긴은 가시적 교회의 연합을 추구하는 소명을 절대 포기하지 않았다. 세계교회협의회(World Council of Churches)의 전성기에 뉴비긴은 '신앙과 직제위원회'(commission on faith and order)와 '선교와 전도위원회'(commission on mission and evangelism)에서 여러 중요한 자리들을 맡아 중요한 일들을 처리했다.

뉴비긴도 학생기독운동(Student Christian Movement)과 학생자원운동(Student Volunteer Movement)의 개척자로 약 45년 동안 자신의 선임이었던 존 R. 모트(John R. Mott)가 올린 깃발 아래서 행진했다. 이 운동의 구호는 '모두가 하나 되게 하소서'(Ut Omnes Unum Sint)와 '이 세대 안에 세계복음화'(The Evangelization of the World in This Generation)였다. 그리스도의 충실한 제자로서, 뉴비긴은 예수님이 자신의 제자들을 위한 기도 때문에 자신이 사역을 할 수 있다고 생각했다.

"아버지여, 아버지께서 내 안에, 내가 아버지 안에 있는 것 같이 그들도 다 하나가 되어 우리 안에 있게 하사 세상으로 아버지께서 나를 보내신 것을 믿게 하옵소서"(요 17:21).

배를 소유하고 있던 뉴비긴의 가족은 장로교인이자 부유했고, 뉴비긴은 버크셔(Berkshire)에 소재한 퀘이커가 운영하는 학교인 레이턴파크(Leighton Park)의 학교에 다닐 수 있었다. 이어서 1928년에는 케임브리지 퀸스대학(Queens' College)에 입학했고, 거기서 지리학과 경제학(존 메이나드 케인즈[John Meynard Keynes]의 수업들을 들었다) 관련 서적들을 탐독했다. 뉴비긴은 대학 1학년 여름 방학 때 사우스웨일스에서 열린 실업자들을 위한 퀘이커 캠프에서 봉사했으며, 캠프 기간 중 어느 날 밤에 '하늘과 땅 사이, 이상과 지금의 현실 사이에 있는 공간을 가로지르며 팔로 전 세계를 끌어안고 있는 십자가' 환상을 보았다.

이후 뉴비긴은 케임브리지에서 자신이 청소년 시절 의심했던 기독교 신앙의 여러 요소들에 대해 다시 탐구하기 시작했다. 뉴비긴은 학생기독운동에 적극적으로 참여했고, 존 R. 모트와 잭 윈슬로(Jack Winslow, 인도에서 온 선교사), 존 매케이(John Mackey, 페루에서 온 선교사), 당시 요크 대주교였던 윌리엄 템플(William

Temple) 등의 권위자(luminaries)들을 만났다. 또한, 방학 동안 전도집회들에 참석하기도 했다. 뉴비긴은 장로교회인 세인트콜럼바스교회(St Columba's Church)의 회원이 되었으며, 스완윅(Swanwick)에서 열린 학생기독운동 집회에 참석하여 안수받은 목회자로의 피할 수 없는 부르심을 느꼈다.

뉴비긴은 신학 훈련을 위해 필요한 학비를 벌기 위해 졸업 후 2년 동안 글라스고우(Glasgow)의 학생기독운동 간사로 일했는데, 거기서 헬렌 헨더슨(Helen Henderson)과 함께 일하다 1936년에 결혼했다. 헬렌은 이후 평생 뉴비긴의 곁에 머물며 그를 안팎으로 도왔다.

1933년에 스코틀랜드에서 케임브리지로 돌아간 뉴비긴은 웨스트민스터대학(Westminster College)에서 존 오먼(John Oman), 허버트 파머(Herbert Farmer), W. A. L. 엘름슬리(W. A. L. Elmslie)의 지도 아래 3년간 공부를 이어 나갔다. 그의 학업에서 주목할 만한 부분은 구약의 속죄 주제를 다룬 논문과 『익스포지터스 그리스어 신약』(The Expositor's Greek Testament)의 제임스 데니(James Denney)의 주석 방법론에 따라 로마서에 철저하게 몰입한 노력이었다. 1936년 5월에 뉴비긴은 스코틀랜드장로교회(Church of Scotland)가 파송하는 인도선교사로 임명되었으며, 7월에 에든버러노회(Edinburgh Presbytery)에서 안수를 받았다. 9월에 레슬리와 헬렌은 마드라스(Madras)로 배를 타고 떠났다.

뉴비긴은 이후 심각한 자동차 사고로 인한 휴양과 정기 휴가를 제외한 23년의 시간을 남인도에서 보내며 선교에 집중했다. 타밀어(Tamil)를 유창하게 구사할 수 있게 된 뉴비긴은 칸치푸람(Kanchipuram)의 선교사로서 전도와 목양을 위해 그 지역을 순회하기 시작했다. 그는 교회 회중 내에서 사람을 뽑아 현지 지도자들을 확충해 나갔으며, 힌두교 수도자 공동체와 함께 산스크리트어(Sanskrit)로 기록된 스베타스바라 우파니샤드(Svetasvara Upanishad)와 그리스어로 된 요한복음을 연구하는 모임을 매주 가지며 이들과 교류했다.

교단 차원에서는 남인도연합교회(South India United Church) 대표로서, 성공회(Anglican) 및 감리교(Methodist)와 함께 1947년 9월에 하나된 남인도교회(Church of South India, CSI)를 출범시키는 데 큰 역할을 감당했다.

37살에 불과한 뉴비긴이 남인도교회의 첫 주교(bishop) 중 하나로 선출되고 안수를 받자, 에큐메니컬운동 진영이 그를 주목하기 시작했다. 그는 시골로 둘러싸인 공장 도시인 마두라이(Madurai) 교구로 파송되었다. 뉴비긴은 『남인도 일기』(A South India Diary)에서 초기 생애를 묘사했다. 뉴비긴의 목회사역은 아주 탁월했다. 그의 사역에 대해서 남인도에서 선교동역자였으며 이후에 우간다 대주교, 나중에는 세인트에드먼즈베리(St Edmendsbury)와 입스위치(Ipswich)의 주교가 된 L. W. 브라운(L. W. Brown)은 후에 "진짜 주교를 보고 싶을 때, 나는 레슬리 뉴비긴을 본다"라고 평하기도 했다.

새롭게 연합된 교회의 젊고, 똑똑하고, 심지어 열정적이기까지 했던 뉴비긴을 필요로 하는 국제 무대는 많았다. 그는 1948년에 암스테르담에서 '인간의 무질서와 하나님의 계획'(Man's Disorder and God's Design)이라는 주제하에 열린 세계교회협의회(WCC) 창립총회에서 자문위원(consultant)으로 일했으며, 1954년 '예수 그리스도, 세상의 희망'(Jesus Christ, the Hope of the World)이라는 주제로 일리노이 에번스턴(Evanston)에서 열렸던 2차 총회의 (칼 바르트를 포함한) 막강한 25인의 준비위원회 의장이라는 중책을 맡았다. 또한, 뉴비긴은 1952년 독일 빌링겐(Willingen)에서 개최된 국제선교협의회(International Missionary Council) 총회에서 중요한 역할을 맡았다. 여기서 뉴비긴은 여러 다른 의견들을 조율하는 동시에, 타협 없는 에큐메니컬 선언들을 능숙하게 입안하는 능력을 과시했다.

1958년에 국제선교협의회는 뉴비긴을 궐석(in absentia) 의장으로 선출했지만, 남인도교회가 그를 국제선교협의회 총무로 천거하면서 이 직함을 포기했다. 뉴비긴은 이후 1961년의 뉴델리총회에서 공식 추인된 세계교회협의회와 국제선교협의회의 통합을 감독하는 역할을 맡았다. 이 시기 뉴비긴은 '신앙과 직제위원회'에 대한 사역의 일부로서, 뉴델리에서 채택된 유명한 구호 '우리가 추구하는 연합'(the unity we seek)의 탄생에 깊이 관여했다. 이 구호는 복음과 사도적 신앙 안에서의 일치, 세례와 성만찬 안에서의 일치, 안수받은 목회직과 공동체 생활 안에서의 일치, 기도와 증거, 예배 안에서의 연합을 강조했는데, '각 장소 안에 있는 모두'를 하나로 모으고, 이들을 '모든 장소와 모든 세대 안에 있는 전체 기독교인의 교제'에 합류하게 하는 것이었다.

효율적이지만, 한편으로는 주저하는 모습도 보였던 관료 뉴비긴은 몇 년 동안 세계교회협의회의 부총무와 '선교와 전도위원회'(world mission and evangelism)의 초대 책임자로 일하면서 협의회의 전략을 짜기 위해 전 세계를 여행했다. 뉴비긴은 1965년에 기쁜 마음을 안고 인도로 돌아와 첫 은퇴까지 9년간을 마드라스 교구와 대도시 지역의 남인도교회 주교로 섬겼다. 뉴비긴은 장로들과 여성 사역자들을 규칙적으로 성찬(Holy Communion)에 초대했고, 여기서 목회적으로 주목할 만한 여러 설교를 전했다. 이 설교들은 후에 『선한 목자』(A Good Shepherd)라는 제목하에 캔터베리 대주교의 사순절 책(Archbishop of Canterbury's Lent book) 시리즈의 일부로 1977년에 출판되었다. 뉴비긴은 시민의 책임에도 적극적인 모습을 보여 주었다. 그는 사회, 산업, 상업 분야에 소수 기독교인 지도자들이 나와서 두드러진 역할을 감당해야 한다고 주장했다. 뉴비긴은 다방면에 걸쳐 매우 열정적으로 활동했기에 후임자는 그를 '달리는 주교'(a bishop on the run)라고 부르기도 했다.

뉴비긴은 1974년에 잉글랜드로 돌아온 뒤 버밍엄(Birmingham)의 셀리오크대학(Selly Oak Colleges)에서 선교와 에큐메니즘에 대한 강의를 했으며, 도시 학교에서의 종교 교육을 실시하는 문제를 놓고 벌어진 논쟁에 참여했다. 공식적으로 세속적이지만 완전히 힌두교에 속한 인도의 상황에서 가졌던 종교 교육에 대한 자신의 생각을, 공식적으로 기독교 국가나 완전히 세속화된 영국의 상황에 적용할 수 있는 길을 찾았다. 셀리오크에서 했던 뉴비긴의 선교 관련 강의들은 『오픈 시크릿』(The Open Secret, 1978, 1995)이라는 제목으로 출판되었다.

1979년에 가진 두 번째 은퇴 이후, 뉴비긴은 연합개혁교회(United Reformed Church) 버밍엄 교구(Birmingham District)가 직면한 도전에 대응하기로 결심했다. 기독교의 영향력이 명백히 사라져 가고 있는, 그리고 심지어 급진적이며 다양한 종교가 혼재한 윈슨 그린(Winson Green)의 이웃들을 위해 자신의 80대를 헌신하겠다고 결심한 것이다. 여기서 뉴비긴은 지속해서 기독교 교회들과 함께 직접 복음을 전하고, 에큐메니즘을 고무했다.

1992년에 레슬리와 헬렌이 런던 남동부 지역으로 이사하면서 자녀들과 가깝게 지낼 수 있었다. 그러나 레슬리는 이 지역에서도 온전한 은퇴 생활을 누릴 수 없었다. 뉴비긴은 자신이 과거에 참가했던 영국교회협의회(British Council of Churches)의 '1984' 프로젝트의 결실로 맺어진 '공적 진리로서의 복음'(The Gospel as Public Truth)운동을 전국적으로 확산시키는 일에 동참했다. 뿐만 아니라 뉴비긴은 국내와 세계의 여러 지역(특히 유럽 대륙과 스칸디나비아 반도)을 여행했다. 생애 마지막 25년간은 그의 마음을 사로잡은 핵심적 대의인 현대 서양 문화와의 '선교적 만남'을 확대시키는 데 주력했다.

1996년 하반기에 세계교회협의회는 브라질 살바도르데바히아(Salvador de Bahia)에서 열린 선교와 전도위원회에 참석해 달라고 뉴비긴에게 마지막으로 요청했고, 여기서 뉴비긴은 '복음과 문화'(Gospel and Culture)라는 제목의 힘있고 감동적인 설교를 했다. 이 제목은 그 모임의 주제이기도 했지만 뉴비긴의 설교 제목으로 더욱 알려지게 된다.

사실상 1980년대와 1990년대에 뉴비긴은 고전적 에큐메니컬운동의 두 가지 중요한 원칙에서 벗어나는 것처럼 보이는 세계교회협의회에 진심으로 실망한 바 있었다. 복음화의 자리를 중요하지만 결코 복음화에 대응하는 내용일 수는 없는 '종교 간 대화'에 내어 주었고, 교회들은 유기적 일치(organic unity)보다는 느슨한 협회(associations) 형태들을 더 추진하는 경향이 있었다. (일찍이 그는 이 협회 구조를 '회개 없는 재연합'이라고 지적한 바 있다). 레슬리는 1998년 1월 30일에 사망했으며, 헬렌은 1년 뒤에 사망했다.

뉴비긴의 책들 중 두 권은 앞에서 언급한 바 있다. 그러나 뉴비긴은 사실 다작가였으며, 그의 저술들은 지적 예리함, 영적 깊이, 신학적 탁월성, 동시대와의 관련성, 생생한 문체가 결합되어 있었다. 뉴비긴의 첫 번째 책은 1963년에 인도로 가는 배 위에서 쓰였다. 『현대 세계에서의 기독교인의 자유』(*Christian Freedom in the Modern World*, 1937)는 영국의 학생기독운동에서 상당한 인기를 누렸지만 뉴비긴에게는 반율법주의(antinomianism)를 지지하는 것으로 보였던 존 맥머레이(John Macmurray)의 『현대 세계에서의 자유』(*Freedom in the Modern World*)에 대한 비평적 대응이었다. (뉴비긴은 또한 1960년대의 '신도덕운동'[New Morality]에 대해서도 같은 이유를 들어 교회가 주의해야 한다는 경고를 보냈다).

비록 전시 상황 속에서 출판은 불발되었지만, 1941년 뉴비긴의 인도 방갈로르(Bangalore)에서의 '하나님 나라와 진보 사상'(The Kingdom of God and the Idea of Progress)이라는 제목의 강연들은 사회, 역사, 종말론에 대한 그의 이후의 모든 사상의 틀을 마련했다. 뉴비긴은 신실한 행위는 행동으로 표현된 기도이며, 하나님은 종말의 주의 날까지 그에게 위임된 것들을 보존할 수 있으시지만, 개인의 향상도, 사회의 발전도, 개인 및 집단 차원에서 역사에 의미를 부여하는 초월적이고 최종적인 실재로서의 하나님 나라를 향한 '진보'를 이룰 수는 없다고 주장했다.

뉴비긴이 인도에서 했던 강의들의 더 많은 내용들이 그의 뛰어난 교과서『죄와 구원』(*Sin and Salvation*, 1956)에 담겨 있다. 이 책은 원래 현지 마을 선생들이 사용할 수 있도록 주교의 후원하에 타밀어로 제작 출판된 책이었다. 뉴비긴이 벨로어(Vellore)의 기독의과대학(Christian Medical College)에서 다양한 종교 배경을 가진 청중에게 했던 강연들도 『우리의 영원한 현재이신 그리스도』(*Christ Our Eternal Contemporary*, 1968)와 『기쁨으로의 여정』(*Journey into Joy*, 1972)이라는 제목의 책으로 출판되었다.

뉴비긴은 『교회의 재연합』(*The Reunion of the Church*, 1948)이란 책에서 사도적 연속성(apostolic continuity)의 필요성을 설명하며 개신교 비평가들을 설득하려 했는데, 이 사도적 연속성은 그가 A. M. 램지(A. M. Ramsey)의 『복음과 가톨릭교회』(*The Gospel and the Catholic Church*, 1936)에서 배운 개념이었다. 또한, 이 책에서 뉴비긴은 자신을 비난하는 성공회 내 고교회파 신자들에게 교회는 오직 은혜로만 구원받은, 그러나 여전히 실제로는 집단적으로 실패를 함께 경험하는, 의롭게 된 죄인들의 공동체임을 설득하고자 했다.

뉴비긴은 『교회란 무엇인가?』(*The Household of God*, 1953)에서 보다 담대한 교회론을 발전시켜 나간다. 이 책은 여러 언어로 번역 출판됨으로써 고전으로서의 가치를 인정받기도 했다.

이 책에서 뉴비긴은 '신자의 모임'(Congregation of the Faithful), '그리스도의 몸'(Body of Christ), '성령의 공동체'(Community of the Holy Spirit)로서의 삼위일체적 교회론을 전개하며, 교회는 땅끝까지, 그리고 세상 끝날까지 하나님의 선교에 참여하는 역할을 부여받았음을 강조했다.

기존의 서양 개신교회와 가톨릭이 오랜 기간 침묵하고 있던 성령의 역할을 강조한 이 책은 오순절주의자들과 동방정교회의 주목을 받기에 충분했다.

한편으로는 냉전, 그리고 다른 편으로는 탈식민화가 이루어지던 중에, 뉴비긴은 1958년에 하버드에서 한 강의들을 통해 인류의 연합은 오직 그리스도의 속죄의 십자가 안에서만 가능하다고 주장했다. 이 강의들은 나중에 『하나 밖에 없는 이 세상을 위한 신앙이란?』(*A Faith for This One World?*, 1961)이란 제목으로 출판되었다. 1960년대 초, 뉴비긴은 당시 유행이던 '세속 신학'(secular theology)에 대해 잠시 관심을 가졌다.

그러나 심지어 노팅엄대학교(University of Nottingham)에서 1964년에 한 강연들을 기반으로 출판된 『세속적 인간을 위한 순수한 종교』(*Honest Religion for Secular Man*, 1961)를 보아도, 그는 급진적인 환원주의(radical reductionism)를 절대 받아들이지 않았으며, 오히려 그의 관점은 후에 발전시킨 '복음의 공적 성격'(the public character of the Gospel)이라는 주제로 더 분명하게 특징지어졌다. 후에 『그리스도의 최종성』(*The Finality of Christ*, 1969)으로 출판된 1966년의 예일에서 행한 강연들에서, 뉴비긴은 1970년대에 유행한 '종교다원주의'(religious pluralism)에 대한 답안을 미리 준비하기도 했다.

뉴비긴의 신학 경력의 마지막 장은 쇠락하고 있는 서양 기독교 세계에서 뿐만 아니라, 세계 자본주의와 기술의 영향력이 미치는 모든 지역에서 필수적이라고 그가 인식한 현대 문화와의 조우에 집중한 것이다. 뉴비긴은 1984년에 프린스턴에서 강연하고 이후 출판된 『헬라인에게는 미련한 것이요』(*Foolishness to the Greeks*, 1986), 이어서 1988년 글라스고우 강연 이후 출간한 『다원주의 사회에서의 복음』(*The Gospel in a Pluralist Society*, 1989)이라는 두 중요 저서를 남겼다. 교회의 중요한 지적 과제는 근대성의 '타당성 구조들,' 그리고 이 구조들이 설정한 공적 '사실들'과 사적 '가치들' 사이의 잘못된 분리에 도전하는 것이라고 뉴비긴은 주장했다.

헝가리의 과학 철학자 마이클 폴라니(Michael Polanyi)의 『개인 지식』(*Personal Knowledge*, 1958)에 자극받은 뉴비긴은 인식론에서 데카르트적 의심의 우선성을 공격했으며, 대신에 모든 지식의 신뢰 기반 및 이 지식의 진보와 전파에서 공동체와 전통이 차지하는 위치를 강조했다. 뉴비긴은 '목적'(purpose)이라는 범주의 회복을 추구했는데, 자연과학 내에서 '효율적 인과 관계'가 승리하면서 삶의 많은 영역들에서 제거된 범주였다. 예수님의 부활은 그것의 기반이 되는 세계관에 가장 잘 들어맞는데, 바로 하나님의 새 창조(new creation)의 시작이라는 것이었다.

문화를 재복음화하는 과정에서 다양한 방법을 사용하며 다양한 단계 안에 있는 기독교인은 진리, 소망, 하나님 찬양과 이웃 섬김에서 상호 책임을 나누는 공동체로서의 지역 교회들이 필요할 것이다. 말년에 그는 『믿음과 권력: '세속적' 영국에서의 기독교와 이슬람』(*Faith and Power: Christianity and Islam in 'Secular' Britain*, 1998)을 공동 집필했다. 뉴비긴은 통제 불능의 자본주의, 새로 발흥하는 이교, 샤리아법(shariah law)을 기반으로 한 이슬람에 대한 대안으로 '사회를 위한 기독교적 비전'을 제시했다.

뉴비긴의 삶은 일상의 경건에 기반했다. 칼빈(Calvin)이 그랬듯, 성경은 그에게도 세상을 보는 안경이었다. 그는 설교와 성경공부를 인도해 달라는 초청을 자주 받았다. (요한복음에 대한 그의 원숙한 주석은 1982년에 『빛이 왔다』(*The Light Has Come*[한국에서는 『레슬리 뉴비긴의 요한복음 강해』로 출간-역주]는 제목으로 출판되었으며, 말년에 브롬프턴[Brompton]의 홀리트리니티[Holy Trinity]에서 인도했던 모임들은 오디오 테이프로 녹음되었다).

뉴비긴은 성례전에 관한 확고한 신념을 가지고 있었다. 따라서 그는 에큐메니컬 모임에서 자신이 태동에 공헌한 남인도교회(Church of South India)의 예전 형식으로 성례전을 때로 집전했다. 많은 증언에 따르면, 그가 목회하며 성도를 돌본 것은 기도의 힘에 바탕을 두고 있었다. 그는 비판에 솔직한 편이었지만, 어떠한 원한도 품지 않았다. 뉴비긴의 유머는 『리머릭의 성 바울』(*St Paul in Lemerick*, 1998)에서 나타나듯이, 자신이 '가장 저급한 예술적 형태'로 불렀던 그대로였다.

뉴비긴의 목회 영역은 지역적인 동시에 세계적이었기 때문에 교회 정치에 미친 영향, 신학적 탁월함, 하나님의 사람으로서의 순전함 때문에 레슬리 뉴비긴은 초대교회의 위대한 주교이자 신학자였던 인물들과 비견할 만하다.

참고문헌 | G. Hunsberger, *Bearing Witness of the Spirit: Leslie Newbigin's Theology of Cultural Plurality* (Grand Rapids: Eerdmans, 1998); L. Newbigin, *Unfinished Agenda: An Autobiography* (Edinburgh: St Andrew Press, 1993); G Wainwright, *Lesslie Newbigin: A Theological Life* (New York: Oxford University Press, 2000).

G. WAINWRIGHT

제임스 엘윈 라이트(James Elwn Wright, 1890-1973)

미국 초교파 단체들의 지도자. 그는 버몬트의 코린스(Corinth)에서 태어났다. 아버지는 조엘 애덤스 라이트(Joel Adams Wright)이며 어머니는 메리 멜리사 라이트(Mary Melissa Wright, 결혼 전 성은 굿윈(Goodwin))였다. 그는 전도와 선교에 헌신한 가정에서 자라났다. 제임스 라이트의 아버지는 재산 증식으로 아들의 선교사역을 후원했는데, 초교파적인 '첫 번째 열매 추수자들'(First Fruit Harvesters)이라는 단체를 창설했다.

1898년, 제임스 라이트는 뉴햄프셔(New Hampshire)의 럼니(Rumney) 지역에 구입한 부지에 기독교 공동체를 세웠는데, 뉴잉글랜드 복음화를 위해서였다. 1908년, '늦은 비'(latter rain)라는 영적인 체험 속에서 광범위한 방언을 했는데, 이 사건을 계기로 그의 단체는 지역 전역에 오순절교회들을 개척해 나가기 시작했다.

열다섯 살의 나이로 제임스 라이트는 아버지와 사업을 함께했는데, 꽤 성공하여 보스턴과 플로리다에 사무실을 열었다. 이 일을 하면서, 제임스 라이트는 학대받고 무시당하고 천대받는 아이들이 국가에 많다는 것을 알게 되었고 이들에게 관심을 쏟게 되었다. 1911년 제임스 라이트와 아내 플로렌스 던클링(Florence Dunkling)은 뉴햄프셔 럼니 지역에 가까운 땅을 구입해서 '첫 번째 열매 추수자들'을 위한 베데스다홈(Bethesda Home)을 열었다. 8년 동안, 제임스 라이트 부부는 베데스다의 아이들을 직접 지도했다.

이 시기 동안 제임스 라이트는 어린이 복지 법률 제정에 관여하게 되었고, '뉴햄프셔 사회 복지회'(New Hampshire State Conference of Social Work) 법률위원회 회장으로 봉직했다. 그는 어린이들을 보호하는 많은 법률안을 가결시켰는데, 그중에는 국가의 첫 번째 모성보호법(Mother's Aid Bills, 1915)이 포함된다. 그는 뉴욕의 나약(Nyack)에 있는 기독교선교연맹훈련기관(Christian and Missionary Alliance's Missionary Training Institute)에서 신학 교육을 받기 위해 법률위원회를 그만두었으며, 그에 앞서 뉴햄프셔복지연합회(New Hampshire Welfare Association, 1918)를 구성했다.

1924년, '첫 번째 열매 추수자들' 이사회는 제임스 라이트가 지도자 역할을 감당해 줄 것을 요청했다. 그는 이 단체가 전도하고, 기독교인들 간의 연합을 중대하는 첫 설립 당시의 헌장에서 이탈하고 있다고 믿었기 때문에 이들의 제안을 거절했다. 그가 보기에, 이 단체는 하나의 특정한 교단으로 기능하면서, 오순절교회들을 개척하고 있었기 때문이다. 제임스 라이트는 오순절성령운동의 많은 부분들에 대해 동감했음에도 불구하고, 『성령세례와 방언의 관계』(The Baptism of the Holy Ghost and its Relation to Speaking in Tongues, 1922)라는 책에서 "방언은 표적이지 성령세례의 증거가 될 수 없다"라고 주장했다. 이후, 그는 '첫 번째 열매 추수자들' 이사회가 초기에 지향했던 목표로 돌아간다는 조건 아래, 지도자 역할을 감당하겠다고 이를 수락했다.

수락 후 거의 즉각적으로, 제임스 라이트는 '첫 번째 열매 추수자들'이 하고 있던 교회 개척 활동을 중단시키고, 조직이 전도에 힘을 쏟으라고 전달했다. 그리고 신자들을 격려하며, 기존에 있던 교회들과 연대와 협동을 강화시켰다. 여름 캠프 모임과 목회자들과 기독교 사역자들을 위한 연례 회의는 다양한 교단의 참가자들을 끌어들였다. 이들 그룹에는 침례교, 성공회, 감리교, 오순절교회, 장로교가 포함되었다. 제임스 라이트의 주장을 담은 새로운 헌장이 공표되었다.

"우리는…모든 곳에 있는 모든 신자들로 구성되어 있는 교회, 즉 그리스도의 몸의 하나됨을 진심으로 믿는다…[또한] 우리는 사도신경에 표현된 근본 조항들을 믿는 모든 신자들을 교회의 회원으로 인정한다"(1927).

제임스 라이트는 자신이 만든 프로그램을 널리 퍼뜨리고, 뉴잉글랜드 전 지역에서 순회성경대회를 개최했다. 반응은 압도적이었다. 1931년, 세 번째 열린 목회자 연례 대회에서 '추수자들'의 이름이 뉴잉글랜드협회(New England Fellowship)로 바뀌었다. 1935년 당시 천 개 넘는 교회가 뉴잉글랜드협회에 참석했고, 매해 십여 차례 전도집회가 개최되었고, 수백 개의 성경대회가 조직되었고, 럼니에 여름 캠프를 개최했으며, 잡지와 라디오 방송을 시작했다.

제임스 라이트는 보스턴의 파크스트리트교회(Park Street Church)의 해럴드 J. 오켄가(Harold J. Ockenga) 목사, 노스웨스턴성경대학신학교(Northwestern Bible College and Seminary)를 설립한 윌리엄 벨 라일리(William Bell Riley), 무디기념교회(Moody Memorial Church) 목사 헨리 아이언사이드(Henry Ironside), 휘튼대학(Wheaton College) 학장 J. 올리버 버스웰(J. Oliver Buswell) 같은 유명한 사람들을 초청했다.

많은 보수 기독교인들이 교회 안에서 근본주의-현대주의 전투에 몰입하고 있던 때에 뉴잉글랜드협회는 급속도로 성장했다. 「뉴잉글랜드 펠로우십 먼슬리」(*New England Fellowship Monthly*)에서 제임스 라이트는 기독교인은 자기 교회 안에 남아야 한다고 독려했다. 그는 1940년에 다음과 같이 썼다.

"우리는 결코 교회 분열을 조장한 적이 없다. 반대로 우리는 항상…모든 난제가 궁극적으로 사라지리라는 희망으로 인내하고 있다."

보수 기독교인들이 뉴잉글랜드협회(NEF)의 성공을 주목하자, 1937년에 제임스 라이트는 보수 기독교인들이 모이는 전국 조직의 창설에 관여했다. 1941년, 몇몇 관심 있는 목회자 그룹이 무디성경학교(Moody Bible Institute)에서 만나 미주리 세인트루이스에서 다음 여름에 전국 대회를 여는 일을 놓고 상의했다.

제임스 라이트는 곧이어 전미복음주의협회(National Association of Evangelicals, NAE)라는 이름을 붙인 새 단체를 계획하고 조직했다. 뉴잉글랜드에 마음이 더 쓰여 이 단체의 총무직을 맡아줄 것을 요청받았을 때 머뭇거리기는 했지만, 제임스 라이트는 이 직책을 받아들인 후 1957년까지 일했다. 이 시기에 제임스 라이트는 『구식 방식의 부흥의 시간』(*The Old Fashioned Revival Hour*, 1940), 『복음주의 행동』(*Evangelical Action*, 1942), 『아침의 만나』(*Manna in the Morning*, 1943)를 썼다. 제임스 라이트는 말년을 뉴햄프셔 럼니에서 보냈다.

참고문헌 | E. Evans, *The Wright Vision* (Lanham: University Press of America, 1991).
K. BERENDS

제임스 오르(James Orr, 1844-1913)

스코틀랜드 출신 신학자이자 논쟁가. 그는 1844년 4월 11일에 글라스고우(Glasgow)에서 태어났다. 어린 나이에 고아가 되었으며, 이후에는 경제적 필요 때문에 책 제본업자 밑에서 견습생으로 일하면서 대학 입학을 21살이 될 때까지 연기했다. 이런 그의 삶은 혹독한 청소년기를 보냈음을 보여 준다. 오르는 자신을 소수의 연합장로교인(United Presbyterians) 정체성 및 그들의 평등주의 전통을 공유하는 젊은이라고 밝혔다.

오르는 에든버러(Edinburgh)의 연합장로교 신학교(UP Divinity Hall)에서 공부했으며(1868-1872), 이후에는 글라스고우대학교(Glasgow University, 1870년에는 석사, 1872년에는 신학학사, 1885년에는 신학박사학위를 각각 취득함)에서 공부했다. 글라스고우대학교에서 그는 스코틀랜드의 마지막 상식 철학자 중 한 명인 존 베이치(John Veitch)와 신헤겔주의(Neo-Hegelians) 철학자 존 케어드(John Caird)와 에드워드 케어드(Edward Caird)의 지도를 받았는데, 이들로부터 신학에서 이성의 역할을 존중하는 법을 배웠다.

17년 동안 스코티시보더스(Scottish Borders)의 하윅(Hawick)에서 목회사역을 한 뒤, 그는 후에 『기독교 신관과 세계관』(*The Christian View of God and the World*, 1893)으로 출판된 일련의 강연을 했다. 오르의 가장 위대한 저작으로 여겨지는 이 저술은 그를 학문적 다작의 길로 이끌었다. 처음에는 에든버러의 연합장로교회대학에서(UP College, 1891-1900), 후에는 글라스고우의 연합자유교회(United Free Church College)대학에서 봉사하는 이후의 20년 동안 오르는 책을 16권 저술했고, 잡지 및 중요한 참고서(reference work) 하나씩을 편집했으며, 수백 편의 논문과 비평문을 작성했고, 북미 지역에서 많은 강의를 했다. 이런 활동들이 누적된 결과, 당시 어디에서나 오르의 목소리가 들리는 것 같았다. 1870년대에 오르는 여러 사람과 함께 웨스트민스터 신앙고백서(Westminster Confession of Faith) 수정안 서명운동을 벌였다. 또한, 오르는 1879년의 연합장로교회 선언서(Declaratory Statement)의 초안 작성에 도움을 주었다. 이 선언서는 목회자가 따라야 하는 교회의 하위 표준의 내용을 인정해야 하는 범위를 제한하고 줄이는 데 성공했다.

스코틀랜드장로교주의(Scottish Presbyterianism)의 다른 주요 교파들도 연합장로교회의 움직임을 모방했으며, 스코틀랜드 내에서 칼빈주의의 지배력을 약화시키는 데 기여했다.

오르의 『기독교 신관과 세계관』(여기서의 오르의 주장은 이후 미국 복음주의 신학자 칼 F. H. 헨리[Carl F. H. Henry]를 비롯한 여러 사람들에게 영향을 주었다)의 중심 내용은 기독교 신앙 안에는 존재(existence)에 대한 독특한 타당성과 일관성을 갖춘 해석이 내재하고 있다는 것이었다. 즉 비록 기독교는 철학이 아니라 종교이지만, 기독교가 주는 유익 중에는 절대적으로 만족할 만한 세계관이 있다는 것이다. 이것이 바로 기독교 세계관이 가진 일관성이며, 이성과 도덕 경험과 함께 조화를 이루며 이 세계관을 설득력 있도록 만든다.

그러므로 이런 세계관을 잘 드러내는 복음주의 교리를 조직신학적으로 표현하는 것은 사실 기독교 신앙을 위한 가장 포괄적인 변증법이라고 할 수 있다. 따라서 『기독교 신관과 세계관』은 성경을 위한 변증에서 시작을 한 뒤 거기서부터 확신이 있는 추론을 추구하는 방향으로 나아가지 않는다. 오히려 기독교의 신앙 체계는 그 체계 자체가 갖고 있는 본래의 장점들을 기반으로, 또한 진리를 직관적인 동시에 이성적으로 인식하는 인간의 능력과 기독교의 주장 사이에 존재하는 것으로 가정되는 유사성을 기반으로 인정받는다. 이런 점에서, 기독교 신앙은 스스로를 증명한다고 할 수 있다.

고백주의적 칼빈주의에 엄격하게 집착하는 성향에서 벗어난 오르는 『기독교 신관과 세계관』에서 그가 생각한 기독교 신앙에 대해 언급했다. 특히, 그에게 기독교는 복음주의 신앙의 고전적 교리들에 의해 필연적으로 뒷받침되는 개인 구원의 종교였다.

오르는 이렇게 말했다.

> "나는 [기독교적 관점]을 지키기 위해 우리가 그 천체 안에서 빛나고 있는 것을 목격하는 데 익숙한 한 진리를 포기해야 한다고, 우리가 편안하게 관찰할 수 있는 천문학의 진리를 포기해야 할 것이라고 생각진 않는다."

오르의 이 언급은 이후에 오르가 신학에 지속적으로 기여하게 되는 기조를 잘 보여 주는데, 복음주의 정통의 핵심 요소들에 대한 지속적인 헌신을 요청하는 것에서 가장 잘 나타낸다고 할 수 있다. 이후의 삶에서, 오르는 리츨학파(Ritschlianism), 구약성경비평, 진화론, '역사적 예수 연구' 등의 도전에 직면해서 이런 지속성을 계속 지켜나갔다.

오르는 독일의 자유주의 신학자 알브레히트 리츨(Albrecht Ritschl)의 사상에 대한 최초의, 그리고 중요한 영국인 비평가 중 한 명이었다. 『리츨학파의 신학과 복음주의 신앙』(*The Ritschlian Theology and the Evangelical Faith*, 1987) 및 다른 저술들에서, 오르는 리츨학파가 기독교 사상과 경험에서 이성의 역할을 제한하기 때문에 진정한 기독교와 반대될 뿐만 아니라 지적으로도 옹호될 수 없다고 주장했다. 『교리의 진보』(*The Progress of Dogma*, 1901)에서, 오르는 리츨학파를 따르는 아돌프 하르낙(Adolf Harnack)이 교리사(history of dogma)를 부정적으로 보는 견해에 반박하면서, 기독교 교리사는 인식 가능한 내적 논리(inner logic)에 따라 펼쳐진 것이라 주장했다. 이런 논리의 움직임을 역사 안에서 하나님의 손이 현현한 것이라고 인식한 오르는 이런 움직임이 낳은 정통 교리들을 옹호하고자 했다.

문서 가설(documentary hypothesis)을 글라스고우의 동료인 조지 아담 스미스(George Adam Smith)가 옹호하는 것에 다소 영향을 받아 저술한 『구약의 문제』(*The Problem of the Old Testament*, 1906)에서, 오르는 모세오경이 '본질적으로 모세의 특징(essential Mosaicity)'을 갖고 있다는 것과 구약 역사의 전통적 구성을 옹호했다. 오르는 찰스 다윈(Charles Darwin)의 인간 기원 이론을 기독교의 인간 및 죄 교리에 대한 심각한 위협으로 받아들였다. 처음에 오르는 유신론적 진화론(theistic evolution)을 편하게 인식했지만, 이후 『인간 안의 하나님의 형상』(*God's Image in Man*, 1905)에서 육체를 가진 영혼으로서의 인간 존재를 설명하기 위해서는 진화 과정에서 초자연적인 간섭이 필수적이라고 주장했다.

후에 오르는 다시 『오늘날의 문제로서의 죄』(*Sin as a Problem of Today*, 1910)를 통해서 (F. R. 테넌트[F. R. Tennant] 및 다른 사람들이 설명한) 도덕적 진화(moral evolution)라는 관점이 죄의 심각성과 이에 대한 인간의 책임을 약화시킨다고 주장했다. 결국, 오르는 역사적 예수에 대한 새로운 평가에 대처해서 정통 기독론을 확고하게 고수했다. 오르가 이렇게 한 이유 중 하나는, 정통 기독론이 아닌 그 어떤 것도 교회의 실제 신앙 생활의 활력을 유지하는 데 충분하지 않을 것이라고 판단한 그의 실용적 확신이었다. 『그리스도의 동정녀 탄생』(*The Virgin Birth of Christ*, 1907)에서 오르는 신학뿐만 아니라 성경으로도 중계자 마리아의 처녀성을 옹호했다.

그러나 이 모든 활동을 하는 동안, 오르는 이후의 근본주의자들이 상상도 할 수 없는 양보라고 인식하게 되는 여러 양보를 하게 된다. 오르는 왕국의 확장(kingdom expansion)을 강조하는 리츨의 주장을 받아들였다. 그는 진화론적 발전 과정을 제한적으로나마 인정했다. 그는 창세기의 첫 몇 장에 대한 문자적 해석을 옹호하는 데 관심이 없었으며, 성경 무오성을 주장하는 것은 사실상 '자살행위'라고 보았다(오르의 『계시와 영감』[Revelation and Inspiration, 1910], p.198 참조).

그럼에도 불구하고, 그의 주장들에 대한 상당히 광범위한 학문적 반대와 확고부동한 대중 친화적 성향과 상식적 확신들이 결합되어, 오르는 결국 말년에 주로 (학자층이 아니라-역주) 기독교인 대중에게 호소하는 방향으로 선회했다(『심판대 위에 선 성경』[*The Bible Under Trial*, 1907], 『현대 기독교인의 신앙』[*The Faith of a Modern Christian*, 1910], 그리고 『근본들』[*The Fundamentals*, 1910-1915]에 기고한 그의 글들을 보라). 다섯 권으로 된 『국제 표준 성경 백과사전』(*The International Standard Bible Encyclopedia*, 1915)의 편집장으로 활동한 것이 그의 마지막 사역이라 할 수 있었다. 서문에 따르면 이 사전은 '일반 목회자와 성경을 연구하는 학생들의 필요에 가장 직접적으로 맞추어져' 있었는데, 보수 정통의 방어선을 확장시킬 수 있는 중대하고 영속적인 도구들이 들어 있었다.

오르가 한 기여들은 그가 믿고 있던 확신들을 통해 형성되었다. 오르는 복음주의 정통이 궁극적으로 스스로를 증명할 수 있다고 보았으며, 진리는 통합 혹은 전체의 상호 연결성으로 이루어져 있다고 믿었으며, 순전한 기독교 신앙(genuine Christian belief)은 두 개의 층으로 이루어진 초자연적인 우주론(two-storey supernaturalist cosmology)을 시사한다고 확신했다.

오르의 신학적 공헌의 의미는 만연한 독창성에 있는 것이 아니라, 그가 받아들인 고전적 교리의 폭, 결론을 도출하기까지의 철저한 독서, 자신의 견해들을 옹호하고 전파한 열정에 있었다. 초자연성에 대한 오르의 강조는 대중과의 공감대와 함께 이후 시기 근본주의의 특징이 되었다. 그러나 오르의 폭넓은 학문, 혹은 그의 변증 노력들에 나타나는 확고한 동시에 따뜻하며 포괄적인 특징은 그를 계승한 보수주의자들에게는 찾아보기 힘든 특징이라 할 것이다.

참고문헌 | G. G. Scorgie, *A Call for Continuity: The Theological Contribution of James Orr* (Macon: Mercer, 1989); A. P. F. Sell, *Defending and Declaring the Faith: Some Scottish Examples* 1860-1920 (Exeter: Paternoster; Colorado Springs: Helmers & Howard, 1987). 여기에 실린 전기문은 이전에 다음 자료들에도 실렸다. N. M. de S. Cameron, D. F. Wright and D. C. Lachman (eds.), *Dictionary of Scottish Church History and Theology* (Edinburgh: T. & T. Clark, 1993) and T. Hart (ed.), *A Dictionary of Historical Theology* (Carlisle: Paternoster Press, 2001).

G. G. SCORGIE

제임스 인넬 패커(James Innell Packer, 1926-)

성공회(Anglican) 신학자이자 교육자. 그는 잉글랜드 글로스터(Gloucester)의 명목상 기독교인이었던 한 노동자 계급의 가정에서 태어났다. 7살의 나이에 그는 학교 운동장에서 거리로 뛰어 나가다가 빵을 실은 밴(bread van)에 충돌했는데, 이로 인해 치명적인 두개골 골절 사고를 겪었다. 이 사고는 그의 이마에 영구히 함몰된 상처를 남겼을 뿐만 아니라, 그를 내성적이고 혼자 있기 좋아하며 독서에서 즐거움을 찾는 어린아이로 만들었다. 11번째 생일에 패커는 (그가 예상한 자전거가 아니라) 타자기를 선물로 받았는데, 이는 그의 소중한 보물이 되었다. 13살에 그는 라디오에서 나오는 젤리 롤 모턴(Jelly Roll Morton)의 '스팀보트 스톰프'(Steamboat Stomp)를 듣고 이에 사로잡혔다. 이 경험은 그가 평생 미국 남부 딕시랜드 재즈(Dixieland jazz)를 사랑하게 된 출발점이었다.

패커는 글로스터의 크립트학교(Crypt School)를 졸업한 뒤, 1944년에 옥스퍼드대학교(Oxford University)로 가서 코르푸스크리스티대학(Corpus Christi College)에서 고전을 공부하며 최우등 장학금을 받았다. 1944년 10월 22일에 패커는 복음주의 학생 단체인 옥스퍼드기독학생연합(Oxford Inter-Collegiate Christian Union)이 세인트올댓교회(St Aldate Church)에서 주최한 예배에서 그리스도에게 개인적으로 헌신하기로 결심했다. 패커의 신앙은 옥스퍼드기독학생연합과 연관된 기도회와 성경공부를 통해 성장했다.

그는 토요일 저녁 성경강해에 참여하기 위해 재즈 밴드인 옥스퍼드 밴디츠(Oxford Bandits)에서 클라리넷을 연주하는 일을 포기하기도 했다. 1945년에서 1946년에는 케직성결운동(Keswick holiness movement)의 영향을 받은 옥스퍼드기독학생연합의 설교자들이 가르친 '승리하는 삶'과 '완전성화' 교리들에 불만을 갖게 되었다. 그 설교자들은 성화의 주요 수단으로 '재성별'(reconsecration)을 강조했는데, 자신의 경험에 비추어 봤을 때, 이는 비현실적이고 사실이 아닌 것으로 보였다. 내적 갈등을 겪은 이 시기의 자신을 '책벌레'라고 고백했던 패커는 옥스퍼드기독학생연합의 보조사서가 되었다. 당시 이 도서관은 기독교 고전 서적을 많이 기증받았다.

이 기증품들을 정리하는 동안, 패커는 뛰어난 청교도 작가 존 오웬(John Owen)의 책들을 발견했다. 특히, 존 오웬의 『신자 안에 내재하는 죄에 대하여』(On Indwelling Sin in Believers)와 『신자 안에 있는 죄의 죽임에 대하여』(On the Mortification of Sin in Believers)가 패커에게 깊은 감동을 주었다. 이렇게 발견한 청교도 신학은 패커의 개인 삶뿐만 아니라 학문 경력에도 전환점이 되었다. 약 40여 년 뒤에도, 패커는 '그가 읽은 어떤 신학자들보다도 청교도에게 더 많은 것을 빚지고 있다'라고 말할 수 있었다. 이후 그는 기독교 목회와 안수에 관심을 갖게 되었고, 1948년에 고전학에서 탁월한 실력을 보이며 학사학위를 받고 졸업했다.

패커는 1948년에서 1949년에 런던 오크힐(Oak Hill) 소재 성공회목회자양성대학(Anglican training college)에서 임시 강사로 라틴어와 (에베소서의 그리스어 본문을 함께 가르치며) 그리스어를 가르쳤다. 이 경험은 교실에서 가르치는 교사로서의 자신감을 고양시켰다. 이에 패커는 신학 교육자로서의 진로를 고려하게 되었다. 1949년에 패커는 복음주의 신학대학인 위클리프홀(Wycliffe Hall)에서 신학을 공부하면서 안수를 준비하기 위해 옥스퍼드로 돌아갔다. 1950년에 두 번째 학사학위를 받고 난 뒤, 곧바로 패커는 박사과정에 들어가 1950년부터 1952년까지 연구했고, 1954년에 제프리 너털(Geoffrey Nuttall)의 지도하에 『리처드 백스터 사상에 나타난 인간의 회복과 구원』(*The Redemption and Restoration of Man in the Thought of Richard Baxter*)을 완성했다.

청교도 영웅들의 영향력을 더 널리 퍼뜨리고 싶었던 패커는 그들의 사상에 대한 논문들을 출판하기 시작했고, 1950년에는 레이먼드 존스턴(Raymond Johnston)과 함께 런던의 웨스트민스터채플(Westminster Chapel)에서 열린 청교도연구대회(Puritan Studies Conferences)를 조직하며 D. M. 로이드-존스(D. M. Lloyd-Jones)도 참여시켰다. 1952년에 잉글랜드국교회(Church of England)에서 부제로 안수를 받고 1953년에는 사제가 된 후, 패커는 2년 동안 버밍엄(Birmingham) 하번(Harborne)의 세인트존스교회를 섬겼다. 1954년에 그는 웨일스 출신의 간호학과 학생인 키트 멀릿(Kit Mullet)과 결혼했다. 이 부부는 세 자녀를 입양했다.

1955년과 1961년 사이에 패커는 또 다른 복음주의 성공회 대학인 브리스톨(Bristol)의 틴데일홀(Tyndale Hall)에서 신학을 가르치는 교수로 있었는데, 그는 성경신학, 교회사, 종교개혁 연구 등을 가르치며 복음주의 진영에서 설득력 있는 신학에 대한 교사로 이름을 날렸다. 이런 그의 명성으로 그는 기독학생회(Inter-Varsity Fellowship)의 지역 모임들에 참여했고, 크리스천유니언(Christian Union)에서 방문 강사로 섬겼다. 기독학생회 행사에서 전달한 패커의 강의 중 다수가 나중에 책에 포함된 논문 혹은 장(章)으로 출판되었다.

그러는 동안, 패커와 존스턴은 1957년에 잉글랜드 복음주의권 내에 종교개혁 사상을 더욱 강화시키기 위해 마틴 루터의 『노예의지』(*The Bondage of the Will*)의 새 편집판을 출판했다. 여전히 틴데일홀에서 가르치고 있던 1958년에 패커는, 1년 전에 설립된 미국의 전도 유망한 정기 간행물 「크리스채너티 투데이」(*Christianity Today*)에 영국의 '근본주의'(fundamentalism)에 대한 글을 썼다. 이때부터 그는 북미 복음주의권의 중요한 매체가 된 이 잡지와의 평생의 협력 관계를 시작하게 되었다.

1950년대에 잉글랜드에서 벌인 전도 대회들로 논쟁을 야기했던 빌리 그레이엄(Billy Graham)과 연관된 문제를 포함하여, 당시 보수 개신교의 관점들이 공격받고 있는 상황에서 패커의 첫 번째 책 『근본주의와 하나님의 말씀』(*Fundamentalism and the Word of God*, 1958)이 나왔다. 이 책은 복음주의자를 성경에 대한 부적절한 관점을 고수하는 반(反)계몽적이며 반(反)지성주의적인 사람들이라 비판하는 자유주의자들에 대한 정밀한 반박서였다. 이 책은 원래 기독교인 학생들에게 한 강의였는데, 패커는 이를 복음주의 기독교의 주요 특징들을 전면적으로 방어하면서, 자유주의 신학을 단호하게 반대하는 논증을 포괄하는 책으로 확장시켰다.

패커에 따르면, 복음주의의 특징은 '기록된 성경의 가르침은 하나님께서 그의 교회에서 말씀하셨고 여전히 말씀하시는 말씀(Word)이며, 이는 믿음과 삶의 최종 권위다'라는 사실을 확언하는 데 있었다. 패커는 성경의 영감과 성경의 '명제적 계시'(propositional revelation)를 찰스 하지(Charles Hodge)와 B. B. 워필드(B. B. Warfield)가 사용한 용어들로 설명했다. 영국과 북미에서 이 책이 즉각 큰 인기를 얻게 되면서 패커는 복음주의권의 탁월한 대변인으로 자리 매김했다.

패커의 두 번째 책 『복음전도란 무엇인가』 (Evangelism and the Sovereignty of God, 1961)는 서문에 따르면, 이 책은 '세 개의 실재들(realities), 즉 하나님의 주권, 인간의 책임, 기독교인의 전도 의무 사이의 관계를 명확히 하기 위해 저술된 성경적이고 신학적인 추론의 산물'이었다. 이 책에서 패커는 구원에서 차지하는 하나님의 주권에 대한 칼빈주의적 이해가 전도라는 과업과 완전히 함께할 수 있음을 주장할 뿐만 아니라, 전도를 위해서는 하나님의 전능한 은혜에 대한 확신이 필수적이라고 주장했다. 전도에 대한 패커의 간결한 정의는 복음주의권 내에서 유명해졌다. 그에 따르면 전도는 다음과 같다.

"전도한다는 것은 성령의 능력으로 예수 그리스도를 제시하는 것으로, 이로써 사람들이 예수님을 통해서 하나님을 믿고, 예수님을 그들의 구원자로 영접하고, 그리스도의 교회에서 함께 교제하면서 그리스도를 그들의 왕으로 섬기게 하는 것이다."

이런 초기 저술들에는 영어권 세계의 교파를 초월한 복음주의권에서 패커가 광범위한 영향력을 갖게 된 주요 원인이 무엇이었는지 드러난다. 우선 이 패커의 저술들은 엄격하고 구조가 잘 갖추어져서 읽기 편했다. 또한, 이 저술들은 청교도가 해석한 칼빈주의 전통 안에서 찾을 수 있는 지적이고 영적인 깊이에 의존해서, 주로 성경을 신학적으로 주해한 작품들이었다. 이 저술들은 정확한 직선적인 논증(linear argumentation), 신중한 구별법, 놀랍도록 경제적인 단어 사용(이에 대해 패커는 스스로 자신의 이름처럼 '천성적으로 잘 포장하는 사람[packer]이라고 말했다)으로 특징지어지는 분명한 문체를 자랑했다.

패커의 이 두 초기 저술은 뒤이어 나온 다른 저술들처럼 패커 자신의 개인 목회 경험에서 나왔으며, 특정 필요와 교회에서의 논쟁을 해결하기 위해 저술되었다. 이런 이유로, 패커는 자신을 '우연한 저자'(an accidental author)라 불렀다. (비록 패커는 30권이 넘는 책을 썼지만, 그가 쓴 짧은 글들만 모아도 추가 네 권은 충분히 만들 수 있다). 게다가, 그의 저술들은 복음주의권의 핵심 관심사들을 다루었으며, 성경의 권위와 함께 당시 비판에 직면하고 있던 복음전도의 타당성을 옹호했다. 패커는 이를 통해 기독교 교리들과 복음주의적인 삶 및 전도의 연관성을 설명하기 위해 기독교의 중심 교리들을 명료하게 설명했다.

1961년과 1970년 사이에 패커는 잉글랜드 국교회(Church of England) 내의 복음주의 조직 강화를 목표로 하는 전략 센터로 세워진 성공회 연구 기관(Anglican research institution)인 옥스퍼드의 라티머하우스(Latimer House)의 사서로, 이어서 관장으로 재직했다. 여기에 있는 동안 패커는 1960년대에 복음주의가 직면한 여러 중요한 문제들에 관여했다. 이 시기에 복음주의자들은 영향력을 잃지 않기 위해 노력하는 고립된 소수로 남아 있었다.

성공회의 신학적 스펙트럼 안에서, 패커는 크랜머(Cranmer)의 기도책(Prayer Book)과 39개 조항(Thirty-Nine Articles)에서 발견할 수 있는 종교개혁의 유산을 수호하려고 했다. 또한, 그는 이 두 개의 기반 위에서 '성공회주의(Anglicanism)는 모든 기독교 세계 가운데서 가장 부유하고, 가장 참되며, 가장 지혜로운 유산을 구현한다'라고 강조했다.

이런 관점에서, 패커의 소책자 『우상들로부터 거리두기』(Keep Yourself from Idols)는 『신에게 솔직히』(Honest to God, 1963)에서 제시된 존 A. T. 로빈슨(John A. T. Robinson)의 '급진신학'(radical theology)에 대한 철저한 비판이었다. 존 R. W. 스토트(John R. W. Stott)와 함께 패커는 신실한 복음주의자는 잉글랜드국교회 내에 남아서 이 교회의 개혁을 추구하기보다는 이를 떠나 자유교회가 되는 편이 낫다는 D. M. 로이드-존스의 주장을 비판하는 주요 인물이었다. 또한, 패커는 1967년에 킬대학교(University of Keele)에서 열린 전국복음주의성공회대회(National Evangelical Anglican Congress, NEAC)를 조직하는 데 중요 역할을 맡았으며, 이 모임은 잉글랜드국교회 안에서 복음주의자의 목소리를 하나 되게 하고 높이는 결과를 가져왔다.

1970년에 패커는 브리스톨로 돌아가서 틴데일홀의 학장이 되었는데, 여기서 성공회 신학교육의 재조직을 둘러싸고 벌어진 논란으로 압박을 받았다. 이 학교는 결국 두 개의 다른 교육 기관들과 통합해서 1972년에 트리니티대학(Trinity College)이 되었는데, 패커는 1979년까지 이 학교의 부학장을 지냈다. 이 기간 동안 패커는 유명한 저서 『하나님을 아는 지식』(Knowing God, 1973, CLC 刊)을 저술했다. 이 책에 포함된 내용은 원래 5년 넘게 그가 「디 이밴절리컬 매거진」(The Evangelical Magazine)에 쓴 글들에서 비롯되었다.

여기에 기고한 패커의 글들을 출판을 위해 개정한 후, 영국과 미국에서 300페이지의 책으로 출간되었다. 이 책은 지적 호기심을 가진 평신도를 대상으로 쓰였으며, 이 책의 성공으로 복음주의 교회들, 특히 북미 지역 복음주의자들에게 패커의 명성이 널리 퍼졌다. 이 책은 세계적인 베스트셀러가 되었으며, 인쇄 후 30년 동안 150만 권 이상이 팔렸다. 또한, 이 책은 20세기에 출판된 저술 중 복음주의적 확신과 실천적 경건을 가장 명확하고 분명하게 보여 준 오늘날의 고전 중 하나로 여겨지게 되었다.

『하나님을 아는 지식』은 하나님의 본성과 성품에 대한 패커의 광범위한 연구의 산물이며, '기독교인이 하나님에 대해 알고 있는 지식의 다섯 가지 기초 원리'라 부른 내용에 기반을 두고 있다.

이 다섯 가지 기초 원리는 '하나님은 인간에게 말씀하시며, 성경은 그분의 말씀이다,' '하나님은 세상의 주이자 왕이시다,' '하나님은 주 예수 그리스도를 통하여 주권적 사랑으로 활동하시는 구원자이시다,' '하나님은 삼위일체 하나님이시다,' '신앙은 하나님의 계시에 대해 신뢰와 순종, 믿음과 경배, 기도와 찬양, 복종과 예배를 통해 반응하는 것을 의미한다'이다. 책의 제목이 의미하는 것처럼, 패커의 가장 큰 관심은 단지 하나님에 대한 기독교인의 지식의 양을 늘리는 것이 아니라, 기독교인의 하나님에 대한 앎을 함양하는 데 있었다.

"하나님에 대해 공부하고자 하는 우리의 목적은 하나님을 더욱 더 잘 아는 것에 있다. 우리의 관심은 단지 하나님의 속성에 대한 교리가 아니라, 그 속성들을 갖고 계신 살아계신 하나님에 대한 우리의 지식을 확장하는 데 있다."

북미 지역에서 그의 사역이 더 널리 수용되면서, 1979년에 패커는 기독교를 연구하는 초교파 대학원인 리젠트대학(Regent College)

의 역사신학 및 조직신학 교수가 되었다. 패커는 여기서 학자로서 남은 경력을 보내게 된다. 동시에 패커는 세인트존쇼네시교회(St John Shaughnessy Church)의 명예부사제(Honorary assistant)로 교구목회도 이어 갔다. 리젠트대학에서 목회를 가르치는 동안, 패커는 복음주의 신학교들의 초빙교수와 대회 강연자, 학술 대회 참가자로 북미 전역에서 뿐만 아니라 국제 무대로 두루 돌아다녔다. 패커는 또한 「크리스채너티 투데이」에 자주 글을 기고했을 뿐만 아니라, 그 잡지의 선임 편집자로 핵심 역할을 맡기도 했다.

성경 교리에 대한 이전 저술들로 인해, 패커는 1970-80년대에 북미 지역에서 일어난 '성경을 위한 투쟁'(Battle for the Bible) 논쟁의 핵심 인물로 여겨졌으며, 이 논쟁 와중에 국제성경무오협회(International Council on Biblical Inerrancy)에서도 중요한 역할을 맡았다. 다시 한번, 패커에게 중요한 관심사가 기독교인의 신앙과 실천인 것이 여기에서 드러났다. 패커는 만약 성경 무오의 개념이 위태롭게 된다면, 성경이 교회에서 권위를 잃을 것이고, 결국 복음주의의 기반이 약화될 것이라고 믿었다.

패커는 '기만하지도, 기만되지도 않는다'라는 의미의 '무류성'(infallibility)과 '어떤 종류의 사실적, 도덕적, 혹은 영적 오류로부터도 자유롭다'라는 의미의 '무오성'(inerrancy)을 동의어로 인식했다. 패커는 성경의 '영감,' 즉 그 기원이 '하나님이 숨을 불어넣은 것'이기 때문에 성경이 무류하고 무오하다고 보면서, '우리는 성경이 말하는 것을 진리로 받아들인다'라고 말했다. 그는 다음과 같이 말하기도 했다.

"만약 우리가 성경에 대해 전적으로 참되고 신뢰할 만하다고 말하거나, 혹은 그 자체로 전적으로 신뢰할 만하다고 말한다면, 그래서 성경 자체에 거짓 주장이나 언명, 약속이 없다고 한다면…우리는 이 단어들이 의미하는 바를 정확하게 공식화한 용어들로 표명하게 될 것이다"(『하나님이 말씀하셨다』[God Has Spoken, Hodder&Stoughton, 1979], p. 110 참조).

이 시기의 패커의 많은 중요한 저작들 중에 『성령을 아는 지식』(Keep in Step with the Spirit, 1984)이 있다. 이 책은 성령론과 성화 추구에 대해 다루고 있으며, 은사주의 갱신운동에 대한 폭넓은 분석과 함께 이에 대한 비판도 들어 있다. 또 다른 저작인 『신앙의 추구: 기독교인의 삶에 대한 청교도의 이상』(A Quest for Godliness: The Puritan Vision of the Christian Life, 1991, 『청교도 사상』, CLC 刊)은 패커의 40년 연구의 정점이라고 할 수 있다.

그의 일평생 목회 과정에서 패커는 확고하게 복음주의 개신교를 역사적 기독교 정통, 즉 교회의 '위대한 전통'(Great Tradition)의 한 흐름이라고 여겼다. 이 입장으로 패커는 북미와 영국에서 에큐메니컬 토론의 의미 있는 동반자가 될 수 있었고, 그 결과 로마 가톨릭과 복음주의 지도자들이 작성한 두 논쟁적 문서 '복음주의자-가톨릭 연대'(Evangelicals and Catholics Together, 1994)와 '구원의 선물'(The Gift of Salvation, 1997)의 서명인이 되었다.

비록 일부 복음주의 신학자들은 패커의 행동을 강하게 비판했지만, 패커는 공통점을 기반으로 한 가톨릭과의 교회 동반 관계를 옹호했으며, '우리는 그리스도 때문에 믿음을 통해 은혜로 의롭게 되었다'라는 공통의 기반 역시 지지했다.

자신을 변호하면서 패커는 '적극적으로 믿는 복음주의자들과 가톨릭 교인들은 모두 기독교인들이다'라고 했으며, 또한 '목회사역에서 로마 가톨릭 교인들과 풀뿌리 협동을 하는 것은 실천 가능한 가장 유익한 에큐메니즘이다'라고 주장했다(Christianity Today, 1994년 12월 12일, 35페이지 참조). 1989년에 패커는 리젠트대학의 첫 상우유통 치(Sangwoo Youtong Chee) 신학 석좌교수가 되었다.

첫 강의는 '조직신학적 영성(Systematic Spirituality) 입문'이었는데, 여기서 그는 조직신학자로서의 일평생 동안 자신이 '영성'이라고 불리고 있는 것에 대해 말하고 써 왔다는 사실을 깨닫고 놀랐다고 했다.

패커는 이렇게 말했다.

"적용에 대한 청교도의 열정이 일찍이 내 혈관 안에 일찍부터 들어와 있었기 때문에 내가 내내 영성에 대한 글을 쓰고 있었다는 것을 알았어야 했다. 나는 항상 사람들에게 신학, 윤리, 변증학을 사람을 위한 진리로 인식해 왔고, 내가 말로든 글로든 가르친 진리를 항상 적용 없이 넘어가지 않으려 노력했다. 진리를 삶에 적용하는 것에 대해 말하는 것은 삶을 하나님과의 관계 그 자체로 보는 것이다. 우리가 그렇게 한다면, 우리는 이미 영성을 말하고 있는 것이다"(Crux 26, 1990, p.2).

20세기 후반기 내내 패커는 영어권 복음주의에서 가장 영향력 있는 인물 중 한 명이었다. 그는 가장 널리 읽히고 대중들에게 존경받는 전문 신학자였으며, 복음주의운동권에 속한 이들이 기독교 신앙과 행동을 추구할 때 통찰과 지도를 수시로 구하는 인물이었다.

비록 일부 복음주의 지도자들은 패커가 자신의 놀라운 신학적 학식을 학계의 독자들을 위해 더 많이 쓰는데 활용하지 않는 것에 실망했지만, 한 현명한 관찰자는 패커를 '대중과의 소통에서 자신의 소명을 발견한 학자이자, 학문성을 결코 포기하지 않은 대중적 소통가'라고 묘사했다. 청교도 전통 안에서 작업한 사상가인 패커는 확고부동한 칼빈주의자였다.

그에게 개혁파 기독교는 '가장 순수한 형태의 복음주의'였으며, 존 웨슬리(John Wesley)는 '혼란에 빠진 칼빈주의자'였다. 논쟁적 주제를 피하지 않는 사람이었던 패커는 일평생 ('제한속죄'와 영원한 형벌 같은) 칼빈주의 정통의 중요 교리들을 둘러싼 논쟁들에 참여했다.

패커는 신학적으로 새로운 영역을 만들기보다는, 고전적 기독교 정통으로부터 물려받은 풍성한 유산들을 깊이 파고드는 것을 더 추구했다. 지적 능력과 소통 능력 뿐만 아니라, 더 넓은 범위의 복음주의자들의 관점과 공명하는 성경지향적 칼빈주의를 옹호했다는 점에서도 패커는 탁월했다.

참고문헌 | A. McGrath, *J. I. Packer: A Biography* (Grand Rapids: Baker, 1997); A. McGrath, *To Know and to Serve God: A Biography of James I. Packer* (London: Hodder & Stoughton, 1997); J. I. Packer, 'What the Puritan Taught Me' *Christianity Today* (8 October 1990), pp.44-47.

J. P. GREENHAM

제임스 코이(James Caughey, 1810-1891)

감리교 전도자. 그는 아일랜드 북부에서 태어났다. 정확한 출생지나 가족 관계에 대한 정보는 극히 빈약하다. 그는 스스로 '스코틀랜드 혈통'이라고 썼는데, 이는 거의 분명히 그의 가족이 장로교인이었다는 것을 의미했다. 십대 중반쯤 되었을 때, 그는 가족과 함께 미국으로 이민을 갔고, 1820년대 후반에는 뉴욕 트로이(Troy)의 밀가루 공장에서 일하고 있었다.

이때쯤 그는 감리교회(Methodist Episcopal Church, 미국감리회-역주)에 출석하면서, '그리스도 안에 있는 하나님께로 회심했다.' 트로이는 그 지역에서 일어난 수많은 부흥 때문에 '불붙은 지역'(burned over district)이라는 이름으로 불린 구역의 일부였다. 감리교가 이런 부흥에 깊이 헌신되어 있었기에, 코이가 자신이 어떻게 '강력한 신앙부흥'에 사로잡히게 되었고, 그 부흥으로부터 목회사역의 부르심이 찾아왔는지 말하는 것은 전혀 놀랍지가 않다. 1830년대 초반에, 그는 견습 설교자로 받아들여졌고, 1836년에는 감리교 목사로 안수받았다. 그가 인도한 첫 번째 부흥회는 캐나다 몬트리올과 다른 퀘벡(Quebec) 지역에서 열렸고, 약 200명의 회심자가 보고되었고, 50명의 신자가 '성화되었다.'

이들 부흥회에서 이후 30년간 열정적인 순회 부흥사역에서 코이가 따를 틀이 세워졌다. 그는 자기 회중이 영적인 필요를 채울 특별하고 정곡을 찌르는 설교를 들어야 하는 세 종류의 사람들로 구성되어 있다고 보았다. 회심이 필요한 잃어버린바 된 자들, 회복이 필요한 타락한 사람들, 마지막으로, 확신에 찬 웨슬리파 신자들이다. 코이는 모든 신자들은 완전히 성화되어야 한다는 견해를 열정적으로 옹호했다.

하나님의 부르심이라고 확신한 것에 응답하여, 코이는 배를 타고 영국으로 건너가 1841년 7월에 리버풀(Liverpool)에 도착했다. 이 방문으로 그는 잉글랜드감리교(English Methodism)의 계급 구조와 관련된 논쟁과 오래도록 휘말리게 되었다. '정당한 자격'을 갖춘 설교자임을 확증하는 트로이의 발행 증명서를 잉글랜드로 가지고 가기는 했지만, 그가 웨슬리파총회(Wesleyan Conference)나 다른 어떤 영향력 있는 감리교 집단으로부터 공식적으로 초대받은 것은 아니었다. 그의 부흥회식 예배는 저비즈 번팅(Jabez Bunting) 같은 보수적인 '고교회'(high church) 성향 웨슬리파의 환영을 받지 못했다. 또한, '영혼 구원'에 참여하지 않는 목회자들을 공개 비난한 코이는 기존 웨슬리파의 환심을 전혀 사지 못했다.

이후 6년간 코이는 잉글랜드 북부 전역의 웨슬리파 채플에서 설교했다. 그의 강력하고 정곡을 찌르는 열정적인 전도 설교가 행해지는 곳마다 공개적으로 회심하는 자들이 수백 명씩 나왔다. 코이는, 그가 믿었던 바, 회심을 넘어서서 '완전히 성화'되고, 죄를 이기고 천국의 삶을 살 수 있도록 기독교인들에게 방향을 제시했을 뿐만 아니라, 죄, 회개, 구원 얻는 믿음, 회심, 천국과 지옥 같은 큰 주제들을 거리낌 없이 설교했다.

코이의 편지들에는 셰필드(Sheffield)의 다섯 개의 웨슬리파 채플에서 16주 동안 설교한 결과 3,266명이 '의롭다 칭함'받았고, 1,435명이 '성화'되었다는 내용이 나온다. 모든 예배에서 설교 바로 후에 사람들은 기도회로 모이기 위해 남아 달라는 요청을 받았고, '구원의 역사'가 일어나는 곳은 바로 이 기도회였다. 코이는 사람들에게로 가서 그들에게 '참회자'(penitent)로서 성찬대(communion rail)를 따라 이동하라고 했고, 거기에는 이들을 위해 상담하고 기도해 주는 돕는 지역 설교자들이 대기하고 있었다. 이런 식으로 모든 참회자는 개인적인 관리를 받았고, 반응에 대한 세심한 기록도 남겨졌다.

코이는 영국에서 '참회 의자'(penitent form)를 사용한 최초의 유명 전도자였는데, 노팅엄(Nottingham)에서 참석하고 반응한 이들 중에는 후에 코이 설교 방식을 미국에 모델로 소개하게 되는 십대 시절의 윌리엄 부스(William Booth)가 있었다. 숫자를 기록으로 남기는 습관 덕에 코이는 그가 설교한 모든 예배에서 칭의와 성화를 경험한 사람들의 정확한 숫자를 후세에 알려 주었다. 6년간의 방문이 마무리된 1847년에 그는 20,000명의 죄인이 칭의를 경험하고, 9,000명의 기독교인이 '완전성화'를 경험했다고 주장했다.

부흥사로서의 코이의 명성은 영국에서의 '승리'에 대한 보고, 교회의 반대, 그의 『서한집』 (*Letters, 1844-1847*)의 빠른 판매로 급속히 퍼져 나갔다. 1848년부터 영국을 두 번째 방문한 1856년까지 많은 이들의 초청을 받았는데, 특히 뉴잉글랜드와 캐나다의 수요가 많았다. 지칠 줄 모르는 부흥회 설교와 영혼 구원에 투신한 8년 동안 예배를 인도해 달라는 모든 요구를 다 들어줄 수는 없었다.

이어진 세 차례 영국 방문에서는 첫 번째 방문에서 모은 거대한 회중과 인상적인 통계가 다시 나타나지는 않았지만, 그의 부흥 설교는 여전히 효과와 열매가 많았다. 1866년에 건강 문제로 은퇴한 코이는 1891년 1월 30일에 뉴저지 하일랜드파크(Highland Park)에서 사망했다.

코이는 다섯 권으로 된 『서한집』, 주로 영국과 캐나다 부흥회와 여행에 대한 기록, 영혼 구원에 대한 조언, 많은 격려성 강연으로 채워져 있는 여섯 권의 책을 출간했다. 『진리의 승리』(*The Triumph of Truth*), 『전통의 활』 (*Arrows from my Quiver*), 『영혼을 구원하는 삶』 (*Glimpses of Life in Soul Saving*)이 대표작이다.

참고문헌 | J. Caughey, *Letters on Various Subjects*, 5 vols. (London: Simkin Marshall, 1844-1847); R. Carwardine, *Transatlantic Revivalism: Popular Evangelicalism in Britain and America, 1790-1865* (London: Greenwood Press, 1978), pp. 102-133; J. Kent, *Holding the Fort: Studies in Victorian Revivalism* (London: Epworth Press, 1978), pp. 77-87; 171-196; 311-324; D. Wise, 'Sketch of the Life of Rev. James Caughey,' in *Earnest Christianity Illustrated* (Boston: J. P. Magee, 1855), pp. 9-19.

H. MCGONIGLE

제임스 허드슨 테일러(James Hudson Taylor, 1832-1905)

의료 선교사이자 초교파 중국내지선교회 (China Inland Mission)의 설립자. 40년 가까이 선교단체의 대표로 활동한 허드슨 테일러는 요크셔(Yorkshire)의 반슬리(Barnsley)에서 1832년 5월 21일에 약제상으로 약국을 운영했던 제임스 테일러(James Taylor)와 아멜리아 테일러 (Amelia Taylor, 결혼 전 성은 허드슨[Hudson]) 사이에서 태어났다. 그는 신실한 감리교 집안에서 훈육을 받았다. 석공이었던 증조할아버지는 가족이 출석했고 존 웨슬리(John Wesley)가 1786년에 설교했던 한 교회를 건축하는 데 도움을 주었다. 아버지는 중국선교에 아주 관심이 많았던 감리교 평신도 설교자였다. 질문하며 고뇌하는 시간을 보낸 후 1849년에 허드슨 테일러는 회심을 했다.

그의 『회고록』(Retrospect)에서 자신이 어머니와 이모에게 기도의 빚을 졌다고 표현했다. 그의 이모는 벤저민 브룸홀(Benjamin Broomhall)과 결혼했는데, 그는 중국내지선교회의 국내 책임자이자 핵심 인사였고, 그들의 자녀 중 넷은 중국에서 이 선교회 선교사로 활동했다. 지역 학교를 다니고, 지역 은행과 아버지 가게에서 실무 경험을 쌓은 후, 허드슨 테일러는 실천적 감리교인이자 외가 친척인 헐(Hull) 지방 의사 로버트 하디(Robert Hardey) 밑에서 의료 조무사로 일했다.

그는 헐 지역에서 성공회(Anglican)의 안수받은 성직자였다가 형제단(Brethren assembly)에 합류한 앤드루 주크스(Andrew Jukes)의 모임에 합류하여 신자로서 세례를 받았다. 그는 남은 여생 동안 신자의 세례만 옳은 것이라 믿기는 했으나, 후에 중국내지선교회 내부의 유아세례 옹호자들과도 동역하기를 주저하지 않았다.

아버지가 일깨워 준 중국에 대한 관심은 칼 구츨라프(Karl Gutzlaff)의 저작 『선교현장의 추수꾼들』(The Gleaners in the Missionary Field)을 통해서 더욱 깊어졌다. 허드슨 테일러는 런던에 위치한 중국협회(Chinese Association)에 편지를 보내 자신의 선교소명을 설명했다. 그곳의 지도자들은 비용을 제공할 테니 의학 훈련을 더 받으라고 조언했다. 헐 지역에서 허드슨 테일러는 브리스톨(Bristol)의 조지 뮬러(George Müller)의 고아원사역에 대한 이야기를 듣고 재정을 후원해 달라고 직접 호소하지 않고, 믿음의 원리에 근거한 재정 원칙에 큰 감명을 받았다. 따라서 그는 이런 접근 방식을 자신의 개인 삶의 원칙으로 채택하고, 후에 중국내지선교회 사역에도 이 원칙을 적용했다.

1852년에 허드슨 테일러는 런던병원(London Hospital)에서 의학을 공부하기 시작했다. 서구의 정치적, 경제적 압박(여기에는 영국령 인도에서 수입하는 아편 거래도 포함된다)으로 인한 1852년 이후 중국의 정치 상황은 중국 내 선교사들의 활동 공간을 확장시켰다. 이 확장을 굳건하게 만든 개척자들로 광동의 로버트 모리슨(Robert Morrison)과 윌리엄 밀른(William Milne) 같은 이들이 있었는데, 이들은 다섯 개의 '조약항'(treaty ports)에서 활동하고 있었다. 허드슨 테일러가 곧 하게 될 미래 사역에 특히나 중요했던 '태평천국의 난'이 발발했다. 처음에는 기독교인의 봉기처럼 보였던 이 난으로 허드슨 테일러와 중국복음화선교회(China Evangelization Society) 지도자들이 허드슨 테일러의 의료 훈련을 중단하기로 결정하면서, 그는 중국으로 1853년에 출발하게 되었다.

허드슨 테일러는 덤프리스(Dumfries)호를 타고 갔다. 아일랜드 해역에서 간신히 난파를 면하고 상하이에 1854년 3월 1일에 도착했다. 여기서 런던선교회(London Missionary Society)와 교회선교회(Church Missionary Society) 소속 선교사들이 나와 그를 열렬히 환영하였고, 허드슨 테일러는 이들과 함께 초기 중국 내지 복음사역의 여정을 시작했다. 1854년에의 첫 여행은 조셉 에드킨스(Joseph Edkins, LMS)와, 1855년에는 존 버던(John Burdon, CMS)과 함께했는데, 이때는 양쯔강까지 내려갈 수 있었다. 이들은 성서공회에서 제공한 중국어로 된 신약성경 3,000권을 배포하는 일을 도왔다.

상하이는 전쟁에 휩싸여 있었다. 제국군과 반란군이 도시를 장악하기 위해 싸우고 있었다. 허드슨 테일러는 총알과 대포알이 날아다니는 상황에서 간신히 목숨을 지킬 수 있었다. 그는 중국복음화선교회(China Evangelization Society)의 스코틀랜드장로교(Scots Presbyterian) 목사 윌리엄 파커 박사(Dr. William Parker)와 1854년부터 함께 사역을 시작했다. 그러나 이 둘은 모두 중국복음화선교회에 불만이 있었다. 허드슨 테일러의 첫 연봉은 80불이었다. 당시 다른 선교회인 교회선교회는 소속 선교사들에게 매년 700불의 사례비를 지급하고 있었지만, 파커가 할 수 있는 일은 없었다.

1857년에 허드슨 테일러는 중국복음화선교회에서 사임했다. 당시 허드슨 테일러는 중국 의복과 중국식 땋은 머리('돼지꼬리')를 받아들여야 한다고 생각했는데, 이는 중국 내지를 방문했을 때 이렇게 하고 있던 런던선교회의 베테랑 선교사 W. H. 메드허스트 박사(Dr. W. H. Medhurst)의 조언에 얼마간 기인한 것이었다. 어떤 단체에도 속해 있지 않았기에 생긴 소속 문제와 중국 현지화 정책을 채택했다는 이유로 선교사 진영 내외부에서 온 비판이 그가 1858년 1월 20일에 마리아 다이어(Maria Dyer)와 결혼하는 문제를 놓고 교회선교회 일부 인사(앨더시 양[Miss Aldersey]과 W. A. 러셀[W. A. Russell])와 겪은 갈등의 원인일 수도 있다.

마리아는 선교사로 활동하던 성직자의 딸이었고, 중국내지선교회 초기에 그를 지원한 굳건한 지도자이기도 했다. 그녀가 일찍 생을 마감한 것은 그와 사역에 큰 손실이었다. 허드슨 테일러의 친구이자 오랫동안 선교지에서 활동했던 미국인 선교사 W. A. P. 마틴(W. A. P. Martin)은 초기의 허드슨 테일러를 '신비롭고, 종교적 꿈에 몰입해 있던 사람, 자신의 사역이 드러나기를 기다리는 사람…나태하지는 않지만, 그렇다고 목표 지향적이지는 않았던 사람'으로 묘사했다(Pollock, pp. 67-68).

1860년에 허드슨 테일러는 잉글랜드로 돌아가서 의학 공부를 다시 시작했다. 더불어 그는 교회선교회에서 오래 일했던 선교사이자 학자인 F. F. 고그(F. F. Gough)와 함께 신약성경을 중국 닝보(Ningpo) 지방 방언으로 번역했다. 1862년에 허드슨 테일러는 왕립의학대학(RCS) 회원으로 인정받았다. 중국은 텐진 조약으로 1858년에 추가로 열 개 항구를 개항했고, 고든(Gordon) 장군은 1864년에 마침내 태평천국의 난을 진압했다. 허드슨 테일러는 1865년에 브라이턴(Brighton)을 방문하던 중, 복음을 듣지 못하고 죽어 가는 중국 내지의 수백만 중국인에 대한 책임감으로 개인적인 위기를 겪었다. 그는 다음과 같이 기록하고 있다.

"단지 천 명 조금 넘은 회중의 기독교인만이 복음이 주는 평안을 누리는 것을 도저히 보고 있을 수가 없다. 수백만 명은 무지로 죽어 가고 있기 때문이다. 나는 홀로 영혼의 고통을 겪으며 홀로 방황했다. 거기서 주님은 나의 불신앙(즉 이는 허드슨 테일러가 기독교 선교사로서의 자기 자질을 의심하던 것을 말한다)을 정복하셨다. 나는 이 사역을 위해 자신을 드리기로 하나님께 투항했다. 나는 문제든 결과든 모든 책임을 그분께 맡겨드리겠다고 말씀드렸다."

허드슨 테일러는 각 지역당 두 명씩, 중국 내 열 한 지역과 만주를 책임질 24명의 동료를 달라고 기도했다. 이렇게 중국내지선교회는 1865년에 태동했다. 오랜 기간 친구이자 이스트그린스테드 소재 세인트힐(Saint Hill, East Grinstead) 지역의 경험 많은 사업가 윌리엄 버거(William Berger)는 국내 책임자직을 맡는 것에 동의했다. 선교사에게 정해진 월급이 지급되었기에, 금전적 지원 요청을 개인적으로는 할 수 없었다. 중국내지선교회는 처음으로 '믿음 선교'(faith missions)를 시행한 선교회였다.

이 시기에 허드슨 테일러는 헐 지역에 머물던 시절 동경했던 조지 뮬러(George Müller)와 개인적인 관계를 형성했고, 윌리엄 페니파더(William Pennefather)가 조직한 마일드메이대회(Mildmay Conference)와 케직사경회(Keswick Convention)의 선구자로서 이 대회들의 영성을 뜨겁게 했다. 허드슨 테일러는 후에 성공회의 핸들리 모울(Handley Moule), 침례교의 F. B. 마이어(F. B. Meyer) 같은 복음주의 지도자들과 함께 케직사경회 강단에 서기도 했다. 찰스 해돈 스펄전(Charles Haddon Spurgeon)은 1864년에 허드슨 테일러와 만난 이후 그의 친구이자 지지자가 되었다.

허드슨 테일러는 『중국의 영적 필요와 요구』(China: its spiritual needs and claims)라는 제목의 책을 1865년에 출판하여 소통에도 뛰어난 재능이 있음을 보여 주었다. 1887년까지 일곱 차례 개정판이 발행되었고 만 부 정도가 팔렸다. 허드슨 테일러는 수많은 강단을 오르내리며 중국선교에 대한 지원을 호소했다. 1866년에 전도자 그래턴 기니스(Grattan Guinness)는 더블린(Dublin)에서 개최된 모임에 허드슨 테일러를 초청했다. 기니스는 이스트런던(East London)에 위치한 그의 선교훈련원에서 중국내지선교회 선교사 후보를 선발하고 훈련하는 데 도움을 주었고, 자기 딸 제럴딘(Geraldine)을 허드슨 테일러의 둘째 아들 하워드(Howard)와 결혼시켰다. 이 부부는 대중에게 널리 알려진 허드슨 테일러 전기의 공동 저자이기도 하다.

1866년에 16명의 선교사는 라메르무어(Lammermuir) 호를 타고 항해를 떠났다. 9월에 불어온 두 번의 태풍이 배를 거의 난파 직전까지 몰고 갔다. 인도네시아의 안저(Anjer) 지역에서 허드슨 테일러는 함께한 이들 몇 사람에게 신자의 세례를 주는 것에 동의를 했다. 이 이야기를 J. C. 폴락(J. C. Pollock)은 다음과 같이 기록했다.

"허드슨 테일러는 인생 최악의 판단 실수를 저질렀다. 그는 비종파 선교단체를 만들었는데, 이 선교회를 만들면서 각 선교사는 자신이 속한 교파의 정서에서 벗어나야 한다고 명백히 선언했다…다른 교회에 속한 회원들을 그의 개인 신념으로 방해하는 것은…한 마디로 말해 그의 초교파 원리에 위반되는 것이다" (Pollock, p.135).

물론 이 사건은 비판에 봉착했는데, 특히 존경받는 교회선교회 소속 선교사이자 후에 주교가 된 G. E. 몰(G. E. Moule)의 비판이 눈에 띄었다.

물론 중국내지선교회는 시작 단계부터 선교 방식이 독특했기 때문에 몇 가지 기본 원리를 여기에 기술할 필요가 있다.

첫째, 허드슨 테일러는 중국 의복을 착용해야 한다고 주장했는데, 이는 특히 내지에서 토착화의 수단으로, 이것이 가치가 있음을 스스로 입증해 보였다.

둘째, 선교는 현장에 있는 사람의 감독을 받아야지, (런던선교회, 교회선교회, 침례교선교회가 하듯이) 런던의 사무실에 있는 사람이 감독해서는 안 된다고 주장했다. 허드슨 테일러는 자기가 선교지 관리를 맡았으며, 모든 중국내지선교회 선교사들은 선교회 회원으로서 허드슨 테일러의 권위를 존중했다. 이런 원칙 때문에 허드슨 테일러의 친구 W. A. P. 마틴(W. A. P. Martin)

은 허드슨 테일러를 '중국 개신교 선교의 로욜라(Loyola)'로 지칭했다(Broomhall, VII, p. 511).

실제로는 허드슨 테일러의 권위가 상황에 대한 이해심 없이 강제로 시행된 것은 아니었지만, 이그나티우스 로욜라의 예수회와 마찬가지로, 중국내지선교회 선교사들도 어려운 상황에서도 대표자의 지시와 정책을 수용해야 했다. 의복 문제에 다른 관점을 가진 루이스 니콜(Lewis Nicol)처럼 의견 대립이 있는 사람들에게도, 윌리엄 버거(William Berger)가 선교회를 위해 좋다고 생각했던 수준 이상으로 관용을 베풀었다.

셋째, 허드슨 테일러는 다른 선교회의 기준에 못 미치는 교육이 낮은 사람들도 선교사로 기꺼이 받아들였다. 그중에는 인성이나 영성이 증명된 일꾼들도 있었다. 니콜(Nicol)의 경우, 전직 철공소 직원이었다.

넷째, 허드슨 테일러는 미혼 여성 선교사들을 중국 내륙의 선교지로 파송한 최초의 인물이다. 이에 대해 많은 비판도 있었지만 실제로는 효과가 컸다.

다섯째, 선교회는 감리교, 성공회, 장로교나 다른 교단을 포괄하는 초교파 선교회야 했다. 허드슨 테일러는 나중에 스스로 침례교인이라고 고백했지만, 자신을 '범교파적 선교회의 수장'이라 지칭했다(Broomhall, VII, p. 156)

여섯째, 이 공동체의 중요한 특징은 선교사들이 활동한 지역에 있었다. 그들의 선교사역의 목표는 그리스도를 알지 못하는 곳에 복음을 전하는 것이었는데, 그들의 선교지는 중국내지선교회의 개척자들을 중심으로 티베트, 버마, 만주 경계까지 이어졌다. 그럼에도 불구하고, 1940년부터 중국내지선교회 책임자가 된 프랭크 휴턴 주교(Bishop Frank Houghton)가 정확히 지적한대로, 허드슨 테일러는 교회 개척이 선교의 목표라고 믿었다. 즉 토착교회의 설립

으로, 교회선교회의 헨리 벤(Henry Venn)의 표현을 빌리자면, '자치, 자립, 자전'(self-governing, self-supporting, self-extending)하는 교회였다.

일곱째, 의화단의 폭력 및 다른 사건들처럼 선교회에 닥친 심각한 위기의 때에, 허드슨 테일러는 바른 기독교인의 대응은 모욕과 소유물의 파괴, 심지어 순교까지도 받아들이고 용서하는 것이라며, 배상금을 거절했다.

1865년에 대도시 항주(Hangzhou)가 중국내지선교회의 전초 기지가 되었다. 교회선교회의 G. E. 몰(G. E. Moule)은 1864년에 이 지역에 있었다. 그는 선교사들을 환영했지만, 루이스 니콜(Lewis Nicol) 및 다른 이들의 영향을 받아 현지 옷을 입는 정책과 미혼 여성 선교사 정책에 대해서는 비판적이었다.

그 결과 버거는 런던에서 선교회 정책을 변호해야 했다. 1869년에는 상원의사당에서 서머셋 공작(Duke of Somerset)과 다른 사람들이 이 정책을 공격하기 시작했다. 비록 매기 주교(Bishop Magee)가 1869년 3월 9일에 열린 토론에서 허드슨 테일러를 변호하기는 했지만, 중국 내지에서 일어난 뜨거운 논쟁이 본국 정부를 난처하게 만들고 있었다.

허드슨 테일러는 이듬해인 1870년이 가장 힘든 해였다고 말했다. 프랑스 선교사들에 대한 대학살이 6월에 텐진(Tianjin)에서 있었고, 갓난 아들이 죽은 직후 아내 마리아가 7월에 죽었으며, 아들 새뮤얼 역시도 죽음에 이르렀다. 허드슨 테일러 자신도 질병으로 인해 1871년에 잉글랜드로 돌아갔는데, 당시 그는 척추 통증으로 몸을 가누지 못할 정도였다. 잉글랜드에서 허드슨 테일러는 중국내지선교회 동료였던 제니 폴딩(Jennie Faulding)과 결혼했으며, 윌리엄 버거의 사임을 수용했고, 빈자리에 벤저민 브룸홀(Benjamin

Broomhall)을 임명했다. 1875년에는 잡지 「차이나스 밀리언스」(China's Millions)를 성공적으로 발행했는데, 이를 통해 그가 얼마나 소통에 뛰어난 사람인지를 보여 주는 계기를 만들었다.

1877년 즈음에 허드슨 테일러와 중국내지선교회는 초기 시행착오에도 불구하고 상하이선교대회(Shanghai Missionary Conference)에서 다른 선교회와 그들의 지도자들 중에서 여전히 분명한 지위를 유지하고 있음을 보여 주었다.

침례교선교회(BMS)의 티모시 리처드(Timothy Richard)가 인도주의적 활동을 통해 명성을 떨친 그해에 닥친 대기근에, 중국내지선교회도 구호 물품을 제공했다. 그러나 리처드와 허드슨 테일러는 신학이 극단적으로 달랐다. 리처드가 중국내지선교회의 성경해석의 보수성에 대해 비판했을 때, 몇몇 중국내지선교회 소속 선교사들도 그의 비판에 동조하기도 했다.

1885년에 중국내지선교회에 대한 대중의 관심은 케임브리지 세븐(Cambridge Seven)의 합류와 함께 더욱 뜨거워졌는데, 그들은 크리켓 선수 찰스 토마스 스터드(Charles Tomas Studd), 케임브리지 조정 선수인 블루 S. P. 스미스(Blue S. P. Smith), 명문가 출신의 몬태규 뷰챔프(Montagu Beauchamp), 후에 성공회 주교가 되는 W. W. 카셀스(W. W. Cassels), 아더(Arthur), 세실 폴힐-터너(Cecil Polhill-Turner), 그리고 허드슨 테일러의 후계자로 이후 선교회 대표가 된 딕슨 호스트(Dixon Hoste)였다.

이들의 영향은 막강해서, 「차이나스 밀리언스」5만 부는 그들의 활동을 대중에게 알리기에는 너무 적은 부수였다. 런던 엑시터홀(Exeter Hall)에서 열린 이들의 파송 행사에는 3,500명이나 모였다. 1885년 말에 이르러 중국내지선교회 소속 선교사 수는 대략 200명 정도였는데, 1865년에 라메르무어(Lammermuir) 호에 탄 인원이 16명이었던 것에 비하면 엄청난 성장이었다.

1885년에서 1905년 사이에 허드슨 테일러는, 처음에는 주저했지만, 중국내지선교회를 국제조직으로 만들었다. 선교회 지역 모임들이 캐나다와 미국에서 조직되어, 헨리 프로스트(Henry Frost)를 지도자로, D. L. 무디(D. L. Moody)를 후원자로 초빙했다. 이것이 무디의 노스필드대회(Northfield Conferences)에서 많은 이들이 선교에 대해 생각하고 고민하는 계기가 되었다. 자문회의는 벤저민 브룸홀(Benjamin Broomhall)이 책임지고 있던 런던과 같은 방식으로 조직되어 북미를 대표했다. 런던 본부는 북미 지역에 이런 조직을 만드는 데 주저했지만, 허드슨 테일러의 개인 접촉과 설득으로 인해 수용되었다. 스칸디나비아의 후원자들과 정회원들이 특히 스웨덴부흥운동 지도자 프레데릭 프란손(Frederik Franson)의 노력으로 중국내지선교회에 더해졌다.

허드슨 테일러는 오스트레일리아와 태즈메이니아(Tasmania)를 방문했고, 이곳 출신의 많은 선교사가 1890년에는 채용되었다. 그리고 많은 선교사들이 참여하게 되었다. 1887년에는 100명 선교사를 위해 기도했고, 1890년에는 1,000명 선교사를 위해 기도했다. 1897년에는 중국내지선교회 소속 선교사들이 세운 교회에 출석한 중국 현지 교인이 8만 명을 헤아렸다.

당시 중국을 통치했던 여제(서태후-역주)가 외국인을 상대로 한 폭력을 장려하면서, 1898년에서 1900년까지 '의화단 사건'이 벌어져 외국인과 기독교인을 대상으로 한 폭력 행위가 끊이지 않았다. 허드슨 테일러는 오스트레일리아를 떠나 1900년에 약 20여만 명이 모인 뉴욕에큐메니컬대회(New York Ecumenical Conference)에 참석하여 중국의 현실과 선교의 필요성에 대해 감명 깊은 강연을 했다.

A. T. 피어선(A. T. Pierson)과 함께 보스턴에서 강연회를 이어 나가던 중에, 허드슨 테일러의 건강이 갑자기 악화되어 스위스의 다보스(Davos)에서 휴양하며 건강을 회복하고자 했다. 그러나 공교롭게도 이때 의화단 사건과 관련된 끔찍한 소식들이 전해지기 시작했다. 의화단 사건으로 인해 총 130여 명의 개신교도들이 순교했고 이 중 중국내지선교회 소속 선교사는 58명, 어린이는 21명이 사망했다. 그러나 허드슨 테일러는 다시 한번 이 사건의 희생자들에게 금전적인 보상을 거절했다. 그는 현장 대표를 맡을 사람의 필요성을 절감하고, 딕슨 호스트(Dixon Hoste)를 임시 대표로 임명했다. 호스트는 1902년에 정식으로 대표직에 올라, 이후 30년간(1902-1932) 헌신했다.

스위스에서 두 번째 부인을 잃은 이후, 허드슨 테일러는 1905년에 중국을 방문하기로 결심했다. 결국 그는 1905년 6월 3일에 중국내지선교회가 방문하기 가장 어렵다는 오지인 후난(Hunan)의 창사(Changsha)에서 생을 마감했다. 그의 삶의 표어는 「차이나스 밀리언스」의 표지에 중국어로 쓰여 있듯, 에벤에셀과 여호와 이레로, 번역하면 '여기까지 주님이 우리를 도우셨다'와 '주께서 준비하실 것이다'이었다. K. S. 라투렛(K. S. Latourette)는 허드슨 테일러를 다음과 같이 평했다.

"종교를 목적으로 했든지, 세속적 목적이었든지를 막론하고, 허드슨 테일러는 19세기에 중국에 들어온 외국인 중 가장 영향력 있는 넷 혹은 다섯 사람 중 하나였다."

그가 숨을 거둘 무렵, 중국내지선교회에는 중국 전역의 300여 선교지부에 825명의 선교사가 소속되어 있었다.

참고문헌 | A. J. Broomhall, *Hudson Taylor and China's Open Century*, 7 vols. (London: Hodder & Stoughton, 1981-1989); Dr and Mrs Howard Taylor, *Hudson Taylor in Early Years: The Growth of a Soul* (London: CIM, 1911); Dr and Mrs Howard Taylor, *Hudson Taylor and the China Inland Mission: the Growth of a Work of God* (London: CIM, 1918); J. Hudson Taylor, *A Retrospect* (London: Morgan & Scott, 1875); J. C. Pollock, *Hudson Taylor and Maria* (London: Hodder & Stoughton, 1962); R. Steer, *J. Hudson Taylor: a Man in Christ* (London: OMF, 1993).

T. E. YATES

제임스 헨리 손웰(James Henley Thornwell, 1812-1862)

남부 구학파(Old School) 장로교 신학자이자 교육자. 그는 사우스캐롤라이나에서 영국 사람인 농장 감독관 아버지와 칼빈주의침례교인 어머니 사이에서 태어났다. 1825년에 아버지가 사망하면서 가족은 가난으로 내몰렸다. 그러나 소년 손웰의 지적 능력에 깊은 인상을 받은 이웃 신사가 손웰의 교육을 관리하고 재정을 지원했다. 손웰은 후견인인 변호사 윌리엄 로빈스(William Robbins)의 견습생으로 들어갔다가, 16살에 신학을 공부하기로 마음먹었다.

손웰은 1830년 사우스캐롤라이나대학(South Carolina College)에 입학했고, 거기서 유명한 과학자이자 자유 사상가인 토마스 쿠퍼(Thomas Cooper)와 함께 공부하고, 1831년에 수석으로 졸업했다. 섬터빌(Sumterville)에서 가르치는 동안, 웨스트민스터 신앙고백(Westminster Confession of Faith)을 읽고 장로교 교리가 참되다고 확신한 후 콩코드장로교회(Concord Presbyterian Church)에 등록했다. 1832년 체로아카데미(Cheraw Academy) 원장이 된 후, 그는 1833년에 하모니노회(Harmony presbytery)에 목회후보자로 지원했다. 그의 개인적인 종교 경험에 대한 간증이 만족스럽지는 않았지만, 노회는 그에게 잠재력이 있다고 판단하고 받아들였다.

1834년 손웰은 앤도버신학교(Andover Seminary)에서 공부하지 않겠느냐는 제안을 받고, 거기서 신학파(New School) 신학과 뉴잉글랜드 방식을 배우지만, 이 두 가지 모두 손웰을 만족시키지 못했다. 하버드대학교(Harvard Divinity School) 신학부 역시도 그에게 맞는 신학적 취향은 아니었지만, 적어도 독일어와 히브리어 과목을 들을 수 있었다. 그는 1834년 10월에 사우스캐롤라이나로 복귀하기 전에 이 과목들을 수강했다. 그가 돌아오자 하모니노회는 그를 인허했고, 이듬해 봄 랭카스터빌(Lancasterville)에서 베델노회(Bethel presbytery)가 그를 목사로 안수했다.

세 교회에서의 그의 설교와 목회는 꽤 성공적이었다. 그러나 손웰은 자신이 느낀 복음 메시지뿐만 아니라 자신이 이해한 복음 메시지에도 불만족스러웠다. 손웰은 1835년 후반 낸시 위더스푼(Nancy Witherspoon, 존 위더스푼[John Witherspoon]의 조카 손녀)과 결혼했다. 둘 사이에 아홉 명의 자녀가 있었지만 그중 넷은 어린 시절에 생을 마감했다.

1837년에 손웰은 사우스캐롤라이나대학의 순수 문학(belles-lettres) 및 논리학 교수가 되었지만, 세 학기가 지나고 교수직을 사임한 후 다시 교회로 돌아갔다. 이때 유명한 컬럼비아제일장로교회(First Presbyterian Church of Columbia)의 목사가 되었다. 그러나 그는 1년 만에 학교로 다시 돌아갔다. 이번에는 교목이자 성문학(sacred literature)과 기독교 변증학 교수직을 맡았다. 여기에서 1840년부터 1851년까지 근무하면서 장로교회 내에서 명성을 쌓았다.

'교황주의'(papism)에 강한 반감을 가지고 있었던 손웰은 로마 가톨릭 출판사와 계속되는 논쟁을 이어 나갔다. 『교회의 무오성과 외경에 대한 교부들의 증언에서 비롯된 로마주의자의 주장에 대한 논의와 반박』(Arguments of Romanists from the Infallibility of the Church and the Testimony of the Fathers in Behalf of the Apocrypha Discussed and Refuted, 1845)이라는 글과 더불어, 1845년 구학파장로교총회(Old School Presbyterian General Assembly)에서는 가톨릭 세례의 무효성에 대한 두 시간짜리 열정

적인 강의로 총회를 설득시켜, 이 총회가 가톨릭의 세례를 무효라고 선언하는 일이 일어나기도 했다. 1847년에 34세 나이에 그는 총회장으로 선출되었다. 열정적인 교회지도자였던 손웰은 정기적으로 종교 간행물에 칼럼을 기고했는데, 이는 1847년의 「서던 프레스비테리언 리뷰」(Southern Presbyterian Review) 창간으로 이어졌다.

손웰이 1851년에 글레브스트리트장로교회(Glebe Street Presbyterian Church)의 청빙에 응한 이후, 사우스캐롤라이나대학은 그에게 총장직을 제안했다. 교회가 그를 마지못해 놓아준 후에야 그는 총장직을 맡을 수 있었다. 주립대학(state college)의 총장으로서 손웰은 교회뿐만 아니라 주 내에서도 상당한 영향력을 미쳤다.

손웰은 1834년에 이신론자(deist) 토마스 쿠퍼(Thomas Cooper)를 총장직에서 물러나게 할 정도로 사우스캐롤라이나대학에 큰 영향력을 행사한 바 있다. 주립대학임에도 이 학교는 그 정신이 손웰 및 장로교와 거의 동일시되었다. 반면, 남북전쟁 이전에 사우스캐롤라이나에서 감리교, 침례교, 루터교는 자체적으로 교단 대학들을 세웠지만, 장로교는 그렇지 않았다. 쿠퍼 이후 총장 4명 중 3명은 장로교인이었고, 장로교인이 아니었던 한 총장은 (1845년에 볼티모어의 한 장로교회의 초청을 받은 후에) 손웰이 '사우스캐롤라이나의 뼈와 힘줄을 끌어안는 장로교의 대표자이자, 그의 지지 없이는 이 기관이 존재할 수조차 없다'라고 말했다.

손웰과 장로교의 승리는 장로교 교회들의 성장과 스코틀랜드 상식 실재론(Scottish common-sense realism)과 베이컨주의 추론(Baconian induction)이 복음주의적으로 적응하는 데 성공한데서 비롯되었다. 베이컨주의 추론은 자연에 존재하는 창조의 증거들을 통해 과학이 하나님의 존재를 증명한다고 주장했다. 기독교를 변증할 때 이성을 활용하는 것에 지속적인 관심을 가졌던 손웰은 과학과 종교를 조화시키려는 시도에서 영향력이 컸다. 그는 창세기 1장에 나오는 '날'이 긴 시대로 해석될 수도 있다고 주장했다. 1859년에 그는 컬럼비아신학교(Columbia Theological Seminary)에서 계시와 연관된 자연과학 분야의 퍼킨스 교수직을 신설하는 안을 지지했다.

1855년에 손웰은 교회를 섬기고자 하는 열망으로 다시 한번 사우스캐롤라이나대학을 떠나 컬럼비아신학교의 교의학과 변증학 교수가 되었다. 컬럼비아에 있는 동안 손웰은 1856년부터 1857년까지 짧게나마 쓰러져 가는 「서던 쿼털리 리뷰」(Southern Quarterly Review)의 편집을 맡았다.

때로 '교회의 칼훈(John C. Calhoun, 사우스캐롤라이나 출신의 정치인으로, 노예제도, 연방 정부의 권한보다 앞서는 주정부의 독립적 권리 등 남부의 대의를 대변한 당대 남부 최고의 정치사상가-역주)'으로 알려진 손웰은 점점 더 자신의 정체성을 유명 정치인이자 점잖은 보수주의자로 삼았다. 혁명 중에 있던 유럽과 산업화를 경험하던 미국의 사회적 혼돈을 목격한 손웰과 동료들은 남부 사회와 남부의 '기관들'을 이런 난장판에서 지켜내야 한다고 점점 더 확신했다.

비록 손웰은 1830년대와 1850년대의 위기의 시기엔 연방주의자(unionist)였지만, 1860년에 들어서는 남부 전체의 분리독립을 주장했다. 새로 탄생한 남장로교회는 그에게 '지상에 있는 모든 예수 그리스도 교회에 보내는 미국 남부장로교회(Presbyterian Church in the Confederate States of America, PCUSA라는 이름의 미 전역을 포괄하는 장로교회의 구학파에서 분리한 남부장로교회 구학파는 처음에는 PCCSA로 표기했다가 후에 PCUS로 교단명을 바꾼다-역주)의 편지(1862)'라는 제목의 글을 쓰라고 요청했다.

1861년에 구학파총회가 결의한 '봄 결의'(Spring Resolutions), 즉 모든 장로교인은 연방 정부에 복종해야 한다는 결의 내용에 따라 남장로교회(PCCSA)의 결성을 옹호하는 내용이었다 (하나의 연방 국가였던 미합중국이 남북전쟁 직전 두 개의 국가로 분열되었으므로, 독립된 국가인 남부 연방을 대표하는 장로교회가 있어야 한다는 논리-역주).

그는 50세 생일이 되기 네 달 전인 1862년 8월에 생을 마감했는데, 생을 마감할 때까지 '새 나라와 이 나라의 가치들, 즉 다른 이들과 마찬가지로 그에게도 이 나라가 소중히 간직하고 또 세상에 구현한 그 가치들의 승리'를 꿈꾸었다. 그의 강의와 논문들을 찾아볼 수 있는 『제임스 헨리 손웰 전집』(The Collected Writings of James Henley Thornwell, 4 vols., 1871-1873)은 친구 존 B. 에드가(John B. Adger)와 존 L. 지라듀(John L. Girardeau)가 편집하여 그의 사후에 출판했다.

장로교회에서 가장 뛰어난 논객으로 대체로 평가받는 손웰의 여러 독특한 견해들은 남장로교의 정통이 되었다. 그중 하나가 '세례받은 유아는 개인적인 신앙으로 고백하기 전까지는 교회 치리의 대상이 아니라'는 견해였다. 손웰은 신학과 교회 정치는 오직 성경에서만 나와야 한다고 확신했다.

따라서 평신도 장로는 본질적으로 목사와 같은 직분이기에, 목사 안수에도 참여할 수 있다고 믿었다. 이 주장으로 그는 장로교 정치에서 다스리는 장로(즉 안수받은 목사가 아닌 치리장로-역주)의 지위를 높였다.

마찬가지로, 손웰은 교회는 거룩한 선교적 소명을 자율적인 위원회나 자원 선교단체에 넘겨주어서는 안 된다고 주장했다. 모든 선교를 수행하는 주체는 (독립된 선교단체가 아니라-역주) 교회여야 했다. 그는 또한 교회는 순전히 사회적이거나 정치적인 문제에 대해 발언해서는 안 되며, 오직 성경적 의무만을 하라고 말할 수 있다고 주장했다. 성경이 노예제도를 결코 금하지 않았기에, 교회도 이를 금할 수 없다는 논리였다.

그러나 성경이 주인과 노예가 어떤 관계를 맺어야 하는지에 대해서는 언급하고 있기 때문에 손웰도 대표적으로 다음과 같은 글에서 이 주제를 다루었다. 『노예주의 권리와 의무: 유색 인종에게 유익과 교훈을 주기 위해 사우스 캐롤라이나 찰스턴에 세워진 한 교회의 헌당식에서 선포된 설교』(The Rights and Duties of Masters: A Sermon Preached at the Dedication of a Church Erected in Charleston, South Carolina, for the Benefit and Instruction of the Coloured Population, 1850).

참고문헌 | J. O. Farmer, Jr, The Metaphysical Confederacy: James Henley Thornwell and the Synthesis of Southern Values (Macon: Mercer University Press, 1986); E. B. Holifield, The Gentlemen Theologians: American Theology in Southern Culture, 1795-1860 (Durham: Duke University Press, 1978); B. M. Palmer, The Life and Letters of James Henley Thornwell (Richmond: Whittet & Shepperson, 1875).

P. J. WALLACE

조나단 고포스/로잘린드 고포스(벨-스미스)
(Jonathan Goforth, 1859-1936/Rosalind [Bell-Smith], 1864-1942)

캐나다장로교 선교사 부부. 개성이 아주 독특한 인물로 알려져 있는 조나단은 1859년 2월 10일에 태어나 캐나다 온타리오(Ontario) 손데일(Thorndale) 근교의 농장에서 자랐다. 포르모사(Formosa, 오늘날의 대만-역주)로 파송된 장로교 선교사 G. L. 매카이(G. L. Mackay)의 강연을 듣고, 또한 허드슨 테일러의『중국의 영적 필요와 요구』(China's Spiritual Need and Claims)를 읽고 중국으로의 부르심을 느꼈다. 이후 토론토(Toronto) 낙스대학(Knox College)에 등록했다.

로잘린드는 잉글랜드 런던에서 1864년 5월 6일에 태어난 후 세 살 때 몬트리올(Montreal)로 이주했고, 이후 미술을 공부하러 토론토로 이동했다. 거기서 토론토연합선교회(Toronto Union Mission)를 방문했다가 조나단을 만났다. 2년 동안 이들은 도시빈민사역을 함께했다. 함께 나이아가라성경집회(Niagara Bible Conferences)에 참석하면서 전천년주의자가 된 후 1887년에 결혼했다. 조나단이 낙스대학을 졸업하자, 동료 학생들은 이들을 중국으로 보낼 충분한 돈을 모으기로 서약했다.

1888년에 캐나다장로교선교회 일원으로 중국에 도착한 고포스 부부의 사역지는 허난(Honan)성으로 정해졌는데, 이 지역 주민들은 외국인에게 아주 적대적이었다. 고포스 부부가 허난성으로 임명되면서 곧 허드슨 테일러와의 갈등이 일어났는데, 이는 테일러가 이미 이 지역에서 기반을 확보하기 위해 10년이나 고투하고 있었기 때문이었다. 그러나 함께 만난 후, 테일러는 고포스 부부의 선교활동을 축복해 주었다.

고포스 부부는 현대 선교에서 필수로 간주되는 상황화(contextualization) 사역에는 전혀 관심이 없었다. 조나단은 중국 종교나 문화에 다리를 놓거나 접촉점을 찾으려는 어떤 시도도 하지 않았지만, 그의 사역은 눈에 띄게 성장했다. 겨우 몇 달 안에 사람들과 만나고, 교회를 세우고, 지도자를 훈련하고, 교회를 그들에게 위임하고, 다른 지역으로 이동했다. 개척자인 그는 자신이 하나님의 음성을 똑바로 들었다고 확신하며, 로잘린드의 반대를 비롯해서 모든 반대를 물리친 고집불통이었다.

1900년 의화단의 난(Boxer uprising of 1900)을 피해 달아나던 중에 끔찍한 칼 공격에서 살아남은 이후 긴박감이 더 커졌다. 로잘린드와 조나단은 '가정 개방 전도법'(open house evangelism)을 택했다. 모든 사람이 자유롭게 집을 드나들게 하고 방문한 사람들에게 집안 곳곳을 보여 주면서 복음을 전하는 이런 방식에 선교사들은 부정적인 반응을 보였다.

1902년에 조나단은 전 가족을 전도 여행에 데려가기로 결정했다. 이들을 자신의 메시지의 일부로 시각적으로 보여 주려는 의도였다. 몇 달 간 한 도시에 머물다가 또 다른 도시로 이동하는 일정이 이어졌다. 이 시기에 조나단은 집 밖에서 설교하고, 로잘린드는 아이들과 함께 집안에서 여성들을 초청해서 그들에게 복음을 전했다. 그런 다음 연합집회가 저녁에 열렸.

그러나 가족이 감내해야 할 고통이 너무도 컸고, 아이들이 질병에 노출되는 문제 때문에 논쟁이 격화되었다. A. J. 고든(A. J. Gordon)과 A. B. 심슨(A. B. Simpson)의 치유론의 영향을 크게 받은 조나단은 자신과 가족에게 유일하게 안정된 장소는 하나님이 그들에게 머물라고 하시는 곳이라고 믿었다. 열 한 자녀 중에 오직 여섯만이 살아서 유아기를 넘겼다는 사실에도 이 믿음은 흔들리지 않았다.

1904년에 조나단은 웨일스부흥 이야기에 자극을 받아 성령의 역사에 대한 깊은 연구를 시작했다. 찰스 피니(Charles Finney), A. J. 고든, S. D. 고든(S. D. Gordon)의 책을 읽었다. 그런 다음에는 1907년에 한국으로 가서 부흥을 직접 목격했다. 만주를 통해 중국으로 돌아가는 길에 여러 기차역에서 즉석 집회를 열었다. 이후 1908년 순회여행을 이어 갔다. 연속된 고포스/팅(Ting Li Mei, 또는 딩 리메이[Ding Limei]-역주)부흥회는 공개 죄고백과 용서, 해방의 카타르시스와 감정 체험에 집중했다. 만주에서 고포스는 세계 기독교인의 집중적 관심의 대상으로 부상했다. 유명 인사가 되어 북부 허난 지방으로 돌아간 그는 거기서도 부흥회를 열었다. 그러나 캐나다는 그의 메시지에 별로 열려 있지 않았다. 장로교인들은 고포스부흥의 감정주의를 오순절운동과 연결 지으며 두려워했다. 로잘린드는 1916년까지도 조나단이 주장한 깊은 영적 경험을 직접 체험하지 못했다. 조나단은 만주부흥 이후에는 정착 선교사로 일할 수가 없었다. 그가 열정을 바치고 싶은 것은 전임 순회전도였기에, 결국 1918년에는 장로교회가 그를 놓아주었다.

1900년 안식년 중에 조나단은 성경비평을 둘러싼 논쟁이 진행 중인 것을 알고 논쟁에 끼어들었다. 일단 중국으로 돌아온 그는 동료 선교사 한 명을 이단으로 정죄했다. 1925년 교회연합(Church Union, 캐나다장로교회, 감리교회, 회중교회가 United Church of Canada 교단으로 연합한 사건-역주)에 반대했고, 연합하지 않고 남은 캐나다장로교회의 '새 중국선교회'를 만주에서 창립했다. 선교회는 자금 모금을 거부하고 오직 기도에만 의지했다.

조나단은 거의 시력을 잃은 후인 1934년 말에 선교지에서 은퇴했고, 1936년에 토론토에서 사망했다. 로잘린드는 1942년까지 살면서 남편의 전기와 자신의 자서전을 썼다. 두 사람 다 글을 많이 출판했다.

참고문헌 | R. Goforth, *Goforth of China* (Grand Rapids: Zondervan, 1937); R. Goforth, *Climbing: Memories of a Missionary's Wife* (Toronto: Evangelical Publishers, 1940).

D. A. GOERTZ

조나단 블랜처드(Jonathan Blanchard, 1811-1892)

사회 개혁자, 교육자, 대학 학장. 그는 버몬트(Vermont) 로킹엄(Rockingham)의 그린마운틴스(Green Mountains) 근교에서 태어났다. 생애 초기에 조나단은 춤과 카드, 술을 즐겼다. 그는 자서전에서 다음과 같이 썼다.

"나는 그 맛을 사랑했음에도 불구하고 술이 싫었다. 술이 사람을 망치는 것을 보았기 때문이다."

그는 열여섯 살에 그리스도를 받아들이고 이전 생활 방식을 포기했으며, 1832년에 버몬트 소재 미들베리대학(Middlebury College)를 졸업했다. 이후 2년간 플라츠버그아카데미(Plattsburg Academy)에서 가르쳤다.

그가 이후 일평생을 지배하게 되는 질문을 놓고 고투를 벌인 것이 아카데미에서 가르치던 바로 이 시기였다.

"완벽한 사회 상태는 어떤 것인가? 이 질문은 나를 전율하게 했다. 이후 나는 다른 어떤 주제보다 이 한 주제에 대해 더 많이 생각하고 글을 썼다. 나는 사회악에 저항함으로써 완벽한 사회 상태를 추구할 수 있다는 것을 어린 시절에 벌써 깨달을 수 있었다."

사회악과의 싸움을 준비하기 위해 블랜처드는 1834년에 매사추세츠 앤도버신학교(Andover Theological Seminary)에 들어갔다. 그러나 여기서 반노예제도협회를 조직하면서 논란을 일으키게 되고, 결국 학교를 그만 둔 후에 1834년부터 1835년까지 개리슨(Garrison)의 미국반노예제도협회(American Anti-Slavery Society)를 위해 필라델피아에서 일하는 노예제도 폐지론 대변인으로 일했다. 그 후 1837년 가을에는 오하이오 신시내티의 레인신학교(Lane Seminary)에서 신학 공부를 재개했다. 두 신학교를 다니기는 했지만, 어느 학교에서도 졸업하지는 못했다. 1838년 가을에는 메리 에버리 벤트(Mary Avery Bent)와 결혼하고, 한 달 안에 신시내티의 제6장로교회(Sixth Presbyterian Church)의 청빙을 받아들이면서 장로교 목사로 안수받았다.

블랜처드는 목사가 된 후 수년 동안 히브리어와 그리스어, 라틴어, 프랑스어로 매일 성경을 정해 놓고 읽는 습관을 들였다. 신시내티에서 목회하던 8년 동안 교회는 신도 500명까지 성장했고, 블랜처드는 장로교 신문인 「신시내티 옵저버」(Cincinnati Observer) 창간을 도왔다. 또한, 「헤럴드 앤 프레스비터」(Herald and Presbyter)라 불리는 신문을 창간하기 위해 자비를 들여 말을 타고 800마일을 갔다. 이 신문에 안식일 개혁과 공중도덕에 대한 강연을 실었고, 전도자로 설교했으며, 남부 인디애나와 오하이오에 있는 20개 교회에서 회원을 모집했다.'

블랜처드 부부가 즉각적인 노예해방을 주장하는 궁극적 해방론자였기 때문에 1838년부터 신시내티에 있는 그의 집은 노예들이 켄터키에서 도망하여 오하이오강(Ohio River)을 건너기 위해 사용하는 지하철로(Underground Railroad)의 중간 기착지가 되었다. 블랜처드는 노예해방론자의 대변인으로 더 유명해졌다. 1842년, 그는 신시내티대회(Synod of Cincinnati)의 승인하에 『노예소유에 관한 설교』(Sermon on Slave-holding)를 전한 후 인쇄했고, 1843년에는 런던에서 열린 '세계 반노예제도 대회'(World's Anti-Slavery Convention)에 미국측 부회장으로 참가했다. 영국에서 돌아와서는 아일랜드 문제에 대해 신시내티대학(Cincinnati College)에서 강연했다.

그 후 1845년 10월에는 4일 동안 16시간에 걸쳐 진행된 유명한 토론에 참가했는데, 상대는 장로교 목사 네이선 라이스(Nathan Rice)로, 주제는 '노예를 소유하는 것 자체가 죄인가? 또 주인과 노예와의 관계는 필연적으로 죄악된 관계일 수밖에 없는가?'였다. 이 토론의 전체 내용은 『노예제도 논쟁』(A Debate on Slavery)이라는 제목으로 1845년에 출간되었다. 이 책을 읽고 난 후, 일리노이 게일스버그 소재 낙스대학 이사회는 블랜처드를 학장으로 초빙하기로 하고 초대장을 보냈다.

그리고 블랜처드는 미래 목회자를 양성하는 교육자로서의 경력을 시작했다. 그는 13년간 낙스대학 학장으로 일한 후 1860년부터 22년간 일리노이 휘튼의 휘튼대학(Wheaton College) 학장직을 수행했다. 그가 종종 휘튼대학의 '설립자'로 칭해지기도 하지만, 실제로 이 학교를 7년 전에 세운 것은 웨슬리파감리교회(Wesleyan Methodists)였다. 두 학교의 학장으로 일하는 동안 블랜처드는 자주 학교 채플에서 설교했고, 게일스버그와 휘튼 소재 회중교회 목사로 일하면서 개혁 사상을 전파했다. 1868년, 그는 다시 신문 「크리스천 사이노슈어」(Christian Cynosure)를 창간하여 편집자로 일하면서 개혁을 도모했다. 블랜처드의 개혁 사상은 1884년, 그가 전미기독교협회(National Christian Association)의 정당인 미국당(American Party) 후보로 미국 대통령 선거에 출마했을 때 가장 잘 드러났다. 그는 시민 정부를 만든 이가 하나님이라고 믿으며, 안식일 준수, 시민평등 영구적 평화 보장을 위한 국가 간 중재, 공립학교에서의 성경 사용, 금 본위제도, 모든 충성스런 신민의 보호, 인디언에 대한 정의, 여성 참정권 보장을 주장했다. 그는 또한 선거인단 폐지와 금주를 주장하고, 비밀 협회들(특히 그가 남북전쟁을 일으킨 인물들로 생각한 프리메이슨[Freemason])을 강하게 비난하고, 독점을 반대했다.

블랜처드를 비난하는 이들은 그를 현대성에 반대한 '괴짜'(bigot)로 오해했다. 그러나 실제로 블랜처드는 '완전한 사회'에 대한 그의 열망을 한 번도 애매히 감춘 적이 없는 열렬한 복음주의 사회 개혁가였다.

참고문헌 | J. Blanchard, *Sermons and Addresses* (Chicago: National Christian Association, 1892); C. S. Kilby, *Minority of One: The Biography of Jonathan Blanchard* (Grand Rapids: Eerdmans, 1959); R. S. Taylor, 'Seeking the Kingdom: A Study in the Career of Jonathan Blanchard, 1811-1892' (PhD thesis, Northern Illinois University, 1977).

D. E. MAAS

조나단 에드워즈(Jonathan Edwards, 1703-1758)

회중교회 목사이자 신학자, 그는 대각성운동의 지적 지도자로. 코네티컷(Connecticut) 이스트윈저(East Windsor)의 목사 티모시 에드워즈(Timothy Edwards)의 열 한 자녀 중 외동아들이었고, 아내 에스더 스토다드 에드워즈(Esther Stoddard Edwards)는 솔로몬 스토다드(Solomon Stoddard)의 딸이었다. 가문의 생동감 넘치는 경건한 신앙에 둘러싸인 데다, 아버지의 지성적 엄격함마저 물려받은 조나단 에드워즈는 강력한 '실험적'(experimental/experiential, 즉 체험적) 칼빈주의 신학을 강조하는 환경에서 자랐다.

젊은 조나단 에드워즈는 부모의 신앙을 받아마셨지만 칼빈주의 가르침은 받아들일 수 없었다. 후에 조나단 에드워즈는 다음과 같은 기록을 남겼다.

> "어린 시절 자라나면서, 내 머리는 하나님의 주권 교리에 대한 반감으로 가득했다…당시 이 교리는 내게 끔찍하게 느껴졌다."

놀라운 지적 재능을 보인 조나단 에드워즈는 13살 생일 직전인 1716년 9월에 예일대학(Yale College, 1887년부터 University-역주)에 들어갔다. 거기서 그는 존 로크의 경험론, 뉴턴의 과학, 대륙의 합리론, 케임브리지 플라톤주의 등 그 시대를 지배한 지성 사조를 배웠다. 이때 만난 사조들은 그의 후기 사상에 큰 영향을 끼쳤는데, 이로 인해 조나단 에드워즈가 후에 새로운 철학들의 범주로 보수 개혁파 정통을 해석할 수 있었기 때문이다. 1720년에 졸업생 대표로 학사학위를 받고 졸업했고, 3년 후에는 석사학위를 받았다.

예일대학은 조나단 에드워즈에게 지적으로는 풍요로운 공간이었지만, 영적으로는 어느 정도 고투를 겪어야만 했던 곳이었다. 예수 그리스도를 구세주로 믿는 개념적 신앙은 확신했지만, 그는 자신이 하나님께 진실로 마음을 다해 헌신하지 못했고, 하나님의 절대 주권에 의한 구원 교리를 멸시했다는 사실을 인정했다. 그러나 1721년 봄에 이 교리를 그냥 확신하게 되었을 뿐만 아니라 '기쁨이 가득한 확신'을 갖게 되었다. 디모데전서 1:17을 묵상하면서, 조나단 에드워즈는 자신의 지성과 마음이 하나님께로 전환되고 있음을 깨달았다.

"영원하신 왕 곧 썩지 아니하고 보이지 아니하고 홀로 하나이신 하나님께 존귀와 영광이 영원무궁하도록 있을지어다"(딤전 1:17).

"이 말씀을 읽을 때 그 거룩한 존재의 영광에 대한 감각, 새로운 감각, 내가 이전에 경험한 것과는 전혀 다른 감각이 내 영혼으로 들어와 퍼져 나간다. 성경의 어떤 말씀도 이 말씀처럼 다가오지 않는다. 나는 그 하나님을 즐거워한다면, 하나님이 얼마나 탁월한지, 내가 얼마나 행복해야 하는지, 내가 천국에 있는 그분께 얼마나 몰두해야 하는지, 그 분 안에 영원히 잠겨 있는 존재와 같아야 하는지를 생각했다."

이때부터 계속 조나단 에드워즈는 하나님의 주권을 즐거워했고, 그에게 하나님의 주권은 하나님의 영광의 아름다움에서 없어서는 안 될 부분이 되었다. 조나단 에드워즈의 신앙 생활에서 일어난 여러 사건들 중 이 전환의 중요성은 아무리 강조해도 지나치지 않다. 후에 깨달은 대로, 그가 그리스도께로 회심했다는 것뿐만 아니라, 회심 신학, 즉 그의 신학의 대표 특징이 되는 실험적(또는 체험적) 칼빈주의 신학에 영향을 주게 된다.

1720년대는 조나단 에드워즈의 소명이 형성되는 과정에서 중요한 시기였다. 이 시기에 그는 목회자로서 자기 신학과 삶의 기반을 놓은 지성 훈련을 행하고 목회 기술을 습득했다. 1721년부터 1726년까지 공부한 후 석사학위를 취득했고, 예일에서 학생을 가르쳤으며, 뉴욕과 코네티컷 볼턴(Bolton)에 있는 두 교회에서 짧게 목회했다. 신학 탐구와 성결에 대한 욕구가 왕성했던 미혼의 조나단 에드워즈는 이 시기 자유 시간을 주로 공부와 경건 훈련에 투자했다. 그의 뜨거운 경건은 자기 삶을 하나님과 거룩한 삶에 집중하려는 의도로 쓰인 일련의 헌신 서약문인 『결심문』(Resolutions)과 자신이 은혜 안에서 잘 성장하고 있는지 스스로 점검하기 위해 활용한 『일기』(Diary)에 잘 드러난다.

지적으로 조나단 에드워즈는 학문적 에너지를 철학, 신학, 성경 사색으로 여러 공책에 정리해서 쏟아 놓았다. 이 공책들은 그의 생각이 발전하는 일종의 신학 작업장이자, 사상을 점검하고, 이전에 공식화시킨 이론을 정교하게 하고, 수십 년간의 사색을 통해 발전시킨 방대하고 정교한 신학 체계를 건설한 공간이었다. 예를 들어, 이들 중 『지성과 자연철학』(The Mind and Natural Philosophy) 같은 내용은 형이상학, 철학, 자연과학 주제를 다룬다. 이런 공책들은 조나단 에드워즈에게 그의 신학의 철학적 배경을 제공했지만, 몇 년간 이어지다가 더 이상 기록되지 않았다. 『단편들』(Miscellanies), 『성경론』(Notes on Scriptures), '검은 성경'(Black Bible) 같은 다른 공책들은 1720년대에 기록이 시작되어, 일평생 기록되었다. 이런 공책 안에 조나단 에드워즈는 죽을 때까지 수천 편의 주해와 신학 논문을 남겼는데, 이 중 많은 것들에 대해 조나단 에드워즈는 상호 교차적으로 주석을 달았고, 색인도 만들어 놓았다. 이들을 통해 우리는 한 역동적인 성경신학자의 살아 있는 지성을 확인할 수 있다.

1727년은 조나단 에드워즈의 삶에서 개인적인 변화와 소명에서의 변화가 일어난 해였다. 이 해에 조나단 에드워즈는 열일곱 살이던 뉴헤이븐(New Haven)의 새라 피어폰트(Sarah Pierrepont)와 결혼했다. 새라 피어폰트는 어린 나이에 이미 비상한 경건 생활의 모범을 보이던 젊은 여성이었다. 이들의 결혼은 흔치 않은 행복과 풍성함을 과시했다. 1년 후 이들은 열 한 아이의 맏이인 어린 새라를 첫 자녀로 맞이했다. 또한, 그해에 조나단 에드워즈는 매사추세츠 노샘프턴(Northampton)에서 안수받은 후 노년의 할아버지 솔로몬 스토다드를 도와 목회를 시작했다.

57년간의 긴 목회, 열정적 성품, 강력한 지도력으로, 스토다드는 노샘프턴을 보스턴 외곽 뉴잉글랜드 지방에서 가장 영향력 있는 강단으로 변모시켰다. 수습 기간 동안 조나단 에드워즈는 할아버지의 강력한 설교 능력과 기술을 배웠는데, 이것들은 이 젊은 목사의 설교에 엄청난 영향을 끼쳤다. 1729년에 스토다드가 사망할 무렵 조나단 에드워즈는 노련한 설교자, 명민한 신학자, 노샘프턴 강단의 단독 목사로 자리를 잡았다.

1730년대에 조나단 에드워즈는 개혁신학 수호자이자 종교 경험의 깊이 있는 연구자로서 성숙한 수준에 이르렀다. 잉글랜드 신학자들에게 '합리적' 기독교('reasonable' Christianity)가 점점 더 인기를 끌면서, 이것이 뉴잉글랜드 전역으로도 퍼지며 정통 칼빈주의를 위협하고 있었다. 이 새로운 기독교는 자유 선택을 칭송했고, 원죄의 영향을 무시했으며, 기독교 신앙을 도덕으로 환원했다. 조나단 에드워즈는 이 신학을 '알미니안주의'(Arminianism)라 부르고, 강단과 첫 출간된 설교집 『인간이 의존할 때 영광 받으시는 하나님』(God Glorified in Man's Dependence, 1731)과 『거룩하고 초자연적인 빛』(A Divine and Supernatural Light, 1734)에서 이를 강하게 반대했다.

그가 살던 지역 사람 수백 명이 죄를 깊이 자각하게 된 것은 1734년에 이신칭의에 대한 연속 설교를 하고 난 이후였다. 이 시기에 조나단 에드워즈는 회심한 사람과 그렇지 않은 사람의 경계를 넘어 많은 이들을 목양하고 있었기에, 신앙 체험이 순전한 회심으로 간주되어야 하느냐 아니냐를 판단하는 데 탁월한 식견을 갖추었다. 그는 부흥을 관찰하며 이를 『놀라운 회심 이야기』(A Faithful Narrative of the Surprising Work of God, 1737, CLC 刊)에 기록했는데, 이 책을 아이작 와츠(Isaac Watts)와 존 웨슬리(John Wesley)가 뉴잉글랜드와 잉글랜드에서 각각 출간했다.

1740년대는 조나단 에드워즈의 목회에서 뚜렷한 대조 양상을 보여 주는 시기였는데, 한편 그는 대각성의 여러 영웅 중 하나로 해외에서 칭송받았지만, 고향 교회에서는 악한이라는 욕을 들었다. 미국 대각성(American Awakening)이 조지 휫필드(George Whitefield), 길버트 테넌트(Gilbert Tennent) 같은 순회전도자들을 통해 불꽃이 타올라 1740년에 시작되었을 때, 조나단 에드워즈는 즉각 이를 하나님의 영의 참된 역사라고 판단했다. 그가 보기에, 동부 해안에 있는 수천 명이 복음설교를 통해 죄를 깨닫고 그리스도를 알아 구원 얻는 지식으로 나아가고 있었다. 조나단 에드워즈도 1741년 7월 8일에 코네티컷 엔필드(Enfield)에서『진노하신 하나님의 손 안에 잡힌 죄인들』(Sinners in the Hands of an Angry God)이라는 제목으로 출판된 그의 가장 유명한 설교를 통해 근교 강단에서 대각성 사역을 확산시켰다.

그러나 대각성이 확산되면서, 과잉도 늘어났다. 즉각적인 성령체험을 강조함으로써 전통적인 권위가 거부되었다. 오직 성령을 체험하는 것만이 중요하게 여겨지면서, 교회, 학식 있는 목회자, 심지어 엄격한 도덕성마저 기독교인의 생활에 불필요한 것으로 간주되었다. 반율법주의(antinomianism)라는 이름으로 알려진 이런 경향은 많은 뉴잉글랜드 목회자의 강한 반발을 불러왔는데, 이들은 대개 부흥의 감정적인 요소를 거부했다.

조나단 에드워즈는 논문 세 편, 즉『하나님의 영의 역사의 특별한 표지』(The Distinguishing Marks of a Work of the Spirit of God, 1741),『뉴잉글랜드 신앙의 부흥에 대한 몇 가지 생각』(Some Thoughts on the Revival of Religion in New England, 1742), 신앙 체험에 대한 대작『신앙 감정론』(Treatise Concerning Religious Affections, 1746)에서 자기주장을 펼치며 이 양극단에서 중용의 자리를 지켰다.

성령이 구원 얻는 은혜를 각 개인에게 주실 때, 그 역사는 언제나 그 개인의 감정 변화를 동반한다고 조나단 에드워즈는 주장했다. 그 영혼은 붙잡은 신적 진리를 더 친밀하게 느끼게 된다. 회심이 일어나기 직전에 영혼은 하나님의 정의로운 진노 아래 있는 상태의 공포를 알고, 그리스도를 의뢰할 때 복음에 드러난 하나님의 아름다움과 영광과 은혜 때문에 넘치도록 기뻐한다.

따라서 참된 기독교는 단지 도덕적 사건이 아니라 주권을 가진 창조주와의 사랑의 교제이다.

그러나 영혼에 임한 참 은혜는 결코 거룩한 삶이나 교회를 무시하지 않으며, 오히려 언제나 특정 유형의 행동으로 기운다. 그것은 하나님 앞에서의 겸손, 그리스도에 대한 깊은 사랑, 거룩한 삶, 믿음의 공동체에 세워진 질서에 대한 존중이다. 이것들만이 회심한 인생의 참된 표지다. 누군가의 삶에 반율법주의의 증거가 조금이라도 나타난다면, 이것은 마음에 죄악의 원리가 고조되었거나, 아니면 아마도 구원 얻은 은혜가 부족하다는 사실을 증명하는 것일 수 있다고 조나단 에드워즈는 생각했다.

1749년에 조나단 에드워즈는 뉴저지의 미국 원주민에게 복음을 전한 젊은 선교사『데이비드 브레이너드의 생애와 일기』(Life and Diary of David Brainerd)를 출간했다. 출간 목적은 그가 자신의 부흥 관련 소책자들을 통해 확산시키려 했던 생명력 있는 칼빈주의 경건의 유형을 보여 주려는 것이었다.

해외에서 호평을 받았던 것과는 대조적으로, 조나단 에드워즈는 국내에서는 1742년에 대각성이 끝난 이후에 목사로서 곤란을 겪었다. 목회 중 몇 가지 판단 착오 때문에 그는 당시 식민지 전역에 불기 시작한 자유의 새 공기를 들이키고 있던 교인 다수에게 과도하게 권위적인 인물로 인식되었다. 이 긴장이 1748년 논쟁으로 이어졌는데, 이때 조나단 에드워즈는 할아버지가 시행하고 있던 열린 성찬(open communion)을 지속하기를 주저했다.

스토다드는 성찬은 '회심하게 만드는 규례'로 이해하는 것이 가장 좋다고 주장한 바 있다. 스토다드의 판단에는, 모든 은혜의 수단은 전도의 요소를 갖추고 있기에, 성찬이 중생의 역사를 아직 경험한 적이 없는 이들을 포함한 모든 세례 받은 교인에게 열려 있어야 했다. 17세기 후반 스토다드의 명성에 더하여, 그가 이 교리를 열정적으로 전파한 결과 코네티컷강(Connecticut River) 계곡의 회중교회들은 이 교리를 확신했고, 1740년대가 되면 열린 성찬은 노샘프턴에 거주한 회중교인 두 세대가 기꺼이 받아들인 전통이 된다.

조나단 에드워즈는 이 전통이 그의 회심하지 않은 교인들에게 거짓된 안도감을 심어 준다고 점점 확신했고, 이를 재고하며, 성찬은 은혜로운 감정의 표지를 증명할 수 있는 참된 신자들만이 참여할 수 있는 닫힌 의식(closed ordinance)이 되어야 한다고 결론 내렸다. 조나단 에드워즈가 이 입장을 공론화하자 교회에 논쟁이 벌어졌고, 결국 조나단 에드워즈는 1750년에 사임하고 말았다.

1751년에 조나단 에드워즈는 대가족을 데리고 매사추세츠 서부 개척 마을인 스톡브리지(Stockbridge)로 이사해서 지역 미국 원주민 대상 선교사로 활동하면서, 동시에 작은 교회 목사로 섬겼다. 여기서 보낸 7년간은 평안과는 거리가 멀었는데, 인디언을 착취하던 유력한 일단의 마을 사람들과 싸워야 했고, (매사추세츠 집을 팔 수 없었기에) 빚 문제를 해결해야 했고, (아마도 말라리아였을) 긴 병과 싸워야 했고, 그가 살던 노출된 변경 마을에 소요를 일으킨 프랑스-인디언전쟁(프랑스-인디언 동맹군에 맞서 영국군이 싸운 북미식민지 쟁탈전-역주)으로 인해 불안에 떨어야 했기 때문이었다. 이런 압박에도 불구하고, 조나단 에드워즈는 정통 칼빈주의 원리를 위협하는 알미니안주의, 이신론(deism) 및 여러 다른 사상에 맞서 자신만의 전쟁을 치렀다.

1754년에는 유명한 『의지의 자유』(Freedom of the Will)를 출간했는데, 여기서 그는 인간의 의지는 마음이 가장 강하게 원하는 것을 행하게 하는 도구 혹은 기능이라 주장했다. 신적 주권은 개인의 성향과 감정 수준에서 작용한다는 것이다. 이 가르침은 각 개인이 언제나 자신이 보기에 가장 좋은 것을 따르며 행동한다(즉 사람은 언제든 자기가 원하는 것을 한다)는 점에서 개인의 자유를 인정하며, 동시에 한 사람이 최고의 선으로 가치 있게 여기는 것을 결정하는 분은 오직 하나님뿐이라는 점에서 하나님의 주권도 인정한다.

이어서 조나단 에드워즈는 시선을 (사후 1765년에 출간된) 두 논문으로 돌린다.

첫 번째 논문 『하나님이 세상을 창조한 목적에 대한 논문』(A Dissertation Concerning the End for which God Created the World)에서, 조나단 에드워즈는 하나님이 스스로 충분하신 분이기는 하지만, 그분의 무한한 온전하심 중에는 그분의 내적 영광을 외적으로 유한한 창조와 나누고자 하시는 성향도 있다고 주장한다. 하나님은 선택받은 자의 행복을 추구하심으로 창조 안에서 그분 자신의 영광을 추구하신다. 왜냐하면, 하나님 안에 있는 그들이 의식적으로 기뻐하고, 찬양하고, 행복해하는 것이 창조 속에 외적으로 현현한 하나님 자신의 영광의 충만함이기 때문이다.

두 번째 논문 『참된 덕의 본질에 대한 논문』(A Dissertation on the Nature of True Virtue)에서, 조나단 에드워즈는 첫 논문에서 구축된 목적론적이고 존재론적인 구조 위에 윤리 이론을 세웠다. 그의 마지막 작품은 『원죄 교리 변증』(The Great Christian Doctrine of Original Sin Defended, 1758)이었는데, 여기서 그는 하나님께서 전 인류를 하나의 본체로 조성하셨기 때문에 아담의 죄가 인간에게 전가되는 것은 당연하다고 주장했다. 참나무 잎과 가지가 도토리의 본질과 하나로 연합되어 있고 그 본질에 참여해서 자라나는 것처럼, 모든 인류는 아담의 본성과 하나로 연합되어 있고, 그의 불순종 행위에 동의한 것이다. 이 아담의 죄가 진짜 우리의 죄악이기 때문에 그의 죄책과 벌도 마찬가지로 참으로 우리의 것이다.

조나단 에드워즈는 『구속사역의 역사』,(*A History of the Work of Redemption*) 『구약과 신약의 조화』(*A Harmony of the Old and New Testament*) 같은 작품도 쓰려고 계획했지만, 이들을 모두 완성할 만큼 오래 살지 못했다. 1758년 초에 그는 뉴저지대학(College of New Jersey, 이후 프린스턴대학교[Princeton University]) 총장으로 청빙받았다. 그러나 이 자리를 맡은 지 몇 주 후에 수두 예방 접종으로 인한 합병증으로 3월 22일 54세의 나이로 사망했다.

조나단 에드워즈의 역사적, 신학적 영향력은 아주 컸는데, 이는 주로 그의 목회와 저술의 다채로운 특징 때문이었다. 신신학(New Divinity) 추종자들은 조나단 에드워즈를 부흥운동의 행동주의, 체험적 경건, 지적 엄밀함을 결합한 더 '일관성 있는 칼빈주의'의 기반을 닦은 영적 아버지로 여기고 존경했다.

이들의 노력으로 뉴잉글랜드 회중 대부분이 19세기로 전환될 무렵에 조나단 에드워즈 신학으로 전향했다. 물론 그들은 조나단 에드워즈 사상의 중요한 측면들을 수정하기도 했다. 뉴잉글랜드 외곽에서 조나단 에드워즈는 비록 진보적이기는 하지만 전통적인 칼빈주의 신학자로, 처음에는 어스킨 가문(Erskines) 신학자들 같은 18세기 스코틀랜드장로교회(Church of Scotland) 내부의 지지자들에게서, 후에는 19세기 프린스턴 신학자들의 추앙을 받았다.

많은 미국 복음주의자는 조나단 에드워즈를 (그의 『결심문』[*Resolutions*]이 널리 회람된 덕에) 복음주의 신앙 경건의 거인으로 존경했고, 라이먼 비처(Lyman Beecher)와 찰스 피니(Charles Finney)는 그를 부흥의 의사로 존경했다. 19세기 선교운동은 두 가지 이유로 조나단 에드워즈를 추앙했다.

첫째, 윌리엄 캐리가 그의 『의지의 자유』를 읽고 극단적(hyper-) 칼빈주의를 거부하고 선교 활동의 필요성에 설득당했기 때문이다.

둘째, 그의 『데이비드 브레이너드의 생애와 일기』가 19세기 거의 모든 미국 선교사들에게 성경 다음 가는 감동적인 경건 고전으로 두고두고 읽혔기 때문이다. 오늘날에도 조나단 에드워즈의 하나님에 대한 비전, 지적 정확성, 뜨거운 경건은 여러 유형의 복음주의자에게 여전한 감동과 도전을 주고 있다.

참고문헌 | G. Marsden, *Jonathan Edwards* (New Haven: Yale University Press, 2003); P. Miller, *Jonathan Edwards* (New York: William Sloan Associates, 1949); I. H. Murray, *Jonathan Edwards: A New Biography* (Edinburgh: Banner of Truth; Carlisle, Pennsylvania: Banner of Truth, 1987); P. J. Tracy, *Jonathan Edwards*, *Pastor* (New York: Hill & Wang, 1979).

R. W. CALDWELLLL, III/D. A. SWEENEY

조사이아 스트롱(Josiah Strong, 1847-1916)

회중교회 성직자이며 진보적 개혁자. 그는 미국 금박 시대(Gilded Age, 남북전쟁 이후의 대호황 시기-역주)와 혁신기(Progressive Era)의 가장 저명한 개신교 기독교인 중 한 사람이었다. 회중교회 목사, 회중교회 국내선교회의 총무, 복음주의연맹(Evangelical Alliance) 회장, 미국사회복지연구소(American Institute for Social Service) 창설자이자 소장직을 성공적으로 역임한 스트롱은 개혁과 사회복음, 그리고 국세적인 초교파주의의 열정적인 지지자였다.

경력 내내 그는 미국의 개신교인들에게 그가 가장 중요한 소명이라고 부른 것, 즉 자유를 갈망하는 세계에 기독교와 앵글로-색슨 문명을 전달하는 일을 완수하라고 독려했다. 1885년 그가 출판한 베스트셀러 『우리나라: 그 가능한 미래와 현재의 위기』(*Our Country: Its Possible Future and Its Present Crisis*) 때문에 많은 학자들은 스트롱에게 '제국주의적 팽창주의자'이며 미국의 '명백한 운명'을 옹호하는 '맹목적 애국주의자'라는 꼬리표를 붙였다.

이렇게 분명하지만, 차갑고, 다소 잘못된 역사적 평가로 인해 여러 세대의 미국인이 스트롱 및 사회 개혁에 대한 그의 소명을 오해하게 되었다. 비록 미국 문명의 우월성을 신뢰했고, 그 시대의 특징이던 앵글로-색슨 인종 차별주의를 지지했음에도 불구하고, 그는 정치적 팽창주의와 미국 기업의 폭력적인 주도권 확대를 반대했다. 미국은 국제 이해, 경제 발전, 평화와 정의, 기독교의 도덕성을 전 세계에 전파할 사명이 있다고 주장했다. 때로 논쟁을 불러일으키고 오해를 사기도 했지만, 스트롱은 20세기로의 전환기 미국개신교의 중심부에 있던 인물이었다. 그를 알아야 미국식 기독교 세계의 맥을 알 수 있다.

스트롱은 1847년 1월 19일에 일리노이의 네이퍼빌(Naperville)에서 태어났다. 5살 되던 해에 조사이아는 가족과 함께 오하이오의 허드슨(Hudson)으로 이주했다. 1869년에 웨스턴리저브대학(Western Reserve College)을 졸업하고, 1871년에 레인신학교(Lane Theological Seminary)를 졸업한 스트롱은 1871년 8월에 오하이오 차던(Chardon)에서 앨리스 비스비(Alice Bisbee)와 결혼했다.

1871년 9월 8일에 회중교회 목사로 안수받은 스트롱은 와이오밍주 쉐인(Cheyenne)의 한 국내선교교회 목사로 부임했다. 와이오밍에서 2년간 사역한 이후, 스트롱은 1873년부터 1876년까지 웨스턴리저브대학(Western Reserve College)의 교목과 신학과 강사가 되었으며, 1876년부터 1881년까지 오하이오 샌더스키(Sandusky)의 제일회중교회(First Congregational Church) 목사로 부임했다. 1881년에는 회중교회 국내선교회 총무가 되었는데, 이 직책은 오하이오, 켄터키, 웨스트버지니아와 서부 펜실베이니아의 교단 업무를 감독하는 역할이었다. 1884년부터 1886년까지는 오하이오 신시내티의 센트럴회중교회(Central Congregational Church) 목사로 사역했다.

센트럴회중교회 목사로 재직 중에 스트롱은 그의 가장 유명한 저작인 『우리나라: 그 가능한 미래와 현재의 위기』(*Our Country: Its Possible Future and Its Present Crasis*, 1885)를 출판했다. 스트롱이 죽을 때쯤에, 이 책은 거의 176,000부가 팔렸고, 이 책의 각 장은 수백 개의 신문과 잡지, 소책자와 다른 정기 간행물에서 재출판되었다. 그의 생각은 유명해졌고, 주로 20세기 전환기의 미국개신교를 대표하는 생각이었다. 『우리나라: 그 가능한 미래와 현재의 위기』는 정치에서의 도덕성과 앵글로-색슨 인종주의, 미국 문화의 우월성, 민주주의, 기독교를 전 세계에 전파해야 한다는 미국의 명백한 운명을 주장함으로써, 스트롱이 상정한 '기독교' 미국에서 일어나야 할 전도와 사회 개혁을 촉구한 책이었다. 스트롱에 따르면, 미국은 '시민 자유'와 '신령한 기독교' 측면에서 세계 최고의 모범이기에, 미국은 다른 형제들의 문화적 수호자가 되어야 할 신적 소명이 있다. 서구 문명의 미래는 미국 기독교인의 손에 달려 있는데, 스트롱에게 미국인은 '그리스도의 왕국의 이 세상 도래를 몇백 년, 혹은 몇천 년 촉진할 수도 있고, 지연시킬 수도 있는' 힘을 가진 자들이었다. 전 세계에 기독교 민주주의가 이루어지리라는 후천년주의적 전망이라는 맥락에서 미국의 지도력과 책임을 확신한 스트롱은 '이 세대와 이 나라의 우리는 세상을 좌지우지하는 모든 세대의 지브롤터(Gibraltar)를 정복한다'라고 썼다.

『우리나라: 그 가능한 미래와 현재의 위기』에서 스트롱은 미국과 세계가 극복해야 될 여덟 가지 위험을 제시했는데, 이 여덟 가지는 이민, 로마 가톨릭, 공립학교에 대한 가톨릭과 세속의 도전들, 몰몬교, 술에 취함, 사회주의, 물질주의, 도시 확장으로 인한 문제들이었다. 이 각각의 위험은 미국의 도덕 구조와 개신교 기독교 정체성에 위협이 되었다. 스트롱이 생각했던 이상적인 미국은 앵글로-색슨적, 개신교적, 민주주의적, 영적으로 순수한 미국이었다. 그는 앵글로-색슨족이 하나님께 선택받은 민족이며, 이 세상에 구원과 민주주의를 가져올 것이라고 확신했다. 그에게 미국에 여러 외국인 이민자들(대부분 가톨릭교도들)이 혼재되어 있는 것은 매우 위험했다.

"혈통, 종교, 문명을 다른 외국인들이 장악하면서, 많은 뉴잉글랜드 마을에서 영광이 떠나고 있다."

그러나 동시에, 이는 독특한 기회를 제공하기도 하는데, 시민 자유와 신령한 기독교의 이상 덕분에 미국인이 선교사가 되어, 먼저는 미국에 새롭게 이민 온 사람들에게, 나아가 전 세계에 복음을 전했기 때문이었다. 따라서 이민자들은 위장된 복으로써, 열등한 민족의 동화를 통해 국제주의로 가는 길을 제공했다. 앵글로-색슨 민족은 세계를 구원하고, 민족 정체성들을 허물며, 예수 그리스도의 재림을 촉진하기 위해 하나님의 손에 붙들린 도구였다.

『우리나라: 그 가능한 미래와 현재의 위기』를 통해 스트롱은 전 국민의 지도자의 자리에 오르게 되었다. 이 책이 출판된 이듬해, 그는 영적 부흥과 사회 개혁, 서구 문명의 우월성과 중산층 빅토리아 시대 가치를 강조한 초교파 조직인 복음주의연맹(Evangelical Alliance)의 총무로 선출되었다. 이 자리에서 일하는 동안 그는 사회 개혁과 사회 병폐를 해결하는 과정에서 필요한 개신교의 실천적인 협동을 고양시켰다.

복음주의연맹의 수장으로 재직할 당시, 스트롱은 점차 성장하는 사회복음의 핵심 프로그램에 대해서 설명했다. 그는 이 운동의 '정점이자…역동이자, 부흥사요, 조직가이며…절대 억누를 수 없는 정신을 가진 사람'이었다 (Ahlstrom, *A Religious History of the American People*, pp. 798-799). 20세기 전환기에 스트롱의 관심사는 개인 구원에서 국내 여러 도시들의 사회 개혁을 촉진하는 것으로 이동했다.

도시의 쇠퇴 문제를 해결하기 위해 스트롱은 국내 대학교들에서 사용된 새로운 사회 과학 방방법론을 활용하기 시작했다. 복음주의연맹의 보수주의에 좌절한 스트롱은 1898년 복음주의연맹에서 탈퇴한 후, '사회 복지를 위한 연맹'(League for Social Service, 1902년 이후 미국사회복지협회[American Institute for Social Service]가 됨)을 창설했다. 이 조직을 통해 그는 사회 연구를 수행하고, 사회 문제에 대하여 대중을 교육하고, 사회 개혁을 촉진하고자 했다. 미국사회복지협회는 미국 회중들이 가난과 술, 정치 타락과 다른 사회 병폐와의 싸움에 참여하도록 독려하는 수백 권의 출판물을 만들었다. 스트롱은 또한 안전제일운동(Safety First movement)을 창설해서 미국 공장의 작업 환경을 개선하고, 미국안전박물관(American Museum of Safety)을 건립했다.

1908년에 스트롱은 연방교회협의회(Federal Council of Churches) 설립을 도왔는데, 이 협의회는 20세기 내내 사회 개혁을 위해 많은 일을 했다. 스트롱은 사회 개혁을 위한 미국사회복지협회의 프로그램을 확장시킴으로써 하나님 나라를 이 땅에 임하게 하려 했다. 이 협회를 이끈 스트롱의 지도력과 진보적 가치에 대한 확신은 진보운동에서 개신교회와 그 지도자들의 많은 중요한 역할을 잘 보여 주는데, 이들의 역할이 과소평가되는 경향이 있다.

스트롱은 『우리나라: 그 가능한 미래와 현재의 위기』 이외에도 많은 저작을 남겼다. 복음주의연맹 총무로 재직하는 동안, 그는 두 번째로 중요한 저작인 『새로운 시대』(The New Era, 1893)를 출판했다. 이 책에서 그는 왜 저물어가는 19세기가 역사적으로 가장 중요한 전환점인지 설명하려고 했다. 이 책에서 스트롱은 앵글로-색슨 민족이 역사적으로 기여한 점을 다루었는데, (Strong의 주장에 따르면) 앵글로 색슨 민족은 히브리인과 그리스인, 로마인의 최고의 장점을 통합했다. 이 책은 또한 미국의 시골 및 도시 문제와 이를 해결하기 위한 새로운 방법, 즉 교파 간 협력과 사회 과학적 연구에 대해서도 논했다.

『20세기 도시』(The Twentieth Century City, 1898)와 『도시의 도전』(The Challenge of the City, 1907)은 도시의 성장과 문제를 분석하고, 그에 대한 해결책을 제시한다. 그가 제시한 해결책은 공공선(public good)에 대한 책임에 근거한 새로운 애국심, 복음서의 사회적 가르침 적용, 제도권 교회의 목회, 언론과 계몽된 대중의 견해를 통해 성취되는 법률 개혁 등이다.

스트롱은 또한 『사회 개선을 위한 종교운동』(Religious Movements for Social Betterment, 1900)과 『새로운 세계 상황하에서의 확장』(Expansion under New World Conditions, 1900), 『다음 대각성』(The Next Great Awakening, 1902) 등을 출판했는데, 이 책들은 하나님 나라와 그리스도의 사회적 가르침의 맥락에서 사회 개혁운동을 평가했으며, 기독교인에게 이런 개혁운동을 지원하라고 독려했다.

『사회적 진보: 연보』(Social Progress: A Year Book, 1904-1906)는 세계 경제와 산업, 사회, 종교에 관한 광범위한 통계를 보여 준다. 『우리의 세계: 새로운 세계종교』(Our World: The New World Religion, 1915)에서는 예수님은 '세계 원리들'(world principles)을 제정했는데, 이 원리들이야말로 세계 문제들을 해결하고 새로운 세계의 이상을 실현하기 위한 근간이라고 주장했다.

스트롱은 『시대와 청년』(The Times and Young Men, 1916)과 『일상에서의 나의 신앙』(My Religion in Every-Day Life, 1910)이라는 경건/실천 서적도 두 권 출간했다. 마지막으로, 그

는 「더 가스펠 오브 더 킹덤」(*The Gospel of the Kingdom*, 1908년 창간)이라는 제목의 월간지 편집자를 맡아, 많은 소논문과 설교, 연설문 등을 출간했다. 스트롱은 1916년 4월 28일에 뉴욕시에서 숨을 거두었다.

참고문헌 | D. R. Muller, 'Josiah Strong and the Challenge of the City' (PhD dissertation, New York University, 1955); D. R. Muller, 'The Social Philosophy of Josiah Strong: Social Christianity and American Progressivism,' *Church History* (June 1959), pp. 183-201; D. R. Muller, 'Josiah Strong and American Nationalism: A Reevaluation,' *Journal of American History* (December 1966), pp. 487-503; E. T. Root, 'Josiah Strong: A Modern Prophet of the Social Gospel,' *New Church Review* (June 1922), pp. 47-54; J. Strong, *Our Country: Its Possible Future and Its Present Crisis*, ed. J. Herbst (Cambridge, MA: Harvard University Press, 1963).

K. W. PETERSON

조세핀 엘리자베스 버틀러(Josephine Elizabeth Butler, 1828-1906)

영국 페미니스트이자 매춘부 민권운동가. 그는 잉글랜드국교회(Church of England)의 종신 회원이었다. 성공회 성인 달력(Anglican Calendar of Saints)에도 그녀의 이름이 사망일인 12월 30일에 올라 있다.

조세핀 버틀러는 1828년 4월 13일에 노섬벌랜드(Northumberland) 밀필드(Millfield)에서 존 그레이(John Grey)와 아내 해너 애네트(Hannah Annett)의 살아남은 아홉 아이 중 일곱 번째로 태어났다. 존 그레이는 농업 개혁자였고, 스코틀랜드에 인접한 잉글랜드 국경 지대 자유당 지도자였다. 그레이 부부는 반노예제도운동의 적극적 후원자였고, 비록 조세핀이 교육을 꾸준하게 받은 것은 아니었지만, 아이들에게도 이 운동과 다른 사회 문제에 대해 가르쳤다.

그녀의 어린 시절 집은 노섬벌랜드 딜스턴(Dilston)에 있었는데, 아주 행복했고, 심지어 결혼해서 멀리 떨어져 있는 상태에서도 형제자매들은 서로 가깝게 지냈다.

그레이 가족은 집 근처 코브리지(Corbridge) 소재 세인트앤드루스성공회교회(Anglican church of St Andrews)를 꾸준히 다녔지만, 비국교도들(Nonconformity)과도 관계를 유지했다. 해너 그레이는 모라비아교 교육(Moravian education)을 받았고, 조세핀 버틀러와 다른 자매들을 웨슬리파 예배에 데려가기도 했던 감리교 여성 가정 교사를 고용했다. 존 그레이의 누이 중 하나는 지도자급 복음주의 장로교 목사와 결혼하기도 했다.

일평생 다양한 개신교 교파의 예배에 참석하고, 많은 비국교도를 가장 가까운 친구로 둔 조세핀 버틀러는 두드러지게 초교파적인 인물이었다. '복음주의'(Evangelical)라는 표현을 그레이 가족이 사용한 것 같지는 않지만, 이 용어는 그들의 신앙을 묘사하는 정확한 단어다. 조세핀은 10대 후반에 신앙의 위기를 경험하고 회심한 것으로 기록되어 있다. 또한, 성인이 된 직후 기도와 성경공부에 많은 시간을 투자하며, 그리스도께서 그녀에게 직접 '나타나셨다'라고 스스로 믿은 몇 사건을 매일의 신앙 일기에 남겨 놓았다.

1852년에 조세핀 버틀러는 조지 버틀러(George Butler)와 결혼했다. 조지 버틀러는 피터버러(Peterborough)의 대성당 주임사제의 아들로 태어나, 이후 옥스퍼드로 이주했다. 그는 1853년에 잉글랜드국교회 사제로 안수받았지만, 소년들과 함께 일하는 쪽을 선택하여 첼트넘대학(Cheltenham College, 1857-1865)과 리버풀대학(Liverpool College, 학장, 1866-1882)에서 일한 후 은퇴하면서 윈체스터대성당(Winchester Cathedral)의 참사회원이 되었다.

옥스퍼드에 있을 때 처음으로 버틀러 부부는 많은 매춘부를 '구출'한 후 그들이 묵을 곳을 제공하고 돌보았다. 세 아들이 먼저 태어나고, 이어서 딸 에바(Eva)가 태어났는데, 딸은 다섯 살이 되던 1864년에 첼트넘 집의 1층(한국식으로는 2층-역주) 층계 마루에서 떨어져 비극적인 죽음을 맞았다. 여전히 슬픔에 잠겨 있던 버틀러 부부는 1866년에 리버풀로 이주했다. 거기서 조세핀은 리버풀의 '교정원'(Bridewell)에 수감된 여인들 대상의 설교사역을 시작했는데, 거기서 다른 사람의 고통을 '자기 자신의 고통보다 더 고통스러워하게' 되었다.

1866년에 조세핀 버틀러는 잉글랜드 북부 '여성 고등 교육위원회' 회장이 되고, 1869년에는 전염병령(Contagious Diseases Acts) 철폐운동을 이끌어 달라는 더 무거운 요청을 받아들였다. 1864년, 1866년, 1869년에 각각 시행된 이 법은 해군이나 육군이 주둔하고 있는 지역에서 매춘이 의심되는 여자는 누구든지 여자가 거부할 경우에도 경찰이 잡아들여 감옥에 가둔 채 성병 감염 여부를 검사하고, 병이 발견되면 특정 병원에 구류할 수 있게 했다.

조세핀 버틀러와 그녀의 지지자들은 이 법령이 여성의 시민권을 침해하며, 모든 여성이 이 법 아래서 모멸적인 대우를 받을 수 있다는 데 경악했다. 조세핀 버틀러는 여성전국연맹(Ladies' National Association)의 총무가 되어 법 철폐운동에 앞장섰는데, 이는 자신의 가정 생활, 건강, 심지어 사회적 지위까지도 희생한 것이었다. 당시의 관습으로는 존경받은 여성이 이런 금기시되는 주제를 놓고 대중 앞에서 강연하는 일은 받아들여질 수 없는 것이었기 때문이다. 그녀는 소책자 발행, 서신 설득, 의회 로비, 항의, 전국 연설 등을 통해 이 용기 있는 운동을 1886년까지 이어 나갔다.

1871년에는 왕립위원회(Royal Commission) 앞에 증거를 제시함으로써 이런 행동을 한 최초의 여성이 되었지만, 의회 의원 대다수를 설득하는 데 실패했다. 1886년에 이루어진 이 법안의 최종 철폐는 국회의원 제임스 스탠스펠드(James Stansfeld)가 의회 내부에서 벌인 노력의 결과였다. 『위대한 십자군운동에 대한 개인 회상』(*Personal Reminiscences of a Great Crusade*, 1896)은 조세핀 버틀러가 쓴 그 운동에 대한 기록이다. 1874년부터 조세핀 버틀러는 이 운동의 활동 영역을 확장하여, 유럽 대륙, 특히 파리와 제네바, 브뤼셀의 가난한 여성과 매춘부에 대한 인권운동에도 관여했다. 그녀는 매음굴의 상태를 점검할 권리를 요구했고, 이들을 규칙적으로 단속하는 경찰 활동에 이의를 제기했다.

특히 시의회가 공개적으로 매춘 활동에 허가를 내주는 데 반대했는데, 예를 들어, 『광야에서 외치는 소리』(Une Voix dans le Desert, 1875)에서 그녀는 모든 시민이 악한 체계를 유지하는 일에 연루되어 있다고 주장했다. 조세핀 버틀러를 공동총무로 하는 '정부 매춘법령 폐지를 위한 영국 및 대륙 연맹'(The British and Continental Federation for the Abolition of Government Regulation of Prostitution)이 1875년에 발족되었다. 1880년에 잉글랜드에서 벨기에로 넘어가던 어린 소녀들이 적발하는 등 이 운동은 어느 정도 성공을 거두었다.

1885년, 조세핀 버틀러는 W. T. 스테드(W. T. Stead)의 적극적인 런던 소아매춘 반대운동에 참여했는데, 이 운동은 스테드의 신문 「더 폴 몰 가제트」(The Pall Mall Gazette)를 통해 전개되었다. 이 운동의 결과 결국 스테드가 체포되어 투옥되었지만, 자극적인 헤드라인들 덕에 그가 의도한 대로, 소아매춘과 관련된 사실이 사람들에게 널리 알려졌다. 조세핀 버틀러의 '순결'운동은 '우리와 함께하고자 하는 모든 이들의 삶의 순결이 필요하다'라고 발언한 1870년대 초에 시작되었다. 1886년에 그녀는 새로 탄생한 '범죄와 부도덕 억제를 위한 전국 경계회'(National Vigilance Association for the Repression of Criminal Vice and Immorality)에 합류했지만, 곧 이 단체의 방법론, 즉 '비도덕적인' 개인을 억압하는 행동을 취하는 방식이 설교를 통해 개인 도덕을 권장하는 그녀의 접근법과는 다르다는 것을 깨달았다.

조세핀이 관여한 이 모든 운동 배후에는 자신의 경력이 손상될 수 있다는 사실에 개의치 않은 남편의 지원이 있었다. 1890년에 남편이 사망한 후, 조세핀은 편안한 가정에 머물지 않고 평소보다 더 많이 여행하고 글을 쓰다가, 1906년 12월 30일에 조지 버틀러의 노섬벌랜드 집에서 죽은 후 커크뉴턴(Kirknewton)에 묻혔다.

최근까지 조세핀 버틀러의 신앙은 그녀의 페미니즘에 비해 상대적으로 역사가들의 관심을 덜 받았다. 그러나 이 두 가지는 밀접하게 연관되어 있는데, 이는 그녀의 경우 기독교 신앙이 페미니스트운동을 위한 영감을 제공했기 때문이다. 조세핀은 예수님이 여성을 남성과 동등하게 소중히 대하셨고, 그들을 '해방'시키셨으며, 이 해방이 그녀가 살았던 시대의 여성을 대하는 모범이어야 한다고 믿었다.

자신 역시 그리스도가 '해방'시키셨고, 하나님이 그녀에게 직접 진리를 가르쳐 주셨다는 확신은 조세핀이 어떤 반대에 직면해서도 하나님이 말하라고, 즉 '예언'하라고 하신 말씀을 수행하는 힘이었다. 여성으로서의 권리가 자신의 확신을 지지해 준다는 믿음이 그녀의 신학을 두드러지게 페미니스트적으로 만들었다. 자신이 따라야 할 기독교 여성의 모범을 자기 시대에서는 찾을 수 없었기에, 그녀가 영감을 끌어온 대상은 14세기 이탈리아 성인 시에나의 카타리나(Catherine of Siena)였다. 조세핀 버틀러의 『카타리나 전기』(1878)는 그녀 자신과 마찬가지로 실천적 개혁가이기도 했고 사색적 신비가이기도 했던 한 여인, 자신이 남자와 여자 모두의 지도자로 하나님의 부르심을 받았다고 믿었던 한 여인을 그려낸다.

밀리슨트 개러트 포세트(Millicent Garrett Fawcett)가 그녀를 '19세기의 가장 탁월한 잉글랜드 여성'으로 묘사했듯, 조세핀 버틀러는 눈에 띄는 여성이었다. 용기가 필요한 여러 사회적 운동에서 그녀는 '백인 노예제도'라는 죄에 대항해 윌버포스(윌버포스가 흑인 노예제도에 대항해 싸운 것을 비유-역주)의 열정으로 싸운 참된 빅토리아 시대 전사였다. 조세핀의 기독교 사상의 페미니스트적 요소는 그 시대에는 급진적이었으나, 여러 면에서 20세기의 기독교 페미니즘을 예고한 것이었다.

참고문헌 | J. Jordan, *Josephine Butler* (London: John Murray, 2001); H. Mathers, 'The Evangelical Spirituality of a Victorian Feminist Josephine Butler 1828-1906,' *Journal of Ecclesiastical History* vol. 52.2 (April 2001), pp. 282-312; Walkowitz, *Prostitution and Victorian Piety: Women, Class and the State* (Cambridge: Cambridge University Press, 1980).

H. MATHERS

조셉 벨라미(Joseph Bellamy, 1719-1790)

회중교회 목사이자 신학 교육자, 주도적인 신 신학파(New Divinity) 신학자. 그는 코네티컷 체셔(Cheshire)에서 직업으로나 사회적인 신분으로나 별로 내세울 것이 없는 가정에서 태어났다. 그가 열여섯 살 되던 1735년에 예일대학(Yale College)을 졸업한 것과 다음해에 노샘프턴(Northampton)에서 조나단 에드워즈(Jonathan Edwards) 아래서 견습 신학생으로 목회를 배운 것 외에는 어린 시절의 일이 별로 알려져 있지 않다. 벨라미는 열여덟 살에 강도(설교)권을 인허받았고, 스물한 살에 안수받은 후, 계속해서 1739년부터 죽을 때까지 50년 이상을 베들레헴(Bethlehem)에서 목사로 일했다. 그가 목회를 시작한 시기는 복음주의 부흥, 즉 1740년의 제1차 대각성운동(First Great Awakening)와 중이었고, 정치적 격변과 불확실성의 시대 한복판, 즉 미국독립혁명에 이은 새로운 공화국의 탄생 시기에 목회를 마무리했다.

그 시대의 가장 재능 있는 설교자 중 한 사람으로 인정받던 벨라미를 어떤 이들은 강해와 웅변 능력에서 조지 휫필드(George Whitefield)에 필적한다고 평가했다. 그의 저술들 또한 영향력이 있었는데, 특히 하나님의 도덕적 완전성을 세상의 도덕 정부와의 관계라는 주제에서 본 책들이 특히 그랬다.

『참된 종교 개요』(*True Religion Delineated*, Boston, 1750)와 논쟁적인 저술『죄 허용하심 속에 있는 하나님의 지혜 해설』(*The Wisdom of God in the Permission of Sin, Vindicated*, Boston, 1769)에서 그는 '죄와 불행이 들어오지 않았다면 우주가 보다 더 거룩하고 행복했을' 그 상태에 지고선을 가져올 필수 수단으로 죄를 하나님께서 허용하셨다고 주장했다. 벨라미는 프랜시스 셔먼(Frances Sherman)과 결혼해서 여덟 자녀를 낳았고, 뇌졸중에 시달리다가 1790년에 사망했다.

18세기와 19세기 초반 미국 기독교에 끼친 벨라미의 영향력의 가장 중요한 측면 중 하나는 신학 교육가로서의 그의 역할이었다. 미국에 신학교들이 세워지기 이전 시기에는 견습 도제 제도가 대학 수준 이상의 신학 교육의 일반적인 방식이었다. 에드워즈와 함께한 그 자신의 학습 모델을 따라, 벨라미는 미래 목회자를 키우기 위해 베들레헴에 있는 자기 집에 기숙 신학교를 세웠다. 1750년에서 1780년 사이에 '선지

학교'(School of the Prophets)라 불린 그의 학교는 이론 신학과 실천적 경건을 통합하면서, 이후 코네티컷과 뉴잉글랜드 남부 전역의 영향력 있는 여러 목회지로 파송된 60명 이상의 신학생을 훈련시켰다. 제자 중에는 그의 스승의 아들인 유명한 뉴헤이븐 목사 조나단 에드워즈 2세와 심지어 후에 회의론자가 되는 악명 높은 애런 버(Aaron Burr)도 있었다.

그러나 아마도 벨라미가 미국 종교사에 끼친 가장 큰 영향은 그가 새뮤얼 홉킨스(Samuel Hopkins), 나다나엘 에먼스(Nathaniel Emmons) 및 다른 1760-70년대 '신신학파' 사상가들과 함께 에드워즈의 칼빈주의를, 마크 발레리(Mark Valeri)의 표현에 의하면, '하나의 대중적 도덕 표현 형식'으로 개조하려 시도한 것이었다(Law and Providence, p. 55). 이 작업은 '미국이 만들어 낸 가장 탁월하고 가장 지속적인 단일 토착 신학 전통에 창조적으로' 기여했다(S. Ahlstrom, A Religious History of the American People, 1972, p. 405).

벨라미와 신신학파 신학자들은 섭리와 도덕법 간의 관계를 구체화함으로써 에드워즈를 넘어섰고, 에드워즈 신학의 좀 더 복음주의적인 주제들, 즉 하나님의 초월, 영혼의 그리스도와의 연합, 은혜의 내적 체험 같은 주제들에는 관심을 기울이지 않았다. 에드워즈 신학에서의 이런 강조점의 변화(또한 에드워즈 신학의 개정이라는 주장도 있다)는 미국혁명의 규범에 적응한 사실을 보여 주는 것이다. 정부의 공정함, 시민권을 가진 개인의 책임은 모두 인간의 행복과 개인 권리의 필수 요소로 인식되었다.

비록 벨라미가 분명히 에드워즈에게 물려받은 체험적 칼빈주의에 충실하려고 했음에도 불구하고, 그와 다른 신신학파 신학자들은 19세기 초반에 에드워즈의 체계가 더 수정될 수 있는 길을 열었다. 이 시기 미국 개혁파 전통은 계몽주의의 자원주의(voluntary), 민주주의 정신에 더 맞게 적응했다.

따라서 계몽주의적 이성주의와 이신론(deism)의 도전으로부터 개혁파 정통을 변증하려고 시도하면서, 벨라미는 반대자들의 많은 전제를 채택했고, 따라서 그의 의도와는 달리 19세기 뉴잉글랜드 개혁파 정통의 쇠퇴를 가속화하는 일에 오히려 기여하게 되었다.

참고문헌 | G. Anderson, 'Joseph Bellamy (1719-1790): The Man and His Work' (PhD thesis, Boston University, 1971); *The Works of Dr. Joseph Bellamy* (New York: Garland Publishing, 1987); J. Conforti, 'Joseph Bellamy and the New Divinity Movement,' *The New England Historical and Genealogical Register*, 87 (1983), pp. 126-138; B. Kuklick, *Churchmen and Philosophers: From Jonathan Edwards to John Dewey* (New Haven: Yale University Press, 1985); M. Valeri, *Law and Providence in Joseph Bellamy's New England: The Origins of the New Divinity in Revolutionary America* (New York: Oxford University Press, 1994).

J. HENSLEY

조셉 얼라인(Joseph Alleine, 1634-1668)

청교도 목사. 그는 유명한 저술 『회심하지 않은 죄인에게 울리는 경종』(*An Alarme to Unconverted Sinners*)으로 후대 복음주의 경건에 심대한 영향을 끼쳤다. 얼라인은 1645년에 그보다 훨씬 나이가 많던 형 에드워드의 죽음을 경험하면서 회심했다. 사망 당시 에드워드는 26세의 성직자였다. 회심 이후 얼라인은 옥스퍼드의 엑시터대학(Exeter College)에서 공부한 후, 1649년 4월부터는 링컨대학(Lincoln College)에서 공부했다. 1651년 11월 3일에는 코르푸스 크리스티대학(Corpus Christi College)의 학자로 임명되었다. 이어서 1653년 7월 6일에 신학학 사학위를 받았다. 졸업 후 (특별연구원[fellow]이 되기를 바라며) 강사와 교목으로 활동했다.

1650년대 옥스퍼드는 광범위한 지적 흥미를 가진 기둥 같은 인물인 청교도 부학장 존 오웬(John Owen)이 분위기를 지배하고 있었다. 따라서 이 시기는 왕립학회(Royal Society)의 작업을 통해 수년 안에 열매를 맺게 되는 동양 언어와 세계에 대한 새로운 과학적 접근법 등 새로운 학문 세계가 성숙해 가는 시기였다. 왕립학회의 수많은 창립회원을 친한 친구로 가진 얼라인도 이 문화에 완전히 심취한 것 같다.

이런 상황에서 그는 『철학적 신학』(*Theologia Philosophica*)이라는 제목의 책을 쓰게 되는데 (지금은 소실), 계시와 철학 사상을 조화시키려고 애쓴 대표작으로, 리처드 백스터(Richard Baxter)의 큰 찬사를 받았다. 이런 종류의 책을 쓴 얼라인은 17세기 중반에 성숙기에 이르고, 정통을 변증하기 위해서 철학과 과학 분야의 최근 발전상을 활용하려는 노력을 시작한 잉글랜드 개혁파 사상가 세대의 전형이었다.

1654년, 얼라인은 톤턴(Taunton)에서 안수받은 후 1662년에 쫓겨나기까지 그곳에서 사역했다. 그러나 클래런던법령(Clarendon Code, 왕정회복 후의 국교 재건을 위하여 기사의회[Cavalier Parliament]가 클래런던의 지도 아래 1661-65년에 제정한 4가지 법-역주)의 규제에도 불구하고 전도자로서 계속 설교했는데, 한번은 존 웨슬리(John Wesley)와 찰스 웨슬리(Charles Wesley) 형제의 할아버지와 함께 설교하기도 했다. 이런 수고 덕에 반복해서 투옥당하고, 마침내 사역의 부담과 지속적인 핍박에 지쳐 1668년 11월 17일 사망했다.

얼라인의 가장 유명한 작품 『회심하지 않은 죄인에게 울리는 경종』은 1671년에 발간된 초판이 2만 부 팔렸다. 『천국에 이르는 확실한 지침』(*A Sure Guide to Heaven*)이라는 제목으로 나온 2판은 1675년에 나와 5만 부를 팔았다. 작품은 이후에도 수차례 더 인쇄되었다. 이 책에서 얼라인은 근본적으로 개혁파 정통 구원론의 기조를 바탕에 두면서도, 많은 청교도 신학의 전형이 된 회심주의 및 체험적 경건을 강하게 변호했다. 그는 경건주의와 개혁파 정통의 두 요소 모두를 통합하는 잉글랜드청교도나 네덜란드 제2종교개혁(*Nadere Reformatie*) 저술가들에게서 나타나는 개혁파 목회신학 전통의 전형인 것이다.

그의 사후 출간된 결의론(casuistry, 특정 양심의 문제나 행위에 일반적 윤리의 원리를 적용하는 것-역주) 관련 저술인 『다양한 실천적 양심의 문제들에 대한 만족스런 해결』(*Divers Practical Cases of Conscience Satisfactorily Resolved*, 1672)도 이를 분명히 보여 준다. 그럼에도 불구하고, 얼라인의 『회심하지 않은 죄인에게 울리는 경종』을 읽는 이들은 그가 왕립학회 회원들과 교제한 인물이자 주요한 철학 신학을 저술한 인물임을 염두에 두어야 한다. 그러므로 『회심하지 않은 죄인에게 울리는 경종』에 나타나는 회심주의적 경건주의는 지성의 문제와 관련해서는 의심의 여지없이 현학적이고 복잡다단했던 이 인물의 단편만을 보여 준다.

C. R. TRUMAN

조셉 존 거니(Joseph John Gurney, 1788-1847)

퀘이커(Quaker) 목회자이자 개혁자. 그는 1788년 8월 2일에 잉글랜드 노리치(Norwich) 근교 얼럼홀(Earlham Hall)에서 부유한 은행가인 존 거니(John Gurney)와 17세기 퀘이커 목회자이자 신학자였던 로버트 바클레이(Robert Barclay)의 후손 캐서린 벨(Catherine Bell)의 아들로 태어났다. 거니 가문의 오랜 퀘이커 신앙 역사에도 불구하고, 존 거니의 가족은 당대의 많은 친우회(Society of Friends, 퀘이커교단의 공식 명칭-역주) 신자들보다 외부의 다른 신앙에 더 열려 있었다. 예를 들어, 누이 해너(Hannah)는 유명한 복음주의 국회의원 토머스 포웰 벅스턴 경(Sir Thomas Fowell Buxton)과 결혼했다. 다른 누이는 감옥 개혁자 엘리자베스 프라이(Elizabeth Fry)였다.

조셉 거니는 노리치 근교의 성공회(Anglican) 기숙학교에서 교육을 받으면서도, 예배는 근처의 친우회 모임에 나가도 좋다는 허락을 받았다. 1803년과 1805년 사이에는 옥스퍼드에서 개인 강사의 가르침을 받았는데, 이유는 비국교도는 옥스퍼드에서 정식 학위를 취득할 수 없었기 때문이었다. 공부한 과목은 고전 언어들에 히브리어까지 포함되어 있었다. 열일곱 살에 가족이 운영하던 은행에서 일하기 위해 다시 노리치로 돌아간 조셉 거니에게 얼럼홀은 평생 고향이었다.

1811년과 1812년에 일정 기간 동안 신앙 문제로 깊이 고뇌한 후, 조셉 거니는 자신의 신앙생활과 힘을 퀘이커교를 위해 바치겠다고 결심했다. 퀘이커교도만의 독특한 단순 복장을 했고, 회류 사회 모임에서도 모자를 벗지 않았고, 결국에는 퀘이커교도가 아닌 모든 이웃들과의 사회적 관계를 단절했다. 퀘이커교의 일에 아주 적극적이어서, 수많은 위원회에서 섬기고, 여러 퀘이커 학교와 기관의 책임자로도 일했다. 1818년에는 공식 승인하에 퀘이커교 목회자가 되었다.

조셉 거니가 퀘이커교단에서 떠오르던 시기는 그가 인도주의적 개혁에 헌신한 시기와 일치했다. 토머스 클락슨(Thomas Clarkson), 윌리엄 윌버포스(William Wilberforce) 및 매형 토머스 포웰 벅스턴 경(Sir Thomas Fowell Buxton)이 조셉 거니의 노예해방운동 동료였다. 누이 엘리자베스 프라이와는 함께 감옥 개혁자이자 사형제의 반대자로서 잉글랜드와 유럽 대륙에서 적극적인 활동을 펼쳤다. 조셉 거니는 교육 대중화운동도 펼쳤다. 노리치성서공회(Norwich Bible Society)와 협력하면서 1836년 사망 시까지 잉글랜드국교회(Church of England) 복음주의파 지도자 중 하나였던 찰스 시미언(Charles Simeon)과의 친밀한 우정도 쌓을 수 있었다.

조셉 거니는 설교와 저술을 통해 당대 퀘이커교에 지대한 영향을 끼쳤다. 수많은 책과 소책자를 출판했고, 설교도 인쇄되어 유통되었다. 가장 영향력이 컸던 작품은 『친우회의 종교적 특징에 대한 관찰』(Observations on the Religious Peculiarities of the Society of Friends, 1824, 개정판 1834)과 『기독교의 증거, 교리, 실천적 증거에 대한 논문들』(*Essays on the Evidences, Doctrines, and Practical Evidences of Christianity*, 1825)이었다. 그가 퀘이커교에 끼친 영향은 최소 세 영역에서 이루어졌는데, 이 영향으로 영국의 친우회와 북미 친우회 대부분이 더 복음주의적인 방향으로 이동했다.

첫째, 조셉 거니는 퀘이커교인들에게 자신이 찰스 시미언 같은 복음주의자와 맺은 관계처럼, 퀘이커교도가 아닌 사람들과의 연대와 만남에 더 열려 있어야 한다고 권고했다.

둘째, 조셉 거니는 퀘이커 성경관의 큰 변화에 기여했다. 이전 세대의 퀘이커교도에게 그들의 신앙의 기반은 그들의 영혼에 있는 그리스도의 '내면의 빛'(Inward Light)의 인도하심이었다. 비록 이 교리를 공적으로 포기했다고 선언한 적은 없지만, (개인적으로 이 교리에 의문을 가졌던) 조셉 거니는 성경이 조명하는 빛이 내면의 빛보다 우월하기 때문에 성경이 퀘이커 신앙의 기초가 되어야 한다고 주장했다.

셋째, 조셉 거니는 퀘이커 신자들에게 칭의와 성화를 새롭게 이해할 수 있게 해 주었다. 17세기 후반 이래로 퀘이커에서는 이 둘을 분리할 수 없는 요소로 보았다. 이들은 사람은 내면의 빛의 인도와 성령께 대한 복종을 통해 성화 혹은 성결을 성취함으로써만 의로워지거나 구원받을 수 있다고 보았다. 이런 성취는 점진적인 과정이고, 자주 일평생을 요구하는 과정이었다. 조셉 거니는 친우회에 칭의와 성화를 분리하라고 가르쳤다. 칭의 또는 회심은 단일한 즉각적 경험이고, 이어서 오랜 성화의 과정이 뒤따른다는 것이었다.

퀘이커에 대한 조셉 거니의 꿈이 영국과 미국 대부분의 퀘이커 신자들의 지지를 얻었음에도 불구하고, 한편으로 이 때문에 그는 논쟁의 한복판에 서야 했다. 더 전통적인 퀘이커 신자들은 조셉 거니가 퀘이커 신앙의 기반을 무너뜨리는 비밀 성공회 또는 장로교인이라고 믿으며 두려움을 감추지 않았다. 1837년에 북미를 방문하기 위해 조셉 거니가 친우회런던연례회(London Yearly Meeting of Friends)의 승인을 요청했을 때, 회의는 그에게 필요한 신임장을 발부할 것인가 하는 문제를 놓고 심각하게 분열되었고, 비판적인 편지들이 대서양 전역을 돌아다니던 그를 따라다녔다.

미국에서 조셉 거니는 이미 친우회가 1820년대에 일어난 분열의 결과로 힉스파(Hicksite, Elias Hicks[1748-1830]를 따르던 미국 퀘이커 일파-역주)와 정통파로 나뉘어 있는 것을 알게 되었다. 잉글랜드친우회(English Friends)는 정통파의 성경의 권위, 그리스도의 신성에 대한 견해를 합법적인 친우회 견해로 인정했기에, 조셉 거니도 그가 순방 중 만날 공식 교제와 방문도 이 집단에만 한정했다. 그러나 심지어 정통파 친우회마저도, 특히 필라델피아, 뉴잉글랜드, 오하이오의 정통파 친우회는 조셉 거니를 비난했다. 결국 이런 차이들 때문에 미국에서는 추가 분열이 일어났다.

그러나 미국친우회 대부분은 조셉 거니를 칭송했고, 이들에게 끼친 조셉 거니의 영향력도 상당했다. 거의 모든 퀘이커 이웃을 심방한 조셉 거니는 교리와 개혁에 대한 자신의 견해를 확산시키고, 주일학교와 퀘이커 교육 기관 형성에 힘을 실어 주었다. 퀘이커 진영 바깥의 인물들과도 접촉했는데, (회중교회 신학교인-역주) 앤도버신학교(Andover Theological Seminary)에서 신학생과 토론하고, 대통령 마틴 반 뷰렌(Martin Van Buren) 및 다른 공직자들을 만났으며,

휘그당(Whig party) 지도자 헨리 클레이(Henry Clay)와 친구가 되었다. 조셉 거니는 클레이에게 영국령 서인도 제도에서 노예해방에 성공한 이야기를 담은 편지를 연속으로 써 보냈다.

조셉 거니는 1840년에 잉글랜드로 돌아갔는데, 미국에서 그가 받은 열광적인 반응이 영국친우회(British Friends)에도 영향을 끼쳤다. 1847년 1월 4일에 얼럼홀에서 사망하기까지 종교 및 교육사역에 대한 그의 관심은 멈추지 않았다.

조셉 거니는 세 차례 결혼했고, 두 번 사별했다. 1817년에 제인 버크벡(Jane Birkbeck)과 결혼했는데, 1822년에 사망했다. 제인은 애나(Anna)와 존 헨리(John Henry)의 어머니였다. 존만 유아기를 넘기고 살아남았다. 1827년에 결혼한 메리 파울러(Mary Fouler)는 1835년에 사망했다. 1841년에는 미국인 퀘이커 목회자 엘리자 폴 커크브라이드(Eliza Paul Kirkbride)와 결혼했는데, 엘리자는 남편보다 오래 살았다.

<u>참고문헌</u> | J. B. Braithwaite (ed.), *Memoirs of Joseph John Gurney*, 2 vols. (Philadelphia: Lippincott, 1854); D. Swift, *Joseph John Gurney: Banker, Reformation, and Quaker* (Middletown: Wesleyan University Press, 1962).

T. D. HAMM

조셉 W. 켐프(Joseph W. Kemp, 1872-1933)

침례교 목회자. 그는 1872년 12월 16일에 킹스턴어폰헐(Kingston upon Hull)에서 태어나, 9살에 부모를 잃고 고아가 되었다. 15살에 회심한 켐프는 케직(Keswick)의 가르침을 수용한 후 헌신적이고 적극적인 교회 사역자가 되었다. 그 결과, 1893년부터 1895년까지 글라스고우(Glasgow)에 처음으로 새로 설립된 브리티시성경학교(British Bible Institute)에서 공부할 기회를 제공받았다. 졸업과 함께 그는 침례교 순회설교자가 되어 켈소(Kelso)의 임지를 소개받았다.

여기서 1897년에서 1898년까지 일한 후 하윅(Hawick)으로 이동했다. 1897년에 위니 비니(Winnie Binnie)와 결혼해서 두 자녀를 두었다. 1902년에는 유명한 에든버러의 옛 샬럿채플(Charlotte Chapel)의 청빙을 받아들였는데, 그의 목회와 웨일스 부흥의 영향하에 이 교회의 운명은 극적으로 바뀌었다. 놀랍게도, 1915년에 그는 후에 근본주의 중심지가 되는 유명한 뉴욕의 캘버리침례교회(Calvary Baptist Church)로 이동했다. 뉴욕에서의 목회는 성공적이지 못했기에, (그의 영웅 중 하나인 찰스 해돈 스펄전을 기념하여) 시내에 메트로폴리탄침례교태버너클(Metropolitan Baptist Tabernacle)을 독립교회로 설립했음에도 불구하고, 1919년에 아프고 완전히 지친 상태로 영국으로 귀국했다.

그레이엄 스크루지(Graham Scroggie)의 추천으로 오클랜드침례교태버너클(Auckland Baptist Tabernacle) 목회직을 받아들인 그는 1920년 8월에 뉴질랜드에 도착했다. 목회는 즉각 성공을 거두었기에, 뉴질랜드에서 복음주의 대의를 확장하는 데 그의 역할이 매우 컸다. 켐프는 복음주의 잡지, 선교대회, 성경학교를 창설하고 설립했다. 무엇보다도, 자기 교회를 도시 중심에 있는 근본주의 교회로 탈바꿈시켜, 설교와 성경 공부, 복음성가를 강조하고, 사회 활동에는 단호하게 반대했다.

켐프에 대한 글을 쓴 한 저술가는 그를 미국 근본주의를 뉴질랜드 배경에 이식한 인물로 묘사했다. 미국에서 켐프가 경험한 것을 고려할 때 이 설명에는 진리가 일부 들어 있다. 뉴질랜드에서 그는 핵심 근본주의 주창자들 일부와 서신 왕래를 하고, 이 새로운 운동의 핵심 잡지들을 읽고, 이들의 주장을 강성 잡지인 「더 리퍼」(The Reaper)에서 재생하면서 미국에서의 흐름을 거의 놓치지 않고 따라갔다. 그러나 이 설명에는 부가 해설도 필요하다. 켐프가 미국에서 보낸 시간은 불행했고, 건강을 잃어버리는 최악의 상태로 끝이 났다. 그가 가장 훌륭한 사역을 펼친 곳은 스코틀랜드침례교의 메카인 에든버러(Edinburgh)의 샬럿채플(Charlotte Chapel)이었고, 그는 도심지 교회를 회복시킨 인물이라는 명성을 안고 뉴질랜드로 갔다.

샬럿채플은 (신학을 가르치지 않는) 평신도 성경훈련, 열정적인 전도 설교, 방어적 변증 설교라는 D. L. 무디(D. L. Moody)의 공식과 연결된 복음주의의 옛 유형을 대표하는 교회였다. 켐프는 이 공식을 아주 충실히 따랐고, 1926년 안식년에 미국에서 그가 목격한 전투적 근본주의에 대해서는 경계를 보인 것으로 알려져 있다. 그는 또한 많은 근본주의자들처럼 초교파 전도자였고, 이전에는 주목받지 못했던 수많은 주요 복음주의 선교단체들을 소개하고 후원한 인물이었다.

그러나 그는 결코 침례교연합(Baptist Union)을 떠나지 않았고, 미국에서 분명하게 나타났던, 또한 런던의 찰스 해돈 스펄전(Charles Haddon Spurgeon)도 취했던 독립 지향 태도를 반대했다. 다른 점에서는 스펄전으로부터 큰 영향을 받았음에도 불구하고, 이 독립 지향성 문제에서는 켐프와 스펄전의 견해가 달랐다. 따라서 침례교 지도자 J. J. 노스(J. J. North)와 불편한 관계에 있었음에도 불구하고, (또한 그가 사랑한 성경훈련학교가 바로 옆 건물에 있었음에도 불구하고), 켐프는 침례교대학이 침례교태버너클의 공간을 사용할 수 있게 허락했고, 침례교연합 회장으로 봉사했다. 그 결과, 그는 뉴질랜드 침례교회가 뚜렷한 복음주의 교회가 되게 하는데 크게 기여할 수 있었다.

켐프는 1933년 초에 뇌종양 진단을 받고 9월 4일에 사망했다. 6천 명이 그의 장례식에 참석했다.

참고문헌 | W. Kemp, *Joseph W. Kemp: The Record of a Spirit-Filled Life* (London & Edinburgh: Marshall, Morgan & Scott); J. Simpson, 'Joseph W. Kemp: Prime Interpreter of American Fundamentalism in New Zealand in the 1920's', in D. Pratt (ed.), *Rescue the Perishing. Comparative Perspectives on Evangelism and Revivalism*, Waikato Studies in Religion, I (Auckland: College Communications, 1989), pp. 23-42.

P. J. LINEHAM

조셉 파커(Joseph Parker, 1830-1902)

회중교회 목사. 그는 1830년 4월 9일에 노섬벌랜드(Northumberland) 헥섬(Hexam)에서 석공 티스데일 파커(Teasdale Parker)와 엘리자베스 파커(Elizabeth Parker, 원래 성은 Dodd)의 독자로 출생했다. 부모 양가 모두 친척들의 살림살이는 더 나은 편이었다. 출석 교회에서 일어난 알력에 웨슬리파가 개입한 일을 제외하고는, 이들은 꾸준한 회중교인이었다. 이들은 또한 정치적으로는 급진적이었는데, 토마스 쿠퍼(Thomas Cooper), 조지 도슨(George Dawson), 에드워드 마이올(Edward Miall), 조셉 레이너 스티븐스(Joseph Rayner Stephens) 등을 추종하면서도 이들의 사상에 비판적으로 접근하기도 했다.

조셉 파커는 처한 상황에 맞게 교육을 받았다. 비국교도가 운영하는 수준이 천차만별인 세 학교에 다닌 후 14살에 아버지의 견습생이 되었다. 그러나 실험은 실패였다. 그는 석공으로도, 측량사로도, 건축가로도 성장하지 못했다. 그는 선생이 되어, 교회 부지 내에 에벤에셀의 신앙으로 야심차게 학교를 설립했다. 1851년 11월에는 헥섬의 회중교회 채플에서 웨슬리파 농장주의 딸 앤 네스빗(Ann Nesbit)과 결혼했다. 이어서 5개월 후 그는 목회자로 부름받았다고 느꼈다.

조셉 파커는 1848년 6월에 충동적으로 월빌리지그린(Wall village green)에서 설교했다. 이로써 웨슬리파 지역 설교자가 되었고(거기서 아내도 만났다), 금주운동(temperance platform)의 가능성도 발견했다. 소명을 발견한 그는 런던의 무어필즈태버너클(Moorfields Tabernacle)의 존 캠벨 박사(Dr John Campbell)에게 편지를 썼다. 회중교회의 '다혈질, 격정의 화신, 허풍선이 회사'(Bombastes, Furioso, Brag & Co)라는 별명을 가진 캠벨은 논란거리도 많이 제공했지만, 동시에 영향력도 컸던 사람이었다. 그는 본래 보수적이었지만, 사람의 능력을 알아보는 데 뛰어난 재능이 있었다.

예를 들어, R. W. 데일(R. W. Dale, 잉글랜드 회중교회 지도자-역주)이 그의 교회에서 성장했다. 실패한 석공 조셉 파커는 전에 한때 대장장이였던 캠벨의 눈에 들었다. 신학교 입학이 별로 좋은 생각이 아니라는 판단하에, (또한 아마도 조셉 파커가 신혼이라 불가능했을 수도 있다) 캠벨은 조셉 파커를 자신의 조수로 삼아 실제적인 경험을 쌓게 하면서, 유니버시티대학(University College)에서 들은 강의의 학문 세계에서 별로 인상적인 맛을 보지 못했던 조셉 파커에게 설교와 신학 집중 교육을 제공했다. 9개월이 지난 후, 또 이미 카셀출판사(Cassell)에서 나온 백과사전인『대중 교육자』(Popular Educator)에 '젊은 사상가들을 위한 장들'(Chapters for Young Thinkers)을 기고한 조셉 파커는 밴베리(Banbury) 회중교회의 목회자로 청빙받았다.

이제 조셉 파커는 설교자, 교사, 작가로 성장했다. 그는 설교자로서는 탁월하고, 교사로서 흔적을 남기며, 작가로 탁월한 재능을 드러낼 인물이었다. 네 번째 역할도 추가될 것인데, 본인의 의사와는 상관없이, 교단 지도자가 되었다.

조셉 파커는 1853년에서 1858년까지 밴베리(Banbury)에서, 맨체스터(Manchester)의 캐번디시스트리트(Cavendish Street)에서 1858년에서 1869년까지, 후에 런던의 시티템플(City Temple)이 된 곳에서는 1869년에서 1902년까지 목회했다. 각 목회는 세속적인 측면에서도, 복음전도 차원에서도 성공적이었다.

밴베리에서 그는 '영국 정치가 글래드스턴 (Gladstone)처럼 칼라가 높은 셔츠를 입고,' 비단으로 만든 모자를 쓰고 다녔는데, 연봉으로 120파운드를 받았으며, 목회를 시작할 당시 교인 수는 50명이었다. 그러나 연봉도, 교인수도 늘었다. 600석을 갖춘 새로운 교회 건물을 건축하는 등 교세가 성장했고, 그에 비례해서 목회자 사례비도 인상되었다. 그는 당시 야외 크리켓 경기장이던 베어가든(Bear Garden)에서 복음을 전했고, 지역 곡물 거래소(Corn Exchange)에서 강의를 하기도 했으며, G. J. 홀리요크(G. J. Holyoake)와 유명한 논쟁을 벌였다. 『세속주의에 관한 여섯 장에 걸친 해설서』(Six Chapters on Secularism)를 저술했으며, 여러 편의 설교를 「더 호밀리스트」(The Homilist)란 잡지에 기고했으며, 글라스고우(Glasgow) 논문 경연 대회에 참가했고, 유력한 교회들에서 온 청빙을 거절했다.

맨체스터에서 조셉 파커는 잉글랜드회중교단에서 가장 좋은 채플 건물과 이 교단에서 가장 탁월한 집사들을 갖춘 교회를 물려받았다. 이 교회는 원래 R. W. 데일을 청빙하려 했으나, 그가 버밍엄(Birmingham)을 떠나기를 거부하면서 조셉 파커를 대신 청빙했다. 이 교회는 1,666개의 좌석이 있는 찬란한 예배당을 갖추고 있었지만, 그가 부임한 1858년에는 겨우 710개 좌석만 채워졌다. 그러나 그가 부임한 지 3개월 만에 추가로 240개 좌석이 채워졌고, 11년 만에 교회 정회원 수는 344명에서 세 배로 늘었다.

조셉 파커는 캐번디시교회(Cavendish Church)의 부름을 받고 유명한 조건을 제시했다.

"나는 단지 그곳에 방문자의 자격으로 가지는 않을 것입니다."

사실 당시 그 교회의 담임목사는 전국적으로도 이름이 나있는 인물이었다. 조셉 파커는 랭커셔의 강력한 회중교회연합(Congregational Union)과 맨체스터 회중교회위원회(Congregational Board) 의장을 맡게 되었다. (나중에는 런던 회중교회연합과 실행위원회 의장직도 맡는다). 그리고 좋은 평가를 받은 책 두 권, 즉 (실리[Seeley]의 『이 사람을 보라』[Ecce Homo]에 영감을 받아) 『신을 보라』(Ecce Deus, 1867)와 『변호자』(The Paraclete)를 썼다. 그는 첫 미국 방문 10년 전인 1862년에 시카고대학교(Chicago University)에서 명예신학박사학위를 받았다. 아내 앤이 사망하자, 1년 후 1864년 12월에 선덜랜드(Sunderland) 은행업자의 딸 엠마 커먼(Emma Common)과 재혼했다. 엠마는 매력적이고 뛰어난 성악가였고, 회중교회에서도 관계망이 넓었다. 엠마의 가족들은 이 부부가 미녀와 야수 같다고 농담을 하기도 했다. 조셉 파커는 자기 아내는 결코 야수가 아니라고 항변했다.

이미 전국구 인사였던 조셉 파커는 런던에서는 세계적으로 유명한 인사가 되었다. '세계에서 가장 큰 도시에 소재한 가장 오래된 회중교회'였던 폴트리채플(Paultry Chapel)에서 청빙 요청이 오자 그는 그 전보다도 더욱 더 고심에 고심을 거듭했다. 그는 이 청빙 요청을 수락하면서 가장 우선적인 목회 계획을 이 교회를 더 좋은 곳에 재건하는 것으로 잡았다. 드디어 1874년 5월 19일에 이 교회는 시티템플(City Temple)이란 이름으로 홀번 고가(Holborn Viaduct)에 웅장하게 자리 잡았다. 1903년 『회중교회 연감』(Congregational Year Book)은 이 교회를 '런던 혹은 잉글랜드가 보유한 가장 크고 가장 영향력 있는 비국교도 신앙의 중심지'라고 묘사하고 있다.

이 이름은 새 교회의 헌당 이전에 풀트리(Poultry)에서 조셉 파커가 매주 출간한 설교에 이미 예시되어 있었다. 템스강(Thames) 바로 남쪽 지역에 찰스 해돈 스펄전(Charles Haddon Spurgeon)의 침례교메트로폴리탄태버너클(Baptist Metropolitan Tabernacle)이 자리 잡은 것처럼, 시티템플은 템스강 바로 북쪽에 세워짐으로써 도시 내 회중교회와 침례교회의 균형을 잡는 데 기여했다. 이 교회의 총 공사비는 8만 파운드에 달했으며, 약 3천석 규모였다. 또한, 교회의 '웅장한 흰색 강단'(Great White Pulpit)은 조셉 파커가 세계의 유명한 갤러리들(일명 'Rockies')을 모두 탐색하면서 찾아낸 것으로 런던시에서 기증했다.

조셉 파커가 매주 주관한 목요일 주중 예배에는 글래드스턴이 장소를 가득 메운 사람들 앞에서 강연을 하기도 했다. 런던 인구가 점점 감소하는 추세에서도, 이 교회의 일요일과 목요일 예배에는 늘 사람이 넘쳐났는데, 그 이면에는 역시 이 교회를 담임하고 있던 작가이자 교사이자 목사인 조셉 파커가 있었다.

목회자로서의 명성 때문에 교사로서의 조셉 파커는 제대로 된 평가를 받지 못했다. 조셉 파커는 맨체스터에 있을 당시 캐번디시신학대학(Cavendish Theological College)을 설립하여 나이가 많고, 자격을 완전히 갖추지는 못한 목회자 후보생을 교육하기 시작했다. 이런 그의 교육 철학을 노팅엄(Nottingham)의 J. B. 페이턴 (J. B. Paton)이 창조적으로 적용했다. 런던에서 조셉 파커는 '설교학교'(institute of homiletics)를 하나 세우기도 했다. 풀트리채플에서 이사하면서 이 학교는 없어졌지만, 결국 25권짜리 『피플스 바이블』(The People's Bible)이라는 결실로 이어졌다.

작가 조셉 파커도 쉽게 잊었다. 그는 소설에서 회고록에 이르는 책 60권 이상을 저술했다. 캠벨의 지도와 후에 친구가 되는 W. 로버트슨 니콜(W. Robertson Nicoll)의 도움으로 재능 넘치는 기자가 될 수도 있었는데, 니콜의 요청으로 쓴 『한 설교자의 생애』(A Preacher's Life, 1899)에서 볼 수 있듯이, 그 자신의 문체가 형성되거나 유지되지는 않았다. 조셉 파커의 여러 활동 중에서 가장 두드러졌던 것은 역시 설교자로서의 역할이었다. 강단에 선 그의 모습과 목소리는 설교를 더욱 돋보이게 만들었다. 그는 또한, 시기 선택의 귀재였다. '하나님 저 술탄을 벌하소서'라는 인용구는 1899년 4월 25일의 올리버 크롬웰(Oliver Cromwell) 추모 300주년 연설문에 삽입된 것으로, 터키에 방문한 독일 황제를 언급한 것이었다. 이 표현의 전율을 일으키는 효과는 그가 이 인용구를 말할 때, '하나님'이라고 한 후 쉬었다가 '술탄을 벌하소서'라고 말했기 때문이다.

그의 영향력은 또한 계속해서 자유자재로 언어를 활용하는 능력 때문이었다. 언어 표현이 급격히 바꾸다 보니, 내용 변화가 늦다는 사실은 거의 드러나지 않았다. 1884년에서 회중교회연합에서 회장으로서 한 연설들은 당대 사회 및 정치 문제들에 대한 날카로운 유머와 지적 비평으로 가득했다. 그러나 이 연설들은 급진적 해석의 가능성을 분명히 보여 주지만, 그 신학이 다루는 범위가 넓음에도 사실상 보수적이었다.

"우리의 신앙은 사각형 신앙입니다. 모두를 창조하신 하나님, 모두의 구원자이신 그리스도, 모두를 인도하는 영감, 그리고 모두의 유산인 불멸입니다. 이런 믿음을 가진 우리의 목회가 작을 수는 없습니다"(『회중교회 연감』 (Congregational Year Book, 1885, p. 93).

그의 후기 작품 중 하나인 『그와 같은 것은 없다: 옛 칼에 대한 호소』(*None Like It: A Plea for the Old Sword*)는 R. F. 호턴(R. F. Horton) 이 쓴 『영감과 성경』(*Inspiration and the Bible*, 1888)에 대한 온건한 반격이었다.

분명하면서도, 아마도 실재하는 이런 양면성은 교단에서 그가 지도적 위치를 차지하고, 아마도 더 확고히 하는 데 도움이 된 것 같다. 조셉 파커는 회중교회 목회자로서는 부실했지만, 현명한 회중교회주의자였다. 그의 독재적인 목회 이야기는 전설적이다. 그는 집사의 역할을 폄하했고, 원래 사교적이지도 않았다. 동료가 되기 힘든 사람이기도 했다. 비판이나 모욕에도 민감하게 반응했다. 그가 한 유머를 사람들은 자주 진심으로 받아들였다. 시티템플은 원래 회중교회가 그래야만 하는 모습과는 거리가 먼 교회였다. 회중석은 늘 가득 찼지만, 1902년에 교회의 정회원 수는 백 명에도 이르지 못했다.

그럼에도 불구하고, 그는 전국 무대에서 (혹은 그 무대 뒤에서) 조셉 파커는 놀랍게도 중재를 잘 하는 인물이었고, 20세기 회중교회가 나아갈 방향에 대해 담대하지만 예언자적인 비전을 제시했다. 1876년에는 조직화된 회중교회를 가혹하게 비판했지만, 1901년에는 (침례교연합과의 연합회의에서 제안된) 연합회중교회(United Congregational Church)를 옹호한 것은 사실상 그에게는 모순이 아니었다. R. F. 호턴을 자유주의라고 비난한 사람이 자신의 후계자로 교단에서 가장 신학적으로 자유로운 사상가 R. J. 캠벨(R. J. Campbell)을 선택함으로써, 시티템플의 강단에 비평적인 영향이라는 미래를 가져온 것은 충격일 수 있었다.

조셉 파커는 회중교회연합 회장직을 1884년과 1901년에 두 차례 역임했다. 회장이 되는 것은 드문 영예였지만, 견제받지 않은 적은 없었다. 1890년대 대부분 시기에는 새 총무(W. J. Woods, 맨체스터 캐번디시교회의 후임자)에 대한 잘못된 판단을 행한 이후 교단 일에서 손을 뗐다. 그럼에도 그의 공적 명성은 예전 그대로였다. 그는 1880년에 (국교제 폐지와 금주를 수용하는 안을 놓고 런던시와) 국회를 지지하지 않기로 현명한 결정을 내렸지만, 1902년에 벨포(Belfour)의 교육법에 반대하는 소극적 저항을 지지할 준비가 되어 있었고, 1902년 3월에는 전국자유교회협의회(National Free Church Council)의 회장이 되었다.

그는 여생을 햄스테드(Hampstead)의 린더스트가든스(Lyndhurst Gardens) 14번지에 있는 타인홈(Tynehome)에서 안락하게 보냈다. 아내가 1899년 1월 26일에 사망하면서 그의 건강이 악화되기 시작했고, 결국 그도 1902년 11월 28일, 안수 50주년을 3주 앞두고 숨을 거두었다. 그는 27,000 파운드에 달하는 유산을 남겼다. 자녀는 없었다.

참고문헌 | A. Clare, *The City Temple 1640-1940* (London: Independant Press, 1940); W. Robertson Nicoll, *Princes of the Church* (London: Hodder & Stoughton, 1921); J. Parker, *A Preacher's Life: An Autobiography and an Album* (London: Hodder & Stoughton, 1899); A. Peel, *These Hundred Years* (London: Congregational Union of England and Wales, 1931).

C. BINFIELD

조셉 홀즈워스 올덤(Joseph Houldsworth Oldham, 1874-1969)

선교전략가이자 에큐메니스트. 그는 인도의 봄베이(Bombay)에서 군사 공학자이자 평신도 전도자였던 조지 올덤(George Oldham)의 아들로 태어났다. 스코틀랜드에서 학업을 마친 뒤, 1892년에 옥스퍼드의 트리니티대학(Trinity College)에 입학했다. 첫 학기에 그는 D. L. 무디(D. L. Moody)의 복음전도집회에 참석해서 그리스도를 위해 헌신하기로 결심했다. 이어서 복음주의적인 옥스퍼드기독학생회(Oxford Inter-Collegiate Christian Union, OICCU)에 참여했고, 곧 학생선교자원자연합(Student Missionary Volunteer Union, SMVU)에도 참여했다. 1894년에 존 R. 모트(John R. Mott)가 옥스퍼드를 처음 방문했을 때 그를 만났고, 옥스퍼드기독학생회의 총무가 되었다.

1896년에 졸업하고 나서, 조셉 올덤은 영국 학생선교자원자연합과 기독학생회(Inter-Varsity Christian Union)의 연합 총무를 1년간 맡기로 했으며, 1897년에는 스코틀랜드 YMCA 총무로 라호르(Lahore, 오늘날 파키스탄 지명-역주)로 가게 되면서 평생 선교사로서의 경력을 시작했다. 1898년에 조셉 올덤은 메리 프레이저(Mary Fraser)와 결혼했는데, 그녀는 옥스퍼드에서 만난 조셉 올덤의 친한 친구 알렉스 프레이저(Alex Fraser)의 누이였다. 올덤 부부는 1901년에 장티푸스에 걸리고 난 뒤, 고향으로 송환되었다. 그러나 조셉 올덤의 짧은 인도 경험은 그의 평생에 결정적인 영향을 미친 것으로 나타났다. 조셉 올덤의 가장 절친한 친구 중에는 S. K. 다타(S. K. Datta), K. T. 폴(K. T. Paul) 같은 인도 기독교인도 있었는데, 이들을 통해 조셉 올덤은 특히 '지배하는 인종'의 종교로서의 기독교의 문제 등 인도인의 시선으로 서양 선교사역을 보는 관점을 빠르게 배울 수 있었다.

이후 조셉 올덤은 3년 동안 에든버러(Edinburgh)의 뉴대학(New College)에서 신학을 공부했으며, 1년 동안 독일의 할레(Halle)에서 선교학의 개척자 구스타프 바르넥(Gustav Warneck)과 함께 공부했다. 1906년부터 조셉 올덤은 스코틀랜드연합자유교회(United Free Church)의 선교연구위원회(Mission Study Council) 총무가 되었으며, 조직가, 작가, 교육자로서의 능력을 빠르게 입증했다. 1908년에 조셉 올덤은 모트의 개인적인 부탁으로 1910년에 에든버러에서 열리기로 계획된 국제선교대회(International Missionary Conference)의 총무로 임명되었다.

1910년의 선교대회는 일반적으로 국제적인 차원에서 교회 및 선교본부와 책임 있는 관계를 유지하는 첫 구조를 만들어 낸 계속위원회(Continuation Committee)를 설립했다는 점에서 현대 에큐메니컬운동이 태동한 곳으로 여겨진다. 조셉 올덤은 총무로 임명되었으며, 1912년에는 「인터내셔널 리뷰 오브 미션스」(*International Review of Missions*)를 창간한 후 수년간 편집을 맡았다. 그러나 세계선교를 위한 협력이 늘어나기를 바라던 그의 희망은 실현 과정이 절망스러울 정도로 느렸고, 결국 1914-1918년 전쟁으로 거의 붕괴되었다.

독일인 선교지도자들은 영국이 지배하는 지역에서 독일 선교회들의 재산 몰수(confiscation)를 미국과 영국의 동역자들이 묵인했다고 인식하고 이에 분격했다. 영국 정부와의 끈기 있는 협상을 통해 베르사유 조약 이후 독일 선교사들의 재산을 장기 보존하고, 궁극적으로 독일인들의 손에 돌려주는 약속을 보장받게 한 조셉 올덤의 노력은 에큐메니컬 사역과 화해의 탁월한 대표 사례로 인정받게 되었다.

1921년에는 런던에 기반을 둔 국제선교협의회(International Missionary Council)의 창설과 함께 새로운 시작이 이루어졌다. 이 협의회는 주로 조셉 올덤의 기획으로 탄생했기에, 그가 총무가 되었다. 조셉 올덤의 주된 관심은 토착교회의 관리하에 협력 선교를 보장하는 것이었는데, 그는 인도전국기독교협의회(Indian National Christian Council) 형성에도 중요한 역할을 담당했다. 조셉 올덤은 또한 선교안건에는 인종 관계, 경제 정의, 교육 같은 문제도 포함되어야 한다고 주장했다.

1920년대 내내 조셉 올덤은 영국령 아프리카(British colonial Africa)에서 아프리카인들의 권리를 위한 캠페인에 깊게 관여했으며, 교육에서도 선교회들과 정부의 동반자 관계를 발전시키는 일에도 깊이 관여했다. 조셉 올덤은 영국 정부가 1923년에 열대 아프리카(Tropical Africa)에서 현지인 교육을 위한 상임자문위원회(Permanent Advisory Committee on Native Education)를 설립하도록 설득한 주동자였으며, 1924년에는 여러 다른 사람과 함께 국제아프리카언어문화연구소(International Institute of African Languages and Cultures)를 설립했다.

조셉 올덤의 아프리카 사역의 클라이맥스는 힐튼-영위원회(Hilton-Young commission)에 참여한 것으로, 이 위원회는 1928년에 동아프리카와 중앙아프리카를 방문했으며, 백인의 지배를 무기한으로 확보하려 한 '긴밀한 연합'(closer union) 정책에 반대 의견을 제시했다. 이런 아프리카 관련 이슈들에 관여하는 와중에, 조셉 올덤은 그의 가장 중요한 책『기독교와 인종 문제』(*Christianity and the Race Problem*, 1924)를 출판했는데, 이 책은 이 분야의 선구적 작업이었다.

1920년대 후반에 조셉 올덤은 자신이 보기에 내향적이고 자기 보존적으로 보이는 선교본부들의 태도에 대해 점점 더 실망하고 있었다. 조셉 올덤은 예루살렘국제선교대회(Jerusalem International Missionary Conference, 1928)의 목적과 방법들에 대해서 회의적이었으며, 더 위대한 가치는 비록 소규모일지라도 당대의 문제들에 '최고의 지성들'(best minds)을 활용하는 더 집중된 사역에 있다고 믿었다.

마틴 부버(Martin Buber)의 인격주의 철학(personalist philosophy)에서 비롯된, '진짜 삶은 만남'(Real life is meeting)이라는 문구가 그의 이정표였는데, 조셉 올덤은 이 문구를 사회에 대한 그의 이해와 그가 만나는 집단들에 대한 연구 방식들에 적용했다. 전체주의의 등장과 함께 서구 사회에 닥친 깊은 위기를 인식한 조셉 올덤은 칼 바르트(Karl Barth)와 에밀 브루너(Emil Brunner)의 신정통주의 신학에 더욱 관심을 갖게 되었다. 특히, 독일교회의 위기가 시작되면서, 이 시기에 조셉 올덤과 국제선교협의회에서 그와 함께 일한 조력자 윌리엄 페이턴(William Paton)은 나치 정권에 의해 위협받는 독일 선교회들을 도우려고 최선을 다했다.

조셉 올덤은 1934년에 '생활과 사역'운동('Life and Work' movement)에도 깊이 관여하게 되었으며, 다소 모트를 실망하게 하기도 했지만, 1937년에 옥스퍼드에서 '교회, 공동체, 국가'라는 주제로 열린 대회(conference on 'Church, Community, and State')에 연구 총무로 참여했다. 1937년 옥스퍼드대회의 조직자로서, 특히 준비 과정에서 효율적으로 움직였는데, 이 대회는 많은 교파들과 여러 (주로 서구) 나라들에서 온 신학자, 사회학자, 정치인들과 문학가들을 모임 행사로, 국제적이고 전 세계 교회가 모인 연구로서는 이제까지 이루어진 가장 진취적인 시도였다.

이 와중에, 에큐메니컬 사역의 다양한 가닥들을 통합시킬 수 있는 하나의 세계 본부 형성에 대한 논의가 진행 중이었다. 조셉 올덤은 세계교회협의회(WCC)의 중요한 설계자였는데, 그 헌장(constitution)은 1938년에 합의되었다. 제2차 세계대전으로 세계교회협의회의 탄생이 지연되었지만, 전쟁 기간에 조셉 올덤은 세 중요한 경로를 통해 그의 관심사를 추진해 나갔다.

첫째, '무트'(The Moot)로, 칼 만하임(Karl Mannheim), T. S. 엘리엇(T. S. Elliot), 존 베일리(John Baillie) 같은 다양한 분야의 사람들이 구성원이었던 영향력이 큰 토론 그룹이었다.

둘째, 조셉 올덤의 유명한 주간지 「크리스챤 뉴스레터」(Christian News-Letter)였다.

셋째, 평신도들이 정치, 산업, 학문 영역에서의 자신들의 세속 직업들을 통해 세상사에 참여하고자 하는 관심사를 공유하게 한 1942년의 기독교변경개척위원회(Christian Frontier Council)의 형성이었다.

선교의 주도적 참여자로서의 평신도의 역할은 조셉 올덤에게 항상 중심이 되는 주제였다. 세계교회협의회(WCC)가 1948년에 암스테르담에서 첫 총회(Assembly)를 열며 시작되었을 때, 조셉 올덤은 오래 전에 은퇴한 후 에큐메니컬운동에서 어떤 공식적인 직함도 갖지 않은 상태였지만, 여전히 영향력 있는 조언자로 남아 있었다. 따라서 총회에서 채택된 이후 20여 년간 에큐메니컬 사회 사상의 핵심 주제가 된 '책임 사회'(responsible society)라는 문구를 입안한 사람이 조셉 올덤이었다.

노년의 조셉 올덤은 원자력에서부터 인공지능에 이르기까지, 당대의 많은 이슈에 관심을 기울였다. '복음주의자'라는 호칭은 그가 학생일 때의 상황과는 멀리 떨어진 곳으로 여행을 떠난 사람에게는 붙이기 미심쩍다고 여길 수 있다. 그러나 조셉 올덤은 복음주의의 많은 특징을 갖고 있었다. 인종을 다루는 그의 책에 나오는 '주로 하나의 철학이 아니라 십자군'(not primarily a philosophy but a crusade)이나 마찬가지인 기독교에 대한 그의 유명한 묘사는 윌리엄 윌버포스(William Wilberforce)의 캠페인을 상기시킨다.

조셉 올덤은 많은 작품을 남긴 저자였지만, 그중 가장 폭넓게 활용된 책은 『경건 일기』(Devotional Diary)였으며, 아침 식사 시간의 기도는 일상적 습관으로 남아 있었다. 1942년까지도 조셉 올덤은 글을 쓸 수 있었다.

'사회를 구원하기 위해, 우리는 개인을 구원하는 것에서 시작해야 합니다.'

의미심장하게도, 그의 마지막 중요한 신학 논문의 제목은 '인생은 헌신이다'(Life is Commitment, 1953)였으며, 그가 쓴 전기 한 권은 복음주의자 성공회(Anglican) 선교사였던 플로렌스 올숀(Florence Allshorn)에 대한 것이었다. 중년기부터 그를 괴롭힌 거의 완전한 청각 상실로 인한 오랜 인내에 대해서 굳이 말하지 않더라도, 그의 신앙은 놀라운 겸손 안에서 외적으로 표현된 것이었다. 많은 이들이 그를 '영리한 성자'(A wily saint)라는 애정이 가득 담긴 별명으로 불렀다.

참고문헌 | K. Clements, *Faith on the Frontier: A Life of J. H. Oldham* (Edinburgh: T.&T. Clark; Geneva: WCC, 1999).

K. CLEMENTS

조지 게이브리얼 스톡스(George Gabriel Stokes, 1819-1903)

수학 물리학자. 그는 1849년부터 1903년까지 케임브리지대학교(Cambridge University)의 루카시안 수학 석좌교수(the Lucasian Professor of Mathematics)였고, 1885년부터 1890년까지 런던왕립협회(Royal Society of London) 회장을 역임했다. 스톡스는 1819년 8월 13일에 카운티 슬리고(County Sligo)의 스크린(Skreen)에서 태어났다. 아버지는 그 지역 아일랜드국교회(Church of Ireland)의 교구사제였다. 어머니 엘리자베스 호턴(Elizabeth Haughton) 또한 아일랜드국교회의 교구사제의 딸이었다. 어린 시절 스톡스는 부모와 교구직원에게 교육을 받았다. 1832년에 더블린의 R. H. 월(R. H. Wall) 박사의 학교로 보내졌고, 1835년에 브리스톨대학(Bristol College)에 입학했다.

스톡스가 정식 대학생이 된 것은 1837년에 케임브리지의 펨브로크대학(Pembroke College)에 등록한 것으로, 그는 이 학교를 1841년에 수석으로 졸업하면서 첫 번째 스미스상 수상자(Smith's prizeman)가 되었다. 그는 유체 내에서의 점도와 새로운 빛 파장 이론에 대한 논문을 계속해서 출판하기 시작했고, 이를 통해 명성이 빠르게 퍼져 나갔다. 1852년에는 '형광'(fluorescence)에 관한 엄청난 논문을 출간했는데, '형광'이라는 용어는 그가 처음으로 만들어 낸 말이었다.

1854년부터 1885년까지 왕립협회의 총무로 지내면서, 정기 간행물 「더 필로소피컬 트랜색션스 오브 더 로얄 소사이어티」(The Philosophical Transactions of the Royal Society)를 현대화하는 데에 중요한 역할을 했다. 1857년 7월 4일, 그는 아일랜드 출신의 천문학자 토마스 롬니 로빈슨(Thomas Romney Robinson)의 딸 메리 수재너 로빈슨(Mary Susanna Robinson)과 결혼했다. 그는 루카시안 석좌교수로서, 이후 왕립협회의 회원이 된 많은 학생을 가르쳤고, 1890년대에는 방사능, 전자, X선 같은 새로운 물리학에 대한 중요 논문들을 출간했다. 그는 1903년 2월 1일에 케임브리지에서 죽었다.

비록 복음주의의 전체적인 틀에 비정통적인 견해들도 포함하기는 했지만, 생애 말기에 스톡스는 아버지로부터 배운 복음주의적 관점을 따르기 시작했다.

잉글랜드국교회(Church of England)의 복음주의 분파의 본산으로서의 초기 빅토리아 시대 케임브리지대학교는 젊은 스톡스에게는 다정한 고향과 같은 곳이었다. 그곳에서 스톡스는 윌리엄 페일리(William Paley)의 『기독교의 증거들』(Evidences of Christianity, 1794)을 필수적으로 공부해야 했고, 페일리의 『자연신학』(Natural Theology, 1802)에 나온 신 존재 증명 모델을 수용하기도 했다.

그러나 스톡스의 종교적 신앙의 근원은 항상 자연보다는 성경이었다. 그가 20회에 걸쳐 했던 기포드 강연(Gifford lecture)은 이후 『자연신학』(Natural Theology, 1891, 1893)이라는 제목의 두 책으로 출판되었는데, 사실 스톡스는 이 강연을 매우 힘들어 했다. 왜냐하면, 이 강연에서는 성경계시보다 자연신학에 근거한 용어만을 사용하도록 제한했기 때문이다.

조건적 불멸성 교리는 그의 중요한 종교적 관심사였다. 스톡스는 어린 시절부터 영원한 멸망이라는 개념이 매우 두렵고 불쾌한 것이라고 느꼈다. 그는 성경을 다시 연구했고, 특히 회중교회 목사인 에드워드 화이트(Edward White)에 많은 영향을 받았다. 화이트는 『그리스도 안에서의 삶』(*Life in Christ*, 1846)에서 불멸은 필수가 아니라, 온전한 믿음에 따라 조건적이라고 설명했다. 영원히 고통받는 고문 대신에, 구원받지 못한 사람들은 완전히 소멸될 것이다. 스톡스는 화이트의 견해를 환영할 만한 좋은 교리로 뿐만 아니라, 성경의 증거에 근거하고 있다고 믿었는데, 그는 요한복음 3:16이 특히 이를 뒷받침한다고 보았다.

뿐만 아니라, 그는 선교사역에도 이 교리가 가치가 있다고 칭송했기에, 교회선교회(Church Missionary Society)도 이 견해를 받아들이라고 설득했다. 그는 1897년에 『조건적 불멸: 회의론자들에게 주는 도움』(*Conditional Immortality: A Help to Sceptics*)을 출판했다. 스톡스에 따르면, 인간의 필연적 불멸(humanity's necessary immortality)이라는 잘못된 개념은 플라톤주의의 잘못된 영향 때문이며, 영혼과 육체의 이원론(dualism)은 플라톤의 또 다른 잘못이라고 보았다.

성경은 인간의 본질을 삼원적(tripartite)으로 보는 교리를 지지한다. 즉 인간 존재는 육(body), 혼(soul), 영(spirit)으로 구성된다. 혼과 달리, 영은 인간의 (잠재적) 불멸의 근원이다. 스톡스는 또한 영은 죽음과 최후의 심판 사이의 시간 동안에는 무의식의 상태에 있다고 생각했는데, 실신해 있는 동안에는 시간이 얼마나 경과했는지 알지 못하는 경험을 빗대어 이를 설명했다.

스톡스는 논쟁의 시대에 과학과 종교 사이의 적절한 균형을 추구했다. 스톡스에 따르면, 성경은 지질학이나 생물학의 문제에서도 참되지만, 맹목적으로 문자 그대로 참된 것은 아니다. 초기 빅토리아 시대 신학자들은 그런 문자주의 때문에 근대 지질학을 거부하는 우를 범했다.

그러나 극단적인 다윈주의자들 또한 화석 기록의 분절성을 간과하고 생물학적 진화를 반종교적 물질주의로 확대하는 우를 범했다.

스톡스는 지질학적 시간 과정에서의 하나님의 계속적인 창조라는 개념이 성경의 뒷받침을 받을 뿐만 아니라, 화석 기록도 충분히 설명한다고 믿었다. 그 증거가 비록 다윈을 실제로 지지함에도 불구하고, 진화론은 자연 과정에 하나님이 계속해서 관여한다는 사상이나 성경의 진리를 해친다는 것이 스톡스의 주장이었다.

참고문헌 | J. Larmor (ed.), *Memoir and Scientific Correspondence of the Late Sir George Gabriel Stokes*, 2 vols. (Cambridge: Cambridge University Press, 1907); D. B. Wilson, 'A Physicist's Alternative to Materialism: The Religious Thought of George Gabriel Stokes,' *Victorian Studies* 28 (1984), pp. 69-96; D. B. Wilson, *Kelvin and Stokes: A Comparative Study in Victorian Physics* (Bristol: Adam Hilger, 1987); D. B. Wilson, 'Stokes and Kelvin, Cambridge and Glasgow, Light and Heat,' in P. Harman and S. Mitton (eds.), *Cambridge Scientific Minds* (Cambridge: Cambridge University Press, 2002), pp. 104-122.

D. B. WILSON

조지 레너드 캐리(George Leonard Carey, 1935-)

성공회(Anglican) 대주교. 그는 1935년 11월 13일에 런던 이스트엔드(East End)에서 다섯 아이 중 장남으로 태어났다. 제2차 세계대전이 발발하자 가족은 에섹스의 다게넘(Dagenham in Essex)으로 이주하여, 조지의 아버지는 병원에서 운반일을 했다. 일레븐플러스 시험(eleven plus examinations, 잉글랜드에서 초등학교 7학년인 11살에 중등학교 진학을 위해 치르던 시험-역주)에 실패한 후 캐리는 바킹(Barking)의 바이프런스중등학교(Bifrons Secondary Modern School)에 다녔고, 이후 15살에 학교를 떠나 런던전기청(London Electricity Board)에서 사무보조원으로 일했다. 기독교인 친구들의 전도와 다게넘의 성공회 복음주의 교회를 통해 그는 1953년 5월에 그리스도께로 회심했다.

1954년에서 1956년 사이에 캐리는 이집트와 이라크 주둔 영국공군(Royal Air Force)의 무전 병과에서 복무했다. 제대 후 런던전기청으로 돌아갔지만, 안수 과정을 밟기로 결심했다. 일반 레벨(O-level)과 상급 레벨(A-Level) 자격(Ordinary Level과 Advanced Level을 의미하는 영국 학력 인증 시험-역주)을 따기 위해 열심히 공부한 후 런던신학대학(London College of Divinity)에 들어가 4년간 신학 교육을 받았는데, 그 기간 동안에 런던의 킹스대학(King's College)에서 학위 하나를 따기도 했다(후에 1993년에 킹스대학의 특별연구원[fellow]으로 임명되기도 했).

1962년에 학사학위를 받고 졸업한 후, 노스런던(north London) 이슬링턴(Islington)의 세인트메리교회(St Mary's Church)에서 부사제로 안수받았다. 1966년부터 1970년까지 오크힐신학대학(Oak Hill Theological College)에서 강의했고, 1970년부터 1975년까지는 노팅엄(Nottingham)의 세인트존스대학(St John's College, 런던신학대학이 1970년에 마이클 그린의 지도 아래 이곳으로 학교를 옮기고 이름을 바꾸었다)에서 가르쳤다. 1971년에 런던대학교(London University)에서 '헤르마스의 목자에 나타난 교회 질서'(Church Order in the Shepherd of Hermas)라는 제목의 논문으로 박사학위를 받았는데, 이 연구를 통해 그는 초기 가톨릭교회와 신약성경 간에 순전한 연속성이 있다는 확신을 갖게 되었다.

그가 교구를 직접 맡은 유일한 시기는 1975년부터 1982년까지 더럼(Durham) 세인트니콜라스교회(St Nicholas Church)의 교구사제를 맡은 때였다. 이 시기에 교회가 '은사주의적 갱신'(charismatic renewal)을 경험하면서 『시장터 교회』(The Church in the Market Place, 1984)에서 묘사된 확장 프로그램을 실시했다. 그는 교구에서 책임을 다했을 뿐만 아니라, 소년원과 영국공군 더럼 기지의 원목과 군목으로도 섬겼다. 1982년에 그는 브리스톨(Bristol)의 트리니티대학(Trinity College)의 학장으로 임명되었지만, 곧 브리스톨대성당의 명예참사회원(honorary canon)과 총회(General Synod, 주교와 선출된 성속聖俗의 대표로 된 성공회 최고 기관-역주) 총대로 선출되어 여러 중요한 위원회에서 일해야 했다. '복음주의적 은사주의' 지도자로 알려지게 되면서, 캐리는 1987년에 바스와 웰즈의 주교(Bishop of Bath and Wells)가 된 후, 교구 전역에 일련의 교육선교를 도입하고 실시했다.

1991년에 캐리가 로버트 런시(Robert Runcie)를 이어 캔터베리 대주교로 임명된 사건은 잉글랜드 전체를 놀라게 했다. 경력이 길지 않은 데다, 변방 주교좌에 있었던 캐리는 20세기에 캔터베리 대주교가 된 인물 중 가장 젊었고, 대주교 이전 주교 경력도 가장 짧았다. 아마도 이것은 잉글랜드국교회(Church of England)의 사다리꼴 고위 직제 내부에서 일어난 사회학적인 변화를 상징하는 사건일 수 있는데, 캐리는 이전 전임자 대부분이 누린 교회 배경과 사회적 특권 없이 이 직위에 올랐으며, 중세 시대 이래 옥스퍼드나 케임브리지대학교(Cambridge University)를 졸업하지 않고서 캔터베리 대주교가 된 최초의 인물이었다. '미디어 담당 조언자'(spin doctors)가 있을 정도로 대중의 시선에 집착하던 시대에, 캐리는 대중에 비춰지는 자기 이미지 같은 것에 관심을 갖지 않는 것으로도 유명했다.

캐리가 대주교직을 수행하는 동안 잉글랜드국교회와 세계 성공회 공동체에서 몇 가지 중요한 변화가 있었다. 그는 여성의 장로 안수를 분명히 지지했고, 이는 1992년 11월에 잉글랜드국교회 총회에서 실시된 역사적 투표를 통해 최종 승인되었다.

그럼에도 그는 교회 내에서 이 결정에 동의하지 않는 이들을 붙들어 두는 데도 신경을 많이 썼기에, 지역주교심방단(Provincial Episcopal Visitors, PEV) 혹은 '순회 주교'(flying bishops, 여성사제 안수를 양심상 받아들이지 못하는 교구를 위해 정기적으로 파견되는 주교-역주)를 통해 주교의 감독 범위를 넓히는 것을 허락한 논쟁적인 대회법(Act of Synod)을 지지했다. 이 법안의 반대자들은 이 법이 한 교회 내에 '두 개의 법'(two integrities)이라는 신학적으로 우스꽝스런 개념을 만들어 냈다고 주장했다.

비슷한 논쟁은 1990년대 내내 인간의 성, 특히 동성애에 대한 교회의 태도를 놓고 벌어졌는데, 특히 캐리는 이 문제를 놓고 미국 뉴저지(New Jersey) 뉴어크(Newark)의 악명 높은 자유주의 주교 잭 스퐁(Jack Spong)과 공개 토론을 하기도 했다. 대주교의 지도력 아래, 1998년 램버스회의(Lambeth Conference)에서는 이 주제에 대한 중요한 보수적 결의문이 통과되었다.

다른 발전 사항 중에는 '전도하는 10년'(Decade of Evangelism, 1990년대)이 시작될 때 캐리가 마이클 그린(Michael Green)과 마이클 마샬(Michael Marshall)을 대표로 하는 전도운동, 즉 스프링보드(Springboard)를 발족시킨 사건이 있었다. 1992년 7월, 경영 미숙과 재정 운용 실패로 인해, 교회위원회들(Church Commissioners)이 엄청난 재정 손실에 직면했다는 조사 결과가 발표되었고, 그 액수가 8억 파운드에 달한다는 소문으로 교회가 좌초될 위기에 처했다. 이 재앙은 총회 관료 조직을 포함하여 잉글랜드국교회의 재정과 구조, 조직을 조사 평가하는 (더럼 주교 마이클 턴벌[Michael Turnbull]을 의장으로 하는) 턴벌위원회(Turnbull Commission)가 설립되는 계기가 되었다. 위원회 보고서 '한 몸으로서의 사역'(Working as One Body, 1995)은 결정권이 더 중앙 집권화되어야 하며, 이에 따라 대주교위원회(Archbishops' Council) 설립이 필요하다고 권고했는데, 결국 대주교위원회는 1999년 1월에 첫 모임을 가졌다. 캐리는 2002년 10월에 대주교직을 은퇴하고 로언 윌리엄스(Rowan Williams)에게 자리를 물려주었다.

사려 깊은 에큐메니스트였던 캐리는 기독교 세계 내의 분열이 너무 많다고 자주 슬퍼했다. 그는 총회에서 성공회-로마 가톨릭 국제위원회(Anglican-Roman Catholic International Commission, ARCIC)가 만든 문서들을 지지했고, 『물이 만나는 곳』(The Meeting of the Waters,

1985)에서는 로마교회와 개신교 간 일치를 호소했다. 1996년에 로마의 교황 요한 바오로 2세(Pope John Paul II)를 방문했을 때, 두 주교는 두 교회 간 더 친밀한 협력을 제안하고, '우리의 분열이 화해와 소망의 복음 메시지를 흐릿하게 만들고 있다'라는 내용을 담은 일치 선언문을 발표했다. 이런 이유로, 캐리는 미국성공회(Episcopal Church, ECUSA)가 배교했다고 판단하고 이에 대항하기 위해 2000년 8월에 세워진 미국성공회선교회(Anglican Mission in America)를 강하게 반대했다. 동남아시아의 용(Yong) 대주교와 르완다의 콜리니(Kolini) 대주교가 미국성공회선교회를 위해 주교들을 서임하자, 캐리는 이들이 '분열' 행위를 일삼고 있다고 꾸짖었다.

잉글랜드국교회의 종합성과 포괄성이 지켜져야 한다는 에큐메니컬 비전과 믿음 때문에 캐리는 '복음주의자'를 자신을 정의하는 용어로 선택하기를 꺼려했다. 그는 초기의 복음주의 뿌리, 특히 복음주의 교회론과 성찬론에서 신학적으로 떠났고, 바울서신서들의 바울 저작설에 의문을 품는 비평주의에 끌렸다. '내 영혼은 복음주의에 진 빚이 많다'라고 인정함에도 불구하고, 캐리는 자신을 '예수 그리스도에 대한 복음주의적 사랑과 성경 전통에 대한 깊은 헌신이 때로 가슴을 뛰게 만들기도 하지만, 머리로는 배운 그대로의 복음주의 가르침과는 함께할 수 없는' 인물로 평가했다. 캐리는 현대 복음주의를 '지적으로는 너무 옥죄고, 학문적으로는 너무 좁고, 영적으로는 너무 답답한' 사조라며 비판했다('Parties in the Church of England,' *Theology*, 91 [July 1988], pp. 269-270). 1994년에 그는 다음과 같이 말했다.

"내 신학 색깔은 변했다. 나는 아주 명확하고, 보수적이며, 복음주의적이고, 개신교적인 성공회교회에서 신앙 생활을 시작했지만, 이제 나는 이들 어느 것에도 속해 있지 않다…아무도 내가 나 자신을 복음주의자라고 부르는 것을 듣지 못할 것이다"(Loudon, *Revelations*, pp. 252-253).

캐리의 다른 작품으로는 다음과 같은 것들이 있다. 인간론을 다룬 『나는 인간을 믿는다』(*I Believe in Man*, 1977), 그리스도의 십자가를 논한 『은혜의 문』(*The Gate of Glory*, 1986), 기독교 변증인 『거대한 신 도적질』(*The Great God Robbery*, 1989), 기독교 신앙 개론서인 『미래에 보내는 캔터버리 서신』(*Canterbury Letters to the Future*, 1998) 등이다. 설교와 강연 모음집의 제목은 『나는 믿는다』(*I Believe*, 1991)와 『비전 공유』(*Sharing a Vision*, 1993)였다. 1960년에 캐리는 간호사 에일린 후드(Eileen Hood)와 결혼했는데, 에일린은 후에 전 세계 성공회 주교 아내들의 삶을 다룬 『주교와 나』(*The Bishop and I*, 1998)를 저술했다.

참고문헌 | G. Carey, *My Journey, Your Journey* (Oxford: Lion, 1996), pp. 22-33; G. Carey, *The Church in the Market Place* (Eastbourne: Kingsway, 31995); E. Carpenter and A. Hastings, *Cantuar: The Archbishops in their Office* (London: Mowbray, 31997), pp. 546-560; M. Loudon, *Revelations: The Clergy Questioned* (London: Hamish Hamilton, 1994), pp. 239-276.

A. ATHERSTONE

조지 롤릭(George Rawlyk, 1935-1995)

캐나다인 역사가. 그는 1935년 5월 19일 온타리오(Ontario) 토롤드(Thorold)에서 태어났다. 부모는 우크라이나 출신 이민자로, 집안에서는 아들과 두 딸을 위해 항상 우크라이나어를 사용했다. 가정을 제외하면 롤릭이 어린 시절에 주로 영향을 받은 곳은 급진적인 노동자 조직들과 온타리오와 퀘백침례교협회(Baptist Convention of Ontario and Quebec)의 독신 여선교사 메리 랜턴(Mary Renton)이 이웃 마을에서 운영하던 선교회였다. 후에 누이들에게 증언한 바에 따르면, 그는 10학년이 되던 해, 인터스쿨기독인협회(Inter-School Christian Fellowship)가 후원한 주말집회에서 '영적 체험'을 했다고 한다. 그는 이후 수년간 선교회에서 메리 랜턴과 동역했고, 곧 지역 침례교회에 등록했다. 남은 평생 여러 지역 침례교회들의 열성적인 소속 신자로 남았다. 또한, 그는 일평생 민주사회주의자(democratic socialist)이면서, 신민주당(NDP, New Democratic Party)의 굳건한 지지자였다.

1957년에 롤릭은 캐나다 맥매스터대학교(McMaster University)에서 역사학으로 학사학위를 받았으며, 대학 재학 중에는 축구팀 주전으로 활약하기도 했다. 1957년에서 1959년에는 영국 옥스퍼드대학교의 로즈장학생(Rhodes Scholar)으로 선발되어 학업을 이어 갔으며, 이후 다시 북미 대륙으로 돌아와 미국 로체스터대학교(University of Rochester)에서 캐나다 역사 전공으로 석사(1962), 박사학위(1967)를 연달아 취득했다. 롤릭은 뉴브런즈윅(New Brunswick) 소재 마운트앨리슨대학교(Mount Allison University)와 노바스코샤(Nova Scotia) 소재 댈하우지대학교(Dalhousie University)에서 교편을 잡았고, 그 이후 1963년에 온타리오 소재 퀸스대학교(Queen's University) 역사학과 교수로 임용되었다. 1976년에서 1985년까지는 퀸스대학교의 학과장으로 일하게 되었는데, 이 시기는 퀸스대학교뿐만 아니라 캐나다 전역의 대학이 급성장한 시기였다.

롤릭이 학자로서 족적을 남긴 첫 연구는 18세기(오늘날 미국에 속한-역주) 뉴잉글랜드와 (오늘날 캐나다에 속한-역주) 연해 주 식민지들(Maritime colonies)과의 관계에 대한 것이었다(예를 들어, 『노바스코샤의 매사추세츠』[*Nova Scotia's Massachusetts*], 1973). 연해 주 역사에 대한 그의 관심사의 중심부에는 주로 헨리 얼라인(Henry Alline, 1743-1784)의 경이적인 경력이 있었다. 헨리 얼라인은 1770년대와 1780년대를 풍미했던 순회부흥 설교자로, 일명 '새빛파 부흥'(New Light stir)을 주도했지만, 노바스코샤 주민이 지역 현안에 관심을 가지도록 하여 미국 독립혁명에 동참해 달라는 뉴잉글랜드 사람들의 요청을 거부토록 했다. 얼라인의 대중의 인기를 유도하는 방식, 영성에 대한 지나친 집착, 평범한 남녀로 구성된 기독교 공동체에 대한 뜨거운 헌신은 롤릭의 마음을 지속적으로 강하게 사로잡았다.

이런 그의 관심에도 불구하고, 그가 신앙 경험의 순전성과 학문적 역사의 관례 모두를 존중하는 방식으로 얼라인(그리고 종교 전반)에 대한 글을 쓸 수 있는 학문적 자료를 찾아낸 것은 그의 학자 경력 중반에 이르러서였다. 이런 자료에는 마르크스주의 이론가인 안토니오 그람시(Antonio Gramsci)의 문화적 헤게모니에 대한 담론, 인류학자 빅터 터너(Victor Turner)의 종교 공동체의 경계성에 대한 설명도 있었다. 그러나 이런 자료 대부분은 복음주의 집단들에 대한 학문적인 연구 성과를 막 출간하기 시작하고 있던 다른 북미 역사가들의 사례에서 비롯되었다. 조지 마스덴(George Marsden)의 『근본주의와 미국 문화』(Fundamentalism and American Culture, 1980)는 이런 연구 중 가장 중요한 작품이었다.

이후 롤릭의 많은 저작이 쏟아졌다. 특히, 18세기 말과 19세기 초 캐나다의 급진적 복음주의에 대한 저작이 중요했다. 이 중 『성령으로 황홀경에 빠지다: 부흥, 연해 주 침례교도, 헨리 얼라인』(Ravished by the Spirit: Revivals, Maritime Baptists and Henry Alline, 1984년 출판)과 『캐나다의 불: 영국령 북미의 급진 복음주의, 1775-1812』(The Canadian Fire: Radical Evangelicalism in British North America, 1775-1812, 1984년 출판)가 가장 주목을 받았다. 이 외에도 캐나다 종교사 일반을 다루는 책도 많이 출판되었는데, 이 중에서도 편집본 두 권이 눈에 띈다. 하나는 『캐나다 개신교 경험, 1760-1990』(The Canadian Protestant Experience, 1760-1990, 1990년 출판)이고, 다른 하나는 『캐나다 복음주의 경험의 여러 측면들』(Aspects of the Canadian Evangelical Experience, 1997년 출판)이다.

마지막으로, 롤릭은 여론 조사자 앵거스 리드(Angus Reid)와 협력하여 현대 캐나다의 종교에 대한 글, 특히 보수 개신교 집단들뿐만 아니라, 주류 개신교 교단들과 가톨릭교회에서도 공히 찾을 수 있는 전통적인 복음주의적 헌신의 표지에 대한 책을 쓰기 시작했다. (1996년에 출판된 『예수는 당신 개인의 구주입니까?: 1990년대 캐나다 복음주의를 찾아서』(Is Jesus Your Personal Saviour? in Search of Canadian Evangelicalism in the 1990s)를 참고할 것). 생애 말기에 출간된 이 모든 저작들에서 롤릭은 기독교인의 체험의 환원 불가능한 순전성을 강조했다.

이는 다음과 같은 단도직입적인 발언에서 잘 드러난다.

"종교적 회심은 실제로 일어난 것이다. 사람들의 삶이 분명히 심오하게 영구적으로 변했다… 사람들이 계속해서 회심을 경험하고 있으며, 따라서 신앙 부흥이 일어나고 있다"(Wrapped Up in God?: A Study of Several Canadian Revivals and Revivalists, 1988, p. ix).

퀸스대학교의 종신 교수였던 롤릭은 까다로운 교수로서, 학생들의 공포의 대상이자 동시에 존경의 대상이었다. 연구지도교수로서 그는 캐나다 정치, 사회, 종교 역사에 대한 120편 이상의 논문을 지도했다. 퀸스대학교의 교수이자 멘토, 그리고 맥길-퀸스대학교출판사(McGill-Queen's University Press)에서 발간한 영향력 있는 종교사 총서의 편집인, 많은 학생들과 친구들에게 비할 데 없이 친절한 사람이었던 롤릭은 캐나다 복음주의 연구에서 가장 뛰어난 학자로 활약했고, 동시에 스스로 기독교인 학자들로서도 탁월했다. 그는 1995년 11월 23일에 2주 전에 당한 교통사고의 후유증을 견디지 못하고 사망했다. 사망하기 6주 전에 그는 캐나다 연해 주 역사 및 캐나다 종교 역사의 중요성에 대한 연구를 증진시킨 뛰어난 업적을 인정받아 아카디아대학교(Acadia University)에서 명예법학박사학위(Doctor of Civil Law)를 수여받았다.

참고문헌 | P. L. Coops and D. J. Hessler, 'George Alexander Rawlyk: A Bibliography, 1962-1996,' Acadiensis: Journal of the History of the Atlantic Region 25.2 (1996), pp. 159-173 (같은 저널 같은 호, 'George Rawlyk

Remembered,' pp. 151-158); D. C. Goodwin (ed.), *Revivals, Baptists, and George Rawlyk* (Wolfville, Nova Scotia: Acadia Divinity College, 2000); M. Hutchinson, interview with Rawlyk, *Lucas: An Evangelical History Review* (Sydney, Australia) 14 (Dec. 1992), pp. 58-73; M. A. Noll, 'George Rawlyk's Contribution to Canadian History as a Contribution to United States History: A Preliminary Probe,' *Fides et Historia* 23.1 (2000), pp. 1-17.

M. A. NOLL

조지 먼로 그랜트(George Munro Grant, 1835-1902)

캐나다장로교 목사이자 저술가. 그는 교육자로, 그랜트 총장으로 가장 유명하며, 1877년에서 1902년 사이에 온타리오 킹스턴(Kingston) 소재 퀸스대학교(Queen's University) 설립에 가장 큰 공을 세운 역동적인 지도자였다. 재능이 많고 영향력의 폭이 넓었던 조지 그랜트는 그 시대 '캐나다장로교의 인정받는 거인 중의 거인'으로, 영국 제국주의가 캐나다에 영향을 미치는 것을 지지한 인사이자 공공 도덕 실천가이기도 했다.

이런 역할들을 통해 그는 19세기 후반 캐나다장로교회가 신학적 분열을 피하고, '수용적 복음주의'(accommodating evangelicalism)로 발전하는 데 기여했다. 또한, 그는 캐나다 국가를 위한 기독교인의 책임과 봉사라는 항구적 윤리를 수립하는 데도 공헌했다.

조지 그랜트는 1835년 12월 22일에 노바스코샤(Nova Scotia) 픽투 카운티(Pictou County) 알비온마인스(Albion Mines)에서 제임스 그랜트(James Grant)와 메리 먼로(Mary Monro)의 세 번째 자녀로 태어났다. 두 부부는 재정 문제 때문에 고투했지만, 자녀들을 게일어를 사용하는(Gaelic-speaking) 스코틀랜드 하일랜드(Highland) 혈통의 가문 전통을 지키며 강한 장로교 경건 분위기 속에서 양육하려고 애썼다. 조지 그랜트와 남매들은 주로 어머니를 통해 높은 이상을 추구하는 방법을 뜨겁게 배웠고, 적당한 상식선에서 이를 배양하는 법도 배웠다.

가족의 수입이 부족했음에도 불구하고, 조지 그랜트는 탁월한 교육을 받았다. 처음에는 유명한 교육자이자 해학이 넘치는 인물 토마스 매컬로크(Thomas McCulloch)가 운영하는 픽투아카데미(Pictou Academy)에 다닌 젊은 조지 그랜트는, 이어 1851년에 웨스트리버(West River[Durham]) 소재 장로교신학교로 이동했다. 두 학교에서 그는 롤랜드(Lowland) 비국교파 복음주의 장로교 전통(Dissenting evangelical Presbyterian tradition)의 영향을 받았다. 특히, 신학교에서는 엄격한 칼빈주의의 세례도 받았다. 스코틀랜드장로교회(Church of Scotland)에서 수여한 장학금의 도움을 받아 조지 그랜트는 1853년부터 글라스고우대학교(University of Glasgow)에서 신학 공부를 더할 수 있는 기회를 얻었다. 거기서 전통적인 칼빈주의보다 인간관과 이성과 계시의 연속성 문제에서 더 낙관적인 입장을 취하고, 이중예정 및 '제한속죄' 같은 교리를 거부한 온건 스코틀랜드장로교회(Church of Scotland)의 영향을 크게 받았다. 조지 그랜트의 사회적 양심이 더 강화된 것도 스코틀랜드에 머물면서였다. 이 젊은 노바스코샤 사람은 글라스고우 슬럼가에서 일하는 도시선교회에서 보낸 시간에 큰 감명을 받았다.

토마스 칼라일(Thomas Carlyle)의 저술을 통해 경험에 생각을 더한 조지 그랜트는 절제된 검소함과 자선 및 베풂의 생활 방식을 취하고, 구약 선지자들의 정의, 소명, 전통에 자신의 젊은 인생을 투신하기로 결단했다. 1860년에 의무로 해야 했던 유럽 여행과 함께 공부를 마친 조지 그랜트는 안수받은 장로교 목사가 되어 노바스코샤로 돌아갔다. 노바스코샤와 프린스에드워드아일랜드(Prince Edward Island)의 벽촌으로 스코틀랜드장로교회 선교사 임명을 받은 조지 그랜트는 곧 다양한 진영의 주목을 받았고, 1863년에는 '연해 주에 있는 가장 크고 가장 부유한 장로교회'인 핼리팩스(Halifax) 소재 세인트매튜스교회(St Matthew's Church)의 청빙을 받았다.

1867년 5월 7일에 지도자급 핼리팩스 상인의 딸 제시 로선(Jessie Lawson)과 결혼한 조지 그랜트는 막 발견한 재능을 사용하여 그가 목회하는 부유한 교회가 시각장애인학교, 핼리팩스 산업학교 등의 다양한 사회 영역에서 활동할 수 있게 동기를 부여했다. 놀라운 활동적 인물 조지 그랜트를 핼리팩스 친구 하나는 '바지 입은 증기 기관차'라 불렀다. 조지 그랜트는 정치와 교회 관련 무대에서도 영향력 있는 목소리를 내는 인물로 부상하기 시작했다.

학생 시절에 국가에 봉사하는 강력한 기독교 윤리를 수용한 조지 그랜트는 1867년에 캐나다 연맹 논쟁(confederation debates)에 뛰어들어 하나의 폭넓은 연합(a broader union)을 확고히 지지하는 편에 섰다. 국가에 대한 관심이 지대했던 조지 그랜트는 브리티시컬럼비아(British Columbia)가 연맹에 가입한 1년 후인 1872년에는 브리티시컬럼비아의 빅토리아로 떠나는 자기 교회 교인 샌드퍼드 플레밍(Sandford Fleming)의 육상 철도 조사 원정단에 합류하기도 했다. 이 5,000마일 여행의 결과가 바로 유명한 책 『대양에서 대양으로』(Ocean to Ocean, 1873)였다.

다시 한번 플레밍과 함께한 1883년의 추가 대륙 횡단 여행이 있었고, 연맹을 지지하는 낭만적인 감상을 담은 『그림 같은 캐나다』(Picturesque Canada)가 1882년에서 1884년 사이에 여러 권으로 나뉘어 출간되었다. 조지 그랜트는 축복받은 대영 제국 체제라는 그의 관념의 토대 안에서 기독교 캐나다를 건설하는 일에 헌신된 유명한 국가 건설자가 되었다. 조지 그랜트에게는 정치와 공공 생활은 근본적으로 그 성격상 도덕적인 것이었기에, 자유와 권위가 주의 깊게 균형을 갖춘 영국의 정치 체계야말로 이 세상에서 가장 기독교적인 정치 구조였다.

실제로 조지 그랜트의 국가 건설에 대한 헌신은 교회 건설에 대한 헌신과 밀접하게 연결되어 있었다. 1870년대 중반이 되면 이 노바스코샤 목사는 캐나다장로교에서 가장 영향력 있는 인물 중 하나가 된다. 그가 가장 열정적으로 추진한 대의는 캐나다에 있는 여러 장로교 교파를 하나의 큰 캐나다장로교회(Presbyterian Church of Canada)로 통합하는 것이었는데, 이는 실제로 1875년에 성취되었다. 교회 연합을 위한 조지 그랜트의 열정은 새로 연합된 캐나다 국가를 위해 봉사하려면 하나의 연합된 국교회가 가장 잘 어울린다는 확신에서 비롯된 것이었다. (이 생각은 그가 글라스고우에서 공부하면서 갖게 된 것이었다). 이어서 수년간 조지 그랜트는 장로교와 다른 개신교회들의 추가 연합을 위해 열심히 일했다.

장로교 연합 추진이 성공한지 얼마 되지 않아서 조지 그랜트는 온타리오 킹스턴 소재 퀸스대학(Queen's College)의 총장이자 신학과 주임 교수 직을 받아들였다. 이어서 모든 힘을 다하여 생존을 놓고 애쓰던 이 장로교학교의 확장을 위해 노력한 결과, 20세기가 시작될 무렵에는 학생수가 100명에서 800명으로 급증했다. 퀸스대학의 상태가 크게 호전되자, 조지 그랜트는 졸업자들이 깊고 넓은 마음으로 나라를 위해 일할 수 있는 기회를 주기 위해 열심히 일했다. 그가 일하던 시기와 그 이후에 퀸스대학은 캐나다를 복지 국가로 건설하는 데 기여한 많은 인물들을 포함하여, 공적 영역에서 일하는 미래 인재들을 배출해 내는 중심지로 유명해졌다.

퀸스대학의 총장으로서, 조지 그랜트는 그가 근무하는 대학의 경계를 넘어서는 영향력을 지속적으로 떨쳤다. 1889년에는 캐나다장로교회 총회장으로 선출되었고, 1882년에는 캐나다 왕립협회(Royal Society of Canada)의 창립회원이었다가 1890년에서 1891년까지는 회장직을 지냈으며, 1893년의 시카고 세계박람회의 종교의회에서 캐나다 개신교 대표로서 발언하기도 했다. 또한, 그는 「디 앤도버 리뷰」(*The Andover Review*)와 「디 아메리칸 저널 오브 씨올로지」(*The American Journal of Theology*) 같은 신학 학술 간행물에도 꾸준히 논문을 발표했고, 『세계의 종교들』(*The Religions of the World*, 1894) 등 책도 여러 권 출간했다. 출간한지 한참 지난 1940년대 후반에도 세계기독학생연맹(World's Student Christian Federation) 창립자 존 R.모트(John R. Mott)는 이 책을 이 주제를 다루는 최고의 짧은 개론서라며 추천했다.

조지 그랜트는 신학적 확신에서는 복음주의적이었지만, 이 용어를 그에게 적용할 때는 신중한 접근이 필요하다. 빅토리아 시대 캐나다의 세속화에 대한 근래 학계의 논쟁이라는 맥락에서 볼 때, 조지 그랜트는 '자유주의적 현대주의자'로도 불릴 수 있고 '낭만주의적 복음주의자'로 불릴 수도 있다. 신학 범주의 범위가 상당히 넓은 이런 규정은 최소한 부분적으로는 조지 그랜트가 정체성이 분명한 20세기 신학의 양극단 중간 어딘가에 애매하게 서 있기 때문이기도 했다.

학생 시절에 상식 실재론, 롤랜드 비국교파 복음주의 장로교, 엄격한 칼빈주의, 소위 온건한 '수용적 복음주의'를 접한 조지 그랜트는 최종적으로 수용적 복음주의자가 되었다. 20대 중반 즈음에 성경적이지만 학문적이지는 않은 신학을 구축한 것으로 보인다. 중심은 복음주의자였지만, 그는 또한 신앙과 신학의 역사적 진보를 확신했고, 성경을 '새로운' 과학적 접근법에 따라 연구하는 역사비평의 결과에도 열려 있었다.

당시의 조지 그랜트는 전형적인 19세기 정통 칼빈주의자도 아니었고, 20세기 현대주의자도 아니었다. 바울과 루터가 그의 가장 중요한 신학적 영향력의 근원이었고, 이들이 준 영감을 통해 '옛 정통'을 과학과 인문학에서의 최신 학문 성과와 조합하려 시도했다. 장로교회 내에서 조지 그랜트는 '자유주의 신학 및 정치 견해의 강력한 투사'로 알려져 있었다. 그러나 동시에 그는 위대한 미국의 부흥사 D. L. 무디(D. L. Moody)를 존경했고, 구세군(Salvation Army)을 지지했다. 또한, 그는 개인 회심, 가슴으로 느껴지는 신앙, '원죄'의 실재성, 이신칭의를 기독교의 중심 요소로 지속적으로 강조했다. 가장 근래에 그의 전기를 남긴 D. B. 맥(D. B. Mack)은 다음과 같이 주장했다.

> "조지 그랜트의 표적(target)은 거짓되고 외형화된 종교와 자기 의에 물든 율법주의였고, 이들에 반대하여 그는 가슴과 지성과 영혼의 살아 있는 신앙을 세우려 했다."

맥은 사실상 수용적 복음주의자이자 그 시대의 가장 영향력 있는 장로교인 중 하나였던 조지 그랜트가 자기 교단을 찰스 하지(Charles Hodge)의 프린스턴의 보수적 장로교와 고등비평가들의 자유주의적 현대주의 사이에 자리를 잡게 하는데 기여했다고 주장했다. 조지 그랜트는 '한 집단은 옛 것이 아니면 아무것도 믿지 않고, 다른 집단은 새 것이 아니면 아무것도 믿지 않는다'라고 썼다. 아무도 진리를 독점할 수 없다는 것이 그의 생각이었다. 이 시대에 조지 그랜트와 다른 장로교인들이 표현한 중용 덕에, 캐나다장로교회는 캐나다 국경의 남쪽(미국을 의미-역주)에서 일어난 분열과 논쟁을 피할 수 있었다.

놀라울 정도의 수고와 반복된 발병으로 수년간 온 몸의 기력을 다 잃어버린 조지 그랜트는 1902년 5월 10일에 온타리오 킹스턴(Kingston)에서 숨을 거두었다. 조지 그랜트는 그가 사랑한 퀸스대학 구성원들의 큰 사랑과 존경을 받았고, 19세기 후반 캐나다에서 가장 중요한 성직자이자 시민 중 하나로 인정받았다.

참고문헌 | R. Cook, *The Regenerators: Social Criticism in Late-Victorian Canada* (Toronto: University of Toronto Press, 1985); D. B. Mack, 'George Monro Grant: Evangelical Prophet' PhD dissertation, Queen's University, Kingston, Ontario, 1992); D. B. Mack, 'Of Canadian Presbyterians and Guardian Angels,' in G. A. Rawlyk and M. A. Noll (eds.), *Amazing Grace: Evangelicalism in Australia, Britain, Canada, and the United States* (Montreal-Kingston: McGill-Queen's University Press, 1994), pp.269-292.

G. R. MIEDEMA

조지 뮬러(George Muller, 1805-1898)

자선가, 목회자, 설교자. 그는 잉글랜드 브리스톨(Bristol)에 여러 고아원을 만들고 직접적인 재정 후원을 요청하지 않으면서도 이 기관들을 운영하여, '신앙으로 사는 삶'의 표본을 보여 준 인물로 유명하다. 뮬러의 이런 삶의 표본은 다른 많은 복음주의운동에 영감을 주었다. 뮬러는 프러시아 크로펜슈태트(Kroppenstaedt)에서 1805년 9월 27일에 태어났다. 그의 아버지는 뮬러가 성직자가 되어 편안한 삶을 보장받기를 원했다. 자신을 바꾸려는 돌발적인 시도들이 그의 청년기를 지배한 방종한 행실을 거의 바꾸지 못했음에도 불구하고, 1825년에 할레대학교(Halle University)에 입학하면서, 루터교회에서 설교할 수 있는 자격을 얻었다. 결국 그의 삶을 완전히 변화시킨 회심 경험은 1825년 후반 할레에서 있었던 몇몇 지인들과의 기도 모임에서였다. 뮬러는 이 시간 직후 선교사가 되어야겠다고 결심을 하고 계속해서 학교를 다니며 과정을 마쳤지만, 뮬러의 계획에 분노한 아버지는 아들에 대한 모든 재정 지원을 중단하기에 이른다. 뮬러는 자기 삶에서 처음으로 정기 재정 지원 없이 살아가야 하는 상황에 직면했다. 뮬러는 1829년 2월에 베를린을 떠나 '유대인에게 기독교를 전하기 위한 런던협회'(London Society for Promoting Christianity Amongst the Jews)에 합류하기 위해 런던으로 향했다. 프러시아 군대에 입대해야 되는 문제가 있었지만, 그의 생각에 공감했던 장교의 도움으로 건강상의 이유를 들어 입대를 피할 수 있었다.

잉글랜드에서 뮬러는 자신의 감정이 인도하는 대로 자유롭게 복음을 선포하고 싶은 욕구와 선교회의 조직적 요구 사항 사이에서 갈등을 경험했다. 그의 생각은 후에 형제단(Brethren) 운동으로 재조직되는 이 운동의 창립자들의 영향을 받은 것으로, 특히 앤소니 노리스 그로브스(Anthony Norris Groves)의 영향이 지대했다. 그로브스는 원래 의사였지만 모든 재산을 처분하고 어떠한 선교회와도 교류하지 않고, 자신의 필요를 채워 주시는 하나님만 의지하며 선교지로 떠난 사람이었다. 뮬러는 자유롭게 다니며 복음이 필요한 곳에 말씀을 선포하기를 원했지만 그가 속한 선교회가 이를 허용하지 않자, 결국 선교회와의 관계는 1830년에 끝이 나고 말았다. 그러나 몇 달 후 뮬러는 데본(Devon) 틴머스(Teignmouth) 소재 에벤에셀채플의 청빙을 받아들였다.

이즈음 뮬러는 자신이 사례를 받든 안 받든 하나님이 모든 물질적 필요를 채워 주시리라는 확신을 갖게 되었다. 뮬러는 1830년에 그로브스의 동생 메리 그로브스(Mary Groves)와 결혼했다. 부부는 신혼 때부터 '믿음으로 살기로' 결심했다. 뮬러는 더 이상 사례비를 받지 않기로 했는데, 이 사례비가 교인들을 사회적으로 차별하는 좌석료를 기본으로 책정되었기 때문이고, 공짜가 아니라 대가를 바라고 받는 돈이었으며, 회중이 주는 돈을 받으면 자신의 가르침이 여기에 영향을 받을 수 있기 때문이었다. (이즈음 뮬러는 유아세례보다는 신자의 세례를 인정하는 방향으로 신학적 입장을 정리해 가고 있었다). 뮬러는 당시 더블린(Dublin)에서 탄생한 형제단(Brethren) 집단 내부에서 등장하던 다른 흐름을 모방했다. 에벤에셀채플(Ebenezer Chapel)에서 매주 성만찬을 시작했으며, 만인제사장론(priesthood of all believers)을 기반으로 열린 집회를 시작하여 평신도도 권면과 설교를 할 수 있게 했다.

뮬러는 1832년 5월에 브리스톨 소재 기드온채플(Gideon Chapel)에서 헨리 크랙(Henry Craik)의 동역자가 되어 달라는 청빙을 받고 이를 수락했다. 몇 주 되지 않아 두 번째 회중이 조직되어 도시 중심지에 비어 있던 베데스다채플(Bethesda Chapel)에서 모임을 갖기 시작했다. 크랙은 재산 문제에서 친구 뮬러와 마찬가지로 그로브스의 입장을 갖게 되었고, 두 동역자는 함께 사역을 시작하면서 '믿음으로 사는 삶'을 실천해 나갔다. 두 사람은 교회 뒤편에 자기 이름을 적은 상자를 놓아두고, 사람들이 자발적으로 상자 안에 넣어 두는 기부금으로 사역을 이어 나갔지만, 1842년에는 이조차도 자기들만이 그 교회의 유일한 '목회자'라는 인상을 준다는 이유로 이를 중단했다. 이후에는 모든 기부 물품은 자기 집으로 가져가거나 하는 등 다른 방법으로 필요를 채웠다.

뮬러의 묘비에는 '고아들의 아버지'라는 묘비명이 새겨져 있다. 뮬러는 브리스톨에 고아원을 세우는 계획을 1835년부터 구체화시켜 나갔다. 이 고아원은 독자들에게 고아들의 참혹한 현실을 일깨워 준 찰스 디킨스(Charles Dickens)의 소설 『올리버 트위스트』(Oliver Twist)가 1837년에 출판되기도 전에 설립되었다. 이 당시에는 사립 고아원이 매우 드물었을 뿐만 아니라, 사립 고아원을 세운다는 생각 자체가 매우 혁신적인 실험이라고 여겨지던 시기였다. 잉글랜드 전역을 통틀어 사립 고아원은 열 손가락에 꼽을 정도로 드물었고, 더욱이 모든 시설이 런던이나 그 근교에 위치하고 있었다.

할레에서 공부할 무렵, 뮬러는 잠시 동안 독일 경건주의자 어거스트 프랑케(Auguste Franke)가 세운 고아원에서 머문 경험이 있었다. 그러나 그는 '지금 가난에 허덕이고 있는 아이들의 세상적 필요를 채워 주기 위해 무엇인가를 하라'는 프랑케의 문구는 영적 명령과 조화를 이룬다고 생각했다. 뮬러는 당대 문화가 합리주의적 사고와 과학 질문이 초래한 회의주의로 채색되어 있어서, 기독교 정통의 초자연적인 교리와 대중의 믿음이 빛을 잃어가고 있다고 생각했다. 뮬러가 고아원을 세운 목적은 하나님께서 옛날이나 지금이나 여전히 동일하시다는 '가시적 증거'를 통해 신자들의 믿음을 더 강하게 하기 위함이었다. 뮬러는 조직화된 자선 활동을 통해 고아를 돌보는 것만으로는 이 목적을 완수할 수 없다고 믿었다. 기도에 대한 직접적인 응답으로 채워지는 기적만이 살아 계시는 인격적인 하나님에 대한 확신을 불러일으킬 수 있다고 믿었다.

1836년부터 시작된 고아원 사업은 1870년까지 이어졌는데, 다섯 개의 고아원 건물이 브리스톨 애슐리다운(Ashley Down)에 단계적으로 서서히 세워져 총 2,000명의 고아를 수용했다. 뮬러는 개인적인 심각한 어려움을 겪는 동안에도 이 시설을 운영하기 위해 어떠한 형태의 약정 기부금(개인이건 기관이건)도 요구하지 않았으며, 자금 요청이나 필요한 물품들을 공개적으로 게시하는 등의 일을 결코 하지 않았다. 1865년에 뮬러를 방문한 제임스 허드슨 테일러(James Hudson Taylor)는 뮬러의 원칙을 열렬히 신봉했는데, 유사한 '믿음' 원칙을 기반으로 중국내지선교회(CIM, 후에 OMF로 개칭)를 운영했다.

뮬러는 고아원 사업과 더불어 1834년에는 '국내외성경지식협회'(The Scriptural Knowledge Institution for Home and Abroad)를 조직하여 주일학교에서 성경을 더 잘 가르치고, 성경을 배포하고, 선교활동을 후원하는 등의 활동을 했다. 1875년에서 1892년 사이 뮬러는 영국과 유럽, 북아메리카, 인도, 오스트레일리아와 뉴질랜드를 여행하며 복음을 전했다. 뮬러는 1898년 3월 10일에 93세의 나이로 숨을 거둘 때까지 브리스톨에 머물며 사역했다.

뮬러는 19세기 중반부터 급속히 성장했던 형제단운동에서 존경받는 인물이 되었다. 브리스톨의 베데스다채플은 이 젊은 운동이 1848년에 분열하는 진앙지가 되었다. 뮬러와 크랙은 자신들의 교회가 이 운동의 학식 있고 성격인 강성인 두 지도자 B. J. 뉴턴(B. J. Newton)과 J. N. 다비(J. N. Darby)가 플리머스에 있는 형제단교회 내에서 벌인 논쟁에 휘말리는 것을 우려했다.

이들의 주저하는 것을 본 다비(당시 가장 영향력 있던 형제단 지도자였을 것이다)는 감정 기복이 심했는데, 뮬러와 크랙이 당시 이단적이라고 여겨지던 교리들을 수용하고 있다고 생각했다. 그래서 다비는 베데스다채플과 교류를 단절하기를 거부하는 형제단교회는 무조건 축출하겠다고 선언하는 지경에 이르렀다. 이런 다비의 행동은 극도로 도발적이어서, 그가 이듬해 이 문제를 재론하는 개인적인 변화를 보여 주었지만, 뮬러는 이 행동을 호의적으로 받아들이지 않았다. 결국 소위 '열린'(open) 형제단과 '배타적'(exclusive) 형제단의 분열은 이렇게 확정되었다.

그러나 뮬러가 사람들에게 가장 널리 알려진 것은 주로 유명한 고아원사역 때문이었다. 비록 그가 '믿음으로 사는 삶'이라는 원칙을 현대에 처음으로 채택한 사람은 아니었지만, 이 믿음을 몸소 실천했던 그의 삶은 기독교인의 삶과 사역의 본보기로 자주 칭송받는다.

참고문헌 | N. Garton, *George Muller: Delighted in God* (London: Hodder & Stoughton, 1975).

R. N. SHUFF

조지 비벌리 쉐이(George Beverly 'Bev' Shea, 1909-2013)

솔리스트(soloist). 그는 1909년 2월 1일에 온타리오 윈체스터(Winchester)에서 애덤 J. 쉐이(Adam J. Shea)와 아내 모드(Maude) 사이에서 여덟 남매 중 넷째로 태어났다. 부모는 모두 캐나다 출신이었다. 부친은 감리교 목회자였고, 모친은 쉐이에게 피아노를 가르치고 복음성가를 들려주는 등 자신의 음악적 재능을 물려주었다. 쉐이는 부친이 목회했던 오타와(Ottawa) 지역에 위치한 서니사이드웨슬리파교회(Sunnyside Wesleyan Church)의 성가대원으로 사람들 앞에서 처음 노래를 부르기 시작했다.

쉐이는 사립이자 초교파학교였던 애니슬리대학(Annesley College)에 입학하여 4중창단에 참여했다. 그곳에서 어마 샤프(Erma Scharfe)라는 여성을 만나 1934년 6월 16일에 오타와에서 결혼했다. 17세가 되던 해에 어느 기독교 캠프에서 생애 처음으로 사람들 앞에서 혼자 노래했다. 1927년도에는 부친의 교회에서 진행된 특별 예배에서 신앙을 공개적으로 선언하기도 했다.

쉐이는 1928년에 뉴욕 북부(upstate New York)에 있는 호턴대학(Houghton College)에 입학했다. 재정적인 어려움으로 입학한지 일 년 만에 호턴을 떠난 쉐이는 뉴욕시로 이주해서 월스트리트(Wall Street)에 있는 뮤추얼오브뉴욕(Mutual of New York)이라는 보험 회사 직원으로 일했다. 그는 직장에 다니면서도 세계적으로 유명한 보컬 강사 여러 명에게 훈련을 받았고, 그 결과 라디오에서 노래하는 가수로 성장했다.

그의 개인적 신념을 훼손시킬 수도 있을 만한 수익성 좋은 라디오 가수 계약 제안이 왔을 때 쉐이는 결정해야 하는 순간을 맞이했다. 그의 고민을 알게 된 어머니는 집에 있는 벨(Bell, 피아노 회사 이름-역주) 피아노 위에 레아 F. 밀러(Rhea F. Miller)의 시 '주 예수보다 더 귀한 것은 없네'(I'd Rather Have Jesus)를 올려놓았다. 시를 접한 쉐이는 이 시에 곡을 입혔다. 그 찬송가는 사랑받는 복음송이 되었을 뿐만 아니라 그의 삶의 영감이 되고 방향을 인도해 주었다. 그 이후로 그는 평생 성가를 부르는 사람이 되겠다고 결심하고, 세속 무대에 서서 노래하기를 거절했다.

무디성경학교(Moody Bible Institute) 교장 윌 호턴 박사(Dr. Will Houghton)의 요청에 따라 쉐이는 시카고로 옮겨 무디 라디오 방송국(WMBI)의 아나운서로 일했다. 그는 곧 인기 있는 라디오 진행자가 되었고, 그 방송국에서 방송하던 '채플에서 울려 퍼지는 찬송'(Hymns from the Chapel) 코너의 가수로도 참여했다.

1943년에 젊은 전도자 빌리 그레이엄(Billy Graham)은 쉐이에게 자신의 라디오쇼 '한 밤의 노래들'(Songs in the Night)에 출연해 노래해 주기를 간청했다. 그레이엄은 자신의 새로운 주일 밤 프로그램에서 노래할 유명한 복음성가 가수가 필요했기에 쉐이에게 그 역할을 부탁했다. 쉐이는 그레이엄이 자기 전도사역을 위해 고용한 첫 번째 사람이었다.

4년 후 쉐이는 빌리그레이엄전도협회(Billy Graham Evangelistic Association, BGEA)의 정직원이 되어, 그레이엄의 집회에서 노래하는 솔리스트가 되었다. 쉐이는 WCFL 방송국의 새로운 프로그램 '클럽 타임'(Club Time)에서 노래해 달라는 제안이 들어오자 WMBI에서 있던 자리를 사임했다. 이 프로그램은 1945년도에 텔레비전 방송으로 전환되었다.

빌리그레이엄전도집회에서 쉐이는 항상 그레이엄의 설교 전에 찬양을 불렀다. 그레이엄이 좋아했던 12-15가지 찬송은 쉐이의 자주 부르던 찬양 목록에 들어 있었다. 50년이 넘도록 그는 그레이엄의 집회에서 최고의 가수였으며, 주간 라디오 방송 '결단의 시간'(Hour of Decision)을 통해 80개국의 약 2억 명이 넘는 청취자 앞에서 공연을 하기도 했다.

그는 또한 기독교 가수로서 활동하며 RCA 음반사를 통해 70장이 넘는 앨범을 발표했다. 그가 녹음한 첫 번째 곡은 우리에게 친숙한 찬양 '주 하나님 지으신 모든 세계'(How Great Thou Art)였다.

쉐이는 복음성가 가수로 활동을 시작한 신인 시절에 '모데스토선언'(Modesto Manifesto)에 서명했는데, 이는 그레이엄, 클리프 배로우스(Cliff Barrows), 그레이디 윌슨(Grady Wilson)과 함께 목회사역의 순전성을 유지하고자 했던 약속이었다. '아내 이외의 다른 여성과 단독으로 동행하지 않기,' '자신의 성공을 자랑하지 않기, 헌금에 집착하지 않기,' '교회와 목사에 대한 공개 비판 삼가기' 등의 약속을 정했다.

쉐이는 1956년에 호턴대학으로부터 예술 분야 명예박사학위를 받았고, 1972년도에는 일리노이 트리니티대학(Trinity College)에서 종교음악박사학위를 취득했다. 그는 1966년에 앨범 '사우슬랜드 선곡집'(Southland Favorites)으로 그래미상을 수상했고, 내슈빌(Nashville) 소재 '복음성가협회 명예의 전당'(Gospel Music Association Hall of Fame)에 올랐다. 그는 『내 영혼이 찬양하네』(Then Sings My Soul, 1968), 『나는 노래하며 나아가네』(Singing I Go, 1971), 『가슴을 울리는 찬양』(Songs That Lift the Heart, 1972)의 세 권의 자서전을 출판했다.

쉐이의 아들 로널드(Ronald)는 1948년에 일리노이 웨스턴스프링스(Western Springs)에서 태어났으며, 그 역시 빌리그레이엄전도협회(BGEA)에서 일했다. 2년 뒤 딸 일레인(Elaine)이 태어났다. 어마가 암으로 사망한 1976년까지 쉐이는 어마와의 결혼 생활을 유지했지만, 아내의 죽음 이후 빌리그레이엄전도협회에서 접수 담당자로 일한 칼린 아세토(Karlene Aceto)와 재혼했다. 이들은 그레이엄의 집에서 1마일 정도 떨어진 노스캐롤라이나(North Carolina) 몬트리트(Montreat)의 산중에 살며, 여름에는 쉐이가 소유한 퀘벡(Quebec)의 오두막에서 지냈다. 그는 2016년 4월 16일 사망했다.

참고문헌 | G. B. Shea, *Then Sings My Soul* (Old Tappan, New Jersey: Fleming H. Revell, 1968).

T. L. COOPER

조지 스위팅(George Sweeting, 1924-)

목회자이자 무디성경학교(Moody Bible Institute, MBI) 총장. 그는 부모가 스코틀랜드에서 미국으로 이민 온 다음해, 뉴저지(New Jersey) 헤일던(Haledon)에서 태어났다. 스위팅의 부모는 신앙 교육을 가장 중시했기에, 스위팅을 포함한 다섯 남매(누이 셋, 형제 둘)는 지역 복음주의 교회들을 다니며 성장했다. 1938년에 부모는 호손복음교회(Hawthorne Gospel Church)에 다니기 시작했는데, 거기서 스위팅은 자신의 미래 아내가 될 마거릿 힐다 쉬넬(Margaret Hilda Schnell)을 만났다. 둘은 1947년에 결혼했다.

십대의 마지막 시기에 스위팅은 이후 그의

삶을 특징 짓게 되는 전도에 대한 열정을 이미 갖고 있었다. 고등학교 2학년이 되기 전 여름에 그는 자신의 삶을 예수 그리스도와 기독교 사역에 바치기로 결심했다. 즉시 그는 자신의 간증을 학급 동료들과 나누었으며, 고등학교 2학년 재학 중에 41명을 전도했다. 고등학교를 마치고 스위팅은 형을 따라 시카고에 있는 무디가 설립한 무디성경학교에 입학했다. 여기서 그는 무디성경학교의 필수 실천 사역을 통해 설교와 전도 능력을 향상시켰다.

그는 분필 그리기와 이동식 이젤(easel)을 전도에 사용('그림 설교')하며 지역에서 유명해졌고, 주말 대부분을 미국 중서부를 돌아다니며 전도했다. 스위팅은 1945년에 학위를 받은 후, 1946년에 매사추세츠 웬햄(Wenham) 소재 고든대학(Gordon College)에서 2년 과정의 학사 학위를 마쳤다. 학생 시절에 스위팅은 복음전도와 설교에 직접 참여하라는 강한 부르심을 느꼈기에, 고든대학에서 선교학과를 이끌어 달라는 제안을 거절했다. 이 시기에 스위팅의 고향 교회 호손복음교회의 목사 허만 브라운린(Herrmann Braunlin)이 그에게 부목사직을 제안했다. 스위팅은 이 제안을 받아들여 18개월간 고향 교회에서 사역한 후, 파사익(Passaic)에 있는 그레이스교회(Grace Church)의 담임목사직을 맡게 된다.

복음을 전하고자 하는 넘치는 열정으로 스위팅은 1950년대에는 담임목사를 사임하고, 길에서 복음을 전하기 시작했다. 그에게 가장 잘 어울리는 자리로 돌아간 것이다. 그는 순회의 삶을 사는 분필 예술가이자 복음전도자였다. 스위팅은 거의 매일 여러 지역을 다니며 청중 수백 명 앞에서 말씀을 선포했다. 사역의 기회를 엿보며 주와 나라의 경계를 넘나들었다. ('예수가 답이다'(Christ is the Answer)라고 옆면에 페인트로 쓴 트랙터 트레일러로 도시에서 도시로 큰 텐트를 실어 나르는 수행단이 포함된) 그의 순회 '전도집회'(crusades)는 네 아들 중 장남이 십대가 된 1961년까지 계속되었다.

스위팅은 이후 또 다시 뉴저지 패터슨(Paterson) 소재 메디슨애브뉴침례교회(Madison Avenue Baptist Church) 목사가 되었다. 메디슨애브뉴교회는 스위팅이 도착할 당시 적은 출석률과 열정 상실로 침체기를 겪고 있었던 유명한 복음주의 교회였다. 그러나 새로운 목사는 몇 년 내로 교회가 성장하고 성숙할 수 있는 비전을 제시했다. 시카고의 무디기념교회(Moody Memorial Church)도 비슷한 문제를 겪고 있었는데, 교인들은 스위팅에게 자신들의 교회에서 3년간 목회자로 사역해 달라고 애원했다. 깊은 숙고 끝에 스위팅은 이 부르심에 응하고, 가족과 함께 서부로 이동했다.

스위팅은 무디기념교회에서 5년간 사역했으며 그 후에 윌리엄 컬벗슨(William Culbertson)의 뒤를 이어 무디성경학교 총장이 되었다. 그가 총장으로 지낸 1971년에서 1987년까지 스위팅은 전도를 중심에 두면서도, 동시에 기관의 성장에도 전력을 기울였다. 그는 라디오와 책, 잡지 등을 통해 무디성경학교의 사역 범위를 확장했고, 무디연례목회자대회(Moody's annual Pastors' Conference)를 조직했다. 더욱이 그는 나중에 무디대학원(Moody Graduate School)이 되는 심화 학습 프로그램을 시작했다.

스위팅은 무디성경학교가 시카고 도시를 위한 역사적인 선교를 계속해야 한다고 믿었기에 학교를 교외로 이전하자는 안에 반대했다. 그는 무디성경학교가 포괄적이며 변증적인 무디의 전도 비전에 계속 머물러야 한다고 권고했다.

스위팅은 학교를 경영 기법으로가 아니라 강력한 비전을 제시함으로써 이끌어 나갔다. 1987년에 무디성경학교 100주년이 지난 시점에서, 스위팅을 총장직을 사임하고, 은퇴한 1999년까지 명예총장직을 맡았다. 현재 그는 무디성경학교의 은퇴 명예총장이며, 기독교 관련 주제에 관한 저술 활동과 강연을 이어 가고 있다.

스위팅의 전기를 쓴 작가는 그를 '관대한 자극'에 능한 사람으로 묘사했다. 그는 기질상 논쟁을 피하는 인물이었기에, 무디성경학교를 전투적 근본주의로부터 멀리 떨어뜨려 놓았다. 그는 한번은 자신을 '교리에서는 근본주의자지만 정신에서는 복음주의자'라고 평했다. 전도에 대한 열정, 또한 그가 표현한 대로, '포괄적 복음'(inclusive gospel) 설교는 경직된 전투선을 그리는 (전통적인 근본주의의-역주) 부정적인 경향에 반대하여 스위팅 자신과 무디가 가진 근본주의 유산의 긍정적이고, 변혁적인 면을 강조한 것이다.

스위팅은 30권 이상의 책을 저술했는데, 그중 『성숙한 크리스천이 되는 법』(*How to Begin the Christian Life*, Chicago: Moody Press, 1975)은 거의 10개 국어로 번역되어 100만 부 가까이 팔렸고, 또 다른 책인 『증인의 삶을 사는 법』(*The No-Guilt Guide to Witnessing*, Wheaton: Victor Books, 1991) 또한 세간의 주목을 받았다.

참고문헌 | J. B. Jenkins, *A Generous Impulse: The Story of George Sweeting* (Chicago: Moody Press, 1987).

R. B. BADEMAN

조지 아더 경(Sir George Arthur, 1784-1854)

식민지 행정가이자 형벌 제도 개혁자. 그는 1784년 6월 21일에 잉글랜드 플리머스(Plymouth)에서 태어나 1854년 9월 19일에 죽었다. 플리머스의 유명한 잉글랜드국교회(Church of England) 상인 가문에서 태어난 아더는 아마도 플리머스문법학교에 다녔을 것이다. 나폴레옹전쟁 시에 군복무를 했고, 1812년에 소령 계급까지 올랐다. 1814년에 그는 '나는 진급을 꿈꾸고 있었다'라고 말했다. 이 언급은 그가 개인적으로 겪은 종교적 위기 상황이라는 배경에서 나온 것이다. 당시 그는 자신이 죄인이라는 것과 복음의 '진리와 능력'을 확신하게 되었다. 되돌아보면, 아더의 회심은 그의 경력 야망을 제한했다기보다는 오히려 재정의했다고 할 수 있다. 즉 이 야망에 종교적 동기를 부여한 것이다. 아더는 또한 시드니 스미스(Sydney Smith)가 농담으로 '클라팜당'(Clapham sect)라 부른 복음주의 네트워크의 일부가 됨으로써 강력한 종교계 인맥을 확보했다. 그는 윌리엄 윌버포스(William Wilberforce), 제임스 스티븐 주니어(James Stephen Jr), 재커리 매콜리(Zachary Macaulay), 포웰 벅스턴(Fowell Buxton) 같은 복음주의 지도자들과 정기적으로 서신을 왕래했다.

아더 가문의 종교 배경은 성공회(Anglican)였지만, 복음주의파는 아니었다. 실제로 가족은 그가 '감리교도'가 되지는 않았을까 염려했다. 성직을 배타주의적으로 이해한 것은 아니지만, 그렇다고 그가 감리교도가 된 것은 아니었다. 그는 성공회 성직자들이 현지인의 도덕적이고 종교적인 필요를 채우며 목회하는 과정에서, 모라비아교도나 감리교도보다 대개 열매를 덜 맺는 이유로 '노예들의 종'의 모습으로 '겸손해지기를 꺼려하는 '예법과 관습과 취미'를 꼽았다. 반디멘스랜드(Van Diemen's Land, 1856년부터 타즈메니아(Tasmania)로 개칭)에서, 그는 때로 장로교 예배에 참석했고, 죄수들을 위한 기독교 교육 담당자로 웨슬리파 신자들을 고용했다. 이들 사역의 '가장 중요한 본질은 신앙 혹은 도덕이었다.'

1814년에 아더는 엘리자베스 어셔(Elizabeth Usher)와 결혼했다. 같은 해에 그는 자메이카 흑인 부대의 소령으로 임명받았다. 1815년에는 중령으로 진급하고 1816년에는 영국령 온두라스 식민지 지휘관이 되었다. 그 이전에는 그렇지 않다가 자메이카에 있는 동안 그는 노예제도를 도덕적으로나 종교적으로 혐오스러운 것으로 인식하게 되었다. 1816년에 아더는 영국 식민지 장관 버스스트 경(Lord Bathurst)에게 자신은 '노예제도에 관해서는 완전한 윌버포스'(윌버포스와 의견이 전적으로 일치한다는 의미-역주)라고 말했다. 온두라스에서 복음주의 활동에 열심을 낸 아더는 그 식민지를 그 지역에 기독교를 전파하는 기지로 삼고자 했지만, 그런 의도로 모스키토 해안(Mosquito Shore or Coast, 니카라과와 온두라스 동부 해안을 일컫는 지명-역주)에 새 왕을 세우려던 시도는 실패로 돌아갔다.

1834년에서 1836년까지, 아더는 죄수들을 위한 식민지로 세워진 반디멘스랜드의 부총독으로 일했다. 여기서 식민지의 승인하에 그는 독특한 죄수 행정 '체계'를 만들었는데, 이 체계를 통해서 섬 전체를 일종의 야외 파놉티콘(panopticon: 영국 공리주의 철학자 제러미 벤담이 제안한 일종의 감옥 건축 양식으로, 소수의 감시자가 모든 수용자를 자신을 드러내지 않고 감시할 수 있는 형태의 감옥을 제안하면서 벤담이 이 용어를 만들었다-역주)으로 만들고자 했다.

행정가로서의 아더는 효율성을 중시했고, 독재적이고, 귀족 중심적이고, 언제나 냉정했다. 또한, 그는 지역 사업에 빈틈없이 투자해서 부자가 되자 반디멘스랜드를 떠났다는 점에서 세상일에도 밝은 사람이었다. 대부분의 클라팜당 '성자'처럼, 그도 교회권이 세속권에 종속되어 있다고 믿었다. 그는 식민지 특수 목회자들(군목, 원목 등)과 성직자들을 세속 문제뿐만 아니라 종교 문제에서도 그의 아랫 사람으로 취급했다. 사실상 그는 식민지의 행정 사령관일 뿐만 아니라 목회자의 사령관이기도 하다는 것이다. 결국 그의 손에는 정의의 칼과 자비의 칼 모두가 들려 있었다.

아더의 '체계'는 신중한 관리 감독과 분류에 근거한 것이었다. 동력은 선택이었다. 식민지에 도착하면 두 개의 길이 죄수 앞으로 뻗어 있었다. 하나는 올라가는 길, 하나는 내려가는 길. 죄수가 나쁜 행동을 하기로 선택하면, 이것이 기록에 남고, 그 죄수는 내려가는 길로 보내졌다. 처음에는 쇠사슬에 묶이게 되고, 다음으로는 포트아더(Port Arthur) 같은 소위 '두 번째 형벌'의 장소로 보내졌다가, 마지막으로 교수대로 보내졌다. 여성 죄수에게는 호바트(Hobart)에 있는 여성 공장(Female Factory)이라는 이름의 장소가 두 번째 형벌에 해당하는 공간이었다. 위로 올라가는 과정도 같은 관리를 받았다. 이 과정에는 네 단계가 있었다. 자유 정착자의 지위를 얻고, 섬을 떠날 수 있는 표를 확보하고, 조건부 사면을 받고, 마지막으로 완전한 자유를 얻는 것이었다. 죄수를 호송한 배가 호바트에 도착하면, 아더는 자주 배에 올라 체계가 어떻게 작동하는지 설명하곤 했다. 아더는 자신의 체계가 '범죄의 두 질서'(two orders of crime)를 반영하는 것이라고 주장했다.

"하나는 성향적이고 내적인 것인데, 인간의 악한 열정으로 구성되는 것이며, 다른 하나는 자극적이고 외적인 것인데, 욕망과 야망의 대상이 될 수 있는 모든 것들로 구성되어 있다."

영국에서 일어나는 범죄의 외적 요인에는 외적 치료책, 예를 들어 유형지로 보내는 것 등이 있었다. 이 조치는 영국 범죄자들을 '범죄를 저지를 수 있는 유발 요인이 저항력을 능가하는 제국의 일부 지역에서 다른 지역으로 이주시켜서 이 요인들이 거의 균형을 이루게 하는 것'이었다. 아더는 한 때 이 원리를 약한 식물을 비바람에 노출된 정원의 한 구역에서 보호받을 수 있는 다른 안식처로 유형(이동)시키는 것에 비유한 바 있다.

이 체계는 대부분의 범죄자에게 '조용하지만 가장 효과적인 자기 유익(self interest)의 원리'가 표면상 정직한 행동으로 나타나게 하는 안식처가 되는 것이다. 더구나, **사실상** 교도관들, 즉 행동이 바른 죄수들을 일꾼으로 할당받은 주인들이 변화된 죄수들이 더 나은 일꾼이라는 것을 인정하고, 따라서 개혁 과정을 돕는 일의 유익을 깨달으리라 기대할 수 있었다. 아더는 다음과 같이 말했다.

"교도관들이 죄수를 개혁하는 과정에서 개인적인 유익을 누려야 한다는 벤담의 사상이 반디멘스랜드에서 아름답게 실현되었다."

인간의 마음에 대한 거의 로크(Lock), 혹은 **백지 상태**(*tabula rasa*) 이론을 활용한 아더는 범죄의 '외적' 원인을 밝혀낼 수 있기를 기대했다. 그는 '우리는 놀라울 정도로 교육으로 만들어지는 존재'라고 썼다.

그러면 '악한 열정'으로 연결되는 성향, 즉 아더가 말한 범죄의 '내적' 원인에 대해서는 어떤 이야기를 할 수 있을까?

'사익 추구에 대한 개혁을 원칙에 대한 개혁으로 향상되어 발전할 수 있게 하는 가장 중요한 도구는' 바로 목회자들이다(강조는 아더의 것). 교도소 원목들의 역할은 마음을 불편하게 만들어서, 아더가 '정신'(mind)이라 부른 것을 죄수들이 계발할 수 있도록 돕는 것이었다. 그렇게 '정신을 차린'(수치심을 느낀) 죄수는 '내적(도덕적이고 종교적인) 규제자'를 스스로 길러내라는 도전을 받게 된다. (모든 인간의 마음이 처절하게 사악하다는) 원죄에 대한 자신의 믿음과 인간 본성의 순응성에 대한 로크/벤담의 이론을 결합하는 것은 논리적 난제였다. 그러나 클라팜의 개량주의적(meliorist) 칼빈주의자들이 공유한 이 결합은 특정한 시대 상황을 반영하는 것이었다.

아더의 형벌속죄 장치는 최소한 외적인 개혁과 태도 변화를 이끌어 내는 데는 탁월하게 효과적이었다는 것이 증명되었다. 그러나 그가 식민지를 떠난 후에도 이 제도가 오랫동안 살아남지는 않았다. 자유 정착민에게 죄수를 할당한 제도는 새로 도착한 죄수들을 속죄 궤도에 안착시키는 중요한 수단이었다. 그러나 이런 할당이 식민지 사회를 '더럽힌다'라는 자유 정착민들의 점증하는 불만과, 할당이 성공함으로써 유형이 더 이상 잠재적 영국 범죄자들에게 겁을 주는 기능을 하지 못했다는 영국인들의 불만에 직면한 영국 정부는 1830년대 후반에 할당(assignment)을 폐기했다.

타즈메니아의 애보리진(Aborigines, 오스트레일리아 토착 원주민)에게 베푸는 자선에 대해서도 아더는 큰 관심을 기울였으나, 정착자들이 늘어나면서 생긴 참혹한 부수 결과를 막을 효과적인 힘은 없었다. 그는 1831년에 G. A. 로빈슨(G. A. Robinson)을 고용하여 남아 있는 일부 애보리진이 플린더스섬(Flinders Island)으로 이주할 수 있도록 설득하라고 했다. 아더는 그들을 정착자들의 공격에서 보호하고 그들의 삶을 수렵 채취에서 농업과 기독교로 바꾸고 싶어 했다. 그러나 그들의 질병과 사기 저하를 막을 수 없었다. 후에 그는 '단순하지만 전쟁 같은, 그리고 지금 겉으로 보이는 그대로, 고귀한 심성을 가진 종족을 그들의 토착 사냥터에서 쫓아내야 할' 필요(여전히 이것을 필요라고 생각했다) 때문에 큰 고통에 빠져 있음을 언급한 적이 있다.

(그의 일부 적들이 칭한 대로) 이 '호바트타운의 성자'는 해석하기 쉬운 인물이 아니었고 지금도 그렇다. 1836년에 소환됨으로써 이 보기 드문 형벌과 복음주의의 독창적인 이야기는 끝났다. 고향으로 돌아오는 항해 중에 기록했듯이, 아더 스스로는 그의 통치 속에서 깊은 후회의 이유를 찾아냈다.

"내가 지금 가장 바라는 것은 하나님께 영광을 돌리는 것이다. 그리고 내가 가장 애통하는 것은 내가 지금까지 그분께 아무짝에도 쓸모없는 종이었다는 사실이다."

비록 덜 도전적이기는 했지만, 아더는 이후 신뢰받는 지사 경력과 확고한 복음주의자로서의 명성을 유지했다. 1837년부터 1841년까지 그는 어퍼캐나다(캐나다 북부-역주)의 부지사를 지냈고, 1841년에는 준남작(baronet)이 되었다. 1842년부터 1846년까지는 봄베이 식민지의 주지사였다. 1854년 사망 시에도 부유했고, 1848년에 옥스퍼드가 수여한 시민법 명예박사, 1853년에 받은 중장 계급장 등의 세속적 명예도 누렸다. 그는 슬하에 다섯 아들과 일곱 딸을 남겼다.

참고문헌 | A. G. L. Shaw, *Sir George Arthur, Bart, 1784-1854* (Melbourne: Melbourne University Press, 1980).

R. ELY

조지 엘던 래드(George Eldon Ladd, 1911-1982)

미국 성경학자. 그는 1911년 7월 31일에 캐나다 앨버타(Alberta)에서 태어난 후, 미국 뉴잉글랜드에서 자랐다. 뉴햄프셔 플리머스(Plymouth)의 플리머스고등학교에 다녔고(1924-1927), 메인(Maine) 켄츠힐(Kent's Hill) 소재 켄츠힐학교(Kent's Hill School, 메인 웨슬리파 신학교로도 알려져 있다)에서도 공부했다(1927-1928). 래드는 1929년에 매사추세츠 고든신학선교대학(Gordon College of Theology and Missions)을 졸업한 젊은 여성이 그가 다니던 감리교회에서 설교하는 것을 듣고 회심했다.

고든대학(Gordon College)에서 신학사학위를 취득(1933)한 후에는 고든신학대학원(Gordon Divinity School)에 진학해서 1942년에 신학사학위를 다시 취득했다. 보스턴대학교(Boston University)에서 2년 공부한 후에는 하버드대학교(Harvard University)에 등록해서 헨리 J. 캐드베리(Henry J. Cadbury)에게 사사한 후 1949년에 성경 및 교부 그리스어 분야의 박사학위를 받았다. 1950년에는 캘리포니아 패서디나(Pasadena) 소재 풀러신학교(Fuller Theological Seminary) 교수진에 합류해서 30년을 교수로 지냈다. 1980년에 뇌졸중을 겪은 후 1982년에 사망했다.

(오늘날 미국침례교단(American Baptist)이 된)

북침례교단(Northern Baptist Convention)에서 1933년에 안수받은 래드는 캘리포니아로 이주하기 전에 세 교회에서 목회했다. 뉴햄프셔(New Hampshire) 길퍼드(Gilford)의 제일자유침례교회(First Baptist Church, 1934-1936), 버몬트 몬펠리어의 제일침례교회(1936-1942), 매사추세츠 도체스터(Dorcester)의 블래니기념침례교회(Blaney Memorial Baptist Church, 1942-1945)에서 섬겼다. 블래니기념침례교회에서 사역하는 중에 고든대학과 고든신학대학원에서 가르치기도 했는데, 결국 1949년에 교수직에 올랐다.

래드는 1940년대에 엄격한 분리주의에 반대하고 여러 미국 명문 대학에서 훈련을 받은 탁월한 보수 복음주의 학자 집단의 일원이었다. 칼 F. H. 헨리(Carl F. H. Henry), 케네스 칸처(Kenneth Kantzer), 에드워드 존 카넬(Edward John Carnell), 글렌 바커(Glenn Barker), 버나드 램(Bernard Ramm), 폴 킹 쥬이트(Paul King Jewett)를 포함한 이 집단의 다른 이들은 전후 시기에 부상하던 복음주의 지도자가 되었고, 전미복음주의협회(National Association of Evangelicals), 풀러신학교(Fuller Theological Seminary), 「크리스채너티 투데이」(Christianity Today) 등장에 큰 힘을 발휘했다. 래드는 이 운동에 더 넓은 학문 세계에서 학문적 존경을 확보하고자 하는 강렬한 열망을 더해 주었다. 이런 학문적 신뢰성을 추구하는 일은 그의 삶과 사역의 중요 주제였다.

1950년대 내내 래드는 당시 미국 복음주의자와 근본주의자 내부의 지배적인 신학 체계가 되어 있던 세대주의 전천년설의 해석학적 과잉을 교정하는 데 힘을 쏟았다. 그는 처음 기독교인이 된 시기와 고든대학에 다닐 때 세대주의를 배웠지만, 하버드에서 공부하면서 그 믿음을 재고해야 한다는 압박을 받았다. 『하나님 나라에 대한 중요한 질문들』(Crucial Questions about the Kingdom of God, 1952), 『복된 소망』(The Blessed Hope, 1956)에서 래드는 세대주의 해석학적 틀의 성경적 기반에 도전했다. 복음주의 진영 바깥에서 온 공격과는 달리, 래드의 비평은 성경의 초자연적 특징을 인정하며 고전적 형태의 전천년설을 옹호하는 것이었다.

래드는 세대주의가 설득력 있는 요소를 갖추고 있음에도 불구하고, 오직 하나님 말씀의 참된 가르침만이 최종 권위가 될 수 있다고 주장했다. 1958년에 래드는 하나님 나라에 대한 성경본문 주해서이자 이 교리를 성경이 기록된 그 배경 안에서만 적용되는 교리로 제한하며 이해하는 복음주의자에게 던지는 도전으로 『하나님 나라 복음』(The Gospel of the Kingdom)을 출간했다. 따라서 래드는 이 단계에서 자신을 보수 신앙, 특히 종말론 분야의 믿을 만하고 신실한 변증가로 정립시킨 동시에, 이 신앙의 중요한 내용을 교정하는 데 힘쓴 인물로서의 정체성도 확고히 했다.

1960년대 초반에 래드의 관심은 현대 역사 사상이 복음주의 신학에 끼친 영향으로 바뀌었다. 다른 미국 신학 전통들이 20세기가 시작되는 시점에서 역사 의식의 부상과 대면한 반면, 많은 미국의 보수 복음주의자들은 신학 활동에서 이 의식이 중요하다는 것을 막무가내로 부인만 하는 것에 그쳤다. 래드는 이 차이를 예수님의 부활의 역사적 본질에 대한 비평적 논의에 들어감으로써 메우려 했는데, 그 결과로 1962-1963년에 일련의 논문이 나왔다.

역사 해석의 전문 용어를 사용하여 래드는 현대 지성을 따른다고 해서 부활의 역사성을 반드시 부인할 수밖에 없게 되는 것은 아니라고 주장했다.

그는 스스로 강요된 **히스토리에**(Historie, 즉 과학적으로 입증될 수 있는 역사 속의 사실)의 한계는 그 정의대로라면 **게쉬테**(Geschichte, 즉 역사적 사건에 대한 해석의 영역에서만 완전한 표현이 분명하게 가능해지는)의 부활의 오류를 입증할 수 없게 만든다고 보았다. 래드가 주장한 제3의 길은 널리 수용되지는 않았고, 그가 현대 학자들에게 부활을 받아들일 만한 것으로 이해시키기 위해 너무 많은 것을 포기했다고 믿은 보수 학자들의 공격도 받아야 했다.

래드는 또한 루돌프 불트만(Rudolf Bultmann)의 작품을 비평적으로 읽고 다룬 최초의 미국 복음주의 학자에 속한다. 세 편의 논문과 작은 책 한 권에서 래드는 역사 과정에 하나님이 개입할 가능성을 허락하려 하지 않았던 불트만에 도전했다. 그러나 래드의 도전은 전투적 근본주의자의 날선 공격은 아니었다. 그는 불트만의 영향력이 그의 작품의 수준에서 비롯된 직접적인 결과이자, 신앙과 근대성을 교차시키는 과정에서 불거진 이슈를 해결하려는 의지에서 비롯된 것임을 인정했다. 래드에 따르면, 복음주의자가 자기 작품에서 불트만의 글에 나타난 성실함과 열정을 보여 주기만 한다면 그와 겨룰 수 있었다.

결국 래드는 오래도록 기다린 그의 대표작 『예수와 하나님 나라』(*Jesus and the Kingdom*, 1964)를 출간하는데, 이 책으로 그 자신과 복음주의 사상 모두가 최종적으로 어느 정도 수준의 학문적 신뢰를 획득하게 되기를 기대했다. 이어서 더 많은 이들이 읽을 수 있도록 복음주의 출판사인 어드먼스(Eerdmans)를 떠나 하퍼앤로(Harper and Row, 미국에서 가장 유명한 일반 출판사 중 하나-역주)에서 책을 낼 정도까지 이 작업을 확장했다. 그러나 반응은 끔찍했다. 대부분의 논평은 대체로 긍정적이었지만, 영국 신약학자 노먼 페린(Norman Perrin, 1920-1976)은 성경신학지 「인터프리테이션」(*Interpretation*)에 신랄한 비평을 실었다.

래드에게 특히 굴욕을 준 것은 「인터프리테이션」이야말로 래드가 가장 인정받고자 갈망했던 독자들의 생각을 대표하는 간행물이었다는 사실이다. 더구나 페린의 비평은 래드가 가장 취약했던 지점을 정확하게 공격했다. 즉 신뢰에 대한 강박과 갈망으로 더 유명한 학자들의 글을 쉽게 발췌해서 자신의 견해에 연결시키려는 경향이 바로 그것이었다. 이에 대한 래드의 대응은 더 넓은 학계에서 학문적 신뢰를 얻으려던 일평생의 탐색을 포기하고, 주로 복음주의 독자들에게 초점을 맞추기로 다시 결정한 것이었다.

1960년대와 1970년대에 래드는 복음주의 신약학을 지배하는 인물로서의 명성을 더 쌓아 갔다. 『신약성경과 비평』(*The New Testament and Criticism*, 1967)에서 래드는 보수적인 독자들에게 성경연구에 사용되는 현대의 비평방법론을 소개했다. 종말론에 대한 관심도 그의 작품의 주요 영역에 흔적을 남겼다. 1972년에 『요한계시록 주석』(*A Commentary on the Book of Revelation*), 이어서 1974년에는 『미래의 임재』(*The Presence of the Future*, 『예수와 하나님 나라』의 개정판), 『종말에 일어날 일: 평신도를 위한 종말론』(*The Last Things: An Eschatology for Laymen*, 1978)이 나왔다.

래드의 가장 영향력 있는 책은 대작 『신약신학』(*Theology of the New Testament*, 1974)으로, 1993년에 개정되어 재발간된 복음주의 학계의 주요 작품이었다.

래드는 아마도 북미에서 전후에 부상한 복음주의 신약학계에서 가장 중요한 학자일 것이다. 그는 자기 시대의 주요 주해 및 신학 이슈를 다루었고, 종신 교수직을 수행하면서 풀러 신학교에서 여러 세대의 복음주의 목회자와 선교사에게 영향을 끼쳤다. 그는 복음주의 학자들이 성경연구의 비평적 방법론을 활용할 수 있는 문을 열었으며, 자신 이후에 등장한 이들이 그가 갈망했던 학문적 신뢰성을 얻을 수 있게 이끌었다.

복음주의 학계 내에서의 그의 위치는 마크 A. 놀(Mark A. Noll)이 쓴 『신앙과 비평 사이에서』(Between Faith and Criticism, 1986)에서 잘 밝혀졌다. 한 연구에 의하면, 래드는 존 칼빈에 이어 두 번째로 영향력 있는 인물로 평가되었다.

참고문헌 | J. Carpenter, *Revive Us Again: The Reawakening of American Fundamentalism* (New York: Oxford University Press, 1997); G. Marsden, *Reforming Fundamentalism: Fuller Seminary and the New Evangelicalism* (Grand Rapids: Eerdmans, 1987); M. Noll, *Between Faith and Criticism: Evangelicals, Scholarship, and the Bible in America* (New York: Harper and Row, 1986).

J. A. D'ELIA

조지 윌리엄스 경(Sir. George Williams, 1821-1905)

자선가이자 YMCA(Young Men's Christian Association) 창설자. 그는 1821년 10월 11일에 서머셋 덜버턴(Dulverton)에 있는 애쉬웨이 농장(Ashway Farm)에서 태어났다. 그는 덜버턴에 있는 교회에서 1821년 12월 10에 유아세례를 받았다. 아버지는 에이머스 윌리엄스(Amos Williams)이고, 어머니는 앤 베티 비커리(Ann Betty Vickery)였다.

조지 윌리엄스는 이 가정의 막내아들이었다. 17세기 초반부터 가족은 엑스퍼드(Exford)에서 농사를 짓고 있었다. 에이머스 윌리엄스는 1809년부터 애쉬웨이(Ashway)를 빌려 농사를 지었는데, 빌린 땅 381에이커 때문에 픽스턴(Pixton) 영지에서 경작하는 카나번 경(Lord Caernarvon) 최고의 소작인이 되었다. 네 아들은 모두 농부였고, 조지 윌리엄스 역시도 다섯 번째 농부가 되어야만 했다.

그는 가족 배경에 적당한 교육을 받았다. 덜버턴과 글로인스(Gloyns)에서는 방문한 가정 교사에게 교육을 받았고, 티버턴(Tiverton)에 있는 사립학교에도 다녔다. 그후 13살이 되자 직장을 찾아 애쉬웨이로 나갔다. 1836년에는 브리지워터(Bridgwater)의 성공한 직물상 헨리 윌리엄 홈즈(Henry William Holmes)의 견습생이 되었다.

이 일로 조지 윌리엄스의 신앙 및 소명과 관련된 미래가 결정되었다. 조지 윌리엄스의 가족 대부분은 성공회(Anglican) 신자였지만, 홈즈는 회중교회 교인이었다. 조지 윌리엄스는 브리지워터에 자리한 자이언회중교회(Zion Congregational Church)에 출석하기 시작했다. 1837년에 그는 회심 체험을 하고, 1839년에는 평생 술을 입에 대지 않기로 결심했다. 노스페더턴(North Petherton)에서 친구와 함께 짧은 기간 동안 직물을 배운 후 1842년에는 런던 소재 히치콕앤로저스(Hitchcock & Rogers)에서 일했다. 이 직물 회사는 150명의 남성 직원과 여성 직원을 고용했고, 회사 구내에서 함께 생활하게 했다. 그는 한 달에 40파운드를 봉급으로 받았다.

런던 소재 세인트폴즈처치야드(St Paul's Churchyard)는 직물 산업의 중심지이면서, 히치콕앤로저스의 중심지였다. 1837년에 12개 부서를 소유한 히치콕앤로저스는 세인트폴즈처치야드의 핵심 건물 중 하나였다. 관리자는 조지 윌리엄스와 마찬가지로 서부 시골 출신의 조지 히치콕(George Hitchcock)이었다. 조지 윌리엄스는 빠르게 성장했다. 1844년 12월에 그는 직물 부서의 바이어이자 경영자가 되었다. 1842년 12월에는 소속 교회를 킹스웨이하우스(King's Weigh House)로 옮겼는데, 이 교회는 런던에서 제일 오래된 회중교회 중 하나였다. 이 교회의 목사는 토머스 비니(Thomas Binney)로, 매우 영향력 있는 사람이었다.

조지 윌리엄스는 사람들과 우정을 나누는 데 탁월한 재능이 있었다. 또한, 사람을 보는 눈이 뛰어났다. 조지 윌리엄스의 직물 회사는 신중하게 유지되는 분별력 있는 인간 관계를 지향했다. 회사는 번창했고, 조지 윌리엄스는 마치 가족처럼 일하는 사람들과 우정을 유지했다. 브리지워터에 조지 윌리엄스는 성경교실, 주일학교, 기도 모임에 적극적으로 참여했다. 당시 그는 찰스 피니(Charles Finney)의 『신앙을 고백하는 기독교인을 위한 강연』(Lectures to Professing Christians)과 『부흥론』(Lectures on Revivals of Religion)에 큰 영향을 받았다. 런던에서 이런 관심들이 더 강해졌다.

조지 윌리엄스는 웨이하우스(Weigh House)의 국내선교와 주일학교를 위한 도시 부서에서 봉사했고, 웨스트엔드(West End)에서 크레이븐채플(Craven Chapel)을 위해 길에서 전도하며 전도지를 나누어 주었다. 서더크(Southwark)에서는 서리채플(Surrey Chapel)의 빈민학교를 위해 일하기도 했다. 조지 윌리엄스는 주일마다 뛰어난 비국교도 목사들, 복음주의인 국교회 성직자들의 설교를 들으며 그 맛을 음미했고, 주중에는 히치콕앤로저스의 번영을 위해 열심히 일했다.

뜨거운 신앙의 열정이 사업장에 가득하여, 성공회 신자, 침례교인, 회중교회 교인, 감리교인으로, 대부분 히치콕앤로저스의 직원으로 구성된 십여 명의 젊은이들이 1844년 6월 6일에 모여서 회의를 했다. 이들은 모여서 '대도시에 있는 여러 다른 직물 회사에서 일하는 사람들을 더 많이 회심하게 하는 목표를 위해 기도회나 아니면 그들이 생각하는 다른 적합한 모임이라는 수단을 사용해서 그들 주위에 있는 이들에게 지식을 전파하는 기독교인으로서의 의무감과 책임감을 가지게 하는 협회로 회의록에 기록된 모임을 결성했다. 이것이 발전하여 런던 YMCA가 되었다. (YMCA라는 이름은 히치콕에서 일하던 C. W. Smith가 제안했다).

그 후 조지 윌리엄스의 삶은 회사와 YMCA 두 곳을 중심으로 이루어졌다. 그가 사업에서 성공하자 YMCA도 많이 성장했다. 히치콕앤로저스의 평판도 좋아졌다. 당시 회사는 오전 7시부터 밤 9시까지 오래 일했지만, 조지 히치콕앤로저스는 조기퇴근협회(Early Closing Association)를 후원했고, 1843년에는 겨울에 영업을 마감하는 시간을 오후 7시로 정하였고, 십 년 뒤에는 토요일 반일 영업제도를 시행했다.

1853년 6월 9일에 조지 윌리엄스는 히치콕의 딸 헬렌(Helen)과 세인트제임스패딩턴교회(St James's Paddington Church)에서 결혼식을 올렸고, 그의 가게는 이제 조지히치콕윌리엄스앤(George Hitchcock, Williams & Co.)으로 이름이 바뀌었다. 마침내 조지 윌리엄스는 1863년에 단독 경영자가 되었다. 소매점을 유지하기는 했지만, 조지 윌리엄스는 도매점에 더 집중했다. 1860년대에 그의 회사는 런던과 파리, 암스테르담에서 전시회를 열었다. 시티포더웨스트엔드(City for the West End) 지역에서 회사를 이전하지는 않기로 했지만, 잉글랜드 여러 지방에 전시실을 열었고, 수익성 높은 프랑스 네트워크도 만들었으며, 오스트레일리아와 북미, 남아프리카까지 진출했다. 그리고 시티포더웨스트엔드에 있는 건물도 많이 늘었다. 1871년에 회사는 209명의 직원을 고용했고, 1901년에는 직원이 1,000명으로 늘었다.

조지 윌리엄스가 회사의 방향을 결정했지만, 사업 성공은 아들 프레더릭(Frederick)과 하워드(Howard), 조카 존 윌리엄스(John Williams) 덕분이었다. 회사는 여행 업자 토마스 쿡(Thomas Cook) 가문과 출판업자 매튜 호더(Matthew Hodder) 가문과의 혼사로 더 발전했다. 조카 존 윌리엄스(John Williams)의 세 아들은 20세기에 호더앤스토턴출판사(Hodder and Stoughton, George Hitchcock, Williams & Co. 바로 옆 칸에 있었다)에 재능을 쏟아부었는데, 이 재능은 19세기에 히치콕이 발휘한 것과 같았다. 이 중 J. E. 호더-윌리엄스 경(Sir J. E. Hodder-Williams, 1876-1927)은 이후 조지 윌리엄스의 권위 있는 전기를 쓴 작가가 되었다.

조지 윌리엄스가 대중에게 알려진 계기는 YMCA를 통해서였다. 비국교도 채플들에서 시작된 협회들이 히치콕앤로저스에서 서로 협력하고 도우며 발전했는데, 조지 윌리엄스와 친구들이 사업차 여행을 하면서 이것들이 여러 YMCA에 쉽게 이식되었다. 이미 비슷한 단체들이 영국과 유럽 대륙에 많이 있었지만, 조지 윌리엄스의 조직 능력, 많은 사업 관계, 확대된 가족 관계(조지 윌리엄스는 대부분 대륙에 선교사 및 정착자 친척이 있었다)로, 느슨하지만 밀접하게 연결되어 있는 국제적 운동이 탄력을 얻는 데 큰 도움이 되었다. 조지 윌리엄스가 이 운동을 대표하는 인물이었다.

조지 윌리엄스가 장소를 정하는 감각은 매우 조심스럽고도 신중했지만 분명했다. 1863년에 그는 조지 히치콕(George Hitchcock)을 런던 YMCA의 회계로 승계시켰고, 1886년에는 샤프츠베리 경(Lord Shaftesbury, 1801-1885)을 회장으로 임명했다. 'YMCA 잉글랜드전국위원회'가 1881년에 창립되었을 때 조지 윌리엄스는 초대 회장이 되었다. 그는 엑시터홀(Exeter Hall)을 런던 YMCA와 전국위원회 본부로 만드는 데 총력을 기울였다. 그러나 그의 가장 두드러진 대표자 역할은 'YMCA 세계연맹'과 함께한 것이었다.

그 일은 1855년부터 시작되었는데, 이때 복음주의연맹(Evangelical Alliance)의 후원하에 파리에서 열린 한 대회가 국제적인 청년 협회의 창립 기반으로 '파리 기초'(Paris Basis)를 채택했다. 조지 윌리엄스는 이 대회에 참석한 가장 나이 많은 젊은이 중 하나였다. 1878년까지 'YMCA 세계연맹'은 런던에서 효율적으로 운영되었다. 그러나 세계적 운동이 커지면서, 갈등도 늘었다. 1878년부터 1879년까지 조지 윌리엄스는 젊은 은행가 샤를 페르모(Charles Fermaud)를 총무로 세워 제네바에 연맹을 설립하는 데 지대한 역할을 했다. ('YMCA 세계연맹'은 이런 식으로 제네바에 세워진 첫 번째 국제 조직이었다).

기민한 판단력, 너그러운 재정 지원, 시간 투자로 조지 윌리엄스는 없어서는 안 될 인물이 되었다. 그는 변함없이 잦은 YMCA 국제회의에 참석했다. 그는 유럽 대륙과 북미의 YMCA운동을 잘 이해하고 있었기에 이 지역의 지도자들에게도 신뢰받았고, 이들 간 긴장을 해소했다. 연맹이 제네바로 옮겨 갔을 때 탄생한 국제위원회가 견고하게 성장할 수 있게 돕기도 했다.

1894년에 조지 윌리엄스는 YMCA의 할아버지(Grand Old Man)가 되었다. 런던 YMCA가 희년을 맞이한 해 국제대회가 열렸다. 그해에 영국 YMCA 회원은 15만 명, 독일은 12만 명, 미국은 45만 명이 회원이었다. 그해 7월에 조지 윌리엄스는 기사 작위를 받았다. 1905년 4월에 'YMCA 국제 희년 축하 대회'가 파리에서 열렸다. 조지 윌리엄스는 이 축제에서 스웨덴 왕자 오스카르 베르나도테(Oscar Bernadotte)와 함께 명예세계대표가 되었다. 이때 전 세계에서 활동하는 YMCA 지부는 7,773개에 달했다.

조지 윌리엄스는 미혼일 때 웨이하우스교회(Weigh House Church)에 열심히 출석했다. 결혼 후 성공회로 돌아가서 리틀퀸스트리트(Little Queen St) 소재 트리니티교회(Trinity Church)에서 처음으로 예배를 드렸다. 그는 J. W. 리브(J. W. Reeve)가 목회하던 포트먼채플(Portman Chapel)에서 결혼식을 올렸는데, 이 교회에서 샤프츠베리 경이 예배를 드렸다. 조지 윌리엄스는 이 교회 교구위원으로 섬겼다.

조지 윌리엄스가 포트먼채플로 옮긴 사실이 중요하다. 그는 주춧돌을 놓거나, 새로운 교회를 창립할 때 등 특히 가족이 연관되어 있는 경우에 계속 회중교회와의 관계를 유지했지만, 포트먼채플은 먼저는 워번스퀘어(Woburn Square) 30번지, 그 다음에는 러셀스퀘어(Russell Square) 13번지에 있던 그의 두 집에서 다니기가 꽤 편했고, 그의 복음주의와도 어울렸다. 1840년대에 조지 윌리엄스가 설교를 들었던 많은 설교자들과 마찬가지로, 리틀퀸스트리트의 새뮤얼 게럿(Samuel Garratt)은 전천년주의자였고, '예언조사회'(Prophecy Investigation Society)의 활동적인 회원이었다. 이들처럼 조지 윌리엄스도 영국유대인복음전파협회(British Society for Propagation of the Gospel among the Jews) 후원자여서, 1884년과 1892년 연례회의 의장직을 맡았다. 이로 인해 케직사경회(Keswick Convention), 마일드메이대회(Mildmay Conferences), 세계학생기독연맹(World Student Christian Federation)의 세계로 진입했는데, 이 조직들은 모두 YMCA 진영의 준비된 지원을 받았다.

조지 윌리엄스의 생활 태도는 예측 가능했다. 그는 술과 담배, 극장, 시간 약속을 어기는 것을 싫어했지만, 자신이 싫어하는 것을 분별력 있는 실용주의와 결합했다. 그는 정치적으로 보수적이었는데, 가족은 보수당에 더 많이 기울었다. 연단에서는 끔찍할 정도로 논리적 일관성이 없었지만, 이면에서는 사업과 종교 단체를 두루 경험한 덕에 현명하고 효율적인 중재자 역할을 감당했다. 그는 정치가 유형의 자선가로, 세인트폴대성당(St Paul's Cathedral)에서 대규모 장례식이 거행되는 영예를 누렸고, 1905년 11월 14일에 성당 지하 묘소에 묻혔다. 그가 남긴 재산은 248,450파운드에 달했다.

참고문헌 | The archives of YMCA England (Birmingham University Library); C. Binfield, *George Williams and the YMCA. A Study in Victorian Social Attitudes* (London: Heinemann 1973); Sir J. E. Hodder-Williams, *The Life of Sir George Williams* (London: Hodder & Stoughton, 1906); C. P. Shedd (ed.), *History of the World's Alliance of Young Men's Christian Associations* (London: SPCK, 1955).

C. BINFIELD

조지 캠벨 모건(George Campbell Morgan, 1863-1945)

전도자. 그는 글로스터셔(Gloucestershire) 테트베리(Tetbury)에서 1863년 12월 9일에 태어났다. 아버지는 원래 침례교 목회자였지만, 조지 뮬러(George Müller)의 가르침에 심취하면서 목회직을 사임했다. (그러나 형제단에는 한 번도 가입하지 않았다). 가족이 곧 웨일스 카디프(Cardiff)로 이주하자, 모건은 로스로드웨슬리파 교회(Roath Road Wesleyan Church)에 출석했다. 그는 13세의 나이에 처음으로 설교를 했고, 성경의 권위 문제를 놓고 엄청난 내적 갈등을 겪은 약 2년을 제외하고는, 이후로도 꾸준히 강단에서 말씀을 선포했다. 첼트넘(Cheltenham) 소재 더글러스스쿨(Douglas School)에서 공부한 후, 버밍엄 소재 웨슬리파 주간학교 교사로 봉직했다. 이후 1883년부터 1886년까지 로렌스 레비(Lawrence Levy)가 교장으로 있던 유대교 중고등학교에서 교사로 일했다. 레비는 원래 랍비로 훈련을 받았지만 곧 모건과 절친한 친구가 되었고, 모건에게 유대교에 대해 많은 것을 알려 주기도 했다. 1883년에 모건은 버밍엄에서 3주간 진행된 D. L. 무디의 집회에 참석했고, 집회의 '질문실'(enquiry room)에서 봉사를 하기도 했다.

모건이 자신의 삶을 설교자로서 헌신하기로 결심할 무렵, 이 유대교 학교가 문을 닫았다. 그는 처음에는 구세군(Salvation Army)에 입회할까 생각하기도 했지만, 이를 보류하고 2주간 선교활동을 위해 헐(Hull) 지역으로 갔다가 13개월이나 선교활동을 지속했다. 선교활동을 하는 와중에 부흥사 집시 스미스(Gipsy Smith)를 만났다. 모건은 매클스필드(Macclesfield) 지역 웨슬리파감리교회 평신도 부흥사가 되었고, 1888년 목회자에 지원했지만 거절당했다.

1888년 8월에 사촌 애니(Annie)와 결혼했다. 1889년에 스태퍼드셔(Staffordshire) 스톤(Stone)에 소재한 회중교회의 목회자로 청빙을 받았고, 그 이듬해에 안수를 받았다. 1891년에 루겔리(Rugeley)로 이주했고, 1893년엔 버밍엄(Birmingham)의 웨스트민스터로드(Westminster Road)에 정착했다. 이후 목회를 위해 런던으로 가서 톨링턴파크(Tollington Park)의 뉴코트교회(New Court Church)에서 1897년에서 1901년까지 사역했다. 이 교회에서 그는 '유창한 언변'으로 유명해졌다. 모건은 또한 영국 전역으로 다니며 전도집회를 인도하는 일에 상당한 시간을 투자했다.

모건은 1896년에 처음으로 미국으로 건너가 무디를 만났고, 노스필드성경대회(Northfield Bible Conference)에서 강연해 달라는 요청을 받았다. 무디는 그를 가리켜 '노스필드에 온 가장 뛰어난 인물 중 하나'라고 평했을 정도로 그를 좋아했는데, 모건은 무디가 1899년에 숨을 거둘 때까지 매년 이 집회에 초청을 받았다. 1901년에 무디의 아들은 모건에게 노스필드 교육 강사로서 미국과 캐나다 전역의 성경집회를 인도하고, YMCA 사역을 위해 일해 달라고 요청했다. 1902년에 시카고신학교(Chicago Theological Seminary)는 그에게 명예신학박사학위를 수여했다. 『그리스도의 위기들』(*The Crises of the Christ*, 1903)을 통해 모건은 자신만의 관점으로 예수님의 삶을 조명했다.

모건은 1904년에 런던으로 돌아가 웨스트민스터채플(Westminster Chapel)의 목회자가 되었다. 모건은 이 교회에서 사역하면서 교회 건물 보수에 필요한 자금을 모금했고, 잊히다시피 한 여러 가치들을 재발견하는 일에 최선을 다했다. 여기에는 친구 앨버트 스위프트(Albert Swift) 목사의 도움이 컸다. 모건은 이 교회에서 미국에서 배운 성경에 바탕을 둔 설교로 유명해졌는데, 그의 주일의 설교는 『웨스트민스터 강단』(*The Westminster Pulpit*)이란 제목으로 편집 출판되었다. 이 책은 1954년부터 1956년까지 총 열권으로 된 증보판으로 다시 출판되기도 했다.

그의 교회에는 행정부 장관들과 다른 사회 지도층들도 출석하고 있었다. 모건은 금요일 저녁에 성경공부 모임을 개설했고, 이 모임에서 다룬 내용을 엮어 『분석 성경』(*The Analyzed Bible*, 1907)을 출간했다. 또한, 새로운 주일학교와 여성 일꾼 모임을 교회에 조직했다. 노스필드집회와 비슷한 집회들이 노포크(Norfolk)의 먼디슬리(Mundesley)에서 여름 캠프로 열렸는데, 이 집회에는 다양한 배경의 설교자가 초청되었다.

모건은 케임브리지의 체선트대학(Cheshunt College) 학장(1911-1914)으로 활약하면서, 주중에는 케임브리지에서, 주말에는 런던에서 생활했다. 그는 대학의 새 건물을 건축하기 위한 모금 활동을 성공적으로 전개하기도 했지만, 이런 다양한 활동이 건강에 도움이 되지 않는다는 판단 하에 학장직에서 물러났다. 1914년 8월에 모건은 전쟁 중에 런던의 설교 강단을 지킨 얼마 안 되는 목회자 중 한명으로, 특히 설교로 전국적인 유명 인사가 되었다. 1917년에 웨스트민스터채플에서 사임한 모건은 마일드메이센터(Mildmay Centre)에서 YMCA 사역자들을 훈련시키는 일을 도왔고, 잠시 하이베리콰드런트(Highbury Quadrant, 1918-1919)에서 목회하기도 했다.

모건은 1919년에 미국으로 돌아가서 13년 동안 성경집회와 관련된 일을 돕다가, 마지막 3년(1930-1932)을 필라델피아에 있는 태버너클장로교회(Tabernacle Presbyterian Church)에서 사역했다. 미국은 영국과 달리 순회전도자에게 기회가 많이 열려 있었다. 1937년에 출판된 『위대한 의사』(*The Great Physician*)는 이 순회부흥집회에서 그가 전한 설교 50편을 엮은 책이었다. 모건은 1932년에 웨스트민스터채플로 돌아가서 허버트 심슨(Herbert Simpson)의 목회를 도왔고, 1934년부터는 담임으로 사역했다. 의사 D. M. 로이드-존스(D. M. Lloyd-Jones)가 1938년부터 부목사로 웨스트민스터채플에 합류했다. 제2차 세계대전 중에 모건의 건강이 급속히 나빠지기 시작했다. 모건은 1943년에 은퇴했고, 1945년 5월 16일에 런던에서 숨을 거두었다. 네 아들은 모두 목회자가 되었다.

모건은 늘 '강해 설교자'로 묘사된다. 그의 설교들은 내용상 주로 성경적이었으며, 특히 잘 알려지지 않은 구절과 단어의 다른 의미들을 세세하게 분석했다. 그는 개정역(*Authorized and Revised Versions*)보다 미국표준역(*American Standard Version*)을 선호했고, 웨이머스(Weymouth)가 번역한 신약성경이 가장 정확하다고 생각했다. 그러나 전문적인 성경학에는 그다지 관심이 없었다. 그는 성경의 여러 책들이 어떻게 정경의 형태가 되었는지에 대해서도 큰 관심이 없었다. 그의 『분석 성경』(Analyzed Bible)은 설교를 위한 도구로서, 문서비평뿐만 아니라, 사본비평이든 양식비평이든, 어떤 형태의 비평 방법론도 사용하지 않았다.

모건을 근본주의자로 평가하기엔 무리가 크다. 그는 근본주의라는 단어를 좋아하지 않았고, 이와 관련된 논쟁에도 별로 관심이 없었다. 그는 '성경의 말씀들은 원래 기록될 때부터 한 단어 한 단어 성령의 인도하심으로 기록된 것'이라고 믿었다. 물론 해석과 필사와 관련된 부분에서 학문적이고 심층적인 비평을 할 수 있었다. 그래서 그는 마가복음의 긴 후반부는 그 '권위에 약간의 의문이 든다'라고 했다.

모건은 창세기가 정확한 역사 기록이며(그리스도도 구약의 정확성을 신뢰하고 있기에), 진화론은 '인간에게는 적용될 수 없는 이론'이라고 주장했다. 그는 오경(창세기에서 신명기까지)이 모세가 직접 쓴 것(이를 중요한 문제라고 생각하지 않았음에도 불구하고)으로 받아들였으며, 이사야의 저자 또한 한명이라는 이론에 동의했다.

모건은 복음서의 저자들 또한 복음서 이름과 일치한다고 주장했다. (그는 히브리서를 바울이 직접 썼다는 이론에는 찬성하지 않았다). 복음서 중에는 마가복음이 가장 먼저 기록되었다고 믿었지만, 갈라디아서가 데살로니가전서보다 먼저 저술되었다고 생각했다. 모건은 특정 영혼들이 반드시 유기된다는 사상은 성경적이지 않다고 생각했지만, 예정론 논쟁은 피했다. 그는 구원에 필수적인 세례는 성령세례라 믿었고, 침례가 물세례의 바른 방식이라고 믿었기에, 자신과 자녀 모두 침례를 받았다. 그러나 그는 동시에 자신의 어린 아이가 세례받기를 원하는 부모들의 고백과 확신 또한 존중했다.

모건은 '문자 그대로의 불지옥'을 믿지는 않았다. 미래 형벌 교리가 반드시 있어야 한다고 생각하지 않았기 때문이다. 이와 유사하게, 모건은 그리스도의 재림에 대해 전천년설의 입장을 가지고 있었지만, 이것만 배타적으로 강조하지는 않았다. 모건은 오류투성이의 인간이 만든 어떤 신앙 선언문에도 서명하지 않았다.

모건은 포사이스(Forsyth), 셀비(Selbie), 조윗(Jowett), J. D. 존스(J. D. Jones) 같은 보다 자유주의적인 회중교회 신자들과도 친분 관계를 유지했다. 자신의 설교를 인정하는 것이 자신의 신학을 수용하는 것에 달려 있다고 생각하지 않았다. 모건은 '교파주의자'가 아니었다. 회중교회연합(Congregational Union)의 총무 시드니 베리(Sidney Berry)는 자신이 모건을 교단 총회에 초청하여 강단에 서게 하는 데 단 한 번 가까스로 성공했지만, 모건은 '행복해하지 않았다'라고 회상했다. 그렇기에 그가 단 한 차례도 회중교회연합 회장이 되지 못한 것은 당연해 보인다. 모건은 무디 전통에 속하는 고전적인 부흥사였다. 다양한 목회 경력에도 불구하고, 그는 순회설교자로 활약할 때 가장 행복해했다. D. M. 로이드존스는 그를 가리켜 '위대한 강단 설교자 중 마지막 인물'이었다고 정확히 평가했다.

참고문헌 | J. Harries, *G. Campbell Morgan* (New York: Fleming H. Revell, 1930); J. Morgan, *A Man of the Word* (London: Pickering & Inglis, 1951); J. Morgan, *This was his Faith: the Expository Letters of G. Campbell Morgan* (London: Pickering Inglis, 1953).

D. M. THOMSON

조지 파이프 앵거스(George Fife Angas, 1789-1879)

침례교 사업가이자 오스트레일리아 식민지 개척자. 그는 1789년 5월 1일에 잉글랜드 뉴캐슬어폰타인(Newcastle upon Tyne)에서 침례교 상인 가정의 아들로 태어난 후 아버지의 마차 제작 회사에서 도제로 일했다. 그의 신앙은 어린 시절에 형성되었지만 일평생 크게 변하지 않았다. 스무 살에 세례를 받고 뉴캐슬의 뉴코트침례교회(New Court Baptist Church) 교인이 되었다. 1812년에 로제타 프렌치(Rosetta French)와 결혼했으나, 아내는 1867년에 사망했다. 슬하에 세 아들과 네 딸을 두었다.

젊은 시절 앵거스는 여러 복음주의 및 자선 단체 활동에 적극적이었다. 가업인 마차 제작을 위해 마호가니를 수입하느라 중앙아메리카에 관심을 갖고 있던 그는 영국 상인들이 불법적으로 노예로 부리고 있는 벨리즈(Belize, 영국령 온두라스) 인디오 해방운동에 참여했다. 1822년에 침례교선교회(Baptist Missionary Society)는 그 지역에서 일할 최초의 선교사를 앵거스의 재정 후원으로 파송했다. 1816년에 초교파적인 뉴캐슬주일학교연합(Newcastle Sunday School Union) 설립을 주도했고, 1820년에는 이후 영국해외선원협회(British and Foreign Sailors' Society)에 흡수되는 베델선원연합(Bethel Seamen's Union)의 창시자가 되었다.

1824년에 사업의 관심 분야를 운송과 은행업으로 확장한 앵거스는 런던으로 이주했다. 1834년에서 1839년까지, 그는 런던과 주로 거주한 데본셔(Devonshire)의 돌리쉬(Dawlish)를 번갈아 왔다 갔다 했다. 1830년대 초, 그는 신앙의 평등 원리에 근거한 새로운 영국 식민지를 건설하는 전망에 매력을 느꼈다. 그곳은 비국교도가 잉글랜드에서 여전히 경험하는 법적이고 사회적인 차별 없이 살 수 있는 곳이었다. 펜실베이니아의 설립자 윌리엄 펜(William Penn)은 그의 영웅 중 하나였다. 따라서 앵거스는 남부 오스트레일리아에 식민지를 건설하는 일에 깊이 관여하다가, 1834년에 식민지건설위원회 이사로 임명받았다. 불안하게 흔들리고 있던 계획을 실현하기 위해 1835년에는 남오스트레일리아회사(South Australian Company)를 세워 거의 팔리지 않고 남아 있던 광대한 지역을 싼 가격에 구매했다. 1836년에 남오스트레일리아 정착이 시작된 직후 신식민지가 곧 개발되기 시작했는데, 앵거스는 이 일에 열정을 바친 주도적 인물이었다.

'경건한 비국교도'의 이 지역 이주를 촉진하고 싶었던 앵거스는 모임을 열고, 신문에 기사를 쓰고, 안내 책자를 배포하고, 목회자를 모집했다. 그의 소망은 남오스트레일리아가 '남반구에 기독교를 확산시키는 본부'가 되는 것이었다. 그가 설득하여 1838년에 식민지에 정착시킨 가장 큰 규모의 신앙 집단은 국가 주도의 연합교회를 받아들이기를 거부한 수백 명의 '옛 루터교'(Old Lutherans) 집단으로, 이들은 프러시아(Prussia)를 떠날 준비를 하고 있었다. 앵거스는 자기 자본에서 나온 돈을 이들에게 빌려주어 이들의 남오스트레일리아 이주와 도착 시에 이들이 임차인으로서 정착할 땅을 구매하게 도와주었다. 그가 큰 이익을 기대한 것도 사실(실제로도 이익을 얻었다)이지만, 동시에 신앙 양심 때문에 핍박받고 있던 동료 기독교인들을 돕기 원한 것도 사실이다.

1851년, 앵거스는 남오스트레일리아로 이주하여 지역 도시 앵거스턴(Angaston) 근교의 린제이파크(Lindsay Park)를 주요 거주지로 만들었다. 그는 곧 식민지 정치, 사업, 종교 생활의 많은 영역에서 유명 인사가 되었다. 1851년에서 1866년까지는 입법위원회 위원이었다. 그러나 한편 정치권에서 성공하기에는 그의 정치 견해가 너무 유동적이었다. 앵거스는 인기를 추구하지도 않았고, 얻지도 못했다. 독재자 같은 성향 때문에 반발도 많았다. 그는 식민지에서 일어나고 있던 민주적이고 평등주의적인 분위기를 유감으로 여겼다.

앵거스의 전기를 쓴 작가는 그를 '청교도 중의 청교도'라 칭했다. 그는 절제되고 엄격한 개인 생활을 유지했다. 일찍 일어나고 아무것도 낭비하지 않았으며, 가능한 자기 일을 남이 대신하게 두지 않았다. 복음을 확산시키는 일에 사용하라고 하나님께서 부를 축적할 수 있게 허락하셨다고 확신한 앵거스는 복음주의 성직자와 단체, 교회, 학교, 자선 기관을 넉넉하게, 그러나 때로 외부에 알리지 않으면서 후원했다. 그는 더 큰 공동체에 유익이 되는 큰 액수의 자선보다는 작은 집단 여럿에 상대적으로 많지 않은 금액을 나누는 것을 선호했다. 그의 기부에는 자주 조건이 붙었다.

앵거스는 로마 가톨릭에는 아주 적대적이었는데, 이는 그가 가톨릭을 교리적으로도 틀렸을 뿐만 아니라 종교의 자유에도 반하는 조직으로 이해했기 때문이다. 그러나 예술가였던 아들 조지 프렌치 앵거스(George French Angas)가 아일랜드인 로마 가톨릭 신자와 결혼한 사건으로 인해 모욕을 당하기도 했다. 1860년대에는 개인 비서 헨리 허시(Henry Hussey)의 도움을 받아 개신교 식민지 정착자들에게 '교황교의 참된 실상'을 경고하는 소책자와 다른 문헌을 배포하는 일에 돈을 대기도 했다. 그러나 이 분파주의운동은 점증하는 종교적 관용 분위기 때문에 점차 사그라졌다.

앵거스의 부는 평생 오르락내리락 했다. 그러나 1879년 5월 15일에 린제이파크에서 사망했을 때, 그는 남오스트레일리아 최고의 부자 중 하나였다. 앵거스는 굳고 일관된 삶의 원칙, 사업에서의 통찰, 식민지 설립 당시의 기여로 존경받았지만, 개인적으로 좋아하기에 쉬운 사람은 아니었다.

참고문헌 | E. Hodder, *George Fife Angas: Father and Founder of South Australia* (London: Hodder & Stoughton, 1891); D. Pike, *Paradise of Dissent: South Australia 1829-1857* (Melbourne: Melbourne University Press, 1967).

D. L. HILLIARD

조지 헨리 몰링(George Henry Morling, 1891-1974)

오스트레일리아 시드니의 뉴사우스웨일스침례신학대학(New South Wales Baptist Theological College)의 총장. 그는 1891년 11월 21일에 시드니에서 1885년 4월 6일에 결혼한 찰스 몰링(Charles Morling)과 애니 힐만(Annie Hillman)의 아들로 출생했다. 그의 부모는 모두 1880년대 초반에 런던에서 시드니로 이주했다. 얼마 지나지 않아 찰스 몰링은 1882년에 창립된 피터섐침례교회(Petersham Baptist Church)의 창립 멤버가 되었고, 이후에는 가족의 교회가 된 애쉬필드침례교회(Ashfield Baptist Church)의 총무가 되었다. 조지 몰링의 가정 분위기는 매우 엄격했지만, 사랑이 넘치는 곳이었다. 어린 시절 조지 몰링은 수줍음과 겁이 많아 다른 사람들 앞에서 발표를 하는 데 많은 어려움을 겪었다.

17세가 된 조지 몰링은 예수 그리스도를 자신의 구주로 고백했으며, 세례를 받고 애쉬필드 침례교회의 정식 교인이 되었다. 조지 몰링은 1913년 7월에 침례교 목회자가 되기 위한 훈련을 받기 시작했다. 조지 몰링은 이를 위해서 뉴사우스웨일스 시골의 탬워스(Tamworth) 지역에서 목회자 후보생으로 사역을 시작했다.

거기서 그는 지독한 내적 갈등을 경험하게 되지만, 구원에 대한 확신을 얻으며 이를 극복했다. 조지 몰링은 1914년에 시드니로 다시 파송되었다. 거기서 그는 침체를 경험하지만, T. R. 콜먼 목사(T. R. Coleman)가 그에게 하나님에 관해 더 깊이 신학적으로 가르치면서 조지 몰링이 목회 훈련을 이어 나갈 수 있었다. 조지 몰링이 말했던 성결의 삶, 혹은 체험적 신앙은 그의 사역의 핵심 주제가 되었다.

빅토리아침례대학(Victorian Baptist College)에서 1년간의 과정을 거친 조지 몰링은 새롭게 설립된 뉴사우스웨일스침례대학(New South Wales Baptist College)에 1916년 입학하여 1년간 공부했다. 조지 몰링은 공부를 하면서도 이스트힐스(Easthills) 지역에서 사역을 계속해서 이어 나갔고, 뱅크스타운(Bankstown)에서 새로운 사역을 개척했다. 조지 몰링은 목회 훈련을 거치면서 학자적 명철과 실천적인 목회사역이 목회자의 소명을 가진 자들이 반드시 갖추어야 하는 요건임을 깨닫고 이를 강조했다. 덩곡/탈라바(Dungog/Thalaba) 시골교회 순회단에 문제가 생기자, 조지 몰링이 1917년에 이곳으로 파견되었다. 조지 몰링은 당시 학교의 비정규 수업들을 들으며(extra-murally) 학업을 마쳐 나가는 중이었다.

조지 몰링은 1917년 4월 28일에 글래디스 리스(Gladys Rees)와 결혼했다. 아내는 집을 타인의 요구를 벗어나 쉴 수 있는 안식처이자 동시에 모두를 따뜻하게 환대하는 공간을 만듦으로써, 조지 몰링의 목회에 큰 도움이 되었다. 조지 몰링이 사역에 치중하느라 건강이 심한 손상을 입었을 때 그를 대신해서 대학 이사회에 참석해 그의 입장을 대변하기도 했다. 그녀는 집안을 화목하게 하여 남편 조지 몰링이 지역, 국가, 나아가 전 세계를 무대로 사역할 수 있도록 돕는 것을 자신의 사역으로 받아들였다.

1918년 2월 12일에 조지 몰링은 다른 5명의 후보생과 함께 안수를 받고, 같은 해 9월에 연례총회는 이 젊은 목회자의 연설을 흡족하게 주목했다. 조지 몰링은 1919년 초에 도시로 목회지를 옮겼다. 덩곡/탈라바에서 인도한 마지막 예배에서 그는 14명의 사람들에게 침례를 베풀었는데, 설교자와 전도자로서의 성공적인 사역의 증거였다. 효과적인 설교와 전도 역시 그가 받은 목회자 후보생 훈련이 강조한 부분일 것이다.

1919년에 혼스비/핌블(Hornsby/Pymble) 지역으로 파견된 조지 몰링은 두 가지 혁신을 시도했다.

첫째, 성경의 책들을 조직적으로 강해하는 것이었다.

둘째, 공공 강당에서 기독교 신학을 변증하는 강연을 하는 것이었다.

성경교사로서의 조지 몰링의 재능은 조지 몰링과 C. J. 틴슬리(C. J. Tinsley) 목사가 침례교 총회장으로 일한 1928년에서 1930년까지 여러 차례 열린 성경강해 순회집회를 통해 침례교 교단의 주목을 받기 시작했다. 조지 몰링은

1932년부터 가장 규모가 큰 두 성경집회에 여러 차례 강사로 참석했다. 처음엔 오스트레일리아 빅토리아의 업웨이(Upwey, 후에 Belgrave Heights로 개명됨)와 뉴사우스웨일스 카툼바(Katoomba)에서 열린 성경집회에서, 또한 1937년부터는 뉴질랜드 오클랜드에서 열린 집회에서 강연했다. 이렇게 그는 성경집회들과의 협력 관계를 1967년까지 유지했다.

조지 몰링과 뉴사우스웨일스침례신학대학과의 오랜 관계는 1919년에 교사로 교회사를 가르치기 시작한 때부터 시작되었다. 1920년에 그는 대학 이사진에 선임되었고, 이듬해에는 총무로 추대되었다. 이 대학 총장이 1920년 총회에서 갑작스럽게 사임 의사를 밝히자, 조지 몰링은 대학의 운영을 책임지게 되었다. 조지 몰링은 1921년 총회에서 전임 임시 총장으로 추대되었다. 이 과정에서 그가 너무 젊다며 반대 의사를 표한 이들도 있었다. 이듬해 9월, 총회는 조지 몰링을 3년 임기의 총장으로 지명했고, 조지 몰링은 1960년 12월에 은퇴할 때까지 총장으로 학교직을 유지했다.

총장으로 취임했던 초기에 조지 몰링은 어려움을 많이 겪었다. 목회로 인해 너무 바빴고, 건강 상태도 극히 나빴기 때문이었다. 1924년 초에 입원까지 하게 된 조지 몰링은 의사에게서 시드니대학교(Sydney University) 역사학 석사 과정을 그만두어야 된다는 권고도 들었다. 그러나 건강이 회복되면서, 결국 1925년 5월에 석사학위를 취득했다. 건강과 영성의 관계는 그의 개인 삶에서 뿐만 아니라 이후의 그의 공적 강의사역에서도 핵심 주제가 되었다. 조지 몰링은 1934년의 카툼바대회(Katoomba Convention)에서 그레이엄 스크루지 박사(Dr Graham Scroggie)와 대화하면서 새로운 통찰을 얻었다.

"믿음으로 사는 삶은 육신 또한 기꺼이 하나님께 바쳤음을 의미한다. 우리가 더 건강해질 수 있고, 그래서 사역도 더 효율적으로 감당할 수 있음을 기대하는 것이다."

조지 몰링이 후에 고백한 바에 따르면, 이렇게 자신의 육신을 온전히 하나님께 바침으로서, 그는 '건강 또한 하나님이 지켜 주시며 이를 통해 영적인 안식을 쉽고 깊게 누릴 수 있었다'라고 회고했다. 조지 몰링이 쓴 작은 책 『평온을 찾아서』(Quest for Serenity)는 1950년에 출판되어 2002년에 증보판이 나왔는데, 여기에서 조지 몰링은 성령의 인격과 사역을 성결의 삶과 통합하며, 건강과 치유에 대한 내용도 얼마간 수록했다.

조지 몰링은 학교 일뿐만 아니라, 더 넓은 범위의 침례교 공동체 내에서도 활발한 활동을 이어 나갔다. 블랙히스교회(Blackheath Church)의 분쟁을 조정하기도 했고, 1939년 4월과 8월 사이에는 애쉬필드교회를 임시로 담임하기도 했다. 제2차 세계대전이 끝나자마자 밀려들어 오는 교단 일로 매우 바쁜 날들을 보내야 했다. 1947년에 조지 몰링은 오스트레일리아 서부를 돌며 많은 강연을 했으며(한 달이 약간 넘는 기간 동안 총 37번의 강연과 설교), 빅토리아, 퀸즐랜드, 오스트레일리아 남부를 돌며 설교와 강연을 이어 나갔다.

또한, 기독교공동전도단(Christian Commonwealth Crusade)의 이름으로 뉴사우스웨일스의 농촌 지역을 돌며 복음을 선포했다. 그는 또한 뉴질랜드에서 열린 여러 침례교연합(Baptist Union)이 주최한 캠프에서도 2주를 보냈다.

오스트레일리아에서 조지 몰링의 영향력은 침례교단 범위를 넘어섰다. 그는 1938년에 시드니대학교에서 교회사를 강의하는 명예교수로 위촉되었고, 복음주의연합(Evangelical Union)을 통해 대학의 많은 학생들과도 소통했다. 1947년에 조지 몰링은 기독학생회(Inter-Varsity Fellowship) 의장으로 지명되었다. 복음주의연맹(Evangelical Alliance)의 여러 회의에도 적극적으로 참석했다.

조지 몰링은 벵갈의 선교지를 방문한 1925년부터 세계를 누비며 사역했다. 이 방문 이후 인도선교사역에 많은 부분 관여하게 되었고, 해외선교도 후원했다. 1934년 1월 조지 몰링은 영국와 미국의 신학대학들을 방문하여, 다른 나라의 침례교 지도자들과 친분을 쌓아 나가기 시작했다. 1951년 6월에 런던에서 개최된 '영연방 및 대영 제국 침례교 대회'(Commonwealth and Empire Baptist Congress)에서 중요한 연설을 했고, 이 총회에 이어서 열린 '침례대학 총장회의'에도 참여했다. 이런 조지 몰링의 기여를 「뱁티스트 타임즈」(Baptist Times)는 기사로 다루었다.

제2차 세계대전이 끝난 후 오스트레일리아의 침례교인들은 세계교회협의회(WCC)에 가입하는 문제를 두고 논란에 휩싸였다. 1949년에 조지 몰링은 이 논쟁 찬반 양편의 근거를 자세히 정리하여 이를 출판할 계획을 서두르고 있었다. 1950년 5월에 열린 특별 총회에서 뉴사우스웨일스 침례교도들은 세계교회협의회에 참여하지 않기로 결정했다. 오순절운동이 가져온 혼돈도 뉴사우스웨일스 침례교도가 느낀 불안이었다. 뉴사우스웨일스침례교연합(NSW Baptist Union)의 입장을 대표해서 발표하라는 임무가 조지 몰링에게 떨어졌다. 1952년에 출판된 『오순절주의』(Pentecostalism)라는 소책자에서, 조지 몰링은 오순절주의가 주장하는 제2의 축복이라는 가르침에는 반대의 입장을 표하면서도, 성령의 인격적 내주를 통해 성결의 삶을 살 수 있다는 견해에는 찬성했다.

조지 몰링은 은퇴 후에도 바쁜 나날을 보냈다. 그는 1960년에서 1962년까지 뉴사우스웨일스침례교연합의 목회 부회장으로 봉사했으며, 1962년부터 1964년까지는 오스트레일리아침례교연합(Baptist Union of Australia)의 대표로 활동했다. 1963년에 그는 종교적 헌신의 공로를 인정받아 '대영 제국 4등 훈장'(OBE)을 수여받았다. 조지 몰링은 1974년 4월 8일에 시드니에서 숨을 거두었으며, 4월 10일에 치러진 장례식에는 여러 교단 대표들이 추모사를 보냈다.

그들은 조지 몰링의 길고 매우 탁월한 목회, 많은 주제들로 한 신학 강연, 특히 성령과 더 깊은 삶을 강조했던 강연, 그리스도를 닮은 그의 삶에 경의를 표했다. 신학 교육에 남긴 그의 유산은 아직까지 감지된다. 조지 몰링이 숨을 거둘 당시, 그가 가르친 다섯 '몰링의 사람들'이 오스트레일리아와 전 세계 침례교 및 초교파 신학교 등지에서 학장, 부총장 교수로 활약하고 있었다. 뉴사우스웨일스침례신학대학은 현재 몰링대학(Morling College)이라는 이름을 갖고 있다.

참고문헌 | G. H. Morling, *Quest for Serenity* (Eastwood: Morling Press, 2002); E. R. Rogers, *George Henry Morling: The Man and his Message for Today* (Forest Lodge, NSW: Greenwood Press, 1995).

G. R. CHATFIELD

조지 휫필드(George Whitefield, 1714-1770)

복음전도자. 그는 1714년 12월 16일에 글로스터(Gloucester)에서 태어났다. 아버지는 여관 주인이자 포도주 상점 주인이었는데, 조지 휫필드가 두 살이 되던 해에 세상을 떠났다. 조지 휫필드는 소년 시절에 매우 불우했기 때문에 아버지 가게에서 보고 배웠던 거짓말, 사기, 욕, 도둑질 등을 그대로 따라 했었다고 자주 자신의 목회 과정에서 고백하기도 했다. 그러나 그는 이후 청중이 마법이 걸릴 정도로 엄청난 설교자가 되게 한 탁월한 연설 재능을 이미 어린 시절에 보였다.

조지 휫필드는 세인트메리드크립트(St Mary de Crypt)에 다니던 학생 시절에 처음으로 엄청난 웅변 능력과 연기에 대한 열정을 과시했지만, 가정이 거의 붕괴되어 있었기에 학업을 지속할 수 없었다. 생계를 위해 아들에게 일을 시키고 싶었던 조지 휫필드의 어머니는 그를 형의 가게로 보내 일을 배우게 했다. 당시 형 제임스 휫필드(James Whitefield)는 브리스톨(Bristol)에서 미국과 교역하는 무역일을 하고 있었다.

그러나 이후 조지 휫필드는 이 당시 하나님의 섭리로 인해 일생 장사하는 일을 하지 않을 수 있게 되었다고 주장했다.

첫째, 조지 휫필드와 형수 사이가 좋지 않아서, 그는 브리스톨을 떠나야 했다.

둘째, 가족의 친구 중에 한 사람이 충분한 자금을 지원해 주었기 때문에 조지 휫필드는 옥스퍼드대학교(Oxford University)의 펨브로크대학(Pembroke College)에서 공부할 수 있었다.

옥스퍼드에 있는 동안, 조지 휫필드는 영적 회심에 대한 복음주의적 표현인 심오한 '거듭남'(new birth)을 체험했다. 그는 복음에 열정적인 학생들의 작은 모임으로, 조롱하는 학우들이 '홀리클럽'(Holy Club)이라고 자주 비웃는 모임에 가입했다. 이 모임의 지도자 존 웨슬리(John Wesley)는 조지 휫필드에게 헨리 스쿠걸(Henry Scougal)이 쓴 『인간의 영혼 안에 있는 하나님의 생명』(The Life of God Within the Soul of Man, 1677)을 읽으라고 추천했다. 조지 휫필드는 이 책을 정독하다가, 저자가 '거짓의 종교'라고 부른 것이 자신이 지금까지 생활했던 방식임을 깨닫게 되었다.

"교회에 가고, 그 누구에게도 해를 입히지 않고, 옷장에서 계속해서 의무를 다하고[기도], 때로 가난한 사람에게…찾아가고…그들에게 구제품을 주는 것이었다."

그러나 '참된 종교는 [다른 무엇보다도] 하나님과 영혼이 하나 되고, 그 영혼 안에 그리스도가 형성되는 것'이었다. 조지 휫필드는 이 책을 읽고 난 경험을 이렇게 간증했다.

"신성한 빛이…갑작스럽게 내 영혼을 꿰뚫었고, 바로 그때부터, 나는 새로운 피조물임을 알았다."

조지 휫필드가 회심을 경험한 후, 그의 메시지와 사명은 명확해졌다. 그는 거듭남의 필요성을 가까운 곳과 먼 곳에 있는 남녀에게 전하리라 맹세했다.

조지 휫필드는 33년(1737-1770) 동안 설교자로 활동하면서, 정말로 지상명령(Great Commission)에 진지하게 헌신했다. 일곱 번 아메리카에 다녀왔고, 네 번 스코틀랜드를 순회했고, 잉글랜드와 웨일스 지방 전역으로 선교여행을 다녔다. 그의 영향력은 특히 아메리카와 스코틀랜드에서 더 강했는데, 그가 도착하기 전에도 이미 그 지역의 목회자들이 지도하에 지역별 각성이 시작되었다.

그는 이 두 지역에서 강력한 설교와 대중적인 호소력을 가지고 각 지역을 넘어 부흥의 불길을 널리 퍼뜨렸다. 순회전도자로서, 그는 교구의 경계를 무시하고 어느 곳에서나 사람들에게 복음을 전했다. 또한, 에큐메니스트로서, 종파별 차이에는 별로 신경 쓰지 않았다.

그는 평생 잉글랜드국교회(Church of England) 소속 신자였지만, 그가 보기에 잉글랜드국교회가 칭의와 성화같은 개신교 근본 교리를 무시하고 있다고 보고 이 교단을 가혹하게 비판했다. 그러나 그는 스코틀랜드장로교회(Scottish Presbyterians) 교인들이 그에게 성공회(Anglican Church)를 떠나서 자신들에게 합류하라고 권한 것은 거부했는데, 자신은 특정 교회를 위해서가 아니라 하나님 나라를 위해 설교하기 때문이라고 주장했다.

1739년에 떠난 첫 번째 아메리카 여행 중에 조지 휫필드는 그의 유일한 기관 유산이 될 자선 사업을 시작했는데, 조지아(Georgia)에 세운 고아원이 바로 그것이었다. 그는 조지아의 많은 고아에게 영적이고 육체적인 양육이 필요하다는 것을 알고, 사바나(Savannah) 바깥에 고아원과 학교를 세워 '베데스다'(Bethesda), 즉 자비의 집(House of Mercy)이라는 이름을 붙였다. 고아원에 아이들이 제일 많이 몰렸을 때는 100명이 넘는 정도였는데, 조지 휫필드의 목회를 통해 이 고아원사역은 영국과 미국의 추종자들에게 알려졌다.

그는 부분적으로는 베데스다에 필요한 선교 자금을 모으기 위해 순회설교를 시작해서, 거의 15,000파운드를 모았다. 그를 후원한 이들은 조지아 고아원이 이 전도자의 희생을 상징한다고 보았다. 그러나 조지 휫필드를 비판하는 사람들은 자금을 모으기 위해 사기를 친다고 생각했다. 조지 휫필드에게 베데스다는 재정적 짐이었지만, 원래 의도는 어렸을 때의 자신과 비슷한 처지에 있는, 즉 부모와 떨어져 있고 부모의 사랑이 필요한 어린이들을 위한 사랑의 수고였다.

1741년에 조지 휫필드는 36세의 과부 엘리자베스 제임스(Elizabeth James)와 결혼했다. 엘리자베스는 웨일스 아버가버니(Abergavenny) 출신으로, 얼마 전 거듭남을 체험했다. 조지 휫필드는 순회설교 여행을 함께하고, 고아원사역을 도와줄 '조력자'(helpmeet)를 찾고 있었다. 1743년에 조지와 엘리자베스는 아들을 낳았지만, 1년 후 죽고 말았다. 역설적이게도, 조지 휫필드가 태어난 글로스터의 벨 여관(Bell Inn)이 아들이 죽은 곳이었다. 엘리자베스는 1769년에 조지 휫필드가 아메리카로 떠나기 직전에 런던에서 사망할 때까지 28년간 신실한 동반자였는데, 조지 휫필드는 아내가 죽은 지 1년 후에 죽게 된다.

거듭남의 필요성에 대한 단순하고 변치 않는 메시지에 헌신되어 있었음에도 불구하고, 조지 휫필드가 그 메시지를 전달하는 수단은 혁신적이었다. 그는 일간지에 설교집회가 열릴 것을 광고한 개척자였다. 언제 어디서 부흥집회가 열리는지 광고하는 일반적인 수준을 넘어서, 어느 정도의 인원이 참석했는지, 몇 명 정도가 회심을 경험했는지, 자기 설교자 청중에게 어떤 영향을 끼쳤는지에 대해서도 보고했다. 한 번은, 런던에 있던 교회들이 조지 휫필드가 강대상에 서는 것을 막기도 했는데, 조지 휫필드가 당시 성직자들이 '반드시 필요한 한 가지'를 전하지 않는다고 비판했기 때문이었다.

조지 휫필드는 순회설교자로, 사람들만 모이는 곳이면 어디에서나 야외 설교를 했다. 경마장, 장터, 킹스우드 탄광 갱도 바깥, 런던의 공원에서도 설교했다. 그의 '광고 후 설교하는' 전략은 대중을 더 많이 모으는 데 효과가 있었다. 1739년에 그의 설교를 듣기 위해 모인 사람의 수는 2만, 3만, 4만, 심지어 5만 명에 이르렀다. 멀리서 이런 인파가 모인다는 글을 읽은 벤저민 프랭클린(Benjamin Franklin, 1706-1790, 미국의 과학자이자 외교관, 정치가-역주)은 증폭 장치를 사용하지 않은 목소리를 실외에서 그토록 많은 청중이 들을 수 있다고 믿을 수는 없었기 때문에 이 소문을 의심했다.

그해에 다시 조지 휫필드가 필라델피아에 방문했을 때 프랭클린은 실험을 시도했다. 조지 휫필드가 설교하는 연단의 강대상에서부터 시작하여 조지 휫필드의 설교자 교통 소음 등에 묻히는 곳까지 걸어가 보았다. 그 거리를 반원의 반지름으로 계산하고, 특정 스퀘어 피트 안에서 조지 휫필드를 바라보고 서 있을 수 있는 사람의 수를 할당한 후, 최종적으로 조지 휫필드의 설교자 귀에 편하게 들리는 사람의 수를 약 3만 이상으로 계산해 냈다. 이렇게 대규모의 아메리카 주민들이 모일 수 있었던 것은 부분적으로는 그가 도착하기 몇 달 전부터 신문 광고가 효과적으로 이루어졌기 때문이었다.

인도하는 예배를 미리 광고한 것도 도움이 되었지만, 강단에서 그가 보여 준 행동도 예배에 한 번 참석한 이들이 다음 예배에도 참석하게 만든 요인이었다. 그의 설교는 매우 극적이어서, 마치 런던의 최고 배우 데이비드 개릭(David Garrick)의 연기와 비교될 정도였다. 그의 설교는 단어로 뜻을 전달하는 것 이상이었다. 그의 메시지는 청중이 스스로 죄와 구원을 체험하게 만들었다. 예를 들어, 조지 휫필드는 '지옥 고통의 영원함'(The Eternity of Hell-Torments)이라는 유명한 설교에서, 지옥의 공포를 단지 묘사하는 것에 그치지 않고, 실제로 죄인을 지옥에 데려다 놓고 그들에게 목소리를 들려주었다.

"오, 나는 정말 비참하고 불쌍한 자로다. 누가 나를 이 사망의 몸에서 구해 줄꼬!
그 속이는 자가 한 모든 약속들이 여기로 오고 있는가?
오, 빌어먹을 배교자여! 나는 그의 아첨을 결코 듣지 않았어야 하는데!
그의 첫 번째 제안을 끔찍해하고 혐오하며 거절했어야 했는데!
오, 내 십자가를 짊어지고, 그리스도를 따랐어야 했는데!
그러나 아! 이런 생각을 너무 늦게 하다니!
난 이제 영원한 지옥 불에서 계속 고통당해야 하는가?
오! 영원이여! 이 생각이 나를 절망으로 가득 채우는구나!
영원히 비참할 수도 없고, 그러고 싶지도 않지만, 그래야만 하는구나!"

이런 식의 극적인 효과로 청중은 그 자리에서 꼼짝도 할 수 없었다. 대각성의 가장 견고한 지지자 중 하나였던 조나단 에드워즈(Jonathan Edwards)의 아내 새라 에드워즈(Sarah Edwards)는 조지 휫필드의 설교의 효과를 다음과 같이 증언했다.

"그가 성경의 진리를 가장 단순한 말로 설교하면서도 청중을 압도하는 것은 보면 너무 놀랍다. 심지어, 고개를 들고 그가 전하는 말씀을 듣는 수천 명이 숨을 죽이고, 어떤 경우에는 눈물이 나오는 것을 억지로 겨우겨우 참아내면서 흐느끼는 장면을 보았다…편견을 가진 사람은 그의 설교가 너무 연극처럼 인위적이고 공연처럼 진행된다고 말할 수도 있다는 것을 안다. 그러나 그를 직접 만나보고 개인적으로 아는 사람이라면, 아무도 그렇게 생각하지 않을 것이다."

조지 횟필드의 설교는 심지어 신앙에 회의적이었던 벤저민 프랭클린에게도 감명을 주었다. 그는 조지 횟필드의 메시지는 받아들이지 않았지만, 이 전도자를 친구로 인정했다. 프랭클린은 연단에서의 조지 횟필드의 행동을 묘사한 후 그가 순회전도자로 다니는 것에 큰 이점이 있다고 했다.

"그의 설교를 자주 들으면서, 나는 이 설교를 방금 쓴 것인지, 아니면 여행 중에 자주 한 설교를 반복하는 것인지 쉽게 구별할 수 있었다. 이미 예전에 했던 설교를 전달할 때 잦은 반복으로 그 전달력이 놀라울 정도로 향상되었다. 모든 억양, 강조점, 음성 변화 등이 너무도 완벽하게 어우러지고 조화되어서, 주제에 대한 관심사와 상관없이, 훌륭한 음악을 들으면 남는 그런 똑같은 즐거움이 그의 설교에도 있었다. 순회전도자가 한 곳에 머물러 설교하는 이들보다 더 유익한 점이 바로 이것이다. 정주 설교자는 많은 사전 연습으로 설교 전달력을 향상시킬 수가 없다."

한 번은 조지 횟필드가 자신의 설교를 조지아에 새로 설립한 고아원을 후원해 달라는 모금으로 끝낸다는 사실을 알고 있던 벤저민 프랭클린이 돈을 내지 않겠다고 맹세한 일이 있었다. 조지 횟필드가 펜실베이니아에 자선 기관을 세우자는 자신의 요청을 무시한 적이 있었기 때문이다. 그러나 조지 횟필드가 평소에 하던 대로 진행하자, 자신이 마음이 녹아내려 헌금함에 동전을 떨어뜨리기 시작했다고 프랭클린은 말했다.

"마침내, 조지 횟필드가 극도로 존경스럽게 마무리하자, 나는 주머니를 전부 털어서 금화 및 모든 것을 헌금 쟁반에 털어 넣었다."

조지 횟필드는 '신의 극작가'(divine dramatist)인 동시에, '신성을 파는 상인'(pedlar in divinity)이었다. 대각성운동을 반대하던 이들은 조지 횟필드를 개인의 사리사욕을 채우기 위해 자신이 만든 새로운 종교를 시골에 스스로 '팔아 먹는' 순회전도자라고 비난하며 이 두 번째 용어를 경멸적으로 사용했다. 한 익명의 저자는 「보스턴 위클리 뉴스 레터」(The Boston Weekly News Letter)에서 '물건을 파는 행상인을 규제하는 현재의 법은 신성을 팔아 대는 행상인을 규제하는 것에까지' 연장되어야 한다고 비난했다. 이 저자가 염려한 이유에는 이 혁신적인 설교자가 엄청난 성공을 거둔 것도 있었다.

조지 횟필드의 상업적인 전도 방법론에 비판적이기는 했지만, 보스턴의 한 평신도 집단은 조지 횟필드의 방법이 매우 성공적이라는 사실은 인정했다. 조지 횟필드가 이렇게 미리 홍보를 했기 때문에 보스턴 사람들이 그의 1740년 방문을 준비할 수 있었다는 것이다. 신문 광고와 보도 덕에, 그의 '이름과 특징이 그가 도착하기 이전에 이미 많이 알려져 있었고,' '그가 유럽과 아메리카를 들썩이게 만들면서, 그를 보고 그가 설교하는 것을 들으려는 사람들의 기대감과 호기심이 엄청났다.'

조지 휫필드는 원래 부흥집회를 홍보하기 위해 언론을 이용하는 것을 탐탁지 않게 여겼다. 자신의 여행 동반자이자 곧 출판업자가 되는 윌리엄 수어드(William Seward)가 런던의 일간지들에 광고를 내도 좋다고 허용한 조지 휫필드는 자신의 멘토 존 웨슬리가 가던 길에서 이탈했다. 수어드가 순회여행 광고에 대한 자문을 얻으려고 웨슬리에게 접근했을 때, 웨슬리는 수어드의 이 생각을 천박한 '나팔 소리'라며 거절했다.

조지 휫필드는 수어드가 자기에게 알리지도 않고 허락도 없이 1737년 9월 19일자 런던 「데일리 어드버타이저」(Daily Advertiser)에 첫 광고를 실은 것을 알고 당황해하면서 화를 냈다. 이 짧은 광고는 이 전도자를 조지아로 가는 위험천만한 선교여행을 수행하기 위해 유익이 되는 잉글랜드에서의 자리를 포기한 이타적인 젊은이로 묘사했다. 그러나 그 결과를 보고 조지 휫필드는 신문 광고가 그의 설교를 전혀 알지 못했을 다수의 사람에게 복음을 전하는 수단이라고 확신하게 되었다. 한 관찰자는 첫 번째 광고 직후 그의 이름이 '모든 지역에 알려졌기 때문에' '모두가 그를 따라다녔다'라고 기록했다.

이때부터 조지 휫필드는 '광고 후 설교' 전략을 따랐고, 그 결과, 그는 북대서양 세계에서 가장 유명한 복음전도자가 되었다.

존 웨슬리와 조지 휫필드 모두 전 세계에 복음을 전파해야 한다는 지상명령을 진지하게 취급했다. 각각 다른 때에 수없이 많이 전 세계가 자신의 교구라는 생각을 표현했지만, 그 세계 교구를 섬기는 역할을 두 사람은 아주 다르게 상정했다. 웨슬리는 더 깊은 신앙에 헌신한 경건한 복음주의자들의 작은 모임을 시작하고, 이들을 최종적으로 감리교회가 되는 신자들의 더 큰 조직으로 묶어 내는 조직과 치리를 강조했다. 그러나 조지 휫필드는 이런 수고로운 방법론에 투자할 시간도 없었고, 별로 관심도 없었다. 조지 휫필드는 자신을 설교자, 즉 복음의 씨를 뿌리는 자로 여겼고, 자신이 아닌 다른 이들, 즉 웨슬리 같은 이들이 자신을 이어 이렇게 뿌려진 씨에 물을 주어야 한다고 인식했다.

복음을 전파하는 과정에서 그 역할이 서로 달랐다는 것에 더하여, 존 웨슬리와 조지 휫필드는 신학적으로도 공개 논쟁을 벌였다. 조지 휫필드가 1740년에 처음으로 아메리카에서 설교 여행을 하고 있었을 때, 조지 휫필드는 웨슬리의 값없는 은혜에 대한 설교를 읽고, 옛 친구이자 멘토인 웨슬리가 알미니안주의를 수용한다고 비판했다. 조지 휫필드는 하나님만이 구원의 유일한 주체이시며, 인간은 자신의 구속을 위해서 할 수 있는 것이 아무것도 없다는 입장을 고수하는 칼빈주의 관점을 신봉했다.

조지 휫필드가 핵심 교리로 생각한 것을 웨슬리가 거부한 데 당혹감을 느낀 조지 휫필드는 웨슬리가 주장하는 값없는 은혜가 하나님의 은혜를 선행으로 사는 (그렇게 가정된) 가톨릭의 강조점과 유사한 위험한 가르침이라며 공개 편지를 출간했다. 둘은 비록 친구 관계를 유지하긴 했지만, 이 차이가 결국 감리교운동의 분열을 낳았다. 즉 웨슬리는 알미니안주의를 지지하는 일파를 조직했고, 조지 휫필드는 칼빈주의 진영의 대표가 되었다.

칼빈주의적 감리교도를 대표하는 독보적인 인물은 헌팅던 백작부인(Selina, Countess of

Huntingdon)으로, 조지 휫필드의 사역에서 매우 중요한 역할을 했다. 1730년대 후반에 거듭남을 경험한 헌팅던 부인은 조지 휫필드에게 재정 지원을 가장 많이 한 후원자가 되었다. 순회 설교를 하고 고아원을 경영하는 데 필요한 자금을 많이 제공한 데 더하여, 헌팅던 백작부인은 조지 휫필드를 볼링브로크 경(Lord Bolingbroke)과 체스터필드 백작(Earl of Chesterfield) 같은 귀족에게 소개시켰다. 이후 조지 휫필드는 백작부인의 개인 목사가 되었고, 런던의 여러 공원에서 대규모 청중에게 설교할 때에도, 헌팅던 백작부인의 집에서 개인 예배를 인도하곤 했다.

1740년대 후반에는 헌팅던 백작부인이 웨일스의 트레베카(Trevecca)에 소재한 한 복음주의 신학교에 재정 지원을 함으로써, 칼빈주의감리교회(Calvinistic Methodist Church) 조직에 큰 도움을 주었다. 조지 휫필드는 이 조직을 후원하기는 했지만, 본인이 가입하지는 않았는데, 에큐메니컬 입장을 계속 유지하고 싶었기 때문이었다. 그러나 백작부인과는 가까운 관계를 유지했기에, 사망 시에 그가 사랑했던 조지아 고아원은 백작부인 소유의 재단이 관리하게 되었다.

어디를 가든, 조지 휫필드는 기독교인을 하나 되게도 했고, 나누어 놓기도 했다. 아메리카에서는 그가 이끈 부흥운동으로 교단들이 갈라졌다. 회중교회는 각성을 지지하는 새빛파(New light)와 이를 반대한 옛빛파(Old light)로 나뉘었다. 또한, 아메리카 중부 식민지의 장로교인은 구파(Old Side)와 신파(New Side)로 나뉘었다. 조지 휫필드의 지지자들은 그를 두려움 없는 하나님의 종으로서, 하나님께서 특별한 은총을 내려주셔서 강력하게 사용하시는 도구라고 주장했다. 그들은 인간 역사에서 믿음이 어두워질 때, 하나님께서 새로운 은혜의 빛을 비추시기 위해 비범한 사람들에게 기름을 부으시는데, 조지 휫필드가 바로 그런 사람이라고 믿었다.

그러나 조지 휫필드를 반대하던 사람들은 이에 동의하지 않았다. 우선적으로, 이들은 부흥이 '하나님의 역사'라는 주장에 대해 회의적이었다. 소위 부흥은 하나님의 부어 주심이라기보다는 오히려 인간의 발명품에 더 가깝다고 주장했기 때문이다. 이들은 조지 휫필드가 부끄러움도 모르고 자기를 홍보한다고 비판했고, 부흥집회에 모였다고 보고된 청중의 수가 과도하게 과장되었다고 생각했다.

조지 휫필드 스스로도 1756년에 자기『일기』(Journal)를 수정하고 대략적인 숫자로 낮추면서 신뢰성을 주기 위해 노력했다. 조지 휫필드를 비판한 이들은 사람들의 회심에 대한 간증이 감정적인 설교에 대한 열광적인 응답일 뿐이라며 폄하했다. 거듭남의 진짜 증거는 변화된 행동이라는 주장이었는데, 이들 비판자들에게는 부흥의 결과로 더 도덕적인 사회가 되었다는 증거가 거의 보이지 않았다.

1770년 9월 30일에 조지 휫필드가 매사추세츠 뉴베리포트(Newburyport)에서 세상을 떠났을 때, 그는 어떤 교단이나 분파도 남기지 않았다. 그러나 그가 남긴 유산은 매우 강하고 오래토록 살아남았다. 조지 휫필드는 근대 복음주의 부흥운동의 아버지로 많은 이들에게 기억된다. 19세기 초반의 찰스 피니(Charles Finney)부터 20세기 후반의 빌리 그레이엄(Billy Graham)에 이르기까지, 전도자들은 조지 휫필드를 영감이 뛰어난 선구자로 평가했다. 조지 휫필드 당시에는 오늘날의 빌리 그레이엄처럼 전 세계의 청중에게 이를 수 있는 수단이 부족했음에도 불구하고, 그는 인쇄된 말(신문 광고-역주)과 설교된 말씀 간, 그리고 사전 광고와 준비와 부흥회의 성공간의 강력한 연결 고리를 간파했다. 그를 계승한 이들과 마찬가지로, 조지 휫필드는 지상명령을 진지하게 취급했고, 먼 곳에 있는 이들에게 거듭남의 필요성을 전파하기 위해 활용할 수 있는 모든 수단을 동원했다.

참고문헌 | *George Whitefield's Journals* (London: Banner of Truth Trust, 1960); J. Gillies (ed.), *The Works of the Reverend George Whitefield*, 6 vols. (London: 1771-1772); F. Lambert, *'Pedlar in Divinity': George Whitefield and the Transatlantic Revivals, 1737-1770* (Princeton: Princeton University Press, 1994); H. S. Stout, *The Divine Dramatist: George Whitefield and the Rise of Modern Evangelicalism* (Grand Rapids: Eerdmans, 1991).

F. LAMBERT

존 고치 리들리(John Gotch Ridley, 1896-1976)

복음전도자. 그는 고든앤고치(Gordon and Gotch)사의 대표였던 토마스 리들리(Thomas Ridley)의 아들이었다. 존 고치 리들리의 가운데 이름은 유명한 고치 가문 출신인 그의 어머니로부터 받은 것이다. 역사와 (하르툼의 고든(Gordon of Khartoum)이나 헨리 해브록(Henry Havelock) 같은) 기독교인 군인들의 이야기에 매료된 그는 1915년에 제1차 오스트레일리아 제국군(A.I.F, 제1차 세계대전 당시에 조직되어 영국군의 일원으로 싸운 오스트레일리아군-역주)에 입대했다. 그는 굳건한 전천년주의자 윌리엄 램(William Lamb)이 사역하던 시드니의 버튼 스트리트 침례교회(Burton St Baptist Church)에서 이미 회심한 상태였다. 리들리의 영성은 케직의 '더 높은 기독교인의 삶' 완전주의와 천년왕국론에 헌신된 중국내지선교회(CIM)의 영향하에 있었다.

전도를 강력하게 주장한 것은 그의 군대 배경을 반영했고, 생애 후기에 그는 자신을 '그리스도의 군사'로 인식하며 대영 제국의 영역을 돌아다녔다. 리들리의 설교 중 테이프에 녹음되어 있는 얼마 되지 않은 설교에 등장하는 다음 이야기는 그가 서사, 개인적인 전쟁 경험, 전도를 어떻게 통합했는지 그 전형을 보여 준다.

"용기는 기독교인의 삶의 본질 중 하나입니다…제가 프랑스에서 생애 처음으로 육박전을 치러보았습니다. 여러분이 상상하는 그 이상으로 총검으로 적과 싸우는 것은 정말 끔찍한 것입니다. 저는 그곳에서 본 한 장교의 담대함을 잊을 수가 없습니다. 적의 포탄이 소나기처럼 퍼붓기 시작하면서 많은 군사들이 참호 안에서 쓰러져갔습니다. 이때 저보다 몇 살 많아 보이는 한 장교가 눈에 들어 왔습니다. 이 사람은 침착하게 참호 속을 살피며 이렇게 말했습니다.

'병장, 뒤로 나와. 내가 앞장서지.'

그리고 그는 코트를 집어 들고 어깨에 걸치고는, 담배 한 대를 피워 물었습니다. 그는 손을 위로 들며 '모두 나를 따르라!'고 소리쳤습니다. 그리고는 앞장서서 포화 속으로 걸어 들어갔습니다. 그는 총탄에 쓰러져 갔지만 저는 브릭스 중위의 영웅적인 모습을 잊을 수가 없습니다. 그리고 지금 주님께서 마가복음 8:38을 통해 우리에게 담대함이 주는 가치를 깨우쳐 주고 계십니다."

그는 53연대에 소속되어 아르망티에르(Armentieres), 벨리쿠르(Bellicourt), 이집트, 프로멜(Fromelles) 등지에서 복무했고, 이때 얼굴에 총상을 입어 발음 계통에 심각한 장애를 갖게 되었다. 그는 참호 속에서도 병사들과 함께하는 성경공부를 열정적으로 인도했지만, 그 당시 다시는 정상적으로 말을 할 수 없으리라 생각했다. 그러나 시간이 지나면서 그는 기적적으로 신체 장애를 거의 극복했다. 그러나 심리적인 후유증은 여전히 남아 있었다. 심리 치료나 약의 도움이 없을 때에는 일평생 반복된 신경 쇠약과 붕괴, 두통, 자신감 상실에 시달렸다. 1918년에 그는 벨리쿠르전투의 포화 속에서도 목숨을 걸고 부상자들과 약품 및 식량을 운반한 공로를 인정받아 무공십자훈장을 받았다.

고향으로 돌아간 리들리는 마루브라침례교회(Maroubra Baptist Church)의 학생 목회자로 섬기게 되었다. 비록 후에 카툼바침례교회(Katoomba Baptist Church)와 오클랜드태버너클(Auckland Tabernacle)에서 사역을 하기는 했지만, 마루브라침례교회는 그가 전임으로 사역한 유일한 교회였다. 무공십자훈장을 받은 덕에 여러 중요한 강단에 초청되어 강연했다. 예를 들어, 1961년에 그는 '42년 전에'(1919) 군복을 입고 스탠모어침례교회(Stanmore Baptist Church)에서 설교를 했던 그 장면을 결코 잊지 못한다고 고백했다.

이 강단에서 그는 자신이 겪었던 전쟁의 이야기들을 그리스도의 명령과 연관시켜 청중을 감동시켰다. 그러나 건강이 악화됨에 따라, 그가 중국내지선교회와 함께 선교사로 일할 수 있는 가능성이 사라졌다. 데이비드 브레이너드(David Brainerd)나 허드슨 테일러(Hudson Taylor)의 위대한 동역자 윌리엄 번즈(William Burns) 같은 선교사들을 자신의 영웅으로 동경했지만, 얼마간은 양 목장에서 일하지 않을 수 없었다.

블루산맥(Blue Mountains)에 위치한 블랙히스(Blackheath)에서 요양하며 건강을 회복하는 와중에 리들리는 도로시 챕먼(Dorothy Chapman)을 만나 결혼했다. 장애 여부와 관계없이, 리들리는 블랙히스교회의 청중에게 영향력을 끼쳤다. 도로시와 그의 자매, 가족 전부가 곧 복음주의 침례교인이 되었다. 블랙히스에 있는 동안 리들리는 한 나이든 은둔자를 자주 방문했는데, '당신은 내 영혼에 관심을 보인 유일한 사람이에요'라고 그가 한 말이 리들리가 자기 소명을 다시 발견하는 계기가 되었다.

'강하고 담대히 일하라. 내가 너와 함께 함이니라'는 하나님의 음성을 들었다고 느낀 그는 자신의 장애를 기도와 준비를 통한 군대식으로 훈련으로 이겨 내려고 노력했다. 이후로 그는 항상 개인 영성과 경건한 삶의 중요성을 강조했다. 그는 기도에 특히 열심이었고, 『깊고 달콤한 사랑의 샘』(The Deep, Sweet Well of Love) 같은 기도에 관한 소책자를 여러 권 출판했다. 그의 책들은 S. 존 베이컨(S. John Bacon)이라는 멜버른(Melbourne) 출판업자의 도움으로 제2차 세계대전 중에 세계 곳곳에서 전투를 치르던 오스트레일리아 군인들에게 배포되었다. 리들리는 13권의 단행본뿐만 아니라 4권으로 된 시집, 전단지 형태로 된 20편의 시, 100종이 넘는 소책자를 발간했다.

1926년에 결혼식을 올린 후 리들리와 도로시는 말이 끄는 '오스트레일리아 미개척지 전도단'(Australian Bush Crusade, 1926-1935)을 조직해서 미개척지를 통과하여 고립된 산골 마을과 소도시를 순회했다. 건강이 회복되면서 리들리의 믿음선교회(faith mission)는 각 지역에서 부흥회를 인도했다. 처음에는 지역 침례교회들과 연합하여 집회를 인도했고, 점차 많은 교회들이 협력하는 연합 천막집회로 발전하게 되었다.

리들리는 헌신된 침례교인으로서, 은총, 죄사함, 그리스도의 재림에 대한 매우 보수적인 교리를 가르쳤다. (윌프레드 자비스[Wilfred Jarvis]와 함께한) 그의 선교사역들로 뉴사우스웨일스 지역, 특히 아미데일-글렌인스(Armidale-Glen Innes) 지역과 노스리버스(North Rivers) 주변 (그래프턴[Grafton], 리즈모어[Lismore], 카지노 [Casino] 등)에서 침례교회가 급성장했다. 제2차 세계대전이 발발하자, 그는 군목이 되어 '그리스도를 위한 군사들'(Campaigners for Christ)과 함께 주둔지 및 운송지에서 각종 구호 활동을 전개했다.

리들리는 매우 유능한 개인 복음전도자였다. (많은 사람들은 그가 전도 여행 중일 때 버스나 기차에서 만나 대화하면서 회심을 하게 된 날짜를 댈 수 있었다). 그러나 그는 무엇보다도 설교자였다. 리들리가 오늘날 명성을 얻게 된 계기는 주로 1932년 11월에 버턴스트리트침례교회에서 이사야 57:15을 본문으로 한 설교였다는 사실은 역사의 아이러니 중 하나이다. 당시 설교 제목은 '여러분은 어디에서 영원을 누릴 것입니까?'였다. 이 설교를 아더 스테이스(Arthur Stace)가 듣게 되었는데, 그는 거의 글을 읽고 쓸 줄 모르는 알코올 중독자였다가 R. B. S. 해먼드(R. B. S. Hammond)를 통해 회심한 자였다.

"영원! 영원! 나는 시드니의 온 거리에 영원을 외치고 소리 높일 수 있습니다! 여러분은 영원을 만나야 합니다. 여러분은 어디서 영원을 누릴 것입니까?"

스테이스는 이 설교에 큰 감동을 받아, 주머니에서 분필 조각을 꺼내 바닥에 '영생'(Eternity)이라고 휘갈겨 쓰기 시작했다. 이후 그의 동판 '서명'(그의 필체로 쓴 Eternity를 동판으로 제작하여 시드니 시내 세 곳에 비치-역주)은 비기독교인 사이에도 유명한 시드니의 명물이 되었다.

(강단의 영향력이 쇠퇴하고 있을 때) 리들리의 설교는 더욱 강력했다. 이는 부족함에 대한 그의 인식과도 관련이 있었고, 그의 성품과도 관련이 있었다. 전쟁 경험과 자신의 약점을 잘 아는 개인 성품 때문에 그는 격식을 차려야 하는 자리를 불편해했다. 그렇지만 그는 설교를 주의 깊게 작성했고, (몸짓과 기독교 역사를 곁들여) 묘사를 확장했다. 도로시가 자주 목격한 바에 따르면, 그는 항상 설교 전문을 노트에 써서 원고를 만들고, 사무실에서 왔다 갔다 하며 본문을 암기하고, 설교 전에 몇 시간이나 설교를 놓고 기도한 후, 실제 설교에서는 자기 앞에 놓인 원고를 보지도 않는 듯 설교했다.

그렇지만 그는 위원회 일은 잘 하지 못했다. 관료적인 것을 거부하고, 이후 시대의 (빌리 그레이엄 같은) 전도자들이 강력한 영향력을 주기 위해 활용한 식으로 자기 사역을 '조직화하려는' 시도를 거부했다. 결과적으로, 그의 사역은 오스트레일리아, 뉴질랜드, 더 이후에는 미국과 영국(마일드메이를 위해 진행한 집회) 이곳저곳에서 진행된 지역 부흥회에서 두각을 드러냈다. 딸 루스가 태어나면서 아내가 더 이상 장기 출타가 불가능해지자, 리들리는 점차 앨프 데이비(Alf Davey), 존 오웬(John Owen), 존 우드하우스(John Woodhouse) 등의 침례교 목회자들과의 연합 활동을 확대해 나갔다.

산골 미개척지 전도는 점점 약해졌지만, (오번[Auburn], 애시필드[Ashfield], 버턴스트리트

[Burton Street], 무엇보다도 C. J. 틴슬리[C. J. Tinsley]와 함께한 스탠모어[Stanmore] 교회 같은) 침례교회의 큰 강단들에서, 또한 침례교신학연합(Baptist Theological Union, 나중에 리들리의 가장 친한 친구이자 총장이 되는 G. H. Morling 의 이름을 따서 신학대학 이름이 바뀐다)에 합격한 젊은이들 사이에서도 그의 영향력은 점점 더 커졌다. 그는 가족 및 다른 이들을 통해 플로렌스 영(Florence Young)의 가족과도 친분을 맺었고, 인기 있는 카툼바(Katoomba), 업위/벨그레이브 하이츠(Upwey/Belgrave Heights)집회에도 정기적으로 초대받았다. 노스코트 덱(Northcote Deck) 등 선교동원자들의 광범위한 영향력을 통해 해외에서도 초청을 받았다. 점점 유명세를 타게 된 리들리는 (앨프 데비[Alf Davey] 및 다른 인사들과 함께) 오스트레일리아전도연구소(Australian Institute for Evangelism)를 뉴사우스웨일즈 일라와라(Illawarra) 지역에 위치한 플레즌트산(Mt Pleasant)에 창립해 전도의 영향력을 배가하고자 했다. 이 연구소는 이후 국제 복음전도 단체인 '그리스도의 대사들'(Ambassadors for Christ)과 일라와라성경대학(Illawarra Bible College)으로 발전했다. 그러나 '그리스도의 대사들'이 스텐웰톱스(Stanwell Tops)에 소재한 재산을 상실하면서, 리들리는 맞대응을 하느니 차라리 다른 사역에 집중하는 편을 택했다.

이 당시 그는 오스트레일리아에 공적으로 등장한 오순절운동에 대해 침례교도들이 제기한 반대운동으로 인해 이미 곤욕을 치르고 있었다. 존 우덤(John Woodham) 등 그의 젊은 동역자 일부는 하나님의성회(Assemblies of God) 목사 필립 던컨(Philip Duncan)을 통해 방언이 증거인 '성령세례'라는 독특한 오순절운동의 체험을 한 상태였다. 던컨의 메시지는 여러 면에서 리들리의 관심을 끌기에 충분했다. 던컨 역시 버턴스트리트침례교회에서 회심을 경험(도로시에 의하면, 던컨은 리들리에게 영향을 받아 회심했다)했고, 리들리와 마찬가지로 윌리엄 램(William Lamb)의 전천년설을 지지했다. (던컨은 후에 「헤럴드 오브 호프」[Herald of Hope]라는 예언 잡지의 창간인이 된다). 던컨과 그의 아버지이자 교회 장로였던 프레드(Fred)는 스미스 위글스워스(Smith Wigglesworth) 목사와 대립하면서 교회를 떠나라고 요청받았지만, 떠난 후에도 침례교단에 남은 가족들과 계속 교류했다. 리들리는 그들의 생각과 영성을 지지했다. 현재 테이프에 녹음되어 있는 얼마 남지 않은 그의 1961년 연설 중에 다음과 같은 기도 내용이 나온다.

> "아들의 희생을 통해 아버지께로 영혼들을 이끄시는 성령께 저항하지 않도록 심령에 의지를 주옵소서. 오, 우리의 하나님. 성령께서 기름 부으시기를, 입이 열리기를, 혀가 풀리기를, 성령님이 자유롭게 활동하셔서 오늘밤 당신의 백성들의 눈앞에서 당신의 위대한 구속의 진리를 전해 주시기를 기도합니다. 또한, 그리스도께서 우리를 위해 죽으신 이 위대한 진리에 대한 영과 혼과 마음의 반응이 있게 하소서. 이제 우리의 기도를 들으시고, 오늘밤 당신의 능력의 인치심을 허락하시고, 이 자리에 모인 영혼들을 축복하여 주옵소서."

리들리가 경멸스러운 오순절주의로 '넘어갔다'라는 소식이 알려지자 연구소와 침례교연합 내의 분노가 하늘을 찌를 듯 했다. 설교자 명단에 있던 그의 이름이 떨어져 나갔고, 순회전도자 경력도 급속히 쇠락했다. 특히, 리들리 때문에 교단의 청년들이 좋지 않은 영향을 받을까 염려했던 침례교도들이 리들리의 가족을 매몰차게 대한 것이 최악이었다. 결국 리들리는 서신을 회람시켜서, 자신이 침례교회를 떠났다는 소문을 부인했다. (그럼에도 자신이 경험한 성령 체험을 확실하게 부인하지는 않았다는 사실이 중요하다). 리들리는 경력과 명성을 다시 회복했다. 오늘날 뉴사우스웨일스의 침례교연합은 은사주의운동의 영향을 크게 받았는데, 이 점에서 리들리를 변절자라기보다는 시대를 앞선 인물로 여길 수도 있다.

군인 같은 복음전도자 리들리는 빌리 그레이엄 이전 시대에 그 누구보다도 오스트레일리아의 순회복음전도사역에서 가장 큰 영향을 끼친 사람이었다. 모든 사람이 그를 반기지는 않았다. 자유주의 침례교도들은 리들리를 근대에 어울리지 않는 구시대적인 복음전도 방법을 대표한 인물로 평가했다. 점잖은 침례교도들은 그의 주장을 싫어했기에, 그 생각의 일부는 크게 난항을 겪었다.

리들리의 방식은 그 시대의 산물이었지만, 그의 힘 있는 설교, 그로 인한 회심자들이 (특히 글렌인스 같은 지역들의) 교회와 사역지로 지속적으로 유입됨으로써, 침례교회가 오늘날에도 지속적으로 뚜렷한 복음주의 색채를 유지할 수 있었다는 사실은 부인할 수 없다. 무엇보다도, 그는 엄청난 절제와 용기로만 가능했던 위대한 업적을 이룬 인물이었다.

참고문헌 | H. E. Evans, *Soldier and Evangelist: the Story of Rev John G Ridley, MC* (BHSNSW: Eastwood, 1980); P. Rahme, *The Messenger & The Message Behind Mr. Eternity (John G. Ridley MC, 'The Echoes of Eternity')*; J. G. Ridley, *Milestones of Mercy* (Sydney: Christian Press, 1957); J. G. Ridley, 'My experiences in the charge of the 53rd Battalion, 19 July, 1916 at Armentieres,' TSS, Australian War Memorial; 'Studio portrait of Lieutenant (Lt) John Gotch Ridley, of the 53rd Battalion, and his wife Dorothy(née Chapman),' P03254.001 Australian War Memorial; 'Courage,' sermons, Stanmore Baptist Church, c. 1965, CSAC Archives.

M. HUTCHINSON

존 그레샴 메이천(John Gresham Machen, 1881-1937)

근본주의 장로교 신학자이자 교육자. 그는 하버드에서 공부한 법조인 아더 웹스터 메이천(Arthur Webster Machen)과 메리 그레이엄(Mary Gresham)의 아들로, 사회적으로 저명하고 부유한 볼티모어 가정에서 태어났다. 더구나 메이천의 부모는 충성스런 남부인이자, 남장로교회 소속의 부유한 교회인 프랭클린스트리트 장로교회(Franklin Street Presbyterian Church)의 헌신된 교인이었다.

사립학교를 다닌 메이천은 졸업 후 1898년에 장학금을 받고 존스홉킨스대학교(Johns Hopkins University)에 입학했다. 일급 미국 고전학자 바실 L. 길더슬리브(Basil L. Gildersleeve)의 지도 하에 메이천은 그리스어를 아주 잘하게 되었다. 1901년에 최우등으로 학사학위를 받은 그는 자기 학년 졸업생 대표였다. 앞으로 어떤 길을 가야 할지 결정하지 못한 메이천은 길더슬리브 밑에서 1년 동안 그리스어 공부를 더 했고, 여름에는 시카고대학교(University of Chicago)에서 회계학과 국제법을 공부하기도 했다. 여전히 어떤 직업을 가져야 할지 명확히 결정하지 못하고 있었던 데다, 목회에 적합한지에 대해서도 개인적으로 불안감을 갖고 있었음에도 불구하고, 그는 1902년 가을에 1년 동안 점검 차원에서 프린스턴신학교(Princeton Theological Seminary)에 등록하기로 결정했다. 그의 남장로교 배경을 고려할 때, 북장로교 소속인 프린스턴신학교에 등록한 것이 이상하게 느껴질 수 있다. 그럼에도 불구하고, 프린스턴은 아마도 여러 이유로 그에게 매력적으로 다가왔을 것이다. 여러 남부 출신이 교수진으로 가르치고 있었던 것에서 알 수 있듯이, 프린스턴은 오랫동안 남장로교와 관계를 맺었다. 더구나 신학교 총장 프랜시스 랜디 패턴(Francis Landey Patton)은 메이천 가족의 친구였다. 더 중요한 것은 프린스턴이 학문적인 구학파(Old School) 장로교 정통의 유명한 중심지로서 국제적인 명성을 누리고 있다는 사실이었다.

1812년에 세워진 프린스턴의 교수진은 아치볼드 알렉산더(Archibald Alexander), 찰스 하지(Charles Hodge), 벤저민 브레킨리지 워필드(Benjamin Breckinridge Warfield)를 포함한 탁월한 보수신학자를 보유했다. 남장로교와 마찬가지로, 프린스턴의 구학파 장로교 전통은 웨스트민스터 신앙고백(Westminster Confession of Faith)에 표현된 보수 개혁파 정통과 더 발전된 엄격한 성경 무오 교리에 철저했다. 여기에다, 프린스턴의 신학은 스코틀랜드 상식 실재론(Scottish common-sense realism)과 베이컨주의 방법론(Baconian method)을 포용했다. 결론적으로 프린스턴 신학자들에 따르면, 신학의 과제는 성경의 '사실들'의 질서정연한 조직화였다. 그러나 남부 구학파 장로교와 북부 구학파와 장로교 간에는 분명한 차이도 있었다. 북부교회와 달리, 남부전통은 '교회의 영성'(spirituality of the church) 교리를 주창했는데, 이는 세상일에 대한 교회의 직접적인 참여나 연루를 금한다는 의미였다.

신학생 시절에 메이천은 프린스턴대학교 철학과 석사과정에도 등록해서 공부했다. 1904년에 이 대학에서 석사를 취득했고, 1905년에는 신학교에서 신학사를 받았다. 신학교에서 그의 멘토 역할을 했던 윌리엄 파크 암스트롱(William Park Armstrong)의 권유와 신약학 분야에서 받은 상에 딸린 포상금으로 메이천은 1905-1906년을 독일에서 공부하며 보내기로 결정했다. 그는 이 해가 앞으로의 직업 선택에 방향을 잡는 기회가 되기를 바랐다. 그러나 역설적으로, 조용한 숙고의 시간이 되기는커녕, 그해는 오히려 메이천에게 신앙의 위기를 가져다 준 해가 되었다.

마르부르크대학교와 괴팅엔대학교 학생이 된 메이천은 세 저명한 독일 성경학자 아돌프 율리허(Adolf Julicher), 요하네스 바이스(Johannes Weiss), 빌헬름 부세트(Wilhelm Bousset)에게 배웠다. 그러나 메이천이 가장 큰 도전을 받은 학자는 마르부르크대학교의 조직신학자 빌헬름 헤르만(Wilhelm Herrmann)이었다. 헤르만은 매혹적인 인품을 지닌 헌신된 자유주의 신학자였다. 헤르만에 따르면, 순전한 기독교 신앙의 본질은 한 개인이 그리스도를 통해 하나님과 교제하는 경험에 달려 있는 것이었다. 과학과 신앙이 두 개의 전적으로 다른 영역에 속한다는 헤르만의 주장은 구학파 장로교 정통과는 정면 대치되었다.

이에 더하여, 그는 성경이 역사 연구를 통해 논박될 수 있기 때문에 성경은 신앙의 충분한 기반을 제공할 수 없다고 주장했다.

기독교 신앙의 내용과 전망을 높고 이렇게 경쟁하는 두 이론 사이에서 지적 타협을 할 마음이 없었고, 여전히 해결되지 않은 소명 문제로 고심하던 메이첸은 1906년에 1년 계약의 프린스턴신학교 신약학 교수직을 받아들이라는 윌리엄 암스트롱의 권유에 설득당했다. 이어서 수년간 메이첸은 지적인 고민을 해결하고 프린스턴의 구학파 신앙을 받아들였다. '기독교와 문화'(Christianity and Culture)라는 제목의 1912년 연설은 초자연적 기독교와 사회와의 관계에 대한 그의 이상을 보여 준다. 메이첸에 따르면, 미국 문화의 세속화가 복음을 위험에 처하게 했다. 따라서 교회의 과제는 현대성과 타협하는 것도 아니고, 문화에서 물러나는 것도 아니다. 오히려 과제는 세속 문화 사상들을 변혁해서 정통 기독교 세계관에 맞게 교정하기 위해 이 사상을 활용해야 한다는 것이다.

세속 현대성과의 수년간의 개인적인 투쟁 후에 메이첸은 자기 소명을 발견했다. 개인 경험이 장로교회 내에서 정통을 변증하기 위해 현대주의에 맞서 싸우는 헌신을 지지해 주었다. 그는 1914년에 북장로교회(northern Presbyterian Church)에서 안수받았고, 다음해에는 조교수로 임명받았다. 취임 연설 '역사와 신앙'(History and Faith)에서 메이첸은 그의 전 지도교수 빌헬름 헤르만에 대응했다. 헤르만이 복음은 역사에 매이지 않은 별개의 것이라 주장한 반면, 메이첸은 복음은 본질상 그 중심이 역사적인데, 이는 그리스도의 부활이 역사적 사건이기 때문이라 주장했다. 제1차 세계대전 시기에 메이첸은 프랑스와 벨기에로 가서 YMCA를 도와 일했다. 1921년에는 버지니아 소재 유니언신학교(Union Theological Seminary) 제임스 스프런트 강연(James Sprunt Lectures)에서 강연했는데,

이때 한 강연 내용이 같은 해에 『바울 종교의 기원』(The Origins of Paul's Religion)이라는 제목으로 출간되었다. 그 시대의 많은 고등비평가가 사도 바울이 그리스 철학에 크게 의존했고, 예수님의 단순한 가르침과는 많이 다른 신학을 가르쳤다고 주장했음에도, 메이첸은 예수님과 바울 간에 신학적 연속성이 있다는 것을 보여 주려 했다. 그러나 많은 근본주의자와는 달리, 메이첸은 비평학계에 열심히 관여했다. 이런 이유로, 그의 연구성과는 보수주의 학자와 자유주의 학자 양자에게 널리 수용되었다.

『바울 종교의 기원』이 순수 학자로서의 메이첸에 대한 신뢰성을 높이는 데 기여했다면, 그의 다음 저서인 『기독교와 자유주의』(Christianity and Liberalism, 1923)는 주도적인 근본주의 논증가로서의 그의 명성을 확고하게 한 작품이었다. 10년 이상 보수 장로교인들은 교단 내에서 부상하던 신학적 자유주의의 줄기를 잘라 내려 고군분투하고 있었다. 이를 위해 장로교총회는 1910년에 모든 목회자 후보생이 역사적 기독교의 본질적 신앙으로 다섯 교리(성경 무오, 그리스도의 처녀 탄생, 대속 속죄, 그리스도의 육체 부활, 그리스도의 기적으로 역사하시는 능력)에 서명해야 한다는 '다섯 핵심 교리 선언'(Five Point Deliverance)을 승인했다. 1916년, 1923년에도 다시 교단 최고 치리회는 '다섯 핵심 교리 선언'을 재확인했다.

이런 노력에도 불구하고, 신학적 자유주의는 교회에서 점점 더 인기를 얻었다. 이런 맥락에서 『기독교와 자유주의』는 북장로교회를 분열시킨 신학 갈등과 관련하여 구학파 장로교 관점을 대표한 책이었다. 메이첸에 따르면, 자유주의 신학은 신앙을 세속 문화에 적응시킨다는 명목으로 '기독교의 특징이 되는 모든 것'을 희생시켰

다. 자유주의자들은 전통적인 기독교 용어를 사용하지만 하나님이 역사에 초자연적으로 개입하신다는 것을 부인하므로, 이들은 정직하지 못한 행동을 하는 것이라고 메이천은 비난했다. 메이천에게 자유주의와 기독교는 두 개의 다른 종교였다. 자유주의는 기독교가 아니기 때문에 자유주의자는 명예로운 선택과 행동을 통해 교회에서 나가야 한다는 것이 메이천의 주장이었다.

자유주의자가 세속 현대성에 순응함으로써 시대에 맞는 적실성을 유지하려 했던 시도를 신랄하게 비판한 메이천의 노력은 월터 리프먼(Walter Lippmann)과 H. L. 멩켄(H. L. Mencken) 같은 문화 현대주의자의 존경도 이끌어 냈다. 그러나 북장로교회 내부의 자유주의 당파는 메이천의 비평에 대한 세속 학자들의 경외감에 공감하지 않았다.

'다섯 핵심 교리 선언'에 대한 대응으로, 자유주의 장로교인들은 1924년에 '오번 선언'(Auburn Affirmation)이라는 항의 선언문을 펴냈다. 다섯 가지 점검 요소를 노골적으로 부인하지는 않으면서도, 이 선언문은 정통을 판별하기 위해 제시된 다섯 가지 점검 요소는 이들 교리들에 대한 오직 하나의 이론이나 해설일 뿐이라고 주장했다. 성경 및 교회의 교리 기준과 동등한 일관성을 유지하는 다른 이론들도 있다고 선언서는 주장했다.

북장로교와 미국 문화 전반에서 근본주의-현대주의 논쟁이 격화되는 와중에, 메이천은 자유주의 혁신에 저항하며 보수파 반동을 이끌어 내는 데 주도적인 역할을 했다. 그는 사경회, 교회, 대학, 신학교에 자주 강사로 초청받았다. 심지어 윌리엄 제닝스 브라이언(William Jennings Bryan)도 1925년 여름에 테네시(Tennessee) 데이턴(Dayton)에서 열린 '스콥스 원숭이 재판'(Scopes Monkey Trial)에 전문가 증인으로 참석해 달라고 그에게 요청했을 정도였다. 창조에 대한 다윈주의 견해를 주도한 과학적 자연주의에 비판적이었음에도, 그 이전의 워필드처럼, 메이천도 당시 부상하던 하루 24시간 6일 창조 해석에는 공감하지 않았다. 결국 그는 브라이언의 요청을 거절했다.

근본주의-현대주의 논쟁으로 북장로교 내 분열이 일어날 위기가 찾아오자, 총회는 1925년에 갈등의 구체적인 원인을 찾고 해결책을 제시할 특별위원회를 구성했다. 메이천은 이 위원회의 여러 모임 중 하나에서 분열에 대한 자기 의견을 나눠 달라고 초대받은 이들 중 하나였다. 1926년 총회에서 공식 승인을 받은 위원회 최종 보고서는 근본주의자의 패배를 기정사실화했다. 메이천과 다른 보수파에게는 고통스럽게도, 오번 선언은 교회의 연합을 유지하고, 미국 사회를 대상으로 교회의 선교를 지속하기 위해 엄격한 고백주의에 대하여 교리적 다양성을 관용하기로 선택한 것이었다.

수년간 북장로교 내 근본주의-현대주의 논쟁은 프린스턴신학교 공동체를 쪼개고 분열시켰다. 메이천이 이끈 교수진 대다수는 학교의 전통적인 신앙고백 입장에 충실했다. 총장 J. 로스 스티븐슨(J. Ross Stevenson)과 실천신학 교수 찰스 R. 어드먼(Charles R. Erdman)이 이끈 소수파는 신학적으로는 복음주의적이었지만, 교회 내의 신학적 자유주의를 더 관용하는 편이었다. 이들 교회 문제를 놓고 점증한 갈등은 인간관계로 인한 갈등과도 연결되어 있었는데, 많은 이들이 보기에, 메이천은 이 두 갈등 모두의 한복판에 서 있는 인물이었다.

1925년에 신학교 경영진은 보수주의자 클라렌스 매카트니(Clarence Macartney)를 변증학 학과장에 지명했다. 매카트니가 목회지를 떠나지 않기로 결정하자, 경영진은 이번에는 메이천을 지명해서 이 자리를 맡게 했다. 이 문제로 교수진 내부에서 갈등이 심화되자, 1926년 총회가 이 상황을 조사할 위원회를 조직했다. 총회는 '다섯 핵심 교리 선언'을 폐기했을 뿐만 아니라, 특별위원회가 조사를 완료할 때까지 메이천의 신학교 변증학 학과장 승인을 보류함으로써 메이천에게 개인적인 패배를 안겼다.

1926년 장로교총회에서 벌어진 논쟁에서 명시적으로 언급된 것은 아니지만, 아마도 메이천이 금주를 반대한 것이 그의 변증학 교수 임명을 즉각 보류하게 된 결정적인 원인이었던 것 같다. 미국 헌법 수정 조항 제18조(음료용 알코올의 제조 및 판매 등을 금지한 법으로 1920년 1월 16일에 비준된 후 1933년 12월 5일에 폐지-역주)에 대한 대중적 지지가 1920년대에 약화되었을 때에도, 많은 개신교 교단, 특히 북장로교와 북감리교는 금주 캠페인을 계속 벌였다.

1926년 장로교총회는 볼스테드법(Volstead Act, 국가금주법-역주)의 수정을 반대하는 결의안을 통과시켰다. 메이천은 엄격한 신앙고백 기준을 지지했음에도 불구하고, 시민 자유주의자(civil libertarian)였고, 때로는 개인의 자유를 국가가 더 많이 침해하는 것으로 보이는 것에는 단호하게 목소리를 내기도 했다. 메이천이 금주를 반대한 이유 또 한 가지는 '교회의 영성'(spirituality of the church) 교리에 대한 헌신이었다. 자유주의와 근본주의 장로교 지도자 중 '거룩한 실험'('금주'를 의미-역주)을 반대한 인물로는 메이천이 유일했다. 약 3년 동안의 증언, 논쟁, 보류 후에 특별 위원회 다수파 보고서는 프린스턴신학교와 북장로교회를 침몰시키고 있던 신학 위기에 대한 행정적 해결책을 제시했다. 1929년 총회가 승인한 이 해결책은 신학교의 분열된 운영회와 이사회를 해체한 후 33명으로 구성된 대규모 단일 위원회로 재편하는 것이었는데, 이 위원회에는 오번 선언에 서명한 인사도 두 명 포함되어 있었다.

신학교를 신학적 자유주의의 요새로 바꾸려는 열망 속에서 이루어진 프린스턴의 재조직에 관한 인사가 이 중에 없었음에도 불구하고, 메이천은 이 과정이 프린스턴을 온건한 복음주의 방향으로 이동시키는 것, 즉 그가 보기에 프린스턴의 칼빈주의 및 학문 유산을 포기하는 것과 하등 다를 바 없는 타협이라 인식했다. 메이천의 눈에 유일하게 합당한 과정은 구프린스턴 전통을 유지하는 새로운 기관을 설립하는 것이었다. 프린스턴의 젊은 교수진 일부와 전임 이사와 경영진 다수의 지지하에, 메이천은 1929년 가을에 웨스트민스터신학교(Westminster Theological Seminary)가 설립되는 과정에 참여했다.

다양한 종교 라디오 방송 프로그램과 인기 있는 출판물에도 자주 출연하고 기고한 메이천은 『신앙이란 무엇인가?』(What is Faith?, 1925), 『기독교와 현대 신앙』(The Christian Faith in the Modern World, CLC 刊), 『기독교 인간관』(The Christian View of Man, 1937) 등 수많은 글 모음집을 출간했다. 1930년에는 두 번째 학술 저작 『그리스도의 동정녀 탄생』(The Virgin Birth of Christ, CLC 刊)을 펴냈다.

그는 신학생 시절 이후 이 주제를 놓고 계속 연구했고, 1927년에 사우스캐롤라이나 소재 컬럼비아신학교(Columbia Theological Seminary)의 토마스 스마이스 강연(Thomas Smyth Lectures)에서도 이 주제로 강의했다. 『그리스도의 동정녀 탄생』에서 메이천은 복음서의 탄생 기사의 역사적 신뢰성을 인정했지만, 자유주의 학자처럼, 이 교리의 역사적 기원을 탐구하고자 하는 의지를 표명했다. 근본주의-자유주의 논쟁의 고통스런 과정에서 『그리스도의 동정녀 탄생』은 탁월한 학문성의 가치를 드높인 보수적인 저작 전통의 맨 마지막 자리를 차지했다고 할 수 있는데, 근본주의자의 대중적 성경해석을 회의적으로 평가했다.

1932년 출판물 『선교재고: 선교 100주년 평신도 연구서』(Re-Thinking Missions: A Laymen's Inquiry after One Hundred Years)를 읽은 메이천은 이 책이 신학적 현대주의가 북장로교의 해외선교활동을 장악하게 되었다는 자신의 의혹을 사실로 확인하게 해 주었다고 생각했다. 1933년에 그는 일단의 근본주의자를 모아 독립장로교해외선교부(Independent Board for Presbyterian Foreign Missions)를 설립하고 수장이 되었다. 이듬해에 장로교총회는 독립선교부 회원들에게 사임하라고 명령하고, 그렇지 않으면 재판에 회부하겠다고 공표했다.

그러나 메이천은 이 단체와의 관계 단절을 거부했는데, 이 결정이 관료주의적 중앙 집권화로 연합을 꾀하려는 행정적 의도가 그 안에 담겨있다고 해석했기 때문이다. 1935년에 메이천은 교회 법정에서 재판을 받은 후 목회직을 정지당했다. 1936년 총회에서 판결에 대한 항소가 결과적으로 실패로 드러나자, 메이천은 새로운 교단, 미국장로교(Presbyterian Church in America, PCA, 이후 정통장로교회[Orthodox Presbyterian Church, OPC]로 개칭)를 조직하는 데 핵심 역할을 했다. 신생 교단에 대한 지원 확보를 위해 노스다코타(North Dakota) 비스마르크(Bismarck)로 여행하던 중, 메이천은 폐렴에 걸려 1937년에 사망했다. 그는 일평생 미혼이었다.

현대주의에 대항한 근본주의 지도자이자 대변인 중 하나였음에도, 교육 및 사회 배경, 구학파 장로교 고백주의에 대한 고집스런 헌신, 시민 자유주의 경향, 거기에 더하여, 전천년주의 종말론 같은 특정한 핵심 근본주의 신앙에 대한 불신은 메이천을 1920년대와 1930년대의 다른 많은 전투적 보수주의자와는 다른 종류의 인물로 구별시켜 준 주요 요소였다. 메이천의 제자 중에는 1937년 메이천 사망 후에 자기 신학교와 교파를 세운 칼 매킨타이어(Carl McIntire) 같은 극단적으로 보수적인 근본주의자 뿐만 아니라, 해럴드 J. 오켄가(Harold J. Ockenga), 에드워드 J. 카넬(Edward J. Carnell), 프랜시스 A. 쉐퍼(Francis A. Schaeffer) 같은 1950년대 신복음주의 부흥(neo-evangelical revival)의 미래 주역도 있었다.

참고문헌 | D. G. Hart, *Defending the Faith: J. Gresham Machen and the Crisis of Conservative Protestantism and Modern America* (Baltimore: Johns Hopkins University Press, 1994); B. J. Longfield, *The Presbyterian Controversy: Fundamentalists, Modernists, and Moderates* (New York: Oxford University Press, 1991); G. M. Marsden, 'Understanding J. Gresham Machen,' *Princeton Seminary Bulletin*, 11 (1990), pp. 46-6; C. A. Russell, *Voices of American Fundamentalism: Seven Biographical Studies* (Philadelphia: Westminster, 1976); N. B. Stonehouse, *J. Gresham Machen: A Biographical Memoir* (Grand Rapids: Eerdmans, 1954); W. J. Westin, *Presbyterian Pluralism: Competition in a Protestant House* (Knoxville: University of Tennessee Press, 1997).

P. C. KEMENY

존 길(John Gill, 1697-1771)

특수침례교 신학자이자 목회자. 그는 다작가이자 가장 영향력 있는 18세기 잉글랜드비국교도 지도자 중 하나였다. 존 길은 1697년 11월 23일에 노샘프턴셔(Northamptonshire) 케터링(Kettering)에서 태어났다. 회심한 나이는 열두 살이었지만, 침례는 열아홉 살이 되어서야 받았고, 이때부터 설교자와 성경강해자로서의 재능을 발휘하기 시작했다.

젊은 시절의 존 길은 라틴어 기초를 완전히 습득하고, 그리스어와 히브리어를 독학으로 공부한 학구열에 불타는 학생이었다. 그가 열심히 목회한다는 소식은 특수침례교 기금에서 나온 장학금으로 학업을 지원하던 런던의 침례교 지도자들에게 알려졌다. 1718년에 존 길은 엘리자베스 니거스(Elizabeth Negus)와 결혼했는데, 엘리자베스는 이후 46년 이상 남편의 목회사역을 함께 공유했다. 이들은 유아기를 무사히 넘기고 살아남은 아이 셋을 두었는데, 이 중 한 아이 엘리자베스는 열두 살에 사망했다.

1720년 3월 22일에 존 길은 서더크(Southwark)의 호슬리다운(Horslydown) 소재 고트야드(Goat Yard, Horslydown, Southwark) 교회 모임을 지도하는 목사로 임명되었다. 1672년에 벤저민 키치(Benjamin Keach)가 설립한 이 유명한 특수침례교회가 존 길을 청빙하는 과정에서 논란이 있었고, 표가 갈라졌다. 존 길을 반대한 무리는 새로운 목사를 청빙하는 과정에서 여성 회원에게도 투표권을 허락하는 것은 교회 관습에 위배된다며 반대했다.

논쟁은 분열로 이어졌고, 몇 년 후에는 불만을 품은 키치 가족이 주도한 또 한 차례의 분열이 일어났다. 존 길은 이런 도전들을 이겨 내고 이후 50년 이상 이 교회에서 평생 목회하는 즐거움을 맛보았다.

노인이 된 존 길이 사직서를 제출하자 교회는 사임을 반려했다. 존 길은 완성된 조직신학을 저술한 첫 침례교인이었고, 성경 전체를 한 구절 한 구절 풀어 낸 주석서를 발간한 최초의 침례교인이었다. 그의 『신약주해』(Exposition of the New Testament, 1748)는 두꺼운 세 권짜리 책이었고, 『구약주해』(Exposition of the Old Testament, 1766)는 여섯 권으로 된 대작이었다. 1769년에는 두 권으로 된 『교리신학 체계』(A Body of Doctrinal Divinity)를 냈고, 다음해에는 『실천신학 체계』(A Body of Practical Divinity)가 나왔다.

존 길은 또한 삼위일체, 이신칭의, 침례에 대한 논문도 썼다. 복음주의 진영 내에서 부상하던 합리주의 사상의 파도에 저항했고, 아리우스주의, 이신론, 광교회파 자유주의(latitudinarianism)에 반대하는 글을 쓰기도 했다. 그는 예정, 견인 교리를 놓고 존 웨슬리(John Wesley)와 논쟁을 벌이기도 했다.

가장 많이 알려진 저술 중에 『신과 진리의 원인』(The Cause of God and Truth)이라는 제목의 책은 고전적 칼빈주의 구원론 변증서로, 1735년에서 1738년 사이에 네 부분으로 나뉘어 출판되었다. 다른 많은 존 길의 저작들처럼, 이 논증서도 원래는 런던의 여러 비국교파 교회들이 후원한 신학 강연회인 그레이트이스트칩(Great Eastcheap) 주간 강연회에서 여러 주 강연한 것에서 기원했다. 원래 일부 사람들이 칼빈주의 사상에 대한 결정적 비판으로 인식한 다니엘 휘트비(Daniel Whitby)의 『다섯 요점 논의』(Discourses on the Five Points)에 대한 대응으로 기획된 것이었다.

『원인』(The Cause)의 1부와 2부는 은혜 교리에 대해 논쟁의 양측이 사용하는 성경구절들을 상세히 다루고 있다. 3부는 이 교리들을 철학적으로 논증하고, 이들 교리를 스토아주의적 운명주의라 비난하는 것을 반박했다. 4부는 특히 교부들의 저술들을 토대로 주장을 펼치는 역사적 보충 해설이다.

이런 자료들을 인용함으로써 존 길은 예정 관련 교리들이 성경의 보증뿐만 아니라 교부들의 지지도 받고 있다는 것을 보여 주려 했다. 길-휫트비논쟁(Gill-Whitby exchange)은 많은 사람들의 입에 회자되었으며, 선택 교리를 놓고 벌인 최고의 고전적 논쟁 중 하나로 인정받을 만한 가치가 있다.

남긴 저술의 방대한 양 때문에 존 길에게 '방대 박사'(Dr Voluminous)라는 별명이 붙었고, 저술의 질, 특히 히브리어 문헌 및 랍비 문헌에 대한 학문성 때문에 1748년에 애버딘대학교(University of Aberdeen)의 매리셜대학(Marischal College)이 그에게 명예박사학위를 수여했다. 존 길의 저작에는 종교개혁가, 청교도, 당대 저자들의 글을 참고한 내용뿐만 아니라 수많은 고전 및 교부들의 문헌도 인용되어 있었다.

그는 개혁파 스콜라주의 정통을 가장 잘 소개한 잉글랜드침례교 신학자로 널리 알려져 있다. 청교도 신학 뿐만 아니라 대륙 교의학도 잘 알았고, 네덜란드 언약신학자 헤르만 비치우스(Herman Witsius)의 저작 편집도 도왔다. 그가 쓴 글들은 잉글랜드침례교도뿐만 아니라 미국 침례교인에게도 널리 읽혔고, 이 때문에 대서양 양편에서 침례교의 관심사를 대변한 지도자로 명성을 얻을 수 있었다.

그러나 침례교 전통에 속한 모든 이들이 존 길의 신학을 인정한 것은 아니다. 한편으로, 웨일스 전도자 크리스마스 에번스(Christmas Evans)는 로버트 홀(Robert Hall)에게 존 길 박사가 책을 웨일스어(Welsh)로 썼으면 좋았겠다고 말했다. 여기에 대해 홀 다음과 같이 말했다.

> "나도 진심으로 그랬으면 했어요. 그랬다면 내가 전혀 읽을 수 없었을 테니까요. 그의 글은 무슨 말인지 도무지 알 수가 없어요."

이 반응은 홀이 존 길의 현학적인 글쓰기 방식을 싫어했다는 뜻으로 읽힐 수 있지만, 비국교도 역사에서 존 길이 여러 관점으로 해석된 인물이라는 것을 보여 주는 것이기도 하다.

존 길은 자주 존 칼빈(John Calvin), 주류 청교도, 존 번연(John Bunyan)이나 벤저민 키치(Benjamin Keach) 같은 초기 특수침례교인의 가르침을 넘어설 정도로 구원 문제에서의 하나님의 주권을 지나치게 강조한 하이퍼(hyper-또는 High)-칼빈주의자로 인식되었다.

이 점에서 존 길의 신학은 그보다 젊은 동시대인 앤드루 풀러(Andrew Fuller)와는 대조된다. 풀러는 소책자 『모든 이들이 받을 만한 복음』(The Gospel Worthy of All Acceptation, 1785)에서 윌리엄 캐리(William Carey)와 관련된 침례교 선교부흥의 기반을 제공했다.

근래 연구에서는 일부 역사가들이 존 길의 신학과 대각성운동의 사도 조지 휫필드(George Whitefield)의 신학이 본질적으로 유사하다고 주장함으로써 존 길의 하이퍼-칼빈주의가 어느 정도였는가에 대한 기존의 견해에 도전했다. 존 길은 비록 하나님의 은혜를 '제시'하는 행위를 싫어했지만, 그도 복음이 차별 없이 모든 사람에게 선포되어야 한다고 믿었다는 것이다. 비록 그 시대에 존 길이 반율법주의(antinomianism)

를 주장한다고 비난받았음에도 불구하고, 실제로는 그가 반율법주의를 가르치지 않았다는 주장도 나왔다. 실제로 존 길은 하나님의 도덕법(moral law)이 심지어 은혜 안에 있는 신자들에게도 행위의 법칙으로 적용되어야 한다고 가르쳤다. 그러나 다른 요소들을 고려할 때, 존 길을 하이퍼-칼빈주의자가 아니었다고 하기는 어렵다.

개인의 은혜 체험으로서의 회심의 필요성을 부인하지 않으면서도, 그는 제2런던 신앙고백서(Second London Confession, 1677)의 분명한 가르침에 반대되는 영원한 칭의 교리를 옹호했다. '의무 믿음'(duty faith) 교리, 즉 성경이 모든 사람에게서 회개와 믿음을 요청하는 것이지 선택받은 사람들에게만 그런 요구를 하는 것은 아니라는 가르침을 부인한 이후의 하이퍼-칼빈주의자들도 존 길의 작품들을 인용했다.

존 길의 목회 후계자 중 하나인 찰스 해돈 스펄전(Charles Haddon Spurgeon)은 런던에서 사역하면서 이 견해에 맞닥뜨렸고, 비록 이 유명한 전임자를 깊이 존경했음에도 불구하고, 존 길이 보여 주지 못했던 수준의 명료함으로 이 견해에 저항했다.

모든 것을 다 고려해 볼 때, 존 길은 회개와 믿음, 회심의 필요성을 배제할 정도로 지나치게 높게 구원에서의 하나님의 선행 주권을 높이려는 의도가 없었다. 그의 신학을 이후 시대의 존 길파(Gillite)와 풀러파(Fullerite) 사이의 논쟁이라는 맥락에서 이해할 필요도 없고, 존 길을 '거짓 칼빈주의'(false Calvinism, 풀러가 한 표현이다)의 근원으로 보아서도 안 된다.

그러나 존 길의 신학이 하이퍼-칼빈주의 방향으로 흘러간 것은 변함없는 사실이다. 존 길은 한편으로 복음을 합리주의와 알미니안주의의 공격으로부터 방어하는 데 전념했지만, 다른 한편에 있는 엄격한 제한주의(restrictivism)와 선교에 대한 반대 주장을 제지하려고 열심히 노력하지는 않았다.

존 길은 분힐필즈(Bunhill Fields)의 유명한 비국교도 묘지에 묻혔다. 무덤에는 '신실한 예수님의 제자, 탁월한 복음의 설교자, 용기 있는 기독교 신앙의 변호자'라는 라틴어 문구가 새겨졌다. 그의 개인적이고 목회적인 자질은 그의 신학을 둘러싼 논쟁들 때문에 빛이 바랜 감이 있지만, 사망 직후 출간된 애가는 존 길의 삶과 사역을 제대로 요약하고 있었다.

"시온은 그의 기쁨이었고, 그의 모든 의지는 교회를 단장하고 빛내는 것에 있었다."

참고문헌 | J. Rippon, *A Brief Memoir of the Life and Writings of the late Reverend John Gill, D.D.* (London: 1809); G. M. Ella, *John Gill and the Cause of God in Truth* (Eggleston, Co. Durham: Go Publications, 1995); M. A. G. Haykin (ed.), *The Life and Thought of John Gill (1697-1771): A Tercentennial Appreciation* (Leiden: Brill, 1997).

T. GEORGE

존 낙스(John Knox, c. 1514-1572)

스코틀랜드 목회자이자 개신교 종교개혁가. 그는 하딩턴(Haddington)에서 태어나 세인트앤드루스대학교(St Andrews University)에서 공부했는데, 아마도 여기서 공의회주의자 존 메이어(conciliarist John Mair)를 만난 것 같다. 1536년에 안수받은 낙스는 공증인으로 고용되었다. 이 때문에 라틴어와 몇 가지 교회법을 알아야 했다. 1540년대 초에는 집 근처 소지주들의 아들들을 가르치는 가정 교사로 일했고, 1543년에 전직 수사 토마스 그윌리엄(Thomas Gwilliam)이 그다지 열정적이지 않은 미신 반대의 '오직 믿음주의'(solafideism)를 선포하는 것을 들었다. 낙스가 개신교 입장에 더 확고하게 헌신하게 된 것은 1545년 12월로, 당시 그는 리스(Leith)와 이스트로디언(East Lothian) 지역을 잠시 순회하고 있던 설교자 조지 위샤트(George Wishart)를 따라갔다.

이런 순회여행 중에 두 손으로 휘두르는 검을 지니고 다닌 낙스는 1546년 1월까지 위샤트의 경호원이자 조수 역할을 했는데, 자신을 죽이려는 공모가 있다고 의심하고 있던 위샤트는 '한 번 희생에 한 사람이면 족하다'며 낙스를 자기 교회로 돌려보냈다. 낙스는 세인트앤드루스에서 열린 위샤트 재판 혹은 처형식에 나타나지 않은 것 같은데, 아마도 이는 그의 일생을 특징지을 '자기 보호 본능'이 이미 표출된 것이었다. 그러나 낙스는 자기 스승의 목회 모범을 따라 열정적으로 설교하고, 예언자처럼 선언했고, 스승의 성경원리, 성례기념주의(sacramental memorialism), 미사와 성상 및 다른 예전의 행위들이 우상 숭배라는 믿음을 받아들였다.

그해 5월에 잉글랜드의 도움을 기대한 일단의 친 개신교 공모 세력이 데이비드 비턴 추기경(Cardinal David Beaton)을 암살하고, 세인트앤드루스에 있던 그의 성을 점령했다. 얼마 후 복음주의 신학 혹은 잉글랜드와의 연대에 공감한 사람들의 지속적인 물결이 이들과 합류했는데, 이들 중에는 1547년 부활절에 합류한 낙스와 그의 세 학생도 있었다.

낙스는 곧 동료 '성 사람들'(castilians, 추기경을 암살한 세인트앤드루스의 개신교 신자들이 추기경의 성을 요새와 거주지로 삼으면서 스스로를 그렇게 불렀다-역주) 일부에게서 설교해 달라는 요청을 받았지만 거절했다. 이후 존 러프(John Rough)가 자기 설교에서 이 소명을 받아들이라며 공개적으로 낙스를 격발하자, 낙스는 '눈물을 펑펑 흘리며, 자기 방으로 들어가 버렸다.' 결국 러프를 반대하는 가톨릭 측에 응답할 필요성을 절감한 낙스는 다니엘 7장으로 홀리트리니티교구교회(Holy Trinity parish church)에서 처음으로 대중 앞에 설교자로 섰다.

이 설교는 존 메이어(John Mair)를 비롯한 청중에게 낙스의 개신교 신앙을 분명히 보여 주었다. 다른 이들이 가지를 부러뜨렸다면, 낙스는 '나무를 뿌리째 뽑아냈다'라는 말이 퍼졌다. 낙스는 면죄부, 성지 순례, 강요된 금식과 성직자 독신제를 이신칭의에 반하는 것으로 비난했을 뿐만 아니라, 이들을 신성 모독으로 규정하고 교황을 적그리스도라고 선언하기까지 했다.

어거스틴회수도원 부수도원장 존 윈럼(John Winram) 앞에 불려 갔을 때에도 성경의 원리를 해설했다. 또한, 미사 등 하나님의 명시적 명령이 아닌 의식들은 우상 숭배라 주장했다. 이에 더해 연옥을 부정하고, 참교회와 거짓교회 교리를 설파했다. 복음주의적인 사고를 갖고 있던 윈럼은 아무런 조치도 취하지 않았다. 심지어 윈럼이 그가 쓴 요리문답을 통해 낙스에게 영향을 끼쳤을 가능성도 배제할 수 없다.

개혁파 '주님의 식탁'(the Lordis Table, 성찬)예배와 함께 완성된 낙스의 세인트앤드루스 목회는 성이 1547년 7월 31일에 프랑스의 포위를 견디다 결국 항복하면서 단명했다. 성 사람들은 해외를 돌아다닌 갤리선(galley, 주로 노예들에게 노를 젓게 한 배-역주)의 죄수가 되었고, 프랑스인들이 낙스를 '우두머리'로 보지 않았기 때문에 1549년 초에 풀려날 때까지 노 젓는 죄수로 지냈다. 이 '고문' 시기에 낙스는 중병과 싸웠을 뿐만 아니라, 배가 두 차례 스코틀랜드를 방문했기 때문에 배 위에서 고향 땅을 바라만 보아야 하는 고통도 견뎌야 했다.

그러나 포로기에 유배당한 자들의 종교 지도자로서 낙스의 지위는 확고부동해졌다. 일부는 탈옥이 정당한지 아닌지 묻는 편지를 그에게 보내기도 했다. 그는 피를 흘리지만 않으면 가능하다고 대답했다. 루앙(Rouen)에서 감옥에 갇혀 있던 헨리 발네이브스(Henry Balnaves)는 낙스에게 칭의에 대한 긴 논문을 보냈는데, 낙스는 여기에 주석을 붙여 스코틀랜드로 보냈다. 이 논문은 통치자의 명령이 하나님의 법을 거스른 것이 아니라면 심지어 그 통치자가 사악한 인간일지라도 그에게 순종해야 한다는 소명론을 제시하고, '오직 믿음주의'를 세부적으로 변증한 글이었다. 내용을 요약한 글에서 스스로 언급한 것처럼, 낙스는 위 두 입장 모두에 공감했다.

풀려난 후 낙스는 잉글랜드로 가서 작은 보상으로 베릭(Berwick)에 이어 뉴캐슬(Newcastle)에서 목회할 기회를 얻었다. 이 시기에 그는 미래에 아내가 되어 그에게 두 아들을 낳아 줄 마조리 보우스(Marjory Bowes)를 만났는데, 이후 장모 엘리자베스에게는 목회자로서 장기 조언자가 된다. 세인트앤드루스에서 했던 것처럼 계속 설교한 낙스는 1550년에 북부의회에 출석해서 그가 미사를 공격한 사안에 대해 답변을 해야 했다.

1551년에는 노섬벌랜드 공작(Duke of Northumberland)의 지지를 받아 에드워드 6세(Edward VI)의 왕실 성직자로 임명받았으나, 1552년에 런던으로 부름받을 때까지 북부에 머물며 목회를 지속했다. 9월에 왕과 의회 앞에서 설교한 낙스는 성찬식에서 무릎을 꿇는 행위를 우상 숭배로 비판했는데, 이 행위는 곧 출판될 개정된 (성공회-역주)『공동기도서』에 확정되어 실릴 내용이었다. 그러나 낙스의 관심사를 크랜머(Cranmer)는 묵살했다.

1552년 기도서에서 성찬시에 무릎을 꿇는 것을 설명하는 단락을 지칭하는, 이른바 '블랙 루브릭'(Black Rubric, 원래 중세 시대에 책에서 중요 내용을 다루는 단락을 주로 붉은 색 글자[rubric]로 인쇄했으나, 당시 기도서의 이 단락은 검은색[black]으로 인쇄한 상황을 반영한 용어-역주)은 낙스의 견해가 아니라 크랜머의 입장을 반영한 것이었다. 그럼에도 불구하고, 투사 기질의 낙스는 성찬에서 무릎을 꿇지 않았다. 1552년 10월, 노섬벌랜드 공작이 낙스를 로체스터(Rochester) 주교직에 천거했으나 낙스는 이를 거부했는데, 이 때문에 교회 정치의 주교 질서에 대한 그의 견해가 학자들의 뜨거운 논의 대상이 되었다.

에드워드 왕이 사망한 후 낙스는 새로운 여왕 메리 튜더(Mary Tudor)를 피해 탈출하는 행렬에 합류하여 1554년 1월에 프랑스 디에프(Dieppe)에 도착했다. 여기서 그는 『권고 또는 경고』(Admonition or warning)를 썼다. 이 책은

'예수 그리스도의 작고 흩어진 양떼'에게 주로 미사를 의미하는 '우상 숭배를 피하라'는 내용으로 유배 중에 쓴 일련의 편지 형태의 출판물 중 첫 번째 책이었다. 미사는 우상 숭배이기 때문에 기독교인은 통치자가 참여하라고 명령하는 경우에도 이를 피해야 하는데, 이는 그들이 사람이 아니라 하나님께 순종해야 하기 때문이었다(Knox는 행 5장을 인용했다). 7월에 출간되는 『신실한 권고』(Faithful admonition)와 마찬가지로, 이 소책자는 주로 구약의 본을 따라 저자에게 예언자 역할을 맡기고, 에드워드 왕 사후에 하나님의 심판이 통치자들과 나라들에 임할 것이라 선포했다.

낙스는 디에프에서 여러 스위스 도시로 가서 칼빈(Calvin), 비레(Viret), 불링거(Bullinger)와 만나 순종과 저항 문제를 놓고 대화를 나누었는데, 이는 그가 망명 생활 중에 쓸 글의 또 다른 주제이기도 했다. 이 단계에서 낙스는 적대적인 지배자의 통치를 인내하라고 가르쳤다.

> "하나님은 예후나 다른 이를 보내 이들 피에 목마른 독재자와 고집 센 우상 숭배자에게 직접 복수하실 것이다."

비레(Viret)가 우상 숭배를 자행하는 군주에게 저항할 권리가 하급 관원에게 있다고 주장했지만, 낙스는 이 관원들이 그렇게 하는 동기가 혼재되어 있을 수 있다는 불링거의 경고를 받아들이기로 했다.

1554년 가을에 낙스는 메리 튜더의 박해 때문에 피신해 있던 이들을 대상으로 목회하기 위해 프랑크푸르트-암-마인(Frankfurt-am-Main)으로 이주했는데, 존 폭스(John Foxe), 존 베일(John Bale), 윌리엄 위팅엄(William Whittingham), 크리스토퍼 굿맨(Christopher Goodman)도 이들 중에 있었다. 특히, 굿맨은 이후 낙스의 가장 가까운 친구가 된다. 망명과 핍박으로 이전의 논쟁들이 완전히 사라진 것은 아니므로, 다음해 봄에 낙스는 다시 그가 전에 우상 숭배로 간주한 1552년 기도서 내용, 특히 교독문(versicles)과 탄원기도(litany)에 반대하는 공격을 재개했다.

낙스의 상대는 리처드 콕스(Richard Cox)로, 낙스의 『신실한 권고』가 황제에 대한 반란을 선동했다며 프랑크푸르트 당국에 급히 알린 인물이었다. 당국이 낙스에게 떠나라고 요구하자, 낙스는 1555년 3월 26일에 제네바를 향해 떠났다. 당시 칼빈의 영향력이 정점에 이른 제네바는 낙스의 눈에 '사도 시대 이래 지상에 존재한 가장 완벽한 그리스도의 학교'로 보였고, '관습과 종교'가 '너무도 순전하게 개혁되어 있었기 때문에' 거룩한 치리를 통해 통치되는 사회에 대한 낙스의 꿈을 구체화하게 해 준 것은 바로 이 도시에서의 경험이었다. 따라서 낙스에게 치리 집행은 말씀과 성례에 더하여 교회의 제3의 표지를 구성하는 것이었다. 그러나 그의 제네바 거주는 길지 않았다. 비밀리에 1555년 가을에 잉글랜드로 돌아간 그는 마조리 보우스(Marjory Bowes)와 결혼했다.

베릭에서 낙스는 당시 여왕의 어머니 기즈의 메리(Mary of Guise)가 통치하고 있던 스코틀랜드에 들어가기로 결정했다. 놀랍게도 에든버러(Edinburgh)에서는 성경을 읽고 기도하기 위해 모인 작은 복음주의자 모임인 '비밀 교회'(privy kirks)가 여럿 존재한다는 사실을 알게 되었다. 그는 이 모임 지도자들에게 미사를 우상 숭배로 여기고 거부하라고 했다. 이어 몇 달을 앵거스(Angus), 미언스(Mearns), 로디언(Lothian)의 뜻맞는 귀족들과 함께 지내다가, 크리스마스 이후에는 카일(Kyle)에 머물렀다. 순회설교자 위샤트와는 달리, 낙스는 주로 비밀리에 열린 모임에서 가르치고 복음주의자의 집에서 성찬을 집례했다. 낙스의 작품은 결국 그를 재판에 넘기고 싶어 했던 도미니크회 수도사들에게 발각되었지만, 그는 제네바의 잉글랜드인 회중의 돌아오라는 요청을 받은 후 1556년 7월에 스코틀랜드를 떠났다. 직후 낙스는 미출석 상태에서 이단 재판을 받고 그를 대신해 인형이 화형에 처해졌다.

제네바로 돌아간 낙스와 마조리는 두 아들을 낳으며, 잉글랜드인 망명자들의 목사로 일했다. 1558년에는 혁명권에 대한 새 논문들을 발표했는데, 이 중 가장 악명을 떨친 것이 『여성의 괴물 같은 통치에 저항하여 울리는 첫 번째 나팔 소리』(The First Blast of the Trumpet against the Monstrous Regiment of Women)로, 당시에 광범위하게 퍼진 여성 통치에 대한 혐오감을 기반으로 혁명을 주창하며 잉글랜드 여왕 메리 튜더를 신랄하게 공격하는 내용이었다.

낙스는 잉글랜드 귀족들이 여왕을 보위에서 끌어내려야 하는데, 이는 여성의 통치는 하나님의 법을 '괴물 같이'(monstrous) 위반하는 것이기 때문이었다. 그런데 논문 출판 시기가 너무도 좋지 않았다. 출판 직후 메리가 죽고 엘리자베스가 보위를 이었다. 자기 논증이 엘리자베스를 지목한 것은 아니었다고 변호했음에도 불구하고, 낙스는 고향으로 돌아가는 잉글랜드인 망명자 명단에서 제외되었다. 후에 낙스는 '첫 번째 나팔 때문에 잉글랜드에 있는 내 친구 모두를 잃었다'며 속상해 했다.

그러나 1558년에 스코틀랜드인을 대상으로 쓴 다른 소책자들은 이전 것들과 너무 달라서 이 시기에 '존 낙스가 두 사람'이라고 말하는 것이 흔할 정도였다. 존 낙스는 스코틀랜드 하급 관원에게는 개혁의 권리(ius reformandi, 시민 당국이 그들이 통치하는 지역에서 종교에 관련된 일을 규제할 수 있는 권리-역주)를 적용해서, 그들이 이를 정치적 혁명이나 개인적 이득을 위해 행동하는 것이 아니라면, 심지어 기즈의 메리의 뜻과는 다른 경우에도 개신교 예배를 제정하고 방어해야 한다고 주장했다.

자기 윗사람에게 거룩한 목회를 요구할 권리를 가진 이들에게는 이 종교적 조건이 모두 평등하게 적용되었다. 잉글랜드인을 대상으로 한 소책자와 스코틀랜드인을 대상으로 한 소책자의 분위기상 차이점의 원인은 한편으로는 대상 독자가 달랐다는 것이지만, 동시에 언약 국가에 대한 낙스의 이해를 반영한다. 잉글랜드는 거룩한 원리들에 헌신한 나라였기에 이를 위반할 때 징벌을 받았다. 반면, 스코틀랜드는 그런 언약의 단계에 들어가 본 적이 없고, 개신교 귀족이 우상을 숭배하는 왕에게 정의를 요구할 특권이나 의무를 가져 본 적도 없었다는 것이다.

마침내 1559년에 낙스는 12년간의 망명 생활을 청산하고 고향으로 돌아오라는 부름을 받았다. 종교 및 정치 상황이 상당히 변했기에, 5월 2일에 도착한 직후부터 낙스는 퍼스(Perth)에서 불덩이 같이 뜨거운 설교를 토해 냈고, 그 결과 성상 파괴 소요(iconoclastic riot)가 일어났다.

그는 또한 '회중의 귀족들'(Lords of the Congregation, 종교개혁을 지지한 일단의 스코틀랜드 귀족-역주)을 대신하여 잉글랜드와의 연락을 담당했다. 7월에 낙스는 시의회의 승인하에 에든버러의 목사로 임명되었는데, 보수가 좋았던 이 자리를 그는 사망 시까지 지켰다.

다음해에 기즈의 메리가 죽고 잉글랜드 및 프랑스군이 철수하자, 의회는 미사를 금지하고 교황의 권위를 무효화하고 스코틀랜드 신앙고백서(Scots Confession of Faith)를 제정했다. 이 고백서는 낙스를 포함한 '여섯 명의 존'으로 구성된 위원회가 작성했는데, 제네바 학생들의 신앙고백서와 제네바 잉글랜드회중교회 신앙고백서에 크게 의존한 것으로, 낙스가 주도적인 역할을 했음을 곳곳에서 확인할 수 있다. 같은 위원회는 그해 초에 이미 『(제1) 치리서』([First] Book of Discipline) 작성을 시작한 바 있었다. 이 책 또한 마찬가지로 낙스의 신학 및 교회에 대한 관심을 어느 정도 반영하고 있다.

이런 활동들로 낙스는 1560년에 전국적인 인물로 떠올랐다. 같은 해에 예정론을 다룬 그의 긴 논문이 출판되었고, 그의 '사랑하는 동반자' 마조리가 12월에 죽었다. 1560년에 나라에서 일어난 사건들을 하나님이 계획하신 것으로 보았음에도 불구하고, 그는 결과에 만족하지 않았다. 새 교회가 『(제1) 치리서』에 명시된 원칙에 따라 재정을 후원받지 못한 것뿐만이 아니었다. 불링거가 그럴 것이라 이미 경고한 대로, 개신교 귀족들은 믿을 수 없는 존재임이 점점 더 증명되고 있었다. 낙스는 이들의 행동을 비판하기를 주저하지 않았고, 심지어는 가장 가까운 동맹이라 할 수 있는 모레이 백작(Earl of Moray)과 다투기까지 했다.

젊은 과부 스코틀랜드 여왕 메리가 프랑스에서 돌아온 다음해 나라 상황은 낙스의 눈에 더 악화된 것 같이 보였다. 특히, 낙스를 성가시게 한 것은 여왕이 홀리루드(Holyrood, 스코틀랜드 의회-역주)에서 미사 참석을 허락받은 것인데, 그 결과 1561년부터 1563년까지 네 차례 이루어진 여왕과 낙스의 격렬했던 만남의 중심 주제는 우상 숭배와 저항권이었다. 낙스는 메리에게 가톨릭 신앙을 버리라거나, 개신교 정치 지도자들에게 이를 금지시키라고 설득하려 들지 않았다. 1564년 총회에서 우상 숭배하는 군주에 저항하여 혁명을 일으킬 권리가 백성에게 있는가 하는 주제로 긴 논쟁이 벌어졌다.

이제 낙스는 스코틀랜드를 언약 국가로 보았고, 이 나라 백성이 하나님의 법을 여왕에게 강요할 수 있다고 믿었다. 그러나 그의 많은 개신교 동포 목사들은 이에 동의하지 않았기에, 이 당시의 새 교회가 낙스가 상상한 만큼 순전하지는 않았다는 것이 분명해졌다.

에든버러 인구 상당수가 낙스의 목회를 힘들게 만들었는데, 이는 특히 인구 대다수가 여전히 종교적으로 보수적이었기 때문이고, 존 크레이그(John Craig)가 1562년에 도시의 두 번째 목사로 임명되었기 때문이었다. 가톨릭 신학자와 토론하고, 지도적인 개신교 목사의 간음 사건 재판을 맡고, 에든버러 상황이 위험해졌을 때 여행을 떠나는 등 교회의 다양하고, 때로 장기간의 사역을 떠맡았음에도 불구하고, 낙스는 총회장이나 감독직에 오른 적은 없었다.

사후에 출간(1587년에 미완성판으로 출판)되는 『스코틀랜드 종교개혁사』(History of the Reformation in Scotland)의 집필은 계속했음에도 불구하고, 목회를 시작한 후에는 교회 정치와 예전 관련 문서 몇 가지, 특히 1564년의 『기도의 유형』(Forme of Prayers) 또는 '공동 예배서'(Book of Common Order) 및 짧은 논증 저술 몇 가지를 제외하고는 출판 활동을 줄였다. 1564년에는 당시 십대였던 마가렛 스튜어트(Margaret Stewart)와 재혼한 후 세 딸을 낳았다.

불만이 가득한 귀족들과 추문이 결국 낙스가 할 수 없었던 일을 해 냈다. 1567년에 여왕이 아기였던 아들 제임스 6세를 위해 왕위 양도를 강요받은 것이다. 어린 왕의 대관식 설교자는 낙스였고, 모레이 백작이 섭정으로 임명된 것도 희망적인 신호였다. 그러나 1570년의 모레이의 암살 소식은 낙스에게 실망을 안겼고, 그는 그해 말에 약한 뇌졸중으로 쓰러지기도 했다. '왕'을 지지하는 이들과 '여왕'을 지지하는 이들 사이에 내전이 격화되자, 낙스는 세인트앤드루스로 옮길 수밖에 없었다. 거기서 강단에 올라갈 때 부축을 받아야 할 정도로 건강이 악화되었음에도 불구하고, 설교 마지막에는 '너무도 열정적이고 힘이 넘쳐서 마치 강단을 부숴버릴 것만 같았다.'

1572년 8월에 에든버러로 돌아온 낙스는 세인트자일스교회(St Giles Church)에 후임자를 세운 직후 병고에 시달리다 11월 24일에 사망했다.

스코틀랜드, 잉글랜드, 제네바에서 낙스가 어느 정도로 중요한 인물이었는가 하는 점은 지속적인 논쟁거리였다. 『스코틀랜드 종교개혁사』에서 낙스는 자신을 예언자 같은 중요 인물로 주장하기를 서슴지 않았으나, 일부 역사가는 그저 다른 인물들에 대한 자료가 부족하기 때문에 그가 더 주목을 받은 것은 아닌지 의심했다. 그러나 낙스가 당대 사람들에게 중요 인물로 인식되었다는 점에는 의심의 여지가 없다.

메리 스튜어트(Mary Stewart, 스코틀랜드 여왕 메리-역주)는 낙스를 '그녀의 왕국에서 가장 위험한 인물'로 인식했고, 가톨릭 측의 한 반대자는 그를 '칼빈주의 궁정의 대족장'이라 칭했다. 죽어서도 낙스는 스코틀랜드 역사 문헌에서 핵심 지위를 유지했다. 역사가들만 그를 분석한 것이 아니라, 로버트 루이스 스티븐슨(Robert Louis Stevenson)에서부터 토마스 칼라일(Thomas Carlyle)을 거쳐 휴 맥디어미드(Hugh MacDiarmid)에 이르기까지, 여러 작가들의 작품 소재가 되기도 했다.

그가 타협을 거부하는 성격의 소유자라는 사실을 고려할 때 어떤 경우에도 정치적 영향력을 확보하기는 어려웠을 것이다. 낙스를 추켜올린 섭정 모턴(Regent Morton, 본명 제임스 더글러스[James Douglas], 제임스 6세의 네 섭정 중 마지막 인물로, 1572-1578년에 통치-역주)은 낙스가 '누구도 두려워하지 않았고 누구에게도 아첨하지 않았다'라고 했으며, 실제로 로체스터 주교직을 제시받았을 때처럼 약간의 타협으로 영향력이 커질 수 있는 상황에서도, 동맹을 맺은 이들의 힘이 얼마나 센지와 상관없이 거의 언제나 그들과 함께 싸웠다.

무뚝뚝함과 대담함으로 그는 난제에 맞서 싸웠다. 아마도 낙스의 가장 위대한 개인 유산은 그가 목회한 회중들, 그리고 서신을 왕래한 여성들일 것이다. 때로 16세기에 여성을 가장 혐오한 인물로 악명을 떨치기도 했으나, 주고받은 편지를 보면 그는 여성을 세심하게 배려하고 존중한 목사였다는 사실이 드러난다.

그가 언급한 교부 관련 내용이 원본에 근거하지 않았고 신뢰하기 힘들다는 사실에서 증명되듯, 낙스는 일급 신학자나 학자는 아니었다. 그러나 저항에 대한 그의 작품들은 16세기 저항 이론 발전사에서 중요한 위치를 점한다. 아마도 더 오래도록 지속된 중요성은 낙스가 성경의 원리 위에 서서 우상 숭배에 굳게 저항한 것이며, 이 때문에 그는 이후 스코틀랜드개신교에 영향을 끼쳤을 뿐만 아니라 '잉글랜드청교도주의를 세운 아버지'가 되었다.

설교와 특히 그가 출판한 예전 자료들을 통해 교회에 개혁신학의 유산을 남겼다. 낙스의 설교 중 극히 일부만이 후대까지 살아남았지만,

당대의 기록은 이들 설교를 천둥과 나팔에 비유했다. 그럼에도 불구하고, 자주 희화화되는 낙스는 복잡한 시대를 산 복잡한 인물이었다.

그 시대의 상황과 만남이 그에게 영향을 주었기에, 그가 처했던 어마어마하게 다양한 상황과 분리해서는 그에 대한 이해가 불가능하다. 그러나 그의 근본 동기는 대체로 일관성이 있었다. 즉 성경에 의존하는 정결한 교회와 우상 숭배 비판, 정부 당국을 향한 예언자적 증언, 거룩하고 규율 잡힌 사회였다. 비록 낙스가 스코틀랜드인이라기보다는 잉글랜드인으로 인식되어 왔음에도 불구하고, 그에게 가장 어울리는 호칭은 '개신교 국제주의자'일 것이다.

낙스의 저술과 개인 인생사는 여전히 논쟁의 대상이지만, 세인트자일스교회 뒤편 주차장에 있는 그의 무덤터에는 평범한 갈색 타일로 된 표식 외에는 없다. 아마도 그는 이 기념물만으로도 충분히 만족했을 것이다.

참고문헌 | J. Knox, *The History of the Reformation in Scotland*, vols. 1-2 of D. Laing (ed.), *The Works of John Knox* (Edinburgh: Wodrow Society, 1846-1868); R. Mason (ed.), *John Knox and the British Reformations* (Aldershot: Ashgate, 1998); E. Percy, *John Knox* (London: James Clarke, 21964); J. Ridley, *John Knox* (Oxford: Clarendon, 1968).

M. H. DOTTERWEICH

존 넬슨 다비(John Nelson Darby, 1800-1882)

형제단 저술가이자 순회설교자. 그는 1800년 11월 18일에 살아남은 아홉 명의 형제자매 중 막내로 런던 웨스트민스터 그레이트조지스트리트(Great George Street)에서 태어났다. 중간 이름은 넬슨 경(Lord Nelson)을 존경하는 의미에서 따 온 것인데, 그의 삼촌 헨리 데스티어 다비 경이자 제독(Admiral Sir Henry D'Esterre Darby)은 넬슨 제독 밑에서 지휘관으로 복무했다. 서섹스(Sussex), 워블턴(Warbleton), 마클리(Markly)의 존 다비(1751-1834)는 상인이었고, 나폴레옹전쟁 기간에 해군 용품을 공급하면서 상당한 부를 쌓은 엄격하고 과묵한 사람이었다.

1823년에 헨리가 죽자, 넬슨 다비의 아버지는 아일랜드 킹스 카운티(King's County, 후에 카운티 오펄리[County Offaly])의 립성(Leap Castle)을 상속받았다. 넬슨 다비의 어머니 앤 본(Ann Vaughn, 1847년 사망)은 상인이자 아메리카 대륙 농장주의 딸이었다. 넬슨 다비는 1801년 3월 3일에 웨스트민스터의 세인트마가렛교회(St Margaret's Church)에서 세례받았고, 1812년부터 1815년까지 런던의 웨스트민스터학교(Westminster School)를 다녔지만, 성적이 탁월했던 것 같지는 않다.

열네 살이던 1815년에 아일랜드 더블린(Dublin)의 트리니티대학(Trinity College)에 들어가서 공부한 후 1819년에 고전적 금메달 수상자로 졸업했다. 마지막 해에 넬슨 다비는 더블린의 킹스인(King's Inn, 1541년에 설립된 법학원-역주)에 들어가고, 이어서 런던의 링컨스인(Lincoln's Inn, 대략 1422년경에 세워진 것으로 알려진 법학원-역주)으로 갔지만, 법조인 교육을 이어 나간 곳은 더블린이었다. 1822년에 아일랜드 변호사 자격을 얻었지만, 동시대인 F. W. 뉴먼(F. W. Newman)에 따르면, '법을 팔아서 정의를 무너뜨리는 일을 하지는 않을까' 염려하며 법조계 일을 하지는 않았다.

대략 1820년에 넬슨 다비는 '구원과 평안'을 체험했다. 1824년에는 분명히 '주님의 일에 대한 완전한 헌신'을 갈망함으로써 아버지를 곤욕스럽게 한 그는 안수 과정을 밟기로 결심했다. 1825년에 부제직 인허를 받고 다음해에 안수받은 그는 카운티 위클로(County Wicklow)의 시골 지역 캘러리(Calary)로, 선교사 파견 형식으로, 임명되었다. 거기서 넬슨 다비는 가난에 찌든 지역민을 찾아가 긴 저녁을 보내고 그들이 내온 음식을 먹으며 책임을 다했다. 그 결과 (다시 한번 Newman에 따르면) 그는 '라트랍(La Trappe, 프랑스 노르망디 소재 수도원-역주)의 수사와 누가 더 여위었나를 겨룰 정도가 되었다.'

넬슨 다비의 성직자 기준은 까다로웠다. 그는 후에 이 시기의 자신을 '출생, 교육, 정신이 모두 보수적인 인물, 더구나 아일랜드에서 개신교인이기까지 한 인물'로 묘사했다. 1827년에 아마(Armagh)와 더블린의 아일랜드 대주교들은 의회에 가톨릭 해방령을 공표하지 말라고 간청했고, 자기 구역 내에서 로마 가톨릭으로 개종한 이들에게 충성 서약을 강요했다. 뜻을 같이 하는 사람들과 함께 넬슨 다비는 당시 진행 중이던 개종의 흐름을 멈추려는 의도로 진행되던 이런 행동을 비난했고, 교회의 에라스투스주의(Erastianism, 교회가 국가에 종속한다는 국가 권력 지상주의로, 스위스 신학자 에라스투스[1524-83]가 주창-역주)를 비판하는 소책자를 제작해 사적으로 배포했다.

1827년 말에 그는 말을 타다 문기둥에 부딪히는 바람에 무릎을 심하게 다쳤는데, 치료차 사임하여 누나 수재너(Susannah)와 후에 아일랜드 대법원장이 되는 매형 에드워드 페니파더(Edward Pennefather)의 델가니(Delgany) 소재 집에 1828년 2월까지 머물렀다. 어쩔 수 없이 뒤로 물러나 있던 이 시기에 그는 그리스도와의 연합을 이해하게 되었고, '율법의 요구 앞에서 6-7년간 괴로워했던 곤고한 '나'는 더 이상 존재하지 않는다'라는 결론에 이르렀다.

1863년에 그는 이 새로운 이해를 다음과 같이 설명했다.

"모든 것(교회와 세상)이 사라진다 해도 사라지지 않을 절대적인 하나님의 권위와 말씀의 확실성이자 우리와 하나님 간에 존재하는 거룩한 연결 고리, 그리스도 안에 있는 새로운 상태의 구원의 개인적 확신, 당신께 드려지는 우리를 받으러 오시는 그리스도, 이에 더하여, 이사야 32장에 근거하여, 지상에 세워질 새로운 섭리의 시대(세대, dispensation)이다."

분명히 이 진술은 그가 자신의 이른 시기 경험을 아주 잘 정리한 것처럼 보이지만, 실제로는 넬슨 다비가 자신의 후기 신학의 중심 주제들의 발아 형태를 여기서 분명하게 발견했다고 보면 좋을 것이다. 또한, 그가 페니파더의 아이들을 가르치는 두 명의 가정 교사, 즉 후에 저명하고 엄격한 침례교 목사가 되는 조셉 C. 필포트(Joseph C. Philpot)와 당시 옥스퍼드대학교 베일리얼대학(Balliol College)의 연구원이던 프랜시스 W. 뉴먼(Francis W. Newman)에게 영향을 끼친 시기도 더블린에 머물던 기간이었다.

넬슨 다비가 이 시기 형제단운동의 기원에 끼친 영향이 어느 정도인가를 평가하기는 쉽지 않다. 훨씬 이후에 쓰인 이 운동 참여자들의 진술들은 서로 조화시키기가 어렵고, 역사가들의 의견은 넬슨 다비를 얼마만큼 존경하느냐에 따라 크게 달라지는 경향이 있다. 넬슨 다비 자신의 진술 하나에 따르면, 기독교 연합을 추구하던 네 인물이 그를 찾아왔다.

"나는 그들에게 다음 주일에 빵을 떼자고 제안했고, 실제로 그렇게 했다."

이 사건이 일어난 날짜를 넬슨 다비는 여러 곳에서 서로 다르게 말하지만, 트리니티(Trinity)에서 그와 함께 지낸 J. G. 벨레트(J. G. Bellett)에 따르면, 1829년부터 더블린에서 모이기 시작한 이 집단에 넬슨 다비는 거의 얼떨결에 참여하게 된 것이었다.

넬슨 다비는 부사제직을 사임했지만 교단을 곧바로 떠나지는 않았다. 대신 그는 사제복을 입고 성공회교회들(Anglican churches)을 순회하며 설교했다. 1830년에 뉴먼의 초대를 받은 그는 옥스퍼드를 방문해 벤저민 윌리스 뉴턴(Benjamin Willis Newton)을 소개받고 그에게 깊은 인상을 남겼다. 넬슨 다비는 신학 논쟁에서 자신의 새로운 옥스퍼드 친구들을 지지했고, (아마도 그들 중 하나인 조지 V. 위그램[George V. Wigram]과 함께) 클라이드사이드예언모임(Clydeside prophesying)을 조사하기 위해 스코틀랜드를 방문했지만, 깊은 인상을 받지는 못했다. 위그램, 뉴턴과 더불어, 넬슨 다비는 1832년에 플리머스(Plymouth)에 새로운 회중을 조직하는 일을 책임졌는데, 그는 '나는 그렇게 온전히 하나가 되어 함께 더불어 사는 하나님의 자녀들을 본 적이 없다'라고 주장하고, 순회여행을 통해 이 생각을 확산시키기 시작했다. 1831년부터 예언 토론회가 파워스코트 경(Lord Powerscourt)의 미망인 티오도시아 윙필드(Theodosia Wingfield)의 집인 더블린 근교 파워스코트하우스(Powerscourt House)에서 열렸다. 구전에 따르면, 파워스코트 부인과 넬슨 다비는 결혼을 고려했지만, 그의 순회생활이 발목을 잡았다. 넬슨 다비는 파워스코트 토론회를 주도했고, 1833년 즈음에는 그의 분리주의 예언 도표가 더 정교하게 만들어지고 있었다. 분리를 충동질할 추가 요인은 성공회에 대한 그의 계속된 불만이었다.

그는 복음주의 반대자였던 새로운 더블린 대주교가 1832년의 '아일랜드 교육 칙령'(Irish education measures)을 지지하는 것을 인쇄물로 비판했다. 이 칙령은 종교 교육을 아이들이 다니는 교회에만 크게 떠넘기는 조치였다. 1833년에 아일랜드국내선교회(Irish Home Missionary Society)는 정규 교회 소속이 아니라는 이유로 활동에 제약을 받았고, 넬슨 다비는 그가 보기에 제도권 교회가 성령의 활동을 어떻게 제한했는지를 비판하는 소책자 출판으로 대응했다. 이 주장은 이 시기의 미출판 논문 『성령에 저항하는 죄를 제도적으로 범하는 성직자들에 대한 생각』(*The Notion of a Clergyman Dispensationally the Sin against the Holy Ghost*)에서 더 강하게 나타났다.

넬슨 다비는 1835년에 스위스를 방문했다. 1837년 재방문 시에는 10여 년 전의 레베일(*Réveil*, 영어의 Revival에 해당하는 프랑스어로, 서부 스위스와 남부 프랑스에서 1814년부터 일어난 부흥운동을 지칭-역주)이 낳은 후손인 디시당(*dissidents*, 반대자들)의 여러 집단을 만났다. 그 다음 방문 때에는 1842년에 프랑스로 잠시 다녀온 것을 제외하고는 1839년부터 1843년까지 스위스에 머물렀다. 처음에는 목회와 신학 문제 해결을 도왔지만, 1840년에 제네바에서 한 강연인 '하나님의 교회의 희망'(The Hopes of the Church of God)은 그때까지 등장한 것 중 그의 종말론을 가장 체계적으로 해설한 내용이었다.

넬슨 다비는 교회가 '폐허가 되었다'라는 주장을 발전시키고 있었다. 그에 의하면 이스라엘과 교회는 서로 다른 세대(dispensations, 하나님의 다스리는 방식)를 할당받았고, 기독교인이 지상에서 없어지고 난 후 그리스도의 공적 재림과 이스라엘의 회복이 이루어질 것이다.

이들 스위스 집단들은 여러 주(cantons)에서 형제단(Brethren) 방식의 모임을 갖기 시작했고, 넬슨 다비는 다양한 사상의 주창자들과의 소책자 전쟁에 돌입했다. 이제 그는 교회가 회복되어서는 안 되며, 기독교인은 비공식적인 모임에서 만나 성찬을 나누어야 한다고 주장했다. 1842년에 스위스 디스당스(dissidence, 반대자) 집단의 목사들과의 전쟁 같은 회합에서 결국 이들과의 단절을 결정했다. 넬슨 다비는 자신의 가르침을 받고 그 가르침을 스위스와 프랑스에 전파하던 이들과 함께 새로운 모임을 조직했다. 스위스 경험을 통해 넬슨 다비는 자신이 다른 복음주의자와 어떻게 다른지를 알게 되었고, 그의 가르침이 올바르고, 자신이 자율적 지도력을 갖고 있다고 확신하게 되었다.

잉글랜드에서는 뉴턴이 영향력을 차차 떨쳤는데, 여기서는 넬슨 다비가 새로 발전시킨 전천년설이 거부되었다. 프랑스와 스위스를 추가 방문한 후인 1845년 3월에 넬슨 다비는 플리머스로 돌아가, 새 종파를 조직하려고 시도하던 뉴턴을 정죄했다. 뉴턴의 교회론과 행동을 포용하려는 시도 속에서 말과 글로 쓰라린 격론을 벌인 후 12월에 넬슨 다비는 분리된 새로운 회중을 조직하기 시작했다. 1847년에 뉴턴이 비정통적인 기독론이 포함된 강연을 출판한 후, 넬슨 다비는 그를 이단이라 선언했고, 이후 뉴턴이 자기 견해를 철회했을 때도 그를 받아들이지 않았다. 1848년에 뉴턴을 떠난 두 교인이 브리스톨(Bristol)의 베데스다채플(Bethesda Chapel)의 회원이 되겠다고 신청하자, 넬슨 다비는 이 교회의 목사들인 조지 뮬러(George Müller)와 헨리 크레익(Henry Craik)과도 관계도 단절하려 했는데, 이는 이 두 목사가 자신이 요구한 방식으로 뉴턴의 오류를 정죄하지 않았기 때문이었다.

이때 이후 형제단은 '배타적'(Exclusive) 일파와 '열린'(Open) 일파로 나뉘어, 넬슨 다비의 비공식 지도력을 따른 전자는 후자와의 관계를 완전히 단절했다. 그렇지 않았다면, 넬슨 다비는 겉으로 드러나는 죄와 오류가 없었던 동료 복음주의자들과는 열린 교제를 계속 이어 나갔을 것이다. 물론 이 후자의 자격 요건과 정도를 점점 더해 가던 분리주의 때문에 결국은 이런 열린 태도가 실제와는 관계없이 단지 원칙으로만 유지되었을 수도 있었을 것이다.

남은 평생 넬슨 다비는 순회여행을 계속했다. 유럽에서 그가 주로 머문 곳은 영국, 스위스, 프랑스였다. 형제단은 스위스에서 프랑스까지 퍼져 나갔다. 넬슨 다비는 1849-1850년 대부분을 분명히 거기서 보냈던 것 같고, 이 운동의 확산이 가장 빨랐던 프랑스 남부 지방의 다른 여러 지역을 방문하여 개척, 전도, 교육에 힘썼다. 적어도 1843년부터는 네덜란드도 방문하여 다양한 사람을 형제단의 가르침으로 이끌었지만, 네덜란드어를 유창하기 하지 못했기 때문에 활동에 제한도 받았다.

1853년에 이루어진 첫 독일 방문은 형제단이 된 프러시아 라인란트(Rhineland) 기독교인들의 요청에 의한 것이었는데, 뒤에 다시 찾아갔을 때는 주로 북서부 지방을 중심으로 여러 지역을 방문했다. 그는 밀라노(Milan)와 토리노(Turin, 튜린)도 1860년과 1871년 최소 두 번 방문했다. 번역된 저술을 통해 이탈리아자유교회들(Italian Free Churches)에 영향을 끼치기는 했지만, 배타적형제단(Exclusive Brethrenism)은 이탈리아에서는 거의 성공을 거두지 못했다. 그리스어에서 영어로 신약을 문자 그대로 번역(1868)한데 더하여, 넬슨 다비는 독일어(신약 1854, 구약 1871)와 프랑스어(신약 1859, 구약 1885)로도 성경을 번역했다.

그의 작품 중 가장 유명한 『성경의 책들의 개요』(Synopsis of the Books of the Bible, 1857-1867)는 다섯 권짜리로, 원래는 프랑스어로 쓰였다. 넬슨 다비의 방문을 정부 공무원들이 언제나 환영한 것은 아니었고, 그가 방문할 때 유럽 대륙 국가들의 정치 상황이 불안정한 경우도 있었다. 그는 결핍을 견뎌낼 수 있는 정력과 능력이 있는 사람이었다. 1854년에는 베스트팔리아(Westphalia)에서 '이 마을에는 여섯 집에 네 집은 고기가 없고, 호밀빵과 야채, 베이컨 한 조각이 다입니다. 어느 날에는 의자에서 잤고, 또 어떤 날에는 건초 위에서 자야 했답니다'라는 보고서를 보낸 적도 있었다.

1868-1869년에 그는 또한 서인도 제도를 방문했는데, 거기서 아프리카계 카리브 인구를 대상으로 형제단이 행한 전도로 회심자들이 생겼다. 그 이전인 1862년에는 미국으로 가서 프랑스계와 스위스계 형제단 이민자들을 심방한 후, 다음 15년 동안 추가로 여섯 차례 더 이들을 찾았다. 그는 자신이 미국 사회의 물질주의와 교회의 세속성으로 인식한 것에 아주 비판적이었다. 신학에서는 칼빈주의자였던 그는 '일이 그리스도를 대신하는 것(the substitution of work for Christ)이 미국 사회의 해충'이라며 불평했다.

첫 방문 때는 주로 캐나다 온타리오에 머물렀고, 겔프(Guelph)에서 열리던 연례 형제단 대회가 이어서 매력을 끌었지만, 다음 번 방문부터는 좀 더 광범위한 지역으로 여행을 다녔다. 1872년 이후에는 시카고, 보스턴, 뉴욕 같은 도시에서 그의 성경 지식에 감동받은 교회 지도자들에게 폭넓은 영향을 끼치기 시작했다. 그는 D. L. 무디(D. L. Moody)를 만났으나, '바쁜 시카고 사람'이라며 무시했다.

그러나 무디를 비롯한 수많은 영향력 있는 인물들이 그의 종말론을 받아들이면서도 형제단에 많은 사람이 들어오지 않는 것에 실망했다. 1875년 미국 방문시에는 샌프란시스코로 갔다가 뉴질랜드로 이동했다. 뉴질랜드에서 그는 충성스런 부관 위그럼(Wigram)이 시작한 일, 즉 그 지역의 형제단을 다른 기독교인에게서 분리하여 배타적 원리에 붙들어 두는 과제를 수행하며 이 과정에서 몇 교회의 분리를 강요하기도 했다. 1876년에 넬슨 다비는 멜버른을 거쳐 미국으로 돌아갔다. 오스트레일리아에서는 멜버른(Melbourne)과 시드니(Sydney)에서 형제단집회에서 설교했다.

1858년에 넬슨 다비는 기독론을 다룬 소논문 몇 편을 출판했는데, 거기서 그는 그리스도께서 자신을 이스라엘과 동일시하셨기 때문에 그리스도의 수난에 비속죄적 측면이 있었다고 주장했다. 이 사상은 그가 정죄한 바 있는 뉴턴의 주장과도 유사했다. 그 결과, 오랜 동료 몇이 1866년에 형제단에서 떨어져 나갔다. 더 심각한 것은 1878-1881년의 '신 럼피스트'(New Lumpists)가 강요한 '램스게이트'(Ramsgate) 분열로, 이들은 기독론이 전도에 비해 무시되어 왔다고 생각한 이들이 모인 집단이었다. 더블린 창립자 중 하나인 에드워드 크로닌(Edward Cronin)도 새 회중을 빨리 인정해야 한다는 결정을 내렸다가 추방당했다. 연이은 분열 와중에 넬슨 다비는 자신의 이 판단이 옳다고 생각했지만, 넬슨 다비의 『저작 모음집』(*Collected Writings*)을 편집한 가장 뛰어난 제자이자 학자였던 윌리엄 켈리(William Kelly)도 반대파와 함께 떠나갔다.

넬슨 다비는 복합적인 성정의 인물이었다. 박식했던 그는 교부에서부터 현대 저술가에 이르기까지 신학을 잘 알고 있었고, 그 시대의 많은 종교 논쟁들을 다룬 작품들을 남겼다. 그의 영향력은 형제단의 범위를 넘어섰다. 성결운동 지도자 로버트 피어솔 스미스(Robert Pearsall Smith)는 넬슨 다비의 『로마서 강해』에 설득 당한 후, 이것을 케직의 가르침으로 수용했다. 스코필드 『주석성경』(*Reference Bible*, 1909)을 통해 체계화되고 대중화된 세대주의(Dispensationalism)는 개신교 근본주의 안에서 정통이 되었다. 그러나 넬슨 다비의 많은 저작들은 이해가 어려웠고, 급히 쓰였고, 개정도 되지 않았다. 동료들과의 논쟁을 즐긴 그는 가난한 사람들과의 교제를 좋아했고 상당히 부드러운 면모를 보이기도 했다. '그리스도는 가난한 이들을 더 좋아하셨다. 회심한 이래 나도 그렇다'라고 쓰기도 했다. 미국에 있을 때, 넬슨 다비는 가난한 사람들이 그에게 준 음식의 재료가 아이들의 애완 토끼였다는 사실을 알게 되었다. 넬슨 다비는 음식을 먹지 않고 이후 한 시간 동안 어린 소년과 함께 놀아 주었다.

가족의 유산을 물려받아 재정적으로 독립할 수 있었지만, 1827년에 넬슨 다비를 묘사한 뉴먼의 글을 보면, 그는 외모에 전혀 신경을 쓰지 않는 사람이었다.

"움푹 들어간 뺨, 충혈된 눈, 목발에 의존한 불편한 다리, 거의 깎지 않은 수염, 낡아빠진 옷, 대개 무시당하는 이 사람을 처음 보고는 동정을 느끼지만, 이어서 이런 회류 사회 응접실(drawing-room)에서 그런 사람을 볼 수 있다는 것에 놀라게 된다."

열린형제단(Open Brethren) 역사가인 비평가 F. 로이 코드(F. Roy Coad)는 넬슨 다비에 대해 다음과 같이 평가했다.

"그가 한 지독한 행동들을 단지 권력을 위한 무의식적 충동의 결과로 보는 것은 진부하다… 분명히 이 모든 것의 기저에 그리스도에 대한 순수하고 강렬한 헌신의 힘도 깔려 있었다" (*A History of the Brethren Movement* [Exeter: Paternoster Press, 21976], p. 162).

1881년에 넬슨 다비는 던디(Dundee)의 기차역에서 떨어지는 사고를 당했는데, 이때 입은 상처에서 회복되지 못하고, 결국 1882년 4월 29일에 친구의 집인 본머스(Bournemouth)의 선드리지하우스(Sundridge House)에서 사망했다.

참고문헌 | H. H. Rowdon, *The Origins of the Brethren 1825-50* (London: Pickering & Inglis, 1968); E. R. Sandeen, *The Roots of Fundamentalism: British and American Millenniallism 1800-1930* (Chicago: University of Chicago Press, 1970); T. C. F. Stunt, *Radical Evangelicals in Switzerland and Britain 1815-35* (Edinburgh: T. & T. Clark, 2000).

N. DICKON

존 뉴턴(John Newton, 1725-1807)

성공회(Anglican) 성직자, 찬송가 작가, 저술가. 그는 1725년 7월 24일에 런던의 와핑(Wapping)에서 선장 존 뉴턴(John Newton)과 그의 첫 아내 엘리자베스(Elizabeth)의 독자로 태어났다. 뉴턴은 어머니가 다녔고 당시 데이비드 제닝스(David Jennings)가 목사로 있던 독립채플에서 세례를 받았다. 여기서 뉴턴은 아직 와츠(Isaac Watts)의 찬송가들을 배웠으며, 옛 비국교도 경건을 배우며 자랐다. 뉴턴이 7살일 때 어머니가 폐결핵으로 사망했다. 어머니의 사망 후 아버지는 재혼했지만, 뉴턴은 아버지 및 계모와 관계가 가깝지 못했기 때문에 더 이상의 종교적 교육도 중단되었다. 이후 2년간(1733-1735) 뉴턴은 에섹스(Essex) 스트래트퍼드(Stratford)에 있는 기숙학교로 보내졌다. 그 다음 11살 때부터는 아버지와 함께 바다로 나가 여러 차례 항해를 했다(1736-1742).

뉴턴은 자신의 어린 시절 이야기를 자서전 『진정한 이야기』(An Authentic Narrative, 1764)에 기록했다. 여기서 뉴턴은 그의 회심, 연애, 항해의 모험 이야기들을 한데 섞어 놓았다. 켄트(Kent)로 가는 도중에 돌아가신 어머니의 친구들을 방문했으며, 거기서 나중에 결혼하게 되는 메리 캐틀릿(Mary Catlett, 1729-1790)에 한눈에 반했다. 뉴턴은 사업 시작을 위해 자신을 자메이카로 보내려는 아버지의 계획을 거부하며, 그곳에 더 오래 머물렀다.

1743년 말에 베니스 항해를 마치고 돌아온 후 '배교'로 가는 길을 걷기 시작한 뉴턴은 아버지의 계획을 따르지 않기 위해 다시 한번 캐틀릿 가족(Catlett family)을 장기간 방문했다. 또 다른 사업 기회를 찾기 전에 그는 프랑스가 잉글랜드에 선전포고하기 직전(오스트리아 왕위 계승 전쟁 기간[1739-1748])의 일촉즉발의 시기에 하리치 호(HMS Harwich)로 강제 징집되었다. 뉴턴은 곧 탈영을 시도했지만, 발각되어 모욕을 당하며 배로 돌아가 징계를 받았다. 1744년 말에 그가 타고 있던 배는 잉글랜드를 떠나 동인도로 5년간의 항해를 시작했는데, 뉴턴은 자신이 스스로 목숨을 끊거나 선장을 살해하지 않을 수 있었던 유일한 이유는 메리를 향한 사랑 때문이었다고 주장했다.

뉴턴이 탄 배가 마데이라(Madeira) 제도를 떠나기 전날에, 그는 아프리카 노예무역을 하는 상인의 배로 옮겨 탔다. 이 시기에 뉴턴은 노골적으로 타락하고 비도덕적으로 행동했다. 6개월 동안의 무역 활동 이후, 노예무역 중개인이 되어 돈을 벌고 싶었던 뉴턴은 기니 해안(Guinea coast)에 계속 머물렀다. 그러나 기대와는 달리, 이후 2년간 클로(Clow)라는 이름의 고용자가 뉴턴을 잔혹하게 부려먹으면서, 조롱당하고 극도로 궁핍하게 지냈다. 뉴턴은 항상 이 시기를 그의 영적 여정 중 가장 암울했던 시기라고 했다.

뉴턴의 아버지는 아들을 찾기 위해 배 한 척을 준비했다. 그러나 그 배의 선장이 아프리카에서 뉴턴을 찾았을 때, 뉴턴의 상황이 많이 좋아진 상태였기 때문에 선장은 뉴턴을 간신히 설득해서 영국으로 돌아가게 할 수 있었다. 뉴턴이 탄 배 그레이하운드(Greyhound)는 브라질과 뉴펀들랜드(Newfoundland)를 거쳐서 잉글랜드로 돌아가는 항로를 잡았지만, 배가 1748년 겨울에 북대서양의 거친 폭풍을 만났다.

3월 21일 밤에 뉴턴이 잠에서 깨어났을 때, 그는 배가 난파 위기에 처한 것과 한 남자가 이미 배 밖으로 떠내려가는 것을 보았다. 이때 뉴턴은 자비를 구하는 기도를 중얼대고 있는 자신을 발견했다. 시련이 지나간 뒤 폭풍에서 살아남을 수 있었지만, 배는 손상을 입었다. 배에 물과 음식이 거의 없는 상태라는 것이 더 큰 어려움이었다. 이때 뉴턴은 성경 및 다른 종교 서적들을 다시 읽기 시작했다. 여러 어려움을 겪은 뒤, 마침내 아일랜드에 도착했을 때, 뉴턴은 더 이상 스스로를 '불신자'로 생각하지 않았다. 그의 일기 속에서, 뉴턴은 3월 21일을 회심 기념일로 항상 기억하고 있었다.

그러나 이후의 뉴턴의 복음주의 신학에 따르면, 이때의 경험은 진정한 회개라기보다는 양심의 자각(awakening of conscience)에 더 가깝다고 볼 수 있다. 6개월이 지나고 나서야 뉴턴은 '참된 신자'가 될 수 있었다. 잉글랜드로 돌아온 뒤, 뉴턴은 기니 해안(Guinea coast)과 서인도 제도(West Indies)로 향하는 노예무역선에서 새로운 일자리를 구했다(1748-1749). 그는 거기서 일을 잘 마무리 한 뒤에 돌아가서 메리 캐틀릿에게 청혼하고 싶었다.

그러나 항해 중 아프리카에서 뉴턴은 자신이 새로운 영적, 도덕적 의도에 따라 살 수 없는 자신을 발견했다. 또한, 그때 경험한 심각한 고열은 그를 더욱 진지하게 만들었다. 설 수도 걸을 수도 없는 상태에서 배가 상륙한 한 고립된 섬에서 뉴턴은 많은 갈등 속에 마침내 자신을 하나님 앞에 드리는 순종의 결단을 하게 되었다. 뉴턴에 따르면, 이때부터 그는 일종의 새로운 영적 자유를 경험하게 되었다. 이후 뉴턴은 잉글랜드로 돌아가서 1750년 2월 12일에 메리와 결혼했다.

결혼 이후, 그는 노예무역선의 고용주로 세 차례 항해를 더 했다. 마지막 항해에서 뉴턴은 또 다른 선장 알렉산더 클루니(Alexander Cl-unie)를 만났으며, 그는 잉글랜드에서 일어나고 있는 복음주의 부흥에 대해 뉴턴에게 알려 주었다. 1754년에 이루어진 몰수 정책은 뉴턴이 바다를 떠나는 결정적 이유가 되었으며, 이후 그는 런던의 종교 모임들에 참석했다. 곧, 뉴턴은 조지 휫필드(George Whitefield)와 웨슬리 형제들(Wesleys)이 연결된 부흥운동에 참여했다. 비국교도(Dissenters)들과 칼빈주의적 감리교(Calvinistic Methodism)와의 접촉과 개인적인 탐구를 통해, 뉴턴은 점점 독실한 칼빈주의자가 되어 갔다.

뉴턴은 독실한 종교적 신념을 갖고 있으면서도, 동시에 적극적으로 노예무역을 하고 있었기 때문에 때때로 위선의 혐의로 비난받기도 했다. 그러나 뉴턴이 노예무역에 반대하던 존 웨슬리와 같은 복음주의자들을 만난 것은 그가 바다를 완전히 떠나고 나서였다. 뉴턴은 말년에 자신이 노예무역에 참여했다는 사실을 깊이 후회하고 이를 뉘우쳤다. 그리하여 뉴턴은 노예무역 폐지를 위한 운동을 벌이던 윌리엄 윌버포스(William Wilberforce)를 지지했고, 추밀원(Privy Council)에 노예무역과 관련된 증거를 제출했으며, 노예무역 폐지를 지지하는 소책자 『아프리카 노예무역에 대한 고찰』(*Thoughts Upon the African Slave Trade*, 1787)을 출판했다.

1755년 8월에 뉴턴은 리버풀(Liverpool)의 공무원이 되었으며, 그의 임무는 수입품과 밀수품을 검사하고 조사하는 일이었다. 뉴턴은 남는 시간을 모두 신학을 공부하는 개인적 시간으로 활용했다. 곧 뉴턴은 그 지역의 중요한 평신도 복음주의자가 되었으며, '각성한 사제'라는 별명으로 나라 안팎에 알려졌다. 또한, 그는 그 지역에서 '젊은 휫필드'라는 별명을 얻었으며, 곧 큰 규모의 종교 모임들을 자신의 집에서 주최했다.

1757년에 뉴턴이 목회에 대한 생각을 하게 된 것은 어찌 보면 자연스러운 현상이었다. 그러나 뉴턴은 잉글랜드국교회(Church of England)에서 안수를 받기까지 7년 동안 좌절의 시기를 보냈다. 결국, 뉴턴의 자서전 초안이 그의 이력서 역할을 했으며, 이 글을 보고 토마스 하위스(Thomas Howeis)가 뉴턴의 사례를 젊은 귀족이며 복음주의자인 다트머스 경(Lord Dartmouth)에게 소개했다. 백작은 영향력을 행사해서 뉴턴을 도왔으며, 결국 뉴턴은 1764년에 안수를 받았다. 오래 지나지 않아 같은 해에 뉴턴의 『순전한 이야기』(*An Authentic Narrative*)가 출판되었다. 이 책은 계속해서 인쇄되었으며, 곧 뉴턴은 부흥운동을 이끄는 복음주의자 중 한 명이 되었다.

이후 뉴턴은 버킹엄서(Buckinghamshire)의 시장이 서는 마을 올니(Olney)의 임시 교구사제직을 맡았다. 뉴턴의 연봉은 60파운드밖에 되지 않았지만, 부유한 상인이자 복음주의자였던 존 손턴(John Thornton)이 접대와 가난한 사람들을 돕는 데 쓰는 조건으로 매년 200파운드를 추가 제공해 주었다. 올니에서 16년 동안 머무르면서, 뉴턴은 다양한 방법으로 대중에게 다가가 이들을 섬겼으며, 여러 모임을 만들어 사람들과의 교제했다. 그 결과 교회는 사람들로 가득하게 되었으며, 결국 좌석을 추가로 설치할 수밖에 없었다. 뉴턴은 올니를 중심으로 근처 교구들을 순회하면서 오두막기도 모임들(cottage prayer meetings)에서 설교하기도 했다.

뉴포트 파그넬(Newport Pagnell)의 독립교회 목사인 윌리엄 불(William Bull)을 비롯한 그 지역의 비국교도들과 뉴턴 간의 관계는 대개 우호적이었다. 그러나 뉴턴은 웨슬리의 완전주의(Perfectionism)와 알미니안주의, 그리고 그 지역 내의 몇 침례교도들이 주장하는 고(高)칼빈주의(high Calvinism)에 대해서는 호의적으로 보지 않았다. 그럼에도 뉴턴은 스스로를 '일종의 중간에 속한 자'(a sort of middle-man)라고 여겼다.

1767년에는 복음주의적 확신을 품게 된 시인 윌리엄 쿠퍼(William Cowper)가 올니에 온 후, 뉴턴의 집 근처에 살면서 그와 어울렸다. 1771년에 그와 뉴턴은 찬송가들을 모아서 책을 출간하려는 계획을 가졌다. 그들은 이 계획을 통해 그들의 우정과 영적인 이상을 기념하고자 했다.

그러나 1773년에 쿠퍼가 우울증 때문에 큰 사건을 세 번이나 겪으면서, 세운 계획이 불투명해졌다. 그때 이후 쿠퍼는 단지 몇 개의 찬송가만 더 썼을 뿐이었다. 결국, 뉴턴은 이미 갖고 있는 찬송가들을 출판하기로 결정했다. 『올니 찬송가』(*Olney Hymns*, 1779)에 포함된 찬송가 중 많은 부분들이 올니 교구의 특별한 배경에서 나온 것이었지만, 이 찬송가책은 오래지 않아 더 많은 인기를 누리게 되었다.

뉴턴이 지은 찬송 중 가장 유명한 것들로는 '시온성과 같은 교회'(Glorious Things of Thee Are Spoken), '귀하신 주의 이름은'(How Sweet the Name of Jesus Sounds!), 그리고 '나 같은 죄인 살리신'(Amazing Grace) 등이 있다. 이 찬송가들의 양식과 음조는 아이작 와츠(Isaac Watt)의 『찬송과 신령한 노래들』(*Hymns and Spiritual Songs*, 1707)에서 보이는 비국교도들의 진지함과 『감리교라 불리는 사람들이 사용하도록 만든 찬송 모음집』(*A Collection of Hymns for the Use of the People called Methodists*, 1780)에서 나타나는 웨슬리파감리교의 풍성함이라는 특징을 모두 포함하고 있다.

1800년에 쿠퍼가 사망한 뒤, 쿠퍼의 정신병의 원인에 대한 긴 논쟁이 시작되었다. 몇몇 사람들은 쿠퍼의 상황을 악화시킨 요인으로 복음주의 감정주의를 비난했으며, 또 어떤 사람들은 특히 칼빈주의를 비판했다. 뉴턴이 쿠퍼의 정신에 부정적 영향을 주었다는 주장은 로버트 사우디(Robert Southey)가 『쿠퍼의 생애』(Life of Cowper, 1835)에서 제기했다. 사료 부족과 이를 해석하는 방법의 상이함, 여러 편견들로 인해 쿠퍼와 관련된 논쟁은 19세기와 20세기 초에도 계속해서 이어졌다.

뉴턴의 삶은 너무 자주 그저 이 시인의 우울증에서 한 일화 정도로만 취급되어 왔다. 비록 뉴턴과 쿠퍼의 관계에서 일시적으로 소통이 없었던 기간이 있기는 했지만, 뉴턴은 계속해서 쿠퍼를 친절하게 대했으며 영적인 상담자의 역할을 충실하게 감당했다. 뉴턴은 쿠퍼에게 쓴 1780년 편지에서 다음과 같이 말했다.

> "재앙이 당신에게 찾아온 이래로 단 하루라도 내가 당신을 보지 않은 날이 있는지 모르겠습니다. 그때에 당신의 밝고 행복한 시간에 내가 인식할 수 있었던 것만큼이나, 하나님의 은혜가 당신과 함께했다는 분명하고도 만족스런 증거를 인식하지 않을 수 없습니다."

뉴턴은 유명한 영성 저술의 저자로 알려지게 된 것은 올니에 있을 때였다. 한 역사가는 뉴턴을 '복음주의운동의 성 프랑수아 드 살레(St Francis de Sales, 16-17세기 제네바의 가톨릭 주교-역주)이며, 편지라는 수단을 활용한 위대한 영혼의 감독'이라고 지칭했다. 뉴턴은 자신의 설교들과 심지어 『교회사 비평』(Review of Ecclesiastical History, 1770, 이 책이 조셉 밀너[Joseph Milner]에게 그의 저술 『그리스도의 교회의 역사』[History of the Church of Christ]에 대한 아이디어를 제공했을 수 있다)을 출판하기도 했지만, 스스로 가장 선호하는 형태의 저술은 개인 서한이었다. 1774년에 뉴턴은 오미크론(Omicron)이라는 필명으로 「가스펠 매거진」(Gospel Magazine)에 기고했던 26개의 개인 서한들을 모아서 출판했다. 은혜 안에서의 성장을 다룬 그의 세 편지들은 원래 1772년에 존 손턴에게 썼던 편지들이었다. 이 편지들은 복음주의 영성과 관련된 간결한 논문 형태로 오미크론 시리즈로 계속 출판되었다.

뉴턴이 말년에 쓴 사적인 편지들은 『마음의 소리』(Cardiphonia: Or, the Utterance of the Heart, 1780)로 출판되었는데, 이 편지들로 인해 뉴턴은 복음주의 부흥운동의 점잖은 결의론자(casuist)라는 자리를 확고히 했다. 또한, 『마음의 소리』 안에는 성경주석가이자, 동시에 여러 논쟁을 통해 소시누스주의(Socinianism)에서 떠날 수 있게 뉴턴에게 도움을 받았던 토마스 스코트(Thomas Scott)와 교환한 서신들도 포함되어 있다. 500종류가 넘는 뉴턴의 영적 조언 관련 편지들은 살아 생전, 혹은 사망 후 얼마 안 되어서 출판되었다.

1780년에 뉴턴은 런던의 세인트메리울노스(St Mary Wollnoth)의 성직자가 되어 달라는 존 손턴의 제안을 받아들였다. 런던은 활기 넘치는 중요한 도시였으며, 당시 윌리엄 로메인(William Romaine)이 그 도시에서 유일하게 재임 중인 복음주의 성직자로 활약하고 있었다. 광범위한 사역을 했던 올니에서와 달리, 유동 인구가 많으며 교구 정체성도 거의 없는 지역 한복판에 위치한 세인트메리울노스에서 뉴턴의 사역은 주로 설교자의 역할에 집중되었다. 1786

년에 헨델 기념행사(Handel commemoration)에서 뉴턴은 '메시아' 대본을 해설하는 50편의 설교를 하거나 출판했다. 런던 사역의 결과, 사람들이 멀리서부터 그의 설교를 들으러 왔으며, 이에 따라 교회 회중의 수도 많이 늘었다.

뉴턴은 당시에 생겨난 복음주의자 집단 내에서 원로로 여겨지게 되었고, 그의 집은 뉴턴의 지혜를 얻기를 원하는 젊은 목회자들로 자주 붐볐다. 리처드 세실(Richard Cecil), 윌리엄 제이(William Jay)는 뉴턴과의 편안한 식탁 대화를 기록으로 남기기 위해 그의 집을 찾았다. 복음주의적 회심으로 고뇌하던 윌리엄 윌버포스(William Wilberforce)도 1785년에 뉴턴에게 상담을 요청했다. 나중에 인도에서 목사로 일하게 되는 클라우디우스 뷰캐넌(Claudius Buchanan)은 세인트메리울노스에서 뉴턴의 설교를 듣고 회심을 경험했으며, 이후 뉴턴의 부사제가 되었다.

뉴턴은 케임브리지로 가서 찰스 시미언(Charles Simeon)을 만났고, 카우슬립그린(Cowslip Green)에서는 해너 모어(Hannah More)를 만났다. 뉴턴은 또한 잡지 「크리스천 옵저버」(Christian Observer)와 절충학회(Eclectic Society, 1783)의 설립에도 관여했는데, 특히 이 학회는 교회선교회(Church Missionary Society)의 기원으로 알려져 있다. 뉴턴은 잉글랜드국교회 내 정감 있는 복음주의를 대표하는 인물이었으며, 나이가 들어감에 따라 그의 칼빈주의는 더욱 온건해졌다.

뉴턴은 윌리엄 제이에게 자신이 목회할 때의 칼빈주의는 마치 차에 들어가는 설탕과 같은 존재라고 설명했다.

"나는 설탕만 통째로 넣지 않습니다. 섞고 녹이지요."

이 언급은 강단 안팎에서 보여 주는 뉴턴의 풍자적인 재치와 편안한 태도를 잘 보여 주는 좋은 사례다. 그러나 1780년대에 어려움을 겪게 되면서, 자신의 사제직을 변호할 필요를 느낀 뉴턴은 『변증』(Apologia, 1784)을 통해 자신이 잉글랜드국교회에 남아 있는 이유를 명확하게 설명했지만, 그럼에도 이 저술은 그의 비국교도 친구들을 만족시키지 못했다.

1790년에 뉴턴의 아내가 암으로 사망했다. 아내의 장례식에서의 설교를 할 수는 있었지만, 아내를 잃은 상실감은 아내를 향한 사랑만큼이나 깊었다. 1793년에 뉴턴은 『아내에게 쓴 편지들』(Letters to a Wife)을 출판했는데, 이 책은 나뭇잎을 끼워 놓은 자필 원고 안에 기록된 묵상 속에 담긴 슬픔의 자취를 감동적으로 재구성하고 있다. 뉴턴과 아내 사이에는 자녀가 없었지만, 그들은 캐틀릿 가문에서 고아가 된 두 조카딸을 입양했다. 엘리자베스('엘리자'[Eliza]) 커닝햄(Elizabeth Cunningham)은 1783년에 입양되었으나, 성인이 되기 전인 1785년에 사망했다.

엘리자베스('베스티'[Besty] 또는 '엘리자'[Eliza]) 캐틀릿은 그보다 이른 1774년에 입양되었다. 아내의 사망 이후, 뉴턴은 베스티에게 의존했다. 그러나 1801년에 베스티는 정신 이상으로 베들레헴병원에 감금되었는데, 이는 뉴턴에게 큰 고통이 되었다. 회복된 후 그녀는 스미스라는 이름의 안경사와 결혼했지만, 뉴턴이 시력을 잃고 기력이 쇠하게 되자 그를 돌보았다. 뉴턴은 1807년 12월 21일에 평화로이 사망했으며, 세인트메리울노스의 아내 옆 자리에 매장되었다. 뉴턴와 아내의 유해는 1893년에 올니로 이장되었다.

뉴턴의 생애에 대해서는 다양한 해석이 있다. 그의 죽음 이후 거의 모든 세대가 하나 혹은 그 이상의 감동적인 전기를 저술했는데, 이 전기들은 뉴턴의 삶이 완고한 죄인을 향한 하나님의 은혜의 상징이라고 주장했다. 리처드 세실(Richard Cecil)의 『존 뉴턴 목사의 회고록』(Memoirs of the Rev. John Newton, 1808)은 뉴턴의 자서전의 전통을 그대로 따랐다. 조시아 불(Josiah Bull)의 매우 신중한 연구의 결과인 『올니와 세인트메리울노스의 존 뉴턴』(John Newton of Olney and St Mary Woolnoth, 1868) 역시 뉴턴을 존경하는 마음이 가득하다.

이 책들은 또한 뉴턴과 관련된 일화들과 정보를 담고 있는 중요한 보고들이다. 비록 윌리엄 쿠퍼의 생애를 다룬 전기들에서는 뉴턴을 그 시인에게 매정했던 사람으로 종종 묘사하지만, 역사가들은 계속해서 뉴턴을 다정한 기독교인이자 헌신된 목회자이며, 18세기 잉글랜드국교회의 영적 분위기를 고양시키는 데 기여한 복음주의 성직자 중 하나로 그리고 있다.

참고문헌 | J. Bull, *John Newton of Olney and St Mary Woolnoth* (London: Religious Tract Society, 1868); D. B. Hindmarsh, *John Newton and the English Evangelical Tradition Between the Conversions of Wesley and Wilberforce* (Oxford: Clarendon Press, 1996); J. Newton, *Works of the Rev. John Newton*, 6 vols. (London: 1808).

D. B. HINDMARSH

존 던모어 랭(John Dunmore Lang, 1799-1878)

장로교 목사이자 정치인, 교육자, 선전가. 그는 스코틀랜드 그리녹(Greenock)에서 태어났다. 당시 성장하던 세계 운송업의 센터였던 그리녹은 랭이 영향을 끼친 여러 사회에서 그가 '신앙 다음 가는 것'으로 간주했던 농업의 가치를 재창조하려는 지속적인 갈망을 그에게 넘치도록 불어넣어 줄 만큼 목가적인 곳이었다. 이곳은 또 에든버러(Edinburgh)에서도 멀리 떨어지지 않았기에, 랭은 이성과 낭만주의, 예전주의(ritualism)와 복음주의, 공화주의와 제국주의, 하나님 사랑과 돈 사랑 사이에 놓은 여러 긴장한 복판에서 성장했다.

이들 모두는 뉴사우스웨일스(New South Wales, NSW, 오늘날 오스트레일리아 동남부 주-역주) 식민지의 틀에 박힌 관습적인 견해를 그토록 강화시켰던 복잡한 특징이 형성되는 데 기여했다. 랭은 교회에 다니는 신자이자, 지배욕이 강한 성품을 가졌던 자신의 어머니를 우상화한 동시에, 두려워했다. 어머니의 영향 때문에 아들은 칼빈주의 성향을 띠게 되었는데, 그의 기질과 열망은 실용적인 것에도 기울어졌다. 어머니가 소명을 강조했기 때문에 랭은 식민지로 가야한다는 특별 소명을 확신했다.

랭은 계몽주의 스코틀랜드 교육의 영향을 받았는데, 통로는 두 가지였다. 하나는 고전을 읽음으로써, 다른 하나는 '대학 교육이 길러낸 사람'이 된다는 자부심을 통해서였다. 고전 교육과 글라스고우대학교(University of Glasgow)에서 받은 훈련은 그의 지성에 저자로서의 자아라는 개념을 심는 데 도움을 주었다. 이는 그를 일평생 열정적인 선전가로 만든 원동력이었다. 글라스고우에서 랭은 강성 복음주의자 스티븐슨 마길(Stevenson Magill)과 토마스 차머스(Thomas Chalmers)의 영향을 받았다.

마길은 삶과 신앙 정체성을 가르쳐 준 모범이었고, 차머스는 신앙과 실천의 일치를 보여 준 모범이었다. 이들의 영향력은 최소한 부분적으로라도 랭의 다사다난한 경력에서 나타난 정치, 신학, 삶의 전체적인 상호 연관성과 관계를 설명해 준다.

글라스고우는 또한 랭에게 아일랜드인 이민자를 의심의 눈초리로 바라보는 열정적인 반가톨릭 성향과, 건강하고 존경받을 만한 자조 정신을 불어넣었다. 랭이 오스트레일리아에 도착한 즈음에 그의 사회 사상의 기본은 이미 형성되고 있었다. 랭은 1820년 6월 1일에 스코틀랜드장로교회(Church of Scotland) 어바인노회(presbytery of Irvine)의 인허를 받았다.

1823년에 랭은 형의 조언을 따라 성직자로서 승진할 길이 거의 없었던 고리타분한 스코틀랜드를 떠나 식민지로 이민을 떠났다. 후에 그는 성 패트릭(아일랜드의 수호 성인-역주)처럼 '기품 있는 사람들'을 떠나서 성 바울처럼 스스로의 길을 개척한 것이라 주장했다. 그의 '선교'의 바울 같은 측면은 특히 저술에서 두드러졌고, 뉴사우스웨일스로의 이민은 '위대한 이방인의 사도의 본을 따르려는' 노력이었다. 한편, 그는 '선조들의 신앙'(혹은 적어도 그의 어머니의 신앙)으로 충만한 신앙의 사람이었다. 성경에 기반을 둔 신앙을 가졌고, 장로교 교육의 신학적 목표에 따라 형성된 삶을 살았으며, 위대한 일을 행하라는 '소명' 의식도 지녔다.

랭은 하나님의 손이 역사 속에서 움직여서, 개인 삶에서와 마찬가지로 역사 속에도 동일한 예정의 흔적을 남긴다고 믿었다. 스스로의 '옳음'과 '의로움'에 대한 확신이 랭을 관용 없고, 야망에 차 있고, 오만한 고집쟁이로 만든 것도 사실이다. 자신을 바울의 모범을 따르는 성자로 인식한 랭은 후에는 자신을 이 세상의 모략에 넘겨진 순교자로 취급했다. 당연히 이 '순교자' 이미지는 독특한 그의 종말론과 잘 어울렸다. 원래 고압적인 성격과 결합된 이 확신은 종종 그 시대의 도덕 상황에 대한 신랄한 비난과 그의 적에게 예비된 운명을 종말론적으로 예언하는 것으로 터져 나오기도 했다. 랭이 반역 혐의로 수차례 수감되었다는 사실도 별로 놀랍지 않다.

신앙에서 엄격했던 반면, 랭은 행동에서 '타계적'(other-worldly)인 사람은 아니었다. 식민지 생활에 초기부터, 또 점점 더 많이 관여하게 되면서, 랭은 기회가 있을 때마다 거의 모든 당대 논쟁에 끼어들었다. 1820년대 초에 도착한 랭은 성직 임명을 받자마자 정치에 뛰어들었다. 총독의 중앙 정부 당국이 모든 식민지 생활을 정치적으로 만들었다. 처음에 랭은 교회를 지을 자금을 타내기 위해 싸웠지만, 그 다음에는 봉급과 추가 사역자를 확보하기 위해 투쟁했다. 심지어 이 단계에서 그가 취한 방법은 지나치게 갑작스럽고 문제의 여지가 있었다.

랭은 얼마 지나지 않아 총독 토마스 브리스베인 경(Sir Thomas Brisbane)을 따돌리고, 자신에게 그나마 좋게 말하면 '양심불량,' 최대한 나쁘게 말하면 '사기꾼' 혐의를 적용했다. 때에 따라 그의 활동은 상당히 목회적이었다. 그러나 식민지학교에 대한 논쟁이 과열되면서, 랭은 교육에 대한 전형적인 장로교식 관심 때문에 입법 심의회에 참여하게 되었다.

오래 살았던 랭은 평생 빅토리아(Victoria)와 퀸즐랜드(Queensland)의 분리를 지지(실제 성공했다)했고, (아일랜드인 가톨릭 신자 이민에 반대한 만큼) 영국 내 개신교 지역 출신자의 이민을 지지했고, 미국식 모델의 급진 개혁, 교회학교를 세우는 등 정교 분리를 포함한 수많은 교육 정책을 지지했다.

오스트레일리아 대륙 첫 장로교 목사였던 그는 1824년에서 1840년 사이에 뉴사우스웨일스로 온 장로교 목사 대부분의 이민을 개인적으로 책임졌는데, 이들 중 많은 이들을 랭은 자신이 세운 오스트레일리언대학(Australian College)에서 가르치기 위해서 데려왔다. 이 학교는 최종적으로 평신도학교로 성장시키고자 했던 학교였다. 랭이 스스로 끌어들인 자금과 노동으로 지어진 이 학교는 장로교인과 식민지 거주자에게 봉사하는 기관으로 설립되었다. 1830년대에 이 역할을 잘 감당하던 이 학교는 랭이 학교일에 관심을 갖지 않게 되면서 쇠퇴하여 1854년에 문을 닫았다.

1837년부터 1865년까지 성직자 사이에 만연한 온건주의, 부도덕, 술취함, 시드니 스코틀랜드인교회(Scots Church)와 시드니대학교(University of Sydney) 내 세인트앤드루스장로교대학(Presbyterian College, St Andrews) 건물 재산권 문제를 놓고 그의 교회와의 수많은 유명한 갈등 때문에 그가 교회를 세우려고 데려온 이들 중 많은 이들을 적으로 돌리고 말았다.

화이트홀(Whitehall, 런던 정치계-역주)의 활동적인 로비스트였던 그는 스코틀랜드장로교회에서 식민지교회를 독립시키는 데 실패한 이후, 미국을 여행하면서 배운 종교와 교육에서의 자발주의(voluntarism)를 지지하면서 뉴사우스웨일스로 돌아왔다. 랭은 당연히 그의 옛 멘토 토마스 차머스의 주도하에 일어난 스코틀랜드교회의 대분열(Disruption, 국교회[Church of Scotland]에서 자유교회[Free Church of Scotland]가 분리된 스코틀랜드장로교회 역사상 최대의 분열-역주)을 지지했다.

랭은 신문 세 종, 즉 「더 콜로니스트」(The Colonist, 1835-1840), 「더 콜로니얼 옵서버」(The Colonial Observer, 1841-1844), 「더 프레스」(The Press, 1851)를 창간하고 발간했는데, 이 모두를 정치와 노회에 있는 적을 공격하는 데 활용했다. 13,000페이지 가량 되는 저술 중에 문헌 가치가 높은 것은 거의 없었고, 다수가 내용 반복에 글이 조직적이지도 않았음에도 불구하고, 랭은 다작가였다.

랭은 1872년에 교회의 활동적인 사역에서 은퇴했는데, 교회는 그에게 교회 운영에 더 이상 간섭하지 않는다는 약속을 받아낸 후 연금을 지급했다. 후계자 길크라이스트(Gilchrist)가 1877년에 사임하자, 랭은 스스로 자신이 단독 목사라 선언했다. 교인들은 그를 감금하고, 건물 주인과 경찰 몇 명이 문을 열어 주지 않으면 출입할 수 없게 했다.

이 사건은 그의 생애를 압축적으로 보여 준다. 법적으로는 그가 이겼지만, 너무도 많은 분열과 반대를 유발했기에, 결국 상처뿐인 승리가 되고 말았다. 랭은 뇌출혈로 집에서 죽은 후 데본셔스트리트(Devonshire Street) 묘지에 매장되었다. 역사가들은 그가 역사적으로 중요한 인물인지에 대해 서로 의견이 달랐다. 일부는 랭이 그 시대의 가장 중요한 공적 인물이라고 주장하지만, 어떤 이들은 그가 그저 역사에 어느 정도 자극을 준 인물이었을 뿐이라고 생각한다. 그러나 오스트레일리아 기독교, 정치, 사회 생활의 발전이라는 면에서는 중요한 인물이었음을 부인할 수 없다.

참고문헌 | D. W. A. Baker, *Days of Wrath: A Life of John Dunmore Lang* (Carlton, Vic.: Melbourne University Press, 1985); K. Elford, 'The Theology of Clerical Participation: John Dunmore Lang and Direct Clerical Participation in Politics,' *Journal of Religious History*, 5 (1969); K. Elford, 'A Prophet Without Honour: The Political Ideas of John Dunmore Lang,' *JRAHS*, 54.

M. HUTCHINSON

존 R. 라이스(John R. Rice, 1895-1980)

근본주의 부흥사. 그는 1895년 12월 11일 텍사스 게인스빌(Gainesville) 근처에서 출생했다. 가족은 서부 텍사스에 살면서 생활고에 시달렸지만, 그는 젊은 시절에 대학에 진학하는 데 쓸 돈을 악착같이 모았다. 그래서 1918년에 디케이터침례교대학(Decatur Baptist College)을 졸업하고, 1920년 베일러대학교(Baylor University)에서 학사학위를 취득했다. 이듬해 석사학위를 취득해서 대학에서 일하겠다는 꿈을 안고 시카고대학교(University of Chicago) 교육학과에 입학했지만, 몇 달 만에 그만두고 목회자의 길을 추진했다.

그는 1921년 가을에 대학 시절 연인이었던 로이스 맥클루어 쿡(Lloys McClure Cooke)과 결혼했고, 텍사스 포트워스(Fort Worth)에 있는 사우스웨스턴침례신학교(Southwestern Baptist Theological Seminary)에 입학했다. 그는 거기서 신학석사학위를 따기 위해 2년간 공부했지만, 석사학위를 마무리하지는 못했다. 그는 더 이상 정규 교육을 받지 않았는데, 이후 로스앤젤레스 신학교(Los Angeles Theological Seminary)와 밥 존스대학(Bob Jones College) 등 총 네 대학에서 명예박사학위를 받았다.

라이스는 학문 훈련과 명예를 감사하며 받았지만, 이들을 자기 인생의 진짜 일, 즉 전도에 딸린 장식으로 여겼다. 1926년부터 그는 전임 순회설교자로 활동하기 시작했는데, 처음에는 텍사스, 이어서 전국을 돌며 열정적인 설교로 사람들의 마음을 움직였다. 그는 1932년부터 1940년까지 댈러스(Dallas), 1940년부터 1963년까지는 일리노이 휘튼(Wheaton), 그리고 마지막으로 1963년에서 1980년까지는 테네시의 머프리스보로(Murfreesboro)에 본부를 두고 복음전도사역을 이어 나갔다. 라이스는 D. L. 무디(D. L. Moody)나 빌리 선데이(Billy Sunday)같이 대규모 도시집회도 성공적으로 치렀지만, 자신에게는 강단 설교보다 문서를 통한 복음전도에 더 소질이 있음을 발견했다.

그는 1934년에 「더 스워드 오브 더 로드」(*The Sword of the Lord*)라는 주간지를 만들어 '영혼 구원'의 도구로 쓰이길 기원하며 평생 이 잡지의 편집인으로 활동했다. 라이스가 편찬한 이 잡지는 1970년대 중반에는 30만 부를 발간하는 등 최전성기를 맞이했다. 이와는 별도로 그는 '영혼 구원과 부흥을 위한 주님의 검'이라는 정기집회를 지원하면서, 복음전도자를 훈련시키고 100권이 넘는 책 및 같은 수의 소책자를 발간했다.

그는 주로 복음전도를 다루는 책을 썼는데, 이 중 가장 유명한 소책자는 초기에 썼던 『구원받기 위해 나는 무엇을 하여야 하나?』(*What Must I Do To Be Saved?*)였다. 이 책자는 1980년까지 480만 부 이상 인쇄되어 배포되었다.

그가 많은 영혼을 그리스도께도 인도한 만큼, 적도 많이 생겼다. 그는 근본주의의 전투적인 면을 내면화했는데, 현대주의를 폄하하고 '불신자'와 분리되어 나와야 한다고 주장했다. 그는 종종 자유주의 목회자들을 공격하기도 했지만, 그를 더욱 불편하게 만든 것은 갈팡질팡한 듯 보이는 복음주의자들이었다. 특히, 남침례교도들(Southern Baptists)과 신복음주의자들(neo-evangelicals)이 문제였다.

1927년에 그는 자신이 태어나서부터 몸담고 있었던 남침례교를 떠나 분리파이자 멘토였던 J. 프랭크 노리스(J. Frank Norris)와 합류했다. 라이스는 베일러대학교에서 진화론이 가르쳐지는 것에 불만을 표시했고, 자기 교단이 보수적인 비평가들을 침묵하게 만들려 한다고 불평했다. 결국 그는 여생을 자유 침례교도이자 남침례교 비판자로 보냈다. 신복음주의자와의 결별은 가족 문제로 비화되기도 했다. 그는 복음주의의 태동을 아주 지근거리에서 목격한 사람이었다. 1940년에 댈러스에서 휘튼으로 이주했고, 여섯 딸은 휘튼대학(Wheaton College)에 입학했다. 라이스는 1952년에 검협력위원회(Sword Cooperating Board)를 만들어, 당시 국제십대선교회(Youth for Christ International)의 밥 쿡(Bob Cook)과 빌리 그레이엄(Billy Graham)에게 이 위원회에 합류하라고 요청했다.

그러나 1957년에 빌리 그레이엄이 뉴욕전도집회(New York City crusade) 준비위원회를 조직할 때 여러 신학적 자유주의 인사들을 포함시킨 데 대한 불만으로, 그는 이 젊은 전도자와, 더 넓게는 신복음주의와 아예 결별했다. 1963년에 라이스가 휘튼에 있던 그의 본부를 멀프리스보로로 이전한 것이 이 분리를 상징하는 사건이었는데, 그를 흠모하는 전기 작가가 그가 본부를 이전한 것은 재정적인 문제가 아닌 다른 이유 때문이었다고 했다. 1950년대에서부터 1970년대까지 신복음주의자들에 대한 그의 비판은 그칠 줄 몰랐다. 그는 그들이 『표준 개정판 성경』(Revised Standard Version of Bible)을 사용하기 시작한 사실에 대해서 분개했고, E. J. 카넬(E. J. Carnell)의 저작들에 대해 비판적 입장을 표명하기도 했으며, 심지어 무디성경학교(Moody Bible Institute)가 자유주의로 표류하고 있다며 불평하기도 했다.

라이스는 여러 방식으로 근본주의를 강화하는 데 힘을 쏟았다. 그는 근본주의 신학의 핵심에 관해 주간지 「더 스워드 오브 더 로드」(The Sword of the Lord) 1면에 다음과 같이 요약했다.

"독립 기독교 주간지인 「더 스워드 오브 더 로드」는 성경의 축자영감설과 그리스도의 신성과 그의 피 값으로 주어진 구속, 믿음으로 인한 구원, 신약의 영혼 구원, 그리스도의 전천년 재림을 지지하며 이를 대변한다."

그는 오순절주의와 가톨릭교회에 대해 반대의 목소리를 냈으며, 춤, 음주, 흡연, 애무, 영화 등 세상적인 쾌락을 추구하는 모든 것들에 비판의 수위를 높였다. 그의 반(反)페미니즘적이며 남성 우월주의적인 언사는 그에게 명성과 악평을 동시에 안겨 주었는데, 특히 그의 책 『단발머리 여자, 우두머리가 되고자 하는 부인들, 그리고 여성 설교자들』(Bobbed Hair, Bossy Wives, and Female Preachers, 1941)은 이런 그의 생각을 적나라하게 보여 준 책이었다.

그는 여러 사회 이슈에 대해 소신 있는 발언을 아낌없이 이어 나갔다. 예를 들면, 그의 정치 논평은 신학 발언처럼 매우 공격적이었으며 거침이 없었다. 그는 제2차 세계대전과 베트남 전쟁을 지지했으며, 공산주의와 사회주의뿐만 아니라 민권운동도 반대했다. 또한, 배리 골드워터(Barry Goldwater) 및 조지 월리스(George Wallace) 같은 보수 정치인들을 후원했다. 심지어 라이스는 존 F. 케네디(John F.Kennedy) 대통령이 암살된 사건과 관련하여, 그가 '주류 판매상'이었던 아버지의 죄값을 받은 것이며, 마틴 루터 킹(Martin Luther King, Jr) 목사는 대중을 선동한 죄로 정의의 심판을 받은 것이라는 혹독한 언사를 내뱉었다.

그는 성(sex) 같은 개인의 사생활 문제에도 자신의 의견을 매우 솔직하게 제시했다. 그는 애무, 야한 옷을 입는 것, 춤을 추는 것에 대해서 세세하게 이야기했고, 부부가 함께하는 침대의 즐거움에 대해서도 상세히 논했다. 『가정-구애, 결혼, 그리고 아이들』(Home-Courtship, Marriage, and Children, 1945)에 나오는 '결혼 후 정상적인 성생활'이라는 장에서, 그는 부부가 섹스를 자주 하는 것은 매우 바람직한 것이며, 남편과 아내가 모두 최상의 쾌락을 경험할 수 있도록 서로 전희의 시간을 길게 가져야 한다고 권장했다. 그의 이런 솔직함은 그에 대한 수많은 비판들의 원인이 되기도 한 동시에, 그가 대중적인 관심을 끄는 데는 성공하게 만들었다.

라이스가 이처럼 대중적인 관심을 끌게 된 것은 근본주의 교리들을 타블로이드 신문에서 사용하는 방식(tabloid-style)으로 풀어낸 능력 때문이었다. 극적인 내용뿐만 아니라, 그의 주간지 표지에는 때로 불타는 검 같은 만화와 그림이 등장하기도 했다. 그는 『하나님은 깡패인가?』(Is God a Bully?, 1958)라는 책 서문에서, 그 책에는 '세상을 놀라게 할 일곱 개의 설교'가 수록되어 있으며, 이들은 모두 '도발적이고, 충격적이며, 칼로 찌르는 듯 날카로운 내용들'을 담고 있다고 설명했다(p. 5).

다른 글과 마찬가지로, 이 책에서 그는 살인 및 성범죄 같은 자극적인 뉴스거리를 인용하여 성경의 가르침을 설명하는 데 사용했다. 그의 언어는 다채로웠다. 1935년에 춤을 비판하면서, 그는 춤이야 말로 '매춘의 자식이자, 술취함, 음탕함, 이혼과 살인의 자매이며, 욕정의 어머니, 즉 지옥으로 가는 길'이라고 주장했다(『춤추는 것이 뭐가 문제죠?』[What's Wrong With The Dance], p. 3). 말년에 이르러 라이스는 자신이 타블로이드 신문과 연결되는 것에 문제가 있음을 인식했다. 그 후 1980년에 그는 「내셔널 인콰이어」(National Enquirer)에 전면 광고를 실어, 자신의 책들과 「더 스워드 오브 더 로드」의 일 년 구독을 신청할 수 있는 무료 전화번호를 게재하기도 했다.

지치지 않는 열정과 노력은 그가 성공하는 데 큰 밑거름이 되었다. 70세가 되어서도 수많은 지역을 돌아다니며 설교했고, 여러 사람을 인솔하여 성지 순례를 다녀오기도 했다. 그의 아내는 '복음전도자의 아내의 삶'을 '세상에서 가장 외로운 삶'으로 묘사하면서, 자신은 남편 라이스보다도 그의 비서를 마주친 적이 더 많았다고 회고했다(Fundamentalist Journal 1, p. 29). 그는 이동 중에 많은 책을 저술했고, 쉬지 않고 메시지를 받아 적게 했다. 그는 수입의 대부분을 검(Sword)선교회 사역에 썼고, 극히 일부분만을 개인 용도로 사용했다. 그는 직원들에게 주간지 구독자 수를 늘리라고 계속해서 압력을 가하기도 했다. 50여 년 이상 사역을 이어 가면서 그도 어느새 80세가 되었고, 기력이 다하여 1980년 12월 29일에 멀프리스보로에서 숨을 거두었다. 이 늙은 용사가 막 85세가 된 때였다.

참고문헌 | R. L. Sumner, *Man Sent From God: A Biography of Dr. John R. Rice* (Grand Rapids: Eerdmans, 1959); V. Walden, *John R. Rice: 'The Captain of Our Team'* (Murfreesboro: Sword of the Lord Publishers, 1990).

M. J. SIDER-ROSE

존 랄리 모트(John Raleigh Mott, 1865-1955)

전도자이자 에큐메니컬운동의 개척자. 그는 세계교회협의회(World Council of Churches, WCC)를 설계한 주요 인물 중 하나였다. 그의 긴 생애는 빅토리아 시대의 복음주의 에큐메니즘에서 시작해서, 제1차 세계대전 이후의 더 양극화된 교회 및 신학의 고착화 시기를 거쳐, 1945년 이후 국제 기독교의 재건을 위한 노력의 시기까지, 영미 개신교 역사의 여러 다양한 굴곡에 걸쳐 있다.

모트는 뉴욕 설리반 카운티(Sullivan County)에서 1865년 5월 25일에 출생했다. 존 스티트 모트(John Stitt Mott)와 엘미라 닷지 모트(Elmira Dodge Mott)의 셋째 아이이자 유일한 아들이었다. 모트의 가족은 그가 태어난 지 얼마 되지 않았을 무렵 아이오와 포스트빌(Postville)로 이주했다. 부모는 매우 신실한 감리교도였으며, 모트는 13세가 되었을 무렵 처음으로 그리스도께 헌신했다. 모트는 어퍼아이오와대학교(Upper Iowa University)와 코넬대학교(Cornell University)에서 공부했는데, 이때 대학기독인연합(University Christian Association)을 미국에서 가장 크고 활발한 학생 YMCA 모임으로 발전시켰다.

그가 코넬대학교에서 공부하던 1886년에 케임브리지대학교의 전 크리켓 선수 J. E. K. 스터드(J. E. K. Studd)가 이 학교를 방문하여 전도집회를 인도했는데, 모트는 이때 평생을 하나님께 온전히 헌신하겠다는 결심을 했다. 그는 이때의 경험을 당시에 잘 알려진 미국감리교 내의 성결운동에서 흔히 사용한 용어인 '완전성화' 혹은 '더 높은 수준의 삶'으로, 즉 자신의 그리스도께 대한 헌신이 한 단계 성숙한 계기로 해석했다.

1886년 7월에 모트는 매사추세츠 마운트허먼(Mount Hermon)에서 학생들을 위해 개설된 D. L. 무디(D. L. Moody)의 여름학교에 한 달간 참석했다. 여기서 그는 다른 99명의 학생들과 더불어, '하나님께서 허락하신다면' 자신을 하나님께 드려 해외선교사가 되라고 요청한 로버트 P. 윌더(Robert P. Wilder)의 서약문에 서명했다. 일명 '마운트허먼 100인'으로 알려진 이 학생들은 2년 후에 조직된 '해외선교를 위한 학생자원운동'(Student Volunteer Movement for Foreign Missions)의 첫 열매였다. 모트는 이후 이 운동의 의장을 32년간 역임했다. 1945년까지 총 20,745명의 학생이 이 운동에 참여하여 해외선교에 헌신했다.

1887년에 코넬대학교를 졸업한 모트는 1년 임기로 '북미학생 YMCA'의 대학 간 사역 총무로 처음 임명되었다. 그가 이 임무를 훌륭히 소화하자 임기는 1년 더 연장되었다. 그는 1890년에 미국 YMCA의 선임 학생 총무로 선출된다. 1901년에는 해외부의 부총무로 승진했는데, 1915년에 총무로 선출될 때까지 이 직임을 훌륭히 소화했다. 모트는 1928년에 YMCA에서의 모든 일을 내려놓았다. 그는 YMCA사역을 자신이 1888년부터 1920년까지 의장으로 섬겼던 학생자원운동(World Student Christian

Federation)과 연계함으로써, 미국에서는 이 운동이 YMCA의 선교적 분야를 책임지는 운동으로 발전했다.

이에 더하여, 1895년부터 1920년까지 세계학생기독연맹(World Student Christian Federation, 전국의 여러 기독학생운동을 연합하기 위해 1890년대에 설립된 기관)의 초대 총무로 일했고, 1920년부터 1928년까지는 의장이었다.

모트는 지치지 않은 원기를 지닌 인물로, 사역을 위해 엄청난 거리를 여행했다. 1890년에서 1891년까지 12개월 동안 북미에서만 31,000마일을 여행했다. 명성이 점점 커지면서, 그는 미국뿐만 아니라 세계로 활동 무대를 넓혔다. 수차례 유럽을 방문했고, 일곱 차례에 걸쳐 아시아를 방문하고, 러시아를 다섯 차례, 중동을 다섯 차례, 아프리카를 세 차례, 오스트레일리아를 두 차례, 남미를 한 차례 방문했다. 그는 배와 기차를 타고 총 170만 마일을 이동한 것으로 추정된다. 그가 처음으로 비행기를 타고 해외를 방문한 해는 1946년이었다.

모트는 1891년에 영어 교사 라일라 화이트(Leila White)와 결혼했다. 그들은 두 딸과 두 아들을 슬하에 두었다. 라일라는 남편과 여러 곳을 함께 다니며 때로는 그의 비평가로서, 편집자로서, 심지어 비서로서 남편의 사역을 도왔다. 라일라가 1952년에 숨을 거두자, 모트는 이듬해에 오랜 친구 아그네스 피터(Agnes Peter)와 재혼했다.

선교운동에서 모트가 기여한 공헌의 중심에는 1910년에 에든버러(Edinburgh)에서 열린 세계선교대회(World Missionary Conference)의 의장을 맡은 일이 있었다. 모트는 이 대회가 1900년에 열린 뉴욕에큐메니컬선교대회(New York Ecumenical Missionary Conference)의 연장선상에 있는 대규모 대중집회라기보다는, 선교의 문제를 과학적으로 연구하는 일에 헌신된 전문가들이 모인 모임으로 그 성격을 정하는 데 주로 기여했다. 그는 8개 위원회들 중 첫 위원회이자 가장 중요한 위원회 의장을 맡아 '모든 비기독교 세계에 복음을 전함'이라는 주제에 대한 회의 문서를 준비했다.

모트는 여러 회의에서 매우 엄정한 태도로 의장직을 수행하고, 모든 발언자가 할당된 각 7분의 시간을 정확히 지키게 함으로써 참여자들에게 깊은 인상을 남겼다. 모트는 자신의 책 『기독교 선교의 결정적인 시간』(The Decisive Hour of Christian Missions, 1910)을 통해 대회의 메시지, 즉 세계가 선교를 위한 다시 오지 않을 기회의 순간에 서 있음을 설파했다. 이외에도 그는 책을 열일곱 권 더 출판했다.

모트는 에든버러대회 이후 극동과 인도 지역에 에든버러후속위원회(Edinburgh Continuation Committee)의 지역별 대회들을 조직하는 데에도 공헌했다. 이런 대회들은 아시아에서 각국 교회협의회들이 조직되는 길을 닦았다. 후속 위원회의 활동으로 국제선교협의회(International Missionary Council, IMC)가 1921년에 창립되었다. 모트는 1941년까지 이 협회의 의장으로 활동했다. 이런 능력을 바탕으로 1928년에 예루살렘에서 열린 대회의 의장을 맡았는데, 이 시기는 서양에서 발흥하고 있던 세속주의에 교회들이 반응하면서, 자유주의와 복음주의 진영 내 근본주의 간 분화가 분명해진 시기였다. 모트는 1938년에 마드라스(Madras)의 탐바람(Tambaram)에서 개최된 국제선교협의회에서도 대회장으로 활약했다.

국제선교협의회에서의 두드러진 활약과 비교할 때, 모트는 '생활과 사역'(Life and Work)과

'신앙과 직제'(Faith and Order)운동이 1930년대에 하나로 합쳐지는 과정이 진행되기까지 비교적 소극적으로 이 두 운동에 관여했다. 그는 세계교회협의회(WCC)가 출범하기 전 결성된 준비위원회의 부의장으로 1937년에 임명되었다. 그런데 모트는 이 국제 조직이 국제선교협의회(IMC)를 흡수하여 선교명령을 무시하지는 않을까 염려했는데, 결국 이 염려는 근거가 타당했음이 입증되었다. 그럼에도 불구하고, 1948년에 암스테르담에서 열린 세계교회협의회 창립총회에서 모트는 명예회장이라는 명예를 얻었다. 1946년에 모트는 에큐메니컬운동에 공헌한 공을 인정받아 노벨평화상을 받았다.

이런 에큐메니스트로서의 모트의 지위와 함께, 또 다른 모트의 독특한 재능은 대학생 대상의 전도자 사역이었다. 옥스퍼드대학교(Oxford University) 신문 「아이시스」(Isis)는 1908년에 그의 뛰어난 영적 능력은 '그의 평온하고, 단순하며, 검소한 삶뿐만 아니라, 자신의 전 존재와 동일시했던 대의에 대한 절대적인 헌신'에서 발현된 것이라고 보았다(C. H. Hopkins, *John R. Mott*, p. 327). 19세기 후반 미국 성결운동의 진지한 실천적 경건이 모트의 남은 평생의 영성을 형성했는데, 그는 이 영성을 통해 '한 개인의 삶과 관계의 모든 영역에서 그리스도를 알고, 신뢰하고, 사랑하고, 복종하게' 만드는 것이 이 영성의 특징이었다(Hopkins, *John R. Mott*, p. 629).

전도자로서 모트가 요청한 것은 학생들이 그리스도의 제자가 되어야 하며, 따라서 내적으로나 도덕적으로나 정의로운 사람이 되어야 한다는 것이었다. 1912년에 R. L. 펠리(R. L. Pelly)는 모트의 호소를 '전적으로 윤리적인 본질에 관한 것이며, 그 안에 신학은 없는 것' 같다고 언급했다(Hopkins, *John R. Mott*, p. 385).

신학에 대한 모트의 상대적 무관심과 광범위한 에큐메니컬 협력에 대한 공감은 19세기 후반 성결복음주의의 특징이었다. 제1차 세계대전 이후에는 사회복음에 대해서도 점점 더 많이 강조했는데, 이는 복음주의 영성을 유지한 이들의 영향을 받은 것이었다. 그는 개인과 사회의 중생을 함께 포용할 수 있는 것은 복음뿐이라고 주장했다. 모트는 언제나 자신을 복음주의자로 묘사했다. 인색 막바지에 질문을 받고는 그는 다음과 같이 답했다.

"존 모트가 죽을 때, 그를 전도자로 기억해 주세요"(Hopkins, *John R. Mott*, p. 701).

그는 1955년 1월 31일에 일리노이 에번스턴(Evanston)에서 숨을 거두었다.

참고문헌 | C. H. Hopkins, *John R. Mott 1865-1955: A Biography* (Grand Rapids: Eerdmans, 1979).

B. STANLEY

존 로드먼 윌리엄스(John Rodman Williams, 1918-2008)

장로교 은사주의 신학자(Presbyterian charismatic theologian)이며 교육자. 그는 1918년 8월 21일 노스캐롤라이나 클라이드(Clyde)에서 태어났다. 아버지는 존 로드먼(John Rodman)이었고, 결혼 전 성이 메드퍼드(Medford)였던 어머니는 오데사 리(Odessa Lee)였다. 그는 장로교 목사관에서 자랐다. 그는 1939년에 데이빗슨대학(Davidson College)에서 문학사를 받고, 유니언신학교(Union

Theological Seminary)에서 1943년에 신학사, 1944년에 신학석사를, 1954년에 유니언신학교와 컬럼비아대학교(Columbia University)에서 박사학위를 받았다. 박사학위 막바지에 부활절 설교를 했는데, 그때 그리스도를 살아 계신 주로 완전하게 고백했다. 1943년에 조애너 서바스(Johanna Servaas)와 결혼하고 세 명의 자녀를 두었다.

그는 1943년에 미국 남장로교회에서 목사로 안수를 받고, 해병대에서 군목으로 봉직했으며(1949-1946), 위스콘신 벨로이트대학(Belloit College) 철학과 종교학부에서 부교수로 일했다(1949-1952). 일리노이 락퍼드(Rockford) 소재 제일장로교회(First Presbyterian Church)에서 목사로 일했고(1952-1959), 텍사스 오스틴장로회신학교(Austin Presbyterian Theological Seminary)에서 조직신학 교수로도 일했다(1959-1972). 남장로교 교단의 선도적인 신학자였던 윌리엄스는 신학교 강의실을 넘어서 전도 대책 본부(1965-1967)에서도 활동했다. 남장로교회 영구신학위원회(Permanent Theological Committee) 의장(1970-1971)을 맡았고, 세계교회협의회(WCC) 내 '신앙과 직제위원회'(Faith and Order Commission)의 위원(1964-1973)으로 일하기도 했다. 또한, 세계개혁교회연맹(World Alliance of Reformed Churches, WARC) 북미신학위원회 위원(1967-1975)으로, 트리니티복음주의신학교(Trinity Evangelical Divinity School)에서 '복음주의 신앙고백회의'(Consultation on Evangelical Affirmations)를 위한 '신학자 저술위원회 및 협의회'(Writing Committee and Council of Theologians, 1989)와 북미교회협의회(1993-1994)에서도 활동했다.

윌리엄스의 학문 작업은 1965년에 그가 '성령세례'와 방언을 받은 이후, 새롭고 극적인 방향으로 변했다. 그때부터 윌리엄스는 장로교 내 은사주의자 중에서 매우 영향력 있는 목소리를 내는 인물이 되었다. 그는 신학자로서 이미 확고했던 명성을 갖고, 은사주의운동에 신학적 깊이를 더했다. 이후 세계 장로교 은사주의 연대의 회장으로 섬겼고(1972-1973), 남장로교 연구위원회에서 '성령의 인격과 사역, 성령세례를 중심으로'(The Person and Work of the Holy Spirit, with Special Reference to The Baptism in the Holy Spirit)라는 제목의 문서를 생산하는 데 뚜렷하게 기여했다. 이 문서는 1971년 대위원회에 제출했다. 이 문서는 장로교와 더 넓은 범위의 개혁교회 내에서 은사주의운동을 승인받은 문서로서 공헌하고 있다.

윌리엄스가 맡은 은사주의자와 고전적 오순절주의자들의 지도자 역할은 단명한 멜로디랜드신학교(Melodyland School of Theology, 1972-1982)가 잠시 운영되었을 때 교수와 학장으로서 일하면서 더 커졌다. 이 학교는 캘리포니아 애너하임(Anaheim)의 멜로디랜드기독교센터(Melodyland Christian Center)의 후원을 받았다. 그는 5년 동안 진행된 국제 가톨릭과 고전적 오순절주의자 간 첫 대화에 참여했다(1972-1976). 1982년에는 버지니아의 버지니아비치(Virginia Beach)에 있는 '리젠트대학교 신학대학원'(Regent University School of Divinity) 신학부 교수로 합류했고, 1985년에는 오순절학회 의장으로 일했다. 또한, 예일신학대학원(Yale Divinity School), 길퍼드대학(Guilford College), 멜버른대학교(University of Melbourne), 고든-콘웰신학교(Gordon-Conwell Theological Seminary), 프린스턴신학교(Princeton Theological Seminary)에서 강연했다.

다작가였던 윌리엄스는 기독교 출판물에 대중적인 글을 많이 실었고, 다양한 신학 연구지에 학문적인 글을 출판하고, 여러 책을 썼다. 저술로는 『성령의 시대』(*The Era of the Spirit*, 1971), 『오순절의 현재』(*The Pentecostal Reality*, 1972)와 『오늘날 성령의 은사』(*The Gift of the Holy Spirit Today*, 1980) 등이 있다. 특히, 1992년에 완성된 『갱신 신학』(*Renewal Theology*)이 그의 대표작이다. 윌리엄스는 『평신도를 위한 성령에 대한 주석』(*Layman's Commentary on the Holy Spirit*, 1972)의 기고 편집자로, 『로고스 국제 성경 주석: 마태, 마가, 누가복음』(*Logos International Bible Commentary: Matthew, Mark, Luke*, 1981)의 자문위원으로 활약했다. 신학 작업에 대한 공로를 인정하여, 윌리엄스의 동료들과 학생들은 『성령과 갱신: 존 로드먼 윌리엄스 기념 논문집』을 그의 75번째 생일이자 목사 안수 50주년에 맞추어 증정했다.

시간이 흐르면서 윌리엄스의 성령세례 이해가 성숙해 가면서, 성령의 은사와 구원을 동일시한 다른 은사주의 신학자들과는 달라졌다. 성령세례를 단순히 신자의 믿음 안에서 잠자고 있던 것을 활성화시키는 과정으로 이해하기보다는, 성령의 은사사역은 회심에 뒤이은 하나님의 구별된 행위에서 자라난다고 결론 내렸다. 따라서 은사는 기독교인이 복음을 증거할 때 성령의 능력을 부여하며, 교회의 존재와 선교에서 역사하는 은사들에 더 열려 있게 만든다. 고전적 오순절주의의 가르침과 여러 면에서 더 밀접히 연결되어 있는 이런 접근법 때문에 윌리엄스의 영향력이 전 세계 오순절주의자에게로 확장되었다.

참고문헌 | W. A. Elwell, *Handbook of Evangelical Theologians* (Grand Rapids: Baker Book House, 1993).

G. B. MCGEE

존 로버트 웜슬리 스토트(John Robert Walmsley Stott, 1921-2011)

성공회(Anglican) 사제이자 저자. 그는 런던에서 의사 아놀드 스토트(Arnold Stott)와 릴리 스토트(Lily Stott) 부부 사이에서 태어났다. 그의 아버지는 저명한 의사로 (마지막에는 왕실 의사로 임명되었다), 할리스트리트(Harley Street)의 집에서 진료로 매우 바빴다. 비록 아버지는 세속적인 사람이었지만, 어머니 릴리는 루터교 후손으로서, 존 스토트와 그의 누이들에게 어릴 때부터 성경을 읽게 하고 '기도를 말하게' 했으며, 집 근처 랭엄플레이스(Langham Place) 소재 올소울즈교회(All Souls' Church)의 주일학교에 보냈다.

존 스토트의 가정은 음악에 관심이 많았기 때문에 존 스토트도 어린 시절에 첼로를 배웠다. 아버지로부터 존 스토트는 어릴 때부터 자연세계에 대한 관심을 배웠고, 주변 공원과 인근 런던 동물원에 자주 가곤했다. 처음에는 나비를 수집했지만, 곧 새 관찰로 관심사가 변했고, 이것이 주요 관심사로 발전했다. 8세에 존 스토트는 글로스터셔(Gloucestershire)의 오클리홀(Oakley Hall) 소재 기숙학교에 보내졌는데, 처음에는 그 학교의 가장 어린 학생이었지만 떠날 때에는 학교 대표였다.

존 스토트는 1935년에 명문 럭비스쿨(Rugby School)에 장학금을 받고 입학했다. 이 학교는 아버지 아놀드 스토트도 공부했던 곳으로, 존 스토트는 이 학교 오케스트라에서 첼로를 연주했고, 채플 성가대의 솔로 주자로도 활동했다. 존 스토트의 부모는 아들이 외교관이나 외무 관련 직업을 갖기를 원했기 때문에 여름에는 독일과 프랑스에 보내 언어 훈련과 더불어 해외

생활을 경험하도록 배려했다. 비록 존 스토트가 1936년에 성공회에 입교했고, 학교의 공식적인 종교 행사에 참석했지만, 아직 어린 사춘기 소년이었던 존 스토트는 기독교에 별로 관심이 없었다.

성인이 된 존 스토트는 10대 시절에 자신의 높은 이상과 '자신의 인간으로서의 당시 상태' 사이의 '고착된 거대한 간격'이 있음을 알고 있었다고 회고했다. 이런 인식으로 존 스토트는 '그리스도를 향하여 문을 열' 준비를 했고, 1938년 2월에 (배쉬[Bash]라는 별명으로 널리 알려진) 에릭 내시(Eric Nash)의 사역을 통해 감정적이지 않고 분명한 회심 체험을 했다. 존 스토트는 다음과 같이 회상했다.

> "나를 그리스도께 인도한 것은 패배감과 소외감이었고, 역사적 그리스도가 내가 인식하고 있던 바로 그 필요를 채워 주시려고 제시하신 그 놀라운 소식이었다."

내시는 새롭게 회심한 존 스토트가 성장하던 시기에 깊은 영향을 끼쳤는데, 그 시기에 소년 시절의 성경읽기와 기도하는 습관이 생명을 찾게 했다.

> "내가 거듭나던 때, 그리고 성령이 내 안에 들어오셨을 때, 성경은 즉시 나에게 새로운 책으로 거듭나기 시작했다."

내시의 복음주의 사역에 동참하면서, 이때 존 스토트는 여러 사람 앞에서 연설하는 기술을 익히기 시작했다. 그동안, 존 스토트는 럭비스쿨에서 학문적으로 두각을 나타냈고, 셰익스피어의 리처드 2세(Richard II) 연극에서는 주인공을 맡기도 했으며, 학교 대표를 지내기도 했다. 17세에 존 스토트는 잉글랜드국교회(Church of England)의 안수받은 목회자가 되라는 소명을 받았다는 확신을 가졌는데, 아버지는 그 결정에 극렬하게 반대했다.

1940년부터 1944년까지 존 스토트는 케임브리지대학교 트리니티대학(Trinity College)에서 현대 및 중세 언어(특히 프랑스어와 독일어)를 공부했고, 이후 신학을 공부했는데, 언어와 신학 모두에서 최우등 성적을 받았고, 이 학교의 우수 학생(Senior Scholar)으로 선발되었다. 존 스토트는 1943년에 학사학위(1947년 석사학위)를 받았다. 존 스토트는 전쟁 중에 케임브리지에 들어 왔을 때 자신이 '신앙의 위태위태했던 매우 나약한 기독교인'이었다고 후에 회상했다. 그의 신앙은 케임브리지기독학생연합(Cambridge Inter-Collegiate Christian Union, CICCU)에 참여하면서 성장했는데, 케임브리지기독학생연합은 당시 유명한 복음주의-초교파 학생 사역단체로, 이를 통해 그는 '우정, 가르침, 책, 섬김의 기회들'을 얻을 수 있었다.

결과적으로 존 스토트는 기독교 사역에 열심히 참여하기 위해 첼로를 포기했다. 그는 자신의 목회, 전도, 가르침의 은사를 활용해서 케임브리지의 동료들 사이에서 지도력을 발휘했고, 몇 년간 내시의 중요한 '오른팔'이 되어서 ('배쉬 캠프'[Bash camps]로 알려진) 여름 캠프와 '학생 방학 가정'(schoolboys' vacation house) 운영에 헌신했다. 1944년부터 1945년까지 존 스토트는 케임브리지 소재 리들리홀(Ridley Hall)에서 안수를 받기 위한 교육을 받았는데, 당시 그는 C. H. 다드(C. H. Dodd), C. F. D. 모울(C. F. D. Moule), 존 버나비(John Burnaby) 같은 학자들 밑에서 수학했다. 그러나 이 기간에 존 스토트는 뚜렷하게 자유주의적인 신학 분위기를 만나게 되는데, 이후에 그는 이런 분위기가 그를 더 철저하게 성경을 공부하도록 이끈 '영적인 광야'였다고 묘사했다.

1945년 12월에 사제로 안수받은 후, 존 스토트는 런던으로 돌아가서 랭엄플레이스 올소울즈교회의 부사제가 되었다. 당시 그 교회의 교구사제 해럴드 언쇼-스미스(Harold Earnshaw-Smith)는 존 스토트에게 복음주의적 설교와 목회의 매우 긍정적인 역할 모델이 되었다. 1950년에 교구사제가 된 존 스토트는 웨이머스스트리트 12번지(12 Weymouth Street)로 거처를 옮겼다. 그곳의 응접실은 그가 어린 시절 주일 예배에 참석했던 바로 그 곳이었다. 교구사제로서 존 스토트는 기도, 강해 설교, 정기적인 전도, 주의 깊은 새신자 제자화, 평신도 지도자를 위한 조직적인 훈련 등 교회의 다섯 가지 우선순위를 정했다.

교구 전도를 위한 교회의 명성이 커져갔는데, 특히 정기적인 '새신자 초청 예배'(guest services)와 평신도의 전도를 통해서였다. 교구사역과 영국에서 행한 설교사역을 통해, 존 스토트는 떠오르는 복음주의 사제로서 젊은 세대의 지도자로 인정받게 되었다. 1950년대 초반부터 1970년대 후반까지, 존 스토트는 영국(케임브리지와 옥스퍼드 등에서 여러 차례)과 북미(하버드와 예일 등), 오스트레일리아와 남아프리카 등지의 주요 대학에서 많은 전도선교를 수행했다.

존 스토트가 초기 선교사역 중에 했던 연설들은 『기독교의 기본 진리』(Basic Christianity, 1958)의 근간이 되었는데, 한 논평자는 이 책을 '적어도 한 세대 동안 가장 중요한 전도용 페이퍼'라고 평가했다. 이 책은 25개 이상 언어로 번역되었고, 200만 부 가까이 팔렸다. 존 스토트의 짧은 전도 소책자인 『기독교인이 되는 것』(Becoming a Christian, 1950)은 100쇄 이상 찍었고, 전 세계에서 활용되었다. 이 책의 보조 교재로 『기독교인이라는 것』(Being a Christian, 1957)이 있다. 복음주의연맹(Evangelical Alliance)의 핵심 인물로서, 존 스토트는 빌리 그레이엄(Billy Graham)의 해링게이(Harringay, 1954)와 웸블리(Wembley, 1955) 전도집회를 조율하는 데 핵심 역할을 했다. 이 두 집회를 통해 그는 그레이엄과의 오랜 우정을 더 공고하게 만들었다. 1959년에 그는 여왕의 목회자(Chaplain to the Queen)로 임명되었고, 1991년에는 특별 목회자(Extra Chaplain)가 되었다.

존 스토트의 목회는 항상 성공회 범위 너머에까지 영향을 끼쳤는데, 다양한 범위의 학생 및 목회자가 여기에 포함되었다. 예를 들어, 1960년대에는 영국 복음주의자들의 주요 집회인 연례 케직사경회(Keswick Convention)에서 세 번에 걸쳐 성경을 강연했다(1970년대에는 세 번 이상). 그는 영국 복음주의연맹, 성서유니온(Scripture Union)과 티어펀드(TEAR Fund[The Evangelical Alliance Relief Fund], 복음주의연맹 구호기금) 등을 포함하여, 수많은 주요 복음주의 단체의 회장직을 역임했다. 기독학생회(Inter-Varsity Fellowship, 이후 UCCF[Universities and Colleges Christian Fellowship]) 회장직은 네 회기 동안이나 역임했다.

북미지역 복음주의 내에서 그의 명성이 높았다는 점은 기독학생회가 조직해서 3년에 한 번씩 열렸던 어바나선교대회(Urbana Missionary Convention)에서 그가 1960년대와 1970년대에 총 여섯 차례나 성경강해자로 활약한 역할을 통해 알 수 있다. 그의 위상은 1974년에 스위스 로잔(Lausanne)에서 개최된 세계복음화국제회의(International Congress on World Evangelization)에서 그가 맡은 결정적인 역할로 분명해졌다. 이 국제 대회는 빌리그레이엄전도협회(Billy Graham Evangelistic Association)에서 조직한 것으로, 20세기 복음주의의 가장 결정적인 순간이었다. 존 스토트는 두 가지 중요한 사안을 다루었는데, 이를 통해 한 관찰자가 이야기 했듯이, 그는 '전 세계 복음주의의 신학 지도자'로서의 위치를 확고히 과시했다.

첫째, 그는 성경적 전도의 본질에 대한 개회 연설을 했다.

그가 말한 전도의 본질에는 다섯 가지 중요 개념에 대한 성경적 정의가 포함되었는데, 선교, 전도, 대화, 구원, 회심이었다.

둘째, 그는 로잔 언약의 작성위원회 의장을 맡았는데, 로잔 언약은 복음주의 진영에서 매우 영향력 있는 기독교 신앙 및 헌신에 대한 간결한 신학 고백서다.

로잔 언약이 중요한 이유는 그것이 특히 복음전도와 사회 행동의 관계에 대한 균형 잡힌 태도로 특히 유명하기 때문이다.

이후 '로잔운동'의 주요 공헌자로서, 존 스토트는 로잔계속위원회의 특별위원으로 봉사했고, 특히 1981년까지 그 하부 분과인 신학과 교육 분과 위원장을 역임했다. 1989년에 제2차 국제 회의가 마닐라에서 개최되었는데, 그곳에서 존 스토트는 '마닐라선언'(Manila Manifesto)이라 불린 문서작성위원회 의장을 맡았다. 이 선언문은 '전 교회가 전 복음을 전 세계에 전해야 한다'라고 요청했다. 복음전도자와 선교전략가로서 존 스토트의 사역이 전 세계적으로 읽힌 저서 『현대 세계에서의 기독교 선교』(*Christian Mission in the Modern World*, 1975)의 기반이 되었다.

성공회 내에서 복음주의 신앙이 다시 활기를 띠게 되기를 갈망한 지도자들을 연계하는 국제적인 꿈이 커지면서, 존 스토트는 1961년에 성공회복음주의협회(Evangelical Fellowship in the Anglican Communion, EFAC) 설립을 주도했고, 1967년부터 1984년까지 이 협회의 영국 지회인 '잉글랜드국교회 복음주의협의회'(Church of England Evangelical Council) 회장을 역임했다. 존 스토트는 1967년에 킬(Keele)에서 개최된 전국복음주의성공회대회(National Evangelical Anglican Congress, NEAC)라는 획기적인 대회의 핵심 설계자이며 공식 의장이었다.

그는 이 대회를 '우리의 복음주의 시대의 도래'라 불렀는데, 그와 마이클 그린(Michael Green)이 대회 공식 선언문의 최종 편집자였다. 존 스토트는 또한 1977년에 노팅엄에서 열린 제2차 전국복음주의성공회대회 의장도 역임했다. 앨리스터 맥그래스(Alister McGrath)에 따르면, 전후 잉글랜드 복음주의의 성장은 어느 누구보다도 존 스토트에게 공을 돌려야 한다. 존 스토트는 '잉글랜드에서 젊은 세대 복음주의 성직 후보자의 역할 모델이 되었다.'

존 스토트의 목회가 전 세계적으로 성장하면서, 1970년에 올소울즈교회는 마이클 본(Michael Baughen)이 교구사제(vicar)로 목회의 주요 영역을 담당했다. 이로써 존 스토트는 일상적 의무를 경감 받은 교구담임사제(rector)로서, 해외를 두루 돌아다닐 수 있게 되었다. 1975년에 본이 교구담임사제가 되자, 존 스토트는 은퇴사제로서 명예직만을 담당했다. 30년 넘게 아프리카, 아시아, 중동, 남아프리카 전역을 여행하며 존 스토트는 복음전도선교와 설교 여행, 성직자 대회(그리고 대부분 항상 철새 관찰도 포함되어 있었다)에 헌신했다.

목회자로서의 따뜻함, 친구를 잘 사귀는 능력, 성경적 헌신과 신학적 예리함으로 많은 목사와 지도자에게 용기를 주고 영향을 미쳤는데, 이들은 존 스토트를 '엉클 존'(Uncle John)이라는 호칭으로 정감 있게 불렀다. 동시에 개발도상국의 기독교인들과 계속 친분을 쌓게 되면서, 그의 마음속에 가난과 불의 문제에 대한 관심이 자라기 시작했는데, 이를 통해 복음의 통전성에 대한 이해를 점차 길러나가게 되었다. 개발도상국가에서 기독교 지도자들, 특히 신학대학 교사들과 미래의 저자들을 구비시키기 위해 존 스토트는 랭엄재단(Langham Trust, 현재의 랭엄국제파트너십 [Langham Partnership International])을 창설했다.

이 재단은 (대개 유럽이나 북미 지역에서) 상위 신학학위를 받으려는 '랭엄 장학생들'에게 장학금을 제공하고, 목회자와 신학교 도서관에 복음주의 문헌을 비치하려는 목적으로 조성되었다. 존 스토트는 생애 후반에 이 사역에 우선순위를 두었다. 80세 생일이 지난 후, 존 스토트는 랭엄파트너십의 지도력을 존경받는 성경학자이자 교육자인 크리스토퍼 라이트(Christopher Wright)에게 넘겨주었다.

존 스토트의 비전의 전형적인 특징은 복음을 당대 세상의 관심사와 요구에 연결지을 필요성과 그 시급성이었다. 이런 관심을 가지고 존 스토트는 1982년에 '런던 현대 기독교 연구소'(London Institute for Contemporary Christianity)를 창설했다. 그는 이 기관의 첫 책임자였고, 1986년에는 이 기관의 소장을 역임했다. 이 기관은 '신학교나 선교사 훈련 대학이 아니라, 평신도 기관'으로 설립되었는데, 이후 이 연구소는 존 스토트가 여러 차례 강연했던 밴쿠버 소재 리젠트대학(Regent College) 학위 프로그램의 모델이 되었다.

존 스토트는 '런던 현대 기독교 연구소'의 목적이 '학생들이 그들의 개인 및 가정 생활에서 더 완전한 기독교인들이 되고, 직업과 공적 생활에서 더 유능한 기독교인이 되게 하는 것'이며, 이를 통해 '온전한 기독교인이 더 온전한 복음을 가지고 세속 세계에 침투하는 것'이라고 썼다. 마찬가지로, 현대를 사는 이들이 성경적으로 신실한 삶에 헌신할 수 있도록 '성경이 오늘날 말한다'(The Bible Speaks Today, BST)라는 제하로 성경강해 시리즈 출판을 주도했다. 이 시리즈 중에서 존 스토트는 갈라디아서, 디모데전후서, 디도서, 에베소서, 사도행전, 데살로니가전후서, 로마서, 산상수훈을 다루는 책을 썼다.

설교에 대한 존 스토트의 접근 방식은 그의 책 『나는 설교를 믿는다』(*I Believe in Preaching*, 1982, 북미판 제목은 『두 세계 사이에서』[*Between Two Worlds*], 한글판은 『현대교회와 설교』-역주)에 잘 나타나 있다. 존 스토트는 고대 세계와 현대 세계 사이의 '다리를 놓기' 위해, 성경 본문과 당대의 필요를 '이중으로 경청하는 것'(double listening)에 근거한 강해 설교를 옹호했다. 존 스토트의 가장 중요한 주제 중 하나는 성경에 자기 생각을 주입하지 말고, 성경의 의미를 '그려내다'는 도전이었다. 그럼으로써 성경이 스스로 권위를 갖고 말하게 하는 것이다.

성경의 원리들을 사회의 모든 영역과 광범위한 도덕 이슈들에 적용하고자 하는 그의 관심은 『현대 사회 문제와 그리스도인의 책임』(*Issues Facing Christians Today*, 1984)에 잘 나타나 있다. 이 책은 북미 지역에서는 『참여』(*Involvement*)이라는 제목으로 출판되었다. 몇몇 신학자들이 존 스토트의 대작으로 보는 『그리스도의 십자가』(*The Cross of Christ*, 1986)에서, 그는 다음과 같이 주장한다.

"십자가가 모든 것을 변화시킨다. 십자가는 새로운, 하나님을 예배하는 관계를 형성하며, 우리 자신에 대한 새로운, 균형 잡힌 이해를 가져다준다. 그리고 우리를 선교에 참여하게 하는 새로운 동기를 부여해 주며, 우리의 원수에 대한 새로운 사랑을 가져다주며, 고난이라는 난제를 직면할 수 있는 새로운 용기를 준다."

『복음주의 신앙』(Evangelical Faith, 1999)은 '개인적 간청'과 '영적 유산'을 제공하며, 그의 일관된 복음 집중은 『비교할 수 없는 그리스도』(The Incomparable Christ, 2001)에 잘 나타나 있다. 또한, 그의 후기 저작 중에는 일평생 사랑한 철새 관찰에 대한 것도 있는데, 이것이 『새, 우리의 선생』(The Birds Our Teacher, 1999)이다. 이 책은 다양한 종류의 새에 대한 묵상과 더불어, 그가 찍은 150장 이상의 사진이 수록되어 있다. '신학자이자 저자로서 그가 교회에 공헌한 것'을 인정받아 존 스토트는 1983년에 캔터베리 대주교 로버트 런시(Robert Runcie)로부터 램버스(Lambeth) 신학박사학위를 수여받았다.

세심한 준비, 끊임없는 연구, 복잡한 사안들에 대한 정확한 표현으로 존경받은 존 스토트는 웨일스에 있는 '더 훅시스'(The Hookses)라는 이름의 아름다운 오두막에서 깊은 독서와 글쓰기를 했는데, 그곳에서 그는 또한 다양한 회의, 단체, 방문객에게 환대를 베풀기도 했다.

그의 전기 작가의 기록에 따르면, 존 스토트의 저술 방식은 (그가 강연이나, 강해식 연설 또는 강해 설교에서) '그가 처음 가르쳤던 것'을 쓰는 것이었다. 존 스토트의 방대한 저작물은 50권 이상의 책에 이르는데, 이는 그가 여러 방면의 연구 모임에 계속 참여하고, 헌신적인 비서 프랜시스 화이트헤드(Frances Whitehead)의 행정적인 도움, 여러 연구 조교들(언제나 젊은 신학 졸업자들)의 일련의 도움으로 인해 가능했다. 존 스토트는 평생 독신이었으며, 만약 그에게 가정을 부양할 책임이 있었다면 여행과 글 쓰는 일은 할 수 없었을 것이라고 인정했다.

세계 복음주의에 미친 존 스토트의 영향은 몇 가지로 수렴되는 요인 때문에 가능했다. 그의 개인 생활은 자기 훈련, 풍성한 기도, 겸손이 특징이었는데, 그가 영향을 끼친 모든 이들이 존경한 특징이었다. 그의 설교와 가르침은 매우 성경적이고 잘 조직되어 있었으며, 개인적 차원과 사회적 차원 모두에서 성경의 적실성과 그 함의를 일관되게 탐구했다. 그의 저작은 주석에 기반을 두고 있고, 유별나게 공정하며, 표현의 단순성과 명확성이 두드러졌는데, 이들은 교육 수준이 높은 평신도뿐만 아니라 목회자에게도 매우 가치 있게 여겨진 특징들이었다.

스토토의 신학은 십자가 중심적이며, 고전적인 복음주의 신앙의 삼위일체적 특징에 근거했고, 그가 '균형 잡히고 성경적인 기독교'(balanced, biblical Christianity, 이하 BBC)라고 부르기 좋아한 관점을 끊임없이 구현했는데, 개인과 집단, 내면과 외면, 기도와 행위, 복음전도와 사회적 관심, 말씀과 성령, 용감함과 연민 등 너무 자주 서로 상반되는 것으로 인식된 관심사들을 조화시키기 위해 노력했다. 그의 타고난 기질에는 순회목회에 필요한 일등급 정신과 육체적 능력이 포함되었다. 그의 성격에는 온화한 끈기와 (더들리-스미스[Dudley-Smith]가 말한 대로) '튜턴인 특유의 철저함'(teutonic thoroughness)이 있었다. 이런 기질 때문에 그는 다작가가 될 수 있었고, 55년의 목회 경력 내내 여러 조직과 운동을 이끌 수 있었다.

존 스토트는 (여러 번) 주교가 될 기회와 (오스

트레일리아 시드니의) 대주교가 될 기회, (몇몇 교육 기관에서) 신학대학 교수가 될 기회, (옥스퍼드 소재 위클리프홀의) 학장이 될 기회, (세계복음주의협회의 회장 같은) 조직의 간부가 될 기회를 거절했다. 역사적으로 그에게 가장 큰 영향을 미친 멘토였던 케임브리지의 찰스 시미언(Charles Simeon)과 마찬가지로, 존 스토트는 전 경력 내내 한 교회에만 소속되어 있었다.

그는 올소울즈교회에서 기존의 운동이나 조직들을 지원하는 데에 에너지를 쏟아부었고, 새로운 조직이나 운동을 만드는 데에는 전략적 비전을 활용했다. 학문적인 학자라기보다는, 한 사람의 학자적 목회자로서, 그의 가르침과 저술은 항상 교회의 성경해석과 복음전도에 참여하는 것이 기초였다. 역사가 에이드리언 헤이스팅스(Adrian Hastings)에 따르면, '세계 복음주의의 인정받은 선임 신학자이자 사상가'였던 존 스토트는 '기독교 세계에서 가장 영향력 있는 인물 중 하나'였다.

참고문헌 | T. Dudley-Smith, *John Stott, The Making of A Leader: The Early Years* (Leicester: Inter-Varsity Press, 1999); T. Dudley-Smith, *John Stott, A Global Ministry: The Later Years* (Leicester: Inter-Varsity Press, 2001); D. Wells, 'Guardian of God's Word,' *Christianity Today* (16 September 1996).

J. P. GREENMAN

존 로빈슨(John Robinson, 1576[?]-1625)

잉글랜드분리파(English Separatist). 그는 17세기 첫 사분기 분리파운동의 지도자였고, 아메리카로 이주한 청교도 선조들에게 지적, 신앙적 영향을 크게 끼친 인물이다.

그의 생애 초기에 대해서는 알려진 바가 거의 없다. 그는 노팅엄셔(Nottinghamshire)의 스터턴 르 스티플(Sturton le Steeple) 교구에서 1576년경에 출생한 것으로 추정된다. 그의 가족은 사회적으로 지위가 있고, 지역 목회자들과도 친밀한 관계를 가진 집안이었던 것 같다. 그는 1592년 4월 9일에 케임브리지대학교의 코르푸스크리스티대학(Corpus Christi College)에 입학했다. 1596년에 학사학위를 취득했고, 1597년에는 뛰어난 학부 성적 덕에 연구원으로 발탁되어 1599년에 석사학위를 받았다.

케임브리지에서 공부하는 동안 뛰어난 설교자이자 개혁파 신학자인 윌리엄 퍼킨스(William Perkins)의 영향을 받았고, 퍼킨스의 영향 아래에서 중요한 기독교 지도자로 성장하게 되는 다른 젊은 학자들과 함께 일하기 시작했다. 윌리엄 에임즈(William Ames)와 존 스미스(John Smyth)도 이 모임에 속해 있었다. 국교회, 교회의 본질과 정치 형태, 국교회 기도서 규정이 적절하냐 아니냐 하는 문제들이 그 시대의 뜨거운 논쟁거리였는데, 로빈슨도 이 논쟁들의 영향을 깊이 받았음에 틀림없다.

로빈슨은 17세기 초반 노포크(Norfolk)에서 목회를 한 것으로 보인다. 이어서 1607년부터 노팅엄셔의 스크루비매너(Scrooby Manor)에 모인 교회에 합류했다. (1605년부터) 비국교도 집단들과 관계를 맺고, 제임스 1세(James I)가 교회 내에서 추가 개혁을 갈망하던 이들을 지지할 마음이 없다는 사실이 점점 명백해지면서 분리주의를 수용하기로 결정했다. 로빈슨의 분리주의는 실용주의로 다소 온건해졌다. 그는 일 년 동안 계속 국교회에서 설교했는데, 분리주의 대의로 더 많은 이들을 개종시키려는 의도도 있었다.

1608년에 요크(York) 대주교는 자신의 교구에서 분리주의를 척결하기 위한 대대적인 캠페인을 벌였고, 이어진 타격으로 로빈슨은 암스테르담으로 피신하여 프랜시스 존슨(Francis Johnson)이 이끌던 분리주의 교회에 합류했다. 그러나 그 교회에서 분쟁이 끊이지 않자, 결국 로빈슨과 그를 따르던 몇몇 교인들은 1609년 2월 2일에 레이던 당국의 이주 허가를 받아 같은 해 5월 이전 어느 시점에 레이던(Leiden)으로 이주했다. 로빈슨이 이끌던 교인 대부분은 직공이었기에, 직물 산업이 번창하던 레이던 지역에서 지독한 가난에서 벗어날 수 있었다.

로빈슨의 구원론은 굳건하게 개혁파에 머물렀지만, 교회론은 분리주의였기에 비록 불편했음에도 잉글랜드국교회(Church of England)에 남아 있던 청교도 주류와 분리되지 않을 수 없었다. 로빈슨은 1612년 이전에 오랜 케임브리지 동료 에임즈(Ames, 당시 헤이그에 거주)와 성만찬에 대한 논쟁을 몇 차례 벌인 바 있었다. 후에 그는 다른 케임브리지 출신인 존 스미스(John Smyth)와도 충돌했다. 스미스는 로빈슨과 마찬가지로 교회론에서는 분리주의를 주장했지만, 이 분리주의 견해를 신자의 세례에 대한 헌신 및 은혜에 대한 알미니안주의식 주장과 점점 더 결부시켰다.

로빈슨은 1615년에 교회 목회를 하면서 동시에 신학 공부를 더 하기 위해 레이던대학교(Leiden University) 신학과에 등록했다. 그러나 그는 교인들을 아메리카로 이주시켜 좀 더 나은 환경에서 생활하고자 하는 소망으로 1617년부터 그 준비를 착실하게 준비해 나갔다. 1620년에 이주를 위한 자금이 모두 모이자 로빈슨은 교인들이 이 계획에 동의하면 자신이 모든 책임을 지고 이 일을 성사하겠다고 다짐했다. 그러나 교인 다수가 그의 계획에 동의하지 않자, 그는 레이던에 마지못해 남았다. 그러나 그가 기독교인 지도자로 자리매김하게 된 결정적 계기는 1621년 7월 21일에 에스라 8:21을 본문으로 청교도 이주자들에게 전한 설교로 인정받는다. 바로 다음 날 이들은 델프트(Delft)를 떠나 사우샘프턴(Southampton)에서 메이플라워호(Mayflower)를 타고 아메리카로 떠났다.

비록 로빈슨은 아메리카로 넘어간 자기 교인들에게 합류하지 못했지만, 식민지 지도자들과 서신을 주고받으면서 청교도 순례자들의 교회가 형성되는 데 결정적인 공헌을 했다. 그는 1625년 3월 1일에 전염병으로 사망하여 레이던에 묻혔다.

로빈슨의 저서 대부분은 큰 논쟁거리로 남아 있다. 그의 대표작은 여러 가벼운 논문과 격언을 편집하여 사망 직전에 레이던에서 출간한 『관찰: 거룩하고 도덕적인 것들』(Observations Divine and Morall, 1625)이었다. 로빈슨은 신학자로서, 첫 잉글랜드 개혁파 분리주의자 중 하나였다.

그는 존 코튼(John Cotton)이 명맥을 잇고, 1640년과 1650년대에 잉글랜드독립파(English Independents)로 열매 맺고, 결정적으로 후에 잉글랜드청교도주의(English Puritanism)와 초기 잉글랜드비국교주의(English non-conformity)의 특징이 된 전통의 시작이었다.

참고문헌 | W. H. Burgess, *John Robinson* (London: Williams & Norgate, 1920); O. S. Davis, *John Robinson, the Pilgrim Pastor* (Boston: The Pilgrim Press, 1903); T. George, *John Robinson and the English Separatist Tradition* (Macon: Mercer University Press, 1982).

C. R. TRUEMAN

존 리펀(John Rippon, 1751-1836)

침례교 목사이자 찬송가 작가. 그는 1751년 4월 29일에 데본(Devon)의 티버턴(Tiverton) 지역의 서지(serge, 짜임이 튼튼한 모직물-역주) 제작자이자 침례교 평신도 목회자인 존 리펀(John Rippon)과 제인 홉킨스(Jane Hopkins)의 네 자녀 중 첫째 아들로 출생했다. 신실한 침례교 가문에서 출생한 리펀은 1767년 9월 25일에 회심을 경험한 후 침례를 받게 된다. 침례교 목회자로 소명을 받았다고 느낀 리펀은 1769년에 브리스톨침례교아카데미(Bristol Baptist Academy)에 입학했다. 이 학교에서 휴 에번스(Hugh Evans)와 케일럽 에번스(Caleb Evans)는 리펀에게 온건한 칼빈주의적 복음주의 신앙을 심어 주었는데, 이는 그의 삶과 목회의 근간이 된다.

젊은 데다, 신학 견해가 달랐음에도 불구하고, 그는 일 년 이상의 시험 기간을 거친 후 1773년 서더크(Southwark)에 위치한 그 유명한 카터레인침례교회(Carter Lane Baptist Church)의 청빙을 받았다. 전임자는 고(high)칼빈주의 신학자 존 길(John Gill)이었다. 길과 리펀 두 사람이 모두 임종시까지 강단을 지켰기에, 이 두 사람은 총 117년간 이 교회를 섬겼다. 온건 칼빈주의를 열렬히 옹호한 리펀은 특수침례교단(Particular Baptists)의 변화를 이끌어 냈고, 이를 통해 런던 지역 침례교 주요 지도자로 자리매김 하는 동시에 그의 교회를 가장 크고 영향력 있는 침례교회로 성장시켰다. 리펀은 성향상 '남성적인 목소리로' 대화하듯 설교한 괴짜 설교자였다. 그는 청중에게 복음을 받아들이라고 직접 호소했다. 그가 목회하는 동안 교회에는 천 명 이상의 새 교인이 등록했다.

부유한 침례교 평신도 지도자들이 그의 교회의 회원이었는데, 이 중에는 침례교선교회(Baptist Missionary Society) 등 교단의 많은 자금의 회계를 맡은 상인 윌리엄 벌스(William Burls), 소형 초상화를 그린 화가 로버트 보이어(Robert Bowyer)도 있었다. 카터레인교회의 많은 교인이 수많은 비국교 및 여러 복음주의 기관에 속해서 활발하게 활동했다. 이 중 적어도 19명이 리펀의 생애 동안 침례교 설교자로 활동했는데, 특히 조셉 스웨인(Joseph Swain)과 윌리엄 헨리 앵거스(William Henry Angas)가 주목을 받았다.

물론 그의 교회에도 도움을 필요로 하는 가난한 사람들이 많이 있었다. 리펀은 이들을 위해 1803년에 빈민구호소를 세웠다. 그러나 리펀의 나이가 많아지자 교인 수와 그 영향력이 동시에 사그라지기 시작했다. 이런 사태의 배경에는 새로운 런던 브리지(London bridge)의 건설로 인해 1833년에 교회가 뉴파크스트리트(New Park Street)로 이전한 것이 일이 있었지만, 더 큰 원인은 리펀이 더는 담임목사를 수행할 수 없음에도 은퇴를 거부했기 때문이었다.

리펀이 침례교인에게 영향력이 있었던 요인 중 하나는 1790년부터 1802년까지 「뱁티스트 애뉴얼 레지스터」(*Baptist Annual Register*)를 편집했기 때문이었다. 리펀의 관심의 대상은 침례교인만은 아니었지만,「뱁티스트 애뉴얼 레지스터」는 잉글랜드와 미국에 있던 특수침례교회(Particular Baptist churches) 교인의 새로운 복음주의 신앙을 반영한 동시에 고무시켰다. 그는 미국독립전쟁에서 미국의 입장을 적극적으로 옹호했고, 평생 미국에 애정을 품었다.

그는 윌리엄 캐리(William Carey)와 침례교 선교회의 사역을 문서로 널리 알렸고, 스스로도 정기적으로 참여한 순회마을전도를 적극 권장했다. 또한, 교회 목록과 통계를 정리했고, 중요한 역사 자료들을 보존했고, 잉글랜드침례교회(Baptist churches of England)에 정체성과 선교 의식을 부여하는 일에 공헌했다. 그는 잉글랜드와 미국, 전 유럽에 있던 침례교도들뿐만 아니라, 인도 지역에서 활동하던 선교사들과도 개인 서신을 주고받는 등 엄청난 일을 해 냈다. 1792년에 리펀은 미국 로드아일랜드(Rhode Island) 프로비던스(Providence) 소재 침례교대학(Baptist College, 현 브라운대학교[Brown University])에서 명예신학박사학위를 수여받았다.

리펀은 찬송가 편찬을 통해서도 영향력을 확장했다. 그는 최초의 침례교 찬송가를 제작했는데, 잉글랜드에서 광범위하게 유통되었다. 그의 『찬송 선집』(Selection of Hymns)은 1787년에 처음 인쇄되었는데, 그가 살아 있는 동안에도 27번이나 개정판이 나왔다. 1844년에는 '종합 리펀'(Comprehensive Rippon)으로 불린 44판이 나왔다. 한 세대 동안 미국과 잉글랜드의 침례교회에서는 리펀이 편찬한 침례교 찬송가를 불렀다. 아이작 와츠(Isaac Watts)의 찬송가 책을 보완하기 위해서 리펀이 만든 찬송가 책(와츠가 1801년에 출간한 찬송과 노래를 편곡)이 부흥운동이 촉진한 찬송의 홍수 와중에 광범위하게 사용되었다.

이 중 약 150편의 찬송은 이전에는 출판된 적이 없는 곡이었으며, 새뮤얼 스테넛(Samual Stennett, 38곡)과 벤저민 베돔(Benjamin Beddome, 42곡) 등 침례교 작가들이 작사한 곡도 추가되었다. 초판에 실린 전체 찬송가 중 3분의 1이 침례교도의 작품이었다. 리펀은 다른 교단의 찬송가도 적극적으로 사용했다. 특히, 필립 도드리지(Philip Doddridge, 105곡)의 곡을 포함시켰고, 찰스 웨슬리(Charles Wesley)의 찬송가 24곡을 침례교인에게 소개하기도 했다. 찬송가를 선택하는 기준은 '순전한 복음주의'(truly evangelical)였다. 리펀은 자신이 편찬한 찬송가 책에 다음과 같이 주를 달았다.

"국교도와 비국교도, 와츠(Watts)와 테이트(Tate), 웨슬리(Wesley)와 토플래디(Toplady), 잉글랜드와 미국이 나란히 함께 찬양하기를…"

리펀은 찬송 신학(theology of hymns)을 이따금씩 바꾸었지만, 그의 편집 목적은 찬송가의 문학적 가치를 지켜 나가는 것이었다. 그가 편집한 찬송가의 배열 순서는 비국교도 예배의 설교 중심 성향을 반영했다. 리펀은 에드워드 페로넷(Edward Perronet)의 '주 예수 이름 높이어'(All hail the power of Jesu's name!)를 상당 부분 편곡한 것으로 가장 잘 알려졌지만, 실제 찬송 몇 곡을 직접 쓰기도 했다.

찬송가 편찬 분야에서 그의 영향력은 지대했는데, 침례교 예배의 질을 높인 것뿐만 아니라, 다른 여러 좋은 찬송가 책과 마찬가지로, 그의 찬송가가 한 세대의 신학과 경건 생활을 형성하는데 기여했기 때문이었다. 리펀은 1791년에 『곡조책』(Tune Book)도 출간했는데, 이를 통해 침례교도들은 처음으로 특정 음조와 찬송을 연결시킬 수 있게 되었다. 당시 비국교도 교회가 즐겨 사용하던 최고의 곡조를 표준화하고, 다른 새로운 곡조들도 추가했다.

리펀은 스스로를 '모든 교회를 기꺼이 섬기는 종'으로 묘사했다. 리펀이 침례교위원회(Baptist Board, 런던에서 개최된 목회자 모임), 침례교기금(Baptist Fund) 같은 수많은 자기 교단 기관이나 위원회뿐만 아니라, 비국교도의 완전한 시민의 자유를 옹호한 세교파총연합회(General Body of the Three Denominations, 장로교회, 회중교회, 침례교회) 같은 다양한 선교회 및 비국교도 기관들의 지도자로 활약하면서 이 표현의 정당성이 확보되었다. 리펀은 1812년 잉글랜드 침례교연합(Baptist Union in England)의 출범하는 데 크게 공헌했고, 특수 침례교도의 정체성과 일치를 확립하는 데에도 그 누구보다도 큰 공헌을 했다.

리펀은 비국교도 역사에 큰 관심을 가지고 있었다. 그는 여러 교단으로부터 다양한 문서를 수집했고, 「뱁티스트 애뉴얼 레지스터」에 다양한 부록을 편집하여 실었다. 이 중에는 조슈아 토마스(Joshua Thomas)의 웨일스침례교 이야기, 스코틀랜드침례교의 기원 이야기, 영국과 미국의 여러 지역 교회사, 존 웨슬리(John Wesley), 조지 휫필드(George Whitefield), 헌팅던 백작부인(Lady Huntingdon) 등의 전기 등이 있었다.

리펀은 브리스톨침례교아카데미에 대한 역사(1796), 빈민을 위한 신앙지식전파회 역사(1802), 앤드루 기포드(Andrew Gifford, 1784), 존 길(John Gill, 1809), 에이브러햄 부스(Abraham Booth, 1806)에 대한 회고록들을 개인적으로 작성했다. 그는 비국교도와 청교도를 위해 런던에 조성된 중요한 분힐 묘지(Bunhill Fields)에 관심이 많아, 1713년에서 1790년 사이에 이곳에 묻힌 약 4만 명에 대한 기록을 수집했다. 그는 묘지석의 문구들을 모아 자료집을 냈고, 이 묘지에 묻힌 주요 인물들에 대한 방대한 역사서를 준비하기도 했다. 이 저술들의 원고는 지금도 보존되어 있지만, 이들은 출간된 적은 없었다.

리펀은 1773년 12월 7일에 서더크의 세인트 올라브스(St Olave's)에서 새라 파인(Sarah Pyne)과 결혼했고, 네 자녀를 얻었다. 리펀은 1836년 12월 17일에 런던에서 숨을 거둔 후 분힐 묘지에 안장되었다.

> 참고문헌 | K. R. Manley, *'Redeeming Love Proclaim': John Rippon and the Baptists* (Carlisle, Paternoster, f.c.).
>
> K. R. MANLEY

존 릴랜드(John Ryland, 1753-1825)

침례교 목사, 교육자, 선교운동가. 그는 성경과 조나단 에드워즈(Jonathan Edwards, 존 릴랜드는 자신의 아들의 이름을 조나단 에드워즈로 할 만큼 그를 추종했다)의 저작들을 바탕으로, 특수 침례교회(Particular Baptist churches)를 하이퍼-칼빈주의(hyper-Calvinism)에서 해방시키려고 노력한 노샘프턴셔(Northamptonshire) 목사들의 일원이었다. 이들은 오래된 내면 지향적 칼빈주의 신학을 대신하여 전통을 새롭게 복음주의적으로 해석함으로써, 교회의 국내사역을 부흥시킨 동시에 근대 선교운동을 태동시켰다. 친한 친구인 앤드루 풀러(Andrew Fuller)에 의하면, 존 릴랜드는 '펠라기우스주의의 교만' 뿐만 아니라 '반율법주의자들의 비윤리성' 또한 강하게 배척했다.

존 릴랜드는 1753년 1월 29일에 워릭(Warwick)에서 그 지역 침례교 목회자 존 콜렛 릴랜드(John Collett Ryland)의 아들로 출생했다. 그의 아버지는 '건장한 다혈질'(burly and explosive) 칼빈주의자였다. 다섯 살의 나이에 시편 23편을 히브리어로 읽을 수 있을 정도로 천재적이었던 존 릴랜드는 고전 문학을 스스로 공부하기 시작했고, 15세의 나이에는 아버지가 운영하던 학교에서 일을 돕기도 했다. 그는 결국 탁월한 동양 학자로 성장했다.

10대에 회심 경험을 한 후, 존 릴랜드는 평일 저녁에 여러 마을 교회뿐만 아니라, 컬리지스트리트교회(College Street Church)에서도 설교를 했다. 1771년에 노샘프턴교회(Northampton church)에서 목회자 소명을 확정하고, 2년 뒤에는 아버지가 사역하던 교회의 동사목사로 취임했다. 아버지가 재정 상황이 악화되면서 미들섹스(Middlesex)의 엔필드(Enfield)에 있던 너그러운 아들에게 의존하게 되자, 그해 1785년에 존 릴랜드는 단독 목사가 되었다. 그는 특히 선교를 위해 조직된 새로운 유형의 협회의 모델이 된 노샘프턴서 협회(Northamptonshire Association) 활동에 적극 참여했다.

그는 1785년과 1792년 두 차례나 이 협회의 의장으로 봉사했다. 그러나 1794년에 2년간의 숙고를 거친 후에 이 협회를 떠나 브리스톨(Bristol)의 브로드미드(Broadmead)로 사역지를 옮겼다. 동시에 이 지역에 위치한 브리스톨침례대학(Bristol Baptist College) 학장으로 취임했다. 그는 이 학장직을 훌륭히 수행했다. 이전에 그가 사역했던 대학스트리트교회는 열린 회원 및 열린 성만찬 제도를 운영하면서, 브로드미드교회(Broadmead Church)에서는 일반 침례교도와 유아세례론자(paedo-baptists)만을 대상으로 목회를 했기 때문이었다. 이즈음, 브라운대학교는 거의 평생을 독학으로 공부한 그에게 명예박사학위를 수여했다.

그는 조나단 에드워즈의 『신앙부흥을 위한 특별기도 속에서 하나님의 백성의 가시적 연합을 증진시키기 위한 겸손한 시도』(*An Humble Attempt to Promote Visible Union of God's People in Extraordinary Prayer for the Revival of Religion*)를 인용하여, 유명한 1784년 노샘프턴서 목회자 기도 요청의 틀을 마련했는데, 이 모임은 8년 후에 결성된 침례교선교회(Baptist Missionary Society, BMS)의 전신이 된다. 이 기도 요청에 관여한 세 목회자는 노샘프턴(Northampton)의 존 릴랜드, 올니(Olney)의 존 서트클리프(John Sutcliff), 케터링(Kettering)의 앤드루 풀러였다.

이들은 함께 힘을 합하여 새로운 선교적 칼빈주의를 성공적으로 정립해 나갔으며, 이 사상은 잉글랜드특수침례교(English Particular Baptists)에 혁신을 가져다주었다. 이 세 인물 중에 서트클리프만이 정규 대학 교육을 받았다. 존 릴랜드는 이 모임의 중심에 서서, 1783년에는 자신이 세례를 준 젊은 윌리엄 캐리를 후원했다. 그는 캐리가 이교도를 회심시키고, 이 목적을 위해 선교회를 결성하는 일에 더 관심을 기울이라고 조언했다. 존 릴랜드는 이 셋 중 유일하게 캐리와 그의 동역자 존 토마스(John Thomas)를 인도선교사로 파송하는 모든 공식적인 절차에 관여했다.

존 릴랜드는 침례교선교회(BMS)가 설립된 얼마 후 브리스톨로 이주했고, 이 이동의 결과, 자신이 새 계획에 필요한 서부 지역 침례교회들의 지원을 확보할 수 있는 전략적 위치에 있다는 사실을 깨달았다. 동시에 그는 대학 사역의 질을 높였고, 최종적으로 1812년에 완공된 새 건물로 학교를 이전하는 지도력을 발휘했다.

풀러는 에든버러의 크리스토퍼 앤더슨(Christopher Anderson)이 자신의 뒤를 이어서 침례교선교회의 총무직을 맡을 것으로 기대했지만, 이런 생각을 다른 회원들과 공유하지 못한 채 1815년에 사망했다. 존 릴랜드가 총무직을 맡아야 한다는 요청을 받아들여 3년간 맡아서 이 선교회를 이끌었다. 처음에는 옥스퍼드의 제임스 힌턴(James Hinton)의 도움을 받았지만, 이미 목사와 대학 '총장'을 맡고 있는 한 사람이 추가로 이 일을 하기는 불가능하다는 사실이 곧 입증되었다. 1818년에 존 다이어(John Dyer)가 전임 공동 총무로 취임했다. 존 릴랜드는 1825년 5월 25일에 사망할 때까지 명목상 총무직을 유지했다.

그러나 존 다이어가 1818년부터, 특히 협회가 런던으로 이주한 1819년부터 선교회의 모든 일을 책임졌다. 존 릴랜드는 '선교회라는 방주가 런던으로 이주하게 되면 결국 회계실 직원의 손에 좌우지 되지는 않을까 크게 염려된다'라는 글을 남긴 바 있었다. 캐리 및 그의 동료들과의 갈등이 점차 심화되면서, 1827년부터 10년 동안 이 세람포어(Serampore) 선교사들이 침례교선교회에서 이탈하는 상황이 벌어졌다. 존 릴랜드 자신은 서인도 제도 선교사역에 특히 관심이 많았기에, 영국 각지를 여행하면서 이 대의를 홍보하는 데 많은 시간을 사용했다. 나아가 그는 의회에 제출할 선교 관련 문제 청원서를 준비하기도 했다.

존 릴랜드는 토플래디(Toplady), 스코트(Scott), 존 뉴턴(John Newton)과 같은 성공회 복음주의자(Evangelical Anglicans)들과 친밀하게 지냈다. 특히, 뉴턴과 수많은 서신들을 주고받았는데, 이 편지들은 아직까지 그가 쓴 다른 서신들과 함께 브리스톨에 보존되어 있다. 그는 30권이 넘는 저서를 남겼다. 그중에는 『신학생을 위한 조언』(Advice to Students of Divinity, 1770), 『기독교 목회의 어려움과 이를 해결할 수단』(The Difficulties of the Christian Ministry and the Means of Surmounting Them, 1802), 『복음을 고백하는 친구들이 복음주의 교리를 다르게 설명하는 문제에 대한 진지한 고찰』(Serious Remarks on the Different Representations of Evangelical Doctrine by the Professed Friends of the Gospel, two parts, 1817, 1818), 『복음주의 신앙의 실천적 영향력』(The Practical Influence of Evangelical Religion, 1819) 등이 있다.

참고문헌 | J. Culross, *The Three Rylands* (1897); G. Gordon, 'The Call of Dr John Ryland, Junior,' *Baptist Quarterly* (1992), pp. 214ff.; J. E. Ryland, *Pastoral Memorials* (1826).

J. H. Y. BRIGGS

존 맥니콜(John McNicol, 1869-1956)

캐나다 교육자이자, 저자, 장로교 목사. 그는 1906년부터 1946년까지 토론토성경훈련학교(Toronto Bible Training School) 교장으로 활약한 일로 가장 유명하다. 열린 지성의 복음주의자로, 일생을 기독교 선교를 위한 성경교육에 바쳤다.

여덟 남매 중 맏이로 웨스턴 온타리오(Western Ontario) 하노버(Hanover)에서 학교 교사 가정에서 태어난 맥니콜은 자기 훈련, 의무, 봉사에 대한 후기 빅토리아 시대의 개신교적 헌신이라는 배경에서 자라났다. 토론토대학교(University of Toronto, 1887-1901)에 다니는 동안 테니스와 크리켓(cricket)에서 두각을 나타낸 운동선수였고, 2년간 이 대학 YMCA 총무로 섬겼으며, 「버시티」(*Varsity*, 1880년에 창간된 토론토대학교 학보-역주) 편집자였으며, 학생자원운동(Student Volunteer Movement)에 관여하고, 장로교회의 엘리자베스스트리트선교회(Elizabeth Street Mission)에서 일했다. 이런 역할을 맡으면서 그는 캐나다의 미래 수상이 되는 W. L. 매켄지 킹(W. L. Mackenzie King)을 비롯한 미래 세계 공인이 될 인물들의 친구이자 동료가 되었다. 그는 학생으로서도 탁월했다. 1891년에 토론토대학교에서 고전학 전공 우등으로 학사학위를 취득했다.

학부 시절에 맥니콜은 기독교 선교의 필요성을 확신하게 되었다. 그 결과, 학생자원운동이 1892년에 정점에 이르렀을 때, 그는 중국으로 가는 해외선교사가 되기로 결심하고 지원했으나, 교단 해외선교본부가 이를 거부했다. 곧바로 토론토 녹스대학(Knox College) 신학 과정에 등록한 맥니콜은 1895년에 이 대학 역사상 가장 큰 학년에서 최우등상을 받으며 신학사를 취득했다. 이 젊은 장로교 목회자의 첫 부임지는 퀘벡(Quebec) 아일머(Aylmer, 1896-1901)였다. 1902년 1월에 오타와(Ottawa)에서 열린 학생자원자대회(Student Volunteer Convention)에 참가한 그에게 저명한 침례교 설교자 엘모어 해리스 박사(Dr. Elmore Harris)가 토론토성경훈련학교의 영어성경 강사로 일해 달라고 요청했다. 루이자 모드 버프(Louisa Maud Burpe)와 결혼한 지 얼마 되지 않았던 맥니콜은 이 초청을 받아들였다.

토론토성경훈련학교는 맥니콜에게 잘 맞았다. 엘모어 해리스(Elmore Harris)가 1891년에 설립한 이 학교는 주일학교에서 도시, 국내, 해외선교까지, 모든 종류의 봉사 활동을 위해 일할 평신도 남녀를 훈련시키기 위해 세워졌다. 신학교나 신학대학과 경쟁하려는 것이 아니라, 이들을 더 든든하게 하기 위해 존재한 이 학교는 기독교 사역을 위해 부름받았지만 장기간 공부할 수는 없는 이들에게 성경을 가르쳤다. 또한, 이 학교는 후기 빅토리아 시대 주류 개신교의 열린 복음주의를 대변했는데, 이 사조는 맥니콜에게도 서서히 스며들었다. 경건하고, 선교중심적이며, 초교파적인 학교였던 것이다.

맥니콜은 열매 맺는 교사이자 실력 있는 지도자였다. 겸손하고, 친절하고, 조용하지만 강한 기독교인다운 인격으로 칭송받은 그는 1906년 한 해 토론토성경훈련학교 교장으로 임명된 후, 2년 후에 영구 교장이 되었다. 학장직에 있으면서 이후 38년간 학교에서 가르치고 이끌었다.

분명한 원칙, 선의, '성령의 공동체적 머리되심'에 대한 강조가 지도력과 논쟁 주제에 대한 맥니콜의 접근법의 특징이었다. 그가 교장으로 지내는 동안, 이사회, 교수진, 학생회가 결정과정에서 완전히 만장일치를 이루었다. 1909년에 『근본들』(*The Fundamentals*)에 글을 기고한 인물이었음에도, 맥니콜은 1920년대에 신학 논쟁이 격화되던 시기에 자신이 근본주의자라 불리는 것을 거부했다.

1920년대에 침례교에 분열이 일어났을 때 그는 중립을 유지했다. 학교를 더 분리주의적이고 세대주의적인 방향으로 이끌고 가라는 압박을 받았을 때에도, 맥니콜은 성경과 교회에 대한 더 폭넓은 개혁파 및 복음주의 관점을 지속하려고 했다. 이는 기독교인의 공동체 생활의 한복판에 성령이 임하신다는 사실을 강조한 관점이었다. '맥니콜의 은사는 신학이 아니라 영성이었다'라고 한 학자는 지적한 바 있다. 그가 강조한 것은 기도와 성결이었다. 연합에 가치를 부여했고, '양극단에서 중용'을 추구했다.

성경연구에 대한 그의 접근법은 보수적이었지만, 방어적이지는 않았다. '분석 방법론을 사용하여 성경에 현대 과학으로 접근하는 방식'을 무시하지는 않았지만, 그의 성경에 대한 접근법은 강해와 경건에 비중을 두는 것이었다. 신앙의 적극적인 주장을 선호했고, 자유주의 신학에 대한 방어적 논쟁을 싫어했다. 성경은 성경으로 해석해야 한다고 주장했다.

학자로서 맥니콜은 「비블리컬 리뷰」(Biblical Review)와 「디 이벤절리컬 쿼털리」(The Evangelical Quarterly)에 논문을 기고했다. IVP의 『뉴바이블주석』(New Bible Commentary)에는 그의 누가복음 주석이 실렸다. 1937년에 『기독교 복음』(The Christian Evangel)을 출간했지만, 가장 유명한 책은 네 권으로 된 『성경으로 하는 사고』(Thinking through the Bible, 1944)로, 40년 이상 가르치면서 강의한 내용을 발췌한 것이었다.

맥니콜의 따뜻하고, 열린 지도력을 통해, 토론토성경훈련학교(이후 토론토성경대학Toronto Bible College), 온타리오성경대학(Ontario Bible College)으로 이름이 바뀌었다가, 지금은 '틴데일대학신학교'(Tyndale College and Seminary))는 캐나다에서 가장 중요한 복음주의 기관 중 하나로 성장했다. 육신의 자녀는 없었지만, 그와 아내 루이자는 학교 공동체를 자신의 '가족'으로 삼았다. 그들의 돌봄과 헌신이 그 시대에 이 학교가 조화와 성결의 정신으로 충만한 학교가 된 결정적 이유였다.

맥니콜은 학교 외부의 더 넓은 교계와의 접촉을 끊고 살지는 않았다. 캐나다장로교회(Presbyterian Church of Canada)에서 그가 한 수고에 대한 감사로, 1935년에 토론토 낙스대학에서 그에게 명예신학박사학위를 수여했다. 맥니콜이 선교에 대한 열정을 잃어버리지 않은 것도 분명하다. 특히, 1920년대에 여러 주류 개신교 신학교에서 선교에 대한 열정이 쇠퇴한 후에도 그는 자기 학교를 중요한 선교훈련소로 인식했다. 맥니콜은 죽을 때까지 중국내지선교회(China Inland Mission)와 수단내지선교회(Sudan Interior Mission) 이사로 일했고, 65년간 영국해외성서공회(British and Foreign Bible Society) 총재로 섬겼다.

존 맥니콜은 토론토에서 다친 엉덩이 치료를 받고 회복되던 중에 심장 발작으로 1956년 9월에 사망했다.

참고문헌 | W. Charlton, 'Dr John McNicol and Toronto Bible College: A Research Paper' (the library of Tyndale College and Seminary, 1976); J. G. Stackhouse, Jr, *Canadian Evangelicalism in the Twentieth Century: An Introduction to its Character* (Toronto: University of Toronto Press, 1993).

G. R. MIEDEMA

존 머레이(John Murray, 1898-1975)

스코틀랜드 신학자. 그는 서덜랜드서(Sutherlandshire)의 보나브리지(Bonar Bridge) 근처의 작은 농장에서 태어났다. 머레이는 스코틀랜드 자유장로교회(Free Presbyterian Church of Scotland)에 속한 매우 독실한 가정에서 자랐으며, 초기 교육을 보나브리지초등학교(Bonar Bridge Primary School)와 도녹아카데미(Dornoch Academy)에서 받았다. 1917년 4월에는 영국군 하일랜더스블랙와치 부대(Royal Highlanders Black Watch)에 입대했으며, 프랑스에서 복무했다. 독일군의 마지막 공세 도중에 오른쪽 눈을 실명했다. 명예 제대 이후, 머레이는 글라스고우대학교(Glasgow University)에서 공부하여 1923년 석사학위를 취득했다. 졸업 이후, 도널드 비튼(Donald Beaton)의 개인 지도로 자유장로교회 목회를 위한 훈련을 시작했다. 비튼은 1924년에 머레이가 프린스턴신학교(Princeton Seminary)로 가서 학업을 계속하라고 권했다. 그때 프린스턴신학교의 교수진에는 게할더스 보스(Geerhardus Vos), 그레샴 메이천(Gresham Machen), C. W. 하지(C. W. Hodge) 등이 있었다.

머레이는 뛰어난 학생임을 입증했다. ('극소수의 학생들만이 높은 수준의 학업 수준을 유지한다'라고 「프린스턴 세미너리 블레틴」[*Princeton Seminary Bulletin*]에 명시되어 있다). 그러나 1927년 졸업 이후, 그는 주일 예배를 드리러 가기 위해 대중교통을 이용하는 문제를 놓고 양심의 가책을 느꼈다. 이후 그는 안수를 받지 않고 프린스턴에서 받은 겔스턴-윈드롭(Gelston-Winthrop) 장학금을 이용해서 에든버러(Edinburgh)의 뉴대학(New College) 대학원 과정에서 공부했다. 프린스턴신학교로 돌아오라는 초청을 받고, 그는 1929년에 교수진에 합류했다. 그해는 메이천이 신학 문제로 구(舊)프린스턴 정통이 파괴되고 있다고 확신하면서, O. T. 앨리스(O. T. Allis), 로버트 딕 윌슨(Robert Dick Wilson), 그리고 젊었던 코넬리우스 반틸(Cornelius Van Til) 및 약 50명의 학생들과 학교를 떠나 필라델피아에 웨스트민스터신학교(Westminster Seminary)를 세웠던 해다.

머레이는 이 새로운 일에 공감했기에, 1930년에 필라델피아 교수진에 합류했다. 머레이는 1966년에 은퇴할 때까지 그곳에 머물렀다. 보나브리지 근처의 가족 농장으로 돌아온 뒤, 은퇴할 나이까지 독신이었던 그는 오랜 친구이자 필라델피아 소재 여자의과대학의 해부학 교수였던 (또한 그 전에는 학생이었던) 발레리 놀턴(Valerie Knowlton)과 결혼했다. 그들에게는 두 아이가 있었지만, 머레이는 둘째가 태어난 지 몇 개월 지나지 않은 1975년에 숨을 거두었다.

웨스트민스터에서 종신으로 오래 재직하는 동안, 머레이의 엄정한 학문 기준들은 이 학교를 신진 학자들을 위한 모판으로 만들었다. 또한, 머레이는 아마도 영어권 세계에서 가장 중요한 정통 개혁신학자로 인정받았을 것이다. 칼빈과 청교도 전통에 깊은 영향을 받은 머레이는 그 유산을 ('가장 날카로운 주석가이자, 그를 알게 된 것조차 내게 영광이었던') 보스의 성경신학 속에서 프린스턴의 찰스 하지(Charles Hodge)와 B. B. 워필드(B. B. Warfield)의 정통 신학과 결합시켰다.

머레이의 강의들은 조직신학을 성경적 방법으로 하는 전통을 회복하고자 했기 때문에 지극히 주해 중심적이었는데, 당대 신학자들의 신학과 토론에서 이런 전통이 쇠퇴하던 것과는 대조적이었다. 따라서 머레이는 후에 조직신학은 성경주해에 뿌리박혀 있어야 한다고 주장하게 되지만,

동시에 "성경신학은 주해를 규제한다. 이는 성경의 모든 증언을 이 신학이 다루는 다양한 주제들 안에서 조직화하고 통합한다"라고 주장했다. 그 앞의 워필드처럼, 머레이는 자신의 조직신학을 착안하지는 않았지만, 칼빈-하지-워필드-보스의 전통 안에 서 있으면서, 성경적 가르침을 정통 공식들과 연결시킨 것이 자신의 공헌이라 보았다. 그의 중요한 기여들은 두 권으로 된 인상적인 『로마서 주석』(Grand Rapids: Eerdmans, 1960, 1965)을 최고봉으로 하는 일련의 단행본들에 드러나 있다.

언약신학(Covenant theology)은 고전적 개혁신학의 중추 신경계에 속한다. 이 주제에 대한 머레이의 틴데일 강연(Tyndale Lecture)인 『은혜 언약』(The Covenant of Grace, London: Tyndale Press, 1954)에서는 성경에 나타난 하나님이 주신 언약들의 본질을 규정하면서, 이를 성경적으로 공식화하려 했다. 머레이는 언약을 계약 혹은 협정과 같은 당시의 관습을 통해 규정하려는 역사학적 경향을 멀리 했다. 더 정확히 말하자면, 성경 속에서 언약은 '은혜와 약속의 주권적 관리'(pp. 7-8)이었다. '언약'이 본질적으로 구속적 혹은 회복적 특징을 갖는다고 확신한 머레이는 필연적으로 고전적 개혁신학의 이중언약 공식(행위언약/은혜언약)이 완전히 성경과 일치하는지에 대해 의문을 제기했다.

이와 관련된 주제가 그가 쓴 단행본 『아담의 죄는 왜 원죄인가』(The Imputation of Adam's Sin, Grand Rapids: Eerdmans, 1959)에 담겨있다. 이 주제는 조나단 에드워즈(Jonathan Edwards) 시대 이래로 미국장로교 신학에서 지속적인 관심을 받은 주제 중 하나였다. 머레이 자신도 C. W. 하지(C. W. Hodge)의 지도 아래 이를 연구한 바 있었다. 비록 머레이는 아담 언약(Adamic covenant, '행위언약')의 개념은 받아들이지 않고, '아담의 관리'(Adamic administration)이라는 용어를 선호하기는 했지만, 그럼에도 불구하고, 머레이는 정확한 주해에 기반을 두면서, 아담의 죄가 모든 후손에게 (간접적으로가 아니라) 직접적으로 전가(imputation)되었다고 열렬히 주장했다. 그러므로 머레이는 스스로를 고전적 개혁신학의 언약 공식과는 거리를 둔 반면, 죄의 전가 교리에 대해서는 가장 엄격한 형태를 옹호했다.

머레이의 성경적-신학적 관점의 여러 요소들은 머레이가 『구속: 구속의 성취와 그 적용』(Redemption-Accomplished and Applied, Grand Rapids: Eerdmans, 1955; London: Banner of Truth, 1961)이라는 제목하에 구속에 대해 대중적으로 다룬 책에서 이미 등장했다. (구속의 적용을 다룬) 두 번째 부분은 일련의 잡지 기사들(series of magazine articles)로 쓰였지만, 다소 덜 대중적인 양식으로 쓰인 첫 번째 부분은 속죄의 본질에 초점을 맞추고 있다. 여기서 머레이는 '그리스도의 속죄 사역이 평가될 수 있는 포괄적인 범주'(p. 24)로서의 그리스도의 순종의 중요성을 강조할 때 성경의 아담-그리스도 비교를 다루었다. 그의 작품을 통해 그리스도의 능동적이고 수동적인 순종뿐만 아니라 그 순종의 진보적 성격 역시 강조되었다. 즉 불완전에서 완전으로(from imperfection to perfection)가 아니라, 미숙에서 성숙(from childhood through to maturity)으로 진보하는 것을 의미했다.

이런 맥락 속에서, 머레이는 효력 있는 구속의 열정적인 주창자였다. 그의 동료 스코틀랜드인 존 맥러드 캠벨(John McLeod Campbell, 1800-1872)의 속죄의 **범위**에 대한 견해들에 철저하게 반대했지만, 캠벨이 주장한 바, 속죄의 **본질**이 핵심 주제라는 사실은 인정했다. 머레이는 '제한' 속죄와 복음의 자유로운 제시 둘 다를 똑같이 확고하게 지지했다.

복음의 윤리적 차원들에 대한 머레이의 관심은 다양한 출판물들을 통해 드러났다. 1946년에서 1949년까지 머레이는 자신이 편집자를 맡은 「더 웨스트민스터 티올로지컬 저널」(*The Westminster Theological Journal*)에 이혼에 대한 성경적 가르침을 주제로 하는 글을 시리즈로 실었다. 성경이 이혼(그리고 재혼)을 오직 두 가지 이유(간통, 그리고 비신자에 의해 신자가 버림을 받았을 때)에서만 허용했다고 주장하며, 머레이는 이 분야의 법안에 나타난 작금의 혼란을 고려할 때, 교회는 성경적 근거하에서 이혼 허용에 대해 진지하게 고민해야한다는 놀라운 주장을 펼쳤다.

또 성경이 우리가 모든 인간의 문제를 해결할 수 있게 한다는 주장에 정면으로 대항해서, 여러 삽화 중 하나에서 머레이가 '우리는 (재혼의 적법성에 대해서) 교리적으로 이쪽으로든 저쪽으로든 대답할 수 없다'라고 언급한 것도 똑같이 놀랍다(*Divorce*, Philadelphia: Committee on Christian Education, Orthodox Presbyterian Church, 1953, p. 115).

윤리에 대한 머레이의 관심은 1955년에 풀러신학교(Fuller Theological Seminary)에서 행한 페이턴 강연(Payton Lectures)에서 완숙된 형태로 표현되었다. 그 강연은 내용을 늘여서 『행위의 원리들』(*Principles of Conduct*, Grand Rapids: Eerdmans, 1957)이라는 제목의 책으로 출판되었는데, 이 책은 게할더스 보스(Geerhardus Vos)에 의해서 '성경 속에 들어 있는 하나님의 자기 계시의 과정을 다루는 주경신학의 분과'로 정의된 성경신학(Biblical Theology)을 전제로 성경적-신학적 방법론(biblico-theological method)을 성경의 윤리에 적용시키려는 시도'(p. 7)를 잘 표현하고 있다. 특히, 머레이는 윤리 행위의 기초를 창세기의 첫 몇 장에 나타난 창조의 본질과 창조 규범, 도덕법의 지속적 유효성, 은혜와 율법, 율법과 사랑, 복음의 직설법과 명령법 사이의 조화 속에서 규명했다.

『행위의 원리들』에서는 그리스도의 죽음과 부활 속에서 그리스도와 연합한다는 신약의 교리가 어떻게 기독교 윤리 실현에 필요한 역동성을 제공하는지를 보여 주려고 한 부분에 주목해야 한다. 여기서 심오하고 지속적인 의미를 가진 이미 성취된 실재로서의 성화에 대한 신약성경의 강조를 지적하면서, 머레이는 '결정적 성화'(definitive sanctification)를 강조했다.

『행위의 원리들』에서 머레이는 또한 한 가지 확신을 언급하는데, 동료들과 학생들의 증언에 그는 풍성한 개인적인 표현을 더했다.

> "하나님에 대한 경외감은 신앙의 영혼이며…경건의 총합이다"(뒷부분의 표현에서 칼빈이 연상되는 것은 우연이 아니다).

주해 기술, 신학적 명민함, 성경신학, 개인 경건을 통합한 인물인 머레이를 N. B. 스톤하우스(N. B. Stonehouse)는 새국제주석(New International Commentary)의 로마서 저자로 선택했다. 머레이 사후에 네 권으로 출간된 『전집』(*Collected Writings*, Edinburgh: Banner of Truth, 1976-1983)과 더불어, 이 책은 20세기 후반기에 고전적 개혁파 정통 신학에 대한 관심이 부활하는 데 큰 영향을 미친 신학 업적의 최고봉이었다.

참고문헌 | I. H. Murray, *The Life of John Murray* (Edinburgh: Banner of Truth Trust, 1984).

S. B. FERGUSON

존 밀턴(John Milton, 1608-1674)

시인이자 논객. 그는 런던에서 태어나, 비국교도 스코틀랜드인 목사 토마스 영(Thomas Young) 등의 개인 교사에게 배웠다. 그 후 세인트폴스학교(St Paul's School)에 다녔다. 아버지는 공증인(scrivener, 하위급 변호사의 한 종류)이자 성공한 작곡가였다. 어린 밀턴은 자신의 '내 아버지께'(Ad Patrem)라는 시에서 다섯 언어(라틴어, 그리스어, 히브리어, 프랑스어, 이탈리아어)를 가르쳐 준 아버지께 감사를 표했다. 밀턴의 엄청난 학식은 그가 어릴 때부터 열심히 노력한 결과이기도 하다. 1625년에 케임브리지의 크라이스트대학(Christ's College) 학부에서 공부를 시작했고, 1629년에 케임브리지대학교 전체에서 4위의 성적으로 졸업했다. 1632년에는 석사학위를 취득했다. 석사과정에서 수학하던 시기에 라틴어와 영어로 여러 편의 시를 썼는데, '예수님이 태어나던 아침에'(On the Morning of Christ's Nativity)도 이 시기에 탄생했다.

1632년부터 밀턴은 고향으로 돌아가 먼저는 해머스미스(Hammersmith)에서, 이후에는 호턴(Horton)에서 '연구 은퇴'(studious retirement) 시간을 보냈다. 그가 첫 출판한 시는 셰익스피어에 관한 것으로, 그해에 쓴 시였다. 밀턴의 초기 시는 자신의 소명에 대한 깊은 사색을 담고 있었다. 사실 그의 분명한 선택은 설교 목회를 하는 것이었지만, 1640년대에 주교들로부터 교회에서 축출당한 것에 불만을 품었다. 특히, 로드(Laud) 추기경이 이끈 고교회(High Church) 성향이 점점 더 지배적이 되는 것에 대해 불만이 커진 것 같다. 그러나 잉글랜드개신교 기독교 시인으로서의 그의 실재 소명은 이들 초기 작품들에서 분명히 드러난다.

1637년 모친이 사망한 이후 밀턴의 상황이 변했다. 그해 밀턴은 웨일스 경계 지역인 마치스(Marches)의 새로운 영주가 된 브리지워터 백작(Earl of Bridgewater)을 위한 유희시 '러들로의 가면'(A Maske at Ludlow)을 썼다. 이 작품은 18세기 개정판에서 명명된 '코무스'(Comus)란 제목으로 주로 알려져 있다. 그는 익사한 자기 동료 학생 에드워드 킹(Edward King)을 추모하는 '리시다스'(Lycidas)란 추모시를 1638년에 발표했는데, 여기서 시인이 되고 싶다는 자신의 야망에 대한 회의를 공개적으로 표하기도 했다. 또한, 이 시는 당시 타락한 성직자들을 '눈 먼 입들'(blind mouths)로 묘사하며 신랄하게 비판하고 있다.

같은 해 그는 유럽, 즉 프랑스와 이탈리아로 건너갔다. 이 여정의 목적은 여행도, 종교적 박해를 피한 순례도 아니었다. 그는 갈릴레오(Galileo)와 네덜란드 학자 휴고 그로티우스(Hugo Grotius)를 만났고, 피렌체에 있는 두 학교를 방문하여 큰 감명을 받았다. 로마를 방문하여 많은 책과 음악을 수집했다. 1639년에 영국으로 돌아간 그는 영국 서사시에 대한 글을 쓰기 시작했다. 그는 몇몇 학생들을 모아 개인적으로 지도하기 시작했고, 이들에게 읽으라고 처방한 방대한 범위의 독서가 『교육에 관하여』(Of Education, 1644)에 담긴 생각으로 발전됐다. 이 책은 자유 교육에 대한 산문체 소책자로, 당시 교육 및 과학 개혁운동에 앞장섰던 개혁자 새뮤얼 하틀립(Samuel Hartlib)에게 바치는 글이었다.

동시에 그는 그리스식의 비극을 쓰는 작업에도 착수했다. 그러나 이 방대한 작업을 시작하기까지 몇 년의 시간이 더 걸렸다. 이어지는 20년 동안 그가 작품 대부분은 강하고 감성적이고 학식으로 넘치는 정치적 산문이었다. 1641년에 발표된 『종교개혁에 대하여』(*Of Reformation*)는 자유 및 교회의 본질과 권력이라는 주제를 놓고 벌인 펜 전쟁에 그의 참전을 알리는 신호탄이었다.

밀턴은 1642년에 자신보다 16년 연하이자 옥스퍼드셔의 왕당파 가문의 규수인 메리 포웰(Mary Powell)과 결혼했다. 얼마 되지 않아 이 부부는 별거에 들어갔지만, 3년 만인 1645년에 화해하여 1652년까지 네 명의 자녀를 얻었다. 밀턴은 이 시기에 기독교인의 자유 문제를 적극적으로 탐구했는데, 1644년 출판에서 인가 제도와 검열 제도를 비판하는 『아레오파기티카』(*Areopagitica*)를 발표했고, 1643년과 1644년에는 이혼에 대한 네 권의 소책자 시리즈의 첫 권인 『이혼 교리와 치리』(*The Doctrine and Discipline of Divorce*)를 발표하여 영적으로 맞지 않는 배우자와의 이혼이 이혼 사유에 포함되어야 한다고 촉구하는 견해를 발표했다.

1645년에 출판된 『시집』(*Poems*)은 자신의 정치적인 주제를 담고 있는 14행시의 소네트(sonnets)뿐만 아니라 초기 작품들로 구성되어 있다. 그의 작품 대부분이 산문으로 바뀐 시점에도 소네트는 계속 썼다. 이 시기에 밀턴의 시력에 심각한 문제가 드러나기 시작했다. 결국 1652년에 시력을 완전히 잃어버리고 만다.

밀턴은 1649년에 공직을 맡았다. 그의 작품 『왕과 관원의 종신직』(*The Tenure of Kings and the Magistrates*)에서 국왕 처형 가능성을 주장했다. 아마도 이 작품은 밀턴의 여러 작품 중에서 가장 중요한 정치학 저술일 것이다. 찰스 1세(Charles I) 처형 이후 의회의 외국어 총서기로 임명되어, 라틴어로 서신을 쓰고, 공화제의 입장을 변호하는 글을 작성하는 일을 맡았다. 후기 작품 중 『우상 파괴자』(*Eikonoklastes*, 1649)는 찰스 1세를 순교자로 추앙하는 민간 신앙을 공격하는 작품이다. 이 외에도 밀턴은 1650년과 1654년에 두 차례에 걸쳐서 잉글랜드 국민의 입장을 변호하는 두 편의 라틴어 변증문을 써서 유럽에 배포했다.

1658년에 올리버 크롬웰(Oliver Cromwell)이 사망하자 공화정은 급속히 붕괴하기 시작했다. 1659년 말에서 1660년 초라는 늦은 시기에 밀턴은 왕정복고에 여전히 강력히 반대한다는 내용을 담은 『준비된 쉬운 길』(*The Ready and Easy Way*)을 썼다. 찰스 2세(Charles II)가 1660년에 복위하자 밀턴은 몸을 숨겼지만, 후에 발각되어 짧은 기간 옥고를 치르기도 했다. 시인이자 자신의 지지자인 앤드루 마블(Adrew Marvell) 및 다른 지인들의 도움으로 밀턴은 약간의 벌금을 지불하고 다시 자유의 몸이 되었다. 그러나 그의 『우상 파괴자』는 금서가 되어 불태워졌다.

1652년에는 첫 번째 부인과 아들이 숨을 거두었다. 밀턴은 1656년에 캐서린 우드콕(Katherine Woodcock)과 재혼하지만, 캐서린도 1658년에 딸과 함께 유명을 달리했다. 밀턴은 1663년에 엘리자베스 민셜(Elizabeth Minshull)을 세 번째 부인으로 맞아들였는데, 그녀는 전 부인들과는 달리 남편보다 50년이나 더 살았다. 전설과는 달리, 밀턴이 시를 자신의 딸들에게 대필시켰다는 증거는 찾아보기 힘들다. 그러나 후일에 밀턴과 딸들과의 갈등이 상당했다.

그는 1660년에 은퇴하지만, 그의 걸작 서사시 『실락원』(*Paradise Lost*)이 1667년에 열 권짜리 한질로 세상에 나왔다가, 1674년에는 열두 권으로 개정되었다. 그러나 책이 사람들의 주목을 받고, 서사 시인으로서의 밀턴의 명성이 정말로 18세기의 현상이 된 것은 1688년에 나온 삽화가 들어간 개정판 덕이었다. 『실락원』은 '인간에 대한 신의 방식을 정당화하기 위해' 쓴 것이라고 밀턴 스스로 밝히고 있다.

이 책에서 그는 창세기 1장에서 3장의 내용들을 상상력을 가미하여 재구성해서, 아담과 이브에게 접근해 온 사탄의 유혹이 엄청난 영향을 끼쳤음을 알려 준다. 밀턴이 라틴어로 쓴 『기독교 교리』(De Doctrina Christiana)는 후에 발견되어 1823년에서 1825년에 출판되었다. 이 글을 읽는 독자들은 성부와 성자의 관계, 창조의 본질과 관련된 이단적인 내용을 발견할 수 있었다. 영혼이 최후의 심판의 날까지 몸과 함께 죽어 있다는 그의 사망론은 당시의 다른 급진주의자들도 주장하던 내용이었다.

『복락원』(Paradise Regained)은 1671년에 『투사 삼손』(Samson Agonistes)과 함께 발표되었다. 『복락원』은 네 권으로 된 짧은 서사시로, 광야에서 사탄의 시험을 받는 그리스도에 대한 내용을 기본으로 하고 있다. 이 책이 우주적 관점에서 이 사건을 보고 있지는 않지만, 『실락원』에서 보여 준 인간의 불순종을 그리스도의 순종과 대비시켜 조화를 이루고자 했다. 밀턴 이전에 쓴 작품들과 마찬가지로, 이 작품은 성경의 내용을 탐험하고 확장하여 그 의미를 명확히 드러내 보이고자 했다.

『투사 삼손』은 그리스 비극의 형식으로 쓰이긴 했지만, 연극을 위한 작품은 아니었다. (사실 이 작품을 연극으로 각색하고자 했던 몇 번의 시도는 있었다). 이 작품은 유혹이라는 주제를 다루고 있다. 삼손이 여러 사람, 특히 자신의 아버지와 들릴라의 방문을 받았을 때, 그리고 최후에 블레셋의 신전과 함께 자신을 파괴하는 마지막 장면 직전에 '가자의 눈 먼 자들'에게 그가 거짓말을 하는 등의 내용이다. 복구된 밀턴의 다른 작품들과는 달리, 이 작품은 '대의명분이 처참하게 실패하는 것을 경험하며 사는 삶'에 대한 더 깊은 묵상이다.

밀턴은 1674년 11월 8일에 런던에서 심장마비로 사망했다. 시인으로서의 밀턴의 경력을 연구하는 방법 하나는 주요 작품 장르들에 집중하는 방식이다. 그의 작품은 소네트에서 서사시까지 다양한 형식의 시에 걸쳐 있었고, 이들을 급진적 기독교 원리들에 따라 재구성 내지는 재창조하고 있음을 알 수 있다. 또 하나의 방식은 시와 산문의 관계를 관찰하는 것으로, 이것들을 잉글랜드에 좀 더 철저한 종교개혁을 시행하는 수단으로 인식하는 것이다. 즉 개신교적이고, 애국적이고, 공화주의적인 대의를 구현하는 수단이었다는 것이다.

참고문헌 | W. R. Parker, *Milton: a Biography*, 2 vols. (Oxford: Clarendon Press, 21996); D. Danielson (ed.), *The Cambridge Companion to Milton* (Cambridge: Cambridge University Press, 1989); C. C. Brown, *John Milton, A Literary Life* (Basingstoke: Macmillan, 1995).

R. POOLEY

존 버드 섬너(John Bird Sumner, 1780-1862)

캔터베리 대주교. 그는 1780년 2월 25일에 사제 로버트 섬너(Robert Sumner)와 그의 아내 해너 버드(Hannah Bird) 사이에서 맏아들로 태어났다. 동생으로는 찰스 리처드 섬너(Charles Richard Sumner, 윈체스터 주교)가 있었다. 처음에는 이튼대학(Eton College)에서 수학을 했으며, 이후 케임브리지 킹스대학(King's College)에서 공부를 이어 갔다. 1798년 11월에 장학생으로 선발되었고, 1801년 11월에는 연구원이 되었다. 1803년까지 킹스대학의 베섬장학금(Betham Scholarship)을 받았고, 1800년에는 최고 라틴어 시로 브라우니 메달(Browne Medal)을 받았으며, 1802년에는 헐시안학술상(Hulsean Prize)을 받았다. 1803년에 학사학위를 받고, 1807년에 문학석사학위를 받았으며, 1828년에 신학박사학위를 받았다.

1802년에 섬너는 이튼대학의 부교장이 되었고, 1803년에 더글러스 솔즈베리(Douglas Salisbury) 주교로부터 사제로 안수받았다. 1803년 3월 31일에 그는 해군 대령 조지 로버트슨(George Robertson)의 딸 매리앤(Marianne)과 결혼했다. 나중에 1817년에 이튼대학의 연구원으로 선출되기는 하지만, 사제로 안수받은 이후 관습에 따라, 당시 그는 킹스대학의 장학금을 포기해야만 했다.

1818년에는 옥스퍼드서 메이플더럼(Mapledurham) 교구에 지명되었다. 메이플더럼에서 연봉 1,000파운드에 이튼대학의 연구 장학금으로 추가 800파운드를 받는 등 이 당시 존 섬너는 상당히 부유한 생활을 영유했다. 1820년에 옥스퍼드 주교 슈트 배링턴(Shute Barrington)이 그를 승진시켜서 더럼에서 먼저 9등급의 성직급에 임명된 존 섬너는 1826년에는 5등급으로, 1827년에는 2등급으로 진급했는데, 진급할 때마다 더 많은 연봉을 받았다. 1827년에 소더(Sodor)와 맨(Man) 교구의 제안을 거절한 그는 다음해 1828년에는 체스터(Chester) 교구의 제안을 받아들였다. 1848년에 대주교 하울리(Howley)가 사망하자, 존 섬너는 캔터베리 대주교가 되었다.

존 섬너는 '클라팜당'(Clapham Sect)과 긴밀하게 연결되어 있던 온건 복음주의자였다. 협회들은 '불신앙과 형식적인 종교에 반대하는 간절한 열망을 보여 준다'라는 이론을 체화한 존 섬너는 교회선교회(Church Mission Society), 영국해외성서공회(British and Foreign Bible Society), 교회목회지원협회(Church Pastoral Aid Society), 주일성수협회(Lord's Day Observance Society), 복음전파협회(Society for Propagation of the Gospel)와 기독교지식보급회(Society for Promoting Christian Knowledge) 등과 같은 다양한 협회의 활동에 깊이 관여했고, 1848년에는 영국해외성서공회 부회장이 되었다. 그는 안식일의 거룩함을 믿었기에, 당시 수상이었던 팔머스턴(Palmerston)에게 일요일에는 국립미술관과 대영박물관을 개장하지 말라고 요구했다. 그러나 이 영역에서 그가 성취한 가장 큰 업적은 모든 런던 내 공원에서 일요일 오후에 군악대 공연을 금한 일이었다.

A. C. 벤슨(A. C. Benson)은 존 섬너의 성격을 요약하면서 다음과 같이 기록했다.

> "그는 탁월한 자기 절제 및 규율의 사람이었다. 가장 가혹한 규칙에 따라 자신의 시간, 돈, 수면 시간, 식사 및 운동을 조절했다."

그의 자기 훈련과 규율을 강조하는 천성은 교육 기준과 신구휼법(New Poor Law), 교회 건물에 대한 접근 방식에서도 분명히 나타났다. 비록 독립적인 사상가로 알려지지는 않았지만, 그는 항상 합리적이고 실천적인 선택을 했다.

존 섬너는 정직한 가난은 하나님께서 창조하신 자연적인 상태라고 믿었다. 그러나 그는 자기 자신의 불성실함과 우둔한 행위로 가난하게 된 사람에게는 연민을 갖지 않았다. 존 섬너의 우선순위 목록에서 개인적 책임은 언제나 상위권을 차지했으며, 모든 사람은 자신의 많은 의무를 최선을 다해 감당하도록 자극을 받아야 했다. 존 섬너는 자신뿐만 아니라 다른 사람들에게도 만족하지 않는 사람이었다.

이런 이유로 그는 성직자 한 사람이 (가장 가까운 도로로 3마일 이내여야 하고, 100파운드 이하의 봉급을 주는 교구에 한하여) 인근 교구 둘을 맡는 것이 합당하다는 생각에 근거하여 다수법안(Pluralities Bill)의 개정을 요구했다. 많은 성직자 가족들이 고상한 가난 속에서 살았던 시대에 이런 법안 개정은 이들이 처한 상황을 타개하기 위해 최선의 노력을 하도록 격려하는 조치였다.

상원에서 존 섬너는 가톨릭 해방령(Catholic Emancipation Bill)에 찬성표를 던졌는데, 이는 그가 가톨릭교도들의 숫자가 계속 줄어들고 있다고 믿었기 때문이다. 만약 가톨릭의 교세가 안정권이거나 성장을 하고 있었다면, 이에 반대표를 던졌을 것이라고 인정했다.

대중 교육 또한 존 섬너의 주요 관심 중 하나였다. 체스터(Chester) 주교의 교구에서 학교와 교회가 모두 부족한 상태였다. 당시 주교의 교구 내 한 교구였던 맨체스터에는 인구 200,000명에 교회가 한 개밖에 없었다. 그러나 존 섬너는 교회 건물만으로는 이 문제가 해결될 수 없다는 사실을 알고 있었다.

"우리는 양의 무리가 많아지고 있음에도 불구하고 목자의 숫자를 늘리지 못했다. 우리는 우리 안에 양들이 너무나 많이 늘어났음에도 불구하고 새로운 우리를 만들어 내지 못했다."

마찬가지로, 그는 좋은 학교 교사들이 부족하기 때문에 어린이의 도덕적, 영적 성장이 저해되고 있음을 인지했다. 존 섬너는 헨리 레이크스(Henry Raikes)를 도와 최초의 교사 훈련 대학을 설립했는데, 어린이가 더 나은 교육을 받을 수만 있다면 부모는 조금이나마 돈을 지불할 준비가 되어 있을 것이라 믿었다.

존 섬너는 대중이 성경을 이해하기를 원했기에, 이런 목적으로 여러 주석서를 썼다. 설교에서 존 섬너는 자신을 십자가 중심의 복음주의자라고 밝혔다. 그의 거의 모든 설교와 연설은 어떤 식으로든 십자가 사건을 언급했다. 오직 십자가에서 무엇이 일어났는지를 실제로 이해함으로써만, 사람들이 실재하고 살아 있는 신앙이 부족한 냉담한 바리새적 기독교인이 아니라, 진정으로 뜨겁고, 살아 숨 쉬는 기독교인이 될 수 있다고 믿었다.

1829년 훈시에서 존 섬너는 성직자들에게 인간을 '하나님께 인도하는 것'이 그들의 목적이라고 말했다.

그러나 다른 사람들이 사람들에게 잘못된 것을 떠나 바른 것으로 이동하라고 가르치는 반면, 존 섬너는 성직자들에게 이것이 반드시 필수는 아니라고 말했다.

"인간이 종교적 의무를 배우는 만큼 도덕적 진리에 대해 배울 필요는 없다. 인간은 옳고 그름, 거룩과 불신앙 사이의 엄청난 차이에 대해 전혀 낯선 존재들이 아니다. 인간은 말로는 이들을 잘 알지만, 실제로는 이들을 물리치기도 한다. 그들은 죄가 무엇인지보다는, 죄의 성질에 대해 확신해야 하며, '죄의 삯은 사망,' 즉 영원한 죽음이라는 사실을 배워야 한다. 또한, 하나님의 아들이 이루신 속죄, 즉 십자가 희생은 이 확신을 가능하게 하는 위대한 수단이다."

교회의 효율성을 극대화하기 위하여, 존 섬너는 성직자에게 평신도를 구역 심방자로 임명하라고 요청했다. 존 섬너는 이들 평신도 심방자들이 '학교를 방문하고 조사함으로써, 병약자 및 노인과 함께 성경을 읽고 기도함으로써, 고아와 과부를 위로하고 한 기독교인이 다른 사람과 주고받을 수 있는 능력으로서의 여러 방법을 추구함으로써' 하나님의 말씀을 많은 사람들에게 전파할 수 있으리라 믿었다. 그가 케임브리지와 이튼대학에서 가난한 사람들과 함께 사역했던 자신의 경험을 토대로, 존 섬너는 이런 사역을 실제적으로 안내하고 격려할 수 있었다.

존 섬너는 옥스퍼드운동(OxfordMovement)의 견고한 반대자였는데, 옥스퍼드운동은 '로마 가톨릭 체제의 최악의 폐해를 부흥시키는 것'이라고 말했다. 그러나 예전(ritual)에 대한 문제를 다룰 때에는 항상 신중하고 완곡하게 대답하려고 노력했고, 신중한 독서를 바탕으로 합리적인 대답을 내놓는 한편, 어느 쪽도 편들기를 거부했다. 새뮤얼 윌버포스(Samuel Wilberforce)는 존 섬너가 그가 대주교로서 자신의 의무를 다하기에는 우유부단하고 무능했다고 믿었기에, '대주교의 성격에서 비롯된 두려움 가득한 연약함'이 존 섬너에게 있다고 말했다.

그러나 윌버포스의 이런 발언은 그가 하울리(Howley) 대주교 사후에 그가 대주교 자리의 후보자였다는 사실과 연관 지어 생각해야 했다. 그러나 존 섬너가 교회가 직면한 여러 실제적인 문제에 관여하여 많은 일을 성취했음에도 불구하고, 랜달 데이비슨(Randall Davidson) 또한 존 섬너가 대주교직에 적합한 인물은 아니었다고 생각했다. 데이비슨에 따르면, 더 힘이 넘치는 고교회파 성직자(High Churchman)가 그 자리에 더 적합했을 것이다.

존 섬너와 아내 메리앤(Marianne) 사이에는 자녀가 열 명 있었다. 메리앤은 1829년에 죽었지만, 이 죽음이 존 섬너의 사역을 방해하지는 않았다. 엄청난 자기 절제를 보여 주면서, 존 섬너는 '내 자신의 상실과 내 가족의 아픔을 잊겠다'라고 약속했다.

"자기 일에 마음을 바치는 성직자는 가장 행복한 사람이다. 실제 기분은 그렇지 않더라도 적어도 자기 일에서는 그래야 한다."

존 섬너는 과도한 업무에 건강을 잃고 1862년 9월 6일에 숨을 거두었다.

참고문헌 | N. Scotland, *John Bird Summer, Evangelical Bishop* (Leominster: Gracewing, 1995).

P. J. CADLE

존 번연(John Bunyan, 1628-1688)

비국교도(Nonconformist) 저술가이자 설교자. 그는 영어권 고전 『천로역정』(*Pilgrim's Progress*, CLC 刊)과 약 60여 권의 다른 대중적인 신학 서적 및 경건 서적으로 가장 잘 알려져 있다.

노동자 계층에서 태어난 그는 아버지의 세 아내가 낳은 모든 아이 중 둘째였고, 그를 땜장이(brazier, tinker)로 훈련시킨 아버지는 아들에게 짧은 문법학교 교육만 받게 했다. 그가 이후에 얻게 되는 문학적 재능은 주로 청소년기에 성경과 경건 서적을 많이 읽으면서 형성된 것이었다. 그를 낳은 어머니가 죽은 후, 아버지의 재혼, 1645년부터 1647년 후반까지 뉴포트파그넬(Newport Pagnell)에서 크롬웰(Cromwell)의 의회군으로 복무한 경험에 이어, 그는 19살에 이름이 알려지지 않은 아내와 결혼했다. (시각 장애를 안고 태어난 맏딸 메리[Mary]는 1650년 7월 20일에 세례를 받았다).

번연만큼이나 가난했다는 사실 외에는 알려진 것이 거의 없는 첫 아내는 결혼할 때 책 두 권을 가지고 왔는데, 부부는 이 책들을 함께 읽었다. 『범인의 천국 가는 길』(*The Plain Man's Pathway to Heaven*, 1601)은 기독교인의 삶을 여정으로 묘사하고, 대화체를 활용하며, 은혜의 증거를 찾기 위한 자기 점검에 도움이 되는 칼빈주의 참고서적이었다. 1630년경 이미 20쇄나 인쇄되었고, 저자는 잉글랜드국교회(Church of England) 주교라는 사실 때문에 더 논쟁이 되었던 루이스 베일리(Lewis Bayly)의 『경건의 실천』(*The Practice of Piety*, 1612)은 후안 루이스 비베스(Juan Luis Vives, Ludovicus)의 가톨릭 영성 묵상뿐만 아니라 청교도 자료들에 빚진 바가 컸다. 청교도 영적 자서전을 자기 노력으로 탐구하면서, 번연은 이 두 책이 죄를 확신하고 자각하는 데 도움이 되는 신뢰할 만한 자료라 믿게 된 것 같다.

『풍성한 은혜』(*Grace Abounding*, 1666)는 비록 영적 자서전의 고전이기는 하지만 번연의 삶을 재구성하는 데는 충분치 못한 자료다. 비록 그가 최소한 두 차례 개정하고 재발간했다고는 해도(대략 1673, 1680), 원 내용에 새로 추가한 것은 없었다. 더구나, 그가 가장 심한 영적 투쟁을 겪은 시기인 1650년과 1656년 사이에 일어난 것으로 기록된 사건들 대부분은, 그리고 연대순으로 배열된 내용 전체는, 좋게 말해도 부정확하다고 할 수밖에 없고, 나쁘게 말하면 완전히 혼돈 그 자체다.

자세히 상술된 영적으로 의미 있는 사건들 중에는 다른 병사를 대신해서 야간 순찰을 돌기로 하고 이 역할을 수행하다가 맞닥뜨린 전투에서 죽을 뻔했던 이야기, 습관적인 놀이 중독, 안식일에 어울리지 않는 생각, 종 울리기에 대한 과도한 애착, 욕을 다양하게 하는 경향 등이 있었다. 이 모두는 회개와 고백의 사례로 끄집어낸 것들이었다. 성적인 죄가 중대한 유혹의 일면으로 제시되지 않은 것 같은 부분을 빼면, 이런 양심의 가책은 칼빈주의 고백 문헌에 전형적인 것이었고, 그는 (아 4:1을 본문으로 한 초기 설교에 대한 반응에서 볼 수 있듯이) 자신의 욕구를 신랑이신 그리스도께 은혜를 갚은 영혼의 사랑으로 승화시키는 신비주의자의 직관적인 능력을 보여 준다.

번연의 두 차례 결혼과 관련해서는 사적인 내용이 별로 알려져 있지 않다. 첫 아내가 1658년에 세 아이를 남겨두고 죽자, 다음해 1659년에 두 번째 아내 엘리자베스(Elizabeth)와 결혼했다.

엘리자베스는 감옥에 있는 남편을 위해서 베드퍼드(Bedford)의 판사들 앞에서 훌륭한 언변으로 간청하고, (비록 효과를 보지는 못했지만) 매튜 헤일 경(Sir Matthew Hale)에게서 공감을 끌어낼 정도로 적극적인 동역자였던 것 같다. 첫 번째 아내에게서 난 토마스(Thomas)와 조셉(Joseph), 두 번째 아내의 딸 새라(Sarah)와 마찬가지로, 엘리자베스도 존 번연보다 오래 살았다.

번연의 일생에서 흥미로운 것은 성경에 대한 그의 접근법에 발전이 있었다는 것이다. 분명히 칼빈주의 신학이 초기 저술 시기부터 그의 기본적인 해석 방식(modus)이다. 동시에 그는 동시대 칼빈주의자 일부의 주관주의(subjectivism)에 반대하며, 강하고 상상력이 가득한, 사실은 거의 환상적이라 할 만한 자신의 영성에 균형 감각을 제공하기 위하여 기본적으로 어거스틴적 정통(Augustinian orthodoxy)으로 보일만 한 것들에 대한 확신을 점점 더 갖게 된다.

과거의 위대한 성경해석자들에게 신학적 인도를 구하려고 고개를 돌렸을 때, 그가 루터의 갈라디아서 강해를 만난 것은 기쁨의 순간이었다. 루터가 겪은 비슷한 심리적 경험과 '상처 입은 양심'(wounded Conscience)을 위한 자유 이해는 번연에게 깊은 영향을 끼쳤다. 번연의 의심과 의혹이 끝났다는 말은 아니다. 그가 경험한 가장 어두운 시간들(그는 자신이 야곱의 운명이 아니라 에서의 운명을 타고났다는 강박 관념에 시달리며 괴로워했다)은 아직 오지도 않았다. 그러나 결국 루터처럼 그는 '율법과 진노의 말씀은 생명의 은혜의 말씀에 그 자리를 내어 주어야 한다'라고 믿으며 위기를 극복했고, 웨이크필드(Wakefield)가 주장하듯, '성경이 그에게 하늘나라를 여는 열쇠가 되었기 때문에' 시련을 이겨 낼 수 있었다.

명료한 성경, 스스로를 해석하는 성경에 대한 확신의 직접적인 결과로, 번연은 '말씀을 전하는 것이 말씀 자체에 이어 두 번째로 중요한 것'이라 믿게 되었다. 그의 설교는 더 이른 시기의 엘리자베스 시대 청교도주의를 특징지은 방식, 즉 연관된 본문을 상호 연결하는 설교, 지성적이고 학문적인 종류의 설교자 아니었다. 신분이 낮은 계층 출신인데다 교육을 많이 받지 못했기 때문에 성경본문에 더 직접적이고, 신학적으로 덜 세밀한 접근법을 취할 수밖에 없었다.

더 이른 시기의 청교도들이 신학화하는 데 집중했다면, 번연은 존재론적 긴박함으로 극화하고 풍유화하는 데 집중했다. 1655년에 베드퍼드 분리파 회중(Bedford Separatist Congregation)에 합류했을 때, 그는 즉각 기도의 힘과 웅변 능력으로 유명해졌다. 이어서 '권고의 말씀'을 전해 달라는 초청을 받았다. 곧 번연은 자기 교회에서는 집사로 제대로 봉사할 수 없을 만큼 많은 요청을 받는 순회설교자가 되었다.

번연에게는 설교가 신학을 낳는 것이지 그 반대가 아니었다. 번연의 신학 작품들은 그가 퀘이커교도(the Quakers)에 반대하여 설교한 후『열린 복음 진리 몇 가지』(Some Gospel Truths Opened, 1656)라는 제목으로 발행한 소책자 같은 일종의 연장 설교였다. 번연은 퀘이커의 '내면의 빛'(inner light) 교리를 단호히 반대하고, 기독교인이 유일하게 의존할 수 있는 안내자로서의 성경을 본질상 객관적으로 읽어야 한다고 주장한다. 여기서 역시 그는 베드퍼드 목사 존 기퍼드(John Gifford)의 충실한 후계자임을 드러낸다. 아마도 번연의 설교를 지도하는 멘토였을 그와 번연의 관계가 정확히 어땠는지는 알려진 바가 거의 없음에도 불구하고, 기퍼드는 성경에 관한한 본질주의자였고, '외적인 것'으로 분열되는 것에 반대했다.

육체 노동으로 그날그날의 일용할 양식을 구한 당대의 비국교도 설교자들이 많았던 것 같다. 비록 그가 서더크(Southwark)와 런던에서 그랬던 것처럼 주일에 3,000명, 주중 아침 7시 설교에 1,200명을 모을 수 있을 수 있었던 사람은 거의 없었음에도 불구하고, '노동자 설교자'(mechanik preacher)라는 비난은 번연에게만 돌려진 것은 아니었다. 번연은 의심 없이 정직하게 성경과 성경 색인집만이 자기가 가진 책의 전부라고 주장했다. 그러나 자신이 성경 언어를 안다는 사실을 부끄러워 한 것은 전혀 아니다. 본디오 빌라도도 히브리어, 그리스어, 라틴어를 알았다고 그가 비꼬며 말한 적도 있다.

번연이 초기에 사용한 성경은 유용한 난외주가 붙어 있는 제네바성경 영어판이었다. 훨씬 뒤에 가서야 킹제임스성경을 사용했는데, 후기 작품에는 이 성경을 인용하고 있다. 번연은 본문의 역사적 맥락에는 거의 무지(혹은 무관심)했다. 문자적 의미에도 별로 집중하지 않았다. 그의 해석법은 본능적으로 영적(spiritualizing)이고 풍유적(allegoricalizing)으로 상상력을 동원하는 해석이었고, 재미있게도, 그의 전형적인 '독해법'은 자신의 직계 교회론적 선조라 할 수 있고 주로 문자주의자로 알려진 롤라드파(Lollards, 14세기 존 위클리프의 추종자로 종교개혁의 선구자들-역주)에게보다는 중세 후기 가톨릭 신자들에게 더 환영받을 만한 것이었다.

그러나 무엇보다 그의 설교에는 풍성하고 본문 중심적인 신선함이 있었고, 이 때문에 사역 시작 시기부터 사람들이 몰려들었다. 심지어 초기에 영적으로 씨름하던 그의 고뇌가 설교 중에 갑작스레 표출되어 신성 모독적 표현(욕을 의미하는 것 같다-역주)이 담긴 유창한 웅변으로 흐를 때에도, 청중은 그것을 '가나안 언어'로 표현된 생생한 강해 설교라고 생각했다. 비록 타고난 재능의 웅변가인 것이 분명함에도 불구하고, 번연은 말이 많은 사람이 아니었다. 그의 첫 전기를 쓴 저자이자 편집자였던 서더크의 빗 제조업자 찰스 도(Charles Doe)는 번연을 '대화할 때 부드럽고 상냥하지만, 모여 있을 때 수다스럽거나 말을 많이 하지는 않았다'라고 했다. 분명히, 그는 중년이 되어 권위 있는 대화와 단순한 수다를 분명하게 구별하는 법을 배웠다. 이 구별은 그가 후에 『천로역정』에서 허영의 시장(Vanity Fair) 문 앞에서 신자의 평범한 고백과 '혀에 달라붙은 것 말고는 가진 것이 없고, 그의 신앙은 거기서 소음을 만들어 내는 것뿐인' 수다쟁이의 뽐내는 듯한 떠벌림이 어떻게 다른지를 대조하는 풍유에서 잘 드러난다.

일부 역사가들이 그를 특정 교파에 귀속시킬 수 없는 독립파로 주장하기도 하지만, 번연은 일종의 침례교도였다. 기퍼드의 베드퍼드침례교회에 합류하면서 그가 침례를 다시 받았을 수도 있지만, 설사 그랬다 하더라도 남아 있는 기록은 없다. 자녀 중 둘은 유아세례를 받았지만, 그는 세례나 성찬을 '우리 기독교의 근본'이라고 생각하지 않았고, '성도들과 교제하는 기반이나 법칙인 것도 아니라'고 생각했다.

1672년에 설교자 인허를 받기 위해 응시하면서, 그는 자신의 소속 교회를 '회중교회'라고 했고, 그 시기에 출간된 두 편의 소책자(『나의 신앙고백』(*A Confession of My Faith*…)과 『성찬에 장애가 되지 않는 물세례에 대한 판단의 차이』(*Difference in Judgement about Water-Baptism no Bar to Communion*))에서는 그가 어떤 교회에 소속되어 있는지 묻는 이들이 있다고 밝히고, 그에게 가장 필요한 것은 에베소서 4:5에 나오는 '한 세례'(물세례가 아니라 성령세례)라고 분명히 밝혔다. 그는 '합법적인 성령 안에서 행해지는' 어떤 종류의 물세례에 대해서도 특별하게 선호하는 것이 없었다.

청교도 진영을 지배하던 칼빈주의 언약신학에 대한 번연의 이해는 갈라디아서 본문과 루터의 주석 『율법과 은혜 교리 해설』(The Doctrine of the Law and Grace Unfolded)이 그에게 끼친 영향 덕에 훨씬 유해졌다. 의로움은 하나님의 것이지 우리 것이 아니며, 그의 선물이지 우리가 성취하는 것이 아니다. 유아세례주의자와 신자세례주의자(침례교도-역주) 사이의 갈등은 따라서 성격상 위험한 '옛 언약'에 속한 것이다. 번연은 이렇게 말했다.

> "나는 기독교인이기를 바란다…재세례파니, 독립파니, 장로파니, 뭐니 하는 당파적 이름에 대해서 나는 이것들이 예루살렘이나 안디옥에서 온 것이 아니라, 지옥과 바벨론에서 왔다고 결론 내린다. 이들은 자연스럽게 분열을 유발하기 때문이다. 열매를 보면 그들을 아는 법이다."

어떤 점에서 보더라도 그가 조직신학자는 아니었기 때문에 번연은 사람들이 그렇게 하고 싶어 하는 대로 쉽게 분류될 수 있는 인물이 아니다. 그가 교리 논쟁이라는 모험에 참여한 경우 대부분은 결코 피해 갈 수 없는 토론과 갈등의 결과였다. 따라서 비록 신자의 교제에 깊이 헌신해 있었다고는 해도, 그가 건강한 교회는 정원사의 심고 가꾼 수고가 어디에서나 뚜렷이 드러나는 잘 가꿔진 정원을 닮았다고 (『기독교인의 행위』[Christian Behaviour, 1663]와 『천로역정』 II부 등에서) 언급한 것을 제외하고는 틀을 갖춘 교회론을 제시한 적은 없다. 그러나 퀘이커교도들의 '영으로 증언하는' 통제되지 않은 자유와 비국교도 일부(예를 들어, 고함치는 자[Ranters]나 평등주의자[Leveller])의 이상하고 편향된 성경해석에 대해 번연이 자신의 논쟁적 저작들에서 표현하고 있는 저항은, 최소한 회중으로 모인 교회가 비뚤어진 개인주의를 제한하는 기능을 수행해야 한다는 믿음을 그가 갖고 있었음을 입증하는 것이다. 비슷하게, 그는 성령 없는 기도는 신성 모독이며, 또한 기도는 '믿음과 이해를 토대로,' 즉 일상어로 표현되어야 한다고 믿었다. 그에게 방언은 미사의 라틴어만큼이나 이 원리를 위반하는 것으로 보였다.

그러나 번연은 논문 '성령과 함께 기도하리라'(I Will Pray with the Spirit, 1663)를 잉글랜드국교회의 『공동기도서』(Book of Common Prayer)에 반대하기 위해 썼고, 다른 공격과 더불어 이 비판 때문에 투옥되었다. 이미 1660년에 비국교도 비밀 예배를 금지하는 옛 엘리자베스법을 위반한 혐의로 처음 체포되었고, 1661년 1월에는 존 킬링 경(Sir John Keeling, 후에 대법원장이 된다)의 재판을 받았는데, 잉글랜드국교회에서 설교 인허를 받지 못한 것도 중요한 원인이기는 했지만, 재판 공술서에 따르면, 그 이전 왕정복고(Restoration, 1660년 찰스 2세가 복위한 사건-역주) 때 『공동기도서』 재도입에 반대한 것이 가장 중요한 재판의 이유였다. 처음에 그는 감옥에서 폭스의 『행위와 기념』(Acts and Monuments, 『순교자 열전』[Book of Martyrs]으로도 알려졌다)을 포함하여, 책을 읽어도 좋다는 허락을 받았다. 특히, 1633년 이후 투옥 중에도 때로 여행과 방문을 해도 좋다는 허락을 받았기 때문에 두 번째 아내 엘리자베스와 그의 회중, 또한 멀리 런던에 있는 신자 일부도 이 혜택의 유익을 누렸다. 설교했다는 죄목으로 재수감된 후에는 건강 상태가 더 악화되었다.

통일령(Act of Uniformity, 1662) 이후부터 공동기도서나 주교의 안수(episcopal ordination)를 받아들이기 거부한 수백 명의 목회자들이 출교되고, 비국교도에 대한 법적 제한이 점점 더 가혹해지고, 허가받지 않는 예배에 참석하는 사람은 무거운 벌금을 내고 투옥되었다. 1665년의 5마일령(Five Mile Act)은 비국교도 목사는 그들이 이전에 봉사하던 교회에서 떨어져 5마일 이상 거리를 유지해야 하고, 그 안으로 들어가서는 안 된다고 규정했다.

그러나 핍박 초기부터 감옥에 갇힌 덕에 번연은 이런 추가 조치를 직접 경험하지 않았다. 더구나 그가 처음으로 투옥된 시기는 저술가로서는 가장 생산적인 시기였다. 이 기간에 그는 이미 위에서 언급한 저술에 더하여, 『거룩한 도성』(The Holy City, 1665), 『필요한 것 한 가지』(One Thing is Needful, 1664), 『죽은 자의 부활』(Resurrection of the Dead), 『옥중 묵상』(Prison Meditations, 1665)을 썼다.

수감 생활 막바지에 번연은 한때 청교도였다가 성공회 광교회파(Anglican Latitudinarian, 자유파)로 전향한 에드워드 파울러(Edward Fowler)의 책을 읽고 반응을 남겼다. 번연의 반박서 『예수 그리스도를 믿는 믿음으로 얻는 칭의 교리에 대한 변호』(A Defence of the Doctrine of Justification by Faith in Jesus Christ..., 1672)는 평소에 차분한 논증을 펼치던 그가 가혹한 공격자로 바뀐 모습을 보여 주는 사례다. 이 책은 파울러의 『먼지를 털어 버리라: 존 번연이란 작자의 엄청난 무지, 오류, 가장 비기독교적이고 사악한 정신의 명백한 발견』(Dirt Wip't Off: A Manifest Discovery of the Gross Ignorance, Erroneousness and Most UnChristian and Wicked Spirit of One John Bunyan)에 대한 일종의 신속한 반격이었다. 파울러는 왕의 사면령으로 1672년 3월 15일에 번연이 (많은 퀘이커교도들과 함께) 감옥에서 풀려났을 때 기뻐하지 않았다.

이후 번연은 다음과 같은 새로운 작품 몇을 출간했다. 『시든 무화과나무』(The Barren Fig Tree, 1673), 『어둠 속에 있는 이들을 위한 빛』(Light for Them that Sit in Darkness, 1675, 또 한 권의 퀘이커 반박서), 『무지한 자를 위한 교훈』(Instruction for the Ignorant, 1675; 요리문답), 『은혜로 얻는 구원』(Saved by Grace, 1675), 『좁은 문』(The Strait Gate, 1675). 마지막 두 책에는 모두 성격 묘사 소설과 대화가 포함되어 있다.

이제 번연은 일종의 영웅이 되어 자기 교회로 돌아와 설교했다. 그러나 1675년의 신앙자유령(Declaration of Indulgence, 찰스 2세가 1672년에 비국교도 및 가톨릭교도의 신앙 자유를 선언한 법령-역주) 철폐로 번연에 대한 영장이 발부되고, 가장 가까운 친구들의 노력에 불구하고 결국 그는 다시 약 6개월간(1676년 12월-1677년 6월) 재수감되었다. 존 오웬(John Owen)이 그를 위해 중재에 나섰고, 다른 두 명과 함께 그의 석방을 위한 보석금을 냈다.

『천로역정』이 이번 두 번째 구류 기간에 쓰였거나, 혹은 최소한 그 전부터 쓰던 것이 완성되었다고 생각하는 이들도 있다. 번연의 생애의 분명한 역설 하나는 적들이 그에게 강제로 수차례 안식년을 갖게 한 것인데, 그가 정상적으로 목회를 했다면, 그래서 이런 감금의 시기가 없었다면 그토록 오래 살아남은 많은 작품들을 쓸 상황이 주어지지 않았을 것이다.

『천로역정』은 논의의 여지없이 그의 가장 탁월한 작품이고, 또한 영어로 쓰인 모든 작품 중 가장 영향력이 큰 작품 중 하나다. 콜러리지(Coleridge), 조지 엘리어트(George Eliot), 크리스티나 로세티(Christina Rossetti), D. H. 로렌스(D. H. Lawrence)가 이 책의 영향을 받았다. 중국 태평천국의 난에 참여한 급진 기독교인에게 이 책은 혁명을 선동한 '적서'(red-book)였다. 오늘날에도 이 책은 번역판으로 전 세계에서 읽힌다. 진리의 용사(Valiant-for-Truth)의 대사, 즉 '참된 전사를 보는 이 누구까'는 찬송 '모든 재앙에 맞서는 용맹한 그'로 개작되어 지금은 침례교도보다 성공회 신자가 더 많이 부르는 찬송이 되었다.

더 중요한 것은, 『천로역정』의 허구 구조가 호메로스(Homer), 베르길리우스(Vergil), 단테(Dante) 같은 서구의 주요 대서사시 전통에 위치하고 있을 뿐만 아니라, 어거스틴의 『신의 도성』(City of God), 초서(Chaucer)의 『캔터베리 이야기』(Canterbury Tales), 랭글랜드(Langland)의 『농부 피어스』(Piers the Ploughman) 같은 다양한 (그러나 유사한) 작품들에서 보이는, 특히 성경에 근거한 서사의 변형 유형에도 들어맞는다는 것이다.

이 모든 작품들을 지배하는 요소는 성취와 복을 향해 가는 길에서 배움이 있는 순례다. 단테와 랭글랜드의 작품이 그렇듯, 천상의 도시를 향해 가는 기독교인의 인고하는 여행의 풍유와 더불어, 번연의 본문은 잠들어 있고 꿈꾸고 있는 '이 세상이라는 광야를 통과하여' 길을 올곧게 걸어가는 내용으로 시작된다. 계시의 진리들을 인간의 허구로 표현해 내는 수단으로서의 꿈-환상이라는 방식, 거기다 성경과 연결되어 있고, 여러 중세 유럽 서민 언어들에 들어 있는 유비들을 통해 친숙해진 이 관습은 마치 이와 연관된 본문들을 거의 모두 알고 있는 듯한 번연에 의해 세상으로 튀어 나왔다.

어거스틴, 초서, 단테가 그려낸 인물들과 마찬가지로, 번연의 신실하고 인내하는 순례자의 목적지는 새 예루살렘이었다. 초서처럼, 번연은 말하자면 세상의 도성인 서더크(Southwark)에서 출발해서 그의 순례자가 온전히 회개하고 은혜에 의존하는 능력을 계발하는 영적 교육의 과정을 통과하며 여행하고, 결국 거룩한 도성, 즉 성스러운 도시에 들어갈 수 있게 된다. 그러나 번연에게는 지상의 캔터베리도, 피렌체도, 로마도 이 거룩한 도성의 상징이나 표지가 될 수 없다.

순례자 자신의 도시, 즉 세상은 아이네이아스의 트로이(Troy of Aeneas)나 성경에 나오는 포로기 시대의 바벨론처럼 불타 없어질 것이다. 그는 시(베르길리우스)나 철학(지혜자)을 통해서가 아니라 그에게 복음을 전하는 전도자(Evangelist), 그에게 이해할 수 있도록 설명해 주는 해설자(Interpreter), 구원받은 동료 여행가이자 참된 교회의 상징인 신자(Faithful)를 통해 길을 안내받는다. 의인화된 사상들, 그러나 고전적인 이 사상들은 문학적으로는 유익이 된다.

이런 객관적이고 비인격적인 풍유 구조는 그렇지 않았으면 고리타분했을 이야기 안에 자아가 개입하는 과정을 보여 주는데, 이 이야기는 사실상 그 성격이 공동체적인 은혜로운 구속을 증언하기 위해 의도된 것이다. 이로써 이야기는 현실 적용성을 갖게 된다. 누군가 주장했듯, 자기 자신의 쓰라린 경험을 번연만큼 효과적으로 승화시킨 근대 저술가는 거의 없었으며, 짐을 벗어 던지고 영혼의 자유를 획득하는 과정을 증언하면서 그토록 완벽하게 자기를 드러내지 않을 수 있었던 근대 저술가도 거의 없었다.

번연의 모든 독자들이 이 책을 이런 식으로 읽은 것은 아니었다. 감흥을 제일 적게 느낀 이들은 일부 침례교도들이었다. 그들 중 하나인 'T. S.'(T.S.)는 자기가 직접 쓴 2부를 발간했는데, 이유는 그가 보기에 번연이 교회 생활과 성례를 제대로 설명하지 못했고, '경박과 웃음'이 담긴 구절이 너무 많다는 것이었다. 또한, 그는 보편침례교도(General Baptist, 예정론에 반대하는 침례교도-역주)여서 기독교인이 되는 특별한 구원의 부르심이 있다고 번연이 강조한 것처럼 보이는 부분을 싫어했다. '왜 악한 자들이 흥왕하는데, 하나님이 공의롭다며 바라보아야 하느냐?'는 시편 73편의 질문을 던지는 습관적인 거짓말쟁이에 대해 다루는 『악인씨의 삶과 죽음』(The Life and Death of Mr. Badman, 1680)과 종말론 관련 문헌을 연구한 『성전』(Holy War, 1682) 이후, 번연은 이제 자기가 『천로역정』 2부(1684)를 이어 써야 한다는 압박에 굴복했다.

표면상으로는 주인공 기독교인의 아내가 겪은 순례에 대한 이야기이고, 그가 죽을 때 아내가 회심하는 것으로 시작된다. 신학적으로는 하나님의 용서의 의미를 탐구하는 것이며, 문학적으로는 수준이 높지 않지만, 일종의 신경안정제(psychopharmicon)로 활용된 이 책의 대상 청중이 달랐을 수 있다. 밀로 카우프만(Milo Kaufmann)은 다음과 같이 지적한다.

> "1부에서는 독자가 자기 부르심을 세밀하게 점검하도록 해서 편안한 자들을 힘들게 만드는 것이 번연의 관심이라면, 2부에서 번연의 관심은 반대로 힘겨워하는 자들을 편안하게 하려는 것이다."

번연이 죽은 후 그를 정신 이상자로 묘사하려 했던 사람은 어느 세기에나 있었다. 가장 최근에 존 스태치뉴스키(John Stachniewski)는, 많은 해설자들이 윌리엄 쿠퍼(William Cowper)에게 그런 평가를 내리듯, 번연을 절망의 지배를 받는 칼빈주의적 정신분열의 희생자로 평가했다. 크리스토퍼 힐(Christopher Hill)은 번연이 그가 속한 계급이 영구적인 희생물이 되었던 사회에서 전투를 벌인 영웅이라는 유명한 평가를 내렸다. 리처드 그리브스(Richard Greaves)와 이사벨 리버스(Isabel Rivers)는 그를 잉글랜드비국교도(English Nonconformity) 진영의 폭넓은 교리들 안에 있는 발전적 자료들을 활용하여 활력 있는 민주적 교회 정치 체계를 탄생시킨 많은 공로자 중 각별한 인물로 본다.

이 모든 견해에 진실이 담겨 있지만, 무엇보다도 번연은 잉글랜드 기독교의 경건 문헌 역사에 우뚝 서 있는 거인이다. 고든 웨이크필드(Gorden Wakefield)의 평가에 따르면, '번연의 순례자들은 흥겨운 춤을 추고 있는 순간에도 언제나 어떤 의미에서는 상처를 입은 채 걸어가는 이들'이다. 그들에게 이 세상에서의 '완전함'이라는 것은 없다(즉 웨슬리와 반대되는 사상이다). 완성을 원하는 그들은 천상으로 가야 한다. 번연은 실제로 사회적으로 억압받는 이들, 부자와 권력자에게 학대받는 이들을 편든다. 그러나 그의 신학은 유아기 해방신학도 아니고, 무기를 들자는 외침도 아니다. 오히려 그는 고난을 적극적으로 수용하는 것을 미덕으로 장려한다. 번연의 순례에서는 본향으로 이어지는 길은 십자가의 길이다.

어느 날 밤 번연은 아버지와 아들이 서로 화해할 수 있도록 도와 달라는 심방 요청을 받고 차가운 비를 맞으며 신도의 집으로 갔다. 그러다 오한이 폐렴으로 발전했다. 열흘 후 1688년 8월 31일, 그는 식료품을 파는 친구 스트러딕의 집에서 사망한 후, 분힐필즈(Bunhill Fields)의 비국교도 묘지에 묻혔다.

참고문헌 | J. Bunyan, *Grace Abounding to the Chief of Sinners*, R. Sharrock (ed.) (Oxford: Oxford University Press, 1962); John Bunyan, *The Miscellaneous Works of John Bunyan*, R. Sharrock (ed.), 12 vols (Oxford: Oxford University Press, 1960); J. Bunyan, *The Pilgrim's Progress*, J. B. Wharey and R. Sharrock (eds.) (Oxford: Oxford University Press, 1960); R. Greaves, *John Bunyan and English Nonconformity* (London: Hambledon, 1992); C. Hill, *A Tinker and a Poor Man: John Bunyan and His Church 1628-1688* (New York: A. Knopf, 1989); N. H. Keeble (ed.), *John Bunyan: Conventicle and Parnassus* (Oxford: Clarendon Press, 1988); I. Rivers, *Reason, Grace and Sentiment: A Study of the Language of Religion and Ethics in England, 1600-1780* (Cambridge: Cambridge University Press, 1991); J. Stachniewski, *The Persecutory Imagination: English Puritanism and the Literature of Religious Despair* (Oxford: Clarendon Press, 1991); W. Y. Tindall, *John Bunyan: Mechanik Preacher* (New York: A. Knopf, 1934); G. Wakefield, *Bunyan the Christian* (London: HarperCollins, 1992).

D. L. JEFFREY

존 브라운 그리블(John Brown Gribble, 1847-1893)

오스트레일리아 원주민 애보리지니(Aborigines)를 위해 사역한 선교사. 그는 잉글랜드 콘월 출신(Cornish miners)의 광부로 오스트레일리아에 이민 정착한 부모에게서 태어났다. 아기 존 브라운 그리블과 다섯 누이가 부모 벤저민 그리블(Benjamin Gribble)과 메리 그리블(Mary Gribble)과 함께 잉글랜드를 떠나 포트필립(Port Phillip)에 도착한 것은 1848년이었다. 이들은 절롱(Geelong)에 정착했고, 여기서 존 그리블은 학교를 다니고 1868년 2월 4일에 메리 앤 엘리자베스 벌머(Mary Ann Elizabeth Bulmer)와 결혼했다. 아홉 자녀를 거느린 존 그리블도 그랬고, 누나들도 모두 대가족이 되었기에, 존 그리블은 오스트레일리아 동부 거의 전역에 퍼져 사는 친척과 친구를 통해 광범위한 인맥을 갖출 수 있었다.

14살에 회심한 존 그리블은 복음을 전하는 일에 삶을 바쳤다. 1876년에 처음으로 연합자유감리교회(United Free Methodist Church) 목회자로 받아들여졌지만, J. J. 홀리(J. J. Halley)의 '초보 목장 목사'(jackeroo parson) 비전에 이끌려 빅토리아회중교회연합(Congregational Union of Victoria)에 들어가 머레이강(Murray River) 연안 도시 러더글렌(Rutherglen)과 워거니어(Wahgunyah)에서부터 시작해서 광범위한 국내선교활동에 참여했다.

홀리가 회중교회 개척지 사역을 위해 끌어들인 감리교인은 존 그리블만이 아니었다. 오스트레일리아에서 활동한 모라비아교 선교사들의 성공과 마찬가지로, 존 그리블이 오스트레일리아에서 성공한 이유는 고정된 교구 구조에 따라

운영되는 전통 교파들의 정책이 광대한 땅 오스트레일리아에 적용되기 어려웠던 조건 때문이었다. 이렇게 흩어져 있는 사람들을 위한 사역 대안이 없었던 것이다. 제릴데리(Jerilderie)에서 처음으로 거주 목사가 된 후, 존 그리블은 1879년에 도시를 턴 산적 네드 켈리(Ned Kelly)와의 전설적인 만남에서 그의 성격을 유감없이 보여주었다. 존 그리블은 이 무장한 범죄자를 찾아가 켈리가 훔쳐간 시계를 당당하게 요구하고 돌려받았던 것이다.

리버리나(Riverina), 혹은 그 근교에 거주한 덕에 존 그리블은 오스트레일리아 원주민과 가까이 접촉할 일이 많았는데, 이 때문에 그는 '고통당하는 이들에 대한 동정심과 이들이 당하는 부당한 대우에 분노'를 느꼈다. 저서『검지만 아름다운』(Black but Comely)에서 존 그리블은 이 동정심을 어렸을 때 빅토리아 식민지가 뉴사우스웨일스 식민지에서 분리되어 독립한 것을 축하하기 위해 군중이 쏟아져 나오던 와중에 길을 잃고 헤매던 경험과 연결지었다.

"작은 아이 존 그리블은 비디(Biddy)라는 이름의 친절한 애보리지니 여인의 손에 구조되었는데, 여인은 그를 자신의 거주지로 데려가서 정신을 잃다시피 한 그의 부모가 마침내 그를 찾아내기까지 돌보아주었다."

대니얼 매튜스(Daniel Matthews), 재닛 매튜스(Janet Matthews)와 친구가 된 존 그리블은 그들이 일하는 머레이강(Murray River)의 말로가선교회(Maloga Mission)를 방문했다. 이들의 삶을 따르기로 결심한 존 그리블은『뉴사우스웨일스의 애보리지니를 위한 간청』(Plea for the Aborigines of NSW, 1879)을 출판했다. 다음해에 존과 메리 그리블은 달링턴포인트(Darlington Point)에 있는 머럼비지(Murrumbidgee) 둑에 와랑게스다선교회(Warangesda Mission)를 설립했다. 19세기 오스트레일리아의 열악한 환경에서 이 결정은 무장한 산적을 만나는 일보다 더 용기를 필요로 하는 일이었을 것이다.

"육체는 '그냥 네가 있는 곳에 머물러야 해. 왜 네 아내와 가족을 가난에 찌들게 하고 사회로부터 격리시키려 하는 거야?'하고 물었다. 그러나 영혼은 '가서 죽어 가는 이들을 구하라! 가서 광야에 그들을 위해 집을 지어주어라!'고 말한다."

지역 백인 정착자들의 반대와 선교회에 필요한 재정을 스스로 조달해야 하는 난제에도 불구하고, '그들은 전형적인 선교촌, 즉 부부를 위한 오두막, 소년 소녀들의 움막, 선교관, 창고, 부속 건물을 건설했다.' 선교에 대한 소문이 퍼지자, 곧 뉴사우스웨일스 서부의 확장 개척지 전역의 애보리지니 사람들이 피난처를 찾아 선교촌에 왔다. 1880년에는 잉글랜드국교회(Church of England) 골번(Goulburn)의 주교 메삭 토마스(Bishop Mesac Thomas)가 와랑게스다(Warangesda)를 찾아 많은 애보리지니 주민이 이미 기독교인이 된 것을 확인했다. 그는 19명에게 세례를 주고, 선교회를 돕기로 결심하고, 존 그리블을 잉글랜드국교회의 유급 교원(reader)으로 승인했다. 이후 토마스는 존 그리블을 부제(1881)와 사제(1883)로 각각 안수했다.

곧 선교회에 거주자가 100명이 넘게 되었고, '자주 최악의 궁핍에 처하게 되자' 매년 정부에서 지원하는 90파운드 덕에 선교회의 재정 문제가 줄었다. 존 그리블은 다음과 같이 말했다.

"우리가 필요한 모든 경우에 하나님께서 우리를 위해 개입하셨다…때를 얻든지 못 얻든지 우리는 '가장 많은 이들을 구하실 수 있는' 하나님께 이들의 영혼을 드리기 위해 노력했고, 우리는 정말 많은 사람들이 그저 동물보다 겨우 조금 더 나은 존재 정도로 간주하는 이들의 경우에도 그리스도의 복음이 구원을 주시는 하나님의 능력이 된다는 것을 스스로 증거하고 있음을 깨닫고 즐거워한다."

존 그리블은 1884년에 병 치료차 잉글랜드로 긴 항해를 떠나 거기서 『검지만 아름다운』(Black but Comely)을 저술했다. 이 책은 애보리지니와 와랑게스다선교회(Warangesda Mission)에 대한 묘사로, 캔터베리 대주교의 도움으로 잉글랜드에서 출판되었다.

오스트레일리아 서부에서는 성공회 주교 패리(Anglican Bishop Parry)가 거의 자원이 없는 상태에서 광대한 교구를 조직해야 하는 과제에 직면해 있었다. 선교회 지정 구역을 확보하기 위해 1878년부터 이어진 노력은 1884년에 식민지의 머치슨(Murchison) 지역과 개스코인(Gascoyne) 지역에 150,000에이커에 이르는 땅을 할당받고, 이 땅을 제대로 활용하기 위해 존 그리블 가족을 초청하는 것으로 이어졌다. 존 그리블 가족은 1885년 말에 카나본(Carnarvon)에 도착했다. 그는 곧 이 지역에 대한 오랜 조사에 들어갔고, 곧 주교가 이 땅에 왜 그렇게 관심이 있는지 깨달았다.

서부에서는 죄수들을 노동에 동원할 수 있는 체계가 마련되어 있지 않았기 때문에 진주 채취, 낚시, 양 목축 산업에 노동력을 강제로 투입할 ('노예제도와는 조금 다른') 제도적 장치가 필요했다. 카나본으로 돌아간 존 그리블은 선교회 이름을 '갈릴리'라 명명하고, 마을에서 4킬로미터 정도 떨어진 개스코인 강 유역에 건물들을 짓기 시작했다. 그의 복음주의적 열정과 높은 원칙은 애보리지니 도망자들이 선교회에서 안식처를 찾으면서 더 뜨겁고 분명해졌다. 애보리지니 사람들이 노예가 아니라 여왕의 자유로운 신민이라고 지역 농부들에게 말함으로써 존 그리블은 이들과 즉각적인 갈등 관계에 들어갔다. 그는 카나본에서 열린 공공 모임에서 공격당했고, 존 그리블을 해임하라는 청원서가 퍼스로 발송되었다.

17살이 된 아들 어니스트(Ernest)에게 선교회 일을 도와 달라고 부탁한 후 존 그리블은 퍼스(Perth)로 가서 교회 권위자들 앞에서 자신을 변호했다. '오직 흑인 친구들, 혹은 우리의 애보리지니들의 상태와 필요'라는 제목의 공개 강연에서 그는 애보리지니 사람들을 혹사하는 진주 업자들과 농부들을 강하게 비판했다. 카라본으로 돌아온 그는 자신이 완전히 배척당하고, 공개 비난의 대상이 되어 있음을 알게 되었다. 여러 차례의 추가 공공 모임 이후 신문 「더 웨스트 오스트레일리언」(The West Australian)은 논쟁을 보고하면서 존 그리블을 비난하고 농부들의 대의를 지지했다.

패리의 입장이 곤란해졌다. 북부 농부들이 잉글랜드국교회의 영향력 있는 후원자들이었기 때문에 1886년 2월에 퍼스교구 선교위원회는 존 그리블의 선교회 사역을 제한하기에 이르렀다.

1886년 6월에 존 그리블의 책 『햇빛 찬란한 땅에서 일어나는 어둠의 행위들』(Dark Deeds in a Sunny Land)은 이야기를 더 많은 사람들에게 들려주었다.

복음주의 인물사

"심지어 오스트레일리아에서도, 햇빛 찬란한 맑은 하늘 아래서, 그 본질상 가장 어둡고 끔찍한 행위들이 자행되었고 여전히 시행되고 있다."

오스트레일리아에서 한 세기 이상 지속된 논쟁에 기름을 끼얹는 꼴이 된 그의 상세한 잔학 행위 보고서는 오스트레일리아 사회의 분노를 불러 일으켰다. 사회적 지위와 재정 후원을 염려한 교구는 존 그리블의 면허를 박탈했다. 「더 웨스트 오스트레일리언」은 존 그리블을 '거짓말쟁이에 혼자만 잘난 체하는 사기꾼'으로 묘사했다. 격분한 존 그리블은 신문사를 상대로 소송을 제기했다. 존 그리블 부부는 재판을 기다리며 퍼스 변두리에서 극빈자로 살았다. 1887년 6월에 판사 온슬로(Onslow)와 스토(Store)는 신문사의 손을 들어주었다. 무일푼으로 법률 비용을 댈 능력이 없던 존 그리블은 완전히 망가진 채로 서부 오스트레일리아를 떠났다.

동부로 돌아온 존 그리블은 그에게 동정심을 품은 주교들의 최선의 노력에도 불구하고 전혀 만족할 수 없었다. 몇 군데 교구 일을 맡은 후, 안정된 생의 기반을 버리고 다시 퀸즐랜드(Queensland)의 케언즈(Cairns)에서 멀리 떨어지지 않은 한 지역을 선택하고, 거기에 야라바선교회(Yarrabah Mission)를 개척하기 시작한 것이다. 그러나 몇 달이 지나지 않아 존 그리블은 중병에 걸렸다. 사망 직전에 그는 다음과 같이 썼다.

"내 삶과 몸을 오스트레일리아의 흑인을 보호하기 위해 바쳤다. 그들의 유익을 위해 수백 마일을 걸었고, 그들을 섬기며 많은 어려움을 견뎌 내야 했다. 그들의 유익을 위해 내 모든 세속적 이익을 희생했다. 오, 그러나 나는 전혀 후회가 없다. 내게 생명이 50개가 있다면 이 모두를 이 일을 위해 바칠 것이다."

아들 어니스트 그리블(Ernest Gribble)에게 야라바선교회 책임을 맡긴 후 존 그리블은 1893년 6월에 운명했다.

애보리지니 기독교인 마틴 심슨(Martin Simpson)이 전한 장례식 설교는 존 그리블이 애보리지니에게 전한 첫 설교의 배경이 된 성경 본문을 기반으로 작성된 것이었다.

"그런즉 바라건대 당신은 이 남아 있는 자를 위하여 기도하라"(사 37:4).

시드니 웨이벌리 묘지에 있는 그의 묘석에는 '흑인의 친구'라는 별칭이 새겨졌다. 아내와 네 아들, 다섯 딸이 유족으로 남았고, 이 중 어니스트는 오스트레일리아 성공회 역사에서 가장 오래 애보리지니를 위해 봉사한 선교사로 기록에 남았다.

교회가 존 그리블을 어떻게 취급했는지를 알고 당황한 교회사가들은 대체로 존 그리블이 너무 충동적이고 직설적이며 괴팍했으며, 그가 영리하고 외교적이고 자제하며 행동했더라면 더 좋은 결과를 얻었으리라고 주장한다. 그러나 존 그리블은 스스로 다음과 같이 쓴 바 있다.

"내가 선교사로 일해야 한다면, 그것은 파렴치한 백인들의…불의와 악행에 맞서서 이 땅의 애보리지니의 정의와 권리를 위해 싸워야 한다는 것을 의미한다. 이것이 내 결정이고, 이 결정 위에서 나는 서든지 쓰러지든지 할 것이다."

그의 친구이자 한결 같은 지지자였던 메삭 토마스 주교(Bishop Mesac Thomas)는 다음과 같이 썼다.

"존 그리블은⋯뜨거운 경건의 사람이었지만⋯성격이 급한 사람이었다. 그럼에도 불구하고, 우리는 그가 한 선한 일 때문에 그를 좋아한다."

참고문헌 | J. Harris, *One Blood, 200 Years of Aboriginal Encounter with Christianity: A Story of Hope* (Sutherland, NSW: Albatross Books, 1990); S. Hunt, 'The Gribble Affair: A study in colonial politics,' *Studies in Western Australian History* (Dec. 1984): European/Aboriginal Relations in Western Australian History, pp. 42-51.

M. HUTCHINSON

존 스미스(John Smyth, 1570[?]-1612)

침례교 지도자. 그는 1586년에 크라이스트대학(Christ's College)에 가서 프랜시스 존슨(Francis Johnson)에게 사사받았는데, 프랜시스 존슨은 이후 암스테르담에서 헨리 아인스워스(Henry Ainsworth)의 분리주의 교회를 이끌었다. 스미스는 링컨 주교로부터 안수받은 후, 1594년에 크라이스트대학 연구원으로 선출되었다 1597년에 그는 점차 교회의 진정한 본질에 대해, 그리고 교회의 바른 구성에 대하여 관심을 갖기 시작했다. 1598년 경, 그는 연구원직을 떠났고, 1600년 9월 27일에 링컨시 자치체(Corporation of the City of Lincoln)의 강사로 임명되었다. 이 시기에 스미스는 잉글랜드국교회(Church of England)에 충성했던 청교도였다.

그러나 스미스의 온건한 청교도 견해는 그리 오래가지 않았다. 1602년 10월 13일에 열린 링컨시 자치체 회의에서 그는 의무에서 해방될 수 있었다. 그의 해임은 링컨시 자치체 내부 갈등의 결과라고 알려져 있지만, 사실 그의 마음이 이미 분리주의적 견해로 돌아서 있었던 것으로 보인다. 분명히 이 시기에 그는 잉글랜드국교회의 특정 관습이 성경에 근거를 두고 있는지 여부를 놓고 의문을 품기 시작했다. 스미스는 1603년에 『밝은 새벽별』(*The Bright Morning Starre*)을, 1605년에는 『참된 기도의 유형』(*A Paterne of True Prayer*)이라는 책을 썼는데, 두 책 모두 잉글랜드국교회에 비판적인 내용을 담고 있다.

결과적으로 스미스는 분리주의 견해를 수용했고, 제대로 구성되어 있다면, 교회는 '모든 깨끗하지 않은 것들로부터 분리된 신실한 사람들이 주님의 언약에 함께 참여하는 모임'이어야 한다고 믿었다. 그는 회중교회 정치를 옹호했다. 교회는 하나님의 뜻에 순종하며 살기로 약속하며 함께 참여한 모든 사람으로 구성되는데, 이 하나님의 뜻은 이들에게 이미 알려졌거나, 혹은 앞으로 드러나게 되리라 믿었다.

1606년까지 스미스는 게인스보로(Gainsborough)의 분리주의 집단에 동참했는데 여기에는 존 로빈슨(John Robinson), 윌리엄 브루스터(William Brewster), 윌리엄 브래드퍼드(William Bradford)가 포함되어 있었다. 특히, 윌리엄 브래드퍼드는 이후 신대륙에 정착하게 되는 인물이었다. 박해로 인해 1607년에 스미스는 또 다른 지도자인 토마스 헬위스(Thomas Helwys)와 일단의 교회 회중과 함께 홀랜드로 이주하여 암스테르담에 정착했다.

한동안 이들은 예배에 대한 이해와 목회자의 의무에 대한 교리에서 몇 가지 차이점들이 분명해지기 전까지 프랜시스 존슨과 헨리 아인스워스의 회중과 연합으로 모였다. 1608년에 스미스는 이런 차이점을 설명하기 위해 『분리교회들의 차이점』(*The Differences of the Churches of the separation*, 1608)을 저술했다.

스미스와 헬위스는 다른 분리주의자들과 함께 순결한 교회에 대한 열망을 공유했다. 성경 해석을 기반으로 이들은 함께 모인 언약 공동체로서 가장 잘 조직된 것이 교회라고 주장했다. 많은 분리주의자들과 마찬가지로, 스미스는 자신과 다른 사람들이 잉글랜드국교회에서 받은 세례에 불편한 감정을 갖기 시작했다. 결국 1609년에 이르러서는 유아세례를 거부하고, 신자들만을 위한 세례를 주장했다.

스미스에게 그와 다른 사람들이 받은 유아세례는 두 가지 측면에서 잘못된 것이었다.

첫째, 이 세례는 잘못된 교회가 집례한 것이다.

둘째, 이 세례는 어린 아기들에게 주어진 것이지, 신앙을 고백하는 신자들을 위한 것이 아니다.

그가 올바른 기초위에 세워져 있다고 믿는 교회를 다시 세우기 위해서, 스미스는 자기 자신에게 세례를 주는 이례적인 절차를 밟게 되는데, 이는 아마도 관수식이나 물을 끼얹은 방식이었을 것이다. 이후 그는 헬위스와 40명의 다른 회중에게 세례를 주었다.

오래지 않아 스미스는 신자의 세례를 행하는 메노나이트(Mennonites) 집단과 접촉하게 되면서, 자신과 다른 사람에게 세례를 준 자신의 결정을 후회하기 시작했다. 스미스는 그 후 자신의 세례를 포기하고 자기 회중에게도 그렇게 하도록 했다. 그러나 회중은 그의 요청에 거부하자 회중이 분열되었다. 1611년에 헬위스와 그를 따르는 일부 추종자가 잉글랜드로 돌아갔고, 이들은 잉글랜드 땅에 최초의 침례교회를 설립했다.

스미스는 신앙고백문을 작성했는데, 특히 여기에는 '보편속죄'와 회중주의 교회 정치에 대한 그의 믿음이 나타나 있다. 그는 메노나이트에 회원 승인을 요청한 뒤 기다리던 중에 죽었다. 비록 그가 침례교인으로 남지는 않았지만, 그는 토마스 헬위스와 함께 침례교 교리와 정치 체계에 대한 신학적 근거를 제시하는 저술을 남긴 초기 침례교 지도자로 인정받는다.

참고문헌 | W. T. Whitley (ed.), *The Works of John Smyth*, 2 vols. (Cambridge: Cambridge University Press, 1915); B. R. White, *The English Separatist Tradition, from the Marian Martyrs to the Pilgrim Fathers* (Oxford: Oxford Theological Monographs, 1971).

K. E. SMITH

존 알렉산더 매케이(John Alexander Mackay, 1889-1983)

선교사이자 신학자. 그는 1899년 5월 17일에 스코틀랜드 인버네스(Inverness)에서 태어났는데, 부모는 1893년에 새로 결성된 스코틀랜드자유장로교회(Free Presbyterian Church of Scotland)에 합류했다. 그는 후에 다음과 같은 기록을 남겼다.

"성경 에베소서에서 '그는 죄와 허물로 죽었던 너희를 살리셨도다'라는 새로운 세상을 보았을 때 내 나이는 겨우 14살 소년이었다. 1903년 7월 어느 토요일에 나는 로가트(Rogart)의 토요일 예비 예배에 달려갔다."

애버딘대학교(Aberdeen University)에서 목회학을 공부(철학 최우등 1912)했고, 인버네스(1910-1911)와 윅(Wick, 1912-1913)의 교회에서도 개별적으로 목회를 배웠다.

1913년에는 프린스턴신학교(Princeton Theological Seminary)로 건너가서 1915년에 신학사를 취득했다. 이어서 마드리드(Madrid)로 이동해서 스페인 철학자이자 키에르케고르 해석자인 미구엘 데 우나무노(Miguel de Unamuno)에게 철학을 더 배웠다. 여기서 스페인 사상을 더 잘 이해할 수 있었는데, 이를 볼 때 그가 1916년에 제인 로건 웰스(Jane Logan Wells)와 결혼한 후 당시 그의 소속 교단이었던 스코틀랜드자유장로교회 파송으로 페루(Peru) 리마(Lima)로 건너가서 산안드레대학(Colegio San Andres)을 세운 행보가 이해가 된다. 또한, 그는 리마 소재 국립 산마르코스국립대학교(National University of San Marcos) 철학과에서 개신교인으로서는 처음으로 학과장이 된 인물이기도 했다.

1926년에 매케이는 YMCA 남아메리카연맹 종교사업부 총무 자격으로 몬테비데오(Montevideo)와 멕시코시티(Mexico City)를 차례로 방문했고, 전도자로서도 여러 지역을 찾았다. 본(Bonn)에서 안식년을 맞아 공부하던 시기에는 칼 바르트(Karl Barth)에게 처음으로 영어를 가르쳤다. 1932년에는 미국 북장로교 선교본부의 남미 및 아프리카담당 총무로 임명되었다. 한때 그는 자신이 자라난 교회들의 점증하던 종파주의 성향과 스페인에서 가톨릭교회를 연구하던 중에 형성된 생각 때문에 제도적 교회에 대한 환상에서 깨어났다.

그러나 소명 때문에 교회를 떠나지 못했고, 이후 성장하던 에큐메니컬운동에 투신하는 계기가 되는 가장 넓은 의미의 교회를 재발견했다. 1937년에는 '우주적 교회와 열방의 세계'라는 이름의 '생활과 사역'(Life and Work) 옥스퍼드대회 제5위원회를 주재했고, 이 위원회에서 널리 기억되는 유명한 표현을 탄생시켰다. '교회로 교회되게 하라'(Let the Church be the Church)는 동어 반복 표현인 것처럼 보이지만, 실제로는 도발적인 표현이다.

> "교회에서 지배적 문화, 경제 체제, 사회의 유형, 정치 질서에 대한 모든 종류의 종속성을 제거하는 것이 교회의 끊임없는 관심이 되어야 한다."

1936년에 매케이는 프린스턴신학교 총장이자 에큐메닉스 교수(Professor of Ecumenics)로 임명되었다. 결국 J. 그레샴 메이천(J. Gresham Machen)의 분리로 절정에 이른 신학 논쟁이 벌어지던 고통스런 시기가 지난 후 학교는 안정을 되찾았다. 총장으로 재직하던 시기에 그는 몇 가지 중요한 직책을 떠맡았다. 새로 형성된 세계교회협의회(World Council of Churches, WCC)의 중앙위원회 위원직을 1948년부터 1954년까지 맡았고, 국제선교협의회(International Missionary Council, IMC) 회장으로 1947년부터 1958년까지 일했으며, 1954년부터 1959년까지 세계개혁교회연맹(World Alliance of Reformed Churches, WARC) 회장이었으며, 1953년에는 미국 북장로교 총회장이었다. 세계교회협의회와 국제선교협의회 통합 및 에큐메니컬 활동의 주역 중 하나였다. 프린스턴에서 그는 에큐메닉스라는 이름으로 선교학을 가르쳤다.

그가 가르친 기본 과목들은 언제나 수강생들로 넘쳐났다. 자주 켈트족(Celtic blood) 기질을 보였을 뿐만 아니라 고향 땅 스코틀랜드 하일랜즈(Highlands)에서 행하던 성례도 자주 시행했다. 차갑고 황무지 같은 지성주의보다는 신앙 열광주의를 차라리 선호했다고 전해진다. 넬스 페르(Nels Ferré)는 맥케이의 신학적 입장을 '중립에 서서 형세를 관망하는 것에 반대'하는 역동적 중심부주의(dynamic centralism)로 묘사한 바 있다.

개혁신학에 충실했던 그는 역사적 신앙고백들을 자기 것으로 삼고자 했다. 칼빈주의 전통에 따라, 하나님의 주권적 통치가 역사를 다스리는 요인이라 주장했다. 그의 신학을 형성한 다른 요인들도 있었다. 스페인 사상에 대한 관심은 쇠퇴한 적이 없었고, 아빌라의 테레사(Teresa of Avila)를 '자신의 성인'이라 주장할 정도였다. 키에르케고르와 도스토예프스키(Dostoevsky) 역시 엄청난 영향을 끼쳤고, 그의 그리스도 중심적 교회론은 칼 바르트 사상에 빚진 바가 컸다.

정치 활동에 직접 참여하지는 않았음에도, 냉전 때문에 많은 미국 기독교인들이 고립주의로 끌려가던 때에도 포용적인 세계관을 굳건히 유지했다. 1950년에 그는 미국이 중국 정부를 있는 사실 그대로 인정해야 한다고 촉구했고, 매카시 청문회가 야기한 격정이 극에 달한 1953년에는 '장로교인에게 보내는 서신'을 써서 전 위스콘신(Wisconsin) 상원의원 조셉 매카시(Joseph McCarthy)가 주로 촉발한 공공 히스테리, 불신, 살육의 파도를 뒤집으라고 요청했다.

이 편지에서 그는 교회는 모든 시대, 모든 사회에서 예언자의 역할을 해야 한다고 주장했다. 또한 그에 의하면 교회는 정부에 충성을 다해야 하지만, 교회의 권위는 국가가 아니라 그리스도에게서 오는 것이다. 그리고 교회의 최고이자 궁극적인 충성은 유일한 머리이신 그리스도와 그의 나라에 바치는 것이지, 특정 국가나 인종, 계급, 문화에게가 아니다. 그의 선언은 1954년 북장로교총회에서 만장일치로 채택되었다. 이런 매케이가 칼 매킨타이어(Carl McIntire) 같은 근본주의자의 공격을 받은 일은 놀랍지 않다. 이들에게 그는 위장한 공산주의자 혹은 그보다 더 악한 인물로 그려졌다.

매케이는 학자와 저자의 활동을 북돋았다. 헨리 반 두센(Henry van Dusen)과 함께 기독교 고전도서관(Library of Christian Classics, LCC) 시리즈 발간을 발기하고 편집했다. 성공을 거둔 정기 간행물 「티올로지 투데이」(Theology Today)를 창간하여 미국의 성경 및 신학 논문 출판에 기여했다. 그가 쓴 13권의 저술에는 『다른 스페인 그리스도』(The Other Spanish Christ, 1932), 『기독교 신학 서론』(A Preface to Christian Theology, 1943), 『유산과 운명』(Heritage and Destiny, 1943), 『전방에 선 기독교』(Christianity on the Frontier, 1950), 『에큐메니즘-우주적 교회의 과학』(Ecumenism-The Science of the Church Universal, 1964), 에베소서 주석인 『하나님의 질서, 에베소서와 현시대』(God's Order, the Ephesian Letter and the Present Time, 1953) 등이 있다.

그가 남긴 '심연 속의 경이'(Splendour in the Abyss), '선교를 위한 하나됨 안에서'(In Unity for Mission), '종의 유형'(The Form of a Servant, 교회에 대한 묘사와 관련하여) 같은 주옥같은 문구들은 기독교인의 대화와 담론에 널리 차용되었다. 그는 1932년 오하이오 웨슬리파대학교(Wesleyan University)에서 열린 예언적 사상가들을 대한 메릭강연(Merrick Lectures)부터, 1952년 에든버러 뉴대학(New College)에서 열린 크롤강연(Croall lectures)에 이르기까지 수많은 대학에서 22차례의 강연 시리즈를 진행했다. 그의 에베소서는 크롤강연을 출판한 것이었다.

매케이는 1959년에 프린스턴신학교 총장직

에서 물러난 후, 워싱턴 D. C. 소재 아메리칸대학교(American University)에서 스페인 철학을 가르쳤다. 이후에도 수년간 글을 쓰고 가르치다가, 1983년 6월 9일에 93세의 나이로 사망했다. 이전에 그에게 배운 학생들에게 그는 '따뜻하고, 은혜롭고, 이해심 많고, 든든하며, 아량이 넓고, 공감적이며, 사랑을 베푸는 사람'으로 묘사된다. 그러나 '때때로 엄하기도 했다.'

복음주의 진영에서 매케이가 차지하는 위치를 정확히 규정하기는 어렵다. 복음주의적 하일랜드(evangelical Highland) 배경에서 그는 신비주의 요소를 흡수했는데, 이 요소는 우나무노(Unamuno)를 연구하며 더 강화되었다. 프린스턴으로 이동한 매케이는 근본주의 분열이라는 결과에 맞닥뜨려야 했지만, 기질상 어떤 종류든 근본주의에는 적대적이었다. 1959년에 「티올로지 투데이」 특별판에 그에게 헌정된 기사들이 실렸는데, 이 헌사를 쓴 이들은 복음주의 신학자가 아니라 주로 신정통주의(neo-orthodox) 신학자였다. 그러나 비록 자유주의 및 에큐메니컬 색깔을 지니고는 있었지만, 매케이는 자신을 계속해서 복음주의자로 규정했다. 1984년에 「티올로지 투데이」에 실린 부고 기사는 '그가 탁월한 국제연합(UN) 사무총장이나 위대한 셰익스피어 배우가 될 수도 있었을 것이라는 내용이 있었다. 매케이와 그의 아내는 1남 3녀를 두었다.

참고문헌 | Festschrift edition of *Theology Today*, 16 (1959), pp. 301-375; R. J. Graham and B. L. McCormick, in N. M. de S. Cameron, *Dictionary of Scottish Church History and Theology* (Edinburgh: T. & T. Clark, 1993), pp. 519-520.

D. B. MURRAY

존 어스킨(John Erskine, 1720/1-1803)

스코틀랜드장로교회 목사이자 복음주의파 지도자. 그는 에든버러의 한 명문가에서 태어났다. 존이라는 같은 이름을 쓰는 아버지는 저명한 변호사이자 에든버러대학교(University of Edinburgh) 법학과 교수였다. 어린 시절부터 존 어스킨은 성경을 공부하고 경건 생활에 매진했다. 처음에는 아버지의 강한 소망에 따라 법을 공부했지만, 신학으로 바꾸고 싶은 열망에 시달렸다. 1734년부터 1743년까지 에든버러대학교에서 철저한 고전 교육을 받고 스코틀랜드 사회 여러 지도자들과의 광범위한 학문적인 토론에 참여하기도 했다.

1743년에 덤블레인노회(Dunblane presbytery)에서 인허받은 후, 다음해에 안수받고 커킨틸로크(Kirkintilloch, 1744-1753), 컬로스(Culross, 1753-1758), 에든버러(Edinburgh)의 뉴그레이프라이어스(New Greyfriars, 1758-1767), 에든버러의 올드그레이프라이어스(Old Greyfriars, 1767-1803)에서 각각 목회직을 수행했다. 1743년에 크리스천 매케이(Christian Mackay)와 결혼한 존 어스킨은 1766년에는 글라스고우대학교(University of Glasgow)에서 명예박사학위를 받았다. 목회사역이 줄기는 했지만 여전히 정력적으로 활동하던 1803년 1월 19일에 사망했다.

학생 시절에 그는 익명으로 아치볼드 캠벨(Archibald Campbell) 교수의 이신론(deism) 비판을 아주 세밀한 논리로 반대하는 글을 출판했다. 이 글에서 존 어스킨은 워버턴 주교(Bishop Warburton)의 논리에 어느 정도 의존했기에, 예의상 글을 주교에게도 보냈다. 두 사람은 서로 계속 연락했다. 워버턴은 후에 존 어스킨이 이 중요한 주제에 대한 관심을 잃은 것 같다고 실망감을 표했다.

존 어스킨의 복음주의 정체성은 영국과 미국에서 일어난 대각성의 영향으로 형성되었다. 그는 스코틀랜드의 영적 상태를 부정적으로 평가한 던디의 존 윌리슨(John Willison of Dundee)에 공감하고, 1735년의 뉴잉글랜드에 있었던 대각성 이야기를 꼼꼼히 읽고, 동료 학생들과 함께 웨슬리 형제(Wesleys)와 조지 휫필드(George Whitefield)의 사역에 대해 토론하고, 1742년에 스코틀랜드 캠버슬랭(Cambuslang) 부흥에 앞서 '기도 합주회'(concerts of prayer)를 열었다.

여전히 학생이던 1742년에 존 어스킨은 미국과 스코틀랜드 서부의 영적 부흥을 '마지막 때에 교회에 약속된 영광스러운 일의 전조'라 주장한 『시대의 표적 숙고』(*The Signs of the Times Considered*)를 출판했다. 그의 복음주의적 확신은 안수받을 무렵 확고해졌는데, 남은 평생 그의 삶과 사역에서 이 정체성을 유지했다. 세기가 끝날 무렵이 되면 존 어스킨은 스코틀랜드장로교회(Church of Scotland) 복음주의파(evangelical party) 지도자가 된다.

목사로서 존 어스킨은 사람들로부터 존경과 사랑을 받았다. 이들은 그의 경건, 학식, 탁월한 사회적 지위를 존경했고, 그는 책임을 다하는 태도로 사람들의 마음을 얻었다. 그들의 영적 필요를 돌보았고, 늘 준비된 격려와 상담을 베풀었으며, 나누어 주는 마음 씀씀이도 두드러졌다. 설교는 늘 흥미진진한 것은 아니었지만, 깊이가 있었고 시의 적절했는데, 월터 스코트 경(Sir Walter Scott)은 자기 소설 『가이 매너링』(*Guy Mannering*) 37장에 존 어스킨의 설교에 대한 기억을 삽입했다. 그는 평생 사역하면서 다양한 분야의 책을 열심히 읽은 덕에, 신학뿐만 아니라 사회 문제에 대한 지식으로도 널리 인정받았다.

또한, 존 어스킨은 스코틀랜드장로교회 여러 총회에서 두드러진 활약을 보였는데, 복음주의파 대의를 대변하고 온건파(moderate party)의 입장에 반대했다. 첫 임지에서 그는 조지 휫필드를 초대해서 강단에서 설교하게 했는데, 이 때문에 받은 글라스고우와 에어 대회(Synod of Glasgow and Ayr)의 비난을 잘 견뎌냈다. 초기 단계에서부터 그는 웨슬리 형제의 신학은 반대했는데, 특히 자유의지, 완전주의, 신자의 견인과 신적 선택에 대한 그들의 입장에 저항했다. 스코틀랜드에서 감리교가 번성하지 못한 데는 존 어스킨의 저항이 한 몫을 했다. 성향상 철저한 칼빈주의자였지만, 하이퍼(hyper-)-칼빈주의를 반대했고, 여러 수단을 동원하여 선교를 지지했다.

그중 하나가 조나단 에드워즈가 쓴 『고 데이비드 브레이너드 목사의 생애 이야기』(*An Account of the Life of the Late Rev. David Brainerd*)의 1756년판을 만들고, 스코틀랜드 기독교지식보급회(Scottish SPCK) 활동에 활발하게 참여한 것이었다. 총회에서 해외선교에 반대하는 세력이 힘을 얻게 되자, 존 어스킨은 동료 총대들에게 '내게 그 성경을 건네주시오'(Rax[Hand] me that Bible!)라고 외치며 전도의 성경적 근거를 들어 선교를 옹호했다. 1770년대 말에는 총회를 설득하여 가톨릭교도를 법적으로 차별하는 법을 없애는 데 반대하게 했다. 그는 사회 질서에 아무 위협이 되지 않는 소시누스주의자(Socinians)와 이신론자(deists)에게서 '사회 공통의 특권을 박탈'해서는 안 되지만, 로마 가톨릭 신자는 '자연적이거나 법적인 특권을 시행함으로써 동료 신민들을 괴롭히고 방해하고 위험에 빠뜨리기를' 갈망하는 체제를 대표하는 사람들이라고 주장했다(*A Narrative of the Debate in the General Assembly*…, 1780, p. v).

이 주제를 놓고 총회에서 벌어진 논쟁 이야기가 출판되면서, 자유로운 온건파와 강경 반동파 사이에 서 있는 한 입장이 유명해졌고, 이 사려 깊고 평화적인 복음주의파가 18세기 후반 스코틀랜드의 신앙 기후 변화를 주도한 일파로 등장하는 데 기여했다. 미국 식민지에 있는 이들의 불평에 대해서 관대하고 이해해 주는 태도를 취하자고 주장한 그의 몇몇 소책자는 공공 정책과 대중 의견에 별다른 영향을 끼치지 못했다.

출판된 존 어스킨의 설교들의 강조점은 (미지근함 경고, 자기 부인 변호, 생명력 있는 기독교 보존, 개인 책임의 성실함 등의) 제자도 실천, (무정부주의 경고, 공직자 변호, 국가 복리의 기반인 도덕 옹호 등의) 시민 교양, 목회자의 높은 소명과 의무, 그리스도와 그의 속죄에 대한 핵심 교리들, (가난한 아이들 교육 등의) 사회적 책임이었다.

뉴그레이프라이어스교회(New Greyfriars Church)는 대학생 담당 교구였기에, 존 어스킨은 에든버러대학교 학장이자 온건파 지도자였던 윌리엄 로버트슨(William Robertson) 박사와 함께 교회를 맡았다. 서로의 차이에도 불구하고, 두 사람은 상호 존경하던 친구였다. 한번은 존 어스킨이 가톨릭 문제에 대한 로버트슨의 견해에 격노한 폭도들을 설득해서 해산을 유도한 적도 있었다.

로버트슨의 장례식 설교를 맡은 존 어스킨은 두 사람 사이의 우정이 '같은 학문에 대한 사랑이 친밀감과 상호 존중의 정신을 만들어 냈던' 학생 시절 1737년부터 시작되었다고 말했다. 그럼에도 불구하고, 이들이 교회 정치, 미국혁명, 가톨릭 관련 공공정책, 심지어 설교에 어느 정도 강조를 두어야 하는가 하는 문제에서도 생각이 달랐다는 것은 분명하다.

존 어스킨은 에큐메니컬 관계에서도 오래 지속된 상당한 공헌을 했다. 그는 영국, 유럽, 미국의 사회 및 종교 문제에 늘 깊은 관심을 갖고 많은 지식을 습득했다. 이 세 지역의 지도자들과 주고받은 수백 통의 편지들에는 언제나 수많은 정보가 넘쳤고, 편지가 왕래될 때마다 언제나 새로 출간된 책, 여러 권도 함께 배송되었다. 두 권짜리『교회사 개요 및 시사점』(*Sketches and Hints of Church History*, 1790, 1797)에 존 어스킨은 서신을 주고받은 몇몇 상대의 사상을 소개하거나 그들의 글을 번역하여 싣기도 했다. 그가 편집한 보스턴의 토마스 프린스(Thomas Prince) 목사의 설교집이나 조나단 에드워즈(Jonathan Edwards)의 몇 작품들, 특히 『구속사 역의 역사』(*A History of the Work of Redemption*)는 그 세기 말에 복음주의 선교 및 부흥 활동이 일어나는 데 크게 기여했다.

프린스턴신학교 교수회의 새뮤얼 밀러(Samuel Miller)는 존 어스킨을 '그 시대의 가장 경건하며 동시에 가장 공공 정신을 갖춘 인물 중 하나'로 평가했다. 존 어스킨이 편지를 주고받은 미국인의 수는 36명이 넘었고, 1804년에는 프린스턴 이사회가 그의 특별한 사역의 가치를 인정하는 결의안을 채택했다. 영국인 서신 왕래자 중에는 케임스 경(Lord Kames), 데이비드 달림플 경(Sir David Dalrymple), 허드 주교(Bishop Hurd)도 있었다. 신학에 늘 관심이 많았던 존 어스킨은 인생 후반에 네덜란드의 신학 발전을 면밀히 연구하고자 네덜란드어를 배우기도 했다. 그는 1803년 1월 19일에 근래에 습득한 네덜란드어 서적을 읽다가 소천했다.

평화적이고, 나누어 주기를 좋아했고, 박식했던 존 존 어스킨은 복음주의적 칼빈주의를 스코틀랜드와 그 외의 지역에서 새로운 관심과 존경을 받는 수준으로 격상시켰다. 직접 쓴 24권이 넘는 저술, 편집하거나 서문을 쓴 20권의 책들을 통해 그는 영향력을 전 세계로 퍼뜨렸다.

참고문헌 | H. M. Wellwood, *An Account of the Life and Writings of John Erskine, D.D.* (Edinburgh: private publication, 1818); *A Biographical Dictionary of Eminent Scotsmen*, vol. 2 (Glasgow: Blackie & Son, 1855), pp. 266-273.

J. A. DE JONG

존 에인절 제임스(John Angell James, 1785-1859)

회중교회 목사. 그는 1785년 6월 6일에 잉글랜드 도셋(Dorset) 블랜드퍼드(Blandford)의 솔즈베리스트리트(Salisbury Street)에서 포목상이자 단추 제조업자인 조셉 제임스(Joseph James)와 아내 새라 제임스(Sarah James)의 네 번째 자녀이자 맏아들로 태어났다. 새라가 블레이크 제독의 동생인 일반 침례교인의 후손이었음에도 불구하고, 부모는 블랜드퍼드 독립파 채플(Independent chapel)에 다닌 비국교도였다.

존 제임스가 받은 교육은 당시 시골 중산층의 특징을 그대로 보여 준다. 주간학교, 작은 기숙학교들(이들 중 하나는 장로교 목사 로버트 켈[Robert Kell]이 운영했는데, 다른 학교보다 훨씬 나은 학교였다)을 나오고 나서, 1798년에 풀(Poole)의 한 비국교도 포목상의 도제로 들어갔다. 비록 겉으로는 크게 드러나지 않았지만, 비국교가 큰 영향력을 행사한 다원적이고 혼합적인 자녀 양육이었다. 즉 아리우스주의와 감리교, 느긋한 아버지와 경건하게 기도하는 어머니, 재정적 어려움과 건강하지만 학문적이지는 않은 부적절한 동료들 사이의 갈등과 긴장이 있었다(그가 들창코 장로교인이라는 비난에 존 제임스는 주먹으로 맞섰다). 그는 굳건한 복음주의자가 되었다.

풀의 회중교회 채플은 존 제임스의 성장을 위한 도가니 같은 곳이었다. 거기에는 휫필드파(Whitfieldite), 고칼빈주의자(high Calvinist) 애쉬버너(Ashburner), 뜨거운 듀란트(Durant)의 서로 대비되는 사역이 있었고, 프롬의 시브리(Sibree of Frome)와 존 제임스의 미래 처남이 되는 리처드 케인즈(Richard Keynes)의 날카로운 설교도 있었으며, 존 제임스가 기도에 대한 확신을 배운 구두 수선공 존 풀(John Poole)이 마련한 비공식 젊은이 모임도 있었다.

구두 수선공 존 풀은 윌리엄 헌팅턴(William Huntington)과 동료인 재봉사 틸리(Tilley)의 영향을 받아 침례교인이 되었지만, 존 제임스는 굳건한 독립파 신자였고, 특히 마타이어스 모리스(Matthias Maurice)의 『사회적 종교의 실례』(*Social Religion Exemplified*, 1737)에 영향을 받았다. 풀에 있을 때 존 제임스는 아직 교회의 정식 회원이 되지도 못한 상태였지만, 주일학교에서 교사로 봉사하며 자신의 목회 소명을 확신하게 되었다. 아버지가 아들의 견습공 훈련을 중단시키고 다시 데려간 이후인 1802년에 존 제임스는 보그 박사의 고스포트아카데미(Dr Bogue's Gosport Academy)에 들어가, 로버트 홀데인(Robert Haldane)이 모금한 장학금을 매년 30파운드씩 받으면서 공부했다. 고스포트에서 그는 세례를 받고 교회의 회원이 되었다. 이 학교에 다니던 시절에 대한 기억은 복합적이었지만, 로버트 모리슨(Robert Morrison)과의 학창 시절 우정 덕에 그는 평생 해외선교, 특히 중국에 대한 관심을 유지할 수 있었다.

존 제임스는 첫 설교를 라이트 섬(Isle of Wight)의 라이드(Ryde)에서 했고, 1804년에는 버밍엄(Birmingham) 카스레인(Carrs Lane)에 있는 교회를 소개받아, 여기서 1805년에 목회를 시작한 후 1806년 5월 8일에 다섯 시간이나 걸린 안수예배에서 이 교회 목사로 공식 승인받았다. 그의 교단에 대한 충성심은 가족 내력이기도 했고 신앙고백적인 것이기도 했다. 남동생, 처남, 두 조카, 아내의 조카, 조카의 아들 모두 회중교회 목사가 되었기에, 가족의 친구들과 혈족들이 그를 버밍엄으로 데려온 것이었다. 그는 단추제조업자이자 카스레인교회 집사였던 조셉 핍슨(Joseph Phipson)과 결혼 관계를 통해 인맥을 형성했다. 그럼에도 불구하고, 버밍엄에서의 전망은 그리 밝지 않았다. 카스레인은 아직도 많은 교인들을 이끌고 떠난 제호이에이다 브루어(Jehoiada Brewer, 1752-1817)가 남겨 놓은 분열의 상처에서 회복 중이었다. 존 제임스는 남아 있는 노인들을 대상으로 목회하며 연봉 120파운드를 받았다. 진척은 거의 없었다. 좋은 목소리와 웅변 능력이 있다고 해서 부족한 교육으로 생긴 문제를 메울 수는 없었다. 그러다 변화가 왔다. 1812년에서 1813년 사이에 카스레인교회 건물을 수리하면서 교인들은 존 제임스의 이전 학교 교사였던 켈이 목회하는 올드미팅(Old Meeting)으로 옮겨 갔다. 이 이전은 홍보에 도움이 되었고, 카스레인교회도 성장하기 시작했다.

건물은 이제 800명을 수용할 수 있게 되었다. 1819-1820년에는 11,000파운드의 비용으로 재건축이 이루어졌다. 교인 수도 극적으로 증가했다. 1850년대에는 900명을 넘어섰다. 기부도 늘었다. 존 제임스가 목회하던 시기에 부자도 아니고 사회적으로 지위가 높지도 않은 회중들이 교회 개척을 위해 23,000파운드를 모금했다. 1851년에 1,900파운드의 지출이 이루어졌는데, 이는 교인당 매년 평균 2파운드씩을 기부한 금액이었다. 존 제임스의 자발적인 기부가 모범이 되었고, 그는 설교자와 저술가로 잉글랜드회중교회(English Congregationalism) 너머에까지 이름이 알려졌다.

성공은 교회가 올드미팅으로 잠시 옮겨 간 것이나 심지어 목사의 강단 설교 방식이 꾸준히 더 세련되어진 것 이상이었다. 존 제임스는 탁월한 목사가 되었다. 어떤 면에서 그는 권위적이고, 냉담하며, 무서울 정도로 가혹한 인물이었다. 젊은 시절에는 부끄럽게도 아마추어 '흉내극'(mimic play)과 선거 무도회에도 참여했다. 어른이 되어서는 그의 검소함이 신화가 되었다. 그는 연극, 소설, 심지어 오라토리오(oratorio, 주로 종교 주제를 합창 중심으로 편성한 성악극으로, 헨델의 '메시아'가 대표적-역주)의 공공 공연도 반대했다. 또한, 글래스고우, 프린스턴, 제퍼슨 등의 신학교와 대학교가 수여한 명예학위를 외부에 알리는 것도 거부했다.

다른 한편, 존 제임스는 즉각적인 신뢰가 가능한 사람이었다. 옛날의 그 견습 장인(tradesman)이 이제 전문가 중 전문가가 되었고, 두 차례의 두드러진 결혼으로 특권을 가진 인물이 되었다. 1806년 7월 7일에 결혼한 의사의 딸인 첫 아내 프랜시스 샬럿 스미스(Frances Charlotte Smith)는 그에게 집을 마련해 주었다. 두 번째 아내 애나 마리아 닐 베이커(Anna Maria Neale Baker)는 부유하고 인맥이 폭넓었다. 따라서 그는 재정적으로 독립했고, 해글리로우(Hagley Row)에서 살았다. 연봉은 1826년에 300파운드에 이르렀고, 런던의 한 예배당에서 온 1,000파운드를 거절하기도 했다. 따라서 그는 집사들의 목사였지 그들의 종이 아니었다.

집사들이 그의 권위를 인정했기 때문에 이들을 아버지와 형제로 간주한 존 제임스는 이들에게 무한 신뢰를 보내고 교회 일을 논의하기 위해 정기 모임을 가졌다. 이들 중에는 그의 남동생도 있었다. 카스레인교회가 주중에 관여하는 단체들이 많아지고 이들이 지도자가 되면서 교회가 책임져야 할 세속 및 교회일이 많이 늘어났다. 이 교회는 여성의 역할을 구체적으로 제한한다는 점에서 다른 회중교회들과는 달랐던, 남성이 더 많은 공동체였다. 존 제임스는 이 상황을 반대하지 않고 받아들였는데, 이는 그에게 남성과 여성의 '분리된 영역'이 있다는 독창적인 믿음이 있었기 때문이었다. 카스레인에서 여성의 책임은 적절한 영역에서 인정되고 합당한 역할이 주어졌다.

이런 안정은 존 제임스가 버밍엄에서 점점 더 명성이 높아지면서, 또 교회 생활에 대한 실천적인 글들을 써내면서 더 굳건해졌다. 엄격하고, 기질이 보수적인 청교도였기에, 그는 비국교도라는 사실도, 가장 중요한 원칙들을 고통스러울 정도로 적용하는 지속적인 헌신(consequent commitment)도 피해 갈 수 없었다. 지위보다 실력을 중요시하고 국교회 제도의 복잡함을 싫어했던 그는 꾸준하고 눈에 띄는 휘그당원(Whiggery)이었다. 압력 집단들을 싫어한 견고한 온건파 지도자인 존 제임스는 예상치 못한 연대 활동에 관여하기도 했다. 조셉 스터지(Joseph Sturge)에게 투표했고, 몇 년 후에는 존 브라이트(John Bright)에게 표를 던졌다. 1830년에는 급진 침례교인 F. A. 콕스(F. A. Cox)와 J. P. 머셀(J. P. Mursell)과 연합해서 성공회적이라고 판단되는 것들에 반대하는 운동을 펼쳤다.

1834년 런던에서는 비국교도연합위원회(Dissenters' United Committee)와 함께 로마를 싫어했음에도 불구하고 가톨릭 해방(가톨릭 신자의 신앙의 자유 및 평등-역주)을 지지했는데, 후에 1850년의 '교황 침략'(Papal Aggression, 1850년에 영국에 가톨릭 직제가 회복된 사건-역주)에 대한 반응 속에서 그가 얼마나 가톨릭교회를 끔찍하게 여기는지를 생생하게 묘사한 바 있다. 그러나 이 법이 평화와 주일성수, 금주, 노예제도 반대 등을 강화해 주기를 기대하며 법안에 대한 의혹을 떨쳐 냈다. 초기 복음주의의 이 모범적 인물에게서 비국교도 양심(A Nonconformist Conscience)이 자라나고 있었던 것이다.

존 제임스의 저작은 다양하다. 카스레인교회의 역사를 쓴 역사가의 말처럼, 카스레인교회에서는 '지도를 잘 받은 젊은 남녀, 훈련된 과부, 가정의 행복을 배운 가족, 조언을 듣고 깨어 있게 된 기독교인 교수, 해결된 분쟁, 조언을 들은 하인, 절제를 배운 조롱자'를 모두 볼 수 있었다 (A. H. Driver, *Carrs Lane 1748-1948*[Birmingham, 1948], pp. 44).

존 제임스의 『주일학교 교사 가이드』(*Sunday School Teacher's Guide*, 1819), 『기독교인의 교제 혹은 교회 회원 가이드』(*The Christian Fellowship or the Church Member's Guide*, 1822), 『교회에서의 성실함』(*Earnestness in Churches*, 1848)은 마타이어스 모리스(Matthias Maurice)의 세계를 제도적 교회 세계에 투사한 작품이었다. 『자서전』(*Autobiography*, 1864)은 유머 감각과 균형 감각을 갖춘 한 인간의 모습을 잘 드러내 주었다. 그는 또한 지평이 넓은 사람이었다. 영향력 있는 미국인 친구들과도 우정을 유지했고, 해외선교에도 관심이 깊었으며, 교파 지도자인 동시에 복음주의 전력가이기도 했다.

존 제임스의 독립교회적 신앙(Independency)은 본질상 회중교회적이었다. 그에게는 여러 권위 있는 회중교회에서 목회하는 친구들이 있었다. 바스(Bath)의 윌리엄 제이(William Jay), 우스터(Worcester)의 조지 레드퍼드(George Redford), 스테프니(Stepney)의 조셉 플레처(Joseph Fletcher), 하이베리(Highbury)의 윌슨 부부(Wilsons, 조슈아 윌슨 부인[Mrs Joshua Wilson]과 존 제임스의 아내 애나 마리아가 가까운 사이였다)가 이들이었다. 잉글랜드회중교회에서 그가 유명해진 계기는 1819년 5월 12일에 서리채플(Surrey Chapel)에서 열린 런던선교회 모임에서 행한 설교였고, 1831년 잉글랜드 및 웨일스 회중교회연합(Congregational Union of England and Wales)이 창설될 때, 또 1833년에 이 교단이 채택한 신앙, 직제, 교회치리선언문(Declaration of Faith, Order and Church Discipline)을 작성할 때 중요한 역할을 맡음으로써 한층 더 유명해졌다.

그는 회중교회연합의 1838년 회장이었다. 은퇴한 목회자의 생계를 위한 목회자은퇴연금(Ministers' Retiring Fund)을 일평생 추진했고, 1838년에 버밍엄 스프링힐(Spring Hill)에 세워진 신학대학 설립과 운영에 관여했다. 20년 동안 이 학교의 교육위원회 회장을 지냈고, 그의 조카 조셉 제임스(Joseph James, 1828-1875)는 1857년에 학교 건물들을 설계했다.

더 넓은 복음주의 세계에서의 명성을 든든한 토대로 둔 존 제임스의 확고부동하지만 실용적이었던 신학적 보수주의 덕에 교단 내 논쟁에서도 그는 비중 있는 중재자가 될 수 있었다. 『구원을 갈망하는 자, 지도와 격려』(Anxious Inquirer after Salvation, Directed and Encouraged, 1834)는 이 분야 고전이자 베스트셀러로, 6개 언어로 번역되었다. 1842년에서 1946년 사이에는 회중교회연합 결성에 결정적인 역할을 한 것과 유사하게 복음주의연맹(Evangelical Alliance) 결성에도 기여했다. 그는 복음주의연맹에서 회중교회 진영의 논리를 대변한 인물이었다.

1850년대에는 중재가 쉽지 않았다. 존 제임스는 일부에게는 이 교단이 고전적 복음주의로부터 신학적 자유주의로 전환한 것으로 보일 수 있는 '시내'(Rivulet)파와 데이빗슨(Davidson)파 논쟁에 휘말렸다. 카스레인교회는 여전히 사람들로 가득했지만, 더 이상 젊은이들이 찾는 교회는 아니었다(카스레인 주일학교에 5년간 있었던 세속주의자 G. J. 홀리요크[G. J. Holyoake]가 이 두드러진 실패에 가장 큰 책임이 있는 인물이었다). 그럼에도 존 제임스와 그의 실력 있는 동역자(1854년부터)이자 계승자였던 R. W. 데일(R. W. Dale)의 관계는 이들에게 큰 유익이 되었다. 데일은 신세대에 속한 사람이었지만, 그 역시 가장 중요한 원칙들을 적용한 존 제임스를 지지했다.

존 제임스는 1859년 10월 1일 토요일에 사망했다. 내무장관의 특별 명령에 따라 그의 몸은 카스레인교회 강단 아래 납골당에 묻혔다.

참고문헌 | R. W. Dale (ed.), *The Life and Letters of John Angell James: Including An Unfinished Autobiography* (London: James Nisbet, 1861); T. S. James (ed.), *The Autobiography of John Angell James…with Additions By His Son* (London: Hamilton Adams, 1864); A. Peel, *These Hundred Years* (London: Congregational Union of England and Wales, 1931).

C. BINFIELD

존 엘리어트(John Eliot, 1604-1690)

뉴잉글랜드청교도 선교사. 그를 존경하는 사람들에게서 그는 '인디언의 사도'(Apostle to the Indians)로 칭송받았다. 존 엘리어트는 허트퍼드셔(Hertfordshire)의 위드퍼드(Widford)에서 베닛 엘리어트(Bennett Eliot)와 레티 엘리어트(Lettye Eliot)의 아들로 태어났다. 1604년 8월 5일에 세인트존더뱁티스트교회(church of St John the Baptist)에서 세례를 받았다. 베닛은 에섹스(Essex)와 허트퍼드셔에 상당한 땅을 소유한 자작농이었다. 1618년 사순절 기간에 존 엘리어트는 케임브리지대학교 지저스대학(Jesus College)에 자비생(pensioner)으로 입학한 후 1622년에 학사를 받았다.

존 엘리어트가 잉글랜드에서 받은 목회 훈련과 경력에 대해서는 알려진 것이 별로 없다. 졸업 후 그는 얼마간 에섹스의 쳄스퍼드(Chelmsford) 근교 리틀배도우(Little Baddow)의 한 학교에서 관리인으로 일했는데, 당시 이 학교의 교장이 유명한 청교도 토마스 후커(Thomas Hooker)였다. 존 엘리어트가 비국교도 성향으로 기울게 된 배경이 바로 여기에 있었던 것 같다. 결국 이후 1631년에 존 엘리어트는 뉴잉글랜드 보스턴으로 가기 위해 **더 라이언**(The Lyon)호에 올랐다. 그가 잉글랜드에서 안수를 받았는지 아닌지 분명하지 않음에도 불구하고, 1631년에 보스턴(Boston) 제일교회(First Church)에서 임시 '목회자'(minister)로 쉽사리 받아들여진 것을 볼 때, 아마도 그는 안수 받은 목사였던 것 같다.

1632년에 존 엘리어트는 제일교회 존 윌슨(John Wilson) 목사의 조력자로 일해 달라는 요청을 거절했는데, 윌슨이 잉글랜드를 방문하는 동안 존 엘리어트가 윌슨의 자리를 대신 맡고 있었다. 청빙을 거절하는 대신, 존 엘리어트가 선택한 자리는 록스베리(Roxbury)의 회중교회(Congregational Church)의 초대목사직이었는데, 1632년에 위임받은 후 죽을 때까지 58년간 이 자리를 지켰다. 그 와중이던 1632년 10월, 그는 약혼자를 따라 보스턴까지 왔던 해너 멈퍼드(Hanna Mumford)와 결혼했다.

리처드 매더(Richard Mather)와 토마스 웰드(Thomas Weld)와 함께 존 엘리어트는 시편을 영어로 번역하고 이들을 『베이 시편 책』(Bay Psalm Book, 1640)이라는 제목으로 출판했는데, 이 책은 미국에서 출판된 최초의 책이 되었다. 록스베리에서 15년간 목회한 후인 1646년에 존 엘리어트는 목회의 새로운 장을 열었다. 그의 첫 미국 원주민 전도 시도는 노넌텀(Nonantum, 매사추세츠[Massachusetts] 뉴턴[Newton] 근교)에서 워번(Waban)이라는 이름의 추장의 천막에서 1646년 10월 28일에 이루어졌다. 약한 시간 정도 전한 설교는 인간의 타락, 그 결과인 하나님의 우주적 진노, 그리스도를 통한 은혜로운 화해 요청에 집중되었다.

케임브리지(하버드대학교, MIT 등이 위치한 보스턴 북부 지역-역주)의 목사 토마스 셰퍼드(Thomas Shepard), 다니엘 구킨(Daniel Gookin), 보스턴교회 목사 존 윌슨이 이 자리에 존 엘리어트와 함께 있었다. 메사추세츠베이(Massachusetts Bay) 청교도들이 원주민사역에 헌신되어 있기는 했었지만, 존 엘리어트가 원주민에게 간 것은 그가 원주민들의 마케도니아 요청(Macedonian call, '건너 와서 우리를 도우라'[행 16:9]-역주)에 대한 응답으로 식민지 정부의 파견을 받아서도, 록스베리교회의 파송을 받아서도 아니었다.

격주로 미국 원주민들에게 가서 전한 복음에 풍성한 열매가 열렸다. 모임이 있을 때마다 그는 먼저 어린 아이들에게 교리를 가르친 후, 설교하고, 마지막으로 설교와 기독교 신앙 관련 질문을 받았다. 원주민을 기독교화하려고 노력하면서, 존 엘리어트는 포와우들(powwows, 무당에게 치료를 요청하는 것)을 버리고, 안식일을 지키며, 정착 생활을 하라고 권고했다. 1652년에 첫 신앙고백자들이 나왔다고 존 엘리어트의 동료들이 기록을 남겼고, 1659년에는 록스베리교회(Roxbury Church) 장로들 앞에서 신앙을 만족스럽게 고백한 원주민 여덟 명이 교인으로 받아들여졌다.

원주민에 대한 더 체계적인 기독교화 시도는 1651년 8월 6일에 '기도 마을'(praying town)이라 공통적으로 불리던 원주민 자치 민간 정부가 만들어진 매사추세츠 네이틱(Natick)에서 시작되었다. 이 마을은 성경에 나온 출애굽기 18장의 전례(백부장 1인, 오십부장 2인, 십부장 10인 선정)를 따라 세워졌고, 상호 언약도 맺었다. 필립왕의 전쟁(King Philip's War, 1875-78년에 원주민과 뉴잉글랜드 정착민들 사이에 벌어진 제1차 인디언전쟁-역주) 발발 직전인 1675년에는 '기도 마을' 열 넷이 존 엘리어트의 지칠 줄 모르는 끈기 있는 사역의 결과로 세워졌다.

그가 가장 열심히 선교에 매진하던 때에는 뉴잉글랜드에 대략 3,600명의 미국 원주민 기독교인이 있었다. 잠재적인 영역, 경제, 도덕적 갈등이 일어나지 않도록 기도 마을은 의도적으로 잉글랜드 정착자들뿐만 아니라 '기도 마을에 속하지 않은' 미국 원주민들과도 멀리 떨어진 지역에 세워졌다. 이들은 삶과 신앙과 정책 모두에서 신정주의적이고 하나님 중심적이라고 스스로 고백했다. 여러 원주민 마을에서 격주로 설교하는 사역에 더하여, 존 엘리어트는 원주민 전도자와 지도자를 훈련시켰다. 그는 토착 목사들이 장기 원주민사역을 유지하는 데 가장 잘 알맞은 사람들이라고 확신했다. 1690년이 되면 24명의 훈련된 미국 원주민 설교자들이 자신들의 공동체를 위해 봉사했다.

비록 존 엘리어트가 원주민 기독교인들에게 오직 믿음을 통해 은혜로 받는 칭의를 강조했음에도 불구하고, 그가 동시에 주저 없이 주장한 것은 칭의의 믿음은 결코 혼자 설 수 없으며, 믿음의 열매, 즉 성화를 동반해야 한다는 것이었다. 따라서 '율법의 제3의 용도'(the third use of the law)에 대한 칼빈(Calvin)의 가르침을 따라, 존 엘리어트는 안식일과 십계명 준수가 신앙을 점검하는 기준이라고 주장했다. 다른 뉴잉글랜드청교도 목사들처럼 그 역시 칼빈주의 신학을 따랐지만, 미국 원주민 대상의 설교에서는 하나님께서 인간의 죄 문제를 해결하기 위해 제공하신 해결책이라고 그가 믿은 것이 얼마나 단순하고 경이로운 것인지를 상세히 설명했다.

존 엘리어트의 많은 작품들이 정신적으로 재정적으로 잉글랜드에 있는 친구들, 특히 1649년에 장기의회(Long Parliament)의 후원으로 설립된 뉴잉글랜드의 복음전파협회(Society for the Propagation of the Gospel)에 소속된 친구들의 후원을 받았다. 뉴잉글랜드회사(New England Company) 설립 초기에 존 엘리어트는 그의 원주민사역을 지원하는 잉글랜드 후원자들에게 12,000파운드 이상을 지원 받았다.

존 엘리어트의 사역을 비판하고 반대한 사람과 환경은 크게 세 영역에서 나왔다. 원주민 무당들은 축사와 치료를 통해 얻었던 특권과 수입을 잃었다. 일부 성직자를 포함한 잉글랜드 정착자 일부는 원주민들을, 특히 그들의 인간성과 영혼을 소름끼칠 정도로 낮게 평가했고, 이들이 하나님의 일을 정말로 할 수 있다는 존 엘리어트의 말을 의심했다. 언어의 장벽과 의지 있고 실력 있는 전도자의 부재도 넘어서기 힘든 도전이었다.

존 엘리어트의 원주민 복음화 열정은 그들에게 성경을 가져다주고 싶은 그의 소망과 잘 어울렸다. 성경 없이는 참되고 생동감 있는 신앙이 자랄 수 없다고 믿었기 때문이다. 신학 고전어(그리스어, 라틴어, 히브리어)를 잘 배운 존 엘리어트는 성경번역에 필요한 재능과 인내를 모두 잘 갖추었다. 그는 도체스터(Dorchester)에서 집안의 하인이던 롱아일랜드의 코케누(Cockenoe of Long Island)와 함께 45살의 나이에 알곤킨(Algonquian) 언어 공부를 시작했다. 이 전에 알곤킨어로 된 문건이 출판된 적도, 문법서도 없었다. 결국 1663년, 알곤킨어로 된 성경 초판이 출판되었는데, 이는 미국에서 출판된 첫 성경이었고 뉴잉글랜드의 복음전파협회가 거의 모든 재정을 다 댔다.

존 엘리어트의 원주민 성경 이전에는 요리문답이 1653년에 먼저, 그 다음 1658년에 시편 선집이 출판된 적이 있었다. 대부분의 초판 인쇄본은 필립왕의 전쟁(1675-1677) 기간에 다 파괴되었기에 2판 인쇄가 필요했다. 뉴잉글랜드회사가 이 엄청난 작업에 들어갈 재정을 지원하기를 주저하고, 일부 뉴잉글랜드 목사도 지치지 않고 이 사역을 비난했지만, 결국 2판이 1685년에 나왔다. 이것은 존 엘리어트가 남긴 사역의 마지막 주요 이정표였다.

존 엘리어트는 리처드 백스터의 『회심』(Call to the Unconverted, 1664)과 루이스 베일리(Lewis Bayly)의 『경건의 실천』(Practice of Piety, 1665) 같은 잉글랜드 목회신학자들의 작품을 번역하여 배포하기도 했다. 그는 또한 『기독교 공화국』(The Christian Commonwealth, London, 1659)도 썼는데, 인디언사역의 주요 동기였던 그의 종말론을 설명한 책이었다.

원주민이 믿는 신앙이 무엇이냐와 관계없이 모든 원주민에 대한 잉글랜드 정착자들의 적대감이 극에 달한 필립왕의 전쟁 기간에 존 엘리어트의 선교사역은 첫 번째 큰 위기를 겪었다. 존 엘리어트의 저항에도 불구하고, 1675년 10월에 보스턴총회는 '기도하는 인디언들'(praying Indians, 기도 마을에 정착한 원주민들-역주)을 보스턴 항구의 디어아일랜드(Deer Island)로 이주시키라는 명령을 내렸다. 원주민들이 1677년에 풀려나자, 존 엘리어트는 '기도하는 인디언들'의 이미 죽어 버린 신앙을 되돌아오게 하려고 노력했다. 기도 마을 네 군데가 다시 세워졌지만, 필립왕의 전쟁 이후에는 원주민 선교가 결코 이전의 열정을 회복하지 못했다.

존 엘리어트가 리처드 백스터, 로버트 보일 같은 그의 잉글랜드 친구들, 후원자들과 주고받은 현존하는 많은 편지를 보면, 원주민 선교의 진행 사항과 더불어, 이 사역이 맞닥뜨린 재정, 교회, 신학 문제들에 대한 도움이 될 만한 통찰들이 많다. 이에 더하여, 잉글랜드 기독교인들에게 보낸 존 엘리어트의 많은 편지들은 1648년과 1675년 사이에 '인디언 소책자'(Indian tracts) 시리즈로 출판되었다.

존 엘리어트는 그가 살았던 시대와 문화에서 태어난 사람으로서, 자주 잉글랜드의 규범과 기독교의 규범을 혼동하며 동일시했다. 이런 혼돈이 오늘날 역사가들의 관점에서는 위급하고 비극적인 결과를 가져온 원인이었다. 그럼에도 불구하고, 미국 원주민에 대한 그의 애정에는 의문의 여지가 없다. 존 엘리어트는 1690년 5월

20일에 록스베리의 목사관에서 사망한 후 교구 무덤에 묻혔다. 아내 해너는 남편보다 3년 먼저 죽었는데, 그는 여섯 자녀 중 다섯보다 더 오래 살았다. 그가 남긴 마지막 말은 '기쁨, 그대를 환영하오'(Welcome, Joy)였다.

참고문헌 | R. Cogley, *John Eliot's Mission to the Indians Before King Philip's War* (Cambridge: Harvard University Press, 1999); S. Rooy, *The Theology of Missions in the Puritan Tradition* (Delft: D. Meinema, 1965); O. E. Winslow, *John Eliot 'Apostle to the Indians'* (Boston: Houghton Mifflin, 1968).

P. C-H. LIM

존 오스왈드 샌더스(John Oswald Sanders, 1902-1992)

선교책임자이자 저자. 그는 웨일스(Welsh) 출신의 학구적인 사무원이자 도서 판매자였던 알프레드 샌더스(Alfred Sanders)와 뉴질랜드 더니든(Dunedin) 출신의 음악적인 재능을 가지고 있지만 정서가 불안정했던 마가렛 멘지스 밀러(Margaret Menzies Miller)의 아들로 태어났다. 1902년 10월 17일에 인버카길(Invercargill)에 있는 본가에서 출생하여 사우스랜드남자고등학교(Southland Boys High School)에 다녔다. 16세의 나이에 프레더릭 홀 존스(Frederick Hall-Jones)의 법률사무소에 직원으로 취직했고, 평생교육원에서 법학 공부를 하여 1922년에 학위를 취득했다. 그는 이 법률사무소에서 근무하면서 밑바닥부터 사무 능력을 착실히 쌓아 나갔다.

샌더스의 가족은 오타고(Otago)와 사우스랜드의 스코틀랜드 정착지에서 부흥하던 뜨거운 초교파 복음주의 신앙 전통에 속해 있었다. 그들은 인버카길에서 형제단 모임에 출석했으며, 중국내지선교회(China Inland Mission, CIM)의 남섬(South Island) 위회에 참여했으며, 케직사경회(Keswick Convention)를 본 따서 사우스오타고의 푸나위어(Pounawea)에서 열린 연례 부흥집회에 빠지지 않고 참석했다. 그렇기 때문에 샌더스는 중국내지선교회의 영성을 자연스럽게 습득했다.

그는 1911년 어린 시절에 회심을 경험했지만, 그의 인생의 전환점이 된 것은 1921년에 크리스마스 지나고 한 주 동안 열린 푸나위어집회에서 선교에 헌신하겠다고 결단했던 사건이었다. 이 결단의 사건이 있은 이후 그는 홀존스 법률사무소의 파트너 변호사 자리를 포기했다. 그리고는 조셉 켐프(Joseph Kemp)가 오클랜드에 설립한 성경훈련학교(Bible Training Institute)에 입학하여 남아메리카 선교를 위한 준비를 했다.

그러나 아버지가 갑자기 사망하고 가족의 생계를 책임져야 하는 상황이 오자 그는 학업을 중단할 수밖에 없었다. 그는 더니든으로 이주하여 복음주의 평신도 설교자이자 유명 변호사였던 존 윌킨슨(John Wilkinson)에에게 채용되어 일을 시작했다. 샌더스는 윌킨슨에게서 복음주의 신앙을 배웠다. 1926년에 성경훈련학교의 현장 대표가 되어 달라는 요청을 받았고, 이듬해에는 이 기관의 서기와 회계로 임명된 후 온 가족이 오클랜드로 이주했다. 1931년 12월 19일에 캔터베리 오미히(Omihi) 출신의 과수원 농부의 딸 이디스 메리 돕슨(Edith Mary Dobson)과 결혼했다. 샌더스 부부는 1936년 9월 21일에 존 윌버 샌더스(John Wilbur Sanders)라는 아들을 얻었다.

샌더스는 급속히 성장하던 성경훈련학교에서 학생들을 가르치고 행정 관련 일을 처리하는 데 온 힘을 기울였다. 그러다 1931년에 C. J. 롤스(C. J. Rolls)의 뒤를 이어 교감에 취임했다. 1933년에 켐프가 사망하자 교장으로 취임한 후 자신이 가지고 있던 기독교 행정 재능을 이용하여 이 학교를 효과적으로 운영했다. 샌더스는 학교를 발전시키는 일 외에는 다른 일에 전혀 시간을 사용하지 않았다. 그는 총무로, 감독으로, 학교의 모든 행정을 전방위로 담당했다.

그는 학교를 빈틈없이 운영했고, 젊은 학생들을 잘 관리했다. 기독교 교리를 판단하기보다는 이를 조직화해서, 기독교 가르침을 고도로 체계적으로 요약한 내용을 주제별로 정리한 체계적인 교사였다. 성경훈련학교 이사진을 설득하여 기독교 서점을 만들고, 매주 전도 예배를 주관했으며, 연례 응가루이와히아기독사경회(Ngaruawahia Christian Convention)를 지원하고, 또 정기적으로 참석하여 설교하기도 했다. 그는 여러 선교단체들의 활동을 지지했으며, 연합마오리선교회(United Maori Mission)가 1936년에 결성되는 데 큰 역할을 감당했다. 그는 수많은 사역으로 인해 지치고 쓰러지기 직전이었지만, 믿음과 상식으로 버텨 냈다.

샌더스는 열정적이면서도 가식이 없고 실력 있는 설교자였다. 그의 명성은 곧 오스트레일리아 전역으로 퍼져 나갔다. 1946년 3월에 그는 멜버른에 본부를 둔 중국내지선교회의 오스트레일리아 대표로 추대되었다. 강직함과 단호함, 현명한 정책 결정 능력으로 인해 그는 가장 유능한 지역 대표로 인정받기 시작했다. 1954년 당시 세계에서 가장 규모가 컸던 중국내지선교회 선교사들이 중국으로부터 추방당하게 되면서 이 선교회는 큰 위기를 겪게 된다.

선교회는 이 위기를 타개하기 위해 새로운 총대표를 세우기로 결정했는데, 결국 샌더스가 그 역할을 맡게 되었다. 샌더스는 중국내지선교회를 재편하여 해외선교회(Overseas Missionary Fellowship, OMF)를 출범시켰다. 싱가폴이 활동 본부가 된 그는 현명함과 주도면밀함, 다른 이들의 의견을 경청하는 능력으로 인해 복음주의 진영에서 세계적인 지명도를 얻게 되었다. 그는 선교사들과 선교전략들을 정밀하게 재검토했다. 그는 현실에 기반을 굳게 두고 사역한 선교정치가였다.

샌더스는 해외선교회를 이끈 시기에 저자로서도 명성을 쌓기 시작했다. 1920년대에 성경훈련학교의 잡지인 「더 리퍼」(The Reaper)에 글을 기고하기 시작했고, 곧 주로 신앙 생활과 기독교 지도자가 되기에 필요한 자질에 대한 책을 서술하기 시작했다. 경건 생활과 성경 주제들에 대한 책 약 32권을 썼고, 23개 언어로 번역된 책들까지 포함하여 총 2백만 권이 넘는 출판물이 배포되었다. 이들은 모두 실천적 영성, 직설적이고 건전한 믿음에 대한 책들이었다.

1969년에 오클랜드에서 은퇴한 후 샌더스는 전 세계 기관들로부터 강연 요청을 받았다. 그렇게 삶의 마지막 순간까지 전 세계를 다니며 청중에게 영감을 주었다. 그의 첫 번째 아내는 1966년 9월 25일에 멜버른(Melbourne)에서 암으로 투병하다 숨을 거두었다. 샌더스는 그 후 성경훈련학교 창립자인 켐프의 딸 메리 밀러(Mary Miller)와 재혼했다. 그녀는 1972년 12월 12일에 사망했다. 샌더스는 뉴기니의 반즈(Banz) 소재 기독교지도자훈련대학(Christian Leaders Training College) 총장으로 2년간 재직했다. 그는 1980년에 여왕 탄신 기념으로 수여하는 국가 공로자 명단에 올라 대영 제국 4등

훈장을 수여받았고, 1992년에는 뉴질랜드성경대학(Bible College of New Zealand)에서 명예박사학위를 받았다. 그는 명예박사를 수여받은 지 얼마 되지 않은 같은 해 10월 24일에 숨을 거두었다.

친구들로부터 제이오(J. O.) 혹은 오시(Ossie)라 불렸던 샌더스는 상식과 지혜의 사람이었다. 그는 감정에 치우치지 않았으며, 소박했음에도 자연스런 지도자였다. 그는 어렸을 때부터 수줍음이 많았지만, 두 번째 아내가 사망한 후에야 그 성격을 이겨 냈다. 날카롭게 꿰뚫어 보는 눈을 가진 키 큰 남자, 명쾌하고 잘 정돈된 지성의 소유자였던 샌더스는 참으로 예리한 설교자, 조직가, 상담자였다.

탈식민지 세계에서 살았던 다른 누구보다도 미국 복음주의에 대해 보다 정확한 이해를 하고 있었던 덕에 샌더스는 해외선교협회(OMF)에서도 그 지도적 역할을 훌륭히 감당할 수 있었다. 설교자로서 샌더스에게 가장 흥미로운 주제는 구약에 등장한 갈렙의 삶이었다. 갈렙은 자기 삶의 마지막 순간까지 산지 정복을 위해 끊임없는 노력했던 사람이었다. 샌더스는 뉴질랜드 및 세계 각지에서 경건 생활과 선교적 소명이 연결된 복음주의를 보존하기 위해 많은 일을 한 인물이었다.

참고문헌 | R. and G. Roberts, *To Fight Better: A Biography of J. Oswald Sanders* (Crowborough: Highland Books/OMF, 1989); J. O. Sanders, *This I Remember* (Eastbourne: Kingsway Publications, 1982).

P. J. LINEHAM

존 오웬(John Owen, 1616-1683)

잉글랜드의 신학자. 그는 의심할 바 없이 잉글랜드청교도운동의 가장 뛰어난 신학자일 뿐만 아니라, 당시 가장 위대한 유럽 개혁파 신학자 중 한 사람이었다. 또한, 아마도 잉글랜드가 배출한 가장 훌륭한 신학적 지성의 소유자라 할 수 있을 것이다. 존 오웬은 1616년에 옥스퍼드 근교 스태드햄프턴(Stadhampton)에서 청교도에 공감하던 교구 목사 헨리 오웬(Henry Owen)의 두 번째 아들로 태어났다.

비록 10살의 나이에 퀸스대학(Queen's College)에 들어가 공부할 준비를 하면서 옥스퍼드의 올세인츠(All Saints) 교구의 문법학교를 다녔다는 기록이 있기는 하지만, 그 외의 존 오웬의 어린 시절에 대해서는 거의 알려진 바가 없다. 존 오웬은 1631년 11월 4일에 옥스퍼드대학교(Oxford University)에 등록했으며, 1632년 6월 11일에 학사학위를 받고 졸업했다.

옥스퍼드에서의 존 오웬의 학생 시절은 더 많은 시간 동안 공부하기 위해 하루에 4시간만 자는 등 매우 엄격한 자기 통제로 특징지을 수 있다. 또한, 존 오웬은 노는 것에서도 똑같이 경쟁적인 태도를 가졌다. 그 결과 플롯을 잘 연주했을 뿐만 아니라, 창던지기와 멀리뛰기 등에서도 뛰어난 실력을 보였다. 1635년 4월 27일에 석사학위를 받고 졸업했으며, 얼마 뒤 부제로 임명되었고, 7년간의 신학사학위 과정을 시작했다.

옥스퍼드에 있는 동안 그를 가르친 선생은 반(反)알미니안주의 철학자였던 토마스 발로(Thomas Barlow)였는데, 토마스의 형이상학은 젊은 존 오웬의 사고 형성에 중요한 영향을 주었음이 입증되었다.

로드 대주교(Archbishop Laud)와 그의 지지자들의 영향력이 대학교 내에서 커짐에 따라, 존 오웬은 옥스퍼드를 떠나서 버크셔(Berkshire)의 러블리스 경(Lord Lovelace)인 존(John)의 집에 머물렀다. 1642년에 전쟁이 발발하자, 존 오웬은 런던으로 이주했다. 러블리스 경은 왕당파(Royalist)였기에, 그와는 정치적 성향이 달랐던 존 오웬은 그와 함께 편하게 머물 수 없었다.

이때 즈음에 존 오웬은 유명한 에드먼드 칼라미(Edmund Calamy)의 설교를 듣기 위해 알더만베리채플(Aldermanbury Chapel)에 갔다. 그러나 문제의 그 날에 칼라미는 그 자리에 없었고, 존 오웬이 그 이름을 기억하지 못하는 어떤 대체 설교자가 마태복음 8:26을 놓고 설교했다. 처음에 존 오웬은 칼라미가 없다는 것에 깊이 실망했지만, 그럼에도 존 오웬의 삶에서 그 날의 설교는 일종의 회심의 경험으로 그를 이끌었다. 그때부터 존 오웬은 하나님의 사랑 및 그가 하나님의 자녀로 입양되었다는 새로운 확신을 누리며 살았다. 이제 존 오웬의 청교도적 헌신은 그의 남은 생애를 이끌게 될 활력 넘치고 체험적인 경건과 결합되었다.

1642년 3월에 존 오웬의 첫 저술 『알미니안주의 해설』(*A Display of Arminianism*)이 출판되었다. 이 작품은 존 오웬이 날카로운 논쟁 기술, 당대 신학에 대한 확고한 지식, 철학에 대한 빈틈없는 이해를 분명하게 갖고 있음을 증명했다. 존 오웬은 당대 알미니안주의자들을 인용할 뿐만 아니라, 교부 시대, 중세, 당시의 가톨릭 저자들의 작품에 이르기까지의 폭넓은 이해를 보여 주었다. 그의 지성과 독서의 보편성은 이미 분명했다. 이 책은 그를 신학계의 유명인사로 만들어 주었으며, 출판 이후 얼마 안 되어서 존 오웬의 저술의 헌정 대상이었던 종교위원회(Committee of Religion)는 존 오웬이 에섹스(Essex)의 포댐(Fordham)에 거주할 수 있게 허락했다. 여기서 존 오웬은 첫 아내 메리 루크(Mary Rooke)와 결혼했다. 이후 그녀와의 사이에 11명의 자녀를 두었지만, 그들 모두 아버지보다 먼저 사망했으며, 오직 하나만 성인이 될 때까지 살았다.

존 오웬은 1646년까지 포댐에 머물렀다. 목사를 임명할 수 있는 권한이 후원자(patron)에게 되돌아가게 된 뒤, 후원자가 다른 사람을 목사로 임명했기 때문이었다. 그러나 존 오웬은 떠나기 직전인 1646년 4월 29일에 의회에서 설교해 달라는 요청을 받았다. 이 초청은 그 시대 정치에 존 오웬이 중요하고도 오래도록 공적 역할을 하게 되는 계기가 되었다.

1646년 말 존 오웬은 코기셜(Coggeshall)의 세인트피터스(St Peter's)에서 목회를 하게 되었다. 거의 비슷한 시기에 그는 존 코튼(John Cotton)의 책 『왕국의 열쇠들』(*The Keys of the Kingdom*)을 읽었는데, 그 결과 존 오웬은 장로교 교회 정치보다는 독립교회의 교회 정치에 대한 입장이 바르다고 확신하게 되었다. 존 오웬은 같은 장소에서 회중교회 전통을 따르는 한 교회로 모이면서도, 동시에 세인트피터스교회에서 목회를 지속했다. 17세기 중엽의 상황에서, 존 오웬이 독립교회를 확신하게 된 사건은 극히 중요했는데, 이는 그를 청교도 내부에서도 정치적으로 더 급진적인 진영에 위치시키는 일이었기 때문이다. 이런 존 오웬의 입장은 이후 그와 올리버 크롬웰(Oliver Cromwell)과의 관계에서 중요해진다.

관용에 대해 다루는 그의 저술들에서도 잘 나타나듯이, 존 오웬의 정치적 급진주의야말로 그가 찰스 1세가 처형된 바로 다음 날인 1649

년 1월 31일에 의회에서 설교하도록 초청을 받은 이유임에 분명하다. 그 날의 존 오웬의 설교는 인기가 많았기에, 그 결과 같은 해 4월 19일에 하원(Commons)에서 설교하기 위해 존 오웬은 다시 수도로 돌아왔다. 그때의 회중 중에 올리버 크롬웰(Oliver Cromwell)이 있었는데, 그는 존 오웬의 예언자 같은 분위기를 좋아했다. 결국 크롬웰은 지금은 악명 높은 그 아일랜드 원정을 떠날 때 존 오웬을 종군 목사로 임명하여 데리고 갔으며, 이후 옥스퍼드대학교 부총장(vice-chancellor)으로 임명했다(1651-1657). 이 기간에 존 오웬은 당시 부상하던 있던 소시누스주의(Socinianism)의 위협에 맞서는 데 온 힘을 쏟았다. 이는 당시 잉글랜드의 중요한 소시누스주의자 존 비들(John Biddle)의 작품들을 논박하기 위해 특별히 정부로부터 위탁을 받아 저술한 두꺼운 책 『복음 변호』(*Vindiciae Evangelicae*)에도 잘 나타난다.

1657년에 강한 공화주의 성향을 갖고 있던 존 오웬은 호민관 크롬웰(Protector Cromwell)이 왕위 제안을 고려하는 것을 보고 그와 사이가 멀어지게 되었다. 존 오웬은 부총장직에서 사임했으며, 그 다음해에 열린 크롬웰의 장례식에서도 어떤 역할도 맡지 않았다. 그러나 바로 그 같은 해에 존 오웬은 토마스 굿윈(Thomas Goodwin) 및 다른 사람들과 함께 사보이선언(Savoy Declaration)을 작성하는 데 참여했다. 이 선언문은 본질상 (장로교 문서인-역주) 웨스트민스터 신앙고백서를 독립교회에 맞게 수정한 문서였다.

1660년에 왕정복고가 이루어지면서, 존 오웬은 다른 독립교회 및 장로교회 신자들과 함께 자신이 잉글랜드에서 영향력을 상실하고 있음을 절감했다. 1662년의 통일령(Act of Uniformity) 통과와 함께, 국교회 내에의 목회도 끝이 났다. 그럼에도 불구하고, 존 오웬은 계속해서 궁정에서 다소간의 영향력을 행사했다. 예를 들어, 찰스 2세(Charles II)는 때로 가난한 사람들에게 나누어 주라고 존 오웬에게 돈을 주기도 했다. 그 결과 존 오웬은 왕이 제정한 반(反)청교도 법률이 가져온 가장 가혹한 결과로부터 어느 정도 보호받았다. 또한, 존 오웬은 자신보다 더 불운했던 비국교도들에게 약간의 도움을 줄 수도 있었다.

성직자로서의 존 오웬의 소속이 독립파였고, 그의 저술들이 경이로운 교리적 정확성으로 명성을 얻었던 반면, 17세기 당시 정통의 개념은 자주 청교도에게 돌려지는 인식보다는 다소 폭이 넓었음을 기억해야 한다. 즉 존 오웬의 저작들은 1689년의 정치 상황 속에서 구현된 관용에 대한 여러 사상으로 이동하고 있던 한 신학자의 저술들이었다. 게다가 1662년 이후 국교에 반대하는 비국교도 연합 전선을 위한 신학적 기초를 찾으려는 시도 속에서 존 오웬이 백스터(Baxter)와 함께 만났을 때, 명료한 삼위일체적 신조의 사용을 둘러싼 이슈로 둘 간의 조정이 결렬되었다. 백스터는 사도신경으로 충분하다고 믿었으나, 존 오웬은 이에 동의하지 않았다. 둘 사이의 간격은 메우기에는 너무 컸기에, 결국 협상은 실패하고 말았다.

존 오웬은 넓은 범위에서의 교회 정치에서 어떠한 역할도 맡지 않겠다고 거절한 후 성령과 히브리서에 대한 대작 신학 저술을 집필했다. 이 저작들은 그의 말년의 위대한 유산으로 여겨진다. 이 저술들의 19세기 판(edition)에서는 성령에 대한 저술은 두 권으로, 히브리서에 대한 저술은 일곱 권으로 편집되어 출간되었다. 이들은 각각 히브리서 주석과 성령론의 역사에서 중요한 기여를 한 작품들이다.

존 오웬의 신학을 '청교도적'이라고 묘사하는 것은 이를 명료하게 하는 것만큼이나 동시에 이를 모호하게 만든다. 부분적으로는 이 용어 안에 문제들 때문이다. '청교도주의'는 정의하기가 매우 어려운 것으로 악명 높으며, 아마도 잉글랜드국교회(Church of England) 내에서 1662년 이전 시기에 좀 더 개혁파적인 교회가 정착되어야 한다고 주장하고, 체험적 경건(experiential piety)을 소망했던 이들에 한정하는 것이 가장 좋은 정의일 것이다. 이 정의에 따르면, 존 오웬은 당연히 순전한 청교도지만, 또한 그는 더 넓은 범위의 유럽 개혁파 신학운동의 일원이기도 했다.

잉글랜드에서 존 오웬은 종교개혁의 신학에 정확한 틀을 제시하고, 개혁의 첫 열정이 죽어버린 이후 시기에 이단과 로마 가톨릭의 공격에 맞서 이를 방어하려고 한 개혁신학자들의 전통, 즉 개혁파 정통의 정말로 탁월한 대변자였다. 따라서 존 오웬의 신학은 교부 시대부터 중세 시대를 거쳐 종교개혁과 그 이후의 시기에 이르기까지, 뛰어난 교회의 신학자들과의 대화 속에서 발전했다. 예를 들어, 그의 기본 형이상학은 토마스 아퀴나스(Thomas Aquinas)의 사상에 스코투스학파(Scotistic)의 특정 수정 요소를 참고하여 적용한 것이다.

죄, 은총, 예정론에 대한 그의 사상의 틀은 어거스틴(Augustine)의 저작을 연상시키지만, 중세의 반(反)펠라기우스주의(anti-Pelagian) 전통과 당시의 가톨릭교회 내부의 얀센주의자들(Jansenist)의 저작들에서도 적절한 요소들을 참고했다. 그의 작품들에 등장하는 참고문헌과 그가 여백에 쓴 글, 그의 도서관 장서들(사후의 경매 카탈로그인 『오웬 장서』[Bibliotheca Oweniana]에 나와 있다)은 모두 그가 다양한 독서 취향을 지녔으며, 여러 다양한 주제에 대해 방대한 지식을 가졌다는 사실을 잘 보여 준다. 존 오웬은 또한 지역 청교도 진영에서 지적인 인물이었던 것처럼, 넓은 유럽 신학의 배경에서도 그만큼 지적인 인물이었다.

이 전통에 존 오웬이 진정으로 기여했다고 할 수 있는 부분으로는 삼위일체론과 속죄론, 기독론을 들 수 있다. 1640년대와 1650년대에 잉글랜드 내에서 등장한 소시누스주의와 싸워야 하는 크나큰 필요성에 도전을 받은 존 오웬은 이와 밀접한 관련이 있는 많은 저술을 썼다. 그중 가장 유명한, 혹은 악명 높은 저술은 1647년에 작성된 『그리스도의 죽음 안에서의 죽음의 죽음』(The Death of Death in the Death of Christ)이다. '제한속죄'를 주장한다고 오늘날에 종종 희화화되는 이 저술은 성육신과 속죄를 위한 하나님의 내적 삼위일체에 대한 광범위한 해설인 동시에, 갈보리 사건을 이해하기 위한 구약 희생제사의 의미를 설명하려고 시도했다.

실제로 이 논문의 주장을 묘사하는 표현으로는 '제한속죄'보다는 '특별구속'(particular redemption)이 더 낫다. 존 오웬의 관심은 그리스도의 죽음이 구원을 가능하게 했는지 아니면 실현시켰는지 단순히 묻는 것이었다. 존 오웬은 후자를 주장했으며, 그리스도의 죽음은 중재자로서의 그의 직임에 근거한 대제사장직의 일부라고 보았다. 그렇기에 그리스도의 죽음과 그 죽음으로 드린 제사는 그리스도의 중재자적인 행위 속에서 불가분하게 연결되어 있다고 보았다.

이런 속죄론을 설명하면서, 존 오웬은 언약신학의 범주들을 사용했는데, 특히 아버지와 아들 사이의 구속의 언약에 주목했다. 그러나 그의 논증 대부분은 직접 성경구절을 주해하고 구약과 신약의 관계를 신중하게 숙고한 데서 나온 것이었다. 히브리서의 기본 구조를 따르는 존 오웬의 그리스도의 구원사역에 대한 이해는 무엇보다도 그 사역과 구약의 제사장직과의 예표적 관계의 의미를 밝히고, 이를 전체적으로 하나님이 삼위일체라는 사실, 그리고 그분의 외적 사역이 내적인 삼위일체 관계 속에 대응하는 요소를 찾는다는 사실과 연결지어야 할 필요 때문에 촉발된 것이었다.

존 오웬의 신학은 그의 성경주해와 당시 논쟁들을 통해 부상한 쟁점들로 인해 계속 변화를 겪었다. 예를 들어, 1647년에 존 오웬은 하나님이 만약 원하셨다면 속죄 없이도 죄를 사해 주실 수도 있었을 것이라고 주장했지만, 1653년에는 이 주장이 형이상학적으로 논리가 맞지 않으며, 소시누스주의 기독론과도 절반 정도 닮아 있기 때문에 이는 성경과 공존할 수 없다고 보고 결국 이를 철회했다. 존 오웬의 주장은 매우 전문적인 저술 『하나님의 정의에 대한 논문』(*Dissertation of Divine Justice*, 1653)에서 뚜렷한 발전을 보여 주는데, 이 글은 프란치스코 수아레스(Francisco Suárez)를 비롯한 당시의 가톨릭 저자들의 저술을 존 오웬이 폭넓게 읽었을 뿐만 아니라, 아퀴나스의 형이상학도 철저히 따랐다는 증거다.

존 오웬이 신학에 끼친 가장 큰 공헌은 의심할 바 없이 기독론과 성령론에 대한 저술에서 찾을 수 있다. 존 오웬의 사상에서 이 두 가지는 밀접하게 연결되어 있다. 존 오웬은 성육신 이해는 그리스도의 신성과 인성 관계를 위해 성령이 중요하다는 데 초점이 있는데, 특히 인성의 비인격성(anhypostasis)에 주의 깊은 관심을 보이고 있다. 이런 기반 위에서 존 오웬은 그리스도의 위격에 대한 자신의 이해를 해설했는데, 그리스도의 실재 인성과 그 중재자의 인간으로서의 경험 및 그분의 계속된 하나님의 영 의존을 모두 강조할 수 있게 되었다. 반면, 그분의 위격과 직분의 절대적 독특성도 보호할 수 있었다. 이런 맥락에서, 존 오웬의 기독론은 상대화하는 경향을 지닌 소시누스주의에 대항한 주의 깊은 정통 변호이며, 동시에 정통이라는 전통이 새로운 논쟁 상황에서 어떻게 이용되고 발전될 수 있는지를 보여 주는 예시가 되었다.

존 오웬의 성경의 권위 옹호 또한 그의 중요한 저작군을 형성했다. 베르붐 아그라폰(*verbum agraphon*, '기록되지 않은 말씀,' 즉 로고스)과 베르붐 엔그라폰(*verbum engraphon*, '기록된 말씀,' 즉 성경)이라는 두 용어를 사용함으로써, 존 오웬은 신학의 인지적 원천으로의 성경과 존재적 원천인 하나님 간의 관계를 선명하게 규명했으며, 이런 방법을 통해 그리스도 중심적(Christ-centered) 신학과 성경 중심적(Bible-centered) 신학을 순진하게 대조하는 방식의 오류를 미연에 방지했다.

존 오웬은 원저자들이 성경을 전달할 때 영감을 받은 과정, 후에 독자들이 읽을 때 조명을 받는 과정에서의 성령의 역할도 강조했다. 존 오웬은 또한 여러 언어를 할 줄 아는 런던의 브라이언 월턴(Brian Walton)의 비평을 반박하면서, 마소라 본문(Masoretic)에 있는 모음 부호의 고대성을 옹호했다. 그러나 존 오웬의 히브리서 주석은 그가 월턴의 주장을 긍정적으로 활용한 것과 또한, 만약 문헌 증거가 변화를 요청하고 있다고 인식될 때에는 공인 성경본문(received text)을 수정할 의향도 있었음을 보여 준다.

더 엄격하게 교리적이고 논쟁적인 작품들 외에도, 존 오웬은 신자의 삶에 내주하는 죄의 권세를 다룬 소논문 몇 편을 남겼다. 기독교인이 겪는 죄의 경험을 신학적이고 심리학적으로 자세하게 분석하고 있는데, 이 작품들 또한 존 오웬의 탁월한 지적 능력을 증명한다. 이 작품들은 아마도 B. B. 워필드(B. B. Warfield)가 19세기에 완전주의를 비평하기 전에 쓰인 개혁파 입장의 해설서 중 가장 정교하며 명료한 저술일 것이다.

저술의 범위, 그 광범위한 전통에 대한 이해, 최고 수준의 지적 논증과 신학 구성 능력, 그럼에도 그 신학을 평신도에게 적용하는 능력으로 인해, 존 오웬은 위트레흐트의 히스베르투스 푸치우스(Gisbertus Voetius of Utrecht)와 함께 당대의 가장 탁월한 개혁신학자 두 명 중 하나가 될 수 있었다. 존 오웬은 1683년에 사망해서 런던 분힐필즈(Bunhill Fields)의 유명한 비국교도 묘지에 묻혔다.

참고문헌 | P. De Vries, *Die mij heeft liefgehad* (Heerenveen: 1999); S. B. Ferguson, *John Owen on the Christian Life* (Edinburgh: Banner of Truth, 1987); A. Spence, 'John Owen and Trinitarian Agency,' *Scottish Journal of Theology* 43 (1990); P. Toon, *God's Statesman* (Exeter: Attic Press, 1971); C. R. Trueman, *The Claims of Truth: John Owen's Trinitarian Theology* (Carlisle: Paternoster Press, 1998).

C. R. TRUEMAN

존 웨슬리(John Wesley, 1703-1791)

감리교운동의 창시자. 그는 엡워스(Epworth)의 교구사제 새뮤얼 웨슬리(Samuel Wesley)와 비국교도 목사의 딸이었던 어머니 수산나 애니슬리(Susanna Annesley)의 살아남은 둘째 아들이었다. 존 웨슬리의 부모는 존 웨슬리가 어릴 때부터 국교회의 고교회(High Church) 신앙, 청교도식 훈련, 학문적인 엄격함을 통합해서 가르쳤다. 런던의 차터하우스학교(Charterhouse School)에서 6년을 공부하고(1713-1720), 옥스퍼드의 크라이스트처치(Christ Church)에서 수학했다. 1724년에 학사학위를 받으며 학자 경력을 추구한 그는 4년 동안 공부를 더한 뒤, 부제(deacon)로 안수받았다. 또한, 링컨대학(Lincoln College)에서 장학금을 받아 석사학위를 마친 후 사제로 안수받았다.

존 웨슬리는 사제 안수를 받기 위해 공부하면서 제레미 테일러(Jeremy Taylor), 윌리엄 로우(William Law), 토마스 아 켐피스(Thomas à Kempis) 전통의 경건 생활을 받아들였다. 존 웨슬리는 그리스도를 본받는 삶을 시도하는 미덕에 집중한 묵상적 경건 생활을 시작했다. 존 웨슬리는 로욜라의 이그나티우스(Ignatius of Loyola)처럼 절제된 자기 점검과 일기 쓰기를 통해 영성을 측정하기 시작했다. 1729년에 동생 찰스(Charles)와 두 동료가 존 웨슬리의 경건 훈련에 합류했다.

1730년 초, 친구 윌리엄 모건(William Morgan)의 제안을 받아들인 이들은 학문과 경건이라는 지향성에 고아를 가르치고 감옥을 방문하는 등의 사회 사역 프로그램을 부가했다. 이 시기 존 웨슬리의 알미니안주의 신학은 많은 칼빈주의자에게 '새로운 방법론'으로 인식되었다. 그러나 그는 방법과 규칙(읽기부터 심방에 이르기까지 모든 것을 위한 방법을 갖고 있었다)에 따라 엄격하게 살았기에, 그를 따른 이들은 '방법론자'(Methodists, '감독이 다스린다'라는 의미로 한국에 '감리교도'로 알려진 이들의 원래 이름-역주)로 알려졌다. 1734년에는 (Benjamin Ingham과 George Whitfield를 포함하여) 인원이 50명에 이르렀는데, 이들은 옥스퍼드대학교 내 여러 대학 소속의 소그룹 네트워크를 결성했다. 존 웨슬리는 후에 옥스퍼드에서 이렇게 보낸 시기를 '제1차 감리교 부상'(the first rise of Methodism) 시기라 불렀다.

1732년에 존 웨슬리는 아버지 새뮤얼 웨슬리가 이전에 가입했던 기독교지식보급회(Society for Promoting Christian Knowledge)의 통신 회원으로 선출되었다. 아버지가 1735년에 세상을 떠나자, 존 웨슬리는 이 단체의 초청을 받아들여 아버지 새뮤얼의 친구 제임스 오글소프 대령(Colonel James Oglethorpe)이 개척한 아메리카의 새로운 식민지 조지아(Georgia)의 선교사로 자원했다. 기독교지식보급회가 임명한 서배나(Savannah)의 교구사제로 섬긴 존 웨슬리는 그곳에서 얼마간의 성공을 거두기는 했지만, 고위 관원 토마스 코스턴(Thomas Causton)의 조카 소피 홉키(Sophey Hopkey)에 마음이 뺏겼다.

고교회(High church) 성향에다, 소피에 대한 구애가 실패로 돌아가자, 존 웨슬리는 코스턴과 오글소프를 강하게 비난했는데, 이들이 일처리를 잘못해 일이 틀어졌다고 믿었기 때문이었다. 관원의 선동으로 대배심이 여러 가지 날조된 혐의로 존 웨슬리를 기소했는데, 이 사건으로 존 웨슬리는 1737년에 조지아를 떠나야 했다. 그럼에도 불구하고, 그는 서배너의 회중이 성장하도록 도왔는데, 이는 부분적으로는 그의 개인적인 나쁜 평판(personal notoriety)과 반체제 인물들과의 친분 때문에 가능했다. 처음에는 프레더리카(Frederica)에, 이어서 서배나에 교회 예배 외에 소규모 모임들을 조직했기 때문에 존 웨슬리는 이 시기를 '제2차 감리교 부상'(the second rise of Methodism) 시기로 지칭했다.

잉글랜드로 돌아간 존 웨슬리는 신앙속회운동(religious society movement)을 지속했고, 구원의 확신을 위한 영적 탐색도 추구했다. 이는 조지아에서 만난 독일 태생 경건주의자들, 특히 어거스트 헤르만 스팡엔베르크(August Hermann Spangenberg)가 준 자극 덕이었다. 존 웨슬리의 영적 갈망은 런던에 있던 모라비아교도(Moravian) 피터 뵐러(Peter Böhler)와 교제를 통해 더욱 강해졌다. 존 웨슬리와 피터 뵐러는 1738년 5월에 런던 페터레인(Fetter Lane)에 작은 속회를 결성했는데, 존 웨슬리는 후에 이를 '제3차 감리교 부상'(third rise of Methodism) 시기라 칭했다. 동생 찰스 웨슬리도 그해 성령강림주일에 모라비안교도들이 구원의 전제 혹은 기독교인으로의 부르심이라 주장한 확신을 경험했다.

3일 후인 5월 24일에 존 웨슬리는 알더스게이트스트리트(Aldersgate Street)의 한 모임에서 비슷한 체험을 했다. 그는 '마음이 이상하리만큼 뜨거워지고, 그리스도께서 나를 위해 죽으셨다는 확신을 느꼈다'라고 했다. 그는 이어서 모라비안교도가 주장한 바, 자신이 현재 '오직 믿음으로 의롭다 칭함을 받은' 기독교인이지만, 반면 이전에는 스스로의 의로움을 신뢰했음을 인정했다. 1738년 3월 이래로 피터 뵐러의 제안에 따라 '믿음으로 구원받음'을 계속 설교하기는 했지만, 브리스톨(Bristol)에서 한 번에 수천 명의 사람들에게 야외에서 '믿음으로만' 신학과 '값없는 은혜' 신학을 설교하기 시작한 이듬해 4월에야 드디어 그의 인생의 '새 시대'가 시작되었다고 선언했다.

이후 10년 동안 존 웨슬리는 오직 믿음만으로 구원에 이른다는 믿음으로 자신을 이끈 모라비안교도의 전제 중 다수에 의문을 갖고 거부했다. 신학이 성숙해지면서, 비록 은혜라는 주제에 기초를 두고 여전히 지배받고 있음에도 불구하고, 믿음과 ('어떤 의미에서는') 행위가 함께 가야 한다고 인정했다. 그는 값없는 은혜를 주장한 동시에, 알미니안주의자들이 강조한 자유의지를 함께 수용했는데, 이로써 당시 조지 휫필드(George Whitfield)와 다른 칼빈주의자들이 받아들인 '영원한 작정'(예정) 교리에 직접적으로 도전했다.

웨슬리파 부흥은 더 광범위한 세계 '복음주의 부흥'의 일부였다. 아메리카에서는 이 운동이 대각성운동(Great Awakening)으로 불렸다. 그러나 존 웨슬리의 친구 모두가 그에게 합류하거나 함께 머물지는 않았다. 특히, 칼빈주의 사상을 받아들인 조지 휫필드는 존 웨슬리의 부흥운동과 분리되어 따로 경쟁하는 칼빈주의감리교부흥을 이끌었다. 1740년대 중반까지는 조지 휫필드가 감리교를 반대하는 자들의 주된 표적이었는데, 열정 넘치는 설교 방식이 악명의 원인이었다.

이 시기에 웨슬리파 부흥이 확산되고 이 운동의 조직이 성장하면서, 웨슬리 형제들은 돌아다닌 거리만 늘어난 것이 아니라, 각 지역별 부흥운동을 관리하기도 했다. 이 지역 부흥 중 다수는 웨슬리파와 함께하기 원했던 지역 설교자들이 촉발하고 이끈 것들이었다. 존 웨슬리는 다음과 같이 주장했다.

"하나님께서 감리교 설교자들을 일으키셔서, 이 나라를 개혁하고, 특히 국교회를 개혁하고, 이 땅을 넘어서 성경적 성결을 널리 퍼뜨리셨다."

존 웨슬리의 설교가 조지 휫필드의 청중을 장악하는 웅변 능력에 비할 바는 아니었음에도, 그의 야외 설교도 자주 수천 명에 이르는 청중을 불러 모았다. 그의 설교에는 많은 복음전도자들에게서 일상적으로 예상되던 과장이 없었다. 존 웨슬리의 설교를 들은 한 증인은 그가 설교하면서 한 손으로 원고지를 넘기지만 않았다면, '말하는 대리석 석상'처럼 보일 정도였다고 증언했다. 그러나 존 웨슬리에게 저술로 영향을 준 조나단 에드워즈(Jonathan Edwards)와 마찬가지로, 존 웨슬리 메시지의 내용이 그 설교의 전달 방식보다 훨씬 더 청중에게 감동을 주었다.

존 웨슬리는 감리교도라 불리는 사람들의 연합된 모임이 올바르게 성장하기 위해서는 교리의 일치와 잘 훈련된 기독교인의 삶이 있어야 한다고 믿었다. 이 목표를 성취하기 위해 그는 연례 회의에 설교자들을 불러서 교리 통합과 실천의 일치를 촉진하게 했다. 이 회의의 회의록 출판이 감리교 사상과 조직의 편람을 제공하기 시작한 격이었다. 감리교에 가입할 수 있는 유일한 자격 조건이 '진노를 피해 와서 죄를 떠나 구원받는 것'이었음에도 불구하고, 존 웨슬리는 '일반 규칙'(General Rules)에서 감리교인의 구원을 얻고자 하는 열망을 보여야 하는 구체적인 항목들을 열거했다. 모든 종류(주요한 종류들의 목록이 주어졌다)의 악을 피하고 할 수 있는 한 선행을 해야 하며, 은혜의 수단에 참여해야 했다. 이런 규칙들로 4분기마다 회원들은 점검을 받았고, 점검을 통과한 사람들에게는 '속회표'(class tickets)를 상으로 주었다.

주로 이토록 엄격한 훈련 방법 때문에 잉글랜드 내 감리교운동은 18세기에는 빠르게 성장하지 못했다. 존 웨슬리가 세상을 떠났을 때 영국 내 감리교 신자는 7만 2천 명으로, 영국 인구의 약 1퍼센트 미만이었다.

조지 휫필드와 달리, 존 웨슬리는 대중에게 설교할 때와 마찬가지로, 자신을 따르는 이들이 영적 교제를 누리고 성장하고 '모래로 만든 끈'이 되지 않도록 모임을 조직하게 하는 데 많은 시간을 썼다. 이 모임의 지도자 다수는 평신도였다. 이들은 설교자, 속회 지도자, 밴드(band) 지도자, 관리자, 회계, 환자 심방자였다. 이들 지도자들에게 존 웨슬리는 모임을 위한 규칙이나 '방법'만을 만들어 가르친 것이 아니라, 이들이 성장할 수 있도록 교육 및 성장용 출판물을 발행해서 제공했다.

존 웨슬리는 400권 이상의 책과 소책자를 출판했다. 여기에는 존 웨슬리가 50권으로 간추린 『기독교 도서관』(Christian Library)이 있었는데, 이는 그가 보기에 기독교 사상 역사에서 가장 중요한 신학 작품들에서 그 내용을 발췌한 것들이었다. 1787년과 1788년에 존 웨슬리는 8권으로 된 '설교' 선집을 출판했는데, 일화 중심적인 설교 원고보다는 주로 기독교 신학, 성장, 교화에 대한 소논문들을 모은 것이었다. 월터 스코트 경(Sir Walter Scott)은 존 웨슬리 설교에 담긴 이야기 때문에 그의 설교를 기억하고 있다고 했다.

1772년에서 1774년까지의 그가 쓴 글을 서른두 권으로 엮어서 출판했다. 그는 또한 역사, 과학, 논리학, 언어, 고전 및 여러 주제들을 다루는 교과서도 출판했는데, 지성이 뛰어난 사람은 반드시 섭렵해야 할 주제들이라고 생각했다. 브리스톨 근처 킹스우드(Kingswood)에 세운 대학에서는 어린 아이를 가르칠 수 있는 교육 과정을 제공했고, 그가 보기에, 옥스퍼드나 케임브리지의 학사학위 수준을 능가하는 '학문적인 커리큘럼'을 만들기도 했다.

웨슬리운동의 요소 대부분이 잉글랜드국교회(Church of England)의 갱신을 의도한 것이었음에도, 이것들이 감리교도에게 일종의 정체성을 부여하면서, 결국 존 웨슬리 사후에 감리교인은 잉글랜드국교회에서 분리되었다. 그는 생전에 반복해서 '분리 불가'를 천명했지만, 1780년대에 동생 찰스 웨슬리를 비롯한 많은 감리교인이 존 웨슬리의 행동을 **사실상** 분리로 해석했다.

18세기 중반 이래 감리교운동은 스코틀랜드와 아일랜드, 아메리카 식민지로 전파되었다. 식민지에서 혁명이 일어나 성공회(Anglican) 성직자들이 잉글랜드로 귀국한 후에, 존 웨슬리는 자기 지도자들에게 직접 안수를 주어 성례전을 인도할 수 있게 했고, 이후 분리된 조직 교회가 되는 미국감리교회(Methodist Episcopal Church)의 미국인 감리교도들에게도 감독 지도권을 부여했다. 존 웨슬리는 감리교 설교자들을 성공회가 존속하고 있는 나라에서 안수하기를 거부했다.

감리교 '관계'(connexion, 이 단어는 나중에 감리교 계열의 '교단'을 지칭하는 고유명사로 정착-역주), 즉 존 웨슬리와 '관계를 맺은' 설교자들을 모은 이 조직은 1740년대 초반 종교 환경에서 눈에 띄는 현상이었다. 이들을 깎아내리던 집단에는 신학 관점이 달랐던 칼빈주의자 및 모라비안교도 뿐만 아니라, 풍자 작가들이 있었는데, 이들이 풍자한 존 웨슬리의 사상과 행동은 종교적 열광주의와 광신주의에 대한 대중의 불신 덕이었다. 그러나 존 웨슬리의 사생활에서의 약점은 대중에게 별로 알려지지 않았다. 특히, 그는 1749년에 그레이스 머레이(Grace Murray)와 파혼했고(찰스 웨슬리는 존 웨슬리가 나라를 떠나 있을 때, 그레이스 머레이를 존 웨슬리 진영에 있던 다른 설교자와 결혼시켰다), 1752년에는 런던에 살던 부유한 과부 메리 베제일(Mary Vazeille)과의 결혼에 실패했다. (메리는 외로움과 원한, 질투 때문에 몇 년 후 존 웨슬리와 결별했다). 존 웨슬리의 관심사는 언제나 교회를 갱신하는 일에 집중되어 있었는데, 그는 하나님께서 자신에게 이 일을 맡기셨다고 확신했다.

존 웨슬리의 신학은 논쟁 중에 형성되었고, '구원에 대한 성경적 방식'에 대한 그의 이해와 경험으로 제련되었다. 존 웨슬리의 신학 여정이 경건주의, 청교도운동, 신비주의와 초대교회의 영향을 받았음에도, 그의 기본 신학 구조는 잉글랜드국교회 유산을 반영했다.

경우에 따라 논쟁으로 이어지면서 논증의 어느 한 편을 강조해야 하는 상황이 있었음에도 불구하고, 긴장 관계에 있는 다양한 입장들을 붙잡으려는 그의 시도는 '중재하는 신학'(mediating theology)을 낳았다. 전체적으로 보아, 그의 성숙한 신학은 성례와 전도, 자유의지와 값없는 은총, 믿음과 선행 등의 양자를 일관성을 갖고 아우르려고 했다.

아마도 그 스스로 때로 주장했던 것보다는 일평생 변한 요소가 더 많이 있다고 해야겠지만, 젊은 시절의 존 웨슬리와 나이든 존 웨슬리의 신학 사상에는 대체로 알려진 것보다 더 분명한 일관된 흐름이 있었다.

존 웨슬리의 설교의 중심부에는 '원죄, 이신칭의, 그 뒤를 잇는 성결'이라는 세 위대한 성경적 교리'라고 그가 지칭한 주제가 있었다. 그는 때로 용어를 바꾸기도 했다. 어떤 곳에서는 감리교의 주요 교리를 다음과 같이 말했다.

첫째, 그가 '신앙의 현관'이라 부른 회개
둘째, '신앙의 문'인 은혜로 얻는 칭의
셋째, '신앙 그 자체'인 성화 혹은 성결

이 땅에서 살아가는 생애 중에 '완전성화,' 혹은 '그리스도인의 완전'을 경험할 수 있다는 주장은 웨슬리파 교리의 본질이었는데, 이 때문에 국교회 성직자 대다수가 실망해서 웨슬리부흥운동에서 이탈했다. 존 웨슬리는 자신이 '완전주의'를 가르치는 것이 아니라고 하면서, 자신은 단순히, 하나님의 은혜로, 이 세상에서 하나님과 이웃을 전적으로 사랑할 수 있다고 가르쳤다고 주장했다. 그러나 존 웨슬리의 용어는 이 설명을 모호하게 만들었다. 비록 일평생 경험하는 영적 순례를 강조하기는 했지만, 구원(용서 혹은 칭의, 그리고 성결 혹은 완전)의 확신을 체험할 수 있다는 그의 확신은 추가로 갈등을 불러일으켰다. 토마스 맥스필드(Thomas Maxfield)와 존 벨(John Bell) 같이 존 웨슬리 진영에 속해 있던 설교자들도 그의 교리를 곡해하는 바람에, 그에게 해를 끼치기도 했다.

다수가 교육을 받은 적이 없던 평신도 설교자들에게 존 웨슬리는 자신의 출판된 설교집과 신약 주석에 포함된 '교리만' 설교하라고 요구했다. 두드러지게 복음주의적이었지만, 잉글랜드 국교회 신학과도 부합했던 이 교리들은 또한 웨슬리 형제가 쓰고 출판한 수백 편의 인기 있는 찬송들을 통해 사람들에게 깊게 새겨졌다.

존 웨슬리는 소년과 소녀를 위한 학교, 빈민을 위한 의료 시설, 소규모 상인을 위한 대출, 과부와 아이들을 위한 주택, '지치고 소진된 설교자와 그들의 과부, 아이들'을 위한 연금 등 자신을 따르는 이들을 돕기 위해 여러 다양한 수단을 강구했다. 모임에 속한 가난한 이들을 위해 옷, 음식, 돈을 모았다. 그가 출판한 『일기』

(*Journal*)는 자신보다는, 오히려 감리교에 기념비적 작품이었다. 이것은 경건한 삶과 거룩한 죽음, 이 땅의 적들과 하나님의 징벌에 대한 이야기로 가득한, 노골적인 감리교운동인 선전 책자라 할 만 했다. 그의 자서전을 보면, 존 웨슬리는 신학에서부터 시, 과학에서부터 철학, 여행에서부터 소설, 고전에서부터 베스트셀러까지 관심의 폭이 넓었다. 또한, 그는 기독교 활동가의 모델, 혹은 당대의 스웨덴인 관찰자 J. H. 리덴(J. H. Liden) 교수의 말대로, '경건의 화신'이었다.

그럼에도 불구하고, 존 웨슬리는 특히 감리교 부흥 첫 세대에 지속적인 공격을 당한 표적이었다. 그러나 존 웨슬리는 자신을 험담하던 사람들 대부분보다 더 오래 살았고, 노후에는 영적으로나 인간적으로 넘치는 기력으로 존경받는 인물이 되었다. 존 웨슬리는 거의 반세기 이상 전국을 여행했는데, 거의 25만 마일을 여행했고, 4만 번 이상 설교했으며, 400권 이상 책을 출판했다. 그는 가난의 원인을 잘못 진단한 정부에 도전하는 것을 두려워하지 않았다. 노예무역을 지지하는 잉글랜드 사람들을 비난하는 데에도 앞장섰다. 말년에 그가 쓴 편지 중 하나는 젊은 국회의원 윌리엄 윌버포스(William Wilberforce)에게 쓴 것이었는데, 이 편지에서 존 웨슬리는 윌버포스에게 '극도로 혐오스러운 것,' 즉 미국 노예제도를 폐지하도록 의회를 설득해 달라고 요청했다.

한 부고에 따르면, 존 웨슬리는 잉글랜드에서 가장 유명한 인사가 되었다. 일평생 한 명 이상의 관찰자가 그의 태도가 '존경스럽다'라고 언급했는데, 그를 존경한 이들은 인생 후반으로 갈수록 더 많아졌다. 존 웨슬리가 40세가 된 때부터 많은 초상화가들이 그를 그렸다. 이들 중에는 영국 왕립학술원 회원이었던 조슈아 레놀즈 경(Sir Joshua Reynolds), 나다나엘 혼(Nathaniel Hone), 윌리엄 해밀턴(William Hamilton)도 있었다. 스태퍼드셔(Staffordshire)의 공예가 이녹 우드(Enoch Wood)와 조사이아 웨지우드(Josiah Wedgewood) 같은 이들은 도자기 재질로 존 웨슬리의 흉상을 만들었다. 토마스 하위스(Thomas Haweis) 같은 동시대인은 존 웨슬리를 '작은 체구, 지성이 흘러넘치는 얼굴, 아주 단정하고 평범한 옷차림, 특별한 순간에만 관찰할 수 있는 눈의 작은 사시, 꼿꼿하고, 우아하고, 특히 활동적인' 인물로 묘사했다.

어린 시절부터 존 웨슬리는 자신을 '불 속에서 끄집어낸 나뭇조각'이라 했지만, 특별한 운명을 부여받았다는 의식은 없었다. 그는 종종 전제 군주적인 지도자처럼 보이기도 했지만, 친구들은 그가 이야기를 잘 들어주는 사람이라고 했다. 동료 한 사람은 존 웨슬리가 '자기 사람들에게 교훈만큼이나 재미를 줄 만큼' 역사 지식과 일화에 해박했다고 언급했다. 설교자로서 존 웨슬리는 조지 휫필드보다 못했다. 찬송 작사가로서 그는 동생 찰스보다 못했다. 신학자로서 그는 자기 사상을 만들었다기보다는 다른 이의 것을 종합했다. 조직가로서 존 웨슬리는 자기 모국 인구의 1%도 회원으로 가입이 안 된 운동을 조직했다. 그럼에도 불구하고, 영국에 끼친 그의 인격과 메시지의 전체 영향력뿐만 아니라, 80대가 될 때까지도 과시한 기력으로, 노쇠한 육체를 뛰어넘는 명성을 떨쳤다. 그의 영향력은 종종 거의 서사시 같이 묘사되곤 했다.

존 웨슬리는 88세에 세상을 떠났다. 사람이 너무 많이 모여 혼잡해지는 일을 피하기 위해 그의 몸은 새벽 5시에 열린 장례예배에서 조용히 묻혔다. 「젠틀맨즈 매거진」(*Gentleman's Magazine*, 1791)에 실린 부고에는 다음과 같은 표현이 있었다.

"그는 적의와 편견보다 오래 살아남은 몇 안 되는 인물이며, 말년에는 모든 교파로부터 모든 종류의 존경을 받았다."

"그는 이 시대 혹은 모든 시대가 배출한 가장 탁월한 인물 중 하나로 인식되어야 한다."

참고문헌 | R. P. Heitzenrater, *The Elusive Mr. Wesley* (Nashville: Abingdon Press, 1984); R. P. Heitzenrater, *Wesley and the People called Methodists* (Nashville: Abingdon Press, 1995); H. D. Rack, *Reasonable Enthusiast* (Philadelphia: Trinity Press International, 1989); L. Tyerman, *The Life and Times of the Rev. John Wesley* (London: Hodder & Stoughton, 1871).

R. P. HEITZENRATER

존 위클리프(John Wyclif, c. 1330-1384)

종교개혁을 시도한 신학자. 그는 리치먼드(Richmond)에 이웃한 것으로 추정되는 부유한 요크셔 가문(Yorkshire family)에서 태어났다. 그의 삶은 다음 세 시기로 나눌 수 있다.

첫 번째 시기는 옥스퍼드대학교(Oxford University)에서 공부한 후 1360년경에 이 학교의 베일리얼대학(Balliol College)의 강사(master)가 되었다. 당시 이 직책은 오늘날처럼 그렇게 특권적인 자리는 아니었다. 위클리프는 계속해서 석사학위를 취득하기 위해 공부했다. 다음해에 석사학위를 취득하면서, 그는 사제로 안수받고, 강사직을 사임한 후 링컨셔 교회(Lincolnshire church)의 부재(absentee) 교구사제가 되었는데, 수입이 훨씬 나았다. 이 때문에 옥스퍼드에서 학자 경력을 이어 갈 수 있게 되었다. 1370년경 위클리프는 주도적인 철학자이자 신학자가 되었다.

두 번째 시기인 1365년과 1372년 사이에 위클리프는 일련의 종합적인 철학 논문집『존재 대전』(*Summa de Ente*)을 저술했는데, 이 중 일부는 아직도 출간을 기다리고 있다. 가장 중요한『보편들』(*Universals*)은 1985년에야 출판되었다. 그는『세속 정치』(*Civil Dominion*)라는 책에서 군주권(lordship)에 대한 급진적인 사상을 발전시키기 시작했다. 여기서 그는 군주권을 올바로 실행할 수 있는 이는 오직 경건한 자들뿐이며, 경건치 못한 통치자들은 합법적인 권위를 갖지 못한다고 주장했다. 수도회는 청빈하기로 헌신했기 때문에 그들의 막대한 부는 불의하게 축적한 것이며, 따라서 합법적으로 그들의 것이 아니라고 주장했다. 당시 성직자는 악명 높을 정도로 부패했기에, 따라서 위클리프는 이들의 부정직함 때문에 교회 재산을 세속 당국이 몰수해야 한다고 주장했다.

위클리프가 이렇게 주장한 것은 1370년 초에 그가 국왕을 위해 봉사하기 시작했다는 사실을 볼 때 놀라운 일이 아니었다. 이것이 위클리프 생애 제2단계의 시작이었다. 그가 교회의 재산에 대해서 주장한 내용은 세속 정부가 이용하기에 편리했다. 당시 교회는 막대한 부를 축적해서, 잉글랜드 전국 토지의 1/3을 차지하고 있었지만 세금을 면제받아야 한다고 주장했다. 위클리프의 교리는 성직자를 위협해서, 프랑스와 전쟁을 치르는 데 필요한 재정을 세금으로 강제 징수하는 데 활용될 수 있었다. 이 교리들은 또한 잉글랜드 성직자에게 세금을 부과해서 자신의 전쟁 비용을 대게 하는 권리는 자신에게 있다고 주장하는 교황과의 협상을 위해 활용될 수도 있었다. 위클리프는 1374년에 교황과의 협상을 위한 대표 사절단 일원으로 브뤼주(Bruges)로 파견되었다. 1370년대에 위클리프는 랭커스터 공작(Duke of Lancaster)인 곤트의 존(John of Gaunt)의 후원과 보호를 받았다. 1377년에 교황 그레고리오 11세(Pope Gregory XI)가 위클리프가 주장한 내용 중 18개 항목을 정죄하자, 잉글랜드의 주교들은 그를 세인트폴 대성당(St Paul's Cathedral)에 출두해 재판을 받으라고 했으나, 곤트의 존이 개입하여 그를 보호했다.

그러나 모든 상황이 곧 변했다. 1377년에 잉글랜드 왕 에드워드 3세(Edward III)가 사망하면서, 공작의 정치 권력도 약해졌다. 이듬해에 대립 교황이 선출되어, 둘 혹은 그 이상의 교황들이 서로 경쟁한 40년 동안의 교회의 대분열(Great Schism) 시기가 시작되었다. 로마는 이제 존 위클리프보다 더 신경을 써야 할 일이 생겼지만, 잉글랜드 정부는 이제 더 이상 위클리프의 교리를 활용해서 교회를 장악할 필요가 없어졌다.

세 번째 시기인 1378년부터 위클리프는 인생의 마지막 시기로 진입했다. 그는 더는 공적 생활을 할 필요가 없었기 때문에 다시 옥스퍼드의 학자 생활로 돌아갔다. 그의 사상도 더 급진적으로 변해 갔다. 위클리프는 교회의 부패와 타락을 공격하며 투쟁한 유일한 인물이 아니지만, 당대 가톨릭 교리를 비판하기 위해 실천적 양식(practices) 배후로 치고 들어간 가장 중요한 인물이었다. 이 공격으로 그는 잉글랜드 정부의 지지를 잃었지만, 그를 이전부터 후원했던 이들은 잉글랜드 성직자들의 공격으로부터 그를 보호하기 위해 그를 대신해서 계속 압박을 가했다. 1378년에 램버스(Lambeth) 궁에서 열린 또 다른 재판도 여왕의 어머니가 위클리프를 지지하면서 좌절되었다.

위클리프는 성경이 최종 권위라 주장하며 가톨릭 전통과 단절했다. 1378년에 그는 『성령의 진리』(The Truth of Holy Spirit)라는 책을 출판했는데, 여기에서 성경이 궁극적인 기준이기 때문에 교회, 전통, 공의회, 심지어 교황까지도 반드시 성경의 검증을 받아야 한다고 주장했다. 그에 의하면 성경은 구원에 필요한 모든 것을 담고 있기 때문에 다른 추가 전통은 꼭 필요한 것이 아니다. 덧붙여서, 성직자뿐만이 아니라 모든 기독교인들이 스스로 성경을 읽어야 한다.

위클리프는 성경을 당대 일상 언어로 번역하는 일을 권장했다. 그가 성경번역에 얼마나 많이 관여했는지는 확실하게 알려져 있지 않음에도 불구하고, 이 번역 성경은 오늘날 '위클리프 성경'(Wyclif Bible)으로 알려져 있다. 그는 또한 '가난한 설교자들'을 전도자로 내보내서 성경을 배포하고 성경에서 나온 말씀을 전하게 했다. 이런 순회 평신도 설교자는 완전히 새로운 유형은 아니었고, 교회의 권위 당국에 대한 반대만 제외한다면, 여러 면에서 초기 탁발 수도자들과 닮았다.

성경의 위치를 격상시킨 위클리프는 교황권에도 도전했다. 1379년에 위클리프는 『교황의 권력』(The Power of the Pope)이라는 책에서 교황권은 인간이 제정한 제도이지, 하나님이 만든 제도가 아니라고 주장했다. 오컴의 윌리엄(William of Ockham)이 예전에 주장했던 것과 마찬가지로, 위클리프는 교황의 권력이 세속 정부에까지 뻗어서는 안 된다고 주장했다.

이어서, 교황의 권위는 교황이라는 직책에서 바로 나오는 것이 아니라, 베드로의 도덕적 인격 위에 세워진 것이라고 주장했다. 그러므로 예수 그리스도를 따르지 않는 교황은 적그리스도다. 후에 위클리프는 더 나아가서 교황권을 전면 부정했을 뿐만 아니라, (나쁜 교황뿐만 아니라) 모든 교황이 적그리스도라고 주장했다. 그는 교황권에 비판적이었을 뿐만 아니라, 『성직 매매, 배교와 신성 모독』(Simony, Apostasy, and Blasphemy)이라는 책에서, 다른 성직자와 수도회들의 행동에 대해서도 비판을 가했다.

1379년에 나온 『배교』(Apostasy), 이어서 1380년에 나온 더 긴 논의인 『성찬』(The Eucharist)에서 위클리프는 가톨릭의 화체설, 즉 성찬용 빵의 본질이 그리스도의 몸으로 변하지만 빵의 '성질'(accidents, 물리적 특징)은 그대로 남는다는 교리에 반대했다.

그는 화체설을 다음의 몇 가지 이유로 반대했다.

첫째, 화체설은 (1215년 제4차 라테란공의회 [Lateran Council]에서 정의된) 최근의 혁신이다.

둘째, 철학적으로 일관성이 없다.

셋째, 성경과 반대된다.

위클리프는 어떤 의미에서는 그리스도의 살과 피가 성찬에 임재한다는 사실을 부인하지는 않았지만, 빵과 포도주가 그대로 남아 있다고 주장했다. 그는 자신이 암브로시우스(Ambrose)와 어거스틴(Augustine) 같은 교부들이 주장한 더 오래된 가톨릭 전통을 따르고 있다고 믿었다. 위클리프는 한 설교에서 수도사들이 포도주에 축사해서 모든 포도주 통을 단순한 성질(여기서는 그리스도의 피를 의미-역주)로 바꾸어 놓을 수도 있다는 두려움 때문에 정직한 시민들이 수도사들을 포도주 저장고에 들여보내려 하지 않는다고 언급했다.

주교들은 위클리프에 반대하도록 대학교 당국(university authorities)에 압력을 넣었지만, 저항에 직면했다. 그러나 1381년에 농민혁명이 일어나고, 시위 주동자 중 하나인 존 볼(John Ball)이 위클리프의 제자라는 혐의를 받았다. 위클리프는 농민혁명과의 관계를 단절했음에도 옥스퍼드에서 추방당했고, 럭비(Rugby) 지방 근처의 루터워스(Lutterworth)로 물러났는데, 그는 1374년 이래 이곳의 부재 사제였다. 여기서 위클리프는 남은 생애를 글을 쓰면서 시간을 보냈는데, 귀족 후견인들의 도움으로 교회의 진노를 피할 수 있었다. 1382년에 뇌출혈이 왔고, 1384년 12월에 또 한 번 뇌출혈이 찾아왔다. 그는 섣달그믐에 세상을 떠났다.

잉글랜드에 있던 위클리프의 제자들은 롤라드(Lollards)라는 별칭으로 알려졌다. 1414년의 무산된 혁명 이전까지는 이들 중 다수가 신사계급(number of gentry)에 속한 사람들이었지만, 이후에는 하층민운동이 되었다. 롤라드파(Lollards)는 영어성경을 나누어 주고, 로마교회에 대한 불만을 선동함으로써 잉글랜드 종교개혁의 기틀을 마련했다.

위클리프의 영향력은 잉글랜드를 넘어서까지 뻗어갔다. 옥스퍼드에서 그는 보헤미아 출신 학생들을 가르쳤는데, 이들은 위클리프의 책을 고향으로 가지고 가서 종교개혁가 얀 후스(Jan Hus)에게 영향을 주었다. 후스는 콘스탄츠공의회(Council of Konstanz, 1414-1418) 기간 중인 1415년에 화형당했다. 공의회는 또한 위클리프가 범한 45개 '오류'(errors)를 정죄했다. 1428년에는 위클리프의 뼈가 무덤에서 꺼내진 후 불에 태워졌다. 후세의 역사 기록자 한 사람은 이렇게 글을 남겼다.

"그들은 위클리프의 뼈를 불살라 재로 만든 후 스위프트(Swift), 즉 근처 시내에 뿌렸다. 그렇게 그 유골은 아본(Avon)으로, 아본에서 세번(Severn) 으로, 세번에서 좁은 바닷길을 통해 대양으로 흘러갔다. 따라서 그의 교리를 상징하는 위클리프의 유골이 이제 전 세계로 퍼진 것이다."

참고문헌 | H. B. Workman, *John Wyclif: A Study of the English Medieval Church*, 2 vols. (Oxford: Oxford University Press, 1926); K. B. McFarlane, *Wycliffe and English Non-Conformity* (Harmondesworth, Penguin, [1952] repr. 1972); A. Kenny, *Wyclif* (Oxford: Oxford University Press, 1985).

A. N. S. LANE

존 윈드롭(John Winthrop, 1588-1649)

매사추세츠베이(Massachusetts Bay) 식민지의 첫 번째 주지사. 그는 잉글랜드청교도(English Puritans)에게 신세계에 '새로운 잉글랜드'(New England, 뉴잉글랜드)를 건설할 수 있는 위대한 기회가 있다고 믿었다. 존 윈드롭은 1630년에 대서양을 건너던 아벨라(Arbella)호 선상에서 유명한 설교문 '기독교 자선의 모델'을 정착민들을 위해 쓴 후 전했다. 이 설교에서 존 윈드롭은 기독교인 간의 사랑과 의의 연대에 기초한 새로운 식민지를 세우겠다는 구상을 발표했다. 그는 정착민들에게 하나님을 영화롭게 하는 공동체를 만들라고 권했다.

"우리는 언덕 위의 도성이 될 것이다"(Rutman, p. 4).

이것은 기억할 만한 미국인의 의식 속에 오래도록 자리 잡았다. 미국이라는 나라의 정체성은 부분적으로는 이런 사명 의식에 기초하고 있다.

존 윈드롭은 잉글랜드 서포크(Suffolk)의 부유한 가정에서 아담 윈드롭(Adam Winthrop)과 앤 윈드롭(Anne Winthrop)의 아들로 태어났다. 존 윈드롭은 1603년에 15살의 나이로 케임브리지대학교 트리니티대학(Trinity College)에 입학했다. 2년 뒤 그는 학위를 받지 않은 채, 아버지의 사업을 도와 가족의 재산을 관리하기 위해 학교를 그만두었다.

그는 아버지의 뒤를 이어서 전문 법률가가 되었고, 1617년에 서포크의 치안 판사(Justice of the Peace)가 되었다. 얼마 되지 않아 그는 런던에서 법률가로 성공하여, 기록 법정에서 의회에 법안 초안을 작성하는 변호사로 임명되었다. 1619년에 그는 그로턴 영지(Groton manor)를 소유한 영주 지위를 연로한 아버지에게서 물려받았다.

존 윈드롭은 두 아내를 잃는 고통을 겪은 후 마가렛 틴덜(Margaret Tyndal)과 1618년 4월에 결혼했다. 존 윈드롭 부부는 잉글랜드국교회(Church of England) 내 청교도 일파에 헌신했다. 존 윈드롭은 절제되고 도덕적인 삶을 뜨거운 헌신과 결합했다. 존 윈드롭은 친구에게 쓴 편지에서 하나님과 자신의 관계를 아가서의 용어로 정의했다.

"우리를 당신의 향기로운 달콤함으로 이끄셔서, 우리가 당신을 좇아 달려가게 하시고, 우리를 매혹시키고, 당신의 종들에게 친절하게 말씀하옵소서. 그리하여 당신께서 우리를 당신의 소유로 삼으소서"(Morgan, p. 12).

청교도였던 존 윈드롭은 한 국가는 하나님과의 거룩한 언약적 관계로 존재한다고 믿었다. 즉 하나님은 당신의 백성들이 얼마나 하나님의 율법을 따르려고 마음을 쏟았는지에 따라 복을 주시기도 하고 심판하시기도 한다고 믿었다. 청교도들은 당시 잉글랜드 사회가 부패했다고 확신했기 때문에 나라의 미래를 걱정했다. 청교도 지도자들은 예언적인 설교와 글을 통해 영적으로, 도덕적으로 무감각한 것으로 인식한 잉글랜드를 깨우고자 했다.

결과적으로 이들은 찰스 1세(Charles I)의 통치 아래서는 자신들이 기대할 수 있는 것이 없다고 인식했다. 마침내 왕이 잉글랜드국교회 고교회(High church)주의를 획일화된 예배 모범으로 채택하자, 잉글랜드가 개혁될 수 있다는 모든 희망이 사라졌다.

잉글랜드에서 일어난 사회적이고 종교적인 변화로 인해, 청교도 상인 중에는 아메리카 정착을 추진하기로 결정한 이들이 있었다. 1629년 3월에 청교도들은 왕에게서 뉴잉글랜드(New England) 상륙에 대한 법적 허가를 받았다. 이들은 존 윈드롭을 찾아가 식민지 총독으로 자신들을 이끌어 달라고 요청했다. 존 윈드롭은 이 새로운 시도로 재정적으로 이득을 얻고 정치 지도자가 될 수 있는 기회에 매력을 느꼈다. 그러나 가장 큰 매력은 구세계의 종교 혼란을 피해 하나님의 율법에만 기초한 공동체를 건설할 수 있는 전례 없는 기회였다. 그리하여 존 윈드롭은 1629년 10월 20일에 1년 임기의 식민지 총독직을 받아들였다. 그러나 대중의 지지를 많이 받은 존 윈드롭은 매사추세츠베이(Massachusetts Bay) 식민지 총독으로 수차례 임기(1630-1634, 1637-1640, 1642-1644, 1646-1649)를 채웠다.

1630년 6월 12일에 400명가량의 남자와 여자, 아이들이 뉴잉글랜드에 도착했다. 결국 '대이주'(Great Migration)로 알려진 사건을 통해 추가로 만 오천 명에서 이만 명에 이르는 사람들이 대서양을 건너 매사추세츠베이로 갔다. 식민지 정착민들은 뉴잉글랜드에서 처음으로 맞은 겨울을 가장 힘겹게 지냈는데, 이때 거의 이백 명 가량이 극심한 추위에 목숨을 잃었다. 그러나 존 윈드롭은 정착민에게 희망을 잃지 말라고 기운을 북돋았고, 어려운 생존 조건 속에서도 뉴잉글랜드가 번영할 수 있다고 믿었다. 그는 고향에 있는 아내 마가렛에게 보낸 편지에서 이렇게 말했다.

"난 이곳에서 지내는 것이 매우 좋다오. 이곳에 온 것에 대해 후회하지 않소. 만일 다시 이곳에 와야 한다면, 비록 이곳에서 견뎌야 할 어려움과 고통을 알고 있다 할지라도, 이 항로를 변경하지 않을 것이오. 난 이곳에서 그 이전보다 더 잘 지내고, 잠도 이전보다 잘 이루고, 이전보다 더 만족하고 있다오"(Morgan, p. 62).

마가렛과 남은 가족도 1631년 가을에 드디어 존 윈드롭이 있는 신세계로 떠났다. 총독 존 윈드롭이 가진 '언덕 위의 도성'이라는 이상은 초기 정착민들이 난제를 만났을 때 극복할 수 있는 희망을 주었다. 확고하게 힘을 가진 존 윈드롭은 사람들에게 안정감과 질서를 주었다. 존 윈드롭의 정치적 원칙은 당시 술취함, 절도, 살인 등에 대해 법을 집행하는 차원을 넘어서 종교적인 획일성을 강화하는 데까지 이르렀다. 그 결과 매사추세츠베이 식민지 내에서는 신앙적으로 다른 의견을 지닌 사람들이 설 수 있는 공간이 거의 없었다.

청교도 목사 로저 윌리엄스(Roger Williams)는 정착민이 혹독한 첫 번째 겨울을 보내고 있을 당시 매사추세츠베이 식민지에 도착했다. 그는 보스턴교회(Boston church)의 목사가 되어 달라는 청빙을 거절했다. 윌리엄스는 잉글랜드국교회와 어떤 타협도 할 수 없다는 입장을 고수한 분리파(Separatist)였다. 매사추세츠베이 식민지에서는 여전히 성공회교회(Anglican Church)와 공식적인 관계가 유지되고 있었다. 따라서 윌리엄스가 보기에, 식민지교회들은 영적으로 타협하고 있었다. 윌리엄스의 카리스마 넘치는 기질로 인해 사람들은 그의 견해에 매력을 느끼고 빠져들었다. 1633년에 윌리엄스는 세일럼교회(Salem church)의 목사직을 받아들여 달라는 요청에 설득당했다. 곧 그의 분리파 가르침에 식민 당국이 반대하기 시작했다. 존 윈드롭을 포함한 매사추세츠 권위자들이 즉각 개입했다. 이들은 윌리엄스가 식민지의 안정성과 연합에 직접적인 위협이 된다고 보았다. 윌리엄스는 정부가 종교 문제에 개입할 권리가 없다고 주장했다. 1635년에 열린 짧은 재판 후에 관원들은 윌리엄스를 정착지에서 추방했다.

존 윈드롭은 윌리엄스가 추방당한 후에도 그를 버리지 않았다. 사건 이후 5년 이상 이들은 서신을 계속해서 교환했다. 존 윈드롭은 윌리엄스가 가진 분리파 신념을 다시 한번 숙고해 주기를 간청했다. 그 결과 윌리엄스는 분리주의에 대한 신념을 바꿨다. 이후 그는 자유로운 신앙 생활을 로드아일랜드(Rhode Island)의 중요한 특징으로 만들었다.

존 윈드롭의 꿈 '언덕 위의 도성'은 앤 허친슨(Anne Hutchinson)의 영향 때문에도 위협받았다. 허친슨은 당시 유명한 목사 존 코튼(John Cotton)을 따르며 1633년에 보스턴으로 건너왔다. 허친슨은 매주 자신의 집에서 소그룹 모임을 가지며 커튼의 설교를 함께 공부했다. 앤과 그녀를 따른 이들이 누가 '은혜언약 아래'에서 살고 있는지(즉 누가 구원받았는지), 또한 누가 '행위언약 아래' 살고 있는지(즉 누가 구원 받지 못했는지) 분별할 수 있다고 주장했다는 내용이 보고되면서, 존 윈드롭과 관원들이 허친슨을 주목하기 시작했다.

이들은 존 코튼과 앤 허친슨의 형부 존 휠라이트(John Wheelwright)를 제외한 모든 매사추세츠베이(Massachusetts Bay)의 모든 목사가 '행위언약 아래' 살고 있다고 주장하자 논쟁이 격화되었다. 1638년에 존 윈드롭은 허친슨을 '반율법주의'(antinomianism)라는 죄목으로 재판에 세웠다. 허친슨은 자신이 안다고 주장하는 내용들을 어떻게 알게 되었냐는 질문을 받을 때까지는 자기변호를 잘했다. 그러나 성경의 도움 없이, 하나님께서 '그분의 영의 목소리로 내 영혼에' 직접 말씀하셨다고 선언하면서 분위기가 바뀌었다(Morgan, p. 152). 매사추세츠베이 당국 관원들은 허친슨을 반율법주의로 유죄 선고하고, 매사추세츠베이에서 추방했다.

존 윈드롭은 자신의 일상을 늘 기록으로 남겼다. 오랜 경력 내내 그는 청교도 정착 과정에 대한 여러 사건을 상세히 기록했다. 『1630년부터 1649년까지 뉴잉글랜드 역사』(*History of New England from 1630 to 1649*, 1959)로 출판된 이 기록은 초기 매사추세츠베이 식민지 역사에 대한 가장 중요한 일차적 사료다.

참고문헌 | E. S. Morgan, *The Puritan Dilemma: The Story of John Winthrop* (Little, Brown & Co., 1958); D. B. Rutmann, *Winthrop's Boston: Portrait of a Puritan Town*, 1630-1649 (W. W. Norton & Co., 1965).

J. L. THOMAS

존 윌리엄스(John Williams, 1796-1839)

남태평양에서 일한 선교사. 그는 탐험 및 이후 순교로 대중의 상상 속에 확고부동하게 각인된 근대 영국의 첫 선교사 영웅으로 알려져 있다.

윌리엄스는 토트넘(Tottenham)에서 태어났다. 14살에 어머니의 기독교인 친구 중 하나였던 이녹 톤킨(Enoch Tonkin)에게 보내져 금속을 다루는 기술을 배우는 도제로 7년 동안 훈련을 받았다. 1814년 1월 3일에 윌리엄스는 시티로드(City Road) 근교 올드휫필드채플(Old Whitefield Chapel)에서 티모시 이스트(Timothy East)가 마가복음 8:36-37을 본문으로 하는 설교를 듣고 회심을 체험했다. 사실 윌리엄스의 어머니는 어린 시절 토트넘과 에드먼튼(Edmonton)의 두 회중교회에 출석하면서 윌리엄 로메인(William Romaine)의 영향을 많이 받았다. 윌리엄스는 칼빈주의감리교 복음주의자 매튜 윌크스(Matthew Wilks)가 사역하던 런던 태버너클(London Tabernacle)에 출석했다. 1816년 7월에 윌리엄스는 윌크스가 중심 인물로 활약하고 있던 런던선교회(London Missionary Society)의 책임자로 지원했다. 런던선교회는 추가 선교훈련 없이 윌리엄스를 남태평양으로 파송하기로 결정했다. 윌리엄스는 1816년 10월 29일에 메리 초너(Mary Chauner)와 결혼한 후 1817년 11월 17일에 선교회가 활동하던 무레아(Moorea) 섬에 도착했다. 도착 직후 곧바로 후아히네(Huahine)로 보내져서 새로운 선교회 설립을 지원했고, 1818년 9월 11일에는 라이아테아(Raiatea) 섬으로 파견되었다.

윌리엄스가 도착하기 이전부터 라이아테아 섬의 모든 부족의 종교는 이미 기독교였다. 그러나 주민들에게 도덕적 변화가 부족하다는 평가가 있었다. 윌리엄스는 산업, 문명, 회심, 이 세 가지가 연결되어 있다고 생각했기에, 이들에게 유럽식 정착지를 세우라고 요청했다. 윌리엄스는 스스로 집을 건축하기도 했는데, 프랑스풍 내림창, 베네치아식 블라인드와 식탁, 의자, 잉글랜드식 가축 사육장과 잉글랜드 채소 경작지를 만들었다. 그를 연구한 역사학자는 윌리엄스가 지향한 생활 방식은 자신이 자라 온 중산층 부르주아 양식을 답습한 것이라고 평가했다. 그러나 다른 학자는 그의 방식은 당시 잉글랜드 선교사 거의 모두가 취했던 방식이었다고 바르게 평가했다. 그들은 모두 '잉글랜드식으로 옷을 입고 잠을 잤으며, 잉글랜드식으로 먹고 마시고 싶어 했다.'

윌리엄스는 선교지부에서 하던 일에 만족하지 못했고, 항상 복음을 위하여 더 큰 일을 하고 싶어 했다. 그는 인구가 더 많은 지부로 옮겨달라고 선교회 책임자들에게 편지를 썼다. 편지의 답장을 받기 전에 루루투(Rurutu) 섬의 추장이 라이아테아 섬을 방문했다. 루루투 추장은 라이아테아 섬이 놀라울 정도로 변한 것에 감명을 받고, 윌리엄스에게 교사들을 보내달라고 요청했다. 추장이 돌아가고 난 뒤 얼마 지나지 않아서 루루투의 우상들이 윌리엄스에게 보내졌는데, 이는 전 부족이 개종하겠다는 표시였다. 그때부터 윌리엄스는 라이아테아 지역의 진짜 잠재력을 인식하기 시작했다. 라이아테아는 실제로 영향력이 확장되는 중심지가 될 수 있었다. 윌리엄스는 얼마 후 편지를 썼는데, 이 편지에 아마도 가장 유명하다고 할 수 있는 문장이 들어 있다.

"나는 개인적으로 이 좁은 산호초 안에만 머무는 것에 만족할 수가 없습니다."

남은 일생 동안 그는 다른 선교사들이 해 왔던 대로 한 선교지부 안에서만 사역한다고 생각하지 않고, 순회전도자의 삶에 투신했다.

윌리엄스와 아내는 라이아테아에 정착했던 초기에 다리와 환부가 크게 붓는 상피병(elephantiasis)에 감염되어 고생했다. 시드니에서 치료를 받는 동안 윌리엄스는 배를 구입하기로 결심했는데, '디 인데버'(The Endeavour)라는 이름의 이 배를 섬들이 '문명 국가들과 교류'하는 수단으로 삼고자 했다. '디 인데버'를 타고 뉴질랜드를 통과해서 라이아테아 섬으로 돌아온 그는 1823년 7월 4일에 다시 아이투타키(Aitutaki) 섬을 향해 출발했다. 섬의 변화와 남겨둔 교사들의 사역에 만족한 그는 라로통가(Rarotonga)라 불리는 섬 이야기를 듣고 큰 관심을 가지게 되었다. 이 섬은 지도에조차 나오지 않는 섬이었다. 이 섬을 찾기 위해서 항해한 이야기는 후에 20세기 초 여러 주일학교 교재에도 실렸다. 그러나 그가 라로통가 섬을 발견했다는 주장은 후대에 논쟁을 불러 일으켰다.

윌리엄스가 라이아테아 섬으로 복귀하자 선교 책임자들이 그를 문책하려고 기다리고 있었다. 그들은 '디 인데버' 구매를 승인하지 않았는데, 선교사들이 상업에 연루되어서는 안 된다고 믿었기 때문이었다. 윌리엄스는 배를 되팔라는 명령을 받고 라이아테아 섬에서 3년을 더 머물렀다. 1827년 4월에 그는 새로운 선교동역자들인 피트만(Pitman) 부부와 함께 라로통가로 떠났다. 그곳에 도착했을 때, 윌리엄스는 부족민들이 라이아테아에서 파견한 선교사들에게 감사를 표하는 것을 보고 흐뭇해했다. 그는 라로통가 섬 사람들에게 새로운 예배당을 세우라고 격려하고, 라로통가 언어를 배운 후 요한복음과 갈라디아서를 번역했고, 추장들과 왕이 새 법을 제정하는 일을 도왔다.

라로통가 섬에서 라이아테아 섬으로 돌아갈 배편을 기다리면서, 윌리엄스는 다시 한번 선교 사역의 진보를 위해서는 배가 필요하다고 인식했다. 그 누구도 예상치 못하게, 윌리엄스는 스스로 배를 만드는 일에 착수하고, 이 배의 이름을 '피스'(Peace)로 지었다. 이 작업은 엄청난 감탄을 불러 일으켰다. 그는 밧줄, 돛, 못 대체품, 뱃밥, 역청과 페인트, 닻, 방향키의 축 등을 곡괭이, 자귀, 괭이 같은 단순한 연장을 사용해서 만들었다. 1830년 5월 24일에 사모아 섬(Samoan Islands)으로 가는 길을 찾기 위해 새로운 대항해를 시작했다. 이 섬에 여러 명의 교사를 남겨둔 윌리엄스는 바쁘게 해야 할 일이 아주 많은 라로통가 섬으로 다시 돌아왔다.

어느 날 폭풍으로 라로통가 섬이 큰 재해가 찾아오자, 윌리엄스는 섬 재건을 도왔다. 아울러 성경의 더 많은 부분을 현지어로 번역했으며, 라로통가 사람들이 알코올 중독이 되지 않도록 신경을 썼다. 그는 마침내 1832년 10월 11일에 사모아 섬을 다시 방문하기 위해 라로통아를 떠났다. 그는 따뜻한 환영을 받았다. 사파팔리(Sapapalli)에서는 여인들이 윌리엄스를 위해 '천상의 춤'을 추었다.

"이제 우리 섬은 구원 받았네. 사악한 관습은 사라졌다네. 어떻게 우리의 마음을 표현할 수 있을까? 오래! 우리가 잠들어 비리아무(Viriamu)의 꿈을 함께 꾸자!"

비리아무(윌리엄스의 사모아식 이름)가 정말로 기뻐했던 것은 의심의 여지없는 사실이지만, 이 사건은 윌리엄스가 복음보다 자신의 이름을 더 높이려고 한다고 믿은 동역자들과 책임자들에게 의혹을 불러일으켰다.

1834년 6월 12일에 윌리엄스는 병든 메리 윌리엄스를 회복시키고, 라로통가어 성경의 출간을 앞당기기 위해 영국에 귀국했다. 그는 태평양에 복음을 전파한 이야기로 전국의 청중을 매료시켰다. 그가 쓴 『선교사업 이야기』(*A Narrative of Missionary Enterprises*)는 귀족, 신사, 과학자와 탐험가에게 받아들여지기를 의도한 책이었는데, 결과적으로 그는 복음주의자들에게서 후원을 보장받았다. 다른 어떤 선교사의 작품도 그의 책만큼 널리 읽히지 않았다. (이 책은 윌리엄스가 순교한 이후 '대중판'이 발간되면서 더 급속하게 팔렸다).

후원자들이 더 늘어나면서, 윌리엄스는 영구적으로 선교용 선박, '더 캠던'(The Camden)호를 살 수 있었다. 1838년 4월 4일에 윌리엄스를 위한 작별 행사가 열렸다. 사모아 섬으로 돌아간 후 윌리엄스는 파스테투타이(Fastetootai)에 새 집을 건축했는데, 이 지역은 사모아 섬에서 가장 천대받는 부족이 사는 곳이었다. 여기서 허비(Hervey)와 소사이어티(Society) 섬을 방문한 뒤, 윌리엄스는 다시 뉴헤브라이즈(New Hebrides)의 새 영토로 떠났다. 사모아 섬의 아피아(Apia)로 와달라는 요청을 받은 그는 로투마(Rotuma)로 갔다가, 이어서 타나(Tanna)로 들어갔는데, 그가 섬에 온 목적으로 제대로 전달할 수는 없었지만, 따뜻한 환영을 받았다. 1839년 11월 18일자 일기에서 그는 마지막으로 들어가게 된 섬에 대해 쓰고 있는데, 아마도 타나에서 받은 환대에 대해 쓴 내용인 것 같다.

"오늘은 정말 잊지 못할 날이다. 후세에 전해질 날이다. 이날 일어난 일들에 대한 기록은 이 일에 적극적인 역할을 한 이들이 망각의 그늘로 들어간 이후에도 사라지지 않고 보존될 것이다. 이 날의 결과는…."

이틀 뒤, 에로망가(Erromanga)에 도착한 윌리엄스는 친구 해리스(Harris)와 함께 순교당했다. 이들의 죽음을 둘러싼 상황은 명확하지가 않다. 윌리엄스가 지역 축제가 벌어진 날에 에로망가에 상륙했을 가능성이 있다. 이후 자료를 살펴보면, 윌리엄스의 도착 이전에 다른 방문자가 이 섬에 상륙해서 여성들과 음식을 강탈해 갔다. 따라서 에로망가 사람들이 새 방문자에게 복수를 했을 수 있다. 찰스 해돈 스펄전(Charles Haddon Spurgeon)은 윌리엄스 이전에 상륙한 방문자를 한 선교사의 아들이었다고 밝힌데 반해, 다른 자료에서는 그가 백단유 무역상(sandalwood traders)이었다고 말한다.

사건을 더 미궁에 빠뜨리는 주장은 윌리엄스가 죽음을 예감하고 있었다는 주장이다. 그의 마지막 일기 내용, 그리고 그가 에로망가에 상륙하기 전날 밤에 잠을 제대로 잘 수 없었다는 주장이 이 이론을 뒷받침하는 데 사용된다. 해리스의 몸은 해안가에서 먹혔다고 한다. 윌리엄스의 몸도 먹혔다고 하기도 하고, 어떤 사람들은 그의 몸이 축제에 사용되는 돼지와 교환되었다고도 주장하기도 한다. 남겨진 몸의 일부는 후에 추려졌다고 한다. 윌리엄스를 기리기 위해 쓰인 많은 책 중에서 한 책에는 다음 내용이 있다.

"존 윌리엄스는 새로운 시대를 연 가장 걸출한 선조 중 하나로 존경받을 것이다. 그는 스데반과 안디바 및 우리 주님의 다른 순교자들의 고귀한 반열에 속한 인물이었다."

비록 오늘날에는 많이 잊혔지만, 몇십 년 전까지만 하더라도 그는 복음주의자라면 누구나 이름을 들어본 일이 있는 인물이었다. 남태평양의 여러 섬을 오가며 선교사와 물자를 나르는 배 일곱 척에 그를 기리며 존 윌리엄스라는 이름이 붙여졌다. 이 배들을 구입하는 데 든 비용은 영국과 식민지에 있는 주일학교 어린이들이 모금했다. '존 윌리엄스 7호'(John Williams VII)라는 이름의 마지막 배는 1962년에 출항했고, 1972년에 선교활동을 마감했다.

참고문헌 | E. Prout, *Memoirs of the Life of the Rev. John Williams* (London: John Snow, 1843); J. Williams, *A Narrative of Missionary Enterprises in the South Sea Islands* (London: John Snow, 1837); 런던대학교 동양 및 아프리카학 대학원(School of Oriental and African Studies, University of London) 문서고에 소장된 문서와 사진들.

S. SIVASUNDARAM

존 윌리엄 도슨 경(Sir John William Dawson, 1820-1899)

과학자, 저술가, 교육자이며, 탐사 지질학자로 훈련받은 첫 영국령 북미(독립 이전의 미국과 캐나다-역주) 사람. 그는 엄청난 정열과 비전의 사람으로 노바스코샤(Nova Scotia)의 교육 제도와 수업 일정, 그리고 퀘벡(Quebec)의 개신교 공동체를 만들어 냈고, 고군분투하던 맥길대학(McGill College)을 세계적 명문 대학으로 탈바꿈시킨, 세계적으로 저명한 고생물학자이자 기독교 반진화론자였다.

존 도슨은 스코틀랜드 출신 이민자 부모 제임스 도슨(James Dawson)과 메리 랜킨(Mary Rankine)의 아들로 노바스코샤의 픽투(Pictou)에서 태어났다. 집안이 1820년대부터 1840년대까지 (불경기의 전조가 되는) '벼락경기'(boom and bust)라는 경제 폭풍에 시달린 덕에 '가난하면서도 품위를 잃지 않는'(genteel poverty) 분위기 속에서 자랐다. 존 도슨 가족의 경건한 장로교 신앙은 젊은 존 도슨의 세계관 형성에 큰 영향을 끼쳤다. 그는 토마스 맥컬로크(Thomas McCulloch) 목사의 탁월한 지도 아래 픽투아카데미(Pictou Academy)에서 우수한 교육을 받았고, 고전어, 히브리어, 물리학, 생물학에서 실력을 갖추고 졸업했다. 특히, 맥컬로크의 과학에 대한 관심에 매력을 느낀 그는 그 지역에서 구할 수 있는 표본들을 수집해서 그 지역 식민지 내의 다른 박물학자들과 교환했다.

1840년 가을에 존 도슨은 스코틀랜드 에든버러대학교(University of Edinburgh)에서 대학 공부를 시작했는데, 여기서 지질학과 박제학 수업을 듣고 현미경 연구 분야에서 실력을 쌓았다. 실제로, 그는 캐나다에서 현미경 연구 분야를 개척한 인물이었다. 그러나 집안의 재정 문제 때문에 1841년 봄에 픽투로 돌아갔다. 다음 해에 현대 지질학의 창설자 중 하나인 찰스 라이엘(Charles Lyell)을 만난 존 도슨은 그에게 픽투에 매장된 석탄에 대해 알려 주었다. 이 만남으로 존 도슨의 지질학에 대한 관심이 더 자극받게 되자, 그는 자신이 발견한 것을 글로 출판하며 노바스코샤의 석탄 산업 개발을 위한 계약에도 뛰어들었다. 1847년에 에든버러로 돌아가 마가렛 앤 영 머서(Margaret Ann Young Mercer)와 결혼했는데, 이미 1841년부터 두 사람은 대서양 양편에서 연애를 이어 왔다. 에든버러에서 존 도슨은 계약한 일에 필요한 지식을 습득하기 위해 응용화학 과목도 수강했다.

1847년에 노바스코샤로 돌아간 존 도슨은 픽투아카데미와 댈하우지대학(Dalhousie College)

에서 가르치면서 지질학 공부를 보충했다. 1850년에는 입법부(House of Assembly)에 있는 친구들의 설득으로 그는 신설된 노바스코샤 교육 책임자 자리를 맡았다. 그가 낸 제안서들을 입법부가 늑장 응답하는 등 결국 좌절 속에서 2년 후에 사임하게 되지만, 1855년에 트루로에 사범학교(Normal School)를 설립하는 산파 역할은 충실히 해 냈다. 그는 또한 캐나다 연해 주(Maritimes)와 퀘벡에서 사용된 과학과 농업 분야의 몇 가지 중요한 학교 교과서들을 쓰기도 했다.

1854년에 존 도슨은 런던지질학회(Geological Society of London)의 선출 특별회원(elected fellow)이 되었고, 노바스코샤, 뉴브런즈윅(New Brunswick), 프린스에드워드아일랜드(Prince Edward Island)의 지질과 경제적 가능성을 탐구한 그의 가장 유명한 책 『아카디아 지질학』(Acadian Geology, 1855)을 완성했다. 존 도슨은 재능 있는 과학자로서 점점 더 명성이 높아지자, 에든버러대학교에서 가르치는 일을 진지하게 고려했다. 비록 에든버러대학교가 그에게 교수직을 제시하지 않았지만, 대신 그는 몬트리올 소재 맥길대학(McGill College) 제5대 학장직 제안을 받고 1855년에 수락했다. 존 도슨이 승계한 맥길대학은 당시 제대로 관리가 안 된 건물이 많았고, 재정 확보에 심각한 문제를 안고 있었던 데다, '인문학부가 빈사 상태'에 있었다.

유일한 장점은 기능을 잘하고 있던 의학부뿐이었다. 이런 어려움에도 불구하고, 존 도슨은 맥길대학의 학문적 교육이 성장하던 식민지 사회의 필요에 부응하기 위하여, 아주 실천적이고 전문인을 양성하는 방향으로 성장해야 한다고 믿은 이사회에 동의했다. 이 목적을 위해 그는 1857년에 맥길사범학교(McGill Normal School)를 세우고 13년간 교수와 학장으로 일했고, 동시에 맥길대학에는 다양한 과학 과목을 개설했다. 추가로, 캠퍼스를 '암소 목초지'(cow pasture)로부터, 공부하고 싶은 기분이 나게 하는 좋은 환경이 구비된 곳으로 이전하며 학교를 더 강력한 재정 확충이 가능한 환경으로 만들었다.

존 도슨이 공학과 과학 분야의 교수 요원을 보강하면서 대학의 학문적 명성도 지속적으로 높아졌다. 지질학자로서의 그 자신의 명성도 캐나다지질연구회(Geological Survey of Canada) 회원과 몬트리올자연사학회의(Natural History Society of Montreal) 회장이 되면서 더 널리 퍼졌고, (활동과 저술을 통해) 몬트리올을 국제적으로 알려진 지질학 연구의 중심지로 만드는 데도 성공했다. 많은 행정과 교수 업무에도 불구하고, 존 도슨은 여름에 현장 조사를 떠나 연구하고 발견한 것을 출판하며 학술 간행물을 통해 당대의 이론들과 토론하는 일을 멈추지 않았다.

1860년에 존 도슨은 찰스 다윈(Charles Darwin)의 『종의 기원』(On the Origin of Species)에 대한 아주 비판적인 서평을 「캐나다 내츄럴리스트 앤 지올로지스트」(Canadian Naturalist and Geologist)에 실었는데, 여기서 그는 다윈의 화석 기록 활용이 완전하지 않다고 주장했다. 존 도슨은 과학의 관점에서뿐만 아니라, 종교적 기반에서도 진화론에 반대했다. 경건한 기독교인인 존 도슨은 성경과 과학의 발견 사이에 근본적인 동의가 있을 것이라 믿으며 진리는 조화된다고 확신했다.

존 도슨은 이런 관점을 『아카이아』(Archia, 1860), 『계시와 과학에 따른 세상의 기원』(The Origin of the World, According to Revelation and Science, 1877)에서 개진했다.

아마도 이 주제에 대한 그의 가장 성숙한 사상은 『현대 진화 사상들』(Modern Ideas of

Evolution, 1890)에서 전개된 내용일 것이다. 여기서 그는 진화는 논리상 신 없는 자연 이해 사상일 뿐만 아니라 궁극적으로 더불어 사는 삶에 대한 도덕적 기반을 상실한, 신 없는 인간 이해 사상이라고 지적했다. 존 도슨은 진화론에 대한 지칠 줄 모르는 비판을 가하면서, 과학과 성경의 관계를 평범한 대중에게 가르치기 위해 수 없이 많은 대중 강연을 열고 대중적인 글을 출판했다.

존 도슨의 대중 저술과 강연은 철학적 물질주의 앞에서 신앙을 변호하는 변증가로서의 명성을 그에게 가져다주었다. 그러나 그의 다윈 비판은 진지한 과학자로서의 학문적 명성을 붕괴시켰는데, 특히 젊은 세대의 과학자들이 크게 실망했다. 그러나 그를 따르던 일부 과학자들이 그의 과학적 업적을 무시하고 폄하했음에도 불구하고, 이런 붕괴가 지식의 통합성에 대한 그의 확신을 바꾸지도 못했고, 과학이 하나님의 세계에 대한 연구라는 믿음을 깨뜨리지도 못했다.

존 도슨은 신앙 때문에 정통 개신교를 변증하기도 했지만, 이 신앙은 그가 퀘벡에서 기독교 교육을 변증한 원인이기도 했다. 맥길사범학교(McGill Normal School)에서 교사들을 가르친 교수이자, 몬트리올 개신교학원선교위원회(Protestant Board of School Commissioners for Montreal) 활동위원이며, 공교육의회(Council of Public Instruction) 개신교위원회 회원이기도 했던 존 도슨은 새로운 캐나다 국가(1867년에 캐나다 자치령 지위 획득 후 1949년 독립-역주) 건설에 기여할 국민을 양성하기 위해 교양 교육과 기독교 원리에 근거한 교육 개혁을 추진했다. 그는 자신의 교육 비전이 퀘벡 인구의 대다수를 차지하는 프랑스어권 로마 가톨릭 신자들과의 협력을 통해 달성되리라고는 믿지 않았다.

또한, 존 도슨은 주일학교운동(Sunday school movement)의 옹호자였고, 안식일학교 교사들을 위한 지침서를 쓰기도 했다. 이에 더하여, 그는 영국해외성서공회(British and Foreign Bible Society)를 지원하고 몬트리올 지부의 회장으로 얼마간 일하기도 했다.

1878년에 존 도슨은 뉴저지대학(College of New Jersey) 학장이 되어 달라는 초청을 받았는데, 당시 이 학교는 진화와 신앙 문제로 논쟁의 와중에 있었다. 그 자리는 맥길대학보다 더 나은 자리였지만, 존 도슨은 몬트리올에 머물러 개신교 교육의 대의를 계속 증진시키고 자연사 박물관을 짓는 일에 투신하기로 결정했다.

1881년에 지질학 분야에서 탁월한 업적을 이룬 이에게 수여하는 라이엘 메달(Lyell Medal)을 받은 것을 비롯하여 여러 다른 명예가 뒤따랐다. 이듬해에 그는 몬트리올에서 열린 아메리카과학증진협회(American Association for the Advancement of Science) 회장이 되었고, 1886년에는 영국과학증진협회(British Association for the Advancement of Science)가 그를 회장으로 추대했다. 존 도슨은 이 두 조직에서 모두 회장직을 차지한 유일한 인물이었다. 존 도슨은 긴 투병 끝에 1899년 11월 19일에 몬트리올에서 사망했다. 그는 과학과 신앙, 가르침과 연구, 대학 행정과 공공 활동 과제를 성공적으로 조율해 낸 인물이고, 세계적인 과학자로 인정받은 동시에, 캐나다 교육의 발전에 크게 공헌한, 확신과 믿음을 가진 의욕적인 인물로 기억된다.

참고문헌 | S. Sheets-Pyenson, *John William Dawson: Faith, Hope, and Science* (Montreal and Kingston: McGill-Queen's University Press, 1996).

D. GOODWIN

존 윌리엄 플레처(John William Fletcher, 1729-1785)

감리교 성직자이자 작가. 그는 1729년 9월 12일에 노용(Nyon)의 귀족이자 부유한 스위스 가문에서 태어난 것 같다. 집에서 교육을 받고 활기찬 유년 시절을 보낸 플레처는 1746년에 제네바대학교(Geneva University)에 다니며 순수문학(Belles Lettres)을 공부했다. 스스로 목회 소명을 받을 만한 자격이 없다고 생각한 그는 교회에서 경력을 쌓기를 거절하고 군사 기술자로 훈련을 받았다. 그러나 이 일에서 성공적인 경력을 쌓기가 힘들어지자 1750년경에 잉글랜드로 건너갔고, 1752년부터 슈루즈베리(Shrewsbury) 지역 의원이던 토마스 힐(Thomas Hill)의 아들들을 가르치는 가정 교사가 되었다.

언제나 신앙 감수성이 예민한 인물이었던 플레처는 어릴 때부터 예정론 등 자신이 물려받은 칼빈주의 요소들에 반감을 가졌다. 잉글랜드에 처음 정착했을 때 아마도 런던의 프랑스계 개신교회들과 관계를 맺은 것으로 보이는 플레처는 감리교 영향을 받으면서 1754년 1월에 복음주의적 회심을 체험했다. 1757년 3월에 잉글랜드 국교회(Church of England) 사제로 안수받은 후 런던과 때로 슈롭셔(Shropshire) 지역에서 설교와 목회를 시작했다. 이 과정에서 웨슬리 형제, 그중 특히 찰스 웨슬리(Charles Wesley)와 헌팅던 백작부인(Countess of Huntingdon)과 가까워졌다.

1760년에는 이스트슈롭셔의 산업 발전 지역의 중심지 마들리(Madeley)의 교구 임명을 받아들였는데, 이 지역은 지역 주민의 음주와 악행 등의 사회 문제로 평판이 나빴다. 그의 사역은 설교와 꾸준한 목양이 특징이었다. 초기 얼마간의 성공적인 목회 이후, 플레처는 반대에 직면했는데, 특히 산업 지구에서 오두막 모임을 활성화하는 것에 대한 반대에 직면했다. 치리가 부족하다는 존 웨슬리(John Wesley)의 비판을 들었음에도 불구하고, 그의 영향력은 상당했다.

1765년부터 플레처는 자기 교구 바깥의 웨스트미들랜즈와 더 먼 곳에서도 설교했다. 웨슬리 형제와 헌팅던 부인을 대신해서도 설교하고 여러 복음주의 교구에서도 설교하면서, 1768년에는 웨일스(Wales) 트레베카(Trevecca) 소재 헌팅던 부인이 세운 학교의 방문감독이 되었다. 그가 방문할 때마다 영적 각성이 일어났다. 그는 학생 교육용 종합 커리큘럼을 마련했고, (당시 존 웨슬리의 Kingswood School의 고전 교사였던) 재능 있는 젊은 조셉 벤슨(Joseph Benson)을 사실상의 학교장으로 임명하는 데도 성공했다. 헌팅던 부인이 존 웨슬리의 1771년 '의사록'(Minutes)을 거부하자, 플레처도 학교를 사임했다. 그는 존 웨슬리의 교리들에 대한 『해명서』(Vindication)를 썼고, 뒤이어 『반율법주의 저지』(Checks to Antinomianism)를 썼다.

『반율법주의 저지』는 선행이 필요한 경우들을 정리하고, 존 웨슬리의 '그리스도인의 완전' 교리를 지지함으로써 알미니우스 교리를 널리 전파하려는 목적으로 저술되었다. 이 논쟁에서 플레처가 남긴 마지막 기여는 그가 알미니안주의를 칼빈주의의 대안으로가 아니라 평형추로 보았다는 점이다. '논쟁'(the Controversy)에서 그를 강하게 반대한 인물들은 힐(Hill) 형제와 어거스터스 토플래디(Augustus Toplady)였는데, 입장의 차이에도 불구하고 이들은 플레처를 한 인간으로 존경했고, 그의 저술의 가치와 명료함과 학식을 인정했다.

1770년 플레처는 친구들과 후원자인 브리스

톨 설탕상 제임스 아일랜드(James Ireland)와 함께 프랑스, 이탈리아, 스위스로 건너갔다. '논쟁' 기간에도 계속 바쁜 교구 일에 투신했지만, 저술 활동이 준 긴장 때문에 1777년에는 건강이 심각하게 훼손되었다. 결핵으로 고생하던 그는 런던과 브리스톨(Bristol)에서 기력을 회복하며 얼마간 시간을 보낸 후, 건강을 회복하기 위해 다시 스위스(1778-1781)로 돌아갔다. 그가 그 이전에 유럽 대륙으로 돌아간 때는 1770년이 유일했다. 플레처의 노용(Nyon) 목회는 처음에는 환영받았지만, 후에는 제약이 있었다. 이후 그는 스위스 목회자를 대상으로 『사도 바울의 초상』(Portrait of St Paul)을 써서 호평받았다. 플레처 사후에야 이 책의 번역판이 출간되었다.

잉글랜드로 돌아간 후, 플레처는 메리 보산케트(Mary Bosanquet, 1739-1815)와 1781년 11월 21일에 결혼했다. 플레처보다 정확히 10년 후에 런던의 부유한 위그노 은행가 가문(Huguenot banking family)에서 태어난 메리는 감리교도였던 하인을 통해 신앙을 갖게 되었다. 자기가 속한 계급의 사회 생활을 거부한 그녀는 고향을 떠나 다른 여인들과 함께 가난한 이들을 돌보고 지역 감리교 모임을 활성화하기 위해 기독교 공동체 하나를 세웠다. 메리는 1768년에 요크셔(Yorkshire)로 이주해서 몰리(Morley) 근교 크로스홀(Cross Hall)에 비슷한 공동체를 세웠는데, 이 공동체는 존 웨슬리를 비롯한 여러 인물의 방문과 존경을 받았다. 존 웨슬리의 순회설교단에 포함되지는 못했지만, 존 웨슬리는 메리가 설교에 '특별한 소명'이 있음을 인정했다.

플레처 부부는 마들리에서 함께 목회하며 1783년에는 더블린(Dublin)을 방문했다. 존은 1784년에는 프리스틀리(Priestley)의 유니테리언주의(Unitarianism)에 반대하는 삼위일체 신학 논증을 쓰기도 했다. 1785년 여름에 장티푸스가 창궐한 시기에 환자를 심방했다가 감염되어 8월 14일에 사망했다. 그가 남긴 마지막 말은 "나의 가난한 사람들은 이제 어떻게 될까?"였다고 한다. 교구 사람들 및 교구 경계 밖의 사람들도 그의 죽음을 깊이 애도했다.

설교자로서 순회 범위가 넓었던 것은 아니지만, 플레처의 설교 능력은 횟필드(Whitefield) 다음 가는 것으로 인정받았다. 그가 청중을 끌어 모은 것은 그만의 강렬한 방식과 논증의 힘이었다. 중심 주제는 언제나 성령의 부어 주심을 통해 실현된, 인간에 대한 하나님의 측량할 수 없는 사랑이었다. 그는 목회하던 교구 내 광산과 제철소의 어려운 노동 조건과 위험을 잘 알았고, 이 새로운 산업에 노력을 집중했다. 교구에 초기 주일학교들을 설립하는 일을 하면서 퀘이커교도 어바이어 다비(Abiah Darby)와 협력했고, 찰스 시미언(Charles Simeon) 같은 이들에게 영향을 끼쳤다. 그의 특별 관심은 언제나 가난한 자들이었고, 가정은 언제나 도움을 필요로 하는 이들에게 열려 있었다.

플레처는 웨슬리파감리교회(Wesley's Methodists)를 이끈 지도자였지만, 자신의 후계자가 되어 달라는 존 웨슬리의 요청을 거절했다. 웨슬리 형제와 그들의 추종자들은 '논쟁' 이후 그를 아주 특별하게 생각했다. 이들과의 오랜 친교에도 불구하고, 그는 굳건한 비당파주의자(non-partisan)였다. 1784년 총회에서 웨슬리의 선언문(Deed of Declaration)을 둘러싼 논쟁이 벌어졌을 때, 플레처는 평화적으로 개입함으로써 서로 주장이 다른 양파를 화해시키는 데 성공했다. 그는 1760년대 웨스트미들랜즈(West Midlands)의 복음주의 성직자들을 하나되게 하려고 노력했고, '논쟁'에서 반대편에 선 자들과도 교제를 유지했다. 1775

년에 조셉 벤슨(Joseph Benson)이 감리교를 잉글랜드국교회 내에 존재하는 지교회(daughter church)로 편입시키자는 제안서를 다시 만들었다. 마들리(Madeley)에서 감리교는 19세기까지 잉글랜드국교회 소속으로 남았다. 플레처는 살아생전에 성자로 추앙받았고, 죽은 후에는 더 경외감을 불러일으키는 인물이 되었다. 1781년에 그가 '완전성화'를 경험했다는 주장이 있었지만, '완전한 사랑'의 경험과 삶의 거룩은 오랜 동안의 자기 성찰과 자기 부인이라는 훈련된 삶이 있고 난 후에 성취된 것이었다. 플레처는 실력 있는 학자, 목사, 설교자였고, 그의 기도는 많은 이들에게 영감의 원천이 되었다.

참고문헌 | J. Benson, *The Life of the Rev. John W. de la Flechere* (1806); L. Tyerman, *Wesley's Designated Successor* (1882); P. P. Streiff, *Reluctant Saint* (London: SCM, 2001); B. Trinder, *Industrial Revolution in Shropshire* (Chichester: Phillimore, 2000).

P. FORSAITH

존 윌리엄슨 네빈(John Williamson Nevin, 1803-1886)

미국 독일개혁교회(German Reformed Church)의 신학자이며, 머서스버그 신학(Mercersburg theology)의 설계자. 그는 펜실베이니아에서 스코틀랜드 아일랜드계인 부모님의 아홉 명의 자식들 중 장남으로 태어났으며, 장로교 전통에서 성장했다. 14살이 되던 해에 뉴욕 스키넥터디(Schenectady)의 유니온대학(Union College)에 입학했다. 삶의 절반 이상을 괴롭혔던 고질적인 병 때문에 그는 1821년의 졸업 뒤 2년의 시간을 가족 농장에서 보내야만 했다. 1823년에 프린스턴신학교(Princeton Theological Seminary)에서 3년간의 학업 과정을 시작했고 1826년에서 1828년까지 과거 자신의 멘토였던 찰스 하지(Charles Hodge)가 연구를 위해 유럽으로 간 동안 히브리어와 문학 교수직을 맡기도 했다. 1828년 장로교회에서 안수를 받은 후 펜실베이니아의 뉴빌(Newville)에서 약 2년간 설교자로 사역했다.

1830년에 네빈은 펜실베이니아 앨러게니(Allegheny)에 새롭게 세워진 웨스턴신학교(Western Seminary)의 히브리어와 성경문학(Biblical Literature) 교수로 임명되었다. 네빈은 그곳에서 10년간 머무르며 그 지역의 회중들을 섬겼으며, 「더 프렌드」(*The Friend*)라고 불리는 문학 저널을 편집했다(이 이름은 새뮤얼 테일러 콜리지[Samuel Taylor Coleridge]가 출간한 출판물의 이름에서 차용했다). 또한, 네빈은 1840년 펜실베이니아 캐넌스버그(Canonsburg)의 제퍼슨대학(Jefferson College)에서 신학박사학위를 받았다. 이 기간 동안 네빈은 독일의 신학과 교회사에 대한 연구를 시작했다. 요한 네안더

(Johann August Neander)와 다른 독일 학자들의 글을 읽은 것은 그의 신학 발전에 중요한 전환점이 되었다.

네빈은 1840년에 펜실베이니아 머서스버그에 있는 머서스버그신학교(Mercersburg Theological Seminary)의 루이스 마이어(Lewis Mayer) 교수의 후임으로 와달라는 독일개혁교회(German Reformed Church)의 요청을 받아들인다. 거기서 그는 1841년에 사망한 프리드리히 아우구스트 라우흐(Frederich Augustus Rauch)와의 짧지만 의미 있는 우정을 나누었다. 네빈에게 보수적인 헤겔파 심리학(Hegelian psychology)을 처음으로 소개한 인물이 라우흐였다. 1853년까지 네빈은 자신의 역할뿐만 아니라 라우흐가 맡고 있던 마샬대학(Marshall College)의 학장직까지 떠안아야 했다. 신학교와 대학 모두 재정 지원을 넉넉히 받지 못하는 상황이었다. 네빈은 적절한 보상도 받지 못한 채 쇠락하는 조직들을 안정시키기 위해 몇 년 동안 고군분투했다. 1844년에 교회사가 필립 샤프(Philip Schaff)가 합류하면서 상황이 조금씩 안정되기 시작했다. 샤프가 네빈이 갖고 있던 독일신학에 대한 관심을 재확인해 주었을 뿐만 아니라, 교회사에 대한 샤프의 낭만적이면서도 이상주의적인 관점도 머서스버그 신학의 필수 요소가 되었다.

네빈은 1840년대에 수많은 논쟁에 개입했는데, 이 때문에 그에게 등을 돌린 이들이 생겼다. 네빈은 '새로운 방법'(New Measures) 부흥운동에 반대하고 개혁파 요리문답 체계(Reformed system of catechism)로 돌아가라고 권고하는 글을 『고뇌 좌석』(*The Anxious Bench*, 1843)에 실었다. 그는 개신교의 발전을 중세 가톨릭교회를 통과하며 추적한 샤프의 '이단적인' 취임 연설을 옹호하기도 했다.

네빈은 1846년에 그가 쓴 책 중 가장 논란을 불러일으킨 『신비로운 임재: 성만찬에 대한 개혁파 혹은 칼빈주의 교리 변호』(*The Mystical Presence: A Vindication of the Reformed or Calvinistic Doctrine of the Holy Eucharist*)를 출판했다. 대부분의 개혁교회들이 지지했던 상징-기념(symbolic-memorial) 관점에 반대하여, 칼빈의 성만찬 교리를 옹호할 뿐만 아니라 확장한 그의 입장은 전(前) 멘토였던 찰스 하지와의 직접적 갈등으로 이어졌다. 이 논쟁으로 수백 쪽에 달하는 논문들이 학술지에 실렸고, 머서스버그와 프린스턴 사이에 영구적인 반목의 장벽을 세웠다. 네빈은 『하이델베르크 요리문답의 역사와 천재성』(*History and Genius of the Heidelberg Catechism*)에서 다시 개혁파 고백주의(Confessionalism)에 대한 깊은 존경을 표했으며, 교회가 이를 유지해야 한다고 도전했다. 그의 가장 신랄한 논증은 『적그리스도, 혹은 분파와 분열의 영』(*Anti-Christ, or the Spirit of Sect and Schism*, 1848)에도 등장했다. 여기서 네빈은 하나로 연합된 보편교회를 주장했다. 그에 의하면 분열은 성육신(incarnation)을 묵살하는 이단적 신앙이었다. 교회 안에서의 단절은 단지 실천적 영지주의에 지나지 않는다고 주장했다.

「머서스버그 리뷰」(*Mercersburg Review*)에 실린 논문들을 통해 드러난 것처럼, 네빈의 고교회(High Church) 성향은 1850년대 초까지 계속 발전했다. 이 논문들에는 '가톨릭 신앙'(Catholicism), '성공회의 위기'(The Anglican Crisis), '초기 기독교'(Early Christianity), '키프리안'(Cyprian) 등이 있었다. 네빈이 적어도 지성 영역에서는 가톨릭에 가까워졌다는 것은 거의 확실해 보인다. 이런 변화가 부분적으로는 그가 1851년에 신학교에서 사임한 이유였다. 당시의 개신교인은 로마교회를 극심하게 비판했다. 심지어 중세 가톨릭교회에서 경건의 계보마저도 찾아낸 네빈이 보기에, 개신교인의 이런 적대감은 그들이 고대교회의 생활 양식을 거의 상실했다는 증거였다.

네빈의 '로마화' 경향에도 불구하고, 랭커스터 대회(Synod in Lancaster)는 투표를 통해 그가 신학교를 떠나는 것을 압도적으로 지지했다. 네빈은 1853년에 마샬대학이 랭커스터로 옮길 때까지 계속해서 마샬대학의 학장으로 봉직했다. 네빈이 1858년에 랭커스터로 이주한 뒤 남북전쟁 중에는 프랭클린앤마샬대학(Franklin and Marshall College) 교수진에 합류했으며, 철학, 역사, 미학 교수로 재직했다. 1866년에는 총장으로 선출되어 이후 10년 동안 이 직분을 감당했다. 그 기간 동안 네빈은 독일개혁교회에서 예전(liturgy)의 본질이 무엇이고, 이를 어떻게 활용해야 하는가를 놓고 벌어진 주요 논쟁에 참여했다. 논쟁의 파급 효과가 워낙 컸기에, 네빈과 유명한 독일인 중재 신학자(mediating theologian) I. A. 도르너(I. A. Dorner)가 학술지에 장문의 논문들을 기고하면서 논쟁을 벌일 정도였다.

남은 생애 동안 네빈의 주요 관심사는 성경의 영감과 해석으로 바뀌었다. 비록 네빈은 에마누엘 스베덴보리(Emmanuel Swedenborg)의 결론 중 많은 부분을 받아들이지는 않았음에도, 그의 해석학에 강한 호기심을 느꼈다. 네빈의 성례전적이고 심지어 신비적인 성경관은 그의 장로교 경건과 기독교 플라톤주의(Christian Platonism)에 깊이 뿌리를 내리고 있다. 실제로 성경해석학에 대한 그의 후기 논문들은 그가 머서스버그 이전에 쓴 글에서 보여 준 원리들과 많이 흡사했다. 네빈은 펜실베이니아 랭커스터에서 83세의 나이로 사망했다.

네빈의 머서스버그 신학은 무엇보다도 성육신에 근간을 둔 그리스도 중심적 체계(Christocentric system)다. 바로 이런 이유로 네빈은 역사적 교회(historic church), 성례, 성경을 매우 강조했다. 새창조의 생명력이 역동적으로 구현된 곳이 바로 이들 안에서였다. 신학적으로, 네빈의 사상은 한편에는 독일 중재 신학(예를 들어, 칼 울만[Karl Ullmann], I. A. 도르너[I. A. Dorner], 리하르트 로테(Richard Rothe])을, 다른 한편에는 잉글랜드식 경건(예를 들어, 존 하위[John Howel, 헨리 스쿠걸[Henry Scougal], 대주교 로버트 리턴[Archbishop Robert Leighton])과 영국 낭만주의(예를 들어, S. T. 콜리지[S. T. Coleridge])를 놓고, 이들을 종합한 것이었다.

철학적으로는 플라톤주의(Platonism)와 독일 관념론(예를 들어, G. W. F. 헤겔[G. W. F. Hegel], F. W. 셸링[F. W. Schelling]), 영국 경험론(예를 들어, 존 로크[John Locke])과 상식 실재론(예를 들어, 토마스 리드[Thomas Reid])을 융합하려는 시도였다. 네빈의 학문의 엄청난 광대함에도 불구하고, 이 머서스버그의 박사는 결코 하이델베르크 요리문답의 고백주의 신학과 사도신경의 정통에서 벗어나지 않았다. 그는 사도신경이 사도적 신앙의 본질과 성경해석의 해석학적 모체(hermeneutical matrix)가 되기 때문에 사도신경을 모든 참된 신학의 기초라 여겼다.

복음주의 신학에 대한 네빈의 역사적 영향력은 상대적으로 크지 않지만, 미국 종교와 문화에 대한 그의 가차 없는 비판은 당대 학계에서 지속적인 흥미를 불러일으켰다. 즉 미국 종교는 오직 속죄에만 집중함으로써 역사적 성육신 교리를 창조, 교회, 성례에 대한 그 교리의 신학적 함의들과 함께 제쳐 놓았다. 민주적 개인주의(democratic individualism)는 교회의 유기적 개

넘을 없애는 데 기여했을 뿐이고, 성경적 합리주의(biblical rationalism)와 종교적 주관주의(religious subjectivism)는 성례와 성경 안에 그리스도가 실제 임한다는 교리를 약화시켰다는 것이다. 마지막으로, 문화적 유물론(cultural materialism)과 상식 실재론(common sense realism)은 관념론적인(idealistic) 혹은 영적인(spiritual) 기독교 철학의 가능성을 제거했다.

네빈 신학의 많은 요소들은 표준적인 복음주의 신념들의 경계를 넘어갔지만, (복음주의부터 성례주의까지 이르는) 그의 궤적은 19세기의 몇몇 중요한 복음주의자들도 거친 여정이었기에, 또한 그의 신학이 (고전적 개혁파 신앙고백 중 가장 두드러지게 복음주의적인) 하이델베르크 요리문답에 뿌리를 두고 있기 때문에, 그는 넓은 범위에서 복음주의 역사의 중요한 인물로 평가할 수 있다.

참고문헌 | T. Appel, *The Life and Work of John Williamson Nevin* (Philadelphia: Reformed Church Publishing House, 1889); W. DiPuccio, *The Interior Sense of Scripture: The Sacred Hermeneutics of John W. Nevin* (Macon: Mercer University Press, 1998); S. Hamstra, Jr, and A. J. Griffiioen (eds.), *Reformed Confessionalism in Nineteenth Century America: Essays on the Thought of John Williamson Nevin* (Lanham: Scarecrow Press: 1995); J. H. Nichols, *Romanticism in American Theology: Nevin and Schaff at Mercersburg* (Chicago: University of Chicago Press, 1961); R. Wentz, *John Williamson Nevin: American Theologian* (New York: Oxford University Press, 1997).

W. DIPUCCIO

존 윔버(John Wimber, 1934-1997)

빈야드교회연합(Association of Vineyard Churches)의 창설자이자 은사주의운동(charismatic movement) 내에서 '표적과 기사'(signs and wonders)를 주도적으로 주창한 인물. 그는 1962년 로큰롤 밴드 '라이처스 브라더스'(Righteous Brothers)를 조직하고 활동했다. 1963년에 회심을 체험한 뒤 캘리포니아에 있는 아주사퍼시픽대학교(Azusa Pacific University)에 입학하여 성경학을 공부했다.

윔버는 1970년에 친우회(퀘이커회[Quakers]) 캘리포니아 연례 모임에서 등록한(안수) 후 요바린다친우회교회(Yoba Linda Friends Church)에서 5년 동안 동사목사(co-pastor)로 일했다.

1974년에 윔버는 선교학자 C. 피터 와그너(C. Peter Wagner)가 '찰스 E. 풀러연구소'(Charles E. Fuller Institute)를 설립하는 데 합류했다. 피터 와그너는 교회 자문으로서 여러 지역을 여행하면서 지역 교회를 분석하고, 교회를 성장시키는 방법을 조언해 주었다. 윔버는 남미에서 신유와 축사를 통해 회심자가 많이 생기고, 교회가 성장했다는 와그너의 보고서를 읽었다. 윔버는 성경연구를 통해 예수님은 언제나 하나님 나라를 선포하시면서 동시에 귀신을 쫓고 아픈 자를 낫게 하고 죽은 자를 살림으로써 하나님 나라를 드러냈다는 결론을 내렸다. 이런 표적과 기사야말로 복음을 순전하게 하고, 복음에 대한 사람들의 저항을 깨부순다는 것이었다.

윔버는 『신약신학』(*A Theology of the New Testament*) 같은 조지 엘던 래드(George Eldon Ladd)의 책들을 통해 자신의 신학적 뼈대를 세워 나갔다. 래드에 의하면, 예수님은 사탄으로부터 세상의 왕국을 빼앗기 위해 이 땅에 왔고, 죄와 질병, 귀신과 죽음의 속박에서 이 세상을 해방시키기 위해 오셨다. 예수님은 병을 치유하고 귀신을 쫓음으로써 왕으로서의 하나님의 통치가 가까이 왔음을 보여 주셨다. 예수님을 따르는 이들은 예수님이 하셨던 것과 같은 일을 함으로써, 또 하나님 나라의 임재를 선포함으로써 그리스도의 사역을 함께하는 자가 되어 사탄과 싸워야 했다.

1977년경 요바린다친우회교회의 주일 저녁 교제 모임이 점점 은사주의 모임으로 변해 가자, 윔버를 비롯한 이 모임 지도자들은 교회에서 떠나라는 요구를 받았다. 이들 중 약 60명이 윔버를 따라서 가까이에 있는, 척 스미스(Chuck Smith)가 목회하는 코스타메사(Costa Mesa)의 갈보리채플(Calvary Chapel)에 소속된 새 교회를 설립했다.

윔버는 이 교회 예배에서 '능력전도'(power evangelism)를 강조하기 시작했다. 복음을 선포할 때 하나님의 권능과 임재가 '표적과 기사'를 통해 나타난다는 것이다. 곧이어 극적인 치유가 수백 건이나 일어났고, 수백 명의 회심자가 나왔다. 어느 시기의 세 달 반 동안에 윔버는 거의 1,700명이 그리스도에게로 회심했다고 추정했다. 이런 일이 반복되는 동안 척 스미스를 비롯한 갈보리채플 지도자들은 예배 시간마다 초자연적인 현상을 강조하는 것에 염려했다. 결국, 1982년에 윔버와 그의 교회는 막 탄생한 빈야드교회운동(Vineyard Churches movement)에 합류했는데, 이 운동도 비슷한 이유로 갈보리채플에서 분리된 모임이었다. 같은 해에 윔버는 빈야드교회 조직의 지도자가 되었다.

윔버의 교회는 회원 수가 거의 5,000명이 될 정도로 성장했다. 그동안 윔버는 매우 공격적인 교회 개척 프로그램을 만들어 최전방에서 이를 지휘했고, 그 결과 빈야드교회연합(Association of Vineyard Churches)을 창설했다. 퀘이커교회의 사역자로서 일하는 동안 윔버는 자신의 교단과 다른 교단들이 영적으로 새롭게 각성되기를 바랐다. 그러나 친우회 및 갈보리채플과 동역한 연속된 경험을 통해 그는 빈야드운동이 반드시 하나의 교단으로 정착해야 한다고 결론 내리게 되었다. 그의 교단은 초기에는 매우 느슨했지만 오늘날에는 복음선포와 이적과 기사로 구현된 하나님 나라라는 배경 속에서 전통적인 정통을 인정하는 신앙 선언문을 갖춘 잘 정비된 교단이 되었다.

미국 내에 있는 빈야드교회들은 미국 교단의 회원 교회가 되었지만, 영국에 있는 교회들은 승인을 받은 담임목사들이 회원이 되었고, 그들이 시무하는 교회들은 '제휴'(affiliated) 교회가 되었다. 미국과 영국에서 전국 빈야드교단 조직은 빈야드의 교리와 행위 문제에서 소속 목사들에 대한 치리를 행사하는데, 여기에는 이전 교단에서 받은 안수를 증명하는 문서들을 폐기하는 것이 포함되었다. 이 조건으로 지역 교회들은 자치를 행사했다. 모든 빈야드교회에서 안수권은 지역 및 전국 교회 당국과의 협력하에 지역의 한 담임목사에게 위임되었다.

1982년부터 1985년까지 윔버는 풀러신학교 세계선교대학원에서 '기적과 교회 성장'이라는 과목을 가르쳤다. 수백 명이 강의를 듣기 위해 모였고, 이어서 워크숍에도 참석했다. 전하는 바에 따르면, 이들은 워크숍에서 '성령 안에서 죽었고,' 어떤 이들은 치유받고 귀신이 쫓겨나는 이적을 경험했다고 한다. 계속되는 논란에 대응하기 위해 학교는 '이적과 기사'는 오늘날 목회에서 정상적으로 수반되는 현상이라기보다는 그리스도의 도래를 예고하기 위해 나타나는 기적이라고 결론 내렸다. 강의는 다시 개설되었지만, 워크숍은 중단되었다.

그동안 윔버는 빈야드 원리를 세계로 전파할 세미나를 여는 선교팀을 파견했다. 이 팀들은 한 지역의 목회자 및 교회에 접근해서 '이적과 기사' 세미나를 열자고 제안했다. 지역 교회의 지원이 적극적일 때는 많은 사람이 참여하곤 했다. 이어진 후속 세미나에서는 여기에 참석한 많은 이들을 연결시켜 빈야드 조직 설립이 이루어졌다. 경우에 따라서는 기존 교회들이 빈야드 교단에 '입양'시켜 달라고 간청하기도 했다. 윔버가 직접 어떤 교회와 목사가 빈야드에 들어올 자격이 되는지 결정했다. 다른 지도자들과도 협의도 했지만, 최종 선택은 그의 몫이었다.

1988년에 윔버는 '캔자스시티 예언자들'(Kansas City Prophets)이라는 이름으로 알려진 캔자스시티협회(Kansas City Fellowship)에 마음을 뺏겼다. 빈야드 목회자들에게 이들의 목회를 배우라고 할 정도였다. 예언에 대한 관심이 고조되었고, 자기만의 방식을 가진 예언자들이 목회자들에게 사역자 교체에 대해 메시지를 전했고, 특정 지역에서 어떻게 사역을 시작해야 할지를 개인에게 알려 주는 '계시'를 전달했다.

윔버의 동료 일부는 빈야드운동이 소수의 선택된 권위 있는 예언자들이 받았다고 주장하는 미래 예언에 너무 몰입해 있는 현실을 점점 더 우려하게 되었는데, 왜냐하면, 빈야드운동이 강조한 바, 그리스도의 몸된 교회에 속한 모든 이들이 성령의 은사를 경험한다는 가르침과 상충되기 때문이었다.

이후 몇 교회와 목회자가 빈야드교단을 떠났다. 1992년에 윔버는 캔자스시티협회 예언 모델에 대한 승인을 철회했다. 여전히 윔버가 최종 권한을 갖고 있기는 했지만, 그는 지역 목회 담당자 팀과 더 긴밀히 협력하여 사역하기 시작했다.

이후 '거룩한 웃음'이라고 알려진 현상이 많은 빈야드교회를 휩쓸었다. 갑작스럽게 그냥 터지는 웃음과 개가 짓고 으르렁거리는 것 같은 동물 소리가 때로는 설교하는 도중에 회중 사이에서 터져 나오는 현상이 보고되었다. 이 현상은 성령이 생생하게 부어지는 것으로 이해되었다. 남아프리카에서 로드니 하워드-브라운(Rodney Howard-Browne)을 통해 수입된 이 현상이 1994년에 존 아노트(John Arnott)가 시무하고 있던 캐나다 토론토공항빈야드교회(Toronto Airport Vineyard)에서 터져 나왔다. 처음에 윔버는 이 현상에 대한 성경적인 증거를 찾아낼 수 없으니 기다리며 지켜보자는 태도를 유지했지만, 한편으로 이것은 '하나님께 응답하는 사람들의 단순한 반응'이라고 생각했다. 1995년 12월에 윔버는 토론토공항빈야드교회의 회원 자격을 박탈했는데, 이들이 그런 행동을 조장하고 예배의 초점을 거기에 맞추려 함으로써 '선을 넘었기' 때문이었다.

1992년에 열린 빈야드목회자대회에서 윔버는 자신이 이해하는 교회의 성격을 10개 조항으로 제시했다.

① 성경에 대한 정확한 가르침
② 성령의 자유 안에서의 현대적인 예배
③ 성령의 은사의 활용
④ 소그룹 사역
⑤ 가난한 자, 과부 고아와 상처받은 자 사역
⑥ 이적과 기사를 강조하는 신유
⑦ 선교
⑧ 그리스도의 전체 몸 안에서의 일치
⑨ 전도를 통한 진출
⑩ 성도를 사역에 구비시키는 것

미국 빈야드교회연합은 이 10개 조항을 '유전자 암호'(genetic codes)라 불렀다. 2002년에 세계 70개국 850개가 넘는 빈야드 관련 교회가 있었으며, 이로써 빈야드교회연합이 자발적으로 조직되었다. 윔버는 1997년에 심각한 뇌출혈로 캘리포니아 산타아나(Santa Ana)에서 세상을 떠났다.

참고문헌 | T. Smail, A. Walker and N. Wright, *Charismatic Renewal* (London: SPCK, 1995; Minneapolis: Bethany House Publishers, 1994 [US title *The Love of Power or the Power of Love*]); C. Wimber, *John Wimber: The Way It Was* (London: Hodder & Stoughton, 1999); J. Wimber and K. Springer, *Power Evangelism* (San Francisco: Harper & Row, 1986); J. Wimber and K. Springer, *Power Points* (San Francisco: Harper & Row, 1991).

D. P. THIMWELL

존 찰스 라일(John Charles Ryle, 1816-1900)

성공회(Anglican) 주교. 그는 1816년 5월 10일에 사설 은행을 운영하면서 매클스필드(Macclesfield)를 대표하는 국회의원에 선출된 존 라일(John Ryle)과, 더비셔(Derbyshire)에 있는 웍스워스(Wirksworth)의 찰스 헌트(Charles Hunt)의 딸 수잔나의 맏아들로 태어났다. 그는 이튼(Eton)과 옥스퍼드에서 공부했으며, 1834년에는 옥스퍼드의 크라이스트처치(Christ Church)의 펠 장학생(Fell Exhibitioner)으로, 1836년에는 크레이븐(Craven) 장학생으로 선발된다.

1838년에 학부를 졸업했고, 1871년에는 석사 학위를, 1880년에는 신학박사를 취득했다.

존 웨슬리(John Wesley)가 매클스필드(Macclesfield)에 방문했을 때 찰스 라일의 중조모가 회심한 이래로, 찰스 라일의 가문은 대대로 웨슬리파감리교인이었다. 찰스 라일의 중조모는 매클스필드의 몇 교회를 후원하고 재정도 지원했다. 1837년에 찰스 라일은 회심을 체험했다. 먼저, 이튼에서 같이 공부한 알저넌 쿠트(Algernon Coote)가 '생각하고, 회개하고, 기도하라'며 기회가 있을 때마다 찰스 라일에게 권했다. 그 후, 찰스 라일은 어느 일요일 오후에 교회에서 서신서를 읽는 것을 들었는데, 다음과 같은 메시지가 선포되었다.

"은혜로 여러분이 구원을 얻습니다. (pause) 믿음으로 (pause) 그리고 여러분 스스로의 힘이 아닌 (pause) 하나님의 선물입니다."

이어지는 구절들을 들으며 찰스 라일은 완전한 확신에 이르렀다.

"나 자신의 죄성, 그리스도의 임재, 성경의 가치, 세상에서 나와야 한다는 절대적 필요, 세례를 통해 중생한다는 교리의 엄청난 어리석음만큼 분명하고 확실한 것은 이날까지 내게 존재한 적이 없다."

이튼에 있을 때 39개 신조를 공부한 적이 있었고(뉴캐슬 공작이 수여하는 장학금을 받기 위해서 이 교리를 공부했지만 결국 장학금을 받지 못했다), 크라이스트처치에서는 마지막 시험을 치르기 위해 39개 신조, 성경, 공동기도서, 교회사를 공부했던 찰스 라일은 찰스 섬너(Charles

Sumner)에게서 1841년 12월 12일에 잉글랜드 국교회(Church of England) 사제로 안수받았다. 감리교도로 성장한 데다, 또한 정치인으로서 성공하고자 했던 의도와는 다른 인생이 시작된 것이었다.

찰스 라일은 1841년부터 1842년까지 햄프셔(Hampshire)의 엑스베리(Exbury)교회 부사제로 목회를 시작했다. 그는 목회뿐만 아니라 맡은 양떼에게 의료 자문까지 해야 했다. 그는 '부유하고, 우둔하고, 멍청한 종류의 사람들'인 농부가 대부분이었던 교인들을 별로 칭찬하지는 않았음에도, 곧 교회를 신도로 가득 채웠다.

찰스 라일은 이후 1843년부터 1844년까지 윈체스터(Winchester)의 세인트토마스(St Thomas)교회를 섬겼다. 그는 이 지역의 영적 상태에 대해서 다음과 같이 요약했다.

"전 지역이 죽은 상태다…세속주의가 경내를 모두 뒤덮었다."

찰스 라일은 이런 헌신 결핍을 도전으로 여겼다. 교회 건물을 보수하고, 유아학교에서 주중 성경강의를 개설하고, 지역의 방문자협회의 관리자 역할을 하면서 교회를 가득 채웠다. 지역에서 아주 유명해지자, 헬밍엄(Helmingham)으로 그가 이동하는 것을 막고자 300파운드나 봉급을 인상해 주겠다는 제안이 있었지만, 이 시도는 결국 실패했다. 여기서 그는 대주교 존 버드 섬너(John Bird Sumner), 하코트 제독(Admiral Harcourt), 호프 제독(Admiral Hope) 같은 여러 유명 복음주의자들과 친분을 쌓기 시작했다.

이전에는 다른 사람이 쓴 소책자를 사용했던 찰스 라일은 헬밍엄에서 목회를 시작하면서부터 자기 글을 쓰기 시작했다. 그가 출판한 첫 출판물은 『주님 드릴 말씀이 있습니다』(*I have somewhat to say unto thee*)였는데, 이 교회에서 한 첫 설교였다. 이 책은 그가 사역하던 교구 전역에 무료로 배포되었다. 그는 평생 소책자 수백 권과 책 서른 권 이상을 출판했다.

이후 찰스 라일은 스트랜드브룩(Stradbroke, 1861-1880)으로 이주하여, 교회를 성공적으로 회복시켰다. 여기에는 설교단을 다시 제작한 것도 포함되는데, 이 설교단에는 "복음을 전하지 않으면 내게 화가 있으리로다"(Woe is unto me if I preach not the Gospel)라는 구절이 새겨져 있었다. 찰스 라일은 이 구절을 새기는 과정을 직접 감독했고, 나중에는 '않으면'(not)에 밑줄을 그어 강조했다. 그가 이 교회를 떠날 무렵엔 이 교회에 모든 이를 위한 좌석을 설치하였고, 모든 어린이도 학교에 등록할 수 있게 했다. 1870년에 그는 혹선(Hoaxne)의 지역 대성당 주임사제(rural dean)로 취임했고, 1872년에는 노리치(Norwich)의 명예참사회원(honorary canon)이 되었다.

1880년 3월에 찰스 라일은 솔즈베리(Salisbury)의 주임사제가 되어 달라는 요청을 받아들였다. 그는 이 자리에서 복음주의의 대의를 더 확산시킬 수 있으리라 기대했다.

그러나 그가 이 자리로 옮기기도 전에 꽤 특이한 상황에 의해 신생 교구인 리버풀(Liverpool) 교구에 임명되었다. 1880년의 총선거에서 디즈레일리(Disraeli)는 글래드스톤(Gladstone)에게 패했다. 리버풀을 대표하는 국회의원 샌던 경(Lord Sandon)은 디즈레일리에게 자기 지역 주민들이 글래드스톤이 지명한 이들보다는 여왕의 현재 고문들이 선택한 주교를 원한다고 알려 주었다. 샌던에 따르면, 지역민들이 찰스 라일을 지명한 바 있었다. 옛 정부가 한 주(a week) 안에 교체될 예정이었기 때문에 찰스 라일이 이를 즉각 수용해야만 했다. 거절의 대답을 받아들일 마음이 없었던 샌던은 찰스 라일의 나이와 상대적인 가난에도 불구하고 찰스 라일이 이 안을 수용하게 만들었다.

리버풀은 여러 국적의 인구 110만 명이 거주하고 있던 상업의 중심지였다. 반면, 생활 조건과 빈곤 문제가 심각했다. 주교로 취임한 찰스 라일의 첫 임무는 교구사제들이 효과적으로 목회하게 촉구하는 일이었다. 이들이야말로 사람들 사이에서 일하는, 보이는 교회였다. 덜 형식적이었지만, 더 효율적으로 교회들과의 만남이 교구 심방을 통해 이루어졌고, 연례 교구대회에는 각 교구에서 모든 안수받은 성직자와 평신도 두 사람이 초대받았다. 찰스 라일은 리버풀 교구의 상태를 다음과 같이 요약했다.

"당신이 선원을 20명만 데리고 머시어쿤라드(Mercy a Cunrard)나 화이트스타(White Star) 증기선을 타고, 대서양을 건너 뉴욕에 무사히 도착하기를 원한다고 생각해 보자."

그는 좀 더 '생명력 넘치는 사역자들,' 이들이 활동할 수 있는 기반 시설, 필요한 감독을 제공함으로써 교구에 대한 '쉼 없이 활동'을 감독하는 목표를 세웠다. 찰스 라일은 독경사(Scripture Reader)라는 직책을 활성화했고, 평신도에게 사례를 지급하며 안수받은 목회자들을 보조하게 했다. 그는 다음과 같이 말했다.

"평신도 사역자가 씨를 뿌리고 옥수수 대를 베는 탁월한 일을 할 수 있다. 그러나 이 작물이 땅 위에서 썩지 않게 하려면 작물을 단으로 모아서 헛간에 넣어 두어야 한다. 이것이 장로가 할 일이다."

독경사 50명은 선교실에서 사역했고, 주일학교를 조직했으며, 병자를 심방했다.

1880년에서 1890년까지 27개 교회당과 48개 선교관이 완공되었다. 수록(受祿)성직자(incumbent) 수는 22명으로, 부사제(curate)는 66명으로 증가했으며, 견진(confirmation, 입교) 신자 수는 1880년의 4,500명에서 1890년의 8,300명까지 증가했다. 리버풀에는 대성당이 없었는데, 이를 지을 만한 이유가 충분했음에도 불구하고, 찰스 라일은 건축에 소용되는 비용을 교구사역에 사용하는 편이 낫다고 생각했다.

1886년에 찰스 라일은 '교구 성직자 연금 제도'를 제정했다. 그는 가난한 이들의 수입 보조, 교회당 건축 계획 지원, 가난한 교구의 교회 재정 지출 지원, 교육 확장과 보조, 과부가 된 성직자 부인과 딸을 돕는 제도를 마련했다. 또한, 그는 여력이 있는 모든 교구는 다른 교구를 돕게 했다.

강단에서든, 소책자를 통해서든, 설교는 찰스 라일의 최대 강점이었다.

"모든 사람이 완전하고 명료하게 이해할 수 있도록 예수 그리스도의 복음을 전합니다. 십자가에 달리신 그리스도가 여러분의 설교에서 마땅한 자리를 차지하지 못한다면, 죄가 마땅히 드러나야 할 만큼 드러나지 않는다면, 그리고 사람들이 되어야 하는 모습과 해야 하는 것을 분명히 듣지 못한다면, 여러분의 설교는 부질없는 짓입니다."

그가 쓴 많은 소책자는 지금도 개정판으로 출간된다. 쉬운 글로 쓰인 그의 설교는 여전히 강력한 메시지를 전달한다. 찰스 라일은 세 차례 결혼했다. 첫 번째 부인은 켄트주 프레드빌(Fredville)

의 존 펨버턴 플럼트리(John Pemberton Plumtre)의 딸 마틸다 샬럿 루이자(Matilda Charlotte Louisa)로, 1845년에 결혼하여 조지나 마틸다(Georgina Matilda)라는 딸을 두었다. 아내 마틸다는 조지나가 태어난 후 건강을 회복하지 못하고 1847년 6월에 사망했다. 찰스 라일은 1850년에 라낙셔(Lanarkshire) 크로퍼드존(Crawfordjohn)의 존 워커(John Walker)의 딸 제시 엘리자베스(Jessie Elizabeth)와 결혼했다. 제시는 찰스 라일의 오랜 친구이자 조지나의 대모이기도 했다.

그녀는 결혼한 후 첫 6개월을 제외하고는 내내 아팠음에도, 딸 제시 이자벨라(Jessie Isabella)를 출산했고, 후에 세 아들 레지날드 존(Reginald John), 허버트 에드워드(Herbert Edward), 아더 존스턴(Arthur Johnston)을 낳았다. 그러나 그녀는 1860년 5월에 브라이트병(Bright Disease)으로 사망했다. 찰스 라일은 1861년에 러 클로스(Legh Clowes) 중령의 딸 헨리에타(Henrietta)와 결혼했다. 헨리에타는 찰스 라일을 도와 주일학교에서 봉사했고, 오르간을 연주했으며, 찰스 라일의 아이들을 양육했다. 그녀는 1889년에 사망했다.

건강이 악화되면서 찰스 라일 또한 1900년 3월 1일에 은퇴했다. 그는 3개월 후에 사망했다.

참고문헌 | J. C. Ryle, *Knots United being plain statements on disputed points in religion from the standpoint of an evangelical churchman* (London: 1898); P. Toon (ed.), *John Charles Ryle, and Autobiography* (Cambridge: 1975); P. Toon and M. Smout, *John Charles Ryle: Evangelical Bishop* (Cambridge: J. Clarke, 1976).

P. J. CADLE

존 칼빈(John Calvin, 1509-1564)

프랑스 개신교 종교개혁가. 그는 칼빈주의 신학 전통의 수원이자 개신교 내 개혁파 유형의 주요 근원으로 스위스 제네바(Geneva)에서 종교개혁을 이끌었다. 16세기 종교개혁가들 중 영어권 세계의 복음주의 발전에 칼빈보다 더 큰 영향을 끼친 사람은 없었다. 루터교는 여전히 루터(Luther)에게 특별한 존경을 표하지만, 어떤 개혁자의 작품도 존 칼빈의 것만큼 목회자와 신학자 전반에 광범위하게 읽히지 않았다.

칼빈은 북프랑스 피카르디(Picardy)의 노용(Noyon)에서 태어났다. 파리대학교(universities of Paris), 오를레앙대학교(Universities of Orléans), 부르주대학교(Universities of Bourges)에 다니는 동안(파리와 오를레앙대학교에서는 두 번째 학위 과정까지 밟았다), 칼빈은 인문학, 신학, 법학을 공부했다(대략 1523-1533). 그가 받은 교육 과정 중 일부의 세부 정보, 특히 날짜들은 불명확하다. 그러나 칼빈이 새로운 인문주의 학문과 고전 언어들(히브리어 공부도 시작), 기독교 로마 제국의 시민 법전에 매력을 느낀 것은 확실하다. 그가 스승으로 둔 사람들 중 몇 명은 이름이 확실히 밝혀졌는데, 오를레앙대학교의 그리스어 선생 멜키오르 볼마르(Melchior Wolmar), 칭송받던 부르주대학교의 이탈리아인 인문주의 법학자 안드레아 알치아티(Andrea Alciati) 등이다. 파리대학교의 스코틀랜드인 존 메이저(John Major, 혹은 Mair) 같은 다른 선생들이 그를 가르쳤을 수도 있고 아닐 수도 있다. 전통적 철학 혹은 신학의 어떤 사조가 그에게 영향을 주었는지는 판별하기 쉽지 않다.

칼빈의 동료 학생, 친구, 스승 일부는 이미 소르본대학교(Sorbonne University)에서 금지된 루터교 가르침의 영향을 받은 것으로 알려졌다. 콥(Cop) 가족, 칼빈의 사촌 피에르 로베르 올리베탕(Pierre Robert Olivetan, 그는 곧 칼빈의 도움을 받아 성경을 프랑스어로 번역했다), 볼마르(Wolmar), 젊은 베자(young Beza, 후에 제네바에서 칼빈의 계승자가 된다), 자크 르페브르 데타플(Jacques Lefevre d'Etaples, 또는 Faber Stapulensis)과 파리 바로 옆 동쪽에 있는 모(Meaux)의 주교 기욤 브리송네(Guillaume Briçonnet)가 주도한 '성경 및 신앙개혁운동'(movement for biblical and spiritual reform) 회원들 및 여러 사람들이 그 당시 칼빈에게 새로운 루터교 복음을 소개했다.

그러나 칼빈은 자기 사생활에 과묵한 편이었고('나 자신에 대해서는 말하기가 주저된다'), 따라서 그가 후에 시편에 관한 주석의 서문에서 회상한 바, '하나님께서 나를 굴복시키셔서 가르치기 쉬운 자로 만드신' 갑작스런(또는 예측치 못한) 회심의 날짜를 학자들은 다양하게 계산했다. 어떤 이들은 1530년 이전으로 보기도 했지만, 대부분은 1530년대 초를 선호하며, 아마도 1532/3년 어간인 것 같다. 칼빈의 첫 출판물인 로마의 스토아 도덕주의자 세네카(Seneca)의 『관용론 주석』(De clementia, 1532)은 복음주의적 헌신을 보여 준다기보다는 인문주의 학자가 되고 싶어 했던 그의 열망을 드러내 주는 책이다.

1533년 말부터 파리 개신교가 뚜렷한 표현들로 가혹한 탄압을 점점 더 유발시켰다. 칼빈은 남쪽으로 도망하여 몇 달 간 앙굴렘(Angoulême)의 루이 두 틸레(Louis Du Tillet)와 함께 머물며 『기독교 강요』(Institutes of the Christian Religion)를 쓰기 시작했다. 푸아티에(Poitiers) 주변의 신자 집단과 함께 일하면서 설교하고 간단한 성찬을 나누었다. 1534년 말, 칼빈과 두 틸레는 프랑스를 떠나 스트라스부르(Strasbourg)를 거쳐 바젤(Basel)로 갔다. 그리고 18개월 동안 스위스 도시들에 있는 많은 종교개혁가들과 교사들과 (또한 아마도 심지어 삶이 몇 달 남지 않은 네덜란드인 에라스무스와도) 안면을 텄으며, 그의 첫 번째 개신교 관련 저작(올리베탕[Olivétan]의 프랑스어 성경의 서문[1535])을 발간하고, 『기독교 강요』 라틴어 초판을 출간했다(1536). 이 책이 빠른 속도로 팔리자, 칼빈은 곧 개정판을 쓰기 시작했다.

그가 이탈리아 페라라(Ferrara)를 방문하고 마지막으로 짧은 사면 기간에 파리를 들른 후 스트라스부르(Strasbourg)로 공부하러 가는 길에, 예상치 못하게 밤새 제네바(Geneva)에 머물러야 할 일이 생겼다. 여기서 1532년 이래 개혁운동 지도자로 제네바에 살면서 모든 제네바 공동체가 1536년 5월에 '복음을 따라서 사는 것'에 투표하도록 설득하는 데 성공한 기욤 파렐(Guillaume Farel)이 칼빈에게 제네바에 머물러 종교개혁을 도와 달라고 강권했다. 1536년 9월에 칼빈은 라틴어로 바울서신을 강의하기 시작했고, 몇 주 안에 목사로서의 사역도 시작했다.

주로 스트라스부르에 머물던 유배 기간(1538-1541)도 있었지만, 남은 생애는 제네바의 복음주의적 개혁이라는 때로는 어려웠던 과정과 밀접하게 연결되었다. 이때 이후로 유럽 전체에 영향을 끼치는 역할을 감당하게 됨에도 불구하고, 그가 멀리 여행하는 일은 거의 없었다.

두드러지게 내세울 것이 거의 없었지만(대학, 주요 출판사, 주도적 산업, 경제 기관이 없었다) 무역과 교통의 전략적 요지에 위치해 있던 인구 만 명의 도시 제네바는 종교개혁을 통해 종교와 고등 교육, 출판의 국제적 중심지로 떠올랐다. 이 변화가 바로 칼빈이 이룬 업적을 평가하는 기준이다. 제네바가 종교개혁을 채택한 것과 이 도시가 군주-주교와 사보이 공국(duchy of Savoy)으로부터 정치적 독립을 획득하고 공고히 한 것은 함께 진행된 일이었다. 이 결정은 베른(Berne)의 군사적 도움을 통해서만 성취될 수 있었다. 제네바의 계속된 베른에 대한 의존으로 파렐과 칼빈이 선호하는 것보다 더 보수적인 루터교 모델의 교회 개혁을 채택하라는 압력이 의회에 들어왔다.

칼빈과 파렐의 『제네바 교회와 예배 조직에 관한 조항들』(Articles concerning the Organisation of the Church and of Worship in Geneva)은 1537년 초에 승인되었는데, 제네바 종교개혁의 첫 요리문답인 새로운 『신앙 지식과 고백』(Instruction and Confession of Faith)을 도시 전역에 거주하는 각 개인이 동의해야 했을 뿐만 아니라, 도시민의 잘못된 행실이 계속해서 고쳐지지 않으면 성찬에서 배제하는 벌을 주는 지역별 관리자 체제에 대한 요구도 여기에 들어 있었다.

이런 전례 없는 광범위한 체제가 강요되자 시민들은 분노했고, 시의회는 베른의 요구들(예를 들어, 네 종류의 주요 기독교 축제 준수 등)에 동의하지 않을 수 없게 되었다. 그 결과 1538년 4월에 목회자들이 우선 바젤로 강제 추방당했다.

칼빈의 새로운 학문적 헌신은 한 번 더 압박을 받게 되는데, 이번에는 마틴 부처(Martin Bucer)가 칼빈을 스트라스부르로 긴급 소환했기 때문이었다. 거기서 1538년 9월에 칼빈은 새로운 프랑스인 난민 회중을 맡게 되었고, 1539년 초에는 새 학교에서 신약 강의를 시작했다. 스트라스부르 시기는 칼빈이 많은 저술을 쏟아 낸 생산적인 시기이기도 했고, 칼빈의 사상과 삶이 형성되는 데 기여한 시기이기도 했다. 『기독교 강요』 라틴어 2판(1539)과 프랑스어 초판(1541), 첫 성경주석인 『로마서 주석』(1540)과 전형적인 책자 『성찬론 소논문』(Short Treatise on the Lord's Supper, 1541 프랑스어판)이 이 시기 주요 출판물이었다. 1540년 8월에는 두 아이가 있는 과부이자 원래 재세례파였던 이델레트 드 부레(Idelette de Bure)와 결혼했는데, 그녀가 1549년에 죽자 칼빈이 아이들의 양육을 책임졌다. 그들 사이에 나온 유일한 아이인 아들은 1542년에 출생 직후에 죽었다.

칼빈은 스트라스부르에 있는 동안 개혁의 진행 과정 및 이와 연관된 좌절을 가까이서 목격했고, 부처 및 다른 이들과 함께 신학 논쟁에도 관여했을 뿐만 아니라, 더 넓은 종교개혁운동과 연관된 정치 문제 등에 대해서도 이해와 참여의 지평을 넓혔다. 멜란히톤(Melanchthon)을 알게 되고, 개혁 성향의 가톨릭 대표들과의 아게노(Haguenau), 보름스(Worms), 레겐스부르크(Regensburg, 1540-1541) 회의들에도 참여했다. 그는 공감하는 개신교 통치자들과 함께 프랑스의 핍박받는 복음주의자들의 대의를 위해 싸울 기회도 붙잡았다.

그러나 칼빈은 제네바를 잊지 않았고, 제네바도 칼빈을 잊지 않았다. 그가 귀환할 수 있는지 묻는 문의와 간청이 이어졌다. 야코포 사돌레토 추기경(Cardinal Jacopo Sadoleto)이 제네바 시민들에게 가톨릭 진영으로 돌아오라는 매력적인 제안을 하자, 칼빈은 1539년에 그의 저작 중 가장 인상적인 작품 중 하나인 『사돌레토에게 보내는 답장』(Reply to Sadoleto)으로 응수했다.

결국, 깊은 고뇌 후에 칼빈은 1541년 9월에 제네바로 돌아가 그가 만족할 만한 수준의 협상을 끌어 냈다. 두 달 안에 의회들은 스트라스부르에서 채택된 목회의 네 가지 직제(목사, 집사,

장로, 의사/교사/강사)를 포함한 개혁교회 직제와 질서에 대한 핵심 요구 사항을 담은 『교회법』(Ecclesiastical Ordinances)을 승인했다. 의회들은 칼빈이 의장으로 있는 목사회(company of pastors)가 1555년에 최종적으로 독립 통제권을 가지게 될 때까지 출교권에 대한 논쟁을 반복적으로 유발하게 되는 몇 가지 불리한 수정사항을 최종안에 삽입했다. 제네바에 종교개혁이 도입되면서, 도시의 독립투쟁 역사에서 기원한 각 당파들은 서로 화평하게 되기보다는 오히려 투쟁 구도를 새로 조정했다. 파벌은 친베른파(또는 친스위스파)와 친프랑스파로 각각 결집했고, 제네바의 유력 가문들은 프랑스에서 온 이들과 반목했다. 목사들 거의 대부분이 프랑스인이었기에, 도시에는 수천 명의 프랑스 개신교 난민이 몰려들었고, 이들 중 일부는 에스티엥(Estienne)출판사 같은 중요한 자원들도 가지고 왔다. 새로 등록된 외국인(칼빈도 그중 하나였다)에게 참정권을 부여하느냐 마느냐 하는 것도 민감한 이슈였다.

이런 사회, 경제적 변화의 동력은 개혁교회의 교리, 도덕적 기준에 대한 저항과 맞물려 있었기에, 그 결과 칼빈의 목회는 갈등과 논쟁에서 거의 자유롭지 못했고, 심지어 처음으로 의원 다수가 친칼빈파가 되는 1555년의 중요한 선거 이후에도 이 상황은 변하지 않았다. 1553년에 세르베투스(Servetus)가 삼위일체를 반대한 데다, 또 재세례파라는 죄목으로 처형당했을 때, 비록 칼빈의 지지가 있었다고는 해도, 이 평결은 칼빈에 동정적이지 않았던 다수파가 장악한 의회가 내린 것이었다.

엄청난 양의 신학, 성경, 논쟁 저술을 썼을 뿐만 아니라, 공예배, 교회 정치, 치리 감독의 모범을 제시하여 후대의 개혁파 복음주의에 유산으로 물려준 칼빈의 다양한 제네바 활동(이에 더해, 예를 들어, 법학을 공부한 덕에 외교와 법 문제에서도 활약이 컸다) 중에는, 그가 맡은 하나님 말씀의 사중직이 가장 명예로운 자리를 차지해야 했다. 자신의 설교를 드니 라그니에(Denis Raguenier)가 기록해서 보존하기 시작한 늦어도 1549년부터, 칼빈은 프랑스어로 두 주에 약 열 차례 설교했다. 그의 말씀사역을 네 가지로 나눌 수 있다.

첫째, 설교 방식은 설교 형식으로 된 주석이었다. 앞에는 헬라어 혹은 히브리어 본문만을 펼쳐 놓고, 시간이 허락하는 한 오래, 원고 없이, 즉석에서, 성경의 한 책을 연속해서 읽어 가면서(렉티오 콘티누아[lectio continual]) 한 구절 한 구절을 해설했다.

둘째, 학생 및 다른 청중에게 주중에 행한 라틴어 강의(프라에렉티오네스[praelectiones])에도 동일한 방법을 사용했는데, 이는 1559년에 제네바아카데미(Academy of Geneva)에서 이런 방식이 틀로 잡히기 훨씬 이전에 프랑스에서, 특히 목회 훈련을 받는 목회자들을 가르칠 때 활용되었다. 그의 구약에 관한 주석들 중 일부는 이 강의들에서 기원한 것인 반면, 신약에 관한 주석은 이런 방식에 근거해서 저술된 것이었다.

셋째, 남아 있는 사례가 거의 없는 말씀사역의 다음 형태는 프랑스어로 집회(congrégation)라는 이름으로 알려진 매주 금요일의 목회자 성경 연구 모임에서 그가 행한 도입 강해(introductory exposition)였다. 증거에 따르면, 칼빈은 자주 그가 주석을 쓰고 있거나 강의를 위해 준비하고 있는 성경 안에 있는 개별 책 한 권을 골랐다고 한다.

넷째, 마지막 형태는 치리 사건을 위해 모인 매주 목요일 교회 회의(consistory) 회의록이 최근에 출판되면서 분명히 밝혀진 것이다. 대부분의 회의는 칼빈이 성경말씀으로 권고하는 것으로 끝이 났다.

칼빈은 성경의 의미를 최대한 명료하게 드러내는 데 탁월한 언변과 능력을 보여 주었다. 그는 로마서에 관한 주석의 서문에서 주석가의 의무를 언급한다.

> "주석가의 거의 유일한 의무는 그가 해석하려고 착수한 성경 저자의 마음을 열어서 보여 주는 것이다."

그의 정제된 접근법은 '명쾌한 간결함'을 '해석자의 핵심 미덕'으로 만들었다. 이런 특징 덕에 16세기 다른 어떤 저자의 주석보다 칼빈의 주석이 현대 강해자들에게 더 많이 활용될 수 있었던 것이다.

성유물(relics)에서부터 하나님의 영원한 선택까지, 칼빈이 개별 논문에서 다룬 주제의 광범위함은 말할 것도 없고, 분량과 성경본문 전체를 다루는 그의 설교와 주석의 특징을 생각할 때, 아쉽게도 칼빈은 너무도 자주 '한 책의 사람'으로, 즉 『기독교 강요』를 쓴 인물로만 알려졌다. 그럼에도 불구하고, 칼빈의 전체 작품 내에서 『기독교 강요』가 차지하는 중요성과 개신교 신학의 대전(magisterial summa)으로서의 이 책의 가치는 부인할 수 없다.

원래 프랑스 왕 프랑수아 1세(Francis I)에게 변증적 서문을 달아 증정한 교리문답서로, 거의 하나의 신앙고백서로 읽혀진 여섯 장으로 된 1536년판에서부터, 4차례의 개정을 거쳐 4권의 큰 책으로 태어난 1559년 결정판까지, 이 책은 성장을 거듭했다. 초판을 제외하고는 모두 프랑스어판이 따로 나왔는데, 이는 신학 또는 철학 분야의 깊이 있는 작품에 사용된 언어의 발전 역사에서 중요한 진보를 상징하는 것이었다.

『기독교 강요』는 여러 요인들에 반응하여 확장되었고 내용도 재조정되었는데, 그런 요인 중 가톨릭, 세르베투스 같은 급진파, 주류에 속해 있지만 가르침에 오류가 많았던 것으로 알려진 오시안더(Osiander) 같은 이들과의 접촉이 아마도 가장 중요한 요인일 것이다. 요점을 더 정교하게 다듬을 필요가 있었을 것이고, 칼빈의 지식, 예를 들어, 초기 교부에 대한 지식이나 특정 신학 주제에 대한 이해가 아마도 성경의 각 권을 강의하고 설교한 결과 더 확장되었을 것이다. 칼빈이 자기에게 일어난 심정 변화 때문에 『기독교 강요』의 내용을 바꾼 경우는 드물었다.

이 작품은 복음주의 신앙을 질서 있고, 간결하고, 종합적으로 해설하고 변증한 탁월한 저술로, 책에 들어 있는 주요 내용들은 종교개혁 전체에 영감을 가져다주었다. 중세 말 스콜라주의 신학의 방식에 따라 탄탄하고 논리적으로 편성된 서술 방식이라는 『기독교 강요』의 체계적 특징은 지나치게 과장된 것이다. 칼빈은 무엇보다도 성경신학자였다.

『기독교 강요』에 특별 초점을 가진 주제 하나가 있다고 가정하면서 강요 전체가 그 주제를 중심으로 조직되어 있다고 말하거나, 전체 작품이 어떻게 흘러갈지를 알려 주는 하나의 지배적 중심 주제가 있다고 가정하면서 그 주제를 찾아내려는 시도는 전반적으로 권유할 만한 연구 방식이 아니다. 그러나 특정 주제들, 특히 칼빈에게 중요했고, 그를 다른 개혁자들과 구별시켜 준 주제들이 하나하나 따로, 또는 여럿이 함께 등장하기도 했다.

하나님의 영광, 하나님이 계시하신 것만을 오롯이 의존하는 것, 하나님의 신비에 대한 모든 사색을 거부하고 하나님을 예배하기 위해 인간이 만든 모든 위조품들을 거부하는 것, 그리스도와의 연합, 소위 율법의 제3용도(교회를 위한 하나님의 뜻을 어떻게 정의하는가 하는 문제), 참된 신학의 실천적 유용성, 하나님의 주권적 섭리와 선택 등이 그것이다. 그러나 모든 것을 떠받치는 기둥은 종교개혁에 있어서 핵심적인 복음주의적 확신들, 즉 오직 성경, 오직 그리스도, 오직 은혜, 오직 믿음이었다. 칼빈의 주장에 따르면, 이것들은 사도들과 초대보편교회(Catholic Church)의 확신들이었다. 교회에 심각한 오류가 침투한 때는 오직 중세 시대뿐이었다는 것이다.

칼빈의 업적은 성경강해와 신학 영역에서의 그의 엄청난 공헌(제네바 요리문답[Genevan catechism] 및 스트라스부르에서 제네바로 이식되었다가 다시 영어로 번역된 후, 낙스[Knox]의 스코틀랜드에서 더 증진되어 장로교 전통 전체에 기여한 개혁과 예배 순서[Reformed order of worship]도 여기에 포함된다)을 굳건하고 질서 있게 세워진 교회 정치와 조화시켜, 종교개혁 유럽 어디에서나 찾아볼 수 있는 개혁의 이상을 현실 세계에 성취하는 데 성공했고, 사회를 살아가는 인간의 삶의 모든 영역을 하나님의 뜻에 맞추려 했던 기획에도 성공한 것이다. 과장을 조금 보태어, 그는 한 문명의 창시자로 불리기도 했다.

'칼빈주의자'(Calvinist)와 '칼빈주의'(Calvinism)라는 용어는 다양한 의미로 사용되지만, 아마도 칼빈 자신의 개혁 작품 혹은 신학 작품을 직접 언급하는 경우는 거의 없었던 것 같다. '칼빈주의자'(Calvinian)라는 단어가 칼빈 자신에게 적용되는 표현으로 점점 더 많이 사용되고는 있지만, 그가 주도한 제네바개혁운동은 자주 '칼빈주의 종교개혁'(Calvinist Reformation)으로 불렸다. '칼빈주의자'와 '칼빈주의'는 신학 전통들, 교회 정치들, 혹은 칼빈에게서 각각 다양한 수준의 영감을 받았거나 혹은 칼빈에게 충성하는 기독교 사회나 문화의 유형들의 후기 발전 단계를 가리키는 데 자주 사용된다.

칼빈과 이후 칼빈주의자들 사이에 연속성이 있느냐 하는 문제는 여전히 첨예한 논쟁의 대상이지만, 역사적 칼빈을 복원하는 작업 또한 너무도 복잡하기에, 후에 일어난 대부분의 후기 칼빈주의들(later Calvinisms)이 칼빈을 자신들의 시조로 삼고 있다 해도 양쪽이 다 그대로 들어맞는 것은 아니다.

참고문헌 | W. de Greef, *The Writings of John Calvin: An Introductory Guide* (Leicester: Apollos, 1993); F. Wendel, *Calvin: The Origins and Development of his Religious Thought* (London: Collins, 1963); W. Walker, *John Calvin: The Organiser of Reformed Protestantism* (New York: Shocken, 1969); E. W. Monter, *Calvin's Geneva* (New York: Wiley, 1967); M. de Kroon, *The Honour of God and Human Salvation: A Contribution to the Understanding of Calvin's Theology according to his Institutes* (Edinburgh: T. & T. Clark, 2001); B. Cottret, *Calvin: A Biography* (Edinburgh: T. & T. Clark, 2000); R. S. Wallace, *Calvin, Geneva and the Reformation* (Edinburgh: Scottish Academic Press, 1988); R. A. Muller, *The Unaccommodated Calvin* (New York: Oxford University Press, 2000).

D. F. WRIGHT

존 코튼(John Cotton, 1584-1652)

청교도 목사. 그는 1584년 12월에 잉글랜드 더비(Derby)에서 태어났다. 똑똑하고 젊은 학생이던 코튼은 케임브리지대학교 트리니티대학(Trinity College)에 13살에 입학해 1603년에 학사(BA), 1606년에 석사(MA)를 각각 취득했다. 그는 케임브리지대학교에서 코튼은 윌리엄 퍼킨스(William Perkins), 리처드 십스(Richard Sibbes) 등 엘리자베스 시대 최고의 청교도운동 설교자와 신학자 일부를 만났다. 처음에 코튼은 퍼킨스의 예정론 설교를 불쾌하게 생각했으나, 1609년에 그리스도의 전가된 의에 대한 십스의 설교를 듣다가 회심했다. 코튼은 석사학위를 받은 후에 임마누엘대학(Emmanuel College)에서 연구원으로 머물며 청교도식의 평이한 방식에 따른 실력 있는 설교자 및 재능 있는 논쟁가로서의 기술을 키웠다.

케임브리지대학교에서의 코튼의 설교는 의심의 여지없이 많은 이들이 그리스도의 구원하시는 사역을 확신시키는 데 기여했지만, 그를 통해 회심한 가장 유명한 인물은 후에 임마누엘대학 학장이 되는 존 프레스턴(John Preston)이었다. 십스에서 시작해서 코튼을 거쳐 프레스턴에 이르는 연속 회심은 청교도운동 내부의 개인 관계와 영향력의 힘이 얼마나 중요한지 보여 주며, 실제로 최근의 한 연구자는 순수 은혜와 사랑의 역할을 더 강조한 청교도 내부운동 중심부에 윌리엄 에임즈(William Ames) 및 다른 이들의 더 이성적이고 율법적인 준비론(legalistic preparationism)보다 이 케임브리지 집단을 위치시킨다. 코튼은 1610년에 잉글랜드국교회(Church of England)에서 안수를 받고, 1613년에는 신학사학위(BD)를 받았다.

1612년, 그때쯤 케임브리지에서 가장 칭송받는 설교자가 되어 있던 코튼은 링컨셔(Lincolnshire)에 있는 보스턴의 세인트보톨프스교회(St Botolph's Church)의 교구사제(vicar)직에 올랐다. 거기 있는 동안 코튼이 완전히 개혁된 교회 정치를 밀어 붙이고 타협 없는 칼빈주의 교리를 설교했기 때문에 그는 동료와 적 모두에게 청교도 지도자 중 하나로 명성을 떨치기 시작했다. 1615년, 코튼은 국교회(state church) 내에서 선택받은 자의 분리된 집단을 구별해 내는 방법은 구원의 확신을 가진 이들을 분별해 냄으로써, 또 주님의 순전한 예배를 온전히 따르겠다는 언약을 함께 맺게 함으로써 가능하다고 주장했다. 비청교도 주교들이 그의 개혁 선동을 점점 지켜워하게 되고, 이 주장 및 다른 논쟁적인 움직임 때문에 코튼은 1615년과 1622년에 짧게 정직을 당하기도 했다.

1620년대 내내 점점 더 많은 잉글랜드 내의 청교도들이 점증하는 박해를 피하고 완전히 개혁된 신앙을 자유롭게 지키는 수단으로 이민을 더 심각하게 고려하기 시작했다. 코튼은 1630년에 뉴잉글랜드로 떠난 존 윈드롭(John Winthrop)이 이끈 집단과 밀접한 관계를 맺고 있었다. 실제로 그는 그들을 위한 감동적인 고별설교, "하나님의 농장에 대한 약속"(God's Promise to His Plantation, 1630)을 전했다. 윈드롭의 배가 떠난 직후, 코튼도 이민을 진지하게 고려하기 시작했는데, 왜냐하면, 교회에서 소요를 일으킨 죄로 소환되어 윌리엄 로드(William Laud) 앞에서 재판을 받게 될 것이라는 소문이 돌았기 때문이었다. 1632년에 잠적한 코튼은 보스턴을 떠나 런던으로 이동했다. 네덜란드로 떠나는 것을 포함한 여러 선택 사항을 고려한 후, 그는 가족을 모아 1633년 6월에 뉴잉글랜드로 떠났다.

1633년 9월에 보스턴에 도착한 직후 코튼은 그곳 교회의 교육 목사가 되어 달라는 요청을 받았다. 그 후 곧바로 그는 독불장군 목사인 세일럼(Salem)의 로저 윌리엄스(Roger Williams)가 양심의 자유 및 모인 교회의 본질에 대한 더 정통파적인 입장을 취하도록 설득하는 일에 참여하였다. 이들 간 논쟁은 심지어 1635년에 윌리엄스가 매사추세츠에서 추방당한 이후에도 계속 이어졌다.

그 후 1636-1638년에 코튼은 자신이 반율법주의(antinomianism)로 고소당한 집단을 변호하는 불편한 자리에 있다는 사실을 발견했다. 존 휠라이트(John Wheelwright), 헨리 베인(Henry Vane), 그리고 가장 불온하다는 앤 허친슨(Anne Hutchinson)이 주도한 이 집단은 선행을 구원의 증거로 보는 견해를 멸시하고, 뉴잉글랜드 성직자들의 가르침의 일부, 특히 코튼의 케임브리지 일파와 연관된 이들의 자연스런 성향을 율법주의로 비판하기 시작했다. 십자가를 통해 회심했기 때문에 코튼은 구속받은 이들은 은혜를 받는 데 전적으로 수동적이며, 구원은 전적으로 성령의 내적 역사이지, 외적으로 율법이나 교회에 순응한다고 해서 이루어지는 것이 결코 아니라고 늘 주장했다.

그러나 나머지 주도적인 성직자와 관원들은 선행의 가치를 구원을 위한 준비 과정이자 구원의 증거로 강조한 정통, 즉 당시 발전하고 있던 뉴잉글랜드 정통의 틀로 휠라이트 집단을 강하게 비난했다. 휠라이트와 허친슨 두 사람 모두 자신들의 가르침에 영감을 준 인물로 코튼을 지목했으나, 코튼은 결국 이들의 가르침과 단절했다. 이어진 유명한 재판들의 결과로, 허친슨과 휠라이트는 각각 1637년과 1638년에 매사추세츠에서 추방당했다. 명성과 권세 덕에 코튼은 논쟁에서 살아남았지만, 그는 오래도록 실망했고, 『은혜언약에 대한 논고』(*A Treatise of the Covenant of Grace*, 1976) 같은 후기 저작들을 통해 은혜에 대한 다소 급진적인 견해를 계속 변호했다. 반율법주의 논쟁 이후 코튼은 성장하던 뉴잉글랜드회중교회 정치의 주요 변호자 중 하나로서의 역할을 재개했다. 한편, 그는 로저 윌리엄스 및 다른 분리파들의 공격에 대항하여 회중교회주의를 변증했고, 매사추세츠의 가혹한 비국교파(dissent, 매사추세츠에서 국교가 된 회중교회가 아닌 침례교 등의 비주류 세력-역주) 억압을 비난한 윌리엄스의 『잔혹한 핍박의 원리』(*The Bloudy Tenent of Persecution*, 1644)에 대한 응답으로 『어린 양의 피로 씻겨 하얗게 된, 잔혹한 원리』(*The Bloudy Tenent, Washed and Made White in the Bloud of the Lamb*, 1647)에서 회중교회 권위를 옹호했다.

그러나 코튼은 교회 회원권을 배타적으로 요구하는 경향이 있는 뉴잉글랜드를 비판하는 잉글랜드인 비평가들에 대항해서도 『뉴잉글랜드교회의 길』(*The Way of the Churches in New-England*, 1645) 같은 책에서 뉴잉글랜드를 옹호했다. 코튼은 뉴잉글랜드의 지배적 교회론의 주요 설계자 중 하나였으며, 여기서 그는 잉글랜드의 개혁자들이 선호하던 장로교주의와, 남동부 뉴잉글랜드의 여러 지역에서 기반을 찾으며 잉글랜드내전(English Civil War, 청교도혁명-역주)의 일부 누룩과 자유에서 자라난 분리주의 사이에서 중도의 길을 찾고자 했다. 생애 후반에 코튼은 매사추세츠의 유명한 『베이 시편 책』(*Bay Psalm Book*, 1640) 출간을 돕고, 『신구약이라는 젖가슴에서 뽑아낸 모유』(*Milk for Babes: Drawn out of the Breasts of Both Testaments*, 1646)라는 이름의 어린이용 요리문답과 『찬송부르기: 복음규례』(*Singing of Psalms a Gospel-Ordinance*, 1647)를 쓰며, 보스턴에서 일상적인 목회사역에 종사했다. 1652년 12월에 코튼이 사망할 때 혜성이 나타났는데, 그 시대 사람들은 이를 뉴잉글랜드 교회의 미래에 대한 암울한 징조로 해석했다.

코튼은 잉글랜드청교도주의의 핵심 인물 중 하나로, 대서양 양편에서 영향력을 끼친 지도자였다. 그는 구원과 역사 속에서 일하시는 하나님의 전능하심을 설교와 신학에서 강조했다. 그는 하나님께서 인간의 운명을 통제하신다는 의식에 뿌리를 둔 종말론에 깊은 관심이 있었다. 또한, 동시대 일부의 사고방식과 비교할 때, 그는 아마도 그의 뉴잉글랜드 선민의식을 누그러뜨리는 데 기여한 것으로 보이는 세계 개신교 내 상호 관계망을 발전시키기도 했다.

코튼은 인간 역사에서의 하나님의 일하심이 뉴잉글랜드의 개혁된 교회 정치에서뿐만 아니라, 당시 알려진 전 세계적 일하심을 통해서도 절정을 향해 달려가고 있다는 확신을 유지했다. 하나님의 능력과 인간의 무능함에 특별한 관심을 가진 청교도운동의 지도자인 코튼의 신학은 궁극적으로 그리스도의 사역과 인격에 기반을 둔 것이었다.

> "복음에는…모든 약속이 그리스도께 주어져 있고, 모든 조건은 그리스도 안에서 성취되며, 인간 영혼에 값없이 은혜를 주시는 그리스도가 드러나실 때에라야 이 둘도 모두 드러난다."

참고문헌 | E. Emerson, *John Cotton* (Boston: Hall, 1990); J. Norton, *Abel Being Dead yet Speaketh: Or, The Life and Death of …Mr. John Cotton* (London: 1658); L. Ziff, *The Career of John Cotton: Puritanism and the American Experience* (Princeton: Princeton University Press, 1962).

T. S. KIDD

존 클리퍼드(John Clifford, 1836-1923)

침례교 목사, 저술가이자 신앙자유운동가. 그는 동료 침례교들에게 자유주의 신학으로 영향을 끼친 인물임에도 불구하고, 여러 학자들로부터 '열렬한 복음주의자'로 불려졌다. 비슷하게, 그에 대한 가장 훌륭한 전기를 쓴 저술가는 '60년 동안 그는 복음주의운동에서 높은 자리를 차지했다'라고 판단했고(Marchant, xii), 복음주의연맹(Evangelical Alliance)이 주도한 사역과 즐겁게 협력했던 것으로 기록에 남아 있다. 개인 전도에 절대적으로 헌신한 그는 또한 기독교인의 헌신에는 사회 영역이 반드시 포함되어야 하며, 지성이 통합되려면 과학적 이해와 비평적 방법 모두를 새롭게 수용할 수 있어야 한다고 믿었다.

많은 점에서 클리퍼드는 찰스 해돈 스펄전(Charles Haddon Spurgeon)이 대표하는 진영에 반대되는 침례교 내부 진영을 대표하는 인물이었지만, 이 둘 사이에 개인적인 악감정 같은 것이 없었음을 인정하는 것이 중요하다. 권위 있는 자료들에 의하면, 스펄전은 클리퍼드를 침례교 이단으로 규정하기를 거부했지만, 반면 클리퍼드는 1888년 1월에 있었던 인터뷰에서 스펄전에게 다음과 같이 말했다.

> "당신이 아시다시피, 우리는 다르지만 생명력 있는 복음주의 진리를 공유하고 있습니다. 그러나 여전히 나는 당신의 최근 책을 좋아하지 않아요."

클리퍼드는 신학에 있어서는 알미니안주의였고, 옛 청교도의 조직신학이 아니라 감리교부흥을 통해 거듭난 신자로, 일반침례교신교단(New

Connexion General Baptists)을 대표하는 인물이었다. 클리퍼드는 이 교단이 강조하는 입장을 그가 규정한 세 개의 보편성으로 설명했다.

> "인간에 대한 하나님의 사랑의 보편성, 성자의 구속하시는 사역의 보편성, 성령의 확신케 하시는 사역의 보편성."

비록 클리퍼드의 아버지는 '완고한 사람이자 가혹한 훈육자, 차티스트(Chartist, 보통선거권 확보를 위해 싸운 영국 참정권운동가-역주), 칼빈주의자'였고, 신교단(New Connexion) 소속인 어머니는 '청교도 혈통'이라고 마천트(Marchant)가 주장했음에도 불구하고, 놀랄 것도 없이, 특수침례교도(Particular Baptists)가 보기에 클리퍼드는 이 일반침례교 보편성 전통의 대표자였다. 클리퍼드는 자신의 아버지의 가족이 감리교도였고, 어머니 가족은 침례교, 특히 이스트미들랜드일반침례교신교단(East Midland New Connexion General Baptist) 소속이었다고 말함으로써 마천트의 주장과는 다른 내용을 밝힌 바 있다.

클리퍼드는 "우리의 최우선 순위는 사람들이 그리스도를 보게 하는 것이다"라고 주장하며 일평생 전도 명령 수행에 헌신하였다. 이 주제에 대한 토론회에서 그가 발언하기로 되어 있었는데 사실상 그 기간인 1923년 11월 20일에 그는 침례교회의 집(Baptist Church House)에서 사망했다. 생애 말에 그는 다음과 같이 고백했다.

> "그리스도는 내게 내 삶의 인도자요 영감이고, 구세주, 주인, 지도자, 친구, 형제와 주였을 뿐만 아니라, 내 지적 휴양의 중심이기도 하셨다."

반면, 그의 중심이 워낙 강고히 그리스도 안에 박혀 있었기 때문에 클리퍼드의 원주의 범위가 그토록 넓을 수 있었던 것이다.

스펄전의 배경이 에섹스(Essex) 시골이었던 것에 반해, 클리퍼드의 배경은 더비셔(Derbyshire), 노팅엄셔(Nottinghamshire)와 레스터셔(Leicestershire) 경계 지역의 초기 레이스(lace) 공장이었고, 여기서 열한 살부터 아버지를 따라 단조로운 장시간 공장 근무를 해야 했다.

1836년 10월 16일에 더비셔의 솔리(Sawley)에서 태어난 그가 다닌 교회는 일반침례교 신교단채플(General Baptist New Connexion Chapel)이었고, 이 교회에서 운영한 주간학교에서 첫 교육을 받았다. 어머니의 형제들 중 셋은 신교단 목사였는데, 그중 하나는 솔리(Sawley)에서 목사와 교장으로 일하고 있었다. 몇 년 안에 클리퍼드 가족은 노팅엄(Nottingham) 변두리의 비스턴(Beeston)으로 이사했고, 거기서 클리퍼드는 처음에는 웨슬리파학교, 그다음은 렌턴(Lenton)의 침례교학교, 최종적으로는 비스턴(Beeston)의 국립학교에 다녔음에도 불구하고, 가족이 다닌 교회는 역시 신교단채플이었다.

1850년 11월에 클리퍼드는 회심을 경험했는데, 그는 이 경험을 죄책과 불행의 큰 짐으로부터 자유를 얻었다는 번연식 표현(Bunyanesque language), 즉 "족쇄가 단 한 번의 타격으로 부서진 것 같았다"라고 묘사했다. 용서받았다는 것을 확신한 그는 7개월 후에 비스턴에서 리처드 파이크(Richard Pike) 목사를 통해 침례를 받으면서, 이 예식을 전적으로 하나님만 의존하며 그리스도께 헌신하겠다는 본질적인 개인 고백으로 이해했다. 목회에 대한 부르심에 이어 레스터(Leicester)에 있다가 후에 노팅엄으로 위치를 옮긴 미들랜드침례교대학(Midland Baptist College)에서 공부했다.

클리퍼드는 런던 패딩턴(Paddington)의 프레이드스트리트(Praed Street, 이어서 웨스트본파크[Westbourne Park])에서 수행한 유일한 목회사역의 초기에 인문, 과학, 법 공부를 런던대학교(London University, B.A., 고전, 1861; B.S.c., 지질학, 1864; M.A., 1864; L.L.B., 1866; 명예박사, 1883년 베이츠대학[Bates College], 1911년 시카고대학교[University of Chicago])에서 성공적으로 마쳤다.

클리퍼드는 1877년에 세워진 새로운 교회에 대해서 말하기를, 이 교회가 그저 예배나 성찬 집행을 위해서가 아니라, 주로 "'주님께서 마음을 만지신' 사람들과, 기독교인이자 시민으로서 자신을 더 나은 사람으로 만들고자 하고 그리스도 복음 안에서의 교제를 통해 세상에서 더 좋은 일을 하고자 하는 사람들이 모인 공동체의 모임 장소이자 연병장, 활동 중심지"로 세워졌다고 했다. 클리퍼드의 지도 아래, 이런 열망은 크고, 지적이고, 영향력 있는 웨스트본파크(Westbourne Park) 회중 안에서 풍성한 열매를 맺었다.

1892년에 처음 출간된 클리퍼드의 『성경의 영감과 권위』(The Inspiration and Authority of the Bible)는 축자영감설에 반대하여, 받아들일 만한 비평에 열려 있는 신중한 복음주의적 개방성을 보여 주려고 했다. 따라서 그는 다음과 같이 썼다.

> "우리는 성경의 글자를 교황이 스스로 주장하는 무오류성의 자리와 같은 데로 끌어올리는 후기 종교개혁 교의를 좋아한다고 해서 우리의 구속자를 그 보좌에서 끌어내릴 수는 없는 것이다."

클리퍼드의 의도가 무엇이었든, 이 책은 보수파의 반응을 자극해서, 하나님 말씀의 영감, 무오류성, 유일한 충분성에 대한 새 견해에 대항한 성경연맹(Bible League)을 결성하게 만들었다. 이 단체는 베빙턴(Bebbington)이 '스펄전과 비교파적 부흥운동 경계를 둘러싸고 모인 침례교 분파(fringe)'라 부른 이들로부터 지지를 얻으려고 했다.

클리퍼드는 처음에 '사회복음'(social gospel)이라는 단어를 1888년 침례교연합(Baptist Union)에서 연설하는 도중에 캠페인 표어로 사용했다. 후에 그는 하나님 나라 신학(theology of the kingdom of God)을 기반으로 사회 참여의 긴급성을 주장하는 내용의 소책자를 '페이비언 협회의 회원들'(Fabians, 영국 사회주의운동의 한 유형으로, 혁명보다는 계몽과 개혁을 통한 이념 확장으로 이상을 이루려 했다-역주)을 위해 쓰고자 했다. 이 주장은 많은 비국교도의 활동 지평 확장을 대변하는 것이었기에, 복음주의 뿌리로부터의 이탈을 의미하는 것은 아니었다.

클리퍼드에게 거룩은 세속에서 분리할 수 있는 것이 아니었다. 오히려, 그는 하나님의 주권이 인간 세상의 전 영역으로 확장된다고 보고, 모든 사회 문제는 영적 영역에 걸쳐 있다고 믿었다. 사회 문제 중 일부(예를 들어, 술취함)는 더 강력한 개인 통제가 필요하지만, 이는 사회 조직의 구조적 변화를 동반하고, 정부 조치를 요청하는 것이어야 했다. 그럼에도 불구하고, 교회가 사회주의 유토피아 사상에 지배를 받아서는 안 되는 것이었다. 정치적 변화가 인류를 위해 해 줄 수 있는 것이 많지만, 필요한 모든 것을 제공할 수는 없다는 것이다. 그러나 '앞뒤 분별없이 막무가내로 달리느라' 복음주의적 영향력이 손상을 입어서도 안 되는 것이었다.

클리퍼드가 국가에 한 공헌은 자유당(Liberal Party) 연감에서 찾아볼 수 있는데, 그는 이 연례 기록을 해외에서의 도덕적 정책과 국내에서의 사회적 정결 문제에 의거하여, 비국교도 양심의 실천에 가장 유익한 정치적 도구라고 생각했다. 국내 문제에는 정책 문제와 정치 지도자로 선출된 사람들의 행동 문제도 포함되어 있었다. 비국교도의 영향력은 글래드스턴(Gladstone)을 지지하고 딜크(Dilke)와 파넬(Parnell)을 반대하는 방향으로 작용했다. 클리퍼드의 이름은 특정 신앙을 고백하는 교육 기관을 지방세로 지원하는 제도에 대한 비국교도의 적대감과 늘 연결되어 있었고, 특히 이 목적을 위해 교육세를 내는 것에 반대하는 소극적 저항운동(Passive Resistance movement)의 지도자로 각인되어 있었다.

클리퍼드는 개인 구원에 대한 복음의 명령은 타협이 불가능한 것이라고 주장했다. 클리퍼드는 속죄의 의미를 '말로 하는 논쟁과 교리 싸움을 통해 만들어진' 언어적 정의들로 철저히 규명해 낼 수 있다고 생각한 신학자들에 비판적이었음에도 불구하고, '속죄가 주는 값없고 완전한 용서와 속죄가 창조해 내는 소망'을 즐거워했다. '예전 반대주의자'(Anti-sacramentalist)이자 오직 온건한 교회론만을 수용한 클리퍼드는 신자의 교회 전통에 분명히 서 있었다.

> "중생한 생명을 소유했느냐의 여부는 교회의 회원이 되는 특권으로 들어가는 필수불가결한 조건이다."

클리퍼드는 교회가 전도를 꺼려하는 것을 이해할 수 없어 했고, 그렇게 됨으로써 스스로를 부끄럽게 하고 외부인에게 중요한 영향을 끼치는 데 실패하게 될 것이라 믿었다. 그는 전국자유교회협의회(National Free Church Council)를 통해 자유교회들을 도전해 개인의 전도 책임을 다시 갱신시키고자 캠페인을 벌였다. 이를 위해, 1897년부터 협의회는 집시 스미스(Gypsy Smith)를 이 일을 전담하는 선교사로 고용했다. 클리퍼드는 나라 전역의 자유교회 선교회들을 통해 스미스의 가까운 동역자로 협력했다. 1901년에 처음에는 런던, 다음으로는 지방에서 열린 동시선교회(Simultaneous Mission)가 그중 중요했다.

1921년, 전후 시기의 불확실성 속에서 클리퍼드는 개인 전도의 중요성을 더 확신하게 되었고, 이 목적을 이루기 위해 자유교회 캠페인을 벌였다. 캠페인의 성공을 위해 비록 당시 나이가 80세가 넘었고 건강도 약하고 시력에도 문제가 있었음에도 불구하고, 소논문, 소책자, 국내 모든 자유교회 목회자들에게 보낸 편지, 집회 참석, 부지런한 위원회 활동 등으로 사람들을 설득하고 부추겼다.

1922년에 의사가 클리퍼드에게 리버풀에서 열린 전국자유교회총회에 참석하지 말라고 하여 그는 '개인 전도의 목적'(The Aim of Personal Evangelism)이라는 제목으로 서신을 발송했다. 클리퍼드는 대형 집단(mass, 또는 그 자신은 '나무 흔들기'[shaking the tree]라 불렀다) 전도에 반대하지는 않았지만, 개인(personal, 또는 '손으로 따기'[handpicking]) 전도의 지지자였다.

이는 그가 개인 전도만이 복음화되는 사람의 영혼에 근본적인 영향을 끼칠 뿐만 아니라 기독교 제자도의 본질을 그 사람에게 상세히 설명함으로써, 결국 앞으로 전도자가 될 그에게 심오한 영향을 줄 수 있다고 믿었기 때문이다. 1921년에 첫 명예훈작사(Order of the Companions of Honour, 약자로 C. H.) 훈장을 받은 인물 중 하나인 클리퍼드는 70권 이상의 책을 쓴 다작가였다. 『과학자가 기독교를 대하는 자세』(*The Attitude of Men of Science to Christianity*, 1874), 『기독교의 미래』(*The Future of Christianity*, 1876), 『사회주의와 기독교의 가르침』(*Socialism and the Teaching of Christ*, 1884), 『기독교, 참된 사회주의』(*Christianity, the True Socialism*, 1885), 『성경의 영감과 권위』(*The Inspiration and Authority of the Bible*, 1892), 『하나님의 더 위대한 영국』(*God's Greater Britain*, 1899) 등이 대표작이다. 1869년부터 그는 약 15년 동안「더 제너럴 뱁티스트 매거진」(*The General Baptist Magazine*)의 열정적인 편집자로 이 교단 전체에 폭넓은 영향을 끼쳤고, 이 직책이 준 유익을 잘 활용하여, 침례교연합(Baptist Union) 내에서 일반침례교신교단의 사역과 특수침례교의 사역을 온전히 통합시키는 캠페인을 성공적으로 전개했다.

참고문헌 | *Baptist Handbook* (London: Baptist Union, 1925 ; C. T. Bateman, *John Clifford, Free Church Leader and Preacher* (London: National Council of the Evangelical Churches, 1904); Sir J. Marchant, *Dr John Clifford, C. H., Life, Letters and Reminiscences* (London: Cassell, 1924); G. W. Byrt, *John Clifford, A Fighting Free Churchman* (London: Kingsgate Press, 1947); M. R. Watts, 'John Clifford and Radical Nonconformity, 1836-1923' (DPhil thesis, Oxford University, 1966); D. Thompson, 'John Clifford's Social Gospel,' *Baptist Quarterly* (January 1986), pp. 199-217.

J. H. Y. BRIGGS

존 테일러 스미스(John Taylor Smith, 1860-1938)

잉글랜드성공회 주교로, 여왕 명예왕실사제, 주교, 최고 성직자(Chaplain-General)를 동시에 지낸 유일한 인물. 그는 1860년 4월 20일에 웨스트모어랜드(Westmorland, 현재 컴브리아[Cumbria])의 켄달(Kendall)에서 태어났다. 아버지 제임스 스미스(James Smith)는 석탄중개상이었다. 존 스미스는 어머니 제인 스미스(Jane Smith)와 더 가까웠기에, 아버지의 성보다는 어머니의 결혼 전 성이었던 테일러를 붙여 테일러 스미스로 불리기를 좋아했다.

존 스미스는 깔끔하게 작성되고 잘 전달되는 설교와 강연으로 유명했지만, 사실 학문적으로는 뛰어난 재능이 없었다. 그는 켄달문법학교(Kendal Grammar School)에 다녔으나 금방 그 학교에서 나왔다. 돈과 재능이 없었기 때문에 그는 대학교에서 학위를 받고자 시도하지도 않았다.

존 스미스는 11세에 회심한 이후, '구령'(winning of souls, '영혼 구원')에 더욱 관심을 기울이게 되었고, 21세에 사제가 되기로 결심했다. 그는 1882년부터 1885년까지 하이베리(Highbury) 소재 세인트존스홀(St John's Hall)에 다녔는데, 이 학교는 런던신학대학(London College of Divinity)으로 더 잘 알려져 있다. 세인트존스홀에서 그는 성직 예비 시험에서 3등급을 받았다. 존 스미스는 장난꾸러기 같은 유머 감각으로 유명했기에, 더럼대학교(Durham University, 1897)와 세인트앤드루스대학교(University of St. Andrews, 1911)에서 명예신학박사학위를 받고, 빅토리아상급훈작사(CVO, 1906), 바스훈위(CB, 1921), 바스중급훈작사(KCB, 1925)를 받으며 재미있어 했다는 사실은 놀랄 것도 없다.

존 스미스는 무엇보다도 '타협을 허락하지 않는 복음주의자'였다. 이런 특징의 증거는 어렵지 않게 찾을 수 있다. 존 스미스는 칼라일대성당(Carlisle Cathedral)에서 예배에 참석하는 도중에 사제가 되기로 결심했는데, 이때 그는 하나님께서 자신에게 직접 말씀하셨다고 믿었다. 그는 시에라리온(Sierra Leone) 교구선교사 직책을 받아들였고(1890-1897), 시에라리온 주교(Bishop, 1897-1910), 최고 성직자(Chaplain-General, 1901-1925) 직책도 받아들였는데, 하나님이 자신을 그 직책으로 부르셨다고 확신할 때에만 이를 수용했다. 반면, 다른 직위들(예를 들어, 우간다[Uganda] 주교직)에 대해서는 이런 확신이 없다는 이유로 거절했다. 그뿐만 아니라, 존 스미스는 설교가 기독교 목회의 본질이라고 믿었다. 그의 구호 중 하나는 다음과 같다.

"만약 내가 복음을 전하지 않으면 화가 미치리로다."

존 스미스는 시에라리온에서 목회하던 시기에 매우 확고한 복음주의를 바탕으로 두고, 자신의 의견에 동의하지 않는 이들에게 관용, 관대, 경청하는 태도를 가졌다. 시에라리온 주교였던 어니스트 잉엄(Earnest Ingham)은 '교회의 신앙 생활에 깊이를 더해 줄' 대성당 참사회 선교사(canon missioner)를 원했는데, 존 스미스는 열정적으로 이 일을 감당했다.

존 스미스의 수고 중 일부는 극히 관습적인 일이었다. 그는 일요일과 주중 밤 예배를 조직하고 정기적으로 참여했으며, 프리타운(Freetown)의 세인트조지대성당(St George Cathedral)의 대성당 주임사제(1897-1901)로서 대성당 복구를 위한 기금을 요청하기도 했다. 그리고 10일에서 14일 동안은 내륙 오지의 교회를 심방하며 교구의 전 지역을 여행했다.

그러나 한편 자신이 교구에서 신뢰 받기 위해 평범하지 않은 방법을 사용하기도 했다. 예를 들어, 세인트조지대성당에서 어린이를 위한 정기적인 예배, 남성을 위한 주중 수요 저녁 모임, 당시에는 아직 생소했던, 시에라리온 사람들로 구성된 대성당 사제단을 만들었다. 영국 정부가 시에라리온 교구에 대한 재정 보조를 철회한 이후, 존 스미스는 재정을 확보하는 길을 다시 물색하여 모든 시에라리온 현지인 목회자들이 정기적으로 봉급을 받도록 했는데, 이런 조치가 교회에 대한 그들의 충성을 보장해 준다고 주장했다.

역사가 스티븐 닐(Stephen Neill)이 묘사했듯, '다툼이 많았던' 이 교구에서 존 스미스는 다투는 이들을 불러 모아, 성경에 나오는 사건들을 유머러스하게 해석해서 웃음을 주고, 그들이 하나님을 섬기는 일에 다시 헌신하도록 격려함으로써, 이들 사이의 유대를 강화했다.

존 스미스는 전통적인 복음주의자였다. 그는 매일 아침(특히 그가 '조용한 시간[quiet time]'이라고 불렀던 그 시간에) 성경을 읽었으며, 술과 담배를 전혀 하지 않았고, 매일 규칙적으로 운동하고, 극장에는 절대 가지 않았다. 또한, 만나는 사람마다 전도할 기회를 찾으려고 노력했고, 공적인 자리에서 자주 도덕적 순결의 중요성을 언급했으며, 잘 훈련된 기독교인의 삶의 필요성을 강조했다.

인생에 대해 그가 어떻게 접근했는지를 보여 주는 전형적인 사례는 그가 어떤 군 장교를 만났을 때이다. 그 장교는 존 스미스가 자신의 삶의 방식을 경멸할 것이라 생각하고, 하나님이 인간에게 육체적 욕구와 욕망을 주신 것이라고 꼬집었다. 하나님은 정신적, 영적 욕구도 함께 주셨다는 사실을 장교에게 설득시킨 존 스미스는 다음과 같이 말했다.

> "만약 당신의 영적 욕구가 충족된다면, 그리고 당신의 정신적 욕구도 충족된다면, 이제 당신의 육체적 욕구도 충족될 겁니다."

존 스미스가 그를 2년 후에 다시 만났을 때, 장교는 존 스미스와의 대화가 바로 자신의 회심의 시작이었다고 고백했다.

존 스미스는 수많은 복음주의 조직의 회장 또는 부회장을 역임했다. 여기에는 복음주의 교회들의 일치를 증진시키고자 설립된 국제운동인 세계복음주의연맹(World's Evangelical Alliance), 도덕적 순결의 증진을 주창했던 초교파운동인 명예연맹(Alliance of Honour), 소년단(Boys Brigade), 성서유니온(Scripture Union) 등이 있다.

그러나 존 스미스는 금욕적인 복음주의자는 아니었다. 그는 인기 있는 설교자였다. 빅토리아 여왕에서부터 케직사경회(Keswick Convention)의 청중에 이르기까지, 사람들은 그의 설교를 좋아했다. 존 스미스의 삶에는 언제나 청년 같은 열정이 가득했기 때문에 친구나 지인은 그를 '모든 사람의 주교'(everybody's bishop), 또는 '절대 자라지 않는 사람'(man who never grew up)이라고 불리기도 했다. 그뿐만 아니라, 매번 그는 엄청난 유머 감각을 보여 주었다.

왜 결혼을 하지 않았느냐는 질문을 받았을 때, 그는 자신은 교회와 결혼했고, 또한 살면서 교회보다 더 가치 있는 여성을 한 번도 만난 적이 없다고 대답했다.

존 스미스가 출판한 책 대부분은 설교집과 연설문이었다. 스미스가 쓴 책 중 가장 중요한 세 권인 『삶의 풍성함을 받으며』(Receiving the Abundance of Life, 1934)는 1934년 케직사경회에서 전한 설교였다. 『지속적이고 풍성한』(Abiding and Abounding, 1936) 또한 1936년 케직사경회에서 했던 설교다. 『주교의 바구니에서』(From a Bishop's Basket, 1940)는 사후에 출판되었는데, 열두 편의 설교를 담고 있다.

존 스미스는 1938년 3월 28일에 오스트레일리아에서 잉글랜드로 돌아오던 증기선 오리온(Orion)호 선상에서 죽음을 맞이했다. (오스트레일리아에서 그는 오스트레일리아식 케직사경회인 카툼바사경회[Katoomba Convention]의 주강사였다). 그가 죽은 후, 런던신학대학 운영진은 존 스미스가 '이 대학이 낳은 가장 탁월한 아들 중 하나'라는 특별 결의안을 통과시켰다. (실제로 존 스미스는 이 학교 출신으로 주교가 된 첫 번째 인물이었다). 이 결의안에는 존 스미스는 하나님이 주신 분명한 비전으로 '전 생애가 감화되고 움직였는데,' 이 비전은 '기록된 하나님의 말씀이 살아 있는 진리라는 확신과 동시에 그리스도 안에서 개인이 구원받는다는 사실에 대한 흔들리지 않는 확신'이었다고 적혀 있다.

참고문헌 | E. L. Langston, *Bishop Taylor Smith, 1860-1938: Bishop and Chaplain-General* (London: Church Book Room Press, 1948); P. O. Ruoff, *Spiritual Secrets from Bishop Taylor Smith's Bible* (London: Marshall, Morgan & Scott, 1944); M. Whitlow, *J. Taylor Smith K. C. B., C. V. O., D. D.: Everybody's Bishop* (London: Lutterworth Press, 1938).

K. A. FRANCIS

존 파이-스미스(John Pye-Smith, 1774-1851)

회중교회 교육자이자 신학자. 한 현대 역사가는 파이-스미스를 19세기 전반기의 가장 유명한 비국교도 신학자에 속한다고 평가했다. 다른 이는 파이-스미스가 필립 도드리지(Philip Doddridge) 이후로 비국교도에게 가장 큰 영향을 미친 사람이라고 평가했다.

파이-스미스는 1774년 3월 2일에 셰필드(Sheffield)에서 도서 판매업자 존 스미스(John Smith)와 아내 마사(Martha)에게서 태어났다. 그는 어린 시절 공식 학교 교육을 받지 않고 아버지 밑에서 가업을 이어받기 위한 견습 교육을 받았다. 1792년 11월 21일에 신앙고백을 하고 회중교회 회원이 되었다. 1796년에 찬송가 작가 제임스 몽고메리가 반역 혐의로 짧게 투옥되자, 그를 대신해서 셰필드의 급진적인 잡지인 「디 아이리스」(The Iris)의 임시 편집자가 되었다.

파이-스미스는 1796년 말에 '현대' 혹은 '새로운 체계'의 칼빈주의 주창자로 유명한 에드워드 윌리엄스(Edward Williams) 밑에서 회중교회 목회자로 훈련받기 위해 로더럼아카데미(Rotherham Academy)에 들어갔다. 학교에서 뛰어난 성적을 거둔 그는 잠시 동안 고전 교사로 근무한 후 1801년에 호머턴아카데미(Homerton Academy)로 부름받았다. 그는 남은 평생 동안 이 학교에 남는데, 1806년에 호머턴아카데미의 교수(즉 교장)가 되었고, 19세기의 가장 뛰어난 신학 교사 중 하나가 되었다. 사실 호머턴과 파이-스미스는 동의어였다.

역사가이자 후에 런던의 뉴대학(New College) 학장이 된 로버트 핼리(Robert Halley, 1796-1876)는 파이-스미스의 제자 중 한 명이었는데, 스승을 '가장 능력 있는 최고의' 잉글랜드 회중교회 신학 교수로 평가했다. 또 다른 제자는 그를 일컬어 '모든 것을 가르치는 교수이자 거의 걸어 다니는 백과사전'이라고 했다. 박학다식의 시대였던 그 시대의 정신을 감안하더라도, 파이-스미스의 관심사는 두드러졌다. 그는 네덜란드어, 이탈리아어, 독일어, 프랑스어뿐만 아니라 고대어들도 거의 모국어처럼 할 수 있었고, 화학, 지질학, 천문학, 철학, 성경학, 신학의 영역을 연구하고 글로 써냈다.

파이-스미스는 19세기 초반에 있었던 세 가지 핵심 신학 논쟁에 관여한 일로 특히 기억된다. 이 세 논쟁은 유니테리언주의(Unitarianism)에 맞서서 삼위일체 정통을 변호한 논쟁, 지질학과 신학의 관계에 대한 논쟁, 성경의 영감에 대한 논쟁이었다. 오랜 학문 연구 기간 동안 그의 신학 방법론에는 항상 일관성이 있었다. 그는 계몽주의 시대를 살았던 인물이었다. 그의 신학에서 믿음은 증거에 기반을 두기 때문에 (복음주의자로서는 특이하게도) 그의 변증 방법론에서는 지식이 경험보다 중요했다. 이런 신학적 토대가 그의 엄청난 학식에 더해져, 그는 합리주의와 이신론에 대항하는 삼위일체 정통의 가장 강력한 변호자가 되었다. 예일대학(Yale College)은 그가 1807년에 유명한 유니테리언 신학자 『토마스 벨셤(Thomas Belsham)에게 보낸 편지』를 인정하여 그에게 명예신학박사학위를 수여했다. 『메시아에 대한 성경의 증거』(Scripture Testimony to the Messiah, 1818-1821)는 삼위일체에 대한 굳건하고도 강력한 변증서였다.

파이-스미스는 물리학과 신학을 통합하려 했던 이들의 선구자였다. 이런 그의 업적 중 가장 주목할 만한 것은 1839년에 '성경과 지질학의 일부 요소들과의 상관 관계'(The relation between the Holy Scriptures and some parts of geological science)라는 제목으로 한 강연이었다. 이 강연은 리엘(Lyell)의 『지질학의 원리』(*Principles of Geology*, 1830)에 대한 신중한 대응이었다. 리엘은 지질학은 지구의 나이가 이전에 생각했던 것보다 훨씬 더 많고, 창조의 본질을 설명하는 데에는 균일론(uniformitarianism)이 격변설(catastrophism)보다 더 합리적인 추론임을 보여 주었다.

파이-스미스는 이런 새로운 과학적 발견들을 창세기 해석과 조화시키고자 시도했다. 그는 균일론이 격변설보다 더 성경에 가까운 설명이라고 주장했다. 이 강연에서 창조와 홍수에 대한 대중 이론들을 포기하고, 진실을 찾기 위해 단순한 '상식'보다는 더 미묘한 성경해석을 채택하려 했다는 점에서, 이는 엄청난 용기를 보여 준 시도였다. 그에 의하면 성경에 기록되어 있는 창조와 하나님의 말씀의 역사는 '같은 수원에서 유래한 시내들이며, 이들이 비록 다른 방향으로 흐르더라도, 반드시 같은 수준의 진리, 지혜, 선함을 담고 있다.' 그러므로 이들 간에는 반드시 조화가 있다. 이런 일련의 학문적 성과를 인정하여 왕립협회(Royal Society)는 그를 회원으로 선정했다.

파이-스미스가 참가했던 세 번째 중요한 논쟁은 성경의 영감에 대한 것이었다. 그는 19세기 초반의 복음주의자 대부분처럼, 필립 도드리지의 관점을 받아들여 영감의 양식들을 구별해야 한다고 주장했다. 이 관점에 의하면, 성경에 있는 어떤 구절은 다른 구절보다 하나님의 뜻을 더 잘 드러낸다는 것이다. 그러나 1816년에 제네바의 스코틀랜드 신학자 로버트 홀데인(Robert Holdane)은 『신적 계시의 증거와 권위』(*The Evidence and Authority of Divine Revelation*)에서 이런 주장을 강하게 비판했다. 홀데인은 전적으로 신비로운 성경의 전체를 하나님의 가르침으로 받아들여야 한다고 주장했다. 홀데인의 이론은 1820년대 초에 일어난 외경 논쟁(Apocrypha controversy) 시기를 제외하고는 그다지 사람들의 주목을 받지 못했다. 그는 영국해외성서공회(British and Foreign Bible Society)가 외경이 포함된 성경을 유럽에서 신속하게 배포하려던 조치를 반대하면서, 이는 영감된 자료와 영감되지 않은 자료를 고의적으로 뒤섞어 놓는 것이기에, 이 성경의 배포는 반드시 중단되어야 한다고 역설했다.

파이-스미스는 1826년 이 논쟁에 참여하여 영국해외성서공회가 이 성경에 수록한 프랑스 신학자 하프너 박사(Dr. Haffner)의 서문에 대한 지지를 표명했다. 그는 영감에 대한 하프너의 해석을 지지하면서, 동시에 그가 이해한 바를 서술했다(이는 하프너의 서문과 매우 유사했다). 홀데인의 배후 조종을 받은 얼스터(Ulster, 북아일랜드-역주)의 침례교도 알렉산더 카슨(Alexander Carson)은 홀데인의 견해를 지지하면서 소책자 전쟁을 벌였는데, 파이-스미스가 분명한 우위를 점하고 있었다. 이 논쟁은 주로 복음주의 진영에서 격화되었다.

파이-스미스는 구식 귀납적 추론으로 성경의 각 책을 신중하게 살펴본 후 어느 부분이 영감되고 어디가 그렇지 않은지를 결정했다. 특히, 그는 에스더서와 아가서의 권위에 심각한 의문을 제기했다. 홀데인의 낭만주의적인 연역법과 이후의 루이 고쌍(Louis Gaussen)의 『하나님의 영감』(*Theopnustia*, 1841)은 파이-스미스처럼 계몽주의 방법론 아래서 철저한 훈련을 받은 사람들에게는 완전히 낯선 방법론이었다.

파이-스미스는 그저 신학 교수이기만 했던 인물이 아니었다. 그는 또한 목회자였다. 호머턴에서의 교직 생활을 한 그는 가까운 그레이블 피츠레인회중교회(Gravel Pits Lane Congregational Chapel)에서 목회했는데, 무려 47년 동안 헌신적으로 목회했다. 파이-스미스는 뼛속까지 비국교도로서, 당연히 참가할 만한 대표적인 비국교도운동(예를 들어, 반(反)국교회협회[Anti-State Church Society], 반곡물법동맹[Anti-Corn Law League] 등)뿐만 아니라, 별로 대중적이지 않은 여러 비국교도운동도 지지했다. 그는 1831년부터 이미 절제운동의 든든한 대변자였고, 평화주의가 존중받는 견해가 되기 훨씬 전에 벌써 평화협회(Peace Society) 초기 부회장 중 하나로 활동했다. 그의 독립적인 사고방식은 예전(禮典)에도 반영되었다. 그는 성직자 복장 착용을 비판했다. 그러나 그는 적대적인 반대에 직면하면서도 호머턴에서 매주일 성찬식 거행을 변호하고 도입했다. 그러나 파이-스미스의 사역을 포괄한 것은 단순한 복음주의적 경건이었다. 그가 가르친 학생 중 하나는 파이-스미스에 대해 다음과 같이 회고했다.

"그는 하나님에 대해 생각하는 사람이 아니라,
하나님을 보는 사람으로서 기도했다."

파이-스미스는 자신이 사랑했던 호머턴 혹스턴아카데미(Hoxton Academy)와 해크니아카데미(Hackney Academy)와 합병하여 런던 뉴 대학(New College)으로 재탄생하는 것을 볼 만큼 오래 살다가, 1851년 2월 5일에 길드퍼드(Guildford)에서 숨을 거두었다.

참고문헌 | J. Medway, *Memoirs of the Life and Writings of John Pye-Smith, D.D., LL.D* (London: Jackson & Walford, 1853); G. F. Nuttall, *New College, London and its Library* (London: Dr Williams' Trust, 1977).

D. G. CORNICK

존 퍼킨스(John Perkins, 1930-)

공동체 조직가이자 급진적 평화운동가. 그는 미시시피 뉴헤브론(New Hebron)에 사는 한 소작농의 오두막에서 태어났다. 그의 아버지는 가족을 버리고 떠났고, 그의 어머니는 막내아들인 존 퍼킨스가 태어난 지 얼마 안 되어 세상을 떠났다. 아기는 할머니와 이모들, 삼촌들의 손에서 자랐다. 어느 날 큰 형 클라이드(Clyde)가 인종 문제로 일어난 사건에서 총에 맞아 죽자, 친척 어른들은 당시 17세였던 존 퍼킨스를 캘리포니아로 보냈다. 이들은 존 퍼킨스마저 냉혹한 백인우월주의가 판치는 미시시피에서 비슷한 운명을 맞이하게 하고 싶지 않았기 때문이었다.

1920년대부터 1970년대까지 미국에서는 농업의 기계화가 확장되고 있었기에, 많은 흑인들이 남부를 떠나 상대적으로 인종 차별이 덜한 북부와 서부의 도시들로 기회를 찾아 대규모로 이동했다. 이 이동의 일부가 된 존 퍼킨스는 로스앤젤레스 지역에서 새로 노동조합이 결성된 철강 주조 공장에서 가게 점원으로 일하며 신분 상승을 누렸다. 이후 육군에 징집되어 오키나와(Okinawa)에 파병되었다가 1951년에 전역했다. 귀국 후 얼마 지나지 않아 그는 베라 메이 버클리(Vera Mae Buckley)와 결혼했다. 패서디나(Pasadena) 근처에 살면서 확장 중이던 슈퍼마켓 체인에서 일하며 추가 신분 상승을 이룬 그는 여섯 살 아들 스펜서 퍼킨스(Spencer Perkins)와 함께 교회 주일학교에 간 후에 회심을 경험했다.

어린이전도협회(Child Evangelism Fellowship) 소속의 장로교 선교사가 인도하는 집중 성경공부에 흠뻑 빠져든 존 퍼킨스는 자신의 소명이 선교임을 깨달았다. 이후, 그는 산 속에 자리 잡은 교육 기관에서 청소년 범죄자들에게 복음을 전하다가, 그곳에 온 많은 청소년들이 자기와 같이 남부 출신의 흑인이라는 것을 알게 되었다.

소년원에 있던 아이들을 인종 차별이 만연한 남부(Jim Crow South)로 데려가는 문제의 근원을 추적하던 존 퍼킨스는 자신의 늘어나는 가족을 데리고 미시시피의 가난과 억압 속으로 돌아가기로 결정했다. 거기서 그는 1960년부터 전도자로서 사역하기 시작했다. 그는 이전에 백인 목사를 통해 그리스도의 제자가 되었고, 기독교인이 된 초기에 그가 접촉한 많은 교회는 백인 복음주의 교회였다. 따라서 존 퍼킨스가 최남부(Deep South) 지역에서 아프리카계 미국인을 대상으로 선교사역을 시작했을 때 그를 후원한 이들도 백인 복음주의자들이었다.

존 퍼킨스는 미시시피 남중부의 소도시 멘덴홀(Mendenhall) 흑인 구역의 가난한 사람들과 함께 살면서, 스스로 '전인적'(holistic)이라 부른 독특한 유형의 선교를 발전시키기 시작했다. 그는 흑인이 남부에서 경험한 짓밟힌 삶의 모든 요소들이 파괴적 분노와 절망과 더불어 무지와 자기 확신 결핍을 만들어 냈으므로, 이들이 이주할 때 이것들도 함께 가지고 간다고 믿었다. 따라서 존 퍼킨스는 자신의 선교사역을 단지 내면의 영적 필요뿐만 아니라 외부의 물질적 필요까지도 채우는 방향으로 설정했다.

당시 그 지역에서 많은 시골 흑인 설교자들은 여러 교회를 순회하면서도, 이 교회들이 세워진 공동체에는 거주하지 않는 일이 흔했다. 그러나 존 퍼킨스는 늘 자신이 사역하는 공동체로 이사했다. 그는 이들이 가진 소망이 자신의 것이 되었기에, 그들이 '느끼는 필요'에 따라 사람들을 목양할 수 있었다. 이 점에서 그의 사역은 '사회 정착의 집 운동'(social settlement house movement)과 도시빈민들을 위해 '손대접의 집'(Hospitality House)을 만들어 사역한 가톨릭 워커(Catholic Worker)의 사역과 비슷했다.

존 퍼킨스의 멘덴홀 사역은 매우 선구적이었다. 그는 광범위한 필요를 채우려고 했는데, 청소년 발달 및 학교 운영, 성인 교육, 영양 보충, 건강 관리, 주택 마련과 고용 등 다양했다. 공동체 발전의 수단을 찾던 그는 직업이 될 만한 것은 무엇이든지 활용했다. 연방 정부의 주택, 영양과 의료 프로그램도 활용했다. 또한, 이미 자신을 후원하고 있던 캘리포니아의 백인 복음주의자들에게서 모금을 받아 자신의 생계를 꾸리고, 일을 만들고 프로젝트를 확장시켰다. 캘리포니아의 백인들은 이 사업을 지원하기 위해 존 퍼킨스를 초청하여 미국 전역의 지역 교회와 대학에서 강연하게 했다. 시민평등권(Civil Rights)운동이 활발했던 1960년대 내내 존 퍼킨스는 보수 백인 복음주의자들에게 아프리카계 미국인 대의의 가치와 중요성을 가르쳐 주었다.

그러나 존 퍼킨스는 흑인 공동체가 외부 후원에만 의존하기를 원치 않았다. 그의 궁극의 목표는 건강하고 자립하는 기독교 공동체였다. 그가 한 협동조합운동에 참여한 것도 이런 목적이 때문이었는데, 이 운동의 지역 책임자는 루이지애나(Louisiana)의 흑인 가톨릭 사제 A. J. 맥나이트(A. J. McKnight)였다. 존 퍼킨스와 맥나이트는 포드재단(Ford Foundation)기금의 후원을 받아 남부 협동조합발전기금(Southern Cooperative Development Fund)을 설립했다. 이 기금은 한때 남부에서 흑인이 소유한 가장 큰 은행이 되기도 했다. 그들은 농업, 주택, 소매 분야의 협동조합에 필요한 자금을 댔고, 그 결과 멘덴홀과 다른 가난한 시골 지역의 경제 발전, 고용, 소유를 이루었다.

존 퍼킨스는 밀접히 연결된 수많은 프로젝트의 중심인 교회 개척을 통해 그와 동료들이 다른 공동체에 소개한 믿음 기반의 전인적 발전 모델을 창안했다. 멘덴홀에서 자신들의 공동체를 발전시킨 아프리카계 미국인들은 더 광범위한 도시 생활이라는 환경에서도 자조를 실천했다.

존 퍼킨스의 지도 아래 이들은 1960년대 중반에 절정에 달한 시민평등권운동에 가담했다. 흑인을 고용하지 않는 백인 상점을 대상으로 불매운동을 벌였고, 시의 복지 서비스를 흑인 공동체로도 확장시켜야 한다고 요구했다. 존 퍼킨스는 백인의 지배 구조에 저항했고, 결국 성공했다. 그러나 다른 많은 흑인 지도자들과 마찬가지로, 그 역시 큰 대가를 치러야 했다. 경찰은 그가 흑인 민권 행진 중 하나에 참여한 이후 잠복하여 미행했고, 다른 주에 있는 감옥에 구금하기도 했고, 거의 죽을 만큼 폭행하기도 했다.

약 일 년이 걸린 회복 과정을 거치면서 존 퍼킨스는 젊은 제자들에게 멘덴홀 프로젝트를 넘겨주고, 미시시피의 주도(州都)인 잭슨(Jackson)으로 이주했다. 여기서 그는 멘덴홀과 많이 비슷하지만, 잭슨 주민들이 더 필요하다고 느끼는 것에 맞추어 두 번째 프로젝트를 시작했다. 이 당시 백인들의 적대감을 마주한 존 퍼킨스는 자신의 사역을 인종 화해를 목표로 재설정했다. 그는 많은 백인 자원봉사자가 도시 재건축 및 여러 사업들을 돕게 했고, 직원으로 백인을 고용하기도 했다. 그러나 결과적으로는 이런 정책이 백인 지배 체제라는 문화적으로 뿌리박힌 전형의 반복으로 여겨졌기 때문에 흑백 갈등이 유발되기도 했다. 이후 존 퍼킨스의 큰 아들 스펜서 퍼킨스는 1980년대와 1990년대에 새로운 운동을 이끌며, 이런 옛 방식을 극복하고 인종 화해를 촉진시켰다.

잭슨프로젝트는 미국 전역 및 해외에서 '기독교 공동체 개발'을 가르치고 발전시키는 모델이 되었다. 존 퍼킨스의 개념은 그가 '세 개의 R'이라 부른 내용으로 구성되어 있었다. 즉 공동체에 필요 재배치(Relocate), 모든 분열 구도의 화해(Reconcile), 공동체 안으로 들어가는 부유하고, 교육 수준이 높고, 실력 있는 사람들의 자원을 현지인에게 재분배(Redistribute)하는 것이었다.

1982년에 존 퍼킨스는 잭슨프로젝트를 다른 제자들에게 넘겨주고 캘리포니아 패서디나 시내로 이주해서 발전 과정을 다시 시작했다. 이때 아내 베라 매이 퍼킨스는 어린이전도복음클럽(Evangelism Good News Clubs) 결성에 기여했다. 이 클럽은 젊은이가 가정에서 영혼 및 도덕이 성장할 수 있게 돕는 프로그램이었는데, 다른 프로젝트들의 기초가 되었다. 패서디나에서 어린이전도복음클럽은 정교한 방과 후 십대 발달 프로그램의 씨앗이 되었다. 현재 이 프로그램은 존 퍼킨스의 셋째 아들 데릭 퍼킨스(Derek Perkins)와 루디 카라스코(Rudy Carrasco)가 함께 운영하고 있다. 아울러 패서디나의 북서쪽 지역에는 대학에 입학하려는 학생들을 위한 예비학교가 세워졌는데, 데릭의 아내인 카린 퍼킨스(Karyn Perkins)가 이 학교 교장으로 일하고 있다.

1983년에 패서디나에 퍼킨스 가족과 많은 동료가 힘을 합쳐 '존퍼킨스 화해 및 발전재단'(John M. Perkins Foundation for Reconciliation and Development)을 설립했다. 재단은 공동체 발전 프로그램의 확장을 지원했다. 1989년에 이 재단은 기독교공동체발전협회(Christian Community Development Association)라는 단체를 만들었다. 협회는 현재 미국 전역 및 아이티(Haiti) 등 여러 나라에서 500개 이상의 신앙 기반 공동체 발전 조직을 운영한다. 이들 조직 대부분은 존 퍼킨스가 멘덴홀에서 개발한 초기 모델의 개념을 활용하고 있다.

참고문헌 | S. E. Berk, *A Time to Heal: John Perkins, Community Development and Racial Reconciliation* (Grand Rapids: Baker Book House, 1997); J. M. Perkins, *Let Justice Roll Down* (Venture: Regal Press, 1976); J. M Perkin, *Beyond Charity: The Call to Christian Community Development* (Grand Rapids: Baker Book House, 1993).

S. E. BERK

존 페어팩스(John Fairfax, 1805-1877)

신문사 소유주이자 자선가. 그는 1805년 10월 24일에 잉글랜드 워릭(Warwick)에서 복음주의 비국교도 윌리엄 페어팩스(William Fairfax)와 엘리자베스 페어팩스(Elizabeth Fairfax)의 자녀로 태어났다.

존 페어팩스는 어릴 때 특히 어머니의 신앙에 영향을 많이 받았고, 1825년에 수습 이후 런던에서 일반 인쇄소에서 일했으며, 「모닝 크로니클」(Morning Chronicle)에서 식자공으로 일했다. 1827년에는 어린 시절 친구였던 새라 레딩(Sarah Reading)과의 행복한 결혼 생활을 시작하며 워릭서(Warwickshire)로 돌아갔다. 이들의 결혼 생활은 48년간 이어져, 다섯 자녀, 찰스(1829), 에밀리(1831), 제임스(1834), 리처드(1838), 에드워드(1842)를 낳아 키웠다. 1828년에는 첫 신문 「리밍턴 스파 스케치북」(Leamington Spa Sketch Book)을 발간했고, 1835년부터 「레밍턴 크로니클 앤 워릭서 리포터」(Leamington Chronicle and Warwickshire Reporter)의 공동 소유주였다가 단독 소유주가 되었다.

존 페어팩스는 리밍턴(Leamington)에 회중교회 소속의 스펜서스트리트채플(Spencer Street Chapel)을 세우는 데 힘을 보탰다. 이 교회에서 그는 집사, 주일학교 책임자, 평신도 설교자였다. 그러나 일련의 소송에 휘말리는 재앙이 그에게 밀려들었다. 비록 무죄가 선언되기는 했지만, 관련 비용 때문에 파산한 그는 결국 가족과 함께 1838년에 오스트레일리아 뉴사우스웨일스(New South Wales)의 시드니(Sydney)로 이민을 떠날 수밖에 없었다. 존 페어팩스는 「더 시드니 해럴드」(The Sydney Herald)의 식자공과 도서관 사서로 일한 후, 1841년에 「더 시드니 해럴드」의 기자인 찰스 켐프(Charles Kemp)와 함께 피트스트리트회중교회(Pitt Street Congregational Church)의 동료 집사들이 「더 시드니 해럴드」를 매입하는 일을 도왔다.

기회를 얻은 이들은 1842년에 「시드니 모닝 해럴드」(Sydney Morning Herald)를 식민지 언론의 초석으로 창간한 후 5년간 갖은 고생을 했다. 1853년에는 켐프(Kemp)를 영입했고, 1856년에는 아들 찰스와 제임스가 합류해서 '존 페어팩스 앤 선스'(John Fairfax and Sons)라는 회사를 창업했다. 이후 (1990년까지) 다섯 세대가 계승한 오스트레일리아 최대의 재계 왕조가 탄생한 순간이었다.

존 페어팩스는 「시드니 모닝 해럴드」를 글과 경영, 기술, 재정을 결합한 보기 드문 지도력으로 통솔했다. 실력 있는 기자와 편집자를 영입했고, 경쟁자들보다 기술적으로 우위에 있음을 보여 주었다. 1854년에는 회중교회 목사이자 역사가이며 유배 반대(anti-transportation) 활동가였던 존 웨스트(John West) 목사가 편집자로 「시드니 모닝 해럴드」에 합류하여 존 페어팩스와 경제적이고 영적으로 친밀한 관계를 쌓았다. 황금 발굴 붐이 일어나자 「시드니 모닝 해럴드」의 일일 발간 부수가 6,600부로 늘어났는데, 대영 제국 내에서 이보다 더 부수를 많이 발간하는 신문은 런던의 「더 타임스」(The Times)와 「텔레그래프」(Telegraph)뿐이었다.

실제로 존 페어팩스가 "「시드니 모닝 해럴드」는 최고의 금관이다"라고 말한 것에서 알 수 있듯이, 그는 「시드니 모닝 해럴드」를 황금과 같은 것으로 인식했다. 그는 1840년대에는 제임스 매카서(James Macarthur)의 「오스트레일리언」(Australian), 1850년대에는 헨리 파크스(Henry Parkes)의 「엠파이어」(Empire)등의 도전자들과 경쟁하여 이들을 떨쳐 냈다. 중요한 것은 「시드니 모닝 해럴드」가 기업 사회의 지지를 받아 광고료를 확보할 수 있었다는 것이다.

존 페어팩스는 오스트레일리아의 첫 언론왕으로 등극했다. 그는 시드니 상업계에서 저명한 인물이었다. 1849년에는 오스트레일리아공제조합(Australian Mutual Provident Society) 설립 책임자(1859년에는 회장)였고, 오스트레일리아가스등회사(Australian Gaslight Company)를 포함한 다른 주요 은행, 보험, 상업계 다방면에서 이사로 활약했다. 1871년에는 교육협의회(Council for Education), 1874년에는 뉴사우스웨일스의회(NSW Legislative Council)에도 진출했다.

오스트레일리아 역사에서 존 페어팩스 시대의 「시드니 모닝 해럴드」에는 늘 '보수'(심지어 '토리'(Tory)라는 꼬리표가 붙었다. 이 꼬리표는 자유주의와 더불어 성년 남성 참정권(manhood suffrage, 성인 남성 모두에게 선거권이 주어진 보통 선거권-역주)에 대한 지지가 좌절된 상황을 반영했다. 「시드니 모닝 해럴드」는 이 선거권을 반대했다. 이는 또한 사회적으로나 도덕적으로는 보수파를 선택한 존 페어팩스나 웨스트 같은 비국교도가 국가 통치로부터 양심의 자유를 신학적, 철학적으로 맹렬히 옹호한다는 사실이 납득되기 힘들었던 상황을 반영한다.

「시드니 모닝 해럴드」는 고전적 자유주의의 특징을 설명하는 데 온 힘을 다했다. 국가가 교회나 무역 관세에 보조금을 지원하는 등의 국가 간섭을 혐오했고, 금주나 안식일 준수를 강화하는 안(案)도 극렬히 반대했다. 이와는 대조적으로, 「시드니 모닝 해럴드」는 자발적 도덕 갱신이나 자기 계발에 대한 요청은 적극 지원했고, 국립학교 제도도 지지했으며, 유배 반대운동의 선봉에 섰으며, 1861년 람빙플랏(Lambing Flat) 지역 폭동에서 공격받은 중국인 노동자들의 권리를 옹호한 소수 집단 중 하나였다.

존과 새라 페어팩스 부부는 피트스트리트회중교회의 헌신된 신자였다. 1840년부터 존은 가까운 친구이자 오스트레일리아 상업 역사에서 유명한 인물 중 하나인 데이비드 존스(David Jones)와 함께, 여러 경건한 상인 집사 중 하나였다. 기도에 열심이고, 뜨겁고, 활동적이고, 영향력 있었던 이 교회는 '미래를 대비하는 경제 습관'을 기르게 하기 위해 저축 은행을 두었고, 기독교지식회(Christian Instruction Society), 도시선교를 위한 '도시선교회'(City Missionary)와 '전도부인회'(Bible Woman)를 부설하였으며, 오스트레일리아 식민지 내 교회 개척을 추진하고, 남아프리카에 선교사를 보냈다.

존 페어팩스의 복음주의는 그 시대의 특징을 지녔다. 뜨겁고, 열정적이고, 절제되어 있고, 기도가 풍성하고, 성경을 사랑하고, 그리스도 중심적이고, 십자가 중심적이며, 낙관적이고, 외향적이었다. 강력한 소명 의식을 가졌던 그는 언론 활동을 사회에 영향을 끼치고 부를 창출하라고 하나님께서 그에게 주신 기회로 보았다. 뉴사우스웨일스(NSW) YMCA의 창립회장으로 1856년에 한 연설에서 페어팩스는 기독교인을 '교회에는 빠르지만 경제에는 늦는' '수수께끼' 같은 존재, '그가 고백하는 기독교 신앙과 어그러진 행동을 하는' 이들로 묘사했다. 그의 당파성 없는 복음주의는 또한 시드니빈민학교(Sydney Ragged Schools) 같은 초교파 기관을 위해 수고한 노력에서도 눈에 띄었다.

존과 새라 페어팩스의 신앙은 자녀들을 신앙으로 양육하는 과정에서 가장 잘 전수되었다. 50세 생일에 존은 아이들에게 다음과 같이 말했다.

"너희 중 일부는 그리스도를 따르기로 결심했고, 이제 시온으로 가는 동료 순례자가 되었다…너희들이, 구원하실 수 있고 구원하시려는 의지도 가지신 그분께 일찍 복종하는 길에 막아서는 것이 아무것도 없기를 기도한다…."

새라 페어팩스는 1855년에 아들 제임스에게 보낸 편지에서 "그리스도만이 주실 수 있는, 오래도록 유지되는 보물들을 잘 보관하라"고 간청했고, 존 페어팩스는 제임스에게 "우리가 그리스도의 사랑에 관심을 가지면, 우리는 삶의 순례 여정 동안 안전하다"며 확신을 주었다.

존과 새라 페어팩스는 인간의 진짜 슬픔도 잘 알았다. 아들 리처드는 1839년 영아기에 사망했고, 맏아들 찰스와 외동딸 에밀리는 각각 34살, 40살에 사고로 죽었다. 찰스가 죽었을 때 존은 '부모, 아내, 아이들의 소망'이 '무덤에 있다는 것,' 그들의 '가난하고 무너진 가슴이 나사로의 무덤에서 울었던 그분에 대한 전율하는 믿음과 함께 공존하는 것'에 대해 글을 남긴 바 있다.

비국교도 사업가들의 친밀한 네트워크의 일원이었던 존 페어팩스는 기독교 사역을 지원하는 일에서 언제나 최전방에 나섰고, 수많은 위원회에서 섬겼다. 특히, 피트스트리트교회와 여러 선교단체에 넉넉히 재정을 후원했는데, 1868년에 완성된 교회 증축에 3,258파운드를 냈고, 재산을 교회에 넘기라는 유언을 남겼다. 또한, 1852년에 리밍턴에 소재한 전 교회에도 600파운드를 후원했고, 1956년에는 시드니 뉴타운(Newtown)의 한 교회를 위해 땅을 기증했으며, 1863년부터는 캠든신학대학(Camden Theological College) 설립을 도왔다. 환대를 의미하는 '기나굴라'(Ginahgulla)라는 이름의 좋은 집도 지었는데, 저명한 잉글랜드회중교회 목사 토마스 빈니(Thomas Binney)를 포함해서, 영국 식민지 및 영국인 지도자들이 이곳으로 와서 즐겁게 지내다 갔다.

인간 관계의 폭이 넓었던 존 페어팩스는 뉴사우스웨일스 수상 헨리 파크스 경(Sir Henry Parkes), 시인 헨리 켄달(Henry Kendall), 예술가 애들레이드 아이언사이드(Adelaide Ironside)의 친구였다. 많은 후손, 특히 아들 제임스 경(Sir James, 1834-1919, 1898년에 기사(knight bachelor) 작위 수여), 메리 페어팩스(1858-1945), 워릭 페어팩스 경(Sir Warwick Fairfax, 1901-1987), 캐롤라인 심슨(Caroline Simpson, 1930-), 제임스 페어팩스(James Fairfax, 1933-)는 예술과 사회 각계의 중요한 인사가 되었다. 빈센트 페어팩스 경(Sir Vincent Fairfax, 1909-1993)이 세운 가문재단(Family Foundation)은 존 페어팩스의 자선가로서의 유산을 상징하는 사례였다.

1875년에 새라 페어팩스가 사망하자, 존 페

어팩스는 '그리스도를 즐거이 신뢰한 아름다움 모범'이라는 말을 남겼다. 1877년 6월 16일에 '오스트레일리아 언론의 아버지' 존 페어팩스가 사망했다. 그는 사망 며칠 전에 다음과 같이 말했다고 한다.

"나는 위를 보고 있어. 집에 가는 거야."

장대한 장례식이 그의 삶과 믿음이 어느 정도였는지를 증언해 주었다.

참고문헌 | G. Souter, *A Company of Heralds* (Melbourne: Melbourne University Press, 1981).

S. B. JOHNSON

존 폭스(John Foxe, 1516-1587)

순교 문헌 저술가(martyrologist)이자 온건한 잉글랜드청교도. 그는 링컨셔(Lincolnshire) 보스턴에서 태어나 옥스퍼드에서 공부했고, 1539년부터 1545년까지는 옥스퍼드 모들린대학(Magdalen College) 연구원이었다. 그는 1547년 2월에 애그니스 랜달(Agnes Randall)과 결혼했다.

1550년에 부제로 안수받은 폭스는 헨리 8세(Henry VIII, 1509-1547 통치) 통치 후기와 개신교도 소년왕 에드워즈 6세(Edward VI, 1547-1553 통치) 통치기에 개인 교수로 여러 곳에서 일했지만, 에드워드가 죽자 새로 여왕이 된 메리의 재가톨릭화 정책과 이어진 박해를 피해 멀리 도망갔다. 개신교 신앙을 확신했기에, 이전에도 그를 고용한 가톨릭 신자 하워드 가문에게 해고당한 일이 있었다. 폭스의 경력이 형성되기 시작한 것은 이 도피 기간이었다. 이미 상스러운 표현을 사용하던 개신교 소책자 저자이자 에드워디파(Edwardian)로 오소리(Ossory)의 주교이던 존 베일(John Bale)과의 우정 덕에 기독교 역사에 관심이 있던 폭스는 관심을 과거와 현재의 기독교 순교 담화로 돌렸다. 그는 1554년 말에 프랑크푸르트-암-마인(Frankfurt-am-Main)에 정착한 잉글랜드 피난민교회에 합류해서, 다음해에 유명한 '분쟁'(troubles)에도 참여했다. 당시 그는 칼빈(Calvin)의 제네바(Geneva)로 떠나게 되는 존 낙스(John Knox)의 더 엄격하고 단호한 일파를 지지했다.

그러나 폭스는 제네바 대신 바젤(Basel)로 가서 저술 작업을 계속했다. 다음해에 묵시극 『승리자 그리스도』(*Christus Triumphans*)를 출판했고, 1557년에도 잉글랜드에서 개신교 박해를 멈춰달라는 간청이 담긴 또 한 권의 라틴어 작품을 출간했다. 그러나 당대 다른 대부분의 인물과는 달리, 폭스는 자기가 선호하는 종류의 신앙을 압박하는 것에 반대했다기보다는 박해(혹은 최소한 치명적인 형태의 박해) 자체에 반대한 것이었다.

1575년에 그는 개신교도인 엘리자베스 여왕(Queen Elizabeth)에게 자기가 싫어했던 네덜란드 재세례파들을 살려 달라고 간청하기도 했고, 한 역사가가 주장하듯, 1550년에 에드워드 6세 치하에서 화형당한 존 보처(Joan Bocher)를 위해서도 (비록 역시 성공하지는 못했지만) 같은 간청을 하기도 했다. 이런 행동만으로도 폭스는 그가 살았던 당대의 전반적인 분위기와는 다른 모습을 보인 (종교적 급진주의자가 아닌) 유별난 인물이 되기에 충분했다. 1558년에 메리 여왕(Queen Mary)이 사망하고 보위를 계승한 인물이 개신교도인 배다른 자매 엘리자베스였음에도 불구하고, 폭스는 즉각 잉글랜드로 돌아가지 않았다. 대신 그는 순교 문헌을 완성하기까지 (최소한의 시간만이라도) 바젤에 머물러 있다가, 다음해에 『교회사』(Rerum in Ecclesia Gestarum)라는 라틴어 제목으로 바젤에서 책을 출간했다.

1559년 가을에 잉글랜드로 돌아간 폭스는 1560년에 당시 런던 주교로 활동하던 친구 에드먼드 그린달(Edmund Grindal)을 통해 안수받았다. (‘교황주의의 누더기’를 대표하는) 상징적 표식 중백의(surplice) 착용을 막 태동하던 청교도운동이 반대한 덕에 폭스는 교계의 고위직에 올라갈 희망을 날려버렸다. 결국 솔즈베리대성당(Salisbury Cathedral)의 참사회원으로 봉급을 받게 되기는 했지만, 그는 대작(magnum opus)을 증보하는 데 시간을 투자하며 남은 일생을 런던에서 보냈다.

공공 기록들이 폭스에게 공개되었고, 메리 여왕 시대의 개신교 박해에 대한 개인적인 지식이나 경험이 있는 모든 사람은 가진 자료를 폭스에게 제출해 달라는 요청이 있었다. 『순교사화』(Book of Martyrs)로 널리 알려진 『기록과 기념물』(Acts and Monuments)은 1563년에 등장했다. 첫 판도 대작이었지만, 1570년에 나온 신판은 더 커서, 총 2,312페이지를 두 권으로 묶어냈다. 1576년과 1583년판에는 더 많은 자료가 들어갔다. 이 중 1583년에 나온 마지막 판은 폭스 생전에 나왔다. 폭스는 1587년에 사망한 후 런던 크리플게이트(Cripplegate)의 세인트자일스(St Giles)에 묻혔다.

이후 삼사 세기에 걸쳐 폭스의 이 작품이 잉글랜드의 국가 및 종교 의식에 끼친 영향은 상상을 초월했다. 스튜어트 왕가 시대 잉글랜드에서는 영어성경 이외에 이 책보다 더 많이 읽힌 책은 없었다. 오직 소수의 문맹자만이 이 책의 주제와 이야기에 익숙하지 않았거나, 혹은 이 책의 관점에 영향을 받지 않았다.

『순교사화』는 기독교 초기 시대부터 폭스 자신의 시대에 이르기까지 일어난 기독교 순교의 목록을 제공했다. 따라서 책의 첫 부분은 유명한 초대교회 순교 이야기들을 담고 있다. 그러나 중세 시대를 다루면서 폭스는 공식교회(물론 로마교회)가 핍박의 주체라는 사실을 강조하며 고통스러워했다. 중세 후기를 다룰 때는 그의 구체적인 논증적 목적이 더 분명하게 드러난다. 순교자 대부분은 잉글랜드 롤라드(Lollards)로, 개신교라는 단어가 등장하기 이전에 이 용어로 불릴만한 정당성을 확보한 존 위클리프(John Wyclif, 1329-1384)의 추종자들이다.

그러나 작품의 절정은 1553년부터 1558년까지 메리 여왕이 개신교인을 핍박한 사건들에 대한 꼼꼼한 기록이다. 여기서 폭스는 순교당했거나 이런 저런 이유로 목숨을 부지한 수감자들이 경험한 심문 내용과 서신들에 관련된 수없이 많은 이야기를 포함시켰다. 여기서 그는 실제 일어난 이야기는 그대로 옮기고, 거기에다 자기 해설을 달아 논증했다. 그의 최고 대적은 런던 주교 에드먼드 보너(Edmund Bonner, 대략 1500-1569)로, ‘피의 보너’(bloody Bonner, 또는 bite-shepe Bonner)라는 별명으로 불렸다.

폭스는 자기 영웅들의 삶과 죽음에 대한 이야기를 대체로 정확히 묘사했지만, 거기에 많은 내용을 덧붙였다. 엄밀한 정확성을 위반한 그의 선전가로서의 죄는 작위(commission)라기보다는 부작위(누락, omission)의 죄였다. 그는 정교일치 개혁파 개신교의 대의에 손상을 주는 것으로 보이는 개별 사례의 세부 내용을 많이 삭제한 것으로 알려져 있다. 특히, 그가 들려주는 이야기들의 주인공인 수감자 일부는 실제로 급진 파로, 재세례파 입장을 가진 멀리서 온 동료 여행자들이었다. 그러나 폭스는 이런 경우들에 핵심적인 세부 내용들을 빼먹기 일쑤였고, 때로는 이름도 다 알려 주지 않고 이니셜만 적는 경우도 종종 있었다.

잉글랜드 사회에 끼친 광범위한 영향에 더하여, 『기록과 기념물』은 잉글랜드 대중 사상에 네 개의 주요 요소를 주입했다.

첫째, 여러 세대의 독자들은 의심 없이 로마 가톨릭이 절대 빠져나올 수 없는 사악함과 얽혀 있으며, 박해를 통해 신앙적 복수를 자행하고 있다고 확신하게 되었다. 따라서 잉글랜드를 휩쓴 『순교사화』의 영향력은 20세기 초반까지도 거뜬히 이어진 잉글랜드 사람들의 본능적인 반가톨릭주의를 태동시키는 데 결정적으로 공헌했다.

둘째, 폭스는 민족주의적 종교적 조망을 구체적으로 제공했다. 하나님은 결코 복음의 대의를 위해 봉사할 그분의 잉글랜드인 없이는 아무 일도 하지 않으셨다. 즉 가톨릭은 외국 신앙이고, 엘리자베스는 구약에 나오는 선지자인 새로운 드보라다. 말하자면, 하나님의 백성인 잉글랜드 백성을 이끄는 인물이다. 잉글랜드개신교에 독특한 민족주의적 관점을 제공한 것에 더하여, 이 조망은 이후 세기에 '영국 이스라엘'(British Israel, 새로운 선민 이스라엘로서의 영국-역주) 이론들이 등장하는 계기를 마련했다.

셋째, 폭스는 십자군으로서의 개신교인들이 적그리스도인 교황을 대적하는 데 성공함으로써 세계 역사를 완성할 것이라 믿었다. 그렇게 함으로써, 개신교 국교회의 안정적인 무천년주의에 묵시적 불안정성을 불어넣었다. 17세기에는 후천년주의가 이 불안정성의 결과로 등장해

서 내전과 왕정 폐지 같은 사건들이 일어나는 데 중요한 역할을 했다.

넷째, 신앙 없는 정부에 저항하는 평범한 기독교인, 행동하는 일반 평신도와 여성의 이야기들은 추가로 예기치 못한 결과를 낳았다. 이들은 가장 먼저 행동을 시작한 분리파들을 포함하여, 다양한 종류의 비국교도들이 잉글랜드국교회(Church of England)와의 관계를 단절하고 새롭고 순전한 교회를 시작할 수 있게 하는 영감을 제공했다.

그렇게 함으로써, 이들은 자신들을 폭스가 존경해 마지않은 인물들, 즉 메리 통치기의 순교자와 동일시한 것이었다. 폭스는 위대한 대표적 교회 지도자도 아니었고 신학자도 아니었다. 그러나 엄청난 영향을 끼친 책을 통해 그는 더 광범위하게 인정받고 찬사 받은 많은 사상가들보다 훨씬 오래도록 영향을 끼친 사상의 원천이 되었다.

참고문헌 | W. Hailer, *Foxe's Book of Martyrs and the Elect Nation* (London: Ebenezer Baylis & Sons, 1967); J. F. Mozley, *John Foxe and His Book* (London: SPCK, 1940).

M. PEARSE

존 플립스 월부어드(John Flipse Walvoord, 1910-2002)

세대주의자(dispensationalist)이자 전 댈러스신학교(Dallas Seminary) 총장. 그는 1910년 5월 1일에 위스콘신(Wisconsin) 쉬보이건(Sheboygan)에서 존 게럿 월부어드(John Garrett Walvoord, 교사이자 학장)와 메리 플립스 월부어드(Mary Flipse Walvoord)의 세 자녀 중 막내로 태어났다. 존을 임신했을 때 어머니 메리는 난산으로 생명이 위독할 지경에 이르렀지만, 부부는 의사의 낙태 제안을 거부하고 존을 낳은 후 거의 102세까지 살았다. 1925년에 위스콘신 레이신(Racine)으로 이주했는데, 존은 여기서 고등학교 학업을 마쳤다.

신실한 기독교 가정으로 수 년 동안 매일 성경읽기를 했음에도 불구하고, 존 월부어드는 15살이 되어서야 그리스도를 믿게 되었고, 이어서 윌리엄 맥캐럴(William McCarrell)의 사역을 통해서 구원을 얻기 위해 노력해야 한다고 인식하게 되었다. 월부어드는 휘튼대학(Wheaton College)에서 그리스어를 전공으로, 라틴어를 부전공으로 공부하여 3년 반 만에 졸업했고(1931), 국내에서 열리는 트랙과 필드를 포함한 육상 및 풋볼 경기, 그리고 전국 및 주 토론 경연에 참가하기도 했다. 그는 프린스턴신학교(Princeton Theological Seminary)보다는 복음주의신학대학(Evangelical Theological College, 후에 댈러스신학교가 된다)에 입학하여 3년 만인 1934년에 신학사와 신학석사학위를 취득했다.

대학과 신학교에서 공부하던 시간 거의 내내 월부어드는 중국선교사가 되겠다는 계획을 마음에 품었지만, 졸업 즈음에 그는 하나님이 자신을 다른 방향으로 인도하신다고 믿게 되었다. 1934년에 그는 텍사스 포트워스(Fort Worth) 소재 로젠하이츠장로교회(Rosen Heights Presbyterian Church) 목사로 청빙받았다. 그는 이 교회에서 16년 동안 목회했고, 교회가 후임 목사를 찾는 동안 1년 더 임시목사로 활동했다. 세대주의를 놓고 교단 내 논쟁이 격화되었음에도 불구하고, 그는 포트워스노회 서기로 10년간을 섬겼고, 노회장을 두 번이나 역임했다. 포트워스 사역 초기인 1936년에 월부어드는 신학박사학위를 복음주의 신학대학에서 취득했고, 이어서 1945년에는 텍사스크리스천대학교(Texas Christian University)에서 철학 분야 석사학위를 취득했다.

월부어드는 제럴딘 렁그렌(Geraldine Lungdgren)과 그녀의 고향 일리노이 제네바(Geneva)에서 7년간의 연애 끝에 1939년 6월 28일에 결혼했다. 부부 사이에는 존 에드워드(John Edward), 제임스 렌달(James Randall), 티모시(Timothy)와 폴(Paul), 네 자녀가 있었다.

댈러스신학교를 설립한 초대 총장 루이스 스페리 체이퍼(Lewis Sperry Chafer)는 월부어드에게 교무과장 대리(1935)와 교무과장(1936-1945)을 맡겼고, 조직신학 부교수(1936년부터)로 임용했다. 1940년부터 1945년까지 월부어드는 교수회 서기로 봉사했고, 이후엔 체이퍼의 건강이 악화됨에 따라 월부어드가 실제적으로 총장 업무의 대부분을 담당하며 총장 비서로 일했다. 이런 빡빡한 스케줄에도 불구하고, 이 시기에 월부어드는 『성령 교리』(The Doctrine of the Holy Spirit, 1943, 개정판 1954, 1958)를 출간했다.

월부어드가 총장 비서가 되었을 때, 학교는 빚이 많아 실제적으로는 파산 직전의 상황이었다. 체이퍼는 조지 뮬러(George Müller)의 '믿음의 원리' 유형, 즉 재정을 직접 모금하지 않는다는 확고한 결단이 신학교의 경제적 곤경의 주요 원인이었다. 월부어드는 정책을 위반하지 않는 한도 내에서, 체이퍼 박사를 설득하여 후원을 요청하는 총장 편지를 6주 혹은 2달에 한번 발송해서 학교의 상황을 간단히 알리고 봉투를 동봉하게 했다. 3개월 만에 학교는 당시 학교 운영 비용을 지출할 수 있게 되었다.

"1945년부터 체이퍼 박사가 타계한 1952년까지, 우리는 빚에서 벗어나지 못했다. 그러나 그 후 청구서 전액을 지불할 수 있었고, 개교 이래로 교수월급을 온전히 지급할 수 있게 되었다"(Mink, p. 71).

1952년 8월에 체이퍼가 타계한 후, 신학교 이사회는 그가 남긴 봉인된 편지를 개봉했다. 편지에서 체이퍼는 월부어드를 후계자로 지목하여 모두를 놀라게 했다. 월부어드는 1953년 2월에 체이퍼 채플 봉헌식 때 총장으로 취임했다.

신학교에 할애해야 하는 시간이 늘어났기에, 월부어드는 포트워스교회를 1951년에 사임했다. 그러나 댈러스노회(Dallas presbytery)는 월부어드의 '신분이 여전히 유효하다'라고 확증하는 포트워스노회의 편지를 받았음에도 불구하고, 그의 이명을 거부했다.

월부어드는 댈러스의 레인하트성경교회(Reinhardt Bible Church)와 그의 전임 목사 맥캐럴(McCarrell)이 1930년에 설립한 미국독립근본주의교회(Independent Fundamental Churches of America, IFCA)에 가입했다. 월부어드와 댈러스신학교는 특히 1950년대와 1960년대에 분리주의를 지향한 미국독립근본주의교회와 깊은 관계를 맺었다.

월부어드는 체이퍼가 오래도록 맡은 「비블리오테카 사크라」(*Bibliotheca Sacra*, 1952-1985) 편집장직도 계승했다. 그는 복음주의신학회(Evangelical Theological Society, 1954) 회장을 맡았고, 이 학회의 연례 모임에서 발표된 논문들을 편집하기도 했다(1957년 출판). 이토록 행정과 강의가 많았음에도, 그는 저서를 많이 출판했다. 다음이 대표적인 책들이다. 『주의 재림』(*The Return of the Lord*, 1955), 『휴거 문제』(*The Rapture Question*, 1957, 개정판 1979), 『천년왕국』(*The Millennial Kingdom*, 1959), 『예수 그리스도의 계시』(*The Revelation of Jesus Christ*, 1966), 『예수 그리스도 우리 주』(*Jesus Christ Our Lord*, 1969), 『다니엘, 예언적 계시를 이해하는 열쇠』(*Daniel, the Key to Prophetic Revelation*, 1971), 『복된 소망과 고난』(*The Blessed Hope and the Tribulation*, 1976). 월부어드는 『스코필드 관주 성경』(*The Scofield Reference Bible*, 1967)의 개정을 위한 편집위원회에서 활동하기도 했다. 『예언 속 이스라엘』(*Israel in Prophecy*, 1962), 『예언 속 교회』(*The Church in Prophecy*, 1964) 및 『예언 속 민족들』(*The Nations in Prophecy*, 1967)은 『예언 속 이스라엘, 민족들, 그리고 교회』(*Israel, the Nations, and the Church in Prophecy*, 1988)라는 책으로 통합되어 재편집 후 출판되었다. 그는 또한 체이퍼의 『주요 성경 주제들』(*Major Bible Themes*, 1974)을 수정했고, 1988년에는 체이퍼의 8권으로 된 『조직신학』(*Systematic Theology*)을 두 권으로 요약하여 출판하기도 했다.

체이퍼는 이전에 신학교 운영 이사진을 두 그룹으로 나누었는데, 이사들의 재능이 각각 달랐기 때문이었다. 한 그룹은 교육을 담당했고 다른 그룹은 경영을 담당했다. 경영 책임자는 학교의 재정과 부동산에 책임이 있었다. 이런 배치는 경영자들이 교육을 손을 못 대게 하는 조치이기는 했지만, 월부어드는 이런 배치가 학문과 관련되지 않은 영역은 총장의 관할 바깥에 있게 한 구조임을 곧 깨달았다. 학교 전체의 세부적인 요소들에 주목한 월부어드는 크게 절망했는데, 지출 승인을 경영 담당자인 C. 프레드 링컨(C. Fred Lincoln)에게 받아야 했기 때문이다. 1926년부터 이 자리를 맡고 있던 링컨이 1967년에 은퇴하자, 총장은 이제 경영 문제에도 권위를 행사할 수 있게 되었다.

월부어드의 지도력 아래 학교는 번성했고, 1969년에 자격을 갖춘 학교로 지역 기관의 승인을 받았다. 신학교는 기독교 교육, 세계선교, '연장 하게 학교 프로그램'과 동계강좌를 추가했고, 2년 과정의 석사학위(1974) 과정 및 목회학박사(1980) 과정을 신설했다. 재정 후원 축소와 여러 반대에도 불구하고, 1968년부터 아프리카계 미국인이 학생으로 등록했고, 1975년에는 행정 직원, 1979년부터는 교수진에도 채용되기 시작했다. 1974년부터는 석사과정에 처음으로 여성이 등록하기 시작했고, 1986년에는 4년 과정인 신학석사과정에 등록할 수 있었다. 세 주요 건물(도서관[1960] 및 수업동 두 채[1974])이 세워졌고, 다른 필요한 건물은 구매했다.

월부어드의 지도 아래 교수진은 미국과 영국의 주요 대학의 대학원 과정에서 공부하라는 권면을 받았기에, 다수 교수는 댈러스 신학박사학위 외에 추가 박사학위를 취득했다. 월부어드는 1986년에 은퇴한 후에 명예총장(Chancellor)이 되었으며, 2001년에는 은퇴명예총장(Chancellor Emeritus)이 되었다. 그 자리는 신학교에서 봉사한 70년 기간을 기념하는 자리였다. 월부어드는 2002년 12월 20일에 텍사스에서 생애를 마감했다. 월부어드의 작품은 하나의 체계로서의 세대주의에 대한 전반적인 해설보다는, 세대주의 종말론에 초점을 맞추었다. 세대주의에 공감하며 성경을 배우는 학생을 가르치기 위해, 또한 세대주의를 비판하는 이들에게 대응하기 위해 글을 쓴 그는 교회의 환난 전 휴거설과 그리스도의 전천년 재림을 강조하며 세대주의적으로 예언을 해석했다. 체이퍼가 C. I. 스코필드(C. I. Scofield)의 이론을 조직신학으로 발전시킨 것처럼, 월부어드도 체이퍼의 신학을 발전시키고 교정했다.

월부어드의 가장 큰 공헌은 댈러스신학교로, 1952년 가을에 251명에 불과했던 학생 숫자를 1986년 봄에 1,647명까지 늘린 것이다. 그는 학교의 불안한 재정 상태를 안정적으로 바꾸었고, 효율적인 행정 조직을 세웠으며, 뛰어난 교수진을 구성하고, 학업 기준을 높였다. 효율적인 행정가이자 강력하고 미래를 내다보는 지도자였던 그는 스스로 모든 것을 결정했다. 물론 이런 전략에는 장단점이 동시에 존재하기 마련이었다. 세대주의에 남긴 월부어드의 영속적인 유산은 신학교, 그리고 이 학교를 졸업한 후 전 세계에서 사역하는 수천 명의 졸업자들이다.

참고문헌 | T. G. Mink, 'John F. Walvoord at Dallas Theological Seminary' (Ph.D. dissertation, North Texas State University, 1987); R. A. Renfer, 'History of Dallas Theological Seminary' (Ph.D. dissertation, University of Texas, 1959).

S. R. SPENCER

존 필립(John Philip, 1775-1851)

선교사. 그는 1775년 4월 4일에 스코틀랜드 커크칼디(Kirkcaldy)에서 태어났다. 남아프리카 흑인 공동체의 복지에 관심이 많았기 때문에 그는 자주 정부 및 정착민과 대립하기도 했다. 그의 입장이 워낙 분노적이었기 때문에 심지어 200년 뒤 1950년대에도 남아프리카공화국에서 아파르트헤이트(apartheid, 인종 차별 정책)를 추진한 수상 한스 스트레이돔(Hans Strijdom)은 '필립처럼 행동하지 말라'고 급진적인 기독교인들에게 경고하기까지 했다. 필립은 오늘날에도 계속 강력한 감정적 반향을 일으키는데, 인종 차별에 반대하는 기독교인은 그를 영웅으로 여기지만, 어떤 이들은 그를 제국주의와 자본주의를 엮어서 기독교 신앙을 왜곡한 인물로 평가하기도 했다.

필립은 스코틀랜드에서 자랐는데, 이는 필립의 일생에 지울 수 없는 흔적을 남겼다. 그는 11살에 학교를 떠나 방직 노동자로 일했다. 23살에는 던디(Dundee)에 있던 공장의 사무원으로 일했는데, 그곳에서 노동자의 열악한 근무 환경을 보고 분노했다. 그러던 필립은 1799년 10대 중반의 나이에 복음주의 회심을 체험한 후 런던 소재 혹스턴대학(Hoxton College)에서 회중교회 목사가 되기 위해 훈련을 받기 시작했다. 1802년에는 버크셔(Berkshire)의 뉴베리(Newbury)로 가서 지역 교회의 부목사로 사역했다.

1804년에 그는 애버딘(Aberdeen) 소재 제일 회중교회(First Congregational Church) 목사가 되었다. 그는 이 교회를 '스코틀랜드회중교회연합의 모교회'라 묘사했는데, 실제로 그는 스코틀랜드 북동부에서 매우 영향력 있는 목회를 감당했다. 1809년에는 제인 로스(Jane Ross)와 결혼하여 일곱 자녀를 두었다. 아내는 일생 그의 동반자이자 동역자였다.

신학에서 필립은 16세기와 17세기 신앙고백 및 스코틀랜드 내의 교파 분열과는 거리를 두었는데, 이보다는 그리스도에 대한 개인 신앙과 전도에 대한 헌신을 강조했다. 필립은 고전 문화에 대한 관심이 깊었고, 이 문명을 높이 평가했다. 이런 입장 때문에 필립은 복음전도와 사회 참여가 어떻게 함께 어울릴 수 있는지를 이해할 수 있었다. 그는 로마 문명 및 대영 제국 통치의 유익 사이에 유비가 있다고 보았다. 문명화가 신앙의 전제 조건은 아니지만, 신앙과 문명화는 매우 복잡하게 연결되어 있다고 본 것이다. 따라서 필립은 1833년에 다음과 같이 말했다.

"우리가 사역하고 있는 아프리카 사람들의 문명화가 우리의 궁극적이고 높은 목표는 아니다. 그러나 그들이 문명화되지 않고는 결코 사회의 안정이 보장되고 영구적일 수 없다. 문명화와 기독교 신앙의 관계는 몸과 영혼의 관계와 같다. 즉 영혼이 땅위에서 계속 존재하려면 몸이 준비되어야 하고 관리를 받아야 한다."

필립은 또한 스코틀랜드의 기독교 이전 시대 문화를 높이 평가했다. 이 때문에 선교가 이루어지기 이전의 아프리카 문화를 존중할 수 있었던 것이다.

또 다른 관점에서 보면, 필립은 스코틀랜드의 계몽주의가 키워낸 자녀였다. 그는 아담 스미스(Adam Smith)의 경제 사상을 지지했지만, 오히려 이 때문에 그가 사회에 대한 관심을 포기하게 되었다기보다는, 오히려 개인을 억압하는 것으로 보이는 가혹한 공장 체벌에 적대적인 태도를 취하게 했다.

앤드루 로스(Andrew Ross)는 다음과 같이 평가했다.

"필립이 보기에, 교육, 복음주의 기독교, 봉건적인 속박으로부터의 자유는 아담 스미스가 말한 대로, 그가 자란 청년 시절의 스코틀랜드에 번영을 가져다주었다. 같은 요인들이 결합하면 모든 인류에게 동일한 결과가 나올 수 있다."

당시 필립은 그 시대 복음주의자 다수와 공통으로 '노예제도 폐지운동'에 적극 가담했는데, 그 결실로 남아프리카에서는 1833년에 노예제도 폐지가 관철되었다. 당시 선교사 대부분은 상류층 출신이 아니었다. 그가 장인 출신이라는 점 때문에 발생한 계급 갈등으로 더 귀족 배경의 정부 관료들과의 이미 어려웠던 관계가 더 복잡해졌다.

필립은 1819년에 남아프리카 케이프타운(Cape Town)으로 이주하여 남은 평생 헌신하게 될 선교사 사역을 시작했다. 이런 극적인 방향 전환은 필립이 본래부터 가지고 있었던 선교에 대한 관심 때문이기도 했고, 런던선교회(London Missionary Society, LMS)의 긴급한 요청 때문이기도 했다. 사실, 남아프리카에서 런던선교회 사역은 거의 붕괴되기 일보 직전이었다. 필립은 존 캠벨(John Campbell)과 함께 2인 1조로 선교지 상황을 함께 진단하고 개혁 계획을 짜는 임무를 맡았다. 또한, 필립은 케이프타운 소재 런던선교회의 현지 거주 책임자가 되었다.

선교 초기에는 필립과 식민지 관료들의 사이가 좋았다. 필립은 제임스 리드(James Read) 같은 선교사들이 백인의 남아프리카 통치를 염려하는 것에 관료들이 적대감을 가진 것도 이해했다. 그는 케이프타운 소재 회중교회 목사가 되었고, 네덜란드어를 빠르게 배워 정착민들을 위해 대변자가 되었다. 그러나 리드 선교사의 사역을 직접 보기 위해 베델스도르프(Bethelsdorp) 선교지부를 방문한 일을 포함해, 일련의 사건을 경험하면서 관점이 바뀌었다. 이제 그는 강한, 때로는 무서울 정도로 강경한 흑인 권리 옹호자로 변모했다.

이 시기 필립이 하던 주된 사역은 성격상 분명히 종교적이었다. 1825년에 선교지부를 재조정했고, 이 지부들의 목표 의식을 회복시켰다. 1819년에서 1834년 사이에 런던선교회 지부 수가 다섯 개에서 18개로 늘었다. 그는 베델스도르프 같은 선교지부야말로 기독교와 문명이 상호 보완하는 본질을 제대로 구현한 곳이라고 생각했다. 그래서 그는 어떤 선교지라도 베델스도르프 같은 조건만 갖춘다면 도덕적이고 자유로우며, 열심히 일하는 공동체로 발전할 수 있다고 믿었다. 이런 공동체가 번영하고 선한 일에 대한 정당이 보상을 받기 위해서는 평등한 권리가 필수라 믿었다.

1820년대 중반에 이르러 필립은 런던선교회 선교지부에 질서를 회복하고, 케이프타운 식민지에 사는 흑인에 대한 처우 개선을 요구하는 캠페인에 깊이 관여했다. 1826년에서 1829년까지는 잠시 잉글랜드로 와서 살면서, 반노예제도협회(Anti-Slavery Society)의 새로운 수장 포웰 벅스턴(Fowell Buxton)과 두터운 교분을 맺었다. 그가 『남아프리카 연구』(*Researches in South Africa*)라는 책을 쓴 것도 이 시기였다. 이 책은 당시 편향적이라고 비난을 많이 받았지만, 오늘날에는 상당한 근거가 있는 글로 인정받는다.

여기서 필립이 말하고자 한 논지는 남아프리카에서 코이(Khoi) 부족과 다른 자유 흑인들이 시민으로서의 권리를 박탈당했으며, 백인을 위한 싸구려 노동력으로 전락하여 억압에 시달리고 있다는 것이었다. 벅스턴(Buxton)이 이 견해를 널리 퍼뜨렸다. 1829년에 영국에서는 '조례 50'(남아프리카 흑인도 백인과 동등한 권리를 갖는다는 조례-역주)이 의회에서 공표되었다. 이 조례는 남아프리카 케이프타운에서 흑인의 권리신장의 중요한 보호막이 되었는데, 부분적으로는 필립이 로비를 벌인 결과였다.

1829년에 필립은 남아프리카로 돌아갔다. 이때 런던선교회를 감독할 뿐만 아니라 (프랑스) 파리복음주의선교회(Paris Evangelical Mission), (독일) 라인선교회(Rheineschen Missionsgeseellschaft), 미국해외선교회(American Board of Commissioners for Foreign Missions)까지 감독하는 그의 모습은 마치 '개신교 교황'과도 같았다.

그러나 남아프리카 백인 공동체는 '조례 50' 및 그의 『남아프리카 연구』때문에 그를 증오했다. 그는 1830년에 윌리엄 맥케이(William Mackay)와 벌인 명예훼손 소송에서 패배했다. 그에게 비용을 제공한 영국 복음주의 후원자들의 도움으로 가까스로 재정 파탄을 면할 수 있었다. 1843년에는 새로운 부랑인법(vagrancy act)이 남아프리카에서 통과되었는데, 이때 필립은 잉글랜드에 있던 지지자들의 도움으로 이 법의 발효를 막을 수 있었다.

1834년 이후 런던에서 필립의 영향력은 축소되고 있었음에도, 그는 런던의 권력자들에게 계속 의존했다. 1830년대에 필립은 케이프타운 변경 지역에 살고 있었지만, 백인 정착민의 진출 위협에 시달리던 원주민 코사 부족(Xhosa)에게 더 관심을 쏟게 되었다. 경계 지역에서 충돌이 잦아지자, 필립은 벅스턴과 함께 중앙 정부를 설득해서 주지사 더반(D'Urban)의 역할의 제한을 시도했다. 그는 또한 중앙 정부가 트랜스케이(Transkei) 같은 영토를 더 많이 합병하라고 권했고, 원주민을 보호하기 위해 흑인과 백인이 사는 지역을 분리해야 한다고 주장했다. 그리고 식민지 내에서 살고 있는 흑인에게도 국가에 충성하라고 설득했다. 1836년부터 1838년까지 필립은 다시 잉글랜드로 돌아가 정부에 로비 활동을 했으나 큰 수확을 얻지는 못했다.

1833년부터 일단의 정착민이 식민지 법률에 따른 제한과 규제를 피하기 위해 남부 아프리카 내륙으로 이주한 운동, 즉 '대이동'(Great Trek)으로 알려진 운동을 시작했다. 필립은 이들의 이주를 강력하게 반대했다. 정착민이 흑인을 혹사하고, 그리콰 사람들(Griqua, 남아프리카에 식민지를 건설한 네덜란드인과 케이프타운에 살던 원주민 코이코이 부족 사이에서 나온 후손-역주)을 불안하게 만들지도 모른다고 생각했기 때문이었다. 사실 필립은 그리콰 사람이야말로 아프리카 사람을 위해 기독교 선교가 무엇을 할 수 있는지를 보여 준 좋은 사례라고 보았다.

1838년에서 1841년까지 필립은 케이프타운에 있는 런던선교회(LMS)와 그가 목회하던 교회에서 내부 문제에 몰두했다. 그러나 1838년부터는 남아프리카 동부 나탈(Natal) 지방을 케이프타운에 합병하자는 캠페인을 벌였는데, 이는 내륙으로 이주하는 이들을 이를 통해 통제할 수 있으리라 기대했기 때문이었다. 그는 또한 총독에게 정착민 대신 그리콰 사람들을 지원하라고 요청했고, 소토(Sotho) 부족 추장 모쉐쉬웨(Mosheshwe)와 총독 사이에서 중재자 역할도 맡았다. 그러나 런던선교회 내부에서 일어난 추가 갈등으로 1841년에 자리에서 물러났다. 그는 다음해에 다시 이 자리로 돌아온다.

1840년대에 필립은 사면초가에 몰렸다. 개인적으로는 배우자를 잃은 슬픔을 겪었고, 사회적으로는 영국에서 그가 벌인 인도주의적 로비 활동이 쇠퇴했으며, 런던선교회는 분열했고, 정착민들은 필립에 대항하여 정부에 보다 더 강력한 로비 활동을 벌이면서, 필립의 지위는 흔들렸다.

감리교도인 윌리엄 쇼(William Shaw) 같은 일부 선교사들은 백인 정착민을 지지하며 필립의 입장을 공격했다. 1840년대 말에는 필립이 오랫동안 의지했던 중앙 정부마저도 흑인 권리를 외면하고 있었다. 필립은 1851년 8월 27일에 남아프리카 행키(Hankey)에서 그가 그토록 오래도록 지원했던 '케이프 친구들'이 지켜보는 가운데 세상을 떠났다.

참고문헌 | A. Ross, *John Philip* (1775-1851): *Missions, Race and Politics in South Africa* (Aberdeen: Aberdeen University Press, 1986).

D. J. GOODHEW

존 하워드(John Howard, 1726-1790)

잉글랜드 감옥 개혁가. 그는 화제가 늘 감옥이었던 평범한 기독교인이자 잉글랜드 신사로 자신을 묘사한 인물이었다. 런던의 인색한 실내 장식업자였던 아버지는 아들에게 교육을 받을 기회를 제공하기보다는 자기 견습공으로 훈련시켰기 때문에 하워드는 평생 자기 글을 다듬기 위해 친구들의 도움을 받아야 했다. 재산을 물려받은 젊은 하워드는 베드퍼드셔의 시골 신사이자 모범적인 지주(landlord)가 되었다. 개신교 비국교도였지만, 이와는 상관없이 1773년에 군(county)의 고위 사법관이 되었다. (당시에는 비국교도가 고위 공직자가 되는 것이 법으로 금지되어 있었다).

이 역할을 맡음으로써 그는 감옥 관련 일을 공식적으로 책임지게 되었고, 형기를 마친 죄수들이 간수들이 요구하는 금액의 돈을 지불할 수 없어서 석방되지 못하는 상황에 충격을 받았다. 이런 일이 일상적인지 아닌지 확인하러 이웃 지역에 찾아간 것이 이후 이 일을 평생의 일로 삼게 된 계기였다. 당시 영국 감옥은 (채무자 같은 경범죄자가 중죄인과 함께 수감되어 있는 등) 모든 범주의 죄인들이 한 번에 뒤섞여 있는 치욕스런 장소였고, 언제나 불결, 병, 재정 비리, 수감자가 돈을 갖고 있고, 술에도 취하고, 비행을 저지르는 일이 비일비재한 공간이었다.

하워드는 돌아다니면서 공기, 물, 운동, 음식, 공간 및 제공에 대한 통계를 모았다. 이어서 영국 상황과 비교하기 위해 유럽 대륙으로 갔다. 유럽은 여전히 고문을 공식적으로 허용하고 있기는 했지만, 발진티푸스(jail-fever, 영어명은 이 병이 감옥에서 많이 유행했기 때문에 붙은 별칭-역주)가 유행하는 곳은 오직 영국뿐이었고, 네덜란드 같은 나라들은 범죄자 수도 훨씬 적고 건강하며 직장을 갖고 활동하는 비율도 더 높을 정도로 감옥 운영을 잘하고 있었다.

개혁가로서 하워드는 별로 적대감을 경험하지는 않았지만, 불평 및 아무 조치를 취하지 않는 상황을 많이 겪었다. 영국 내 감옥 대부분을 여러 차례 조사했고, 때로는 개선점이 있었다는 보고서를 제출하는 경우도 있었다. 그가 조사한 증거를 담은 책 『잉글랜드와 웨일스의 감옥 상태, 일부 외국 감옥 상황 추가』(The State of Prisons in England and Wales, with an Account of Some Foreign Prisons, 1777)에 근거한 의회 법령이 통과되었다. 하워드는 한결 같은 신념을 갖고 금욕적인 삶을 살았고, 잠을 거의 자지 않았으며, 엄격한 채식과 완전 금주를 실천했다. 수만 마일을 여행하고, 찾아낼 수 있는 모든 악취 나는 감옥을 찾아다니고, 감옥 폭동을 누그러뜨리며 모든 위험을 감내했다. 감옥에서 병원(『유럽 주요 나병원 이야기』[An Account of the Principal Lazarettos of Europe, 1780])으로 활동 무대를 옮긴 그는 우크라이나의 러시아 군병원을 조사하던 중에 사망했다.

이런 열정이 어디서 생겼을까?

이 일을 평생의 일로 시작하기 몇 년 전인 1756년에 하워드는 프랑스에 사로잡혀 죄수로 수감된 일이 있었다. 아내를 두 번이나 잃은 그는 두 번째 아내를 잃고 슬픔으로 망연자실하여 집에만 처박혀 있던 적도 있었다. 열렬한 기독교인이었던 그가 평생 남긴 글은 (조직적이라기보다는) 열광적인 칼빈주의의 흔적으로 가득한데, 주 내용은 자신의 죄와 하나님의 충만한 사랑이었다. 베드퍼드(Bedford)에서 그가 다니던 교회의 목사가 침례교로 옮기자, 독립파였던 하워드는 소수파를 이끌고 다른 독립파 교회를 세웠다.

그러나 독특하게도, 하워드는 이전 목사와 계속 친한 친구로 남았고, 동시에 이 새로운 교회에서도 여전히 열심히 활동했다. 성공회(Anglican) 신자였던 아내와 함께 교구교회에도 나갔고, 퀘이커교도(Quakers)나 유니테리언교도(Unitarians) 중에도 친한 친구가 많았다. 인정이 많았지만 경솔한 독재자이기도 했던 오스트리아의 황제 요제프 2세(Joseph II)가 가톨릭선교회들을 지원하기로 방향을 바꾸었을 때는, 이들의 감옥 사역에 대해 잘 알고 있던 하워드가 항의한 일도 있었다. 하워드는 감옥 개혁 이론가는 아니었다. 오래 독방에 가두는 형벌 등 다음 세대의 갱생 활동의 모델이 되는 더 엄격하고 끔찍한 규정들의 원인을 하워드나 하워드의 칼빈주의 신앙에 돌리는 것은 잘못이다. 스스로 철저하게 절제된 삶을 살았기 때문에 그런 그가 (비록 하워드의 잘못은 아니었지만, 결국 미쳐버린 아들처럼) 다른 사람들이 절제하며 사는 것이 얼마나 힘든지를 이해하지 못한 경우도 있었다. 그러나 그가 감옥에서 죄수들에게 베푼 친절한 행위들이 메마른 통계들을 보완해 주었다. 그는 언제나 죄수들을 날카롭지만 애정 어린 눈으로 바라보았다. '감옥 개혁을 위한 하워드 연맹'(The Howard League for Penal Reform)이 1866년에 그를 기념하여 창립되었다.

참고문헌 | J. Aikin, *A View of the Life, Travels, and Philanthropic Labours of the Late John Howard Esq. LL.D.*, F.R.S. (Littleton, Colorado: Fred B. Rothman & Co., 1994); J. C. Freeman, *Prisons Past and Future* (London: Heinemann Educational, 1978); M. Ignatieff, *A Just Measure of Pain* (London: Macmillan, 1978).

A. F. MASON

존 하워드 요더(John Howard Yoder, 1927-1997)

메노나이트(Mennonite) 신학자. 그는 1927년 12월 29일에 오하이오 북부 스미스빌(Smithville) 외곽에서 태어났다. 아버지는 하워드 C. 요더(Howard C. Yoder), 어머니는 에설 굿 요더(Ethel Good Yoder)였다. 존 하워드 요더는 오크그로브메노나이트교회(Oak Grove Mennonite Church)에서 자랐고, 7살부터 근처의 우스터(Wooster) 지역에서 살았다. 요더의 어머니와 아버지 가문은 메노나이트교회의 영향력 있는 지도자들이었다. 요더가 특별한 재능, 특히 지적 재능을 지녔다는 사실은 이미 어린 시절부터 분명했다.

요더는 1945년에 인디애나 소재 메노나이트 학교인 고센대학(Goshen College)에 입학했다. 2년 후에 학사학위를 받았다. 두 교사가 요더의 영적, 지적 발전에 중요한 영향을 끼쳤다. 1944년에 가이 허쉬버거(Guy Hershberger)가 『전쟁, 평화, 무저항』(War, Peace and Non-resistance)이라는 책을 출판했다. 더 중요한 사실은 해럴드 벤더(Harold Bender)가 '재세례파의 이상'(The Anabaptist Vision)이라는 미국교회사 회장 취임 연설문을 출판한 것이었다.

수세기 동안, 16세기에 일어난 재세례파운동(Anabaptist movement)은 부정적으로 그려졌다. 그러나 벤더가 이 운동을 흥미롭게 재해석한 논문은 제자도에 대한 헌신, 기독교 공동체, 비폭력, 메노나이트의 한 세대의 메노나이트 신자들의 봉사 등을 새롭게 통찰할 수 있게 했다. 학문적인 성향 때문에 이 글은 메노나이트 신자에게 자기 교단의 재세례파 기원들에 대해 추가로 연구해야 한다는 부르심으로 받아들여졌다. 마침 벤더는 1927년에 「메노나이트 쿼터리 리뷰」(Mennonite Quarterly Review)라는 학술지를 창간하여, 16세기 재세례파운동과 메노나이트의 삶을 진지하게 연구할 수 있는 공간을 마련했다.

자신들의 교회를 섬기고 이 교회를 통해 세상을 섬기라는 부르심에 영감을 받은 이들 중에는 존 하워드 요더도 있었다. 존 하워드 요더는 프랑스에 있는 메노나이트 중앙위원회에서 일하기 시작했다. 처음에는 청소년사역과 평화 증언을 접목시키는 일을 했다. 곧 존 하워드 요더는 전쟁으로 고아가 된 아이들을 위한 쉼터와 급식을 제공할 수 있는 작은 아동보호소 네트워크를 관할하게 되었다. 또한, 존 하워드 요더는 프랑스 메노나이트교회의 분열을 치유하는 사역에 부름받았다. 프랑스 메노나이트 역사는 '전후 이 시기에 [교회개 변화되는 일에 그토록 심오한 영향을 끼친 사람은 정말 얼마 없었다'라고 기록한다. 또한, 존 하워드 요더는 유럽에 도착했을 때부터 평화를 주제로 다룬 초교파 대화에 참여했다.

1950년 가을에 존 하워드 요더는 바젤대학교(University of Basel)에 파트타임 학생으로 등록했고, 1954년에는 풀타임 학생이 되었다. 여기서 빛나는 지성 다수와 함께 공부했는데, 구약에서는 발터 아이히로트(Walter Eichrodt)와 발터 바움가르트너(Walter Baumgartner), 신약의 오스카 쿨만(Oscar Cullmann), 철학의 칼 야스퍼스(Karl Jaspers), 교의학에서는 칼 바르트(Karl Barth) 등이 있었다. 바르트가 존 하워드 요더의 박사 논문 지도 교수는 아니었지만, 그에게서 다섯 강의를 듣고, 다섯 토론 수업에 참여했다. 존 하워드 요더는 에른스트 슈타이헬린(Ernst Staehelin)에게 박사논문 지도를 받아, 16세기 초 스위스에서 관원들과 협력한 종교개혁가들과 재세례파 사이에 벌어진 논쟁에 대한 논문을 썼다. (논문이 1962년에 출간된 뒤, 우등으로 신학박사학위를 받았다).

존 하워드 요더가 유럽에서 한 강의와 쓴 글들은 존 하워드 요더가 일생 하게 되는 사역을 미리 이론적으로 정리한 것이었다. 그는 라인홀드 니버(Reinhold Niebuhr), 칼 바르트, 국가에 대한 기독교인의 증언, 에큐메니컬 관계, '메시야의 정치'에 대해 썼다. 1952년 7월에 존 하워드 요더는 프랑스 메노나이트인 앤 마리 구스(Ann Marie Guth)와 결혼했다. 1953년과 1969년 사이에 두 사람은 일곱 사녀를 낳았는데, 여섯 자녀가 유아기에 살아남았다. 1957년에 존 하워드 요더와 가족은 미국으로 이주했다. 미국에 돌아온 첫 해에 존 하워드 요더는 존 하워드 요더 온실 중 하나에서 일했다.

1958년부터 1959년 사이에 존 하워드 요더는 한 교수의 안식년 기간에 그를 대신하여 고센대학에서 학생들을 가르쳤다. 1959년 가을이 시작되자 그는 인디애나 엘크하트(Elkhart)에 위치한 메노나이트선교본부(Mennonite Board of Missions, MBM)에서 전임으로 해외선교부 부책임자를 맡았다. 선교본부에서 일을 시작하자마자 복음주의 지도자들, 전미복음주의협회(National Association of Evangelicals, NAE), 전미교회협의회(National Council of Churches, NCC)와 대화를 시도했다. 1961년부터는 20년이 넘게 WCC를 위해서도 다양한 역할을 맡아서 일했다. 1965년부터 1970년까지 존 하워드 요더는 메노나이트 선교본부의 부자문위원으로 일했다.

1960년부터 1965년까지 존 하워드 요더는 엘크하트 소재 연합메노나이트성경신학교(Associate Mennonite Biblical Seminary)에서 시간제 강사로 일했다. 1965년에 전임교수가 된 후에는 1977년까지 학생을 가르쳤다. 1970년부터 1973년까지 존 하워드 요더는 고센성경신학교(Goshen Biblical Seminary, 두 '연합' 신학교 중 하나)의 총장으로 일했고, 1972년-1973년 학기에는 같은 학교의 임시교무처장이었다. 1967년부터 존 하워드 요더는 노틀담대학교(University of Notre Dame)에서 한 과목씩 맡아 가르치기 시작했다. 1977년 가을에는 노틀담대학교 전임교수가 되었다. 고센성경신학교는 1984년 봄까지 노틀담대학교 교수로 있던 존 하워드 요더가 고센성경신학교에서 1년에 한 쿼터(quarter, 1년이 4학기제로 구성될 때 쓰는 단위-역주)씩 강의하게 했다. 1984년 가을부터 1997년에 사망할 때까지는 오직 노틀담에서만 가르쳤다.

1970년대에 존 하워드 요더는 1년씩 아르헨티나(1970-1971), 프랑스(1974-1975), 예루살렘(1975-1976)에서 강의했다. 존 하워드 요더는 20개국이 넘는 나라를 돌아다니면서 강의를 했는데, 여러 나라에서 가르치듯이, 짧은 집중 과정을 세 개 기관에서 동시에 가르치기도 했다. 프랑스어, 독일어, 스페인어를 유창하게 했기 때문에 이 일이 가능했다.

존 하워드 요더는 5개 언어로 책 열일곱 권과 수백 편의 논문과 기고문을 썼다. 사후에 출판을 기다리고 있는 책도 여럿 있다. 존 하워드 요더 사상의 핵심은 다음 책 6권에 담겨 있다. 『열방을 위하여』(For Nations), 『왕 같은 제사장』(The Royal Priesthood), 『제사장 나라』(The Priestly Kingdom), 『국가에 대한 기독교인의 증언』(The Christian Witness to the State), 『예수의 정치학』(The Politics of Jesus)은 아홉 개 언어로 번역되었고, 거의 9만 권이 팔려 나갔으며, 학계와 다른 영역의 많은 기독교인에게 영향을 미쳤다. 잡지 「소저너스」(*Sojourners*)의 편집자 짐 월리스(Jim Wallis)는 다음과 같이 평가했다.

> "존 하워드 요더는 한 세대 전체의 기독교인에게 영감을 주어 예수 그리스도의 방법을 따라 사회적 행동과 평화 만들기에 참여하게 만들었다."

J. 필립 워거먼(J. Philip Wogaman)은 『기독교 윤리: 역사적 개론』(*Christians Ethics; A Historical Introduction*)이라는 책에서 존 하워드 요더를 20세기에 몇 안 되는 '중요한 사상을 형성한 기독교 도덕 사상가' 중 하나로 이름을 올렸다.

성추행 혐의가 불거진 후 1992년 6월에 메노나이트교단은 존 하워드 요더를 치리했다. 1996년 여름에 치리 과정이 성공리에 종결되었다. 교회 생활 위원회와 인디애나-미시간 메노나이트대회는 '존 하워드 요더와 교회가 그의 저술 및 교수 재능을 활용'하라고 권고했다. 존 하워드 요더는 1997년 12월 30일에 세상을 떠났다.

지난 30년이 넘는 기간 동안 석사 논문 최소 7개와 박사 논문 16개가 존 하워드 요더의 사상을 주요 주제로 탐구했다. 1980년대에 자유주의 미국 기독교 잡지 「크리스챤 센츄리」(*Christian Century*)는 '복음주의자의 해'라는 제목의 기사를 실었다. 존 하워드 요더는 빌리 그레이엄(Billy Graham), 칼 F. H. 헨리(Carl F. H. Henry), 프랜시스 쉐퍼(Francis Schaeffer), 조지 마스덴(George Marsden)과 함께 표지를 장식했다. 1993년에 스탠리 하우어워스(Stanley Hauerwas)는 '기독교인이 이번 세기에 미국 신학을 돌아본다면, 『예수의 정치학』을 새로운 시작으로 볼 수 있을 것이다'라고 했다.

2000년 4월에 미국 복음주의 잡지 「크리스채너티 투데이」는 『예수의 정치학』을 20세기에 나온 최고의 책 10권 중 하나로 선정했다. 의심할 바 없이, 존 하워드 요더는 복음주의자에게 심대한 영향을 끼쳤고, 앞으로도 계속 그럴 것이다.

참고문헌 | C. A. Carter, *The Politics of the Cross: The Theology and Social Ethics of John Howard Yoder* (Grand Rapids: Brazos Press, 2001); S. Hauerwas, 'The Nonresistant Church: The Theological Ethics of John Howard Yoder,' in *Vision and Virtue* (Notre Dame: University of Notre Dame Press, 1981); S. Hauerwas, C. K. Huebner, H. J. Huebner and M. T. Nation (eds.), *The Wisdom of the Cross: Essays in Honor of John Howard Yoder* (Grand Rapids: Eerdmans, 1999); M. T. Nation, 'A Comprehensive Bibliography of the Writings of John Howard Yoder,' *The Mennonite Quarterly Review*, LXXI (January 1997), pp 93-145; M. T. Nation, *The Ecumenical Patience & Vocation of John Howard Yoder* (Grand Rapids: Eerdmans, 2002).

M. T. NATION

존 하워드 퓨(John Howard Pew, 1882-1971)

자선 사업가. 그는 필라델피아 브래드퍼드(Bradford)에서 피플스 내추럴 가스(People's Natural Gas)의 동업자이자 1890년에 선오일(Sun Oil)사의 창립자가 된 조셉 뉴턴 퓨(Joseph Newton Pew)의 아들로 태어났다. 경건한 장로교 가정에서 출생한 존 하워드 퓨는 18세가 되던 해 장로교 그루브시티대학(Grove City College)에서 학사학위를 취득하고 1년 동안 MIT에서 대학원 과정을 이수했지만, 학업을 그만두고 아버지를 도와 필라델피아의 마커스훅(Marcus Hook) 지역에 정유사를 세우는 일에 착수했다. 연구원이자 기술자였던 존 하워드 퓨는 당시 필라델피아에 기반을 둔 선오일사에서 몇 년간 재직하면서, 질이 낮은 텍사스만의 기름을 정제할 수 있는 정유 기술을 개발하여 회사의 발전에 크게 공헌했다. 존 하워드 퓨는 1907년 헬렌 제닝스 톰슨(PewmarriedHelen Jennings Thompson)과 결혼했고 딸 둘과 아들 하나를 입양했다.

1910년에 존 하워드 퓨는 선오일사의 부사장이자 이사로 취임하게 되고, 1912년 아버지가 사망하자 그 자리를 이어받아 사장으로 승진했다. 존 하워드 퓨가 사장으로 재직하는 시기에 제1차 세계대전이 발발했고 선오일사는 선박 건조 사업에 진출했다. 그리고 1920년대에 이르러서는 차량과 비행기 연료에 사용되는 고옥탄가 연료를 생산하면서 미국 석유 사업의 선두그룹에 끼게 되었다.

선오일사는 1925년 뉴욕 월스트리트에 주식을 상장하여 1940년에는 자산 가치가 30억불이 넘는 미국 석유 회사 상위 11위의 회사로 성장했다. 존 하워드 퓨는 1947년 사장에서 사임했지만 그의 실질적인 영향력은 줄어들지 않았고 7년 후인 1963년에는 사망한 형 조셉 N. 퓨 주니어(Joseph N. Pew, Jr)의 뒤를 이어 이사회의 의장으로 복귀했다.

1930년대에 접어들면서 존 하워드 퓨는 보수 정치의 후견인으로 활동하기 시작했다. 뉴딜 정책을 신랄하게 비판했고 시장주의 원칙을 지지하면서 반공주의의 기치를 높이 들었다. 존 하워드 퓨와 그의 형 조셉은 오하이오 상원의원인 로버트 A. 테프트(Robert A. Taft)가 이끌던 공화당 보수 그룹의 중요한 후원자였다. 그들은 각각 수백만 불에 이르는 돈을 공화당 후보들에게 후원금으로 전달했고, 특히 존 하워드 퓨는 1964년 대통령 선거에서 베리 골드워터(Barry Goldwater)를 적극적으로 지원했다.

존 하워드 퓨는 정치 활동뿐만 아니라 보수 신학과 교회 제도를 지지했던 경건한 장로교 평신도로서도 많은 활약을 했다. 그는 미국장로교회 내에서 보수 입장을 대변한 평신도로서 1940년부터 사망할 때까지 장로교총회의 평의회 의장으로 봉사했다. 존 하워드 퓨는 교단의 보수신학과 경건을 강조했던 「프레스비테리언 레이먼」(Presbyterian Layman)을 1967년 창간하는 데 큰 힘을 보탰다. 존 하워드 퓨는 또한 그의 모교인 그루브시티대학의 후견인으로 활동했으며, 1912년에 아버지가 죽은 후에는 대학평의회위원으로, 그리고 1931년부터 세상을 떠날 때까지는 의장으로 활약했다.

그의 기독교 보수주의 활동은 교단 내에서만 머물지 않았다. 그의 주요 활동 중의 하나는 연방교회협의회(Federal Council of Churches, 후에 전미교회협의회[National Council of Churches]가 됨)의 자유주의 신학에 대항하는 것이었다. 그는 재력을 앞세워 보수주의 입장을 대변했고, 1950년에는 전미교회협의회의 평신도위원회의 의장으로 취임하여 그 위원회가 해산되는 1955년까지 크게 활약했다. 그러나 전미교회협의회가 차츰 좌경화하자 존 하워드 퓨는 협의회를 떠나 보다 보수적인 단체와 보수신학 프로젝트를 지원했다. 근본주의와 복음주의 계열 단체장들이 그와 함께 일하기를 원했고, 결국 그는 1950년대에서 60년대 '신복음주의'(neo-evangelical)운동에 재정을 지원하는 중요 인사로 활약했다.

존 하워드 퓨는 자신의 형과 두 누이와 함께 1948년에 '퓨기념재단'(Pew Memorial Foundation)을 만들었는데, 주로 이 기관을 통해 보수 개신교회를 지원했다. 선오일회사로부터 회사 주식 80만주를 기증받아 세워진 이 기관은 의료 지원 사업, 교육 사업, 지역(필라델피아) 사업을 추진했으며, 보수신학 교육과 전도 활동에 많은 재정을 지원했다. 칼 매킨타이어(Carl McIntire)의 국제기독교회협의회(International Council of Christian Churches), 풀러(Fuller)와 고든-콘웰(Gordon-Conwell), 빌리그레이엄전도협회(Billy Graham Evangelical Association) 같은 보수신학 기관들을 지원했을 뿐만 아니라, 복음주 잡지 「크리스채너티 투데이」(*Christian Today*) 창간에도 힘을 보탰다.

존 하워드 퓨는 1971년 필라델피아의 애드모어(Ardmore)에서 숨을 거두었다. 그러나 그의 나눔의 정신은 퓨자선재단(Pew Charitable Trusts)을 통해 이어지고 있어 이 기관을 통해 지원되는 많은 기부금은 복음주의 신학 교육의 발전에 큰 도움이 되고 있다. 또한, 20세기 말 다양한 학문 분과의 미국 복음주의 학자들이 이 기부금을 지원받아 다양한 연구 활동에 매진할 수 있었다.

참고문헌 | G. M. Marsden, *Reforming Fundamentalism: Fuller Seminary and the New Evangelicalism* (Grand Rapids: Eerdmans, 1987); M. Sennoholz, *Faith and Freedom: The Journal of a Great American, J. Howard Pew* (Grove City: Grove City College, 1975).

L. ESKRIDGE

존 후퍼(John Hooper, 1499-1555)

글로스터(Gloucester) 주교이자 순교자. 그는 에드워드 6세(Edward VI) 치하(1547-1553) 잉글랜드 종교개혁가들 중 취리히(Zurich)의 울리히 츠빙글리(Ulrich Zwingli)와 하인리히 불링거(Heinrich Bullinger)의 견해를 대표한 핵심 인물이었고, 이후 등장하는 청교도주의의 선구자로도 자주 인용된다.

1495년에서 1502년 사이 어느 해에 서머셋셔(Somersetshire)에서 태어난 후퍼는 꽤 부유했던 인물의 독자였다. 1519년에 옥스퍼드대학교에서 학사를 받았지만, 옥스퍼드대학교의 어느 대학을 나왔는지는 알려져 있지 않다. 정확한 정보가 없는 어떤 시기에 시토수도회(Cistercian) 수사가 되어 서머셋의 클리브수도원(Cleeve Abbey)에 들어간 후, 헨리 8세(Henry VIII)가 1537년에 수도원을 허물 때까지 머물렀다.

런던 법정에서 한동안 지낸 뒤 츠빙글리와 불링거의 글을 읽고 개신교로 돌아섰다. 옥스퍼드로 돌아간 그가 갖게 된 견해는 1539년 '6개 조항 법령'(Act of Six Articles of 1539)과는 반대되는 것이었다.

후퍼는 토마스 아룬델 경(Sir Thomas Arundel)의 집사로 들어가면서 피난처를 찾게 되는데, 아룬델 경은 윈체스터 주교 스티븐 가디너(Stephen Gardiner)에게 신학 검증을 받고 개신교 신앙에서 돌아서라는 설득을 당했음에도 견해를 바꾸지 않은 인물이었다. 체포를 피하기 위해 후퍼는 결국 파리로, 이어서 스트라스부르로 도망간 후 1546년 1월경 그곳에 정착했다. 거기서 그는 앤트워프 출신의 귀족 안나 드 체르클라스(Anna de Tserclas)를 만나 1547년 3월에 바젤에서 결혼했다. 후퍼는 또한 1550년 이전 어떤 시기에 아마도 바젤대학교(University of Basel)에서 신학박사학위를 받은 것 같다.

1547년 3월 29일에 후퍼와 아내는 취리히에서 불링거의 환영을 받았다. 거기서 후퍼는 가디너(Gardiner)의 성찬론에 대한 논찬을 포함한 첫 작품들을 출간하고, 딸 레이첼을 낳았다(아들 다니엘은 후에 잉글랜드에서 태어났다). 후퍼 가족이 1549년 3월 24일에 잉글랜드로 떠날 때, 취리히 사람들은 그를 잉글랜드의 츠빙글리가 될 인물이라며 갈채를 보냈다.

1549년 5월 16일에 런던에 도착한 후퍼가 한 강연은 급진주의자와 재세례파의 마음을 끌었지만, 후퍼는 이들의 직설적인 견해가 불편했다. 1550년 여름에 그는 켄트(Kent)와 에섹스(Essex)로 가서 그 지역의 재세례파에 반대하는 논증을 펼쳤다. 이 와중에 1550년 사순절에 왕 앞에서 일곱 차례 설교하게 되었다. 요나서를 본문으로 택한 후퍼는 이 본문을 잉글랜드 종교개혁의 불충분함을 지적하는 데 활용했다.

1550년 4월 7일에 글로스터 주교직을 제안 받은 후퍼는 성직자복을 입어야 한다는 의무 사항이 양심에 걸려 제안을 받아들이지 않았다. 왕과 의회는 특별 면제권을 후퍼에게 허락할 의향이 있었으나, 대주교 토마스 크랜머(Thomas Cranmer)와 런던 주교 니콜라스 리들리(Nicholas Ridley)가 거부했다. 이들은 당시 잉글랜드에 와 있던 대륙 신학자들에게 조언을 구하기로 했다. 케임브리지의 마틴 부처(Martin Bucer)와 옥스퍼드의 피에트로 마르티레 베르미글리(Pietro Martire Vermigli, 영어로는 Peter Martyr Vermigli-역주)는 성직자복을 좋아하지 않았음에도 불구하고, 유연하게 받아들일 수 있는 문제로 이해했다. 후퍼가 설립에 관여한 런던의 나그네교회(Strangers' Church)에 와 있던 얀 와스키(Jan Łaski, 폴란드인 종교개혁가로 잉글랜드에 끼친 영향 때문에 영어권에서는 주로 John a Lasco로 표기, 폴란드어에서 Ł은 영어의 W에 해당하는 발음-역주)는 후퍼의 입장을 지지했다. 후퍼가 런던의 플리트 감옥(Fleet Prison)에 3주 동안 감금되어 있던 기간을 포함하여 쓰라린 논쟁이 1550년 10월부터 1551년 2월까지 벌어져, 이후 엘리자베스 여왕 시대 성공회와 청교도 간에 발생할 차이를 미리 전조로 보여 주었다.

리들리의 관점에서는 이 주제는 문제의 중심부에 자리 잡은 교회 권위 관련 문제였지만, 후퍼는 심지어 아디아포라(adiaphora, 비본질-역주) 마저도 성경에 근거를 두어야 한다고 생각했다. 논쟁에서 고집을 꺾고 양보한 후퍼는 1551년 3월 8일에 글로스터 주교로 임명되었다. 1551년 심방을 통해 성직자들이 주기도문, 십계명, 사도신경도 모를 정도로 끔찍한 무지에 빠져 있음을 알게 된 후퍼는 온 힘을 다해 조직과 성직자 교육에 힘을 기울인 모범적인 주교임이 입증되었다. 하루에 서너 번 설교한 그는 자신의 교구와 1552년에 그의 교구에 부속된 우스터교구의 치리를 강화했다.

(가톨릭 신자였던-역주) 메리 튜더(Mary Tudor)가 여왕이 되자, 후퍼는 여왕에게 빚을 졌다는 혐의로 1553년 9월에 체포되었다. 플리트(Fleet) 감옥에 6개월 동안 투옥된 후 1554년에 결혼관과 화체설 반대 견해 때문에 재판을 받고 주교직을 박탈당했다. 1552년 1월 22일에는 이단으로 선고되었다.

신념 철회를 거부한 후퍼는 출교, 강등당한 후 처형을 위해 군대로 넘겨졌다. 섬기던 이전 교구 글로스터에 세워진 화형대로 보내진 후퍼는 1555년 2월 9일에 7,000명 가량의 군중이 보는 앞에서 약 45분간 뜨거운 화염에 휩싸인 채 불에 탔다. 바람과 마르지 않은 푸른 가지 때문에 빨리 타지 않아 오랫동안 죽지 못하고 화염 속에서 고통당했던 그의 처절한 화형 기록은 존 폭스(John Foxe)의 『기록과 기념물』(*Actes and Monuments*, 또는 *Book of Martyrs*)에 생생하게 묘사되어 있다.

참고문헌 | E. W. Hunt, *The Life and Times of John Hooper (c. 1500-1555) Bishop of Gloucester* (Lampeter: Edwin Mellen Press, 1992); J. Opie, 'The Anglicizing of John Hooper,' *Archiv für Reformationsgeschichte* 59 (1968), pp. 150-177; J. H. Primus, *The Vestments Controversy: An Historical Study of the Earliest Tensions Within the Church of England in the Reigns of Edward VI and Elizabeth* (Kampen: J. H. Kok, 1960).

W. S. BARKER

지미 리 스왜거트(Jimmy Lee Swaggart, 1935-)

텔레비전 설교자이자 교회 음악가. 그는 루이지애나 페리데이(Ferriday) 근방에서 1935년 3월 15일에 태어났다. 부모 리언 스왜거트(Leon Swaggart)와 미니 벨 헤런(Minnie Bell Herron)은 10대에 결혼하여 경제 대공황의 참혹한 가난 속에서 가족을 돌봐야 했다. 스왜거트의 아버지는 1942년까지 최저 임금을 받던 가난한 노동자였다. 그러나 이 당시 하나님의성회(Assemblies of God)에 출석하면서 삶의 방식이 변화되었다. 1940년대 후반 그는 순회설교가 되었고, 루이지애나 지역에 여러 교회를 개척했다.

어린 지미 스왜거트는 이 당시 모든 오순절 교회들이 중시했던 엄격한 도덕적 기준에 짜증이 났지만, 8세에 회심하고 '성령세례'로 알려진 체험을 했다. 17세에는 루이지애나의 위즈너(Wisner) 지역에 있는 하나님의성회 교인 프랜시스 엔더슨(Frances Anderson)과 결혼했다. 단호하고 재능 있는 프랜시스는 지미 스왜거트의 가장 중요하고 믿을 만한 조언자가 되었다. 그들에게는 도니(Donnie)라는 아들이 하나 있었는데, 이 아들도 후에 복음전도자가 되었고 지미 스왜거트 사역팀의 중요한 구성원이 되었다.

결혼 이후에도 지미 스왜거트는 변변한 일자리를 찾지 못하고 일용직으로 일하면서 근근이 생계를 꾸려나갔다. 동시에 주변 도시에서 거리 집회를 인도했다. 지미 스왜거트는 윌리엄 브래넘(William Branham)을 중심으로 1950년대 초 미 전역에서 다양한 전도집회를 연 치유 부흥사들에게 매혹을 느꼈다. 그래서 그 역시 1958년, 22세의 나이에 전임 복음사역자로서의 사역을 시작했다. 그의 전도자 경력은 사촌 제리 리 루이스(Jerry Lee Lewis)의 성공의 덕을 보았는데, 제리는 1958년에 전국적으로 유명한 로큰롤 음반을 제작했다. 지미 스왜거트는 설교에서 자주 이 유명한 사촌을 언급했다.

지미 스왜거트와 두 친척, 제리 리 루이스와 컨트리뮤직 스타 미키 길리(Mickey Gilley)는 모두 같은 남부의 창조적 음악 유산의 영향을 받았다. 이 당시 남부 음악은 가스펠과 컨트리(country), 흑인 음악 스타일을 혼합하여 새로운 방식의 음악들을 창조하고 있었다. 이 셋은 '올드샘'(old Sam)이라는 이름의 지역 흑인 친구에게 도움을 주어, 이들이 자신들만의 음악 세계를 형성하는 데 결정적인 역할을 했다. 복음전도자로서의 사역 시작부터, 지미 스왜거트의 리듬감 강한 피아노 연주와 끼도 넘치는 노래 스타일은 그의 트레이드 마크가 되었다. 이후 다수가 이런 그의 특징이 성공의 근본적 이유라고 믿었다.

지미 스왜거트의 음악 스타일은 몇몇 하나님의성회 소속 목사들의 심기를 불편하게 했다. 1959년에 하나님의성회 루이지애나 지부는 지미 스왜거트의 목사 안수를 거부했다. 그러나 그는 이듬해 목사 안수를 받았다. 1959년에 지미 스왜거트는 가스펠 앨범 녹음을 시작했는데, 제리 리 루이스가 1960년대 최고의 로큰롤 음반 회사 중 하나인 선레코드(Sun Records)를 설득해 지미의 앨범을 녹음하게 한 후 앨범의 수준이 엄청나게 높아졌다.

1960년대 말 지미 스왜거트는 하나님의성회에서 가장 인기 있는 복음전도자였다. 1969년에는 설교와 음악을 방송하는 엄청난 인기를 끈 라디오 프로그램을 시작했다. '더캠프미팅아워'(The Camp-meeting Hour)라는 제목의 프로그램이 급속하게 널리 알려지면서, 지미 스왜거트가 발매한 앨범들에게 영향을 주기도 했고, 또 영향을 받기도 했다. 지미 스왜거트는 앨범 판매에서 나오는 수익을 사역에 다시 투자했다. 1977년도에 이르면 그의 라디오 방송 네트워크는 600여 개까지 늘어난다.

1972년에 지미 스왜거트는 자기 설교를 들으러 온 이들을 지역 교회가 다 수용하지 못하게 되자 전국 강당에서 이들을 위한 주말 전도집회를 열기 시작했다. 지미 스왜거트의 집회는 빈 공간을 채우는 형상이었는데, 1968년에 오랄 로버츠(Oral Roberts)가 그랬듯, 이전에 부흥집회를 열었던 가장 유명한 오순절 전도자들이 제2차 세계대전 이후 집회를 중단했기 때문이었다. 전국 및 지역 하나님의성회의 강력한 지지에 힘입어 지미 스왜거트의 잘 조직된 전도집회는 다시 한 번 지지자 수를 확장시켜 나갔다. 이 집회는 지미 스왜거트의 역동성과 교리를 잘 버무린 설교, 가수와 연주자가 함께 거의 최고의 재능 넘치는 앙상블을 만들어 내는 음악 프로그램으로 구성되었는데, 이 조합은 언제나 전도 조직의 기본 구성 요소였다.

1973년에 지미 스왜거트는 매주 30분짜리 텔레비전 프로그램을 연출하기 시작했는데, 이 프로그램은 1977년에 1시간으로 연장 편성되었다. 이때가 되면 프로그램은 100개 이상의 텔레비전 방송국에서 송출된다. 1983년의 아비트론(Arbitron) 평가에 따르면, 지미 스왜거트의 프로그램은 미국에서 가장 인기 있는 종교 종합 프로그램이었다. 대략 1천5백만 미국인이 매주 그의 프로그램을 시청했다. 145개국에서 3,000개 이상의 방송국 네트워크가 조직되었고, 세계적으로 약 3억 명의 시청자를 모았다. 다시 한 번 지미 스왜거트의 음악적 재능 위에서 프로그램은 급격한 인기를 끌면서, 종교 텔레비전 시청자 수가 경이적인 비율로 늘어났다.

1977년부터 1987년까지 10년간, 루이지애나 배턴루지(Baton Rouge)를 기반으로 한 지미 스왜거트전도협회(Jimmy Swaggart Evangelistic Association)는 연 예산이 1억 5천만 달러가 넘는 거대 제국으로 성장했다. 300에이커의 땅에 지미 스왜거트는 3천만 달러 규모의 본부를 건설했는데, 여기에는 최첨단 텔레비전 제작센터도 있었다. 이 협회는 또한 7,500석 규모의 가족예배센터(Family Worship Center)도 지었는데, 정기적으로 거기서 예배하는 사람이 만 명이 넘었다.

협회는 또 지미스왜거트대학(Jimmy Swaggart Bible College)도 설립했다. 이 시기에 지미 스왜거트는 미국 밖에서도 대규모의 전도집회를 열었다. 추가로, 1980년대 중반에 최고 전성기를 맞았을 때, 이 지미 스왜거트 조직은 115개국에서 600명 이상의 현지인 선교사와 100개 이상의 성경대학도 후원했다.

오래 지속된 지미 스왜거트의 가장 중요한 유산은 아마도 라틴 아메리카와 세계의 개발도상국에서 그의 메시지와 전달 기술이 끼친 영향일 것이다. 전도집회에 더하여, 텔레비전 프로그램이 많은 나라에서도 방영되었다. 협회는 그의 전도집회를 배턴루지(Baton Rouge)에 있는 스튜디오에서 25개국 언어로 더빙하여 송출했다. 1980년대 중반에 지미 스왜거트는 세계에서 가장 널리 알려진 인물이자 가장 따라하는 사람이 많은 인물이라고 해도 과언이 아니었다.

1980년대 한 조사에 의하면, 중앙아메리카 교회 출석자의 75% 이상이 지미 스왜거트의 프로그램을 시청했고, 약 70%의 라틴아메리카 사람들이 지미 스왜거트의 가르침이 '제도권' 교회가 가르치는 것보다 '유용하다'라고 느꼈다.

지미 스왜거트는 자신보다 먼저 활동했던 독립 부흥사 어느 누구보다도 정통 오순절 신학을 더 철저히 고수했다. 그의 집회가 다양한 부류의 사람들을 끌어들였음에도 불구하고, 오순절 신자가 그의 가장 든든한 지원군이었다. 교단 일에 재정 지원을 한 것 외에도, 오순절 정통을 보수함으로써 그는 하나님의성회의 사랑받는 아들이 되었다. 교단과의 관계가 좋았던 것이 지미 스왜거트의 성공에 기여했지만, 교단 역시 하나님의성회를 세계에 알리는 데 그의 도움을 크게 받았다.

1988년에 미국 전역과 전 세계에 방영된 충격적인 폭로 시리즈에서 지미 스왜거트는 뉴올리언스에서 한 매춘부와 함께 관음증의 행위들(voyeuristic activities)을 했다는 내용으로 고발당했다. 2월 21일에 방영된 방송에 나와 그는 아마도 역사상 가장 많은 이들이 지켜보았을 가능성이 있는 설교를 했다. 지미 스왜거트는 자신이 아내, 가족, 교단, 교회, 또한 '자신이 앞에 서서 설교한 전 세계 백 개국이 넘는 나라의 수억 명'에게 '잘못'했다고 고백하고, 눈물로 사죄했다.

"나는 여러분들에게 죄를 지었습니다. 진심으로 여러분의 용서를 구합니다."

지미 스왜거트는 하나님의성회가 제시한 재활 치료를 거부했는데, 그 재활 치료에는 그가 모든 공적 사역을 일 년간 중단해야 한다는 내용이 포함되어 있었다. 그가 이를 거절한 이유는 이 재활 치료를 따를 경우, 사역이 완전히 파멸에 이르리라 믿었기 때문이었다. 결국 1988년 4월에 그의 안수가 취소되었다.

이 추문은 지미 스왜거트 조직을 거의 붕괴시키다시피 했는데, 오순절 교단들은 모든 지원을 철회했고, 수입도 엄청나게 줄었다. 그럼에도 불구하고, 지미 스왜거트는 1990년대에도 계속 활동했고, 방송은 계속해서 제작되어 20세기 말까지 미 전역과 다른 30개국에서 방영되었다.

협회는 배턴루지에서 세계전도성경대학과 신학교(World Evangelism Bible College and Seminary), 가족예배센터에서 모이는 교회도 계속 운영했다. 앨범 판매량은 시간이 가면서 줄어들기는 했지만, 그는 지금도 여전히 인기 있는 음반 예술가다. 지미 스왜거트는 역사상 가장 많이 팔린 가스펠 음악 아티스트 중 하나로, 1,500만 장 이상의 앨범을 팔았다.

참고문헌 | M. J. Giuliano, *Thrice Born: The Rhetorical Comeback of Jimmy Swaggart* (Macon: Mercer University Press, 1999); A. Rowe Seaman, *Swaggart: An Unauthorized Biography of an American Evangelist* (New York: Continuum, 1999); J. L. Swaggart, *To Cross a River* (Baton Rouge: Jimmy Swaggart Ministries, 1984).

D. E. HARRELL, JR

찰스 그랜디슨 피니(Charles Grandison Finney, 1792-1875)

전도자, 교육가, 신학자. 그는 주로 현대 도시 부흥운동의 아버지로 인정받는다. 북부 뉴욕에서의 초기 운동과 1820년대에 모호크강(Mohawk River) 유역 도시들에서 일으킨 부흥으로 유명한 찰스 피니는 두 차례의 장기 순회여행 기간에 뉴욕, 보스턴, 필라델피아와 영국에서 설교하며 국제적 명성을 얻었다.

오벌린대학(Oberlin College) 교수직과 총장직(1851-1865)에 더하여, 1835년부터 시작된 오하이오 오벌린대학 시기에 찰스 피니는 주로 동부 도시들에서 열린 장기 연례 부흥운동을 인도하는 계속된 전도사역 때문에 자리를 비우는 경우가 많았음에도 불구하고, 제일회중교회(First Congregational Church) 목사로 섬겼다. 출판물들, 특히『신앙부흥 강연』(Lectures on Revivals of Religion, 1835)과『회고록』(Memoirs, 사후 1876)은 20세기 내내 대서양 양편의 복음주의자에게 큰 영향을 끼쳤다.

찰스 피니는 1792년 8월 29일에 생활 농장을 운영하던 소지주 실베스터 피니(Sylvester Finney)와 레베카 라이스 피니(Rebecca Rice Finney)의 아들로 코네티컷 워렌(Warren)에서 태어났다. 이 신생 공화국에서 유행하던 '미국의 교양'이라 불리던 흐름을 따라, 그의 이름은 새뮤얼 리처드슨의 소설『찰스 그랜디슨 경』(Sir Charles Grandison)에 등장하는 상류층 등장인물을 모방한 것이었다. 1794년에 이 가족은 뉴욕으로 이주하는 뉴잉글랜드 이주자 대열에 합류하여, 1794년에 오네이타 카운티(Oneida County)로, 이후 찰스가 16살이 되었을 때에는 온타리오 호수 북동쪽 호수변 제퍼슨 카운티(Jefferson County)의 헨더슨(Henderson)으로 이주했다.

찰스 피니는 자기 부모가 교회를 다니기는 했지만 '신앙고백자'는 아니었다며, 자신이 어린 시절 받은 신앙 교육이 얼마 되지 않았다고 했다. (오벌린대학 총장 제임스 페어차일드[James Fairchild]가 편집한) 찰스 피니의『회고록』(Memoirs) 초판에는 "나는 거의 설교를 들어본 적이 없다"라는 진술이 나오지만, 현대 비평판에는 "나는 순회 목사에게서 가끔 들어본 것을 제외하고는, 누구에게도 복음설교를 들어본 일이 거의 없다"라는 원고의 원래 표현이 그대로 실려 있다. 청년이 된 후에는 설교를 많이 들었지만, 건조한 장로교 교리 설교와 학식 없는 침례교 설교자의 과장된 표현에는 거리를 두고 비판적인 입장을 취했다.

(코네티컷) 워렌아카데미(Warren Academy)와 (등록 기록은 없지만 가족 전통에 따라) 아마도 해밀턴대학(Hamilton College)을 다니며 공립 교육을 받았을 찰스 피니는 1818년까지 뉴욕 핸더슨과 뉴저지(New Jersey)에서 학교 교사로 지내다가 뉴욕 애덤스(Adams)로 돌아가 변호사 실습생이 되었다.

애덤스에서 그는 조지 W. 게일(George W. Gale) 목사가 목회하던 장로교회의 음악 담당자가 되었고, 그 지역 전역의 여러 마을에서 부흥이 일어나자 성경공부를 시작했다. 1821년 10월 10일에 영적 위기와 소명의 위기를 느낀 그는 회심한 후 복음을 전하는 목회자로 부르심을 받았다고 믿었다.

흥미롭게도, 찰스 피니의 회심은 전도집회에서가 아니라 도시 바깥의 작은 숲에서 혼자 휴식을 취하고 있던 때 일어났다. 29살에 찰스 피니는 '회심하게 되면, 설교자가 되리라' 결심했다. 그의 회심은 감정적 회심이었다. '익사하고 있는 인간이 지푸라기라도 붙잡는 심정으로' 필사적으로 약속을 부여잡는 것으로 시작되어, 사무실에서 기도하는 동안 회개의 눈물을 흘리는 것으로 진행되다가, '폭발하는 것 같은 경험 속에서 기쁨과 사랑으로 엉엉 우는' '성령의 강력한 세례' 경험으로 마무리된 회심이었다. 이 경험은 그가 자기 설교를 통해서 다른 사람들도 똑같이 경험하게 되기를 바라던 회심 경험이었다.

찰스 피니는 이 새로운 신앙을 자기를 찾아온 의뢰인들에게 전하기 시작했다. 후에 그는 다음과 같이 말한 것을 회상하기도 했다.

"바니 집사님, 저는 지금 주 예수 그리스도께서 요청하신 의뢰를 맡아야 합니다. 그래서 집사님이 의뢰하신 건을 맡을 수가 없습니다"

세인트로렌스노회(St Lawrence Presbytery)는 찰스 피니를 목회자 후보생으로 받아들이고, 그를 프린스턴이나 앤도버신학교(Andover Seminary)로 보내는 대신에 게일 밑에서 신학 지도를 받게 했다. 찰스 피니는 게일의 아주 보수적인 칼빈주의에 비판적이었지만, 회심과 안수 과정을 빠르게 해 준 지도는 그가 게일에게 진 큰 빚이었다. 세인트로렌스노회는 1823년 12월에 찰스 피니의 설교권을 승인했고, 뉴욕 서부 구역 여성전도회(Female Missionary Society)는 1824년 3월에 찰스 피니를 전도자로 파송했으며, 노회는 1824년 7월 1일에 그를 안수했다. 1824년 10월에 찰스 피니는 리디아 루트 앤드루스(Lydia Root Andrews)와 결혼해서 여섯 자녀를 낳았고, 리디아는 그와 동역하며 여성 기도회와 선교 및 사회 개혁 모임을 이끌었다.

찰스 피니가 사역 초기에 뉴욕 북부 카운티에서 행한 부흥 설교에 영향을 준 다양한 요소들이 있었다. 신학적으로는, 신학파(New School) 장로교인인 그는 새뮤얼 홉킨스(Samuel Hopkins) 같은 조나단 에드워즈(Jonathan Edwards)의 제자들이 발전시킨 신신학파(New Divinity)라는 이름의 뉴잉글랜드 칼빈주의 학파로부터 많은 자양분을 흡수했다. 신신학파는 각 개인이 자신의 죄에 전적으로 책임져야 하는 '도덕적 행위자'(moral agents)라고 가르쳤고, 속죄를 아담의 죄를 대신하여 하나님께 드려져야 하는 형벌의 만족이 아니라, 죄인이 용서받을 수 있는 수단인 하나님의 '도덕적 통치'를 세우는 것이라 설명했다.

성화는 하나님의 율법에 완전하고 자유롭게 복종하며 그것이 그저 선이기 때문에 선을 행하는 사심 없는 베풂(disinterested benevolence)의 삶으로 묘사되었다. 1820년대에 예일대학교 교수 나다나엘 윌리엄 테일러(Nathaniel William Taylor)는 자신의 뉴헤이븐 신학(New Haven Theology)에서, 반대자들이 '알미니안주의'라고 딱지 붙이는 방식으로 구원 경험에 인간이 개입할 여지를 좀 더 부여함으로써 칼빈주의를 추가로 수정했다. 테일러의 이 사상은 반대자들이 감리교라 딱지 붙인 방향으로 이동한 것이었고, 찰스 피니에게는 부흥 설교를 위한 신학적 기반을 제공했다.

찰스 피니의 설교는 변호사 같은 논증력과 침례교, 감리교 방식의 즉흥성이 섞여 있었고, 마지막에는 언제나 그리스도께로 나아오라는 즉각적인 회심 요청이 이어졌다.

> "이 건물에 죄인이 있다면, 제가 그분께 이렇게 말하겠습니다. 모든 변명을 다 그만두고… 오늘밤 하나님께 당신을 드리겠습니까? 바로 지금(NOW, 원문은 대문자–역주)?"

찰스 피니의 전도 방식은 '성령으로' 쓰러지고, 눈물로 회심하고, 고함지르고, '거룩한 웃음'을 웃는 것 등을 유발한 제2차 대각성운동 당시의 급진적 일파의 감정의 힘을 근엄한 장로교회와 회중교회에서 사용한 것이었다.

버팔로(Buffalo)와 올버니(Albany)와 뉴욕시를 연결하는 어리 운하(Erie Canal)가 개통된 1825년에 찰스 피니는 사역의 중심을 남쪽으로 옮겨 중부 뉴욕에서 새로 번성하던 상업 도시들을 중심으로 활동했다. 당시 오네이다 카운티(Oneida County)에 살던 게일은 찰스 피니를 자기 교회에 초대해서 설교를 부탁했다. 이는 찰스 피니가 부흥을 유티카(Utica)와 롬(Rome)에서 모호크 계곡(Mohawk Valley) 전역으로 확장시키는 데 필요했던 신학파(New School) 장로교 목사들과의 연대를 용이하게 만들어 주었다.

1826년에 찰스 피니는 신학파 장로교 신학교가 있던 오번(Auburn)으로 이주한 후 다시 동쪽으로 이동해서 모호크강이 허드슨강과 만나는 지점에 위치한 트로이(Troy)로 갔다. 이 '서부부흥'에서 찰스 피니와 동료들이 사용한 전도 방법(즉각적인 회심 초청, 죄인의 이름을 부르며 하는 기도, 남녀가 함께 모인 집회에서 여성의 간증, 예배에서의 감정 표현)은 구학파(Old School) 장로교인들과 라이먼 비처(Lyman Beecher), 애서힐 네틀턴(Asahel Nettleton) 같은 더 차분한 뉴잉글랜드 복음주의자들의 분노를 유발했다.

이런 방법론과 방식은 이후 '피니주의'(Finneyism)로 알려진다. 그의 첫 출판물 『1827년 3월 4일 트로이장로교회 설교』(*A Sermon Preached in the Presbyterian Church at Troy, March 4, 1827*)는 부흥 반대자들을 '미지근한' 사람들이자 '회개하지 않는 죄인'보다 나을 것이 없는 사람들로 비난했다. 1801년의 회중교회와 장로교회 간 연합안(Plan of Union) 때문에 뉴잉글랜드인들에게 중요했던 이 위기를 해결하기 위해 라이먼 비처는 1827년 7월에 뉴레바논대회(New Lebanon Convention)를 조직했고, 그 결과 찰스 피니는 전국적 명사로 떠올라 더 큰 동부 도시들의 초대를 받기 시작했다.

찰스 피니는 1828년에 델라웨어(Delaware) 윌밍턴(Wilmington)과 필라델피아를 중심으로 설교했다. 중부 뉴욕에서 경험한 것처럼 극적이지는 않았지만, 구학파 장로교 지역을 장악했다는 측면에서는 놀라운 성공이었다. 그 후 1829년에 그는 처음으로 뉴욕시에서 설교했는데, 뉴잉글랜드 뿌리를 가진 개혁 성향의 복음주의 사업가들이 거기에 자유장로교회(Free Presbyterian Church)를 세웠다. 1830년 9월에서 1831년 6월까지는 뉴욕 로체스터(Rochester)에 머물며, 미국 역사상 가장 거대한 부흥이라 자주 일컬어지는 부흥을 주도했다.

사업가와 행정 지도자뿐만 아니라 장로교, 침례교, 감리교, 성공회교회의 지지하에, 금주운동을 그리스도께로의 회심과 연결시킨 이 부흥은 도시와 주변 지역의 사회 상황을 극적으로 변화시켰다. 여기서 찰스 피니는 그가 일상적으로 활용하던 '새로운 방법론'뿐만 아니라 '고뇌의 의자'(anxious seat, 더 오래된 '질문 모임' [inquiry meetings]보다 더 직접적인 회개 기도의 수단)를 근교 마을 집회들에 도입했다. 부흥사 경력 내내 찰스 피니는 그가 설교한 공동체에서 특히 사업가와 전문직 종사자들의 마음을 가장 잘 끌었다. 그의 접근법은 시민 사회 지도자를 회심하게 하는 것이었고, 이로써 그들의 영향력이 다른 이들에게 확산되리라 예상했다.

로체스터에서 거둔 성공에 이어, 그를 후원하던 뉴욕 시민들이 찰스 피니를 다시 뉴욕으로 데려와 교회로 개조한 채덤스트리트극장(Chatham Street Theater)의 목사로 세웠다. 아더 태편(Arthur Tappan), 루이스 태편(Lewis Tappan) 등 자선가이자 개혁자인 이들은 찰스 피니를 압박해서 부흥을 금주뿐만 아니라 노예제도 폐지운동과도 관계하게 만들었다. 비록 찰스 피니는 사회 개혁을 전도보다 우선순위에 놓은 적이 없었고, 지나치게 급진적인 형태의 반노예제도주의는 좋아하지 않았음에도 불구하고, 열정을 다해 노예제도가 죄라고 비판했고, 노예 소유자를 성찬에서 제외했으며, 그의 교회가 반노예제도협회(Antislavery Society) 본부로 사용되는 것을 허용했다.

그러나 신학에 대한 공격, 노예제도 지지자들의 집단적인 교회 파괴, 콜레라 창궐로 인한 부담을 견디다 못해 극도로 몸이 쇠약해졌다. 치료차 유럽으로 떠나는 참혹한 여행 도중에, 그의 영적 위기('내 영혼은 고통 중에 있었다')가, 그가 믿은 바, '기도의 영'이 그에게 '이전 어떤 때보다 더 강하게' 임하면서 해결되었다. 이것은 그가 자신의 삶에 찾아온 몇 차례의 영적 전환점으로 인식한 것들 중 하나였다. 1835년에 경력의 새로운 단계를 시작하기 위해 뉴욕시로 돌아온 그는 『여러 주제 설교』(Sermons on Various Subjects)와 『신앙부흥 강연』(Lectures on Revivals)을 출간했다.

『신앙부흥 강연』에서 찰스 피니는 '신앙 부흥은 기적이 아니며, 체계적인 수단을 바로 사용할 때 나오는 순수하게 철학적인 결과'라는 논지로 더 많은 논쟁을 불러 일으켰다. 비록 모든 회심이 성령을 힘입은 것이라고도 주장했지만, 그리스도께 돌아설 수 있는 죄인의 능력을 강조하고 '강한 기도'(prevailing prayer)의 효력을 가르침으로써 찰스 피니는 정통 칼빈주의자의 적이 되었다. 그에 대한 이단 재판이 장로교회에서 점점 더 흔해졌다.

1836년에 후원자들이 그를 새로운 브로드웨이태버너클(Broadway Tabernacle) 목사로 위임하자, 그는 회중교회로 소속을 옮김으로써 기소를 면할 수 있었다. 1835-1836년에는 그의 사역을 지원한 사람들이 설립하고 미국 최초로 흑인과 여성을 받아들인 오벌린대학(Oberlin Collegiate Institute)이 그를 교수로 초청하자, 찰스 피니는 사역을 뉴욕과 오하이오 두 지역에서 나누어 감당했다. 1837년에는 브로드웨이태버너클 목회직을 사임한 후, 오벌린대학에서 목회와 교수직에 전념하며 동부 도시들에서 연례 전도 집회를 이어 나갔다.

오벌린대학에서 찰스 피니, 에이서 메이헌(Asa Mahan) 총장 및 교수진은, 비록 개혁파 정체성을 완전히 포기한 것은 아니지만, '완전성화,' '제2의 축복,' '더 높은 수준의 기독교인의 삶' 같은 교리들을 수용하고 발전시킴으로써 한층 더 웨슬리파 방향으로 이동했다. 정기 간행물 「디 오벌린 이벤절리스트」(*The Oberlin Evangelist*)나 『고백하는 기독교인을 위한 강연』(*Lectures to Professing Christians*, 1837), 『성화에 대한 관점들』(*Views of Sanctification*, 1840) 같은 책을 통해 찰스 피니는 떠오르는 성결운동의 주요 신학자로 부상했고, 이 때문에 많은 회중교회 및 신학파 장로교 친구들과의 관계도 소원해졌다. 그는 또한 ('교회가 무시되었다'며) 초기 부흥의 개인주의에 애통했고, 기독교인의 교제 내에서의 가르침과 영적 성장의 필요를 인식했다. 『신학 강연 과목의 뼈대들』(*Skeletons of a Course of Theological Lectures*, 1840)과 두 권으로 된 『조직신학 강연』(*Lectures on Systematic Theology*, 1846, 1847)이 출간되었다. 찰스 피니 신학의 논조는 1847년에, 아내의 치명적 질병이라는 시련에도 불구하고, 그가 '생생한 성령세례'라 칭한 것을 경험함으로써 더 분명해졌다.

찰스 피니는 1848년 11월에 로체스터의 부유한 상인의 과부이자 여학교를 운영하던 엘리자베스 애킨슨(Elizabeth Atkinson)과 결혼했다. 유능하고 야망에 찬 그녀는 대학의 여성학과를 감독했고, 특히 『신앙부흥 강연』이 베스트셀러가 된 영국에서 사역을 더 확장하라고 권하는 등 찰스 피니에게 사역을 여러 새로운 방향으로 확장시키라고 권유했다. 비국교도 평신도이자 상인, 복음주의 자선가 포토 브라운(Potto Brown)을 통해 회중교회선교회와 침례교선교회가 찰스 피니를 초대했다.

잉글랜드에서 찰스 피니는 헌팅던(Huntingdon)과 세인트이브즈(St Ives) 근교 휴턴(Houghton)에 소재한 브라운의 교회에서 설교했지만, 곧 런던, 버밍엄(Birmingham), 우스터(Worcester) 및 다른 도시의 더 큰 교회에서 설교했고, 엘리자베스는 대규모 여성 모임을 열어 부흥 확산에 기여했다. 런던에서는 회중교회연합이 주최한 집회에서 설교했고, 1850년 5월부터 1851년 4월까지는 존 캠벨(John Campbell)이 섬기는 두 교회와 조지 휫필드(George Whitefield)의 태버너클 및 토트넘코트로드채플(Tottenham Court Road Chapel)에서도 말씀을 전했다. 그해 여름에 오벌린대학으로 돌아간 찰스 피니를 오벌린대학 이사회는 총장으로 임명했다.

찰스 피니 부부가 1859년에 다시 잉글랜드를 방문했을 때, 침례교회, 감리교회, 회중교회, 제임스 모리슨(James Morison)의 스코틀랜드복음주의연합(Evangelical Union of Scotland)의 초빙을 지속적으로 받았음에도 불구하고, 그를 전에 지지했던 이들 일부로부터 공격을 받기도 했다. 따라서 이 두 번째 영국 방문은 첫 번째만큼 만족스럽지 않았지만, 그가 지속적으로 인기를 끈 사실은 복음주의가 대서양 양편을 포괄한 운동이었음을 보여 주는 것이다. 영국에서 돌아온 1860년 가을에 찰스 피니는 68세가 되었고, 미국은 남북전쟁이 임박한 상황이었다. 노예들의 지하 도주로(underground railroad)에 깊이 관여해 온 오벌린 도시와 교회, 대학이 전국 반노예제도운동의 상징이 된 시기에, 찰스 피니가 전국적 지도자로 활동하던 시기는 서서히 끝나가고 있었다.

사업가들의 부흥(Businessmen's Revival)이라는 이름으로도 알려진 전국 규모의 1857-1858년 부흥에도 참여했지만(주로 보스턴의 파크스트리트교회[Park Street Church]에서 설교했다), 1860년대 찰스 피니의 활동은 대학과 교회사역 및 저술에 제한되었다. 1863년에 엘리자베스가 사망한 후인 1865년에는 학교 총장직을 사임하고, 학교의 여성학과 부학과장으로 있던 미망인 레베카 앨런 레일(Rebecca Allen Rayl)과 결혼했다. 인생 막바지에 찰스 피니는 『회고록』(Memoirs)을 완성하고, 프리메이슨주의(Freemasonry)에 반대하는 글을 쓰고, 활발한 서신 왕래를 지속했다. 찰스 피니는 1875년 8월 16일에 사망했다. 그를 기리는 기념 예배에서 오랜 동료 존 모건(John Morgan) 교수는 이렇게 말했다.

> "찰스 피니에게는 기도가 있었는데, 이것이야말로 제가 세상의 어떤 사람에게서 본 것보다 더 분명한 찰스 피니의 능력의 근원이었습니다."

찰스 피니의 잘 조직된 도시 전도대회와 전도 설교 방법론은 뉴잉글랜드에서 제1, 2차 대각성운동과 캠프집회 전통에서 유래한 더 이른 시기의 부흥 전통을 적용해서 D. L. 무디(D. L. Moody)와 이후 20세기 위대한 전도자들이 탄생시킨 문화를 창조해 냈다. 성결운동에서의 역할, 성령세례에 대한 강조는 오순절 신앙이 등장하게 되는 더 급진적인 종교 세계를 예측케 하는 데 기여했다. 동시에, 그의 신학에 들어 있던 진보적인 요소와 금주운동, 여성 교육, 반노예제도운동에 관여한 것 등은 미국 복음주의의 사회 개혁 정신을 자극해서, 결국 사회복음이 태동하는 길을 열어 주었다.

참고문헌 | C. G. Finney, *Lectures on Revivals of Religion*, ed. W. G. McLoughlin, Jr (Cambridge, Massachusetts: Harvard University Press, 1960); C. G. Finney, *The Memoirs of Charles G. Finney*, eds. R. A. G. Dupuis and G. M. Rosell (Grand Rapids: Zondervan, 1989); C. E. Hambrick-Stowe, *Charles G. Finney and the Spirit of American Evangelicalism* (Grand Rapids: Eerdmans, 1996); K. J. Hardman, *Charles Grandison Finney (1792-1875): Revivalist and Reformer* (Syracuse: Syracuse University Press, 1987).

C. E. HAMBRICK-STOWE

찰스 마이클 아다 캐시디(Charles Michael Ardagh Cassidy, 1936-)

전도자이자 사회 활동가. 그는 1936년 9월 24일에 남아프리카 요하네스버그(Johannesburg)에서 태어났다. 평생 성공회(Anglican) 신자였던 캐시디는 아프리카엔터프라이즈(Africa Enterprise, AE)의 창설자이자 회장으로 가장 잘 알려져 있다. 남아프리카 피터마리츠버그(Pietermaritzburg)에 본부가 있는 전도 단체인 아프리카엔터프라이즈는 1962년 이래 전 아프리카에서 적극적인 활동을 펼쳤다. 캐시디의 지도 아래 이 단체는 관심 분야를 사회 참여와 정치적 화해에까지 확장했다. 그는 설교자, 전도자, 저술가의 사역으로 아프리카 내외에 널리 알려졌다.

캐시디는 남아프리카에서 태어났지만 마세루(Maseru, 지금의 레소토[Lesotho])에서 자랐다. 요하네스버그 파크타운(Parktown)과 나탈

(Natal)의 마이클하우스(Michaelhouse)에 있는 남아프리카 학교들에서 교육을 받았지만, 케임브리지대학교(Cambridge University)에서 현대 언어와 중세 언어를 공부하기도 했다. 케임브리지에 학생으로 있는 동안 회심한 그는 케임브리지기독학생연합(Cambridge Inter-Collegiate Christian Union)의 보수 복음주의를 받아들였다. 같은 수준의 깊은 영향력의 근원은 빌리 그레이엄(Billy Graham)이었다. 캐시디가 전도사역에 부르심을 느끼기 시작한 것은 그레이엄의 1957년 뉴욕대회에 참석한 다음이었다.

캘리포니아 패서디나(Pasadena)의 풀러신학교(Fuller Theological Seminary)에서 신학을 공부한 후, 남아프리카로 돌아온 캐시디는 다른 세 명의 동료와 함께 1962년에 아프리카엔터프라이즈(AE)를 창립했다. 빌리그레이엄전도협회가 미국과 세계를 위해 하는 일을 아프리카엔터프라이즈가 아프리카를 위해 하기를 바랐던 것이다. 아프리카엔터프라이즈는 아프리카 전역의 도시선교에 집중했고, '아주 직설적이고, 전면적이고, 심지가 굳은 복음주의' 복음을 전했다.

캐시디는 넓은 의미에서의 정통 신앙을 갖고, 인종을 뛰어넘는 협력 관계의 중요성을 강조하는 모든 교회들과 함께 일하고자 했다. 피터마리츠버그에 본부를 둔 아프리카엔터프라이즈는 남아프리카와 아프리카 대륙 전역에서 활발한 활동을 펼쳤다. 1969년에 캐시디는 캐롤 뱀(Carol Bam)을 만나 결혼해서 세 자녀를 두었다. 본질적인 난제가 있었음에도 불구하고, 아프리카엔터프라이즈 사역에는 열매가 있었다.

1973년에 캐시디는 선교활동을 억제하려 한 이디 아민(Idi Amin)에 의해 우간다에서 쫓겨났다. 아프리카엔터프라이즈는 크기와 가치를 급속하게 확장하여, 1976년에는 나이로비에서 범아프리카기독교지도자총회(Pan African Christian Leadership Assembly)를 조직했다. 많은 오래된 선교단체들이 쇠퇴하는 상황을 고려할 때, 아프리카엔터프라이즈의 성장은 한층 더 놀라운 것이었다.

1973년, 아프리카엔터프라이즈는 더반(Durban)에서 '남아프리카 선교와 전도회의'(South African Congress on Mission and Evangelism)를 조직했다. 이 모임은 은사주의, 오순절 기독교에 대한 점증하는 관심을 반영하는 것이었는데, 캐시디 자신이 1977년에 심오한 영적 갱신 경험을 한 적이 있었기 때문이었다. 이후 그는 보수 복음주의자와 은사주의 기독교 간의 다리를 세우기 위해 노력했고, 이 정책을 그의 책 『포도주 가죽 부대를 가득 채우다』(Bursting the Wineskins, 1983)에서 정당화했다.

캐시디는 이제 복음주의 세계의 중요 인물이 되어 '로잔 세계복음화 위원회'(Lausanne Committee for World Evangelization)에도 참여했다. 그의 지도력 아래 아프리카엔터프라이즈는 영국, 미국, 오스트레일리아에서 든든한 지원을 받게 되었고, 아프리카 바깥의 수많은 중심 지역에서도 선교활동을 수행했다. 캐시디는 아파르트헤이트(apartheid, 인종 차별 정책)를 일관되게 반대했고, 우간다 대주교 페스토 키벵게레(Festo Kivengere)와 밀접한 협력 관계를 유지하며 인종 화합을 증진하려고 애썼다.

그러나 초기에 아프리카엔터프라이즈는 주로 전도에 집중했다. 1970년대와 특히 1980년대에는 남아프리카 정치, 경제, 사회 변화의 중요성을 강조하기 시작했다. 1985년에 그는 '화해를 위한 전국 기획'(National Initiative for Reconciliation)을 세워, 다양한 교파와 인종의 교회

지도자들을 모아 화해 증진을 위해 노력하고자 했다. 정치적 반대파를 대화에 끌어들이는 운동에 깊이 관여한 캐시디와 아프리카엔터프라이즈는 1994년, 1996년 선거가 상대적으로 평화적으로 끝날 수 있도록 하는 데 힘을 보탰는데, 특히 캐시디와 아프리카엔터프라이즈가 기반을 둔 크와줄루-나탈(KwaZulu-Natal) 지역에서 이 활동을 더 활발하게 전개했다.

이런 강조점의 변화는 그의 저술에도 반영되었다. 사회, 정치적 주제를 점점 더 많이 논하는 이런 특징은 『지나가는 여름』(The Passing Summer, 1989)과 『영원한 증거』(A Witness For Ever, 1995)에서 두드러졌다. 그럼에도 불구하고, 캐시디는 복음주의의 핵심 특징들과 복음전도에 변함없이 열정적으로 헌신했다. 1992년에는 아파르트헤이트를 힘겹게 벗어나고 있던 남아프리카에서 대형 전도집회 '사랑으로 아프리카에서'(From Africa with Love)를 열었다.

캐시디는 주로 아프리카엔터프라이즈를 이끌면서 20세기 후반 아프리카 복음화, 특히 남아프리카 복음화에 중요한 기여를 했다. 그의 사역은 아프리카엔터프라이즈 전도의 성공이라는 측면에서 뿐만 아니라, 이 전도가 수행된 방식이라는 측면에서도 중요했다.

아프리카엔터프라이즈가 점점 에큐메니컬 특징을 갖게 되고, 사회 참여와 정치적 화해의 필요성을 수용하게 되면서, 보수파와 급진파 양쪽으로부터 십자 포화를 맞았다. 전도와 사회, 정치 참여를 통합하는 캐시디의 '성경적 전체주의' 지지 역시 큰 영향력을 끼쳤다.

캐시디는 보수 복음주의를 강조하면서도, 급속히 변하는 상황에 적응하는 능력도 동시에 함께 강조했다.

참고문헌 | M. Cassidy, *Bursting the Wineskins* (London: Hodder & Stoughton, 1983); M. Cassidy, *The Passing Summer: A South African Pilgrimage in the Politics of Love* (London: Hodder & Stoughton, 1989); M. Cassidy, *A Witness for Ever: The Dawning of Democracy in South Africa-Stories behind the Story* (London: Hodder & Stoughton, 1995).

D. J. GOODHEW

찰스 시미언(Charles Simeon, 1759-1836)

성공회(Anglican) 성직자이자 복음주의 지도자. 그는 1759년 9월 24일에 레딩(Reading)에서 리처드 시미언(Richard Simeon)과 엘리자베스 시미언(Elizabeth Simeon)의 넷째 아들로 태어났으며, 이튼대학(Eton College)에서 수학했다. 그는 보기 흉한 용모를 갖고 있어서, '못난이 시미언'(Chin Simeon)이라는 별명을 갖기도 했다. 찰스 시미언은 특별히 운동 능력, 말과 옷 애호가로 유명했다. 젊은 시절에 찰스 시미언은 어느 정도 멋을 부릴 줄 알았고, 회심하기 이전에는 옷을 사는 데에 연간 50파운드를 쓰기도 했다.

이 시기 찰스 시미언에게 종교는 거의 의미 없는 것이었다. 그는 케임브리지대학교 킹스대학(King's College)에서 장학금을 받았고, 대학에 도착한 후에는 정기적으로 성찬식에 참여해야 된다고 통보받았다. 이 일로 인해 찰스 시미언은 자신을 성찰하는 계기를 갖게 되었다. 그는 기독교지식보급회(Society for Promoting Christian Knowledge, SPCK)에 참석했고, 기독교 관련 도서를 읽기 시작했다. 이 시기에 읽은 책 중에 작자 미상의 『인간의 모든 의무』(*The Whole Duty of Man*)와 선서거부자(Nonjuror, 신종臣從의 선서거부자, 즉 1688년 혁명 후 윌리엄 1세 및 메리에 대한 신종의 서약을 거부한 국교 성직자-역주) 존 케틀웰(John Kettlewell)과 토마스 윌슨(Thomas Wilson) 주교가 쓴 성찬에 관한 책들이 있었다.

찰스 시미언의 회심은 극적이었다. 1779년 4월 4일 부활절 아침에 일찍 일어난 그는 큰 소리로 외쳤다.

"예수 그리스도가 오늘 다시 사셨다! 할렐루야! 할렐루야!"

그 당시 케임브리지에는 복음주의자가 거의 없었기 때문에 그는 기독교인의 교제를 누리지 못했다. 비록 당시 케임브리지채플은 제대로 이루어지지 않아 생명력이 없었지만, 공동기도서(Book of Common Prayer)에 나오는 예배가 그를 지탱해 주었고, 그의 영혼을 위한 '골수와 지방'이 되었다. 찰스 시미언은 일찍 일어났고 매일 개인 성경공부와 기도에 많은 시간을 보냈다.

1782년 5월에 찰스 시미언은 엘리(Ely)의 주교 제임스 요크(James Yorke)로부터 부제(deacon)로 안수받고, 대학 연구원이 되었다. 곧이어 그는 케임브리지 인근 엘링(Yelling)의 교구사제 헨리 벤(Henry Venn)과 베드퍼드셔(Bedfordshire) 에버턴의 교구사제 존 베리지(John Berridge)를 만났다. 교회 질서 주제에 대해서는 그는 헨리 벤에게 더 많은 영향을 받았다. 안수받은 이후, 찰스 시미언은 케임브리지 세인트에드워드교회(St Edward's Church)에서 설교하기 시작했다. 당시 세인트에드워드교회의 교구사제 크리스토퍼 앳킨슨(Christopher Atkinson)이 자

리를 비워서 그가 설교할 때에는 사람들이 너무 많이 와서 마치 새 연극 초연 때 군중이 모이는 것처럼 교회를 가득 메웠다고 한다. 가을에 교구 사무원이 앳킨슨의 복귀를 환영하며 말했다.

"사제님, 돌아오셔서 정말 기쁩니다. 이제야 우리에게 공간이 좀 생기겠군요!"

찰스 시미언이 케임브리지를 떠날 채비를 하던 중에, 헨리 서런드(Henry Therond)의 죽음으로 홀리트리니티교회(Holy Trinity Church)가 공석이 되었다. 즉시 찰스 시미언은 아버지에게 이를 알려 후원자이자 자신의 친구인 일리의 주교가 자신을 그 교회에 임명하게 했다. 이 일은 곧 이루어졌다. 주교는 찰스 시미언을 홀리트리니티교회의 사제직을 맡겼고, 아직 부제였음에도, 찰스 시미언은 1782년 11월에 연간 40파운드의 급료를 받고 홀리트리니티교회를 이끌기 시작했다. 이듬해 찰스 시미언은 학사학위를 취득했고 (1786년에는 석사학위 취득), 그해 9월에 피터보로(Peterborough)의 주교이자 트리니티대학(Trinity College)의 학장이던 존 힌치클리프(John Hinchcliffe)로부터 사제로 안수받았다. 뿐만 아니라, 찰스 시미언은 킹스대학의 연구원으로도 계속 근무하면서 이후 대학의 여러 직책을 맡았다.

이후 30년 동안, 찰스 시미언은 복음주의 목회를 한다는 이유로 적대감에 직면해야 했다. 교회 사찰이 교회 출입문을 닫고, 회중석 소유자가 자기 좌석에 열쇠를 채워 놓자, 찰스 시미언이 통로에 장의자를 놓았지만, 장의자는 치워졌다. 인근 교회에서 예배실을 빌려 저녁 예배를 드릴 때는 '감리교도'라고 고소당하기도 했다. 처음에 찰스 시미언의 교회에는 적은 숫자

의 회중만 모였으나, 곧 학부 학생들이 출석하기 시작했다. 2년 이내에 학생 24명이 출석했고, 결국에는 전체 1,100명의 회중 중 절반이 학부 학생으로 구성되었다. 홀리트리니티교회에서 54년간 목회하는 동안, 찰스 시미언은 열셋 혹은 열네 세대(학부 기간을 3-4년으로 간주할 경우, 54년 목회 기간 동안 13-14세대의 학생들이 교회에 출석했다는 의미-역주)의 학생들에게 영향을 미쳤다.

1790년에 찰스 시미언은 사제로 안수받기 원하는 사람들을 위해 격주 설교반을 시작했다. 1812년에 더 큰 규모의 대학 교실들로 이동한 이후로는, 모든 학부 학생이 참여할 수 있는 주간 대화 모임을 시작했다. 1820년대 후반에는 15명에서 20명 정도가 설교반에 참석했고, 60명에서 80명이 대화 모임에 참석했다. 찰스 시미언은 거실 난로 근처 높은 의자에 앉았다. 그의 말에 귀를 기울이는 청중은 의자와 장의자, 창문틀에 앉았고, 자신에게 질문하라고 요청했다.

그가 강의할 때 하인 두 사람이 차를 대접했다. 아직 공식적인 안수 교육이 없던 이때에, 약 1,000명에 이르는 미래 성직자가 찰스 시미언에게 영향을 받은 것으로 추산되는데, 이들 중 20명 이상은 동인도회사(East India Company)의 사목(chaplain)이 되었고, 세 명은 교회선교회(Church Missionary Society, CMS) 소속 선교사가 되었다. 찰스 시미언에게 영향을 받은 이들은, 그들이 성직자건 다른 직업을 가진 이들이건 간에, 시미언파(Simeonites) 혹은 '심스'(Sims)라는 이름으로 알려졌고, 한 주목 받는 '신학파'(school of divinity)가 되었다.

찰스 시미언은 한 시간 분량의 대학교 설교 시리즈를 통해 자신의 신학적 확신을 요약했다. 이 중 다섯 설교는 '성례의 탁월성'에 대한 것이고, 둘은 '복음주의 신앙'에 대한 설교였다. 그는 설교에서는 다음 세 가지 요소를 점검해야 한다고 했다.

첫째, 설교자 죄인을 겸손하게 만드는가?
둘째, 설교자 구세주를 높이는가?
셋째, 설교자 거룩한 삶을 촉진하는가?

설교자로 목회를 시작하면서, 찰스 시미언은 자신만의 전달 방식을 개발해야 했다. 1792년에 그는 프랑스 개혁파 목사 쟝 클로드(Jean Claude)의 '설교 작성에 대한 논고'(An Essay on the Composition of a Sermon)를 읽었다. 찰스 시미언은 쟝 클로드와 자신의 설교 원리가 동일하다는 사실을 알게 된 후 이 논고를 설교 작성법 강의의 주교재로 사용했다. 찰스 시미언의 설교의 열매는 그의 스무 권짜리 설교 개요서 『설교 시간』(Horae Homileticae)으로 나타났다. (여기에 색인 한 권과 클로드의 논고에 대한 찰스 시미언의 요약문이 한 권 더 포함되어 있다).

『설교 시간』(찰스 시미언은 이 책을 '나의 기도서'[My Horae]라 불렀다)은 수년에 걸쳐 작성된 작품이었다. 1796년에 100편의 설교 개요가 출판되었고, 1800년에는 500편, 1820년에는 2,000편, 최종적으로 1833년에 2,536편의 설교 개요가 출판되었다. 최종본은 10기니(영국의 구 금화 단위, 현재의 1.05파운드-역주)였는데, 캔터베리 대주교 윌리엄 하울리(William Howley)에게 헌정되었다.

"이 전체 저작을 통해 나는 이 땅에 세워진 교회를 분명하게 구별해 주고, 모든 계시된 진리에…그 적절한 위치를 제공하는 중도(moderation)의 정신을, 또한 나의 통찰이 들어간 이 책을 지배하는 정확한 사고법을 유지하려고 노력했습니다."

찰스 시미언은 이 대작 이외에도, 벤저민 젠크스(Benjamin Jenks)의 경건 안내서 『기도 및 가정과 특별한 개인을 위한 경건의 직무』(Prayers and Offices of Devotion for Family and for Particular Persons, 1822)의 개정판을 출간했다.

찰스 시미언은 자신의 신학적 입장을 분명히 했다. 그는 알미니안주의자도 아니며, 칼빈주의자도 아닌, '중도 칼빈주의자' 또는 '성경 기독교인'이라 묘사했다. 그는 신앙에 대해 인간이 만든 모든 제도를 반대했다. 그의 원리는 간단하다.

"체계 기독교인이 아니라, 성경 기독교인이 되라"(Be Bible Christians, not system Christians).

그는 단순성을 사랑했기에, 성경이 스스로 말하게 해야 한다고 주장했다. 논쟁 주제에 대해서, 그는 진리는 중간이 아니라, 양극단 모두에 있다는 입장을 고수했다. 그는 자신이 대서양을 헤엄쳐 건너는 사람과 같다고 생각했다.

"나는 한 손으로는 유럽을, 다른 한 손으로는 아메리카 대륙을 치는 것이 조금도 두렵지 않다."

찰스 시미언은 독특한 설교 방법으로 유명했는데, 강단에서의 그의 모습은 A. 에두어트(A. Edouart)가 그린 여섯 실루엣 시리즈에 잘 나타나 있다. 이 실루엣에서 찰스 시미언은 자세히 설명하며, 갈구하며, 애원하고, 간청하며, 전달하고, 결론을 내리는 모습을 보인다. 찰스 시미언은 열정적으로, 명료하게 전하는 설교자였다. 그는 아주 감정적일 수도 있었는데, 강단에서 실제로 눈물을 흘릴 수도 있었다. 그러나 설교가 감동적일 때에도, 그를 대적하는 사람들이 있었다. 그가 설교할 때, 술에 취한 학생들이 홀리트리니티교회에 들어와, 일부는 조롱하기도 하고, 교회 통로를 어슬렁거리며 그를 노려보기도 했으며, 일부는 돌을 던지고 창문을 깨뜨렸으며, 문을 열어 젖히고 '찰리'(Charlie)라고 소리치며 그의 평정심을 깨뜨리는 이도 있었다.

1783년부터 찰스 시미언은 케임브리지 인근 여러 마을에서 설교했으며, 홀리트리니티교회에서는 대개 일요일마다 두 번씩 설교했다. 이런 일정은 찰스 시미언이 병이나 목소리를 잃었을 때를 제외하고는, 남은 목회 기간 동안에 계속되었다. 나이가 더 들자, 찰스 시미언은 일요일에 한번만 교회에서 설교했다. 1796년부터 그는 부사제들의 도움을 받았는데, 이들 중에는 나중에 모두 해외에서 사역하다 사망하게 되는 토마스 토머슨(Thomas Thomason)과 헨리 마틴(Henry Martyn), 찰스 시미언의 전기 작가이자 후계자인 윌리엄 커루스(William Carus)도 있었다. 찰스 시미언의 친구들은 그가 두 차례 희년을 기념하는 데 도움을 주었다. 먼저 1829년에 70번째 생일, 두 번째로 1832년에 있었던 그의 홀리트리니티교회 주임사제 부임 50주년이었다.

찰스 시미언의 영성은 공동기도서(Book of Common Prayer)를 통해 형성되었는데, 그는 이 책이야 말로 '그 어떤 것과도 비교할 수 없는 탁월한 작품'이라고 생각했다. 그는 작게나마 천국을 가장 잘 보려면 예전(liturgy)을 바르게 이용하는 회중을 보면 된다고 주장했다. 성경 다음으로, 그는 39개 신조와 설교서, 예전을 '신적 진리의 기준'으로 인식했다. 그는 예전에 대하여 설교하고, 자신을 따르는 이들이 예전을 가치 있게 여기도록 가르쳤다. 이런 모범 때문에 그를 따른 이들은 끝까지 잉글랜드국교회(Church of England)에 남을 수 있었다.

그러나 이런 입장 때문에 찰스 시미언을 비판한 이들은 그가 복음의 사람이라기보다는 교회의 사람이라고 주장했다. 다른 교파의 기도도 인정하기는 했지만, 찰스 시미언은 공동기도서를 가장 우위에 두었다. 그가 보기에, '다른 곳에서 사용되는 즉흥적인 감정의 토로는 우리 교회의 예전 형식에 비할 바가 아니었다.' 스코틀랜드에 있을 때 찰스 시미언은 장로교인과 함께 예배를 드리기도 했지만, 기뻐하며 국경 남부 잉글랜드로 돌아갔는데, 공동기도서를 다시 사용할 수 있게 되었기 때문이었다.

찰스 시미언은 안수를 받아 자신의 목회를 도울 부사제로 쓰임을 받을 만한 사람들과 친분을 쌓았다. 그러나 그 당시에 복음주의 사제가 되는 길은 극히 제한적이어서, 복음주의 신앙을 가진 후원자 없이는 불가능했다. 1813년부터 찰스 시미언은 손턴(Thornton) 신탁 관리자 중 한 사람이었지만, 이들은 열두 명의 성직(livings, 과거에 급여와 집이 제공되던 성직-역주)을 지원할 여유 밖에는 없었다. 3년 후 찰스 시미언은 사제를 성직에 임명하는 권리를 구매하기 시작해서, 사망할 때까지 21개 교회를 책임지고 후원했다.

찰스 시미언이 권리를 산 성직 구역 중 일부는 첼트넘(Cheltenham), 배스(Bath), 브리들링턴(Bridlington) 같은 온천 지역에 있었고, 더비(Dirby)나 브래드퍼드(Bradford) 같은 도시 중심부도 있었다. (20세기에 더비와 브래드퍼드교회는 대성당이 되었다). 당시 성직 매매는 미래를 바라보고 하는 일종의 모험이었지만, 찰스 시미언은 다른 사람은 '수입(income)을 구매하는 반면에, 나는 공간(spheres)을 구입하며, 그곳에서 세워진 교회의 번영과 우리의 복된 구주의 왕국의 번영이 날로 더해질 것이다'라고 정직하게 말했다. 이런 성직 구매에 필요한 큰 액수는 자신의 형제가 준 유산과 친구들이 보낸 상당량의 선물로 충당할 수 있었다. 찰스 시미언은 '클라팜당'(Clapham Sect)의 지역 회원이었다. '클라팜당'은 많은 관심사를 공유했는데, 노예무역 폐지, 성경 배포도 그중에 있었다. 1804년에 찰스 시미언은 영국해외성서공회(British and Foreign Bible Society) 설립을 지지했다. 7년 후, 케임브리지에서는 성서공회의 부속 기구를 설립하는 안에 대한 반대가 극심했는데, 찰스 시미언은 다른 복음주의 지도자들과 함께 대학 학부가 주도권을 가진 운동을 지지했다.

찰스 시미언은 철저하게 교구 체계를 따랐다. 그가 맡은 교구의 인구는 1,000명에서 1,500명가량이었다. 심방 계획을 세우고, 학생이 아닌 회중의 핵심인 교인 120명을 위해 6개 속회 혹은 반을 만들었다. 남성과 여성 속회를 구분해서, 매달 각 모임을 정기적으로 만났다. 동시에 찰스 시미언은 해외선교에도 적극적으로 참여했다. 이미 1787년에 그는 인도 벵갈(Bengal)에 선교회를 세우는 일을 도와 달라는 요청을 받았고, 이후 여럿에게 동인도회사의 사목이 되라고 독려했다. 1796년에 그는 런던에 소재한 절충협회(Eclectic Society)에서 다음과 같은 질문을 던졌다.

"무슨 근거로, 그리고 어떤 방식으로 국교회가 이교도에게 선교를 시도할 수 있을까요?"

그러나 성공회(Anglican) 신자들은 기존 선교단체인 기독교지식보급회(SPCK)나 복음전파협회(Society for the Propagation of the Gospel, SPG)가 하고 있는 사역에 끼어 들려고도, 새로 만들어진 초교파 런던선교회(London Missionary Society, LMS)에 힘을 실어 주려고도 하지 않았다. 3년 후 절충협회의 다른 모임에서도 찰스 시미언은 세 가지 중요한 질문을 던졌다.

"우리가 무엇을 할 수 있는가요? 언제 우리가 할까요? 어떻게 할까요?"

이후 여러 논의가 이어지면서, 1799년 4월에 '아프리카와 동양 선교를 위한 교회선교회'(The [Church Missionary] Society for missions to Africa and the East)가 발족되었다. 찰스 시미언은 위원회 지방 위원이었다. 1802년에 이 단체 설립 2주년 기념식에서 설교를 하기도 했다. 2년 후에 교회선교회(CMS)의 첫 번째 케임브리지 모임이 홀리트리니티교회에서 열렸다.

그러나 찰스 시미언의 주된 관심은 인도에 있었다. 인도에 주교가 아직 임명되기 전에 찰스 시미언은 우스갯소리로 인도를 자신의 교구라고 말했는데, 1814년 이후에는 실제로, '저는 솔직히 인도를 제 땅(province)이라 부릅니다'라고 말했다. 당시의 많은 이들이 그랬듯, 찰스 시미언도 유대인 복음화에 관심이 깊었다. 그는 스스로를 '유대인에 미친 사람'(Jew mad) 또는 '이 나라에서 이스라엘의 가장 친한 친구'라고 묘사할 정도로 이 일에 몰두했다. 그는 '유대인은 즉시 생명력 있는 기독교를 전해 들어야 한다'라고 확신했다. 그는 '유대인에게 기독교를 전하기 위한 런던협회'(London Society for Promoting Christianity Amongst the Jews, 이 단체는 이후 유대인교회선교회[Church's Ministry among Jews]로 알려짐)를 적극 지원했고, 이 단체가 완전히 성공회 소속이 된 1815년 이후에 이사와 상임위원이 되었다.

그는 자주 이 단체의 회의에서 연설했고, 1811년과 1818년에는 연례 모임에서 설교를 하기도 했다. 런던 베스널그린(Bethnal Green) 소재 팔레스타인플레이스(Palestine Place)에 성공회 소속 유대인 채플이 세워지는 데 기여했으며, 매년 수백 마일을 여행하며 설교하면서 이 단체를 위한 모금에 힘썼다. 1829년에는 기독교로 개종한 유대인에게 일자리를 제공하는 유대인개종자연구소(Operative Jewish Converts' Institution) 설립에도 도움을 주었다.

찰스 시미언은 거의 매번 휴가를 장거리 설교 여행으로 활용했다. 죽기 몇 달 전에도 그는 8주 동안 자신이 후원자로 있던 미들랜드(midland) 지역 교구들을 방문했다. 그곳에서 본 것들로 마음에 깊은 감동을 받았다. 그가 세운 원칙들은 다양한 대학 외 환경에서도 효과가 있었다. 첼트넘에서 그는 기쁨에 충만하여, 마치 '지상 천국'에 있는 것 같다고 고백할 만큼의 행복한 경험을 했다.

찰스 시미언은 평생을 독신으로 살다가, 1836년 11월 13일에 케임브리지에서 숨을 거두었다. 그는 킹스대학채플에 묻혔다.

참고문헌 | A. W. Brown, *Recollections of the Conversation Parties of the Rev. Charles Simeon MA* (London: Hamilton, 1863); W. Carus, *Memoirs of the Life of the Rev. Charles Simeon MA* (London: Hatchard, 1847); H. E. Hopkins, *Charles Simeon of Cambridge* (Sevennoaks: Hodder & Stoughton, 1977); H. C. G. Moule, *Charles Simeon* (London: Methun, 1892); A. Pollard and M. Hennell (eds.), *Charles Simeon 1759-1836* (London: SPCK, 1959); C. Smyth, *Simeon and Church Order* (Cambridge: CUP, 1940).

A. F. MUNDEN

찰스 앨버트 틴들리(Charles Albert Tindley, 185[?]-1933)

복음성가 가수이자 목사. 그는 특히 미국 흑인 음악 역사에서 저명한 인물이다. 앨버트 틴들리는 당대의 전설이었기 때문에 그의 생애에 대한 몇몇 이야기는 출처가 불분명하다. 일례로 글을 읽고 쓰는 법을 너무 배우고 싶어서, 소년 시절에 하룻밤에 14마일(22.5308킬로미터-역주)을 걸어서 읽기 수업에 참석했다는 이야기 같은 것들이다. 1970년 이후 가스펠 음악 역사에 대한 관심이 되살아나면서, 그의 삶과 그의 업적이 재조명받기 시작했다. 그러나 대다수 학자들은 앨버트 틴들리를 연구할 때 그를 존경하는 추종자들이 하는 말에 의존하지 않을 수 없었다.

앨버트 틴들리가 1850년대에 메릴랜드(Maryland) 동부 해안의 벌린(Berlin)이라는 소도시에서 노예였던 찰스 틴들리(Charles Tindley)와 에스더 틴들리(Ester Tindley) 사이에서 태어났다는 사실은 거의 확실한 것 같다. 모친은 그가 어렸을 때 운명했고, 아버지는 그 지역 여러 집에 아들을 보내 일을 하게 했다.

따라서 어린 시절을 넘치도록 일을 하며 매우 힘겹게 보냈고, 주일학교를 포함한 교육의 혜택을 받지 못했다. 따라서 읽고 쓰는 법은 스스로 습득한 것이 분명하다. 젊은 청년으로 자라가고 남북전쟁이 발발한 후 아프리카계 미국인이 교육받을 수 있는 기회가 늘어나자, 앨버트 틴들리는 어른들로부터 도움을 받을 수 있었다. 예를 들어, 한 친근한 랍비가 (그 시대의 중등학교와 대학 교육, 특히 목회자 훈련 과정의 일반 과목인) 그리스어와 라틴어 습득에 도움을 주었다고 한다. 1870년대 초 어느 시기에 앨버트 틴들리는 시골 및 소도시 출신 흑인들이 주요 대도시로 이주한 초기 물결에 합류해서 필라델피아로 이동했다. 실제로 그는 필라델피아로 이주한 벌린 출신 아프리카계 미국인의 작은 집단에 합류했다. 또한, 1870년대 초에 그는 데이지 헨리(Daisy Henry)와 결혼했다. 이후 이들은 여덟 자녀를 낳았다. 필라델피아에서 그가 처음 한 일은 막노동이었다. 벽돌을 나르거나, 존웨슬리감리교회(John Wesley Methodist Episcopal Church) 건물을 관리하는 교회지기 일을 하기도 했다.

이런 일을 하면서도 교육에 대한 열망이 상당했던 그는 보스턴신학교(Boston Theological Seminary) 통신 과정을 이수했다. 결국 그는 감리교 목사가 되는 시험을 치렀고, 째로 높은 점수를 받았다(응시자 수에 대해서는 알려진 바 없다). 또 다른 출처 불명의 이야기에 따르면, 앨버트 틴들리의 뛰어난 능력이 부러웠던 어떤 후보자가 그에게 앞으로의 사역을 위해 준비해야 할 것이 무엇이냐고 묻자, 그는 '빗자루만 있으면 되지'라고 대답했다고 한다.

당시 감리교의 일반적인 방침에 따라, 앨버트 틴들리는 델라웨어(Delaware), 메릴랜드, 뉴저지(New Jersey) 지역의 일련의 목회자회에 할당되었다. 필라델피아로 돌아가기 전에 마지막으로 맡은 곳은 이지언감리교회(Ezion Methodist Episcopal Church)였는데, 이 교회에서 1822년에 피터 스펜서(Peter Spencer)가 흑인 회중을 위한 두 번째 찬송가를 발간하기도 했다. (첫 찬송가는 리처드 앨런[Richard Allen]이 1801년 발간했다). 1900년이 되면 앨버트 틴들리는 윌밍턴 지구(Wilmington district) 치리장로로 승진한다.

20세기 초, 대략 1902년 즈음에 앨버트 틴들리는 자신이 한 때 교회지기로 일했던 바로 그

교회의 목사로 청빙받았다. 이 청빙이 그에게 큰 기쁨이었음에 틀림없다. 모든 면에서 그는 매우 성공적인 목회를 감당했다. 130명 교인과 1만 달러 가치의 건물로 시작한 이 교회는 그가 목회를 마감할 때에는 1만 명 교인에 부동산 가치가 50만 달러에 이르렀다. 앨버트 틴들리의 교회는 복지 단체 같은 '기관형' 교회였다. 수많은 도시교회 중 하나였고, 백인 신자와 흑인 신자가 있었고, 예배와 기도뿐만 아니라 공동체 사역도 있었다. 그리고 가난한 이들에게 음식과 옷을 나누어 주었다. 다른 '기관형' 교회를 따라 했다면, 기본적인 '읽고 쓰기 교육'도 제공했을 것이다. 교회에서 악보를 읽는 법을 가르치고, 음악단에서 노래 부르고 악기를 연주하는 기회도 제공해 주었음이 분명하다. 교인 일부는 뛰어난 합창곡을 쓰기도 했다.

앨버트 틴들리는 정식 음악 교육을 받은 적은 없는 것 같아 보이지만, 음악에 대한 관심이 매우 컸다. 그는 노래를 작곡해서 머릿속에 담아둔 후, 나중에 그 음악을 곡으로 만들어 줄 훈련을 받은 사람을 찾아냈다. 앨버트 틴들리가 어떤 계기로 음악에 관심을 갖게 되었는지 알아내기는 어렵지 않다. 흑인 교회 문화는 부분적으로 음악 문화였는데, 특히 필라델피아에서는 남북전쟁 이전부터 교회의 후원하에 성가 콘서트가 무대에서 진행되었다. 앨버트 틴들리는 여러 출판사를 만든 후 첫 종교 음악집을 출간했다. 여기에는 그의 자작곡 '울리는 찬송'(Song Echoes, 1905)과 '천상의 새 노래들'(New Songs of Paradise, 1916)이 포함되었다. 1921년에 출판된 『가스펠 펄즈』(Gospel Pearls)라는 널리 사용된 아프리카계 미국인 성가 모음집에도 그가 쓴 여섯 곡이 실리면서, 복음성가 작곡가로서의 명성이 더 널리 퍼졌다.

복음성가 작곡자로서 관심을 집중하다보니, 학자들은 목회자로서의 그의 역할을 과소평가하는 경향을 보였다. 그러나 사람의 마음을 끌어당긴 설교자였던 앨버트 틴들리는 자기 노래를 설교 중간이나 마지막에 부르곤 했다. 똑바로 서면 187cm가 넘는 키가 주는 위압감도 있었다. 흑인이나 백인이나 할 것 없이 11시 예배를 위해 9시 30분에 도착하지 않으면 앉을 자리가 없을 정도였다고 한다. 회중 규모가 점점 커지면서, 크리스마스나 부활절에 신자를 수용하기 위해서는 주변의 스포츠 경기장을 빌려 예배를 드려야 했다.

앨버트 틴들리의 목회 경력의 정점은 아마도 1924년이라고 할 수 있을 텐데, 이때 앨버트 틴들리의 설교를 듣기 원하는 이들을 더 많이 수용하기 위해 새 건물이 지어졌다. '틴들리 사원'(Tindley Temple)이라고도 불린 이 건물은 3,200석 규모였다.

흑인 교회든 백인 교회든 상관없이, 다수의 교회 건축 사업이 그랬듯, '틴들리 사원'은 1929년 경제 위기의 직격탄을 맞았다. 큰 빚은 여전했고, 앨버트 틴들리는 나이가 들어갔다. 아내는 1924년에 생을 마감했다. 교회가 쇠퇴해 가는 징조가 여러 지점에서 보이기 시작했다. 앨버트 틴들리는 패혈증으로 1933년에 사망했다.

앨버트 틴들리는 가스펠 음악의 창시자로 존경을 받는다. 토마스 A. 도시(Thomas A. Dorsey)는 그를 '가스펠의 아버지'라고 부르기도 했다. 도시는 1942년에 앨버트 틴들리가 '이 음악[즉 복음성가] 스타일을 창시했고, 내가 하고자 했던 것들은 모두 앨버트 틴들리가 한 것에 조금 더한 것뿐이다'라고 주장했다. 그럼에도 불구하고, 앨버트 틴들리를 대중적인 세속 곡조, 기독교인이 된 과정과 그 과정에 머무는 것, 또한 때로는 종교 음악을 부르고 이로써 부흥집회장을 가득 채우라고 권하는 신나는 리듬을 사용한 수많은 흑인과 백인 작곡자 중 하나로 보는 것이 더 정확할 것이다.

혹자는 D. L. 무디(D. L. Moody)의 음악 조력자 아이라 생키(Ira Sankey)처럼 앨버트 틴들리가 교회 음악의 대중화에 기여했다고 평가하기도 했다. 이전에 많은 도시 (또한 중산층 흑인) 교회가 기대한 음악이 바흐, 헨델, 모차르트, 그리고 몇몇 고전적으로 훈련받은 흑인 작곡가가 쓴 격조 높은 성가곡이었다면, 앨버트 틴들리 및 여러 다른 작가들은 단순하고, 노래로 부르기 좋은 가사와 곡조를 사용하자는 요구를 수용하고 퍼뜨렸다.

예를 들어, 루시 캠벨(Lucie Campbell), 찬송집 『평안을 주는 찬송가』(Soothing Songs Hymnal, 1891) 및 윌리엄 헨리 셔우드(William Henry Sherwood) 『시온의 하프와 침례교청년연합 찬송가』(Harp of Zion and BYPU Hymnal, 1893) 등이다.

앨버트 틴들리는 또한 이런 곡들을 흑인 음악의 주된 특징으로 만들기도 했다. 더 정확하게는, 그의 곡이 이런 특징이 형성될 여지를 만들었다고 해야 할 것이다. 새뮤얼 플로이드(Samuel Floyd)는 그가 쓴 흑인 음악 역사책에서 '앨버트 틴들리를 다음과 같이 평가했다.

"자신의 음악에서 초청하고 응답하는 형식, 또한 3도음과 7도음을 반음 내린 서즈(thirds)와 세븐스(sevenths)로 연주하는 방식[소위 '블루스 노트'] 및 다른 핵심 문화 공연방식 등 독특한 스타일을 만들어 낼 즉흥 연주를 위한 공간을 창조해 냈다."

앨버트 틴들리가 쓴 46개 작품 중에서 가장 유명한 것으로는 '내 곁에 서 계세요'(Stand by Me), '우리는 더 잘 이해할 수 있을 거예요'(We'll Understand It Better by and by), '오늘 그들은 천국에서 어떻게 지내고 있을까요?'(What Are They Doing in Heaven Today?) 등이 있다. 그는 또한 1960년대 민권 투쟁기에 유행했던 '우리는 이겨 낼 것이다'(We Shall Overcome)라는 곡의 한 버전을 쓴 인물이기도 하다.

참고문헌 | H. C. Boyer, 'Charles Albert Tindley: Progenitor of Black-American Gospel Music,' *Black Perspective in Music*, II (Fall 1983), pp. 103-132.

V. L. BRERETON

찰스 에드워드 풀러(Charles Edward Fuller, 1887-1968)

라디오 전도자이자, 종교 방송 분야의 개척자. 그는 수년 동안 미국 전역에 송출되는 유일한 근본주의 종교 방송 담당자였다. 수백만 명이 매주 그의 '올드 패션드 리바이벌 아워'(Old Fashioned Revival Hour)를 들었는데, 실제로 방송되던 다른 모든 세속 프로그램보다 높은 평점을 받았다. 풀러는 다른 복음주의 사역을 돕고, 심지어 오늘날까지도 존재감을 과시하고 있는 자기 이름을 딴 신학교를 설립함으로써 20세기 중반 즈음에 큰 영향력을 떨쳤다.

풀러는 로스앤젤레스에서 태어난 후, 평생 그가 사랑하는 남부 캘리포니아에서 멀리 떨어져 살거나 먼 곳에서 오래 머물지 않았다. 이 지역의 특징으로 자리 잡고 있던 과수원 지대에서 성장한 그는 오렌지 산업에 종사하기 위해 포모나대학(Pomona College)에서 화학을 전공한 후 1910년에 졸업했다. 다음해에 평생의 동반자이자 조언자가 되는 그레이스 페이턴(Grace Peyton)과 결혼했다. 1916년에 로스앤젤레스 시내에 있는 오픈도어즈교회(Church of the Open Door)를 방문해서 권투 선수에서 설교자로 변신한 시카고 출신의 폴 레이더(Paul Rader)의 설교를 들은 풀러는 근본주의 기독교에 헌신하게 되는데, 풀러는 그때 이 유형의 기독교가 자신이 성장한 고도로 종교적인 환경의 직계 후손이라고 믿었다.

포장 회사 대표라는 수지맞는 직업을 포기한 그는 로스앤젤레스성경학교(Bible Institute of Los Angeles, BIOLA, 오늘날의 바이올라대학교-역주)에 들어가 공부한 후 1921년에 졸업했다. 4년 만에 그는 캘리포니아 플라센셔(Placentia)의 독립 초교파 교회에서 보조사역을 시작한 후 곧 지도자급으로 부상했고, 가끔씩 학교 라디오 방송국에서 설교를 하기도 했다.

1920년대 후반에 풀러는 라디오를 통한 전도의 가능성을 인식하고, 전화선을 통해 자기 사역을 지역 방송국과 연계시키기 시작했다. 라디오 사역을 확장하면서, 그는 로스앤젤레스와 오렌지 카운티(Orange County) 전역의 방송국에서 여러 프로그램을 송출하기 시작했다. 라디오사역 때문에 풀러가 교회사역에 집중하지 못하는 것을 불편하게 생각한 교회는 1932년에 풀러의 사임을 종용했다. 이후 그는 대공황이 절정에 달한 바로 그 시기에 라디오사역에 전적으로 투신했다. 다른 일곱 방송의 운명과는 달리, 그의 '복음방송협회'(Gospel Broadcasting Association)만이 지역 근본주의자들의 꾸준한 후원으로 살아남을 수 있었다.

열네 개 방송국 네트워크와 연계된 신생 상호방송공사(Mutual Broadcasting System)에 1936년에 합류하면서 풀러 경력의 새로운 단계가 시작되었다. 이 방송망과 함께 동반 성장하지 않으면 주일 황금 시간대 방송을 못하게 될 것이라는 통보를 받은 풀러의 '올드 패션드 리바이벌 아워'와 '필그림스 아워'(Pilgrims' Hour, 1947년까지 방송된 강의 프로그램)는 심지어 간증 편지 안에 테이프로 동전을 붙여 보내는 등 전국의 수천 청취자들이 돈을 보내자, 매주 필요한 비용을 충당할 수 있게 되었다. 2년 만에 이 프로그램은 128개 방송국을 통해 방송되었고, 대략 5백만 명이 청취했다.

미국인이 유럽에서 일어난 전쟁에 점점 더 관심을 갖게 되자, 풀러의 프로그램에는 사람들을 안심시키는 특별한 연예 요소가 가미되었다. 인근 할리우드의 재능 있는 인물들을 동원하여 첫 30분은 합창단이나 남성 4인조가 옛 부흥회 찬송을 부르는 등 새로운 세대 복음주의자의 관심에 잘 들어맞는 음악이 방송되었다. 또한, 비록 죄나 타락한 인류의 숙명이 될 지옥으로 대변되는 복음을 전하기는 했어도, 그가 전한 복음은 옛 순회부흥회(sawdust trail)의 전형적인 양식과는 달랐다. 오히려 풀러와 (주간 프로그램에서 청취자 편지를 읽어 주던) 페이턴은 청취자에게 혐오감을 주지 않고 이들에게 매력적으로 다가서기 위해 할아버지, 할머니가 부드럽게 어르는 듯한 방식을 활용했다.

이런 분위기 때문에 방송은 청취자에게 후한 평가를 받았다. 1944년에는 575개 방송국을 통해 전국으로 송출되었고, 2천만 명 이상의 청취자가 방송을 들었다. 풀러는 해외에 나가 있는 겁에 질린 장병들과 이들을 걱정하는 가족에게 다가설 수 있도록 프로그램의 종교 의식

(religious ritual)을 바꾸었다. 매주 거의 만 통의 편지를 받았는데, 다수의 해외 주둔 군인들이 보낸 것이었다. 따라서 그레이스 풀러가 복무 중인 군인이 아내, 부모, 자녀에게 보낸 편지를 읽어 주고, 집에서 이들의 형제, 아들, 아버지가 보낸 편지를 단파 라디오를 통해 해외에서 들을 수 있게 읽어 줌으로써, 방송은 가족이 서로 신앙적인 대화를 하는 통로로 활용되었다. 현재 남아 있는 서신 자료들을 검토해 보면, 이 프로그램이 모든 종류의 보수 기독교인(근본주의자, 오순절 신자, 주류 교회에 속한 보수주의자)의 마음을 엄청나게 끌었고, 민족과 인종의 경계까지도 초월했다는 것을 확인할 수 있다.

그러나 이 성장기에 모든 일이 평탄하게 이루어진 것만은 아니었다. 주류 교회들이 좋아하는 무료 '자체 라디오 프로그램' 방송 시간을, 받을 자격이 없는 보수 개신교 설교자들이 구매하도록 허용해서는 안 된다는 주류 교회 지도자들의 가혹한 비난이 이어졌다. 요즘은 언론 자유의 원칙 때문에 이런 종류의 반대를 비판할 수 있지만, 전시 미국에서는 규범을 벗어난 것은 무엇이든지 사람들의 공포를 자아냈다. 강력한 힘을 가진 연방교회협의회(Federal Council of Churches, FCC)를 통해 주요 방송망을 압박한 주류 개신교인, 가톨릭, 유대인은 풀러를 방송 세계에서 쫓아내고 싶어 했다.

보수주의자들은 이 프로그램을 중심으로 결집했다. 논쟁이 격화되면서 1943년에 워싱턴 D. C.에서 효과적인 로비 수단이 되어 풀러와 다른 프로그램들을 구할 수 있기를 희망하며 전미복음주의협회(National Association of Evangelicals, NAE)가 창립되는 계기가 마련되었다. 이것이 끝이 아니었다. 1944년 9월에는 풀러의 복음방송협회(Gospel Broadcasting Association)

가 전체 수입의 8분의 1을 책임지고 있었음에도 불구하고, 상호방송공사(Mutual Broadcasting)가 풀러의 프로그램을 방송망에서 제외시켰다.

반대편에서 풀러는 분리주의를 지지하지 않는다는 이유로 초강력 우파 근본주의자들의 가혹한 비판을 받아야 했다. 실제로, 풀러는 보수주의자들이 서로의 차이를 내려놓고, 내부로부터 변화를 일으켜야 할 필요를 인식하며, 주류 교단을 떠나지 않고 같은 마음을 품은 모든 기독교인과 함께 일해야 한다고 확고히 믿었다. 칼 매킨타이어(Carl McIntire)가 보수주의자들 중에서 풀러를 반대한 이들의 지도자였는데, 풀러에 대한 통렬한 비난의 글을 발표하고 여러 도시에서 진행된 그의 부흥집회에 반대했다.

이런 주요 퇴보에도 불구하고, 풀러는 일을 밀어 붙였다. 그는 원래 사용하던 프로그램의 동시 방송 방식으로 돌아갔다. 이 방식은 지금은 흔한 방식이지만, 풀러가 상호방송공사에 들어가기 전 1930년대에 발전하던 방식으로 그가 이 방식의 발전에 공헌한 바가 컸다. 이후 5년간 풀러는 수백 곳의 지역 방송국과 계약을 맺었는데, 이 중 일부는 풀러의 세계사역을 생동감 있게 유지하기 위해 강력한 단파 송신기를 구비했다.

1949년에 풀러는 캘리포니아 롱비치에서 방송되는 생방송을 송신하기 위해 ABC 방송국과 계약했고, 1963년까지 계약을 유지했다. 그는 그동안 텔레비전 방송의 가능성을 실험해 본 몇 선구자 중 하나이기도 했다. 1941년에 로스앤젤레스에서 극소수의 텔레비전으로 방송을 내보낸 경험 후, 1950년에 풀러는 엄청나게 인기 있던 그의 라디오 방송을 ABC 방송국을 통해 텔레비전으로 방송하는 계약을 체결했다. 인기가 있었음에도 불구하고, 다음해에는 계약을 갱신하지 않는데, 프로그램 제작에 돈이 너무 많이 들었고, 그를 종교 라디오 방송의 슈퍼스타로 만든 매력적인 자연스러움이 텔레비전을 통해서는 나타나지 않았기 때문이었다.

그동안 풀러는 전미복음주의협회 초대 회장이자 보스턴의 유명한 파크스트리트교회(Park Street Church) 목사로 있던 해럴드 존 오켄가(Harold John Ockenga)와 함께 캘리포니아 패서디나(Pasadena)에 풀러신학교(Fuller Theological Seminary)를 설립하기 위해 일했다. 이 학교는 두 지도자, 즉 대중의 인기를 누리는 인물과 지적인 인물이 만나 이뤄낸 결과물이었다. 풀러는 오랫동안 복음주의자를 위한 훈련 기관을 꿈꿔왔다. 오켄가는 프린스턴에 대응하는 복음주의자들의 응답을 소망해 왔다.

풀러의 명성과 그의 아버지가 남겨 준 재산(학교는 풀러의 아버지 헨리 풀러[Henry Fuller]의 이름을 따서 명명되었다)을 활용하여, 오켄가는 전 세계 최고의 복음주의 학자들을 채용했다. 또한, 학교가 오켄가의 학문적 꿈에 더 치우친 감이 있었음에도 불구하고, 풀러는 아주 많은 졸업자들이 졸업 후 목회자로 강단에 서거나 선교사로 해외로 나가는 것을 보고 기뻐했다. 풀러는 매 학년을 바울의 '전도자의 일을 하라!'는 말로 권고했다.

1950년대 내내 풀러는 '비분리주의적 근본주의'(nonseparating fundamentalism)에서 '신복음주의'(New Evangelicalism)로 체질을 개선하는 운동을 위한 원로 대변인으로 활약했다. 빌리 그레이엄(Billy Graham)이 유명 인사로 부상하고 있던 시기에 여러 문제에서 그레이엄의 멘토가 되었고, 네비게이토(Navigators), 뉴라이프(New Life), 위클리프성경번역선교회(Wycliffe Bible Translators), 십대선교회(Youth for Christ, YFC) 같은 단체를 힘 있게 지원했다.

마침내 1958년, 70살이 된 풀러는 지속적인 인기에도 불구하고 1시간짜리 생방송 프로그램 진행을 마무리했다. 대체자를 찾으려고 했지만, 고삐를 다른 이에게 완전히 넘겨줄 수는 없었다. 테이프로 제작된 반 시간짜리 프로그램이 풀러가 사망한 1968년에 방송을 타기 시작했다. 그때에도 여전히 청취자는 백만 명에 달했고, 전 세계 500개 이상의 방송국을 통해 방송되었다.

풀러에 대한 기억은 서서히 사라져 갔지만, 20세기 복음주의에 대한 그의 영향력은 지대했다. 풀러가 사망했을 때, 한 전국 뉴스 전문지는 풀러를 두 명의 '빌리 소년들(Billy boys) 사이,' 즉 빌리 선데이와 빌리 그레이엄 사이의 시기에 살았던 가장 위대한 복음주의 전도자로 칭하며 그의 중요성을 인정했다. 이 기간 동안 대략 50만 명의 사람들이 그의 방송을 듣고 회심하게 되었다며 편지를 보냈다. 그러나 그의 중요성은 전도자로서의 사역의 범위를 넘어서는 것이었다.

풀러는 당대의 다중 방송 기술을 발전시키고, 청취자를 즐겁게 하는 종교적인 오락을 도입하고, 청중들을 분열시키기보다는 그들을 더 단단하게 하는 폭이 넓은 메시지를 전함으로써, 오늘날의 수많은 종교 라디오, 텔레비전 프로그램의 기반을 놓은 인물이었다.

게다가 풀러신학교는 현재 지구상에서 가장 큰 초교파 신학교이고, 전 세계에 대략 15,000명의 졸업생이 나가 활동하고 있다. 빌리 그레이엄, 제리 폴웰(Jerry Falwell), 빌 브라이트(Bill Bright), 잭 칙(Jack Chick) 등 20세기 후반의 많은 복음주의 지도자들이 풀러의 제자였다.

참고문헌 | D. E. Fuller, *Give the Winds a Mighty Voice: The Story of Charles E. Fuller* (Waco: Word Books Publishers, 1972); J. Carpenter, *Revive Us Again: The Reawakening of American Fundamentalism* (New York: Oxford University Press, 1997); G. Marsden, *Reforming Fundamentalism: Fuller Seminary and the New Evangelicalism* (Grand Rapids: Eerdmans, 1987); P. Goff, 'We Have Heard the Joyful Sound: Charles E. Fuller's Radio Broadcast and the Rise of Modern Evangelicalism,' *Religion and American Culture: A Journal of Interpretation* 9:1 (Winter, 1999), pp. 67-96.

P. GOFF

찰스 웨슬리(Charles Wesley, 1707-1788)

감리교 공동 창시자이자 찬송가 작가. 그는 1707년 12월 18일에 잉글랜드 엡워스(Epworth)에서 태어났다. 아버지 새뮤얼 웨슬리(Susanna Wesley)는 성공회(Anglican) 사제였다. 그는 아버지 새뮤얼 웨슬리와 수산나 웨슬리(Susanna Wesley)의 열 여덟째 자녀였고, 더 유명한 형 존 웨슬리(John Wesley)보다 다섯 살 어렸다. 어머니에게서 기초 교육을 받은 후에 찰스 웨슬리는 1716년 4월에 웨스터민스터학교(Westminster School)에 입학했는데, 당시 그의 맏형 새뮤얼 웨슬리가 이 학교 교장이었다. 1726년에 찰스 웨슬리는 왕실장학기금 장학생(King's Scholar)로 뽑혀, 옥스퍼드의 크라이스트처치대학(Christ Church College)에 들어가 학사학위와 석사학위를 취득했다.

옥스퍼드에 입학한 첫 해에는 신앙 열정이 심각하게 약해졌지만, 다음해에 그는 몇몇 다른 학생들과 함께 부지런히 공부하고 신앙 생활도 열심히 했는데, 이 때문에 '원칙주의자'(Methodists, 한국 감리교회는 영어로는 이 표기를 그대로 사용하나, 원래 이름 대신에 감독이 다스리는 감리교 교회 정치 체계에 따라 '감리교'로 부른다-역주)라는 별칭으로 불렸다.

존 웨슬리는 엡워스교회의 사제직을 그만두고, 이들을 도와 자신의 지도력과 조직 능력을 투자했다. 곧 이 젊은이들은 소위 옥스퍼드홀리클럽(Oxford Holy Club)이라는 단체를 만드는데, 성경과 초대교회에서 규칙과 결심, 경건의 유형을 취했다. 찰스는 활기찬 성품으로 클럽에 크게 기여했다.

찰스 웨슬리는 자신에게 학자가 가장 잘 어울린다고 믿었지만, 형 존 웨슬리는 동생의 진로를 다르게 계획했다. 찰스 웨슬리는 챈들러 박사(Dr Chandler)에게 다음과 같이 설명한 적이 있었다.

"전 석사학위가 있어요. 내 삶을 옥스퍼드에서 보낼 거라고 생각했어요. 그런데 항상 뛰어난 형 존이 자신과 오글소프(Oglethorpe)와 함께 조지아로 가자고 했어요. 난 정말 성직에 들어가는 게 두려워요. 그러나 형은 여기서도 나를 압도해서, 결국 나는 옥스퍼드 주교 포터 박사(Dr. Potter)에게 부제로, 그리고 다음 주일에 런던 주교 깁슨 박사(Dr. Gibson)를 통해 사제로 안수받았어요"(Tyson, *Reader*, p. 59).

이에 웨슬리 형제와 옥스퍼드홀리클럽 출신의 친구 두 명은 '성공회 기독교복음전파협회(Anglican Society for the Propagation of the

Christian Gospel, SP[C]G)'의 후원을 받아 선교사로 미국 조지아(Georgia)에 파송되었다. 존 웨슬리는 서배나(Savannah) 지역민을 섬기는 목회자로, 찰스 웨슬리는 인디언 업무 담당관 오글소프 장군의 비서이자, 동시에 프레드리카(Frederica) 지역 정착민을 위한 목회자가 되었다. 이들은 1736년 3월 9일에 조지아 세인트사이먼스아일랜드(St Simons Island)에 도착한 후, 곧 각자 맡은 일을 시작했다.

찰스 웨슬리가 프레드리카에서 만난 거친 시골의 일상은 그에게는 맞지 않는다는 것이 곧 분명해졌다. 또한, 그의 고교회(High Church) 예배 규정과 관심사를 직설적인 식민지 주민들이 이해하지 못했기 때문에 그가 이끄는 회중과 맞지 않아 보였다.

그는 지역에서 떠도는 소문과 교회 내부 혼란에도 너무 깊이 연루되었다. 미국에 도착한 지 3주도 안 되어, 찰스 웨슬리의 교인들은 마을에 하나 밖에 없는 통로에서 그를 마주쳐도 인사도 거부할 정도가 되었다. 찰스는 챈들러 박사에게 자신의 상황에 대해 편지를 썼다.

> "침대 없이 바닥에 누워서 자야 되는 어렵고 고통스러운 환경 때문에 열병과 이질에 걸려 6개월 만에 잉글랜드로 돌아가게 생겼습니다."

명백한 조지아의 선교의 실패, 잦은 발병, 모라비안 정비공 존 브레이(John Bray)의 끈질긴 복음 전파가 찰스의 회심의 예비 과정이었다. 그는 1738년 5월 21일 오순절 주일에 그리스도에 대한 확고한 믿음을 고백한 후 이렇게 썼다.

"믿음으로 가는 길에 강한 저항과 주저하는 마음이 있었다. 그러나 하나님의 영이 내 불신앙의 어둠을 몰아내 주시기까지 여전히 내 영혼 및 악한 영과 싸우셨다. 어떻게, 언제인지를 확신할 수 없지만, 즉시 중보를 경험했다…이제 나는 하나님과 함께 평안하며 그리스도를 사랑할 수 있다는 희망 때문에 기쁘다. 남은 나날 분노와 나 자신에 대한 불신에다, 이전에는 내가 연약하다는 사실도 몰랐다. 이제 믿음으로 서 있는 나를 보았다. 내가 계속 죄에 빠져 가라앉을지라도, 믿음이 나를 계속 지탱해 주기 때문에 넘어지지 않는다. 잠자리에 들면서도 여전히 나의 연약함을 인식하지 않을 수 없다…그러나 그리스도께서 보호해 주시니 만족이 있다."(Tyson, *Reader*, p. 99).

이틀 후 5월 23일, 찰스 웨슬리는 '나의 회심에 대한 찬송'이라는 시를 쓰기 시작했다. 다음 날 저녁, 존 웨슬리는 알더스게이트스트리트(Aldersgate Street)에서 열린 모임이 끝나고 집에 가는 길에 동생을 방문했다. 존은 '나는 이제 믿어'라며 좋은 소식을 전했다. 그날 밤, 둘은 함께 같은 체험을 한 것을 축하하며 '회심 찬송'을 불렀다. 그러나 두 형제가 정확히 어떤 노래를 회심 찬송으로 불렀는지에 대해서는 다소 논쟁이 있다.

두 형제의 일기장에 따르면, 그날에 부른 곡이 다음 세 찬송, '그리스도 죄인들의 친구'('놀란 내 영혼이 어디서부터 시작할까?'), '값없는 은혜'('어떻게 내가 그것을 얻을 수 있을까?'), '성령강림절 찬송'(구세주의 기도로) 중에 하나일 수 있다. 찰스 웨슬리의 곡, '그리스도를 믿게 된 친구를 축하하며'('이 달콤한 햇살이 당신에게 비치는 이 찬란한 아침에')는 아마도 형의 회심을 축하하며 그 날 이후에 쓴 것이 확실하다. 또한, 찰스 웨슬리의 찬송 중에서 (아마도) 가장 유명한 곡인 '만 입이 내게 있으면'은 원제가 '어떤 사람의 회심을 기념하는 날'이었다.

찰스 웨슬리는 복음주의 찬송 작사자로 가장 유명하다. 그는 50년간 바쁜 목회 활동에도 9,000편 이상의 찬송가 가사와 시를 썼다. 이 중에서 400편에 이르는 많은 곡이 오늘날의 여러 찬송가에도 실려 있다. 그가 만든 유명한 노래는 '어떻게 내가 그것을 얻을 수 있을까?'(And can it be?), '천사 찬송하기를'(한국 통일 찬송가-역주), '예수 부활했으니'(한국 통일 찬송가-역주), '하나님의 크신 사랑'(한국 통일 찬송가-역주), '만 입이 내게 있으면'(한국 통일 찬송가-역주) 등이다. 사실, 찰스 웨슬리는 실력 있는 건반 연주자였음에도, 주로 가사를 쓰는 데 집중했다. 그의 찬송 가사들은 운율이 매우 다양해서, 당시에 인기 있던 대중 곡조들에도 잘 어울렸다.

찰스 웨슬리는 찬송가 작사가이기도 했지만, 주로 감리교 전도자로 활약했다. 그가 만든 다수의 찬송시는 자신이 설교한 성경본문에서 나온 것이거나, 복음주의적인 경험을 일기로 쓰면서 찬송시로도 만들었다. 찰스 웨슬리가 작사한 곡들은 감리교 교리를 생생하게 하고, 그림처럼 그려내고, 머릿속에 심어 주었으며, 킹제임스성경의 영향을 깊이 받았다. J. E. 래턴베리(J. E. Rattenbury) 같은 사람들은 다음과 같이 비꼬았다.

"만일 성경을 잃어버렸다면, 수완 좋은 사람은 웨슬리의 찬송에서 성경구절을 발췌할 수 있을 것이다. 그의 찬송에는 용해된 성경이 들어 있다."

찰스의 찬송가 가사는 일관되게 그리스도 중심적이고, 거의 모든 찬송에는 '보편구원'('보편속죄'와 '보편선택')과 '완전한 구원'(칭의와 성화) 같은 감리교 교리가 담겨있다. 존 웨슬리는 동생의 찬송을 신학 작품으로 이해했기에, 이 찬송들을 활용하여 자신이 쓴 『표준 설교』(Standard Sermons)를 설명하고 보충했다. 이 책에 실린 설교 53편 중 18편이 찰스의 찬송을 활용했다.

찰스 웨슬리는 유능한 복음전도자였는데, 부분적으로는 단어를 활용하는 시인으로서의 재능 때문이었다. 그의 설교 '깨어나라, 너 잠든 자여!'는 소책자로 출판되어, 웨슬리 형제들의 출판물 중 가장 잘 팔리는 책이 되었다. 두 사람이 협력하던 초기 10년 동안 찰스 웨슬리는 형 존 웨슬리의 혁신적인 야외 설교와 순회목회에도 동참했다. 이것은 그가 3년 동안 쓴 일기에 잘 나타나 있다. 순회여행은 끝이 없었고, 설교가 많았다.

찰스와 존 웨슬리 형제의 목회는 대체로 조화로웠지만, 가끔씩 갈등도 있었다. 존 웨슬리는 자신을 '머리'라고 했고, 찰스 웨슬리를 '가슴'이라 표현했다. 찰스는 존이 쓴 편지가 명령조라는 사실을 여러 차례 언급했다.

"존이 나한테 자꾸 자기 멍에를 지라고 한다."

그러나 '그레이스 머레이 사건'(Grace Murray affair)에서 볼 수 있듯이, 찰스는 독립적인데다 충동적인 면도 있었다. 찰스는 존의 연애에 끼어들었는데, 결국 그레이스는 자기에게 구애한 다른 남자와 결혼했다. 또한, 찰스는 존보다 더 확고한 성공회(Anglican) 지지자였기에, 감리교에서 평신도 설교자들의 힘이 커지는 것에 분노했다. 아울러, '그리스도인의 완전' 교리에 대해서도, 존 웨슬리는 늘 '즉각적인 축복'을 강조했지만, 찰스 웨슬리는 성화를 내세에 이르기 전에는 대체로 완성되지 않는 과정이라고 설명했다.

그러나 1749년에 새라 (샐리) 그윈(Sarah [Sally] Gwynne)과 결혼한 후 찰스 웨슬리는 사제로서 계속 목회를 하기는 했지만, 훨씬 안정된 삶을 살았다. 그가 처음 목회한 곳은 브리스톨(Bristol)이었고, 그 다음은 런던이었다(1771-1788). 찰스는 1788년 3월 29일에 세상을 떠난 후, 메릴리본(Marylebone)에 있는 성공회교회 묘지에 묻혔다.

참고문헌 | F. Baker, *Charles Wesley as Revealed by His Letters* (London: Epworth Press, 1948); F. Baker, *The Representative Verse of Charles Wesley* (London: Epworth Press, 1962); S. T. Kimbrough (ed.), *Charles Wesley Poet and Theologian* (Nashville: Abingdon Press, 1992); J. E. Rattenbury, *Evangelical Doctrines of Charles Wesley's Hymns* (London: Epworth Press, 1948); J. R. Tyson (ed.), *Charles Wesley: A Reader* (New York and Oxford: Oxford University Press, 1989); J. R. Tyson, *Charles Wesley on Sanctification: A Biographical and Theological Study* (Grand Rapids: Zondervan, 1986).

J. R. TYSON

찰스 웬델 콜슨(Charles Wendell Colson, 1931-2012)

미국침례교 감옥 전도자, 개혁운동가이자 저술가. 그는 매사추세츠 보스턴의 안락한 중산층 성공회 가정에서 태어났다. 사립학교 교육을 받은 그는 1953년에 브라운대학교(Brown University)를 졸업한 후, 낸시 빌링스(Nancy Billings)와 결혼했다. 부부는 슬하에 아들과 딸 하나씩을 두었다. 콜슨은 결혼 후 두 해를 미국 해병대에서 복무했는데, 계급은 대위였다.

제대 후, 콜슨은 1년간 해군 차관을 보좌했고, 1956년에는 매사추세츠 공화당 소속 상원의원 레버리트 샐턴스톨(Leverett Saltonstall)을 보조하는 직원으로 합류하며 미연방의회(Capitol Hill) 최연소 행정 보조가 되었다. 샐턴스톨을 도와 일하면서, 콜슨은 조지워싱턴대학교(George Washington University)에서 법학 공부를 시작하고 1959년에 우등으로 법학박사학위를 받았다. 그는 1961년까지 샐턴스톨의 직원으로 근무한 후 그해에 보스턴의 갯스비앤해너 법률사무소(Boston law firm of Gadsby and Hannah)에 합류했다. 콜슨은 곧 법률사무소 소속의 경영 변호사가 되어, 강하고, 어떤 대가를 치르더라도 이기는 변호사로 명성을 떨쳤다.

장기간의 별거 이후 1964년에 찰스는 아내와의 11년 결혼 생활을 청산하고 패트리셔 앤 휴즈(Patricia Ann Hughes)와 결혼했다. 이 부부는 이후 아들 하나를 낳았다. 이 시기 내내 콜슨은 공화당 내 많은 고위층 당원들과의 우정과 네트워크를 쌓았다. 그는 1968년에 공화당 대통령 후보 리처드 M. 닉슨(Richard M. Nixon)의 '핵심 이슈' 위원회('Key Issue' committee) 일원이 되었다. 간발의 차로 선거에서 승리한 닉슨은 콜슨에게 대통령 특별 자문직을 맡겼다.

이 직위에서 콜슨은 악명 높은 '백악관 정적 목록'(White House Enemies List)에 포함된 정치적 반대파의 행동을 감시하는 특수 임무를 수행했을 뿐만 아니라 다양한 정치 정책과 관련 문제들에 대해 대통령에게 조언했다. 닉슨의 '더러운 속임수'를 '마다않고 궂은일을 도맡는 하수인'(hatchet man)으로서, 콜슨은 곧 무자비하고 거리낌 없는 정적으로 명성을 떨쳤다. 그의 태도는 "대통령 재선이 보장되기만 한다면 내 할머니를 밟고 갈 수도 있었을 것이다"라는 그의 유명한 고백을 통해서 단적으로 드러났다.

1972년에 닉슨의 재선을 위해 노력하다가, 콜슨은 다니엘 엘스버그(Daniel Ellsberg)의 명예를 훼손하려고 시도했다. 엘즈버그는 「뉴욕 타임스」(New York Times)와 「워싱턴 포스트」(Washington Post)에 악명 높은 '펜타곤 문서'(Pentagon Papers)를 유출한 백악관 전 직원이었는데, 콜슨은 엘스버그를 치료하던 정신과 의사의 사무실을 뒤지라는 명령을 내렸다. 그는 또한, 1972년 6월에 결국 그의 미래에 암운을 드리운 워싱턴 워터게이트(Watergate) 건물의 민주당 전국위원회(Democratic National Committee) 사무실 가택 침입 사건에 관여한 특별 '배관 수리반'(Plumber's Unit) 결성을 도왔다.

닉슨 행정부에 대한 압박이 높아지자, 콜슨은 1973년 3월에 특별 자문역을 사임한 후, 그가 소유한 워싱턴 기반 콜슨앤샤피로법률사무소(Washington firm of Colson and Shapiro)의 소장이 되었다. 그러나 시간이 갈수록 더욱 양심의 가책을 느낀 그는 자신의 예전 모습에 대해 깊은 불만을 갖게 되었다. 그해 여름, 콜슨은 신앙에 확신을 가진 기독교인이 된 지인 한 사람에게서 상담을 받았다. C. S. 루이스(C. S. Lewis)의 『순전한 기독교』(Mere Christianity)를 읽고 큰 감동을 받은 콜슨은 1973년 8월에 회심을 경험했다. 즉각 그는 다른 사람들에게 자기 삶에서 일어난 변화와 자신의 새로운 기독교적 관점을 말하기 시작했다. 이전에 정적이었던 이들과의 화해를 추구하면서, 콜슨은 양당의 당원을 포괄하는 국회의사당 기독교인 기도 모임의 영향 아래로 들어갔다.

콜슨이 종교에 헌신했다는 소문이 퍼져 나가자, 사람들은 한편 코웃음치고, 한편 믿을 수 없다는 반응을 보였다. 워싱턴 언론계의 많은 회의론자들은 명민한 콜슨이 닉슨의 백악관에 관여함으로써 문제가 된 임박한 법의 심판을 피하거나 최소화하기 위해 속임수를 쓰는 것 이상도 이하도 아니라고 믿었다. (종종 헌신된 복음주의자이자 이전의 정적이던 민주당 아이오와 상원의원 해럴드 휴즈[Harold Hughes]가 함께 참여한) 수많은 신문과 텔레비전 인터뷰에서, 콜슨은 광범위한 대중 앞에서 자신이 새로 신앙을 발견한 것이 사실이라고 주장했다. 1974년 3월, 그는 워터게이트와 엘스버그 불법 사찰과 관련된 사건들로 차례로 기소되었다. 워터게이트 기소의 취하를 가져온 유죄답변거래(plea-bargain) 후, 콜슨은 1974년 6월에 엘스버그 사건에서 시민법 위반 혐의로 유죄를 선고받고, 벌금형과 1-3년 구류형을 선고받았다.

1974년 7월 1일에 앨라배마(Alabama)의 맥스웰 연방 교도소(Maxwell Federal Prison)에 수감된 콜슨은 무심코 기독교 사역자로서의 경력을 시작했다. 죄수들의 감금 상태와 인간성 말살 효과에 경악한 콜슨은 그 상황을 타개할 뭔가를 해야겠다고 결심했다. 콜슨은 7개월 복역 후 1975년 1월에 풀려났다. 그해 후반에 콜슨은 감옥선교회(Prison Fellowship)를 만들어 죄수들과 그들의 가족을 복음화하고 더 정의롭고 인간적인 감옥 체계를 만들 길을 찾으려 했다.

1976년에는 콜슨의 정치 무대 부상, 회심, 감옥 체계의 유독한 특징 발견 등의 이야기를 상세하게 다룬 자서전 『거듭나기』(*Born Again*)가 출간되었다. 기독교 서점과 일반 서점 모두에서 베스트셀러(이백만 권 이상 판매)가 된 이 책은 1978년에 장편 영화로도 만들어졌다. 이 책으로 별안간 감옥선교회가 복음주의 진영에서 유명한 단체로 부상했고, 콜슨에게 복음주의운동의 담대한 새 대변인으로서의 신뢰성을 안겨 주는 계기가 되었다. 자기 스스로 '거듭났다'라고 공언한 민주당 지미 카터(Jimmy Carter)의 대통령 선출과 더불어, 콜슨의 책은 1976년을, 잡지 「뉴스위크」(*Newsweek*)의 표현에 따르면, '복음주의자의 해'로 만들었다.

남은 1970년대와 1980년대 초반에 콜슨은 감옥선교회에 대부분의 시간을 투자했고, 이로써 이 선교회는 미국에서 가장 크고 눈에 띄는 감옥사역 단체가 되었다. 그의 주요 강조점 중 하나는 가해자들, 그들의 가족들, 중죄인과 그들의 희생자들, 공동체 내부 및 상호 화해의 중재자 역할을 감옥선교회가 맡아야 한다는 당위였다. 이에 더하여, 선교회는 성경의 회복(restitution) 원리에 근거한 프로그램을 실행에 옮기기 위해 필요할 경우 지역, 주, 연방법 집행자, 사법 공무원들과 협력했다.

수감자 대상의 전도 및 제자도 프로그램에 더하여, 감옥선교회는 직업 훈련, 면접 기술, 결혼과 자녀 양육 등 수감자들이 출감 후 생활을 준비하는 교육 및 계발 프로그램뿐만 아니라, 수감 생활에서 받는 압박감을 다루는 프로그램을 만들기도 했다. 2000년에 80,000명의 수감자를 대상으로 감옥 내 세미나가 대략 2,300회 열렸고, 그 와중에 선교회가 후원한 정기 주간 성경공부에 참석한 인원이 십만 명 이상이라는 통계가 나왔다. 세미나와 훈련뿐만 아니라, 선교회는 전국의 교도소에 배포되는 격월간 잡지 「인사이드 저널」(*Inside Journal*)도 발행했다.

펜팔 프로그램으로 약 30,000명의 수감자가 기독교인 자원자들과 편지를 주고받았다. 아마도 이 단체가 대중적으로 거둔 가장 큰 성공은 '천사의 나무'(Angel Tree) 사역일 것이다. 1982년에 시작된 이 프로그램은 수감자를 대신해 크리스마스 시즌에 장난감과 옷 선물을 살 지역 교회에 다니는 자원자들의 명단을 확보했다. 2000년에는 14,000개 교회에 속한 자원자들이 선물을 사서 천사의 나무 프로그램을 통해 약 600,000명의 아이들에게 선물을 나눠 주었다.

죄수사역은 콜슨 일평생의 변함없는 주요 사역이었지만, 그는 문화, 정치, 신학 주제에서도 목소리를 꾸준히 낸 인물로 미국 복음주의 공동체에서 중요한 역할을 지속적으로 담당했다. 연사, 잦은 객원 기고가, 수많은 책의 저자로서, 콜슨은 다양한 관심 주제들에 대해 발언했다. 오백만 권 이상 팔린 그의 책들은 낙태, 교회의 사회적 역할, 교회와 국가의 관계, 미국 문화의 쇠퇴, 전 세계의 핍박받는 교회, 경제 및 정부 정책 등 광범위하고 다양한 이슈들을 논했다.

1991년에는 정치 및 문화 주제를 논하는 일간 라디오 방송 프로그램 브레이크포인트(BreakPoint)를 시작했다. 2000년경에는 미국 전역의 1,000개 라디오 방송국에서 이 프로그램이 송출되고 있었다. 가장 논쟁이 된 활동 중 하나는 복음주의자와 가톨릭 신자 간 에큐메니컬 대화에서 그가 지도자가 되어 큰 역할을 맡은 것이었다. 루터교 성직자였다가 가톨릭으로 개종한 리처드 존 뉴하우스(Richard John Neuhaus)와 함께, 콜슨은 『복음주의-가톨릭 연대』(Evangelicals and Catholics Together)의 공동 저자이자 공동 편집자였는데, 이 문서는 두 진영 간 신학, 문화, 정치에서 늘어난 상호 유사점에 대해 조사한 논문 모음집으로 1993년에 나왔다.

감옥선교회 사역과 복음주의자의 사회 및 문화 참여에 대한 균형 잡힌 요청은 콜슨을 복음주의 기독교계 내외에서 가장 존경받는 미국 대표 중 하나가 되게 했다. 그가 받은 상에는 자유재단(Freedom Foundation)의 종교유산상(Religious Heritage Award, 1977), 전미복음주의협회의 올해의 평신도상(Layman of the Year, 1983), 구세군의 '타자상'(Others Award, 1990), 종교진보 템플턴상(Templeton Prize for Progress in Religion)과 상금 백만 달러(1993) 등이 있다.

참고문헌 | C. W. Colson, *Born-Again* (Old Tappan: Chosen Books, 1976); C. W. Colson, *Kingdoms in Conflict* (New York: W. Morrow, 1987).

L. ESKRIDGE

찰스 윌프리드 스테이시 우즈(Charles Wilfrid Stacy Woods, 1909-1983)

학원 선교사이자 전도자, 국제복음주의학생회(International Fellowship of Evangelical Students, IFES) 설립자. 그는 형제단(Brethren) 전도자 프레더릭 우즈(Frederick Woods)의 아들이자, 오스트레일리아 벤디고(Bendigo) 지역의 유명한 법률가 집안인 스틸웰즈(Stilwells) 가문 출신이었다. 가족은 원래 성공회(Anglican) 신도였지만 그의 아버지는 형제단(Brethren) 영향 아래 개종했기에, 일평생 회심을 강조했다. 따라서 우즈는 순회전도 전통, 회심주의, 성공회 세계선교의 큰 지분을 지탱한 성공회의 개방성과 형제단 분파주의 사이의 역동적인 상호 작용이라는 다양한 유산을 물려받았다. 이 때문에 그는 일평생 중요한 동료들, 즉 하워드 기니스(Howard Guinness), 빈센트 크레이븐(Vincent Craven), 루터교 경건주의자 찰스 트라우트먼(Charles Troutman)과 이 유산을 공유했다.

그의 누이 로즈메리(Rosemary)는 윌프레드 허친슨(Wilfred Hutchison)과 결혼했는데, 윌프레드는 형제단 가문에서 태어나 자랐지만, 시드니 교구의 총무로 일했으며, 동시에 오스트레일리아성공회 총회 총무로도 일했다. 우즈는 언제 자신이 회심했는지 정확한 날을 지정할 수는 없었다. 그러나 어릴 적부터 주님을 사랑하고 경외했으며, 이런 신앙 때문에 어릴 때부터 십대에 대한 선교를 이해하고 이에 헌신할 수 있었다.

1920년대에 우즈는 어릴 적에 소년학교를 다녔던 시드니로 가족과 함께 이사했고, 후에 야간에 시드니대학교(University of Sydney)에서 영어와 역사를 전공하여 학사학위를 취득했다. 낮에는 철강 공장에서 일했다. 비록 그가 '믿음을 가진 순간'이 위기 체험은 아니었지만, 어린이특수선교회(Children's Special Service Mission, CSSM) 소속 선교사 에드먼드 클락(Edmund Clarke)이 주관한 브로큰베이캠프(Broken Bay Camp, 1924)에서 비슷한 확실히 그런 순간을 체험했다. 이 사건을 계기로 그는 친구 빈센트 크레이븐과 함께 전도가 자신들의 소명이라고 확신하게 되었다. 해안선교와 고아원사역에 참여하면서, 또 형제단과 대학의 복음주의 성공회를 경험하면서, 개신교 근본주의와 자유주의

사인 세계적인 분열 상황에 관계하게 되었다.

1929년에 트레버 모리스(Trevor Morris)와 오스티머(Austimer)에서 열린 캠프에 참석하던 우즈는 인생을 바꾸게 되는 안내 책자를 받았다. ('복음주의 신학대학'이라는 이름으로) 댈러스신학교(Dallas Theological Seminary)가 세워진 지 이제 5년 밖에 되지 않았지만, (W. H. 그리피스 토마스[W. H. Griffith Thomas], 루이스 스페리 체이퍼[Lewis Sperry Chafer]가 든든하게 받치고 있는) 미국 근본주의 진영 내에서 이 학교는 그 지위에서 그 당시 시카고 근처에 설립된 J. O. 버스웰(J. O. Buswell)의 휘튼대학(Wheaton College) 말고는 경쟁자가 없을 정도였다. 우즈의 아버지는 뉴욕에 갔을 때 조지 길 박사(Dr George Gill)를 만난 적이 있었는데, 길 박사는 우즈의 아버지에게 아들을 댈러스로 보내라고 했다.

그러나 우즈가 미국으로 건너갈 수 있게 되기까지는 추가 1년이 더 필요했다. 1930년에 하워드 기니스가 오스트레일리아로 건너가서 브로큰베이(Broken Bay)에서 우즈와 크레이븐과 함께 사역했다. 세계 학생 전도와 은사 있는 지도자 양성의 비전을 기니스와 나누었을 때, 나이가 약간 어렸던 우즈와 크레이븐은 이에 매료되었다. 우즈와 크레이븐 역시 기니스에게 많은 영향을 미쳤는데, 기니스는 후에 이들을 기억하고 언급했다.

우즈가 이 초기의 사역에서 맺은 끈끈한 인맥은 일평생 그의 사역의 전형이 된다. 1930년 9월에 우즈는 아오랑이(Aorangi)호를 타고 홀로 북미로 떠났지만, 배에 탄 다른 기독교인들과 쉽게 친구가 되었다. (3등석에 탄 우즈는 1등석에 탄) 하워드 기니스의 삼촌 폴 기니스(Paul Guinness), 그리고 캐나다 기독학생회(InterVasity Christian Fellowship)에서 우즈와 동역하게 될 미래의 친구 아더 힐(Arthur Hill)의 부모를 만났다. 스물한 번째 생일 직전에 밴쿠버에 도착한 우즈는 그 지역 복음주의 학생들과 만난 후, 미국 댈러스로 기차와 차를 타고 떠났다.

댈러스로 이동하던 중에 우즈는 또 한 사람의 선도적인 미국 복음주의자인 로버트 홀 글로버(Robert Hall Glover)를 만났다. 그는 캐나다 출신으로, 북미 중국내지선교회(China Inland Mission, CIM) 본부 책임자였다. 글로버는 캐나다 매니토바(Manitoba) 빅토리아비치(Victoria Beach)에 소재한 중국내지선교회에서 시간을 보내라고 우즈를 초대했다. 이후 몇 년 동안 수차례 중국내지선교회에 동참하면서, 우즈는 캐나다에 제대로 자신을 알리게 되었다. 그러나 우즈의 당면한 과제는 댈러스였다. 이 시기는 대공황의 중반기로, 은행이 망하면서, 그가 학교 공부를 위해 모아둔 예금이 다 사라져 버렸다. 그는 가까스로 학교에서 '퇴학' 처분을 면했다.

그러나 동시에 우즈는 후원자를 모을 능력이 있었다. 1930년에서 1935년까지 그는 세 차례 하와이를 방문했는데, 1931년과 1933년에는 글로버의 요청으로 캐나다로 가서, 토론토를 거쳐 빅토리아비치에 있던 어린이특수선교회(CSSM)를 방문했다. 1933년에 학사를 마무리하기 위해 휘튼대학으로 전학했는데, 그 결과 연이서 댈러스에서 1934년에 신학사를 딸 수 있었다. 휘튼에 있는 동안 그는 성공회 교인이 되었고, 그곳에서 찰스 트라우트먼(Charles Troutman)을 비롯하여, 자신의 사역에 중요한 영향을 끼치게 되는 친구들을 사귀었다. 특히, 그는 트라우트먼을 나중에 캐나다 사역에 초청했는데, 이후 트라우트먼은 미국 초기 기독학생회(IVF) 대표로 일하게 된다.

공부를 마친 우즈는 하워드 오스트레일리아로 귀국하는 길에 기니스가 제안한 인도선교를 선택할지, 아니면 아더 힐이 제안한 캐나다 기독학생회 총무가 될지, 둘 중 하나를 선택해야만 했다. 기네스가 인도 방문을 취소하면서 우즈의 인생의 방향이 바뀌었다. 이제 토론토가 우즈가 앞으로 18년 동안 일할 베이스캠프가 되었다. 그는 캐나다 전 지역을 돌며 학생사역을 성장시키기 위해 열정을 다해 일하기 시작했다.

1936년, 유럽의 정치 상황은 더 악화되었고, 국제연맹(League of Nations)의 역할도 약화되었다. 같은 해에 우즈는 핀란드와 스위스에서 열린 학생대회를 방문해서, 자신의 이전 경험을 바탕으로, 전 세계적인 학생운동에 대한 비전을 나누었다. 토론토는 이런 이상을 실현할 수 있는 적합한 장소였다. 토론토는 전 세계 개신교 선교회들의 중심지였고, 영연방(British Common Wealth)에 속해 있었지만, 부상하고 있는 열강 미국과 너무 가까웠다. 1936년에 우즈와 트라우트먼은 시카고에서 열린 복음주의학생연맹대회(Convention of the League of Evangelical Students)에 참관인 자격으로 참석했다. 2년 뒤, 미국 기독학생회는 미시간대학교(University of Michigan)에서 이 네트워크를 토대로 창설되었다.

우즈는 1938년에 이본느 리치(Yvonne Ritchie)와 결혼했다. 1939년에는 우즈의 아버지가 신혼인 아들 부부를 방문하러 토론토에 왔다가 세상을 떠났다. 1940년에는 첫째 아들 스티븐이 태어났다. 1941년 우즈는 미국 학생사역을 이끌기 위해 휘튼대학으로 이동했는데, 시작은 1942년 1월이었다. 동시에 그는 여러 차례 캐나다를 방문함으로써 캐나다 사역도 계속해서 이어 나갔다. 영국 기독학생회 모델은 미국 상황에 맞게 조정되어야 했다. 1946년에 델라웨어(Delaware)의 대표 바바라 보이어(Barbara Boyer)가 우즈를 방문했을 때, 많은 학생들은 델라웨어는 어느 나라에 속했냐고 물었다. 우즈는 캐나다 사람도 아니고, 미국 사람도 아닌 터라, 중요한 시기에 문화적인 차이를 극복하고 다리는 놓는 일을 하기에 적합했다.

흥미롭게도, 오스트레일리아 사람인 우즈는 미국으로 이주했지만, 미국이 제2차 세계대전에 참전하면서, 당시 많은 미국 복음주의자들이 입대하여 오스트레일리아로 건너갔다. 그 결과, 1950년대에 오스트레일리아인이 북미 기독학생회를 운영하고, 빈센트 크레이븐이 (RAF와 함께 캐나다에서) 캠프사역에 관심을 가진 반면, 두 미국인 트라우트먼과 워너 허친슨(Warner Hutchinson)은 오스트레일리아와 뉴질랜드 기독학생회를 담당했다. 또한, 우즈는 많은 미국 기독학생회 졸업생들이 봉사하게 될 라틴아메리카선교회(Latin American Mission, LAM)를 통해 기독학생회 사역을 라틴아메리카로 확장하려고 했다.

1937년에 우즈와 트라우트먼은 대륙 전체를 순방하는 길에 멕시코에 들렀다. 1944년에는 한 달간 머물면서, 멕시코시티, 푸에블로(Pueblo), 오리자바(Orizaba), 보고타(Bogota), 메들린(Medellin), 카르타헤나(Cartagena), 바란퀼라(Barranquilla) 같은 도시를 순회했다.

이 여행 중에 에드워드 펜테코스트(Edward Pentecost) 같은 인물과 함께, 잘 연마된 '거룩한 기회'(holy opportunism)와 저명한 인물들을 연결시키는 능력을 과시했다. 예를 들어, 우즈의 비행정(flying boat)을 수리 때문에 자메이카로 가져가야 했을 때, 그는 이 지연된 시간을 캐나다 몬트리올 소재 맥길대학교(McGill University)에서 공부한 이들과 만나는 데 활용했다.

"이 계획에 없고, 일정에도 없는 대기 시간이 오히려 하나님의 계획이자 예지였다. 나는 학교들을 방문해서, 대학 개설을 위해 준비하는 것을 배우고, 교회 지도자들과 교육 중에 있는 학생들을 만날 수 있었다. 그들이 우리에게 도와 달라고 요청했다."

잡지 「히스」(HIS)와 우즈의 조직 능력으로 인해 기독학생회는 대륙 전역에 설립되었는데, 그 결과 제2차 세계대전 이후 전 세계에서 대학생이 늘어나는 현상에 대비할 수 있었다. 1950년에는 35명의 직원들이 전국에서 499개 기독학생회 조직을 만들고 학생들을 섬겼다.

종전이 선언되었을 때, 우즈는 기독학생운동의 한복판에 있었다. 예리한 눈으로 정책을 수립한 우즈는 미국과 캐나다에서 학생 수가 느는 현상이 전 세계적으로도 유행할 것이라 인식하고, 국제 기구를 만들 시기로 이때를 선택했다. 기독학생회는 (중국내지선교회와 수단내지선교회 유산이 있는 현장인) 토론토에서 첫 번째 선교대회를 1946년에 개최했는데, 500명의 대표단을 포함하여, 해럴드 오켄가(Harold Ockenga), J. G. 홀드크로프트(J. G. Holdcroft), 박트 싱(Bakht Singh), 로버트 매퀼킨(Robert McQuilkin), L. E. 맥스웰(L. E. Maxwell)을 포함한 지도급 신복음주의(neo-evangelical) 지도자 몇 명이 참석했다. 1948년에는 대회가 시카고 외곽 어바나(Urbana)로 옮겨서 열렸고, 10년 안에 대표단 수가 2,000명 이상으로 늘었다. 1964년에는 수가 6,000명으로, 1993년에는 17,000명 이상으로 늘었다. 이 대회는 전 세계 개신교 선교에 크게 공헌했다.

국제복음주의학생회(International Fellowship of Evangelical Students, IFES) 창립으로 이어지는 과정은 우즈가 D. M. 로이드-존스(D. M. Lloyd-Jones)와 다른 지도자들을 잉글랜드 옥스퍼드에서 만난 1946년에 시작되었다. 조직위원회는 1947년 8월에 하버드(Harvard)의 '필립스 브룩스 하우스'(Phillips Brooks House)에서 다시 만나 네트워크를 새로 만들었다. 이 네트워크는 '주 예수 그리스도를 믿는 개인의 믿음을 깨우고 더 깊게 하며, 전 세계 학생들을 더 적극적으로 전도하기' 위해 탄생했다. 처음에 10개의 회원 운동들로 시작되었다가, 1996년에 이르러서는 전 세계에서 130명 운동으로 확장되었는데, 여기에는 나이지리아 같은 곳에서 부흥을 지속하기 위한 수단이 된 수많은 거대 운동도 포함되어 있었다.

이 중 많은 운동이 우즈의 지도력 아래서 확장되었다. 첫 총무로 선출된 그는 스위스 로잔(Lausanne)에서 28년 동안 상주했다. (하루에 편지를 70통까지 받아쓰게 했다는 일화 등) 우즈는 무시무시한 작업 및 조직 능력으로 명성을 떨쳤다. 예를 들어, 유럽에서 일어난 운동 대부분은 국제복음주의학생회가 생기기 전에 이미 존재했지만, 직책과 기능을 공식화하고, 정기 행사를 열게 압박하고, 그로세토(Grosseto)의 라살시카이아(La Salsicaia)와 오스트리아의 미테르실 성(Schloss Mittersill) 같은 센터들을 확보한 인물은 우즈였다. 우즈는 세운 목표를 대체로 성취했는데, 이는 그에게 이상을 실현할 자원을 가진 이들과 이 이상을 공유하는 능력이 있었기 때문이었다.

모든 사람들이 전쟁 이후 국제복음주의학생회의 변화와 확장을 좋게 평가한 것은 아니었다. 경건주의자 트라우트먼 같은 일부는 이 운동의 성장이 매우 미국적인 기업화 과정 같아서, 복음이라는 마음의 종교 안에는 들어설 자리가 없다고 평가했다. 그러나 우즈에게 합리적인 수단과 신학(형제단의 전형적인 특징)은 하나님 나라 확장을 위한 단순한 도구여야 했다. 복음은 아주 중요한 것이었다. 그가 1954년 어바나대회의 강연 '한 눈' (A Single Eye)에서 언급한 대로, 그의 초점은 오직 하나였고, 힘은 사용되었고, 사명은 분명했다.

"만일 기독교인이 눈이 하나뿐이라면, 하나님만이 그의 목표이고, 정말로 자신을 위해서가 아니라, 이 땅의 부귀영화가 아닌 영원을 위해 산다면, 그의 온 몸은 빛으로 가득할 것이다. 그는 하나님의 뜻을 알게 될 것이다. 하나님은 그에게 계시하시는 당신의 진리, 당신의 뜻, 당신의 길을 말씀하실 것이다. 그런 사람은 하나님의 부르심을 들을 것이다. 눈을 오직 하나만 가진 사람은 뿌연 구름 하나 없이 맑은 시야를 얻을 것이다. 그는 습관적인 죄 때문에 더 이상 어둠 가운데 놓여 있지 않을 것이다. 이 세상의 것이 영원한 도성을 바라보는 그의 시야를 흐리지 않을 것이다."

1957년 대회에서 '그가 말씀하시거든 무엇이든지 그대로 행하라'는 본문으로 설교할 때 어바나에 대규모 인원이 모여 있었음에도 불구하고, 우즈는 모여든 사람들의 숫자로 성공을 가늠하지 않았다.

"여기 많은 사람이 모여 있다는 것을 알고는 많이 떨립니다. 그러나 숫자에 우리의 확신을 두어서는 안 됩니다. 이 세상의 숫자로 성공을 가늠하지 말아야 합니다. 우리가 숫자가 많다는 바로 그 사실이 위험입니다. 우리는 하나님을 보지 않아도 된다고 느낄지도 모릅니다. 사실은 우리 숫자가 많다는 바로 그 사실이 우리가 이전보다 훨씬 더 많이 하나님을 바라보아야 한다는 뜻입니다."

우즈의 운동은 무릎으로 앞으로 나아갔다. 처음부터 이른 기상, 묵상 시간, 개인 헌신을 아주 많이 강조했다. 기독교인의 삶은 성부 하나님, 성자 예수님, 성령 하나님과의 살아 있는 관계였다. 우즈의 경력은 오스트레일리아식 실용적이고 이타적인 헌신을 자신이 최고의 가치라 믿은 것과 혼합하여 섬김의 봉사로 보여 준 것이었다. 우즈는 1983년 4월 10일에 로잔에서 세상을 떠났는데, 지금도 여전히 유럽 및 학생선교단체에서 활발하게 활동하는 한 가족 및 세계적인 유산을 남겼다.

참고문헌 | C. S. Woods, *The Growth of a Work of God* (Downers Grove: IVP, 1978); C. S. Woods, *Some Ways of God* (Downers Grove: IVP, 1975); interviews, W. V. Craven, Charles Troutman et al., CSAC Archives; personal correspondence, Y. K. Woods and S. Woods; personal correspondence, Bruce Kaye, General Secretary, Anglican Church in Australia.

M. HUTCHINSON

찰스 칼드웰 라이리(Charles Caldwell Ryrie, 1925-2016)

세대주의 신학자, 교사, 저자. 그는 1925년 3월 2일에 미주리 세인트루이스에서 태어났고, 일리노이 앨턴(Alton)에서 어린 시절을 보냈다. 다섯 살에 회심했다. 고등학교를 졸업하고 롱아일랜드 스토니브룩학교(Stony Brook School on Long Island)에서 한 학기를 공부한 후 필라델피아 근처에 위치한 해버퍼드대학(Haverford College)에 입학했다. 그는 장래에 은행원이 되기 위해 이 대학에서 수학을 전공했다.

그러나 다른 영향을 받으며 인생의 진로가 바뀌게 된다. 이때 그에게 가장 큰 영향을 준 사람은 당시 댈러스신학교(Dallas Theological Seminary)의 총장이자 가족의 친구였던 루이스 스페리 체이퍼(Lewis Sperry Chafer)였다. 라이리는 1943년에 필라델피아에서 개인적으로 체이퍼 총장을 만난 후 기독교 목회자가 되겠다는 결심을 했다. 체이퍼와의 만남이 있은 지 얼마 후 라이리는 댈러스신학교에 입학하여 신학석사학위(1947)와 신학박사학위(1949)를 취득했다. 그는 일리노이 앨턴의 제일침례교회(First Baptist Church)에서 목사로 안수를 받았다.

1948년부터 1951년까지 캘리포니아에 위치한 웨스트몬트대학(Westmont College)에서 학생들을 가르쳤고, 이후에는 박사학위를 취득하기 위해 에든버러대학교(University of Edinburgh)에 입학하여, 1954년 철학박사를 취득했다. 그는 박사 논문을 쓰던 1953년에 댈러스신학교로 돌아가 조직신학을 가르치기 시작했다. 라이리는 1958년에 필라델피아성경대학(Philadelphia College of Bible, 현재는 Philadelphia Biblical University)의 총장으로 취임했다. 그가 총장으로 취임했을 당시엔 그 대학이 주정부로부터 학위 취득 인가학교로 심사를 받는 아주 중요한 시기였다. 그는 1962년에 댈러스신학교로 돌아가 조직신학 주임교수이자 박사학위 과정 책임자로 재직했다. 그러다 1983년 은퇴할 때까지 이 학교에 남았다.

라이리는 은퇴 이후에 활동 범위를 전 세계로 확대하여 강의, 저술, 교수 활동을 이어 나갔다. 그는 뉴욕의 생명의말씀성경학교(Word of Life Bible Institute)에서 정기적으로 강의했고, 1991년부터는 필라델피아성경대학의 겸임교수로 재직했다. 1981년에는 리버티침례신학교(Liberty Baptist Theological Seminary)에서 명예박사학위를 수여받았다. 라이리는 텍사스의 댈러스제일침례교회(First Baptist Church of Dallas) 교인으로 오랜 기간 헌신했다.

라이리는 소통에 뛰어난 사람이었다. 그를 특징짓는 간판 요소는 해석의 정확성, 발언의 간결함, 표현의 명료성이었다. 라이리는 항상 어떠한 이슈를 설명할 때는 본질에 집중하고, 비본질적인 것을 제거하며, 사상을 간단하고 명료하게 제시했기 때문에 신학 훈련을 받지 못한 사람들도 그를 통해 심오한 교리에 접근할 수 있었다. 그는 성경에 조금도 아낌없이 헌신했고, 직설적이지만 평화로운 정신으로 자기 확신을 표현한 인물이었다.

라이리는 이런 단순한 소통 방식을 어린이를 위한 일련의 실례 교육에서 보여 주었다. 그러나 더 중요한 공헌이 곧 이어졌는데, 그가 쓴 박사논문들, 수업 노트, 채플 설교들, 당대의 신학 논쟁 등을 통해 힘을 공급받았다. 그 결과 약 30권의 책, 수많은 소논문 및 소책자가 발간되었는데, 이들 중 다수는 현재 여러 나라 언어로 번역되었고, 다루는 성경 주제 또한 다양하다.

라이리의 주요 저작 중 첫 번째는 그가 1953년에 쓴 『전천년주의 신앙의 기초』(The Basis of the Premillennial Faith)였다. 신학박사 논문을 개정해서 출판한 이 책에서 그는 전천년설이 요한계시록 20장만을 기초로 한 해석이 아니라, 성경을 문자적으로 해석하고 여러 예언 관련 구절의 문법과 문맥을 고려한 해석학에 근거한다고 주장했다. 또 다른 초기 저서로 『신정통주의』(Neo-orthodoxy, 1956)가 있었는데, 그는 이 책에서 여러 신정통주의 신학자들의 신학을 간략히 요약하고, 이들의 논리적 의미를 파악했다. 이어진 저작은 『교회에서의 여성의 역할』(The Role of Women in the Church, 1958)로, 이 책은 그가 에든버러에서 쓴 박사논문을 교회 현장에 적용한 내용이었다.

『신약의 성경신학』(Biblical Theology of the New Testament, 1959)에서 라이리는 '신학은 성경이라는 직물의 일부이며, 그 자체로 강요되거나 연구되어서는 안 되는 것이다'라고 주장했다. 신학은 '성경에 제시된 바대로 역사적으로 조건화된 하나님의 자기계시를 체계적으로 다루는 것'이다. 라이리의 단순하지만 핵심을 꿰뚫는 저술 방식의 전형은 1963년에 쓴 『하나님의 은혜』(The Grace of God)와 1965년에 쓴 『성령』(The Holy Spirit)이다. 전자에서 그는 은혜를 통해 자유를 얻는다고 주장하지만, 율법주의와 방종 모두를 비판했다. 또한, 그는 후자의 책에서 성령의 위격과 사역에 대해서 탈은사주의적(non-charismatic) 해석을 발전시켰다.

그는 1965년에 출간된 『오늘날의 세대주의』(Dispensationalism Today, 1995년에 개정확장판 출간)라는 책을 통해 자신의 세대주의 신학을 본격적으로 전개했다. 이 책에서 그는 세대주의에 대한 일반적인 오해를 불식시키고, 이를 어떻게 정확하게 가르칠지 고민했다. 그는 세대(dispensation)를 '하나님의 목적이 확연히 드러나는 두드러진 경륜'으로 정의했다. 그는 성경에서 최소 세 개의 세대(시대)를 찾아낸다. 하나는 율법 시대(구약의 이스라엘)이고, 또 하나는 은혜 시대(교회)이며, 마지막은 천년왕국 시대이다. 각 경륜 속에서도 하나님의 구원 방식은 동일하다는 것이 라이리의 주장이었다.

라이리는 기독교인의 삶에 대한 신학적 고찰을 담아 1969년에 『균형 잡힌 기독교인의 삶』(Balancing the Christian Life)이라는 책을 출판했다. '순전하고 온전한 영성은 모든 기독교인의 삶의 목표다'라는 논지 아래, 그는 기독교인의 삶에 대한 성경의 개념, 개인 책임, 실제적인 문제를 다룬다. '실제적인 문제' 중 하나인 그리스도가 구세주이기 위해서는 주님이기도 해야 하는가 하는 문제에 대해서 그는 1989년작 『그토록 엄청난 구원』(So Great Salvation)에서 풀어 냈다. 이 책은 존 F. 맥아더(John F. MacArthur)의 『예수 복음』(The Gospel According to Jesus, 1988)에 대한 답변적 성격이 강한 책이다. 맥아더는 자기 책에서 라이리와 몇몇 학자들이 '쉬운 믿음주의'를 가르치고 있다고 비난했다. 이에 대해 라이리는 하나님의 은혜의 무조건적인 본질과 특별히 은혜로운 복음으로의 초대를 강조했다.

또한, 라이리는 평신도 학생들에게 조직신학을 가르쳤다. 라이리는 하나님이 모든 신자가 성경을 이해하기를 원하실 것이라는 가정에 근거해서 『성경 교리 탐구』(Survey of Bible Doctrine, 1972)를 발간했다. 이어서 전문성이 없는 독자를 위한 보다 종합적인 서적인 『기본신학』(Basic Theology, 1986)을 편찬했다. 『기본신학』은 조직신학의 일반적인 구분 범주를 따르며, 성경 무오 및 성경에 대한 '정상적인' 혹은 '평이한' 해석을 제시했다.

라이리는 사회 이슈에 대해서도 성경적으로 접근하려고 노력했다. 『성경은 이렇게 가르친다』(*You Mean the Bible Teaches That...*, 1974, 1991년에 『현대 사회 문제에 대한 성경의 응답』[*Biblical Answers to Contemporary Issues*]이라는 제목으로 개정판 출간)에서, 라이리는 열세 가지 당대의 사회 이슈에 성경의 가르침을 적용하려고 시도했다. 『당신이 사회 책임에 대해 알아야 하는 것』(*What You Should Know About Social Responsibility*, 1982) 또한 몇 가지 사회 이슈를 다루지만, 사회 참여에 대한 성경의 더 폭넓은 '의제'를 다룬다. 라이리에 의하면, 이런 사회 참여는 복음 자체는 아니며, 이 복음이 논리적으로 적용된 결과다.

라이리를 가장 유명하게 만들어 준 책은 『라이리 스터디 바이블』(*The Ryrie Study Bible*, 1976, 1994-1995년 증보판 발행)이었다. 킹제임스(KJV), 뉴킹제임스(NKJV), 뉴아메리칸스탠다드(NASB), 뉴인터내셔널(NIV) 영어성경을 판본으로 제공된 이 주석 성경은 해설식 주해 노트, 그래픽 및 다른 도움 되는 자료들로 성경본문을 더 분명하게 이해할 수 있게 하려고 노력했다. 비록 그의 전천년주의적이고 세대주의적인 관점이 자주 노트에서 분명히 드러났지만, 교리주의를 거부하고 대안적 견해를 제시함으로써 이 『라이리 스터디 바이블』은 더 폭넓은 범주의 보수 기독교인에게 수용될 수 있었다.

라이리의 작업에 대한 반응이 다양했다는 사실은 충분히 이해할 만하다. 언약신학을 가진 이들은 여전히 설득당하지 않았지만, 그의 온건한 세대주의와 사회 참여에 대한 주의 깊은 개방성은 많은 이들의 지지를 이끌어 냈다. 반면에 은사주의자들은 성령 은사에 대한 그의 해석에 동의하지 않았고, 어떤 이들은 하나님의 은혜에 대한 라이리의 관점 속에 반율법주의의 함정이 도사리고 있다고 비난했다. 성경을 공부하는 많은 이들에게 청량감을 가져다준 그의 간결함과 단순함을 모든 이들이 선호한 것도 아니었다.

'단순'(simple)하면 '극단적으로 단조'로워지지 않을까?

라이리 자신에게는 분명한 신학적인 논조들이 그의 글을 읽거나 듣는 독자나 청중에게도 언제나 그렇게 분명할까?

토론이 필요한 적절한 이슈들을 손도 안대고 남겨둔 건 아닌가?

어떤 이들에게는 충분한 설득력을 지녔지만 반면에 또 다른 이들에게는 여전히 부족하게 느껴졌다. 라이리의 가장 위대한 유산은 그가 소중하게 여긴 성경을 평신도가 더 잘 이해하도록 도왔다는 것일 수 있다. 실제로, 그는 자신이 그러한 역할을 한 인물로 기억되고 싶어 했다. 그는 다음과 같이 주장했다.

"내가 사람들을 위해 할 수 있는 최선은 그들이 성경을 더 많이 접하게 하는 것이다. 모든 책과 소책자, 논쟁, 설교, 세미나…는 사람들을 믿음에 이르게 하고, 이어서 그리스도를 닮게 만드는 말씀의 능력에 비할 바가 아니다. 말씀을 읽으라. 말씀을 사랑하라. 그리고 말씀대로 살라."

참고문헌 | W. Willis et al. (eds.), *Basic Theology: Applied* (Wheaton: Victor, 1995).

R. E. WENGER

찰스 토마스 스터드(Charles Thomas Studd, 1860-1931)

세계복음화십자군(Worldwide Evangelization Crusade, WEC)의 설립자. 그는 잉글랜드 윌트셔(Wiltshire)의 부자로, 황마(jute) 및 인디고(indigo) 재배업에 종사하다 은퇴한 에드워드 스터드(Edward Studd)의 세 아들 중 막내로 태어났다. 열여섯 살에 뛰어난 운동선수로 이름을 날린 찰스 스터드는 이턴대학(Eton College) 크리켓팀 주장이었다. 케임브리지대학교 트리니티대학(Trinity College)에 다닐 때에는 잉글랜드에서 가장 뛰어난 크리켓 선수로 전국적으로 인정을 받았다.

그는 D. L. 무디(D. L. Moody)와 아이라 생키(Ira Sankey)의 사역을 통해 깊은 영적 갱신을 경험했고, '케임브리지 세븐'(Cambridge Seven)으로 알려진 눈에 띄는 케임브리지 학생 모임의 영향력 있는 일원이 되었다. 케임브리지 세븐은 경제적으로 부유한 특권 계층 출신의 젊은 졸업자 모임으로, 이들은 자신들의 전도 유망한 경력을 포기하고 중국선교사가 되었다. 잉글랜드에서 가장 유명하며 가장 인기 있는 운동선수 중 한 사람이던 찰스 스터드가 자신의 삶을 선교사로 헌신하려고 결심한 일은 대중매체에 큰 반향을 일으켰고, 이로 인해 학생자원운동(Student Volunteer Movement, SVM)이 출범했다.

그는 1885년에 중국내지선교회(China Inland Mission, CIM)의 소속으로 중국으로 갔는데, 당시 중국내지선교회의 급진적인 성육신 원칙들을 찰스 스터드가 무모하게 지지하고 실천하자, 심각한 비판과 깊은 존경이라는 두 가지 반응이 모두 나타났다. 그의 남은 생애 내내 이런 두 반응이 혼재했다. 25살 생일이 지난 후, 그는 자신이 받은 유산의 10분의 9를 여러 다양한 기독교 협회에 기부했다.

그의 좌우명은 다음과 같았다.

"만약 그리스도가 하나님이고 나를 위해 죽었다면, 내가 그를 위해서 못할 희생 같은 것은 없다."

중국에서 그는 프리실라 리빙스턴 스튜어트(Priscilla Livingston Stewart, 1864-1929)와 결혼했는데, 프리실라는 얼스터(Ulster) 출신의 젊은 아일랜드 여자로, 기질과 헌신도가 찰스 스터드와 비슷했다. 찰스 스터드가 프리실라에게 준 결혼 선물은 자신이 받은 유산의 10분의 1이었는데, 그녀 역시 즉시 이 유산을 다른 사람들에게 기부했다. 이들에게는 딸이 네 명 있었다.

1894년에 건강에 문제가 생겨 잉글랜드로 돌아간 이들은 자신들이 가지고 있던 재산을 모두 중국내지선교회에 기부했다. 이후 6년 동안 찰스 스터드는 학생자원운동을 대표하여 미국과 영국 전역을 순회했고, 이후 1900년에 인도로 가서 오오타카문드(Ootacamund)의 영어권 교회 목사로 사역했다. 1906년에 다시 한 번 건강 문제로 잉글랜드로 돌아간 그는 설교 목회를 재개했다. 1910년에 여전히 건강이 좋지 않았고, 병든 아내도 그가 잉글랜드에 남아 있기를 원했지만, 찰스 스터드는 아프리카로 떠났다가, 1년 후에 세계복음화십자군의 전신인 아프리카심장선교회(Heart of Africa Mission)를 설립하기 위해 잉글랜드로 돌아갔다.

1913년, 찰스 스터드는 미래의 사위 알프레드 벅스턴(Alfred Buxton, 1891-1940)과 함께 벨기에령 콩고(이후 콩고인민민주주의공화국)에서 많은 이들이 돈키호테 같은 선교라고 지적하는 18년간의 선교활동을 시작했다. 먼 곳에서 영감을 주는 모범이자, 현장 지도자이자, 동료였던 그는 행정가로서는 완고하며 무능했기 때문에 죽을 때까지 자신의 가족, 동료 선교사, 아프리카인과 극심하고 오랜 갈등을 겪었다.

1928년에 한번 아프리카에 방문했을 뿐인 아내 프리실라는 찰스 스터드가 아프리카에 체류하던 내내 잉글랜드에 머물렀다. 1929년에 사망할 때까지 그녀는 사실상 과부나 마찬가지였다. 1931년 7월에 찰스 스터드가 이밤비(Ibambi)에서 죽은 후에, 그와 갈등을 겪던 선교조직은 그의 또 다른 사위로 유명한 노먼 P. 그럽(Norman P. Grubb, 1895-1993)의 유능한 지도력 아래 성장하기 시작했다. 오늘날 세계복음화 십자군은 여전히 조직 설립자의 급진적인 정신을 유지하며, 70개국 이상에서 사역하는 1,682명의 선교사로 구성된 국제 공동체다.

참고문헌 | J. T. Erskine, Millionaire for God: The Story of C. T. Studd (London: Lutterworth Press, 1968); N. P. Grubb, C. T. Studd: Cricketer and Pioneer (London: Religious Tract Society, 1933); J. C. Pollock, The Cambridge Seven: A Fire in China-C. T. Studd and His Friends (Leceister: Inter-Varsity Press, 1996).

J. J. BONK

찰스 페리(Charles Perry, 1807-1891)

오스트레일리아 멜버른(Melbourne) 첫 성공회(Anglican) 주교(1847-1874). 그는 부유한 상인이자 에섹스(Essex)의 보안관의 아들로, 해로 스쿨(Harrow School, 런던에 소재한 사립학교로, 1571년 창립-역주)과 케임브리지대학교 트리니티대학(Trinity College)에서 교육을 받았다. 1828년에 수학(수석 1급 합격자senior wrangler)과 고전(classics)을 전공하여 학부를 일등급 우등으로 졸업했고, 최초로 스미스상을 받았다(first Smith's prizeman). 1829년부터 1832년까지 이너템플(Inner Temple, 법학원 중 하나-역주)에서 법을 공부했는데, 이 시기에 페리는 신앙적인 회의로 고민했다. 이때의 고민으로 그는 종교 문제에 개인적 판단을 해야 한다는 깊은 의무감을 갖게 되었다. 그가 복음주의 신앙을 수용한 것도 성경을 스스로 공부한 후 내린 판단이었다.

이때 이후 그는 에드워드 호어(Edward Hoare), 그리고 찰스 시미언(Charles *Simeon)을 이어 케임브리지의 홀리트리니티교회(Holy Trinity Church)를 맡은 윌리엄 캐러스(William Carus)의 영향을 받아 복음주의 네트워크의 일원이 되었고, 토마스 F. 벅스턴(Thomas F. Buxton)과 조셉 존 거니(Joseph John Gurney)와 특별한 우정을 나누게 되었다.

1832년에는 트리니티대학 교수로 임명되었다. 이후 신앙을 확인하고 안수를 받고 싶은 열망에 찬 페리는 1833년에 글로스터(Gloucester) 주교에게서 부제로 서품을 받았고, 1836년에 엘리(Ely) 주교부터 사제 안수를 받았다. 이어 반웰(Barnwell)의 크라이스트교회(Christ Church)와 뉴타운(Newtown) 세인트폴스교회(St Paul's Church)에서 부사제로 일하다가, 1845년부터 세인트폴스교회의 관할 사제가 되었다. 그는 1841년에 헐(Hull) 지방의 상인 새뮤얼 쿠퍼(Samuel Cooper)의 딸 프랜시스(Frances)와 결혼했다. 교육을 많이 받은 프랜시스는 밝은 성격의 소유자로, 남편의 복음주의 신앙을 함께 공유했다.

페리는 교회선교회(Church Missionary Society, CMS) 총무 헨리 벤(Henry Venn)의 조언에 따라 오스트레일리아 멜버른 주교로 임명되었다. 그동안 벤은 페리가 안수받기 위해 준비하는 과정과 교회선교회에 대한 관심에 깊은 인상을 받은 바 있었다. 페리는 1847년 6월 29일에 웨스트민스터사원(Westminster Abbey)에서 주교로 임명되었는데, 이때 케이프타운(Cape Town), 뉴캐슬(Newcastle), 애들레이드(Adelaide) 주교도 함께 서임되었다. 사실, 페리는 서임된 네 주교 중에서 가장 부적절한 후보라 여겨졌다. 1848년 1월 23일에 그가 멜버른에 도착했을 때, 지역 인구는 43,000명에 불과했다. 그러나 이 중 절반가량이 성공회 신자였다. 페리가 데리고 있는 성직자는 얼마 되지 않았는데, 이들 대부분은 아일랜드 출신이었다. 페리는 이들의 열정은 인정했지만, '생각이 좀 잘못된 사람들'이라고 평가했다. 따라서 그가 평신도 독경사들(readers)에게 너무 의존한다며 논란이 일기도 했다.

1851년에 금광이 발견되면서 엄청난 이민자들이 오스트레일리아의 빅토리아 지방으로 이주하면서, 식민지가 완전히 새로운 곳으로 변모했고, 페리 또한 갑작스레 오스트레일리아교회에서 매우 중요한 위치에 서게 되었다. 아내 프랜시스 페리는 당시 상황을 이렇게 기록했다.

"금! 금! 금!…우리는 금에 미쳐 있다. 이 욕망의 말로가 우리를 어디로 치닫게 하는지 아무도 모른다. 멜버른은 지금 속치마(petticoat) 같이 무력한 정부 아래 거의 방치되어 있다."

페리 부부는 함께 말을 타고 금광을 순회했다. 남편 페리는 승마복을 입은 채로 설교를 했고, 아내 페리는 금광 개발이 아이들에게 끼칠 나쁜 영향을 걱정하는 성직자 아내들에게 기운을 북돋아 주었다. 자녀가 없던 프랜시스는 높은 유아 사망률에 마음이 아파서 입원 병원을 설립했는데, 나중에 이 병원은 유명한 왕립여성병원으로 발전하게 된다.

1850년에 시드니에서 처음 모인 오스트레일리아 주교 회의에서 페리는 잉글랜드에서 있었던 고럼평결(Gorham judgement)과 일치되는 유아세례 견해를 주장했다. 이 판결에서는 세례를 통해 중생한다는 주장을 거부하는 태도가 잉글랜드국교회(Church of England)의 교리에 위배되지는 않는다고 선언했다. 당시, 시드니의 연로한 윌리엄 그랜트 브로턴(William Grant Broughton)이 이끈 다섯 주교는 고교회(High Church) 전통을 확신했는데, 이들의 신앙은 페리의 복음주의 신앙과 조화되기 어려웠다. 또한, 이들은 기독교 교리 및 교회-정부 관계에서 중요한 이슈라고 생각한 것에 대해서도 합의된 견해를 제시하지 못했다.

페리는 복음주의적 확신에 근거하여 일관성 있게 행동했고, 비밀 고해로든 개별 사면 선언이든, '사제의 축사 후에 주님의 탁자 위에 놓인 **빵과 포도주에, 어떤 의미로든**, 그리스도가 임재한다는 교리'를 믿는 성직자는 누구든 교구에서 추방하고자 시도했다. 그는 가운을 입고 성가를 부르는 성가대를 예배 시간에서 빼려고 열심히 노력했지만 실패했는데, 페리가 보기에, 이들은 예전을 '단순한 음악 공연'으로 만들어 버렸기 때문이다. 또한, 그는 교회협회(Ecclesiological Society)의 영향력에 대항하여 뻔히 질 싸움을 하고 있었다. 멜버른에는 당시 이 협회의 추천을 받아, 이들을 활용하여 교회 건물을 신고딕 양식으로 지으려 한 건축가들이 많았기 때문이었다.

1850년에 열린 시드니대회에서는 새로운 교구에 어떤 방식의 자치를 허용해야 하는가 하는 문제를 논의했다. 법을 전공했던 페리는 잉글랜드 교회법을 새로운 식민지에 적합하지 않은 방식으로 적용할 때 생기는 문제를 인식했다. 애들레이드의 쇼트(Short) 주교와 뉴질랜드의 셀윈(Selwyn) 주교는 각자 교구에서 합의된 협약에 근거하여 교회법을 제정하려고 했지만, 페리는 멜버른에는 제국법이 필수적이라고 주장했다.

드디어, 1854년에 빅토리아 잉글랜드국교회에 자치를 허용하는 법안이 빅토리아 법률의회에서 가결되었다. 이듬해에는 왕의 승인을 받았고, 페리는 1856년에 식민지에서 처음 열린 법적으로 승인된 총회에서 의장으로 사회를 보았다. 당시 시드니와 태즈메이니아(Tasmania) 교구는 유사한 절차를 추진하려고 했던 반면, 뉴캐슬, 애들레이드, 뉴질랜드 교구는 법과는 관계없이 합의된 협약이라는 과정을 채택했다.

페리는 멜버른문법학교(1849)와 지롱문법학교(Geelong Grammar School, 1857) 설립을 관장했다. 그의 믿음에 따르면, 토마스 아놀드(Thomas Arnold)의 원리에 기초하여 세워진 이런 학교들은 차세대 사회 지도자를 양성할 수 있는 교육 기관이었다. 페리는 또한 창립 시기부터 멜버른대학교(University of Melbourne) 고문으로 일했다. 1851년에 빅토리아가 뉴사우스웨일스(New South Wales)에서 분리되고, 금광도 발견되자, 페리는 이렇게 썼다.

"한 인간의 창조는 언제나 그들이 받은 교육 수준에 달려 있다."

멜버른 트리니티대학(1872)의 창립총장이었던 페리는 이 학교를 자신이 다녔던 케임브리지대학(Cambridge college)처럼 만들려고 노력했다. 그러나 이 학교는 케임브리지보다 훨씬 더 세속적인 환경 속에서 다르게 발전해야만 했다. 페리는 자신이 주교로 담당하던 지역에서 성직자를 양성하는 학교를 세우려고 하지는 않았다.

1869년에 빅토리아의 인구 및 교회 증가는 경이로운 수준이었다. 당시 성직자가 113명, 교회가 162개, 사제관 및 목사관은 75개에 달했다. 1873년에는 밸러랫(Ballarat) 교구가 멜버른에서 새로 분리되었다. 그는 인기를 얻으려고도, 유지하려고도 하지 않았다. 1874년에는 영국으로 돌아간 그는 다시 랜다프대성당(Llandaff Cathedral) 참사회원으로 임명받았고, 이제는 부회장으로서, 일평생 봉사했던 교회선교회(Church Missionary Society)를 계속 섬겼다.

1881년에 그는 은퇴와 함께 마지막 업적으로, 케임브리지에 리들리홀(Ridley Hall)을 설립했다. 일부는 그가 이 학교를 세우면서 학교 이사진에게 교리 선언에 의무적으로 서명해야 한다는 요구 사항을 내건 것을 비판했지만, 페리는 이런 장벽이야말로 합리주의 예전주의에 저항하기 위해 필요한 조치라고 주장했다.

그가 1874년에 멜버른 교구에서 은퇴할 때, 「처치타임스」(*Church Times*)는 페리의 '옹고집과 청교도주의'를 비판하면서, '길을 잃고 헤매다 교회로 들어온 장로교 혹은 비국교도 목사가 주교가 되다니 이 얼마나 큰 재앙인가!'라는 문장으로 마무리했다.

냉정하고 합리적인 사상가이자 타협하지 않는 복음주의자였던 페리는 열정과 당파주의에 휘둘린 정책 결정을 내리던 식민지에 건전하고 분석에 근거한 판단을 가져다 준 인물이었다. 그는 빅토리아 잉글랜드국교회에 법적 기초를 세웠고, 급속도로 팽창하는 교구를 총괄했으며, 평신도가 교회에서 공헌할 수 있는 활동의 장을 마련했다. 사실, 그의 완고한 성격 때문에 재능이 탁월했던 이 교회 지도자가 더 많은 것을 성취하지 못했다고도 할 수 있다. 그러나 그는 바른 법 절차를 면밀하게 준수했고, 자신을 반대하는 사람들에게도 한 치의 실수 없이 정중했다. 어떤 사람들은 성직에 대한 편협한 인식을 가졌다고 그를 비판하기도 하지만, 그가 공정한 인물이라는 사실에 대해서는 의문이 제기된 적이 없다.

참고문헌 | G. Goodman, *The Church in Victoria during the Episcopate Bishop Perry* (Melbourne: Melville, Mullen & Slade, 1892; M. Loane, *Hewn from the Rock: Origins and Traditions of the Church in Sydney* (Sydney: Anglican Information Office, 1976); A. de Q. Robin, *Charles Perry, Bishop of Melbourne: The Challenges of a Colonial Episcopate, 1847-76* (Nedlands: University of WA Press, 1976).

S. PIGGIN

찰스 폭스 파햄(Charles Fox Parham, 1873-1929)

오순절운동 개척자이자 고전적 오순절 교리의 설계자. 그는 1873년 6월 4일 아이오와 머스캐타인(Muscatine)에서 윌리엄 M. 파햄(William M. Parham)과 앤 마리아 파햄(Ann Maria Parham, 결혼 전 성은 에켈[Eckel]) 사이에서 다섯 아들 중 셋째로 출생했다. 찰스 파햄은 어렸을 때부터 허약한 체질 때문에 많은 고생을 했다. 태어난 지 얼마 안 되었을 때 바이러스(아마 뇌염일 것으로 추정)로 인해 큰 어려움을 겪었고, 9살에는 류머티즘 열로 인해 신체적 성장이 지체되었을 뿐만 아니라 후에 이 병이 재발하여 크게 고생했다. 1878년 파햄 가족은 캔자스 세지윅 카운티(Sedgwick County)로 이주하여 농사로 성공을 거두며 부유해졌다.

파햄 가족은 교회에 잘 출석하지는 않았지만, 찰스 파햄의 어머니는 아이들에게 기독교식 경건을 어느 정도 가르쳤다. 찰스 파햄은 같은 해 처음으로 류머티즘 열에 걸리는 아픔을 겪으면서 하나님께서 자신을 목회자로 '부르신다'라고 느꼈는데, 이는 그가 회심을 고백하기도 전이었다. 1885년에 어머니가 숨을 거둔 이듬해에 찰스 파햄은 자신의 회심을 확신하게 되었고, 지역에 있는 한 회중교회에 출석하기 시작했다. 1890년에는 사우스웨스트 캔자스대학(Kansas College)에 입학하여 북감리교에서 목회자가 되기 위한 훈련을 받기 시작했다. 찰스 파햄은 이후 다시 류머티스 열에 걸리게 되었고, 이로부터 회복한 이후에는 보다 확실하게 자신의 소명을 받아들이게 되었다. 또한, 이런 육신의 질병을 치유하는 신유가 가능하다는 것도 확신하게 되었다.

찰스 파햄은 1893년에 학교 공부를 마치지 않은 채 대학을 떠나 캔자스 유도라(Eudora)에 있는 감리교회의 임시목사로서 사역을 시작했다. 사역은 성공적이었지만, 그는 전혀 쉬지 않았고, 논쟁의 여지가 있는 웨슬리파 성결 교리를 수용하고, 신유를 과도하게 믿으면서, 그를 지도하던 선배 목회자들을 불편하게 만들었다. 결국, 찰스 파햄은 1895년에 감리교 강도권을 포기하고 독립 사역을 시작했다. 찰스 파햄은 이듬해에 퀘이커교도의 딸 새라 엘리노어 티슬트웨이트(Sarah Eleanor Thistlethwaite)와 결혼했다. 이 부부의 자녀 중 다섯 명이 생존하여 성년까지 성장했다.

1898년 찰스 파햄은 캔자스 토피카(Topeka)로 이주하여 신유를 갈구했던 이들이 머무는 '베델 치유의 집'(Beth-El Healing Home)을 열었다. 여기서 찰스 파햄은 격월간 정기 간행물 「아포스톨릭 페이스」(Apostolic Faith)를 창간했다. 1900년 여름, 찰스 파햄은 세 달에 걸쳐 성결운동이 성장하던 여러 주요 지역을 방문했고, 특히 6주간을 프랭크 W. 샌퍼드(Frank W. Sandford)가 지도하던 공동체와 메인(Maine) 실로(Shiloh)에 위치한 '성령과 우리 성경학교'(Holy Ghost and Us Bible School)를 방문한 후, 샌퍼드와 함께 순회활동을 전개했다.

이미 성령의 '늦은 비'(latter rain) 부어 주심에 대한 성결 교리에 영향을 받은데다, 오순절에 일어난 사도들의 방언 사건에 자극을 받은 찰스 파햄은 세계복음화를 위한 샌퍼드의 사역과 비전에 큰 감명을 받았다. 샌퍼드와 찰스 파햄은 그리스도의 전천년 재림이 선교활동의 전례 없는 진보를 포함한 전 세계적 부흥 이후에 이뤄질 것이라고 믿었다. 성령의 역사로 자신이 배우지 못했던 인간의 언어(방언, xenolalia)로 말할 수 있게 되는 은사가 선교사들에게 주어진다고 믿은 찰스 파햄은 제니 글레시(Jennie Glassey)라는 선교사가 이 경험을 한 바 있다는 증언을 들었다. 또한, 실로에서 실제로 방언을 듣게 되자 여기에 완전히 매혹 당했다. 토피카로 돌아갈 무렵, 찰스 파햄의 성령세례에 대한 견해는 상당히 발전했다.

이제 찰스 파햄은 방언은 성령세례를 받은 증거이며, '성령으로 충만한' 선교사들은 이제 언어에 뛰어난 전문가로 거듭나 언어 훈련을 받을 필요도 없이 선교지에 가 바로 현지어로 말씀을 선포할 수 있다고 가르치기 시작했다. 10월에 선교사 훈련을 위해 베델성경학교(Bethel Bible School)를 연 찰스 파햄은 학생들에게 성령세례에 대한 새로운 인식을 가져야 한다고 가르쳤다.

1901년 1월 1일 시작된 부흥회 기간 동안 애그니스 오즈먼(Agnes Ozman)이 방언을 하기 시작했다. 이후 며칠 사이에 찰스 파햄뿐만 아니라 여러 다른 학생도 방언을 시작했다. 그럼에도 불구하고, 이후 심한 비난과 예상치 못한 문제들이 터지면서, 학교는 결국 문을 닫아야 했다. 찰스 파햄은 다시 전도 순회단으로 돌아갔는데, 1903년 갈레나(Galena)에서 있었던 부흥집회를 시작으로 다시 사역에서 성공하며 명성을 떨치기 시작했다.

1905년 초에 찰스 파햄은 몇 명의 추종자들과 함께 텍사스 휴스턴으로 이동하여 도시 외곽 지역에서 여러 전도집회를 개최했다. 이 당시 오순절운동이 처음에 불리던 이름인 사도신앙운동(Apostolic Faith movement)이 느슨하게 조직된, 새로운 교회 네트워크로서 상당한 성공을 거두기 시작했다. 12월에 찰스 파햄은 스스로를 이 운동의 '기획자'(Projector)라고 주장하며,

추가로 10주간의 단기 성경학교를 열었다. 당시 아프리카계 미국인이자 성결운동 전도자 윌리엄 J. 시모어(William J. Seymour)가 그 당시 인종법이 정한 규정에 따라 교실 바깥에서 찰스 파햄의 강의를 경청하고 있었다.

1906년 2월에 캘리포니아 로스앤젤레스로 이주한 시모어는 아주사스트리트부흥(Azusa Street revival, 1906-1909)의 전개 과정에서 큰 활약을 했다. 이 운동은 순식간에 전 세계로 퍼졌다. 1906년 9월에 찰스 파햄은 존 알렉산더 다위(John Alexander Dowie)가 개척한 일리노이 자이언시티(Zion City, 오늘날의 자이언)로 가서 설교를 했는데, 이전에 다위를 따랐던 수백 명의 청중에게서 뜨거운 반응을 이끌어 냈다. 10월 말에는 시모어가 이끌던 아주사스트리트의 사도신앙선교회(Apostolic Faith Mission)를 방문했다. 당시 아주사스트리트부흥은 자체로 독립된 정체성을 가지고 성장하고 있었다. 시모어와 이 교회 신자 대부분은 자신들을 감독하고 예배 시간에 신앙적 열광을 통제하려던 찰스 파햄에 반발했다. 자이언시티로 돌아간 찰스 파햄은 또 다른 실패를 맛보게 된다. 윌버 글렌 볼리바(Wilbur Glenn Voliva)를 제치고 조직을 체계화하고 국제 네트워크를 장악하려던 그의 노력이 수포로 돌아간 것이다.

1907년 여름에는 설상가상으로 찰스 파햄이 텍사스 샌안토니오(San Antonio)에서 동성애 혐의로 체포되면서 모든 지도자 직책을 내려놓았다. 이 동성애 혐의가 제대로 입증되지 않아 고발은 취하되었지만, 찰스 파햄의 정적들, 특히 자이언시티 주민들은 보고서를 왜곡하여 빈정거리는 말을 계속 쏟아 냈다. 자신에 대한 여러 풍문들을 모두 부인한 찰스 파햄은 목회를 계속할 수는 있었지만, 오순절운동에서 그의 영향력은 급격히 약화되었다. 찰스 파햄이 1929년 1월 29일에 캔자스 백스터스프링스(Baxter Springs)에서 숨을 거두었을 때에는 추종자가 몇 천 명밖에 남지 않았다. 1907년 이후부터 찰스 파햄은 점점 더 신경질적으로 변했는데, 영향력이 줄어들고, 태도가 인종 차별적이고, 자신이 기초를 마련하는 데 공헌했던 운동에 대한 환상에서 벗어나고 있었기 때문이었다. 오순절운동을 연구하는 몇몇 역사가가 이 운동 초기에 그가 한 역할을 재발견하기 이전까지 그는 수십 년간 거의 잊혀진 인물이었다.

찰스 파햄은 믿음으로 구원받는다는 교리, 웨슬리파 성결운동의 성화 이해, 신유와 전천년주의 종말론, 회심에 뒤이은 은혜의 역사이자 방언으로 증명되는 성령세례를 동원해서 오순절운동을 신학적으로 정의했다. 특히, 방언은 성령세례에 대한 필수불가결한 '성경의 증거'(나중에는 '첫 증거'라는 표현 사용)로 제시되었고, 세계복음화를 촉진하기 위한 능력과 언어 재능을 주는 것이었다. 이 신학은 고전적 오순절운동에 이 운동보다 먼저 존재했고, 또 영향을 준 웨슬리파 성결운동과 '더 높은 수준의 기독교인의 삶'운동과 차별되는, 그리고 더 광범위한 복음주의 공동체와 차별되는 독특한 정체성을 제공했다. 그 결과 오늘날까지 존속되고 있는 독특한 영성을 창출했다.

따라서, 비록 찰스 파햄은 이 운동의 조직이라는 영역에서는 별로 흔적을 남기지 못했음에도 불구하고, 그의 신학적 확신은 현대 기독교 역사상 가장 힘이 넘치는 운동 중 하나에 그 연료를 제공했다. 그럼에도 불구하고, 오순절 신자들이 찰스 파햄의 생각을 무비판적으로 받아들인 것은 아니다. 이들은 영혼 멸절설, 앵글로색슨 이스라엘주의(Anglo-Israelism, 앵글로색슨계 인종이 선민으로 선택받았다는 사상-역주), 선교와 전도를 위해 방언이 나타났다는 견해 같은 찰스 파햄의 주장에 동의하지 않았다.

찰스 파햄의 주요 저서는 다음과 같다. 그가 많은 글을 기고했고 편집했던「아포스톨릭 페이스」외에도, 『광야에서 외치는 소리』(*A Voice Crying in the Wilderness*, 1902, 2판은 1910), 『영원한 복음』(*The Everlasting Gospel*, 1911) 등의 저서가 있으며, 여러 생각과 주장이 담긴 『고 찰스 F. 파햄과 사라 E. 파햄의 설교 선집』(*Selected Sermons of the Late Charles F. Parham and Sarah E. Parham*, 1941), 아내 사라 E. 파햄이 자료를 모아 편집하고 저술한『찰스 F. 파햄의 생애』(*The Life of Charles F. Parham*, 1930) 등이 출간되었다.

참고문헌 | J. F. Goff, Jr, *Fields White Unto Harvest: Charles F. Parham and the Missionary Origins of Pentecostalism* (Fayetteville: University of Arkansas Press, 1988); G. B. McGee (ed.), *Initial Evidence: Historical and Biblical Perspectives on the Pentecostal Doctrine of Spirit Baptism* (Peabody: Hendrickson Publishers, 1991); G. B. McGee, 'Shortcut to Language Preparation? Radical Evangelicals, Missions, and the Gift of Tongues,' *International Bulletin of Missionary Research* 25 (July 2001), pp. 118-123; G. Wacker, *Heaven Below: Early Pentecostals and American Culture* (Cambridge: Havard University Press, 2001).

G. B. MCGEE

찰스 피터 와그너(Charles Peter Wagner, 1930-2016)

교회 성장 전문가이자 저자. 그는 뉴욕시에서 찰스 그레이엄(Charles Graham)과 메리 와그너(Mary Wagner) 사이에서 태어났다. 그는 1950년에 도리스 뮐러(Doris Mueller)와 결혼하고, 슬하에 세 명의 자녀를 두었다. 그는 현시대에 가장 중요한 복음주의 교회 성장 전문가 중 하나로 손꼽힌다.

피터 와그너는 여러 단체의 수장으로 활약했다. 그는 와그너리더십연구회(Wagner Leadership Institute, 1998년부터)의 수장, 세계추수선교회(Global Harvest Ministries)의 대표(1992년부터)를 역임했다. 더불어 그는 전략기도네트워크(Strategic Prayer Network)의 국제 사도(International Apostle, 1990년부터)를 맡았으며, 교육책임사도협의회(Apostolic Council of Educational Accountability) 사도(1998년부터), 예언장로사도협의회(Apostolic Council of Prophetic Elders, 1999년부터), 축사사도선교회(the Apostolic Roundtable of Deliverance Ministries, 2000년부터) 사도였다. 또한, 세계사도연맹(The International Coalition of Apostles) 책임 사도(1999년부터)로도 일했다.

피터 와그너는 럿거스대학교(Rutgers University, 1952), 풀러신학교(Fuller Theological Seminary, 1955), 프린스턴신학교(Princeton Theological Seminary, 1962), 풀러신학교 세계선교대학원(Fuller Theological Seminary School of World Missions, 1968), 캘리포니아대학교(The University of California: Ph.D. in Social Ethics 1977)에 다녔다.

그는 1955년에 보수기독교회중교회대회(The

Conservative Christian Congregational Conference)에서 안수를 받았고, 1990년대에는 국제시온의 영광 교단(Glory of Zion International)에서도 안수를 받았다. 안데스복음주의선교회(Andes Evangelical Mission, 현재 SIM International)를 통해 볼리비아 선교사로 활동했고, 남아메리카선교회(SAM)와는 1956년부터 1971년까지 동역했다. 이 기간 동안 그는 또한 코차밤바(Cochabamba)에 있는 조지앨런신학교(George Allen Theological Seminary)에서 교수로 재직했고, 안데스복음주의선교회의 부책임자(1964-1971)로 활약하기도 했다.

피터 와그너는 1971년에 풀러신학교 세계선교대학원 교수진에 합류하는데, 첫 직책은 교회 성장 전문가 도널드 맥가브란(Donald McGavran)의 조교였다. 그는 곧 선교와 교회 성장 분야에서 중요한 학자이자 지도자로 성장했다. 풀러신학교에서 그가 맡은 전문직으로는 1971년부터 1998년까지 교수로 활동한 일, '찰스 E. 풀러 전도 및 교회 성장 연구소'(Charles E. Fuller Institute for Evangelism and Church Growth) 부소장(1971-1991)으로 재직한 일이 포함된다. 1984년에 그는 도널드 맥가브란 교회 성장학 석좌교수로 임명되었다. 풀러신학교에서 거의 30년간 재직하면서 피터 와그너는 다양한 연구를 진행했는데, 특히 교회 성장과 실천신학, 타문화 선교에 관련된 연구를 수행하고, 강의했으며, 수많은 학술 및 전문 논문을 발표하고, 강연자와 컨설턴트로 널리 돌아다니며 왕성하게 활동했다.

피터 와그너는 1974년부터 1989년까지 로잔 세계복음화위원회(Lausanne Committee on World Evangelization)에서 중요한 역할을 담당했다. 복음주의자이자 교회 성장 전문가로서의 국제적 지위는 그가 이 위원회의 창립위원이자 상임위원회에서 활동하면서 더 높아졌다. 그는 미전도 종족에 집중한 로잔전략사역그룹(Lausanne Strategy Working Group)의 초대 회장이었다. 이 작업을 기반으로 두고 그는 에드워드 R. 데이턴(Edward R. Dayton)과 함께 연감『미전도 종족들』(Unreached Peoples)을 발간하기 시작했고 편집도 맡았는데, 이 연감은 현대 선교학 발전에 크게 공헌한 것으로 인정받는다.

피터 와그너가 참여한 다른 기관 목록의 일부는 다음과 같다. 북미교회성장학회(The North American Society for Church Growth, 1985) 창립회장, 세계추수선교회(Global Harvest Ministries) 창립회장, 또한 사도 및 예언 은사주의 사역과 연관된 일부 조직의 지도자 등 1990년대 내내 그는 사도적 리더십과 사도 교회에 관한 주제로 강연하고 출판물을 만들었으며, 교육, 예언사역 및 기도를 촉진시킬 수 있는 여러 '사도적' 조직을 단독으로 혹은 공동으로 설립했다.

광범위한 복음주의 세계에서 영향을 끼치고 있었지만, 오순절주의와 은사주의운동에 관한 심도 있는 연구와 글로 피터 와그너는 이 분야에서도 특별한 전문가가 되었다. 빈야드운동(Vineyard Movement) 지도자이자 카리스마 넘치는 인물, 또한 풀러신학교에서 'MC 510 표적과 기적'(1984)이라는 이름의 은사주의 목회에 대한 논란이 된 과목을 함께 가르친 존 윔버(John Wimber)와 오랜 연대를 통해, 피터 와그너는 자신의 활동을 은사주의운동(charismatic movement)과 동일시하게 되었다. 이후 그는 '제3의 물결'(third wave)이라는 용어를 창시해 낸 인물로 주목받는다. 이 용어는 다른 복음주의자들이 성령의 기적을 일으키는 능력을 점차 인정하고, 오순절 신자 및 은사주의자들과 연대하게 되는 상황을 지칭하는 용어다.

1992년에 피터 와그너는 은사주의운동 지도자들과의 관계를 좀 더 돈독히 했으며, 테드 해거드(Ted Haggard) 목사 및 조지 오티스 주니어(George Otis, Jr)와 콜로라도스프링스(Colorado Springs)에 세계기도센터(World Prayer Center)를 설립하는 데 동참했다. 피터 와그너는 활동 영역을 콜로라도스프링스로 옮겨, 사도적이고 예언적인 사역을 확산하고 영적 전쟁을 수행하는 조직들을 발전시키기 시작했다. 그는 신디 제이콥스(Cindy Jacobs), 빌리 조 도허티(Billy Joe Daugherty), 빌 해먼드(Bill Hammond) 같은 은사주의 지도자들과도 관계를 맺었다. 이 시기 동안 그는 풀러신학교와의 공식 관계를 마감하고, 와그너리더십학교(Wagner Leadership Institute)라는 이름의 비전통적인 학교를 설립했다.

피터 와그너의 학자 경력은 뚜렷한 경계가 있는 세 시기로 나뉜다.

첫 번째 시기는 1970년대 후반부터 1980년대 초반까지로, 이때 피터 와그너는 맥가브란의 영향 아래 있었다. 맥가브란은 교회 성장에 대해서 배우는 최고의 방법은 성장하는 교회를 연구하는 것이라고 피터 와그너에게 가르쳤다. 이 시기에 피터 와그너는 교회 성장의 전문적인 원리들에 집중했고, 연구를 바탕으로 그는 교회를 빠르게 성장시키는 가장 중요한 요인은 오늘날 일어나는 성령의 초자연적인 역사를 강조하는 것이라는 결론을 내렸다.

두 번째 시기는 연구와 관련된 1980년대 후반부터 1990년대 중반까지다. 이 시기에 그는 패러다임 전환을 경험하는데, 이를 그는 후에 교회 성장의 '영적 원리'라 부른다. 이 전환기는 존 윔버 및 빈야드운동에 참여한 것과 관련이 있고, 이를 통해 그는 초자연적 이적과 기사, 기도와 영적 전쟁을 전도와 교회 성장의 수단으로 강조했다.

세 번째 시기는 1990년대 중반부터 시작되는데, 이때는 피터 와그너의 관심이 그가 통칭한 '교회의 사도적 개혁,' 즉 교회 성장 최고의 전문적이고 영적인 원리라고 그가 인식한 내용을 구현한 교회운동이다. 그는 다양한 교회들이 이 새 운동의 모델이라고 예시했는데, 이 교회의 범위는 독립 은사주의 교회 및 복음주의 공동체교회에서부터 주류 교단 교회까지 포괄했다. 여기에 포함되는 교회와 목회자로는 시카고 윌로우크릭 교회(Willow Creek Community Church)와 빌 하이벨스(Bill Hybels) 목사, 털사(Tulsa)의 빅토리크리스천센터(Victory Christian Center in Tulsa)와 빌리 도허티(Billy Joe Daugherty) 목사, 커니오히(Kaneohe)의 호프채플(Hope Chapel)과 랄프 무어(Ralph Moore) 목사, 산타로사비치(Santa Rosa Beach)의 기독교국제사역네트워크(Christian International Ministries Network)와 빌 해먼드(Bill Hammond) 목사, 싱가포르(Singapore)의 페이스 공동체 침례교회(Faith Community Baptist Church)와 로렌스 콩 목사(Pastor Lawrence Khong) 등이 있다.

피터 와그너는 선교사, 교회 성장 전문가, 은사주의운동 연구자로서의 광범위한 경험과 폭넓은 지식 때문에 20세기 마지막 25년 동안 교회에서 유명한 인물이 되었다. 그는 자신이 관찰한 바와 이론을 책으로 출판했는데, 교회 지도자와 다양한 전통의 교육자가 이들을 폭넓게 읽었다. 다작가인 피터 와그너는 50권이 넘는 책을 쓰거나 편집했으며, 이 중에는 선교학, 교회 성장, 사회 윤리, 교회론, 오순절운동 및 영성에 대한 중요 작품들이 포함되어 있다. 그는 또한 기사 및 칼럼, 논문 같은 글 수백 편을 정기 간행물과 전문 학술 저널에 기고했다. 그가 쓴 책 중 유명한 것들은 다음과 같다.

『라틴아메리카 신학: 급진적인가? 복음주의적인가?』(*Latin America Theology: Radical or Evangelical?*, 1970), 『볼리비아 개신교운동』(*The Protestant Movement in Bolivia*, 1970), 『선교정책의 선구자들』(*Frontiers in Missionary Strategy*, 1972), 『현대교회와 선교의 긴장 관계』(*Church/Missions Tensions Today*, 1972년 편집), 『보라! 오순절 신자가 오고 있다!』(*Look Out! The Pentecostals are Coming*, 1973), 『당신의 교회도 성장할 수 있습니다: 건강한 교회의 일곱 가지 특징』(*Your Church Can Grow: Seven Vital Signs of a Healthy Church*, 1976), 『당신의 영적 은사가 당신의 교회를 성장시킬 수 있습니다』(*Your Spiritual Gifts Can Make Your Church Grow*, 1979, 1994), 『당신의 교회도 건강할 수 있습니다』(*Your Church Can Be Healthy*, 1979), 『우리 같은 사람들: 미국의 교회 성장의 윤리적 차원』(*Our Kind of People: The Ethical Dimensions of Church Growth in America*, 1979), 『교회 성장과 온전한 복음』(*Church Growth and the Whole Gospel*, 1981), 『넘실거리는 파도 위에서: 세계의 기독교가 되기 위한 도약』(*On The Crest of the Wave: Becoming a World Christian*, 1983), 『당신의 교회를 성장으로 이끌어라』(*Leading Your Church to Growth*, 1984), 『교회 성장 전략: 전도와 선교를 기획하기 위한 방법들』(*Strategies for Church Growth: Tools for Planning Evangelism and Missions*, 1987), 『현대의 이적과 기사』(*Signs and Wonders Today*, 1987 개정증보판), 『교회 성장 전략』(*Strategies for Church Growth*, 1989), 『치유사역 어떻게 할 것인가?』(*How to Have a Healing Ministry*, 1988), 『교회 개척 이렇게 하라』(*Church Planting for a Greater Harvest*, 1990), 『적들에 맞서』(*Engaging the Enemy*, 1991), 『영적 전쟁을 위한 기도』(*Warfare Prayer*, 1992), 『기도 방패』(*Prayer Shield*, 1992), 『도시의 진을 부수라』(*Breaking Strongholds in Your City*, 1993), 『기도하는 교회들』(*Churches that Pray*, 1993), 『권세에 맞서』(*Confronting the Powers*, 1996), 『건강한 교회』(*The Healthy Church*, 1996), 『타오르는 부흥의 불길』(*The Rising Revival*, 1998년 편집), 『천상의 여왕』(*Confronting the Queen of Heaven*, 1998), 『급진적 삶을 위한 급진적 경건』(*Radical Holiness for Radical Living*, 1998), 『교회 성장 지침서』(*The Every Church Guide to Growth*, 공저, 1998), 『신사도교회』(*The New Apostolic Churches*, 1998년 편집), 『교회의 지각 변동』(*Church Quake*, 1999), 『사도와 선지자: 교회의 기반』(*Apostles and Prophets The Foundation of the Church*, 2000), 『성령의 역사』(*Acts of the Holy Spirit*, 2000), 『신학교에서 가르쳐 주지 않은 일곱 가지 강력한 원리』(*Seven Power Principles that I didn't Learn in Seminary*, 2000), 『도시의 사도들』(*Apostles of the City*, 2000) 등이다.

참고문헌 | C. P. Wagner (ed.), *The New Apostolic Churches* (Ventura: Regal Books, 1998).

D. HEDGES

찰스 하지(Charles Hodge, 1797-1878)

구학파(Old School) 장로교 신학자. 그는 필라델피아에서 스코틀랜드계 아일랜드인 의사 휴 하지(Hugh Hodge)와 잉글랜드와 위그노(Huguenot) 혈통의 어머니 메리 블랜차드(Mary Blanchard)에게서 태어났다. 필라델피아 제2장로교회(Second Presbyterian Church)를 다니면서 애서힐 그린(Asahel Green) 목사의 영향을 받으며 성장한 찰스 하지는 황열병으로 1798년에 사망한 아버지에 대한 기억이 전혀 없었다. 가족은 필라델피아 조선소 일부를 소유한 데서 나오는 수입 덕에 당분간 풍족하게 살았지만, 토마스 제퍼슨(Thomas Jefferson)의 입출항 금지 명령과 1812년 전쟁으로 생활 수단이 끊겨 가난에 시달리게 되었다. 이 사건은 찰스 하지가 평생 반제퍼슨주의 휘그당(anti-Jeffersonian Whigs)을 지지한 부분적인 이유일 수 있다.

1812년에 찰스 하지 가족은 프린스턴으로 이주했다. 메리는 두 아들이 뉴저지대학(College of New Jersey, 1896년부터 프린스턴대학으로 개명-역주)에 다닐 수 있도록 하숙을 쳤다. 형 휴 하지는 아버지처럼 의사가 되어 동생 찰스 하지에게 자주 재정을 지원해 주었다.

1813년에 메리 하지가 받은 하숙자 중에는 베이크 부인(Mrs Bache)과 세 자녀가 있었다. 찰스 하지는 그중 첫째인 당시 14살의 새라(벤저민 프랭클린의 증손녀)를 사랑했고, 오랜 우정과 구애 끝에 1822년에 결혼했다. 여덟 자녀가 유아기에 살아남았고, 그중 둘 캐스퍼 위스터 하지(Casper Wistar Hodge)와 아치볼드 알렉산더 하지(Archibald Alexander Hodge)는 후에 아버지와 함께 프린스턴에서 가르쳤다.

뉴저지대학(1812-1815)에서 찰스 하지는 1812년에 대학 총장으로 부임한 애서힐 그린의 지도를 받았다. 언제나 하나님을 신뢰했던 찰스 하지는 1815년에 프린스턴에 있는 장로교회(Presbyterian Church)에 등록하며 신앙을 고백했는데, 당시 대학생 사이에서는 부흥이 시작되고 있었다. 1년간 여행과 공부를 병행한 후 찰스 하지는 프린스턴신학교(Princeton Theological Seminary)에 들어가 1816년부터 1819년까지 아치볼드 알렉산더(Archibald Alexander)와 새뮤얼 밀러(Samuel Miller) 아래서 스코틀랜드 상식 실재론(Scottish common-sense realism)과 제1차 대각성운동 전통의 헌신된 경건과 더불어 17세기 신학자 프랜시스 튜레틴(프랑수아 투레티니, Francis Turretin)의 신학과 웨스트민스터 신앙고백을 배웠다.

찰스 하지가 아직 학생일 때 이미 알렉산더는 그에게 특별한 관심을 보였고, 여러 모양으로 젊은 찰스 하지의 아버지 역할을 대신해 주었다. 프린스턴신학교에 있으면서 찰스 하지는 후에 버지니아의 미국성공회(Episcopal Church) 주교가 되는 존 존스(John Johns)와 평생 우정을 맺기 시작했다. 일평생 찰스 하지는 깊은 개인 우정을 쌓고 유지하는 것으로 특히 유명했다.

1819년에 필라델피아노회(Presbytery of Philadelphia)의 인허를 받았고 이미 프린스턴의 교수직 지명도 받고 있던 찰스 하지는 필라델피아에서 히브리어를 공부했고, 도시 외곽의 세 교구에서 보조 설교자로 정기적으로 설교했다. 1820년에는 뉴잉글랜드로 가서 앤도버신학교(Andover Seminary)의 모지스 스튜어트(Moses Stuart)와 예일신학대학(Yale Divinity School)의 나다나엘 W. 테일러(Nathaniel W. Taylor)

를 만났는데, 후에 이들은 원죄와 속죄의 본질을 놓고 논쟁을 벌이게 된다. 1820년부터 1822년까지 그는 프린스턴신학교에서 그리스어와 히브리어 교사로 채용되었고, 1821년에는 뉴브런즈윅노회(New Brunswick Presbytery)가 그를 트렌턴(Trenton) 제1장로교회(First Presbyterian Church) 부목사로 안수했다.

1822년에 총회가 찰스 하지를 프린스턴신학교의 동양 및 성경문헌 교수로 임명한 후, 찰스 하지는 이 직책을 18년 동안 맡았다. 그의 취임 강연은 성경해석의 자격 요건 중 경건이 얼마나 중요한지를 강조하는 것이었고, 이후에도 자주 이 주제를 반복했다.

소명이 확실해지면서, 찰스 하지와 새라 베이크는 그해 여름에 결혼했다. 3년 후 주로 「더 프린스턴 리뷰」(The Princeton Review)로 알려진 「더 비블리컬 레퍼토리」(The Biblical Repertory)를 발간한 후 1871년까지 편집을 맡았는데, 신학, 성경비평, 심리학, 철학, 윤리학, 정치학, 과학, 교회 정치, 당대 주요 교회 관련 이슈들을 주제로 최소 142편의 논문을 기고했다. 매년 작성한 구학파 총회 평가서는 1835년부터 (1841년을 제외하고) 1867년까지의 교회 상황에 대한 생생한 주석이었다.

1826년부터 1828년까지 찰스 하지는 자기 과목을 존 W. 네빈(John W. Nevin)에게 맡기고 최신 유럽 성경학과 신학 동향에 익숙해지기 위해 프랑스와 독일에서 연수했다. 이 연수 과정을 승인하면서 찰스 하지의 멘토이자 동료였던 알렉산더는 찰스 하지에게 많은 독일 신학을 지배한 '신교설(Neology, 주로 19세기 독일의 새로운 합리주의 신학 이론을 지칭하기 위해 만들어진 용어-역주)의 독소'를 조심하라고 주의를 주었다.

파리에서는 프랑스어, 아랍어, 시리아어를 공부했고, 독일 할레에서는 빌헬름 게제니우스(Wilhelm Gesenius)와 성경비평을, 독일신학의 중도파 대표자 중 한 사람인 어거스트 톨룩(August Tholuck)과 함께 신학을 공부했다. 툴룩과 찰스 하지는 평생 우정을 유지했다. 마지막 해에는 베를린에서 그의 구약 접근법이 거의 한 세기 동안이나 프린스턴에 영향을 주게 될 에르느스트 헹스텐베르크(Ernst Hengstenberg)와 함께 구약을, 일곱 교회사학자 요한 네안더(Johann Neander)와 교회사를 공부했다.

이 시기에 찰스 하지는 독일교회와 사회의 합리주의 잠식에 제동을 걸 방법을 찾고 있던 독일 학자, 목사, 정치인 집단에 참여했다. 그는 프리드리히 슐라이어마허(Friedrich Schleiermacher)의 설교를 수차례 들었다. 이후 50년간 슐라이어마허의 신학을 자주 비난했음에도 불구하고, 슐라이어마허가 정말로 경건한 사람이었다는 사실은 늘 강조했다. 자연신학에도 늘 관심이 많았던 찰스 하지는 베를린에서 과학 강의에도 정기적으로 참석했다. 이후 그는 스위스, 잉글랜드, 스코틀랜드를 방문한 후, 고국으로 돌아갔다.

당대 미국에서 가장 좋은 신학 교육을 받은 신학자에 속한 찰스 하지는 빠른 속도로 성경해석자와 신학자로 세상에 이름을 알렸다. 1830년대 대부분을 다리의 류머티즘 때문에 침대에서 보내야 했음에도 불구하고, 찰스 하지는 쓰고 가르치는 일을 쉬지 않았다. 나다나엘 W. 테일러의 뉴헤이븐신학(New Haven theology, 예일대학교가 위치한 New Haven의 신학자들의 신학이라는 의미에서 유래한 이름-역주)에서 발전된 내용에 반대하는 글들을 「더 프린스턴 리뷰」에 정기적으로 기고하면서, 찰스 하지는 원죄,

전적 타락, 아담의 죄 전가 같은 전통적인 칼빈주의 교리의 견고한 방어자로 자리매김했다.

그의 『로마서 주석』(Commentary on the Epistle to the Romans, 1835, 1864)은 주로 모지스 스튜어트, 앨버트 반즈(Albert Barnes) 같은 장로교 신학파 주석가들의 사상에 대한 반응이었다. 찰스 하지는 죄는 그저 개인이 스스로 짓는 죄라는 사상을 거부하고, 아담이 모든 인류의 언약의 대표로서 행동했기 때문에 각 개인은 아담이 지은 죄에 책임이 있다고 가르쳤다. 이후 찰스 하지는 『고린도전후서 주석』(1857)과 『에베소서 주석』(1856)도 출판했다.

알렉산더와 밀러를 따라 찰스 하지는 신학파(New School) 장로교 신앙을 가진 이들에 대해 온건한 입장을 견지했다. 심지어 자기 동료들이 모두 구학파를 지지한 이후에도, 거의 전적으로 회중교회로 구성된 네 번째 대회(synod)를 배제하는 안에는 동의했음에도 불구하고, 신학파 신학에 감염되었다는 판정을 받은 세 대회를 축출한 1837년 총회의 결정에는 개인적으로 반대했다. 그는 특정 신학파 신앙들은 웨스트민스터 신앙고백에 포함된 교리 체계와 일관된다고 주장했다.

> "아담의 타락 이래 그의 죄의 결과로 모든 인류가 정죄받은 상태로 태어났고, 그것이 직접 전가를 통해서 일어났든 간접 전가를 통해서 일어났든 아니면 실재론에 근거해서 일어났든 간에 그 사실을 인정하기만 한다면, 그는 전체 체계와 일관된 통합성 안에 머물러 있는 인물로 간주되어야 한다. 그가 죄인의 무력함을 인정한다면, 그 무력함을 자연적이고 도덕적 무력함이 아니라 도덕적 무력함만으로 인식한다고 해서 치리를 받아야 할 대상으로 간주해서는 안 된다."

그러나 찰스 하지는 인간이 저주와 죄의 상태로 태어난다는 것을 부인하고 '죄인은 하나님이 그들에게 요구하시는 것을 다 행할 충분한 능력이 있다'라고 주장한 테일러의 견해는 웨스트민스터 신앙고백과 다르기 때문에 교회에서 허용되어서는 안 된다고 믿었다.

신학파/구학파 논쟁의 와중에 찰스 하지는 『미국장로교회 헌법사』(Constitutional History of the Presbyterian Church in the United States, 1839-1840)를 출간하여 조지 휫필드(George Whitefield)와 길버트 테넌트(Gilbert Tennent)의 부흥이 순수한 축복이었다는 널리 수용된 견해에 도전했다. 알렉산더는 18세기 부흥의 굳건한 지지자였지만, 찰스 하지는 그의 멘토의 견해를 지지하지 않는 증거가 있다고 믿었다. 전반적으로 부흥을 인정했음에도 불구하고, 그는 부흥이 진행된 방식에 반대했고, 자신의 시대에 일어난 부흥에도 같은 입장을 견지했다. 「더 프린스턴 리뷰」에 기고한 '[호러스] 부쉬넬의 담화'([Horace] Bushnell's Discourses)에 대한 평가에도 나오듯, 찰스 하지는 부흥을 지나치게 강조하면 '거짓 혹은 비성경적인 유형의 신앙'이 생겨난다고 확신했다.

1840년에 찰스 하지는 프린스턴에서 신학 작업에 더 몰두하기 위해 주경 및 교훈신학 교수직으로 옮겼다. 그는 미국 전역의 신학자들과 신학 논쟁을 벌였고, 「더 프린스턴 리뷰」에 영국과 독일 학자들의 주요 작품을 평가하는 서평을 정기적으로 실었다. 이들 중 많은 논문들이 『신학 논문집』(Theological Essays, 1846)과 『논문과 평론』(Essays and Reviews, 1857)으로 재출간되었다.

1851년에 아치볼드 알렉산더가 사망하자, 찰스 하지가 알렉산더의 교훈 및 논증신학 교수직을 물려받았다. 사무실을 집에다 꾸몄는데, 병으로 요양하던 시간에는 자녀들이 책을 확보하는 일을 도와주었다. 심지어는 사무실 문 손잡이까지 없애 버려서, 그가 작업하는 동안 어린 자녀들이 문을 쉽게 열고 아빠를 찾아올 수 있게 만들기도 했다. 1849년 크리스마스에 27년간 결혼 생활을 함께한 아내 새라가 사망했다. 찰스 하지는 1852년에 해군 장교의 과부였던 메리 헌터 스톡턴(Mary Hunter Stockton)과 재혼했다.

찰스 하지는 무엇보다도 '인간 상태에 대한 어거스틴주의 구도'를 변호했다. 구원에서의 하나님의 주권을 약화시키고 인간 본성의 도덕적 능력을 지나치게 강조하는 로마 가톨릭, 프리드리히 슐라이어마허, 옥스퍼드운동, 찰스 피니(Charles Finney), 호러스 부쉬넬(Horace Bushnell)을 포함한 어떤 견해도 그의 비난을 비켜가지 못했다.

가장 오래 연루된 논쟁 중 하나는 1850년대에 앤도버신학교의 에드워즈 애머사 파크(Edwards Amasa Park)와 '지성의 신학과 감정의 신학'의 관계를 놓고 벌인 논쟁이었다. 파크가 '칼빈주의 체계는 외적 실재에 정확히 부합하지만은 않는 감정 표현도 고려해야 한다'라고 주장한 반면, 찰스 하지는 이런 견해는 칼빈주의뿐만 아니라 기독교 전통 전체를 의미하는 '보편적 기독교'를 무너뜨린다고 주장했다. 사람을 하나님께로 돌아서게 만드는 분은 오직 하나님뿐이라는 것이 찰스 하지의 주장이었다.

1848년에 찰스 하지는 독일 관념론적 심리학의 조명 아래 칼빈의 성찬론을 재구성하려고 시도한 자신의 이전 제자 존 W. 네빈(John W. Nevin)에 반박하는 내용을 담은 '개혁교회 성찬 교리'라는 제목의 평론을 썼다. 미국을 휩쓸고 있던 부흥운동에 대해서는 머서스버그 신학자들(Mercersburg theologians, 펜실베이니아 머서스버그에서 발전한 독일계 미국 개혁파 신학의 주창자들로, 존 W. 네빈과 필립 샤프가 대표적 인물-역주)의 관심사를 공유했음에도 불구하고, 찰스 하지는 독일 관념론은 전통적인 경건을 파괴하는 결과를 낳는다고 믿었다.

경건에 대한 이런 관심은 젊은이 대상의 신앙 강좌가 책으로 묶인 인기 있는 기독교 신앙 개요 『삶의 방식』(The Way of Life, 1841) 같은 평신도 대상의 저술에서 두드러지게 표현되었다. 신학생에게 전한 설교와 목회 상담을 담은 『집회 자료집』(Conference Papers, 1879)에서도 그가 개인 경건을 얼마나 강조했는지를 찾아 볼 수 있다.

전통적인 칼빈주의를 방어한 면에서 철저한 보수주의자임을 스스로 증명했음에도 불구하고, 찰스 하지의 보수주의는 미국 종교와 문화가 점점 더 급진적으로 변해 가던 시기에는 온건한 목소리였다. 1845년에 구학파 총회가 로마 가톨릭의 세례는 효력이 없다고 선언해야 한다고 촉구한 제임스 헨리 손웰(James Henley Thornwell)의 주장에 대해, 찰스 하지는 다른 개혁파 교회들은 이런 입장을 취한 적이 없었고, 이런 선언이 가시적 교회의 보편성이라는 개혁파 교리를 위반한다며 반대했다. 마찬가지로, 찰스 하지는 모든 술을 죄라고 보고 벌이는 열정적인 금주운동에도 동참하기를 거부했다.

같은 방식으로, 그는 노예제도는 본질적으로 죄악된 것이며, 노예 소유자들은 기독교 교회에 들어올 수 없게 해야 한다고 주장한 급진적 노예제도 폐지론도 반대했다. 성경이 노예제도를 정죄하지 않기 때문에 이를 본질적으로 죄악된 것이라 지적할 수 없다고 믿었다. 그러나 미국 노예제도가 성경의 기준을 충족시키지 못했기 때문에 실제로는 제거되어야 할 큰 악이라고 말했다. 「더 프린스턴 리뷰」에 쓴 몇몇 글, 즉 '노예제도'(1836), '서인도 제도 노예해방'(1838), '노예제도 폐지론'(1844), '노예해방'(1849), '시민 정부'(1851)에서, 찰스 하지는 점진적 노예해방을 요청하고 백인이 흑인을 동등하게 대할 가능성이 거의 없어 보이기 때문에 해방된 노예들을 서아프리카의 식민지로 보내야 한다고 주장했다. 거듭 주장된 이런 온건론 때문에 남부와 북부 양편 모두에서 그에 대한 적개심이 상승한 것은 놀랄 일도 아니다.

이런 상황에서 가디너 스프링(Gardiner Spring) 같은 북부 장로교인이 1861년 구학파 총회에 (북부와 남부의) 모든 장로교인들은 연방 정부를 지지해야 한다고 요구하며 혁명을 부추겼을 때, 이는 교회가 정치 문제, 즉 미국인이 자신이 속한 주에 충성할 것인지 아니면 연방 정부에 충성할 것인지를 결정해야 한다고 요구하는 것이라며 찰스 하지가 이 안에 반대할 것은 충분히 예측 가능했다. 찰스 하지는 이 주제를 교회 내 목회자들의 교제의 시금석으로 삼을 마음이 전혀 없었고, 전쟁이 끝난 후에도 남부 목회자들이 북부 교회로 귀환하려면 먼저 반역의 죄를 회개해야만 한다고 요구한 구학파 정책에 반대했다. 중용과 온건을 주장했음에도 불구하고, 찰스 하지는 에이브럼 링컨(Abraham Lincoln)과 연방 정부(Union, 남부연합[Confederacy]에 반대되는 개념으로서의 미국 정부를 지칭하지만 전쟁 기간에는 북부 정부만을 의미했다-역주)를 열정적으로 지지했고, 1865년에는 링컨을 위한 감동적인 추도문을 쓰기도 했다.

많은 북부 장로교인들이 북부 내 구학파와 신학파의 재연합을 추진할 때에도, 찰스 하지는 남장로교회와의 연합이 먼저 이루어지기를 소망했다. 미국 전 지역을 대표하는 하나된 교회(장로교회-역주)를 염두에 둔 찰스 하지는 (신학적으로 진보적인-역주) 신학파와의 연합은 (구성원 대부분이 구학파였던-역주) 더 보수적인 남부 교회와의 연합이 선결되지 않으면 오히려 교회의 건강을 해치는 결과를 낳을 것이라 믿었다. 그는 자신이 지난 40년간 비판해 온 문제 있는 일부 교리를 신학파에서 찾아냈다고 생각했다. 그러나 결국 1869년에 신학파와 구학파는 다시 통일을 이루었다.

기독교 신앙이 이성적 기반 위에 서 있다고 확신한 찰스 하지는 자연과학에 관심이 많았다. 신학 자체가 과학이라 믿은 찰스 하지는 세 권으로 된 『조직신학』(Systematic Theology, 1872-1873) 첫 장에서 '신학자에게 성경은 과학자에게 자연과 같은 것이다…자연과학과 마찬가지로 신학에서도 원리가 사실에서 도출되는 것이지, 사실에 대한 인상에서 나오는 것이 아니다'라고 말하며 베이컨주의 귀납법과 스코틀랜드 상식 실재론을 따랐다.

그러나 과학이 이 귀납법에서 이탈했을 때에는, 찰스 다윈의 오류가 그것이었다고 찰스 하지가 믿었듯, 이는 더 이상 참된 과학이 될 수 없다고 확신했다. 1874년 작품 『다윈주의란 무엇인가?』(What Is Darwinism?)에서 찰스 하지는 이 질문에 대하여 '다윈주의는 바로 무신론'이라는 자신의 대답을 반복해서 주장했다. 동물의 진화뿐만 아니라 심지어 (바로 이해했다면) 자연선택마저도 받아들일 수 있다고 생각한 반면, 다윈의 견해에서 두드러진 것은 자연세계에 존재하는 목적을 인정하지 않는 목적론에 대한 거부라고 주장했다. 뉴저지대학 이사장으로 수년간 봉사한 찰스 하지는 대학 총장 제임스 맥코쉬(James McCosh)와 함께 일하며 종교와 과학이 조화로운 관계를 맺을 수 있게 노력했다.

비록 『조직신학』에서 교회론을 다루지는 않았지만, 『교회 정치』(Church Polity, 1878)에 실린 논문들에서 볼 수 있듯이, 찰스 하지가 다른 어떤 주제보다도 더 많이 다룬 주제는 아마도 교회론일 것이다. 찰스 하지는 교회가 중산층, 상류층 교회가 되는 위험을 경고하고 스코틀랜드자유교회(Free Church of Scotland)에서 시행된 것과 유사한 생명력 지속 계획(plan of sustentation)을 제시하며, 목사들이 도시에서 더 효율적으로 목회하는 방법을 강구해야 한다고 주장했다.

1857년에는 유아세례 시행이 감소되고 있는 현상을 주목하고, 모든 세례받은 아이들은 가시적 교회의 참된 회원이라는 사실을 교회가 기억해야 한다고 촉구했다. 그는 목사들이 공중 기도를 제대로 배울 수 있도록 장로교 예배 순서를 탄력적으로 운용해도 된다고 생각했고, 감독교회 및 회중교회 관점에 반대하며 장로교 정치 원리를 옹호했다.

프린스턴신학교는 미국 전역에서 온 학생들, 심지어 영국과 캐나다 등 외국에서 온 학생들을 포함하여, 미국에 있던 어떤 신학교보다 학생들의 배경이 다양했다. 찰스 하지에게 배운 3천 명이 넘는 학생 중에는 후에 장로교 총회장이 된 인물만 해도 50명이 넘었고, 해외선교사는 170명 이상이었다. 미국장로교 진영에 속하지 않은 교단 출신으로 하지에게 배우며 그에게 큰 영향을 받은 대표적 인물로는 (남침례교회의) 제임스 페티그루 보이스(James Pettigru Boyce)와 (아일랜드장로교회의) 로버트 와츠(Robert Watts)가 있다.

참고문헌 | A. A. Hodge, *The Life of Charles Hodge* (New York: Charles Scribner's Sons, 1880); A. W. Hoffecker, *Piety and the Princeton Theologians* (Grand Rapids: Baker, 1981); M. A. Noll, *The Princeton Theology, 1812-1921* (Grand Rapids: Baker, 1983); J. W. Stewart, 'Mediating the Center: Charles Hodge on American Science, Language, Literature, and Politics,' Studies in *Reformed Theology and History* 3.1 (winter 1995).

P. J. WALLACE

찰스 해돈 스펄전(Charles Haddon Spurgeon, 1834-1892)

잉글랜드침례교 목사이며 저자. 그는 콜체스터(Colchester) 인근 톨스베리(Tollesbury)의 독립(회중)교회 목사 존 스펄전(John Spurgeon, 1810-1902)의 맏아들로 태어났다. 동생 제임스는 목사가 되어 형의 부목사로 일했다. 찰스 스펄전은 그의 할아버지인 제임스 스펄전(James Spurgeon, 1776-1864)으로부터 깊은 영향을 받은 사실을 자랑스러워했다. 조부 제임스 스펄전은 54년 동안 에섹스(Essex)의 스탬본(Stambourne)이라는 작은 시골에서 독립회중교회를 맡은 목회자이자 매우 존경받는 설교자였다. 가족이 겪은 여러 고난으로 인해 찰스 스펄전은 거의 한 살 때부터 6살 때까지 그의 조부모와 함께 스탬본에 살았다. 이곳에서 그는 산업화 이전 잉글랜드 시골 생활을 경험했다.

찰스 스펄전이 경험한 공교육은 '썩 좋지 않았다'(mediocre)고 기록되어 있는데, 그럼에도 불구하고, 이 시기에 평생의 직업이 될 설교자가 되는 준비를 했다고 할 수 있다. 어린 시절에 그는 자주 다락방에 들어가 수많은 순교자, 청교도의 글, 특히 존 번연(John Bunyan)의 글을 읽었다. 스탬본에서 부모의 집으로 돌아간 후 처음에는 콜체스터에서 살다가 이후에 메이드스톤(Maidstone)으로 이주했는데, 거기에서 그의 아버지는 작은 교회들을 맡았다. 두 지역 학교에서 교육을 받은 후, 찰스 스펄전은 뉴마켓(Newmarket)의 한 성공회학교(Anglican school)에서 하급 교사가 되었다(1849). 그곳에서 그리스어, 라틴어, 철학 등에 대한 소양을 길렀다. 이후 케임브리지학교(Cambridge school)의 교장 보조를 맡으면서, 1851년까지 이 학교에서 근무했다.

이후 찰스 스펄전은 젊은 시절에 경험한 심오한 영적 확신에 대해 종종 언급했다. 기도와 성경공부, 교리문답과 교회 출석, 여러 경건 고전을 읽는 것이 일상인 환경에서 성장하면서, 그는 기독교 신앙을 배웠다. 그러나 이런 지식은 그를 더 갈구하게 만들 뿐이었다. 1878년 설교에서 그는 "나는 죄 때문에 마음의 안식을 찾을 수 없어, 아직 어린 아이였을 때 고통 중에 하나님을 찾던 때를 분명히 기억한다"라고 회상했다. 또 다른 설교에서는 "만약 하나님이 나를 죄 때문에 벌하지 않으려 하신다면, 반드시 그렇게 하셔야 한다며, 꽤 자란 때에도 스스로에게 말하곤 하던 때를 기억한다. 그 생각이 자꾸자꾸 떠오른다"라고 했다.

이런 깊은 인상에도 불구하고, 찰스 스펄전은 1850년 1월 6일에야 비로소 회심했다. 그의 이야기는 상당히 직선적이다. 그는 아침에 일찍 일어나 기도하고 성경책을 읽었다. 어머니가 추천한 교회로 가기 위해 콜체스터로 길을 나섰다. 강한 눈보라 때문에 우회할 수밖에 없게 되자, 그는 옆길로 들어가 아틸러리스트리트원시 감리교회(Artillery Street Primitive Methodist) 예배당에 들어갔다. 그때 이름을 알지 못하는 한 대체 평신도 설교자가 이사야 45:22('나를 보라…')을 본문으로 설교하고 있었다.

찰스 스펄전의 『자서전』에는 그때 어떤 일이 일어났는지 기록되어 있다.

> "그는 그리 많은 말을 하지 않고, 하나님께서 자신을 강권하셔서 계속 성경본문을 반복하게 해 주셔서 감사하다고 했다. 그 본문 이외에 내게 필요한 건 없다는 것이었다. 그때, 그는 말씀을 멈추고는, 갤러리 아래에 내가 앉아 있는 곳으로 손가락을 가리키면서 말했다."

"저 젊은이가 아주 비참해 보이네요."

"…그리고는, 내 생각에 오직 원시감리교도만이 할 수 있는 방식으로, 그가 소리쳤다."

"보시오! 보시오, 젊은이여! 지금 보시오!"

"그때, 나는 환상을 보았는데…눈이 아니라, 마음으로 보았다. 나는 구세주 그리스도가 어떤 분인지 보았다…지금 나는 그것이 정확히 어떤 것인지 말하기는 어렵지만, 나는 곧 내가 누구를 믿어야 할지를 보게 된 순간에 또한 내가 믿어야 할 것이 무엇인지를 이해했고, 정말로 한 순간에 믿게 되었다."

그 일이 있은 후 몇 주 동안 찰스 스펄전은 환희에 차서 성경 곳곳을 찾아보았고, 세례를 받아야 한다는 확신을 얻었다. 부모의 허락을 받은 후, 1850년 5월 3일에 그는 (케임브리지셔[Cambridgeshire] 아이슬럼[Isleham]에 있는) 라크강(River Lark)에서 침례를 받기 위해 8마일을 걸어갔다. 그날 이후 첫 주일에 찰스 스펄전은 케임브리지 소재 세인트앤드루스침례교회(St Andrew's Baptist Church)에서 처음으로 성찬에 참여했다.

몇 년 지나지 않아, 찰스 스펄전은 세계에서 가장 유명한 설교자가 되었다. 그는 친구의 강권에 따라 준비도 제대로 하지 못한 채, 태버섬(Taversham)에서 첫 설교를 했다. 당시 그는 16살에 불과했다. 1851년 10월 즈음에 그는 케임브리지 인근 워터비치침례교채플(Waterbeach Baptist Chapel)의 목사가 되었다. 대규모 복음주의 부흥운동이 강하게 일어난 시기였음에도 불구하고, 회중이 몇 달 안에 엄청나게 늘었다. 찰스 스펄전은 케임브리지 인근을 두루 다니며, 교회, 오두막, 야외 어느 곳에서든 설교했다.

초가 지붕의 워터비치채플에서의 2년간 목회하는 동안 교회 출석자가 40명에서 400명으로 늘어났다. 그가 처음으로 「워터비치 소책자」(Waterbeach Tracts)를 출간하기 시작한 곳이 바로 여기였다. 1853년 11월, 역사적으로 중요한 런던의 뉴파크스트리트채플(New Park Street Chapel, 여기에서 벤저민 키치[Benjamin Keach], 존 길[John Gill], 존 리펀[John Rippon], 조셉 앵거스[Joseph Angus]와 같은 유명한 침례교 목사들이 일했다)의 한 교인이 찰스 스펄전의 설교를 듣고, 그때 받은 인상을 교회에 보고했다. 1853년 12월 18일, 이제 겨우 19세였던 목사가 런던에서 첫 설교를 하게 되었다. 찰스 스펄전은 1854년 1월 첫 세 주일에 설교 초청을 받았고, 이후 목사로 청빙받았다.

뉴파크스트리트채플은 찰스 스펄전의 설교로 즉시 성장하기 시작했다. 그가 하룻밤 만에 센세이션을 일으켰다는 말은 과장이 아니었다. 이 교회당 건물은 거의 1,500석 규모로 확장되었지만(입석까지 포함하면 500석이 더 늘어난다), 여전히 회중을 다 수용할 수 없었다. 더 큰 건물로 옮기려는 계획이 진행되는 동안, 찰스 스펄전은 유명한 엑시터홀(Exeter Hall)에서도 설교했다. 당시 엑시터홀은 좌석이 4,000석 이상이었지만, 이마저도 부족했다. 따라서 주일 예배는 10,000석 규모의 서리음악홀(Surray Music Hall)에서 열렸다.

22살에 찰스 스펄전은 그 당시 가장 인기 있는 설교자가 되었으나, 여전히 언론은 그를 '소년 설교자'라고 조롱했다. 「입스위치 익스프레스」(The Ipswich Express)는 그의 설교를 '나쁜 맛과 천박함과 극장식 과장으로 가득'하다고 말했다. 찰스 스펄전은 이렇게 대답했다.

"내가 아마 천박할지도 모르겠습니다. 그러나 의도한 것은 아닙니다. 나는 그저 사람들이 듣게 만들어야만 하고 그렇게 할 것이기 때문에 그랬을 뿐입니다. 분명히 충분히 많은 점잖은 설교자들이 있지만, 많은 사람들이 변화를 원한다는 것이 제가 확신하는 바입니다."

1856년 10월 19일 저녁에 서리음악홀에서 열린 첫 예배에서 유명한 비극이 벌어졌다. 이미 건물은 가득 차 있었고, 건물 밖에는 여전히 안으로 들어오려고 하는 사람들이 수천 명이나 되었는데, 누군가 (아마도 악의적인 의도였을 것이다) '불이야!'하고 소리를 질렀다. 엄청난 혼란 속에서 7명이 밟혀 죽었다. 찰스 스펄전은 마음이 찢어질 듯 아팠다. 그는 문자 그대로 강단에서 친구의 집까지 옮겨졌고, 며칠간 심한 우울증에 빠졌다. 이후 그는 당시 상태를 이렇게 기록했다.

"아마 그렇게 뜨겁게 불타는 불구덩이에 가까이 갔지만, 상처 없이 나온 이는 없을 것이다."

2주 후, 그는 서리음악홀로 돌아갔다. 그곳에서 열린 오전 예배는 1856년부터 1859년까지 계속되었다. 1861년에 찰스 스펄전은 역사상 가장 많은 청중이 모인 실내집회에서 설교했다. 그는 국가가 지정한 금식과 기도의 날에 유명한 크리스탈팰리스(Crystal Palace)에서 23,546명 앞에서 설교했다. 1861년 3월에 메트로폴리탄태버너클(Metropolitan Tabernacle)이 드디어 완공되었는데, 약 6,000명을 수용할 수 있었지만, 빚은 하나도 없었다. 메트로폴리탄태버너클은 찰스 스펄전의 회중의 고향과도 같은 곳이자, 그가 죽을 때까지 가장 특별한 강단 목회의 중심지가 된다.

31년간 아침과 저녁 예배에 참석한 평균 인원은 거의 6,000명에 이른다. 주일 저녁에는 1,000여 명의 신도들이 건물 밖에서 다양한 활동에 참여했다. 매 4분기에 한 번씩 찰스 스펄전은 신도에게 다음 주일 저녁 예배에는 참석하지 말라고 부탁했는데, 이는 '아직 구원받지 못한 사람들'이 자리를 차지할 수 있게 하려는 것이었다. 그가 목회하는 동안 새신자 총 14,692명이 등록했고, 약 11,000명이 침례를 받았다. 그가 죽을 때 즈음엔 등록신자가 5,328명이었고, 런던 주변 23개 선교지부에서 평신도 목회자 127명이 활동했다.

1856년 초에 찰스 스펄전은 수재너 톰슨(Susanna Thomson)과 결혼했다. 부부는 쌍둥이 아들 찰스와 토마스를 낳았는데, 둘 모두 침례교 목사가 되었다. 1856년에 찰스 스펄전은 한 학생을 개인 지도하기 시작했다. 이듬해에는 두 번째 학생을 가르쳤다. 이 일이 공식적으로 목회자대학(Pastor's College) 조직으로 이어졌다. 정식 교육을 얼마 받지 못한 이들을 훈련시킨다는 목적을 가진 이 학교는 여덟 명의 학생을 첫 등록자로 받았다.

이 훈련은 수학, 논리학, 설교학, 목회신학, 영어작문 및 성경 그리스어와 히브리어를 배우는 2년 과정의 교육이었다. 찰스 스펄전은 매 금요일마다 학생들에게 강의했다. 그가 한 강의는 가장 유명한 저작 중 하나인 『내 학생들을 위한 강의』(Lectures to My Students)가 되었다. 그의 이해의 폭을 잘 보여 주는 것이 바로 회중교회 신자인 캠버웰(Camberwall)의 조지 로저스(George Rogers)를 이 대학의 첫 학장으로 임명한 일로 잘 드러난다. 1884년에 메트로폴리탄태버너클에서 설교하면서, D. L. 무디(D. L. Moody)는 '하나님의 종 600명이 이 대학을 통해 배출되었다'라고 말했다. 찰스 스펄전이 죽을 즈음에는 이 숫자는 거의 1,000명에 이르렀다.

찰스 스펄전의 설교문은 1855년부터 출판되기 시작했다. 이 설교집들은 인쇄되고, 출판되어 구독자들에게 우편으로 전해지기도 했고, 전 세계 신문에 게재되기도 했다. 다른 새로운 일도 계속 추진되었다. 1867년에 스톡웰(Stockwell)에 고아원이 개원되었다. 이 고아원은 총 12개의 숙소로 구성되어 있었으며, 어린이 500명을 수용할 수 있었다. 빈곤한 사람들을 위한 빈민구호소도 설치되었다(1868). '복음 문헌 보급을 위한 협회'(메트로폴리탄서적행상협회, Metropolitan Colportage Association, 1866)에도 일하는 사역자가 많았다. 학생들이 런던 슬럼가에서 지역 선교를 했고, 거기에 교회와 주일학교를 세웠다.

1865년에 이르러 찰스 스펄전은 「더 스워드

앤 트라우얼」(The Sword and Trowel)이라는 월간지를 출판하기 시작했는데, 이 잡지는 기고문과 그의 목회 소식을 담았다. 다작가로서, 찰스 스펄전은 135권의 책을 썼고, 다른 책 28권을 편집했으며, 수많은 소책자와 앨범을 제작했다. 이를 다 통틀어 200권 이상을 출간했다. 1875년에 찰스 스펄전의 아내는 가난한 목회자에게 기독교 서적을 제공하기 책의 로열티로 기금을 조성했다.

매우 예리한 사회적, 정치적 인식을 기른 찰스 스펄전은 종종 국내 여러 논쟁의 한 복판에 깊이 관여하기도 했다. 그가 한번은 이렇게 기록했다.

> "하나님을 경외하는 모든 사람은 그가 기도할 때와 마찬가지로 헌신하는 마음으로 투표에 참여해야 한다."

동시에, 그는 교회 강단이 당파 분쟁의 자리가 되지 않도록 노력했다. 그 당시의 대부분의 비국교도 목사와 마찬가지로, 그는 자유당을 지지했다. 그는 잉글랜드국교회(Church of England)의 국교화를 적극적으로 반대하는 사람이었다. 그는 안식일 준수 방침을 지지했고, 음주 제한을 후원했으며, 런던 중심부의 열악한 주거 환경에 반대하는 공공 기도회를 인도하기도 했다. 그는 또한 1860년에 미국 노예제도를 '영혼을 파괴하는 죄'라고 규정하면서 비판했다.

찰스 스펄전은 또한 논쟁가였다. 1864년에 그는 '세례를 통한 중생'(Baptismal Regeneration)이라는 제목의 유명한 설교를 했다. 이때 그의 관심은 로마 가톨릭 사제 존 헨리 뉴먼(John Henry Newman)과 떠오르는 성공회-가톨릭파(Anglo-Catholic)운동의 영향력이었다(이 설교만 35만 부가 팔렸다).

1860년대에 찰스 스펄전은 복음주의연맹(Evangelical Alliance)에서 탈퇴했고(후에 다시 가입했다), 1880년대에는 침례교연합(Baptist Union) 내의 이보다 더 격렬했던 '내리막'(down grade)논쟁에 참여했다. 침례교연합이 분명한 신앙 선언문을 채택하도록 설득하는 데 실패한 찰스 스펄전은 이 연합이 교리적으로 점점 더 느슨해지고 있다는 의혹 때문에 연합에서 탈퇴했다(1887). 일부 보수 복음주의 목사들조차도 찰스 스펄전이 때로는 불필요할 정도로 분열주의적이라 생각했다.

찰스 스펄전은 원래 태어날 때부터도 그랬고, 영적으로도 큰 은사를 가진 사람이었고, 고난도 잘 알고 있었다. 만성질환으로 고통을 당하고 있었을 뿐만 아니라(류마티스 통풍과 잦은 우울증), 1868년에는 아내도 병에 걸렸다. 중상모략, 일부 런던 일부 목회자들의 반대, 언론의 공개 모욕을 그는 아주 힘들어했다. 비록 이를 즐기기도 했지만, 과중한 목회 업무 또한 엄청난 부담이었다. 찰스 스펄전은 하나님이 주권자라는 분명하고 확고한 확신이 있었다. 그러나 그는 숙명론자는 아니었다. 그는 이렇게 기록했다.

> "운명은 눈이 없지만, 하나님의 섭리는 눈이 있다."

그는 자기 자신이 당하는 시험을 주목했다.

> "더 강한 믿음으로 가는 길은 언제나 거친 슬픔의 길과 함께 나 있다."

인생 후반에 그는 런던의 추위와 습한 기후를 피해 프랑스 망통(Mentone)에서 오랜 기간 요양하곤 했다.

찰스 스펄전의 신학은 어땠을까?

그는 신앙적으로 침례교인이었다. 또한, 그는 하나님의 선택과 인간의 책임을 같은 열정으로 모두 강조했다. 그의 신학은 성경적이며 영적이었지만, 합리적이고 체계적이지는 않았다. 찰스 스펄전이 복음주의 칼빈주의자인 것에는 의심의 여지가 없다. 1861년 메트로폴리탄태버너클 입당식에서 그는 '칼빈주의의 다섯 가지 요점'이라는 제목의 시리즈 설교를 했다. 태어날 때부터 생각이 깊었던 그는 종종 '청교도의 후예'라고 불리기도 했다. 한 역사가에 따르면, 찰스 스펄전은 자기 시대의 복음주의에 부족하다고 믿었던 세 원리를 청교도주의에서 찾을 수 있다고 보았는데, 이 세 가지는 '엄격한 신학, 뜨거운 영성, 구체적인 현장 실천성'이었다. 그는 전천년주의자(premillennial)였지만, 그 시대의 더 사변적인 전천년주의 견해를 포용하지는 않았다. 그는 성결운동을 반대했고, 고등비평은 더 분명히 반대했으며, 성경의 무오성을 지지했다.

찰스 스펄전은 그 시대의 가장 유명한 설교자였다. 많은 사람들은 교회사를 통틀어 가장 인기 있는 설교자는 아니더라도, 여전히 그가 최고의 설교자라고 생각한다. 유명한 20세기 독일의 목사이자 신학자였던 헬무트 틸리케(Helmut Thielicke)는 '여러분이 가진 모든 [책]을 팔아서…찰스 스펄전의 책을 사십시오'라고 했다. 오늘날 그가 죽은 지 100년이 넘었지만, 이제까지 살아 있거나 죽은 모든 기독교 저자보다도 찰스 스펄전의 인쇄된 글이 더 많다.

그가 처음으로 출판한 설교는 『페니 강단』(*penny pulpit*)이라는 이름으로 파터노스터(Paternoster) 출판사가 발간한 시리즈였다. 이 설교집은 엄청난 성공을 거두었다. 그의 설교는 매번 모아져서 연말에 책 한 권으로 출판되었다. 1861년에 이 설교집들이 『메트로폴리탄태버너클 강단』(*The Metropolitan Tabernacle Pulpit*)이라는 제목으로 출간되었다. 찰스 스펄전이 죽은 후에도, 이 설교 시리즈는 속기술로 기록되었던 메시지를 활용하여 계속 출판되었다. 그러다 1917년에 전쟁으로 인한 경제적인 문제 때문에 발간이 중지되었다.

총 63권 분량의 완결판은 지금도 여전히 발간 중인데, 여기에 포함된 설교는 3,544편에 달한다.

찰스 스펄전은 분명히 모험가이자, 엄청난 '속독가'(speed reader)였으며, '사진으로 찍은 것 같은 기억력'을 가진 사람이었다. 그는 영어성경을 섭렵한 타고난 웅변가였다. 그는 또한 예화와 재치, 격언과 즉흥적이고 분명한 영어로 그림 그리듯이 말하는 예술가였다. 19세기 영국은 그 어떤 시대보다도 가장 위대한 강단 웅변가들을 보유한 시대였다.

H. P. 리던(H. P. Liddon), 조셉 파커(Joseph Parker), F. W. 파라(F. W. Farrar), 휴 프라이스 휴즈(Hugh Price Hughes), F. W. 마이어(F. W. Meyer), 알렉산더 맥라렌(Alexander McLaren), R. W. 데일(R. W. Dale), 알렉산더 와이트(Alexander Whyte)가 이들 중에 포함된다. 이들 모두는 수많은 회중을 끌어들였지만, 그러나 그 누구도 찰스 스펄전 만큼은 아니었다. 찰스 스펄전은 생애 마지막까지 사람들을 불러모았다. 다른 모든 위대한 복음주의 설교자들과 마찬가지로, 찰스 스펄전은 자기 설교의 열쇠를 '나는 말씀을 가지고 십자가까지의 일직선을 그었을 뿐이다'라고 생각했다.

메트로폴리탄태버너클에서의 찰스 스펄전의 마지막 설교는 1891년 6월 7일에 있었다. 이후 몇 달 동안 그의 건강이 점차 나빠졌다. 그는 1892년 1월 31일에 57세의 나이로, 망통의 뷰리바쥬(Beau Rivage) 호텔에서 죽었다. 프랑스에서 장례식이 진행된 후, 그의 몸은 런던으로 이송되었고, 2월 10일 수요일에만 네 차례 장례식이 열렸다. 한 번은 메트로폴리탄태버클 신도들을 위해 열렸고, 한 번은 목회자와 학생을 위해 열렸다. 세 번째 장례식은 '기독교 사역자들'을 위해, 마지막으로 네 번째 장례식은 일반 대중을 위해 열렸다. 마지막 장례식은 2월 11일에 있었으며, 찰스 스펄전의 시신은 2월 12일에 런던의 웨스트노어우드(West Norwood) 공동묘지에 묻혔다. 그의 무덤에는 오늘날까지 이렇게 쓰여 있다.

"여기 그의 주와 구세주이신 예수 그리스도의 나타나심을 기다리는 찰스 스펄전의 몸이 누워 있다."

참고문헌 | E. Hayden, *Searchlight on Spurgeon* (Pasadena: Pilgrim Publications, 1973); E. Hayden, *Unforgettable Spurgeon* (Belfast: Ambassador Productions, 1997); P. Kruppa, *Charles Haddon Spurgeon: A Preacher's Progress* (New York: Garland, 1982); G. H. Pike, *The Life and Work of Charles Haddon Spurgeon*, 2 vols. (Edinburgh: Banner of Truth, repr. 1991); C. Ray, *The Life of Charles Haddon Spurgeon* (London: Passmore & Alabaster, 1903); C. H. Spurgeon, *The Autobiography of Charles H. Spurgeon*, 4 vols. (New York: Revell, 1898).

J. ARMSTRONG

찰스 해리슨 메이슨(Charles Harrison Mason, 1866-1961)

'그리스도 안의 하나님의 교회'(Church of God in Christ) 총감독. 그는 1866년 9월 8일에 테네시 멤피스(Memphis) 북부 외곽 지역의 한 농장(오늘날의 바틀릿타운[town of Bartlett])에서 출생했다. 부모 제리 메이슨(Jerry Mason)과 엘리자 메이슨(Eliza Mason)은 흑인 노예였고, 선교침례교회(Missionary Baptist Church) 회원이었다. 이 가족은 1878년에 아칸소(Arkansas) 플러머스빌(Plumersville)로 이주했다. 찰스 메이슨은 1891년에 아칸소 프레스턴(Preston) 지역의 침례교도들을 대상으로 설교할 수 있는 자격을 획득하고, 이어서 안수를 받았다.

찰스 메이슨은 앨리스 색스턴(Alice Saxton)과 결혼했지만, 앨리스가 찰스 메이슨이 전임 교역자가 되는 것을 반대하자 1893년에 이혼했다. 이후 힘든 나날을 보내던 찰스 메이슨은 우연히 새로 출판된 아만다 스미스(Amanda Smith)의 자서전을 접했다. 아만다 스미스는 당시 전국을 누비며 복음을 전한 인기 있는 흑인 성결 전도자였다. 찰스 메이슨은 그녀의 이야기에 매료되어, 스스로 '완전성화'의 일명 '두 번째 축복'을 받았다고 주장했다.

찰스 메이슨은 1893년 가을에 아칸소침례대학(Arkansas Baptist College)에 입학하여 정식으로 목회자 훈련을 받기로 했다. 그러나 곧 대학 환경이 불편해진 그는 1894년 1월에 자퇴했다. 1895년에는 미시시피(Mississippi)에 살던 침례교도 찰스 프라이스 존스(Charles Price Jones)를 만나, 곧 그가 그리스도 중심의 성결을 설교하는 데 공감했다. 존스는 찬송가를 여러 편 지었고, 아칸소침례대학에 잠깐 동안 다닌 적도 있었다. 찰스 메이슨과 존스 두 사람 다 이 대학 설립자이자 전미침례교대회(National Baptist Convention, 남북전쟁 이전에 창립된 미국 최대의 흑인침례교단-역주)의 초대회장을 역임한 엘라이어스 캠프 모리스(Elias Camp Morris)에 대해 알고 있었다. 존스는 아칸소 지역 침례교인에게 특히 유명한 인물이었다. 이 지역 침례교도들은 설교자로서의 존스의 능력을 인정하여 그에게 여러 영향력 있는 강단을 계승해 달라고 요청했고, 「더 뱁티스트 뱅가드」(The Baptist Vanguard)지 편집자 일을 제안하기도 했다.

찰스 메이슨과 존스는 1890년대에 '그리스도인의 완전'에 관한 교리 문제로 아칸소 침례교도들과 심각한 갈등을 겪게 된다. 존스가 사역하던 지역 교회인 미시시피 잭슨(Jackson)의 마운트헬름침례교회(Mt Helm Baptist Church)에서 시작된 이 논쟁은 곧 미시시피흑인침례교대회를 혼란에 빠뜨린 후, 곧 새로 창립된 전미침례교대회 지도자들의 주목을 받았다. 1899년에 치리 법정이 마운트헬름교회를 비우고 떠나라고 명령하자, 이에 반발하여 존스와 찰스 메이슨은 자신들을 지지하던 교인들을 데리고 아칸소흑인침례교대회를 공식적으로 탈퇴했다.

존스와 찰스 메이슨은 지지자들과 함께 '그리스도 안의 하나님의 교회'(Church of God in Christ)라는 이름으로 알려진 새로운 조직을 결성했고, 이 조직을 바탕으로 나중에 성화교회(the Sanctified Church)라는 이름의 전통을 형성한 공식 협회 조직을 세웠다. 이들은 소속 신자들을 위해 「더 트루스」(The Truth)라는 잡지도 창간했다. 찰스 메이슨은 교회 이름을 데살로니가전서 2:14에 담겨져 있는 특별한 하나님의 약속에서 취했다며 다음과 같이 밝힌다.

"네가 이 이름을 취하면, 내가 네게 보낼 백성을 다 수용할 수 있는 건물은 없을 것이다."

찰스 메이슨은 1890년대에 전도자로 활동하면서, 미시시피 북부와 테네시 서부, 아칸소 동북부의 이 마을 저 마을을 돌아다니며 복음을 전했다. 흑인뿐만 아니라 백인도 그의 설교에 감동하여 서로 '형제,' '자매'라 부르며 '성도'의 교제를 유지했다. 1905년에 찰스 메이슨과 존스는 윌리엄 J. 시모어(William J. Seymour)를 만났다. 시모어 역시 노예의 아들로 태어나 성결 교리를 받아들였고, 설교자로 부름받았다고 여긴 인물이었다.

이듬해 시모어는 초대를 받고 로스앤젤레스로 가서 찰스 폭스 파햄(Charles Fox Parham)에게서 배운 것을 전하기 시작했다. 파햄은 캔자스 출신 복음전도가로, 시모어는 그를 텍사스 휴스턴의 그가 연 집회에서 만난 적이 있었다. 시모어는 모든 기독교인이 성령세례를 구하는 기도를 해야 한다고 주장했고, 성령세례의 증거로 방언을 강조했다. 그는 곧 그리스도가 재림하리라 믿었으며, 성화와 성령세례야말로 기독교 복음을 만방에 전하기 위해 '사역에 능력을 더해 준다'라고 주장했다. 그가 연 집회에 정신없을 정도로 많은 추종자가 모이자, 그는 집에서 아주사스트리트(Azusa Street)의 한 버려진 감리교회로 모임 장소를 이전했다.

찰스 메이슨, 존스, 다른 성결 침례교도들은 이 부흥 소식을 듣고, 이를 자신들에게도 적용하기로 결심했다. 찰스 메이슨은 1907년 3월 19일에 성령세례와 방언의 역사가 로스앤젤레스에서 일어났다는 소식을 듣고 J. A. 피터(J. A. Peter)와 D. J. 영(D. J. Young)과 함께 길을 떠나 로스앤젤레스로 향했다. 찰스 메이슨은

"나는 성령 안에서 그분, 예수, 내 주님을 받아들였다"라고 주장했다. 찰스 메이슨과 친구들은 아주사스트리트에서 5주를 보낸 후, 시모어의 메시지의 가치를 굳게 확신하게 되었다. 이들은 잭슨과 멤피스로 돌아가서 아주사스트리트에서 본 것을 전했다.

그러나 존스와 다른 친구 일부는 성령세례의 증거가 방언이라는 견해에 적대적이었다. 결국 계속된 격한 논쟁 끝에 존스와 찰스 메이슨은 결별했다. 이 두 사람은 자신들이 함께 세운 교회의 재산권과 이름에 대한 권리를 두고 2년간 법정 투쟁을 벌였다. 결국 존스와 그의 추종자들은 '미국 그리스도의 교회'(Church of Christ, [Holiness] USA)를 조직했다. 찰스 메이슨은 '그리스도 안의 하나님의 교회'라는 이름에 대한 권리를 확보했다. 1907년에 이 오순절 계열의 교단 조직 위원회는 그를 총감독으로 선출했고, 새로운 교단 잡지 「더 홀 트루스」(*The Whole Truth*)를 승인했다.

찰스 메이슨은 메시지를 전파하고, 교회들을 모아 교단 협회를 만들기 위해 쉼 없이 일했다. 동역자 대부분은 흑인이었지만, 다수의 백인 사역자들도 '그리스도 안의 하나님의 교회'에 몰려들면서, 찰스 메이슨은 이제 흑인 오순절주의자 뿐만 아니라 백인 신자에게도 인기 있는 설교자로 인정받았다. 찰스 메이슨은 1910년에서 1914년까지 남부 백인 오순절주의자들을 도왔다. 특히, 그는 하워드 고스(Howard Goss, 찰스 파햄의 사도신앙운동의 동역자)가 백인 오순절 목회자 후보생 몇 사람에게 안수를 줄 때 자기 교단의 이름을 쓸 수 있도록 허락해 주었다.

이로 인해 안수받은 목회자들은 기차를 이용할 때 목회자 할인도 적용받을 수 있었다. 그들의 목회자 자격증에는 '그리스도 안의 하나님의 교회와 사도신앙운동의 일치'라는 문구가 적혀 있었다. 제1차 세계대전으로 반(反)독일인 혐오감이 퍼지고 있을 때, 찰스 메이슨은 오히려 인종 간 만남을 강조하고, 평화주의를 강조했다. 이 때문에 연방신분국(Federal Bureau of Identification)의 요주의 인물이 되었다. 결국 전쟁을 반대하는 설교를 했다는 혐의로 그는 1918년에 미시시피 렉싱턴 소재 교도소에 잠시 갇히는 신세가 되고 말았다.

찰스 메이슨의 아주사스트리트 방문은 그의 삶에서 일련의 새로운 경험의 시작점이 되었다. 아주사스트리트에서 환상을 보기 시작한 후, 계속 환상을 보았다고 주장했다. 이제 그는 공개적으로 방언을 했고, 자신의 방언을 통역하기도 했다. '하나님이 그를 가르치시고 그에게 새로운 노래를 주셨다'라고 했고, '성령님께서 내 생각과는 관계없이 모든 종류의 그림을 그리시고 영적인 글을 쓰기 시작하셨다'라고 주장했다.

초기 오순절주의자들은 이런 특이한 경험을 '현현'(manifestation)이라고 불렀다. 그가 이런 경험들을 자신의 흑인 종교 유산의 감정적 강렬함을 지속시키려는 의도와 결합시키자, 어떤 이들은 찰스 메이슨을 담대하고 창조적인 설교자로 인정하기 시작했다.

찰스 메이슨의 지도하에 '그리스도 안의 하나님의 교회'는 매년 영적 갱신과 공동체 건설을 위한 성결집회(Holy Convocations)를 열었는데, 농부들이 곡식을 수확한 후 돈을 절약해서 멤피스로 올 수 있도록 추수감사절 이후에 집회가 열렸다. 최고 사도이자 총감독으로서, 찰스 메이슨은 성장하고 있던 자신의 교회를 3주 내내 끊임없이 설교하고, 기도하고, 간증하고, 찬양하는 교회로 이끌었다. 찰스 메이슨의 개인적인 카리스마와 사역자 파송 열정으로 교단은 영적으로나 규모에서나 나날이 성장했다.

1934년 통계에 따르면, '그리스도 안의 하나님의 교회'는 345개 소속교회와 25,000명의 등록교인을 가진 교단이었다. 찰스 메이슨은 1930년대 중반에 성장 계획을 설정했는데, 1933년에 다섯 명의 주교(bishops)를 선발하고, 1934년에는 10명의 감독(overseer)을 선출해서 지역별 확장을 감독하게 했다. 1961년에 찰스 메이슨이 사망할 당시, 그리스도 안의 하나님의 교회는 등록 교인 수가 375,000명에 달한다고 주장했다.

찰스 메이슨은 1912년부터 자신의 메시지를 전할 남녀 전도자들을 파송했다. 그러나 정작 그는 여성 안수에 대해서는 반대했다. 제1차 세계대전 중에는 흑인 인구의 북부 이주를 따라, 당시 성장하고 있던 북부 도시들로 전도자들을 파송했다. 1911년에 찰스 메이슨은 교단 내에 여성부를 만드는 전략적 결단을 내림으로서, 교단 확장을 더욱 가속화했다. 어린이 사역, 기도 그룹, 바느질 모임, 국내외 선교사역을 감독하는 헌신된 사역자 무리를 동원했다.

찰스 메이슨은 이혼한 첫 번째 아내 앨리스가 사망할 때까지 재혼하지 않고 독신으로 지냈다. 1903년에 앨리스가 죽자 렐리아 워싱턴(Lelia Washington)과 재혼한 후, 여덟 아이를 얻었다. 렐리아가 1936년에 사망하자, 그는 1943년에 자신보다 50살이나 어린 엘시 워싱턴(Elsie Washington)과 결혼했다. 그녀는 찰스 메이슨보다 오래 살았다.

80회 생일을 맞은 1946년에, 찰스 메이슨에게 감사하는 지지자들은 3,000석 규모의 메이슨템플(Mason Temple)을 헌당했다. 이 건물은 당시 미국에서 흑인이 건축한 건물 중 가장 규모가 컸다. 당시 찰스 메이슨은 멤피스 경제와 정치계의 거물이었다. 메이슨템플이 세워진 거리의 이름은 찰스 메이슨을 기념하여 이름을 바꾸었다. (1961년에 찰스 메이슨이 사망하고 얼마 되지 않은 1968년 4월 3일에 테네시 멤피스의 메이슨템플에서 마틴 루터 킹 주니어[Martin Luther King Jr] 목사가 그의 마지막 대중 연설을 했다). 찰스 메이슨은 1961년 11월 17일에 디트로이트에서 숨을 거두었고, 메이슨템플의 지하 묘지에 안장되었다. 이때 그의 나이 95세였다.

참고문헌 | I. C. Clemmons, *Bishop C. H. Mason and the Roots of the Church of God in Christ* (Bakersfield: Pneuma Life Pub., 1996); G. A. Wacker, *Heaven Below: Early Pentecostals and American Culture* (Cambridge, MA: Harvard University Press, 2001).

E. L. BLUMHOFER

Biographical Dictionary of Evangelicals

칼 매킨타이어(Carl McIntire, 1906-2002)

전투적 분리주의자이자 근본주의자이며 반공 투사. 그는 1906년 5월 17일에 미시간 입실런트(Ypsilanti)에서 태어났다. 아버지 찰스 커티스 매킨타이어(Charles Curtis McIntire)는 장로교 목사였고, 어머니 헤티(Hettie)는 교사이자 사서였다. 칼 매킨타이어 가 태어난 직후 가족은 오클라호마 듀런트(Durant)로 이사했는데, 할머니가 여기서 촉토 인디언(Choctaws)을 대상으로 선교활동을 벌이고 있었다. 아버지는 환상을 보는 등 정신 질환을 앓다가 1914년부터 1919년까지 정신병원에 입원했다.

따라서 헤티는 네 아들을 홀로 키워야 했다. 자신 및 가족의 안전 문제 때문에 1922년에 이혼한 헤티는 이후 오클라호마의 한 대학에서 여성 학감이 되었다. 대학생 연령이 된 칼 매킨타이어는 오클라호마 소재 사우스이스턴주립대학(Southeastern State College)에 다니다가 미주리 캔자스시티(Kansas City) 소재 파크대학(Park College)로 전학하여 1927년에 교사 교육으로 학사학위를 받았다. 법학 공부를 더 할까 생각하다가, 그는 결국 목회 준비를 하기로 결심하고 1928년에 프린스턴신학교(Princeton Theological Seminary)로 들어간 후, 1학년 대표로 선출되었다.

1920년대 후반 프린스턴은 근본주의-현대주의 논쟁의 한복판에 있었는데, 칼 매킨타이어는 곧 유명한 학자이자 근본주의 지도자였던 J. 그레샴 메이천(J. Gresham Machen)의 영향력 하에 들어갔다. 장로교회가 프린스턴신학교를 1929년에 자유주의적인 운영이사회의 지배 아래 두자, 메이천은 프린스턴을 떠나 펜실베이니아 체스터힐(Chester Hill)에 웨스트민스터신학교(Westminster Theological Seminary)를 세웠다. 칼 매킨타이어는 메이천을 따라 웨스트민스터로 이동해서 1931년에 졸업했다. 곧 그는 텍사스 패리스(Paris)의 페어리 유니스 데이비스(Fairy Eunace Davis)와 결혼했다.

1931년 6월 4일에는 장로교 목사로 안수받은 후, 담임목사가 자살로 삶을 마감한 뉴저지 애틀랜틱시티(Atlantic City) 소재 첼시장로교회(Chelsea Presbyterian Church) 목사로 임명되었다. 공격적 전도와 해변 길가 야외 설교를 통해서 칼 매킨타이어는 2년 안에 약 200명을 신자로 확보했다. 1933년 9월 28일에 칼 매킨타이어는 교인 1,000명의 근본주의 교회인 뉴저지 콜링스우드 소재 콜링스우드장로교회(Collingswood Presbyterian Church) 담임목사로 청빙받았다. 여기서 그는 이후 66년간 목사직을 유지했다.

1934년에 칼 매킨타이어는 독립장로교해외선교부(Independent Board for Presbyterian Foreign Missions)의 회원이 되었는데, 이 선교회는 원래 메이천이 점점 더 자유주의화 되어 가던 장로교해외선교부(Presbyterian Board of Foreign Missions)에 대한 대안으로 설립한 조직이었다. 경쟁 선교부 설립이 장로교총회의 진노를 유발했기에, 메이천과 그의 추종자들 뿐만 아니라 칼 매킨타이어도 무질서를 조장했다는 이유로 재판을 받아야 했다. 칼 매킨타이어는 지역 필라델피아 라디오 방송에 자기 교회 주일 저녁 예배를 내보내는 것으로 대응했는데, 이 때문에 장로교단과 대논쟁을 벌였다. 1936년 2월 13일에는 자기 투쟁을 공론화하는 주간 신문 「더 크리스천 비컨」(The Christian Beacon) 발행을 시작하여 이후 50년 동안 쉼 없이 발간했다.

1936년 6월 15일에 독립장로교해외선교부와 관련이 있는 칼 매킨타이어 및 다른 참여자들이 유죄 판결을 받고 장로교단에서 추방되었다. 이들 추방된 이들은 즉각 미국장로교(Presbyterian Church of America, PCA)를 창설했지만, 이 신생 교단에 곧 내부 갈등으로 균열이 일어났다. 두 개의 계파가 부상했는데, (칼 매킨타이어로 대표되는) 한 파는 세대주의 전천년설을 지지했고, (메이천이 대표된) 한 파는 전천년설을 받아들이기는 했지만, 세대주의에는 의혹을 가졌다. 메이천은 사망한 1937년까지 교단을 하나로 묶어 두려고 노력했지만, 곧 칼 매킨타이어 추종자들이 성경장로교회(Bible Presbyterian Church)를 세웠다. 메이천을 지지한 이들은 정통장로교회(Orthodox Presbyterian Church)를 설립했다. 칼 매킨타이어는 1938년 7월에 페이스신학교(Faith Theological Seminary)를 세워 자기가 설립한 신생 교단에서 사역할 목회자를 양성했다.

칼 매킨타이어가 추방되자 그가 목회하던 교회 성도 중 8명을 제외한 모두가 자발적으로 장로교단을 떠났다. 그러나 1938년에 법원이 콜링스우드교회 재산소유권을 그들에게 줄 수 없다고 판결하자, 이들은 '증언 장막'(Tabernacle of Testimony)이라는 목재 건물이 지어지는 동안 임시로 천막에서 모였다. 이 목재 예배당은 1938년부터 1957년까지 사용되었다. 콜링스우드장로교회라는 이름을 사용하지 않는 대신, 이제 이 회중은 교회 이름을 콜링스우드성경장로교회(Bible Presbyterian Church of Collingswood)라 불렀다.

교리적 순수성을 유지하는 일에는 전혀 타협이 없던 칼 매킨타이어는 1941년에 미국기독교회협의회(American Council of Christian Churches, ACCC)를 결성하고, 1948년에는 국제기독교회협의회(International Council of Christian Churches, ICCC)를 세워 에큐메니컬 진영을 대표하는 전미교회협의회(National Council of Churches, NCC)와 세계교회협의회(World Council of Churches, WCC)의 대안이 되고자 했다. 칼 매킨타이어의 극단적인 분리주의 때문에 성경장로교회 내에서도 다시 분열이 일어나 교단 소속 수백 개 교회 중 4분의 3 이상이 1956년에 칼 매킨타이어를 떠났다.

미국기독교회협의회는 1968년에는 소송에 휘말렸다. 그러나 칼 매킨타이어는 이런 투쟁에도 전혀 굴하지 않았다. 계속해서 대형 교회인 콜링스우드교회를 담임했고, 페이스신학교와 국제기독교회협의회의 통제권을 주장했고, 라디오 방송과 「더 크리스천 비컨」으로 수백만 명에게 메시지를 전했다.

1955년 3월 7일에는 펜실베이니아 체스터(Chester) 소재 WCVH 방송국에서 30분짜리 라디오 프로그램 '20세기 종교개혁의 시간' 방송을 시작했다. 여기서 매일 배교와 공산주의를 이중의 위협으로 보고 거칠게 비난했는데, 그의 메시지는 냉전 시대에 인기가 많았다. 5년 안에 전국 600개 이상의 방송국이 그의 목소리를 내보냈는데, 2천만 명 가까운 청취자가 보낸 기부금이 1년에 2백만 달러에 달했다. 이 자금으로 그는 뉴저지 케이프메이(Cape May) 소재 호텔 몇 채를 구매할 수 있게 되어, 이들을 근본주의 집회장소로 개조했다. 이에 더하여, 1964년에는 (이전에는 내셔널성경학교[National Bible Institute]였던) 쉘턴대학[Shelton College] 경영권을 획득했다. 1968년에는 중등학교, 1973년에는 초등학교를 세웠다.

칼 매킨타이어와 상원의원 조셉 매카시(Joseph McCarthy) 및 상원 반미활동조사위원회(House Un-American Affairs Committee)는 의심되는 공산주의 성직자를 색출하는 일에 긴밀히 협력했다. 또한, 전미복음주의협회(National Association of Evangelicals, NAE), 빌리 그레이엄(Billy Graham) 및 다른 '신복음주의자'(New Evangelicals)를 그들이 비근본주의자와의 분리를 단행하지 않는다는 이유로 정기적으로 공격했다. 다른 공격 목표에는 개역표준성경(RSV), 로마 가톨릭교회, 민권운동도 있었다. 자신이 반대하는 이들이 모이는 집회에서 대중의 시선을 끌기 위해 시위를 하기도 했다. 1970년과 1971년에는 최소 5만 명을 동원하여 베트남전을 지지하는 일련의 '승리 행진'(Victory Marches)을 주도하며 전국 언론의 주목을 끌었다.

칼 매킨타이어의 영향력은 1971년 이후 크게 쇠퇴했는데, 이때 이후 넘어설 수 없는 장벽이 많아졌다. 1971년에 페이스신학교에서 칼 매킨타이어의 독재 경영에 반대하는 총장이 두 사람을 제외한 교직원 전부와 학생 절반을 이끌고 학교를 떠나 이탈하면서 학교가 위기에 처했다. 칼 매킨타이어는 수년간 WXUR 라디오 방송국 허가 문제를 놓고 연방언론위원회와 싸웠다. 케이프메이 소재 칼 매킨타이어 소유의 집회 건물들은 세금 면제를 위한 요구 조건을 충족시키지 못한다고 시가 결정하면서 더 이상 유지가 어려워졌다.

쉘턴대학은 인가 문제를 둘러싸고 뉴저지와 20년 동안 투쟁을 겪어야 했다. 그는 학교를 플로리다로 옮기려 했으나, 재정 문제로 다시 뉴저지로 돌아올 수밖에 없었고, 결국 1985년에 인가 문제에 대해 연방대법원이 뉴저지의 손을 들어주는 것으로 종결되었다. 이때 즈음에 이 학교에 다니는 학생은 손에 꼽을 정도에 지나지 않게 되었다.

1978년에는 이런 장벽과 거의 불치에 가까운 췌장 질환에도 불구하고, 칼 매킨타이어는 1990년대까지 공산주의 및 에큐메니컬운동과의 싸움을 열심히 치뤘다. 그러나 상황이 점점 더 악화되었다. 아내가 1992년에 사망했고, 1993년에는 자동차 사고로 거의 죽기 직전까지 갔다. 「더 크리스천 비컨」은 곧이어 정간되었다. 1996년에는 재정 문제로 페이스신학교를 팔아야 했고, 일부 내부자의 증언에 따르면, 결국 이 학교는 학위 장사를 하는 학교로 바뀌었다. 1999년에는 콜링스우드성경장로교회가 은퇴를 거부하던 칼 매킨타이어를 쫓아냈다. 92살이 된 칼 매킨타이어는 자기 집에서 주일 예배를 인도하다, 95살이던 2002년 3월 19일에 사망했다.

참고문헌 | J. Fea, 'Carl McIntire: From Fundamentalist Presbyterian to Presbyterian Fundamentalist,' *American Presbyterians*, 72, 4 (1994), pp. 253-268; E. Fink, *40 Years...: Carl McIntire and the Bible Presbyterian Church of Collilngswood, 1933-1973* (Collingswood: Christian Beacon Press, 1973); C. McIntire, 'Fifty Years of Preaching in Collingswood, N. J.,' *Christian Beacon* 48, 33 (1983), pp. 1-5, 7.

D. K. LARSEN

칼 F. W. 월터(Carl F. W. Walther, 1811-1887)

루터교 성직자이자, 신학자, 신학교 총장. 그는 북아메리카 루터교에서 가장 영향력 있고 성공적인 사역을 한 지도자 중 하나였다. 그는 루터교 미주리 대회(Lutheran Church, Missouri Synod) 창립회장이었고, 세인트루이스(St Louis)에 있는 컨코디아신학교(Concordia Theological Seminary) 총장으로 30년 넘게 재직했다. 루터교 고백주의(Confessionalism)와 대륙 경건주의의 영향을 강하게 받은 그는 일평생 합리주의적 자유주의에 반대했고, 정통 루터교를 강력하게 옹호했다. 이 과정에서 그는 신세계에서의 루터교의 신학적, 문화적 특징들을 정의하는 데 크게 기여했다. 독일 작센(Saxony)에서 이민한 월터는 지속적으로 교회와 교육 기관을 설립하는 일에 헌신했고, 19세기의 독일계 미국인 지도자 중에서 가장 중요한 인물이 되었다.

월터는 1811년 10월 25일에 독일 작센주 랑엔쿠르스도르프(Langenchursdorf)에서 루터교 목사인 헨리히 빌헬름 발터(Henrich Wilhelm Walther)와 요한나 빌헬미나 젠데르라인(Johanna Wilhelmina Zschenderlein) 사이에서 태어났다. 월터의 아버지는 3세대 루터교 목사였고, 월터의 할아버지가 섬겼던 랑엔쿠르스도르프의 같은 교회에서 계속 사역했다. 칼은 열두 자녀 중 여덟째였는데, 이 열 둘 중 성인이 될 때까지 생존한 자녀는 여섯뿐이었다.

가족은 그를 '페르디난트'(Ferdinand, 영어로는 '퍼디낸드'-역주)라고 불렀다. 처음에는 아버지를 통해 교육을 받았고, 여덟 살부터 호헨슈타인(Hohenstein)에 있는 학교를 다녔다. 2년 후에는 슈네베르크(Schneeberg)에 있는 라틴어학교에 입학했고, 1829년 10월부터 라이프치히대학교(University of Leipzig)에서 신학 공부를 시작했다.

공부를 시작한 첫 해, 월터는 자신의 개인 구원에 대한 심한 불안을 경험했다. 그는 드레스덴(Dresden)에 있는 성요한루터교회(St John's Lutheran Church)의 마틴 스테판(Martin Stephan) 목사에게 상담을 요청했다. 스테판 목사는 정통 루터교인이자 보수주의 신학자였는데, 그는 작센 교회들과 유럽의 대학에 부는 합리주의 사상을 단호하게 거부했던 사람이다. 스테판 목사가 보낸 서신 답장을 읽은 월터는 구원을 확신하고, 영적 위기를 벗어났다. 스테판은 월터의 삶에 중요한 인물로 남았고, 결국 월터에게 정통 신앙을 보존하기 위해 북미로 떠나는 루터교 순례자들과 함께하는 이민 행렬에 동참하라고 권했다.

라이프치히에서 대학생활을 하는 동안, 월터는 치명적인 폐병에 걸렸다. 결국 학업을 6개월 동안 공식 중단하게 되면서, 요양하는 동안 루터의 저작을 집중적으로 읽었다. 이 시기는 그의 미래에 중요한 시기가 되는데, 루터의 작품을 집중해 읽으면서 그는 루터신학의 성경적 기반을 확신하고 굳건한 고백주의에 흔들리지 않고 헌신하게 되기 때문이다. 1833년에 그는 일련의 시험을 통과한 그는 카흘라(Cahla)의 프리드만 뢰버(Friedmann Loeber) 가문의 가정 교사로 일할 수 있는 자격을 획득했다. 1837년 1월 15일에는 작센주 브라운스도르프(Bräunsdorf, Saxony)에서 안수를 받았으며, 선한목자교회(Zum Guten Hirten)의 단독 목회자가 되었다. 여기서 그는 지역 학교의 종교 과목 교사로도 일했다.

브라운스도르프에 있는 동안에도 그는 계속해서 마틴 스테판과 인연을 이어 나갔다. 1830년대 후반에 스테판은 합리주의가 작센주 교회에서 참된 기독교를 말살시키리라는 두려움에 휩싸였다. 순전한 루터교 옹호자인 그는 프러시안연합(Prussian Union)에 저항하기도 했는데, 이 연합은 루터교회와 개혁교회의 연합을 강요했다. 그 결과 스테판은 제자들을 모아 신앙공동체(Gesellschaft)를 만들어 미국으로 가는 이민단을 조직하기 시작했다. 1838년 11월에 스테판, 그리고 월터 및 형 오토가 포함된 약 700명의 지지자가 배 다섯 척에 나눠 타고 브레멘(Bremen)을 떠났다. 스테판은 이민단에서 절대 권력을 주장하며, 자신을 '주교'라 불렀다.

1839년에 이들은 뉴올리언스(New Orleans)에 도착했다. (월터가 탄 배 Johann Georg는 1839년 1월 5일에 도착했다). 곧이어 미주리 세인트루이스와 페리 카운티(Perry County)에 빠르게 정착했다. 이들은 일에서 북미로 250만 명 이상이 이민한 전-대호황기 시대(pre-Gilded Age, Gilded Age는 남북전쟁 이후 호황기-역주) 이민자의 일부였다. 스테판의 가혹한 지도력과 비타협적인 태도 때문에 공동체 구성원 대부분이 영적으로, 경제적으로 붕괴될 지경에 이르렀다. 1839년 5월 말, 월터와 공동체의 다른 핵심 지도자들은 재정 및 성 문제를 빌미로 스테판을 공동체에서 추방했다. 이 경험은 월터의 신학과 정치관에 근본적인 영향을 끼쳤다. 작센 주 교회와 마틴 스테판의 학대 행위를 내내 기억한 월터는 교회의 통치 권위를 성직자가 아니라 회중에 둠으로써, 일평생 성직자의 독재를 막으려고 노력했다.

1839년의 사건들은 막 생성된 루터교 집단에 신학적, 교회론적 정체성 위기를 초래했다.

이들은 정확히 누구이고 무엇이었나?

안수받은 주교가 없었기에, 이들은 '순전한' 교회가 아니었다. 그들은 더 이상 작센주의 교회 소속이 아니었다. 그들은 자신들이 인종다원주의와 종교다원주의의 땅에 와 있음을 인식했다.

그렇다면 이들을 과연 '교회'라고 부르는 것이 적합할까?

'알텐버그논쟁'(Altenburg Disputation)은 1841년 4월에 미주리 알텐버그(Altenburg, Missouri)에서 벌어진 두 차례의 공개 논쟁을 말하는데, 여기서 월터는 루터교회 미주리총회의 독특한 정치제도의 기초를 세웠다. 논란에 휩싸인 공동체 문제에 대한 신학적이고 정치적인 해결책을 찾으려 했던 월터는 루터의 교회론을 주의 깊게 연구하고는, 이민자 집단은 비록 완전과는 거리가 멀고, 논쟁에 휩싸여 있기는 하지만, 그럼에도 불구하고, 이들 자체가 참된 '교회'로 불릴 수 있다고 결론 내렸다.

또한, 그는 알텐버그에서 회중교회 교회 정치를 옹호함으로써, 루터교 고백주의라는 배경에서 자유교회(Free Church) 교회론을 발전시켰다. 그는 좀 더 상하계급제도에 가까운 교회 정치를 옹호하는 루터교 신학자 J. K. 빌헬름 로헤(J. K. Wilhelm Lohe)와 이민자 목사인 A. A. 그라바우(A. A. Grabau) 같은 이들에 맞서 자신의 견해를 변호하며 남은 경력을 보내게 된다.

알텐버그논쟁에서 월터는 공동체의 신학적 위기를 해결하고, 북미 루터교의 신학적 기초를 제시했으며, 루터교회 미주리대회(Lutheran Church Missouri Synod)를 창립하는 계기를 만들었다. 여러 모임 이후 그는 트리니티루터교회(Trinity Lutheran Church)라는 이름의 한 세인트루이스 소재 이민자 교회의 목사가 되었다. 이 교회는 월터의 얼마 전 사망한 형이 먼저 담임하던 교회였다.

1841년 9월에 그는 공동체의 원년 회원인 에밀리 부엥거(Emilie Buenger)와 결혼했다. 이들 사이에 여섯 자녀가 태어났다. 트리니티루터교회 목사라는 지위를 기반으로 월터는 교회 조직자, 신학 교육자, 신앙서적 출판인으로서의 경력을 시작했다. 1844년 9월에 그는 「데 루테라너」(De Lutheraner, 루터교인) 발간을 시작했다. 이는 종교신문으로, '신앙이 바른 이들을 함께 모으기 위해' 창간되었고, '하나님의 말씀과 루터의 교리를 지금과 영원히 순수하게 보존하라'가 구호였다.

1847년에 월터는 작센 출신 이민자들의 교회 연합 조직 형성에 관여했다. 이 조직이 결국 후에 루터교회 미주리총회가 되었다. 원래는 '미주리, 오하이오, 및 다른 주들의 독일 복음주의 루터교 대회'가 명칭이었지만, '100% 미국주의'여야 한다는 압력으로 제1차 세계대전 중에 이 이름에서 '독일'을 뺐고, 1947년에 지금의 명칭으로 정착되었다. 월터는 이 대회의 대표직을 설립 때부터 1850년까지, 이어서 1864년부터 1878년까지 역임했다. 1849년 10월에 그는 루터교회 미주리총회의 컨코디아신학교 신학교수로 선출되었다. 컨코디아신학교의 총장으로도 1854년부터 1887년까지 활약했다.

1853년에 그는 「레레 운트 베레」(Lehre und Wehre, 교훈과 변호)라는 제목의 신학 저널을 만들었다. 후에 그는 루터교 정통 신학자 바이어(Johann Wilhelm Baier)의 교의 저술을 편집했고, 루터 저작의 세인트루이스 판본 제작에도 관여했다. 미국루터교의 일치를 끊임없이 부르짖은 그는 1856년부터 1867년까지 다양한 대회와 모임을 개최했다. 월터는 후에 루터교대회 컨퍼런스(Lutheran Synodical Conference, 1872) 설립에 공헌했는데, 이런 모임들에서 발전한 총회들의 연맹체였다. 명석한 신학자이자 존경받는 지도자로서, 월터는 교수, 교단 대표, 신학교 총장이라는 지위를 북미에서 정통 루터교를 확장시키는 데 활용했다.

19세기 내내 루터교회 미주리총회는 독일 민족 교단으로 남아 있었다. 그 결과, 미국 복음주의와의 교류는 극히 미약했다. 대규모 독일인 이민 물결이 시작되었을 때, 총회는 걸음마 단계에 있었고, 민족적으로도 제한되어 있었다. 이민자들을 통해 독일 문화를 계속 보충 받았기 때문에 교단의 미국화 과정이 늦춰졌다. 19세기 후반에 독일 루터교인들은 미국 근본주의의 선구자인 천년왕국운동(millenarian Movement)의 영향을 거의 받지 않았다.

따라서 학자 대다수는 그들을 '복음주의적'이라고 평가하지 않는다. 이들은 많은 부분에서 근본주의자들과 닮아 있기는 했지만, 두 집단은 목적지를 공유하지 않았으며, 방법론, 동기, 문화적 상황도 언제나 차이가 많았다.

생애 마지막 10년 동안 월터는 예정론이라는 신학 주제를 놓고 다른 루터교인들과의 쓰라린 논쟁에 휘말리게 된다. 그를 폄하한 사람들은 그를 칼빈주의와 몰래 결탁한 자라고 비난했지만, 그는 오직 그리스도의 공로 위에서만, 영원한 선택을 통해 구원하시기로 하나님께서 택하신 이들은 누구든지 구원받게 예정되어 있다고 믿었다.

그는 더 나아가서 하나님의 선택은 구원받은 자의 후속 행위나 믿음에서 유래한 것이 아니라, 선택이 그들의 믿음과 선행의 원인이 된다고 주장했다. 확고한 정통 루터교 입장을 고수했기에, 월터는 그를 반대하는 자들에게는 거의 관용을 보이지 않았다. 그는 1887년 5월 7일에 세인트루이스에서 생을 마감했다.

참고문헌 | W. O. Forster, *Zion on the Mississippi: The Settlement of the Saxon Lutherans in Missouri*, 1839-1841 (St Louis: Concordia, 1953); C. S. Meyer (trans. and ed.), *Letters of C. F. W. Walther: A Selection* (Philadelphia: Fortress Press, 1969); L. W. Spitz, Sr, *The Life of Dr. C. F. W. Walther* (St Louis: Concordia, 1961); M. L. Rudnick, *Fundamentalism and the Missouri Synod: A Historical Study of their Interaction and Mutual Influence* (St Louis: Concordia, 1966); A. R. Suelflow, *Servant of the Word: The Life and Ministry of C. F. W. Walther* (St Louis: Concordia, 2001); R. A. Sueflow (trans.), *Selected Writings of C. F. W. Walther: Selected Letters* (St Louis: R. A. Suelflow, 1981).

K. W. PETERSON

칼 퍼디낸드 하워드 헨리(Carl Ferdinand Howard Henry, 1913-2003)

미국 신학자이자 교회 지도자. 그는 1913년 1월 22일에 뉴욕시에서 독일계 이민자 부모에게서 태어나 뉴욕 센트럴이슬립(Central Islip)의 롱아일랜드(Long Island)에서 자랐다. 공립학교에서 교육을 받은 헨리는 언론 분야에서 탁월한 실력을 보였다. 「더 뉴욕 타임스」(*The New York Times*)를 비롯한 주요 신문사 기자로 활동했고, 후에는 롱아일랜드의 주요 주간 신문 「스미스타운 스타」(*Smithtown Star*)의 편집자로도 일했다.

성공회 신자(Episcopalian)로 세례받고 입교까지 했음에도 불구하고, 1933년 여름에 그리스도께로 개인적으로 회심하기 전까지 헨리는 자신을 실제로는 이교도로 여겼다. 2년 후에는 휘튼대학(Wheaton College)에 학생으로 등록해서 장로교 신학자 고든 클락(Gordon Clark)의 영향을 받았는데, 명제적 진리와 하나님에 대한 믿음의 합리성을 강조한 클락의 사상이 헨리의 사고 형성에 영향을 주었다.

휘튼대학에서 헨리는 아내 헬가 벤더(Helga Bender)도 만났는데, 벤더의 부모는 아프리카 카메룬에서 일하는 침례교 선교사였다.

휘튼대학에서 만난 동료 학생 중에는 빌리 그레이엄(Billy Graham)도 있었는데, 당시 십대 선교회(Youth for Christ, YFC)에서 일하고 있던 그레이엄은 제2차 세계대전 이후 복음주의운동이 형성되는 과정에서 헨리의 동역자가 될 인물이었다. 휘튼대학 졸업(1938) 후에는 휘튼대학에서 석사(1941)를 받으며, 동시에 시카고 노던 침례신학교(Northern Baptist Theological Seminary)에서 신학을 공부한 후 박사학위(1942)를 받았다. 성경을 연구하며 그는 확신 있는 침례교도가 되었다. 롱아일랜드의 모교회에서 신자로 침례를 받았고, 시카고의 험볼트파크침례교회(Humbolt Park Baptist Church)에서 학생 목회자로 봉사하다가 이 교회에서 1941년에 복음 사역 목사로 안수받았다.

수년간 노던침례신학교에서 가르치면서, 동시에 그는 보스턴대학교(Boston University)에서 철학 전공으로 또 하나의 박사과정을 밟았다. 에드가 S. 브라이트먼(Edgar S. Brightman)의 지도하에 1949년에 완성된 논문은 후에 『인격 관념론과 스트롱의 신학』(*Personal Idealism and Strong's Theology*, 1951)으로 출판되었다. 이 작품에서 헨리는 이전 세대의 저명한 북침례교 신학자 어거스터스 H. 스트롱(Augustus H. Strong)의 윤리적 일원론 철학에 기반을 둔 중재신학(mediating theology)이 그 시대 현대주의의 침입에 저항할 만한 충분한 힘을 갖지 못했다고 비판했다.

생애 종반부로 갈수록 스트롱은 자기 교단 내에 있는 현대주의자들과 싸우는 근본주의자들의 편에 섰지만, 헨리는 오히려 스트롱의 불충분한 계시 교리가 스트롱이 지지한 바로 그 정통을 무너뜨리는 데 기여했다고 믿었다. 헨리의 일평생 과업은 20세기 첫 시기에 제공할 수 있었던 것보다 더 견고한 신학을 자기 시대의 복음주의자들을 위해 제공하는 것이었다.

1947년은 헨리의 성장에 중추적인 해였다. 그해에 해럴드 존 오켄가(Harold John Ockenga)와 찰스 E. 풀러(Charles E. Fuller)의 초대를 받아 헨리는 캘리포니아 패서디나(Pasadena)에 새로운 복음주의 신학교를 설립하는 일에 기여했다. 풀러신학교(Fuller Theological Seminary)의 창립교수진에 들어간 헨리는 신학과 철학, 윤리학을 가르쳤다. 또한, 그는 얼마간 이 부상하는 신생 학교의 학장직도 맡았다. 거의 10년 동안 풀러의 핵심 지도자로 있었던 그의 역할은 신학교의 초대 총장 오켄가가 자주 자리를 비우면서 더 중요해졌다.

또한, 1947년에 헨리는 첫 번째 주저 『현대 근본주의의 불편한 양심』(*The Uneasy Conscience of Modern Fundamentalism*)을 출간했다. 비록 후에 출간되는 방대한 작품들에 비하면 아주 작은 소책자에 지나지 않았지만, 이 작은 책은 오켄가가 '신복음주의'(neo-evangelicalism)라 이름 붙인 갓 태어난 운동에 막대한 영향을 끼쳤다. 헨리는 1942년에 보수 개신교인들의 연맹체로, 한편으로는 자유주의적인 주류 교회에, 다른 한편으로는 반지성적 분파주의에 건설적인 대안을 제시하기 위해 탄생한 전미복음주의협회(National Association of Evangelicals)의 창립회원이었다.

『현대 근본주의의 불편한 양심』에서 신복음주의자들은 '사회복음'에 대한 신학을 수용하지 않고도 사회와 문화에 적극적으로 참여하는 이론의 기반의 찾을 수 있었다. 오켄가와 마찬가지로, 헨리도 연합, 교육, 전도, 사회 윤리의 이상을 주창했지만, 역사적 기독교 정통의 절대 진리에 대한 주장을 여전히 고수했다. 이런 통합성은 오래도록 이어진 여러 복음주의 활동에서 드러난 헨리의 지도력의 특징이었다.

『현대 근본주의의 불편한 양심』은 헨리가 펜으로 생산한 많은 작품 중 처녀작이었다. 이후 20년간 그가 써낸 책으로는 『현대 지성의 재형성』(*Remaking the Modern Mind*, 1948), 『우리 소망의 이유』(*Giving a Reason For Our Hope*, 1949), 『개신교 신학 50년』(*Fifty Years of Protestant Theology*, 1950), 『서양 사상의 표

류』(*The Drift of Western Thought*, 1951), 『기독교 개인 윤리』(*Christian Personal Ethics*, 1957), 『기본 기독교 교리』(*Basic Christian Doctrines*, 1962), 『기독교 신앙과 현대 신학』(*Christian Faith and Modern Theology*, 1964), 『나사렛 예수: 구주와 주』(*Jesus of Nazareth: Savior and Lord*, 1966) 등이 있다.

이 책들과 다른 여러 작품을 통해 헨리는 북미 복음주의운동의 주도적 신학자로 영향력을 발휘했다. 신론과 성경론에 집중한 그는 성경적 유신론과 성경의 무오류 권위를 지지했다. 때로 더 증거주의적(evidentialist) 입장에 서 있던 동료 복음주의 신학자들과 부딪히기도 했다. 헨리의 근본적 신학 방법론은 하나님의 특별계시인 성경에서 추출된 전제들(presuppositions)에 근거를 두고, 예수 그리스도 및 세대를 걸쳐 교회가 공통적으로 고백해 온 신앙의 빛으로 해석하는 연역적 방법론이었다.

빌리 그레이엄과 그레이엄의 장인 L. 넬슨 벨(L. Nelson Bell)이 풀러 교수직을 떠나 자신들이 발행하는 새 잡지 「크리스채너티 투데이」(*Christianity Today*)의 창립 편집자 자리를 맡아 달라고 헨리를 부른 1956년에 그는 드디어 전국적인 명사가 되었다. 「크리스채너티 투데이」는 1900년 이래 자유주의 주류 개신교인들이 발행한 좌편향 「크리스천 센츄리」(*Christian Century*)에 대응하는 대안으로 창간된 잡지였다.

헨리의 정력적인 지도력 아래 「크리스채너티 투데이」는 곧 발행 부수에서 경쟁지를 넘어섰고, 헨리가 편집자로 일한 12년 동안 170,000부까지 발행 부수가 늘었다. 장문 사설과 논문을 통해 헨리는 부상하는 복음주의운동의 정의와 방향을 제시했다.

기독교적 가치와 원칙을 사회의 전 영역에 적용하기 위해서는 복음주의자들이 '후방'에서 나와서 '전방'으로 가야 한다는 『현대 근본주의의 불편한 양심』에서 이미 제시한 주장을 반복적으로 외쳤다. 또한, 기도와 신앙 생활의 훈련의 중요성에 대해서도 글을 썼지만, 기독교인을 세상과 그 세상이 당면한 필요에서 단절시키는 종류의 침묵주의와 내향적 경건에는 분명히 반대했다.

근본주의의 분리주의 성향을 잘 알고 있던 헨리는 「크리스채너티 투데이」가 복음주의 기독교인들을 모으는 구심점이 되기를 바랐다. 따라서 스스로는 신학에서는 개혁신학, 교회관에서는 침례교 입장에 있었음에도 불구하고, 헨리는 복음주의의 전 범위를 망라하는 다양한 의견을 「크리스채너티 투데이」에 실었다. 또한, G. C. 벌카우어(G. C. Berkouwer), 에밀 브룬너(Emil Brunner), 헬무트 틸리케(Helmut Thielicke), 칼 바르트(Karl Barth) 같은 탁월한 유럽 신학자들과 나눈 인터뷰나 그들의 글도 정기적으로 실었다.

사상가, 행동가, 전도자, 교회 지도자를 한 곳으로 불러 모으는 복음주의 네트워크 건설자로서 헨리의 성공은 엄청났다. 하나가 된 전 세계적 복음주의운동에 대한 관심은 헨리가 의장을 맡고 빌리 그레이엄이 명예의장을 맡은 1966년 베를린세계전도대회(1966 World Congress on Evangelism at Berlin) 개최로 이어졌다. 전 세계의 복음주의 지도자들이 모인 이 집회는 이후 훨씬 더 영향력 있는 대회로 판명되는 1974년 로잔세계복음화국제대회(International Congress on World Evangelization at Lausanne)의 선구자였다. 복음주의자들이 힘을 합쳐 미국 전역을 대표하는 기독교 대학을 설립하자는 헨리의 요청은 별로 성공적이지 못했다. 그러나 그는 신학교와 대학과의 밀접한 협력을 통해 이 학교들이 다양한 지적 학문을 망라해서 기독교 세계관에 근거해서 사고하는 학생들을 길러낼 수 있게 힘을 북돋았다. 그러나 결국 1968년에 헨리의 활약으로 고등기독교학연구원(Institute for Advanced Christian Studies, IFACS)이 세워졌다.

헨리가 맡은「크리스채너티 투데이」편집자 일은 결코 편한 직업이 아니었다. 그는 민권 투쟁이 벌어지고 베트남전에 대한 갈등이 일어나고 있던 시기에 좀 더 공격적이고 예언자적인 입장을 취하지 않는다고 좌파 입장의 기독교인들의 비난을 받았다.「크리스채너티 투데이」운영에 필요한 상당한 재정을 후원하던 힘 있는 사업가 J. 하워드 퓨(J. Howard Pew) 등의 우파는 헨리가 전미교회협의회(National Council of Churches)의 자유주의적인 정치 경제 정책을 더 강하게 비판하지 않는 것에 불편해했다. 1968년 7월 1일, 이사회와의 쓰라린 갈등 때문에 헨리는「크리스채너티 투데이」편집자 자리를 내려놓아야 했다. 잉글랜드의 케임브리지에서 1년간 안식년을 보낸 후, 그는 이스턴침례신학교(Eastern Baptist Theological Seminary)로 이동해서 교수(1969-1974)가 되었다.

1976년에『신, 계시, 권위』(*God, Revelation and Authority*)의 첫 두 권이 출간되었다. 여섯 권으로 된 이 책은 헨리의 대표작으로, 20세기 복음주의 신학자가 쓴 모든 신학적 인식론 저술 중 가장 탁월하고 가장 오래 활용되었다.『신, 계시, 권위』는 헨리의 광활한 지성 및 경쟁하는, 또한 상호 반대되는 신학적 입장들을 서로 비교하고 통합하는 능력을 보여 준다. 예를 들어, 이 책에서 그는 세속주의, 자연주의, 실존주의 및 다양한 유형의 현대 무신론을 광범위하게 다룬다. 또한, 해방신학, 급진 페미니즘, 신과 세상을 과정으로 보는 입장(과정철학 및 신학-역주)을 포함해서, 그가 비정상이자 이탈했다고 판단한 신학 견해들을 아주 잘 알고 있었음을 보여 준다.

그러나 여러 면에서 볼 때, 언제나 헨리의 어깨 뒤에 서 있었던 인물은 칼 바르트였다. 헨리는 바르트를 유럽에서 만난 후 여러 차례 그와 서신을 왕래했다. 불트만(Bultmann)도 만났지만 그의 작품을 받아들일 수는 없었다. 그러나 헨리는 자유주의 신학에 저항해서 그리스도의 동정녀 탄생, 삼위일체, 정통 기독론 및 다른 교리들을 든든히 지켜낸 것에 대해서 바르트에게 찬사를 보냈다. 그러나 헨리는 그의 동료 복음주의자들에게 바르트의 신학 방법론을 너무 가까이 따라가지는 말라고 경고했다.

헨리가 믿기에 바르트는 계몽주의에 너무 많은 것을 양보했다. 이 때문에 바르트의 계시론은 너무 약해져서, 성경이 하나님의 말씀 자체가 아니라, 존재론적 만남을 통해 하나님의 말씀이 '된다'라고 보았다는 것을 지적했다. 헨리는 바르트의 계시론으로는 성경의 사건들과 기적들을 비신화화시키려는 불트만의 시도에 저항할 수 없고, 1960년대에 '신의 죽음' 운동 등의 여러 유형의 급진신학에도 충분히 대항할 수 없다고 믿었다. 실제로 이들 급진신학의 일부 지지자들은 자신들이 작업의 영감을 바르트에게서 얻었다고 주장했다.

최근 수십 년 동안 성숙한 신학자나 복음주의의 선임 대변인으로서의 헨리의 위치는 더 확고부동해졌다. 국제적인 관계망 덕에 그는 국제월드비전(World Vision International)의 주강사(1974-1986) 역할을 잘 활용했다. 또한, 찰스 콜슨(Charles Colson)의 감옥선교회(Prison Fellowship Ministries) 이사라는 소중한 직책도 잘 감당했다. 그의 저술들은 여러 언어로 번역되었고, 모든 대륙으로 강연 여행을 다녔다. 그가 정통 복음주의 신학에 근거하여 개인 윤리와 사회 윤리 모두에 관심을 가졌다는 사실은 인간 생명의 고귀함, 기독교 시민의 의무, 환경에 대한 청지기 윤리 같은 당대의 이슈들에 참여한 것에서도 드러난다.

1986년에 헨리는 자서전 『한 신학자의 고백』(Confessions of a Theologian)을 통해 자기 삶의 궤적을 대중에게 공개했다. 그때 이후로도 계속해서 많은 여행을 다니며 복음주의운동에 중요한 여러 이슈들에 대해 강연했다.

복음주의자들이 성경 무오의 정확한 정의, 성령의 은사, 목회에서의 여성의 역할 같은 부차적인 이슈들로 쪼개지고 있는 것을 염려한 헨리는 1989년에 케네스 칸처(Kenneth Kantzer)와 함께 공동으로 '복음주의 증언'(Evangelical Affirmations)이라는 대회를 개최했다. 근래에 헨리는 미국에서 가장 큰 개신교 교단인 남침례교의 보수주의적 갱신에 큰 영향을 끼친 인물로 인용된다. 동시에 그는 '균형 감각 없는 무오성 집착'에 비판적이었다. 그는 다음과 같이 말했다.

"신약을 신뢰할 수 있는 이유는 이 책이 무엇보다도 기독교 메시지의 필요불가결하고 대체할 수 없는 진리, 즉 십자가에 달리시고 부활하신 그리스도를 선포한다는 데 있다."

헨리 자신이 형성 과정에 크게 기여한 복음주의운동의 지속적인 성공에도 불구하고, 이 운동이 무분별한 포용 때문에 정체성을 잃어버릴 수 있다는 걱정이 점점 더 늘어갔다. 헨리는 신학 수정 및 탈근대적 해체 등의 이론으로 한 '신해석학'(new hermeneutics)의 초기 비판자였다. 이런 근심 일부가 1988년에 나온 『위대한 문명의 황혼: 신이교주의로의 표류』(Twilight of a Great Civilization: The Drift Towards Neo-Paganism)라는 제목의 책에 반영되었다. 그러나 헨리는 희망의 사람이기도 했다.

그는 지속적으로 동료 복음주의자들에게 신학적 충절과 변증적 명료성을 요청했다. 이런 주제들은 그가 1989년에 에든버러에서 전한 러더퍼드강연(Rutherford Lectures)과 이 강연을 책으로 엮은 『기독교 신앙의 회복을 위하여』(Toward a Recovery of Christian Belief, 1990)에 나타나 있다.

오늘날 일부 젊은 복음주의 신학자들은 헨리와 그의 신학적 업적을 과거 시대의 유물이라며 무시한다. 어떤 이들은 헨리가 명제적 계시를 역설하고 신학적 주장의 인지적 성격을 강조한 것이 오늘날의 신학 논쟁에는 도움이 되지 않는다고 말한다. 그러나 그의 성경 권위 변증과 기독교 변증학 해설의 영향은 부인할 수 있는 성질의 것이 아니다. 복음주의 진영에서의 헨리의 위치는 신정통주의 진영의 칼 바르트의 위치와 로마 가톨릭 진영의 칼 라너(Karl Rahner)의 위치와 비견된다.

복음주의신학회(Evangelical Theological Society, 1967-1970)와 미국신학회(American Theological Association, 1979-1980) 두 학회에서 모두 회장을 지낸 신학자는 헨리뿐이다. 여러 세대에 걸쳐 세계복음주의운동은 그리스도께 대한 개인 경건, 전략적 전도 이론, 문화와 윤리 활동, 신학적 일관성과 충실함이라는 헨리의 유산에 엄청나게 많은 것을 빚지고 있다.

참고문헌 | G. Fackre, 'Carl F. H. Henry,' in M. Marty and D. Peerman (eds.), *A Handbook of Christian Theologians* (Nashville: Abingdon, 1991); R. A. Mohler, Jr, 'Carl F. H. Henry,' in T. George and D. S. Dockery (eds.), *Theologians of the Baptist Tradition* (Nashville: Broadman & Holman, 2001); B. E. Patterson, *Carl F. H. Henry* (Waco: Word Books, 1983); J. D. Woodbridge, 'Carl F. H. Henry: Spokesperson for American Evangelicalism,' in D. A. Carson and J. D. Woodbridge (eds.), *God and Culture: Essays in Honor of Carl F. H. Henry* (Grand Rapids: Eerdmans, 1993).

T. GEORGE

캐서린 마샬/피터 마샬(Catherine Marshall, 1914-1983/Peter Marshall, 1902-1949)

캐서린 마샬은 베스트셀러 작가였고, 남편 피터 마샬(1902-1949)은 장로교 목사이자, 미국 상원 원목으로 사역했다. 이 부부는 20세기 중반 미국에서 가장 인정받은 복음주의자 부부 중 하나였다. 피터 마샬은 스코틀랜드 코트브리지(Coatbridge)에서 1902년 5월 27일에 출생했다.

그가 네 살되던 해 아버지가 세상을 떠나면서 어머니 슬하에서 자랐고, 부캐넌스트리트복음주의회중교회(Buchanan Street Evangelical Congregational Kirk)에서 어린 시절을 보냈다. 시각 장애인 할머니에게 성경을 읽어 주면서 자연스럽게 성경과 친해지게 되었고, 이는 성경에 대한 사랑으로 이어졌다.

그는 바다로 나가고 싶은 야망이 컸기 때문에 열네 살에 중등학교를 떠나 영국 해군에 자원했다. 그러나 나이가 어리다는 이유로 거절당했다. 이후 공부하던 학교로 돌아가지 않고, 민간 공업사에 취직한 후, 야간에는 코트브리지기술학교(Coatbridge Technical School)와 광업대학(Mining College)에서 기계공학을 공부했다. 결국 스튜어츠앤로이즈제국지하철공사(Stewarts and Lloyds Imperial Tube Works)의 기계 조작 기술자로 일하게 되었다. 1916년부터 1923년부터 해군에 입대하기 위해 부단히도 노력했지만, 계속해서 실패했다. 1925년 가을 어느 날, 예배가 끝난 후 그는 목회에 헌신하기로 공개적으로 선언했다. 이후 1년 동안, 진로에 대해 고민하던 중 하나님이 자신을 미국으로 보내 목회를 하게 하신다고 느꼈다.

피터 마샬은 1927년 4월 5일에 미국으로 건너가 고모와 함께 뉴저지(New Jersey)에 정착했다. 처음에는 배수공으로, 이어서 주물 공장의 기술자로 일했다. 8월에는 오랜 친구의 추천으로 앨라배마(Alabama) 버밍햄으로 이주하여 버밍햄 「뉴스」(News)지 신문 보급소에 취직했다. 버밍햄에서는 올드퍼스트장로교회(Old First Presbyterian Church)에 출석했으며, 곧 청년부 회장 및 성인 성경공부 모임 정기 교사로 섬기기 시작했다. 그해 가을에는 버밍햄노회(Birmingham presbytery)의 시험을 통과하여 조지아(Georgia) 디케이터(Decatur)에 위치한 컬럼비아신학교(Columbia Theological Seminary)에 입학했다. 1931년 5월에 이 학교를 졸업한 후에는 조지아 코빙턴(Covington)에서 목회 활동을 시작했다. 2년 후에는 애틀랜타 소재 웨스트민스터장로교회(Westminster Presbyterian Church)의 청빙을 받았다. 웨스트민스터에서 4

년간 목회하면서, '거의 문을 닫을 뻔했던' 교회를 '살려 다시 튼실한 교회로 성장'시켰다.

강단에서 피터 마샬은 억누를 수 없는 생명력을 발산했다. 특히, 잘 울리는 발성을 가진 그의 목소리는 명료하고 극적이었다. 이런 그의 설교를 들은 이 중에 캐서린 우드라는 이름의 인근 애그니스대학(Agnes College) 학생이 있었다. 1914년 9월 27일에 테네시 존슨시티(Johnson City)에서 새라 캐서린 우드(Sarah Catherine Wood)로 태어난 캐서린은 아버지가 장로교 목회자로 사역하던 남부 지역에서 성장기를 보냈다.

바다로 나가는 것이 피터 마샬의 야망이었다면, 그녀의 꿈은 작가가 되는 것이었다. 캐서린은 졸업 후에 작가와 교사로서 일할 꿈을 가지고 있었지만 이 꿈은 이루어지지 못했다. 피터 마샬의 설교를 들은 그녀는 그에게 깊은 인상을 받고, 1934년 1월에 부모에게 쓴 편지에서 모든 짐을 내려놓겠다는 말을 남겼다.

> "피터는 겨우 [서른한 살에] 목회 경력은 겨우 4년에 불과해요. 그러나 그는 이미 대단한 사람이라고 확신해요. 내 생애에서 그런 기도를 들은 적이 없어요. 그가 입을 열 때마다 마치 하나님과 사람 사이에 직통 라인이 생기는 것 같았어요. 이 모든 것들이 우스꽝스럽게 들릴 거라는 걸 알아요. 그치만 난 진짜 그런 사람을 만났어요."

재미있는 사실은 이 당시 피터 마샬은 31살 목회자였지만, 캐서린은 19살에 불과한 대학생이었다는 것이다. 그러나 그해 말에 캐서린은 '금주운동캠페인'에 피터 마샬과 함께 연사로 섰다. 집으로 돌아오는 길에 그녀는 다시 만날 수 있겠냐는 피터 마샬의 말에 깜짝 놀랐다. 12개월 후, 그녀의 졸업을 이틀 앞둔 1936년 어느 봄날, 두 사람은 약혼했다.

그해 가을 11월 4일에 있을 결혼식을 앞두고 피터 마샬은 워싱턴 D. C. 소재 뉴욕애브뉴장로교회(New York Avenue Presbyterian Church)의 청빙을 받았다. 처음에는 그 청빙을 거절했지만, 교회는 포기하지 않고 그를 계속해서 설득했다. 캐서린과 상의를 거듭한 피터 마샬은 수개월 후 이 청빙을 받아들이기로 결정했다. 피터 마샬은 1937년 10월 3일에 새로 취임한 유서 깊은 교회에서 첫 설교를 했다. 교회는 이들에게 큰 기대를 가졌다. 캐서린은 고작 스물두 살이었고, 피터 마샬은 목회 경력이 6년도 채 안 됐다. '목회자를 돕는 배우자는 항상 온화하고, 매력적이고, 침착하면서도, 모든 상황에서 공정해야 한다는 세간의 기대감은 '그저 절제된 표현에 불과할 뿐'(기대감이 그보다 훨씬 더 했다는 뜻-역주)이라고 캐서린은 회상했다(『피터라 불린 남자』(*A Man Called Peter*), p.101).

캐서린의 말에 따르면, 자신의 삶에서 일어난 하나님께서 인도하신 많은 변화는 스스로 기대치를 설정하기 전에 먼저 반드시 필요했던 것들이었다. 이와는 반대로, 피터 마샬은 언변이 뛰어나고 '전율을 일으키는 복음주의 설교자'로서의 명성을 빠르게 확보하며, 자기만의 특징을 구축했다. 수많은 사람이 그의 주일 설교를 앞서 듣기 위해 교회 밖에까지 줄을 서서 기다릴 정도였다. 캐서린이 관찰한 바에 따르면, 피터 마샬의 설교의 중심에는 그리스도께 헌신된 상상력이라는 특징이 있었다. 대다수 목회자가 설교에서 사상을 발전시키려 한 반면, 피터 마샬은 그림을 그리려 했다는 것이다. "기독교는 수용의 종교지, 증명의 종교가 아니다"라고 피터 마샬은 자주 말했다.

성공이 잇따르자 도전도 거세졌다. 캐서린은 결핵에 걸려 1943년 3월부터 1945년 여름까지 병상에 누워 있어야 했다. 이 시기는 그녀에게 깊은 영적 묵상의 시기였는데, 캐서린은 이 병의 발병과 치료가 '육신의 일인 동시에 영의 일'이라고 확신했다.

스스로 영적 정화의 시간이라 부른 이때에 그녀는 다시 저술 작업을 시작했다. 그러나 그녀가 병에서 회복되기 시작한 지 6개월이 채 되기도 전인 1946년 3월에 피터 마샬이 강단에서 갑자기 심장 발작으로 쓰러졌다. 그러나 그는 곧 회복되었고, 인생에서 가장 생산력이 뛰어난 시기에 돌입했다.

피터 마샬은 1947년 1월 4일에 미국 상원의 원목으로 선출되었다. 상원의원 사이에서도 그는 '영적인 삶을 사는 기운 넘치는 방식'과 간결하면서도, 신랄하고, 시의적절한 기도로 인해 명성을 얻었다. 「캔자스시티 스타」(The Kansas City Star) 신문은 그에 대해 다음과 같이 보도했다.

> "다소 이성적인 피터 마샬 목사의 기도는 전국적인 관심을 받았다. 특히, 상원의원들은 그의 기도를 들으며 회의를 시작한다."

이제 교회와 상원에서 맡은 일뿐만 아니라, 여기저기서 강연 요청을 받았다. 설교에 대한 큰 애정 때문에 그는 그런 요청들을 뿌리치지 못했고, 결국 과도한 일정으로 건강에 큰 타격을 입었다. 피터 마샬은 1949년 1월 25일 아침에 두 번째 심장 발작으로 사망에 이르게 된다. 피터 마샬은 설교 중에 이런 말을 한 적이 있었다.

"사람의 삶을 평가하는 기준은 그 삶이 얼마나 길었느냐(duration)가 아니라 그 삶이 누구에게 바쳐졌는가(donation)이다."

홀로 남아 여섯 살 아들 피터 존을 돌봐야 했던 캐서린은 곧 피터 마샬이 말한 바쳐짐의 의미를 발견했다. 그녀는 플레밍 H. 레블(Fleming H. Revell) 출판사를 설득하여 피터 마샬의 열두 편 설교와 열세 편 기도문을 한 권으로 묶어, 『존스씨, 주님을 만나세요』(Mr Jones, Meet the Master)라는 제목으로 출판했다. 피터 마샬이 사망한 해에 출판된 이 책은 곧 베스트셀러가 되었고 비소설 분야에서 일 년 내내 판매 순위 상위권에 머물렀다.

곧이어 맥그로-힐(McGraw-Hill)출판사가 피터 마샬의 설교를 출판하는 일에 관심을 보였다. 이에 캐서린은 피터의 전기 『피터라 불린 남자』(A Man Called Peter)를 썼다. 이 책은 1951년에 출판되어 10일 만에 베스트셀러가 되었고, 이후 3년 이상 비소설 분야 인기 도서 목록에 올라 있었다. 피터의 설교와 기도문 출판을 통해 캐서린은 재정적으로 여유 있게 가정을 돌볼 수 있게 된 동시에, 글을 써서 자신의 세대에 공헌하고 싶어 했던 오랜 꿈에 한 발짝 더 다가설 수 있게 되었다. 꾸준한 저작 활동과 '미국에서 영적 복리의 중요성을 다시 각성시킨 공로'로 전미여성기자클럽으로부터 1953년에 '올해의 여성'으로 선발되기도 했다. 뿐만 아니라 1955년에 제작된 영화 '피터라 불린 남자'는 그해 가장 성공한 영화 중 하나로 기록된다.

이런 초기 성공에 힘입어 캐서린은 더 다양한 경력을 쌓았다. 『다시 살기 위하여』(To Live Again, 1957), 『우리 자신을 넘어서』(Beyond Ourselves, 1961), 소설 『크리스티』(Christy,

1967), 『더 이상의 그 무엇』(Something More, 1974) 같이 사람에게 감동을 준 여러 책을 저술했다. 그녀는 「가이드포스트」(Guideposts)의 편집장 레너드 르소드(Leonard LeSourd)와 1959년에 재혼했다. 이 둘은 초즌북스(Chosen Books)라는 이름의 출판사를 설립했다. 캐서린은 1958년부터 1960년까지 「크리스천 해럴드」(Christian Herald)의 편집자로 일했고, 1960년부터는 「가이드포스트」의 이동 편집자로 참여했다. 그녀는 플로리다에서 말년을 보냈고, 1983년 3월 18일에 보인턴비치(Boynton Beach)에서 숨을 거두었다.

참고문헌 | C. Marshall, *A Man Called Peter: The Story of Peter Marshall* (New York: McGraw-Hill Book Company, 1951); C. Marshall, *Meeting God at Every Turn: A Personal Family History* (Grand Rapids: Chosen Books, 1980); K. McReynolds, *Catherine Marshall* (Minneapolis: Bethany House Publishers, 1999).

C. W. MITCHELL

캐스린 조해너 쿨먼(Kathryn Johanna Kuhlman, 1907-1976)

전도자. 그녀는 1907년 5월 9일에 조셉 쿨먼(Joseph Kuhlman)과 엠마 쿨먼(Emma Kuhlman)의 네 자녀 중 셋째로 컨코디아(Concordia) 근교의 미주리 시골에서 태어났다. 1911년에 가족이 컨코디아로 이주하면서, 자칭 '타락한 침례교도'(backslidden Baptist)였던 아버지는 말 보관소를 운영하다가 시장에 당선되었다.

1921년에 침례교의 한 부흥회에서 회심한 캐스린 쿨먼은 언니 머틀(Myrtle)과 형부 에버릿 패럿트(Everett Parrott)의 사역에 합류하는 1923년부터 설교를 시작했다. 무디성경학교(Moody Bible Institute) 출신인 패럿트는 미국 중부 소도시를 순회했지만, 부부 관계가 좋지 않았기 때문에 캐스린 쿨먼은 더 이상 이들과 사역을 할 수 없게 되었다.

아이다호, 유타, 콜로라도에서 설교해 달라는 초청을 받아들인 캐스린 쿨먼은 이제 자기 길을 개척하기 시작했다. 1933년에 덴버에 정착한 캐스린 쿨먼은 쿨먼부흥태버너클(Kuhlman Revival Tabernacle) 책임자가 되었다. 1935년에는 덴버부흥태버너클(Denver Revival Tabernacle)이라는 이름의 좌석 2천석 건물에서 집회를 인도하며 지역 라디오 방송에도 출연했다. 1938년에 전처와 이혼하고 캐스린 쿨먼과 결혼한 전도자 버러스 월트립(Burroughs Waltrip)과의 사려 깊지 못했던 결혼이 캐스린 쿨먼의 덴버 사역 전망을 망가뜨렸다.

부부는 아이오와(Iowa) 메이슨시티(Mason City)로 이사해서 월트립의 단명한 라디오채플(Radio Chapel) 공동목사로 일했다. 그러나 채플은 1939년에 붕괴되고, 파산했다. 이후 수년간, 월트립 부부는 순회전도자로 돌아다녔는데, 처음에는 같이 다니다가 후에는 따로 활동했다. 결혼 8년차 되던 해에 결국 부부는 이혼했고, 캐스린 쿨먼은 자기만의 독립사역을 재조직했다.

캐스린 쿨먼은 1946년에 펜실베이니아(Pennsylvania) 북서부 프랭클린(Franklin)이라는 도시에서 이혼을 마무리 지었다. 몇 달간의 사역 후 1947년에 집회 참석자 일부가 신유가 일어났다고 간증했다. 캐스린 쿨먼은 신유에 대해 설교한 일이 없었기에, 안수 기도를 받으러 줄을 서거나 기름을 바르지도 않은 상태에서 성령께서 친히 환자를 치료하셨다고 결론 내렸다. 1500석 규모의 프랭클린복음태버너클(Franklin Gospel Tabernacle)에서 열린 집회에는 전례 없는 군중이 몰려들었다. 군중 규모가 한 세대 전에 빌리 선데이(Billy Sunday)의 설교를 들으러 온 이들보다 더 컸다. 캐스린 쿨먼은 라디오 방송을 시작했다.

조만간 프랭클린복음태버너클 관리자와의 마찰로 이동하지 않을 수 없게 되자 근교 피츠버그로 가기로 결정했다. 1948년에 캐스린 쿨먼은 이 도시에 사역본부를 세웠다. 1948년 7월 4일에 카네기홀(Carnegie Hall)에서 열린 첫 집회는 사람들로 가득 찼을 뿐만 아니라 언론 표지도 화려하게 장식했다. 1951년이 되면 지역 종교 지도자들이 공개적으로 캐스린 쿨먼의 멈추지 않는 신유집회를 거부하고, 자신들의 교인을 빼간다고 비난했다. 그런데 이들이 시장에게 불만을 제기했을 때, 시장은 캐스린 쿨먼을 편들었다. 공공 논쟁의 와중에 「레드북」(Redbook)은 에밀리 가드너 닐(Emily Gardner Neal)에게 캐스린 쿨먼에 대한 특집 기사를 쓰는 일을 맡겼다.

캐스린 쿨먼을 지지하는 연이은 기사들로 전국적인 유명세를 탄 동시에, 신유사역을 둘러싸고 신학 논쟁이 벌어졌다. 이 시기부터 캐스린 쿨먼은 신유의 진정성을 입증하라는 도전을 반복적이고 공개적으로 받았다. 그녀가 가는 곳마다 사람들이 대개는 안수를 동반하지 않은 기적의 신유와 병자를 위한 기도를 자주 동반하는 뜨거운 기도를 요청했다. 반대가 오히려 언론의 주목을 더 끌게 되면서, 캐스린 쿨먼이 가는 곳마다 소위 '이적 예배'에 사람들이 몰려들었다. 사역이 성장하면서 직원이 더 많이 필요해지자, 1950년대 초반 캐스린 쿨먼은 이후 남은 평생을 의존하게 되는 충성스런 조력자 집단을 확보했다.

1960년대에 은사주의운동이 극적으로 성장하면서, 캐스린 쿨먼은 밀려드는 초청으로 몸살을 앓아야 했다. 1965년에는 애너하임 크리스천센터(Anaheim Christian Center, 이후 멜로디랜드[Melodyland]로 개명) 목사 랠프 윌커슨(Ralph Wilkerson)의 초빙을 받아들였다. 수용 인원이 2,500명인 패서디나시민강당(Pasadena Civic Auditorium)이 캐스린 쿨먼의 사역에는 너무 작았기 때문에 로스앤젤레스제단강당(Los Angeles Shrine Auditorium)으로 옮긴 이후 10년간 정기 예배를 진행했다. 동시에 피츠버그에서 정기적으로 집회를 열고, 성장하던 순복음기업인회(Full Gospel Business Men's Association) 네트워크 안에서 순회사역을 시작했다. 이 사역은 오순절운동의 전 세계 사역계에서 캐스린 쿨먼의 이름이 더 유명해지는 계기가 된 동시에 전도자 오럴 로버츠(Oral Roberts)와 교제할 수 있는 길을 열었다. 오럴로버츠대학교(Oral Roberts University)는 1972년에 캐스린 쿨먼에게 명예박사학위를 수여했다.

신유와 성령의 은사를 강조한 덕에 캐스린 쿨먼은 은사주의자에게도 쉽게 받아들여졌다. 은사주의운동이 등장하기까지 캐스린 쿨먼은 딱히 오순절주의자로 인식되지 않았다. 북서부 지역에 있는 기독교선교연맹(Christian and Missionary Alliance) 소속 성경학교에 잠시 다닌 적이 있었고, 1920년대 후반에 엔젤러스템플(Angelus Temple)과, 이 교회에 소속된 라이프성경대학(LIFE Bible College)에 다녔다는 증거가 있다. 여기서 캐스린 쿨먼은 눈에 띄는 화려한 전도자 에이미 셈플 맥퍼슨(Aimee Semple McPherson)을 주목해 보았을 것이다. 그러나 캐스린 쿨먼은 자신의 과거 소속을 별로 귀중히 여기지 않았다.

자신이 맥퍼슨을 대면하지 않으려 했다는 것을 부인한 것으로 알려졌지만, 맥퍼슨에게서 받은 영향이 없다고 했다. 그러나 캐스린 쿨먼을 존경하는 대중은 이를 쉽게 믿지 않았다. 비교가 자연스럽게 이루어졌다. 어쨌든 오순절 신자들은 캐스린 쿨먼의 월트립과의 결혼, 연이은 이혼이 만든 상황에 반감을 가졌고, 자신들이 특별히 여기는 방언에 캐스린 쿨먼이 무관심한 것에도 의문을 표했다. 캐스린 쿨먼은 은사를 분별력과 지식을 갖고 사용해야 한다고 주장했다. 사람들이 신유 상황에서 앓고 있는 병을 알아맞히는 능력이 있는 것으로 유명했던 캐스린 쿨먼은 또한 자기 앞에 나와 쓰러지는 이들, 즉 '성령 안에서 죽는 것'(slain in the Spirit)으로 알려진 현상을 경험하는 이들이 많다는 것도 알게 되었다.

캐스린 쿨먼은 인기가 높아지면서 비싼 옷, 일등석 항공 여행, 우아한 호텔 아파트, 보석과 캐딜락 같은 사치를 누렸다. 그러나 캐스린 쿨먼은 관대하기도 했다. 캐스린쿨먼재단은 어려움에 처한 이들에게 장학금과 도움을 주었다. 특히, 서부 펜실베이니아 지역을 중심으로 자선사업을 위해 기금을 모금했고, 데이비드 윌커슨(David Wilkerson)과 그의 틴첼린지(Teen Challenge)가 하는 약물 재활 사업도 지원했다. 베트남 사태의 미국 개입을 지지한 캐스린 쿨먼은 1970년에는 베트남을 방문하기도 했다. 여기서 캐스린 쿨먼은 남베트남(월남) 영부인의 영접을 받고 궁전에서 열린 환영회에 참석한 후 군인이 시민에게 수여할 수 있는 최고의 상인 베트남명

예메달을 수여받았다. 그러나 캐스린 쿨먼이 모금한 돈 대부분은 자신의 미디어 사역이나 기독교선교연맹과 하나님의성회(Assemblies of God) 선교사역에 쓰였다.

1970년대가 되면 캐스린 쿨먼은 『나는 기적을 믿는다』(I Believe in Miracles), 『하나님은 다시 하실 수 있다』(God Can Do It Again), 『하나님과 함께라면 불가능은 없다』(Nothing Is Impossible with God)로 광범위한 독자층을 확보한 베스트셀러 작가가 된다. 그녀는 저서 9권 중 8권을 유명한 은사주의 작가 제이미 버킹엄(Jamie Buckingham)과 공저했다. 수천 개 라디오 방송 뿐만 아니라 10년 이상 30분짜리 방송을 500회나 송출한 텔레비전사역도 진행했다. 캐스린 쿨먼의 사역은 너무 빡빡했다. 캘리포니아 스튜디오에서 프로그램을 녹음하고, 로스앤젤레스와 피츠버그에서 정기적으로 설교하고, 전국의 교회와 집회에서 설교와 강연을 했다.

조용하고 자신을 잘 공개하지 않는 인물인 캐스린 쿨먼은 자신이 워싱턴 DC의 의사에게 이미 수년 전에 심각한 심장병 진단을 받았다는 사실을 공개하지 않았다. 사역 일정이 더 빡빡해지면서, 심장병도 더 심해졌다. 캐스린 쿨먼의 마지막 대중 집회는 1975년 11월 16일에 로스앤젤레스 제단 강당에서 열렸다. 며칠간의 녹음도 이어졌는데, 이로써 남은 기력을 다 소진해 버렸다. 친구들이 먼저는 로스앤젤레스, 다음에는 오클라호마 털사의 병원에 캐스린 쿨먼을 입원시켰다. 털사(Tulsa)에서는 공개 심장수술을 받았다. 캐스린 쿨먼은 1976년 2월 20일에 털사 소재 힐크레스트병원(Hillcrest Medical Center)에서 사망했다.

캐스린 쿨먼의 생애 마지막 해는 그녀의 사역을 둘러싼 심각한 논쟁으로 점철되었다. 가

장 많은 급료를 받던 동료는 연봉과 계약 문제로 캐스린 쿨먼을 법정에 서게 했고, 「더 뉴욕타임스」(The New York Times), 「더 로스앤젤레스 타임스」(The Los Angeles Times), 잡지 「피플」(People)은 그녀의 정직을 의문시하는 글을 실었다. 성가대 지휘자는 죽었고, 피아노 연주자는 캐스린 쿨먼이 자기 사생활에 개입하고 술을 마신다고 주장하며 캐스린 쿨먼과의 관계를 단절했다. 물론 피츠버그 언론과 오하이오 아크론(Akron)에서 있었던 일처럼, 이전에도 비판을 받은 적이 있었다.

의사 윌리엄 놀렌(William Nolen)은 캐스린 쿨먼의 신유에 대한 조사에 착수하고, 1974년 가을에 잡지 「매콜스」(*McCall's*)와 『신유: 한 의사의 이적 조사』(*Healing: A Doctor in Search of a Miracle*, 1974)에서 캐스린 쿨먼을 비판했다. 다른 의사와 많은 신자가 이적이 진실이라 주장하며 이에 맞섰다. 이런 도전들은 캐스린 쿨먼이 신유사역을 시작할 때부터 따라다녔다. 그러나 1975년의 공격들은 개인적인 것으로, 조직 내부에서 온 것이었다. 이들은 캐스린 쿨먼의 정신뿐만 아니라 건강도 파괴했다. 캐스린 쿨먼은 캘리포니아 글렌데일(Glendale)의 포레스트론 묘지(Forest Lawn Cemetery)에 묻혔다. 묘지의 그림 같이 아름다운 채플에서 열린 장례식 설교는 오럴 로버츠가 맡았다.

참고문헌 | J. Buckingham, *Daughter of Destiny* (Logos, 1976); W. E. Warner, *Kathryn Kuhlman: The Woman Behind the Miracles* (Ann Arbor: Servant Publications, 1993).

E. L. BLUMHOFER

커티스 리 로스(Curtis Lee Laws, 1868-1946)

목사이자 편집자, 침례교 근본주의 활동가. 그는 1868년 7월 14일에 버지니아 라우던 카운티(Loudoun County)의 알디(Aldie)에서 태어났다. 그의 부모는 존 T. 로스(John T. Laws)와 로라 J. 닉슨(Laura J. Nixon)이었다. 커티스 로스는 데일아카데미(Dale Academy)와 버지니아에 있는 리치먼드대학(Richmond College)을 졸업하고 1890년에 학사학위를 취득했다.

이후 펜실베이니아 체스터(Chester) 소재 크로저신학교(Crozer Theological Seminary)에 다닌 후 1893년에 졸업했다. 이 시기에 크로저신학교 교수들은 성경학과 신학에 대한 현대주의적 접근법을 점차 수용하고 있었는데, 커티스 로스는 이 변화에 반대했다. 그의 목회사역은 메릴랜드(Maryland) 볼티모어(Baltimore) 소재 퍼스트침례교회(First Baptist Church) 목사로 북침례교단에서 시작되었는데, 이후 15년 동안 이 교회에서 사역했다. 1908년에는 뉴욕 브루클린(Brooklyn)으로 이동하여 그린애버뉴침례교회(Greene Avenue Baptist Church) 목사가 되었다.

5년 후인 1913년에 커티스 로스는 「더 와치먼-이그재미너」(*The Watchman-Examiner*) 편집자가 되었는데, 이 잡지는 두 침례교 정기 간행물 「더 와치먼」과 「디 이그재미너」가 합쳐서 만들어진 잡지였다. 이 간행물은 성경과 신학에 대한 글을 실었고, 침례교인 및 다른 보수 신자들에게 널리 읽혔다. 커티스 로스는 1938년에 은퇴할 때까지 편집자직을 지켰다. 커티스 로스는 1894년 4월 25일에 그레이스 버네트(Grace Burnett)와 결혼했는데, 첫 아내가 사망한 후 1922년 2월 14일에 수전 밴크로프트 타일러

(Susan Bancroft Tyler)와 재혼했다.

편집자로서 커티스 로스는 북침례교단에서 그가 발견한 자유주의의 물결에 염려를 표했다. 1917년에 그는 '구신학(Old Theology)과 신신학(New Theology)'을 대조하는 시리즈 기사로 침례교와 다른 교단에서 일어난 교리적 분열을 다루기 시작했다. 곧 그는 얼 V. 피어스(Earle V. Pierce) 같은 일단의 침례교 목회자와 평신도 및 선교지도자 루시 W. 피바디(Lucy W. Peabody) 등 자신들의 교단이 '자유주의 신학을 수용'하고 있다고 믿고 이를 반대하기로 합의한 이들과 행동을 같이 했다.

1920년에 이 그룹은 텍사스의 보수주의 목사 J. 프랭크 노리스(J. Frank Norris)와 북부 사람 윌리엄 벨 라일리(William Bell Riley)와 연합하여 '버팔로 (뉴욕) 근본주의 대회'(Buffalo [New York] Conference on Fundamentals)를 조직했는데, 이 집단은 북침례교단 내의 보수파 모임이었다.

커티스 로스는 보수주의자가 교단에 남아서, 교단 내에 존재하는 자유주의를 공격하는 것을 대회가 허용하리라 믿었다. 또한, 1920년에 「더 와치먼-이그재미너」에 쓴 글에서 그는 신앙의 근본적인 요소들에 대한 헌신에 기반을 두고 현대주의에 대응한 이들을 묘사하기 위해 '근본주의자'(fundamentalist)라는 단어를 사용한 최초의 인물이 되었다.

커티스 로스는 다음과 같이 썼다.

"우리는 여전히 위대한 근본 진리에 붙들린 이들과 이 근본을 위해 충성을 다해 싸울 뜻이 있는 이들을 '근본주의자'로 부르자고 제안한다."

근본주의자와 현대주의자 논쟁 내내 커티스 로스는 교단이 보수주의 입장을 지지하기를 요청했고, 근본주의자에게는 교단을 떠나지 말고 남아 있으라 권했다. 「더 와치먼-이그재미너」에서 다음과 같이 썼다.

"중립을 지키려 해서는 안 된다. 보수 입장에 정직하고, 열린 마음으로, 신실하게, 그러나 부드럽게 이 입장에 서 있어야 한다."

그럼에도 불구하고, 철저한 보수주의자였던 커티스 로스는 전천년설 관련 논쟁과 정통이 그리스도의 재림 이론을 따르는 것에 달려 있다는 일부 근본주의자들의 주장은 비판했다. 그는 천년설에 대해 다른 견해를 가진 이들을 근본주의자로 받아들이기를 주저하지 않았는데, 이 견해들이 '그리스도의 동정녀 탄생,' '그리스도의 희생 속죄' 같은 전통적인 정통 교리를 부인하지 않을 경우에 그랬다.

프린스턴 신학자들과 마찬가지로, 커티스 로스도 성경에 제시된 진리들은 상식으로 분별이 가능하다고 주장했다. 커티스 로스는 "성경의 무오성은 상식의 무오성이고, 우리 안에 있는 경험적 승리의 무오성이다"라고 선언했다. 성경의 객관적 실재는 내적 경험의 힘으로 확정된다. 고백적 정통에 대한 관심 때문에 커티스 로스는 필라델피아의 이스턴침례신학교(Eastern Baptist Theological Seminary)와 '세계전도를 위한 침례교협회'(Association of Baptists for World Evangelism) 설립을 후원했다.

그는 이스턴침례신학교, 고든대학(Gordon College)을 포함한 여러 복음주의 신학교 이사로 활약했다. 「더 와치먼-이그재미너」를 통해 커티스 로스는 그 시대 여러 사건에 반응을 보였다. 1917년에 미국이 제1차 세계대전에 진입하자, 커티스 로스는 평화 지지의 중요성을 인정했음에도, 미국이 전쟁 준비를 하지 않을 수 없다는 우드로 윌슨(Woodrow Wilson) 대통령의 뜻에 동의했다. 커티스 로스는 전쟁 노력을 확고히 지지했지만, 일부 종교 지도자들이 보여준 극단적인 반(反)독일 발언은 피하려 했다.

커티스 로스는 『침례교인』(Baptist), 『왜인가 그리고 왜 아닌가』(Why and Why Not, 1904), 『뜨거운 용광로: 종교 자유를 위한 오늘날의 잉글랜드비국교도의 투쟁』(The Fiery Furnace: Present Struggles of the Nonconformists in England for Religious Liberty, 1904), 『기독교 과학자는 누구이며 무엇인가?』(Who and What Are the Christian Scientists?, 1899) 등의 소책자를 썼다. 그는 1946년 7월 7일에 뉴욕에서 사망했다.

참고문헌 | W. Brackney, *The Baptists* (New York & London: Greenwood, 1988); J. W. Bradbury, 'Curtis Lee Laws, D.D., LLD.,' *The Watchman-Examiner* (18 July 1946); G. M. Marsden, *Fundamentalism and American Culture* (New York: Oxford University Press, 1980).

B. J. LEONARD

케네스 S. 칸처(Kenneth S. Kantzer, 1917-2002)

신학 교육자이자 행정가, 「크리스채너티 투데이」(*Christianity Today*) 편집자. 그는 20세기 후반 미국에서 교수, 편집자, 대학 및 신학교 행정가, 복음주의운동의 고참 대변인을 맡으며 개신교 복음주의를 소생시킨 핵심 인사였다.

칸처는 1917년 3월 29일에 디트로이트에서 태어나 1938년에 애슐랜드대학(Ashland College)에서 학위를 받았다. 1939년 9월 21일에 결혼한 아내 룻 포브스(Ruth Forbes)가 그를 그리스도께로 이끄는 도구였다. 룻의 1935년 휘튼대학(Wheaton College) 졸업식 고별 예배에서 칸처는 처음으로 신앙을 고백했다. 1939년에 오하이오주립대학교(Ohio State University)에서 석사학위를 취득한 후 필라델피아 페이스신학교(Faith Theological Seminary)에 들어갔다가 1942년과 1943년에 각각의 석사학위(M.Div./S.T.M.)를 받았다.

칸처는 1948년에 복음주의자유교회(Evangelical Free Church) 목사로 안수받았다. 페이스신학교에서 공부하면서 킹스대학(The King's College)에서 가르쳤던 그는 록포트(Rockport)에서 목회를 하는 동안 2년간 고든콘웰신학교(Gordon Conwell Theological Seminary)에서 히브리어를 가르쳤다. 1946년부터 1963년까지는 휘튼대학에서 가르치며 성경, 철학, 종교 교육학과 학과장으로 일했다.

1950년에 하버드대학교(Harvard University)에서 철학과 종교로 박사학위(존 칼빈의 사상에 나타난 하나님에 대한 지식론 관련 논문)를 받고, 1954년에 괴팅엔(Gottingen)과 바젤(Basel)에서 박사후 연구 과정을 밟았다. 1963년에 칸처는 새로 새워진 트리니티복음주의신학대학

(Trinity Evangelical Divinity College)의 학장이 되었는데, 당시 학생 수는 40명이 채 되지 않았다. 그는 일급 신학 기관을 건설하는 일에 도전하기 위해 안식년을 가지며, 바르트의 신학에 대한 책을 쓸 기회를 포기했다. 그에게 '은퇴 학장'(Dean Emeritus)이라는 호칭이 붙은 1978년까지 이 학교를 세계적인 복음주의 신학교 중 하나로 성장시키는 데 크게 공헌했다.

1978년부터 칸처는 5년간 「크리스채너티 투데이」 편집장으로 일했고, 1984년에는 「크리스채너티 투데이」 선임편집자이자 연구원 학장이 되었다. 1982년부터 1983년까지 트리니티대학(Trinity College) 총장이었고, 이 학교를 복음주의자유교회에 다시 소속시킴으로써 폐교를 막는 일에 힘을 보탰다. 1983년 이후에는 학교의 명예총장이 되었다. 1984년부터 1991년까지 트리니티복음주의신학교(Trinity Evangelical Divinity School)에서 가르치고, 1986년부터 1990년까지는 철학박사과정 책임자를 지냈다.

칸처는 명예박사를 네 곳(Ashland Theological Seminary, Gordon College, John Brown University, Wheaton College)에서 받았고, 수년간 지도자로서 중요한 역할을 맡았던 복음주의신학회 회장으로 한 임기 동안 수고했다. 또한, 1970년대와 1980년대에는 국제성경무오협회(International Council on Biblical Inerrancy) 활동에서도 주요 역할을 맡았다.

『복음주의 뿌리: 윌버 스미스에게 바치는 헌사』(Evangelical Roots: A Tribute to Wilbur Smith, 1978), 스탠리 건드리(Stanley Gundry)와 함께한 『복음주의 신학관: 복음주의학회 30회 연례모임 논문집』(Perspectives on Evangelical Theology: Papers From the Thirtieth Annual Meetmg of the Evangelical Society, 1979), 『성경 적용: ICBI 3차 회담 논문집』(Applying the Scriptures: Papers From the ICBI Summit III, 1987) 등을 편집했다. 「크리스채너티 투데이」에 많은 편집자 논설을 실은 것에 더하여, 인기 있는 많은 소논문을 기고하고, 편집된 책들에도 여러 글을 실었다.

칸처는 다양한 시기에 다양한 방식으로 복음주의운동의 지도자 역할을 감당하느라 학자로서 연구하고 저술하는 기회를 희생해야 했다. 흥미롭게도, 트리니티복음주의신학교가 형성될 때 그는 다른 어떤 신학교보다 더 관대한 안식년 정책을 만들었다. 행정에 대한 압박 때문에 자신이 누릴 수 없었던 혜택을 다른 이들을 위해 마련한 것이다.

일관된 복음주의의 보증으로 무오성 교리를 흔들림 없이 변호했음에도 불구하고, 칸처는 상당한 외교적 수완과 날카로운 지성을 활용해서 복음주의의 연대를 더 견고히 하려고 노력했다. 칸처의 사역을 생각할 때 가장 먼저 떠오르는 단어는 '평화'(irenic)다. 「크리스채너티 투데이」 편집자로서, 그는 교리적 정통을 선교의 우선성, 뜨겁고 실천적인 목회에 대한 명민한 감각과 조화를 이루려고 시도했다. 칸처는 2002년 6월 20일에 캐나다 브리티시컬럼비아(British Columbia) 빅토리아에서 사망했다.

참고문헌 | J. D. Woodbridge and T. E. McComiskey (eds.), *Doing Theology in Today's World: Essays in Honour of Kenneth S. Kantzer* (Grand Rapids: Zondervan, 1991).

C. A. CARTER

케네스 해긴(Kenneth Hagin, 1917-2003)

교사이자 저자, 교육자. 그는 수십 년간 기독교 은사주의운동이 형성되는 데 기여했다. '믿음 메시지'(faith message)를 강조하면서 '믿음의 말씀'(Word of Faith)으로 알려진 풀뿌리운동을 탄생시켰다. 소속된 교파 없이 독립적으로 운영된 '믿음의 말씀' 교회들은 1974년에 해긴이 설립한 오클라호마 털사(Tulsa)의 레마성경훈련센터(Rhema Bible Training Center)에서 기원해서 전 세계에 설립되었다.

해긴은 1917년 8월 20일에 텍사스 매키니에서 태어난 후 아주 힘든 어린 시절을 보냈다. 몸무게가 2파운드(약 900그램-역주)도 채 되지 않는 미숙아로 태어난 그와 가족을 아버지는 해긴이 6살이 되었을 때 모두 버렸다. 해긴이 9살이 되자 어머니는 친정으로 들어갔다. '심장 기형과 불치 혈액 질환' 진단을 받은 해긴은 16살 생일이 되기 직전까지도 침대에서 대부분의 시간을 보냈다. 부분적인 사지 마비와 여러 합병증을 앓았던 그는 의사의 치료를 받을 기회도 얻지 못했다.

1933년 4월 22일, 심장 박동이 멈췄고, 그는 세 차례나 자신이 몸을 떠나 지옥으로 떨어지고 있다고 느꼈다. 그러나 매번 결국 다시 살아났다. 자신이 회심하지 않은 존재라고 확신하게 된 해긴은 지옥에서 세 번째 올라올 때 그리스도의 용서와 중생을 구하는 기도를 드리고 난 후 하나님과 화평하게 되었다는 안정감을 느꼈다.

가족이 장례를 준비하고 있었음에도 불구하고, 해긴은 이제 건강해지고 싶었다. 신약을 읽어 가던 해긴은 인생을 뒤바꾸게 될 말씀(막 11:24)을 발견했다. 그는 예수님의 말씀을 치유 받고 싶은 자신에게 적용했다.

"그러므로 내가 너희에게 말하노니 무엇이든지 기도하고 구하는 것은 받은 줄로 믿으라. 그리하면 너희에게 그대로 되리라"(막 11:24).

1934년 8월, 그는 비록 결과가 눈에 보이기 전이라도, 믿음이 진실했던 순간에 갈망한 것을 얻을 수 있다고 확신하게 되었다. 이 새로운 확신으로 무장한 해긴은 자신을 설득했다.

"나았다고 너는 믿고 있어. 나았다면, 그러면 너는 침대에서 일어나서 밖으로 나가야 해."

3일 후 그는 일어나서 가족이 모여 있는 아침 식탁으로 걸어갔다. 침대에 누워 16달을 더 보낸 후에 해긴은 모든 종류의 육체 활동을 다시 하기 시작했다. 의사는 해긴의 심장을 살펴본 후 이제 아무 문제가 없다고 진단했다.

고등학교 졸업 후 해긴은 한 초교파 공동체 교회의 목회자가 되었다. 이 교회에서 2년간 봉사했지만, '신유'에 대한 믿음 때문에 오순절운동에 매력을 느꼈다. 1937년에는 방언에 반대하던 입장을 바꾸고 '성령세례'로 알려진 체험도 하게 되었다. 그해에 해긴은 하나님의성회(Assemblies of God, AG) 교단의 인허를 받은 목회자가 됨으로써 오순절 신자로 전향했다. 1949년까지는 이 교단의 목사였다. 새로운 극적인 경험(예수님이 그에게 나타나서 특별 신유사역을 하라고 자신에게 기름부었다고 주장했다) 이후 1950년에 그는 신유 전도자로 활동하기 시작했다. 1940년대와 1950년대 초반에 미국인의 시선을 끈 신유부흥운동이 쇠퇴하던 시기에 그는 전국 방방곡곡으로 순회여행을 다녔다.

해긴은 신유부흥이 갈피를 잡지 못하고 방황하며 변하는 시대에 자신을 맞추었다. 신유 전도자로 활동했음에도 불구하고, 그는 1943년 이래 자신의 가장 큰 재능이 교사로 가르치는 것임을 알았고, 1952년부터는 예언 역시 '진정한 사역'(true ministry)의 일부로 인식했다. 그의 메시지의 특징이 해긴을 다른 지도자들과 다르게 만든 원인이었다. 해긴의 메시지의 독특성은 십대 시절에 마가복음 11:24 이해를 기반으로 그가 선택한 믿음에 대한 확신에 뿌리를 둔 것이었다. 남은 평생 그의 사역은 한 가지 소명을 좇았다.

"가서 내 백성에게 믿음을 가르치라."

한동안 해긴의 사역은 세상에 별로 알려지지 않았지만, 1967년부터 영향력이 커지기 시작했다. 하나님의성회에서 탈퇴한 해긴은 1963년에 '케네스 E. 해긴전도협회'(Kenneth E. Hagin Evangelistic Association)를 창설했다. 1966년에는 사무실을 오클라호마 털사로 옮겼다. 이 전략적 이동으로 새로운 성장의 시대가 시작되었다. 그해에 해긴은 라디오를 통해 정기적으로 자신의 믿음 메시지를 가르치기 시작했다. 공부 자료가 필요한 청중을 위해 1974년에 레마통신성경학교(Rhema Correspondence Bible School)가 세워졌다. 거주 시설이 있는 학교의 필요성이 분명해지면서, 레마성경훈련센터가 '목회를 준비하는 이들에게 믿음의 원리를 가르치기' 위해 세워졌다. 학교는 1976년에 털사 교외 브로큰애로우(Broken Arrow)의 넓은 부지로 이전했다.

레마성경훈련센터 첫 입학생 58명이 1975년에 졸업했다. 졸업생 22,000명이 현재 약 110개국에 살고 있다. 졸업생들은 전 세계에 1,490개 교회를 개척했다. 레마성경훈련센터가 14개 나라에 세워졌다. 해긴이 총장으로 일하는 동안 아들 케네스 해긴 2세가 행정 부학장으로 함께 일했다. 해긴의 사역의 성공의 다른 열쇠는 문헌이다. 해긴과 아들은 147권의 책을 썼고, 6천 5백만 권 이상이 전 세계에 배포되었다. 「믿음의 말씀」(Word of Faith) 잡지는 한 달에 40만 부 넘게 발간된다.

해긴은 은사주의 공동체에 큰 영향을 주었다. '믿음의 말씀' 운동은 비판자들이 없었던 것은 아니지만 자체 생명력을 확보했다. 일부 복음주의 지도자들은 해긴의 가르침에 비기독교적 영성 유산에서 유래한 이단적 요소가 들어 있다고 주장하며 가혹하게 비판했다. 자기가 원하는 것은 무엇이든지 '이름을 붙이고 요구하는 것'(naming and claiming)은 위험하며, 그 결과가 기대감에서 오는 것이지 믿음에서 오는 것이 아니라고 주장한 사람도 있었다. 그러나 해긴 같은 '믿음 교사들'(faith teachers)은 믿음의 잠재적 결과는 오직 예수 그리스도의 말씀과 성경의 약속에만 해당된다는 견해를 굳게 붙든다.

참고문헌 | K. Hagin, *I Believe in Visions* (Tulsa: The Faith Shield, 1984); K. Hagin and K. Hagin Jr, *Look What The Lord Has Done!* (Tulsa: The Faith Shield, Faith Library Publications, 1992); Rev. and Mrs K. Haggin, *Kenneth E. Hagin's Fifty Years in the Ministry* (Tulsa: The Faith Shield, 1984).

D. W. DORRIE

코넬리우스 반틸(Cornelius Van Til, 1895-1987)

개혁파 신학자이자 변증가. 그는 네덜란드 홀란트의 흐로테가스트(Grootegast, Holland)에서 태어났다. 10살에 가족과 함께 미국 인디애나 하일랜드(Highland)로 이주했다. 반틸 가족은 기독교개혁교회(Christian Reformed Church) 소속이었으며, 코넬리우스는 이 교단과 연결된 교육 기관에서 교육을 받았다. 칼빈예비학교(Calvin Preparatory School), 칼빈대학(Calvin College), 일 년 동안 칼빈신학교(Calvin Theological Seminary)를 다녔는데, 이 모두는 미시간 그랜드래피즈(Grand Rapids)에 위치하고 있다.

그는 신학 공부를 마치기 위해 프린스턴신학교(Princeton Theological Seminary)로 옮겼으며, 거기서 신학석사를 1925년에 취득했다. 동시에 그는 프린스턴대학교(Princeton University)에서 철학을 공부했으며, 박사학위를 1927년에 취득했다. 아치볼드 앨런 보우먼(Archibald Allan Bowman)의 지도 아래 썼던 논문 제목은 '신과 절대자'(God and the Absolute)인데, 여기서 그는 개혁신학의 신관과 철학적 관념론에서의 절대자를 비교했다. 1925년 9월에 반틸은 레나 클루스터(Rena Klooster)와 결혼했다. 반틸 부부에게는 얼(Earl)이라는 아들이 하나 있었는데, 부인 레나는 1978년에 사망했다.

반틸은 미시간 스프링레이크(Spring Lake)에 있는 기독교개혁교회에서 사역을 했는데, 1928-1929학년에 프린스턴신학교에서 변증학을 가르치기 위해서 잠시 휴직을 하기도 했다. 계약 기간이 만료될 즈음에 신학교는 반틸에게 변증학 학과장을 제안했다. 그러나 그는 이 제안을 거절하고 스프링레이크로 돌아갔다.

반틸은 목회에 계속 남아 있기를 원했지만, 그해 봄에 미국북장로교총회(General Assembly of the Presbyterian Church, USA)가 인가한 신학교의 재편에 협조하고 싶지 않았다. 그가 믿기에, 이 재편은 정통 칼빈주의의 역사적 유산을 갖고 있던 신학교를 제거하고, 교단 내 자유주의 신학관을 대표하는 신학교로 만드는 과정이었기 때문이다. 이런 관점은 1924년 오번 선언(Auburn Affirmation)에도 포함되어 있었는데, 목사 1,300명이 성경 무오, 그리스도의 동정녀 탄생, 그리스도의 대리속죄, 그리스도의 육체적 부활과 문자적 재림 같은 교리는 인간이 만들어 낸 '이론'일 뿐이고, 목회자 후보생이 반드시 믿어야 할 교리가 아니라고 선언했다.

프린스턴 교수 중에도 이 재편에 반대한 이들이 있었다. 이들의 수장은 『기독교와 자유주의』(Christianity and Liberalism, Grand Rapids: Eerdmans, 1923)의 저자 J. 그레샴 메이천(J. Gresham Machen)이었다. 메이천은 1929년에 필라델피아에 웨스트민스터신학교(Westminster Theological Seminary)를 설립하기 위해 다른 교수들과 함께 프린스턴신학교를 나왔다. 이 웨스트민스터신학교는 장로교 교리에 충실했지만, 교단의 통제를 받지는 않았다. 반틸은 목회지를 떠나기를 주저했지만, 결국 새로운 신학교에 합류했다. 그는 새 신학교에서 변증학과 조직신학을 가르쳤는데, 그가 은퇴하던 1972년까지 교편을 잡았고, 은퇴 이후에도 1979년까지는 종종 강단에서 학생들을 가르쳤다.

1936년에 메이천은 초교파적이며 신학적으로 보수적인 선교회를 설립하고 후원한다는 이유로 북장로교에서 면직되었다. 후에 그는 다른 사람들과 함께 미국장로교(Presbyterian Church of America, PCA)를 설립했는데, 이 교단을 후에 이름을 정통장로교회(Orthodox Presbyterian

Church, OPC)로 바꾸었다. 메이천의 주장에 공감했던 반틸은 소속 교단도 기독교개혁교회(Christian Reformed Church)에서 새로이 창립된 교단으로 옮겨 여생을 머물렀다.

반틸에게 주로 영향을 준 인물들은 네덜란드 개혁신학자들, 특히 아브라함 카이퍼(Abraham Kuyper)와 교의학자 헤르만 바빙크(Herman Bavinck)였다. 카이퍼는 그리스도가 인간 삶의 모든 영역에서 주님이심을 강조했다. 카이퍼와 바빙크는 변증학을 폄하했는데, 이 변증학이 인간의 이성을 성경 위에다 놓는 경향이 있다고 믿었기 때문이다. 그러나 프린스턴에 있던 반틸의 스승들은 기독교가 합리적 탐구를 전혀 겁낼 필요가 없고, 합리적 변증도 충분히 가능하다고 강조했다. 반틸은 이 두 통찰을 모두 포괄할 수 있는 방법을 추구했는데, 변증학에는 합리적으로 접근하나, 그 근거는 성경에 두는 방식이었다.

칼빈대학에 있을 때 헨리 젤레마(Henry Jellema)에게, 후에는 A. A. 보우만(A. A. Bowman)에게서 철학적 관념론을 배운 반틸은 영국 변증가 제임스 오르(James Orr)의 저술을 읽고 반응하면서, 모든 인간의 사상은 전제(presupposition)의 지배를 받는다고 확신하게 되었다. (그래서 반틸은 '전제주의자'로 불렸지만, 그는 이 호칭을 별로 좋아하지 않았다). 그가 믿기로, 전제는 일반적인 방법론을 통해 입증될 수 없는데, 이런 전제가 바로 모든 증거의 기반이었기 때문이었다. 그러나 전제가 모든 합리적 사상에 반드시 필요하다는 사실을 보여줌으로써 '전제적으로' 입증될 수 있고, 이 세상에 어떤 의미나 질서가 존재한다면, 이 전제는 반드시 참이어야 했다. 반틸은 기독교 변증법을 재구성할 방법을 찾고자 했는데, 이로써 여러 다양한 합리적 결론 중 하나가 아니라 사상의 전제로서의 기독교의 하나님을 상정할 수 있었다.

반틸은 유신론적 입증과 역사적 증거를 통해 기독교가 진리임을 확정하는 '전통적인 방법론'을 평가 절하했다. 왜냐하면, 그는 이 전통이 하나님과는 관계없이 이해 가능한 자료를 갖고 출발한 후에, 이를 통해 하나님의 존재를 증명하려고 한다고 믿었기 때문이다. 이와 반대로, 그는 만약 우리가 성경의 하나님 바깥에 있는 것이 무엇이든지, 이를 이해 가능한 것이라 인정한다면, 우리는 처음부터 싸움에 패배한 것이나 마찬가지라고 주장했다. 따라서 오히려 우리는 초월적인 방법론을 사용해야 하는데, 이 방식은 다양한 유형의 비기독교적 사상(반틸은 이를 '자칭 자율적 추론'이라 불렀다)이라는 것들이 무의미로 빠질 수밖에 없음을, 또한 이 비기독교 사상들은 정말로 아무것도 아님을, 또한 기독교 세계관과 인생관이 모든 이치에 들어맞는 것임을 보여 주는 방법론이었다.

반틸은 삼위일체 교리가 '하나이자 다수의 문제'에 대한 궁극적인 해답을 제공한다고 믿었다. 이 문제는 우리는 일반적인 속성들로만 어떤 것들의 정체를 규정할 수 있음에도 불구하고, 하나를 다른 하나로부터 어떻게 구별할 수 있는지에 대한 문제다. 이는 또한 하나님의 주권에 대한 교리인데, 세상이 이해할 수 있는 전체임을 보증하는 영원한 계획이다. 또한, 이는 우리가 하나님과 그분의 창조에 대한 참된 지식을 가질 수 있음을 보증하는 계시 교리이다. 기독교 신앙 안에 신비들이 많이 있지만, 일단 우리가 인간 이성의 자기충족성을 거부하고 하나님의 말씀에 근거하여 하나님을 신뢰한다면, 이 신비들은 예측 가능하다. 창조주-피조물 간의 차이가 형이상학, 인식론, 윤리의 열쇠라고 반틸은 주장했다.

어떤 비평가들은 반틸의 사상이 변증법에서 증거를 활용할 여지를 조금도 남겨 놓지 않았다고 판단했다. 그러나 그는 이런 비판을 거부했다. 증거는 성경적 전제들에 근거한 초월적 논증 안에서 활용될 때에만 유용하다는 것이다. 그러나 이런 답변에 대해, 비평가들은 기독교를 기독교적 전제에 근거하여 입증한다는 것은 순환 논증이 아니냐고 반문했다. 반틸은 이를 수긍하고는, 어떤 면에서는 순환 논증이라고 말했다. 그러나 모든 사상 체계는 그 사상의 가장 근본적인 전제들을 논증할 때 순환적일 수밖에 없기에 (예를 들어, 합리주의자는 이성의 권위를 변증할 때 이성을 이용할 수밖에 없다), 기독교 순환 논증은 그 자체의 용어를 기반으로 실재를 이해하게 하는 유일한 논증이라고 주장했다.

반틸은 또한 비기독교 사상은 무의미로 붕괴된 것으로 보았는데, 이는 죄가 순수 이성에 미친 영향력 때문이다. 불신자는 하나님을 알지만(롬 1:18-21), 진리를 억누른다(롬 1:18, 21-32). 그러므로 기독교인과 불신자의 사상, 그리고 하나님의 지혜와 세상의 지혜는 '대립'(antithesis)한다. 비록 불신자가 때로 진리를 알고 언급하기도 하지만, 이는 그들의 전제와는 어긋난 채로, (그들의 의도와는 달리) 기독교 세계관에 의존하게 될 때에만 그럴 수 있을 뿐이다. 불신자는 '빌린 자본'(borrowed capital)으로만 진리를 알 수 있을 뿐이다.

반틸의 출판물은 300종이 넘는데, 이 중 책은 40종 가까이 된다. 가장 중요한 출판물로는 『기독교 변증학』(*Christian Apologetics*, 1975), 『기독교 변증과 나의 신조』(*The Defense of Christianity and My Credo*, 1971), 『변증학』(*The Defense of the Faith*, 1955, 1963, CLC 刊)이 있다. 반틸의 저작, 오디오 강의, 설교 대부분이 『코넬리우스 반틸 전집』(*The Works of Cornelius Van Til*)에 들어 있다. 에릭 브리스틀리(Eric D. Bristley)가 만든 반틸의 전작 목록인 『코넬리우스 반틸 저작 가이드』(*A Guide to the Writings of Cornelius Van Til, 1895-1987*)도 있는데, CD로도 제작되었고, 개별적으로 구입할 수도 있다.

참고문헌 | G. L. Bahnsen, *Van Til's Apologetic: Readings and Analysis* (Phillipsburg: Presbyterian & Reformed Publishing Co., 1998); J. M. Frame, *Cornelius Van Til: An Analysis of His Thought* (Phillipsburg: Presbyterian & Reformed Publishing Co., 1995); W. White, *Van Til–Defender of the Faith* (Nashville and New York: Thomas Nelson, 1979).

J. M. FRAME

코리 텐 붐(Corrie Ten Boom, 1892-1983)

작가이자 연사. 그녀는 제2차 세계대전 시기 감옥 생활과 활동을 담은 저서 『주는 나의 피난처』(*The Hiding Place*, 1971)로 널리 알려졌다. 네덜란드 하를렘(Haarlem)에서 자란 코리 붐의 아버지는 시계공이었다. 자매 놀리(Nollie)와 형제 빌렘(Willem)이 결혼하고 어머니가 죽은 후에도 코리 붐은 계속 아버지 캐스퍼(Casper)와 자매 베시(Betsie)와 함께 살면서, 가족이 함께 살던 그 집을 베제(Beje)라 불렀다. 베시가 집을 관리했고, 코리 붐은 시계공으로 훈련을 받은 후 여성으로서는 네덜란드 최초로 시계공 자격을 획득했다. 그녀는 또한 자선 활동에도 참여했는데, 특히 정신적 문제를 가진 사람들이 모이는 교회에서 봉사했다. 코리 붐의 아버지는 지역 사회에서 사랑받고 존경받는 인물이었고, 유대인을 특히 사랑했다.

네덜란드에서 코리 붐의 대가족과 친구들은 1930년대 독일에서 일어나고 있는 일들을 유심히 관찰했다. 그러나 나치가 침략했을 때 큰 충격을 받았다. 유대인들이 희생양이 되고 있다는 사실을 알게 되자, 코리 붐은 자연스레 그들의 탈출을 돕는 일을 시작했다. 남동생 빌렘 또한 이미 지하에서 유대인을 돕는 일을 하고 있었는데, 동생의 도움으로 코리 붐은 유대인이 도시를 빠져나가도록 도왔다. 이것이 어려워지자, 그녀는 무너져가는 자기 집에 유대인을 숨기는 일을 시작했다. 총 700명이 넘는 유대인이 그 집을 거쳐 갔고, 코리 붐은 80여 명의 도우미로 구성된 네트워크를 조직했다. 비밀의 방(피난처)은 그녀의 침실 뒤에 만들어졌고, 경보시 스템도 설치되었다.

1944년 2월에 한 정보원이 코리 가족을 배신했다. 여섯 명은 비밀의 방에 숨는 데 가까스로 성공했지만, 코리 붐 가족은 모두 체포되었다. 당시 84세였던 아버지 캐스퍼는 건강이 좋지 않았기에, 열흘 후에 쉐베닝엔(Scheveningen) 감옥에서 생을 마감했다. 빌렘은 몇 주 후에 석방되었지만 1946년 12월에 죽었다. 코리 붐과 베시는 처음에는 뷔흐트(Vught)로 이송되었다가, 이어서 레벤스부르크(Revensbruck) 수용소로 이송되었다.

이 모든 상황에도 두 자매는 믿음을 굳건하게 지켰다. 레벤스브루크에서 자매는 수용소 분위기를 바꾸려고 노력했다. 이를 위해 수용소에 있는 사람들과 함께 매일 성경읽기와 기도를 위한 모임을 조직했고, 다른 수감자들을 사랑하기 위해 노력했다.

모임에 참석하는 수용소 사람들의 숫자가 늘어만 갔지만, 방에 벼룩이 창궐하면서 간수들은 들어와 모임을 멈추게 할 수가 없었다. 베시의 건강이 점점 악화되면서, 결국 1944년 12월에 죽음을 맞이했다. 베시는 코리 붐에게 전쟁 후에 마지막 나날들에 사람들이 회복될 장소에 대해서 이야기했다. 거기에는 큰 창문, 넓은 계단, 벽에 서 있는 조각상들, 아름다운 정원들을 가진 집, 또한 주변을 둘러싼 많은 꽃들과 녹색으로 칠해진 철창 없는 수용소가 있다고 했다. 코리 붐은 베시가 죽은 지 얼마 지나지 않아 석방되었는데, 아마도 행정 착오였던 것 같다.

전쟁이 끝나고, 코리 붐은 베시의 환상을 실현시킬 수 있게 되었다. 전쟁 당시 수용되었던 이들을 돌보고 재활시키는 일을 하게 된 것이다. 그녀는 블뢰멘달(Bloemendaal)에 집을 하나 얻었는데, 이는 베시가 묘사한 것과 거의 정확하게 일치하는 큰 창 달린 집이었다. 장애인과 이전 수용소 수용자들이 이곳을 집으로 생각했기에, 코리 붐은 베시의 두 번째 환상, 즉 이전 수용소 수용자 및 전쟁 피해자들이 살 수 있는 집을 만들기 위해 다름슈타트(Darmstadt)의 이전 수용소를 구매하기 위한 모금을 진행했다. 코리 붐은 또한 자신의 경험을 간증하는 순회여행을 전 세계로 돌아다니기 시작했는데, 이를 통해 복음주의 진영에서 점차 이름을 알렸다.

그녀는 자신을 가두었던 혹심한 이전 수용소 간수를 만나면서 용서에 대한 교훈을 현장에서 얻기도 했다. 1965년경 1차 동반자 모임이 조직되어 그녀와 함께 지내며 동반 순회여행도 시작했다. 코리 붐은 1977년에 미국 캘리포니아로 이사했으나, 이듬해 심각한 뇌졸중 발작이 일어났다. 도우미의 도움을 받아 답장 편지를 조금 쓸 수는 있었음에도, 거의 몸을 가눌 수 없게 되었다. 코리 붐은 1983년 4월 15일, 91번째 생일에 집에서 생을 마감했다.

코리 붐의 전쟁 시기의 경험을 담은 『주는 나의 피난처』(The Hiding Place)는 1971년에 출판된 후, 복음주의권에서 엄청난 인기를 끌었다. 20세기 말까지 약 450만 부가 팔렸다. 1975년에는 영화로도 만들어져 좋은 평가를 받았다. 코리 붐은 주로 이 이야기로 많이 알려지긴 했지만, 이 외에도 여러 책을 네덜란드어와 영어로 출판했다.

참고문헌 | C. Ten Boom, *The Hiding Place* (London: Hodder & Stoughton, 1972).

L. WILSON

코튼 매더(Cotton Mather, 1663-1728)

미국 건국 초기의 지도자급 목사이자 두 저명한 뉴잉글랜드 가문의 후손. 그의 조부들인 존 코튼(John Cotton)과 리처드 매더(Richard Mather)는 뉴잉글랜드 1세대 청교도의 영적, 지적 지도자였다. 아버지 인크리스 매더(Increase Mather)는 보스턴의 노스(제2)교회(North [Second] Church) 목사였고, 하버드대학(Harvard College) 총장으로, 매사추세츠의 권력자였다. 그는 존 코튼의 외동딸과 결혼을 했고, 그 사이에서 처음 태어난 아이가 바로 코튼 매더였다.

코튼 매더는 어렸을 때부터 자신이 하나님 나라를 확장시키는 거룩한 의무를 부여받은 언약 공동체의 일원이며, 자신이 이 위대한 사역에 동참하도록 운명 지어져 있다고 믿었다. 그는 뉴잉글랜드에서 받을 수 있는 최고의 교육을 받는 혜택을 누렸다. 보스턴라틴어학교(Boston Latin School)에서 초등 교육을 받았고, 1674년에 하버드대학에 입학하여 인문 교육을 받았다. 코튼 매더는 고전 학문들뿐만 아니라, 논리학, 윤리학, 형이상학, 수학, 자연철학, 수사학, 웅변학, 신학 같은 전통적인 필수 과목을 이수했다. 그는 사실 자연철학(과학)에 관심이 많았다. 그가 하버드 대학에서 공부하던 시기에 학교에서 전통적으로 가르쳤던 아리스토텔레스의 자연철학이 쇠퇴하고, 뉴턴(Newton)에서 절정에 이른 새로운 자연철학이 새롭게 주목받기 시작했다. 특히, 코튼 매더가 졸업한 직후 뉴턴의 『수학의 원리』(Principia Mathematica, 1687)가 출판되었다.

발성 장애를 가진 코튼 매더는 스스로 목회자가 될 수 있을지 의심했다. 그 문제를 해결하기 위해 당분간 의학을 공부하기도 했다. 그러나 결국 그는 단점을 극복해 나가기 시작했고, 1678년 졸업할 당시에는 고전학, 성경, 기독교 역사와 문학에 매우 뛰어난 능력을 보여 주었다. 항상 격식을 따지는 성품이기는 했음에도, 그의 산문은 명확하고, 유려하며, 우아했다.

코튼 매더는 16세가 되던 해 회심을 경험했고, 노스처치의 정회원으로 등록되었다. 1681년에는 하버드에서 석사학위를 취득했고, 1년 후에는 수많은 저술 중 첫 저서를 출판했다. 1680년 9월에 안수를 받지 못한 채로 부친이 사역하던 노스(제2)교회의 부교역자로 봉사했다. 1685년 5월 13일에 당시 아메리카에서 가장 큰 유명한 노스(제2)교회에서 안수를 받았고, 죽을 때까지 그 교회에서 봉사했다.

뉴잉글랜드의 영적 위기는 코튼 매더의 경력에 결정적인 배경이 되었다. 건국 초기 아메리카 청교도에게는 거룩한 공동체를 세우라는 신적 소명을 받은 선택된 민족이라는 확신이 있었다. 그러나 이어진 원치 않은 상황들(자연 재해, 마녀사냥의 광기, 매사추세츠에 성경에 근본을 둔 공동체로서의 자치권을 보장한 1629년의 왕의 칙령을 철회하는 등의 정치적 갈등, 종교 지형의 변화)로 인해, 코튼 매더와 동시대 청교도들은 조상으로부터 이어져 내려온 비전이 건강한 것인지에 의구심을 품었다.

코튼 매더는 두 가지 입장 사이에서 고민했다. 매사추세츠를 대영 제국 체계 내의 다른 식민지와 다를 바 없는 곳으로 보는 견해, 즉 언약 안에 있는 공동체라는 사상의 파국을 의미하는 선택이냐, 아니면 매사추세츠를 여전히 신이 선택하신 나라로 보고, 신적 사명에 동참하여 인류 구원의 마지막 단계를 열어 젖혀서 전 인류에 복을 가져다주는 존재로 인식하는 입장을 선택하느냐 하는 점이었다.

코튼 매더는 무엇보다도 지성이 급변하는 시대에 살았다. 그가 태어날 때만 하더라도 서양 사람들은 중세적 세계관에서 벗어나지 못했다. 자연과 초자연은 모두 신에게서 파생된 하나의 체계이며, 신은 제1원인과 제2원인으로 우주를 지배한다고 믿었다. 제1원인은 인간이 알지 못하는 신의 법칙이고, 제2원인은 인간의 이성으로 이해할 수 있는 법칙이다. 중세인은 자연의 법칙을 중단시키는 신(혹은 사탄)의 능력을 드러내는 기적의 세계를 믿었다. 이런 구시대의 신념들은 코페르니쿠스(Copernicus)가 시작하고 뉴턴이 승리를 쟁취한 과학 혁명으로 도전받았다. 실재에 대한 새로운 모델은 기독교 신앙에 대한 전통적인 믿음을 유지하기는 했지만, 관찰과 증명이라는 실험적 방법론도 활용했다. 자연 법칙은 신의 원리의 한 부분인 동시에, 수학적으로도 증명될 수 있는 것이라고 여겨졌다.

코튼 매더는 칼빈주의를 공고하게 지지하면서도 이런 새로운 조류에 적응해 나갔던 뉴잉글랜드인 중 최선봉에 선 인물이었다. 그가 고대의 미신적인 것들과 완전한 결별을 하지 않았다는 이유로 그는 편협하고 시대에 반하는 사람이라는 평판을 얻기도 했다. 그러나 사실 코튼 매더는 당시에 이런 지적 발전에 반응한 그의 세대 내에서 가장 진보적인 인사에 속했다. 그는 완전히 기계적인 우주관을 받아들이지 않으면서도, 새로운 과학을 포용했다.

코튼 매더는 그 시대 최고의 사상의 맥락에서 뉴잉글랜드 창립 선조들의 청교도 신앙에 다시 활력을 불어넣기 위해 일평생 헌신했다. 그는 교회 목회뿐만 아니라 식민지 정치 사안에도 적극적으로 참여했으며, 바쁜 와중에도 저작 활동을 게을리 하지 않았다. 평생 쓴 작품이 460편이 넘는데, 주로 역사, 과학, 신학에 관한 글이었다. 또한, 1000페이지가 넘는 원고를 남겨 놓았다.

코튼 매더의 저작 중 가장 중요한 것으로는 『뉴잉글랜드교회사』(Magnalis Christi Americana 혹은 The Ecclesiastical History of New England, 1702, 런던에서 출판)가 있다. 이 책에 담긴 생각은 역사가 인간의 구속을 위한 하나님의 계획의 진행을 해석하는 방식 중 하나라는 것이다. 따라서 이 책은 개신교 종교개혁이야말로 이 땅에 하나님 나라를 구현하려는 노력의 최절정이며, 뉴잉글랜드교회야말로 이 종교개혁의 최전선에 있다고 해석했다.

『아메리카 성경주석』(Biblia Americana)은 그가 과학적 사실로 인식한 내용과 성경본문을 조화시키고자 하면서, 신구약의 아메리카판 주석을 만들려는 노력이었다. 그는 이 일을 위해 수년간 최선의 노력을 다했다. 6권 분량의 원고를 작성하면서, 각 권당 약 1000페이지를 할애했다. 이 기념비적이고 난해한 저작은 이전 주석들을 개정한 책이지만, 실제로 출판되지는 못했으며, 자료 거의 대부분을 영국 학자들에게서 확보했다.

코튼 매더는 당시 알려진 모든 과학을 다루는 글을 쓴 첫 아메리카 정착자였다. 『기독교 철학자: 자연에서 발견한 최고의 것들을 종교적 발전과 통합한 글 모음』(The Christian Philosopher: A Collection of the Best Discoveries in Nature, with Religious Improvements, London, 1721)에서, 코튼 매더는 과학과 종교 간 조화의 논리를 설계(design)라는 논증 구조, 즉 우주 안에 있는 질서라는 증거를 통해 목적을 가진 창조주의 존재를 합리적으로 유추할 수 있다는 논리를 폈다. 이런 고대 이교도의 논증은 기독교 변증가들이 처음 재해석했고, 이후 잉글랜드 저자들이 과학 혁명이 배태한 새로운 기계적 철학의 용어로 이 사상을 더 정교화했다. 이 저작을 쓴 코튼 매더의 목적은 경건을 다시 되살리는 것이었다. 코튼 매더는 자신의 글에서 하나님의 구속 계획 속에서의 그리스도의 중재적 역할을 강조했다. 이 책은 아메리카 계몽주의의 시작을 알리는 책이었다.

코튼 매더는 1972년에 처음 출판된 긴 원고 『베데스다의 천사』(Angel of Bethesda)에서 육신의 복락과 건강한 영성이 긴밀한 관계를 가지고 있음을 역설했다. 그가 쓴 많은 책 중 스스로 가장 아꼈던 저서는 『선행록, 영어로 선을 행하기 위한 에세이』(Bonifacius, Essays to do Good, 보스턴, 1710)였다. 그는 가장 위대한 삶의 목적은 바로 선을 행하는 것이라고 주장했다. 그렇기 때문에 그는 자선을 체계(system)로 환원하고, 거대한 복지 체계의 씨앗을 마련했다.

벤저민 프랭클린(Benjamin Franklin)은 코튼 매더의 이런 구상에서 종교적인 기반을 제거한 후에 이를 미국 문화의 주류로 소개하기도 했다. 코튼 매더의 『목회자 후보생을 위한 안내서』(Manuducio ad Ministerium: Direction for a Candidate of the Ministry, 보스턴, 1726)는 목회를 위한 저술이었다. 목회자 훈련용으로 저술한 이 안내서에서 코튼 매더는 조직신학을 논할 때에는 옛 청교도 신앙을 보여 주지만, 종교를 신앙에 대한 추상적인 고찰의 하나로 보기보다는 실천적 행위에 대한 것으로 인식함으로써 당시 새로운 사상에 빚진 모습을 보여 준다.

코튼 매더는 초기 아메리카 식민 사회의 지성 및 신학 세계에서 최고봉을 차지하는 인물이었지만, 나쁜 평판으로 피해를 입었다. 그러나 편협한 청교도 성직자이자 마녀 핍박자라는 고정 관념은 잘못된 묘사다. 코튼 매더는 정통 복음주의 기독교인이었지만, 동시에 새로운 과학적 전망의 많은 부분을 수용한 인물이었다. 그가 쓴 가장 중요한 저술들은 미국 사상과 문화 발전의 토대가 되었다.

참고문헌 | D. Levin, Cotton Mather: The Young Life of the Lord's Remembrancer, 1663-1703 (Cambridge, MA: Harvard University Press, 1978); K. Silverman, The Life and Times of Cotton Mather (New York: Harper & Row, 1984).

W. U. SOLBERG

크리스마스 에번스(Christmas Evans, 1766-1838)

웨일스 침례교 설교자. 그는 1766년 12월 25일에 카디건서(Cardiganshire) 흘란디설(Llandysul)에서 신발을 만들던 아버지 새뮤얼 에번스(Samuel Evans)와 어머니 조애너 에번스(Joanna Evans)에게서 태어났다. 비국교도였던 가족 중 새뮤얼 에번스는 장로교인으로 드레파크(Drefach)의 펜리우교회(Pen-rhiw Church)와 관계를 맺고 있었는데, 이 교회는 당시 심지어 유니테리언주의(Unitarianism)로 이동하고 있었던 반면, 어머니는 팬트어크로이든(Pant-y-creuddyn)에서 칼빈주의독립파(Calvinistic Independents)에 속해 있었다. 비록 18세기 웨일스의 구비국교도(Older Dissent)가 꽤 안정된 재정적 독립을 감당할 수 있는 방향으로 상황이 향상되고 있었음에도 불구하고, 새뮤얼 에번스는 그리 부자가 아니었다.

새뮤얼 에번스가 1775년에 사망함으로써 상황이 극히 나빠지자, 이에 크리스마스 에번스는 근교에서 농사를 짓던 삼촌 제임스 루이스(James Lewis)에게로 보내져 농사일을 도와야 했다. 팬트어크로이든교회 교인이었음에도 불구하고, '잔혹하고 이기적인 주정뱅이'였던 루이스는 조카를 가혹하게 학대했고, 이 때문에 평생 크리스마스 에번스의 어린 시절에 대한 기억은 어두운 그늘뿐이었다.

장로교학교 교장 데이비드 데이비스(David Davis) 소유의 카스텔히웰(Castell-hywel)농장으로 옮긴 것이 그에게는 구원의 기쁜 소식이었다. 유니테리언 잡지「더 먼슬리 리포지터리」(The Monthly Repository)가 보도한 캐슬하웰(Castle-howel)의 데이비스는 학자, 설교자, 탁월한 사람으로 이웃 사람들에게 큰 존경을 받는 아리우스주의자였다. 크리스마스 에번스는 관심과 존중으로 그를 대할 뿐만 아니라 자신의 집에서 운영하던 학교에서 기본 글쓰기를 가르쳐 줌으로써 크리스마스 에번스가 받지 못한 교육을 시켜 주려고까지 한 새 고용인으로부터 관심과 존중을 받는다는 것이 무엇인지를 경험했다. 농사와 학교 교육에 더하여, 데이비스는 흘러인히도웬교회(Llwynrhydowen Church)도 맡고 있었는데, 크리스마스 에번스는 이 교회 예배에 자주 출석했다. 크리스마스 에번스가 처음으로 진지하게 신앙적 헌신을 한 때와 장소는 1780년경에 열린 지역 부흥회에서였다.

"오늘이 내 영혼에 은혜가 임한 날이라는 사실을 부인할 수가 없다."

이 젊은이가 목회사역으로 부르심을 받았다고 생각한 데이비스는 크리스마스 에번스에게 공부한 후 설교를 시작하라고 권했다. 이미 오래 전부터 크리스마스 에번스는 장로교와 독립파인 지역 비국교도 교회에 와서 말씀으로 권고(exhort)해 달라는 요청을 받고 있었다. 펜어본트(Pen-y-bont)의 흘란디설 침례교인들과 교제하다가 세례에 대한 의문을 품게 된 그는 고민 끝에 1788년에 흘란디설 북쪽의 아버두어교회(Aberduar church)에서 침례를 받았다.

목회사역에 관심이 많았던 크리스마스 에번스는 1789년에 브레녹셔 매스어벌란(Maes-y-berllan)의 침례교웨일스협회(Baptist Welsh Association) 모임에 참석했다가 거기서 교단의 대의를 지키기 위해 목회자 확보를 원활히 하는 문제를 놓고 고심하고 있던 북웨일스 대표를 만났다. 젊은 설교자 크리스마스 에번스는 자신들의 고향으로 그를 데려가고 싶어 하는 이들의 초청을 받아들였고, 그해 여름에 캐어나폰셔(Caernarfonshire)의 흘린 반도(Llŷn Peninsula) 끝에 있는 틴도넨교회(Ty'ndonnen Church)에서 안수를 받았다.

크리스마스 에번스의 설교 방식과 효과에 엄청난 변혁이 일어난 곳이 바로 여기였다. 이전에는 뚜렷하지 않았지만, 이 시점부터 그의 사역의 모든 측면에는 부흥 정신이 뚜렷이 드러났다. '이 시기 그의 사역에 엄청난 능력이 동반되었다'라고 전해진다.

그의 설교를 들은 이들은 마치 자신들을 둘러싸고 있는 세상이 불에 타고 있는 것처럼 눈물을 흘리고 통곡하고 뛰었다.

어린 시절 자라면서 배운 장로교식 정숙함은 가장 극적인 형태의 침례교식 환희에 길을 내주었고, 알미니안주의식 도덕주의는 인간 구원에 개입하시는 하나님의 주권을 강조하는 복음주의적 칼빈주의로 대체되었다.

크리스마스 에번스는 1791년에 캐어나폰셔에서 앵글시(Anglesey)로 이사해서 이후 35년간 거기 살았다. 부흥 정신은 곧 이 섬에 사는 교인들에게 스며들었고, 그가 처음 사역을 시작할 때 150명에 불과했던 교인수가 마무리 시점에서는 1,000명 이상으로 늘었다. 눈에 띄는 부흥이 두 차례 찾아왔는데, 한 번은 1791-1792년이었고, 두 번째 사례는 1815-1816년에 있었다.

둘 다 대중 복음주의의 활력이 웨일스 비국교도의 전반적인 재각성을 이끌어 낸 사례였다. 이 부흥으로 인해 영향력 있는 설교자 라모스의 J. R. 존스(J. R. Jones of Ramoth)가 북웨일스 침례교(North Wales Baptists)에서 이탈해서 샌데만주의운동(Sandemanian movement)을 조직하는 결과로 나타나기도 했지만, 대중이 강력한 지도자 크리스마스 에번스를 의심의 여지없이 추종하게 만든 결정적 요인은 부흥이었다.

크리스마스 에번스는 앵글시뿐만 아니라, 웨일스 전역을 돌아다니는 연례 설교 여행을 떠나기도 했다. 19세기 초가 되면 비록 고향에서의 목회에 갈등이 전혀 없는 것은 아니었지만, 탁월한 재능을 가진 연사와 전도자로서의 명성이 확고해진다. 1826년에 크리스마스 에번스는 앵글시를 떠나 글래모건(Glamorgan) 내 캐어필리(Caerphilly)의 톤어펠린(Ton-y-felin)의 목회지로 이동했고, 2년 후에는 카디프(Cardiff)의 태버너클(Tabernacle)로, 그리고 1832년에는 북웨일스의 캐어나폰(Caernarfon)으로 임지를 옮겼다. 그러다 1838년 7월에 설교 여행 중에 스완지(Swansea)에서 사망하여 베데스다교회(Bethesda church) 묘지에 묻혔다.

그 시대의 신학 논쟁에 참여하기는 했지만, 크리스마스 에번스는 주로 설교자와 부흥사로 기억된다. 성경계시를 드러내기 위해 풍유를 사용함으로써 청중들이 복음의 도전에 가장 효과적으로 반응하게 만들었지만, 반면 그의 설교에는 자주 부흥 열정이 가미되어 있었다. 그는 더 옛 시대의 비국교도(Older Dissenter)와 복음주의 부흥(Evangelical Revival) 간의 차이와 분열을 초월했고, 후자가 전자에 끼친 영향을 더 굳건히 하는 데 기여했다.

칼빈주의감리교도(Calvinistic Methodist) 존 일라이어스(John Elias)와 독립교도(Independent) 원(Wern)의 윌리엄 윌리엄스(William Williams)와 더불어, 크리스마스 에번스는 그 세대 가장 영향력 있는 세 명의 웨일스 비국교도 설교자 중 하나였다.

참고문헌 | D. R. Stephen, *Memoirs of the Late Christmas Evans, of Wales* (London: Alyott & Jones, 1847); D. D. Morgan, *Christmas Evans a'r Ymneilltuaeth Newydd* (Llandysul: Gwasg Gomer, 1991); D. D. Morgan, 'Christmas Evans and the Birth of Nonconformist Wales,' *Baptist Quarterly* 34:3 (1991), pp. 116-124.

D. D. MORGAN

크리스터벌 해리어트 팬커스트(Christabel Harriette Pankhurst, 1880-1958)

전투적 페미니스트이자 근본주의 교사. 그녀는 1880년 9월 22일에 맨체스터(Manchester)에서 태어났다. 여성 참정권운동을 포함한 급진적 대의를 지지한 변호사 리처드 마스덴 팬커스트(Richard Marsden Pankhurst)와 아내 에멀린(Emmeline)의 맏딸로 태어났다. 회중교회-침례교회 연합 채플의 교인이었던 리처드는 종교적 회의주의자가 되면서, 종교 교육과 교회 출석은 크리스터벌 팬커스트가 어린 시절에 규칙적으로 경험한 일상이 아니게 되었다. 리처드는 크리스터벌 팬커스트가 아직 10대 소녀였던 1898년에 숨을 거두었다. 그러나 이후에도 가족은 이 집안의 정치적 행동주의 전통을 지속하기로 결정했다.

에멀린과 크리스터벌 팬커스트는 1903년에 여성사회정치연합(Women's Social and Political Union, WSPU)을 조직했다. 1905년 10월 13일에 크리스터벌 팬커스트는 자신을 성실하게 따르던 애니 케네디와 함께 자유당의 한 모임에 찾아가 행패를 부리고 일부러 경찰을 공격하여 결국 체포되었다. 이들은 이른바 여성 참정권운동가(Suffragettes, 당시 여성의 투표권 확보를 위해 활동한 전투적 운동가들을 일컫는 신조어) 중 처음으로 구치소에서 하룻밤을 지새운 인물들로 기록된다. 이 사건을 계기로 이후 10년 동안 시민불복종운동이 전개되었고, 결국 변화가 상점들의 쇼윈도를 조직적으로 부수는 등의 광범위한 공공시설 파괴 행위로 이어졌다.

에멀린이 여성사회정치연합의 공식 회장이었음에도 불구하고, 크리스터벌 팬커스트가 이 조직의 핵심 전략가로 널리 인정받았다. 여성 참정권운동가들은 정부 관료들을 질리게 만들 정도로 노련해졌다. 심지어 여성들이 참석하지 못하도록 금지시킨 정치 모임에서도 관료들은 방해 없이 발언할 수조차 없을 정도였다. 이렇게 활동하는 와중에도 크리스터벌 팬커스트는 여성으로서 법을 공부할 수 있는 기회를 얻었고, 1906년에는 맨체스터 소재 빅토리아대학교(Victoria University)에서 일등급 우등으로 법학사학위를 취득했다.

법학 교육의 혜택을 받은 크리스터벌 팬커스트는 1908년 10월에 여성사회정치연합의 활동을 이유로 재판을 받는 자리에서 자기를 변호했고, 심지어 (당시 재무장관이던) 로이드 조지(Lloyd George)를 증인으로 소환하여, 반대 심문으로 그를 위기에 몰아넣기도 했다.

결국 1912년에 영국 정부는 여성 참정권운동을 분쇄하기로 결정하고, 그 지도자들에게 내란 혐의를 씌워 장기간 교도소에 수감하기로 했다. 이때 크리스터벌 팬커스트는 파리로 도주하여, 거기서 여성사회정치연합을 계속해서 이끌었다. 1913년에 크리스터벌 팬커스트는 자신의 책 『거대 재앙과 그것을 분쇄하는 법』(*The Great Scourge and How to End It*)을 출판했다.

이 책은 성병에 반대하기 위한 소책자로, 남성들의 난잡한 성생활을 폭로하여 이를 비판하기 위한 목적으로 서술되었다. 이 책을 통해 크리스터벌 팬커스트는 성적순결운동을 이끈 유명한 복음주의자 조세핀 버틀러(Josephine Butler)와 비견될 만한 페미니스트 진영의 대표자로 자리매김했다.

제1차 세계대전이 발발하면서 여성 참정권운동가들과 정부 사이에 '휴전' 분위기가 조성되었다. 이에 크리스터벌 팬커스트는 잉글랜드로 돌아와 애국심으로 전쟁 구호에 헌신했다. 에멀린과 크리스터벌 팬커스트는 가정이 필요한 아이를 입양하는 조직을 만들었는데, 크리스터벌 팬커스트도 엘리자베스라는 이름의 한 아이를 입양했다. 엘리자베스는 대학에 다닐 때 꽤 거친 학생이었다고 하는데, 이후 행적은 알려진 바 없다. 크리스터벌 팬커스트는 평생 독신으로 지냈으며, 누군가와 연애를 했다거나, 성관계를 맺었다는 증거는 없다. 1918년에 여성의 투표권을 보장하는 법이 제정되었다. 크리스터벌 팬커스트는 이듬해 스메디크(Smethwick) 지역구 국회의원 선거에 출마하여 인상적인 득표율을 기록했지만 결국 낙선했다.

1918년에 크리스터벌 팬커스트는 그래턴 기네스(Grattan Guinness)의 인기 있는 전천년주의 저술 『역사, 예언, 과학을 통해 살펴본 다가오는 시대의 종말』(The Approaching End of the Age Viewed in the Light of History, Prophecy, and Science, 1879)을 읽고 회심을 경험했다. 회심 후 그녀는 그리스도의 재림이 임박했고, 성경의 예언들이 당대에 일어나고 있던 사건들을 이해하는 열쇠라는 생각에 점점 더 사로잡혔다. 1921년 여름까지는 이런 생각이 개인적인 영적 여정에 그쳤지만, 그때 F. B. 마이어(F. B. Meyer)가 의장으로 있던 보수 복음주의 단체인 재림증언운동(Advent Testimony Movement)의 모임이 열린다는 「더 타임즈」(The Times) 광고를 보게 되었다. 막 미국으로 가려고 짐을 싸고 있던 크리스터벌 팬커스트는 이 모임에 참석했고, 후에 캘리포니아에 도착해서 마이어에게 편지를 썼다.

1923년에 크리스터벌 팬커스트는 토론토로 이동해서 그곳에 있던 어머니를 만났다. 당시 유명한 근본주의자 지도자이자 낙스장로교회(Knox Presbyterian Church) 목사였던 A. B. 윈체스터(A. B. Winchester)가 크리스터벌 팬커스트에게 교인에게 강연할 기회를 주었다. 이때의 초청을 기점으로하여 그녀는 북미와 영국을 다니며 본격적으로 대중 강연과 설교 활동을 시작했다. 마이어는 크리스터벌 팬커스트의 사역의 든든한 후원자가 되어 주었다. 마이어는 크리스터벌 팬커스트의 첫 번째 책 『주님이 오신다: 세상의 위기 해설』('The Lord Cometh': The World's Crisis Explained)에 서문을 쓰기도 했다. 이 책은 큰 성공을 거두었고, 이어서 『종말의 때의 중요한 문제들』(Pressing Problems of the Closing Age, 1924, 미국에서는 『성경예언으로 본 몇 가지 현대의 문제들』(Some Modern Problems in the Light of Bible Prophecy)이란 제목으로 출판), 『세상의 혼돈: 새벽의 이상들』(The World's Unrest: Visions of the Dawn, 1926), 『미래를 보라』(Seeing the Future, 1929), 『열린 미래』(Uncurtained Future, 1940) 등을 연달아 출판했다. 크리스터벌 팬커스트는 1926년에서 1927년 사이에 26주 동안 영국에서 발간된 복음주의 신문 「더 크리스천」(The Christian)에 정기적으로 칼럼을 썼다. 1934년에는 얼마간 「프레즌트 앤 퓨처」(Present and Future)라는 월간지를 직접 발간했다. 또한, 크리스터벌 팬커스트는「더 선데이 스쿨 타임스」(The Sunday School Times)에도 자주 글을 기고했다.

크리스터벌 팬커스트는 여러 위대한 근본주의자대회 및 이 운동의 중심 교회들의 강단에 자주 올랐다. 영국에서는 1926년부터 1927년까지 전국을 다니며 재림증언운동을 전했는데, 로열앨버트홀(Royal Albert Hall)에서 열린 집회에서 전 좌석이 매진되는 등 전성기를 달렸다. 또한, 1937년에서 1938년까지는 성경증언협회(Bible Testimony Fellowship)를 위해서도 일했다.

미국에서는 존 로치 스트레이턴(John Roach Straton)이 사역하던 당대 북동부 근본주의의 본산 뉴욕 갈보리침례교회(Calvary Baptist Church) 강단에 자주 섰다. 무디성경학교(Moody Bible Institute), 현재는 바이올라대학교가 된 로스앤젤레스성경학교(Bible Institute of Los Angeles), 위노나레이크성경대회(Winona Lake Bible Conference, 1941), 뉴저지 애틀란틱 시티에서 1932년에 열린 '제3회 근본주의대회 및 예언집회'(the third annual Fundamentalist Rally and Prophetic Conference) 그리고 비슷한 종류의 많은 장소와 집회에서 강연을 이어 나갔다. 크리스터벌 팬커스트의 강연 활동 중에서 아마도 가장 흥미로운 것은 1931년 열린 세계기독교근본주의협회(World's Christian Fundamentals Association) 대회에서 행한 연설일 것이다. 의심할 바 없이 이때 그녀는 근본주의 진영의 가장 주목받는 인사였다.

크리스터벌 팬커스트는 강연과 저술 활동을 통해 지속적으로 핵심 메시지를 되풀이했다. 이 세상의 문제들은 인간의 노력으로는 해결할 수 없으며, 시대의 표적은 그리스도께서 속히 돌아오셔서 이 문제들을 해결하신다는 것이었다. 묵시론적 설교자였던 크리스터벌 팬커스트는 놀라울 정도로 경쾌하게 메시지를 전했다.

이 세상의 죄, 고통, 혼란은 사탄에게 속한 것이며, 전능자만이 이 모든 문제를 해결할 수 있다고 주장했지만, 정작 지옥과 심판에 대해서는 언급하지 않았다. 시대의 표징들을 읽어 내려고 시도하면서, 그녀는 정치 발전을 해석해 내던 잘 연마된 능력을 활용했다.

여성 참정권운동을 전개하던 내내 적대적 관계를 가졌던 정치인들과도 교류하기 시작하면서, 1930년대 초반에는 윈스턴 처칠(Winston Churchill)과도 우정을 쌓았다. (이 두 사람은 또 다른 세계대전이 곧 임박했다는 확신을 공통으로 가지고 있었다). 시온주의(Zionism)를 지지했기 때문에 유대인을 대상으로도 강연을 할 수 있었고, 심지어 유대교 회당에서도 연설하기도 했다. 크리스터벌 팬커스트는 당시의 여러 사상들, 특히 과학을 섭렵했고, 이를 성경 및 교리를 가르치는 일에 적용하기도 했다. 몇몇 강연 마지막에는 청중을 향해 간절히 호소하기도 했기 때문에 교사 및 설교자뿐만 아니라 전도자로도 이름을 날렸다.

크리스터벌 팬커스트는 때로 페미니즘을 포기했다는 이야기도 들었다. 그러나 사실은 양성평등을 여전히 믿었던 그녀는 근본주의 청중에게 이를 말하는 다른 방식을 찾아낸 것이다. 크리스터벌 팬커스트는 여성의 참정권 보장이 이 사회를 구하는 길은 아님(그러니까 오직 그리스도만이 세상을 구할 수 있음)을 깨달았다고 자주 인정했는데, 이 말은 와전되었다. 크리스터벌 팬커스트는『미래를 보라』(Seeing the Future)에서, '단호하게 말하건대 우리는 여성 투표권을 포기하지 않는다'라고 썼다. 뿐만 아니라 마이어와 스트레이턴 같은 그녀의 지지자 일부는 여성 참정권 또한 지지했다.

크리스터벌 팽커스트가 스스로를 언제나 잉글랜드국교회(Church of England) 교인이라고 여겼지만, 근본주의는 그녀가 성공회(Anglican)에서는 불가능했던 목회의 기회를 선사해 주었다(당시에 성공회는 여성이 강단에서 설교하는 것을 금하고 있었다). 크리스터벌 팽커스트가 여성 목회를 지지한 이유는 그리스도의 무덤에 있던 여인들 때문이었다. 이 여인들은 부활의 좋은 소식을 다른 제자들에게 전했다. 즉 이들은 '남자들을 놀라게 한' 여성 목회를 감당한 이들이었다는 것이다(눅 24:22을 크리스터벌 팽커스트가 인용한 방식).

크리스터벌 팽커스트는 1936년 '신년 대영제국 1등 훈장'(Dame Commander of the Order of the British Empire)을 수여받았다. 1930년대 후반에 캘리포니아로 이주한 크리스터벌 팽커스트는 여생을 캘리포니아에서 보내다가, 1958년 2월 13일에 산타모니카(Santa Monica)의 아파트에서 향년 77세의 나이로 숨을 거두었다. 한 지역 신문은 '그리스도와 여성 참정권을 위해 뛴 전투적 운동가 데임(Dame, 영국에서 남자의 Sir에 해당하는 훈장을 받은 여성에게 붙는 직함-역주) 크리스터벌 팽커스트가 사망하다'라는 기사를 실었다.

참고문헌 | T. Larsen, *Christabel Pankhurst: Fundamentalism and Feminism in Coalition* (Woodbridge: Boydell, 2002); D. Mitchell, *Queen Christabel: A Biography of Christabel Pankhurst* (London: Macdonald & Jane's, 1977).

T. LARSEN

크리스토퍼 뉴먼 홀(Christopher Newman Hall, 1816-1902)

회중교회 목사이자 저술가. 그는 1816년 5월 22일에 메이드스턴(Maidstone)에서 「더 메이드스턴 저널」(*The Maidstone Journal*)을 운영하던 존 바인 홀(John Vine Hall)과 아내 메리(Mary)의 넷째 아들로 태어났다. 아버지는 주정뱅이였다가 새사람이 된 회중교회 평신도이자 유명한 복음 소책자 『죄인의 친구』(*The Sinner's Friend*)의 저자였다.

크리스토퍼 홀은 자신의 가장 어린 시절 기억은 요한복음 3:16을 아들에게 가르치려고 노력하는 어머니의 무릎에 앉아 있었을 때의 기억이라고 말한 바 있다. 어린 시절에 대한 이런 이상적인 꿈이 아마도 8살에 기숙학교에 들어갔다가 경험한 향수병과 가혹한 규범 때문에 더 이상화되었을 가능성이 있다. 14살부터는 아버지의 수습으로 7년간 일을 배웠는데, 수공업에서 언론업으로 업종이 전환되던 상황이었다.

크리스토퍼 홀은 16살에 회심을 체험했다. 목회를 희망했지만 얼마간 자신이 느낀 부르심이 참된 것이지 아닌지를 놓고 고심했다. 이 의심을 극복한 후에는 곧 지역 교회 목사와 교인들의 지지를 얻었다. 1837년 9월에 크리스토퍼 홀은 회중교회 목회자 훈련 기관인 하이베리대학(Highbury College)에 들어갔다.

크리스토퍼 홀이 재학 중에 하이베리대학은 런던대학교(University of London)와 관계를 맺었고, 1841년 졸업 당시 그는 런던대학교 학위를 취득했다. 새로 창립된 헐(Hull)의 알비온(회중)교회(Albion [Congregational] Church)의 청빙을 받아들인 크리스토퍼 홀은 이 교회의 첫 목회자가 되었고, 1842년 7월에 안수받았다. 이

교회를 섬긴 12년 동안 교인수가 42명에서 약 700명까지 늘어났고, 주일학교 프로그램에 등록된 아이들도 768명에 달했다.

1848년에 크리스토퍼 홀은 엄청난 인기를 끌었던 복음 소책자 『예수께로 나오라』(*Come to Jesus*)를 썼다. 64페이지 분량의 이 책은 성경 이외의 저술가나 정보를 거의 언급하지 않았다. 더구나, 인용된 성경구절들이 여기저기 산재해 있는데, 대략 책 전체의 4분의 1을 차지하며, 짧은 각 장은 더 읽어 볼 성경본문들을 덧붙이는 것으로 마무리된다. 내용은 기본적인 복음주의적 가르침으로 뒷받침되는 직설적인 복음 제시였다.

첫 장의 제목은 '지옥이 당신을 기다리고 있습니다-와서 구원받으세요'였고, 인간의 미래 상태에 대한 질문이 거침없이 책 전체를 관통하고 있었다.

'오시오! 젊은 당신!'이라는 제목의 장에서 크리스토퍼 홀은 다음과 같이 썼다.

> "아마도 당신은 '나는 신앙을 가지기엔 너무 젊어, 세상을 좀 더 즐기자고. 내 앞에 펼쳐진 시간은 많잖아'라고 생각할지 모릅니다. 신앙을 가지기엔 너무 젊다고요? 그렇지만 당신은 죄를 짓기에 너무 젊은 것도, 죽기에 너무 젊은 것도, 지옥으로 떨어지기에 너무 젊은 것도 아닙니다."

크리스토퍼 홀의 살아생전에 『예수께로 나오라』는 40개 다른 언어로 출판되었고, 약 400만 부가 인쇄되었다.

노인이 된 크리스토퍼 홀은 자신이 단 한번도 '십자가가 핵심이 아닌' 설교를 해 본 일이 없으며, '내가 구원받으려면 무엇을 해야 합니까?'라는 질문에 대답을 제시하려는 목적이 사라진 설교를 해 본 일이 없다고 주장했다. 친구 찰스 해돈 스펄전(Charles Haddon Spurgeon)은 1888년에 크리스토퍼 홀에게 다음과 같이 편지를 썼다.

> "요즘 우리 둘은 구닥다리 구파라네. 회심과 교화를 위해서는 십자가에 달리신 그리스도 교리로 충분하다는 것을 우리 경험이 말해 주지 않았는가?"

그럼에도 불구하고, 크리스토퍼 홀은 어떤 점에서는 신학파(new school) 복음주의자들을 지지했다.

그가 목회하던 중에 세 차례에 걸쳐 회중교회 목사 셋이 각각 복음주의 교리에서 이탈했다는 혐의로 동료들이 고소를 당했을 때(조건부 불멸을 주장한 에드워드 화이트[Edward White]의 『그리스도 안에 있는 생명』[*Life in Christ*]관련 1846년 논쟁; T. T. 린치[T. T. Lynch]가 출간한 찬송가에 범신론 성향이 있고 표준이 되는 교리들이 결여되어 있다고 정죄당한 1855년의 '개울'[*Rivulet*] 논쟁; 전통적인 복음주의 속죄론에서 이탈했다는 J. 볼드윈 브라운[J. Baldwin Brown]의 『인간 안에 있는 하나님의 생명』[*The Divine Life in Man*]과 관련된 1859년 논쟁), 크리스토퍼 홀은 변함없이 이들 피고인을 변호하고 그들의 친구가 되어 주었다.

그의 행동은 부분적으로는 그의 평화적인 성품과 기독교 일치를 위한 평생의 열망을 반영하는 것이었다. 그럼에도 불구하고, 그는 화이트의 영혼멸절론에 자신이 설득당했다고 분명히 밝혔고, 또한 자신이 성경의 축자영감을 믿지 않는다는 사실도 인정했다.

1854년에 크리스토퍼 홀은 롤랜드 힐(Rowland Hill)이 설립한 런던 블랙프라이어스(Blackfriars) 서리채플(Surrey Chapel)의 청빙을 받아들였다. 그는 남은 평생의 긴 목회를 여기서 했고, 빅토리아 시대 강단의 왕자로 큰 명성을 얻었다.

교인들을 이끌고 열정적으로 교회 건축을 기획해서 64,000파운드에 이르는 비용으로 1876년에 웨스트민스터브리지로드(Westminster Bridge Road)에 화려한 신고딕 양식의 크라이스트교회(Christ Church) 건축을 완료했다. 비국교도 진영 내에서 이 건물의 위엄에 모든 사람이 압도당하기를 원했던 크리스토퍼 홀은 '캔터베리 대주교의 궁전 정원이 우리 교회 첨탑 바로 아래까지 뻗어 있다'라고 무심코 말해버렸다. 다양한 실마리들을 종합해 보건대, 크리스토퍼 홀의 단점 중 하나는 그의 허영심이었다고 판단할 수도 있을 것 같다.

미국 남북전쟁 기간 중에 크리스토퍼 홀은 북부의 대의를 위한 영국 내 지원을 모으는 일을 주도했다. 이 주제에 대해 강연하기 위해 전국을 지치지 않고 순회했고, 이 주제로 여러 글을 썼으며, 정치인 윌리엄 E. 글래드스턴(William E. Gladstone, 1809-1898)에게도 사적인 편지를 썼다. 1867년에 미국 북부를 여행하는 중에는 큰 갈채도 받았다.

한 주일에는 미국 상하원연합 모임 설교 초청도 받았고, 심지어 뉴욕증권거래소도 그의 설교를 듣기 위해 몇 분 동안 일을 멈추었다. 크라이스트교회의 새로운 첨탑에 (미국 대통령 링컨의 이름을 딴-역주) '링컨타워'라는 이름을 붙여주고, 건축 기금을 미국에서 모금했다. 완성된 220피트 첨탑에는 흰색 바탕의 붉은 돌에 (미국 국기를 상징하는-역주) 별과 줄무늬가 장식으로 들어갔고, (미국독립기념일인-역주) 7월 4일에 공개되었다. 캔터베리 대주교가 이를 어떻게 생각했는지는 알려진 바 없다.

1846년에 크리스토퍼 홀은 자신이 매우 존경한 윌리엄 고든(William Gordon) 박사의 외동딸 샬럿 고든(Charlotte Gordon)과 결혼했다. 1868년부터 샬럿이 말/마차 보관소를 운영하던 프랭크 리처드슨(Frank Richardson)과 사귀면서, 1870년에 부부는 영구 별거에 들어갔다. 크리스토퍼 홀은 1873년에 이혼 소송을 제기했으나 후에 취하했는데, 부분적으로는 대중에 알려짐으로써 크라이스트교회를 위한 기금 모금에 방해가 될까 두려웠기 때문이었다. 1879년에 다시 이혼을 추진한 크리스토퍼 홀은 한번 이혼 소송을 취하한 사람이 후에 같은 증거에 근거해서 다시 한 번 자유롭게 소송을 시도한 전례를 남김으로서 새로운 법 역사를 창조했다.

기록이 잘 보존된 재판에 이어 1880년 2월 17일에 결국 이혼을 마무리지었다. 한 달 후 1880년 3월 29일에 크리스토퍼 홀은 1870년 쿡(Cook)의 성지 순례에서 만났던 성공회 여성 해리엇 나이프(Harriet Knipe)와 재혼했는데, 이는 첫 번째 결혼의 실패로 인한 고통을 덜어내기 위한 방편이었다. 그와 해리어트의 결혼 생활은 행복했다.

흥미롭게도, 런던으로 이사했을 때 법을 공부해서 학위를 취득하기로 마음먹고, 1856년에 런던대학교에서 법학사를 취득했다. 미국 애머스트대학교(1864)와 에든버러대학교(1892)는 그에게 명예신학박사를 수여했다. 1866년에 크리스토퍼 홀은 잉글랜드와 웨일스 회중교회연합(Congregational Union of England and Wales)의 의장이 됨으로써, 교단에서 얻을 수 있는 최고의 영예를 얻었다. 일평생 많은 책(주로 작은 책)을 출판했다. 대표작 『성경의 절대 금주주의 논증』(*The Scriptural Claims of Teetotalism*, 1846)은 이 대의를 위한 그의 평생의 노력을 보여 주는 책이었다.

『거룩한 사회주의』(*Divine Socialism*, 1851)는 그의 사상에 끼친 기독교 사회주의의 영향을 보여 주는 책이다. 『예수를 따르라』(*Follow Jesus*, 1856)는 그의 가장 인기 있는 작품의 후속편이었다. 다른 작품 중에는 아버지의 전기와 첫 번째 장인의 전기가 있었고, (빅토리아 시대식 자제력으로 첫 번째 결혼에 대해서는 언급하지 않는) 자서전도 있었다. 1860년대에 글래드스턴과의 관계가 시작되었는데, 글래드스턴은 크리스토퍼 홀을 비국교도 의견을 들을 수 있는 건강한 통로로 이해했다.

1870년대에 크리스토퍼 홀은 이 위대한 자유당 지도자와 저명한 비국교도들, 특히 목회자들의 수차례 회합을 자신의 집에서 주선했다.

예를 들어, 1875년 회합에서는 '교황 포고령과 국교제도 폐지'를 주제로 회중교회 목사 R. W. 데일(R. W. Dale), 웨슬리파 목사 윌리엄 아서(William Arthur), 평화활동가 헨리 리처드(Henry Richard), 유명한 선교사 로버트 모펫(Robert Moffat)을 포함한 최소 15명이 토론을 벌였다.

의심의 여지없이, 크리스토퍼 홀은 이 당시에 비국교도 공동체가 보여 준 글래드스턴에 대한 충성심에 영향을 끼친 인물이었다. 실제로 이전보다 덜 복음주의적인 우리 시대의 역사가들은 크리스토퍼 홀을 그리스도께 나아오라고 초청하기보다 글래드스턴에게 나아오라고 초청한 인물로 기억했다.

마치 복음주의자로서의 자기 명성을 더 굳건하게 하려는 듯, 1856년에 크리스토퍼 홀은 『십자가를 통한 희생 또는 용서와 순결』(*Sacrifice; or Pardon and Purity by the Cross*)을 출간했고, 생애 말년인 1893년에 이 책을 『속죄: 기독교의 근본 사실』(*Atonement: The Fundamental Fact of Christianity*)이라는 제목으로 재출간했다. 게다가 1892년에 은퇴할 때에는 크라이스트교회의 후임으로 F. B. 마이어(F. B. Meyer)를 기쁘게 지명했다. 마이어는 설교자와 인기 있는 기독교 저술가로서의 탁월함으로만이 아니라, 보수 복음주의의 일급 수호자임을 입증함으로써도 크리스토퍼 홀의 후계자가 될 자격이 충분하다는 것을 보여 주었다.

참고문헌 | N. Hall, *An Autobiography* (London: Cassell & Co., 1898); T. Larsen, 'Sex, Lies and Victorians: The Case of the Revd Newman Hall's Divorce,' *Journal of the United Reformed Church History Society* 6 (May 2001).

T. LARSEN

클리퍼드 해리스 내시(Clifford Harris Nash, 1866-1958)

성공회 성직자이자 멜버른성경학교(Melbourne Bible Institute)의 설립 교장. 그는 1866년 12월 16일에 런던의 브릭스턴(Brixton)에서 태어났다.

내시는 노샘프턴셔(Northamptonshire)의 온들 스쿨(Oundle School)에서 교육받았다. 거기서 그는 고전 장학금을 받고 케임브리지대학교의 코르푸스크리스티대학(Corpus Christi College)에 진학하여 1888년에는 학사학위를, 1900년에는 석사학위를 취득했다. 케임브리지에서 보낸 시간(1885-1889)은 그가 복음주의를 받아들이고 발전시키는데 중요한 시기였다. J. B. 라이트푸트(J. B. Lightfoot)와 B. F. 웨스트코트(B. F. Westcott)는 신중한 성경연구의 전통을 세워, 교리적 주장과 회의론적 태도에 반하는 생동감 있는 대안을 제공했다. 말년에 내시는 당시 케임브리지 학자들이 성공회(Anglican) 복음주의자들이 제 길을 가는 데 중요한 역할을 했다는 사실을 자신이 믿었다고 말했다. 또한, 내시는 자주 웨스트코트가 자신에게 미친 영향에 대해 언급하곤 했다.

코르푸스크리스티대학은 1880년대에 복음주의운동의 요새였다. 이 대학의 정신은 내시에게 큰 영향을 끼쳤다. 코르푸스크리스티대학을 졸업한 후, 내시는 리들리홀(Ridely Hall)에서 1년간 H. C. G. 모울(H. C. G. Moule) 밑에서 공부했는데, 모울은 적어도 네 가지 영역에서 내시에게 큰 영향을 주었다.

첫째, 학문이다(내시는 후에 그리스어 본문을 가르치거나 이 본문으로 설교했는데, 이는 리들리 홀에서 매일 행해지던 모울의 강해를 떠오르게 했다).

둘째, 성결이다(모울은 케직운동에 깊이 관여했는데, 내시는 업웨이[Upwey], 나중에는 벨그레이브 하이츠[Belgrave Heights] 사경회에 활발히 참여했다).

셋째, 목회 상담이다(내시는 이를 통해 영향력 있는 인물이 되었다).

넷째, 내시의 복음주의의 강한 성공회 성향이다.

케임브리지 이후 내시는 에든버러 근처의 머셀버러(Musselburgh)의 로레토스쿨(Loretto School)에서 18개월 동안 가르쳤다. 1890년에 그는 더럼(Durham)에서 웨스트코트에 의해 부제로 안수받았으며, 요크셔의 허더즈필드(Huddersfield)의 세인트피터스교회(St Peter's Church)의 부사제로 일하게 되었다. 케임브리지에서 함께 공부한 바클레이 은행 가문(Barclay's Bank family)의 로빈 바클레이(Robin Barclay)와 세계일주를 함께하면서 잠시 사역을 내려놓기도 했다. 세계일주에서 돌아온 뒤, 1893년 2월 26일에 내시는 웨이크필드대성당(Wakefield Cathedral)에서 윌리엄 왈샴 하우(William Walsham How) 주교에게 사제로 안수를 받은 후 전도 유망한 경력을 시작했다.

그러던 1895년 11월의 어느 저녁, 그는 충동적으로 교구사제의 딸에게 키스를 하려고 했다. 그러나 그 여성이 반발하자, 내시는 자신이 키스 이상의 아무것도 의도하지 않았다고 주장하면서 사과했지만, 그녀의 아버지는 과도한 반응을 보이며 내시를 다른 교구로 추천하기를 거절했다. 내시는 엄청난 충격을 받았다. (그의 말년에 그에게 가장 중요한 영향을 끼친 것이 무엇인지에 대한 질문을 받았을 때, 내시는 잠시 멈춘 뒤 '내 실패들'이라고 말했다. 그러나 이를 자세히 설명하지는 않았다).

사임한 내시는 앤티퍼디스(Antipodes, 오스트레일리아와 뉴질랜드를 통칭하는 표현으로, 이 나라들이 영국과 '대척지'에 있다는 사실에 의거하여 흔히 쓰는 익살스러운 표현-역주)에서 새로운 삶을 시작하기 위해 태즈메이니아(Tasmania)로 갔다. 거기서 그는 1897년 2월까지 실직자들을 위한 정착 감독관으로 일했으며, 이후 시드니의 윌리엄 소마레즈 스미스(William Saumarez Smith) 주교의 초대로 목회를 이어 나갈 수 있게 되었다. 내시는 시드니에서 두 교회의 부사제직을 맡았으며, 다른 지역에는 사제 대리의 임무를 맡았다. 1899년 1월에 루이즈 메리 모드 피어스(Louise Mary Maude Pearse)와 결혼했다.

탁월한 능력으로 사람들의 관심을 빠르게 끈 내시는 1899년 말에 멜버른을 이끄는 교구 중의 한 곳인 호손(Hawthorn)의 세인트컬럼스교회(St Columb's Church)에서 직분을 제의받았다. 그가 세인트컬럼스 교구를 담당하는 동안(1900-1906), 해당 교구는 계속해서 성장했다. 그는 설교자와 복음주의 지도자로 명성을 얻었다.

내시는 또한 교구 밖에서도 활발하게 활동했다. 단데농산맥(Dandenong Ranges)에서 국내선교사역을 시작했다. 또한, 그는 여자 집사와 중국내지선교회(China Inland Mission) 여성 선교사 지원자 훈련 본부(training home)인 세인트힐다스(St Hilda's) 설립에도 관여했다. 내시는 (교구가 운영하는) 세인트존스신학대학(St John's Theological College) 교수로도 임명되었다. 그는 또한 학문적 관심을 가진 복음주의 성직자 모임인 파커유니언(Parker Union) 창립회원이었다. 총회(General Synod) 회원으로도 선출되었고, 세인트폴대성당(St Paul's Cathedral) 참사회원(canon)이기도 했다.

1906년 9월에 내시는 질롱(Geelong)의 크라이스트교회(Christ Church)의 대리 사제가 되었다. 1년 뒤, 호손의 한 하녀(servant girl)와의 우정을 놓고 내시를 비판하는 의혹이 제기되었다. 투표 결과가 나뉜 상황에서 대성당 사제단은 무분별한 행동에 대한 책임을 물어 그에게 유죄 판결을 내리고 사임을 요구했다. 내시는 결백을 주장했지만 결국 사임하고 만다. 그가 사임하자 성직자와 평신도가 로서 클라크 대주교(Archbishop Lowther Clarke)에게 반발했다. 여러 탄원서가 제출되었고, 크라이스트교회는 클라크의 반대에도 불구하고 몇 번이고 내시를 재임명했다. 내시의 혐의를 부인하고, 그가 항상 적절하게 처신했다는 소녀의 어머니의 법정 선언(statutory declaration)이 여러 일간 신문들에 실렸다.

램버스대회(Lambeth Conference) 참석차 잉글랜드에 있던 클라크는 이전에 제기되었던 내시의 과오와 관련된 세부 사항들을 공개하려고 했으나, 오히려 이는 그에 반대하는 여론을 더욱 악화시켰다. 실제로 그는 어떤 주장도 실체가 없다는 전보를 멜버른에 보내지 않을 수 없었다. 내시는 완전히 무죄였지만, 클라크는 내시에게 종합 허가를 내 주기 위해 준비하는 동안에는 내시가 크라이스트교회에서 사역할 수 있도록 허가하지 않았다. 그의 행동은 내시에 대한 그의 개인적인 반감, 또한 복음주의자에 대한 혐오에서 비롯된 것이었다.

내시 사건은 결국 1910년의 리들리대학(Ridley College) 설립으로 이어졌다. 이는 대주교와 교구가 자신들을 소외시킨다고 느낀 복음주의자들의 저항이었다. 1908년에 복음주의자 주교인 깁슬랜드(Gippsland)의 아서 웰슬리 페인(Arthur Wellesley Pain)이 내시를 세일(Sale)의 교구사제와 깁슬랜드의 부주교로 청빙했다. 내시는 그 청빙을 받아들였으며, 곧 깁슬랜드에서 탁월한 성직자가 되었다. 여러 위원회(committees)에 선출되거나 임명되어 많은 열매를 맺었다. 클라크 대주교는 타블로이드판 신문(tabloid newspaper)이 자신의 명예를 훼손하는 기사를 썼다면서 신문의 편집자를 명예훼손으로 고소했다. 이는 과거에 제기되었던 내시의 부적절한 행동들이 다시 한 번 사람들의 입에 오르내리는 결과를 초래했다.

자신을 변호할 수도 없고, 교회 분열의 원인이 되고 싶지도 않았던 내시는 임직과 허가권을 또 다시 포기했다. 멜버른으로 돌아간 후, 1913년에 그는 큐(Kew)에서 소년을 위한 예비학교를 설립했다. 그때 프라란(Prahran)의 회중교회(Congregational Church)가 그를 목사로 청빙했다. 내시는 이 교회에서 6년간 성공적인 목회를 했다. 비록 회중교회에서는 마음의 안정을 누리지 못했지만, 다시 목회를 할 수 있어서 내시는 기뻤다.

1919년 말, 내시가 위원으로 있던 중국내지선교회 위원회에서 선교사 훈련용 성경학교를 시작하기 위해 그를 초청했다. 그렇게 1920년에 멜버른성경학교(MBI)가 시작되었다. 학생 수가 급격히 늘어나자 내시는 교회에서 사임하고, 1942년에 은퇴할 때까지 갓 세워진 이 성경학교 일에 온전히 집중했다. 이는 그의 필생의 사업이었다. 어떤 의미에서는 그 전의 모든 것들이 이를 위한 준비 과정이었다. 내시는 성숙하고 검증된 지도력, 뛰어난 가르침과 설교 재능, 탁월한 개인 성결을 갖췄는데, 이 모두가 학생들에게 큰 영향을 주었다. 내시와 멜버른성경학교는 여러 멜버른 복음주의운동의 지도력과 일치를 위한 핵심 본부였다.

내시는 또한 다른 복음주의운동에도 폭넓은 영향력을 행사했다. 1929년에 그는 '도시 기업인 남성 성경공부 모임'(City Business Men's Bible Class)을 시작했다. 한 세대 동안 멜버른의 복음주의 평신도 지도자 모두는 이 성경공부 모임 출신이었다. 그리스도를 위한 운동가들(Campaigners for Christ) 역시 이 연구회의 산물이며, 내시는 이를 운영하는 이들의 멘토였다. 내시는 업웨이사경회(Upwey Convention)에 깊이 관여했고, 여기서 자주 연설했다. 또한, 성서유니온(Bible Union) 회원이자 초대 회장으로 활약하기도 했다.

내시는 선교에도 관심이 많았다. 1916년부터 1943년까지 중국내지선교회 위원이었고, 1926년에 대주교 해링턴 클레어 리스(Harrington Clare Lees)가 그에게 사역 허가를 다시 내주었을 때에는 교회선교회(Church Missionary Society, CMS)의 일종의 원로 대변인 역할을 했다. 내시는 멜버른에 '교회선교회 청년동맹'(CMS League of Youth)을 만들었으며, 성경공부로 이 모임에 큰 영향을 끼쳤다.

보수 개신교 선교역사를 논할 때에는 내시와 멜버른성경학교가 끼친 막대한 영향을 언급하지 않을 수 없다. 1,000명이 넘는 학생이 내시가 지도하는 멜버른성경학교를 거쳤으며, 그중 절반이 해외선교현장에서 봉사했다. 게다가, 보르네오복음주의선교회(Borneo Evangelical Mission) 같은 다수의 선교조직을 멜버른성경학교, 혹은 이 학교와 관련된 인물이 세웠다.

목회 허가를 다시 받은 후, 내시는 멜버른 주변의 여러 교구를 돕는 일을 즐거워했다. 대주교 하워드 모울(Howard Mowll)은 서임식 퇴수회(ordination retreats)를 인도해 달라고 내시를 시드니로 여러 번 초청했다. 내시는 1958년 9

월 27에 멜버른의 로얄파크(Royal Park)에서 사망했다. 장례식은 세인트폴대성당에서 열렸고, 시신은 드로마나(Dromana) 교외의 해안가에 안장되었다.

정상적인 상황에서라면 내시는 성공회 고위직에 올랐을 것이다. 지도력과 의사소통 능력이 뛰어났고, 교육자로서의 자격도 훌륭했으며, 중요한 사람들과의 우정을 맺는 비결을 알고 있었다. 내시는 항상 자신을 잉글랜드국교회(Church of England)의 충성스러운 아들로 생각했다. 그러나 성공회로부터 사임을 강요받았기 때문에 오히려 그는 더 광범위하게 비(非)국교도 복음주의에까지 그의 지도력을 발휘하여 영향력을 끼칠 수 있었다.

그의 지도력은 목소리, 인성, 존재감으로 구현되었다. 케임브리지에서 받은 교육은 내시에게 확실한 신분과 권위를 주었다. 놀라운 설교 및 가르침의 재능으로 청중을 사로잡았다.

많은 사람에게 영향을 준 목회자로서의 재능은 그가 멜버른성경학교를 시작하기 전에 개인적으로 경험한 것들을 통해 발달했다. 또한, 개인 성결도 그의 특징을 구성하는 주요 요소였다. 내시의 친구들과 지지자들이 그의 결정을 따랐지만, 그렇다고 그가 그들 위에 군림한 것은 아니다. 대신, 그는 각 사람이 스스로 일하고 자신의 재능을 발전시키고, 또한 스스로 시작한 계획을 완수하도록 이끈 동기 부여자였다고 해야 할 것이다. 멜버른 복음주의가 성직자가 이끈 시드니와는 달리 평신도 주도의 운동이 된 것에는 그의 목회 방식의 영향이 컸다. 그리고 멜버른 복음주의운동이 미국 그리고 좀 덜한 수준으로 시드니가 경험한 갈등과 분열을 피할 수 있었던 것도 내시의 인성과 지도력의 특징 때문일 것이다.

참고문헌 | D. N. Paproth, 'C. H. Nash and His Influence' (PhD thesis, Deakin University, 1993).

D. N. PAPROTH

Biographical Dictionary of Evangelicals

테오도르 베자(Theodore Beza, 1519-1605)

프랑스인 개혁파 신학자이자 제네바의 칼빈 계승자. 그는 부르군디(Burgundy) 베젤라이(Vezelay)의 하급 귀족 가문에서 태어났다. 베자는 그리스어와 라틴어를 맬키오르 윌마르(Melchior Wolmar)에게서 배웠는데, 윌마르는 종교개혁에 동정적이었고 칼빈을 가르치기도 했다. 1534년부터 그는 오를레앙(Orleans)에서 법을 공부했다. 1539년에는 개업 자격을 얻기 위해 파리로 이동했다.

그러나 문학에 더 관심이 있었기에 시를 쓰기 시작했다. 고전을 좋아했지만 종교개혁의 가르침에도 매력을 느꼈다. 1548년에 시집을 한 권 냈는데, 후에 개정한 후 재출간했다. 마음에 들지 않았던 내용이 초판에 많이 들어갔기 때문이었다.

안수받기를 바란 가족의 강한 열망과는 달리, 베자는 클라우딘 데스노즈(Claudine Desnoz)와 사적으로(privately) 결혼했다. 1548년에 심각한 질병에 시달린 후에는 개신교인이 되기 위해 가톨릭 신앙을 버렸다. 이어서 제네바(Geneva)로 가서 클라우딘과 공적으로(public) 결혼했다. 1550년, 파리 고등 법원은 프랑스에 없는 그를 궐석 재판으로 정죄하여 그의 인형을 불태웠다.

피에르 비레(Pierre Viret) 덕에 베자는 로잔(Lausanne)에 있는 아카데미의 그리스어 교수로 임명되어 거기서 1558년까지 머물렀다. 이 시기에 그는 교장이 되었다. 그의 교수와 저술 활동은 활발해졌다. 예정 문제를 놓고 벌어진 볼섹 논쟁(Bolsec controversy)에서는 칼빈을 옹호했고, 이것이 그의 첫 번째 신학 저술『예정의 도표』(Tabula praedestinationis, 영어 번역서 제목은 The Sum of All Christianity, 1555)로 출판되었다.

칼빈의 작품보다 논리적으로 더 엄격한 이 책은 이중예정을 이어지는 모든 일의 근원으로 규정하며, 구원과 정죄의 원인들의 순서를 도표 하나에 담았다. 베자는 또한 세르베투스(Servetus) 처형에도 칼빈을 변호했다. 1556년에는 그리스어 신약성경의 주석판을 출간했다. 1558년에는『신약주석』(Annotations on the New Testament)을, 1560년에는『제네바성경』을, 뒤이어『기독교 신앙고백』(Confession de la foi chrétienne, Confession of the Christian Faith)을 출간했다.

칼빈의 초대를 받은 베자는 1558년에 그리스어 교수로 제네바로 이주했다. 1559년부터 1563년까지 교장을 지내다가, 결국 1559년부터 1599년까지 제네바아카데미(Genevan academy)에서 신학을 가르치게 된다. 거기서 그는 클레멘트 마로(Clement Marot)가 작업하던 시편의 프랑스어 번역을 완료하는 작업을 시작했다. 1561년 푸아시회의(Colloquies of Poissy)와 1562년 생제르망회의(Colloquies of Saint-Germain)에 프랑스 개신교도를 대표하여 참석했다. 1571년 라로쉘대회(Synod of La Rochelle)에 참석하며 위그노교도(Huguenots)와 그들의 지도자 가스파르 드 콜리니(Gaspard de Coligny)를 프랑스 종교전쟁(1564-1572) 기간에 후원하는 일도 지속했다.

1564년에 칼빈이 사망하자 제네바를 운영하는 주요 책임의 짐이 베자에게 부과되었다. 아카데미의 학장과 교수 역할에 더하여, 그는 1580년까지 목사회 의장이었고, 사망 직전까지 책임목사로 일했다. 그는 교회와 시민 정부 당국 간 균형을 세심히 유지하기 위해 노력하고, 한편 에라스투스주의(Erastian)의 교회 통제를 피하면서 제네바 당국에 강력한 영향력을 행사했다. 베자는 또한 전체 개혁파 개신교의 주요 대변인이기도 했다. 1564년에는 『칼빈의 생애』(Life of Calvin) 초판을 발간하기도 했다.

베자는 관심의 폭이 넓었다. 그의 사본 연구는 불가타역과 자신의 번역을 함께 실은 1565년 신약성경 그리스어 본문에서 가장 훌륭한 결실을 맺었다. 이 책은 당시로서는 구할 수 있는 최고의 그리스어 본문이었다. 베자는 코덱스 베자(Codex Bezae)와 코덱스 클라로몬타누스(Codex Claromontanus)를 활용했다.

세인트바톨로뮤 날의 대학살(St Bartholomew's Day massacre, 1572) 이후 위그노교도들에 대해서도 적극적인 관심을 보인 베자는 1574년에 『그들의 신민들에 대한 위정자들의 권리』(Du droit des magistrats sur leurs subjects)를 써서 하위 위정자들이 반란을 일으킬 권리가 있다고 주장했다. 모든 정치 권위는 사람들의 투표를 통해서 하나님께로부터 오는 것이기 때문에 백성들은 자신들이 투표로 선출한 위정자들의 지도하에, 일부가 지금까지 주장해 온 것처럼 단순히 왕실 혈통을 가진 이들에 대해서만이 아니라, 독재자에 대항하여 반란을 일으킬 수 있다. 이 작품은 정치 이론 분야에서 중요한 기여를 한 책이 되었다.

베자의 다른 저술로는 『기독교인의 질문과 대답』(Quaestionum et responsionum Christianorum libellus, 1570/1576)과 프랑스 개혁파운동 역사를 다룬 책(1580)이 있다. 1586년, 그는 몽벨리아르회의(Colloquy of Montbéliard)의 핵심 인사로, 성찬 문제를 놓고 두 개신교 진영 사이에 쓰라린 분열이 강화되는 문제를 해결하기 위해 루터교 야콥 안드레이(Jacob Andreae)와 토론했다. 여기서 제한(한정 또는 유효적) 속죄에 대한 그의 믿음이 분명해졌지만, 논쟁에서는 안드레이보다는 온건하고 평화 지향적이었다. 회의는 목적 달성에 실패했고 분열은 개신교에 심각한 문제를 남겼다. 이런 실패에도 불구하고, 베자는 루터교와의 화해 추진을 멈추지 않았다.

베자는 칼빈 사망 이후의 세대에 제네바 신학(theology of Geneva)을 굳건하게 했다. 이중예정의 단호한 옹호자 베자는 개혁파 스콜라주의운동을 굳건하게 강화하고, 이 운동의 발전 대로를 닦은 인물이었다. 분명한 타락 전 예정론자(supralapsarian)인 베자는 선택의 작정과 이 작정의 실행 사이를 분명하게 구별했는데, 이 사고는 교회론과 성례론을 비롯한 그의 신학 전체에 영향을 주었다. 그는 칼빈의 성례론에 충실했다.

베자의 영향력은 개인 접촉, 저술, 편지, 제자 등을 통해 유럽 전역에서 감지되었다. 부분적으로는 문학적 재능 때문에 심오한 영향력을 발휘할 수 있었던 십여 권의 신학 저술을 남겼다. 그 영향력은 16세기 후반과 17세기 초반 잉글랜드에서도 상당했는데, 당시 그가 쓴 많은 저술들이 유통되었다. 구원과 정죄의 원인에 대한 순서 도표는 베자의 학생 중 하나였던 알미니우스에 반대한 청교도 지도자 윌리엄 퍼킨스(William Perkins)가 차용해서 그만의 방식으로 수정하기도 했다. 당시 최고의 본문으로 인정받던 베자의 1565년판 신약 본문은 엘리자베스 여왕에게 헌정되었다.

그는 제네바가 위그노 난민들의 가뭄과 기근을 홀로 해결할 수 없게 되자, 엘리자베스 여왕에게 이들에게 도움을 베풀어 달라고 간청했다. 제네바성경은 많은 잉글랜드청교도가 선호하던 성경이었다. 베자는 현존하는 신약 사본 중 가장 이른 시기의 것에 속하는 코덱스 베자를 1581년에 케임브리지대학교에 보냈다. 그의 신약 본문 작업은 본문비평 발전에 중요한 기여를 했는데, 결국 1611년의 킹제임스성경 발간에 영향을 주었다. 그의 작품은 영어, 프랑스어, 라틴어로 출간되어, 16세기 후반기에 큰 힘을 발휘했다. 그가 마로(Marot)의 시편 번역을 완성한 것은 개혁파 시편 찬송 발전에 기여했음을 의미했다.

베자에 대한 평가는 다양하다. 19세기의 하인리히 헤페(Heinrich Heppe)와 20세기의 한스-에밀 베버(Hans-Emil Weber), 발터 키켈(Walter Kickel), 브라이언 암스트롱(Brian Armstrong), R. T. 켄달(R. T. Kendall)은 모두 베자가 칼빈의 성경적이고 역동적인 신학을 아리스토텔레스 철학과 교회의 권위에 근거한 논리체계로 대체했다고 주장했다. 리처드 A. 멀러(Richard A. Muller), 질 레이트(Jill Raitt) 및 다른 학자들은 이런 평가를 교정했다.

분명한 차이점에도 불구하고, 중요한 연속성은 더 깊어졌다. 칼빈 또한 아리스토텔레스의 논리와 교회의 권위를 사용했다. 칼빈을 포함한 베자의 개혁파 동시대인들은 베자를 경쟁자가 아니라 동료로 보았다. 그의 특별한 신학의 자리는 개혁파 신앙에 대한 헌신 안에 자리 잡고 있다. 그러나 인문주의자로서의 그의 성경 및 본문에 대한 관심은 그가 전임자의 신학으로부터 급진적으로 이탈했다는 생각이 잘못된 것임을 보여 준다.

참고문헌 | P.-F. Geisendorf, *Theodore de Bèze* (Geneva: Alexander Jullien, 1967); W. Kickel, *Vernunft und offenbarung bei Theodor Beza: zum problem des verhaltnisses von theologie, philosophie und staat* (Neukirchen-Vluyn: Neukirchener Varlag des Erziehungsvereins, 1967); R. Letham, 'Theodore Beza: a reassessment,' *SJT* 40 (1987), pp. 25-40; J. Raitt, *The Colloquy of Montbéliard* (New York: Oxford University Press, 1992).

R. W. A. LETHAM

토마스 길레스피(Thomas Gillespie, 1708-1774)

스코틀랜드장로교회(Church in Scotland) 목사이자 스코틀랜드구원교회(Relief Church)의 창설자. 그는 1708년에 에든버러(Edinburgh) 근교에서 태어났다. 길레스피는 저명한 스코틀랜드장로교회 목사이자 저술가 토마스 보스턴(Thomas Boston)의 설교를 듣고 회심했다. 1732년에 에든버러대학교에 들어가서 기독교 목사 안수 과정을 준비하게 된 계기가 바로 이 회심이었다. 1738년에 대학을 떠날 때 길레스피는 3년간의 철학 전공 과정을 마치고 추가 3년 과정의 신학 공부를 거의 마쳤던 것 같다. 에든버러를 떠난 길레스피는 퍼스(Perth)에 새로 세워진 분리파신학홀(secession divinity hall)에 입학했는데, 윌리엄 윌슨(William Wilson)이 당시 신학과 교수로 가르치고 있었다.

퍼스가 자신에게 적합한 신학 공부 환경이 아니라고 느낀 길레스피는 열흘 만에 학교를 떠났다. 2년 후인 1740년, 길레스피는 신학 교육을 마무리하기 위해 잉글랜드 노샘프턴(Northampton)에 소재한 필립 도드리지(Philip Doddridge)의 학교에 들어갔다.

1740년 10월 30일에 복음을 전하는 설교자로 노샘프턴에서 인허받은 길레스피는 1741년 1월 22일에는 목사로 안수받았다. 랭커셔(Lancashire) 하트배로우(Hartbarrow)의 독립교회에서 잠시 목회한 후, 스코틀랜드로 돌아와서 1741년 9월 4일부터 파이프(Fife) 지방 카녹(Carnock)의 목사가 되었다.

1742년에 길레스피는 이웃한 캠버슬랭(Cambuslang)과 킬사이스(Kilsyth) 교구에서 일어난 부흥운동에 관여했다. 그는 이 부흥이 종교개혁 이래 스코틀랜드 지역에서 일어난 모든 부흥 중 성령의 분출이 가장 두드러진 부흥 중 하나였다고 믿었다. 킬사이스의 목사 제임스 로브(James Robe)가 '다른 누구보다도 카녹의 복음적 목사 토마스 길레스피가 하나님께서 내게 보내 주신 분들 중 가장 탁월한 분이었다'라고 주장할 정도로 길레스피는 큰 존경을 받았다.

이 무렵 길레스피는 『기독교 교회의 사실과 미래 사건들의 직접 계시의 연속성에 대한 논문』(Essay on the Continuance of Immediate Revelations of Fact and Future Events in the Christian Church)을 썼다. 이 작품에서 길레스피는 직접계시 및 다른 강한 현상을 수용함으로써 성경의 권위를 약화시켜서는 안 된다는 관심사를 피력했다. 성령의 모든 특별한 은사는 사도들이 죽고 성경 정경이 완성된 후에는 더 이상 존재하지 않는다고 확신했다.

1749년부터 1752년까지 던펌린노회(presbytery of Dunfermline)의 다른 복음주의파 회원들과 함께 길레스피는 성직 수여권(patronage: 국교회인 스코틀랜드장로교회[Church of Scotland] 목사를 정부나 공직자, 후원자가 임명하는 권한-역주) 체제하에서 새 목사를 임명하는 데 반대했다. 1752년 총회는 새로운 목사를 인버키딩으로 발령 내는 것을 거부한 던펌린노회의 여섯 목사 중 한 사람을 치리하기로 결정했고, 다수는 길레스피의 목사직을 박탈해야 한다는 안에 표를 던졌다.

길레스피는 자기가 목회하던 교회 회중이 던펌린으로 교회를 옮긴 그해 가을까지 카녹에서 목회했다. 이어진 몇 차례 추가 논쟁과 결정 이후, 제드버러(Jedburgh)의 토마스 보스턴이 파이프 지역 콜린스버러(Colinsburgh)에 새로 만들어진 교회에 토마스 콜리어(Thomas Colier)를 목사로 앉히려던 길레스피와 뜻을 모았다.

취임 예배 후 1761년 10월 22일에 세 교회 소속의 세 목사와 장로 한 명이 모여 구원노회(Presbytery of Relief)를 조직했다. 이들에게는 경제적 배경이나 교육 수준에 관계없이, 각 개인은 하나님 보시기에 같은 가치를 지닌 사람들이기에, 목회자 선정을 포함한 교회 일에 제 목소리를 낼 수 있어야 한다고 믿었다. 교회를 왕이나 귀족 후원자들이 통제해서는 안 된다는 것이었다.

길레스피 생애의 마지막 몇 년은 구원노회의 성장과 안정을 목격한 시기였다. 1761년에 태어난 3개의 모교회를 통해 그가 사망할 무렵에는 19개의 교회를 가진 노회로 자라났다. 33년간 목회와 설교에 주력하는 동안 길레스피가 받은 압박과 책임은 엄청났다. 사망할 당시 그의 나이는 거의 66세에 이르렀다. 1744년 11월 19일에 마가렛 리들(Margaret Riddell)과 결혼했지만 자녀는 없었다. 가정과 교회를 돌보는 일로 몸과 정신, 감정, 영혼의 자원이 모두 고갈되었다.

길레스피는 1774년 1월 19일에 '정신의 평온을 잃지 않고…복되고 영광스러운 불멸의 은혜를 통한 아름다운 소망을 즐거워하며' 운명했다. 그의 죽음 이후 구원교회는 꾸준히 확장되고 성장했다. 1800년에는 60개 교회에 36,000명의 교인이 있었고, 1847년에는 136개 교회로 자랐다. 1847년 5월에는 연합분리교회(United Secession Church)와의 통합을 통해 연합장로교회(United Presbyterian Church)가 형성되면서, 글라스고우 최대의 단일 교파가 되었고, 스코틀랜드의 전체 교회 출석 인구의 5분의 1이 조금 못되는 신자가 다니는 교파로 성장했다.

참고문헌 | K. B. E. Roxburgh, *Thomas Gillespie and the Origins of the Relief Church in Eighteenth Century Scotland* (Bern: Peter Lang, 1999); W. Lindsay, *Life and Times of the Rev. Thomas Gillespie* (Edinburgh: 1849).

K. B. E. ROXBURGH

토마스 던다스 하퍼드-배터스비(Thomas Dundas Harford-Battersby, 1823-1883)

케직사경회(Keswick Convention) 창시자. 그는 복음주의 가정에서 자랐지만 옥스퍼드대학교 베일리얼대학(Balliol College)에서 잉글랜드국교회 성직자가 되기 위해 공부하면서 존 헨리 뉴먼(John Henry Newman)과 그의 옥스퍼드운동(Oxford Movement)의 영향을 받았다. 하퍼드-배터스비에게 뉴먼과 그의 진영은 잉글랜드국교회(Church of England) 내부에서 거룩한 삶의 높은 기준에 헌신한 사람들로 보였고, 이것에 그에게 매력적으로 다가왔다. 하퍼드-배터스비는 첫 부사제를 고교회(High Church)에 공감하는 교구사제가 목회하던 햄프셔의 고스포트교회(Gosport Church)에서 맡았다. 그러나 신학을 더 깊이 공부하면서, 그는 점점 더 고교회식 사고방식에 만족하지 못했다.

고스포트에서 2년을 보낸 후 1849년에 하퍼드-배터스비는 임지를 옮기며 고교회 성직자에서, 프레더릭 마이어스(Frederick Myers)의 부사제로, 케직(Keswick)의 세인트존스교회(St John's Church)의 광교회(broad churchmanship) 성직자로 그 정체성을 바꾸었다. 그는 마이어스를 '인도자와 예언자'로 인정했으나, 어느 정도 시간이 지나자 다시 실망했고, 결국 오래지 않아 자신이 자랐던 복음주의 배경으로 돌아갔다. 케직에 하퍼드-배터스비가 도착한 지 2년 후 마이어스가 사망하면서, 그가 마이어스를 대신해서 세인트존스교회의 교구사제(vicar)가 되었다.

하퍼드-배터스비는 케직의 모든 시민의 존경과 사랑을 받았다. 그는 케직 사람들에게 근처 스키도산(mountain of Skiddaw)에서 흘러내리는 생수를 공급하는 계획을 추진했다. 또한, 세인트존스교회의 교구 홀에 지역 도서관을 개장했는데, 후에 이 도서관은 마을도서관(Country Library)과 합병되었다. 좋은 문학 서적을 읽을 수 있게 하고 주제별 강좌와 토론을 조직함으로써 마을 노동자들의 성인교육센터 기능을 한 역학협회(Mechanics Institute) 활동에도 관여했다. 이런 활동들을 하기 위한 공간으로 세워진 강연홀은 후에 그의 이름을 따라 배터스비 홀이라는 이름이 붙었다.

하퍼드-배터스비의 활동과 관심은 케직의 범위를 넘었다. 1859년에는 '칼라일 교구를 위한 평신도 및 성직자 복음주의연합'(Lay and Clergical Evangelical Union for the Diocese of Carlisle) 조직을 주도했다. 또한, 컴벌랜드(Cumberland)와 웨스트무어랜드(Westmoreland) 전역에 교회선교회 사역을 조직하고 활성화시켰다. 칼라일 주교는 그를 명예대성당참사회원으로 임명했다.

그러나 하퍼드-배터스비는 완전히 만족하지 못했다. 1874년에 그는 그리스도께서 약속하신 평안과 기쁨, 사랑이 부족하다고 썼다. 미국 성결 교사 로버트와 해너 피어솔 스미스(Robert and Hannah Pearsall Smith)의 책을 읽으면서 그는 더 많은 영적 축복을 구해야겠다고 결심했다. 1874년 8월 29일부터 9월 7일까지 한 집회에 참석한 그는 성공회 성직자 에븐스 홉킨스(Evans Hopkins)의 설교를 들었는데, 이것이 그의 사고와 인생을 뒤바꿨다. 홉킨스는 '구하는 믿음'(seeking faith)과 '안식하는 믿음'(resting faith) 간의 차이에 대해 말했다. 그리스도의 완전한 충만에 의존하면서(안식하는 믿음) 행할 권리를 알게 된 하퍼드-배터스비는 평안을 얻었다. 케직 교구로 돌아온 그는 성결운동이 사용하면서 부상하던 용어로 하나님께서 그의 삶의 '완전한 복종'을 가능하게 해 주셨다고 설명했다.

1875년에 하퍼드-배터스비는 코커머스(Cockermouth)의 브로턴그레인지(Broughton Grange) 출신 퀘이커교(Quaker) 친구 로버트 윌슨(Robert Wilson)과 함께 브라이턴(Brighton)에서 열린 (약 8,000명이 모인) 대규모 성결집회에 참석했다. 브라이턴에서 만난 이들은 케직에서도 비슷한 집회를 열기로 결심하고, 로버트와 해너 피어솔 스미스를 초빙 강사로 세웠다. 이들에게 유일하게 가능했던 날짜는 브라이턴집회 겨우 3주 후인 6월 말이었다. 따라서 케직사경회(Keswick Convention)는 6월 29일에 시작해서 7월 1일까지 사흘 간 여는 것으로 결정되었다. '실천적 성결의 증진을 위한 연합집회'라는 제목을 달고 초청장이 발송되었다.

피어솔 스미스 부부가 미국으로 귀국하는 예상치 못한 일이 일어나면서, 케직사경회의 유명 지도 인사가 된 수록성직자 H. W. 웹-페플로(Prebendary H. W. Webb-Peploe) 같은 강사들이 활약할 수 있는 장이 마련되었다. 약 육백 명을 수용할 수 있는 천막에서 열린 첫 케직사경회에 3-400명이 참석했다. 이 첫 케직사경회에서 이후에도 계속 표어로 사용되는 '그리스도 안에서 모두 하나'(All One in Christ Jesus)라는 구절이 강단 위에 걸렸다.

케직사경회 및 다른 유사한 집회들을 둘러싸고 많은 논쟁이 벌어졌고, 성결운동 전체가 이 운동을 완전주의를 가르치는 모임으로 본 많은 복음주의자들의 가혹한 비판의 대상이 되었다. 복음주의자들의 염려를 누그러뜨리기 위해 지도자들은 사경회를 '실천적 성결의 증진을 위한 집회' 대신 '성경적 성결의 증진을 위한 집회'로 내세웠다. 1883년에 사망하기까지, 하퍼드-배터스비는 연례 케직사경회 회장직을 유지했고, 이 집회는 20세기 초반에 극적으로 성장하면서 영국 복음주의자들에게 가장 중요한 연례집회가 되었다.

참고문헌 | J. C. Pollock, *The Keswick Story* (London: Hodder & Stoughton, 1964); C. Price and I. M. Randall, *Transforming Keswick: The Keswick Convention, Past, Present and Future* (Carlisle: OM Publishing, 2000).

I. M. RANDALL

토마스 로선 벅스(Thomas Rawson Birks, 1810-1883)

성공회(Anglican) 성직자. 그는 더비셔(Derbyshire) 스테블리(Staveley)에서 토마스 벅스와 새라 벅스의 아들로 1810년 9월 28일에 태어났다. 아버지는 농부였고, 가족은 모두 회중교회 신자였다. 로선 벅스는 근교 체스터필드(Chesterfield)에서 교육받은 후 미들섹스(Middlesex)의 비국교파 밀힐스쿨(Mill Hill School)을 다녔다. 케임브리지의 트리니티대학(Trinity College)을 다닐 때는 수많은 상을 받았고, 학생으로서 지저스레인주일학교(Jesus Lane Sunday School)에서 가르치기도 했다. 1834년, 그는 학사, 1837년에는 석사를 받고 잉글랜드국교회(Church of England) 회원이자 트리니티대학의 연구원이 되었다. 1837년에 부제, 1841년에 각각 사제로 안수받았다.

1837년에서 1844년 사이에 로선 벅스는 허트퍼드셔(Hertfordshire)의 와턴(Watton)에서 에드워드 비커스테스(Edward Bickersteth)의 부사제로 일했다. 이 작은 교구에 있는 동안 신학 연구에 매진하다가 결국 전천년설을 받아들이게 되었다. 이후 그는 15권이 넘는 예언 관련 저술을 남겼다. 와턴을 떠날 때 벅스는 설교 일부를 10권의 설교집으로 출판했다. 다음해에 그는 교구사제의 맏딸 엘리자베스 ('베시') 새라 비커스테스(Elizabeth ['Bessie'] Sarah Bickersteth, 1856년 사망)와 결혼하여 여덟 자녀를 두었는데, 그중 둘은 영아기에 사망했다. 2년 후 비커스테스가 죽자 로선 벅스는 장인의 전기를 출간(1852)했다.

1844년부터 그는 허트퍼드셔 켈셜(Kelshall)의 작은 시골 교구사제로 일했다(1914년부터 1923년까지 그의 아들 에드워드 비커스테스 벅스[Edward Bickersteth Birks]도 같은 교구의 수록 성직자[incumbent]였다). 다음 22년간 로선 벅스는 약 50권의 저서를 출간하며 저술 활동을 지속했다. 이 중에 윌리엄 페일리(William Paley)의 『기독교의 증거』(*Evidences of Christianity*, 1848)와 『바울 시대』(*Horae Paulinae*, 1850)의 편집과 자기 작품인 『사도 시대』(*Horae Apostolicae*)와 『복음 시대』(*Horae Evangelicae*, 1852)도 포함되어 있었다. 1853년, 로선 벅스는 두 강연, 『현대 이성주의』(*Modern Rationalism*)와 『성경의 영감』(*The Inspiration of the Scriptures*)을 출

간했는데, 여기서 그는 교리의 무오성(dogmatic inerrancy)을 부인하면서 '성경이 살아 계신 하나님의 말씀'이라 선언했다. 그는 그 시대에 논란이 된 몇 가지 신학 논쟁에 관여했다. 『성경과 현대 사상』(The Bible and Modern Thought, 1861)은 『논문과 서평』(Essays and Reviews)에 대한 반박이었고, 『이스라엘의 탈출: 연구된 어려움과 확정된 믿음』(The Exodus of Israel: Its Difficulties Examined and Its Faith Confirmed, 1863)은 콜렌소(Colenso) 주교가 산수(arithmetical work)에 근거하여 오경을 비평한 것에 대한 응답이었다. 예언에 대한 확신 때문에 로선 벅스는 구약 연구의 중요성을 강조하고, '기독교인으로서의 우리의 믿음, 설교자로서의 우리의 메시지는 창세기와 함께 시작해야지 마태와 함께 시작해서는 안 된다'라고 주장했다.

그의 장인과 마찬가지로, 로선 벅스는 복음주의 일치의 원리를 지지하고, 1850년부터 복음주의연맹(Evangelical Alliance) 명예총무로 섬겼다. 20년 후, 그의 지옥에 대한 견해를 복음주의연맹(Evangelical Alliance)이 수용할 수 없게 되자 총무직을 사임했지만, 회원 자격은 그대로 유지했다. 로선 벅스는 또한 설교자와 강연자로 인기가 많았다. 1852년, 그는 '유대인에게 기독교를 전하기 위한 런던협회'(London Society for Promoting Christianity Amongst the Jews)의 연례 설교자로 선임되었고, 런던 블룸스베리(Bloomsbury)의 세인트조지(St George's)에서 열린 연례 전천년론자 집회에서 수많은 강연을 하기도 했다.

교구사제 H. M. 빌리어스(H. M. Villiers)와의 관계가 지속되면서, 빌리어스가 (칼라일[Carlisle]에서 자리를 바꾸어) 더럼(Durham)의 주교가 되자 로선 벅스는 그의 연구 특수사제가 되었다. 그러나 불행히도, 빌리어스는 새로운 자리에 임명된 지 1년 만에 사망했다.

1861년, 로선 벅스는 교회목회지원협회(Church Pastoral Aid Society)에서 연례 설교를 전했다. 거기서 그는 '나라와 열방과 전 지구상에 있는…인간 정신의 모든 영역에 참되신 왕의 권위를 선포하지 않고, 종교를 양심과 옷장에만 처박아 놓고 전적으로 사적인 일로 취급하는 복음을 비난했다. 로선 벅스는 주요 복음주의 선교회들을 지원했다.

그는 로마 가톨릭에 아주 비판적이었으며, 개신교에 대한 많은 글을 출판했고, 전투적인 교회협회(Church Association)의 부회장을 지냈다. 그는 또한 개정법(Revised Code)의 '치명적 오류'라고 그가 규정한 것에도 비판적이었다. 이 법에 따라, 정부 자금을 받는 주간학교들이 실적에 따라 자금을 받는 것이 현실화되었다. 전국적인 저항 때문에 법률 시행이 연기되었고, 로선 벅스는 이 법에 반대하는 저술을 세 권이나 냈다.

1866년, 로선 벅스는 찰스 클레이턴(Charles Clayton)을 이어 케임브리지 홀리트리니티(Holy Trinity)의 교구사제(vicar)가 되었고, 브리스톨(Bristol) 클립턴(Clifton)의 크라이스트교회(Christ Church)에서 과부 조지나 애그니스 더글러스(Georgina Agnes Douglas)와 결혼했다. 1867년과 1868년에는 케임브리지대학교의 신학 시험관, 신학연구위원회 위원이 되었고, 대학의 채플 설교자로도 자주 초빙받았다.

1871년, 로선 벅스는 엘리대성당(Ely Cathedral)의 참사회원(canon)이 된 후, 다음해에 F. D. 모리스(F. D. Maurice)를 이어 케임브리지의 결의론, 도덕신학, 도덕철학을 담당하는 나이트브리지 교수(Knightbridge Professor)가 되면서 모리스의 보수파 계보를 이었다. 로선 벅스는 자신의 취임 강연을 『도덕과학의 오늘날의 중요성』(*The Present Importance of Moral Science*, 1872)으로 출간하고, 도덕과학에 대한 강연을 추가로 몇 차례 더 했다. 그 와중에도 성경연구를 지속하면서 1871년에는 『이사야서 주석』(*Commentary of the Book of Isaiah*)을 써냈다. 1870년대에 로선 벅스는 케임브리지에서 수많은 복음주의운동에 관여했다.

1875년에는 케임브리지에 복음주의 신학대학을 세우자는 계획을 논의한 모임이 홀리트리니티교회의 사제관에서 열렸는데, 이는 6년 후 케임브리지 리들리홀(Ridley Hall)의 탄생으로 이어졌다. 로선 벅스는 케임브리지기독학생연합이 탄생한 1877년에 홀리트리니티에서 근무하고 있었다. 2년 후 그는 '케임브리지대학교 기도 연합'(Cambridge University Prayer Union)의 회원이 되었다. 로선 벅스와 그의 아내는 학부생에게 환대를 베푸는 것으로 유명했고, 그가 연구한 성경을 학생들에게 가르침으로써 그의 전임자들이 세워 놓은 전통을 잘 유지했다. 학문 경력 이외에 그는 백여 편의 찬송도 썼다. 1875년에 약한 뇌졸중으로 고생하다가, 1877년에 두 번째 뇌졸중이 찾아오자 그때는 홀리트리니티에서 사임했다.

교회선교회(Church Missionary Society)를 연구한 역사가 유진 스톡(Eugene Stock)은 로선 벅스를 '복음주의 지도자 중 가장 학식이 많고 사상이 깊은 인물 중 하나'로 묘사했다. 처남인 E. H. 비커스테스(E. H. Bickersteth) 주교는 '나는 그를 잉글랜드국교회에서 가장 창의적이고 명료한 사상을 가진 사상가 중 하나로 언제나 존경한다'라고 말했다. 1880년에 찾아온 세 번째 뇌졸중으로 심각하게 쇠약해진 로선 벅스는 1883년 7월 19일에 케임브리지에서 사망했다.

참고문헌 | F. W. B. Bullock, *The History of Ridley Hall Cambridge* (Cambridge: Council of Ridley Hall, 1941); I. Randall and D. Hilborn, *One Body in Christ: The History and Significance of the Evangelical Alliance* (Carlisle: Paternoster Press, 2001).

A. F. MUNDEN

토마스 매컬로크(Thomas McCulloch, 1776-1843)

장로교 성직자, 저자, 교육자. 그는 스코틀랜드 퍼레니즈(Fereneze)에서 마이클 매컬로크(Michael McCulloch)와 엘리자베스 닐슨(Elizabeth Neilson)의 아홉 자녀 중 둘째로 출생했고, 영국령 북미 노바스코샤(Nova Scotia)의 핼리팩스(Halifax)에서 사망했다.

아버지가 옷에 무늬를 찍는 인쇄용 철판대를 만드는 명인이었던 관계로, 장인 계급의 장로교 가정에서 태어난 토마스 매컬로크는 칼빈주의 유산, 스코틀랜드 계몽주의, 18세기 산업혁명의 등장이라는 요소들의 영향을 받으며 자랐다.

1792년에 글라스고우대학교(University of Glasgow)에서 논리학을 전공하여 졸업한 그는 언어에 재능이 있었고, 교회사에 관심이 많았다. 후에 의학을 공부하지만, 과정을 다 마치지는 못하고 휘트번(Whitburn) 소재 총대회신학교(theological hall of the General Associate Synod)에서 신학을 공부하기로 결정했다. 이 학교는 분리교회(Secession Church, 1773년에 스코틀랜드장로교회[Church of Scotland]에서 분리한 장로교회 일파-역주) 소속 목회자 양성 기관이었다. 1799년에 킬마녹노회(Presbytery of Kilmarnock)에서 설교자 인허를 받은 토마스 매컬로크는 글라스고우 근교 스튜어턴(Stewarton)의 한 교회에서 봉사하게 되었다. 얼마 후 그는 데이비드 워커(David Walker) 목사의 딸 이사벨라 워커(Isabella Walker)와 결혼했다.

1803년에 토마스 매컬로크는 맡고 있는 목회직을 사임하고, 총대회에 탄원해서 자신을 북미로 보내 프린스에드워드아일랜드(Prince Edward Island)에 배치해 달라고 요청했다. 이어서 그는 가족을 데리고 노바스코샤의 픽투(Pictou)에 그 해 11월에 도착했다. 1804년 6월에 토마스 매컬로크는 픽투의 '하버'교회(Harbour church)에 취임했다. (노바스코샤에 정착하게 되는 바람에-역주) 그가 원했던 프린스에드워드아일랜드에는 정착하지 못했다. 정착 직후 토마스 매컬로크는 노바스코샤의 성공회(Anglican)가 고등 교육을 독점하고 있는 것을 보고 분노했다.

성공회의 윈저(Windsor) 소재 킹스대학(King's College)이 이 지역의 유일한 고등 교육 기관이었고, 이 학교 학생은 (성공회 신앙고백인-역주) 39개 조항(Thirty-Nine Articles of Religion)을 받아들여야만 졸업할 수 있었다. 이는 80%에 달하는 인구 대다수가 킹스대학에서 대학 학위를 받을 수 없다는 뜻이었다. 식민지 수도 핼리팩스(Halifax)에 있는 성공회 엘리트 통치자들은 고등 교육은 자기 '아들들'을 위해서만 지정되어야 하고, 사회를 파괴하는 '공화주의적,' 혹은 '민주주의적' 자유 개념을 갖고 있다는 의혹을 받고 있는 비국교도는 여기서 배제되어야 한다고 믿었다.

다양한 교파 배경 출신의 학생들을 수용하는 자유 교육(liberal education)을 옹호하는 대학들로 유명했던 스코틀랜드 출신의 토마스 매컬로크는 그의 북미 경력의 많은 시간을 장로교 및 다른 신앙을 가진 이들이 고등 교육을 받을 수 있는 기회를 늘이려는 노력에 투자했다. 노바스코샤의 장로교인을 스코틀랜드에서 훈련받은 목회자가 제대로 섬기지 못하고 있다는 확신이 그의 교육에 대한 헌신 의식을 더 강화했기 때문에 결국 토마스 매컬로크는 현지인 성직자를 직접 훈련시키려는 결심에 이른다.

식민지 교육 목표를 이루기 위한 토마스 매컬로크의 노력의 첫 단계는 자기 집에서 학교를 시작하는 것이었는데, 이 학교는 후에 한 학교 건물로 이동한 후 1814년이 되면서 학생 수 40명을 자랑할 정도로 성장했다. 4년 후에는 픽투 아카데미(Pictou Academy)가 토마스 매컬로크를 학장으로 지명하며 설립되었다. 기독교와 교육을 통합하고 지식의 본질적 통합을 믿었던 그는 자기 학교가 철학, 수학, 물리학 같은 '고전' 및 '과학' 과목을 가르칠 수 있도록 했다. 학교를 홍보하며 토마스 매컬로크는 킹스대학에서는 제공되지 않는 물리학과 자연과학, 수학 과목이 개설되어 있다는 것을 강조했다.

그럼에도 불구하고, 토마스 매컬로크는 픽투 아카데미를 성장시키는 과정에서 다양한 도전에 직면했다. 예를 들어, 침례교인이나 감리교인 같은 비국교도 집단이 토마스 매컬로크와 협력해서 비성공회 성직자가 허가하에 결혼식을 집례할 권리가 있다고 청원할 의지가 있었음에도 불구하고, 이들은 토마스 매컬로크의 초교파 고등 교육에 대한 꿈을 지지하는 일에는 별로 열의를 보이지 않았다. 또한, 영국 식민지에 대한 구세계의 오랜 반감을 가져온 스코틀랜드장로교회(혹은 Kirk) 출신의 성직자 역시 타협이 불가능했고, 자주 고집불통의 모습을 보인 분리교회 지도자 토마스 매컬로크와 갈등을 경험했다(노바스코샤에는 분리교회의 두 분파인 시민파

[Burghers]와 반시민파[Anti-Burghers]가 1817년에 연합하여 노바스코샤장로교[Presbyterian Church of Nova Scotia]를 형성했다).

스코틀랜드장로교회는 픽투아카데미를 '지역' 문제로 보았기에, 노바스코샤의 스코틀랜드장로교회에 인구가 늘고 정치적 영향력이 커지자 이 신생 학교에 재정을 보조해 달라고 토마스 매컬로크가 정부에 신청한 청원을 지지하지 않았다. 따라서 노바스코샤에서 '스코틀랜드인' 사이에 일어난 이 분열로 토마스 매컬로크가 종교 자유와 개혁파(reformist, 종교개혁 전통의 개신교 일파로서의 개혁파[Reformed]가 아니라 정치사회적 의미의 개혁파-역주) 활동의 공간으로서 성장시킨 픽투아카데미가 저평가될 수밖에 없었다.

토마스 매컬로크는 노바스코샤의회에 픽투아카데미에 대학의 지위, 종파를 초월한 이사회, 운영을 위한 연례 지원금을 부여, 설립, 지원해 달라고 청원하며 백방으로 노력한 일이 실패로 돌아가면서 좌절을 맛보았다. 자금 문제는 그가 교육 사업을 위해 애쓰는 것을 보고 자금을 지원해 줄 것이라 토마스 매컬로크가 기대했던 글라스고우식민협회(Glasgow Colonial Society)와의 충돌로 더 심화되었다. 그러나 이런 장벽에 직면해서도 토마스 매컬로크는 자기 신학생을 글라스고우대학교(University of Glasgow)로 보내, 안수 과정의 필수 항목 중 하나인 자격 시험을 치르게 했다.

1843년에 토마스 매컬로크는 픽투아카데미가 '내게서 차지하는 자리가 더 이상 그렇게 크지 않게 되었다'라는 편지를 친구에게 보냈다. 4년 후 낙심한 토마스 매컬로크는 픽투아카데미에서 사임하게 되는데, 이때 학교는 스코틀랜드장로교회가 장악한 학교가 되면서 더 이상 문법학교 이상의 기능을 수행하리라 기대할 수 없게 되었

다. 1838년 8월 6일에 그는 핼리팩스 소재 댈하우지대학(Dalhousie College) 총장으로 임명되었다. 원래는 댈하우지 경(Lord Dalhousie)이 비종파학교로 의도했지만, 정치 싸움과 교단 개입으로 스코틀랜드장로교회가 지배하는 교육 기관으로 세워졌다. 그럼에도 불구하고, 토마스 매컬로크는 행정 책임을 잘 감당했고, 논리, 수사, 도덕 철학 교수로도 활약했다. 댈하우지대학 총장직을 수행하는 동안 그는 학교를 진정한 의미의 비종파 학교로 바꾸고 로마 가톨릭 신자를 교수진에 넣으려고 노력하기도 했지만 결국 실패했다.

토마스 매컬로크가 정치 및 교파 싸움에서 언제나 이긴 것은 아니었음에도, 그는 살아 있는 동안, 또한 사후에 노바스코샤에서 그가 주창한 자유 개혁이라는 대의를 증진시키는 데 기여한 수많은 영향력 있는 성직자의 멘토였다. 더구나 설교, 신학 작품, 풍자, 정치 비평 같은 글의 저자로서의 탁월한 재능으로 그는 19세기의 주요 캐나다 작가 중 하나로 명성을 떨쳤다. 비록 『교황제 비판』(Popery Condemned, 1808), 『고통의 시대를 사는 교회의 번영』(The Prosperity of the Church in Troubled Times, 1814), 『칼빈주의, 성경의 교리』(Calvinism, Doctrine of the Scriptures, 1846) 같은 종교 소책자 작가였음에도, 토마스 매컬로크는 아마도 『식민지 기록: 윌리엄과 멜빌』(Colonial Gleanings: William and Melville, 1826)과 '스텝슈어 편지들'(Stepsure Letters)로 가장 많이 기억된다.

'스텝슈어 편지들'은 1821년 12월 22일을 시작으로 「어케이디언 리코더」(Acadian Recorder)에 처음 발표된 시리즈였고, 후에 『므비보셋 스텝슈어의 편지들』(The Letters of Mephibosheth Stepsure, c. 1860)이라는 제목의 책으로 출간되었다. 엄청나게 인기를 누린 편지들은 노바스코

샤 시골 사람과 도시민의 마음을 지배하는 신분 상승과 인정에 대한 욕구와 나태를 풍자한 것이었다. 문학이론가 노스럽 프라이(Northrop Frye)는 문화 상황에 대한 내재적 이해를 기반으로 유머 넘치는 글을 써 내는 토마스 매컬로크의 능력을 부각시키며, 그를 '캐나다 유머의 창시자'라 지칭했다.

자유 교육에 대한 헌신도를 보여 주려는 의도하에 토마스 매컬로크는 또한 『픽투아카데미 설립 강연』(A Lecture at the Opening of the… Pictou Academical Institution, 1821), 『자유 교육의 본질과 용도』(The Nature and Uses of a Liberal Education, 1818), 1823년부터 「어케이디언 리코더」에 실리기 시작한 일련의 편지들을 썼는데, 여기에는 과학에 대한 그의 관심과 이를 실천적으로 적용하고자 한 갈망이 반영되어 있었다. 토마스 매컬로크는 바위, 새, 포유류, '기어 다니는 것들' 같은 표본을 모아, 이들을 픽투아카데미에 건립한 자연사박물관에 모으는 데 온 힘을 쏟았다. 이 표본들은 후에 영국에서 팔렸다.

토마스 매컬로크를 이끈 힘은 칼빈주의, 철학적 자유주의, 노바스코샤를 '일군의 복음주의 설교자'를 통해 바꾸고자 하는 열망, 비종파적 자유 교육이었다. 여러 면에서, 그는 시대를 앞선 사람이었다. 그러나 그의 꿈은 후에 영향력 있는 성직자, 선교사, 교육자, 법조인, 정치인, 과학자가 된 그의 예전 학생들과 그가 쓴 저술을 통해 상당한 수준으로 실현되었다.

참고문헌 | W. McCulloch, *The Life of Thomas McCulloch*, by his Son (Truro, Nova Scotia: 1920).

T. GOODWIN

토마스 버나도(Thomas Barnardo, 1845-1905)

인도주의 자선가. 그는 1845년 7월 4일 아일랜드 더블린(Dublin)에서 독일인 사업가 아버지와 퀘이커(Quaker) 신자 어머니의 아들로 태어났다. 아버지가 다니던 잉글랜드국교회(Church of England)에서 성장했지만, 어머니의 복음주의 신앙의 영향을 받았다. 16살이 되던 해에 1860년대 아일랜드 복음주의 부흥 와중에 아버지의 노골적인 반대에도 불구하고 전천년주의 종파인 플리머스형제단(Plymouth Brethren)으로 개종했다.

아버지의 주선으로 포도주 상인의 도제로 처음 일을 하게 되지만, 토마스 버나도는 중국내지선교회(China Inland Mission)에서 일할 희망으로 22살에 화이트채플(Whitechapel)에 있는 런던병원(London Hospital)의 의학 연구생이 되기로 했다. 한편 그는 고압적인 성품 탓에 해외 선교사로는 받아들여지지 않았다. 그러나 스테프니(Stepney)에 있는 복음주의 계열 빈민학교(Ragged School)에서 가르친 결과, 선교활동 방향을 슬럼가(slum) 아이들을 구출하는 것으로 전환했다.

1867년, 그는 이스트엔드청소년선교회(East End Juvenile Mission)를 열고, 기도 모임, 직업 훈련, 어린이용 푼돈 저축 은행을 세웠다. 그러나 이 선교회는 가난한 어른들의 필요를 채울 재봉 교실과 가난한 과부를 위한 어머니 모임도 지원했다. 이에 더해, 1870년대에 버나도는 피플스교회(People's Church) 설립으로 이어진 대중적인 금주운동 설교에 참여했는데, 이 교회는 한번에 3,200명을 수용할 수 있는 구조였고, 남성 노동자가 술집 대신 이용할 수 있는 여러 커피하우스(coffee house)를 운영하기도 했다.

아이들을 구하는 일에 뛰어든 것은 그가 복음주의 신앙의 영역을 여러 방식으로 직접 확장한 것을 의미했다. 그는 부랑아와 떠돌이 아이들을 구하고 그들의 회심을 설득함으로써 기독교를 증명하고 싶어 했다. 사회 개혁과 복음주의를 연결하는 더 폭넓은 복음주의운동의 최전방에 서기만 한 것이 아니라, 아이들에게 집중하는 것이 복음주의의 침투와 확장에 얼마나 중요한지를 가장 먼저 강조한 이들 중 하나이기도 했다는 것이다. 아이들이 순결하게 태어난 것이 아니라 죄 가운데 태어났다고 믿은 버나도는 어린 시절에 회심하는 것을 아주 강조했다.

그는 영국 시민 사회의 재건은 일부 자선가들이 주장하는 바, 사회 환경의 개혁을 통해서가 아니라, 주로 각 개인이 기독교적 재탄생의 과정을 경험함으로써 일어나야 한다고 주장했다. 비록 버나도는 기독교적 회심을 가난하고 고아가 된 아이들이 사회로 통합될 수 있는 최고의 방법으로 보았음에도 불구하고, 이런 기독교적 재탄생의 외적 표지로서 순종과 의무, 절약, 강한 노동 윤리 또한 강조했다.

따라서 버나도의 광범위한 어린이 구출의 초점은 기독교적 회심이었기에, 뜨거운 선교열정의 결과, 그는 자신과 같은 복음주의자 아이들뿐만 아니라, 특히 그가 속한 유형의 복음주의로 회심하기 원하는 성공회와 로마 가톨릭 아이들에게도 문을 개방했다. 이 정책 때문에 여기에 관련된 교파의 성직자 및 평신도와 점점 더 갈등에 휩싸일 수밖에 없었다. 더구나 카리스마 넘치는 성격, 조직 능력, 선교적 열정으로 버나도는 런던 복음주의 자선 단체의 내부 경쟁이 점점 치열해지는 때에 가장 성공적인 기금 모금자 중 하나로 떠올랐다. 1870년대에 그는 소년을 위한 청소년의 집을 연쇄적으로 설립하고 인기 있는 설교 장소가 된 커피하우스도 많이 열었다. 1873년, 시리 루이스 엠슬리(Syrie Louise Elmslie)와 결혼한 후에는 런던 거리에서 소녀 매춘부를 구출하기 위한 '소녀의 집'(girls' homes)을 여럿 세웠다. 이에 더하여, 애니 맥퍼슨(Annie Mac-Pherson)의 지도를 받아 런던의 높은 실업률 문제를 해결하기 위해 캐나다, 오스트레일리아, 남아프리카로 아이들을 이민 보내는 프로그램도 계획했다.

1870년대 중반이 되면 버나도는 런던의 복음주의 자선 단체 네트워크를 지배하게 되고, 그 결과 자신들의 선교제국을 세우는 데 어려움을 겪은 다른 복음주의 목사들과 직접적인 갈등을 겪게 된다. 1876년, 신분이 불분명한 침례교 목사 조지 레이놀즈(George Reynolds)와 순결운동가 프레드 체링턴(Fred Charrington)은 버나도가 하숙하고 있을 때 한 과부와 부도덕한 행위를 했다고 비난하고, 기금을 유용하고 아이들을 가혹하게 다루며 자기가 운영하는 구출 사업의 자금을 모으려고 가난한 아이들의 사진을 변조했다고 주장하며 공개적으로 공격했다. 이 도전이 비록 크게는 다양한 복음주의 집단 간 다툼의 결과였음에도 불구하고, 일단 강력한 자선조직협회(Charity Organization Society, COS)가 연루되자 대규모 법 추문으로 확대되었다.

하나님을 위해 영혼을 구한다는 것을 강조한 버나도는 빈민 수용 직업 시설(workhouse) 시험을 치르지 않고 싶어 한, 가난한 고아와 과부의 아이들에게 자신의 소년 소녀의 집을 개방했다. 이 정책 때문에 그와 자선조직협회 간의 갈등이 더 커졌다.

자선조직협회는 노동자 계층에서 가난이 늘고 직접 윤리가 쇠퇴한 것이 자선 단체가 너무 많아진 때문이라고 비난했다. 그러나 버나도는 빈민 수용 직업 시설을 가혹하게 비판했다. 그는 정부가 가난한 이들, 특히 고아를 훈련하고 교육할 책임이 있다고 주장했다. 또한, 책임 있는 시민은 오직 가족 배경 또는 기독교 신앙을 가르치는 '집'(자신의 소년/소녀의 집 같은 기독교 시설-역주)이 형성되었을 때에만 양성될 수 있다고 주장했다. 그의 외부 활동뿐만 아니라 사생활도 신문에 실리며 가혹한 비난을 받았고, 1877년에는 복음주의자 간에 서로를 물고 뜯는 치열한 상호 비방전이 결국 재판으로까지 이어지는 결과를 낳았다.

결국 버나도는 재판에서 이겼다. 그러나 그의 고압적인 지도력과 재정을 혼자 좌지우지한다는 폭로가 이어져 그가 운영하던 청소년의 집들을 이제는 이사회의 통제하에 맡길 수밖에 없게 되었다. 대중 의혹과 긴 법정 투쟁으로 버나도는 몇 년간 빚을 떠안을 수밖에 없었다. 비록 불만을 가진 복음주의 선교사들이 제기한 논쟁에서 시작되었음에도 불구하고, 결국 이 사건은 런던 복음주의 자선 네트워크의 명성에 심각한 손상을 입혔다. 마침 이 시기는 성공회(Anglican)와 로마 가톨릭교회가 자체적으로 부랑아 선교회들을 설립하면서 런던 이스트엔드(East End)의 슬럼 지역에서 새로운 사업을 시작하고 있던 때와 맞아 떨어졌다.

공공 추문으로 재정 조달이 어려워지자 버나도는 새롭고 돈이 덜 드는 방식으로 아이들을 구출하는 사역을 할 수밖에 없게 되었다. 이전의 '집' 체계는 돈이 너무 많이 들었기 때문이다. 그 결과 1880년대에는 해외사역에서 엄청난 성장이 이루어졌다. 버나도의 청소년 이민 계획, 특히 캐나다의 토론토, 피터보로(Peterborough), 위니펙(Winnipeg)에 세워진 '집'과 매니토바(Manitoba)에 세워진 산업 단지는 소년을 위한 농업 훈련을 제공하며 이 시기 10년 동안 공간을 크게 확장했다. 이번에 이룬 성공에서는 다시 실패하지 않은 버나도는 부모의 권리에 반하여 아이의 권리를 더 신장시키는 일에 진력했다. 부모의 권리를 모욕했다는 이유로, 특히 자기 아이들의 종교 교육권과 관련해 부모의 권위를 멸시했다는 이유로 고소당해 법정 출두를 명령받는 등 여전히 힘든 싸움을 벌이던 버나도는 그와 법정이 '무책임하다'라고 인식한 부모의 법적 권리를 제한하는 운동을 벌여나갔다.

1889년, 빈민법입양조례(Poor Law Adoption Act)가 발표되며 노동자 계층 부모의 권리에 도전하는 첫 단계가 시작되었고, 1891년에는 어린이보호조례(Custody of Children Act)가 통과되어 아이를 유기하고 학대하는 부모를 가혹하게 제재할 수 있게 되었다. 비록 이 법이 부모의 권리를 아이의 복지에 종속시키려는 버나도의 목적을 일부 성취했지만, 이 법은 버나도와 노동자 계층 부모와의 논쟁의 핵심에 있던 원리, 즉 아이의 종교를 결정할 부모의 권리를 크게 제한하는 데는 성공하지 못했다.

버나도의 경력의 중요성은 유년기라는 개념을 변화시킨 데만 있는 것은 아니었다. 그가 아이의 권리를 주장하는 도구로 쓰임 받았다는 것이 중요했다. 유아기 어린 시절에 회심하는 것이 얼마나 중요한가를 주장한 그의 복음주의 사상은 복음주의 자선 사업의 오랜 네트워크를 다시 활성화시키기만 한 것이 아니었다. 아이의 복지 문제를 둘러싼 관심을 바꾸는 것도 그의 초점이었다. 버나도의 자선관이 오래도록 살아남아 20세기까지 영향을 미쳤다는 것은 현대 복지 사업의 자발주의적이고 비 세속주의적인 뿌리의 강점을 잘 드러내 준다. 버나도는 1905년 9월 14일에 심장병으로 사망했다.

영국 어린이들의 집은 오래도록 사업을 지속했다. 마지막 집이 폐쇄된 것이 1984년이었다. 대영 제국 영역 내 아이들을 양육하는 지역 정부 정책은 1950년대에 종결되었다. 비록 (반드시 기독교적인 것만을 의미하는 것은 아닌) '영적' 강조점이 버나도의 조직에 지속적으로 힘을 불어 넣는 요소이기는 하지만, 이 단체는 지금은 주로 입양과 아이들의 주간 탁아 정책, 정부의 사회 정책 계발에 집중한다.

참고문헌 | J. W. Bready, *Doctor Barnardo: Physician, Pioneer, Prophet: Child-like Yesterday and Today* (London: Allen & Unwin, 1931); A. E. Williams, *Barnardo of Stepney: The Father of Nobody's Children* (London: Allen & Unwin, 1966); J. H. Batt, *Dr Barnardo: The Foster Father of Nobody's Children* (London: S. W. Partridge, 1904).

N. CHRISTIE

토마스 보스턴(Thomas Boston, 1676-1732)

스코틀랜드장로교회(Church of Scotland) 목사. 그는 『네 가지 상태의 인간 본성』(*Human Nature in Its Fourfold State*, 1720, 1729)을 쓴 작가로, 이 책은 '인간의 본질적 상태'와 '인간의 비참한 상태를 치료하시는 그리스도'를 설명하는 복음주의적 칼빈주의 정통파 인기 서적이었다.

보스턴은 이 신학의 기본 구도를 어거스틴에게서 물려받았는데, 어거스틴은 『질책과 은혜에 대한 논문』(*Treatise on Rebuke and Grace, De Correptione et Gartia*)에서 하나님이 아담에게 죄를 짓지 않을 수 있도록 허락하신 은혜(*posse non peccare*)와 하나님이 영화된 신자들에게 죄를 지을 수 없도록 허락하신 은혜(*non posse peccare*)를 구별했다. 중세 신학자들은 이 구분법을 사용하여 인간의 네 가지 상태를 구별했는데, 이를 보스턴은 순결(Innocence), 자연(Nature), 은혜(Grace), 영원(Eternity)이라는 네 용어로 정리했다. 그가 이룬 혁신은 이 네 범주를 사용하여 설교를 조직하고, 이로써 단순하고 실제적이고 기억할 만한 신학적 틀을 자기 교구의 교육 수준이 낮은 신자들에게 제시하려 한 것이었다.

『네 가지 상태의 인간 본성』의 강조점, 즉 타락의 비참함, 중생의 필요, 그리스도와의 연합의 중심성, 천국과 지옥의 실재는 영국과 미국 복음주의가 부상하면서 형성된 신학 내용의 틀이 되었다. 대각성운동 기간에 복음주의 목사들은 자주 새로운 회심자들에게 책을 추천했는데, 보스턴의 『네 가지 상태의 인간 본성』은 18세기 베스트셀러로 스코틀랜드, 잉글랜드, 미국에서 백 가지 이상의 판형으로 출판되었다.

이 책 몇 페이지가 발견되면서 버지니아 대농장에서 부흥이 일어나기도 했다. 조나단 에드워즈는 이 책을 '너무도' 좋아했고, 저자 보스턴을 '참으로 위대한 신학자'로 여겼다. 조지 휫필드도 '내 영혼에 크나큰 영향을 끼친 책'이라 말하며 보스턴의 작품을 인정했다. 존 웨슬리는 한 걸음 더 나아가 『네 가지 상태의 인간 본성』을 요약하여 자기가 만든 청교도 저작집에 포함시키기도 했다. 훨씬 이후, '거듭남'(The New Birth)에 대한 보스턴의 글 일부가 1910년에 『근본들』(*The Fundamentals*)에 실렸는데, 이는 보스턴이 가진 참된 복음주의 신앙의 정수를 보여 주는 것이다.

보스턴은 거의 일평생을 에든버러(Edinburgh) 남쪽의 스코틀랜드 국경 지대(Scottish Borders)에서 보냈다. 그는 1676년 3월 17일에 베릭셔(Berwickshire)의 던스(Duns)에서 태어났다. 그가 기억하는 가장 어린 시절의 추억은 아버지가 비국교도(Nonconformity)라는 이유로 갇혀 있던 감옥을 방문한 것이었다. 보스턴 자신은 1687년 여름에 또 한 사람의 비국교도였던 언약파 헨리 어스킨(Henry Erskine)의 야외 설교를 통해 회심했다. 그는 1691년에 에든버러대학교에 등록하여 1694년에 석사학위를 취득했다. 4개월 더 에든버러에서 신학을 공부하는 동시에, 지역 노회의 감독하에서도 신학 훈련을 받으며 두 신학 연구 사이의 균형을 잡았다.

1699년, 보스턴은 목사로 안수받고 역시 베릭셔 소재의 외딴 소교구 심프린(Simprin)에서 그의 이름과 늘 연관되어 등장하는 마을 에트릭(Ettrick)으로 이동할 때까지 사역했다. 심프린에서 보낸 첫 해에 보스턴은 캐서린 브라운(Katharine Brown)과 결혼(1700년 7월 17일)했는데, 캐서린은 만성 육신 질환과, 아마도 동시에 정신적인 문제를 갖고 있었던 것으로 보이는 경건한 아내였다. 교구목회라는 일상의 책임에 더하여, 부부는 여섯 아이를 유아기에 잃는 고통을 맛보았다. (다른 네 아이는 성인이 될 때까지 생존했다). 큰 슬픔에도 불구하고, 보스턴은 이 모든 상실이 '주님의 임재로 이루어진 상실'이라는 것을 기도하며 깨달았다.

1707년에 에트릭(Ettrick)으로 이동한 보스턴은 자신의 새로운 교구민이 이전 교구민만큼이나 문맹률이 높으며, '자기기만과 분열의 정신, 정결하지 못한 죄악'으로 가득하여, 그들과 똑같이 부도덕하다고 인식했다. 두 공동체에서의 목회사역은 그의 표현에 따르면, '신앙을 실천하는 마음'으로 특징지어졌다. 안식일에 두 번 설교하고 주중에 한 번 강연하는 일상에 더하여, 그는 말을 타고 100평방 마일에 달하는 지역에 흩어져 있던 교구 내 모든 가정을 매년 두 차례씩 심방하여 신앙 모임과 요리문답 교육을 실시했다. 비록 우울해지기 쉬운 기질에다 다양한 육체적 결함으로 고생하기는 했지만, 30년이 넘는 공적 사역 기간 동안 단 한 주도 강단을 비우지 않았다. 마지막 설교는 병상에서 전해졌는데, 회중은 목사관 창문을 둘러싸고 모였다. 보스턴은 1732년 5월 20일에 사망하여 에트릭교회 뜰(Ettrick kirkyard)에 묻혔다.

논쟁에 참여하는 일에 주저했음에도 불구하고, 신학 양심 때문에 결국 보스턴은 몇 가지 논의에 개입했다. 하나는 정치적인 것이었다. 그는 포기서약(Oath of Abjuration, 1712, 1719)에 서명하기를 거부했는데, 이 서약은 잉글랜드 왕에게 충성을 맹세하는 것이었다. 장로교도인 보스턴은 성공회 주교 제도(Anglican Church's episcopalian form)를 교회 정치로 받아들일 수 없었다. 서약을 거부함으로써 보스턴은 자유와 재산을 잃을 위기에 처하기도 했지만, 동시에 스코틀랜드 시골 지역에서 명성이 올라가는 계기가 되기도 했다.

다른 두 논쟁은 훨씬 분명하게 교회 문제와 관련이 있었다. 보스턴은 '정수 논쟁'(Marrow Controversy, 1717-1723)의 주요 전투원 중 하나였다. 심프린(Simprin) 교구 신자 중 하나의 오두막에서 그는 런던에서 처음 출간된 개혁파 청교도 문헌 요약집 『현대 신학의 정수』(*The Marrow of Modern Divinity*, 1645)를 발견했다. 보스턴의 추천으로, 이 책은 1718년에 재출간되었다. 이 책이 특히 강조한 것 중에는 값없이 제공되는 복음, 신앙의 본질로서의 그리스도 안에 있는 확신, 은혜로 인한 성화 등이 있었는데, 보스턴은 이들을 '복음주의적 순종의 참된 원천'으로 묘사했다. 1720년과 (보스턴과 그의 동료들의 반론에 이어) 1722년에 총회는 『현대 신학의 정수』가 반율법주의(antinomianism)를 지지한다고 오해하여 이 책을 금서로 지정했다.

반대로, '정수파'(Marrow Men)는 칼빈주의가 율법주의로 타락하는 것을 막아야 한다고 결심하고, 이 책의 복음주의 교리들을 계속 전하는 데 주력했다. 보스턴의 사망 이후, '정수파'와 그들의 추종자 일부가 제1차 분리(First Secession)를 단행해 1733년에 스코틀랜드장로교회에서 떨어져 나왔다. (이때 새로 탄생한 교단이 연합노회[Associate Presbytery]로, 이후 이름을 연합분리교회[United Secession Church]로 바꾼 후, 1847년에 다른 작은 분리파 교단들과의 연합으로 스코틀랜드연합장로교회[United Presbyterian Church of Scotland]가 형성될 때까지 존재했다-역주).

보스턴은 또한 글라스고우대학교(University of Glasgow) 신학과 교수로 두 차례 이단 혐의, 즉 처음에는 알미니안주의(1717) 지지 혐의, 두 번째는 아리우스주의 지지 혐의(1726-1729)로 기소된 적이 있던 존 심슨(John Simson, 1667-1740)을 반대했다. 심슨의 신학 사상은 스코틀랜드 이성주의와 자유주의의 선구적 전조였는데, 보스턴은 이 사상을 재빨리 조사하고 반대하기로 결심했다. 심슨의 두 번째 재판이 책망으로만 끝나자, 보스턴은 그리스도의 영광을 위하여 심슨을 목회직에서 면직해야 한다며 저항했다.

보스턴의 신학적 확신은 국제 칼빈주의 문헌, 특히 웨스트민스터 신학자들과 다른 잉글랜드청교도들의 글을 광범위하게 접하면서 형성된 것이다. 보스턴은 청교도의 평이한 설교 방식을 취했고, 설교를 출판하며 다작가가 되었는데, 그의 『전집』(Complete Works, 1854, 1980)은 12권으로 간행되었다. 그는 두드러진 언약신학 변증가로, 『은혜언약관』(A View of the Covenant of Grace, 1734)과 『행위언약관』(A View of the Covenant of Work, 1722)을 썼다.

여기서 그의 공헌은 (성부와 성자 사이의) 구속언약과 (하나님과 택자 사이의) 은혜언약이 하나이자 같은 것임을 입증한 것이다. 성부는 성자와 은혜로운 언약을 맺으시는데, 그는 이 언약이 성취되는 과정에서 택자들을 대표하신다는 것이다. 보스턴은 또한 구약을 세심하게 연구하고 히브리성경에서 강조된 부분(accentuation)의 영감을 변증하는 논문(Tractatus stigmoligicus, Hebraeo-Biblicus, 1738)을 (오랜 고심 끝에) 출판하기도 했다.

그의 다른 작품으로 세 권으로 된 『웨스트민스터 소요리문답 해설서』(1773), 하나님의 섭리에 대한 실천적 논문 『사기꾼의 운명』(The Crook in the Lot, 1737), 개인의 영적 자서전 『삶, 시간, 저술에 대한 기억』(Memoirs of the Life, Time and Writings, 1776) 등이 있다. 사후 오랫동안 출판되지 못했지만, 가장 초기의 작품에 속하는 『사람 낚는 기술에 대한 독백』(Soliloquy on the Art of Man-fishing, 1773)은 전도 설교에 대한 고전이었다.

보스턴의 신학은 때로 개혁파 스콜라주의 교리들을 온건하게 하려는 시도로 여겨졌다. 그러나 그의 신학은 오히려 영국과 미국의 초기 복음주의자에게 영양을 공급한 정통, 즉 복음 중심 칼빈주의의 활력 있는 해설로 이해되는 편이 더 옳다.

참고문헌 | W. Addison, *The Life and Writings of Thomas Boston of Ettrick* (Edinburgh: Oliver & Boyd, 1936); D. C. Latchman, *The Marrow Controversy, 1718-1723: An Historical and Theological Analysis* (Edinburgh: Rutherford House, 1983); A. T. B. McGowan, *The Federal Theology of Thomas Boston* (Carlisle: Paternoster, 1997); P. G. Ryken, *Thomas Boston as Preacher of the Fourfold State* (Carlisle: Paternoster, 1999).

P. G. RYKEN

토마스 스코트(Thomas Scott, 1747-1821)

성공회(Anglican) 성직자이자 주석가. 그는 링컨셔(Lincolnshire) 브레이토프트(Braytoft)의 조그마한 농가에서 태어났다. 그는 버러(Burgh)의 지역 학교를 다닌 후에 8세가 되던 해에 보스턴(링컨셔) 근처에 있는 베닝턴(Bennington)으로 보내져 2년간 한 학교를 다녔다. 그 학교는 성직자가 운영하던 곳이었다. 어린 시절부터 공부에 소질이 있었고, 라틴어에도 뛰어난 재능을 보였다. 부친은 목축업에 종사했지만, 그는 아들 중 하나는 학자의 직업을 갖기를 원했다.

그런 이유로 스코트를 요크셔(Yorkshire)의 스코턴(Scorton)으로 보내 더 많은 교육을 받을 수 있게 했고, 아들이 의학 공부를 하기를 희망했다. 스코트는 스코턴에서 학업을 이어 나갔으며, 1762년도에는 가족이 사는 집으로부터 약 8마일 떨어진 알퍼드(Alford)에서 외과 의사와 약제사의 견습생으로 일하게 되었다. 그러나 2개월도 채 지나지 않아 스코트는 '중대한 과오'를 저지르며 해고당했다. 불명예스럽게 집으로 돌아온 그는 농장에서 가장 힘든 노역을 맡았다. 이후 9년간 농장에서 일했다.

이제 스코트는 영혼의 상태를 더욱 진지하게 성찰하기 시작했는데, 특히 성찬을 준비할 때 그랬다. 농장에서 상당한 시간을 홀로 있을 수 있었고, 그 많은 시간을 내면 성찰의 기회로 사용했다. 복음주의 전기에서 흔히 보이는 양식 그대로, 그는 도덕적 결단을 한 뒤, 다시 잘못을 저지르고, 그리고 다음 성찬식에서 다시 경고를 받으면 다시금 새롭게 결단했다. 스스로 말한 대로, '항상 같은 문제로 같은 부분을 반복하여 돌아보게 된다.' 그러나 종교적 불안이 해소되기도 전에, 그는 성경을 해설한 한 소시누스파 주석서(a Socinian commentary: 삼위일체, 그리스도의 신성 등을 부인한 이탈리아계 폴란드 신학자 파우스투스 소시누스[Fausto Sozzini, Faustus Socinus, 1539-1604]의 사상을 따라 작성된 주석-역주)를 접하게 되고 즉시 매료되었다. 스코트는 자서전 『진리의 능력』(*The Force of Truth*, 1779)에서 자신의 신학 발전에 끼친 이 책의 중요성을 들려준다.

농장을 상속받지 못하고 평생을 일용직 노동자로 남을 수도 있다는 것을 깨달은 뒤 스코트는 성직에 응시하기 위해 그리스어와 라틴어를 독학으로 공부하기 시작했다. 어느 날 그는 농장 바깥으로 산책을 나갔다. 스코트는 한 지역 성직자와 링컨(Lincoln)의 부주교(Archdeacon) 고든 스코트(Gordon Scott)에게 뜻밖의 도움을 받았다. 그러나 링컨 주교 존 그린(John Green)이 스코트에게 신앙 간증 편지뿐만 아니라 아버지가 승인했음을 보여 주는 편지를 요구하면서, 그의 계획은 위기에 봉착했다. 그러나 결국에는 스코트의 가족이 그를 지지했고, 아버지도 허락했다.

자서전에서 스코트는 자신의 안수 과정을 하나의 긴 도미문(periodic sentence, 문장 끝에 이르러 비로소 글의 뜻이 완성되도록 만드는 일종의 수사적 기법-역주)으로 요약했다.

"일반적인 표현들의 가면 아래 내 진정한 감정들을 숨긴 뒤에, 당시의 내 믿음과는 정반대되는 조항들에 서명한 뒤에, 하나님과 여러 회중이 있는 곳에서, 성만찬으로 이를 인증하면서, 내게 성직을 맡겨주신 성령의 인도하심을 믿는다고 (성령이 계셨다는 사실을 알거나 믿지도 않은 채) 속으로 스스로 판단한 나는 1772년 9월 20일에 나는 부제로 안수받았다."

스코트는 그 다음해 초에 사제가 되어 버킹엄셔(Buckinghamshire)의 스토크골딩턴(Stoke Goldington)과 웨스턴언더우드(Weston Underwood)로 이동했다. 그곳에서 그는 주교의 조카와 결혼한 도비겐(Dowbiggen) 박사 밑에서 일했다. 바로 이곳에서 제인 켈(Jane Kell)이라는 여성을 만나 1774년에 결혼했다. 그는 꾸준히 히브리어를 독학하고 고전을 읽는 학구적인 목회자였다.

안수를 받은 즈음인 2년 전, 그는 버넷 주교의 책 『그분의 시간의 역사』(History of His Own Time, 1734)를 읽기 시작했는데, 이 책은 국교회 성직자들이 더욱 훌륭한 목회자가 되어야 한다고 촉구하며 결론을 맺는다. 이제 스코트는 자신이 부적절한 동기로 성직자가 된 것, 그리고 자신이 교구민을 제대로 돌보지 않은 것에 대하여 괴로워하기 시작했다. 1774년 1월에 교구민 두 명이 죽어 가고 있을 때에도 그는 그들을 심방하지 않았다. 그러나 인근 지역 올니(Olney)의 존 뉴턴(John Newton)이 이들을 수차례 심방했다는 사실을 알게 되었다.

1775년에 그는 인근 지역 레이븐스턴(Ravenstone)으로 옮겨 부사제로 2년간 사역했다. 자신의 지적 능력에만 사로잡혔던 그는 뉴턴과 신학 토론을 하고 싶어 했고, 그의 칼빈주의 신앙을 무너뜨리기 원했다. 한 때 노예 상인이었고, 지금은 찬송가 작사가로도 유명한 뉴턴은 잘 알려진 복음주의자였다. 어느 정도 친하게 되자, 스코트는 서신 논쟁으로 그를 끌어들이려 했다. 둘 사이의 서신 교환은 5월부터 12월까지 지속되었지만, 뉴턴은 스코트의 감정 싸움에는 끌려 들어오지 않았다. 그는 스코트의 자극을 정직한 영적 질문으로 받아들였고, 영적 지도자로서의 역할을 감당했다. 동시에, 스코트는 승진을 바라면서 한층 더 양심의 고통을 받았다. 승진을 위해서는 39개 신조(Thirty-Nine Articles)에 중심으로 다시 서명해야 했기 때문이었다.

1772년의 '페더스태번 청원'(Feathers Tavern Petition, 39개 신조에 서명해야 하는 의무를 폐지하고, 성경에 대한 믿음을 선언하는 것으로 이를 대체해 달라고 의회에 보낸 청원서. 이 청원서가 런던 스트랜드[Strand, London]의 페더스 여관[Feathers Tavern]에서 작성되고 서명됨-역주) 이래로, (신조) 서명이 국교회에서 논쟁거리가 되었다. 유니테리언교도(Unitarian) 테오필러스 린제이(Theophilus Lindsey)는 잉글랜드국교회(Church of England)를 완전히 떠나며 『변증』(Apology, 1774)을 발행하기도 했다. 그의 견해는 스코트의 견해와 유사했다. 이 단계는 스코트에게 위기였지만, 그렇다고 그가 복음주의적 견해로 바뀌게 된 계기가 어떤 극적인 복음주의 회심 경험에 의한 것은 아니었다. 이보다는 오히려 양심이 지난 2년간의 연구를 다시 조명할 수 있게 했다. 실제로 『진리의 능력』의 가장 길고, 핵심을 다루는 부분은 거의 참고문헌을 설명한 글이라고 봐도 무방한데, 이는 스코트가 주류 기독교 신앙으로 돌아오는 여정 속 읽었던 23권 정도의 책을 자세히 설명해 놓고 있기 때문이다. 그는 1777년도에 복음주의적 칼빈주의자로 가는 여정을 스스로에게 납득시켰다.

1777년에 스코트는 웨스턴언더우드(Weston Underwood) 소재 큰 집으로 이사한 후, 그곳에서 일주일에 여러 번 설교와 강연을 했다. 스코트가 있던 레이븐스턴(Ravenstone)의 교구사제는 그의 설교자 진정성 있게 변하고 있음을 감지했다. 더욱이 스코트는 한 시간 정도 설교했고, 항상 새로운 설교를 작성했다. 교구사제는 10분 정도만 설교를 하는 성직자가 많다는 것을 알고 있었고, 자신도 54개 혹은 55개의 설교만으로 50여 년이 넘도록 문제없이 목회를 해왔다고 덧붙였다. 견해를 바꾸면서 완전히 새로운 활력을 가지게 된 스코트는 이제 종종 '감리교도'로 여겨지기도 했다. 실제로 이제 그는 감리교 신앙이 바로 종교개혁가들이 잉글랜드국교회의 신조에서 표현한 바로 그것이라고 주장하기까지 했다.

1779년에 스코트는 『진리의 능력』을 출판했고, 2년 뒤 뉴턴의 이전 교구였던 올니(Olney)의 부사제가 되었다. 그러나 올니 교구의 신자들은 뉴턴 때만큼 스코트가 인도하는 예배에 참석하지 않았다. 어떤 사람들은 스코트가 너무 가혹하다며, 보다 '다양성'(variety)이 필요하다며 불평했다. 스코트는 많은 사람들에게 반율법주의(antinomianism) 경향이 있음을 발견했다. 이에 따라 스코트는 1785년에 런던의 로크병원(Lock Hospital)이 그를 병원 사제로 초빙하자 이를 기꺼이 수락했고, 또한 브레드스트리트(Bread Street)의 세인트밀드레즈교회(St Mildred' Church), 로스베리(Lothbury)의 세인트마가레츠교회(St Margaret's Church)에서도 강연했다. 그러나 운영위원회와 병원에 소속된 신도들은 귀족적이었기 때문에 스코트의 설교는 그들에게 너무 직접적이며 '훈계조'로 들렸다.

스코트가 기독교인의 의무를 강조하자, 이들은 스코트를 알미니안주의자라고 생각했다. 스코트가 자기를 변호하자, 사람들은 그를 자신들보다 더한 칼빈주의자라고 여겼다. 그는 떠나고 싶었지만, 아내는 조금 더 머물라며 설득했다. 런던에서 그는 존 뉴턴과 다른 주요 복음주의자들과 함께 절충협회(Eclectic Society)에서 진행된 다양한 논의에 참여했고, 이런 논의를 통해 교회선교회(Church Missionary Society)를 조직하자는 계획이 탄생했다. 스코트는 선교회의 첫 총무로 섬기게 되었고, 첫 1주년 기념 대회에서 설교도 했으며, 이후에는 몇몇 선교사 지원자들을 교육했다. 1790년 9월에 네 어린 자녀를 남겨두고 아내가 죽자, 그는 같은 해에 재혼했다. 1803년도에는 런던을 떠나 버킹엄서(Buckinghamshire) 애스턴스탠퍼드(Aston Stanford)의 교구사제로서 마지막 사역을 감당했다. 1821년에 죽음을 맞이할 때까지 그곳에 머물렀다.

스코트의 많은 신학 저술 가운데 가장 위대한 업적은 1788년도 1월부터 시작하여 1792년 6월에 마무리한 『성경 전권 주석』이다. 스코트는 성경본문을 새로 인쇄하고, 그 본문을 독자가 적용할 수 있도록 '실제적 관찰'을 사이사이에 배치시키며, 또 본래의 본문 배경에 대한 비평적 주석을 추가로 자세한 각주를 통해 제공하는 방식을 사용했다.

주석은 원래 174주에 걸쳐 나누어 발행되었다. 이 주석은 스코트의 대표작이었으며, 그는 재정적으로 어려움을 겪던 출판사를 배려해서 자비를 투자하여 프로젝트를 완성했다. 그러나 결국 출판사가 파산하자, 스코트는 이 주석 때문에 여러 해 동안 각종 채무와 소송에 휘말려야 했다. 이런 어려움에도 불구하고, 주석은 인기가 있어서, 그가 죽을 때까지 12,000부가 잉글랜드에서, 25,000부 이상이 미국에서 인쇄되었다.

스코트는 아마도 그 당시 잉글랜드국교회 복음주의 성직자 중에서 가장 지적으로 능력 있고 신학적으로 예리한 인물일 것이다. 뉴턴은 한때 미들랜즈(Midlands) 지방의 비국교도들에게 그를 '올드잉글랜드의 조나단 에드워즈'(Jonathan Edwards of Old England, 에드워즈가 뉴잉글랜드에 거주한 것에 빗대, 원래의 잉글랜드를 올드잉글랜드로 표기-역주)가 될 인물이라고 소개하기도 했다. 그의 『신학 전집』(*Theological Works*, 1805-1808)은 다섯 권으로 된 전집으로 출판되기도 했지만, 『진리의 능력』과 주석이 가장 많이 인쇄된 작품이다. 『진리의 능력』은 지적 자서전이자 복음주의 변증서로서 뛰어난 작품이며, 주석은 빅토리아 시대 복음주의자의 표준서가 될 정도로 그 영향력을 발휘했기에, 그는 '주석가'(the commentator)라는 별명으로 유명해지지도 했다. 그의 영향력은 복음주의권을 뛰어넘었다. 존 헨리 뉴먼(John Henry Newman)은 스코트의 이 두 책과 다른 저서들을 모두 소장했는데, '그 누구보다 내 마음에 깊은 인상을 남기고, (인간적으로 말하자면) 영혼의 은인이 된 사람이 바로 스코트'라고 주장했다.

참고문헌 | J. Scott, *The Life of the Rev. Thomas Scott* (London: L. B. Seeley & Son, 1822).

D. B. HINDMARSH

토마스 앤드루 도시(Thomas Andrew Dorsey, 1899-1993)

아프리카계 미국인 블루스 복음성가의 칭송받는 아버지, 약 1,000곡의 복음성가 작곡가, 시카고 합창단 단장, 음악 출판인, 샐리 마틴(Sallie Martin), 마할리아 잭슨(Mahalia Jackson) 등의 유명한 복음성가 가수의 동역자.

그는 애틀랜타 동쪽으로 약 30마일 떨어진 조지아(Georgia) 빌라리카(Villa Rica)에서 태어났다. 아버지 토마스 매디슨(Thomas Madison)은 순회설교자이자 농부였고, 어머니 에타(Etta)는 오르가니스트(organist)였다. 가난과 싸우던 가족은 1908년에 더 나은 기회를 찾아 애틀랜타로 이사했는데, 가정이 경건했음에도 불구하고, 어린 토마스 도시는 여기서 더 큰 인정을 받던 영가와 거룩한 하프 음악뿐만 아니라, 마 레이니(Ma Rainey)와 베시 스미스(Bessie Smith)의 블루스도 들었다.

1916년에 토마스 도시는 아프리카계 미국인의 대규모 남부 탈출 행렬에 동참해 더 나은 삶을 위해 북부 도시로 이주했다. 목적지는 시카고였는데, 이곳이 이제 그의 남은 평생 고향이 되었다.

블루스 피아니스트로서, 토마스 도시는 20대에는 마 레이니 같은 가수의 반주자로, 1928년부터 1932년까지는 슬라이드(slide, 보틀넥, 즉 병의 목이나 금속 막대를 써서 글리산도 주법 효과를 내는 기타 연주법의 하나-역주) 기타리스트 '템파 레드'(Tampa Red, 허드슨 휘테커[Hudson Whitaker])와 팀을 이루어 '조지아 톰'(Georgia Tom)으로 활약했다. 이 시기에 그가 연주한 가장 유명한 음악은 '그렇게 단단히'(Tight Like That)였다.

토마스 도시는 1921년에 한 침례교 집회에서 회심했는데, 당시 W. M. 닉스(W. M. Nix)가 (백인) 복음성가 '나는 그렇습니다. 당신은요?'(I Do, Don't You?)를 부르는 것을 들으면서였다. (이때 이후 토마스 도시는 자신의 첫 번째 성가곡을 썼다). 이어서 얼마간의 침체에 빠져 있다가, 1928년에 새롭게 신앙을 갱신했다. 토마스 도시에 대한 전설은 이 사건을 이십대 절정기 어느 시점에서 갑작스레 일어나 그가 성가를 작곡하려고 세속 음악을 포기한 것으로 연결 짓지만, 사실상 그는 생활 수단이 필요했기에, 세속 음악이 팔리는데 성가는 팔리지 않은 경우에는 '몰래' 블루스를 쓰고 연주했다.

그러나 삼십대 초에는 두 가지 이유로 성가에만 전념하지 않을 수 없었다.

첫째, 첫 아내가 아기를 낳다가 (아기와 함께) 사망하는 사건이 있었는데, 이때 토마스 도시는 그의 가장 유명한 성가곡 '귀하신 주여, 내 손잡아 주소서'(1932)를 통해 극한의 슬픔을 표출했다.

둘째, 토마스 도시가 일련의 중요한 경력 변화를 추진하면서, 결국 복음에 헌신하게 된 것이다. 1932년에 그는 시카고 필그림침례교회(Pilgrim Baptist Church)의 복음성가대 대장이 되었고, 같은 해에 디어도어 R. 프라이(Theodore R. Frye), 샐리 마틴(Sallie Martin), 매리언 페어스(Marion Pairs)와 함께 '복음성가대 및 합창단 전국 대회'(National Convention of Gospel Choirs and Choruses)를 창설했다. 또한, 샐리 마틴(1932-1939)과 함께 순회공연을 시작했다. 후에 그는 마할리아 잭슨(1939-1944)과도 미국 전역을 순회했다. 이 두 가수는 토마스 도시가 만든 곡을 부르며 악보 판매를 도왔고, 이후에는 토마스 도시의 곡으로 부른 노래를 녹음하기에 이른다.

1940년대 이후 토마스 도시는 점점 순회와 공연을 줄이고, 작곡, 강의, 교회와 복음 단체와 연결된 행정에 더 시간을 쏟았다. 그는 존경받는 백인 세계 인사들, 복음성가의 역사에 대해 연구하는 작지만 성장하는 역사가 집단의 인정을 받을 만큼 충분히 오래 살았다. 그의 매력적인 인품은 조지 니렌버그(George Nierenberg)가 1982년에 감독한 유명 영화 '누군가 아멘이라고 말하세요'(Say Amen, Somebody)에서 드러났다. 어떤 이는 그가 자기 자신에 대한 전설을 만들 만큼 충분히 오래 살았다고 말하기도 했다.

이 전설의 일부는 이미 언급한 대로 토마스 도시가 복음 블루스를 위해 세속 블루스를 갑작스레 버렸다는 것이다. 실제로 토마스 도시는 자신이 이전에 연주한 블루스를 정죄한 적이 없었고, '누군가 아멘이라고 말하세요'에 나온 대로, 눈가에 눈물을 반짝이며 그가 과거에 '조지아 톰'으로 명성을 날렸던 시절을 놀랍도록 편안하게 받아들였다. 흑인 성가와 세속 음악 간 간격은 흑인 관찰자, 백인 관찰자 모두가 과장했다. 많은 작곡가와 연주자는 두 장르 사이를 아주 유연하게 넘나들었다. 실제로 두 종류의 음악 사이에 그려진 '선'은 자주 희미해졌다.

전설의 다른 면은 토마스 도시가 갑자기 블루스 풍의 복음성가(혹은 복음성가 자체)를 음악의 빈 공간에 소개했다는 주장이다. 실제로는 블루스 요소는 이전 수십 년 이상 흑인 작곡가들(찰스 A. 틴들리[Charles A. Tindley], 윌리엄 헨리 서우드[William Henry Sherwood] 등)의 복음성가에서 이미 시도되었고, 연주자들도 이전 복음성가를 '흐느적대며 부르는 법'(swing)을 알았던 것이 틀림없다.

토마스 도시는 이 이전 시대의 작업을 더 발전시켰고, 복음집회와 출판을 통해 제도화하는 작업을 하고, 자기 노래를 대중화하고 널리 알리기 위해 가수를 선정하는 데 탁월한 역량을 보였다. 아마도 블루스 연주자이자 마 레이니 같은 가수의 협연자로서의 토마스 도시의 초기 명성이 복음성가에 상당한 블루스 및 대중음악 요소를 뚜렷하게 가미하는 데 도움이 된 것 같다.

그러나 전설의 다른 요소는 복음 블루스가 목회자와 일반 회중을 망라한 흑인 교인의 상당한 저항에 직면했다는 주장이다. '누군가 아멘이라고 말하세요' 때문에 최고 교회 일부로부터 내침 당했다는 토마스 도시 스스로의 주장이 있었다. 이 주장은 어느 정도 사실이었는데, 특히 백인 사회로부터 존경과 수용을 얻으려 노력하고 있던 흑인 중산층 침례교 및 감리교 회중이 그런 저항을 보였다. 그러나 반면에 흑인 교회의 음악 문화는 '형식적인' 예배보다는 복음성가를 부르는 다른 많은 상황을 만들어 냈다. 즉 기도회, 교파 집회, '노래 축제' 등이 그것이었다.

인기와 영적 능력을 과시한 복음성가가 주일 예배에까지 점차 침투하는 길이 열렸다. 복음성가 수용 혹은 거부가 전설에서 묘사된 것처럼 그렇게 늘 절대적이거나 일방적이지는 않았다는 것이다. 그러나 부드럽게 말하자면, 토마스 도시의 상징적 지위 때문에 그가 미국, 실제로는 전 세계 복음성가 역사에 끼친 엄청난 영향력을 의심해서는 안 된다. 아프리카계 미국인 공동체에서 토마스 도시의 음악은 너무 유명해서, 대체로 복음성가하면 그냥 '도시스'(dorseys)라는 이름으로 통용되었다. 많은 백인 음악가와 음악 출판사가 그가 작곡한 곡을 받아 사용했다. 레드 폴리(Red Foley)와 엘비스 프레슬리(Elvis Presley)는 토마스 도시의 '나를 위한 골짜기에 평안이 있네'(There Will Be Peace in the Valley For Me)로 히트를 쳤고, 토마스 도시는 유명한 호머 로드히버(Homer Rodeheaver), 즉 빌리 선데이(Billy Sunday)의 백인 음악 동역자와도 공유할 수 있는 기반을 만들어 우정을 나누었다.

더구나 토마스 도시는 전임자 찰스 A. 틴들리 같은 이들과 비교할 때 더 '남부적인'(down-home) 음악을 만들었다. 가사는 도시 거리나 농장의 구어체 말투에 더 가까웠다. '황량한 길을 당신이 걷고 있을 때'(when the dreary road you tread) 같은 틴들리의 어순 도치나 승리주의식 표현은 사용하지 않았다. 토마스 도시가 쓴 가사의 자연스런 특징은 '당신이 내 구주를 보거든, 당신이 나를 보았다고 그에게 말해 주시오'(If You See My Savior, Tell Him That You Saw Me) 같은 제목만 보아도 분명히 알 수 있었다.

위에서 언급한 '귀하신 주여' 및 다른 성가에 더하여, 토마스 도시의 가장 유명한 작품으로는 '천국으로 가는 대로'(It's a Highway to Heaven), '내 노래에서 내가 노래하는 그 삶을 살리네'(I'm Gonna Live the Life I Sing About in My Song), '주여 나를 찾으소서'(Search Me, Lord), '시온의 옛 배'(Old Ship of Zion) 등이 있다. 수십 년 이상 토마스 도시의 성가는 수많은 편곡, 공연 방식, 장소에서 다양한 모양으로 활용되었는데, 이 점에서 이 음악들의 창조와 재창조는 여전히 진행 중이다.

참고문헌 | H. W. Boyer, 'Take My Hand, Precious Lord, Lead Me On,' in B. J. Reagon, *We'll Understand It Better By and By* (Washington: 1993); M. W. Harris, *The Rise of Gospel Blues: The Music of Thomas Andrew Dorsey in the Urban Church* (New York: Oxford University Press, 1992).

V. L. BRERETON

토마스 차머스(Thomas Chalmers, 1780-1847)

스코틀랜드 목회자. 그는 1780년 3월 17일에 존 차머스(John Chalmers)와 엘리자베스 차머스(Elizabeth Chalmers)의 여섯 번째 자녀로 파이프(Fife) 동남 해안에 있는 작은 어촌이자 해안 상업촌이며, 한때 왕실이 있던 소읍 안스트루더이스터(royal burg of Anstruther Easter)에서 태어났다. 가업은 쇠했지만, 토마스 차머스는 안정적인 중산층 가정에서 자라났다. 조숙한 아이였던 그는 11살에 세인트앤드루스대학교(St Andrews University)의 학생이 되었다. 1803년에는 세인트앤드루스에서 멀지 않은 킬마니(Kilmany)의 시골 교구목회자로 임명받았다. 대학에서 수학과 화학을 가르치는 주간에는 교구를 내팽개친다는 이유로 논쟁에 휘말리기도 했다.

13살 생일이 지나고 몇 달 사이에 복음주의적 회심을 경험했고, 회심으로 인한 변화와 설교자 주위의 이목을 끌었다. 그는 여러 성서공회들(Bible societies)의 열렬한 후원자였고, 처음에는 조심스러워했지만, 침례교와 모라비안선교회에도 관심을 가졌다. 1812년에 그레이스 프랫(Grace Pratt)과 결혼했다. 결혼 생활은 행복했고, 여섯 딸이 생기 있고 베풂이 넘치는 가정을 만드는 데 큰 보탬이 되었다.

투표를 통한 경쟁 끝에 1815년, 토마스 차머스는 글라스고우(Glasgow) 시내의 트론교회(Tron church) 목사 청빙을 받아들였다. 그는 정치와 종교가 융합된 독특한 유형의 목회를 구현했다. 심지어 회심 이전에도 그는 온건파(Moderate Party)에 공감한 적이 없었기에, 종교적이기 전에 정치적이었던 앤드루 톰슨(Andrew Thomson) 같은 복음주의 휘그당원과 관계를 지속했다. 그러나 토마스 차머스는 성향으로는 토리당에 가까웠다. 온건파 친구들은 그에게 신학 공부를 더 하라고 권유했지만, 설교자로서의 그에게 성공은 속죄에 특별한 가치를 둔 개인 신앙을 사회 및 과학적 질문과 연결시킨 데 따른 것이었다. 글라스고우에서 토마스 차머스는 천문학을 주제로 일련의 주중 설교들을 한 후 유명세를 탔다. 런던과 에든버러에서는 엄청난 군중을 끌어모았다. 명성이 높아지면서 그는 사회적 책임에 마음을 쏟으며, 자신이 목회하는 중산층 회중이 도시의 가난 문제를 해결하려고 노력하지 않고 있다는 것 때문에 마음이 심란해졌다. 시의회가 세인트존스(St John's) 교구를 새로 설립하자, 그는 형성 과정에 있던 자신의 사회 이론들을 시험해 볼 수 있는 특별한 독립 구역인 이 교구를 자기에게 맡겨 달라고 요청했다.

토마스 차머스는 구빈세(poor-rates)가 이 세금으로 확보 가능한 재정보다 더 큰 허망한 기대치를 만들어 낸다고 믿었다. 하류층은 공격적이고, 부도덕하고, 비신앙적이라는 생각을 가진 중산층의 두려움에 대한 그의 대답은 인구 성장, 유동성, 구조적 실업에 개의치 않는 이상적인 교구 공동체 창조를 시도해 보는 것이었다. 그는 자기 계산(his sums)이 틀렸다는 것이 분명해지고 난 후 오랜 시간이 지난 후에는, 정부에서 지원하는 구빈세 없이도 가난한 교구가 자기 교구 내의 가난한 사람들을 지원할 수 있다며 자기 확신을 변호했다. 아마도 지원 이슈는 가장 중요한 것이 아니었을 수도 있다. 실력 있는 이들과 함께 토마스 차머스는 학교를 짓고, 장로들의 활력을 북돋고, 집사들에게 사회 복지 일을 맡기고, 국내선교를 활성화시키기 위해 해외선교정보를 제공했다. 토마스 차머스의 장로

중에는 윌리엄 콜린스(William Collins, 1789-1853, 『콜린스 영어사전』 등으로 유명한 콜린스출판사 창업자-역주)도 있었는데, 토마스 차머스의 설교에서 나온 큰 수입이 콜린스의 출판업에 투자되었다.

세인트존스교회는 여러 개의 '구역'(proportions)으로 분할되었고, 토마스 차머스와 장로들, 집사들, 주일학교 교사들이 조직적으로 심방하고 지역 주일학교들을 열었다. 집사들은 교회 헌금에서 제공되는 자금의 범위 내에서 빈민구제에 힘쓰기로 했다. 각 상황이 조사되고, 가족과 친구들이 줄 수 있는 도움의 가능성도 알아보았다. 자선은 교회나 시의회가 해결해야 할 책임 이전에 이웃에 대한 각 개인의 의무였다.

토마스 차머스는 자기 활동 때문에 빈민 구제가 인격적인 관계없이 당연히 받는 권리라는 생각이 고착되지 않을 수 있다고 믿었다. 또한, 사람들이 권면을 통해 아주 적은 양이라도 좋은 일에 기부하면 그들 자신이 가난에 굴복할 가능성도 줄어들게 되리라 믿었다. 비록 이것으로는 그들을 둘러싸고 있는 큰 사회 문제들을 해결할 수 없다는 증거가 있었지만, 이것이 그들이 믿고 싶어 했던 비전이었다. 도시 교구의 경제적 독립에 대한 토마스 차머스의 이상은 결코 현실에서는 이루어지지 못했다. 심방 집사들과 그들이 수행한 조사는 공식적인 연구 보고서라기보다는 사적인 것이었지만, 이런 사적 조사들이 시골 교구에 흔한 친밀한 관계를 반영하는 것이라고는 볼 수 없었다. 토마스 차머스의 노력에도 불구하고, 주일에 참석하는 회중 다수는 교회가 속한 교구 바깥에서 왔다.

그러나 '세인트존스 실험'은 눈에 띄는 성과도 거두었다. 토마스 차머스는 교회를 성장시켰다. 그는 사람들에게 교육적, 영적, 사회적인 도움을 주었다. 그는 교회의 선교를 목회 활동 이상의 것으로 만들었다. 그러나 많은 이들은 설교자로서의 토마스 차머스의 명성에 끌렸다. 그의 '케이스워크'(case-work) 접근법(정신적, 육체적, 사회적으로 결함을 가진 사람의 생활사(生活史) 등을 조사하여 진단, 치료에 적용하는 사회 복지 방법론-역주)은 사회 복지 역사의 일부가 되었고, 다른 교회들이 심방과 사회 조사 과정을 통해 가난의 도전에 직면할 수 있게 자극을 주었다. 그는 안락의자에 앉아만 있는 이론가가 아니었고, 현실보다는 비전으로 교회가 나아가야 할 길을 제시하는 사람이었다.

1823년에 토마스 차머스는 세인트앤드루스대학교에서 도덕철학을 가르치기 위해 글라스고우를 떠났다. 여전히 그의 지도가 필요한 사역을 포기하고 떠난 것에 많은 이들이 놀랐다. 어떤 사람들은 토마스 차머스가 세속 과목을 가르치기 위해 목회를 포기했다는 사실에 경악했다. 대학은 그가 가진 명성 때문에 학생들이 몰려들 것이라 기대했다. 실제로 그랬다. 학생들은 열정적으로 경제와 윤리, 철학, 신학을 통합하는 그의 실력에 감화를 받아, 곧이어 서로의 신앙을 격려하기 시작했고, 도시선교회와 학생선교회들을 통해 해외선교에도 헌신했다.

조슈아 마쉬먼(Joshua Marshman)과 로버트 모리슨(Robert Morrison)이 학교를 방문해서 인도와 중국에 대한 생생한 소식을 전해 주었다. 모라비안과 침례교의 이론과 실천, 런던선교회(LMS), 교회선교회(CMS) 같은 선교단체들을 비교 연구하는 과정도 있었다. 토마스 차머스의 학생 중에는 알렉산더 더프(Alexander Duff) 등 스코틀랜드장로교회(Church of Scotland) 최초의 인도선교사도 있었다. 더프와 그의 동료들은 모든 진리는 하나님의 진리이며, 기독교 신앙은 사회의 모든 요소와 활력 있게 연결을 맺어야 한다는 확신을 갖고 선교지로 갔다.

토마스 차머스와 학생들과의 관계는 깊고, 평생 지속되었으며, 보답이 있는 관계였지만, 반면, 많은 동료들과의 관계에서는 곧 갈등이 표출되었다. 세인트앤드루스대학교에는 어느 정도 부패가 있었는데, 토마스 차머스는 그 부패를 견뎌 내지 못했다. 결국 1828년에 그는 에든버러대학교(University of Edinburgh) 신학과 학과장 자리를 받아들였다. 1832년에는 스코틀랜드장로교회 총회장이 되었고, 곧 교단 내 복음주의파(Evangelical Party)의 지도자로 인식되었다. 스코틀랜드의 도시들은 확장되고 있었고, 스코틀랜드장로교회는 새로 세워진 교회들에 정부가 재정을 지원해 주기를 기대했다. 그러나 1832년 선거법개혁법(Reform Act of 1832)으로 참정권이 더 많은 사람들에게 확장되면서, 정부가 한 교회를 지원하고 다른 교회는 지원하지 않는 것이 어려워졌다. 다른 지도자들과 마찬가지로, 토마스 차머스도 변하는 정치 상황을 제대로 이해하고 설명하지 못했다.

1834년부터 재정 지원을 위해 정부에 로비를 해야 할 뿐만 아니라 교회가 확장에 들어가는 재정을 스스로 충당해야 한다는 것을 깨달은 후, 6년 동안 토마스 차머스와 그가 속한 위원회는 200개의 신설 교회에 필요한 재정을 확보하고 지원했다. 그 와중에 법정과 정부, 교회에서 논란이 일어났다. 총회 다수파가 된 스코틀랜드장로교회 내 복음주의파(Evangelical Party)는 각 교구의 자기 목회자 선택권을 강화하는 방향으로 교단을 끌고 나갔다. 이들은 또한 채플(비국교도 예배당-역주)에서 목회하는 목회자들에게도 교회 회의에서 투표할 수 있는 권한을 부여했다. 이런 변화들이 재산권과 맞물려 있었기에, 어떤 이들은 총회가 이것들을 결정할 권위가 있는지 의문을 제기했고, 교단 내 많은 온건파(Moderates)는 교회의 결정에 도전장을 던지기 시작했다. 상원이 이런 결정들에 항의하면서 내려진 일련의 법정 결정은 스코틀랜드장로교회가 국가의 피조물(국가의 통제를 받는 존재라는 의미-역주)임을 명확히 했다.

복음주의파는 자신들의 사역이 위기에 처해 있고, 온건파 장로들과 성직수여권 소유자들(patrons, 성직을 수여하는 권한을 가진 세속 관리-역주)을 신뢰할 수 없었기에, 온건파 목사들에게 복음주의 교구들을 맡길 수 없다고 생각했다. 법원 결정에 저항함으로써, 토마스 차머스를 포함한 복음주의 지도자들은 범법자로 취급되었다. 양 진영에 있는 이들은 서로 자기들의 도덕적 기준이 더 높다고 주장했고, 중도에 서 있는 이들은 양편 어느 하나를 선택하는 것이 어렵다고 생각했다. 잉글랜드 국회의원들은 국교회에 소속된 목회자마저도 국가로부터의 영적 독립을 주장하는 스코틀랜드식 사고를 이해할 수 없었고, 스코틀랜드인들이 원칙의 문제를 어떻게 다룰 지에 대한 것에는 더 관심이 없었다.

1830년대는 협력과 갈등이 중첩된 시기였다. 복음주의파(Evangelicals)와 온건파(Moderates)는 국내 교회 확장과 해외선교사역을 위해 처음으로 서로 연합했다. 법정 판결이 이들을 서로 반목하게 만들었기에, 각 파는 반대파의 약점과 실패를 상투적으로 되풀이했다. 토마스 차머스는 조직가와 설교자로서는 탁월했지만, 협상가로서는 의지할 만한 사람이 아니었다.

스코틀랜드언약도들(Covenanters)과 스코틀랜드 종교개혁을 공부하면서, 토마스 차머스는 행동을 취해야 한다는 강력한 결단을 하게 되었다. 국교회의 유익에 대한 열렬한, 그러나 동시에 역설적이기도 한 믿음(빈민 구제는 정부가 책임지지 않는 편이 더 좋지만, 영적 필요는 정부의 도움이 필수다)에도 불구하고, 그는 교회는 정부와의 관계를 끊어야 한다는 견해를 점점 더 확신하게 되었다.

1843년 초반에도 이전 정부를 계승한 정부들은 이 문제를 해결하지 못했다. 잉글랜드인들은 상황을 거의 이해하지 못하고 있었고, 스코틀랜드인들의 의견은 나뉘어 있었다. 이전 경력을 통해 정부와 교회의 권위를 능수능란하게 무시하는 능력을 과시해 온 토마스 차머스의 주도로 5월 18일에 대분열(Disruption)이 일어났다. 목회자와 평신도 3분의 1이 스코틀랜드장로교회를 떠나 스코틀랜드자유교회(Free Church of Scotland)를 세웠다. 같은 해에 그는 에든버러의 뉴대학(New College, 스코틀랜드자유교회의 신학교로 설립되었다가 1930년대에 에든버러대학교 소속 신학부이자 스코틀랜드장로교회 신학교로 바뀌었다-역주) 학장이자 신학 교수가 되었다.

토마스 차머스는 나라 전체를 복음화할 수 있는 국교회의 가치를 믿는 믿음을 고수했기에, 스코틀랜드자유교회를 정부 지원을 받지 않는 국교회로 만들려고 했다. 그는 같은 마음을 가진 교회들과의 협력, 또한 심지어 합병의 가능성도 환영했다. 그의 자금 모금 기술, 웅변 능력, 개인 용모는 모두 자유교회의 성공에 본질적으로 기여했지만, 그의 비전은 더 크고, 그의 신학은 다른 많은 자유교회 지도자들의 신학보다 더 탄력 있다는 것이 곧 드러났다.

은퇴 후, 그는 에든버러의 가난한 지역에 힘을 쏟았고, 여행과 강연, 서신 교환을 지속했다. 토마스 차머스는 1847년 5월 30일에 에든버러의 집에서 사망했다. 장례식은 전국적인 행사였기에, 스코틀랜드 대분열이 여전히 오래 지나지 않은 생생한 사건으로 기억되던 때였음에도 불구하고, 수천 명의 애도자가 모여들었다.

토마스 차머스의 인기는 분열을 뛰어넘었다. 토마스 차머스의 사회 분석에 반대한 사람들도 그를 그 시대 최고의 설교자로 인정했다. 결과가 나타나지 않을 때에도 그가 시도했다는 사실만으로도 그는 자주 존경받았다. 그가 분열의 비극에서 교회를 구하지 못했다고 비난받기도 했다. 물론 어떤 이들은 토마스 차머스를 치명적인 타협으로부터 교회를 구하기 위해 자기의 안위를 기꺼이 희생한 이들을 이끈 영웅으로 보기도 했다.

토마스 차머스는 '정치 경제'(political economy)에 대해 글을 많이 썼고, 세인트앤드루스대학교에서는 이 주제에 관해 가르치기도 했지만, 그가 경제학에서 두드러진 공헌을 한 인물로 기억되지는 않는다. 그럼에도 이 분야의 저술들은 재출간되었다. 그러나 (주로 사회 윤리와 실천에 집중한-역주) 그의 신학은 무시되었는데, 이는 부분적으로는 진짜 신학은 삼위일체, 예정, 속죄 같은 고전적인 기독교 교리를 다루어야만 한다는 선입견이 널리 퍼져 있었기 때문이었다.

다른 한편, 이런 무시가 이해 못할 것은 아니다. 회심 이후 토마스 차머스는 조직신학으로부터 구원해 달라고 기도했다. (그는 또한 수학에서 구원해 달라고 기도한 적도 있다!) 그는 특정 교회들을 둘러싸고 벌어진 논쟁보다는 스스로 기독교의 메시지가 되어야 한다고 믿었던 것을 실천하고 적용하는 데 더 열정이 있었다. 후에 칼빈주의(예정을 의미)를 전파할 필요가 없다고 자기 학생들에게 가르친 어떤 이는 칼빈주의의 더 좋은 면을 재고하는 것에도 관심이 없었을 것이다. 토마스 차머스는 가톨릭 신앙에 반대했지만, 가톨릭해방령(Catholic emancipation,

1829년에 구교도에게 신교도와 동일한 정치적 권리가 주어진 법령-역주)은 지지했다.

미국인 방문자와 칼빈에 대해 논했을 때, 토마스 차머스는 자기 서재에서 『기독교 강요』를 찾지 못했는데, 이는 그의 사재 장서 목록에 이 책이 없었기 때문이었다. 토마스 차머스는 젊은 시절에 철학에 탐닉했고, 신학 연구를 가벼이 한 일도 없었지만, 독일 신학을 공부하느라 다른 것들을 뒤로 치워 놓은 것도 사실이었다.

그는 자연신학과 기독교의 증거들에 큰 관심을 두고 이들을 강조한 전형적인 신학자였다. 외적 증거를 강조함으로써 비평가들을 불편하게 했고, 문제를 놓고 씨름하는 중에 견해도 이리저리 변했다. 다양한 대의들을 열정을 다해 지지했지만, 이 대의들은 신중하게 선택된 것들이었다. 이 대의들을 위해 함께 싸우자고 다른 사람들에게 권했지만, 이들 중 일부(예를 들어, 안식일 준수를 법으로 강제하는 것)에는 그가 별로 매력을 느끼지 못했다. 그는 술과 관련된 사회 문제들을 잘 알고 있었지만, 완전금주론을 해결책이라고 보지는 않았다.

그의 스승 조지 힐(George Hill)의 정통 신앙에 복음주의적 열정을 가미했고, 비록 더 젊은 시절에는 비판적인 시각을 갖기도 했지만, 스승의 신학 강연들을 자기 학생들을 가르치는 교과서로 썼다. 죄 가운데 있는 인간에게 채워야 할 결핍이 있고, 그 결핍을 예수 그리스도 안에서 채운다는 것이 그의 신학의 기본 틀이었고, 이 주제들을 세심한 설교와 열정을 담은 사례로 전하는 것이 그의 큰 관심사였다. 그는 과장되게 경건한 표현들을 싫어했다. 기독교 선교를 위해 일하며 그가 목표한 것은 실제적인 적용과 풍성한 기도였다.

19세기 스코틀랜드 신학 역사에서 중요한 주제는 전통적인 칼빈주의의 약화였다. 자주 이단적이라고 비판받던 린러든의 어스킨(Erskine of Linlathen), 에드워드 어빙(Edward Irving), 존 맥러드 캠벨(John McLeod Campbell)이 좋은 의미에서든 나쁜 의미에서든 교회의 미래 대표가 될 것이라고 많은 사람이 믿었다. 이들은 모두 토마스 차머스와 가까웠다. 어빙은 세인트존스에서 토마스 차머스의 조수였다. 토마스 차머스는 맥러드 캠벨과 서신을 주고받았고, 어스킨과는 좋은 친구였다. 웨스트민스터 신앙고백을 놀랍도록 자유롭게 선택한 것이 토마스 차머스의 저술, 서신, 가르침, 설교에 분명히 드러났다. 많은 이들이 그의 넓은 마음에 대해 언급했다. 그의 신앙과 가치관은 더하든 덜하든 어떤 의미에서든 보수적인 사람들의 입장보다는 더 오래도록 살아남았다.

토마스 차머스는 값없는 복음을 믿었다. 또한, 과학에 흥미를 진지하게 보였다. 그가 보기에, '기록되어 있는 것이 아니라 성경의 진리 자체'(not to the thing recorded, but the truth of it)가 영감되어 있는 것이었다. 교회 정치 형태는 인간이 선호하고 아니고의 문제지, 하나님이 정하신 법이 아니었다. 그는 신학의 표현을 특정 시대의 역사적 상황에 따른 것이라 보았다. 그는 자기 시대의 가장 중요한 질문들이 무엇인지를 분별할 수 있었다.

가장 친한 친구 중 하나는 일평생 신앙이 없었다. 토마스 차머스는 감리교와 모라비안의 영향을 받았고, 성공회 신자, 침례교도, 원시-은사주의자, 퀘이커교도, 수많은 온건파와 다른 사람들이 이단이라고 말하는 일부 사람들과도 친구였다. 그가 스코틀랜드 교회사에서 가장 규모가 큰 분열 중 하나와 연관되어 있다고 해서, 그가 진지하게 취급한 삶의 방식과 그토록 다양한 종교적 확신을 가진 영향력 있는 사람들이 그의 삶에서 차지한 의미가 모호해져서는 안 된다.

토마스 차머스의 복음주의자로서의 정체성이 의심받은 적은 없다. 복음주의의 정체성 규정에 끼친 그의 공헌도 중요하다. 그는 스코틀랜드교회 대분열로 갈라진 두 교회 분파 모두의 이상을 구현한 인물이었다. 즉 사회적으로 자유로운 복음주의파와 정치적으로 보수적인 온건파의 이상이었다. 그의 설교, 사회적 관심, 교구 실험, 성서공회와 선교에 대한 관심은 그를 영국에서 유명 인사로, 북미에서는 잘 알려진 인물로, 프랑스에서는 존경받는 인사로 만들었다. 그의 총체적인 철학(holistic philosophy)과 실험적인 선교에 대한 접근은 전 세계에서 선교사, 교육가, 교회 지도자가 된 그의 학생들을 통해 재생산되고 확산되었다.

참고문헌 | S. J. Brown, *Thomas Chalmers and the Godly Commonwealth in Scotland* (Oxford: Oxford University Press, 1982); A. C. Cheyne, *The Practical and the Pious: Essays on Thomas Chalmers (1780-1847)* (Edinburgh: Saint Andrews Press, 1985); J. Roxborogh, *Thomas Chalmers Enthusiast for Mission: The Christian Good of Scotland and the Rise of the Missionary Movement* (Edinburgh: Rutherford House, 1999); D. F. Wright and G. D. Badcock (eds.), *Disruption to Diversity: Edinburgh Divinity 1846-1966* (Edinburgh: T. & T. Clark, 1996).

J. ROXBOROGH

토마스 찰스(Thomas Charles, 1755-1814)

'웨일스 칼빈주의감리교도'(Welsh Calvinistic Methodists) 2세대 지도자. 그는 1755년 10월 14일에 카마든서(Carmarthenshire) 소재 흘란피항겔(Llanfihangel) 아베르시우인(Abercywyn, Carmarthenshire)에서 태어났다. 부유한 농부였던 리스 찰스(Rees Charles)와 아내 제이얼(Jael)의 아들이자, 1763년에 카마든서의 사법담당관이던 할아버지 피부르 르위드의 데이비드 보웬(David Bowen of Pibwr Lwyd)의 손자였던 그는 흘란도우로르(Llanddowror)의 마을학교를 다닌 후 1769년에 카마든(Carmarthen)의 비국교파 학교에 다녔다. 이 시기에 그는 카디건서(Cardiganshire)의 흘란게이토(Llangeitho)를 방문하고, 다니엘 롤랜드(Daniel Rowland)의 설교를 들은 1773년 1월 20일에 회심했다. 1775년에 옥스퍼드대학교에 등록해서 지저스대학(Jesus College)에 다녔다. 대학 시절에는 존 뉴턴(John Newton)과 윌리엄 로메인(William Romaine)을 포함한 여러 복음주의자와 접촉했다. 1779년에 학사학위를 받고 졸업했다.

옥스퍼드를 떠나기 두 주 전인 1778년 6월 14일에 그는 집사 안수를 받아 9월에 서머싯(Somerset) 스파크퍼드(Sparkford)의 부사제가 되었다. 그 전 8월 16일에는 흘란피항겔(Llanfihangel) 아베르시우인(Abercywyn)에서 생애 첫 설교를 했다. 1780년 5월 21일에 사제가 된 그는 1782년 9월에 사우스배로(South Barrow)의 부사제가 되지만, 그때쯤에는 웨일스로 돌아가고 싶어 했다. 1783년 6월 23일에 서머싯을 떠난 그는 8월 20일에 북웨일스 발라(Bala)의 가게 주인의 딸 샐리 존스(Sally Jones)와 결혼했는데, 토마스 찰스는 샐리를 1778년 여름에 동료 학생 사이먼 로이드(Simon Lloyd)와 함께 그 마을을 방문했다가 만났다. 발라에서 가정을 꾸민 그는 감리교 성향 때문에 생계를 꾸리는 것이 어려웠지만, 1784년 1월에 어렵사리 흘라니마우뒤(Llanymawddwy)의 부사제 자리에 임명되었다. 그러다 감리교를 돕는다는 이유로, 4월 18일에 면직당했고, 결국 그의 잉글랜드국교회(Church of England) 성직자 경력은 여기서 끝나고 말았다.

7월에 감리교협회 중 하나에 합류함으로써 감리교와 한 배를 타기로 결정한 토마스 찰스는 발라를 계속해서 자신의 북웨일스 사역 중심지로 만들었다. 기독교 교육에 관심이 깊었던 그는 50년 전에 그리피스 존스(Griffith Jones)가 시행한 것과 유사한 순회학교를 만들고 거기서 일할 교사들을 훈련시켰다. 이 학교들은 때가 되어 주일학교로 발전했고, 이로써 이 시기 칼빈주의감리교 성장의 중심지로 자라났다. 비록 웨일스 주일학교의 창시자는 아니었음에도 불구하고, 조직을 이끄는 굳건한 지도력과 은사 덕에 토마스 찰스는 그 어떤 사람보다도 주일학교의 튼튼한 기반을 마련하는 데 크게 기여했다.

문서사역도 이 교육사역의 결과물이었는데, 그의 저서는 『어린이용 요리문답』(1789)에서부터 『성경사전』(4권, 1805, 1808, 1810, 1811)까지 다양했고, 감리교 회심자들의 기독교 신앙 이해를 돕기 위해 저술되었다. 이 운동을 하나로 묶기 위해 그는 1799년에 정기 간행물 발간을 시작했다. 「이 드리소르파 이스브리돌」(Y Drysorfa Ysbrydol, The Spiritual Treasury)이 1827년까지 간헐적으로 나왔지만, 이후 「이 드리소르파」(Y Drysorfa)가 이를 대신했다. 영어로 된 토마스 찰스의 책 중에는 『복음주의 소요리문답』(A Short Evangelical Catechism, 1801) 과 『웨일스감리교 변호』(Welsh Methodism Vindicated, 1802)가 있었다.

18세기 말에 웨일스어로 된 성경이 부족해지자, 토마스 찰스는 성경을 웨일스 사람들에게 가격이 싼 판으로 공급할 수 있는 가능성을 알아보았다. 이 조사의 결과, 또 그가 런던의 종교소책자협회(Religious Tract Society) 모임에 참석한 결과, 1804년에 영국해외성서공회(British and Foreign Bible Society)가 설립되었다. 성서공회가 처음 성취해 낸 것 중 하나는 웨일스어 성경의 새로운 번역판을 출판하는 것이었고, 토마스 찰스는 본문을 준비하고 인쇄를 감독하는 책임을 맡았다. 1807년에 나다나엘 롤랜드(Nathaniel Rowland)가 추문으로 쫓겨난 후에, 토마스 찰스가 웨일스감리교 최고 지도자가 되었고, 자체적으로 목사를 안수함으로써 1811년에 이 운동의 잉글랜드국교회(Church of England) 탈퇴를 주저하며 이끈 이도 토마스 찰스였다. 따라서 그는 웨일스감리교가 하나의 부흥운동에서 비국교파 교단으로 전환하던 시점을 대표하는 지도자였다. 그는 이 일을 감당하기에 탁월한 자격을 갖추었고, 감정과 이해, 열정과 조직 간 균형을 유지하는 데 성공한 지도자였다.

토마스 찰스는 1814년 10월 5일에 사망하여 발라 근교 흘란실교회(Llanycil church)에 묻혔다. 아내는 10월 24일에 죽었다. 두 아들 토마스 라이스(Thomas Rice)와 제이비드 존스(David Jones)가 남은 유족이었다.

참고문헌 | D. E. Jenkins, *Life of Thomas Charles*, 3 vols. (Denbigh: Llewelyn Jenkins, 1908); R. T. Jones, *Thomas Charles o'r Bala* (Cardiff: University of Wales Press, 1979).

G. TUDUR

토마스 채터턴 해먼드(Thomas Chatterton Hammond, 1877-1961)

전도자, 변증가, 신학 교육자. 그는 1877년 2월 20일에 아일랜드의 코크(Cork)에서 농부이자 은퇴한 선원이던 콜먼 해먼드(Colman Hammond)와 그의 두 번째 아내 엘리자베스(Elizabeth) 사이에서 막내로 태어났다. 아버지가 6년 후 사망하자, 가족은 농장에서 도시로 이사했고, 토마스 해먼드는 코크모델학교(Cork Model School)에서 공부했다.

가족의 경제 형편이 어려웠기에 13살 어린 나이에 학교를 중퇴하고 철도 직원으로 일할 수밖에 없었다. 거의 동시에 그는 코크 YMCA의 활동적인 회원이 되었다. 이런 배경에서 존 맥네이(John McNay)의 영향을 받아 회심했고, 이후 1906년에 맥네이의 누이 마가렛(Margaret)과 결혼했다. 거의 즉각 토마스 해먼드는 코크 거리에서 열린 야외 복음집회에 참석하기 시작했다. 치열한 당파주의적 상호 비난 분위기 속에서 그는 곧 가톨릭 신자들 사이에서 '그 소년 해먼드'(the Boy Hammond)로 악명을 떨치게 된다.

1895년에 토마스 해먼드는 더블린 소재 아일랜드교회선교훈련학교(Training School of the Irish Church Mission)에 입학했다. 2년간의 훈련 후 아일랜드 서부 지역에서 선교회 순회전도자로 일했다(1897-1899). 이 시기에 그는 아일랜드국교회(Church of Ireland, 아일랜드 성공회-역주)에서 성직자 안수 과정을 밟기로 결심했다. 1년간의 개인 공부에 이어 그는 1900년 1월에 더블린(Dublin) 트리니티대학(Trinity College)에 들어갔다. 3년 후 철학 분야 우등상과 금메달을 타며 졸업했다. 교육은 그의 타고난 총명함에 지적 엄밀성을 선물했고, 이는 이후 그가 신학을 철학적으로 접근하는 태도의 시발점이 되었다.

1903년 말에 토마스 해먼드는 안수받고, 더블린 세인트케빈스(St Kevin's)의 하위 중산층으로 구성된 교구에서 사역을 시작해서 7년간 부사제로 일한 후, 이어서 1910년에 교구사제가 되었다. 여기서 그는 교구를 점점 더 개신교적이고 복음주의적인 특징으로 이끌었다. 동시에 공격적으로 복음화 사역에 임하고 성공회와 로마교회 내부의 모든 가톨릭신앙 요소에 반대하면서 더 멀리까지 이름을 떨쳤다.

부분적으로는 명성이 높아진 덕에 1919년 초에 아일랜드교회선교회(ICM) 감독으로까지 선출되었다. 그의 임기는 먼저는 아일랜드 독립전쟁과 내전, 다음으로는 경제 불황과 아일랜드자유국(Irish Free State, 오늘날의 아일랜드공화국의 옛 명칭으로 1922년에서 1937년까지 존재-역주)에서의 로마 가톨릭 주도기와 겹쳤다. 이런 어려운 상황 하에서 토마스 해먼드는 지치지 않고 선교회를 위해 수고했다. 선교회의 복리와 교육사역을 이끌며 새로운 단계의 성취를 이끌어 냈다. 그가 선봉에 선 전도와 변증사역은 25명의 사제를 포함하여 약 500명의 가톨릭 신자가 아일랜드국교회로 '개종'하게 하는 결과를 낳았다. 인간성과 논쟁시의 공정함으로 토마스 해먼드는 분열된 분파 양 진영의 폭넓은 존경을 받았다.

이런 실천적 활동과 더불어 토마스 해먼드는 주로 소책자를 많이 출간한 다작가이기도 했다. 분파주의 배경에 있던 그의 저작은 주로 반대를 위한 신학이 특징이었다. 특히, 『100가지 본문』(The One Hundred Texts, 1939)은 개신교의 로마 가톨릭 반대 논증을 집대성한 것이었다. 당시 일어난 사건들에 대한 반응은 이런 혼돈의 시기에 편집한 「더 가톨릭」(The Catholic)에 나타나 있다. 1922년에 영국이 아일랜드를 포기한 것에 실망한 통일파(Unionist, 아일랜드 독립에 반대한 사람들-역주)였던 그는 한 국가에는 정치적 자유보다 영적 자유가 더 필요하다는 믿음을 버리지 않았다.

사역이 확장되고 명성이 높아지면서 토마스 해먼드의 해외사역도 늘어났다. 매년 그는 아일랜드교회선교회 대표로 케직(Keswick)을 비롯한 잉글랜드 전역을 돌아다녔다. (잉글랜드-역주)교회선교회(CMS)에 대항하여 탄생한 성경성직자선교회(Bible Churchmen's Missionary Society)의 초기 후원자이기도 했다. 복음주의성직자회(Fellowship of Evangelical Churchmen) 회원이기도 했던 그는 복음주의적 자유주의 및 당대의 광범위한 신학적 혼돈에 대한 응답으로 출간된 『복음주의』(Evangelicalism, 1925)에 글을 싣기도 했다. 1926년에는 캐나다와 오스트레일리아를 여행하며 기도서 개정에 반대하는 강연을 했다.

학생 사역자로 자연스럽게 발생 단계에 있던 기독학생회(IVF)를 후원했고, 학생회는 그를 신학고문위원회에 초빙했다. 이 관계로 인해 학생들을 위한 서론적 교리핸드북을 써 달라는 요청을 받기도 했다. 신앙에서 지성의 중요성을 강조한 『인간 이해』(In Understanding Be Men, 1936)는 이후 50년간 다섯 판을 새로 편집할 만큼 인기 있는 베스트셀러가 되었다. 윤리와 변증을 다룬 유사한 유형의 저서 『완전한 자유』(Perfect Freedom, 1938)와 『합리적 신앙』(Reasoning Faith, 1943)이 이어서 발간되었다. 둘 다 첫 작품만큼 성공을 거두지는 못했지만, 세 권 모두 전후 복음주의 지성 부흥에 공헌했다.

거의 60세가 다 된 시기인 1935년 후반에 토마스 해먼드는 오스트레일리아 시드니 소재 무어대학(Moore College) 총장으로 임명됨으로써 새로운 경력을 시작했다. 부임하던 시기에 서서히 쇠퇴하고 있던 이 학교는 그의 지도 아래 변혁을 경험했다. 대주교 하워드 몰(Howard Mowll)과 동역하며 큰 빚을 갚고, 건물을 복구, 보수하며, 학문 수준을 향상시켰다. 그러나 그의 가장 큰 공헌은 학생들을 위한 교사와 목사로서의 역할이었는데, 등록 학생 수가 특히 제2차 세계대전 후에 크게 늘었다. 온건 칼빈주의와 강한 객관적 신학을 전수함으로써 시드니 교구에 오래도록 강한 인상을 남겼다.

다른 면으로도 토마스 해먼드는 시드니 교구의 실세였다. 무어대학 총장직과 동시에 그는 처치힐(Church Hill) 소재 세인트필립스교회(St Philip's Church) 주임사제를 맡았다. 교회 대회(synod)에서 자주 강력한 연설을 했고, 상임위원회 위원으로도 선출되었다. 승급도 빨랐다. 차례로 발메인의 시골 주임사제(Rural Dean of Balmain, 1936), 세인트앤드루스대성당 참사회원(Canon of St Andrew's Cathedral, 1939), 지역 관할권이 없는 대부제(archdeacon, 1949)가 되었다.

초대에 '아니요'라고 거절하지 않는 것으로 유명했던 그는 여러 교구에서 광범위하게 말씀을 전했다. 보이지 않는 무대 뒤편에서 그는 실제로 몰 대주교(Archbishop Mowll)의 신학 고문이었고, '기념'(the Memorial, 교구 내 철저하게 보수적인 복음주의 성직을 지향하는 흐름에 반대한 약 50여 성직자들의 저항) 문제를 다룬 것으로 가장 유명했고, 교구 선거를 관리하기 위해 조직된 성공회교회연맹(Anglican Church League)의 회장이었다.

토마스 해먼드는 또한 광범위한 오스트레일리아 교계와 사회 문제에 관여했다. 약 20년 동안 성공회 총회(Anglican General Synod)의 시드니 총대로 활약했고, 국교회 헌법을 준비하면서는 분리된 각 교구의 독립을 주장하기도 했다. 시드니 교구를 설득해서 가장 잘 만들어진 최종안을 받아들이게 했다. 가톨릭의 가르침과 잉글랜드국교회(Church of England)의 승인되지 않은 예전에 반대한 것으로 유명했던 그는 바서스트의 A. L. 와일드 주교(Bishop A. L. Wylde of Barthust, 1943-1948)의 '적서'(Red Book)에 반대하는 법원 소송을 주도했다.

그는 뉴사우스웨일스교회협의회(NSW Council of Churches) 회장을 역임했고, 「디 오스트레일리언 처치 레코드」(*The Australian Church Record*)와 「이벤절리컬 액션」(*Evangelical Action*)에 정기적으로 글을 기고했으며, 기독학생회와 케직 유형의 집회에서 말씀을 전하기 위해 오스트레일리아와 뉴질랜드를 광범위하게 순회했다. 시드니대학교(Sydney University)에서 영향력 있는 무신론 철학자 존 앤더슨(John Anderson)과 효율적인 논쟁을 벌임으로써 기독학생들에게 용기를 주기도 했다. 또한, 그는 1930년대에 복음주의연합(Evangelical Union)에서 인기를 끈 주장, 즉 죄를 짓지 않게 된다는 완전주의(perfectionism)를 신랄하게 반대했다.

토마스 해먼드는 뉴사우스웨일스의 충성파 오렌지당 지부(Loyal Orange Lodge of NSW, Orange는 친영 아일랜드 개신교도, Green은 반영 아일랜드 가톨릭을 의미-역주)와 오스트레일리아 연합 충성파 오렌지당 대위원회(Federated Loyal Orange Grand Council of Australia)의 회원이자 임원으로서 아일랜드계 오스트레일리아 개신교도들과도 계속 접촉했다. 그러나 그는 시드니의 라디오 2CH에서 방송된 '개신교의 원리들'(Principles of Protestantism)이라는 주간 방송으로 가장 유명해졌다. 토마스 해먼드는 종종 경쟁 방송사 2SM에서 가톨릭 변증가 주교 레슬리 럼블(Reslie Rumble)이 주장한 내용을 반박하는 방송 논증을 펼치기도 했다.

기력이 쇠하기 시작하면서 토마스 해먼드는 1953년 말에 무어대학 총장직을 사임했다. 이후 8년 동안 다른 사역을 이어 갔다. 평생 누렸던 건강은 이후 무너졌다. 짧게 병치레를 한 후 1961년 11월 16일에 뇌출혈로 사망했다.

개구쟁이 어린아이 같은 유머 감각에 정력적이고 열정적이었던 토마스 해먼드는 친구와 지지자의 사랑을 많이 받았고, 반대자들에게도 최소한의 존경을 받았다. 그만한 지적 능력을 가진 사람이 드물었던 시대에 복음주의 신앙을 선포하고 변증한 토마스 해먼드의 삶은 오스트레일리아와 영국 복음주의에 크나큰 영향을 끼쳤다.

참고문헌 | S. Judd and K. Cable, *Sydney Anglicans* (Sydney: Anglican Information Office, 1987); W. Nelson, *T. C. Hammond* (Edinburgh: Banner of Truth, 1994); Hammond Papers (Moore College); *Australian Dictionary of Evangelical Biography*, pp. 150-153.

G. R. TRELOAR

토마스 카트라이트(Thomas Cartwright, 1535-1603)

잉글랜드청교도 개혁자. 그는 16세기 후반에 잉글랜드교회(English church)의 완전한 개혁을 주장한 주요 인물 중 하나다. 카트라이트의 경력은 유배와 투옥 기간으로 인한 한계가 분명히 있었지만, 초기 청교도들 중 아마도 개혁의 핵심 요소, 즉 국교회 내에 장로교 정치 체계를 세우는 운동을 가장 활발하게 펼친 인물들의 모델이었다고 할 수 있다. 카트라이트는 아마도 1535년에 잉글랜드 로이스턴(Royston)의 농가에서 태어난 것 같다. 이 지역은 케임브리지대학교(Cambridge University)와 가까웠는데, 후에 그는 여기서 칭송과 악명을 동시에 받고 떨친 논쟁가가 된다. 1550년, 카트라이트는 케임브리지대학교 세인트존스대학(St John's College) 학생이 되었고, 1553년에 메리 여왕이 등극하고 이어서 많은 청교도 지도자들이 유럽 대륙으로 피신한 상황에도, 여전히 머물러 공부하고 1554년에 학사학위를 받았다. 이후 카트라이트는 1558년에 엘리자베스 1세가 등극하기까지 법을 공부하며 몇 년을 더 보낸 후, 세인트존스대학 연구원이 되어 케임브리지로 돌아갔다. 후에는 트리니티대학(Trinity College) 연구원이 되었다.

1564년에는 여왕 앞에서 논쟁을 주도하는 역할을 맡을 정도로 케임브리지에서 유명한 인물이 되었고, 1565년에는 성직자 복장에 대한 논쟁에 뛰어 들어, 특히 중백의(surplice, 소매가 넓은 흰 성직자복-역주) 착용에 강하게 반대했다. 곧이어 케임브리지를 떠나 아일랜드에서 가정 성직자(domestic chaplain, 한 집안, 특히 주로 귀족 집안의 신앙 생활을 담당하도록 고용된 성직자-역주)로 잠시 일했지만, 1567년에 신학사학위를 받고 대학 설교자로 선출되었다.

1569년에 카트라이트는 레이디마가렛(Lady Margaret)대학의 신학 교수직을 차지했는데, 이 자리에서 장로교 체제를 옹호하는 가장 논쟁적인 주장들을 발전시키기 시작했다. 카트라이트는 성경이 교회 정치를 위한 모델을 분명하게 제시하지 않았기에, 이 모델은 초대교회의 단순성에서 가장 잘 예시되어 있다고 믿었다. 그가 교회 정치에 대해서 원시주의(primitivist) 접근법을 취했기 때문에 대주교, 주교, 사제, 주임사제 같은 주교제(혹은 감독제) 직책은 지역 노회, 목사, 집사로 대체되어야 했다. 그는 또한 목회자는 각 회중이 선출해야 한다고 주장했다.

카트라이트는 이런 견해들을 국교회의 기반 자체를 위협하는 것으로 본 대학 당국과 즉각 충돌한 후, 그해 말에 교수직에서 쫓겨났다. 제네바(Geneva)로 이동한 그는 교회의 완전한 종교개혁이라는 대의를 외치는 주도적 대변인의 하나로 받아들여졌다. 카트라이트는 케임브리지의 젊은 설교자들과 학자들을 중심으로 추종자들을 모으다가 1572년에 예전 직책을 되찾으려 시도했지만, 대학 당국은 후에 소책자 전쟁에서 카트라이트의 맞수가 되는 미래의 캔터베리 대주교 존 휘트기프트(John Whitgift)를 통해 곧 다시 그를 제거했다. 1572년에 휘트기프트는 유명한 청교도 소책자 『의회에 보내는 권고』(An Admonition to Parliament)에 대한 답문을 썼고, 카트라이트는 자신의 맞수에게 보내는 답문 『휘트기프트 박사에게 보내는…응답』(Reply to... Doctor Whitgifte, 1573)을 썼다. 이 답문에서 카트라이트는 교회가 원시주의 모델에 따라 완전히 개혁되어야 한다는 자신의 주장을 재확인했다. 이 작품과 다른 여러 글들은 교회와 통치자 모두를 크게 자극했기에, 1573년에 청교도와 그들의 작품들을 억압하게 된 요인 중 하나가 되었다. 카트라이트는 문제를 일으키는 주동자 중 하나로 낙인찍혔고, 체포 영장이 1573년 12월에 발부되었다. 그는 또다시 대륙으로 도피했다.

대륙으로 옮긴 후 카트라이트는 1586년에 잉글랜드로 다시 돌아올 때까지 한 곳에 오래 정착하지 않았다. 하이델베르크(Heidelberg)와 바젤(Basel)의 개혁파 대학들에서 시간을 보내면서 『해설』(Explocato, 1574)을 썼는데, 이 책은 국제 개혁파 공동체에 장로교 교회 치리에 대한 권위적 해설로 받아들여졌다. 1570년대 후반에는 저지대 국가들(Low Countries, 오늘날의 베네룩스 3국-역주)의 개혁파 상업 공동체로 이동한 후, 결국 워릭(Warwick)의 자선병원 원장으로 잉글랜드로 돌아가기 전까지, 최소 2년간 앤트워프(Antwerp)의 잉글랜드교회를 섬기고 미들버그(Middleburg)의 교회에서도 봉사했다.

다시 왕과 교회위원회와 충돌한 끝에, 지속적인 소요를 일으킨 1590년 후반에 결국 약 1년 반 동안 플리트교도소(Fleet Prison, 12세기부터 런던의 플리트강 부근에 있었던 감옥-역주)에 투옥되었다. 1595년, 워릭을 떠나 건지(Guernsey)에서 목사로 6년간 일한 후, 1601년에 워릭으로 다시 돌아온 그는 1603년에 거기서 사망했다.

참고문헌 | B. Brook, *Memoir of the Life and Writings of Thomas Cartwright, B.D.* (London: Snow, 1845); A. Peel and L. H. Carlson (eds.), *Cartwrightiana* (London: Allen & Unwin, 1951); A. F. S. Pearson, *Thomas Cartwright and Elizabethan Puritanism, 1535-1603* (Cambridge: Cambridge University Press, 1925).

T. S. KIDD

토마스 코크(Thomas Coke, 1747-1814)

성공회(Anglican) 성직자이자 미국감리교 감독, 선교개척자. 그는 1747년 9월 28일에 브레콘(Brecon)에서 바톨로뮤 코크(Bartholomew Coke)와 앤 코크(Anne Coke)의 셋째, 그러나 유일하게 살아남은 아들로 태어났다. 코크의 가문 족보에 따르면 목회자가 몇 명 있었으나, 그의 아버지는 약제사였다. 토마스 코크는 브레콘(Brecon)의 크라이스트대학(Christ College)에서 교육받은 후 특별자비생(gentleman commoner)으로 1764년 4월에 옥스퍼드대학교의 지저스대학(Jesus College)으로 갔다.

이어서 학사(1768), 석사(1770), 법학박사(1775)를 받았다. 셜록 주교(Bishop Sherlock)의 『예수의 증인들의 시험』(*Trial of the Witnesses of Jesus*)을 읽으며 이신론(deist)에 동정적이던 태도에서 벗어나 회심한 그는 1770년에 부제로, 1772년에 사제로 안수받았고, 1771년부터 1777년까지 사우스페더턴에서 부사제로 일했다. 그러다가 얼라인(Alleine)의 『회심하지 않은 죄인에게 울리는 경종』(*Alarm to the Unconverted*)과 존 웨슬리(John Wesley)와 존 플레처(John Fletcher)의 작품들을 읽으며 열정적이고 양심적인 부사제에서 감리교 지지자로 서서히 진화했다.

그는 1776년 8월에 존 웨슬리를 처음 만나 교구에서의 책임에 계속 최선을 다하라는 조언을 들었지만, 지역 교구에서 그를 반대하는 분위기가 형성되는 바람에 다음 부활절에 사우스페더턴(South Petherton)에서 쫓겨나고 말았다. 이제 그는 감리교 설교자이자 존 웨슬리의 신뢰받는 조수가 되었지만, 찰스 웨슬리(Charles Wesley) 등 교단 내에서 더 오래되고 기반을 갖춘 인물들로부터 상당한 의혹과 적의를 받지 않을 수 없었다. 법에 대한 전문 지식으로 토마스 코크는 1784년 조직선언서(Deed of Declaration) 작성에 크게 기여했는데, 이 선언문은 웨슬리파총회(Wesleyan Conference)를 웨슬리 사망 이후 교단의 통치 기구로 규정했다.

토마스 코크와 미국과의 오랜 관계는 웨슬리가 그를 새로이 부상하던 독립국 미국에서 성장하던 감리교 사역의 '감독자'(superintendent)로 안수하면서, 성공회와 완전히 단절한 1784년 9월에 시작되었다. 토마스 코크는 1784년부터 1804년 사이에 미국을 아홉 번 여행했다. 처음 방문했을 때 그는 미국 설교자들을 볼티모어(Baltimore)의 '크리스마스' 총회에서 만났는데, 이 총회에서 미국감리교회가 조직되고 프랜시스 애즈베리(Francis Asbury)를 공동 감독자(fellow-superintendent)로 안수했다. 4년 뒤에 '주교'(bishop)라는 직함이 채택되었는데, 이는 웨슬리를 깜짝 놀라게 했다. 미국에서의 자기 역할을 내려놓고 영국감리교에서 계속 적극적으로 활동하려던 토마스 코크의 시도는 애즈베리 및 미국 설교자들과의 갈등을 유발했고, 결국 불가능한 시도였다는 것이 곧 드러났다.

웨슬리가 1791년에 사망했을 때 토마스 코크는 미국에 있었다. 당대와 후대의 비평가들은 그가 교단에서 웨슬리의 자리를 차지하고 싶어 했고, 아일랜드와 영국총회가 그를 총회장으로 선택하기를 거부함으로써 이런 희망이 분쇄되었다고 주장했다. 비록 안수받은 성직자이자 옥스퍼드 박사학위 소지자로서의 토마스 코크의 사회적 지위 때문에 그가 지도자 자리를 차지하는 것이 좋겠다는 분위기가 있었고, 또한 이 때문에 반대과 동료들의 분노가 있었던 것도 사실이었지만, 그가 자기 행동으로 이런 개인 야심에 대한 반대를 더 부추긴 것은 아니다. 그는 1791년부터 1813년까지 수차례 총회 총무직을 맡았고, 1797년과 1805년에 총회장으로 선출되었다.

또한, 결국은 실패로 돌아가기는 했지만, 그는 유사-감독제도(quasi-episcopal)를 주창하는 '리치필드안'(Lichfield Plan)을 1794년에 제안하고, 웨슬리파 설교자들이 집례하는 성찬에 대한 논쟁을 해결한 1795년 평화안(1795 Plan of Pacification)을 기안함으로써 새로이 부상하던 웨슬리파 정치 관련 논쟁에서 중요한 역할을 담당했다. 1811년에 토마스 코크와 애덤 클락(Adam Clarke)은 비국교도 설교자의 활동을 제한하는 안을 놓고 두 사람의 의견을 구하려 한 시드머스 경(Lord Sidmouth)을 만났다. 이들은 시드머스의 좋은 의도에 설득당했지만, 교단의 다른 이들은 이 법에서 감리교 구조에 대한 잠재적 위협 요소를 보지 않을 수 없었다.

미국에서의 사역에 더하여, 토마스 코크는 감리교 해외선교를 가장 먼저 지원한, 또한 가장 지속적으로 후원한 인물이었다. 첫 안은 1783-1784년에 나왔다. 1786년에는 서인도 제도, 미국, 채널 제도, 북부 스코틀랜드 선교지원을 보장했다. 그는 선교적 대의를 위해 부지런히 재정을 모금했으며, 1798년부터는 선교감독자로 공식 임명받았다. 감리교 사역을 동인도 제도(East Indies, 인도와 주변 동남아시아 지역을 포함하는 개념-역주)로 확장하려는 계획하에 총회를 설득해서 1813년에 인도 탐험대가 승인되는 결과가 이어졌다. 이 무리를 이끈 이가 토마스 코크였지만, 그는 1814년 5월 4일에 동쪽으로 향하던 항해 중에 배 위에서 사망했다.

다양한 설교, 소책자, 일기 발췌문에 더하여, 토마스 코크는 1801년부터 1807년 사이에 여섯 권으로 된 『성경주석』(*A Commentary on the Holy Bible*)을 출판했다. 거의 전적으로 다른 학자들의 저술에 의존한 이 책을 애덤 클락은 '바보들이 보기에도 별 볼일 없는 책'으로 폄하했다. 토마스 코크는 두 차례 결혼했다. 1805년에 결혼한 첫 아내 페넬로페 굴딩 스미스(Penelope Goulding Smith)는 1811년에 죽었고, 그해 말에 결혼한 두 번째 아내 앤 록스데일(Anne Loxdale)은 1812년에 사망했다.

참고문헌 | J. Vickers, *Thomas Coke: Apostle of Methodism* (London: Epworth Press, 1969).

M. WELLINGS

토마스 쿠퍼(Thomas Cooper, 1805-1892)

인기 있는 변증가. 그는 1805년 3월 20일에 레스터(Leicester)에서 태어났지만, 게인스버러(Gainsborough)에서 자랐다. 아버지는 토마스가 네 살 때 돌아가셨고, 염색 일을 하던 어머니는 아들을 궁핍한 환경에서 키울 수밖에 없었다. 지역 학교 교육을 겨우 조금 받는 것에 그쳤기에, 독서와 비형식적 배움에 그칠 줄 모르는 열의를 보였고, 이를 통해 탁월한 지적 재능을 나타냈다. 14살 때, 원시감리교회(Primitive Methodist) 전도자 몇 명이 마을을 찾았고, 강렬한 영적 고뇌에 뒤따라서 그는 마침내 회심했다. 그러나 강박적인 신앙 습관이 자라나자, 감정 표현이 덜 강렬한 웨슬리파감리교회(Wesleyan Methodists)로 소속을 옮겼다.

1820년 6월에 토마스 쿠퍼는 신발 제조업자의 도제로 일하기 시작했다. 일하는 시간 전후에 그는 다양한 종류의 지식, 즉 고전어, 자연사, 문학, 특히 미래에 그가 성장하게 될 분야라는 의미에서, 기독교의 증거에 대한 지식을 열렬히 탐구했다. 자신을 너무 밀어 붙이는 바람에 22살에는 몸이 망가졌다. 이어서 소명 변화가 뒤따랐다. 토마스 쿠퍼는 교사가 되어 8년간 일했지만, 가난한 사람들은 자기 자녀에게 라틴어가 필요하다고 생각지 않은데다 아이들도 어른들과 생각이 같다는 것을 알고 실망했다.

그는 한동안 독립교회와 지역 교구교회에 출석했다가, 웨슬리파교회로 바꾼 후 '성령의 증거'와 '완전성화'를 경험하려고 애썼지만, 영적 상승이 다시 영적 하강으로 이어지는 경험이 반복된다는 것을 알게 되었다. 그럼에도 불구하고, 1829년에 그는 웨슬리파 지역 설교자가 되었다. 토마스 쿠퍼는 재능 있고, 인기 있고, 자만에 찬 젊은 설교자였기에 감독자와 부딪혔고, 따라서 링컨(Lincoln)으로 전임되는 것이 더 나은 방편으로 보였다. 그러나 감독자가 그에 대한 부정적인 보고서를 링컨으로 보내는 바람에 토마스 쿠퍼는 자신이 웨슬리파 전체 조직에서 강제 축출당한다고 느끼게 되었고, 이때부터 회의주의에 빠져들기 시작했다. 1834년 2월에 그는 수재너 챌로너(Susanna Chaloner)와 결혼했다. 수재너가 결혼 초기에 유산을 경험한 후, 부부는 남은 평생 자녀 없이 살아야 했다.

다음으로 토마스 쿠퍼가 소명을 발견한 영역은 지역 신문에 글을 쓰는 기자 자리였다. 1840년, 「더 레스터셔 머큐리」(The Leicestershire Mercury)는 노동자 계층 정치적 급진주의자인 차티스츠(Chartists)집회를 취재하라고 그를 보냈다. 그러나 이 만남을 통해 그 역시 정치적 견해를 갖게 되었고, 결국 그는 해고된 후에 차티스트들이 만드는 신문들의 편집자로 직장을 바꾸었다. '장군'(General)으로 알려진 그는 레스터차티스츠(Leicester Chartists)를 이 운동의 가장 중요한 지역으로 만들었고, 차티스트 지도자로 전국적인 명성을 떨쳤다. 그는 용맹한 차티스트 지도자 피어거스 오코너(Feargus O'Connor)에게 충성을 다했고, '물리력' 전략, 즉 직접행동 전략을 지지했다.

1842년 8월에 토마스 쿠퍼는 랭커셔의 핸리(Hanley)에서 파업 중인 광부와 도공 무리를 대상으로 연설했다. 연설 직후 모인 이들이 소요를 일으키자 토마스 쿠퍼는 체포되어 반란 선동 혐의로 징계를 받았다. 형을 선고받은 그는 2년간(1854년 5월까지) 스태퍼드감옥(Stafford Gaol)에 수감되었다. 옥중에서 토마스 쿡은 책 길이의 시 『자살한 자들의 연옥』(The Purgatory of the Suicides, 1845)을 썼는데, 벤저민 디스레일리(Benjamin Disraeli), 찰스 디킨스(Charles Dickens), 토마스 칼라일(Thomas Carlyle)로부터 격려의 말을 들을 정도로 좋은 평가를 받았다.

이후 토마스 쿠퍼는 저술가, 편집자, 대중 강연가로 경력을 시작했다. 감옥에 있던 시간은 그의 종교적 회의주의를 깊게 했고, 그는 런던 서민을 대상으로 하는 자유 사상 강연자 중 가장 인기 있는 인물로 떠올랐다. 예수님의 기적에 대한 복음서 이야기들이 역사적이라기보다는 신화적이라는 (조지 엘리어트[George Eliot]가 막 영어로 번역한) D. F. 스트라우스(D. F. Strauss)의 『예수의 생애』(Leben Jesu)에 설득당한 그는 이 가르침을 강단에서, 또 1850년부터 그가 발행하기 시작한 주간지 「쿠퍼스 저널」(Cooper's Journal)을 통해 대중화했다.

그러나 서서히 토마스 쿡은 이런 회의론적 접근법에 한계가 있다고 느끼고 정통을 다시 연구하기 시작했다. 특히, 그는 '신성을 가진 도덕적 통치자'에 대한 믿음 없이는 도덕적 기반이 있을 수 없다고 확신하게 되었다. 1856년 1월, 그는 런던 자유 사상 홀(London freethinking hall)에서 '스웨덴과 스웨덴인'에 대해 강연하기로 일정이 잡혔을 때 이 확신을 극적으로 입으로 고백했다. 그 후 그는 오랜 기간 신앙과 의심 문제를 놓고 고민하는 시간을 가졌다. 저술가이자 성공회 성직자였던 찰스 킹슬리(Charles Kingsley)가 그의 영적 조언자와 절친한 친구가 되었다.

토마스 쿠퍼는 1856년 6월에 그에게 다음과 같은 내용으로 편지를 보냈다.

"신약을 읽었고, 다시 읽으려 한다네. 그러나 얼마나 자주 이 모든 내용이 우화 더미로 보이는지 모르겠네. 내가 읽은 것의 굳건한 실재를 느끼며 읽을 수 있을까?…내가 무엇을 해야 하는지, 내가 그리스도께로 가는 것을 도와주는 것은 무엇이든지 알려줄 수 있겠나? 나는 그분을 원한다네. 사복음서가 여전히 절반은 신화라 해도 나는 여전히 그분을 원한다네…그렇지만 내가 여전히 의심으로 가득 차 있다면 어떻게 그럴 수 있겠나?"

마침내 의심은 사라졌다. 토마스 쿠퍼는 1856년 성령강림절(Whit Sunday)에 레스터(Leicester)의 일반침례교신교파(New Connexion General Baptist church)에서 신자로 침례받았다. 이제 그는 남은 일평생 이 교단의 신자로서 정체성을 유지했다.

토마스 쿠퍼가 잉글랜드의 대중 자유 사상을 이끄는 가장 유명한 지도자 중 하나였기에, 그의 재회심(reconversion)은 사람들을 경악시켰다. 그는 계속해서 강연 경력을 쌓았고, 강연 뒤에는 의례히 극적이고 참여율이 높은 논쟁이 뒤

따랐다. 이 논쟁 중에는 그의 친구였던 세속주의 지도자 G. J. 홀리요크(G. J. Holyoake)와 떠오르는 무신론 지도자 찰스 브래드로(Charles Bradlaugh)와의 논쟁도 있었다. 그러나 토마스 쿠퍼는 이런 충돌이 비생산적이고 감정적으로 너무 소모적임을 깨닫고, 순수하게 강연에만 집중하기로 결정했다.

남은 평생 그는 불신자가 회심하고, 의심 속에서 고뇌하는 기독교인의 믿음이 강해지는 것을 보고 싶은 열망으로 '기독교 변증 강연자'가 되어 전국을 종횡무진 누볐다. 토마스 쿠퍼의 출판되지 않은 기록 대장에 따르면, 인생의 이 마지막 단계에 그는 4,292회 강연하고 2,568회 설교했다. 많은 급진 정치가들, 오랜 차티스트들, 대중 회의주의자들이 이 칭송받는 지도자, 저술가, 연사의 강연을 들으러 왔다.

그는 다섯 권의 대중적인 변증서를 출판했는데 판매율이 아주 좋았다. 『시간의 만 위에 놓인 역사의 다리』(The Bridge of History Over the Gulf of Time, 1871), 『신, 영혼, 미래 상태』(God, the Soul and a Future State, 1873), 『그리스도의 죽은 자로부터 부활의 진실』(The Verity of Christ's Resurrection from the Dead, 1875), 『그리스도의 기적의 진실과 가치』(The Verity and Value of the Miracles of Christ, 1876), 『진화, 돌로 된 책, 모세의 창조 기록』(Evolution, the Stone Book, and the Mosaic Record of Creation, 1878).

그가 쓴 유명한 시를 이은 기독교적 후속편으로 『순교자의 낙원』(The Paradise of the Martyrs, 1873), 두 권으로 된 설교집 『평범한 강단 설교』(Plain Pulpit Talk, 1872)와 『속죄』(The Atonement, 1880), 기독교적인 작품도 들어 있는 수필집 『80세와 그 이전 시기 생각들』(Thoughts at Fourscore and Earlier, 1885)도 있었다. 오늘날 가장 유명한 책인 자서전 『직접 쓴 토마스 쿠퍼의 생애』(The Life of Thomas Cooper, Written by Himself, 1872)는 빅토리아 시대 노동자 계층의 삶에 대한 통찰을 얻기 위해 자주 읽히지만, 또한 그의 신앙이 어떻게 발전해 갔는지에 대한 세밀한 이야기도 들려준다.

토마스 쿠퍼의 변증학 저술들에는 그가 얼마나 왕성하게 책을 읽었는지가 잘 나타나 있다. 그가 살았던 시대와 한 세기 전에 등장한 모든 중요한 기독교 증거와 회의주의 작품들의 안내서 역할도 충분히 할 만하다. 가장 설득력이 강한 논증의 한 가지 흐름만 선택하지 않고, 토마스 쿠퍼는 이 모두를 교대로 활용했다. 예를 들어, 설계(design) 논증, 연역(a priori) 논증, 도덕 논증이 다 활용되었다. 설계 논증을 통해 그는 자연사에 대한 광범위한 지식을 '유용한 지식'에 배고파하는 노동자들을 즐겁게 하는 데 사용했지만, 재회심 이야기에서 드러나는 것처럼, 도덕 논증이 인간적으로는 가장 설득력이 강한 논증이라는 것을 깨달았다.

토마스 쿠퍼의 책 중 가장 인기 있었던 『시간의 만 위에 놓인 역사의 다리』는 스트라우스가 제기한 의문에 대한 답을 그만의 방식으로 시도한 것이지만, 더 초기 작품에서 시도했던 답변을 취소하는 것이었다. 이 책에서 그가 사용한 기술은 복음서 이야기에서 제시된 상세한 내용들에 주의를 깊이 기울이면서, 그 내용의 신빙성(verisimilitude)을 강조하는 것이었다. 토마스 쿠퍼는 80세가 될 때까지도 순회강연을 계속 다녔다. 여전히 아주 활력 있는 활동을 펼쳤지만 실제로는 남은 생이 얼마 되지 않았던 1884년에, 링컨의 일반침례교도들이 '토마스 쿠퍼 기념 교회'(Thomas Cooper Memorial Church)를 세우기로 결의했다. 1892년 7월 15일에 그가 사망하자, 토마스 쿠퍼 기념 예배가 기념 교회에서 정식으로 드려졌는데, 이름이 'TCM 침례교회'라는 약자로 표기되고 있기는 하지만, 지금도 이 교회는 여전히 그 자리에 서 있다.

참고문헌 | R. J. Conklin, *Thomas Cooper, the Chartist* (Manila: University of the Philippines Press, 1935); T. Cooper, *The Life of Thomas Cooper, Written by Himself* (1872; repr. Leicester: Leicester University Press, 1971); T. Larsen, 'Thomas Cooper and Christian Apologetics in Victorian Britain,' *Journal of Victorian Culture* 5.2 (autumn 2000), pp. 239-259.

T. LARSEN

토마스 쿡(Thomas Cook, 1808-1892)

현대 여행 산업의 개척자. 그는 1808년 11월 22일에 더비셔(Derbyshire) 멜번(Melbourne)에서 태어났다. 네 살 때 아버지가 돌아가시는 바람에, 열 살 때에는 학교도 더 다닐 수 없게 되었다. 이어서 그는 목재 선반공의 도제로 들어갔다. 토마스 쿡의 외할아버지 토마스 퍼킨스(Thomas Perkins)는 일반침례교신교파(New Connexion General Baptist) 목사였다. 1824년에 조셉 F. 윙크스(Joseph F. Winks)가 멜번 일반침례교회 목사가 된 후, 곧 이 젊은이에게 주된 영향력을 끼친 인물이 되었다. 윙크스는 1826년 2월 28일에 토마스 쿡에게 침례를 주었다. 1828년 가을, 토마스 쿡은 러틀랜드(Rutland)와 일부 다른 미들랜드(Midland) 지역 마을 선교사로 교단을 위해 일하기 시작했다.

다음해, 그는 책임을 수행하는 과정에서 2,692마일을 여행했는데, 그중 2,106마일을 걸어서 순회했다. 그러나 1831년에 일반침례교선교회(General Baptist Missionary Society)는 더 이상 사례비를 지원할 능력이 없었다. 그는 다시 무역업으로 복귀하기 위해 마켓하보로(Market Harborough)로 이사한 후, 그곳의 일반침례교회에 합류하고 곧 성인 주일학교 담당자가 되었다. 1833년 3월 2일, 그는 메리앤 메이슨(Marianne Mason)과 결혼했다. 아들 존 메이슨(John Mason)과 딸 애니(Annie)가 태어났다.

이 젊은 부부는 절대 금주주의에 헌신한 후, 관련 문헌을 인쇄하고 팔며 이 대의를 지원했는데, 결국 이 일이 목재 선반 가공업을 대체했다. 곧 열릴 사우스미들랜즈금주협회(South Midlands Temperance Association) 모임에 대해 생각하던 토마스 쿡에게 기차 여행의 새로움과 매력을 통해 금주를 촉진하는 것이 좋겠다는 생각이 불현듯 떠올랐다. 이 생각이 1841년 7월 5일에 레스터(Leicester)에서 러프버러(Loughborough)까지의 아주 성공적인 짧은 기차 여행 기획으로 이어졌다. 485명이 이 첫 소풍에 참가했고, 수천 명이 이들의 도착을 환영하기 위해 모였다. 토마스 쿡은 즐거워하는 청중들을 '절대 금주주의와 철도주의를 위하여!'(for Teetotalism and Railwayism!) 축제로 안내했다.

토마스 쿡은 그 후 레스터로 이주하여 인쇄 사업에 뛰어들었다. 단명한 여러 출판물들을 만들었는데, 「더 칠드런스 템퍼런스 매거진」(*The Children's Temperance*), 「더 템퍼런스 메신저」(*The Temperance Messenger*), 「디 안티-스모커」(*The Anti-Smoker*), 「더 내셔널 템퍼런스 매거진」(*The National Temperance Magazine*), 「더 칩 브레드 해럴드」(*The Cheap Bread Herald*, 자유

무역 관련 출판물) 등이었다. 1853년에는 메리 앤이 경영하는 금주 호텔과 인상적인 템퍼런스 홀(Temperance Hall)도 열었다.

토마스 쿡은 계속 기차 여행을 조직했고, 이 사업은 점차 탄탄한 기반을 확보했다. 1843년, 그는 3,000명의 주일학교 아이들을 더비(Derby)로의 여행에 데려갔는데, 이는 이 아이들을 도덕적으로 위험한 경마 주간의 분위기에서 벗어나게 하려는 의도였다. 잉글랜드, 다음으로는 스코틀랜드 여러 지역으로의 여행은 토마스 쿡의 잦은 일상사가 되었다. 1855년에는 유럽 대륙 여행도 시도했다. 이어서 여행뿐만 아니라 음식과 숙박까지 포함하여 비용을 지불하는 '패키지' 여행을 개척했다. 뒤이어 미국 여행도 시도되었다.

1869년 즈음 토마스 쿡은 중산층 사람들이 성지를 순례하는 일을 가능하게 만들고자 하는 그의 오래된 종교적 동기에 근거한 소망을 추진할 준비가 되었다. 그때 이 사업을 맡은 존 메이슨 쿡(John Mason Cook)은 회사를 신앙적인 목적을 위해 사용하는 아버지의 성향을 좋아하지 않았다. 토마스 쿡은 아내 메리앤에게 다음과 같이 말했다.

> "존이 선교와 사업을 뒤섞는 내 방식을 좋아하지 않아요. 그렇지만 이렇게 하면서 내가 얻는 즐거움을 그가 빼앗아갈 수는 없을 거요."

반면, 수많은 목회자와 경건한 평신도들은 토마스 쿡의 성지 여행에 감사했다. 그가 주일은 여행 일정에 포함되지 않게 보장했다는 사실이 사업을 어렵게 만든 것 같지는 않다. 세계일주 여행은 1873년에 시작되었다.

토마스 쿡은 1892년 7월 18일에 레스터에서 사망했다. 일평생 그는 수많은 종교적이고 박애주의적인 대의, 특히 그의 교단인 일반침례교신교파와 금주운동을 후원했다. 소속 교회인 아크디컨레인교회(Archdeacon Lane Church)를 위해 학교 건물을 지었고, 레스터금주협회 회장으로 섬겼다. 그가 성취한 가장 중요한 일 중 하나는 1873년에 로마에 일반침례교선교회를 설립한 것이다. 1855-56년 겨울에는 레스터셔(Leicestershire)에서 15,000명의 빈민에게 음식을 제공하는 일을 감독했고, 후에 감자 기근 기간에도 구호단을 조직했다. 고향 멜번에는 노인들을 위한 집 열네 채를 지었다.

토마스 토마스 쿡은 여행 산업을 대중화했다. 일평생 그의 이름은 사람들이 잘 아는 이름으로 입에 오르내렸고, 그가 시작한 사업이 계속 성공함에 따라, 오늘날에도 여전히 영국과 세계에서 사업이 유지되고 있다. 흥미롭게도, 레스터가 토마스 쿡의 이름을 공공건물에 붙임으로써 그의 이름을 오래도록 기념하기로 결정했다.

참고문헌 | P. Brendon, *Thomas Cook: 150 Years of Popular Tourism* (London: Secker & Warburg, 1991); R. Ingle, *Thomas Cook of Leicester* (Bangor: Headstart History, 1991); T. Larsen, 'Thomas Cook, Holy Land Pilgrims, and the Dawn of the Modern Tourism Industry,' in R. N. Swanson (ed.), *The Holy Land, Hold Lands, and Christian History, Studies in Christian History* 36 (Woodbridge, Suffolk: The Boydell Press for the Ecclesiastical History Society, 2000), pp. 329-342.

T. LARSEN

토마스 크랜머(Thomas Cranmer, 1489-1556)

잉글랜드 종교개혁가. 그는 헨리 8세(Henry VIII), 에드워드 6세(Edward VI), 메리 1세(Mary I)가 통치한 혼돈의 시대를 살았던 첫 개신교도 캔터베리 대주교였다. 노팅엄셔(Nottinghamshire) 애슬록턴(Aslockton)에서 토마스(Thomas)와 애그니스 크랜머(Agnes Cranmer) 사이에서 태어난 아들 크랜머는 1503년 14살의 나이에 케임브리지대학교 지저스대학(Jesus College)에 들어갔다. 후에 그는 학사(1511-1512), 석사(1515), 박사학위(1526)를 각각 받았다. 지저스대학의 연구원으로 임명된 직후인 1515년 경, 그는 결혼하면서 이 직책을 내려놓았다. 아내가 아이를 낳다 사망한 후, 그는 다시 연구원직을 맡았다. 케임브리지에서 크랜머는 르네상스 인문주의 훈련을 받았는데, 이를 통해 교부학뿐만 아니라 성경을 끈기 있게 연구할 수 있는 기반을 확보했다. 크랜머가 1520년대의 새롭고 급진적인 복음주의 신학에 영향을 받았다는 증거는 많이 나타나지 않는다. 실제로 크랜머가 갖고 있던 존 피셔(John Fisher)의 '루터 논박서'(confutation of Luther)에 달린 주석들은 크랜머가 이 독일 개혁자의 교황 및 행위 교리 공격을 확신 있게 받아들이지 못했다는 분명한 증거인 것 같다. 크랜머는 1520년대에 사제로 안수받은 후, 조용한 학자의 삶이 갑작스레 종말을 맞게 되는 1529년 여름까지 케임브리지대학교 시험관과 지저스대학 교수직을 수행했다.

1529년에 옥스퍼드와 케임브리지 두 대학교 모두 헨리 8세의 임박한 이혼과 연이은 재혼의 합법화 과정에 관여했다. 크랜머는 아라곤의 카탈리나(Catherine of Aragon, 스페인어로는 Catalina de Aragón-역주)가 헨리의 죽은 형 아서의 아내였기에, 카탈리나와 헨리의 결혼이 교회법에 합치하지 않는다며 헨리에게 확신을 주었다. 이 주장은 분명 헨리의 걱정을 누그러뜨리는 데 도움이 되었고, 곧 크랜머는 불린 가문(Boleyns, 헨리 8세가 카탈리나와 이혼한 후 결혼한 앤 불린의 가문-역주)의 런던 집인 더럼하우스(Durham House)로 이주했다. 1530년 1월, 헨리의 명령에 따라 크랜머는 대사 윌트셔 백작(Earl of Wiltshire)과 함께 교황 클레멘스 7세(Pope Clement VII)와 레겐스부르크(Regensburg)의 신성로마제국 칼 5세(Holy Roman Emperor Charles V)에 파견되는 사절단의 일원으로 참여한 후, 1530년 9월에 귀국했다. 헨리와 카탈리나의 결혼이 무효라고 선언해 달라고 클레멘스 7세를 설득한 잉글랜드인들의 열렬한 노력에도 불구하고, 교황은 로마의 교황 도시를 공격했을 뿐만 아니라 카탈리나의 사랑하는 조카이기도 했던 칼 5세에게서 엄청난 정치적 압박에 시달리고 있었다. 크랜머는 1530년에 톤턴(Taunton)에서 교구 성당 부제가 되었고, 뉘른베르크(Nuremberg)에 머물고 있던 1532년에 유명한 루터교 신학자 안드레아스 오시안더(Andreas Osiander)의 조카 마가렛(Margaret)과 결혼했다. 이렇게 함으로써 그는 사제의 순결 서약을 깨뜨리며 개신교 신앙에 쏠린 성향을 드러냈다. 그러나 크랜머는 자신의 결혼을 15년 동안 비밀로 유지했다.

1532년에 헨리는 크랜머의 고사에도 불구하고 그를 캔터베리 대주교로 임명했고, 1533년 3월 30일에 서품식을 치렀다. 그의 교회 수장 등극은 매우 신속하게 이루어졌다. 전 잉글랜드 교회의 수장으로서의 그의 첫 과제 중 하나는 잉글랜드에서 교황의 지배권과 수위권을 거부하기 위한 신학적 정당성과 역사적 선례를 찾아내는 것이었다. 그는 정치 및 교회 영역을 다스리는 '거룩한 군주'와 왕의 수위권 원리를 철저히 신봉했다. 케임브리지 시절로 거슬러 올라가는 그의 교황수위권 혐오는 헨리의 국왕수위권을 열정적으로 지지하면서 더 짙어졌다.

크랜머는 조심스럽게 잉글랜드국교회(Church of England) 개혁을 추진해 나갔다. 『10개 신조』(The Ten Articles of Faith, 1536)와 『주교서』(Bishops' Book, 1537)는 루터의 비텐베르크 조항들을 닮았다. 신앙의 기준은 성경과 (일곱이 아니라) 세 성사(성례)라고 선언되었고, 칭의 조항은 루터의 오직 믿음(sola fide) 원리를 확정했다. 크랜머는 또한 복음주의 신앙을 더 빨리 확산시키기 위해 모국어 성경이 필요하다고 확신했다. 『대성경』(The Great Bible)이 1539년에 출간되었고, 2판은 바로 다음해에 나왔다.

1547년에 에드워드 6세가 보위에 오르자, 크랜머는 더 자유롭게 개혁에 대한 열망을 표현하고 더 열정적으로 개혁을 실행하기 시작했다. 그는 영어로 쓰인 최초의 『성찬 예식서』(1548), 『공동기도서』(The Book of Common Prayer)의 첫 두 판(1549, 1552), 『설교서』(Book of Homilies, 1547), 『42개 조항』(Forty-Two Articles, 1553) 작성에 주도적인 역할을 했다. 그의 『참되고 보편적인 성찬 교리 변호』(Defence of the True and Catholic Doctrine of the Sacrament, 1550)는 보수적인 윈체스터(Winchester) 주교 스티븐 가디너(Stephen Gardiner)에게 가혹한 비판을 받았지만, 이 논쟁적 주제에 대한 그의 이해도가 얼마나 성숙했는지를 잘 보여 주었다. 처음에 크랜머는 루터의 편재설 (실재적 임재설, real presence)을 선호하며 본질변화 교리(화체설-역주)에 대한 믿음을 포기했지만, 이후 1546년경에 니콜라스 리들리(Nicholas Ridley)의 영향을 받아 칼빈의 영적 임재설을 수용했다. 그는 1548년 12월에 열린 상원 성례 논쟁 중에 이 교리를 확정했다. 에드워드 시대 첫 번째 기도서는 가디너 같은 가톨릭 보수주의자들에게서는 조건부 인정을 받았지만, 오히려 이 책이 표현한 분명한 실재적 임재설에 불만을 품은 글로스터(Gloucester) 주교 존 후퍼(John Hooper), 피에트로 마르티레 베르미글리(Peter Martyr Vermigli), 마틴 부처(Martin Bucer) 같은 복음주의자들로부터는 끔찍할 정도로 부적절한 개신교 해설이라며 비난받았다. 1552년의 두 번째 에드워드 시대 기도서에서는 미사(mass)가 '성찬 예배'(Holy Communion)라는 이름으로 대치되었고, 예배의 특징도 훨씬 더 개신교적으로 변했다.

칼 5세가 1548년 6월에 아우크스부르크화의(Augsburg Interim)를 선언하면서, 스트라스부르(Strasbourg)에서의 부처의 지칠 줄 모르는 종교개혁 노력도 끝이 났다. 크랜머는 부처와 동료 파울 파기우스(Paul Fagius)를 잉글랜드로 초대해서 그들에게 1549년 미가엘축제 학기(Michaelmas term, 9월부터 12월까지의 1학기-역주) 동안 케임브리지의 흠정(Regius) 신학 교수직과 히브리어 교수직을 각각 맡겼다. 그는 또한 이탈리아 개혁자 피에트로 마르티레 베르미글리(Peter Martyr Vermigli, 이탈리아어로는 Pietro Martire Vermigli-역주)도 불러들여 옥스퍼드의 흠정 신학 교수직을 맡겼다.

베르미글리의 강해서들과 『신학대전』(Loci Communes, Common Places라는 의미의 라틴어로, 종교개혁 시대에 주로 종합적인 조직신학서를 의미하는 표현으로 쓰였다-역주)은 개신교 신학생들의 필독 도서들이었다. 크랜머는 이런 식으로 두 잉글랜드 대학에 무게감 있는 위대한 신학자들을 선사했다. 더구나 그는 많은 개신교 피난민들을 런던에 받아들이고, 런던 주교

니콜라스 리들리에게는 분하게도, 폴란드인 종교개혁가 얀 와스키(Jan Łaski, 영어로는 John à Lasko-역주)의 책임하에 그들이 '더 이상의 교회들'을 조직해도 된다고 허락했다. 하인리히 불링거(Heinrich Bullinger)는 크랜머를 '외국인의 특별 후원자'라며 칭송했다. 성찬 논쟁이 츠빙글리파와 루터교를 영구적으로 나누어 놓으면서, 개신교인들은 트렌트공의회를 기반으로 한 가톨릭갱신운동(Catholic renewal movement)과 개신교에 대한 역공에 불안해했다. 크랜머는 츠빙글리(Zwingli)의 취리히 후계자 불링거, 루터의 부관 멜란히톤(Melanchthon) 및 제네바의 칼빈(Calvin)에게 1552년에 편지를 써서, 성례 문제에 대한 연합을 도모하고 합의를 도출할 범개신교 회의를 열자고 제안했다. 크랜머와 그와 뜻을 같이 한 동료들의 큰 희망 중 많은 것들이 잉글랜드국교회를 더 개신교적으로 개혁한 열다섯 살 에드워드 6세의 예상치 못한 이른 죽음으로 물거품이 되고 말았다. 메리 튜더(Mary Tudor)가 보좌를 승계한 후, 미사가 다시 도입되었다. 1553년 9월 13일에 크랜머는 여왕이 신봉하는 가톨릭 신앙의 핵심 교리를 부인하고, 에드워드 사망 이후 즉각 레이디 제인 그레이(Lady Jane Grey)를 여왕으로 천거하려 시도했다는 이유로 런던탑에 투옥되었다. 두 달 후 반역 혐의로 재판을 받은 그에게 모든 혐의에 유죄가 선고되었다. 1554년 3월, 위원회는 크랜머, 리들리, 라티머(Latimer)를 옥스퍼드로 보내라고 명령했다. 메리와 스페인의 필립의 결혼, 켄트(Kent)에서 일어난 와이어트(Wyatt)의 농민 반란 때문에 이들의 처형이 연기되던 기간에 크랜머는 가디너(Gardiner)와 그의 지지자들과의 논쟁을 준비하기 위해 성찬에 대해 집중적으로 연구했다.

1554년 4월 16일, 크랜머가 바란 것은 순수한 논쟁이었지만, 대신 그는 이단으로 재판받고 기소되고 파문당했다. 그가 대주교였기 때문에 잉글랜드교회 당국(English ecclesiastical authorities)은 로마의 공식 승인을 기다려야 했다. 마침내 1555년 12월 4일에 교황 바오로 4세는 이미 모든 지위를 잃은 크랜머를 파문했다. 1556년 2월과 3월에 메리가 임명한 위원회의 강한 압박하에 크랜머는 성찬에 대한 비가톨릭 견해와 교황 수위권 거부를 여섯 차례나 일시 철회했다. 그러나 사면은 이루어지지 않았고, 크랜머가 1556년 3월 21일에 마리아와 교황의 권위 모두를 부인하자 화형이 선고되었다. 이전에 자기가 했던 모든 철회들이 무효라고 선언한 후, 그는 메리의 통치를 거부하고 자신이 이 정권과 아무 연관성이 없다는 것을 보여 주는 상징으로 오른손을 불에 태웠다. 크랜머에 대한 역사가들의 평가는 아주 긍정적인 것부터 아주 부정적인 것까지 범위가 매우 넓다. 그러나 『공동기도서』를 쓴 예배학자로서, 모국어 성경의 후원자로서, 개신교 에큐메니즘의 주창자로서, 복음주의 난민들의 후견인으로서, 마지막으로 국왕수위권 원리의 신봉자로서, 그가 잉글랜드국교회 예배와 신학에 크게 기여했다는 점에는 의심의 여지가 없다.

참고문헌 | P. Ayris and D. Selwyn (eds.), *Thomas Cranmer: Churchman and Scholar* (Woodbridge: Boydell Press, 1993); G. W. Bromiley, *Thomas Cranmer, Theologian* (London: Lutterworth Press, 1956); P. N. Brooks (ed.), *Cranmer in Context: Documents from the English Reformation* (Minneapolis: Fortress Press, 1989); D. MacCulloch, *Thomas Cranmer* (New Haven: Yale University Press, 1996).

P. C-H. LIM

토마스 클라크 오덴(Thomas Clark Oden, 1931-2016)

감리교 목회자이자, 신학자이며, 드류대학교(Drew University) 교수. 그는 오클라호마 앨터스(Altus)에서 1931년 10월 21일에 태어났다. 오덴의 아버지는 변호사였으며, 어머니는 음악 교사였다. 1949년에 오클라호마대학교(University of Oklahoma)에 입학한 오덴은 1953년에 문학사학위를 받고 졸업했다. 퍼킨스신학교(Perkins School of Theology, 후에 남감리교대학교[Southern Methodist University])에서 정식으로 신학 공부를 시작했으며, 1956년에 신학사학위를 받고 졸업했다. 연합감리교회의 오클라호마대회(Oklahoma Conference)에서 안수받은 뒤(1954년에 준회원이 되었으며, 정회원은 1956년에 되었다), 여러 교구에서 사역했다.

1956년에는 예일대학교(Yale University)에서 공부를 시작한 후, 1958년에 석사, 1960년에 박사학위를 받았다. 이때 한스 프라이(Hans Frei)와 H. 리처드 니버(H. Richard Niebuhr)가 논문을 지도했다. 오덴의 박사 논문은 수정을 거쳐서, 『루돌프 불트만의 윤리학』(*The Ethics of Rudolf Bultmann*)이라는 제목으로 출판되었다. 이후 오덴은 하이델베르크대학(University of Heidelberg)에서 1년 동안 박사 후 연구(post-doctoral study)를 수행했다.

1958년에 퍼킨스신학교 강사가 되면서 오덴은 교직 경력을 시작했다. 1960년부터 1970년까지 필립스대학교(Philips University)에서 부교수와 정교수가 되었다. 1971년에는 드류대학교 신학과에서 헨리 앤슨 버츠(Henry Anson Buttz) 교수직을 맡았으며, 은퇴할 때까지 이 학교에서 가르쳤다.

오덴은 국립모스크바대학교(Moscow State University), 옥스퍼드, 에든버러, 듀크, 에모리, 프린스턴, 클레어몬트대학교에서 초빙 강사(guest lecturer) 혹은 방문 교수직을 맡기도 했다. 또한, 워싱턴(Washington, D. C.)에 소재한 '도시 계획을 위한 백악관 대화'(White House Dialogue on Urban Initiatives) 산하의 '윤리 및 공공 정책 센터'(Ethics and Public Policy Center, 198)와 '공보관 요약 보고'(Public Information Office Briefings)의 고문(1984-1986)을 지내기도 했다.

기존의 저술 『신학을 위한 안건』(*Agenda for Theology*, 1978)에 J. I. 패커(J. I. Packer)가 쓴 서문과 함께 4개의 장(章)을 추가해서 『근대성 이후는 무엇?』(*After Modernity, What?*, 1990)이라는 제목으로 재출판하면서, 오덴은 자신을 '공공연한 복음주의자'(out-of-the-closet evangelical)라고 밝혔다. 오덴은 이전에 자신이 동일시했던 여러 기관(institutions) 및 이미지(images), '주의'(isms) 정서와 계속 거리를 두었다. 특히, 그의 『레퀴엠: 세 가지 운동에 대한 애가』(*Requiem: A Lament in Three Movements*, 1995)는 전체주의 성향의 '자유주의자'(liberals)가 교단 관료 정치, 교회 치리회, 신학교 교육을 치명적으로 옭죄고 있는 상황에 대한 번민에 가득 찬 자서전이었다.

한때 급진 좌파였던 오덴은 이후에는 사도 이후 저자들(post-apostolic writers)의 성경을 규범으로 삼는 권위가 진정한 근본(radix)이라고 여기게 되었다. 복음에 근거하고 복음으로 평가하는 오덴의 '새로운' 급진주의는 종신 교수직의 관행을 없애지 않고는 신학교의 철저한 개혁이 불가능하다는 주장 같은 과도한 대의를 펼치게 만들기도 했다.

오덴은 은퇴 후 「크리스채너티 투데이」(Christianity Today)에 정기적으로 글을 기고하는 편집자가 되었다. 이 잡지는 북미지역에서 가장 광범위하게 읽히는 복음주의 정기 간행물이었기에, 편집자로서의 오덴의 위치는 그의 영향력 확산에 기여했다.

오덴은 복음을 충실하게 따라야 한다는 주장에서 절대 물러서지 않았는데, 그 결과 다른 나라의 다른 교파를 공적으로 흠잡는 흔치 않은 행동을 하기도 했다. 그는 캐나다연합교회(United Church of Canada, 캐나다에서 가장 큰 개신교 교단이며, 1925년에 감리교, 장로교, 회중교회가 연합해서 형성된 교단)가 에큐메니컬 정체성이 전혀 없으며, 이 교회가 더 이상 '에큐메니컬 공동체라고 정당하게 불릴 수 없다'라고도 했다. 즉 캐나다연합교회가 창조, 죄, 육체적 정절에 대한 언약, 결혼의 축복에 대한 합의된 가르침을 버렸기에, 이 교단은 더 이상 교회가 아니라는 말이었다.

오덴 스스로의 말에 따르면, 그의 신학에서 이루어진 모든 방향 전환은 마지막을 제외하고는 모두 좌회전이었다. 그러나 그를 '오른쪽으로' 가게 한 '방향 전환'은 우회전, 혹은 보상 차원에서 이루어진 일련의 우회전이라기보다는, 교부들에게로 돌아가는 방향 전환이었다. 1960년대 급진주의의 천박함과 신랄함에 깜짝 놀란 오덴은 신학 자료들을 찾기 시작했고, 교부시대의 사상가들이 근대의 저자들이 거의 가지지 못한 사고의 깊이와 적절성을 과시했다고 믿게 되었다.

오덴은 자신을 '정통이자, 에큐메니컬 복음주의자'라 묘사했는데, 여기서의 정통은 '고대의 합의된 주해 전통에서 덜하지도 더하지도 않는 정통'이었다. 오덴은 레렝의 빈켄티우스(Vincent of Lerins)의 정신을 따라, 우주적 교회의 신앙을 해설하기 위해 책을 썼다.

오덴의 작품의 초점은 첫 5세기 동안 교회가 합의한 내용이었는데, '고대성은 모든 역사적 증언 안에 있는 진실한 기억의 기준이기' 때문이었다. 고대성에 몰두했기에, 그는 '사도들은 수정주의자들에 대해 분노했다'면서, '모방에 대한 열정'을 포기하기를 거부했다.

오덴의 저술의 기조는 복음주의적이었는데, 복음의 특수성과 더불어, 그 내재적 전투성을 도처에 드러내고 있었다. 이런 기조는 전도를 불가능하게 하고 정통을 인정할 수 없게 만드는 신학적 근대성의 음모와 날카롭게 대조된다. 오덴의 저작에는 독자들에게 그리스도를 위해 결단하라는 복음주의적인 초청 메시지가 곳곳에 퍼져 있는데, 부드럽지만 엄중하게 꾸물대지 말라고 경고한다.

> "손에 들려 있는 기회를 무시하는 사람은 또 다른 기회를 얻지 못할 수도 있다."

오덴의 저술의 핵심은 고대의 에큐메니컬 신학을 재발견하는 것이며, 그의 발전하는 웨슬리파 전통 안에서 고전적 기독교를 재발견하는 것이었다.

오덴의 저술의 목표 청중(target audience)은 사역 중인 목회자였는데, 그는 기독교의 가르침은 살아 있는 전통이 실제 공동체로 구현된 곳에서만 건강할 수 있다고 보았기 때문이었다(이에 대해서는 목회신학에 대한 그의 여러 책을 참고하라).

오덴의 저술의 방향성은 오덴이 알미니우스(Arminius)와 알미니우스 이후 그를 따르는 자들을 추천하는 내용에서 찾을 수 있다. 즉 '은혜와 자유에 대한 고대 에큐메니컬 합의를 개신교가 점차 회복하는 것'이었다. (비록 그가 어거스틴을 에큐메니컬 거인 중 하나로 인정했음에도 불구하고) 오덴은 권위 있는 종교개혁가들의 작품에서 아주 강조된 어거스틴의 후기 사상인 예정론을 일관되게 부인했다. 오덴은 선택에 대한 이 숙명론적인 오해를 수용된 신앙으로부터의 변화와 일탈로 여겼다. 교회는 하나님의 언약의 동반자들의 인간성의 불가침성(inviolability)을 특히 옹호해 왔다. 동시에, 오덴은 훨씬 미묘한 반(半)펠라기우스주의의 유혹을 거부한 동시에, 펠라기우스주의의 오류를 분별하고 비판했다. 교부들의 사상에 익숙하지 않은 개신교도에게는 그의 주장이 이상하게 여겨지기도 했지만, 오덴의 작품에는 어디에서든지 '작용하는 은혜(gratia operans)/함께 작용하는 은혜(gratia co-operans)'에 대한 논의가 은근히 포함되어 있는데, 이는 오덴의 사상을 파악하는 데 매우 중요하다.

오덴의 사상을 잘 보여 주는 최근 저서는 『고대 기독교 성경주석』(Ancient Christian Commentary on Scripture)이며, 이는 오덴이 고전 기독교 주해의 회복을 목표로 삼은 저작이다. 오덴이 주장하는 바, 이 주석의 가장 큰 장점은 이 글들에는 그 고대성 때문에 어떠한 제국주의의 흔적도 포함되어 있지 않다는 것이다(따라서 어떤 내재적 혐오감을 들어, 아시아와 아프리카 출신 기독교인이 가질 수 있는 혐오감이 없다). 이런 문헌들은 동방과 서방 모두의 문화를 형성했기에 특히 중요하다.

게다가, 고대의 주해는 기도와 공부 간의 긴밀한 관계, 신학과 활기찬 기독교 공동체의 관계, 그리고 성경이 읽힌 배경인 당시 예배를 독자에게 보여 준다. 오덴은 특히 개신교인이 『고대 기독교 성경주석』을 정독하기를 원했다. 그렇게 함으로써 종교개혁 이전 문헌을 무시해서 발생하는 개신교의 신학적 편협함을 치료할 수 있고, 경건주의가 근대 지식에 극단적으로 영향을 받아 쉽게 무너지는 문제를 줄일 수 있기 때문이었다. 예를 들어, 개신교인은 나지안주스의 그레고리우스(Gregory of Nazianzus)의 신학적 힘과 성령의 힘에 대한 제롬(Jerome)의 개방성에 충격을 받을 수도 있을 것이다.

오덴은 왜 자신이 논쟁적으로 글을 쓰고, 또한 다작을 하는지를 반복해서 언급했다. 비록 신에 대한 탐구로서의 신학은 본래 모든 주제를 포괄함에도 불구하고, 신학자들은 신학을 '하품이 날 정도로 지루한 것으로' 만들어 버렸다. 오덴에 따르면, 현대 신학은 너무 파괴적이라 지루하며, 이단은 반역적이지만, 늘어지면 이 역시 따분했다. 그러나 오덴은 바로 잡는다고 주장하는 사람을 위험에 빠뜨리는 가정을 알고 있으며, 세 권으로 된 자신의 저작 『조직신학』(Systematic Theology, 1987, 1989, 1992)의 목적은 독자가 자신이 틀릴 가능성을 시험해 보도록 초대하는 것이라고 밝히기도 했다.

오덴은 자신의 모든 작품은 '길드'(guild) (즉 학자로 임명된) 신학자들과 주석가들의 자격의 한계를 규정하는 것이라 보았는데, 이 신학자들 및 주석가들이 배신했기 때문에 이제 자신이 '너희가 다시 하나님의 말씀의 초보에 대하여 누구에게서 가르침을 받아야 할 처지이니'(히 5:12)라는 말씀에 나오는 그 '누구'가 되라는 부름을 받은 것이라 주장했다. 이런 이유로, 오덴의 작품 전체, 특히 그의 조직신학은 신앙의 기본 요소 및 교리의 '구성 요소들'을 다시 논의한다. 특히, 신조에 설명되어 있고, 신앙규범(regulae fidei)에 등장하는 신학 주제들을 다룬다.

오덴의 가장 방대한 단행본은 『조직신학』(Systematic Theology, 1,500페이지에, 고전 저작을 언급하는 각주가 15,000개에 달한다)이다. 이 책의 목적은 '가톨릭, 개신교, 정교회를 포괄하는 동방과 서방의 전통들 간의 일반적인 상당량의 합의 위에서 기독교 공동체의 정리된 신앙관을 제시하는 것'이다. 그러나 실제로 거의 모든 다른 조직신학자들과는 달리, 오덴은 자기 작품 안에서 전통적인 신학 주제들을 해설할 때, 주석에 대한 소개가 우선되어야 한다고 보았다. 즉 문헌에 포함된 주석이 때로 문헌 자체보다 중요할 수 있다는 것이다. 성경 및 그의 웨슬리파 배경, 교부들에 충실하기 위해, 그는 하나님의 거룩을 모든 신학 작업의 핵심으로 강조했다.

거짓이거나 혹은 적어도 서둘렀다고 여긴 신학 시작의 첫 걸음 이후 이 지점까지 오덴에게는 신학적 '여정'이 있었다. 그는 자기 사상을 형성하는 데 도움을 준 다섯 신학 교사의 이름을 언급했다. 앨버트 아우틀러(Albert Outler), 루돌프 불트만(Rudolf Bultmann), H. 리처드 니버(H. Richard Niebuhr), 칼 바르트(Karl Barth), 윌 허버그(Will Herberg)였다.

이들이 명백하게 신정통주의(neo-orthodoxy)에 속해 있었음에도 불구하고, 오덴은 예배, 성례, 목양, 구체적인 목회 업무, 교회의 거룩성에 대해 관심이 없다며 지속적으로 신정통주의를 비판했다. 오덴에게 '최고'의 교사는 아우틀러였다. 그는 오덴에게 어거스틴과 웨슬리를 소개해 주었다. 비록 오덴의 박사 논문이 불트만과 바르트에 대한 비교 연구였지만, 그는 곧 자신에게 신학적 명성을 안겨 준, 당시에 선호되던 불트만주의(Bultmannism)를 비판하며 바르트에 집중했다. 1960년대 내내 오덴은 주로 신학과 심리 치료의 관계에 관심을 가졌다. 인간의 필요, 본성, 통전성에 관심을 가진 오덴은 동방 교부들을 통해 바르트의 치우침을 바로잡을 수 있다고 인식하게 되었다.

오덴이 드류대학교에 취임하게 되었을 때, 친구이자 동료 윌 허버그는 고전 저술들을 기반 삼아 사상을 펼치라고 오덴을 설득했다. 역설적이게도, 오덴에 따르면, 한 보수적인 유대인이 자신의 고전 기독교 연구 멘토가 된 것이다. 오덴이 초기에 지향했던 자유주의의 독단성과 약점이 드러나면서, 또 그가 이전에 지지했던 낙태 입장에 혐오감을 갖게 되면서, 오덴은 상황 윤리를 비롯해, 다른 모든 자유주의적 세계관을 버렸다. 또한, 새로움을 탐구하는 것이 신학의 과제라는 이전 개념도 포기한 오덴은 '창의성'을 포기하고, 대신 J. H. 뉴먼(J. H. Newman) 덕에, 자신의 역할이 이미 충분하게 주어진 진리의 저장고에 **귀를 기울이는 것**이라고 확신하게 되었다. 고대 에큐메니컬 공의회들의 결정에 관심을 기울이게 된 그는 '고-정통'(paleo-orthodoxy)이라는 용어로 자신을 정의하기 시작했다. 이런 표현은 이제 그와 신정통주의 사이에 거리가 벌어졌음을 드러내는 상징과도 같았다. 오덴에 따르면, 현대 심리학은 그에게 스스로의 경험을 신뢰하라고 가르쳤지만, 반면에 고대 저자들은 이제 그에게 성경과 전통이 자신의 경험을 변화시킨다는 사실을 신뢰하라고 가르쳤다. 오덴은 웨슬리와 관련된 책 두 권을 저술해서 자신의 신학 조상에게 경의를 표하고자 했다. 『웨슬리파 전통에서의 교리의 기준들』(Doctrinal Standards in the Wesleyan Tradition, 1988)은 우선적으로는 연합감리교회(United Methodist Church)에서, 또한 웨슬리파 계열 교회 전반에서 규범적 교리가 차지하는 기능, 위치, 본질에 대해 평가했다. 이 책은 북미 주류 감리교도들에게 광범위한 피해를 입힌 교리적 기억 상실을 고치는 것이 목적이었다.

『존 웨슬리의 성경 기독교』(John Wesley's Scriptural Christianity, 1994)에서 오덴은 웨슬리

신학의 모든 주요 요소를 자세히 설명하고 있는데, 하나님의 속성을 먼저 다루는 오랜 전통이 된 방식으로 시작해서, 종말론으로 끝낸다. 이 책은 웨슬리 사상을 현대적으로 해석하고 해설하는데, 웨슬리가 쓴 문헌을 일관성 있고 충실하게 다루는 것이 목표였다. 이 책의 부수적인 목적은 웨슬리를 전체 기독교의 다른 전통들과 연결해서 평가하는 것이었다. 오덴은 웨슬리 사상의 뿌리를 교부, 성공회, 거룩한 삶, 청교도 전통에서 찾았다. 그러면서 오덴은 웨슬리주의(Wesleyanism)는 비록 동방교회 전통과도 밀접한 관계를 갖고 있지만, 그 위치는 개신교와 가톨릭 사이의 다리라고 보았다. 오덴은 파당, 혹은 유행과의 협력에 저항하는 것이 웨슬리주의의 특징이자 주요 강점 중 하나라고 보았다.

복음주의자의 시각에서 문제가 있는 것으로 보일 수 있는 오덴 신학의 두 영역은 무비판적인 교부 옹호와 '에큐메니컬' 세례관이다. 이 두 주제가 성례를 통한 중생(sacramental regeneration)이라는 개념과 불가분의 관계에 있음을 확인할 수 있다.

첫 번째 주제와 관련해서, 오덴은 '신인양성'(theandric)이신 한 분 안에서 인성은 고통을 받지만, 신성은 그렇지 않다는 교부들의 주장에 동의한다고 반복해서 주장했다. 특히, 그는 성자가 십자가에 달렸을 때 성부가 고통을 받았다는 주장에 반대했다. 또한, 오덴은 부활하고 승천한 주가 지속적으로 고통을 받는다고 어디에서도 주장하지 않는다. 같은 맥락에서, 교부들의 신플라톤주의를 제지하지도 않는다.

두 번째 주제와 관련해서, 오덴은 '세례를 받는다고 구원받는 것은 아니다'라고 확실히 주장했지만, 세례에 대한 논의 전반에서 이 발언을 뒤집는 것으로 보인다. 다음은 그의 발언이다.

"세례를 통해 성령은 영적으로 축복을 받은 물을 통해 중생을 제공하고, 요청하며, 이끌어낸다. 이 안에 삼위일체 하나님은 은혜로 효과적으로 임재해 계신다."

"성령은 세례의 은혜를 받은 이들 안에, 하나님께 영원히 알려진 이들 안에 계신다."

오덴은 이 주제를 교부들이 한 만큼 많이 언급해야 한다는 압박감에 시달린 것 같다. 오덴은 21세기 기독교 사상에서 나타난 희망의 신호는 신학에서 경계들을 다시 찾아내는 데 몰두하게 된 것이라 생각했다. 오덴은 다음과 같이 말했다.

"나는 신앙과 불신앙 사이에 선을 그을 수 있는지 없는지를 놓고 토론을 벌이는 신학교를 정말 찾고 싶다."

참고문헌 | T. C. Oden, *Requiem: A Lament in Three Movements* (Nashville: Abingdon Press, 1993).

V. SHEPHERD

토마스 토드헌터 실즈(Thomas Todhunter Shields, 1873-1955)

침례교 목사이자 근본주의 지도자. 그는 1873년 11월 1일, 잉글랜드 브리스톨(Bristol)에서 원시감리교회(Primitive Methodist) 목사의 아들로 태어났으며, 평생 잉글랜드인으로서의 자부심을 가지고 살았다. 실즈의 아버지는 침례교 원리를 받아들인 얼마 뒤 1888년에 캐나다로 이주했다. 그곳에서 실즈의 아버지는 여러 작은 온타리오침례교회(Ontario Baptist church)에서 목회자로 일했다. 아버지는 아들에게 강하게 영향을 미친 인물이었다. 어린 실즈는 정규 신학 교육을 받지 못했고, 오로지 아버지로부터 개인 교습을 받았다. 어린 시절부터 아버지의 순회목회지를 따라다닌 실즈는 목회 소명을 받게 된다. 따라서 1891년에 있었던 회심 직후 목회자가 되기 위해 준비하기 시작했다.

실즈 또한 아버지와 마찬가지로 여러 작은 온타리오침례교회들에서 목회했는데, 목회지를 옮길 때마다 조금씩 더 큰 교회로 옮겼다. 그가 목회한 교회 목록은 다음과 같다. 플로렌스(Florence, 1894년 10월부터), 더턴(Dutton, 1895년부터, 1897년에 이 교회에서 목사로 안수받았다), 델리(Delhi, 1897년부터), 마지막으로 해밀턴(Hamilton) 소재 웬트워스스트리트(Wentworth Street, 1900년부터). 1903년부터 1904년까지는 전도자로 활동한 이후, 실즈는 온타리오 런던 소재 애들레이드스트리트(Adelaide Street)로 이주했다. 여기에서 그는 침례교 세계에서 유명 인물이 된다.

1906년에는 교회의 새 건물이 완공되었으며, 1908년에는 좌석을 1,200석으로 확장했다. '온타리오 및 퀘벡 침례교총회'(Baptist Convention of Ontario and Quebec, BCOQ)는 실즈를 국내선교위원회 위원으로 선출했다. 그는 E. Y. 멀린스(E. Y. Mullins)와 함께 1908년 '온타리오 및 퀘벡 침례교총회' 강단에서 설교했고, 북미 전 지역에서 설교 초대를 받기 시작했다. 1910년에는 뉴욕으로 옮길지, 아니면 토론토의 자비스스트리트침례교회(Jarvise Street Baptist Church)로 부임할지 선택의 기로에 놓이게 되었는데, 결국 캐나다에 남기로 결정을 내렸다.

'온타리오 및 퀘벡 침례교총회'가 1910년에 논쟁으로 위기를 맞았을 때, 실즈는 아주 작은 역할만 맡았다. 같은 해에 월머로드침례교회(Walmer Road Baptist Church) 창립자이자, 토론토성경대학(Toronto Bible College) 설립자인 엘모어 해리스(Elmore Harris)가 맥매스터대학(McMaster College)의 I. G. 매튜스(I. G. Matthews)를 이단으로 고소했다. 이 논쟁은 실즈가 고기독론(high Christology, 예수 그리스도의 신성 등 전통적인 신학 견해를 인정하는 기독론-역주)을 주장했던 월머로드의 목사 존 맥닐(John MacNeill)의 결정을 지지하면서 해결되었다.

이 시기에 실즈의 명성은 더욱 높아갔다. 실즈는 1917년에 템플대학교(Temple University)에서, 1918년에는 맥매스터에서 명예신학박사 학위를 받았다. 또한, 1915년과 1918년에는 런던의 스펄전의 메트로폴리탄태버내클(Metropolitan Tabernacle)에서 설교함으로써 자신의 오랜 열망을 이룰 수 있었다. 스펄전의 많은 영향을 받은 실즈는 자신을 칼빈주의침례교도로 보았다. 그의 신학은 청교도 전통에 의해서도 형성되었다.

당시 대다수 온타리오의 침례교도와 마찬가지로, 실즈는 기독론을 강조함으로써 자신의 목회를 시작했는데, 그의 설교와 신학은 기독론을 중심으로 형성되었다. 그러나 제1차 세계대전 이후, 실즈는 성경본문의 무오성이야말로 제1의 신학 원리라고 간주하기 시작했다. 이후 끊임없이 계속되는 논쟁들에서 실즈의 반대편에 선 이들에게는 영혼의 자유가 가장 중요한 위치에 있었다. 실즈와 반대자 모두 기독론을 계속 강조했지만, 이제 기독론은 다른 원리들보다 부차적이었다.

1919년에 실즈는 「커네이디언 뱁티스트」(Canadian Baptist)에 게재된 '성경의 영감과 권위'(Inspiration and Authority of Scripture)라는 제목의 사설에 이의를 제기했다. 실즈의 대응을 많은 이들이 환영했고, 연례 총회도 그를 지지했다. 1920년에 실즈는 맥매스터이사회(McMaster's Board of Governors) 이사로 선출되었다. 그러나 당시 자비스스트리트교회의 오르가니스트와 성가대를 줄이려고 시도하다가 또 다른 논쟁이 촉발되었다. 논쟁은 그가 세속적 쾌락을 비난하는 설교를 하는 통에 더 격렬해졌고, 결국 교회 내 많은 부유한 교인을 소외시켰다. 1921년 가을에 교인 341명이 교회를 떠나 중앙침례교회(Central Baptist Church, 후에 파크로드침례교회(Park Road Baptist Church))를 세웠다.

그러나 사실상 실즈가 명성을 영구히 떨칠 수 있게 만든 기관은 맥매스터였다. 1923년 브라운대학교(Brown University)의 W. H. P. 폰스(W. H. P. Faunce)가 명예법학박사학위를 받았다. 실즈는 이에 격분했다. 실즈가 생각하기에, 폰스와 브라운대학교는 캐나다침례교인의 신학적 가치를 대변하지 않았기 때문이다. 실즈는 이번에도 총회의 지지를 얻었지만, 총회 지도부의 미움을 사게 되었다. 이후, 1925년에 L. H. 마샬(L. H. Marshall)이 맥매스터 교수로 임명되었다. 마샬을 교수로 임용하는 결정 과정에 결석했던 실즈는 마샬의 자유주의를 의심하고 조사를 요청했다.

이미 임용 결정 과정이 충분히 합당하다고 여긴 대학 지도부는 그의 요청을 거절했다. 그럼에도 불구하고, 실즈는 계속 반대했고, 이로 인해 그는 1926년에 총회가 파견한 대표 권리를 박탈당했다. 이런 전례 없는 사안에 대하여, '온타리오 및 퀘벡 침례교총회'는 캐나다의회에 적법성 여부를 신청했으며, 1927년에는 '캐나다 정규 침례교 선교 및 교육 협회'(Regular Baptist Missionary and Education Society of Canada)에 공감하는 모든 교회를 포함하여, 자비스스트리트교회를 교단에서 제명했다.

'캐나다 정규 침례교 선교 및 교육 협회'(Regular Baptist Missionary and Education Society of Canada)는 1920년대에 실즈가 교단 내에 또 하나의 교단을 설립하고자 했던 노력의 결과였다. 자비스스트리트에서 실즈는 많은 위원회를 제거하는 동시에 교인들에게 복음전도를 강하게 요청하는 등 교회 재건에 나섰다. 대부분의 침례교도와는 달리, 실즈는 민주주의 교회 정치에 헌신되어 있지 않았다. 그는 월례 업무 회의를 없앴다. 물론 연례 총회에서 여전히 모든 중요한 결정이 이루어졌음에도 불구하고, 교회 운영은 오로지 집사들이 담당했다. 실즈는 교회가 빠르게 성장하고 있다는 이유로, 이런 교회의 변화를 정당화했다. 1924년에 주일학교에 1,000명 이상의 어린이가 출석했는데, 이는 당시 캐나다에서 가장 큰 주일학교 중 하나였다. 뿐만 아니라, 교인수도 2,000명이 넘었다.

1922년에 실즈는 「더 가스펠 위트니스」(The Gospel Witness)를 창간했다. 「더 가스펠 위트니스」는 주간 신문이었는데, 전성기에는 60개 국에서 30,000명 이상이 구독했으며, 이 중 3,000명 이상이 목사였다. 1930년부터 실즈의 사상은 그가 진행한 2시간짜리 주간 라디오 방송을 통해서도 더 알려졌다. 교인에게 기독교 교육을 제공하는 운동이 1924년에 시작되었는데, 이는 스펄전대학(Spurgeon's College)을 모델로 해서 1927년에 설립된 토론토침례신학교(Toronto Baptist Seminary)로 이어졌다. 그가 '온타리오 및 퀘벡 침례교총회'에서 맞닥뜨린 문제에서 교회를 보호하기 위해, 실즈는 자비스스트리트교회의 모든 활동을 집사들의 직접적인 통제 아래 두었다. 이런 취지에서 1927년에 그가 '캐나다 정규 침례교 선교 및 교육 협회'를 설립한 것이다.

1927년에 '온타리오 및 퀘벡 침례교총회'를 떠난 30개 교회는 온타리오-퀘벡정규침례교회연합(Union of Regular Baptist Churches of Ontario and Quebec)을 설립하고, 실즈를 회장으로 선출했다. 여기에 속한 대다수 교회는 전투적인 세대주의 전천년설을 주장했다. 무천년주의자였던 실즈가 독립 여성 및 청년 단체들을 연합의 통제하에 두어 교단을 더 강하게 장악하려고 시도하자, 전천년주의 교회들('스코필드주의자'[Scofieldites])은 이에 강하게 반대했다. 그러자 실즈는 세대주의 교회들을 연합에서 축출했다. 연합에서 제명된 교회들은 1933년에 캐나다 독립침례교회협회(Fellowship of Independent Baptist Churches of Canada)를 설립했다. 이후 1949년에도 실즈는 토론토침례교신학교의 학장 W. 고든 브라운(W. Gordon Brown)을 제명했다. 그러자 모든 교수가 브라운과 함께 학교를 떠났다. 이 일로 인해 연합은 실즈에게 회장 자리에서 물러나라고 압박했다. 실즈는 자비스스트리트교회와 함께 연합을 탈퇴함으로써 이에 대응했다. 이후 실즈는 캐나다정규침례교회협회(Association of Regular Baptist Churches of Canada)라는 작은 교단의 회장이 되었다.

국제 무대에서 실즈는 매우 영향력 있는 인물이었다. 1923년 침례교성서연합(Baptist Bible Union) 설립에 관여하고 회장이 되었다. 그가 침례교성서연합 회장이 된 것은 그가 가진 능력을 보여 준다. 그는 미국인 동료들이 종말론에서 주로 세대주의적 관점을 가진 것과는 매우 다른 관점을 가지고 있었다. 회장으로서 실즈는 침례교성서연합이 역사상 가장 논쟁을 많이 일으킨 것의 연합을 이끌었는데, 1927년에 미국 아이오와(Iowa)의 드모인대학교(Des Moines University)를 인수한 것이었다.

실즈는 이 대학교의 총장으로 선출되었다. 그는 교수뿐만 아니라 학생들의 신학과 행동을 통제하기 위해 노력했다. 당시 미국 교육 역사에서 유례없이 특이하게도, '신이여 왕을 구원하소서'(God Save The King, 영국 및 영연방 나라들의 국가-역주)를 부르는 동안 학생들이 기립하도록 했다. 이 일로 인해 1929년 교수들이 사임하고 학생들이 소동을 일으키는 일이 발생했다. 이에 드모인대학교 이사회는 안전을 위해 지역 교도소에서 회동을 갖게 되었고, 그 학기가 끝날 때 대학교를 폐쇄했다.

실즈는 철저한 침례교인이었으며, 스스로의 원칙들로 인해 많은 어려움을 겪었던 때에도 타협하지 않았다. 오랫동안 자비스스트리트교회는 교회 재산을 평가하고 자발적으로 시에 세금을 냈다. 스스로의 원칙을 지키기 위해 다른 근본주의자들과의 협력에 소극적이었지만, 그럼에도 금주, 가톨릭 학교 기금 모금 반대, 주일성수 및 여성의 역할 제한 등의 다양한 사안에 대해서는 이들과 함께했다.

그는 추진한 주요 계획 셋 중 둘은 더 다양한 동역자들과 함께 진행했다. 그중 하나는 캐나다개신교연맹(Canadian Protestant League)으로, 이는 제1차 세계대전에서 징병을 거부했던 프랑스가톨릭교회에 대항하여 실즈가 설립을 주도했던 기관이다.

캐나다개신교연맹은 1941년에 가톨릭교회에 대항하기 위해 다시 활동을 재개했으며, 특히 팔리어먼트힐(Parliament Hill, 캐나다 수도 오타와에 있는 언덕으로, 국회 의사당 소재지-역주)에 결집하여 공적으로 대중 시위를 벌였다. 실즈는 개신교 공동체의 중요 일원으로 연합하고 목소리를 냈지만, 평화의 시대가 도래한 이후 연맹의 영향력은 점차 약화되었다. 실즈는 1950년에 연맹 회장직에서 물러났다.

실즈는 이후 국제기독교회협의회(International Council of Christian Churches)에 집중했다. 실즈와 칼 매킨타이어(Carl McIntire)는 1948년에 세계교회협의회(World Council of Churches)에 대항하기 위해 이 단체를 설립한 바 있었다. 실즈는 국제기독교회협의회의 교리 선언문을 작성했다. 1949년, 75세의 나이에 그는 매킨타이어와 함께 국제기독교회협의회를 알리기 위해 전 세계를 여행했다.

실즈는 1955년 4월 4일에 토론토에서 사망했다. 그는 자기 진영 사람들에게 많은 사랑과 존경을 받았지만, 그가 살아 있는 동안 그 진영은 아주 작아졌다. 실즈는 수백 편의 설교, 수십 편의 기고문, 여러 권의 책을 출판했다. 책 중에는 『실패한 음모』(*The Plot That Failed*, 1937), 『은혜 교리』(*The Doctrines of Grace*, 1955)와 『구약의 그리스도』(*Christ in the Old Testament*, 1972) 등이 있다.

참고문헌 | L. K. Tarr, *T. T. Shields* (1873-1955) (Grand Rapids, Baker Book House, 1967); A. Russell, 'Thomas Todhunter Shields, Canadian Fundamentalist,' *Ontario History* 70.4 (1978), pp. 263-280.

D. A. GOERTZ

토마스 F. 토랜스(Thomas F. Torrance, 1913-2007)

개혁신학자. 그는 중국 서부 쓰촨성(Sichuan, 사천) 청두(Chengdu)에서 1913년에 태어났다. 그는 스코틀랜드장로교회(Church of Scotland) 목사 토마스(Thomas)의 장남으로 태어났다. 모친 애니 엘리자베스(Annie Elizabeth)는 성공회(Anglican) 신자였다. 부모는 상하이에서 미국성서공회(American Bible Society)의 쓰촨 지부일을 감독하면서 특별히 은혜롭고 자연스러운 기독교인의 삶을 살았다. 토랜스는 성경을 매일 읽고 암기했고, 가족 기도와 예배에도 활동적으로 참여했다. 부모는 선교회를 이끌고 다른 사람을 돌보면서 복음을 믿는 삶을 모범으로 보여주었다.

1925년 5월 30일에 일어난 '상하이 오월 삼십 사건'(Shanghai incident of 30 May), 즉 영국군이 무장하지 않은 학생들에게 발포한 사건으로 인해 중국 내에 거주하던 외국인과 선교사를 대상으로 한 공격이 점증했다. 1926년 7월에는 8천 명 개신교 선교사 중 5백 명 이상이 중국 내지에 고립되었다. 1927년에 토랜스의 가족은 강제로 스코틀랜드로 돌아가야 했다. 토랜스의 아버지는 결국 중국으로 다시 돌아가 6년(1928-1834) 동안 활동했는데, 아내와 여섯 자녀로 구성된 남은 가족은 에든버러에 정착했으며, 이때 어린 토마스는 고전과 철학을 공부하기 시작했다.

토랜스는 에든버러대학교(University of Edinburgh, 1931-1934)에서 공부하며 A. E. 테일러(A. E. Taylor, 플라톤 학자)와 노먼 켐프 스미스(Norman Kemp Smith, 칸트와 흄 권위자)를 만났다. 1930년에 열린 테일러의 기퍼드(Gifford)

강연은 신학과 과학에서의 비평적 실재론에 대한 토랜스의 후기 저작 전반에 뚜렷하고 지속적인 영향을 미쳤으며, 신학과 과학이 귀납적 관계에 있다는 그의 믿음을 증명해 주었다. 과학철학에 대한 테일러와 스미스의 열정은 토랜스가 자연 세계에 진지하게 관심을 갖게 만들었다. 그는 과학철학에 매우 앞선 관심을 가진 신학 지성 중 하나였다. 자기 분야에서 영향력 있는 글들을 출판했을 뿐만 아니라, 국제과학철학회(Academie Internationale de Philosophie des Sciences, 1976) 회원이었고, 종교 분야의 진보에 공헌한 바를 인정받아 템플턴상(Templeton Prize)을 수상하기도 했다(1978).

학부 대학생 시절에 토랜스는 복음주의 신앙인이 말하는 계시와 성경에 대한 설명에 점점 만족하지 못하게 되었다. 그 외에 다른 부분에서는 이들에 대한 애정이 컸다. 그는 자신이 '기독학생회(Inter-Varsity Fellowship) 진영에서 옹호되는 보다 합리적이면서 동시에 근본주의적인 성경해석 방식'이라 후에 부르게 되는 성경해석 방식이 불편했다.

그러나 그는 '크리스천유니언(Christian Union)의 사상으로 당시 잘못 유입되고 있던 결정론적인 칼빈주의'에 혼란을 느낀 만큼, 대학 교수 다수가 말하는 합리주의적 자유주의에도 불편함을 느꼈다. 토랜스는 에든버러 뉴대학(New College, 신학부-역주)에서 신학 공부를 하기 전까지는 이 딜레마를 해결하지 못했다.

1934년에 고전과 철학 분야 석사학위를 마친 후, 토랜스는 뉴대학에서 신학을 정식으로 공부하기 시작했다. 당시 스코틀랜드의 주도적 복음주의 조직신학자 H. R. 매킨토시(H. R. Mackintosh)의 지도하에, 지적으로 진지한 교의학, 순전한 복음주의 신학, 기독교 선교에 대한 열정을 접했다. 매킨토시의 영향력은 토랜스가 그리스도를 완전한 신이자 성육신한 하나님의 아들인 하나이신 분으로 보는 니케아 신조의 정의를 강조한 데서, 즉 그가 **동일본질**(*homoousios*)을 풍성하게 다룬 방식에서 가장 분명하게 드러났다. 토랜스는 또한 우리가 계시에서 만나는 것은 하나님에 대한 정보도 아니고, '명제적 진리'도 아니라, 역사하시는 하나님의 존재 그 자체라는 관점을 고수했다.

에든버러에서 신학사학위를 마친 후에 그는 '에이큰 장학금'(Aitken Fellowship)을 받게 되었는데, 이 장학금은 그가 원하는 학교에서 원하는 분야를 공부하기에 충분한 금액이었다. 그는 1937-1938년에 바젤대학교(University of Basle)에서 칼 바르트(Karl Barth)와 함께 공부하는 길을 선택했다. 그의 선택은 현명했다. 그는 바젤에서 신학박사학위를 취득하고(1946), 학위논문인 『속사도 교부들의 은혜 교리』(*The Doctrine of Grace in the Apostolic Fathers*, 1948)를 출판했을 뿐만 아니라, 평생 지속되는 칼 바르트와의 교제를 시작했다.

제프리 브로밀리(Geoffrey Bromiley)와 함께 그는 25년간 바르트의 『교회교의학』(*Kirchliche Dogmatik*) 영어판 번역과 편집을 지휘했다. 바르트는 토랜스를 자신의 뒤를 잇는 바젤대학교 교의학 학과장으로 지명함으로써 자신이 이 제자를 얼마나 크게 평가하는지를 입증했다. 그러나 토랜스는 유감스럽게도 이 제안을 거절했고, 에든버러대학교 기독교교의학 교수직에 남기로 결정했다.

1950년부터 1952년까지 2년간 토랜스는 에든버러의 교회사 학과장을 맡았다. 1952년에 G. T. 톰슨(G. T. Thompson)이 은퇴하자 그는 기독교교의학 학과장으로 자리를 옮겼다

(1952-1979). 토랜스는 교직 및 학자로서 살면서 35권이 넘는 단행본을 출판했고, 500편이 넘는 소논문, 소책자, 에큐메니컬 보고서 및 편집된 책을 출판했다. 그의 작품은 다양한 상을 받았다. 1969년에는 과학신학 분야에서 영국인 최초로 콜린스상(Collins Award)을 수상했다. 과학철학, 인식론, 교의학 작업의 과학적 본질을 드러내는 작품으로 『공간, 시간, 그리고 성육신』(*Space, Time and Incarnation*, 1969), 『신과 합리성』(*God and Rationality*, 1971), 『지식의 틀로 본 변혁과 융합』(*Transformation and Convergence in the Frame of Knowledge*, 1984), 이 분야에서 가장 뛰어난 책인 『실재와 과학신학』(*Reality and Scientific Theology*, 1985) 등이 있다.

종교개혁과 칼빈 관련 연구 분야에서의 전문성은 그가 편집을 맡은 『존 칼빈의 종교개혁 소책자 및 논문』(*Tracts and Treatises on the Reformation by John Calvin*, 1958), 열두 권으로 되어 있는 『칼빈 신약주석』(*Calvin's New Testament Commentaries*, 1959-1973) 등에 담겨져 있다. 칼빈 연구 역작으로는 『칼빈의 인간론』(*Calvin's Doctrine of Man*, 1949)과 『존 칼빈의 해석학』(*The Hermeneutics of John Calvin*, 1988) 등이 있다. 교부 연구에 대한 그의 대단한 애정은 『신적 의미: 교부 시대 성경해석학 연구』(*Divine Meaning: Studies in Patristic Hermeneutics*, 1995)에 잘 나타나 있다. 초교파 대화에 오래 참여한 경험은 두 권으로 되어 있는 『교회 안에서의 갈등과 화해』(*Conflict and Agreement in the Church*, 1959, 1960)가 가장 잘 보여 준다. 교의학 연구의 최고 결과물로는 『그리스도의 중재』(*The Mediation of Christ*, 1959, 1960), 『삼위일체 신앙』(*The Trinitarian Faith*, 1988), 『칼 바르트: 성경적 복음주의 신학자』(*Karl Barth: Biblical and Evangelical Theologian*, 1990), 『기독교 신론』(*The Christian Doctrine of God*, 1996) 등이 있다.

토랜스의 신학 작품을 통해서 아타나시우스, 칼빈, 바르트를 더 깊이 배우는 유익을 누릴 수 있다. 그가 일평생 구축한 형식상 과학적(비평적)인 동시에 삼위일체적인 신학은 그의 작품의 복음주의적인 성격을 분명히 드러내야 했다. 거룩한 말씀 속에 나타난 하나님의 은혜롭고 효과적인 자기 계시의 객관적 실재인 그리스도는 세상의 소망이라는 것이 토랜스의 믿음이었다.

참고문헌 | A. E. McGrath, *T. F. Torrance: An Intellectual Biography* (Edinburgh: T. & T. Clark, 1999); E. M. Colyer, *How to Read T. F Torrance: Understanding His Trinitarian & Scientific Theology* (Downers Grove: InterVarsity Press, 2001).

M. HUSBANDS

토마스 포웰 벅스턴 경(Sir Thomas Fowell Buxton, 1786-1845)

대영 제국 노예제도 폐지운동의 지도급 인물. 그는 잉글랜드 에섹스(Essex)의 콜체스터(Colchester) 근교 얼스콘(Earls Colne)에서 1786년 4월 1일에 태어났다. 벅스턴은 에섹스의 고등 사법관으로 봉직한 적이 있는 토마스 포웰 벅스턴(Thomas Fowell Buxton)의 맏아들이었다. 아들이 여섯 살 때 아버지가 사망하자, 벅스턴과 그의 다섯 형제자매는 어머니 애나(결혼 전 성은 핸버리[Hanbury])가 키웠는데, 어머니는 늘 그를 다른 이들과 동등하게 대하고 스스로 생각하고 행동할 수 있게 양육했다. 아버지처럼 벅스턴은 사냥, 사격, 낚시에 열정적이었다. 그는 6피트 4인치(약 193cm-역주)에 달하는 눈에 띄는 덩치의 크고 강한 청년으로 자라, '코끼리 벅스턴'이라는 적절한 별명으로 불렸다.

킹스턴(Kingston)과 그리니치(Greenwich)에서 사립학교 교육을 받게 한 후, 어머니는 그를 아일랜드의 부동산을 상속받을 수 있게 하려고 더블린(Dublin)의 트리니티대학(Trinity College)으로 보내고 싶어 했다. 어머니의 조언을 따라 1803년에 트리니티대학에 입학한 후, 1807년에 대학이 수여한 몇 가지 상과 더불어 금메달을 받으며 졸업했다.

대학에 들어가기 전에 벅스턴은 노포크(Norfolk) 얼햄(Earlham)의 세 살 연상 사촌 해너 거니(Hannah Gurney)와 약혼했다. 1807년에 그들은 '타스버러형제회 집회소'(Tarsburgh Friends Meeting House)에서 결혼했는데, 두 가족 다 당시 친우회(Society of Friends, 퀘이커교도) 교인이었다. 부유한 아일랜드 퀘이커교도 은행 가문 출신의 처남 새뮤얼 호어(Samuel Hoare)는 벅스턴의 가장 절친한 친구가 되었다.

아일랜드의 부동산에 대한 기대가 사라지자 1808년에 벅스턴 부부는 런던으로 이사했다. 여기서 벅스턴은 그의 삼촌들인 샘슨 핸버리(Sampson Hanbury)와 오스굿 핸버리(Osgood Hanbury)가 관심을 가졌던 퀘이커교도 소유의 사업체, 스피탈필즈(Spitalfields) 브릭레인(Brick Lane)의 '트루먼 앤 핸버리 양조 회사'(Truman and Hanbury Brewery)에 참여하게 되었다. 1811년, 그는 회사의 경영 이사가 되었고, 회사 이름도 이제 트루먼, 핸버리 앤 벅스턴(Truman, Hanbury and Buxton)으로 바뀌었다. 벅스턴

는 한동안 브릭레인에 살면서 근처의 퀘이커 집회소에 다녔다. 그러나 1811년에 벅스턴은 성공회(Anglican) 신자 친구들의 권유를 받아 런던 동쪽 끝의 방직 마을 스피탈필즈 소재 성공회교회인 휠러스트리트채플(Wheler Street Chapel)을 방문했다.

여기서 그는 교회선교회(Church Missionary Society, CMS) 성직자 총무를 맡고 있던 조사이어 프래트(Josiah Pratt) 목사의 설교에 마음을 뺏겼다. 조언을 받아들인 후 벅스턴의 삶은 급격하게 변했다. 1813년에 중병에 든 그는 신앙의 깊은 세계를 경험했다. 휠러스트리트채플에 다니며 복음주의 교리를 깊이 들이 마시고, 그 결과 아프리카 복음화에 대한 선교적 비전을 얻고 노예제도 폐지에 깊은 관심을 갖게 되었다.

벅스턴은 자신이 경영하고 있는 양조 산업과 복음주의 간에 갈등 요소가 있다고 생각하지 않았다. 실제로, 19세기 초반의 수많은 일등급 부자 양조업자들은 유명한 복음주의자들이었다. (아서 기니스[Arthur Guinness]와 로버트 핸버리[Robert Hanbury]도 거기에 포함된다). 벅스턴은 양조 사업 방법을 재편하고 근대식 부기(bookkeeping)를 도입했다. 결국 최고 경영자가 되지 않기로 결정하면서, 그는 사업의 총괄 감독 역할을 맡았다.

1815년, 벅스턴 부부는 네 자녀와 함께 스피탈필즈에서 런던의 상류층 지역인 햄스테드(Hampstead)로 이사했다. 장자를 포함한 아이 넷을 잃은 후인 1820년에는 런던을 떠나 노포크(Norfolk)의 오버스트랜드(Overstrand) 근교에 노스렙스홀(Northrepps Hall)을 짓고 거기에 살았다. 동시에 벅스턴과 호어는 친척 엘리자베스 프라이(Elizabeth Fry)에게 그녀가 추진하고 있던 감옥 개혁에 동참하겠다는 뜻을 전달했다.

1818년에 벅스턴은 웨이머스(Weymouth) 지역의 토리당 국회의원(Tory MP)으로 선출되었다.

그러나 이후 벅스턴은 감옥 개혁을 위한 열망에 휘그당이 더 좋은 지원군이 되리라 보고 의회 반대편의 휘그당(Whigs)으로 소속을 옮겼다. 같은 해 의회 선거에서 벅스턴은 '범죄와 불행이 현 감옥 훈육 체계에서 조장되는지 아니면 방지되는지에 대한 연구'(An Enquiry whether Crime and Misery and produced or prevented by our present System of Prison Discipline)라는 제목의 글을 발표했는데, 여기서 그는 개혁이 필요한 잘못된 실천 사항들, 특히 다음의 것들이 바뀌어야 한다고 주장했다. 아직 재판도 받지 않은 이들을 흉악한 범죄자들과 공동 수감하는 것, 채무자 수감, 사소한 죄를 저지른 사람의 수감 등이다. 이 책은 프랑스어로 번역되었고, 해외에서도 널리 읽혔다. 벅스턴의 주된 목적은 살인죄를 저지른 사람을 제외하고는 모든 범죄에 대해 사형을 구형하지 못하도록 법전을 개정하는 것이었다.

국회의원 당선은 벅스턴이 윌리엄 윌버포스(William Wilberforce)와 우정을 쌓는 계기가 되었다. 1821년에 윌버포스는 벅스턴에게 편지를 보내 그에게 노예제도 폐지론자들의 지도자가 되어 달라고 요청했고, 벅스턴은 1년 후 이에 동의했다. 의회 안팎에 있던 그와 동지들은 노예무역을 규제하려던 이전 시기의 노력 중에 사용한 것과 같은 전술을 사용하여 노예제도 폐지를 위한 전투를 이어 갔다. 호소문 회람, 재커리 매콜리(Zachary Macaulay)가 편집하는 「디 안티-슬레이버리 리포터」(The Anti-Slavery Reporter)에 노예무역과 관련된 정보를 매달 실어 소요를 일으키는 것 등의 전술이었다. 1830년에 40년 만에 처음으로 휘그당이 정권을 잡음으로써 노예제도 폐지운동에 속도가 붙어, 결국 1833년 8월에 폐지가 확정되었다. 벅스턴이 자신에게 위임된 과업을 성공적으로 완수해 낼 것을 알았던 윌버포스는 거우 며칠 전 7월 29일에 운명했다.

1837년에 벅스턴은 의원직을 상실하고 다른 단체로부터 자리를 맡아 달라는 여러 초빙을 거절했다. 그는 인생 막바지를 오로지 아프리카를 위한 대의에 헌신했다. 비록 영국이 노예무역을 공식 금지했음에도 불구하고, 다른 여러 나라들은 여전히 서아프리카, 동아프리카에서 노예무역을 지속했다. 영국 배와 시민에게 부과된 법 조항을 영국 해군이 강제해야 한다고 많은 복음주의자들이 주장한 반면, 벅스턴과 그의 지지자들은 노예제도 기저에 깔린 원인을 제거하고 이 일을 위한 국제적 동의와 전략을 만들어 내는 데 더 관심이 있었다.

벅스턴의 아프리카 비전에는 '아프리카문명협회'(African Civilization Society)의 후원 아래 니제르강(River Niger) 상류로 탐험을 떠나, 아프리카에 서구 문명의 이기를 전해 줄 '농업, 상업, 선교정착촌'을 준비하는 것도 포함되어 있었다. 이 목표는 '아프리카를 살릴 수 있는 것은 성경과 쟁기'라는 벅스턴의 확신을 반영한 것이었다. 1838년 봄, 그는 영국 내각에 노예무역을 억제할 수 있는 방법에 대한 자기 생각을 설명하고, 12월에는 영국 정부의 지원을 확신하게 되었다. 1839년, 벅스턴은 『노예무역과 그 치료법』(The Slave Trade and Its Remedy)을 출간하여, 이 무역의 처참함과 상업적으로 활력 있는 대안이 될 수 있는 합법적인 무역을 증진하는 방안을 사람들에게 설명했다.

1840년 3월에는 한 아들에게 다음과 같이 편지했다.

"문명과 기독교와 흙 경작으로 노예무역을 무너뜨리는 계획은 이제 더 이상 내 손에 달린 것이 아니다. 정부가 원칙을 정했고, 그들이 이제 이 일을 맡을 거야."

시범 농장이 니제르의 로카자(Lokaja)에 세워졌고, 영국 대중도 이 탐험을 아낌없이 후원했다. 낙관적 기운이 충만한 중에 벅스턴은 그의 공인으로서의 봉사에 대한 공로를 인정받아 1840년 7월 7일에 준남작(baronet)으로 추서되었다.

그러나 니제르 탐험은 곧 재앙으로 끝이 났다. 1840년 8월 말, 영국 정부가 제공한 세 척의 증기선이 니제르로 들어갔지만, 고열로 탐험대가 초토화되었다. 참여한 145명의 유럽인 중 41명이 사망했다. 108명의 아프리카인은 모두 살아남았다. 불행하게도, 노예제도를 끝내겠다고 아프리카 지도자들이 서명한 조약은 강제하는 것은 어렵다는 사실이 밝혀졌고, 정부 지원도 끊겼다. 벅스턴은 모험을 포기해야 했고, 실패는 그에게 굴욕을 가져다주었다.

그가 활발한 정계 활동에서 은퇴한 주된 이유가 바로 이것이었다. 그러나 아프리카에 기독교를 가져다주고, 노예무역을 합법적인 상업으로 대체하고자 한 그의 비전은 데이비드 리빙스턴(David Livingstone)에게 전수되었다. 1840년에 벅스턴의 연설을 들었던 리빙스턴은 당시 런던에서 의학을 공부하던 젊은 학생이었다.

벅스턴은 1845년 2월 19일에 59세의 나이로 잉글랜드 노포크 오버스트랜드(Overstrand)에서 사망했다. 그의 동상이 웨스트민스터사원에 세워졌는데, 이 동상은 약 5만 명의 아프리카 사람과 서인도 제도 사람의 기부를 포함한 공공 기부금으로 마련되었다. 큰 아들 에드워드 노스 벅스턴 경(Sir Edward North Buxton)이 아버지가 죽을 때 준남작직을 물려받았는데, 그 역시 아버지와 마찬가지로 열렬한 복음주의자임을 입증했다. 이후 벅스턴가는 많은 정치인, 복음주의 목회자, 선교사를 배출했다.

참고문헌 | T. Binney, *Sir Thomas Fowell Buxton Bart* (London: James Nisbet, 1853); C. Buxton, *Memoirs of Sir Thomas Fowell Buxton* (London: J. M. Dent, 1925); M. M. Hennell, *Sons of the Prophets* (London: SPCK, 1979); E. Stock, *History of CMS* (London: CMS, 1899).

D. M. LEWIS

토마스 플레쳐 짐머만(Thomas Fletcher Zimmerman, 1912-1991)

교단 임원이자 국제적인 오순절운동 지도자. 그는 1912년 3월 26일에 인디애나폴리스에서 살고 있던 토마스 플레쳐와 캐리(결혼 전 성은 케나지[Kenagy]) 짐머만의 아들로 태어났다. 부모는 모두 펜실베이니아에 정착했던 독일계(Pennsylvania Dutch, 17-18세기에 독일과 스위스에서 이주하여 미국 펜실베이니아에 정착한 사람들로, 오늘날 쓰이는 용어 Dutch[네덜란드]의 의미와는 달리, 독일계 혈통에 독일계 언어를 사용했다-역주) 이민자의 후손이었다. 지역의 한 감리교개신교회(Methodist Protestant Church, 1828년에 설립된 후 1939년에 대다수 교회가 연합감리교회[United Methodist Church]로 통합되기 이전까지 존재했던 작은 미국감리교-역주) 평신도 지도자였던 부모는 1917년에 집에 찾아온 오순절 신자들이 기도한 후 캐리의 결핵이 치유되는 경험을 하고 나서 신앙관에 급격한 변화가 일어났다.

짐머만이 새로 발견한 신유 및 다른 오순절운동에 대한 믿음으로 논쟁이 일어나자, 지역 교회 목사는 이들에게 오순절교회에 출석하라고 제안했다. 짐머만의 가족은 결국 존 프라이스(John Price)가 사역하던 사도교회(Apostolic Church) 회원으로 등록했고, 젊은 짐머만은 존 프라이스의 지도 아래 후에 열심히 목회하게 된다. 짐머만은 고등학교를 졸업한 후 블루밍턴(Bloomington) 소재 인디애나대학교(Indiana University)에 장학생으로 입학하여 2년간 공부했다. 그러나 아버지의 갑작스런 죽음으로, 고향에 돌아가 어머니를 도와 가업인 제빵업을 이어 나갈 수밖에 없었다. 짐머만은 1933년에 프라이스의 딸과 결혼하여 슬하에 세 자녀를 둔다.

짐머만은 2년 뒤 인디애나폴리스(Indianapolis)를 떠나 해로즈버그(Harrodsburg)에 있는 작은 교회에서의 사역을 시작했다. 1936년에는 하나님의성회(Assemblies of God) 총회 중앙 지역회에서 정식으로 안수를 받았다. 일리노이, 미주리, 오하이오에 있는 큰 교회들에서 성공적인 사역을 이어 가면서 짐머만은 곧 교단 내에서 중요한 인물로 부각되기 시작했다. 1945년에는 교단 본부가 위치한 스프링필드(Springfield)의 하나님의성회중앙교회(Central Assembly of God) 목사로 시무하면서, 짐머만은 교단의 라디오 방송국 개국에 공헌했고, 1953년에는 4인의 부총회장 중 한 명으로 선출된다. 이후 몇 년 동안 그는 교단 본부 내 여러 요직을 거치면서 스프링필드에 에반젤대학교(Evangel University)가 설립되는 데 크게 기여했다. 1959년에는 총회장에 취임하여 1985년까지 봉직했다. 지역 사회에도 기여한 바가 커서, 1974년에는 스프링필드상공회의소에서 주관하는 올해의 스프링필드 시민상을 수여하기도 했다.

짐머만은 총회장으로 선출된 후 교단의 새로운 선교와 성장 동력을 마련하기 위해 노력을 기울이기 시작했다. 세상에서 교단이 해야 할 선교의 방향을 분명히 하기 위한 내부 연구를 이끌었다. 특히, 전문 목회와 평신도 사역을 결합한 새로운 프로그램들이 1968년 세인트루이스에서 열린 복음전도회의에서 큰 반향을 일으켜, 1971년 캔자스시티에서 열린 교단 총회에서 조직 재구성으로 이어졌다. 이 기간이 짐머만의 사역 중에서 가장 큰 성과가 뒤따른 기간이었다. 짐머만이 주도한 개혁들은 교단의 성장과 더불어 교단이 보다 제도화되는 계기를 마련했다.

짐머만이 복음주의 진영의 지도자로 부각되기 시작한 것은 1942년에 전미복음주의협회(National Association of Evangelicals, NAE)의 조직 모임에 참석하고, 2년 후 전미종교방송협회(National Religious Broadcasters)를 만들면서부터였다.

그는 1960년에 오순절 계통 교단 출신으로는 처음으로 전미복음주의협회 회장으로 추대되었다. 그리고 이듬해에는 조직화된 고전적 오순절주의 진영에서 가장 유명한 대변자로 부각된다. 포용력과 조직 관리 능력으로 교단을 잘 섬겼고, 오순절세계대회(Pentecostal World Conference)의 자문위원회에서도 지도력을 발휘하여 더 광범위한 오순절운동에 기여했다.

다른 보수 복음주의 지도자들과의 오랜 우정을 바탕으로 짐머만은 빌리 그레이엄(Billy Graham)의 인도하에 미국 복음주의의 대의를 세계로 퍼뜨리는 데 크게 공헌했다. 그 결과, 짐머만은 1966년 세계전도대회(World Congress on Evangelism)뿐만 아니라 '세계복음화를 위한 로잔위원회'(Lausanne Committee for World Evangelization)에서도 중요한 역할을 감당할 수 있었다. 1981년 캔자스시티에서 개최된 '전미복음전도 축제'(American Festival of Evangelism)를 주관했고, 1973년 북미 복음전도 캠페인인 '키'(Key)의 실행위원장으로 섬겼으며, 또한 미국성서공회(American Bible Society) 운영위원으로도 봉사했다.

짐머만의 지도 아래 하나님의성회는 다른 복음주의 진영과 긴밀히 협력하면서 많은 유익을 얻기도 했지만, 반대로 독특한 오순절 영성이 그 뿌리에서부터 흔들리기 시작했다. 교단의 전미복음주의협회의 긴밀한 협력 및 종말론 사상의 견지에서, 짐머만과 다른 지도자들은 더 폭넓은 교계와 거리를 두고 고립되어야 한다는 주장에 설득당했다. 결국 하나님의성회는 세계교회협의회, 가톨릭교회, 주류 개신교 내부의 은사주의운동과 거리를 두기 시작했다. 또한, 로마 가톨릭교회와의 공식 대화도 단절했다.

짐머만은 1991년 1월 2일에 사망했다. 그와 관련된 문서들은 휘튼에 소재한 '빌리 그레이엄 센터'(Billy Graham Center), 스프링필드 소재 플라워 '오순절 헤리티지 센터'(Flower Pentecostal Heritage Center)에 보관되어 있다.

참고문헌 | E. L. Blumhofer, *Restoring the Faith: The Assemblies of God, Pentecostalism, and American Culture* (Urbana: University of Illinois Press, 1993); C. M. Robeck, Jr, 'The Assemblies of God and Ecumenical Cooperation: 1920-1965,' in W. M. and R. P. Menzies (eds.), *Pentecostalism in Context* (Sheffield: Sheffield Academic Press, 1997), pp. 107-150.

G. B. MCGEE

퉈성 니(To-sheng Nee, 1903-1972)

니퉈성(倪柝聲/倪柝声)은 워치만 니(Watchman Nee)라는 이름으로 널리 알려졌으며, 지방교회운동(Local Church Movement, 작은 무리 [Little Flock]이라고도 불린다)의 창립자. 그는 산터우(Swatow)에서 태어났으며, 중국의 푸젠성(Fukien)의 푸저우(Foochow)에서 자랐다. 그는 설교와 문서 사역에서 근대 중국의 기독교의 발전에 거대한 영향을 준 주요 중국 신학자로 광범위하게 여겨진다. 그의 책 중 다수가 여러 언어로 번역되었다.

니퉈성이 태어나기 전에, 어머니인 린호핑(Lin Hop'ing)은 하나님께 아들이 없는 것에 어머니의 수치와 좌절에서 구해 달라고 기도하면서, 만약 기도가 응답된다면 아들을 평생 기독교 사역자로 바치겠다고 서약했다. 아들은 '퉈성'이라는 이름을 받았는데, '대나무 징 소리'라는 뜻이며, 중국교회를 위해 하나님의 '종치는 사람'(워치만)으로 바쳐진 것을 기억하라는 의미였다.

니의 가족 배경은 그가 받은 교육에도 큰 영향을 주었다. 아버지인 니 원슈(Nee Wen-hsiu)는 두 번째 단계의 공무원 시험을 성공적으로 치르면서 해양 관세청 관리가 되었다. 할아버지 니 유청(Nee Yu-cheng)은 미국해외선교회(American Board of Commissioners for Foreign Missions, ABCFM)에 소속된 회중교회 목사였다. 유학 고전과 기독교 신앙이 결합되어서 워치만 리의 젊은 시절의 정신을 형성했다.

니가 자란 중국 사회는 전례 없는 혼란을 겪었다. 쑨원(Sun Yat-sen)이 이끈 1911년 신해혁명(Republic Revolution)은 청 제국을 무너뜨리고 중국 역사의 새 장을 열었다. 공화국의 임시 헌법에서 종교의 자유가 확정되었으며, 기독교는 합법적 종교가 되었다. 교회에 더욱 우호적인 상황들은 신생독립교회운동에 힘을 주었을 뿐만 아니라, 조나단 고포스(Jonathan Goforth), 서우드 에디(Sherwood Eddy), 존 R. 모트(John R. Mott) 등의 선교사들과 딩리메이(Ding Li-mei), 쳉칭이(Ch'eng Ching-I), 도라 위(Dora Yu), 존 양(John Yang), 창유신(Chang Yu-hsin)과 같은 중국인 설교자들이 주도한 중국교회의 부흥운동의 길을 닦았다.

1916년에 니는 푸저우의 트리니티대학(Trinity College)에 입학했는데, 이 학교는 교회선교회(Church Missionary Society)가 운영했으며, 아일랜드 더블린에서 온 선교사들이 직원으로 있었다. 이 학교는 다섯 학부(초등, 중등, 고등, 보통, 신학교)로 구성되어 있었지만, 이 학교의 서구적 양식과 엄격한 훈육은 니에게 맞지 않았다. 그는 성경을 제외하고는 모든 과목에서 뛰어났다.

니가 고등학교에 다니던 시기에 중국은 정치적 혼란에 빠져들었다. 공화국 성립 이후, 다양한 정치 세력들이 권력을 놓고 투쟁을 벌였다. 이 투쟁이 군벌(Warlordism) 시대(1916-1928)를 낳았다. 제국주의 야망을 성취할 기회를 잡은 일본은 21개 요구 사항을 제시하면서 중국에 압력을 넣기 시작했다. 애국심이 고취되던 시기에, 유명한 5·4운동(May Fourth Movement, 1916-1923)이 일어났는데, 외부 침략과 내부 불화로부터 국가를 구하는 것이 목적이었다. 그리고 기독교 공동체가 이런 중요한 사건들에 대해 입장을 정리하고 반응해야 될 필요성이 제기되었다.

니는 1920년에 도라 위(Dora Yu)가 인도한 복음전도집회에서 회심한 즉시, 열정적으로 복음을 전하기 시작했다. 릴랜드 왕(Leland Wang), 사이먼 믹(Simon Meek), 페이스풀 루크(Faithful Luke) 같은 젊은 복음전도자 팀이 푸저우에서 모임을 가지고 함께 연합하여 활동을 이어 나갔다. 그러나 그들의 연합사역은 나중에 개인 간 갈등들로 인해 약화된다. 니의 신앙 생활 초기에는 전직 성공회(Anglican) 선교사 마가렛 E. 바버(Margaret E. Barber)의 영향을 많이 받았는데, 바버는 니에게 영국의 케직운동(Keswick movement)과 형제단운동(Brethren movement) 같은 서양 교회의 다양한 신학 전통을 소개해 주었다. 니는 또한 앤드루 머레이(Andrew Murray), D. M. 팬턴(D. M. Panton), 제시 펜 루이스(Jessie Pen-Lewis), 귀용 부인(Madame Guyon), J. N. 다비(J. N. Darby)의 저술을 탐독했다.

1920년대에 걸쳐 새로운 운동이 나라를 뒤덮었는데, 이 운동은 기독교를 외세, 비과학적, 구식으로 취급하며 공격했다. 이런 도전에 대한 대응으로, 많은 교회 지도자들은 토착교회운동(indigenous church movement)을 지원했으며, 중국 안에 교회를 중국인의 교회로 세우려고 했다. 이런 비전을 공유한 니는 지방교회운동(Local Church Movement)을 상하이에서 시작했다. 그는 잉글랜드 형제단운동의 영향을 받았지만, 나중에는 그 운동의 배타적인 교회 생활 때문에 그 운동과 거리를 두게 되었다. 25살이 되었을 때, 『영에 속한 사람』(The Spiritual Man)을 저술했다. 이 책은 신학적 인간론이란 주제를 다룬 3권으로 된 책이며, 영성 형성(spiritual formation)의 다양한 측면도 다루고 있다.

1930년대에 지방교회운동은 사회, 정치적으로 불안정한 상황 속에서도, 나라 전역으로 빠르게 퍼졌으며, 심지어 해외로까지 확장되었다. 이 운동은 위트니스 리(Witness Lee)의 등장으로 인해 더욱 강화되었다. 사이먼 믹(Simon Meek)과 페이스풀 루크(Faithful Luke)는 마닐라와 싱가포르로 교회 개척을 위해 떠나갔다. 니는 '한 지역, 한 교회'(one locality, one church)라는 원칙을 중국의 교파주의 문제의 해결책으로 여기면서 이를 지지했다. 니가 보기에, 교파는 나쁜 것이었다. 진정한 기독교인은 교파를 떠나 지방교회에 합류해야 했다. 각 지방교회는 자치적으로 운영되며, 자립(self-supporting), 자치(self-governing), 자전(self-propagating)의 세 목적을 이루기 위해 임명된 장로들이 이끌었다.

니와 사역자들('사도들'이라 불렀다)은 교인을 양육하는 지역 지도자들을 돕기 위해 이곳저곳을 순회했다. 중일전쟁이 발발하기 1년 전인 1938년에 니는 케직사경회(Keswick Convention)에 참여했으며, 몇몇 유럽 국가를 방문할 기회를 얻게 되었다. 그의 유명한 책 『정상적인 그리스도인의 교회 생활』(The Normal Christian Church Life)은 이 여행 중에 행한 일련의 설교를 포함하고 있으며, 『영에 속한 사람』에서 나온 신학관과 케직 전통에서 얻은 통찰을 자신만의 언어로 표현하고 있다.

전쟁으로 국가 경제가 크게 요동쳤으며, 지방교회운동 또한 재정적으로 큰 어려움에 빠지게 되었다. 1942년 초에 니는 그가 돌보고 있는 200여 명의 지방교회 사역자를 도울 자금을 마련하기 위해 상하이에 있는 그의 형제 조지(George)의 제약 회사의 회장이 되어 달라는 초청을 받아들였다. 전쟁 시기에는 약에 대한 수요가 많았기 때문에 조지의 사업은 크게 번창할 수 있었다. 니는 자신이 초대교회 전도자들처럼 '자비량'(tentmaking)을 하고 있다고 믿었지만, 동료들은 그 동기에 의심을 품었다. 결국 지방교회 장로들은 니가 사업을 포기할 때까지 하둔로드교회(Hardoon Road Church)에서 설교를 못하게 하기로 결정을 내렸다.

이 결정으로 니는 큰 충격과 슬픔에 빠지게 되었고, 이를 통해 자기 교회론을 재점검하는 계기로 삼았다. 특히, 교회 지도자 구조에 대해 고민하기 시작했다. 이전에 쓴 책 『우리의 선교를 되돌아보기』(Rethinking our Mission)에서 니는 각 지방교회의 장로들은 완전히 독립된 사도적 통제권을 가져야 한다고 주장했다. 그러나 니의 새로운 교리에 따르면, 장로는 이제 그들을 임명한 사도에게 순종해야 했다. 1945년 종전 이후 니는 변화된 입장을 설명하기 위해 『교회와 영적 권위의 정통성』(The Orthodoxy of the Church and Spiritual Authority)을 출판했다.

1947년에 니는 회사의 이익과 재산을 교회로 이전하기로 결심했다. 위트니스 리의 도움으로 지도력도 회복할 수 있었다. 니의 사례는 많은 지방교회가 교회의 자산과 인력을 중앙조직에 이전하는 계기가 되었지만, 몇 교회들은 이를 따르기를 꺼려했다. 이 와중에 새로운 형태의 봉사사역인 '예루살렘원칙'(Jerusalem Principle)이 도입되었다. 이 원칙은 푸저우 같이 큰 도시에 선교본부를 세우고, 이 본부에서 특정 지역에서 생활할 전도단을 파견해서 이 지역을 복음화하는 것이었다. 20년이 조금 더 지난 후, 지방교회는 중국에서 성장한 토착교회의 가장 성공적인 사례 중 하나가 되어, 7만 명이 넘는 신자와 700개가 넘는 교회 모임이 속한 운동으로 성장했다.

1949년에 공산주의자가 중국 본토를 점령한 뒤, 중국교회는 불확실한 미래에 직면하게 되었다. 니는 해외로 가서 목회를 계속할 것인지 아니면 지방교회를 이끌기 위해 남아야 하는지 선택의 기로에 섰다. 몇몇 동료의 만류에도 불구하고, 그는 결국 중국에 남기로 결정했다. 니는 1952년에 만주의 선양으로 가던 길에 중국 공안에 체포되었으며, 공개 재판 후 15년 형을 선고받았다. 기독교인으로서 굽히지 않는 신앙을 보여 준 니는 1972년 6월에 사망했다.

참고문헌 | A. I. Kinnear, *Against the Tide: The Story of Watchman Nee* (Eastbourne: Victory, 1973); W. H. Lam, *The Spiritual Theology of Watchman Nee* (Hong Kong: China Graduate School of Theology, 1985).

W. H. LAM

티모시 드와이트(Timothy Dwight, 1752-1817)

회중교회 신학자이자 목사, 시인, 교육자. 그는 매사추세츠 노샘프턴(Northampton)에서 태어났다. 어머니는 조나단 에드워즈(Jonathan Edwards)의 딸 중 하나였다. 17살에 예일대학(Yale College, 당시는 College, 1887년부터 University-역주)를 졸업한 그는 홉킨스문법학교의 교장(Hopkins Grammar School, 1769-1771)으로 일한 후 예일대학 교수(1771-1777)가 되었다.

예일에 있는 동안 드와이트는 고전과 시를 강조하는 커리큘럼을 실험하기 시작했다. 동료 교수와 학생들과 함께 '코네티컷 지성'(Connecticut Wits)을 세웠는데, 미국 최초의 문학비평학과였다. 미국혁명 시기에 그는 군대에서 군목으로 종사했고, 전후에는 코네티컷 그린필드힐(Greenfield Hill)에서 목사와 학교 교장(1783-1795)으로 일했다. 이 시기에 『신학 해설과 변증』(*Theology, Explained and Defended*, 사후 1818-1819에 출간) 등 일련의 교리 설교를 포함한 중요 사역을 벌이기 시작했다. 1795년에는 예일대학 총장으로 초빙받았고, 사실상 시력을 잃게 되었음에도 불구하고(아마도 약한 근시에서 심한 근시로 악화된 것 같다), 1817년에 사망할 때까지 제8대 총장으로 직무를 성공적으로 수행했다.

미국 건국 초기에 문필로 명성을 떨친 학자 중 한 사람인 드와이트는 『가나안 정복, 열한 권짜리 시』(*The Conquest of Canaan, a Poem in Eleven Books*, 1785), 『그린필드힐, 7부로 된 시』(*Greenfield Hill, a Poem in Seven Parts*, 1794), 『뉴잉글랜드와 뉴욕 여행』(*Travels in New England and New York*, 1821-1822) 등의 긴 애국시와 여행기를 남겼다. 정치적으로 드와이트는 보수 연방주의자였다. 프랑스 혁명 기간을 계몽주의 이신론(deism)과 회의주의(scepticism)라는 '불신앙 철학'(infidel philosophy)의 결과로 필연적으로 나타난 사회 재앙의 분명한 사례라고 보았다. 따라서 드와이트는 제퍼슨주의침례교(Jeffersonian Baptists)에 이신론적으로 기운 이들이 주장하는 정교 분리 정책으로부터 코네티컷 회중교회를 보호하려던 연방주의자의 노력을 지지함으로써, '연방주의의 교황'이라는 조롱조의 별명을 얻었다. 드와이트가 새 총장이 되기 위해 예일대학에 왔을 때, 예일 학생들 사이에서 유행한 사조는 혁명 시대의 '불신앙 철학'이었다. 볼테르(Voltaire), 루소(Rousseau), 달랑베르(D'Alembert)의 프랑스 계몽주의와 그들의 미국인 추종자 제퍼슨(Jefferson) 및 토마스 페인(Thomas Paine)에게 학생들이 외적으로 집착하고 있다고 판단한 드와이트는 이 흐름을 바꾸기 위해 두 방향으로 강력한 조치를 취했다.

첫째, 공개 토론을 통해 성경에 대한 신뢰를 회복시키는 것이었다. 예를 들어, 그는 총장으로 취임하던 1795년에 예일에 '신구약 성경이 하나님의 말씀인가?라는 주제의 토론회를 의도적으로 정례화시켰다.

둘째, 신앙의 본질을 강론하기 위한 4년 주기의 설교를 기획했다. (이 설교들은 후에 『신학 해설과 변증』으로 출간되었고, 19세기 중반까지 여러 신학교의 필수 교재로 사용되었다). 이런 설교에서 그는 다음과 같이 말했다.

> "하나님은 이성적인 백성들을 이해하시고 사랑하시려는 동기로 통치하시는데, 이 동기는 자발적 복종을 유발하는 요인으로 그들의 지성 위에서 작용하는 것이다. 다른 어떤 통치도 하나님께 어울리지 않는다. 거기에는 그저 힘과 독재 외에는 정말로 아무것도 없다."

여기서 그는 신학을 두드러지게 연방주의적 방향으로 이동시킨 것이었다.

1802년에는 예일에 부흥이 일어나서, 학생 225명 중 3분의 1이 회심했다. 드와이트는 종종 예일 학생을 대상으로 효율적인 설교를 전해서 뉴잉글랜드 제2차 대각성운동을 일으킨 인물로 각인되어 있다. 그러나 예일과 뉴잉글랜드 전역의 부흥을 연구한 최근 성과(예를 들어, Shiels의 연구)에 따르면, 예일 학생들이 경험한 부흥은 제2차 대각성운동의 원인이 아니라 결과였다.

드와이트가 에드워즈의 칼빈주의 윤곽을 가장 넓은 범위 안에서 따른 인물이기는 해도, 그는 신학적으로 신신학파(New Divinity) 신학의 초기 옹호자였고, (원죄와 중도언약(Half-Way Covenant)에 대한 주장 등) 이 신학의 가장 중요한 특징들을 자기 할아버지 신학에서 진보한 유익한 발전으로 이해했다. 그러나 목회 경험을 통해 그는 너무 강조할 경우에 신신학파 신학의 문제점이 그 유익보다 더 커지게 된다는 것을 깨달았다. 예를 들어, 벨라미(Bellamy)나 홉킨스(Hopkins) 같은 신신학파 신학자들이 논리의 기능을 강조한 반면, 드와이트는 제어되지 않은 이성(이성의 기준들에 대한 계몽주의의 무조건적 헌신)은 필수불가결하게 신학의 왜곡을 가져올 수밖에 없다는 확신 위에 자기 신학을 건설했다.

따라서 드와이트는 중간 지대를 타협 지점으로 삼았다. 그렇게 하는 것이 실제 도덕을 증진시키는 더 큰 목적에 부합될 때에는 할아버지 에드워즈의 가르침을 그대로 차용했다. 그러나 확고부동한 체계들의 위험성을 감지할 때에는 신학파에 반대하는 내용을 설교했다. 타협에 호소하는 것이 이전의 전문 직책에서 봉사할 때의 목적(예를 들어, 예일에서의 교육 개혁 등)에는 먹혀들었지만, 적어도 신학적으로 합의를 이루는 데는 실패하거나, 에드워즈 전통을 19세기 미국에 맞게 재진술하고 재적용하는 데는 실패만을 낳을 뿐이었다.

교육자, 시인, 정치가, 설교자, 학자, 총장으로서의 드와이트는 미국 기독교 발전사에서 중요한 인물인 동시에 전환기를 대표하는 인물로서, 에드워즈 칼빈주의와 신신학파 해석의 계승자인 동시에, 제자 나다나엘 테일러(Nathaniel Taylor)의 뉴헤이븐 신학(New Haven theology)의 선구자 역할을 동시에 떠맡았다.

참고문헌 | S. Berk, *Calvinism Versus Democracy: Timothy Dwight and the Origins of Evangelical Orthodoxy* (Hamden: Archon Books, 1974); C. Cunningham, *Timothy Dwight (1752-1817), A Biography* (New York: Macmillan, 1942); J. Fitzmier, *New*

England's Moral Legislator: Timothy Dwight, 1752-1817 (Bloomington: Indiana University Press, 1998); R. D. Shiels, 'The Second Great Awakening in Connecticut: A Critique of the Traditional Interpretation,' *Church History* 49 (1980), pp. 401-415; K. Silverman, *Timothy Dwight* (New York: Twayne Publishers, 1969).

J. HENSLEY

팀 F. 라헤이/비벌리 진 라헤이(Tim F. LaHaye, 1926-2016/Beverly Jean LaHaye, 1929-)

미국기독교신우파(New Christian Right) 지도자. 둘 다 아버지가 어린 시절에 일찍 사망한 덕에 부부 중 아무도 부모가 다 있는 가정에서 자라지 않았음에도 불구하고, 전통적인 핵가족을 보존하는 운동에 일평생을 바쳤다. 팀 라헤이는 1926년 4월 27일에 미시간 디트로이트에서 프랜시스 T. 라헤이(Francis T. LaHaye)와 마거릿 라헤이(Margaret LaHaye)에게서 태어났다. 팀 라헤이가 아홉 살 되던 해에 전기 기술자이었던 아버지가 심장 마비로 사망하면서, 팀 라헤이와 어머니, 다섯 살 된 여동생과 7주 된 남동생은 친척들과 어울려 살아야 했다. 어머니는 아이들을 부양하기 위해 여러 일을 하면서, 동시에 디트로이트성경대학(Detroit Bible College)에서 9년 동안 학위 공부를 병행했다.

어머니는 가족이 다니던 침례교회에서 교제 담당자로 봉사했고, 삼촌은 침례교 설교자였기 때문에 가정은 복음주의 분위기가 확연했다. 팀 라헤이는 주일학교 성경암송대회에서 상으로 장학금을 받아 미시간 브라이턴(Brighton)에서 열린 교회 캠프에 참석했다. 중등학교를 싫어한 팀 라헤이는 대신 야간학교를 다니다 17살에 졸업했다. 1944년부터 1946년까지 미국 공군에서 복무하며 중사까지 올랐다. 1946년에는 사우스캐롤라이나 그린빌(Greenville) 소재 견고한 근본주의 학교인 밥존스대학교(Bob Jones University)에서 목회자가 되기 위해 공부하다, 거기서 비벌리 데이븐포트(Beverly Davenport)를 만난 후 1년도 안 되어 결혼했다.

비벌리 데이븐포트는 1929년 4월 30일에 디트로이트 외곽 시골에서 태어났다. 비벌리가 두 살 때 아버지가 갑자기 사망하면서, 비벌리, 네 살이던 언니 배리(Barrie), 이들의 어머니는 한때 이웃이었던 친절한 부부의 집으로 들어가 살아야 할 만큼 빈궁해졌다. 어머니는 미시간 전화 회사에서 일하면서 딸들을 먹여 살렸다. 비벌리가 네 살이 되던 해에, 어머니는 한 블록 떨어진 곳에 살던 마흔 살 미혼 남성과 재혼했다. 어머니가 심장 문제와 신경 발작으로 당분간 병상에 눕게 되자, 비벌리가 학교를 쉬면서 어머니를 돌보고 집안을 돌보았다.

부모가 딱히 종교적인 것은 아니었지만, 이들은 비벌리가 중등학교를 다니던 시절부터 미시간 하일랜드파크(Highland Park)에 소재한 선교를 강조하는 교회에 다니기 시작했다. 그러다 14살에 선교사가 되기로 결심했다. 18살 되던 해에는 밥존스대학교에서 공부하기 위해 생애 처음으로 집을 떠났다. 도착 직후 팀 라헤이와 친구가 되었고, 한 해가 지나기 전 1947년 7월 5일에 결혼했다.

대학교 2학년 때인 1948년에 팀 라헤이는 사우스캐롤라이나 펌킨타운(Pumpkintown)에 있는 한 시골 침례교 목회자 청빙을 받아들였다. 비벌리는 딸 린다(Linda)를 낳으면서 학교를 그만두었다. 1950년에 팀 라헤이가 학사학위를 받은 후 가족은 미네소타 미네아폴리스(Minneapolis)로 이사해서 이후 6년간 그곳의 침례교 목사로 일했다. 이 시기에 비벌리는 두 아들 래리(Larry)와 리(Lee)를 낳았다. 다시 가족은 1956년에 팀이 엘케이존의 스콧기념침례교회(Scott Memorial Baptist Church) 담임목사직을 수락하면서 캘리포니아로 이주했는데, 여기서 이후 25년을 머물렀다. 2년 후 가족의 막내 딸 로리(Lori)가 태어났다.

캘리포니아에 도착한 지 1년도 되지 않아 라헤이 부부는 '라헤이 부부의 가정 생활'(The LaHayes on Family Life)이라는 제목의 주간 30분 텔레비전 프로그램 방송을 시작해서 1959년까지 송출했다. 이 프로그램이 결혼과 가정 사역에 초점을 맞추기는 했지만, 팀 라헤이는 이 시기 자신들의 결혼 생활이 '내리막에 있다'라고 설명한 바 있다.

이혼의 정당성을 믿지 않았기에 이들은 이 상황에서 최선을 다하기로 결정했다. 그러나 헨리 브랜트(Henry Brandt)라는 이름의 기독교 상담가의 도움을 받으며 1960년대 중반에 결혼 생활에 예상치 못한 회복이 일어났다. 부부는 자신들이 배운 것을 가정 생활 세미나(Family Life Seminars) 시리즈에 녹여냈는데, 이 프로그램은 1972년에 시작되어 이후 20년 동안 40개 이상의 나라에서 450회 이상 개설되었다.

공립학교 제도가 점점 더 세속화되는 것에 좌절을 느낀 팀 라헤이는 1965년에 샌디에고(San Diego)에 기독교 고등학교를 세웠다. 이후 그는 이 학교를 초등학교 하나와 중등학교 두 개로 구성된 기독교연합학교조직(Christian United School System)으로 확장시켰다. 1970년에는 유명한 창조론자 헨리 M. 모리스(Henry M. Morris)의 도움으로 크리스천헤리티지대학(Christian Heritage College)이 여기에 더해졌다. 이에 더하여, 라헤이와 모리스는 1970년에 창조과학연구소(Creation Science Research Center)를 세우고, 1972년에는 창조과학회(Institute for Creation Research, 가장 유명한 창조론 조직)를 설립했다. 자신의 학문적 신뢰성을 더 강화하기 위해 팀 라헤이는 1977년에 포틀랜드 오레곤(Oregon) 소재 웨스턴보수침례신학교(Western Conservative Baptist Seminary)에서 목회학박사학위를 취득했다.

라헤이 부부는 히포크라테스의 네 가지 기본 기질에 근거하여 각 개인의 특징을 설명한 대중 심리학 시리즈를 저술했다. 『성령과 기질』(Spirit-Controlled Temperament, 1966)은 팀 라헤이가 썼는데, 출판된 지 10년 안에 50만 권 이상이 팔렸다. 성교육 수업을 공립학교에서 하는 것을 반대하기는 했지만, 부부는 결혼 관계 내에서의 성생활에 대해 논의한 여러 책을 썼는데, 대표작 『결혼행전』(The Act of Marriage, 1976)은 솔직하게 섹스를 이야기한 매뉴얼로 수백만 부가 팔렸다. 부부가 쓴 다른 책들은 예언, 성경공부, 여성 문제 등에 초점을 맞추었다.

1970년대를 시작하면서 라헤이 부부는 낙태, 페미니즘, 동성애, 포르노, 공립학교에서의 기도 금지에 반대하는 기독교신우파운동이 창립되는 데 크게 기여했다. 기독교신우파를 위한 선언문 격으로 쓴 『지성을 위한 전투』(The Battle for the Mind, 1980)에서 팀 라헤이는 미국이 전통 윤리를 거부한 것은 그가 '세속 인본주의'(secular humanism)라 부른 무신론적 세계관 탓이라 주장했다. 이 사고방식에 저항하는 전투들이 『가정을 지키기 위한 전투』(The Battle for the Family, 1982)와 『공립학교를 지키기 위한 전투』

(*The Battle for the Public Schools*, 1983)에서 지속되었다.

비벌리는 '미국을 걱정하는 여성'(Concerned Women for America)이라는 모임을 1979년에 결성해서 모든 여성을 대변한다고 주장하는 페미니스트에 대항했다. 이 조직은 보수적인 여성들을 동원해서 전국 기도 네트워크에 연결시키기만 한 것이 아니라, 보수파의 대의 증진을 위해서 적극적으로 로비 활동을 펼치기도 했다. 이 조직은 1984년에 이 조직이 오십만 명 이상이 회원을 가진 '미국 최대의 공공 정책 여성 조직'이라 선언하고 주장했다. 팀 라헤이는 '도덕적 다수'(Moral Majority)운동에 참여하고, 1981년에는 국민정책위원회(Council for National Policy), 1984년에는 '미국 전통 가치 연대'(American Coalition fur Traditional Values)를 설립해서 '전통 가치'를 촉진하는 캠페인을 벌였다. 부부는 이 견해를 더 효율적으로 진작시키기 위해 1984년에 워싱턴 D. C.로 이사했다. 복음주의 진영을 넘어서 보수주의자를 동원하는 일에 뛰어들고자 했던 팀 라헤이의 의지는 1980년대 중반에 복음주의자의 비판을 받았다. 당시 그가 문선명의 통일교로부터 엄청난 액수의 돈을 수령했다는 것이 드러났다. 1990년대에도 라헤이 부부는 '비벌리 라헤이 라이브'(Beverly LaHaye Live), '비벌리 라헤이 투데이'(Beverly LaHaye Today), '팀 라헤이의 수도 리포트'(Tim LaHaye's Capitol Report) 및 다시 송출된 '라헤이 부부의 가정 생활'(The LaHayes on Family Life) 등의 라디오 및 텔레비전 프로그램을 통해 수백만 복음주의자에게 그들의 보수적인 사회 인식을 전파하는 일을 지속했다.

1995년에 팀 라헤이는 다작으로 유명한 복음주의 저자 제리 B. 젠킨스(Jerry B. Jenkins)와 함께 전천년설에 기반을 둔 종말 소설 시리즈 『레프트 비하인드』(*Left Behind*)를 출간하기 시작했다. 엄청나게 성공을 거둔 이 시리즈는 3천만 부 이상 팔렸고, 12권짜리 시리즈 중 제7권과 제8권은 2000년에 모든 주요 베스트셀러 명단 꼭대기에 이름을 올렸다.

참고문헌 | A. E. Christiansen and J. McGee, 'Beverly Davenport LaHaye,' in K. Kohrs Campbell (ed.), *Women Public Speakers in the United States, 1925-1993: A Bio-Critical Sourcebook* (Westport, Connecticut and London: Greenwood Press, 1994), pp. 146-160; D. Garrison, 'Tim and Beverly LaHaye,' in C. H. Lippy (ed.), *Twentieth-Century Shapers of American Popular Religion* (New York, Westport, Connecticut and London: Greenwood Press, 1989), pp. 233-240; R. Bush (ed.), 'Reflections on 50 Golden Years: July 5, 1947-July 5, 1997,' *Family Voice* (6 June, 1997).

D. K. LARSEN

Biographical Dictionary of Evangelicals

판디타 라마바이(Pandita Ramabai, 1858-1922)

인도의 교육자, 사회 개혁가. 그는 브라만 계급 부모의 막내로 태어났다. 아버지는 아난트 샤스트리 동그레(Anant Shastri Dongre)였고, 어머니는 둘째 부인으로 라크쉬미바이(Lakshmibai)였다. 학구적인 아버지는 아내에게 산스크리트어(Sanskrit) 읽는 법을 가르쳤고, 힌두어로 된 경전을 읽는 법도 알려 주었다.

이어서 라크쉬미바이는 딸 라마바이를 가르쳤다. 라마바이는 어린 시절 인도의 가르나타카(Karnataka) 지방의 강가물 숲에서 자랐는데, 그곳에서 라마바이의 아버지는 학교를 운영하며 쌀농사를 지었다. 그녀가 좀 더 크고 나서, 가족은 라마바이와 함께 수시로 성지 순례에 참여했다. 어린 라마바이에게 가족이 인도 대륙을 걸으면서 거룩한 성지에 머무르고 경전을 암송했던 것과 불확실한 생계마저 종교적 열망으로 이겨나갔던 경험은 매우 강렬하게 다가왔다. 그들은 사람들이 돈을 주면 (최소한의 생계 비용을 남겨두고 남은 금액은) 바로 브라만 계급 성인들에게 주곤 했다.

라마바이의 아버지는 딸을 어린 시절에 정략 결혼시키던 당시의 사회적인 압력에 저항함으로써 전통을 거부했다. 그녀의 부모는 딸을 아들과 동등하게 대했으며 딸에게도 많은 교육을 시켰다. 종교적이고 매우 영적이었던 라마바이는 자신이 스스로 노력해야 한다는 것을 배웠으며, 자신의 양심과 내적 자아를 개발해야 한다는 것을 깨달았다. 그녀의 부모는 1874년 마드라스 행정부(Madras presidency, 'Presidency of British India'라고도 하는 영국 통치기로, 1652-1947년에 해당-역주) 시절 엄청난 기근 때문에 세상을 떠났다. 라마바이의 언니는 결혼한 후 콜레라로 1875년에 죽었다. 라마바이의 오빠 스리나바스 샤스트리(Srinivas Shastri)는 라마바이와 함께 극심한 굶주림과 가난을 겪으면서도 인도 전역을 순례했다.

1878년에 그들은 캘커타(Calcutta)에 도착했다. 그곳에서 대학 학자들을 만났는데, 이들은 라마바이를 공개적으로 시험해 보았다. 라마바이의 지적인 능력을 알게 된 교수들은 그녀에게 판디타 사라스바티(Pandita and Sarasvati)라는 호칭을 붙여주었다. 특히, 브라모 사마지(Brahmo Samaj, 개혁적인 그룹으로, 미국의 유명한 유니테리안과 관련이 있는 사람들) 내부의 지도자들은 인도 사회의 개혁을 위해 라마바이가 자신들과 연대한 것을 매우 기뻐했다. 라마바이는 여성 해방에 대해서 강연하기 시작했다. 그녀는 힌두교 경전에서 자신의 논리를 취했고, 여성 권리 신장을 위한 연설가이자 옹호자로 찬사를 받았다.

라마바이의 오빠는 1880년에 콜레라로 죽었다. 그녀는 당시 카스트 제도의 규율을 깨고 오빠의 벵골인 친구 비핀 베하리 다스 메드하비(Bipin Behari Das Medhavi)와 결혼했다. 이들 부부는 아쌈(Assam) 코차르(Kochar) 지방에 터전을 잡고 처음 2년 동안 행복하게 살았다. 그러나 1882년 메드하비가 콜레라로 세상을 뜨고 난 후, 라마바이는 어린 딸 마노라마바이(Manoramabai)와 함께 남겨졌다. 남편 사후, 라마바이는 남쪽으로 이주했고, 자신의 출생지에서 가까운 푸네(Pune) 지방에 정착했다. 거기서 그녀는 개혁운동을 계속해서 진행했으며, 커다란 브라만 계층 공동체 안으로 쉽게 이주했다.

그러나 반대하는 목소리가 곧 터져 나오기 시작했는데, 심지어 개혁을 지지하던 브라만 계층 사람들도 가정과 결혼에 초점을 맞춘 가부장적 구조 안에서만 그 개혁을 구상했기 때문이었다. 라마바이는 당시 과부라는 사회적 신분으로 비롯된 사회적인 편견을 인식하고 있었기에, 상위 카스트에 속한 과부를 위한 운동을 시작하고, 여성도 전문 직업을 가질 수 있는 권리를 열정적으로 주장했다. 1882년 6월 1일에 라마바이는 '아르야 마힐라 사마지'(Arja Mahila Samaj)라는 이름으로, 사회 개혁을 지지하는 여성들을 동원하는 일에 헌신된 여성협회를 창립했다.

1882년 9월에는 영국헌터교육위원회(British Hunter Commission on Education)에서 연설했다. 이 연설에서 그녀는 여성을 위한 기초 교육이 필요하고, 여성 의사를 교육하고 훈련해야 한다고 역설했다. 그 후, 라마바이는 잉글랜드에서 공부하기 위해 영어를 공부하기로 결심했는데, 이 선택은 인도에서 영향력 있는 여성 지도자로서 성장하기 위해 밟은 다음 단계였던 것 같다.

라마바이는 1883년에 잉글랜드에 도착했다. 그녀는 처음에 원티지(Wantage)에 소재한 성공회-가톨릭파(Anglo-Catholic) 수녀원에서 원티지수녀회(Wantage Sisters)와 함께 살았다. 이곳에서 기독교로 개종을 하고 세례를 받았다. 1884년에는 첼트넘여자대학(Cheltenham Ladies' College)에서 공부를 시작하고 가르쳤다. 이 학교에는 당시 영향력 있던 유명 여성 교육자 도로테아 비일(Dorothea Beale)이 있었는데, 비일은 라마바이의 멘토가 되었다. 이후 라마바이는 청력에 이상이 생겨서 의사가 되고자 했던 꿈을 포기하고, 대신 여성 교육을 위해서 배울 수 있는 모든 것을 배우기로 결심했다.

이를 위해 라마바이는 1886년에 미국에서 온 초청을 받아들였다. 필라델피아에서 화학자이자 여자의과대학 총장 레이첼 보들리(Rachel Bodley)는 라마바이의 든든한 후원자가 되었다. 라마바이는 2년 동안 미국 전역을 여행하면서 미국 교육 제도를 조사했다. 많은 교회와 개혁적인 성향을 가진 모든 종류의 개신교인이 라마바이에게 공감하여, 카스트 상류층 힌두 과부를 위한 초교파 가정학교를 세우려는 그녀의 꿈을 수용했다.

라마바이는 『카스트 상류층 힌두 여인』(The High Caste Hindu Woman, 1885)이라는 책을 출판해서 지원을 늘렸다. 이 책에서 그녀는 여성에 대한 사회적인 억압을 중점적으로 기록했다. 드디어 1898년에 라마바이협회(Ramabai Association)가 발족했다. 여기에는 에드워드 에버렛 헤일(Edward Everett Hale), 필립스 브룩스

(Phillips Brooks), 프랜시스 윌라드(Frances Willard) 같은 창단멤버가 있었다. 이 협회는 라마바이에게 10년 동안 자금을 지원하기로 약속하고, 그녀가 계획을 실행하도록 도왔다. 당시 여성기독교금주연합(Women's Christian Temperance Union, WCTU)은 새로 설립된 이 연합의 국제 네트워크에서 라마바이에게 지도자 역할을 맡기고, 여성기독교금주연합의 지역 모임에 라마바이서클(Ramabai Circle)을 조직하는 방식으로 그녀를 지원하기로 서약했다.

라마바이는 봄베이(Bombay)에서 매우 신중하게 시작했다. 어떤 어려움이 잠재하는지 민감하게 분석한 그녀는 지도력 있는 힌두 개혁자들을 이사진으로 지명했고, 카스트 계율을 존중하겠다고 서약했다. 오래되지 않아서 라마바이가 보인 기독교인으로서의 모범을 지켜본 소녀 몇 명이 기독교를 탐구하기 시작했다. 아이들이 보인 이 관심이 학교를 어렵게 만들었다. 사람들은 그녀가 기독교인이라는 사실에 공개적으로 분노했고 많은 학생이 자퇴했다. 학교의 앞날이 흔들리기 시작했다. 그러나 분노의 폭풍이 사그라지자, 라마바이는 새롭게 지역 사회의 이사진과 실무진을 구성했다.

이후 몇 년이 흐르고 나서 라마바이는 푸네(Pune) 지방으로 자신의 활동 중심을 옮겼다. 두 차례의 기근을 겪으면서 그녀의 사역은 극적으로 성장했다. 부양해야 할 사람들이 넘쳐나자 그녀는 케드가온(Kedgaon) 지방에 새로운 공동체를 만들었다. 1900년에 2000명의 여자 어린이 고아와 과부를 지원했고, 버려진 남자아이 수백 명도 돌보았다. 그녀의 공동체는 매우 효과적인 공동체 모델이 되었다.

이 공동체에서 사람들은 인도 전통 옷을 입었고 인도의 관습도 지켰다. 그러나 기독교적 가르침이 생활의 모든 분야에 걸쳐 폭넓게 스며들었다. 묵티(Mukti)라는 이름으로 알려진 이 공동체는 음식을 제공할 농장을 경영했고, 기초 교육을 제공했으며, 봉제를 비롯한 여러 기술을 가르쳐서 스스로 자립할 수 있게 도왔다.

1890년대를 지나면서 라마바이는 기독교 신앙을 더 깊이 이해하게 되었다. 처음에 그녀는 성공회 고교회파 배경에서 신앙을 고백했다. 미국에서는 개혁 성향이 유니테리언(Unitarians)부터 성결감리교인(holiness Methodists)까지 모든 종류의 개신교인 사이를 편안하게 왕래했다. 인도에서는 그녀에게 거듭남에 대해 가르쳐 준 미국인 드와이트 펜테코스트(Dwight Pentecost) 같은 순회전도자 및 그녀에게 '예수를 믿는 믿음으로 얻는 성결'의 '승리하는' 삶을 수용하게 도와준 잉글랜드 출신 케직선교사들의 영향을 받았다. 잉글랜드의 괴짜 사제이자 전도자였던 윌리엄 해슬럼(William Haslam)의 글에 깊은 감동을 받은 라마바이는 인도에서 부흥집회와 캠프집회에 참석하기 시작했다.

1898년에 라마바이는 라마바이협회에 사업 진행 사항을 보고하기 위해 미국으로 돌아갔다. 그때 그녀는 자신이 10년 전에 고백했던 신앙보다 훨씬 더 복음주의적인 부흥경건신앙을 확고하게 수용했다. 그녀는 뉴욕 로체스터(Rochester) 근처에 있는 성결학교로, 훗날 로버츠웨슬리파대학(Roberts Wesleyan College)으로 발전한 학교에 자신의 딸과 젊은 인도인 과부들을 등록시켰다. 인도로 돌아가는 길에 연례 케직사경회(Keswick Convention)의 선교사 모임에서 여성선교사들이 인도에 많이 와 달라고 간절히 요청하기도 했다.

20세기가 되자 라마바이의 딸 마노라마바이는 어머니의 유능한 비서이자 서기가 된다. 마노라바이가 보낸 선교편지들은 특히 미국, 영국, 오스트레일리아의 개신교인들에게 묵티선교회에서 일어난 일에 대해 알게 해 주었다. 많은 선교사들이 라마바이를 도왔다. 어떤 사람은 묵티에서 단기선교 등을 하면서 필요한 일을 감당했고, 다른 사람은 라마바이의 공동체에 완전히 헌신하여 정규 직원으로 일하기도 했다. 이중에서 가장 영향력을 많이 끼친 사람은 미니 에이브럼스(Minnie Abrams)였다. 그녀는 한때 감리교여성선교회(Methodist Women's Missionary Society)에서 파송한 선교사였다. 에이브럼스는 마을 전도에 관심을 가졌기 때문에 라마바이의 든든한 조력자가 될 수 있었다. 1898년에 인도에 도착한 후 그녀는 주변 지역에서 전도단을 조직해서 젊은 사람들에게 복음전도와 기독교선교를 가르쳤다.

묵티선교회는 대중에게 매우 잘 알려진 두 개의 부흥운동의 배경이 되었다. 1905년에 웨일스부흥의 여파 속에 묵티 공동체 거주자들이 긴 기간 동안 영적 갱신을 경험했다. 이후 1906년과 1907년에 있었던 또 다른 영적 각성은 훨씬 더 오순절운동의 색깔을 띠었다. 많은 사람이 젊은 여성들이 영어로 기도, 찬양, 예언을 했다고 전했다.

그들의 종교적 열광은 금세 식기는 했지만, 오순절 신자들이 널리 알려진 묵티선교회를 자신들의 운동이 영향을 끼친 한 장소로 규정하기 전까지는 여전히 뜨거웠다. 미니 에이브럼스는 이 부흥을 『성령과 불세례』(The Baptism of the Holy Ghost and Fire)라는 소책자에 기록으로 남겼는데, 이 운동은 오순절파 사람들에게 영향력이 아주 컸다. 사실 라마바이는 오순절운동을 지지한 적도, 방언을 경험한 적도 없었다. 그러나 에이브럼스와 다른 선교사 동료들은 성장하는 오순절 신자 공동체 안에서 묵티선교회를 확장시키려고 노력했다. 그러나 1908년에 에이브럼스는 묵티선교회를 떠나 고향 미국으로 돌아갔다.

1900년부터 라마바이는 마라티어(Marathi)로 된 성경을 번역하기 위한 준비 작업에 거의 전적으로 시간을 투자했다. 평신도 선교사들에게 도움을 주고자 만든 이 성경은 라마바이가 자기 민족에게 남겨 준 유산이 되었다. 그리스어와 히브리어 어원에 기반을 둔 마라티어 용어사전도 준비했다. 그녀가 쓴 많은 소책자와 『그리스도의 삶』(Life of Christ)은 대중적으로도 널리 읽혔다.

1919년에 라마바이는 인도 사회에 남긴 뛰어난 공헌을 인정받아 카이저-이-힌드(Kaiser-I-Hind, 영어의 'Emperor of India'에 해당하는 힌두어 표현으로, 1900년에서 1947년까지 영국 국왕이 수여-역주) 메달을 받았다. 그러나 1920년에 라마바이의 딸이자 유력한 후계자 마노라마바이의 때 이른 죽음은 묵티 공동체에 큰 충격을 주었다. 이후 1922년 4월에 라마바이는 짧은 시간 동안 투병 생활을 하다가 케드가온(Kedgaon)에서 세상을 떠났다. 라마바이는 남은 선교사업을 묵티선교위원회 위원장으로 기독교선교연맹(, C&MA) 대표를 선출한다는 조건을 붙여 인도 기독교인 및 선교사들에게 물려주었다.

라마바이는 살아생전에 개신교 사회가 자신을 존중하는 것에 대해 기뻐했다. 특히, 서양 기독교인들은 라마바이가 인도인으로서 삶과 기독교 신앙을 통합했다는 사실을 높이 평가했다. 20세기 후반 인도 페미니스트 학자들은 라마바이가 현대 인도 사회에 남긴 공헌을 연구하고 인정하기 시작했다.

참고문헌 | U. Chakravarti, *Rewriting History: The Life and Times of Pandita Ramabai* (Kali for Women, 1998); M. Kosambi, *Pandita Ramabai Through Her Own Words* (New Delhi: Oxford University Press, 2000).

E. L. BLUMHOFER

패트 로버트슨(Pat Robertson, 1930-)

목회자, 텔레비전 사역자, 사업가, 정치 행동가. 그는 1930년 3월 22일에 블루리지산맥(Blue RidgeMountains)의 중심에 위치한 버지니아 렉싱턴(Lexington)에서 매리언 고든 로버트슨(Marion Gordon Robertson)이란 이름으로 출생했다. 부친 압살롬 윌리스 로버트슨(Absalom Willis Robertson)은 제1차 세계대전 시기를 제외하고 1915년부터 1966년까지 버지니아에서 정치 활동을 했던 변호사였으며, 모친은 조세핀 래그랜드 윌리스(Josephine Ragland Willis)였다. 압살롬 로버트슨은 이 시기에 버지니아 상원의원, 이후 미국 하원의원, 1946년부터는 미국 상원의원으로 활동했다. 상원에 있을 때 그는 국가 재정 정책에 대해서 기록을 세울 정도로 엄격한 보수주의자였다. 1966년에 79세의 나이에 상원의원 선거에 나갔지만 근소한 차이로 패배하고 만다.

상원의원의 자녀였던 패트 로버트슨은 애국심과 특권 의식 속에서 성장했고, 부친이 일하고 있던 워싱턴 D. C.에 종종 방문하기도 했다. 그는 고향에서 가장 뛰어난 학교였던 '워싱턴 앤 리대학교'(Washington and Lee University)를 19세의 나이에 최우등(*summa cum laude*)으로 졸업했다. 피베타카파(Phi Beta Kappa, 대학우등생들의 친목모임) 회원이었고, 부친은 그에게 여름에 영국 런던대학 학부에서 미술을 공부할 수 있게 허락해 주었다. 그는 대학을 졸업하자마자 해병대에 입대하여, 1950년에서 1952년까지 일본과 한국 등지에서 장교로 복무했다.

1952년에 제대한 후, '예일대학교 로스쿨'(Yale University Law School)에 입학했다. 재학 중이던 1954년에 같은 대학교 간호대학 학생 아델리아 엘머(Adelia Elmer)와 결혼했다. 1955년에 졸업한 후에는 직업이 여러 차례 바뀌며 수차례 절망하는 과정이 있었고, 야심차게 시작한 사업도 실패했다. 그 후 그는 성찰의 시간을 가지면서 종교적 체험을 통해 안정을 찾기 위해 노력했다. 모친의 신실한 신앙에 자극을 받은 그는 성장기를 맞고 있던 미국 복음주의 지도자들과 만날 기회를 갖게 되고, 이 만남을 통해 목회자가 되기로 결심했다. 이어서 1956년에 뉴욕시에 위치한 비블리컬신학교(The Biblical Seminary)에 입학했다. 3년간의 재학 기간 동안 그는 쉼 없이 신앙의 체험을 갈구했다. 신학교에서 만난 오순절 계열 학생들의 영향으로, 그는 복음주의 및 오순절운동 지도자들과 교류하면서 삶의 전환기를 맞았다.

그가 만난 지도자 중 가장 유명한 이들로는 출판업을 하던 로버트 워커(Robert Walker), 루터교 은사주의운동의 선구자 헤럴드 브레드센(Harald Bredesen)과 같은 인물도 있었다. 패트 로버트슨은 1957년에 학우들과 기도회를 하던 중에 '성령세례'를 경험하게 되었고, (그가 믿기에) 한 아프리카 방언의 은사를 받았다. 패트 로버트슨과 브레드센, 다른 여러 신학생들은 1960년대에 기존 주류 교단에 소속되어 있으면서 동시에 오순절 경험을 했던 기독교인 무리의 일부였는데, 이들은 후에 은사주의운동의 선구자로 성장했다.

아들이 전도 유망한 사업가로 성장가도를 달리리라 믿었던 부친의 실망에도 불구하고, 패트 로버트슨은 뉴욕시 슬럼 지역에서 목회를 시작했다. 후에는 버지니아 포츠머스(Portsmouth)에 소재한 한 쓰러져 가던 유에이치에프(UHF, 극초단파) 텔레비전 방송사를 인수했고, 1960년에는 이를 '기독교 방송 네트워크'(Christian Broadcasting Network, CBN)라는 거창한 이름으로 출범시켰다. 이 방송사의 출범을 준비하던 기간에 남침례교에서 안수를 받고, 노포크(Norfolk) 시내에 위치한 프리메이슨침례교회(Freemason Baptist Church)의 교육목사로 시무하기 시작했다. '기독교 방송 네트워크'의 첫 방송은 1961년 10월에 송출되었다.

1960년대에 그는 자신의 불안정한 모험을 지탱하기 위해 여러 다양한 재정 확보 방법을 탐구했다. 그중 몇몇 모금 방송은 큰 성공을 거두게 되는데, 1963년에 있었던 첫 모금 방송에서 700여 명의 후원자가 '클럽' 회원으로 가입하여 방송국에 월 10달러를 정기 후원하겠다고 약정했다. 이 '700인클럽'(The 700 Club)은 패트 로버트슨이 1966년에 시작한 대담 프로그램의 정식 명칭이 되었고, 잡지와 신문 등에 소개되면서 패트 로버트슨의 생각이 점차 대중에게 알려지게 된다. 이 프로그램은 텔레비전 산업 역사상 가장 오랫동안 방영된 프로그램으로 기록을 세웠다. 1960년대 말에 패트 로버트슨은 급속히 성장하던 오순절/은사주의운동의 가장 대표적인 인물 중 한 명으로 자리매김했다.

'기독교 방송 네트워크'의 확장은 중단 없는 성공 신화를 썼다. 1979년에 2천만 달러가 투입된 최신식 장비를 갖춘 두 개의 텔레비전 스튜디오와 오디오 레코딩 시스템을 갖춘 새로운 본사 건물이 준공되었다. 패트 로버트슨은 1년 전인 1978년에 대학원 대학을 설립하는 계획을 발표했는데, 이것이 리젠츠대학교(Regents University, 원래는 기독교방송네트워크대학[CBN University])의 시작이었다. 이 대학은 패트 로버트슨 조직의 급속한 영향력과 성장을 대변하는 기관이었다. 이 대학은 법조계와 경제계 등 많은 분야에서 활동할 보수적 기독교 지도자뿐만 아니라, 최신의 언론 감각을 갖춘 은사주의운동의 젊은 지도자들을 양성하기 위한 교육 목표로 설립된 교육 기관이었다. 20세기 말에 리젠츠대학교는 패트 로버트슨 총장의 지휘 아래 오순절/은사주의운동을 대변하는 가장 탁월한 대학교로 성장했다.

1977년에 패트 로버트슨은 케이블 방송으로 영역을 확장해 가며 위성 송수신 방면의 개척자로 활약했다. '기독교 방송 네트워크'는 1970년대 말에 경제적인 자립을 달성했고, 1981년에는 기독교 프로그램만을 방영하던 기존의 편성 원칙을 깨고 다양한 주제의 프로그램을 제작 방송하게 되었다. 1988년에 이 방송국은 '패밀리 채널'(Family Channel)로 이름을 바꾼 후, 미국에서 가장 인기 있는 케이블 방송 중 하나로 성장했다. 1990년에 '패밀리 채널'이 많은 이익을 창출해 내면서 '기독교 방송 네트워크'가 면세 대상에서 제외될 위기에 처하자, 패트 로버트슨은 이 케이블 방송을 분리하여 '인터네셔널 패밀리 엔터테인먼트'(International Family Entertainment Inc.)라는 사기업에 매각했다. 1997년에는 '인터네셔널 패밀리 엔터테인먼트'가 '폭스 키즈 월드 와이드'(Fox Kids Worldwide)에 매각되었다. 이런 일련의 매각을 통해서 리젠츠대학교는 2억 달러가 넘는 수익금을 확보했다.

1978년에 패트 로버트슨이 설립한 협력 기관인 '오페레이션 블레싱 국제 구호 및 발전 기구'(Operation Blessing International Relief and Development Corporation)가 미국과 해외에 있는 소외 계층을 위한 구호 활동을 전개해 나갔다.

패트 로버트슨은 원래 정치에 관심이 많았다. 1980년대에 정치에 더 많이 관여하는 복음주의자가 되면서, 그는 '700인클럽'을 통해 정치적인 목소리를 전보다 더욱 높여나가기 시작했다. 패트 로버트슨은 1980년에 로버트 레이건(Ronald Reagan)의 당선을 전후하여 일명 '종교계 우파'(religious right)의 지도자로 입지를 다져 나가기 시작했다. 그는 다른 종교계 우파들과는 두 가지 다른 유익을 지닌 인물이었다.

첫째, 그가 텔레비전 방송을 통해 전국적인 인지도를 획득했다는 것이고, 기존의 그저 폭 좁은 교파나 근본주의 지지자를 가진 이들과는 달리, 오순절/은사주의운동을 수용한 수백만이 넘는 미국인의 지지를 등에 업고 있었다는 것이다.

둘째, 정치인 가문에서 태어난 배경과 교육을 통해 받은 훈련으로, 다른 종교 우파 지도자들과는 차원이 다른 정치적 감각과 지식을 가지고 있었다는 것이다.

1986년에 패트 로버트슨은 대권에 도전할 수 있는지를 놓고 가능성을 탐색하기 시작했다. 이어 1988년에는 공화당 경선에 뛰어들어, 아이오와(Iowa) 코커스(caucuses)에서 승리를 거두며 많은 이들을 놀라게 했다. 그러나 사우스캐롤라이나 경선에서 패배하면서 후보자를 사퇴했다. 이후 그는 미국 보수 정치계에 큰 영향력을 끼치는 인물로 남았다. 그는 보수 기독교인을 독려하여 정치에 참여토록 하고, 지역 정치 세력을 구축하는 데 크게 공헌한 미국기독교인연맹(Christian Coalition of America) 회장으로 취임했다. 2000년에 이 단체는 50개 주, 1500개 지부에 100만 명이 넘는 회원을 확보했다. 1990년에 패트 로버트슨은 진보 단체인 미국시민자유협회(American Civil Liberties)에 대항하여, 보수적인 '미국 법과 정의 센터'(American Center for Law and Justice)를 설립하여 진보 세력에 대항한 소송전을 주도했다. 패트 로버트슨은 책을 10권 출간했고, 이 중 몇 가지는 베스트셀러가 되었다. 그는 대통령 선거전이 한창이던 1988년에 목사직을 포기했다. 그러나 종교적인 필요에 의해 2000년에 다시 안수를 받고 종교인으로 활동했다. 패트 로버트슨의 '기독교 방송 네트워크' 제국은 현재 버지니아 비치(Virginia Beach) 해변에 있는 700에이커의 부지에 대규모로 자리 잡고 있다. 윌리엄스버그(Williamsburg) 스타일의 우아한 건물들은 패트 로버트슨과 그의 사역의 성공과 애국심을 단적으로 보여 주는 상징물이다. '기독교 방송 네트워크'는 현재 여러 유관 기관들로 이루어진 연합 기관이다. 특히, '오페레이션블레싱 국제 기구'(Operation Blessing International)는 미국에서 가장 규모가 큰 민간 구제 기관으로 성장했다. '700인클럽' 프로그램은 현재 미국을 포함한 50개국에서 수백만 명이 고정적으로 시청하는 텔레비전 프로그램이다. '기독교 방송 네트워크'의 1년 예산은 2억 달러가 넘으며, 상주 직원은 천 명에 달한다.

참고문헌 | D. E. Harrell, Jr, *Pat Robertson: A Personal, Political and Religious Portrait* (San Francisco: Harper & Row, 1987); Pat Robertson with Jamie Buckingham, *Shout It From the Housetops* (Plainfield: Logos International, 1972).

D. E. HARRELL, JR

페터 뵐러(Peter Bholer, 1712-1775)

모라비아교회(Moravian)의 감독. 1712년 12월 31일에 독일 프랑크푸르트-암-마인(Frankfurt-on-Main)에서 양조장을 하던 요한 콘라트 뵐러(John Conrad Böhler)의 아들로 태어났다. 프랑크푸르트에서 학교를 다닌 후, 1731년에 예나대학(University of Jena)에 들어간 뵐러는 거기서 1722년에 작소니(Saxony)에 정착한 연합형제단(United Brethren, 모라비아교도)의 지도자 스팡엔버그(Spangenberg)와 진젠도르프(Zinzendorf)의 강의를 들었다. 이들을 통해 뵐러는 슈페너(Spener)와 독일 경건주의 저작들에 친숙해졌다. 그는 즉각적인 회심을 체험하고 모라비아교도와 함께 사역하기로 결심했다. 뵐러는 진젠도르프 백작의 아들의 개인 교사가 되었는데, 이후 백작은 그를 니취만(Nitschmann) 감독과 함께 안수하여 독일 개신교인들이 정착을 허락받은 북아메리카의 새 식민지 조지아(Georgia) 서배너(Savannah)에 막 새로 세워진 교회의 목사로 보냈다.

1738년은 영국감리교 역사에서 획기적인 전환이 일어난 해였다. 럽(Rupp)은 뵐러가 '천로역정에 등장하는 그(존 웨슬리의 전도자' 역할을 맡았다고 주장했다(Religion in England, p. 356). 그는 루터의 작품들을 소개하고 이신칭의를 강조함으로써 독일에서 유래한 경건주의의 한 가지 유형을 웨슬리 형제의 성공회 고교회파에 심어 주었고, 이로써 복음주의 부흥의 전초 부대로서의 독특한 감리교 신학과 실천 양식이 창조되는 데 기여했다. 웨슬리 형제는 이미 1735년에 시몬즈호(The Simmonds)를 타고 대서양을 건너는 중에 모라비안교도들을 만난 적이 있었다. 2년 후 얼마간의 혼란 중에 그들이 돌아왔을 때, 조지아로 가기 위해 잉글랜드를 경유하고 있던 뵐러는 이들을 런던과 옥스퍼드에서 만났다. 그는 이 고통당하고 있던 영혼들에게 영적 방향과 지침을 제시해 주었다. 뵐러는 '당신이 믿음을 가질 때까지, 그런 다음에는, 당신이 믿음을 가졌기 때문에 당신은 믿음을 전하게 될 것입니다'라고 설교하며 존 웨슬리에게 (행위로 믿음을 입증하려는) '그 철학'을 버리라고 촉구했다. 그는 중병에 걸린 찰스 웨슬리도 돌보았다. 뵐러는 이들 두 사람 모두에게 성경과 동료 모라비안이 간증으로 모범을 보인 즉각적인 회심이 필요하다고 확신했다. 이 모라비안 동료들은 이들에게 루터의 작품과 예수 그리스도를 믿는 개인적 믿음의 필요성과 회심과 확신을 소개했다.

1738년 21일과 24일에 각각 일어난 찰스와 존의 연이은 회심('알더스게이트 경험')은 뵐러의 개입과 지도에 크게 빚진 것이었다. 뵐러에 대해서 존 웨슬리는 후에 '오! 하나님께서 그가 잉글랜드에 온 후 시작하신 일이 얼마나 놀라운가!'라고 쓴 바 있다. 뵐러는 또한 성경연구와 간증 나눔을 위해 모인 옥스퍼드와 런던 모임의 성장에도 기여했는데, 이 모임들은 훈련과 치리가 시행된 배타적 모라비안 밴드 모임을 닮은 것이었다. 비록 휫필드(Whitefield)의 지지자들은 그렇게 생각하지 않지만, 뵐러는 또한 찰스 웨슬리의 중요한 찬송시, '만입이 내게 있으면 그 입다 가지고 내 구주 주신 은총을 늘 찬송하겠네'(O for a thousand tongues to sing my great Jehovah's praise)를 탄생시킨 영감의 근원이었을 가능성이 있다.

1738년에 조지아로 떠나기 전에 뵐러는 런던의 페터레인(Fetter Lane)에서 제임스 허튼(James Hutton)이 조직한 일단의 사람들을 만나 협회 하나를 창설했는데, 뵐러가 고안하고 존 웨슬리가 개정한 규칙으로 운영되는 모임이었다. 이 모임이 잉글랜드에서 조직된 첫 번째 모라비안 교회(모임이 열린 지역 이름을 따서 Fetter Lane Society라 불렸다-역주)가 되었다. 웨슬리의 추종자들은 후에 갈등이 표면에 드러난 이후인 1740년에 이 모임을 떠나 파운더리회(Foundery Society)를 조직했다. 1월 1일에 열린 애찬은 모라비안과 감리교도 사이의 협력의 정점이었고, 이 해가 베드퍼드(Bedford), 브리스톨(Bristol), 케임브리지, 옥스퍼드, 레딩(Reading), 요크서(Yorkshire)에서 모라비아교 모임과 감리교 모임이 성장하게 되는 놀라운 부흥의 시발점이 되는 해였다.

그동안 뵐러는 조지아에서 일하면서 휫필드가 제공한 땅에 흑인 아이들을 위한 학교를 짓고 필라델피아와 뉴욕의 회중을 방문했다. 그는 다시 유럽으로 부름을 받아 1741년 초에 브리스톨에 도착하여 런던과 웨스트요크셔(West Yorkshire)의 성장하는 회중들을 위한 사역을 재개했다. 그의 아내는 잉글랜드 여인 엘리자베스 홉슨(Elizabeth Hobson)이었는데, 이들 사이에 1743년에서 1751년 사이에 태어나서 생존한 아이가 넷이 있었다. 뵐러가 웨슬리 형제에게 준 평화로운 영향력과 우정이 사라지면서, 모라비안과 감리교도 사이에 뵐러가 결코 동의하지 않았던 몰더(Molther)의 정적(stillness) 교리(Fetter Lane Society의 지도자 필립 핸리 몰더[Philip Henry Molther]가 완전한 확신을 갖게 되기까지는 어떤 선행도 해서는 안 되고 성찬에도 참여하지 않아야 한다고 주장한 교리-역주)를 둘러싼 갈등과 감리교의 종교적 열광주의와 완전한 사랑 및 그 열매에 대한 상호 의혹으로 분열이 심화되었다. 뵐러와 스팡엔버그(Spangenberg)는 존 웨슬리와 대화에 나섰으나 '그리스도인의 완전'(Christian perfection)이라는 주제에서 화해가 이루어지지 않았다. 뵐러는 생애 말기까지 이 분열을 슬퍼했다. 웨슬리 역시 모라비아형제단과의 관계를 '감리교도를 제외하고는 이 땅의 어떤 사람들과 맺었던 관계보다' 더 친밀하고 사랑으로 가득했던 관계라고 생각했다.

그해 후반 뵐러는 다시 아메리카로 돌아가 펜실베이니아대회(Synod of Pennsylvania)에 참여하고 나자렛과 베들레헴의 정착촌을 방문했다. 1742년에는 펜실베이니아대회의 대회장으로 선출되었다. 뉴욕 방문 길에 그는 목회사역 때문에 체포당했다. 자기 변론 중에 그는 캔터베리 대주교가 모라비아교는 '사도적이고 감독의 승인을 받은 정통 교회'라고 선언했다는 점을 강조했다. 뉴욕에서 쫓겨난 뵐러는 베들레헴으로 돌아간 후, 1743년에 스팡엔버그와 함께 미국에 와서 그를 다시 유럽으로 보낼 때까지 거기서 사역을 지속했다.

마리엔본대회(Synod of Marienborn)에서 뵐러의 아내가 집사(deacon)로 임명받았고, 뵐러는 모라비아형제단을 위한 대학의 학장으로 린트하임(Lindheim)으로 파송되었다. 1748년, 그는 진젠도르프, 드 비테빌레(de Witteville), 니취만에 의해 감독으로 임명되었다. 설교자, 목사로서 뿐만 아니라 행정가로서도 능력이 있었던 뵐러는 자매교회로서 잉글랜드국교회(Church of England)와의 대화에 참여하기도 했다. 1753년에 있었던 세 번째 아메리카 방문(스팡엔버그와 역할 교환) 기간에 그는 공동체에 생긴 많은 어려움을 해결하는 데 힘을 쏟았다가 신경 쇠약에 걸려 고생한 후 회복되기도 했다. 노스캐롤라이나 벳사바라(Bethabara)에 새로운 공동체가 세워졌고, 그는 1755년까지 뉴욕의 주요 교회를 섬겼다. 그해 독일에 돌아간 뵐러는 다음해에 다시 아메리카 사역을 재개했다가 1764년까지 거기 머물렀다.

그 즈음 뵐러는 모라비아형제단의 장로(elder) 대변인으로, 장로회(Elders' Conference)의 감독이자 지도 회원으로 활동했다. 1755년에 있었던 마지막 런던 방문에서 페터레인채플(Fetter Lane Chapel)에서 설교했다. 그해 4월 27일에 63세의 나이로 뇌졸중으로 사망했다.

참고문헌 | J. P. Lockwood, *Memorial of the Life of Peter Böhler* (London: Wesleyan Conference Office, 1868); C. Podmore, *The Moravian Church in England 1728-1760* (Oxford: Clarendon Press, 1998); G. Rupp, *Religion in England 1688-1791* (Oxford: Clarendon Press, 1986); C. W. Towlson, *Moravian and Methodist* (London: Epworth Press, 1957).

T. S. A. MACQUIBAN

폴 레이더(Paul Rader, 1879-1938)

미국 복음전도자이자 종교 방송 개척자. 그는 콜로라도 덴버에서 태어났다. 아버지는 감리교 목사였다. 미식축구와 권투 선수로 재능을 보인 그의 탁월한 운동 신경과 카우보이로 낮에 일한 경험이 후에 그의 설교에도 묻어났고, 이 때문에 인기를 얻기도 했다. 레이더는 대학에서 학위를 받지는 못했지만, 1898년과 1903년 사이에 콜로라도대학교(University of Colorado)와 미네소타 세인트폴의 햄린대학교(Hamline University) 등 여러 대학에서 학생으로 공부하면서 미식축구 선수로도 활동했다.

그의 아버지가 워싱턴 타코마(Tacoma)에서 목사 청빙을 받아들이면서, 레이더는 서부로 이주했다. 거기서 1903년부터 1904년까지 퓨짓사운드대학교(University of Puget Sound)의 강사로 일하기도 했다. 이후, 레이더는 아버지가 목회했던 타코마교회 교인이었던 메리 코런(Mary Caughran)과 결혼하여 세 딸을 두었다. 자유주의 신학과 사회복음에 영향을 받은 그는 1904년에 회중교회에서 안수를 받아 매사추세츠와 오레곤에서 목사로 일했다. 그러나 기독교의 신뢰성에 대한 회의와 늘어나는 의심 때문에 1909년에는 목회를 그만두고 몇 가지 사업을 시작했다.

1912년 뉴욕시에서 사업을 하고 있던 레이더는 기독교선교연맹(Christian and Missionary Alliance, C&MA)과 만나게 되었다. 설립자 A. B. 심슨(A. B. Simpson)의 세대주의, 성결운동 신학에 감명을 받은 레이더는 극적인 회심 체험을 했다. 곧이어 심슨의 제자가 되었고, 1914년에는 연맹 소속의 순회전도자가 되었다. 그해 12월에 시카고에서 부흥회를 인도하던 중, 레이더는 초교파인 무디교회(Moody Church)에서 일련의 집회를 인도해 달라는 초대를 받았다. 부흥회의 성과가 아주 커서, 그는 교회의 신임목사가 되었다. 레이더가 지휘한 이후 무디교회는 엄청나게 성장했다. 교회는 5,000석의 나무 의자를 구비한 라살애브뉴(LaSalle Avenues)와 노스애브뉴(North Avenues)가 만나는 지점에 위치한 건물로 이전한 후, 1년 내내 지속되는 매우 도전적인 전도 프로그램을 운영했다.

무디교회에서 이룬 성공을 바탕으로 레이더는 전국 순회 부흥회에서 점점 더 중요한 인물로 자리매김했다. 그 결과 기독교선교연맹(C&MA)에서 점점 더 눈에 띄는 인물이 되면서, 1919년에 부대표로 선출되었고, 그해 말 심슨의 사후에는 대표로 선출되었다. 그는 이 단체 본부가 있는 뉴욕 나이액(Nyack)으로 이사하기보다는, 무디교회 목사직을 유지하면서 시카고를 활동 본부로 삼아 머무는 편이 낫다고 생각했다. 그러나 이 결정은 무디교회와 기독교선교연맹 두 기관 모두에게 문제가 되었다. 교회 지도자로서의 위치에 마지막 치명타를 날린 6개월 동안의 기독교선교연맹 순회집회 이후, 그는 결국 1921년에 교회에서 사임했다.

사임 후 레이더는 기독교선교연맹을 위한 일련의 기부금 마련 순회여행을 시작했지만, 1922년 6월에 다시 시카고에서 개최된 복음전도대회에 초대받았다. 시카고 시내 북부에서 개최된 집회가 성황리에 끝나자 레이더는 다시 시카고를 활동 본부로 사역을 시작하기로 결정했다. 4,000석 규모로 신축한 시카고가스펠태버너클(Chicago Gospel Tabernacle)은 곧 심야 예배를 드리는 지역 근본주의자가 모이는 본부가 되어, 초청 연사, 음악 그룹이 빠른 주기로 바뀌고, 남성, 여성, 십대, 어린이를 대상으로 기획한 다양한 프로그램을 여는 센터가 되었다.

그러나 레이더의 결정은 기독교선교연맹 내에서 새로운 갈등을 유발했다. 그가 헌신한 지역이 흩어져 있는데다, 또 그가 연맹이 자신의 새로운 '태버너클 전략'을 따라야 한다고 주장하면서, 연맹 내 지도자 다수와의 관계를 경직시켰다. 이로써 1924년에 레이더는 강제로 대표직에서 쫓겨났다.

교단 의무에서 자유롭게 된 레이더는 시카고 '탭'(Tab-태버너클의 별칭-역주)의 혁신 정신에 전적으로 몰입할 수 있게 되었다. 그중에서 가장 중요한 전략은 적극적으로 라디오 방송과 연대한 것이다. 당시 많은 근본주의자가 라디오가 복음전파의 새로운 매개체가 될 수 있다는 가능성에 회의적이었다. 그러나 레이더는 시카고에서 최초로 1922년 6월 17일에 지역 라디오 방송국 WBU를 이용해서 첫 방송을 내보냈는데, 그것이 그가 진행한 집회를 널리 알린 수단이었다. 그러나 청취자의 반응이 너무 뜨거워서, 레이더는 라디오 방송이야말로 하나님께서 극적이고, 하나님이 주신 전도의 매체라고 믿게 되었다.

1925년부터 1930년까지 레이더가 시무한 시카고가스펠태버너클은 WHT와 이후 WBBM/WJBT('Where Jesus Blesses Thousands'의 약자)를 통해 주일 하루 종일 라디오 방송을 내보내면서, 시카고 라디오 방송을 통해 시카고에서 가장 존재감이 큰 종교 기관이 되었다. 레이더의 시도는 지속적인 종교 방송을 위해서 주로 청취자가 낸 기부금으로 생긴 자금으로 방송 시간을 사려고 한 첫 번째 사례였다. 1930년에 레이더가 매일 진행한 '블랙퍼스트 브리게이드'(Breakfast brigade)는 '컬럼비아 방송사'(Columbia Broadcast System, CBS)를 통해 송출되면서, 독립된 근본주의 프로그램으로서는 처음으로 전국망을 갖춘 방송이 되었다.

대공황이 찾아오고, 방송을 위해 노력하고, 프로그램을 확장시키려다가 결국 교회에 재정적인 부담이 왔다. 레이더가 운영하던 사적인 비영리 단체도 결국 파산을 선언했다. 1933년 봄에 시카고가스펠태버너클은 크게 약화되었다. 레이더의 높은 명성도 빛을 잃었다. 그는 몇 해에 걸쳐 포트웨인가스펠태버너클(Fort Wayne Gospel Tabernacle)에서 진행한 시기를 포함하여, 일련의 단기 전도집회를 열며 버텼다. 그러나 빚과 건강 악화로 결국 1936년에 캘리포니아 할리우드로 이주했다. 이후 레이더는 2년 동안 전립선 암으로 투병하다가 세상을 떠났다.

레이더의 시카고 시기를 특징지은 혁신 정신은 1940년대와 그 이후 떠오르는 복음주의운동을 형성하는 데 지속적인 영향을 끼쳤다. 그의 직접적인 영향력은 많은 회심자와 젊은 제자들, 즉 유명한 라디오 전도자이자 풀러신학교(Fuller Theological Seminary) 설립자인 찰스 E. 풀러(Charles E. Fuller), 에콰도르(Ecuador)에 단파 라디오 선교방송국 HCJB를 설립한 클래런스 존스, 십대선교회(Youth for Christ, YFC) 초대 회장 토레이 존슨(Torrey Johnson), 어린이 프로그램인 어와나(AWANA)를 만든 랜스 래덤(Lance Latham) 등에게서 구현되었다.

그러나 이 중 최고의 영향력은 레이더가 대중문화와 매스미디어의 영향력을 활용하여 복음을 전파하는 사역에 모범이 되었다는 사실에 있다. 그가 성공한 방송은 복음주의 라디오 사역의 발전에 크게 기여했고, 기반을 조성함으로써 결국 '전자교회'(Electronic Church) 영역을 복음주의 방송인들이 장악하게 도왔다.

참고문헌 | L. K. Eskridge, 'Only Believe: Paul Rader and the Chicago Gospel Tabernacle, 1922-1933' (MA thesis, University of Maryland, 1985); R. L. Niklaus, J. S. Sawin and S. J. Stoesz, *All For Jesus: God at Work in the Christian and Missionary Alliance Over One Hundred Years* (Camp Mill: Christian Publications, 1986); W. L. Tucker, *The Redemption of Paul Rader* (New York: The Book Stall, 1918).

L. ESKRIDGE

폴 스트롬버그 리스(Paul Stromberg Rees, 1900-1991)

성결 교사. 그는 1900년 9월 4일에 로드아일랜드(Rhode Island) 프로비던스(Providence)의 유명한 복음전도자 세스 쿡 리스(Seth Cook Rees)와 그의 두 번째 부인 프리다 스트롬버그 리스(Frida Stromberg Rees) 사이에서 출생했다. 폴 리스의 가족은 1908년에 캘리포니아 패서디나(Pasadena)로 이주했고, 두 번째 결혼에서 태어난 아이들은 이곳에서 학교를 다니기 시작했다. 1917년에 세스 쿡 리스는 필그림태버너클교회(Pilgrim Tabernacle Church)를 세웠고, 이후 이 교회에 다른 교인들이 합류하면서, 1922년에는 필그림성결교회(Pilgrim Holiness Church)가 창립되었다.

폴 리스는 아버지에게서 뛰어난 웅변술과 복음전도 및 성결의 열정을 유산으로 물려받았다. 그는 17세가 되던 해에 구제선교회(rescue mission)에서 처음으로 설교를 했다. 그는 1920년 아버지의 필그림태버너클교회 부목사로 공식 합류했고, 이듬해에 사우스캘리포니아대학교(University of Southern California)에 재학하던 중 목사 안수를 받았다. 1923년에 파이베타카파(Phi Beta Kappa, 우등생들의 모임) 회원으로 대학을 졸업했다. 비록 그는 공식 대학원 교육을 받지는 않았지만 평생 책과 학문에 대한 열정을 잃지 않았기에, 1939년부터 1982년까지 총 6개 명예박사학위를 수여받았다.

폴 리스는 1928년에서 1932년까지 디트로이트평신도성결태버너클(Detroit Laymen's Holiness Tabernacle)의 목회 감독으로 봉직했다. 1938년부터 1958년까지는 미네소타 미니애폴리스(Minneapolis)의 제일언약교회(First Covenant

Church)에서 목사로 사역하면서, 복음주의운동 지도자로서 전국적이며 국제적인 명성을 쌓아 가기 시작했다. 폴 리스는 1942년부터 1985년 까지 전미복음주의협회(National Association of Evangelicals, NAE)의 집행이사로 일했다.

1950년에는 미국복음주의언약교회(Evangelical Covenant Church of America)의 부총회장(1955년까지)이 되었고, 1952년에서 1954년까지 전미복음주의협회 회장으로 활동했다. 1954년의 시작과 함께 미국과 전 세계에서 열린 네 차례의 빌리그레이엄전도집회(Billy Graham Crusades)에서는 목회자들을 지도하는 목회자로 참여했다.

폴 리스는 1958년에 제일언약교회에서 은퇴하면서 국제월드비전(World Vision International)의 부회장에 취임했고, 1964년부터는 목회자대회(Pastors' Conferences) 책임자로 일했다. 1975년에 국제월드비전에서 은퇴한 후에도 생애 말기까지 전 세계를 돌며 목회사역을 이어 나갔다. 그의 마지막 설교는 90세가 되던 1991년 부활절에 했는데, 몇 주 후에 운명을 달리했다.

폴 리스는 성결 교리와 체험을 강하게 옹호했고, 오랜 세월 헌신한 기관들을 위해 열심을 다해 봉사했다. 1935년에서 1965년까지 애즈베리대학(Asbury College)의 이사로, 1967년부터 1983년까지는 애즈베리신학교(Asbury Theological Seminary)의 이사로 봉직했고, 은퇴하면서 평생 명예이사가 되었다. 또한, 1950년에서 1958년까지 아이오와에 소재한 윌리엄펜대학(William Penn College) 이사로도 활동했다.

폴 리스는 이런 기관 사역, 대중 강연뿐만 아니라, 기독교 라디오 프로그램에도 고정으로 출연했고, 유능한 저널리스트로서의 면모도 보여 주었다. 「더 헤럴드」(The Herald), 「크리스채너티 투데이」(Christianity Today), 「더 커버넌트 컴패니언」(The Covenant Companion), 「이터니티」(Eternity), 「월드비전」(World Vision)에서 장기간 글을 기고하기도 했고 편집자 같은 중책을 맡기도 했다. 수많은 팸플릿과 소책자를 제작했는데, 이들은 후에 14권의 단행본으로 출판되었다.

이 중 첫 번째 책은 1934년에 출판된 그의 아버지의 전기였다. 이후로 『충분한 자: 빌립보서에 나타난 바울』(The Adequate Man: Paul in Philippians, 1959), 『사도행전에 나타난 일꾼들』(Men of Action in the Book of Acts, 1966) 등이 출간되었다. 그의 마지막 저술은 『혁명에 깨어 있으라』(Don't Sleep Through the Revolution, 1969)였다. 폴 리스의 저작은 그가 얼마나 독서를 사랑하는지를 보여 주었다. 신학 및 경건 서적, 소설과 역사 및 당시 사건들에 대한 지식이 얼마나 해박한지도 가감 없이 드러내 주었다.

폴 리스는 설득력을 갖춘 설교자로, 성경대회와 캠프집회에서도 자주 설교했다. 한 지인은 '그의 설교를 듣는 것은 음악을 듣는 것이다'라고 회상했고, 다른 사람은 폴 리스의 설교를 '명확성,' '매력,' '예술성'이 있다고 묘사했다.

전 세계에서 펼친 기독교사역에 웨슬리파 성결 교리와 그 교리를 실제적으로 적용하는 데 헌신하였지만, 그는 편협한 교리주의자는 아니었고, 모든 종류의 기독교인에게 중요한 영향을 끼친 인물이었다. 자신의 경력을 마무리하면서 쓴 간증문에서 그는 전통, 형식, 관습이라는 '우상'이 '기독교인이 가장 많이 범하는 감지되지 않는 죄 중 하나'라고 경고했다.

폴 리스는 전 세계, 특히 동아시아 지역에서 사역한 미국인 선교사들을 위한 목회자 대회에서 탁월한 능력을 발휘했고, 여전히 사랑으로 기억되는 인물이다.

폴 리스는 1926년에 이디스 P. 브라운(Edith P. Brown)과 결혼했다. 슬하에 세 자녀를 두었다. 그는 1991년 5월 20일에 플로리다 보카래턴(Boca Raton)에서 마지막 숨을 거두었다.

참고문헌 | G. D. Black (ed.), *An Empowered Witness: Sermons and Writings of Paul S. Rees* (Kansas City: Beacon Hill Press, 1997). Paul S. Rees 관련 문서는 현재 켄터키 윌모어(Wilmore) 소재 애즈베리신학교(Asbury Theological Seminary) 도서관에 소장되어 있다.

E. H. MCKINLEY

프랜시스 리들리 하버갈(Frances Ridley Havergal, 1836-1879)

찬송, 시, 경건 서적 저자이자 성공회 신자. 그녀는 잉글랜드 우스터셔(Worcestershire) 애스틀리(Astley) 소재 아버지의 사제관에서 태어났다. 1836년 12월 4일에 태어난 프랜시스 하버갈은 모두 40대 초반이던 어머니 제인 헤드(Jane Head)와 아버지 윌리엄 헨리 하버갈(William Henry Havergal) 목사의 여섯 아이 중 막내였다.

부모와 형제자매는 막내딸의 명랑한 성격, 금발 곱슬머리, 조숙한 총명함 때문에 막내를 아주 아꼈다. 가족은 많은 점에서 빅토리아 시대 복음주의의 순전한 모범이었다. 윌리엄 헨리 하버갈은 혁신적인 복음주의 주교 헨리 라이더(Henry Ryder)를 통해 이른 시기에 보직을 보장받았다. 교회선교회(Church Missionary Society) 대표로 여러 지역을 순회했고, 가톨릭 반대 잡지인 「프로테스탄트 워더」(*Protestant Warder*)를 공동 편집하기도 했다. 가족은 안식일을 엄격하게 지켰고, 매일 가족 기도회를 가졌다. 소설, 극장 및 여러 오락은 금지되었다. 그러나 이들의 집은 교사, 대리사제, 학생, 친지, 구혼자가 모여 활기찬 대화를 나누는 크고 나눔이 활발하고 영감이 넘치는 공간이었다. 또한, 음악과 언어, 역사, 신학 분야의 업적을 서로 칭찬하고 격려하는 가정이었다.

윌리엄 헨리 하버갈은 옥스퍼드대학교에 다니던 시절에 큰 서재를 만들기 시작했고, 프랜시스 하버갈이 태어나기 전에 찬송과 작곡한 음악을 출간하고, 곡조들을 모아 연주했다. 딸이 태어난 후에도 시편 작품들을 재출간함으로써 엘리자베스 시대 교회 음악 부흥에 기여했다. 가족에게 들어오는 상당한 수입의 4분의 1을 기독교지식보급회(Society for the Promotion of Christian Knowledge, SPCK)를 위해 떼 놓은 것은 하버갈 가문이 공공 교육을 얼마나 중요하게 생각했는지를 보여 주는 증거였다.

태어난 순간부터 어머니가 가장 사랑한 아이는 분명히 프랜시스 하버갈이었지만, 이토록 와자지껄한 19세기 가정의 막내딸이었기 때문에 딸의 유아 교육을 미리부터 잘 준비하기는 어려웠다. 그러나 세 살이 되기 전부터 구석진 곳에서 혼자 앉아 책을 읽었고, 언니, 오빠가 가정 교사에게 유럽 언어들을 배우는 것을 어깨 너머로 들으며 외국어를 익혔다. 프랜시스 하버갈은 가족의 음악 문화에 흠뻑 빠져들었다.

가족 예배 때 세라핀 오르간(seraphine organ, 페달을 밟아 연주하는 19세기 영국 오르간-역주)을 연주하던 아버지의 어깨 위에 앉아 있기도 했고, 일곱 살에는 첫 시를 썼다. 결국, 가정 교사의 지도를 받게 되었지만, 1848년에 어머니가 일찍 죽고 난 후에는 청소년기가 될 때까지 공식 교육과 음악 교육을 받지 못했다. 대신 교구사제의 딸인 언니들을 통해 일찍 많은 것을 배웠다. 프랜시스 하버갈은 아홉 살부터 주일학교 교사로 봉사하기 시작했고, 곧 지칠 줄 모르고 교구심방을 이어 간 언니들을 따라다녔다.

어머니의 사망 이후에는 가족이 프랜시스 하버갈의 교육 문제에 더 신경을 썼다. 세 언니가 그랬듯, 프랜시스 하버갈도 1850년에 (지금은 벨몬트[Belmont]에 소재한) 캠든하우스(Campden House)로 보내졌는데, 이 학교는 젊은 여성들에게 고상한 응접실(drawing rooms, 영국 상류층 여성들의 사교 공간-역주) 문화를 가르치는 특별 기숙학교였다. 건전한 복음주의자였던 무서운 티드 여사(Mrs Teed)는 춤은 가르치지 않았지만, 현대어 교육은 크게 강조했다. 그때 수업 시간 중에 학생들은 프랑스어만 사용해야 했다. 티드 여사는 39개 신조(Thirty-Nine Articles)를 가르치고, 성경을 모형론적(typological)으로 해석해서 강의하고, 속죄신학과 회심 체험의 필요성을 반복해서 주지시켰다.

이때가 티드 여사의 은퇴와 폐교 전의 마지막 학기였기 때문에 긴박감으로 둘러싸인 분위기가 프랜시스 하버갈에게 영향을 주었다. 입학을 늦게 한 덕에 예수 그리스도를 믿어 회심했다는 것을 고백하라는 언니들의 요구에 오랫동안 저항할 수 있었음에도 불구하고, 프랜시스 하버갈은 이제 스스로 이 고백에 대해 더 많이 생각했다. 곧이어 캠든하우스의 이전 직원이었던 캐롤라인 쿡(Caroline Cook)의 요구에 따라 프랜시스 하버갈은 영혼을 그리스도께 드리기로 기꺼이 결단했다. 그러나 후에 그녀는 자신이 회심한 날이 정확히 언제인지는 기억하지 못했다. 몇 달이 채 못 되어 아버지가 스무 살 어린 쿡 양(Miss Cook)과 재혼했다.

1851년 8월, 프랜시스 하버갈은 좀 더 온건한 복음주의 입장의 학교 포윅코트(Powick Court)에 입학했다. 공부를 아주 잘했지만, 1년이 채 못 되어 병 때문에 학교를 그만두어야 했다. 아버지의 건강 때문에 독일로 장기 여행(1852-1853)을 떠나 있던 기간에 프랜시스 하버갈은 마지막 공식 학교 교육을 받았다. 그녀가 다닌 학교는 뒤셀도르프(Dusseldorf)의 한 엄격한 프러시아(Prussian) 김나지움(Gymnasium, 독일의 중등 교육 기관-역주)이었는데, 독일 현지인들을 제치고 우등상을 받았다.

스무 살이 될 무렵 프랜시스 하버갈의 미래는 불투명했다. 의붓어머니와의 관계가 좋지 못했고, 확실한 소명도 느끼지 못했다. 1860년에는 「굿 워즈」(Good Words)에 시를 기고하기 시작했다. 사제가 된 두 오빠가 성공회-가톨릭파(Anglo-Catholic, 가톨릭교회 예식의 전통 예전을 강조하는 성공회 내 고교회파-역주)에 점점 더 공감하게 되면서 가족의 조화에 어느 정도 금이 갔음에도 불구하고, 프랜시스 하버갈은 언니들과 오빠들의 집에도 잠시 머물렀다.

그러나 그녀는 게으름과는 거리가 먼 사람이었다. 아버지와 언니 오빠들의 집에서 프랜시스 하버갈은 독학으로 신학을 공부하고, 히브리어, 그리스어, 라틴어를 익히고, 현대어들을 계속 공부했으며, 상급 음악 공부도 따로 했다. 교구심방과 다양한 선교활동도 도왔고, 한동안 가정교사로 일하기도 했다.

1860년대에는 키더민스터음악협회(Kidderminster Philharmonic Society)에서 독창자로 일하면서 노래를 전문적으로 부르기도 했다. 그러다 1869년에 드디어 지난 10년간의 작시의 열매로 첫 시집 『노래 사역』(The Ministry of Song)을 출판했다.

하버갈이 사람들의 뇌리에 가장 뚜렷한 흔적을 남긴 시기는 바로 생애 마지막 10년이었다. 그녀의 이름을 널리 알린 거의 모든 문학, 음악 작품들에 영감을 준 것은 1870년에 아버지가 죽음으로써 심화된 위기, (1874년에 걸린 장티푸스를 비롯하여) 1870년대에 찾아온 개인적인 위기와 경험들이었다. 의붓어머니와의 관계가 점점 더 악화되면서 상황을 잊기 위해 여행을 더 많이 했고, 다양한 종류의 선교활동을 도왔다. 사제 C. B. 스네프(C. B. Snepp)의 도움으로 프랜시스 하버갈이 아버지의 문학, 음악 작품 유산을 정리하는 실질적인 집행인이 됨으로써, 그녀는 더 유명해졌다.

성결운동(holiness movement)에 대해 신중한 태도를 보이기는 했으나, 1873년 대림절 첫째 주일(Advent Sunday)에 체험한 성결 체험은 그녀의 남은 일생에서 가장 중요한 유산이 되었다. 후에 그녀는 '보이는 것은 절대 보이지 않을 수 없다'라고 말했다. 찬송 작시에 집중하면서 오늘날에도 여전히 인기 있는 '나의 생명 드리니'(Take My Life, 1874) 같은 찬송들을 써냈다. 같은 해에 나온 다른 유명한 찬송들로는 '영광스럽도다 참된 평화는'(Like a River Glorious)과 '주 예수여, 당신을 신뢰합니다'(I am Trusting Thee, Lord Jesus)가 있었다. 그 후 나온 많은 찬송 중에는 '누가 주를 따라'(Who is on the Lord's Side?, 1877)가 있었다.

비록 이들 찬송에 붙인 곡조가 요즘 시대 일부 사람에게는 너무 감성적으로 느껴질 수 있지만, 프랜시스 하버갈의 음악은 그녀가 살았던 시대에는 새롭고 영적으로 어울리는 것이었다. '더 높은 수준의 삶'을 요구하는 고상한 표현들이 당시의 많은 복음주의자에게 즉각적인 감동을 주었다. 비록 아무도 이 찬송들이 그토록 빠르게 전 세계로 퍼지고, 심지어 성공회-가톨릭파(Anglo-Catholic) 찬송에까지 영향을 끼치게 될지 예상치 못했음에도 불구하고, 처음 등장했을 때부터 하버갈의 찬송은 국제적으로만 뿐만 아니라 초교파적으로도 받아들여졌다.

그러나 찬송만 그렇게 널리 받아들여진 것은 아니었다. '마일드메이 및 케직사경회'(Mildmay and Keswick conferences), D. L. 무디(D. L. Moody)와 생키(Sankey)의 잉글랜드에서의 선교대회와 협력하면서 그녀는 더 유명해졌다. 인생 막바지 10년 동안 프랜시스 하버갈이 쓴 (『주인의 소용대로』[Kept for the Master's Use, 1879] 같은) 많은 경건 서적과 소책자 및 참석한 여러 종류의 선교집회(작사, 작곡한 많은 찬송을 여기서 부르고 연주했다)를 통해 유명해진 그녀에게 이제 많은 사람들이 조언을 구했다. 한때 그녀는 한 달에 백 통 정도의 편지에 답장을 썼지만, 곧 피난처를 찾아 자주 스위스 알프스로 가서 온 힘을 다해 산에 오르내리곤 했다. 이 와중에 자신에게 들어온 마지막 청혼을 거절하기도 했다. 이 시기가 그녀 일생에서 가장 힘들었지만 동시에 가장 행복했던 시기였음은 의심의 여지가 없다.

복막염으로 인한 프랜시스 하버갈의 갑작스런 죽음을 많은 사람이 애도했다. 성공회-가톨릭파인 오빠와 언제나 좋은 관계를 유지한 그녀는 사망(1879년 6월 3일) 직전에 오빠에게 성사를 부탁했다. 결혼하지 않은 언니 마리아(Maria)가 동생의 사망 후에 출간한 프랜시스 하버갈의 『회고』(Memorials)는 널리 읽혔다. 1920년대까지 그녀의 여러 작품 총 2백만 부가 영어권에서 팔렸다. 그러나 그 무엇보다도 프랜시스 하버갈의 찬송이 오늘날까지 오래도록 생명력을 유지하고 있다. 이 찬송들이 이토록 힘이 있는 것은 프랜시스 허버갈이 자신의 탁월한 재능을 일생에 걸쳐 갈고 닦았기 때문이고, 또 깊은 영적 체험을 솔직하고 정직하게 표현했기 때문일 것이다.

참고문헌 | T. H. Darlow, *Frances Ridley Havergal: A Saint of God* (New York and Chicago: Fleming H. Revell Company, 1927); J. Grierson, *Frances Ridley Havergal: Worcestershire Hymnwriter* (Bromsgrove: The Havergal Society, 1979); M. V. G. Havergal, *Memorials of Frances Ridley Havergal* (New York: A. D. F. Randolph, 1880).

P. FRIESEN

프랜시스 애즈베리(Francis Asbury, 1745-1816)

감리교 설교자이자 감독으로, 독립전쟁과 남북전쟁 사이 미국에서 가장 큰 대중적 종교운동이었던 미국감리교 형성에 가장 지대한 역할을 한 인물. 그의 지도하에 미국감리교는 몇 천 명 정도 되는 숫자에서 20만 명에 이르는 전례 없는 성장을 이루었다. 프랜시스 애즈베리는 1745년 8월 20일에 버밍엄(Birmingham) 외곽으로 4마일 가량 떨어진 잉글랜드 스태퍼드셔(Staffordshire) 핸즈워스(Handsworth) 교구의 한 오두막에서 태어났다. 부모님은 조셉 애즈베리(Joseph Asbury)와 엘리자베스 애즈베리(Elizabeth Asbury)였다(결혼 전 성은 로저스[Rogers]). 조셉 애즈베리는 교구 내 두 부유한 가문에 고용되어 일하는 농장 노동자이자 정원사였다. 프랜시스가 아직 아주 어렸을 때, 가족이 웨스트브로미치(West Bromwich) 근처 뉴턴로드(Newton Road) 상의 오두막으로 이사했다. 모을 수 있는 모든 돈을 투자해 그들은 당시에 양조장에 붙어 있던 이 오두막에 세를 주고 들어갔는데, 이 집은 아직도 그 자리에 서 있다. 재정 상태가 좋지 않았음에도 불구하고 조셉 애즈베리는 아들에게 좋은 교육을 시켜야겠다고 결심했다. 그래서 그는 프랜시스 애즈베리를 집에서 1마일 정도 떨어진 스네일스그린(Snail's Green)에 있는 그 지역의 유일한 학교에 보냈다. 그러나 교장이 가혹한 사람이어서, 프랜시스 애즈베리는 '학교 가는 것 외에는 뭐든지 다 좋을 만큼 공포로' 가득한 학창 시절을 보냈다.

13살이 되자, 프랜시스 애즈베리는 학교를 떠나 곧 지역 금속 세공인의 도제로 들어갔다. 금속 세공인의 도제이자 정원사의 아들로서 프랜시스 애즈베리는 노동 계층의 삶을 잘 이해했는데, 이것이 후에 교인의 절대 다수가 사회의 하류 또는 중류층 출신인 미국의 감리교도들과 가까운 연대를 이어 나갈 수 있었던 이유였다. 이 밀착된 연대는 특히 프랜시스 애즈베리와 미국감리교 설교자들과의 관계에서 더 뚜렷했는데, 이는 이들 거의 전부가 기능공이나 농부 집안 출신인데다, 거의 아무도 대학을 다니지 않았고, 적당 수준 이상의 부를 소유한 집안 출신이 아니었기 때문이었다.

이 설교자들 대부분이 받은 공식 교육은 보통학교를 몇 년 다닌 것이 전부였다. 이들이 프랜시스 애즈베리를 열렬히 받아들인 이유는 그가 그들과 거의 비슷한 배경을 가진 사람이었기 때문이었다. 프랜시스 애즈베리는 그들의 작은 오두막을 편하게 생각했고, 이들도 그 사실을 알았다. 이런 관계는 쉽게 조작될 수 없는 종류의 관계였고, 프랜시스 애즈베리가 미국감리교라는 터 위에 세운 주춧돌이었다.

1749년 5월에 6살의 나이로 프랜시스 애즈베리의 누이 새라(Sarah)가 사망한 것이 엘리자베스 애즈베리에게는 가혹한 충격으로 다가왔다. 프랜시스 애즈베리에 따르면, 어머니는 사랑하는 자녀를 잃은 것으로 깊은 절망감에 빠져 있었고, 이 충격에서 수년간 헤어나지 못했다. 아마도 누이의 죽음과 이후 이어진 어머니의 침체를 둘러싼 사건들이 왜 프랜시스 애즈베리가 죽을 때까지 결혼하지 않았는지를 알려 주는 이유일 수 있다. 새라의 죽음이라는 비극은 엘리자베스를 인생의 영적 의미를 더 깊이 추구하는 상태로 내몰았다. 엘리자베스는 곧 그 지역 감리교인을 포함하여, 복음주의 성향을 가진 거의 모든 사람들을 찾아다니는 것으로 유명해졌다. 프랜시스 애즈베리의 종교적 확신도 그의 어머니와 더불어 자라난 것으로 보인다. 아들의 영적 호기심이 자라자, 어머니는 그를 웬즈베리(Wednesbury)에서 열린 감리교집회에 보냈다.

거기서 그는 마들리교구교회의 사제이자 성공회 성직자 중 존 웨슬리(John Wesley)와 가장 가까운 동지애를 공유한 인물 존 플레처(John Fletcher)의 설교와 '홀리클럽'('Holy Club)이라 불리던 옥스퍼드의 웨슬리 모임에서 이전에 활동한 바 있는 벤저민 잉엄(Benjamin Ingham)의 설교를 들었다. 프랜시스 애즈베리는 설교자들과 청중의 열정에 깊은 감동을 받고, 열정적으로 구원의 확신을 구한 후 15살에 회심을 경험했다. 프랜시스 애즈베리의 회심은 고전적인 복음주의 회심이었다. 비슷한 구도의 여러 경험을 거친 모든 초기 감리교도가 전적으로 인식할 수 있는 바로 그런 경험이었다.

열정적인 기도와 뜨거운 즉석 설교를 처음 들었을 때, 그들의 마음이 불붙은 듯 뜨거워지지 않았겠는가?.

프랜시스 애즈베리가 경험한 것이 바로 이런 것이었다. 이런 일련의 공통 경험은 프랜시스 애즈베리와 잉글랜드와 미국의 다른 초기 감리교도들을 하나로 묶어 준 핵심 고리가 되었다.

프랜시스 애즈베리는 곧 속회(class meeting)와 밴드(band)에 참석했고, 17살이 되자 권면자로 섬긴 후 이내 곧 야외에서 설교하기 시작했다. 21살에는 스태퍼드셔순회단(Staffordshire circuit) 소속의 순회설교자로 임명받았다.

1767년 8월, 그는 시험(trial, 신임 순회설교자를 위한 견습 기간)의 일환으로 베드퍼드셔순회단(Bedfordshire circuit)에 소속되었다. 1768년 8월에는 정식으로 교단에 소속되어 콜체스터순회단(Colchester circuit) 소속 설교자로 임명받았고, 연이어 1769년에는 베드퍼드셔, 1770년에는 윌트셔순회단(Wiltshire circuit)에 배치되었다. 1771년 8월 브리스톨연회(Bristol annual conference)에서 그는 웨슬리의 요청에 따라 미국으로 가는 전도자로 자원했다.

프랜시스 애즈베리가 1771년 10월에 미국에 도착했을 당시 식민지에는 감리교도가 400명이 채 되지 않았다. 그는 곧 자신이 도착하기 전에 웨슬리가 공식 파송한 유일한 두 선교사 조셉 필모어(Joseph Pilmore)와 리처드 보드먼(Richard Boardman)이 웨슬리의 순회 원칙을 따르지 않고, 그들의 사역 범위를 주로 필라델피아와 뉴욕시에만 한정시켰다는 사실을 알게 되었다. 필모어와 보드먼은 남부의 감리교도와는 거의 접촉이 없었고, 회원은 반드시 속회에 참석해야 한다는 필수 사항도 강조하지 않았다. 그러나 프랜시스 애즈베리가 모범을 보이면서 필모어와 보드먼도 더 넓은 지역으로 순회하게 되었는데, 필모어는 1773년에 멀리 남부로 조지아(Georgia)까지 내려가는 열의를 보이기도

했다. 뉴욕시와 필라델피아에서 감리교식 권징을 시행하는 것은 더 어려운 일이었는데, 결국 프랜시스 애즈베리와 다른 이들이 이를 시행하는 데 몇 년이 더 걸렸다.

1773년 봄, 존 웨슬리(John Wesley)는 토마스 랜킨(Thomas Rankin)과 조지 셔드퍼드(George Shadford)를 미국으로 보내 감리교 견습 회원권 체계와 폐쇄된 속회, 애찬을 강화하게 했다. 이 때문에 필모어와 보드먼은 1774년에 잉글랜드로 복귀했다. 1773년 9월, 프랜시스 애즈베리는 남쪽 메릴랜드(Maryland)로 내려갔다가 아마도 거의 분명히 말라리아였을 것으로 추정되는 병에 걸렸다. 1774년 봄까지도 병이 낫지 않았지만, 더 넓은 지역으로 여행하고 설교하는 일을 멈추지는 않았다. 1775년과 1776년에 남부 버지니아에서 감리교 대규모 부흥이 일어나, 남부의 북단 지역(upper South)이 이후 미국감리교의 중심지가 되었다. 당시 부흥회는 열광적인 분위기로 유명했는데, 프랜시스 애즈베리는 랜킨과 그의 지지자들에 맞서 이를 변호했다.

미국독립혁명이 발발하자 프랜시스 애즈베리를 제외하고는 웨슬리가 파송한 모든 설교자가 영국으로 돌아갔다. 전쟁이 중부와 남부 지역에서 더 치열해졌기 때문에 충성파(영국왕에 충성하기로 서약하고 독립을 반대한 무리-역주)에 동정적이었던 감리교도에 대한 의혹도 더 커졌다. 1778년 초, 반(反)감리교 정서 때문에 더 여행할 수 없게 된 프랜시스 애즈베리는 델라웨어(Delaware)에 있는 판사 토마스 화이트(Thomas White)의 집에 머물렀다. 이후 2년 동안 프랜시스 애즈베리는 주로 델라웨어에 머물러 있었다. 1779년이 되자 남부의 감리교 설교자들은 성례를 시행하기 위해 스스로를 안수하는 상황이 벌어졌다. 이유는 성공회교회에서 성례에 참여하는 것이 많은 지역에서 불가능해지고 있었기 때문이었다. 안수는 웨슬리파 전통을 분명히 위반하는 것이었고, 이 때문에 프랜시스 애즈베리와 북부 설교자들은 완강하게 이를 반대했다.

1780년 5월, 프랜시스 애즈베리, 프리본 개럿슨(Freeborn Garrettson)과 윌리엄 워터스(William Watters)가 버지니아의 마나킨타운(Manakin-town)에서 열린 연회에 참석해서 화해를 시도하려 했다. 처음에 남부 설교자들은 이들의 제안을 딱 잘라 거절했지만, 다음 날 아침 갑작스럽게 마음을 바꾸어, 받은 안수를 1년간 보류하고, 감리교 운동의 남과 북 모든 지역의 지도권이 프랜시스 애즈베리에게 있음을 인정하기로 결의했다. 이때가 많은 남부 설교자들이 프랜시스 애즈베리를 처음 본 날이었는데, 이들이 마음을 돌이킨 사건은 다른 이들을 설득하고 확신하게 만드는 그의 능력이 얼마나 탁월했는지를 보여 주는 것이다. 합의에 이른 후 북부로 돌아가는 대신, 프랜시스 애즈베리는 즉각 버지니아와 노스캐롤라이나로 장기 순회여행을 떠나 1780년 가을까지 남부에 머물렀다. 이 여행은 프랜시스 애즈베리의 남부 지도권을 공고히 하는 계기가 되었으며, 결국 성례 위기도 이로써 종식되었다.

1780년대는 미국감리교가 전례 없는 성장을 보인 10년으로, 1780년에 8,500명이던 감리교인이 1790년이 되자 57,600명까지 늘었다. 이런 성장은 남부에서 일어난 일련의 극적인 부흥의 결과였다. 1781년 3월, 프랜시스 애즈베리는 자신이 지난 11개월 동안 거의 4,000마일을 순회했다는 기록을 남겼다. 이제 프랜시스 애즈베리는 그가 남은 일생 동안 그대로 따르게 될 틀을 마련했다. 겨울에는 감리교운동의 남쪽 경계 지역에서 지내다가 여름이 되면 최북단으로 이동하는 것이었다.

1780년대 초부터 프랜시스 애즈베리와 북부 감리교인들은 노예를 소유한 감리교인을 치리하는 엄격한 규칙을 시행하기 시작했다. 이 노력이 절정에 이른 시기는 1784년으로, 이때 모든 감리교도는 점차 자신들이 소유한 노예를 해방해야 한다는 규칙이 제정되었다. 그러나 6개월 사이에 격렬한 항의와 저항이 남부에서 올라온 결과, 결국 1784년 규칙의 시행이 보류되었다. 남은 평생 프랜시스 애즈베리는 노예를 소유한 남부의 감리교도들로부터 질문에 시달릴 운명에 처했다.

1784년, 존 웨슬리는 토마스 코크를 미국 감리교 책임자로 안수하고, 그를 미국으로 보내 프랜시스 애즈베리를 공동 책임자(또는 감독[bishop])로 안수하라고 지시했다. 코크는 1784년에 열린 소위 크리스마스 총회에서 프랜시스 애즈베리를 안수했고, 이로써 (영국감리교의 지배를 받지 않는-역주) 독립된 감리교회(Methodist Episcopal Church, 흔히 '미국감리교'로 칭한다-역주)가 탄생했다.

초기 미국감리교 감독 제도의 특징 중 하나는 자유롭게 설교자들을 순회단에 임명할 수 있는 권한이 감독에게 있다는 것이었다. 코크가 미국에서 보낸 시간이 상대적으로 적었기 때문에 실제적인 이유로 경력 후반에 이르기까지 프랜시스 애즈베리 혼자 그 권위를 이행했다. 1792년 총회에서 제임스 오켈리(James O'Kelly)가 총회가 감독을 지도할 권위를 가져야 한다고 주장하면서 감독의 권위 제한을 시도한 적이 있었다. 처음에는 폭넓은 지지를 얻었지만 오켈리의 시도는 결국은 실패했는데, 적어도 부분적으로는 설교자 대부분이 오켈리가 이 의제를 남부 버지니아 순회단의 권위를 제한하기 위해 의도적으로 활용하고 있다고 믿게 되었기 때문이다.

오켈리와 반대파 밴드는 곧 교단을 떠나 공화감리교회(Republican Methodist Church)를 세웠다. 부분적으로는 오켈리의 분열과 교회의 반노예제도 규정에 대한 동요 때문에 1790년대에 델라웨어, 메릴랜드, 버지니아, 조지아 같은 남부 주에서 교인수가 크게 줄었다. 그러나 이 손실은 북부, 특히 펜실베이니아와 뉴욕, 뉴잉글랜드 일부 지역에서의 증가세 덕에 상쇄되었다.

1800년에서 1810년 사이 미국 내 감리교 교인 수는 63,700명에서 171,700명 이상으로 늘었다. 프랜시스 애즈베리는 1794년 이후 악화된 건강 때문에 제한받은 경우를 제외하고는 광범위한 순회여행을 멈추지 않았다. 1811년에만 6,000마일을 말 위에서 보냈고, 여덟 차례의 연회를 주재했으며, 200번 설교하고, 700명의 설교자를 임명했다. 미국에서 보낸 시기에 프랜시스 애즈베리가 말을 타고 여행한 거리는 250,000마일에 달했고, 엘러게니산맥을 여섯 번이나 넘었다. 한 전기 작가는 프랜시스 애즈베리가 10,000가정에 머물렀고, 17,000번 설교했다고 계산한 바 있다. 1000명 이상의 어린이에게 그들의 부모가 프랜시스 애즈베리라는 이름을 지어주었다.

감리교의 이런 경이적인 성공에도 불구하고, 미국에 머문 45년 동안 그의 생활 방식은 거의 변하지 않았다. 그가 받은 봉급도 평범한 순회 설교자의 봉급보다 많지 않았다. 앞선 시대의 조지 휫필드(George Whitefield)와 존 웨슬리처럼, 프랜시스 애즈베리는 탐욕, 여색, 오락의 유혹에 빠진 적이 없었다. 실제로 그는 자신이 순회여행길에 방문한 감리교 설교자와 다른 이들과의 우정 외에는 다른 여타 개인적인 삶의 여유를 누린 적이 없다. 그는 말 등에 실을 수 있는 것 이외의 것은 거의 소유하지 않았다.

1810년대가 되면, 프랜시스 애즈베리는 눈에 띄는 경건과 놀라운 체력으로 거의 전국적인 명성을 누리게 된다. 그러나 여러 방법으로, 그는 당시 평균보다 더 오래 살았다. 그는 늘 무릎 보호대와 각반을 착용했고, 감리교 설교자 대부분이 1810년대에 착용한 새로운 스타일의 바지는 입지 않았다. 전국의 감리교도가 점점 부유해졌을 때에도, 프랜시스 애즈베리는 여전히 옛 방식을 고수했다. 프랜시스 애즈베리는 '돈을 쓰는 것과 관련된 모든 것에서 가장 엄격한 경제 관념을 준수했다'라고 순회설교자 제이콥 영(Jacob Young)은 회상했다. 그의 옷이 그가 소유한 말, 안장, 안낭과 마찬가지로 단순하고 값싼 제품이었다. 그는 말을 타고 여행하기를 선호했는데, 더 간단하고 더 값이 쌌기 때문이었다. 마차를 타라는 강권 때문에 혹시 타게 되는 일이 있어도, 그 마차 역시 언제나 '가장 단순하고 싼 종류'였다.

남은 노년기 내내 프랜시스 애즈베리는 천식과 특히 발에 심했던 관절염에 시달렸다. 1812년, 순회여행 동반자 헨리 뵘(Henry Boehm)은 프랜시스 애즈베리가 이제 각 교회와 가정을 방문했을 때 앉아서 설교하기 위해 사용한 두 바퀴 경마차에서 그를 '두 팔로 안아 들고' 옮겨야 했다.

1814년, 프랜시스 애즈베리는 심각한 늑막염에 걸려 세 달간 고생했는데, 이후로 결코 다시 완전히 회복되지 못했다. 이 병으로 비쩍 말라버린 프랜시스 애즈베리의 몸에 드러난 뼈가 '피부를 뚫고 나올 위험에 처한 것 같았다.' 그러나 이런 몸으로도 그는 순회를 멈추지 않았다. 엘러게니산맥(Allegheny mountains)을 네 번 더 넘었고, 뉴잉글랜드를 방문하고, 사우스캐롤라이나와 조지아에도 두 번이나 더 갔다. 그의 삶의 방식에 너무도 잘 어울리게도, 그는 1816년 3월 31일에 볼티모어(Baltimore)에서 열린 총회에 참석하러 가는 중에 버지니아 스포칠베이니아 카운티(Spotsylvania County)의 길 위에서 죽었다.

프랜시스 애즈베리는 초기 미국감리교의 위대한 성공과 동시에 비통한 실패 모두를 구현한 인물이었다. 지도자로서의 성공은 여러 요인들이 결합했기 때문에 가능했다. 그는 합의를 이루어 낼 줄 아는 지도자였으며, 지칠 줄 모르는 풀뿌리 조직자였다. 전국에 살고 있는 광범위하고 다양한 사람들과 개인적인 관계를 맺고 유지했다. 경력 초기에 프랜시스 애즈베리는 자신을 끈질기게 따라다니는 죄로 과도하게 '경솔'한 언행이나 너무 말이 많은 것을 지목했다. 이를 경건이 빠져 나가는 구멍이라 생각했지만, 동시에 이 때문에 깊고 지속적인 관계를 맺고 교회와 나라의 맥박을 가까이 느낄 수도 있었다.

평범한 서민들이 프랜시스 애즈베리를 자신의 집으로 기꺼이 맞아들였고, 그들의 소망, 두려움, 열망에 대해 그와 터놓고 이야기했다. 프랜시스 애즈베리는 또한, 미국 대중문화의 많은 요소들을 의도적으로 미국감리교 체계에 흡수하고 포용했다. 자신의 개인 신앙 생활에서는 전반적으로 절제하는 편이었지만, 랜킨과 필모어 등의 지도자들이 남부에서 시끄러운 예배가 드러지지 않도록 막아야 한다고 주장할 때에도 흑인과 백인을 포괄하는 남부 감리교도들의 열광주의를 변호했다. 그는 설교자에게 대중에 맞는 연설 방식과 찬송을 사용하라고 권면했고, 1800년대 초에 역사 무대에 등장한 야외 캠프집회를 열렬히 장려했다.

그러나 대중문화를 다루는 데에는 타협도 불가피했다. 프랜시스 애즈베리는 처음에는 감리교 설교자들이 자발적으로 가난에 헌신하기로 결단하도록 하는 데 성공했다. 그러나 경력 말기에 입장을 바꿨다. 노예제도 문제 또한 감리교의 호소(Methodism's appeal)에 제한 요소가 되었다.

1780년대에 노예제도와의 투쟁에서 패배한 이후, 프랜시스 애즈베리는 백인에게 대중적인 공감을 얻기 위해 그의 (노예제도가 폐지되어야 한다는-역주) 개인적인 확신과 (노예제도를 유지시켜야 한다는, 주로 남부 백인의-역주) 대중 견해를 점차 별개로 보려 했다.

미국에서 보낸 45년간 프랜시스 애즈베리는 일기와 수천 편의 편지를 남겼다. 1771년 8월부터 1773년 4월까지의 일기에서 발췌한 내용이 필라델피아에서 발간되던 「알미니안 매거진」(*Arminian Magazine*)에 1789년부터 1790년까지 실렸다. 일기 전체의 편집본은 1821년에 3권으로 출판되었는데, 1852년에 2판이 나왔다. 일기 원본은 1836년에 화재로 소실되었다.

참고문헌 | E. T. Clark, J. M. Potts, and J. S. Payton (eds.), *The Journal and Letters of Francis Asbury*, 3 vols. (London: Epworth; Nashville: Abingdon Press, 1958); E. S. Tipple, *Francis Asbury: The Prophet of the Long Road* (New York: Methodist Book Concern, 1916); L. C. Rudolph, *Francis Asbury* (Nashville: Abingdon Press, 1966).

J. H. WIGGER

프랜시스 어거스트 쉐퍼(Francis August Schaffer, 1912-1984)

미국장로교 목사, 선교사, 변증가. 제2차 세계대전 이후 복음주의 형성에 가장 큰 공헌을 한 인물 중 하나. 그는 작은 키에 항상 '슬픈 얼굴'(「타임」[*Time*]이 붙여준 별명)을 하고 있었으며, 약간 톤이 높은 목소리를 가졌다. 말년에는 헐렁한 반바지를 입고 염소수염을 기르는 등 다소 놀라운 외모를 하고 있었다. 존 스토트(John Stott)는 프랜시스 쉐퍼가 사망한 1984년 후에 그를 가리켜 '1960년대의 선지자'라고 칭했다. 그는 교회나 문화적 분리주의 문제와 연관되어, 다른 복음주의자들처럼 자주 논쟁의 중심에서 시달림을 당했다. 그의 삶은 세 번의 획기적인 시기로 나뉜다.

첫 번째 시기는 그가 근본주의 목회자로서 교회의 분리주의 열정에 뜨거웠다가, 1947년과 1948년에 유럽을 방문하면서 입장을 누그러뜨리기 시작한 때이다.

두 번째 시기는 라브리(L'Abri) 공동체 사역을 기획하고 발전시킨 기간으로, 이 단체는 먼저 스위스에서, 이어서 영국 및 세계 여러 지역에서 결성되어, 기독교 신앙의 궁극적인 변증으로서 열린 가정 정책과 공동체를 점점 더 강조한 시기다.

세 번째 시기는 기독교 정치적 행동주의에 투신한 시기로, 영화(film)라는 당대 최고의 수단을 통해 소통하려고 노력했던 과정에서 비롯되었다.

프랜시스 쉐퍼는 이런 행동주의를 그리스도의 주되심을 진지하게 다루려는 노력의 자연스런 발전으로 보았는데, 실제로 이런 생각은 후에 분리주의와의 투쟁 및 연관된 문화 변혁 이슈를 통해 그의 신학을 통합하는 지점이 되었다.

프랜시스 쉐퍼의 변증적 접근법(apologetic approach)은 목회와 선교현장에서 형성되었는데, 이는 그가 인격이 실재의 중심에 있다고 믿었기 때문이었다. 정말로 믿음이 있는 기독교인이라면, 만나는 사람들을 존귀하게 여겨야 한다는 것이 그의 생각이었다. 그의 모든 저작은 스위스 알프스 고지에 위치한 그의 집 라브리에 찾아온 이들과의 대화와 토론을 바탕으로 쓴 것이었다. 그의 뛰어난 강의와 토론 내용도 이 과정에서 탄생했다.

프랜시스 쉐퍼는 독일계 노동자 가정에서 출생했다. 그는 1912년 1월 30일에 펜실베이니아 저먼타운(Germantown)에서 출생했다. 어린 시절 아버지를 도와 목수일을 포함한 건물 관리를 했다. 17세가 되던 해에는 생선을 파는 마차에서 파트타임으로 일했다. 후에 '간신히' 고등학교에 입학했다. 그러나 그가 한 러시아 백작에게 영어를 가르치기 시작하면서 인생의 전환기를 경험했다. 당시 백작은 그리스 철학을 다루는 영어책을 읽는 연습을 하고 있었다. 프랜시스 쉐퍼는 이 철학 고전 외에 성경도 함께 읽기 시작했다. 그는 자신이 질문하기 시작했던 심오한 철학 문제들에 대한 답을 발견하고는 놀랐다. 자신의 믿음을 급진적으로 재평가하던 시기가 있었음에도, 이런 흥분감은 가시지 않았다.

고등학교를 졸업한 후 프랜시스 쉐퍼는 드렉셀학교(Drexel Institute)에서 공학을 배우기 시작했다. 부모는 그가 아버지처럼 장인이 되기를 원했지만, 정작 그 자신은 하나님으로부터 목회자가 되라는 소명을 받았다고 확신했다. 이듬해 가을에 버지니아 남부에 있는 햄든-시드니대학(Hampden-Sydney College)에 입학했다. 목사가 되기 위한 훈련을 받으면서 그의 성격의 독특한 면이 드러나기 시작했다. 약자를 괴롭히는 것을 보고 참지 못하거나, 인근에 거주하던 흑인을 위한 주일학교에 참여하거나, 학생기독교연합(Student Christian Association, SCA) 회장으로 봉사하는 일 등이었다.

다음해 프랜시스 쉐퍼는 저먼타운제일장로교회에서 이디스 세빌(Edith Seville)을 만났다. 프랜시스 쉐퍼는 성경의 통전성을 훼손시키려고 하는 자유주의의 공격에 함께 대항할 매력적인 친구이자 동료를 찾은 것 같았다. 프랜시스 쉐퍼가 1935년에 우등(magna cum laude)으로 졸업한 후 이 둘은 자신들의 운명을 결혼에 맡겼다. 둘은 후에 라브리 사역의 틀을 함께 만들었으며, 특히 이디스의 저서들은 쉐퍼 부부의 작품에 전체적으로 힘을 더했다. 첫 십 년간의 결혼 기간 중에 부부는 세 딸을 얻었다.

프랜시스 쉐퍼는 1935년 9월에 웨스트민스터신학교(Westminster Theological Seminary)에 입학했다. 이 학교는 프린스턴신학교가 점점 신학적 현대주의로 결정적으로 표류해 가자, 6년 전에 설립된 학교였다. 그는 이 시기에 코넬리우스 반틸(Cornelius Van Til), J. 그레샴 메이천(J. Grasham Machen), 존 머레이(John Murray)의 강의를 들었다. 북장로교단과 메이천의 논쟁이 격화되어 그가 목사직을 박탈당하자, 프랜시스 쉐퍼와 칼 매킨타이어 및 다른 학생들은 자신들도 북장로교와 거리를 두어야겠다고 생각했다. 추가 분열이 일어나 근본주의 학교인 페이스신학교(Faith Theological Seminary)가 설립되었다.

프랜시스 쉐퍼는 웨스트민스터신학교에서 페이스신학교로 학교를 바꾸고 1938년에 신학학사학위를 취득했다. 프랜시스 쉐퍼는 세대주의 전천년설 등의 이슈로 미국장로교회(Presbyterian Church of America[PCA], 나중에 Orthodox

Presbyterian Church[OPC, 정통장로교회]로 개명)에서 1937년에 분리된 성경장로교회(Bible Presbyterian Church, BPC) 교단에서 처음으로 안수받은 목사가 되었다. 그는 펜실베이니아 그루브시티(Grove City)에 자리를 잡았다. 1941년에는 펜실베이니아 체스터(Chester)에 있는 교회로 사역지를 옮겼다. 이 교회에는 도시와 농촌 지역에 거주하는 프랜시스 쉐퍼와 같은 노동자 계급의 교인 다수가 출석하고 있었다.

1943년 프랜시스 쉐퍼 가족은 세인트루이스로 이주해서, 이 지역에서 그리스도를 위한 어린이(Children for Christ)라는 조직을 설립했다. 이 운동은 곧 다른 교회들로 확산되었고, 심지어 다른 교단들도 이 운동에 동참했다. 독립장로교해외선교부(Independent Board for Presbyterian Foreign Missions)는 1947년에 프랜시스 쉐퍼에게 유럽을 순회하며 선교와 관련된 사실 정보들을 수집하게 했다. 이 위원회는 프랜시스 쉐퍼에게 1948년 8월에 암스테르담에서 열릴 국제대회를 준비해 주기를 요청했다. 1948년 2월에 프랜시스 쉐퍼 가족은 유럽으로 떠났다.

암스테르담에 도착한 프랜시스 쉐퍼는 그곳에서 아주 진중하고 젊고 영리하며, 미술사를 전공한 한 네덜란드인 학생을 만났는데, 이 청년의 이름은 한스 로크마커(Hans Rookmaaker)였다. 음악을 뜨겁게 사랑했던 로크마커는 프랜시스 쉐퍼가 미국인이라는 사실을 알고, 그에게 다가가 흑인 음악에 대해 몇 가지 질문을 주고받았다. 두 사람은 다음 날 새벽 4시까지 암스테르담의 거리를 걸으며 생생한 대화를 했다. 로크마커는 당시의 경험을 '내 인생에서 신앙, 철학, 실재, 예술, 근대 사회 및 이들의 상호 관계에 대해 오래도록 이야기를 나눈 경험' 중 처음이었다고 회상했다.

프랜시스 쉐퍼에게도 로크마커는 몇 안 되는 친한 친구 중 한 명이었기에, 이것이 두 사람의 오래 지속된 아주 중요한 관계의 출발점이었다. 로크마커의 도움으로 프랜시스 쉐퍼는 아브라함 카이퍼(Abraham Kuyper)를 비롯한 뛰어난 네덜란드 지성들을 접할 수 있었는데, 이를 통해 자신의 옛 스승 반틸에게서 기쁘게 전수받은 중요한 미국 사상들을 더 튼튼하게 만들 수 있었다.

프랜시스 쉐퍼는 이후 몇 년 동안 스위스에 정착했는데, 이 시기에 첫 아들 프랭크를 얻었고, 가족과 함께 부지런히 일하며, 복음주의 교회들에게 자유주의에 대해, 또한 스위스에 있는 칼 바르트를 방문한 이후에는 그의 신학 속에 구현된 한층 미묘한 신정통주의의 위험성에 대해 경고했다. 그는 신전통주의의 위험성이라고 자신이 인식한 내용을 설명하기 위해 종교 실존주의의 역사적 맥락에 주목했다. 이런 생각이 이후에 발전되어, 『이성에서의 도피』(Escape From Reason, 1968), 『거기 계시는 하나님』(The God Who Is There, 1968) 및 다른 여러 책이 나왔다. 거의 같은 시기에 쉐퍼 부부는 누가복음을 바탕으로 자료집을 하나 만들었는데, 이 자료집은 나중에 『모든 사람이 알 수 있어요』(Everybody Can Know, 1973)라는 주일학교 교재로 출간되었다.

프랜시스 쉐퍼는 1951년 6월 16일과 23일자 「더 선데이스쿨 타임스」(The Sunday School Times)에 '주님의 능력과 기쁨의 비밀: 기독교인의 삶에 필요한 정결과 사랑'(The Secret of Power and Enjoyment of the Lord: The Need for Both Purity and Love in the Christian Life)이라는 글을 기고했다. 그의 글에는 평생 싸워 왔던 우울증과 언제나 그를 움직여 왔던 격렬한

감정과의 깊고도 영적인 싸움이 투영되어 있었다. 때로 이런 감정들이 제어되지 못하고 폭발하기도 했지만(주로 친한 지인들만이 목격했다), 이들 대부분은 다른 이에게 너무 깊고도 눈에 보일 정도로 공감하면서 벌어진 일들이었다.

주 안에서 누릴 능력과 기쁨에 대한 프랜시스 쉐퍼의 강렬한 언어는 사실 직전 겨울에 그가 경험한 사건에 바탕을 둔 것이었다. 당시 그는 습한 날씨에는 스위스 샹페리(Champery) 마을에 있던 자신의 집의 건초 보관장을 오르락내리락하고, 날씨가 건조하면 마을의 길을 따라 걸으면서 자신의 신앙과 주님께 대한 헌신을 재점검하는 시간을 가졌다. 그러면서 그는 지금 현실을 외면하는 정통 신학으로는 절대 주님이 주시는 능력과 기쁨을 누릴 수 없다고 결론 내렸다. 이런 내면의 갈등이 없었다면 아마 라브리 사역은 시작도 하지 못했을 것이라고 프랜시스 쉐퍼는 회상했다.

그러나 쉐퍼 부부가 기존의 선교부 및 분리주의 세력과 마침내 연을 끊고 1955년에 라브리를 시작하기 전까지 몇 년간의 시험 시간이 있었다. 세계 곳곳의 젊은이들이 스위스 알프스의 찾기도 어려운 지역에 있는 프랜시스 쉐퍼의 집으로 몰려들기 시작했다. 이런 순례 여정은 복음주의 역사에서 매우 이례적인 현상이라 할 수 있을 것이다. 급속하게 세계화된 세상에서 이런 순례 이야기들이 입에서 입으로 대학생들에게 퍼져 나갔는데, 알프스에 가면 삶의 가장 심오한 질문들에 대한 진실한 대답을 찾을 수 있을 거라는 이야기였다. 1968년에 로마서와 요한계시록, 웨스트민스터 신앙고백 및 여러 다양한 문화 이슈들에 관련된 1,000시간 넘는 프랜시스 쉐퍼의 강의와 토론이 테이프에 녹음되었다.

라브리의 발전 과정에서 전환점이 된 사건은 프랜시스 쉐퍼가 옥스퍼드를 비롯한 영국의 여러 곳에서 강연을 한 후 1958년에 잉글랜드 지역에서 비슷한 사역을 시작한 것이었다. 이 사역을 이끈 인물은 프랜시스 쉐퍼의 둘째 딸 수잔과 결혼한 레널드 매콜리(Ranald Macaulay)였다. '잉글랜드 라브리'의 설립은 프랜시스 쉐퍼가 이제 한 세대의 영국 복음주의자에게 깊이 영향을 주기 시작했음을 보여 주는 상징적인 사건이었다.

그는 특히 기독학생회(Inter-Varsity Fellowship, 현재 Universities and Colleges' Christian Fellowship으로 이름을 바꿈)와 따뜻하고 중요한 관계를 구축했다. 그리고 당시 영국 신학 무대와 영국 문화, 특히 영국 록 음악이 세계를 휩쓸기 시작한 시기에 일어나고 있는 일에 관심이 깊었다. 스위스 라브리의 장기 공동체 기반 사역과 마찬가지로, 영국과 미국 대학에서 가진 순회강연은 프랜시스 쉐퍼 사역 전반을 통합하는 요소로 자리매김했다.

프랜시스 쉐퍼가 출판한 첫 주요 저서는 『이성에서의 도피』(Escape from Reason)였다. 이 책에서 그는 오늘날 소위 포스트모더니즘으로 인정되는 현상의 계보를 소개했다. 이 책은 목회자로서, 변증가로서, 후에는 인권운동가로서 활동하는 그의 인생 행보의 많은 면을 보여 주었다. 지성을 소개하는 슬라이드쇼 비슷한 이 작은 책이 그의 다른 저술들 일부도 그랬던 것과 같은 비판을 불러일으켰다는 사실은 별로 놀랄 일도 아니었다. 비록 그가 그려낸 키에르케고르와 토마스 아퀴나스에 대한 묘사가 존중할 만한 학문적인 계보에 연결되어 있음에도 불구하고, 몇몇은 위대한 인물들에 대한 그의 간략한 스케치에 의문을 제기했다.

프랜시스 쉐퍼의 작품 세계의 본질이 되는 또 다른 중요 저서는 『이성에서의 도피』를 출판하기 전부터 준비했다가 『이성에서의 도피』보다 약간 늦게 영국에서 출간한 책이다. 이 책 『거기 계시는 하나님』(The God Who is There)에서 그는 자신의 첫 저서의 논지를 끄집어내서, 지성과 윤리 영역에서 등장한 상대주의의 기원을 탐구하면서, 인간이 어떻게 통일된 지식을 영원히 탐구하는 과제를 포기했는지를 보여 주고자 했다. 현대인은 인간 존재와 그들의 사회와 문화에 의미를 부여하는 모든 것은 신비적이고 비합리적 영역에 속한다고 단정해 버린다. 현대인은 전형적으로 '절망선 아래'(below the line of despair)에 있기 때문에 우리는 기독교 변증과 전도를 재고해야만 한다. 우리는 이제 복음을 복음주의적으로 선포하는 것이 현대 세계에서는 급진적임을, 또한 이 선포가 자유주의 및 신전통 신학과 얼마나 다른지를 인정함으로써 이를 시작해야 한다. 프랜시스 쉐퍼는 계속해서 우리 시대에 효과적일 수 있는 인격 중심의 변증학을 주창한다.

『이성에서의 도피』와 『거기 계시는 하나님』두 권 모두 지성 문제에 대한 관심사를 반영한다. 프랜시스 쉐퍼는 서양의 근대 및 먼 이전 역사에서 지식에 대한 접근 방식이 변하면서, 우리가 어떻게 살 것인지 (또한 죽을 것인지에) 대한 결과가 극적으로 바뀌었음을 보여 주었다. 그는 이 같은 주제를 『거기 계시며 말씀하시는 하나님』(He Is There and He Is Not Silent, 1972)에서도 다루며, 오직 역사적 기독교 신앙만이 형이상학, 윤리학, 인식론의 근본 영역에서 제기되는 질문에 대한 답을 줄 수 있다고 주장했다. 프랜시스 쉐퍼는 20권 이상의 책과 소책자를 저술했다. 전체 저작 중 가장 중심에 위치한다고 할 만한 책은 56세가 되어서야 출간되었는데, 이렇게 해서 지금까지 언급한 그의 3부작이 완성되었다. 그러나 『참된 영성』(True Spirituality, 1971)을 읽어야 그의 신학의 심장 박동 소리를 들을 수 있다.

프랜시스 쉐퍼의 흔들리지 않는 현실주의, 즉 자기 세대에 진리에 따르는 삶을 실천하려고자 한 관심사로 인해, 프랜시스 쉐퍼는 결국 태아, 약한 자, 노인의 인권을 옹호하는 행동가의 삶을 살기로 작정했다. 영화 제작자이자 후에 소설가가 되는 아들 프랭크(Frank)가 아버지의 이 뜻을 지지했으나, 프랭크는 아버지의 복음주의와 결별하고 1990년에 그리스정교회(Greek Orthodoxy)로 개종했다. 그의 희극 소설 두 권은 그의 어린 시절의 이야기를 기반으로 허구로 만들어 낸 것이지만, 라브리를 풍자하는 내용이 담겨 있음을 알아내기는 어렵지 않다.

프랜시스 쉐퍼는 영국과 미국 등지의 여러 세미나에서 강연했고, 첫 번째 영화 시리즈인 '그러면 우리는 어떻게 살 것인가?'(How Should We Then Live?)가 상영되었다. 이런 방식은 이후에 더 논쟁이 된 시리즈 상영에도 반복되었는데, 후에 의무감(Surgeons General)이 된 에버릿 쿠프(Everett Koop)와 함께 만든 '낙태 영아 살해 안락사에 대한 그리스도인의 자세'(Whatever Happened to the Human Race?)가 바로 그 시리즈였다. 이들의 관심사는 요구에 의한 낙태, 또 이에 수반된 안락사의 위기가 널리 확산되고 있는 현상이었다. 프랜시스 쉐퍼와 쿠프는 이런 변화의 원인을 서양 사회가 도덕적, 인식론적 상대주의를 무분별하게 수용한 탓으로 돌렸다. 인간 본성에 대한 기독교적 통찰이 사회에 가져다준 가시적인 축복이 새로운 세속 인본주의 때문에 급격히 붕괴되고 있었다.

신기독교우파(New Christian Right)는 이런 축복이 특히 전통적인 미국식 사회 가치 체계 내에 구현되고 있다고 생각했다. 프랜시스 쉐퍼는 곧 도덕적 다수(Moral Majority) 운동의 사상 지도자로 급부상했으며, 후에 패트 로버트슨(Pat Robertson), 팀 라헤이(Tim Lahaye), 제리 폴웰(Jerry Falwell) 등에게 큰 영향을 주었다. 뿐만 아니라 자신이 수장으로 있는 행정부가 복음주의자들이 정치적 영향력을 끼치고자 할 때 기회의 문을 열어 준다고 믿은 로널드 레이건(Ronald Reagan) 대통령의 관심을 끌었다.

프랜시스 쉐퍼는 두 번째 영화 시리즈를 기획하던 와중에 자신이 림프 계통의 암에 걸렸다는 사실을 알게 되었다. 즉각적인 치료가 필요한 시점이었고, 뿐만 아니라 암세포의 확산을 저지하기 위한 화학 치료가 여러 번 병행되어야만 했다. 죽음의 그림자가 드리우자, 그는 끔찍하게 여긴 낙태 비율 상승 분위기를 낮추기 위해 할 수 있는 모든 일을 해야 한다는 강박에 더 심하게 사로잡혔다. 신기독교우파와 연대한 프랜시스 쉐퍼는 연합 전선(cobelligerency)이라는 새로운 개념을 실천으로 옮겼다. 말년에는 낙태 반대(pro-life) 논쟁뿐만 아니라, '성경을 위한 전투'에도 적극적으로 참여했다. 그는 국제성경무오협회(International Council on Biblical Inerrancy)가 1977년에 창립되는 데 공헌했다.

프랜시스 쉐퍼는 마지막 책 『복음주의의 대재앙』(*The Great Evangelical Disaster*, 1984)과 관련된 세미나 여행을 한 직후인 1984년 5월 15일에 사망했다. 이 책은 출판자 레인 데니스(Lane Dennis)의 도움을 받아서 썼다. 라브리는 미국, 영국, 네덜란드, 한국, 스위스 등 세계 여러 나라에서 적극적인 활동을 이어 가고 있다.

참고문헌 | C. Catherwood, *Five Evangelical Leaders* (London: Hodder & Stoughton, 1984; Fearn, Ross-shire: Christian Focus, 1994); L. T. Dennis (ed.), *Francis Schaeffer: Portraits of the Man and His Work* (Westchester: Crossway, 1986): M. S. Hamilton, 'The Dissatisfaction of Francis Schaeffer,' *Christianity Today*, 3 March 1997, pp. 22-30; R. W. Ruegsegger, *Reflections on Francis Schaeffer* (Grand Rapids: Zondervan, 1986); E. Schaeffer, *L'Abri* (Wheaton: Tyndale, 1969); E. Schaeffer, *The Tapestry* (Waco: Word, 1981).

C. DURIEZ

프랜시스 E. 윌라드(Frances E. Willard, 1839-1898)

금주운동 지도자이자 사회 개혁가. 그녀는 가족과 친구들에게는 '프랭크'(Frank)라 불렸고, 전 세계 금주운동 지지자 수십만 명에게는 '세인트 프랜시스'로 알려졌다. 생전에 가장 유명한 여성 중 하나였던 그녀는 '가정 보호'라는 대의를 지치지 않고 조직하고 주창했다. 이를 위해 프랜시스 윌라드는 수천 마일을 여행했고 수천 명 앞에서 정기적으로 연설을 했다.

프랜시스 윌라드는 엄격한 청교도 유산을 지닌 가정에서 태어났다. 그녀의 아버지 조사이아 플린트 윌라드(Josiah Flint Willard)와 어머니 메리 힐 윌라드(Mary Hill Willard)는 뉴잉글랜드 지방에서 거의 200년 이상을 살던 가문 출신이었다. 아버지 쪽은 사이먼 윌라드(Simon Willard)의 자손으로서, 1634년에 매사추세츠베이(Massachusetts Bay) 식민지에 도착한 청교도였다. 일 년 반이 지난 후에 그는 콩코드(Concord)를 설립했던 인물 중에 한 사람이 되었다. 흥미롭게도 사이먼 윌라드는 매사추세츠 법원으로부터 마을에서 술판매 독점권을 부여받았다. 그는 하버드대학(Harvard College)의 설립을 지원했던 인물이다.

사이먼 윌라드의 네 번째 아들 새뮤얼 윌라드(Samuel Willard)는 하버드대학의 졸업생으로서 보스턴에 있는 올드사우스교회(Old South Church)의 목사로 일했다. 그는 세일럼(Salem)에서 있던 집단적 마녀사냥(혹은 마법사사냥) 히스테리에 대항했다. 마법사로 몰려 교수형 당한 사람들 중에 한 명은 존 윌라드(John Willard)로, 아마도 그의 친척일 것이다. 프랜시스 윌라드는 자기 조상이 세일럼에서 마녀로 몰린 사람들을 적극적으로 방어해 주었다는 사실에 대해 큰 자부심이 있었다.

서부 뉴욕 이웃한 농장들에서 자라난 조사이아 윌라드와 메리 힐은 동갑내기로 서로 잘 아는 사이였다. 이들 가족은 공동체와 교회 일에 매우 적극적이었다. 26살의 나이에 결혼한 이들은 성숙한 성인이 되어 있었다. 이 부부가 처음으로 낳은 아기는 바로 사망했다. 두 번째 아이는 프랜시스 윌라드 위의 오빠 올리버 윌라드였다. 세 번째 아이는 딸이었는데, 캐롤라인 엘리자베스라고 이름을 붙였지만 14개월이 되자 사망했다. 둘째였던 프랜시스 윌라드는 캐롤라인이 태어나기 일 년 전인 1839년 9월 28일에 태어났다. 윌라드에게는 또 다른 동생 메리(Mary)가 있었는데 1843년에 태어났다.

1841년에 조사이아 윌라드는 가족을 데리고 오하이오 오벌린(Oberlin)을 향해 서쪽으로 이주했다. 그는 오벌린대학 예비학교에 들어가서, 어릴 적 꿈이었던 기독교 목회자가 될 수 있었다. 오벌린에 있을 때 메리 힐 윌라드는 남녀 공학 교육 제도 덕에 학교에 입학할 수 있었다. 이 가족은 오벌린에서 매우 행복하고 만족스러운 시간을 보냈다. 그러나 조사이아 윌라드가 갑자기 병에 걸리고 난 이후 이들의 행복은 산산이 부서지기 시작했다. 조사이아의 '폐에 출혈이 발생했는데,' 의사는 오벌린을 떠나서 시야가 탁 트인 곳에서 일하라고 조언했다. 가족은 오하이오를 1846년에 떠나 위스콘신(Wisconsin)에 있는 탁 트인 프레리 초원 지역으로 이사했다. 윌라드 가족은 위스콘신 제인스빌(Janesville) 소재 한 농장으로 이주했다. 이 농장은 후에 천 에이커 규모로 늘어났다. 1848년에 위스콘신이 주 지위를 확보한 후, 조사이아 윌라드는 주 하원의원으로 한 임기 동안 봉사했다. 위스콘신에서 이 가족은 감리교회에 출석하기 시작했는데, 이는 그 지역에 다른 교회가 없었기 때문이었다. 사실 이들은 오벌린에서는 회중교회 소속이었다. 이후 프랜시스 윌라드는 평생 감리교인으로 남아서 감리교 관계망에 연결된 사람들에게 지원과 힘을 받게 된다.

프랜시스 윌라드의 교육은 집에서 시작되었는데, 선생님은 바로 어머니였다. 오빠 올리버는 제인스필까지 4마일을 걸어서 주립학교에 출석했지만, 조사이아 윌라드는 너무 어린 딸이 그렇게 먼 거리로 학교를 다닐 수는 없다고 생각했다. 그는 또한 딸의 소속은 집이라고 믿었다. 프랜시스 윌라드는 가족이 1857년 일리노이 에번스턴(Evanston)으로 옮길 때까지 공식 교육을 받지 못했다. 에번스턴에서 프랜시스 윌라드는 노스웨스턴여자대학(North Western Female College)에 등록했다. 1859년에 졸업하면서 '과학상'을 받았다.

졸업 이후 프랜시스 윌라드는 교육자로 경력을 시작했다. 일리노이 할렘(Harlem, 현재는 River Forest)에서 교실이 하나 뿐인 학교에서 교사가 되었다. 한 해를 마치고는 일리노이 칸카키(Kankakee) 소재 칸카키아카데미에서 가르쳤는데, 이 학교는 가족의 친구가 운영하는 학교였다. 이 학교에서 한 해를 마치고, 프랜시스 윌라드는 다시 할렘(Harlem)에 있는 학교로 돌아갔다. 두 학교에서 가르치면서 프랜시스 윌라드는 가족과 떨어져 있는 고통을 겪었다. 비록 희망차게 시작했지만, 실제로 그녀는 이 일에 만족을 느끼지 못했다.

이후 프랜시스 윌라드는 노스웨스턴여자대학으로 잠시 돌아갔지만, 당시 여동생 메리의 죽음으로 인한 우울증으로 한 차례 힘든 시간을 보냈다. 다른 곳으로 가야 우울증에서 벗어날 수 있으리라 믿은 프랜시스 윌라드는 피츠버그여자대학(Pittsburgh Female College)에서 제시한 자리를 받아들였다. 1866년에는 처치빌(Churchville)에서 멀지 않은 뉴욕 리마(Lima)에 있는 제네시웨슬리파신학교(Genesee Wesleyan Seminary)의 여자 교장이 된다. 이 학교의 일은 교사로서는 가장 만족스러운 경험이었지만, 프랜시스 윌라드는 이곳에서 한 해만 있을 수 있었다. 그곳에서 프랜시스 윌라드는 케이트 잭슨을 만났는데, 후에 케이트의 아버지는 프랜시스와 케이트가 함께 장기 유럽 여행을 하게 했다.

프랜시스 윌라드와 케이트 잭슨은 2년 조금 넘게 영국 제도(British Isles), 유럽, 제정러시아와 지중해 지방을 여행했다. 프랜시스 윌라드는 여행하는 동안 신문에 글을 기고해서 여행 자금에 보탰다. 프랜시스 윌라드가 여성의 진보를 위해 헌신해야겠다는 생각을 발전시킨 것도 유럽 여행 중이었다. 교육자이자 동시에 사회 개혁가로서 하게 될 앞으로의 일에 주요한 동기를 부여받게 된 여행이었다.

에번스턴(Evanston)으로 돌아가는 길에 프랜시스 윌라드는 에번스턴여자대학의 학장 자리를 받아들임으로써 여성 교육자로서의 경력을 시작했다. 이 학교는 1869년에 세워진 학교로, 노스웨스턴여자대학보다 훨씬 엄격한 학교였다. 1871년에 에번스턴여자대학은 노스웨스턴대학교(Northwestern University) 내 여성 학부가 되었다. 프랜시스 윌라드의 교육 방침과 지도력으로 이 대학은 혁신적이고 효율적인 교육 정책과 규례를 마련했다. 이후 프랜시스 윌라드는 노스웨스턴대학교 총장과 심한 갈등에 직면했는데, 당시 총장은 프랜시스 윌라드의 예전 약혼자였던 찰스 파울러(Charles Fowler)였다. 총장은 파혼으로 맺힌 원한을 학교 일에 결부시켰다. 몇 년 동안 총장 및 대학 이사진과 갈등을 겪고 난 후, 프랜시스 윌라드는 이 대학교에서 자신의 미래는 한정적이 될 것이고, 절대로 만족스럽지 못할 것이라 느꼈다. 곧 사임한 프랜시스 윌라드는 여성 교육자로서의 경력을 끝까지 성취하지 못하게 되었다.

1874년 6월, 서른다섯의 나이에 실업자가 된 프랜시스 윌라드는 은행의 잔고도 없이 불확실한 미래를 맞닥뜨렸다. 좋은 소식은 그녀가 노스웨스턴대학교를 그만두고 난 뒤, 예측하지 못한 전국적인 여성운동이 시작된 것이다. 미국 전역에서 여성들이 기도와 사회적 행동을 위해 모여들었다. 이들의 '기도밴드'(praying bands)는 미국 가정이 알코올 중독과 학대로 위협받고 있다는 것에 초점을 맞췄다.

기도하는 여성들은 길거리로 나와 술집으로 행진했고, 도시에 흐르고 있던 도랑과 땅에 술을 부어 버렸다. 이들은 주류를 판매하도록 눈

감아 주거나 상점을 허가한 사회에 자신들이 불만이 많다는 사실을 알린 것이었다. 이런 여성 대다수는 복음주의자였는데, 주로 감리교인, 침례교인, 장로교인이었다. 이들은 자신들이 '기독교 국가'라 믿은 나라에서 이런 관행은 도저히 용납할 수 없다고 믿었기에, 개혁을 성취하겠다고 결단했다.

프랜시스 윌라드는 미국 교육계에서 성취하는 데 실패한 여성을 위한 대의를 미국 사회에서 성취할 기회를 이 새로 싹튼 운동에서 찾아냈다. 프랜시스 윌라드는 금주운동으로 투쟁하고 있는 여성들의 지도자가 되기로 분명한 결단을 내리기 힘들었을 것이다. 왜냐하면, 그녀 자신이 유럽을 여행하는 동안 와인과 맥주를 딱히 뚜렷한 양심의 가책 없이 마셨기 때문이다. 프랜시스 윌라드 자신은 알코올에 대해서 도덕적으로 반대하지 않았을 것이고, 혹은 여행 이후에 술을 더 좋아하게 되었을 수도 있었다. 어쨌든, 시카고에서 금주운동을 하던 여성들이 프랜시스 윌라드에게 지도자로서 도와 달라고 하자, 그녀는 그 요청을 수락했다. 이로써 사회 개혁가와 활동가로서의 두 번째 경력이 시작되었다.

기도하는 밴드 여성들을 통해 강력한 자극을 받아 기독교여성금주연합(Woman's Christian Temperance Union, WCTU)이라는 조직이 발족되었다. 프랜시스 윌라드는 시카고 조직의 회장이라는 두드러진 역할을 맡아 전국 운동의 초기에 지대한 역할을 했다. 그러나 조직이 순식간에 인정받게 되었음에도 불구하고, 프랜시스 윌라드는 1879년까지만 회장직에 있을 수 있었다. 5년 동안 프랜시스 윌라드는 이 단체의 지도자들, 특히 애니 위튼마이어(Annie Wittenmyer) 회장과 여성 참정권 문제를 놓고 싸웠다.

오빠 올리버 윌라드가 투표를 통해 선출되는 것을 시기심 어린 눈으로 지켜본 젊은 여성 프랜시스 윌라드는 여성 참정권이야말로 여성이 가정 밖 사회에서 자신의 힘을 행사할 수 있는 중요한 방법이라고 믿었다. 그러나 여성 참정권을 둘러싼 끊임없는 논쟁을 지켜보면서, 그녀는 자신이 말한 '가정 보호'라는 틀로 자기 생각을 조심스럽게 표현했다. 여성이 알코올의 위협으로부터 가정을 보호할 수 있는 유일한 방법은 선거권을 행사함으로써 지도자를 선출하여 금주를 사회 전체의 규범으로 만드는 것이라 믿었다.

그러나 프랜시스 윌라드는 금주운동의 지도자로서 일을 하면서, 딱 한 번 돌아선 적도 있었다. 1877년에 몇 달 동안 복음전도자 D. L. 무디(D. L. Moody, 1837-1899)와 함께 일한 적도 있었다. 무디는 프랜시스 윌라드가 조직 능력이 강하고 여성에게 호소력이 있는 것에 대해 매우 큰 인상을 받았다. 프랜시스 윌라드는 무디와 함께 일하는 것을 금주에 대한 복음을 널리 퍼뜨릴 큰 기회로 보았다. 그러나 둘의 연합은 오래 가지 못했다. 무디가 프랜시스 윌라드가 유니테리안(Unitarian) 신자이자, 친구이면서 동시에 금주운동 활동가였던 메리 리버모어(Mary Rivermore, 1820-1905)와 한 무대에 서는 것에 반대했기 때문이다.

프랜시스 윌라드는 기독교여성금주연합 회장으로 일을 했지만, 반대에도 수차례 부딪혔다. 그녀는 연합이 금주운동 이외의 다른 일에도 관심을 가져야 한다고 믿었다. 그래서 '금주,' '노동,' '여성' 이 세 가지를 삼중으로 강조하게 만들었다. 이 세 가지 폭넓은 주제를 다루면서, 여성 교육, 여성이 성관계에 합의할 수 있는 법적 연령, 가정 경제와 정치를 포괄하는 광범위한 개혁운동을 할 수 있었다. 이 모두는 '두 에브리씽 정책'(Do-Everything Policy)에 잘 맞아떨어졌다. 결국, 기독교여성금주연합은 프랜시스 윌라드의 이상이 포괄적으로 실현될 수 있도록 분과를 39개로 나누었다.

'두 에브리씽 정책'은 프랜시스 윌라드가 남성들이 지배하고 있는 정치 분야에 발을 딛게 했다. 그녀는 적극적으로 전국구 금주당(prohibition party)을 설립해서 다른 두 주류 정당과 경쟁했다. 이런 정치 활동은 기독교여성금주연합 안에서는 별로 탐탁지 않은 행보였는데, 반대의 목소리가 강할 때에도 프랜시스 윌라드는 지도자의 지위를 유지했다. 그녀는 1891년에 세계기독교여성금주연합(World WCTU) 설립을 지원했고, 이 협회의 초대 회장으로도 일했다. 세상을 떠날 때까지 이 두 조직의 회장직을 유지했다.

기독교여성금주연합 회장으로 일하면서 프랜시스 윌라드는 매년 평균 대략 15,000마일에서 20,000마일까지 이동했으며, 1년에 3주 이상 집에 머물 수 있는 날이 없었다. 그녀는 남부 전역과 유럽까지 수많은 여행을 했다. 가는 곳마다 엄청난 양의 서신을 읽고 답장을 써야 했지만, 기독교여성금주연합 회장으로서는 소홀함이 없었다.

프랜시스 윌라드는 개인 일기에서 많은 사람들로부터 사랑을 받고 싶고, 인정받고 싶고, 유명해지고 싶고, 성공에 대한 야망에 불타오르고 있다며 자기 욕망을 드러냈다. 프랜시스 윌라드는 미국 여성이 정치 무대에서 활동할 수 없었던 시대에 정치적으로 명민했던 인물이었다. 지치지 않는 조직가였고, 여성운동이 싹트고 있을 때 비전을 제시한 인물이었다. 그녀의 갑작스런 죽음은 세계기독교여성금주연합과 그 회원들에게 엄청난 타격이었다.

1898년 2월 17일에 사망한 프랜시스 윌라드는 뉴욕시에서 잉글랜드로 떠나는 항해를 준비하고 있었다. 예전부터 건강이 가끔 급작스럽게 나빠져서, 어떨 때는 건강상의 이유로 일정을 취소하고 칩거하는 때도 있었다. 그녀의 죽음은 뉴스 속보로 빠르게 퍼져 나가 전국 및 세계 많은 나라의 신문에 실렸다. 수천 명이 뉴욕, 시카고, 일리노이 에번스턴에서 진행된 장례식에 참석해서 '세인트 프랜시스'에게 존경과 경의를 표했다. 장례식에 사람이 너무 몰리면서, 장례식이 열린 각 지역마다 수백 명이 그냥 돌아가야 하는 상황도 발생했다. 프랜시스 윌라드는 시카고 소재 로즈힐 묘지(Rose Hill Cemetery)에 묻혔다.

프랜시스 윌라드의 죽음 이후 그녀가 세계기독교여성금주연합에서 시행한 영향력이 컸던 여러 사업을 반대파가 장악하면서, 사업 다수가 해체되기 시작했다. 프랜시스 윌라드가 늘 진행했던 금주캠페인이 다른 모든 사업의 전면에 배치되었다. 기독교여성금주연합은 정치와는 거의 완전히 담을 쌓았고, 여성 참정권운동에 대한 관심도 거의 사라졌다. 아울러, 프랜시스 윌라드가 진행한 다른 프로그램도 함께 사라졌다.

그러나 프랜시스 윌라드의 명성은 죽음 이후에도 사라지지 않았다. 기독교여성금주연합의 지도부, 즉 프랜시스 윌라드가 살아 있을 때 그녀를 반대했던 사람들이 오히려 프랜시스 윌라드 사망 후 한층 강해진 프로그램을 유지하기 위해 프랜시스 윌라드에 대한 신화를 만들어 내기 시작했다. 프랜시스 윌라드가 사망한 지 1년이 지난 후 프랜시스 윌라드에게 바치는 찬사 중 하나가 구체화되었다. 일리노이의회는 미국의 수도 워싱턴 D. C. 소재 정부 청사 내 국회의사당 건물 안에 있는 유명인의 동상을 모아 놓은 전시실(Statuary Hall)에 일리노이가 할당받은 두 동상 중 하나로 프랜시스 윌라드의 동상을 만들어 헌정하는 안을 통과시켰다. 프랜시스 윌라드의 마지막 25년을 함께 지내며 개인 비서이자 친구로 지낸 첫 전기 작가 애나 고든(Anna Godon)이 일리노이의회에 이 사업의 진행을 요구했고, 프랜시스 윌라드의 동상을 만드는 모든 과정을 감독했다. 미국 의회는 프랜시스 윌라드가 사망한 지 8년째 되는 해인 1905년 2월 17일에 이 요청을 받아들였다. 프랜시스 윌라드는 영예로운 인물이 전시되는 국회의 사당의 공간에 동상이 세워진 첫 여성이었다.

참고문헌 | F. E. Willard, *Glimpses of Fifty Years: The Autobiography of an American Woman* (Chicago: Woman's Temperance Publishing Association, 1892); R. Bordin, *Frances Willard: A Biography* (Chapel Hill: The University of North Carolina Press, 1986); M. Earhart, *Frances Willard: From Prayer to Politics* (Chicago: University of Chicago Press, 1944).

T. L. FARIS

프랜시스(파니) 제인 크로스비(Frances [Fanny] Jane Crosby, 1820-1915)

찬송가 작가. 그는 1820년 3월 24일에 뉴욕 푸트남 카운티(Putnam County)의 한 마을인 사우스이스트(Southeast)에서 태어났다. 부모 존 크로스비(John Crosby)와 머시 크로스비(Mercy Crosby)는 옛 청교도 가문의 후손이었다. 가문의 미국 정착 뿌리는 1635년에 사이먼 크로스비(Simon Crosby)와 앤 크로스비(Ann Crosby)가 매사추세츠베이(Massachusetts Bay) 식민지에 도착한 1635년으로 거슬러 올라간다.

크로스비 가문은 신세계에서 성장하고 번창했다. 파니 크로스비의 가족은 사이먼의 아들 토마스 크로스비의 후손이었는데, 토마스 크로스비는 1650년대에 하버드대학(Harvard College)을 졸업하고 케이프코드(Cape Cod)의 샌드위치(Sandwich)에서 설교자와 사업가가 되었다. 1760년대에 후손들은 코네티컷(Connecticut)을 가로질러 허드슨강(Hudson River)과 코네티컷 경계 사이의 개척지로 이주했다.

존과 머시 크로스비는 모두 이 크로스비 혈족 출신이었고, 단단하게 연결된 크로스비 문중 안에서 살았다. 파니 크로스비는 무남독녀였다. 파니 크로스비가 여섯 살이 되었을 때, 시력 검사를 잘못하는 바람에 눈이 멀어 버렸다. 이후 1820년에 존 크로스비가 죽었다. 눈멀고 아버지도 없게 된 파니 크로스비는 어린 시절을 어머니 머시 크로스비와 외조부모 실바누스와 유니스와 함께 보냈다. 이들은 파니 크로스비가 학습하고 스스로 자립하는 것을 배울 수 있도록 돕는 일에 전적으로 헌신했다. 가족은 긴 겨울 매일 저녁마다 작은 서재에서 영어로 된 시와 문학을 읽으며 시간을 보냈다.

파니 크로스비는 킹제임스성경 전체를 암기했다. 크로스비 가족은 동네 장로교회에 다녔다. 머시 크로스비는 때로 가정부로 일하기도 했는데, 그때는 머시와 파니 크로스비가 함께 근처 마을에 사는 여러 가족들과 몇 달 동안 숙박을 같이 하기도 했다. 어머니가 일하는 동안 파니 크로스비는 지역 예술가들을 알게 되었다. 그중 한 사람이 다니던 감리교 속회(class meeting)에 참석한 파니 크로스비는 웨슬리(Wesley)를 따르는 사람들로 알려진 사람들이 부르는 찬송을 처음 들었다. 또한, 북부 웨스트체스터 카운티(Westchester County)의 퀘이커교도들에게서는 단순한 설교를 배웠고, 이런 접촉들을 통해 개신교 세계에 대한 이해의 폭을 크게 넓힐 수 있었다.

1835년에 머시는 파니 크로스비를 뉴욕시각장애인학교(New York Institution for the Blind, NYIB)에 입학시켰다. 여전히 생긴 지 얼마 되지 않은 유아기 단계에 있던 이 실험적인 학교는 시각 장애인에게 기본 교육과 직업 기술을 제공하는 데 집중하는 학교였다. 주에서 제공한 새로운 장학금 프로그램 덕에 파니 크로스비가 이 학교를 다닐 수 있었다. 브라유 점자법(Braille)을 완벽하게 습득하지 못했고 수학도 싫어했음에도 불구하고, 파니 크로스비는 영어, 역사, 음악, 시 과목에서는 괄목할 만한 성적을 받았다.

특히 즉흥시 분야에서 자신을 표현하는 두드러진 능력을 보였고, 윈필드 스코트 장군(General Winfield Scott)이나 제임스 러셀 로웰(James Russell Lowell) 같은 특별 방문 유명 인사 환영회에서 자주 시원시원한 언변을 보여주곤 했다. 음악 교사 조지 루트(George Root)는 그녀가 지은 시를 자기 곡을 붙여 출판할 기회를 주었다. 돈이 없었음에도, 1850년대에 그녀는 '대평원의 꽃, 로잘리'(Rosalie the Prairie Flower)와 '헤이절 델'(Hazel Dell) 같은 성공한 칸타타와 대중음악에 쓰인 가사를 지었다. 파니 크로스비는 또한 작은 시집 세 권을 출판하기도 했다. 그동안 머시는 재혼하여 두 딸을 더 낳았다.

1850년 11월, 맨해튼의 써틴스스트리트감리교회(Thirtieth Street Methodist Church) 부흥회에 참석하던 중 파니 크로스비는 어린 시절부터 믿어 온 신앙이 회심 경험으로 되살아났다. 아이작 와츠(Isaac Watts)의 '웬 말인가 날 위하여'(Alas, and Did My Saviour Bleed?)를 부르는 동안 파니 크로스비는 그리스도께 개인적으로 헌신했다. 그녀는 속회에 참여했지만, 동시에 성공회, 네덜란드개혁교회, 장로교회 등 다양한 교회를 계속 정기적으로 방문했다. 그녀의 먼 친척 하워드 크로스비(Howard Crosby)는 영향력 있는 맨해튼 목사로, 포스장로교회(Fourth Presbyterian Church)에서 하워드가 전한 설교를 파니 크로스비는 특히 좋아했다.

공부를 마친 뒤에 파니 크로스비는 뉴욕시각장애인학교에 교사로서 남았다. 1858년에 그녀보다 11살 어린 뉴욕시각장애인학교 졸업생 알렉산더 반 알스타인(Alexander van Alstyne)과 결혼하면서 학교를 떠났다. 뉴욕 북부 출신인 반 알스타인은 대학 교육을 조금 받은 성공한 음악 교사이며 교회 오르간 연주자, 작곡가였다. 결혼 후 둘은 얼마간 퀸스(Queens)에 살았다가 다시 1860년대 초에 맨해튼으로 돌아갔다. 남북전쟁 기간에 (결혼 전 성을 그대로 유지한) 파니 크로스비는 북부 연방군을 지지하는 시와 노래를 쏟아 내는 데 주로 시간을 투자했다. 애국심이 각별했던 파니 크로스비는 자주 헨리 워드 비처(Henry Ward Beecher)의 브루클린(Brooklyn) 소재 플리머스교회(Plymouth Church)에 참석했고, 이 강성 노예제도 반대자는 그녀의 친구이자 그녀가 좋아하는 설교자가 되었다.

파니 크로스비는 맨해튼 투엔티서드스트리트(23rd Street) 소재 네덜란드개혁교회의 피터 스트라이커(Peter Stryker) 목사도 알게 되었는데, 그는 1864년에 파니 크로스비를 윌리엄 브래드베리(William Bradbury)에게 추천했다. 이 도시의 유명 음악 출판업자 중 하나인 브래드베리는 또한 저명한 복음주의 찬송 작곡가이자 노래학교 교사이기도 했다. 브래드베리 피아노스(Bradbury Pianos) 광고는 종교계 정기 간행물에 널리 실렸고, 1870년대에는 그의 피아노 한 대가 헤이즈(Rutherford Birchard Hayes[1822-93], 미국 제19대 대통령[1877-81]-역주) 대통령의 백악관에 납품되기도 했다. 브래드베리는 이미 '큰 죄에 빠진 날 위해'(Just As I Am)와 '예수 사랑하심은'(Jesus Loves Me)에 붙인 유명한 곡을 만들었고, 그 시대의 종교 음악에 큰 영향을 끼친 사람들에 속했다.

파니 크로스비의 두드러진 시적 재능에 만족한 브래드베리는 회사가 매주 두 편의 찬송시에 2달러 주급을 주는 조건으로 그녀를 고용했다. 파니 크로스비는 이 찬송시 일부를 특정 가락에 맞추어 썼지만, 많은 다른 찬송시들은 찬송으로 쓰기에 좋은 단순한 시로 만들었다. 기회가 닿는 대로, 그녀는 이 시들을 불러 주고 받아쓰게 한 후, 마음에 맞는 대로 수정하고, 어릴 때 외운 엄청난 분량의 성경구절과 시에 맞추어 그려냈다. 파니 크로스비는 브래드베리와 그의 후임들인 '비글로 앤 메인'(Bigelow & Main)과의 계약 관계를 1915년에 사망할 때까지 유지했다. 노년에 그들은 그녀가 쓴 시를 정기적으로 받지 않으면서도 적당한 생활비를 계속 지급했다.

브래드베리는 파니 크로스비가 찬송가 작가 경력을 시작하고 유지하는 데 도움을 준 인물이지만, 그녀의 찬송 중 가장 오래도록 불린 것들은 다른 사람들, 특히 윌리엄 돈(William Doane)과 피비 팔머 냅(Phoebe Palmer Knapp)과의 협력 작업을 통해 태어났다. 침례교 작곡가이자 부유한 사업가였던 돈은 파니 크로스비의 평생의 친구이자 사업 동반자였다. 그들은 함께 '주 예수 넓은 품에'(Safe in the Arms of Jesus, 1868), '인애하신 구세주여'(Pass Me not, O Gentle Saviour, 1868), '그 큰일을 이루신 하나님께'(To God Be the Glory, Great Things He Hath Done, 1875), '저 죽어 가는 자 다 구원하고'(Rescue the Perishing, 1869), '십자가로 가까이'(Jesus, Keep Me Near the Cross, 1869) 같은 찬송을 만들었다.

돈은 파니 크로스비의 시로 만든 자기 곡의 저작권을 보호했고, 곡과 시를 따로 출판하는 것을 대개 허락하지 않았다. 브루클린의 주요 명사였던 피비 팔머 냅은 굳건한 감리교도였고 성결운동 전도자 월터 팔머(Walter Palmer)와 피비 팔머(Phoebe Palmer)의 딸로, 가장 유명한 파니 크로스비의 찬송 중 하나인 '예수로 나의 구주 삼고'(Blessed Assurance, 1873)의 곡을 썼다. 이들은 주일학교와 사회 모임에서 사용된 많은 찬송을 함께 만들기도 했다.

종교 지형의 변화도 파니 크로스비의 찬송가 작가 사역이 활발해지는 데 기여했다. 성장하던 주일학교운동으로 기본 도덕과 기독교 교리를, 쉽게 따라 부를 수 있는 음악에 맞춰 가르칠 본문을 공급하는 작가 시장이 형성되었다. 파니 크로스비는 남편 및 다른 사람들과 협력하여 이런 본문 수백 편을 만들었다. 주제는 하나님에 대한 간단한 가르침에서부터 개인 위생에 대한 지침에 이르기까지 다양했다. 파니 크로스비는 주류 판매를 금지하기 위해 탄생한 기독교여성금주연합(Women's Christian Temperance Union, WCTU) 같은 개신교 기반의 자원선교 단체가 필요로 하는 음악을 위한 본문을 만들어 주기도 했다. 그러나 이 중 가장 중요한 것은 파니 크로스비가 전도자 D. L. 무디(D. L. Moody)와 그의 음악 동역자 아이라 생키(Ira Sankey)의 눈에 띄었다는 사실이었다.

1870년대와 1880년대에 무디와 생키는 영국과 미국에 폭풍을 일으켰다. 생키는 음악으로 무디의 전도사역을 도왔다. 초대, 권고, 간증 음악은 무디와 생키가 함께 진행한 집회의 특징인 대규모 도시 전도대회에 특히 적합했다. 생키가 혼자 부르거나 그가 지휘한 대규모 성가대를 통해 소개한 음악들은 대중들이 따라 부를 수 있는 본문과 곡이었다. 이들 일부는 집회 내외부에서 인기를 얻었고, 긴급한 편집과 출판 요구로 결국 『복음찬송 1-6』(*Gospel Hymns 1-6*)의 출판으로 이어졌다.

이 찬송집을 발간한 영국 출판사 '모건 앤 스코트'(Morgan & Scott)가 지상에서 가장 가치 있는 문헌 작품 중 하나로 인용한 이 찬송집은 무디와 생키가 그들의 전도 및 교육사역에 쏟아부은 수백만 달러에 달하는 로열티를 벌어들였다. 생키는 파니 크로스비의 찬송이 특히 자기의 일에 적합하다고 판단했고, 이 곡들을 그의 찬송집 뿐만 아니라 집회에서도 사용하면서 이들이 영어권 세계에 빠른 속도로 퍼져 나가게 했다. 많은 곡이 즉각 번역되어 그 시대의 전 세계적 선교운동에 필요불가결한 핵심 요소로 크게 활용되었다.

파니 크로스비는 대중 연사로서 서토콰대회(Chautauqua Conventions, 뉴욕 서부 서토콰 호수변에서 열린 하계 강습회-역주), 기독교면려회(Christian Endeavor), YMCA, 노스필드대회들(Northfield Conventions) 및 여러 교회에 참여한 청중들에게 인기가 있었다. 비록 파니 크로스비가 북동부 지역으로 여행 범위를 제한하기는 했지만, 전국의 일반, 종교 언론들은 매력적인 인품과 대중 종교 생활에 끼친 엄청난 영향 등을 들어 그녀를 칭송했다. 그녀의 시가 평범하다고 말하는 비평가들도 있었지만, 많은 개신교 대중은 파니 크로스비의 시에 담긴 음성을 자신의 것으로 받아들였다.

1900년경, 파니 크로스비와 남편 모두 돌봄이 필요할 정도로 쇠약해졌다. 브루클린의 가족은 암으로 고통받고 있던 반 알스타인을 돌보았고, 파니 크로스비는 코네티컷 브리지퍼드(Bridgeport)에 살던 이복 자매들과 함께 살기 위해 북쪽으로 갔다.

반 알스타인은 1902년에 사망했다. 파니 크로스비는 1915년까지 살면서 뉴욕 및 미국 동북부의 다른 지역으로 자주 여행을 갔다. 그녀는 2월 12일에 사망하기 하루 전날까지도 찬송시를 썼다. 성장하는 대중 종교운동에 사용될 새로운 형식의 종교 음악을 제공한 작사가와 작곡가의 일원으로서, 파니 크로스비는 역사상 가장 많은 찬송을 쓴 미국인 찬송가 작가였다. 여러 복음전도 사업에 활발하게 참여한 파니 크로스비는 많은 복음주의권 동료들의 특징이던 의무, 목적, 신앙, 선교의 개신교적 이해를 구현한 인물이었다.

참고문헌 | E. L. Blumhofer, *Fanny J. Crosby: A Protestant Life* (Grand Rapids: Eerdmans); F. J. Crosby, *Memories of Eighty Years* (Boston: J. H. Earle, 1906); B. Ruffin, *Fanny J. Crosby* (Philadelphia: United Church Press, 1976).

E. L. BLUMHOFER

프랭크 부크먼(Frank Buchman, 1878-1961)

옥스퍼드그룹(Oxford Group)과 도덕재무장(Moral Re-Armament)운동의 창시자. 그는 1878년 6월 4일에 펜실베이니아 펜스버그(Pennsburg)에서 펜실베이니아 독일계(Pennsylvania Dutch, 18세기에 미국으로 이민한 서부 독일인 자손이며 주로 펜실베이니아 동부에 거주한 사람들이며 Dutch는 Deutsch의 변형으로 네덜란드인이 아니라 독일인을 의미-역주) 부모에게서 태어났다. 1899년에 멀렌버그대학(Muhlenberg College, M.A., 1902, D.D., 1926)을 졸업하고, 필라델피아 마운트에어리(Mount Airy) 소재 루터신학교(Lutheran theological seminary)를 다녔다(1899-1902). 1901년에는 매사추세츠에서 열린 노스필드학생대회(Northfield Student Conference)에 참여하여 큰 감동을 받았다. 1904년, 그는 필라델피아의 고아 소년들을 위한 기숙사를 열었지만, 1907년에 후원자들과의 거친 논쟁 후 일을 그만두었다.

부크먼의 이후 삶은 1908년에 케직사경회(Keswick Convention) 참석차 잉글랜드를 방문하면서 극적으로 바뀌는데, 거기서 그는 십자가를 개인적으로 이해할 수 있게 되었다. 이어서 그는 펜실베이니아주립대학교(Penn State University, PSU)의 YMCA 총무(1909-1915)가 되었고, 1915-1916년에는 인도에서 YMCA 활동에 종사했다. 1916년에는 하트퍼드신학교(Hartford theological seminary)에서 개인 전도학 연장 교육 강사로 일했다. 1916년과 1917-1918년에 중국을 방문하면서 부크먼은 자신의 기독교 경험을 중국 민족주의 지도자들에게 전수하고자 했지만, 결국 지역 선교사 공동체와 마찰을 일으키고 말았다.

부크먼은 계속해서 새로운 일거리를 찾아다녔다. 1922년에 하트퍼드신학교에서 사임한 그는 이후 유급 직장을 평생 얻지 못했다. 1921년에 케임브리지와 옥스퍼드를 방문해서 1세기 기독인회(First Century Christian Fellowship)라는 초교파 모임을 만들었는데, 이 모임은 1928년부터는 옥스퍼드그룹(Oxford Group)이라는 이름으로 알려졌다. 옥스퍼드그룹은 주로 하우스 파티(house parties)를 통해서 급속히 성장했는데, 양 세계대전 중간 시기 영국에서 아마도 가장 영향력 있는 기독교 갱신운동이었을 것이다. 이 운동은 또한 스칸디나비아와 남아프리카에도 상당한 영향을 미쳤다. 개인 전도에 대한 직접적인 접근 방식이 맹렬한 반대를 유발하기도 했지만, 그는 또한 1920년대 중반 프린스턴대학교(Princeton University)에서도 영향력을 떨친 인물이었다. 그의 사역이 낳은 부수 작품도 많았다. 알코올어나니머스(Alcoholics Anonymous)도 부크먼과 그의 방법론에 큰 빚을 졌다.

'개인 사역'(personal work)에 대한 부크먼의 접근법은 존 R. 모트(John R. Mott), 제시 펜-루이스(Jessie Penn-Lewis), F. B. 마이어(F. B. Meyer), 헨리 B. 라이트(Henry B. Wright), 더 이른 시기의 헨리 드럼먼드(Henry Drummond)의 영향을 크게 받았다. 그는 하나님의 '인도'를 받고, 정직, 순결, 이타심, 사랑이라는 네 가지 절대 도덕적 기준에 반하는 삶을 제어하기 위해서는 하나님께 귀를 기울여야 한다고 했다. 하나님께 '복종'(surrender)해야 할 필요와 '변화'(change)의 경험을 강조했고, 가능하다면 과거의 잘못에 대한 보상도 해야 한다고 가르쳤다. 옥스퍼드그룹에서 활동하는 이들은 개인의 영적 삶을 관리해 줄 수 있는 작은 '나눔'(sharing)

그룹에도 가입하라는 권유를 받았다. 하나님께서 그들의 삶과 세상에 대한 계획을 갖고 계시며, 살아 있는 믿음은 사회에 진짜 영향을 주어야 한다고 배웠다. 부크먼은 사람들이 자기 교회에서 신학 훈련을 받아야 한다고 주장했는데, 옥스퍼드그룹은 교인들의 폭넓은 지지를 받았다. 그러나 이 운동은 교리에 충분한 관심을 보이지 않았고, '나눔'에 대한 강조가 오용될 수 있었다.

부크먼은 '하나님께서 통치하시는 인간이 통치하는' 세계를 소망했다. 1938년, 악화된 세계 현실에 대한 반응으로, 그는 '도덕적이고 영적인 재무장' 운동을 제안했다. 이때 이후 옥스퍼드그룹은 도덕재무장운동으로 알려졌다. 그는 영적 혁명과 국가와 국제 무대에서 '하나님이 이끄시는' 지도자들이 필요하다고 외쳤다. 부크먼은 사람들에게 필요한 것은 십자가를 이해하는 것뿐만 아니라 '십자가를 경험하는 것'이라 선언하고, 1946년에는 '그리스도의 십자가 아래' 전 세계적 혁명을 일으키자고 요청했다. 동시에 그는 성경은 다른 종교에 소속된 사람들에게도 역사하셨기에, 다른 신앙을 가진 사람들도 때로는 하나님의 뜻을 행하기 위해 함께할 수 있다고 생각했다. 이후 도덕재무장운동은 다른 종교 배경을 가진 사람들도 점점 더 포용했다.

1945년, 건강 악화에도 불구하고, 부크먼은 전 세계적으로 도덕적, 영적 가치를 굳게 세우기 위한 세계 전략을 수립했다. 도덕재무장집회 센터들이 미시간 매키낙아일랜드(Mackinac Island, 1942)와 스위스 코-수르-몽트뢰(Caux-sur-Montreux, 1946)에 세워졌다. 코센터(Caux centre)는 프랑스와 독일 간 화해가 이루어진 곳으로 유명해졌고, 부크먼도 이 일에 기여한 공로로 프랑스와 독일 양국 정부의 인정을 받았다. 부크먼과 그의 동료들은 전후 수십 년간 아프리카와 아시아 문제에도 관여하면서, 서구 국가들과 그들의 이전 식민지 간 갈등을 치유하고, 새로 독립한 나라들에서 '하나님이 이끄시는' 지도자들을 길러내기 위해 노력했다. 전반적으로, 부크먼은 전통 기독교 진리들을 현대적인 형태로 표현하려고 했다.

예를 들어, 냉전 시기에 도덕재무장운동 지도자들은 이 운동을 공산주의와 서구 물질주의보다 우월한 이념이라고 주장했다. 더 많은 사람들이 접할 수 있도록 이 운동의 도덕적이고 종교적인 경험이 담긴 연극과 영화가 많이 활용되었다.

1961년 8월 6일에 독일 프로이덴슈타트(Freudenstadt)에서 부크먼이 사망한 후, 도덕재무장운동을 이끈 이는 잉글랜드 언론인 피터 하워드(Peter Howard, 1908-1965)였다. 이 운동은 이후에도 계속 적극적인 활동을 펼치다가, 2001년에 이름을 변화주도(Initiatives of Change)운동으로 바꾸었다. 부크먼의 연설 일부는 『세계 재편성』(*Remaking the World*, 1961)으로 출간되었다.

참고문헌 | T. Spoerri, *Dynamic out of Silence* (London: Grosvenor Books, 1976); G. Lean, *Frank Buchman: A Life* (London: Constable, 1985); E. Luttwark, 'Franco-German Reconciliation: The Overlooked Role of the Moral Re-Armament Movement,' in D. Johnston and C. Sampson (eds.), *Religion, the Missing Dimension of Statecraft* (New York: Oxford University Press, 1994), pp. 37-63.

P. C. BOOBBYER

프랭크 윌리엄 보엄(Frank William Boreham, 1871-1959)

오스트레일리아 침례교 목사이자 저술가. 그는 1871년 3월 3일에 잉글랜드 켄트(Kent)의 턴브리지웰스(Tunbridge Wells)에서 사무 변호사의 사무원으로 일하던 아버지 프랜시스 보엄(Francis Boreham)과 어머니 패니 보엄(Fanny Boreham)의 맏아들로 태어났다. 경건한 성공회(Anglican) 가정에서 자라난 프랭크 보엄은 턴브리지웰스의 그로스베너연합학교(Grosvenor United School)를 다녔는데, 거기서 12살에 교생으로 일하기도 했다. 1884년 12월, 그는 지역 벽돌 공장에서 초보 사무원으로 일했지만, 1년 후 결국 오른쪽 발을 잃게 된 열차 사고로 심하게 다쳤다. 이후 그는 지팡이를 의지하고 절뚝거리며 걸었고, 몇 년 동안 잦은 낙상과 다리, 엉덩이 골절로 고생해야 했다. 그러나 어린 프랭크 보엄의 영민한 시야, 비범한 기억력, 활기찬 상상력은 부분적으로 이런 육체적 손실을 만회해 주는 요소였다.

프랭크 보엄은 1887년 말에 런던으로 이주하여 사무원으로 일하면서 헌팅던 백작부인(Countess of Huntingdon)의 커넥션교단(Connexion church) 소속 임마누엘교회(Emmanuel Church)에 다니다 그리스도께로 회심했다. 회심 후 야외 설교를 시작했고 1890년에 옛침례교연합(Old Baptist Union) 소속의 스톡웰침례교회(Stockwell Baptist Church)에서 침례를 받았는데, 이 연합은 1880년에 설립된 알미니안주의교회들의 작은 연맹체였다. 침례를 받을 때 이 교회는 안수도 함께 시행했는데, 프랭크 보엄이 후에 회상한 바에 따르면, '영적 능력의 은혜로운 파도가 내 영혼에 정말로 쏟아부어지는 것 같았다'라고 했다. 프랭크 보엄은 침례교 목사가 되기 위해 스펄전대학(Spurgeon's College)에 응시했다. 그는 자신이 스펄전이 직접 입학생으로 뽑은 마지막 학생인 것을 유감으로 생각했다. 스펄전은 프랭크 보엄이 공부를 시작하기도 전인 1892년 8월에 사망했기 때문이다.

그는 이미 자기가 쓴 글을 인쇄해 두었는데, 1891년이 되자 이 글을 소책자로 만들어 출판했다. 창세기 24장을 상징적으로 해석한 것인데, 『영광에 이르는 승리』(Won to Glory)라는 제목의 책자로, F. B. 마이어(F. B. Meyer)가 은혜로운 서문을 썼다. 프랭크 보엄은 에섹스(Essex)의 데이든보이스(Theydon Bois)에서 학생 목회자가 되었고, 거기서 후에 그의 아내가 되는 에스텔 (스텔라) 코티(Estelle [Stella] Cottee)를 만났다.

스펄전대학을 다닌 지 겨우 2년 후, 프랭크 보엄은 뉴질랜드 남섬의 더니든(Dunedin) 근교의 작은 도시 모스기엘(Mosgiel) 소재 교회의 목사 청빙을 받아들이기로 했다. 유명한 설교자 스펄전의 아들 토마스 스펄전(Thomas Spurgeon)은 오스트레일리아와 뉴질랜드에서 활발한 사역을 전개하고 있었는데, 그의 요청으로 스펄전대학이 프랭크 보엄을 택하여 오스트랄라시아(Australasia, 오스트레일리아와 그 부근의 남양 군도의 총칭-역주)에서 활동하는 스펄전의 제자들에게 합류하게 한 것이었다. 지구 반대편에서 프랭크 보엄은 전 세계에 영향을 끼치는 저술가이자 설교자로 명성을 얻기 시작했다.

프랭크 보엄은 1895년 3월 17일에 모스기엘의 사역을 시작했고, 1896년 4월 13일에 스텔라와 결혼했다. 스텔라는 이후 그의 작품에 '목사관의 여주인'(The Mistress of the Manse)이라는 명칭으로 등장하곤 했다. 주로 스코틀랜드계 정착자들이 거주하던 시골 마을 모스기엘은 프랭크 보엄에게 풍성한 목회 경험과 그의 수필에 등장하는 여러 재미있는 이야기들의 소재가 되었다. 프랭크 보엄은 그만의 독특한 설교 방식을 개발했는데, 비록 그의 설교가 주의 깊게 구성되고 풍성한 인용과 예화를 사용했음에도 불구하고, 설교 노트에는 단어 몇 개만이 적혀 있었다. 신학 용어를 사용하지 않으려 했고, 설교의 목적은 언제나 복음주의적이었다. 교회는 천천히 성장했지만, 1902년에 뉴질랜드침례교연합(Baptist Union of New Zealand)의 회장이 되는 등 폭넓은 공동체와 교회 활동에도 참여했다. 그는 또한 1905년과 1906년의 주류 투표에서 금주를 주장하는 활발한 캠페인을 벌이기도 했다.

프랭크 보엄은 모스기엘 신문 「더 태리 애드보킷」(The Taeri Advocate)에 설교를 싣기 시작했는데, 곧 주간지 「더 뉴질랜드 뱁티스트」(The New Zealand Baptist, 1899-1906)의 편집자가 되었다. 그의 다채롭고 예측 불허의 성향 때문에 심지어 독서를 즐기는 침례교집회에 대한 기사가 실리기도 했다. 그는 또한 주요 지역지 「디 오타고 데일리 타임스」(The Otago Daily Times)에도 사설을 실었다. 모스기엘에 있는 동안 프랭크 보엄은 열 한 편의 설교를 모은 설교집 『하나님의 속삭임 및 다른 설교들』(The Whisper of God and Other Sermons, 1902)을 런던에서 출간하기도 했다.

1906년에 프랭크 보엄은 타즈메이니아(Tasmania)의 호바트침례교태버너클(Hobart Baptist Tabernacle)의 청빙을 받아들였다. 그의 독특한 설교 방식과 세심한 지도력으로 교회는 급속히 성장했다. 그가 한 일련의 설교의 많은 부분이 이후 책에 실렸다. 이들 중 특히 기억할 만한 것으로 '역사를 만든 본문들'이라는 주일 저녁 설교 시리즈가 있는데, 125편의 설교와 다섯 권의 책으로 발전했다.

프랭크 보엄은 또 「더 서던 뱁티스트」(The Southern Baptist)의 태즈메이니아 부분을 편집했고, 이후 「디 오스트레일리안 뱁티스트」(The Australian Baptist, 1913년에 최초 발간)와 「디 오스트레일리안 크리스천 월드」(The Australian Christian World)의 정기 기고자로도 활약했다. 1912년에는 「더 호바트 머큐리」(The Hobart Mercury)의 주간 사설을 쓰기 시작했고, 40년 이상 이 신문과 「더 멜버른 에이지」(The Melbourne Age)에 2,500편 이상의 사설을 썼다. 이것은 목사가 세속 신문에 지속적으로 글을 쓴 독특한 경우였다. 프랭크 보엄의 칼럼은 대체로 지나친 종교적 주제를 피했고, 전기별, 주제별, 혹은 계절별 강조점이 있었으며, 아주 인기가 있었다.

태즈메이니아에서 그는 1910년에서 1911년까지 태즈메이니아침례교연합(Baptist Union of Tasmania)의 회장이었다. 바쁜 목회와 공동체 사역에도 구애받지 않고, 그는 매년 글을 모아 수필집을 펴냈다.

프랭크 보엄은 1916년에 멜버른(Melbourne) 교외의 아머데일침례교회(Armadale Baptist Church)로 옮긴 후, 규모가 더 큰 이 교회의 실력 있는 지도자들과의 동역을 누렸다. 그의 섬세한 목회적 돌봄, 특히 힘든 전쟁 기간 동안의 사역은 기억될 만한데, 그가 주의를 기울여 작성한 편지들을 이에 감사하는 수신자들이 소중하게 보관했다. 그는 자신의 설교를 통해 사람들이 신앙을 발견하는 것을 알고 싶어 했고, 정기적으로 사람들에게 신앙을 갖고 침례를 받으라고 권면하는 편지를 썼다.

프랭크 보엄은 1928년에 아머데일침례교회에서 은퇴한 후 영국과 미국을 여행하면서 설교 부탁을 많이 받았다. 1928년에는 캐나다의 맥마스터대학교(McMaster University)에서 명예신학박사학위를 받았다. 1936년에 느지막이 스코틀랜드를 방문했을 때, 스코틀랜드장로교회(Church of Scotland) 총회장은 프랭크 보엄을 '그의 이름이 우리 모두의 입에 회자되고, 그의 책이 우리 모두의 서재에 비치되어 있고, 그의 예화가 우리 모두의 설교에 사용되는 인물'이라고 소개했다. 프랭크 보엄은 크리켓(Cricket)을 열렬히 사랑하는 팬이었다. 『후즈후』(Who's Who)에 나오는 그에 대한 소개를 보면, 그는 '자기 집에 불이 났을 때를 제외하고는 경기가 진행 중일 때 멜버른 크리켓 경기장을 벗어난 적이 없는' 인물이라는 내용이 나온다.

프랭크 보엄은 18년간(1937-1955) 멜버른의 스코틀랜드교회(Scots Church)의 수요일 점심 예배에 모인 청중 앞에서 설교했다. 그는 1954년에 '설교자와 수필가로서 종교와 문학에 끼친 공로'에 대한 치하로 대영 제국 4등훈장(OBE) 기사 작위를 받았다. 전도자 빌리 그레이엄(Billy Graham)이 1959년 멜버른에 왔을 때, 그는 자신이 프랭크 보엄의 책에 빚을 졌음을 인정하며 프랭크 보엄의 집을 특별 방문지로 정했다.

프랭크 보엄은 90권 이상의 작품을 내고 백만 부 이상을 팔았다. 그의 작품은 밝고 신선하며, 문체는 단순했고, 오스트레일리아 작가들의 작품을 포함한 역사와 문학에 대한 깊은 사랑이 특징이었다. 작품은 자주 단순한 일상의 사건에서부터 이야기를 시작했지만, 언제나 인간에 대한 뜨거운 관심을 창조해 냈다. 가장 유명한 작품으로는 『인생의 짐』(Luggage of Life, 1912), 『안개 낀 산맥』(Mountains in the Mist, 1914), 『황야의 버섯』(Mushrooms on the Moor, 1915), 『불 속의 얼굴들』(Faces in the Fire, 1916), 『영원한 포도송이』(A Bunch of Everlastings, 1920) 등이 있다. 그의 책 대다수는 여러 판을 찍었다. 설교와 수필에 더하여, 소설도 여러 편 썼고, 조지 셀윈 주교(Bishop George Selwyn, 성공회의 뉴질랜드 초대 주교-역주)의 전기(1911), 자서전 『나의 순례』(My Pilgrimage, 1940)도 남겼다. 그의 책은 옛 세대에게만 인기 있는 것이 아니었다. 『프랭크 보엄 명작집』(Frank Boreham Treasury)은 1984년에 출판되었다. 인도 벵갈(Bengal)의 브로드뱅크스 진료소(The Broadbanks Dispensary)는 프랭크 보엄이 책을 팔아 얻은 수익으로 세운 곳인데, 그의 모스기엘 시절의 등장인물이자 프랭크 보엄 자신과 가장 비슷한 특징을 가진 인물인 존 브로드뱅크스(John Broadbanks)를 기념하는 진료소였다.

프랭크 보엄은 1959년 5월 18일에 멜버른에서 사망했다. 아내와 아들, 네 딸 중 세 딸이 남은 유족이었다.

참고문헌 | T. H. Crago, *The Story of F. W. Boreham* (London: Marshall, Morgan & Scott, 1961); I. F. McLaren, *Frank William Boreham (1871-1959), A Select Bibliography* (Parkville: Whitley College, 1977).

K. R. MANLEY

프레더릭 도널드 코건(Frederick Donald Coggan, 1909-2000)

성공회(Anglican) 대주교이자 학자. 그는 라디오와 텔레비전에서 강연했고, 성직자이자 의도치 않게 정치가가 된 인물로, 영국과 세계 성공회에 영향을 끼친 1960년대와 70년대의 사회 변화들을 직면한 세계성공회(Anglican Communion) 지도자로서 국제적인 인물이었다.

프레더릭 코건은 1909년 10월 9일에 북런던의 하이게이트(Highgate)에서 태어났다. 콘월 출신 아버지 아더 코건(Arthur Coggan)은 성공한 사업가이자 지역 정치인이었고, 자주 집을 비우긴 했지만, 그의 보수적 복음주의는 미래에 대주교가 되는 아들에게 심오한 영향을 끼쳤다. 연구가들은 코건 집안의 '엄숙하고 근엄한 복음주의'와 '청교도 기질'을 아버지의 특징이라고 묘사했다.

그러나 프레더릭 코건은 아버지의 복제품이 아니었다. 그는 '친절함, 매력, 따뜻함, 겸손' 때문에 '평신도의 대주교'라 불렸고, 많은 영국 내 성공회 신자들은 북아일랜드의 노동자 파업, 인플레이션, 폭력 같은 문제들로 야기된 난제에 직면해서도 그가 보여 준 희망과 확신이 사회의 다른 조직들이 거의 희망을 제시하지 못하고 있던 때에 잉글랜드국교회(Church of England)가 사기를 회복할 수 있게 해 주었다고 믿었다.

1956년 이전의 프레더릭 코건은 학자, 교사, 행정가였다. 그는 1931년에 케임브리지대학교 세인트존스대학(St John's College)에서 학사학위(동양어 전공으로 대학 졸업 시험의 두 과목 최고 득점[double first] 졸업)를 받았고, 1935년에는 석사학위를 받았다. 학부 과정에서 히브리어 분야의 제레미 셉투아진트, 터윗, 메이슨상(Jeremie Septuagint, Tyrwhitt and Mason prizes)을 포함한 일곱 개의 상을 받았다. 1931년에 맨체스터대학교(Manchester University)는 프레더릭 코건에게 셈어와 문헌 분야 조교수직을 제안했고, 그는 1934년까지 이 자리를 맡아 일했다.

1934년에서 1937년까지는 런던 이슬링턴(Islington)의 세인트메리교회(St Mary's Church)의 부사제(curate)였다. 이 역할은 그가 경험한 유일한 교구사역이었다. 1936년에 프레더릭 코건은 부학장이 되어 달라는 오스트레일리아 시드니 무어대학(Moore College)의 초빙, 그리고 신약학 교수로 와 달라는 캐나다 토론토 위클리프대학(Wycliffe College)의 초청을 받았다. 전자의 초빙을 거절한 프레더릭 코건은 1937년 이후에 그 자리를 맡는다는 조건으로 후자의 것을 받아들였다. 프레더릭 코건은 1944년까지 위클리프에 있었고, 그 와중에 1941년에 이 학교에서 신학사를 받음으로써, 신학 교수로 더 잘 준비될 수 있었다. (1944년에는 명예신학박사를 받았다). 그 후 프레더릭 코건은 런던신학대학(London College of Divinity)의 학장으로 초빙받고, 1956년까지 거기 머물렀다.

1955년 10월 25일에 브래드퍼드(Bradford)의 주교에 임명된 것은 그의 경력의 결정적이고 중요한 변화를 상징하는 사건이었다. 비록 후에 두 대학, 요크대학교(York University, 1962-1974)와 헐대학교(Hull University, 1968-1974)의 명예총장(pro-chancellor)직을 맡고, 17개의 명예박사학위를 받으며, 세인트존스대학(St John's College, 1961)과 런던 킹스대학(King's College, 1975)의 명예연구원을 지내기는 했지만, 이 시기부터 그는 먼저는 주교였고 학자는 다음이었다. 성직자 갱신, 예배 순서 조정, 교구 내 교회 건물 관리 보수를 위한 재정 확보에 성공하면서, 프레더릭 코건은 요크 대주교(Archbishop of York)로 임명되었다. 1956년 1월 25일에 주교로 서품 받은 후 5년만인 1961년 9월 13일에 대주교(primate and metropolitan)에 오른 것이다. 프레더릭 코건이 1974년 5월 14일에 101번째 캔터베리 대주교로 임명받은 것은 많은 이들을 놀라게 한 사건이었는데, 이는 그가 전임자 마이클 램지(Michael Ramsey)보다 겨우 다섯 살 어렸고, 따라서 많은 성공회 신자들은 그가 그저 그 직을 임시로 맡고 말 것이라 생각했기 때문이다. 그러나 해럴드 윌슨(Harold Wilson)은 그 자리에 프레더릭 코건보다 나은 사람이 없다고 믿었다.

비록 평론가들이 국내외 문제에 대한 프레더릭 코건의 '순진한 접근'(naïve approach)을 지적하기는 했지만(그는 정치, 사회 문제의 원인이 도덕적 문제, 즉 개인적 영성의 쇠퇴라고 보았다), 열심히 일하는 능력과 목표를 열정적으로 추진하는 역량 덕에 그가 대주교직에 있는 동안 잉글랜드국교회의 활동에 몇 가지 중요한 변화가 나타났다. 비록 대부분의 공은 램지(Ramsey)에게 돌려야 마땅하지만, 대주교들 간의 교환된 서신에서 찾을 수 있듯, 그는 총회(General Synod, 1970) 결성과 여성 목회에 대한 대주교들의 의견을 하나로 모음으로써, 총회 정치와 여성 안수를 거의 필수불가결한 결정으로 만드는 데 기여했다. (여성의 사제 안수는 1992년까지 승인되지 않았지만, 프레더릭 코건은 케임브리지에서 캐서린 부스-클리본[Catherine Booth-Clibborn]이 전도단을 이끄는 것을 본 1929년부터 이를 아마도 지지한 것 같다.)

프레더릭 코건은 주교를 선택하는 과정에서 교회가 더 많이 관여할 수 있는 권한을 부여한 영예임명위원회(Crown Appointments Commission, 1976) 창설의 주역이었다. 또한, 「더 타임스」(The Times)에 따르면, '성경적이고 본질적으로 전통적이지만, 현대적인 표현을 사용함으로써 연극을 보는 것 같은 느낌이 들지 않는, 있는 그대로의' 예전을 만들어 낸 대안예배서(Alternative Service Book, 1980) 완성의 주역이었다.

부분적으로는 그가 캐나다에서 보낸 시간 때문에 또 한편으로는 세계전도의 중요성에 대한 믿음 때문에 프레더릭 코건은 주교사역에 국제적인 관점을 추가했다. 1956년에 교회선교회(Church Missionary Society) 특별회원이 되어 선교회를 대표해 여러 곳을 방문했다. 치치아미(Church Army, 1882년에 창설된 잉글랜드국교회 전도 봉사 단체-역주)를 위해서도 비슷한 활동을 한 덕에 1981년에 최초의 평생 회장으로 임명되었다. 인물사전인 『후즈후』(Who's Who)의 프레더릭 코건 항목에는 그의 취미가 여행과 자동차 운전이라고 나온다. 요크(York) 대주교직으로 있던 시기에 그는 다섯 개 대륙을 최소한 두 번씩 방문했고, 은퇴할 때까지 이 취미를 즐길 수 있는 많은 기회를 가졌다. 성공회자문위원회(Anglican Consultative Council), 성공회대주교단(Anglican Primates), 1968년과 1978년의 램버스대회(Lambeth Conference)에 참여한 이후, 지도자로 활약한 프레더릭 코건의 경험은 세계성공회의 발전과 안정에 그가 얼마나 중요한 기여를 했는지 잘 보여 준다.

프레더릭 코건의 영향력은 잉글랜드국교회나 세계성공회에만 제한되지 않았다. 아마도 기독교에 끼친 그의 가장 큰 공헌은 새성경번역연합위원회(Joint Committee on the New Translation of the Bible) 회장으로 일한 것일 것이다. 프레더릭 코건은 세 번째 회장이었는데, 그가 브래드퍼드의 주교가 되었을 때, 이 직책에서 사임한다 해도 불평할 사람이 아무도 없었음에도 불구하고, 그는 이 계획이 1970년의 새영어성경(New English Bible, NEB)으로 완성되는 것을 기어이 지켜보았다. 프레더릭 코건은 또한 성경을 전 세계로 배포하는 일에도 관심을 가졌다. 그는 1956년 연합성서공회(United Bible Societies)의 부회장이었고, 1973년에는 회장이 되었다.

프레더릭 코건을 이해하는 열쇠는 그의 복음주의다. 복음주의 신앙은 그의 저술, 설교, 삶의 기반이었다. 스스로 한 차례 이상 언급한 것처럼, 그는 복음주의자라 불리는 것을 자랑스러워했다. 케임브리지에서 프레더릭 코건은 복음주의적인 케임브리지기독학생연합의 '열렬한 회원'이자 임원이었고, 자기 이름으로 낸 첫 책 『그리스도와 대학들』(Christ and Colleges, 1934)은 대학생 복음주의 선교단체인 기독학생회(IVF)의 역사였다.

프레더릭 코건이 쓴 유일한 긴 전기 『컷버트 바즐리: 주교, 전도자, 목회자』(Cuthbert Bardsley: Bishop, Evangelist, Pastor, 1989)는 프레더릭 코건의 도움을 받아 대주교 램지를 설득해서 대주교전도위원회(Archbishops' Council on Evangelism)를 만들게 한 인물에 대한 전기로, 그는 프레더릭 코건과 같은 뜻을 품은 복음주의자이자 동료였다. 탁월한 언어학자였음에도 불구하고, 프레더릭 코건은 설교와 저술에서 학문적인 주제를 대개 무시했다. 그의 주석 『시편 73-150』(Psalms 73-150)을 읽는 독자에게 논리를 보지 말고 '가슴의 박동을 들으라'는 주문은 그의 전형적인 접근법이었다. 하나님을 섬기는 것이 언제나 삶의 최우선이었던 그가 자신을 '그리스도의 노예'(a slave of Christ)라 부른 것은 유명하다. 1975년 1월 24일에 있었던 주교 추대식 설교에서, 프레더릭 코건은 더 많은 이들이 훈련받아 안수받기를 권면했다.

전도에 대한 프레더릭 코건의 관심(1990년대에 지역 기반 전도 계획을 만들고 시행한 일련의 전국 프로그램인 첫 번째 '전도하는 10년'[Decade of Evangelism] 실행 계획에 들인 에너지가 전형적이었다)과 기독교가 보통 사람들에게 매력이 있어야 한다는 생각은 그가 출판한 책들에서 잘 나타났다. 『이것들이 그의 재능이었다: 기독교 지도자 3인방』(These Were His Gifts: A Trio of Christian Leaders, 1974)과 『세계선교: 채바스 기념 강연 1981』(Mission to the World: the Chavasse Memorial Lectures 1981)이 학술 강연에서 나온 것이기는 했지만, 『바울: 한 혁명가의 초상』(Paul: Portrait of a Revolutionary, 1984)이 그중 학술 서적에 가장 가깝다고 할 수 있다.

『다섯 명의 신약 형성자들』(Five Makers of the New Testament, 1962)에서 프레더릭 코건이 남긴 말, 즉 '성직자든 평신도든 매주 다양한 강단과 교실에서 일하는 이들이 가르치고 전도하는 일을 잘 감당하도록 우리가 충분히 돕기가 쉽지 않다'라는 것이 그의 『설교: 협력』(Preaching: An Essay in Co-operation, 1963), 『신앙의 힘줄』(Sinews of Faith, 1969), 『기독교 신앙의 중심』(The Heart of the Christian Faith, 1986), 『종이 된 아들, 예수 그때와 지금』(The Servant-Son, Jesus Then and Now, 1995)을 떠받치는 원리였다.

프레더릭 코건은 1979년 6월 5일에 사임을 발표하고 1980년 1월 25일에 은퇴했다. (이미 1961년에 추밀원 고문관[Privy Counsellor]이기는 했지만) 이때 그는 종신 귀족의 지위를 얻으며 캔터베리와 시씽허스트(Sissinghurst)의 코건 경(Lord Coggan)이 되었다. 저술과 여행을 계속한 그가 은퇴한 유일한 이유는 자신이 더 이상 전국 무대에서 활동하기 어렵다는 판단 때문이었다. 1935년 9월 17일에 결혼한 프레더릭 코건과 아내 진(Jean)은 지역 은퇴자 모임 등의 여러 다양한 활동에 참여했고, 딸 룻(Ruth)과 앤(Ann)을 볼 기회를 더 많이 가질 수 있었다. 프레더릭 코건은 2000년 5월 17일에 윈체스터(Winchester)에서 사망했다.

참고문헌 | M. Pawley, *Donald Coggan: Servant of Christ* (London: SPCK, 1987).

K. A. FRANCIS

프레더릭 바커(Frederic Barker, 1808-1882)

오스트레일리아 시드니 제2대 성공회(Anglican) 주교. 그는 1808년 3월 17일에 더비셔(Derbyshire) 바슬로(Baslow)에서 존 바커(John Barker, 1762-1824)와 아내 제인 바커(Jane Barker, 1768-1838) 사이에서 다섯 번째 아들로 태어났다. 그의 할아버지는 아일랜드에서 데본서 공작(Duke of Devonshire)을 위한 사제와 바래포(Raphoe)의 주임사제(Dean)로 일했다. 아버지는 30년 동안 바슬로의 교구사제(vicar)였다.

프레더릭 바커는 그랜텀스쿨과 케임브리지대학교 지저스대학에서 교육을 받았다(B.A., 1831, M.A., 1839, D.D., 1854). 지저스대학(Jesus College)에서 찰스 시미언(Charles Simeon)의 복음주의 모임의 영향을 받았다. 프레더릭 바커는 이들의 칼빈주의 신학과 기도서에 대한 애정, 성경연구와 즉석 기도, 로마 가톨릭 교리 거부 등의 정신을 공유했다.

1831년 4월 10일에 그는 부제(deacon)로 임명받았고, 1832년 4월 10일에는 체스터(Chester)의 J. B. 섬너(J. B. Sumner)에게서 사제(priest)로 안수받았다. 그러나 업턴(Upton)의 부사제(curate, 1832-1837)로 임명받은 프레더릭 바커의 사역은 1834년 후반에 선교사로 아일랜드에 파송되면서 중단되었다. 800마일을 순회하면서 한 달에 52번이나 설교해야 했기 때문에 이는 그에게 체력과 복음주의적 열정에 대한 시험 무대가 되었다. 그러다 1835년 1월 23일, 리버풀(Liverpool) 에지힐(Edge Hill)의 세인트메리교회(St Mary's Church)의 성직(incumbency)을 맡기 위해 잉글랜드로 돌아갔다.

프레더릭 바커는 섬너의 교회 확장 프로그램의 영향을 강하게 받았다. 교회건축협회(Church Building Society), 버켄헤드(Birkenhead)의 세인트에이던대학(St Aidan's College), 교구교육위원회(Diocesan Board of Education), 교사 훈련학교는 모두 시드니에서 앞으로 그가 추진할 프로그램의 모범이 되었다. 그는 성직자는 현지에 거주해야 하고, 목회 기준을 높여야 하며, 병자를 심방하고, 성경을 읽고 강해하며, 주일학교를 세우고, 강연하고, 목회사역 중에 평신도의 도움을 받아야 한다는 섬너의 이상을 자기 것으로 수용했다. 1835년부터 1854년까지 세인트메리교회는 시골 구석에 있는 신설 교회에서 지교회 하나를 두고 추가로 다른 하나를 계획 중인 활기찬 교외 교구로 성장했다. 이 교회는 추가로 주간학교와 주일학교도 하나씩 운영했는데, 각 학교당 학생이 350명씩이었고, 많은 선교단체를 후원했다.

1840년 10월 15일에 프레더릭 바커는 앰블사이드(Ambleside)의 존 하든(John Harden)과 제닛 하든(Janet Harden)의 맏딸인 제인 소피아(Jane Sophia)와 결혼했다. 제인은 매력적이고, 남을 대접하기를 즐기며, 활기찬 유머와 날카로운 지성, 솔직한 언변과 예술적 자질을 갖춘 여자였다. 그녀는 자녀가 없었던 결혼 생활 내내 동반자와 조력자로서 자신이 얼마나 가치 있는 존재인지 입증했다. 1876년 3월 9일에 랜드윅(Randwick)에서 아내가 사망한 것이 프레더릭 바커에게는 엄청난 충격이었다.

반복된 건강 문제 때문에 프레더릭 바커는 1854년 4월에 그의 형 사망 이후 공석이 된 시골 바슬로 교구의 부담이 덜한 직임을 맡게 되었다. 3개월 후 시드니 주교 자리를 요청받자 프레더릭 바커는 선교사역에 임한다는 각오로 제안을 받아들였다. 1854년 세인트앤드루스데이(St Andrew's Day, 스코틀랜드의 수호성인 세인트앤드루성 안드레를 기념하는 날로 매년 11월 30일-역주)에 램버스교구교회(Lambeth parish church)에서 주교로 임명받은 그는 성직자 모집과 후원금 모금을 위한 3개월간의 여행을 마친 후, 1855년 2월 28일에 시드니로 가는 배를 탔다.

1855년 5월 25일에 시드니 항구에 내린 이들은 닥쳐올 문화 충격에 전혀 대비하지 못하고 있었다. 복음주의자 대부제(archdeacon) 윌리엄 쿠퍼(William Cowper)의 따뜻한 환영과는 대조적으로, 시드니를 장악하고 있던 고교회파(High Church) 성직자들의 반응은 냉담했다. 노골적인 물질주의와 기독교의 외형적 준수 사항만을 생명 없이 지키는 상황은 바커 부부를 경악케 했다. 프레더릭 바커는 효율적인 책임 이수, 긍정적 지도력, 예의 바른 성직자 대우가 자기에게 반감을 품은 이들을 극복하는 방법이라 믿었다.

1855년 8월 내내 프레더릭 바커는 첫 주교 심방을 다녔다. 그는 뉴사우스웨일스(New South Wales)의 3분의 2와 퀸즐랜드(Queensland) 일부를 포함한 거친 교구를 목회하고 감독하는 데 시간을 더 투자했다. 첫 번째 단계는 새로 설립(1863)된 골번(Goulburn) 주교 관구에 대한 기부를 늘리는 것이었다. 바서스트(Bathurst)는 1870년, 노스퀸즐랜드(North Queensland)는 1877년에 각각 새로 설립되었다. 새로 세워진 관구들에는 각각 복음주의 주교들이 배치되었다. 1867년의 추가적인 교구 개혁은 네다섯 교구에 주임사제를 두어, 많은 젊은 성직자들이 신학 교육을 받은 후 바로 교구로 배치되었을 때 이들이 경험한 고립을 극복하게 하는 것이었다. 시골 주임사제들에게는 그들 교구의 행정과 재산 관련 일을 감독하는 동시에 이런 젊은 성직자들을 선배로서 돌보고 관리하는 책임도 부과되었다.

잉글랜드와 아일랜드에서 모집되는 성직자 감소분을 보충하기 위해 1856년에 무어신학대학(Moore Theological College)이 설립되었다. 1882년 통계에 따르면 이 학교는 오스트레일리아 교구들에 필요한 성직 후보자 99명과 시드니 성직자의 30퍼센트를 배출했다. 새로운 교회들을 후원하고 성직자 급료를 보충하기 위하여 프레더릭 바커는 교회협회(Church Society)도 세웠다. 이 협회는 (잉글랜드의-역주) 체스터교회건축협회(Chester Church Building Society), 교회목회보조협회(Church Pastoral Aid Society), 뉴캐슬교회협회(Newcastle Church Society)에서 영감을 받은 것이었다. 1862년에 국가 보조가 조정된 이후 이 교회협회가 중요한 역할을 했다.

프레더릭 바커는 평신도 심방, 젊은이를 위한 교구사역, 영국해외성서공회(British and Foreign Bible Society), 시드니도시선교회(Sydney City Mission) 사역의 발전을 도모했다. 그러나 노동자 계층이 모여 있는 교구들에서 일할 적합한 성직자들을 구하는 일에는 겨우 적당한 성공을 거두었을 뿐이다. 많은 교구에서 신도석 대여제도(교회 내 특정 자리를 돈을 주고 사서 차지하는 관습-역주)를 제거함으로써 더 다양한 사회계층과 관계를 맺을 수 있는 길을 열었다.

프레더릭 바커와 그가 지도하는 성직자들은 홍수와 가뭄처럼 변화무쌍한 지역 공동체들을 위한 탁월한 지도자들이었다. 토착 원주민을 위한 사역은 일관성과 방향성이 부족했다. 반면, 중국인 사역은 이들이 1860년대 중반에 금광지대에서 흩어지자 중단될 수밖에 없었다.

교육사역에서 그가 이룬 성취에는 1861년에 107개에 달한 교구학교의 교육 수준을 높이기 위해 감독관 직책을 1856년에 신설한 것도 있었다. 교사들을 위한 잉글랜드국교회(Church of England) 훈련학교가 1857년에 설립되었다. 프레더릭 바커에게는 유감스럽게도, 시드니대학교(University of Sydney)에 세워진 세인트폴대학(St Paul's College)은 그에게 적극적인 역할 대신 명예직을 주었다. 그는 성직자들에게 교파종교 교육자로 공립학교에 들어갈 수 있는 권리를 부여한 1866년 공립학교법(Public Schools Act) 수정에 기여했다.

1879년에는 기독교인의 전도와 가르침을 위한 중심인 교회학교를 유지하기 위해 애썼다. 그러나 정부에서 운영하는 학교들을 활성화시키기 위해 개신교도-세속주의자 연대를 만든 성직자와 평신도는 많이 지원하지 않았다. 프레더릭 바커는 1880년 공립교육법(Public Instruction Act)을 통해 성직자가 학교에서 종교 교육을 할 수 있는 권리를 더 많이 확보했다. 공공 지원을 받지 못하게 된 그의 교회학교 프로그램은 힘을 잃었다. 이 손실을 상쇄하게 해 준 것은 주일학교 등록율의 극적인 증가였다. 프레더릭 바커는 1875년에 평신도낭독자학교(Lay Readers' Institute)를 세우고, 여집사들을 위한 훈련학교도 계획했다.

헌법 문제에서 프레더릭 바커는 명확한 입장을 표명하지 못했는데, 이는 식민지교회와 국가 간 관계가 모호했기 때문이다. 평신도와 성직자에게 평등한 역할을 부여한 적합한 교회의회 정치 형태를 놓고 협상하는 일이 1866년까지 이어졌다. 교구 주교의 자율권을 지지한 것은 보수적인 해결책이었고, 지역 대회들(provincial synods)과 총회(General Synod)는 주로 자문 기관으로 남게 된다는 것을 의미했다. 시드니대회(Sydney synod)는 성직자 임명을 더 민주적으로 하려고 했고, 성직자 급료와 주택에 대해서도 최소한의 기준만을 두려고 하였다. 그리고 성직자 '과부와 고아' 노후연금기금을 만들기 위해 노력했다. 프레더릭 바커는 대회(synod)가 금주운동과 같은 정치적 의도를 가진 이들을 위한 무대가 되지 않아야 한다고 주장했다. 이런 정치사회운동이 구원의 복음 메시지를 중산층 가치와 혼동시킨다고 생각했기 때문이다. 그는 전도야말로 사회 개혁의 가장 효과적인 수단이라 믿었다.

1878년 램버트총회(Lambeth Conference)에 참석하러 잉글랜드를 찾은 프레더릭 바커는 시드니로 돌아가기 전에 에드워드 우즈(Edward Woods)와 메리 우즈(Mary Woods)의 맏딸, 메리 제인 우즈(Mary Jane Woods, 1848-1910)와 결혼했다. 그러나 건강이 악화되어 1881년에 회복차 다시 잉글랜드로 떠나야 했다. 프레더릭 바커는 1882년 4월 6일에 이탈리아 산레모(San Remo)에서 사망한 후, 바슬로교회(Baslow church) 마당에 있는 아버지와 형의 무덤 옆에 묻혔다. 많은 이들이 그의 소천을 애도했는데, 이는 그의 동시대인들이 그를 현명한 행정가이자 따뜻하고 부드러운 목회자로 기억했기 때문이었다.

참고문헌 | W. M. Cowper, *Episcopate of the Right Reverend Frederic Barker... A Memoir* (London: Hatchards, 1888); S. Judd and K. Cable, *Sydney Anglicans* (Sydney: AIO, 1987); G. S. Maple, 'Evangelical Anglicanism-Dominant, Defensive or in Decline? A Study of…the Episcopate of Frederic Barker 1855-1882' (M.A. thesis, Macquarie University, 1992).

G. S. MAPLE

프레더릭 브로서튼 마이어(Frederick Brotherton Meyer, 1847-1929)

침례교 목사. 그는 1847년 4월 8일 런던 클라팜(Clapham)에서 런던에서 사업체를 운영한 프레더릭 마이어(Frederick Meyer)의 아들로 태어났다. 어머니는 워드, 스터트 앤 샤프(Ward, Sturt, and Sharp)의 사장인 헨리 스터트(Henry Sturt)의 딸 앤(Ann)이었다. 마이어의 가족은 당시 활발한 선교활동을 했던 침례교회인 블룸스베리채플에 출석했다. F. B. 마이어는 1864년 브릭스턴(Brixton)에 있는 뉴파크로드채플(New Park Road Chapel)에서 신자의 세례를 받았다. 블룸스베리(Bloomsbury)의 담임목사 윌리엄 브록(William Brock)의 영향으로 F. B. 마이어는 침례교 목회자가 되기로 결심했다. 1866년 리젠트파크대학(Regent's Park College)에 입학했고, 1869년 런던대학교(London University)에서 학사학위를 취득했다.

1871년 2월 20일에 F. B. 마이어는 버켄헤드(Birkenhead) 출신인 제인 엘리자 존스(Jane Eliza Jones, 1845-1929)와 결혼했다. 그들 사이에는 딸이 하나 있었다. 1870년부터 1872년 사이에 F. B. 마이어는 리버풀(Liverpool) 소재 펨브로크채플(Pembroke Chapel) 부목사로 섬겼고, 이후에는 C. M. 비렐(C. M. Birrell)의 동역자가 되었다. 성경 중심적이면서도 세련된 비렐의 설교 방식은 F. B. 마이어에게 큰 영향을 주었다. 그렇지만 그는 후에 이런 설교 방식이 충분치 않다고 생각했다. 그는 비렐이 설교를 통해 참된 자아를 더 풍성하게 드러내야 한다고 생각했다. 따라서 자신을 솔직히 드러내는 설교는 그의 설교의 특징이 되었다.

요크(York)에 있는 프라이어리스트리트침례교회(Priory Street Baptist Church)에서 전임으로서는 첫 사역(1872-1874)을 하는 동안 그는 D. L. 무디(D. L. Moody)와 그의 동역자이자 복음성가 가수인 아이라 생키(Ira Sankey)를 만났다. 당시 이 두 사람은 미국뿐만 아니라 영국에서도 부흥사로서의 영향력을 확장해 가는 중이었다. 복음전도에 대한 무디의 접근 방법에 영향을 받은 F. B. 마이어는 이제 목회에 대한 전통적인 생각으로부터 자유를 얻었다고 생각했다. 그는 복음전도야말로 자신의 사역의 우선순위가 되어야 한다고 믿었다.

1874년에 F. B. 마이어는 요크에서 레스터(Leicester)에 있는 비국교도(Nonconformist) 교회이자 영향력 있는 침례교회인 빅토리아로드교회(Victoria Road Church)로 사역지를 옮겼다. 그러나 그는 빅토리아로드교회 지도자들이 교회 바깥의 공장 노동자 같이 소외된 사람들을 대상으로 한 자신의 목회 소명에 공감하지 못한다는 사실을 알게 되었다.

F. B. 마이어는 레스터를 떠나려고 했지만, 그의 목회 방침을 지지했던 많은 사람이 그에게 머물러 달라고 요청했다. 이 중 일부는 유력한

비국교도 집안의 젊은이들로서 F. B. 마이어를 설득하여 새 교회를 개척하고 그를 담임으로 추대했다. 멜번홀(Melbourne Hall)이라고 불린 이 새로운 교회 건물은 레스터 외곽에 건축되었다. 교회 건물 모양으로 지어지지 않은 멜번홀을 F. B. 마이어는 복음전도와 교육 및 사회 봉사, 기독교 학습을 위한 센터로 활용하고자 했다. 교세는 순식간에 1,500명으로 성장했다. F. B. 마이어는 이 외에도 출소자들을 위한 사역으로도 유명해졌다. F. B. 마이어는 1888년에 레스터를 떠날 때까지 총 4,500명의 출소 예정자를 만나 복음을 전했다. 그는 자신이 설립한 장작 사업장과 창문 세척 사업장을 통해 이들의 취업을 알선해 주기도 했다.

1888년에 레스터에서 런던으로 이주한 F. B. 마이어는 상류층 침례교회인 리젠트파크채플(Regent's Park Chapel)로 부임했다. 도시 생활에 익숙한 F. B. 마이어는 이 교회에 잘 적응했다. 그는 런던에서 리젠트파크채플(1888-1892, 1909-1915)과 램버스(Lambeth) 웨스트민스터브리지로드(Westminster Bridge Road) 소재 크라이스트처치(Christ Church, 1892-1907, 1915-1920)에서 시무했다. 크라이스트처치는 런던회중교회연합(London Congregational Union)에 소속되어 있었지만, F. B. 마이어는 침례를 시행할 수 있는 침례소를 이 교회에 설치했다.

저녁 예배 참석 인원이 몇백 명에서 2,500명까지 늘었다. 오전 예배 형식은 더 예전적이었지만, 저녁 예배는 무디와 생키의 부흥집회 형식으로 진행되었다. F. B. 마이어의 좀 더 비형식적인 주일 오후 형제회 모임은 노동자 800명을 모았고, 런던에서 가장 가난한 지역 중 하나인 램버스에서 사회 복지를 제공하는 여러 소모임의 대규모 네트워크를 조직했다. 그는 '사회 정화'운동의 가장 영향력 있는 주창자였고, 그의 노력으로 1895년에서 1907년까지 700개 이상의 술집이 문을 닫았다. 또한, F. B. 마이어는 문을 닫은 공장들을 인수해 이곳들을 청년 센터로 개조했다.

20세기 초 F. B. 마이어는 국내 정치에 뛰어들었다. F. B. 마이어는 잉글랜드의 여러 다른 자유교회(Free Church) 지도자들과 함께, 보수당 정부가 1902년에 발의한 교육법(Education Bill)에 반대했다. 비국교도들(Nonconformists)은 이 법이 자신들을 차별하기 위한 법안이라고 보았다. F. B. 마이어는 하이드파크(Hyde Park)에서 입법에 반대하는 14만 명이 행진한 사건을 주도한 인물 중 하나였다. 1906년 일반 선거를 앞두고 F. B. 마이어는 전국적으로 자유당(Liberal Party)을 위한 유세를 벌였다. 1907년부터 1909년까지 자유교회의 순회대표로 선출되었고, 1910년에는 전국자유교회협의회(National Free Church Council) 명예총무가 되었다.

신앙 관련 사역과 더불어, 그는 불의에 저항하는 캠페인, 특히 상원(House of Lords)의 지나친 특권에 저항하는 운동을 전개했다. F. B. 마이어는 '비국교도의 양심'이라는 명성을 얻었다.

1911년에 그는 얼스코트(Earl's Court)에서 열린 세계복싱타이틀전에도 반대했다. 흑인이자 챔피언인 잭 존슨(Jack Johnson)과 도전자이자 백인인 봄바디어 웰스(Bombardier Wells) 사이의 경기가 어떤 인종이 더 우월한지 증명하는 경기로 변질될 것이라고 믿었기 때문이었다. 결국 이 경기를 당시 내무장관이었던 윈스턴 처칠(Winston Churchill)이 취소시켰다.

평화는 F. B. 마이어에게 중요한 가치였다. F. B. 마이어는 평화주의자는 아니었지만, 제1차 세계대전 와중에는 양심에 따른 병역 거부 운동을 벌였던 징집거부연맹(No-Conscription Fellowship) 회원들을 지지했다. 그는 당시 총리였던 애스퀴스(Asquith)에게 서한을 보내, 당시 양심에 따른 병역 거부자들에게 가해진 탄압에 항의하기도 했다. 버트런드 러셀(Bertrand Russell)은 양심에 따른 거부운동에 대한 책을 쓰기 위해 필요한 관련 자료를 F. B. 마이어에게 제공했고, F. B. 마이어는 이를 토대로『양심의 존엄』(The Majesty of Conscience)을 출판했다.

F. B. 마이어는 1887년부터 케직성결(Keswick holiness) 혹은 '더 높은 수준의 기독교인의 삶운동'(higher Christian life movement)에서 자유교회를 대표하는 인물로 자리매김했다. 이 운동의 이름은 6,000명에 이르는 인원이 참석한 한 연합집회에서 따온 것으로, 매년 레이크 디스트릭트(Lake District)에서 개최되었다. 케직은 초기에 성공회(Anglican)가 주도했다. F. B. 마이어는 이 운동의 초교파주의(케직의 구호는 '그리스도 예수 안에서 모두 하나'였다)를 상징하는 인물이었다. 그는 영적 축복을 받는 삶에 이르는 단계들을 특히 강조했다. 그는 지역별 여러 집회들뿐만 아니라, 케직사경회(Keswick convention)에서도 스물여섯 차례 설교했고, 기도연합(Prayer Union)을 통해 침례교단 내에 케직사경회의 가르침을 확장시켰다. 이런 그의 노력들은 많은 목회자들의 지지를 받기도 했다.

F. B. 마이어는 마치 여행에 중독된 듯 전 세계를 다니며 케직의 주요 국제 지도자로 활동했다. 특히, 무디와의 관계가 좋았다. 그는 1891년 매사추세츠 노스필드(Northfield)에서 열린 무디의 연례집회에서 강연했고, 이후 20여 차례에 걸쳐 미국과 캐나다를 방문했다. F. B. 마이어는 1908년에 6개월 동안 남아프리카에 머물며 강연회를 열었고, 간디와 간담회를 갖기도 했다. 중동과 극동 지방도 방문했다. 1904년부터 1905년까지 있었던 웨일스부흥(Welsh Revival) 이후 F. B. 마이어는 자신이 웨일스에서 관찰한 것을 로스앤젤레스에서 보고했다. 그의 보고서는 1906년부터 배포되기 시작하면서 오순절운동의 미래 지도자들에게 영감을 주었다.

F. B. 마이어는 1917년에 다른 케직 지도자들의 도움을 받아 '재림을 증거하고 준비하는 운동'(Advent Testimony and Preparation Movement)을 시작했다. 이 운동은 복음주의 진영에서 예수 그리스도가 곧 재림하셔서 천년왕국 통치를 시작하리라는 믿음을 전파하는 중요한 조직이 되었다. 대규모 집회들이 개최되었는데, 가장 유명한 집회는 1927년에 로열앨버트홀(런던[London]의 켄징턴[Kensington]에 소재한 다목적 홀로, 앨버트 공[Prince Albert]을 기념하여 1871년에 개설-역주)에서 열린 모임으로, 크리스티벌 팽커스트(Christabel Pankhurst)가 강사였다. F. B. 마이어는 여성운동 지도자였던 팽커스트를 설득하여 임박한 재림을 믿게 만들었다.

F. B. 마이어는 전국자유교회협의회 회장을 두 차례 역임했다. 그는 침례교연합(Baptist Union) 회장으로 1906년에서 1907년까지 임기를 탁월하게 수행했다. 1907년부터 1910년까지는 세계주일학교협회(World's Sunday School Association) 회장으로, 1920년대에는 미개척지선교연합(Regions Beyond Missionary Union) 대표 및 총무로 섬겼다. 캐나다의 맥매스터대학교(McMaster University)는 그에게 명예박사학위를 1911년에 수여했다.

F. B. 마이어가 쓴 저작 대부분은 기본적으로 경건 서적이었는데, 주로 성경의 인물을 주제로 삼고 있다. 그는 70권이 넘는 책과 소책자를 저술했으며, 그가 숨을 거둘 무렵 총 5백만 권이 판매되었다. F. B. 마이어의 성격과 경험은 본질상 초교파적이었다. 그의 신앙은 복음주의적이라고 할 수 있지만, 신비주의 전통을 비롯한 여러 종류의 영성 자료를 활용했다. F. B. 마이어는 당대 복음주의 진영의 여러 그룹과 좋은 관계를 맺었고, 이를 토대로 당대 복음주의 세계에 다리를 놓는 중요한 중재자 역할을 감당했다.

참고문헌 | W. Y. Fullerton, *F. B. Meyer* (London: Marshall, Morgan & Scott, 1929); I. M. Randall, 'The Career of F. B. Meyer (1847-1929)' (Mphil thesis, CNAA, 1992).

I. M. RANDALL

프레더릭 파이비 브루스(Frederick Fyvie Bruce, 1910-1990)

성경학자. 그는 1910년 10월 12일에 스코틀랜드의 엘긴(Elgin)에서 태어나 엘긴아카데미(Elgin Academy, 1921-1928)에서 공부한 후, 애버딘대학교(University of Aberdeen, 1928-1932)와 케임브리지대학교(University of Cambridge, 1932-1934), 빈대학교(University of Vienna, 인도 유럽 철학 연구학생, 1934-1935)에 다녔다. 초기에는 윌리엄 M. 램지 경(Sir William M. Ramsay)과 알렉산더 사우터(Alexander Souter, 애버딘대학교 교수)를 본받아 그리스어와 라틴어를 공부했다. 케임브리지에서는 동기 중 최고 점수로 졸업했다. 애버딘대학교는 그에게 1957년에 명예신학박사학위를 수여했다. F. F. 브루스는 1963년에 맨체스터대학교(Manchester University)에서 히브리 언어와 문헌 분야의 석사를 취득하기도 했다.

F. F. 브루스가 학계에서 처음 얻은 교직은 에든버러대학교(University of Edinburgh)의 그리스어 보조 강사(1935-1938) 자리였다. 연이어 리즈대학교(Leeds University)에서 조교수(lecturer, 1938-1947)가 되고, 그가 신학이나 성경학의 공식 훈련을 받지 않았음에도 불구하고 (혹은 그런 전통이 만들어졌기 때문에), 이어서 셰필드대학교(Sheffield University)에서 신설된 성경 역사와 문헌학의 학과장(1947-1959, 1955-1959년에는 교수[professor])으로 일했다.

1959년에 F. F. 브루스는 맨체스터대학교의 성경비평과 주해 분야의 존 릴랜즈 석좌교수(John Rylands Chair)로 임명되었는데, 거기서 그 세대의 어떤 학자보다도 많은 성경학 분야 학생들의 박사 논문을 지도하는 능력을 보여 주었다. 책 50권 이상, 수백 편의 소논문, 문자 그대로 수천 편의 서평을 써낸 그는 그 시대 최고의 복음주의 학자였다.

어린 시절부터 F. F. 브루스는 성경과 언어를 사랑했는데, 이 애정은 평생토록 이어졌다. 아버지 피터 파이비 브루스(Peter Fyvie Bruce)는 기독교형제단(Christian Brethren, 또는 플리머스형제단[Plymouth Brethren])의 순회전도자로, 아들의 개인 생애에 지대한 영향을 끼쳤다. F. F. 브루스는 어린 시절에 자기가 뭔가를 쓰고 있을 때 아버지가 자기 어깨 너머로 바라보고 있는 것을 느꼈다고 말한 적이 있다. 자서전에서 F. F. 브루스는 "아버지께 배운 것은 무엇이든지 결코 잊어서는 안 되는 것이었다"라고 썼다.

F. F. 브루스는 여러 현대 유럽 언어뿐만 아니라 성경과 고전 연구에 필요한 모든 고전어에 정통했다. 이들 언어와 더불어 그의 민족 유산인 켈트어들도 활용하여 학문적으로 중요한 자료나 전반적인 기독교 관련서들을 출판했다. 그는 12년간 「요크셔 셀틱 스터디즈」(*Yorkshire Celtic Studies*, 1945-1957)를 편집했다.

또한, 최종적으로 맨체스터대학교 존릴랜즈 도서관에 기증하게 되는 엄청난 양의 개인 도서관을 가진 왕성한 독서가였다. 그는 구약학회(Society for Old Testament Study, 1965)와 자매 학회인 신약학회(Society for New Testament Study, 1975)의 회장직을 역임한 것을 비롯해 수많은 학회의 회장으로 선출되었는데, 신약학회와 구약학회 회장을 모두 역임한 인물은 지금까지 두 명밖에 없었다.

학자 경력 초기에는 주로 강연, 설교, 학회 참석 같은 활동을 위해 여행하는 범위가 영국과 유럽에 제한된 경향이 있었다. 「더 팔레스타인 익스플로레이션 쿼털리」(*The Palestine Exploration Quarterly*)를 수년간(1957-1971) 편집했지만, 동료들과 함께 이스라엘을 처음 방문한 것은 1969년이었다. 그러나 1950년대 후반부터 F. F. 브루스는 유럽뿐만 아니라 미국, 캐나다, 오스트레일리아, 뉴질랜드, 동아프리카(딸과 그 가족이 1965년부터 1974년까지 여기 살았다)로 강연 여행을 떠나기 시작했다. 그의 강연은 비상하게 많은 청중을 모았다. 대개는 자신들이 열심히 읽었던 저술을 쓴 대학자의 강연을 들을 기회에 흥분했지만, 어떻게 그토록 흥미진진한 글을 쓰는 사람이 강연을 그렇게 지루하게 할 수 있는지 의아해했다.

원고를 읽어 내려가는 그의 강연 스타일은 지루했지만, 즉석에서 말할 때, 특히 청중이 던진 질문에 대답할 때는 청중을 매료시켰다. 매달 대중적인 기독교 잡지에 실렸다가(1952-1972) 후에 일부를 간추려 『질의응답』(*Answers to Questions*, 1972)이라는 제목으로 출판한 성경과 오늘날의 교회 생활에 대한 간결한 질의응답은 효과적인 의사소통을 보여 주는 탁월한 모델이었다.

F. F. 브루스는 무엇보다 성경학자였다. 30년 이상(1949-1981) 개혁신앙 변증을 행한 「이벤절리컬 쿼털리」(*Evangelical Quarterly*) 편집자였음에도, 그는 분파로나 사상으로나 '개혁파'(Reformed)가 아니었다. 사람들이 특정 신학 입장에 대해 물으면, 그는 대개 그들이 마음에 품고 있는 성경의 특정 구절이 무엇인지를 물어본 후 대답을 하곤 했다. 그런 다음 그들이 이해할 수 있도록 그 구절을 해석했다. 기독학생회(Inter-Varsity Fellowship, IVF, 오늘날의 Universities and Colleges Christian Fellowship[UCCF])와 이 단체가 벌인 모든 활동의 열렬한 지지자로, 또 「크리스채너티 투데이」(*Christianity Today*)의 객원 편집자로 봉사한 복음주의자였지만, 심지어 이 경우에도 결코 특정 당파 지지가가 아니었다. 자신을 '보수 복음주의자'로 간주하느냐는 질문을 받았을 때, 그는 자신을 '수식어를 붙이지 않은 복음주의자'(unhyphenated evangelical), 즉 '예수 그리스도의 좋은 소식이라는 메시지에 전심으로 헌신하지만, 하나님의 전체 경륜이나 더 넓은 신자 공동체로부터 자신을 분리하는 방식으로 이 메시지를 좁히고 싶어하지는 않는 복음주의자'라고 대답했다(*Answers*, p. 204).

그는 자신의 견해 중 어떤 것은 '자유주의적'인 것으로 보일 수 있고, 어떤 것은 '보수적'인 것으로 이해할 수 있다고 했다. 자신이 그렇게 믿기로 선택하는 것은 그것이 특정 사고의 틀이나 신학 전통에 맞는 것이라서가 아니라, 그가 참되다고 생각하기 때문이라고 했다. 그가 공감한 입장은 미국에서는 『바울: 마음이 해방된 사도』(Paul: Apostle of the Heart Set Free)로 출판된 그의 대표작(magnum opus)의 영국판 제목 『바울: 자유로운 영혼의 사도』(Paul: Apostle of the Free Spirit, 1977)에서 명료하게 드러난다.

F. F. 브루스의 성경 지식은 비상할 정도였다. 머릿속에 원어뿐만 아니라 여러 번역어로 된 성경 전체를 다 집어넣고 있는 것 같았다. 성경에 대한 질문을 받으면, 그는 본문을 뒤지지 않았다. 마치 마음속에 성경을 펼치고 있는 것처럼, 때로 안경을 벗고 눈을 감았다가, 이어서 아주 정확하게 해설했는데, 대답할 때 히브리어나 그리스어 본문을 번역하거나 다른 단어로 바꾸어가며(paraphrase) 언급한 본문들은 아주 명쾌했다. 학문적 논의가 이루어지는 배경에서는 바로 원어를 인용했다. 신학자 수준이 아닌 학생들에게 말할 때는 대체로 현대어 번역을 사용했고, 교회에서는 청중에게 친숙한 번역을 사용했는데, 그것이 표준개역성경(RSV), 새국제성경(NIV), 새영어성경(NEB), 킹제임스성경(KJV)이든, 아니면 보수 형제단 모임에서 사용하는 '존 넬슨 다비 새번역성경'(JND)이든 상관없이 대부분 머릿속에서 정확히 끄집어내어 해설해 주었다. 고전 전통과 복음주의 전통의 찬송도 전부 다 외우고 있는 것 같았고, 심지어 영어, 스코틀랜드어, 그리스어, 라틴어로 된 세속 시도 많이 알고 있는 것 같았다.

F. F. 브루스는 자기가 책과 논문으로 쓰기 위해 필요한 정보를 창세기부터 요한계시록까지 성경의 절별로 모아 두는 단순한 자료 정리 체계를 유지했다. 사물에 대한 그의 타고난 사고방식은 성경의 전체적인 흐름과 관련되어 있었다. 그가 생각하는 모든 것은 자연스레 성경의 전체적인 흐름과 연관되었다. 그는 성경을 주제별이 아니라 장과 절에 따라 이해했다. 그의 사고는 근본적으로 주해적이었다.

F. F. 브루스의 첫 주요 저작은 『사도행전 그리스어 본문 주석』(1951; ³1990)으로, '성경연구를 위한 틴데일협회'(Tyndale Fellowship for Biblical Research)의 작업과 함께 복음주의 성경 신학의 부상을 예고한 작품이었다. F. F. 브루스는 이 협회의 창설에 추진력을 부여한 인물이었고, 40년 이상 이 협회의 주요 지도자로 활동했다.

주석은 아주 전문적이었다. 신학보다는 역사와 언어를 더 강조했다. 방대한 지식이 배설되었지만, 이에 더해 F. F. 브루스는 명료한 간결함의 모범을 제시했다. NL/NIC(New London/New International Commentary) 시리즈에 포함된 『사도행전 주석』(1954; 21988)을 두 번째 작품으로 내어놓았는데, 이번에는 학자보다는 목회자를 위해 쓴 것이라 훨씬 강해적이고 신학적이었다. 이 두 작품은 이후 50년간 급증한 복음주의 성경학자들이 출간한 많은 주석 시리즈의 기틀을 마련했다.

F. F. 브루스는 바울서신 전부와 신약의 거의 모든 책의 주석을 남겼다. 사도행전에 이어, 그가 쓴 주요 주석들은 『히브리서』(NICNT, 1964), 『골로새서』(NICNT, 1957, 같은 책에 에베소서와 빌레몬서가 합본으로 나온 것은 1984년이었다), 『갈라디아서』(NIGTC, 1982) 주석이었다. 크기는 작았지만 영향력이 있었던 『로마서』(TNTC, 1963, CLC 刊), 『고린도전후서』(NCB, 1971) 주석도 나왔다. 1965년에는 『바울서신 확장 석의』(An Expanded Paraphrases of the

Epistles of Paul)를 출간했는데, 바울서신을 번역한 후 그가 생각하는 기록된 순서에 따라 재배열하고 이들의 역사적 배경을 해설한 책이었다.

초기 저작 『신약성경 문헌 연구: 신약성경의 역사적 신뢰성 연구』(*The New Testament Documents: Are they Reliable?*, 1943, 수차례 개정판이 나왔고, 여러 언어로 번역되었다)는 그가 아직 그리스어 조교수로 일하던 때에 대학생 대상의 강연에 초대받아 나눈 것이 기원이었다. 초대교회 역사를 다룬 작품인 『초대교회 역사: 복음은 불꽃같이』(*The Spreading Flame*, 1953)와 『책과 양피지』(*The Books and the Parchments*, 1950)는 셰필드에서 한 강연에서 발전한 것이다. 고전이 된 『신약사』(*New Testament History*, 1969, CLC 刊)는 새 신학 교과서 시리즈의 첫 책이고, 같은 시리즈의 다른 책들이 이미 절판된 지금도 여전히 발행되고 있다. 각 책은 모두 그가 살아 있는 동안 정기적으로 개정되었으며, 이들 대부분은 지금도 유통되고 있다.

F. F. 브루스는 최고 수준의 학계 생활에 편안함을 느끼는 사람이었지만, 동시에 영국과 캐나다, 미국, 오스트레일리아, 뉴질랜드, 우간다 방문 시 강연을 들으러 온 다양한 배경의 사람들, 학부 학생, 교육 받은 교인, 배우지 못한 교인, 혹은 스톡포트(Stockport)의 모교회 교인 등 구도자와 평범한 평신도 누구와 함께 있어도 편안한 사람이었다.

F. F. 브루스는 그리스도의 중심성과 복음의 핵심을 특정 당파 기독교 공동체의 교리나 관습보다 더 중요시했다. 그는 역사적 기독교의 신앙고백과 현대 성경비평이 함께 가지 못할 이유가 없다고 믿었다. 성경을 비평적으로 연구하는 것은 하나님께서 사람에게 주신 지성과 현대 역사학과 문학이 제공한 모든 수단들을 성경을 정확히 이해하기 위해 사용하려는 시도일 뿐이었다. F. F. 브루스가 늘 입에 올리는 신학적 주제가 있었다면, 그것은 그가 바울 복음의 핵심이라고 생각한 자유의 원리였다.

"어떤 사람들이 단순히 자유롭고 싶지 않다고 말하는 것을 이해하기가 어렵다. 그들은 자유를 두려워한다. 그들은 자유가 너무 많은 것을 두려워한다. 다른 사람들이…너무 많은 자유를 갖는 것을…분명히 두려워한다…이미 정해져 있는 관례 안에서만 움직이는 것을 훨씬 선호하는 것 같다."(Gasque, 미출간 기록).

F. F. 브루스는 '그리스도의 마음에 대한 아주 뛰어난 통찰을 가진, 또한 그리스도 안에서만 다른 어떤 곳에도 없는 참된 자유가 있다는 것을 깨달은 바울'에게서 열쇠를 얻었다.

"나는 그리스도를 따른 모든 사람 중에 바울보다 더 영혼의 해방을 절실히 경험한 사람이 없다고 생각한다."(Gasque, 미출간 기록).

플리머스형제단 전통에서 자랐음에도 불구하고, 그는 여성사역과 성경적 평등주의의 투사가 되었다(cf. 관련 발언: 갈라디아서 주석 3:26-28; 고린도전서 주석 11:2-16; 14:33-35; 에베소서 주석 5:21-33; 디모데전서 주석 2:8-15).

F. F. 브루스는 50년 동안 영국 성경학계의 최고봉이었다. 그는 학계의 동료들에게 온건하고, 지적이고, 현대적인 복음주의를 제시했고, 복음주의자 형제, 자매들에게는 학문, 균형, 통전성, 겸손, 연합 정신의 따라야 할 모범을 보여주었다. 전 세계의 젊은 학자들이 그에게 배우기 위해 모여들었고, 그들 중 많은 이들이 이제

선생이 되어 대학과 신학교에서 가르치고 있다.

F. F. 브루스는 신약을 그리스-로마 세계의 배경 안에서 연구하는 작업의 중요성을 보여 주었다. 고전과 헬레니즘 문헌, 고고학, 지리학의 모든 자료와 100년이 넘은 혁신적인 역사학 연구의 성과들을 활용해서 신약 본문, 또한 실제로 구약 본문까지도 조명하는 것이 어떤 의미를 지니는지 증명했다.

참고문헌 | *Journal of the Christian Brethren Research Fellowship 22* (Nov. 1971), pp. 21-47; F. F. Bruce, *In Retrospect: Remembrance of Things Past* (Exeter: Paternoster Press; Grand Rapids: Eerdmans, 1980).

W. W. GASQUE

프리본 개럿슨(Freeborn Garrettson, 1752-1827)

감리교(Methodist) 설교자이자 선교사. 그는 메릴랜드(Maryland) 하퍼드 카운티(Harford County)의 저명한 잉글랜드국교회(Church of England) 가정에서 태어났다. 부모는 상당한 부지의 농장, 가게, 노예들을 소유한 3세대 잉글랜드인 정착자였다. 어머니는 그가 10살 때 사망했고, 아버지는 1773년에 그에게 가족의 유산을 물려주었다. 개럿슨이 받은 교육은 당시 그 지역의 평균치를 상회하는 것이었다. 그는 17살 때까지 학교를 다니면서 수학, 부기와 천문학을 공부했다.

어릴 때 잉글랜드국교회에 다닌 개럿슨은 많은 초기 감리교 설교자들의 설교를 듣고 처음으로 신앙 각성을 경험했다. 아일랜드 출신의 열정적인 감리교 지역 설교자 로버트 스트로브리지(Robert Strawbridge)와 1771년에 미국으로 온 프랜시스 애즈베리(Francis Asbury)도 그를 각성시킨 설교자 중에 있었다. 개럿슨은 1775년 6월에 회심을 체험하기 전에 소속된 교구교회와 감리교 설교자들의 집회에 3년 동안 같이 다녔다. 감리교에 합류한 이후에는 노예를 풀어 준 후 남은 평생을 노예제도를 반대하는 설교와 저술 활동에 바쳤다.

개럿슨은 1775년에 감리교 순회설교자 활동을 시작했다. 열정적인 설교자였던 그는 곧 프랜시스 애즈베리에게 가장 신뢰받는 조력자가 되어 1776년에서 1793년 사이에 10만 마일을 순회했다. 미국혁명 기간에는 다른 모든 감리교 설교자들과 마찬가지로 영국충성파(loyalist sympathies)로 의심받았다. 그는 무기를 들기를 거부하고 자기 양심에 따라 영국 왕에게 충성을 서약했다. 그 결과, 1778년에서 1780년 사이에 구타당하고, 거의 총에 맞을 뻔하고, 목 매달릴 위험에 처하기도 하고, 감옥에도 들어갔다. 그러나 그 와중에도 개럿슨은 메릴랜드, 버지니아, 델라웨어(Delaware) 순회와 설교를 멈추지 않았다.

미국감리교회(Methodist Episcopal Church)가 탄생한 1784년의 소위 크리스마스대회(Christmas conference)를 준비하면서, 개럿슨은 남부 전역의 설교자들을 이 대회에 참석하라고 통보하느라 6주 동안 1,200마일을 말을 타고 돌아다녔다. 미국감리교를 영국감리교에서 독립시킨 이 대회에서 개럿슨은 장로로 안수받고 제임스 O. 크롬웰(James O. Cromwell)과 함께 (캐나다 동쪽 끝의-역주) 노바스코샤(Nova Scotia)로 파견되었다. 개럿슨과 크롬웰의 지도하에 감리교는 노바스코샤에서 급성장했다.

1787년에 존 웨슬리(John Wesley)는 개럿슨을 영국령 북미(독립하지 않고 남은 오늘날의 캐나다 지역-역주) 지역과 서인도 제도 감리교의 총감독(General Superintendent)으로 임명하려는 확고한 안을 마련했다. 그러나 무엇보다도 개럿슨이 미국교회와의 관계 단절을 원하지 않았기 때문에 이 안은 파기되었다. 대신 그는 델마바 반도(Delmarva Peninsula, 미국 동부 Delaware, Maryland, Virginia 세 개 주에 걸쳐 있기 때문에 Del-mar-va, va는 Virginia의 약자-역주) 지역의 중요 순회단들을 감독하며 1787년 회기를 보냈다.

1788년에 프랜시스 애즈베리는 개럿슨을 뉴욕으로 보내 전쟁으로 황폐한 그 지역 교회를 다시 일으켜 세우는 임무를 맡겼다. 또한, 프랜시스 애즈베리는 개럿슨이 뉴잉글랜드까지 올라가기를 바랐지만, 개럿슨은 뉴욕에 온 힘을 다 바쳐도 모자란다는 것을 깨달았다. 뉴욕 북부 전역에서 설교하면서 완고한 네덜란드계 성직자들의 반대에 직면했는데, 그들 중 일부는 감리교인을 또 다른 전쟁을 획책하고 있는 영국의 대리인이라고 주장했고, 일부는 감리교 설교자들이 청중들을 미혹하고 있다고 경고했다.

이런 종류의 순회설교 여행을 다니던 중 개럿슨은 허드슨강(Hudson River) 일대 땅 750,000에이커를 소유한 정치력이 엄청난 가문 출신의 캐서린 리빙스턴(Catherine Livingston)과 사랑에 빠졌다. 캐서린 가족의 반대에도 불구하고, 둘은 1793년 6월 30일에 결혼했다. 개럿슨의 지도 아래 뉴욕감리교는 1787년에 442명의 회원에 두 순회단을 운영하던 상황에서, 1791년에 회원 3,651명에 순회단이 12개나 될 정도로 성장했다. 비록 개럿슨이 프랜시스 애즈베리를 계속 지지하기는 했지만, 그는 좀 더 민주적인 교회관을 갖고 있었다. 초기 미국감리교 감독 제도의 특징 중 하나는 반대 의견을 받지 않고 설교자를 순회단에 임명할 수 있는 힘이 감독(bishop)에게 있다는 것이었다.

1792년 총회에서 개럿슨은 처음에는 총회가 감독들 위에서 다스릴 수 있는 권한을 가짐으로써 감독의 임명권을 제한하자고 주장했던 다리 장애인 오켈리(O'Kelly)의 시도를 지지했다. 처음에 광범위한 지지를 받았던 오켈리의 안은 결국에는 패배하고 말았는데, 이는 최소한 부분적으로 오켈리가 남부 버지니아의 순회단들을 다스리는 권위를 차지하려고 이 안을 이용하고 있다고 설교자 대다수가 믿게 되었기 때문이었다. 총회의 결정을 순순히 따르기로 결정한 개럿슨은 오켈리와의 합의안을 만들기 위해 조직된 위원회에 합류했다. 그러나 이 노력은 실패로 돌아갔고, 오켈리는 교단을 떠나 공화감리교회(Republican Methodist Church)를 조직했다.

그 시대의 다른 많은 감리교인처럼, 개럿슨도 예언과 관련된 꿈, 환상, 초자연적 감흥을 하나님의 인도하심의 수단으로 인식하며 큰 의미를 부여했다. 심지어 회심하기도 전인 1773년에 이미 개럿슨은 '치명적인 병'에 걸린 친형제 존을 위해 기도했다. '그 즉시 차도가 나타나' 존은 곧 회복되었다. 1779년에 펜실베이니아와 여러 저지 지역(Jerseys)을 순회하는 동안 개럿슨은 많은 사람들이 '감리교인은 기적을 일으키는 사람들이라고 생각한다'는 사실을 알게 되었다. 실제로, 몇 달 전 델라웨어에서 그는 '심각한 기근'을 끝낼 비를 내려달라고 기도했는데, '모임이 해산되고 난 몇 분 후에 하늘이 검은 구름으로 뒤덮이더니 엄청난 비가 쏟아져 내리는' 결과가 나타나 사람들을 놀라게 하고 확신을 갖게 했다.

캐서린에게도 남편이 가진 신비한 능력이 나타났는데, 그녀의 꿈과 환상은 언제나 생생했다. 연애하던 시기에 이들은 상대방의 일기를 바꿔 읽었을 뿐만 아니라, 심지어 같은 꿈을 꾸기까지 했다. 1793년 회기에 개럿슨은 필라델피아총회(Philadelphia Conference)의 대표장로(presiding elder)로 임명되었다. 부부는 황열병이 퍼지고 있는 1793년 7월에 필라델피아에 도착했다. 거기서 머물다 캐서린이 임신하자 1794년 봄에 뉴욕 라인벡(Rhinebeck)으로 돌아갔다. 거기서 작은 네덜란드 농장을 구입한 이들은 1794년 9월에 무남독녀 메리 러더퍼드(Mary Rutherford)를 낳았다. 메리는 척추가 비정상적으로 휜 척추측만증을 비롯한 만성 질병을 앓았다.

1794년부터 5년간 개럿슨은 뉴욕교구(New York District)의 대표장로를 지냈다. 캐서린이 물려받은 유산에 의존해 살던 개럿슨은 1799년에 허드슨강을 내려다보는 라인클리프(Rhinecliffe)에 튼튼한 집을 지었다. '윌더클리프'(Wildercliffe)로 알려지거나, 또는 후에 프랜시스 애즈베리가 '여행자의 안식처'(Traveler's Rest)라는 이름을 붙여준 이 집에서 개럿슨은 지친 순회설교자들이 왔을 때, 다른 감리교 가정이 감히 흉내내기 힘든 수준으로 이들을 영접하고 대접했다.

1799년에 개럿슨은 다시 한 번 1년간 필라델피아교구 대표장로로 임명되었다. 1800년에 뉴욕으로 돌아간 그는 다음 15년간 대표장로와 총회선교사로 봉사했다. 이후에는 교회사역, 특히 뉴욕총회 소속으로 선교사 활동에 주력했다. 그의 딸은 후에 윌더클리프에 있던 모든 것이 아버지에게 소중했다고 했다. 그러나 개럿슨은 힘이 남아 있는 한 순회하며 복음을 전해야 한다고 믿으며 자신의 은퇴에 죄책감을 느꼈다. 개럿슨은 뉴욕시에서 설교한 후 얼마 지나지 않아 사망하여 라인벡(Rhinebeck)에 묻혔다. 그의 일기 일부는 『미국 북감리교 목사 프리본 개럿슨의 체험과 여행』(The Experiences and Travels of Mr. Freeborn Garrettson, Minister of the Methodist Episcopal Church in North America, 1791)이라는 제목으로 출판된 후 초기 감리교도에게 널리 읽혔다.

개럿슨은 또한 『정의로운 행동과 신앙을 고백하는 기독교인의 대화』(A Dialogue Between Do-Justice and Professing Christian, 1805)라는 제목의 반노예제도 소책자와 『복음 사역을 원하는 가난하고 경건한 젊은이를 교육하는 자선단체에 대한 연설'이라는 제목의 소책자에 대한 비판과 평가를 담아 라이먼 비처 목사에게 드리는 편지』(A Letter to the Rev. Lyman Beecher containing Strictures and Animadversions on the Pamphlet entitled 'An Address of the Charitable Society for the Education of Indigent Pious Young Men for the Ministry of the Gospel,' 1816)라는 제목으로 라이먼 비처의 소책자에 대한 비판적인 대답을 담은 책자도 출판했다.

참고문헌 | R. D. Simpson, *American Methodist Pioneer* (Rutland: Academy Books, 1984); N. Bangs, *The Life of the Rev. Freeborn Garrettson* (New York: J. Emory & B. Waugh, 1832).

J. H. WIGGER

플레밍 휴이트 레블(Fleming Hewitt Revell, 1849-1931)

기독교 출판업자이자 자선 사업가. 일리노이 시카고에서 플레밍 H. 레블(Fleming H. Revell)과 엠마 매닝 레블(Emma Manning Revell) 사이에서 출생했다. 부모는 잉글랜드 출신의 이민자였는데, 그의 어머니는 잉글랜드 혈통이었고, 아버지는 북아일랜드로 도망한 프랑스계 위그노(Huguenots)의 자손이었다. 아버지 플래밍은 런던에 정착하여 조선소에서 일했다. 그러나 대서양의 유럽 편 지역이 경제 불황을 겪자 가족을 데리고 1849년 미국으로 이주했다. 그는 시카고에서 일자리를 얻게 되어, 미시간호(Lake Michigan)를 주 무대로 하는 무역선을 건조하는 일을 했다. 그러나 가족이 계속해서 생활고를 겪었다. 따라서 9살의 플레밍 레블은 학교를 중퇴하고 약국 보조를 일을 하면서 아버지를 도와 어머니와 세 자매의 생계를 지원해야 했다.

플레밍 레블의 누이 중 엠마(Emma)는 유명한 미국 전도자 D. L. 무디(D. L. Moody)와 1860년대 초에 결혼했다. 플레밍 레블은 자신보다 나이가 몇 살 많고 역동적이었던 매부 무디를 매우 존경하여 그의 영향을 많이 받았다. 1868년 후반에 무디는 플레밍 레블에게 약국 일을 그만두고, 하나님의 왕국 건설에 보다 직접적으로 동참하라고 조언했다. 비록 플레밍 레블은 신실한 장로교인이었고, 헌신적으로 기도하고, 그리스도께 열심히 있기는 했지만, 설교자로 부름받았다고는 생각하지 않았다. 얼마간의 기도와 무디의 적극적인 설득 덕에, 그는 초교파 기독교출판업을 시작해서 그리스도 안에서 성숙하고 싶고 목회자로 구비되고 싶은 신자들을 돕기로 했다.

1869년 1월에 플레밍 레블은 드와이트 무디와 엠마 무디의 지원하에 온건한 종교 월간지 「에브리바디즈 페이퍼」(Everybody's Paper)를 발행했고, 윌리엄 P. 맥케이(William P. Mackay)의 『은혜와 진리』(Grace and Truth)를 출간했다. 당시 회계 장부를 보면, 그가 수많은 날을 미드웨스트(Midwest) 지역을 횡단하면서 잡지 구독자를 확보하기 위해 엄청난 노력을 기울였음을 확인할 수 있다. 그러다 매 도시마다 소수의 구독자를 확보하게 되면서 상당한 재정 기반을 마련할 수 있게 되었다. 또한, 1869년에 플레밍 레블은 미시간 출신의 조세핀 바버(Josephine Barbour)를 만났는데, 당시 조세핀은 테네시에서 귀가하는 길에 무디 부부를 찾아와 만나고 있었다. 조세핀 또한 무디의 영향을 받아 3년간 이전에 노예였던 흑인들을 가르치는 교사 선교사의 일을 막 마친 시점이었다.

플레밍과 조세핀은 서로에게 곧 호감을 가지게 되었고, 1872년 9월 12일에 처가가 있던 미시간 로메오(Romeo)에서 결혼했다. 이들은 시카고에서 결혼 생활을 시작한 후 두 자녀를 얻었다. 아들 이름은 플레밍 휴이트 주니어(Fleming Hewitt, Jr), 딸 이름은 엘리자베스(Elisabeth)였다. 플레밍은 예일대학교(Yale University)를 졸업한 후 아버지의 일을 거들게 된다. 이후 매리언 코넬(Marion Cornell)과 결혼했다. 엘리자베스는 맥스와 결혼하여 프랑스로 이주했다.

잉글랜드에서 휴가를 보내던 중에 일어난 1871년 시카고 대화재로 인해 플레밍 레블의 새 사업은 완전히 망했다. 그럼에도 플레밍 레블은 좌절하지 않고 출판사를 재건하고 월간지 「에브리바디즈 페이퍼」를 재발간했다. 또한, 『생명의 말씀』(Words of Life), 『금주 이야기』(Temperance Tales), 『주일학교 삽화집』(The Sunday School Lesson Illustrator)을 이어서 출판했는데, 이 책들은 모두 전국적으로 보급되었다. 사업을 재건한 후 10년간 그의 출판사는 북미에서 가장 큰 종교 출판사로 발전했다. 그가 무디와 협력 관계에 있었던 것이 확실한 성공을 가능하게 했다.

당시 그의 출판사는 무디 관련 자료의 독점 출판권을 가지고 있었기에, 무디의 소책자, 설교, 저술을 양장 및 페이퍼백으로 출간했다. 플레밍 레블은 무디의 글 이외에도 상당량의 전천년설 관련 서적을 출판했다. 이 책들은 당시 유행했던 후천년 종말론의 견해를 반박했다. 그가 운영한 출판사는 1880년에 이르러 총 100여 종의 책을 출판했고, 이 외에도 많은 수의 소책자와 찬송가, 주일학교 관련 정기 간행물을 발간했다. 이후 20여 년간 발간된 플레밍 레블의 출간물 일부가 베스트셀러가 되면서, 곧 미국에서 가장 큰 기독교 출판사로 성장했다. 이 출판사는 이 당시 1년 동안 300여 권의 책을 출판하기도 했다.

플레밍 레블은 그 당시 유명했던 몇몇 복음주의 설교자와 부흥사, 선교사의 글을 출판했는데, 이 중에는 시리즈인 '조용한 대화'(Quiet Talks)의 저자 디키 고든(Dickey Gordon), 해너 위톨 스미스(Hannah Whitall Smith)와 아도니람 저드슨 고든(Adoniram Judson Gordon)도 있었다. 1890년에 플레밍 레블의 출판사는 플레밍 H. 레블사(Fleming H. Revell Company)가 되었다. 시카고 본부 외에 뉴욕에도 지부를 설립했고, 이어서 토론토, 런던, 에든버러에도 지부를 세웠다. 다양한 분야의 서적을 펴내면서 전형적인 복음주의 문헌의 범위를 크게 확장했다. 레블출판사는 청소년 분야 책에 자부심이 강했고, 50권에 이르는 주일학교 교재 시리즈를 25.75달러에 판매했으며, 절기별로 주일학교 교재와 더불어 그림 카드, 다양한 색깔로 채색된 주일학교 구호 자료들을 만들어 배포했다.

플레밍 레블은 미국출판인협회(American Publishers' Association)가 1900년에 창립될 때 발기인으로 초청되기도 했다. 1906년에 일리노이 에번스턴(Evanston)에서 뉴욕 리버데일-온-허드슨(Riverdale-on-Hudson)으로 이사했고, 그에 발맞춰 회사 본부도 이 지역으로 이전했다. 플레밍 레블의 회사가 창립된 지 50주년이 되자 친구 및 동료들은 뉴욕에서 성대한 저녁 만찬을 베풀어 그를 깜짝 놀라게 했다. 이 자리에서 친구들은 그가 이룬 업적과 그리스도에 대한 헌신을 치하했다. 출판업자로서의 그의 성공은 재론의 여지가 없어 보였다.

플레밍 레블은 자선 활동에 시간과 돈을 아끼지 않고 회사 일 이외의 의미 있는 활동에도 헌신했다. 나이아가라집회에도 참석했고, 무디의 추천으로 매사추세츠 소재 노스필드학교(Northfield School)와도 가까워지면서, 재정적 지원도 아낌없이 했다. 후에는 노스필드신학교(Northfield Seminary) 신탁 관리자가 되었다. 이어서 그는 친한 친구 찰스 블랜처드(Charles Blanchard)가 총장으로 있던 휘튼대학(Wheaton College)의 신탁 관리자가 되었고, 장로교 국내 선교부의 이사로도 활동했다.

또한, 장로교 국내선교부가 운영하던 푸에르토리코(Puerto Rico)의 과학기술학교(Polytechnic Institute) 이사로 재직했다. 뉴욕 YMCA 대표, 미국 한센병자선교회 회계로도 봉사했다. 유능한 기업가 플레밍 레블은 뉴욕생명보험사의 투자자이자 임원으로 일하게 되었고, 이를 통해 상당한 부를 축적했다. 유명한 자선 사업가로서 플레밍 레블은 자신의 쌓은 부를 수많은 기독교 관련 사업에 기부했다.

그는 말년에도 지혜롭고 노련한 인물이었다. 60여 년 출판 사업을 통해 기독교 서적의 잠재적 가능성을 깨달았고, 유럽과 극동 지역에서 매년 휴가를 보내면서 세계 이슈들을 빠르게 파악했다. 아내 조세핀은 금혼식 몇 달 후 1924년에 임종을 맞았다. 1929년에 그는 회사 운영권을 아들 플레밍 휴이트 레블 주니어(Fleming Hewitt Revell, Jr)에게 넘긴 이후에도 이사장으로 경영에 계속 참여했다. 1931년 말 집에서 갑자기 쓰러진 플레밍 레블은 골반 골절상을 입었고, 계속된 합병증으로 인해 1931년 10월 11일에 뉴욕 욘커스(Yonkers)에서 마지막 숨을 거두었다. 친한 친구이자 동료 편집자 필립 E. 하워드(Philip E. Howard)는 부고를 쓰면서 '그는 모든 것으로 여러분을 환영했습니다'라고 했고, 그를 '미국 출판인 중 가장 유명한 인물 중 하나'로 지칭했다.

참고문헌 | D. Malone, "Revell, Fleming Hewitt," *DAB, vol. VIII* (New York: Charles Scribner's Sons, 1963), pp. 512-513; P. C. Wilt, "Revell, Fleming Hewitt," *Dictionary of Christianity in America* (Downers Grove: IVP, 1990), p. 1009.

T. L. COOPER

플로렌스 셀리나 해리어트 영(Florence Selina Harriett Young, 1856-1940)

선교지도자. 그는 1856년 10월 10일에 뉴질랜드 해밀턴(Hamilton) 근교 모투에카(Motueka)의 한 가정에서 3남 3녀 중 다섯 째 자녀로 태어났다. 아버지 헨리(Henry)는 형제단(Brethren)에서 활발히 활동한 부유한 회원이었다. 젊은 시절에 동인도회사(East India Company)에 합류한 그는 인디아에서 최연소 판사가 된 전도 유망한 청년이었다. 그럼에도 불구하고, 그는 판사직을 사임하고 잉글랜드로 돌아가서, 필요한 것을 '하나님께 의존하는' 초기 형제단 설교자 중 하나가 되었다. 헨리의 딸은 아버지의 이런 뛰어난 능력과 종교적 열정, 지치지 않는 성실함과 독립심을 그대로 이어받게 된다. 헨리는 1838년에 캐서린 이클리스(Catherine Eccles)와 결혼한 후 뉴질랜드로 이민을 떠나 사우스아일랜드(South Island)에서 농사를 짓기 시작했다.

플로렌스 영이 정식으로 받은 교육은 1871년에서 1874년까지 잉글랜드의 기숙학교에서 공부했던 것이 전부였다. 그녀는 뉴질랜드로 돌아간 후 더니든(Dunedin)에서 있었던 한 기도 모임에서 전형적인 복음주의 회심을 경험했다. 1878년에는 형제들과 함께 홀로된 아버지를 모시고 오스트레일리아로 이민을 떠났다. 형제들은 사업 기회를 찾아 18개월 동안 피지(Fiji), 뉴사우스웨일스(New South Wales), 퀸즐랜드(Queensland) 등을 방문했고, 결국 1880년에 퀸즐랜드의 번더버그(Bundaberg) 부근에 위치한 페어리미드(Fairymead)에 있는 사탕수수 농장을 구입했다. 플로렌스 영은 이곳에 정착하기 전에 오빠 한 사람과 함께 홀아버지를 모시고 잉글랜드, 스코틀랜드, 이탈리아 등지를 방문했다.

런던에 있을 때 1880년과 1881년에 열린 마일드메이대회(Mildmay Conference)에 참석했다.

1882년 플로렌스 영은 페어리미드로 돌아온 후 1870년부터 사탕수수 농장에 유입된 이주 노동자, 즉 멜라네시아(Melanesia) 출신의 카나카(Kanakas) 문제에 관심을 가지기 시작했다. 퀸즐랜드 정부가 더 이상의 이주 노동자들의 유입을 법적으로 금지하기까지 약 15,000명의 카나카인이 오스트레일리아로 유입되었다. 카나카인의 종교적 역경에 대한 플로렌스 영의 인식은 지역 교회의 무관심, 멜라네시아선교회(Melanesian Mission) 및 런던선교회(London Missionary Society)의 사역 거부, 마일드메이에서 들은 복음주의 선교사의 도전으로 더 분명해졌다.

플로렌스 영은 카나카인을 위해 사역하면서 전도 활동과 더불어 특히 성경을 읽을 수 있게 하는 데 집중했다. 선교사역이 카나카인 사이에서 큰 결실을 얻게 되면서, 그녀는 다른 농장으로 자신의 사역지를 확장하고자 했다. 이런 그녀의 열정과 노력으로 1886년에 퀸즐랜드카나카선교회(Queensland Kanaka Mission)가 설립되기에 이른다. 19세기의 다른 여러 자원 선교단체와 마찬가지로, 퀸즐랜드카나카선교회는 복음주의, 초교파, '믿음의 원리'(플로렌스 영은 자신의 아버지뿐만 아니라 시드니에서 들었던 조지 뮬러[George Müller]의 가르침에 큰 영향을 받았다), 영혼 구원에 집중했다.

플로렌스 영은 1888-1889년에 잉글랜드와 인도를 방문했다가, 잉글랜드국교회(Church of England)가 운영하는 제나나선교회(Zenana Mission, 주로 규방[zenana]에 갇혀 외부인과 접촉할 수 없는 상류층 여성을 대상으로 한 선교회-역주)에 감명을 받았다. 이듬해에는 브리즈번(Brisbane)에서 허드슨 테일러(Hudson Taylor)를 만났다. 허드슨 테일러는 퀸즐랜드카나카선교회에 관심을 보였고, 플로렌스 영 또한 선교지에 미혼 여성을 파송하는 테일러의 창의적인 선교정책에 관심을 보였다. 1891년에 카나카인이 퀸즐랜드에 노동 인력으로 유입되는 것이 곧 법적으로 금지될 상황이 전개되면서, 퀸즐랜드카나카선교회가 크게 약화되었다. 결국 플로렌스 영도 중국내지선교회(China Inland Mission, CIM)에서 사역하기도 결정했다.

플로렌스 영이 중국에서 첫 선교사 임기(1891-1894)를 지내는 동안 퀸즐랜드 정부는 카나카인 노동자를 다시 받아들였는데, 이로 인해 퀸즐랜드카나카선교회 내부에 갈등이 표출되기 시작했다. 테일러는 플로렌스 영에게 다시 퀸즐랜드로 돌아가라고 권유했다. 이는 플로렌스 영이 당시 질병에 시달리고 있었기 때문이었다. 플로렌스 영은 자서전에서 이 병이 정신적인 것인지 아니면 육체적인 것인지 확실히 밝히고 있지 않다. 고향으로 돌아와 퀸즐랜드카나카선교회 내부 갈등을 해결했지만, 1897년에 다시 중국으로 돌아가 1900년 의화단운동으로 중국에서 떠나지 않을 수 없게 될 때까지 선교 사역을 이어 나갔다. 건강 문제로 더 이상 중국에서 일할 수 없게 되었지만, 퀸즐랜드카나카선교회는 성장했기에, 실제로 감독할 인물이 더 필요해졌다.

1901년 새롭게 구성된 연방 정부는 이민억제법을 제정해 유색인 노동자의 추가 유입을 막고, 이미 퀸즐랜드에 거주하고 있던 이들의 본국 송환을 강제했다. 그럼에도 불구하고, 퀸즐랜드카나카선교회는 해체되지 않았다. 오히려 선교회는 솔로몬 제도의 말레이타(Malaita)로부터 도와 달라는 요청을 받았다. 로마 가톨릭과 잉글랜드국교회의 멜라네시아선교회가 솔로몬 제도에서 선교활동을 지속적으로 해오고 있었지만, 퀸즐랜드카나카선교회의 엄격한 복음주의의 플로렌스 영향을 받은 말레이타 사람들은 이들에게 협조하지 않았다. 플로렌스 영은 처음에 복음주의적인 교회선교협회(Church Missionary Association)의 도움을 받고자 했지만, 이 기관은 퀸즐랜드카나카선교회가 도서 지역에서 선교활동을 시작해야 한다고 제안했다.

그 결과 1904년 1월에 퀸즐랜드카나카선교회의 솔로몬 제도 지부가 설립되었고, 플로렌스 영은 여생을 이 지부 사역에 헌신했다. 플로렌스 영은 1904년에 다른 세 남성 선교사와 한 명의 여성 인솔자와 함께 앞으로의 전망을 살펴보기 위해 여러 섬을 순회했다. 퀸즐랜드카나카선교회 헌법의 몇 부분이 개정되면서 자문 역할을 하는 공의회가 구성되었고, 이반젤(Evangel)이라는 이름의 요트를 구입하여 솔로몬 제도 선교 사역을 본격적으로 시작했다. 1907년 퀸즐랜드카나카선교회는 이름을 남양군도복음주의선교회(South Seas Evangelical Mission)로 바꾸었다.

플로렌스 영은 시드니로 이주하여 선교회 일을 본격적으로 진두지휘하기 시작했다. 그녀의 영향력은 전방위적이었다. 사무실 및 선교본부를 운영했고, 선교지를 방문했으며, 선교사 후보자를 감독하고, 회계, 교재, 서신을 관리했고, 선교회의 대변인 역할까지 담당했다. 1927년에 플로렌스 영이 약한 뇌졸중으로 쓰러지자, 인도에서 수년간 선교사로 일했던 윌리엄 말리스(William Mallis)가 선교회 대표로 초빙되었다.

그러나 말리스는 선교회에 적지 않은 공헌을 했지만, 임기가 겨우 4년에 불과했다. 플로렌스 영이 항상 뒤에서 선교회의 모든 일에 관여했고, 명예총무로 있으면서 1940년 5월 28일 시드니에서 사망하기 한 달 전에야 선교회 일에서 손을 뗄 정도로 열성적으로 선교회를 섬겼다. 플로렌스 영이 사망하던 당시 남양군도복음주의선교회와 연결된 교회의 신자 수는 말레이타 인구 4만 명 중 9천 명에 달했다. 남양군도복음주의선교회는 플로렌스 영의 유산이었다. 플로렌스 영과 그녀의 가족은 선교회의 든든한 후원자로서, 수많은 기금과 시간, 열정, 힘을 쏟아부었다.

플로렌스 영은 선교역사에 큰 족적을 남겼다. 그녀는 두 선교회의 설립자이자 소속 선교사였으며, 해외에서도 또 다른 선교회에 연관되어 활발한 선교활동을 했다. 자식과도 같았던 남양군도복음주의선교회는 19세기 말에 설립된 무교파, 혹은 교파 상호 협력 선교회의 모범이었다. 플로렌스 영은 선교활동에서 기회를 발견하여 거기에 힘을 쏟아붓고 추진한 해방된 빅토리아 시대 독신 여성 중 하나였다. 플로렌스 영은 기도의 사람이었고, 어머니의 마음으로 선교사들을 돌보았다. 그러나 플로렌스 영이 늘 다른 이들과 좋은 관계를 유지한 것은 아니었다. 개성이 아주 강했고, 통제권을 갖고 있었으며, 개인주의적 성향이 강한 케직(Keswick) 영성을 추구했으며, 신학의 폭이 좁았다. 항상 독립적으로 일했고, 하나님의 뜻이 자신의 영향력의 한계를 정해 놓았다는 사실을 스스로 알고 있다고 과도하게 확신했다.

참고문헌 | D. Hillard, 'The South Seas Evangelical Mission in the Solomon Islands. The Foundation Years,' *Journal of Pacific History*, 4 (1969), pp. 41-64; F. S. H. Young, *Pearls from the Pacific* (London: Marshall, Morgan & Scott, 1925).

D. PAPROTH

피비 워럴 팔머(Phoebe Worrall Palmer, 1807-1874)

미국감리교 신학자, 부흥사이자 저술가. 그녀는 뉴욕에서 헨리(Henry)와 도르시아 웨이드 워럴(Dorthea Wade Worrall)의 열여섯 자녀 중 넷째로 출생했다. 이 자녀 중 아홉만 생존하여 성인이 되었다. 아버지는 1790년대 초반 잉글랜드에서 미국으로 이주한 이민자였으며, 어머니는 미국에서 태어났다. 부모는 막 탄생한 미국감리교회의 성실한 교인으로, 피비 팔머 또한 어린 소녀 시절에 감리교회에 출석하기 시작하여 평생 활동적인 신자로 살았다.

피비 팔머는 1827년에 '동종요법'(homeopathy, 질병과 비슷한 증상을 일으키는 물질을 극소량 사용하여 병을 치료하는 방법-역주) 의사이자, 자신처럼 2세대 감리교인인 월터 C. 팔머(Walter C. Palmer)와 결혼했다. 두 사람의 신혼 생활은 달콤씁쓸했다. 여섯 자녀를 가졌지만, 셋 만이 유아기와 어린 시절에 살아남았다. 이 죽음은 피비 팔머에게 심대한 영향을 끼쳤는데, 아이들의 죽음을 하나님이 하신 일로 해석했고, 이를 통해 '세속' 관심사를 버리고 더욱 그리스도를 위해 헌신해야 한다고 믿었다. 이 상실 이후 피비 팔머는 '아이들에게 헌신해야 할 시간을 이제는 그리스도의 사역을 위해 사용하리라' 결심했다.

시간이 지나면서 피비 팔머는 교회의 여러 활동에 더욱 적극적으로 참여하게 되었고, 곧 뉴욕 감리교도 사이에서 유명한 평신도 지도자로 떠올랐다. 매주 기도 모임과 두 뉴욕감리교회 소속 여성을 위한 성경공부에도 활발히 참여했다. 이 성경공부 모임은 1835년부터 피비 팔머의 자매 새라 워럴 랭포드(Sarah Worrall Lankford)가 인도하기 시작했다. 1837년에는 '완전성화,' '완전한 사랑,' '기독교인의 성결'이라는 웨슬리파 교리와 경험을 확산시키려는 단일 목적을 가진 모임이 되었고, 모임의 이름도 '성결의 확산을 위한 화요 모임'(The Tuesday Meeting for the Promotion of Holiness)이 되었다. 모임의 성격 변화는 미국감리교에서 일어난 급속한 변화와 동시에 진행되었다. 당시 많은 감리교인은 감리교의 교세가 커지고 미국 전역으로 확산되어 나감에 따라, 특히 '그리스도인의 완전' 같은 웨슬리파의 독특한 유산이 사라지지는 않을까 두려워했다.

'화요 모임'은 경건주의-감리교 전통의 영적 성장을 위한 소그룹 모델을 따랐다. 결국 이 모임에는 여성뿐만 아니라 남성도 함께 모였는데, 평신도와 목회자, 감리교인과 타교파 신자가 함께 참여하여 공통의 신앙 목표를 추구했다. 참석한 사람들은 평등하게 자유로운 토론에 참여했고, 성경을 연구하고, 함께 기도했고, 무엇보다도 개인 간증을 나누었다. '화요 모임'은 미국 감리교회뿐만 아니라 다른 교단들에서도 '그리스도인의 완전'에 대한 관심을 촉발시키는 주요 통로가 되었다. 1840년에 피비 팔머는 이 모임을 실질적으로 인도하는 역할을 자매 새라에게서 물려받았다.

피비 팔머가 여행하고 책을 쓰게 된 계기는 바로 이 '화요 모임'이었다. 피비 팔머는 1840년에 처음으로 뉴욕시 이외의 지역에서 '설교 여행'을 하게 되었고, 일 년 뒤에는 기독교인의 성결에 대한 첫 주요 서적을 출간했다. 1843년에는 가장 널리 읽힌 영향력 있는 책 『성결의 길』(Way of Holiness)을 출판했다. 이 책은 피비 팔머가 살아 있는 동안 총 50차례 이상 개정되어 출판되었다.

이때부터 1874년에 사망할 때까지 피비 팔머는 '그리스도인의 완전'을 지치지 않고 주창했다. 수천 마일을 여행하며 교회, 캠프집회, 대학, 신학교, 대중 강연장에서 설교하고 가르쳤다. 미국과 캐나다를 수차례 횡단하기도 했고, 영국뿐만 아니라 (잠시 동안이지만) 유럽 대륙을 방문하기도 했다. 이런 일련의 활동으로 인해 피비 팔머는 당시 세계에서 가장 널리 알려진 전도자 중 하나로 유명세를 치렀다.

피비 팔머는 작가와 편집인으로도 점점 더 유명해졌다. 20권 가까운 책을 출판했는데, 이 중 대부분은 수차례 인쇄되었고, 여러 언어로 번역되어 출판되기도 했다. 뿐만 아니라 피비 팔머는 「더 가이드 투 홀리니스」(The Guide to Holiness)라는 제목의 영향력 있는 정기 간행물을 10여 년(1864-1874) 편집했다.

피비 팔머는 영성에 관심이 있는 사람 수백 명과도 서신을 주고받았고, 가난하고 궁핍한 이들을 섬기는 다양한 프로젝트도 실행했다. 평생 감리교도로 살았지만, 그녀의 사역은 감리교를 넘어 수많은 개신교 교단으로 확장되어 '그리스도인의 완전', 성결, '더 높은 수준의 기독교인의 삶'에 대한 관심을 영어권 개신교 사회로 널리 확산시키는 데 공헌했다.

피비 팔머는 신학자나 종교사상가로서 가장 영향력이 컸다. 비록 '전문' 신학자는 아니었지만, 웨슬리파감리교의 '그리스도인의 완전' 혹은 '완전성화' 견해를 재구성해서 이를 변증하고 확산시킨 창의적인 종교 사상가였다.

자기 내면의 강렬하고 끊임없는 영적인 고뇌(그녀는 1837년에 완전한 사랑에 대한 확신을 얻었다고 확신하기 전까지 이를 11년 동안이나 갈구했다고 고백했다), 19세기 부흥운동, 유명한 영국감리교 평신도 지도자 몇 명(특히 헤스터 앤 로저스[Hester Anne Rogers]와 윌리엄 카르보소[William Carvosso])의 영적 전기에 영향을 받고, 강한 실용주의 정신을 강조한 피비 팔머는 '그리스도인의 완전'을 새롭게 이해했다. 그녀의 '지름길'(shorter way) 신학은 구도자들에게 '제2 은혜'에 도달할 수 있는 단순한 길을 제시했고, '완전성화'는 즉각적으로 일어나는 것이 본질이라고 주장했다.

피비 팔머는 이 길을 걷는 과정에서 경험하게 되는 몇 가지 단계를 제시했다.

첫째, 완전 성결을 하나님이 요구하시고, 가능하게 하심을 인지하는 단계이다.

둘째, 자신을 하나님께 온전히 바치는 단계이다.

셋째, 하나님께 자신을 온전히 바친 자들을 거룩하게 하신다는 하나님의 약속을 믿는 단계이다.

넷째, 하나님이 하신 역사를 명료하게 증언하는 단계이다.

피비 팔머는 세 번째 단계와 관련하여, 일명 '제단 원칙'(alter principle) 혹은 '제단 신학'(altar theology)을 발전시켰다. 이는 피비 팔머가 마태복음 23:19의 해석을 기초로, 이 말씀이 하나님이 완전하신 것처럼 자신도 완전에 이르기를 원하는 기독교인에게 주시는 하나님의 '약속'이라고 보았다. 즉 피비 팔머는 이 구절이 제단에 바쳐진 예물을 '거룩하게 하는' 희생 제단에 대해 말씀하고 있기 때문에 이 구절이 성결을 구하는 자에게 기독교인의 제단인 그리스도(히 13:10)께서 자신에게 전적으로 바쳐진 생명의 예물을 거룩하게 하시겠다는 약속이라고 이해했다. 피비 팔머가 볼 때, 삶을 온전히 바치는 행위와 '완전성화'의 복을 받는 것은 마치 원인과 결과처럼 분명하게 연결되어 있었다.

성화에 이르는 '지름길'을 강조한 피비 팔머의 사상의 핵심에는 '완전성화'는 순간적으로 발생하며, 진지한 구도자에게는 **지금** 일어날 수 있다는 의미라는 주장이 있었다. 이것은 존 웨슬리의 '그리스도인의 완전'에 대한 이해의 일부였다. 그러나 '완전성화'가 '순간적인 축복'이라는 웨슬리의 가르침은 지속되고, 점진적으로 발전하며, 오래도록 유지되는 하나님의 은혜의 역사로서, 하나님께서 죄인을 처음 부르신 후에 회개를 통해 죽음 후에 최후의 영광에 이른다는 사실을 강하게 확증한 훨씬 광범위한 성화 교리 안에서 구축되었다. 피비 팔머는 이런 웨슬리 성화론의 더 큰 시각을 부인한다기보다는, 그 안에 있는 특정 요소, 즉 '완전성화'의 순간적인 복을 분명하게 강조했다고 할 수 있다.

피비 팔머의 신학은 또한 '성령세례'(baptism with the Holy Spirit)라는 개념이 대중화되는 데 크게 기여했다. 그녀는 공적인 사역 초기에는 이 교리를 가르치지 않았다. 그러나 1850년대 중후반부터 그녀의 저서에 이 개념이 등장하기 시작하여, 말년에는 지배적인 주제로 부상한다.

시간이 지나면서 피비 팔머는 신의 활동과 객관적 '증거'를 강조하는 확신 교리를 유행시켰다. 이 교리의 기반을 헤스터 앤 로저스(Hester Anne Rogers) 같은 영국감리교 평신도 지도자들의 저술에서 찾았다. 특히, 로저스는 예수님의 제자들의 오순절 경험과 '완전성화'를 동일시한 존 플레처(John Fletcher)의 신학에 큰 영향을 받았다. 피비 팔머는 플레처의 주장을 받아들여 완전한 헌신은 성령세례로 이어진다고 가르치기 시작했다. 그리고 이 세례는 항상 증거를 통해 입증된다. 피비 팔머에게 이 증거는 바로 그리스도를 믿는 믿음으로 다른 이를 인도하는 신자의 열정이었다. 기독교인이 다른 구원받지 못한 사람에 대해 '냉담'하다면 이들은 아직 완전히 성화되지 못한 것이다.

피비 팔머가 여행, 저술, 편집한 「더 가이드 투 홀리니스」를 통해 가르친 신학 사상은 영어권 개신교 세계에 큰 영향을 주었다. 이들은 '그리스도인의 완전', 기독교인의 성결, 수준 높은 기독교인의 삶에 대한 피비 팔머와 다른 주창자들의 작품을 통해 '성결부흥' 혹은 '성결운동'을 정의했다. 미국에서는 피비 팔머의 사상을 '성결 확산을 위한 전국캠프집회협회'(National Camp Meeting Association for the Promotion of Holiness, 1867년 조직)가 수용했는데, 이 조직은 미국 남북전쟁 이후 기독교인의 성결 확산을 위해 부단한 노력을 기울였다. 19세기 후반에 이르러 이 협회는 수백 개 지역 조직을 갖추어 성결을 가장 큰 기치로 주장하며 공격적으로 활동했다. 성결에 대한 이 조직의 주장은 피비 팔머의 것과 아주 많이 일치했다.

적절한 시기에 이런 기관들을 통해 독립성결교회 및 교단들이 태동했는데, 이들은 20세기로 진입한 후에도 피비 팔머의 사상을 널리 전파했다. 나사렛교회(Church of the Nazarene), 순례자성결교회(Pilgrim Holiness Church, 지금은 웨슬리파교회[Wesleyan Church]) 등이 이에 포함된다. 또한, 웨슬리파감리교회(Wesleyan Methodist Church, 현재 웨슬리파 교회[Wesleyan Church])와 자유감리교회(Free Methodist Church) 같은 기존의 일부 감리교 교단도 자신들을 성결운동의 일부라고 정의하며 피비 팔머의 가르침을 수용했다. 뿐만 아니라 메노나이트(Mennonite) 전통에 뿌리를 둔 '그리스도 안의 형제교회'(Brethren in Christ Church)처럼 웨슬리파운동과는 관계없는 교회도 성결운동에 합류했다.

피비 팔머는 1859년에서 1863년까지 잉글랜드 전역으로 돌아다닌 설교 여행을 통해 자기 사상을 소개했다. 후에 로버트 피어솔 스미스(Robert Pearsall Smith)와 그의 아내 해너 위톨 스미스(Hannah Whitall Smith), 아사 메이헌(Asa Mahan) 같은 유명한 미국의 부흥사들이 그녀의 뒤를 이어 영국을 두루 다니며 피비 팔머의 신학을 설교로 전파했다. 이들의 사역의 직접적인 결과로 케직사경회(Keswick Convention)가 조직되었으며, 영국 복음주의자들은 '더 높은 수준의 삶'운동을 전개했다.

피비 팔머는 현대 오순절운동과 은사주의운동에도 영향을 주었다. 피비 팔머는 성령세례가 신자들의 심령을 죄에서 깨끗하게 하며, 그리스도를 닮은 삶을 살 수 있게 능력을 부여하며, 효과적으로 복음을 증거할 수 있게 해 준다고 가르쳤다. 피비 팔머 자신은 방언을 하지 못했으며, 또한 방언을 옹호하지도 않았다. 그러나 그녀가 오순절과 성령세례를 강조했고, 사도행전의 전반부를 하나님의 능력이 신자들에게 부어진 이야기로 해석하면서, 현대 오순절운동과 은사주의운동의 이론적 토대에 영향을 끼쳤다.

피비 팔머는 주로 여성이라는 이유 때문에 19세기 부흥사 중에서 특이한 이력을 가진 인물이었다. 그녀는 남성이 주도하던 세계에서 활발히 활동했던 거의 유일한 여성이었다. 19세기 초중반 미국에서는 극소수의 여성만이 순회 설교자나 '권고자'(exhorters)로 활동하며 작은 지방 모임을 인도했다. 그러나 피비 팔머는 당시 미국뿐만 아니라 세계적인 명성을 얻은 유일한 여성 부흥사였다.

피비 팔머는 특히 1840년 이후 순회부흥사로 가장 활발히 활동했다. 그녀는 300여 차례가 넘는 부흥집회와 천막집회에 참석했다. 사역 초기에는 거의 혼자 여행을 다녔지만, 이후 1859년부터는 남편과 종종 동행했다. 사역 때문에 가족과 멀리 떨어질 때면, 피비 팔머는 남편과 세 자녀에게 편지를 쓰며 가족에 대한 사랑을 표현했다.

피비 팔머가 널리 알려져 주목받은 여성 부흥사였던 사실에 비해, 그녀의 사역에 그다지 큰 비판이 없었다는 것은 놀랍다. 그러나 이후 수년간 비판이 많이 쏟아지자, 피비 팔머는 『아버지의 약속』(The Promise of the Father, 1859)이라는 책을 통해 자신의 사역이 성경적, 신학적, 역사적인 근거와 권위를 가지고 있다는 주장을 펼치며 여성 사역을 옹호했다.

이 책의 주요 논지는 현재가 오순절의 '이적과 기사'가 시작된 '성령의 세대'(dispensation of the Spirit)라는 것이다. 피비 팔머는 이 이적과 기사 중 가장 중요한 것은 바로 '예언'의 능력이며, 이 능력이야말로 '예수님의 기쁜 소식을 다른 이들에게 전하는' 것, 혹은 '그리스도를 통해 보여 주신 인간에 대한 하나님의 사랑을 모든 피조물에게 선언하는 것'이라고 보았다. 이 능력은 모든 신자, 즉 남자뿐만 아니라 여자에게도 주어지는 것이다. 사실 남성뿐만 아니라 여성에게도 주어지는 권능의 선물은 '기독교 세대(혹은 성령의 세대)의 특징'이다. 따라서 여성 목회를 반대한 교회들은 세상을 '마지막 날'의 구원으로 부르시는 하나님의 가장 주된 수단을 위반하는 범죄를 저지르고 있는 것이다.

그럼에도 불구하고, 여성이 목회자가 될 권리를 옹호하는 강력한 논증인 『아버지의 약속』에는 여성 안수 주제가 다뤄지지는 않았다. 그러나 여성 목회에 대한 피비 팔머의 논리를 볼 때 여성 안수를 거부할 명분은 거의 없다. 『아버지의 약속』에서 드러난 피비 팔머의 논리는 쉽게 여성 안수의 문제로 연결될 수 있었다. 이런 논증은 19세기 말 이전에 성결운동 진영 내에서 진척되었고, 따라서 신생 교단 거의 대부분은 이 논리로부터 여성 안수를 지지하는 논증을 이끌어 냈다. 피비 팔머는 사회 내에서의 여성 지위에 대해서는 그다지 목소리를 내지 않았다. 사실 당시의 기준으로 볼 때 피비 팔머의 사회관은 보수적인 편이었다.

그러나 피비 팔머는 전통적으로 여성에 허용되지 않았던 여러 역할들을 감당하면서, 적어도 종교적인 면에서 여성 해방과 관련된 고도로 눈에 띄는 한 모델을 제시했다고 할 수 있다. 19세기 페미니스트 지도자 캐서린 부스(Catherine Booth, 구세군)와 프랜시스 윌라드(Francis Willard, 세계기독교여성금주연합)는 모두 피비 팔머가 자신들의 삶에 지대한 영향을 미쳤다고 보장했다.

마지막으로, 여러 다양한 종류의 목회사역 외에도, 피비 팔머는 구제 및 인도주의 사업에도 엄청난 시간과 열정을 쏟았고, 다른 이들에게도 자기 일에 동참하라고 주문했다. 그녀는 수년 동안 교도소 심방을 갔다. 의료 지원이 필요한 가난한 사람들을 돕는 자원봉사자로 조직된 여성조력회(Female Assistance Society) 총무로도 봉사했다. 피비 팔머는 미국감리교 여성국내선교부 임원으로 활동하면서, 뉴욕시의 가장 가난한 지역의 이웃을 위한 다섯거점선교회(Five Points Mission)의 창립자로 활약했다.

이 선교회는 1850년에 창설되어 아이들을 위한 주간학교를 설립하고, 가난한 가족에게 저렴한 주택을 제공했으며, 옷과 음식을 나눠 주는 등 여러 방면의 구제 사업을 벌였다. 또한, 이 선교회는 다섯거점산업선교회(Five Points House of Industry Mission)와 연계하여 직접 산업체를 운영하며 총 500명에 달하는 사람에게 일자리를 제공해 주었다. 다섯거점산업선교회는 개신교회들이 미국의 급격한 산업화로 인해 도시 지역으로 급격히 유입된 인구의 증가와 범죄율 급증, 가난이라는 문제를 해결하기 위해 노력한 가장 초기의 좋은 선례 중 하나였다.

피비 팔머는 19세기 중반 미국 사회에서 가장 취약한 집단이라 할 수 있는 고아를 돌보는 일에도 열심을 냈다. 피비 팔머는 평생 '친구 없는 이들을 위한 보금자리'(Home for the Friendless)를 후원했고, 자신의 영향력과 관계망을 이용해서 지낼 곳 없는 아이들에게 영구적인 보금자리를 찾아 주려고 노력했다.

이렇게 도움이 필요한 이들에게 구제와 인도적인 손길을 헌신적으로 내민 피비 팔머는 불의와 영구적인 가난을 조장하는 기본 사회 구조나 체계를 바꾸려고 노력한 이들이라는 의미에서는 '개혁자'가 아니었다. 그녀는 미국 노예제도에 대해 공개적으로 발언하기를 꺼려했다. 사적인 서신들을 살펴볼 때, 그녀는 노예제도에 혐오감을 가지고 있었지만, 노예제도 폐지운동에는 관여하지 않았다. 노예제도 폐지운동이 미국법의 원칙들에 도전하면서 시민불복종운동에 불을 지필 위험성이 있다고 판단했기 때문이었다.

참고문헌 | T. C. Oden, *Phoebe Palmer: Selected Writings* (New York: Paulist Press, 1988); H. E. Raser, *Phoebe Palmer, Her Life and Thought* (New York: Edwin Mellen Press, 1987); R. Wheatley, *The Life and Letters of Mrs. Phoebe Palmer* (1876); C. E. White, *The Beauty of Holiness: Phoebe Palmer as Theologian, Revivalist, Feminist, and Humanitarian* (Grand Rapids: Zondervan, 1986).

H. E RASER

피터 카트라이트(Peter Cartwright, 1785-1872)

미국감리교 설교자로, 19세기 중반 미국감리교가 미국 문화의 변방에서 주류로 이동하는 시점에 살았던 중요한 전환기적 인물. 그는 1875년 9월 1일에 버지니아 애머스트 카운티(Amherst County)에서 태어났다. 개척지 농부이자 독립전쟁 참전 용사이던 아버지는 1790년에 가족을 켄터키로 데려가서, 3년 후에 로건 카운티(Logan County)에 정착했다. 카트라이트는 어린 시절 어머니에게서 얼마간의 교육을 받았다. 1801년에 어느 결혼식의 떠들썩한 즐거움이 있은 하루 뒤, 카트라이트는 갑작스런 침체에 빠져 들었는데, 이 침체로 인해 그는 이후 세 달 간 자기 영혼을 감찰하는 고뇌를 겪어야 했다. 이후 이웃 마을에서 열린 케인리지(Cane Ridge) 후속 캠프집회에서 그는 하나님의 용서를 황홀경 속에서 체험했고, 즉각 감리교 속회(class meeting)에 참석하기 시작했다.

1년 후, 그는 권고자(exhorter)로 인허받고, 다시 1년 후에는 순회전도자가 되었다. 카트라이트는 혜성 같이 등장하여 감리교 계급 구조를 타고 빠른 속도로 신분 상승을 경험했다. 1806년에 프랜시스 애즈베리(Francis Asbury)가 그를 집사로 안수한 2년 후에는 윌리엄 매켄드리(William McKendree)가 그를 장로로 안수했다. 1812년에는 수석장로(presiding elder)가 되었는데, 그는 차후 50년간 이 직책을 갖고 여러 지역에서 일했다. 1816년에는 총회에서 일했고, 열세 차례 연속으로 총회에 대의원으로 파견되었다. 이런 활동의 와중이던 1818년 8월 18일에는 사역 전반에 걸쳐 남편을 강력 지지한 프랜시스 개인스(Francis Gaines)와 결혼했다. 부부는 일곱 딸과 두 아들을 낳았다. 1824년에 가족은 일리노이로 이사했는데, 이사 중에 사고로 딸 하나를 잃었고, 1년 연봉도 238달러에서 40달러로 깎였다. 농부와 설교자로 동시에 일하면서, 카트라이트는 남은 일생을 일리노이에서 보냈다.

카트라이트는 자기 역할을 유행하는 혁신에 반대하는 '불평분자'(croaker)로 규정하기를 좋아하는, 원형 그대로의 개척 설교자가 되었다. 신학적으로 정통이었고 동시에 철저한 알미니안주의자였던 카트라이트는 변방 정착지의 거친 문화를 편안해 했고, 캠프집회를 방해하는 세력들을 다룰 때 물리적인 힘을 사용하거나 장로교인과의 신학 논쟁에서 거친 욕을 마다하지 않았다. 마찬가지로, 그는 감리교 열정주의의 감정적인 표현에 만족했고, 그가 성령의 즉석 영감(instantaneous inspirations)이라고 이해한 것에 관심이 많았다. 그가 생각하기에, 캠프집회에서 참석자 모두에게 동등한 경험을 선사하는 필수 과정으로 인식된 '경련'(the jerks)에 대해서도 그는 동정적으로 묘사했다. (그의 기록은 또한 이 주제 관련 기록 중 가장 훌륭하기도 하다). 그는 세속적 허식을 늘 정죄했고, 회중석을 돈을 받고 지정해 주는 것을 이 행위로 대변되는 사회의 계층화 문제 때문에 반대했다. 감리교 평등주의에 대한 그의 변증은 전설적이었다. 그는 속회 모임과 설교자의 평범한 복장을 이 두 행위가 유행에 뒤떨어진 것으로 취급되던 한참 후까지도 주저 없이 주장했다.

그러나 카트라이트는 영적이고 사회적인 자기만족을 반대하는 태도와 최대한 일관성을 유지하면서, 감리교식 규율로 한계를 최대치로 정해 놓기만 한다면, 자기 교구민이 존경받는 고위층으로 신분 상승하고자 하는 열망은 지지할 수 있다고 했다. 대학에서 신학 훈련을 받는 것을 초기에는 반대했음에도 불구하고, 이후 그는 지칠 줄 모르는 고등 교육의 옹호자가 되어, 일리노이에 세 감리교 대학, 즉 매켄드리(McKendree, 레바논[Lebanon] 소재)대학, 맥(MacMurray, 잭슨빌[Jacksonville] 소재)대학, 일리노이웨슬리파(Illinois Wesleyan, 블루밍턴[Bloomington] 소재)대학을 설립하는 일을 도왔다.

그는 또한 경건 서적과 신학 서적을 배포함으로써 감리교 회중이 독서를 통해 신앙 교육을 할 수 있도록 도왔다. 동시에 카트라이트는 정치적 행동주의를 지지하며, 침묵으로 일관하는 태도를 비판했다. 집회 강사로 일하는 일에 더하여, 그는 민주당 정치에도 열심히 참여했다. 주장에 따르면, 앤드루 잭슨(Andrew Jackson)의 요청을 받아 1828년에 일리노이 의회 선거전에 뛰어들어 당선되었고, 1832년에는 에이브러험 링컨을 누르고 재선되었다. 그러나 14년 뒤, 링컨은 미국 하원의원 선거전에서 카트라이트를 누르고 당선됨으로써 복수에 성공했다.

교회와 정치 무대 양편에서 카트라이트는 중도파 연합을 위해 일하며, 주류에서 떨어지려는 경향을 띈 모든 급진적 입장에 반대했다. 원래 그의 반노예제도(anti-slavery) 견해 때문에 켄터키를 떠났음에도 불구하고, 이후 그는 노예제도 폐지 입장을 거부하고, 제임스 앤드루스 감독(Bishop James Andrews)의 노예 소유를 놓고 1844년에 감리교에서 논쟁이 벌어져 교단이 분열될 위기에 처했을 때, 분열을 막기 위해 열심히 싸웠다.

그러나 카트라이트의 천재성은 그의 에너지 대부분을 언제나 쏟아부었던 설교사역에서 지속적으로 증명되었다. 일리노이에서 일했던 수십 년간 그가 15,000번 이상 설교하고 12,000명의 회심자에게 세례를 주었다는 기록이 있다. 1856년에는 자서전을 출간했는데, 거기서 카트라이트는 자신이 경험한 원시감리교회(Primitive Methodism) 전통을 옹호했다. 종종 '살아 있는 민간 전승,' '하나님의 농부'로 칭송받는 카트라이트는 80대에도 정정하게 설교했다. 그는 1872년 9월 25일에 일리노이 플레즌트플레이스(Pleasant Plains)에서 사망했는데, 그의 교회는 지금도 여전히 연합감리교회(United Methodist Church)의 역사적 유산 건물로서 뿐만 아니라 활력 있는 회중으로 남아 있다. 카트라이트의 무덤에는 다음과 같은 이사야 26:4의 말씀이 새겨져 있다.

"너희는 여호와를 영원히 신뢰하라 주 여호와는 영원한 반석이심이로다."

참고문헌 | T. L. Agnew, 'Methodism on the Frontier,' in E. S. Bucke (ed.), *The History of American Methodism*, 3 vols. (New York: Abingdon Press, 1964), pp. 488-545; P. Cartwright, *Autobiography of Peter Cartwright, the Blackwoods Preacher*, ed. W. P. Strickland (New York: Carlton & Porter, 1857).

W. R. SUTTON

피터 테일러 포사이스(Peter Taylor Forsyth, 1848-1921)

스코틀랜드회중교회 신학자이자 목회자. 그는 1907년에 예일대학교(Yale University)에서 라이먼비처강연(Lyman Beecher lectures, 후에 『실증적 설교와 현대 정신』[*Positive Preaching and the Modern Mind*]이라는 제목으로 출판)을 하면서 자신의 지성 및 영적 성장에 대해 다음과 같은 생각을 밝혔다.

"첫 단계에서 순수하게 과학적인 비평에만 관심을 기울이던 때가 있었습니다. 고전과 철학이라는 학문 세계에서 성장하면서, 저는 이런 습관을 성경으로 가지고 와서 적용했습니다… [그러나] 위대한 신학자들이 나에게 성경에서 찾으라고 가르쳐 준 그분의 거룩과 은혜의 계시를 통해, 마치 학교에서 공부하면서 생긴 모든 의문들을 무겁고 긴급하고 날카롭게 다루는 것처럼, 나 스스로 내 죄가 얼마나 분명한가를 충분히 납득하는 것이 하나님을 기쁘시게 하는 것이었습니다. 나는 한 사람의 기독교인에서 한 사람의 신자로, 사랑을 사랑하는 자에서 은혜의 대상으로 변했습니다. 그리고 그렇게, 교회에 필요한 것이 계몽된 가르침과 자유주의 신학이라고 처음에 생각했던 내가, 이제는 교회가 필요로 하는 것이 복음화, 즉 그 말씀에 대한 관습적인 이해를 넘어서는 무언가라는 확신에 이르게 된 것입니다."

이 발언은 (호턴 데이비스[Horton Davies]에 의해) '20세기의 가장 위대한 비국교도 신학자'로 칭송받은 인물, 경력의 가장 정점에 서 있던 한 인물에게서 나온 특별하고도 온건한 신앙고백이었다. 피터 포사이스의 영적 회심과 신학자로서의 사역의 관계는 복잡하다. (어떤 기간 중에 발생한 것으로 보이는) 회심에 이어, 그는 신학자와 성경해석자로서 상당한 성숙과 발전을 이어갔다. 그러나 회심 이후 그의 신학적 통찰은 달라졌고, 새로운 특징을 띠게 되었다. 그가 죽었을 때, J. K. 모즐리(J. K. Mozely)는 '해크니대학(Hackney College) 학장의 죽음은 잉글랜드 기독교가 가장 강력하고, 가장 도전적이고, 아마도, 실제로 교의학 영역에서 아마도 가장 위대한 신학자였던 인물을 잃은 것'이라고 평가했다. 필자는 이 글을 피터 포사이스의 삶, 목회, 신학을 빅토리아 시대 및 현대 영국 교회사 안에서 그에게 합당한 특별 위치가 있다는 이해 속에서 전개하려 한다.

피터 포사이스는 1848년 5월 12일에 스코틀랜드 애버딘(Aberdeen)에서 아이작 포사이스(Isaac Forsyth)와 엘스펫 맥퍼슨(Elspet MacPherson)의 첫 아들로 태어났다. 가족은 겨우 먹고 사는 처지였기 때문에 피터 포사이스의 유아기의 상대적 가난은 어머니가 대학생들을 하숙생으로 받기로 결정하면서 겨우 조금 나아졌다. 피터 포사이스는 가난한 데다 만성 위장 장애로도 고생했지만, 지적으로는 풍요로웠고, 문법학교에 다니면서 좋은 성적으로 수많은 상을 받기도 했다. 1864년에 그는 일등급 우등으로 학교를 졸업하고 그해에 금메달을 받았다. 같은 해 10월에 피터 포사이스는 대학의 연례 장학금 경쟁에 응시해서 전체 204명의 응시자 중 21등을 차지하면 카길장학금(Cargill Bursary)을 받았다. 이 장학금이 그가 대학 교육을 받을 수 있는 유일한 수단이었다.

16살에 피터 포사이스는 애버딘대학교(University of Aberdeen)에 들어가서 성적 우수상을 계속 받았을 뿐만 아니라, 우아한 수사, 지적 담대함, 열정, 미적 분별력으로도 유명해졌다. 애버딘에서 3학년 말에 심하게 아프게 되면서 학교를 일찍 떠나야 했다. 그러나 마지막 해(1869)에 애버딘대학교 킹스대학(King's College, 오늘날은 신학부-역주)에서 석사학위를 받으며 졸업할 당시 성적이 워낙 탁월해서, 도덕철학 분야의 1등상을 받고 고전 문헌학과에서는 1등급 우등상(first-class honours)을 받았다.

1871-1872년 학기에 라틴어 강사로 일한 후, 독일 괴팅엔(Göttingen)으로 건너가서 유명

한 신학자 알브레히트 리츨(Albrecht Ritschl) 과 함께 한 학기를 공부했다. 독일에서 보낸 이 학기가 그의 언어 실력을 더 늘어나게 해 주었을 뿐만 아니라, 이후 수년간 그가 붙들게 되는 신학적 관점을 정립하게 해 주었다. 괴팅엔에서 돌아온 피터 포사이스는 런던의 해크니대학(Hackney College, 후에 뉴대학[New College]으로 바뀌었다가 1900년 이후 런던대학 신학부로 합병-역주)에 들어가 목회를 준비했다. 그러나 그는 학업 중 2학년 때 중병에 걸려 고통받다가 결국 다시 한 번 중퇴하고 말았다.

신학적으로 자유주의자이던 피터 포사이스가 회중교회연합(Congregational Union)에서 자리를 잡는 것은 어려운 일이었다. 이 교단 내에서 더 젊고 온건한 세대의 대의를 대변하면서 독립 정신을 스스로 고취하던 J. 볼드윈 브라운(J. Baldwin Brown)의 후원이 없었다면, 피터 포사이스는 아마도 회중교회 강단에 설 수 없었을 것이다. 그러나 1876년에 요크셔(Yorkshire) 쉬플리(Shipley)의 노동자 계층 회중교회로 부임한 피터 포사이스는 이어서 목사로 안수받았다.

쉬플리교회는 '비정규' 교회였다. 이 교회는 깐깐한 정통파 요크셔회중교회연합(Yorkshire Congregational Union)의 신뢰를 얻는 데 실패했다. 그러나 악명 높은 1877년 레스터총회(Leicester Conference)에 참석한 것으로도 피터 포사이스에 대한 회중교회연합의 의심은 누그러지지 않았다. 이들의 염려는 피터 포사이스가 쉬플리 회중에게 '참되고 유일한 정의에 자비를'(Mercy the True and Only Justice)이라는 제목으로 행한 설교로 더 깊어졌다. 이 설교는 피터 포사이스가 그의 괴팅엔 선생님 알브레히트 리츨의 신학에 의존하고 있었다는 것을 보여 준다.

피터 포사이스는 리츨에게서 속죄의 율법적 혹은 법정적 모델에 대한 반감을 배웠고, 하나님의 사랑, 자비, 하나님의 나라가 결정적인 신학의 범주인 화해 교리를 도덕적으로 이해해야 한다고 생각하게 되었다. 피터 포사이스가 그리스도의 죽음을 하나님의 사랑과 도덕적 순종의 표현이라고 강조하자, 많은 사람들이 그가 그리스도의 사역에 대한 바른 대속 이론을 버렸다고 생각한 것도 무리가 아니었다. 그러나 하나님의 정의와 사랑에 대해 언급하면서 피터 포사이스가 의도한 것은 (그가 생각하기에) 엄격한 어거스틴주의적 칼빈주의에 너무 깊은 영향을 받은 유력한 속죄 교리와 거기서 파생된 오류를 교정하는 것이었다.

쉬플리에 도착한 후 그해에 피터 포사이스는 (성공회[Anglican] 신자) 미나 매그니스(Minna Magness)와 결혼했다. 요크셔에서 4년간 사역한 후 그는 목회지를 런던 해크니(Hackney)의 세인트토마스스퀘어(St Thomas' Square)로 옮겼다. 1880년에서 1885년 사이의 기간은 그의 목회와 기독교 신학자로서의 성장에 결정적으로 중요한 시기였다. 종교 미술, 음악, 연극, 정치, 심지어 작곡과 어린이 설교 전달법에 대한 관심이 자라나기 시작한 것이 바로 이 시기였다.

1885년에 피터 포사이스는 세 번째 목회지, 맨체스터의 치덤힐회중교회(Cheetham Hill Congregational Church)로 이동했다. 이 거친 산업 지역에는 가난과 연관된 수많은 사회, 경제, 도덕 문제가 심각하게 자리 잡고 있었다. 피터 포사이스는 (후에 『최근 예술에서의 종교』[Religion in Recent Art]라는 제목으로 출간되는) 종교 예술에 대한 일련의 강연회를 지역 노동자들을 대상으로 열었다. 사회적, 정치적 정의 문제에 대한 그의 헌신은 1889년 부두 대파업에 대한 열렬한 지지를 통해서 증명되었다. 같은 해에 그는 레스터의 클래런던파크회중교회(Clarendon Park Congregational Church)로 이동했다.

피터 포사이스가 신학자로서 두각을 드러내기 시작한 곳이 바로 여기였다. 이때쯤 그의 신학 작품이 후기 빅토리아 시대에 가장 중요한 잉글랜드 신학자 중 하나인 회중교회 신학자 R. W. 데일(R. W. Dale)의 인정을 받았다. 피터 포사이스의 논문 '계시와 그리스도의 인격'(Revelation and the Person of Christ)을 읽은 후, 데일은 피터 포사이스가 "우리 모두가 잃어버린 한 단어, 즉 '은혜'라는 단어를 우리를 위해 회복시켜 주었다"라고 주장했다. 『신앙과 비평』(Faith and Criticism, 성공회-가톨릭파(Anglo-Catholic)에게 『세상의 빛』(Lux Mundi)이 했던 기능과 마찬가지로, 회중교회가 자기 신학을 정의하기 위해 작업한 논문 모음집)에 실린 이 논문은 피터 포사이스의 입장과 자유주의 및 보수주의 신학 양편 주류의 입장이 어떻게 다른지를 보여 준 논문이었다.

피터 포사이스는 자유주의 신학의 가장 큰 문제점 중 하나는 신적 아들됨의 '원리'(예를 들어, 예수님이 도덕의 '전형'[archetype]이라는 칸트의 인식)가 예수 그리스도의 구체적 인격과 동떨어져 있는 것이라고 믿었다. 그는 바른 속죄 교리에는 하나님의 아들이신 예수 그리스도의 아버지께 대한 순종의 행위 안에서, 또 그 행위를 통해 이루어진 인간의 객관적 구속(objective redemption)이 들어 있어야 한다고 주장했다.

이 믿음은 피터 포사이스만의 것이 아니었다. 이런 교리 주장은 데일의 이론과 가족처럼 닮았는데, 데일이 강조하는 십자가는 후에 '권위의 마지막 자리로서의 십자가'(The Cross as the Final Seat of Authority, 1899), '그리스도의 인격과 그의 십자가'(Christ's Person and His Cross, 1917) 같은 논문이나 『그리스도의 십자가형』(The Cruciality of the Cross, 1909), 『그리스도의 사역』(The Work of the Christ, 1910) 같은 피터 포사이스의 후기 신학 단행본에 반영되었다.

피터 포사이스가 자유주의 개신교와 궁극적으로 단절하게 된 계기는 그가 이해한 기독교적 삶과 신학이 리츨의 것과 점점 더 어긋나게 되었기 때문이었다. 리츨에게는 기독교 신앙이 (하나님 나라와 십자가라는) 두 개의 초점을 가진 타원으로 인식되었다. 19세기 독일 자유주의 개신교에 속한 많은 다른 이들과 마찬가지로, 리츨은 신앙 생활을 '하나님 나라'라는 그가 강조하는 주제를 통해 하나의 큰 도덕적 기획으로 축소시켰다. 때로 칸트와 리츨의 영향이 군데군데 발견되기도 함에도 불구하고, 피터 포사이스는 이 전통의 장점과 단점을 비판적으로 평가할 수 있게 되었고, 결국 십자가만이 기독교 신앙과 실천의 중앙에 위치해야 한다고 주장하게 되었다. 그 결과, 그의 속죄론도 점점 더 객관성을 강조하게 되었다.

1893년에 친구 데일이 사망하자 피터 포사이스는 슬픔에 빠졌다. 이 손실은 실제로 회중교회연합 전체의 큰 애도를 낳았고, 이제 교단의 지속적인 성공을 이어 갈 지도력 공백에 대한 염려로 이어졌다. 피터 포사이스는 데일의 지도력을 대신해야 한다는 회중교회의 강한 압박을 받았다. 몇 가지 조건하에, 그는 1894년에 레스터를 떠나 케임브리지(Cambridge) 소재 임마누엘회중교회(Emmanuel Congregational Church)의 청빙을 받아들였다. 그의 이전 사역이 교구목회로 규정될 수 있는데 반해, 이번 케임브리지 청빙은 전국의 회중교회를 관리해 달라는 차원의 요청이었다.

임마누엘에 도착한 직후 피터 포사이스는 갑작스런 질병과 아내의 죽음에 직면해야 했다. 회복이 되리라는 확신이 없었음에도 불구하고, 그는 결국 새 교회 식구들의 애정 어린 돌봄과 간호, 또한 1897년에 있었던 버사 아이슨(Bertha Ison)과의 결혼 덕에 차차 몸을 회복했다. 버사는 남편의 건강 유지에 혼신의 힘을 쏟았다. 그녀의 열정, 간호, 헌신이 바로 피터 포사이스의 생애에서 신학적으로 가장 활발하고 열매가 많았던 시기를 만들어 낸 기반이었다.

1898년에는 회중교회연합의 레스터 모임에서 '성부와 살아 계신 그리스도'(The Holy Father and the Living Christ)라는 제목의 설교를 전할 수 있을 만큼 회복되었다. 이 설교는 피터 포사이스가 일급 복음주의 설교자로서의 명성을 공고히 하는 데 기여했다. 기독교 신앙과 인간 자유의 의미를 십자가에 달리시고 부활하신 주님의 인격과 사역에 위치시킨 그의 헌신된 신앙이 강력하고 분명한 언변을 통해 풍성하게 표현된 것이었다. 그가 회중교회연합에서 누린 확신과 존경은 보스턴에서 열린 세계회중교회총회에 연사로 초대받은 사실에서도 확인할 수 있다. 이때 그가 한 설교의 제목이 '복음주의적 권위의 원리'(The Evangelical Principle of Authority)였는데, 레스터에서처럼, 피터 포사이스는 청중에게 그가 실재의 중심에 있는 결정적 사건으로 간주한 것, 즉 그리스도의 죽음에 집중해야 한다고 강조했다.

1901년, 피터 포사이스는 런던 해크니대학 총장으로 선출되었다. 종신 총장으로 지내면서 그는 일생에서 가장 중요하고 창의적인 신학 작품을 생산해 냈다. 교회, 도덕, 정치에 대한 헌신은 죽을 때까지 변치 않았다. 학교를 운영하면서도, 회중교회연합을 이끌고 글을 쓰고 강연을 인도하며 총회와 집회에 참석하고 설교했고, 이 모든 역할을 신학적으로 숙고하는 일도 멈추지 않았다.

피터 포사이스의 작품에 친숙한 이들은 그를 '예언자'라 칭하며 그의 신학의 의미를 드러내고 싶어 했다. 이 표현은 그의 교의학이 얼마나 창의적이고 시대에 앞선 것인지를 보여 준다. 예를 들어, 성경신학자로서의 피터 포사이스는 예수님의 전체 생애와 가르침과 유리된 속죄에 대한 확장된 논의에 동참할 마음이 없었다. 그의 접근법은 성경의 기록에 따르면, 예수 그리스도가 스스로 다른 이들에 앞서 자신을 노출하셨다는 확신에 근거한 것이었다.

"그리스도는 당신이 하신 행동을 스스로 해석하신다…참되고 깊은 역사적 그리스도가 바로 전체 성경의 기독교다."

그는 예수 그리스도의 정체와 중요성을 해석학적인 동시에 교리적으로도 숙고해야 한다고 고집했다. 그는 십자가의 중심성을 주장했지만, 이 중심성에 대한 집착이 성경의 전체 본문에 대한 이해를 왜곡시켜서는 안 된다고 믿었다. 이런 접근법을 통해 그는 어떻게 복음이 역사 속에 구체적으로 임하여 안착했는지 이해할 수 있었던 것이다(즉 '실현된 종말론'[realized eschatology]).

예수 그리스도의 인격의 구체적이고 현재적인 활동을 통해 실재를 이해하려는 과제에 헌신한 것 때문에 많은 이들이 피터 포사이스를 '바르트 이전의 바르트주의자'로 생각했다. 바르트와 마찬가지로, 피터 포사이스는 하나님의 계시를 예수 그리스도 안에 있는 하나님의 은혜롭고 화해를 이루시는 활동이라는 측면에서 이해했다. 그러나 바르트에게는 칼케돈(Chalcedonian)에서 내린 정의가 예수님의 완전한 신적이고 인간적인 정체성(인격)을 충실히 이해하고 설명하는 과제에 본질적이다. 그러나 피터 포사이스는 이 고대 기독론이 너무 지나치게 헬라적(즉 존재론적)이어서 현대에는 의미와 그 권위가 없다고 생각했다.

이 점에서, 그는 양심의 '형이상학'을 제안했다. 피터 포사이스는 속죄에 대한 자신의 교의학적 결론이 그의 성육신론을 결정하게 만든다. 바르트는 이 둘을 분리하려 하지 않는다. 그러나 칼케돈의 '차이 속의 연합'이라는 주제를 반대함으로써, 피터 포사이스의 기독론과 삼위일체 하나님 교리는 바르트의 사상과는 구별될 수밖에 없었다. 이것이 많은 이들이 이후 이 두 사람이 서로 다르라고 생각하게 되는 원인이었다.

1921년 11월 11일, 피터 포사이스는 73세의 나이에 잠자는 중에 사망했다. 그는 두드러진 재능을 지닌 인물이자, 도덕과 정치 활동에 참여한 인물이었다. 지적으로 호기심이 많고, 예술적 취향을 지녔으며, 서정적인 문체에, 신학적 확신과 선포에서는 복음주의적인 인물이었다. 피터 포사이스는 바로 다음의 이유 때문에 깊이 심사숙고해서 연구해 볼만한 인물이다. 즉 그는 복음의 빛을 따라 가다가 현대성이 종말에 이르는 길을 발견한 신학자였다'

그는 '그리스도의 십자가를 통해 빛에 이르렀다'(*Per crucem Christi ad lucem*).

참고문헌 | A. P. F. Sell (ed.), *P. T. Forsyth: Theologian for a New Millennium* (London: The United Reformed Church, 2000); T. Hart (ed.), *Justice the True and Only Mercy: Essays on the Life and Theology of Peter Taylor Forsyth* (Edinburgh: T. & T. Clark, 1995).

M. HUSBANDS

필립 도드리지(Philip Doddridge, 1702-1751)

비국교회 목사이자 교육가, 수학자, 신앙 서적 저술가. 그는 런던의 한 가게 주인의 20번째 자녀로 태어났다. 필립 도드리지는 성경에 대한 사랑과 이것이 모든 신실한 기독교인의 신앙 생활의 필수불가결한 기반이라는 확신을 가진 가정에서 자랐다. 가족은 깊은 청교도 및 종교개혁 뿌리를 가진 집안이었다. 친할아버지 존 도드리지(John Doddridge)는 통일령(Act of Uniformity, 1662, 모든 성공회의 예배 형식을 통일시킨 법령-역주)을 받아들이느니 차라리 사임하는 게 낫다며 쉐퍼턴온템즈교회(Shepperton-on-Thames Church) 교구사제(vicar)를 그만두었고, 외할아버지는 지역 개신교회를 두드러지게 지지한다는 이유로 1626년에 고향 (체코의-역주) 보헤미아에서 추방당했다.

필립 도드리지는 세인트올번(St Alban)에서 나다나엘 우드(Nathaniel Wood)에게서 교육을 받고 킵워스(Kibworth)의 존 제닝스(John Jennings)를 통해 비국교도 목회자 훈련을 받았다. 곧이어 아이작 와츠(Isaac Watts)와 새뮤얼 클락(Samuel Clarke)의 영향을 받았는데, 이들은 18살이던 그에게 존 로크(John Locke)의 글을 읽게 했다. 3년 후, 필립 도드리지는 (킵워스에서) 첫 목회 활동을 했다. 1729년부터 1750년까지 노샘프턴(Northampton)에서 비국교파 학교들 중 가장 크고 가장 성공적인 사례에 속하는 학교를 설립해 운영했고, 1730년부터 사망할 때까지는 캐슬힐 소재 독립교회의 목사로 일했다.

교육자로서의 필립 도드리지의 중요성은 아무리 강조해도 지나치지 않다. 라틴어 대신 영어 강의를 도입한 최초의 인물 중 하나인 필립 도드리지는 또한 학생들이 글자 그대로를 받아쓰게 하기 위해 속기법 체계를 개정하기도 했다. 그의 지도 아래 2백 명이 넘는 탁월한 인물이 교육을 마쳤다. 그들 중에는 교육자 존 에이큰(John Aiken, 워링턴아카데미[Warrington Academy]에서 봉사했고, 애나 래티셔 바볼드[Anna Laetitia Barbauld]의 아버지), 대븐트리(Daventry)의 케일럽 애쉬워스(Caleb Ashworth), 런던의 앤드루 키피스(Andrew Kippis)뿐만 아니라, 에든버러에서 교수로 명성을 떨친 길버트 로버트슨(Gilbert Robertson)과 제임스 로버트슨(James Robertson)도 있었다. 침례교도, 장로교도, 잉글랜드국교도 출신도 그에게 와서 공부한 후, 의학, 법, 경영, 군사 같은 다양한 분야에서 경력을 쌓았을 뿐만 아니라, 또한 이 중 많은 이들은 비국교회 목사가 되었다.

많은 다른 잉글랜드비국교도 지도자들처럼, 필립 도드리지도 여러 분야의 학문을 통달한 박학다식한 인물이었다. 주업이 (칼빈주의 신념을 가진) 신학자였음에도 불구하고, 그는 아이작 뉴턴 경(Sir Isaac Newton)의 『수학의 원리』(Principia Mathematica) 같은 당대의 작품을 잘 아는 실력 있는 수학자이기도 했다. 이 책의 영향을 받아 『성령론, 윤리학, 신학의 근본 주제들에 대한 연속 강의』(Course of Lectures on the Principal Subjects in Pneumatology, Ethics, and Divinity, 1794)를 쓰기도 했다.

예를 들어, 필립 도드리지는 창조의 유한성과 기원의 필연적 순간에 대한 자기 논증의 버팀목을 찾기 위해 뉴턴의 역학(관성)에 대한 열한 가지 전제와 에너지 보존에 대한 여섯 가지 전제를 인용했다. 진자와 물체의 충돌에 대한 공식 논문을 노샘프턴철학회에 제출하기도 했는데, 수학, 기하학, 일반 물리학에 대한 그의 가르침의 수준이 아주 높았다는 것은 앤드루 키피스(Andrew Kippis) 같은 제자들의 후대 증언 뿐만 아니라 그의 학생들이 회람한 수업 기록을 통해서도 분명히 알 수 있다.

필립 도드리지는 성경의 신적 영감을 믿었지만, 무오성을 주장하지는 않았다. 여러 성경 저자들에게 모순과 작은 오류가 있다고 생각했음에도 불구하고, 신약을 신앙과 삶의 권위 있는 기준이라 믿었고, '원저자들의 손으로 기록됨으로써 세상에 나온 대부분의' 그리스어 본문을 우리가 소유하고 있다고 생각했다(Course of Lectures, 1.412-414). 온건 칼빈주의자로서, 그는 성경과 자연철학(과학)이 각각 바르게 이해되기만 한다면, 상호 모순될 리 없다고 믿었다.

필립 도드리지의 작품 중 가장 중요한 것은 『영혼 속 신앙의 탄생과 성장』(The Rise and Progress of Religion in the Soul, 1745)이었다. 아주 유명하지는 않았지만, 출판된 후 이 책은 한 세기 이상 복음주의자에게 기독교에 대해 '고민하는 구도자를 위한 가장 안전하고, 가장 완전하며, 가장 효과적인 안내서'로 평가받았다(British and Foreign Evangelical Review [1857]). 이 책은 곧 웨일스어와 프랑스어로 번역되었고, 19세기에는 스코틀랜드 게일어와 이탈리아어, 타밀어(Tamil), 시리아어로 번역되기도 했다.

많은 독자들이 이 책을 읽고 회심했는데, 그 중에는 정치인이자 반노예제도 운동가 윌리엄 윌버포스(William Wilberforce)도 있었다. 폭넓은 변증학 작품인 이 책을 처음 구상한 후 첫 부분을 작성하면서 원래 계획보다 좀 더 살을 붙인 인물은 필립 도드리지의 초기 멘토 아이작 와츠였다. 건강이 나빠진 와츠가 의도한 대로 글을 쓸 수 없게 되자, 그는 자기보다 젊은 친구 필립 도드리지에게 이 일을 대신 맡아 달라고 부탁했다.

그럼에도 불구하고, 필립 도드리지의 문체가 이 작품 전반에 고스란히 담겨 있다. 각 장을 끝맺는 기도와 묵상은 독특한 그의 발명품이며, 이 때문에 책은 학술적인 변증학 작품이라기보다는 독자의 사고와 반복 묵상을 위한 자료로 더 잘 활용될 수 있게 되었다. 필립 도드리지가 의도한 독자층은 헌신된 이교도가 아니라 명목상의 기독교인이었으며, 논증은 도입 부분의 가르치는 학문적인 문체에서 후반으로 가면서 분명한 목회적 권고로 바뀌는데, 여기서 그는 신앙 생활의 훈련과 신실한 기독교인의 성숙에 이르는 성장을 다룬다.

필립 도드리지의 온건한 칼빈주의에는 다양한 방향으로 복음주의가 확장될 수 있는 공간이 있었다. 그는 가난한 학생들을 위한 학교와 시골 병원을 세웠고, '이방 땅 먼 나라에 복음을 전파'하는 세계선교의 열정적인 후원자였다. 그가 쓴 찬송도 있는데, 그중 유명한 것으로는 '주의 말씀 받은 그 날'(O Happy Day that Fixed My Choice)과 성찬 찬송 '내 하나님 식탁이 준비되었나이다'(My God, and is Thy Table Spread)가 있다.

증손자 존 도드리지 험프리스(John Doddridge Humphreys)가 수집해서 편집한 『필립 도드리지의 편지와 일기』(The Correspondence and Diary of Philip Doddridge, DD, 5 Vols., 1829)는 그의 개인 성품뿐만 아니라 목회 방법론까지 증언해 주는 귀한 자료다. 필립 도드리지는 여성을 아주 존중했는데, 이는 자기 어머니를 통해 어린 시절부터 자라난 특징으로, 집을 떠난 후에도 계속해서 가장 친밀한 단어를 사용한 편지로 어머니께 확신어린 애정을 표현했다. 19살에는 한 이성에 대한 깊어 가는 애정을 어머니에게 고백한 후 다음과 같이 결론 내렸다.

"그렇지만, 어머니(madam), 저는 이것을 완전히 어머니의 가슴에 묻어 버리려 해요. 그리고 실수하지 않기 위해서, 비록 그 여인(mistress) 때문에 마음이 달아 있기는 하지만, 아내를 얻기 위해서는 7년을 더 기다릴 수 있다는 말만 덧붙이고 싶어요."

필립 도드리지는 여러 젊은 여인들과 활발하게 편지를 주고받으며, 이들 (전부는 아니지만) 대부분을 활기차고 사심 없이 대했고, 마침내 28살이던 1730년 12월 22일에 고아였던 머시 매리스(Mercy Maris)와 결혼했다. 이들의 결혼은 애정이 결합된 강력한 우정과 솔직함으로 대표되는, 당시로서는 독특한 결합이었다.

필립 도드리지는 지적으로 솔직하고 성실하고 정직한 성품으로 유명했다. 생애 마지막 단계에서 결핵에 걸렸는데, 1751년 초여름에 증세가 너무 심해지자 리스본(Lisbon)으로 휴양을 떠나라는 조언을 받고 거기로 떠난 후, 아내와 (아홉 중) 네 자녀를 남겨두고 1751년 10월 26일에 사망했다.

참고문헌 | M. Deacon, *Philip Doddridge of Northampton, 1702-51* (Northampton: Northamptonshire Libraries, 1980); G. Nuttall, *Calendar of the Correspondence of Philip Doddridge, D.D. (1702-1751)* (London: Her Majesty's Stationary Office, 1979); J. Orton, *Memoirs of the Late Reverend Philip Doddridge* (London: 1765).

D. L. JEFFREY

필립 멜란히톤(Philip Melanchthon[또는 Melanthon], Philip Schwartzerdt의 인문주의적 이름, 1497-1560)

독일 인문주의자이자 루터교 신학자. 그는 1497년 2월 16일 팔츠 선제후령(electoral Palatinate)에 속한 도시 브레텐(Bretten, 오늘날의 독일 Kreis Karlsruhe)에서 출생했다. 멜란히톤은 존경받는 무기 장인 게오르크(George)와 부유한 상인의 딸 바바라(Barbara)의 맏아들로 태어났다. 탁월한 아이였던 그는 학생으로서도 뛰어났다. 세워진 지 100년이 된 브레텐의 멜란히톤하우스(Melanchthonhaus)에 있는 벽화에 그려진 그는 지식을 얻고자 지역 시장에서 여행자들을 멈춰 세우고 있는 소년으로 묘사되어 있다.

1508년에서 1509년까지 포르츠하임(Pforzheim), 1509년부터 1512년까지 하이델베르크(Heidelberg), 1512년부터 1518년까지 튀빙겐(Tübingen)에서 다방면에 걸쳐 공부한 후, 요하네스 로이힐린(Johannes Reuchlin, 독일 태생의 인문학자이자 그리스어와 히브리어 전문가-역주)의 추천으로 비텐베르크대학교(University of Wittenberg)에 새로 마련된 그리스어 교수 자리에 임명되었다. 거기서 마틴 루터(Martin Luther)를 만났다.

1519년 '라이프치히 논쟁'(Leipzig Disputation)에 참여한 후, 1521년 루터가 바르트부르크(Wartburg)에 유폐되어 있던 기간에 그를 대신하여 종교개혁운동의 지도자가 되었다. 이후에는 성경번역과 주석에 매진했다. 또한, 이 기간에 루터의 공교육 비전을 독일에서 실현하면서, 이른바 '독일의 교사'라는 호칭으로 불리게 되었다. 그는 슈파이어의회(Diet of Speyer, 1529) 및 마르부르크회담(Colloquy of Marburg, 1529)에 참가했으며, 가장 중요한 아우그스부르크회의(Diet of Augsburg, 1530)에도 참여했고, 아우그스부르크 신앙고백(Augsburg Confession)의 작성을 주도했다. 또한, 슈말칼덴조항(Schmalkaldic Articles, 1537)에 서명했다. 멜란히톤은 말년에 작센교회(Church of Saxony)의 조직을 감독했고, '아디아포라 논쟁'(Adiaphoristic controversies)과 '비밀 칼빈주의자 논쟁'(Cryptocalvinistic controversies)에도 깊이 연루되었다.

멜란히톤의 지성을 초기에 형성한 배경은 인문주의였다. 따라서 인문주의가 그의 신학관 전반을 형성했다. 당시 인문주의자들이 하던 공통의 관행을 따라, 그는 평범한 독일식 이름을 보다 고상한 그리스식 이름으로 바꾸었다. 비텐베르크에 왔을 당시 그는 인문학 이론을 포함한 상당한 수준의 기독교 철학 지식, 인식론에 대한 상당한 관심, 아리스토텔레스주의 변증법, 수사학, 윤리학에 대한 익숙한 지식을 이미 갖고 있었다. 멜란히톤은 비텐베르크에서 루터에게 큰 영향을 받게 되었고, (그래서 일평생 우정을 쌓았다) 신학을 공부하기 시작했다. 값없이 주어지는 신의 은혜를 선포하는 것이 그의 삶과 사상의 평생 지침이 되었다. 은혜 체험이 그의 지성 세계를 관통하면서, 그는 종교개혁신학의 첫 번째 조직신학 저술인 『신학 총론』(Loci Communes Theologicae, 문자적으로 '공통의 자리들'이지만, 내용상 '기본 개념들'로 해석될 수 있다)을 저술하게 된다. 이를 통해 신학 문헌의 새 장르가 탄생했다.

주제별로 정리된 『신학 총론』에서 멜란히톤은 루터의 근본 사상에 정확성과 체계적 조직이라는 옷을 입혔다. 성경에 대한 종교개혁의 확신으로 본문을 해석한 르네상스식 접근법을 활용한 멜란히톤은 성경에서 **직접** 끌어낸 조직신학을 창조함으로써 기독교 신학 역사에 고유한 족적을 남겼다. 고전 수사학과 변증법의 체계 속에서 성경을 연구한 그는 성경 전체를 위한 해석의 열쇠를 제공하는 본문의 기본 주제들(loci communes 또는 topoi)을 찾아내려고 노력했다. 적합한 주제들(loci)은 죄, 율법, 은혜 등이었는데, 주로 바울이 쓴 로마서에서 추려낸 것이었다. 특히, 율법과 복음의 구별이 가장 특별한 구조였다. 따라서 멜란히톤은 개신교 스콜라주의의 한 유형을 창시함으로써, 루터교 정통이 등장하는 전조가 되었다.

멜란히톤은 지적 탐구에 언제나 열정적이었기에, 핵심 신학 이슈에 대한 입장도 평생 진화를 거듭했다. 비록 스스로를 루터의 제자라고 생각하면서 루터가 주창한 신학 궤도 안에서 머물러 있었지만, 그의 접근법은 눈에 띄게 탁월했다. 그는 종교개혁의 몇 가지 주제에 대한 입장에서 자신만의 논점을 분명하게 주장했다. 인간의 자유에 주의하면서, 구원을 얻는 믿음의 세 가지 요소, 즉 선포된 말씀과 성령, 인간의 의지의 협력의 합작품이라는 소위 '신인협력설'(synergism)을 내세웠다.

그는 한동안 '영생을 위한 필수 조건'으로 선행을 내세우기도 했는데, 선행을 구원의 기반이 아니라 구원의 필수적인 증거로 보았다. 멜란히톤은 성만찬과 관련해서 루터와 칼빈의 중간 입장을 견지하고 있었다. 그리스도는 성만찬에서 '빵 안에 주어지는 것이 아니라 빵과 함께 주어진다'라는 것이다. 그의 입장은 물리적 수용보다는 영적 수용을 강조하는 것이다. 결국 그는 로마 가톨릭의 여러 관습을 '비본질적인 것'(아디아포라)으로 봄으로써, 동시대 인물 여럿에게 심한 공격을 받았다.

아마도 그가 루터와 가장 결정적으로 다른 점은 아리스토텔레스 철학과 관계를 맺은 방식에서 비롯되었을 것이다. 후에 나온『신학 총론』의 개정판에는 아리스토텔레스의 사상이 훨씬 두드러지게 나타나는데, 이는 그가 그 철학을 루터 성경신학의 기초를 만들고, 명료하게 하며, 질서를 배열하는 유용한 수단으로 수용했기 때문이다. 멜란히톤에 따르면, 믿음은 죄인이 아버지로서 하나님의 자비를 신뢰하는 것(루터의 주장)뿐만 아니라, 계시된 진리 체계에 동의하는 것이기도 하다. 그렇기에 철학은 믿음에 도움이 되며, 신학자가 갖춰야 할 필수 도구이기도 하다.

멜란히톤은 개신교 최초의 조직신학자이자 개신교 종교개혁의 신학적 기틀을 마련한 학자로 평가된다. 실제로 그는 일평생 '종교개혁의 신학자'라는 호칭을 갖고 살았다. 그러나 그는 자주 유명한 동시대 신학자였던 칼빈 및 특히 그가 성인이 된 후 함께 동역했던 루터의 빛에 가려져 있다. 비록 멜란히톤에게 독창성이 부족했다고 할 수도 있지만, 그럼에도 불구하고, 그의 삶과 작품의 영향력은 심대했다. 통설에 의하면, 그들이 살았던 시대에는 루터의 영향력을 넘어섰다. 그의 일생 과업은 공통으로 받아들여지는 명료한 교리 체계를 정리하는 것이었다. 비록 그가 이 목표를 완벽하게 수행하지는 못했지만, 정확한 형식이 필요하다는 인식이 생기게 하는 데 공헌했고, 따라서 개신교 정통을 예비하는 길을 닦았다고 할 수 있다.

멜란히톤의 역사적 공헌은 인문주의와 종교개혁의 관계(즉 서양 역사에서 고전의 유산과 성경의 유산 간의 관계) 문제를 그가 인식한 방식에서 주로 찾을 수 있는데, 이 문제를 정리하고, 자신만의 해결책을 독일의 교회 및 교육 개혁

사상과 조직에 소개하고 도입한 것이다. 이 과정에서 그는 이중의 위험을 피했다. 즉 이제 막 시작된 종교개혁운동이 반지성주의적 신령주의의 오류에 빠지거나, 반대로 철학이 신학 위에, 지식이 믿음 위에, 이성이 계시 위에 군림하는 위험한 상황을 피하려고 했다.

그는 율법과 복음의 구분 위에 기초를 세운 단일 체계 안에서 양극을 통합하는 길을 택했다. 자신의 저작을 통해 멜란히톤은 루터교뿐만 아니라 모든 주요한 개신교 교단에 영향을 끼쳤다. 웨스터민스터 신앙고백서(Westminster Confession), 도르트 신조(The Canon of Dort), 하이델베르크 요리문답(Heidelberg Catechisms)의 저자들이 아우그스부르크 신앙고백서를 참고한 것은 확실하다. 이 아우그스부르크 신앙고백서는 성공회 39개 신조(Thirty-Nine Articles)의 직계 조상이었고, 감리교 25개 신조(twenty-five articles)의 간접 조상이었다. 멜란히톤은 또한 계몽주의 시대 전체와 근대에 이르기까지 영향을 끼친 기독교 및 인문주의 교육 체계의 창시자이기도 했다.

참고문헌 | H. Scheible, *Melanchthon, Eine Biographie* (Munich: C. H. Beck, 1997); C. Manschreck, *Melanchthon, The Quiet Reformer* (New York: Abingdon Press, 1968); T. J. Wengert and M. P. Graham (eds.), *Philip Melanchthon (1497-1560) and the Commentary* (Sheffield: Sheffield Academic Press, 1997).

B. T. COOLMAN

필립 샤프(Philip Schaff, 1819-1893)

교회사가이자 에큐메니스트(ecumenist). 1819년 1월 1일에 스위스 쿠르(Chur)에서 출생하고 독일 뷔르템베르크(Württemberg)의 경건주의 환경에서 성장한 그는 1834년에 코른탈에 위치한 소년학교에 진학한 후 이곳에서 극적인 회심을 경험했다. 슈투트가르트(Stuttgart)의 중등학교(Gymnasium)로 전학한 후에는 자기 소명이 시인이 되는 것이라는 확신을 얻게 된다. 그러나 신학 공부로 관심이 전환되면서, 결국 1837년에 튀빙겐대학교(University of Tübingen)에 입학했다. 이 학교에서 그에게 가장 큰 영향을 끼친 인물은 C. F. 슈미트(C. F. Schmid)와 J. A. 도르너(J. A. Dorner)였는데, 특히 도르너의 학자다운 박식함과 뜨거운 기독교 신앙의 조화에 매료되었다. 그는 튀빙겐대학교 교수였던 D. F. 슈트라우스(D. F. Strauss)와 F. C. 바우어(F. C. Baur)의 고등비평은 받아들이지 않았다. 비록 필립 샤프가 후에 두 사람의 뛰어난 학문 능력은 존경했지만, 그는 이들의 고등비평 방법론이 신앙 없이 결국 기독교의 근간을 해칠 것이라고 보았다. 결국 신학교에 다닌 지 3년째 되는 해에 할레(Halle)로 이동하여 F. A. G. 톨룩(F. A. G. Tholuck)의 비서이자 사서로 일했고, 후엔 베를린(Berlin)으로 거처를 옮겨 어거스트 네안더(August Neander)의 가르침을 받게 된다.

학문과 경건을 종합하는 네안더의 '중재하는 신학'(mediating theology)은 필립 샤프에게 모델이 되었다. 그의 전 경력은 베를린에서 그를 가르친 네안더와 다른 학자들의 일명 '복음주의적 보편주의'(evangelical catholicism)를 통해 형성된 것이었다. 1841년에 신학 공부를 마친 샤프는 첫 번째 저술 『성령을 범하는 죄』(The Sin Against the Holy Ghost)를 출판했다. 이때까지만 해도 그는 이 책에 진술된 사상 때문에 몇 년 뒤 반대파가 그를 이단으로 고소하게 되리라고는 상상도 하지 못했다.

샤프는 여행을 좋아했기에, 이후 14개월 동안 학생 한 명과 가족을 데리고 이탈리아와 시칠리아(Sicily)를 여행했다. 1842년 가을부터는 베를린에서 객원 강사(privatdocent)로 강의를 시작하며 교수 경력을 시작했다. 독일에서 대학 교수 자리를 확보할 전망이 컸지만, 결국 그는 이 가능성을 뒤에 버려두고, 펜실베이니아 머서스버그(Mercersburg)의 한 작은 독일 개혁파 신학교의 청빙을 받아들여 신세계로 건너가기로 했다.

샤프가 1844년 8월에 머서스버그에 도착했을 때, 그는 즉각적으로 비난에 직면했다. 이는 그가 직전 해 4월에 독일 엘버펠트(Elberfeld)에서 있었던 목사 안수식에서 설교를 하면서 미국에 대해 거친 말을 했기 때문이었다. 일명 자신에게 온 '마케도니아의 부름'에 대한 응답으로, 그는 미국교회가 직면한 삼중 위험, 즉 이교주의, 로마주의, 소종파주의에 대한 우려를 피력했다. 그는 미국으로 간 독일계 이민자들이 이제 '무제한적으로 자유로운 땅에서' '이교주의의 심연'으로 빨려 들어갈 위험에 처해 있다고 경고했다.

그가 머서스버그신학교(Mercersburg Seminary)의 교수로 취임하는 연설을 한 후에도 그에게 저항하는 폭풍이 불어 닥쳤다. 1845년에 증보되어 출간된 취임 연설 『개신교 신앙의 본질』(The Principle of Protestantism)은 초대교회에서부터 현대교회까지 이어져 내려온 기독교의 연속성을 강조했는데, 중세 시대도 여기에 포함되었다. 비록 개신교 종교개혁이 기독교 역사에서 필수적인 발전이었지만, 샤프는 기독교 역사는 신앙을 이렇게 혁신적으로 재설정하는 방식이라기보다는 교회 내에서 유기적인 발전 유형을 가진 기본적인 연속성이 있다고 주장했다.

또한, 그는 미래에 '복음주의적 보편'교회가 세워지는 발전을 갈망한다고도 했다. 그러나 이 젊은 교수는 신대륙의 이 새 고향에서 반가톨릭 정서가 이토록 강할 것이라고는 생각해본 적이 없었다. 뿐만 아니라 그를 이 신학교에 청빙했던 사람 중 일부조차 이제 그를 이단이라고 공격했다. 약 1년이 지난 후 독일개혁교회대회(synod of the German Reformed Church)는 샤프에 대해 이단 혐의가 없다고 공표했지만, 그의 사상은 이후 수년 동안도 계속해서 논쟁의 빌미가 되었다.

이런 와중에도 샤프를 더 행복하게 만든 발견이 있었는데, 이는 머서스버그신학교 교수로 있는 동료 존 윌리엄슨 네빈(John Williamson Nevin)이었다. 네빈은 오랜 신학 순례를 통해 샤프와 놀랍도록 유사한 입장을 가지게 된 신학자였다. 두 사람은 이후 20여 년 동안 여러 상황에서 협력하면서 일명 머서스버그신학(Mercersburg Theology)이라 불리는 신학을 발전시켰다. 샤프와 네빈은 '교회 문제'가 당대의 가장 중요한 신학 이슈이고, '복음주의적 보편' 정체성으로 가는 교회의 역사적 발전이 개인주의, 합리주의, 소종파주의로 가는 미국교회의 경향에 강력한 경종을 울려야 한다고 확신했다.

샤프는 1845년에 메릴랜드 프레더릭시티(Frederick City)에 거주하던 엘리자베스 슐리(Elizabeth Schley)와 결혼했다. 샤프 부부에게는 여덟 아이가 있었지만, 이 중 두 아들과 한 딸만이 샤프 부부보다 오래 살았다.

그는 이어서 『교회사란 무엇인가?』(What is Church History?, 1846)와 『사도교회의 역사』(History of the Apostolic Church, 1851; 증보판은 1853에 출판)라는 두 책을 연달아 출판했다. 뿐만 아니라 「데어 도이체 키르헨프로인트」(Der deutsche Kirchenfreund)라는 잡지를 1848년에 창간하여 6년간 편집자로 활동하면서 많은 글을 실었다. 샤프는 이들을 통해 기독교가 시간 속에서 어떻게 발전되어 왔는지에 대한 자신만의 생각을 펼쳐보였다. 네빈과 샤프는 머서스버스신학을 알리는 주요 도구였던 「머서스버그 리뷰」(Mercersburg Review)의 편집자이자 또한 주요 기고자로 동역했다.

샤프의 신학 발전에 기여한 중요한 사건은 그가 1853년에서 1854년까지 유럽을 방문한 일이었다. 이런 14차례의 유럽 여행 중 첫 번째 여행에서 그는 자신의 이전 동료와 은사에게 자신이 경험한 미국인의 신앙 생활에 대한 통찰을 나누었다. 이런 생각을 모아 『미국』(Amerika, 1854)을 출판했는데, 이 책은 1855년에 『미국: 북아메리카 미국의 정치, 사회, 종교적 특징에 대한 스케치』(America: A Sketch of the Political, Social, and Religious Character of the Unites States of North America, 1855)로 번역 출판되었다.

그는 이 책에서 그가 새로 선택한 조국의 기독교가 가진 약점과 존중할 만한 장점을 세세히 묘사하고 있다. 그는 미국 기독교의 종파 분열, 상대적으로 얕은 지성 및 문화 수준을 애통해했지만, 하나님의 영이 '혼돈에서 불러내어 아름다운 창조로' 이끄실 새 날의 도래 또한 보았다. 실제로 샤프는 미국이 기독교의 미래에 특별한 역할을 감당할 것이라 주장했다.

1850년대 중반에 샤프는 머서스버그에서 고립감을 점점 더 느끼기 시작했다. 마샬대학(Marshall College)이 1853년에 머서스버그에서 랭카스터(Lancaster)로 이전하고, 1862년과 1863년의 남북전쟁 여파로 신학교가 지속적으로 재정적 어려움을 당하고 남부 펜실베이니아가 분열되자, 샤프는 다른 곳에서 일할 기회를 찾으려 했다. 머서스버그신학교를 2년간 떠나있던 1865년부터 샤프는 뉴욕안식일위원회(New York Sabbath Committee)에서 제시한 식책을 받아들였고, 1870년부터는 뉴욕 유니언신학교(Union Theological Seminary)에서 학생을 가르치기 시작했다. 샤프는 사망 직전까지 유니언신학교에서 여러 보직을 거치며 가르쳤다.

1870년부터 1873년까지는 백과사전 및 기독교 상징학 교수, 1873년에서 1874년까지는 히브리어 교수, 1874년부터 1887년까지는 성경문헌 교수, 1887년부터 1893년까지 교회사 교수직을 맡았다. 샤프는 뉴욕에서 활동하던 1867년에 복음주의연맹(Evangelical Alliance) 미국 지부를 설립했고, 1873년에 뉴욕에서 열린 복음주의연맹 국제회의 주요 조직자와 홍보자로 공헌했다.

샤프가 가장 힘을 써서 이루어 낸 업적 중 하나는 킹제임스성경 개정 작업 과정에서 영국위원회와 협력하여 미국위원회 의장으로 1872년부터 1884년까지 봉사한 일이다. 놀랍게도 영어가 모국어도 아니었고, 심지어 성경학 분야가 전공도 아니었지만, 샤프는 지치지 않는 열정과 효율성으로 협력을 이루어 내면서 성경번역 작업을 완수했다.

샤프는 유니언신학교에서 학생을 가르친 시기에 영속적인 가치를 지닌 두 역작을 썼다. 하나는 1877년 세 권으로 출판된 『기독교 세계의 신조들』(Creeds of Christendom)이고, 다른 하나는 초대교회부터 조지 7세(Gregory VII)까지를 다루며, 두 권을 개신교 종교개혁에 할애한 네 권짜리 『기독 교회사』(History of the Christian Church)였다. 제1권은 1856년에 출판되었고, 제4권은 1892년에 세상의 빛을 보았다. 샤프의 아들 데이비드는 아버지의 사후에 중세교회의 역사를 두 권에 담아 이 교회사 총서에 추가했다. 샤프는 랑게(Lange)의 『독일 성서 주석』(German Bible commentary)의 미국판 편집, 『니케아 및 니케아 이후 기독교 교부 선집』(Select Library of the Nicene and Post-Nicene Fathers of the Christian Church) 편집 등 중요 저작들의 출판에도 관여했다.

샤프는 1880년에 성경문헌학회(Society of Biblical Literature, SBL) 창립에 큰 공헌을 했고, 1888년 미국교회사학회(American Society of Church History, ASCH) 창립자이자 회장으로 생애 마지막 날까지 헌신했다. 그는 이 두 조직을 통해 학자들에게 국제적이고 초교파적인 협력 기회를 제공하고 싶어 했다.

샤프는 '기독교 세계의 재연합'이라는 제목의 마지막이자 시의적절한 연설을 1893년 시카고세계종교대회(World's Parliament of Religions)에서 했다. 놀랍도록 폭넓은 그의 기독교 가족 개념을 드러낸 이 연설에서, 샤프는 어지러울 정도로 다양한 미국 기독교 집단들이 미국에서 성장하는 것으로 보이는 복음주의 보편교회의 성장에 의미 있는 역할을 감당할 수 있다고 보았다. 학계, 초교파 기관, 모든 종류의 다양한 기독교 전통에 대한 이해를 통해서, 샤프는 기독교 세계의 재통합을 꿈꾸었다. 시카고에서 돌아온 지 한 달이 채 되지 않은 1893년 10월 20일에 샤프는 뉴욕시에 있는 자택에서 숨을 거두었다.

참고문헌 | S. Graham, *Cosmos in the Chaos: Philip Schaff's Interpretation of Nineteenth Century American Religion* (Grand Rapids: Eerdmans, 1995); K. Penzel (ed.), *Philip Schaff: Historian and Ambassador of the Universal Church, Selected Writings* (Macon: Mercer University Press, 1991); G. Shriver, Philip Schaff: *Christian Scholar and Ecumenical Prophet* (Macon: Mercer University Press, 1987).

S. R. GRAHAM

필립 야콥 슈페너(Philipp Jakob Spener, 1635-1705)

루터교(Lutheran) 목사이자 루터교 경건주의 운동 초기 지도자. 그는 아른트주의(Arndtian, 독일 루터교 목사로 경건 서적으로 큰 영향력을 끼친 요한 아른트[Johann Arndt, 1555-1621]를 따르는 주의-역주) 경건이 지배적인 환경에서 태어나, 후에 경건주의를 후원한 제국 분위기가 훨씬 덜한 귀족 정치 배경에서 자라났다. 아버지 요한 필립 슈페너(Johann Philipp Spener)는 법률가이자 북부 알자스(Upper Alsace) 라폴트슈바일러(Rappoltsweiler)에 거주한 라폴트슈타인(Rappoltstein) 영주들의 고문이었다. 이곳에서 1635년 1월 13일에 필립 야콥 슈페너가 태어났다. 어린 시절에 그는 대모 아가타 폰 라폴트슈타인(Agatha von Rappoltstein) 백작부인에게 교육을 받았다. 그가 13세 되던 해에 백작부인이 죽었는데, 이로 인해 그는 죽고 싶을 만큼 괴로워했고, 잉글랜드청교도(English Puritans) 저작을 읽으면서 우울증에도 빠졌다.

1651년부터 1659년까지 필립 야콥 슈페너는 스트라스부르대학교(University of Strasburg)에서 공부했는데, 처음에는 철학을 공부하다 이후 신학을 공부했다. 또한, 그는 기본적인 역사 교육도 함께 받았으며, 이로 인해 독일 문장학(heraldry)과 계보학(genealogy)에 깊이 기여할 수 있었다. 이런 성과로 튀빙겐대학교(University of Tübingen)의 학과장으로 부임하면서 신학 경력을 멈추었다. 이 사건을 통해 이후 그가 경력 중에 어떻게 '경건한 백작들'로부터 지지를 끌어낼 수 있었는지 알 수 있다.

1663년에 스트라스부르의 자유 설교자로 임명되면서 학자가 되기 위한 길을 걷기 시작한 것으로 보이는데, 그는 자신의 스승이던 단하우어(Danhauer)의 개혁과 정통주의를 자신의 것으로 그대로 받아들였다. 1664년, 필립 야콥 슈페너는 스트라스부르 귀족의 딸 수산나 에어하르트(Susanna Ehrhardt)와 결혼했다. 이런 전망은 1666년에 그가 갑작스럽게 프랑크푸르트 암 마인(Frankfurt am Main)의 루터교회 선임 성직자로 청빙받으면서 사라졌다.

필립 야콥 슈페너는 이 자리에 앉기에는 아직 젊었지만, 그 자리가 오랫동안 공석으로 남아 있었고, 스트라스부르에서도 그를 붙잡으려는 시도를 하지 않았다. 프랑크푸르트에서 보낸 필립 야콥 슈페너의 20년은 그의 인생에서 결정적인 시기였다. 루터와 묵시록에 그의 오랜 연구가 실천적 경험과 조화를 이루면서, 성숙한 견해와 『경건의 소원』(Pia Desideria, 1675)의 초석이 다져졌다. 『경건의 소원』은 실용적인 저술로, 원래는 교회력에 따른 아른트의 설교집 서문으로 작성된 것이었는데, 이후 이 책이 루터교 갱신을 위한 정책 핵심이 되었다.

프랑크푸르트에서 보낸 첫 10년 동안 필립 야콥 슈페너는 루터교 정통주의 안에 있는 개혁 소망에 대한 대안이 현재 반드시 필요하다는 생각을 하게 되었다. 국가가 나서기를 기다리는 것은 무의미하며, 성직자가 아무리 회개의 필요성을 공적으로 떠들어 댄다 하더라도, 전통적으로 기독교인이 지키던 습관이나 맹종에 거의 아무런 영향을 미치지 못한다고 생각했다. 정통주의는 위로부터의 압력, 논쟁적 공격에 대응하기 위해 만들어진 고도로 정교한 교리 체계, 임박한 최후 심판 앞에서 너무 늦기 전에 회개하라고 촉구하는 도덕 장려가 결합된 체제에 지나치게 의존하고 있는 것으로 보였다. 필립 야콥 슈페너는 모든 신자의 영적 사제직이라는 생기를 소개하고자 했다. 모든 이의 손과 교실 모임에 성경이 있어서, 신자가 서로서로 가르치고, 격려하며, 경고함으로써 자신의 부르심을 실천해야 한다고 믿었다.

필립 야콥 슈페너와 정통주의의 단절에는 도덕 명령의 변화라는 특징이 있었다. 그는 '더 나은 시대에 대한 희망'을 선포했는데, 현시대는 유대인의 회심을 포함한 교회에 대한 성경의 모든 약속이 성취되기 전에는 절대 끝나지 않는다고 믿었다. 현재 필요한 것은 너무 늦기 전에 회개하는 것이 아니라, 교회의 갱신이 그리스도의 이른 재림이라는 최고의 축복을 가져온다는 사실을 알고 이를 위해 일하는 것이다. 다루기 힘든 이들을 훈련시키기보다는, 차라리 자발성을 가진 이들의 영적 재능을 계발하는 편이 낫다고 필립 야콥 슈페너는 주장했다. 설교도 역시 같은 목적을 가져야 하는데, 바로 인간의 내면을 실천적으로 교화하는 것이었다.

개혁파와는 달리, 루터교는 공적 전례 외에는 따로 모이는 모임이라는 전통이 없었다. 정통주의자는 잉글랜드 퀘이커교도 윌리엄 펜(William

Penn)이 펜실베이니아에 있는 자신의 새로운 식민지에 정착지를 조성한 접근 방식으로 조장된 분열을 두려워했다. 실제로 독일에서도 이런 접근법이 프랑크푸르트에서 필립 야콥 슈페너의 오른팔 역할을 했던 요한 야콥 쉬츠(Johann Jakob Schütz)가 라바디파(Labadist, 프랑스 경건주의자 Jean de Labadie[1610-1674]를 따르는 일파-역주)에 합류한 일을 정당화해 주는 것으로 보였기 때문이다. 필립 야콥 슈페너는 『거룩한 소원』에 주석을 단 교정용 판본을 출판했고, 1678년에는 해외의 루터교 신학자들이 읽게 하기 위해 라틴어로 재출간했다. 반응은 그리 열광적이지 않았지만, 전반적으로 호의적이었다.

그러나 필립 야콥 슈페너는 분열로 인해 회복할 수 없는 심한 상처를 입었다. 1678년에 헤세-다름슈타트(Hesse-Darmstadt)에서 시행된 반(反)경건주의 입법을 다른 주들(states)도 따라했다. 그의 매부 요한 하인리히 호르프(Johann Heinrich Horb)가 스트라스부르 정통주의자에 의해 교구에서 쫓겨나는 일이 발생했다. 쉬츠는 프랑크푸르트에서 장례식을 공적으로 행하는 것을 거부당했다.

필립 야콥 슈페너의 경건주의가 폭넓은 루터교 경건운동의 양상에서 벗어나게 되면서, 한편으로는 (필립 야콥 슈페너가 경계했던) 급진적 경건주의에 반대하고, 다른 한편으로는 점차 악독해지는 정통주의에 반대하는 일파로 자리매김했다. 원래의 '콜레기움 피에타티스'(collegium pietatis, 경건회), 혹은 교실 모임의 성격이 바뀌어, 오직 필립 야콥 슈페너나 신학생만 발언하는 모임이 되었다. 후에 드레스덴(Dresden)과 베를린에서 경력을 쌓던 시기에 그는 이 경건회의 실험을 그만두었다.

1686년, 필립 야콥 슈페너는 드레스덴의 궁정 선임목사가 되어 달라는 요청을 받아들였다. 이 직위는 작센 선제후가 코르푸스 에반겔리코룸(Corpus Evangelicorum, 제국 의회의 개신교 당파)의 수장이 된 이래로, 독일 루터교회가 소유한 최고위 성직자직이었다. 그러나 선제후와 그의 관계는 언제나 가깝지 않았기에, 그의 개인 영향력은 주로 궁정의 여인들을 통해 발휘되었다. 공적 목회를 위해 필립 야콥 슈페너는 교리문답을 시행했는데, 이를 위해 1677년에 암기보다는 묵상과 성경읽기에 더 의존하는 체계를 출간했다. 1688년에 그의 교리문답 방식이 선제후령 작센 전역에 소개되었고, 이어서 독일 전역에서도 유명해졌다.

그러나 1690년에 라이프치히(Leipzig, 여기서는 A. H. 프랑케[A. H. Francke]가 중심이었다), 함부르크(Hamburg) 등지에서 정통주의자와 경건주의자 간의 극심한 갈등이 시작되었다. 필립 야콥 슈페너가 이 갈등에 직접 관여하지는 않았지만, 그가 경건주의 지도자들과 아주 친밀한 관계를 유지하고 있었기에, 비텐베르크(Wittenberg) 신학 교수진들이 그의 낙관적인 종말론이 아우구스부르크 신앙고백(Augsburg Confession)을 최소 263개 부분에서 위반하고 있다며 출판물로 그를 가혹하게 공격했다. 동시에, 작센 선제후가 그를 드레스덴에서 추방하기로 결정하자, 1691년에 그는 브란덴부르크 선제후와 협상하여 베를린 니콜라이교회(Nikolaikirche)의 주임목사직 및 치리회에서 직책 하나를 마련해 달라고 했다.

이 보잘 것 없는 자리를 필립 야콥 슈페너는 주저 없이 받아들였다. 그러나 베를린에서의 15년은 그의 일생에서 가장 열매가 많은 시간이었다. 호엔촐러른(Hohenzollern) 가문의 관용

덕에, 그는 최악의 종교 논쟁에 빠지지 않았고, 할레/잘레대학교(University of Halle/Saale)가 새롭게 설립되면서 라이프치히 경건주의 지도자들에게 일자리를 제공할 수 있게 되었다. 이 안전한 피난처에서 그는 프러시아 내 경건주의를 위한 미래를 보장할 수 있었다. 뷔르템베르크(Württemberg) 및 다른 지역에서도 경건주의가 힘을 얻었다.

필립 야콥 슈페너는 또한 저술 작업도 마무리할 수 있었다. 1697년에 『경건주의 역사』(Wahrhaftige Erzählung vom Pietismo)를 내놓은 후, 그는 경건주의 논쟁에서 물러나 여섯 권으로 된 두꺼운 서신집 출판을 준비했다. (이 중 두 권은 그가 죽은 후에 출판되었다) 이 서신집은 그 시대 개신교 독일에서 가장 두꺼운 책으로, 특정 주제에 대한 셀 수 없이 많은 전문 신학 지식과 모든 사회 계층과 종파에 속한 남녀에게 쓴 편지를 담았는데, 그의 영향력이 얼마나 어마어마했는지를 보여 주는 기념비적인 저작이다. 그러나 그에게는 또 하나의 커다란 싸움이 남아 있었는데, 바로 유니테리언들(Unitarians)과의 기독론 논쟁이었다. 이 논쟁은 1705년 2월 5일에 그가 사망하기 직전에 막을 내렸다.

필립 야콥 슈페너는 경건주의운동(Pietist movement)의 기초를 세웠을 뿐만 아니라, 다른 동료들과는 비교도 할 수 없을 만치 영향력의 폭이 넓었다. 아리스토텔레스주의(Aristotelianism)를 반대하고, 자연과학 및 실험적 방법론에 공감했기에 이후의 독일계몽운동(German Enlightenment) 대변자들에게도 사랑받았다. 다음 세대 경건주의자들은 그의 사역과 사상을 견고하게 했고, 루터교 세계 너머를 의식적으로 바라보면서 앵글로색슨 복음주의운동에 필립 야콥 슈페너의 영향력을 간접적으로 전파했다.

참고문헌 | M. Brecht (ed.), in *Geschichte des Pietismus* (Göttingen: Vandenhoek & Ruprecht, 1993), vol. I, pp. 281-389; P. Grünberg, *Philipp Jakob Spener*, 3 vols. (Göttingen: Vandenhoek & Ruprecht, 1893-1906); J. Wallmann, in M. Greschat (ed.), *Gestalten der Kirchengeschichte* (Stuttgart: Kohlhammer, 1982), vol. 7, pp. 205-224; J. Wallmann, *Philip Jakob Spener und die Anfänge des Pietismus* (Tübingen: J. C. B. Mohr [Paul Siebeck], 21986).

W. R. WARD

필립 윌리엄 오터바인(Philip William Otterbein, 1726-1813)

독일개혁교회(German Reformed) 목사이며, 독일계 미국인이 이끈 복음주의운동인 연합형제단(United Brethren)의 지도자. 그는 메노나이트(Mennonite) 마틴 뵘(Martin Boehm)과 감리교 프랜시스 애즈베리(Francis Asbury) 같은 비(非)개혁파 출신 복음전도자와의 교제를 누렸다.

또한, 오터바인은 선교와 교회 개척 사역을 감독했으며, 생애 말년에 가까워서는 연합형제단 설교자로 크리스천 뉴커머(Christian Newcomer, 1749-1830, 1813년에 연합형제단교회의 세 번째 감독이 된 인물-역주)에게 안수를 주었다. 비록 연합형제단은 분리되어 나온 교단이었지만, 오터바인은 독일개혁교회(German Reformed)의 회원직을 절대 포기하지 않았다. 그의 경력은 복음주의적 일치에 대해 18세기 북미 대륙 경건주의가 꿈 꾼 이상을 구현했다.

독일 나사우(Nassau)의 딜렌부르크(Dillenburg)에 살던 성직자 집안에서 태어난 오터바인은 다섯 형제와 함께 아버지와 할아버지, 삼촌을 따라 목회자가 되었다. 오터바인은 헤르보른 대학교(University of Herborn)에서 교육을 받았다. 당시 이 학교는 평화적인 하이델베르크 요리문답(Heidelberg Catechism, 1563)에 정리된 개혁파 고백주의(Reformed Confessionalism)를 경건주의 신앙 및 방법론과 접목해서 가르쳤다. 1748년에서 1752년까지 몇 군데에서 설교자 및 교직에 종사한 후, 오터바인은 미국에 있는 독일 개혁교회를 섬기는 목회자로 와달라는 미카엘 슐라터(Michael Schlatter)의 요청을 받아들였다.

1752년에 안수를 받은 뒤, 그와 또 다른 5명이 암스테르담의 개혁교회대회(Reformed Synod)에서 선교사 임명을 받았다. 오터바인은 근교 에프라타수도원(Ephrata Cloister)의 신비주의적인 공동체 경건주의(mystical and communitarian Pietism)의 영향을 받고 있던 지역인 펜실베이니아의 랭커스터(Lancaster)에서 목회를 시작했다. 랭커스터에서의 6년 목회 기간 동안, 교회 회중은 석조 건물 한 채를 세웠고, 더 엄격한 '의사규칙'(rules of order)을 받아들였다. 또한, 오터바인은 독일개혁교회 내부의 전례파(liturgical wing)에 반대하는 전도파(evangelistic wing)에 합류해서 목회를 했다. 소그룹 기도 모임을 도입한 2년간의 툴페호켄(Tulpehocken) 목회 후, 1760년에 오터바인은 메릴랜드의 프레더릭(Frederick)으로 청빙을 받았고, 1765년에서 1774년까지는 펜실베이니아의 요크(York)에서 사역했다.

1762년에 랭커스터의 수잔 르로이(Susan LeRoy)와 결혼했지만, 6년 뒤 그녀는 아이 없이 사망했다.

지금도 남아 있는 오터바인의 설교 『구원을 주시는 성육신과 악마와 죽음을 이기신 예수 그리스도의 영광스러운 승리』(*Salvation-Bringing Incarnation and Glorious Victory of Jesus Christ Over the Devil and Death*)는 1763년에 크리스토퍼 자우어(Christopher Sauer)가 독일어로 출판했는데, 여기서 오터바인은 '내적 부패'에 대한 '심령의 고뇌'를 요청하면서, '우리 안에 계신 그리스도'와 함께 '다시 태어나기 위한' 은혜를 역설했다.

목회사역을 하면서 오터바인은 복음을 전하고, 성례를 집전하고, 목회자로서 돌보기 위해 시골 공동체가 있는 곳으로 두루 여행했다. 1767년 오순절에 오터바인은 랭커스터 카운티(Lancaster County)의 아이작 롱(Issac Long)의 헛간에서 열린 집회에서 메노나이트 전도자 마틴 뵘(Martin Boehm)을 만났다. 미국 캠프집회로 진화한 스코틀랜드계 아일랜드인의 '성찬 절기'(sacramental season)집회와 상당히 유사했던 이 이틀 혹은 사흘 간의 집회가 독일어를 사용하는 루터교와 재세례파 진영 신자들의 관심을 끌었다. 뵘의 설교를 들은 후 오터바인은 뵘을 포옹하며 그에게 '우리는 형제입니다'(Wir sind Bruder)라고 말했다.

자신이 속한 개혁교회와 광범위한 복음주의 진영이 하나가 되기를 원했던 오터바인의 갈망은 1770년에 독일을 방문하면서 더 분명해졌다. 거기서 오터바인은 그를 가르친 스승들과 이제 목사가 된 친구들과의 오래된 우정을 다시 굳건히 했다. 또한, 그가 조심스레 설명했듯이, 1774년에 볼티모어로 오라는 청빙을 받아들였을 때, 그 교회를 이미 나누어 놓았던 논쟁은 그가 만들어 낸 것이 아니었으며, 반대로 그가 담당한 교회는 개혁교회 치리회(coetus)와의 관계가 돈독했다. 더 나아가서, 메릴랜드의 시골 지역에서 열린 오터바인의 '파이프크리크 집회'(Pipe Creek conferences)는 부흥설교와 속회 모임을 통한 개혁교회의 갱신을 목적으로 개최되었다.

오터바인이 목사로 있던 볼티모어의 독일복음주의개혁교회(German Evangelical Reformed Church)는 연합형제단의 중심이 되었다. 오터바인, 뵘 같은 마음을 가진 설교자들이 함께 순회설교를 다니면서, 펜실베이니아, 메릴랜드, 버지니아 전역의 교회와 공동체 모임을 지원했다. 볼티모어교회의 1785년 『요람』(*Church Book*)은 '필립 윌리엄 오터바인의 감독하에, 교회들이 우리와의 형제애적 연합을 이루고 있다'라고 언급한다. 1774년에 오터바인은 프랜시스 애즈베리(Francis Asbury)와 친밀한 우정을 쌓기 시작했으며, 1784년에는 애즈베리가 미국감리교회의 감독으로 임명받는 자리에 참석했다.

그의 신학에 대한 비판에 반응하면서, 오터바인은 예정에 대해서 이렇게 인정했다.

> "나는 칼빈의 편에 설 수 없다…나는 하나님은 사랑이시며 그의 피조물의 안녕을 바라신다고 믿는다…나는 선택을 믿지만, 하나님이 절대적으로 그리고 아무 조건도 없이 어떤 사람을 멸망으로 예정하셨다고는 받아들일 수 없다."

오터바인 및 뵘과 관계한 설교자들은 1789년에 볼티모어에 있는 오터바인의 목사관에서 중요한 모임을 가졌고, 1800년에는 '그리스도 안의 연합형제단'(United Brethren in Christ[Vereinigte Bruederschaft zu Christo])을 조직했다. 계속해서 개혁교회대회(Reformed Church synod)에 정기적으로 참여했지만, 1813년 11월 17일에 오터바인이 사망한 후 장례식이 열렸을 때 이 장례식이 참석한 개혁교회 목사가 한 사람도 없었다는 사실이 눈에 띈다.

연합형제단은 (1800년대 초에 제이콥 올브라이트[Jacob Albright]가 창립한) 복음주의협회(Evangelical Association)와 1946년에 통합했으며, 1968년에는 연합감리교회(United Methodist Church)의 일부가 되었다.

참고문헌 | C. Core, *Philip William Otterbein: Pastor, Ecumenist* (Dayton: Board of Publication, Evangelical United Brethren Church, 1968); W. Drury, *The Life of Rev. Philip William Otterbein* (Dayton: United Brethren Publishing House, 1884); J. S. O'Malley, *Pilgrimage of Faith: The Legacy of the Otterbeins* (Metuchen: Scarecrow Press, 1973).

C. E. HAMBRICK-STOWE

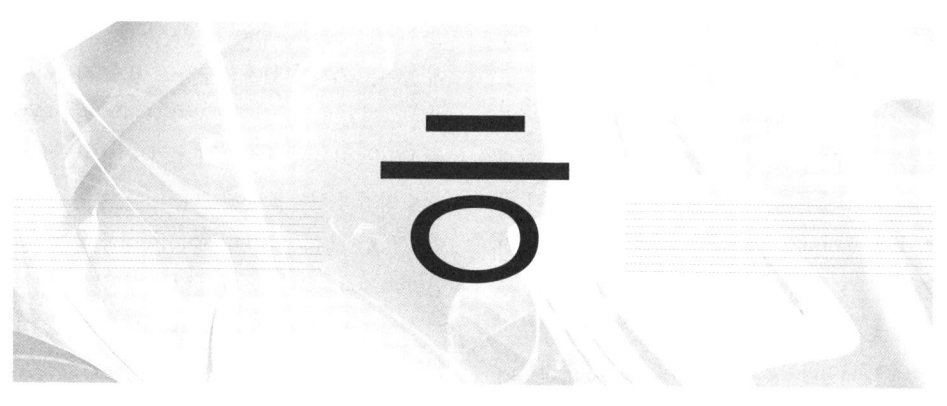

하워드 웨스트 킬빙턴 모울(Howard West Kilvington Mowll, 1890-1958)

성공회(Anglican) 선교사이자 주교. 그는 1890년 2월 2일에 잉글랜드 도버(Dover)에서 출생했고, 1958년 10월 24일에 오스트레일리아 뉴사우스웨일스(New South Wales) 시드니에서 사망했다. 모울은 캔터베리(Canterbury)의 킹스스쿨(King's School), 케임브리지대학교의 킹스대학(King's College)에서 학사학위(1912)를 취득했다. 리들리홀(Ridley Hall)에서 신학교육을 받은 다음, 1913년에 잉글랜드국교회(Church of England)에서 안수를 받았다.

모울은 학생기독운동(Student Christian Movement)에서 분리된 케임브리지기독학생연합(Cambridge Inter-Collegiate Christian Union, CICCU)의 지도자였고, 1911년에서 1912년까지는 회장이었다. 1911년에 R. A. 토레이선교회(R. A. Torrey Mission)의 케임브리지대학교 책임자가 되어, 케임브리지에서 신앙 생활의 부흥을 이끌고, 나아가 학부생 신앙 활동의 중심으로 케임브리지기독학생연합에 힘을 실어 주었다. 그의 영성은 주로 케직(Keswick)의 영향을 받았는데, 일평생 이를 촉진하는 데 매진했다.

모울은 1918년에 프랑스에 파병된 영국군 군목으로 사역한 몇 개월을 제외하고는, 1913년에서 1922년까지 캐나다 위클리프대학(Wycliffe College)에서 직원으로 일했다. 긴 여름 여행 기간에는 연구에 매진하기보다는 교구 전도사역을 이어 나가거나 고립된 지역에서 사역하는 위클리프 출신 사역자들을 심방했다. 1922년 6월 24일에 모울은 교회선교회(Church Missionary Society, CMS) 선교사들이 많았던 중국 서부 지역 교구의 부주교(assistant bishop)로 임명되었다. 그는 웨스트차이나대학(West China University)가 건립된 스촨성 서부에 위치한 청두(Cheng-tu)에 자리를 잡았다. 1924년에는 도로시 앤 마틴(Dorothy Anne Martin)과 결혼했다. 그는 언어를 잘하기 위해 씨름했지만, 결국 통역자, 특히 아내에 크게 의존해야 했다.

1926년에는 서부 중국의 주교로 임명되어, 스촨성 서부에서 활동하던 교회선교회 인력 및 스촨성 동부에서 활동 중이던 중국내지선교회(China Inland Mission, CIM) 인력을 책임졌다. 모울은 10년 동안 중국에서 활동하면서 수없이 많은 여행, 도전, 환희를 경험했다. 1925년에는 그와 아내 도로시가 몸값을 노린 산적에 납치되기도 했고, 1931년에는 강에서 활동하던 해적을 만나 가진 것을 모두 뺏기고, 몽둥이찜질을 당하고, 칼에 찔리기도 했다. 모울은 튼튼한 토착교회의 필요성을 절실하게 느꼈다. 그는 웨스트차이나대학교 학생을 대상으로 한 전도사역에 매진했다. 모울은 중국인 성직자를 양성해서 지도자로 훈련시키기 위해 노력했다. 모울의 노력으로 C. T. 송(C. T. Song)이 스촨성 서부의 부주교로, 구홀린(Ho-lin Ku)은 스촨성 동부 부주교로 임명되었다. 중국교회의 통제권을 선교사대회(missionary conference)에서 교구대회(diocesan synod)로 이양하면서, 선교사의 부성애적 관리를 받던 시대에서 중국인 주교들이 이끄는 변화의 시기에 가교 역할을 한 사람이 모울이었다. 1933년에 모울은 존 찰스 라이트(John Charles Wright)를 뒤이어 시드니 대주교(Archbishop)로 선출되었다. 그는 자유주의에 관용적이던 다른 지도자를 두려워해서 숨죽이고 있던 보수 복음주의자를 대표하는 후보였다. 열의에 찬 모울은 취임하자마자 모든 교구와 기관을 방문했다. 그는 뛰어난 암기력과 세세한 사항까지도 짚어내는 꼼꼼함을 갖추고 있었다. 또한, 큰 자신의 신장(193cm)을 이용할 줄도 알았다. 특히, 그는 대공황의 충격에서 아직 벗어나지 못한 교회선교회에 신경을 많이 썼다. 새 선교사들이 파송되지 못했고, 모선교회(parent society)에 진 빚이 많았으며, 선교비전도 약화되었다. 무어신학대학(Moore Theological College)의 수준도 하락했고, 재정은 빈약해졌다. 국내선교회의 비전도 사그라졌다. 사역도 정체되어 있었다. 그러나 모울이 이 세 기관에 생기를 되찾아 주자, 곧 다시 번성하기 시작했다.

모울의 취임은 여러 쓰라린 반작용도 초래했다. 자유주의적 복음주의 성향의 사제들은 다른 불만에 찬 인사들과 힘을 합쳐 성공회협회(Anglican Fellowship, 1933년 4월 29일)를 출범시켰다. 참사회원인 간시(Garnsey)는 '이 생각은 교회 정치에 들어온 기계의 힘에 저항하고, 빛을 사랑하는 자들의 영향력을 굳건하게 하자는 것이라고 주장했다. 이들의 반대가 모울의 힘겨운 첫 5년의 시드니 임기의 색깔을 결정했다. 이들은 T. C. 해먼드(T. C. Hammond)를 무어신학대학 학장으로 임명한 것과 같은 모울의 정책이 자신들의 이익에 반하는 방향이라고 생각했다. 모울에게 쏟아진 많은 비판은 그와는 별로 관계가 없었고, 그보다는 강력한 보수 복음주의 성향의 성공회교회연맹(Anglican Church League)에 관계된 것이었다. 그럼에도 불구하고, 1938년 한 기념식에 집결한 불만에 찬 성직자들은 회의 개최를 요구했다. 이 기념식으로 모울은 진퇴양난의 위기에 빠졌다. 그는 이 문제를 제대로 다루지 못했다. 기간이 길어진데다, 해먼드의 조언도 부적절했다. 당시 서명한 사람들은 앙심을 품은 성공회교회연맹 지도자들에 의해 교구 내 선출직에서 제거되었다. 모울은 인내와 친절로 결국 살아남은 기념식 일파의 존중과 선의를 확보할 수 있었지만, 시드니 대교구의 보수적 색체는 더욱 짙어졌다.

모울의 잠재력은 전쟁 발발 후 아내의 열정적인 헌신과 더불어 폭발적으로 터져 나왔다. 남녀 군인에게 영적, 윤리적, 사회적 복리를 제공하기 위한 계획이 즉각 마련되었다. '잉글랜드국교회 국가긴급구호자금'(The Church of England National Emergency Fund, CENEF)과 '시드니 교구 여성회'(Sydney Diocesan Churchwomen's Association)가 즉시 조직되었다. 이 조직들은 임시 천막을 제작하여 성당 마당과 부대로 보내 안식과 휴식 공간으로 활용하게 했고, 호스텔(hostel)을 만들어 전쟁터로 떠나는 남녀 군인들이 밤을 보낼 수 있도록 도왔고, 이동 매점을 만들어 복무 중인 다른 이들을 섬겼으며, 부대에서 사역하는 군목과 자원봉사자를 위한 특수 장비를 보급했다. '잉글랜드국교회 국가긴급구호자금'은 전쟁이 끝난 후에도 시드니 도심에 '잉글랜드국교회 국가긴급구호자금 기념 센터'를 운영하면서 다양한 공공 서비스를 제공했다. 전쟁으로 많은 성직자가 군목으로 차출되고, 안수를 받기 위해 훈련받는 후보자의 인원이 감소했음에도 불구하고, 모울은 계속해서 교구목회와 신앙을 든든하게 하는 사역을 이어 갔고, 도심 외곽 지역을 섬길 부족한 교회 건물을 확보하고자 노력했다. 그러나 자동차의 보급으로 몇십 년이 지나지 않아 새 교회가 더 이상 필요하지 않게 되었다. 자원이 풍부하고 잘 조직된 젊은이 사역을 강조한 덕에 이후 수십 년 동안 교구에 큰 열매가 맺었다.

1935년에 그에게 의혹을 품은 고교회(High Church) 성향 주교들의 거부로 무산되었던 잉글랜드국교회 오스트레일리아 최고수장(Primate, 대주교) 자리에 1947년에 취임했다. 이 자리를 가능한 효율적으로 활용하려고 노력했기에, 그의 활동 영역이 크게 확장되었다. 오스트레일리아의 여러 주교를 이끌고 램버스대회(Lambeth Conference)에 참석했고, 1948년에는 암스테르담에서 세계교회협의회(WCC)가 조직되는 자리에도 함께했다. 캔터베리 대주교 피셔 박사(Dr Fisher)의 1950년 오스트레일리아 방문도 준비하고 조율했다. 모울은 오스트레일리아선교본부(Australian Board of Missions)와 교회선교회를 통해 1953년에 '동남아시아 구호기금'(South East Asia Appeal)을 출범시키기도 했다. 모울은 오스트레일리아 전역을 돌며 각 교구에 힘을 실어 주었다. 1956년에는 소규모의 방문단을 꾸려 중국교회를 방문했다. 오스트레일리아 대주교로서, 누구나 공감할 수 있는 오스트레일리아 성공회 헌법을 만드는 아주 오랜 시도를 이끌며 수고했다. 물론 이런 과정에서 성공회교회연맹 지도자들이 이 헌법으로 시드니 교구의 보수 복음주의가 제한되지는 않을까 염려하기도 했다. 모울은 자신이 속한 교구회의가 1957년에 이 헌법에 공식 동의를 표하자 이를 기뻐했다.

아내 도로시 모울이 같은 해 12월에 숨을 거둔 것이 전조인 듯, 모울의 건강 또한 급속히 악화되면서 결국 그는 이듬해 숨을 거두었다.

모울은 큰 인물이었다. 목소리도 컸고, 청중을 압도하는 풍채를 갖고 있었고, 주어진 수많은 책임을 제대로 감당하지 못할까 개인적으로 두려워하기도 했지만, 책임의 무게를 회피하려고 하지는 않았다. 대인 관계와 의사 결정 기술도 경험이 많아지면서 성숙해졌다. 그는 언제나 새 계획과 생각을 생산해 내는 비옥한 토양이었고, 모든 일이 잘 된 것은 분명히 아니었음에도 불구하고, 이들을 실천 단계까지 옮기는 재능이 뛰어났다. 신앙과 성직자로서의 성격상 전적으로 헌신된 복음주의자였으며, 케직 영성을 강조했다. 우정과 손 대접의 재능으로 자신과 생각이 다른 이들과도 마음을 담은 관계를 맺을 수 있었다. 모울은 1954년에 세인트마이클앤세인트조지훈장(CMG)을 받았다.

참고문헌 | M. L. Loane, 'Mowell, H. W. K.,' in B. Dickey(ed.), *The Australian Dictionary of Evangelical Biography* (Sydney: Evangelical History Association, 1994); M. L. Loane, *Archbishop Mowell* (London: Hodder & Stoughton, 1960); S. Judd and K. Cable, *Sydney Anglicans* (Sydney: AIO, 1987); S. Piggin, *Evangelical Christianity in Australia* (Melbourne: Oxford University Press, 1996).

B. DICKEY

하워드 윈덤 기니스(Howard Wyndham Guinness, 1903-1979)

전도자, 학생 사역자, 성공회(Anglican) 목회자. 그는 전도와 선교(또한 재미있게도 양조(흑맥주로 유명한 기니스 맥주-역주)) 활동으로 유명한 뼈대 있는 아일랜드 가문 출신이었다. 세계적인 전도자로 유명했던 할아버지 헨리 그래턴 기니스(Henry Grattan Guinness)의 형제단(Brethren) 배경이 하워드와 그의 아버지의 삶을 지배하게 될 초교파주의의 기초를 놓았다. 1850년대 후반에 「데일리 익스프레스」(Daily Express)는 헨리 기니스에 대해 "하나님께서 준비시키셔서 보내신, 힘이 엄청난 대단한 설교자 기니스는 모든 교파의 찬사를 받았다"라고 썼다.

성경을 해석할 때 성령의 역할을 강조하는 형제단의 특징, 전천년주의 신념과 과학(특히 천문학)에 대한 관심도 그가 캐나다와 미국과 영연방 전역에서 발전시킨 네트워크, 명성, 영향력을 후에 구현할 수 있었던 손자 하워드의 삶에 그대로 반영되었다. 헨리 기니스가 성경예언 연구에 끼친 공헌, C. H. 스펄전(C. H. Spurgeon) 및 D. L. 무디(D. L. Moody)와의 관계, 이스트런던훈련학교(East London Training Institute) 설립 또한 가족과 가문이 1920년대에 '근본주의'(fundamentalism)로 불리는 성장하는 반현대주의 진영에 편입된 계기였다. 그러나 하워드 기니스의 사역에는 성공회 전도자 브라이언 그린(Bryan Green)의 영향력도 짙게 배어 있었는데, 하워드 기니스는 그린을 통해 1917년에 회심했다. 그는 그린의 복음주의적 성공회와 그의 젊은이, 학교, 스포츠에 대한 관심과 강조 또한 받아들였다. 하워드 기니스는 헨리 기니스와 애니 리드(Annie Reed)의 여섯 째 아들이었다. 케임브리지의 리스스쿨(The Leys School)에서 중등 교육을 받은 그는 이 학교에 다니면서 학생 기독교 전도활동에 열심이었고, 1922년에 런던의 세인트바톨로뮤병원(St Bartholomew's Hospital)에 들어가 의학을 전공한 후 1928년에 학위(MRCS, LRCP)를 마쳤지만 실제 의사로 활동하지는 않았다. 의학에 대한 관심은 가족의 선교헌신 내력과 관계가 있었기에, 곧 그는 학생기독운동(Student Christian Movement, SCM) 같은 대학 기독교 조직이 '자유주의화'되었다는 인식에 따라, 이에 대한 반응으로 성장한 복음주의 학생조직으로 들어갔다. '따뜻하고 편안한 성품, 매혹적인 웃음, 사람에 대한 순수한 관심, 무엇보다도 하나님 나라를 위하여 다른 학생들의 영혼을 구하는 일에 뜨거운 열정을 지닌' 하워드 기니스는 곧 탁월한 기독교 지도자로 인정받았다(Braga, *ADEB*).

1923년에 런던대학기독교인연합(London Inter-Faculty Christian Union, LIFCU)이 설립될 때 창단회원이었고, 1928년에 기독학생회(Inter-Varsity Fellowship, IVF)가 세워진 후 이 단체의 회장과 부회장직을 연이어 맡았다. 노먼 그럽(Norman Grubb) 같은 인물들의 영향 아래 케직 성결(Keswick holiness), 개신교 신비주의, 믿음 선교(faith missions)가 기독학생회운동의 중심이 되었다. 캐나다에서 도와 달라는 요청을 받고 그 응답으로 기독학생회 지도자 하워드 고(Howard Gough), 하워드 기니스, 더글러스 존슨(Douglas Johnson)은 고가 잉글랜드를 책임지고, 존슨이 학생회를 대표하고, 하워드 기니스가 해외 업무를 맡기로 결정했다. 이들은 자신들이 가진 적은 돈을 모아 (스포츠 용품 등의) 여러 물품을 판 후 캐나다로 가는 편도 승차권 한 매를 구매했다.

하워드 기니스는 1928년 11월 6일에 주머니에 14파운드만 넣고 캐나다에 도착했다. 여러 대학 캠퍼스를 방문한 후 각 학교의 기독교연합(Christian Unions)이 상호 도움을 주고받을 수 있는 기반을 만들기 시작했다. 이 과정을 통해 1929년 9월에 캐나다 기독학생회(IVCF of Canada)가 탄생했다. 다음해에 노엘 팔머(Noel Palmer)가 총무가 되면서 하워드 기니스가 캐나다 전역을 자유롭게 돌아다닐 수 있게 되었다.

하워드 기니스는 각 학교에 지부를 설치하고, 이미 존재하는 복음주의 단체들을 기독학생회에 편입시키고, 차후에 '학교 간 기독학생회'(Inter-School Christian Fellowships)가 되는 기독학생회 전국망을 처음으로 만들었다. 1929년 7월에는 온타리오(Ontario)의 도 호수(Doe Lake)에서 30명의 캠프 참석자들과 조력자들과 함께 파이오니어캠프(Pioneer Camps)를 시작했다. 하워드 기니스는 일기에 다음과 같은 글을 남겼다.

> "올해는 어쩔 수 없이 캠프가 작을 수밖에 없었다. 한 번에 20–30명의 남학생만이 있을 뿐이다. 그러나 이것은 파이오니어 사역(Pioneer work)이고, 정말로 가치 있는 큰 모임으로 성장할 것이다."

1990년대가 되면, 캠프는 전국 조직이 된다. 매년 약 7,000명의 젊은 캐나다인이 전국의 파이오니어 캠프에 참석했다. 캠프는 미국으로도 확산되었고, 어린이 전도 조직 '틴 랜치'(Teen Ranch)도 탄생했다. 브리티시컬럼비아(British Columbia)에 있을 때 하워드 기니스는 저명한 오스트레일리아형제단(Australian Brethren) 실업가 J. B. 니콜슨(J. B. Nicholson)이 보낸 전보를 받았다. 니콜슨은 하워드 기니스를 초대하며 오스트레일리아로 오는 비용도 댔다. 1930년 1월에 도착한 하워드 기니스는 케직을 본 딴 카툼바집회(Katoomba convention)를 방문해서 작은 시드니대학성경연맹(Sydney University Bible League) 회원들을 만났다. 이 연맹은 후에 시드니대학복음주의연합(Sydney University Evangelical Union)이 된다. 다른 만남을 통해 하워드 기니스는 사립학교에 십자군연합(Crusader Union), 공립학교에 '학교 간 기독학생회'가 세워지는 데 영감을 주었다. 4월 7일에 공개 강연 기회를 얻은 그는 학생 300명에게 '내주하시는 그리스도'의 능력을 경험하라고 도전했다.

멜버른(Melbourne)으로 가서는 기존의 학생기독교운동(SCM)에서 학생을 모아서 오스트레일리아 복음주의 기독학생회(IVF)의 첫 두 지부를 개설했다. 헌법과 교리는 영국 기독학생회의 것을 그대로 가져왔다. '매일기도 모임'(Daily Prayer Meeting, DPM), 공공 모임, 성경공부가 오스트레일리아 대도시에서 발전한 성공회 복음주의에 큰 영향을 준 케임브리지기독학생연합(Cambridge Inter-Collegiate Christian Union, CICCU)과 런던대학기독교인연합(London Inter-Faculty Christian Union, LIFCU)를 본떠 정착되었다. 그러나 하워드 기니스 자신의 신비적이고 영적인 접근은 특정 선교회에 영향을 받은 시드니 복음주의연합 내 한 모임이 죄 없는 완전주의(sinless perfectionism)를 수용하면서 도전받았다.

이 모임이 패배한 후, 승리한 모임의 지도자들(존 허커스[John Hercus], 도널드 로빈슨[Donald Robinson], 마커스 론[Marcus Loane], 폴 화이트[Paul White])이 시드니 학생사역을 이끌고 1970년까지 각 교단의 중요 직책을 맡았다. 또 한 명의 아일랜드인 토마스 채터턴 해먼드(Thomas Chatterton Hammond)의 영향을 받은 시드니 성공회는 하워드 기니스가 생애 후기에 맞서 싸우게 되는 반경험적(anti-experiential) 합리주의를 수용했다. 하워드 기니스는 1930년대에 두 차례 오스트레일리아를 방문(1930-1931, 1933-1934, 후자는 복음주의연합이 내부의 도덕재무장[Moral Rearmament]운동의 확산에 대응하기 위해 그의 도움을 요청한 데서 비롯되었다)했는데, 이들은 남아프리카, 뉴질랜드, 인도, 유럽 여행과 더불어 진행되었다. 전 세계를 돌아다니고 1939년에 바바라 그린(Barbara Green)과 결혼하게 되면서, 하워드 기니스는 자신이 의료활동을 하지는 않겠지만, 학생사역만 해서는 생활을 유지할 수가 없다는 사실을 깨달았다. 더구나 1930년대에 국제 긴장이 높아지면서, 여행을 다니는 것이 점점 더 어려워졌기에, 하워드 기니스는 안수를 받기 위한 공부를 시작했다. 이 결정은 기독학생회 내의 지속적인 논쟁을 반영한 것이었다.

학생사역과 지역 교회와의 관계는 무엇인가?

다양한 운동이 다양한 결론을 냈지만, 하워드 기니스는 기독학생회를 대안 교회로 취급하지 않아야 한다고 강조했고, 이 때문에 대가를 치러야 했다. 초교파, 복음주의, 비교회 조직으로서, 기독학생회는 언제나 재정 부족 문제에 시달렸고, 소속된 직원과 간사는 교회와 선교회 모두의 인정을 받기 위해 노력해야 했다.

명민한 지성과 사람들과 편하게 어울리는 은사에도 불구하고, 안수받은 목회자로서의 사역이 그의 마음속에 있는 학생사역을 대신할 수 없었다. 버켄헤드(Birkenhead)의 세인트에이든스대학(St Aidan's College)에서 훈련을 받은 하워드 기니스는 워딩(Worthing)에서 레슬리 윌킨슨(Leslie Wilkinson)의 부사제로 사역한 후, 영국공군자원단(RAF Volunteer Reserve)에서 사역하는 군목(1942-1946)이 되었다. 제대 후에는 대학으로 돌아가서 옥스퍼드대학교(1946-1949)에서 C. S. 루이스(C. S. Lewis) 같은 영국 기독교 지도자들과 함께 혁신적인 전도사역을 지속적으로 펼쳤다. 대학이라는 환경이 그에게는 잘 맞았던 것이다.

1949년에 사회 개혁자이자 오스트레일리아 시드니 브로드웨이(Broadway)의 세인트바나바스교회(St Barnabas) 주임사제였던 R. B. S. 해먼드(R. B. S. Hammond)가 사망했다. 이전 케임브리지기독학생연합 회장이자 선교사였던 대주교 하워드 모울(Archbishop Howard Mowll)은 하워드 기니스에게 오스트레일리아에서 가장 큰 대학을 포함하고 있는 이 교구를 맡아 달라고 요청했다. 하워드 기니스는 급속하게 성장하던 전후 학생 인구를 대상으로 하는 학생사역을 성장시키고 전국 대학교들의 선교회를 부흥시킬 기반으로 이 교회를 활용했다. 1950년대 초에는 하워드 기니스가 보클루즈(Vaucluse)의 세인트마이클스교회(St Michael's Church)로 임지를 옮기게 되는 1957년 이후에도 오래도록 '바니스'(Barnies, 1959년의 빌리그레이엄전도대회의 영향 때문)로 남게 될 독특한 오스트레일리아 최대의 대학교회를 설립했다.

하워드 기니스의 세인트마이클스로의 이동은 일부에게는 갑작스럽고 당황스런 것이었지만, 1950년대 초가 되면 그는 이미 원인을 알 수 없는 심한 목구멍 통증에 시달리고 있었기 때문에 여러 집회를 지속적으로 순회하고 큰 교회에서 설교하는 일을 쉴 수밖에 없었다. 치료받을 길을 찾던 하워드 기니스는 여러 조사 후 오순절파 치유 전도자 A. C. 발데스 주니어(A. C. Valdez Jr)의 시드니 방문을 긍정적으로 검토했다. 말하는 것이 점점 어려워지자 그가 쓴 저술들이 그를 대신해 말하기 시작했다. 『희생』(*Sacrifice*, 1936), 『믿음의 온전함』(*The Sanity of Faith*, 1950) 같은 작품은 고전이 되었고, 여러 나라에서 기독학생회 사역을 지원하기 위해 재판이 나왔다.

대중적인 문체로 작성되고 오스트레일리아의 인기 정치 만화가 베니어(Benier)가 삽화를 그린 『나는 빌리 그레이엄에 반대한다』(*I Object to Billy Graham*, 1959) 같은 작품들은 학생들과 논쟁하던 시절부터 발전해 온 그의 궤짝(soapbox, 가두 연설대 등으로 즉흥적으로 활용된 빈 비누 궤짝-역주) 논쟁 방식을 보여 주었다. 『구도자들』(*The Seekers*) 등의 작품에서는 당파 노선에 따르기보다는 성경이 인도하는 길이라고 믿는 곳으로 가고자 하는 단호한 의지를 표명했다.

그의 영혼소멸론(annihilationism, 죽음과 동시에 영혼이 소멸된다는 이론-역주)과 하나님의 사랑의 능력에 대한 믿음은 (1890년대의 조지 그럽[George Grubb]이나 심지어 훨씬 이전의 사례들에서처럼) 비록 복음주의권에서 그 역사가 길기는 했지만 시드니에서 대중적인 인기를 얻지는 못했다. 하워드 기니스가 학생사역을 통해 성장할 수 있는 사역의 기반을 강화시켜 준 많은 인물들이 교회의 중요 직책을 차지하게 되면서, 하워드 기니스는 점점 일선에서 물러났다. 목의 병은 림프암 진단을 받았고, 1960년에 치료에 성공했음에도 불구하고 목소리를 내기가 점점 더 힘들어지자 1971년에 결국 은퇴했다. 1979년에 죽기까지 웬트워스폴스(Wentworth Falls)의 관목 지대에 살면서 글을 썼고, 할 수 있을 때는 설교를 하기도 했다.

하워드 기니스의 자서전 『학생들과 함께한 여정』(*Journey Among Students*)은 그의 정열에 대한 증언이며, 전 세계 기독학생회에 끼친 국제적인 영향력에 대한 증거다. J. I. 패커(J. I. Packer)와 다른 인물들이 복음주의 지성의 회복을 증진시키고, 빌리 그레이엄이 전 세계 전도 운동의 갱신을 가져온 인물이라면, 학자와 회심자를 길러내고 훈련시킨 것은 하워드 기니스와 고와 존이 시작한 하우스파티들(houseparties)과 학생 모임이었다. 그리스도와의 개인 관계에 근거한 든든한 믿음, 최소한 1970년대까지 오스트레일리아에서, 또 다른 지역에서는 그 이후까지 복음주의 학생운동의 특징이 된 선교와 케직성결 지향성의 결합은 하워드 기니스 자신의 통합된 접근 방식을 반영한 것이었다.

이제 하워드 기니스의 저술은 지나간 세대의 유물이 되었지만, 그는 지극히 헌신된 기독교인의 삶이 여러 세대의 신자의 삶에 얼마나 큰 영향을 줄 수 있는지를 보여 주는 중요한 모범이었다. 이런 업적은 거의 전적으로 개인 관계를 통해 이루어졌다. 그는 1945년에 『기독교인의 전면전』(*Total Christian War*)에서 다음과 같이 썼다.

"교제는 이 믿음의 핵심이다. 그리스도를 통한 하나님과의 이런 깊은 교제는 분명 그분의 다른 자녀들과의 더 깊은 교제로 이어진다. 기독교 교회의 부흥은 헌신된 기독교인의 훈련되고 창의적인 교제를 통해서만 올 수 있는 것이 분명하다. 그리스도 안에서의 이런 교제는 세계 복음화를 위한 가장 중요한 무기다(요일 1:5-7과 요 17:22-23). 고립되어 혼자 살아가는 기독교인은 비정상이다."

참고문헌 | National Library of Australia, BIOG, Biographical Clippings on Howard Guinness, Rev. Dr; Guinness Papers and taped interview with Barbara Guinness, CSAC Archives, Robert Menzies College.

M. HUTCHINSON

할 린제이(Hal Lindsey, 1929-)

베스트셀러 예언 서적 저자. 그는 1929년 11월 23일에 텍사스 휴스턴(Houston)에서 딱히 신앙심이 깊지는 않은 부모에게서 태어났다. 어머니는 가끔씩 교회에 갈 때 아들을 데리고 갔다. 열두 살에 린제이는 교회에서 제단 앞으로 나오라는 초청을 받아들이며 인생 처음으로 신앙적 결단을 했다. 교회에 다니고 세례도 받았음에도 불구하고, 린제이는 자신이 하나님을 모른다고 느꼈다. 열다섯 살에 가정과 개인 삶에서 청소년기의 갈등과 고뇌를 경험하면서, 린제이는 이번에는 다른 교회에서 다시 한 번 제단 앞으로 나오라는 초청에 반응했다.

이 교회 교인이 되어 두 번째 세례를 받지만, 후에 자신이 '그리스도의 새로운 실재를 느낀 것은 아니었다'라고 말했다. 더구나 교회가 섹스, 음주, 흡연, 영화를 금지했기 때문에 '모든 것이 장애물인데다, 기독교인이 됨으로써 누릴 수 있는 것이 모두 없어진다'고 생각했다. 열일곱 살에 린제이는 새로운 교회에서 세 번째로 제단 초청을 받아들이고 세례를 받지만, 여전히 그가 추구하던 종교적 체험을 하지는 못했기에, 자신의 방식대로 살기로 결심하고 '술과 섹스를 탐닉하기 시작했다.'

린제이는 휴스턴대학교(University of Houston)에 들어가 경영을 공부하지만, 쾌락을 좇아 살았다. 학교 생활이 신통치 않았기에, 한국전쟁 복무 대상자가 되었고, 이어서 2년 후에 대학교를 그만두고 미국 해안경비대에 입대했다. 1년간 코네티컷에서 훈련을 받은 린제이는 2년간 뉴올리언스에서 복무했다. 제대 후에는 약 4년간 미시시피강에서 끌배(tugboat, 다른 배를 끌거나 밀거나 하는 강력한 엔진을 갖춘 작은 배-역주) 선장으로 일했다. 결혼도 하지만, 곧 아내는 다른 남자에게로 가버렸다. 끌배 사고를 가까스로 피한 것을 계기로 린제이는 삶의 의미를 찾아 다시 성경을 연구했다. 기드온 신약성경을 읽다가 자신이 회심해야 한다는 것을 확신한 린제이는 그 성경 뒤에 나와 있는 지침을 따라 하고 나서, 처음으로 자신이 참으로 회심했다고 믿게 되었다.

휴스턴으로 돌아온 린제이에게 잭 블랙웰(Jack Blackwell)이라는 이름의 젊은 목사가 예언 연구를 소개했다. 블랙웰의 전천년주의적 세대주의 예언 접근법은 린제이의 성경에 대한 이해에 혁명을 일으켜, 린제이가 당대 사건들을 이해하고 예측하는 핵심 사상이 되었다. 린제이는 매일 성경을 여섯 시간에서 여덟 시간까지 연구하기 시작했고, 곧 자기 부모도 설득해서 신앙에 헌신하게 만들었다. 일 년 반의 성경연구 후에 린제이는 성경교사가 되기로 결심하지만, 문법이 부실했기에 1년 동안 매주 이틀 밤을 지역의 교장에게서 개인 교습을 받았다. 린제이는 대학 졸업장이 없었지만, 1958년에 IQ 테스트를 통과하고 지역 목사의 추천을 받아 세대주의 학교인 댈러스신학교(Dallas Theological Seminary) 입학을 허락받는다.

신학교 2학년 때 린제이는 캠퍼스를 5일간 방문 중이던 대학생선교회(CCC, Campus Crusade for Christ) 간사 잰 휴턴(Jan Houghton)을 만났다. 두 주가 채 지나기 전에 린제이는 휴턴에게 청혼했고, 이들은 두 달 뒤에 결혼했다.

1962년에 린제이는 신약과 초기 헬라 문헌 전공과 히브리어 부전공으로 신학석사학위를 받았다. 아내에 이어 대학생선교회 간사에 합류한 후에는 대학생선교회의 로스앤젤레스(Los Angeles) 소재 캘리포니아대학교(University of California) 지부 대표가 되었다. 이후 10년을 미국, 캐나다, 멕시코 전역의 대학생들에게 말씀을 전하는 일에 바쳤다. 1960년대 후반 혼돈기에 혁명의 기운으로 충만한 학생들 사이에서 자신의 메시지를 더 효율적으로 전하기 위해, 린제이는 당대 속어(slang)와 반문화적(counter-cultural) 언어로 자기 신학을 표현하는 방법을 배웠다. 또한, 성경예언의 조명 아래 당대 사건들의 의미를 강조했다. 이 시기에 린제이는 세 딸인 하이디(Heidi), 쌍둥이 딸 제니(Jenny)와 로빈(Robin)의 아버지가 되었다. 이후 린제이는 대학생선교회와의 관계를 단절하고 '예수 그리스도 빛과 능력회'(Jesus Christ Light and Power Company)라는 단체를 새로 설립했다.

1969년에 린제이는 학생 대상의 강연 노트를 다 모아 복음주의 프리랜서 작가 캐럴 C. 칼슨(Carole C. Carlson)의 도움을 받아 책으로 펴냈다. 1970년에 출간된 『위대한 혹성 지구의 종말』(The Late Great Planet Earth)이라는 제목의 이 책은 즉각 베스트셀러가 되었고, 몇 달이 지나지 않아 그를 무명의 캠퍼스 사역자에서 가장 유명한 성경의 예언 해석자로 변모시켰다. 이 책은 1970년대에 천오백만 부 이상 팔렸는데, 「더 뉴욕 타임스」(The New York Times)는 이 책을 10년간 가장 많이 팔린 논픽션 책에 선정했다. 1978년에는 오슨 웰스(Orson Welles)가 출연하는 영화로도 만들어졌다.

이 책의 예언 해석에 창의적이고 새로운 것은 거의 없었다. 한 학자가 주목했듯이, '전천년주의자들은 19세기 이래 그런 식으로 책을 써 왔다.' 그러나 린제이는 복잡한 전천년주의적 사색을 당대의 쉬운 언어로 번역해 내는 수완이 있었다. (그의 손을 통해 휴거는 '마지막 여행'으로, 바벨론 창녀는 '스칼렛 오할럿'[Scarlet O'Harlot]이 되었다). 더구나 전천년주의자들이 예언한

할 린제이

재림의 세 주요 조건 중 둘, 즉 1948년의 이스라엘 국가 재건과 1967년의 이스라엘의 예루살렘 탈환이 책을 출판한 근래에 성취되었기 때문에 린제이가 책을 낸 타이밍은 기가 막혔다.

린제이는 이들 두 사건이 마지막 선결 조건인 고대 유대 성전의 재건을 가능하게 했다고 주장했다. 독자들의 가슴을 더 뛰게 만든 내용은 (마 24:34에 근거하여) 린제이가 예수님이 이스라엘이 건국된 지 '한 세대,' 즉 그의 예상에 따르면 '40년 정도' 안에 재림하시리라는 주장이었다. 세상에 묵시적 재앙이 임박했으므로, 살아남을 수 있는 유일한 소망은 휴거이며, 이것은 그리스도 안에 있는 모든 참 신자를 이 땅에서 고통당하기 전에 천국으로 데려 가시는 것이다.

1972년에 린제이는 다시 칼슨과 함께 또 다른 베스트셀러 『사탄은 지구 행성에서 잘 산다』(Satan is Alive and Well on Planet Earth)를 출간해서 비교(occult)의 위험을 경고했다. 다음 4년간 린제이는 (때로 칼슨과 함께) 예언 서적 여섯 권을 더 출간했는데, 이들은 너무 인기가 많아서 「더 뉴욕 타임스」 베스트셀러 목록에 한 번에 세 권이 오른 적도 있었다.

린제이가 두 번째 아내와 이혼한 1970년대 말에 보수 복음주의자 일부의 신뢰를 어느 정도 잃어버리기는 했으나, 이 평판이 1980년에 나온 책 『1980년대: 아마겟돈으로 향하는 카운트다운』(The 1980s: Countdown to Armageddon)이 초판 오십만 부를 찍어 내는 베스트셀러가 되는 것을 막지는 못했다. 비록 이 책은 전반적으로 『위대한 행성 지구의 종말』(The Late Great Planet Earth)의 개정판이었지만, 새로 부상하는 신기독교우파(New Christian Right)의 관심사를 반영한 정치적 행동주의의 새로운 강조점도 포함되었다.

1980-1990년대에 린제이는 1996년에 나온 묵시 소설 『붉은 달』(Blood Moon)을 포함해서, 10권 이상의 책을 썼다. 캘리포니아의 팔로스 베르데스공동체교회(Palos Verdes Community Church) 목사로도 일했고, 킴(Kim)과 세 번째로 결혼했다. 또한, 1980년대 말에 100개 이상의 라디오 방송국에서 송출된 주간 라디오쇼 '새터데이즈 위드 할 린제이'(Saturdays with Hal Lindsey)를 진행했다. 1990년대에는 클리퍼드 포드(Cliff Ford)와 함께 라디오 생방송 '위크엔드 리뷰'(Weekend Review)를 진행하고, 주간 텔레비전 프로그램 '할 린제이'(Hal Lindsey)를 트리니티방송국(Trinity Broadcasting Network)에서 만들어 방송했다. 이들 프로그램은 모두 당대 일어난 사건들의 예언적 의미를 강조했고, 보수적 정치 의제를 확산시켰다.

참고문헌 | S. R. Graham, 'Hal Lindsey,' in C. H. Lippy (ed.), *Twentieth-Century Shapers of American Popular Religion* (New York, Westport, Connecticut, London: Greenwood Press, 1989), pp. 247-255; M. Jeschke, 'Pop Eschatology: Hal Lindsey and Evangelical Theology,' in C. N. Kraus (ed.), *Evangelicalism and Anabaptism* (Scottsdale: Herald Press, 1979), pp. 125-147; T. P. Weber, *Living in the Shadow of the Second Coming: American Premillennialism, 1875-1982* (Grand Rapids: Zondervan, 1983; repr. Chicago and London: The University of Chicago Press, 1987).

D. K. LARSEN

해너 모어(Hannah More, 1745-1833)

작가이자 교육자. 그녀는 일평생 인간적인 매력으로 유명했고, 저술로 이름을 떨쳤고, 사회의 모든 계층에 끼친 도덕적 영향력으로 칭송을 받았으며, '감리교도'라고 비아냥거림을 당하기도 했으며, '페티코트(petticoats) 입은 주교'라는 공격을 당하기도 했다. 사후에 '빅토리아 시대 교부' 중 하나로 묘사되기 시작했고, 영국을 혁명에서 구한 공로로 칭송을 받기도 했으며, 개인주의적 윤리관으로 비난을 당하기도 했다. 또한, 자신도 모르게 가부장주의를 전복시킨 가부장주의자로 그려지기도 했고, 여성다운 행동으로 수용된 전형을 뒤집기 위해 여성다운 행동의 전형을 수용한 여성으로 젠더 분석의 대상이 되기도 했다.

해너 모어는 브리스톨(Bristol) 근처 스태플턴(Stapleton)의 피쉬폰즈(Fishponds)에서 1745년 2월 2일에 출생했다. 아버지 제이콥(Jacob)은 노포크(Norfolk) 신사 계층의 자제로, 유산을 상속받아 웨스트컨트리(West Country)로 이주하겠다는 희망이 좌절된 이후 스태플턴의 노번 버클리(Norborne Berkeley)의 후원 아래 교장이 되었다. 거기서 그는 농부의 딸 메리 그레이스(Mary Grace)와 결혼했다. 해너 모어는 이 부부의 다섯 딸 중 네 번째였다. 부모 및 다른 교사들로부터 훌륭한 교육을 받은 이 다섯 딸은 1758년에 브리스톨의 트리니티스트리트(Trinity Street)에 학교를 열었다. 이 학교는 1762년 새롭게 건설된 파크스트리트(Park Street)로 이전하여 1790년까지 이 자매들이 운영했다. 자매들은 모두 학교 운영에 참여했다. 이 중 해너 모어는 글쓰기를 가르쳤고, 교실에서 사용할 목적으로 이야기, 시, 드라마 등을 썼는데, 이 중 1782년에 출판된『거룩한 드라마들』(Sacred Dramas)과 1773년 출판된『행복을 찾아서』(The Search after Happiness)는 출판되기 훨씬 전에 쓴 작품이었다. 이 학교는 건전한 기초 교육, 음악, 드라마, 춤뿐만 아니라 종교 및 도덕 커리큘럼, 상식적인 정신으로 유명해졌다.

같은 시기에 해너 모어는 브리스톨 문학계와 지성계 활동에 참여하기 시작했다. 더 나이든 사람들의 이목을 끄는 해너 모어의 재능은 여기서 처음 선을 보였다. 이들 중 락솔(Wraxall) 근교 벨몬트(Belmont) 출신인 에드워드 터너(Edward Turner)가 그녀와 약혼했지만, 이들의 결혼식이 세 차례 연기되면서(아마도 부끄러움을 많이 타는 터너의 성격이 원인이 된 듯하다), 터너가 매년 해너 모어에게 200파운드씩 생활비를 지급하기로 했다. 이런 결정은 당시 배경에서는 그다지 문제되지 않는 것이었기에, 해너 모어는 이 생활비로 여생을 재정적으로 독립할 수 있었다. 이런 일련의 사건들에서 비롯된 신경과민을 극복하며 웨스턴-수퍼-마레(Weston-super-Mare) 근처에서 얼마간 지낸 후 서머싯(Somerset) 출신의 시인 존 랭혼(John Langhorne)이 청혼했지만, 해너 모어는 이를 거절했다. 해너 모어와 두 자매는 1774년에 처음으로 런던을 방문했다. 이후 20년 이상 매년 런던을 방문했다. 얼마 지나지 않아 해너 모어는 극작가 및 문인 사이에서 유명 인사가 되었다. 데이비드 개릭(David Garrick)과 그의 아내 에바(Eva)와의 우정이 그녀에게는 특히 중요했다. 특히, 그녀는 개릭의 가정 생활뿐만 아니라 연기의 특징이었던 자연스러움, 자발성에 감명을 받았다. 해너 모어는 버클리(Berkeley)의 인맥을 통해 블루스타킹서클(Blue Stocking circle, 18세기 여성으로 이루어진 런던의 유명한 사교 모임-역주)의 일원이 되었다.

존슨 박사(Dr Johnson)와도 친구가 되었는데, 실제로는 그녀가 존슨에 무비판적이지 않음에도 불구하고, 그녀가 그와 친해지기 위해 아부했다고 비난했다. 그녀는『행복을 찾아서』(The Search After Happiness),『완강한 포로』(The Inflexible Captive, 1774, 비극적인 도덕 드라마),『엘드레드 경』(Sir Eldred of the Bower),『피 흘리는 바위에 대한 전설』(The Legend of Bleeding Rock, 1776, 드라마 같은 시),『젊은 여성을 위해 쓴 다양한 주제의 에세이』(Essays on Various Subjects, principally designed for Young Ladies, 1777) 등을 출간했다.

마지막 책에서 해너 모어는 여성의 빠른 판단력과 섬세한 감정은 남성을 문명인으로 만드는 데 사용되어야 한다고 주장했다. 비극 작품『퍼시』(Percy)는 개릭이 감독을 맡아서 1777년부터 1778년까지 21일 동안 매 저녁에 코벤트 가든(Covent Garden)에서 공연되었는데, 감정선 및 우아함으로 호평을 받았다. 또 다른 비극『치명적 거짓』(The Fatal Falsehood)은 개릭이 죽고 난 후 1779년 발표되어 큰 성공을 거두지는 못했다. 해너 모어는 해너 코울리(Hannah Cowley)에게서 표절로 고소당한 이후 더 이상 희곡을 쓰지 않았다. 해너 모어와 에바 개릭은 거의 1년 동안 함께 은둔 생활을 했다.

그 후 다시 사회로 복귀하여 적절한 '감수성'(sensibility, 감정에 대한 민감함과 표현)을 탐구하는 여러 작품을 발표했다.『거룩한 연극들』,『감수성』(Sensibility, 시, 1782),『플로리오』(Florio, 호러스 월폴[Horace Walpole]과의 우정에 영감을 받아 쓴 시, 1786),『브라스 블루 혹은 대화』(Bras Bleu or Conversation, 런던 블루스타킹 문인회에 헌정하는 시, 1786) 등이다. 이들을 발표한 후부터 해너 모어의 인생과 작품의 초점에 변화가 일기 시작했다. 그녀는 항상 시골에서의 삶을 동경한다고 고백했는데, 결국 1785년에 서머싯의 링턴(Wrington) 근교 코우슬립그린(Cowslip Green)에 오두막 한 채를 구입했다.

1784년에 해너 모어는 브리스톨의 유모로 글로 쓰지 않는 시인 앤 열슬리(Ann Yearsley)의 작품을 세상에 알린 적이 있었다. 개인 교사이자 후원자 이상의 관계를 정립하고자 했지만, 두 사람이 인세 문제로 다투게 되면서 1785년에 좋지 않은 감정을 안은 채 결별하고 말았다. 해너 모어는 열슬리의 자녀들을 위해 기금을 관리하기를 원했지만, 독립을 원했던 열슬리는 이를 이해하지 못했다. 기금 수령자들의 기대에 미치지 못하자, 후원을 위한 다른 시도도 모두 위기에 처했다. 동시에 더 근본적인 변화가 해너 모어의 견해와 믿음에 일어나고 있었다.

해너 모어는 주일성수와 오페라에 대한 혐오 때문에 런던의 여러 친구보다 늘 훨씬 경건한 삶을 살아서 주위의 경탄을 자아냈지만, 브리스톨에서는 그렇지 않았다. 해너 모어에게 신앙은 의견과 행동 문제였을 뿐만 아니라 언제나 감정의 문제이기도 했다. 상류층들이 자신들의 모범적인 삶으로 사회를 개혁할 의무를 지니고 있다고 믿었던 그녀는 늘 사회적으로 보수적이었다. 1780년대 중반부터, 실제로 1789년 이후까지도 이런 태도가 새롭게 주목받았다. 감리교가 분리된 교단으로 등장하면서 종교 지형도 다시 그려졌다. 프랑스혁명이 만든 대격변으로 정치 지형이 완전히 변했다. 이 시기에 해너 모어는 '클라팜당'(Clapham) 복음주의자들과 더 가까이 교류하기 시작했다. 찰스 미들턴 선장(Captain Charles Middleton)과 그의 아내의 소개로 노예제도 반대운동에 참여하게 되었으며, 이를 계기로 1787년에 윌리엄 윌버포스(William Wilberforce)와 만나 특별히 가까운 친구가 되었다.

해너 모어는 이 해에 『노예무역: 시』(The Slave Trade: A Poem)를 발표했고, 자기 친구들에게 노예가 키운 설탕을 거부하라고 설득하며 다녔다.

신앙이 깊어지면서 해너 모어는 새로운 종류의 글을 쓰기 시작했다. 『전체 사회에 위인의 매너가 얼마나 중요한지에 대한 생각들』(Thoughts on the Importance of the Manners of the Great to General Society, 1788)이란 책을 통해 해너 모어는 (주일에도 일을 시키고, 교묘하게 거짓말하게 만들고, 팁에 의존하게 만드는) 고용주의 잘못된 요구로 하인이 얼마나 도덕적으로 타락할 수 있는지를 은근히 비판했다. 이 책은 또한 고상한 사회(polite society) 사람들이 스스로 '감수성'이 풍부하다고 여기는 것에 대한 신랄한 비판으로 읽힐 수 있다. 1790년에 출판된 『화려한 세계의 종교에 대한 평가』(Estimate of the Religion of the Fashionable World)는 보다 노골적으로 상류 계층 사람들에게 신앙과 도덕을 통합한 생기 있는 종교가 필요하다는 것을 강조했다. 부자들에게 하는 조언은 계속 이어졌는데, 그것은 『여성교육의 근대적 체계-지위와 재산을 가진 여성의 원칙과 행동에 대한 견해』(Modern System of Female Education, with a View to the Principles and Conduct of Women of Rank and Fortune, 1799)에 나타난다.

여성은 마음을 만지고 행동을 바꾸는 종교를 통해 자신을 변화시킴으로써, 남성에게 영향을 끼쳐 사회를 개혁해야 한다. 해너 모어는 여성이 감정의 피조물이라는 관습적인 인식을 받아들였기에, 여성의 이성을 고양시키는 교육 체계(평이한 언어 사용, 소설보다는 역사와 전기를 강조)를 계발하여, 결국 이들의 정신이 형성되는 과정에 '남성적' 기준을 적용해야 한다고 보았다. 여기서 해너 모어와 메리 울스턴크

래프트(Mary Wollstoncraft)와의 유사점이 발견된다. 『어린 공주의 성품을 형성하기 위한 조언』(Hints Towards Forming the Character of a Young Princess, 1805)은 당시 왕위 상속 예정자인 왕세자의 딸 샬럿 공주의 예를 들어 앞에서 언급한 주제들을 발전시킨 책이었다. 해너 모어가 이 책을 쓰게 된 계기는 더럼성당 명예참사회원(Prebendary of Durham)이자 후에 브리스톨 주교가 된 로버트 그레이 박사(Dr Robert Gray)와의 친분 때문이었다.

지체 높은 인사와의 우정 때문에 책을 쓰는 일도 있었다. 런던 주교 포티어스(Porteous)가 톰 페인(Tom Paine)의 『사람의 권리』(Rights of Man)에 대한 응답을 더 낮은 계층의 사람들이 읽을 수 있는 수준으로 써 달라고 요청한 경우가 있었다. 그 결과 탄생한 『마을 정치』(Village Politics, 1792)는 마을의 대장장이와 석공이 대화하는 형식으로 구성되었다. 해너 모어는 이후에도 『M. 듀퐁의 연설에 대한 평가』(Remarks on the Speech of M. Dupont)를 통해 프랑스 무신론을 공격하기도 했다. 이후 포티어스 주교는 값싼 소책자 시리즈(Cheap Repository Tracts)를 만들어 달라고 추가로 요청했다.

이 소책자들은 단편 소설, 연애 소설, 주일용 읽기 자료 등이었는데, 기존의 저가 서적과 같은 형식으로 출판되었으며, 목판화로 제작한 삽화가 있었고, 0.5다임(dime), 1다임, 1.5다임에 판매되었다. 해너 모어는 이 소책자 출판과 더불어 서머싯에서 교육 사업을 시작했다. 가난한 아이들에게 읽는 법을 가르치면서, 이들이 값싸고 적당한 읽기 자료를 읽을 수 있다면, 이들에게 의무와 복종에 대해 가르칠 수 있다고 생각했다. 이 소책자 시리즈의 단편들에는 활기 넘치는 행동에 대한 이야기가 있었고, 이해하기 쉬운 말로 쓰였다. 메시지는 부자들에게는 안목 있는 자선활동과 성실한 노동을, 가난한 사람들에는 술 취하지 않는 것과 관습을 권장하는 내용이었는데, 당시 활기찬 종교는 부와 가난 모두를 변개할 수 없는 신의 섭리 안에 있는 것으로 인식했다.

헨리 손턴(Henry Thornton)이 이 소책자 발간 프로젝트의 회계를 맡았고, 윌버포스가 구독자를 모집했으며, 배빙턴(Babington)과 재커리 매콜리(Zachary Macaulay)가 실무를 맡았다. 첫 해에 200만 부가 팔려 나갔다. 1795년부터 1798년까지 총 114편이 발간되었고, 해너 모어는 이 중 49편을 썼다. 얼마나 많은 저소득층 가정이 이 소책자를 읽었는지는 알 수 없지만 (무료 보급을 위해 부자들이 소책자를 많이 구입했고, 영국 식민지에도 많이 배포되었다), 동시대 사람들은 혁명의 영향에서 영국을 보호하는 데 이 책들이 큰 공헌을 했다고 평가했다. 이 소책자 시리즈는 1798년에 조직이 어려움을 겪으면서 더 이상 발행되지 못했다. 그러나 종교소책자협회(Religious Tract Society)가 1799년에 설립되었다. 협회는 해너 모어의 값싼 소책자 시리즈의 부실한 신학을 따라하지는 않았지만, 방법론에는 깊은 찬사를 보내며 이 방식을 모방했다.

값싼 소책자 시리즈가 한참 제작되어 배포되고 있을 무렵, 해너 모어는 가난한 아이들을 위한 교육에 적극적으로 관여했다. 1789년에 윌버포스의 방문을 받은 후, 해너 모어는 '뭔가를 해야 한다'라는 부담을 느꼈다. 처음에는 체다(Cheddar) 지역에서 시작하여, 이어서 그녀가 살던 코우슬립그린(Cowslip Green) 근처의 다른 마을로 교육 사업을 확장했다.

해너 모어와 자매들은 가난한 이들을 위한 교육에 가장 크게 반대한 이들, 즉 교육이 농사를 망친다고 믿고 있던 농부들을 방문했다. 이들은 이 일에 공감하는 현지 성직자들과 협력했고, 현지에 없던 비협조적인 목회자들은 그냥 무시해버렸다. 로버트 레이크스(Robert Raikes) 등의 주일학교 선구자들의 경험을 바탕으로, 이들은 쓰기를 제외하고, 읽기와 성경을 가르치기 시작했다.

체다(Cheddar), 쉬펌(Shipham), 네일시(Nailsea) 세 마을에 '더 큰 학교들'(greater schools)이 설립되었다. 주일에는 성경과 읽기는 가르치고, 주중에는 가정, 공업, 농업 기술을 가르쳤다. 주중 저녁 시간에는 성인을 위한 성경읽기 수업이 진행되기도 했다. 여성친목회(Women's Friendly Societies)가 세 마을에 조직되어, 질병과 출산에 필요한 도움을 주었다. 이 마을들은 교구제도가 제대로 작동되지 않는 마을의 전형과 같은 곳이었다. 체다에는 성직자 부재 상태가 계속 이어졌고, 쉬펌과 네일시는 아연광 산과 유리 사업이 발전하면서 인구가 급증했다. 다른 마을들에는 '더 작은 학교들'(lesser schools)이 세워져, 주일 교육과 주중 야간 성경읽기 수업만이 진행되었다. 이 마을들은 매년 멘딥축제(Mendip Feast)를 열어 함께 모였는데, 해너 모어는 이 축제에서 전통적인 가장의 의무와 책임을 성실하게 감당해야 한다는 내용으로 강연했다.

동시대인들은 멘딥 마을들의 사회적 결속력이 극적으로 늘어나는 현상을 글로 남겼다. 교회 출석률이 증가했으며(체다 마을에서만 10년간 50명에서 700명으로 증가했다), 범죄율이 감소했다. 1795년에 블랙던(Blagdon)의 부사제와 교구위원들은 해너 모어에게 통제 불능 상태에 빠진 자기네 마을로 와서 학교를 열어 줄 것을 간곡히 요청했다. 해너 모어는 이 요청을 수락했고 놀라운 결과를 만들어 냈다. 그러나 1798년에 부사제 베레(Bere)가 이 학교를 비난하는 설교를 했고, 1801년에는 교장 해임을 요구했다. 블랙던논쟁은 해너 모어의 명성에 큰 손상을 입혔다. 이 논쟁의 본질에는 가난한 사람들을 위한 교육의 통제권을 누가 갖느냐 하는 문제가 걸려 있었다. 블랙던학교를 책임지던 영(Younge) 부부는 이와 비슷한 문제로 이전에 이미 웨드모어(Wedmore)에서 축출된 전력이 있었다.

베레는 이들이 저녁 성경읽기 시간에 개인의 신앙 간증을 부추기고, 즉흥 기도를 허가했으며, 영적 조언을 했다고 비난했다. 이런 요소들은 감리교의 특징이기도 했다. 이들의 종교 활동이 교구사제의 통제 바깥에 있었던 것이 문제였다. 이후 격렬한 논쟁이 오갔으며, 해너 모어는 '감리교도,' 도덕적인 타락을 부추기는 여자 주교라는 비난을 받았다. 이후 3년 동안 블랙던학교는 폐교와 개교를 반복했다. 그러나 새로 부임한 배스(Bath)와 웰스(Wells) 담당 주교가 해너 모어의 해명을 받아들이면서 이 논쟁은 수면 아래로 점차 가라앉기 시작했다.

이 논쟁은 본질상 종교 주제에서 '열광주의'와 평신도 지도력을 얼마나 인정할 수 있는가 하는 문제, 마을 학교에서 일할 적합한 교사 확보의 어려움, 밖에서 '침입해 들어온' 도우미가 교구제도를 파괴하는 위험과 관련된 문제를 부각시켰다. 특히, 그 시대는 전통적인 기관들이 프랑스에서 일어난 사건들 때문에 위험을 느끼던 시기였다. 전반적인 복음주의적 공감대가 형성된 시기에 일어난 이 일은 과거로 회귀하는 운동을 유발하기도 했고, 동시에 이후에 벌어질 교파별 논쟁들의 전조이기도 했다.

1790년에 파크스트리트에 있던 학교가 매각되자, 모어 자매들은 자신들의 집을 배스(Bath)의 그레이트풀트니스트리트(Great Pulteney Street)에 지었다. 여기서 해너 모어는 배스 대신, 매주일 저녁마다 아가일스트리트의 장로교 채플에 출석했다(이 교회는 블랙던논쟁 당시 해너 모어의 반대편에 선 교회였다). 해너 모어와 자매들은 1801년에 집과 코우슬립그린에 있던 오두막을 매각하고, 링턴(Wrington)의 발리우드(Barley Wood)로 이사했다. 이 이사는 은퇴를 계획한 것이었지만, 실제로 해너 모어 자매는 그렇게 은퇴하지 않았다. 해너 모어는 계속해서 저술 활동을 이어 갔고 멘딥학교들의 운영에도 관여했다.

1808년 해너 모어는 유일한 소설 『아내를 찾아 나선 코엘렙스』(*Coelebs in Search of a Wife*)를 발표했다. 이 소설은 제목에 나온 한 총각이 아주 잘 교육받은 루실라(Lucilla)에게서 완벽한 아내의 모습을 찾게 된다는 내용이다. 이후 여러 편의 도덕 관련 저서와 종교 저서를 발표했는데 『실천적 경건』(*Practical Piety*, 1811), 『기독교인의 도덕』(*Christian Morals*, 1812), 『사도 바울의 성품과 실천적 저서들』(*The Character and Practical Writings of St Paul*, 1815), 『도덕 스케치』(*Moral Sketches*, 1819), 『자유의 향연』(*The Feast of Freedom*, 1812), 『성경의 음율』(*Bible Rhyme*, 1821), 『기도의 영』(*The Spirit of Prayer*, 1825) 등이다. 1817년에는 값싼 소책자 시리즈가 부활했다.

1813년부터 1819년까지 해너 모어의 네 자매가 차례로 사망했다. 1828년에는 해너 모어의 하인들이 그녀를 제대로 돌보지 않아 발리우드(Barley Wood)에서 클리프턴(Clifton)의 홋웰스(Hotwells)로 거처를 옮겨야 했다. 해너 모어는 거기서 1833년에 숨을 거두었다. 해너 모어는 자매들이 묻혀 있던 링턴교회묘지(Wrington churchyard)에 안장되었다.

해너 모어의 저술은 해너 모어의 살아생전 많은 사람의 사랑을 받았다. 그러나 이후 세대의 사람들은 해너 모어에 대한 동시대의 칭찬이 과도했음을 알게 되었다. 살아 있는 동안 그녀가 즐거움을 추구했다고 비난받았지만, 매력, 생기, 관대함, 마음 깊은 데서 우러나오는 친절, 한 가지 목적을 이루기 위한 끈기에 대해서는 대체로 칭송을 받았다. 이후 세대들은 해너 모어의 복음주의가 가진 좁은 폭, 개인주의에 치우친 도덕주의적 사회 분석을 비판했다.

해너 모어 자신이 살았던 시대의 배경에서 사상을 평가할 때, 해너 모어는 매우 유능한 교사이자 소통가로 평가받아야 한다. 해너 모어는 성장, 교육, 사회적 배경을 통해 작가로 자라났다. 1780년대 중반부터 해너 모어의 삶과 작품에 힘을 불어넣은 원동력은 바로 복음주의 신앙이었다.

참고문헌 | W. Roberts, *Memoirs of the Life and Correspondence of Mrs. Hannah More* (London: Seeley & Burnside, 1834); C. M. Younge, *Hannah More* (London: Allen, 1888); M. G. Jones, *Hannah More* (Cambridge: Cambridge University Press, 1952); C. H. Ford, *Hannah More. A Critical Biography* (New York: Peter Lang, 1996).

M. JONES

해너 위톨 스미스/로버트 피어솔 스미스
(Hannah Whitall Smith, 1832-1911/Robert Pearsall Smith, 1827-1898)

성결 및 더 깊은 삶을 강조한 퀘이커(Quaker) 평신도 전도자, 저술가, 사회 활동가. 두 사람은 1851년에 펜실베이니아 필라델피아에서 결혼했다. 두 사람 모두 태어나면서부터 필라델피아 퀘이커교도였다. 로버트의 부모는 존 제이 스미스(John Jay Smith)와 레이첼 피어솔 스미스(Rachel Pearsall Smith)였다. 존 제이 스미스는 편집자이자 출판인이며, 공립도서관을 운영했다. 해너의 부모는 존 미클 위톨(John Mickle Whitall)과 메리 테이텀 위톨(Mary Tatum Whitall)이었다. 존은 위톨-테이텀 유리 회사의 상속자가 되었다. 이들의 양 부모가 모두 풍부한 사회적, 재정적 여력이 있었기 때문에 스미스 부부는 평생 별로 돈 걱정 없이 개인 및 가족의 관심사를 추구할 수 있었다.

결혼 후 로버트는 해너가 공부를 더 하도록 격려했지만, 첫 아이가 생긴 이후로 다섯 자녀가 더 태어나면서 열망을 포기할 수밖에 없었다. 이들 중 셋만 성인이 될 때까지 성장했다. 메리 로건 위톨(Mary Logan Whitall)은 당시 아일랜드 변호사이자 의회 의원이던 프랭크 코스텔로(Frank Costelloe)의 아내였다가, 이후 유명한 예술사가 버나드 베런슨(Bernard Berenson)의 아내가 되었다. 둘째 로건 피어솔(Logan Pearsall)은 옥스퍼드대학교 교수이자 트리비아(trivia)라는 문학 장르의 창시자였다. 마지막으로 알리스 피어솔(Alys Pearsall)은 버트랜드 러셀(Butrand Russell)의 첫 번째 부인이었다.

해너와 로버트 두 사람은 모두 1857-1858년 부흥에서 개인적인 영적 회심을 했다고 고백했다. 전통적인 퀘이커 내부의 분열, 미국의 새로운 부흥운동을 점차 배격하는 퀘이커의 입장 때문에 해너와 로버트는 회심 직후 친우회(Society of Friends, 퀘이커교의 정식 명칭-역주)에서 탈퇴했다. 로버트는 이후 장로교인이 되었다. 해너는 남북전쟁 후 부흥에 깊이 관여하면서 감리교의 가르침이 전통적인 퀘이커 신앙과 가장 비견할 만하다고 생각했지만, 감리교에 입회하지는 않았다. 이후 친우회로 복귀했다.

로버트가 경영했던 뉴저지 밀빌(Millville) 위톨-테이텀 유리 공장에서 일하던 감리교 근로자들이 남북전쟁 기간에 처음으로 스미스 부부에게 감리교 웨슬리파 성결 가르침을 소개했다. 오래지 않아, 스미스 부부는 새로 조직된 '성결 확산을 위한 전국캠프집회협회'(National Camp Meeting Association for the Promotion of Holiness)에서 후원한 첫 번째 전국 캠프집회에서 심령의 정결이라는 감리교의 '두 번째 축복'을 경험했다고 간증했다. 이 비감리교도 부부의 이미 저명했던 사회적 지명도에 더하여, 이들이 새로 발견한 영적 대의에 개인적으로 헌신하면서, 펜실베이니아와 주변 주에서 열린 부흥회와 여름 캠프집회 네트워크 내에서 해너와 로버트를 강사로 부르는 일이 많아졌다.

이들은 또한 기독교인의 성결을 촉진하는 책과 글을 출판하기도 했다. 아들 프랭크가 갑작스럽게 죽은 일과 그가 프린스턴에서 경험한 성결에 대한 이야기(『프랭크, 행복한 삶의 기록』, Frank, The Record of a Happy Life, Philadelphia, 1873), 로버트의 『믿음으로 얻는 성결』(Holiness by Faith, Boston, 1870)과 『빛 안에서 걸어감』(Walking in the Light, Boston, 1872)은 특별히 이 부부가 웨슬리파 성결 전도를 준비하는 데 큰 도움을 주었다. 이는 당시 전 잉글랜드와 유럽 및 전 세계로 퍼져 나간 영적 갱신의 큰 물결과 동반된 흐름이었다.

목가적인 어린 시절을 보냈고, 딸을 애지중지하며 모든 필요를 충족시켜 줄 만큼 재산을 가지고 있던 아버지의 보호 아래 있었기 때문에 해너는 쉽게 하나님을 무한하게 자신을 사랑하는 아버지로, 모든 지혜와 사랑으로 자녀들의 모든 필요를 공급하실 수 있고 그렇게 하시는 분으로 이해할 수 있었다. 물론 당시 많은 퀘이커교도들과 마찬가지로, 그녀 또한 '내면의 빛

(the Inner Light)에 전통적으로 의존하던 것보다는 기록된 말씀의 권위를 더 가치 있게 여겼지만, 그녀는 모든 타락한 인간에 대한 하나님의 궁극적인 보상이라는 만인구원론적 개념도 마음속에 강하게 품고 있었다. 때때로 이런 의심스러운 관점이 당시 복음주의자를 대상으로 한 그녀의 목회에 위협이 되기도 했다. 그러나 당시의 신앙갱신운동과 사회 개혁이라는 목표에 적극적으로 참여하고, 의심을 살만한 자신의 여러 견해는 기꺼이 공개적으로 포기할 줄 아는 모습을 보임으로써, 그녀의 복음주의자로서의 자격에 대한 의심은 대체로 지울 수 있었다.

1874년 해너는 잉글랜드에 있던 남편과 합류했는데, 그곳에서 로버트는 겉으로 보기에 자발적이고 진보한 일련의 초교파적 성결갱신집회에 깊이 관여하고 있었다. 잉글랜드국교회(Church of England)뿐만 아니라 자유교회들(free churches)의 사제와 평신도가 기독교인의 헌신, 믿음에 의한 성화 및 승리하는 삶에 대한 로버트의 메시지를 듣기 위해 함께 모여들었다. 옥스퍼드, 케임브리지, 브로드랜즈(Broadlands) 집회와 햄프셔(Hampshire)의 마운트 템플 경과 마운트 템플 부인(Lord and Lady Mount Temple)의 영지에서의 집회, 성결갱신운동의 중심지에서의 집회에 이어, 1875년 봄부터 로버트는 유럽에서 순회전도를 시작했다. 유럽에서 로버트는 자유교회뿐만 아니라, 국교화된 루터교회 및 개혁교회들의 지지도 얻었다.

이런 집회의 정점은 1875년 5월에 있었던 '기독교 성결 촉진을 위한 브라이턴대회'(Brighton Convention for the Promotion of Christian Holiness)였다. 8,000명 이상의 성직자와 신학자들이 잉글랜드와 전 유럽에서 모여들었고, 열흘 동안 배우고 예배했다. 브라이턴대회에서 가장 유명한 순서는 해너가 5,000명 혹은 그 이상의 청중 앞에서 행복한 기독교인의 삶의 실천적인 비밀을 전하는 시간이었는데, 당시 참석한 청중 대부분이 신학적으로 여성의 설교 목회를 반대하는 성직자였다. 이후 그녀는 '교회의 천사로 유명해졌다.

브라이턴대회가 끝나자마자, 로버트의 도덕적, 교리적 일탈에 대한 소문이 돌기 시작했다. 이로써 스미스 부부의 잉글랜드 사역은 급작스럽고 비극적인 종말을 맞았다. 비록 미국으로 돌아오는 길에 이들은 그런 실패의 소문이 목회 기회를 완전히 앗아간 것은 아님을 알게 되기는 했지만, 결과적으로 이들의 부흥사역은 이때 끝났다. 1888년에 스미스 가족은 잉글랜드로 이주했고, 여생을 외부자로서 살았다. 로버트는 1875년 사건으로부터 헤어 나오지 못했다. 그는 점차 모든 기독교적 헌신을 포기했지만, 가족을 떠나지는 않았다. 생애 대부분을 정신병적 우울증에 시달렸지만, 런던 남부 프라이데이스 힐(Friday's Hill)의 넓은 목조 자택에서 불교 명상(Buddhist meditations)을 수행할 때 가장 행복했다. 로버트는 1898년에 사망했다.

기간은 짧았지만, 스미스 부부의 사역은 광범위하고 지속적인 영향을 끼쳤다. 케직사경회(Keswick Convention)가 바로 이들의 잉글랜드 및 유럽 복음전도의 결과였다. 스미스 부부의 사역은 또한 독일도심운동(German Inner City Movement)을 형성하는 데 영향을 미쳤고, 독일과 스위스에서 루터교회와 개혁교회 내 교제운동(Fellowship Movement)의 강력한 갱신을 가져왔다. 웨슬리파 성결부흥이라는 주제가 유럽의 감리교회 및 복음주의 교회 신학의 중심으로 인기를 끌었다. 초기 유럽 오순절운동 선구자 다수가 이 전통에 뿌리를 두고 있다.

로버트의 '몰락' 이후, 해너는 자신의 비범한 육체적, 영적 에너지를 가족과 저술, 자신이 지원했던 많은 개혁운동에 대한 관심에 쏟아부었다. 그녀는 여성기독교금주연합(Women's Christian Temperance Union) 펜실베이니아 지부 첫 회장 중 하나였고, 이후 이 조직의 첫 번째 전국 전도운동의 감독이 되었다. 프랜시스 윌라드(Frances Willard)의 평생 친구이자 지지자였던 해너는 프랜시스가 연합의 회장직에 선출될 수 있도록 큰 힘을 보탰다. 해너와 딸 알리스(Alys)는 또한 그들의 친구인 프랜시스 윌라드와 영국금주운동(British temperance movement) 지도자였던 레이디 서머싯(Lady Somerset)이 국제여성금주연합(International Women's Temperance Union)을 결성하는 데 힘을 보탰다. 해너는 적극적으로 금주운동이 여성의 참정권운동으로 확대될 수 있도록 지원했다. 그녀는 여성 권리부터 동물 권리까지, 다양한 주제를 가지고 연설하는 등 많은 일정을 소화했다. 이 시기에 퀘이커뿐만 아니라 다른 교회에서도 적극적인 연설가로 일하면서, 일평생 복음주의 종교와 더 넓게는 정치, 사회운동에 적극적으로 참여하며 영향을 끼쳤다.

해너의 책 『기독교인의 행복한 삶의 비밀』(The Christian's Secret of a Happy Life, 1875)은 복음주의 경건 서적의 고전이 되었다. 이 책이 처음 출판된 이후, 다양한 영어판 및 30개 이상의 모든 주요 언어와 덜 알려진 언어로 출간된 판형이 2백만 부 이상 팔렸다. 해너의 다른 책 17권 중에서 가장 영향력 있는 책은 신앙 자서전인 『하나님의 이타성』(The Unselfishness of God, 1902)과 『모든 평안의 하나님』(The God of All Comfort, 1906)이다. 해너는 1911년에 옥스퍼드 인근 이플리플레이스(Iffley Place)에 있는 아들 로건(Logan)의 집에서 생을 마감했다.

참고문헌 | M. E. Dieter, 'The Holiness Revival in Nineteenth Century Europe,' *Westminster Theological Journal* 9 (spring 1974), pp. 15-27; H. Whitall Smith, *The Unselfishness of God and How I Discovered It* (New York, London: Fleming H. Revell, 1903); B. Strachey, *Remarkable Relations: the Story of the Pearsall Smith Family* (London: Victor Gollancz, 1980).

M. E. DIETER

해럴드 린셀(Harold Lindsell, 1913-1998)

남침례교 목사이자 저자, 편집자, 교육자로, '성경의 변호자'(defender of the Bible)로 가장 잘 알려져 있음. 그는 칼 F. H. 헨리(Carl F. H. Henry), 빌리 그레이엄(Billy Graham) 같은 복음주의계 '거인들'의 친구이자 동료였으며, 20권이 넘는 책과 수많은 논문을 쓴 저자이자 1950-60년대에 신복음주의(new evangelicalism) 발전에 결정적인 역할을 했을 뿐만 아니라, 1970-1980년대에 현대 역사비평에 대해 보수적인 대응을 한 인사였다. 해럴드 린셀은 1913년 12월 22일에 뉴욕시 브롱크스(Bronx)에 있는 부모의 아파트에서 태어났다. 아버지 레너드 앤소니와 어머니 엘라 브릭스 린셀(결혼 전 성은 해리스[Harris])은 적극적이고 경건한 장로교인으로, 세 자녀를 기독교 신앙으로 키우려 했다. 해럴드는 병약한 아이였지만, 어머니의 높은 기대치와 더불어 특별한 격려와 관심에 힘입어 독서 능력과 학교 생활에서 일찌감치 두각을 나타냈다. 두 학년을 면제받고 16살에 고등학교를 졸업한 그는 지역의 한 사업체에서 탁월한 경영

해럴드 린셀

능력을 배웠다. 이런 실력이 그의 일평생 삶과 목회에서도 확연히 드러난다.

21세에 린셀은 '사무실 보조 소년'에서 '사무실 책임자'로 승진하기까지 일했던 사업체를 떠나 대학에 입학했다. 휘튼대학(Wheaton College)에서 학사(1935), 버클리 소재 캘리포니아대학교(University of California)에서 문학석사(1919), 뉴욕대학교(New York University)에서 역사 전공으로 철학박사(1942), 패서디나(Pasedena) 소재 풀러신학교(Fuller Theological Seminary)에서 명예박사(1964)를 받았다. 교수로 처음 가르친 곳은 1942년부터 재직한 (지금은 컬럼비아국제대학[Columbia International University]으로 이름이 바뀐) 컬럼비아성경대학(Columbia Bible College)이었다. 여기서 린셀은 미래에 아내가 될 매리언 볼린더(Marion Bolinder)를 만났다. 또한, 노던침례신학교(Northern Baptist Seminary)에서도 가르치다가 1947년에 풀러신학교 교수진에 합류했다.

해럴드 존 오켄가(Harold John Ockenga)가 총장직을 수행하던 시절에 린셀은 윌버 M. 스미스(Wilbur M. Smith), 에버리트 F. 해리슨(Everett F. Harrison), 칼 헨리(Carl Henry, 린셀이 휘튼대학에서 만난 친구)와 더불어 풀러신학교 창립교수진 중 하나로 섬겼다. 그는 선교학과 기독교역사 과목을 가르친 동시에 교무직도 맡았다. 후에는 풀러신학교의 학생처장과 부총장에도 올랐고, 1964년까지 교수진에 남았다. 풀러신학교에서 린셀은 신복음주의를 주도하려는 노력을 지지했는데, 이는 20세기 초기 이래 부상한 미국 근본주의운동(fundamentalist movement)의 함정을 피해 가려는 노력이었다.

그러나 린셀은 그가 성경 무오성을 약화시키는 견해로 인식한 주장을 펼치는 이를 복음주의자의 범위에 포함시키라는 요구에는 부응하지 않았다. 풀러신학교 교수진이 성경 무오에 관한 신앙선언서를 둘러싸고 혼돈에 빠져 있던 1964년에 린셀은 학교가 원래 표방했던 전통적인 신앙고백에서 벗어나고 있다고 염려한 끝에, 학교를 떠나 「크리스채너티 투데이」(Christianity Today) 부편집자가 되었다. 1967년에는 「크리스채너티 투데이」에서 사임한 후 휘튼대학 교수가 되었으나, 1968년에 다시 이 잡지 편집자로 취임했다. 1975년에 은퇴할 때까지 「크리스채너티 투데이」에서 일한 후 그해에 명예편집자로 위촉되었다.

린셀의 가장 유명한 책은 『교회와 성경 무오성』(The Battle for the Bible, 1976)으로, 무오성 논의에 대한 무장 요청이었다. 그의 근심은 주류 혹은 자유주의 교회에서 무오성 신앙이 쇠퇴한 것이 아니라, 성경 무오 교리에 반대하는 사상이 복음주의 진영에 스며든 것에 기인했다. 린셀은 복음주의 교육 기관, 교파, 조직이 원래의 성경 무오 입장에서 떠나고 있다고 확신했다. 이 교리로부터 '광범위한' 이탈이 있다는 자신의 주장을 증명하기 위해, 린셀은 다른 복음주의 대학, 출판사, 개인뿐만 아니라, 루터교 미주리총회, 풀러신학교, 남침례교 등의 다양한 사례를 제시했다.

이 모든 사례에서 복음주의자들이 언제나 참되다고 주장했던 성경관으로부터 이탈이 시작되었다고 주장했다. 그의 확신은 무오교리에서 벗어나면 결국 '재앙이 온다'라는 것이었다. 린셀은 무오교리를 포기하면 '선교사 파송이 중단'될 것이라고 보았다. 선교열정이 사라지고, 교회를 잠들게 하고, 완전한 성경에 대한 믿음을 파괴할 것이며, 영적 나태와 타락을 초래할 것이며, 결국 배교로 끝날 것이라는 주장이었다.

린셀은 '무류'(infallible)와 '무오'(inerrant)라는 단어를 번갈아 가며 사용했고, 이 두 단어를 '성경은 전체로든 부분으로든 오류에서 자유롭다'라는 의미로 사용했다. 그의 무오성 이해는 주로 계시 이해에 근거한 것이었다. 린셀은 예수님의 삶과 죽음과 부활 이래, 특별계시, 즉 하나님의 구속 계획의 드러냄이 '성경에 새겨졌다'(inscripturated)고 주장했다. 결론적으로 두 개의 하나님의 말씀이 있는데, 하나는 성육신하신 하나님의 말씀(예수 그리스도)이고, 다른 하나는 기록된 하나님의 말씀(성경)이다. 예수님이 신성과 인성을 동시에 지닌 것처럼, 성경도 그렇다. 예수님이 하나님의 말씀인 것처럼, 성경도 그렇다는 것이다. 성경이 하나님의 말씀이 된 것은 성령께서 저자 위에, 또 그 안에 영감을 더하심으로 이루어졌다. 무오성은 오직 원본에만 적용된다고 말한 린셀은 영감의 과정이 성경이 어떤 면에서도 오류가 없다는 것을 보증한다고 주장했다. 그가 보기에, 이를 부인하는 것은 성경이 영감되었다는 성경 자체의 가르침을 부인하는 것이고, 신앙 지식에 대한 기독교인의 유일하게 확실한 기반을 붕괴시키는 것이었다.

자신의 영감 견해를 주창하면서, 린셀은 자신이 교회의 역사적 입장에 충실하다고 믿었다. 오직 19세기와 20세기에 역사비평 방법론이 등장하면서, 교회가 오래도록 지켜져 온 성경 무오 교리에서 떠나 표류한 것이라 믿었다. 또한, 무오성을 부인하는 견해가 복음주의권 내에 퍼지기 시작한 것도 겨우 수십 년밖에 지나지 않았다고 보았다. 비판자들에 대한 응답으로 쓴 『균형 잡힌 성경』(The Bible in the Balance, 1979)은 이런 견해의 확산이 궁극적으로 배교로 이어지리라는 그의 원래 핵심 주장을 더 발전시킨 책이었다.

이후 수년간 린셀은 저술, 강연, 위원회 활동을 통해 성경 무오의 대의를 지켜내기 위해 힘을 다했다. 예를 들어, 신약학 교수 J. 램지 마이클스(J. Ramsey Michaels)의 『종과 아들』(Servant and the Son)을 둘러싸고 벌어진 토론에서, 린셀은 '로버트 쿨리(Robert Cooley) 총장에게 마이클스의 성경 관련 저술을 조사하는 과정을 시작하고 행동을 개시하라고 요청'한 고든-콘웰신학교(Gordon-Conwell Theological Seminary) 상임이사회 의장이었다.

린셀의 논지를 지지한 이들이 많았음에도 불구하고, 그의 가장 가까운 친구나 동역자 일부, 예를 들어, 칼 헨리(Carl Henry) 같은 이들은 그의 논지와 방법론 일부에 비판적이었다. 근본주의의 함정을 피하여 더 폭이 넓은 보수적 신앙을 조주하려 시도한 헨리는 린셀이 성경 무오를 '복음주의의 진전성'(evangelical authenticity)의 시금석으로 삼는 것에 문제가 있다고 생각했다. 헨리는 이런 시도가 '오늘날, 특히 우리가 전투에 쏟아부을 수 있는 모든 힘이 다 필요한 때에, 보수신학을 추구하는 한 진영 전체의 열정과 협력을 희생시킬 것'이라 주장했다.

비록 복음주의 교회에서 성경 무오 이슈를 놓고 린셀이 무장을 요청한 것이 특히 남침례교단을 중심으로 상당한 논쟁을 야기했음에도 불구하고, 그의 저술은 복음주의자와 근본주의자 모두가 상당히 다양한 방면의 이슈들에 관심을 가질 수 있게 해 주었다. 그는 전통적인 유대-기독교 가치와 영향력의 붕괴에 근심했고, 로마 가톨릭의 점증하는 영향력을 걱정했으며, 소련에서 기원한 공산주의의 위협에 대해 경고하고, 자유 경제를 옹호했다. 린셀은 기도(『당신이 기도할 때』[When You Pray, 1969]), 성령(『종말의 성령』[The Holy Spirit in the Latter Days, 1983]),

제자도(『말씀, 육신, 악마』[The World, the Flesh, and the Devil, 1973]), 선교(『기독교 선교철학』[A Christian Philosophy of Missions, 1949], 『복음주의 선교신학』[An Evangelical Theology of Missions, 1970]), 종말론(『다가오는 폭풍』[The Gathering Storm, 1980])에 대한 책도 썼다.

린셀은 인기 있었던『하퍼 스터디 바이블』(Harper Study Bible, 1964, 1985)과『린셀 스터디 바이블』(Lindsell Study Bible, 1980) 편집으로 많은 이들의 찬사를 받았다. 이 두 작품은 모두 판매율이 높았는데, 1970년대에 린셀이 퍼뜨린 영향력 일부는 1964년에『하퍼 스터디 바이블』이 출판되면서 그가 이미 얻었던 인기 때문이라고 할 수 있다. 유명한 대중 연사였던 린셀은 일평생 남침례교단 내외부에서 설교했다. 복음주의 및 근본주의 공동체 내부의 교인들과 이어진 관계 또한 그의 영향력 지속에 공헌했다. 오랜 투병 생활 끝에 린셀은 1998년 1월 15일에 84세의 나이로 캘리포니아 레이크포레스트(Lake Forest)에서 사망했다. 유족으로는 아내와 네 자녀가 있었다.

G. L. HEATH

해럴드 존 오켄가(Harold John Ockenga, 1905-1985)

미국교회의 지도자이자 교육자. 그는 1905년 7월 6일에 시카고에서 운수업 종사자였던 아버지와 독실한 감리교 신자인 어머니의 아들로 태어났다. 오켄가는 1916년에 회심한 후 1926년에는 학업과 운동 분야에서 뛰어난 성적을 거두면서 인디애나 업랜드(Upland)의 테일러대학교(Taylor University)를 졸업했다. 이후 오켄가는 프린스턴신학교(Princeton Theological Seminary)에 다녔다. 1929년에 학교가 재조직되었을 당시 그는 총학생회 회장으로 선출된 상태였지만, 새롭게 세워진 필라델피아의 웨스트민스터신학교(Westminster Theological Seminary)로 옮겨 갔다. 거기서 그는 J. 그레샴 메이천(J. Gresham Machen)에게 배웠으며, 1930년에 우등으로 졸업했다.

감리교에서 북장로교(PCUSA)로 교단을 옮겨서 안수를 받았으며, 클라렌스 매카트니(Clarence Edward Macartney)가 피츠버그(Pittsburgh) 제일장로교회(First Presbyterian Church) 부목사로 그를 임명했다. 이후 1931년부터 1936년까지 역시 피츠버그에 있던 포인트브리지장로교회(Point Breeze Presbyterian Church) 목사로 섬겼다. 이 기간 동안 그는 피츠버그대학교(University of Pittsburgh)에서 철학 전공으로 공부했고, 1939년에 박사학위를 받았다. 피츠버그에 있는 동안 오켄가는 사교계 명사이자 예술가였던 오드리 윌리엄슨(Audrey Williamson)을 만나 1935년에 결혼했으며, 스타(Starr)와 알드리스(Aldryth)라는 이름의 두 딸과 아들 존(John)을 얻었다.

1936년에 유명한 근본주의자이자 회중교회 신자인 A. Z. 콘래드(A. Z. Conrad)가 30년 넘게 목회한 보스턴커먼(Boston Common)의 역사적인 파크스트리트교회(Park Street Church)가 그 후임자로 오켄가를 선택했다. 놀랍도록 잘 생긴 용모, 아름다운 아내, 지적인 설교, 문화적 교양, 조직 구성의 천재적인 능력, 빠른 두뇌 회전으로 오켄가는 곧 유명세를 얻었다. 그는 또한 부유한 후원자들로부터 기금을 모으는 데 재능이 있었다. 1940년 즈음 오켄가는 반지성주의, 분리주의라며 자유주의자들의 공격을 받던 근본주의를 더 긍정적이고 매력적인 신앙으로 만들려 시도하면서 전국구 인사로 등장하고 있었다.

오켄가는 분리파 및 자신처럼 더 큰 주류 교단에 남아 있던 이들로 구성된 전미복음주의 협회(National Association of Evangelicals) 조직에 기여했고, 1942년부터 1944년까지 이 협회의 초대 회장을 맡았다. 또한, 오켄가는 파크스트리트교회에서 새로운 목회프로그램들을 기획했는데, 이 중에는 1940년부터 매년 열린 해외선교대회, 야외 메이플라워설교단(Mayflower Pulpit), 더 많은 청중에게 다가가기 위한 주일예배의 라디오 방송이 포함되었다.

논쟁을 두려워하지 않았던 오켄가는 가공할 상대 추기경 쿠싱(Cardinal Cushing)이 이끌던 보스턴의 로마 가톨릭 성직 제도에 도전했으며, 또한 하버드대학교로 대표되는 학문적인 '자유주의' 세력을 공격했다. 많은 수의 복음주의자 대학원생이 오켄가의 조언을 받았는데, 이 중에는 에드워드 존 카넬(Edward John Carnell), 칼 헨리(Carl Henry), 케네스 칸처(Kenneth Kantzer), 폴 킹 쥬이트(Paul King Jewett), 메릴 테니(Merrill Tenney)가 있었다. 복음주의자가 상실한 지적 주도권을 회복하기를 원한 오켄가는 낙관적이며, 지적으로 책임감 있고, 신학적으로는 정통인 비전을 갖도록 그들을 격려했다.

'디 올드 패션드 리바이벌 아워'(The Old Fashioned Revival Hour)라는 이름의 라디오 방송을 진행하는 복음전도자 찰스 E. 풀러(Charles E. Fuller)와 오켄가가 만나게 되었을 때, 이런 관계망이 정말로 유용하게 작용했다. 풀러는 자신이 상속 받은 유산을 찰스 하지(Charles Hodge), 벤저민 워필드(Benjamin Warfield), 그레샴 메이천(Gresham Machen) 등이 활약하던 1929년 이전의 프린스턴신학교를 모델로 한 신학교를 세워 달라며 기부했다. 1947년 4월 17일에 오켄가와 풀러는 저술가이자 독학한 학자 윌버 스미스(Wilbur Smith)와 함께 풀러신학교(Fuller Theological Seminary)를 세웠으며, 학문적 성취뿐만 아니라 정통 신앙에 있어서도 모범이 될 수 있는 '스타급' 교수진을 불러들였다.

오켄가는 총장이 되었지만, 그럼에도 여전히 파크스트리트교회의 목사로 봉사했으며, 보스턴에서 로스앤젤레스 교외의 패서디나(Pasadena)에 있는 풀러신학교로 출퇴근을 했다. 그러나 이 시기에 오켄가는 분열을 조장했다는 혐의로 결국 힘이 센 북장로교의 로스앤젤레스노회(Los Angeles presbytery)로부터 강제 퇴출되었다. 1953-1954년 학기가 시작되기 전에, 새롭게 세워진 교수진과 새로운 건물들, 대규모 학생회를 갖게 된 풀러신학교는 오켄가에게 상근 총장이 되어 달라고 요청했다. 오켄가는 처음에는 이를 동의했지만, 파크스트리트교회의 반대로 결국 이를 철회하고 보스턴에 남았다. 오켄가의 제자 에드워드 존 카넬(Edward John Carnell)이 풀러신학교의 두 번째 총장이 되었다.

1950년 초에 복음전도자 윌리엄 프랭클린 그레이엄(William Franklin Graham, 빌리 그레이엄)이 로스앤젤레스에서의 성공적인 집회를 마치고 오켄가의 초청으로 보스턴에 방문했으며, 3개월에 걸쳐 뉴잉글랜드 전역을 다니면서 여러 집회를 이끌며 큰 반향을 이끌어 냈다. 오켄가와 빌리 그레이엄은 긴밀한 관계를 맺었으며, 함께 여러 복음주의의 대의에 관여했다. 이들이 함께한 사업 중 하나는 잡지 「크리스채너티 투데이」였다. 그레이엄이 이 잡지에 대한 아이디어를 냈고, 오켄가는 첫 이사장이 되었다. 석유 재벌 J. 하워드 퓨(J. Howard Pew)가 넉넉한 자금을 제공했다.

해럴드 존 오켄가

그레이엄에 첫 진술에 따르면, 이 정기 간행물은 '신학은 보수적이지만, 사회 문제에 대해서는 분명히 자유주의적인 접근을 하면서, 복음주의의 깃발을 길 한복판에 꽂으려 했다.' 1957년 12월에 오켄가는 신정통주의(neo-orthodoxy), 현대주의(modernism), 근본주의(fundamentalism)와 거리를 둔 "신복음주의"(new Evangelicalism)의 창시자라는 별명을 얻었다.

그러나 이후 갈등이 불거지고 커지기 시작했다. 에드워드 존 카넬은 신학 입장이 흔들리는 모습을 보여 주면서 점점 많은 비판을 받게 되었고, 결국 총장직에서 1959년에 사임했다. 오켄가는 카넬의 정신 불안이 더 심해진 것과 이후 1967년 4월에 있었던 그의 비극적 죽음 때문에 극도로 고통받았다. 1년 뒤에는 「크리스채너티 투데이」 편집장으로 11년간 일했던 칼 헨리(Carl Henry)가 사임했다. 헨리는 자신이 정치적으로 우익에 속하는 후원자 퓨와 갈등을 겪을 때, 이사장인 오켄가가 자신을 충분히 지지하지 않았다고 생각했다.

파크스트리트교회에서의 약 35년간 사역한 후, 1969년에 오켄가는 새롭게 세워진 고든-콘웰신학교(Gordon-Conwell Theological Seminary) 총장이 되었다. 이 학교는 빌리 그레이엄의 주도하에, 보스턴의 고든신학교(Gordon Divinity School, 1889년에 설립)와 필라델피아 템플대학교(Temple University)의 콘웰신학교(Conwell School of Theology, 1884년 설립)의 합병으로 세워졌다. 퓨의 재정 지원하에, 신학교는 보스턴의 북쪽 해안에 있던 전(前) 카르멜회 신학교(Carmelite seminary) 터 위에 세워졌다.

1969년 10월 22일에 취임 연설에서, 오켄가는 이렇게 선언했다.

"순수함, 정직성, 근면성, 너그러움, 공손함과 같은 기독교인의 미덕들을 다시 강조해야 할 시간이 우리에게 왔습니다. 우리는 기독교적 확신이 인간 존재의 모든 측면으로 꿰뚫고 들어가게 해야 합니다…그리고 그럼으로써 진리와 가치의 변하지 않는 성경적 기준을 고수해야 합니다."

1971년에 '퓨 자선 재단'(Pew Charitable Trust)이 약속된 대로 신학교를 지원해야 한다는 법적 구속력이 있는 의무를 만들어 놓지 않은 상태에서 갑자기 퓨가 사망하자, 기금 모금자로서의 오켄가의 능력이 다시 한 번 필요하게 되었다.

오켄가는 교외로 이동하려는 미국의 복음주의자들의 움직임에 대응하고, 동시에 도시사역에 대한 자신의 비전을 성취하기 위해 도시교육센터(Center for Urban Education)를 세웠다. 1976년 4월에 오켄가의 전기(1951)를 쓴 저술가이자, 1979년부터 1992년까지 고든-콘웰신학교 이사장이었던 해럴드 린셀(Harold Lindsell)이 논쟁적인 책 『교회와 성경 무오성』(The Battle for the Bible)을 출판했다. 복음주의자 일부가 역사적 정통에서 급격하게 이탈하고 있다는 주장은 오켄가와 연관된 이들에게 직접적이고 결정적인 영향을 주었다.

오켄가는 1979년에 74세의 나이로 고든-콘웰신학교 총장에서 사퇴했다. 말년에 오켄가는 시간이 가면서 복음주의권의 원로 대변인을 더 많이 감당했으며, 1966년의 베를린전도대회(Berlin Conference on Evangelism)와 1974년의 '세계복음화를 위한 로잔대회'(Lausanne Conference on World Evangelization)에서 자문 역할을 맡았다. 그러나 그가 이끌던 소위 '네트워크'

는 이제 더 이상 통일되어 있지도, 일관성을 보이지도 않았다. 즉 오켄가는 복음주의의 인지도(profile)를 높이는 데는 성공했지만, 20세기 후반의 삶의 복잡성과 다양성이 커져 가던 미국에서, 그 운동의 중심부를 하나로 통합하지는 못했다. 비록 말년에 탁월했던 지적 능력의 저하로 괴로워하는 모습을 보였지만, 그럼에도 그는 끝까지 열정적이었다. 오켄가는 1985년 2월 8일에 매사추세츠 사우스해밀턴(South Hamilton)에서 사망했다.

참고문헌 | J. A. Carpenter, *Revive Us Again: The Reawakening of American Fundamentalism* (New York: Oxford University Press, 1997); H. C. Englizian, *Brimstone Corner: Park St Church Boston* (Chicago: Moody Press, 1948); H. Lindsell, *Park Street Prophet* (Wheaton: Van Kampen, 1951); A. D. MacLeod, 'A. Z. Conrad, Park St Pioneer,' *New England Reformed Journal* 16 (summer 2000), pp. 1-16; G. M. Marsden, *Reforming Fundamentalism: Fuller Seminary and the New Evangelicalism* (Grand Rapids: Eerdmans, 1987); R. Nelson, *The Making and Unmaking of an Evangelical Mind: The Case of Edward Carnell* (New York: Cambridge University Press, 1987); G. Rosell, 'The Ockenga Vision,' *Contact* vol. 30, I (summer 2000), pp. 3-6, 10-11, 20-21.

A. D. MACLEOD

해리 S. D. 로빈슨(Harry S. D. Robinson, 1927-2011)

캐나다성공회 목회자. 그는 토론토의 저명하고 부유한 집안에서 존 R. 로빈슨(John R. Robinson)과 엘리자베스 메리언 로빈슨(Elizabeth Marion Robinson, 결혼 전 성은 볼트비 [Boultbee])의 아들로 태어났다. '블랙 잭'(Black Jack) 로빈슨이라는 별명을 가진 조부는 「토론토 텔레그램」(*Toronto Telegram*)에서 35년간 편집자로 일했다. 로빈슨의 어머니는 신실한 성공회 교인이었고, 장로교도였던 아버지는 아내와 함께 성공회교회에 출석했지만 성만찬에는 참여하지 않았는데, 칼빈주의 전통에서 자라며 자신이 택자가 아니라고 확신했기 때문이었다.

해리 로빈슨은 토론토대학교(University of Toronto) 부속중고등학교를 졸업한 후 막 탄생한 캐나다기독학생회(Inter-Varsity Christian Fellowship, IVCF)와 연관된 초기 캠프사역에 뛰어들었다. 22세에 토론토대학교에 입학하여 영문학과 역사를 전공해서 학사학위를 받았다. 학부 시기에 토론토대학교에 소속된 복음주의적 성공회신학교인 위클리프대학에서 살았고, 이 때문에 캠퍼스 기독학생회 사역에 더 집중할 수 있었다.

1952년 졸업 후에는 잉글랜드 런던 북부에 소재한 성공회 신학교인 오크힐신학대학(Oak Hill Theological College)에서 1년여 동안 수업을 받기도 했다. 그는 유명한 구약학자 데렉 키드너(Derek Kidner)와 앨런 스팁스(Alan Stibbs)의 수업도 들었다. 동료 학생 중에는 체스터 주교가 된 마이클 보언(Michael Baughen)도 있었다. 이 시기에 존 R. W. 스코트(John R. W. Scott, 후에 런던 랭럼플레이스[Langham Place] 소재 올소울즈교회[All Souls' Church]의 젊은 교구사제로 부임), J. I. 패커(J. I. Packer, 후에 성공회 신학자가 됨), 딕 루카스(Dick Lucas, 후에 런던 비숍스게이트[Bishopsgate] 소재 세인트헬렌스교회[St Helen's Church]의 교구사제로 오랫동안 사역함) 등을 만나 평생 친분을 쌓게 된다. 이렇듯 그는 20세기 후반에 전 세계의 성공회 복음주의 목회자들과 교류하면서 세계 성공회 공동체 내에서 복음주의 집단의 지분을 늘이는 데 기여했다.

1953년에 토론토로 돌아온 그는 위클리프대학에서 신학 전공 2년차로 등록했고, 1955년에 졸업했다. 같은 해에 간호사 프랜시스 애덤스(Frances Adams)와 결혼했다. 아내는 후에 가정 상담사로 훈련받아 활동했다. 부부는 세 딸과 한 아들을 두었다. 해리 로빈슨은 1955년에 사제로 안수를 받고 온타리오 킹스턴(Kingston)에서 부사제로 사역을 시작한 후, 킹스턴 북부에 소재한 구세주교회(Church of the Redeemer)의 교구사제로 취임했다. 그 지역에서 학원사역으로 유명했던 세인트제임스교회(St James Church)의 교구의 널리 존경받는 참사회원(나중에 주교) 데스먼드 헌트(Canon Desmond Hunt)를 멘토로 삼게 된다. 그는 1963년에 토론토로 이동하여 '트리니티이스트'(Trinity East)의 교구사제로 취임했다. '리틀트리니티'(Little Trinity)라는 이름으로 더 유명했던 이 교회는 토론토 시내 근교 슬럼 지역에 위치한 교회로, 엄격한 '저교회파 성직자들'(low churchmanship, 성공회 내에서 저교회파 복음주의 신앙을 가진 성직자들-역주)의 긴 역사를 가졌고, '뜨거운 개신교' 신앙고백을 자랑하던 교회였다. 해리 로빈슨의 지도 아래 '리틀트리니티'는 토론토대학교를 중심으로 학생 대상 사역에 집중했다. 해리 로빈슨은 또한 기독학생회와 가까이 활동하면서, 집회강사와 대학선교사로 유명해졌다.

해리 로빈슨은 여러 예상치 못한 변화를 겪은 후 1978년에 밴쿠버의 쇼너시(Shaughnessy) 지역에 위치한 세인트존스성공회교회(St John's Anglican Church)의 교구사제직을 제의받았다. 이 교회는 밴쿠버의 부촌에 위치한 교회로, 브리티시컬럼비아(British Columbia) 지역에서 오랫동안 고교회파 성직자(high churchmanship, 가톨릭식 예전을 강조하는 성공회 고교회파 성향의 성직자-역주)의 본부교회 역할을 한 역사로 유명했다. 그러나 이런 명성에도 불구하고, 이 교회는 교세와 재정에서 심각한 침체기를 겪고 있었기에, 이 교회의 평신도 지도자들은 해리 로빈슨이 교회를 맡아 긍정적인 변화를 이끌어 내기를 희망했다. 이 과업에 필요한 도움이 1979년에 도착했다. 친구 J. I. 패커가 1979년에 리젠트대학(복음주의 대학원)의 신학과 교수로 취임하기 위해 밴쿠버로 와서 해리 로빈슨의 교회에서 명예부교역자로 그를 도왔다. 해리 로빈슨이 은퇴했던 1992년 즈음에 이 교회는 캐나다에서 (아마도) 가장 많은 교인이 주일에 출석하는 성공회교회로 성장했다.

해리 로빈슨의 성공적인 목회의 원인은 의심의 여지없이 그의 설교자로서의 뛰어난 탁월함이다. 교인의 신앙을 세우는 데 가장 좋은 방법이 연속 성경강해 설교라 믿은 헌신적인 보수 복음주의자였던 해리 로빈슨은 본래부터 물려받은 창의성과 능력으로 통찰 넘치는 내러티브를 활용해 청중에게 경종을 울렸다. 널리 읽히고 문화적 감수성이 충만했던 그의 설교는 정곡을 찌르는 아이러니와 깊은 영적 통찰력, 순전한 겸손을 조화시킨 설교였다.

그는 1995년에 토론토 위클리프대학에서 명예박사학위를 수여받았다. 퇴임 후 그는 순회목회를 시작했고, 1996년부터는 리젠트대학(Regent College)의 신생 성공회학 프로그램을 담당하는 첫 학교 사제로 청빙받았다. 비록 그에게 적대적이었던 대규모 성공회교회 관료 체제의 인정이나 존경을 받지는 못했지만, 해리 로빈슨은 분명 20세기 후반 캐나다에서 가장 영향력 있는 성공회 교인 중 하나였다. 캐나다 대서양 지역에서 유명한 복음주의 성공회 목회자였던 동생 톰은 바나바성공회선교회(Barnabas Anglican Ministries)를 창립했고, 1990년대 초에 캐나다에서 성공회본질운동(Anglican Essentials movement)이 정착되는 데 중요한 역할을 감당한 인물이었다.

D. M. LEWIS

해리어트 비처 스토우(Harriet Beecher Stowe, 1811-1896)

소설가이자 작가. 그녀는 1811년 6월 14일, 코네티컷 리치필드(Litchfield)에서 태어났다. 아버지는 라이먼 비처(Lyman Beecher)로, 19세기의 가장 저명한 장로교 복음주의자 중 한 사람이었다. 라이먼 비처는 때로 유황불 비처(Brimstone Beecher)라고 알려져 있는데, 강단에서는 매우 열정적인 복음주의 설교자였고, 노예제도 반대 같은 여러 사회운동을 앞장서서 이끈 지도자였다. 그의 유산 중에는 이후 목사가 된 여섯 아들이 있었는데, 이 중 한 명인 헨리 워드 비처(Henry Ward Beecher)는 아마도 대호황 시대의 가장 유명한 설교자일 것이다.

라이먼 비처에게는 또한 딸이 일곱 있었는데, 그중 장녀 캐서린(Catharine)은 여성의 고등 교육과 어머니, 집, 가정 같은 집안일의 질적 향상을 위해 일한 지도자였다. 해리어트 스토우는 둘째 딸인데, 그녀 또한 당시 다방면에서 가장 영향력 있는 19세기 뉴잉글랜드 가문의 한 사람이었다. 뿐만 아니라, 아버지의 정통 신앙이 그녀의 예술적 성취기 내내 영향을 끼쳤다. 비록 그녀의 저작 대부분은 이런 뉴잉글랜드의 지배적인 종교 분위기의 가혹함과 냉혹한 논리에 대해 분명히 비판을 하고 있지만 말이다.

해리어트 스토우는 13살에 아버지의 설교를 듣고 예수 그리스도를 섬기기로 결심했다. 라이먼 비처는 매우 설득력이 강한 설교를 하는 설교자였는데, 그는 자녀들이 '제2의 출생'(중생)을 경험하도록 복음주의적 신앙고백을 하게 했다. 해리어트 스토우가 아버지에게 그리스도께서 자신을 받아 주셨다고 고백한 일자는 아마도 1825년 5월 또는 6월이었던 것 같다.

해리어트 스토우는 어린 시절과 성인기 내내 여러 차례 신앙의 고비를 맞았다. 해리어트 스토우의 어머니는 그녀가 4살 때 사망했고, 그녀의 남편은 결혼 초기에 내내 재정적인 어려움을 겪었으며, 해리어트 스토우 자신은 이런 비극적인 상황에서 네 자녀까지 잃는 슬픔을 감내해야만 했다. 이 당시 미국은 중요한 사회적, 문화적 변화를 겪고 있었는데, 이런 변화는 결국 남북전쟁에서 절정에 이른 여러 비극적 사건으로 이어진다.

결과적으로, 해리어트 스토우의 개인 신앙은 심각한 도전을 맞게 되었고, 그 결과 그렇게 사색적이고 매우 지적인 젊은 여성 해리어트 스토우가 자신의 기독교적 세계관의 근본적 믿음에 의문을 품고 탐구하기 시작했다. 이런 도전이 그녀의 많은 소설과 이야기의 중심 주제가 되었다. 뿐만 아니라, 그녀는 수십 편의 에세이와 시, 사설과 신학적 감상을 썼는데, 이런 글에서 그녀는 다양한 사안들에 대한 자신의 종교적, 사회적 견해를 솔직하게 표현했다. 이런 글

해리어트 비처 스토우

은 주로 신문이나 잡지에 게재되었는데, 오늘날에는 어디에 실었는지 찾기가 어렵다.

어머니가 죽은 후, 해리어트 스토우는 언니 캐서린과 더욱 가까워졌다. 그녀는 캐서린의 학교인 하트포드여학교(Hartford Female Academy)에서 공부했고, 이후 거기에서 가르치기도 했고, 아주 젊었을 때 언니와 함께 책을 쓰기도 했다. 1832년에 아버지 라이먼 비처가 오하이오 신시내티에 새롭게 설립된 장로교학교인 레인신학교(Lane Theological Seminary) 총장으로 부임했을 때, 해리어트 스토우도 아버지와 캐서린을 따라 서부로 이주했다. 그곳에서 해리어트 스토우는 노예제도에 강하게 반대했던 교수이자 성직자인 칼빈 스토우(Calvin Stowe)를 만났다. 칼빈은 해리어트 스토우보다 9살 연상이었고, 칼빈의 죽은 아내 엘리자 타일러(Eliza Tyler) 또한 해리어트 스토우의 친한 친구였다. 1836년 있었던 칼빈 스토우와 해리어트 스토우의 결혼은 두 사람이 공통으로 겪은 슬픔 속에서 탄생한 것이었다. 스토우 부부는 칼빈이 보든대학(Bowdoin College)에 임용된 1950년에 메인주(Maine)로 이사했다. 결혼한 지 2년 만에 해리어트 스토우는 세 자녀를 낳았다. 대학에서 칼빈의 월급이 줄어듦에 따라 그녀는 점차 늘어나는 가정에서의 책임과 관련하여 돈 문제로 고민을 하지 않을 수 없었다. 해리어트 스토우는 지역 잡지와 신문에 글을 기고하면서도, 사랑하고 돌보는 가정주부로서 사명을 다했다. 생존한 자녀들에게 보낸 어머니 해리어트 스토우의 뜨거운 편지들을 보면, 강력한 복음주의적 정신이 나타나 있는데, 그리스도를 찾고 그리스도께 마음을 맞추고, 그의 뜻에 따라 살라고 독려했다.

그러나 어머니로서의 해리어트 스토우의 삶 또한 비극으로 점철되었다. 그녀는 일곱 자녀 중 넷을 잃으면서 정신적 외상에 시달렸다. 처음이자, 가장 큰 영향을 끼친 사건은 1849년 여름에 ('찰리라는 애칭을 가진) 새뮤얼 찰스(Samuel Charles)가 콜레라로 생후 18개월 만에 숨을 거둔 것이다. 1년 후 찰스의 형 헨리(Henry)도 죽었는데, 다트머스대학(Dartmouth College) 학생이던 그는 익사해 죽었고, 다른 아들 프레더릭(Frederick)은 알코올 중독에 빠졌고, 남북전쟁 기간 게티스버그(Gettysburg)전투에서 당한 부상에서 끝내 회복되지 못했다. 딸 조지아나(Georgiana)는 모르핀 중독으로 건강과 정신을 잃고 40대에 죽었다. 결국 남은 자녀는 쌍둥이 딸 엘리자(Eliza)와 이사벨라(Isabella), 아들 찰스 에드워드(Charles Edward)뿐이었다. 어머니로서 자녀를 잃은 슬픔에 애통해하던 해리어트 스토우는 경매장에서 자녀를 잃은 많은 노예 어머니와 유대감을 느끼게 되었다. 이것은 노예를 탈출시키는 사역으로 칼빈과 해리어트 스토우의 마음을 움직였고, 이들은 즉시 도망 노예들에게 숙박을 제공하면서, 그들의 친구가 되었다. 그러나 1840년대 후반에 많은 신문편집자, 강연자, 작가, 성직자의 노력으로 노예제도 폐지운동이 널리 확산되었다. 이후 1850년에 논란에도 불구하고 도망노예법(Fugitive Slave Act)이 통과되었다. 이 법은 노예가 없는 자유 주들(free states)에서 도망노예를 남부 사람들이 추격할 수 있는 권리를 허용하는 법이었다. 이 법은 또한 북부로 하여금 도망한 노예들을 계속 감시하고 이들이 발견되는 대로 원래 있던 곳으로 되돌려 보내라고 은근히 강요하는 법이었다. 1년 전인 1849년에 사랑하는 아들 찰리의 죽음 이후 견딜 수 없는 슬픔이 여전히 지속되는 상황에서, 이 법은 해리어트 스토우를 더 분노하게 만들었다.

이 시기에 해리어트 스토우는 그녀의 올케

에드워드 비쳐(Edward Beecher)로부터 위로 편지를 한 통 받았다. 에드워드 비쳐는 해리어트 스토우에게 다음과 같이 썼다.

> "제가 만약 아가씨만큼 글을 잘 쓸 수 있다면, 이 나라가 노예제도가 얼마나 비난받을 일인지 느끼도록 무언가를 했을 거예요."

이 도전적인 내용을 읽은 해리어트 스토우는 자리에서 박차고 일어나 편지를 구겨버리고는 맹세했다.

> "무언가를 쓰리라···살아 있는 한 그리하리라."

이후 1851년 2월에 교회에서 성찬식에 참여하면서 해리어트 스토우는 성자 같은 미국 흑인 노예가 죽도록 무자비하게 얻어맞으면서도 그리스도와 같은 모습으로 그를 때리는 이들을 위해 기도하는 환상을 보았다. 이 특별한 환상이 그녀의 위대한 문학적 승리의 씨앗이 되었다. 칭송받는 작가가 된 후, 특별히 종교적 관점에서 그녀는 『톰 아저씨의 오두막』(Uncle Tom's Cabin)을 쓴 이는 자신이 아닌 하나님이며, 자신은 단지 도구에 불과하다고 말했다.

『톰 아저씨의 오두막』은 미국 역사에서 정치적으로 가장 비난을 많이 받고 논쟁을 일으킨 소설 중 하나다. 이 소설이 얼마나 큰 영향력을 미쳤는지 보여 주는 사례가 있다. 1862년에 에이브러햄 링컨(Abraham Lincoln)이 백악관에서 해리어트 스토우를 만났을 때, 그는 그녀에게 인사하며 '당신이 바로 이 엄청난 전쟁을 일으킨 책을 쓴 그 자그마한 여성이군요!'라고 말했다고 한다. (이 말을 링컨이 직접한 것인지, 아니면 단지 전설로 내려오는 이야기인지는 여전히 논란이 있다). 노예제도 폐지를 지지한 신문 「더 내셔널 이라」(National Era)에 연재물로 1851년부터 실린 『톰 아저씨의 오두막』은 1852년에 단행본으로 출판되었고, 당시 경이로운 판매율을 기록하며 최고의 베스트셀러가 되었다.

이 방대하고 서사시 같은 소설에서 해리어트 스토우는 여러 명의 기억할 만한 등장인물을 만들어 냈는데, 이를 통해 노예제도의 비인간성과 노예들의 인간적인 면을 묘사하고, 이런 '이상한 제도'가 전 나라에 끼친 타락상을 고발했다. 이 이야기의 절정은 분명히 그녀가 경험한 성찬식 당시의 환상에서 비롯되었다. 그리스도 같은 톰 아저씨가 악마 같은 사이먼 레그리(Simon Legree)의 손에 순교했다. 천사 같은 리틀 에바(Little Eva)의 죽음과 얼어붙은 오하이오강을 넘어 탈출하는 엘리자(Eliza)의 모습은 '넘어감'(passing over, 유월절[Passover]이라는 단어의 기원-역주)이라는 의미의 단면을 보여 주는데, 이 두 장면은 그 세기 문학에서 가장 유명한 장면이 되었다.

다른 중요한 등장인물로는 조지 쉘비(George Shelby)와 조지 해리스(George Harris), 캐시(Cassy), 클로이(Chloe), 톱시(Topsy)와 어거스틴 세인트클레어(Augustine St Clare)가 있으며, 삶에 풍성한 이야기를 제공하는 동시에 전국적으로 반노예제도 정서를 강화시켰다. 수십 년 동안 『톰 아저씨의 오두막』은 문학계에서는 그리 환영받지는 못했지만, 최근 들어 이 소설은 가장 특별한 가치를 지닌 주요 미국 소설의 지위를 회복했다. 그 시대의 문화적, 종교적 세계관에 대한 기록으로서의 이 책의 가치는 특별히 중요하다. 이 소설은 또한 남북전쟁 이전 시대를 지배한 수사법에 대한 백과사전적 지식을 보여 준다. 또한, 여성이 쓴 미국 주요 작품으로, 당시의 가정 및 감성 이데올로기를 연구하는 페미니스트

비평가들에게 유용하게 활용되기도 했다.

1852년 이후 해리어트 스토우의 재정 형편도 나아졌고, 당시 모든 교육받은 미국인들이라면 그녀의 이름을 알고 있었다. 해리어트 스토우는 이후 사망 시까지 일 년에 한 권 꼴로 계속 책을 출판했지만, 그 어느 것도 『톰 아저씨의 오두막』만큼 크게 성공하지는 못했다. 해리어트 스토우의 가장 중요한 저작 중에는 다음과 같은 것들이 있다. 『톰 아저씨의 오두막의 단서』(*A Key to Uncle Tom's Cabin*, 1853)는 남부의 노예제도에 대해 그녀가 이해한 내용을 지지하는 여러 증거를 담고 있다. 『두려움: 디스멀 대습지 이야기』(*Dread: A Tale of the Great Dismal Swamp*, 1856)는 도망노예 집단 이야기와 더 급진적인 노예저항운동을 그려낸다. 『목사의 구애』(*The Minister's Wooing*, 1859)는 당시 뉴잉글랜드 신학자들이 관심을 가진 다양한 종교 주제들을 극화한 것이다.

『오르섬의 진주』(*The Pearl of Orr's Island*, 1862)와 『올드타운 사람들』(*Oldtown Folks*, 1869), 『포가눅 종족』(*Poganuc People*, 1878) 등의 작품은 소위 '지역색'이라 불리는 유형의 문학을 해리어트 스토우가 섭렵했음을 알 수 있게 해 주며, 소규모 공동체의 습관과 삶의 방식에 대해 해리어트 스토우가 얼마나 꼼꼼하고 세심하게 연구했는지를 보여 준다. 이 세 소설은 남북전쟁 이후 시대에 지역색운동이 성장하면서 높이 평가되었고, 새라 오른 주이트(Sarah Orne Jewett)와 메리 윌킨스 프리먼(Mary Wilkins Freeman) 같은 작가들에게 큰 영향을 끼쳤다. 해리어트 스토우는 「아틀란틱」(*Atlantic*), 「인디펜던트」(*Independent*), 「크리스천 유니언」(*Christian Union*) 같은 잡지에 여러 편의 에세이 및 다른 종류의 글을 게재했다. 1864년에 하트퍼드(Hartford)로 이사한 후, 그녀는 생애 마지막을 유명한 '누크팜' 공동체('Nook Farm' community)에서 지냈는데, 여기에는 마크 트웨인(Mark Twain), 찰스 더들리 워너(Charles Dudley Warner), 그리고 여러 다른 유명한 작가들 및 목사들이 모여 살았다. 그녀는 나이가 들어감에 따라 건강과 정신적 예리함도 사라지기 시작했다. 1896년 7월 1일에 숨을 거둘 때까지 해리어트 스토우는 조용한 여생을 보냈다.

참고문헌 | J. Hedrick *Harriet Beecher Stowe: A Life* (New York: Oxford University Press, 1994); F. Wilson, *Crusader in Crinoline: The Life of Harriet Beecher Stowe* (Philadelphia: J. P. Lippincott, 1941).

H. K. BUSH, JR

핸들리 카 글린 모울(Handley Carr Glyn Moule, 1841-1920)

성공회(Anglican) 교회 주교이자 학자. 그는 19세기 후반부터 20세기 초에 잉글랜드국교회(Church of England)에서 가장 탁월한 신약학자 중 하나였다. 모울은 도싯(Dorset)의 도체스터(Dorchester)에서 1841년 12월 23일에 헨리 모울(Henry Moule)의 막내아들로 출생했다. 헨리 모울은 도체스터 외곽 지역인 포딩턴(Fordington)에서 오랫동안 교구사제로 봉직하고 있었다. 모울은 어린 시절부터 학자가 될 소질이 다분했다. 모울은 16세가 되기도 전에 에베소서와 빌립보서의 그리스어 본문을 모두 암기했다. 1859년 10월에 케임브리지대학교 트리니티대학(Trinity College, 아버지와 다른 형제들의 모교)에 입학했고, 이후 1901년까지 이 지역에서 협회를 창립해서 활동했다. 학부시절 모울은 뛰어난 학업능력을 보여 주었다. 1861년 라틴어 6보격시(hexameter) 쓰기 경연으로 고전 분야의 1등상을 받기도 했고, 1862년 헬라어 성경 캐러스상(Carus Prize)을 받았으며, 1863년에는 라틴어 오드(ode)와 그리스어 및 라틴어 경구(epigrams)로 윌리엄 브라운 기념 메달을 두 차례 받았다. 1864년 고전 시험 최우등학생 목록에서 2위에 입상하기도 했다.

1865년에 트리니티대학의 연구원으로 임용되고, 신학 시험에 통과하면서부터 학자와 목회자로서의 모울의 경력이 본격적으로 시작되었다. 그는 1865년부터 1867년까지 말보로대학(Marlborough College)의 조교수로 일하며 교수 경력을 쌓았다. 아마도 회심 경험일 가능성이 큰, 스스로 '위기'라 부른 1866년 크리스마스 기간의 경험 후에 몰은 1867년에 부제로 서품을 받았고, 같은 해에 석사학위를 취득했으며, 1868년에는 사제 서품을 받았다. 트리니티에서 연구원으로 일하는 와중에도 모울은 포팅턴 교구의 부사제(1867-1873, 1877-1880)로 아버지를 도왔다.

모울은 트리니티대학에서 학장으로 와 달라는 요청을 받고 1873년에서 1877년까지 일했으며, 어머니가 숨을 거두자 연로한 아버지를 돕기 위해 교수직을 포기하고 다시 포딩턴으로 갔다. 1880년 6월에 케임브리지는 모울에게 목회자 후보생 훈련 기관인 리들리홀(Ridley Hall) 학장으로 와달라고 요청했고, 몰은 10월 이 요청을 받아들여 1899년까지 그 자리에 있었다. 학장으로 있으면서 1894년에 케임브리지대학교 신학사학위를, 1895년에는 동대학 신학박사학위를 취득했고, 리들리홀을 복음주의의 중심으로 만들었다. (1882년에 무디집회(Moody Mission)가 케임브리지에서 열리게 된 이유 중 하나였다.)

1899년 3월에 모울은 노리시안 신학교수(Norrisian Professor of Divinity, 1777년에 존 노리스에 의해 만들어진 석좌교수, 초기 임용 조건에는 나이가 30-60세 사이여야 하며, 임용된 교수는 자신의 수입 중 일부를 경제적인 이유로 성경을 사 볼 수 없는 학생들에게 성경을 사주는 데 사용해야 한다는 조항이 있었다-역주)에 임용되었고, 5월에는 세인트캐서린스의 연구원이 되었다. 그가 이 두 자리에 임용되었다는 것은 케임브리지 학생들을 가르친 교수로, 목회자로, 설교자로 지위를 인정받았음을 뜻했다.

모울은 1881년 8월에 메리 엘리어트(Mary Elliott)와 결혼했고, 메리(Mary)와 이사벨(Isabel)이라는 두 자녀를 두었다. 메리는 1882년 11월에, 이자벨은 1884년 2월에 태어났다.

자신은 인식하지 못하고 있었지만, 모울은 1899년에 이르면 자신의 대학 시절 교수이자 바울서신의 권위 있는 주석가였던 J. B. 라이트푸트(J. B. Lightfoot)를 넘어선다. 모울은 로마서, 갈라디아서, 에베소서, 빌립보서, 골로새서 같은 서신서에 관한 글을 교과서용 케임브리지 바이블 시리즈와 책별 주석 단행본을 위해 썼다. 주석서 중에서 한 권이 네덜란드어로 번역(『기독교인의 삶』[Christlijke Levenswandel, The Christian Life, 1895)되어 출판되었다. 그동안 출판되었던 모울의 여러 주석의 개정 또는 증보판 작업이 1992년까지 진행되어 『고전 신약 주석: 로마서』(The Classic New Testament Commentary: Romans)라는 제목으로 출간되었다.

성경신학과 관련된 모울의 저서들은 여러 고전적인 복음주의 주제들을 다룬다. 예를 들어, 그는 구원에 대해서는 『의롭게 하는 의』(Justifying Righteousness, 1885)를, 죄의 극복에 관해서는 『죄에 대한 기독교인의 승리』(The

Christian's Victory over Sin, 1887)를 각각 발표했다. 모울은 신약학자 이상이었다. 모울의 여러 저작이 공히 담고 있는 핵심 요소와 그의 삶의 철학은 기독교에 대한 묵상적 접근이었다. 모울은 중세 신비주의자들이 영적이라고 말할 때의 바로 그 의미로 영적인 인물이었고, 다른 사람이 느낀 공포와 슬픔에 공감할 줄 아는 민감한 사람이었다. 모울이 쓴 시들은 이런 성품을 가장 잘 보여 주는 증거다. 모울은 이미 1865년에 『페라이의 아폴로: 그리스 형식을 따른 극시』(*Apollo at Pherae: A dramatic poem after the Greek model*)라는 제목의 시집을 출판했고, 안수를 받은 후에는 종교시를 꾸준히 썼다.

1869년에 '기독교인의 자기 부인'이라는 시로 케임브리지대학교가 수여하는 권위 있는 시 터니안상(Seatonian Prize)을 받았으며, 이어서 '사랑받은 제자'라는 제목의 극시로 같은 상을 또 수상했다. 이 시는 사도 요한과 두 교부, 즉 서머나의 폴리캅(Polycarp of Smyrna)과 안디옥의 이그나티우스(Ignatius of Antioch)의 관계를 조명했다. (모울은 이 외에도 1871년, 1872년, 1873년, 1876년에 시터니안상을 연이어 수상했다). 깊은 묵상을 글로 승화시킨 모울의 모든 시 중 '성 안셀무스를 기억하며'은 다음으로 끝난다.

쫓겨난 자가 찾게 하시는 당신이시니
그의 하나님을 그의 품에 모시게 하시도다.
안셀무스의 지성을 구하신 분은 당신이시니
갈보리의 십자가에서 안식하게 하시도다.

모울이 '하늘의 부르심'으로 묘사한 그 사건은 1901년에 있었다. 그는 더럼(Durham) 주교로 와달라는 요청을 받았고, 그해 10월 18일에 요크민스터(YorkMinster)대성당에서 주교가 되었다. 한편으로는 모울의 인생에서 가장 생산적인 시기였던 케임브리지 시절과의 종말을 고하는 것이었고, 다른 한편으로는 더럼에서의 19년의 목회의 시작이었으나, 더럼에서 모울은 그다지 성공적이지 못했다. 그는 뛰어난 목회자였지만, 동시에 형편없는 행정가이기도 했다.

목회자로서 모울은 아주 이상적인 주교였다. 성직자와 평신도 모두 모울을 위대한 영적 지도자로 존경했고, 다가가기 쉬운 사제로 인식했다. 많은 이들이 그에게 찾아가 각종 상담과 지도를 구했다. 모울은 주교직에 있는 동안 하루에 평균 30여 통의 편지를 썼다. 그럼에도 그는 끊임없이 저술과 출판 활동을 이어 나가, 라이트푸트와 웨스트코트(Westcott)와 같은 전임자의 전통을 계승한 '학자-주교'로 인식되었다. 그럼에도 불구하고, 모든 이들에게 친절하고 모든 이야기에 귀를 기울이는 성격을 사람들은 타협하려는 마음으로 해석하기도 했고, 이것이 결국 취약한 행정으로 이어졌다.

모울의 후임자 헨슬리 헨슨(Hensley Henson)은 자주 자신의 일기에 전임자가 남겨 놓은 여러 문제들로 힘들다는 불평을 남겨 놓았다. 성직자가 적소에 배치되지 않았고, 복음주의자인 모울이 신학적으로 받아들일 수 없는 미사 같은 가톨릭 의식을 허용했다. 더욱이 모울은 (그의 전기를 쓴 저자 한 명이 지적한 것처럼) '집에 있는 날이 거의 없었다.' 상원의원이라는 또 다른 중요한 책임도 충실히 수행해야 했기 때문이다.

모울은 그가 '잉글랜드국교회의 더 광범위한 세계'라 지칭한 틀에 더 잘 어울리는 인물이었다. 그는 1880년에서 1912년 사이에 13회나 케임브리지가 선정한 설교자로 선출되었으며, 빅토리아 여왕(Queen Victoria)의 명예궁정사제(1899-1901)였고, 에드워드 7세(Edward VII)

의 상임 궁정사제(1901)로 봉직했다. 처음에는 조금 조심스러워하다가, 얼마 후 케직사경회(Keswick Convention)의 정규 강사가 되었는데, 이 집회는 개인 성결의 중요성을 강조한 연례 복음주의자 집회였다. 성공회 연례 모임인 교회회의(Church Congress)에서도 1886년 이후 18회나 연설했다. 모울은 중국내지선교회 같은 선교단체를 회의를 후원하는 방식으로 지원했고, 1882년에는 교회선교연합(Church Missionary Union)의 회장이 되기도 했다.

모울은 60권이 넘는 책과 소책자를 저술했고, 종교 주제로 수많은 「더 가디언」(The Guardian) 같은 신문에도 글을 많이 기고했다. 모울은 『사도 바울의 로마서』(The Epistle of Paul the Apostle to the Romans, 1879), 『에베소서』(The Epistle to the Ephesians, 1886), 『빌립보서』(The Epistle to the Philippians, 1889), 『골로새서와 빌레몬서』(The Epistles to the Colossians and to Philemon, 1893) 등으로 학자로서의 명성을 구축했지만, 『오소서! 창조자 성령이여!: 약속의 성령의 위격과 사역에 대한 생각들』(Veni Creator: Thoughts on the Person and Work of the Holy Spirit of Promise, 1890), 『어떻게 개인 영혼이 하나님께 이를 수 있을까?』(How Can the Individual Soul Approach God?, 1905), 『잠들어 있는 자들에 대하여: 애통하는 자에게 보내는 애통하는 자의 말』(Concerning Them which are Asleep: Words to a Mourner from a Mourner, 1906) 등을 통해 사려 깊게 양을 돌보는 목회자로서의 면모도 보여 주었다.

모울은 1920년 5월 7일에 케임브리지에 있는 형의 집에서 숨을 거두었다. (그는 숨을 거두기 전날 원저궁에서 왕과 왕비를 앞에 두고 마지막 설교를 했다).

참고문헌 | J. B. Harford and F. C. Macdonald, *Handley Carr Glynn Moule, Bishop of Durham: A Biography* (London: Hodder & Stoughton, 1922); J. B. Harford (ed.), *Letters and Poems of Bishop Moule* (London: Marshal Bros., 1922); M. L. Loane, *Handley Carr Glyn Moule, 1841-1920* (London: Church Book Room Press, 1947).

K. A. FRANCIS

헤르만 도예베르트(Herman Dooyeweerd, 1894-1977)

네덜란드 칼빈주의 철학자이자 법학 교수. 그는 창조 규례(creation ordinances)에 기반을 둔 독특한 기독교 철학('법-사상 철학,' 네덜란드어로 *Wijsbegeerte der Wetsidee*) 연구와 발전에 일평생 헌신했다. 조국 네덜란드뿐만 아니라 북미와 남아프리카공화국에서도 유명했고, 영향력이 컸던 그는 소속된 개혁파 공동체 바깥에서도 찬사를 받았다. 70세 생일에 왕립네덜란드과학원 원장은 그를 스피노자(Spinoza)를 제외하고는, 네덜란드가 배출한 가장 창의적인 철학자라 칭했다.

도예베르트의 삶과 사상은 아브라함 카이퍼가 주도한 네덜란드 신칼빈주의 부흥과 긴밀히 연결되어 있었다. 도예베르트는 1894년 10월 7일에 암스테르담에서 태어났는데, 이 해는 네덜란드의 두 개혁파 교단인 경건주의적인 분리파 그룹(*Afscheiding*)과 문화적으로 진보적인 카이퍼그룹(*Doleantie*)이 연합한 지 2년이 지난 해였다. 도예베르트의 어머니는 분리파 출신의 경건주의자였고, 아버지는 헌신된 카이퍼 추종자였다. 후에 도예베르트는 자신이 인간 존재의 중심으로서 **마음**(*heart*)을 특징적으로 강조한 것은 카이퍼의 영향을 받았기 때문이라고 했다. 그러나 이 강조점은 사실상 도예베르트의 부모가 구현한 네덜란드 개혁파 공동체의 두 신앙 흐름이 창의적으로 혼합된 것을 의미했다.

암스테르담에서 김나지움(중고등학교) 과정을 마친 후 1912년에 도예베르트는 아버지의 조언에 따라 카이퍼의 암스테르담의 자유대학교(Free University) 법학과에 등록했다. 그가 실제로 원한 것은 예술, 특히 아마도 음악 분야에서 경력을 쌓는 것이었다. 도예베르트는 1917년에 '네덜란드 헌법에 나타난 내각의 역할'에 대한 박사논문을 작성하여 학위를 마쳤다. 학교에서 공부하면서 그는 독특한 기독교 철학의 필요성을 뼈저리게 느꼈다. 카이퍼가 철학 주제를 조금 다루기는 했지만, 개혁파 기독교 사상가 중에서 완성된 철학 체계를 발전시킨 사람은 없었다. 그가 기독교적 헌신을 이해한 방식이 [네덜란드] 법철학회에서 도전받으면서 이 일에 대한 필요성이 확고해졌다. 정부가 제공한 여러 직장에서 일한 후, 1922년에 도예베르트는 헤이그(Hague) 소재 카이퍼연구소(Kuyper Institute)에서 헨드릭 콜레인(Dr. Hendrik Colijn) 박사를 보조하는 부소장으로 임명되었다. 이 연구소는 당시 콜레인(Colijn)이 이끌던 여당 반혁명당(Antirevolutionary Party, ARP)을 위해 법적이고 정치적인 연구를 수행하는 기관이었다.

르네상스적 지성을 갖고 있던 그는 이 자리에 잘 어울렸기에, 활발한 정치 활동에 참여할 기회를 포기했다. 이 임명 과정의 일부로, 도예베르트는 카이퍼연구소 이사회에 정치적, 법적 활동의 기반으로 잘 정리된 신칼빈주의 세계관이 필요하다는 비망록을 적어 보냈다.

도예베르트가 카이퍼의 많은 경건 서적에 나타나 있던 경건을 재발견한 때가 바로 카이퍼연구소에 재직하던 시기였다. 카이퍼가 마음을 인간 각 개인의 존재론적 중심으로 이해했다는 사실을 도예베르트가 분별한 것은 카이퍼의 신학 작품만큼이나 그의 경건 서적을 탐구한 결과였다. 도예베르트는 이 발견을 자신의 개인적이고 지적인 순례의 전환점이라고 묘사했다. 도예베르트는 또한 카이퍼연구소의 월간지 「안티레볼루티오나이러 스타쿤더」(*Antirevolutionaire Staatkunde*, 반혁명당 정치)를 창간하고 초대 편집장이 되었다.

1926년에 도예베르트는 자유대학교 법학 및 법철학 교수로 귀환한 후, 이 직책을 1965년에 은퇴할 때까지 유지했다. 1935년에는 동료이자 자형이었던 D. H. T. 폴렌호벤(D. H. T. Vollenhoven)과 함께 칼빈주의철학회(Society for Calvinist Philosophy)를 세웠다. 동시에 도예베르트는 세 권으로 된 철학 주저 『법사상 철학』(*Wijsbegeerte der Wetsidee*, 1935-1936)을 펴냈는데, 이 책은 이후 영어로 네 권으로 증보되어 『이론 사상 신비평』(*A New Critique of Theoretical Thought*, 1953-1958)이라는 제목으로 출간된다. 도예베르트의 철학 체계, 즉 '우주 발생론적 사상의 철학'은 계몽주의적 합리주의에 대한 포스트모던 비평을 포함한 여러 20세기 후반 철학 흐름의 길을 열어 준 작품이었다.

도예베르트의 기독교 철학의 중심에는 모든 종류의 합리주의에 도전한 계시 기반의 인식론, 창조 규정 혹은 법에 대한 기독교적 개념에 뿌리를 둔 존재론이 있었다. 영적 반제(antithesis)에 대한 강력한 어거스틴주의적 인식을 보인 도예베르트는 모든 이론화는 종교적 전제에 뿌리박힌 것이라 주장했다는 점에서 카이퍼의 추종자였다. 그가 판단하기에, 종교적으로 중립적이라는 계몽주의의 이상, 즉 합리적 사상 체계(편견에 저항하는 편견)는 이루어질 수가 없는 것이며, 그 자체로 개인의 헌신이 기반이었다.

도예베르트의 철학과 당대 포스트모던 사상 사이에는, 특히 이 사상이 해방이라는 목표를 설정할 때 이 사상과 도예베르트 철학 간에는 분명한 유사점이 있다. 세상에 중립 지대는 없다는 확신을 해방주의는 신칼빈주의 철학과 공유했다. 그러나 해방 사상이 정치, 사회적으로 압제받은 이들과 소외된 이들에 대한 공유된 헌신에 집중하는 반면, 신칼빈주의는 종교적 전제를 강조했다. 즉 학자들의 마음의 헌신과 모든 학문의 종교적 기반을 강조한다는 것이다. 도예베르트는 또한 특정 사상들이 해방적 실천이라는 맥락에서 발생하거나 그 맥락에 공헌하는지 아닌지를 묻는 것이 아니라, 이론 사상 자체에 대한 분석, 즉 그가 '초월적 비평'이라 칭한 분석으로 시작한다. 기독교적 비평의 수단으로 사용되는, 칸트의 영감(Kant-inspired)을 받은 이런 방법론은 실제로 도예베르트의 가장 창의적이고 중요한 지적 업적 중 하나였다.

사상가들을 치우치게 만드는 외적 기반들을 인식하는 것만으로는 안 되고, 사상에 대한 내적 연구 자체가 이 사상의 종교적 전제들을 드러낸다고 도예베르트는 주장한다. 사상의 필연적 조건들에 대한 연구가 이 사상의 이론 이전의, 혹은 종교적인 출발점을 드러낸다는 주장이다. 의미에 대한 철학의 관심 때문에 결국 모든 사상은 기원에 대한 물음으로 회귀될 수밖에 없고, 이 물음들은 이론적 사상만으로는 대답이 불가능하다. 이론적 사상의 한계를 인식함으로써 철학자는 인간 자아, 또는 성경의 용어로 표현하자면, 마음의 통합 능력에 직면했다. 따라서 자신에 대한 지식은 모든 인식론의 기초이며, 전제 없는 순수한 합리성은 불가능하다. 도예베르트에 따르면, 사람들이 그 역할을 이해하든 못하든, 종교는 모든 사상의 필수불가결한 기초이다.

도예베르트의 존재론은 창조에는 다양한 의미가 있고, 하나님의 법에 의해 구조가 정해져 있다는 확신에 기반을 둔다. 따라서 그의 철학 체계는 '법-사상의 철학'(Philosophy of the Law-Idea)이라 불린다. 이 확신은 아브라함 카이퍼의 '영역-주권'(sphere-sovereignty)이라는 개념에 근거한 것이다. 즉 물리적, 사회적 실재는 다양한 창조 규범에 기반을 둔 변개할 수 없는 다양성을 드러낸다는 개념이다. 카이퍼는 이 교리를 주로 (가족이나 학교 같은 사회 구조를 정부 주도에서 벗어나 자유롭게 하려는) 정치적 목적으로 사용했지만, 도예베르트는 이를 그 스스로 양상들(modal aspects)이라 부른 것에 근거한 하나의 완전한 존재론으로 확장시켰다. 이 (숫자적이고, 공간적이고, 생명에 관련되어 있고, 정신적이고, 언어적이고, 경제적이고, 법적인) 창조된 실재의 양상들은 특정 과학들의 연구가 필요한 영역들이다. 철학의 과업은 어떻게 이 양상들이 서로 관계를 맺고 있는가를 설명하는 것이다.

도예베르트의 창조 교리 강조는 인간의 문화와 역사에 대한 긍정적인 태도를 태동시킨다. 칼빈과 카이퍼의 일반은총(common grace, 모든 인류를 향한 하나님의 구원과는 상관없는 호의)을 강력히 지지하는 도예베르트는 문화 발전을 인정하고 긍정하는 역사 철학을 주장한다. 문화 생산물과 사회 제도들은 유기적으로 세상에 등장한 후 각각의 창조의 뿌리에서 분화되고 있는 것으로 인식되었다. 이런 분화와 문화적 다양성은 존중받아야 한다는 것이다. 도예베르트의 작품을 영어로 번역 출간하고 그의 사상 연구를 촉진하러는 의도로 1994년에 캐나다 온타리오 앵카스터(Ancaster) 소재 리디머대학(Redeemer College)에 '도예베르트 기독교 철학 연구소'가 세워졌다.

참고문헌 | L. Kkalsbeek, *Contours of a Christian Philosophy: An Introduction to Herman Dooyeweerd's Thought* (Toronto: Wedge, 1975); C. T. McIntire, 'Herman Dooyeweerd in North America,' in D. Wells (ed.), *Reformed Theology in North America* (Grand Rapids: Eerdmans, 1985), pp. 172-185; *The Legacy of Herman Dooyeweerd* (Lanham: University Press of America, 1985). 이 책에는 캐나다 온타리오 토론토 소재 기독교학연구소(ICS) 교수진이 도예베르트의 사상을 탐구한 일련의 논문들이 실려 있고, 상세한 참고문헌도 들어 있다.

J. BOLT

헤르만 바빙크(Herman Bavinck, 1854-1921)

네덜란드 개혁파 신학자. 그는 아브라함 카이퍼(Abraham Kuyper)와 함께 19세기 후반 정통 칼빈주의 부흥의 주역이었다. 헤르만 바빙크는 영어권에서 카이퍼만큼 알려지지는 않았지만, 그의 『개혁교의학』(*Reformed Dogmatics*)은 1890년대에 처음 출간된 이래 백 년 이상 고전적 네덜란드 개혁신학의 표준 참고문헌으로 받아들여졌다. 이 책이 지속적으로 받아들여지고 있다는 것은 전권이 영어로 번역 중에 있고, 또한 영어에서 한국어를 포함한 다른 언어로 계속 번역되고 있다는 사실에서 증명된다. (새로운 한국어 전권 번역판은 네덜란드어에서 한국어로 직접 번역되어 지난 2011년에 부흥과 개혁사가 출간했다-역주).

헤르만 바빙크는 1854년 12월 13일에 드렌테(Drenthe)의 호헤벤(Hoogeveen)에서 태어났다. 거기서 아버지 얀 바빙크(Jan Bavinck)는 국교회인 네덜란드개혁교회(Dutch Reformed Church)의 국가 통제에 저항하며 1834년에 형성된 분리파네덜란드기독교개혁교회(Secession Dutch Christian Reformed Church)의 영향력 있는 목사로 일했다. 처음에는 신앙 때문에 핍박과 거절을 당해 '비공식' 예배를 위한 모임을 중단해야 했던 분리파는 19세기 네덜란드 사회의 변방에서 버티며, 근대가 만들어 낸 문화와 사회를 불안의 눈초리로 지켜보았다. 비록 헤르만 바빙크의 고향은 그 마을 공동체의 경건주의를 함께 공유하고 있었지만, 가장 분리주의적인 유형이라기보다는 훨씬 더 범세계적인 유형의 경건주의였다. 얀 바빙크는 독학으로 공부한 학식 있는 인물로, 헤르만 바빙크가 태어나기 몇 달 전에 새로 설립된 캄펜신학교(Kampen Theological School)에서 가르치라는 교회의 요청을 거절한 바 있었다. 남편보다 더 강인한 아내였던 헤르만 바빙크의 어머니는 네덜란드개혁파국교회(National Dutch Reformed Church)에서 자라났기에, 경건주의 이탈파에 기울어 있던 바빙크가의 성향에 균형을 잡아 주는 역할을 했다. 생애 마지막에 헤르만 바빙크는 그가 자라면서 자신의 것으로 받아들인 그 교회의 경건을 칭송했다. 그러나 그의 사상은 훨씬 보편적(catholic)이었다. 재능 있는 학생인 헤르만 바빙크는 목회를 위한 공부를 일 년 하고나서 캄펜에 있는 교파 신학교에 더 머물지 않고 레이던대학교(Leiden University)에서 좀 더 '과학적'인 훈련을 받기로 결정한다. 그는 '우선 현대 신학에 익숙해지고 싶었다.' 이 결정을 어머니는 찬성했지만 아버지는 반대했다. 헤르만 바빙크는 레이던대학교에서 울리히 츠빙글리(Ulrich Zwingli)의 윤리학에 대한 논문으로 신학박사학위를 받았다. 후에 자신의 레이던 시절을 회상하면서, 헤르만 바빙크는 그 경험이 자신을 지적으로 부요하게 했고 신학을 정교하게 만들었지만, 한편 자신을 영적으로는 가난하게 만들었다고 평가했다.

남은 평생 헤르만 바빙크는 그를 형성하는 데 큰 영향을 끼친 두 가지 문제와 함께 씨름했다. 그와 동시대를 살았던 한 사람이 증언했듯이, 헤르만 바빙크는 두 세계 사이에 낀 사람이었다. 즉 그는 '분리파 설교자인 동시에 현대 문화의 대표자'였다. 알브레히트 리츨(Albrecht Ritschl)의 자유주의적 사회복음 신학을 평가하면서, 그는 경건주의와 리츨의 자유주의를 고무한 목표들을 각각 대조했다. 그의 생각에, 전자, 즉 경건주의는 그리스도 안에 있는 구원을 '주로 사람을 죄와 세상에서 분리시켜 천국의 복을 받도록 준비케 하는 수단'이었다. 반면, 리츨은 완전히 반대편에 서 있다. 구원의 목적은 정확히 인간이 '이 땅에서의 소명을 실천하고 이 세상에서 도덕적 목표를 성취하게 하는 것이다.' 이 두 목표에 대한 헤르만 바빙크의 평가는 큰 의미가 있다.

"개인적으로, 나는 이 두 관점을 어떻게 결합해야 할지 전혀 모르겠다. 그러나 탁월한 교훈이 양자 모두에 많이 있고, 둘 다 부인할 수 없는 진리를 담고 있다는 사실은 잘 알고 있다."

신학 공부를 마무리하자 헤르만 바빙크는 프리슬란트(Friesland), 프라네커(Franeker)의 기독교개혁교회(Christian Reformed Church) 목사가 됨으로써 어린 시절 교회와 집에서 경험한 경건을 명예롭게 했다. 암스테르담의 신망 있는 기관에서 온 두 차례의 영예로운 청빙을 거절하면서까지 1880년에서 1883년까지 이 교회를 신실하게 섬겼다. 청빙 중 하나는 암스테르담의 기독교개혁교회에서 목사로 와 달라는 요청이었고, 다른 하나는 1880년에 문을 연 아브라함 카이퍼의 신설 암스테르담 자유대학교(Free University)의 신학과 교수로 오라는 초청이었다. 헤르만 바빙크는 비록 독립 개혁파 고등 교육 기관의 이상을 영예롭게 생각하지만, 자신이 목회하는 교회를 사랑하기 때문에 또 캄펜신학교의 신학 교육의 질에 대한 관심이 크기 때문에 초청을 거절할 수밖에 없다고 자유대학에 답변했다.

헤르만 바빙크의 부인할 수 없는 지적 재능을 알아본 기독교개혁교회대회(synod of the Christian Reformed Church)는 1883년 헤르만 바빙크를 캄펜신학교의 교수로 임명했다. 그는 1883년부터 1902년까지 거기서 탁월한 교수 능력을 발휘했다. 헤르만 바빙크는 박사학위를 소지한 최초의 캄펜 교수였고, 캄펜의 신학 교육 수준을 크게 향상시켰다. 헤르만 바빙크는 그의 가르침을 1892년부터 1901년까지 출판된 그의 네 권짜리 대작 『개혁교의학』 1판에 풀어 냈다.

그는 또한 아브라함 카이퍼와 아주 가까워졌는데, 그의 신칼빈주의(Neo-Calvinism)는 헤르만 바빙크가 자신의 체험적 경건과 현대 문화와 학문에 필요한 세계를 이해하는 인식의 틀을 종합할 수 있게 해 주었다. 『개혁교의학』의 특징은 이런 통합성이다. 헤르만 바빙크는 경건과 현대인이 직면하는 난제와 질문을 연결시키는데, 예를 들어, 창조와 진화와의 관계 같은 것들이었다. 이미 학생 시절에 헤르만 바빙크는 교회와 나라에서 공히 고전적인 네덜란드 개혁파 사상을 부흥시키려 노력하던 카이퍼에게 마음을 빼앗겼다. 헤르만 바빙크가 자신의 노력 과정에서 활용한 신학적 도구는 은혜가 자연을 회복한다는 삼위일체적이고 심오하게 이레니우스적(Irenaean)인 주장이었다. 그가 좋아해서 자주 인용한 기독교에 대한 정의는 다음과 같은 유형의 것이었다.

> "기독교 신앙의 본질은 이렇게 구성된다. 즉 성부의 창조가 죄로 황폐화되었다가 하나님의 아들의 죽음으로 회복되고 성령으로 다시 창조되어 하나님 나라가 된다."

일반은총에 대한 중요한 연설에서 헤르만 바빙크는 자신의 은혜론을 다음과 같이 요약했다.

> "기독교는 한 단일한 본질적 외부 요소를 창조에 도입하지 않는다. 새로운 우주를 창조하는 것이 아니라, 우주를 새롭게 한다. 죄로 부패한 것을 회복시킨다. 죄를 속하며, 아픈 것을 치료하며 망가진 것을 고친다."

초빙을 수차례 거부한 끝에 마침내 1902년에 헤르만 바빙크는 자유대학교 교수직을 수용했다. 『교회교의학』을 수정하고 확장한 후, 그의 관심의 방향은 신학에서 정치, 교육과 교수, 심리학과 철학을 망라하는 문화와 사회로 옮겨갔다. 그는 계속해서 정통 개혁파 사상의 경계를 넘나드는 모험을 시도하지만, 이 신학에 대한 헌신은 계속 유지했다.

1912년, 헤르만 바빙크는 암스테르담 자유대학의 1911년 연설의 제목 '현대주의와 정통'을 놓고 현대주의 목사와 토론했다. 여기서 헤르만 바빙크는 친숙한 표현들로 새로운 현대 세계와 그 안에서 일어나고 있는 놀라운 변화들에 대해 그가 느낀 경이감을 표현했다. 미래의 불확실성에도 불구하고 '하나님은 우리 시대에 위대한 일을 행하고 계신다'라고 선언하며 희망을 말했다. 그러나 그는 자신의 경건주의에 대한 애정을 숨기지 않았다. 자신이 레이던대학교에서 받은 신학 수업의 많은 부분이 '빵을 구하는 자에게 돌을 주는 것이었다고 덧붙이며, '나는 언제나 분리파의 자녀로 남아 있고 싶다'라고 말했다. 그는 현대주의자의 신조를 받아들이는 것은 기독교 신앙의 위대한 실재들(창조, 타락, 속죄, 중생)을 '상징들, 즉 울리는 꽹과리'로 축소시키는 것이라 결론 내렸다. 그러나 그는 다음과 같이 덧붙인다.

> "이들은 실재들로 남아 있기에 내가 이들을 포기한다면, 나는 잃어버린 자가 될 것이다. 따라서 나는 나 자신에게 [자유주의의 성경비평은] 진리일 수 없다고 상기시킨다. 성경의 실재들이 성경과 자연의 수수께끼보다 훨씬 더 실재적이다. 그러므로 나는 단순히 전통에 매여 있는 것이 아니라, 내 영혼의 깊은 곳에 있는 것, 내 삶 자체, 내 영혼의 구원에 매여 있는 것이다."

깊은 신앙과 경건을 소유한 이 철저하게 현대적인 인물은 1921년 7월 29일에 사망했다.

참고문헌 | *Our Reasonable Faith*, trans. By Henry Zylstra (Grand Rapids, 1956); *The Certainty of Faith*, trans. Harry der Nederlanden (Jordan Station, Ont.: Paideia, 1980); *The Last Things: Hope for this World and the Next*, ed. By John Bolt, trans. By John Vriend (Grand Rapids: 1996); *In the Beginning: Foundations of Creation Theology*, ed. By John Bolt, trans. By John Vriend (Grand Rapids, 1999).

J. BOLT

헤리트 코르넬리우스 벌카우어(Gerrit Cornelius Berkouwer, 1903-1996)

네덜란드 개혁파 신학자. 그는 온화한 인품, 교회와 현대 사회의 새로운 흐름에 열려 있는 태도 때문에 20세기 복음주의 신학의 가장 영향력 있는 대변자 중 하나가 되었다. 주요 저술들이 영어로 일찍 번역되었기 때문에 그의 영향력은 유럽과 북미 모두에서 감지할 수 있다.

벌카우어는 1903년 6월 8일에 암스테르담의 경건한 네덜란드 개혁파 부모에게서 태어났다. 중등학교 교육을 마친 1922년부터 신학 공부를 시작하며 아브라함 카이퍼(Abraham Kuyper)의 암스테르담 자유대학교(Free University)에 다녔다. 네덜란드 신칼빈주의(Neo-Calvinism)의 주요 주창자 카이퍼는 1920년에 사망했고, 동료이자 위대한 신학자였던 헤르만 바빙크(Herman Bavinck)도 1년 후 죽었다.

이 두 거인이 떠나자, 개혁교회의 정신을 놓고 싸움이 이어졌다. 더 젊은 신학자들과 목사들은 헤르만 바빙크의 평화주의와 개방성에 근거하여 현대 문화, 특히 과학과 창조 문제에 새롭게 접근하자고 요청했다. 카이퍼와 헤르만 바빙크의 죽음에 뒤이은 10년은 교회가 모일 때마다 이런 문제들로 씨름한 극심한 혼돈의 시기 중 하나였다. 벌카우어가 신학자로 성숙해 가던 이 10여 년 기간의 논쟁적이고 경쟁적인 풍토는 사람들과 신학 사상 사이에서 갈등을 중재하려는 그의 평생의 열정이 형성되는 데 기여했다.

1922년은 또한 칼 바르트가 그의 『로마서』(Römerbrief)의 영향력 있는 제2판을 출판한 해였다. 로마 가톨릭 신학과 더불어, 바르트의 신학은 벌카우어가 자신의 신학 여정에서 선택한 대화 상대였다. 비록 바르트와 마찬가지로 벌카우어도 전통적이고 스콜라주의적인 로마 가톨릭 개념, 존재의 유비(analogia entis)와 여기서 파생한 자연신학을 근본적으로 싫어했지만, 그는 원래는 바르트에 비판적이었다. 그러나 그가 바르트 신학의 핵심 주제들을 좋아하게 되었다는 사실은 그의 결정판 바르트 연구서 『칼 바르트 신학에서의 은혜의 승리』(The Triumph of Grace in the Theology of Karl Barth, 1954; 영어판 1956) 제목에서 드러난다. 바르트와 마찬가지로, 벌카우어에게도 하나님의 신비는 철학을 통해서 우리 스스로 천국에 이르는 방식으로 접근 가능한 것이 아니라, 언제나 그리스도 안에서 우리에게 나타난 하나님의 자비로운 계시를 통해서만 그것이 믿음으로 수용될 때 가능한 것이었다.

1932년에 '신독일 신학에서의 믿음과 계시'에 대한 학위논문을 완성한 후 벌카우어는 목회에 참여하며 주로 성경과 계시에 관한 몇 권의 단행본을 더 냈다(대표적으로 『성경비평의 문제』(The Problem of Scripture Criticism, 1938). 1945년, 벌카우어는 자유대학교 신학부 교수로 임명되었다. 벌카우어의 목회 경험은 이후 그의 교의학 저술의 방법론과 내용에 심대한 영향을 끼쳤다. 벌카우어는 성경적이고 목회적인 방법론을 더 선호했기 때문에 철학 및 스콜라주의 방법론을 의도적으로 배제했다.

그는 자신의 대작 『교의학 연구』(Dogmatic Studies) 열여덟 권에 신학 서론을 포함시키지는 않았지만, 그의 신학 방법론은 쉽게 판별이 가능하다. 벌카우어의 교리 접근은 '성경적-귀납적'이라고 말할 수 있다. 그는 이것을 칼빈에게서 배웠다고 주장했다. 칼빈과 마찬가지로, 벌카우어는 하나님의 본질에 대한 모든 추론에 반대하는데, 이는 '우리가 세세하게 연구해야 하는 것이라기보다는 예배해야 하는 것'이다(Calvin, *Inst.* 1.5.9). 그가 따른 성경의 모토는 고린도전서 4:6 '기록된 말씀 밖으로 넘어가지 말라'였다. 벌카우어가 조직신학보다 성경신학을 강조한 것은 주로 그가 유산으로 받은 네덜란드 개혁파 신학 전통에 대한 부정적 입장 때문이었다. 그는 이 전통을 스콜라주의적이고 추상적이며, (아주 중요한 것인데) 설교와 목회적 돌봄을 위해서는 거의 소용이 없는 유산이라고 판단했다.

벌카우어의 관점에 따르면, 신학은 우리가 믿음으로 수용할 수 있는 바, 성경에서 직접 끌어낸 진리에만 제한되어야 했다. 이 확신은 상호 관계(correlation)라 불리는 방법론에서 나온 것이다. 그의 『교의학 연구』(1949) 첫 세 권은 각각 영어 번역판 제목이 『믿음과 칭의』(*Faith and Justification*, 1954), 『믿음과 성화』(*Faith and Sanctification*, 1952), 『믿음과 견인』(*Faith and Perseverance*, 1973)이었다. 벌카우어에게 기독교 교리의 진리는 신자가 믿는 신앙으로 수용한 것과 분리할 수 없는 것이었다. 참된 교리는 믿어야 하는 것이고, 설교할 수 있어야 하는 것이었다.

교리적 진리의 실존적 특징을 강조한 그의 사상은 네덜란드개혁교회에 영향을 주었다. 네덜란드개혁교회(The Gereformeerde Kerken in Nederland)는 논란이 된 1979년 보고서 '우리와 함께하시는 하나님'(God met Ons)에서 성경 진리의 관계적 견해를 채택했다. 벌카우어가 복음주의 신학에 가장 중요한 본질적 공헌을 한 지점이 바로 여기였다. 그는 성경 권위에 대한 전통적이고 형식적인 이해('하나님이 그렇다고 말씀하셨기 때문에 성경은 참되다')를 넘어, 그리스도 안에 있는 하나님의 구원하시는 계시로서의 성경의 내용에 집중함으로써 더 유형적인 (material) 견해로 이동하기 위해 일평생 노력했다. 영어권에서 이 접근법을 활용한 이들은 (벌카우어의 제자였던) 잭 B. 로저스(Jack B. Rogers)와 도널드 K. 매킴(Donald K. McKim)으로, 그들은 영향력 있는 저술 『성경의 권위와 해석』(*The Authority and Interpretation*, 1979)을 통해 1980년대 미국 복음주의권 내부의 무오성 논쟁에서 중요한 역할을 했다.

신학에 대한 벌카우어의 접근은 또한 주관과 객관 사이의 관계라는 견지에서도 해설이 가능하다. 처음부터 벌카우어는 그가 (성경의 형식적 권위에 근거한) 객관적인 신학적 접근과 (신앙 체험에 근거한) 주관적인 접근 사이에 극단적 차이가 있다는 전제를 거짓이라고 판단하고 이를 의식적으로 극복하려고 노력했다. (하나님에 대한 지식과 자기 지식 사이의 관계를 논하는) 칼빈의 『기독교 강요』(*Institutes*)의 첫 몇 장에 대해 설명하면서, 벌카우어는 하나님과 인간, 계시와 믿음 사이의 관계에 집중함으로써 객관-주관 이분법을 극복하려고 했다. 이 상호 관계 방법론이 벌카우어가 믿기에, 성경적인, 설교할 수 있는, 믿을 만한 신학의 탄생을 가능하게 한다는 것이다.

이 접근법의 중요성은 『신적 선택』(*Divine Election*, 1955, 영문판 1960)에 나타난 벌카우어의 개혁파 교리 재해석을 통해서 파악할 수 있다. 전통적이고 스콜라주의적인 개혁파 체계를 추상적이고 정적인 교조(decretal) 신학이라 평가하는 벌카우어의 로마서 9-11장 연구는 그를 사도 바울에 대한 수정주의적 해석으로 이끌었다. 벌카우어는 바울의 선택 교리를 이해하는 핵심이 로마서 9:11-12의 '택하심을 따라 되는 하나님의 뜻이…부르시는 이로 말미암아'라는 구절에 있다고 생각했다.

하나님의 선택은 설교를 통해 실현된다. 하나님의 선택하시는 역사는 그분의 구원하시는 자비의 선교에 속해 있다. 선택은 하나님의 주권적이고 자비로운 마음을 드러낸다. 선택은 선택받고 유기되는 자의 숫자가 얼마냐 하는 추론이 아니라, 주권자 하나님에 대한 송영을 만들어 내야 한다(롬 11:33-36). 선택 교리라는 진리는 오직 신앙을 가진 신학자들만이 붙들 수 있는 신앙이었다.

벌카우어의 '새로운' 신학 방법론에 대한 반응은 혼재되어 있었다. 그의 많은 박사과정 제자들은 개혁파 및 복음주의 기관의 주요 교수직으로 진출해서 그가 시작에 기여한 반-스콜라주의 작업을 지속했다. 그러나 비판자들은 스콜라주의의 핵심 특징들을 초월하려 한 벌카우어의 노력이 어려운 신학적 이슈들을 명료하게 하는지 아니면 유용한 범주들을 제거함으로써 오히려 이들을 모호하게 하는지 확신이 없다.

특히, 실존적 관점을 선호하면서 성경 진리의 실재론적 개념을 거부한 것은 많은 이들에게 문제가 있는 것으로 인식되었다. 근래의 학계에는 개신교 스콜라주의 신학이 비성경적이고, 무익하며, 비인간적이고, 추상적이라는 비난에 대응하는 변증적 연구가 발전했다. 히스베르투스 보체티우스(Gijsbertus Voetius), 빌렘 아 브라켈(Wilhelm à Brakel) 같은 개혁파 스콜라주의 신학자들이 정통 교리만큼이나 경건에도 관심을 기울였고, 이들의 신학에는 이 두 가지 관심 모두가 반영되어 있다는 주장이 그것이다.

참고문헌 | L. B. Smedes, 'G. C. Berkouwer,' in P. E. Hughes (ed.), *Creative Minds in Contemporary Theology* (Grand Rapids: Eerdmans, 1966), pp. 93-98.

J. BOLT

헨드릭 륄로프 로크마커(Henderik Roelof Rookmaaker[1922-1977])

네덜란드 미술사학자이자 20세기 중후반 미술계에 국제적인 복음주의 시각을 더한 엄청나게 영향력 있는 인물. 그는 레이던대학교(Leiden University)를 거쳐 1964년부터 암스테르담 자유대학교(Free University)에서 미술사 교수로 재직했다. 그러나 미술사에서 기독교 인사로 인지도를 갖게 된 것은 네덜란드에서보다 주로 외국에서 했던 강의와 저작 활동 덕분이었다. 미술 활동에 종사하는 것을 여전히 의혹의 눈초리로 바라보는 복음주의 유산이 여전하던 1960년대 중반에 로크마커는 영국과 북미에서 정기 강연을 시작했고, 복음주의 진영에 속한 여러 미술학도, 예술가, 그리고 관련 학자의 안내자이자 친구, 상담자였다.

그는 모더니즘 미술을 만들어 낸 세속화 조류를 날카롭게 비판했지만, 동시에 복음주의자가 현대 미술계에 참여하여 자신들만의 고유한 작품 세계의 가치를 높여야 한다고 권면했다. 로크마커는 미술이 기독교인의 삶에서 한 자리를 차지하기 위해 과도하게 종교적인 주제에 집착할 필요가 없다고 가르쳤다. 잘 제작되고, 진정성과 순전함으로 현실을 표현한 미술은 이미 하나님께서 그 미술에 정하신 역할을 잘 감당하고 있는 것이었다. 1970년 로크마커의 책 『현대 미술과 문화의 죽음』(*Modern Art and the Death of a Culture*)이 세상에 나오면서, 그의 사상의 영향이 그에게 직접 강의를 들은 이들 외에 다른 이들에게도 널리 전파되었다.

이 책은 유럽과 아시아의 여러 언어로 번역되고 여러 번 인쇄를 거듭하면서 전 세계 복음주자의자에게 유명해졌다. 복음주의자가 미술의 가치를 무시한다는 세간의 의혹을 벗어 내는 데 공헌한 로크마커의 능력은 부분적으로는 그가 외부인으로 있다가 복음주의로 들어온 것과도 연관이 있고, 복음주의 전통에 얽매이거나 그 전제에 크게 괘념치 않았기 때문이기도 했다. 사실 로크마커는 성장 과정에서 신앙이 거의 없었고, 소속된 교회도 없었다. 그는 1922년 헤이그(Hague)에서 출생했다. 부모는 과거 네덜란드 동인도 식민지(현 인도네시아)의 관료로 재직했다. 그래서 그는 식민지 열대와 헤이그의 학교를 오가면서 유년 시절을 보냈다.

식민지 정권의 종말이 분명해지고, 식민지에서는 더 이상 희망이 없었기 때문에 그는 전쟁 발발 직전에 네덜란드 해군에 입대해 장교 훈련을 받았다. 1940년 5월에 나치는 네덜란드를 점령했고, 네덜란드군에 복무했던 그는 제2차 세계대전 기간 동안 수용소에 억류되었다. 그는 수용소에서 성경 외에는 아무것도 읽을 것이 없었는데, 성경을 꼼꼼히 공부하면서 결국 그 진리를 수용하고 그리스도를 구세주로 받아들였다.

회심한 첫 단계에서 그의 신앙을 이끌어 준 이는 J. P. A. 메케스(J. P. A. Mekkes)였다. 메케스는 그보다 나이가 많은 장교(대위, 나중에 교수)였고, 로크마커에게 네덜란드 개혁파 사상 전통, 특히 헤르만 도예베르트(Herman Dooyeweerd)의 동시대 신칼빈주의 철학을 소개했다. 삶과 실재의 모든 영역이 하나님의 창조와 구속 목적 속에서 각각의 고유한 할당 공간이 있다는 신칼빈주의 확신은 로크마커의 사상에서 반복해서 나타나는 주제가 되었고, 계속 그렇게 남았다. 로크마커는 다른 네덜란드 학자들이 거의 연구하지 않은 삶의 한 영역에 집중함으로써 신칼빈주의 철학 내에서 자신만의 위치를 찾아냈다. 1945년 네덜란드의 해방과 더불어 그는 기독교인으로서 자신의 새 경력을 미술 연구에서 추진하기로 결심했다.

로크마커는 1946년에 암스테르담대학교(University of Amsterdam)에서 미술사를 전공했고, 1949년에 학사에 준하는(B.A.-equivalent) 시험을 통과했다. 1953년에는 석사에 준하는(M.A.-equivalent) 시험을 통과했고, 1959년에 박사학위논문 『미술 이론의 종합』(Synthesis of Art Theories)을 완성하여 출판했다. 로크마커는 1949년에 앙키 하위트커르(Anky Huitker)와 결혼한다. 로크마커가 1957년 레이던대학교의 조교수로 임용되기 전까지 이 젊은 부부는 생활비를 1949년부터 1956년까지 네덜란드 개혁파 신자가 주 독자층인 일간신문 「트라우」(Trouw, 충성)에 게재한 미술 비평 원고료와 시간 강사 강의료로 충당했다. 이 정기적인 미술 비평을 통해 학문 연구를 보충했고, 학계 바깥의 대중을 위한 글을 쓰는 능력도 향상시켜 나갔다.

더구나, 십대 시절부터 재즈에 열광을 보였던 그는 아프리카계 미국인 음악 전문가로 인정받았다. 『재즈 블루스 영가』(Jazz Blues Spirituals)라는 제목의 네덜란드어 책을 출판하기도 했고, 리버사이드 레코드사를 위해 재발간된 '클래식 재즈의 제왕들'(Classic Jazz Masters) 시리즈를 편집하고 해설을 쓰기도 했다. 미술뿐만 아니라 음악에 대한 지식은 그가 후에 국제 복음주의 청중을 위해 강연하고 글을 쓸 때 널리 증명되었다.

로크마커가 복음주의자와 교류를 시작한 시기는 1948년으로 거슬러 올라간다. 그는 이때 스위스에 연구 공동체 라브리(L'Abri)를 설립하려고 하던 미국인 목사 프랜시스 쉐퍼(Francis Schaeffer)를 만나게 된다. 쉐퍼 목사는 로크마커를 통해 미술에 관심을 갖게 되었고, 반대로 로크마커는 쉐퍼 목사를 통해 삶과 신앙에 대한 복음주의적 접근법을 배우게 된다. 로크마커는 '네덜란드 (자유) 개혁교회'(Dutch [Free] Reformed Church) 회원이자 신칼빈주의 철학파 추종자였음에도 불구하고, 개인 기도, 전도, 선교에 대한 생각은 네덜란드 칼빈주의라기보다는 복음주의적이었다. 로크마커는 삶과 가르침에서 성경을 믿는 이 두 전통의 장점을 융합하기 위해 의도적으로 노력했다. 그는 네덜란드 기독교인에게는 신앙을 좀 더 외적으로 표현하라고 권한 반면, 국제 무대에서는 기원이 네덜란드 칼빈주의였던 미술관 및 문화관을 복음주의자에게 알려 주었다. 두 전통을 하나로 융합하려던 로크마커의 노력은 미술 영역에서 복음주의자의 사고와 실천에 큰 영향을 주었다. 이런 그를 두고 일부 복음주의 학자들은 그가 미술 신학을 발전시키는 데는 실패했다고 비판했다.

그러나 미술이나 미술학 같은 분야에 대한 기독교적 이해가 신학 용어보다는 철학 용어로 구성된다는 주장했다는 점에서, 그는 여전히 신칼빈주의 전통에 충실했다. 그럼에도 불구하고, 그는 자신의 저작에서 성경을 직접, 그리고 풍부하게 인용하고 있다. 그는 미술가 및 여러 문화운동의 세계관을 성경을 기준으로 분석하기도 했고, 배교에 도전하고 미적지근한 교회의 위험성을 경고하기 위해 예언서를 끌어오기도 했다.

로크마커의 가르침이 국제 복음주의 청중에게 도달하게 된 통로는 1960년대와 1970년대 미국, 영국, 네덜란드(로크마커가 주도) 같은 나라에 새로이 연구 센터를 설립한 라브리공동체였다. 또 다른 중요한 연결 통로는 영국 기독학생회(IVF, 현 UCCF)였다. 1960년대 중반 기독학생들을 지도할 목적으로 결성된 기독학생회 순회 총무팀에는 미술 분야에서 공부하고 있던 학생들을 섬길 이들도 포함되어 있었다. 이 직책을 이어받은 이들은 로크마커의 따뜻한 우정과 지도에 매료되어, 이후 그를 기독학생회 사역의 지역 모임의 주강사와 대회 연사로 불렀다. 이와 맞물려 기독학생회출판사(IVP)는 그의 유명한 책 『현대 미술과 문화의 죽음』을 1970년에 출판했다.

20세기 후반에 미술계에서 상당한 경력을 쌓은 복음주의자 다수는 자신들이 젊은 시절에 만났던 이 작고, 퉁퉁하고, 회색 정장을 입고, 파이프 담배를 피던 이 네덜란드인에게 큰 빚을 졌다. 이 사람은 그들에게 근대 미술사의 문제를 제대로 짚어 주었던 권위 있는 학자였던 동시에, 학자의 이미지와는 달리 당시 이들이 즐겨 듣던 대중 음악을 분석해 주고, 롤링스톤즈가 즐겨 듣던 별로 알려지지 않은 블루스 음악에 대해서도 말해 주던 이였다.

그러나 무엇보다도 충격적인 일은 그가 1977년에 자택에서 심장 마비로 갑작스레 사망한 일이었다. 그는 건강해 보였고, 새 프로젝트를 시작하고 있었다. 그러나 로크마커의 업적에 대한 찬사는 결코 줄어들지 않았다. 그의 전집이 영어로 여러 권으로 출판되어 나오기 시작한 것은 2002년이었다.

참고문헌 | J. S. Begbie, *Voicing Creation's Praise: Towards a Theology of the Arts* (Edinburgh: T. & T. Clark, 1991); G. Birtwistle, 'H. R. Rookmaaker: The Shaping of his Thought,' in *Art, Artists and Gauguin: The Complete Works of Hans R. Rookmaaker*, vol. I (Carlisle: Piquant, 2002), pp. xv-xxxiii.

G. BIRTWISTLE

헨리 그래턴 기니스(Henry Grattan Guinness, 1835-1910)

설교자이자 저술가. 그는 1756년에 유명한 더블린 맥주 양조장을 세운 아더 기니스(Arthur Guinness)의 손자이다. 기니스 가문은 아일랜드에서는 소수파인 개신교였고, 일부는 아일랜드국교회(Church of Ireland로 표기하는 성공회-역주) 복회자가 되었다. 헨리의 가정은 철저한 복음주의자(또한 절대금주주의자)였지만, 부모님은 성공회에 헌신적이지 않았다. 아버지 존 기니스(John Guinness) 대위는 인도에서 복무하면서 복음주의자가 되었다. 어머니 제인 루크리서 데스테리(Jane Lucretia D'Esterre)는 첫 남편이 정치가 다니엘 오코넬(Daniel O'Connell)과의 결투에서 사망한 후에 회심했다. 두 사람은 1829년에 결혼했고, 킹스타운(Kingstown, 또는 Dun Laoghaire)에서 태어난 헨리는 네 자녀 중 맏이였다. 가족은 유목민 같은 삶을 살았는데, 헨리가 태어난 직후에 (잉글랜드의-역주) 첼트넘(Cheltenham)으로 이사한 후 회중교회에 다녔다.

열네 살이 되던 해에 헨리는 '더블린 양조장'(Dublin brewery)에서 견습으로 일하러 오라는 제안을 받았다. 좀 더 도전적인 삶을 살고 싶었던 그는 이 제안을 거절했다. 열일곱 살부터 열아홉 살까지는 해군사관학교에서 훈련을 받았다. 동생 로버트(Robert)는 바다에 있는 동안 회심했고, 동생이 회심했다는 것을 들은 헨리도 이어서 1854년에 회심했다. 헨리는 여전히 항해에 뜻을 두었지만, 중병이 들어 계획을 바꿀 수밖에 없었다. 1855년에 그는 아일랜드로 돌아가 농장에서 일했다. 그러나 가만히 머물지 못하는 성격과 기독교 신앙에 대한 헌신 때문에 방향이 다시 바뀌었다. 순회전도자로 활동하게 된 헨리는 아일랜드에서는 강한 적대감에 직면해야 했지만, 영국에서는 유명해진 후 또 한 명의 C. H. 스펄전(C. H. Spurgeon)으로 인정받을 정도가 되었다. 이후 아일랜드로 다시 돌아가 '대부흥'의 해로 불린 1859년 내내 많은 청중에게 설교했다. 1859년 말에 미국과 캐나다로 가서 무리하게 설교 일정을 진행하다 건강을 거의 완전히 망쳐 버리고 말았다.

1860년에 영국으로 돌아온 헨리는 형제단(Brethren) 소속의 파니 피츠제럴드(Fanny Fitzgerald)와 결혼했다. 스스로도 이 운동에 참여했지만, 여전히 가만히 있지 못하는 성격을 억누를 수 없었다. 1861년에 부부는 미국으로 갔지만, 남북전쟁 열기 속에서 그의 평화주의는 가혹한 비판을 피하기 어려웠다. 캐나다로 이동한 후 거기서 첫 아이 헨리 그래턴(Henry Grattan, '해리')이 태어났다. 1862년 초에 헨리와 파니는 잉글랜드로 돌아왔지만, 역시 오래 머물지 않았다. 이들은 곧 중동으로 여행을 떠났다. 곧 두 번째 아이 메리 제랄딘(Mary Geraldine, '미니')이 1862년에 태어났다.

헨리는 잉글랜드와 스코틀랜드에서 순회설교자 사역을 재개했다. 그러나 그의 설교에 대한 반응은 몇 년 전보다 훨씬 못했다. 또 한 명의 스펄전이 될 것 같았던 전망은 실현될 것 같지 않았다. 그가 기니스 가문의 돈으로 '회심자'에게 뇌물을 먹였다는 신문의 음모 기사가 독이 되었다. 실제로는 부부는 물질적으로 아주 궁핍하게 살았다. 자기 몫의 기니스 가문 돈을 받기는커녕, 오히려 그는 자신에게 남겨진 유산을 다 나눠 주었다. 그는 가문의 자금을 단 한 번도 요구한 적도, 받은 적도 없었다.

1864년부터 1868년까지 헨리의 가족은 아일랜드에 살았다. 그는 더블린에 소재한 유명한 형제단 집회소 메리언홀(Merrion Hall)의 장로가 되었다. 아이 셋(1865년에 루시 에반젤린[Lucy Evangeline]이 태어났다)이 딸린 1868년에는 파리에 정착했다. 야외 설교도 했고, 파리 중심가에 예배당도 세웠다. 또 한 명의 아들 거숌 횟필드(Gershom Whitefield, 오스 기니스[Os Guinness]의 할아버지)가 1869년에 태어났고, 딸 피비(Phoebe)도 1870년에 태어났다. 그러나 보불전쟁으로 프랑스를 떠날 수밖에 없게 되었다. 1870-1871년의 극적인 사건, 특히 독일 통일과 교황령의 파괴를 보면서 기니스는 하나님의 계획이 드러나고 있다고 더 분명히 확신했다. 형제단(Brethren)의 두드러진 특징인 성경예언에 대한 관심이 더 커진 것이다.

헨리와 파니는 결국 여섯 아이(애그니스[Agnes]가 1871년에 태어났다)와 함께 런던에 정착했다. 헨리는 허드슨 테일러(Hudson Taylor)의 중국내지선교회(China Inland Mission, CIM) 같은 믿음 원리(faith principle)에 따라 운영되는 초교파 선교사훈련학교를 세우려는 꿈이 있었다. 1872년에 기니스 가족은 런던 이스트엔드(East End)의 스테프니그린(Stepney Green)에 학교를 세웠다. 헨리는 수도에서 가장 가난하고 가장 폭력적인 사람들을 위해 일하는 것이 미래의 선교사들을 훈련시키는 데 중요하다고 믿었다. 1년 후, 보(Bow)의 할리하우스(Harley House)를 얻게 된 부부는 학교를 그 곳으로 옮겼다. 1875년에는 더비셔(Derbyshire)의 클리프하우스(Cliff House)를 얻은 후 학교 하나를 더 세우기로 결정했다.

클리프대학(Cliff College)에 다니는 학생들은 신학만 배우는 것이 아니라 실천적인 훈련도 받아야 했다. 이들은 건물 보수와 개조뿐만 아니라 농사 경험도 쌓았다. 할리하우스와 클리프하우스의 학생들은 나이, 성별, 교단, 배경, 국적, 피부색, 재정 상태와는 상관없이, 적합한 학생이냐 아니냐 여부에 따라 선발되었다. 등록금을 낼 필요도 없었다. 헨리와 (장부 정리라는 어려운 일을 맡아야 했던) 파니는 모든 일을 믿음 원리에 따라 처리했다. 몇 년 만에 이전에 학생이었던 이들이 세계의 여러 지역에 활동을 시작했고, 이들이 보낸 편지들 때문에 선교열정이 더 뜨거워졌다.

1870년대는 헨리와 파니가 위대한 믿음의 행동을 보이고 그만한 성과를 얻는 시기였다. 이들은 에이미 맥퍼슨(Amy McPherson), C. H. 스펄전, 윌리엄 페니파더(William Pennefather), 윌리엄과 캐서린 부스(William and Catherine Booth), 샤프츠베리 백작(Earl of Shaftesbury), D. L. 무디(D. L. Moody, 헨리는 무디성경학교[Moody Bible Institute]의 창립을 도왔다) 같은 인물과 친구가 되었다. 기니스 부부는 훈련만 시킨 것이 아니라 런던 시민들을 대상으로 선교와 자선 활동도 활발하게 펼쳤다. (이들의 사역은 바나도[Barnardo]의 사역과도 밀접한 관계가 있었다). 또한, 1876년에 확보한 선교선(宣敎船) '디 이벤절리스트'(The Evangelist)를 구비하고 운영하는 데도 참여했다.

성경예언이라는 주제가 한시도 마음에서 떠나지 않았기에, 헨리는 이 분야에서 국제적으로 권위 있는 인물이 되었다. 전 세계에서 강연 요청이 쇄도했다. 그의 『다가오는 시대의 종말』(Approaching End of the Age, 1879)은 곧 베스트셀러가 되었다. 이어서 『종말의 빛』(Light for the Last Days, 1887)과 『하나님의 세계사 프로그램』(The Divine Programme of the World's History, 1888)이 나왔다. 1870년대와 1880년대는 동유럽에서 학살을 피해 유대인이 대거 도착하면서 유대인 국가의 미래에 대한 관심이 생겼다.

연구를 확장하면서 관심은 천문학 영역까지 포괄하게 되었다. 그는 다니엘과 요한계시록의 시간 척도가 천문학적 순환 및 수렴과 연결되어 있다고 믿었다. 왕립천문대학교와 왕립지리학회의 연구원과 회원이 될 정도로 이 분야에도 전문성이 있었다. 헨리는 재림의 날짜를 계산하려고 하지는 않았지만, 1917년과 1948년을 유대인에게 특별한 의미가 있는 년도로 이해했다. 헨리의 영향을 받은 인물 중에는 (1917년 '선언'으로 유명한) 아더 벨포(Arthur Balfour)도 있었다.

헨리는 여행을 많이 했는데, 때로는 파니를 동반했고, 전 세계 선교활동에도 관심이 많았다. 존 모트(John Mott)도 그가 전 세계를 돌아다니면서 영향을 끼친 인물 중 하나였다. 헨리와 파니는 특히 자녀들의 사역에 관심이 많았다. 해리는 런던과 콩고에서 의사로 일했다. 미니(Minnie)는 하워드 테일러(Howard Taylor)와 결혼해서 거솜(Gershom)이 사역하던 중국에서 일했다. 루시(Lucy)는 독일인 선교사 칼 쿰(Karl Kumm)과 결혼한 후, 그와 함께 잠시 수단에서 사역했다.

파니가 1898년에 사망한 후, 헨리는 1903년에 그레이스 허디취(Grace Hurditch)와 결혼해서 두 아들을 낳았고, 죽을 때까지 여행하고 설교하는 일을 멈추지 않았다. 헨리는 바스(Bath)에서 사망한 후 거기 묻혔다. 모든 주요 신문들이 그의 부고를 실었다.

참고문헌 | M. Guinness, *The Guinness Spirit: Brewers and Bankers, Ministers and Missionaries* (London: Hodder & Stoughton, 1999).

M. J. DOWLING

헨리 드럼먼드(Henry Drummond, 1851-1897)

스코틀랜드 저술가. 그는 저술가, 전도자, 과학자, 교사, 목사, 탐험가로 19세기 후반에 결코 지울 수 없는 강렬한 인상을 남긴 인물이다. 1851년 8월 17일에 스코틀랜드 스털링(Stirling)에서 태어난 그는 15살에 에든버러대학교(University of Edinburgh)에 들어가 19살(1870)에 뉴대학(New College, 당시에는 Free Church of Scotland의 직영 신학교였으나, 지금은 에든버러대학교 신학부이자 스코틀랜드장로교회 소속 신학교-역주)에서 신학 공부를 시작했다. 비록 스코틀랜드자유교회(Free Church of Scotland)의 헌신된 교인이기는 했어도, 자신이 목회에 부르심을 받았는지는 확신하지 못했다.

그가 진짜 소명을 확인한 것은 D. L. 무디(D. L. Moody)와 아이라 생키(Ira Sankey)가 처음으로 영국으로 선교하러 왔을 때(1873-1875), 이들을 돕기 위해 신학교를 잠시 중단하고 있었던 시절이었다. 드럼먼드는 후속 집회를 조직하고, 학생 모임에서 설교하고, 수많은 구도자들과 1:1로 질문실(enquiry room)에서 상담했다. 전도사역의 열매가 풍성했기에, 무디는 드럼먼드에게 자신의 미국사역에 합류해 달라고 요청했다. 당시에 이 요청을 거절하기는 했지만, 그는 이후 무디가 유명한 영국 전도집회(1882-1884)를 위해 다시 영국에 왔을 때에도 무디를 도왔다. 무디는 후에 드럼먼드에 대해 '그는 내가 만나본 모든 사람 중 가장 그리스도를 닮은 사람'이라고 말했다. 드럼먼드는 에든버러의 바클레이교회(Barclay Church)에서 부목사로 짧게 섬겼고, 후에 포실파크선교회(Possil Park mission)에서 글라스고우(Glasgow)의 노동자 계층을 대상으로 사역을 이어 갔다. 또한,

과학을 공부한 후 글라스고우의 자유교회대학(Free Church College)에서 자연과학을 가르치기도 했다. 1833년에 출판된 『자연법과 영적 세계』(Natural Law and the Spiritual World)는 탁월한 과학 지식을 갖춘 한 인물의 날카로운 면모를 보여 준 베스트셀러였다. 다윈의 진화론을 복음주의 기독교 신앙의 관점에서 해석하려고 노력했기에, 드럼먼드는 종교와 과학 간 관계에 대한 국제 토론회에 등장하는 대표적인 인물이 되었다. 후에 그는 이 주제를 1893년에 보스턴에서 개최된 로웰강연(Lowell Lectures)에서 더 심화시킨 후 다음해에 『인간 상승』(The Ascent of Man)으로 출간했다. 비록 기독교와 진화론의 종합이 과학자와 신학자 양쪽의 비판을 받기는 했지만, 그는 현대 과학 연구에 진지하게 참여한 복음주의 선구자였다.

자연 세계에 대한 지대한 관심으로 드럼먼드는 아프리카 지질학 탐사단에 합류하기도 했다. 니아사 호수(Lakes Nyasa)와 탕가니카 호수(Lakes Tanganyika) 탐사 보고서는 『열대 아프리카』(Tropical Africa, 1888)라는 책으로 출판되었다. 앞선 시대의 데이비드 리빙스턴(David Livingstone)처럼, 드럼먼드도 아프리카 노예무역에 혐오감을 느끼고 영국 정부에 이를 막아 달라고 요청했다. 글래드스턴(Gladstone)과 다른 자유당원들은 드럼먼드의 재능에 감명을 받고 그를 의회로 초대해 연설을 듣고 싶어 했다. 그러나 그는 전도와 저술사역으로 '모든 진리와 의를 위하여' 더 많은 일을 할 수 있다고 주장하며 이 제안을 거절했다. 드럼먼드는 오늘날 고린도전서 13장에 대한 경건한 주석 『세상에서 가장 위대한 것』(The Greatest Thing In The World)의 저자로 가장 유명하다. 이 글은 드럼먼드가 무디의 요청으로 1884년에 잉글랜드에서 한 무리의 기독교 사역자들에게 처음 전한 즉석 강연에 기반을 둔 것이다. 무디는 자신이 들은 것에 크게 감명받아 드럼먼드가 같은 내용을 미국에서도 전해야 한다고 주장했다. 드럼먼드는 이를 편집해서 1887년에 출판했다. 『세상에서 가장 위대한 것』은 곧 베스트셀러 경건 고전이 되었다. 그가 죽기 전 이 책은 열아홉 개 언어로 번역되어 전 세계에 널리 보급되었다. 실제로 『세상에서 가장 위대한 것』은 한 번도 절판된 적이 없다. 이 책에 담긴 성령의 열매로서의 사랑과 그리스도의 인성에 초점을 맞춘 실천적인 메시지는 성경강해와 복음주의 경건의 최고 모범이었다.

1879년, 1887년, 1893년에 세 차례 미국을 방문한 드럼먼드는 '셔토콰강습회'(Chautauqua, 미국 뉴욕 서부의 셔토콰 호숫가에서 열린 하계강습회-역주)와 하버드, 예일, 프린스턴 등의 아이비리그 대학의 따뜻한 환영을 받았다. 하버드에 나타난 그는 '번쩍이는 섬광을 보이며 나타났다가 빛의 흔적을 남기며 지평선 너머로 사라져버리는' 혜성 같았다. 무디의 주장에 따르면, 드럼먼드는 이 유명한 전도자(무디를 의미-역주)의 매사추세츠 노스필드하계대회에서도 강연했다. 드럼먼드가 거기 등장한 사건은 폭풍 같은 비난을 불러왔는데, 이는 진화에 대한 그의 논쟁적인 견해 때문이었다. 드럼먼드에게 강연 기회를 주지 말라는 조언을 들은 무디는 비판자들에게 '그가 나보다 더 나은 사람이라고 내가 지금껏 말해 왔으니까, 그에게 기회를 주어야 해요'라고 대답했다.

드럼먼드의 영향력은 영국과 북미에만 제한되지 않았다. 그는 전 세계 복음주의 진영에서 너도나도 부르고 싶어 하는 연사였다. 프랑스, 독일, 스칸디나비아, 오스트레일리아, 뉴질랜드, 중국, 일본, 아프리카 등 그는 세계를 여행했고, 가는 곳마다 환영을 받았다. 소년단(Boys' Brigade)

사역에 깊이 헌신한 그는 이 특별 어린이 목회를 많은 여행지에서도 소개하고 추진했다.

고통스런 질병이 드럼먼드의 삶을 단축시키는 바람에, 그는 1897년에 45세의 나이로 사망했다. 생애 거의 말년에 생키와 교제한 드럼먼드는 그리스도의 십자가를 통한 속죄와 죄용서, 그리스도의 부활에 기초한 불멸 소망, 개인 회심의 필요성에 대한 오래 간직한 믿음을 재확인했다. 그는 자신이 살았던 시대의 많은 문화적, 지적 역류를 직접 체험했다. 과학과 종교, 이성과 계시, 학계와 교계 등 두 세계를 넘나들며 드문 균형을 유지한 인물이기도 했다. 런던의 그로스비너하우스(Grosvenor House)에서 애버딘 경과 부인이 주최한 특별 신앙집회에서 영국 엘리트를 대상으로 강연했다. 동시에, 그는 무디의 집회에 모인 빈민과도 그리스도의 메시지를 나누었다.

한 번도 서민 친화성을 잃은 적이 없는 그였지만, 대학생에게 미친 영향력도 엄청났다. 그가 가르친 많은 학생이 선교사가 되었다. 어떤 이들은 학생기독운동(Student Christian Movement), 기독학생회(Inter-Varsity Fellowship) 및 유사 단체들의 지도부에서 활약했다. 드럼먼드는 그 시대에 등장한 세대들이 칭송한 많은 덕, 즉 성실, 예의, 언변, 남자다움, 이상주의를 구현한 인물 같다. 그는 기독교 메시지의 한 복판에 들어 있는 사랑의 변화시키는 힘에 사로잡힌 인물이었다. 그의 삶을 지배한 주제는 예수 그리스도를 알고 그를 다른 사람들에게 알리는 것이었다.

참고문헌 | T. E. Corts (ed.), *Henry Drummond: A Perpetual Benediction* (Edinburgh: T. & T. Clark, 1999); J. W. Kennedy, *Henry Drummond: An Anthology* (New York: Harper, 1953); J. R. Moore, 'Evangelicals and Evolution: Henry Drummond, Herbert Spencer and the Naturalization of the Spiritual World,' *Scottish Journal of Theology*, 38 (1985), pp. 383-417; J. Y. Simpson, *Henry Drummond* (Edinburgh: Oliphant, Anderson & Ferrier, 1901); G. A. Smith, *The Life of Henry Drummond* (London: Hodder & Stoughton, 1899; a shortened version published by The Drummond Trust, Stirling, 1997); M. J. Toone, 'Evangelicalism in Transition: A Comparative Analysis of the Work and Theology of D. L. Moody and His Proteges, Henry Drummond and R. A. Torrey' (PhD thesis, St Andrews University, 1988).

T. GEORGE

헨리 라이더(Henry Ryder, 1777-1836)

성공회(Anglican) 주교. 그는 1777년 6월 22일에 해로우비(Harrowby)의 첫 남작 나다나엘(Nathaniel)과 피터보로(Peterborough)와 런던 주교 리처드 테릭(Richard Terrick)의 딸 엘리자베스(Elizabeth) 사이에서 막내아들로 태어났다. 해로우(Harrow)에서 첫 교육을 받았고, 케임브리지의 세인트존스대학(St John's College)에서 1798년에 석사학위를 받았으며, 1813년에는 박사학위를 취득했다.

1800년에 콘월리스(Cornwallis) 주교에게 서품을 받고 해로우비 가문의 주거지인 샌던(Sandon)의 부사제로 일했다. 1801년에 루터워스(Lutterworth) 교구에도 관여했고, 1805년에는 인접한 클레이브룩(Claybrooke) 교구까지 담당했다. 헨리 라이더는 교구사제로서 탁월했다. 목회의 여러 측면을 열정적으로 완수했으며, 그 와중에도 독서, 특히 초대 교부의 글을 읽는 데 시간을 투자했고, 학자의 눈으로 성경을 연구했다. 비록 귀족 가문 출신이었지만, 여러 사회 계급에 속한 이들과 접촉하면서 편하게 뒤섞이는 것을 어려워하지도 않았다. 1808년에는 윈저(Windsor)의 참사회원이 되었는데, 특유의 열정과 매력으로 역할을 수행했다. 그의 설교는 조지 3세(George III)를 기쁘게 했고, 세인트조지스채플(St George's Chapel) 성가대원에게 종교 주제를 가르치는 수고를 감당하기도 했다. 그는 심지어 윈저의 병영에 주둔하고 있던 군대에도 영향을 끼쳤다.

헨리 라이더는 목회 초기에 잉글랜드국교회(Church of England) 내부의 복음주의운동과 확실한 거리를 두고 있었다. 1807년 부주교가 방문한 자리에 설교자로 초청을 받았을 당시 복음주의에 대한 반감이 극히 심했기에, 그는 복음주의운동이 교회의 핵심 원리에 조화되지 않는다며 이를 공격하는 기회로 활용했다. 그러나 이 반감은 채 4년도 가지 않았다. 1811년에 레스터성서공회(Leicester's Bible Society) 회장을 맡을 정도로 입장을 완전히 바꾸었다. 결국 그는 존 뉴턴(John Newton)의 저작을 얼마간 읽고는 복음주의운동의 열정적 지지자가 되었다. 확고한 복음주의자가 된 헨리 라이더는 웰스(Wells)의 주임사제로 임명을 받았다. 그 지역의 고루한 성직자 대표들은 그가 임명된 것을 별로 달가워하지 않았다.

저녁 예배 도입, 설교 내용, 주변 교구들에서 한 설교 등 그가 지역에 도입한 변화는 오래된 성직자들의 의혹을 더 심화시켰다. 그를 비판한 이들은 헨리 라이더의 가르침과 설교의 많은 부분이 과장된 감리교라고 생각했음에도 불구하고, 헨리 라이더는 자신이 지역 교구에서 설교하는 것을 각 교구교회가 웰스의 주임사제에게 베푼 것에 대해 마땅히 해야 할 봉사를 하는 방식일 뿐이라고 생각했다. 여기 있는 동안 헨리 라이더는 해너 모어(Hannah More), 토마스 기스번(Thomas Gisborne) 같은 유명 복음주의자와 교류했다.

특히 기스번은 웰스에서 보여 준 헨리 라이더의 목회에 깊은 감명을 받았다. 1815년에 헨리 라이더는 글로스터(Gloucester) 주교직을 제안 받았다. 그러나 모든 사람이 이 제안을 기쁘게 여기지는 않았다. 상원의원이던 형과 여러 사람들은 헨리 라이더가 '[그를] 특정 당파와 연계짓는 것'이라고 생각했다. 교구 내 성직자들의 악의가 여전히 팽배했음에도 불구하고, 형 더들리 라이더 경(Lord Dudley Ryder)이 반대를 무릅쓴 것이 글로스터 사람들에게 유익이 되었다. 헨리 라이더는 매력적인 인품으로 곧 이들의 칭찬을 받았고, 이들은 자신들이 염려했다는 것보다 그가 더 좋은 주교임을 다함께 인정했다.

헨리 라이더는 잉글랜드국교회 첫 복음주의 주교였고, 당시 가장 설교를 왕성하게 한 설교자 중 하나였다. 그는 자주 주일에만 세 번 설교했고, 주일 오후에는 글로스터국립학교 학생들을 점검하고, 주중에는 교구교회들에서 강연했다. 1818년에 해너 모어(Hannah More)는 「크리스천 옵저버」(Christian Observer)에서 자신이 병에 걸렸을 때 헨리 라이더가 심방을 왔는데, 이 와중에도 '수천 명을 입교시켰고, 한 교회와 두 교회 마당을 봉헌했으며, 열흘 간 아홉 차례 설교했다'라고 회상했다.

일상적인 목회 활동 외에도, 그는 1816년에 글로스터교구협회(Gloucester Diocesan Association)를 세워 가난한 사람을 위한 교육을 후원하는 동시에, 여성 감호소가 만들어지는 데 크게 기여했다. 그는 글로스터 교구에서 이 모든 일을 다 했음에도 불구하고, 몇몇 성직자는 여전히 그의 복음주의 신앙을 못마땅해 했다. 바스(Bath)의 부주교인 토마스 박사(Dr. Thomas)는 그가 교회선교회(Church Missionary Society) 모임을 주재한 것을 놓고 공개적으로 비판하기도 했다. 헨리 라이더가 글로스터 교구 책임을 제대로 감당한 에너지는 외부의 눈에 띄었다. 1824년에 그는 리치필드(Lichfield)로 자리를 옮겼다. 규모가 큰 이 교구는 콘웰리스(Cornwallis) 주교의 임기 말에 제대로 된 지도자 없이 방치되어 있었다. 리치필드 교구가 그에게 할당한 공간은 사실상 무제한적이었다. 헨리 라이더가 여기서 성장한 것은 추가 보너스였다. 시골 전역의 교구가 부흥한 이 시기에 헨리 라이더는 이 부흥과 더욱더 세간의 주목을 받게 된다. 전국적으로 감독 교구가 재부흥을 맡은 이 시기에 헨리 라이더는 이 부흥과 교구 체제를 주민에게 유익이 되도록 활용했다.

'좌석'을 충분히 보장하는 것이 그의 교구의 중심 목표였다. 첫 임기에 그는 '교구에 부족한 것' 중 최우선 순위를 새 교회 설립으로 인식했다. 그의 목회의 본질은 하나님의 복음은 모든 이들을 위한 것이며, 주교로서 가장 우선적으로 해야 할 일은 사회적 신분과 상관없이 모든 이가 하나님의 말씀을 들을 수 있는 환경을 조성하는 것이었다. 이 심방을 통해 교구 내 27개 교구에 새 교회가 필요하다는 사실을 확인했다. 당시 전 인구의 오직 20퍼센트에게만 '좌석'을 배당할 수 있는 상황이었다. 두 번째 공식 방문 즈음에는 3만 2천 개의 새로운 '좌석'이 설치되었거나 설치되고 있었다. 그리고 그가 주교로 재직한 기간에 추가된 15만 개 '좌석' 중에서 11만 6천 5백 개는 가난한 사람들이 복음을 들을 수 있도록 무료로 제공되었다.

헨리 라이더는 그저 새 교회를 개척하는 사람이기만 했던 것은 아니었다. 이 역할을 통해 그는 성직자들에게 이 직분이 얼마나 중요한지를 알려 주었다. 그는 자신이 준비했던 것처럼 다른 성직자들도 준비하기를 기대했다. 자기 점검을 통해 감당하는 목회에 부족함이 없게 하라고 요청했다.

> "여러분이 매인 책임에 따라, 믿음 안에서 하나되고 하나님을 아는 지식에 이르기까지 맡겨진 일에 헌신하고, 또한 헌신할 수 있도록 여러분 안에 모든 것을 다 활용하여 수고하고 돌보고 부지런하기를 그치지 마시기를 바랍니다."

열정이 넘치는 설교를 한 헨리 라이더는 자신이 담당한 성직자들에게 '모든 사람을 권하고, 모든 사람을 가르치라'고 요청했다. 그러나 그는 모두가 다 '가르칠 만한 청중'은 아니라는 사실을 인정함으로써 현실주의적 접근으로 책임의 무게를 가볍게 하기도 했다.

대여료를 내지 않아도 되는 '좌석'은 '가르칠 만한 청중'이 하나님의 말씀을 들으러 올 수 있게 하려고 마련된 것이었다. (거의 모든 교구에 있던) 국립학교와 주일학교들은 나이가 어린 주민을 가르치는 유용한 공간이었지만, 헨리 라이더가 방문해서 관찰한 바로는, 이런 기관들이 어린이에게 제공하는 도덕 및 종교 교육은 끔찍할 정도로 부실했다. 특히, 학생 수가 너무 많아 효율적인 교육이 어려웠다. 헨리 라이더는 모든 지역에 새로 개척되는 교회마다 부설 학교를 설립하는 이상을 꿈꿨다. 이런 식으로 어린 시절부터 바르고 유익한 모든 것으로 내면을 적시며, 악과 죄의 싹을 제거하며, 청소년 비행이 자라는 것을 막으며, 나아가 '서로에게 유익을 주는 사람들의 공동체'를 만듦으로써, 전 주민이 변화될 수 있으리라 믿었다.

혼신을 목회에 쏟아부은 결과는 이른 죽음이었다. 그는 1836년 3월 31일에 향년 59세로 생을 마감했다. 지치지 않는 목회를 하면서도, 그는 토마스 마치 필립스(Thomas March Philipps)의 딸 소피아(Sophia)와 결혼하여 아들 열과 딸 셋을 두었다. 이 자녀 중 아들 찰스는 1825년에 불의의 사고로 바다에서 익사한 탓에, 아버지보다 먼저 죽었다.

참고문헌 | G. C. B. Davies, *The First Evangelical Bishop: Some Aspects of the Life of Henry Ryder* (Cambridge: Tyndale Church History Lecture, 1957); T. D. Ryder, *A Memoir of the Hon. and Rt. Rev. Henry Ryder* (1886).

P. J. CADLE

헨리 마틴(Henry Martyn, 1781-1812)

동인도회사(East India Company) 사목이자 선교신학자. 그는 무슬림을 대상으로 독특한 선교활동을 전개한 첫 개신교인이었다. 비록 한 번도 선교회의 파송을 받지는 못했음에도, 그는 동양에서의 짧은 경력을 스스로 선교사 소명으로 인식했다. 그러나 그의 사역은 후대에 이슬람 세계로 간 선교사들에게 중요한 유산을 남겼다.

헨리 마틴은 콘월(Cornwall)의 트루로(Truro)에서 1781년 2월 18일에 존 마틴(John Martyn)의 세 번째 아이로 출생했다. 존 마틴은 한 상인을 위해 총무로 일했다. 헨리 마틴은 트루로문법학교(Truro Grammar School)에서 수학했으며, 케임브리지대학교 세인트존스대학(St John's College)에서 1801년 학사학위를 취득하며 그해 수학과 최우수 졸업생(Senior Wrangler)으로 선발되었다. 1802년에 연구원으로 선발되어 학교에 계속 남게 되었고, 이후 학자나 법조인으로 빛나는 경력을 쌓을 것으로 보였다. 그러나 1800년 1월에 있었던 아버지의 죽음 이후 복음주의적 회심을 경험했고, 홀리트리니티교회(Holy Trinity Church)의 교구사제이자 케임브리지 복음주의자들의 수장이던 찰스 시미언(Charles Simeon)의 영향을 받았다. 그는 킹스대학의 복음주의 학생 존 사전트(John Sargent)와도 절친한 사이가 되었다. 시미언의 격려와 조나단 에드워즈가 쓴 데이비드 브레이너드(David Brainerd)의 생애를 읽으면서, 헨리 마틴은 새로 설립된 교회선교회에서 선교사로 헌신하기로 결심했고, 안수를 받기 위한 절차를 준비했다.

선교사가 되겠다는 헨리 마틴의 결심을 듣고 그에게 힘을 북돋아준 사람은 거의 없었다. 한 친구는 헨리 마틴에게 '그 일을 감당할 육체적 강인함도 정신력도 없다'라고 충고했다. 심지어 경건한 자매 샐리(Sally)마저 그의 결심을 말리면서 '선교사에게 필요한 심오하고 굳건한 경험이' 부족하다고 주장했다. 주변의 이런 반응은 헨리 마틴의 자기비판과 숙고 성향을 더 강하게 만들었다. '내 영혼을 더 성결하게 만들기 위해' 계속 써온 일기에서 그는 교만과의 고뇌에 찬 투쟁을 기록했는데, 심지어 이 싸움은 1803년 10월 23일에 있었던 안수식 당일에도 지속되었다.

그는 찰스 시미언의 부사제로 사역을 시작했으며, 이후 케임브리지 근처 롤워스(Lolwarth)의 마을교회를 맡는 책임을 부여받았다. 1804년 초에는 선교사가 되고자 한 소망은 비현실적이라는 사실이 입증되었다. 선교사에게 주는 사례비로는 가족을 부양할 수 없다는 사실을 알게 된 것이다. 대신 시미언은 헨리 마틴을 동인도회사의 복음주의 성향의 대표 찰스 그랜트에게 소개시켜 주었다. 마침 그랜트는 인도 현지 동인도회사에 파송할 복음주의 목회자들을 찾고 있었다. 이에 따라 헨리 마틴은 1805년 부활절에 케임브리지를 떠나, 인도로 떠날 채비를 갖추었다.

헨리 마틴은 유럽인과 함께 살면서 매년 1200파운드라는 높은 연봉을 받는 회사 성직자로 곧 임명되는 것이 너무 세속적인 부르심이 아닌지 염려했다. 이런 자기 의문은 여섯 살 연상인 콘월(Cornwall) 출신 여성 리디아 그렌펠(Lydia Grenfell)과 사랑에 빠지면서 더욱 깊어져 갔다. 그는 1804년 7월에 친구와 가족에게 작별 인사를 하러 콘월을 찾았지만, 이 가운데서도 그의 마음은 '선교사의 모습으로 하나님께 헌신'하는 것과 리디아에 대한 사랑이 '직접적으로 반대'된다는 생각에 요동쳤다.

친구들은 그의 생각과는 전혀 다른 조언을 했다. 다수가 그에게 결혼해서 동인도로 떠나는 게 좋지 않겠냐는 조언을 했고, 시미언 같은 인물은 독신으로 살라고 주문했다. 결국 헨리 마틴은 1805년 8월에 혼자 인도로 떠났고, 리디아는 그와 결혼하겠다고도, 거부하겠다고도 밝히지 않은 상태로 홀로 남겨졌다. 헨리 마틴은 인도에 도착해서도 이 문제에 대해 고민을 거듭했다.

예수회(Jesuit) 선교사 프란시스코 사비에르(Francis Xavier)의 삶에 대한 글을 읽은 1806년 7월에 그는 독신의 미덕을 확신하게 되었지만, 이 결론에 이르지 일주일이 지나기도 전에 리디아에게 편지를 써서 와 달라고 부탁했다. 그러나 리디아의 가족은 그녀가 인도로 떠나는 것을 강하게 반대했다. 결국 두 사람은 평생 만나지도 못한 채, 서신으로만 일평생 서로의 소식을 전했다.

헨리 마틴은 1806년 4월에 캘커타(Calcutta)에 도착하여 윌리엄 케리(William Carey)의 환대를 받았다. 세람포(Serampore) 침례교 선교사들은 그를 환영했고, 헨리 마틴은 동인도회사로부터 올 특별 지시를 기다리면서 이들의 번역 작업을 도왔다. 헨리 마틴은 꽤 오랜 기간 벵갈어(Bengali), 우르두어(Urdu), 아랍어(Arabic), 그가 케임브리지에서 공부한 페르시아어(Persian) 등을 연구했다. 1806년 10월에 첫 부임지 디나푸르(Dinapur, 비하르 주 파트나 근처)에 도착했다. 그는 여기서 2개 연대 병사들과 동인도회사 소속의 상당수 직원의 영적 복리를 책임져야 했다.

헨리 마틴은 이곳에 있는 유럽인 양떼가 영적 문제에 별로 관심이 없음을 알게 되었다. 그러나 그가 애초에 꿈꾼 선교대상인 힌두교도보다 무슬림에게 마음이 점점 더 끌리는 것을 확인했다. 그는 이슬람에서 개종한 아랍인 나다나엘 사바트(Nathaniel Sabat)의 도움을 받아 신약성경과 공동기도서를 우르두어로 번역하기 시작했다. 사바트는 후에 헨리 마틴을 도와 신약을 아랍어와 페르시아어로 번역했다. 헨리 마틴은 이슬람과 관련된 서적을 눈에 띄는 대로 모두 읽었으며, 지역의 무슬림 종교 지식인 및 법조인들(ulema)과 토론했다. 1809년 4월에 헨리 마틴은 칸푸르(Kanpur 혹은 Cawnpore)로 임지를 옮겼다. 거기서 그는 젊은 무슬림 학자 샤이크 살리(Shaikh Salih)를 만났다. 헨리 마틴의 설교에 매력을 느낀 살리는 사밧드와 함께 신약을 페르시아어로 번역하는 일에 참여했다. 헨리 마틴이 우르두어로 된 신약성경을 완성하자 살리는 이를 제본하는 일을 맡았다. 그는 이 성경을 읽고 기독교의 진리를 확신하게 되었다. 처음에 그는 이 사실을 헨리 마틴에게 말하지 않았다. 결핵으로 헨리 마틴의 건강이 급격하게 나빠지면서, 결국 그는 회사에서 휴가를 받았다.

헨리 마틴이 칸푸르를 떠나기 직전인 1810년 10월, 살리는 자기 신앙을 헨리 마틴에게 고백하며 세례를 요청했다. 이후 살리는 헨리 마틴과 함께 캘커타로 가서 복음주의자이자 동인도회사의 선임 성직자였던 데이비드 브라운(David Brown)의 보살핌을 받게 되었다. 브라운은 후에 살리에게 세례를 베풀었고, 살리는 '그리스도의 종'이란 의미의 압둘 마시(Abdul Masih)라는 새로운 이름을 얻었다. 세례를 받은 살리는 인도 서북 지역에 살고 있던 무슬림에게 기독교 신앙을 전파한 선구자가 되었다.

헨리 마틴은 페르시아와 아라비아를 거쳐 잉글랜드로 돌아가기로 결심했다. 그는 자신이 번역한 페르시아어와 아랍어 신약성경이 매우 부실하다는 사실을 깨달았기에, 페르시아와 아라비아에 거주해야만 번역의 질을 향상시킬 수 있다고 믿었다. 1811년 6월에 시라즈(Shiraz)에 도착한 후 그곳에서 1년여 머무르며 페르시아어 신약성경을 재번역했고, 그곳의 수피 신비주의자들과 논쟁을 벌이기도 했다. 금욕주의적 헌신으로 헨리 마틴은 수피(Sufi) 신학자들에게도 어느 정도 인정을 받았다.

그는 1812년 5월에 시라즈를 떠나 영국 대사 고어 우슬리 경(Sir Gore Ouseley)이 거주하던 타브리즈(Tabriz)로 갔다. 타브리즈에 도착하면 우슬리 경의 도움으로 페르시아의 왕에게 페르시아어 신약성경을 헌정할 수 있겠다는 희망을 품었다. 그러나 도착했을 때 헨리 마틴은 왕을 만나는 것이 불가능할 정도로 병세가 악화되었다. 우슬리가 그를 간호한 덕에 콘스탄티노플(Constantinople)로 길을 떠날 수 있었지만, 토카트(Tokat, 터키)에서 더 이상 갈 수 없었다. 결국 헨리 마틴은 1812년 10월 16일에 토카트에서 숨을 거두었다. 현지 아르메니아교회(Armenian church)가 그의 장례를 성대하게 치러주었다. 우슬리는 헨리 마틴의 소원대로 페르시아어 번역 신약성경을 페르시아 왕에게 헌정했으며, 또한 이 책이 1815년에 러시아 상트페테르부르크(St Petersburg)에게 출판될 수 있게 했다.

헨리 마틴은 짧은 생애에도 불구하고 엄청난 영향을 끼쳤다. 압둘 마시 같이 그에게 영향을 받았던 사람들뿐만 아니라, 그가 보여 준 영적 모범은 후대로 전해졌다. 존 사전트(John Sargent)는 1819년에 헨리 마틴의 전기를 출판했고, 이 전기는 수없이 인쇄되어 퍼져 나갔다. 그렇지만 그는 헨리 마틴이 쓴 편지와 일기를 출판하기 위해 준비하던 1833년에 숨을 거두었다. 이후 이 책은 사전트의 사위 새뮤얼 윌버포스(Samuel Wilberforce)의 편집으로 1837년에 출판되었다. 헨리 마틴의 자기를 부인하는 경건과 사도적 열정은 복음주의자 뿐만 아니라, 1830년대 옥스퍼드운동(Oxford Movement, 성공회 내 가톨릭 지향의 운동-역주)의 선구자들에게도 큰 울림을 주었다. 복음주의운동의 첫 성인이 된 인물이 바로 헨리 마틴이라고 말할 수도 있을 것이다.

| 참고문헌 | C. E. Padwich, *Henry Martyn: Confessor of the Faith* (London: SCM Press, 1922); J. Sargent, *A Memoir of the Rev. Henry Martyn, B.D.* (London: Seeley & Burnside, 1819); G. Smith, *Henry Martyn: Saint and Scholar* (London: Religious Tract Society, 1892).

B. STANLEY

헨리 매디슨 모리스(Henry Madison Morris, 1918-2006)

현대 창조론의 아버지. 그는 1918년 10월 6일에 댈러스에서 헨리 매디슨 모리스(Henry Madison Morris)와 에밀리 아이다 헌터(Emily Ida Hunter) 사이에서 태어났다. 아버지는 부동산 중개인이었지만, 대공황으로 인해 큰 타격을 입고 가난해졌다. 모리스는 1939년에 토목공학 전공으로 라이스학교(Rice Institute, 오늘날의 Rice University-역주)를 졸업했다. 졸업 후 그는 첫 직장으로 엘파소(El Paso)에 있는 '국제 국경 지대 수로 위원회'(International Boundary and Water Commission)에 엔지니어로 취직했다. 그러다 제2차 세계대전이 터지자 라이스로 돌아가서 강사로 가르치기 시작했다.

모리스는 1946년에 자신의 첫 번째 저서 『당신이 믿을 만한 것』(That You Might Believe)을 출판하여 오래되지 않은 최근 창조와 홍수를 옹호했다. 이 책에서 그는 '간격 이론'(gap theory)의 가능성을 인정했지만, 곧이어 이 이론이 성경적이지 않다고 주장했다. 그는 미네소타대학교(University of Minnesota)에서 1950년에 박사학위를 취득했다. 그는 L. 컬프(L. Kulp)가 홍수 지질학을 공격한 1949년에 미국과학자협회(ASA, American Scientific Affiliation, 복음주의 신앙을 가진 과학자들이 만든 단체-역주)에 가입했다.

모리스는 1957년까지 사우스웨스턴루이지애나학교(Southwestern Louisiana Institute)의 토목공학과 학과장으로 일했고, 이후 버지니아로 이주하여 버지니아공업학교(Virginia Polytechnic Institute) 토목공학과 학과장이 되었다. 거기서 그는 『창세기 홍수』(The Genesis Flood, 1961)를 저술했다. 1963년에는 창조연구회(Creation Research Society)를 공동 창립했고, 창조론자로서의 연구에 시간과 노력을 완전히 쏟아부었다. 1970년에 팀 라헤이(Tim LaHaye)를 샌디에이고에서 만나 크리스천헤리티지대학(Christian Heritage College)을 공동 창립했고, 이 학교의 변증학 교수이자 교학 담당 부총장으로 일했다. 1978년부터 1980년까지는 이 대학의 총장이 되었고, 1970년부터 1995년까지는 창조과학회(Institute for Creation Research) 회장으로 활동했다.

직업상 실력 있는 수력 엔지니어였던 모리스는 『공학 내 응용 수력학』(Applied Hydraulics in Engineering, 1963)이라는 교과서를 저술하기도 했다. 그러나 복음주의에 그가 공헌한 것은 창조론을 받아들인 것이었다. 시작은 미약했으나, 창조론은 곧 미국에서 정치 및 종교 권력이 되었다. 창조론 활동가들은 여러 주, 특히 1981년 아칸소(Arkansas)에서 진화론을 위협했다. 모리스는 8살에 텍사스 코퍼스크리스티(Corpus Christi) 소재 제일침례교회(First Baptist Church)에서 회심을 고백하고 세례를 받았다.

1940년에 마리 루이즈 비치(Marie Louise Beach)와 결혼한 후, 아내와 함께 '건전한 성경 중심의 설교를 하던' 한 교회에 출석했다. 1942년에는 기드온협회에 가입했다. 마리와 헨리 사이에는 여섯 자녀가 있었다. 아들 존은 아버지와 함께 창조과학회 일을 계속해 나갔다. 헨리는 라이스 기독학생회에서 많은 일을 했는데, 이후에 이 모임은 기독학생회(IVF)에 합병되었다. 『창세기 홍수』 출판 후 그는 지역 남침례교를 떠났는데, 이 교회가 너무 자유주의적이라고 생각했기 때문이었다. 모리스는 다른 이들과 함께한 독립침례교회(Independent Baptist Church)를 세웠는데, 이 교회는 곧 미국독립근본주의교회(Independent Fundamental Churches of America)에 가입했다.

그는 신학적으로 철저한 성경 무오론자이자 세대주의자(dispensationalist)였고, '근본주의'라는 표현을 환영했다. 처음에 그는 '일종의 임의적 방식의' 간격 이론을 수용했지만, 성경이 문자적 6일 천지창조를 가르치고, 진화에 대한 증거가 부적절하다는 이유로 이를 철회했다. 그는 이런 자신의 생각을 묶어 『성경적 창조론』(Biblical Creationism)이라는 제목의 책을 출판했다. 1991년에는 『창조와 재림』(Creation and the Second Coming, 1991)을 발표하여 자신의 창조관을 예언과 연결 지으면서, 그리스도의 재림이 가까왔다고 주장했다.

모리스는 수많은 책들과 논문을 발표했고, 『행위와 사실』(Acts and Facts) 같은 창조과학회 발행 문헌에도 기도했다. 다수가 같은 주제를 다루고 있지만, 이 중 가장 중요한 것은 『창세기 홍수』였다. 의문의 여지없이 이 책은 창조론자가 쓴 책 중 가장 중요한 책이며, 20세기 후반 과학에 대한 복음주의 기독교인의 관점에 가장 큰 영향을 준 저술이다. 물론 이 책은 찬사와 비판을 동시에 받았다. 그 결론의 옳고 그름을 떠나서, 젊은 지구와 세계적 홍수를 주장함으로써 진화론이 정당하지 못하다고 주장한 이 책은 대담하고 영향력도 지대했다. 또한, 모리스는 이 책에서 1960년대 근본주의자들이 지지했던 창조에서의 '간격 이론'을 정면으로 반박했다.

이 책이 나오게 된 배경이 있었다. 1953년에 미국과학자협회 모임에서 J. C. 휘트컴(J. C. Whitcomb)을 만난 것, 그리고 버나드 램(Bernard Ramm)이 쓴 『기독교인의 관점에서 바라본 과학과 성경』을 읽은 후의 염려였다. 모리스와 휘트컴은 1957년에 함께 일을 하기 시작했다. 휘트컴은 창세기는 6일 창조와 우주적 홍수를 가르친다고 주장하면서, 창세기를 문자적으로 해석해야 하는 신학적 논리를 제공했다. 책의 대부분을 쓴 모리스는 '과학'(science)을 제시했는데, 이 과학은 맥크리디 프라이스(McCready Price)의 홍수 지질학을 응용한 것이었다. (프라이스는 제7일안식일예수재림교회 교인이었으며, 20세기 초반에 활발한 저술 활동을 했다).

모리스는 홍수가 진행되는 동안 온 지구에 퇴적층이 형성되었고, 지질 주상도(geological column) 이론은 순환 논리에 바탕을 두고 있으며, 방사능 연대 측정은 오류 투성이라고 주장했다. '진화 과학'에 대한 그의 비판도, 그가 대안으로 내세운 과학 모델도 주류 과학자들의 동의를 얻지 못했다. 심지어 미국과학자협회의 복음주의 과학자들과 CiS(Christians in Science-과학과 기독교와의 관계를 탐구하는 영국 기반의 기독교인 조직-역주)의 지지도 얻지 못했다. 그러나 『창세기 홍수』에 등장하는 주장들은 이후 수정을 거친 후 이후 모든 창조론 사상의 기본 틀을 형성했다.

이 책의 가장 중요한 신학적 공헌을 부록으로 실린 '고생물학과 에덴의 저주'(Paleontology and the Edenic Curse)라고 이야기할 수도 있다. 오래된 지구 지질학을 근거로 인간이 존재하기 이전에 동물이 죽었다고 인정하는 것은 결국 타락과 속죄 교리를 거부하는 것이라고 저자들은 주장한다. 구원론에 바탕을 둔 이 논증은 창조론에 가장 강력한 신학적 추동력을 제공한다. 이 견해는 이미 1820년대에 조지 벅(George Bugg) 같은 복음주의자가 당대 지질학의 주장에 반대하면서 활용한 논리이기도 했다(『성경지질학』[Scriptural Geology], 1826).

원래 이 책을 출판하기로 한 무디출판사(Moody Press)가 출판을 꺼리자, 피앤알(P&R, Presbyterian and Reformed)출판사를 통해 1961년 2월에 마침내 출간되었다. 감사의 글에는 그런 내용이 나오지 않지만, 이 책은 G. M. 프라이스(G.M. Price)의 이론을 재구성한 것이었다. 미국과학자협회는 3년여에 걸쳐 이 책을 (비평적으로) 검증했으며, 일반 과학자들은 1970년대에 창조론이 교육계, 특히 학교에서 유통되기 시작하자 비로소 이 책에 관심을 보이기 시작했다. 책에 대한 비판은 주로 과학 영역에서 이루어졌다. 휘트컴과 모리스는 인용과 해석에 오류가 있다는 비판을 자주 들었다. 복음주의자들의 신학적 비판은 별로 많지 않았고, 또 그 비판을 정당화하기도 어려웠는데, 이는 모리스가 성경의 권위와 구원론에 기반해서 주장을 펼쳤기 때문이었다.

모리스의 사역은 북미, 영국, 유럽, 극동아시아 및 구소련 국가에서 창조론자들의 모임이 생겨나는 모판이 되었다. 미국의 많은 주에서 진화론 교육에 관한 법령이 통과되면서 논쟁이 심화되었다. 결과적으로 모리스의 6일 창조론은 많은 복음주의자에게 정통을 가름하는 시금석이 되었고, 몇몇 교회와 대학, 선교단체의 신앙고백문에 포함되기도 했다. 1961년 이전에는 창조론은 타당성이 떨어진다는 이유로 무시될 수 있었지만, 이때 이후, 점점 많은 사람들이 창조론을 진지하게 취급해야 했다. 이는 모리스와 다른 동역자들이 이 창조론을 기독교회의 전통적 입장이며, 동시에 창세기와 과학 모두를 만족시킬 수 있는 유일한 해석이라고 강조했기 때문이었다. 모리스는 수많은 논쟁을 불러일으켰지만, 켄 밀러(Ken Miller)와의 토론은 그의 진정성과 동기를 보여 준다.

"성경은 올바른 결론이 무엇인지를 우리에게 이야기해 주고 있습니다…우리는 이 올바른 답을 얻기 위해 계속 전진해야 합니다."
(K. Miller, 『다윈의 하나님을 찾아서』[Finding Darwin's God, 1999], p. 173).

참고문헌 | R. L. Numbers, *The Creationists* (New York: Knopf, 1992); H. M. Morris, *History of Modern Creationism* (San Diego: Master Books, 1984).

M. B. ROBERTS

헨리 발리(Henry Varley, 1835-1912)

복음전도자. 그는 링컨셔(Lincolnshire) 태터셜(Tattershall)에서 태어났으며, 아버지는 양조업자였고, 어머니는 복음주의자로서 학교 교장이었다. 1846년에 런던으로 이주한 후 그는 정육업자의 수습으로 일했다. 런던에 도착한 지 얼마 되지 않아 베드퍼드로우(Bedford Row)의 존스트리트(John Street)에 소재한 뱁티스트 노엘(Baptist Noel)의 채플에서 열린 성경강좌에 참여했다. 1851년에 노엘의 설교를 들은 발리는 회심했고, 교회에 출석하다rk 이듬해에 노엘에게 침례를 받았다. 발리는 1854년에 골드러시(gold rush) 열풍을 따라 돈을 벌기 위해 배를 타고 오스트레일리아 빅토리아(Victoria) 식민지로 이주했다. 금을 캐는 것에는 성공하지 못했지만, 질롱(Geelong) 지역에서 정육업자로서는 큰 성공을 거두게 된다. 1857년에 런던으로 돌아가 어린 시절 사랑했던 새라 픽워스(Sarah Pickworth)와 결혼했고, 거기서 정육업을 새로 시작했다. 워낙 성실했던 탓에 사업은 번창했다. 그러나 발리는 얼마 되지 않아 전임사역자가 되었다. 노팅힐(Notting Hill)에 있는 양돈업자들에게 복음을 전하는 선교회가 임시목회사역의 시작이었다. 그가 인도한 첫 예배에는 어른 12명과 아이들 몇 명만 참석했다. 미약한 시작이었지만, 사역이 번성하면서 프리태버너클(Free Tabernacle)이라는 이름의 교회를 세울 수 있을 만큼 성장했다. 그는 이 교회 목사가 되었다.

원래 쉬지 않고 일하는 성격을 가진 발리는 영국 전역을 돌아다니며 복음을 전하는 일에 시간을 더 많이 투자했다. 명성이 점차 높아지면서, 1870년대에는 미국과 캐나다에서도 집회를 성공적으로 인도했다. 1877년에는 멜버른에 있는 복음주의자들의 초대를 받아 그 도시와 식민지 지역을 돌아다니면서 전도사역을 하다가 2년 후에 잉글랜드로 돌아갔다. 잉글랜드의 프리 태버너클은 당시 그의 아내가 이끌고 있었다.

발리는 1888년에 멜버른(Melbourne)으로 다시 돌아갔고, 자녀 대부분도 그곳에 정착했다. 멜버른은 그가 오스트레일리아 식민지에서 계속해서 진행한 순회전도사역의 전초 기지였다. 멜버른을 '집'이라 부르던 이 시기에 발리는 4년을 해외에서 활동했는데, 당시 미국의 서부 해안과 잉글랜드 등을 방문했다. 1896년에는 다시 잉글랜드로 돌아갔고, 1904-5년을 멜버른에서 짧게 보낸 시간을 포함해 생애 마지막 시기를 바쁘게 보냈다. 발리는 그를 평생 괴롭혔던 천식으로 1912년에 잉글랜드 브라이턴(Brighton)에서 생을 마감했다. 친구 F. B. 마이어(F. B. Meyer)는 그를 빅토리아 시대 최고의 복음전도자 중 하나라고 칭하기도 했다. 발리의 신학과 영성은 당시에 활동한 복음전도자들의 특징과 대체로 비슷했다. 개인주의적이고 주관적이었으며, 대중의 인기를 강조했으며, 폭은 그리 넓지 않았고, 학식은 배제했으며, '더 깊은 삶'(Deeper Life)운동에 영향을 많이 받았고, 기도를 강조했다.

마이어에 따르면, '발리는 풍채가 좋았다. 노래하는 듯한 음성은 힘이 있었고, 어휘도 방대하게 사용했다. 때로는 엄청난 집중력을 발휘해서 자신의 남성성을 완벽하게 드러내기도 했다.' 발리는 때로 '제2의 스펄전'('the second Spurgeon)이라는 별명으로 불리기도 했고, 친구 스펄전과 마찬가지로, 하위 중산층과 장인층을 대상으로 가장 열매를 많이 맺었다. 발리가 사용한 방식은 자신이 살아온 삶을 반영했고, 부흥사로서의 목표를 반영했다. 그는 ('두려움 없이 악을 비난하는 자라는 평가에서 볼 수 있듯이) 거침없이 말했고, 타협이 없었고, 힘 있고, 명료했다. 발리는 설교할 때 개별적인 회심의 필요성에 집중했고, 비록 구조적인 악의 문제나 사회 정의의 필요성을 주장하지는 않았지만, 당시 사회악에 대해 강하게 의견을 피력하기도 했다. 설교뿐만 아니라 글 쓰는 일도 주저하지 않았다. 수많은 팸플릿과 소책자를 출간했는데, 이 중 얼마는 상당히 길었다. 설교 내용과 집필 방식은 연속 논증의 영향을 많이 받았는데, 세속 언론은 이를 신랄하게 비판했다.

대개 형제단(Brethren) 소속으로 인식되었음에도 불구하고, 그는 교단에 소속되는 것을 피했다. 독립성으로 위장하기는 했지만 분리주의(separatism) 정신을 숨길 수는 없었는데, 이는 스펄전과는 닮았지만, 열정적인 동시에 평화를 사랑한 미국인 친구이자 동료 D. L. 무디(D. L. Moody)와는 달랐다. 이런 분리주의로 인해 멜버른에서는 영향을 지속적으로 끼치기 어려웠다. 그런 능력과 에너지를 가지고도 그는 멜버른 복음주의의 지도부를 장악하려는 상상조차 하지 않았다. 실패는 부분적으로는 그가 순회전도자였다는 사실 때문이지만, 주로 지역 복음주의자들이 자신들의 정체성, 자신들의 능력, 자신들의 소속 교단에 충성했기 때문이었다. 대중 전도자였던 발리는 그들을 장악할 수 없었다. 전투적 보수주의 신학 및 교회론 때문에 다시 한 번 스펄전처럼, 그는 1920년대 이후 근본주의가 드러낸 특징을 미리 보여 준 원시근본주의자(proto-fundamentalist)로 간주될 수도 있다.

발리는 자기 시대에는 유명했지만, 영향력이나 공헌의 기간이 길지는 않았다. 공헌과 기억을 영속화할 수 있는 어떤 유형의 유산도 남기지 않았기 때문이다. 웨슬리(Wesley)처럼 교단을 만들지도 않았고, 스펄전이나 무디처럼 교회나 학교를 설립하지도 않았으며, 부스(Booth, 구세군 창립자 역주)처럼 조직을 만들지도 않았다. 아들 헨리는 잉글랜드에서 유명한 침례교 목회자가 되었다. 멜버른에서는 아들 프랭크가 아버지의 직설적이고 타협 없는 정신을 구현한 유명한 복음전도자가 되었다. 발리의 다른 아들들도 복음주의 네트워크의 중요한 일원으로 각자의 역할을 감당했다.

참고문헌 | D. Paproth, 'Henry Varley and the Melbourne Evangelicals,' *Journal of Religious History* (June 2001); 'Henry Varley Down Under,' parts 1 and 2, *Lucas: An Evangelical History Review*, 2001 and 2002; H. Varley Jr, *Henry Varley's Life Story* (London: Alfred Holness, n.d.).

D. PAPROTH

헨리 배로우(Henry Barrow, c. 1550-1593)

잉글랜드 분리파. 그는 노포크(Norfolk)의 십담(Shipdam)에서 태어났고, 케임브리지대학교 클레어홀(Clare Hall)에서 공부했다. 1576년에 그레이스인(Gray's Inn) 법학원에 들어갔는데, 당시 그는 법조계에서 경력을 쌓는 것을 운명이라 믿었다. 언제 정확히 그가 엄격한 청교도가 되었고, 또 후에 언제 분리파(Separatist)가 되었는지는 알려져 있지 않다. 그러나 1586년 즈음 그와 노포크 출신의 또 한 명의 중요한 분리파 지도자 존 그린우드(John Greenwood)가 한 런던의 회중교회와 교제하게 되었다. 1587년 11월 19일에 대주교 휘트기프트(Archbishop Whitgift)에 의해 그는 그린우드를 찾아갔다가 체포되어 투옥되었다. 죄목은 교회에 출석하지 않고, 여왕에게 복종하지 않으며, 잉글랜드국교회(Church of England)가 참된 교회가 아니라고 가르친다는 것이었다. 감옥에 있는 동안 배로우는 계속 책자를 써서 분리파를 이끈 지도자 중 하나로 부상했다.

비록 '브라운주의자'로 불리기는 했어도, 배로우는 실제로는 왕년의 분리파였던 로버트 브라운(Robert Browne)과 논쟁했고, 자신이 브라운이나 그의 저서를 통해 받은 신학적 영향이 전혀 없다고 주장했다. 그러나 브라운 및 다른 회중교인과 마찬가지로, 그 역시 회중 정치가 성경이 말하는 교회의 모델이라고 주장했다. 그는 언약 관계가 교회에 대한 참된 이해의 한복판에 자리 잡고 있고, 브라운과 마찬가지로, 신자는 성경에 계시된 하나님과 그분의 뜻에 당연히 순종해야 했다는 점에서 그 관계는 조건적이라 믿은 것 같다. 그를 반대한 이들은 배로우가 하나님의 자비로 구원받는다는 것을 부인한다고 정죄했지만, 그는 이와 반대로, 선택받은 자에게 역사하시는 하나님의 은혜가 신자가 언약에 적극적으로 순종하게 만든다고 주장했다. 따라서 그는 한 개인이 언약을 아무런 도움도 없이 지켜낼 수 있다고 주장한 것이 아니라, 하나님의 은혜로 사람이 하나님께 순종할 수 있다고 주장한 것이다.

배로우와 그린우드는 다음의 이유로 잉글랜드국교회가 완전한 배교 집단이라고 믿었다.

첫째, 교구교회 교인들의 회심 경험을 증명할 수 없다.

둘째, 그 교회의 목회는 회중이 임명한 장로와 집사라는 사도적 틀에 근거한 것이 아니다.

셋째, 예배가 성경이 아니라 다른 책으로 집행된다.

넷째, 교회 정치를 전 교인이 함께하지 않는다.

배로우와 동료들은 교회 개혁이 정말로 필요하다고 주장했다. 배로우에게 교회를 개혁한다는 것은 '참되고 오래되고 근원적인 하나님의 말씀의 틀에 맞추어 모든 것과 모든 행위를 축소시키는 것'이었다(L. H. Carlson, ed., *The Writing of Henry Barrow*, 1590-1591, pp. 354f.).

배로우는 회중교회 교회론이 바르다고 주장했지만 교회 내에 임명받은 직분자를 둔다는 개념을 완전히 버리지는 않았다. 그와 그린우드는 직분자는 성경이 교회에 대해 가르치는 틀에 속하는 것이며, 따라서 직분자는 회중이 임명해야 하는 것이며, 결정을 내리고 성례를 집전할 때 역할을 분담해야 한다고 믿었다. 실제로, 런던 소재 배로우의 교회에서는 프랜시스 존슨(Francis Johnson)이 1592년경 목사로 임명될 때까지 성례가 집행되지 않은 것 같다. 직분자들은 회중의 치리를 도와야 했는데, 배로우는 이를 언약 공동체를 생명력 있게 만드는 핵심이라 믿었다. 그러나 교인들은 전 신자회의 치리에 복종해야 하며, 지도자들은 회중이 함께 내린 결정과 유리된 행동을 하지 말아야 했다.

비록 자발주의 원칙을 강조했음에도 불구하고, 배로우는 사람들이 '말씀을 들을 수 있게' 하는 것은 정부의 의무라고 주장했다. 또한, 교회와 국가를 모두 개혁하는 것도 정부의 의무였다. 그러나 그는 군주가 '누군가에게 교인이 되라고 강요하거나, 개인의 공적 신앙고백에 대한 확신도 없이 교회가 아무나 교인으로 받아들이게 하거나, 그들이 신앙을 유지하고 바른 길을 걷는 것보다 더한 것을 유지하도록' 강요할 수는 없다고 주장했다(*Writings*, 1590-1591, p. 40).

분리파운동에 배로우가 기여한 것은 저술 능력과 사상을 효과적으로 전파하는 능력 때문이었다. 저술을 통해 그는 교회는 회중교회 정치 형태에서 가장 잘 드러난다고 강하게 주장했다. 비록 언약 공동체 내부에서의 자기 경험 또한 반영했음에도 불구하고, 그는 자신의 모든 논증의 근거를 성경에서 찾으려 했다.

배로우는 선동적인 글을 출판했다는 죄목으로 체포된 후, 그린우드와 함께 1593년 4월에 타이번(Tyburn)에서 교수형을 당했다.

참고문헌 | B. R. White, *The English Separatist Tradition, from the Marian Martyrs to the Pilgrim Fathers* (Oxford Theological Monographs, 1971); L. H. Carlson (ed.), *The Writings of Henry Barrow, 1587-1590* (London: 1962); L. H. Carlson (ed.), *The Writings of Henry Barrow, 1590-1591* (London: 1966); L. H. Carlson (ed.), *The Writings of John Greenwood and Henry Barrow, 1591-1593* (London: 1970).

K. E. SMITH

헨리 벤(Henry Venn, 1796-1873)

성공회(Anglican) 성직자이자 선교정책가. 그는 1796년 2월 10일에 런던 근교 클라팜(Clapham)에서 태어났다. 아버지는 존 벤(John Venn)이었으며, 클라팜의 교구사제였다. 그는 케임브리지 퀸스대학(Queens' College)에서 교육을 받았다. 1814년 입학하여 1819년에 문학사학위를, 1821년에 문학석사학위를, 1828년에 신학사학위를 각각 취득했다. 벤은 1819년에 엘리 주교로부터 부제로, 1820년에는 노리치(Norwich) 주교로부터 사제로 안수받았다. 벤은 런던 서부에 있는 세인트던스텐스교회(St Dunstan's)에서 1821년부터 1824년까지 부사제로 봉사했고, 이후 퀸스대학으로 돌아가서 1819년부터 연구원으로 일했다. 1825년에는 대학 시험 감독관으로 한 학기 동안 일했다. 1827년에는 아버지의 친구 윌리엄 윌버포스(William Wilberforce)의 임명을 받아 헐(Hull) 변두리 드라이풀(Drypool)에서 부사제로 사역했다.

1829년에는 헐의 니콜라스 사익스(Nicholas Sykes)의 딸 마사(Martha)와 결혼했다. 이 결혼으로 그는 평생 경제적인 안정을 얻게 된다. 벤은 5년을 더 드라이풀에 남아 있었고, 열정 있는 복음주의 교구사제로 기대를 받을 만한 역량을 쌓았다. 그는 청소년 대상 사역에 특히 관심을 보인 것 같은데, 1829년에 이미 160명이 그가 인도한 견신례 수업에 참석했다. 벤은 1834년에 이슬링턴(Islington)의 교구사제 다니엘 윌슨(Daniel Wilson)의 임명을 받아 세인트존스홀로웨이교회(St John's Holloway)의 부사제직을 맡아 12년간 봉사했다. 1846년에는 세인트폴대성당(St Paul Cathedral)의 명예참사회원으로 임명받았다.

1840년에 마사 벤이 사망하자, 이듬해에 벤은 교회선교회(Church Missionary Society, CMS)에서 명예성직자 총무로 일하는 임시직을 받아들였다. 1846년에 벤은 교회선교회에서 전임사역자로 헌신하기로 결심했고, 이어서 1872년까지 26년 동안 더 일했다. 벤은 총무로 일하기에 상당한 장점을 갖고 있었다. 교회선교회 설립자이자 첫 이사 중 한 사람의 아들이었을 뿐만 아니라, 꼼꼼한 준비와 세부 사항에 대한 장악력까지 갖추고 위원회 일을 감당하는 탁월한 능력의 소유자이기도 했다. 결과적으로 그는 공식적으로는 단체의 수장으로 임명받지 않았음에도 불구하고, 금세 능력 있는 지도자로 부상했다. 교회선교회는 19세기 중반에 세 가지 중대한 문제를 안고 있었다. 선교회 재정 문제, 선교회와 잉글랜드국교회(Church of England) 구조와의 관계, 선교현지에서 교회선교회 소속 선교지부들과 지역 교회와의 관계를 미래에 어떻게 설정할 것인가 하는 문제였다.

벤이 총무 직책을 담당하고 있는 기간은 교회선교회가 경제적으로 위기를 겪던 시기와 맞물린다. 선교회는 처음으로 주요 선교지에서 확장되고 있던 사역을 유지하는 데 필요한 수입의 부족, 축적된 빚, 부족한 자본 문제에 직면했다. 영향력 있는 은행가들로 구성된 소위원회가 만들어져 추천안을 내놓자, 결국 벤은 선교회 수입을 상당히 늘이기 위해 온건하게 예산을 삭감하고 국내 조직을 크게 확장하는 프로그램을 처음 몇 년 동안 감독했다. 이런 일련의 노력이 성공을 거두었다. 1840년대 중반에 이르러 선교회의 상황이 크게 개선되면서, 1870년대까지 상대적으로 안정적인 재정 상태가 지속되었다. 특히, 중요한 것은 잉글랜드 전역에 배치되어 협회 후원자들에게 선교회의 활동과 중앙 조직의 상태에 대한 정보를 주기적으로 제공하는 수로 역할을 하는 협회들과 협회 총무들의 조직을 계발한 것이었다.

선교회와 교회 구조의 관계에 대한 문제가 잉글랜드 본국에서 불거져 나오기 시작했다. 당시 주교단은 선교회의 복음주의가 못마땅하여 제한적으로만 재정을 지원했고, 해외에서는 선교회를 누가 통제하느냐 하는 문제를 놓고 식민지 주교들이 선교회와 갈등 관계에 있었다. 벤은 1830년대의 선교회 위원회의 일원으로서 이런 어려움들을 개선하는 데 중대한 공헌을 했다. 그는 선교사를 임명하는 권한이 주교에게 있다는 것을 공식 인정한 동시에, 자원 단체로서의 교회선교회가 소속 선교사들의 활동을 계속해서 통제하고 관리할 권리가 있다는 점을 분명히 했다. 이 접근법은 국교회와의 조정을 위한 길을 닦는 과정에도 기여했는데, 국내와 식민지에서 선교회에 더 공감하는 주교들이 임명되면서 도움을 받게 되었다. 특히, 1834년에 캘커타 주교가 된 윌슨의 역할이 중요했다.

그러나 벤이 가장 깊이 관여한 주제는 선교전략과 관련된 문제였다. 벤은 처음 선교회 일을 시작했을 때에는 선교현장에서 사역을 감독할 유럽인이 반드시 있어야 한다고 생각한 것 같다. 그러나 1850년대에 이르러 가부장적 온정주의(paternalism)의 해로운 영향을 염려하게 되면서 (미국해외선교회 총무 루푸스 앤더슨[Rufus Anderson]과 더불어) '삼자'(three selves) 원리를 지지하기 시작했다. 이는 자치(self-governing), 자립(self-supporting), 자전(self-propagating)하는 토착교회 설립을 선교의 목적으로 하는 원칙이다. 이런 관점에서, 선교회는 엄밀하게 말해서 임시적이고, 각 지역의 현지인 교회가 성장하면 선교사가 그 자리에서 물러나야 하는 일종의 비계(scaffolding, 건설 현장에서 자주 볼 수 있는, 높은 곳에서 공사를 할 수 있도록 임시로 설치한 가설물-역주) 역할에 만족해야 한다. 이 과정은 '선교회의 안락사'(the euthanasia of a mission)라고 불린다.

더욱이 벤의 신념에 의하면, 현지인 주교가 가능한 빨리 선출되어 신생 교회를 이끌고, 선교사나 백인 식민지 주교에 종속된 상태에서 빨리 벗어나야 했다. 1860년대에 벤은 이런 기본 원칙을 현장에 적용하기 시작했다. 예를 들어, 1860년에 교회에 유럽인의 영향력이 강하게 남긴 했지만, 시에라리온(Sierra Leone)의 현지인 목회자 조직이 대다수 교구의 운영을 넘겨받았다. 벤의 주교단 정책은 1864년에 새뮤얼 아자이 크라우더(Samuel Ajayi Crowther)를 서아프리카 주교로 임명하는 것으로 열매를 맺었다.

또한, 벤은 노예 거래를 규제하고, 자립하는 지역 교회를 활성화시키는 기반인 서부 아프리카의 경제 발전에 대한 관심도 선교정책에 포함시켰다. 19세기 마지막 25년간 강하게 성장한 지역 토착교회 정책에 대한 비판이 높아진 결과, 그중 하나로, 1892년에 크라우더 주교가 사임하기에 이른다. 그럼에도 19세기의 가장 창조적이고 영향력 있는 선교사상가 중 하나라는 벤의 명성은 허물어지지 않았다.

1860년대에 건강이 좋지 않은 기간이 계속 연장되자 벤은 1862년 은퇴하려고 했다. 그러나 그의 다양한 재능과 교회선교회 내에서의 중심적 위치 때문에 그는 잉글랜드국교회 내 복음주의 전통을 대변하는 인물로 자리매김했다. 그는 캔터베리 대주교 J. B. 섬너(J. B. Sumner)와 절친한 친구가 되었으며, 여러 복음주의 선교회 및 협회에 관여했고, 1869년에는 「더 크리스천 옵저버」(The Christian Observer)의 임시 편집장이 되었다. 벤은 성직자 교리 수락과 의례를 다루는 의회 위원회에 복음주의 측 대표로 임명받기도 했다. 벤은 1872년 11월에 드디어 교회선교회 성직자 총무직을 사임했으며, 뇌졸중을 겪은 후 1873년 1월 13일에 생을 마감했다.

벤은 맡은 일에 너무 전념한 나머지 글을 쓸 수 있는 시간이 별로 많지 않았다. 그가 남긴 작품으로는 전기로 분류될 수 있는 『인간의 완전한 의무'의 저자인 H. 벤 사제의 생애와 서신 선집』(*The Life and a Selection from the Letters of the Rev. H. Venn, Author of 'The Complete Duty of Man,'* 1834)이 있다. 이 책은 벤의 할아버지가 쓴 편지들과 그의 아버지가 남긴 벤의 짧은 '생애'를 편집한 것이었다.『프란치스코 하비에르의 서신을 통해 본 선교사의 삶과 사역: 이교도를 위해 일한 로마 가톨릭선교회들의 일반적인 결과에 대한 스케치』(*The Missionary Life and Labours of Francis Xavier taken from his own correspondence: with a sketch of the general results of Roman Catholic Missions among the Heathen*, 1862)도 남아 있다.

참고문헌 | W. R. Shenk, *Henry Venn–Missionary Statesman* (Maryknoll: Orbis Books, 1983); T. E. Yates, *Venn and Victorian Bishops Abroad* (London: SPCK, 1978).

M. A. SMITH

헨리 손턴(Henry Thornton, 1760-1815)

자선가이자 경제학자, 은행가이자 국회의원. 그는 1760년 3월 10일에 유럽에서 가장 부유한 상인 중 하나이자 복음주의 자선가였던 존 손턴(John Thornton)의 아들로 태어났다. 그러나 놀랍게도 헨리 손턴은 질이 극히 낮은 사교육을 받았다. 18세에 회계 사무소에서 일을 시작했고, 아버지와는 20세부터 일을 같이 했으며, 23세에 파트너가 되었다. 이듬해에는 다운, 프리 앤손턴은행(bank of Downe, Free and Thornton)에 합류했다. 그러나 1780년대에 헨리 손턴은 드러나지 않게 복음주의자 아버지를 경멸했고, 아버지의 종교적 확신도 공유하지 않았다. 헨리 손턴은 친척 윌리엄 윌버포스(William Wilberforce)의 영향을 많이 받았는데, 1785년에 일어난 회심은 전 가족에게 영향을 끼쳤다. 1782년에 헨리 손턴은 헐(Hull)이 보유한 두 의석 중 하나(둘 중 하나는 윌버포스가 차지했다)에 도전해 보라는 초청을 진지하게 고려했지만, 득표를 위해서는 돈 거래가 있어야 한다는 사실을 알고 이를 거부했다. 같은 해 말에 그는 서더크(Southwark) 지역구에 출마했는데, 거기서도 그는 만연한 금권선거 풍토에 부응하기를 거부했다. 그럼에도 당선되어 의석을 33년간 유지했다.

정치적 독립성과 도덕적 진지함으로 유명한 헨리 손턴을 많은 이들이 존경했다. 그는 연설가가 아니고 의회에서도 별로 말이 없었지만, 그의 진지함, 냉정한 판단력, 경제 문제에 대한 예리한 재정 조언은 의회 위원회에서 엄청난 무게가 있었다. 1802년에 헨리 손턴이 경제학자로서 명성을 얻게 된『영국 증권신용 제도의 본질과 효용성에 대한 연구』(*An Enquiry into the Nature and Effects of the Paper Credit of Great Britain*)라는 책이 출판되었는데, 존 스튜어트 밀(John Stuart Mill)이 칭송하면서 경제인으로서의 그의 명성이 확고해졌다. 이 책에서 그는 지폐의 유통은 금과 은의 공급량을 초과할 수 없다는 애덤 스미스(Adam Smith)의 관점을 반박했다. 몇몇 20세기 경제학자들은 헨리 손턴을 데이비드 리카도(David Ricardo)의 스승 혹은 동료로 판단했다.

같은 해에 그는『영국의 기업 영업 이익을 안정화함으로써 얻을 수 있는 가능한 효과들』(*The Probable Effects of the Peace upon the Commercial Interests of Great Britain*)이라는 제목의 소책자를 출판했다. 헨리 손턴은 잉글랜드은행 은행장 및 총재가 되었다(그의 형 새뮤얼[Samuel]도 복음주의 국회의원이자 잉글랜드은행 총재를 역임했다).

헨리 손턴은 겉으로 볼 때 차갑고 어려운 사람으로 비쳐졌으나, 실제로 내면은 따뜻하고 인정이 많아 그 시대의 유명한 자선가가 되었다. 그의 친척이자 가장 가까운 친구였던 윌버포스는 그를 '제일 달콤한 과일의 껍질이 제일 시다'라는 말로 헨리 손턴을 재미있게 표현한 바 있었다. 헨리 손턴은 가난한 사람의 체계적인 구제에 늘 관심을 가졌고 그들에게 예방 접종, 고용, 교육을 제공하기 위한 노력을 기울였다. 그의 특별한 관심은 청각장애인을 위한 교육이었다.

헨리 손턴은 단순히 부자나 너그러운 자선가로 분류될 수 있는 인물이 아니었다. 그는 '클라팜당'(Clapham Sect)과 함께 조직적인 구제 활동을 했다. ('클라팜당'은 영국 노예무역폐지운동 지도자로 가장 잘 기억되는 가장 부유하고 가장 힘있는 복음주의자 비공식 모임이었다). 이 모임의 중심지는 클라팜 마을 내 배터시라이즈(Battersea Rise)로, 헨리 손턴의 사유지였다. 더욱이 이 집은 윌버포스가 1797년 결혼하기 전에 5년간 살았던 집이기도 했다. 윌버포스는 사람을 자기 궤도 안으로 자연스럽게 끌어들이는 인간적인 유쾌함을 제공하는 인물이었다. 헨리 손턴은 행정 전문가이자, 현명한 상담가, 토론한 내용이 행동으로 옮겨질 수 있도록 윌버포스와 함께 노력하는 믿을 수 없을 만치 열정적인 지도자였다.

헨리 손턴의 가장 초기 사업 중 하나는 시에라리온 식민지를 해방된 노예를 위한 주거지로 만드는 것이었다. 이 식민지를 통해 서아프리카에 기독교가 소개되고, 노예무역이 억제되며, 아프리카가 '문명화'되며 교육을 받게 되기를 바라는 의도도 있었다. 조직의 모든 움직임 배후에는 헨리 손턴의 지성이 있었다. 자본의 많은 양을 헨리 손턴과 윌버포스가 충당했다.

1791년에 헨리 손턴은 의회에 시에라리온회사 설립 법안을 발의했다. 재정을 안정화하고, 헌법을 제정했으며, 총독을 선임하고, 정착자들에게 필요한 것들을 조율했다. 시에라리온회사가 존재한 전 시기에 그가 회장이었다. 1808년에 마침내 그는 영국 정부를 설득해서 시에라리온을 점령한 후, 이 지역을 회사 식민지가 아니라 국왕의 식민지로 만들었다. 이 프로젝트에 그의 자본이 엄청나게 투자되었지만, 헨리 손턴은 이 투자가 현명한 것이라고 확신했다. 헨리 손턴은 계속해서 윌버포스의 반노예무역 조례를 지지했고, 1791년에는 아프리카협회(African Institute)의 결성을 주장했는데, 이는 1807년에 실현되었다.

노예제도 폐지 이외에 헨리 손턴의 또 다른 대의는 영국령 인도와 해외 기독교 선교였다. 인도와 관련해서 그에게 가장 큰 영향을 준 사람은 좋은 친구 찰스 그랜트(Charles Grant)였다. 그랜트는 동인도회사의 인도 지배와 확장은 도덕적으로 잘못된 것이자 정치적으로도 부당한 처사라고 주장했다. 그러나 영국이 인도를 정복하고 철수할 의사가 없음을 확인한 그랜트는 영국이 기독교 원리를 바탕으로 인도에 좋은 정부를 제공할 의무가 있다고 주장했다. 그의 견해에 따르면, 영국은 도덕적으로 그리고 정치적으로 인도에 머물 의무가 있다.

헨리 손턴은 이 견해에 전적으로 공감했다. 그는 동인도회사(East India Company) 내규에 기독교 선교사의 인도 파송을 허용하는 문구 하나를 삽입하게 하는 클라팜 당의 전략을 기획하고 추진하는 일에 기여했다. 헨리 손턴은 1799년에 교회선교회(Church Mission Society)와 영국해외성서공회(British and Foreign Bible Society)의 초대 회계를 맡았다. 사업은 번창했고,

1796년에 매리앤 사익스(Marianne Sykes)와 결혼하기 이전까지는 전 수입의 6/7을 기부했지만, 결혼 후에 이는 1/3로 줄었다. 그는 가난한 이들을 위한 학교를 지원했는데, 특히 친구 해너 모어(Hannah More)의 일을 지원했다.

헨리 손턴은 모어와 함께 유명한 『값싼 소책자 사리즈』(Cheap Repository Tracts) 중 다수를 공동 집필했고, 모어가 쓴 글 여럿을 편집하기도 했다. 구약성경 주석 한 권과 여러 권의 가족 기도서와 함께 이 소책자들은 사후에도 출판되거나 재출판되었고, 독자층도 넓었다. 그는 의도적으로 자녀들에게 약소한 규모의 재산만을 남겼는데, 이는 그를 개인으로는 검소하지만 나눔에는 후한 부자의 모범으로 만들었다.

헨리 손턴은 1년간 병으로 고생하다가 윌버포스의 집에서 1815년 1월 16일 생을 마감했다. 아내도 같은 해에 생을 마감하면서, 아홉 자녀가 고아가 되었다. 이 아이들의 후견인이 된 인물은 가족의 젊은 친구 로버트 H. 잉글리스(Robert H. Inglis, 후에 로버트 경)였다. 헨리 손턴이 죽던 때에 '자선가'라는 단어는 '복음주의자'와 동의어로 널리 인식되었는데, 이는 어느 정도는 그가 보여 준 모범 때문이었다.

참고문헌 | S. Meacham, *Henry Thornton of Clapham* (Cambridge, MA: Harvard University Press, 1964); R. G. Thorne, *House of Commons* 1790-1834 (London: Secker and Warburg, 1986); R. I. and S. Wilberforce, *The Life of William Wilberforce*, 5 vols. (London: J. Murray, 1838); J. Pollock, *Wilberforce* (London: Constable, 1977).

D. M. LEWIS

헨리 아인스워스(Henry Ainsworth, c. 1570-1622)

노포크(Norfolk)의 스완턴몰리(Swanton Morley)에서 태어난 분리파. 그는 케임브리지대학교의 세인트존스대학(St Jone's College), 곤빌앤키즈대학(Gonville and Caius College)에서 공부했다. 성품이 온화했던 아인스워스는 학적이면서도 감동적인 성경강해로 명성을 날렸다. 1592년에 프랜시스 존슨(Francis Johnson), 존 그린우드(John Greenwood) 등의 주도하에 형성된 분리파교회(Separatist Church) 교인이었다.

헨리 배로우(Henry Barrow)와 존 그린우드가 1593년에 사망한 후, 교인들은 런던을 떠나 암스테르담에 정착했다. 그의 가르치는 권위가 논쟁이 되기는 했지만, 1596년에 그 교회의 교사가 되었다. 논쟁 내용은 그가 '개혁파 변절자'라는 것이었다. 청교도 목사가 인도한 예배라고는 해도, 교구교회에서 열린 예배에 참석했다는 것이 문제가 되었다. 이런 논쟁에도 불구하고 아인스워스는 『참된 신앙고백』(*A True Confession*, 1596)을 교회가 출판하는 데 주도적인 역할을 했다. 이때 문제가 된 주제들로는 성찬의 본질, 목회의 권위, 교회 내 치리의 중요성 등이 있다.

『참된 신앙고백』은 그 교회를 '브라운파'(Brownist)라고 잘못 지적한 이들에 대항하는 변증이자, '이단, 분열, 교만, 집착, 불충, 선동 등의 기독교인답지 않은 중상모략과 자신들은 아무런 관련이 없다는 것을 증명하려는 시도였다(*A True Confession in W. L. Lumpkin, Baptist Confessions of Faith* [Valley Forge: Judson Press, revised edition 1969, p. 82]). 이 신앙고백서에는 회중교회 정치 형태에 대한 신실한 믿음이 표현되어 있지만, 동시에 목회자의 권위도 크게 강조했다.

"그리스도께서 다스리고, 감독하고, 심방하고, 파수하는 등의 직무를 수행하는 특별한 인물들을 교회 위에 선정하시듯이, 이 교회를 거룩하고 질서 있는 공동체로 유지하기 위하여…"(Lumpkin, 90).

『참된 신앙고백』에 따르면, 회중이 임명하는 지도자는 회중을 양심에 거리끼는 행동을 하도록 이끄는 자가 아니라, 성례를 인도하고 관리할 권위를 가진 자로 인정받는다. 교회의 조직 문제, 특히 지도력과 치리 관련 부분에서 회중은 계속해서 어려움을 겪었다. 수년 동안 세례와 성만찬 예전이 집전되지 못했는데, 이는 교회에 목사가 없었고, 이들을 시행할 만한 자격이 있는 사람이 없다고 여겨졌기 때문이다.

1597년, 프랜시스 존슨이 목사로서 교회에 합류했다. 초기에 그와 아인스워스는 교회 조직 문제에서 합의에 이른 것으로 보였다. 그러나 1610년, 존슨이 장로회를 회중 위에 두어야 한다고 주장하면서 둘은 갈라졌다. 처음에는 그리스도께서 임명하신 장로회 또는 장로직에 회중이 순종해야 한다는 데 아인스워스가 동의했다. 그러나 후에, 아마도 존 스미스(John Smyth)의 주장을 읽은 후에 마음이 변한 것 같다. 목회자의 권위가 교인 위에 있다는 주장을 거부하게 된 아인스워스와 일부 교인이 1610년 12월 16일에 존슨이 인도하는 교회를 떠났다.

아인스워스와 그를 따르는 이들은 예배당 소유권 문제를 놓고 소송에 휘말렸다. 이 분쟁은 교회 내 지도자의 권위 문제에 대한 논쟁을 더 심화시켰다. 아인스워스는 교회가 목회자에게 권위를 부여했음에도 불구하고, 또한 때로 교인들이 이 지도자들의 권위에 순종함에도 불구하고, 그리스도의 주권(Lordship) 아래 있는 회중 모임이 최종 권위를 가지고 있기 때문에 회중교회 정치 체계에서는 교회가 결코 모든 권위를 이들에게 맡길 수 없다고 주장했다.

아인스워스는 회중교회 교회론을 해설하는 책을 많이 썼다. 1607년, 그는 『성도의 교제』(The Communion of Saincts, 아마도 Saints의 오기)라는 제목의 책을 출간했는데, 여기서 하나님과의 언약 관계, 서로 간의 언약 관계에 기반을 둔 교회론을 다루었다. 이 경건 서적에서 그는 회중이 동의한 언약은 두 개의 기둥 위에 서 있다고 주장했다. 즉 예수 그리스도로 인하여 하나님을 믿는 믿음을 지키는 것, 또한 사랑 안에서 하나님의 율법을 준수하는 것이다(Communion of Saincts, 1615년판, p. 340). 회중 정치에 대한 그의 믿음은 다음의 주장 속에서 더 분명해졌음을 알 수 있다.

"모든 성도가 하나님의 언약 안에서 권리와 유익을 누린다…그 권리와 유익은 그의 자리, 소명, 은혜의 크기에 따라 머리이신 그리스도로부터 각 사람에게 주어진다"(p. 375).

아인스워스의 저작들, 특히 그의 『성도의 교제』는 여러 판으로 인쇄를 거듭함으로써(1615, 1618, 1628에 한 번씩, 1640년에는 두 번), 언약을 맺은 교회, 또는 회집된 공동체가 성경이 말하는 교회의 모델이라는 분리파의 믿음을 설명하는 데 아주 큰 영향을 미친 책임을 입증했다. 이 회중교회 교회론은 분리파 전통에 뿌리를 둔 것이며, 아인스워스와 다른 저술가들의 저술에서 소개됨으로써, 이후 세대의 비국교도들에게 계속해서 인기를 누린 계기가 되었다.

참고문헌 | H. Ainsworth, *The Communion of Saincts* (Amsterdam: 1607); H. Ainsworth, *Counterpoyson* (Amsterdam?: 1608); H. Ainsworth, *A Defence of the Holy Scriptures* (Amsterdam: 1609); B. R. White, *The English Separatist Tradition, from the Marian Martyrs to the Pilgrim Fathers* (Oxford: Oxford Theological Monographs, 1971); M. R. Watts, *The Dissenters* (Oxford: Clarendon Press, 1978).

K. E. SMITH

헨리('해리') 앨런 아이언사이드(Henry['Harry'] Allen Ironside, 1876-1951)

근본주의 목사이자 성경강해자. 그는 캐나다 온타리오 토론토에서 스코틀랜드계 이민자 부모에게서 태어났다. 형제단(Brethren) 평신도 전도자였던 아버지는 아이언사이드가 두 살 때 죽었다. 그럼에도 어머니, 그리고 어머니가 숙박을 제공한 수많은 순회전도자들이 그에게 영구적인 신앙 유산을 물려주었다. 아이언사이드는 어린 나이에 신앙의 영향을 많이 받았다. 가족이 1886년에 로스앤젤레스로 이사하면서, 그는 자기 주일학교를 운영하며 거리 구석에서 복음을 전했다. 14살에 회심을 고백한 후, 1890년에 구세군에 가입하여 전도활동에 힘을 쏟았다. 5년 후에는 캘리포니아 전역에서 여러 직책을 맡고 사관(captain)계급에 오른 후, 구세군 요양 시설에 들어가 과로로 완전히 소모된 후에 교단의 성결신학에 의문을 갖게 되었다. 짧게 신앙의 위기를 겪은 후 그는 '두 번째 축복'으로 알려진 성화에 대한 성결신학을 거부하고 구세군을 떠났는데, 이 이야기가 그의 책 『성결: 거짓과 참』(*Holiness: The False and the True*, 1912)에 묘사되어 있다. 1896년에 플리머스형제단(Plymouth Brethren)에 가입함으로써 자신의 종교적 뿌리를 다시 찾았고, 이어 독립 사역에 투신했다. 이 교단의 분파적 성향을 『형제단운동 역사 개요』(*A Historical Sketch of the Brethren Movement*, 1942)에서 비판하기는 했지만, 그는 평생 형제단 소속을 유지했다. 1898년에는 구세군 이전 회원이자 장로교 목사의 딸 헬렌 스코필드(Helen Schofield)와 결혼했다. 설교자로 점점 더 유명해지고 집에서 보내는 시간이 많이 줄어들었음에도 불구하고, 이들은 2년 후 오클랜드에 정착했다.

아이언사이드는 분명한 해석과 감동적인 예화가 가미된 즉흥 강해 설교를 했다. 성경을 아주 잘 알았고, 신학을 평신도가 이해할 수 있는 수준으로 풀어낼 수 있는 능력 덕분에, 강사로 와달라는 보수 진영의 요청이 점점 늘어났다. 캘리포니아를 기반으로 시작한 사역이 곧 전국구 사역이 되었다. 구세군 뿌리를 반영하듯, 그의 일정에는 거의 쉬는 시간이 없었다. 1916년에서 1929년까지 대략 6,500회 설교했다. 특히, 바빴던 시기에는 25일 동안 67회 설교하기도 했다. 장소는 작은 도시선교회에서부터 시골의 전도용 건물(특히 애리조나, 남부 캘리포니아, 뉴멕시코의 미국 원주민 대상), 큰 성경집회(잉글랜드의 케직 등), 여러 규모의 교회까지 다양했다. 설교를 하지 않을 때에는 개인 전도에 집중했는데, 로마 가톨릭 신자, 유대인, 무종교인, 술집 및 복음이 필요한 모든 개인과 만나 대화했다.

아이언사이드의 공식 교육은 초등학교가 다였지만, 그에게는 독학을 지속할 수 있게 만든 물려받은 호기심이 있었다. 그는 (결국 별 소용이 없다고 생각하게 된) 철학과 역사, 문학, 신학, 성경학을 포함한 다양한 주제를 다룬 책을 왕성하게 읽었다. 아이언사이드에게 가장 큰 영향을 준 이들은 존 넬슨 다비(John Nelson Darby) 및 여러 형제단 작가들로, 그는 세대주의 신학을 온 맘으로 받아들였다. 그러나 아이언사이드는 주로 책의 사람이었다. 성경을 수없이 읽었고 많은 부분을 암송했다. 말년에 백내장으로 부분적으로 시력을 잃었을 때에도 소리를 내어 한 번 본문을 읽은 후에는 내용을 암기한 상태에서 요한계시록의 한 장을 절별로 강해할 수 있었다고 한다. 1930년에 초교파 시카고의 무디교회(Moody Church)를 첫 번째이자 유일한 목회 임지로 받아들이면서 아이언사이드의 영향력이 극적으로 커졌다. 그는 가장 저명한 근본주의 기관 중 하나였던 이 교회를 18년 동안 이끌었고, 4,200명을 수용할 수 있는 강당에서 말씀을 전했다.

영향력은 다른 주요 근본주의 및 복음주의 조직들로 확산되었다. 아프리카내지선교회(Africa Inland Mission) 이사, 1942년에는 이사장이 되었고, 밥존스대학교(Bob Jones University), 댈러스신학교(Dallas Theological Seminary), 무디성경학교(Moody Bible Institute), 휘튼대학(Wheaton College), 위노나레이크성경대회(Winona Lake Bible Conference)의 이사로 일했고, 댈러스신학교에서는 1925년부터 1931년까지 성경문헌을 가끔씩 가르치기도 했다. 그가 '근본주의의 대주교'라 불린 것도 하등 이상할 것이 없다. 아이언사이드는 그리스도와의 개인 관계를 아주 강조했는데, 이 경험을 그리스도의 부활, 그분의 영생 약속, 성경의 권위를 믿음으로 받아들이는 의지의 행위로 보았다. 본문과는 상관없이 그는 언제나 설교를 전도 초청으로 마무리했다(무디교회에서 목회하는 동안 초청 응답자가 없었던 경우는 단 두 차례 주일뿐이었다). 예수 그리스도와의 개인 관계가 아이언사이드 사상의 중심이었기 때문에 그는 로마 가톨릭 주장에 지독한 적대감을 갖고 있었음에도 불구하고 가톨릭 신자의 특정 일부는 구원을 받을 수 있다고 인정하고자 했다. 비록 자신의 엄격한 세대주의 신학에 동의하지 않는 이들은 근본주의 동료로 인정할 수 없다고 주장했지만, 구원 체험이라는 그의 뿌리와, 교파를 절대시하지 않고 '신학의 본질들'을 강조함으로써 근본주의와 복음주의 내의 전통적인 교파별 차이점에 의미를 덜 부여할 수 있었다. 아이언사이드는 출판 활동을 통해 더 큰 영향력을 발휘할 수 있었다. 비록 시작은 미미했지만 (1914년에 그의 저술들을 배포하기 위해 설립한 Western Book and Tract Company는 초기에 심각한 재정난을 겪었다), 그는 다작가이자 인기 있는 작가임을 입증했다. 51권의 책을 써서 약 백만 부 이상 팔렸다. 『회개하지 않으면』(*Except Ye Repent*, 1936)을 미국소책자협회는 '기독교 신앙의 한두 가지 본질적인 복음주의 교리들에 대한 최고의 책'으로 선정했다.

그러나 그의 최고작은 설교를 속기로 기록한 것으로, 후에 성경 주석으로 편집되어 나왔다. 아이언사이드는 최종적으로 신약 전권, 구약 예언서 전권과 나머지 성경 일부를 주석으로 펴냈다. 이들 주석은 곧 성경연구에 필수적인 근본주의의 정경이 되었고, 심지어 오늘날에도 특정 진영에서 여전히 인기를 누리고 있다. 또한, 그는 다양한 신학 주제들을 놓고 많은 소책자들을 출간했다. 마지막으로, 그는 근본주의 대중 출판물 『더 선데이 스쿨 타임스』(The Sunday School Times)에 실린 주간 해설로 한 세대 주일학교 교사들의 인도자 역할을 수행했다.

아이언사이드가 복음주의에 공헌한 것은 독특한 신학을 형성해서가 아니라 이런 광범위한 영향력을 통해서였다. 그는 세대주의 신학을 그 기원이었던 형제단 내부 영향권 너머까지 대중화시킨 일군의 성경교사 중 하나였다. 아이언사이드의 신학이 성결신학과 연관된 젊은 시절의 부정적 경험에도 영향을 받아 형성되었기에, 오순절신앙 또한 강력한 비판의 대상이 되었다. 그는 방언과 신앙 치유에 지극히 비판적인 소책자 몇 권을 썼고, 더 광범위한 근본주의 영역에 오순절 신자가 참여하는 것을 막는데 크게 기여했다.

그렇다고 해서 하나님이 현재에도 세상일에 개입한다는 것을 통째로 부인하지는 않았다. 아이언사이드는 생애 대부분을 '믿음으로 살았는데'(즉 정규 재정 지원도 없이, 심지어 누구에게 재정이 필요하다고 말도 하지 않고 사역을 운영했다), 무디교회의 목사직을 받아들였을 때에만 이 원칙을 수정했다. 응답받는 기도에 매일의 생존을 전적으로 의존함으로써 (때로 마지막 몇 초를 남겨 놓고 받은 응답 사례들이 있었다), 그는 근본주의 신앙의 틀 안에서 하나님의 기적적 개입에 대한 믿음을 튼튼히 할 수 있었다. 아이언사이드는 인생의 마지막 순간까지도 적극적인 삶을 살았다. 1948년에 아내가 죽은 지 몇 달 후 무디교회에서 사임한 후, 그는 1949년에 애니 터너 하이타워(Annie Turner Hightower)와 재혼했고, 아내의 도움으로 바쁜 설교 일정을 지속할 수 있었다. 그러다 3년 후 세계 설교 순회여행 중에 뉴질랜드 타우포(Taupo)에서 사망했다. 마지막 저서 『선지자 이사야 강해 노트』(*Expository Notes on the Prophet Isaiah*, 1952)는 사후에 출간되었다.

참고문헌 | E. S. English, *Ordained of the Lord: H. A. Ironside* (Neptune: Loizeaux Brothers, 1976); H. A. Ironside, *Random Reminiscences from Fifty Years of Ministry* (New York: Loizeaux Brothers, 1939).

T. GLOEGE

헨리 얼라인(Henry Alline, 1748-1784)

새빛파(New Light) 부흥사이자 찬송가 작가, 반(反, anti-)칼빈주의 신학자. 그는 로드아일랜드주 뉴포트에서 뉴잉글랜드의 회중교도 부모 윌리엄 얼라인(William Alline)과 레베카 클락(Rebecca Clark)의 둘째 아들로 태어났다. 12살이 된 얼라인은 더 이상 공식 교육을 받을 수 없게 되었는데, 이는 그의 가족이 뉴잉글랜드 양키들의 북부 이주에 합류해서 캐나다 노바스코샤의 마이나스 분지(Minas Basin Bay)에 정착했기 때문이다.

1755년에 프랑스어 사용자들이 이 땅을 비우고 떠났다. 다른 많은 초기 뉴잉글랜드 출신 이주자처럼, 얼라인 가족도 정규 예배와 설교에 참석하기가 어려웠다. 이 때문에 그는 교회의 영향을 거의 받지 않고 신앙 여정을 자유롭게 추구할 수 있었다. 어린 나이에 '하나님의 영에 감동된' 얼라인은 신학을 공부하며 예정, 교회론, 지옥과 성례 같은 논쟁적인 교리에 관심을 갖게 되었다. 비록 그가 후에 젊은 시절의 '떠들썩하고 세속적인 즐거움'이라 부른 것에 사로잡혀 있었다고는 해도, 청소년기부터 영원한 구원의 확신을 마침내 느끼게 된 1776년 3월 26일까지 개인적으로 영적 두려움이나 병적인 내성적 성향을 정기적으로 경험했다. 그는 다음과 같이 선언했다.

"몇 분 전까지만 하더라도 알지도 못하는 신에게 도와 달라고 울부짖으며…죽음의 산맥 아래서 신음하고 있던 내 전 영혼이 이제는 죽음과 어둠의 사슬을 벗어 버리고 믿음의 날개 위에 솟아나는 불멸의 사랑으로 가득 찼다."

표준적인 새빛파 거듭남 경험이 얼라인의 삶의 여정을 완전히 바꾸어 놓은 것이다.

회심 후 얼마 지나지 않아 얼라인은 '복음을 전하라는 피할 수 없는 부르심'을 느꼈지만, 수많은 장벽 또한 경험했다.

첫째, 교육 문제였다. 뉴잉글랜드회중교회 목사들은 하버드나 예일에서 대학 교육을 받지 않은 사람은 안수 후보자로 고려조차 하지 않았다.

둘째, 부모가 나이가 많아서 농장일을 돕지 않을 수 없는 가정에서 자라 따로 대학 교육 비용을 떼놓을 수 없었기 때문에 '신적 소명'에 순종할 가능성마저도 낮을 수밖에 없었다.

그러나 당대의 신앙 관행에 너무 매여 있었기 때문에 회심 경험과 소명을 받은 후 꼬박 일 년을 더 기다려 1779년 4월 18일에 드디어 사람들 앞에 '나서서 권고의 말을 전했다.' 이 날은 영국과 미국의 식민지 지역 간 악화된 관계를 놓고 금식하고 기도하라고 정한 날이었다. 얼라인의 설교사역 가장 초기에는 근방 도시와 마을에 사는 사람들이 그의 설교를 들으러 왔기 때문에 그는 확신과 담대함을 키울 수 있었다. 1776년 7월, 그는 자기 마을 경계 바깥에 위치한 뉴포트(Newport)라는 근교 소도시에서 말씀을 전했다. 목표는 다른 사람도 '하나님께 열중하고' 자기가 체험한 대로 회심의 황홀경을 경험하게 돕는 것이었다. 실제로 그의 회심은 노바스코샤(Nova Scotia) 지역 새빛파운동에 동참한 모든 이의 전형이 되었다. 그해 9월, 얼라인은 팔머스와 뉴포트에 공식 교회들을 세우기에 충분한 거듭남 경험 추구자들을 모았다. 이 시기에 얼라인은 설교를 하면서도 계속해서 무두장이와 농부로 생업을 지속했다. 그러나 그의 설교자 집에서 훨씬 멀리 떨어져 있는 호턴(Horton, 오늘날의 올프빌[Wolfville])에서도 반향을 일으키기 시작하자, 얼라인은 '손으로 하는 노동'을 포기하고 드디어 순회설교자로서의 평생 경력을 시작했다.

1777년부터 1783년까지 얼라인의 순회사역 범위는 지속적으로 넓어졌는데, 새크빌-애머스트(Sackville-Amherst) 지역 도시와 마이너스 만(Minas Basin) 근교 마을들, 아래로는 애나폴리스 계곡(Annapolis Valley)과 위로는 야머스(Yarmouth)에서 리버풀(Liverpool)까지 이르는 세인트존강(St John River)과 노바스코샤 남부 해안까지 포함되었다. 그의 사역을 가장 잘 받아들인 지역은 놀랄 것도 없이 그가 가진 문화 배경을 공유하는 지역이었다. 즉 영국령 북미의 변방 지역으로 더 진출하려고 노력하던 양키(Yankees) 이주민들이었다. 또한, 그가 목회하는 회중 내 다수가 이미 뉴잉글랜드에서 조나단 에드워즈(Jonathan Edwards), 조지 휫필드(George Whitefield)의 설교를 통해 등장한 제1차 대각성운동을 목격한 사람들이었다. 이들은 얼라인의 부흥주의 심성을 이 운동과 동일한 전통에 속한 것으로 이해했다. 1770년대 중반이 되면 뉴잉글랜드인이 노바스코샤 인구에서 차지하는 비율이 절반을 넘어서게 된다.

일부 학자들은 노바스코샤에서 얼라인이 주도한 대각성운동을 '그들이 처한 외적 환경의 어두운 현실'에서 도피해서 종교적 열광주의의 황홀경으로 후퇴한 것으로 이해했다. 또 어떤 이들은 노바스코샤 양키들의 뉴잉글랜드와는 분리된 노바스코샤 사람의 정체성, 즉 '하나님의 사랑을 많이 받는 이'라는 정체성을 퍼뜨리는 수단으로 보았다. 더 근래의 연구에 의하면, 새빛파 경건의 내적 역동성이 기독교 신앙으로 살아가는 것에 의미와 목적을 부여했다고 한다.

한 학자에 따르면, 얼라인은 '처음에는 의심을 고뇌로 바꾸고, 그런 다음에는 고뇌를 강렬한 영적 구원으로 전환시키며 인간의 마음을 꿰뚫는 문학적 이미지들을 만들어 내기 위해 말씀을 연결하는 방법을 본능적으로 알고' 이로 인해 탁월한 효과를 보았던 설교자였다. 그가 사용한 실제 표현들은 그가 쓴 500편 이상의 찬송과 노래에도 사용되었는데, 이 찬송들로 인해 그는 그 시대에 찬송을 가장 많이 쓴 북미 찬송가 작가가 되었다. 설교와 찬송을 종교적 계급주의를 경멸하는 반형식주의와 결합시킨 얼라인은 캐나다 역사상 가장 광범위한 신앙부흥을 일으켰다. 일부 역사가들은 조나단 스코트(Jonathan Scott, 얼라인을 '교회 파괴자'라 부른 췌보그[Chebogue] 출신의 칼빈주의 회중교회 설교자) 같은 성직자들의 상당한 반대에도 불구하고, 그를 비판하는 이들조차 그의 성공을 부정할 수는 없었다고 주장했다. 1777년에 장로교 목사 두 명이 얼라인이 공식 안수를 받지 않았다며 그의 설교권에 도전했으나, 그는 자신의 '권위'가 하나님께로부터 온 것이라 대답했다. 그러나 이후 1779년 봄에 그가 목회하던 세 교회의 교인들에게 다소 주저하며 안수받았다.

교회 전통에 대한 얼라인의 모호한 반응이 노바스코샤의 회중교회 조직을 자극했다면, 그가 쓴 두 책, 『가장 중요하고 논쟁이 많은 신학의 일부 요소에 대한 두 가지 단상』(Two Mites on Some of the Most Important and much disputed Points of Divinity, 1781)과 『반전통주의자』(The Anti-Traditionalist, 1783)에 때로 나타나는 비정통의 신학은 더 많은 이들의 의심과 정죄를 불러온 요인이었다. 윌리엄 로(William Law)의 작품으로 중용을 찾은 야콥 뵈메(Jacob Boehme)의 영향을 받은 얼라인은 아담 창조 이전 존재, 아담의 남녀 양성 보유, 타락 시 아담 안에 모든 인류가 영적으로 존재했다는 주장, 그리스도의 부활이 육체적인 것이 아니라 영적인 것이었다 등의 믿음을 받아들였다. 조나단 스코트는 얼라인의 신학을 '틀렸고 위험하다'라고 선언했지만, 존 웨슬리(John Wesley)는 '황금과 녹은 금속 찌꺼기가 뒤섞여 있다'라고 했다. 비록 부분적으로 공식 신학 교육이 부족했던 탓에 얼라인의 신학 작품이 특별히 독창적이지도 않고 인상적인 부분도 거의 없음에도 불구하고, 1797년과 1804년에 자유의지침례교(Freewill Baptist) 종파가 이 작품들을 뉴잉글랜드에서 재출판했다. 이들의 지도자인 벤저민 랜달(Benjamin Randall)은 얼라인의 반칼빈주의 입장과 거듭남 경험에서 의지의 자유가 차지하는 역할에 대한 강조에 마음이 끌렸다. 자유의지침례교도들은 얼라인의 더 독특한 신학 사상 일부도 처음에 수용했지만, 19세기가 되면 그 견해를 포기했다.

1783년 후반, 얼라인은 자신이 소모성 질환으로 노바스코샤로 돌아가지 못하게 될 수도 있다는 사실을 알면서도 뉴잉글랜드로 설교 여행을 떠났다. 그러다 1784년 2월 2일, 뉴햄프셔(New Hampshire) 소재 노샘프턴회중교회(Northampton Congregational Church)의 칼빈주의 목사 데이비드 맥클루어(David McClure)의 집에서 사망했다. 얼라인의 장례식이 이 새빛파 설교자가 거의 일평생 비난해 온 '칼빈주의 청교도가 거의 국교 같은 권력을 쥐고 있는 뉴잉글랜드'에서 거행되었다는 것도 흥미로운 일이다.

얼라인이 마리타임스(Maritimes) 지역에 남긴 유산은 신학자의 유산이 아니라 지역의 종교문화를 형성한 순회전도자와 부흥사로서의 유산이었다. 그가 남긴 찬송은 오늘날에도 여전히 일부 교회에서 불린다. 심지어 그가 교회 권위를 거부하고 세례를 '불필요한 것'으로 인식했음에도 불구하고, 19세기에 등장한 두 주요 마리타임스 침례교 집단이 그가 18세기에 틀을 만든 교회와 전통에서 크게 성장했다는 것도 역설적이다. 침례교(칼빈주의)와 자유기독교침례교(알미니안주의)는 도취적인 거듭남의 경험과 부흥을 마치 19세기 교회들이 공식화시킨 것처럼 오늘날에도 여전히 강조했다. 1861년, 이 두 침례교 교파에 소속된 교인의 수는 뉴브런즈윅(New Brunswick)에서 가장 많았고, 노바스코샤에서는 두 번째로 많았다. 1905-06년이 되었을 때 얼라인이 만든 전통은 이미 많이 약화되었음에도 불구하고, 이 두 교파는 연합에 합의하고 한 교단이 되었다.

참고문헌 | D. G. Bell, 'Henry Alline and Maritime Religion' (Canadian Historical Association Historical Booklet 51, 1993); G. A. Rawlyk (ed.), *Henry Alline: Selected Writings* (New York: Paulist Press, 1987).

D. GOODWIN

헨리 오턴 와일리(Henry Orton Wiley, 1877-1961)

나사렛 교단(Nazarene) 신학자이자 대학 총장. 그는 1877년 11월 15일에 네브라스카(Nebraska) 마켓(Marquette)에서 태어났다. 그는 이후 오리건 메드퍼드(Medford)로 이주하여, 오리건주립사범학교(Oregon State Normal School)에 입학했고 1898년에 졸업했다. 그는 등록된 약사이면서 동시에 연합형제단교회(United Brethren Church)의 목사로 몇 년간 사역했다. 와일리는 1902년 11월 8일에 앨리스 메이 하우스(Alice May House)와 결혼했다. 이 부부는 앨마 펄(Alma Pearl), 레스터 버넌(Lester Vernon), 헨리 워드(Henry Ward), 앨리스 루스(Alice Ruth)라는 이름의 네 자녀를 낳는다. 와일리는 학사학위를 1910년에 퍼시픽대학교(University of the Pacific)에서 마쳤고, 1910년에 신학사, 1916년에 신학석사, 1929년에 퍼시픽종교학대학원(Pacific School of Religion)에서 신학박사를 마쳤다.

헨리 와일리는 캘리포니아대학교(University of California) 버클리캠퍼스에서 공부하면서 근처에 있는 작은 형제단교회에서 봉사했다. 그러다 '성화'(sanctification)를 체험한 뒤 나사렛 교단에 가입했다. 그는 버클리에서 1905년부터 1909년까지 이 교단 교회의 부목사로 일했고, 1909년에는 산호세교회(San José Church)의 창립목사가 되었다. 1910년에는 패서디나대학(Pasadena College) 총장으로 첫 번째 임기(1910-1916)를 마쳤다. (현재 패서디나대학은 포인트로마나사렛대학교 [Point Loma Nazarene University]가 되었다). 그러나 이사회의 간섭, 지역 목회자들과 교수진 간의 불화가 있자 이에 실망해 1916년 3월에 사임했다. 와일리는 아이다호 남파(Nampa) 소재 노스웨스트나사렛대학(Northwest Nazarene College) 총장이 되었다(1916-1926). 여기서 그는 나사렛 교회 교육부 총무로도 오랫동안 일했다. 1926년부터 1928년까지는 다시 패서디나대학 총장으로 일했다. 이어서 교단 공식 출판물 「더 헤럴드 오브 홀리니스」(*The Herald of Holiness*)의 편집장으로 일하기 위해 캔자스시티로 이주했다(1928-1936). 그러나 빚에 시달리던 패서디나대학은 와일리를 세 번째로 총장으로 초청했다(1933-1948). 대학 총장으로서, 교단 책임자로서 와일리는 나사렛 교단의 성경학교를 인문대학으로 발전시키는 데 큰 역할을 했다.

와일리가 성결운동에 가장 크게 기여한 것은 저술가로서였다. 그는 『기독교 신학』(*Christian Theology*, 1940-1943)을 세 권으로 나누어 출판했는데, 이 책은 지금도 이 교단 전통의 표준적인 종합 학술서 역할을 하고 있다. 성결 신학자들이 고유의 전통을 유지한 채, 미국 내 다른 신학 사상 조류들과 교류할 수 있게 만드는 데 가장 크게 공헌한 인물이 바로 와일리였다. 『기독교 신학』의 요약판이라 할 수 있는 『기독교 신학개론』(Introduction to Christian Theology, 1959)은 폴 T. 컬버슨(Paul T. Culbertson)과 함께 작업해서 출판했다. 와일리는 『히브리서 주석』(The Epistle to the Hebrew, 1959)도 썼다. 또한, 나사렛 신자로서 교육자인 엘리슨과 함께 『가르침의 원리』(The Principles of Teaching, 1925)를 썼다. 『하나님은 답을 가지고 계시다』(God Has The Answer, 1963), 『오순절의 약속』(The Pentecostal Promise, 1963), 『하나님의 수금』(The Harps of God, 1971)은 그의 세 개의 설교집이다.

와일리는 1961년 8월 22일에 패서디나에서 세상을 떠났다. 그와 관련된 문헌은 샌디에이고의 포인트로마나사렛대학, 남파 소재 노스웨스트나사렛대학, 캔자스시티 소재 나사렛교회 문헌보관소에 보관되어 있다.

참고문헌 | P. M. Bassett, 'A Study in the Theology of the Early Holiness Movement,' *Methodist History*, 13 (April 1975), pp. 61-68; R. E. Kirkemo, *For Zion's Sake: A History of Pasadena/Point Loma College* (San Diego: Point Loma Press, 1992); J. M. Price, 'An Educational Biography of H. Orton Wiley, 1877-1961' (PhD dissertation, University of Kansas, 2001); T. L. Smith, *Called Unto Holiness: The Story of the Nazarenes: The Formative Years* (Kansas City: Nazarene Publishing House, 1962).

D. BUNDY

헨리 웨이스(Henry Wace, 1836-1924)

성공회(Anglican) 사제이자 학자. 그는 1836년 12월 10일에 런던에서 리처드 H. 웨이스(Richard H. Wace) 사제의 아들로 태어났다. 아버지는 병으로 목회를 그만둘 수밖에 없어서, 여생을 옥스포스셔(Oxfordshire)의 고어링(Goring)과 서섹스(Sussex)의 와더스트(Wadhurst)에서 학생을 가르쳤다. 웨이스는 1856년에 옥스퍼드대학교에 진학하기 전에 말보로대학(Marlborough College)과 럭비스쿨(Rugby School), 런던의 킹스대학(King's College)에서 교육을 받았다. 그는 옥스퍼드대학교 트리니티대학(Trinity College)에 입학했으나, 곧 장학금을 받고 같은 옥스퍼드대학교 브래스노스대학(Brasenose College)으로 옮겼다. 웨이스는 1911년에 브래스노스대학의 명예 연구원으로 선출되었는데, 후에 같은 학교에서 아들 헨리 C. 웨이스 목사(Revd Henry C. Wace)도 같은 연구원으로 임명된 바 있다.

졸업 후 웨이스는 테이트(Tait) 주교에게 안수를 받고 런던의 버릭스트리트(Berwick Street) 소재 세인트루크스교회(St Luke's Church)에서 부사제로 사역했다. 2년 후 1863년에는 피카딜리(Piccadilly) 소재 세인트제임스교회(St James's Church)에서 부사제로서 J. E. 켐프(J. E. Kempe)를 보좌했다. 1870년에 사임한 후에는 그로브너 채플(Grosvenor Chapel)의 설교자(lectureship)가 되었다. 링컨스인법학원(Lincoln's Inn)의 학교사제로 일했고(1872-1880), 이어서 설교자가 되었다(1880-1896).

1875년에 웨이스는 런던 킹스대학 교회사 교수로 임명되었다. 1884년에는 알프레드 배리(Alfred Barry)가 시드니 대주교로 임명되자, 웨이스가 학장이 되었다. 이 시기에 그는 몇

몇 중요한 학술 프로젝트에 참여했다. 예를 들어, 『설교자의 주석』(Speaker's Commentary, 총 2권, 1888)에 실린 외경 부분을 편집했고, 윌리엄 스미스(William Smith)와 함께 『기독교 첫 8세기 기독교 전기, 문헌, 종파, 교리 사전』(A Dictionary of Christian Biography, Literature, Sects and Doctrines during the First Eight Centuries, 총 4권, 1877-1887)을 공동 작업했으며, 필립 샤프(Phillip Schaff) 및 여러 다른 이들과 함께 『니케아 및 니케아 이후 기독교 교부 자료 선집』(A Select Library of Nicene and Post-Nicene Fathers of the Christian Church, 총14권, 1890-1900)을 편집하기도 했다. 웨이스의 학장 임기에 킹스대학은 심각한 재정 위기를 겪었는데, 폐교를 고민할 만큼 상태가 심각했다. 교단 소속의 학교였기에 정부의 지원을 받을 수 없었고, 공적 기부금만으로는 위기를 해결하기에 충분치 않았다. 더욱이 런던앨버트대학교(Albert University of London) 신설 안에 대해 킹스대학과 유니버시티대학(University College)이 공동으로 청원한 내용이 오랜 기간의 협의와 두 왕립위원회의 논의 후 결국 거절당하기에 이르렀다. 그 와중이던 1891년에 킹스대학은 원치 않은 논쟁에 휘말리게 되었는데, 논리학 및 형이상학 교수 알프레드 모머리(Alfred Momerie)가 원죄와 삼위일체를 부정했다는 이유로 해고된 사건 때문이었다. 웨이스는 1896년에 킹스대학을 떠났고, 6년 후에는 종교 시험 폐지 결정에 반대하며 학교위원회에서도 사임했다.

킹스대학 재직 중에 웨이스는 성직자로서 몇 가지 영예를 얻었다. 잭슨 주교의 추천으로 1881년에 당시 런던 세인트폴대성당(St Paul's Cathedral)에서 수록성직자 좌석을 수여받았고, 1883년 옥스퍼드대학교에서 신학박사학위를 받았으며, 캔터베리 대주교의 시험담당사제와 여왕의 왕실사제로 임명되었다. 1896년에 그는 주변의 예상을 깨고 드레이퍼회사(Drapers' Company, 1361년에 공식 설립된 제복 및 관복 회사로, 상업적으로뿐만 아니라 영국 왕실과 정치권 거물을 회원으로 두고 큰 영향을 행사한 조직이기도 했다-역주)를 통해 주교 알프레드 얼(Alfred Earle)의 뒤를 이어 런던의 콘힐(Cornhill) 소재 세인트마이클스교회(St Michael's Church)의 교구사제로 임명받았다. 이런 상황에도 불구하고 웨이스가 1903년에 프레데릭 파러(Frederic Farrar)의 죽음 이후 캔터베리대성당 주임사제로 선택받기 이전까지는 선호의 대상이 된 중요 인물이 아니었기에, 이 임명은 동시대인이 볼 때에도 놀라운 일이었다.

웨이스는 성당 구조 변경을 위해 30,000파운드 이상을 모금했으며, 85세 생일에는 캔터베리자유상(freedom of Canterbury, 캔터베리의 인상을 개선하는 데 기여한 인물에게 주는 상-역주)을 받았다. 그는 능력 있는 행정가로서 수많은 복음주의 기관을 지원했다. 예를 들어, 런던신학대학(The London College of Divinity)과 더럼(Durham)의 세인트존스홀(St John's Hall)위원회 위원장직을 맡았으며, 웨이머스대학(Weymouth College)과 트렌트대학(Trent College) 이사장을 맡기도 했다. 킹스대학병원과 성직자 상호보험협회를 위해서도 봉사했다. 웨이스는 1924년 1월 9일에 캔터베리에서 생을 마감했다.

웨이스는 굳건한 개신교인으로, '복음주의'라는 칭호는 '기독교인, 특히 기독교 성직자가 얻을 수 있는 가장 영광스러운 호칭 중 하나'라고 생각했다. 그는 신학 논쟁 전문가이자, 잉글랜드국교회(Church of England) 종교개혁 지지파의 확고한 변호자였다. 이로써 '성경 기독교의 핵심 진리를 말과 글로 변호한 승리자'라는 칭송을 받았다(*Journal of Transactions of the Victoria Institute* 56 [1924], p. 1). 그는 종교개혁가들의 가르침을 더 잘 이해하라고 권하면서, C. A. 부크하임(C. A. Buchheim)과 함께 『루터 주요 저작집』(*Luther's Primary Works*, 1896)을 편집하기도 했고, 이 주제에 대한 논문 모음집을 『종교개혁의 원리들』(*Principles of the Reformation*, 1910)이라는 제목으로 출판했다.

웨이스는 잉글랜드국교회에 예전주의가 확산되는 것에 확고부동하게 반대했는데, 이는 예전주의가 중세 로마 가톨릭의 오류를 부활시키는 것이라 믿었기 때문이다. 그는 전국교회연맹(National Church League) 회장직을 맡기도 했다. 그는 『공동기도서』(*The Book of Common Prayer*) 개정에도 반대했다. 이 개정으로 기도서의 개신교적 특징이 망가질 것을 우려했기 때문이었다. 따라서 그는 미사 복장 및 성례의 보존을 법제화하는 것은 불만을 외면하고픈 주교들의 욕망 때문에 성공회-가톨릭파(Anglo-Catholics, 성공회 내 고교회파로 로마 가톨릭 친화적-역주)에 어리석게도 양보하는 것이라 경고했다.

그럼에도 불구하고, 교회 내 평화를 유지하기 원했던 웨이스는 1903년에, 성경에 근거한 경우에, 예전과 교리 내 여러 다양성이 첫 여섯 세기 동안의 일반적인 용례에만 들어맞는다면 수용 가능하다고 주장했다. 이 주장은 로마 가톨릭에 반대하는 쥬얼 주교(Bishop Jewell)가 주장한 고대성에 대한 호소를 따른 것으로, 이 주장은 다양한 신학 견해를 가진 사람들의 지지를 얻었지만, 실제로 실행되지는 못했다. 복음주의자가 아닌 이들의 호의를 끌어낸 능력을 인정받아, 웨이스는 1900년과 1901년 풀럼 대회의장으로 추대되었다. 이 대회는 런던 주교가 소집한 소규모 '원탁' 토론으로, 성찬론과 비밀고해(auricular confession)에 대해 논의했다.

웨이스는 예전주의뿐만 아니라, 교회 안팎의 합리주의 확산에도 저항한다. 그는 성경을 '고등비평'하려는 이들에게 도전했고, 그들의 급진적인 결론을 거부했다. 대신 그는 시대에 대한 전통적인 이해, 성경의 저작권과 정확성을 지지했다. 성경의 교리에 대한 불화 때문에 1922년에 교회선교회(Church Missionary Society)에서 분리되어 나온 성경성직자선교회(The Bible Churchmen's Missionary Society)는 웨이스를 부대표로 추대했다. 그는 '과학'과 '신앙' 간 논쟁에 적극적으로 참여했고, 빅토리아연구소(Victoria Institute) 소장을 맡기도 했다. 이 연구소는 철학과 과학에 대한 질문을 탐구하고, 이 둘과 '성경에 계시된 위대한 진리' 사이의 분명한 불일치를 조화시키기 위해 설립된 기관이었다.

1888년 교회회의(Church Congress)에서, 그는 '불가지론자'가 정직하다면 그들은 '불신자'라는 이름을 받아들일 것이라고 주장했다. 이 주장 때문에 웨이스는 토마스 헉슬리(Thomas Huxley)와의 열띤 토론을 정기 간행물 「나인틴스 센추리」(*Nineteenth Century*) 지면에서 이어 나갔는데, 이 논쟁이 후에 『기독교와 불가지론』(*Christianity and Agnosticism*, 1895)이라는 제목의 책으로 출판되었다. 또한, 웨이스는 성경적 기독교에 반대하는 이들의 가르침에 대한 공격도 이어 나갔는데, 공격 대상에는 매튜 아널드(Matthew Arnold), 찰스 다윈(Charles Darwin), 코터 모리슨(Cotter Morison), 어니스트 레넌(Ernest Renan), 허버트 스펜서(Herbert Spencer), 험프리 워드 여사(Mrs Humphry Ward) 등이 있었다.

웨이스는 다작가이자 유명 설교자였다. 젊은 부사제 시절에 웨이스는 콜렌소 위기(Colenso crisis)에 대한 자신의 생각을 담은 편지를 신문사로 보내면서 「타임스」(Times) 편집장 존 들레인(John Delane)의 주목을 받아 주필로 위촉되었다. 웨이스는 20년 넘게 정규 주필로 활약했고, 이후 여생에는 비정규 기자로 활동했다.

그는 또한 자주 「쿼털리 리뷰」(Quarterly Review)나 「처치맨」(Churchman) 같은 저널에 기고했고, 이슬링턴성직자대회(Islington Clerical Conference)나 교회회의(Church Congress)에서도 강사로 연단에 섰다. 「클러지맨스 매거진」(Clergyman's Magazine)에 기고한 논문들은 『우리 주님의 목회의 몇 가지 중요 요소』(Some Central Points of Our Lord's Ministry, 1890)라는 제목의 책으로 출판되었다. 신문 「레코드」(Record)에 기고한 글들은 『우리 시대의 몇 가지 질문』(Some Questions of the Day, 총2권, 1912-1914)으로 출판되었다. 웨이스는 보일강연(Boyle Lectures)을 1874년부터 1875년까지 화이트홀(Whitehall, 영국정부청사 구역을 총칭하는 표현-역주)에 있는 채플로얄(Chapel Royal)에서 진행했는데, 이 강연은 『기독교와 도덕성』(Christianity and Morality)이라는 제목으로 출판되었다. 1879년에 옥스퍼드대학교에서 진행된 뱀턴강연(Bampton Lectures)은 『신앙의 토대』(The Foundations of Faith)라는 제목으로 출판되었으며, 1894-1898년에 링컨스인법학원에서 열린 워버턴강연(Warburton Lectures)은 『유대교와 기독교의 예언』(Prophecy Jewish and Christian)이라는 단행본으로 출판되었다.

다른 저작으로는 『복음과 그 증인들』(The Gospel and its Witnesses, 1883), 『전쟁과 복음』(The War and the Gospel, 1917), 『수난 이야기』(The Story of the Passion, 1922), 『부활 이야기』(The Story of the Resurrection, 1923) 등이 있다.

A. ATHERSTONE

헨리 윌리엄스(Henry Williams, 1792-1867)

뉴질랜드 초기 개척 선교사. 그는 1792년 2월 11일에 잉글랜드 햄프셔(Hampshire)의 고스포트(Gosport)에서 부유한 레이스(lace) 제조업자 아버지와 어머니 메리 마쉬(Mary Marsh) 사이에서 여덟 자녀 중 다섯째로 태어났다. 1796년에 가족은 노팅엄(Nottingham)으로 이사했고, 아버지는 노팅엄에서 유명한 정치인이 되었다. 1806년에 윌리엄스는 가족 전통에 따라, 장교 후보생으로 해군에 지원했다. 비스케이베이(Bay of Biskey)와 인도양을 배를 타고 항해하면서, 나폴레옹 전쟁이 끝나기 전에 해군 대위로 진급했다. 그러나 휴직 사관으로 군대를 떠났다. 이후 매형이자 복음주의 성직자인 에드워드 개러드 마쉬(Edward Garrad Marsh)와 함께 살면서 교회선교회(Church Missionary Society, CMS) 사역에 관심을 갖게 되었다.

1818년 1월 20일에 윌리엄스는 옥스퍼드셔(Oxfordshire)의 뉴니턴 코트네이(Nuneaton Courtenay)에서 또 한 사람의 노팅엄 레이스 제작자이자 정치인의 딸 매리앤 콜덤(Marianne Coldham)과 결혼했다. 부부는 선교에 대한 강렬한 열정을 공유했다. 1819년에 윌리엄스는 교회선교회(CMS) 뉴질랜드 책임자로 자원해서 1814년에 평신도 세 명과 함께 선교회 개척을 시작했다. 윌리엄스 부부는 처음에는 평신도 선교사로 받아들여졌지만, 교회선교회는 윌리엄스가 안수를 받아야 더 효율적으로 일할 수 있으리라 생각했다. 매형 마쉬는 1822년 6월 2일에 윌리엄스가 부제로, 1822년 6월 16일에는 사제로 안수받을 수 있게 준비해 주었다. 뉴질랜드로 떠나기 전 윌리엄스에게는 세 자녀가 있었으며, 뉴질랜드에서는 열 한 자녀가 더 태어났다.

교회선교회(CMS)는 유능한 인물을 문제가 많은 선교지로 보내는 것을 주저했다. 선교회가 최초로 파송한 선교사 중 토마스 켄달(Thomas Kendall)은 젊은 마오리 여성을 내연녀로 삼았고, 다른 선교사들은 마오리 토착민들에게 총기를 지원해 주기도 했다. 윌리엄스 부부는 순종, 모범적인 가정 생활, 세상일보다 영적 책임을 우선순위에 놓는 것 등 선교회 위원회로부터 엄청나게 많은 권고를 받고 뉴질랜드로 떠났다.

1823년 2월 27일에 시드니에 도착한 윌리엄스 가족은 8월 3일에 뉴질랜드에 들어갔다. 당시 뉴질랜드에는 교회선교회(CMS) 선교지부가 둘 있었는데, 모두 북쪽 끝에 있는 베이오브아일랜즈(Bay of Islands) 위치하고 있었다. 윌리엄스는 같은 지역의 파이히아(Paihia)에 세 번째 선교지부를 설립했고, 뉴질랜드선교회 감독관이자 뉴사우스웨일스(New South Wales) 사제였던 새뮤얼 마스덴(Samuel Marsden)을 도와 마오리 부족 여성과 부적절한 관계를 맺은 켄달과 (몇 달 후) 술 문제로 골머리를 썩이던 존 버틀러(John Butler)를 해임했다. 수가 많았던 평신도 선교사들은 그대로 남았다. 윌리엄스는 빠르고 확고하게 상황을 정리했다. 지역 마오리 추장과 좋은 관계를 맺었고, 기독교적 가치를 유지하면서도 언제나 유연하게 접근했다. 그는 선교사들이 마오리 언어를 배우는 수업을 마련했다. 곧 예배당과 여러 학교를 세웠다. 마오리 추장 랑기(Rangi)의 회심으로 큰 돌파구가 마련되었다. 1826년에는 헤럴드(Herald)호를 구입하면서 처음부터 꿈꾼 소망을 성취했고, 베이오브아일랜즈에 사는 부족들을 위한 선교를 독립적으로 시작했다. 동생 윌리엄이 같은 해에 뉴질랜드에 도착하면서부터는 성경번역도 가능해졌다. 윌리엄은 대학 교육을 받았고, 언어에 천부적인 재능이 있었다.

교회선교회(CMS)는 윌리엄스에게 독립된 선교권한을 부여했다. 이 때문에 윌리엄스는 마오리 부족을 '문명화'시킨 후 복음을 전한다는 마스덴의 정책을 거부했다. 윌리엄스는 마오리 사회에 만연한 폭력에 대한 염려가 많았기에, 당시 전쟁 중이던 부족들 사이에서 평화를 중재하는 역할을 했다. 비록 1827년에 교회선교회와 좋은 관계를 맺고 있던 웨슬리파선교회(Wesleyan mission)가 더 북쪽에 살고 있던 왕가로아(Whangaroa) 출신 마오리 부족에게 쫓겨나는 사건이 있었음에도, 윌리엄스의 선교회는 점차 확장되었다.

1830년대에는 선교회의 규모와 영향력이 매우 커졌지만, 윌리엄스는 신앙을 명확하게 고백하는 사람들에게만 세례를 베푼다는 원칙을 고수했다. 1830년대 중반에는 예배당이 꽉 찼고, 마오리 추장들은 선교사들에게 함께 살아 달라고 요청했다. 그러나 윌리엄스는 선교사들의 도덕 기준과 아주 많이 다른 도덕 기준을 갖고 있던, 당시 수가 늘고 있던 유럽인 상인들의 위협을 정확히 인식하고 있었다. 동시에 그는 프랑스인 가톨릭 주교가 뉴질랜드로 파송되어 오고, 잉글랜드인들의 정착도 곧 이루어지리라는 정보도 입수했다. 윌리엄스는 교회선교회 런던위원회에 뉴질랜드 마오리 부족 사람들과 선교회를 보호하기 위해 영국 정부가 개입할 수 있게 해 달라고 긴급 요청했다. 청원은 받아들여졌지만, 예상치 못한 방식으로 이루어졌다. 영국 정부는 뉴질랜드 합병을 승인하면서, 정착민들을 배제하지 않는 대신 통제하겠다고 선언했다.

따라서 정부는 교회선교회(CMS)의 개인 후원자였던 윌리엄 홉슨 선장(Captain William Hobson)을 뉴질랜드로 보냈다. 그가 마오리 부족에게 식민지 지위를 받아들이라고 요청한 조약 내용은 윌리엄스가 통역했다. 1840년 2월 6일에 와이탕기(Waitangi)에서 조약안 서명식이 있었을 때, 윌리엄스가 이 조약의 보증인이 되었다.

이 조약은 뉴질랜드 선교의 전환점이었다. 영국 행정부는 교회선교회(CMS)에 공감하기는 했지만, 세속 권력이 선교사의 영향력을 대체했기에, 마오리 부족과 영국 정부 양편을 친구로 두고 있던 윌리엄스는 긴장이 발생하면 둘 사이를 조정하고 타협해야 하는 불편한 위치에 있을 수밖에 없었다. 그의 시각에 옳은 편에 더 공감하고 이를 밀고 나가겠다는 것이 이 상황에 대한 윌리엄스의 대응이었다. 그러나 이런 권위 구조는 적합하지 않았는데, 왕이 뉴질랜드의 새 주교로 임명한 조지 셀윈(George Selwyn)은 이에 공감하지 않는 지도자였기 때문이었다. 새 주교는 윌리엄스와 달리 고교회(High Church) 성향이었기에, 윌리엄스의 강한 복음주의를 인정하지 않았다. 윌리엄스가 마오리 부족의 땅을 유럽인 정착자들이 차지하게 허락하는 식민지 총독 조지 그레이(George Grey)에게 반발하자, 총독은 1830년대에 윌리엄스가 자신의 대가족을 부양하기 위해 땅을 샀던 행위를 비난하면서 윌리엄스에 맞섰다.

윌리엄스의 정직이 문제가 된 이 상황에서 그가 물러서기를 거부하자, 교회선교회는 셀윈 주교의 조언을 받아들여 그를 해임했다. 윌리엄스는 파카라카(Pakaraka)에 있는 가족의 집으로 돌아갔다. 1854년에 가서야 그레이와 셀윈 주교의 공동 요청으로 선교회로 복귀할 수 있었지만, 선교회가 결코 이전과 같을 수는 없었다. 교회선교회는 이제 뉴질랜드에 설립된 성공회교회에 선교회를 위임하는 계획을 마련했다. 세속 정부당국과 다른 선교사들이 이전 교회선교회의 주도권을 잠식하면서, 이제 교회선교회는 마오리 부족과 함께하며 누렸던 엄청난 명성을 상실했다. 윌리엄스는 이런 일련의 사건을 겪으면서 선교의 열정과 목표 의식을 상당히 많이 잃었다. 1860년대에 식민지가 인종 간 전쟁으로 치닫자, 윌리엄스와 셀윈 주교는 양편으로부터 공격을 받았다. 마오리 부족은 결국 유럽인이 이끄는 교회를 버렸다. 윌리엄스는 이런 일련의 사건들에 대해 매우 슬퍼하다가 1867년 7월 16일에 세상을 떠났다. 남편과 함께 열심히 선교에 매진했던 아내 메리앤(Marianne)은 1879년 12월 16일에 세상을 떠났다.

윌리엄스는 1세대 복음주의 선교사의 좋은 모델이었다. 그는 마오리 부족의 회심의 필요성을 크게 확신했고, 회심자가 확실한 신앙고백을 해야 한다고 주장했다. 마오리 부족이 복음화되기 이전에 먼저 '문명화'되어야 한다는 마스덴의 견해를 거부한 그는 자신의 선교를 보다 더 확실한 복음주의적 원칙에서 재구성했다. 그는 또한 복음주의 선교는 성경을 지역민에게 전해 주는 것이어야 한다고 인식했기에, 대학 교육을 받은 자기 동생과 로버트 몬셀(Robert Maunsell)에게 마오리 성경번역의 책임을 맡겼다.

윌리엄스의 복음주의에는 특별한 성공회적 특징이 있었다. 이는 교회의 특권을 보호하는 것, 그리고 마오리 부족 추장들과 관계하면서 그들을 공감하면서도 그들 위에 분명한 지도력을 행사하는 것에서 분명히 드러났다. 그는 또한 뉴질랜드에서 일어난 사건에 영국 정부의 개입을 용이하게 하기 위해 영국 정부 당국과 협력하고, 잉글랜드 내 교회선교회 지도자들과 함께 일하는 데 신경을 많이 썼다. 그의 복음주의는 보수적이고 신중했다. 그는 분명한 저교회파 성직자였기에, 셀윈 주교가 도입한 고교회(High Church) 상징주의를 신뢰하지 못했다. 윌리엄스는 뉴질랜드에서 자주 주로 정치계와 연관된 인물로 평가되지만, 이것으로는 덕과 가치를 놀랍게 조화시킨 그의 공헌을 제대로 설명할 수가 없다.

참고문헌 | N. Benfell, 'The Shape of the New Society: Selwyn, CMS and the New Zealand Company in Fierce Debate-Martyr to the Cause? Henry Williams and His Tribulations,' in R. Glen (ed.), *Mission and Moko: Aspects of the Work of the Church Missionary Society in New Zealand* 1814-1882 (Christchurch: Latimer Fellowship of New Zealand, 1992), pp. 73-109; H. F. Carleton, *The Life of Henry Williams* (Auckland: Upton & Co., 1874-1877); L. M. Rogers (ed.), *The Early Journals of Henry Williams* 1826-40 (Christchurch: Pegasus, 1961); L. M. Rogers, *Te Wiremu: A Biography of Henry Williams* (Christchurch: Pegasus, 1973).

P. J. LINEHAM

헨리 쿡(Henry Cooke, 1788-1868)

아일랜드장로교(Irish Presbyterian) 목사. 그는 1788년 5월 11일에 데리 카운티의 마게라(Maghera) 근교 그릴라(Grillagh)에서 소작농 존 매쿡(John Macook)과 두 번째 아내 제인 하우(Jane Howe)의 넷째이자 막내아들로 태어났다. 아버지와는 달리 이름에서 '맥'(Mac)을 떼고 스펠링 '이'(e)를 더했다. 지역 허름한 글방(hedge schools)을 다닌 후 학위 취득 없이 글라스고우대학교(Glasgow University, 1802-1807)에 진학한 그는 1808년 11월 10일에 발리메나 노회(Ballymena presbytery)에 의해 카운티 안트림(County Antrim)의 더닌(Duneane)에서 안수받고 배치되었다. 그의 대학 교육이 별로 두드러지지 못했다고 말할 수 있겠지만, 그의 첫 번째 목회는 심지어 불행하다고 말할 정도여서, 2년 후 아예 사임해야 했다. 그러나 이때의 실망이 오래가지는 않았는데, 1811년 1월 29일에 그는 던고어(Donegore) 근교로 다시 배치되었다가, 거기서 설교자로서의 재능이 만개했고 1813년에는 툼(Toome)의 엘렌 만(Ellen Mann)과 결혼함으로써 삶이 훨씬 안정적으로 변했다.

관대했던 교회는 쿡이 더 공부할 수 있는 시간을 허락해 주었고, 더블린(Dublin)에서 공부하는 동안에는 수도의 성장하는 복음주의 운동의 중심지였던 메리스애비(Mary's Abbey Church)교회가 그의 영적 고향 역할을 대신해 주었다. 이 교회 목사 중 하나였던 제임스 칼라일(James Carlile)은 1814년에 아일랜드 남부와 서부를 복음화하기 위해 설립된 아일랜드 복음주의협회(Irish Evangelical Society) 창립자였고, 이 협회의 후원 아래 쿡은 칼로(Carlow)와 스트라스퍼드-온-슬래니(Stratford-on-Slaney)에서 정기적으로 설교했는데, 빈사 상태의 장로교회들이 여기서 부흥하고 있었다. 던고어(Donegore)에서 7년을 보낸 후, 쿡은 카운티 다운(County Down)의 킬릴리(Killyleagh)로 부름을 받아 1818년 9월 8일에 이곳으로 이동했다. 킬릴리에서는 지역 지주 아치볼드 해밀턴 로언(Archibald Hamilton Rowan)의 아들이자 교회의 열정적인 복음주의 장로였던 시드니 해밀턴 로언(Sydney Hamilton Rowan)의 영향을 받았다. 쿡의 사위이자 전기 저자였던 J. L. 포터(J. L. Porter)는 젊은 목사에게 끼친 로언의 영향력은 '측량하기 어려울 정도였다'라고 했다. 킬릴리에서 로언의 격려 하에 쿡은 신학적 급진주의에 대한 단호한 반대자로 떠올랐다.

얼스터대회(Synod of Ulster)는 안수 후보자들이 서명(subscription)해야 하는 웨스트민스터 표준문서들의 전통적인 칼빈주의를 고수하는 옛빛파(Old Lights)와 신앙을 시험하는 기준으로 서명을 요구하는 것에 반대했고, 그중 일부는 아리우스주의자였던 새빛파(New Lights) 간 갈등으로 분열되어 있었다. 1821년에 잉글랜드 유니테리안주의 선교사가 킬리리를 방문하고, 스스로 아리우스주의자라고 자처하던 윌리엄 브루스(William Bruce)가 근래 설립된 벨파스트 학교(Belfast Academical Institution, 11-18살 사이의 남학생이 다니던 문법학교-역주) 히브리어와 그리스어 책임자로 임명되었다. 이 학교에서 대회의 많은 목회자 후보생이 공부하고 있었기에, 쿡은 정통의 수호자로 공공 영역에 모습을 드러내기 시작했다. 1822년 연례 대회에서 그는 '우리는 반드시 아리우스주의를 무너뜨려야 한다. 그렇지 않으면 그들이 우리를 무너뜨릴 것이다'라고 말하며 아리우스주의에 대한 전투를 요청했다. 쿡은 삼위일체 교리는 아리우스주의자들이 주장하는 것처럼 단순한 사색적 신학이 아니라, 성육신과 속죄라는 생명 있는 기독교 교리들의 토대이며, 그리스도의 신성에 대한 어떤 의문도 구원의 근본을 붕괴시킨다고 주장했다.

쿡은 대회가 학교에서 이 문제와 관련된 직책에 임명된 이들에 대해 거부권을 행사해 주기를 바랐지만, 성공하지 못했다. 학교는 이런 종류의 거부권을 승인하려 하지 않았고, 대회는 대회장에게 학교 운영이사회 회원으로서의 직권(*Ex officio*)을 줌으로써 대회가 필요로 하는 모든 영향력을 이미 제공한 것이라고 결정했다. 기운이 빠진 쿡은 병들어 더블린에서 요양하다가, 스위스 개혁파 목사 세자르 말랑(César Malan)을 만나면서 다시 영적 힘을 회복했다. 말랑은 스코틀랜드 신사 계급 전도자 로버트 홀데인(Robert Haldane)의 영향을 받았고, 제네바에서 복음주의 신앙 부흥운동과 유니테리안주의 반대운동에 참가했다.

쿡은 새 열정으로 아리우스주의 반대운동, 벨파스트학교에 대한 정부 조사과정에서 대회 서기 윌리엄 포터(William Porter)와 다른 저명한 지도자들이 아리우스파 견해를 공개 승인한 것에 대항하는 운동을 재개했는데, 이 정부 조사는 그가 대회 내 아리우스주의자들을 직접 공격하는 계기가 되었다. 비록 도시의 아리우스주의자 헨리 몽고메리(Henry Montgomery)가 자유를 열정적으로 변호했음에도 불구하고, 쿡은 1827년 연례 모임에서 대회를 설득하여 대회가 삼위일체 신앙을 재승인하게 하는 데 성공했다.

쿡과 몽고메리 간의 설전은 얼스터대회에 존재하던 갈등의 유명한 특징이었다. 1827년에 고립된 아리우스파는 1828년 대회가 미래 안수 후보자들의 정통성과 신앙 경험을 시험하는 신학조사위원회를 구성하자 더 강한 압박을 받게 되었다. 그들은 이 '혁신'에 저항하는 항론(Remonstrance)을 제출했지만, 대회가 이를 거부하자 대회를 탈퇴하여 항의파대회(Remonstrant Synod)를 조직했고, 이 대회는 후에 등장하는 아일랜드 비서명 장로교회(Non-Subscribing Presbyterian Church in Ireland)라는 작은 교파의 핵이 되었다.

쿡은 이제 얼스터대회에서 최고 인기와 영향력을 누리는 인물로 우뚝 섰다. 새로 지은 멋진 교회당도 벨파스트의 메이스트리트(May Street)에 그를 위해 세워졌고, 강단과 정치 연단에서는 호전적 개신교와 정치적 통일주의(unionism)가 혼재된 이상을 외쳤다. 대회 내부 갈등에는 정치적 함의가 있었다. 헨리 몽고메리와 아리우스파는 신학과 마찬가지로 정치에서도 자유주의를 대변했고, 쿡은 오렌지 당원(Orangeman, 1795년 북아일랜드에서 조직된 비밀결사 오렌지 오더(Orange Order)의 당원으로, 오렌지색 리본을 기장으로 하고 영국과의 연합을 지지한 신교도 단체-역주)은 아니었음에도 불구하고 그들의 영웅이었다.

그가 아일랜드에 개신교의 요새로서 국교회를 세우는 것을 지지하고, 지주에 반대해서 싸우는 소작농을 반대하며, 정치적 보수주의와 점점 더 연대했다. 그러자 비록 많은 장로교인들이 (영국과의) 연합을 철회하자는 다니엘 오코넬(Daniel O'Connell)의 캠페인에 반대하는 그의 입장에는 동조했음에도 불구하고, 신학적으로는 그를 지지했던 많은 장로교인들이 정치적으로는 그를 반대했다. 쿡은 연합주의의 창시자 중 한 사람으로 간주되었는데, 그는 가톨릭에 반대하고 개신교와 정치적 자유의 수호자로서의 영국을 낭만적으로 숭배하는 의식 속에서 이 연합주의를 구현한 것이었다. 대부분의 아일랜드의 장로교인은 계속 쿡을 아리우스를 이기고 승리를 쟁취한 아타나시우스로 높였는데, 이는 그가 얼스터대회와 분리대회(Secession Synod, 18세기에 얼스터대회 안에 새빛파가 득세하는 것에 반대하여 대회를 탈퇴했던 보수파 저항자들)를 통일시켜 아일랜드장로교총회를 탄생시킴으로써, 국내외 선교의 새로운 시대로 진입하게 해 주었기 때문이었다.

쿡은 점점 더 많은 명예를 누렸다. 두 차례 총회장이 된 그는 1853년에 벨파스트에 설립된 장로교대학(Presbyterian College) 초대 총장으로서 설교와 교리문답학(Sacred Rhetoric and Catechetics)을 가르쳤다. 제퍼슨대학(Jefferson College, 1829)과 더블린대학교(Dublin University, 1837)에서 명예박사학위를 받았다. 1868년 12월 13일에 벨파스트에서 사망한 후, 「벨파스트 뉴스 레터」(Belfast News Letter)는 12월 18일에 있었던 사회장(civic funeral)을 '모든 면에서 왕이나 황제의 행렬 같았다'라고 묘사했다. 헌신적인 남편이자 아버지였던 그는 죽기 6개월 전에 아내를 먼저 떠나보냈다. 아들 하나와 딸 셋이 유족이었다. J. L. 포터(J. L. Porter)의 『쿡 박사의 생애와 시대』(Life and Times of Dr Cooke) 초판은 1871년에 나왔다. 쿡의 많은 설교와 강연이 출간되었고, 브라운(Brown)의 『자습성경』(Self-Interpreting Bible) 1844년판에 실린 쿡의 주석은 800개나 되었다. 그를 정치적으로 존경하는 사람들이 1876년에 벨파스트 중심가에 쿡의 동상을 세웠다.

참고문헌 | J. L. Porter, *The Life and Times of Dr Cooke* (London: Murray, 1871); R. F. Holmes, *Henry Cooke* (Belfast, Dublin, Ottawa, Christian Journals, 1981).

F. HOLMES

헨리 프레더릭 로스 캐서우드 경(Sir Henry Frederick Ross Catherwood, 1925-2014)

산업가이자 정치가. 그는 1925년 1월 30일에 북아일랜드 로네(Lough Neagh)에 있는 모욜라코티지(Moyola Cottage)에서 태어났다. '프레드'(Fred)라는 애칭으로 알려진 그는 생애 후기에 산업 지도자가 된 후 정계로 입문했다가, 결국은 유럽의회(European Parliament)의 부의장직까지 맡았다. 그는 언제나 복음주의 진영에서 저술가와 연사로, 다양한 모임의 참여자로 활발하게 활동했다. 1971년에 기사 작위를 받았고, 벨파스트(Belfast) 퀸스대학교(Queen's University)와 서리대학교(University of Surrey)에서 명예박사학위를 받았다.

캐서우드는 얼스터(Ulster) 시골에서 태어났지만, 주로 벨파스트에서 자랐다. 가족은 엄격한 형제단(Brethren) 소속이었는데, 이 교파의 평등주의 문화의 흔적이 언제나 그의 삶에 남아 있었다. 그가 교육받은 슈류즈베리공립학교(Shrewsbury public school)의 신앙이 그의 것과 완전히 일치하는 것은 아니었지만, 케임브리지대학교 클레어대학(Clare College)에서 지내면서 케임브리지기독학생연합(CICCU, 이후의 IVF 또는 UCCF-역주)에 매력을 느꼈고, E. J. H. 내시(E. J. H. Nash)의 작품을 읽으며 보수 복음주의 기독교에 대한 헌신이 깊어졌다.

1946년에 런던으로 내려간 후 회계사로 훈련받으면서 회중교회인 웨스트민스터채플(Westminster Chapel)에 다녔고, 거기서 D. M. 로이드존스의 목회에 큰 영향을 받았다. 캐서우드는 로이드존스와 가까워졌는데, 특히 1954년에는 로이드존스의 딸 엘리자베스와 결혼했다. 이후 산업 분야의 여러 직책을 차지한 동시에, 기독학생회(IVF) 활동도 병행했다. 올리버 바클레이(Oliver Barclay)로부터 영감을 받아 그는 『산업 사회의 기독교인』(The Christian in Industrial Society, London: Tyndale, 1964)을 썼다.

이 책은 20세기 후반 복음주의권 사회 의식의 부흥을 보여 주는 첫 사례 중 하나이다. 이 책에서 캐서우드는 개인 신앙이야 말로 복음주의자에게 가장 중요한 관심임에 틀림없지만, 사회 활동 역시 공동체가 하나님의 법에 더 가까이 다가서도록 돕는 내적 가치가 있으며, 또 하나님의 기준에 대한 인식이 인간의 회개의 전제 조건이 되고, 그리고 기독교인의 삶의 방식이 '우리 메시지를 증명하기 위한 기회보다 앞서고, 그 기회를 제공하기 때문에' 그만큼 가치 있다고 강조했다. 그는 일과 부, 경영과 통치의 본질을 상세히 설명하면서 이런 믿음을 해설했다. 다른 책들도 많이 썼지만, 캐서우드의 가장 영향력 있는 작품은 바로 이 책이었다.

1964년에 캐서우드는 새로운 노동당 정부의 최고 산업 고문(Chief Industrial Advisor)이 되었고, 1966년에는 전국경제발전협의회(National Economic Development Council) 의장이 되었다. 여기서 그는 국가를 위한 중요한 역할을 맡았고 유럽 관련 업무에 참여하기 시작했다. 1971년에 이 직을 떠난 후에는 산업과 경영 분야에서 여러 일을 맡았는데, 그중에는 1974년부터 1976년까지 맡은 영국경영연구원(British Institute of Management) 원장직도 있었다.

이 시기에 캐서우드는 1974년 광부 파업, 유럽경제공동체(EEC) 가입 관련 1975년 캠페인 같은 수많은 국가 사건들을 해결하는 데 중요한 역할을 했다. 동시에, 그는 복음주의 단체에서도 점점 더 적극적인 활동 모습을 보여 주었는데, 1971년부터 1977년까지 기독학생회(IVF)가 사역을 확장하고, 본부를 레스터(Leicester)로 옮기고, 명칭을 UCCF(Universities and Colleges Christian Fellowship)로 바꾼 시기에 기독학생회 협의회(IVF Council) 의장을 맡았다. 1977년에는 독립복음주의교회협회(Fellowship of Independent Evangelical Churches) 회장이 되었고, 국제복음주의학생회(International Fellowship of Evangelical Students) 활동에도 비중 있게 참여했다. 1979년에 캐서우드는 케임브리지셔(Cambridgeshire) 지방의 보수당 대표로 유럽의회 의원으로 선출되었다. 1978년에 몇 년간의 공백 이후 이 당에 합류했다. 이념적으로, 그는 보수당을 마음에 들어 하지 않았고, 대처식 경제(Thatcherite economics)와 유럽과의 연합을 영국의 정체성에 위협이 되는 도덕적 붕괴와 물질만능주의로 보는 유럽 의심병에도 아주 적대적이었다. 1980년대 중반부터 그는 북아일랜드의 평화 중재 시도에도 크게 관여했다. 때로 그는 기독교인 개인과 교회, 특히 그리스, 터키 정부의 차별을 받던 이들에게도 도움의 손길을 뻗쳤다. 1989년부터 1991년 사이에는 유럽의회 부의장으로 활약했는데, 그의 주된 역할은 공동 농업 정책을 만들고 동유럽과의 관계를 개선하는 것이었다. 1992년, 복음주의연맹(Evangelical Alliance) 회장이 된 그는 복음주의자의 사회 참여 가치 진작을 특히 '기독교 행동 연대'(Christian Action Networks)를 통해 강력하게 추진했다. 성인기 전체를 통틀어 신실한 기독교인으로 살았던 캐서우드는 재계, 정치계, 교계에서 주도적인 역할을 했다. 연사와 저술가로서, 그는 영국 복음주의가 더 폭넓은 사회 문제에 관심을 갖고, 그 관심을 재고하도록 설득하는 데 크게 기여했다.

참고문헌 | F. Catherwood, *At the Cutting Edge* (London: Hodder & Stoughton, 1995).

D. GOODHEW

헨리 피커링(Henry Pickering, 1858-1941)

형제단(Brethren) 소속 출판업자, 저술가. 그는 1858년 1월 31일에 뉴캐슬어폰타인(Newcastle-upon-Tyne)에서 채석공 존(John)의 아들로 출생했다. 어린 시절 신앙심이 남달라 동네 교회 성가대에서 봉사했다. 1874년에 열린형제단(Open Brethren) 선교사 J. 세실 호일(J. Cecil Hoyle)이 헛간에서 연 선교집회에서 복음주의적인 회심 경험을 했다. 피커링은 원래 교사가 되려는 꿈이 있었지만, 호일의 영향을 받아 노섬벌랜드(Northumberland) 디닝턴콜리어리(Dinnington Colliery)의 한 집에서 모인 형제단 모임에 가입했다. 피커링은 이 모임에 들어가면서 잉글랜드국교회(Church of England) 학교에서 자퇴했다. 대신 그는 아버지의 집에서 1880년 경 크라운출판사(Crown Press)를 창립했고, 곧 종교 서적을 판매하는 사업을 병행했다.

그가 처음 시도했던 일은 피커링의 『1페니 꾸러미』(Pickering's Penny Packets)라는 이름의 복음 전도 소책자 시리즈를 인쇄하는 일이었다. 매주 토요일마다 더럼(Durham)의 콘세트(Consett)시장에 가판대를 설치한 다음 이 책으로 전도했다. 1887년 7월 21일에는 뉴캐슬(Newcastle) 정원사의 딸 메리 제인 존스턴(Mary Jane Johnstone)과 결혼했다. 네 자녀는 모두 열정적인 복음주의 기독교인으로 성장했는데, 특히 루스(Ruth, 후에 찰스 스톡스 부인[Mrs Charles Stokes])는 후에 선교사가 되었고, 외아들 세실(Cecil)은 피커링의 사업 파트너가 되었다.

1886년에 피커링은 형제단 순회전도자 도널드 로스(Donald Ross)가 1876년에 만든 바이블 북 디포(Bible Book Depot)를 운영하기 위해 글라스고우로 이주했다. 1893년부터 출판업자 윌리엄 잉글리스가 동업자로 합류하면서 회사는 '피커링 앤 잉글리스'(Pickering & Inglis)라는 이름으로 알려졌다. 이 회사는 엄청난 양의 복음전도지뿐만 아니라 기독교 사역자들이 전도와 경건, 교육에 활용할 수 있도록 월간지도 열두 종류나 발간했다. 피커링은 이 중 다섯을 편집했다. J. R. 콜드웰(J. R. Caldwell)의 뒤를 이어 1914년부터 죽을 때까지 그가 편집한 주요 형제단 잡지 「더 위트니스」(*The Witness*)도 그중에 있었다.

이 잡지는 1940년대에는 매달 3만 부나 판매되었다. 그는 1916년부터 이 잡지의 '위트니스 워치타워'(Witness Watchtower)에 쓴 칼럼에서 근본주의적이고 세대주의적인 관점으로 당대 사건들을 평가했다. '피커링 앤 잉글리스'가 출판한 책 대부분은 형제단 저자의 작품이었지만, 양차 대전 중간기에는 보수 복음주의 전반에 영향을 끼쳤고, 점차 케직사경회(Keswick Convention)에 연결된 설교자 등 형제단 이외 저자들의 작품도 출판했다.

피커링은 글라스고우에서 살면서 마블홀(Marble Hall)에서 모이는 형제단에서 활동했고, 1897년부터는 엘림홀(Elim Hall)에서 봉사하면서 스코틀랜드열린형제단(Scottish Open Brethren)의 주요 설교자 중 하나가 되었다. 그는 얼마 동안「니디드 트루스」(Needed Truth)라는 잡지와 연결된 더 엄격한 당파와 함께 일했지만, 이 단체의 분리주의적 성향에는 동조하지 않았다. 결국 그는 보다 유연하고, 초교파 연대에 열려 있으며, 사회 활동에도 열려 있는 지도자로 알려지면서, 형제단 내 더 보수적인 인사들에게는 의혹을 사기도 했다.

예를 들어, 제1차 세계대전이 한창일 무렵 그는 양심적 참전 거부만이 유일하게 수용 가능한 선택권이라는 주장에 반대했다. 1929년에는「더 위트니스」는 언제나 왕과 국가 편이다'라고 선언하기도 했다. 피커링은 근본주의라는 용어에 비판적이었지만, 1920년대에는 '형제단은 하나님께서 주신 그 이름을 가지기를 더 선호하겠지만, 참된 근본주의자'인 것이 분명하다고 주장하며, 근본주의의 관심사를 열정적으로 전파했다. 피커링이 1930년에 쓴『신자의 푸른 책』(Believer's Blue Book)에는 그의 형제단 근본주의가 무엇인지 명료하게 표현되어 있다.

피커링은 이 외에도 책을 열권 이상 저술했는데, 대부분은『행동과 사실 1000가지』(1000 Acts and Facts)처럼 설교자들이 쉽게 참고할 수 있도록 예화식 일화를 모아 편집한 것이었고, 혹은『100가지 실물 교육을 하고 보여 주는 법』(How to Make and Show 100 Object Lessons)처럼 설교 개요 및 어린이용 대화를 편집한 책이었다. 피커링은 두 번째 책에서 아이들이 쉽게 이해할 수 있도록 본문이나 주제를 그림처럼 묘사하는 모델을 옹호했는데, 이는 많은 이들에게 인기를 끌었다. 형제단운동 발전사에서 큰 업적을 남긴 사람들에 대한 간단한 전기를 묶어 1918년과 1931년에 출간한『형제단의 주요 인물들』(Chief Men Among the Brethren)이라는 책을 통해서 그가 형제단 역사에도 관심이 많았음을 알 수 있다.

1919년에 '피커링 앤 잉글리스'는 런던 출판업자 알프레드 홀니스(Alfred Holness)를 영입하면서 더 튼튼해졌다. 피커링은 1922년에 영국 전역으로 확장된 회사를 관리하기 위해 런던 북부로 이주했고, 그루브그린홀(Grove Green Hall) 형제단 회원이 되었다. 그는 간결하고 함축적인 단어들로 구성된 설교와 강의에 적절한 유머를 섞었고, 아크로스틱(acrostics, 보통 각 행의 첫 글자를 아래로 연결하면 특정한 어구가 되게 쓴 시나 글-역주)과 두운법을 사용하기도 했다. 그는 아이들을 좋아해서 쉽게 친구가 되었고, 어린이 설교를 해 달라는 요청도 많이 받았다. 1940년에 위중한 병에 걸린 데다, 폭격을 피하기 위해 에어서(Ayrshire)의 락스(Largs)로 거처를 옮겼지만, 결국 1941년 1월 20일에 숨을 거두었다.

참고문헌 | J. A. H. Dempster, 'Aspects of Brethren Publishing Enterprise in Late Nineteenth Century Scotland,' *Publishing History* 20 (1986), pp. 61-101; N. T. R. Dickson, *Brethren in Scotland* 1838-2000: *A Social Study of an Evangelical Movement* (Carlisle: Paternoster Press, 2002).

N. DICKSON

헨리 피터 힐더브랜드(Henry Peter Hildebrand, 1911-2000)

교육자. 그는 남부 우크라이나(Ukraine)의 슈타인펠트(Steinfeld) 메노나이트(Mennonite) 마을에서 태어났다. 부모와 함께 1925년에 캐나다 대평원 지대에 있는 매니토바(Manitoba) 남부로 이주했다. 이들은 많은 러시아 지역 메노나이트 신자들처럼, 1917년 10월 혁명과 공산 정권의 등장으로 인한 핍박을 피해 도피한 사람들이었다.

비록 이민한 매니토바의 메노나이트 신자들과 함께 살면서 시골 메노나이트형제단교회(Mennonite Brethren church)를 다녔음에도 불구하고, 힐더브랜드는 열네 살 때부터 다른 캐나다 아이들과 함께 영어로 교육을 받았다. 1929년 봄에는 캐나다주일학교선교회(Canadian Sunday School Mission, CSSM)의 성경암송대회에 나가기 위해 500구절을 외웠고, 여기서 상으로 위니펙 호수(Lake Winnipeg)에서 열리는 한 주간 무료 여름 캠프 참석권을 받았다. 그가 복음주의적 회심을 경험한 곳이 바로 여기였다. 캠프 경험으로 뜨거워진 힐더브랜드는 위니펙성경학교(Winnipeg Bible Institute)에 등록했다.

거기서 댈러스신학교(Dallas Theological Seminary) 출신의 사이먼 포스버그(Simon Forsburg)의 가르침에 큰 감동을 받았는데, 후에 힐더브랜드는 포스버그가 자신의 삶에 가장 큰 영향을 끼친 인물 중 하나라고 했다. 힐더브랜드는 위니펙성경학교 1학년 때는 메노나이트형제단교회에 다녔지만, 후에는 거리도 가깝고 유명한 설교자들이 방문하곤 했던 초교파 엘림채플(Elim Chapel)에 나갔다. 당시 엘림채플은 북미 전역의 근본주의 요새 네트워크의 한 축을 담당하고 있는 곳이었다. 힐더브랜드는 매 여름을 캐나다주일학교선교회와 함께 시골 순회전도자로 일하며 보냈다.

이런 네트워크를 통해 근본주의 정서에 완전히 동화된 힐더브랜드는 1935년에 서스캐처원(Saskatchewan) 남부의 한 작은 초교파 복음 공동체 신자들이 자신들의 교회에 목사로 와서 성경학교를 시작해 달라는 청빙을 받아들일 준비가 되었다. 캐나다주일학교선교회의 로이드 헌터(Lloyd Hunter)를 통해 회심한 싱클레어 휘터커(Sinclair Whittaker)라는 이름의 사업가의 초청이 특히 중요했다. 힐더브랜드와 휘터커가 1935년에 세운 학교는 브라이어크레스트성경학교(Briercrest Bible Institute)였는데, 많은 점에서 위니펙성경학교를 본떴다. 힐더브랜드는 캐나다주일학교선교회와의 관계를 계속 이어나갔고, 곧 주일학교 사역을 하는 학생들의 사역의 틀과 주일학교 사역을 통해 회심한 젊은이들이 성경학교에 다니게 되는 틀이 브라이어크레스트에 만들어졌다. 1937년에 힐더브랜드는 주일학교선교회의 지역 책임자가 되었다. 그해에 그는 위니펙에서 만난 노르웨이 출신 이민자 잉거 소이랜드(Inger Soeyland)와 결혼했다.

브라이어크레스트성경학교는 이 시기에 대평원 지역에 세워진 여러 성경학교 중 하나였다. 독립 복음 채플, 지역 초교파 성경학교, 순회 주일학교 사역자들의 주변 지역 사역은 캐나다 서부 지역의 작은 도시들에서 반복적으로 나타난 틀이었다. 규모는 작지만, 이 구조는 미국 중서부의 무디교회(Moody Church), 무디성경학교(Moody Bible Institute), 미국주일학교연합(American Sunday School Union)이 맺은 상호관계의 틀을 반영한 것이었다.

힐더브랜드는 당시에 많은 사람들에게 유명한 '영 피플즈 아워'(Young People's Hour)를 진행하는 라디오 목사로 알려지게 되었는데, 이 프로그램은 전성기 때 22개 방송국을 통해 캐나다 전역에 방송되기도 했다. 그러나 복음주의 지도자로서의 힐더브랜드의 중요성은 주로 그가 설립한 성경학교의 성장과 관련되어 있다. 제2차 세계대전 중에 학생 수가 줄었으나, 1946년에 휘터커가 전쟁 중에 공군 조종사 훈련 시절로 사용된 '캐런 공군 기지'(Caron airbase)를 구매하기로 계획하면서 다시 급등했다. 학교 이전 후, H자 형태의 막사가 학생 기숙사, 무도회장, 채플로 활용되었다. 이 전후 기간에 학교는 극적으로 성장했다. 1960년대 후반에 쇠퇴기가 있었음에도 불구하고, 다시 1980년대에 학생 수가 거의 800명에 달하면서 북미 최대의 성경대학 중 하나가 되었다. 힐더브랜드의 지도 아래 커리큘럼 대폭 확장과 수정, 인가, 교수 확충, 건물 증축이 시작되었고, 후계자 헨리 버드(Henry Budd)가 전 과정에 직접 관여했다. 힐더브랜드는 1977년에 총장직에서 은퇴했으나, 1992년까지 명예총장으로 학교 캠퍼스에서 살았다. 교육자로서의 공헌을 인정받아 1979년에 캐나다 훈장(Order of Canada, 캐나다에서 민간인이 수훈받을 수 있는 최고의 훈장-역주)을 받았다.

힐더브랜드는 대평원 서부 지역 개척 전도자, 목회자와 선교사 및 여러 다른 사역자로 헌신한 수천 명의 젊은이를 훈련시킨 교육자로 복음주의 기독교에 크게 기여했다. 그의 자서전을 보면 복음주의가 민족 동화의 매개체 역할을 어떻게 할 수 있었는지, 재세례파 전통에서 자라난 인물이 어떻게 초교파 복음주의 내에서 안식처를 찾을 수 있었는지에 대한 자세한 설명이 나온다. 라디오를 활용하고, 사업자 같은 지도력을 발휘했다는 것은 그가 전성기 근본주의에 시대성에 대한 명민한 감각을 부가했다는 것을 의미했다.

힐더브랜드는 이념적 적에 대항하여 기독교를 전투적으로 변호하기보다는 오히려 선교에 관심이 많았던 근본주의자였다. 아마도 스스로는 주로 성경교사로 기억되기를 원했을 것이다.

참고문헌 | H. Hildebrand, *In His Loving Service* (Caronport: Briercrest Bible College, 1985).

D. B. HINDMARSH

헨리에타 코넬리아 미어스(Henrietta Cornelia Mears, 1890-1963)

교육자. 그는 1890년 10월 23일에 노스다코타(North Dakota) 파고(Fargo)에서 일곱 자녀 중 막내로 출생했다. 침례교 목회자들의 손녀인 미어스는 1893년 경제 공황으로 심각한 타격을 입은 가정 환경에서 자라났다. 은행원 아버지는 경제 공황으로 모든 재산을 잃었다. 침례교 전통에서 성장한 미어스는 미네아폴리스(Minneapolis) 침례교 근본주의자 윌리엄 벨 라일리(William Bell Riley)의 영향을 많이 받았다. 그녀는 미네소타대학교(University of Minnesota)에 입학했고, 시력에 심각한 문제가 있었음에도 1913년 6월에 훌륭한 성적으로 졸업했다.

졸업 후 미네소타 소재 비어즐리(Beardsley) 고등학교 교장이자 화학 선생으로 학생을 가르쳤고, 또한 지역 감리교회 주일학교에서 봉사했다. 그녀는 이듬해 노스브랜치(North Branch)에서 학생을 가르친 후 다시 미네소타로 돌아가 언니 마가렛과 생활했다. 자매들은 마가렛이 1951년에 숨을 거둘 때까지 함께 생활했다. 마가렛은 집안일을 책임졌고, 미어스는 센트럴고등학교(Central High School)에서 화학을 가르쳤다. 라일리의 제일침례교회(First Baptist Church)에서 젊은 여성을 가르치는 주일학교 교사로도 봉사했다.

1927년에 미어스는 잠시 교사직을 그만두고 안식을 가지면서, 고등학교 교사직을 포기하고 기독교 교육에 전적으로 헌신하는 일을 심각하게 고민하기 시작했다. 미어스 자매는 라일리의 조언을 받아들여 유럽과 캘리포니아의 헐리우드장로교회(Hollywood Presbyterian Church) 등을 방문했다. 당시 부흥하고 있던 헐리우드장로교회는 기독교 교육, 특히 청년 교육에 관심이 많았다. 안식년 막바지에 미네아폴리스로 돌아간 헨리에타는 캘리포니아로 이주하여 헐리우드장로교회 기독교 교육 담당자로 일해 달라는 강한 요청을 놓고 고민하고 있었다. 그러다 1928년에 결국 교사직에서 사임했다. 자매들은 미네아폴리스 집을 처분하고 캘리포니아로 이사했다.

미어스가 담당한 주일학교는 1928년에 등록 인원이 450명에 불과했지만, 2년 후에는 총 4,200명으로 늘었다. 미어스는 이런 성장의 원인을 자신의 '목표가 분명한 행동' 탓으로 돌렸다. 그녀는 모든 수업이 '그리스도를 영화롭게 하는 데' 목적을 두어야 한다고 주장했고, 커리큘럼과 시간표 작성에 꼼꼼히 관여했다. 적극적인 태도와 주일학교 교사들과 기꺼이 함께 일하고자 했던 자세 덕에 실무진이 그녀를 잘 따랐고, 봉사자를 모집하는 것도 어렵지 않았다.

미어스의 지도하에 주일학교는 교회의 모든 가정 구성원에게 의미를 제공해 주었다. 그녀는 규모가 큰 주일학교가 아니라, 보다 나은 주일학교를 만들려고 했다. 단계별 커리큘럼과 교사를 위한 동기 부여는 미어스가 묘사한 대로, '전염성 있는 기독교'를 확산시키는 데 크게 기여했다.

얼마 되지 않아 사람들이 헐리우드장로교회 주일학교 성공의 비결에 대해 궁금해 하며 문의하자, 헨리에타 미어스는 전국의 여러 주일학교 대회에 초청되어 강연을 했다. 넓은 강당을 채운 수천 명에 이르는 사람들이 단계별 커리큘럼을 통한 기독교 교육에 대한 미어스의 상식적 접근법을 배우려고 귀를 기울였다.

미어스는 가능한 많은 자료를 발굴하고, 매력적이고 '성경적으로 건전한' 자료를 찾아내기 위해 노력했다. 그녀는 성경역사를 연대기적으로 가르치는 것을 선호했다. 미네아폴리스공립학교 커리큘럼위원회에서 봉사하면서, 그녀는 학생들의 능력에 따라 단계화된 교재의 중요성을 깨달았다. 확보할 수 있는 주일학교 커리큘럼을 조사하면서 성경이 대부분 제대로 가르쳐지지 않고 있다는 결론에 도달했다. 미어스는 이런 확신을 바탕으로 경력의 다음 단계를 시작했다.

미어스와 주일학교 관계자들은 학생의 연령을 고려하여 단계적인 공부 과정을 담은 주일학교 교재를 직접 제작하기로 결정했다. 중학교 교사 에스더 엘링후젠(Esther Ellinghusen)을 고용하여 교재를 서술하게 했다. 엘링후젠은 당시 로스앤젤레스 학교들에서 사용되던 읽기 교정 자료들을 연구했다. 그런 다음, 어린 학생을 위한 단어표를 연구하고, 교과서의 글자 크기, 단어, 문체도 분석했다. 엘링후젠은 이런 사전 지식을 바탕으로 교재를 쓰기 시작했으며, 미어스가 꿈꾼 주일학교를 만드는 과정에서 없어서는 안 될 동역자가 되었다.

더 많고 더 나은 주일학교 교재 편찬에 대한 요구가 높아지면서 결국 가스펠라이트출판사(Gospel Light Press)가 설립되었다. 미어스는 1933년에 자기 저작들에 저작권을 부여하고, 열두 종류의 주일학교 교재를 실무자들과 함께 출판했다. 이 시리즈가 바로 주일학교 커리큘럼 전문 출판사로서의 가스펠라이트출판사의 시작이었다. 미어스가 주일학교에서 확장시킨 단계별 교육에 부합하는 교재를 출판한 첫 회사가 바로 미어스의 출판사였다. 미어스의 주일학교 교재가 널리 사용되고, 강연 일정이 더 많아지면서, 주일학교 교사 훈련을 위한 워크숍에 대한 수요가 생겼다. 처음부터 워크숍은 엄청난 인기를 끌었다. 결국 미어스와 동료들은 1938년부터 꿈꿔왔던 일주일 과정의 교사 훈련 프로그램을 샌버나디노산맥(San Bernardino Mauntains)에 위치한 '포레스트 홈 크리스천 컨퍼런스 센터'(Forest Home Christian Conference Center)에서 개설했다. 그러나 기간이 더 짧은 전국 및 국제 워크숍도 개최되면서, 미어스의 메시지와 교재가 크고 작은 지역 교회들에까지 전파되었다. 그녀는 기회가 있을 때마다 자신을 따르는 이들에게 동기를 부여해 이들이 미국 젊은이에게 기독교 복음 메시지를 전파하게 했다.

미어스는 부흥사 빌리 그레이엄(Billy Graham)에게도 큰 영향을 끼쳤다. 그레이엄은 그의 인생에서 아주 중요했던 시기에 친구 찰스 템플턴과 함께 포레스트홈에서 열린 워크숍에 참석한 바 있었다. 그레이엄은 그의 인생에서 결정적인 전기가 되는 1949년 로스앤젤레스전도집회를 앞둔 시기에 성경의 권위를 의문시한 템플턴의 설득력 있는 주장에 마음이 매우 복잡한 상태였다. 포레스트홈에서 그레이엄은 이성으로 이해할 수 없는 것을 신앙으로 극복하겠다는 결심을 하게 되었고, 이는 그의 인생의 전환기였다.

1951년에 언니 마가렛이 숨을 거둔 이후 10년 동안 미어스는 대학생선교회(Campus Crusade for Christ, CCC) 창립자 빌 브라이트와 아내 보넷 브라이트(Vonnette Bright)와 큰 집에서 함께 살았다. 캘리포니아주립대학교 로스앤젤레스캠퍼스(UCLA)에서 선셋불러바드(Sunset Boulevard)를 건너편 있는 그 집은 신앙을 나누기 원하는 학생들과 직접 교제할 수 있는 최적의 장소였다. 또한, 공간이 매우 넓었기에, 사역 중심지이자 모임 공간이었고, 미어스가 좋아했던 환대를 촉진시킬 수 있는 장소였다.

헐리우드로 이사한 것은 미래를 위한 미어스의 전략적인 결정이었다. 이로써 미어스의 행동주의 신앙에 대한 이상을 공유한 열정적인 복음주의 집단과 함께할 수 있었고, 공적 무대로 진출할 수 있는 길도 열렸다. 그녀에게 영향을 받은 많은 사람이 제2차 세계대전 이후 복음주의의 갱신에 중요한 역할을 감당했다. 헐리우드장로교회 목회자들이 점점 더 전국적인 영향력을 끼치게 되면서, 교회뿐만 아니라 미어스의 뛰어난 업적도 더욱 세간의 주목을 받게 되었다. 가스펠라이트출판사는 성장을 거듭했고, 전 세계 여러 언어로 주일학교 교재를 발간했다. 기독교 교육자로서 미어스의 영향력은 기독교 교육이라는 학문 영역이 정의되고, 확장되는 데에도 지속적으로 작용했다. 공교육의 원리를 교회 커리큘럼에 적용하는 과정에서 미어스가 가진 대학 학위와 짧은 교사 경험이 엄청나게 유용했음이 증명되었다.

미어스는 70대가 되어서도 평소와 마찬가지로 지치지 않는 듯 열정적으로 활동했지만, 결국 1963년 3월 19일에 영면했다.

참고문헌 | B. Powers, *The Henrietta Mears Story* (Westwood: Fleming H. Revell, 1957); E. O. Roe (ed.), *Dream Big: The Henrietta Mears Story* (Ventura: Regal Books, 1990).

E. L. BLUMHOFER

헬렌 로즈비어(Helen Roseveare, 1925-2016)

콩고에서 활동한 선교사. 그녀는 1925년에 아버지가 수학 교사로 재직하던 허트퍼드셔(Hertfordshire)의 헤일리베리대학(Haileybury College, 1862년에 설립된 런던 근교 허트퍼드 소재 기숙형 사립중고등학교-역주)에서 태어났다. 신을 찾기 시작한 10대에 처음으로 고교회파성공회(High Anglicanism)에 관심을 보였다. 후에 케임브리지대학교 뉴넘대학(Newnham College)에서 의학을 공부하던 중에 기독인연합(Christian Union)을 접하게 되었고, 1945년 겨울에 한 가정에서 열린 모임에서 회심했다. 새로운 회심자로서, 그녀는 하나님이 자신을 해외로 보내 일하기 원하신다는 확신을 가지게 되었다. 이에 의학 공부를 마치자 크리스털팰리스(Crystal Palace) 소재 세계복음화십자군(Worldwide Evangelization Crusade, WEC)에 들어가서 6개월간 훈련을 받았다. 콩고 파송이 결정되면서 프랑스어와 열대 의학을 배우기 위해 벨기에에 잠시 머문 뒤, 1953년 2월에 아프리카로 떠났다. 3월 중순에 선교회가 있던 이암비(Iambi)에 도착했다.

후에 로즈비어는 당시의 일을 회상하면서 이암비에 도착한 후 11년은 '고된 일과 행복이 가슴 무너지고 환상이 깨지는 경험과 뒤섞인 시간'이었다고 기록했다. 선교회에 머무르는 동안 그녀는 자신이 감당할 수 있는 일보다 훨씬 많은 일을 해야 한다는 사실을 깨달았다. 그렇게 몇 달이 지나고 난 후 로즈비어는 간호사 양성 학교를 세웠다. 자신의 주된 사역은 간호전도자를 세워서 이들이 여러 다른 지역에서 조제소와 진료소를 운영할 수 있게 하는 것이라 확신했다. 1955년 10월에 로즈비어는 네보봉고(Nebobongo)에서 7마일 떨어진 곳에 위치한, 폐허가 되다시피 한 산부인과 및 한센병 환자 수용 센터를 맡아 달라는 요청을 받았다. 처음부터 해야 할 일이 산더미 같았다. 로즈비어와 또 한 사람의 선교사, 아프리카인 동역자들은 벽돌을 만들고 건물을 짓는 일부터 배워야 했다. 이곳은 100개의 병상을 갖춘 산부인과 진료소, 한센병 환자 돌봄 시설, 보육원, 오지에 세워진 추가 48개의 지소, 긴급 의료 인력 훈련 프로그램을 갖춘 종합 의료 센터로 발전했다.

로즈비어는 교육 및 의료사역뿐만 아니라 선교회 전반을 감독하는 등 꾸준하게 사역을 감당해 나갔다. 그녀는 스스로 너무 과도하게 일한다는 사실을 알고 있었음에도, '어떤 방향으로 가도 150마일 이내에 의료 혜택을 베풀 수 있는 시설이 하나도 없었다'며, 휴식을 취할 시간이 없었다고 회고했다. 1958년에 처음으로 정말로 필요했던 안식년을 1년간 가지면서도, 아프리카로 돌아가기 전에 필요한 의학 지식을 더 배우기 위해 부단히 노력했다. 콩고는 1960년에 벨기에로부터 독립했다. 로즈비어의 좋은 친구이자 의료 조무사인 존 망가디마(John Mangadima)가 센터의 새 책임자로 취임했다. 로즈비어는 선교사로 봉사하는 전 사역 기간에 아프리카인 사역자들을 동등하게 대하려고 노력했다. 콩고는 독립 이후 불안정한 상황이 지속되다가, 결국 1964년에 내전이 발발했다. 이 내전은 로즈비어와 동역자들이 가꾸어 왔던 모든 것을 앗아갔다. 반군은 로즈비어를 비롯한 개신교 선교사 10명을 5개월 동안 억류하며 이들에게 끔찍한 트라우마를 남겼다.

처음에는 몇 주간 가택에 연금되었고, 이후에는 다른 곳으로 옮겨져 수감된 후 끔찍한 대우를 받았으며, 구타와 강간을 당한 후 결국 구출되었다. 로즈비어는 자신이 당했던 이 모든 고통이 그리스도의 고난에 참예하는 자의 특권이라고 이해했다. 처음으로 쓴 『이 산지를 내게 주소서』(Give Me This Mountain, 1966)라는 책에서, 로즈비어는 몇 년간 자신이 겪었던 고난과 기쁨을 회상하면서, 기독교인의 삶에는 기쁨과 어둠이 공존하지만, 이 어둠이야말로 절망의 시간을 넘어 다음 산지로 넘어가는 진정한 여정의 시작이라는 자기 생각을 설명했다. 두 번째 책『그가 우리에게 골짜기를 허락하셨다』(He Gave Us a Valley, 1976)에서는 감금 생활에 대한 세세한 설명과 더불어, 자신의 두 번째 시기 선교사역에 대해 서술했다. 이 두 번째 선교사역은 1966년에 다시 아프리카로 돌아가면서 시작된다.

우선 네보봉고에 잠시 머무른 후, 이후 7년 동안 자이레(Zaire) 북동쪽에 위치한 은얀군테(Nyankunde)에 새 의료 센터를 세우는 일에 주력했다. 이 센터는 250개의 병상을 갖추었으며, 산부인과 진료가 가능했고, 한센병 환자를 돌보는 시설, 긴급 의료 인력 양성을 위한 대학, 지역 보건소, '긴급 출동 의료 서비스'(flying doctor)를 갖춘 시설로 성장했다. 여기서도 역시 유용한 사역의 성장뿐만 아니라 가슴 찢는 슬픔과 배신이 있었다. 로즈비어는 20년 동안 콩고에서 사역한 후, 결국 건강상의 이유로 1973년에 모국 영국으로 돌아가서 북아일랜드에 정착했다. 20세기 말에는 노령에도 불구하고 전 세계를 여행하며 강연하고, 청중에게 선교사로 인생을 드리라고 권면하는 한편, 산과 골짜기를 모두 경험한 자신의 이야기를 간증하며 듣는 이에게 감동을 주었다.

참고문헌 | A. Burgess, *Daylight Must Come: The Story of Dr Helen Roseveare* (London: Pan Books, 1977); H. Roseveare, *Give Me This Mountain* (London: IVP, 1966); H. Roseveare, *He gave Us a Valley* (Leicester: IVP, 1976).

L. WILSON

호레이셔스 보나(Horatius Bonar, 1808-1889)

스코틀랜드장로교회 목사이자 찬송가 작가. 그는 목회자 가문에서 태어났다. 고조부가 1693년에 에든버러(Edinburgh) 근교 토피첸(Torphichen)에서 목회한 존 보나(John Bonar)였다. 호레이셔스의 두 형제 앤드루 알렉산더(Andrew Alexander)와 존 제임스(John James) 역시 19세기 스코틀랜드에서 활동한 목사였다.

호레이셔스 보나는 에든버러에서 고등학교 교육을 받은 후 에든버러대학교(University of Edinburgh)에서 공부하던 중 로버트 M. 맥체인(Robert M. McCheyne)을 만나며 토마스 차머스(Thomas Chalmers)의 영향을 받았다. 차머스는 탁월한 지성, 복음주의 영성과 사회 인식을 두루 갖춘 인물로, 한 세대의 스코틀랜드장로교회 목사 전부에게 크나큰 영향을 끼쳤다.

호레이셔스 보나는 그 후 설교자로 인허받고 리스(Leith)의 세인트제임스교회(St James's Church)의 존 루이스(John Lewis) 목사를 보조했다. 리스에서 일하는 동안 그는 교구 아이들을 위한 찬송을 쓰기 시작했는데, 이는 그가 가능한 많은 사람에게 복음의 좋은 소식을 전하고자 했음을 보여 주는 것이다. 그는 1837년 11월 30일에 켈소(Kelso)의 노스(North) 교구목사로 안수받았지만, 1843년 5월에 있었던 대분열(Disruption) 때 국교회를 떠나 켈소의 스코틀랜드자유교회(Free Church of Scotland) 목사가 되었다. 1866년, 다시 에든버러로 돌아와 차머스기념채플(Chalmers Memorial Chapel)에서 목회하며 1889년에 사망할 때까지 그 교회에 머물렀다.

목회 평생 호레이셔스 보나는 지치지 않고 일한 전도자였다. 가까운 친구 윌리엄 C. 번즈

(William C. Burns)와 로버트 M. 맥체인과 함께 1830년대와 1840년대에 스코틀랜드 많은 지역에 영향을 끼친 중요한 신앙운동을 경험하면서 그는 전도에 크게 힘쓰게 되었다. 호레이셔스 보나는 스코틀랜드 국경 지역(Scottish Borders, 잉글랜드와 국경을 마주하고 있는 스코틀랜드 최남단 지역-역주)을 복음화의 열매를 거둘 선교지로 생각했고, 엄청난 열의와 권위로 모든 마을, 심지어 개별 농장에서도 집회를 열고 복음을 전했다. 동료 목사에게 한 설명에서 볼 수 있듯 그의 수고는 성공적이었다.

"이 계절에 하나님이 역사하신다는 모든 증거가 다 나타났다네. 사도들의 복음설교에서 볼 수 있는 이야기들과 비슷하다네. 수많은 사람과 가족들이 나뉘어 모였네. 하나님의 사람들이 하나가 되고 열정과 기쁨과 천국에 있는 것 같은 마음으로 가득 찼다네. 이 사람들은 굳건하고 매일 교회와 기도 모임에 모여서 교리를 배우고 교제한다네. 수많은 사람이 지속적으로 주님께로 돌아서고 있다네."

그는 부흥을 통한 성령의 부으심만이 교회의 유일한 소망이라고 강하게 확신하며, 스코틀랜드 기독교인의 지성과 마음에 이 소망에 대한 기대를 불어 넣기 위해 1845년에 존 길리스(John Gillies)의 『역사 자료집』(Historical Collections)을 편찬했다. 딩월(Dingwall)의 존 케네디(John Kennedy) 같은 자유교회 내 동시대 목회자들의 반대에도 불구하고, 호레이셔스 보나는 1887년에 에든버러에서 무디의 전도집회를 개최하는 일에도 힘을 보탰다.

그는 또한 실천신학 저술가이기도 했다. 『하나님의 평화 방식』(God's Way of Peace)과 『하나님의 성결 방식』(God's Way of Holiness)은 가장 인기를 끈 실천신학 저술이었다. 그는 1848년부터 1873년까지는 「더 쿼털리 저널 오브 프로피시」(The Quarterly Journal of Prophecy), 1859년부터 1879년까지는 「크리스천 트레저리」(Christian Treasure)의 편집자로 일했다.

1843년에는 스코틀랜드장로교회 소속 450명의 목사와 함께 국교회를 떠나 스코틀랜드자유교회를 세웠다. 이 신생 교단에서 그는 설교자와 저술가로 중요한 목회를 감당했는데, 1883년에는 총회장으로 섬기기도 했다. 그의 폭넓은 목회 경력이 애버딘대학교(University of Aberdeen)의 인정을 받아, 학교는 그에게 1853년에 명예신학박사학위를 수여했다.

1872년 이전에는 스코틀랜드자유교회에서 찬송을 부르는 것이 허락되지 않았다. 호레이셔스 보나는 시편 찬송이 젊은이들 가운데서는 영향력을 잃고 있음을 깨닫고, 그 시대의 유명한 노랫가락에 맞추어 자작 찬송을 쓰기 시작했다. 그는 600편이 넘는 찬송을 지었는데, 이들은 모두 복음주의적 단순성과 헌신된 열정이 특징이었고, 세계의 여러 지역에서 널리 애창되었다.

그의 찬송집『믿음과 사랑의 찬송』(Hymns of Faith and Love)은 평생 14만 부가 팔렸다. 21세기에도 그가 쓴 많은 찬송이 예배 시간에 불리는데, 가장 유명한 것으로는 '내게로 와서 쉬어라'(I heard the voice of Jesus say, 통일찬송가 467장-역주), '내 삶을 채우소서 오 나의 주 하나님'(Fill Thou, my life, O Lord my God), '오 나의 주님 친히 뵈오니'(Here, O my Lord, I see Thee face to face, 통일찬송가 285장-역주) 등이 있으며, 특히 마지막 곡은 성찬 찬송으로 많이 사용된다.

동시대의 많은 인물과 마찬가지로, 그 또한 에드워드 어빙(Edward Irving)의 사상에 영향을 받아 퍼져 나간 전천년설에 대한 새로운 관심에 끌렸다. 그는 후천년설을 버리고 이 사상이 19세기 초반의 복음주의 정통이라 믿고, 하나님의 백성은 육체적이고 가시적이며 임박한 그리스도의 재림을 기대해야 한다고 생각했다. 켈소에서의 첫 번째 설교와 에든버러에서의 마지막 설교 본문에는 모두 '보라 내가 속히 오리라'가 들어 있었다.

보나는 일평생 칼빈주의 신학을 주창했고, 많은 기독교인이 기독교 신앙에 대한 이해가 부족하다고 우려했다. 켈소에서 목회할 때 그는 기독교 신앙에 대한 소책자를 쓰기 시작해서, 복음화와 목회사역에 사용한 36권을 모두 완성했다. 첫 번째 책 『애통의 밤』(*The Night of Weeping*)은 1845년에 출간되었고, 일 년 후, 당시 종교 생활에 유행한 피상성에 대한 강한 경고로 『진리와 오류』(*Truth and Error*)를 썼다. 다른 책 『인간: 종교와 세계』(*Man: His Religion and His World*, 1851)에서는 복음을 받아들이기에 '즐겁고,' '더 편하게' 만들려는 시도 속에서 복음을 묽게 만드는 위험한 경향이 있다고 염려했다. 그는 피상적이고 얕은 전도의 함정을 잘 알고 있었기에 다음과 같이 선언했다.

> "우리는 사람이 회심하기만 한다면 그 방식이 어떻든지는 신경 쓰지 않아도 된다고 생각한다. 우리의 모든 관심은 어떻게 우리가 여호와의 영광을 드러낼 것인가가 아니라 어떻게 우리가 회심자의 숫자를 두 배로 늘릴까에 쏠려 있다."

생애 말기에 그는 계속해서 기독교 교회를 위협하는 당대 경향에 경고를 발했다. 그의 마지막 책 중 하나 『우리의 사역, 어떻게 시대의 문제를 다룰 것인가?』(*Our Ministry, How It Touches the Question of the Age*, 1883)에 이런 교훈적인 관찰이 담겨 있다는 것은 의미심장하다.

> "사람들은 지금 제멋대로 성경을 해석하고 있고, 자유 사상의 발전과 신앙을 조화시키는 구조를 만들어 내고 있고, 취향과 문화라는 원리에 따라 예배를 구성하고 있으며, 시대의 확장되는 기대치에 맞추어 하나님을 만들어 내고 있다."

호레이셔스 보나는 1843년에 제인 런디(Jane Lundie)와 결혼해서, 40년 동안 함께 살면서 기쁨과 슬픔을 함께 나누었다. 자녀 중 다섯은 어린 시절에 죽었다. 생애 말이 되면서, 딸 하나는 어린 다섯 아이를 가진 과부가 되어 부모와 함께 살았다. 호레이셔스 보나와 그의 아내의 은혜로운 마음은 그가 친구에게 보낸 편지에서 분명히 드러난다.

> "하나님께서 몇 년 전에 다섯 아이의 생명을 가져가셨네. 그런데 노년에 하나님께서 내게 그분을 위해 양육할 다른 다섯 아이를 주셨다네."

호레이셔스 보나의 건강은 1887년에 쇠하기 시작했지만, 그가 교회에서 마지막 설교를 한 것은 80세가 다가올 무렵이었고, 결국 1889년 5월 31일에 사망했다.

참고문헌 | B. R. Oliphant, 'Horatius Bonar' (PhD thesis, Edinburgh, 1951); *Memoirs of Dr Horatius Bonar*, by Relatives and Public Men (Edinburgh, 1909).

K. B. E. ROXBURGH

호웰 해리스(Howel[l] Harris, 1714-1773)

'웨일스 칼빈주의감리교'(Welsh Calvinistic Methodism) 설립자. 그는 1714년 1월 23일에 브레컨셔 트레베카(Trevecca, Breconshire)에서 호웰 해리스(Howell Harris)와 수재너 해리스(Susannah Harris)의 아들로 태어났다. 1728년에 헤이온와이 근교 흘륀흘뤼드(Llwyn-llwyd near Hay-on-Wye)의 비국교도 학교에 진학하기 전에 탈가스(Talgarth)와 흘란피항겔 탈러흘런(Llanfihangel Tal-y-llyn)의 지역 학교에서 공부했다. 이 모든 과정은 성직에 들어가려는 계획으로 진행된 것이었는데, 1731년에 아버지가 사망하면서 교육을 받을 수 없게 되자 결국 흘란고스(Llangorse)에서 학교 교사로 일했다. 1735년에 교회의 사역과 경건 서적 독서를 통해 회심한 해리스는 순회 평신도 사역을 시작했고, 이는 곧 설교와 작은 경건 모임 또는 '속회'(societies)로 발전했다.

이런 사역은 교구 성직자와 주교의 분노를 촉발했고, 따라서 해리스가 반복해서 안수 과정에 지원했음에도 불구하고, 그의 신앙 '열광주의'를 이유로 모두 거부되었다. 부흥사 활동으로 대학 교육을 받는 것도 어려워졌다. 1735년에 옥스퍼드대학교에 등록했지만 학교에 한 주도 채 머물지 않고 순회사역을 재개하기 위해 트레베카로 돌아갔다. 몇 달이 지나면서 사역 범위가 확장되었고, 1737년에는 랑게이토(Langeitho)의 다니엘 롤랜드(Daniel Rowland)를 만났다. 같은 시기에 호웰 데이비스(Howell Davies)와 판티셀린의 윌리엄 윌리엄스(William Williams of Pantycelyn)와도 안면을 익혔다. 둘은 모두 해리스의 평신도 사역으로 회심했다. 이 네 사람은 함께 웨일스 부흥 지도자로 인식되었다.

해리스는 성공회(Anglican) 신자였지만, 비국교도들(Dissenters)이 그의 초기 사역에 깊은 관심을 보였다. 회중교회와 침례교회 목사들이 그에게 남동부 웨일스의 여러 지역에서 설교해 달라고 요청했고, 이 협력은 교리와 인격 문제로 인해 충돌로 쪼개지는 1740년대 초까지 지속되었다. 이때쯤 해리스는 잉글랜드에서 동시대 인물들을 만났다. 1739년 3월과 6월 사이에는 조지 휫필드(George Whitefield) 및 웨슬리(Wesley) 형제와 우정을 쌓았다. 그때까지 각각 독립적으로 성장하고 있던 잉글랜드와 웨일스부흥이 이제 하나로 합쳐졌다. 이후 해리스는 종종 런던으로 가서 휫필드의 교회(태버너클)를 도왔고, 1745년에는 존 세닉(John Cennick)이 모라비안(Moravian)으로 전향한 후 세닉을 대신하여 칼빈주의 진영의 수장이 되었고, 1748년에 휫필드가 미국에서 돌아올 때까지 그의 교회를 대신 맡았다. 해리스와 웨슬리 형제 사이에는 신학적인 차이가 있었음에도 불구하고, 관계는 평생 우호적이었다.

1739년에서 1745년까지는 웨일스감리교가 굳건히 세워진 시기였다. 속회가 늘어나면서, 월, 사분기, 반년, 연례 모임이 조직되었고, 이런 '협회'(Associations)는 전국에서 이 운동이 벌이는 활동에 규칙과 틀을 정하는 책임을 감당했다. 해리스가 조직 과정의 주요 책임자였기 때문에 그는 공헌을 인정받아 1743년에 모든 속회의 '감독'(Superintendent)으로 임명되었다.

1745년 즈음 해리스에게 변화가 일어나고 있었다는 사실이 점점 더 명확해졌다. 지도자들이 경험한 압박감과 긴장의 대가가 나타나기 시작했다. 부흥이 끝나간다는 사실을 두려워한 해리스는 회심자를 훈련하고 치리할 필요성을 강조하기 시작했고, 다른 이들이 수용하기 불가능한 기준들을 속회에 부과했다. 이어서 책망과 제적이 이어졌고, 다니엘 롤랜드가 위반자들을 다시 공동체로 받아들이기 시작하자, 해리스는 롤랜드가 자신이 평신도라는 이유로 권위를 무시하려 한다고 생각했다.

동시에 해리스의 신학에도 변화가 있었다. 그는 언제나 그리스도의 보혈을 구원의 수단이라고 설교했지만, 그가 그 피를 '하나님의 피'라고 지칭하기 시작하자, 많은 사람이 성부수난론(Patripassianism, 3세기에 이단으로 판정받은 사벨리우스주의[Sabellism]의 한 유형-역주)을 암시하는 이 표현에 불편해했다. 표현에 좀 더 신중해야 한다는 경고를 받았음에도 불구하고, 해리스는 계속 이 표현을 사용했고, 결국 1746년 10월 1일에 협회 모임에서 권고자들(exhorters)이 교리 문제를 제기했다. 논쟁으로 운동 내부의 갈등의 골이 더 깊어졌는데, 이는 해리스가 권고자들이 이 도전으로 하나님께 반역하고 있다고 믿었기 때문이었다.

상황은 급속도로 악화되었다. 해리스가 웨일스 북부에서 온 기혼 여성 시드니 그리피스(Sidney Griffith)를 예언 능력을 갖춘 인물이라 주장하며 대동하고 시골로 순회를 다니자, 팽팽한 긴장감이 잉글랜드와 웨일스의 부흥 지도자들 사이에 감돌았다. 1744년에 해리스는 라드노셔 스크린(Skreen in Radnorshire)의 존 윌리엄스(John Williams)의 딸 앤(Anne)과 이미 결혼한 기혼자였다. 해리스가 이 새로운 관계가 플라토닉(platonic, 육체 관계를 배제한 정신적 사랑에 집중하는 관계-역주)이라고 주장했음에도 불구하고, 지도자들은 이 둘을 떼어놓기로 결정했다.

최종 결별은 1750년 6월 7일에 있었다. 해리스와 작은 추종자 집단은 더 이상 '육신을 탐하는'(canal) 성직자들과 함께 사역할 수 없다고 결정했다. 웨일스감리교는 분열되었고, 약 10년간 이 분열이 지속되었다. 비록 자기 집단을 지지해 달라고 쉼 없는 설득 노력을 하기는 했지만, 해리스는 곧 합류할 의지가 있는 사람이 거의 없다는 것을 깨달았고, 1752년이 되자 전투에서 패배했다는 것도 알게 되었다. 따라서 그는 자신과 시드니 그리피스가 함께 하나님을 섬길 수 있도록 트레베카에 신앙공동체를 세우는 일로 관심을 돌렸다. 4월에 옛 건물을 부분적으로 허물고 새 건물을 위한 기초를 놓았다. 수년간 여러 건물이 그를 따르는 이들을 수용하기 위해 세워졌다. 그러나 1752년 5월 31일에 런던에서 시드니 그리피스가 결핵으로 사망했다. 해리스는 큰 타격을 받고 부흥사역에서 물러났다.

1756년에 7년전쟁(영국과 프로이센, 포르투갈이 동맹을 맺고, 프랑스, 오스트리아, 러시아, 스웨덴, 작센, 스페인 연합군에 맞서 싸운 전쟁-역주)이 발발해 외국의 침략에 대한 두려움이 팽배했는데, 브레컨서(Breconshire)의 신사 계급(gentry) 무리는 해리스에게 민병대의 기수로 참전하라고 요청했다. 처음에는 주저했지만, 이후 설교할 수 있도록 허락해 달라는 조건을 걸고 수락하기로 결심했다. 복무 기간에 그레이트야머스(Great Yarmouth, 잉글랜드 동부 노포크의 항구 도시로 영국 제도의 최동단에 위치-역주) 너머까지 갔고, 1762년에 군대가 해산된 후 트레베카로 돌아갔다.

제대에 맞춰 다니엘 롤랜드와 윌리엄 윌리엄스가 그에게 감리교운동 내에서 이전에 책임진 자리로 돌아오라고 요청했다. 해리스가 떠난 몇 년 동안 감리교는 지도력의 부재로 어려움을 겪었기에, 그 당시는 그의 조직자와 치리자로서의 능력을 몹시 그리워하던 때였다. 해리스는 이 제안을 받아들이기로 결정했다. 1763년에 거의 10년 만에 협회가 트레베카에서 열렸다. 그 시기에 새로운 부흥이 웨일스에서 막 일어났다. 해리스는 부흥사역에 다시 열심히 참여하고 순회를 재개했지만, 최선의 노력에도 불구하고 1735-1750년 시기처럼 사역이 성공적이었다고 말할 수는 없었다.

그가 이미 늙은 데다, 새로운 세대가 그가 없던 기간에 일어나 운동의 주요 요직을 장악하고 있었다. 해리스가 이들 사이에 들어가서 치리와 훈련의 필요성을 강조하자 마찰이 일어났다. 트레베카에서도 추가로 해야 할 일이 생겼다. 100명이 넘는 지원 인력과 함께 헌팅턴 백작부인(Countess of Huntingdon)이 근교 건물에 대학을 세우는 일(학교는 1768년에 설립)에 힘을 쏟았다. 이때 해리스도 다시 한 번 지나치게 자기 몸을 혹사했다.

앤 해리스가 1770년 3월에 사망한 후 해리스도 고통스런 발작에 수차례 시달리면서 부흥 사역을 줄여야만 했다. 건강이 악화되기 시작했고, 결국 그는 1773년 7월 21일에 사망하여 탈가스(Talgarth)에 묻혔다. 부흥에 끼친 그의 공헌은 지대했고, 비록 형성 과정에서 그가 힘을 보탠 것들이 거의 붕괴될 지경에 이르렀음에도 불구하고, '웨일스 칼빈주의감리교' 전통은 그에게 진 빚을 언제나 인정했다.

참고문헌 | G. Tudur, *Howell Harris: From Conversion to Separation, 1735-1750* (Cardiff: University of Wales Press, 2000); G. F. Nuttall, *Howel Harris: The Last Enthusiast* (Cardiff: University of Wales Press, 1965); H. J. Hughs, *Life of Howell Harris* (1892, repr. Hanley: Tentmaker Publications, 1996).

G. TUDUR

휴 라티머(Hugh Latimer, 1485-1555)

우스터(Worcester) 주교, 잉글랜드 종교개혁가, 설교자. 그는 아마도 메리 1세(Mary I) 통치기인 1555년에 화형대에 올라 처형당한 것으로 가장 유명한 인물일 것이다. 그는 1485년 어간에 레스터서(Leicestershire) 서캐스턴(Thurcaston)에서 같은 이름의 휴 라티머(Hugh Latimer)라는 자작농의 아들로 태어났다. 케임브리지대학교 클레어홀(Clare Hall, 오늘날은 클레어대학[Clare College])에 1506년에 들어갔고, 1510년에 학사학위를 받았는데, 그해에 클레어홀의 연구원으로 선임되었다. 1514년에는 석사를 받은 후, 이어서 링컨(Lincoln)에서 사제로 안수받았다.

느지막이 1524년에 신학사학위를 수여받기 위한 대중 연설에서 라티머는 필립 멜란히톤(Philip Melanchthon)의 가정된 오류에 반대하고, 가톨릭 정통을 지지했다. 그러나 1525년이 되자 아마도 토마스 빌니(Thomas Bilney) 덕에 복음주의 신앙에 더 많은 관심을 갖게 된 그는 빌니와 평생 우정을 유지했다. 1525년에는 루터교에 동정적이라는 혐의로 교황 특사 토마스 울시(Thomas Wolsey) 앞에 끌려갔다. 라티머는 혐의를 부인했고, 추기경은 그의 설교권을 갱신해 주었다.

1530년 2월에 라티머는 성경, 교회법, 교부 증언을 연구해서 아라곤의 카트리나(Catherine of Aragon, 헨리 8세의 정비이자 잉글랜드왕 메리 1세의 생모-역주)와 헨리 8세 사이의 결혼 무효 선언, 그리고 앤 불린(Anne Boleyn, 헨리 8세의 제1계비이며 엘리자베스 1세의 생모-역주)과의 결혼의 합법성의 논리적 근거를 찾는 명령을 수행하는 케임브리지대학교(University of Cambridge) 대표로 선출되었다. 라티머는 왕을 지지한 것으로 알려져 있다. 1530년 3월 13일에 라티머는 헨리 8세 앞에서 첫 왕실 설교를 했다.

왕의 존경심을 확보한 라티머는 같은 해에 미풍양속을 해치는 견해를 선전하는 것으로 의심받은 책들을 조사하기 위해 구성된 케임브리지와 옥스퍼드 출신의 신학자 24인 중 한 명으로 선정되었다. 1530년에는 윌트서(Wiltshire) 웨스트킹턴(West Kington)의 교구사제로 첫 성직을 받았는데, 이는 토마스 크롬웰(Thomas Cromwell)의 제안으로 왕이 그에게 수여한 것이었다.

'문으로 출입하지 않는 모든 교황과 주교, 교구사제'('문을 통하여 양의 우리에 들어가지 아니하고 다른 데로 넘어가는 자는 절도며 강도요'라는 요 10:1의 인용-역주)를 비난한 그의 설교, 연이은 런던 주교 면전으로의 잦은 출두, 1532년 3월 11일의 총회에 대한 몇몇 시끄러운 불평에도 불구하고, 라티머의 지위는 계속 수직 상승했다.

1534년 사순절 기간에는 매주 수요일마다 헨리 8세 앞에서 설교하는 특권을 하사받았고, 이어서 곧 왕실사제가 되었다. 당시 캔터베리 대주교 크랜머(Cranmer)는 1534년에 라티머에게 설교를 하지 않고 있는 나태한 수록 성직자의 설교권을 박탈할 수 있는 권한을 위임했다. 라티머의 지속적인 출세가도는 1535년 9월에 우스터 주교를 차지하는 데서 절정에 이르렀다. 1539년에는 헨리가 교회 정치를 다시 뒤집은 결과 6개조항령(Act of the Six Articles)이 탄생했고, 이 법은 화체설, 비밀고해, 개인 미사의 합법화, 성직자 독신제, 단형 성찬(빵과 포도주 중 빵만 받는 성찬-역주), 수도사 서원의 합법성을 승인했다. 1536년에 앤 불린이 몰락한 후, 이어서 일어난 이 보수 반동으로 라티머는 1539년 7월 1일에 주교직에서 물러나야 했다.

라티머의 사임 직후 헨리 8세는 그에게 치체스터(Chichester) 주교 샘프슨(Sampson)의 보호 아래 있으라는 지시를 내렸다. 1540년 7월에는 그의 후견인 크롬웰이 단두대에서 참형당하고, 오랜 복음주의자 친구 로버트 반즈(Robert Barnes)가 화형당하는 것을 지켜보아야 한다는 명목으로 풀려났다. 런던을 떠나, 옥스퍼드, 케임브리지, 혹은 옛 교구 우스터를 방문해서는 안 되며, 멈춰 서서 설교해서도 안 된다는 명령을 받았다. 1540년에서 1546년 사이의 라티머에 대해서는 많은 것이 알려져 있지 않다. 에드워드 6세(Edward VI)가 1547년 1월에 헨리 8세의 보좌를 이어받자, 라티머는 우스터 주교직을 다시 맡아 달라는 초빙을 받지만, 이를 거절하고 하류층과 서민 계층을 위해 일하는 편을 택했다. 그는 램버스 궁전(Lambeth Palace, 캔터베리 대주교의 런던 거주지-역주)에서 크랜머와 함께 거주하면서, 그를 도와 교회법을 개혁하고, 이단을 억제하고, '에드워드 기도서'(Edwardian Prayer) 활용을 늘이고 강화하며, 종종 에드워드 왕 앞에서 하는 설교를 비롯해, 매 주일마다 두 차례씩 설교했다. 이런 다양한 방식으로 그는 잉글랜드의 종교개혁에서 영향력을 발휘했다. 그러나 소위 '제2의 요시야'로 불린 에드워드의 이른 죽음과 함께, 종교개혁은 갑작스레 중단되었다.

1553년 7월에 에드워드가 너무 이르게 사망한 후 메리가 보좌를 차지하자마자 라티머는 의회 앞에 소환되었고, 1553년 9월 13일에 런던탑에 감금되었다. 이어서 라티머는 옥스퍼드로 옮겨져서 토마스 크랜머, 니콜라스 리들리(Nicholas Ridley), 존 브래드퍼드(John Bradford)와 함께 투옥되었다.

1554년 4월에 크랜머, 리들리, 라티머는 총회 위원들과 화체설 및 미사 희생에 대해 논쟁을 벌였다. 1555년 9월 28일에 위원들은 세 사람을 조사한 후, 이들을 이단으로 파문하고 속권(secular arm, 종교재판에서 죄로 결정된 사안을 최종 판결하여 집행을 결의하는 세속 재판소-역주)으로 넘겼다. 1555년 9월 30일에 라티머는 리들리와 더불어 이들에게 주장을 철회할 것을 요구한 신학교의 주교 세 사람 앞으로 끌려갔다. 라티머는 압력에 굴하지 않고, 로마가 포함되지 않은 진짜 보편(catholic) 교회에 충성을 바치겠다고 맹세했다. 1555년 10월 16일에 라티머와 리들리는 옥스퍼드 베일리얼 대학(Balliol College) 앞에서 화형 당했다. 불이 타올라 리들리의 발에 붙었을 때, 라티머는 오래도록 기억될 다음 말로 동료를 격려했다고 전해진다.

"리들리 학장님. 위로를 빕니다. 남자답게 행하십시오. 오늘 우리는 하나님의 은혜로 잉글랜드에서 이 초에 불을 켜지만, 저는 이 불이 결코 꺼지지 않을 것이라 믿습니다."

에드워드 6세 앞에서 행한 라티머의 사순절 설교 여섯 편이 1549년에 한 권으로 출간되었고, 다른 설교들도 1548년, 1550년, 사후 1562년과 1571년에 출판되었다. 에드워드 시대 설교에서 그는 소작농의 재산을 빼앗은 부유한 지주를 거칠게 비난했고, 공정한 청지기직을 요청했고, 잉글랜드에서 가톨릭 신앙과 실천을 여전히 지키고 있던 이들을 비판했다. '쟁기 설교'(The Sermon of the Plough)가 아마도 이들 중 가장 많이 알려진 설교일 것이다. 이 설교는 라티머가 복음주의적 열정과 정신으로 종교개혁 신앙을 전파했음을 상징적으로 보여 준다.

참고문헌 | A. G. Chester (ed.), *Selected Sermons of Hugh Latimer* (Charlottesville: University of Virginia Press, 1968); G. E. Corrie (ed.), *The Works of Hugh Latimer* (Cambridge: Cambridge University Press, 1844-1845; repr. New York, 1968); D. Loades, *The Oxford Martyrs* (New York: Stein & Day, 1970).

P. C-H. LIM

휴 본(Hugh Bourne, 1772-1852)

'원시감리교교단'(Primitive Methodist Connexion) 공동 창립자. 그는 1772년 4월 3일에 스태퍼드셔(Staffordshire) 포드헤이스(Fordhays)의 초지 소작 농장의 경건한 가정에서 태어났다. 그의 신앙 성장에 가장 큰 영향을 끼친 인물은 어머니 엘렌 본(Ellen Bourne)이었다. 가족은 1788년에 베머슬리(Bemersley)의 좀 더 큰 농장으로 이주했는데, 이 농장은 비록 노턴인더무어스(Norton-in-the-Moors) 교구에 속해 있었음에도 불구하고, 국교회(established church)의 목회 관리를 거의 받을 수 없는 노스스태퍼드셔(North Staffordshire)의 버려지고 고립된 시골에 자리 잡고 있었다.

얼마 후, 휴는 삼촌과 함께 바퀴 제작 도제로 일하기 시작했다. 휴 본은 거의 독학으로 라틴어, 그리스어, 히브리어를 익혔다. 그 시대의 많은 청소년처럼, 그 역시 믿음과 의심의 문제로 고민했고, 신앙을 이해하기 위해 고투했다. 그러나 퀘이커(Quaker)와 감리교 서적, 특히 존 웨슬리(John Wesley)의 설교와 존 플레처(John Fletcher)의 『하나님의 아들의 영적 현현에 대한 서신들』(*Letters on the Spiritual Manifestation of the Son of God*)을 읽고 회심을 경험했다. 그는 1799년에 웨슬리파감리교에 합류했다.

1800년 크리스마스에 원시감리교회가 등장하게 되는, 특히 섭리적으로 보이는 사건이 자기 사업을 하고 있던 휴 본이 근처 해리시헤드(Harriseahead) 광산 마을에 목재를 구입하러 갔을 때 일어났다. 거기서 그는 사촌 다니엘 셔보섬(Daniel Shubotham)을 만났는데, 그 역시 비슷한 종교적 고투를 겪고 있었다. 셔보섬이 회심한 것은 휴 본이 이 고통에 찬 광부이자 유명한 권투 선수에게 '대화 설교'를 하던 중이었다. 이 사건과 휴 본이 시작한 오두막 기도 모임으로 마을에 부흥이 일어났다. 1804년에는 부흥이 턴스톨(Tunstall)과 버슬렘(Burslem) 지역으로 남하했고, 부도덕으로 악명 높던 윌리엄 클로스(William Clowes)를 비롯한 여러 사람의 회심으로 절정에 이르렀다.

그러나 부흥은 버슬렘 웨슬리파 순회단 당국의 공식 승인이나 감독이 없는 상태에서 시작되었다. 이 순회단은 전례 없이 조용한 회심 방식을 의혹의 눈으로 바라보았다. 그들은 또한 카리스마 넘치는 기묘한 전도자이자 공화주의의 선구자인 미국인 로렌조 다우(Lorenzo Dow)가 잉글랜드를 방문하면서 소개한 미국의 개척자(American frontier) 캠프집회의 대중 부흥회 방식에도 불안감을 느꼈다. 첫 번째 캠프집회는 1807년 5월 31일에 스태퍼드셔와 체셔(Cheshire) 경계 지역에 있는 모콥(Mow Cop)에서 열렸다. 이 사건은 점점 더 산업화의 영향을 받던 웨슬리파의 관료주의와 해리시헤드(Harriseahead)의 더 단순한 농촌 평신도 전도자들 간의 두드러진 차이를 보여 준 상징적 사건이었다. 유럽의 전쟁, 급진 신앙의 등장, 국내 정치 갈등이라는 배경하에서, 웨슬리파총회는 위험해 보이는 유형의 대중집회, 과도한 평신도 참여, 공격적 부흥운동을 억압함으로써 확립된 기존 체제에 대한 충성을 강조하고자 했다.

휴 본의 명백한 권위 도전과 웨슬리파총회의 배제 정책으로 1808년 6월에 열린 버슬렘 사분기 회의에서 휴 본을 포함한 대규모 인원이 제명되었다. 이로써 제명당한 캠프집회 감리교도들(Camp Meeting Methodists)과 클로스 일파(Clowesites)가 1811년에 원시감리교회를 조직했다. 노동자 계층운동이자 평신도 참여가 두드러진 원시감리교회는 존 웨슬리가 처음에 일으킨 대중 부흥운동을 재점화하고자 했다. 이들은 급격하게 산업화되고 있는 사회에서 노동자 계층의 첫 번째 민주적 열망을 종교적 열정의 표현, 공동체 연대 의식과 연결지어 고취시키기를 원했다. 1810년대에 부흥은 스태퍼드셔, 더비셔(Derbyshire), 체셔로 뻗어 나갔고, 1819년 이후에는 요크셔(Yorkshire) 전역과 이스트앵글리아(East Anglia)까지 영향을 미쳤다. 휴 본은 1819년에 노팅엄(Nottingham)에서 첫 번째 총회를 열고 교단 잡지「더 프리미티브 메소디스트 매거진」(The Primitive Methodist Magazine)을 발간하기 시작했다. 또한, 휴 본은 순회단에게 여성 설교자를 활용하라고 권고했다.

비록 재정을 독립적으로 조달하기는 했지만, 휴 본은 이 순회단에서 저 순회단으로 이동하며, 전국에 흩어져 실제로 자율적이고 다채롭게 활동하던 집단들을 상징적인 의미에서 하나로 묶고, 옛 감리교 탄생 이래 잉글랜드에서 탄생한 가장 큰 신생 교단의 성장을 증언하기 위해 일평생 많은 시간을 여행하며 보내려고 애썼다. 크게 존경받는 원로였던 휴 본은 자신의 의지와는 관계없이 70세가 된 1842년에 은퇴해야 했다. 1844년, 휴 본은 캐나다와 미국으로 가서 선교에 참여하여 로렌조 다우에게 진 빚을 갚았다. 절제하는 삶으로 유명했던 휴 본은 생애 마지막 시기에 금주운동에 열의를 다해 참여했고, 전국을 순회하며 절대금주주의(teetotalism)를 설파했다. 그는 세례와 현재적 구원 같은 주제들에 대해 광범위하게 많은 책을 써냈다.

『원시감리교회들이 사용하는 캠프집회와 부흥회 등을 위한 찬송집』(A Collection of Hymns for Camp Meetings, Revivals, &c. for the Use of the Primitive Methodists, 1832)을 모아 편집했고, 원시감리교회의 첫 번째 교단 역사를 기록한 교회사 책 『1823년까지의 등장과 진보에 대한 이야기를 기록한 원시감리교회 기원의 역사』(History of the Origins of the Primitive Methodists, Giving an Account of Their Rise and Progress up to the Year 1823, 1835) 및 자서전도 썼다. 그는 또한 20년간 「더 프리미티브 메소디스트 매거진」을 편집했다. (죽을 때까지 결혼하지 않은) 소심하고 수줍은 성품의 휴 본은 결코 대중주의적이고 과장된 전도 기술이나 동시대 인물이자 교단의 공동창립자 윌리엄 클로스의 설교 방식을 활용하지 않았다. 그의 재능은 행정과 조직, 대화 설교였다.

휴 본은 1852년 10월 11일에 스태퍼드셔의 비머슬리(Bemersley)에서 사망했다. 그의 장례에 참여하기 위해 16,000명 이상이 턴스톨과 주변 지역에 운집했다. 휴 본은 체셔의 앵글시브룩(Englesea Brook)에 묻혔다. 휴 본의 생애 이야기를 들려주는 것은 원시감리교회의 이야기를 전하는 것을 의미했다. 그러나 더 민주적인 조직 체계 때문에 원시감리교회는 원래의 모체와는 달리, 위대한 지도자의 죽음 이후에도 분열, 분파나 조직의 혼란 없이 그대로 역사를 이어 갈 수 있었다.

참고문헌 | J. Walford, *Memoirs of the Life and Labours of the Late Venerable Hugh Bourne*, ed. W. Antliff, 2 vols. (London and Burslem: 1855-6); J. T. Wilkinson, *Hugh Bourne, 1772-1852* (London: 1951).

W. J. JOHNSON

휴 프라이스 휴즈(Hugh Price Hughes, 1847-1902)

설교자이자 사회 개혁가. 그는 19세기 후반 가장 영향력 있는 영국감리교도였다. 전도자, 웅변가, 개혁을 꿈꾼 자, 교회의 대변인으로서의 재능은 감리교의 '전진운동'(Forward Movement)에 힘을 불어 넣었고, 영국감리교 및 다른 잉글랜드자유교회들(English Free Churches)을 변화시켰다. 프라이스 휴즈는 1847년 2월 7일에 웨일스(Wales) 카마든(Carmarthen)에서 의사 아버지 존 휴즈(John Hughes)와 어머니 앤 휴즈(Anne Hughes, 결혼 전 성은 필립스[Phillips])에게서 태어났다. 친할아버지 휴 휴즈(Hugh Hughes)는 유명한 웨일스의 웨슬리파감리교 설교자였다. 프라이스 휴즈는 소년 시절에 스완지(Swansea) 근교의 감리교학교에서 공부했는데, 거기서 운동과 공부를 모두 아주 잘했다. 14살에 회심을 경험하고 설교자가 되기로 했다.

1865년에서 1869년까지 런던 근교 리치먼드(Richmond)의 웨슬리파신학교에 다니는 동안에는 학교 크리켓 팀 주장이었고, 학생선교회(Student Missionary Society) 회장이었으며, 1868년에는 런던대학교(University of London)가 수여하는 공동학위를 받은 최초의 리치먼드 학생 중 하나가 되었다. 같은 해에 그는 15살의 대학 총장 딸 캐서린 바렛(Katherine Barrett)과 사랑에 빠졌다. 3년간 강제로 헤어져 있다가 다시 구애가 시작되어, 결국 1873년에 결혼했다.

감리교 전통에 따라 프라이스 휴즈는 다양한 순회단에서 각각 3년씩 일하는 과정을 거쳤다. 도버(Dover, 1869-1872), 브라이턴(Brighton, 1872-1875), 토트넘(Tottenham, 1875-1878), 덜리치(Dulwich, 1878-1881), 옥스퍼드(Oxford, 1881-

1884), 브릭스턴(Brixton, 1884-1887)이 그가 거친 순회단이었다. 1887년에는 웨스트런던선교회(West London Mission, 1887-1902) 영구 책임자로 임명되었다. 프라이스 휴즈는 일평생 설교와 웅변의 대가로 존경받았다. 그는 감정과 지성에 동시에 호소했는데, 이는 그가 향후 전도는 높은 수준의 학식에 점점 더 많이 의존하게 되리라고 믿었기 때문이었다. 따라서 그는 1880년에 런던대학교에서 현대 철학으로 석사학위를 취득했다. 그의 논증적 접근법은 청중에게 인기가 있었다. 짧고 호소력 있는 문장을 사용한 빠르고 극적인 방식의 연설을 통해 그는 그리스도를 위해, 또는 특정 도덕적 대의를 대변하는 판결을 내려달라고 판사를 설득하는 변호사로 자신을 내세웠다.

금주운동과 전염병법(Contagious Diseases Acts) 폐지운동에 적극 관여한 프라이스 휴즈는 사회, 정치 개혁이 복음전파와 밀접하게 연결되어 있다고 확신했다. 1877년에는 웨슬리파를 대표하는 금주운동 주요 대변인으로 부상했다. 1876년부터 1881년까지는 전염병법 철회를 위해 웨슬리파협회가 발간하는 월간지 「메소디스트 프로테스트」(Methodist Protest)의 편집자로 봉사했다. 프라이스 휴즈는 (군기지 근처에 사는 매춘부의 성병 감염 여부 조사와 치료를 강제한) 이들 법령들을 반대했는데, 이 법의 시행을 정부가 매춘 행위를 승인하고 여성의 몸과 영혼에 대한 공격을 지원하는 것으로 보았기 때문이었다.

그러나 정치적 행동주의가 프라이스 휴즈의 전도활동에 장애가 되지는 않았다. 1876년에 그는 D. L. 무디(D. L. Moody)의 방식을 도입하면서 영국감리교에서 가장 인기 있는 부흥설교자 중 하나가 되었다. 옥스퍼드순회단을 책임지던 시기에는 야외부흥회를 조직하고 학부 학생들에게 주변 마을에서 복음을 전하라고 권하는 등 전도를 강조했다. 이어서 프라이스 휴즈는 전도와 사회 개혁을 독특하게 혼합한 자신만의 접근법을 개발했다. 1884년에 자신을 기독교 사회주의자로 선언하고, 모든 교회들에 '사람들의 사회 복지에 신경을 써서 오래도록 잊힌 의무를 다하고, 그럼으로써 소외된 다수를 그리스도의 사회적 형제로 다시 찾자'고 요청했다. 1885년에는 프라이스 휴즈의 전진운동이 형태와 이름을 갖추었다. 그해에 주간신문 「더 메소디스트 타임스: 어 저널 오브 릴리저스 앤 소셜 무브먼트」(The Methodist Times: A Journal of Religious and Social Movement)도 발행하기 시작했다. 주목적은 감리교를 소규모 분파에서 성결과 전도라는 옛 원리들을 잘 보전한 성숙한 교회로, 국가와 사회의 양심으로서의 더 큰 역할을 제대로 감당하는 공동체로 탈바꿈시키는 것이었다. 이를 위해 그는 기독교 사회 봉사 및 정치 영역에서의 기독교적 이상 증진을 전도활동과 조화시키려 했다.

이 새로운 운동의 중심지는 1887년에 문을 연 웨스트런던선교회였다. 프라이스 휴즈가 런던 서부를 선택한 이유는 이 지역이 매춘과 가난의 중심지였을 뿐만 아니라, 영국 정부의 중심지이기도 했기 때문이었다. 프라이스 휴즈의 아내 캐서린은 이 선교회의 가장 두드러진 특징인, '사람들의 자매들'(Sisters of the People)을 조직했다. 미혼, 중산층, 전임 자원봉사자인 이들은 가난한 이웃을 정기 심방하고, 평신도 전도자로서 전도를 돕고, 음식 및 의약품 구호소, 고용 사무실, 매춘부 구제소, 엄마, 소년, 소녀, 장애 아동을 위한 수많은 동아리를 운영했다.

매 주일에는 피카딜리(Piccadilly)의 세인트제임스홀(St James's Hall)에서 프라이스 휴즈가 그 날의 주제를 정해 오후 강연회를 열었고, 저녁에는 선교회 오케스트라의 콘서트에 이어 부흥설교를 전했다. 이들 연설과 설교 책 네 권이 『사회적 기독교』(Social Christianity, 1889), 『하나님의 박애』(Philanthropy of God, 1889), 『윤리적 기독교』(Ethical Christianity, 1892), 『본질적 기독교』(Essential Christianity, 1894)로 각각 출간되었다.

그는 공공 문제에 대한 '비국교도 양심'(Nonconformist conscience) 선언으로 일반 대중에게 가장 잘 알려졌다. '극빈, 무지, 술취함, 정욕, 도박, 노예제도, 배금주의, 전쟁, 질병' 같은 큰 사회악과 싸우는 데 핵심이 되는 사항을 정리 발표한 것이었다. 1890년에 프라이스 휴즈와 다른 비국교도 지도자들은 자유주의자들과 연대한 아일랜드 민족주의 의회당 지도자 찰스 스튜어트 파넬(Charles Stewart Parnell)이 간음 혐의를 벗는 데 실패했기 때문에 자리를 내놓고 물러나야 한다고 주장했고, 결국 성공을 거두었다. 특히 프라이스 휴즈는 자유당의 열렬한 지지자였고, 아일랜드의 국내 통치(Home Rule for Ireland, 아일랜드 자치운동-역주)도 지지했지만, 그에게 우선순위는 '사회적 순결'이었다. 파넬을 비판하면서, 프라이스 휴즈는 '도덕적으로 틀린 것이 결코 정치적으로 올바를 수 없다'라는 유명한 선언을 했다. 성공회 '자원'(voluntary) 학교들을 정부가 지원하는 것을 놓고 벌어진 지속적인 논쟁과 더불어, 이 사건은 자유교회들이 서로 더 일치 결속하게 되는 운동을 촉발하는 계기가 되었다.

프라이스 휴즈는 열정적인 에큐메니스트(ecumenist)였다. 그는 기독교가 군대처럼 일치와 강력한 지도자를 통해 영적으로, 정치적으로 더 강해질 수 있다고 믿었다. 따라서 그는 다양한 감리교 교파들의 재일치를 지지했고, 비국교파(침례교회, 회중교회, 감리교회, 장로교회, 퀘이커) 간 연대를 구축하기 위해 노력했다. 1892년에 열린 첫 자유교회회의(Free Church Congress)를 개최하는 데 산파 역할을 했고, 후에 의장(1895-1896)으로도 섬겼으며, '복음주의 자유교회 전국위원회'(National Council of Evangelical Free Churches) 재결성을 감독하고 초대 회장(1896-1897)이 되었다. 1899년에는 자유교회요리문답(Free Church Catechism) 작성위원회 회장을 맡았다. 1892년부터 1895년까지는 제자 헨리 룬 경(Sir Henry Lunn)이 영국의 개신교의 일치를 추진하기 위해 결성한 (스위스) 그린델발트재일치대회(Grindelwald Reunion Conferences)의 핵심 관계자였다.

웨슬리파감리교 내부에서 프라이스 휴즈는 평신도가 활약할 수 있는 공간을 확보하는 데 주력했고, 목회 임기 3년 제한제를 폐기하고, 실제로 감독 역할을 할 만한 전임 지역 의장 제도를 만듦으로써, 더 힘 있는 지도자들이 등장할 수 있게 해야 한다고 총회에 권고했다. 1890년대가 되면 평신도가 폭넓은 힘을 발휘할 수 있게 되지만, 여성도 총회 총대로 임명될 수 있게 하자는 제안 등은 사망 시까지 승인되지 않았다. 1년 임기의 웨슬리파총회(Wesleyan Conference) 총회장(1898-1899)으로 임명된 것은 그가 감리교 내에서 누린 지도력의 증거이다. 곧이어 건강이 서서히 쇠하면서, 프라이스 휴즈는 1902년 11월 17일에 런던의 자기 집에서 뇌졸중으로 사망했다.

참고문헌 | C. Oldstone-Moore, *Hugh Price Hughes: Founder of a New Methodism; Conscience of a New Nonconformity* (Cardiff: University of Wales Press, 1999); H. S. Lunn, *Chapters From My Life* (London: Methuen & Co., 1918); D. P. Hughes, *The Life of Hugh Price Hughes* (London: Hodder & Stoughton, 1904).

C. OLDCTONE-MOORE

복음주의 인물사
Biographical Dictionary of Evangelicals

2018년 12월 31일 초판 발행

편 집 | 티모시 라슨, D. W. 베빙턴, 마크 A. 놀
옮긴이 | 이재근, 송훈

편 집 | 변길용, 정희연, 백승현
디자인 | 박인미, 전지혜
펴낸곳 | 사)기독교문서선교회
등 록 | 제16-25호(1980. 1. 18)
주 소 | 서울시 서초구 방배동 방배로 68
전 화 | 02) 586-8761~3(본사) 031) 942-8761(영업부)
팩 스 | 02) 523-0131(본사) 031) 942-8763(영업부)
홈페이지 | www.clcbook.com
인터넷 | clckor@gmail.com
온라인 | 기업은행 073-000308-04-020, 국민은행 043-01-0379-646
         예금주: 사)기독교문서선교회

ISBN 978-89-341-1913-5 (94230)
ISBN 978-89-341-1854-1 (세트)

◆ 낙장·파본은 교환해 드립니다.

이 한국어판 저작권은 알맹2 에이전시를 통해 Inter-Varsity Press와 독점 계약한 (사)기독교문서선교회가 소유합니다. 신저작권법에 의하여 한국 내에서 보호를 받는 저작물이므로 무단 전재와 무단 복제를 금합니다.

이 도서의 국립중앙도서관 출판시 도서목록(CIP)은 서지정보유통지원시스템 홈페이지(http://seoji.nl.go.kr)와 국가자료공동목록시스템(http://www.nl.go.kr/kolisnet)에서 이용하실 수 있습니다.
(CIP제어번호: CIP2018039873)